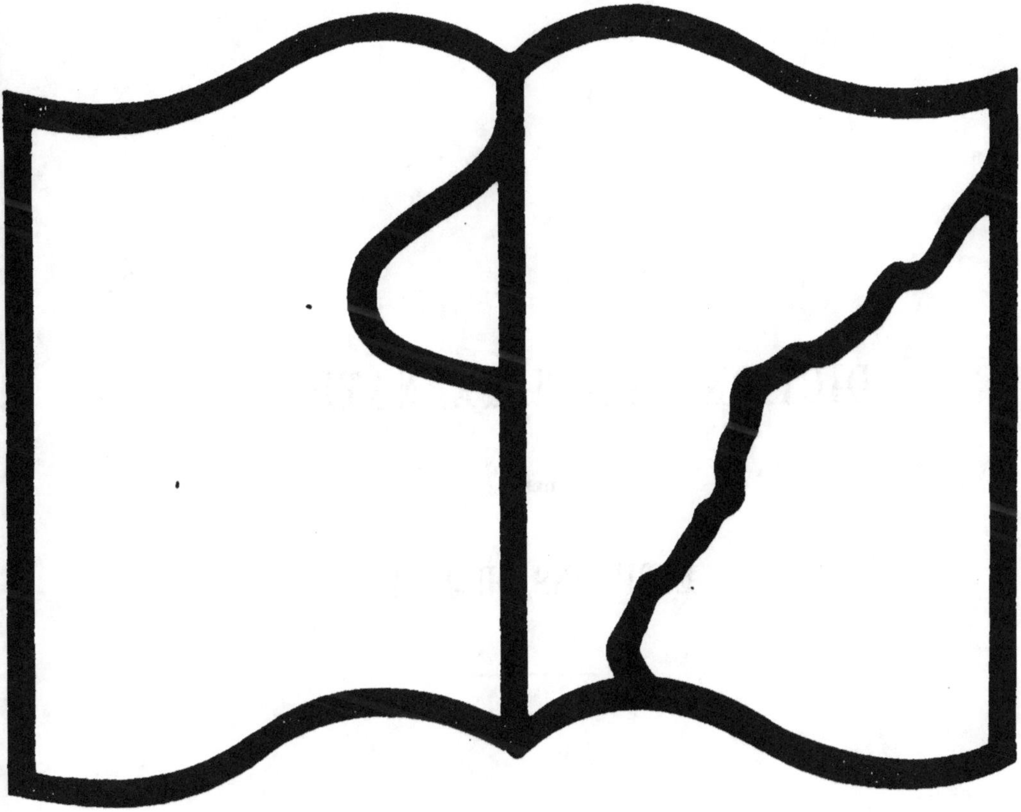

Texte détérioré — reliure défectueuse

NF Z 43-120-11

DICTIONNAIRE INTERNATIONAL

DES

ÉCRIVAINS DU JOUR

A. DE GUBERNATIS

DICTIONNAIRE INTERNATIONAL

DES

ÉCRIVAINS DU JOUR

FLORENCE
LOUIS NICCOLAI, ÉDITEUR-IMPRIMEUR
Via Faenza, 68

1891

À MES COLLÈGUES ET À MES CONFRÈRES EN LITTÉRATURE

> Et se aucun demandoit pour quoy cist libre est escriz en Romanz selonc le languaige du François, puisque nos somes Italiens, je diroie que c'est.... parce que le parlaire est plus délitable et plus commune à toutes gens.
>
> BRUNETTO LATINI
> (*Maître de Dante*).

> Au français, il suffit de penser juste pour écrire clairement. Nous éprouvons plus de peine à nous exprimer ; le style chez nous est une grosse affaire et bien plus difficile. La langue française me fait l'effet d'une surface polie ; on y patine comme sur la glace.
>
> LEPSIUS
> (*le célèbre orientaliste allemand*).

Après bientôt trois ans, la tâche laborieuse de rassembler les renseignements essentiels sur la vie et sur l'œuvre des écrivains les plus connus de nos jours, est accomplie. Je suis loin d'être satisfait de l'ouvrage que je Vous présente ; nul mieux que l'auteur, qui avait, sans doute, imaginé quelque chose de plus achevé, n'est à même d'en reconnaître les nombreuses lacunes et les regrettables imperfections. Ceci n'est donc que la première ébauche d'un livre international, qui manquait absolûment, et qui pourra, par la collaboration suivie, secrète et ouverte, de chacun et de tout le monde, se perfectionner à l'infini.

Le livre, tel qu'il est, dans sa forme actuelle d'inventaire, n'est pas un livre inutile, comme intermédiaire international, et il est appelé, à mon avis, à rendre des services appréciables et à prendre sa place sur la table de travail de tout écrivain, comme une espèce de manuel rudimentaire de la production intellectuelle contemporaine.

Pour atteindre ce but, j'ai cru devoir me servir d'une langue qui n'est pas la mienne, mais qui, grâce à sa souplesse et au rôle civilisateur de la nation illustre et chevaleresque qui la parle, demeure encore le meilleur instrument de la civilisation européenne.

On devine d'avance que j'ai dû avoir un certain nombre de collaborateurs.

Au bureau même de rédaction, depuis les dernières feuilles de la première livraison jusqu'aux dernières feuilles de la sixième m'a aidé à rédiger le plus grand nombre des notices, un érudit distingué, M. le docteur Jacques Treves; depuis la septième jusqu'à la troisième livraison, j'ai été moi même le rédacteur en chef de mon livre; depuis le mois de mars de l'année 1890 jusqu'à la fin de cette année, c'est à dire depuis la treizième jusqu'à la dix-neuvième livraison, empêché par des circonstances inattendues, j'ai dû passer, avec les instructions nécessaires, tous les matériaux dont je disposais, à un écrivain brillant, M. Victor Vecchj, qui s'est adjoint, pour la besogne, un jeune et actif publiciste, M. Morosi; ils ont poussé ensemble à bout, en huit mois, l'entreprise; je suis cependant arrivé à temps pour assister à la rédaction des deux dernières livraisons, et pour surveiller le supplément essentiel qui devait heureusement reparer à des lacunes horripilantes. Dans la dernière partie de l'ouvrage on rencontrera cinq ou six notices plus développées sur des auteurs dramatiques français; M. Henri Montecorboli, écrivain dramatique lui-même et fin critique d'art, s'est obligeamment chargé de ces notices.

Ayant ainsi rendu justice à mes collaborateurs intimes de l'Italie, c'est avec les sentiments de la plus vive reconnaissance que je dois ici signaler le nom de trois éminents écrivains étrangers dont la collaboration active, intelligente et désintéressée a permis de rendre aussi complet que possible le *Dictionnaire*, en ce qui concerne la France, la Belgique et la Suisse. Les notices étaient rédigées, pour nous, dans le même esprit sympathique du *Dictionnaire*, et dans la mesure indiquée, de manière qu'il n'y avait presque jamais rien à changer et presque rien à y ajouter; l'impartialité des jugements me permettait d'avoir une confiance complète dans la précieuse collaboration de ces trois aimables confrères étrangers. C'est à M. Albert Collignon que je dois le plus grand nombre des notices toutes faites sur les écrivains français qui ont passé au *Dictionnaire*. Quoiqu'il ait déniché plusieurs noms qui pouvaient m'échapper, je crains fort qu'il en reste encore un certain nombre, surtout parmi les publicistes, qui auraient mérité une mention honorable dans ces pages, et qui ne s'y trouvent point; la presse et la librairie parisienne nous révèlent chaque jour de nouveaux écrivains distingués; mais si, comme je l'espère, cet ouvrage trouvera auprès des hommes de lettres un accueil favorable, il sera facile de reparer aux omissions dans une nouvelle édition. Monsieur le docteur Boghaert-Vaché a fait pour la Belgique œuvre patriotique; ayant compris l'utilité du *Dictionnaire International*, il tenait à y faire paraître le plus grand nombre de notices belges, suivant le modèle que j'avais proposé et adopté moi-même; sa collaboration a été des plus zélées, et, pour ce que je pouvais souhaiter de la Belgique, presqu'idéale ; si dans chaque pays j'avais eu le bonheur de rencontrer un collaborateur aussi aimable. aussi érudit et aussi consciencieux, mon *Dictionnaire* serait parfait. La Suisse aussi se trouve noblement représentée dans ces pages, grâce au concours éclairé d'un éminent professeur de l'Université de Genève, M. le docteur Stroehlin, un théologue doublé d'un lettré, dont la collaboration active a mis en relief un certain nombre d'écrivains distingués, dont le nom était jusqu'ici presqu'ignoré à l'étranger.

Les professeurs allemands ont à peu près tous répondu aimablement et sérieusement à mon appel, en me fournissant directement, dans la mesure demandée, les renseignements indispensables pour la compilation d'un *Dictionnaire* qui doit faire de la place à tout le monde, et par conséquent se restreindre aux données essentielles. Si cet exemple avait été suivi par tous les professeurs des universités italiennes, qui avaient été, cependant, tous engagés à plusieurs reprises, à nous passer les détails essentiels, sans lesquels aucune biographie n'est possible, le petit nombre des exclus, malgré notre bon vouloir, ne se trouveraient aujourd'hui dans la nécessité de se plaindre des imperfections d'un *Dictionnaire*, où, malgré nos meilleures intentions, leur nom a été omis. Je tiens à déclarer que, de parti pris, aucun écrivain ou savant remarquable n'a été laissé de côté dans ces pages; que l'on se donne la peine de parcourir les notices qui concernent les écrivains que j'avais droit de considérer comme des adversaires ; ou j'ai rédigé moi-même ces notices, ou j'ai donné des instructions pour qu'il en soit parlé avec tous les égards possibles ; ceci peut suffire pour donner la mesure de notre impartialité.

Je tiens encore à signaler au souvenir reconnaissant de mes collègues et confrères un nom illustre, M. de Tréfort, le bien regretté Ministre de l'Instruction publique en Hongrie qui m'avait envoyé, aux débuts de cette entreprise, tous les renseignements que je lui avais demandés sur les écrivains hongrois.

Mes relations personnelles avec des littérateurs et avec des savants de l'étranger m'ont procuré de différents autres pays des renseignements précieux pour mon *Dictionnaire*. Par le résumé statistique général, qu'on trouvera à la fin de cet ouvrage, on pourra saisir d'un coup d'œil, toute sa portée, au point de vue international. Je n'ai donc fait ici que réunir et mettre en ordre une masse de matériaux venus de tous les côtés; mais, malgré la diversité de mes collaborateurs et la multiplicité de mes matériaux, j'ai maintenu, au possible, l'unité de l'ouvrage. N'ayant point donné la chasse à ce qu'on appelle des *célébrités*, j'ai eu, encore moins la prétention d'avoir contribué à en créer une seule. J'ai seulement désiré de faire œuvre de lumière, et jeter un premier grand réseau international de fils électriques entre les écrivains de tous les pays. Ce qu'on fait, de tous les côtés, dans l'ordre matériel pour rapprocher les hommes, nous devons l'essayer dans l'ordre moral. De tous les intérêts humains, le notre est le plus pur, peut-être, le seul qui ne s'use point, le seul qui ne soit pas destiné à périr.

Le *Dictionnaire* prouvera aisément que les travailleurs ne manquent point. Les Italiens y sont naturellement représentés en grand nombre. On ne doit pas s'en étonner. Le *Dictionnaire* est fait par un Italien, qui a saisi, pour la première fois, la plume, comme un outil propre à répandre la lumière, à la veille de la resurrection de l'Italie; cette belle au bois dormant, cette ancienne *terre des morts*, ce pays jadis si célèbre pour son *dolce far niente* est, de nouveau, grâce au noble concours de la France et de l'Allemagne, un être bien vivant, et travaille ferme et avec ardeur à son progrès; le *Dictionnaire* doit en fournir la preuve abondante: que les Italiens, au moins, ne s'en plaignent pas trop.

Chers et aimables collègues et confrères de France et de tous les pays civilisés, c'est en vue de mes bonnes intentions, que je place avec une certaine confiance mon livre, fait en grande partie par vous, entre vos mains. Sans les matériaux que je dois à votre complaisance, ce livre n'existerait point. Vous devinez d'avance que je ne pouvais rien inventer et que je ne puis non plus me faire l'illusion d'avoir ouvert de nouveaux horizons; une rédaction laborieuse, après un triage qui n'était point aisé, peut donc paraître le seul vrai mérite de cet ouvrage; mais idéaliste passionné et incorrigible, j'ose encore en revendiquer un autre à vos yeux; l'idée maîtresse du livre m'appartient; l'idée de ce ralliement des écrivains contemporains par la langue française a hanté de bonne heure mon esprit; j'ai l'ambition de croire au rôle civilisateur de l'Italie et de la France unies, assistées par la bienveillance de la docte et sage Allemagne; je crois que leur lumière est bonne, et je voudrais réunir les trois lumières pour les faire monter ensemble vers un ciel plus pur, d'où rayonnerait, dans tout le monde qui pense et qui écrit, cet amour de paix, qui est l'aspiration de toutes les âmes et le cri de tous les peuples régénérés.

Florence, 31 décembre 1890.

ANGELO DE GUBERNATIS.

DICTIONNAIRE INTERNATIONAL
DES ÉCRIVAINS DU JOUR

A

A. Avec cette simple signature Mr Arnold Mathieu (V. ce nom) a publié ses premiers travaux: « Strayed Reveller, and other Poems », 1848; « Empedocles on Etna and other Poems », 1853, etc.

A. ou A. A. pseudonyme d'un écrivain russe, l'archimandrite Antonin Kapoustine, chef de la mission russe à Jérusalem, né en 1827. Il a collaboré à différentes revues ecclésiastiques et publié un livre remarquable sur « le Monastère du Mont Sinaï » Kief, 1872.

Aarifi Pacha, écrivain et homme d'état turc, président du Conseil d'État, traducteur en langue turque de l'*Histoire des Croisades* de Michaud, né en 1819 à Constantinople. Fils d'un employé civil, il reçut une éducation soignée et entra, de bonne heure, au bureau des traductions. Protégé par Reschid Pacha, il fut nommé secrétaire d'ambassade d'abord à Londres, ensuite à Paris. Revenu en 1858 à Constantinople, il passa comme interprète au Divan impérial, et il remplit cette fonction jusqu'en 1863. Tour à tour, sous-secrétaire d'état dans plusieurs ministères, et plus tard ministre, il tomba en disgrâce en 1879 et fut relégué, comme gouverneur général, en Mésopotamie. Rappelé en 1881, il obtint la présidence du Conseil des Ministres, mais pour entrer bientôt après, comme ministre des affaires étrangères, dans le Cabinet de Kutschuck Saïd Pacha. Ayant décliné cette charge pour faire place à Assim Pacha, il fut nommé président du Conseil d'État.

Aars (Jonathan), philologue norvégien, né en 1837 à Christianie où il fonda en 1863, et où il dirige encore, un lycée très-renommé et très-fréquenté (il compte actuellement 770 élèves). Dans les années 1886-87 le prof. Aars rempla-ça le professeur de grec à l'Université, en expliquant le Protagoras de Platon. Parmi ses écrits, on doit citer une « Grammaire élémentaire de l'ancienne langue norvégienne » 1862; « Des traductions de l'Edda » 1864; « Sur la réforme des écoles supérieures de la Norvège, 1866; « Règles de l'ortographie norvégienne » (ce livre, adopté dans les écoles norvégiennes, était en 1887 à sa huitième édition); « Sur la prononciation de la langue norvégienne » 1880; « Socrate illustré par la traduction de l'Apologie, du Criton, du Phaedon et du Protagoras de Platon » un vol. de 303 pages » 1882; « Sur la prononciation du latin » 1887.

Abaarite Uligi, pseudonyme-anagrammatique de Mr le comte J. B. C. Giuliari (V. ce nom), chanoine et bibliothècaire de la cathédrale de Vérone. Sous ce pseudonyme il a publié: « Di alcuni autografi inediti di Feo Belcari, lettera al conte Carlo Sormani Moretti », Verona, 1832. Cette lettre écrite à Rome le 20 février 1831 a été publiée pour la première fois dans le *Poligrafo* de Vérone XXX liv.

Abafi (Louis), publiciste et éditeur hongrois, également connu sous le nom de *Ludwig Aigner*, né le 11 février 1840. Il collabore dans un grand nombre de journaux hongrois et allemands, et il s'est fait remarquer spécialement comme traducteur en allemand des chants populaires hongrois, dont un volume a paru en 1873, à Pest, avec une excellente introduction du traducteur. Depuis l'année 1876, il est membre de la Société Petőfi.

Abascal (José Gutierrez), journaliste espagnol, du parti du général Lopez Dominguez, rédacteur du *Resumen*, né à Madrid, en 1841; il occupe une des meilleures places de la presse madrilène. C'est lui qui produisit l'incident re latif au général Salamanca, nommé capitaine général de l'Ile de Cuba, en publiant sa conversation avec lui, ce qui amena une crise ministérielle.

Abazà (Nicolas Savitch), publiciste russe, né en 1837, ancien gouverneur de Kazan ; pendant la guerre turco-russe, député de la Croix Rouge et chef de la commission sanitaire ; depuis 1880 chef de la censure et sénateur. Il a publié un excellent livre en deux volumes sur « la Croix Rouge pendant la guerre, » Saint Petersbourg, 1880-81.

Abba (Joseph César), poète italien, né en 1838, à Cairo Montenotte. Ayant pris part à la glorieuse expédition des mille garibaldiens, à Marsala, il écrivit un poème en cinq chants, intitulé : « Arrigo, da Quarto al Volturno ». On cite encore de lui une tragédie « Spartaco », des poésies lyriques, un roman historique : « le Rive della Bormida », Milan, 1875 : « Noterelle di uno dei Mille ». Entre les années 1864-66, il étudiait à l'université de Pise ; en 1866, il se distinguait à la bataille de Bezzecca, et il y gagnait la médaille à la valeur militaire. Actuellement il enseigne la littérature italienne dans l'Institut technique de Brescia.

Abbadie (Antoine Thomson et Arnaud Michel D'), voyageurs français, nés à Dublin (Irlande) d'une famille originaire des Basses-Pyrénées sont deux frères très connus par leurs voyages en Abyssinie. Ils sont nés, le premier en 1810, le second en 1815. Celui-ci n'avait pas trois ans quand leur père rentra en France avec ses enfants. En 1835, Mr Antoine d'Abbadie partit pour le Brésil, chargé d'une mission de l'Académie des Sciences. Mr Arnaud, qui avait suivi une première fois en Algérie le maréchal Clauzel en 1833, y retourna en 1836, dans l'intention de faire partie de l'expédition de Constantine. A la suite d'une tempête, il se rendit à Alexandrie, où il se retrouva avec son frère vers la fin de l'année. Ils entreprirent ensemble d'explorer l'Éthiopie et séjournèrent dans ce pays de 1837 à 1845. Ils furent encore retenus dans le pays des Gallas, par l'hospitalité du souverain, jusqu'en 1848. L'année précédente, sur le bruit de leur mort, un troisième frère, Mr Charles d'Abbadie était allé à leur recherche : il les ramena en Europe où ils apportèrent une foule d'observations et de renseignements pleins d'intérêt, particulièrement au point de vue de la linguistique et de l'ethnographie des peuples qu'ils avaient visités. En 1851, Mr Antoine d'Abbadie alla examiner une éclipse de soleil en Norvège. L'année suivante, il fit, avec son frère, un nouveau voyage en Éthiopie et y passa encore une année. MM. d'Abbadie ont été nommés chevaliers de la Legion d'honneur le même jour (27 septembre 1850). Le premier, élu membre titulaire de l'Académie des Sciences le 22 avril 1867, a été nommé membre du Bureau des Longitudes (section de géologie) le 9 août 1878. Outre de nombreux articles publiés sous le nom des deux frères dans le *Bulletin de la Société de Géographie* et une relation de leur voyage sous le titre : « Notes sur le haut fleuve Blanc », 1849, on doit à chacun d'eux ; à Mr Antoine : « Résumé géodésique des positions déterminées en Éthiopie », 1859 ; « Catalogue raisonné des manuscrits éthiopiens appartenant à Mr A. d'Abbadie », 1859 ; « Géodésie d'Éthiopie ou Triangulation d'une partie de la Haute Éthiopie », 1860, ouvrage rédigé par Mr Radau et dont la quatrième livraison n'a paru qu'en 1873 ; « l'Arabie », 1866 ; « l'Abyssinie », 1868 ; « Douze ans dans la Haute Éthiopie », 1868 ; « Observations relatives à la physique du globe faites au Brésil et en Éthiopie », 1873. On doit à Mr Arnaud : « Sur le tonnerre en Éthiopie », 1859 ; « Travaux récents sur la langue basque », 1859. — Ajoutons, à titre de curiosité, que MM. d'Abbadie furent parmi les promoteurs les plus actifs de l'œuvre d'évangélisation entreprise en Éthiopie par Celui qui est aujourd'hui Son Éminence Mgr. le Cardinal Massaja.

Abbé***. Plusieurs romans anticléricaux, parus entre 1863 et 1864, « le Maudit » et « la Religieuse » entre autres, ne portaient que cette seule signature : *l'Abbé trois étoiles*. On a disputé pendant longtemps pour savoir qui était l'auteur de ces ouvrages qui avaient produit une certaine sensation. On a parlé de Mr André Jacob (plus connu sous son nom de plume de Mr Erdan) ancien correspondant du *Temps* en Italie, de l'abbé Louis Michon, l'inventeur de la Graphologie, d'un abbé Déléon, de Mr Louis Ulbach, de Mr Fabre, auteur d'autres romans, signés de son nom, sur la vie cléricale, et de plusieurs autres. Une notice publiée par M. G. Isambert dans l'*Intermédiaire des Chercheurs et des Curieux* du 25 septembre 1883, écarte complètement le nom de Mr Erdan qui n'avait été mis en avant, dans le 1er numéro de l'*Évènement* de Mr de Villemessant, que par un individu qui voulait par ce mauvais tour se venger du brillant journaliste poitevin. Après la mort de Mr l'abbé Michon, il y a sept ou huit ans, Mr Louis Ulbach, dans la *Revue politique et littéraire* a affirmé hautement que le défunt était le seul auteur des livres en question. Cependant il y a plusieurs personnes qui pensent que les morts ont bon dos et que l'abbé Michon qui avait toujours protesté de son vivant, d'une façon péremptoire contre cette assertion, ne pouvait plus protester encore une fois et cela pour la bonne raison qu'il était mort. Bref, la question n'est pas encore tranchée et voilà pourquoi nous avons accueilli dans notre dictionnaire ce pseudonyme, qui est peut-être celui d'un auteur défunt ce qui le placerait hors de notre cadre, mais qui est peut-être aussi d'un auteur vivant et bien vivant.

Abbondio (Don), pseudonyme de Mr Enrico Onofrio (V. ce nom), journaliste italien, rédacteur du *Capitan Fracassa*.

Abbot (Edwin), né à Londres en 1838, fit ses études à Cambridge, et après avoir professé la littérature classique en deux collèges, fut nommé professeur en chef de l'École de la Cité de Londres, qui est devenue sous sa direction une des meilleures de l'Angleterre. Il prêcha aux universités de Cambridge et d'Oxford, et publia plusieurs ouvrages très estimées dont voici les principaux: « Bible Lessons » 1872; « Cambridge Sermons » 1875; « Through nature to Christ » 1887; l'article sur les « Évangiles » dans la neuvième édition de l'*Encyclopédie Britannique;* et (en collaboration avec M. Rushbrooke): « The common tradition of the Synoptic Gospels » 1884; « A Shakespearian grammar » 1870; une édition des *Essais* de Bacon; « Bacon and Essex » 1877; « Francis Bacon, an account of his *Life and Works* » 1885; et « English Grammar » en deux parties.

Abbott (Lyman), écrivain américain, fils de Mr James Abbott qui fut un des écrivains les plus féconds de son pays; Mr A. L. est né à Roxbury (Massachussetts) le 18 décembre 1835; il étudia le droit, prit ses degrés à l'Université de New-York et commença son stage, mais, bientôt il quitta le barreau pour s'adonner à la Théologie; il fut jusqu'en 1865 pasteur en différents endroits, de 1865 à 1868 il fut secrétaire de la Commission de Freedman, puis encore jusqu'en 1869 pasteur à New-York, depuis 1869 il s'est consacré exclusivement à la littérature. Déjà avec ses deux frères il avait publié deux romans: « Conecut Corners » et « Mattia Carnaby », sous le pseudonyme de Ben-au-ly, pseudonyme composé avec les premières lettres des petits noms des trois collaborateurs; en 1872 il est devenu un des directeurs du *Harper's Magazine* où il a publié plusieurs articles littéraires, puis il prit la direction de l'*Illustrated Christian Weekly*. On a de lui: « Jésus de Nazareth, sa vie et ses enseignements », 1869; « Ombres de l'ancien testament », 1870; « Actes des Apôtres commentés », 1876; « Les Evangélistes commentés », 1878; un volume d'essais « Comment on parvient », 1883; et enfin une biographie du fameux orateur religieux Henri Ward Beecher, auquel il succéda, en 1887, comme pasteur de l'Église de Plymouth à Brooklyn.

Abdoul-Kadir-Bey, l'un des poètes les plus remarquables de la Turquie contemporaine. Il est le second secrétaire de Sa Majesté le Sultan.

A' Becket (Arthur Guillaume), écrivain anglais né à Londres le 25 octobre 1844; étudia à l'école de Kensington; quitta, après trois années d'expérience, le service civil, et publia à l'âge de vingt ans le *Glow-worm*, journal du soir, à Londres. Pendant les dix années suivantes, il publia avec beaucoup de succès, plusieurs journaux comiques et revues (*magazines*) mensuelles. En 1870-71, pendant la guerre franco-prussienne, il fut le correspondant special de deux journaux de Londres: *The Standard* et *The Globe*. Il fut depuis, pendant deux ans, secrétaire particulier de M. le duc de Norfolk. Depuis 1874 il collabora au journal comique *The Punch* dans lequel, entre autres articles, il publia: « Papers from Pump-handle court by A Briefless Junior, » qui firent beaucoup de bruit. Mr. A' Becket est aussi l'auteur de plusieurs romans et de deux comédies en trois actes « L. S. D. » et « About Town » qui eut plus de 150 représentations successives; d'un drame domestique, en un acte « On Strike »; de « Faded Flowers »; et de « Long Ago ». Ensuite il dramatisa son propre roman « Fallen among Thieves » sous le titre « From Father to son ». Dernièrement il publia et remania en partie la « Comic Blackstone » de feu son père Gilbert Abbot A' Becket.

Abeille (Antoine), écrivain italien, secrétaire de la municipalité à Naples, est né dans cette ville en 1841. Il a publié: « Trattato per lo insegnamento di Segretario Comunale », et un ouvrage volumineux, en 1881 sous le titre: « Il IX gennaio MDCCCLXXVIII, ossia il mondo civile ed in particolare l'Italia in morte di S. M. Vittorio Emanuele il Grande », recueil de documents intéressants pour l'histoire contemporaine.

Abeille (Jonas), chirurgien militaire français né a Saint Tropèz (Var) le 28 novembre 1809, fit ses études de médecine à Montpellier et fut reçu docteur en 1837. Médecin militaire, il s'est particulièrement signalé comme un des promoteurs de la méthode du traitement du choléra par la strychnine. En 1857 il donna sa démission pour se livrer à la pratique civile et à ses travaux de science médicale. On a de lui: « Mémoire sur les injections iodées », 1840, honoré d'une médaille d'or par la Société de médecine de Toulouse; « Traité des hydropisies et des kystes », 1852; « Études cliniques sur la paraplégie indépendante de la nayélite », 1854, ouvrage couronné par l'Académie de médecine en 1853; « Traité des maladies à urines albumineuses et sucrées », 1863; « Des Corps fibreux de l'utérus etc. », 1868; « l'Electricité appliquée à la thérapeutique chirurgicale », 1870; « Chirurgie conservatrice », 1874; « Traitement des maladies chroniques de la matrice », 1875. Mr A. est l'auteur de nombreux articles parus dans le *Moniteur des hôpitaux*, dans la *Gazette médicale*, dans le *Courrier médical* etc.

Abel (Charles), écrivain et archéologue français, né à Thionville en 1824. Il étudia le droit, prit le grade de docteur, puis se fit avocat à Metz, mais il se livra surtout presque exclusivement à des travaux historiques et archéologiques. Il est devenu membre, puis président, de l'Académie de Metz. Mr Abel a continué à habiter cette ville depuis l'annexion allemande, et il a été nommé en 1874 député au Reichstag. Outre un grand nombre d'articles publiés dans des recueils d'archéologie et d'histoire, dans la *Revue historique du droit français et étranger*, on lui doit un certain nombre d'ouvrages, parmi lesquels nous citerons : « Du passé, du présent et de l'avenir de la Législation militaire en France », 1857; « Des institutions communales dans le département de la Moselle », 1860; « le Mystère de Saint Clément publié d'après un manuscrit », 1861; « Étude sur la vigne dans le département de la Moselle », 1862; « César dans le nord-est des Gaules », 1863; « Un chapitre inédit de l'histoire de la comtesse Mathilde », 1863; « Séjour de Charles IX à Metz », 1866; « Recherches sur d'anciens ivoires sculptés de la cathédrale de Metz », 1869; « Rabelais médecin stipendié de la cité de Metz », 1879; « Deux bas reliefs gaulois du musée de Metz », 1875; « la Bulle d'or de Metz », 1875; « les Vignobles de la Moselle et les nuages artificiels », 1875.

Abel (Karl), philologue allemand né en 1839 à Berlin; étudia aux Universités de Tubingue, Munich et Berlin et y prit ses grades. Il débuta par un essai sur la langue cophte écrit en anglais, et inséré dans les *Actes de la Syro Egyptian Society*, réimprimé à Berlin en 1876 sous le titre: « Koptischer Untersuchungen ». A ce premier essai, il fit suivre: « Ueber Sprache als Ausdruck nationaler Denkweise », Discours, Berlin, 1869, nouvelle éd. 1876; « Ueber den Begriff der Liebe in einigen alten und neuen Sprachen », Berlin, 1872, dans les livraisons 158 et 159 de la *Sammlung gemeinverständlicher wissenschaftlicher Vorträge*.; « Ueber einige Grundzüge der lateinischen Wortestellung », Berlin, 1870, 2me éd. 1871; « Die englischen Verba des Befehls », Berlin, 1875; « Zur aegyptischen Etymologie », Berlin, 1878; « Zur aegyptischen Kritik », Berlin, 1878. Mr Abel a publié aussi d'autres travaux, l'un en 1876, visant la possibilité d'unifier les caractères employés dans l'écriture des langues slaves; une dissertation insérée dans la *Deutsche Rundschau* de 1877, et enfin deux volumes de Lettres sur les rapports internationaux qu'il avait publiés, en 1871, dans le *Times* et qui furent plus tard réunies.

Abetti (Antoine), astronome italien, adjoint de l'Observatoire de Padoue, né en 1846 à Goriçe. Il accompagna en 1874 le professeur Tacchini aux Indes dans l'expédition scientifique pour observer le passage de Vénus sur le Soleil; pendant une année, en 1877, il demeura à Berlin, pour étudier à l'Observatoire de cette ville l'orbite des planètes et des comètes; et il fit part, à plusieures reprises, de la Commission scientifique pour la détermination du degré.

Il a publié : « Foglietto annuale astronomico »; « Teoria e pratica della costruzione di un orologio solare in piano verticale », Vienne, 1876; « Discussioni delle osservazioni fatte a Padova sull'occlisse del settembre 1875 »; « Rapporto sulle osservazioni astronomiche fatte in India, in occasione del passaggio di Venere del dicembre 1874 »; « Calcolo d'orbite e d'effemeridi »; « I piccoli pianeti », 1879; « Discussione dell'ecclisse parziale di sole del 18 luglio 1879 »; « Osservazioni di comete e pianeti al circolo meridiano ed all'equatoriale dal 1871 al 1879 »; « Osservazioni di pianetini fatte all'Osservatorio di Padova coll'equatoriale Dembowski », Venise, 1884; « Nozioni sul calendario dei Cofti e degli Abissini cristiani », Rome, 1887, dans les Comptes Rendus de l'Accademia dei Lincei; « Nozioni sul calendario » dans l'*Annuario meteorologico italiano* de l'année 1887.

A. B. G. Signature avec laquelle paraissent habituellement dans les journaux anglais les articles de Sir George Biddel Airy (V. ce nom).

Abney (Guillaume de Wiveleslie), savant anglais, né à Derby en 1843, étudia à l'académie militaire royale de Woolwich, et fut nommé en 1861 lieutenant dans le corps royal des ingénieurs et capitaine en 1873. Après avoir enseigné la chimie aux ingénieurs royaux, à Chatham, il fut nommé inspecteur dans le département des sciences et des arts. Il a été un des membres de la commission chargée d'observer le passage de Vénus en 1874. Voici le catalogue de ses œuvres : « Instruction in photography »; « Emulsion photography »; « Thebes and its five greater temples ». Il a publié aussi beaucoup d'articles dans les *Philosophical Transactions*, dans les *Actes de la société royale*, et dans la *Revue philosophique*. En 1883 il obtint la médaille Rumford pour ses recherches sur la photographie et l'analyse spectrale. Il a été un des jurés, à l'Exposition d'Électricité.

Abónyi (Louis), écrivain hongrois, depuis 1867 membre de la Société Kisfaludy, est né le 9 janvier 1833.

Aboul Sooud, à la lettre, *Le Père des Prospérités*, poète arabe, né dans un village de la Basse Égypte vers 1828; il fit ses études au Caire à l'École des langues. Il se distingua de bonne heure parmi les poètes arabes par des *maouals* ou élégies, et par des *Kaçidas* ou odes, mystiques et voluptueuses à la fois. Dans un dithyrambe inspiré par la chute de Sébastopol il faisait un appel à la fraternité des peuples pour l'œuvre d'une civilisation supérieure. On cite comme son œuvre de prédilection un poème de dix mille vers, dont Mohammed-Ali est le héros.

Abraham (Émile), critique et auteur dramatique français, rédacteur de l'*Entr'Acte* et du *Petit Journal*, secrétaire général du théâtre de la Porte-Saint-Martin, né à Paris en 1833; on a de lui différentes pièces, entr'autres : « Chapitro 1er » 1863 ; « le Lorgnon de l'Amour » 1863 ; « les Parents de province » avec Jules Prével 1865 ; « l'Amour d'une ingénue » 1866 ; « l'Avenue des soupirs » 1866 ; « Nicaise, paysannerie d'après le conte de La Fontaine » 1867 ; « les Petits Crevés » en 4 actes, avec Al. Flan et J. Prével, 1868 »] ; et des libretti d'opérettes : « l'Homme entre deux ages » 1862 ; « Un drame en l'air » avec MM. Adrien Marx et Cartier » 1865 ; « le Train des Maris » 1868 ; « les Croqueuses de pommes » en cinq actes, avec Mr Eugène Grangé, 1869 ; « la Cruche cassée » avec H. Lucas, 1870 etc.

Abramof (Jacob Vasilievitch), publiciste russe, né le 21 octobre 1858 à Stavropol au Caucase. En 1877, il était étudiant de la faculté de médecine à Saint-Petersbourg ; en 1878, on le renvoya au Caucase comme coupable d'avoir répandu des brochures nihilistes. Il fut gracié au mois de décembre 1880, revint à Saint-Pétersbourg et y commença sa carrière de journaliste. Dans les années 1881-1884, il collabora à la revue libérale *Annales de la patrie* (Otetchestvenniia Zapiscki) où il a publié plusieurs articles sur les sectes religieuses russes et le bas peuple. Au mois de juin 1884, les *Annales de la Patrie* furent supprimés par le gouvernement et Abramof chargé par le Zemstvo de Saint-Pétersbourg, s'occupa depuis lors de statistique. Il a publié trois volumes contenant une description détaillée de deux districts du gouvernement de Saint-Petersbourg. En 1885, il collabora à la revue *L'Observateur* (Nablioudatele) et au journal *La Semaine* (Nédélia) ; à present il est rédacteur du journal *Le Messager du Nord*.

Abrànyi (Émile), poète lyrique hongrois des plus estimés, né en 1850 à Budapest, de l'ancienne famille des Eördögh du département Szaboles. Il débuta en 1867, par le poème : « Pantéléi ». Ont fait suite : « L'amour du prêtre, conte poétique » en 1872 ; « Poésies » 1875. « Nouvelles poésies » 1882 ; « Thérèse et autres petits poèmes » 1884. Mr Abrànyi a traduit en hongrois le « Manfrède » et « Le Don Juan » de Byron. Un volume contenant ses dernières poésies, sous le titre : « Liberté et patrie », est sous presse. Trois de ses drames : « Dans l'antichambre ; Le premier ; L'Exécuteur », ont été représentés au Théatro national de Budapest. Mr Abrànyi, ancien rédacteur du feuilletton du *Pesti Napló*, est membre de la Société Petöfi, depuis 1876 ; de la Société Kisfaludy, depuis 1885.

Abrànyi (Kornel), critique musical et compositeur hongrois, rédacteur du *Pesti Napló*, est né le 15 octobre de l'année 1822 à Saint-Georges Abrànyi. Il cultiva de bonne heure la musique, son art de prédilection, où il a acquis la plus grande compétence. En même temps, il étudiait le droit. En 1843, il entreprit un voyage en Allemagne, en Belgique et en Hollande, après lequel il se rendit à Paris, où il demeura une année en fréquentant beaucoup Chopin et Kalkbrenner, ses maîtres. Après deux ans, il revint à Budapest, où il fit connaître la musique de Chopin, et il en composa lui-même dans le style hongrois. En 1860, il fonda un journal de musique : *Feuilles musicales*, et pendant 16 ans, il fut l'apôtre de la musique nationale hongroise ; en 1875, il fut nommé professeur d'esthétique musicale et d'harmonie à l'Académie de musique nationale. Ses leçons ont été résumées par lui dans les « Éléments d'esthétique musicale » et dans le manuel intitulé : « Caractéristique de la musique hongroise ».

Abrassart (Jules-Florent-Aimé-Joseph), poète belge, né à Pâturages le 20 mai 1826. Son premier volume de vers « Les Abeilles, odes, élégies et ballades » parut à Bruxelles en 1847 sous le pseudonyme de Jules Aiméflor. Il fut suivi de plusieurs autres parmi lesquels nous citerons « *Les illusions* » Gand, 1855 ; « Le Dernier supplice d'une morte » Royan, 1880 ; etc. Un poème de M. Abrassart « Godefroid de Bouillon » fut couronné en 1848 par la Société royale des Beaux-Arts d'Anvers ; ses « Études rythmiques sur les Grues d'Ibycus, de Schiller, et la Chanson du brave homme, de Bürger, » ont été couronnées en 1876 par l'Institut national gènevois. On doit au même auteur beaucoup d'études et de transcriptions rythmiques, des « Essais d'accentuation prosodique d'après les plus célèbres ballades de Goethe » Leipsick, 1872, et de nombreuses poésies éparses dans l'*Annuaire poétique belge*, les *Tablettes des littérateurs belges*, le *Bulletin poétique de l'Académie des Muses Santones*, etc.

Académique (librairie). Quoique notre dictionnaire s'intitule des *Écrivains du jour*, nous jugeons utile d'y comprendre quelques renseignements sur les grands éditeurs. Donner les raisons de notre résolution ce serait exposer les rapports qui passent entre l'écrivain et celui qui donne à ses travaux la lumière de la publicité ; il nous paraît donc superflu d'en dire davantage. La librairie Académique de Paris, qui est la première en ordre alphabétique, dont nous ayons à nous occuper, a été fondée par Mr Didier ; elle est propriété maintenant de MMr Perrin et Co qui continuent, Quai des Grands Augustins 35, à Paris, les traditions de leur prédécesseur. Le catalogue de cette grande librairie comprend : *Publications illustrées* parmi lesquelles il nous plaît de citer la *Rome souterraine* de MMr J. Spencer Northcote et W. R. Brownlow traduite par Mr Paul Allard, qui est un résumé des découvertes de Mr De Rossi dans les catacombes romaines ; *Histoire, littérature, philosophie*, éditions in 8o ; *Discours académiques* qui sont une spécialité de la maison ainsi que la *Bibliothèque Académique*, recueil d'éditions in 12º; *Collections pour les bibliothèques populaires, Romans et voyages; Bibliothèque des Dames et des Demoiselles, Bibliothèque d'éducation, Mémoires archéologiques, Dictionnaires* parmi lesquels le *Grand Dictionnaire général et grammatical des Dictionnaires français* de Napoléon Landais, et le *Dictionnaire de médecine usuelle* des Drs J. P. Beaude et Dul. Parmi les grands ouvrages édités par cette maison nous citerons encore: le *Trésor de Numismatique et de Glyptique* qui est un Recueil général des médailles, monnaies, pierres gravées, bas-reliefs, ornements, etc. tant anciens que modernes, ouvrage en 20 volumes in-folio publié sous la direction de MMr Paul Delaroche, peintre, Henrique Dupont, graveur, et Charles Lenormant de l'Institut. Ajoutons que la Maison Didier a publié aussi le *Journal des Savants* de 1862 à 1879 et la *Revue Archéologique* de 1860 à 1882.

Accarias (Calixte), jurisconsulte français, né à Mens (Isère) le 17 décembre 1831, fut admis à l'École normale, dans la section des lettres, en 1850. Entré dans l'enseignement libre après 1852, il fit ses études de droit, les poussa jusqu'au doctorat et à l'agrégation et fut chargé d'un cours de droit romain à la Faculté de Douai. Plus tard il fut attaché comme agrégé à la Faculté de Paris et chargé du cours des *Pandectes*. En septembre 1870, il fut appelé dans la Commission chargée de remplacer le Conseil d'État en qualité de maître des requêtes, fonctions que son absence de Paris l'empêcha de remplir. En 1878 il a été nommé à la chaire nouvelle de Pandectes à la Faculté de Paris. On cite de lui plusieurs publications, entre autres: « Étude sur la transaction en droit romain et en droit français », 1863, thèse de doctorat; « Théorie des contrats innomés etc. », 1876; un important « Précis de droit romain », 1869, tome I; 1883, tome II. Une quatrième édition de cet ouvrage a paru en 1886.

Accordino Marchese (François), agronome et économiste italien, né à Patti (province de Messine) le 17 octobre 1810; il fit ses premières études dans le Séminaire de sa ville natale. Il se rendit plus tard à l'Université de Palerme pour y étudier le droit, l'économie politique et les sciences administratives. En 1830, il rentra à Patti et il se consacra à l'amélioration économique et agricole de son arrondissement. Président du Comice Agricole et du Conseil d'Arrondissement de Patti, il fut élu en 1848 député au parlement sicilien, puis nommé premier secrétaire de la direction provinciale de Messine, place qu'il garda jusqu'en 1861. Il fut nommé alors professeur d'agriculture à l'Université de Messine et il y resta jusqu'en 1867. Ayant publié les leçons qu'il tenait à l'Université, le Conseil comunal et le Conseil provincial de Messine prirent une délibération pour déclarer que Mr Accordino avait bien mérité de la ville et de la province. Depuis 1867 il vit à Patti tout entier à ses chères études. Parmi ses nombreux ouvrages nous citerons: « Memoria sopra taluni miglioramenti che possono farsi in Sicilia » Palerme, L. Bianco, 1844, in 8º, pag. 92; « Sull'accrescimento dei letami in Sicilia » 1851, couronné par l'Institut royal d'encouragement; « Progetto di una Banca agraria per la Sicilia » Palerme, 1857; « Pensieri e norme sulla scienza della pubblica amministrazione » Messine, 1859; « Prelezione sulla importanza della agricoltura » Messine, 1864, où débordent les sentiments le plus nobles et les plus patriotiques.

Achiardi (Antoine D'), naturaliste italien, né à Pise le 28 novembre 1839; âgé de vingt ans, il fut reçu docteur en sciences naturelles à l'université de sa ville natale où il enseigne, depuis l'année 1872, la minéralogie. Il débuta par des vers: « Le catene del Porto Pisano »; 1860, et « la Terra » poème en 34 chants. Mais il doit sa réputation aux publications, dont suit la liste: « la Blenda di Toscana », Pise, 1864; « Corallarii fossili del Terreno nummulitico delle Alpi Venete », Milan, 1866-1868, en 2 vols.; « Catalogo dei Corallarii nummulitici dell' Alpi Venete », Pise, 1867; « la Grotta all'Onda »; Pise, 1867; « D' alcune caverne e brecce ossifere dei Monti Pisani », Pise, 1887; « Studio comparativo fra i Coralli dei terreni terziarii del Piemonte e delle Alpi venete », Pise, 1868; « Nota sopra alcuni minerali e rocce del Perù », Pise, 1868; « Nota sopra alcuni minerali dell'Elba », Pise, 1870; « Biografia di Paolo Savi », Pise, 1871; « Minerali della Toscana non menzionati da altri, o incompletamente descritti », Florence, 1871; « Feldespati della Toscana », Florence, 1872; « Nota sulle ghiaie delle colline pisane », Florence, 1872; « Mineralogia della Toscana », 2 vols., Pise, 1872-73 couronné avec une médaille d'or par la *Società Italiana dei Quaranta;* « Paragone della Montagnola Senese con gli altri monti della Catena metallifera », Florence, 1872; « Sulla probabile circostanza di esistenza di resti di antichissime industrie umane nella così detta *terra gialla* di Siena », Florence 1872; « Sulla conversione di una roccia argillosa in serpentino », Rome, 1874; « Sulla Calcorie lenticolare e grossolana di Toscana », Rome, 1874, « Geologia dei bagni d'Aqui, e di Casciana », Rome, 1874; « Le Zeoliti del granito elbano », 1874; « Natrolite e Analcina di Pomaia », Pise, 1875; « Bibliografia mineralogica, geologica e paleontologica della Toscana », Rome, 1875; « Coralli eocenici del Friuli », Pise, 1875; « Su di alcuni minerali toscani », Pise, 1876; « Sulla Cordierite del granito dell'Elba e sulle Correlazioni delle Roccie granitiche con le brachitiche », Pise, 1876; « Miniere di Mercurio in Toscana », Pise 1877; Minerali toscani », Pise, 1867; « Sullo studio dolla Terra », Pise, 1878; « Sull' origine del-l'Acido borico e dei borali », Pise, 1878; « Nota sulla Calcite di Punta alle Mele nell'Isola d'Elba », Pise, 1878; « Nuove specie di Trochocythus nella calcaria titanica di Monte Primo », 4 vols. 1879; « Ossa animali e resti dell'industria umana sul Monte Argentario », 1879; « Ocra d' antimonio », 1879; « Sabbia granatifera di Pizzo di Calabria », 1879; « Su di alcune particolarità di corti feldispati della Calabria », 1879; « Coralli giurassici dell' Italia settentrionale », 4 vols., 1880; « Sul gabbro-rosso e roccie diasprine che vi si connettono », 1880; « Sulla presenza del rame nel gabbro-rosso », 1880; « Minerali nuovi per l' Elba », 1880; « Su alcuni minerali della miniera del Frigido » Pise, 1881; « Coralli fossili di Asolo », 1882; « Il gabbro-rosso », 1882; « I metalli, loro minerali e miniere », 2 vols., Pise, 1883-84; « Tormalinolite del Bottino nelle Alpi Apuane », 1885; « Diabase e Diorite dei Monti del Terriccio e di Riparbella », 1885; « Trochite e porfidi quarziferi di Castagneto », 7 vols., 1886; « Rocce ettrelitiche delle Alpi Apuane », 1887.

Ackermann (Louise Victoire née Choquet) femme poète française, née à Paris le 30 mars 1813. Elle se consacra de bonne heure à l'étude des lettres et des langues et lia des rapports d'amitié avec des hommes de lettres et des savants éminents tels que Mrs Stanislas Julien, Letronne, Eckoff etc. En 1838, après la mort de son père, s'étant rendue à Berlin pour y perfectionner ses études, elle y fit la connaissance de Mr Paul Ackermann, homme de lettres allemand, qu'elle épousa, quelques années plus tard. Leur bonheur dura peu; Mr Ackermann mourut le 26 juillet 1846 et sa veuve partit pour Nice où, pour apaiser sa douleur, elle reprit ses travaux poétiques délaissés depuis tant d'années. C'est de cette époque certainement que datent « La lyre d'Orphée »; « Deux vers d'Alice »; « La lampe d'Héro »; « L'Hyménée et l'amour »; « Endymion »; « Hébé » où l'on aperçoit de suite l'heureuse influence de l'étude des Lyriques grecs à laquelle Mme Ackermann se livrait dans cette période de sa vie. La réputation littéraire a bien tardé à venir pour Mme Ackermann, mais en revanche elle s'est établie sur des bases fixes et durables. Ses « Contes » publiés par Gérusez ne se vendirent pas; de très beaux vers qu'elle avait écrit en occasion de la mort de Mr Alfred de Musset, et que Mr Havet présenta à la *Revue des deux Mondes*, furent refusés par l'impitoyable Mr Buloz. En 1877, elle publia, chez Lemerre, à Paris, un volume de « Poésies » qui assura sa réputation. En 1882, elle publia, toujours chez le même éditeur, « Pensées d'une solitaire précédées d'une autobiographie »; et en 1885 « Oeuvres de Louise Ackermann. Ma vie; Premières poésies; Poésies philosophiques ».

Acland (Sir Henry Wentworth), savant anglais, professeur royal de médecine à l'université d'Oxford, membre de plusieurs académies scientifiques, est né en 1815; il étudia à Oxford, où il fut depuis nommé lecteur d'anatomie; et, en cette qualité, aidé par des collaborateurs habiles, tels que les professeurs Beale, Carus, Melville, Robertson, il fonda la Série Physiologique sur le plan du célèbre Hunter, pour le musée de l'université d'Oxford. Il publia un traité: « On the Plains of Troy, 1839 » et plusieurs ouvrages scientifiques, y compris un ouvrage médical très important, intitulé : « On the Visitation of Cholera in Oxford 1854 » et un autre, sous le titre: « Village Health », 1884. Il est médecin de S. A. R. le Prince de Galles, qu'il accompagna, en 1860, en Amérique, et président de plusieurs sociétés scientifiques.

Acollas (Émile), publiciste et jurisconsulte français, né le 25 juin 1826, à La Châtre; à cause de ses idées avancées, la Commune, en avril 1871, le nomma doyen de la faculté de droit de Paris. On a de lui, entr'autres : « L'Enfant né hors mariage, recherche de la paternité » 1865; « Réponse à Mr Thiers, à propos de la question italienne et de la question religieuse au Corps législatif » 1865; « Nécessité de refondre l'ensemble de nos codes » 1866; « Cours élémentaire de droit » 1869, en 3 vol.; « Les Droits du peuple, cours de droit politique » 1873; « La science politique, philosophie du droit » en 3 vol., 1877; Mr A. a publié en 1888 un livre fort important « le Droit de la guerre »; en 1878, il fonda une revue mensuelle internationale, sous le titre : *La Science politique*.

Acosta (Cécil), écrivain du Venezuela, né à Caracas en 1838; penseur profond et philosophe idéaliste, Mr Acosta écrit l'espagnol avec beaucoup d'élégance. Un diplomate américain des plus autorisés nous écrivait il y a quelques années: « Mr Acosta a collaboré à plusieurs journaux en y traitant surtout les questions philosophiques les plus difficiles. Il n'a jamais voulu accepter des fonctions publiques; il est hautement apprécié à cause de son noble caractère et de l'aménité de sa causerie ».

Acosta (Joaquim), colonel du génie au service de la Nouvelle Grenade, un des savants les plus distingués de l'Amérique du Sud, servit d'abord dans l'armée colombienne. En 1831, la république de Colombie étant dissoute et partagée en trois États, il resta dans la Nouvelle Grenade. En 1834, il fit avec le botaniste Cespedes, une exploration scientifique depuis la vallée du Socorro jusqu'à celle de la Magdalena. Sept ans après, il se rendit avec un corps de troupes, d'Antioquia à Anserma, à travers des tribus indigènes dont il étudia les mœurs et l'histoire. Il fit en 1845, le voyage d'Europe, visita l'Espagne et arriva en France il y demeura plusieurs années. Outre une excellente carte de la Nouvelle Grenade il fit paraître à

Paris un ouvrage destiné à la jeunesse américaine : « Compendio historico del descubrimento y colonizacion de la Nueva Grenada en el siglo decimo sexto » 1848. L'année suivante il publia une nouvelle édition, corrigée et augmentée, d'un livre important, devenu presque introuvable : « Semenario de la Nuova Grenada, Miscellanea de ciencias, literatura, arte e industria, publicada por una societad de patriotas granadinos, bajo la direccion de Francisco José de Caldos ». Le colonel Acosta se transféra de nouveau à Santa Fé de Bogota, continuant dans sa patrie ses recherches savantes. La société de géographie de Paris a reçu de lui des documents très precieux, publiés dans son *Bulletin*.

Acri (François), philosophe spiritualiste italien; né en 1836 à Catanzaro, professeur d'histoire de la philosophie à l'université de Bologne. Reçu docteur en droit à l'université de Naples, en fréquentant l'abbé Vito Fornari, il prit le goût de la philosophie. Envoyé par le Gouvernement italien à Berlin, il y suivit, dans les années 1862 et 1863, les cours de l'hegélien Michelet et de l'aristotélique Trendelenburg. Revenu en Italie, il enseigna successivement dans les lycées de Modène et de Catane, à l'Université de Palerme, et, depuis 1871, à celle de Bologne. Nous donnons la liste de ses publications, dont la forme élégante ajoute au charme : « Volgarizzamento del Parmenide di Platone, del Timeo, dell'Eutifrone, del Jone e del Menone » ; « Volgarizzamento dell' Axioco di Eschine » ; « Abbozzo di una Teorica delle idee » ; « Teoria della conoscenza secondo San Tommaso » ; « Del moto, secondo il Trendelenburg » ; « Discorsi sul sistema in genere e su la Storia della Filosofia » ; « Prose giovanili » ; « Scritti polemici » ; « Una nuova esposizione del sistema di Benedetto Spinoza », 1874 ; « Della relazione fra il corpo e lo spirito » ; « Ragionamenti contro i Veristi filosofi, politici e poeti », 1881 ; « Volgarizzamento del Convito di Platone » 1881 ; « Volgarizzamento del Todone di Platone », 1884 ; « Volgarizzamento del Critone di Platone », id. ; « Lezioni su una parte della Storia della Filosofia Greca », id.

Acsády (Ignace), écrivain et publiciste hongrois, né le 9 septembre 1845 à Nagy-Károly ; depuis le 1er janvier 1870, membre de la rédaction du *Pesti Napló*, de Budapest, dont il écrit, outre les articles de politique quotidienne, nombre d'articles littéraires. On a aussi de lui un drame en trois actes «Au pays doré » et les romans « la Banque de Fridényi » et « le Mariage pour l'argent »; des monographies historiques telles que « Marie Széchy » grand ouvrage de biographie nationale, et « La Hongrie, au temps de la revendication de la forteresse de Bude » ouvrage couronné au concours de la Société Historique hongroise. Il a publié aussi nombre d'essais épars dans les Revues et dans les journaux.

Acton (Lord Eméric Édouard Dalberg) publiciste anglais, né en 1834 à Naples. Il fréquenta longtemps à Munich les leçons du célèbre abbé Doellinger; entre les années 1859-65, il représenta le district de Carlowen (Irlande) à la Chambre des Communes. Sur la proposition de M. Gladstone, en 1869, il fut nommé Baron de Aldenham. On lui attribue les lettres sur le Concile œcuménique du Vatican qui ont paru, dans le temps, dans la célèbre *Allgemeine Zeitung*, suivies par une « Lettre à un évêque allemand, présent au Concile vatican », et par des matériaux pour servir à l'histoire du Concile. Quoiqu'il appartienne de cœur au parti catholique, il défendit énergiquement son ancien maître Doëllinger contre les exigences de la Cour de Rome, et publia dans le *Times* une série de lettres assez raides, contre un certain nombre de Papes. On peut le considérer comme le chef des catholiques libéraux de la Grande Bretagne. M. de Laveleye a traduit en français une partie de ses écrits sous le titre d' « Histoire de la liberté dans l'antiquité et le christianisme. »

Acuña (Juan Manuel do), diplomate espagnol. Écrivain distingué, Mr A. est attaché au Ministère des affaires étrangères.

Acuña (Rosario), femme écrivain, espagnole, née dans l'Arragon en 1862 : elle a écrit et fait représenter un drame : « Rienzi el Tribuno », et donné des lectures à la section littéraire de l'Athénée de Madrid.

Adam (François Etienne), poète français, né en 1836 à Combrée (Maine et Loire) de parents pauvres. Il se voua à l'enseignement et fut attaché pendant quelque temps au lycée de Brest. Comme poète, Mr Adam, appartient à l'école vériste, ses poésies qui sont éparses dans les journaux et les revues, n'ont pas été, que nous sachions, jusqu'à present recueillies dans un volume. En 1884, Mr Adam a publié en collaboration avec Mr A. de Champeaux: « Paris pittoresque », ouvrage illustré.

Adam (Lucien), linguiste et écrivain français, président de Chambre à la Cour de Rennes, né à Nancy le 31 mai 1833. On a de lui ces ouvrages: « La question américaine » 1861 ; « Réforme et liberté de l'enseignement supérieur » 1870 ; « Grammaire de la langue mandchoue » ; « Grammaire de la langue tongouse » 1874 ; « De l'Harmonie des voyelles dans les langues ouralo-altaïques » 1874 ; « Esquisse d'une grammaire comparée du Crée et du Chippeway » 1875 ; « Examen grammatical comparé de seize langues américaines » 1878 ; « Du parler des hommes et du parler des femmes dans la langue Caraïbe » Paris, 1879 ; « Arte y Vocabulario de la lengua Chiquita » Paris, 1880; « Arte de la lengua de los Indios Baures » Paris, 1880 ; « Les poètes Lorrains » Paris, 1881 ; « Grammaires et vocabulaires des langues et dialectes de la Guyane » Paris, 1882; « Grammaire et vocabulaire de la langue taensa » Paris, 1882; « Les Classifications, l'objet, la méthode, les conclusions de la linguistique » Paris, 1882; « Du genre dans les diverses langues » Paris, 1883; « Le Baron Guerrier de Dumast » Nancy, 1883; « Les idiomes négro-aryen et maléo-aryen » Paris, 1883; « Grammaire de la langue jagane » Paris, 1885; « La langue Chiapanique » 1887. M. Adam a organisé les deux Congrès des Américanistes qui ont eu lieu à Nancy et à Luxembourg.

Adam (Madame), illustre femme de lettres et politique française, fondatrice et directrice de la *Nouvelle Revue*, veuve de Mr Edmond Adam, préfet de police en 1870, née en 1836 à Verberie, dans le district de Senlis. Elle était fille d'un médecin, et passa sa première jeunesse à Chauny, dans l'Aisne. Elle débuta en 1858-1860 par deux brochures dont on remarqua la vigueur du langage: « Idées anti-proudhoniennes sur l'amour et la femme »; « La Papauté dans la question italienne ». Suivirent: une biographie enthousiaste de Garibaldi, « Garibaldi; sa vie d'après des documents inédits »; une nouvelle: « Blanche de Coucy ». « Le Mandarin » 1860; « Mon village » 1860; « Récits d'une paysanne » 1862; « Voyage autour du Grand Pin » 1863; « Dans les Alpes » 1867; « L'éducation de Laure » 1868; « Saine et sauve » 1870; « Récits du Golfe Juan » 1873; « Siège de Paris » 1873 (dans ce siège elle avait fait preuve d'un grand courage et d'un patriotisme ardent); « Jean et Pascal » 1876; « Laide » 1877; « Grecquo » 1879; « La Nouvelle Revue », fondée et lancée par elle avec une hardiesse et une puissance admirables (elle y écrit périodiquement les *Lettres sur la politique extérieure*); « Galatée, adaptation » 1880; « Poëtes grecs contemporains » 1882; « Chanson des nouveaux époux » 1882; « Païenne » 1883; « La Patrie Hongroise » 1884; « Récits d'une paysanne » avec illustrations, 1884; « Coupable » comédie en un acte, 1885; « Le général Skobéleff ». Nombre d'écrits de madame Adam ont paru sous son nom de plume: *Juliette Lamber*. On attribue également à Mme Edmond Adam les curieuses études sur les Sociétés étrangères publiées sous le nom de Paul Vasili dans la *Nouvelle Revue*, puis en volumes, et qui ont donné lieu à des discussions nombreuses et qui avaient été d'abord attribuées — d'après le journal *le Français* — à M. Henri des Houx.

Adamek (Charles), écrivain autrichien, né le 13 mars 1840 à Hlinsko, étudia à Prague, se consacra au commerce et parcourut l'Autriche, l'Allemagne, la Belgique, la France, la Suisse et l'Italie écrivant ses impressions de voyage surtout au point de vue de l'histoire et des beaux-arts. Il a traduit aussi en tchèque le *Werther* de Gœthe et le *Contrat social* de J.-J. Rousseau.

Adami (Frédéric), littérateur prussien, patriote convaincu, né, le 18 octobre 1816, à Suhl, dans le district d'Erfurt, étudia à Berlin et depuis 1888 s'adonna entièrement aux belles lettres. Collaborateur principal de la *Neue Preussische Kreuz-Zeitung*, il fut nommé, en 1868, conseiller aulique et publia de grandes et de petites pièces dramatiques, des prologues, des traductions etc. Nous citerons de lui: « Dramatische Genrebilder aus der vaterländischen Geschichte » Berlin, 1872, 2 vol.; « Grosse und Kleine Welt » romans historiques choisis, Berlin, 1870, 4 vol.; « Louise, Königin von Preussen » Berlin 1882, 10e éd., biographie de la reine-patriote qui a obtenu un énorme succès de popularité; « Vor fünfzig Jahren. Nach den Aufzeichnungen von Augenzeugen » Berlin, 1863; « Aus Friedrich des Grossen Zeit » Berlin, 1869.

Adamoli (Jules), député et voyageur italien, né en Lombardie. Mr Adamoli, après avoir pris part aux guerres de l'indépendance italienne et y avoir gagné le grade de capitaine, entreprit plusieurs grands voyages dans l'Asie Centrale, dont il donna le récit dans le *Bollettino della Società Geografica Italiana* de 1872, sous le titre: « Ricordi d'un viaggio nelle Steppe dei Kirghisi e nel Turkestan », et dans la *Nuova Antologia*, 1873: « Una escursione nel Kokan »; « Una spedizione militari nell'Asia Centrale ». Il apporta de Samarcande plusieurs marbres enlevés du mausolée de Tamerlan où on lit des inscriptions arabiques funéraires qu'on a exposé à Florence en septembre 1878 à l'occasion du quatrième congrès des Orientalistes qui eut lieu dans cette ville. Depuis 1874, Mr Adamoli appartient à la Chambre italienne; avant la nouvelle loi électorale, il représentait le collège de Gavirate (Come) où il remplaça l'illustre philosophe Giuseppe Ferrari; maintenant il représente le 1er collège de Come dont Gavirate fait partie. Mr Adamoli a été pendant quelque temps Questeur de la Chambre. Il en est aujourd'hui encore Secrétaire. Il est aussi un des Conseillers de la *Società Geografica Italiana*, et, en cette qualité, il a contribué à l'organisation des expéditions en Afrique de MM^{rs} Antinori, Gessi et Matteucci.

Adams (Charles François), homme d'état et publiciste américain, né à Boston le 18 août 1807, est le petit-fils de John Adams, le second président des États-Unis, et le fils de John Quincy Adams, le sixième président. Encore enfant, il suivit son père dans ses Ambassades en Russie et en Angleterre. Revenu en Amérique, il termina ses études à l'université de Harward et prit à Boston, en 1828, le titre d'avocat (*barrister*), sans cependant exercer la profession. Peu après son mariage avec la fille de Mr Brooks, riche marchand de Boston, qui lui apporta une fortune énorme, il consacra une

partie de ses biens à des travaux littéraires, notamment à la publication des papiers et correspondances laissés par son père et son grand-père. En 1831, il fut élu membre du Sénat du Massachusetts. En 1848, il fut désigné par le nouveau parti dit du *Free Soil* (Sol libre), comme candidat à la vice-présidence de la République. Député en 1858 au Congrès de Washington pour le Massachussets, il fut accrédité à Londres comme envoyé extraordinaire et ministre plénipotentiaire, par le président Lincoln, le 16 mars 1861. Au milieu des émotions internationales, causées par l'affaire de l'Alabama, il s'efforça d'exercer par ses discours et par ses écrits une action conciliatrice (1870-72) et fut nommé arbitre pour les États-Unis dans la conférence arbitrale de l'Alabama, ouverte à Genève le 15 juin 1872, sous la présidence du plénipotentiaire italien comte Frédéric Sclopis de Salerano. En 1876, le parti démocratique le nomma Gouverneur du Massachussets. Il a publié un grand nombre d'articles dans la *North American Review*, dans le *Christian Examiner*, et, en 1870, il prononça à la Société historique de New-York un discours sur la « Neutralité américaine », qui eut beaucoup de retentissement. On lui doit aussi : « The Life and Works of John Adams », 10 vol., 1850-56; « The Life and Works of John Quincy Adams », 13 vol., 1874-76.

Adams (Charles François junior), général et écrivain américain, fils du précédent, né à Boston le 27 mai 1835; il prit ses degrés en 1856 au Collège de Harward et en 1858 fut admis au barreau. Pendant la guerre de sécession, il eut le commandement d'un régiment d'hommes de couleur, et arriva au grade de Brigadier Général. Après la paix, il s'occupa très activement de tout ce qui se rapporte aux chemins de fer; depuis juin 1884, il a même été nommé Président de la *Union Pacific Railway Company*. Il est, ainsi que son père, un des collaborateurs de la *North American Review*, et il est l'auteur des ouvrages suivants : « The Railroad Problem », 1875; « Railroads, their Origin and Problems », 1878; « Notes on Railroad Accidents », 1879 etc. « A College Fetich », 1883. En collaboration avec son frère Henri il publia en 1871 « Chapters of Erie ».

Adams (Charles Kendall), professeur et historien américain, né à Derby, dans l'État de Vermont, le 24 janvier 1835. Il fit ses études à l'université de Michigan. Tout de suite après avoir reçu l'habilitation à l'enseignement, il y fut nommé maître d'histoire et de latin, et, en 1863, aide-professeur d'histoire. Il entreprit plus tard un voyage d'étude en Allemagne, en France et en Italie, lequel dura dix-huit mois. Revenu à Michigan, il fut promu, en 1868, professeur d'histoire. En 1881, il fut nommé professeur non-résident d'histoire à l'Université Cornell, dont il devint président, en juillet 1885, après la démission de Mr White. Il réorganisa complètement l'enseignement de l'histoire dans l'Université de Michigan, d'après les méthodes allemandes, et y institua un séminaire historique qui a déjà donné d'excellents résultats au point de vue de la diffusion des études historiques et politiques. Dès l'institution d'une école de sciences politiques à l'université de Michigan, il en fut nommé doyen. On lui doit : « Democracy and Monarchy in France », 1874, et « Manual of Historical Literature », 1882, ainsi qu'un grand nombre de brochures et d'articles sur des arguments d'histoire et de didactique. En 1875 et en 1886 les universités de Chicago et de Harward lui ont décerné des titres d'honneur.

Adams (Guillaume), médecin anglais, né à Londres le 1er février 1820. Ses études achevées, il fut nommé tour-à-tour, en 1842, démonstrateur d'anatomie morbide à l'hôpital Saint-Thomas; en 1851, aide-chirurgien; en 1857, chirurgien à l'hôpital orthopédique et en 1874, chirurgien à l'hôpital national pour les paralytiques et les épileptiques. En 1867, la Société pathologique de Londres l'appela à la vice-présidence; en 1873 et en 1876, il fut nommé président de la Société Harveienne de Londres et de la Société de médecine. On lui doit les ouvrages suivants : « A Sketch of the Principles and Pratice of Subcutaneous Surgery », 1857; « On the Reparative Process in Human Tendons after Division », 1860; « Lectures on Pathology and Treatment of Lateral Curvature of the Spine », 1865; « On the Pathology and Treatment of Club foot », 1866 (essai qui remporta le prix Jackson, décerné par le Collège Royal des Chirurgiens); « Subcutaneous Division of the Neck, of the Thigh Bone, for Bony Anchilosis of the Hip-Joint », 1871; et « On the Treatment of Dupuytren's Contraction of the Fingers; and on the Obliteration of Depressed Cicatrices by Subcutaneous Operation », 1879.

Adams (Guillaume Henri Davenport), homme de lettres anglais, né à Londres en 1829, s'est fait d'abord connaître par sa collaboration aux journaux et publications périodiques de la province et de Londres; puis, s'occupant spécialement de produire des livres de vulgarisation, il déploya une fécondité et une activité extrêmes. Il a traduit ou adapté en anglais les publications scientifiques illustrées de MM^s Louis Figuier et Arthur Mangin, plusieurs ouvrages littéraires de Michelet et de Madame Michelet qui acquièrent bientôt une grande popularité, due bien davantage à l'exactitude et à l'élégance de la traduction qu'aux belles illustrations dont Mr Giacomelli les a ornées. Mr A. a écrit lui-même des recueils nombreux de récits ou tableaux historiques, descriptions de pays, biographies etc. parmi lesquels nous devons nous borner à

citer: « The Bird World »; « The Antic World »; « The Mediterranean Illustrated »; « Episodes of Anglo-Indian History »; « Woman's Work and Worth »; « Women of Fashion and Representative Women in Letters and Society », 1878; « English Party-Leaders and English Parties, from Walpole to Peel », 2 vol., 1878; « Hours of the Cross », 1880; et « Plain Living and High Thinking », 1881. Mr Adam a été directeur du *Scottish Guardian* de juin 1870 à décembre 1877.

Adams (G. Davenport junior), homme de lettres anglais, fils du précédent est l'auteur d'un « Dictionary of English Literature », et d'un ouvrage sur les « Famous Books ». Il est aussi l'auteur de trois recueils de poésies annotées sous les titres: « Lyrics of Love from Shakespeare to Tennyson »; « The Comic Poets of the Nineteenth Century », et « Latter-Day Lyrics ».

Adams (Herbert Baxter), historien américain, né le 16 avril 1850 près d'Amherst, dans l'État du Massachusetts, Nouvelle-Angleterre. Il a été élevé au collège d'Amherts, d'où il passa à l'Université de Heidelberg où il suivit, entre autres, les cours du célèbre professeur J. C. Bluntschli. Cet homme éminent et d'autres professeurs de Heidelberg et de Berlin raffermirent son goût pour les travaux historiques et politiques. Après un séjour de trois ans en Europe, ayant été en 1875 reçu docteur à Heidelberg, il revint en Amérique. En 1876, il fut nommé membre, pour l'histoire, de l'Université de John Hopkins à Baltimore (Maryland) qui venait alors de s'ouvrir; en 1878, il en devint agrégé et en 1883 professeur agrégé. En 1882, il fonda et commença à publier à Baltimore les « John Hopkins University Studies in Historical and Political Science », dont ont déjà paru neuf volumes qui contiennent des contributions pour l'histoire économique et constitutionnelle des États-Unis. En 1867, il commença à publier pour le bureau de l'instruction publique de Washington une série de « Contributions to the Educational History of the United-States »; Très importants sont, son rapport sur « The Study of History in American Colleges and Universities », Washington, 1887 et son esquisse de « Jefferson and Higher Education in Virginia ». Mr A., qui demeure à Baltimore est secrétaire de l'Association historique américaine et membre correspondant de la Société historique du Massachusetts.

Adams (John Couch), astronome anglais, né le 5 juin 1819, à Lidcot près Launceston (Cornouailles), a été élevé à l'école de son village et plus tard à celle de Davenport où il eut comme maître le rev. I. C. Groylls. En octobre 1839, il fut envoyé au collège Saint-Jean à Cambridge et au concours de mathématiques de 1843 il y obtint la première place, et ne tarda pas à y être nommé répétiteur de mathématiques; en 1853, il passa au collège de Pembroke avec la même qualité; en 1858, il fut nommé professeur de mathématiques à l'Université de St.-Andrew où il resta jusqu'à la fin de 1859, à laquelle époque il succéda à Mr Peacock comme professeur d'astronomie et de géométrie à l'université de Cambridge, place qu'il occupe encore. En 1861, il succéda aussi à Mr Challis comme directeur de l'Observatoire de Cambridge. En 1841, il se mit à rechercher la cause des irrégularités observées dans le mouvement de rotation de la planète Uranus et il finit par se convaincre qu'on pouvait les attribuer à l'influence d'une planète inconnue située dans sa sphère. En octobre 1845, il fit part du résultat de ses observations à l'Observatoire de Greenwich; l'Astronome royal, dans sa réponse lui demanda si la perturbation expliquerait l'erreur du *radius vector* d'Uranus. Mr A., pour des raisons que nous ignorons, ne répondit pas tout de suite; sur ces entrefaites, Mr Galle de Berlin qui, à la suite du mémoire publié par Le Verrier sur la perturbation d'Uranus produite par Jupiter et par Saturne, s'était livré à des observations particulières, découvrit la planète en question (26 septembre 1846). Après une vive polémique entre MM. A. et Le Verrier, l'honneur de cette découverte fut attribué à ce dernier. Le mérite de Mr Adams n'en est pas moindre. Ses recherches sont antérieures sans contredit à celles de M^r Le Verrier; le savant Humboldt s'est empressé de le reconnaître dans le *Cosmos*, et aujourd'hui, les Français eux-mêmes reconnaissent que les deux savants furent amenés, chacun par ses propres calculs, à constater le même fait et que leur mérite est égal. C'est ce que pensa, avec raison, la Société astronomique de Londres, en partageant son prix annuel entre MM. Adams et Le Verrier. En 1847, Mr Adams publia à part un mémoire sur les irrégularités observées dans le mouvement d'Uranus. Parmi les nombreux memoires publiés par Mr Adams nous signalerons: « A note on Ellepticity of Mars, and its effect on the motion of the satellites », 1879; « A note on Sir G. B. Airy's investigation of the theoretical value of the acceleration of the Moon's Mean motion »; « A note on the Constant of Lunar Parallax », 1880; « A note on the inequality in the Moon's Latitude which is due to the secular change of the plane of the Ecliptic », 1881; « On the general values of the obliquity of the Ecliptic and of the Precession, and Inclination of the Equator to the invariable Place, taking into account terms of the second order ». Cet article publié dans les *Proceedings of the American association*, a été reproduit, corrigé et augmenté dans *The Observatory*, avril 1886.

Adams (William), écrivain américain né en 1822, d'abord instituteur, puis auteur, sous le pseudonyme de *Optic Olivier*, de nombreux ouvrages destinés à la jeunesse et rapidement devenus popolaires.

Adelardi (Rolandino). Un roman en deux volumes « La famiglia Moscardini, romanzo storico-contemporaneo », Turin, 1885, donna lieu lorsqu'il parut à des récriminations fort vives: la presse entière soutenait que c'était un livre à clef, mais on ignorait, ou on faisait semblant d'ignorer, le nom de l'auteur. Le 5 mai 1886, un journal de Gênes, *Il Cittadino*, annonçait: M^r le sénateur Zini (Voyez ce nom) a écrit à M^r le juge d'instruction que sachant qu'une instruction est ouverte pour connaître l'auteur ou les auteurs qui se cachent sous le nom de Adelardi Rolandino, il avoue hautement être le seul auteur de ce livre et demande que toute la responsabilité en tombe sur lui, et sur lui seul. Le journal génois annonçait que le Sénat allait être convoqué en Haute Cour de Justice pour connaître de cette singulière question, mais l'avenir a démontré que cette dernière partie de la nouvelle était absolument fausse.

Adelmann von Adelmannsfelden (Comte Alfred), écrivain allemand, aide-de-camp du prince héritier Guillaume de Wurtemberg, né le 4 juillet 1848 à Stuttgart, résidant dans le Siegthal (Prusse rhénane). Il a pris part, comme officier dans la cavalerie wurtembergeoise, à la guerre franco-prussienne (1870-71), et publié des romans, des nouvelles, des récits de voyages, etc. Nous citons : « Ein Ausflug in die Normandie », nouvelles, Hannover, 1873 ; « Donzini », roman, Leipsick, 1885 ; « Aus dem Felde », Leipsick, 1871 ; « Fenella », nouvelle, Leipsick, 1885 ; « Aus Italien, Sieben Monate in Kunst und Natur », Stuttgart, 1887 ; « Der edle Liberalismus und seine gefährlichsten Gegner », Leipsick, 1884 ; « Am ligurischen Meere », Stuttgart, 1883 ; « Schwert und Feder », Roman, Jena, 1881 ; « Selbst errungen », Roman, 2 vol., Hanovre, 1872 ; « Was ist Glück », petites nouvelles, Leipsick, 1885 etc.

Ademollo (Alexandre), historien et publiciste italien, conseiller à la Cour des Comptes, à Rome, né à Florence le 20 novembre 1826; il débuta par des articles littéraires et de critique théâtrale, dans les journaux florentins : *Il Commercio, Il Popolano, Il Lampione, L'Arte, Lo Scaramuccia* (dans ce dernier journal sous le nom de *Josué* et sous l'anagramme de *Malledolo*), dans la *Scena* de Lucques, dans la *Revue Franco-italienne*, dans l'*Europe Artiste* et dans le *Messager de Paris*. Après 1860, employé à la Cour des Comptes, il suivit la capitale de Turin à Florence, et de Florence à Rome ; de Turin, il envoya des correspondances au *Pungolo* de Milan, sous le pseudonyme de *Nemo*, qu'il garda ensuite comme correspondant littéraire romain de la *Gazzetta d'Italia*, dans le temps où ce journal se publiait à Florence.

Mais on est surtout redevable à Mr Ademollo de nombreuses et précieuses monographies et d'une série d'articles d'histoire italienne, et tout spécialement romaine et napolitaine. Plusieurs de ses écrits ont paru dans ces journaux: *Rivista Europea, Rassegna settimanale, Gazzetta d'Italia, Opinione, Fanfulla della Domenica, Nuova Antologia, Archivio storico della città e provincia di Roma* et *Ateneo italiano* de Rome. Nous signalerons parmi ses monographies les plus remarquables: « La giustizia a Roma dal 1674 al 1739 e dal 1796 al 1840 », Rome, 1882; « Gian Domenico Stratico » Rome, 1882; « Il matrimonio di Livia Cesarini », Rome, 1883; « Il Carnevale di Roma nei secoli XVII e XVIII », Rome, 1883; « Le annotazioni di Mastro Titta, carnefice romano », Rome, 1883; « Saggio di riveditura di bucce al libro del signor Silvagni : *La Corte e la Società Romana* »; Rome, 1884; « Anzio e Nettuno dal secolo XVI al XVII » Rome, 1886 ; « Alessandro VI, Giulio II e Leone X, nel carnevale di Roma », Florence, 1886; « Corilla Olimpica », Florence, 1887; « I primi fasti della musica italiana, 1645-1662 », Milan, 1884; « I primi fasti del teatro della Pergola », Milan, 1885; « Una famiglia di comici italiani nel secolo decimottavo », Florence, 1885; « I Basile alla Corte di Mantova », Gônes, 1885 ; « La Bella Adriana a Milano, 1611 », Milan, 1885; « La Leonora di Milton e di Clemente IX », Milan, 1885 »; Mr Ademollo a aussi le mérite d'avoir publié le premier document inédit qui confirme le supplice de Giordano Bruno, et établi les causes et les circonstances du départ de Rome, de Thomas Campanella. Mr Ademollo est un curieux et un érudit intelligent; cette double qualité lui a permis de rendre des services considérables aux études historiques.

Adenis (Jules), auteur dramatique français, né à Paris en 1823. Son véritable nom de famille est de Colombeau ; Jules et Adenis ne sont que ses petits noms, dont il a fait son nom de plume sous lequel il est aujourd'hui presqu'uniquement connu. Il a écrit pour le théâtre un assez grand nombre de pièces, soit seul, soit en collaboration avec MM. Chapelle, Dartois, de Courcelle, Gastineau, Rostaing, etc. Nous citerons particulièrement: « Philantropie et repentir », vaudeville, 1855; « Une Bonne pour tout faire », vaudeville, 1860; « Sylvie », opéra-comique, 1864; « la Fiancée d'Abydos », opéra en quatre actes, 1865; « la Grande Tante », opéra-comique, 1867; « la Jolie fille de Perth », opéra, 1867; « la Czarine », drame en cinq actes, 1868; « les Trois Souhaits », opéra-comique, 1874; « l'Officier de Fortune », 1875, drame en cinq actes qui a eu un grand succès; « L'Abîme de Trayas », drame, en collaboration avec Mr J. Rostaing, 1876; « la Fée des Bruyères », opéra-comique, 1880; « Juge et partie », opéra-comique, 1885; enfin « les Templiers », opéra en collaboration avec Armand Silvestre et L. Bonnemère etc.

Adler (Nathan Marcus), grand rabbin de Londres, né à Hanovre en 1803; a fait ses études aux Universités de Gottingue, Erlangen et Wurzbourg. Après avoir été rabbin à Oldenbourg et à Hanovre, il fut nommé en 1845, grand Rabbin de la Congrégation israélique unie de l'Empire britannique. Le docteur Adler est l'auteur de « Sermons on the Jewish Faith », et de plusieurs ouvrages en hébreu, dont le plus important est « Nethina Lager », qui n'est qu'un commentaire du Targoum de Onkelos.

Adler (Hermann), fils du précédent, théologien allemand, né à Hanovre en 1839; en 1845, il accompagna son père à Londres, où il étudia à l'université et ensuite à celles de Prague et de Leipsick, où il fut reçu docteur en philosophie. En l'année 1863, il prit la direction du collège des Juifs à Londres et, quand, en 1879, la santé de son père, rabbin en chef, commença à faiblir il en fut nommé coadjuteur avec le titre de rabbin principal délégué. Il est auteur de: « A jewish reply to D^r. Colenso's critics on Pentateuch », 1865 »; « Sermons on the passages in the Bible adduced by Christian theologians in support of their faith »; « The Jews in England »; « Ibn Gabirol, the Poet philosopher »; « Hebrew, the language, of our prayer »; « Is Judaism a missionary faith? » en réponse au professeur Max Müller, etc. Il publia en outre plusieurs articles dans les revues, notamment dans la *Nineteenth Century*, dans laquelle il engagea une polémique vigoureuse avec le prof. Goldwin Smith sur les Juifs comme citoyens. Dans son article: « Recent Phases of Judaeophobia » 1881, il dirigea l'attention publique sur les persécutions contre les Juifs en Russie; et il prit part à Berlin, à la conférence des représentants des principales congrégations israélites d'Europe pour leur venir en aide. En 1885, il visita les colonies fondées en Terre-Sainte par des refugiés russes.

Adley H. Cummins, philologue américain, né le 3 mars 1850, dans le Comté de Chester en Pennsylvanie; il demeure actuellement à San Francisco, en Californie. Il est l'auteur d'une excellente grammaire: « A Grammar of the Old Friesic Language » dont la seconde édition a paru en 1887 à Londres, chez Trübner.

Adnet (Léon-Charles-Amédée), avocat près la Cour d'Appel de Bruxelles, né dans cette ville le 30 décembre 1835. A écrit une « Histoire du Parlement belge de 1847 à 1858 » Bruxelles, 1862, et un « Commentaire de la loi sur la compétence civile » Bruxelles, 1866, ouvrages fort estimés en Belgique.

Adriani (Jean-Baptiste), archéologue et historien piémontais, né à Cherasco le 11 août 1823; il entra dans l'ordre des Pères Somasques et il dirigea pendant quelques années le collège militaire de Racconigi et le collège de Casale. Pár ordre du gouvernement sarde, le père Adriani entreprit, en 1852, un voyage dans la France méridionale, à la recherche de documents historiques concernants l'histoire du Piémont et de l'Italie. Il en rapporta plus de 200 qu'il publia à son retour avec un rapport. Parmi ses nombreuses et doctes publications, on doit citer: « Lettere e monete inedite del sec. XVI appartenenti ai Ferrero-Fieschi, antichi conti di Lavagna e marchesi di Masserano » Turin, 1851; « La Traslazione solenne delle reliquie di santa Attica martire » Turin, 1851; « Degli antichi signori di Sarmatorio, Manzano e Monfalcone, indi degli Operti Fossanesi » Turin, 1853; la Préface, traduite en latin par le professeur Th. Vallauri, du second vol. *Chartarum* du grand recueil, *Historiæ patriæ Monumenta*, et « Documenti inediti di Storia Subalpina dei secoli XII e XIII » (dans le même recueil, de l'année 1853); « Relazione del viaggio letterario dell'autunno 1852, » Turin, 1855; « Sommario di cose archeologiche e numismatiche e di documenti di storia patria osservati o discoperti nelle provincie pedemontane nel viaggio autunnale dell'anno 1855 » Turin, 1855; « Della vita e delle opere del P. Francesco Voersio primo istorico della città di Cherasco e della famiglia Campione » Turin, 1856; Appendice all'articolo Cherasco, dans le XXVIII vol. du *Dizionario geografico-storico-statistico comm. degli Stati di Sardegna* par G. Casalis, Turin, 1857; « Indice analitico o cronologico (*Regesta*) di alcuni documenti per servire alla storia di Cherasco », Turin, 1857; « Cenni intorno alla ven. Suor Maria Elis. Provana di Leyni » Turin, 1857; « Notizie storiche dei nobili Calderari » Turin, 1857; « Delle Monete Maomettane del dott. Lud. Krehl » Turin, 1857; « Memorie storiche della vita e dei tempi di Monsignor Gio. Secondo Ferrero Ponziglione » Turin, 1858; « Monumenti storico-diplomatici degli archivi Ferrero-Ponziglione e di altre nobili case subalpine, raccolti ed illustrati » Turin, 1858; « Tavole genealogiche delle nobili case Ferrero e Ferrero-Ponziglione » Turin, 1858; « Diario del congresso della pace di Cherasco » Turin, 1863; « Le guerre e la dominazione dei Francesi in Piemonte dall'anno 1536 al 1559 » Turin, 1867; « Ginevra, i suoi Vescovi-Principi e i Conti e Duchi di Savoia » Turin, 1869; « Statuti del Comune di Vercelli dell'anno 1241 » Turin, 1872; « Beati Ogerii de Tridino Opera quæ supersunt » Turin, 1872; « I codici diplomatici del Comune di Alba » avec une introduction et des notes.

Advielle (Victor), littérateur français, né à Arras, en 1823. Il entra dans l'administration, devint sous-chef de division à la préfecture de Rodez, puis il alla habiter Paris, consacrant ses loisirs à des travaux historiques, biographiques etc., se rapportant surtout à des personnages et à des événements appartenant à l'histoire du Dauphiné, de l'Artois et du Rouergue, et tirés à un petit nombre d'exemplaires. Nous citerons : « Souvenir d'une visite à l'Abbaye de Saint-Antoine en Dauphiné », 1859 ; « Souvenirs historiques de l'Artois », 1860 ; « Notices sur Thomas Mermet », 1860 ; « Notice sur Hugues Merle », 1860 ; « le Chevalier Bayard », 1860 ; « l'Empereur Napoléon III à Grenoble », 1860 ; « l'Abbé J. H. R. Prompsault », 1862 et 1864 ; « Causeries dauphinoises », 1864 ; « les Écossais en Rouergue », 1865 ; « le Rouergue dans ses rapports avec le Nord de la France », 1866 ; « le Rouergue dans ses rapports avec le Dauphiné et la Savoie », 1869 ; « les Beaux-Arts en Rouergue », 1868 ; « Christophe Plantin a-t-il connu le clichage typographique ? », 1870 ; « les Droits et les devoirs des conservateurs et des administrateurs des Bibliothèques communales », 1874 ; « Du bénéfice-cure en Savoie sous le régime sarde et français », 1874. On lui doit, avec plusieurs autres publications, un petit volume de « Lettres et Poésies inédites de Voltaire », 1872 ; « Questions de droit relatives aux bureaux de Bienfaisance », 1875 ; « La République de Saint-Marin à l'Exposition Universelle de 1878 », 1879 ; « La question du divorce à propos d'un récent ouvrage de Mme Rattazzi », 1880 ; « Le patois artésien et les Chansons de la fête d'Arras », 1882 ; « Histoire de la ville de Sceaux », 1883 ; « Histoire de Gracchus Babeuf et du Babouvisme », 2º vol., 1885 ; « La musique chez les Persans en 1885 ». M. Advielle a publié aussi, dans différents journaux, des critiques d'art très appréciées sous les pseudonymes de d'Hermaville et de Vicomte de Lorivalci.

Adye (Sir John Miller), écrivain militaire anglais, lieutenant général dans l'armée anglaise, né le 1er nov. 1819 à Sevenoaks, dans la Comté de Kent ; après avoir accompli ses études dans l'académie militaire de Woolwich, il entra dans l'artillerie et il prit part en qualité d'aide général d'artillerie à la guerre de Crimée, à la répression de l'insurrection indienne et à la campagne de Sitana. Chef d'état-major, et commandant en second dans l'expédition de 1882 en Égypte, sous le commandement de Sir Garnet Wolseley, il reçut pour ses services éclatants, les remercîments du Parlement anglais ; et en janvier 1883 il succéda à lord Napier de Magdala comme gouverneur de Gibraltar. Sir Adye a publié : « The defence of Cownpore by the Troops under the orders of major general Windham in nov. 1857 » ; « A Review of the Crimean War to the winter of 1854-55 » Lond. 1860 ; « Sitana, a mountain compaign on the Borders of Afghanistan in 1863 » ; « The british army in 1875 » Lond. 1876.

Aegidi (Charles Louis), jurisconsulte et homme d'état allemand, né le 10 avril 1825 à Tilsit ; de 1842 à 1847, il fit son droit aux Universités de Königsberg, Heidelberg et Berlin ; en 1848, de mars à novembre, il fut pour quelques mois secrétaire du Ministre prussien, et rédacteur de la *Constitutionelle Zeitung* jusqu'à janvier 1851. En été 1853 il obtint de la Faculté de Gottingue *venia docendi* sciences politiques, mais il ne put pas s'en servir, car le roi Georges V la lui retira bientôt pour avoir affiché un peu trop hautement ses sympathies prussiennes. De 1857 à 1859, M. Aegidi fut professeur à Erlangen. En 1859, il prêta, comme journaliste, son appui au Ministère Hohenzollern-Auerswald et publia entr'autres une brochure anonyme « Preussen und der Friede von Villafranca », Berlin, 1859. En 1868, il fut nommé professeur d'histoire et de sciences politiques au Gymnase académique de Hambourg, en 1868, professeur de droit à l'université de Bonn, et prit part avec ses élèves à la campagne de 1870. En 1871, il fut nommé Conseiller de légation effectif et Conseiller au Ministère Impérial des Affaires Étrangères, où il fut chargé de la direction de la presse ; en 1877, il donna ses démissions et fut nommé professeur honoraire de droit à l'Université de Berlin où il réside. Membre du Reichstag, il y vota avec le parti conservateur libéral, et on a beaucoup remarqué les discours qu'il a prononcés à l'occasion du *Kulturkampf*. On a de lui : « Der Fürstenrath seit dem Luneviller Frieden. Eine reichsrechtliche Abhandlung », Berlin, 1853 ; « Aus dem Jahre 1819. Beiträge zur deutschen Geschichte » Hambourg, 1861 ; « Die Schluss Acte der Wiener Ministerial Conferenzen zur Ausbildung und Befestigung des deutschen Bundes, Urkunden, Geschichte und Commentar », Berlin, 1860 ; « Aus der Vorzeit des Zollvereins. Beitrag zur deutschen Geschichte » Hambourg, 1866. De 1861 à 1871, M. Aegidi a publié avec M. Klauhold « Das Staatsarchiv, Sammlung der officiellen Actenstücke zur Geschichte der Gegenwart ».

Afanassief (G. E.), jeune historien russe ; il enseigne l'histoire à Odessa. Il a écrit un livre sur le ministère de Turgot et des brochures sur la constitution de l'Angleterre au XIX siècle et sur la politique extérieure de Napoléon III. En 1887, il fit, sur l'Irlande, un cours de leçons qu'on vient de réunir en un volume.

Afzelius (Frédéric Georges) philosophe suédois, né le 7 décembre 1812 ; en 1829, il se rendit à l'Université de Upsala où, en 1836, il était reçu docteur en philosophie. En 1842, il fut nommé professeur adjoint à l'université de Upsala ; en 1846, il passa à celle de Lund pour revenir en 1864 à Upsala. De 1844-45, M. A. avait fait partie de la rédaction de l'*Intelligensbladet*. M. A. a publié un « Traité de logique » qui en 1864 en était à sa 7me éd. ; « un Traité de psychologie » dont la 4me éd. a paru en 1865. On a aussi de lui plusieurs dissertations dont doux en latin : « Dissertatio Aristotelicam summi Boni Notionem exponens », 1837 ; « Doctrinae Aristotelicae de Imputatione Actionum Expositio », 1842 ; ses principales dissertations en suédois traitent : « Des catégories d'Aristote », 1848 ; « De la philosophie hegelienne », 1844 ; « De la philosophie de l'État ». Son fils M. Ivar Afzelius, né en 1848, est professeur de droit à l'université d'Upsala et auteur d'un ouvrage intitulé « Grunddragen af rättegangsförferandet tvistemal », 1883.

Agabiti (Agapito) écrivain italien, inspecteur des écoles élémentaires à Treviso ; il a été successivement professeur à Portici, inspecteur à Palerme et à Sora. Il est auteur d'un grand nombre de publications pour les écoles, qui ont été approuvées par les Conseils provinciaux et couronnées par les Congrès Pédagogiques. Nous citerons : « Elementi di geometria » ; « Nozioni d'aritmetica » ; « Il regno animale illustrato » ; « L'uomo fisico e morale » ; « L'agricoltura » ; « L'orticoltura » ; « Brevi nozioni di grammatica » ; « Sillabario ». Il a préparé, dit-on, depuis des années un « Dizionario storico-biografico generale d'Italia » resté inédit.

Aganoor (Hélène, Victoire, Virginie) trois jeunes sœurs poètes arméniennes, filles du comte Édouard et de la comtesse Joséphine ; d'une ancienne et riche famille de l'Arménie, à laquelle on doit la fondation du célèbre Collège des Mekitaristes dans l'île de Saint-Lazare. S'étant établis dans la Vénétie, le comte Édouard et la comtesse Joséphine firent donner une éducation très soignée à leurs cinq filles ; l'illustre poète abbé Zanella fut chargé de leur éducation et encouragea leur talent poétique, secondé en cela par un autre poète illustre, le regretté André Maffei. Leurs poésies lyriques sont remplies d'une mélancholie profonde, qui fait parfois songer aux poètes élégiaques de l'ancienne Grèce ; on attend encore l'éditeur qui nous donnera en un seul recueil les fleurs parfumées de ces trois Grâces.

Agardh (Jacques Georges), fils de l'illustre botaniste suédois Charles Adolphe Agardh et botaniste comme son père, M. A. est né à Lund le 8 décembre 1813, y prit ses grades en 1832, commença en 1836 à enseigner à l'Université de sa ville natale en qualité de *botanicus demonstrator* et y passa professeur en 1854. M. A. s'occupe surtout de l'étude des algues. On a de lui : « Synopsis generis Lupini » Lund, 1835 ; « Novae species Algarum, quae in itinere ad oras Maris Rubri collegit Eduardus Rüppel ; cum observationibus non nullis in species rariores antea cognitas » publiée dans le *Museum Senkenbergionum*, Francfort s. M., II vol., année 1837, et reproduite dans les *Annales des sciences naturelles*, VIII vol. Botanique, 1837 ; « Recensio generis Pteridis » Lund, 1839 ; « In historiam Algarum symbolae », dans le *Linnaea* (journal spécial pour la Botanique que M. de Schlechtendal publiait à Berlin), tome XV, année 1841, « Algae Maris Mediterranei et Adnotici » 1842 ; « In systemata Algarum hodierna adversaria » Lund, 1845 ; « Caroli Adolphi Agardh Icones Algarum ineditae » 1846 ; « Species genera et ordines algarum » 4 vol., 1848-1863 qui non seulement est son œuvre capitale mais qui est certainement le meilleur guide pour ceux qui veulent étudier cette classe de plantes acotylédones ; « Theoria systematis plantarum » publié en 1858 en suédois et en latin. On trouvera un grand nombre de dissertations et de mémoires de M. A. dans les recueils suivants, outre ceux que nous avons cités plus haut : *Kongliga Svenska Vetenskaps Akademiens Handligar* de Stockolm, où A. M. insérait son premier mémoire dès 1834 ; *Flora, oder allgemeine botanische Zeitung* de Ratisbonne ; *Förhandligar vid det af Skandinaviska Natürforskare och Lükare hallna Möte i Götheborg*, publié tour à tour à Götheborg, Stockolm, Christiania et Copenhague, et enfin dans le *Ofversigt af Kongl. Vetenskaps Academiens Förhandligar* de Stockolm. M. A. possède une très remarquable collection d'algues que son père avait commencé à recueillir.

Agassiz (Alexandre). Fils du célèbre naturaliste suisse-américain (mort à Cambridge, près de Boston, le 14 décembre 1873) est lui-même un des représentants les plus éminents de la science zoologique dans l'Amérique du Nord. M. A. A. est né à Neufchâtel (Suisse) le 17 décembre 1835 et en 1848 il rejoignit son père aux États-Unis ; de 1851 à 1855, il fit ses études au *Haward College* de Cambridge en Massachusetts et de 1855 à 1857 à l'école pour les ingénieurs, *Lawrence Scientific School*. Assistant au musée de zoologie comparée de Cambridge depuis 1861, il en devint directeur en 1874. Il a publié un grand nombre d'articles dans les journaux et revues savantes ; nous citerons entre autres : *Boston Society of Natural History Proceedings and Memoirs* auquel il a donné : « Notes on the described species of Holconoti, found on the western coast of North America » ; « On the Acalephan Fauna of the souther coast of Massachussett's (Buzard's Bay) » ; « On the mode of development of the marginal tentacles of the free Medusae of some Hidroyds » etc.; *Proceedings of the American academy of Arts and Sciences* où nous trouvons de lui : « On the embryology of Asteracanthion berylinus » etc. Il collabora aussi à : *The Lyceum of Natural History of New York*, *The American Naturalist*, *The memoirs of the Academy of Arts and Sciences*, etc. Depuis 1871 M. Agassiz publie le *Bulletin of the Museum of Comparative Zoology at Haward College*, dans lequel il a publié un grand nombre d'articles sur les échinodermes, les poissons, les coraux et les acalèphes. Il y publie les comptes-rendus annuels du Musée, et dernièrement encore il y a inséré: « Reports on the results of Dredging, under the Supervision of Alexander Agassiz, in the Gulf of Mexico (1877-78) and in the Carribean-Sea (1879-80) by the U. S. Coast Survey Steamer *Blake* ». Il a encore publié séparément: « Embriology of the Star fish » Boston, 1865, publiée dans les: *Contributions to the natural history of the United-States* de son illustre père ; « Catalogue of North American Acalephae », Cambridge, 1865 ; « Revision of the Echini », 1873-74 ; « North American Starfishes » 1877 ; « On the development of the Flounders » Mémoire qui a été traduit en français par M. A. Giard et inséré dans la *Revue des sciences naturelles* (tome VI, sept. 1877) sous le titre: « Le développement des Pleuronéites »; « Development of the osseous Fishes » 1885, 2 vol ; « The Florida Reef » ; « Echini of the Blake Expedition » 1883 ; « Echini of the Challenger Expeditions » 1881 ; « Echini collected on the Hassler Expedition » ; « History of Pornaria and Balanoglossus » etc., etc. Monsieur A. a publié, en outre, en collaboration avec Mme Elisabeth Agassiz, sa belle-mère : « Seaside studies in Natural history » Boston, 1865. Les travaux de M. Agassiz lui ont valu grand nombre de distinctions honorifiques dont l'énumeration nous entraînerait trop loin; nous nous bornerons à rappeler qu'il est déjà depuis quelques années membre de l'Académie des Sciences de Paris. M. Agassiz a beaucoup voyagé non seulement dans les États-Unis; mais dans l'Amérique du Sud, aux Indes, en Australie et en Europe.

Agaï (Adolphe), publiciste hongrois, écrivain humoriste de beaucoup d'esprit, collaborateur de plusieurs journaux, ancien directeur du journal de Budapest: *Magyar-Oroszag es a Nagy Vilàg*, est né le 31 mars 1836. Il publie un almanach humoristique et, chaque année, le recueil de ses articles paraissant dans les différents journaux de la capitale hongroise.

Agnel (Émile) avocat et polygraphe français, né à Paris, en 1810, inscrit depuis 1831 au barreau de cette ville. Il a collaboré à divers journaux, au *Journal général de l'instruction publique*, à l'*Écho agricole* etc. et s'est adonné à la composition musicale. Nous citerons de lui: « Code manuel des propriétaires et locataires de maison, hôteliers, aubergistes et logeurs » 1re édition, 1845 ; en 1882, M. Carré en a publié une 6me éd. revue et augmentée; « Code manuel des propriétaires de biens ruraux et d'usines, des fermiers, des colons etc. », 1848 ; « Code manuel des artistes dramatiques et des artistes musiciens » 1851 ; « Métamorphoses d'Ovide », traduites en vers, 1852-54 ; « Observations sur la proposition et le langage rustique des environs de Paris », 1855; « Curiosités judiciaires et historiques du moyen-âge. Procès contre les animaux », 1858; « Manuel général des assurances, ou, Guide pratique des assureurs et des assurés », 1861; en 1861, M. Christian de Coray a donné une 2me édit. de cet ouvrage, augmentée et mise au courant de la jurisprudence; « De l'influence du langage populaire sur la forme de certains mots de la langue française » 1870.

Agnelli (Laurent), écrivain italien, directeur du gymnase de Caltagirone, né à Santagata dans les Pouilles, le 6 janvier 1830; il enseigna successivement dans les séminaires de Bovino et d'Ariano, et dans le lycée de Lucera; et il dirigea les gymnases de Lucera, et de Cefalù en Sicile. Parmi ses publications, on cite : « Filosofia delle letterature », Naples, 1864 ; « I monti della Calabria » un petit volume de vers, Catanzaro, 1867 ; « Le consuetudini legali di Catanzaro », Catanzaro, 1869 ; « Cronaca di Santagata di Puglia », Sciacca, 1859 ; « Dialoghi per gli agricultori » Foggia, 1871, « La Pentecoste » Sciacca, 1870 et Turin, 1873; « La Daunia antica e la Capitanata moderna », Foggia, 1874.

Agolini Ugolini (Jules Antoine), physicien et chimiste italien né à Pietrasanta (Lucques), le 22 janvier 1834; il fut reçu pharmacien à l'Université de Pérouse en 1863. Il enseigna les mathématiques dans plusieurs lycées. On a de lui: « Sistema metrico » ; « Il V Postulato Euclideo dimostrato rigorosamente » Florence, Giuliani, 1868 ; « Rigenerazione della sericoltura » ; « Chimica molecare » ; « Alessandro Volta » ; « Nuova teoria fisica della musica » ; « Sistema di locomotive per salire e discendere qualunque forte pendenza » ; « Processo chimico contro l'Orobanche » ; « L'ultima scuola, nuova teoria cosmodinamica » ; « Complemento della teoria delle perpendicolari e delle oblique » Novara, 1883 ; « Vade mecum del vinicultore, o manuale pratico di enologia razionale per uso speciale dei proprietari » 2 édit., Tarente, 1886.

Agostino da Montefeltro (Padre), célèbre orateur sacré italien; de son vrai nom Luigi Vicini de feu Battista, né à Santagata-feltria (province de Pesaro, arrondissement d'Urbin) le 1er mars 1839. Il fit ses études classiques dans le Collége d'Urbin, dirigé par les Pères Scolopii; ensuite il étudia le droit à l'Université de Bologne, où il fut reçu docteur; peu de temps après il prenait les ordres sacrés. Pendant qu'il voyageait en Europe, ayant appris le décès de ses parents, il en reçut un tel coup, qu'il décida de s'enfermer dans un cloître de Franciscains Mineurs Observants dont il s'imposa la règle. Dans cette nouvelle carrière, il fut guidé par le Père Andrea da Quarata. Depuis nombre d'années, il demeure paisiblement au convent de Nicosia sur les collines de Pise, dont le doux climat convient à sa santé fort ébranlée et il y acquit une si grande réputation de sagesse, qu'il fut nommé Définisseur général de l'ordre. Mais le Père Agostino se fit surtout admirer comme prédicateur. Ses sermons, ses carêmes ont souvent l'allure de conférences; sa parole est enflammée et abondante; ses idées sont élevées, sa doctrine est très-étendue; mais il en fait usage essentiellement dans le but d'amener les chrétiens à la véritable démocratie, à une réforme libérale de la société contemporaine, par les préceptes et les principes de charité, qui sont le véritable fondement du christianisme. Dès qu'il descend de la chaire, d'où sa parole trouve toujours le plus grand retentissement dans le public et dans la presse, il rentre modestement dans la paix de son couvent et de là il s'occupe activement et avec un zèle exemplaire, de la fondation d'orphelinats, d'après le sublime enseignement du Christ: *Sinite pueros venire ad me*. Nous tenons ces renseignements des meilleures sources. Tout ce qui a été rapporté dans les journaux italiens sur son compte n'est qu'une légende purement fantaisiste.

Agresti (Albert), écrivain italien, né à Naples le 24 octobre 1844. Un riche Suisse, François Hoim, guida ses premières études, et s'affectionna tellement à son disciple, qu'en mourant, il le fit son héritier. Après la mort de son bienfaiteur, M. A. se livra avec ferveur, pour son propre compte, à ses études de prédilection. Agé de 16 ans à peine, il fondait un album littéraire sous le titre de *Manzoni*, devenu en 1867 un « Florilegio ». Dans la même année, il fut reçu docteur en droit et publia des vers sur la catastrophe de Torre del Greco, détruite presque entièrement par les laves du Vesuve. Suivirent « Raffaello e la Fornarina » drame, 1863; « Giulia Alpinola »; « Guglielmo Tell »; « Eponina » tragédies, 1864-67; « Studii sulla commedia italiana nel secolo XVI » 1871; « Torquato a Sorrento » idylle en un acte, 1873; « Studii critici sulla Bucolica di Virgilio » 1874; « Il Negro nella commedia del 500 »; « Una iscrizione a Salvator Rosa »; « Il tramonto del teatro latino e i primi albori del teatro italiano »; cinq conférences au *Circolo filologico* de Naples sur Dante « La Vita Nuova; Il Priorato; I primi anni dell'Esiglio; La Monarchia; Gli ultimi anni dell' Esiglio » cinq leçons inédites, faites en 1864 à l'université de Naples, sur la *Gerusalemme liberata*; un cours de trois ans à la même université (1884-87) sur le « Paradiso di Dante »; des études séparées: « Dante e Sant' Anselmo; Cunizza da Romano; la Verità sulle colpe di Cunizza ». On a le droit de s'étonner que le gouvernement italien ne se soit pas encore décidé à appeler à une chaire universitaire un écrivain aussi distingué et qui depuis des années enseigne librement, avec succès, à l'Université de Naples.

Aguiar (A. A.) chimiste portugais, professeur à l'école politechnique de Lisbonne. Ses travaux sur la naphtaline sont très appréciés et souvent cités en Allemagne. M. Aguiar s'est occupé aussi d'énologie portugaise; en 1876, étant président de l'Académie de Lisbonne, il a été envoyé en cette qualité comme commissaire du Portugal à l'exposition énologique de Londres; en 1878, il a été commissaire de son pays à l'Exposition Universelle de Paris.

Aguiló y Fuster (Mariano), bibliographe et philologue espagnol, directeur de la Bibliothèque de Barcelone, né à Palma de Mayorca le 16 mai 1825. Il a publié des ouvrages bibliographiques fort appréciés, parmi lesquels nous rappelerons: « Bibliographie catalane, catalogue des ouvrages écrits en catalan qui ont paru depuis 1474 jusqu'à nos jours » et « Bibliothèque catalane des principaux écrits catalans du XIV, XV et XVI siècles ». Il y a déjà longtemps que M. Aguiló avait prêts à être livrés à l'imprimerie un recueil de traditions populaires catalanes et un dictionnaire de la langue catalane, qui, probablement, auront déjà paru.

Ahlgren (Ernst, nom de plume de Madame Victoria Benedictson) femme de lettres danoise, fille d'un fermier, née en 1850, mariée avec M. Christ. Benedictson, maître de poste. Pendant quelques années, elle collabora sous le voile de l'anonyme, dans différents journaux; en 1884, elle fit paraître sous le nom d'Ahlgren: « Frau Skane », études; en 1885, le roman « Pengar » et le drame « Final » en collaboration avec Axel Lundegård; en 1887, le roman « Fru Marianne » en 1887, un recueil de *folklore* danois, sous le titre: « Folkelir och smabrättelur ». Ernst Ahlgren et madame Edgren sont les deux femmes de lettres scandinaves les plus distinguées de la nouvelle génération.

Ahlquist (Auguste Enguelbert), écrivain et philologue finnois, professeur de langue et de littérature finnoises, à l'Université de Helsingfors, né le 7 août 1826 à Kuopio. En 1847, il fonda le journal *Suometar*. Il entreprit de nombreux voyages à la recherche de tous les monuments littéraires de la Finlande, et il publia entr'autres: « Essai d'une grammaire mokchamordwine », Saint-Petersbourg, 1862; « Grammaire de la langue wotiaque »; « Recherches sur les langues ouralo-altaïques » Helsingfors, 1871; « Du perfectionnement des langues finnoises de l'Ouest » 1874; un recueil de ses propres poésies finnoises, sous le titre « Säkenïa » (Étincelles); des traductions en finnois de différents ouvrages de Schiller, entr'autres: « Intrigue et Amour » « La Cloche » etc. En 1860, il avait publié à Helsingfors une description des voyages faits par lui de 1853 à 1858.

Ahlwardt (Théodore Guillaume), orientaliste, allemand, né le 4 juillet 1828 à Greifswald, étudia dans sa ville natale et à Gottingue les langues orientales, particulièrement les sémitiques et s'adonna à l'étude des manuscrits arabes de la bibliothèque granducale de Gotha et ensuite, de 1854 à 1856, de l'impériale de Paris. En 1861, il fut nommé professeur ordinaire des langues orientales et second bibliothécaire de l'université de Greifswald. Ses écrits ont pour objet là philologie et l'histoire littéraire arabes ; mais la où il déploie le mieux ses profondes connaissances c'est dans le domaine de l'ancienne poésie arabe. Outre une discussion « Ueber Poesie und Poetik der Araber » Gotha, 1856, il a publié des éditions excellentes de la « Kasside de Chalef-el Ahmar's » Greifswald, 1859; et « d'Elfachri » histoire de l'empire islamique du commencement jusqu'à la fin du Khalifat, Gotha, 1860; du « Divan » d'Abu Nowas, Greif., 1871; et « The divans of the six ancients Arabic poets » Londres, 1870; auxquels se rattachent : « Bemerkungen ueber die Echtheit der alten arab. Gedichten » Greif., 1872. Son « Verzeichniss arab. Handschriften der Königl. Bibliothek zu Berlin aus den Gebieten der Poesie, schönen Literatur, Literaturgeschichte und Biographik » Greifswald, 1871 est un des travaux le plus appréciés dans son genre.

Ahmed-Vefick Pacha, homme d'État, orientaliste et écrivain turc, issu d'une famille grecque, né vers l'année 1818 à Constantinople. En 1834, il se rendit à Paris et entra au Collège Saint-Louis. A son retour à Constantinople, il fut immédiatement employé. S'étant livré d'abord à des études historiques et statistiques, il réunit une masse de documents, dont il fit usage dans son « Salaamé » ou « Annuaire statistique de l'Empire Ottoman » qui commença à paraître en 1847. On lui doit encore, entr'autres, un'excellent « Dictionnaire étymologique de la langue turque »; des traductions en turc de quelques pièces de Molière et de quelques Dialogues de Lucien. Il jouit en Turquie de la plus grande autorité; la jeune Turquie l'admire surtout comme un sage réformateur, comme un diplomate fin et habile, comme un conseiller prudent. Il a été successivement commissaire dans les Principautés Danubiennes (1849), ambassadeur en Perse (1851), membre du Conseil d'État et du Conseil suprême de guerre (1854), Président du Tribunal qui devait juger les accusés de Varna (1856), ministre de la justice (1857), envoyé extraordinaire à Paris (1860), ambassadeur de Turquie à Saint-Pétersbourg et délégué de la Turquie au Congrès des Orientalistes à Saint-Pétersbourg (1876), président de la première Chambre des Députés (1877), président du Conseil des Ministres (1877). — En 1886, la Société Asiatique Italienne l'inscrivait parmi ses membres honoraires.

Ahnfelt (Arvid Wolfang Nathaniel) littérateur suédois, né le 16 août 1845, à Lund; il y étudia et prit ensuite, en 1869, ses degrés à l'université d'Upsala. Après avoir été attaché à la bibliothèque royale de Stockolm, il s'adonna aux belles lettres et au journalisme et devint redacteur en chef de l'*Afonblad* et d'autres journaux. Depuis 1881, il est rédacteur du journal : *Ur Dagens krönika* (La chronique du jour). Il a écrit en outre des monographies sur Almquist, Crusenstolpe, Kullberg, Palmer, Rääf, Thomander etc. et les ouvrages suivants : « Ur svenska hofvets och aristokratiens lif » Stockolm, 1880-83 « Fran Europas hof. » Stoc., 1883-84, 3 vol. Son principal ouvrage, cependant, est « Vertdslitteraturens Historia » Stoc., 1875-76 » livre conçu d'après les travaux analogues de Scherr, Hettner, Taine, Petersen et Malmström, mais dans lequel il a envisagé d'une manière originale et indépendante tout ce qui a trait à la littérature suédoise. L'ouvrage biographique « Europas Konstnärer » commencé en 1883 n'est pas encore terminé.

Ahsclaroumoff (Nicolas), romancier et critique russe, né en 1820 à Saint-Pétersbourg; il fit ses études dans le lycée de Tsarskoe-Tselò, et à sa sortie il fut employé au Ministère de la guerre, où son esprit indépendant ne lui permit cependant pas de rester longtemps. Il se voua alors entièrement à la peinture et à la littérature. Il débuta par une petite pièce comique sous le titre « Le bal masqué » Voici maintenant la liste complète de ses nouvelles et de ses romans : « Le Joueur » nouvelle, dans les *Annales de la Patrie*, 1852; « Un faux nom » roman, dans *Le Messager Russe*, 1861; « Un problème difficile » nouvelle, dans l'*Époque*, 1864; « Une modèle vivante » nouvelle dans les *Annales de la Patrie*, 1866 ; « Les citoyens de la Forêt » conte, dans *le Travail Universel*, 1867; « Le Mandarin » roman, dans *L'Aurore*, 1870; « Les Traces cachées » nouvelle, dans les *Annales de la Patrie*, 1872 ; « A tout prix » roman, un volume à part, 1881; « Les Contes russes » trois éditions, 1880-81; « Sous la roue », nouvelle, 1883 ; « Une famille hétérogène » nouvelle dans le *Messager de l'Europe*, 1885 ; » Vansamie » un conte de Noël, 1887 ; « Un caractère obscur » nouvelle 1887 ; « Le champ de blé » nouvelle 1887. En outre, un grand nombre d'articles critiques et philosophiques, disséminés dans différentes revues ; le bon goût, la justesse et l'impartialité des appréciations firent surtout remarquer ses articles « Sur le servilisme dans l'art »; « sur le roman d'Auerbach *Aus der Höhe* »; « sur *La Guerre et la Paix* de Tolstoï »; « sur les Principes de Psychologie de Spencer »; « sur le roman *Entre deux feux* d'Avdeeff »; « sur l'*Oblomoff* de Gontcharoff »; « sur *Délit et Expiation* de Dosztajevski »; « sur les *Mille âmes* de Pisemski »; « sur la *Nichée des gentilshommes* de Tourguéneff » et « sur la *Pupille* d'Ostrowski ».

Aicard (Jean), littérateur français, né vers 1815 en Provence, alla de bonne heure à Paris et collabora à plusieurs journaux et recueils périodiques; il fournit un grand nombre d'articles à l'*Encyclopédie nouvelle* de Pierre Leroux, à la *Revue Indépendante*, à l'*Atheneum*, ainsi qu'au *Million des faits*, à *Patria* (1845), à la *Biographie portative universelle*, à la *Bibliothèque de poche*, à l'*Encyclopédiana* et aux *Cent traités*. M. Aicard n'a publié en volume qu'un « Cours d'histoire nationale », 1849, qu'il avait professé la même année à Toulon.

Aicard (Jean), poète et conférencier français, fils du précédent, né, le 4 février 1848, à Toulon. Il fit ses études à Mâcon et à Nîmes. Il débuta en 1867, par un volume publié à Paris, chez Lemerre, sous le titre « Jeunes croyances ». Des strophes généreuses, où il défendait le vieux Lamartine lui gagnèrent de nombreuses sympathies. En 1868, M. Aicard gagnait le prix de poésie à l'Académie du Var. Suivit une comédie en vers, représentée en 1869 à Marseille sous le titre: « Au clair de lune ». En 1871, parut, chez Lemerre, un nouveau recueil de ses poésies lyriques : « Les Rébellions, les Apaisements »; en 1872, le drame en vers: « Pygmallion »; en 1873, « Mascarille » pièce d'occasion, représentée à la Comédie Française; en 1878, le fragment d'un « Othello » en vers français, et une pièce d'occasion pour l'anniversaire de Corneille; « Smilis », un drame en cinq actes et en prose, représenté à la Comédie française. Mais le talent de M. Aicard est bien plus lyrique que dramatique. Nous devons encore citer les: « Poèmes de Provence », son chef-d'œuvre peut-être, couronné par l'Académie française; « La chanson de l'enfant »; « Le Livre d'Heures de l'Amour » ; « Le Dieu dans l'Homme »; « Lamartine »; « La Vénus de Milo », essai de critique; « Une visite en Hollande », livre mêlé de prose et de poésie. M. Aicard a aussi traduit des sonnets de Michelange et composé un drame « Don Juan » resté inédit.

Aidè (Hamilton), poète et romancier anglais, né à Paris, dans les premiers mois de 1830. Son père, qui était issu d'une famille arménienne, ayant été tué, trois mois après la naissance de son fils, en duel, sa mère, qui était une fille de l'amiral sir Georges Collins, l'emmena en Angleterre où il fut élevé successivement dans plusieurs écoles particulières; de 1844 à 1845, il fréquenta l'université de Bonn, et entra ensuite au service militaire anglais qu'il quitta en 1852 pour se consacrer entièrement aux lettres. Il publia d'abord « Poems » 1854; « Eleonore and other poems » 1856; « Sita » roman, 1859. Peu de temps après il fit paraître une série de romans (*Novels*) qui sont parmi les meilleurs parus de nos jours en Angleterre. Citons parmi ses derniers « Carr of Carrlyon » 3 vol. 1862, nouvelle éd. 1870; « Mr and Mrs. Faulconbridge » 3 vol. 1864; « The Marstons » 3 vol. 1868; « In that state of life » 1871, 2me éd., 1872; « Morals and mysteries » 1872; et « Penruddoche » 3 vol. 1873. Tous ces romans sont écrits *gentlemanlike*, dans la meilleur acception du mot, et il suffit de les parcourir pour se convaincre que l'auteur est aussi familier avec les mœurs et les habitudes de la bonne société qu'avec celles des pays où il place le cadre de ses romans. Les descriptions des pays étrangers, de l'Italie surtout, qui se trouvent dans les romans de M. A. sont des modèles du genre et les italiens n'ont qu'à lire le « Carr of Carrlyon » pour s'en convaincre. Plusieurs de ses ouvrages ont paru dans les *All the Year Round* et *Frazer's Magazine*, revues dont M. A. est depuis longtemps un des collaborateurs les plus actifs. La plus grande partie de ses Romans fait partie de la *Collection of British authors* de M. Tauchnitz de Leipsick; citons dans ce nombre ceux que nous ne connaissons que dans cette édition: « A nine Days'Wonder » 1 vol.; « Poet and Peer » 2 vol.: « Introduced to Society » 1 vol. En 1882, on a publié dans la *Bibliothèque Contemporaine*, éditée par M. Calman Lévy, de Paris, un nouveau roman de M. Hamilton Aidé « Un poète du grand monde » traduit par M. Th. Bentzon; en 1884 à la même librairie on a publié « Sacrifice, Deux belles mères. Est-ce un rêve? » traduction de M. Robert Honlay et à la librairie Hachette « Rita » traduction de Mme Tardieu.

Aigner Ludwig (*V.* Abafy).

Aïme (Frédéric), poète piémontais, employé dans l'Administration de l'Arsenal de Turin, né à Vignale en 1838. On a de lui trois volumes de vers: « Poche fronde » Milan ; « Crepuscoli » Venise ; « Il Trovatore » Florence ; les libretti de différents opéras et opérettes : « Spartaco »; « La Pompadour »; « Montecarlo »; « Il Re degli Zulù »; « L'Agente Segreto ». A Venise en janvier 1867, il présida la société littéraire Ugo Foscolo; revenu en Piémont en 1868, il fonda, avec l'avocat Dellatorre, le journal *Il Fossanese* qui vit encore. Dans ce journal il publia un roman intitulé: « I Nazzareni. » Monsieur Aïme a aussi publié nombre d'articles, dans les journaux, sous le pseudonyme *Manfredo*, qui est le nom de son fils.

Almeflor (Jules) pseudonyme de M. Abrassart. *V. ce nom*.

Ainsworth (William Francis), médecin et voyageur anglais, (cousin du fécond romancier du même nom, mort en 1882) est né à Exeter, le 9 novembre 1807. Il étudia la médecine et les sciences naturelles et après avoir été reçu docteur (1827) fit une excursion géologique à travers l'Auvergne et les Pyrénées. De retour à Edimbourg (1828), il prit la rédaction du *Journal of natural and geological science* et fit des cours publics de géologie. Lors de l'invasion du choléra, en 1832, il fut attaché aux hôpitaux de Londres, puis envoyé en Irlande, où il fit des études géognostiques et donna des cours de leçons à Limerik et à Dublin. Son premier ouvrage « On pestilential cholera » est le fruit de ses observations dans les hôpitaux. En 1835, M. Ainsworth fut adjoint, comme médecin, à l'expédition qui, sous les ordres du capitaine Chesney, cherchait, par l'Euphrate, une voie plus directe pour aller aux Indes. Après s'être arrêté quelque temps à Bombay, il revint seul, en 1837, par le Kourdistan, le Taurus et l'Asie-Mineure. Ces mêmes pays furent de sa part l'objet d'une seconde exploration qui dura plus de trois ans (1838-41) : voyageant de compagnie avec Théodore Russel et l'arménien Rassam, il fut chargé par la Société royale de géographie de reconnaître le cours du Halys et par la Société royale de propagande chrétienne de visiter les chrétiens du Kourdistan. Au printemps de 1840, il parvint à pénétrer dans le pays des Nestoriens. M. Ainsworth se retira ensuite dans le voisinage de Londres, où il publia les relations de ses différents voyages, qui sont d'un grand intérêt pour le monde des savants. On a de lui : « Researches in Assyria, Babylonia, and Chaldea » 1838; « Travels in Asia Minor, Mesopotamia and Armenia » 1842; « Travels in the Track of the ten thousand Greeks » 1844, livre qui est, pour ainsi dire, un commentaire de celui de Xénophon ; « Travels of Rabbi Petachia of Ratisbon » 1857; « The claims of the christian aborigenes in the East » ; « Lares and penates, or Cilicia and its Governors » ; « The Euphrates Valley Route to India » ; « On an Indo-european Telegraph by the Valley of the Tigris » (ligne télégraphique exécutée plus tard, par le gouvernement turc, et dont M. Ainsworth a été un des promoteurs infatigables) ; *Wanderings in every clime or voyages, travels and adventures all Round the World*, journal illustré de voyages, imité plus tard par M. Charton en France et par M. Émile Treves en Italie ; *The Illustrated Universal Gazetteer*. M. Ainsworth, est membre de plusieurs sociétés savantes étrangères et a publié un grand nombre de mémoires dans les actes de ces sociétés et dans les revues ; parmi les nombreux recueils où il a le plus fréquemment collaboré nous citerons : *The Edinburgh Journal of Natural and Geographical Science ; The Magazine of Natural History* de Londres ; *The American Journal of Science and Arts* publié par M. Silliman à New-Haven (Connecticut E. U.) dans lequel journal il a inséré, entr'autres, en 1852, un « Notice of the volcanic island lately thrown up between Pantellaria and Sciacca » ; *Journal of the Geological Society of Dublin ; Journal of the Royal Geographical Society of London*. Ajoutons que M. Ainsworth, qui compte parmi les fondateurs du *West London Hospital*, en est, encore aujourd'hui, surintendant et trésorier.

Aires de Magalhaes Sepulveda (Christovam), poète portugais, né le 27 mars 1853, à Ribandar, aux Indes portugaises. Il entra dans l'armée coloniale, et il y servit pendant quinze ans ; il passa depuis, quelques années à Lisbonne, comme officier de cavalerie. En 1879, il publia un volume de poésies, sous le titre « Indianas e Portuguezas » ; on annonce encore de lui un ouvrage historique et littéraire, sous le titre : « Camoens na India ». Il est un des rédacteurs du *Jornal do Commercio*, de Lisbonne, et il a collaboré à plusieurs revues littéraires, telles que : *Artes e letras, Renascença, Arte, Cenaculos, Occidente, Chronica Moderna*.

Airy (Sir Georges Bidell), illustre astronome anglais, né, le 27 juin 1801, à Aluwick dans la Comtée de Northumberland, se voua de bonne heure aux études physiques et mathématiques, devint, en 1828, professeur et directeur de l'observatoire de Cambridge, et, en 1836, il succéda à Ponds, en qualité de *Royal astronomer*, dans la direction du grand Observatoire de Greenwich. Il mit en ordre les observations accumulées depuis 1750, les régla et les publia sous le titre « Reductions of observations of the Moon » 1848, 2 vol. Il entreprit en même temps des observations météorologiques, magnétiques, photoeléographiques et spectroscopiques ; accrut par l'invention et la construction le nombre des instruments ; perfectionna les chronomètres marins ; proposa l'introduction du système décimal ; conduisit les observations astronomiques préparatoires pour la délimitation des frontières entre le Canada et les États-Unis ; et introduisit la nouvelle grande mesure anglaise des degrés. Pour bien observer les éclipses totales du soleil, il alla en 1842 à Turin, en 1851 à Gothenbourg, et en 1861 à Pobes en Espagne. Conformément à l'acte de fondation de Charles II, il s'occupa ensuite des positions de la lune et des étoiles fixes, tout en faisant objet de ses observations les diamètres et les surfaces des planètes, leurs voies, de même que celles de leurs satellites. En 1874, Airy fut chargé de la direction de la section anglaise pour observer le passage de Vénus et présenta, en 1877, sa relation à la Chambre. Plus récemment, il proposa une nouvelle méthode de traiter la théorie lunaire, à laquelle on dit qu'il travaille, après avoir quitté, en 1873, la haute place de président de la Société Royale des Sciences, qu'il occupait depuis deux ans. Voici la liste de ses ouvrages : « Astronomical observations made on the Royal Observatory at Greenwich » Lond. 1845-57, II vol. « Catalogue of 2156 stars » Lond. 1849 ; « Six lectures on astronomy delivered at Ipswich Museum » 1858, quatr.^{me} édition ; « Mathematical Tracts », quatr.^{me} édition ; « Tracts on physical astronomy » 1858, quatr.^{me} édit. « Algebrical and numerical theory of errors of observations » Lond., 1861 ; « On the ondulatory theory of optics » 1866 ; « Sound and atmospheric vibrations » 1871 ; « Treatise on magnetism » 1871. Pour la *Penny Cyclopaedia*, il écrivait l'article « Gravitation » publié séparément et pour l'*Encyclopaedia Metropolitana*, les articles: « Trigonométrie, Figure de la Terre et Marées et Vagues ». Les *Philosophical Transactions* et les actes d'autres sociétés scientifiques contiennent de nombreux écrits d'Airy, qui est membre honoraire d'un grand nombre d'académies et qui a reçu la médaille Lalande de l'Institut de France, la médaille Copley et la médaille royale de la *Royal Society*, la médaille de la Société astronomique, la médaille Albert des mains du Prince de Galles, et la médaille de l'institution des Jugements civils pour ses observations sur la construction des ponts d'une grande longueur. Ajoutons en finissant que sir Airy a dirigé en outre son attention sur une maladie de l'œil humain, maladie dont il examina la nature et trouva le remède.

Ajazzi (Ranieri), écrivain et poète italien, né à Sant'Agata di Mugello (commune de Scarperia, province de Florence) en 1847, après avoir fait ses premières études chez les Pères Scolopii de Florence, il étudia l'agronomie à l'Institut Technique de la même ville. On a de lui, en prose: « Ricordi storici di Sant'Agata di Mugello », Florence, 1875; « Sant'Agata di Mugello e la Storia del R. Liceo Ricci », Florence, 1876; « Scarperia difesa contro la storia del Mugello », Florence, 1877; « Il Clasio », Florence, 1882; « Addizioni ai ricordi storici di Sant'Agata di Mugello », Florence, 1887; en poésie: « Il IX giorno del 1878 (In morte di Vittorio Emanuele) », Florence, 1878; « Marcia funebre Nazionale », dans la *Gazzetta d'Italia* du 13 janvier, 1879; « Per la ferrovia Firenze-Faenza », Florence, 1881; « Il Terremoto d'Ischia » 1883; « La baia d'Assab », 1884; « Poesia montanara, Affetti montanari », 1885; « Conte Verde », 1887.

Alarcon (Pedro Antonio de), illustre écrivain espagnol, né d'une famille bourgeoise à Guardia, en 1833. L'aîné de dix enfants, dans une famille considérée mais pauvre, il apprit seul trois ou quatre langues, parvint à économiser quelque argent, et arriva à Madrid, où il connut Espronceda. Il fit ses débuts comme journaliste révolutionnaire et comme poète satyrique, eut un duel bruyant et dirigea la revue *El Occidente*. En 1859, pendant la guerre entre l'Espagne et le Maroc, il fut en Afrique le correspondant de *La Iberia*; ses récits de guerre ont été réunis sous le titre de « Diario de un testigo de la Guerra de Africa ». Après la guerre, il entreprit un voyage en Italie qu'il a admirablement décrit dans un volume qui porte le titre: « De Madrid à Napoles ». S'étant rallié plus tard à l'Union libérale, en 1868, il entra au Parlement et fut nommé plus tard conseiller d'État, sénateur, ambassadeur d'Espagne à Constantinople. M. Alarcon est d'une fécondité extraordinaire. Il a publié une vingtaine de volumes et une foule de petits articles, causeries, esquisses, récits de voyage. Quoique très moderne, il a l'imagination des vieux conteurs et s'entend comme personne dans l'art d'émouvoir ses lecteurs. Il va sans dire que M. Alarcon est académicien. Parmi ses ouvrages, outre le Diario et le voyage de Naples, on remarque deux volumes de poésies et les romans : « El Sombrero de tres picos »; « El escandalo », avec des tendances ultramontaines; « El final de Norma »; « El ninno de la Bala »; « La Alpujarra », etc.

Alas (Genaro), écrivain militaire espagnol; a fait dernièrement beaucoup de bruit pour ses démêlés avec le général Bréart, commandant des corps d'armée français mobilisés. M. Alas, qui venait en amateur étudier les manœuvres, fut mal reçu, protesta, et publia ensuite dans la presse espagnole une étude très intéressante sur l'organisation de l'armée française.

Alas (Leopoldo), publiciste espagnol, frère du précédent, plus connu sous son pseudonyme de *Clarin*. Asturien, professeur de littérature à Saragosse, il se fit connaître à Madrid par sa critique agressive et personnelle qui lui a procuré beaucoup d'ennemis. Il a publié ses critiques d'art dans plusieurs volumes. Comme romancier, il a publié un ouvrage intitulé « la Reggente ». Républicain, il fait campagne dans la presse contre la dynastie.

Alaux (Jules Émile), écrivain français, né à Lavaur (Tarn) en 1828, professeur de philosophie à l'école des lettres d'Alger. On a de lui: « Les tendresses humaines » poésies, 1867; « La religion progressive » études de philosophie sociale, 1869, 2me éd. 1871; « l'Analyse métaphysique. Méthode pour continuer la philosophie première » 1872; « Études esthétiques. L'art dramatique. La poésie. L'esprit de la France dans la littérature » 1873 ; « De la Métaphysique considérée comme science » 1879; « Un fils du siècle » poème, 1882; « Histoire de la Philosophie » 1882; « Instruction morale et civique » 1883; « La langue et la littérature françaises du XV au XVII siècles »; « Manuel d'instruction morale et civique » 1884.

Albane (P.). La *Revue des Deux Mondes* a publié, sous ce nom, en 1864, un roman le « Péché de Madeleine » qui obtint un assez vif succès. Un certain mystère ayant accompagné sa publication, le public fut bien vite informé que le nom d'Albane était un pseudonyme derrière lequel se cachait une femme du monde, dont ce roman était le début littéraire. Le secret fut assez bien gardé et les suppositions allèrent leur train sans que la *Revue* s'occupât d'y répondre ou de les démentir. Cependant un journal ayant avancé avec plus d'assurance que l'auteur de la nouvelle en question était Mme de Bernis, M. Buloz s'empressa de déclarer lui-même dans une note insérée dans la *Revue des deux Mondes* et placée depuis en tête du « Péché de Madeleine » paru en volume, chez Michel Lévy, qu'il ne savait pas plus que ses lecteurs quelle personnalité se dérobait sous le nom d'Albane. Il avait reçu en 1864, dit-il, un paquet contenant le roman avec ces seules lignes: « Prière instante à M. Buloz, si le roman ci-joint ne convient pas à la Revue de vouloir bien le faire savoir à l'auteur par un mot jeté à la poste restante, avec cette adresse: P. Albane ». Le roman ayant été lu au comité de rédaction, la *Revue* l'avait jugé digne de sa difficile hospitalité; mais, depuis, l'auteur n'avait jamais donné signe de vie. Deux autres romans suivirent ce premier essai « Flamen » et « Souci »; ils ont également paru en volume chez Lévy, après leur publication dans la *Revue des deux Mondes* et signés simplement: *L'auteur du Péché de Madeleine*. On sait aujourd'hui, dit M. Georges d'Heilly, que ces écrits distingués qu'on a successivement attribués à Mme de Bernis et à Mme Piscatory, fille du général Foy, ont pour auteur Mme Elme Caro, née Pauline Cassin, et veuve de l'académicien mort il y a quelques mois.

Albanese (François), écrivain italien, né en 1842 à Palerme, où il fut reçu docteur en jurisprudence; à l'âge de 24 ans, il enseignait dans le Collège dit du Salvatore et il remplaçait à l'université le professeur Paolo Morello, dans l'enseignement de la philosophie de l'histoire. Ensuite, il fut nommé professeur de littérature italienne à l'Institut technique de Terni, et de là transféré à l'Institut de marine de Venise, où il continue à enseigner. On a de lui, entr'autres: « Sulla inquisizione religiosa in Venezia », Venise, 1868; « Questioni di scienza contemporanea »; « Studii sulla Filosofia della Storia », 1877; « Valore sociale delle grandi religioni »; « Carlo Darwin, suo sistema e conseguenze »; « Nuove osservazioni sui ragni »; « Le razze umane e il loro avvenire », études anthropologiques et ethnographiques, avec une introduction du professeur Luigi Gambari, 1886.

Alberdi (Jean-Baptiste), écrivain de la République Argentine, né à Tucuman, en 1812. A douze ans on l'emmena à Buenos-Ayres pour lui faire commencer ses études, et il finit par s'appliquer particulièrement à la philosophie et au droit. Avant même de prendre ses grades il débuta, en 1838, par un travail intitulé « Preliminar al estudio del derecho ». En 1844, il se rendit au Chili pour lire, devant la Faculté de droit de cette république, un mémoire sur l'opportunité et le but d'un Congrès général américain. Après avoir pris part, comme publiciste et comme homme politique, au mouvement libéral de son pays en 1852, après la chute de Rosas, il commença à écrire son œuvre principale, les « Bases para l'organisacion politica de la Confederacion argentina ». On a beaucoup loué aussi son « Manual de la legislacion de la prensa en Chile ». En 1855, M. A. a été nommé ministre de la République argentine auprès des États-Unis. Après avoir obtenu que le gouvernement de son pays fut reconnu par la puissante république américaine, il traversa l'Atlantique pour poursuivre le même but auprès des principaux gouvernements de l'Europe et il finit par y rester en qualité de ministre auprès des Cours de Paris, de Londres et de Madrid. Il a pris sa retraite depuis quelques années et il vit, *procul negotiis*, à Caen se consacrant aux études politiques, philosophiques et juridiques. M. A. s'est fait connaître aussi comme homme de lettres. Déjà, en 1836, il avait débuté dans les journaux américains par plusieurs esquisses de mœurs, publiés sous le pseudonyme de *Figarillo*. En 1837, il a publié une « Cronaca dramatica de la Revolucion de Maio de 1810 ». En 1843, en traversant l'Atlantique avec Gutierez, il composa en prose un poème « l'Eden » que son compagnon de voyage mit en vers; en 1844, il écrivit, à lui tout seul cette fois, un autre poème, sorte de voyage fantastique dans les mers du Sud, sous le titre « El Tobias, o la Canel a la vela »; dans la même année, il livra à l'impression ses souvenirs d'Italie « Veinte dias en Genova ». M. Étienne Echeverria a beaucoup loué les premiers travaux de cet écrivain.

Alberdingk-Thym (Pierre-Paul-Marie), écrivain hollandais, professeur à l'Université de Louvain, né à Amsterdam le 21 octobre 1827. Il collabora à un grand nombre de journaux et de revues, et il publia: « Marcus Aurelius Cassiodorus, senator » Amsterdam, 1857; « H. Willebrordus, apôtre de la Hollande », Louvain, 1861; « Karel de Groote », Louvain, 1867; « L'histoire de Ph. van Marnix », Louvain, 1876; « Miroir de la littérature hollandaise », Louvain, 1877; et un excellent mémoire, en langue flamande, sur les institutions charitables de la Belgique au moyen-âge, couronné, en 1882, par l'Académie Royale de Bruxelles.

Albergo (Giulio), économiste et administrateur italien, ancien intendant des finances à Syracuse, maintenant retraité, né à Catane en 1812; son premier travail a été une brochure: « Poche considerazioni sulla mozione del Ministro delle finanze rispetto alla tassa fondiaria » publiée sans lieu ni date, mais évidemment en Sicile en 1848; on a encore de lui « Storia dell'Economia politica in Sicilia » 1855, qui arrive jusqu'à l'année 1840 et « Sugli istituti di credito » Mémoire, 1876.

Albert (Edouard), chirurgien autrichien, né en janvier 1841 à Senftenberg en Bohême. Reçu en 1867 docteur en médecine à l'Université de Vienne, il fut nommé, en 1873, professeur ordinaire de clinique chirurgicale à l'Université de Innsbruck, et en 1881, professeur ordinaire de chirurgie à Vienne. Ses ouvrages concernent le diagnostic chirurgical, la chirurgie opérative, et la mécanique des articulations de l'homme. On a de lui : « Beiträge zur Geschichte der Chirurgie », Vienne, 1878; « Lehrbuch der Chirurgie » 3me éd. en 4 vol., Vienne, 1884-85 ; « Diagnostik der chirurg. Krankheiten in 20 Vorlesungen » 3me éd., Vienne, 1885. Ses nombreux petits travaux ont été recueillis en deux volumes parus à Vienne en 1878-80 sous le titre: « Beiträge dor operativen Chirurgie ».

Albert (Frédéric-Rodolphe, archiduc d'Autriche) né à Vienne le 3 août 1817. Élevé militairement sous la direction de son père l'archiduc Charles, l'adversaire de Napoléon le Grand, il entra de bonne heure dans l'armée. En 1848, il prit part comme volontaire à la première campagne du maréchal Radetzky contre le Piémont, et se distingua à Santa Lucia. En décembre 1848, il fut nommé commandant d'une division de l'avant-garde avec laquelle il prit part aux batailles de Mortara et de Novara (21 et 23 mars 1849) où il gagna la plus haute distinction militaire autrichienne: la croix de Marie-Thérèse. Après cette bataille, il se rendit en Toscane, et avec sa division prit part à l'occupation de Livourne. A la suite des démêlés qui, à la fin de 1850, eurent lieu entre l'Autriche et la Prusse, on lui donna le commandement du corps d'armée concentré par l'Autriche sur la frontière. L'année suivante, il fut nommé gouverneur général de la Hongrie. Pendant la guerre de 1859, il était destiné, dans le cas où la Confédération Allemande serait venue au secours de l'Autriche, à soutenir avec un corps d'armée autrichienne, une armée allemande qui aurait marché sur la France. Cette hypothèse ne s'étant pas réalisée, l'archiduc Albert ne prit pas part à la campagne. Pendant la guerre de 1866, il avait le commandement suprême de l'armée autrichienne en Italie et c'est à lui que revient l'honneur de la bataille de Custozza (24 juin 1866). Le 10 juillet, il prenait le commandement de toutes les troupes mobilisées autrichiennes et une fois la paix conclue, il était nommé inspecteur général de l'armée, place qu'il occupe encore et dans laquelle il rend de grands services à son pays. L'archiduc Albert qui est un des plus riches propriétaires terriens de l'Autriche-Hongrie passe l'hiver et une partie du printemps à Arco, dans la province de Trente, et le reste de l'année dans son somptueux palais de Vienne, où il possède la fameuse collection de dessins à la main et de gravures sur cuivre, dite *Albertina*, du nom de Albert de Saxe-Teschen, le mari de l'archiduchesse Marie-Christine qui l'a réunie. L'archiduc Albert est connu aussi comme écrivain militaire. On a de lui : « Wie soll Oesterreichs Heer organisiert sein ? Allen Patrioten Gesamt-Oesterreichs gewidmet », Vienne, 1868; « Ueber die Verantwortlichkeit im Kriege » Vienne, 1869, traduit en français par M. L. Dufour, Vienne, 1869 et en anglais par M. Wyatt, Londres, 1869. — Le 18 avril 1877, l'armée autrichienne a fêté le 50e anniversaire de l'entrée au service de l'archiduc.

Albert (Michel), écrivain allemand, né en 1836 à Trappold près Schässbourg (Transylvanie) ; il enseigne maintenant dans le gymnase de cette ville. On a de lui « Die Candidaten » scènes de la vie du peuple de Transylvanie, Hermannstadt, 1872 ; « Die Dorfschule » nouvelle, ib. 1869; « Die Flandrer am Alt », drame historique en cinq actes, Leipsick, 1883 ; « Traugott » nouvelle, Hermannstadt, 1874 etc.

Albertario (Don Davide), publiciste lombard, directeur du journal : l'*Osservatore Cattolico* de Milan, rédacteur des journaux *Leonardo da Vinci* et *Il Popolo Cattolico* ; on a de lui une brochure sur Garcia Moreno, le président de la République de l'Équateur assassiné en 1875, et trois petits livres ascétiques: « Mese di maggio » ; « Mese di ottobre » ; « Mese di dicembre ». Un procès de diffamation qui lui fut intenté, en 1887, par le professeur abbé Stoppani donna à son nom un grand retentissement. On consultera utilement sur M. l'abbé Albertario et sur son journal un ouvrage publié à Milan en 1887 par M. le comte Joseph Grabinski intitulé « Storia documentata dell'*Osservatore Cattolico* ». Il est bon cependant d'observer que c'est l'ouvrage d'un adversaire.

Alberti (Edmond-Christian), philosophe, biographe et bibliographe allemand, docteur en philosophie, bibliothécaire de l'Université de Kiel, né le 11 mars 1827 à Friedorichsstadt dans le Schleswick. On a de lui, entr'autres : « Études sur la Dialectique de Platon » Leipsick, 1856; « La question de l'esprit et la série chronologique des écrits de Platon illustrée par Aristote » ib. 1864 ; « Socrate », Goettingue, 1869 ; « Lexicon des écrivains du Schleswick-Holstein à partir de l'année 1829, jusqu'à l'année 1885 » Kiel, 1866-1885; « Catalogue des revues et des recueils où il est fait mention du Schleswick-Holstein » Kiel, 1873 ; « Gretchen » nouvelle, Kiel, 1874; « Geramunds-Saga » poème épique, Kiel, 1879 ; etc.

Alberti (Louis), poète et auteur dramatique italien, né a Florence d'une ancienne et noble famille florentine, en 1822. Il manie très bien le dialogue, toujours écrit avec la verve naturelle aux Florentins. Parmi ses comédies, on cite : « Il Conte e l'Ostiere » qui date de l'année 1845 ; « La Madre » ; « Pietro l'Operaio »; couronnée au concours gouvernemental; « Sposa di fresca data non vuole esser trascurata »; « Una donna per bene »; « Virtù d'amore »; « La ragazza di cervello sottile »; « Un eroe del mondo galante ». Un volume de ses pièces a paru, en 1875, à Florence chez les Succrs. Le Monnier, sous le titre « Commedie varie » En l'année 1885, il avait fait imprimer à Florence un drame fort original en cinq actes avec prologue, sons le titre: « Asmodeo, fantasia drammatica »; qui représenté en 1887 à Florence, donna lieu à des discussions assez vives. Parmi les poésies lyriques de M. Alberti, on doit citer: « Præfatio; Polemica nuovissima; Alla regina »; Parmi ses écrits en prose, il faut signaler sa conférence au *Circolo Filologico*: « Grido di guerra ». Sous presse, avec la promesse d'une préface de Yorick, un volume de proses et poésies, intitulé: « Contro corrente ».

Albertini (Jacques) Voyez *Leoni Mario*.

Albertoni (Pierre), savant italien, professeur de pharmacologie et de physiologie à l'Université de Bologne, membre de plusieurs académies, né à Gazzoldo, près Mantoue, en 1849. A l'age de seize ans, il prit part, comme volontaire garibaldien, à la bataille de Bezzecca (1866); il fut reçu docteur, puis assistant à la chaire de physiologie à l'Université de Padoue; il enseigna successivement la physiologie à Sienne, à Gênes, et depuis l'année 1884 la pharmacologie, depuis l'année 1887, la physiologie à Bologne. Parmi ses disciples les plus distingués, on cite déjà le professeur Bufalini à l'Université de Sienne, les professeurs Marcacci et Possenti à l'Université de Pérouse, le professeur Sartori à l'Université de Camerino, le professeur Ughi à l'Université de Parme. On a de lui: « Sui processi digestivi e assimilativi nel crasso », Padoue 1873; « Sull'alcool, sull'aldeide e sugli eteri vinici »; mémoire couronné, publié par le *Sperimentale*, 1874; « Sul criterio fisiologico nelle perizie medico-legali per avvelenamento »; Padoue, 1874; « Sui centri cerebrali di movimento », dans le *Sperimentale*, 1876; « Rendiconto delle ricerche fatte nel laboratorio fisiologico di Siena nell'anno 1876 »; « Azione della pancratina sul sangue », dans le *Sperimentale* 1878; « Sui poteri digerenti del pancreas nella vita fetale », dans le *Sperimentale* 1878; « Sulle emorragie per lesioni nervose », dans le *Sperimentale* 1878; « Sull'azione e composizione del Jaborandi », 1879; « Sull'azione del veleno della vipera »; « Sulla patogenesi dell'epilessia »; « Sull'azione della pilocarpina »; « Azione di alcune sostanze medicamentose sull'irritabilità del cervello e contributo alla terapia dell'epilessia »; « La transfusione sanguigna e lo scambio materiale »; « Azione e metamorfosi di alcune sostanze nell'organismo in rapporto colla patogenesi dell'acetonemia e del diabete »; « Sulla formazione e sul contegno dell'alcool e dell'aldeide nell'organismo ». On a aussi de lui un mémoire en langue allemande: « Ueber Peptone ».

Albicini (César, comte), écrivain et jurisconsulte italien, professeur de droit constitutionnel à l'Université de Bologne, secrétaire de la *Deputazione di storia patria per le provincie di Romagna*, ancien ministre de l'Instruction publique du Gouvernement provisoire de la Romagne en 1859, ancien député au Parlement italien, ancien Recteur de l'Université, et ancien Maire de Bologne, est né, en 1825, à Forli d'une ancienne et illustre famille de la Romagne. Parmi les publications de ce savant, qui est en même temps un écrivain de race et un patriote éprouvé, on doit signaler: « Del progresso nell'umanità e nella Società » 1860; « I principii della Società moderna »; « L'individuo e l'incivilimento » 1866; « Dell'ufficio e delle attinenze dello Stato coll'individuo nella Società moderna »; « Del fondamento della politica »; » Intorno al concetto della libertà »; « La disputa intorno alla natura dell'anima ai tempi di Pomponazzo »; « De'nuovi studii sulla Storia d'Italia »; « Francesco Guicciardini » 1870; « L'arte nuova in Italia » 1873; « Galeazzo Marescotti De Calvi e la sua cronaca »; « I nuovi studî intorno a Niccolò Macchiavelli »; « I Miti e le Leggende sull'origine della città di Forlì »; « La vita e lo sviluppo del linguaggio di Guglielmo Dwight Whitney » 1877; « Considerazioui sul Corso di Diritto Costituzionale di Luigi Palma » 1878; « Guglielmo de Gillot » 1879; « Goldoni e le sue lettere » 1880; « Le Cronache Forlivesi di Leon Cobelli »; « Madama Reale »; « Il principe Eugenio » 1880; « Carlo Pepoli, Saggio sulla rivoluzione del trentuno » 1880; plusieurs articles dans le *Preludio* des années 1881-83 (Goldoni e Roncalli; Roma e il Cristianesimo; L'uomo dalla maschera di ferro; Ugo Bassi; Madama Elliott). « La cronaca di Pier di Mattiolo, appunti di Storia bolognese » 1883-85; « Il Governo Visconteo in Bologna con documenti inediti » 1883-84; « Osservazioni sul libero scambio » 1886; « Cenno storico sulla città di Bologna preposto alla *Guida di Bologna* di Corrado Ricci » 1886; « Necrologia di Giovanni Gozzadini » 1887.

Albini (Auguste, comte), marin italien, né à Gênes vers 1830 d'une famille originaire de Bergeggi dans la Ligurie occidentale. Son père était l'amiral Albini qui, en 1848, commandait l'escadre piémontaise dans la mer Adriatique; son frère aîné, l'amiral comte B. Albini, commandait la partie non cuirassée de l'escadre italienne pendant la guerre de 1866. S'occupant surtout de l'artillerie de marine, M. Albini peut se dire le créateur de la grosse artillerie employée depuis quelques années sur les navires italiens; il est aussi inventeur d'une carabine se chargeant par la culasse qui porte son nom et qui a été adoptée pendant quelque temps par le gouvernement hollandais. M. Albini est aussi l'inventeur d'un affût de bord, à cylindre de glycérine, adopté par la marine anglaise et par la marine italienne. M. Albini, élu député par la troisième collège de Gênes en 1880, fait encore aujourd'hui partie de la Chambre dont il n'a été exclu que pendant peu de temps. Depuis l'année 1886, il fait partie du cadre de réserve avec le grade de contre-amiral. Cet officier général, fort apprécié en Angleterre, a publié plusieurs brochures d'une valeur essentiellement technique. Nous citerons entr' autres les articles suivants insérés dans la *Rivista marittima*: « Affusto Albini a freni idraulici ed a ritorno automatico in batteria per piccoli cannoni a retrocarica » 1876; « Considerazioni sul caricamento dei grandi cannoni delle navi corazzate moderne » 1879 ; « Artiglieria delle navi moderne » 1880. M. Albini a aussi publié une brochure séparée « Uno sguardo all' avvenire navale », Fano, 1887, avec deux planches.

Albini-Bisi (Sophie), femme de lettres italienne, fille de M. Antoine Albini (agronome et propriétaire dans la Brianza, auteur d'un excellent traité sur les vers à soie), mariée avec le professeur Émile Bisi, sculpteur distingué, est née à Milan en 1856. La meilleure chance de sa vie a été, paraît-il, la possibilité de fréquenter de bonne heure, les leçons du professeur Jean Rizzi, à l'Ecole supérieure des jeunes filles à Milan; le talent naturel d'observation et la finesse et délicatesse du sentiment ont été admirablement aidées et secondées par le maître qui avait bientôt saisi la portée de cet esprit souple et élégant. Tout ce qui est sorti de la plume de madame Sophie Albini-Bisi est exquis. Nous citerons: « Nel vano d'una finestra »; « La scacchiera della Rosa »; « Le nozze d'argento »; « L'amico di Cammillo »; « Chiacchiere di una signora »; « Impressioni di Venezia »; « La Nidiata »; « Omini e Donnine », sans parler de beaucoup de contes divers, d'esquisses, de récits, et d'articles épars. L'éditeur qui réunirait en un volume les meilleures proses de madame Sophie Albini-Bisi donnerait preuve d'intelligence, de bon goût, et rendrait service aux amateurs On doit aussi à cette dame la traduction italienne du roman de Florence Montgomery « Misunderstood ».

Albini-Crosta (Madeleine), femme auteur italienne, née à Robecco Cremonese, le 17 août 1844; elle demeure à Milan, où elle publia les ouvrages dont suivent les titres: trois comédies pour l'enfance: « Chi fa bene trova bene »; « La figlia del galeotto »; « Gaetana Agnesi » 1878-79; le livre ascétique plusieurs fois réimprimé: « Gioie celesti della famiglia », 1879; « L'angelo in famiglia », 1881; « La Provvidenza in famiglia », 1882; « O Padre! », 1882; « La Croce », 1883; « Dì per dì », en six vols. » 1884; « L'alba e l'aurora », 1884; « Il meriggio, ricordo di nozze », 1884; « Dal vero », nouvelle, 1884; « Pace », 1886; en récompense de cet ouvrage le Saint-Père Léon XIII a décerné à l'auteur une médaille en or.

Albini (Joseph), savant italien, professeur de physiologie à l'université de Naples, né à Milan vers l'année 1830. Il fit ses études de médecine à l'université de Pavie; et il les interrompit, pour prendre une part très active aux campagnes patriotiques des années 1848-49, se signalant par son courage; il reprit ses études en 1850 à l'université de Pavie et il les poursuivit à l'université de Vienne, où il fut reçu docteur et choisi comme son assistant, par le professeur Brücke. Quatre ans après, il fit un long tour scientifique dans les universités allemandes; à la fin de l'année 1857, il fut nommé professeur à l'université de Cracovie; il revint en Italie, en 1859, et il accepta d'abord l'enseignement de l'histoire naturelle dans le lycée de Casale : après quelques mois, il gagnait, par concours, la chaire de physiologie à l'université de Parme ; en 1860, il fut nommé professeur à l'université de Naples. Ses publications sont nombreuses, et des plus appréciées. Nous citerons: « Ricerche sul veleno della salamandra maculata », Vienne, 1853, réédité en 1858, en allemand; « Ricerche chimiche sulle castagne comuni », en collaboration avec son disciple A. Fienga, 1867 ; « Sul frutto del fico », 1867, 1869, 1870; « Esame chimico comparativo del sangue degli animali bovini tifosi », 1864; « Sulle acque minerali di Mondragone », avec Mr Paride Palmeri, 1868; « Sulla coagulazione del sangue », 1872; « Analisi chimica della pasta Itzsstein », avec Mr Palmeri, 1872; « Ueber das Centrum tendineum des septum ventriculi cordis », Vienne, 1855; « Noduli am Rande der Atrio-Ventricular Klappen des Menschen », Vienne, 1856; « Beitrag zur Anatomie der Augenlieder », Vienne, 1857; « Sullo scheletro degli animali invertebrati », 1861; « Rapporti anatomici ed intima struttura dell'apparato glandulare venefico della salamandra maculata », 1862; « Esame microscopico del sangue degli animali bovini affetti da tifo », Milan, 1864; « Sull'epitelio intestinale », 1868; « Sullo sbocco anormale di una vena polmonare nella cava discendente », 1868; « Sulla natura delle ossa alla base del cranio », 1867; « Sulla struttura della glandula lagrimale », 1869; « Ricerche anatomiche microscopiche sulla parete dell'ansa isolata per la fistola intestinale secondo Thiry », 1872; « Sull'azione aspirante del cuore », 1862; « Sul meccanismo della deglutizione » 1863; « Ricerche sul pancreas », 1865; « Sul pancreas e sull'umore pancreatico », 1866; « Sulla respirazione della rana », Napoli, 1866; « Sulla determinazione del sesso », 1867; « Guarigione di una fistola gastrica in un cane », 1867, 1868; « Sulla nutrizione dei nervi », 1864; « Nervi e processi trofici », 1868; « Sul galvanometro e sul potere elettro-motore dei nervi », Naples, 1868; « Sulla conservazione del potere elettromotore nei nervi di rana dissecati rapidamente », 1869; « Sulla eccitabilità e conducibilità dei nervi essiccati », 1868; « Alcune considerazioni sulla fistola intestinale », 1870, 1871 ; « Sull'eterotopia tattile fisiologica », 1870; « Fenomeni offerti in vita e reperto anatomico di una giovine gallina, cui fu esportata l'intiera massa dei grandi emisferi », 1871; « Sulla transfusione del sangue », 1872; » Guida allo studio della fisiologia normale e sperimentale », trois vols. 1870, réimprimée en 1878; « Lezioni d'embriologia » (en lithographie), 1878; « Sulla circolazione e sulla transfusione del sangue », 1872; « Rendiconto dell'Istituto fisiologico di Parma », Parme, 1860; « Rendiconto dell'Istituto fisiologico di Napoli », 1860-64; « Pensieri e ragionamenti sulla Relazione del Consiglio superiore di Pubblica Istruzione », 1865 (réimprimé à Milan en 1866); « Proposta intorno alle Facoltà medico-chirurgiche », 1873; « Pareri sui nuovi ordinamenti degli studii medico-chirurgici », 1875; « Cenni storici sulla salamandra maculata », 1862; « Cannula per fistola della cornea », 1870; « Gli Opistoblefari », 1871; « Lettera sulla galvano-caustica del Middeldorf », Venise, 1857; « Lettera ad un Veterinario », 1869; traduction italienne de l'« Anatomie physiologique » de E. Mayer; traduction italienne de la « Physiologie » de Foster; traduction italienne de l'« Oculistique » de Camuset; « Il Tatuato di Birma », 1876; « Sul pane Liebig », 1873; « Sulla Coprocresi in Napoli », 1873; « Sulla Ginnastica nelle scuole elementari », 1878; « Nuova cannula per la trasfusione del sangue », 1874; « Sulla secrezione dell'orina », 1873, 1874; « Ricerche sulla forza di secrezione del rene », 1874; « Una reazione comune all'albumina ed alla mucina », 1876; « Nuova classifica dei tessuti », en collaboration avec Mr Zweithal, 1874; « Sulla vitalità dei nervi disseccati rapidamente », 1875; « Conservazione delle forme elementari organiche per rapido disseccamento », 1878; « Rapporto fra i movimenti dell'iride e la visione », 1875; « Sul colore della retina », 1877; « Sul colore del fondo dell'occhio, » 1877; « Struttura e funzione dell'umor vitreo », 1878; « Ectropio automatico », 1877; « Sulla conservazione dei cadaveri mediante il disseccamento artificiale », 1881; « Alcune ricerche sul latte » 1882; « Caso d'eccessivo impinguamento d'una gallina sopravvissuta per quasi cinque mesi all'ablazione dei grandi emisferi cerebrali », 1883; « Sulla sostanza odorosa delle castagne », en collaboration avec le Dr Malerba, 1883; « Sugli albuminoidi della castagna comune » (en collab. avec le même), 1883; « Sui movimenti del cervello nell'uomo », 1885; « Sulla tunica muscolare dell'intestino tenue del cane », 1885; « Sui movimenti dei cromatofori nei Cefalopodi », 1885; « Tavole ottimetriche » (trois éditions); « Riflessioni sulla trasfusione del sangue », 1886; « Sull'azione della Duboizina e dell'Eserina », 1880; « Sui collirii », 1885; « A proposito del questionario per l'indagine statistica della cecità in Italia », Milan, 1887; « Note all'Oculistica dell'Hersing », 1887; « Nozioni fondamentali di Fisiologia umana » 1887. Presque toutes les publications de ce savant sont originales et fondées sur la plus scrupuleuse observation.

Albino (Pascal), écrivain italien, avocat à Campobasso, où il est maintenant chargé de défendre devant les tribunaux le domaine de l'État, fit son droit à l'Université de Naples où il prit ses grades; en 1848, il débuta dans les lettres avec plusieurs articles et quelques poésies; plus tard, il publia une série d'œuvres très importantes sur la province de Molise. Citons entr'autres « Biografie e ritratti degli uomini illustri del distretto d'Isernia e del distretto di Larino » Campobasso, 2 vol. 1864, 1866; « Biblioteca Molisana, ossia indice di libri ed opuscoli pubblicati da autori nati nella provincia di Molise » ib. 1865; « Delicata Civerra » conte d'histoire locale du XVI siècle, ib. 1865; qui eut l'honneur de quatre éditions successives; une brochure fort singulière « La festa del Corpus Domini in Campobasso, ossia descrizione e spiegazione dei Misteri che si portano in processione nella detta festa » 2 éd. avec 24 fig., ib. 1876; « Corografia Molisana » 1 partie, ib., 1876; « Pianta topografica della città di Campobasso » id. 1876; « I cappuccini in Campobasso, cronaca del secolo XVI del dott. Ziccardi, ristampata con note e documenti » id., De Nigris, 1876; « Ricordi storici e monumentali del Sannio e della Frentania » 1 vol. id. 1879; M. Albino a publié aussi, en 1852, à Naples une traduction de « Maurizio » roman d'Eugène Scribe et une thèse de droit « Sulla differenza dottrinale tra la Prescrizione e l'Usucapione » 1853.

Albites (Édouard, marquis de Paterniano), publiciste et peintre franco-italien, né en 1834 à Paris, d'une noble famille de patriotes italiens originaire des Marches, (Paterniano est un village près Fano) établie en France depuis le premier empire. Feu son père, le marquis Félix, avait traduit en français les comédies du comte Giovanni Giraud de Rome, et fondé, à Paris, en 1885, le journal italien *La Bussola*, où son fils fit ses premières armes littéraires. L'héritage de ce journal a été recueilli par M. Carini, lorsqu'il fonda à Paris le *Corriere franco-italiano*, qui rendit de si grands services à la cause italienne. Mais le principal mérite du jeune Marquis Albites a été d'avoir créé, à Londres, en 1856, en société avec l'éditeur écossais Mac Lean le journal satyrique: *The Fun*, dont il fut, pendant huit ans, le rédacteur en chef. A Londres Mr Albites se maria avec une anglaise. Après huit ans, il vendit sa part de propriété dans le *Fun*, à son premier collaborateur Thomas Hood, et depuis il partagea son séjour entre la France et l'Italie. Depuis dix-huit ans il collabore au *Charivari*, où il signe souvent Paul Girard, pseudonyme qui dans ce journal est commun à d'autres collaborateurs et même à son infatigable directeur M. Pierre Véron. M. Albites écrit aussi dans le *Gil Blas*, mais sans signer ses articles. Dans le journal l'*Elettrico*, de Florence, qui a cessé maintenant ses publications, le marquis de Paterniano a donné quelques chroniques de l'High-life florentine, étincelantes d'esprit et qu'il signait : *Il Marchese*.

Albo (Xavier), écrivain italien, ancien professeur de philosophie dans le Lycée Telesio de Cosenza où il devint aveugle n'étant âgé que de 54 ans. Né dans les environs de Cosenza (Calabre), il entra dans les ordres et s'adonna aux études philosophiques, suivant les doctrines de Rosmini et de Gioberti. Jusqu'à l'année 1861, il a vécu en donnant des leçons particulières ; il a employé vingt ans de sa vie à composer un poème apocalyptique, fort notable du reste, qui sous le titre « L'Antichristo » a été publié en 1873 à Milan.

Albof, romancier russe, appartenant à l'école naturaliste. Son roman : « Riasa » (la Soutane), tiré de la vie du clergé russe, paru en 1883, a eu un grand nombre de lecteurs.

Albrecht (Anton Hermann), écrivain allemand, pasteur à Kleinkems (Bade) né le 5 mai 1835 à Fribourg en Brisgau. Il a publié : « Brudor Ludwig » chronique en vers, Leipsick 1872 ; « Die Häfnetjungfer » conte villageois du siècle passé, Karlsruhe, 1884 ; « Majous em Oberland », Lahr, 1878 ; « Der Præceptorats-Vikari aus I. P. Hebel's Jugend », Schopfheim, 1882 ; « Der Schwedonjunker », poème, Fribourg, 1873.

Albrecht (Jacques), écrivain suisse, né le 17 janvier 1827 à Sargans dans le canton de Saint-Gall, reçut, à partir de 1842, l'instruction secondaire dans l'école catholique du chef-lieu qu'il quitta en 1849 pour suivre les cours de philologie à l'université de Munich. Un séjour d'une année dans la Suisse romande lui permit d'enseigner le français, d'abord à l'école du district de Lachen, dans le canton de Schwitz, (1858-1856) puis à l'école cantonale de Saint-Gall, (1856-1863). A partir de 1860, sa verve satirique se déploya librement dans le journal l'*Inspecteur*. M. Albrecht professe aujourd'hui l'allemand et l'italien au gymnase de Bienne. On a de lui : « Le déclamateur suisse » 2 vol., 1868 ; « La Querelle de Molling » récit humoristique, 1869 ; « Le nouvel almanach de Desteli » auquel sous le pseudonyme de Frère Hilarius il fournit également, à partir de 1874, les illustrations et le texte.

Albuquerque (Antoine Marie Seabra d'), écrivain portugais, membre de l'Institut de Coimbra, trésorier et bibliothécaire de l'Université de la même ville, membre de la Société de Géographie d'Oporto, né à Coimbra le 23 janvier 1820. On a de lui : « Bibliographia da Imprensa da Universidade de Coimbra », 1872-1885, 8 vols. ; « Nobiliarchia Conimbricense », 1861 ; « Consideraçoês sobre o Brasão de Coimbra », 1866 ; « Brasõs portuguêses », journal héraldique, 1879 ; « Selecta da Infancia », 1870 ; en voie de publication : « Historia das ordens militares portuguesas » ; « Historia da Ordem de Malta ».

Alcalà Galiano (José), poète lyrique espagnol très remarquable ; petit fils du célèbre orateur et homme politique Don Antonio Alcalà qui mourut en 1868. José Alcalà Galiano se distingue par son inspiration et la grande correction de son style. Malheureusement pour lui il ne peut s'adonner complètement à la vie littéraire, car il suit la carrière des consulats et est toujours éloigné de Madrid. Il est consul d'Espagne à New-Castle depuis sept ans. On lui doit entr'autres un recueil de poésies satiriques, « Le stéréoscope social » et une étude sur Leopardi.

Alcan (Eugène), littérateur, peintre et poète français, né à Paris en 1812. Nous connaissons de lui : « la Légende des âmes ; souvenirs de quelques conférences de Saint Vincent de Paul » 1879 ; « La Flore printanière, souvenirs du berceau et de la première enfance » vers, 1882 ; « La Flore du Calvaire, traits caractéristiques de quelques voies douloureuses » 1884.

Alcan (Félix), éditeur français, propriétaire de la librairie Germer Baillière et Cie, 108, Boulevard St.-Germain à Paris. En 1818, M. J. B. M. Baillière fonda à Paris une librairie exclusivement consacrée aux sciences naturelles et médicales et obtint en 1828 le privilège de libraire de l'Académie de médecine. Créant ou étendant ses relations à l'étranger, il fonda à Londres, en 1826, une maison de librairie scientifique française dirigée par M. Hippolyte Baillière et devenue la librairie du *British Museum* et de plusieurs autres grands établissements. Puis il contribua à l'établissement de ses neveux à New-York, ainsi qu'à celui de son neveu M. Bailly-Baillière à Madrid. Il entrenait en même temps à Paris de vastes publications scientifiques, la plupart riches et soignées comme les ouvrages de luxe, telles que l'*Anatomie Pathologique*, du docteur Cruveilhier (1830-1832, 2 vol. in folio, 223 pl. coloriées) ; l'*Anatomie pathologique* du professeur Libert (2 vol. in folio, 200 pl. gr. et col.) ; les *Oeuvres d'Hippocrate*, grec et français (1839-1860, 9 vol. in-8) par les soins de M. Littré ; l'*Iconographie ophtalmologique*, du docteur Sichel (1822-59, 80 pl.) ; la collection des *Mémoires de l'Académie de médecine* (1828-1859, 24 vol in-4 avec planches) ; les *Bulletins* de la même Société (1835-1859, 26 vol). Plusieurs de ses ouvrages ont figuré avec honneur aux Expositions universelles. A la mort du fondateur, son neveu M. Gustave Germer Baillière lui succéda. Il devint bientôt l'éditeur spécial des publications de sociologie, de biologie et d'anthropologie tant françaises qu'étrangères, remarquées par la nouveauté et la hardiesse des idées. Il fonda dans le même esprit une série de collections telles que: la *Bibliothèque de philosophie contemporaine* (1863); la *Bibliothèque d'histoire contemporaine* (1866); la *Bibliothèque scientifique internationale* (1874) et une série de revues, entr'autres: la *Revue politique et littéraire* (1871); la *Revue philosophique* et la *Revue historique* (1876). En 1875, M. F. Alcan, ancien élève de l'École normale supérieure, section des sciences, devint l'associé de M. Germer Baillière et depuis 1883 le seul possesseur de la maison; il a ajouté au catalogue de la librairie les livres d'enseignement secondaire, tout en continuant les autres collections de la maison.

Alcantara (Jean-Charles-Léopold-Salvador-Bibiano-Francisco-Xavier de Paula-Leocadio-Michel-Gabriel-Rafael-Gonzaga-Pedro II d'), empereur du Brésil, né le 2 décembre 1825, est fils de Don Pedro I et de Léopoldine-Caroline-Josephine, archiduchesse d'Autriche, qui mourut l'année suivante (11 décembre 1826). Dès l'âge de cinq ans, l'abdication de son père Don Pedro I, (7 avril 1831) le porta sur le trône. Sa majorité ayant été proclamée avant l'époque légale, il prit solennellement la couronne le 18 juillet 1841. Il fit de louables efforts pour développer la prosperité commerciale du Brésil et son influence dans l'Amérique du Sud. Par l'abolition définitive du commerce des noirs (4 septembre 1850), il se délivra sagement des difficultés que la traite avait suscitée entre le Brésil et la Grande-Bretagne. Un agrandissement de territoire et la libre navigation de la Plata, fruit de son intervention pour le renversement de Rosas, préparèrent à la nation brésilienne une destinée brillante et prospère. En 1860, l'Empereur exécuta de grands et pénibles voyages dans toutes les parties de ses États. En 1867, il ouvrit la navigation de l'Amazone aux navires de toutes les nations. Parmi les principales réformes introduites par ce prince éclairé il faut mentionner l'introduction du système métrique, l'impulsion donnée aux travaux publics, de louables efforts pour la diffusion de l'instruction, la substitution du suffrage direct au suffrage à deux degrés, et la communication directe établie entre le Brésil et l'ancien continent par un câble de télégraphie électrique. Pour devenir un protecteur utile et éclairé des sciences, des lettres et des arts, Don Pedro a voulu être lui-même un lettré, un savant, un artiste. Il a écrit lui-même plusieurs vers dont on trouve un essai dans un livre anglais sur le Brésil, il a appris plusieurs langues européennes, l'italienne entr'autres, qu'il parle et qu'il écrit couramment. On le dit fort savant dans les sciences physiques; les langues orientales sont loin de lui être étrangères: connaissant suffisamment l'hébreu, il a appelé auprès de sa personne, comme maître de grec et de sanscrit, le savant docteur Henning avec lequel il passe le peu de temps que les soins d'un empire, presque aussi vaste que l'Europe entière, lui laissent. A la fin de l'année 1871, l'empereur quitta le Brésil pour visiter la France, l'Espagne et le Portugal. Arrivé à Paris en décembre, il y resta près de deux mois, visitant les établissements scientifiques et d'enseignement, assistant régulièrement aux séances de la Société de Géographie dont il est membre depuis 1868, et à celles de l'Académie des sciences. Après avoir traversé l'Espagne et le Portugal, il s'embarqua pour le Brésil le 13 mars 1872. Au mois de mars 1876, il entreprit un nouveau voyage. Il se rendit d'abord aux États-Unis, où il visita l'Exposition universelle de Philadelphie. De là, il gagna l'Europe qu'il parcourut presque entièrement. Il séjourna successivement en Angleterre, en Belgique, en Allemagne, en France, en Italie, en Espagne, etc. Partout il s'attacha à fréquenter les érudits et les savants, à se rendre compte des progrès des sciences et des lettres. A Paris, il assista les séances de l'Académie française et de l'Académie des sciences dont il avait été élu correspondant le 1er mars 1875, en remplacement du célèbre navigateur russe de Wrangel; à Milan, il rendait visite à Manzoni qui tout troublé dans sa rare modestie se confondait en protestations: l'empereur, fort spirituellement, lui répondit que c'était à lui à se trouver honoré par ce quo personne n'aurait plus parlé de l'Empereur Don Pedro, quand tout le monde se rappellera encore de Manzoni. Le 25 juin 1877, l'Académie des sciences de Paris le nommait un des huit associés étrangers, en remplacement d'Ehrenberg. Presque aussitôt il retournait au Brésil. Atteint en mars 1887 d'une grave maladie, il revint en Europe sur le conseil des médecins et le 25 juillet 1887 il assistait à une nouvelle séance de l'Académie des sciences; mais cette fois il n'y assistait ni en souverain ni en savant, il y assistait en grand-père; c'était en effet pour présenter à la docte assemblée son petit-fils le prince Don Pedro Augusto de Saxe-Cobourg Gotha (né à Rio Janeiro le 19 mars 1866, fils d'Auguste duc de Saxe et de la princesse Léopoldine née du premier mariage de l'empereur avec une archiduchesse d'Autriche) qui dans la séance suivante du 1er août 1887 lisait un « Mémoire sur la présence de l'albite en cristaux, ainsi que de l'apatite et de la schulite dans les filons aurifères de Morro-Velho, provinces de Minias Geraes (Brésil) ». Pour revenir à Don Pedro qui se trouve encore, pendant que nous écrivons, à Cannes, nous ajouterons qu'il est membre aussi de l'Académie des sciences de Saint-Pétersbourg, de l'Académie Orientale de Florence et l'un des patrons du Musée Indien de cette ville.

Alcantara-Chaves (Pedro Carlos de), auteur

dramatique portugais, né à Lisbonne en 1829. Voici le titre de ses pièces les plus connues: « A Visinha Margherita » comédie en un acte; « Martirios e rosas » id.; « Garibaldi » drame en quatre actes; « Culpa e perdao » drame en deux actes; « Querem ser astistas » lever de rideau; « Milagre de N. S. de Nazareth » légende religieuse en deux actes; « Mudanças de posiçao » lever de rideau; « Descas Camilho » id.; « Poeta casado » comédie en un acte. Outre un volume de poésies lyriques, on a de lui les pièces suivantes: « Un actor pasando o beneficio »; « O passarinho »; « O Sr. Joâo »; « Fornandez em procura de una posiçâo social »; « O mastre Gasper Caveira »; « O Manuel d'Aballada »; « Revista do anno de 1859 »; « Revista do anno de 1860 »; « Lusinha a leiteira »; « Um como tantos »; « A arte nâo tem paiz »; « Aventuras do Sr. Bernave de Esperança »; « Provas politicas »; « O homen das fatalidades »; « Tomada de Tetuâo »; « Una actriz pasando o beneficio »; « Por causa dos sentorios »; « Una victima dos Kilogrammos ».

Alcott (Amos Brousons), précepteur et philosophe américain, né à Wolcott, Connecticut, le 29 nov. 1799. Après avoir essayé ses forces dans le commerce, il se voua à l'enseignement d'abord dans le Connecticut, ensuite (1828) à Boston et dernièrement à Concord (Massachusetts) où il se lia avec le célèbre Emerson, chef d'une école philosophique. La renommée d'Alcott repose non seulement sur le succès de son école et de sa méthode d'enseignement, mais aussi sur sa valeur comme penseur philosophique et comme conférencier. Il demeure à Boston avec sa fille aussi célèbre et a publié: « Conversations with children on the Gospels » 1836, 2 vol. « Tablettes », 1868 ; « Concord days » 1872; « Table-Talk » 1877; « Sonnets and Canzonets » 1882. On trouve une description de son école dans le « Record of a School » de E. P. Peabody.

Alcott (Luisa May), fille du précédent, femme de lettres américaine, née à Germantown (Pennsylvanie) en 1833. Elle commença à écrire de bonne heure et son premier livre « Fairy Tales » est de 1855. Pendant la guerre de sécession, elle soigna les blessés dans les hôpitaux consignant le resultat de ses observations dans un volume : « Hospital Sketches » 1863, composé avec les lettres qu'elle avait adressées à sa famille. Dans la même année elle commença à collaborer à l'*Atlantic Monthly*. Ses romans ne tardèrent pas à acquérir une grande vogue en Angleterre et en Amérique; citons parmi ses ouvrages: « Moods » 1874 ; « Morning Glories and other Stories » 1867 ; « Work, a Story of experience » 1873 ; « Cupid and Chow-Chow and other Stories » 1873 ; « Eight Cousins: or the Aunt Hill » 1875; « Little Women » 1868 ; « An Old Fashioned Girl » 1869; « Little Men » 1871 ; « Silver Pitchers and other Stories » 1876 ; « Rose in bloom, a sequel to Eight Cousins » 1877; « Modern Mephistopheles » anonyme, 1877; « Under the Lilacs » 1878 ; « Jack and Till » 1880 ; « Proverb Stories » 1882 ; « Spinning Wheel Stories » 1884; « Lulu's Library » 1883 ; et enfin une série d'historiettes sous le titre général de « Aunt Jo's Scrap-Bag ».

Aldo, pseudonyme de M. Giovanni De Castro (*Voir ce nom*) sous lequel il publia plusieurs romans et nouvelles. Le même pseudonyme sert aussi à un autre écrivain. Le *Livre*, la revue parisienne bien connue, donnait en 1880 la nouvelle suivante: « Un homme grave et adonné à la politique écrit des romans de cœur de temps en temps, sous le nom de *Aldo*, peut-être pour échapper à l'envie de faire des romans politiques ». Il n'y a pas d'indiscrétion à ajouter que l'homme politique visé par le *Livre* est M. Romualdo Bonfadini (*Voir ce nom*).

Aldrich (Thomas Bailey), auteur américain distingué, né à Portsmouth dans le New-Hampshire, le 11 novembre 1836, resta trois années dans le comptoir de son oncle, marchand à New York, et devint ensuite correcteur dans une imprimerie. Il publia dans plusieurs journaux et revues des pièces en vers et en prose qui furent recueillies et publiées à part, entr'autres: « The Bells » 1855; « The Ballad of Baby Bell and other poems » 1856; « The Course of true Love never did run smooth » 1858; « Pampinea and other Poems » 1861; « Cloth of gold and other poems » 1874 ; « Flower and Thorn » 1876 ; « Lyrics and Sonnets » 1880 ; « Friar Jerome's Beautiful Book » 1881; « From Ponkapog to Pesth » 1883; et « Mercedes and later Lyrics » 1884. De ses récits en prose, les meilleurs sont « Daisy's Necklace and what came of it » 1857; « Out of his Head, a romance in prose » 1862; « The Story of a Bad Boy » 1869; « Margery Daw » 1876; « Prudence Palfrey » 1874; « The Queen of Sheba » 1877 ; et « Stillwater tragedy » 1880. Depuis l'année 1877, Aldrich dirige la revue *Atlantic Monthly* à Boston. En 1887, en société avec M. O. W. Oliphant, il publia « Le fils puîné ». Dans les deux volumes de poésies lyriques, publiés en 1880 et en 1883, est surtout notable une poésie « Mercedes » qui donne son nom au second volume.

Alecsandrescu (Grégoire), poète roumain, né vers l'année 1812 à Tirgoviste; ses premiers poèmes ont paru en 1838; ses satires surtout ont produit de l'effet; sa poésie sur l'année 1840 et son ode à l'armée roumaine ont eu le plus grand retentissement auprès de la jeunesse roumaine. En 1842, parut un second volume de ses poésies anciennes et nouvelles; en 1847, un volume de « Souvenirs et Impressions »; en 1863, un volume de « Méditations, Elégies etc.»; depuis ce temps, l'intelligence de ce poète, frappé d'une maladie mentale, au milieu des travaux de la commission supérieure de Focsani pour l'unification des lois de la Roumanie et de la Moldavie, s'est malheureusement éteinte. M. Alexandrescu avait aussi donné au théâtre roumain une traduction des tragédies de Voltaire « Alzire » et « Mérope »

Alecsandri (Basile), illustre poète roumain, depuis 1885, ministre plénipotentiaire et envoyé extraordinaire du Roi de la Roumanie, auprès de la République Française, né en 1821, en Moldavie; il fit ses premières études à Vassy, dans un pensionnat français; entre les années 1840-45, il fut chef du bureau des pensions; ayant pris part à la révolution de 1848, il émigra, et entre les années 1848-1850, voyagea en Italie, en Allemagne, en France, en Asie, en Afrique. Revenu à Bucarest, il fut nommé directeur des archives. Dans sa qualité de ministre des affaires étrangères, entre les années 1859-61, il fut envoyé en mission auprès de l'Empereur Napoléon, de la Reine Victoria et du Roi Victor-Emanuel. Il a été plusieurs fois député, puis vice-président de la Chambre des députés, enfin vice-président du Sénat. Grand cordon de l'Étoile de Roumanie, Grand cordon de la Couronne de Roumanie, Grand officier de l'ordre de Saint-Maurice et Lazare d'Italie, commandeur de l'ordre d'Isabelle d'Espagne, en 1882, il a remporté au concours des Félibres de Montpellier le grand prix, pour son Chant de la Race Latine. Il a recueilli en un volume les poésies populaires roumaines (traduites en français par M. Ubicini); donné au théâtre de son pays nombre de pièces nationales; composé des poésies lyriques admirables; fondé, en 1855, la revue *Romania letteraria*. Toute son œuvre littéraire occupe dix volumes, publiés à Bucarest dans les années 1875-76; cette édition est déjà épuisée. Après la guerre de Bulgarie, il publia un volume de poésies, sous le titre: « Nos guerriers ». Parmi ses drames publiés à part, nous citerons: « Despot Voda »; « la Fontaine de Blandusie »; « Ovide ». M. Alecsandri est aussi l'auteur de la « Grammaire roumaine » publiée à Paris sous le pseudonyme de E. Mircescu. Il a débuté dans la littérature par une nouvelle dont le sujet était la « *Fioraia* de Florence ». En 1844, avec Jean Ghika, il avait fondé la revue: *Progressul*, supprimée par la censure après neuf mois. Parmi ses chants nationaux, est devenu très populaire en Roumanie celui intitulé: « l'Heure de l'Union ».

Alencar (Joseph), écrivain brésilien, né en 1830 à Fortaleza (Ceará); après avoir obtenu le baccalauréat en droit il se consacra entièrement au jornalisme, à la littérature et à la politique. Élu député il devint, en 1868, ministre de la justice et il en garda pendant une année le portefeuille. On a de lui plusieurs romans, parmi lesquels nous citerons: « O Guarany » traduit en italien et en anglais; « Luciola »; « Diva »; « Senhora »; « Sonhos de Ouro »;

« Tracema » etc. Dans la description de la nature tropicale qui est le cadre de ses romans M. A. donne toute la mésure de son talent. Il a fait jouer aussi une comédie de mœurs « Le démon de la famille » qui eut le plus grand succès.

Alès (Anatole), littérateur français, né à Paris en 1840, ancien bibliothécaire du duc de Parme, actuellement bibliothécaire archiviste du ministère de la justice en France, directeur et fondateur, sous le pseudonyme de Jean Alesson, du journal *Le Bas-Bleu*, devenu *les Gauloises* et, depuis 1875, *Gazette des Femmes*. On a de lui: « Les moines imprimeurs » 1873; « Bibliothèque liturgique, description des livres de liturgie, imprimés au XV et XVI siècles faisant partie de la bibliothèque de S. A. R. Mgr Charles Louis de Bourbon (comte de Villafranca) » Paris, 1878, éd. tirée à 150 exemplaires, pas dans le commerce; « Les femmes artistes au Salon de 1878 et à l'Exposition Universelle » 1878; « Les femmes militaires et les femmes décorées de la Légion d'honneur », 1887.

Alessi (Salvatore), médecin oculiste et écrivain sicilien, né à Soccorso le 6 juin 1816; il fut reçu docteur en médecine à l'université de Catane. Il enseigna et pratiqua pendant quelques années à Naples, d'où il passa à Rome, et de là en Russie. Revenu en Italie, il s'établit à Livourne, où il acheta la villa jadis habitée par le poète Shelley. On a de lui: « Memoriali di oftalmologia » Naples, 1848; « Statino e documenti dei risultamenti clinici, dal maggio 1844 fino ad ottobre 1845 » Naples; « Viaggio clinico fatto a pro de' poveri ciechi degli Abruzzi, Umbria e Marche » Rome, 1846; « Della eliminiasi nelle sue relazioni colla oculistica » Rome, 1850; « Cateratta nera » Bologne, 1852; « Sull' accomodazione dell' occhio e sulla curabilità della cateratta senza operazione » Florence, 1862; « I veri miserabili; letture popolari intorno ai ciechi nati » Florence, 1875; « La lacrima » Livourne, 1879; « La figlia dell'esule » drame en cinq actes, Livourne, 1883.

Alessio (Jules), économiste italien, professeur de finance et d'économie politique à l'Université de Padoue, né à Padoue le 13 mai 1853. Il publia: « Dei limiti della divisione del lavoro nell'opera scientifica » Venise, 1875; « Il dazio di consumo, i suoi effetti e la sua riforma » Rome, 1879; « Di alcuni criterii dell'insegnamento superiore dell'economia politica » Padoue, 1880; « Saggio sul sistema tributario in Italia, e sui suoi effetti economici e sociali » en deux vols., Turin, 1883-1887; « I Consorzii universitarii e lo Studio di Padova » Padoue, 1887; différents articles dans le *Giornale degli Economisti*.

Alexis (Jules), journaliste et auteur dramatique français, né à Paris vers 1845. M. Alexis qui est entré dans la rédaction du *Cri du Peuple* lors de la fondation de ce journal par Mr Jules Vallès continue à en faire partie encore aujourd'hui. Il y publie sous le pseudonyme de Trublot — emprunté à l'un des plus célèbres romans de Zola — des *Courriers des théâtres*, écrits dans la langue des rôdeurs de barrière et qui portent toujours l'empreinte d'une originalité voulue. Si Mr Alexis voulait bien se donner la peine de réunir ses *Trublotades* en un volume — celles surtout qui portent le titre de « Trublot au vert » impressions d'un séjour à la campagne — le volume qui en résulterait ne serait pas des moins dépourvus d'intérêt. En dehors de sa collaboration au journal de la citoyenne Sévérine, on lui doit : « Celle qu'on n'épouse pas » comédie en un acte en prose, 1879 ; « La fin de Lucie Pellegrino » 1880 ; « Le collage » 1882 ; « Émile Zola, notes d'un ami ; avec des vers inédits d'Emile Zola » 1882 ; « Le besoin d'aimer (le Collage, les Vierges, les Filles, les Amants, les Cocus) » 1885 ; « Les femmes du Père Lefèvre » 1886 ; « Un amour platonique » 1886. M. Paul Alexis qui est un des adorateurs les plus enthousiastes du maître de Médan a collaboré avec ses *aminches* (amis) de Maupassant, Huyzsmans, Céard, et Hennique dans les « Soirées de Médan » publiées par le *zigue* Zola, pour employer nous aussi, pour une fois, la *langue verte* dont Trublot se sert dans ses *flanches*.

Alfani (Auguste), écrivain italien, conseiller municipal de Florence, né dans cette ville le 17 novembre 1844 ; il fit ses études dans sa ville natale, où il reçut de l'institut technique, le diplôme d'expert mécanicien et de constructeur et de l'Institut des Études Supérieures le diplôme de docteur en philosophie. Il présenta en cette occasion une thèse fort remarquable, sur Horace Rucellai, le philosophe de l'école néo-platonicienne, qui fut publiée à Florence, chez Barbèra. Disciple du philosophe Auguste Conti, il en professe les principes de philosophie chrétienne, d'après lesquels il enseigna lui-même, pendant quelques années, au Lycée Dante de Florence. On a de lui différents articles publiés dans les journaux *Letture di Famiglia*, la *Scuola* fondés par lui, et dans la *Cordelia* ; un recueil de poésies burlesques publiées sous le titre « Gente allegra il ciel l'aiuta » Florence 1873 ; « Il carattere italiano » ouvrage couronné au concours Ravizza de Milan, et publié à Florence par l'éditeur Barbèra ; « Lettere di Santa Caterina da Siena » choisies et commentées, avec une vie de la Sainte, Turin 1877 ; « In casa e fuor di casa » ouvrage qui remporta un prix d'encouragement au concours Ciani de Milan, Florence, Barbèra, deux éditions, 1880, 1887. « Letture graduali per le scuole rurali maschili » Florence, Paggi ; « Ernestino e il suo Nonno » Florence, Paggi ; « Proverbi e modi proverbiali » Turin ; « Lavori ed arnesi » dialogues, Turin 1884 ; « Primo libro di lettura per le scuole elementari maschili » Florence, Paggi ; « Evelina » contes pour les jeunes filles, Florence, Le Monnier ; « Sillabario del Giovinetto, » Milan, Maissner ; « Il buon bambino » Milan, Maissner; « Dal vero » contes, Milan, Maissner ; enfin, une correction du livre si populaire de L. Parravicini *Il Giannetto*.

Alfiano (Giovan Paolo d'), pseudonyme de M. F. N. Pelosini (Voyez ce nom) sous lequel il publia « Maestro Domenico, fiaba di Giovan Paolo d'Alfiano » Florence, 1871, 2me éd., Prato, 1872.

Alfieri (Charles comte de Magliano, marquis de Sostegno), homme politique italien. Fils du marquis Cesare A. di S., l'illustre ministre des Rois Charles-Albert et Victor-Emmanuel, M. Alfieri est né à Turin en 1827 et il fit ses études dans sa ville natale sous la direction de Messieurs Meguin, Zappata, Garelli, Bunier. A l'âge de vingt ans, il commença à prendre part à la vie politique par un essai intitulé « Riforma e rivoluzione, Statuto e Republica ». Collaborateur du *Risorgimento*, le fameux journal dirigé par le Comte de Cavour, du *Cimento* et de la *Rivista Contemporanea* où il a publié, entre autres choses, un article « La realtà delle speranze d'Italia », M. Alfieri finit par appeler sur sa personne l'attention des électeurs d'Alba qui, en 1856, quand il venait à peine de toucher l'âge exigé par la loi, le choisirent pour leur Représentant à la Chambre. M. Alfieri qui avait épousé Mlle Joséphine de Cavour, fille du marquis Gustave et nièce du grand homme d'État, ne fut cependant pas toujours parmi les adhérents de ce dernier. Déjà, du vivant de M. de Cavour, le marquis Alfieri ne cachait pas que ses sympathies l'attiraient plutôt vers le groupe dirigé par M. Rattazzi et c'est vers ce dernier qu'il se tourna complètement dès la mort de son grand oncle. C'est la politique de M. Rattazzi qu'il soutint surtout dans son journal *La Discussione* (1862) ; les polémiques vives mais courtoises entre ce journal et *La Stampa*, dirigée alors par M. Bonghi, eurent un retentissement dont il n'y a pas beaucoup d'exemples dans la presse italienne. Après avoir appartenu pendant 13 ans, sans interruption, à la Chambre, M. Alfieri fut nommé le 1er décembre 1870 sénateur du Royaume. Député ou sénateur, M. Alfieri est intervenu souvent dans les questions de politique intérieure ou étrangère, mais les rapports entre l'Église et l'État semblent l'intéresser particulièrement. Ses opinions sur cet argument se résument dans la phrase de Monsieur le comte de Cavour : « Nous croyons qu'on doit introduire le système de la liberté dans toutes les parties de la société politique et religieuse » que son neveu aime à citer et qu'il a reproduite entr'autres dans une introduction dont il a fait précéder la traduction donnée par lui de « La separazione della Chiesa e dello Stato » d'Édouard Laboulaye, Turin, 1874. Car M. Alfieri ne se borne pas à prononcer des discours aux Chambres en soutien de ses idées et bien souvent il jette dans la mêlée des débats politiques des brochures qui passent rarement inaperçues. Dans un volume « l'Italia liberale Ricordi, considerazioni, avvertimenti di politica e di morale » Florence, 1872, M. Alfieri a réuni les plus importants parmi les travaux qu'il avait jusqu'alors publiés. Parmi ses publications plus récentes rappelons encore : « Il trasformismo nella politica. Lettera al Deputato Francesco De Sanctis » Florence, 1874; qu'il nous soit permis d'observer que ce mot de *trasformismo*, que M. Alfieri lançait alors, pour la première fois, dans l'arène politique, devait servir, quelques années plus tard, à désigner le mouvement initié dans la politique italienne par M. Depretis ; « Chi ha tempo non aspetti tempo. Pareri di un senatore » 1879 ; « Conservazione, libertà, democrazia » Florence, 1880; « Avanti sempro, Savoja » Florence, 1880 ; « Considerazioni sulla origine naturale della podestà pubblica : lettura » Florence, 1881; « Il Senato nella democrazia » publié d'abord dans les *Atti della Filotecnica di Torino*, janvier, 1883 ; « Note sulle cose d'Italia » Florence, 1883 ; « L'Italie à la fin de 1882 » Rome, 1882, extrait de la *Nouvelle Revue*, 15 oct. et 16 nov. 1882; « Istituzioni di cattedre dantesche » discours prononcé au Sénat le 24 juin 1887, Rome 1887. Nous ne devons pas oublier enfin que M. Alfieri est un des promoteurs et des présidents de l'*Associazione italiana di educazione liberale*, association avec le concours de laquelle il a fondé à Florence la Scuola di *Scienze Sociali* qu'il dirige. Mr Alfieri consacre non seulement son temps et son intelligence à cette école, mais il lui a fait cadeau d'un capital suffisant à en assurer l'entretien.

Alfonso (Louis), écrivain espagnol né à Valence; critique d'art, rédacteur au journal *La Epoca;* auteur d'un ouvrage remarquable sur Murillo et son temps; actuellement directeur d'une maison éditoriale à Barcelonne.

Alger (William Rounceville), écrivain et théologien américain, né à Freetown, Massachussetts, le 11 décembre 1823. Il prit, en 1847, ses degrés à l'Harvard Collège et à l'École de théologie de Cambridge et devint pasteur de l'Église Unitaire de Rosbury près de Boston. Nous ne suivrons pas M. A. dans sa carrière ecclésiastique et nous nous bornerons à citer parmi ses ouvrages « A Symbolic History of the Cross of Christ » 1851 ; « The Poetry of the Orient » 1856, dernière éd. 1883; « A critical history of the Doctrine of a future Life » 1861 « The Genious of solitude » 1866 ; « Friendships of Women » 1866; « Prayers offered in the Massachussetts House of Representatives » 1868; « Life of Edwin Forrest » (un acteur dramatique), 1877; « The School of Life » — M. Horace Alger, son neveu, qui demeure à New-York est aussi connu comme écrivain.

Alglave (Émile), publiciste français, directeur de la *Revue Scientifique* depuis 1878, professeur de science financière à l'École de Droit de Paris, né le 27 avril 1842 à Valenciennes. Il rédigea d'abord, pour la *Revue des cours scientifiques*, les cours de physiologie de Claude Bernard. En 1864, il publia une thèse sur le droit mérovingien d'après la loi des Francs Ripuairos. En 1868, il fut reçu docteur en droit pour ses deux thèses : « Le droit d'action du ministère public en matière civile » et « les Jurisdictions civiles chez les Romains jusqu'à l'introduction des *Judicia Extraordinaria* ». En avril 1869, il fut nommé professeur de droit romain et de droit administratif à la faculté de Douai et chargé d'un cours d'économie politique à Lille. On lui doit nombre d'articles dans la *Revue Scientifique*, dans la *Revue politique et littéraire*, dans le *Temps*, et enfin un ouvrage remarquable en deux vol. sur « L'action du Ministère publique et Théorie des droits d'ordre public en matière civile », 1868; « Principe des constitutions publiques » etc. M. Alglave a publié en 1886 une brochure « Le monopole facultatif de l'alcool » dans laquelle il développe un projet très ingénieux pour assurer à l'État le monopole de la vente des alcools, sans porter une trop rude atteinte aux droits des producteurs. Le projet de M. Alglave s'il n'a encore été adopté par aucun gouvernement, a été cependant étudié sérieusement par le gouvernement français et prôné par les hommes les plus compétents.

Alimonda (monsignor Gaetano), orateur sacré et écrivain ecclésiastique italien, cardinal de Santa Maria in Traspontina, archevêque de Turin, né à Gênes le 23 octobre 1818 ; il fut consacré prêtre en 1843; en 1845, nommé sous-recteur du Séminaire de Gênes, en 1849, recteur; mais sa vocation était pour la prédication ; conférencier élégant, orateur puissant, il obtint par son éloquence un succès éclatant; ce fut à propos de ses conférences, réunies en douze volumes, que César Cantù, qui les qualifiait de « prodige de science et d'érudition » s'écriait que l'Italie n'avait eu jusqu'ici ceux qui ont eu l'honneur de deux éditions : « L' uomo sotto la legge del sovrannaturale » quatre vols.; « Il sovrannaturale nell'uomo » quatre vols.; « I problemi del secolo XIX » quatre vols.; « Il dogma dell'Immacolata »; « Il mio Episcopato » deux vols.; « Panegirici » et, en outre « Gesù Cristo » ragionamenti; « Del magnetismo animale »; « Dall'alba al tramonto »; « Discorsi pastorali ed accademici » 2 vols., 1880–1887; « Lutero e l'Italia » Conférences, 1888. Parmi les nombreuses brochures de ce savant prince de l'église nous signalerons: « Agli Slavi pellegrini in Roma » Milan, 1885; « Il monumento inaugurato a Giovanni Gersen » Turin, 1884; « Della setta dei Massoni » Turin, 1884; « L'Epifania del secolo XIX » Turin, 1884; « Il Vaticano » Turin, 1884; « Santa Caterina Fieschi-Adorni » 1887; « La musica sacra » Turin, 1887.

Alin (Oscar), historien suédois, professeur de science politique depuis 1882 à l'université d'Upsala, est né en 1846. Parmi ses ouvrages, qui se font remarquer pour la solidité des recherches et pour un véritable talent d'exposition, méritent d'être spécialement cités: « Sur le conseil suédois au moyen-âge » 1872 et 1875; « Aperçu sur l'Histoire de la guerre de trente ans » 1878; « L'Histoire de Suède 1521-1611 » 1877-78; le T. XII des *Mémoires* de M. B. von Schanzel sur l'histoire récente de la Suède, traitant une partie du règne du roi Charles XIV. M. A. a contribué en outre, à plusieurs revues d'histoire et de littérature.

Alis (Harry), journaliste et romancier français, membre de la Société des Gens de lettres, chevalier de la Couronne d'Italie, collaborateur du *Figaro*, du *Gil-Blas*, de la *Nouvelle Revue*, de la *Revue politique et littéraire*, de la *Revue Contemporaine*, du *Parlement*, et du *Journal des Débats*, etc. On a de lui les volumes, dont suivent les titres; « Hara-Kiri » Paris, Ollendorff; « Les Pas-de-Chance » Paris, Kistemackers; « Reine Soleil » Paris, Jules Lévy; « Miettes » Paris, Jules Lévy; « Petite ville » Paris, Jules Lévy; « Quelques fous » Paris, Calmann-Lévy.

Alishan (Père Léon M.) écrivain arménien, vicaire général des Mekitaristes de Venise, membre honoraire de la Société Asiatique Italienne, est né en 1820 à Constantinople. Voici la liste de ses ouvrages les plus remarquables: « Géographie Universelle » ornée de plusieurs gravures et de cartes, 1854; « L'Arménie moderne » ouvrage illustré, 1855; « Poésies complètes » en cinq volumes, 1857-1858; « Souvenirs d'Arménie » monographies historiques, avec gravures, 2 vol., 1870; « L'Arménie pittoresque, » avec 36 vues de l'Arménie, en arménien, en français et en anglais, 1872; « Géographie de la province de Schirag, en grande Arménie » avec gravures, inscriptions, etc. 1879; « Saint-Nersès le Gracieux, patriarche des Arméniens, sa vie, ses œuvres et son temps » en arménien moderne, 1873; « Sisouan ou la Cilicie, description géographique, historique et archéologique de cette contrée » avec gravures, inscriptions, etc. 1885; « Sempad (Le Connétable) auteur du XIIIe siècle »; « Les Assises d'Antioche, dont l'original français est perdu »; texte arménien accompagné d'une traduction française, avec notes, 1876.

Alkan aîné (Alphonse) imprimeur et bibliographe français, qui ne doit pas être confondu avec M. Charles Valentin Mohange, dit également Alkan l'aîné, musicien bien connu. Mr Alkan Alphonse, ancien imprimeur à Paris, ancien correcteur du comte de Clarac est le frère de Mr Eugène Alcan (V. plus haut). Nous constatons, sans pouvoir l'expliquer, l'orthographe différente des noms des deux frères. Parmi les ouvrages de M. Alkan aîné nous citerons « Les Femmes compositrices d'imprimerie sous la Révolution française de 1794 par un ancien typographe » Paris, 1862, ouvrage anonyme; « Documents pour servir à l'Histoire de la Librairie parisienne. Spécialité de livres dépareillés (le Père Lecureur) » 1879; « les Graveurs de Portraits en France. Catalogue raisonné de la collection de portraits de l'École française, appartenant à Mr Ambroise-Firmin Didot » 1879; « Mémoire à Son Excellence le ministre de l'instruction publique, etc. sur le projet d'élever une statue sur la place de la Sorbonne à Ulrich Gering, l'introducteur de l'imprimerie à Paris » 1879; « Les livres et leurs ennemis » 1883; « Les Etiquettes et leurs inscriptions des boîtes-volumes de Pierre Jannet, fondateur de la bibliothèque elzévirienne » 1883; « Particularité concernant un volume sorti des presses de Jules Didot et vers inédits de Pierre Didot » 1886; « Un fondeur en caractères membre de l'Institut » 1886.

Allain Targé (François-Henri-René), avocat et homme politique français, né à Angers le 7 mai 1832. Il fit son droit à Poitiers et revint s'inscrire au barreau d'Angers en 1853. Nommé, en 1861, substitut du procureur général à Angers, il donna sa démission le 26 janvier 1864 et alla se fixer à Paris. Il avait épousé quelques années auparavant une fille de Mr Villemain, qui a publié l'ouvrage posthume de son père: « La Tribune moderne en France et en Angleterre » et qui est morte à Paris en 1884. Il collabora aux rares journaux d'opposition de cette époque, notamment, en 1866, au *Courrier du Dimanche*, dans lequel il traitait déjà les questions financières devenues pour lui une spécialité. Il entra, en 1868, à l'*Avenir National* dont il fut un des rédacteurs principaux, et fonda, la même année, la *Revue politique* avec MM^{rs} Challemel-Lacour, Gambetta, Spuller et Brisson, feuille qui fut supprimée au bout de quelques mois. Après la révolution du 4 septembre 1870, il fut nommé tour à tour préfet de Maine et Loire, commissaire aux armées dans les départements de Maine et Loire, de la Sarthe et de la Mayenne, et préfet de Bordeaux. Le 30 juillet 1871 ayant donné sa démission, il était élu conseiller municipal de Paris, enfin en février 1876, le 19me arrondissement de Paris l'envoyait à la Chambre des députés où il a pris une part remarquée à plusieurs discussions, notamment à celle relative au rachat des chemins de fer, dans laquelle il s'est montré partisan résolu de l'exploitation par l'État. Mr Allain Targé qui avait été un des principaux rédacteurs du journal quotidien de Mr Gambetta, la *République française*, journal qu'il avait même contribué à fonder, en novembre 1871, fut choisi par Mr Gambetta comme ministre des finances dans le *grand Ministère;* il a fait part aussi à d'autres combinaisons ministérielles et est encore considéré comme un de grand avenir. A part ses études insérées dans homme les journaux, Mr Allain Targé a publié « les Deficits 1852-1868 », Paris, 1868.

Allard (Hermann T.), jésuite hollandais né à Gertruydenberg (Hollande) le 1er avril 1830 et auteur de plusieurs ouvrages presque tous anonymes. En 1856, le Père Allard, qui est maintenant professeur au séminaire de Kuilenburg, débuta, en collaboration avec le Père Paul Bongaerts, par « Bloemlezing uit Nederlandsche Prozaschryvers en Dichters Van Hooft en Vondel tot op onze dagen » A cette anthologie, il fit suivre les ouvrages suivants qu'il publia seul: « Vondel's Gedichten op de Societeit van Jezus, toegelichten voorafgegaan van eene Bijdrage tot zijne Bekeerings geschiedenis getrokken uit onuitgegeven bescheiden » 1868; « Bruder Daniel Seghers » extrait du *Volksalmanak voor Ned katholicken* d'Amsterdam, 1869; « Charlotte Flandrina van Nassau, en Louise Hollandina van Boheme » 1869; « Petrus Bertius, Hoogleeraar aan de Leidsche Academie » 1870; « Pedrus Engelraeve, predicant te Boskoop, en Maria de Combe, geb. van Zijs » 1870; « Pater Adrianus Poirters S. J. Eene historischletterkundlge schets » 2me édit. 1871; « Pater Cornelius Hazart S. J. » s. l. n. d.; « De H. Jacobs Lacobs een der XIX Martelaren van Goorcum » 1872; « Een gente en Slechte manieren in de letterkunde of de Fransche en Hollandsche Victor Hugo voor de zelfde rechtbanck » 1873; « Matthias Zelhorst, predikant te Hengelo in Gelderland » 1874; « Johan-Lodewijck van Nassau-Hadamar » 1875; « Johan de jongere van Nassau-Siegen » 1876; « Godriefd Wandelmannn S. J. » 1877; « De Orvalisten te Rijnwijck, eene nieuw katholicke bijdrage tot Prof. Hofstede's oud katholicke beweging van dezen tijd, in het licht der Kerkgegeschiedenis » 1878.

Allary (Camille), poète français, né le 5 février 1857 à Roquefavour, près d'Aix (Bouches du Rhône). Plusieurs de ses poésies sont insérées dans la *Renaissance littéraire et artistique*, l'organe favori des *Parnassiens;* des articles critiques qu'il a publiés dans la *République* de Montpellier ne passèrent pas inaperçus. On a beaucoup loué aussi ses « Contes de Provence » que l'éditeur Jouaust a recueilli dans un seul volume. Mr A. a essayé aussi du théâtre: « Les Baisers du Roi » un acte en prose de lui à été joué au théâtre de Marseille. Citons encore: « Laurence Clarys, étude de mœurs contemporaines » 5me éd. 1879; « Les amours buissonnières » 1880.

Allen (Grant), naturaliste anglais, né à Kingston dans le Canada le 24 février 1848, et élevé au Collège Merton à Oxford, commença de bonne heure à manier la plume et acquit en peu de temps la réputation d'un des auteurs scientifiques les plus populaires. Ses expositions de la théorie darwinienne meritent une mention particulière pour la clarté, et la vivacité du langage et pour les attraits du style. M. A. a donné un grand nombre d'articles à la littérature périodique et publiés séparément les livres suivants: « Physiological Aesthetics » 1877; « The colour sense » 1879; « The evolutionist at large » 1881; « Anglo-Saxon Britain » 1881; « Vignettes from Nature » 1881; « Colours of Flowers » 1882; « Colin Clout's Calendar » 1883; « Flowers and their Pedigrees » 1884; « Charles Darwin » 1885 (dans la série des *English Worthies* de l'editeur Lang); « Babylon » une nouvelle, 1885; et « For Mamie's Sake » 1886.

Allevarès (Jules). Sous ce nom anagrammatique, Mr Joseph François de Serravalle, chef de bureau au ministère de l'instruction publique à Paris, a fait paraître une tragédie qui est simplement une traduction de « Judith » la pièce biblique en cinq actes de Giacometti et des poésies diverses. Mr de Serravalle est né en 1821.

Allibone (Samuel Austin), littérateur américain, né à Philadelphie le 17 avril 1816, acquit de bonne heure une grande réputation dans la littérature anglaise, et, quoique engagé dans les affaires, n'en continua pas moins ses études préférées. Il s'est acquis une célébrité en Amérique et en Angleterre par son grand ouvrage « Critical Dictionary of English Literature and British and American Authors » 1858-1871. Cet ouvrage, en trois gros volumes, contient des notices et des morceaux critiques, recueillis dans les revues, sur 46,499 écrivains et forme un répertoire indispensable pour qui veut connaître à fond la littérature anglaise. Allibone collabora en outre à la *North American Review*, et à plusieurs autres revues et il publia « Alphabetical Index to the New Testament » 1869; « Poetical quotations from Chaucer to Tennyson », 1873; « Prose quotations from Socrates to Macaulay » 1876; et « Great Authors of All Ages » 1879.

Allies (Thomas-Guillaume), fils d'un *gentleman* de Bristol, né en 1813, prit ses grades, à Oxford, entra dans l'église protestante et se convertit, en 1850, au catholicisme. Pendant la première période de sa vie, il avait publié: « The church of England cleared from the charge of Schism upon testimonies of Councils and Fathers of the first six centuries », 1848, 2e édit.; « Journal in France en 1845 and 1848 » avec

« Letters from Italy in 1847 of Things and Persons concerning the church and education », 1849. Pour justifier sa conversion, il écrivit : « The See of Saint-Peter, the rock of the church, the source of jurisdiction and the centre of unity » 1830, précédé par : « The royal supremacy viewed in reference to the two spiritual powers of order and Jurisdiction », 1850. Il a écrit depuis : « Saint-Peter, his name and Office as set forth in Holy Scripture », 1871, 2ᵉ éd. ; « The formation of Christendon », 3 parties, 1865-75; « Dʳ Pusey and the ancient church », 1866; « Per Crucem ad Lucem, the result of a Life », 1879, etc.

Allievi (Antonio), écrivain politique italien, né à Segnano (maintenant Grego Milanese) dans los environs de Milan en 1824, d'une famille de paysans. Après avoir été reçu docteur en droit par l'Université de Pavie, il se rendit à Milan pour y donner, selon les consuétudes de ces temps, des leçons particulières de droit. En 1848, partisan des idées de Mazzini, il écrivit dans le *Pio IX* et dans la *Voce del Popolo;* en 1849, il se refugia en Toscane; amnistié par le gouvernement autrichien, il revint à Milan et fut avec Mʳ Charles Tenca, un des fondateurs et des principaux écrivains du fameux journal *Il Crepuscolo* qui, avant 1859, s'était donné mission de tenir éveillés les sentiments patriotiques en Lombardie. Mʳ Allievi y traitait surtout les questions économiques. En 1827, il publia une brochure très importante sur la *Cassa di Risparmio* de Milan, un des établissements financiers les plus considérables de l'Italie. A la veille de la guerre de 1859, traqué de nouveau par la police autrichienne, il se refugia en Piémont, mais pour revenir bientôt en Lombardie, avec les armées alliées, en qualité de commissaire royal pour l'administration d'une des provinces délivrées. Après la paix de Villafranca, il fut appelé au Ministère des Finances comme chef de division, d'où il passa au Conseil d'État avec les fonctions de maître des requêtes. Mais il n'y resta pas longtemps. Un groupe de capitalistes et de propriétaires lombards ayant fondé à Milan *la Perseveranza*, Mʳ Allievi était appelé à en prendre la direction ; en même temps il était élu député au Parlement. Ses discours parlementaires et surtout son rapport pour la péréquation de l'impôt foncier confirmèrent sa haute réputation en matière administrative et financière. Après la guerre de 1866, il fut nommé Commissaire du Roi à Rovigo et plus tard préfet de Vérone. Maintenant il vit à Rome, très mêlé aux affaires de la haute finance et poursuivant ses études économiques dans lesquelles il est d'une compétence indiscutable. Mʳ Allievi est vice-président de la Société Royale de Géograhie et, depuis le 12 juin 1881, sénateur du Royaume; parmi ses publications parlementaires nous citerons : « Commissione parlamentare d'inchiesta sull'esercizio delle ferrovie italiane. Risposta a diversi quesiti » Rome 1880 ; « Convenzione di Londra del 18 marzo 1885 per la garanzia del prestito egiziano » rapport au Sénat, Rome, 1886.

Allievo (Joseph), philosophe piémontais, professeur d'anthropologie et de pédagogie à l'université de Turin, apôtre d'une nouvelle forme de théisme et de spiritualisme, est né à S. Germano Vercellese, le 14 septembre 1830. On a de lui : « La riforma dell'educazione moderna mediante la riforma dello Stato » ; « Sulla personalità umana » ; « Il problema metafisico studiato nella storia della Filosofia » ; « La Pedagogia e lo spirito del tempo » ; « Studî filosofici sul carattere delle nazioni » ; « Del realismo in pedagogia » ; « L'incredulo senza scusa », de Paul Segneri, avec des notes de Mʳ Allievo; « Saggi Flosofici » ; « Filosofia elementare » ; « Metafisica » ; « Fisica » ; « Logica » (plusieurs fois réimprimées) ; « Schiarimenti al programma ministeriale di filosofia » ; « Della Pedagogia in Italia dal 1846 al 1860 » ; « L'Antropologia e l'Umanismo » ; « L'Antropologia ed il movimento filosofico e sociale dell'Italia contemporanea » ; « La libertà di spirito » ; « Della vecchia e della nuova Antropologia di fronte alla società » ; « L'educazione e la nazionalità » ; « Intorno la psicografia di Marco Wahltuch » ; « L'Heghelianisno, la scienza e la vita » ; « Il primo antropologico riscontrato nella vita delle nazioni » ; « *Il campo dei Filosofi italiani* (revue philosophique) » ; « Il giorno dei premî » ; « La scuola e la famiglia » ; « Degli Asili infantili, allocuzioni » ; « Logicae Institutiones » ; « La legge Casati e l'insegnamento privato secondario » ; « Esposizione critica delle dottrine psicologiche di A. Bain » ; « Dei diritti e dei doveri » ; « Elementi di pedagogia » ; « L'educazione e la scienza » ; « Jacotot ed il suo metodo dell'emancipazione intellettuale » ; « Del positivismo in sè e nell'ordine pedagogico ; » « Delle dottrine pedagogiche di E. Pestalozzi, Albertino Necker di Saussurre, Naville e Girard » ; « Delle condizioni presenti della pubblica educazione » ; « Delle idee pedagogiche presso i Greci » ; « Lombroso e Wahltuch ossia fisiologismo e filosofia » ; « Intorno la scuola normale ed i Giardini d'infanzia Froebeliani ».

Allingham (Guillaume), littérateur irlandais de naissance et d'éducation, né à Ballyshanon (Irlande) vers 1828 et fils d'un administrateur de la Banque provinciale, collabora de bonne heure à des recueils littéraires et publia, dès 1850, son premier volume de vers dédié à Leigh-Hunt. Il obtint un poste dans les douanes d'Angleterre et, en 1864, une pension littéraire du gouvernement. En 1874 il a pris la direction du *Fraser's Magazine*. Outre plusieurs essais en prose qui ne sont pas recueillis, on cite de lui : « Day and Night Songs » 1854, éd. ill. 1855 ;

« Irish Songs and Poems »; « Laurence Bloomfield, or Rich and Poor in Ireland » poème moderne en douze chants, 1864; « Hover Pieces »; « Evil May-Day »; « Ashby Manor »; « Blackberries »; « Ballads » etc. La femme de Mr A. est une grande artiste, membre de la Société Royale des Aquarellistes de Londres.

Allman (George James), savant anglais, né à Cork (Irlande), en 1812; il prit ses grades en arts et médecine à l'université de Dublin en 1844 et fut nommé dans la même année, professeur de botanique dans la susdite université qu'il quitta en 1855 pour celle d'Édimbourg ou il professa l'histoire naturelle jusqu'en 1874. Il s'occupa surtout de la structure et du développement des êtres inférieurs du règne animal, et reçut, pour ses recherches dans cette branche de la biologie, le Prix Brisbane de la Société Royale d'Édimbourg, la médaille de la Société Royale de Londres et, en 1878, la médaille d'or de la R. Académie Irlandaise. Il succéda à Bentham comme président de la Société Linnéenne; et, en 1878, il fut élu président de l'Association Britannique pour l'avancement des sciences. Il a ordonné et décrit la collection des Hydreïdes, faite dans le Gulf-Stream, sous la direction du gouvernement des États-Unis, ainsi que celle, bien plus vaste et importante, recueillie dans la célèbre expédition pour l'exploration des fonds de la mer du *Challenger*. Il collabora à un grand nombre de journaux scientifiques et publia plusieurs mémoires dans les actes des académies et des sociétés savantes. Ses ouvrages les plus répandus sont: « A Monograph of the Freshwater Polyzoa », 1856, in fol.; « A Monograph of the Gymnoblastic Hydroids » in fol. 1871-72.

Allmers (Hermann), poète et écrivain allemand, né de noble famille, le 11 février 1821, à Rechtenfleth près de Brême. Il reçut sa première instruction dans la maison paternelle, où un candidat en théologie, appartenant à la noble famille des Doni de Florence, su développer et faire fructifier ses penchants pour la poésie; cependant destiné par ses parents à l'étude et à la pratique de l'économie rurale, il ne put suivre librement sa vocation qu'à la mort de ceux-ci. S'étant appliqué d'abord à l'étude de l'ornithologie et d'autres branches de la zoologie, il entreprit avec le géographe T. Menke un voyage à pied à travers l'Allemagne, la Suisse et l'Italie, pendant lequel il noua des rapports avec des écrivains et des artistes. Revenu dans son pays, où il vit toujours seul et sans famille, il partagea son temps entre la peinture et le dessin qu'il cultivait avec beaucoup de zèle et non sans talent, la direction d'une grande tuilerie qui lui appartient, la gérance de ses terres et les fonctions de chef de sa commune, où il fonda une bibliothèque populaire, des conférences publiques, etc. Parmi ses travaux littéraires nous citerons: « Marschenbuch » 1er éd. Gotha, 1858, 2me, Brême 1861, 3me, 1875, impressions de voyage vivantes et pittoresques, dans lesquelles il nous fait connaître la nature et les habitants des marais du Weser et de l'Elbe qui étaient, surtout à l'époque où le livre a paru, très peu connus mêmes des Allemands; « Dichtungen » 1er éd. Brême, 1860, 2me 1878; « Römische Schlendertage » Oldenbourg, 1869, 3^{me}éd. 1882, fruit d'un hiver passé à Rome et dignes de note pour profondeur et pour originalité. Parmi ses dernières publications nous citerons encore « Die Pflege des Volksgesangs im deutschen Nordwesten » Brême, 1878; « Wandsprüch der Friesenhalle im Gasthof zum Schloss Morgenstern zu Weddewarden im Lande Wursten » Bremerhaven, 1883; « Hauptmann Böse. Ein deutsch. Zeit und Menschenbild f. d. deutsche Volk » Brême, 1884. Notons encore un drame « Elektra » dans lequel, suivant une idée de Goethe, il a essayé la continuation et la fin de la tradition d'Iphygénie. Ce drame qui date de 1872 a déjà essuyé plusieurs fois, et avec un grand succès, les feux de la rampe au théâtre royal d'Oldenbourg. — Maintenant Mr Allmers s'occupe surtout de l'histoire de l'art et de la civilisation, arguments sur lesquels il a publié plusieurs articles et quelques brochures.

Allocchio (Étienne), économiste italien, notaire, conseiller provincial de Crémone, membre de la Commission qui administre la Caisse d'épargne de Milan, né à Crème en 1838. Il fit ses études de droit à Pavie et à Prague. Il a publié: « Libertà di commercio e protezione daziaria » 1864; « Il credito fondiario e suo ordinamento in Italia » 1867; « Sullo sviluppo e sulla amministrazione della Cassa di Risparmio di Milano » 1871; « Il credito fondiario in Italia » 1880; « Il Reale Decreto 4 marzo 1880 di costituzione della Commissione centrale di Beneficenza in Milano amministratrice della Cassa di Risparmio e Gestioni annesse » 1882; « La Nuova Milano » 1884; « La Cassa centrale di Risparmio di Milano e le Provincie Lombarde » 1886.

Allou (Edouard), avocat français, né le 6 mars 1820 à Limoges. Inscrit au barreau de Paris le 4 novembre 1831. Après des débuts brillants à la cour d'assises, Me A. se livra tout entier à la pratique des affaires civiles, tout en se faisant remarquer dans plusieurs procès politiques. C'est lui qui se vit charger de défendre Mr Gambetta, poursuivi, sous la présidence de M. de Mac-Mahon, pour la fameuse formule de son discours de Lille: *Se démettre ou se soumettre*. En 1884, on a publié à Paris, en deux vol., chez Pedone Lauriel « Discours et plaidoyers de Mr Allou ancien bâtonnier de l'ordre des avocats, sénateur, publiés par Roger Allou, avocat à la Cour d'Appel ». Mr Roger Allou, né à Paris en 1855, fils de l'éminent avocat et avocat lui-même à la Cour d'Appel de la Seine, est aussi l'auteur do « Un avocat italien, M. Mancini » Paris, 1881 ; et « Un poète italien, Giosuè Carducci » Paris, 1883.

Almaviva (D'), pseudonyme avec lequel M. Giulio Piccini (*V. ce nom*) signait ses feuilletons de critique musicale dans la *Gazzetta d'Italia*.

Almeida Pimentel (Alberto Augusto de), écrivain portugais, député aux Cortès, né le 14 avril 1849 à Porto. Il est commandeur de l'ordre de Charles III d'Espagne, et membre de l'Académie Royale de Lisbonne et de l'Institut de Coimbra. Il a été successivemement rédacteur du *Journal do Porto*, du *Journal da Noite*, du *Diario Illustrado*, et de l'*Economista* ; il a aussi rédigé, pendant quelques années, le *Diario da Camerao dos Pares*. Parmi ses écrits, on signale de nombreuses poésies, entr'autres « Joaninha » ; « Rosas blancas » ; « o Natal na residencia » ; « Cantares » ; « Porfia no serao » ; des nouvelles : « Idilios a' beira d'agua » ; « Contos ao correr da penna » ; « Testamento de sangue » ; « O annel misterioso » ; « A porta do Paraiso, romanca da Reina Mercedes » ; des esquisses : « Entre o café e o cognac » ; « Esbocos e episodios » et encore; « Christo naô voltas » ; « Nervosos, linfaticos e sanguineos » ; « Fotografias de Lisboa » ; « O livre das flores » ; « O livro das lagrimas; « Portugal de Caballeria » ; « Homens e datas » ; « Do portal à claraboia » ; « Periginaçoes na aldeia » ; « A caridade anonima » ; « Biografia de Julio Diniz » ; « Misterios da minha rua » et enfin un ouvrage en trois volumes » ; « Diccionnario des invençoês, origens e descubertas. »

Almenas (Conde de las), écrivain politique espagnol de beaucoup de talent, auteur d'un important ouvrage : « Les grands caractères » et d'un autre plus récent : « Politique de la Régence. » Il a été gouverneur de quelques provinces et député aux Cortès, affilié au parti conservateur. Il est né à Salu, et est chevalier de l'ordre militaire de Santiago.

Almerighi (Ginevra), femme de lettres et institutrice italienne, née à Florence d'une famille noble de Forli (les Morgagni) ; Mme Almerighi qui a fondé et dirigé elle-même un asile pour l'enfance qui porte le nom du grand pédagogiste italien *Raffaele Lambruschini* a été nommée plus tard Inspectrice des asiles. Elle a publié : « Lettere e ricordi » ; « I figli dei poveri e le maestre degli asili di carità » ; « La donna nell'educazione dell'infanzia » ; « Canti per fanciulli in morte di Vittorio Emanuele » ; « Al Re » ; « Il coscritto » ; « Il volontario » ; « Alla Regina » ; « Al principe di Napoli » ; « I grandi uomini nei loro primi anni » ; « Racconti e ricordi » ; « Sulla necessità dei giardini d'infanzia popolari » ; « Brevi lezioni di cose ed altri scritti educativi » Turin, 1881 ; « L'educazione dei figli del popolo e gli asili pei ragazzi in Roma » discours tenu au Collége Romain le 8 avril 1883, Rome, 1883 ; « Dei rapporti degli asili col Governo, appunti sugli Asili rurali » Rome, 1884 ; « Taccuino di Maria » Rome, 1885 ; « All'alba della XVI legislatura : dalla tribuna giorno per giorno » 1 Livr., Rome, 1886.

Almkvist (Hermann), orientaliste suédois, né en 1839 ; en 1880, il fut nommé professeur de philologie comparée à l'Université d'Upsala. Pendant les années 1875-78, il voyagea en Syrie et en Égypte, s'occupant surtout de recherches linguistiques. Les fruits de ces recherches ont paru dans son principal ouvrage : « Description et exposé comparatif de la langue Bischari » publié en 1881-85, dans les *Mémoires de la Soc. r. des sciences d'Upsala*. M. A. a aussi donné d'excellentes traductions suédoises des ouvrages de Tourguénef et de M. Bret-Harte.

Aloi (Antoine), agronome, naturaliste et écrivain italien, professeur d'histoire naturelle à l'Institut technique de Catane, né à Oriolo, en Calabre, le 30 septembre 1845. Il dirige le journal : *L'Agricoltore calabro-siculo*, et il a publié séparément. « Norme e governo del bestiame bovino » ; « Conferenze popolari di viticoltura e vinificazione » ; « Delle cause che hanno fatto abbassare la produzione del frumento in Sicilia e dei mezzi come scalzarle » ; « Il vino da pasto » ; « Manuale teorico-pratico dei concimi » ; « Nozioni popolari di silvicoltura » ; « L'olivo e l'olio » ; « Trattato tecnico-pratico d'agraria » ; « Agronomia e agricoltura » ; « Lezioni di Geologia » ; « Economia rurale » ; « Industria agraria ».

Alphand (Jean-Charles-Adolphe), ingénieur français, né à Grenoble le 26 octobre 1817. Admis à l'école polytechnique en 1835, il entra deux ans plus tard à l'École des ponts et chaussées. En 1839, M. Alphand fut envoyé dans la Gironde et chargé de la construction des ponts, des routes et des canaux, etc. Nommé ingénieur ordinaire en 1843, il remplissait ses fonctions à Bordeaux, lorsqu'il connut lo préfet baron Haussmann. Celui-ci, étant devenu préfet de la Seine en 1853, se souvint de Monsieur Alphand lorsqu'il conçut le projet de transformer Paris, et le fit appeler dans cette ville (1854) avec le titre d'ingénieur en chef des embellissements de Paris. Il eut successivement la direction des services des promenades et plantations, de l'éclairage, des concessions sur la voie publique et des voitures publiques. Pendant la guerre franco-prussienne, il conserva ses fonctions de directeur de la voie publique et des promenades de Paris, et fut chargé par le génie militaire de former les fortifications et d'organiser un corps de génie auxiliaire pour la défense des abords de la place. Après la guerre, nommé par M. Thiers directeur des travaux de Paris il s'appliqua à faire disparaître au plus vite les traces des deux sièges. En 1878, la direction des eaux et égouts fut réunie à celle des travaux de Paris, et confiée à Mr Alphand qui déjà, en 1875, avait été nommé inspecteur général de première classe. Mr Alphand est maintenant chargé de la direction des travaux pour la grande exposition qui aura lieu en 1889. On doit à Mr Alphand un ouvrage édité avec un grand luxe : « les Promenades de Paris; Bois de Boulogne, Bois de Vincennes, Parcs, Squares, Boulevards, etc. » 1867-74. 2 vol. in-folio, avec gravures et chromolithographies. Cet ouvrage contient une étude historique sur les jardins depuis les temps les plus anciens jusqu'à nos jours. Il en a été extrait un livre descriptif et de luxe encore important: « Arboretum et fleuriste de la ville de Paris » 1874, in-folio. Mr Alphand a prêté le concours de son talent à la révision du grand ouvrage de Mr le baron A. A. Ernouf « l'Art des Jardins » qui avait déjà eu deux éditions (1868 et 1872). La nouvelle édition revue et corrigée par Mr Alphand a paru, chez Rothschild, en 1886.

Alquié de Rieupeyroux (Mme........), femme de lettres française, née à Paris vers 1848. Mme Louis d'Alq, pour la désigner sous son nom de plume, sous lequel elle est plus généralement connue, est propriétaire et directrice des journaux *Les causeries familières*, et *Paris charmant*. Elle a publié « Le savoir-vivre en toutes les circonstances de la vie » 1874 ; « La science de la vie, conseils et réflexions à l'usage de tous » 1872, 2me éd., 1882 ; « Fortune et Ruine, recueil de Nouvelles » 2 vol., 1875; dans la même année, elle publiait la traduction française d'un roman en deux vol. « l'Héritière de Santa Fè (Overland) » qu'un auteur américain, A. de Forest, avait publié en 1871. Continuant l'énumération des ouvrages originaux de Madame d'Alq, nous trouvons: « Le Trouble-ménage » nouvelle, 1878 ; « La vie intime » 2me éd., 1881 ; « Les secrets du cabinet de toilette » 1881 ; « Le nouveau savoir-vivre universel » 3 vol., 1881 ; 2me éd. 1885 ; « La lingère et la modiste en famille » 1882 ; « Le maître et la maîtresse de maison » 1882 ; « Notes d'une mère, cours d'éducation maternelle » 1882 ; « Les ouvrages de main en famille » 1883 ; « le Carnet du vieux docteur » 1re partie, 1884 ; « l'Horticulture au Salon et au jardin », nouvelle éd. 1885 ; « Travail à la fourche et franges » 1885. « La philosophie d'une femme ». Paris, Jouaust, 1887.

Alsleben (Jules), écrivain allemand de musique, né le 24 mars 1832 à Berlin; y étudia les langues classiques et orientales, prit ses degrés à l'université de Kiel, s'adonna plus tard entièrement à l'étude de la musique. Nommé, en 1884, professeur à l'Institut Royal, il est plus connu comme écrivain et collaborateur de plusieurs journaux musicaux. Il a même un journal à lui : *Harmonie*. Dans un ouvrage très estimé: « Das musikalische Lehramt », il combat les défauts de l'enseignement musical de nos jours et recommande la suppression du chant dans les écoles.

Alta Rocca (Remy d'), pseudonyme d'une femme de lettres française dont nous connaissons le véritable nom sans être autorisé à le dévoiler. Bornons-nous à dire que Mme la douairière de P...... est née B...... d'H...... en 1822. On lui doit: « Contes et histoires, Les aventures d'un petit cheval, Pierre Desgranges » 1879; « Noblesse et bourgeoisie; Mademoiselle de Roque-brulé; Suzanne Guillaume » 1881; « Bon à rien » 1885; « Souvenirs d'une hirondelle » 1885; « Dans un vieux logis, suivi de: le Mariage d'Alix » 1886; « Petits garçons et petites filles » 1887.

Altavilla (Raphaël), écrivain italien, né dans le Midi, auteur fécond, trop fécond même, de livres pour l'enseignement. Voici les titres de ses publications: « Manuale completo di Storia naturale descrittiva ed applicata »; « La Mitologia esposta ai giovanetti in brevi racconti »; « Cento racconti di storia patria, ad uso delle scuole elementari e tecniche » 9me éd., Milan, 1879, 10me éd. 1881, 11me éd. 1884; « l'Emulazione, ossia fanciulli del popolo divenuti nomini illustri » nouvelle éd. Milan, 1884; « Vocabolario metodico figurato »; « l'Uomo, manualetto per le scuole e famiglie »; « I setti vizii capitali, racconti »; « Breve storia di Catania » Catane, 1874; « Il piccolo Cittadino, prime nozioni dei doveri e diritti civili » Milan, chez Carrara éd.; « Storia patria infantile » 2me éd., Turin 1881, 6me ib., 1883; « Sillabario dei bambini » Naples, chez Jovene éd. ; « Prime letture; lezioni di Geografia elementare » id.; « I tre Moschettieri » en 6 tableaux et un prologue; « Venti anni dopo » drame en 6 tableaux et un prologue; « La fanciulla educata e istruita » Milan, Maisner, éd.; « Il nuovo Giannetto, ossia le Quattro stagioni » id.; « Cento racconti di storia lombarda » Turin, 1874; « La figlia dell'amore, romanzo » Turin, Negro éd. en 3 vol; « Catechismo sillabario » Turin, Paravia, éd; « Cento racconti di storia piemontese » Turin, 1874; « Il fanciullo siciliano » Palerme, Pedone Lauriel id.; « Breve storia di Palermo » id.; « Il figlio della maledetta, romanzo » Milan, 1879, nouvelle éd. 1882; « Nina la pastorella, commedia in due atti per giovanette » Prato, 1880; « l'Italia e le sue cento città » Milan, 1880; « Nomenclatura sillabario, risguardante la geografia, le arti ed i mestieri, ad uso delle scuole elementari inferiori e degli asili infantili » Milan, 1880; « L'epistolario di Giorgino, nuove letture graduate ad uso delle scuole » Milan, 1880; « Il Ficcanaso — Un eroe, due commedie burlesche in un atto » Prato, 1880; « Il figliuol prodigo, commedia in due atti per giovanetti »; « I due cugini, commedia in un atto » Milan, 1881; « Brevissima storia di Napoli ad uso delle scuole elementari inferiori »

Naples, 1881; « La stella delle fanciulle, racconti morali » Turin, 1881; « Il figlio di Lucifero, romanzo » Naples, 1882; « La fioraja garibaldina, romanzo storico contemporaneo » Naplos, 1882; « Nomenclatura sillabica risguardante la geografia, le arti ed i mestieri, le cose donnesche, ecc., ad uso delle scuole elementari inferiori ed asili infantili » Milan, 1883; « La scuola, o letture graduate per I e II elementari » Milan, 1884. M. Altavilla a été pendant quelque temps directeur d'un journal didactique qui se publiait à Milan : *La stella delle madri*.

Altenheim (Gabrielle Soumet dame Beuvain d'), femme de lettres française, née, à Paris, le 17 mars 1814. Fille unique du poète Alexandre Soumet, l'auteur de la Divine Épopée, elle manifesta de bonne heure beaucoup de penchant pour la poésie. En 1834, elle épousa Monsieur Beuvain, né à Altenheim (Bas Rhin), et quatre ans plus tard, elle débuta par un recueil de pièces, les « Nouvelles filiales » qu'elle avait presque toutes écrites étant jeune fille et qu'elle signa Gabrielle d'Altenheim, nom sous lesquels elle est exclusivement connue. Le 24 avril 1841, elle fit représenter au théâtre Français le « Gladiateur » tragédie en 5 actes, écrite par elle en collaboration avec Soumet et jouée le même soir que le *Chêne du Roi*, comédie historique en un acte de ce dernier. Ces deux pièces eurent le même succès d'estime et furent imprimées sous le titre : *Une soirée au théâtre français*. La tragédie de Jane Grey, qu'elle fit encore, en collaboration avec Soumet, obtint un meilleur sort à l'Odéon, en 1844. Depuis lors M.me d'Althenheim n'a plus rien donné au théâtre; mais elle a publié un certain nombre d'ouvrages parmi lesquels nous citerons « Berthe Bertha » poème, 1843; « Récits de l'histoire d'Angleterre depuis Jules-César jusqu'à nos jours » première éd. 1856, 4me, 1879; « Récits de l'histoire de Rome payenne » 1856; « les Marguerites de France » 1858; « les Deux frères », 1858; « les Quatre siècles littéraires » 1859, 4me éd. 1869; « Anecdotes édifiantes » 1875 etc. etc. Elle avait gardé en portefeuille, outre plusieurs pièces de son père et d'ellemême, une traduction en vers des Nuits d'Young, une étude sur la Jacquerie, etc.

Alth (Louis), géologue autrichien, né le 1er juin 1819 à Czernichowce (cercle de Tarnopol, Galicie); après avoir fait ses études dans son pays natal, il entreprit un voyage à l'étranger pour s'y perfectionner. Revenu dans sa patrie, il fut nommé successivement professeur de sciences naturelles dans plusieurs universités. Parmi ses écrits en langue allemande, nous citerons: « Geognostic palaeont. Beschreibung der nächsten Umgebung von Lemberg » Vienne, 1849; « Untersuchung in der Bukovina » 1850; « Ein Ausflug in die Marmaroscer Karpaten » 1855 ; « Ueber die palaeozoischen Gebilde Podoliens » Vienne, 1874; parmi ses ouvrages en polonais nous rappelerous: « Un coup d'œil sur la formation de la Galice et de la Bucovine » Cracovie, 1861; « Principes de minéralogie » Cracovie, 1869; « Des pierres tombées en Ukraine pendant l'orage du 20 Août 1876 »; « Relation d'un voyage fait en plusieurs endroits de la Podolie galicienne » Cracovie, 1876. M. Alth a inséré en outre plusieurs mémoires dans le: « *Jahrbuch für Mineralogie, etc.* publié à Heidelberg par MM.rs von Leonhard et H. G. Bronn; dans le *Berichte über die Mittheilungen von Freunden der Naturwissenschaften* publié à Vienne par M. Haidinger; dans le *Jahrbuch der K. K. Geologischen Reichsanstalt* de Vienne et dans les *Mittheilungen der K. K. Geographischen Gesellschaft* de Vienne et enfin dans le *Reznick Towarzystwa Naukowego z Universytetem Jagiellonskim Zlaczonego* de Cracovie.

Altobelli (Abdon), écrivain italien, né à Sesto Imolese le 7 janvier 1849; il fit ses études à Sant'Agata di Lugo, et plus tard à Bologne où il fréquenta pendant quatre ans les cours de Giosuè Carducci; après avoir reçu l'habilitation à l'enseignement de l'histoire, de la géographie et des lettres italiennes, il fut nommé professeur aux écoles techniques de Bologne. Outre plusieurs articles de critique et de littérature, on doit à M. Altobelli « Una Geografia universale » Bologne, 1867 adoptée dans les écoles de la ville; « Quadretti di genere » Ib. 1878; « Due ideali » roman; « Il cuculo » bozzetto, Bologne, 1887, per nozze Roncagli Satturni.

Altum (Bernard), zoologue allemand, né le 31 janvier 1824 à Munster en Westphalie, étudia la philologie à Berlin, mais il s'adonna ensuite aux sciences naturelles, particulièrement à la zoologie, apprit l'anatomie et la physiologie de Jean Müller, travailla sous Lichtenstein au Musée zoologique et, en 1869, fut nommé professeur de zoologie à l'académie forestale d'Eberswald. Il a publié : « Winke zur Hebung des zoologischen Unterrichts », Munster, 1863; « Die Säugethiere des Münsterlands » Munster, 1867 »; « Der Vogel und sein Leben » Munster, 1875, 5e édit. « Lehrbuch der Zoologie 1883, 5e édit.; « Forstzoologie » 1876-82, 4 vol., 2e édit. « Unsere Spechte und ihre forstliche Bedeutung », 1878 ; « Unsre Mäuse », 1880. Plusieurs articles de M. Altum se trouvent dans les journaux spéciaux; citons parmi ceux auxquels il a le plus souvent collaboré : *Naumannia; Archiv für die Ornithologie, vorzugsweise Europas* publié par M. Baldamus à Köthen et à Stuttgart ; *Journal für Ornithologie* publié à Cassel par M. Cabanis; *Wochenschrift für Astronomie, Meteorologie und Geographie* publié à Halle par Edward Heis pendant l'année 1858.

Alvarez (Émile), auteur dramatique espagnol très-apprécié, né à Madrid. Ses œuvres principales sont « Las Amazonas del Tarmes »;

« La hija del pueblo » ; « Los hijos de Madrid » ; « La nuera »; « Esos sou otras Lopez etc. ».

Alvarez (Nuño), écrivain portugais, directeur du journal *Imparcial,* né le 9 octobre 1850 à Lisbonne, d'une famille qui descend des comtes d'Albuquerque da Cunha; il a publié séparément des poésies lyriques, des essais critiques, et des études archéologiques.

Alveydre (marquis Alexandre Saint Yves d') ; ce nom qui a été pendant quelque temps considéré comme un pseudonyme et attribué même à feu le Roi Louis I de Bavière, appartient au contraire bien et dûment à celui qui s'en sert. M^r d'Alveydre a publié: « Mission actuelle des souverains, par l'un d'eux » 1882 ; « Mission actuelle des ouvriers » 1883 ; ces deux ouvrages qui avaient paru anonymes à la librairie Dentu ont été publiés de nouveau en 1884, chez Calman Lévy avec le nom de l'auteur » ; « Mission des juifs » 1884 ; « Les funérailles de Victor Hugo, poème » 1885.

Alvisi (Édouard), homme de lettres et érudit italien, né le 7 mars 1858 à Castel San Pietro, province de Bologne. Il étudia d'abord dans cette dernière ville, puis à Florence où il suivit avec beaucoup de succès les cours de l'éminent professeur Pasquale Villari. Dès le commencement de 1867, il fonda à Bologne un journal *Pagine sparse, Preludio,* qui eut l'honneur de la collaboration de Giosuè Carducci et de Enrico Panzacchi. S'étant consacré aux recherches historiques, M^r A a publié déjà plusieurs travaux accueillis par le public restreint des érudits avec la plus grande faveur: « Le Partecipanze » Bologne, 1876, sommaire documenté des origines et des vicissitudes des institutions rurales connues sous ce nom qui commencèrent au moyen-âge et qui existent encore en plusieurs communes des provinces de Bologne, Modène et Ferrare. On a encore de lui: « La Romagna ai tempi di Dante Alighieri. — Cesare Borgia duca di Romagna » Imola, 1878, travail enrichi de plusieurs documents inédits tirés des Archives de Romagne : « I Battuti del 1260 e le istituzioni di Beneficenza da loro fondate »; « La Canzone del Bassilico, trascritta ed annotata da E. Alvisi secondo la lezione del Codice Gaddiano 161, offerta da G. Masini per nozze Severi Bracci » Florence 1880; « *I fioretti di San Francesco:* studii sulla loro compilazione storica » Florence, 1879 ; « Commedia di Dieci Vergini: rappresentazione dei primi secoli della letteratura italiana, tratta da un Codice della Riccardiana di Firenze e pubblicata da A. E. » Florence, 1882; « Macchiavelli Nicolò, lettere familiari, edite ed inedite, a cura di Edoardo Alvisi » Florence, 1883, dans la *Piccola Biblioteca italiana* de l'éditeur Sansoni, « La battaglia di Gavinana » Bologne, 1881; « Rispetti del secolo XV pubblicati da Edoardo Alvisi » Ancone, 1880.

Alvisi (Jacques-Joseph), sénateur du Royaume d'Italie, administrateur et écrivain, né à Rovigo (Vénétie) vers 1825. Il réunit en sa personne la double qualité de docteur en droit et de docteur en médecine, titres obtenus non *ad honorem* mais après des études sérieuses. Emigré avant la libération de la Vénétie, il se fixa à Florence se mêlant très activement au mouvement politique et patriotique; il publia alors une lettre « Agli amici benevoli che mi vorrebbero deputato al Parlamento Italiano » Florence, 1865, et député il le fut, nommé par le collège de Feltre, aussitôt la Vénétie, délivrée. Mr Alvisi tourna son activité vers les questions économiques et financières, il institua à Florence une *Banca del Popolo,* qui ne fut pas heureuse malgré l'indiscutable bonté de l'organisation qu'il lui avait donné, organisation au sujet de laquelle il eut à soutenir de vives polémiques. Nous ne citerons pas ses publications qui ont rapport à cette banque: Statuts, Règlements, comptes-rendus etc ; à cette même époque de sa vie, se rapporte un programme dicté par lui « Associazione territoriale mutua tra i possidenti » Florence, Pier Capponi (s. d.) qui, croyons-nous, n'eut pas de suite. Nous ne citerons pas non plus les nombreux discours prononcés par lui à la Chambre et au Sénat qui visent surtout la question de la circulation monétaire et fiduciaire dans laquelle il est d'une incontestable compétence, nous nous bornerons seulement à citer « Studii e proposte con disegni di legge ed osservazioni fatte alla Camera sul modo di riparare al disavanzo del bilancio del 1867–68 mediante operazioni sull'asse ecclesiastico » Florence, tip. de l'Associazione, 1867, qui a l'importance d'un véritable traité. En mars 1880, Mr Alvisi qui avait depuis sa première élection en 1866 toujours fait partie de la Chambre des députés a été nommé Sénateur du Royaume. Parmi ses autres publications nous citerons: « Belluno e sua Provincia » qui fait partie de la grande *Illustrazione del Regno Lombardo–Veneto* 1857–1861, vol. II, pag. 579-807; « Rivista dell'opera *Il fondaco dei Turchi a Venezia.* Studii storici di Agostino Sagredo e Fed. Berchet » publié dans l'*Archivio storico italiano,* nouvelle série, tome 13, 2e partie, page 156; « Rivista dell'opera *Gemona e il suo distretto,* di Nicolò Barozzi » dans le tome 15, 2me partie, page 256 du susdit *Archivio,* et tirée aussi à part, Florence, Cellini, 1862; « *Causae Causarum,* Riforme politiche » Rome, 1880.

Amadori (Quintilio), technologue et écrivain italien, né à Vo di Ala (prov. de Trente) le 1er septembre 1838. Il fut reçu docteur en mathématiques à l'université de Padoue; il a longtemps enseigné dans les écoles moyennes de Savone. On lui doit entr'autres, ces publications : « La Valsabbia considerata geologicamente e la miniera di piombo argentifero ai piedi della Draga presso Barghe in provincia di Brescia »; « Studio sulla trisezione dell'angolo », et un traité d'arithmétique pour les écoles techniques.

Amagat (docteur A.-L.), médecin et homme politique français, né en Auvergne vers 1845. Il étudia la médecine à Paris et fut reçu docteur à la suite d'une thèse intitulée: « Étude sur les différentes voies d'absorption des médicaments » 1873; une nouvelle thèse « Caractères communs et différentiels des animaux et des végétaux inférieurs » 1878, lui valut l'année suivante l'agrégation à la Faculté de Montpellier. Chargé du cours d'histoire naturelle dans cette faculté, il fut, à la suite de démêlés politiques, déclaré coupable de manquement à ses devoirs professionels et rayé des cadres de la faculté. Elu député, comme candidat de l'extrême gauche, dans l'arrondissement de Saint-Flour, ses débuts à la Chambre eurent un énorme insuccès, insuccès dû, pour la plus grande partie, à l'attente énorme qui l'avait précédé et surtout à l'accent franchement auvergnat avec lequel il débita son discours. Mʳ Amagat, qui s'est bientôt relevé de son premier échec, a prononcé depuis d'autres discours qui ont eu un accueil bien moins hostile. Il en a publiés plusieurs qui gagnent certainement à la lecture. Mʳ Amagat, qui est venu insensiblement se séparant de la gauche et s'approchant de la droite, a donné au *Figaro*, dans ces derniers temps, des lettres politiques qui ont été fort remarquées.

Amalberti (Mons. Callisto), poète italien, chanoine de la Cathédrale de Vintimille, né dans cette ville en 1835. Ses poésies latines surtout ont été remarquées.

Amalfi (Gaetano), jurisconsulte et écrivain italien, né en 1855, à Piano di Sorrento. En 1880, il fut reçu docteur en jurisprudence à l'université de Naples, où il fréquenta aussi les cours de philologie, et entr'autres ceux de sanscrit et de philologie comparée du prof. Kerbaker. Depuis 1884, il est entré dans la magistrature; il se trouve maintenant à Teggiano (Salerne), en qualité de préteur, mais il profite de ses loisirs pour cultiver les lettres. On a de lui: « Vincenzo Bellini ed il concorso pel suo monumento » Campobasso, 1883; « Se il danno sia un elemento necessario nel falso »; « Se vi sia un plagio nel quinto volume della Storia della letteratura italiana di A. Bartoli »; « *Torquato Tasso* », journal littéraire fondé par lui, où il inséra entr'autres, deux essais: « Su due pretesi traduttori di Pindaro »; « Sugli epigrammi latini del Poliziano »; « Un Mezzofanti risorto »; « Un plagio di Andrea Maffei » (dans la *Gazzetta della Domenica* de Florence); autres essais critiques publiés à Naples depuis l'année 1882 »: « Un secentista in ritardo »; « A proposito degli scritti biografici del Prina »; « Sui profili di Picche »; « Un verseggiatore spropositante »; « Un' Antologia di Saturnino Chaja »; « È poeta Giuseppe Chiarini? »; « Il gran poeta Walfisch »; « Belliniana »; « Adolfica »; « Papa Bartoli eccetera »; « Papa parvorum »; « Il Chiarini critico »; « Frattiniana »; « Il primo traduttore italiano del Rabelais »; différents écrits d'érudition publiés à Naples depuis l'année 1885: « Gli epigrammi di Michele d'Urso »; « Marino Jonata Agnonese »; « Il Socrate immaginario »; « È del Galiani il volume della moneta? »; « Che vi è del Galiani nel libro del dialetto napoletano? »; « Un amoreggiamento dell'abate Galiani »; « Alcuni brani inediti di Ciccio d'Andrea »; « Liriche inedite di Alessandro Poerio »; « Galeota in Parnaso »; Différentes contributions à la démopsychologie: « Cinquanta canti popolari napoletani raccolti ed annotati da G. Amalfi e L. Correra » Milan, 1881; « Cento canti del popolo di Serrara d'Ischia », Milan, 1882; « Canti del popolo di Piano di Sorrento », ib., 1883; « Un povero dimenticato: Camillo Paturzo », ib., 1883; « Scaccinopole da Suriento », Naples, 1884; « A proposito di danze macabre », ib., 1884; « Il demonio nelle storie popolari », ib., 1885; « Buon capo d'anno, uso popolare di Piano di Sorrento », Palerme, 1884; « Due miracoli », ib.; « Dei fatti e detti del molto magnifico monsignor Perrelli, abate di nessuna abbazia », Naples, 1882; « Stregonerie » Naples, 1882; « L'Imbriani demo-psicologo » Naples, 1886; « XXIV Villanelle ed una favola in vernacolo pago-agnonese, con alcuni detti e pregiudizi popolari », Palerme, 1886.

Amanieux (Marc), poète français, né en 1853 à Sainte-Foi la Grande (Gironde) où il acheva ses études et se maria. Un volume de vers « les Écolières » publié en 1876 à Paris chez Sandoz et Fischbacher appela l'attention sur de son nom. Citons encore de lui: « Claude Fer, drame en cinq actes en vers » 1885; et « Les Crucifiés » avec une préface d'Armand Sylvestre.

Amante (Bruto), écrivain italien, fils de feu le sénateur Enrico Amante, premier président de Cour, et connu surtout comme traducteur de Vico. Mʳ Bruto Amante, né à Naples le 11 mars 1852, docteur en droit de l'Université de Rome, est maintenant secrétaire au Ministère italien de l'Instruction Publique, où il a rempli deux fois les fonctions de secrétaire particulier sous les deux ministères de Mʳ de Sanctis. On a de lui: « Il Papa ed il Trono » Macerata, 1870; « Se Dante abbia in patria o nell'esilio scritta la Divina Commedia » dissertation insérée dans l'*Eco dei Giovani*, de Padoue, livraison de septembre, 1870; « Di Amedeo di Savoia, figlio di Emanuele Filiberto » recherches biographiques, Macerata, 1873; « La Rivoluzione francese e l'ultimo dei pretesi Luigi XVII » Macerata, 1874; « Il Natale di Roma, ricorrendo MMDCXXXII della fondazione di Roma » 2ᵐᵉ éd., Rome, 1879; « Una visita a Kustendjé sul Mar Nero (Antica Tomi) » extrait de la *Nuova*

Antologia, 1er déc. 1884, brochure qui a été traduite en roumain par Mme Elettra Bruzzesi et publiée sous le titre: « Ovidiu in exil: descriere fécouté in urma unei visite la Constanta, antica Tom » Bucarest, 1885; « Romania. Impressioni di viaggio, storia, politica, letteratura » Rome, 1887. Mr Amante qui a dirigé et publié pendant quatre années une revue mensuelle politique et littéraire, *La Confederazione latina*, a publié aussi plusieurs ouvrages sur l'administration de l'instruction publique: « Manuale di legislazione scolastica vigente, ovvero raccolta di Leggi, Regolamenti, Circolari e Programmi sulla Pubblica Istruzione, emessi dal 1860 a tutto il 1883 e coordinati alla legge fondamentale del 13 novembre 1859 », ouvrage en deux vol. dont le premier qui embrasse la période 1860 à 1879 a été publié à Rome en 1880 et le second qui arrive jusqu'à 1883 a été publié à Rome la même année; « Nuova illustrazione e commenti alle leggi e discipline sulla Pubblica Istruzione » Rome, 1887; « Comuni e Maestri. Manuale di Legislazione e di giurisprudenza sull'istruzione e amministrazione elementare e normale dal 1859 al 1884 » Rome, 1884, avec plusieurs additions jusqu'à la fin de 1886; « Una parola di più sopra alcune questioni relative all'istruzione primaria. (Una grave questione scolastica. — I maestri e i partiti ne'Comuni. — Nomina dei maestri — Consigli scolastici provinciali — Delegati scolastici — Conferenze pedagogiche) » Naples, 1882; « La disdetta per termine di locazione d'opera in rapporto alle vigenti disposizioni sui maestri elementari, » étude de droit administratif, Naples, 1887. Mr Amante dirige aussi la *Rivista della Pubblica Istruzione* qui, depuis le 1er janvier 1887, paraît chaque quinzaine à Rome.

Amanzio (Dominique), mathématicien italien, né à Marano (prov. de Naples) le 2 février 1854, fut reçu docteur en mathématiques à l'université de Naples, de laquelle il a fait maintenant partie comme professeur autorisé d'algèbre complémentaire qu'il enseigne aussi au collège militaire et à l'école technique Caracciolo de Naples. On a de lui; « Alcune proprietà delle curve di 3º e 4º ordine »; « Sullo sviluppo in serie delle radici di un'equazione quadrinomia »; « Sopra alcune formole sullo sviluppo in serie delle radici di una qualunque equazione algebrica »; « Alcune trasformazioni di un simbolo di operazione e proprietà di alcune determinanti che derivano da queste trasformazioni »; « Sette lezioni di algebra ad uso degli allievi di istituto tecnico » Naples, 1881; « Intorno ad una funzione isobarica » Naples, 1886; « Aritmetica pratica », Naples, 1887; « Aritmetica teorica », ib.

Amar (Moïse), jurisconsulte italien, né à Turin le 8 juillet 1844; il enseigne, comme professeur agrégé, le droit industriel à l'université de Turin. Parmi ses travaux les plus importants, on doit signaler: « Dei giudizii arbitrali, Turin, 1868, ouvrage réimprimé en 1879; « Dei diritti degli autori di opere dell'ingegno » ib., 1874; « Dei diritti degli artisti » ib., 1880; « Studii di diritto industriale » ib., 1886; et une foule d'articles dans les journaux et dans les revues de jurisprudence.

Amaretti (François), poète italien, bibliothécaire de la bibliothèque nationale de Turin, où il est en 1829, reçut son doctorat en jurisprudence en l'année 1851. Sa mère, qui était anglaise, lui apprit de bonne heure l'anglais, en lui inspirant le goût de la poésie populaire des anciens bardes de l'Écosse et de l'Angleterre, dont il traduisit en italien des pièces choisies. Il collabora au journal didactique de Turin, *L'Istitutore*, rédigé par feu le prof. Eug. Comba. M. A., s'étant exercé depuis sa jeunesse dans l'art de la déclamation, apporte dans la lecture de ses travaux poétiques un talent, qui en double la valeur. Il a aussi donné au théâtre une petite pièce en un acte en vers, sous le titre « Bizzarrina ». Parmi ses publications, on doit citer: « Canti e ballate » Turin, 1874; « L'ultimo dramma della vita » un poème en trois parties, Turin, 1881; « Raccoglimento, liriche », Turin, 1885. Les poésies de M. Amaretti se distinguent par la noblesse du sentiment et une forme toujours soutenue et élégante.

Amari (Michel), historien, orientaliste, homme politique italien, né à Palerme le 7 juillet 1806; il fut conseillé dans ses premières études par Domenico Scinà, illustre savant et littérateur, qui lui inspira le goût des lettres; ayant appris l'anglais, il débuta en 1832 par une traduction du « Marmion » de Walter Scott, tout en accordant ses prédilections aux recherches historiques sur la Sicile. En 1834, il publiait son premier essai historique « Fondazione della Monarchia dei Normanni in Sicilia » dans les *Effemeridi Scientifiche Siciliane*. En l'année 1836, il commença son Histoire des Vêpres Siciliennes, qui devait faire époque. Cet ouvrage parut la première fois à Paris sous le titre: « Un periodo delle Istorie Siciliane del secolo XIII »; mais la police bourbonnienne vit dans l'histoire des Anjou en Sicile une allusion à la domination des Bourbons; l'ouvrage fut défendu, l'éditeur emprisonné, l'auteur se sauva en France. Il trouva à Paris l'accueil le plus hospitalier, son livre y fut réimprimé en 1843 sous son titre véritable « La guerra del vespro Siciliano »; et ne tarda pas à devenir classique et populaire, il fut réimprimé sept fois; la dernière édition a paru à Milan en 3 volumes, en 1886; une traduction anglaise en a été donnée par Lord Ellemere, une en allemand par le docteur Schröder; la contrefaçon s'en empara, MM. Possien et Chantrel l'ont remanié et reproduit sous le titre « Les Vêpres Siciliennes ». À Paris, M. Amari poursuivit ses études littéraires et historiques avec MM. Buchon, Lettronne, Michelet, Thierry, Villemain, Hase, Lenormant, Longperrier; avec M. Reinaud et le baron de Ilane il étudia l'arabe, pour s'en servir spécialement dans ses études historiques sur la Sicile. Il fit dans l'étude de l'arabe des progrès si rapides, qu'il ne tarda pas à prendre place parmi les plus éminents arabistes du jour. Dans exil, il commença son grand ouvrage « Storia dei Musulmani » qu'il acheva en 1873 à Florence. Lorsque la révolution de Sicile éclata, il fut rappelé à Palerme, où il fut tour à tour nommé professeur de jurisprudence civile à l'université, député au parlement sicilien, ministre des finances dans le gouvernement provisoire. Comme ministre, il refusa ses appointements, l'hospitalité qu'il recevait chez son frère lui suffisant. Au commencement de l'année 1849, on lui confia une mission politique à Londres; la mission ayant échoué, M. A. revint au mois d'avril à Palerme; mais seulement à temps pour y constater le triomphe de la réaction bourbonienne et pour s'échapper à Malte, le 23 du même mois, sur le navire *Odin*. De Malte, il revint à Paris, où pendant dix ans il poursuivit ses études historiques et orientales. En 1859, le gouvernement provisoire de la Toscane le nomma professeur d'arabe à l'université de Pise, et à la fin de l'année, à l'institut des Études Supérieures à Florence. En 1860, lorsque Garibaldi entrait à Palerme, il y accourut et fut immédiatement chargé de la direction de l'instruction publique; il y travailla d'une manière active pour l'annexion de la Sicile au royaume; le 20 janvier 1861, il était, parmi les premiers siciliens, nommés Sénateur du Royaume d'Italie; en 1863, on l'appelait à Turin comme ministre de l'instruction pubblique, dans le cabinet Minghetti-Peruzzi; à la chute de ce ministère, il se retira et reprit, pendant quelques années, l'enseignement de l'arabe à l'Institut des Études Supérieures, de Florence; dans cette ville il se maria avec mademoiselle Louise Sabatier. Ayant pris sa retraite depuis plusieurs années, il vit maintenant à Pise avec sa famille, tout en prenant une part active aux travaux du Sénat, du Conseil Supérieur de l'Instruction publique, de l'Académie des Lincei, et d'un grand nombre de commissions scientifiques dont il est membre. Il présida le Congrès International des Orientalistes à Florence en l'année 1878, le Congrès Historique Italien de Milan en 1880, et il est président honoraire de la Société Asiatique Italienne. De grandes démonstrations en son honneur ont eu lieu en Sicile, à l'occasion de la fête du centénaire des Vêpres Siciliennes (1882) et du 80ᵉ anniversaire de sa naissance (1886). Parmi ses savantes publications, nous citerons: « Description de Palerme, par Ibn Haucal » traduite de l'Arabe, 1845; « Voyage en Sicile, de Mohammed Ibn Djodair » 1846-1847; « Note alla Storia costituzionale di Sicilia di N. Palmieri » Lausanne, 1847, Palerme, 1848; « la Sicile et les Bourbons », pamphlet, Paris, 1849; « Solwan el Motá, ossia Conforti politici di Ibn Zafer, arabe sicilien du XII siècle » Florence, 1852, traduit dans la même année en anglais; « Storia dei Musulmani in Sicilia » Florence, 1854-1878; « Biblioteca arabo-sicula » Leipsick, 1857; « Appendice » 1875; « Mémoire sur la Chronologie du Coran » couronné en 1858 par l'Institut de France, qui l'avait nommé l'année précédente son membre correspondant; « Carte comparée de la Sicile du XII siècle », Paris, 1858; « Diplomi arabi del R. Archivio Fiorentino » Florence, 1863; « Appendice », 1867; « Abbozzo di un Catalogo di manoscritti arabici della Lucchesiana di Girgenti », 1869; « Nuovi ricordi arabici sulla storia di Genova », Gênes, 1873; « Le Epigrafi arabiche di Sicilia », transcrites, traduites et commentées, Palerme, 1871-72; « Biblioteca Arabo-Sicula », traduction italienne, en deux volumes, 1880-81; « L' Albiruni di Sachau » dans le *Bollettino Soc. Geog. it.*, 1880; « Discorso di chiusura del Congresso delle deputazioni e società di storia patria », Milano, 1880; « Studii del dottor Hartwig su la Storia fiorentina » dans la *Nuova Antologia*, Rome, 1881; « Su le iscrizioni arabiche del palazzo regio di Messina », dans les *Atti dell'Accademia dei Lincei*, Rome 1881; « Recherches sur l'histoire et la littérature de l'Espagne, pendant le moyen-âge par R. Dozy », dans la *Nuova Antologia*, Rome, 1881; « Frammenti del geografo arabo Ibn Said su l'Italia », texte et traduction, dans le *Bollettino per gli studi orientali*, Florence 1881; « Su i diplomi greci e arabi di Sicilia, pubblicati da S. Cusa » dans la *Cultura*, Rome 1882; « Racconto popolare del Vespro Siciliano » Rome, 1882; « Estratto dal Kitâb al Asârît di Al Herrawî » dans l'*Archivio storico siciliano*, Palerme, 1882; « L'Italia descritta nel libro del Re Ruggero, compilato da Edrisi » en collaboration avec son éminent élève, le professeur Celestino Schiaparelli, publié à Rome par l'Académie des Lincei, 1883; « Al Umari, condizioni degli Stati Cristiani dell' Occidente » texte arabe, et traduction italienne, Rome, 1883, dans les *Atti dell' Accademia dei Lincei*; « Trattato di Giacomo II di Aragona col Sultano d'Egitto » texte arabe et traduction italienne, dans les mêmes *Atti*, Rome, 1883; « Estratti dal Tarib Mansuri » traduction italienne, dans l'*Archivio storico Siciliano*, Palerme, 1884; « De' titoli che usava la Cancelleria de'Sultani nel XIV secolo » dans les *Atti dell'Accademia dei Lincei*, Rome, 1886. On pourrait en outre citer une foule d'articles, épars dans un grand nombre de revues et de recueils; cfr. *Journal Asiatique, Revue archéologique, Archivio storico Italiano, Rivista Sicula, Nuova Antologia, Rivista Orientale, Bollettino italiano degli studî orientali, Raccolta Veneta, Bollettino Archeologico Sardo, Annali di Sfragistica, Atti dell'Accademia dei Lincei, Annuario della Società italiana per gli studî orientali, Giornale della Società Asiatica italiana* etc. etc.

Amat (Pierre), géographe italien, né en 1827 à Cagliari (Sardaigne) de la noble famille des Marquis de San Filippo. Il fit ses études à Bologne (1839-45) au collège des Barnabites; il entra en 1855 dans la carrière diplomatique, qu'il abandonna après quatre ans; maintenant il est secrétaire aù ministère des finances à Rome, place bien inférieure à ses mérites. M. Amat a rendu surtout des services précieux à l'histoire de la géographie. On a de lui: « Del commercio e della navigazione dell'isola di Sardegna nei secoli XIV e XV », Cagliari, 1865; des articles sur « Pietro Martini », et les « Mines de la Sardaigne », dans le *Supplemento all'Enciclopedia Popolare*, Turin, 1868; « Bibliografia dei viaggiatori italiani », Rome, 1874; « Studii bibliografici e biografici sulla storia della geografia in Italia », Rome, 1875; « La pesca del tonno in Sardegna » dans la *Rivista Economica*, Rome, 1876; « Della vita e dei viaggi del bolognese Lodovico de Varthema » dans le *Giornale Ligustico*, Gênes, 1878; « Del planisfero di Bartolomeo Parato del 1455 » dans les *Memorie della società geografica italiana*, Rome, 1878; « Delle navigazioni e delle scoperte marittime degli italiani nell'Africa occidentale lungo i secoli XIII, XIV e XV »; dans le *Bollettino Soc. Geogr. ital.*, 1880; « Studii biografici-bibliografici sulla storia della geografia in Italia, mappamondi, carte nautiche, portolani ed altri monumenti cartografici specialmente italiani dei secoli XIII–XVII, » Rome, 1882; «*Appendice agli studi biografici e bibliografici sulla storia della geografia in Italia », Rome, 1884; « Gli illustri viaggiatori italiani » Rome, 1885 ; « Due lettere inedite di venturieri italiani in America, (1534) », note insérée dans le *Bollettino soc. geogr. it.*, Rome, 1885; « Delle relazioni antiche e moderne fra l'Italia e l'India » Rome, 1886. Ce mémoire a valu à l'auteur un prix décerné par l'Académie des Lincei.

Amati (Amato), écrivain italien, proviseur royal aux études dans la province de Novare, né à Monza le 24 janvier 1831. Après avoir pris part, dans le bataillon des étudiants *Bersaglieri*, à la première guerre de l'indépendance italienne, il étudia le droit à l'université de Pavie, et il obtint le diplôme d'habilitation à l'enseignement de l'histoire et de la géographie dans les écoles secondaires. Il enseigna, à Milan, dans le lycée dit de Porta Nuova, dans l'école normale, et dans l'école du soir pour les adultes, jusqu'à l'année 1870; il obtint en 1870 la présidence du lycée de Bergame; il passa ensuite à Pavie; en 1879, il fut nommé proviseur aux études à Cagliari, en 1881 à Coni, et au mois de novembre de la même année à Novare, où il se trouve encore; partout où il passa, il donna preuve de la plus grande activité, et d'un remarquable esprit d'initiative, en organisant différentes institutions scolaires ou civiles des plus utiles. On a de lui, entr'autres: « Elementi di geografia dell'Italia », Milan, 1860; « Guida allo studio della geografia comparata di Guill. Pütz » traduction de l'allemand, avec une « Descrizione geografica dell'Italia » Milan, 1859, 1865, 1872; « Dizionario corografico dell'Italia » Milan, 1864–72, ouvrage couronné, en huit gros vol.; « Il risorgimento del comune di Milano » Milan, 1865; « Lanzone » drame historique, Milan, 1868; « Del movimento delle scuole elementari classiche e tecniche in Milano ed in altre città lombarde dal 1857 al 1870 » Milan, 1870; « Vita ed opere di Cesare Beccaria » Milan, 1872; « Relazioni dei congressi pedagogici di Bologna (1874) e di Palermo (1876) »; « Tavole per l'insegnamento della geografia statistica » Stradella, 1877; et dans les *Memorie del R. Istituto Lombardo* de Milan; « Confini e dominazioni della regione orientale dell'Alta Italia » 1856; « Di un manoscritto finora ignorato di Cesare Beccaria », 1867; « Dell'Australia e della fondazione di una colonia con bandiera italiana » 1868; « Della Nuova Guinea » 1869; « Del nesso fra l'istruzione primaria e la secondaria » 1870; « Prime linee di un atlante storico geografico della civiltà » 1873; « Intorno alle cause che impediscono il progresso dell'istruzione secondaria » 1873; « Della istituzione di commissioni mandamentali di vigilanza » 1874; « Classificazione delle provincie secondo gli analfabeti, gli alunni, i reati » 1874; « Sulla genesi della *Divina Commedia* », 1875; « l'Analfabetismo in Italia »; « L'istruzione e le delinquenze in Italia » et plusieurs conférences tenues à partir de l'année 1875.

Ambert (Joachim-Marie-Jean-Jacques-Alexandre-Jules, baron), général et écrivain militaire français né à Lagrezette (Lot) le 8 février 1804. Bien que sa carrière militaire soit des plus honorables, Mʳ Ambert s'est fait connaître du public surtout comme journaliste et écrivain. Pendant de fréquents congés, il parcourut l'Europe et l'Amérique et séjourna longtemps à la Guadeloupe, ainsi qu'à la Nouvelle-Orléans, où il écrivait dans le journal *l'Abeille*. Parmi les nombreux écrits de Mʳ Ambert, citons: « Esquisses historiques et pittoresques des différents corps de l'armée » 1ᵉʳ éd., 1835, 2 éd. 1837; « Essais en faveur de l'armée » 1839; « la Colonne Napoléon et le camp de Boulogne » 1839; « Éloge du maréchal Moncey » 1842; un essai historique sur « Duplessis Mornay » 1847; « Soldat » 1854; « Gendarme » 1860; « Gens de guerre » 1863; « le Baron Larrey » 1863; « Réponses aux attaques dirigées contre l'arme de la cavalerie » 1863; « Conséquences des progrès de l'artillerie » 1866; « Arabesques » 1868; « Histoire de la guerre de 1870–71 » avec une carte,

1873; « l'Héroïsme en soutane » 1876; « Le chemin de Damas »; « le général Drouot »; « le Pays de l'honneur »; « les Soldats français » 1859, 2ᵐᵉ série 1882; « Trois hommes de cœur: Larrey, Daumesnil, Desaix » 1879; « Le connêtable Anne de Montmorency (1493-1567) »; « Sœurs de Saint-Paul de Chartres »; « Une mission » 1880; « Autour de l'Église »; « Les soldats français »; « Louvois d'après sa correspondance (1541-91) » 1881; « Cinq épées: Bessières, Radetzki, de Gonneville, Dagobert, Dugommier »; « le Maréchal de Vauban (1633-1707) »; « Vengeances »; « Yvon » 1882; « Gaulois et Germains, récits militaires » 1ʳᵉ et 2ᵐᵉ séries, 1884, 3ᵐᵉ et 4ᵐᵉ séries, 1885.

Ambiveri (Louis), écrivain italien, né à Plaisance, le 21 octobre 1846. Ayant étudié la paléographie, M. Ambiveri, qui occupe à Milan une modeste position d'instituteur, se livra à des recherches historiques dont il publia les résultats dans les ouvrages suivants: « Gli artisti piacentini »; « Intorno all'origine di Cristoforo Colombo »; « Intorno ai malintesi restauri del palazzo civico di Piacenza »; « I monumenti ecclesiastici piacentini »; « Dei principali errori detti intorno ai monumenti di Piacenza »; « Iconografia piacentina »; « Norme pratiche per l'ordinamento degli archivii ecclesiastici »; « Date faste e nefaste dell'arte piacentina »; « Demetrio Filiodomi Gran-cancelliere dello Stato di Milano »; « Topografia di Piacenza romana »; « Documenti intorno alla ricompensa ottenuta da Pietro Giordani pel suo panegirico a Napoleone »; « La cessione di Piacenza fatta da Filippo II ad Ottavio Farnese »; « Cenni intorno al dottor Luigi Mazzolini »; « Storia popolare di Piacenza »; « Guida ai monumenti piacentini »; « San Vittore in Ciel d'Oro e la Basilica Fausta in Milano »; « Il sarcofago sotto l'ambone della chiesa milanese di Sant'Ambrogio »; « L'ombraculo di Sant'Ambrogio in Milano »; « Escursioni artistiche nella provincia di Piacenza »; « Milano nel Padiglione del Risorgimento a Torino »; « Lettera di Francesco Soave ad Ubaldo Cassina »; « Considerazioni intorno alla cattedrale di Piacenza »; « Curiosità di storia locale »; « Della piacentinità di Cristoforo Colombo »; etc. Membre, depuis 1880, de la *R. Deputazione di Storia Patria per le Provincie dell'Emilia*, il publia dans les *Atti e Memorie* de cette société savante plusieurs monographies, entr'autres: « Alcuni documenti intorno a Melchiorre Gioja »; « I Vescovi piacentini nella seconda metà del secolo XV »; « La missione del Conte Stampa a Parma e la creduta gravidanza della duchessa Enrichetta, vedova di Antonio, ultimo della Dinastia Farnese »; etc.

Ambra (Pierre d'), pseudonyme sous lequel Mʳ C. F. Cavallucci (voir ce nom) publia plusieurs articles dans la *Nazione* de Florence.

Ambrosi (François), naturaliste et publiciste italien, directeur de la Bibliothèque Comunale et du Musée de Trente, né à Borgo, dans la Valsugana (Tyrol italien) le 17 novembre 1821. On lui doit ces publications: « Elenco sistematico delle piante fanerogame del Tirolo Italiano » Bologne, 1854; « Flora Tyroliae australis » en deux vols., Padoue, 1854-57; « Biografia di Angelo Sicca » Rovereto, 1863; « La Galinsoga parviflora e i Cereali nel Trentino » Bologne, 1864; « Letture popolari di Storia d'Italia: Evo antico » Trente, 1869-71; « Una farfalla » Trente, 1872; « Dante e la Natura », Padoue, 1874, Trieste 1882; « Cenni per una storia degli scrittori e artisti Trentini », Borgo, 1879; « La Valsugana » trois éditions, 1879, 1880, 1881; « Il cielo » Padoue, 1880; « Sommario della Storia Trentina », Borgo, 1881; « Di Pietro Andrea Mattioli Sanese e del suo soggiorno nel Trentino », Trente, 1882; « Di Castellaro Trentino, oggi Castel d'Ario Mantovano », Rome, 1882; « Della Flora Trentina », Rovereto, 1882; « La Terra ed i suoi monti », Trieste, 1883; « Un canestro d'Imenomiceti raccolti nella valle di Sella », Padoue, 1884. « I Regni dalla Natura », Trente, 1884; « Del V. P. Gianmichele dei conti di Sporo e del Trentino » Rovereto, 1885; « L'orso nel Trentino », Rovereto, 1886; « Carlo Emanuele Madruzzo e la stregoneria nel Trentino », Venise, 1886; « L'indicatore per il forestiere a Trento », Trente, 1887; et de nombreuses contributions aux journaux, aux revues, aux recueils scientifiques et littéraires de la province de Trente.

Ambrosoli (Solon), érudit italien, né à Come le 8 octobre 1851. Il fit ses études aux universités de Pise, Pavie, Turin, Naples et Parme, où il fut reçu docteur en droit en 1878. Mais sa vocation étant pour les sciences naturelles, la numismatique et les langues étrangères, il s'y voua presque exclusivement; il commença sa carrière scientifique et littéraire par des traductions du suédois et par un catalogue illustré des monnaies de sa collection dont il fit cadeau au Musée Archéologique de sa ville natale. En 1881, il fonda à Come deux journaux; *La Gazzetta Numismatica* et *L'Araldo*, qu'il dirigea en société avec son frère François, jusqu'à l'automne de l'année 1885. Il entreprit de longs voyages en Suède, Norvège, Danemark, Finlaude, Russie, Angleterre et Allemagne; il connaît plusieurs langues, et, entr'autres, le suédois, le danois, le norvégien et l'islandais; après la mort du numismate Biondelli, il fut nommé conservateur du cabinet numismatique, dit de Brera, à Milan, où il continue à publier sa *Gazzetta Numismatica*. On a de lui: « Alcune poesie svedesi tradotte », Parme, 1879; « Dalle lingue del Nord, versioni poetiche col testo scandinavico moderno », Come, 1880; 2ᵉ édition 1881; « Poesie originali e tradotte » Come, 1882; « Breve saggio di vocabolario italiano-islandese » Come, 1882; « Zecche italiane rappresentate nella raccolta numismatica del dott. S. Ambrosoli », Come, 1881.

Amedeo (Louis), écrivain italien, docteur èslettres, inspecteur des fouilles à Sassari et à Alghero (Sardaigne). On a de lui : « Teorica dei verbi irregolari della lingua italiana » Turin, Loescher, 1877, essai de morphologie italienne qui a été très apprécié par les hommes competents ; on a aussi de lui : « Sulla estensione del diritto elettorale politico » Turin, Loescher, 1878.

Ameen (Georges-Fréderic), écrivain suédois, directeur des postes, né à Carlskrona le 11 septembre 1811. Il collabora dans les *Najaden*, journal libéral modéré de sa ville natale, de 1839 à 1852 ; il donna aussi plusieurs articles au *Bleckinsposten* et au *Bore* de Stockholm. Il a publié une partie du journal de sa vie sous le titre : « Kappsacken, fragmenter ur min dagbok » 4 vol. 1837-1841 ; « Aforismer, minnen uf littärära soiréer i Carlskrona » 1846 ; plusieurs nouvelles, parmi lesquelles nous citerons « Assessor Tulbolms thé-soireer » 2 vol. 1853-54, incomplet ; et enfin une commémoration de Mme Frédéric Bremer, femme de lettres finlandaise, (1801-1865) sous le titre « Tal öfver F. B. » 1866.

Amelin (Alcide), économiste français, né à Avesnes (Nord), en 1834. Mr Amelin, qui a commencé par exercer la profession d'armateur et qui est maintenant professeur d'arithmétique, a publié plusieurs ouvrages, à juste titre remarqués par les économistes. Nous citerons de lui : « Le marché libre de l'escompte » 1865 ; « Une première économie de 337 millions de rente à réaliser', par l'aliénation du produit des droits de mutation » 1872 ; « Subventions et péages maritimes » 1875 ; « Le libre échange absolu à l'intérieur et à la frontière » 1884, ouvrage qui a obtenu le prix de 2500 francs au concours Pereyre.

Ameline (Ernest), poète français, ancien négociant, né à Caen en 1825. Les deux premiers ouvrages que nous connaissons de lui « Chants d'exil 1870-1871, souvenirs artistiques » et « Mai 1871. Le Cercle de la Rue Royale pendant la bataille. Journées des 21, 22, 23 et 24 mai. Poème » parurent en 1871 et 1872 sous les simples initiales E. A. ; plus tard il publia : « A l'aventure ! souvenirs poétiques » 1873 ; « Un cœur d'artiste, poème » 1874 ; « Au bivouac, récits poétiques » 1876, 2me éd. 1883 ; « Fleurs aimées, poésies » 1878 ; « Amours brisées, poèmes » 1880 ; « Une plage normande, Villers sur Mer, poème humoristique » ; « Grèves et falaises, rimes dernières, poésies » 1884 ; « l'Ange du Bien » 9me éd., 1885. « Fine mouche, roman parisien » Paris, Ghio, 1887 ; « Excursions dans les Alpes, de Vogogna à Saas par le Val Anzasca

et le col du Monte Moro » lecture faite à la séance publique de la Société des études historiques, le 27 mars 1887. Mr Ameline est secrétaire perpétuel adjoint de la Société philotechnique.

Americo (Pedro de Figueredo), peintre et écrivain brésilien, demeurant actuellement à Florence, docteur ès-sciences naturelles et en philosophie, professeur agrégé de l'Université de Bruxelles, ancien professeur d'histoire, d'esthétique et d'archéologie à l'Université de Rio-Janeiro, membre de plusieurs académies, grand dignitaire de l'ordre de la Rose, etc. est né en 1843, à Areas, au Brésil. Il fit ses premières études à Rio, et il les continua à la Sorbonne et à l'Académie des Beaux-Arts de Paris, où il fit son premier tableau et imprima son premier livre « Sur l'Art dans l'Antiquité ». De retour à Rio, il inaugura son cours d'histoire, d'esthétique et d'archéologie à l'Université, en présence de l'Empereur, et il peignit son grand tableau de la *Bataille de Campo Grande*, puis il revint en Europe, et il fut reçu docteur et professeur agrégé à l'Université de Bruxelles sur la présentation d'une thèse: « Sur l'enseignement libre des sciences ». Après un nouveau séjour au Brésil, il se rendit à Florence pour y peindre la *Bataille d'Avahy*, toile des plus grandes qui existent, et il y fit imprimer ses romans : « L'olocausto » 1882 ; « L'amor d'Esposo » 1886 ; et plusieurs brochures. Actuellement, il peint une grande toile qui représente la *Proclamation de l'Indépendance brésilienne*. En 1869, il avait épousé Dona Carlotta, la fille du baron de Saint-Ange, l'un des plus grands poètes de l'Amérique du Sud. Le portrait d'Americo se trouve parmi ceux des peintres célèbres à la Galerie des Uffizii à Florence. Parmi ses publications, nous signalons encore : « Mémoire sur la conjugaison du spyrogyra quinina » 1869 ; « Hypothèse sur la cause du phénomène appelé: lumière du zodiaque » 1869 ; « Confutation de la Vie de Jésus par Ern. Renan » 1869 ; « Discours prononcés à l'Académie des Beaux-Arts à Rio » 1882.

Améro (Constant), publiciste et romancier français, né à Toulon (Var) en 1832. Mr Améro est surtout connu comme collaborateur de Mr Victor Tissot (Voy. ce nom). Les ouvrages suivants sont dus à la collaboration des deux écrivains. « Les aventures de Gaspard van der Gomm » 1879 ; « les Mystères de Berlin » 1879 ; « la Russie Rouge » 1880 ; « Aventures de trois fugitifs en Sibérie » 1881 ; « Les contrées mystérieuses et les peuples inconnus » 1884 ; dans ses dernières années cependant Mr Améro a essayé ses forces en donnant seul au public deux romans qui ont été très bien accueillis : « Le coq rouge, aventures de deux petites parisiennes en Russie » 1885 ; « Le tour de France d'un petit Parisien » grand roman d'aventures, 1886.

Amezaga (Charles de), marin italien, né à

Gênes vers 1835; il servit d'abord dans la marine marchande génoise et, comme second d'une petite goëlette commandée par le capitaine Tortello, — qui devint après son beau-frère — il fit un voyage dans les mers du Sud qu'on peut à bon droit appeler unique; l'éclat en fut tel que Mʳ de Cavour décora Mʳ Tortello, chose fort rare dans ces temps, de la croix des Saints Maurice et Lazare. En 1860, Mʳ de Amezaga entra dans la Marine Royale avec le grade de sous-lieutenant de vaisseau; il prit part en cette qualité aux campagnes d'Ancone et de Gaëte et y obtint une médaille à la valeur militaire. Sa réputation alla toujours croissant et il devint bientôt un des officiers les plus recherchés dans les États-Majors; pendant la guerre de 1866, il faisait partie de l'état major de l'amiral comte J. B. Albini, embarqué sur la *Maria Adelaide;* il occupa, ensuite auprès du regretté amiral Ribotty, alors ministre de la marine, une situation toute de confiance. Sa réputation franchit les cercles de la marine quand, en 1871, comme commandant de l'*Authion*, il attira l'attention de l'amiral anglais Yelverton à Carthagène alors occupée par les cantonalistes; les électeurs de sa ville natale le récompensèrent en l'envoyant à la Chambre. Comme député Mʳ de Amezaga vota toujours avec la droite. Quelque temps après, il quitta le service actif avec l'idée de s'embarquer, comme second, sur le *Maddaloni*, avec lequel le général Nino Bixio effectua l'expédition dans les Mers d'Asie où il perdit la vie. Pour des raisons que nous ignorons, Mʳ de Amezaga ne donna pas suite à son projet et il rentra bientôt dans le service actif. Comme commandant d'un navire de guerre, il fit hardiment respecter le drapeau italien en protégeant quelques connationaux injustement poursuivis par les Autorités de la République orientale à Montevideo. Il accomplit après, dans la même qualité, le tour du monde et en rapporta plusieurs objets curieux et précieux, dont il fit cadeau au Musée de Rome et un ouvrage en quatre volumes « Viaggio di circumnavigazione sulla *Caracciolo*, R. corvetta da lui comandata negli anni 1881 a 1884 » Rome, 1885-87, digne de l'attention, non seulement des marins, mais de toutes les personnes intelligentes. Mʳ de Amezaga, qui écrit aussi couramment le français que l'italien, a publié une foule d'articles dans les journaux italiens, parmi lesquels plusieurs, signés de son nom, dans l'*Italie*, journal français de Rome. Mʳ de Amezaga a rempli aussi en 1879, comme commandant du *Rapido*, une mission dans la Mer Rouge qui précéda l'occupation de la côte d'Assab par les troupes italiennes. Le compte-rendu de cette mission a été publié, par Mʳ de Amezaga lui-même, dans la *Rivista marittima*: « Viaggio del *Rapido*, rapporto al Ministero della Marina da Suez a Gedda, Aden, Zeila, Berbera e Bulhar » II vol., page 491;

« Approdo à Tujura da Aden a Suez » id. III vol., page 433; « Il regio avviso *Rapido* nel Mar Rosso e nel golfo di Aden » id. IV vol., page 11. Mʳ G. B. Beccari ayant cru devoir faire quelques observations sur les idées exposées par Mʳ de Amezaga dans les rapports précités, celui-ci riposta par quelques articles « Sulla baia d'Assab » insérés dans la *Nazione* de Florence du 15, 16, 17 janvier et 2 et 3 février 1881 et publiés à part quelques semaines plus tard. Dans la seconde moitié de janvier 1888, Mʳ de Amezaga a été, sur sa demande, mis à la retraite et s'est fixé à Rome en qualité de représentant la compagnie italienne de navigation « La Veloce ». Citons encore de lui « Rapido cenno sulle grandi e piccole corazzate » Florence, 1881, (tirage à part de trois articles publiés dans la *Nazione*, 23ᵐᵉ année, Nᵒ 7-9). « Esame sommario dei saggi di fondi raccolti dalla spedizione idrografica imbarcata a bordo del R. Piroscafo Washington » compte-rendu du professeur Issel et de Mʳ de Amezaga, Gênes, 1883. « Cenni sull'Arcipelago Galàpagos, secondo i rilievi del dottor Wolf e le indicazioni del signor Icaza » dans le *Bollettino della Società Geografica Italiana*, 1882, et plusieurs articles dans la *Rivista Marittima*, parmi lesquels: « Impressioni intorno alla torpedine d'Harvey » et « Sulle esplorazioni terrestri: lo Scioa e la spedizione geografica italiana ». Ajoutons que Mʳ de Amezaga est un des Membres du Conseil de la Société Royale italienne de Géographie, et que dans les élections de février 1888, il vient d'être élu conseiller municipal de la ville de Gênes.

Amezeuil (Charles d'), nom de plume d'un journaliste et romancier français, né à Montdidier (Somme), le 25 mai 1832, de son vrai nom, C. P. Acloque. On a de lui: « Légendes bretonnes. Souvenirs du Morbihan » 1862; « Récits bretons » 1863; « Les Amours de contrebande » 1866; « L'amour en partie double » 1868; « Les chasseurs excentriques » 1875; « Comment l'ésprit vient aux bêtes. Ce que l'on voit en chassant » 1877; « Miss Putiphar » 1879; « La Braconnière, Souvenirs de chasse » 1886. Mʳ Acloque, qui est employé au Crédit foncier, a encore signé Marquis de Kergall au *Sport*, et Yann, la Brisée, la Feuille, Gaston Phœbus, et de Bois Sablé. Il ne faut pas le confondre avec son frère aîné Mʳ Paul Acloque, homme politique et industriel français, qui a publié des ouvrages de géologie fort estimés et dont nous espérons pouvoir parler dans le Supplément.

Amiaud (Albert), jurisconsulte français, né à Villefagne (Charente) en 1840. Mʳ Amiaud exerça d'abord le notariat à Vars, petite commune de son département natal. Plus tard, s'étant rendu à Paris, il y devint secrétaire adjoint et bibliothécaire du comité de législation étrangère au Ministère de la justice. On a de lui: « Études de droit pratique. De la renonciation à son hypothèque légale par la femme du vendeur au profit de l'acquéreur » 1869; « De la vénalité et de la propriété des offices ministériels » 1871; « Des clauses préventives en usage dans le notariat » 1874; « Le tarif général et raisonné des notaires » 1875; « Études sur le notariat français » 1878; « Recherches bibliographiques sur le notariat français » 1881; « Aperçu de l'état actuel des législations de l'Europe et de l'Amérique » 1884. Mr Amiaud a publié en outre une nouvelle édition revue et considérablement augmentée de l'ouvrage de Mr Rutgeers, ancien professeur à l'Université de Louvain: « Commentaire sur la loi du 25 ventose, an XI, organique du notariat » 3 vol., Bruxelles 1883-84.

Amicarelli (Hippolyte), homme de lettres italien, né le 10 août 1823 à Agnone, province de Campobasso. Mr A. qui fut presque un autodidacte entra de bonne heure dans les ordres et devint, en même temps, professeur de lettres italiennes et latines. Traqué par la police bourbonienne, Mr Amicarelli se tint caché pendant onze mois et ne dut sa liberté qu'à la révolution de 1860. Élu, tout de suite, député au premier Parlement italien, il se degoûta bientôt de la vie politique et donna sa démission. On lui offrit alors les fonctions de Président et de Recteur du Lycée Collège Victor émanuel de Naples qu'il accepta et qu'il occupe encore, entouré de la considération méritée de ses collègues et de ses élèves. Mr Amicarelli a réuni en un volume les « Lezioni sopra la lingua e lo stile italiano » Florence, 1863, 2 éd., qu'il avait l'habitude de faire à ses élèves d'Agnone, livre qui eut l'honneur de plusieurs éditions et qui a recueilli les éloges mérités de tous les intelligents.

Amicis (Edmondo De). Voir *De Amicis*.

Amico (Ugo Antonio), poète italien, né à Monte San Giuliano (Sicile) le 8 septembre 1834. Il fit ses études chez les Jésuites à Palerme. A dix-huit ans, il publia son premier volume: « Saggio di tentativi poetici » Palerme, 1865, le succès en fut tel que Mr Amico tronqua ses études de droit pour se consacrer aux lettres. En 1860, Mr Amico fut attaché au Ministère de l'Instruction publique, puis, à la suite d'un concours il fut nommé professeur au lycée de Bologne. Des raisons de santé l'ayant persuadé de revenir en Sicile, il donna à Palerme des leçons particulières et dans quelques instituts publics jusqu'au moment où, institué à Palerme le nouveau Lycée Humbert I, il y fut nommé professeur de belles-lettres. Parmi les nombreux ouvrages de cet élégant écrivain, nous devons nous borner à citer les suivants: « Liriche » Palerme, 1853; « Vito Carvini, memorie storiche » Palerme, 1857; « Poésies » Palerme, 1858; « Versi » Palerme, 1861; « Ore solitarie » vers, Bologne, 1868; « Sulla proposta di una nuova Colonia ericinia » Observations, Palerme, 1869;

« Torquato Tasso; Canzone a Giovanni III di Ventimiglia di Jeraci », Palerme, 1878; « Sebastiano Bagolino, studio storico », Palerme, 1881; « Claudiano Claudio: Il ratto di Proserpina, le nozze di Palladio e Celerina, un epigramma », Palerme, 1882; « L'uso », Palerme, 1884; « Leggende popolari ericine » Palerme, 1886; « Per le nozze Grasso-De Spuches (XXI giugno MDCCCLXXXVI) voti ed auguri, versi » Palerme, 1886; « Discorso letto nell'istituto Epicarmo (di Palermo) il 26 dicembre 1886, celebrandosi la premiazione degli allievi e l'inaugurazione del busto del senatore Perez » Palerme, 1887; « Di Giuseppe Spuches Ruffo, principe di Galati » discours tenu à l'Académie des sciences de Palerme et publié dans ses *Atti*, Vol. IX, 1887, etc.

Amicus; sous ce pseudonyme Sir Thomas Fairbairn, homme politique et magistrat anglais, né à Manchester, 1823, a publié, pendant plusieurs années de suite, dans le *Times*, des lettres sur les rapports entre pantrons et employés, sur le progrès social en Angleterre, sur les *Trades' Unions*, et sur d'autres arguments d'intérêt social.

Amigues (Édouard), mathématicien français, professeur de mathématiques spéciales au Lycée de Marseille, chargé d'un cours complémentaire à la Faculté de Marseille, né à Coniza (Aude), en 1843. On a de lui: « Arithmétique » Paris, Hachette, 1868; « A travers le ciel »; Paris, Félix Alcan, 1885; dans les *Comptes-Rendus de l'Académie des Sciences*: « Note sur l'aplatissement de Mars » 1874; « Note sur la quartique de Steiner » 1878; « Note sur les surfaces applicables » 1887; dans les *Nouvelles annales des mathématiques*: « Notes et mémoires de géométrie supérieure de 1871 à 1879; dans le *Journal des Mathématiques spéciales*: « Articles divers »; « Congrès de Montpellier »; « Sur les directions asymptotiques des courbes représentées par une équation différentielle ».

Amizar (M.), écrivain colombien, né vers 1820; il cultiva en même temps les lettres, le droit et les sciences naturelles; il a été professeur de droit international, député et ministre des affaires étrangères et dirigea le journal *Nuevo Granadino*. Son ouvrage principal: « Las peregrinaciones de Alpha » très bien écrit, est une description de la Colombie, où les naturalistes trouveront des renseignements du plus haut intérêt.

Amore (Diego), écrivain italien, né à Paternò, en Sicile, en 1848; reçu docteur en droit à l'université de Catane en 1871. Il a publié un « Quadro generale della Storia d'Italia » introduction à un ouvrage plus ample: « Lezioni della Storia patria narrata all'operaio ». L'auteur professe les principes républicains.

Amorim (Francisco Gomes de), auteur dramatique, poète, historien et romancier portugais, né le 13 août 1827, à Avolomar, à quelques lieues de Porto. Il avait à peine dix ans, lorsqu'il dut partir pour le Brésil, où il entra d'abord dans une maison de commerce de Para; il alla plus tard vivre, au milieu des forêts vierges, sur les bords de l'Amazone. A l'âge de treize ans, le *Camoëns* de Garrett lui tomba entre les mains, et produisit sur lui une impression telle qu'elle décida de sa vocation. Sous le coup de la première émotion, il écrivit une lettre au poète Garrett, qui lui répondit en l'invitant à se rendre à Lisbonne. Le 22 mars 1846, M. Amorim s'embarquait pour le Portugal. Dès qu'il eut touché le sol natal, ses premiers actes et ses premiers écrits furent inspirés par l'amour ardent de la patrie et de la liberté. Il prit part à la révolution de Minho et s'enrôla dans les rangs de l'opposition, d'abord comme collaborateur du *Patriota* et ensuite comme rédacteur de la *Revoluçao de setebro*. En 1848, il composa ses chants les plus hardis: « Garibaldi »; « A queda da Hungria »; « A liberdade ». Il devint populaire; mais il manquait de pain: pendant la journée, il travaillait chez un chapelier, la nuit il étudiait. Son sort s'améliora lorsqu'en 1851, Garrett, son protecteur, monta au pouvoir; mais il eut le malheur de le perdre en 1854. En 1858, il fut élu membre de l'Académie des sciences de Lisbonne; l'année suivante, on le nomma conservateur de la Bibliothèque de la Marine et du Musée des Antiquités navales, fonctions qu'il remplit encore aujourd'hui. On doit à Gomes d'Amorim un poème épique, en dix chants, sous le titre « Aideia velha », et un grand nombre de poésies patriotiques et maritimes, de romans et de pièces de théâtre. On cite, parmi ses poésies: « Les Chants du Matin »; « Les Ephémères »; « La Fleur de marbre »; « les Deux Frégates »; « la Corvette »; « le Corsaire »; « le Matelot »; « Chants », etc.; parmi ses pièces dramatiques: « Ghigi »; « la Prohibition »; « l'Abnégation »; « La Veuve »; « Cœur de tigre »; « les Inconnus du Monde »; « les Héritiers du Millionnaire »; « le Cèdre rouge »; « l'Indépendance des femmes »; « le Jour de baptême »; « les Roses de cire »; « le Congé au collège »; « Bon fruit mal mûri »; « Don Sanche II »; « le Cas étonnant »; et un drame des plus émouvants intitulé: « Haine de race ». Parmi ses romans, on doit signaler: « les Sauvages »; « le Remords vivant »; « Fruits de goûts différents »; « Beaucoup et peu de raisin »; « les Deux filandières »; « l'Amour de la Patrie », etc. Au concours international de poésie ouvert par l'Académie royale espagnole pour le meilleur éloge de Calderon della Barca, c'est Francisco Gomes de Amorim qui a obtenu la médaille d'or, avec son poème portugais intitulé: « A glorificaçaõ de Calderon della Barca no segundo centenario da sua morte »; ce poème vraiment magnifique a été imprimé en 1881 à Lisbonne avec une traduction en prose castillane de l'illustre romancier espagnol Juan Valera, ambassadeur d'Espagne à Lisbonne. Comme biographe, Mr Amorim s'est distingué par ses trois volumes d'admirables « Mémoires biographiques sur Garrett » dont 500 exemplaires ont été, par un décret solennel, achetés par les Cortes, et comme historien, par son « Histoire abrégée du Portugal depuis 1799 jusqu'à 1854 » couronnée par l'Académie royale des sciences, qui lui décerna le prix du roi don Fernando. On annonce maintenant ses « Mémoires et voyages » qui comprendront huit volumes, et comme d'imminente publication la première, la seule véritable nouvelle édition critique du texte des *Lusiadas*, œuvre d'une grande patience et d'une grande sagacité. Mr Amorim est membre des académies de Lisbonne, de Madrid, de Bruxelles, de Rio-Janeiro, etc. En 1886, sur la maison où Amorim est né, on a placé par ordre de la municipalité de Paroa de Varzim, un marbre, avec cette inscription: « Le 13 août 1827 est né dans cette maison Gomes de Amorim une des gloires de ce village, de cette commune et de ce vieux et malheureux Portugal. En hommage à l'honneur, au talent, à la renommée acquise par l'étude et par la science. Dans la séance du 5 octobre 1885, la municipalité de cette commune a décrété de placer ici cette inscription commémorative ».

Amory de Langerac (Joséphine), femme de lettres belge, née à Anvers en 1831. Outre de nombreux articles publiés dans le *Journal des Demoiselles*, et dans la *Gazette des femmes*, etc. on lui doit les ouvrages suivants: « Galerie des femmes célèbres depuis le 1er siècle de l'ère chrétienne, jusqu'au XVI siècle » 1847; « De l'existence morale et physique des femmes » 1850; « Un nid de fauvettes » 1850; « Proverbes, histoire anecdotique et morale des proverbes et dictons français » 1860, 4me éd., 1883; « Galerie chrétienne des femmes célèbres » 1862; « Nouvelles intimes » 1865; « Histoire anecdotique des fêtes et jeux populaires au moyen âge » 1870; « la Grotte de Lourdes » 1873; « Le Mont Saint-Michel, son histoire et sa légende » 1880; « Pélerinage à Notre-Dame de Lourdes » 1880.

Ampelas (Timoléon), poète grec. On a de lui un roman: « Hélène de Mylèthe » dont la scène se passe au temps de la guerre de l'indépendance; un ouvrage érudit et volumineux « Sur l'île de Syros », et enfin plusieurs drames en vers; citons « La prise de Troye » en cinq actes; « Le bataillon sacré » en trois actes; « Léon Calergis » écrit originairement en trois actes et puis porté à cinq; « Cléopatre »; « Crétois et Vénitiens » tous les deux en cinq actes.

Amunategui (M. Louis), écrivain du Chili, né à Santiago du Chili en 1826. En 1844, n'ayant que dix-huit ans, il fut nommé, à la suite d'un concours, professeur de latin à l'institut national. En 1848, il commença à travailler au bureau de statistique. En 1848, il fonda, avec son professeur de droit international, M. J. G. Lastania, *La Revista de Santiago;* en même temps il enseignait la philosophie et la littérature dans un collège particulier. En 1850, avec son frère Grégoire, il commença à écrire un Mémoire « Sobre la Reconquista Española » qui fut couronné par l'Université. Toujours en collaboration avec son frère, il composa un roman historique et philosophique sous le titre « Una Conspiracion en 1780 ». En 1852, il fut agrégé à l'Université; l'année suivante, il publia un travail historique: « Sopra la dictadura de O'Higgins ». La même année, il obtint, à la suite d'un concours, la chaire de Littérature et d'histoire moderne américaine et fut promu chef de bureau au Ministère de l'Instruction publique. Pendant la durée de ces fonctions, il publia un Mémoire sur les droits du Chili sur l'extrémité australe du continent américain. Mr Amunategui qui appartient au parti libéral devint plus tard Ministre des Affaires Étrangères. Toujours en collaboration avec son frère Grégoire, il publia un volume de « Biografias americanas » (Cfr. pour de plus amples détails le second volume des précieux *Ensayos biograficos y de critica literaria sobra los principales Poetas y literatos latino americanos* de Mr Torres Caïcedo, Paris, Guillaumin, 1863).

Amyntor (Gerhard d'). Pseudonyme de Mr Dagobert de Gerhard, poète allemand, né à Liegnitz, le 12 juillet 1831, où résidait son père, officier supérieur. Il fréquenta le gymnase de Gross Glogau et, en 1849, se rendit à l'Université de Breslau; mais à la suite des troubles révolutionnaires, il quitta les études et entra dans l'armée prussienne. Il fit les campagnes de 1864 (où il fut dangereusement blessé), de 1870 et de 1871, et reçut plusieurs décorations; à la suite de ses blessures, il quitta le service actif, après avoir longtemps fait partie, en qualité de major, de l'État-Major du Général Moltke. Depuis lors, il se retira à Potsdam et se consacra aux belles lettres. Ses premiers essais: « Hypocondrischen Plaudereien » 1875; suivis plus tard par: « Für und über die deustschen Frauen, Neue hypochondr. Plaudereien », Hamburg, 1883; et « Randglossen zum Buch des Lebens » 1877, ne produisirent pas un très grand effet. L'opinion publique fit un accueil bien plus bienveillant à « Peter Quidams Rheinfahrt » poème en douze chants, 1877 et à « Der Zug des Todes » nouvelle, 1878 et aux « Lieder eines deutschen Nachtwächters » 1878, ouvrages dans lesquels l'auteur expose ses sentiments conservateurs et religieux et son antipathie pour les radicaux et les pessimistes. On pourrait dire la même chose de son « Neue Romanzero » 1880 (2e éd. en 1883). On a encore de lui deux nouvelles: « Eine räthselhafte Katastrophe » 1878; et « Im Hörselberg » 1881; il a publié aussi un volume d'esquisses « Auf der Bresche » 1879; « Eine moderne Abendgesellschaft » où il traite la question sémitique, et « Ein Priester. Historie in sechs Gesangen » 1881. Suivirent: « Der Tod als Tröster », 1881; « Du bist Du », roman, 1882; « Ein Problem », roman, Bâle, 1884; « Caritas », récits pour les familles chrétiennes, Leipsick, 1884; « Drei Küsse », dans la Collection Spemann, et une foule d'autress publications empreintes de force et d'originalité.

Anagnostakis (André), médecin grec, professeur d'ophtalmologie à l'Université d'Athènes, directeur de l'hôpital d'ophtalmoyatrie, président de la société athénienne de médecine, président des deux Congrès médicaux qui ont eu lieu à Athènes en 1882 et en 1887; né dans l'île de Crète en 1826. Il fit ses études de médecine à Athènes, à Berlin et à Paris. Plusieurs de ses mémoires scientifiques ont paru en langue française, soit: « Essais sur l'exploration de la rétine et des milieux de l'œil sur le vivant, au moyen d'un nouvel ophtalmoscope » Paris, 1854; « De l'ophtalmologie en Grèce et en Égypte » Bruxelles, 1858; « Mélanges ophtalmologiques », Athènes, 1861; « Contributions à l'Histoire de la chirurgie oculaire chez les anciens » Athènes, 1872; « Encore deux mots sur l'extraction de la cataracte chez les anciens » Athènes, 1878; en outre, ont paru en grec, la *Gazette médicale* qu'il dirigea entre les années 1858 et 1860; « un Traité sur les maladies des yeux » Athènes, 1874; « Études sur l'optique des anciens » Athènes, 1878; « Sur les progrès intellectuels de la nation hellénique » 1875; articles parus dans différentes publications périodiques. Dans ces dernières années, il collabora aussi au *Dictionnaire biographique des médecins éminents de tous les temps et de tous les pays* publié en allemand, en six volumes, par le professeur Hirsch de Berlin.

Anastasi (Auguste), peintre français, né à Paris, vers 1820. Petit-fils de l'illustre chimiste Nicolas Leblanc (1753–1806) qui découvrit un procédé facile pour faire de la soude avec le sel marin, Mr Anastasi, ayant eu le malheur de devenir aveugle à l'âge de 49 ans, consacra ses loisirs forcés à écrire la vie de son grand-père: « Nicolas Leblanc, sa vie, ses travaux et l'histoire de la soude artificielle » 1884.

Anchorena (José), journaliste espagnol, né à Malaga; il dirige à Madrid le journal *El Liberal*.

Anderdon (Père Guillaume-Henry), écrivain catholique anglais, né le 26 décembre 1816, à Londres, neveu du Cardinal Manning, se convertit, en 1850, au catholicisme, étudia la théologie à Rome, professa de 1856 à 1864 dans l'université catholique de Dublin et entra, en 1874, dans la Compagnie de Jésus. Le Père Anderdon est devenu célèbre comme prédicateur et comme écrivain, et plusieurs de ses ouvrages ont été traduits en plusieurs langues et réimprimés plusieurs fois en Angleterre et en Amérique. Citons: « Bonneval, a story of the Fronde », 1858; « Owen Evans, the catholic Robinson Crusoe », 1862; « In the Snow: Tales of Mount Saint-Bernard », 1866; « The Christian Æsop », 1871; « Is Ritualism honest? », « Fasti apostolici », 1882; « Luther », 1884; il faut ajouter à cette note plusieurs brochures et une foule d'articles dans les revues.

Anderledy (Antoine), général de l'ordre des Jésuites, né à Brig (Vallais-Suisse) le 3 juin 1819, entra, dès l'âge de 19 ans, dans l'ordre des Jésuites et étudia la théologie à Rome et à Fribourg. Il devint, en 1853, recteur de l'institut théologique des Jésuites à Cologne, en 1856 recteur du collège théologique de Paderborn, en 1859 père provincial, en 1865 professeur de théologie morale dans l'abbaye de Maria Laach (Sanctæ Mariæ Lacensis, près de Coblence), en 1869 il devint recteur de la même abbaye, en 1870 assistant du T. R. Père Beckx, général des Jésuites à Rome, en 1883 Vicaire du Père général, et le 16 mai 1884 il était élu général de l'ordre à la place du Père Beckx qui venait de mourir. Pour ce que nous en savons, son bagage littéraire n'est pas bien gros. Le *Dictionnaire des ouvrages anonymes et pseudonymes publiés par des religieux de la Compagnie de Jésus*, dû aux soins du Père Carlos Sommervogel lui attribue la nouvelle édition du « Neo Confessarius pratice instructus seu methodus rite obeundi munus Confessarii in gratiam juniorum, qui ad curam animarum aspirant publice proposita a R. P. Joanne Reuter S. J. Editio nova et emendata ». Ratisbonne, 1870.

Anderlind Leo (Oktomar-Victor), économiste allemand, né le 9 mars 1845 à Greiz, en Thuringe, d'une famille luthérienne, a ajouté, depuis 1883, le nom d'Anderlind, à celui de Leo qu'il tenait de sa famille, pour éviter toute confusion avec plusieurs autres écrivains du même nom. Mr Anderlind Leo après avoir fréquenté de 1857 à 1862 le gymnase prussien de Naumburg, en Thuringe, se consacra à la science forestière. En 1868, il fut reçu docteur en philosophie à l'Université de Jena. En 1880, il obtint *venia legendi* à l'académie forestière de Tharan. Ensuite il visita la Saxe, la Bohême, la Bavière, le Tyrol, la Suisse, une partie de la France, la Grèce, Constantinople, une partie de l'Asie-Mineure, la Syrie et l'Égypte. Dans l'été de 1886, il retourna en Allemagne, et après un court sejour à Wiesbaden, se fixa à Fribourg en Brisgau. Déjà plusieurs journaux ont publié des articles sur les voyages de Mr Anderlind Leo et la partie principale de ses impressions de voyage ne tardera pas à voir le jour dans des journaux et aussi en ouvrages séparées. Parmi les journaux qui ont publié des travaux de Mr Anderlind Leo nous citerons: *Die Allgemeine Forst und Jagdzeitung; die Monatschrift für Forst und Jagdwesen; die Forstliche Blätter* dont Mr Anderlind Leo a été coéditeur, pendant une période de cinq ans; *die Deutsche Landwirtschaftliche Presse; das Landwirtschaftliche Zeitung; der Arbeiterfreund; die Zeitschrift des deutschen Palästinavereines; das literarische Centralblatt*, etc.; Mr Anderlind a publié à part les ouvrages suivants: « Die Wildgärten », 1868; « Beibehaltung oder Veräusserung des Staatswaldungen? », 1870; « Forststatistik über Deutschland und Oesterreich-Ungarn », 1874; « Ueber die Einrichtung der Forststatistik », 1873, la 2e édit. a paru en 1874, sous le titre: « Plan über die Einrichtung der Forststatistik »; « Zur Arbeiterfrage in der Landwirtschaft », 1878; « Allgemeine Nationalöconomie ».

Anderson (Rasmus B.), écrivain et diplomate américain, né le 12 janvier 1846, à Albion (comtée de Dane dans le Wisconsin; États-Unis), son père Björn Anderson ayant été le chef de la première grande compagnie d'émigrants que de la Norvège donna aux États-Unis. Elevé à l'école commune, il entra, à l'âge de seize ans, au collège de Jowa, où il resta trois ans, après lesquels, revenu dans le Wisconsin, il fut nommé, en juin 1866, professeur de grec et de langues modernes à l'Académie d'Albion, son pays natal. Passé depuis à l'Université du Wisconsin, il y devint maître de langues; en 1875, il fut promu dans la même Université professeur des langues scandinaves, place qu'il garda jusqu'en 1885; dans cette année, il fut nommé Ministre des États-Unis d'Amérique auprès de la Cour Royale de Danemark, situation à laquelle ses études paraissaient l'appeler depuis longtemps. Déjà depuis 1875 il avait commencé à réunir, dans l'Université du Wisconsin, une bibliothèque scandinave qui, connue aujourd'hui sous le nom de *Mimer's library*, contenait déjà en 1879 plus de mille volumes. Comme écrivain et comme traducteur, Mr Anderson est favorablement connu en Amérique et en Angleterre et sa valeur littéraire a été bien vite appréciée en Europe; il s'est tellement identifié avec les questions scandinaves, que dans l'édition américaine de la *Encyclopaedia Britannica* on a pu dire avec raison qu'il est le père de la littérature scandinave en Amérique. Mr Anderson commença de bonne heure sa carrière littéraire; en 1865, n'étant âgé que de dix-neuf ans, il faisait déjà paraître des articles en langue norvégienne, sur différents sujets, mais surtout sur l'éducation, dans plusieurs journaux d'Amérique et de Norvège, se révélant défenseur ardent, mais convaincu, des institutions américaines et surtout des écoles communes. Mr Anderson a fourni aussi plusieurs articles en anglais aux principales Encyclopédies et Revues anglaises et américaines. On a de lui un volume en norvégien, où sous le titre de « Julegave » il a recueilli les contes de Noël de son pays; ce volume, paru en 1872, en était déjà, en 1884, à sa sixième édition. Dans un autre ouvrage, publié en 1873, « Den Norske Maalsag », Mr Anderson se prononce en faveur du mouvement initié par le professeur Aasen, tendant à doter la Norvège d'une langue nationale. En 1864, Mr Anderson publia son premier livre en anglais « America not discovered by Colombus » où il soutient la thèse de la découverte de l'Amérique par les Norvégiens dans le dixième et le onzième siècle. Cet ouvrage, dont une troisième édition a paru en 1877, a été traduit en danois en 1866, et en allemand en 1887. En 1875, il publia son œuvre capitale « Norse Mythology » exposition complète et systématique des mythes scandinaves. Ce livre, dont la 5me éd. a paru en 1887, a été publié à Londres par Trübner et Comp. M. Jules Leclerc en a donné une traduction française, parue à Paris, en 1886, sous le titre de « Mythologie scandinave; Légende des Eddas »; une traduction danoise en a paru en 1887 et les traductions allemande et italienne sont sous presse; cette dernière a été confiée à Mr Tommaso Cannizzaro de Messine. En 1877, Mr A. a publié: « Viking Tales of the North » 2me éd. 1881. Un ouvrage du fécond auteur « Norse Folk and Fairy Tales » est maintenant sous presse à Londres et à Chicago. Mr A. a enrichi la littérature anglaise de plusieurs traductions du scandinave. Citons entr'autres « A Handbook for Charcoal Burners » de Mr Surdich de Sordelius; il a traduit aussi plusieurs chants norvégiens, danois, suédois, et islandais et il en a recueillis un certain nombre dans son « Norway Music Album » Boston, 1881; sa traduction du « Younger Edda » a été publiée en 1881; en 1882-84, il fit paraître à Boston et à Londres sa traduction de l'œuvre complète de Björnstjerne Björnson et, en 1884, il donna en anglais « The history of the literature of the Scandinavian North » de Frederik Wink-Horn, revue et traduite par ses soins. Enfin, Mr A. a publié à Boston en 1886 (3me éd. 1887) une traduction des « Eminent Authors of the XIX century », de Mr Georges Brandes. On annonce aussi une traduction de l' « Elder Edda » pour faire suite à celle du « Younger Edda ». Rappelons enfin un dernier ouvrage de Mr A. composé en collaboration avec l'éminent violoniste Ole Bull « Violin and violinmaker ».

Andlau (Gaston-Hardouin-Joseph d'), général et écrivain militaire français, sénateur, né à Nancy le 1er janvier 1824. Se trouvant mêlé à l'affaire scandaleuse du trafic des décorations, il quitta la France en 1887. Ses écrits, dans la *Revue militaire française* et dans le *Journal des sciences militaires*, ont été remarqués; parmi ses ouvrages publiés séparément, on cite; « Lettre d'un colonel d'état-major sur la capitulation de Metz » insérée dans l'*Histoire de la capitulation de Metz*, Bruxelles, 1871; « De la cavalerie dans le passé et dans l'avenir » 1869; « Organisation et tactique de l'infanterie française depuis son origine » 1872, etc.

Andrada (José-Bonifacio e Martin-Francisco de). Deux frères brésiliens, fils du ministre de l'intérieur, Mr Francisco de A., mort en 1844, à Santos, ont acquis une assez belle renommée comme poètes, le premier par son recueil « Rosas e goivos » São Paulo, 1849; et le second par « Lagrimas e Sorrisos », Rio de Janeiro, 1847 et par le drame « Januario Garcia », 1849.

Andrade Corvo (Juan), écrivain et homme d'État portugais, né à Torras-Novas le 30 janvier 1824; M. A., qui a été plusieurs fois ministre du Portugal à Madrid et ministre des affaires étrangères dans son pays, fait partie maintenant, comme membre à vie, du Conseil d'État. Déjà en 1854, Mr Andrade Corvo insérait dans les *Historia e memorias da Academia Real das Sciencias* de Lisbonne, des « Memorias sobre as ilhas da Madeira e Porto Santo »; dans le même ordre de recherches, on dit que Mr Andrade Corvo prépare depuis longtemps une histoire des découvertes et des établissements portugais en Orient, mais cette histoire, que nous sachions, n'a pas encore été publiée. Mr Andrade Corvo a écrit aussi quelques romans, un entr'autres « Un amno na corte » qui n'est pas sans mérite, au point de vue historique; deux drames : « Dona Maria Telles », 1845; « O Astrologo » 1855, et une comédie : « Un conto ao serão » 1852.

André (Édouard), horticulteur français, né à Bourges (Cher) en 1840. Il s'adonna de bonne heure à l'horticulture et devint jardinier principal de la ville de Paris. Mr André est secrétaire de la Société centrale d'horticulture. On lui doit quelques ouvrages estimés : « Plantes de terre de bruyère; description, histoire et culture des rhododendrons, azaléas etc. » 1865; « l'Horticulture en Hollande » 1865; « les Plantes à feuillage ornemental; description, histoire, culture, etc. » 1865; « le Mouvement horticole; revue des progrès accomplis dans l'horticulture en 1865 » 1866; « Eucalyptus globulus » 1873; « l'Art des jardins » 1879; « Rapport au nom d'une Commission sur les pépinières, etc. » 1885; etc.

André (Joseph), publiciste italien, né à Nice, en 1844; il fit ses études universitaires à Pise, où, en 1865, il fut reçu docteur en droit. Après avoir pris part, comme volontaire garibaldien, à la campagne du Trentin en 1866, et après avoir dirigé, pendant quelques années, le journal politique *Il Ravennate*, il revint, en 1871, dans sa ville natale, où, avec une hardiesse et un courage qui font honneur à son patriotisme, il fonda le journal politique *Il Pensiero*, organe des intérêts politiques et matériels des Niçois, qui ont en lui leur avocat le plus éloquent et le plus fidèle. Il a publié des romans : « Cosi va il mondo »; « Elena »; « Episodio in ferrovia »; « La povera Irene »; et fait représenter avec succès une comédie: « Tra due donne »; on a encore de lui des études sur la question sociale; des articles de critique littéraire (il avait précédé Pietro Fanfani dans les doutes sur l'authenticité de la *Cronica* de Dino Compagni), et un livre d'histoire contemporaine sous le titre: « Nizza negli ultimi quattro anni » publié à Nice en 1875, etc.

Andree (Richard), géographe et ethnographe allemand, né le 26 février 1835, à Brunswick; fils de M. Charles Andree, géographe et journaliste, mort le 10 août 1875. Il fut reçu docteur en philologie à l'université de Leipsick. On a de lui: « Vom Tweed zur Pentlandföhrde », 1866; « Abyssinien », 1869; « Nationalitätsverhältnisse und Sprachgrenze in Böhmen » 2e éd., 1871; « Tschechische Gänge » 1872; « Wendische Wanderstudien » 1874; « Ethnographische Parallelen und Vergleiche » 1878; « Zur Volkskunde der Juden » 1881; « Die Metalle bei dem Naturvolke », 1884; « Die Menschenfresserei », 1886, etc. On lui doit aussi plusieurs écrits populaires tirés de l'histoire des découvertes géographiques, parmi lesquels: « Die deutschen Nordpolfahrer und der Kampf um den Nordpol » 1874, 4e édit., 1884. Enfin, choisi, depuis 1874, comme directeur de l'Institut Géographique de MM. Welhagen et Klasing, à Leipsick, il a publié, dans cette qualité, avec M. O. Peschel: « Physikalisch Statistischen Atlas des Deutschen Reichs » 1877; et « Allgemeines Handatlas », 1881, dont une 2me édition a paru en 1887.

Andreevski (Jean), écrivain et jurisconsulte russe, professeur de droit administratif à l'Université de Saint-Pétersbourg et d'encyclopédie juridique et d'histoire du droit russe à l'École Impériale de Droit, est né, en 1831, à Saint-Pétersbourg. Parmi ses publications, on cite spécialement: « Des droits des Étrangers en Russie vers la moitié du XVe Siècle »; « Traité conclu entre la ville de Novgorod et les villes allemandes en 1270 »; « Sur les Namestnik, Voïvodes et Gouverneurs »; « Cours de droit public russe » etc.

Andreoli (Raphaël), écrivain italien, conseiller délégué de préfecture en retraite, né le 5 octobre 1823 à Naples, où il fut reçu docteur en droit. Sous le gouvernement des Bourbons, ne pouvant, à cause de ses idées libérales, entrer dans la magistrature, il donna des leçons particulières de droit et de littérature, traduisit des ouvrages de jurisprudence du latin et du français, et prépara pour les écoles ce commentaire de la Divina Commedia qui, plusieurs fois réimprimé, fait partie depuis 1870 de la collection scolastique de l'éditeur Barbèra, de Florence. En 1860, il était entré au ministère de l'Intérieur; nous le retrouvons, à Florence, chef de bureau; en 1875, à Rome, chef du cabinet du ministre Spaventa; en 1878, conseiller de préfecture à Venise; en 1879, conseiller délégué de préfecture à Porto Maurizio, où il a été mis à la retraite depuis quelques années. Il poursuit maintenant ses études de prédilection. Citons encore de lui: « Il Petrarca a Porto Maurizio »; « Oneglia avanti il dominio della Casa di Savoia », Oneille, 1881; « La Trappola, novella in ottava rima », Florence, Barbèra, 1883; « Il Cantico de' Cantici », traduction en vers, avec un discours critique, Oneille, 1884; « Vocabolario napoletano-italiano », Turin, Paravia, 1887.

Andreozzi (Alphonse), orientaliste et avocat italien, né à Florence, en 1821. Reçu docteur en droit à l'Université de Pise, il est inscrit au barreau de Florence, où, depuis 1848, il eut l'occasion de plaider dans plusieurs causes célèbres, politiques surtout; nous rappellerons parmi plusieurs autres: le procès de haute trahison contre Guerrazzi en 1851; celui contre le Commandant Lobbia qu'il fit acquitter en Cour d'Appel; celui du ministre Nicotera contre la *Gazzetta d'Italia*, etc. M. Andreozzi est en même temps un sinologue des plus érudits; parmi ses travaux nous rappellerons: « Sopra il dizionario enciclopedico della lingua cinese di Callery », Turin, 1850; « Sulla cura cinese preventiva del vajuolo e traduzione di alcune ricette cinesi dirette a prevenirlo ed a curarlo » Florence, 1862; « Sulla distruzione delle cavallette » traduction d'un chapitre tiré du *Nun'cen'-Zinensciu* ou *Traité complet d'agriculture*, Florence, 1870; « Le leggi penali degli antichi Cinesi » traduction de l'*Hin'-fa-ce* ou *Sommaire historique des lois penales qui font partie de l'Histoire de la Dynastie des Hans*, Florence, 1878. Dans la même année, Mr A. présentait au quatrième Congrès des Orientalistes réuni à Florence un essai manuscrit d'un travail sur la synonymie des plantes chinoises s'appuyant sur un livre chinois: *Ben-tsao-Kang-mon*, ou, *Choses différentes appelées par un même nom*; on a encore de lui: « Il dente di Budda: racconto estratto dalla Storia delle spiagge, e tradotto letteralmente dal chinese de A. A. », Florence, 1883, 2me éd. dans la *Biblioteca Universale* de l'éditeur Sonzogno, Milan, 1886. — Ajoutons enfin que M. A. a publié en 1850 à Turin une « Vita di Carlo Alberto ».

Andres (Angelo), naturaliste italien, professeur de zoologie et d'anatomie comparée à Milan, né en 1852, à Tirano (Valtellina). Il fit ses études à Pavie, à Leipsick, à Londres et à Paris, et pendant cinq ans, il fut l'un des assistants à la Station zoologique de Naples. Parmi ses ouvrages scientifiques, on cite: « On a new species of Zoanthinae »; « Ueber Echinorhynchus gigas »; « Prodromus Actiniarum faunae »; « Intorno all' Edwardia Claparedii »; « Sulla scissiparità »; « Monografia delle Attinie » I vol. (de 400 p. in 4°, avec 13 cromolithographies et 78 zincotypies).

Andresen (Charles-Gustave), philologue allemand, né le 1er juin 1813, à Uetersen dans le Holstein, il étudia la philologie à Kiel; en 1838, nous le trouvons maître d'un prince de la cour de Augustenbourg; après avoir donné des leçons particulières dans plusieurs villes, il fut nommé, en 1858, instituteur supérieur à Mühlheim sur la Ruhr; en 1870, il fut habilité comme *Privatdocent* par l'Université de Bonn et en 1874 il y fut nommé professeur extraordinaire. Parmi ses écrits nous citons : « Ueber deutsche Ortographie », 1855; « Die deutschen Familiennamen », 1862; « Ueber die Sprache J. Grimms », 1869; « Die altdeutschen Personennamen in ihrer Entwickelung und Erscheinung als heutige Geschlechtnamen », 1873; « Ueber deutsche Volksetymologie », 3me édit., 1878; « Sprachgebrauch und Sprachrichtigkeit im Deutschen », 1880.

Andrieu (Jules), homme de lettres français, membre de la Commune de Paris en 1871, né vers 1837, était employé sous l'Empire à la préfecture de la Seine, lorsqu'il s'affilia à l'Internationale. Fils du directeur d'un journal du quartier latin, il fut mêlé à la Bohême littéraire de cette époque. Après l'insurrection du 18 mars 1871, il fut nommé par les insurgés chef du personnel de l'administration communale ; quelques jours plus tard, il fut élu lui-même membre de la Commune. En cette qualité, il se chargea de saisir tous les biens meubles se trouvant dans les propriétés de Mr Thiers. Après avoir voté, avec les membres les moins forcenés de la Commune, il protesta, le 22 mai, contre la création d'un comité de salut public et réussit, peu après, à se sauver en Angleterre où il a vécu en donnant des leçons jusqu'au jour de l'amnistie qui lui a rouvert les portes de la France. On a de lui « l'Amour en chansons, chants de tous les pays », 1858; « Chiromancie, études sur les mains, le crâne, la face », 1860; « Histoire du Moyen Age » et « Philosophie et morale » les deux, dans la *Bibliothèque populaire de l'École mutuelle* ». « Expulsion des Jésuites. Un incident de la rue de Sèvres. Lettre de Londres, à Mr le vicomte Henri de Mayol de Lupé, rédacteur en chef de l'*Union* », 1880. Mr Andrieu a fourni aussi plusieurs articles au *Grand Dictionnaire du XIXe siècle* de Mr Pierre Larousse.

Andrieu (Jules), bibliographe et littérateur français, né à Agen en 1839. N'étant que simple conducteur dans les ponts et chaussées, Mr Andrieu consacre ses loisirs à des recherches historiques et littéraires qui lui ont valu l'honneur d'être reçu membre de la Société des sciences, lettres et arts d'Agen. Nous citerons de lui « Jasmin et son œuvre, esquisse littéraire et bibliographique », 1882 ; « Origine agenaise des concours agricoles », 1883; « La censure et la police des livres en France sous l'ancien regime », 1884; « Un Amour d'Henri IV.

Capchicot, légende et histoire », 1885 ; « Un châtiment singulier, note sur les mœurs agenaises d'autrefois », 1885; « Histoire de l'imprimerie en Agenais », 1886; « Théophile de Viau, étude bibliographique avec une pièce inédite du poète et un tableau généalogique », Agen et Paris, 1887; « Bibliographie générale de l'Agenais et des parties du Condomois et du Bazadais incorporées dans le département de Lot et Garonne », tome 1er, de *A à K*, Agen et Paris, 1887.

Andrieux (Louis), homme politique et avocat français, né à Trévoux (Ain) le 20 juilllet 1840, fit son droit à Paris et débuta en collaborant aux feuilles libérales du Quartier latin (la *Jeune France*, la *Jeunesse*, etc.). Il alla s'inscrire au barreau de Lyon où son talent et l'ardeur de son opposition le firent bientôt remarquer. En 1870, il assista à Naples au fameux anticoncile organisé par le comte Joseph Ricciardi. Après la chute de l'Empire, il fut tour-à-tour procureur général de la République, député, ambassadeur de France en Espagne, et préfet de police. Revenu à son siége de député, Mr Andrieux à publié, en brochures séparées, plusieurs discours qu'il a prononcé à la Chambre et dans lesquels il fait preuve d'une verve et d'un esprit qui n'ont pas d'autres exemples aujourd'hui à la tribune de la Chambre française. Parmi ses publications nous citerons : « Souvenirs d'un préfet de police », 2 vol., 1885, qui lui ont valu des démêlés très vifs avec la Maçonnerie que lui, qui pourtant avait bien connu l'acacia, a vivement attaquée ; le livre de Mr Andrieux a resoulevée aussi, pour la millième fois, la question du droit des anciens fonctionnaires de rendre publics les faits dont ils ont eu connaissance par le fait de leurs fonctions. Mr Andrieux a fondé et dirigé à Paris pendant quelque temps un journal politique quotidien, *La Ligue*, qui n'a pas eu le succès d'argent que l'esprit de son directeur semblait lui promettre.

Anelli (Antoine), agronome et écrivain italien, né en 1823 à San Benedetto del Tronto. On lui doit de nombreux articles dans les journaux *Il Coltivatore*, *Il vinicolo italiano*, *L'Orticultore Ligure*, *L'Orticultore Genovese*, deux monographies sur la culture de la vigne et de l'olivier, imprimées aux frais de la municipalité de sa ville natale.

Anelli (Abbé Louis), écrivain italien, prêtre religieux mais libéral, historien indépendant, polémiste vigoureux, né le 7 janvier 1813 à Lodi, résident à Milan. Après avoir enseigné dans le gymnase de sa ville natale, en 1848, pendant l'insurrection lombarde, il fut nommé membre du Gouvernement provisoire de Lombardie. Après la nouvelle occupation autrichienne, il se refugia à Nice, et il ne rentra à Milan qu'après la délivrance de la Lombardie. Il a publié : « Traduzione delle Orazioni politiche di Demostene e dell'Orazione della Corona » Lodi, 1840, en 2 vol.; « Storia d'Italia dal 1815 al 1867 », en six vol. (le dernier volume s'occupe de la décadence littéraire italienne dans notre siècle); « La morale ai Giovani »; « Verità e amore ». Reste inédite une Histoire de la Réforme au XVIe siècle; mais elle ne sera publiée probablement qu'après sa mort, M. Anelli n'ayant apparemment aucune envie de se retracter ainsi qu'il fut obligé de le faire lorsque son Histoire de l'Italie fut mise à l'Index.

Anfosso (Charles), médecin et écrivain italien, né à Turin le 10 décembre 1850. Ayant obtenu, après un concours, une place dans le Collége des Provinces, il étudia la médecine à Turin et y remporta de nombreux succès universitaires. En même temps, il suivait le cours d'histoire naturelle du professeur Lessona, auquel il doit peut-être une partie de l'incontestable talent de vulgarisateur des vérités scientifiques dont il a fait preuve depuis. Il débuta à dix-huit ans par un volume édité par MM. les frères Treves de Milan « Gli Aracnidi, i Crostacei ed i Vermi » qui est comme un complément de l'ouvrage bien connu de Figuier, et qui eut l'honneur de plusieurs éditions. Pour la *Biblioteca Utile* des mêmes éditeurs, il écrivit un autre volume: « Il fuoco, storia, teorica, applicazione » et un petit travail de pathologie générale: « Saggio sulla correlazione della medicina colle scienze fisiche ». Depuis 1868, Mr Anfosso a collaboré pour la partie scientifique a plusieurs journaux, faisant toujours preuve d'un grand savoir et d'un style clair et poétique en même temps. Citons parmi les autres: *Universo illustrato, Illustrazione popolare, Illustrazione Italiana, Rivista Minima, Museo di Famiglia, Varietà, Gazzetta Piemontese, Corriere della Sera*, où il collabore encore maintenant. On doit encore à Mr Anfosso « Fantasie scientifiche » Milan, 1882; l'article « Storia naturale » dans l'*Annuario scientifico e Industriale* de MM^{rs} Grispigni, Trevellini et Treves, XIX année (1882), XX année (1883), XXI année (1844). « La fisica volgare, introduzione allo studio della fisica » Saluces, 1884; « Di una nuova pila per termo-cauterio (pila Boisseau) » Venise, 1885, extrait de la *Rivista Veneta di Scienze mediche*, tom. II, liv. V. « Istrumenti modici; strumenti per la diagnosi, per la medicina, per la chirurgia, per l'anatomia, per la fisiologia, per l'igiene » Turin, 1886, extrait de la *Enciclopedia delle arti e industrie;* « Gli insetti e l'igiene » Venise, 1886, extrait de l'*Ateneo Veneto*, février-mars, 1886; « Le seghe meccaniche ed i loro pericoli » Saluces, 1886, extrait du journal de la *Società italiana d'igiene*; « Troppi veleni » Plaisance, 1886, extrait de la *Rivista italiana di terapia e igiene*, de Plaisance, avril, 1886; « L'ideale igienico di uno stabilimento di bagni, Florence, 1886, extrait de l'*Idrologia e la climatologia medica*, VIII année, N° 3; « Sull'esame microscopico della cosidetta polvere da pane » dans les *Atti del R. Istituto Veneto*, IV vol., VI série, N° 6 et 7; « Osservazioni medico-legali sull'articolo 538 del Codice penale » Saluces, 1886. Après avoir résidé longtemps à Saluces, où il pratiquait la médecine et enseignait l'histoire naturelle, Mr Anfosso a été nommé professeur d'histoire naturelle au Lycée Royal Marco Foscarini de Venise; il est aussi membre de l'Athénée de cette ville.

Ange Benigne, pseudonyme sous lequel une femme de lettres française, Mme la comtesse douairière Paul de Molènes, a publié la plus grande partie de ses ouvrages. Madame de Molènes qui est née à Paris, en 1838, Louise-Marie-Antoinette Alix de Bray, est veuve, depuis 1862, de M^r le comte Paul de Molènes, ancien officier et romancier assez connu. Parmi ses ouvrages nous citerons; « L'Orpheline » 1878 publiée sous son nom véritable; « L'amour s'amuse » 1882; et « Le Culte » 1882, publiés sous le pseudonyme de Satin; « Doux larcin » publié sous le pseudonyme de Flirt: et enfin, sous le pseudonyme d'Ange Benigne: « La Comédie parisienne, scènes mondaines » 1878. « Mr Adam et Madame Éve, croquis conjugaux » 1881; « Les vieilles Maîtresses » 1882; « Monsieur Daphnis et Mademoiselle Chloé » 1883; « Perdi, le couturier de ces dames » 1883; « les Audacieuses » 1884; « Nos charmeuses » 1884; « Nos séduisantes » 1884; « Femmes et amoureuses » 1884, publié d'abord sous le titre de « Femmes et maîtresses »; « Morale mondaine » 1885; « A demi-mot » 1885; « Dans le train » 1885; « Les Filles mal gardées » 1885; « la Côte d'Adam » 1886.

Angelelli (Antoine), poète et homme de lettres italien, né à Florence le 30 janvier 1838. Il fit ses premières études littéraires et scientifiques dans la maison paternelle et les acheva chez les Ignorantins de San Giovannino. Ses études finies, il s'adonna à la carrière de l'enseignement, et, après avoir été un des instituteurs particuliers les plus connus de la ville de Florence, il fut appelé comme professeur dans les écoles secondaires publiques et transféré d'une résidence à l'autre comme c'est trop souvent le sort de ses confrères en Italie. Comme écrivain, Mr A. se fit d'abord connaître par une traduction poétique de quelques tragédies de Lucius Annaeus Seneca, travail qu'il dut cependant laisser inachevé. Il fut plus heureux avec sa traduction des « Géorgiques » de Virgile, Florence, 1864, dédiée au Roi Don Louis de Portugal. On a encore de lui « Versi alla Guardia Nazionale » Florence, 1860; « I fiori » Florence, 1870, petit poème en deux chants qu'il dédia à la Princesse Marguerite de Savoie; « Gli amori delle piante » petit poème en un chant, Florence, 1870; « Memorie storiche di Montaione in Valdelsa, seguite dagli Statuti di questo

Comune » Florence, 1875, livre qui se recommande par la patience et l'érudition des recherches en même temps que par l'élégance du style; « Parole pronunciate alla Società Tommaseo per l'incoraggiamento dell'istruzione dei ciechi » Florence, 1877; « Elegia in morte di Giuditta Branzini Roediger » Florence, 1874. En 1872, M.r A. fit jouer à Florence une tragédie: « Carlo I re d'Inghilterra ».

Angeleri (François), philosophe italien, né à Castelletto di Brenzone (prov. de Vérone), sur le lac de Garde, le 4 mai 1821. Après avoir fait ses premières études au collége Mazza de Vérone, il passa à l'université de Padoue où il fut reçu docteur en théologie et en philosophie. En 1845, il fut nommé professeur de philosophie et de théologie morale au Séminaire de Rovigo; de 1853 à 1867, il ensegna l'histoire et la géographie au lycée de Rovigo; en 1873, il fut nommé professeur de philosophie au lycée *Scipione Maffei* de Vérone. Le 30 septembre 1887, il a été mis à la retraite. M.r Angeleri, qui est un des disciples les plus fervents du célèbre Rosmini, a publié les ouvrages suivants dans lesquels se réflète la pensée du maître : « Dissertazione sulla legge dubbia » dans la *Cronaca o Programma del Liceo di Verona*, 1858; « La Civiltà Cattolica e l'Arciprete Bertazzi, ossia: Difesa del sistema ideologico del Rosmini » Vérone et Milan, 1859; « Dissertazione sulla libertà del pensiero » dans le *Programma del liceo di Verona*, 1862; « Ragione e fede » Vérone, 1866 ; « Trattato di filosofia elementare » Vérone, 1868, 1.me éd., Trévise, 1874, 3.me éd., Vérone, 1877, 4.me éd. id. 1884 ; ce traité qui, comme on le voit, a eu l'honneur de quatre éditions a été adopté comme livre de texte dans plusieurs écoles du royaume ; « Elogio di A. Rosmini con risposta alle principali obbiezioni contro il suo sistema ideologico » Trévise, 1871; « Trattato di Filosofia morale per le scuole magistrali » Trévise, 1874; « Una lezione del professore G. Trezza al prof. Aleardo Aleardi » Vérone, 1877; « Un articolo della *Voce della Verità* di Roma sul dialogo intitolato : il verbo *Essere* » Parabiago, 1879 ; « *Sull'odierno conflitto tra i Rosminiani ed i Tomisti*, saggio critico-morale del professore Antonio Valdemeri esaminato » Parabiago, 1879; « Sul materialismo » discours, Vérone, 1880; « Cenni di psicologia e ontologia » dans la *Cronaca del Liceo di Verona*, 1881-82; « Rosmini è panteista ? Risposta al Padre Liberatore » Vérone, 1882; « Un articolo della *Civiltà Cattolica* contro l'opuscolo: Rosmini è panteista » Vérone, 1882.

Angeli (Michel), poète et érudit italien, né à Mazzola, petit village dans la Lunigiana, le 21 juillet 1812. Il étudia la médecine à Pise et en 1834 fut reçu docteur. Pendant qu'il faisait sa pratique dans la même ville, il fréquentait les cours de littératures grecque et latine du prof.

Bagnoli et celui d'éloquence italienne de Giovanni Rosini; il se rendit plus tard à Florence dans le but de se perfectionner dans l'art médical. Il exerça à Fivizzano la médecine pendant plusieurs années sans jamais délaisser cependant la poésie et les études littéraires. Il fut membre des Congrès scientifiques de Florence, de Lucques et de Naples. Quand la Lunigiana passa du Grand-duc de Toscane au Duc de Modène, M.r Angeli dut se faire recevoir docteur en chirurgie à l'Université de Modène. Après la délivrance de l'Italie, M.r Angeli se consacra à l'enseignement et fut nommé directeur des écoles communales de sa ville natale, en même temps que professeur de quatrième et cinquième classe au Gymnase. On a de lui plusieurs poésies italiennes et latines et le « Aronte lunese », Pise, Prosperi, 1835, qui est une réimpression des notes historiques sur la Lunigiana du comte Fantoni, revue et annotée. Plusieurs satires de M.r Angeli font regretter qu'il ne se soit pas adonné exclusivement à ce genre pour lequel il montre une attitude particulière.

Angelini (Achille), général italien, né dans la première dixaine du siècle dans les provinces italiennes sujettes à la domination autrichienne; il prit service d'abord dans l'armée autrichienne et y arriva au grade de capitaine de cavalerie. En 1848, il passa avec le même grade dans la division lombarde. Après la malheureuse campagne de 1849, il prit service avec un grade inférieur dans l'armée piémontaise et s'y distingua comme un des plus brillants officiers de son arme. Général de brigade le 26 juillet 1861, M.r Angelini a été mis dans la réserve le 1.er janvier 1880, comme général de division, et gardant toujours sa qualité d'Aide-de-camp honoraire du Roi. M.r Angelini charme les loisirs que lui fait sa retraite par des publications sur des arguments dans lesquels il est d'une compétence indiscutable. On a de lui: « Corso magistrale di equitazione, saggio di un maestro per l'istruzione degli allievi e delle maestre nelle ippiche discipline », Florence, Bocca, 1881, in-8°, pag. XII-225, avec 9 planches; « Codice cavalleresco italiano », Florence, Barbèra, 1883, in-16, pag. XXVII-158; 2.me ed. augmentée et corrigée, Florence, Barbèra, 1886, in-16, pag. XXXIII-212.

Angelucci (Angelo), écrivain italien, chef de bataillon en retraite, conservateur du Musée national de l'artillerie à Turin, professeur honoraire de l'Académie des beaux-arts à Parme, né à Todi (Ombrie) vers l'année 1820. Il a publié une foule de mémoires; entr'autres : « Ricordi e documenti di uomini e di trovati per servire alla storia militare », Trévise, 1868; « Da Roma a Sarno, appunto archeologico militare », Florence, 1873; « Le selci romboidali », Parme; « Ricordi e documenti sul tiro a segno in Mantova », Turin, 1874; « Intorno alla tavola dipinta delle Benedettine di Serre », Turin, 1877; « L'arte antica alla IV esposizione nazionale di belle arti in Torino, note critiche », Turin, 1882; « Catalogo degli oggetti artistici di metallo esposti nel museo artistico industriale di Roma », 1886; une foule de brochures contenant des critiques sur le *Vocabolario della Crusca*, e sur le *Vocabolario della lingua italiana* de Mr Rigutini.

Angioni-Contini (François), écrivain et jurisconsulte italien, professeur de procédure civile à l'Université de Cagliari, né à Borore (Sardaigne) en 1844. Il a publié : « Sulla libera concorrenza in economia pubblica » ; « Sulla proprietà secondo il diritto romano » ; « Della esecuzione forzata contro i Municipii » ; « Sulla riconvenzione nei giudizii civili » ; « Commento teorico-pratico sugli appelli delle sentenze pronunciate nei giudizi esecutivi » ; « Legge sulla espropriazione per causa di utilità pubblica » etc.

Angiulli (André), philosophe italien, chef de l'école philosophique positiviste napolitaine, professeur ordinaire de pédagogie et chargé de l'enseignement de la philosophie théorétique à l'Université de Naples, né à Castellana (province de Bari) le 12 février 1837. Il fit ses premières études à Molfetta et à Bari; en 1855, il alla à Naples où il s'adonna à l'étude des sciences les plus différentes dans le but de donner une base d'études sérieuses, dans les sciences exactes et morales, à la philosophie vers laquelle il était attiré par un penchant spécial. En même temps, il apprenait le français, l'anglais et l'allemand, pour pouvoir lire les ouvrages philosophiques dans leur langue originale. En 1862, on lui offrit la chaire de philosophie au Lycée de Bari, mais il préféra se rendre à Berlin pour y achever ses études philosophiques. Revenu en Italie, il occupa pendant quatre ans la chaire de philosophie au Lycée Victor-Emmanuel à Naples; en même temps, avec le professeur Ettore De Ruggiero, il dirigea une petite Revue de philosophie positive; du Lycée de Naples, il passa à l'Université de Bologne comme professeur d'anthropologie; en 1876, il fut rappelé, avec promotion, à l'Université de Naples. Doué d'une éloquence facile et aimable, qui rappelle celle d'un autre philosophe français, Mr Jules Simon, Mr Angiulli s'en sert comme d'un moyen pour raffermir ses élèves dans les doctrines de la philosophie positive dont il est un disciple convaincu. Mr Angiulli, jusqu'à présent, n'a pas beaucoup fait imprimer, mais en revanche ses rares publications sont de tout point remarquables. Citons avant tout : « La Filosofia e la Ricerca positiva », Naples, 1868. Dans ce livre, Mr Angiulli se propose de démontrer que la philosophie positive ne peut être ni une doctrine absolue, ce qui est contraire aux lois philosophiques et historiques, ni un scepticisme absolu, ce qui serait une contradiction. Au contraire, comme toutes les autres sciences, elle peut et elle doit être une recherche expérimentale et positive. Comme recherche positive, elle est également opposée à l'Hégélisme et aux limitations du Positivisme français. Elle ne doit pas exclure de son cadre, comme le voulait Auguste Comte, les problèmes métaphysiques, mais elle doit les étudier par les mêmes méthodes d'investigation scientifique ; de la sorte, Mr Angiulli, dès 1868, a mis la philosophie positive sur une voie qui est maintenant suivie par plusieurs philosophes anglais et allemands. Mr Vyrouboff, dans la *Philosophie positive* de 1869, se livra à un examen détaillé de l'ouvrage de Mr Angiulli dont il fit ressortir l'originalité des idées et la clarté de l'exposition. En 1873, Mr Angiulli fit paraître les : « Questioni di filosofia positiva » dans lesquelles il se proposait de développer plus largement ses doctrines philosophiques ; cet ouvrage resta interrompu pour des raisons que nous ignorons. En 1876, il publia un livre « La Pedagogia, lo Stato e la Famiglia », 2me éd., 1882, qui fut très bien accueilli par la presse nationale et étrangère. La *Revue philosophique* (mars, 1877) en publia un compte-rendu fort détaillé, et Mr le docteur Görny l'a traduit en allemand. Depuis le 1er janvier 1881, Mr Angiulli dirige « la Rassegna critica di opere filosofiche, scientifiche e letterarie » revue bimensuelle qui paraît à Naples et dans laquelle il a inséré plusieurs articles concernant surtout la pédagogie. Presqu'en même temps que cette notice, paraîtra un nouveau volume de 500 pages, qui portera le titre de « La filosofia e la scuola ».

Anglade (Jules), jésuite français, auteur de plusieurs brochures politiques, religieuses et de quelques livres ascétiques, né à Pompignan (Tarn et Garonne) le 12 juin 1847. Nous nous bornerons à citer parmi ses ouvrages : « Le poison civique, maçonnique et obligatoire selon la formule du Dr Paul Bert » 1882, même année, 2me éd.; « Observations sur le Manuel Compayré ; causerie villageoise par Gaston Massian » 1883; « Nouveau manuel des congrégations de la très sainte Vierge » 1885.

Angrisani (Gaëtan), écrivain italien, professeur d'histoire et de géographie à l'Institut des Beaux-Arts de Naples; il est l'auteur d'une « Storia d'Italia dal IV al XIX secolo », fort louée; la première éd. est de 1871, la 2me de 1876, Naples, Ant. Morano éd. On a encore de lui : « Verdi e l'Aida » dialogue, Naples, 1883.

Angulo (Paul), aventurier politique espagnol, qui a été pendant quelque temps soupçonné comme un des auteurs de l'assassinat du maréchal Prim. En décembre 1885, Mr Angulo a publié à Paris, chez Dentu, un volume en français et en espagnol : « des Assassins du maréchal Prim et la politique en Espagne », livre en tout cas fort curieux et qui fait connaître des mœurs politiques, pour le moins étranges.

Angyal (Jean) écrivain hougrois. Nous savons seulement de lui qu'en 1878 il publia une traduction hongroise d'une partie de la *Divina Commedia*, avec d'abondants commentaires.

Anickoff (Victor), écrivain militaire russe, né en 1830. Il fit ses études dans un des collèges militaires et à l'Académie militaire de Saint-Pétersbourg. Entré, en 1853, dans l'État-Major, il fut envoyé en mission à l'étranger, pour y étudier l'Économie militaire des États de l'Europe occidentale; revenu en Russie, il fut nommé professeur de Droit administratif militaire, il collabora au Dictionnaire encyclopédique militaire et il entreprit la publication d'un Recueil militaire, contenant une foule de ses articles et mémoires qui témoignent de sa vaste doctrine dans les sciences militaires. Parmi ses grands travaux, qui se distinguent aussi par la netteté et l'élégance du style, on signale spécialement une Monographie sur la bataille de Wagram, des Esquisses sur la guerre de Crimée, un traité d'Économie militaire, des Études comparées sur la Législation militaire, en Russie, en Autriche, en France, en Piémont, en Belgique et en Bavière.

Anker (Sibrand van den), jésuite hollandais né à Ysselstein (Hollande) le 16 juillet 1822, professeur au Séminaire de Kuilenourg. On a de lui « Dagelijksche gebedeu ten gebruike van het Seminarium te Kuilenburg » 1851; « De Onschenbaarheid van der Kerkelychen staat » 1859; « Verdegiging van het tijdelisk bestuur des Pauses, of geneermidde len door Lord Derby, Disraeli en de la Guéronière tot herstel van den Kerkelijken staet voorgeschreven, te laat aangekomen naar het Italiaansch » 1859; « Eene Ergernis voor onze beschaefde eeuw, of de Zaligverklaring van een bedelaar uitgesproken te Rome den 20 mei 1860 » 1860; « De Opheffing der Tempeliers, volgens onlangs aan het licht gebrachte bescheiden beoordeeld » 1868; « De Harmonie tusschen geloof en rede, beschouwd worel in hare practische gevolgen, » 1869; « Het Naturalisme in den staat door den paus gedoemd als ongerijmd en goddeloos » 1870; « De St. Bartolomeus-Nacht » 1870; « De Puis Dagen » 1871; « De Parijsche Commune, eene consequente toepassing van het Liberalisme, bij haar eerste jaargetij » 1872; « Europa s' onzekere toestand » 1870; « Het Eigendomsrecht » 1874; « De Onderwijsquastie in Nord Amerika » 1875; « Ter o plossing van de Social quaestie » 1887.

Annandale (Thomas), chirurgien anglais, né à Newcastle-on-Tyne le 2 février 1838, étudia à l'université d'Édimbourg, où il devint plus tard démonstrateur en anatomie, et chirurgien et lecteur en chirurgie à l'hôpital royal. La grande renommée qu'il obtint comme opérateur, lui procura, en 1877, la chaire de chirurgie clinique à la susdite université. Il est auteur de: « The malformations, diseases and injuries of the fingers, and toes, and their surgical treatment », 1865, ouvrage qui mérita le prix Jacksonien décerné par le Collège Royal des Chirurgiens de Londres; « Abstracts of surgical Principles », 1876; « Clinical surgical lectures 1874-75 » insérées dans le *Medical Times* et dans le *British medical Journal;* « On the pathology and operative treatment of Hip Disease », 1876; à ces publications, il faut ajouter de nombreuses contributions aux périodiques professionels.

Annenkoff (Nicolas), botaniste et agronome russe, né en 1819. Il fit ses études à l'Université de Moscou, où il demeure, où il enseigne, et où il publie une Revue d'Agriculture. Parmi ses travaux scientifiques, on signale: « Flora mosquensis exsiccata »; « Observations sur la floraison de quelques plantes cultivées, faites à Moscou pendant les années 1844-48 »; « Observations sur les plantes indigènes des environs de Moscou, faites pendant les années 1844-49 »; un Cours d'Économie forestale, publié en 1851, un Dictionnaire botanique; un Recueil des noms latins, allemands, français des plantes russes; une foule d'articles et mémoires insérés dans les Bulletins de la Société Impériale des Naturalistes de Moscou et dans de diverses revues scientifiques.

Annerstedt (Claes), historien suédois, né en 1839; il fut nommé professeur d'histoire à l'université d'Upsala en 1868 et bibliothécaire en 1883. Parmi ses ouvrages, nous notons: « La fondation de la puissance suédoise dans la Livonie » 1868; « L'histoire d'Angleterre, 1603-1688 », 1876; « L'Histoire de l'université d'Upsala », T. I, 1477-1654, écrit à l'occasion du quatrième centenaire de l'université en 1877. L'année précédente, il avait achevé le T. III, des *Scriptores rerum Suecicarum mædii ævi.* Il a écrit une foule d'articles pour des revues suédoises et étrangères et il fut le rédacteur en chef de la *Revue du Nord* (Nordysk Tidskrift), pendant les deux premières années (1878-79) de l'existence de cet organe littéraire commun aux pays Scandinaves. M. A. a été le précepteur de tous les princes de la famille royale de Suède pour l'histoire moderne.

Annunzio (Gabriele d'), jeune poète italien, né vers 1863 à Pescara (province de Chieti) dans l'*Abruzzo forte e gentile.* A l'âge de quatorze ans, étant encore élève au collège Cicognini de Prato, en Toscane, la lecture des Odes de Carducci lui inspira d'un trait non pas le goût, mais la passion, la fièvre de la poésie. A quinze ans, juste à l'âge même dans lequel Victor Hugo, l'*enfant sublime*, recevait de l'Académie française une mention honorable, il publiait son premier volume « Primo Vere », Chieti, 1879 et dès ce jour-là l'Italie comptait un poète de plus. Les critiques les plus autorisés et les plus sévères, M. Chiarini entr'autres, firent à l'œuvre de l'enfant-poète un accueil enthousiaste. L'année suivante, il publiait encore deux nouveaux recueils de vers qui ne firent qu'accroître sa réputation: « In Memoriam ». Pistoia, 1880; etc. « Primo Vere, seconda edizione corretta con penna e fuoco ed aumentata », Lanciano, 1880. Depuis cette époque, sa veine n'a pas tari. Outre plusieurs articles et une foule de poésies insérées dans la *Cronaca Bizantina*, le *Fanfulla della Domenica*, la *Domenica Letteraria*, la *Domenica del Fracassa* et dans plusieurs autres journaux, il a publié encore les volumes suivants: « Canto nuovo », Rome, Sommaruga, 1882 ; « Terra vergine » id. id.; « Intermezzo di rime », 1883; « Il libro delle Vergini », 1884; « San Pantaleone, racconti », Florence, 1886 ; « Isaotta Guttadauro », Rome, 1887. Ajoutons enfin que la *Nuova Antologia* du 15 février 1888 a publié dix sonnets de Mr d'A. sous le titre « Pro Anima ».

Ausart (Edmond), professeur français d'histoire et de géographie, né à Paris, en 1827, est le fils de Charles-Felix Ansart, qui s'est acquis une grande notoriété par son *Atlas historique et géographique*. Mr E. A. a collaboré à divers recueils, entr'autres à la *Revue française*. On lui doit, en collaboration avec Mr Ambroise Rendu, un « Cours complet d'histoire et de géographie » d'après les programmes universitaires (1857-1858), cours qui a été plusieurs fois réédité et mis d'accord avec les derniers programmes. On a encore de lui: « Cours d'histoire et de géographie rédigé pour l'usage des écoles normales primaires »; « Petite histoire de France », 1870; « Petite géographie moderne », 1871; « Vie de Notre Seigneur Jesus-Christ », 1879.

Ansault, fonctionnaire français, chef de bureau à la correspondance intérieure, chevalier de la Légion d'Honneur, délégué du Gouvernement français à la conférence postale de Berne, est l'anteur d'un « Cours officiel d'exploitation postale » qu'il a professé en 1881-82, à l'École Supérieure de Télégraphie de Paris.

Anseele (Édouard), publiciste belge et l'un des chefs du parti ouvrier socialiste en Belgique. Né à Gand le 25 juillet 1856, Anseele, après avoir fait des études moyennes et travaillé quelque temps comme commis dans une étude de notaire, se fit ouvrier typographe et commença, vers 1875, à se mêler aux réunions socialistes, où il ne tarda pas à se faire remarquer et à occuper la première place. Gand lui doit les établissements coopératifs du *Vooruit*, imités maintenant, en petit, un peu partout en Belgique. Anseele, qui a fondé et rédigé des journaux socialistes en langue flamande, a publié aussi des romans dont le meilleur est sans contredit « Voor't Volk geofferd » dont il a paru à Bruxelles, en 1887, une traduction française « Sacrifié pour le peuple ». Il a traduit en outre, en flamand, le *Germinal* d'Emile Zola. — En 1886, poursuivi pour délit de parole et de presse, Édouard Anseele fut condamné à un emprisonnement de six mois; pendant qu'il subissait cette peine, les ouvriers bruxellois le choisirent comme candidat pour les élections législatives, mais il ne fut point élu.

Anselmi (Georges), jurisconsulte italien; il est depuis des années professeur ordinaire de droit romain dans l'Université de Turin. Il a publié un bon traité « Istituzioni di diritto romano ». En sa qualité de recteur de la dite Université, Mr Anselmi a publié dans l'*Annuario accademico della R. Università di Torino per l'anno 1886-87*: « Relazione delle cose più notevoli accadute durante l'anno scolastico 1885-86 nella R. Università di Torino ».

Anthero de Quental, poète et publiciste socialiste portugais, né à Ponta Delgada, dans l'île de Saint-Michel, le 18 avril 1842, d'une famille noble et ancienne de cette île. Il fut reçu docteur en droit à l'Université de Coïmbre en 1864. Entre les années 1860 et 1865, il collabora aux journaux et aux revues littéraires de cette ville. Dans la même période, il publia un recueil de sonnets, et un poeme lyrique sous le titre : « Beatrice ». Suivirent : « Defeza da carta enciclica de S. S. Pio IX » ; « Odas modernas » ; « Bom senso e bom gusto » ; « Dignidade das letras e as literaturas oficiais » ; « Portugal perante a revolução de Hespanha », 1868 ; « Causas da decadencia dos povos peninsulares » ; « Carta ao sr. marques de Avila e de Bolama » 1871 ; « Primaveras romanticas » 1872 ; « Considerações sobre a filosofia da historia literaria portuguesa » ; « A poesia na actualidade », à propos de la *Lira intima* de Joaquim de Araujo, 1881 ; un nouveau recueil de sonnets, 1881 : « Thesouro Poetico da Infancia », Porto, 1881, recueil de chansons, légendes et poésies diverses à l'usage de l'enfance ; « Os Sonetos completos », Porto, 1886, qui est le recueil complet de ses sonnets, en nombre de cent neuf. Soixante dix-neuf de ces sonnets viennent d'être traduits en allemand par le professeur Wilhelm Storck de Münster, et publiés à Paderborn sous le titre : « A. de Q.: Ausgewählte Sonette : aus dem Portugiesischen verdeutscht von Wilhelm Storck » 1887. Deux sonnets de Mr Anthero de Quental ont été traduits en italien par le professeur Emilio Teza et publiés dans la première livraison de la *Rivista Contemporanea* de cette année. Nombre de ses travaux n'ont pas été achevés à cause de l'état chétif de sa santé. Heine parmi les poètes, Hegel, Schopenhauer, Hartmann parmi les philosophes, Proudhon, Vacherot, Michelet, parmi les écrivains politiques, semblent avoir fait sur lui la plus grande impression. Ajoutons que Mr A. d. Q. a dirigé, entre les années 1870-72, avec Mr Oliveira Martins, le journal : *O Pensamiento Social*, et, en 1875, avec Batalha Reis la *Revista Occidental*, et collaboré au journal

Dois Mondos de Paris et au *Jornal do commercio* de Lisbonne, et qu'il a collaboré dans la *Revue Littéraire Internationale* publiée à Paris sous la direction de Mʳ Miezkiewicz fils et qu'il y a publié, en 1884, une étude sur le Portugal contemporain.

Antheunis (Gentil-Théodore), écrivain belge, né à Audenarde le 9 septembre 1840. M. Antheunis, qui a épousé la fille du grand romancier flamand Henri Conscience, a été juge de paix à Hal et occupe aujourd'hui les mêmes fonctions dans le premier canton de la ville de Bruxelles. Il fit ses études de droit à l'université de Gand. Au début de sa carrière littéraire, il traduisit en français un ouvrage allemand de vulgarisation scientifique, « l'Homme, problèmes de sa nature intellectuelle et physique, etc. par Zimmermann », Bruxelles, 1863. On a encore de lui: « Chants à la Pologne » 1863; « Jonathan Frock »; « Quelques pages du journal d'un Vicaire de Wiltshire » d'après l'allemand de Zschokke. Abordant ensuite la poésie flamande, il fit paraître à Termonde, en 1874, un premier recueil intitulé « Vit het Hart! » qui a été suivi de beaucoup d'autres vers, parmi lesquels nous citerons: « Lambert Blankenberghe » 1875; « Leven, lieven, zingen » poésies, Gand 1884; « Le Tasse » opéra en 5 actes, en collaboration, Liège, 1884; « Obéron » opera de Weber, traduction nouvelle, 1884; « Der widerspänsntingen Zähmung » opéra en 4 actes, de Goetz, traduction française; Lieder, Chœurs, mélodies etc., paroles ou traductions françaises, ou flamandes, musique de divers auteurs. M. Antheunis a collaboré et collabore à une foule de journaux belges, flamands surtout.

Antinori (Joseph), médecin, et polygraphe italien, né le 25 octobre 1842 à Cianciana (prov. de Girgenti). La révolution de 1860 l'arracha à ses études; il prit part à tous les combats de l'armée garibaldienne et il suivit aussi le général Garibaldi à Aspromonte et à Mentana. Ayant essentiellement contribué à la prise de Ceprano, la municipalité de cette ville lui octroya les droits de citoyen. Il acheva ses études de médecine à l'université de Naples, et exerce maintenant sa profession dans cette ville. Comme écrivain, il se fit remarquer par ces ouvrages: « Lo stato d'accusa » Naples, 1869; « Le mie memorie sul militarismo » Naples, 1870; « Elementi di zoologia » Naples, 1872; « Rivista scientifica e sociale » Naples, 1872; « La Sicilia » Palerme, 1876 (ce livre donna lieu à des polémiques ardentes); « Un episodio de' fatti di Sicilia » Naples, 1878; « La Sifilide, come causa d'impotenza e di sterilità » Naples, 1879; « Studii sociali » Naples, 1885, ouvrage fort apprécié »; « Sifilide mitiore del midollo spinale » Naples, 1886.

Antolini (Louis), écrivain italien, syndic de Ostra, ci-devant Montalboddo, (province d'Ancone) commandeur de la Couronne d'Italie, auteur de différentes poésies et inscriptions, mais surtout d'un mémoire intéressant pour l'histoire locale: « Sull'attuale denominazione del Comune di Ostra ». Mʳ Antolini est né à Montalboddo le 19 août 1832.

Antolini (Patrizio), écrivain italien, né à Forrare, où il réside, a publié, entr'autres : « Vita di fra Girolamo Savonarola », 1875; « Notizie su Leopoldo Cicognara e sua famiglia »; « Brevi nozioni di morale pei giovanetti delle scuole serali complementari »; « L'insegnamento della morale nelle scuole »; « Nozioni intorno ai doveri morali e ai diritti dei cittadini », petit livre qui en était, en 1887, à sa 18ᵉ édition; « Vita di Felice Foresti »; « Dispacci di Agostino Villa, commissario in Lugo e poscia in Carpi negli anni 1425-27 »; « Codice diplomatico di Massafiscaglia ecc. ».

Antona (Antonin d'), médecin et chirurgien sicilien, né le 18 décembre 1842 à Riesi, dans la province de Caltanissetta. Après avoir été reçu docteur en médecine à l'Université de Naples, il entreprit un voyage scientifique, qui dura deux ans, en Allemagne, en Angleterre et en France (1867-68); en 1884, il fut nommé professeur de propédeutique et de pathologie spéciale chirurgicale à l'Université de Naples. Parmi ses publications, on doit citer: une « Monographie sur l'inflammation », 1869, réimprimée avec des additions en 1876; « Sulle ulceri e sul loro processo », 1876; « Sulle infezioni comuni ed acute chirurgiche », 1878; « Sul ginocchio valgo », 1881; « Saggi di chirurgia addominale », 1883; « Chirurgia venale »; 1886; « Nuovi saggi di chirurgia addominale », 1886; « Nuovo metodo operativo delle cisti di echinacoco del fegato »; « Un caso di colicistectomia seguito da guarigione ».

Antona-Traversi (Camille), homme de lettres italien, fils du comte Jean, plusieurs fois millionnaire, et de la comtesse Claudia Grismondi de Bergame, né à Milan le 27 novembre 1857; il fit de brillantes études universitaires à Naples, où, en 1880, il fut reçu docteur en philologie et en philosophie; en 1882, il épousa la comtesse Ersilia Amadei de Rome, où il s'établit et où il accepta une place de professeur de littérature italienne au Collège Militaire, son père n'ayant pas approuvé ce mariage d'amour, et l'ayant abandonné aux seules ressources de son travail. Il est un travailleur ardent et fécond, érudit et poétique à la fois. On a de lui : « Giovanni Boccaccio, sua vita e sue opere, del dottor Marco Landau » traduction, en 2 vol., Naples, 1881; « Della patria di Giovanni Boccaccio » Naples, 1881; « Notizie storiche sull' Amorosa visione »; « Il Boccaccio in Napoli » Ancone, 1881; « Della patria, della famiglia e della povertà di Giovanni Boccaccio » Florence, 1881; « Del vero tempo, della realtà e della vera natura dell'amore di messer Giov. Boccaccio per madonna Fiammetta » Livourne, tip. Aldina,

1883; « Della realtà dell'amore di messer Giov. Boccaccio » Bologne, Fava e Garagnani, 1884; « Raffronto fra la peste di Tucidide, di Lucrezio o di Giov. Boccacio » Bologne, 1883; « La vera storia dei Sepolcri di Ugo Foscolo » Livourne, 1884; « Dei Sepolcri, carme di Ugo Foscolo, illustrati », Turin, Paravia, 1884 ; « Studii su Ugo Foscolo » Milan, Brigola, 1887 ; « Ugo Foscolo nella famiglia » ; « De'natali, de'parenti, della famiglia di Ugo Foscolo » Milan, Dumolard, 1886; « Lettere disperse e inedite di Pietro Metastasio » Rome, Molina, 1886 ; « Lettere inedite di Luigia Stolberg contessa d'Albany a Ugo Foscolo, e dell'ab. Luigi di Breme alla stessa » Roma, Molino, 1887 ; « Le ultime lettere di Jacopo Ortis » Saluces, 1887 ; « Curiosità foscoliano » Bologne, Zanichelli, 1888 ; « Canti e versioni di G. Leopardi, con varianti di su gli autografi » Città di Castello, Lapi, 1887 ; « Studi su G. Leopardi », Naples, Detken, 1887 ; « Documenti e notizie sconosciute e inedite da sorvire a una compiuta biografia di G. Leopardi e quoi di sua famiglia » Vérone, Goldschagg, 1887; « Lettere inedite di G. Leopardi ad Ant. F. Stella e dello Stella, del Brighenti, del Giordani, del Le-Monnier e di altri a Giacomo e Monaldo Leopardi » Città di Castello, Lapi, 1888; « Giacomo Leopardi e i classici » Parme. Bottei 1888; « Del vero tempo in che fu scritto il *De Monarchia* di Dante » Naples, 1887; « Il greve tuono dantesco » Città di Castello, Lapi, 1887 ; « In proposito degl' *irrevocati di* nel Il coro dell'*Adelchi*, Manzoni » Città di Castello, Lapi, 1887. M. Antona-Traversi a aussi donné au théâtre trois pièces, auxquelles le public a fait un accueil flatteur : « Il sacrificio di Giorgio » drame en quatre actes ; « Il matrimonio di Alberto » en un acte; « Punto e da capo » en un acte.

Antonaci (Clément), professeur des littératures classiques au Lycée Palmieri de Lecce. On a de lui un discours : « Gli studi classici ed il positivismo moderno », Lecce, 1878, dans lequel l'auteur se fait le défenseur des doctrines des positivistes dans l'enseignement classique.

Antonelli (comte Pierre), voyageur italien, appartenant à la même famille que le fameux Cardinal Secrétaire d'Etat de Pie IX. Reçu membre de la Société Royale italienne de Géographie le 17 janvier 1879, deux mois après il accompagnait, comme volontaire, le capitaine Martini qui se rendait en Afrique avec une mission de la Société de Géographie et qui était chargé en même temps de porter à Menilek, roi du Schoa, les cadeaux du gouvernement italien et d'ongager avec lui les pourparlers pour conclure un traité d'amitié et de commerce. Mr Antonelli resta en cette occasion trois ans dans le Schoa; le 3 novembre 1881, il quittait Ferré où se trouvaient alors le regretté marquis Orazio Antinori et le capitaine Cecchi, et, le 5 janvier 1882, il touchait à Assab le sol italien, d'où il revenait bientôt à Rome. Une fois en Italie, il ne tarda pas à être repris par la nostalgie de l'Afrique, et après trois mois et cinq jours de repos en Italie, le 27 avril 1882, il s'embarquait de nouveau pour Aden, et de là traversant le pays des Aoussas, il arrivait dans le Schoa, et il y stipulait avec le roi Menilek un traité de commerce et d'amitié ; en même temps, il recueillait les dépouilles mortelles de celui qui fut le premier et le plus hardi parmi les voyageurs italiens en Afrique, Mr Antinori. Le 11 août 1883, le comte Antonelli arrivait de nouveau à Assab et quelques semaines plus tard à Rome. Dans ce voyage, il a ouvert le chemin entre Assab et le Schoa. Mais cette fois encore, Mr le comte Antonelli ne devait pas rester longtemps en Europe ; l'Afrique l'attire, et aujourd'hui encore, pendant que nous écrivons, il se trouve dans le Schoa. Mr Antonelli n'est pas un écrivain ; il aime plutôt à agir qu'à écrire ; cependant dans presque tous les volumes du *Bollettino della Società Geografica italiana* on trouve des mémoires ou des lettres de cet intrépide voyageur. Notons encore dans la *Nuova Antologia* du 1er mars 1882 un article de lui : « Come io tornai dallo Scioa ».

Antoniades (Antoine), poète grec, très fécond, professeur au gymnase d'Athènes ; on a de lui trois poèmes, l'un, réimprimé, sur les guerres de Crète, l'autre sur les Armatoles, le troisième sur Missolonghi ; un ouvrage sur l'insurrection de Crète, et quelques autres monographies historiques, une histoire universelle en quatre volumes, une histoire de la Grèce, une Grammaire de la langue grecque ; nombre de pièces dramatiques, en vers et en prose, tragédies, drames, comédies : entr'autres « Philippe de Macédoine » ; « Lampros Tzavellas » ; « Thrasybule » (drames) ; « Eugénie Chrétienne ; » ; « la Malédiction maternelle » ; « l'Infidèle Agis » ; « Pausanias » ; « Crispos » (la plus appréciée) ; « Atys, Pétrone Maxime, Nicéphore Phokas, les Tyrannicides, Démétrius de Macédoine, le Janissaire, Tomyris » etc., (tragédies) ; « le Savetier, l'Usurier » etc. (comédies). La dernière des pièces de M. Antoniades, parue en 1886 à Athènes, est une tragédie en langue populaire sur le général rouméliote Ulysse Androutsos, contemporain de la grande insurrection.

Antoniewicz, poète lyrique et dramatique polonais. On cite, outre ses poésies lyriques, un poème dramatique : « Anne d'Oswiecim ». Il a traduit de l'allemand en polonais le drame de Gutzkow : « Uriel Acosta ».

Antonovitch (M.), critique russe, ancien collaborateur des revues *Le Contemporain*, et *Les Esquisses*, ancien directeur du journal le *Cosmos*. Ses articles se distinguaient par des traits d'originalité qui lui firent un cercle restreint mais fidèle d'admirateurs.

Antonovitch (Vladimir), historien et publiciste russe, professeur d'histoire à l'université de Kieff; né dans la Petite-Russie en 1834. Il fit ses études à Odessa et à Kieff, où il fut nommé professeur d'université en 1870. Il a publié « Les Cosaques »; « La petite aristocratie »; « Les derniers temps des Cosaques de la rive droite du Dniéper »; « Les villes de la Russie méridionale »; « Les paysans de la Russie méridionale »; « L'union de l'Église au XVII⁰ siècle »; « Les Haydamaques (une sorte de rebelles du XVIII⁰ siècle) »; « La Sorcellerie d'après les documents du XVIII⁰ siècle »; « Résumé de l'histoire du Grand-Duché de Lithuanie »; « Archives de la Russie méridionale et occidentale »; « Recueil de chansons nationales de la Petite-Russie »; « Recueil des Décrets du Grand-Duché de Lithuanie »; « Mémoires pour servir à l'histoire de Kieff »; « Mémoires d'un juif contemporain des guerres de Bogdan-Hmelnitzky »; un volume de l'« Histoire de Samuel Wielicko »; « Les Maires de la ville de Kieff au XVII⁰ siècle »; « Histoire de la principauté de Kieff depuis le XIV⁰ jusqu'au XVI⁰ siècle »; « Ivan Honta, chef des révoltés en 1768 »; en collaboration avec le prof. Betz; « Biographies des hetmans des Cosaques »; un volume de documents concernant l'« histoire de la colonisation de la Russie méridionale »; un recueil de chroniques inédites touchant l'histoire de la Russie méridionale; un mémoire sur les « Cavernes préhistoriques de la Podolie », 1887.

Anzengrüber (Louis), auteur dramatique autrichien, né le 29 novemere 1839 à Vienne. La mort de son père, petit employé, le força à interrompre ses études; il n'en continua pas moins à s'instruire tout seul. Sa vie fut fort agitée. On le trouve tour-à-tour commis aux gages d'un libraire, de 1860 à 1867 artiste dramatique, plus tard employé dans un journal, et enfin employé dans un bureau de police. En 1870, le succès de son drame: « Der Pfarrer von Kirchfeld » lui permit de renoncer à ses fonctions peu lucratives et de s'adonner entièrement aux lettres. Il fut bien inspiré, car ses pièces ne tardèrent pas à devenir populaires dans l'Allemagne entière. Naturellement, elles n'ont pas toutes la même valeur et l'auteur lui-même ne cache pas qu'il donne la préférence aux cinq suivantes: « Der Pfarrer von Kirchfeld », 1872; « Die Kreuzelschreiber », 1872; « Der Meineidbauer »; « Ein Faustschlag », 1878; « Das vierte Gebot », 1878. Cependant ses autres pièces sont loin d'être sans valeur. Nous en donnons ici les titres: « Elfriede », 1873; « Die Tochter des Wucherers », 1874; « Der Gewissenswurm », 1874; « Hand und Herz », tragédie, 1875; « Doppelselbstmord », 1876; « Der ledige Hof », 1877; « s'Jungferngift », 1888; « Die Trutzige », « Alte Wiener », 1879; « Die umkehrte Freit »; « Aus'm gewohnten Gleis », 1880. On lui doit aussi des romans: « Der Schandfleck », 1876; « Dorfgänge », 1879, recueil de récits villageois, et « Bekannte von der Strasse », 1881; « Launiger Zuspruch und ernste Red. Calendergeschichten », 1882; « Feldrain und Waldweg », 1882; « Die Kameradin, Eine Erzählung », 1883; « Kleiner Markt. Studien, Erzählungen, Märchen und Gedichte », id.; « Allerhand Humore, Kleinbäuerliches, Grossstädtisches und Gefabeltos », 1883; « Der Sternsteinhof. Eine Dorfgeschichte », 1885. En 1887, Mr Anzengrüber a obtenu le prix Grillparzer de 3000 francs pour son drame: « Heimgefunden. Eine Weihnachtskomödie ».

Apàthy (Étienne), jurisconsulte hongrois, professeur de droit à l'université de Budapest, membre de l'Académie nationale des sciences. Le ministre de la justice lui a donné mission de rédiger le projet des lois sur les obligations, plusieurs commentaires sur les lois de crédit hongrois et sur le change, ainsi que le règlement sur la banqueroute.

Aphentoulis (Théodore), poète et médecin de l'île de Crète, professeur de pharmacologie et de botanique à l'Université d'Athènes, directeur de la revue médicale: *L'Esculape*. On a de lui, entr'autres, une traduction en grec de l'« Anatomie générale et pathologique » de Bruns (en 3 vol.), des « Eléments de la science botanique » de Werner (en 3 vol., 1885-87; un quatrième volume en préparation contiendra la Flore de la Grèce, rédigée en collaboration avec Mr Heldreich); un volume de poésies, publié en 1881, où l'on remarque une épopée nationale, un poème épico-lyrique intitulée: « La fête de l'Olympe », des odes alchaïques, parmi lesquelles on signale l'ode à Foscolo, etc. « Aphentoulis, écrit Mr Rangabé, dont l'étude a fait un homme de science, a été créé poète par la nature. La plus importante de ses oeuvres poétiques est celle où il chante les derniers désastres et les derniers exploits de sa glorieuse patrie. Le poème, divisé en quatre parties, a le caractère plus épique et moins subjectif que celui de Marcoras. Outre la langue, il imite aussi avec beaucoup de bonheur le ton des ballades chantées sur les montagnes du continent grec; il en a toute la robuste fraîcheur avec leur originalité et leur simplicité grandiose ».

Apicella (André), médecin et écrivain italien résident à Portici, né le 4 décembre 1848, à Naples. Il a publié, entr'autres: « Scienza e Vita » brochure; « Il diabete zuccherino », monographie importante.

Apor (baron Charles), écrivain hongrois, né à Saint-Torya le 11 décembre 1815, président de la Table Royale de Transylvanie; on a de lui un écrit sur les lois d'héritage parmi les Sicules; différents traités sur l'économie rurale; la description de ses voyages entrepris dans les pays rhénans, dans l'intérêt de la viniculture; des essais littéraires, etc.

Apouhtin (Alexis), poète russe, né en 1849. Il fit son droit à l'Université de Saint-Pétersbourg; ensuite il entra au Ministère de l'intérieur. Il débuta par un recueil de poésies réunies sous le titre d' « Esquisses Champêtres », publiées d'abord dans la revue libérale de Saint-Pétersbourg *Le Contemporain* (Sovremeniek), 1859. Il publia ensuite plusieurs de ses poésies dans les revues *Le Temps* et autres. Dans le nombre, furent surtout remarquées celles qui portent les titres: « Memento mori »; « La Grèce »; « Au poètes contemporains ». On allait déjà crier: *habemus pontificem*, lorsque Mr Apouhtin se tut pendant dix ans (entre les années 1862-1872). En 1872, il donna un nouveau signe de vie, en insérant de nouvelles poésies dans la nouvelle Revue: *Le Citoyen*. La poésie « Le monument inachevé », parut la révélation d'un vrai génie; mais ce ne fut qu'un éclair.

Appia (Georges), écrivain religieux et géographe français. Son père, Mr Paul Appia (1789-1842), était né à Torre-Pellice (Pignerol-Italie) d'une des anciennes familles vaudoises du pays, nommé pasteur de l'église wallonne à Francfort-sur-Mein, il s'y transporta avec sa famille et c'est là qu'est né, en 1827, Mr George Appia actuellement pasteur de l'église de la Confession d'Augsbourg à Paris. On a de lui: « Post tenebras lux. Souvenirs historiques de Noël de 1572 à 1809 » 1873; « Le Char de feu, souvenir de Noël, histoire véritable » 1877; « Un prédicateur de Noël, au IV siècle, récit authentique » 1878; « Les Avant-Coureurs de la révocation de l'édit de Nantes » 1885; « Savonarole ou Noël à Florence en 1497 » Paris, 1887; « Les Missions » Paris, Noblet, 1887; enfin, en collaboration avec le missionnaire Mr Coillard « La Mission au Zambèze » 1880. Mr Appia a tenu en 1887 à Paris à la Salle du boulevard des Capucines plusieurs conférences, dont une sur le Congo très applaudie.

Appia (Louis), frère du précédent, né à Hanau (Hesse), en 1818, réside maintenant à Genève où il a longtemps exercé la médecine et la chirurgie. On a de lui: « Des tumeurs sanguines-érectiles et spécialement de leur traitement par les injections au perchlorure de fer » 1880; « De la corrélation physiologique entre les cinq sens, et de leurs rapports avec les mouvements volontaires. Application à l'éducation des aveugles » 1880; « Noël à l'ambulance, épisode de la guerre russo-turque, récits authentiques » 1881; « Quelques études sur les premiers soins à donner à l'enfance ».

Appleton (Charles-Louis), jurisconsulte français, professeur de droit romain à la Faculté de l'État à Lyon, docteur en droit, agrégé de l'enseignement supérieur. Mr Appleton, né en 1846 à Rennes (Ille et Vilaine) est fils d'un ancien diplomate des États-Unis d'Amérique; à sa majorité, il opta pour la nationalité française. D'abord avocat, puis professeur de droit français à Berne, il obtint le troisième rang au Concours d'agrégation de 1875. Appelé cette même année à faire partie de la Faculté de droit qui fut fondée à Lyon, il y a enseigné le droit international public et privé et le droit romain. On a de lui: « De la possession et des actions possessoires en droit romain et en droit français » Paris, 1876; diverses conférence faites à Berne et publiées dans la *Zeitschrift der Bernischen juristen* dans les années 1872-1874; « La question ecclésiastique en Suisse » dans la *Revue Chrétienne* de Mr de Pressensé, 1874; « *Des sponsores* etc., épisode d'une lutte entre patriciens et plébéiens » 1874; « De la stipulation prépostère et de la condition résolutoire dans la stipulation » 1879; « De la publicienne et de l'*Utilis vindicatio* » deux articles, 1875, 1876, parus, ainsi que les précédents dans la *Nouvelle revue historique du droit français et étranger* ; « Essai de restitution de l'édit publicien » extrait de la *Revue générale du droit*, 1886, tiré à part; diverses notes dans le *Recueil général des lois et des arrêts* ; « Des droits du vendeur à livrer dans la faillite de l'acheteur » extrait des *Annales du droit commercial*, Paris, 1887; « Résumé du cours de droit romain professé à la Faculté de Lyon » 2 vol., Paris, 1884-85, etc. Mr Appleton a maintenant sous presse un ouvrage en deux volumus. « Histoire de la propriété prétorienne, de la publicienne, de l'usucapion et de la condition résolutoire en matière de propriété, contribution à l'étude de la propriété prétorienne ».

Aquarone (Barthélemy), publiciste et historien italien, né à Porto Maurizio le 24 août 1815, professeur ordinaire de droit constitutionnel, chargé de l'enseignement du droit administratif à l'Université de Sienne. Après avoir fait ses premières études dans sa ville natale, il se rendit à Gênes où il fut reçu docteur en droit. Des raisons politiques le forcèrent à se rendre en Toscane où il collabora à l'*Archivio Storico italiano* fondé et dirigé par Mr Vieusseux. Après quelques voyages en Italie, en 1846, il collabora à l'*Alba* de Florence et, en 1849, il prit la direction du *Costituzionale* dans la même ville. En 1850, il quitta la Toscane pour le Piémont. Nommé professeur d'histoire au Lycée d'Alexandrie, il se rendit dans cette ville où il publia un petit journal: « Il Pontida ». En décembre 1859, il fut nommé professeur d'histoire à l'Université de Sienne, chaire qu'il échangea plus tard contre celle qu'il occupe maintenant. Sans tenir compte d'un petit travail sur les « Origini italiche », publié par Mr Aquarone quand il était encore étudiant, on a de lui un petit Traité sur la tragédie d'Alfieri, qu'il publia étant professeur à Alexandrie. En 1856, il donna à l'Italie la première traduction italienne du « Dottor Antonio » de son concitoyen Mr Ruffini. En 1858, il publia une: « Vita di fra Jeronimo Savonarola »; en 1865 « Dante a Siena »; en 1868, une Biographie de Franklin; en 1873, « Gli ultimi anni della Storia repubblicana di Siena »; en 1878, une « Meditazione storica ». Après avoir ajouté que Mr Aquarone a lu en 1879 le discours d'ouverture de l'Université de Sienne et qu'il y a prononcé l'éloge du Roi Victor-Emmanuel, nous citerons encore de lui: « Dell' autorità, discorso », Sienne, 1882; « Relazione intorno agli studi ed esercizi compiuti nel circolo giuridico presso la R. Università di Siena nel 1882 », Sienne, 1883.

Arabia (François-Xavier), écrivain et jurisconsulte italien, l'un des survivants de cette noble et glorieuse école littéraire napolitaine, laquelle, entre les années 1840 et 1860, cultiva avec la même ardeur la bonne littérature et les sentiments patriotiques, est né, en 1823, à Cosenza. Il fit ses études de droit à l'Université de Naples, où il fréquenta aussi les deux célèbres écoles privées où le marquis Basile Puoti et François De Sanctis enseignaient, chacun avec une méthode différente, mais avec le même amour, la littérature. Il publia de bonne heure à Naples un recueil de poésies, qui fut bientôt réimprimé à Salerne et où l'on pouvait voir l'intention évidente de l'auteur d'harmoniser le goût classique de la forme avec l'esprit moderne. En même temps, le jeune poète ne négligeait point les devoirs de sa profession, et comme jurisconsulte, il publiait, en 1846, un « Trattato di diritto penale » qui fut réimprimé en 1852. On lui doit encore ces mémoires; « Del supremo magistrato »; « Del Pubblico Ministero »; « Del Diritto di punire secondo la scuola positiva »; « Dell' incompatibilità di taluni concetti di ragion penale »; « Della prerogativa parlamentare ne' giudizii penali, etc. », Entré à la Cour de Cassation, son autorité le fit intervenir dans un grand nombre de commissions scientifiques, ce qui ne l'empêcha de consacrer ses loisirs à la littérature; dans ces dernières années, l'éditeur Morano publiait deux petits volumes de « Ricordi », mélange de prose et de poésies, où il n'y a cependant d'inédit que les chapitres, « Sorrento » et « Soliloquii » et la poésie « Santo Antonio ».

Aragao (A. T.), numismate portugais, membre de l'Académie des Sciences de Lisbonne, conservateur du musée particulier du Roi. En cette qualité, il a publié un travail fort recommandable sous le titre de « As moedas nacionâes e estrangeiras ».

Arago (François-Victor-Emmanuel), avocat et homme politique français, fils aîné de l'illustre astronome mort en 1853, né à Paris le 6 juin 1812. Il suivit d'abord l'exemple de ses oncles Jacques et Étienne et débuta dans la carrière des lettres par des essais poétiques. A vingt ans, il publia un volume de « Vers », 1832.

Les bibliographes le désignent comme collaborateur de M. M. Marie Ayrard, Ed. Monnais et de Rochefort, et lui attribuent quelques vaudevilles signés de son prénom d'Emmanuel: « la Demande en mariage, ou le Jésuite retourné », 1830; « la Nuit de Noël, ou les Superstitions », 1832; « Mademoiselle Aïssé » 1832. « Un pont neuf » 1833; « Un antécédent » 1834; « Un grand orateur » 1837. A vingt-cinq ans, il renonça au théâtre pour s'appliquer à l'étude du droit et à la profession d'avocat. Inscrit au barreau en 1837, il se jeta bientôt dans la politique. Nous ne le suivrons pas sur ce terrain. Disons seulement qu'il fut Commissaire général de la République à Lyon en 1848, puis député, ministre plénipotentiaire à Berlin, et encore député jusqu'au 2 décembre, où il se retira de la vie politique, mais sans quitter la France. Réélu député en 1869, il fut après le 4 septembre 1870, membre du gouvernement de la défense nationale et plus tard ministre de l'intérieur. Élu membre de l'Assemblée nationale, il passa en 1876 à faire partie du Sénat. Depuis le 9 juillet 1880, il représente la France à Berne en qualité d'ambassadeur.

Arany (Laszlo), poète et, depuis l'année 1887, député au parlement hongrois. Fils unique du grand poète Arany Janos mort en 1882, Mr A. L. est né le 24 mars 1844 à Nagy Szalonta. Il publia de bonne heure un récit poétique « Elfrida », qui le fit admettre dans la Société Kisfaludy. S'inspirant au fameux tableau de Guillaume de Kaulbach, la *Bataille des Huns*, dans lequel le grand peintre d'Arolsen, subordonnant l'histoire à la légende, représenta au dessus du camp de bataille, où gisent les cadavres immobiles des Huns et des Romains, leurs ombres qui prolongent avec acharnement la lutte dans les airs, Mr Arany peint dans un de ses poèmes l'antagonisme qui existe entre les Allemands et les Magyars et il excite ses compatriotes à la lutte contre la langue et la civilisation allemandes. On loue aussi un poème humoristique et satirique de Mr A. « A delibabok höse », 1873 (Le héros des songes). Mr A. appartient depuis 1872 à l'Academie hongroise, où il prit séance avec un excellent discours sur l'histoire de la poésie politique en Hongrie; depuis 1880, il est secrétaire du Crédit Foncier hongrois à Pest.

Araujo (Joaquim de), écrivain portugais, né le 22 juillet 1858 à Penafiel; il est membre de l'Institut de Coimbra et de la Société de Géographie de Lisbonne. Entre les années 1873-76, il rédigea une revue littéraire, intitulée *La Harpa*; et depuis nombre d'années, il dirige à Porto la revue littéraire: *Renascença*. En 1881 Joaquim de Araujo publia un volume de poésies, sous le titre de « Lira intima »; un échantillon de ses vers a paru, traduit en italien, dans l'*Intermezzo* de Gênes. Suivit un autre volume de vers. sous le titre: « Quadros antigos ».

Araujo (Luiz-Antonio d'), père et fils, du même nom, auteurs dramatiques portugais. Le père, avant de se consacrer au théâtre, était juge (1883); il donna au théâtre ces pièces : « O diabo a quatro n'uma hospedaria »; « Afflicçaes de um perdigoto »; « O tio Barnave vindo do Brazil »; « O juiz electo » (une scène de mœurs publiée en 1854 à Livourne). Le fils est l'auteur de ces pièces, entr'autres : « Por causa de un algarismo », comédie en un acte publiée à Lisbonne en 1855; « As felicidades » calembour en un acte, Lisbonne, 1855; « Mestre Farronca Carolos Magro »; scène avec calembour; 1860. « Quem conta um conto acrescenta um ponto » proverbe en un acte: « O galego e o cautelerio » entr'acte; « O gallo e o corvo feitos por causa de um pinto » comédie en un acte; « O guizo do tio Felipe »; comédie en deux actes, etc.

Araus (Mariano), journaliste espagnol, né dans la province de Huesca; il est un des journalistes les plus renommés de Madrid, rédacteur en chef de *El Liberal*, ex-député aux *Cortés*, républicain, très respecté par ses confrères.

Arbaumont (Jean-Jules MAULBON d'), écrivain français, né à Colmar en 1831. Il s'est principalement occupé d'études historiques et archéologiques. Mr d'Arbaumont est membre de l'Académie de Dijon et secrétaire d'abord, et vice-président plus tard de la Commission des antiquités de la Côte d'Or, membre de la Société historique et archéologique de Langres (Haute-Marne). Nous citerons de lui : « Le Clos de Vougeot », 1862; « Essai historique de la Sainte-Chapelle de Dijon », 1863; « La Noblesse aux États de Bourgogne de 1350 à 1789 », 1864; avec Mr Beaune: « Les Ennoblis de Bourgogne », 1868; « Notice historique sur la Chapelle et l'hôpital aux Riches », 1869; « Universités de Franche-Comté », 1870; avec Mr Beaune: « Cartulaire du prieuré de Saint-Étienne de Vignory », 1883; « Note sur un sceau de justice de l'ancienne châtellenie de La Motte Saint-Jean », 1886.

Arbellot (François), archéologue français, chanoine honoraire de Limoges et historiographe du diocèse, né à Saint-Leonard (Haute Vienne) en 1816. L'abbé Arbellot s'est adonné avec ardeur aux études historiques et archéologiques. Il s'est fait connaître par un grand nombre d'écrits, qui lui ont valu d'être nommé président de la Société archéologique et historique du Limousin. Nous citerons de lui: « Notice sur le tombeau de Saint-Junien », 1847; « Histoire de la Cathédrale de Limoges », 1852; « Château do Chalusset », 1851; « Revue archéologique de la Haute Vienne », 1854; « Dissertation sur l'apostolat de Saint-Martial et sur l'antiquité des églises de France », 1855; « Les trois chevaliers défenseurs de la cité de Limoges », 1858; « Biographie de François do Rouziers », 1859; « Documents inédits sur l'apostolat de Saint-Martial », 1861; « Vie de Saint-Léonard », 1863; « Felix de Verneilh », 1865; « Notices sur l'abbé du Mabaret », 1867; « Observations critiques sur la légende de Saint-Austremoine et les origines chrétiennes de la Gaule », 1870; « Étude historique et littéraire sur Adhémar de Chabannes », 1875; « Biographie du Père Rouard de Card », 1879; « Notice sur Saint-Antoine de Padoue en Limousin », 1881; « Les Chevaliers limousins à la première croisade », 1881; « Notice sur Gabriel Ruben, prêtre de l'oratoire », 1881; « Étude sur les origines chrétiennes de la Gaule. Première partie: Saint-Denys de Paris », 1881; « Manuscrit inédit des Miracles de Saint-Martial (XIV siècle) », 1883; « Mémoire sur les statues équestres de Constantin placées dans les églises de l'ouest de la France », 1886; « Dissertation sur le lieu de naissance de Saint-Vaast, suivie de l'ancienne Vie du Saint », 1886; « Les Ermites du Limousin », 1886. On lui doit enfin: « La Biographie des hommes illustres de l'ancienne province du Limousin », en collaboration avec Mr Auguste Du Boys.

Arbib (Édouard), publiciste et député italien, né à Florence le 27 juillet 1840; à la mort de son père, il dut interrompre ses études et entrer en qualité d'apprenti-compositeur dans la typographie Barbèra à Florence, et il ne tarda pas à y être élevé aux fonctions de correcteur. En 1859, il partit pour le Piémont, s'engagea dans les *Cacciatori delle Alpi* et prit part avec eux à la guerre de l'indépendance. Après la campagne, il retourna à ses occupations, mais pour les quitter bientôt en 1860 et suivre Garibaldi en Sicile; sur le champ de bataille de Milazzo, il fut nommé sous-lieutenant, passa avec ce grade dans l'armée régulière et fit dans ses rangs la campagne de guerre de 1866. A la fin de cette malheureuse campagne, dont il a écrit une narration sous le titre: « L'Esercito italiano e la Campagna del 1866 - Memoria », Florence, Cassone, 1865, Mr Arbib, quoique décoré de deux médailles à la valeur militaire, quitta le service. Il devint collaborateur de la *Nazione* de Florence, puis directeur de la *Gazzetta del Popolo* dans la même ville. En 1870, il se rendit à Rome parmi les premiers et y fonda *La Libertà*, journal politique quotidien, qui eut pendant longtemps une vogue méritée; il y a un an, Mr Arbib transformait son journal de quotidien en hebdomadaire. Mr Arbib fait partie depuis 1880 de la Chambre des députés; élu d'abord par le collège de Viterbe, il y représente maintenant le second collège de Pérouse. Mr A. a publié sous son petit nom d'Edoardo plusieurs romans justement appréciés : « Racconti Militari - L'Ufficiale in aspettativa », qui forme le 65 vol. de la *Biblioteca Amena*, Milan, 1870; « Guerra in famiglia », Milan, 1871; « La moglie nera », Milan, 1874; « Rabagas banchiere », Milan, 1878; « Il Marito di quarant'anni »; « Il tenente Riccardo » etc.

Arbo (Charles-Oscar-Eugène), médecin et anthropologiste norvégien, né en 1837. Appartenant au corps sanitaire de l'armée de son pays, Mr Arbo a fait de longs voyages à l'étranger pour se perfectionner dans ses études. Revenu dans sa patrie, il a su tirer parti des facilités que lui offrait sa situation pour ses observations anthropologiques et ethnographiques, étudiant avec un soin minutieux les différents types du peuple norvégien et recueillant plusieurs milliers de mesures cranioscopiques, qui lui ont permis de constater les rapports existant entre les différents types de la race norvégienne et les différences des dialectes déjà mises en pleine lumière par les travaux linguistiques de Joar Aasen et de plusieurs autres. Malheureusement le résultat des patientes et savantes recherches de Mr Arbo se trouve épars dans un grand nombre d'articles publiés dans plusieurs journaux et revues. Il est permis d'espérer que Mr Arbo voudra un jour les recueillir en un seul ouvrage, rendant ainsi un grand service à la science et s'assurant en même temps la renommée à laquelle ses travaux lui donnent droit.

Arbois de Jubainville (Marie Henri d'), érudit et paléographe français, né à Nancy, le 5 décembre 1827; il fit son droit et suivit de 1848 à 51 les cours de l'École des chartes. Il devint archiviste du département de l'Aube, membre de la Société d'agriculture, sciences, et belles-lettres de ce département; et il a obtenu comme auteur du « Répertoire archéologique de l'Aube » un premier prix (médaille de 1200 fr.) au concours des Sociétés savantes en 1861. Couronné deux fois par l'Académie des inscriptions et belles-lettres, il en est devenu correspondant en 1867. Il est maintenant professeur au collège de France. Collaborateur de la *Revue archéologique*, de la *Bibliothèque de l'École des Chartes* et de la *Collection des mémoires de la Société de l'Aube*, M^r d'A. d. J. a publié séparément: « les Armoiries des Comtes de Champagne » 1852; « Recherches sur la minorité et ses effets en droit féodal français » 1852; « Quelques *pagi* de la première Belgique » 1852; « Pouillé (*catalogue des bénéfices*) du diocèse de Troyes » 1853; « Voyage paléographique dans le département de l'Aube » 1855; « Essai sur les sceaux des comtes de Champagne » 1856; « Études sur l'état intérieur des abbayes cisterciennes » 1858; « Histoire des ducs et des comtes de Champagne » 7 vol. 1859-1869, ouvrage capital qui lui a valu, en 1863, le second prix Gobert à l'Académie des inscriptions, et le premier prix l'année suivante; « Histoire de Bar sur Aube » 1859; « Répertoire archéologique de l'Aube » 1861; « Documents relatifs à la construction de la cathédrale de Troyes » 18; « les Archives du département de l'Aube » 186; « Recherches philologiques sur l'anneau sigillaire de Pouan » 1870; « Étude sur la déclinaison des noms propres dans la langue française » 1870; « la Déclinaison latine en Gaule à l'époque mérovingienne » 1872; « Encore un mot sur le Barzaz Breiz » 1873; « Le Dieu de la mort » 1879; « Senchan Torpeist, poète en chef d'Irlande » 1879 »; « L'Administration des Intendants » 1880; « Les Assemblées publiques de l'Irlande » 1880; « Études grammaticales sur les langues celtiques » 1881; « Études sur le droit celtique; le Senchus mor » 1881; « la Littérature ancienne de l'Irlande et l'Ossian de Mac-Pherson » 1881; « l'Alphabet irlandais primitif et le Dieu Ogmios » 1881; « Les celtes et les langues celtiques » 1882; « Essai d'un catalogue de la littérature épique de l'Irlande » 1883; « Introduction à l'étude de la littérature celtique » 1883 (cours public fait par l'auteur au Collège de France) « Rapport sur une mission littéraire dans les îles Britanniques », 1883; « le Cycle mythologique irlandais et la mythologie grecque » 1884; « Celtes et Germains, étude grammaticale » 1886; « Le suffixe iacusiaca » Nogent-le-Rotrou, 1887; « Exemples de noms de *fundi* formés à l'aide de gentilices romains et du suffixe-acus » id. 1887.

Arboit (Angelo), écrivain italien, président du Lycée de Rieti, né vers l'année 1830 à Rocca d'Arco dans la Vénétie; il fit ses études à Padoue et, en 1850, y fut reçu docteur. En 1859, il enseignait le grec et le latin au Gymnase de Modène; en 1860, il combattait en Sicile sous les drapeaux de Garibaldi. Il était professeur au Lycée de Modène, lorsqu'à la suite d'un discours prononcé dans l'église de Santa-Croce à Florence, à propos du monument à Manin, il fut, par punition, destiné au Lycée de Cagliari. Mr Arboit profita de son séjour en Sardaigne, pour en étudier les dialectes, les mœurs, les paysages, ce qui lui valut l'honneur d'être nommé citoyen honoraire de la ville de Cagliari. Il profita, de même, de son séjour dans le Frioul, pour étudier les dialectes dits ladins, et recueillir les traditions et les chants populaires de cette intéressante région. Il s'était donné la même peine dans un court séjour aux Abruzzes. Revenu dans l'Émilie, il enseigna successivement à Plaisance, à Parme et à Modène, en étudiant attentivement les dialectes de l'Émilie. Et nous sommes d'avance persuadés que son séjour actuel dans l'ancienne Sabine aura pour résultat d'intéressantes communications sur les traditions locales et sur le langage de cette glorieuse terre classique. Parmi les publications de Mr Arboit, nous devons signaler, outre les études et les recueils mentionnés, tels que les 3000 *Villotte* ou chansons populaires du Frioul, les écrits dont suivent les titres:

Memorie della Carnia »; « I Bagni »; « Stoa di un Amore »; « Amor nomade »; « La Grotta di Adelsberg »; « Misteri di Castel Trevano »; « Il Leopardi »; « Del bello naturale ed artistico »; « Metodo razionale per l'insegnamento della lingua italiana », Parme, 1882; « La Vecchiaia povera », Parme, 1882. Deux ouvrages du même auteur sont en préparation : « I dialetti italiani e le lingue neolatine, rispetto alla lingua comune »; « Vita popolare del Verdi », qui sera très riche en anecdotes.

Arboleda (Jules), homme politique et journaliste de la Nouvelle-Grenade, né le 9 juin 1817 dans cette République. Il reçut sa première éducation en Angleterre et fut tenté de bien bonne heure par le démon de la publicité; en effet ses premiers essais parurent dans le *Mechanic's Magazine* quand il n'avait encore que quatorze ans. Des voyages en France, en Italie, et dans l'Amérique du Sud l'aidèrent à élargir la sphère de ses connaissances. Plusieurs journaux sud-américains (*El Patriota; El Independiente; El Payanes; El Misoforo*) parurent sous sa direction, et bien plus nombreux furent ceux auxquels il apporta l'appui de sa collaboration. Pendant la guerre que la Nouvelle-Grenade eut à soutenir avec la République de l'Équateur nous trouvons M̃ A. dans les rangs des combattants. A la Chambre des députés il se révéla orateur brillant et son ardent patriotisme lui valut des persécutions acharnées et une longue captivité (1851) dont nous trouvons l'écho dans deux de ses meilleures compositions poétiques : « Estoi en la carcel » et « Al Congreso Granadino ». Après avoir dû vivre longtemps loin de sa patrie et gagner péniblement sa vie à Quito, à New-York et à Lima, il fut enfin rappelé dans son pays et nommé Président du Sénat (1854).

Arcais (marquis François d'), journaliste et maestro italien, né à Cagliari le 19 décembre 1830. Une année après sa naissance, sa famille se transféra à Turin, où il demeura jusqu'au jour où il y fut reçu docteur en droit. En 1853, il commença à écrire les Revues musicales du journal *L'Opinione*, où le sceptre de la critique dramatique était tenu par Giuseppe Grimaldi. Quand ce dernier quitta le journalisme, M̃ d'Arcais qui, depuis 1860, collaborait aussi dans la partie politique du journal, en recueillit la succession, tout en continuant à s'occuper de la partie musicale. Ancien collaborateur de la *Rivista Contemporanea* de Turin, pour la partie musicale, il écrivit, dans la même qualité, dans la *Nuova Antologia* dès la fondation de cette importante revue. M̃ d'Arcais, qui avait suivi l'*Opinione* dans ses successives migrations de Turin à Florence et de Florence à Rome, devint directeur de cet important journal après la mort de M̃ Dina qui en avait été le fondateur. Il a apporté dans ses nouvelles fonctions toutes les qualités de cœur et d'esprit qui l'avaient fait apprécier et goûter comme critique théâtral. M̃ d'Arcais a écrit la musique d'un opéra dont le titre nous échappe; quant à ses productions littéraires, toute son œuvre se résume en trente-cinq ans de journalisme honorable et consciencieux.

Arce (Aniceto), écrivain, orateur et homme politique bolivien. Il jouit d'une grande renommée dans toute l'Amérique du Sud. Il vient d'être nommé ambassadeur à Paris et il est candidat à la Présidence de la République de Bolivie.

Arcelin (Adrien), archéologue et géologue français, né à Fuissé (Saône et Loire) en 1838. Ancien élève de l'Ecole des chartes, après avoir été pendant quelque temps archiviste du département de la Haute Marne, M̃ Arcelin est revenu à Mâcon où il est secrétaire perpétuel de l'Académie. On a de lui : « Les bulles pontificales des archives de la Haute Marne » 1865; « Indicateur héraldique et généalogique du Mâconnais » 1865; « Morimond et les milices chevaleresques d'Espagne et de Portugal » 1865; « Solutré ou les chasseurs de rennes, de la France centrale » 1872, signé du pseudonyme-anagramme Adrien Cranile; « la Question préhistorique » 1873; « L'Age de pierre et la classification préhistorique d'après les sources égyptiennes » 1873; « Études d'archéologie préhistorique. La chronologie préhistorique d'après l'étude des berges de la Saône. Le silex de Volgu. La question préhistorique à Solutré » 1875; « Les formations tertiaires et quaternaires des environs de Mâcon. L'argile à silex, l'époque glacière, l'érosion des vallées, l'ancienneté de l'homme »; « Explication de la carte géologique des deux cantons (Nord et Sud) de Mâcon » 1881. « Silex tertiaires » 1885. M̃ Arcelin qui avait collaboré à l'ouvrage de Henri Ferry (1817-1869) sur « l'Age du renne en mâconnais », 1869, a publié après la mort de son collaborateur un ouvrage posthume de celui-ci « le Mâconnais préhistorique » en y ajoutant des notes, des additions et un appendice, 1870.

Archer (Thomas), romancier et publiciste anglais qui s'est fait un nom par ces romans dits à sensation que Miss Braddon a mis à la mode. Nous nous bornerons à citer les suivants : « Madame Prudence et autres contes » (1862); « Histoire d'une vie intérieure et extérieure » (1863); « Le Bedeau de la Grenouille et ses aventures dans d'étranges pays » 1866; « Œuvre étrange » 1868; « A fools' Paradise » 1870; « Profitable plants » 1874; M̃ Archer publia en outre, en 1874, un écrit très important : « The pauper, the thief and the convict » dans lequel se servant des informations de la police et de la magistrature, il fait un tableau très vivant de ce qui est à Londres cette classe sociale qu'on a appelé le cinquième état; il y décrit les *workhouses*, les prisons, et tout ce qui a trait à la vie poignante de la misère à Londres. Il a publié aussi: « Alexandra », qu'il a offert en cadeau à l'orphelinat de Londres qui porte le même nom.

Archinti (Louis), écrivain italien, mieux connu sous les anagrammes de *Luigi Chirtani* et *Luigi Tarchini*, né en 1825 à Milan. Il étudia les beaux-arts aux académies de Venise (1842-48) et de Turin (1850). Il prit part, comme volontaire, aux campagnes des années 1848-49, en combattant à Montebello, à Vicenza, à Venise. Après la chute de Venise, il entreprit un voyage en France, où il étudia dans l'atelier de Couture; ensuite, il visita l'Angleterre, la Belgique et la Hollande. En 1859, il rentra dans les Bersaglieri, pour prendre part à toutes les nouvelles campagnes de l'indépendance italienne, jusqu'à la chute de Rome; en 1871, il se retira avec le grade de lieutenant, une mention d'honneur et une médaille à la valeur en argent, pour se livrer presqu'entièrement à la littérature, à la peinture, à la critique d'art. Il avait déjà collaboré à Paris à la *Revue Franco-Italienne*, et au *Courrier Franco-Italien*; en Italie, il donna une foule d'articles sur l'art au journal « *Il Diritto*, à la *Illustrazione Italiana*, à la *Illustrazione Italiana militare*, au *Museo di Famiglia*, à la *Rassegna Italiana*, au *Corriere della sera*, etc. » Parmi ses publications séparées, nous signalerons un volume de récits brillants: « Per pigliar sonno » Milan, 1875; l'« Album militare de Custoza » illustré par le peintre Cenni; « L'arte attraverso ai secoli » Milan, 1878; « La patria di Pietro Micca », la plus grande partie du texte des Albums des Expositions nationales publiés par l'éditeur Treves de Milan. Dans le *Corriere della sera*, Mr Archinti a publié une série d'articles attrayants, qui sont des souvenirs biographiques, sous le titre: « Impressioni di un vecchio veneziano che rivede Venezia dopo 38 anni. » Restent inédites ses études, ses relations, ses projets sur le Dôme de Milan qui ont beaucoup servi à la Commission dont il fait partie et qui est chargée de conserver les monuments et les objets d'art de la province de Milan.

Arcis (Maurice d'), pseudonyme sous lequel Mr Maxime Petit (V. ce nom), publiciste français, né à Melle (Deux Sèvres) en 1858 a publié les ouvrages suivants: « Aventure du capitaine David » 1885; « Deux bons fils » 1885; « Mémoires d'une pièce de cinq francs » 1885; « Prisonnier chez les nègres » 1885; « Au Maroc, les vacances de Roger » 1886. Tous ces livres ont paru dans la *Bibliothèque de Vulgarisation*. Nous donnerons à sa place la liste des nombreux ouvrages que cet auteur a publié sous son nom.

Arcoleo (Georges), écrivain italien, député au parlement, professeur de droit constitutionnel à l'Université de Naples, né le 15 août 1851 à Caltagirone (Sicile), où il fit ses premières études. Pendant qu'il étudiait le droit à l'Université de Naples, il collaborait à différents journaux littéraires et il publiait des articles et des brochures qui obtinrent un certain retentissement. Nous citerons l'étude: « Pulcinella fuori e dentro il Teatro » publiée en 1872, par les soins du célèbre critique De Sanctis, dans la *Nuova Antologia*, et le brillant essai « Sulla letteratura contemporanea in Italia » paru à Naples en 1875. Depuis ce temps, il ne consacra plus que ses loisirs à la littérature, occupé dans les devoirs de sa profession d'avocat, et ensuite dans l'enseignement du droit constitutionel à l'Université de Naples, d'abord comme docteur agrégé, enfin comme professeur ordinaire. Parmi ses ouvrages scientifiques on doit citer: « Gli equivoci nelle forme costituzionali » Naples, 1878; « Il Senato moderno »; « Il bilancio dello Stato e il Sindacato parlamentare » 1880; « Il gabinetto nei Governi parlamentari », couronné par l'Académie des sciences de Naples; « Riunioni ed associazioni politiche » 1878; « Sull'Inchiesta parlamentare » 1882. Toutes ces savantes publications, ainsi que ses discours et ses relations parlementaires (il entra à la Chambre en 1885), se distinguent aussi par une forme brillante. Mr Arcoleo est, en outre, l'un des conférenciers les plus applaudis; trois de ses conférences, ont donné lieu à de vives discussions; « Sulla commedia e la vita d'oggi in Italia »; « Sui canti del popolo in Sicilia »; « Sull'umorismo nell'arte moderna ».

Arcozzi-Masino (Louis), écrivain et agronome italien, né à Vérone le 20 janvier 1819; il fut reçu docteur en droit à Padoue en 1843; il prit part aux campagnes de l'indépendance italienne, et il se refugia en Piémont, où il s'adonna à l'agronomie; il est actuellement vice-président de l'Académie d'agriculture et président du Comice agraire de Turin. Aussi bon musicien qu'agronome distingué, il présida, en 1872, au Lycée musical de Turin. Etant orphelin, il fut adopté à Turin par la comtesse Ottavia Borghese-Masino di Mombello, pour prix de son dévouement, pendant la longue maladie, en conséquence de laquelle, la noble dame mourut; son nom de *Masino* lui vient à la suite de cette adoption. Directeur du journal *L'Economia Rurale*, fondé par lui en 1858, commandeur de la Couronne d'Italie et des Saints Maurice et Lazare, il tient surtout à la couronne du mérite agricole qui lui fut décerné par le gouvernement français. Parmi ses publications, on doit signaler celles-ci: « Sull'allevamento dei bachi », 1871-72; « Guida descrittiva della ferrovia Torino-Cirié », 1869; « Le Valli di Lanzo », 1870; « Trattenimenti agronomici » 1872-73; « Guida descrittiva della ferrovia Torino-Milano », 1878; « Economia agricola del Circondario di Torino », 1879; « Come migliorare l'alimentazione delle classi povere di campagna », 1881; « Il sale nell'alimentazione e nell'industria », 1881; « Il sine qua non della buona agricoltura », 1883;

« La polenta », 1886; « Rassegne agrarie », publiées depuis 1881 dans l'*Annuario Scientifico*, de Treves.

Ardigò (Robert), philosophe italien, né le 28 janvier 1828 à Casteldidone, dans la province de Crémone. Il entra d'abord dans la carrière ecclésiastique et devint chanoine à Mantoue; mais engagé dans des recherches philosophiques, qui l'entraînèrent hors du chemin de la foi, à l'âge de 43 ans, après avoir publié son « Discorso su Pietro Pomponazzi » Mantoue, 1869, et la « Psicologia come scienza positiva », il jeta au soutane aux orties, et il devint l'un des philosophes les plus hardis de l'école positiviste. Il débuta comme professeur de philosophie dans le lycée de Mantoue; mais remarqué bientôt et signalé en Italie et à l'étranger par ses vues originales, malgré une certaine opposition officielle, il fut nommé professeur d'histoire de la philosophie à l'Université de Padoue, où il professe actuellement. Ses ouvrages philosophiques, sous le titre: « Opere filosofiche » comprendront sept volumes; les cinq premiers volumes ont paru, et contiennent ces essais : « I. Pietro Pomponazzi, 1869; La psicologia come scienza positiva 1870; — II. La formazione naturale nel fatto del sistema solare, 1877; L'inconoscibile di H. Spencer e il Positivismo, 1883; La Religione di T. Mamiani, 1880; Lo studio della storia della Filosofia, 1881 ; — III. La morale dei positivisti, 1878; Relatività della logica umana; La coscienza vecchia e le idee nuove, 1885; Empirismo e scienza, 1882; — IV. Sociologia, 1879 ; Il compito della filosofia e la sua perennità, 1884 ; Il fatto psicologico della percezione 1882 ; — V. L'unità della coscienza, 1887 ». On a encore de lui neuf mémoires et articles sur « La difesa di Mantova dalla inondazione » avec des tables topographiques, et deux articles sur l'instruction publique publiés dans le *Nuovo Educatore* de Rome.

Ardissone (François), naturaliste italien, professeur de botanique à l'École Supérieure d'agriculture à Milan, membre de l'Institut Lombard, né à Diano Marina le 8 septembre 1837. Il a publié: « Le Floridee italiche », Milan, 1874-78, ouvrage couronné à l'Institut de France (prix Thore, 1878) : « Phycologia mediterranea », en 2 vol., Varese, 1883-86 (Ouvrage couronné à l'Institut de France, prix Desmazières, 1881).

Arditi (Jacques), archéologue italien, issu de noble famille, né à Presicce (province de Lecce) le 21 mars 1815. Ses premières études accomplies, il se rendit en 1830 à Naples chez son oncle le marquis Michel Arditi, jurisconsulte et archéologue bien connu, qui a été le fondateur et le premier directeur du Musée National de Naples. A Naples, le jeune Arditi suivit les cours des maîtres les plus réputés, et revenu dans son pays, il y occupa plusieurs fonctions administratives jusqu'en 1860, époque à laquelle il rentra dans la vie privée. Il est maintenant inspecteur des fouilles et monuments de son pays natal. Sans tenir compte de quelques poésies insérées dans la *Flora Poetica*, parue à Naples en 1835, on a de lui : « Elogio funebre a Lorenzo Villani », Naples, 1835 ; « Elogio funebre al consigliere Nicola Marini », Naples, 1858 ; « La Terra e le sovraimposte municipali nel Regno d'Italia », Prato, 1868 ; « Cenno critico sulle tasse fiscali proposte nella 2ª sessione del Parlamento italiano », Florence, 1874 ; « La Leuca Salentina », Bologne, 1876, incontestablement le plus utile de ses travaux et qui lui assura une place distinguée parmi les archéologues ; « Biografia di monsignor Lorenzo Villani, vescovo di Monopoli », Milan, 1876 ; « Biografia di Michele Arditi » dans le *Dizionario biografico degli illustri Salentini* », Lecce ; « La corografia fisica e storica della provincia di Terra d'Otranto », livr. 1-4, Lecce, 1879 ; liv. 5-7, ib., 1880 ; 8-15, ib., 1883. Un livre en l'honneur de M. Arditi vient de se publier à Lecce et témoigne de la considération, dont ce publiciste jouit parmi ses compatriotes.

Ardito (Pierre), écrivain italien, directeur du gymnase et des écoles techniques et élémentaires de Nicastro, en Calabre, inspecteur des fouilles dans ce district, né dans cette ville le 16 août 1833. Il fit ses études dans le séminaire de sa ville natale ; en 1865, il fut nommé professeur de gymnase à Spoleto ; en 1875, chargé de l'enseignement de l'histoire dans l'Institut technique de la même ville ; en 1876, de l'enseignement de la littérature tout en continuant la direction du gymnase et son enseignement dans la cinquième classe ; en 1880, de l'enseignement de l'éthique civile dans le même Institut. Sur la proposition des professeurs Flores et Fiorentino de l'Université de Naples, M. Ardito fut autorisé à l'enseignement de la littérature italienne à l'Université. Mais rappelé par ses affaires de famille à Nicastro, depuis quelques années, il n'a plus quitté sa ville natale. Parmi les publications de ce critique éminent et poète distingué, outre deux manuels pour les écoles, « Antologia greca » ; Foligno, 1866, en collaboration avec le prof. Tallarigo ; « Versificazione italiana e latina », Naples 1874 ; on doit surtout citer et recommander une foule de « Saggi critici e letterarii », éparpillés dans les revues : *Le Marche e l' Umbria*, la *Rivista Contemporanea*, la *Rivista Europea*, il *Giornale Napoletano*, etc., et qui forment, réunis, un volume de 600 pages ; « Poesie e versioni poetiche » ; Spoleto, 1869 ; « Poesie di Giovanni Pontano » ; traduites du latin, Naples, 1878 ; « Artista e critico, Corso di studii letterarii » ; Naples, 1880 ; « Giuseppa Maria Guacci-Nobile », large étude critique et biographique.

Ardizzone (Jérôme), poète italien, né en 1824, à Palerme. Il dirige depuis 1862, le *Giornale* *di Sicilia*. Il a traduit en sicilien Anacréon et Sapho; en italien, des poésies de Simonide, Catulle, Byron, Disraeli, Moore, Hood, Musset, le Cantique des Cantiques, et des poésies arabes. En 1869, ont paru deux de ses nouvelles en vers. En 1879, il publia: « Un mistero di convento »; « Amalia »; un vol. de « Canti », et un recueil d'articles littéraires et critiques; en 1881, « I nostri tempi, sermoni e nuove liriche»; en 1887, un roman: « Due Amori ». Dans sa première jeunesse, il avait fondé, à Palerme, le journal littéraire: *L' Osservatore*.

Ardizzone (Mathieu), poète et critique italien, frère du précédent, né en 1829 à Palerme, professeur à l'Université. Parmi ses écrits, on signale: « Il pianto di Rachele e il Trionfo di Costantino »; chants, 1852; « Poesie edite ed inedite » 1862; « Dell'immaginazione » deux chapitres, 1869 : « Del senso e dell'immaginazione e delle loro attinenze coll'allucinazione e col sogno »; 1872; « Sull' importanza della letteratura latina e sul come debbe essere insegnata » 1874; traduction en octaves du poème de Lucain « De Farsalia » 1875; « Crispus et Fausta poema, liber primus » 1876; « Saggio di poesie straniere e di versioni da idiomi stranieri » 1876; « Studii letterarii » 1876; « Studii su Catullo, Tibullo e Properzio » 1876 ; « Studii sull' *Eneide* di Virgilio » 1876; « Del Teatro Greco e delle sue Relazioni col Teatro Latino » 1877; « Del ridicolo e degli aspetti che assume nell'arte e nella letteratura » 1877; « Le esequie di Vittorio Emanuele » poème, 1878, etc.

Ardizzoni (Gaetano), poète italien, né à Catane en 1837. On a de lui « Armonie popolari »; « le Rose Bianche »; « Voci dell'anima »; « Maria »; « Sogni »; « Canti » Catane, 1866; « Ore perdute, nuovi canti » Catane, 1872. La manière de Mr Ardizzoni rappelle tantôt celle de l'Aleardi, tantôt celle de Prati, mais ce qui forme sa caractéristique particulière c'est un sentiment de tristesse qui semble inspirer toutes ses compositions. M. A. est l'un des rédacteurs de la *Gazzetta di Catania*.

Ardouin du Mazet (Victor-Eugène), journaliste français, né à Vizille (Isère) en 1852, rédacteur en chef du journal la *Charente*. On a de lui : « La question de l'Ouest. Étude sur la frontière entre le Maroc et l' Algérie » 1876 ; « Le Rhône navigable de Genève à la Méditerranée » 1878; « Études algériennes; l'Algérie politique et économique » 1882; « Le 1er Corps d' armée et les manœuvres de 1885 ».

Arenal (Conception), femme de lettres et poète espagnole, a publié, en 1878, la deuxième édition de ses « Estudios penitenciarios » et un Mémoire sur « las Colonias penales de Australia y la pena de Deportacion » qui fut couronné par l'Académie espagnole. Nous connaissons aussi par la traduction italienne son « Manuale del Visitatore del Povero di Donna Concetta Arenal de G. Carrasco, tradotto in italiano da M. P. Coen » Venise, 1868.

Arène (Jules), consul de France et littérateur français, né à Sisteron (Basses Alpes) en 1850. Parti pour la Chine à l'âge de seize ans, il a rempli d'abord, à Pékin, les fonctions d'élève interprète. Il est revenu à Paris avec le grade de Chancelier, après douze années de séjour en Chine. Il en a rapporté un livre curieux intitulé: « La Chine familière et galante » 1875, Charpentier éditeur, qui contient des détails fort curieux et très intéressants sur les mœurs des Chinois et surtout des Chinoises. On y trouve, indépendamment de quelques chansons ou nouvelles, quatre comédies : « le Bracelet », « le Débit de Thé de l'Arc de fer », « la Marchande de fard », et « la Fleur Pâle enlevée ». Vice-Consul à Suze, capitale du Sahel Tunisien, il a été, aux débuts de l'occupation française, un des meilleurs collaborateurs de Mr Cambon. Mr Jules Arène est aujourd'hui Consul de France à Algeziras en Espagne.

Arène (Paul), frère du précédent, poète et homme de lettres français, né à Sisteron (Basses Alpes) le 26 juin 1843. Après avoir terminé ses études au collège de sa ville natale, il suivit les cours de la faculté des lettres d'Aix et, pourvu de son diplôme de bachelier, il devint maître d'étude au Lycée de Marseille où il resta un an. Reçu licencié ès-lettres, Mr Arène alla à Paris occuper une place semblable au Lycée de Vanves. Vers cette époque (1865), il donna au Théâtre de l'Odéon une comédie en un acte: « Pierrot héritier », publiée la même année chez Lévy frères et qui eut le plus vif succès. Il quitta dès lors l'enseignement officiel et écrivit beaucoup de vers dans les revues littéraires tout en donnant des leçons de franç .is pour vivre. En 1870, il publia son premier roman: « Jean des Figues », Bruxelles, Lacroix et Verboeckhoven. En 1873, il fit jouer à l'Odéon, en collaboration avec Valéry Vernier, un à-propos en un acte, en vers : « Les Comédiens errants », qui réussit et qui fut publié la même année à Paris chez Lemerre. Il donna seul au théâtre de la Tour d'Auvergne la même année: « Le Duel aux Lanternes », petit acte en vers. En 1875, il fit jouer au Théâtre français avec Charles Monselet: « L'Ilote », comédie en un acte en vers, publiée la même année chez Tresse à Paris. L'année suivante, il publiait chez Charpentier un volume de Récits provençaux qui sous le titre de: « La Gueuse parfumée », contient quatre nouvelles: « Le Tor d'Entrays »; « Le Clos des âmes »; « La Mort de Pan »; « Le Canot des six capitaines », et dont une nouvelle édition a paru, en 1884, chez Lemerre. Parmi ses pièces de théâtre rappelons encore: « Le Char », opéra-comique en un acte, en vers libres, en collaboration avec Alphonse

Daudet, musique d'Émile Passard, Paris, Charpentier, 1878; et le « Prologue sans le savoir », à-propos musical en un acte, en collaboration avec Henri d'Erville, musique d'Alma Rouch ; parmi ses autres ouvrages, nous citerons : « La Vraie tentation de Saint-Antoine, contes de Noël », Paris, Charpentier, 1879; « Au bon soleil, contes provençaux », Paris, Charpentier, 1881; « Paris Ingénu », Paris, Charpentier, 1882; « Vingt jours en Tunisie (août 1852) », Paris, Lemerre, 1884; « Mobilier scolaire », poésie, Paris, Lemerre, 1886; « Le Coup de Feu », dans le 1er vol. des *Contes de Gil Blas*, Paris, Marpon et Flamarion, 1887; « Contes de Paris et de Provence », Paris, Lemerre, 1888. Mr Arène a collaboré à plusieurs journaux, entre autres, au *Masque*, à l'*Éclair*, au *Nain Jaune*, au *Figaro*, au *Corsaire*, au *Petit Journal*, à l'*Évènement*, au *Journal du Cigalier*, à la *Tribune* et au *Progrès Libéral* de Toulouse. On a de lui des vers parodiques dans le *Parnassiculet contemporain*, édité par Julien Lemer en 1866, 2me éd. librairie centrale, 1872. On lui doit encore, dans le *Tour de France* un « Voyage à Avignon et dans le Comtat ». Mr Paul Arène est aussi un poète provençal distingué; il est rédacteur à ce titre de l'*Armana prouvençau*, qui s'imprime chaque année à Avignon.

Arentzen (Chrétien), littérateur danois, né le 10 novembre 1823 à Copenhague où il fit ses études et reçut en 1833 la maîtrise en philosophie et en esthétique ; plus tard, il voyagea en Islande et plusieurs fois en Italie, qui avait sur lui un attrait particulier. Il enseigna pendant quelque temps à l'école métropolitaine et y fit même des lectures publiques; mais, maintenant, pensionné par le gouvernement, il vit tout entier pour ses études. Il a publié plusieurs recueils de ses poésies lyriques, entre autres : « Digtsamling », 1861 ; et deux drames « Gunlög Ormetunge », 1852, et « Knud den Hellige ». Mais la renommée qu'il a justement acquise repose surtout sur ses travaux d'histoire littéraire, parmi lesquels est surtout digne de note: « Baggesen og Oehlenschlaeger », 8 vol. 1870-78. A l'occasion du centenaire de Oehlenschlæger qui fut solemnisé à Copenhague dans l'hiver de 1879, il écrivit : « Oelenschlaeger. Literaturhistorisk Livsbillede », 1879, qui lui valut l'ordre du Danebrog. Sa : « Nordisk Mythologi », en est à sa troisième édition.

Arenz (Charles), littérateur allemand, né en 1828 à Remagen, sur les bords du Rhin, étudia à Bonn, débuta comme instituteur à l'école technique de Düsseldorff, puis il devint professeur de science commerciale à l'Athénée commercial de Maestricht (Hollande) ; en 1854, il passa à l'Institut commercial de Leipsick, et en 1856, il devint directeur de l'Institut Supérieur de Prague qu'il eut le mérite d'organiser: nous citerons de lui : « Le livre de l'artisan » Düsseldorf, 1849; « Exemples de lectures allemandes pour les écoles hollandaises », Amsterdam, 1854; « Catéchisme de la législation autrichienne, concernant les changes », Leipsick, 1854; 2e éd., 1858 ; « Les voyages dans l'intérieur de l'Afrique », Leipsick, 1857. Il traduisit aussi en allemand plusieurs romans de Henri Conscience, le célèbre romancier flamand.

Areschoug (Johan Erhard A.), botaniste suédois, né le 16 septembre 1811 à Göteborg; en 1829, il se rendit à l'Université de Lund pour y faire ses études, en 1838 il était reçu *magister philosophiae*, l'année suivante docent de botanique; maître au gymnase de Göteborg en 1841, adjoint à la chaire d'économie pratique à l'école supérieure de Upsala en 1849, professeur de botanique en 1858, chaire à laquelle l'année suivante il ajoutait celle d'économie pratique. Avant d'avoir pris ses degrés, M. A. initiait la série de ses publications par : « Anteckningar under en botanisk utfart i Bohusläns Skägard 1835 » publié dans la *Physiografiska Sällskapets Tidskrift* de Lund, I vol. année 1837. Parmi ses ouvrages, nous rappellerons : « Plantae cotyledoneae florae gothoburgensis » 1836; « Symbolae algarum rariarum florae scandinavicae » 1838 ; « Iconographia phycologica » 1847; « Phycearum minus rite cognitarum pugillus » et deux articles insérés dans le *Linnaea* de M. D. F. L. von Schlechtendal à Berlin, le premier dans le XVI vol. année 1842, le second dans le XVI vol. 1845; « Phycearum, quae in maribus Scandinaviae crescunt enumeratio » dans les *Nova Acta Regiae Societatis Scientiarum Upsaliensis*, vol. XIII, XIV année 1847 et réimprimé plus tard sous le titre « Phyceae scandinavicae marinae » 1850; « Phyceae extraeuropeae exsiccatae 1850-56 »; « Lärobok i Botanik » 1860-63; « Observationes phycologicae » 1866 et 1874-75; « Algae Scandinaviae exsiccatae » 1840-41, 2me éd. 1861-79. A ces œuvres, il faut ajouter une foule d'articles et de mémoires épars dans plusieurs Revues, Actes académiques, etc. Parmi ceux qui ont reçu le plus souvent les communications de Mr Areschoug nous citerons outre les trois susmentionnés : *Botaniska Notiser* de A. E. Lindblom, Lund 1841-46; et l'*Ofvergist of Köngl. Vetenskaps Akademiens Förhandligar* de Stockholm.

Areschoug (Frédéric-Vilhelm-Khristian), cousin du précédent et botaniste comme lui, né en 1830, depuis 1879 professeur de botanique à l'École supérieure de Upsala. On a de lui : « Botanikens elementer » 1863, 2me éd., 1869 ; « Skanes flora » 1866, 2 éd., 1881; « Bidrag till den skandinaviska vegetationes historia » (s. d.): une édition augmentée de l'ouvrage de Mr de Dubens *Handboch i växtrikets naturliga familjer*, 1870; « Läran om växterna » 1878, ainsi qu'un grand nombre de mémoires purement scientifiques de géographie botanique et d'anatomie botanique. Mr A. qui est membre de l'Académie des sciences depuis 1876, a publié aussi plusieurs articles dans le « *Forhändligar vid det af Skandinaviska Naturforskare och Läkare hallna Möthe i Gotheborg* publié tour à tour à Gotheberg, Copenhague, Stockolm et Christiania et dans le *Ofnergist of Kongl. Vetenskaps Akademiens Förhandligar* de Stockolm. Dans le XIX vol., année 1865, de cette publication, on trouve de lui « Adnotationes criticae de specibus nonnullis generis Rumex ».

Argles (Mistress), romancière anglaise dont les œuvres sont aussi appréciées que sa vie est obscure. Elle paraît avoir pris pour devise *bene vixit qui latuit*. Tout ce que nous pouvons, pour le moment, dire d'elle, c'est qu'elle a publié un roman, sans nom d'auteur « Molly Bawn » qui traduit en français, en 1882, par Mme Ambroise Tardieu et publié par la maison Hachette a eu un certain succès. Plus tard, elle publia un nouveau roman « Portia » toujours sans nom d'auteur, et avec cette simple mention : *par l'auteur de Molly Bawn*, ce nouveau livre traduit par Mr C. Diau et publié chez Hachette en 1885 n'a pas été moins heureux que son devancier. Un troisième roman « A Modern Circe » en 2 vol. a été imprimé dernièrement dans la *Collection of British Authors* que publie à Leipsick Mr Tauchnitz et dans laquelle avaient déjà paru les romans suivants du même auteur: « Molly Bawn » 2 vol.; « Mrs. Geoffrey » 2 vol.; « Faith and Unfaith » 2 vol.; « Portia » 2 vol.; « Loys, Lord Berresford, etc. » 1 vol.; « Phyllis » 2 vol.; « Rossmoyne » 2 vol.; « Doris » 2 vol.; « A Maiden all Forlorn, etc » 1 vol.; « A Passive Crime » 1 vol.; « Green Pleasure and Grey Grief » 2 vol.; « A Mental Struggle » 2 vol.; « Her Week's Amusement » 1 vol.; « Lady Branksmere » 2 vol.; « Lady Valworth's Diamonds » 1 vol.

Argyll (Georges Douglas Campbell, 8me duc d'), pair d'Angleterre, né le 30 avril 1823 à Ardencaple-Castle (Dumbartonshire), descend de l'illustre famille écossaise des Campbell, élevés au rang de ducs d'Argyll en 1701, et à la pairie héréditaire en 1716. N'étant encore que marquis de Lorne, il s'était fait remarquer comme publiciste dans la controverse de l'église presbytérienne d'Écosse sur le patronat et il venait à peine d'achever ses études en 1842, lorsqu'il publia : « A letter to the Peers from a Peer's son » toujours au sujet des conflits religieux de l'église d'Écosse. Dans la même année, il publia: « A letter to the Rev. Thomas Chalmers, D. D. on the Present position of Church affairs in Scotland, and the causes which have led to it », dans laquelle, tout en soutenant le droit de l'église de se donner à elle-même des lois, il condamne le mouvement de l'église libre. La même question est traitée à un point de vue plus élevé dans l'ouvrage intitulé : « Presbitery Examined » 1848; après avoir exposé à grands traits les progrès de cette communion en Écosse depuis la Réforme, il se prononce vivement contre toute tentative de hiérarchie ecclésiastique. En 1847, il succéda à son père à la Chambre des Lords, où il siégea toujours avec les libéraux, et où il prit un rang considérable, grâce à la variété de ses connaissances. Nommé lord du sceau privé en 1852 dans le Cabinet de Lord Aberdeen, il reçut du ministère Palmerston la charge de directeur général des postes (novembre 1855), dont il se démit en 1858 ; l'année suivante, il redevint lord du sceau privé. Shérif héréditaire du comté d'Argyll, il en a été nommé lord lieutenant en 1862. Appelé en 1853 aux fonctions de conseiller privé, en 1851 à celles de chancelier de l'Université de Saint-André (Écosse), et en 1854 à celles de recteur de l'Université de Glasgow, il fut reçu docteur ès-lettres à Cambridge en 1862. Lors de la formation d'un ministère libéral par M. Gladstone, en décembre 1868, le duc d'Argyll fut nommé secrétaire d'État pour les Indes et garda son portefeuille jusqu'à la chute du cabinet en février 1874. Au retour de M. Gladstone au pouvoir, mai 1880, il fut nommé pour la troisième fois *Lord Privy Seal*, place dont il se démit dans l'avril de l'année suivante ne partageant pas les idées de ses collègues, à propos de l'*Irish Land Bill*. Outre un « Essai sur l'histoire ecclésiastique d'Écosse depuis la Réforme » 2^ms éd., Boston, 1849, on cite de lui : « L'Inde sous lord Dalhousie et Canning » Londres, 1865 ; « The Reign of Law » qui a eu l'honneur de plusieurs éditions ; « Primeval man ; an examination of some recent speculations » 1869 ; « Hist. and antiquities of Jona » 1870, illustration d'une île dont il est propriétaire; « The Eastern question, from the Treaty of Paris to the Treaty of Berlin, and to the second Afghan War » 2 vol., 1879 ; « The Unity of Nature » 1884, traité sur la philosophie de la religion qui fait suite au *Règne de la loi* ; son dernier ouvrage est un essai : « The progress of the Highlands » 1886; et une foule d'articles et d'essais dans le *Contemporary Review*. De son mariage avec la fille aînée du duc de Southerland, le duc d'Argyll a eu neuf enfants, dont l'aîné Georges Édouard Henry Douglas Southerland marquis de Lorne, ancien gouverneur du Canada, a épousé le 21 mai 1871 le princesse Louise, quatrième fille de la Reine Victoria.

Aristarchis (A.), orientaliste grec, demeurant à Constantinople, où il a publié dans la *Revue de la Société littéraire* un travail considérable en grec moderne sur « la Chimie chez les Arabes ».

Aristo, pseudonyme de Mr MARCOTTI (V. ce nom) dans le *Fanfulla*.

Arloing (Saturnin), savant français, né vers 1850, docteur en médecine et ès-sciences, ancien professeur à l'école vétérinaire de Toulouse, actuellement professeur à la Faculté de médecine et à l'école vétérinaire de Lyon. On a de lui : « Recherches expérimentales comparatives sur l'action du chloral, du chloroforme et de l'éther avec applications pratiques », thèse de doctorat en médecine, 1879 ; « Poils et ongles, leurs organes producteurs », thèse du concours d'agrégation, 1880 ; « Le charbon bactérien, pathogénie et inoculation préventive », 1883, mémoire écrit en collaboration avec MM. Cornevin et Thomas et couronné par l'Académie des sciences. Toujours en collaboration avec les mêmes, Mr A. présentait en 1885 au deuxième Congrès national des vétérinaires de France un « Rapport sur les mesures de police sanitaire à appliquer au charbon symptomatique ». Reprenant maintenant l'énumération des ouvrages publiés par Mr Arloing seul, nous citerons : « Des relations de la Société d'agriculture et de l'école vétérinaire de Lyon », 1885 ; « Appareil simple destiné à mesurer la quantité totale d'acide carbonique exhalée par les petits animaux », 1885 ; « L'enseignement de la physiologie dans les facultés des sciences », 1885 ; « Sur quelques points de l'action physiologique de la cocaïne », 1885 ; « Influence de la lumière blanche sur le développement du bacillus antracis », 1886.

Armandi (Jean-Innocent), publiciste et avocat italien, professeur d'économie politique et de droit commercial à l'Institut Amédée de Savoie, à Turin ; président du Comité de la presse dans la même ville, né en 1848 à Alexandrie. Il fit ses études à Asti et à Turin, où, en 1870, il fut reçu docteur en droit. Dans cette ville, il collabora dans plusieurs journaux. Il débuta dans le journal humoristique : *Il Fischietto* ; sous le pseudonyme-anagramme de *Longino Dinamar*, il publia un volume de vers dans le goût de Parini ; avec MM. Govéan et C. Mariotti, il fonda un nouveau journal : *Il Papà Camillo*, et, ensuite, avec le concours de plusieurs artistes, *L'Album Artistico*. Il a été rédacteur en chef du journal : *Il Risorgimento*, et il continue à envoyer des lettres à la *Perseveranza*. On lui doit la fondation du Circolo Enofilo Subalpino, et les écrits dont suit le titre : « Un saggio sul buon genere » ; « Niobe, storia d'amore », qui compte déjà trois éditions : « Guida illustrata di Torino e dell' esposizione del 1884 » traduite en français ; « Le confessioni di un'Educanda » ; « Guida illustrata del Canavese » ; « Il piedino della donna » comédie ; des contes pour les enfants, des nouvelles, des articles critiques, etc.

Armengaud (Jacques-Eugène dit Armengaud aîné), dessinateur, professeur de dessin linéaire au Conservatoire des arts et métiers de Paris, né à Ostende, de parents français, en 1810. Elève de l'école des arts et métiers de Châlons, il en sortit en 1830 ; puis il suivit les leçons de M. Leblanc, professeur de dessin pour les machines au Conservatoire des arts et métiers et à sa mort il lui succéda dans sa chaire qu'il a occupée pendant de longues années. A partir de 1851, il a publié avec son frère Charles, son collaborateur ordinaire, le *Génie industriel, revue des inventions françaises et étrangères*, recueil paraissant une fois par mois qui a duré de 1851 à 1870 (20 années, 40 vol.). Enfin il a ouvert un cabinet d'ingénieur-conseil pour les questions relatives aux brevets d'invention. Nous citerons de lui : « l'Industrie des chemins de fer, ou Dessins et description des principales machines » 1839, en collaboration avec son frère Charles, et « Traité théorique et pratique des moteurs hydrauliques à vapeur » 1843, ouvrage qui a été refondu en deux ouvrages nouveaux : « Traité théorique et pratique des moteurs hydrauliques » 1858, et « Traité théorique et pratique des moteurs à vapeur » 1860-63, 2 vol. « Réponse à Boquillon et à Mr Gaultier de Claubry au sujet de l'application des lentilles de verre sur les chaudières closes » 1847 ; « Nouveau cours raisonné de dessin industriel appliqué à la mécanique et à l'architecture » 1848, réédité en 1860 en collaboration avec Charles Armengaud et Amouroux ; « Études d'ombre et de lavis appliquées aux machines et à l'architecture » 1849, avec les mêmes ; « Instructions pratiques à l'usage des inventeurs » 1859, avec Mathieu ; « le Vignole des mécaniciens » 1865 ; « les Progrès de l'Industrie à l'Exposition universelle de 1867 » 1868, avec son fils Mr Eugène Armengaud ; « Notice biographique de J.-J. Amouroux » 1870 ; « Production industrielle du froid par la détente des gaz » 1873 ; Mr Armengaud a entrepris aussi la publication d'une série de Manuels dits « Manuels Armengaud aîné » dont deux ont déjà paru « Metallurgie » et « Éclairage électrique ». Nous réservons pour la fin le grand ouvrage fondé en 1840 par M. A. père. « Publication industrielle des Machines, outils et appareils les plus perfectionnés et les plus récents employés dans les différentes branches de l'industrie française et étrangère », ouvrage colossal dont le 31me vol. (texte et atlas) est sous presse au moment où nous écrivons.

Armengaud (Charles), dit Armengaud jeune, ingénieur français, frère du précédent, né à Ostende en 1813. Il suivit les cours de l'École des arts et métiers de Châlons, d'où il sortit en 1833 ; puis il s'occupa de dessin industriel et collabora à plusieurs ouvrages de son frère. M. Charles Armengaud est professeur à l'école spéciale de commerce, membre de la Société des ingénieurs civils et membre du Conseil municipal de Paris et du Conseil général de la Seine, où il représente un des quartiers les plus industriels de Paris, celui de la Porte Saint-Martin. A l'exemple de son frère, M. Charles Armengaud a ouvert un cabinet de consultation pour les brevets d'invention. Outre les ouvrages publiées en collaboration avec son frère et que nous avons cités plus haut, on lui doit : « Cours de dessin linéaire appliqué au dessin des machines » 1840; « Guide manuel de l'inventeur et du fabricant, répertoire pratique et raisonné de la propriété industrielle en France et à l'étranger » 1840, souvent réédité; « l'Ingénieur de poche » 1855; avec Émile Bartet : « Formulaire de l'ingénieur constructeur » 1858; etc. M. Armengaud a pris pour devise les mots : *Sois utile.*

Armingaud (J.), archiviste et historien français, né vers l'année 1840, élève de l'École normale de Paris, se dedia particulièrement aux études d'histoire italienne. Il fit plusieurs voyages en Italie, dans un desquels il recueillit les éléments pour une monographie sur Cosme le Vieux qu'il publia dans les *Séances et travaux de l'Académie des sciences morales et politiques,* de 1876, sous le titre: « Cosme de Medicis et sa correspondance inédite ». Parmi ses publications, nous citerons: « La Vénétie en 1864 » publiée sans nom d'auteur par la maison Hachette de Paris; « La Maison de Savoie et les Archives de Turin », etc. — En 1883, la Maison Lemerre de Paris publia un volume de vers: « Consonances et dissonances » dû à un M. Jules Armingaud, violoniste et compositeur, né à Bayonne, en 1820.

Arminjon (Victor), marin italien, né à Chambéry (Savoie) vers 1825. Il fit de brillantes études à l'Académie navale de Gênes et il fut dès le commencement de sa carrière considéré comme un officier rempli d'avenir. Avant la guerre de 1859, il travailla à l'invention d'une étoupille pour obus qui eut un certain retentissement même dans les marines étrangères. Après le traité du 24 mars 1859 qui céda la Savoie à la France, M. Arminjon passa au service français; mais en 1861, M. de Cavour le rappela au service italien avec le même grade de lieutenant de vaisseau et lui confia la direction de l'École des artilleurs de marine, école dont il est pour ainsi dire le créateur. En 1865, la *Magenta,* commandée par M. Arminjon, fit le premier voyage de circumnavigation accompli par un navire de la marine royale italienne. En cette occasion, M. Arminjon négocia et conclut des Traités de commerce avec la Chine et le Japon. De retour de ce voyage, il publia : « Il Giappone e il viaggio della corvetta *Magenta* nel 1866; coll'aggiunta dei trattati del Giappone e della China e relative tariffe » Gênes, 1869, avec une carte, qui était à cette époque un des ouvrages les plus complets sur ce pays, alors bien moins connu qu'aujourd'hui. Vers 1875, M. Arminjon prit sa retraite avec le grade de contre-amiral et se retira à Gênes, où il fut élu Conseiller Municipal; prenant alors parti dans les questions qui partageaient cette ville, M. Arminjon publia: « Le elezioni amministrative e il dissesto economico del Comune di Genova », Gênes, 1878. M. Arminjon a écrit aussi plusieurs monographies sur des arguments maritimes et historiques dans la *Rassegna Nazionale* de Florence : « Elementi della guerra marittima e difesa delle coste d'Italia » Février 1881; « La tattica navale » Avril 1882; « Maris imperii obtinendum » Septembre 1882; « la Marina militare e i suoi rapporti colla difesa d'Italia » 1883, etc.; et dans la *Rivista Marittima* de Rome : « Le àncore delle navi da guerra e mercantili » 1878; « Sistema militare della Cina » 1881. Citons encore de lui un ouvrage d'un caractère absolument technique: « Elementi di attrezzatura e di manovra delle navi ad uso degli allievi della R. Scuola di marina » Gênes, 1875.

Armstrong (Georges-François) né à Dublin le 5 mai 1845, reçut sa première éducation à Dublin et à Jersey; en 1862, il fit un long voyage à pied en France avec son frère aîné, le poète Edmond Armstrong. Dans la même année, il prit ses degrés à l'université de Dublin et en 1865 il remporta le prix du Vice-Chancelier pour son poème sur la « Circassia. » Il succéda à son frère défunt comme président de la société philosophique, et obtint deux fois la médaille d'or pour ses compositions. En 1869, il publia un volume de poésies lyriques et dramatiques, et en 1870 la tragédie « Ugone » écrite en grande partie pendant son séjour en Italie. En 1871, il fut promu professeur d'histoire et de littérature anglaise au Collège de la Reine à Cork, et professeur à l'université de Dublin. En 1872, il publia « King Saul » première partie de sa *Tragédie d'Israël,* et de nouvelles éditions de ses poésies lyriques et dramatiques et d'« Ugone ». En 1874, parut « King David » deuxième partie de la *Tragédie d'Israël;* et en 1876 « King Salomon » qui compléta la trilogie. En 1879, M. Armstrong publia « Life and Letters » de son frère Edmond, avec un volume de ses « Essays » et une nouvelle édition de ses « Poetical Works ». Dans le printemps de 1882, il publia encore un volume de poésies « A Garland from Greece » fruit de ses voyages en Grèce et en Turquie ; et en 1886 un nouveau volume de poésies sous le titre « Stories of Wicklow ».

Arnaboldi (Alexandre), l'un des plus remarquables poètes italiens de nos jours. Dans ses compositions poétique la grâce des images ne le cède en rien à la délicatesse des sentiments. Il est né à Milan le 19 novembre 1827, mais il demeure habituellement dans une de ses terres, à Bosisio, la patrie du célèbre poète Parini. Il n'avait que vingt ans, quand on éleva a Bosisio un monument à Parini. Il débuta alors par une ode, dans le style du grand poète, que celui-ci n'eut peut-être pas désavouée. Après avoir achevé à Pavie son droit, il entra dans l'administration, ne donnant plus à son inspiration poétique que les rares loisirs que lui laissaient ses occupations officielles. On fut donc bien étonné en 1872, lorsque l'éditeur Carrara publia un volume de ses « Versi » et l'illustre Dall'Ongaro le salua avec enthousiasme grand poète; six ans après, Vernon Lee le présentait dans la *Quarterly Review* avec un article plein d'admiration, et son frère Eugène Lee-Hamilton traduisait en anglais plusieurs de ses poèmes. Après la mort de ses parents, en 1873, Mr Arnaboldi se retira à la campagne et voyagea, se livrant tout entier à son inspiration. Après la publication de son premier volume, il donna encore quelques vers aux journaux et aux revues et un article critique intitulé: « I poeti d'azione » dans la *Strenna del Nipote del Vestaverde* publiée à Milan en 1884, par l'éditeur Vallardi. MM. Dumolard, éditeurs, nous promettent, dans le courant de cette année, un second volume de Mr Arnaboldi, qui contiendra environ cinq mille vers, et sera partagé en trois livres: I. « Magna Grecia e Sicilia », une suite de descriptions et de paysages qui forment presqu'un seul poème; II. « Varie » harmonies et méditations; III. « Traduzioni », poésies traduites de l'anglais et de l'allemand.

Arnao (Antoine), poète lyrique espagnol, membre de l'Académie de Madrid. Il a publié plusieurs volumes de poésies en grande partie mystiques et sentimentales. C'est un poète harmonieux et élégant. Ses recueils poétiques ont pour titre: « Échos, Hymnes et Soupirs »; « Chants castillans »; « La voix du croyant »; « Un bouquet de pensées »; il a écrit aussi un Roman en vers: « Le Centurion », et plusieurs drames lyriques parmi lesquels: « Don Rodrigue » est le plus notable.

Arnason (Jean), écrivain islandais, fils d'un pasteur protestant, né à Hof, sur la Côte septentrionale de l'Islande, le 7 août 1819. Il perdit de bonne heure son père; il reçut sa première instruction de sa mère, et il poursuivit ses études dans le Collège de Bessestad, dans ce temps-là la seule école de toute l'Islande. Le recteur du Collège, Seveinbjörn Egilsson l'engagea ensuite comme précepteur dans sa propre famille. Mr Arnason a étudié à fond la langue et la littérature islandaise, ainsi que les langues classiques. En 1849, il fut nommé conservateur de la Bibliothèque de Reykiavik; en 1856, secrétaire de l'Évêque de l'Islande. Il publia plusieurs biographies, entr'autres, celle de son ami le docteur Egilssohn. En société avec Mr Grimson, il donna un petit recueil de contes fantastiques et aventures islandaises, sous le titre de: « Islensk Aefintyri », dont plusieurs ont été traduites en anglais et font partie, comme supplément, des Esquisses de Symington, publiées en 1862. Mais sa renommée est surtout fondée sur les « Contes et Aventures populaires islandaises », recueil publié à Leipsick, 1862-64, traduit en partie en anglais, et publié par Mrs Powell et Magnasson sous le titre de « Légendes Islandaises », 1864. Dans les dernières années, Mr Arnason a réuni une série de devinettes, épigrammes, proverbes, anecdotes burlesques et autres matériaux semblables du *folk-lore* islandais qui se publient actuellement à Copenhague. On lui doit aussi plusieurs brochures qui intéressent la bibliographie de l'Islande.

Arnaud (Alexandre), agronome, architecte et publiciste italien, professeur à l'institut technique de Côni, né à Caraglio (prov. de Côni) en 1830. Il dirige *Il Coltivatore Cuneese* et *La strenna del coltivatore*; on a encore de lui des: « Conversazioni scientifiche » Côni, 1881, Mondovi, 1885; et des traités d'hydraulique, qui appelèrent sur l'auteur l'attention du gouvernement espagnol qui lui envoya les insignes de commandeur de l'ordre d'Isabelle.

Arnaud (François-Eugène), écrivain français, pasteur et théologien réformé, né à Crest (Drôme), le 18 octobre 1826. Son père aussi était pasteur. F.-E. après avoir étudié aux facultés de Genève et de Strasbourg (1845-50), fut nommé, en 1853, pasteur aux Vans (Ardèche) où il resta jusqu'en 1865. Dans cette dernière année il passa, dans la même qualité, à Crest, sa ville natale, et en 1876 il y fut nommé président du consistoire. Mr Arnaud, qui est l'un des chefs du parti orthodoxe synodal, fut nommé, en 1882, président du Comité d'administration de l'école préparatoire de théologie de Tournon (Ardèche). Parmi ses ouvrages, on cite: « Recherches critiques sur l'Épître de Jude », ouvrage couronné et traduit en anglais, Paris et Strasbourg, 1851; « Le Nouveau Testament de notre Seigneur Jésus-Christ, version nouvelle faite sur le texte comparé des meilleures éditions critiques », Paris, 1858, version adoptée par la société biblique de Paris; « Commentaire sur le Nouveau Testament » en 4 vol., Paris, 1863; « Le Pentateuque mosaïque défendu contre les attaques de la critique négative », Paris et Strasbourg, 1865; « Découverte d'Abydos », Nîmes, 1866; « Coup d'œil général sur les langues sémitiques », Paris, 1865; « Caractère spécial de la poésie hébraïque », Nîmes, 1867; « La Mer Morte », Nîmes, 1867; « La Palestine ancienne et moderne, ou Géographie historique et physique de la Terre-Sainte », Paris et Strasbourg, 1868; « L'Académie protestante de Die en Dauphiné, au XVII siècle » 1870; « Histoire des Protestants du Dauphiné au XVI, XVII et XVIII siècles », Paris, 1871-77 en trois vol., (épuisée); « Recueil de formulaires liturgiques pour les ensevelissements », Toulouse, 1879; « Histoire des Protestants de la Provence, du Comtat Venaissin et de la Principauté d'Orange » 1882, 2 vol. « Nouveau Recueil de formulaires liturgiques pour les ensevelissements », Paris, 1884; « Carte du Dauphiné avant le traité d'Utrecht de 1713 »; « Doux médailles de la Saint-Barthélemy » 1884; « Notice historique sur les deux Catéchismes officiels de l'Église Réformée de France, Calvin et Osterwald », Paris, 1885; « Actes du premier synode du Dauphiné du XVIII siècle » Paris, 1885; « Histoire et description de la Tour de Crest en Dauphiné », Paris, 1886; sous presse; « Histoire des protestants du Vivarais et de Volay, pays de Languedoc, de la Réforme et de la Révolution », en 2 vols. M. Arnaud est membre de plusieurs sociétés savantes.

Arnaudo (J. B.), né en 1858 à Limone (province de Côni). Il étudia au Séminaire de Mondovì, et puis au gymnase et aux écoles techniques de Côni. Ses études finies, il entra comme clerc chez un notaire continuant toutefois à étudier les langues étrangères. Son talent et ses connaissances le firent bientôt remarquer et il fut nommé sous-bibliothécaire à Côni. Il quitta plus tard cette place pour se rendre à Turin où il entra à la *Gazzetta di Torino* comme rédacteur pour la politique étrangère. Deux ans après il passa en qualité de rédacteur en chef à la *Gazzetta Piemontese* où il est encore. C'est en écrivant dans ce journal qu'il a recueilli les matériaux pour son excellent ouvrage: « Il Nichilismo, come è nato, come si è sviluppato, che cosa è, che cosa vuole », qui, publié à Turin, eut deux éditions dans la même année 1879; en 1870, Mr Henri Bellenger en a donné à Paris, chez Dreyfous, une traduction française annotée et précédée de deux lettres adressées à l'auteur par Ivan Tourguéneff et Herzen fils. Mr Arnaudo qui a collaboré dans la *Rivista Subalpina*, collabore aujourd'hui encore dans la *Gazzetta Letteraria*. Citons encore de lui: « Torino nella vita pubblica », dans le *Torino* édité par Mrs Roux et Favale en 1881, et « Gli Italiani a Marsiglia », Turin, 1881.

Arnaudon (Jean-Jacques), chimiste et écrivain italien, beau-frère de feu le poète Prati, conseiller municipal, professeur de *merceologia* à l'Institut Technique *Germano Sommeiller* de Turin, né dans cette dernière ville, où son père était tanneur. Il étudia la chimie avec Sobrero, puis il entra dans l'armée et servit dans le génie et dans l'artillerie, où il fut attaché aux services de la poudrière et du laboratoire de chimie appliquée à la métallurgie dans l'Arsenal de Turin. Il fut un des ouvriers piémontais envoyés à Londres à la première Exposition Universelle de 1851. Rentré en Italie, il publia une « Relazione sui prodotti chimici e sulle materie coloranti ». Il fut un des promoteurs de la Société turinoise d'encouragement à l'industrie nationale et de la Société Chimique de Paris. Il visita l'Exposition de Paris (1855), avec une mission du gouvernement piémontais. En 1859, il fit une excursion en Angleterre et en Écosse pour y visiter les manufactures, les écoles et les musées. A la fin de l'année, il fut appelé à diriger les travaux chimiques dans l'Arsenal de Turin. Depuis 1862, il est professeur de *merceologia*, analyse technique et chimie appliquée à la tinturerie, à l'Institut Technique de Turin. Dans ses voyages à l'étranger, il avait réuni les éléments d'un Musée Industriel dont il a fait cadeau à sa ville natale. Déjà dans la première période de sa vie, Mr A. s'était fait connaître par des publications attenantes à sa science de prédilection: « Sulle materie coloranti della rubbia (*Rubbia Tinctorum*), e sopra un nuovo metodo di tintura delle stoffe a freddo », dans le *Nuovo Cimento*, Pise, VI vol., année 1857; « Osservazioni per servire alla storia del seme d'Ovala (*Opochala*), e sull'olio in essa contenuto », id., VIII vol., année 1858; « Ricerche sulla colorazione dei legni e studio sui legni d'amaranto », id., id., id.; « Apparecchio estrattore per il trattamento delle materie organiche con dissolventi successivi a diverse temperature », id., id., id.; « Saggi sul legno d'andromeno o palissandro violetto del Madagascar », id., id., id; « Nota sulla colorazione della resina di Guaico », id., id., id.; « Recherches sur un nouvel acide extrait du bois de taigu du Paraguay », dans les *Comptes-Rendus Hebdomadaires des Séances de l'Académie des Sciences de Paris*, vol. XLVI, année 1858, et « Recherches sur le bois d'amarante », id., vol. XLVII, année 1858. Dans le *Nuovo Cimento* de Pise, vol. VII, année 1858, on trouve aussi une note de MM. J. J. Arnaudon et Ubaldini: « Saggi per servire alla storia del Jatropha Curcas ». On a encore de lui: « Cenni sulla collezione di materie prime del commercio e dell'industria nella Esposizione Italiana del 1861 », Florence, 1861. En 1864, Mr Arnaudon publia, à titre d'essai, deux leçons de son cours de *merceologia*; en 1868, une description de son Musée industriel; à ces publications il faut ajouter un grand nombre de rapports, compte-rendus, etc., plusieurs articles dans l'*Enciclopedia agraria* sur les matières qui servent aux industries de la tannerie et de la tinturerie, etc. On a encore de lui: « Considerazioni sull'istruzione industriale e professionale », 1869; « Progetto di classificazione tecnologica », 1870; « Trattato sulle esposizioni industriali », 1870; « Sopra gli istituti tecnici ed il museo industriale », 1872; « Sull'abolizione del dazio comunale », 1872; « Istruzione, spettacoli e feste e di alcune cause dello scadimento delle nazioni », Forlì, 1872, ouvrage qui a été à juste titre remarqué; « Sui vini dannosi per colorazione artificiale », 1877; « Risparmio ed educazione. Discorso letto nella premiazione degli alunni delle scuole elementari di Torino », 1877; « Sull'utilizzazione dei residui della casa e della manifattura », 1888; « Alcune notizie sull'Indaco alle esposizioni mondiali », dans les *Annali della R. Accademia di Agricoltura di*

Torino, vol. XXII, année 1879; « Notizie sulla scuola speciale degli ufficiali del R. Esercito aspiranti alla carica di controllori nell' opificio di arredi militari e nei magazzini centrali militari di corpo d'armata », dans les *Annali del R. Istituto Tecnico Industriale e Professionale di Torino*, vol. 8, année IX (1879-80); « Dinamometro bilancia per misurare la resistenza e l'elasticità delle stoffe, pelli, carta », dans les *Annali del R. Istituto Tecnico Germano Sommeiller in Torino*, XII vol., 1883-84.

Arnese (Vincent), écrivain italien né à Naples, ancien officier dans l'armée italienne; il donna sa démission en 1863 pour aller servir dans les rangs des insurgés polonais où il obtint le grade de capitaine; revenu en Italie, il fit avec Garibaldi la campagne du Tyrol (1866) et celle de Mentana (1867). En 1869, ayant épousé Mme la comtesse Breza, sœur de Mr Vierzbinsky, député au Landtag prussien, il établit sa demeure à Uscikovo en Posnanie. Il contribua à la fondation d'un Club alpin à Cracovie, au centenaire de Copernic à Thorn, et au jubilée de Kraszewsky à Cracovie. Il a publié: « I Misteri della Corte di Roma », traduction du français, 1864; « État des lettres et des arts en Italie depuis le IV siècle jusqu'à nos jours », Posen, 1871; « Les Tatry dans les Carpathes » 1875; « Raphaël », Posen, 1879.

Arneth (Alfred, chevalier d'), historien autrichien, né à Vienne le 19 juillet 1819, est le fils de Joseph Calasanza, chevalier d'Arneth (né 12 août 1791, mort le 31 octobre 1863), connu lui-même par d'importants travaux sur l'histoire de l'art et les antiquités. Après avoir étudié le droit à Vienne, il entra aux Archives d'État et se tourna vers les recherches historiques. Ses travaux, accueillis avec faveur par la critique, lui valurent en 1858 le titre de sous-directeur des archives et dix ans plus tard celui de directeur. Dans les mouvements révolutionnaires de 1848, il avait été envoyé à l'Assemblée nationale constituante allemande par le district de Neukirchen qui l'élut, en 1861, membre du Landtag de la Basse Autriche et ensuite du Provincial. Appelé en 1869, comme membre à vie, dans la Chambre des Seigneurs du Reichsrath autrichien, il prit une part active aux débats célèbres sur les lois confessionnelles. M^r d'A. qui a été plusieurs fois président et vice-président de l'Académie des Sciences de Vienne est depuis le 30 décembre 1876 correspondant de l'Institut de France (sciences morales). Parmi ses travaux, facilités par sa situation aux Archives, nous citerons: « Leben des Kaiserl. Feldmarschalls Grafen Guido von Starhemberg », Vienne, 1853; « Prinz Eugen von Savoyen », 3 vol., Vienne, 1858-59 le premier, parmi les livres parus sur ce grand capitaine, qui ait été puisé aux sources. « Maria Theresia », 4 volumes, Vienne, 1869-70. La publication faite par Mr Feuillet de Conches dans *Louis XVI, Marie-Antoinette et Madame Elisabeth, lettres et documents inédits*, de plusieurs lettres faussement attribuées à la malheureuse fille de Marie-Thérèse, engagea M. A. à publier l'importante et authentique correspondance « Maria Theresia und Marie Antoinette. Ihr Briefwechsel während der J. 1770-80 », Vienne, 1865 2me éd. 1866. A compléter cette publication, l'auteur fit paraître: « Marie-Antoinette, Joseph II und Leopold II. Ihr Briefwechsel », Vienne, 1866; « Maria Theresia und Joseph II, Ihre Correspondenz sammt Briefen Joseph's an seinen Bruder Leopold », 3 vol., Vienne, 1867; « Joseph II und Catharina von Russland », Vienne, 1869; « Joseph II und Leopold von Toscana. Ihr Briefwechsel von 1781-90 », 2 vol., Vienne, 1872. En collaboration avec Mr M. A. Geffroy, directeur de l'École française de Rome, M. d'A. a publié aussi: « Marie-Antoinette. Correspondance secrète entre Marie-Thérèse et le comte Mercy d'Argentau, avec les lettres de Marie-Thérèse et de Marie-Antoinette », 3 volumes, Paris, 1874. A ces travaux, il faut ajouter aussi comme se rapportant à la même période historique deux ouvrages publiés à Vienne l'un, en 1875, sur la guerre des sept ans; l'autre en 1876-77 sur les dix-sept dernières années de le gouvernement de Marie-Thérèse et enfin: » Briefe der Kaiserin Maria Theresia an ihre Kinder und Freunde », Vienne, 1881, 4 vol. M. d'A. a publié aussi « Beaumarchais und Sonnenfels », Vienne, 1868; « Johann Christoph Bartenstein und seine Zeit », Vienne, 1872; et pour les *Fontes rerum Austriacarum*: « Die Relationen der Botschafter Venedigs über Oesterreich, in 18 Jahrh. », Vienne 1863.

Arnò (Valentin), physicien italien, docteur agrégé à la Faculté mathématique de l'Université de Turin depuis 1857; il a publié, sans tenir compte de sa thèse d'aggrégation: « Nuovo sistema di tastiera e musicografia » Turin, 1860; « Schiarimenti sopra un nuovo sistema di cembalo presentato alla Esposizione italiana di Firenze » Turin, 1861; en collaboration avec l'ingénieur Angelo Bottiglia: « Relazione degli esperimenti istituiti sopra le Trebbiatrici a vapore »; nous citerons encore parmi ses derniers travaux: « Apparecchio di Thury e Leschot per provare la potenza lubificatrice dei liquidi » dans les *Annali del R. Istituto tecnico industriale e professionale di Torino*, IX vol., X année (1880-81); « Ergometro Farcò » dans les *Annali del R. Istituto tecnico Germano Sommeiller in Torino*, XII vol., 1883-84.

Arnold (Arthur), voyageur, jouurnaliste et homme politique anglais, né le 28 mai 1833 dans le comté de Sussex; de 1863 à 1866, il demeura dans le Lancashire en qualité de membre adjoint de la Commission, nommée par le gouvernement pour pourvoir aux misères créées par la crise des cotons dite en Angleterre *cotton famin.* A cette occasion, il publia « The History of the cotton famine ». Après deux ans de voyages successifs dans le midi et dans l'est de l'Europe et en Afrique, il publia des lettres descriptives sous le titre « From the Levant » en 2 vol. et prit la direction de l'*Echo* qui eut un grand succès, jusqu'en 1875, à laquelle époque ayant échoué dans ses efforts pour arriver au parlement, il quitta le journalisme et l'Angleterre et fit un second voyage en Russie et en Perse, dont les notes parurent en 1877 sous le titre de « Through Persia by caravan ». Entre 1879-80, parurent deux autres de ses ouvrages « Social Politics » et « Free Land ». Élu député en 1880, il proposa à la Chambre des Communes plusieurs réformes et en 1885 il devint président de la « Free Land Ligue ».

Arnold (Chrétien-Fréderic), architecte allemand, né, le 12 février 1823, à Drebach, dans l'Erzgebirge, étudia l'architecture à Dresde, et remporta par ses travaux le premier prix qui lui donnait droit à un voyage artistique. Il parcourut pendant plusieurs années l'Italie, la France, la Belgique et le midi de l'Allemagne ; avant même son retour, on le nomma professeur ordinaire d'architecture à l'Académie Royale de Dresde, où il enseigna jusqu'en 1885. Il construisit un grand nombre d'églises dans plusieurs villes de l'Allemagne, des villas, des châteaux, entr'autres celui de Souchay sur l'Elbe, etc.; et il publia : « Der herzogliche Palast in Urbino, nach eignen Messungen » Leipsik, 1856.

Arnold (Edvin), poète, philologue et journaste, frère de MM. Arthur et Mathieu, (Voir ces deux noms) est né le 10 juin 1832; il étudia à Oxford, où, agé de 20 ans à peine, il composa le poème: « The Feast of Belshazzar » et après avoir été pour quelque temps professeur de gymnase à Birmingham, il fut nommé directeur du Collège gouvernemental de sanscrit à Pouna, et agrégé à l'université de Bombay. Pendant la grande révolte indienne, il rendit de grands services à l'État et il en fut solennellement remercié par le Vice-roi et le Conseil d'État. En 1861, il retourna en Angleterre et prit la direction du journal antirusse, *Daily Telegraph* qu'il tient encore. Il est l'auteur d'un drame « Griselda » 1856; et d'un recueil de « Poems, narrative and lyrical » 1853. Ses études indiennes nous ont donné « The book of good counsels »; « The Indian song of songs » 1875; « The Light of Asia » 1879, beau poème épique sur la vie et la doctrine de Bouddha, dont on a déjà publié 25 éditions, et qui lui a valu de la part du roi de Siam l'ordre de l'Éléphant Blanc ; « Indian Idylls », d'après le Mahâbhârata, 1883 ; « Indian Poetry » 1883, 3ᵉ édit. « Om » 1888. Comme historien, M. Arnold a composé « The Marquis of Dalhousie's administration of British India » 1862. Comme critique et tra-

ducteur il a publié: « The Poets of Greece » 1869; et « Hero and Leander » 1873, d'après Musaeus. Il a écrit encore : « A Summer in Scandinavia » 1877; et: « Pearls of the faith or Islam's Rosary » 1883. M. Arnold a, en outre, bien mérité de la science en organisant, aux frais du *Daily Telegraph*, de célèbres expéditions : celle du défunt assyriologue Georges Smith en Assyrie et, d'accord avec le *New-York Herald*, celles d'Henry Stanley dans l'intérieur de l'Afrique à la recherche de Livingstone et pour l'exploration du Congo.

Arnold (Hans), nom de plume d'une femme de lettres allemande, madame de Bülow, qui demeure à Breslau. Parmi ses ouvrages on cite: « Geburtstagfreuden » Breslau, 1884 ; « Novellen » Berlin, Paetel 1881; « Neue Novellen » Stuttgart, 1884.

Arnold (Mathieu), poète et critique anglais, né à Laleham, dans le comté de Midlessex, le 24 déc. 1822, fils du Rev. docteur Thomas Arnold Il fut nourri des meilleures études classiques à Winchester et à Rugby. En 1840, il entra au Balliol Collège à Oxford et il y était encore quand il remporta, en 1843, le grand prix de poésie avec un poème sur « Cromwell ». Secrétaire de lord Landsdowne (1847-1851), il fut nommé par lui à un emploi d'inspecteur de l'*Education Board*. En 1848, il publia : « Strayed Reveller and other Poems » signés seulement par l'initiale de son nom, de même pour « Empedocles on Etna and other poems » 1853. Ce ne fut qu'en 1854 que M. A fit paraître sous son nom deux volumes renfermant des poésies choisies dans ses précédents ouvrages. En 1857, il fut élu professeur de poésie à l'Université d'Oxford et il prit un rang distingué dans l'enseignement littéraire de l'Angleterre. En 1859, il reçut du gouvernement la mission d'aller étudier les méthodes d'éducation pratiquées en France, en Hollande, en Allemagne et publia des mémoires sur ces questions sous forme de rapports à la Commission d'enquête sur l'éducation populaire. Il retourna six ans plus tard sur le continent avec une mission analogue, et publia encore le résultat de ses observations sur les établissements d'instruction secondaire et supérieure dans les principaux États de l'Europe (1867). A son retour, il abandonna sa chaire à l'Université d'Oxford qui, trois ans plus tard (1870), lui conféra le titre honorifique de docteur en droit. Le même titre lui fut donné, en 1869, par celle d'Édimbourg et en 1883 par celle de Cambridge. Dans l'automne de 1883, il visita les États-Unis, où il tint trois lectures qui furent imprimées « Discourses in America » 1885. En 1886, il parcourut pour la troisième fois, le continent pour se procurer certains détails sur le fonctionnement des écoles élémentaires. Les résultats de ce voyage sont consignés dans un rapport adressé au département de l'Instruction publique. En 1886, il retourna en Amérique. Outre les poèmes et écrits précédents, Mr Arnold a encore publié: « Mérope » 1858, tragédie d'après l'antique, avec une préface dans laquelle sont discutés les principes de la tragédie grecque. « On translating Homer » 1861, trois conférences tenues par lui à l'Université d'Oxford; « Essays in Criticism » 1865, recueil d'articles qui avaient déjà paru dans les journaux; en 1869, il réunit plusieurs poésies déjà publiées sous le titre: « New Poems »; « Culture and anarchy, an essay in political and social criticism » 1869, « Saint-Paul and protestantism, with an essay on puritanism and the Church of England » 1870; « Friendship's Garland; being the Conversations, Letters and Opinions of the late Arminius baron von Thunder-Ten-Tronkh » 1871; « Lectures on the study of celtic literature » 1868; « Literature and dogma; an essay towards a better apprehension of the Bible » 1873; « Last essays on Church and religion » 1877; « Burke on Irish affairs » 1881; « Irish essays and others » 1882. Les poésies de Mr A. furent réimprimées en 1877, 1881, 1885, ce qui prouve leur grande popularité. Mr A. a publié aussi « Isaiah of Jerusalem », et des recueils de morceaux choisis de Wordsworth, Byron, Johnson et Burke. Le 14 juin 1882, Mr A. prononça à Cambridge le discours solennel, prenant pour sujet « Literature and Science ». Directeur des études du duc de Gênes pendant son séjour en Angleterre, Mr A. a été nommé commandeur de l'ordre royal de la Couronne d'Italie.

Arnold (Thomas), né le 30 novembre 1823 à Laleham dans le comté de Middlesex, prit ses degrés à l'université d'Oxford. Après avoir servi pour quelque temps dans le *Colonial Office*, il fut envoyé à la Nouvelle-Zélande, en qualité d'inspecteur des écoles, et de là en Tasmanie, où il resta jusqu'en 1856. Dans cette année, s'étant converti au catholicisme, il revint en Angleterre où il fut élu professeur à l'université catholique de Dublin et successivement à Birmingham et à Oxford. Il a publié plusieurs ouvrages sur la littérature anglaise et des éditions de textes antiques, entr'autres « A manual of English literature » dont on a déjà cinq éditions; « Select English Works of Wyclif » 3 vol, 1869; « Selections from the Spectator »; « Beowulf » texte, traduction et notes; « Henry of Huntington et Symeon of Durham ». Il travaille maintenant à une édition des « Chronicles of the Abbey of Bury et Edmunds ».

Arnoni (Eugène), né à Celico, près de Cosenza le 30 octobre 1846. Mr Arnoni qui a été reçu docteur ès-lettres à l'Université de Naples a été, pendant presqu'une dizaine d'années, professeur dans les gymnases de l'État et maintenant se trouve à Rossano (province de Cosenza) en qualité de directeur du gymnase. On a de lui: « Saggio di storia della Letteratura latina ed italiana »; « Elogio funebre di Monsignor F. S. Basile »; « Canti popolari, saggio di prose e versi »; « Poche idee sulla origine, progresso e condizione della letteratura greca »; « Omero e la sua Iliade »; « Omero e Dante, Manzoni e Guerrazzi »; « Amor gentile, mutolo in passione » roman historique; « la Calabria illustrata » ouvrage qui se trouve maintenant à son dixième volume.

Arnoul (Honoré), littérateur français, né à Limoges en 1810. Il s'est fait connaître par un certain nombre d'ouvrages parmi lesquels nous citerons: « Mr Marcel ou l'Ami de la jeunesse » 1841; nouvelle éd. revue par A. Humbert, 1860; « Lettres sur l'économie politique » 1842; « Bibliothèque de la Conversation » 1842, dont la première partie allant de A à Ins a seule paru; « Histoire des opérations militaires en Orient » 1854, avec Ladimir; « Sièges mémorables des français » 1855, avec L. Robert; « A Venise, ou la Femme du Doge », drame en 5 actes, 1862, « les Entretiens du Père Pascal » 1875.

Arnould (Arthur), littérateur et journaliste français, né à Dieuze (Meurthe), le 7 avril 1833, est le fils d'Edmond-Nicolas Arnould qui fut professeur de littérature étrangère à la Sorbonne. Il fit ses études à Paris, puis il fut admis comme employé à la Prefecture de la Seine; mais il quitta bientôt les bureaux de l'Hôtel-de-ville pour la littérature. Devenu secrétaire de la *Revue Nationale*, publiée par l'éditeur Charpentier, dont son père avait été collaborateur, il écrivit en même temps dans la *Revue européenne* et dans la *Revue de l'Instruction publique*. Il passa de là à l'*Opinion nationale* de Mr Guéroult, puis en 1867 à l'*Époque* avec Mr Clément Duvernois. Un article, publié dans ce journal, sur les sergents de ville, lui valut une première condamnation. De plus en plus hostile à l'Empire, M. A. s'attira d'autres condamnations, par sa collaboration successive au *Rappel*, au *Charivari*, à la *Réforme*, à la *Presse libre* et par la publication d'un petit pamphlet: « La foire aux sottises ». Rallié tout à fait au socialisme radical, il fonda, au mois de janvier 1870, la *Marseillaise* avec Mr de Rochefort, puis le *Journal du Peuple* avec feu Vallès. Après la chute de l'empire, il collabora à l'*Avant-garde*. Nommé d'abord sous-bibliothécaire de la ville de Paris, il devint plus tard adjoint au maire du 4me arrondissement. Après l'insurrection du 18 mars, il fut élu membre de la Commune et s'en montra un des membres les moins exaltés. Après l'entrée des troupes régulières à Paris, il parvint à s'échapper et à gagner la Suisse, il n'en fut pas moins condamné par contumace à la déportation dans une enceinte fortifiée. Avant l'amnistie, sa collaboration à la *République française* a valu une condamnation à ce journal. Mr Arnould a publié un certain nombre d'ouvrages dont les premiers sont exclusivement littéraires : « Contes humoristiques », 1857 ; « les Trois Poètes » recueil de nouvelles, 1859 ; « Béranger, ses amis, ses ennemis et ses critiques » 2 vol. 1864 ; « la Liberté des théâtres et l'association des auteurs dramatiques » 1865 ; « Histoire de l'inquisition » 1869 ; « Histoire populaire et parlementaire de la Commune de Paris » 3 volumes, 1878, qui a donné lieu dans la presse à de vives contestations. M. Arnould, qui, comme journaliste et publiciste, avait souvent fait usage du pseudonyme Arthur de Gueblange a adopté depuis celui de A. Matthey, nom de sa femme qu'il a perdue en décembre 1886 et sous ce pseudonyme il a donné au théâtre : « les Deux Comtesses » comédie en trois actes ; « Zoé Chien-Chien » drame en huit tableaux ; « le Duc de Kandos » drame en huit tableaux ; « la Belle aux cheveux d'or » drame en six tableaux ; « le Mari » drame en quatre actes. Son roman « le Billet de mille » publié chez Charpentier a eu l'honneur d'une traduction italienne ; on compte encore une trentaine de romans en un volume du même auteur : « la Brésilienne » ; « la Revanche de Clodion » ; « l'Étang des Sœurs-Grises » ; « Zoé Chien-Chien » ; « le Mariage du suicidé » ; « la Bonne d'enfants » ; « le Duc de Kandos » ; « les Deux duchesses » ; « le Drame de la Croix-Rouge » ; « la Femme de Judas » ; « l'Enfant de l'amant » ; « la Fille-mère » ; « Cherchez la femme » ; « les Amants de Paris » ; « l'Enragé » ; « la Belle Julie » ; « la Chambre rose » ; « la Vierge veuve » ; « le Point noir » ; « Un gendre » ; « Marcelle Mauduit » ; « Thérèse Buisson » ; « la Fête de Saint-Rémy » ; « la Princesse Belladone » ; « les Noces d'Odette » ; « la Belle-fille » ; « Vengeance secrète » « 189 H. 981, suite et fin du Billet de mille » ; « le Corps d'Élisa » etc.

Arnould (Victor), avocat près la Cour d'Appel de Bruxelles, né à Maestricht le 7 novembre 1838. M. Victor Arnould, qui appartient à l'opinion socialiste modérée, a été quelque temps membre de la Chambre des représentants. Parmi les revues et les journaux auxquels il a collaboré, ou auxquels il collabore encore, nous citerons le *Précurseur* d'Anvers, la *Philosophie positive* de Paris, la *Société nouvelle* de Bruxelles, la *Liberté*, la *Réforme*, la *Nation*, l'*Art moderne*. On a de lui le commencement d'une « Histoire de l'Église », publiée sous les auspices de la *Libre-pensée*, Bruxelles, 1874 ; et un volume intitulé : « l'Évolution sociale en Belgique » Bruxelles, 1886.

Arnulfi (Alberto), poète italien né à Turin le 13 juillet 1849. On a de lui « Maciette turineise », Turin, 1879, publié sous le pseudonyme anagramme de Fulberto Alarni, charmant recueil de sonnets satyriques en dialecte piémontais et « Vita turineisa », dans le *Torino* édité par MM. Roux et Favale en 1881. Dernièrement, M. Arnulfi s'est aussi essayé au théâtre. Une comédie de lui « Drolarie » (Choses drôles) en patois piémontais a obtenu un grand succès dans les théâtres de Turin. En novembre 1887, on a représenté au théâtre Balbo de Turin une comédie de MM. Arnulfi et Eraldo Baretti (Voir ce nom) « I duchi di Nemi », qui est un tableau de la société de Rome au moment de la fin du pouvoir temporel. Cette pièce a eu, d'après les journaux, un médiocre succès.

Arppe (Adolphe-Édouard), chimiste finlandais, professeur de chimie à l'Université de Helsingfors. Il est né vers l'année 1825 ; fut reçu docteur en 1847, et immédiatement après nommé professeur ; entre les années 1858-1869, il fut recteur de l'Université ; entre les années 1855-1867 secrétaire de la Société finlandaise des sciences. Parmi ses travaux scientifiques les plus remarquables on cite ; « De jodoto bismutico » ; 1844 ; « De acido pyrotartarico » 1847 ; un mémoire en allemand sur l'oxidation produite par le gras, dans les *Acta Societatis scientiarum fennicæ*, un autre mémoire en allemand sur l'altération de la morphine en contact avec l'acide sulphurique, dans les *Annalen der Chemie und Pharmacie*, deux dissertations en langue finlandaise sur « les Minéraux de la Finlande » et sur « les Alchimistes finlandais » etc.

Arréat (Jean-Lucien), écrivain français, né à Pertuis (Vaucluse) le 27 décembre 1841, établi depuis 1869 à Paris. On a de lui : « La décentralisation et la loi départementale » 1871 ; « Domrémi, premier épisode d'un drame en vers sur Jeanne D'Arc » 1874 ; « Une éducation intellectuelle » 1877 ; « La morale dans le drame, l'épopée et le roman » 1884 ; « De l'instruction publique », mémoire couronné au concours Péreire, 1882 ; « Journal d'un philosophe » Paris, Alcan 1888. Il collabora en outre à la *Philosophie Positive* de Littré, à l'*École*, au *Globe*, à la *Rassgna critica* publiée à Naples par le prof. Angiulli, à la *Revue Philosophique* dirigée par Th. Ribot.

Arrhenius (Jean), botaniste agronome suédois, né le 27 septembre 1811 ; en 1830, il se rendit à l'Université d'Upsale pour y faire ses études. En 1839, il publia un Memoire : « Ruborum Sueciæ disquisitio monografico-critica » ; l'année suivante il devenait docent de botanique, et en 1842 docteur en philosophie. Nous citerons parmi ses ouvrages « Terminologie du royaume des plantes » 1842-43 ; « Cours élémentaire de botanique » 1845 ; « Manuel d'Agriculture suédoise » 1862 ; « M. Arrhenius a donné plusieurs anticles au *Botaniska Notiser* que M. A. E. Lindblom publie à Lund, à la *Frey Tidskrift for Vetenskap och Konst* d'Upsale, etc.

Arrighi Civinini (Giulia), femme de lettres italienne, née le 25 février 1838, à Pise, où son père était professeur d'anatomie. Mme Arrighi peut se dire le véritable type de l'autodidacte, ayant perdu son père à l'age de six ans, frappée plus tard par des malheurs de famille et par une infirmité qui la force depuis trente ans à marcher avec une béquille, elle est redevable seulement à son courage de la position qu'elle s'est faite à Pistoja, ville dont sa famille est originaire et où elle s'est fixée après la mort de son père. M*me* Arrighi, institutrice privée à Pistoja, s'est signalée par des poésies qui montrent une veine facile et affectueuse et par plusiours écrits de nature pédagogique. Citons entre autres un volume de « Racconti per fanciulli », publié à Pistoja en 1880 et plusieurs articles épars dans les journaux: l'*Ateneo Romagnolo*, la *Missione della donna*, l'*Appennino pistojese*, il *Popolo pistojese*, la *Scena*, etc. Ajoutons qu'elle est soeur de feu M. Joseph Civinini, l'ancien directeur du *Diritto* et de la *Nazione*, publiciste et patriote des plus distingués.

Arrighi (Cletto), nom de plume de l'avocat Carlo Righetti, né en 1830 à Milan. Sa maison paternelle, au commencement de ce siècle, était fréquentée par Verri, Monti, et Foscolo, plus tard par Manzoni, Grossi, Ermes Visconti et Taverna. Agé de 18 ans, M. Righetti prit part aux campagnes lombardes de l'indépendance italienne, et fut créé officier des dragons, après trois mois de service militaire. Après Novare, il revint à Milan pour y étudier la loi; ses études terminées, il fut reçu docteur à l'université de Pavie. Il reprit les armes, comme simple volontaire, en 1859, et il combattit à Tronzano. La ville de Guastalla l'envoya au Parlement italien comme son député; mais il s'en retira en 1869, à la suite du scandale de la Régie. Il fonda successivement deux journaux: *La Cronaca Grigia*, une espèce de *Lanterne* satyrique, et le journal quotidien *L'Unione*. C'est encore à lui qu'on doit la fondation d'un théâtre en dialecte milanais, pour lequel il sacrifia la somme de 80,000 francs, et il écrivit une quarantaine de pièces originales ou réductions fort applaudies. A cette création se rapporte sa brochure: « Facciamo un Teatro Nazionale ». Parmi ses pièces les plus fêtées par le public, on doit citer: « El Barchett de Boffalora »; écrit en 1869, et qui a dépassé aujourd'hui sa 3,700^{me} représentation et « El Milanes in Mar » qui a déjà dépassé sa 3100me répétition; « De chi a cent'ann »; « Reduce dall'Africa »; « Foeura de Post »; « Gran Ciallon » parodie de la *Francillon* de Dumas. Au théâtre italien, il donna deux drames qui ont eu du succès: « Divorzio o duello » e « Onore per vita ». Mais Cletto Arrighi doit surtout sa renommée littéraire à ses romans, où il a souvent fidèlement représenté la vie contemporaine lombarde. Dans sa plume il y a de la verve, de la couleur, de l'esprit. Ses deux premiers romans « Gli ultimi coriandoli »; et « La Scapigliatura » lui avaient donné une première célébrité; la « Scapigliatura » fut traduite en français par Barrué et publiée par Lahure, sous le titre: *La Bohême Milanaise*. Suivirent: « La Contessa della Guastalla »; « Le Memorie di un Ex-repubblicano »; « la Battaglia di Tagliacozzo »; « il Diavolo Rosso »; « i Quattro Amori di Claudia », ce dernier roman a eu l'honneur d'une traduction allemande. Dernièrement il publia: « La Manonera »; « Un suicidio misterioso »; « la Canaglia felice »; « Gli ultimi aneliti »; scènes de la vie romaine étudiée per l'auteur à Rome pendant les années 1867 et 1870, avant la chute du Pouvoir Temporel; et il collabora essentiellement au nouveau livre: « Il Ventre di Milano ». M. Righetti vient tout récemment d'être nommé attaché à la Bibliothèque Nationale Braidense de Milan.

Arrò (Alexandre), écrivain italien, professeur au lycée d'Albe (prov. de Côni) né en 1860 à Savigliano. On a de lui une traduction de l'*Étique à Nicomacque* d'Aristote et une brochure « Sui bisogni della educazione nazionale e dell'istruzione secondaria ».

Arsac (Henri), écrivain légitimiste français, né à Largentière (Ardèche) en 1851; successivement rédacteur de la *Champagne*, du *Courrier du Dauphiné* et de la *Gazette de l'Est*. On a de lui: « Adolphe Thiers, simple histoire du libérateur », 1879; « Injustice, absurdité et nullité des décrets du 29 mars 1880 », 1880; « Goritz, Frohsdorf, ou les stations de l'exil », 1884.

Arsac (Jean d'), auteur français, né à Yssingaux (Haute Loire) en 1836. On doit à M^r d'Arsac qui est examinateur à l'institution Sainte-Geneviève (l'ancienne et fameuse maison de la Rue de Postes) les ouvrages suivants: « Analyse logique », 1862; « Les jésuites, doctrine, enseignement, apostolat », 1865, 2me éd. la même année; « La Papauté, ses ennemis et ses juges », 1867; « Ame et cœur », 1970; « Mémorial du siège de Paris », 1871; « La Guerre civile et la Commune de Paris en 1871, suite au Mémorial du siège de Paris », 1871; « Les Frères des Écoles chrétiennes pendant la guerre de 1870-71 », 1872, 2me éd. 1882; « Les Conciliabules de l'Hôtel de Ville, comptes-rendus des séances du Comité central et de la Commune », 1872; « Cri de foi, morale et philosophie de l'Ave-Maria », 1873; « Eugène Laurent », 1876; « Cours de géographie », 1876; « Jules d'Arbello », 1878; « Mémoire du petit Henri Saint-Agnan », 1881; « Cours d'histoire de France et d'histoire générale », 2 parties, 1882-83; « Bêtes dociles, bête guerrières », 1883; « Dans le royaume aërien (Gallinacées) », 1883; « Les entrailles de la terre (Géologie) », 1883; « Les phénomènes de la vie végétale (Les plantes) », 1883; « Traité de littérature et de style », 1884; « La question du bacalauréat », 1866; « Tableaux résumés d'histoire de France et d'histoire générale. ». Paris, Putois Cretté, 1887.

Arsenieff (Constantin), publiciste russe, né en 1837 à Saint-Pétersbourg. Élevé à l'École de droit à Saint-Pétersbourg, il fut d'abord fonctionnaire au Ministère de la justice, puis avocat et bâtonnier de l'ordre, pendant six ans, plus tard avocat-général à la Cour de Cassation, en retraite depuis 1882; il a publié des articles de critique historique au *Messager Russe* de 1858 à 1861, aux *Annales de la Patrie*, dans les années 1862-63, et au *Messager de l'Europe* depuis 1866; des articles sur la politique étrangère dans la *Gazzette de Saint-Pétersbourg* (1863-1866), et dans le *Messager d'Europe* depuis 1880; des articles de critique littéraire dans le même journal, depuis 1878; plusieurs livres sur des questions juridiques concernant le barreau en Russie.

Arte della Stampa, imprimerie connue aussi sous la raison sociale *Ariani et Landi* du nom des deux ouvriers compositeurs qui l'ont fondée à Florence en 1876. Mʳ Ariani se chargea de l'administration; la direction technique en fut prise par Mʳ Salvadore Landi, né à Florence le 2 décembre 1831, et qui dès l'age de dix ans était entré comme apprenti dans l'imprimerie bien connue à Florence de Mʳ Bencini, à l'enseigne du Dante. Mʳ Landi qui, depuis 1869, avait fondé le journal l'*Arte della Stampa* qu'il continue à publier et à rédiger fit preuve dans la direction de la nouvelle imprimerie d'un goût exquis, et contribua, par ses belles éditions, à ranimer à Florence les plus nobles traditions classiques de l'imprimerie. Le premier de ses clients fut le sénateur Mantegazza, qui se servit des types de l'*Arte della Stampa*, pour la publication de ces ouvrages : « Dio Ignoto ; Igiene dell'Amore ; Un Giorno a Madera ; Fisiologia del Dolore ; Fisiologia dell'Amore », dont il s'était fait lui-même l'éditeur; suivirent les publications de plusieurs éditeurs en renom, tels que Hoepli, Loescher, Brigola, Ottino, Sommaruga, Tropea. Parmi les éditions les plus soignées et les plus importantes, nous signalerons : « Un' Estate in Siberia » par Stephen Sommier ; « Raffaello », par Gaymüller ; « Donatello » par Cavallucci ; « Catalogue des Livres, Manuscrits et imprimés de Mʳ H. Landau » ; « Libro dei monologhi » par Mʳ Rasi ; toute la bibliothèque en miniature de l'éditeur Hoepli, etc.

Arteaga (Alemparte), journaliste hispano-américain né à Conception dans le Chili en 1835; il a dirigé la *Semana* et puis tard la *Libertad*; il collabora à l'ouvrage *Los historiadores de Chile*, écrivit des poésies inspirées, enseigna la littérature et fut pendant quelque temps directeur au Ministère des affaires étrangères.

Arthur (Guillaume), ministre wesleyen, né en Irlande en 1819, fut élevé dans le Collége de Hoxton, et en 1839 alla aux Indes, où il resta quelques années en qualité de missionnaire. Il demeura en France de 1846 à 1848; il devint après secrétaire de la société des missionnaires méthodistes. Il fut aussi pendant plusieurs années président du collège méthodiste de Belfort et s'en retira en 1871. Il écrivit « A mission to the Mysore, with scenes and facts illustrative of India, its people and its religion » 1847; « Le marchand heureux, esquisse de la vie de Samuel Budgett » qui fut traduit en hollandais; « La langue de feu, ou la véritable puissance du christianisme » 1856; « Italy in transition, illustrated documents from the papal archives of the revolted legations » 1866, et plusieurs autres brochures politiques.

Artigues (Paul), écrivain français, employé dans l'administration des postes, né à Uzès, le 13 mai 1848. Il a publié: « Résumé de l'Histoire des Postes depuis leur origine jusqu'à nos jours » Mantes, 1870; « Excursions en Normandie » Mantes, 1870; « Nouveau Guide des Postes, Télégraphes, suivi du Guide de l'Étranger dans Paris » paraissant tous les ans depuis 1875. M. Artigues est le correspondant parisien de plusieurs journaux de province et étrangers.

Artom (Isaac), diplomate italien, né à Asti, le 31 décembre 1829. Ses études achevés, il entra au Ministère des affaires étrangères, où il ne tarda pas à acquérir la confiance de Mʳ de Cavour. Après la mort du grand ministre, il publia en collaboration avec Mʳ Albert Blanc « L'œuvre parlementaire du comte de Cavour » Paris, Hetzel, 1862 in-8°, traduite plus tard en italien et publiée en 1868 par l'éd. Barbèra de Florence. En 1868, il publia une « Relazione sugli studii superiori nell'Università di Heidelberga ». On a aussi de lui des poésies très affectueuses, parmi lesquelles une « Ode in morte del Re Vittorio Emanuele » Turin, 1878. On lui doit encore une traduction de l'ouvrage de Mʳ R. Gneist : « Lo Stato secondo il diritto; ossia la giustizia nell'Amministrazione politica » Bologne, 1884, et « Vittorio Emanuele e la politica estera » article fort intéressant inséré dans le: *IX Gennaio, pubblicazione commemorativa del circolo Vittorio Emanuele II di Bologna*, Bologne, 1882. Mʳ Artom, après avoir rendu des services considérables dans la carrière diplomatique italienne, à été nommé, le 23 mars 1877, sénateur du Royaume. En cette qualité, il a publié à part plusieurs rapports adressés au Sénat, parmi lesquels nous rappellerons: « Trattato di commercio col sultanato di Zanzibar » Rome, 1886; « Facoltà al Governo di mettere in vigore a tutto il 30 giugno 1888 le convenzioni di commercio e di navigazione che fossero per concludersi con la Francia, la Spagna e la Svizzera » Rome, 1887.

Arturo, pseudonyme sous lequel paraissaient les articles de Mʳ Delogu Salvatore (V. ce nom) dans les journaux de Cagliari.

Arzelà (César), mathématicien italien, professeur de calcul infinitésimal à l'université de Bologne, né en 1847 à S. Stefano di Magra (prov. de

Gênes) il fit ses études à Sarzana et à Pise, où il fut reçu docteur en 1859. Il enseigna successivement dans les lycées de Macerata, Sienne, Savone, Come, dans l'Institut technique de Florence, à l'université de Palerme, enfin à celle de Bologne. Parmi ses publications, on doit citer: « Sopra alcune applicazioni di una formula data da Jacobi »; « Sullo sviluppo di funzioni algebriche in serie »; « Sulla deformazione di un'elissoide omogeneo, elastico, isotropo per l'azione di forze che ammettono una certa funzione potenziale »; « Sulla Teoria dell'Eliminazione algebrica »; « Esposizione di alcuni punti di Algebra elementare »; « La Teoria elementare dei libiti e dei numeri irrazionali »; « Un' osservazione intorno ai massimi e ai minimi »; « Trattato di Algebra elementare per i Licei »; Florence 1880, Succ. Le Monnier; « Sui prodotti infiniti » 1883; « Intorno alla serie di funzioni » 1884; « Intorno alla continuità della somma di infinite funzioni continue » 1884.

Arvède Barine, nom de plume d'une dame française, née en 1840 à Paris, qui, se trouvant en possession de plusieurs langues étrangères, donna des articles remarquables de critique littéraire à la *Revue des Deux Mondes*, à la *Nouvelle Revue*, et surtout à la *Revue politique et littéraire*. On a aussi d'elle deux volumes publiés en 1887, chez Hachette: « Portraits de femmes (M.me Carlyle, Georges Elliot, Une détraquée, Un couvent de femmes en Italie au XVI siècle, Psychologie d'une sainte) »; « Souvenirs de Tolstoï » traduction du russe.

Asbóth (Jean), publiciste hongrois, rédacteur du journal *Kelet Nepe* de Budapest, conseiller au ministère de la guerre, dès l'année 1887, et membre du parlement hongrois; parmi ses ouvrages publiés séparément on cite: « la Nouvelle Hongrie »; « du Sahara à l'Arabie »; « le Baron Paul Sennyey »; « le Comte Albert Appónyi »; « la Bosnie et l'Herzégovine ».

Aschehoug (Torkel Halvorsen), jurisconsulte et homme politique norvégien, né dans la paroisse d'Idde, le 27 juin 1822; en 1846, il fut agrégé en qualité de statisticien, à l'Université de Christiania et, en 1852, nommé professeur de droit à la même Université. Membre de plusieurs commissions gouvernementales, il a été élu en 1868 membre du Storthing, où il a été jusqu'à ces derniers temps le chef du parti conservateur. Il vient maintenant de se retirer de la vie politique pour se consacrer tout entier à la science, qui lui a valu une réputation européenne. Son travail le plus important est : « Le Droit public de la Norvège », qu'il a commencé à publier à Christiania en 1866 et achevé en 1885. Cet ouvrage, en quatre gros vol., se compose de trois parties, la première traite du gouvernement norvégien jusqu'à l'année 1814, la seconde est un commentaire du Statut norvégien, la troisième illustre le droit administratif de la Norvège. En 1878, M. Aschehoug a publié une monographie sur les « Propriétaires limitrophes ». Il est aussi l'auteur du 4e volume de l'*Handbuch d. öffentlichen Rechts der Gegenwart in Monographien: Das Staatsrecht der ausserdeutschen Staaten* publié par M. Marquardsen à Fribourg en Brisgau, en 1886, et qui contient: « Das Staatsrecht der vereinigten Königreiche Schweden und Norvegen. Bearb. v. T. H. Aschehoug ». Il a pris aussi une grande part à la rédaction de l'*Encyclopédie des Pays Scandinaves* dont il est l'un des collaborateurs les plus actifs et où il a publié un abrégé, entièrement remanié, de son grand ouvrage sur le droit public de son pays.

Ascherson (Paul-Frédéric-Auguste), voyageur et botaniste allemand, né à Berlin le 4 juin 1834; de 1850 à 1855, il étudia la médecine à l'Université de sa ville natale, et il y exerça quelque temps sa profession; de 1860 à 1876, assistant d'abord, puis premier assistant, au jardin botanique de Berlin, en 1871 second Gardien de l'Herbier royal, en 1873 professeur extraordinaire de botanique à l'Université de Berlin, où il avait déjà tenu plusieurs conférences. Pendant l'hiver 1873-74, il accompagna M. Rohlf dans son voyage au désert de Lybie et en 1876 il y retourna seul pour y explorer la Petite Oasis. M. Ascherson s'occupe beaucoup de la flore européenne et africaine et ses deux voyages ont beaucoup servi à faire mieux connaître les conditions botaniques de ces régions. Nous citerons parmi ses ouvrages: « Flora der Provinz Brandenburg », 3 volumes, Berlin, 1869-64, chef-d'œuvre de l'auteur dans lequel il a appliqué le système de Braun. M. Ascherson a collaboré au *Beitrag zur Flora Aethiopiens* de M. Schweinfurth, Berlin, 1867; au *Reise von Tripolis nach der Oase Kufra*, de M. Rohlf, Leipzig, 1881, et au *Catalogus cormophytorum etc. Serbiae, Bosniae etc.*, de M. Kanitz, Klausenbourg, 1877. Parmi les nombreuses revues auxquelles M. Ascherson a apporté sa collaboration, nous citerons: *Linnaea*, publiée par M. Schlechtendal à Berlin; *Zeitschrift für die gesammten Naturwissenschaften* de Halle; la *Botanische Zeitung* de Berlin; la *Bonplandia* de Hanovre; la *Zeitschrift der Deutschen Geologischen Gesellschaft*, etc.

Ascoli (Graziadio), célèbre orientaliste italien, et le premier linguiste du jour, né à Gorice le 16 juillet 1829, d'une riche famille israélite. Son père, qui avait une fabrique de papier, et qui mourut lorsque son fils était encore en nourrice, ne se doutait certes pas que son rejeton aurait fait un jour du papier un si brillant et si superbe usage. A l'âge de quinze ans, il montrait déjà les griffes du lion, par une étude comparative entre l'idiome du Frioul et la langue valaque, étude citée avec honneur par les professeurs Miklosich et Schuchardt. Poussé par sa famille au commerce, il se voua cependant tout entier à la philologie, et il présenta, après dix ans, un admirable spécimen de sa vaste érudition linguistique dans ses « Studii orientali e linguistici » parus dans les années 1854-55 à Milan. En 1860, on lui offrit la chaire de philologie comparée à *l'Accademia scientifico-letteraria*, de Milan, où il initia ses admirables cours de glottologie. Il réunit souvent en lui l'esprit créateur de Bopp, l'érudition vaste et profonde de Pott, et une pénétration qui lui est propre; par conséquent, sur tout le domaine linguistique, où il porta son attention, il laissa l'empreinte de son originalité; les dialectes de l'Inde et la langue protoarienne; les affinités originaires entre les langues ariennes et les langues sémitiques; le langage des tsiganes; l'unité des langues romanes; les dialectes des peuples ladins; les langues celtiques, ont reçu une nouvelle lumière du génie de ce puissant glottologue. Ses principales découvertes se trouvent éparpillées dans l'*Archivio storico italiano*; dans le *Crepuscolo*; dans les *Atti dell'Istituto Lombardo*; dans le *Politecnico*; dans la *Rivista Orientale*; dans la *Rivista di filologia*; dans la *Zeitschrift*; dans les *Beiträge de Kuhn*; dans la *Zeitschrift der deutschen morgenländischen Gesellschaft* (un certain nombre de ces articles ont formé le second volume des « Studii Critici », parus en 1877 à Turin); dans les « Corsi di Glottologia » (traduits en allemand et en anglais); dans l'*Archivio Glottologico Italiano*, qui compte déjà onze volumes et dont la plupart des matériaux ont été fournis par le prof. Ascoli lui-même (les « Études celtiques » et les « Saggi ladini », entre autres, en font parpartie); dans le volume intitulé « Zigeunerisches »; dans les *Atti del quarto congresso degli orientalisti*, où il illustra les monnaies Sassanides du musée de Naples, et combla une véritable lacune par l'illustration d'une série importante d'inscriptions hébraïques du moyen-âge découvertes dans l'Italie méridionale, et dans les « Lettere filologiche », traduites en allemand et publiées à Leipsick, 1887. Un grand nombre de publications de M. Ascoli ont déjà eu l'honneur d'une traduction allemande; les *Corsi di glottologia*, ont remporté le prix Bopp à l'Académie de Berlin. M. Ascoli a été plusieurs fois président de l'Académie scientifique et littéraire de Milan et membre du Conseil Supérieur de l'Instruction publique; il est membre de l'Institut Lombard et de l'Académie des Lincei, membre honoraire de la Société asiatique italienne, chevalier du mérite civil d'Italie, décoré de plusieurs ordres étrangers, membre de l'Institut de France, des Académies de Berlin, de Vienne, de Budapest, de Saint-Pétersbourg. On est bien étonné cependant de ne pas le voir encore au Sénat; mais là où le célèbre historien Cantù âgé de quatre-vingts ans n'est pas encore entré,

grâce aux rancunes implacables des patriotes du lendemain, le premier glottologue du jour se verra encore distancé par une foule de solliciteurs qui hantent l'Olympe bureaucratique, d'où sortent souvent les nouveaux sénateurs italiens.

Asdrubale, pseudonyme de Mr Maffio Milosi dans l'*Italia*, journal fondé et dirigé à Milan par Mr Dario Papa.

Ashe (Thomas), poète anglais, né en 1836 à Stockport, fils d'un pasteur, étudia à Cambridge, y obtint la prêtrise, et pendant dix années se consacra à l'enseignement dans les écoles publiques de Leamington et de Ipswich; depuis 1875, il vit à Paris. Son premier ouvrage « Poems » date de 1859; dans le silence d'une paroisse de campagne, il composa un second volume « Pictures » 1861, auquel il fit suivre un drame grec « The story of Hysiphyle » 1866. Son « Edith » 1875, est d'une toute autre manière et rappelle plutôt l'*Hermann und Dorothea* de Goethe et l'*Evangeline* de Longfellow. Depuis lors, ont paru plusieurs poésies de lui, qu'il a rassemblées sous le titre. « Songs now and then » On lui doit aussi un certain nombre de traductions du grec, du latin, de l'allemand et du français.

Ashley (Ant. Evelyn Melbourne), écrivain et homme politique anglais; frère cadet du comte de Shaftesbury, né le 24 juillet 1836; après avoir fait ses études à Harrow et à Cambridge, il devint trésorier du tribunal du Comté de Dorset. Il fut pendant longtemps secrétaire particulier de Lord Palmerston, dont il publia une excellente biographie « Life of Henry John Temple Viscount Palmerston » Londres, 1876, 2 vol. En mai 1882, il fut nommé sous-secrétaire d'État pour les Colonies, fonctions qu'il garda jusqu'en juin 1885 à la chute du Ministère présidé par M. Gladstone.

Askenàsy (Eugène), botaniste russe, professeur de botanique à l'université de Heidelberg, né le 5 mai 1845 à Odessa; on a de lui en allemand: « Contributions à la critique de la doctrine Darwinienne » Leipsick, 1871; « Études de morphologie botanique ». Il a publié plusieurs articles dans la *Botanische Zeitung*, dans le *Berichte des naturhist. medic. Vereins in Heidelberg* et dans le *Bot. Jahresbericht*. Parmi ses articles les plus importants, nous rappellerons les suivants qui ont paru dans la *Bibliothèque Universelle de Genève, Archives des sciences physiques et naturelles* : « Température des plantes au soleil », 1878, tome LVI; « Destruction de la chlorophylle des plantes vivantes par la lumière sur la couleur des fleurs », 1876, tome LVIII; « La période annuelle des bourgeons », 1878, tome LXII.

Asnyk (Adam), poète et patriote polonais, né le 11 septembre 1838 à Kolisz, où son père, ancien officier de l'armée polonaise, avait, après son retour de Sibérie, où il avait été exilé, institué un cabinet de lecture. Après avoir fait ses études dans sa ville natale, il se rendit en 1857 à l'Université de Varsovie pour y suivre les cours de médecine. Compromis pour sa participation à des sociétés secrètes, d'étudiants, il passa à Breslau, où il demeura pendant une année entière. Revenu à Varsovie, il y fut emprisonné et subit une détention préventive de cinq semaines, après lesquelles il fut élargi ; mais menacé bientôt d'un nouvel emprisonnement, il se rendit à Paris, en 1860, et de là à Heidelberg pour y poursuivre ses études. En 1863, il revint en Pologne et prit part à l'insurrection ; contraint par la défaite de la cause polonaise à un nouvel exil, il retourna à Heidelberg où, en 1866, il prit ses degrés à la Faculté de philosophie. Il alla alors se fixer à Lemberg, pour s'y consacrer aux lettres et de là, plus tard, à Cracovie. Mʳ Asnyk est l'un des meilleurs poètes lyriques polonais. On lui doit. « Poezye » 3 vol. 1872-80; plusieurs tragédies historiques parmi lesquelles : « Walka Stronnictw » 1869 ; « Cola Rienzi » 1873 ; « Kjeistut » 1878, traduite en allemand l'année suivante ; une tragédie sociale « Zyd » et enfin une comédie « Przyjaciele Hioba » 1879.

Aspelin (Johand Reinhold), archéologue finlandais, professeur d'archéologie nordique à l'université, secrétaire de la Société Archéologique, directeur du Musée archéologique, généalogiste au Palais de la Noblesse de Helsingfors, né, en 1842, à Hurinki en Finlande. Il débuta par des recherches sur l'Histoire de la Finlande, faites dans les Archives de la Suède (1867-68); il fit un premier voyage archéologique en Finlande dans les années 1868-69, et en 1870 il fut l'un des principaux fondateurs de la Société Archéologique finlandaise. Entre les années 1871-74, il entreprit des voyages scientifiques en Suède, en Russie, en Pologne, en Hongrie, en Autriche, en Allemagne. Ses mémoires écrits en finlandais et en français sont nombreux, publiés en grande partie dans les revues locales. Parmi ses publications en langue française, on doit citer : « Aperçu des périodes préhistoriques en Finlande », dans les *Atti del Congresso di Bologna*, 1871 ; « Aperçu des périodes préhistoriques dans le Nord finno-ougrien » dans les *Actes du Congrès de Stockolm*, 1874 ; « De la civilisation des peuples permiens et de leur commerce et de leur commerce avec l'Orient » dans les *Actes du Congrès des Orientalistes de Saint-Pétersbourg*, 1876 ; « Du groupe arctique et des Lapons, et Chronologie de l'âge du bronze altaï-ouralien » dans les *Actes du Congrès archéologique de Pest*, 1876 ; « Antiquités du nord finno-ougrien » Helsingfors, 1877-78 ; « Antiquités du Nord finno-ougrien, présentées à l'Exposition universelle de Paris » 1878, etc.

Asquerino (Eusèbe), auteur dramatique espagnol qui visa les fonctionnaires publics dans plusieurs de ses pièces, parmi lesquelles nous nous bornerons à citer : « Un véritable bienfaiteur » ; « Espagnol, avant tout » ; « Les deux tribuns », etc.

Asse (Eugène-Auguste) écrivain français, rédacteur du *Moniteur Universel*, né à Paris, en 1833. Outre un certain nombre d'articles parus dans la *Revue Contemporaine*, dans le *Moniteur Universel*, dans la *Nouvelle Biographie générale* (l'excellente notice sur Voltaire est de lui), il publia : « Lettres Portugaises, suivies des Lettres de mademoiselle Aïssé » 1873 ; « Lettres de mademoiselle de Lespinasse » 1876 ; « Mademoiselle de Lespinasse et la marquise du Déffand » 1877 ; « Lettres de la marquise du Châtelet » 1878 ; « un Recueil des contes en vers et en prose de Boufflers » 1878.

Asselino (Alfred), poète et auteur dramatique français, né à Paris en 1824. On a de lui : « Les Noces de Lucinde », comédie en un acte, en prose, 1845 ; « Pâques fleuries, avec préface de Jules Janin », 1847 ; « Le Cœur et l'estomac », 1854 ; « L'Enlèvement d'Hélène », 1856 ; « Les Délicats », 1874 ; « Les Grandes Amoureuses, Mᵐᵉ de Monaco », 1884 ; « Victor Hugo intime. Mémoires, correspondances, documents inédits, fac-similé de lettres, etc. », 1885.

Asser (Tobie-Michel-Charles), jurisconsulte hollandais, né le 28 avril 1838, docteur en droit à l'Université de Amsterdam en 1860, nommé professeur en 1862, choisi, en 1875, comme conseil du Ministère des affaires étrangères du royaume des Pays-Bas ; directeur de la *Revue de Gand*, il est parmi les membres fondateurs de l'Institut International de la même ville. On a de lui : « Traité du travail », 1858 ; « Eléments de droit public international dans les Pays-Bas », 1860 ; « Sur les douanes dans les provinces du Rhin », 1860 ; « Premier projet d'un code de commerce pour les Pays-Bas », 1866 ; « Opuscules de droit commercial », 1869 ; « Dette et liberté », 1866-67 ; « Droit international privé », 1878. Outre plusieurs articles publiés dans les *Annales de l'Association Internationale pour le progrès des Sciences sociales*. En 1884, M. A. Rivier, professeur à l'Université de Bruxelles, a publié à Paris une traduction de l'ouvrage de M. Asser : « Eléments de droit international privé, ou du conflit des lois. Droit civil, procédure, droit commercial ».

Assier (Adolphe d'), voyageur et philologue français, né à Labastide de Sérou (Ariège), en 1828, devint professeur de mathématiques et membre de l'Académie des sciences de Bordeaux. Il s'est particulièrement occupé de l'étude des langues et a fait des voyages d'étude, notamment dans l'Amérique du Sud. Nous citerons de lui : « Essai de grammaire générale, d'après la comparaison des principales langues indo-européennes », 1861 ; « Grammaire abrégée de la langue française d'après la Grammaire générale des langues indo-européennes pour faciliter l'étude des langues classiques », 1864; « Histoire naturelle du langage », en deux parties; « Physiologie du langage phonétique », 1867; et le « Langage grafique », 1868; « Le Brésil contemporain, race, mœurs, institutions, paysages », 1867; « Essai de philosophie positive au XIXme siècle. Le ciel, la terre et l'homme », 1870; « Souvenirs des Pyrénées. Aulus-les-Bains et ses environs », 1872. Aulus a inspiré aussi un vaudeville à M. d'A.: « Un Parisien à Aulus », 1889. Rappelons encore: « Essai sur l'humanité posthume et le spiritisme », 1883.

Assier (Alexandre), littérateur et archéologue français, né à Troyes, en 1822. Il s'est adonné à l'enseignement, est devenu chef d'institution à Troyes, puis, en 1873, il a pris à Courbevoie, près de Paris, la direction d'une maison d'éducation. On lui doit plusieurs ouvrages ayant trait, pour la plupart, à l'archéologie. Nous citerons de lui: « Les Archives curieuses de la Champagne et de la Brie », 1853; « Bibliophile du département de l'Aube », 12 liv., 1853-74; « Comptes de la fabrique de l'Église Sainte-Madeleine de Troyes », 1854; « Comptes de l'œuvre de l'Église de Troyes avec notes et éclaircissements », 1855; « Nouvel atlas du premier âge », 1858; « Construction d'une Nôtre-Dame au XIII siècle », 1858; « Ce qu'on apprenait aux foires de Troyes et de la Champagne au XIII siècle », 1858; « Légendes, curiosités et traditions de la Champagne et de la Brie », 1860; « Bibliothèque de l'amateur champenois », 14 livraisons, 1859-76; « La Champagne encore inconnue », 2 vol., 1875-76. M. Assier a édité aussi, d'après les archives locales, beaucoup d'autres documents sur le XIII et XIV siècles. Il a écrit, en outre, quelques petits livres de morale et d'instruction entre autres : « Les Grandes Plaies de la France », 1875, 3 parties, sous le pseudonyme d'Alexandre de Beaune; le « Manuel du Premier âge », en 7 parties, qui a eu plusieurs éditions, et « Morceaux choisis des prosateurs et des poètes du XIX siècle », 1880; « Tenue des livres mise réellement à la portée de tous », 1883.

Assis (Machado de), poète brésilien, a traduit en vers les *Plaideurs* de Racine.

Assopios (Irénée), publiciste grec, fils de feu Constantin Assopios, l'illustre philologue et professeur de l'Université d'Athènes. Il fit ses études en Allemagne. De retour à Athènes, il fonda un journal politique et littéraire, qu'il dirigea pendant quelques années, mais pour le remplacer ensuite par le Calendrier (*Hemèrologion*) de l'Attique, recueil littéraire annuel de proses et poésies de différents auteurs, avec les portraits des illustrations de la Grèce contemporaine, publication intéressante et méritoire.

Aste (Ippolito Tito d'). V. D'ASTE.

Astengo (Charles), administrateur italien, membre du Conseil d'État, a publié une « Guida amministrativa » qui a eu plusieurs éditions et qui est le *Vademecum* des administrateurs italiens; « Nuova illustrazione della legge comunale e provinciale » Turin, 1870; « Relazione al Consiglio comunale di Genova, letta nella seduta d'insediamento del 10 maggio 1882 dal R. Delegato straordinario » Gênes, 1882; « Relazione al Consiglio comunale di Venezia, letta il 21 febbraio 1883 da C. A. » Venise, 1883; « Dizionario amministrativo; Repertorio generale di giurisprudenza amministrativa, ossia Indice analitico alfabetico riassuntivo del Manuale degli amministratori comunali e provinciali e delle opere pie dal 1862 al 1883 inclusive » Rome, 1885; en collaboration avec M. C. Martino « Dazii ed imposte comunali », Turin, 1873 et en collaboration avec le regretté chev. Gasparo Bolla, assassiné, il y a une quinzaine d'années, à Parme: « Commentario delle disposizioni vigenti sulle opere pie ».

Astié (Jean-Frédéric), écrivain français, né à Nérac (Lot et Garonne), le 21 septembre 1822. Il étudia la théologie à la faculté libre de Genève et aux universités de Halle et de Berlin; il fut pasteur à New-York entre les années 1848-1851; en 1856, il fut nommé professeur de philosophie à la faculté libre de Lausanne; nous le trouvons en 1867 directeur de la *Revue de théologie et de philosophie*. L'un des disciples les plus instruits de Vinet, dialecticien subtil, polémiste brillant et sarcastique, souvent suspect d'hérésie et obligé de se défendre devant les Synodes de l'Église libre, Mr Astié a publié : « M. Scherer, ses disciples et ses adversaires » 1854; « Pensées de Pascal » 1857, 2e édit., 1883; « Esprit d'Alexandre Vinet » 2 vol., 1861, ouvrage dont M. Vulliemin a rendu compte dans la *Bibliothèque universelle* de la même année; « Les deux théologies nouvelles dans le sein du protestantisme français » 1862; « Mélanges de l'Évangile selon Saint-Jean », 1864; « Histoire de la République des États-Unis depuis l'établissement des premières colonies jusqu'à l'élection du président Lincoln », 2 vol. 1865, avec préface de Laboulaye; « Un gentilhomme huguenot de la fin du XVII siècle (Bosquenet) » dans la *Bibliothèque Universelle* de 1875; « Théologie allemande contemporaine », 1875, ouvrage dont M. Vernes s'est occupé dans la *Revue philosophique* de 1876; « L'orthodoxie et le libéralisme au point de vue de la théologie indépendante » 1878; « L'opportunisme et l'intransigance en matières religieuses et morales » 1878; « La Genève de l'avenir » 1880; « La crise théologique et ecclésiastique » 1881; « L'Histoire du livre » 1881; « Le *Vinet* de la légende et celui de l'histoire », 1882; « Realité, franchise et courage », 1888.

Astié de Valsayre (Madame), conférencière et

femme de lettres française, célèbre par ses excentricités. En avril 1886, elle a fait, beaucoup de bruit par sa provocation à la *maréchale* Booth de l'armée du Salut, qu'elle voulait obliger à se mesurer avec elle sur le terrain. En dehors de plusieurs articles de journaux publiés par elle sous le pseudonyme de Jehan des Étrivières, pseudonyme qui rappelle la mission de régénération transformatrice et fustigatrice que cette dame s'est elle-même imposée, nous connaissons d'elle un : « Mémoire sur l'utilité de la grammaire dans l'instruction de la femme » Paris, 1883.

Astruc (Elie-Aristide), rabbin et écrivain français. Né à Bordeaux le 12 novembre 1831, il fit ses études au lycée de sa ville natale et à l'école rabbinique de Metz; en 1857, il fut nommé adjoint au Grand Rabbin de Paris; en 1866, il fut nommé Grand Rabbin de Belgique; en 1880, M. A. qui l'année précédente avait été décoré de l'ordre de Léopold, se démit de ses fonctions et rentra en France. En 1887, il fut nommé Grand Rabbin de Bayonne. Dès 1854, M. Astruc a fait partie de la Rédaction de l'*Univers Israélite* et des *Archives Israélites;* plus tard, il a collaboré au *Lien d'Israël* et à la *Vérité Israélite.* Il s'est fait dans ses diverses Revues l'organe du libéralisme religieux ; cette tendance s'est manifestée avec plus de netteté dans les travaux donnés par M. A. à la *Revue de Belgique.* Il soutient la supériorité de la morale sur le dogme et s'attache à établir le sens métaphorique des récits miraculeux de la Bible ; la plus intéressante tentative accomplie à cet égard par M. Astruc c'est son « Histoire des Juifs et de leurs croyances, à l'usage de la jeunesse », ouvrage qui a suscité une très vive polémique et a été jugé digne d'une mention honorable à l'Exposition de 1878 (section de l'instruction primaire). On a encore de lui: « Les juifs et Louis Veuillot » brochure, Paris, Dentu, 1859 ; « L'agneau pascal » brochure, Paris, Dentu, 1863 ; « David Marx » brochure, Paris, Dentu, 1864 ; « Roschaschanna » traduction, Prières, en collaboration avec M. Crehange, un vol., Paris, 1864; « Kippur » traduction, Prières, un vol., Paris, 1865 ; « Petites grappes » poésies religieuses des juifs portugais, Paris, 1865 ; « Le Décalogue » réponse au Concile, brochure, Bruxelles, 1870 ; « Le prophète Jonas » brochure, Bruxelles, 1874; « Morale de Moïse » brochure, Bruxelles, 1879 ; « Entretiens sur le Judaïsme » un vol., Paris chez Lemerre, 1879 ; « Réunion des époux divorcés » brochure, Bruxelles, Mucquart, 1880 ; « De l'antisémitisme » brochure, Versailles, Cerf, 1884. M. Astruc a collaboré en outre au *Dictionnaire de Pédagogie,* à la *Revue de Pédagogie,* à la *Revue politique et littéraire* et enfin à la *Nouvelle Revue.* Voici les principaux travaux que M. Astruc a donnés aux Revues dont il a été le collaborateur ; à la *Revue politique et littéraire:* « Le -Déisme au Sénat »; « les Prières publiques »; « Un prophète juif au XIX siècle »; à la *Revue Pédagogique:* « l'Histoire sainte laïcisée »; à la *Nouvelle Revue:* « Associations libérales belges »; « les Associations républicaines libérales »; « le Suffrage universel en Belgique »; « Léon XIII et M. Frère Orban ».

Athanasin (Georges), jurisconsulte grec. On lui doit un discours remarquable « Sur l'utilité et l'extension des sciences politiques », et surtout un exposé des doctrines rationalistes du philosophe Théophile Cairis de Andros.

Atkinson (Rev. Jean-Christophe), né en 1814 à Goldhanger dans le comté de Sussex, étudia à Cambridge, devint vicaire de Dauby, chapelain domestique de M. le vicomte Downe et, en 1851, chapelain du Haut Shériff, du Yorkshire. Il est l'auteur de « Walks, Talks, etc. of Two Schoolboys » 1859; « Playhours and Half holydays » 1860; « Sketches in natural history » 1871; « Eggs and rests of British Birds » 1861; « Stanton Grange, or Life at a private tutor's » 1864 ; « A Glossary of the Cleveland Dialect » 1868 ; « Lost, or what come of a Slip from Honour Bright » 1869. Il a publié, en outre, dans les actes de plusieurs sociétés savantes, de nombreux écrits sur l'archéologie et la philologie: entr'autres la « History of Cleveland ancient and modern » ; les « Cartulaires de deux anciennes abbayes Whitby et Rievaulx », etc.

Attardi (François), philosophe italien, né à Palerme le 26 février 1820. On a de lui : « Teoria della vita » Milan, 1861 ; « Sulla personalità dell'uomo e il colèra » Palerme, 1865 ; « Vita e Coscienza ossia Coscienza ed Immortalità » Palerme, 1867 ; « Filosofia dell' Immortalità » Palerme, 1875 ; « La perenne vitalità dell' organismo umano » Palerme, 1880 ; « Sulla perenne vitalità dell'organismo umano, lettre au professeur Bergmann de Strasbourg, » Palerme, 1881.

Attwell (Henri), écrivain et instituteur anglais, né en 1834 à Romford, comté d'Essex. Après un long séjour en Hollande, il vit maintenant à Barnes, près de Londres, où il dirige un pensionnat des plus florissants pour les garçons. On lui doit: « A book of golden thoughts », 1870 ; « Table of the Arian languages », 1874 ; il a aussi traduit en anglais (1877) les *Pensées* de M. Joseph Joubert. M. A. a enseigné pendant longtemps à l'Université de Leyde, et il a été aussi un des maîtres de feu le prince d'Orange.

Aubanel (Joseph-Marie Jean-Baptiste Théodore), poète et orateur provençal, né à Avignon le 26 mars 1829. Son père qui était imprimeur ayant publié les éditions de Saboly, il fut initié de bonne heure au mouvement littéraire qui a pour objet la régénération de la langue et de la poésie provençales. En 1852, il collaborait aux *Prouvençalo* de Roumanille et au *Di Nouvé* de MM. Saboly, Peyrot et Roumanille et l'année suivante, il prenait part au Congrès des Trouvères convoqué à Aix par J. B. Gaut. L'un des sept qui, en 1854, fondèrent la société du *Félibrige*, qui a pour but l'épuration morale et philologique de la langue et de la littérature provençale, il collabora à l'*Almanach des Félibres* qui depuis 1854 sort de ses presses. En 1862, la nouvelle Société tint à Apt ses premiers *Jeux Floraux* et il y prit part en qualité de juge. En 1874 et en 1875, il présida le Jury provençal du Centenaire de Pétrarque à Vaucluse et celui de Notre-Dame de Provence à Forcalquier et y prononça deux discours qui furent très applaudis. Après le 21 mars 1876, M. Mistral ayant, avec le concours du comte de Villeneuve, organisé le *Félibrige* en Académie et l'ayant divisé en trois grandes provinces (Provence, Languedoc et Catalogne) Aubanel, élu *Majoral*, fut chargé en même temps des fonctions de Syndic pour la Provence. Sous son syndicat, se fondèrent toutes les écoles de Félibres que la Provence possède maintenant, c'est à dire: 1. Le *Florège* d'Avignon qui ouvre périodiquement dans les écoles premières des concours de traduction du provençal; 2. L'*École de Lar* à Aix qui a fondé deux journaux en langue d'*oc*: Le *Prouvençau* de Villeneuve et le *Bruse* de Guitton Talamel; 3. Le *Félibrige des Alpes* à Forcalquier qui convoque deux fois par an les délégués de toutes les écoles à des réunions particulières consacrées à l'étude des dialectes; 4. L'*École de la Mer* de Marseille qui publie chaque année, sous la direction de Chailan, Verdot et Tavan, un volume intitulé *La Calame*; 5. L'*Aube*, dans la même ville, présidée par M. Lieutaud qui s'occupe particulièrement d'épigraphie provençale. Le principal ouvrage de M. Aubanel, qu'on a surnommé le *Pétrarque français*, est « La Miougrano entraduberto » (la Grenade entr'ouverte), Avignon et Paris, 1860, qui eut un succès populaire dans le Midi, et qu'il réimprima en 1870. Citons encore de lui: « Brinde de T. A. sendi de Prouenço », 1879; « La Perlo, vers », 1880; « La Ventoux, vers », 1882; « Li Taulejaire de la Miougrano, vers »; « Lou Pan dou pecat, dramo »; « Nouvelun, renouveau, vers », 1883; « Lou Castelas, vers », 1884. Il a publié en outre plusieurs poésies dans l'*Armana Prouvençau*, dans la *Revue des Langues Romanes*, dans l'*Almanach du Sonnet* et dans la *Farandole*. Plusieurs de ses poésies qui ont été publiées à part sont aujourd'hui fort recherchées par les bibliophiles.

Aube (Hyacinthe-Laurent-Théophile), amiral français, né le 22 novembre 1826, entra de bonne heure dans la marine militaire; en 1862, il arrivait, jeune encore, au grade de commandant et avant la guerre de 1870 avait déjà fait plusieurs campagnes au Sénégal. Pendant la guerre de 1870, il prit une part très active aux opérations de l'armée des Vosges contre le corps du général Werder. En janvier 1879, il fut nommé Gouverneur de la Martinique. Nommé contre-amiral en 1880, il garda pour quelques mois le portefeuille de la marine dans le cabinet formé par M. de Freycinet le 7 janvier 1886. Comme marin, l'amiral Aube est un partisan convaincu des idées de M. Gabriel Charmes sur l'emploi de ces engins que l'amiral Jurien de la Gravière, le nouvel académicien, a, avec une phrase sculpturale, appelés de la *poussière navale* (bateaux torpilleurs, avisos torpilleurs, bateaux canons etc.). M. Aube est l'auteur de plusieurs articles insérés dans la *Revue des deux Mondes*, dans lesquels il préconise l'avenir de la guerre de course; ses idées jouissent d'une certaine popularité dans la marine française. Citons encore de lui: « Un nouveau droit maritime international », 1875; « Notes sur le Centre-Amérique, Vancouver et la Colombie anglaise », 1877, articles extraits de la *Revue maritime et coloniale*; « Entre deux campagnes, notes d'un marin », 1881; « La Martinique, le présent et l'avenir de cette colonie », 1882; « La guerre maritime et les ports militaires de la France », 1882; « La Pénétration dans l'Afrique centrale », 1883; « L'Italie et le Levant », 1884; « A terre et à bord, notes d'un marin », avec une préface de Gabriel Charmes, 1884.

Aubé (Benjamin), philosophe et historien français, né à Paris en 1826, docteur ès-lettres, successivement professeur de philosophie aux lycées Bonaparte, Fontane et Condorcet de Paris. Sans tenir compte de ses deux thèses pour le doctorat: « Saint-Justin, philosophe et martyr », 1861 et « De Constantino imperatore », 1861, dont la première fut réimprimée avec beaucoup d'additions en 1874, on a de lui: « Histoire des persécutions de l'église, jusqu'à la fin des Antonins », 1875, ouvrage dont l'illustre Renan a rendu compte dans le *Journal des Savants*, 1876; « Histoire des persécutions de l'Église. La polémique païenne à la fin du II siècle: Fronton, Lucien, Celse, Philostrate », 1878; « Les Chrétiens dans l'empire romain, de la fin des Antonins au milieu du III siècle », 1881; « Étude sur un nouveau texte des actes des martyrs scillitains », 1881; « Polyeucte dans l'histoire », 1882; « L'Église et l'État dans le seconde moitié du III siècle », 1885. M. Aubé a publié aussi: une édition classique et une traduction française de la « République » de Platon; le « Discours de la méthode », un « Choix de lettres françaises » de Descartes avec une introduction; et une traduction annotée des « Lettres morales à Lucilius » de Sénèque.

Aubepin (François-Henri-Auguste), magistrat français, né au Blanc (Indre) le 30 septembre 1830. Entré dans la magistrature en 1854, en 1872 il devint président du Tribunal de la Seine, place qu'il occupe encore. Ce magistrat a collaboré à la *Revue historique de droit français et étranger* et à la *Revue critique de législation*. On lui doit les écrits suivants : « Portalis, avocat au parlement de Provence » ; « Molitor, sa vie et ses ouvrages », 1855 ; « De l'influence de Dumoulin sur la législation française », 2 parties, 1855-61 ; « G. Delisle, sa vie et ses ouvrages », 1866. M. Aubepin est aujourd'hui un des patrons et des collaborateurs des *Pandectes françaises, nouveau répertoire de doctrine, de législation et de jurisprudence*, rédigé depuis 1885 sous la direction de M. Rivière par MM. R. Fremont et C. Schaffheuser.

Auber (Charles Auguste), poète et archéologue français, chanoine titulaire de Poitiers, historiographe du diocèse, membre d'un grand nombre d'Académies et de sociétés savantes, est né à Bordeaux le 22 juin 1804, mais il appartient par sa famille paternelle à la meilleure noblesse de Normandie. Dès le commencement de sa carrière, M. Auber se voua en même temps à l'enseignement et aux travaux du ministère ecclésiastique sans pour cela délaisser les études sérieuses, ainsi que le prouvent ses nombreuses publications. Outre un grand nombre de livres de morale et de piété qu'il nous serait impossible de citer sans donner à cette notice une étendue incompatible avec le cadre de notre dictionnaire, on lui doit : « Aventures de Télémaque » édition annotée, Paris et Lyon, 1838, 1844, et plusieurs autres éditions ; « Un Martyr, ou le sacerdoce catholique à la Chine » ; poème en cinq chants, tiré des *Annales des Missions étrangères*, Paris et Lyon, 1839 ; « Recherches historiques sur l'ancienne seigneurie de la Roche sur Yon, nommée ensuite Bourbon-Vendée et aujourd'hui Napoléon-Vendée », Poitiers, 1849 ; « Recherches sur la vie de Simon de Cramaud, cardinal évêque de Poitiers », 1841, complétées en 1857 par une relation de la découverte des restes du cardinal dans la cathédrale de Poitiers » ; « Histoire de la cathédrale de Poitiers », 2 vol., Poitiers, 1848, 1849 ; « Recherches historiques et archéologiques sur l'église et la paroisse de Saint-Pierre des Eglises, près Chauvigny sur Vienne », 1 vol., Paris, 1852 ; « Comme quoi la fameuse Mélusine n'est autre chose que Geneviève de Brabant », Poitiers, 1842 ; « Instruction de la Commission archéologique diocésaine établie à Poitiers, sur la construction, les restaurations, l'entretien et la décoration des églises », Poitiers, 1851 ; « De la signification du mot *Jeuru*, et du sens qui lui revient dans les inscription votives du vieux Poitiers, d'Alise et de Nevers », Poitiers, 1859 ; « Vie des saints de l'Église de Poitiers », Poitiers, 1858 ; « Table générale, analytique et raisonnée du *Bulletin Monumental* », 2 vol. Paris, 1846 et 1861, ouvrage couronné par la Société française ;

« Imitation de Jésus-Christ avec des réflexions sur chaque chapitre, avec une préface où l'auteur prouve que les *prétendues* réflexions de Lamennais ne sont pas de lui », 1 vol., Paris, 1879 ; « Histoire et théorie du symbolisme avec les explications de toutes les images reproduites dans les monuments chrétiens du moyen âge », 4 vol., Paris, 1872 ; « Méditations de l'Ermitage », poème, Poitiers, 1873, éd. de 100 exemplaires hors de commerce ; « Les églises de Niort (Deux-Sèvres) Revue critique et archéologique », Arras, 1861 ; « Du rachat du droit de chasse au XIV siècle d'après une Charte Poitevine de 1348 », Poitiers, 1886 ; « De l'Architecture et des architectes au XIX siècle » ; « L'art chrétien », poème, 1879 ; « Histoire générale, civile, religieuse et littéraire du Poitou depuis l'Époque romaine jusqu'en 1789 », l'ouvrage doit être en dix volumes, les quatre premiers ont paru en 1885-87, le 5me est sous presse ; « Mélanges d'archéologie, d'histoire et de littérature tirées des diverses Revues où l'auteur a écrit », 4 vol., dont le dernier vient de paraître en 1887. — Si l'on veut bien tenir compte que dans cette longue énumération nous avons omis une foule de biographies d'illustres poitevins et beaucoup de mémoires d'un intérêt local et de tous les articles que M. Auber a donné au *Bulletin Monumental*, à celui du *Comité des arts et monuments*, à la *Revue de l'art chrétien*, à *l'Art en province*, on aura une idée de la fécondité de cet écrivain. Pour plus amples détails voir la Notice Biographique sur M. l'abbé C. A. Auber, écrivain, dans l'Annuaire de l'Institut des provinces de France, année 1862 ; nous nous bornerons à ajouter qu'on lui doit aussi la restauration d'un grand nombre d'églises de la Vienne, des Deux-Sèvres et de la Vendée.

Auber Forestier, pseudonyme de madame Aubertine Woodward, femme de lettres américaine, née le 27 septembre 1841, dans le comté de Montgoméry en Pensylvanie. Collaboratrice de plusieurs journaux allemands et anglais, elle a traduit en anglais deux nouvelles de M. Robert Byr *Sphinx* et *Kampf ums Dasein* et le roman de M. Victor Cherbuliez *Samuel Brohl et C.* Passionnée pour l'étude des légendes allemandes elle publia « Echoes from Mistland » 1877, qui est une exposition des principaux épisodes des Nibelungen. On lui doit aussi la traduction d'un roman norvégien de Christophe Janson qu'elle a publié sous le titre: « The Spell Bound Fiddler ».

Aubert (Charles), artiste et auteur dramatique français, ancien secrétaire de Catulle Mendès, né à Saint-Héant (Loire) en 1851. Il a imité, dit-il, du chinois « La petite pantoufle » de Tin-Tun-Ling. On a en outre de lui : « Les Frileuses » 2 vol. 1884 ; « les Nouvelles amoureuses » 19 vol. Paris, Arnould 1882-1885 ; une autre édition chez Marpon et Flamarion, 1884, en contient seulement une partie ; « Péchés roses » Paris, Arnould, 5 vol. 1884-85 ; « Urraca ; roman de mœurs parisiennes », en collaboration avec M. Sidney.

Aubert (Louis Maribo Benjamin), jurisconsulte norvégien. M. Auber qui est né à Christiania en 1838 est fils de l'éminent botaniste, mort en 1887. Il est maintenant professeur de droit à l'Université de sa ville natale. Parmi les nombreux travaux qu'il a publiés sur des questions juridiques et sur l'histoire de la législation, nous nous bornerons à en citer deux des plus importants : « Les sources du droit norvégien » dont jusqu'à présent on n'a que le premier volume paru à Christiania en 1877 et le « Nordisches Wechselrecht » Copenhague, 1879. Il a publié en outre un grand nombre de dissertations et d'articles dans les revues juridiques et dans les journaux.

Aubertin (Charles), professeur et écrivain français, né à Saint-Diez (Haute Marne) le 24 décembre 1825, entra en 1845 à l'École normale supérieure et se fit recevoir agrégé de l'Université. Apres avoir occupé plusieurs chaires de lycées, notamment celle de rhétorique à Saint-Étienne, il prit le diplôme de docteur ès-lettres en 1858 et entra dans l'enseignement des facultés. Depuis lors il a été nommé successivement professeur de littérature française à la faculté de lettres de Dijon, maître de conférences à l'École Normale de Paris, recteur de l'Académie de Clermont (1873), puis de celle de Poitiers (1874) et enfin le 11 avril 1874 membre correspondant de l'Académie des sciences morales. Outre des articles publiés dans la *France* et autres journaux et des éditions classiques d'Horace, de Virgile, de Salluste, de Phèdre, de Boileau, de La Fontaine, etc. on lui doit beaucoup de publications, parmi lesquelles nous citerons d'abord ses thèses : « Études critiques sur les rapports supposés entre Sénèque et Saint-Paul » 1857, nouvelle édition 1869 ; « De Sapientiæ doctoribus qui a Ciceronis morte ad Neronis principatum Romæ viguere » 1857. Nous avons à citer en outre « Compositions littéraires françaises et latines » 1854 ; 2e éd, 1866 ; 4e éd. 1881. « L'Esprit public au XVIII siècle » 1872, livre couronné par l'Académie française, étude sur les mémoires et correspondances politiques des contemporains, dans lequel M. A. a montré une méthode précise, un esprit judicieux et pénétrant ; « les Origines de la langue et de la poésie française » ; d'après les travaux les plus récents, 1875, nouvelle, éd. 1883 ; « Histoire de la langue et de la littérature française au moyen âge » 1876, dans laquelle on trouve résumées avec élégance et clarté les recherches des philologues depuis vingt ans, 2me éd. 1883. « Quelques mots d'histoire sur le drapeau de la France » 1879 ; « Quelques renseignements sur la bibliothèque de Beaune » 1881 ; « Quelques renseignements sur le musée archéologique de Beaune » 1881 ; « L'éloquence politique et parlementaire en France avant 1789 » 1882 ; « Quelques renseignements sur la sépulture du général Carnot à Magdebourg » 1882 ; « Quelques renseignements sur l'ossuaire des Bourguignons à Morat » 1882 ; « Recherches historiques sur les anciennes écoles et le collége de Beaune » 1882 ; « Choix de textes de l'ancien français du X au XVI siècle » 1883 ; « Les sépultures de l'Église des Minimes à Beaune » 1884 ; on doit à la collaboration de MM. Aubertin et C. Bigarne « Esquisse historique sur les épidémies et les médecins à Beaune avant 1789 ».

Aubineau (Léon), journaliste et littérateur français, né à Paris en 1815. Entré à la rédaction de l'*Univers religieux*, dirigé par feu M. Louis Veuillot, il suivit celui-ci dans tous les journaux qu'il fonda. Aujourd'hui encore, M. Aubineau appartient à la rédaction de l'*Univers* et de la *Revue littéraire* qui en est le supplément. Parmi les écrits qu'il a publié en volume, nous citerons: « Les Jésuites au Bagno » 1850 ; « Critique générale et réfutations » 1851, contre certaines vues historiques d'Augustin Thierry ; « les Serviteurs de Dieu » 1860 ; « Histoire des Petites Sœurs des pauvres » 1852 ; « Vie de la révérende mère Émilie » 1855 ; « Notices littéraires sur le XVIII siècle » 1859 ; « Notice sur M. Desgenettes, curé de N. D. des Victoires » ; « Vie du bienheureux Benoît Joseph Labre » 1873 ; « Paray le Monial et son monastère de la Visitation » 1873 ; « M. Augustin Thierry, son système historique et ses erreurs » 1879 ; « Dom Bosco, sa biographie et ses œuvres » 1883 ; « Parmi les lis et les épines, récits et souvenirs » 1884 ; « Au soir, récits et souvenirs » 1886.

Auclert (Hubertine), femme politicienne française, très en vue dans le parti de la révendication des droits politiques pour la femme et qui compte encore comme principales personnalités, Mmes Paula Minck, Barberousse, Léonie Rouzade, et, à leur tête, la *grande citoyenne* Louise Michel. Le programme de ce parti a été développé non sans talent par Mme Hubertine Auclert dans son ouvrage « Le droit politique des femmes » 1878. Toujours dans le même esprit, nous citerons encore d'elle: « Egalité sociale et politique de la femme et de l'homme » 1879.

Aucoc (Jean-Léon), administrateur et jurisconsulte français, président de section du Conseil d'état en retraite, est né à Paris, le 10 septembre 1828. Depuis le 5 décembre 1877, il fait partie de l'Académie des sciences morales et politiques, section de législation. M. Aucoc a publié : « Des obligations respectives des fabriques et des communes relativement aux dépenses du culte » 1858 ; « Des sections de commune, de leurs droit, charges, ressources, de la gestion de leurs biens et de la représentation de leurs intérêts » 1858, 2ᵐᵉ éd. très augmentée 1864; « Voirie urbaine. Des alignements individuels donnés par les maires en l'absence de plans généraux » 1862; « les Sections de commune et la loi du 28 juillet 1860 sur la mise en valeur des biens communaux » 1863; « Introduction à l'étude du droit administratif » conférence d'ouverture à l'École des ponts et chaussées, 1865; « Caractère des actes administratifs » 1869; « Conférences sur le droit administratif » faites à l'École susdite en 1869-70, 3 vol., 1871-75, 3ᵐᵉ édition revue et augmentée, 1886; « Des règlements d'administration publique » 1872; « Observations sur la codification des lois » 1874 ; « Du régime des travaux publics en Angleterre » 1875 ; « Des moyens employés pour constituer le réseau des chemins de fer français » 1875 ; « le Conseil d'État avant et depuis 1789 » 1876 ; « Le Conseil d'État et les recours pour excès de pouvoir » 1879; « Rapport à l'Académie des sciences morales et politiques, sur le concours relatif à la séparation des pouvoirs » 1879; « les Tarifs des chemins de fer et l'autorité de l'État » 1880 ; « Rapport, à l'Ac. des sciences m. et p., sur le concours relatif à l'Institution du jury en France et en Angleterre » 1881 ; « les Étangs salés des bords de la Méditerranée et leur condition légale » 1882 ; « les Collections de la législation antérieure à 1789 » 1883 ; « Rapport sur le concours relatif à la décentralisation administrative » 1883; « La question des propriétés primitives » 1885; « Des autorités administratives préposées à la direction des travaux publics » 1886; « Des limites de l'intervention de l'État dans la question ouvrière » 1886, etc. M. Aucoc a aussi inséré d'importants articles dans plusieurs recueils: la *Revue critique de législation*, le *Journal des Économistes*, l'*École des communes*, etc.

Audebrand (Philibert), écrivain français, né en 1816 à Issoudun; il étudia à Bourges. Il débuta par des comptes-rendus parlementaires publiés dans différents journaux (1842-48); en 1848, il publia dans le *Corsaire* la « Physionomie de l'Assemblée Nationale ». En collaboration avec M. René de Rovigo, il publia ces trois vol.: « Feuilles volantes; Historiettes; Menus propos »; et, avec M. H. de Kock, une pièce comique: « Le panier des pêches ». La liste de ses publications est nombreuse; nous citons: « Schinderhannes et les bandits du Rhin » 1872 ; « Les Mariages d'aujourd'hui » 1875 ; « La lettre déchirée » roman, 1878 ; « Les yeux noirs et les yeux bleus » nouvelles, 1878 ; « Petites comédies du boudoir » ; « L'amour de cire et l'amour d'ivoire » fantaisie ; « A qui sera-t-elle? » roman ; « La Pivardière le Bigame » roman historique ; « La Fille de Caïn » roman; « Le secret de Chamblin » roman ; « La Sérénade de Don Juan » fantaisie ; « Nos révolutionnaires » pages d'histoire contemporaine ; « Léon Gozlan » monographie. M. Audebrand collabore à la *Nouvelle Revue* et à la *Revue générale*. En 1887, il a été élu vice-président de la Société des Gens de lettres et nommé chevalier de la légion d'honneur.

Audiat (Louis), érudit et écrivain français, président de la Société des Archives historiques de la Saintonge et de l'Aunis, Conservateur du Musée et de la Bibliothèque de la Ville de Saintes, directeur de la *Revue de Saintonge et d'Aunis*, né en 1833 à Moulins sur Allier. Parmi ses nombreuses publications, on distingue : « Bernard Palissy » ouvrage couronné par l'académie française, Paris, Didier, 1868 ; « André Mage de Fiefmelin, poète saintongeois du XVI siècle » Paris, Aubry; « Nicolas Pasquier, lieutenant général à Cognac » Paris, Didier, 1876 ; « Saint-Pierre de Saintes » Saintes, 1871 ; « Les pontons de Rochefort » Paris, Baur; « La Fronde en Saintonge » La Rochelle, 1867 ; « Les entrées royales à Saintes » Paris, Dumoulin, 1871 ; « Pélerinages en Terre-Sainte au XIV siècle » Paris, Dumoulin, 1870 ; « Sceaux inédits de la Saintonge et de l'Aunis »; « Saint-Eutrope dans l'histoire, la légende et l'archéologie » 2ᵉ édit., 1887 ; « L'Abbaye de Notre-Dame de Saintes » 1885 ; « Saint-Vincent de Paul et sa congrégation à Saintes et à Rochefort » 1885; « États provinciaux de Saintonge » Niort, 1870 ; « Épigraphie santone et aunisienne » Paris, Dumoulin, 1871 ; « Essai sur l'imprimerie en Saintonge et en Aunis » Pons, 1879 ; « Études, documents et extraits relatifs à la ville de Saintes » Saintes, 1876 ; « Saint-Eutrope et son prieuré »; Paris, 1877 ; « Journal du siège de Saint-Jean d'Angély en 1621 » avec notes, Paris, Dumoulin, 1875 ; « Fondations civiles et religieuses en Saintonges » Tours, 1877 ; « Brouage et Champlain, 1879 ; « Un paquet de lettres, 1576-1672 » Paris, Baur, 1881 ; « Documents pour l'histoire des diocèses de Saintes et de la Rochelle » Pons, 1882 ; « Fouilles dans les remparts gallo-romains de Saintes » 1887, etc.

Audiffrent (Georges), médecin français, né à Saint-Perre Martinique en 1823. Il entra comme élève à l'École polytecnique, puis il étudia la médecine et se fit recevoir docteur. M. Audiffrent se lia avec Auguste Comte, devint un chaud partisan de la doctrine positiviste et fut l'un des treize exécuteurs testamentaires de Comte. On lui doit les ouvrages suivants: « Appel aux médecins », 1862 ; « Théorie de la vision, suivie d'une lettre sur l'aphasie », 1866 ; « Réponse à M. de Boureuille au sujet de la question des quarantaines », 1866 ; « Des épidémies, leur théorie positive, d'après Auguste Comte », 1866 ; « Du cerveau et de l'innervation, d'après Auguste Comte », 1869 ; « Des maladies de cerveau et de l'innervation », 1874; « A. MM. les membres du congrès ouvrier de Marseille », 1879 ; « Circulaire exceptionelle adressée aux vrais disciples d'Auguste Comte », 1886, etc.

Audiffret Pasquier (Edme-Armand-Gaston, comte d'Audiffret, puis duc d'), homme politique français, né à Paris le 20 octobre 1823, petit-neveu et fils adoptif du chancelier baron Pasquier, titré duc par ordonnance royale du 16 décembre 1844, fut, aux termes de cette ordonnance, héritier du titre de son grand'oncle. Son père le comte Florimont-Louis d'Audiffret, descendant de l'ancienne famille italienne Audiffredi, qui s'établit en Provence au XII siècle, avait epousé en 1820, Mlle Zoé Pasquier, mère du chancelier. Entré au Conseil d'État, comme auditeur, en 1845, M. d'A. y siégea jusqu'en 1848. Pendant la durée de l'Empire il se tint, ou on le tint, à l'écart de toute fonction politique. Après le 4 septembre 1870, nommé membre de l'Assemblée nationale il y prononça deux discours célèbres : dans le premier (22 mai 1872) il fit étalage de *sa haine contre l'Empire*, dans le second, prononcé à la fin de juillet de la même année, il attaqua vivement MM. Gambetta et Naquet et avec eux le gouvernement dit de la défense nationale. M. d'A. l'un des représentants les plus fougueux de la faction royaliste fut tour à tour élu vice-président (2 déc. 74 et 1 mars 75) et président (15 mars, 1 juin et 5 nov. 75) de l'Assemblée nationale ; sénateur inamovible (9 nov. 1875) ; président du Sénat, situation qu'il occupa du 13 mars 1870 au 15 janvier 1879. M. d'A. P. a été aussi pendant quelque temps ambassadeur de France à Londres. L'Académie française, fidèle à la tradition qui lui impose d'avoir toujours dans son sein quelque grand seigneur choisissait par 22 voix, le 26 décembre 1878, M. d'A. P. en remplacement de Mg.^r Dupanloup. M. d'Audiffret, qui avant son élection n'avait absolument rien publié, a donné après au public quelques tirages à part de ses discours parlementaires et un « Eloge du maréchal de Bervick », prononcé à l'inauguration de son buste, au collège de Juilly, le 15 juin 1884. Le discours qu'il a prononcé en prenant séance à l'Académie le 19 février 1880 et celui de M. de Viel-Castel qui lui répondit ont été publiés à Paris, la même année chez Didier.

Audouard (Olympe), femme de lettres française, née à Aix (Provence) vers 1830, épousa très jeune un notaire de Marseille dont elle fut séparée peu de temps après ; elle commença alors une vie des plus aventureuses, partit pour l'Orient, visita l'Égypte, la Turquie et la Russie. Revenue à Paris vers 1860, elle y publia ses premiers ouvrages. Elle fonda ou dirigea plusieurs journaux, notamment, en 1865, le *Papillon* et, en 1867, la *Revue Cosmopolite*, journaux qui ont été honorés par la collaboration d'écrivains tels que Alexandre Dumas père, Théophile Gauthier, Michelet, Houssaye, Méry, Énault, Monselet etc. Malgré cela, ou peut être à cause de cela, le gouvernement impérial lui refusa l'autorisation de rendre politique cette dernière publication, sous prétexte qu'elle ne pouvait être accordée qu'à *un Français* jouissant de ses droits civils et politiques. Mme A. protesta vivement dans les journaux contre ce nouvel acte de tyrannie du sexe fort. En 1868, elle partit pour l'Amérique, où dans un court séjour elle fit des lectures publiques qui lui valurent d'assez bruyants succès, puis revint à Paris, où au commencement de 1869, elle fit aussi sur divers sujects gynécologiques des conférences sous la présidence et le patronage de M. Alexandre Dumas père. Dans ces derniers temps, elle s'est prise d'une belle passion pour le spiritisme. Nous citerons parmi ses publications : « Comment aiment les hommes », 1861 ; « Histoire d'un mendiant », 1862 ; « Un mari mystifié », 1863 ; « Les Mystères du Sérail et des Harems turcs », 1863, 4me éd., 1883 ; « Le Canal de Suez », 1864 ; « Les Mystères de l'Égypte dévoilés », 1865 ; « Guerre aux hommes », 1866 ; « L'Orient et ses peuplades », 1867 ; « Lettre aux députés, les droits de la femme », 1867 ; « L'Homme de 40 ans », 1868 ; « A travers l'Amérique, le Far-West, North America », 2 vol. 1869-71 ; « La femme dans le mariage, la séparation, le divorce », 1870 ; « L'Ami intime », 1873 ; « Gynécologie, la femme depuis six mille ans », 1873 ; « Le Monde des esprits ou la vie après la mort », 1874 ; « Les Nuits russes », 1876 ; « Le Secret de la belle-mère », 1876 ; « L'Amour » ; 1880 ; « Les Roses sanglantes », 1880 ; « Voyage au pays des Boyards », 1881 ; « Les Escompteuses, étude parisienne », 1882 ; « Silhouettes parisiennes », 1882 ; « Pour rire, deux contes », 1884, etc. Mme A. a publié aussi un certain nombre de lettres et de brochures.

Auer (Adelheid von), nom de plume d'une femme de lettres allemande, Charlotte von Cosel, fille du général de cavalerie von Cosel, née le 6 janvier 1818 à Berlin, résidente depuis nombre d'années à Schwedt. Sa première nouvelle parut dans la *Kölnische Zeitung*, sous le titre : « Sonnenaufgang und Sonnenuntergang ». Suivirent : « Novellen », Goettingue, 1858, en deux vol. ; « Neue Novellen », en trois vol., Goettingue, 1860 ; « Drei Novellen », Hambourg, 1862 ; « Fussstapfen im Sande », roman, 4 vol., Berlin, 1868 ; « Modern », roman, 2 vol., Berlin, 1868 ; « Schwarz auf Weiss », nouvelle, Berlin, 1869 ; « Die barmherzige Schwester », Schwerin, 1870 ; « Achtzig Stufen hoch », roman, Stuttgart, 1873 ; « Gesammelte Erzählungen », 3 vol., Jena, 1874 ; « Neue Novellensammlung », Dresde, 1875 ; « Lebende Bilder », nouvelles, Leipsick, 1879 ; « Aufgelöste Dissonanzen », nouvelles, id., 1879 ; « Das Herz auf dem rechten Fleck », id., 1879 ; « Im Labyrinth der Welt », 3 vol., Berlin, 1879 ; « In der letzen Stunde », nouvelles, Leipsick, 1879 ; « Victoria Concordia », nouvelle, id., 1879 ; « Das Leben kein Traum » ; « Lustschlösser », roman, Berlin, 1882 ; « Neue Novellen-Sammlung », Berlin, etc.

Aufrecht (Théodore), philologue allemand, né à Leschnitz, en Silésie, le 7 janvier 1822, fut élevé au collège de Oppeln, et acheva ses études à l'Université de Berlin, en s'attachant aux leçons et aux livres de Michaelis, de Boeckh, de Bopp, de Lakshmann et se liant d'amitié avec A. Kirchoff, A. Kuhn, et A. Weber. Après avoir pris ses grades à Hall, il fut, reçu, en 1850, *privat docent* à l'Université de Berlin, et il s'y occupa des anciennes langues du Nord, particulièrement de l'anglo-saxon. Il passa en Angleterre en 1852 pour y étudier le sanscrit sur les manuscrits originaux, prit part à l'édition du Rigveda de Max Müller et fut chargé d'exécuter le catalogue des manuscrits sanscrits de la collection bodléienne d'Oxford. En 1862, il fut appelé à la chaire de sanscrit de l'Université d'Édimbourg, qui avait été nouvellement instituée par M. John Muir, savant indianiste et mécène éclairé de l'indianisme ; après avoir refusé, en 1873, la chaire de philologie comparée à l'Université de Strasbourg, il accepta en 1875 la même place à celle de Bonn. Des voyages en Suède, en Norvège et des relations avec l'Islande ont familiarisés M. Aufrecht avec les langues scandinaves. Outre de nombreux articles dans les recueils spéciaux, entre autres dans la *Zeitschrift für vergleichende Sprachforschung*, qu'il fonda lui-même en 1852 avec Kuhn et qu'après il continua tout seul, dans la *Zeitschrift der Deutschen Morgenländischen Gesellschaft* et dans le *Philological Journal*, on lui doit les ouvrages suivants, nombre desquels écrits à la suite de longs voyages en Belgique (1869), dans le Nord de la France (1869), en Suède (1870), en Allemagne et en Hollande (1871) et en Norvège (1872) « De accentu compositorum sanscritorum » Bonn, 1847 ; « Die umbrischen Sprachdenkmäler » Bonn, 3 parties 1850-51, ouvrage publié avec M. Kirchoff. « Ujjvaladatta's commentary on the Unâdisutrâ » Londres, 1859, tiré d'un manuscrit de la bibliothèque de l'Est-India House de Londres ; « Catalogus codicum manuscriptorum sanscritorum postvedicorum quotquot in bibliotheca Bodleiana asservantur » Oxford, 1859-64, 2 vol. ; « Halayudha's Abhidanaratnamala, a Sanskrit Vocabulary edited with a complete Sanskrit-English Glossary » Londres, 1861 ; « Die Hymnen des Rig Veda » dans les *Indische Studien* de Weber, Berlin, 1861-63, 2 vol. ; « A Catalogue of sanskrit manuscripts in the library of Trinity College Cambrige » Cambridge 1869 ; « Ueber die Paddhati von Sarngadhara » Leipzig, 1872 ; « Blüthen aus Hindostan » Bonn, 1873 ; « The ancient languages of Italy » Oxford, 1875 ; « Das Aitareya-Brahmana » Bonn, 1879. M. Aufrecht qui est membre de plusieurs académies d'Allemagne et d'Angleterre, *honorary Master of Arts* de l'Université d'Oxford, depuis son dernier ouvrage que nous avons cité n'a publié que quelques petits essais dans les Journaux de la *Société orientale de l'Allemagne* de Berlin, les *Indische Studien* de Weber, et le *Rheinisches Museum*.

Augelluzzi (Joseph), médecin et littérateur italien, né à Eboli le 19 mars 1814. Ses premières études accomplies dans le Séminaire de Salerne, il se rendit en 1833 à Naples pour y étudier la médecine. Il collabora de bonne heure à l'*Omnibus letterario e pittoresco*, au *Poliorama pittoresco*, aux *Curiosi*, au *Filiatre Sebezio*, revue mensuelle dirigée par Salvatore De Renzi. On remarqua beaucoup dans le temps un article sur « Pietro d'Eboli » inséré dans l'*Omnibus* de 1843. Sans tenir compte de plusieurs ouvrages historiques inédits, on a de lui : « Lettere due sulla Chiesa dell'Incoronata di Napoli e sulla sepoltura di Giovanna I regina di Napoli » 1846 ; « Intorno ad alcuni maestri della scuola salernitana dal XII al XIII secolo » 1853 ; « Intorno alla vita ed alle opere di Crisostomo Colonna da Caggiano » 1856 ; « Sullo stato di coltura del territorio d'Eboli » 1864.

Augier (Adolphe), écrivain français, né à Fréjus (Var), a publié, sous le pseudonyme de Raoul Gineste, des vers, dans la plupart des revues et journaux littéraires de ces deux dernières années : la *Renaissance*, la *Vie Littéraire*, l'*Artiste*, *Paris Moderne* etc. et a fait paraître, en juin 1887, chez l'éditeur Lemerre, un volume de vers « le Rameau d'or ». Il avait déjà publié, chez le même éditeur, une série de poésies dans le 2ᵉ volume du *Parnasse Contemporain*. Outre ses productions littéraires, le docteur Augier, ancien élève de l'École des Hautes-Études, a publié divers travaux scientifiques dont l'un : « Recherches sur le développement des pariétaux à la région saggitale », résultat de ses travaux au laboratoire d'anthropologie de l'École des Hautes-Études, a été couronné par la Faculté de Médecine de Paris.

Augier (Guillaume-Victor-Émile), poète dramatique français, l'un des quarante de l'Académie française, depuis le 28 janvier 1858 (nommé en remplacement de Mʳ Salvandy). Il serait assez difficile, dit Mʳ Jules Claretie, de tracer le portrait de Mʳ Émile Augier si, pour obtenir quelques détails intimes, on ne s'adressait qu'à lui-même. C'est l'homme du monde à qui déplaisent le plus les indiscrétions des journaux. Très sincèrement et très sérieusement, il demanderait volontiers qu'on ne parlât jamais de sa personne. Sa vie, c'est son théâtre. C'est lui qui répondait, il y a quelques années, à un biographe lui demandant des notes pour écrire sa vie :

« Je suis né, monsieur, en 1820. Depuis lors il ne m'est rien arrivé ». Mr Augier est né, en effet, à Valence (Drôme), le 17 septembre 1820; il est par sa mère petit-fils de Pigault Lebrun, dont il a défendu la mémoire dans une lettre qui sert de préface à la *Ciguë*. Après d'excellentes études, pendant lesquelles il se lia avec le jeune duc d'Aumale dont il devint le bibliothécaire quelques années plus tard, son père, avocat des plus considérés, le destinait au barreau; mais la passion des vers qui l'avait tourmenté dès le collège, l'emporta. Vers 1840, en collaboration avec Mr Nogent Saint-Laurens, devenu depuis une des gloires du barreau français, il écrivait un drame en vers « Charles VIII à Naples », qui présenté à Mr Dutertre, directeur de l'*Ambigu-Comique*, fut refusé. Mr Nogent Saint-Laurens, découragé, renonça au théâtre et reprit la robe. Mr Augier, au contraire, ne pensa qu'à écrire une nouvelle pièce. Ce fut « la Ciguë » en deux actes en vers, dans laquelle on sent l'influence de la *Lucrèce* de Ponsard, qui avait soulevé tant d'enthousiasme à cette époque. Mr Ponsard, du reste, très lié avec le jeune auteur corrigea lui-même le manuscrit de la Ciguë. Une fois achevée, après avoir songé à la *Revue des deux Mondes*, Mr A. la présenta au comité du Théâtre-Français. C'était en 1844. La pièce fut refusée à la presqu'unanimité. Mr A. ne se découragea pas encore; il porta sa pièce au Comité de l'Odéon qui la reçut et la fit jouer. Ce fut un triomphe. La Comédie-Française eut le bon goût de ne pas craindre de se déjuger et quelques mois plus tard, elle accueillait la Ciguë dans son répertoire. Mr A. recherché dès ce moment par ce même Théâtre-Français qui l'avait repoussé, écrivit, un peu à la hâte, une nouvelle comédie, en cinq actes, que ses amis lui conseillèrent de ne pas exposer aux hasards de la rampe; il se borna à faire paraître dans une revue ces « Méprises de l'Amour » qui figurent dans ses œuvres complètes, et écrivit son premier essai de comédie contemporaine: « Un homme de bien » dont la donnée fut jugée un peu paradoxale, et qui n'eut qu'un demi succès. Il ne reparut, sur la scène des Français, que trois ans plus tard avec une grande comédie en trois actes « l'Aventurière » qui réussit, mais qu'il a profondément remanié depuis lors pour en tirer une leçon plus forte. En 1849, parut sur le même théâtre « Gabrielle » comédie en cinq actes et en vers. A ce chef-d'œuvre suivent: « le Joueur de flûte » en un acte et en vers, 1850, et « Diane » 1852, en cinq actes et en vers, écrite tout exprès pour Mlle Rachel, et qui n'eurent que peu de succès. Rappelons encore ici « Sapho » opéra en trois actes dont Mr Gounod écrivit la musique (1851); « l'Habit vert » vaudeville en un acte, écrit en collaboration avec Alfred de Musset, joué aux Variétés (1849); « Philiberte » en trois actes, en vers, jouée au Gymnase; « le Mariage d'Olympe » au Vaudeville (1855). En 1855, il donnait au Gymnase, en collaboration avec Mr Jules Sandeau « le Gendre de Mr Poirier » en quatre actes, en prose, un de ses chefs-d'œuvre dont le Théâtre-Français s'emparait en 1864. En 1858, il fait jouer la « Jeunesse » en cinq actes, en vers, à l'Odéon; et en collaboration avec M^r Ed. Foussier « les Lyonnais pauvres » en cinq actes et en prose au Vaudeville; en 1859, toujours avec Mr Foussier « un Beau Mariage » en cinq actes, au Gymnase. En 1861-62, aux Français, deux pièces en prose se suivant « les Effrontés » et « le Fils de Giboyer » dont le succès est encore énorme. « Maître Guérin » (1864); « la Contagion » (1866); « Paul Forestier » (1868); « le Post-scriptum » (1869); les « Lions et Renards »; « Jean de Thommeray » (1873); « Mme Caverlet » (1876); « le Prix Martin, » écrit (1876) en collaboration avec Mr E. Labiche, sont autant de succès pour notre auteur qui est, avec MM^{rs} Dumas et Sardou, l'un des maîtres incontestés du Théâtre-Français. Sa dernière pièce « les Fourchambault » (1875-78) se joue encore partout en France, en Italie, en Allemagne. On doit en outre à Mr É. A. un recueil de « Poésies » 1855, qui renferme quelques petites idylles; une satire intitulée « la Langue » et dirigée contre les avocats mêlés aux événements politiques de 1848. Mr É. A. avait été nommé sénateur par décret imperial du 27 juillet 1870, mais la guerre en empêcha la promulgation. C'est Mr É. A. qui, en sa qualité d'académicien, se trouva chargé de répondre à Mr Émile Ollivier, mais la réception de l'ancien ministre de l'Empire successivement ajournée n'ayant pas eu lieu, son discours et celui du récipiendiaire furent publiés dans les journaux, au mois de mars 1874, par une indiscrétion qu'on ne sut à qui attribuer. Ajoutons que Mr Augier, dont l'ardent patriotisme éclate dans sa pièce: « Jean de Thommeray », est l'oncle de Mr Paul Déroulède, l'ancien et fougueux président de la Ligue des Patriotes.

Augu (Henri), homme politique, journaliste et romancier français, est né à Landau (Bavière) en 1818. Rédacteur du *Siècle* de 1849 à 1870, il a collaboré en outre à la *Réforme*, au *Peuple*, à la *Revue germanique*, à la *Presse*, à la *France*, à la *Patrie*, au *Nord*, au *Journal de Cherbourg*, au *Monde illustré*, aux *Veillées parisiennes*, à l'*Illustrateur des Dames*, à la *Chronique illustrée*, à l'*Europe*, à l'*International*, au *National*, au *Bien public*, à la *Petite presse*, au *Journal de Saint-Quentin*, etc. En 1870, il a fait, avec succès, au Théâtre de Cluny, une conférence sur les libres penseurs du XVI siècle. Mr A. est l'auteur d'un grand nombre de nouvelles, de romans, dont, pour la plupart, les sujets sont tirés de l'histoire. Nous citerons de lni: « les Zouaves de la mort, épisode de l'insurrection polonaise »; « les Faucheurs polonais » 1863; « les Français sur le Rhin » 1864; « Montgomery, ou les anglais en Normandie » 1865 »; « Tribunal de sang » 1865; « les Oubliettes du Vieux Louvre » 1867; « les Assassins du Liban » 1867; « l'Abbesse de Montmartre » 1870; « le Martyr du devoir » 1871; « Une grande pécheresse » 1873; « Don César de Bazan à Grenade » 1873; « le Mousquetaire du Cardinal » 1873; « Une vengeance de comédienne », 1875, en collaboration avec P. Délair; « La louve d'Alençon » roman historique, 1881; « la Justice et la Police à travers les âges »; « les Amours au sérail » 1883; « Un bandit amoureux » 1886. Enfin, Mr Augu a fait jouer quelques pièces de théâtre: « les Femmes sans nom » 1867, comédie en trois actes et les drames suivants représentés au Théâtro Beaumarchais: « les Rôdeurs de Barrière » (1868) en cinq actes, avec Servon; « les Drames de la mansarde » (1869) en cinq actes; « les Oubliettes du Vieux Louvre » drame en huit tableaux.

Aulard (Alphonse), écrivain français, né à Montbron (Charente) en 1819. Il suivit la carrière de l'enseignement, professa la logique au lycée de Tours, puis il remplit pendant plusieurs années les fonctions d'inspecteur de l'académie de Besançon. On lui doit un certain nombre d'ouvrages, notamment: « Essai sur l'accord de la raison et de la foi » 1850; « Examen des principes de la morale sociale » 1853; « Éléments de philosophie concordant avec le programme officiel » 1856, souvent réédité, 8me éd. 1882 « Études sur la philosophie contemporaine: Mr Victor Cousin » 1859; « Logique de MM. de Port-Royal » 1863; « Notions d'histoire de la philosophie » 1863; « Leçons de lecture courante » 1870, nouvelle éd. 1880, plusieurs fois réédité. On lui doit, en outre, une traduction des œuvres d'Apulée de la collection Nisard, des éditions du *Discours sur la méthode* de Descartes, des *Opuscules philosophiques* de Pascal; du *Traité de l'existence de Dieu* de Fénelon, etc.

Aulard (François-Alphonse) écrivain français, professeur à la Sorbonne, né en 1849 à Montbron. En 1877, il fut reçu docteur à l'École Normale Supérieure de Paris, en présentant deux thèses fort remarquables: « De C. Asinii Pollonis vita et scriptis »; « Essai sur les idées philosophiques et l'inspiration poétique de Leopardi ». Il remania cet assai dans l'introduction à sa traduction des Œuvres choisies de Leopardi dont le premier volume a paru en 1880, chez Lemerre. En 1881, M. Aulard a écrit une introduction aux « Notes biographiques sur Leopardi et sa famille, par Mme Thérèse Leopardi », ouvrage traduit en italien l'année suivante. A la *Revue politique et littéraire*, il avait donné différents articles sur des sujets italiens: « Parini »; « Pietro Cossa »; « Ernesto Rossi »; « Tommaso Salvini ». Depuis l'année 1881, il se voua presqu'entièrement à l'étude de l'histoire de la Révolution Française. Il publia une remarquable « Histoire détaillée de l'Éloquence parlementaire pendant la Révolution française » 1885-86, 3 vol. in 8o; une biographie de Danton, 1885, rééditée en 1887; des articles sur Mirabeau-Tonneau, sur Fabre d'Églantine, sur Louvet, publiés dans la *Nouvelle Revue*. Ces travaux le désignaient pour occuper la chaire d'histoire de la Révolution Française que la ville de Paris créa à la Sorbonne le 22 décembre 1885. Sa leçon d'ouverture (12 mars 1886) fit cesser tout le bruit que les royalistes français avaient élevé autour de cette création; on vit que le professeur traiterait son sujet en érudit et non pas en politique. Depuis le 1er janvier 1887, M. Aulard est directeur de la revue historique *La Révolution française*.

Aumale (Henri-Eugène-Philippe-Louis d'Orléans, duc d') prince de la famille d'Orléans, né à Paris, le 16 janvier 1822, est le quatrième fils du feu roi Louis-Philippe et de la Reine Marie-Amélie. Comme ses frères, il reçut au collège Henri IV une éducation publique et se distingua par ses succès universitaires. A dix-sept ans, il entra dans les rangs de l'armée; nous n'avons pas à le suivre dans sa brillante carrière militaire à laquelle mit fin la révolution de 1848, qui le surprit gouverneur-général de l'Algérie. Pendant son long exil, le duc d'Aumale attira l'attention par divers écrits. En 1855, il insérait dans la *Revue des Deux Mondes* sous le nom du gérant, Mr de Mars, deux articles: l'un sur « les Zouaves » l'autre sur « les Chasseurs à pied » (ensemble, 1859, 4me éd.) et qui étaient dus à la plume du prince déjà connu par ses recherches sur la Captivité du Roi Jean et sur « le Siège d'Alésia ». Au mois d'avril 1861, il fit imprimer, en France, une brochure adressée au prince Napoléon, sous le titre de « Lettre sur l'histoire de France », critique fort vive du gouvernement impérial: cette brochure fut saisie et déférée aux tribunaux; l'éditeur fut condamné à un an de prison, l'imprimeur à six mois et tous les deux à 5000 francs d'amende. L'année suivante, on commença d'imprimer à Paris une « Histoire des princes de Condé » à laquelle on disait depuis longtemps que le duc d'Aumale, héritier du dernier des Condés, travaillait. Les exemplaires en furent saisis avant l'achèvement du tirage: ce qui donna lieu de la part du prince, à des réclamations judiciaires qui furent longtemps sans succès. Ce fut seulement quatre ans plus tard (mars 1869) qu'on annonça qu'ils étaient remis aux éditeurs avec permission de vendre, par ordre du ministre de l'intérieur, et qu'on offrit de rembourser les frais d'instance. Le prince fit encore paraître dans la *Revue des Deux*

Mondes, en 1867, une étude sur les « Institutions militaires de la France » et un article intitulé « l'Autriche ». Au commencement de 1868, on lui attribua une brochure interdite, ayant pour titre : « Qu'a-t-on fait de la France ? » qui était apocryphe. L'empire tombé et les lois de bannissement rapportées, le 8 juin 1871 le duc d'Aumale rentra en France. Il siégea à l'Assemblée nationale, fut réintégré dans son grade de général de division, présida, en cette qualité, le conseil de guerre qui condamna le maréchal Bazaine et fut nommé après commandant du VII corps d'armée. Élu membre de l'Académie française le 30 décembre 1871, en remplacement de Montalembert, par 28 voix sur 29 votants, il fut reçu en séance solennelle seulement le 3 avril 1873. En 1886, à la suite de l'expulsion de son neveu, Mr le Comte de Paris, il adressa à Mr Grévy, Président de la République, une lettre assez vive qui lui valut d'être expulsé, à son tour. Quelques semaines plus tard, le duc faisait cadeau à l'Institut de France du superbe château de Chantilly et de toutes les précieuses collections qu'il y a réunies. Les revenus princiers de ce domaine doivent servir à l'encouragement des arts et des sciences. Outre les ouvrages précités, le duc d'Aumale a publié : « les Institutions militaires de la France » Bruxelles, 1868 ; « Écrits politiques » 1868 ; « Discours prononcé sur la réorganisation de l'armée le 28 mai 1872 à l'Assemblée nationale » 1862 ; « Discours de réception à l'Académie Française » 1873, réimprimé deux fois en 1881 chez Mr Calmann Lévy à Paris ; « La première campagne de Condé 1643 » extrait de la *Revue des deux mondes*, 1er et 15 avril et 1er mai 1883 ; « Histoire des princes de Condé pendant le XVI et le XVII siècle » 4 vol., Paris, 1886. Mr le duc d'Aumale, qui est un des bibliophiles les plus éclairés, est l'un des vingt-quatre membres, et le président, de la Société littéraire des bibliophiles français.

Aurel Bászel (Émile), philologue hongrois, né le 9 octobre 1845 à Kaschau, d'une famille protestante de marchands. Il fit ses études de philologie classique pendant cinq années, aux universités de Berlin, de Bonn, de Halle et de Tubingue, où il fut reçu docteur en philosophie, 1869, par la discussion de cette thèse : « La marche des idées, leur distribution et leur but dans les Dialogues de Platon. » Revenu à Budapest il enseigna d'abord le grec et le latin au gymnase évangélique de cette ville, 1870-72, et jusqu'à l'année 1883, comme *privat-docent* à l'université; à cette époque, il fut nommé professeur de philologie classique au lycée de Weisskirchen, où il enseigne toujours. Grand travailleur, il a contribué, par son initiative, à éveiller et augmenter l'intérêt des Hongrois pour la philologie classique ; il possède à lui seul une bibliothèque de livres classiques qui dépasse les 5600 vol.

Voici la liste de ses ouvrages, auxquels la critique a fait le meilleur accueil, en relevant aussi l'élégance et la clarté de la forme littéraire : « Les Idylles de Théocrite et l'idylle gréco-romain » Budapest, 1880 ; « Sur les Discours insérés dans les ouvrages historiques de Thucidide », Budapest, 1881 ; « Les plus grands maîtres de la philologie classique », biographies ; un vol. contenant la biographie des maîtres du 17e siècle et du commencement du 18e siècle, Budapest, 1882 ; « L'étude des anciens Classiques comme l'un des principaux facteurs de la culture générale » Budapest, 1883 ; et un grand nombre de dissertations philologiques. La dernière publiée dans le programme scolaire de Weisskirchen de l'année 1883-84 sur « la Philosophie de la vie d'Horace » n'est qu'une partie d'un grand ouvrage inédit sur Horace. Le professeur Aurel a aussi dans ses portefeuilles une grande monographie sur Platon.

Aureli (Mariano), littérateur italien, né à Bologne le 24 décembre 1820. Dans sa jeunesse, Mr Aureli étudia le droit, la musique, le dessin, mais l'amour des lettres finit par prendre le dessus. A dix-sept ans, il composait une comédie, et ce n'était pas la première, « l'Eroismo d'una fanciulla » qui eut les honneurs de la rampe. A vingt-quatre ans, il en avait déjà écrit seize ! Après avoir fait son devoir de patriote pendant la guerre de 1848-49, Mr Aureli revint à Bologne où, après avoir donné pendant quelque temps des leçons particulières, il prit la direction du collège Barbieri, devenu maintenant Ungarelli. En 1859, il entra dans l'enseignement officiel et il fut pendant de longues années professeur et président dans les lycées du gouvernement. On a de lui : « Ernestina » nouvelle, Bologne, 1845 ; « Dizionario del dialetto bolognese » Bologne, 1851 ; « Carlo I o Oliviero Cromwell » drame historique, Milan, 1875 ; « Giustizia e rigore » comédie en 4 actes, Milan, 1876 ; « La figlia del veterano e la gran Dama » drame en quatre actes, Milan, 1877 ; « Il compiacente » comédie en deux actes et « le Nozze di un ballerino » pochade en un acte publiées ensemble à Milan, 1877 ; « Memoria intorno al Liceo di Spoleto » Imola, 1862 ; « Discorso intorno al Pantano » Spoleto, 1865 ; « Elogio funebre del Conte di Cavour » Spoleto, 1866.

Aurelian (Pierre), économiste, agronome et homme d'état roumain, actuellement ministre des travaux publics, est né à Slatina, en Roumanie, le 12 décembre 1823. Il fit ses études à Bucarest, et, pendant quatre ans, à l'école d'agriculture Grignon à Paris. A son retour, en 1860, il fut nommé professeur et ensuite directeur de l'École d'agriculture de Pantaleimon, puis de celle de Ferestreu, près Bucarest. En 1860, il organisa aussi une banque de crédit pour le peuple. Par son initiative, on institua, en 1863, un ministère de l'agriculture et des travaux publics, dont il fut immédiatement nommé chef de division. Il fonda la Société Économique de Roumanie, dont il est, depuis l'année 1870, le président. Il partage, en économie politique, les idées protectionistes, mais il prouve, par son propre exemple, quelle force il attribue à l'initiative privée. Son système économique, une protection modérée de l'industrie nationale, a trouvé des partisans, et aujourd'hui il n'y a presque plus personne dans le royaume qui ne partage sa doctrine. M. Aurelian était commissaire de son pays à l'Exposition Universelle de Paris, en 1867, et à celle de Vienne en 1873. Membre de l'Académie Roumaine, député au Parlement, il fut, la première fois, nommé ministre de l'agriculture et des travaux publics, en 1877. En 1882, il est entré dans le Cabinet Bratiano comme ministre des cultes et de l'instruction publique; il garda ce portefeuille, pendant deux années; en 1887, il fut nommé, pour la seconde fois, ministre des travaux publics. Comme publiciste, comme orateur, comme ministre, M. Aurelian s'est montré un apôtre fervent du développement économique de la Roumanie. Dès l'année 1860, en collaboration avec Grégoire Stefanescu, il fonda et dirigea la *Rivista Scientifica*, où il inséra, entr'autres, son mémoire sur la monnaie; en collaboration avec M. Odobescu, en 1868, il publia, chez Franck, à Paris, en français, un livre intitulé « Notice sur l'état économique de la Roumanie ». On a encore de lui en roumain : « Catéchisme d'économie politique » 1868; « Manuel d'agriculture » 1869; « Notre terre » 1875; une sorte d'annuaire, intitulé : « Économie nationale »; « La Boucovine étudiée au point de vue économique » 1876; « Mémoire sur l'agriculture des Roumains » où l'on prouve que la plupart des usages agricoles des Roumains remonte à l'époque romaine; « Calendrier Roumain » 1880; « Rapport sur l'Exposition artistique et industrielle de Moscou de l'année 1882 » (M. A. avait été chargé par son gouvernement d'étudier l'état économique de l'Empire Russe); « Quelques pages de l'Économie Rurale de la Russie ». Depuis 1885, il a fondé un journal économique intitulé : *Économie nationale*, revue des intérêts économiques roumains. M. Aurelian préside enfin la commission roumaine des traités de commerce, et, en cette qualité, il a conduit les négociations avec la Russie, la Suisse, la France, la Turquie et l'Autriche-Hongrie.

Aurès (Auguste), ingénieur et archéologue français, né à Montpellier en 1806. Admis à l'École polytechnique en 1824, il entra en 1826 dans le corps des ponts et chaussées, devint ingénieur ordinaire en 1831, ingénieur en chef en 1847, et prit sa retraite en 1868. Mr Aurès s'est fixé à Nîmes et est devenu membre de l'Académie du Gard. Il a collaboré à la *Gazette des architectes et du bâtiment*, à divers autres recueils, et il a publié des études dans les *Mémoires de l'Académie du Gard* ; en outre, on lui doit les ouvrages suivants : « Étude des dimensions de la Maison-Carrée » 1844; « Nouvelle théorie du module déduite du texte même de Vitruve » 1862; « Étude des mines de Métaponte » 1865; « Etude des dimensions du grand temple de Pæstum » 1869; « Métrologie gauloise » 1870; « du Calendrier romain et de ses variations successives » 1873; « Nouvelles recherches sur le tracé des fosses Mariennes » 1873; « Notes sur l'expression antique de la contenance d'un oenochoé du musée de Nîmes » 1875; « Encore le pied gaulois; Restitution d'une inscription antique du musée de Nîmes » 1879. En 1882, Mr Aurès a publié, en collaboration avec Mr A. Michel: « Essai de restitution de l'inscription antique des bains de la Fontaine ». En 1880, il a fait paraître à Nîmes le premier fascicule de « Métrologie égyptienne. Détermination géométrique des mesures de capacité dont les anciens se sont servis en Égypte ».

Auriac (Philippe-Eugène-Jean-Marie d'), homme de lettres et érudit français, né à Toulouse, le 17 octobre 1815; est devenu, en 1858, employé à la Bibliothèque de la rue Richelieu à Paris. Il a publié « Louis-Philippe prince et roi » 1843; « D'Artagnan le mousquetaire » 1847, 2me éd., 1854, mémoires primitifs du héros de Mr Alexandre Dumas; « Recherches sur l'ancienne cathédrale d'Alby » 1854; « Description sensible et naïve de la fameuse cathédrale Sainte-Cécile d'Alby, etc. » 1857, 2me éd., 1867; « Histoire de la Cathédrale et des évêques d'Alby » 1858; « Essai historique sur la boucherie de Paris » 1861; « Histoire anecdotique de l'industrie française » 1861; « Nouveau guide du voyageur en Belgique et en Hollande » 1865; « la Reddition de Bordeaux sous Charles VII » 1875; « Guide pratique, historique et descriptif aux bains de mer de la Manche et de l'Océan » 1866; « le Destin antique, histoire des cartes » 1868; « l'Avant-dernier siège de Metz en l'an 1552 » 1874; « Charlotte » nouvelle, 1875; « Théâtre de la foire. Recueil de pièces représentées aux foires Saint-Germain, précédé d'un Essai historique sur les spetacles forains » 1879; « La Corporation des Ménétriers et le Roi des Violons » 1880; « Révolution des États du Portugal, en faveur du roi D. Jean IV, précédée d'une étude sur l'avènement de la maison de Bragance et d'une notice sur Fr. de Grenail » 1883. Rappelons encore de lui les articles suivants qui, parus d'abord dans la *Revue de la Société des Études historiques*, en ont été extraits et publiés à part: « Le Chevalier de Beaujeu au château de sept Tours » 1881; « Laure et Pétrarque, Étude iconographique » 1882; « Recherches historiques sur le commerce de la France dans les premiers temps de la monarchie » 1883 ; « Poinsinet el Mlle de Crounzoul. Procès curieux entre un auteur dramatique et une danseuse de l'Opéra (1767) » 1884; « Le pays de Cocagne » 1885, etc. etc.; puis de nombreux articles dans plusieurs journaux, entr'autres le *Capitole*, la *Renommée*, le *Siècle*, où il rédigea spécialement les éphémerides.

Auriac (Jules d'), fils du précédent, littérateur et administrateur français, né à Paris en 1824, actuellement sous-préfet de Loudéac (Côtes du Nord). On a de lui : « Histoire du Portrait en France » en collaboration avec Mr Pinset et « Poèmes d'autrefois », Paris, Lemerre, 1883, ouvrage couronné par l'Académie des muses santones.

Auriac (Victor d'), littérateur français, fils et frère des précédents, né à Neuilly (Seine), le 30 juin 1858, sous bibliothécaire à la Bibliothèque Nationale. On a de lui : « Pâques Fleuries, Poésies » Paris, Lemerre, 1883 ; « Renaissance », sonnets illustrés par douze artistes, grands in-4°, Lemerre, 1887. En ce moment, il collabore à l'*Évènement*, où il donne des nouvelles qui paraîtront prochainement en volume.

Auriac (Jules **Berlioz** d'), littérateur français, né à Grenoble en 1820. Il étudia le droit; se fit recevoir licencié, puis il entra dans la magistrature et il remplit pendant quelques annéés les fonctions de juge dans sa ville natale; renonçant ensuite à la magistrature, il employa ses loisirs à cultiver les lettres. Il a collaboré au *Journal pour tous*, ainsi qu'à divers autres recueils et il a publié en volume un certain nombre de romans. Nous citerons de lui: « la Guerre noire, souvenirs de Saint-Domingue » 1862 ; « Ce qu'il en coûte pour vivre » 1863 ; « l'Esprit blanc » 1866 ; « le Mangeur de Poudre » 1866 ; 2me éd. 1884 « les Forestiers du Michingan » 1866 ; « les Pieds fourchus » 1866 ; « les Scalpeurs des Ottawas » 1886, nouvelle éd. 1884 ; « les Terres d'or » 1867 ; « Œil de Feu » 1867; nouv. édition 1884 ; « Jmi l'Indien » 1887; « la Caravane des Sombreros » 1867 ; et, en collaboration avec feu Gustave Aimard, « l'Héroïne du désert » 1880; 2 éd. 1884 ; « l'Ami des Blancs » 1884 ; « l'Œuvre infernale » 1884 ; « Mariami l'Indienne » 1884 ; « Un duel au désert » 1884 ; etc.

Ausonio de Liberi, pseudonyme sous le quel M. Caligo Silvio Antonio, poète italien, a publié les ouvrages suivants : « Virgulti » vers, Gênes, Sordomuti, 1880 ; « Versi ad un fanciullo » id. id. id. ; « Matrimonio, scene sociali dal vero » comédie en deux actes et un prologue, Milan, Barbini, 1881 ; « A Carmen Sylva » (S. M. la Reine Elisabeth de Roumanie), vers, Gênes, Ciminago, 1883. M. de Liberi est aussi l'auteur d'une lettre qui précède le volume de « Primi versi, Zampilli » de M. Mario Alberto Panizzardi, Gênes, Sambolino s. d. mais 1880.

M. de Liberi est aussi l'auteur d'un livre qu'on ne s'attendrait pas à voir sortir de la plume d'un poète : « Trattato di corrispondenza commerciale » Gênes, Sordomuti, 1886.

Ausonio Franchi, V. BONAVINO CRISTOPHE.

Ausonio Liberi, pseudonyme de M. G. A. Giustina, romancier et journaliste italien, directeur de la *Cronaca dei Tribunali*, *Rivista giudiziaria Torinese*; parmi ses romans, nous citerons : « Il ventre di Torino » roman social, Turin, Candelletti, 1882 ; « Il Palazzo Madama » Turin, Candelletti, s. d. dans le *Romanziere popolare*; « Le ragazze di Torino » Turin, Candelletti, 1886.

Austin (Alfred), poète, critique et journaliste anglais, né le 30 mai 1835, de parents catholiques à Leeds. En 1853, il prit ses degrés à l'Université de Londres et entra tout de suite à *Inner Temple*, la célèbre école de droit. Dès 1854, il publia un poème anonyme « Randolph » très sympathique à la cause polonaise ; mais sa première publication importante fut un volume de vers « The Season, a Satire » qui parurent en 1861 et dans lesquels il se moquait, un peu trop vivement, peut-être, de la *Fashionable Season* de Londres. La presse fut très sévère pour le jeune poète, mais celui-ci ne perdit pas courage et répliqua par « My Satire and its Censors » 1861. En même temps, il quittait le barreau, pour s'adonner entièrement aux lettres. En 1862, il fit paraître un poème « The Human Tragedy », que l'auteur lui-même retira plus tard pour l'augmenter et le corriger tel qu'il parut en 1876. Mr Austin, dont le talent affectionne la satire, publia en 1871 : « The Golden age : a Satire » ; en 1872 un recueil de poésies, sous le titre « Interludes »; et en 1858, 1864, 1865 trois romans: « Five years of it » ; « An Artist's Proof » ; et « Won by a Head ». Mr A. a écrit aussi plusieurs essais littéraires qu'il a recueillis dans un livre plus attrayant qu'impartial. « The poetry of the period » et « A Vindication of Lord Byron » publiée en 1869 à l'occasion de l'article de M^s Stowe *The True Story of Lord Byron's Life*. Citons encore de lui « Rome or Death » 1873 ; « The Tower of Babel », etc. Mr A., conservateur acharné, s'est présenté deux fois aux électeurs de Taunton (1865) et de Dewsbury (1880), mais il a toujours échoué. La *Quarterly Review*, et le *Standard*, l'organe principal du parti tory, comptent Mr A. au nombre de leurs collaborateurs les plus actifs. Mr A. a représenté ce dernier journal à Rome pendant le Concile œcuménique, et au quartier général du Roi de Prusse pendant la guerre franco-allemande. Parmi ses écrits politiques, on cite : « Russia before Europe » 1876; « Tory Horrors » 1876, réponse à l'occasion de *Horreurs bulgares* de Mr Gladstone ; « England's Policy and Peril; a letter to the Earl of Beaconsfield » 1877 ;

« Soliloquies in Song » qui est une de ses dernières publications. Mr A. est maintenant directeur de la *National Review*.

Autellet (Pierre-Médard), médecin français, né à Cevray (Vienne) en 1814. Reçu docteur à la faculté de médecine de Paris en 1842, il alla pratiquer son art dans sa ville natale, où il obtint une médaille en or et la croix de la légion d'honneur pour le dévouement dont il avait fait preuve dans diverses épidémies. On lui doit un certain nombre d'écrits, notamment « Mémoire sur la nature et le traitement du choléra »; « Nouvelles considérations sur le traitement de la fièvre typhoïde épidémique »; « Histoire d'une épidémie de diphtérite dans l'arrondissement de Civray », etc.

Auvray (Louis), sculpteur et littérateur français, est né à Valenciennes (Nord) le 7 avril 1810. Élève de David d'Angers, il a surtout produit en sculpture des médaillons et des bustes. Comme littérateur et critique d'art, il a publié : « Allocutions maçonniques », 1840 ; « Délassements poétiques d'un artiste », 1849 ; « Concours des grands prix et envois de Rome », 1858; « Projet de tombeau pour l'empereur Napoléon I », 1861 ; « Exposition de Beaux-Arts : Salons de 1834-1865 », 14 volumes. Mr Louis Auvray a continué le grand ouvrage, commencé par Mr Bellier de la Chavignerie, sous le titre: « Dictionnaire général des artistes de l'école française, depuis l'origine des arts du dessin jusqu'à nos jours ». Le 1er vol. a paru à Paris, chez Loones, en 1882, le 2e et dernier avec le supplément, en 1886. Directeur de la *Revue Artistique et Littéraire*, M. A. a collaboré aussi à la *Revue des beaux-arts* et à divers journaux artistiques.

Auwers (Arthur), astronome allemand, né à Goettingue le 12 septembre 1838; de 1859 à 1862, assistant à l'Observatoire astronomique de Königsberg, et puis à celui de Gotha, appelé en 1866 à Berlin comme membre et astronome de l'académie royale des sciences ; depuis 1878 secrétaire perpétuel de la Section des sciences physiques et mathématiques de l'Académie. Mr Auwers commença ses observations astronomiques en 1853, et quatre ans après il achevait les observations de Wilhelm Herschel. A Königsberg, il poursuivit les recherches commencées par Mr Bessel, avec l'héliomètre et concernant l'astronomie sidérale. Parmi ses travaux les plus récents, nous citerons : « Untersuchungen über veränderliche Eigenbewegungen der Fixsterne », Leipzik, 1878; et la publication du nouveau travail de l'observation des étoiles fixes de Greenwich, grâce auquel Bessel refaisait les « Fundamenta astronomiæ ». Mr Auwers qui, en 1874, se rendit à Luqsòr pour y observer le passage de Vénus est, depuis 1876-81, directeur de l'observatoire physico-astronomique de Potsdam. Mr Auwers est un collaborateur assidu des journaux astronomiques allemands et surtout de l'*Astronomische Nachrichten* de Altona. En 1862 et 1863, il a publié aussi deux mémoires en anglais dans les *Monthly Notices of the Astronomical Society* de Londres.

Avanzini (Balthazar), journaliste italien, né à la Spezia vers 1840. Il commença par être employé aux Ministères de l'intérieur et de la marine. En 1870, avec MMrs De Renzis, Martini, Coccoluto Ferrigni (Yorick), Piacentini et Cesana, il fondait le *Fanfulla*, qui a été un des plus grands succès de la presse italienne. Le journal se transféra plus tard à Rome, où Mr Avanzini en conserve encore aujourd'hui la direction. Dans ce journal, Mr Avanzini a donné à la littérature une quantité innombrable d'articles politiques et humoristiques, dont un recueil servirait à montrer le mouvement littéraire dans le journalisme, initié par Mr Avanzini. Les articles de Mr Avanzini sont habituellement signés du nom de E. Caro. Il a fondé aussi le *Fanfulla della Domenica*, qui est maintenant dans sa dixième année, journal hebdomadaire littéraire, le premier de son genre en Italie, et qui a été suivi par beaucoup d'autres, dont aucun cependant n'a pu égaler le succès. Mr Avanzini, qui a été un des fondateurs de l'Association de la Presse italienne, en est maintenant un des vice-présidents.

Ave, pseudonyme de Mr le docteur Angelo Vecchi, un des meilleurs collaborateurs de la *Gazzetta Musicale* de Milan. Le même pseudonyme a servi à deux femmes de lettres ; l'une, italienne, Mlle Eva de Vincentiis, de Bari, qui a publié, en 1883, à Florence, chez Barbèra: « Vita del popolo », bozzetti pugliesi; l'autre, suédoise, Madame Eva Nilson Vigström (Voir VIGSTRÖM).

Avè-Lallemant (Fred. Chrétien Benedict), écrivain allemand, né le 23 mai 1809, à Lübeck. En 1843, il y fut nommé procureur de la haute Cour. En 1882, il passa à Berlin. Il est surtout connu par son important ouvrage « Das deutsche Gaunertum » Leipsick, 1858-62, 4 vol.; résultat de ses études sur les criminels et de son expérience pratique. A cet ouvrage principal, se rattachent les deux postérieurs « Die Mersener Bockreiter » 1880, et « Der Magnetismus mit seinen mystischen Verirrungen » 1881. Il a écrit en outre: « Physiologie der deutschen Polizei » 1882; « Die Krisis der deutschen Polizei » 1861; « Die norddeutsche Bundespolizei » 1868, dans lequel il démontre la nécessité de l'unification de la police allemande. On lui doit aussi des nouvelles et des romans dont le monde du crime lui a fourni l'argument.

Avellaneda (Nicolas), avocat et homme d'État Sud-Américain, né le 1er octobre 1836, dans le Tucuman, une des provinces centrales de la République Argentine, est fils de Marcos Avellaneda, ancien gouverneur du Tucuman, mis à mort sous la dictature de Rosas. Sa famille vécut dans l'exil jusqu'à la chute du dictateur en 1852. Il fit ses études aux universités de Cordova et de Buenos-Ayres. En 1857, il fondait à Tucuman l'*Eco del Norte*; en 1859, avec le docteur Cané, le *Comercio del Plata*; en 1854, avec le docteur Chassaing, le *Pueblo*. Il fut en outre rédacteur ou collaborateur du *Nacional*, du *Correo del Domingo*, du *Museo de las familias*, du *Boletin de las Bibliotecas Populares*, de la *Biblioteca Popular*, de la *Nueva Revista de Buenos-Ayres*, etc. Professeur de droit à l'Université de Buenos-Ayres, il devint ministre de la Justice, de l'Instruction publique et des Cultes sous la Présidence de D. F. Sarmiento. Le 6 août 1874, il fut nommé à son tour président de la République Argentine, fonctions qu'il garda jusqu'au 12 octobre 1880. On a de lui : « Estudios sobre las leyes de tierras publicas », ouvrage qui a eu l'honneur de trois éditions ; « Collaboracion al Proyecto del Codigo de Procedimientos, redactado por el doctor Dominguez » ; « Colecion de escritos economicos del doctor Amancio Alcorta (padre) con un prologo por el doctor A. » ; « Memoria sobre el desarollo progresivo del derecho, » lu à l'Académie de Jurisprudence et publié dans le *Foro* et dans quelques autres journaux de l'époque; enfin, une foule de discours universitaires, funèbres, d'inauguration, électoraux, politiques, parlementaires, de mémoires ministériels, de messages présidentiels et ministériels, de commémorations patriotiques, et de mémoires juridiques. Nous nous bornerons à citer son discours pour l'inauguration de la statue de Moreno que M. Quesada, un de ses biographes, appelle magistral et deux Mémoires ministériels : l'un sur l'instruction publique, l'autre sur le régime municipal qui forment chacun un gros volume et qui sont les premiers qui aient été publiés dans la République Argentine. Citons encore de lui les deux articles suivants insérés dans la *Nueva Revista de Buenos-Ayres* : « El doctor Don Julian S. de Agüero » tome I, page 169 et « Don Pablo Groussac. Ensayo historico sobre el Tucuman » tome IV, page 316.

Avenarious (Basile, Petrovitch) écrivain russe, né le 28 septembre 1839 ; jusqu'en 1861, il étudia les sciences naturelles à l'université de Saint-Pétersbourg. Il est à présent fonctionnaire de la chancellerie impériale. On l'apprécie surtout comme écrivain pour les enfants, et ses œuvres ont été couronnées en 1880 par la société Froebelienne. Ses contes de « l'Abeille » et « Ce que dit la chambre » sont parmi les meilleurs écrits à l'usage de l'enfance.

Avenarious (Nicolas-Petrovitch), savant russe, né le 28 septembre 1835, professeur de physique à l'université de Kief, membre-correspondant de l'académie Impériale des Sciences et de la Société de physique de Berlin. Sa thèse de doctorat sur la différence électrique des métaux, date de l'année 1865. Une partie de cette thèse a été publiée en allemand « Ueber electrische Differenzen der Metalle bei verschiedenn Temperaturen » dans *Poggendorf's Annalen der Physik u. Chemie*, (vol. 122). Il publia en allemand: « Ueber die Ursachen, welche die kritische Temperatur bedingen » dans le *Bullettin de l'Académie des Sciences de Saint-Pétersbourg*, 1876, t. IX ; « Volumenveränderung einer Flüssigkeit durch Temperatur und Druck » dans le *Bull. de l'Acad. Imp. des Sc. de Saint-Pétersbourg*, 1878, t. X. « Methoden der Theilung des electrischen Dichts » dans le *Repertorium für Experimentalphysik*, 1881; et autres articles sur l'électricité dans le *Beiblatt zu den Annalen der Physik*, 1882. En russe : « Sur les machines magnéto-électriques » dans la revue l'*Ingénieur*, 1883 ; « Sur les fluides » dans la *Revue de la Société physico-chimique russe*, 1884.

Avenarius (Ferdinand), écrivain allemand; en 1880, il publia à Zurich un volume de poésies sous le titre: « Wandern und Werden »; en 1884, à Dresde, une anthologie lyrique, avec des notices biographiques, sous le titre: « Deutsche Lyrik der Gegenwart, seit 1850 ».

Avenarius (Richard), philosophe franco-suisse, né à Paris le 19 novembre 1843; depuis 1877 professeur ordinaire de philosophie à Zurich, où il fit ses études, ainsi qu'à Berlin et à Leipsick. Il dirige la *Revue Trimestrielle pour la philosophie scientifique*. On a de lui : « Les deux premières phases du Panthéisme de Spinoza » Leipsick, 1868; « Prolégomènes pour la critique de l'expérience pure » Leipsick, 1876; « Les rapports de la psychologie avec la philosophie » Zurich, 1877.

Avenel (Paul), auteur dramatique et littérateur français, né à Chaumont (Oise) le 9 octobre 1823. Après avoir suivi les cours de l'École du commerce, dont il fut un des lauréats, il prit sa direction vers la littérature, collabora à diverses petites feuilles, et se fit connaître par des romans et de spirituels vaudevilles dont la plupart ont eu une vogue soutenue. On connaît de lui les œuvres suivantes : « Le coin du feu », nouvelles, 1849; « Les Antithèses morales », poésies dramatiques, 1852; « Le voyage entre deux mondes », 2 vol., 1853; « L'Antichambre en amour », pièce en un acte en vers, 1854; « Un homme sur le gril », vaudeville en un acte, 1854; « Alcove et Boudoir. Scènes de la comédie humaine », poésies, 1855, ouvrage saisi, et interdit par les tribunaux, lors de sa première publication; en 1885 la maison Quantin en a donné une nouvelle édition; « Le gendre de M. Caboche », comédie vaudeville en un acte, 1855; « Les Étudiants de Paris (1845-47) », 1857, 2ᵐᵉ ed., 1885; « Les trois cerfs-volants », vaudeville en un acte, 1859 ; « Les chasseurs de pigeons », vaudeville en trois actes, 1860, en collaboration avec Amédée de

Jallais ; « Le Roi de Paris », roman historique, 1860 ; « Les jarretières d'un huissier », vaudeville en un acte, 1861 ; « La Paysanne des Abruces », drame en cinq actes et six tableaux, 1861, en collaboration avec Hector de Charlieu; « La Nuit porte conseil », 1863 ; « Les Amoureux pris par les pieds », vaudeville en un acte, 1863 ; « Le duc des Moines », roman historique, 1864 ; « Soyez donc concierge », folie vaudeville en un acte, 1864 ; « Les Lipans ou les brigands normands », roman historique, 1866 ; « Les Calicots », scènes de la vie réelle, 1866, dont l'année suivante il tirait, en collaboration avec M. Henri Thiéry, un vaudeville en trois actes avec le même titre; « Un oncle du midi », 1867, vaudeville en un acte ; « Les Amoureux de Lucette », vaudeville en un acte, 1868 ; « Le Beau Maréchal », tableau populaire en un acte », 1868, ces trois derniers ouvrages en collaboration avec M. Ernest Adam ; « Les Plaisirs du dimanche », pièce en quatre actes, 1868, en collaboration avec M. Henri Thiéry ; « Chansons », 1869 ; « La revanche de Candaule », opéra-bouffe en un acte, musique de J. J. Debillemont, 1869, en collaboration avec M. Henry Thiéry; « Nouvelles chansons politiques », 1870 ; « Chants et chansons politiques », 2ᵐᵉ éd., 1872, 5ᵐᵉ éd., 1880 ; « Souvenirs de l'invasion. Les Prussiens à Bougival, 1870-71. Notes d'un pillé », 1873 ; « L'homme à la fourchette », vaudeville en un acte, 1874 ; « La Tour de Moulinet », opéra-bouffe, musique de Hubbans, 1874 ; « Une amie dévouée », mœurs parisiennes, 1884.

Avenel (Vicomte d'), écrivain français appartenant à l'une des plus anciennes familles de la Normandie, né le 9 juin 1855. Élevé par les pères Jésuites de Vaugirard, entre les années 1870-73 il fut journaliste ; il entra ensuite dans l'administration, mais il se retira à cause de ses principes religieux, le 30 juin de l'année 1877, le jour de l'exécution des décrets contre les ordres religieux. En 1872, il publia un ouvrage en deux volumes, sous le titre : « Les Évêques et Archevêques de Paris » ; et en 1884, un ouvrage en trois volumes, couronné par l'Académie française, sous le titre : « Richelieu et la monarchie absolue ». Une nouvelle édition de cet ouvrage a paru, en 1887, chez Plon et Nourrit à Paris.

Averkieff (Dmitri), critique et auteur dramatique russe, né à Catherinodar le 12 février 1836. Il fit ses études à l'École de commerce de Saint-Pétersbourg, et débuta en 1864 par des articles critiques, dans le journal l'*Epocha*, qui furent remarqués ; on nous signale surtout ses essais sur Shakespeare, et sur le critique Dobrolouboff. Mais il doit surtout sa renommée à ses drames historiques en vers ; si son vers est quelque peu lourd, il reproduit avec une grande fidélité la vie russe des siècles passés ; sur les scènes de Moscou on a surtout applaudi les drames: « Fral Skabeef » ; « Les Vieux temps de Kachiro » ; « La Princesse Ulljuna Wiasemkaja » ; « Le voïvode de Trogir », etc. M. A. a écrit aussi le libretto de l'opéra de Sjeroff : *Rogneda*. Depuis 1879, M. Averkieff a écrit à Saint-Pétersbourg les revus théâtrales du *Golos*, jusqu'à la suppression de ce journal.

Avesne (E. d'), pseudonyme du Révérend Père Frédéric Rouvier, jésuite français, né à Marseille le 21 mars 1851, et auteur de plusieurs livres et brochures de polémique politique et religieuse. Nous citerons entre autres : « La Jeunesse aux Francs-Maçons », 1879 ; « La morale des Jésuites », 1879 ; « Un ministre calomnié », 1879 ; « La Franc-Maçonnerie et les projets Ferry », 1879 ; « La France chrétienne en 1870 », 1880 ; « La légalité des congrégations religieuses non autorisées et la consultation de M. Rousse », 1880 ; « Les procédés d'un ministre », 1880 ; « La Révolution maîtresse d'école», 1ᵉʳ éd., Avignon, 1880 ; une 2ᵉ éd., publiée la même année, à Paris, chez Palme porte le nom de l'auteur ; « Il signor Garibaldi en France », 1880 ; « La Franc-Maçonnerie au pouvoir », 1881 ; « Devant l'ennemi », 1882 ; « Note sur quelques propositions de loi relatives aux intérêts de l'Église », 1882.

Aviella (Goblet d'). Voyez GOBLET.

Avòli (Alexandre), écrivain italien, né en 1844 à Trivigliano dans la province de Rome. Il fit ses études au séminaire d'Alatri, ou, avant sa vingtième année, il enseigna lui-même, passant ensuite au gymnase de la ville. Le prince Maximilien Massimo de la Compagnie de Jésus, ayant ouvert, en 1879, à Rome, un institut privé pour l'éducation et l'instruction de la jeunesse, le père Avòli, en 1880, y fut appelé comme professeur, et deux ans après chargé de la direction de cet Institut florissant qui compte environ 500 élèves, tout en gardant l'enseignement de la littérature italienne dans les classes du Lycée. Parmi les publications du père Avòli, qui ont paru à Rome, on doit signaler : « Saggio di studii etimologici comparati sopra alcune voci del dialetto alatrino » 1881 ; « Autobiografia di Monaldo Leopardi » avec un excellent supplément 1883 ; « Pompeo in Egitto » tragédie inédite de Leopardi, publiée avec une introduction, 1884 ; « Lettere inedite di Ugo Foscolo a Silvio Pellico » tirées des autographes, avec des notes et des documents, 1886 ; quatre livres pour les écoles : « Temi per composizioni italiane », 1885 ; « Lettere di G. Leopardi », choisies avec des notes, 1886 ; « Fiori di letture educative ed istruttive », 1887 ; « Letture educative ed istruttive », 1888 ».

Avollo (Conrad), écrivain sicilien, né le 14 février 1843 à Noto ; après avoir combattu, comme volontaire, dans les rangs de la glorieuse armée garibaldienne, en 1860, il étudia la chimie et les sciences naturelles à l'université de Catane. On a de lui plusieurs articles insérés dans l'*Agricoltura italiana* du professeur Caruso, et, en outre : « Canti popolari di Noto, » Noto, 1875 ; « Introduzione allo studio del dialetto siciliano, » Noto, 1882 ; « La schiavitù domestica in Sicilia nel secolo XVI » (dans l'*Archivio storico siciliano* de l'année 1885) ; « sul Rebellamentu di Sicilia » dans la neuvième édition de la *Guerra del Vespro Siciliano* de M. Amari ; « Questione delle rime nei poeti siciliani del secolo XIII » dans la *Miscellanea di filologia e di linguistica.*

Avril (Adolphe d'), diplomate et écrivain français, né à Paris en 1822. M. d'Avril, qui a été pendant quelque temps ministre plénipotentiaire, agent politique et consul-général de France en Roumanie, a publié plusieurs ouvrages, parmi lesquels nous citerons : « Acte du concile de Florence pour l'union des Églises (1439) » 1861 ; « Documents relatifs aux églises de l'Orient » 1862 ; « Héraclius ou la Question d'Orient au VIIe siècle » 1862 ; « La Bulgarie chrétienne, étude historique » 1863 ; « La Chaldée chrétienne » 1863 ; « Actes relatifs à l'Église bulgare en 1860 et 1861 » 1864 ; « La chanson de Roland traduite du vieux français » 1re éd. 1865, 2me éd. 1866, 3me éd. 1877 ; « Une mission religieuse en Orient, Relation adressée à Sixte Quint par l'évêque de Sidon » 1866 ; « L'Arabie contemporaine » 1868 ; « La bataille de Kossovo » 1868 ; « Documents relatifs aux Églises de l'Orient considérées dans leurs rapports avec le Saint-Siège » 1869, 3me éd. 1885 ; « Les Populations de l'Europe orientale par un Français » 1869 ; « De Paris à l'île des Serpents » 1876 ; « La France au Monténégro, d'après Vialla de Sommières et Henri de la Rue » 1876 ; « Les Hiérarchies et les langues liturgiques en Orient » 1876 ; « Voyage sentimental dans les pays slaves : Dalmatie, Monténégro, Herzégovine, Croatie, Serbie, Bulgarie, Galicie, Bohême, Slovénie » 1876 ; « Saint-Cyrille et Saint-Méthode » 1885 ; « Négociations relatives au traité de Berlin et aux arrangements qui l'ont suivi (1875-1886) », Paris, Leroux, 1887. M. d'Avril a aussi donné quelques articles à la *Revue des deux Mondes*, nous n'en citerons qu'un dans la livraison de février 1863 sur « la Grammaire de la langue roumaine » par M. Minesco (V. ALECSANDRI).

Avstchenko (Basile), publiciste et romancier russe, rédacteur du *Journal de Saint-Pétersbourg* (russe), né le 5 janvier 1842. On a de lui ces romans : « Comment ils sont partis » *Mess. Russe* 1876. N°. 11. « Grincement de dents » *Méssager Russe*, 1878, N. 1-3, 5, 9-11 ; « Affaires du passé » Ib. 1877, N. 3 ; « Les joies de famille » Ib. 1880, N. 11 ; « Le méchant esprit » Ib. 1881, N ; 4, 5, 7, 9-11, 1882, N. 1, 6-10, 1883, N. 1, 2, 5, 6 ; « Collection de romans et

nouvelles » Saint-Pétersbourg, 1886 ; un dramo « Le calme » dans le *Mess. Russe*, 1880, N. 1 ; et différentes études dans le *Mess. Russe*, 1876-1877.

Axon (Guillaume-Édouard A.), écrivain anglais, né en 1846 à Manchester où il a rendu de grands services à la bibliothèque de la ville ; il a publié des chants et des légendes populaires anglais surtout du Lancashire, et plusieurs travaux de bibliographie. Parmi ces derniers, nous citerons : « Statistical notes on the Free Town Libraries of Great Britain and the Continent » Londres, 1870.

Ayma (Louis), poète français, né en Poitou, proviseur au Lycée de Napoléon-Vendée, il débuta en 1839 par un volume de poésies lyriques « les Préludes » ; en 1864, il publia un poème « Les deux horoscopes ». On a encore de lui : « Vie de Sœur Marie de Villeneuve » 1881 ; et une traduction de « l'Histoire des Evêques de Cahors de G. de la Croix » 1883 ; M. A. essaya aussi d'introduire des innovations dans le sonnet français, mais ses essais n'eurent aucun succès.

Aymet (Ernest-Jean-Alphonse), écrivain français, employé au bureau de poste de Carcassonne, né à Coniza (Aude) le 8 septembre 1840. On a de lui « Lou Sermon del ritou de Cucugnan » (Le sermon du curé de Cucugnan) conte populaire en langue d'oc, couronné en 1883 par la société pour l'étude des langues romanes ; « Essai de Poésies languedociennes, » distingué au concours littéraire de la Maintenance du Languedoc, en 1884.

Aymonier (Etienne), officier d'infanterie de marine et orientaliste français, né en 1844, professeur au cours de cambodgien au collège des administrateurs stagiaires à Saïgon (Cochinchine), actuellement résident de France au Birch-Thuan. On a de lui : « Dictionnaire français cambodgien, précédé d'une notice sur le Cambodge » 1874 ; « Cours de Cambodgien » in fol. lithographié, 1875 ; « Notice sur le Cambodge » 1875 ; « Vocabulaire cambodgien-français » in fol. lith. 1875 ; « Géographie du Cambodge » 1876 ; « Dictionnaire Khmèr-français » 1878 ; « Textes Khmèrs, publiés avec une traduction sommaire » 1878 ; « Quelques notions sur les inscriptions en vieux Khmèr » 1884 ; « L'épigraphie Kambodjéenne » 1885 ; « Notes sur l'Annam » 1885 ; « Notes sur le Laos » 1885. « Nos transcriptions, études sur les systèmes d'écriture en caractères européens adoptés en Cochinchine française » 1886 ; « Note sur l'Annam, II partie, le Chant Hoa » 1887 ; tous les ouvrages ci-dessus ont été publiés à Saïgon en Cochinchine.

Aymonino (Carlo), écrivain militaire italien. Né à Turin le 22 avril 1841. Il entra au service le 1er octobre 1857, et après avoir servi dans l'état-major, est devenu colonel commandant le

AZA   **AZE**

1er régiment des *bersaglieri* et aide-de-camp honoraire de Sa Majesté. Cet officier a publié plusieurs ouvrages et articles militaires parmi lesquels nous citerons : « Sull'organamento e sulla mobilitazione dell' esercito italiano, Studio » 1872; « Le guerre alpine. Studio storico-militare » 2 vol. in 8°, 1873-78. Un ouvrage de M. Aymonino « Considérations militaires sur les chemins de fer italiens » que nous ne connaissons pas dans l'original italien a été traduit en français par M. G. Malifaud et publié à Tours en 1874. Ajoutons que M. Aymonino a épousé Mlle Stefani, une des filles du regretté Guglielmo Stefani, le fondateur de la *Rivista Contemporanea* de Turin et de l'Agence télégraphique (l'*Havas* italienne) qui porte son nom.

Ayuso (François Garcia), philologue espagnol, né en 1835 à Madrid, fréquenta les universités allemandes et revint se fixer à Madrid. Il a publié deux ouvrages glottologiques « El estudio de la filologia en su relacion con el Sanskrit » Madrid, 1871, sorte d'encyclopédie des sciences du langage, qui fait époque en Espagne, une traduction française de cet ouvrage a été publiée par J. de Castro à Paris, en 1884, chez Maisonneuve sous le titre « L'Étude de la philologie dans ses rapports avec le sanscrit » et « Ensayo critico de grammatica comparada de los idiomas indo-europeos », Madrid, 1877-79, étude comparée du sanscrit, zend, latin, grec, vieux slave, lithuanien, gothique, vieux allemand et arménien. On lui doit aussi une traduction de « Vicramorvasi » de Kalidasa, Madrid, 1873, avec une introduction sur le théâtre indien et une traduction de « Sakuntala » du même auteur, Madrid, 1875. M. Ayuso a écrit en outre une série de notices sur les plus importants voyages en Afrique « Viajes de Livingstone al Africa Central desde 1840-73 » Madrid, 1876; « Viajes de Mauch y Baines al Africa del Sud » Mad., 1877; « Viajes de Schweinfurth al Africa Central » Madrid, 1877; « Viajes de Rohlfs de Tripoli a Lagos a travers del desierto de Sahara » Mad., 1878; des études historiques et géographiques sur l'Orient « Iran, o Indo al Tigris » Mad., 1879 — et en outre « Gramatica francaza » Mad., 1878; « Gramatica inglesa » 1882; et « Gramatica alemana » Mad. 1882.

Aza (Vital). Auteur dramatique espagnol dans le genre comique; médecin, né à Gijan (Asturies) en 1850. Il débuta dans la presse amusante avec succès. Il a produit une grande quantité de pièces comiques, la plus grande partie en collaboration avec Ramos Cassim.

Azaïs (Gabriel), littérateur français, né à Béziers en 1805. Il a étudié le droit, s'est fait recevoir avocat, puis il a rempli des fonctions dans la magistrature. M. Azaïs est secrétaire perpétuel de la Société archéologique de sa ville natale. On lui doit les ouvrages suivants : les « Troubadours de Béziers », 1859, réédité en 1870; « Dictionnaire des idiomes languedociens, étymologique, comparatif et technologique », 1864-67; « Impressions de chasse. Variétés cynégétiques », 1870; « Catalogue botanique, Synonimie languedocienne, provençale, gasconne, quercinoise », 1871; « Las vesprados de Claisac », 1874; « Dictionnaire des idiomes romans du midi de la France, comprenant les dialectes du haut et du bas Languedoc, de la Provence, de la Gascogne, du Béarn, du Quercy, du Rouergue, du Limousin, du Dauphiné, etc. », 1879-1881, en trois volumes, ouvrage publié par les soins de la Société pour l'étude des langues romanes. On lui doit aussi une édition du *Breviari d'amor* de maître Ermengaud.

Azam (Eugène), médecin français, né à Bordeaux en 1822, professeur depuis plusieurs années à la faculté de médecine de sa ville natale. Il s'est surtout occupé des maladies mentales. Nous connaissons de lui : « De la folie sympathique provoquée ou entretenue par les lésions organiques de l'uterus et de ses annexes » Bordeaux, Baillière et fils, 1858; « De la Décentralisation universitaire, et pourquoi Bordeaux doit avoir son université » Bordeaux, 1872; « Amnésie périodique ou Dédoublement de la personnalité » Bordeaux, 1877; « Réunion primitive et pansement des grandes plaies » Bordeaux, 1879; « Hypnotisme, double conscience et altération de la personnalité, avec une préface de M. J. M. Charcot de l'Institut » Paris, 1887; « Le caractère dans la santé et dans la maladie » Paris, 1887.

Azcarate (Gumersindo), jurisconsulte espagnol, ancien professeur de l'Université de Madrid, républicain ardent, orateur révolutionnaire, apôtre des idées philosophiques et juridiques de Krause; il est le fils du philosophe Patricio Azcarate, le traducteur de Platon et d'Aristote et l'auteur d'un grand ouvrage intitulé : « Systèmes philosophiques modernes et vrais principes de la science ». On a de lui, entr'autres, les ouvrages dont suivent les titres. « Études sociales »; « Le *Self-Government* et la monarchie doctrinaire »; « La constitution anglaise et la politique du continent »; « Essai sur l'histoire du droit de propriété, et sur son état actuel en Europe », trois vol. 1879, 1880, 1881; « Traités politiques, résumés et jugements critiques » 1885; « Le régime parlementaire en pratique », 1885.

Azevedo (Arthur d'A. et de Oliveira), homme de lettres brésilien, est connu surtout pour plusieurs traductions en portugais de pièces dramatiques françaises.

Azevedo (Fernand de), diplomate, homme de lettres et juriste portugais, né à Lisbonne en 1845. M. de Azevedo à publié, en 1869, a Paris : « Les Lusiades de Camoëns. Traduction nouvelle, annotée et accompagnée du texte portugais et précédée d'une esquisse biographique sur Camoëns ». On a encore: de lui « Étude sur la propriété littéraire ; perpétuité, droit international », 1873. M. de Azevedo est depuis une quinzaine d'années attaché à la légation royale du Portugal à Paris, où il remplit maintenant les fonctions de premier secrétaire.

Azevedo (Alvaro Rodriguez de), homme de lettre sportugais, publia en 1878 un « Romancero do Archipelago Madeira ». Il ne faut pas le confondre avec M. Guillaume d'A., un des meilleurs poètes lyriques du Portugal, mort en 1881.

B

Baars (Hermann), écrivain norvégien, né en 1822 à Bergen, où il s'occupe de commerce. Il était délégué de la Norvège à l'Exposition de la Pêche en 1866, et pour cette occasion, dans la même année, il publia à Boulogne, et republia à Paris un livre intéressant intitulé : « Les Pêches de la Norvège ».

Babarikine (Pierre) Voir BOBORIKINE.

Babeau (Albert), littérateur français, né à Cambray (Nord) en 1835, secrétaire de la Société académique de l'Aube. On a de lui : « Le parlement de Paris à Troyes en 1787 », 1871 ; « Histoire de Troyes pendant la Révolution » 2 vol. 1873-74 ; « Le village sous l'ancien régime » 1877, 2me éd. 1879 ; « La ville sous l'ancien régime » 1880, 2me éd. 1884, ouvrage couronné par l'Académie française ; « Les Rois de France à Troyes au XVI siècle » ; « L'École de village pendant la Révolution » 1881 ; « La vie rurale dans l'Ancienne France » 1882, 2me ed. 1885. « Deux collectionneurs de province au XVII et XIX siècle. Nicolas Bonhomme et l'abbé Coffinet » 1884 ; « Imprimeurs, libraires et reliurs Troyens d'autrefois (1623 1825) 1884 ; « Les Artisans et les domestiques d'autrefois » 1885 ; « Les voyageurs en France depuis la Renaissance jurqu'à la Révolution » 1885 ; « Les Bourgeois d'autrefois » 1886 ; « Un magistrat de province sous Louis XVI » Paris, 1887.

Babelon (Ernest), érudit français, né à Sarrey (Haute Marne), en 1854, ancien élève de l'École des Chartes, il est maintenant attaché au département des médailles et antiques de la Bibliothèque nationale. M. Babelon a continué « l'Histoire ancienne de l'Orient jusqu'aux guerres médiques » ; laissée interrompue par F. Lenormant, le tome 4 de la 9me éd. de cet ouvrage a paru à Paris à la librairie A. Lévi en 1885 ; on a encore de lui : « Les Derniers Carolingiens, d'après Richer et d'autres sources originales. Texte traduit et établi » 1878 ; « Du Commerce des Arabes dans le Nord de l'Europe avant les Croisades » 1882 ; « Description historique et chronologique des monnaies de la république romaine vulgairement appelées monnaies consulaires » ; Paris, Rougier, 1er vol. 1885, 2me 1887 ; « Adrien de Longpérier, François Lenormant, Ernest Muret, trois nécrologies » 1885. Enfin, en 1886, et en collaboration avec M. S.

Reinach il a publié « Recherches archéologiques en Tunisie 1883-1884 ».

Babesiu (Vincent), écrivain roumain du Banat, membre de l'Académie des sciences de Bucarest, né en 1821, à Hodosiu, dans le Banat de Temesvar. Ses parents étaient paysans. Il fit ses études à Szegedin, à Carlovitz, à Arad, et, en dernier lieu, à Budapest, où il apprit le latin, l'allemand, le hongrois et le slavon. Il enseigna, pendant quelques années, à Arad, et, en 1849, il fut nommé inspecteur des écoles du Banat. En 1850, il fut envoyé comme député à Vienne par les communes du diocèse d'Arad ; et il y resta jusqu'en 1859, compilant en langue roumaine les lois de l'empire. De là, il passa à la Cour de Cassation à Budapest ; mais, par amour pour l'indépendance, il y renonça, pour prendre part, comme député, aux travaux et aux discussions du parlement hongrois, rédigeant le journal roumain *Albina* où il se fit connaître et apprécier, comme publiciste courageaux, docte en matière de finance. Il avait débuté comme écrivain, en 1843, dans la *Gazetta Transilvaniei*, puis dans la Revue de Kronstadt : *Foia pentraminte, inima si litteratura* et dans l'Almanach roumain de *Oradiamare*, de l'année 1857.

Babin (Auguste), écrivain français, qui a adopté le pseudonyme de : « Spirite Sincère », né à Trepsec dans l'arrondissement de Cognac (Charente) en 1820. On a de lui : « Notions d'astronomie scientifique, psychologique et morale ; suivies d'un supplément comprenant des instructions spirites sur l'astronomie on ne peut plus sublimes et plus importantes », 1886, 2me éd., 1867 ; « Philosophie spirite, c'est-à-dire psychologique et morale, extraite du divin *Livre des Esprits* de M. Allan Kardec », 1866, 2me éd. 1867 ; « Le Guide du bonheur, ou Devoirs généraux de l'homme par amour pour Dieu », 2me éd., 1867 ; « Le petit catéchisme psychologique et moral, c'est-à-dire, spirite, par un ami de l'humanité », 1875 ; « Trilogie spirite, c'est-à-dire, scientifique, psychologique et morale, comprenant : 1o Le Guide du bonheur, ou devoirs généraux de l'homme par amour de Dieu ; 2o Philosophie spirite, c'est-à-dire, psychologique et morale, contenant les principes de la doctrine spirite ; 3o Notions d'astronomie scientifique, psychologique et morale », 1re éd., 1869, 4me éd., 1875, une nouvelle édition en a été donnée en

1885; « Petit dictionnaire d'encyclopédie morale à l'usage des écoles primaires », 1878; « Le véritable catéchisme universel, à l'usage de tout le monde », 1878; « Trilogie morale, comprenant : 1° Guide de la sagesse; 2° Poème psychologique ; 3° Poème astronomique », 1881, nouvelle éd., 1882; « L'Ami du voyageur français, ou Compagnon recréatif et utile à toutes personnes désirant visiter notre bien-aimée France », 1883; « Le véritable régénérateur scientifique et moral ».

Babington (Charles-Cardale), naturaliste anglais, né à Ludlow en 1808, fut élève du collége de Saint-Jean à Cambridge, où il obtint ses degrés de 1830 à 1832. Il devint professeur de botanique à l'Université de cette ville et, en 1882, il obtint l'agrégation au collège de Saint-Joan. M. Babington se fit un nom par son enseignement et ses travaux. On cite de lui : « Flora Bathoniensis »; « The Flora of the Channel Islands »; « Manual of British Botany », qui a été réimprimé au moins huit fois ; « Flora of Cambridgeshire »; « The British Rubi », ainsi qu'une foule d'articles dans les journaux spéciaux. Parmi les journaux auxquels M. Babington a le plus fréquemment collaboré, nous citerons: *The Magazine of Natural History* de Londres où il inséra son premier article, en 1832, et *History of the Berwickshire Naturalists' Club ; Transactions of the Entomological Society of London ; The Entomological Magazine*, de Londres ; *The Magazine of Zoology and Botany*, d'Édimbourg ; *Journal of the Proceedings of the Linnean Society of London ; Transactions of the Linnean Society of London ; Annals of Natural History*, de Londres; *Journal of the Royal Agricultural Society of London ; Reports of the British Association for the Advancement of Science ; Transactions of the Botanical Society of Edinburgh ; The Phytologist*, de Londres ; *The Botanical Gazette*, de Londres; *The Journal of Botany, British and Foreign*. M. Babington ne s'est pas occupé seulement de botanique et d'entomologie, ses deux sciences favorites ; en effet, on a encore de lui : « A History of the Chapel of St. John's College Cambridge », 1874 ; « Ancient Cambridgeshire », 1883, et plusieurs articles sur les antiquités de ce pays qui lui ont valu la nomination à membre de la Société archéologique de Cambridge.

Babington (le révérend Churchill), savant anglais, fils d'un pasteur de campagne de Ackley (comté de Leicester), où il est né en 1821. Il fit de brillantes études au collège de Saint-Jean à Cambridge, et fut reçu membre de l'Université de cette ville, en 1846. La même année, il obtint un prix académique pour un essai sur: « The Influence of Christianity in promoting the Abolition of Slavery in Europe »; en 1849, dans une publication séparée, il mit en doute quelques assertions de Macaulay sur le clergé au dix-septième siècle ; en 1865, il publia une sorte d'introduction à un cours d'archéologie qu'il avait tenu à l'Université de Cambridge, et en 1866, ses: « Birds of Suffolk ». Il a publié d'après des manuscrits récemment découverts : « The Oration of Hyperides, against Demosthenes »; « The Orations of Hyperides for Lycophron and Euxinippus »; « The Funeral Oration of Hyperides »; « Bishop Pecock's Repressor », et « Higden's Polychronicon » (avec deux anciennes versions anglaises), dans la série d'ouvrages sur l'histoire d'Angleterre publiée sous les auspices du gouvernement. Il a réimprimé, en fac-simile, et avec une introduction, le « Beneficio di Cristo », que pendant longtemps on avait cru perdu. Il est aussi l'auteur de la partie classique du catalogue des manuscrits possédés par la Bibliothèque de l'Université de Cambridge, et du catalogue raisonné des monnaies grecques et anglaises exposées dans le musée Fitzwilliam. Il a donné aussi beaucoup d'articles sur des arguments d'histoire naturelle au *Botanist's Guide to England and Wales*, et à l' *Hooker's Journal of Botany* ; sont surtout, notables plusieurs articles sur les lichens, qu'il a insérés dans ce journal. M. Babington, qui s'est particulièrement occupé de ces agames, a écrit aussi la partie qui les concerne dans deux ouvrages de Hooker: *Flora of New-Zealand* et *Flora of Tasmania* ; pour l'*History of Charnwood Forest* de Potter, il a écrit l'ornithologie et la botanique, cette dernière en collaboration avec le rév. A. Bloxam. Il a collaboré aussi activement au *Cambridge Journal of Classical and sacred Philology*, aux *Transactions of the Royal Society of literature*, aux *Proceedings of the Suffolk Institute of Archæology and Natural History*, à la *Numismatic Chronicle*. Il a collaboré aussi aux publications de la Société Archéologique de Cambridge et au *Dictionnary of Christian Antiquities* de MM. Smith et Cheatham. Il fut examinateur à Cambridge pour la théologie en 1857-58, et pour les sciences naturelles en 1863-64. Il est membre de la Société Historique et Théologique de Leipzick, de l'Institut Archéologique de Rome et a été à diverses reprises membre du bureau de la Société Royale de Littérature et de la Société Numismatique.

Babo (Auguste-Guillaume), agronome allemand, directeur de l'école d'agronomie de Klosternburg, près de Vienne, est né le 28 janvier 1827. Parmi ses publications, on signale : « Der Tabaksbau », Berlin, 1881, 3° édition ; un Manuel d'agriculture sous le titre ; « Natur und Landbau », en 2 vol. 1870-74 ; un Manuel d'Oenologie intitulé : « Handbuch des Weinbaues und der Kellerwirtschafts », Berlin, 1881-83, en deux vols. ; « Landwirtschaftliche Tafeln », Vienne, 1863-1870 ; il publie aussi un calendrier et un journal de viticulture: *Weinbaucalender* et *Die Weinlaube*.

Babuder (Jacques), écrivain italien, né à Capodistria, directeur du gymnase de cette ville, a publié dans les Actes du gymnase plusieurs mémoires intéressants. On cite, parmi ses publications : « Di alcuni Istriani cultori delle lettere classiche dal millequattrocento in poi ed in particolare della traduzione dell'Iliade di Andrea Divo Giustinopolitano », 1865 ; « Di Pietro Paolo Vergerio il Seniore di Capodistria », 1866 ; « Cenni intorno alla vita ed agli scritti del marchese Girolamo Gravisi di Capodistria », 1866 ; « Studio critico sopra alcuni poemi epici con ispeciale riguardo alla *Pugna Angelorum*, poemetto in tre canti di Cesare Zarotti, medico e letterato capodistriano del secolo XVII », 1873 ; « Le Georgiche di Virgilio, con un cenno critico sopra alcuni traduttori italiani delle medesime », 1875 ; « La donna spartana », 1878, etc.

Babut (Charles-Édouard), pasteur réformé français, est né le 6 avril 1835 ; il appartient par sa grand'mère à la famille Monod. Après avoir fait ses études de philologie à Strasbourg et de théologie à Montauban, il visita quelques universités allemandes, notamment celle d'Heidelberg, où il suivit l'enseignement de Rothe, puis il fit un séjour de quelques années en Angleterre, exerça à Paris une charge de précepteur et entra dans le ministère évangélique comme pasteur de l'Église de Beaumont-les-Valence, où il fut consacré en 1862. En 1865, il fut nommé pasteur à Nîmes. Depuis cette époque, il a pris une part active à la plupart des Conférences pastorales ; celle de Nîmes (1871) le nomma président du Comité de la Mission intérieure évangélique, fondée à cette date. Il prononça à l'ouverture du synode général de 1872 un discours sur le « Témoignage que Jésus-Christ se rend à lui-même » ; présida la Commission de permanence élue par le synode officieux de Paris (1879) et fut modérateur du synode de Marseille (1881). M. B. a publié : un « Cours de religion chrétienne », 4me édition, 1882 ; des « Sermons » isolés ; de nombreux articles dans les journaux et revues : *Bulletin théologique*, *Revue Chrétienne*, *Bulletin de la Mission intérieure*, dont il est directeur.

Babut du Marès (Jules), ingénieur civil belge, né à Maestricht en 1827. On a de lui : « Félix Batel, ou la Hollande à Java », 2 vol., 1869, « Les Points noirs de la Belgique industrielle », 1869 ; « Le Servage, son utilisation et son épuration », 1883 ; « Remède à la situation agricole de la Belgique », 1884.

Bacaloglo (Emmanuel), physicien roumain, issu d'une famille originaire de la Grèce, né à Bucarest en 1830. Il fit ses études dans sa ville natale, à Leipsick et à Paris. Depuis l'année 1863, il enseigne la physique à la faculté des sciences de Bucarest, à l'École de Médecine et à l'École des Ponts et Chaussées. Le cabinet de physique dans l'Université de Bucarest a été créé par lui. Parmi les publications de ce savant roumain, collaborateur du *Cosmos* de l'abbé Moigno, on doit signaler deux traités d'Algèbre et de Physique, en langue roumaine, 1871 ; des mémoires sur les lignes et surfaces réciproques, 1860-61 ; sur la réfraction de la lumière, 1863 ; sur la Chimie, 1864 ; sur le pseudoscope, 1864 ; sur la solubilité de plusieurs acides ; sur la forme de l'atmosphère ; sur la Spectroscopie ; sur le Calendrier et la nécessité d'introduire en Orient le nouveau style ; différents articles dans la *Revue Scientifique* de Bucarest, dans les *Mondes* de l'Abbé Moigno, dans le journal de Schömisch, etc., quatre mémoires lus aux Séances de l'Académie Roumaine sur le Congrès des Électriciens à Paris en 1882, sur les Expositions électriques de Munich en 1882, de Vienne en 1883 ; sur les Paratonnerres. M. Bacaloglo vient enfin de publier, en langue roumaine, un ouvrage complet sur la physique, qui n'a rien à faire avec le petit traité de physique publié en 1871.

Baccaredda (Antoine), romancier italien, né le 2 décembre 1824, à Cagliari, ancien fonctionnaire au ministère des finances, actuellement pensionné à Rome, avec le titre de commandeur de la Couronne d'Italie. Écrivain consciencieux, et psychologiste délicat, il a publié : « Angelica », nouvelle sarde, Turin, 1862 ; (La *Revue Contemporaine* de Paris a défini cette nouvelle un « tableau original des coutumes de la vie sarde) ; « La Crestaia », Turin, 1864 ; « Paolina », Gênes, 1869 ; « Il bene dal malo (dans la *Rivista Europea* de l'année 1871) » ; « Vincenzo Sulis », esquisse historique, une monographie sur la Musique, et une monographie sur l'Individualisme (dans la *Rivista Europea*) » ; « Sull'orlo dell'abisso », 1881 ; « Nuvoloni », un récit suivi de sentences, 1887.

Baccaredda (Othon), homme de lettres et jurisconsulte italien, né à Cagliari (Sardaigne) en décembre 1849, docteur en droit à l'Université de Cagliari, il y fut reçu docteur agrégé en 1877 à la suite de la publication de sa thèse : « La donna di fronte alla legge penale ». Depuis quelques années, M. Baccaredda est professeur extraordinaire de droit commercial dans l'université de sa ville natale. M. Baccaredda a débuté comme romancier ; mais les études sévères du droit sont venues l'enlever à la littérature légère. On a de lui : « Cuor di donna », 1871 ; « Un uomo d'onore », 1872 ; « Roccaspinosa », 1874 ; « Casa Corniola », 1883, et plusieurs contes, nouvelles, esquisses épars dans les journaux. Comme jurisconsulte, M. Baccaredda a publié : « Elementi di diritto commerciale secondo il Codice di commercio italiano », Cagliari, 1883.

Baccarini (Alfred), homme politique et ingénieur italien, né à Russi (province de Ravenne) le 6 août 1826 ; il fit ses études à l'université de Bologne, où il eut comme professeurs Gherardi,

Magistrini, Filopanti et Contri et où il fut reçu docteur en mathématiques et ingénieur, sans cependant délaisser les lettres. Il fit la campagne de 1848-49 pour l'indépendance de l'Italie et, sergent à Vicence en 1848, il passait plus tard, en qualité de sous-lieutenant ingénieur, dans les corps des volontaires qui soutinrent la défense de Bologne contre les Autrichiens. Quelques années après la guerre, en 1854, il entrait au service de la ville de Ravenne, en qualité d'ingénieur, et en 1858 il était promu ingénieur en chef. Une fois le royaume d'Italie constitué, il entra en rapports avec le sénateur Paleocapa qui, appréciant beaucoup sa compétence toute spéciale dans les questions hydrauliques, le fit entrer dans l'administration des ponts et chaussées; il était au Ministère des travaux publics en qualité de chef de division, quand les électeurs de Ravenne le choisirent pour le représenter au Parlement national; son élection fut plusieurs fois annullée parce que les fonctions qu'il remplissait, étaient, ou paraissaient, incompatibles avec le mandat de député; toutefois la persistance de ses électeurs à le réélire finit par avoir raison de toutes les difficultés et Mʳ Baccarini entra à la Chambre, où il prit place sur les bancs de l'opposition de gauche. Il ne tarda pas à y gagner une telle autorité que le 21 mars 1878 il entrait dans le Cabinet présidé par Mʳ Cairoli, en qualité de ministre des travaux publics; démissionnaire avec tous ses collègues le 18 décembre de la même année, il ne tardait pas à reprendre ses fonctions dans le second cabinet Cairoli qui se constituait, le 14 juillet 1879, et quand Mʳ Cairoli donnait sa démission pour la seconde fois, le 29 mai 1881, il resta, dans le Cabinet présidé par Mʳ Depretis. Le 19 mai 1883, ayant donné ses démissions, il rentrait dans les rangs de l'opposition et devenait avec MM. Crispi, Cairoli, Nicotera et Zanardelli, l'un des cinq chefs de l'opposition qui combattait l'administration de Mʳ Depretis et qui, du nombre de ses chefs, a pris le nom de *Pentarchia*. Dans cette période de sa vie parlementaire, Mʳ Baccarini se signala par l'opposition qu'il fit aux Conventions pour l'exploitation des Chemins de fer, présentées par messieurs Depretis et Genala. Parmi les ouvrages de Mʳ Baccarini, nous citerons : « Ragguaglio storico-tecnico sul porto-canale Corsini » 1868 ; « Del movimento marittimo e commerciale del porto Corsini o di Ravenna e di alcune proposte che ne dipendono » 1870 ; « Sul compimento delle opere di bonificazione e sulla definitiva regolazione delle acque nelle maremme toscane » 1872 ; « Relazione generale sulle piene dei fiumi nell'autunno dell'anno 1872 » 1873 ; « Sull'altezza di piena massima nel Tevere urbano e sui provvedimenti contro le inondazioni » 1875 ; « Le acque e le trasformazioni idrografiche in Italia » 1875 ; « Cenni monografici sulle bonificazioni eseguito in Italia » présentés à l'Exposition générale d'hygiène qui eut lieu en 1876, à Bruxelles ; « Relazione sui servigi idraulici del biennio 1875-1876 » 1877 ; « Appunti di statistica idrografica italiana » 1877 ; « Cenni monografici dei servigi del Ministero dei lavori pubblici » présentés à l'Exposition Universelle de Paris de 1878 ; « Discorso pronunziato il 6 settembre 1881 nell'adunanza dell'Associazione costituzionale progressista delle Romagne » 1881 ; « Parere tecnico amministrativo sulla classificazione delle opere idrauliche di Val di Chiana in provincia di Siena » Sienne, 1886 ; « Discorso al banchetto di Ravenna il di 6 novembre 1887 » Bologne, 1887 ; « Le costruzioni ferroviarie in Italia » Florence, Lemonnier, 1888.

Baccelli (Guido), illustre médecin italien, ancien ministre de l'instruction publique, député au Parlement, professeur de clinique médicale à l'Université de Rome, président du Conseil supérieur de la Santé publique en Italie, membre de plusieurs sociétés médicales étrangères, est né à Rome, vers l'année 1832, d'une famille originaire de Florence. Il fit ses études littéraires au Collège Ghisilieri de Pavie ; ensuite de brillantes études médicales à l'Université de Rome. En 1856, il gagnait au concours la chaire de médecine légale dans la même université ; quelques années après, il occupait la chaire d'anatomie pathologique, qu'il garda jusqu'à l'année 1870 ; depuis cette année, il est professeur de la clinique médicale ; et depuis l'année 1875, député de Rome au Parlement ; le 1ᵉʳ janvier 1881, il fut élu ministre de l'Instruction publique, où il signala son passage par ces actes : Institution de la licence d'honneur par concours dans les lycées ; Isolement du Panthéon ; Fouilles au Forum ; Création de Galeries pour l'art moderne ; Projet de loi sur l'autonomie des universités. Mais ce projet n'ayant obtenu à la Chambre, après la discussion du mois de mars 1784, que huit voix de majorité, il donna ses démissions. Parmi ses travaux scientifiques, on signale un ouvrage en quatre volumes, publié à l'âge de 28 ans : « Patologia del cuore e dell'aorta » ; l' « Empiema vero » ; « le Funzioni della Milza » ; la « Subcontinua » ; la « Proporzionale » ; la « Malaria » ; « Lezioni cliniche ed igieniche » ; un grand nombre de mémoires scientifiques publiés par les assistants de la Clinique médicale de Rome, d'après ses leçons et ses indications. Comme orateur au parlement et dans les Congrès de médecine, il fit preuve d'une culture littéraire remarquable. On n'a pas oublié à Florence le superbe compliment que le professeur Bouilland, président du Congrès International de Médecine, lui fit en l'embrassant à la fin d'une séance: « Vous avez été aujourd'hui le Démosthène et le Cicéron de la science ».

Baccelli (Alfred), fils du célèbre médecin, né

à Rome le 10 septembre 1863. En 1883, dans le concours littéraire des licenciés des lycées italiens, il gagna la médaille d'or pour une composition pleine de grandeur sur Rome. En 1887, il fut reçu Docteur en droit à l'Université de Rome. Il collabore au *Fanfulla della Domenica*, au *Capitan Fracassa*, à la *Gazzetta letteraria*, à la *Rivista Contemporanea*, dont il rédige, de mois en mois, la chronique littéraire romaine. Ses vers surtout, par la fraîcheur de l'inspiration, ont été remarqués. Le volume intitulé « Germina », publié en 1883, a été réimprimé en 1884. Suivirent : « Anzio » monographie historique ; « Diva Natura » petit poème qui a donné lieu, en 1885, à une discussion littéraire intéressante sur la poésie de la nature; « *Sacuntala* », drame lyrique, 1888. On annonce encore « La leggenda del cuore » petit poème, qui va paraître.

Bacchetti (Onorato), médecin italien, ancien professeur de matière médicale et de toxicologie à l'Université de Pise, né à Pistoja (province de Florence) le 12 février 1817. Après avoir fait ses études littéraires au séminaire et au lycée Forteguerri de Pistoja, il se rendit à l'Université de Pise, où il fut reçu docteur en médecine et en chirurgie, et où il resta plus tard comme répétiteur privé de sciences médicales. En 1844, il entreprit, avec une pension du gouvernement toscan, un voyage en Italie et à l'étranger dans le but de se perfectionner dans les sciences auxiliaires de la matière médicale et de la toxicologie. Il eut comme guide et compagnon de voyage en France, en Angleterre et en Suisse, l'éminent physicien Carlo Matteucci dont il est toujours resté le médecin et l'ami. Avec lui, il assista et prit part au Congrès scientifique de York. Revenu en Italie, il fut, en 1845, nommé professeur assistant de matière médicale à l'Université de Pise et en 1859 il fut chargé par le gouvernement de faire un cours de toxicologie expérimentale, dont l'enseignement fut plus tard ajouté à la chaire de matière médicale que M. Bacchetti occupa d'abord en qualité de suppléant et plus tard de professeur ordinaire. En 1859, il institua le cabinet et le laboratoire de matière médicale dont il devint le directeur. On a de lui « Discorso sull'insegnamento della Patologia e della Anatomia Patologica » Pise, 1842 ; « Ricordi medici di un viaggio a Parigi » dans le *Giornale di Chirurgia* de Pise, 1842 ; « Sopra un caso di gravidanza extrauterina » dans la *Gazzetta Medica* de Milan, 1845 ; « Sul congresso scientifico di York » Rapport, Florence, 1845 ; « Intorno ad alcuni nuovi medicamenti dell'America meridionale » dans la *Gazzetta Toscana delle Scienze mediche*, 1846 ; « Sulla scorza di Malambo » recherches physiologo-thérapeutiques dans la *Gazzetta medica* de Florence, 1851 ; « Nuova applicazione dell'Elettro-agopuntura in un caso di gravidanza extrauterina » id., 1853 ; « Sugli effetti prodotti nella economia animale da alcuni Alcaloidi artificiali e particolarmente dall'Amarina » dans le *Nuovo Cimento* de Pise, 1855 ; « Sugli effetti fisiologici dell'Essenza di Mirbane (Nitro Benzina) e della Benzina », id., 1856 ; « Sulla Fava del Calabar » en collaboration avec le docteur C. Regnoli dans le *Raccoglitore* de Livourne, 1864 ; plusieurs articles dans le *Nuovo Dizionario di Scienze Mediche*, Milan, 1871-74.

Bacci (Vittorio), écrivain italien, proviseur aux études dans la province de Pavie, né à Campi (province de Florence) en 1840. Après avoir pris ses grades à l'Université de Pise, il devint professeur de littérature italienne successivement dans les lycées d'Ancône, de Messine et de Lucques, puis président d'un lycée dans la Vénétie et enfin proviseur aux études pour la province de Vicence, d'où il passa à Palerme et enfin à Pavie, où il se trouve maintenant. Ses écrits sont aussi peu nombreux que remarquables. On a de lui « Discorso sull'imitazione straniera » Ancône, 1874 ; « Saggio critico sul Foscolo » dédié à Atto Vannucci, Ancône, 1889 ; « Considerazioni sul giornalismo » Ancône, 1870 ; « Saggio critico sul Giusti » Messine, 1873 ; « Saggio critico sul Leopardi » Florence, 1874 ; « Saggio critico sopra alcuni poeti contemporanei » Messine, 1878.

Baccini (Joseph), pharmacien, bibliophile et homme de lettres italien, membre de plusieurs sociétés littéraires, né le 7 avril 1851, à Barberino di Mugello. Il reçut sa première instruction du prêtre Don Luigi Gramigni ; mais il doit surtout son érudition littéraire à sa passion pour les lettres. Il est actuellement propriétaire de l'ancienne pharmacie, dite del Canto delle Rondini, à Florence. On lui doit ces publications : « Gli scritti inediti di Bartolomeo Corsini, preceduti dalla sua vita e annotati », Florence, 1883 ; « Prose varie », 1884 ; « Santa Maria di Vigesimo presso Barberino di Mugello », 1885 ; « Anacreonte tradotto da B. Corsini » ; « I Pannicei caldi, Manuale d'Epitteto tradotto da B. Corsini » ; *Il Fanfani*, journal de philologie et de littérature ; « Cenni biografici di quattro religiosi vallombrosani barberinesi » ; « La Silvana, di Anton Francesco Doni » ; « Gio. Battista Fagiuoli poeta faceto fiorentino », Florence, 1886 ; « Gente allegra Iddio l'aiuta », 1886 ; « La Nencia di Barberino - La Beca da Dicomano - Le nozze del Diavolo » ; 1886 ; *Biblioteca grassoccia*, recueil de curiosités littéraires, six fascicules ; « Due cicalate in lode dei Brutti di Gio. Battista Fagiuoli » ; « Giuseppe M. Brocchi, poeta a tempo avanzato » ; « Teatro antico italiano inedito o raro », Florence, 1887 ; « Il Torracchione desolato, poema eroicomico di B. Corsini », publié d'après l'autographe, avec des notes, 1887 ; *Il Zibaldone*, recueil d'érudition littéraire, 1888.

Baccini (Ida), femme de lettres italienne, fille de feu Léopold Baccini, employé à la Municipalité de Florence, est née dans cette ville au mois de mai de l'année 1850. Entre les années 1872-1878, elle a enseigné dans les Écoles élémentaires de Florence; en 1883, elle remplaça M. A. De Gubernatis dans la direction du journal pour les jeunes filles intitulé *Cordelia*, qu'elle continue à diriger avec intelligence et avec succès. Mme B. a souvent écrit dans les journaux politiques et littéraires sous le pseudonyme de *Manfredo*, mais elle doit surtout sa renommée littéraire à une belle série de livres d'éducation, écrits avec verve, esprit, élégance, et avec une finesse de sentiments qui révèle un talent délicat. Elle débuta par un véritable bijou qui a fait les délices de tous les enfants italiens: « Le Memorie di un pulcino ». Suivirent: « I Piccoli Viaggiatori »; « Favole e cose vere »; « Le prime letture »; « La Fanciulla Massaia »; « I racconti per le classi elementari superiori »; « La Terra, il Cielo, il Mare »; « Il Froebel italiano »; « Passeggiando »; « Perfida Mignon! »; « Nuovi racconti »; « Un'ora di svago »; « Come vorrei una fanciulla »; « Tra una lezione e l'altra »; « Lezioni e Racconti »; « Impariamo a vivere »; « Vita Borghese »; « Manfredo »; « Maddalena »; « Primi passi al comporre »; « Le mie vacanze »; « Lezioni di cose usuali »; « Libro Moderno », 1e, 2e, 3e, 4e letture (quatre vol.); « Il libro del mio bambino »; « Grammatica »; « Il sogno di Giulietta »; « Felici ad ogni costo ».

Bach Jenny, nom de plume de mademoiselle Jenny Fischer, fille du ministre évangélique Fischer. Elle demeure à Hanovre avec son père. Elle est née le 10 juin 1843, et elle a publié entr'autres: « Verwaist », deux nouvelles, Wolfenbüttel, 1874; « Die Pflegegeschwister », id., 1874; « Tannenburg », id., 1876; « Frühlingsblumen, Skizzen und Märchen », id., 1878; « Allerlei Körnlein », id., 1879; « Erzählungen aus der rheinischen Geschichte », Leipsick, 1883.

Bacharach (Henri), grammairien et traducteur allemand, né vers 1810, se rendit à Paris à l'âge de vingt ans et y devint professeur de langue allemande à l'École polytechnique et examinateur pour celle de Saint-Cyr. On a de lui: « Grammaire allemande à l'usage des classes supérieures », qui a paru d'abord sous le nom de « Leçons de langue allemande », et qui a eu de nombreuses éditions; citons la quatorzième, Paris, Hachette, 1886; « Cours de thèmes allemands », 1850; « Cours complet de préparation littéraire », 1850; « Compositions françaises, exercices d'ortographe, dictées et versions latines, avec des textes et des modèles tirés des archives des concours », 1850; « Précis de géographie », 1852; « Précis de l'histoire de France depuis l'établissement des Francs dans les Gaules jusqu'au règne de Luigi XIV exclusivement, avec des éclaircissements empruntés à l'histoire générale », 1852; « Grammaire abrégée de la langue allemande », 1858. On a aussi de lui la traduction de la « Physiognomonie de Lavater », 1845; et celle du « Faust de Goethe », 1873, avec une préface de M. Alexandre Dumas, fils.

Bachaumont. Plusieurs journalistes français ont choisi ce pseudonyme, nous ne savons pas précisément si c'est en honneur de Louis Petit de Bachaumont (1696?-1771) l'auteur de cet indigeste fatras intitulé: « Mémoires secrets pour servir à l'histoire de la république des lettres » ou plutôt en souvenir du fin esprit et de l'ironie mordante dont François le Coigneux de Bachaumont (1624-1702), un des deux auteurs du « Voyage de Chapelle et Bachaumont », a fait usage encore plus dans sa vie que dans ses écrits. Parmi les journalistes qui ont employé ce pseudonyme, nous citerons seulement M. Gérard dont les chroniques publiées sous cette signature au *Constitutionnel* et au *Gaulois* ont été fort goûtées. M. Gérard a encore signé Gérard d'Eau à la *Gazette des Étrangers*, Panoplès au *Mercure de France*, sorte de *Lanterne* conservatrice créée, en 1861, par M. le comte Oscar de Poli et qui a disparu en 1863. Ce publiciste qui signa encore Brummel, Santillane, la Princesse, etc., a créé, en 1868, une *Revue de Paris*, la centième du nom, qui n'a eu que quelques numéros. Plusieurs romans aussi ont paru sous le pseudonyme de Bachaumont; citons: « Roland, étude parisienne de Fervacques (pseudonyme de Léon Duchemin, né en 1839 et mort en 1876) et Bachaumont », Paris, Dentu, 1873; « Les femmes du monde », id., id., 1875; « Durand et Cie, scènes de la vie parisienne ».

Bachelin (Auguste), peintre et littérateur suisse, né à Neuchâtel le 15 septembre 1831. Élève de Thomas Couture de Paris, il se dédia d'abord à la peinture. Plusieurs de ses tableaux, dont les sujets sont empruntés à la vie militaire et en particulier à la guerre franco-allemande, et plusieurs paysages, pris sur les rives du lac de Neuchâtel, se trouvent aux musées de Lucerne, de Neuchâtel, du Locle, de la Chaux de Fonds, etc. Mr Bachelin n'a pas moins produit comme homme de lettres que comme peintre; nous citerons de lui: « Alexandre Berthier, prince de Neuchâtel, la principauté de Neuchâtel, et le bataillon de Neuchâtel » 1er éd., 1864, nouvelle éd. 1880; « Les Girardet, une famille d'artistes neuchâtelois » Neuchâtel, 1870; « Aux frontières. Neutralité, humanité, 1870-71, Notes et croquis » 1871; « l'Armée de l'Est en Suisse » 1871; « Traditions et légendes de la Suisse romande » en collaboration avec MM. de Bons et Daguet, 1872; « L'armée suisse croquis à la plume avec une préface de M^r le colonel divisionnaire Lecomte » 3 séries,

1873, 1878, 1881 ; « Iconographie neuchâteloise » 1878 ; « Iconographie de J.-J. Rousseau » 1878 ; « Iconographie de Marat » 1878 ; « Jean-Louis, roman » 1er éd., Neuchâtel, 1882, 2 vol., 2e éd. ; 1 vol., la peinture de mœurs et de caractères la plus forte et la plus originale qui ait été exécutée en Suisse pendant la seconde moitié de notre siècle ; « Karl Gerardet » album et notice, 1883 ; « Neuchâtel, dans la collection des *Wanderbilder*, éditée par Orell Füssli et C.ie 1883. « L'art suisse et l'application de l'art à l'industrie » Chaux de Fonds, 1883, à propos de l'exposition de Zurich de 1883 ; « Paul de Pury » album et notice, 1884. Plusieurs nouvelles et mémoires relatifs aux artistes suisses, aux mœurs et coutumes, à l'histoire neuchâteloise insérés dans le *Musée Neuchâtelois*, la *Bibliothèque Universelle*, la *Revue illustrée de la Suisse romande*, l'*Artiste suissse*, l'*Artiste Neuchâtelois*, etc. — Mr Bachelin est fixé aujourd'hui dans sa propriété de Marin près de Neuchâtel.

Bachelin (Léopold), écrivain suisse, né à Neuchâtel, le 17 décembre 1857. Son père, qui était notaire, étant mort, quand il n'avait que cinq ans il fut élevé par sa mère à Meyriez, près de Morat. De 1874 à 1878, il fit ses études littéraires et philologiques à Neuchâtel. L'année suivante, il fit un voyage en Italie et fréquenta l'Institut archéologique de Rome. De 1879 à 1880, il visita l'Allemagne où il fréquenta les Universités de Strasbourg et de Berlin ; dans la première, il suivit les cours du professeur Michaelis, dans la seconde, ceux des professeurs Curtius, Grimm et Steinthal. Il se rendit après à Paris, pour suivre à l'École des Hautes Études, les leçons des professeurs A. Desjardins, Gaston Paris, O. Rayet, Thurot, etc. En 1881, rentré dans son pays, il devint *privat docent* de littérature grecque et de littérature française, à l'Académie de Neuchâtel ; en 1884, il passa professeur ordinaire. Il est rédacteur du journal progressiste de Morat, le *Murtenbreter* et en même temps collaborateur de divers journaux suisses et étrangers comme l'*Union libérale*, le *Bund*, les *Basler Nachrichten*, l'*Allgemeine Zeitung*. On a de lui ; « Hans Makart et les cinq sens » esquisse esthétique, Paris et Neuchâtel, 1883 ; « Les Eaux de Masino » poème, Neuchâtel, 1887 ; « Interprétation littéraire et philologique de la première idylle de Théocryte » 1886 ; « Mélanges d'histoire et d'art » 1887.

Bacher (Julius), romancier allemand, né à Ragnit dans la Prusse occidentale, étudia la médecine à Königsberg et en 1837 s'y fixa pour y exercer sa profession ; mais après dix ans d'exercice, il écouta sa vocation et se consacra exclusivement à la littérature. Il débuta par un drame « Karls XII erste Liebe » mais les événements politiques de 1848 arrêtèrent les élans de sa muse jusqu'en 1856, année dans laquelle il publia son premier roman « Sophie Charlotte, die philosophische Königin » ; le succès qu'il obtint l'encouragea à poursuivre dans la nouvelle voie et il publia successivement : « Die Brautschau Friederichs des Grossen » 1857 ; « Friedrichs I letzte Lebenstage » 1858, 3 vol. En 1859, ayant fait jouer une pièce « Characterbild aus dem Leben » au Théâtre Royal de Berlin, il se décida à se fixer dans cette ville, d'où il entreprit un voyage en Suisse et en France. De retour à Berlin, il publia trois volumes de nouvelles (1860) et plusieurs romans, parmi lesquels nous citerons : « Ein Urtheilspruche Washingtons » 1864 ; « Sybilla von Kleve » 1865 ; « Napoleons I letzte Liebe » 1868 ; « Auf dem Wiener Kongress » 1869 ; « Prinzessin Sidonie » 1870, etc.

Bacher (Guillaume), orientaliste israélite de la Hongrie, professeur à l'École Rabbinique de Budapest, né, le 12 janvier 1850, à Liptó-Szent-Miklós en Hongrie ; il fit ses études à Presbourg, à Budapest à Breslau et fut reçu docteur, en 1870, à l'Université de Leipsick ; en 1876, il était Rabbin à Szegedin ; depuis 1877, il enseigne à l'École Rabbinique de Budapest. Parmi ses publications, on doit signaler : « Nizami's Leben und Werke und der zweite Theil des Nizamischen Alexanderbuches », Leipsick, 1871 ; « Abraham Ibn Esra's Einleitung zu seinem Pentateuch-Commentar », Vienne, 1876 ; « Die Agada der babylonischen Amorräer », Strasbourg, 1878 (le même livre avait paru à Budapest en langue hongroise) » ; « Sadi's Aphorismen und Sinngedichte », Strasbourg, 1879 (première édition, première traduction, avec des contributions à la biographie de ce poète persan) ; « Abraham Ibn Esra als Grammatiker », Strasbourg, 1882 (le même livre en hongrois) ; « Die gramatische Terminologie des Jehuda ben David Hajjûg », Vienne, 1882 ; « Die hebräisch-arabische Sprachvergleichung des Abubenlid M. Ibn Ganâh », Vienne, 1884 ; « Joseph Kimchi et Abubenlid M. Ibn Ganâh », Paris, 1884 (en français) ; « Die Agada d. Tann. », Strasbourg, 1884 « Un abrégé de la Grammaire hébraïque de Beni ben Juda de Rome et le Petah Debarai », Paris, 1885 (en français) ; « Leben und Werke des Abubenlid M. Ibn Ganâh und die Quellen seiner Schrifterklärung », Leipsick, 1885 (le même ouvrage a paru en hongrois) ; « Die hebräisch-neuhebräische und hebraisch-aramäische Sprachvergleichung des Abubenlid M. Ibn Ganâh », Vienne, 1885 ; de nombreux articles et essais dans les revues orientales et juives.

Bachke (Ole André), jurisconsulte et homme d'État norvégien, né le 6 mai 1830, à Börnas. Il fit ses études de droit en Allemagne et en France (1854-56). Depuis 1864, il est juge à la Cour suprême de Christiania. En 1879, il fut nommé ministre de justice. M. Bachke a pris une part active au mouvement législatif de son pays. Il est l'auteur d'un projet de loi sur la propriété littéraire et artistique; il a été membre de la Commission chargée d'élaborer le projet de loi sur les raisons de commerce et sur les marques de fabrique pour les royaumes scandinaves; parmi ses nombreux travaux, nous citerons : « Le Mariage civil », Christiania, 1861 ; « La collision des crimes », id., 1862 ; « Scandinavisme » ; « Le Boulevard des royaumes du Nord dans le présent et dans l'avenir », id., 1864; « La complicité », étude de droit pénal, id. id.; « La propriété littéraire et artistique » tirage à part du *Norsk Retstidende*, (Revue de droit norvégien). M. Bachke, qui est docteur en droit honoraire de l'Université de Copenhague, a écrit, en outre, un grand nombre d'articles dans les revues et dans les journaux de jurisprudence.

Bachmetieff (Alexandrine), dame pédagogiste russe, née, en l'année 1825, à Moscou. Elle a publié en plusieurs volumes les Vies des Saints de l'Église Orthodoxe russe, et des « Récits sur l'Histoire de l'Église grecque et russe ».

Bacino (Francesco), mathématicien italien, né à Palazzolo Vercellese (province de Novare) en 1839, est depuis plusieurs années professeur de mathématique au lycée Pellico à Côni. On a de lui, entr'autres, une « Vita di Leonardo da Vinci », Côni, Galimberti, 1868.

Backer (Louis de), Voyez BAECKER.

Backman (Charles-Emmanuel), jurisconsulte suédois, fils de Johan Harder B. (1790-1862), haut fonctionnaire de l'État et auteur d'un ouvrage juridique très important : « Ny langsamling », est né en 1826. Depuis 1875 conseiller de la Cour supérieure de justice, M. Backman a repris, en 1874-75, avec le même titre, la publication du susdit recueil de lois que son père avait publié de 1831 à 1860. Il a publié aussi en 1883 un gros : « Juridisk handbok om fattande tviste-utsökninge och rättegangsmal ».

Bäckman (Jonas), écrivain didactique suédois, né en 1832, a publié les ouvrages suivants à l'usage des écoles populaires : « Läsebok för folkskolor », 1859, 3me éd., 1864 ; « Handbock i aritmetiken », 1862-63 ; « Lärobok i bibliska historien », 1862, 20me éd., 1873 ; « Folkskolans naturlära », 1864, 3me éd., 1871 ; « Folkskolans räknebok », s. d., 3me éd., 1811 ; « Läsning för Sveriges allmoge », 1864-65; « Lärobok i geografien », 1865, 3me éd., 1875; « Naturalhistoria, en läsebok förskolan och hemmet », 1867-69.

Bäckman (Vilhelm Olof Anders), conteur suédois, né en 1824, fit ses études à Upsala et depuis 1862 demeure à Norrland en qualité de commissaire des télégraphes. Il débuta en 1850-51 par des nouvelles poétiques : « Sjöjungfruns sagor », dans le style de celles du danois Andersen ; on a encore de lui : « Vildblommor », 1851 ; « Grönt under snön », 1853 ; « Histo-rier i skymningen », 1854 ; « Stjernblomman », 1855.

Bäckström (Per Olof), historien suédois, né le 21 décembre 1806, à Stockholm, où son père tenait un petit magasin de mercerie. En 1822, il commença à fréquenter l'Université d'Upsala ; en 1828, il passa les examens de chancellerie; en 1829, il entra en qualité de copiste à la bibliothèque royale, et lentement, passant d'une administration à l'autre, il arriva à être, en 1853, conseiller de finance à l'amirauté. Il a publié plusieurs œuvres, dignes de la plus haute considération, presque toutes concernant l'histoire : « Historisk Almanach för fruntimmer », 1839 ; « Finsk national kalender », id. ; « Stockholm », 1841, avec 41 planches ; « Svenska folkböcker, sagor, legender och äfventyr ». 1845-48 ; « Ofversigt af de europeiska staternas historia sedan ar 1815 », 1862-1865 ; « De europeiska staternas politiska historia under aren 1815-1866 », abrégé, 1867 ; « Tidsbilder, historisk läsebok för äldre och yngre », 1869-74 ; « Berättelser ur svenska historien », 1875-81 (XXII et XXIII livr., continuation et fin de l'ouvrage entrepris, par K. G. Starbäck, sous le même titre) ; « Ofversigt of de europeiska staternas historia under desista tjugu aren ». 1882-83 ; « Svenska flottans historia », 1884. Son fils Per Johann Edward B., poète lyrique et dramatique et publiciste, né à Stockholm, le 12 octobre 1841, est mort à Berlin le 12 février 1886.

Bacquès (Henri), écrivain français, né en 1825 à Monein-le-Béarn (Basses-Pyrénées). Lorsqu'il eut terminé ses études à Pau, il entra dans le journalisme et collabora au *Mémorial des Pyrénées*, puis à l'*Observateur des Basses-Pyrénées*. Depuis lors, il a été rédacteur de l'*Akhbar* d'Alger, de l'*Illustration*, du *Courrier de Paris* (1857-58), et il a fourni des articles au *Dictionnaire politique* et au *Dictionnaire universel de commerce et de navigation*. Admis comme employé au ministère des finances, il appartient maintenant à l'administration des douanes. On a de lui : « Les Douanes françaises », 1852, 3me éd., 1882; « Des arts industriels et des expositions en France, recherches et études historiques », 1855 ; « L'Empire de la femme », 1859 ; une 2me éd. de ce roman a pour titre : « Le Génie de la Femme », 1867 ; « La Reine du cœur », 1868; « Souvenirs du Béarn. Notes archéologiques, historiques et physiologiques », 1879.

Badaire (Alfred-Emmanuel), journaliste français, né le 24 août 1849, à Châteaudun (Eure et Loir). Ses études terminées, il a fait des voyages à l'étranger, notamment en Allemagne et en Autriche, et passé onze ans dans les pays slaves de la monarchie austro-hongroise; il a appris l'allemand et plusieurs idiomes Slaves de façon à les écrire, et a collaboré à un grand nombre de journaux étrangers: *La Poli-*

tique et *L'Époque* de Prague, *La Tribune* et *Le Parlementaire* de Vienne, dans lesquels il a publié une traduction des romans français d'Octave Feuillet, Henri Rochefort, Jules Lermina, etc. Il y publiait, en même temps, des articles politiques destinés à reserrer l'alliance entre la France et les peuples Slaves (1873 et années suivantes). Revenu en France en 1878, il a collaboré à *La Vérité*, à l'*Evènement*, au *Temps* et au *Voltaire*. En 1885, M. B. a fondé la *Correspondance* qui porte son nom: l'*Agence Badaire*. En 1887, M. Paul Barbe, Ministre de l'agriculture, chargea M. Badaire d'une mission en Allemagne, pendant laquelle il fit des conférences remarquées. A part les articles politiques, les chroniques, les traductions qu'il a publiés dans les journaux et revues et qui représentent l'équivalent de 30 volumes de 350 pages, il a publié des romans, dans les grands journaux slaves, et de nombreuses brochures: « Un peuple ami de la France »; « La bière et les houblons de France » etc., et un volume d'histoire contemporaine : « Le Semestre ». Depuis 1885, M. B. se consacre presque exclusivement à la *Correspondance* qui porte son nom et qui a un grand nombre d'abonnés dans la presse départementale et étrangère. M. B. est républicain modéré, anti-juif et slavophile.

Badal (Jules), médecin français, né à Salers (Cantal) en 1840, professeur de clinique ophtalmologique à la faculté de médecine de Bordeaux. On a de lui : « Clinique ophtalmologique », 1879; « Influence du diamètre de la pupille et des cercles de diffusion sur l'acuité visuelle », 1880; « Leçons d'ophtalmologie. Mémoires d'optique physiologique », 1881; « Leçons sur l'opération de la cataracte », 1883.

Bader (Clarisse), femme de lettres française, née à Strasbourg en 1840. Elle reçut une éducation très-forte et se livra à de sérieuses études qui, d'ordinaire, sont peu du goût de son sexe. Mlle B. s'est fait connaître par des productions philosophiques et morales qui, presque toutes, ont pour objet le sort de la femme dans le monde antique; elle y a fait preuve d'un esprit large et pénétrant, d'une érudition réelle et de remarquables qualités de style. La Société asiatique l'a admise au nombre de ses membres. On lui doit : « La Femme dans l'Inde antique », Paris, 1864, ouvrage couronné par l'Institut; « La Femme biblique, sa vie morale et sociale, sa participation au développement de l'idée religieuse », 1865, réédité en 1866; « Une question vitale : L'élément religieux est-il indispensable à l'enseignement scolaire dans un État libre? », 1871; « La Femme grecque, étude de la vie antique », 1871, ouvrage couronné par l'Académie française en 1872; « La Femme romaine, étude de la vie antique », 1877; « Sainte-Claire d'Assise », 1880; « La Femme française dans les temps modernes », 1883; « La comtesse Jeanne », 1887.

Badère (Clémence, née Delaunay), femme de lettres française, née à Vendôme (Loir et Cher) en l'année 1813. Elle épousa M. Badère qui est devenu receveur caissier de la caisse d'épargne de Vendôme, et s'adonna entièrement aux lettres. Elle a collaboré à quelques journaux littéraires et elle a publié plusieurs ouvrages, notamment des romans. Nous citerons d'elle: « Le Camélia et le volubilis », 1885; « Les Malheurs d'une rose et la mort d'un papillon », 1855; « Le Soleil d'Alexandre Dumas », 1855; « Dans les bosquets », 1862; « L'Anneau du Diable », comédie-vaudeville en deux actes, 1866, 2e ed., 1878; « Un enlèvement, étude de mœurs », 1870; « Marie Favray, histoire d'une jeune fille pauvre », 1873; « Le Médecin empoisonneur », 1875; « La Vengeance d'une jeune fille », 1875; « L'Amour au commencement du monde. Les Mystères de la création dévoilés », 1876; « Une mariée de seize ans », 1876; « L'enlèvement de Céline, suivi de: Un Monde dans un presse-papier », 1877; « L'épouse amante, épisode de la guerre de 1871, suivi de poésies diverses », 1877; « Hermance de Meyran, ou une Noble de nos jours », 1879; « Les prêtres et les miracles », œuvre anticléricale. Suite des Mystères de la création dévoilés », 1879; « Tartufe et Diable rose », 1880; « Mademoiselle Fifine », 1882; « La Corbeille de mariage », 1885; « Mes mémoires », 1886.

Badger (Rev. Georges-Perry), arabiste, et missionaire anglais, né à Chelmford, dans le Comté d'Essex en avril 1815; il passa sa première jeunesse à Malte et il en apprit parfaitement le dialecte, qu'il s'efforça plus tard d'élever à l'honneur de langue écrite pour s'en servir comme d'un moyen pour l'instruction populaire; de 1835 à 1836, il demeura à Bairut où il apprit l'arabe, langue pour laquelle il a une prédilection particulière. De retour à Malte, il y passa cinq ans en qualité d'attaché à l'*Editional Department of the Church Missionary*. En 1841, revenu en Angleterre, il entra dans les ordres et fut envoyé, par l'Évêque de Londres, comme délégué aux Églises orientales et particulièrement aux Nestoriens du Kourdistan. En 1849, revenu de son second voyage dans ces pays, il publia « The Nestorians and their Ritual », histoire de cette comunauté à laquelle il a fait suivre une traduction de leurs principaux rituels ; il fut nommé par le gouvernement chapelain à Bombay et plus tard à Aden; il quitta cette dernière résidence pour accompagner Sir James Outram dans son expédition en Perse (1854) avec la double qualité d'interprète pour la langue arabe et d'aumônier de l'État-Major. Ayant partagé les dangers de l'expédition, il fut décoré de la médaille de la guerre de Perse. Après plusieurs missions en

Orient, interrompues par de fréquents voyages en Angleterre, il accompagna de nouveau M⁺ Outram dans un important voyage en Égypte (1861). L'année suivante, il quittait le service pour s'adonner à ses études. En 1872, il accompagna, en qualité de conseiller, Sir Bartle Frere dans sa mission contre l'esclavage au Zanzibar, et, en 1875, il fut délégué à suivre le Sultan de cette île dans son voyage en Angleterre. Parmi ses nombreux ouvrages, nous citerons: « History of the Imâms and Sayyids of Oswân » 1871 ; « Travels of Ludovico di Varthema in India and the East. A. D. 1503-8 » publication qui lui valut la croix de commandeur de la Couronne d'Italie; « English Arabic Lexicon » 1881. M⁺ Badger a publié en outre des articles et des brochures très importantes sur l'Islamisme et sur la crise égyptienne.

Badin (Adolphe), littérateur français, né le 16 mars 1831 à Auxerre (Yonne) d'un père qui était directeur de l'École normale. Bien que marié et père de famille, M⁺ Ad. Badin s'est engagé, en 1870, dans les bataillons de marche de la garde nationale; il a été blessé d'une balle à l'épaule à la bataille de Buzenval et décoré de la médaille militaire. Il a débuté en littérature par trois volumes: « Duguay Trouin » Paris, Hachette, 1866, 16ᵐᵉ éd. 1885 ; « Jean Bart » id. id. (les deux vol. font partie de la *Biographie nationale)*; « Grottes et Cavernes » id. id. 1866 (dans la *Bibliothèque des Merveilles*) 4ᵐᵉ éd. 1886 ; la traduction italienne de cet ouvrage, éditée à Milan par les frères Treves, sous le titre: « Grotte e caverne » a eu deux éditions. Il a publié plus tard: « Marie Chassaing, épisode de la vie des Alsaciens en Algérie » Paris, Hetzel, 1875 ; « Les petits côtés d'un grand drame; souvenirs de la guerre de 1870 » Paris, Calmann Lévy, 1882 ; « Couloirs et coulisses » scènes de mœurs de théâtre, id. id. 1884 ; « Souvenirs d'un homme de théâtre » Paris, Sechan. Après un voyage en Russie, il a fait paraître « Saint-Pétersbourg et Moscou » Paris, Charpentier, 1883 et « Un Parisien chez les Russes » Paris, Calmann Lévy, 1883. L'année dernière (1887), chez Hetzel, il a donné: « Jean Casteyras, aventures de trois jeunes enfants en Algérie » qui a paru d'abord dans le *Magasin d'Éducation et de Récréation*, puis en une édition in-8 illustrée et enfin en une édition in-12. Citons encore de lui « La Revanche du capitaine » comédie en un acte, 1883. A la fin de ce mois de mars paraîtra, chez Decaux, Librairie illustrée : « Amours nouvelles » recueil de nouvelles parues dans la *Revue Bleue* et la *Nouvelle Revue*. Outre la *Nouvelle Revue*, à laquelle il appartient comme secrétaire de la Direction depuis sa création, et où il donne des nouvelles et fait surtout le bulletin bibliographique, il a collaboré aussi régulièrement à l'*Avenir National*, à l'*Illustration*, au *Télégraphe*, à la *Vie Moderne*, à l'*Art*, à *Paris Illustré* et surtout à la *Revue Bleue*.

Badts de Cugnac (Albert) écrivain catholique français, né à Lille en 1841. On a de lui « l'Ange protecteur de la France » 1874 ; « Les Jésuites et l'armée. Étude sur les résultats produits dans l'armée par ce qu'on est convenu d'appeler l'influence cléricale » 1875 ; « L'empoisonnement social résultat de l'enseignement universitaire » 1879 ; « La civilisation et les jésuites » 1880 ; « La compagnie de Jésus jugée par l'Église Universelle » 1880 ; « L'expulsion des Jésuites » 1880 ; « les Jésuites et l'éducation » 1880 ; « la Morale des Jésuites » 1880 ; « le Patriotisme des Jésuites » 1880 ; « Notice sur la guérison complète de Mᵐᵉ la comtesse Hedwige de Chatillon, obtenue à Lourdes le 31 mai 1885 » 1886, extrait du journal l'*Univers* dont l'auteur est un des collaborateurs les plus actifs.

Baebler (Jean-Jacques), instituteur et érudit suisse, né, le 3 mai 1836, à Schwanden (canton de Glaris). Son père, qui se nommait aussi Jean-Jacques, était un fonctionnaire de l'instruction secondaire, avantageusement connu pour ses recherches d'histoire locale. M⁺ Baebler fils, reçut son instruction primaire à Glaris, se rendit de là au gymnase d'Aarau et fit ses études philosophiques à Bâle (1866-57) et à Bonn (1857-69). La première de ses Universités lui décerna, après examen, le grade de docteur en philosophie. L'activité pédagogique de M⁺ B. s'exerça tour à tour au gymnase de Brugg (1859-1866), aux écoles cantonales de Berne (1866-1866) et d'Aarau où il fut chargé de l'enseignement de l'histoire, du latin et de l'allemand et où il professe encore aujourd'hui. A diverses reprises, il remplit dans le canton d'Argovie les fonctions d'inspecteur scolaire de district et de président de la conférence des instituteurs; pendant son séjour à Berne, il fut agrégé par l'Université en qualité de *privat docent* pour l'histoire et la pédagogie et il y joignit des cours sur la grammaire latine et allemande. On a de lui : « Le Vase Aretin » (déposé au musée archéologique de Koenigsfelder dont M⁺ Baebler fut pendant son séjour à Brugg le directeur) 1864; « Histoire de l'école de Brugg au XVIᵐᵉ siècle » 1864; « Histoire de la ville d'Aarau » (publication des chartes et relatives dans le recueil l'*Argovia*) 1866 ; « Thomas de Falkenstein et la surprise de Brugg » 1867 ; « Adjonction de séminaires pédagogiques aux Universités » 1873 ; « La vie et les écrits de Samuel Henzi » 1880 ; « Henri Zschokke » 1884 ; « Matériaux pour une histoire de la grammaire latine au Moyen-âge » 1886. — M⁺ B. a collaboré aussi à l'*Argovia*, au *Bund*, au *Nouveau Musée Suisse*, à la *Post*, à la *Nouvelle Gazette de Zurich*, à la *Gazette de Thurgovie*, et aux *Archives pour la littérature allemande* de Schnorr de Carolsfeld.

Baechtold (Charles-Auguste) pasteur et érudit

suisse, né le 15 février 1838 à Merishausen (canton de Schaffhouse), où son père était pasteur, étudia la théologie aux universités de Bâle et de Tubingue et compléta, en 1862, son instruction par un voyage scientifique en France, en Angleterre et en Allemagne. Entré en 1863 dans la pratique du ministère évangélique, il administra pendant six ans une paroisse de campagne, puis fut nommé, en 1869, pasteur dans la ville même de Schaffhouse. Les loisirs que lui laissait sa charge furent consacrés par lui à des recherches d'histoire locale et à l'enseignement de cette matière à l'école *reale*. Mr Baechtold siège aujourd'hui au Conseil scolaire et préside la société d'histoire et d'archéologie de Schaffouse. On a de lui : « Cartulaire du canton de Schaffouse » 1re partie, en collaboration avec le pasteur J. J. Schenkel, 1879; « Histoire des paroisses et prébendes du canton de Schaffhouse » publiée sur la demande du Grand Conseil de Schaffhouse, 1882; « Histoire scolaire de Schaffhouse jusqu'en 1648 » 1884. Mr B. a, en outre, édité, en 1885, la « Biographie de Georges Müller », le frère de l'illustre historien, biographie que Stokar avait laissée manuscrite et qu'il a fait suivre d'un appendice historico-littéraire, et « la Chronique de la ville et de la campagne de Schaffhouse », par Rueger, en l'accompagnant d'un commentaire et de notices héraldiques et généalogiques, 3 vol. 1880-88.

Baechtold (Jacques), écrivain suisse, né, le 27 janvier 1848, à Schleitheim (canton de Schaffhouse). Après avoir fait ses premières études au gymnase de Schaffhouse, il fréquenta successivement les universités de Heidelberg, de Munich, de Paris et de Londres, poursuivant partout ses études philologiques. Reçu docteur en philosophie, il fut nommé, en l'année 1872, professeur d'allemand à l'école cantonale de Soleure, et, en 1878, professeur extraordinaire de littérature germanique à l'Université de Zurich. On a de lui : « Lancelot d'Ulrich de Zatzikofen » dissertation, Frauenfeld, 1870 ; « Les manuscrits allemands du *British Museum* » Schaffhouse, 1873; « Hans Salat, un poète et chroniqueur suisse de la première moitié du XVI siècle, sa vie et ses écrits » Bâle, 1877, « La maison de Herder » Berlin, 1881; « Livres et lectures allemandes pour les écoles supérieures de la Suisse » 2 vol., Frauenfeld, 1880-81; « Histoire de la littérature de la Suisse allemande » Frauenfeld, 1887, en cours de publication. Mr Baechtold a publié en outre des éditions critiques avec variantes de « Goetz de Berlichingen » 1882; d' « Iphigénie en Tauride » 1883, « Quatre poésies critiques de Bodmer » Nedbronn, 1884; une « Biographie de Leuthold » en tête de la troisième édition de ses poésies, Frauenfeld, 1884; « la Biographie de Jean Caspar Schweitzer, par David Hess, avec une préface » Berlin, 1884; « la Correspondance entre Hermann Kurz et Edouard Moerike » Stuttgard, 1885. Mr Baechtold qui est membre de la société weimarienne pour la nouvelle édition de Goethe et collaborateur de la *Bibliothèque des anciens écrits de la Suisse allemande*, a édité lui-même la « Chronique de Strettlingen » 1877; « Nicolas Manuel » 1878; « l'Heureux vaisseau de Zurich » 1880.

Baecker (Louis de), nom réel d'un archéologue français, également connu sous son pseudonyme de Louis de Backer, né à Saint-Omer, le 16 avril 1814, revint, après avoir fait son droit à Paris, s'établir dans sa ville natale, où il exerça la profession d'avocat; puis fut juge de paix à Bergues; il vit aujourd'hui retiré dans l'ancien château de Nordpeene qu'il a relévé de ses ruines. On lui doit: « De l'administration politique, administrative et judiciaire de la Belgique pendant les trois derniers siècles » 1841; « Églises du moyen-âge dans les villages flamands du nord de la France » 1848; « Rapport sur l'église de Saint-Eloi à Dunkerque » 1850; « Des Niebelungen, saga mérovingienne de la Néerlande » 1852; « Recherches historiques sur la ville de Bergues en Flandre » ; « De la religion du Nord de la Flandre avant le Christianisme »; « Légende de Sainte-Godelive » 1854; « Chants historiques de la Flandre » 1855; « Pénalité et iconographie de la calomnie » 1857; « Noblesse flamande de France en présence de l'article 259 du Cod. pénal »; « Analogie de la langue des Goths et des Francs avec le sanscrit » 1858; « Origine et ortographe des noms de famille »; « Lettre sur l'auteur de l'imitation de Jésus-Christ » ; « Notice sur Gérard van Meckeren, vice amiral de Flandre »; « Grammaire comparée des langues de France » 1860; « Voyage de Jean Sarrazin en Espagne au XVI siècle » ; « la Flandre maritime avant et pendant la domination romaine »; « les Dunes du Nord de la France, leur passé, leur avenir »; « le Calendrier des flamands et des peuples du Nord »; « le Tombeau de Robert le Frison, comte de Flandre, XI siècle »; « le Tombeau de la première Reine chrétienne de Danemark, X siècle »; « l'Art dramatique chrétien dans le nord de la France »; « Nordpeene, sa seigneurie et son monastère »; « Chronique de Baileul de 1647 à 1673 »; « le duc de Brunswick, Erik II comte de Clermont » 1862; « Rapport à Mr le Ministre de l'instruction publique et des cultes en France sur l'histoire de l'état des lettres en Belgique et dans les Pays-Bas; Langue néerlandaise » 1862; « les Tables eugubines, études sur les origines du peuple et de la langue d'une province de l'Italie » 1867; « de l'Origine du langage d'après le *Génèse* » 1869; « de la Langue néerlandaise et des premiers monuments littéraires écrits en néerlandais » 1869; « Histoire de la littérature néerlandaise depuis les temps le plus reculés jusqu'à Vandel. Cours fait à la Sorbonne en 1868-69 » 1873; « Essai de Grammaire comparée des langues germaniques. Cours fait à la Sorbonne en 1868-70 » 1873; « l'Archipel Indien. Origine, langue, littérature, religions, morale, droit public et privé des populations » 1874; « Bidasari, poème malais, précédé des traditions poétiques de l'Orient et de l'Occident » 1875; « L'extrême Orient au moyen-âge, d'après les manuscrits d'un Flamand de Belgique, moine de Saint-Bertin, à Saint-Omer, et d'un prince d'Arménie, moine de Prémontré à Poitiers » 1877; « Guillaume de Rubrouck, ambassadeur de Saint-Louis en Orient. Récit de son voyage. Traduit du latin et annoté par Louis de Backer » 1878, forme le tome 13 de la *Bibliothèque orientale elzévirienne;* « Histoire de la ville de Bourbourg depuis son origine jusqu'en 1789 » 1879; « Le Droit de la femme dans l'antiquité, son devoir au moyen-âge d'après des manuscrits de la bibliothèque nationale » 1880; « Le présent et le passé » 1884; « la Liberté chrétienne et le pape Léon XIII » 1885, etc.

Baedeker (Charles et Fritz), éditeurs allemands, nés, le premier le 25 janvier 1837, le second le 4 décembre 1844, sont les fils et les successeurs de Charles Baedeker (né à Essen le 3 novembre 1801, mort le 4 octobre 1859) et qui était lui aussi le fils aîné d'un libraire-imprimeur Gottschalk Diederich B. (1778-1841). M. Charles Baedeker ouvrit à Coblence en 1827 une librairie et il acquit bientôt la propriété littéraire du *Rheinreise* de Klein. Il débuta, comme écrivain de voyage, en 1839, par la troisième édit., remaniée par lui-même, de cet ouvrage dont la 21ᵐᵉ éd., de 1881 a pris le titre de « Rheinlande ». Encouragé par le succès qu'il obtint, il fit paraître la même année un Guide de voyage pour la Belgique et un autre pour la Hollande qui furent plus tard réunis en un seul: « Belgien und Holland », 15ᵐᵉ éd., 1880; suivit le «Handbuch für Reisende durch Deutschland und den österr. Kaiserstaat », 2 parties, Coblence, 1842, manuel qui plus tard fut publié en deux ouvrages différents: « Mittel und Norddeutschland », 19ᵐᵉ éd., 1880, et Süddeutschland und Oesterreich », 18ᵐᵉ éd., 1879. En 1844 il fit paraître « Die Schweiz », 19ᵐᵉ éd., 1881. M. B. a pris comme exemple pour la forme de ses livres les fameux *Handbooks* de Murray; le fond est le produit de son travail. Chaque année il parcourait lui-même les pays qu'il allait décrire, ce qui lui permettait de donner les renseignements les plus sûrs et les plus récents. Après avoir publié son: « Paris und Umgebungen », 1855, 10ᵐᵉ éd., 1881, M. Charles Baedeker mourut. Ses deux fils, que nous avons nommés en tête de cet article, et leur aîné, M. Ernest (né le 26 octobre 1833, mort le 23 juillet 1861), continuèrent, avec l'aide de plusieurs collaborateurs, les affaires et les publications de leur père. En octobre 1872, la maison se transféra de Coblence à Leipzick. La collection Baedeker, outre les volumes déjà nommés, comprend encore: « London, Südengland, Wales und Schottland », 1862, 7ᵐᵉ éd., 1881; « Italien », 3 vol. « (Oberitalien », 1861, 9ᵐᵉ éd., 1879; « Mittelitalien und Rom », 1866, 6ᵐᵉ éd., 1880; « Unteritalien, Sicilien, Malta, Sardinien und Athen », 1866, 6ᵐᵉ éd., 1880); « Palästina und Syrien », Leipsick, 1875, 2ᵐᵉ éd., 1880; « Aegypten », 1ᵉʳᵉ partie, Leipsick, 1877; « Schweden und Norwegen », Leipsick, 1879. La plupart de ces guides, souvent réimprimés, ont été traduits en français et en anglais par les soins de leurs éditeurs eux-mêmes. Nous donnons ici la note autant que possible exacte des Guides Baedeker qui ont été publiés en français: « L'Allemagne, l'Autriche et quelques parties des pays limitrophes », 8ᵐᵉ éd., 1884; « Belgique et Hollande », 12ᵐᵉ éd., 1885; « Les bords du Rhin », 12ᵐᵉ éd., 1882; « Italie, 1ᵉʳᵉ partie: Italie septentrionale jusqu'à Livourne, Florence, Ancône et l'île de Corse », 10ᵐᵉ éd., 1883; « Italie, 2ᵐᵉ partie: Italie centrale et Rome et ses environs », 7ᵐᵉ éd., 1883; « Italie, 3ᵐᵉ partie: Italie méridionale et la Sicile, suivi d'excursions aux îles Lipari, à Malte, en Sardaigne, et à Tunis », 7ᵐᵉ éd., 1883; « Londres, ses environs, le Sud de l'Angleterre, le pays de Galles et l'Écosse », 6ᵐᵉ éd., 1884; « La Suisse et les pays limitrophes de l'Italie, de la Savoie et du Tyrol », 14ᵐᵉ éd., 1885; « France, 1ᵉʳᵉ partie: Paris et ses environs », 7ᵐᵉ éd., 1884; « France, 2ᵐᵉ partie: Le Nord de la France jusqu'à la Loire », 1884; « France, 3ᵐᵉ partie: le Midi de la France depuis la Loire et y compris la Corse », 1884; « Palestine et Syrie », 1882. La maison Baedeker a publié aussi un « Manuel de conversation pour le touriste, en quatre langues (français, allemand, anglais, italien) avec un vocabulaire », lequel en 1864 en était à sa 17ᵐᵉ éd.

Baes (Edgard Alfred), peintre et écrivain d'art, belge, né à Ostende le 24 juin 1857. On a de lui, sans parler des nombreux articles qu'il a publiés dans le *Journal des beaux-arts*, cinq mémoires couronnés par l'Académie royale de Belgique: « Sur les caractères constitutifs de l'école flamande de peinture », 1863; « L'Enseignement des arts graphiques et plastiques », 1865; « Mémoire sur l'histoire de la peinture de paysage », 1865; « De l'influence italienne sur Rubens et Van Dyck », 1877; « Le Régime de la profession de peintre avant Rubens », 1881. Le troisième de ces mémoires académiques, remanié par l'auteur, est devenu l' « Histoire de la peinture de paysage XIV-XV siècle », Gand, 1878, ouvrage couronné par la Société des Beaux-Arts et de littérature de

Gand. Citons encore de lui: « Le Séjour de Rubens et de Van Dick en Italie », 1878 ; « La peinture flamande et son enseignement sous le regime des confréries de Saint-Luc », Paris, 1882; « Recherches sur les couleurs employés par les peintres, depuis l'antiquité jusqu'à nos jours », Bruxelles, Baertson, 1883; « Recherches sur les origines de l'art flamand du moyen âge », Bruxelles, id., 1885.

Bnetzmann (Samuel Frédéric), écrivain norvégien, né le 16 octobre 1841 à Drontheim. Après s'être occupé en Italie, pendant les années 1860-63, à des recherches sur l'histoire de l'art, à son retour, il fut employé dans la Bibliothèque universitaire de Christiania. En 1865, M. B. publia un essai sur la Cène de Léonard. Depuis mai 1864 jusqu'en juillet 1865, il rédigea l'*Illustreret Nyhedsblad* (Les Nouvelles illustrées). On a aussi de lui un écrit anonyme sous le titre: « Om sprogbewaegelsen i Norge » (L'agitation linguistique en Norvège). Depuis longtemps établi à Paris, il envoie de cette métropole des correspondances politiques, littéraires et artistiques à plusieurs journaux de la Scandinavie, et il est le collaborateur d'une foule de journaux français, et membre du conseil de l'association littéraire internationale. Il a représenté la Norvège à tous les congrès de cette association tendants à garantir la propriété artistique et littéraire, sujet sur lequel M. B. a beaucoup écrit. On a de lui, entr'autres, « Le Ministère Norvégien de 1814 à 1884 », Copenhague, 1855, et la « Norvège », extraits d'auteurs anciens et modernes, Copenhague, 1879-80, compilation très intéressante qui donne une idée exacte et réelle de la vie norvégienne.

Baeyer (Adolphe), chimiste allemand, fils du général prussien Johann Jakob Baeyer (1794-1885), bien connu pour ses travaux de géodésie, est né, le 31 octobre 1835, à Berlin; après avoir fréquenté le gymnase Frédéric-Guillaume il étudia, pendant les années 1853-1859, la physique et la chimie aux Universités de Berlin, Heidelberg et Gand. Ayant, en 1860, reçue de l'Université de Berlin l'habilitation en qualité de *privat-docent*, il passa à enseigner la chimie à l'Académie industrielle et à l'académie militaire de Berlin; en 1872, nommé professeur ordinaire à l'Université de Strasbourg, il y resta jusqu'en 1875, année dans laquelle il passa comme successeur du célèbre Liebig à Munich, où sous sa direction on bâtit un nouveau laboratoire des plus grandioses. Grâce à plusieurs découvertes des plus importantes dans le champ de la chimie, M. B. s'est acquise une telle réputation que le Roi de Bavière lui a conféré, en 1886, la noblesse héréditaire. Parmi ses nombreuses publications éparses, pour la plupart, dans les revues et les actes des sociétés savantes, nous citerons: « Ueber Methylchlorür », inséré dans le *Journal für praktische Chemie*, publié à Leipsick par M. O. L. Erdmann et reproduit plus tard dans les *Annalen der Chemie und Pharmacie* de J. Liebig, dans lesquels M. Baeyer publia plusieurs autres travaux, et entre autres: « Ueber die Methyl Verbindungen »; « Ueber die organischen Arsenverbindungen »; « Vorläufige Notiz über das Hydantoin »; « Beiträge zur Kenntniss der Harnsäuregruppe ». Citons encore: « Sur la nature de l'acide allophanique » et « Sur un nouveau dérivé de l'acide picrique », insérés dans le *Bulletin de l'Académie Royale des Sciences, des Lettres et des Beaux-Arts de Belgique*. Et enfin dans le même bulletin et en collaboration avec A. Schlieper: « Recherches sur le groupe urique ».

Bagatta (Jérôme), écrivain et pédagogiste italien, directeur de l'École normale pour les jeunes filles de Vérone; né à Desenzano (province de Brescia). Après avoir fini son droit, il devint professeur dans le lycée de Desenzano, qui avait été institué par sa famille; de là, il passa à Salò en qualité d'inspecteur des écoles, nommé directeur de l'École normale pour les jeunes filles, il dirigea successivement celles de Bellune, Camerino, Velletri, Come et Gênes. On a de lui: « Epigrafi » 1874; « Del supremo principio direttivo nella educazione » discours, Gênes, 1877; « Elementi di morale ad uso del corso terzo delle scuole tecniche » Gênes, 1877; « Catechismo di Psicologia » Turin, 1878; « Compendio dei doveri e dei diritti del cittadino » 4me éd., Gênes, 1878; 8me éd., Turin, 1883; « Elementi di morale ad uso delle scuole normali, corso inferiore » 2me éd. Gênes, 1878, 3me éd. 1879; « Compendio di pedagogia per il corso inferiore » 1re éd. Turin, 1878; « Compendio di pedagogia per il corso superiore » id. id. id., ouvrage couronné par le Congrès pédagogique; « Le scuole d'Asti per le donne » 1878; « Elementi di morale ad uso del corso terzo delle scuole tecniche » 11me éd. Gênes, 1879; « Guida per l'insegnamento pratico e teorico della aritmetica nelle classi elementari » Gênes, 1881; « Trattato di pedagogia ordinato secondo i programmi ministeriali per il corso inferiore » 3me éd. Turin 1883; le même « per il corso superiore » 4me éd. Turin, 1883; « Breve trattato de'doveri e de' diritti dell'uomo nella famiglia » Turin, 1883.

Bagge (Gustave), écrivain franco-suédois, né à Linköping (Suède), en 1839, domicilié à Paris, ancien capitaine de la garde du corps de Suède, collaborateur du *Dictionnaire universel géographique* de Mr Vivien de Saint-Martin. Il a publié, en 1877, chez Hachette à Paris « Statistiques des divers pays de l'univers pour l'année 1877 ». Les mêmes ont paru pour 1878 et 1879.

Baguenault de Puchesse (Fernand), publiciste français, né à Orléans en 1814, d'une des anciennes familles de cette ville. En 1848, membre du Conseil municipal de sa ville natale. Très lié avec Mgr. Dupanloup, évêque d'Orléans, il a été l'un des fondateurs et des principaux rédacteurs du *Moniteur du Loiret*, et quand ce journal fut supprimé en 1848, il contribua de toutes ses forces à la création de l'*Impartial du Loiret* qui en prit la place. Il fut aussi l'un des principaux membres de l'Académie de Sainte-Croix, fondée en 1863 par l'évêque d'Orléans. Mr B. de P. a publié, sous les auspices du prélat, plusieurs études littéraires ou de philosophie religieuse. Nous citerons; « l'Immortalité, la Mort de la Vie, étude sur la destinée de l'homme, précédée d'une lettre de Mgr. l'évêque d'Orléans » 1846, 2me éd., 1868; « le Catholicisme présenté dans l'ensemble de ses preuves » 1859; « Étude historique sur Chateaubriand » insérée dans les *Études chrétiennes de littérature, de philosophie et d'histoire* publiés par l'Académie de Saint-Croix; « Histoire du concile de Trente » 1870; « Un projet de réforme constitutionelle » 1871. Mr B. d. P. a en outre collaboré activement au *Correspondant*. Parmi ses articles insérés dans ce journal, nous citerons: « Périclès et la république à Athènes » 1874; « L'amiral de Coligny » 1876; « le vicomte de Melun » 1882; Dans la *Revue des Questions historiques de 1883*, nous trouvons encore deux articles de cet écrivain « Les prétendues poésies de Catherine de Médicis » et « Les dix dernières années de l'administration de Mazarin: 1651-1661 ».

Baguenault de Puchesse (Gustave), littérateur français, fils du précédent, né à Orléans en 1843. Lorsqu'il eut terminé ses études classiques, il suivit les cours de l'École de droit, so fit recevoir licencié et prit, en 1869, le grade de docteur ès-lettres. Mr G. B. a collaboré à divers journaux et revues. On lui doit: « De venatione apud Romanos » thèse, 1869; « Jean de Morvillier, évêque d'Orléans » 1870; « les Ducs François et Henri de Guise, d'après de nouveaux documents » 1867; « L'Expédition du duc de Guise à Naples. Documents inédits » en collaboration avec Mr J. Loiseleur; « la Saint-Barthélemy à Orléans » 1870; « la Campagne du duc de Guise dans l'Orléanais en octobre et novembre 1857 » Orléans, 1885; et « l'Expédition des Allemands en France au mois d'octobre 1575 et la bataille de Dormans d'après les pièces du temps » Orléans, 1886, extrait des *Mémoires de la Société archéologique et historique de l'Orléanais* dont Mr B. de P. est président.

Bähr (Otto), jurisconsulte et homme politique allemand, né le 2 juin 1817 à Fulde, fréquenta le lycée de Kassel et étudia les sciences juridiques et politiques aux Universités de Marbourg, Gottingue et Heidelberg. En 1838, il entra dans la magistrature hessoise et après y être arrivé à une haute situation, il était en 1867 appelé à Berlin comme membre du Tribunal d'appel institué dans cette ville pour les provinces nouvellement annexées. Presque en même temps, la ville de Kassel le choisissait pour son représentant au Reichstag et au Landtag prussien, et pendant douze ans il restait membre des deux assemblées, votant toujours avec le parti national libéral. En 1879, il fut appelé à siéger à la Cour Impériale de Justice à Leipsick, mais des raisons de santé le forcèrent, en 1881, à quitter cette ville; depuis lors il vit à Kassel. On a de lui: « Die Anerkennung als Verpflichtungsgrund » Kassel, 1855, 21 éd., 1867, monographie juridique d'une énorme valeur; « Der deutsche Civilprozess in praktischer Bethätigung » 1885 et « Noch ein Wort zum deutschen Civilprozess » 1886. Mr Bähr a été pendant de longues années coéditeur du « Jahrbücher für die Dogmatik des heutigen röm. und deutschen Privatrecht. » En dehors de ses travaux juridiques, Mr Bähr a aussi publié: « Das Tonsystem unserer Musick » Leipzick, 1882 et « Eine deutsche Stadt vor sechzig Jahren. Kulturgeschichte Skizze » Leipsick, 1884, 2me éd. 1886.

Bailey Aldrich (Thomas). Voyez ALDRICH.

Bailey (Frédéric), vrai nom d'un écrivain américain, généralement connu sous le nom de Frédéric Douglass; né esclave, quoique fils d'un père blanc, à Tuchaboe, Marylan, vers 1817 ou 1818. A l'âge de neuf ans environs, son maître le prêta à un de ses amis qui le traita très-bien, et lui donna les premiers éléments d'une instruction qu'il appelle dans ses *Mémoires* « le sentier qui mène de l'esclavage à la liberté ». En 1832, il fut acheté par un constructeur de navires de Baltimore et employé d'abord comme servant des ouvriers et plus tard comme calfat. Après avoir servi de cette façon plusieurs années, il réussit, après une première tentative, qui échoua, à s'échapper en septembre 1832 et à gagner New Bedford (Massachussetts) où il fut rejoint par sa fiancée, une négresse libre, qu'il épousa. Pour mieux échapper aux poursuites, il changea alors son nom contre celui de Douglass. Tout en travaillant de son métier d'ouvrier calfat, il continua à s'instruire lui-même, encouragé dans ses efforts par William Lloyd Garrison, et il révéla bientôt de telles qualités d'orateur qu'elles donnèrent l'idée aux abolitionistes de mettre au service de leur cause sa parole empreinte d'onction chrétienne. Choisi, en 1841, par la Société américaine contre l'esclavage pour propager les doctrines de l'émancipation, ses efforts furent infatigables; ses conférences étaient très suivies et la foule se pressait pour entendre les descriptions qu'il faisait de la situation des esclaves. En 1845, il publia à Boston « My Bondage and my Freedom », une autobiographie qu'il écrivit de nouveau et augmenta en 1855 et une seconde fois en 1881. En 1859, il se rendit en Angleterre où bientôt il captiva l'attention publique par son éloquence; des souscriptions spontanées lui permirent de se libérer, moyennant le paiement de 150 livres sterling, envers son dernier maître et de fonder à Rochester, dans l'État de New-York, une revue abolitionniste hebdomadaire intitulée l'*Abeille du Nord*. Le président Lincoln le consultait souvent sur les intérêts de la race noire. En 1870, il lança, à Washington, un journal intitulé *The New national Era*. En 1871, il était nommé secrétaire de la Commission de Saint-Domingue, et après son retour il était élu membre du Conseil territorial du district de Columbia. En 1872, il était choisi comme électeur présidentiel pour l'État de New-York; et de 1871 à 1881, il fut maréchal des États-Unis, pour le district de Columbia. Il devint plus tard Commissaire des Contrats pour le même district, mais, en mars 1886, il fut révoqué par le président Cleveland. Quelques mois plus tard, il faisait un nouveau voyage en Angleterre.

Bailey (Philippe-James), poète anglais, né à Basford, à quatre kilomètres de Nottingham, le 22 avril 1816, est le fils de M. Thomas Bailey (1785-1856) l'auteur des « Annals of Notts ». Après avoir fait ses études dans sa ville natale, il se rendit en 1831 à l'Université de Glasgow où, en 1833, il commençait son droit. Entraîné vers la poésie, pour laquelle il avait montré, dès l'enfance, les plus heureuses dispositions, il publia, en 1839, son poème: « Festus », qui excita, dès son apparition en Angleterre et en Amérique, le plus vif enthousiasme, et qui fut plusieurs fois réimprimé; en 1877, on en donnait la dixième édition. C'était une sorte d'autobiographie poétique, ou plutôt l'histoire d'une âme malade qui cherche le calme dans les régions les plus élevées de la pensée humaine. Malgré le peu de sympathie que lui inspirait l'exercice de la profession, il se fit inscrire en 1840 au barreau, et il aida pendant quelque temps son père dans la rédaction du *Mercury of Nottingham*, dont il était le directeur; en 1850 seulement, onze ans après son premier succès, il publia un autre poème: « The Angel World », que plus tard il incorpora dans « Festus ». On a encore de lui: « The Mystic », 1855, et une satire: « The age, politics, poetry and criticism », 1858. M. B. a essayé aussi ses forces sur un autre terrain par « The international policy of the great powers », 1861. Maintenant M. B vit à Nottingham.

Bailey (John Eglington), érudit anglais, né le 13 février 1840, à Edgbaston près de Birmingham, a fait ses études à l'École libre de grammaire de Boteler à Warrington et au Collège de Owen à Manchester. Pendant plusieurs années il a été attaché à la filiale de Manchester de la grande maison de commerce des frères Ralli. En 1876, il a été nommé membre du conseil de la Société Chetham et il en est encore maintenant le secrétaire. On a de lui: « The Life of Thomas Fuller, D. D. with Notices of his Books, his Kinsmen, and his Friends », 1874; une collection des « Sermons », du Dr Fuller; « Memoir of Henry Clarke », 1877, et « Inventories of the Church Goods of Lancashire, 1552 », publié en 1878 pour le compte de la Société Chetham. Il a aussi donné à plusieurs journaux un grand nombre d'articles de biographie, d'histoire et de bibliographie concernant surtout le Lancashire et le Cheshire. Son ouvrage peut-être le plus intéressant « The bibliographical History of Sutherland », est encore inédit. En 1881, M. Bailey a fondé un journal illustré mensuel d'archéologie et de bibliographie *The Palatine Note Book* qui circule surtout dans le Lancashire, le Cheshire et l'Angleterre septentrionale et qui peut être appelé le *Notes and Queries* de cette région.

Bailey (John Rand), jurisconsulte anglais, né à Drighlington, dans le comté d'York, en 1830, attorney près des Cours de Common Law, et sollicitor près la haute cour de Chancellerie de l'Angleterre. On a de lui: « Manuel pratique de procédure anglaise et Recueil des lois à l'usage des Français et des Belges dans leurs relations d'affaires avec l'Angleterre », Londres, 1873; cet ouvrage écrit en français par l'auteur lui-même n'existe pas en anglais. On a encore de lui: « Enrégistrement des marques de fabrique en Angleterre. La nouvelle loi d'enrégistrement et les réglements officiels, avec instructions pratiques », 1876; « Les Sociétés anglaises *limited*, manuel pratique, formation, administration et liquidation des compagnies à responsabilité limitée enregistrées en Angleterre sous le régime des *Joint stock companies act 1862 à 1883* », 1885,

Baillière Germer (Gustave) Voyez ALCAN (Félix).

Baillon (E. H.), médecin et naturaliste français, est né à Calais le 30 novembre 1827. Il s'occupa spécialement de recherches botaniques. Reçu professeur agrégé de la Faculté de Paris, il a été nommé à la chaire d'histoire naturelle médicale de l'École de médecine. Il a été appelé en même temps à celle d'hygiène et d'histoire naturelle appliquée à l'industrie à l'École centrale des arts et métiers. Depuis 1870, il dirige un recueil périodique intitulé *Adansonia*, où il a inséré un grand nombre d'études sur la botanique pure et appliquée, imprimés depuis séparément. Parmi ses publications, nous citerons: « Monographie des aurantiacées », 1855; « Étude générale du groupe des euphorbiacées », 1858; « Monographie des buxacées et des stylocirées », 1859; « Recherches organogéniques sur la fleur femelle des conifères », 1860; « Mémoire sur le développement du fruit dos morées », 1861 ; « Recherches sur l'organisation, le développement et l'anatomie des caprifoliacées », 1861 ; « Guide de l'étudiant au nouveau jardin botanique de la faculté de médecine de Paris », 1865 ; « Histoire des plantes », vaste suite de monographies, 6 vol., 1866-76 ; « Traité du développement de la fleur et du fruit », 1868 ; « Programme du cours d'histoire naturelle médicale professé à la Faculté de médecine de Paris. Zoologie médicale, botanique générale », 2 vol., 1868-69, 3me partie ; « Étude spéciale des plantes employées en médecine », 1877. M. Baillon a repris la publication des « Leçons sur les familles naturelles des plantes », faites à la Faculté des sciences par M. Payer, 1872. Il a commencé en 1876 un important *Dictionnaire de botanique* par fascicules ; la publication du 1er vol. en a été achevée en 1878, celle du quatrième et dernier en 1885. Citons encore de lui : « Nouvelles observations sur les Olinia », 1878 ; « Anatomie et physiologie végétales », 1881 ; « Cours élémentaire de botanique », 1882 ; « Traité de botanique médicale phanérogamique », 1884 ; « Guide élémentaire d'herborisation et de botanique pratique », 1886 ; « Histoire des plantes, Monographie des aristolochiacées », 1886, etc. etc.

Bailly (Jules), poète français, né à Seneffe (Belgique) en 1832, domicilié à Paris depuis 1855. On a de lui : « Dix-neuvième siècle. Autrefois. Maintenant. Italie. Une nuit à Rome. Napoléon III », vers, 1860 ; « L'Empire, A Napoléon III », vers, 1860 ; « Réponse au poème *Les Muses d'État* de M. V. de Laprade », 1860 ; « Resurrectio. Poème d'avril », 1878, reproduit plus tard dans le recueil suivant : « Les Heures du soleil, poésies ; deuxième, troisième et quatrième époques », 1879 ; « La proie pour l'ombre », drame en un acte et en vers, 1883.

Bain (Alexander), philosophe et professeur anglais, né à Aberdeen (Écosse centrale), en 1818. Il entra au collège Marischal de cette ville et obtint le diplôme de maître ès-arts en 1840. De 1841 à 1844, il fut dans le même collège suppléant de la chaire de philosophie morale et de 1844 à 1845, suppléant de celle de philosophie naturelle. En 1845, il fut nommé professeur de la même science à l'Université Andersonienne de Glasgow, où il ne resta qu'une année. En 1847, il était nommé secrétaire-adjoint de la Commission sanitaire de la métropole et en 1848 secrétaire-adjoint du bureau général de santé, place qu'il résigna en 1850. De 1857 à 1862, il fut examinateur de logique et de philosophie morale à l'Université de Londres. En 1858, 1859, 1860, 1863, 1864 et 1868, il fut membre, pour la science morale, de la Commission d'examen pour l'admission au service civil de l'Inde. En 1860, le gouvernement le nomma professeur de logique à l'Université d'Aberdeen. En 1864, il fut nommé de nouveau examinateur à l'Université de Londres, place qu'il garda jusqu'en 1869. Sa première production littéraire fut un article inséré, en 1840, dans la *Westminster Review*, à laquelle il collabora depuis lors pendant quelque temps. De 1847 à 1848, il écrivit des livres de texte d'astronomie, d'électricité et de météorologie dans la collection des Manuels scolaires de MM Chambers, plusieurs des *Papers for the People* de Chambers et les articles sur le langage, la logique, l'intelligence humaine et la rhétorique dans l'*Information for the People*. En 1852, il a publié, avec une introduction et des notes, une nouvelle édition de la « Moral Philosophy of Paley » ; « The senses and the intellect » 1855, ouvrage d'une grande portée philosophique que Mr E. Cazelles a traduit en français sous le titre de « les Sens et l'intelligence » Paris, Germer Baillière, 1873 ; « The Emotions and the Will » 1859, qui, avec la précédente, complète l'exposition de l'intelligence humaine. Cet ouvrage aussi a été traduit en français, sur la troisième édition anglaise, par Mr P. L. Le Monnier sous le titre « les Emotions et la volonté » Paris, Alcan, 1884, un vol. qui fait partie de la *Bibliothèque de philosophie contemporaine* ; « The Study of Character including an Estimate of Phrenology » 1861 ; « English Grammar » 1863 ; « Manual of English Composition and Rhetoric » 1866 ; « Mental and moral science » 1868, 3me éd., 1872 ; « Logic inductive and deductive » 1870, traduit en français par Mr Gabriel Compayre sous le titre de « Logique déductive et inductive » Paris, Germer Baillière, 1875, 2 vol. ; « Mind and Body ; Theories of their Relation » 1873, traduit en allemand sous le titre de : « Geist und Körper » dans le troisième volume de la *Internationale Wissenschaftliche Bibliothek*, Leipsig, 1874 et en français, par William Battier, sous le titre de « l'Esprit et les Corps considérés au point de vue des relations suivis d'études sur les erreurs généralement répandues au sujet de l'esprit » Paris, Germer Baillière, 1873, un vol. qui fait partie de la *Bibliothèque scientifique internationale*. Citons encore de Mr Bain : un recueil des écrits de George Grote, éminent historien, philosophe et homme politique anglais (1794-1871) publié sous le titre de « The Minor Works of George Grote, with Critical Remarks on his intellectual Character, Writings and Speeches » 1873 ; « A Companion to the Higher English Grammar » 1874 ; « Education as a Science », 1872, traduit en allemand sous le titre de « Erziehung als Wissenschaft » Leipzig, 1880, 1 vol. qui forme le 45 tome de l'*Internationale wissenschaftl. Bibliotheck*, en français sous le titre : « la Science de l'Éducation » Paris, G. Baillière et Cie, 1 vol. qui forme le tome 31 de la *Bibliothèque scientifique internationale*, et en italien « La scienza dell'educazione » 1re éd. Milan,

Lombardi, 1880, tome 14 de la *Biblioteca scientifica internazionale*, 2me éd., Milan, Dumolard, 1880. Nous devons encore citer parmi les publications de Mr Bain: « James Mill, a Biography »; « John Stuart Mill, a Criticism, with Personal Recollections » 1882; « Pratical Essays » 1884; « On Teaching English »; « English Composition and Rhetoric, enlarged edition, Part. I, Intellectuel Elements of Style » 1887. En 1875, l'éditeur Dumolard, de Milan, a publié dans la *Bibl. scient. inter.* un travail de Mr Bain « Correlazione della forza nervosa colla forza mentale » que nous ne connaissons que dans cette traduction. En 1880, Mr Bain a résigné la chaire de logique à l'université d'Aberdeen. En 1881, il a été élu par les étudiants Lord Recteur de cette Université et en 1884 il fut réélu pour la période 1884-87. Mr Bain est aujourd'hui le représentant le plus autorisé de cette école anglaise de philosophie expérimentale qui élève son système sur la base des sciences naturelles, sans cependant, comme l'école positiviste française, repousser l'observation psychologique et en contester la valeur. Dans l'impossibilité où nous sommes de citer tous les travaux auxquels a donné lieu l'examen des doctrines de ce penseur profond, nous nous bornerons a rappeler les suivants: « Bain's Psychology » dans l'*Edinburgh Review* d'octobre, 1859; « Relazione sulla Esposizione critica delle dottrine psicologiche di Alessandro Bain », par G. Carle, dans les *Atti della Accademia delle Scienze di Torino*, 1879; « Sunto di una monografia intitolata: Delle dottrine psicologiche di Alessandro Bain » par G. Allievo, (V. ce nom) dans les mêmes *Atti*, 1880; « Osservazioni sulla logica del Bain » par François Bonatelli dans la *Filosofia delle scuole italiane*, 1880; « La scienza dell'educazione di Alessandro Bain, professore di logica all'Università di Aberdeen », par E. Zama, dans les *Studii italiani* de 1880; « I sensi e l'intelligenza per A. Bain » par G. Fontana dans la *Filosofia delle scuole italiane* de 1881; « James Mill d'après les recherches de Bain » par K. Marion dans la *Revue philosophique* de 1883. Nous devons ajouter avant de finir que si, en 1877, les journaux ont annoncé la mort de Mr Bain, c'est qu'on l'a confondu avec un autre Alexander Bain, horloger et électricien distingué, mort en Janvier 1877.

Baissac (Charles), littérateur français, né à l'Ile Maurice. Nous connaissons de lui: « Étude sur le patois créole mauricien » Paris, 1881; « Récits créoles » Paris, 1884; « Minet rouge » Paris, 1887; « Tué par le bon Rollin, suivi de: Par le plus court; le Capitaine Falkirsk; Une farce de Banannée » Paris, 1887; « Un voyage imprévu » Paris, 1887.

Baissac (Jules), homme de lettres et traducteur interprète français, né au Vans (Ardèche). On a de lui: « Les femmes dans le temps ancien » 1857; « Les femmes dans les temps modernes » 1857; « De l'armée fédérale allemande » 1860; « La Russie, son peuple et son armée » 1860; ces deux derniers volumes publiés sous le pseudonyme de Leon Delizy, sous lequel Mr Baissac à longtemps collaboré au *Spectateur militaire*. Poursuivant la citation de ses œuvres, nous trouvons encore: « De l'origine des démonstrations ethniques dans la race aryenne. Étude de philologie et de mythologie comparée » 1867; « Les origines de la religion » 2 vol., 1876; « Satan, ou le diable, étude de philosophie religieuse » 1877; « L'Age de Dieu (annus Doi). Étude sur les grandes périodes cosmiques et l'origine de la fête de Pâques, pour faire suite aux origines de la religion » 1879; « le Concordat de 1801 et les articles organiques. Avec un appendice contenant le texte de la déclaration ecclésiastique de 1682 et celui du décret dogmatique de l'infaillibilité » 1879; « Histoire de la diableté chrétienne » 1882; « La vie après la mort. Éternité et immortalité » 1885.

Baistrocchi (Hector), médecin italien, professeur agrégé d'anatomie pathologique à l'université de Parme, a publié dans la *Rivista clinica* de Bologne, dans la *Rivista di Freniatria e Medicina legale* de Reggio Emilia, dans la *Gazzetta degli Ospedali* de Milan, dans le *Sperimentale* de Florence, et séparément, plusieurs mémoires, essais, et articles scientifiques. Nous citerons: « Storia d'un'ovariotomia »; « Un idiota microcefalo »: « Un caso di Cisticercus cellulosæ hominis »; « Cranio e cervello di un' epilettica »; « Idroencefalomielia con gliosarcoma meningeo della base »; « Sopra un caso di anomalia degli organi genito-urinari »; « Prospetti comparativi del peso e volume degli organi del corpo umano allo stato sano e di malattia »; « Contribuzione allo studio dei tumori dell'organo dello smalto »; « Sul peso specifico dell' encefalo »; « Sopra due rari casi di epitelioma dal cervello »; « Un caso di missoma delle radici dei nervi spinali »; « Sopra un raro aspetto degli zaffi pneumonici »; « Idromielia congenita »; « Un caso di cirrosi ipertrofica del fegato di gallina »; « Sulla piega aortica del Concato »; « Contribuzioni anatomo-patologiche e bacteriologiche sul colera ».

Baker (John Gilbert), botaniste anglais, né à Guisbourough (Yorkshire), le 13 janvier 1834, fut élevé aux écoles de la Société des amis à Ackworth et à York. Ses études finies, il fut nommé conservateur-adjoint de l'herbier du jardin royal à Kew, place qu'il occupe encore. Il fut en outre lecteur de botanique à l'hôpital de Londres, et à la Société des Apothicaires. Il a été aussi d'abord curateur et ensuite secrétaire du *Botanical Exchange Club* de Londres. On lui doit des travaux de botanique descriptive et de géographie botanique. On cite parmi les premiers « Synopsis filicum » ouvrage commencé par sir W. Hooker (1868) et contenant le catalogue descriptif de tous les genres connus de fougères, une seconde édition de cet ouvrage a paru en 1874; « Monograph of the Ferns of Brazil » 1870, in-folio, 50 pl. suivie des « Compositae, Ampelidae et Connaraceae » de la même contrée ; « Revision of the order Liliaceae » 7 parties, 1870-80 ; « Monograph of the British Roses » 1869 ; « Monograph of the British Mints » 1865 ; « Monograph of Papilionaceae and other Orders » dans la *Flora of Tropical Africa* d'Oliver, 1868-71; trois volumes de description de plantes dans le *Refugium botanicum* de Saunder, 1869, 71 (tomes I, III, et IV) ; « Popular Monographs of Narcissus, Crocus, Lilium, Iris, Crinum, Aquilegia, Sempervivum, Epimedium, Tulipa, Nerina and Agave » 1870-77 ; « Monograph of the Papilionaceæ of India » 1876 ; « Systema Iridacearum » 1877 ; « Flora of Mauritius and the Seychelles » 1877 ; « A Monograph of Hypoxidaceae » 1879 ; « A Monograph of Selaginella » 1884-85; « On the tuberbearing species of Solanum » 1884; parmi les seconds : « An attempt to classify the Plants of Britain according to their Geographical Relations » 1855 ; « North Yorkshire : Studies of its Botany, Geology, Climate, and Physical Geography » 1863 ; « A new Flora of Northumberland and Durham, with Essays on the Climate and Physical Geography of the Countries » en collaboration avec le docteur G. R. Tate, 1868 ; « On the Geographical Distribution of Ferns through the World, with a Table showing the Range of each Species » 1868 ; « Elementary Lessons in Botanical Geography » 1875 ; plusieurs articles sur la « Botany of Madagascar » publiés de 1881 à 1885 donnant les descriptions de 600 à 700 espèces nouvelles ; « A Flora of the English Lake District » 1886; en 1863, Mr Baker a publié, en collaboration avec le Rev. W. Newbould, la première édition de la « Topographical Botany » de Watson. Mr Baker, qui est membre de la *Literary and Philosophical Society* de Manchester et de la *Imperial Academy* a collaboré à plusieurs journaux et recueils scientifiques, parmi lesquels nous citerons : *The Phytologist* de Londres, où sa collaboration a été des plus actives : *The journal of Botany, British and Foreign*, publié à Londres par Mr Berthold Seeman, depuis 1863, et dont Mr Baker a été pendant quelque temps un des directeurs ; *Transactions of the Tyneside Naturalist's Field Club*, de Newcastle sur Tyne.

Baker (Sir Samuel White), voyageur anglais, né à Londres le 8 juin 1821; il fit ses études d'abord dans une école particulière, et ensuite en Allemagne. Ayant visité l'île de Ceylan, il fonda avec son frère Valentin B. (V. ce nom) une ferme modèle et un *sanatorium* à Newera Ellia dans les montagnes et à 6200 pieds au dessus du niveau de la mer. Après huit ans de séjour dans l'île, il revint à Londres en 1855, et fut bientôt engagé par le gouvernement turc à se rendre en Bulgarie pour prendre part aux travaux de construction de la ligne Kustendje-Varna; il y alla, mais il ne tarda pas longtemps à être repris par le désir des voyages. Au printemps de 1861, il se prépara au Caire à une expédition à la recherche des sources du Nil dans l'Afrique Australe et dans l'espoir d'y rencontrer Grant et Specke qui étaient partis pour le même but par la route de Zanzibar. Sa femme, née miss Florence Finnien von Sass, voulut l'accompagner dans ce dangereux voyage où il était bien résolu « de résoudre le grand problème ou de mourir » ; ayant quitté le Caire le 15 avril 1861, il arriva le 13 juin à la jonction de l'Atbara avec le Nil. Désirant s'entraîner pour les dangers et les fatigues inévitables dans une entreprise telle que la sienne, et voulant en même temps apprendre l'arabe, il resta presqu'une année chassant dans les régions de l'Abyssinie, d'où vient le Nil Bleu et en juin 1862 il se rendit à Khartoum. Là il organisa une expédition de quatrevingt-seize personnes pour explorer le cours du Nil Blanc. Au mois de décembre 1862, il quitta Khartoum et s'avança dans une contrée marécageuse où presque tous ses compagnons européens périrent de la fièvre. Il était arrivé à Gondokoro, sur le Nil Blanc, (lat. N. 4°, 54', 45''; long. E. 29°, 23', 32''), lorsque, au mois de février 1863, il y fut rencontré par Specke et Grant qui retournaient en Europe. Ils arrivaient de la région des grands lacs d'où le Nil prend sa source. Ils avaient vu le lac occidental ; l'Ukerewe (Victoria Nyanza) et avaient suivi en grande partie le cours de la rivière Somerset, par laquelle les eaux de ce premier lac se déversent dans un second d'où devait sortir la principale branche du Nil. Specke et Grant n'avaient pas pu voir ce grand lac et ils en signalèrent l'existence à Baker seulement d'après les rapports des indigènes, qui l'appellent dans leur langue *M'vouta Nzighé ;* (Specke écrit *Louta Nzighé*). Baker résolut alors d'aller à la recherche de cet immense reservoir du Nil. Malgré le refus de ses guides indigènes de l'accompagner plus loin, il partit sans crainte, le 26 mars 1863, et rejoignant une caravane arriva à Latooka, situé à cent dix milles à l'Est de Gondokoro ; il y séjourna quelque temps, puis poursuivit son voyage entre le Sobat et le Nil Blanc, jusqu'au Kamrasis. Ce fut le 14 mars 1864, après dix jours de marche, que Baker et sa femme, qui l'avait suivi dans toute cette longue et périlleuse exploration, aperçurent le lac tant désiré qu'il appela *Albert Nyanza* en l'honneur du Prince Époux de la Reine Victoria. Après avoir parcouru en bateau la côte Nord-Est du Lac jusqu'à Magungo où débouche le Somerset, sans cependant arriver à établir les origines du Nil Blanc, honneur qui était réservé à l'italien Gessi, une année plus tard, presque jour pour jour, Baker arrivait de nouveau à Gondokoro, d'où, par la route de Khartoum, Suakim et Suez, il fit retour en Angleterre. Il y fut accueilli avec enthousiasme, le gouvernement lui conféra la noblesse, les Sociétés de Géographie de Londres et de Paris lui décernèrent des médailles d'or et l'Université de Cambridge lui conférait le titre de *Master of Arts*. Les horreurs de la chasse aux esclaves dont il avait été témoin lui inspirèrent l'idée de présenter au Khedive d'Égypte un projet pour mettre un terme à la traite des esclaves dans le bassin du Nil Blanc et pour créer une ligne non-interrompue de comptoirs depuis Gondokoro jusqu'aux rives méridionales du grand lac. Le Khedive accepta son projet, le nomma d'avance pacha et gouverneur général des nouvelles terres égyptiennes et lui donna le commandement d'une petite armée d'environ 2000 hommes et d'une flottille à vapeur. Avec une partie de cette troupe, il partit de Khartoum et remontant le Bahr-el-Giraf, embranchement du Nil Blanc, il arriva à Gondokoro (15 avril 1871) qu'il baptisa du nom de Ismailia et après avoir dompté une rebellion des nègres Bari et une émeute de ses propres soldats, il poussa jusqu'à Fatiko (8°, 2', lat. N. et 30°, 17' longit.) où il fit construire un poste fortifié, et pénètre ensuite jusqu'à Ungoro, malgré la résistance armée des indigènes et des marchands d'esclaves. Après deux ans de luttes et de dangers, au milieu desquels son intrépide et fidèle compagne, lady Baker, lui sauva la vie, il revint à Gondokoro en avril 1873 et de là en Égypte et en Europe, laissant au malheureux colonel Gordon, dont on connait la fin héroïque, le soin de reprendre ses projets. Mr Baker a publié lui-même la narration de ses voyages ; nous connaissons de lui : « The Rifle and the Hound in Ceylon » 1854, nouvelle éd. 1874 ; « Eight Years Wandering in Ceylon » 1855, nouvelle éd. 1874 ; « Journey to Abyssinia in 1862 » dans le *Journal of the Royal Geographical Society of London*, vol. XXIII, 1863 ; « The Albert Nyanza, Great Basin of the Nile and Explorations of the Nile Sources » 2 vol. 1866, ouvrage traduit en allemand par Mr Martin, 3me éd., Gera, 1875, en français par G. Masson sous le titre « Découverte de l'Albert Nyanza, nouvelles explorations des sources du Nil » Paris, Hachette, 1867. Mr J. Belin de Launay a donné dans la *Bibliothèque rose* un abrégé de cette traduction sous le titre « Le lac Albert, nouveau voyage aux sources du Nil » id. id. 1870, et Mr Hipp. Vattemare en a donné un autre sous le titre : « Exploration du Haut Nil, récit d'un voyage dans l'Afrique centrale » id. id., 1869 dans la *Bibliothèque des écoles et des familles ;* un abrégé a été aussi traduit en italien et se trouve dans les *Viaggi alle sorgenti del Nilo e nel centro dell'Africa di Burton, etc., Baker, etc., narrati dai viaggiatori stessi* » Milan, Treves, 1878 ; « The Nil Tributaries of Abyssinia and the Sword Hunters of the Hamram Arabs » 1867, 4me éd. 1871, traduit en allemand, Jena, 1868 ; « Cast up by the Sea » roman, 1869, traduit en français par madame Paulino Fernand, sous le titre, *l'Enfant du naufrage*, Paris, Hachette, 1869, et en italien « il Figlio del Naufragio » 1re éd., Milan, Tip. Editrice Lombarda, 1879, 2me éd., id., Brigola, 1884 ; « Ismailia, a narrative of the Expedition to Central Africa for the Suppression of the Slave trade arranged by Ismail, Khedive of Egypt » 2 vol. 1874, M. Hipp. Vattemare a donné une traduction française de cet ouvrage « Ismailia, récit d'une expédition dans l'Afrique centrale pour l'abolition de la traite des noirs » Paris, Hachette, 1875, et un abrégé sous le titre « L'Afrique équatoriale, récit d'une expédition armée ayant pour but la suppression de la traite des esclaves » id. id. 1880, dans la *Bibliothèque des écoles et familles*. En 1879, peu de temps après l'occupation de l'île de Chypre, il la parcourut en entier pour se rendre compte des ressources qu'elle présentait. Il a publié le résultat de cette enquête dans un volume « Cyprus as I saw it in 1879 » traduit en allemand par Mr Oberlände, Leipzig, 1880. Sir S. Baker a publié aussi dernièrement un mémoire sur la loi de liquidation de la dette égyptienne, mémoire qui a été aussi traduit en allemand. Outre les ouvrages de Mr Baker, on pourra pour se rendre compte de ses voyages consulter les articles suivants : « S. V. Baker's Entdeckungen im Quellgebiete des Nils » dans le *Petermanns Mittheilungen* de 1862 ; « Le lac Luta'n zigé ou Albert n'yanza, découvert par Samuel Baker » dans les *Annales des voyages*, 1865 ; « Baker's Exploration of the Albert Nyanza » dans l'*Edinburgh Review* de juillet 1866 ; « l'Albert Nyanza ou les sources du Nil : Baker » par Mr E. Jonvaux dans le *Correspondant* de août, septembro 1866 ; « Samuel Baker au Lac Lauta Nzigé » par M. C. Cailliatte dans la *Revue des deux Mondes*, janvier, 1867 ; « L'Afrique centrale d'après Mr Baker » dans la *Revue Moderne*, de 1867 ; « Samuel Baker nel Bacino del Nilo Bianco » par Guido Cora, dans son *Cosmos*, 1873 ; « Le ultime sorgenti del Nilo » par J. de Riso dans la *Rivista Universale* de 1873 ; « Sir Samuel Baker's Expedition nach dem Oberen Weissem Nil » dans les *Petermanns Mittheillungen* de 1873 et « Quatre ans dans l'Afrique centrale » par P. Quesnoy, dans le *Correspondant* de 1876.

Baker (Valentin) plus connu, maintenant, sous le nom de Baker-Pâcha, général anglo-turc, frère du précédent, né à Londres en 1825. Le 1er août 1848, il prit service dans l'armée anglaise, et fit la campagne de Cafrerie en 1852-53 et celle de Crimée en 1855. En 1873, il quitta le comandement d'un régiment de hussards pour voyager en Perse et sur la frontière de l'Afghanistan, dans le but de se renseigner exactement sur la délimitation des frontières qui séparent les possessions russes et les anglaises dans ces contrées. Il publia à son retour en Angleterre un livre sur la question intitulé « Clouds in the East ». Il était alors connu comme un brillant officier de cavalerie et fort apprécié pour ses connaissances spéciales sur l'organisation de l'armée, mais, quelques mois après son retour il devenait l'objet de poursuites pour un prétendu outrage aux mœurs commis en chemin de fer, et, à la suite d'un procès retentissant, condamné à douze mois de prison et 12500 francs d'amende. Forcé alors de quitter l'armée anglaise, il recommença une nouvelle carrière militaire dans l'armée turque. Au début de la guerre contre la Russie (mars 1877), il reçut de la Porte la mission d'organiser un corps de gendarmerie et gagna bientôt le grade de Général-Major. Au mois d'août de la même année, il alla à Schoumla, en qualité de général attaché à l'État-major et se signala dans la campagne sur le Lom. Il a publié, lui-même, plus tard, sous le titre de « The War in Bulgaria » l'histoire de cette campagne. Après le succès des Anglais en Égypte, le général Baker-Pacha fut chargé d'organiser la gendarmerie dans cette contrée ; après la défaite d'Hichs-pâcha, en 1884, il essaya de secourir Tokar, mais il fut battu à son tour le 5 février 1884. Les nombreux et puissants amis, qu'il avait laissés en Angleterre, firent valoir alors sa brillante conduite dans cette affaire pour obtenir qu'il fut réintégré dans les cadres de l'armée anglaise, mais tous leurs efforts se brisèrent contre la pruderie britannique. En dehors des ouvrages que nous avons déjà cités, le général Baker est l'auteur de « The British Cavalry » 1858; « Our National Defence » 1860. — Mr Baker est aussi fort apprécié comme spécialiste dans toutes les questions qui ont rapport à l'organisation militaire et surtout à l'emploi de la cavalerie. En 1877, parut à Paris, chez Delagrave « L'Angleterre et la Russie. Rapport politique et statistique de Mr le colonel Valentin Baker. Traduit de l'anglais avec un avant-propos et des notes par G. de Gangler ».

Baker (William), ecclésiastique et écrivain anglais, né à Reigate, en 1841, il fit ses études à l'école des Marchands Tailleurs et au Collège Saint-Jean à Oxford, dont il devint plus tard membre et précepteur. En 1870, il succéda à Mr Hessey en qualité de maître en chef de l'école des Marchands Tailleurs et en 1880 il devint prébendaire de Saint-Paul. On a de lui : « A Manual of Devotion for School Boys » 1876 ; « Lectures of the Historical and Dogmatical Position of the Church of England » 1882 ; « A Plain Exposition of the Thirty-nine Articles » 1883 ; « Daily Prayers for Younger Boys » 1886.

Balaguer (Victor), poète, historien et homme d'État espagnol, né le 11 Décembre 1824, à Barcelone, où il fit son droit, tout en s'occupant principalement de l'histoire de la Catalogne. En 1854, il fut nommé archiviste de sa ville natale et presqu'en même temps professeur d'histoire. Élu député aux Cortes, en l'année 1869, par les électeurs de Villanueva et Geltru, il s'y signala par son éloquence et fut plusieurs fois vice-président de la Chambre. Depuis le 9 novembre 1886, Mr Balaguer fait partie, comme Ministre des Colonies, du Cabinet présidé par Mr Sagasta. Comme poète Mr B. se révéla d'abord par une série de drames dont le sujet était emprunté ou à l'histoire ancienne ou à celle de la Catalogne et qui eurent le meilleur succès. Citons entr'autres : « Don Enrique el Davidoso » ; « Al roque de la Oracion » ; « Juan de Padilla » ; « Coreolano » ; « Lo sombra de Cesar » ; « El compte Foix » etc. Un recueil de poésies lyriques de Mr B. imprimé pour la première fois à Madrid en 1850 sous le titre: « Trovador de Montserrat » a été souvent réédité. Sa poésie la « Vierge de Monserrat » donna l'idée de reprendre à Barcelone les jeux floraux qui depuis longtemps y étaient tombés en désuétude et Mr Balaguer, en 1861, remportait trois prix. Un recueil de légendes et ballades publié sous le titre « Primavera del ultimo trovador catalan » se signale surtout par l'heureuse imitation des anciens troubadours. Ses œuvres dramatiques ont été publiés sous le titre « Tragedias » Barcelone, 1879, et ses poésies ont été recueillies en deux volumes : « Poesias completas » Madrid, 1884 et « Obras completas » id. 1880. Parmi ses nouvelles, il faut citer « Don Juan de Serravalle » 5me éd., Barcelone, 1875, et, parmi ses travaux historiques : « Estudios historicos y politicos » Madrid, 1876 ; « Historia de Cataluña » ; « Historia politica y litteraria de los trovadores » Madrid, 1878-80, 6 vol. Citons encore de lui un ouvrage que nous ne connaissons que par la traduction française « Un drame lyrique au XIII siècle. Communication faite à la Real Academia de la historia et traduite de l'espagnol par Charles Boy » Lyon, 1880. Plusieurs articles historiques de Mr V. Balaguer, ont été publiés dans la *Revista de España* ; citons parmi les autres ; « Alfonso V y su còrte de literados » ; « El trovador Folquet » dans l'année 1874 ; « Leonor de Aquitanie » 1877 ; « Lanfranc Cigala » et « Ramon de Mirabal » 1879 ; dans la même *Revista* ; année 1878, Mr Linares Riva a publié un étude sur Balaguer, comme homme politique, sous le titre « La primera Cámara de la **Restauracion** ». Depuis 1875, Mr B. est membre de l'Académie Royale de Madrid.

Balan (Don Pietro), historien et écrivain ecclésiastique italien, né à Este, province de Padoue, le 3 septembre 1840. Il a adopté comme devise la profession de Tullio Dandolo: « Avant tout, je suis catholique et italien ». Il acheva ses études dans le séminaire de Padoue et il y prit les ordres, après quoi le Cardinal Trevisanato, alors Patriarche de Venise, l'appelait dans cette ville pour lui confier la direction de la *Libertà Cattolica*, le premier journal exclusivement catholique qui se soit publié dans la Vénétie. Ses opinions intransigeantes lui ayant procuré des désagréments, Mr Balan se rendit à Modène où il dirigea, de 1867 à 1873, il *Diritto Cattolico*, et il enseigna dans le Lycée Spinelli. De là, toujours comme journaliste, il passa à Turin d'où il revint à Modène pour s'y consacrer entièrement aux études historiques. En 1879, Léon XIII l'appelait à Rome en qualité de sous-archiviste du Vatican. Arrivé à Rome, il y fonda, avec Mgr. Schiaffino, aujourd'hui cardinal, le journal catholique l'*Aurora* qui, paru avec de grandes espérances, n'a eu qu'une existence éphémère. En septembre 1883, il quittait les fonctions qu'il tenait dans les Archives du Vatican et au mois de mars de l'année suivante, il renonçait à celles de Bénéficier de la Basilique Vaticane. Il garde toujours le titre, tout honorifique, qui lui a été conféré le 28 mars 1883, de Prélat Référendaire du Tribunal Suprême de la Signature et par conséquent il fait toujours partie du collège des Prélats domestiques de Sa Sainteté et a droit au titre de Monseigneur. Il vit maintenant à Pregatto, près de Bologne, entièrement livré à ses études historiques. Il est commandeur de l'ordre autrichien de François-Joseph et membre de nombreuses académies. Mgr. Balan, qui a été aussi collaborateur de l'*Osservatore Cattolico* de Milan, du *Veneto Cattolico* de Venise, de l'*Unità Cattolica* de Turin, a publié, outre un certain nombre d'ouvrages polémiques: « I precursori del liberalismo fino a Lutero » 2 vol. 1867; « Pio IX, la Chiesa e la Rivoluzione », 2 vol. 1869; « Dante e i Papi », Modène, 1870; « Della preponderanza germanica sull'Occidente di Europa » 1871; « La Chiesa e lo Stato singolarmente in relazione all'impero germanico », lettres au prof. Doellinger, 1871; « La prima lotta di Gregorio IX con Federigo II (1227-1230) », Modène, 1871; « Il Vescovo di Modena, Alberto Boschetti, » 1872; « Storia di Gregorio IX e de'suoi tempi » 3 vol., 1872-73; « Sulle legazioni compiute nei paesi nordici da Guglielmo vescovo di Modena nel secolo XIII » Modène, 1872; « Gli assedii della Mirandola di Papa Giulio II nel 1511 e di Papa Giulio III nel 1551 e 1552 narrati secondo i più recenti documenti » Mirandola, 1876; « Memorie storiche di Tencarola nel Padovano » 1876; « Memorie della vita della Beata Beatrice d'Este » 8me éd., 1878; « Un giro nei Sette Comuni del Vicentino » 1878; « Storia della lega lombarda »; « Storia d'Italia » Modène, 1878-1888, en sept grand volumes son ouvrage capital souvent pillé par les écrivains ecclésiastiques; « Continuazione della storia della Chiesa del Rohrbacher » 2 vol. Turin, Marietti, 1878-1881; « Storia di San Tommaso da Canterbury », que la *Civiltà cattolica* a appelée un véritable joyau de l'Hagiographie moderne; « Le tombe dei Papi profanate da Ferdinando Gregorovius, vendicate colla storia » 1879; « Il papato e l'Italia » discours qui a eu une trentaine d'éd., 1879; « Cattolicismo e libertà » id. id.; « Il pontificato di Giovanni VIII dans la revue *Gli studii in Italia* de 1880 »; « Gli Archivi della Santa Sede in relazione alla Storia d'Italia » id. 1881; « Di alcuni documenti risguardanti Martino Lutero », 1883; « Cronachette di Este di Lonigo Michele, ordinate ed illustrate » 1884; « La politica di Clemente VII fino al sacco di Roma, secondo i documenti vaticani » 1884; « Sulla Storia di Bassano di Ottone Brentari, lettere critiche » en collaboration avec A. Besi, 1885; « Di Giordano Bruno » 1885; « Clemente VII e l'Italia dei suoi tempi » 1887; « Fra Paolo Sarpi », 1887.

Balart (Frédéric), écrivain, critique et dramaturge espagnol, né à Murcie, en 1840. Deux ans avant la révolution, il débuta dans *El Gil Blas*, célèbre journal satirique fondé par Rivera, Blasco, Palacio et Roberto Robert, et qui fut un des plus persécutés à cause de sa campagne contre la dynastie. Balart n'y écrivit qu'un article à la suite duquel il eut un duel avec l'intendant de la Maison Royale, Gaicoorrotea, et reçut un coup de pistolet qui lui coûta un an et demi de maladie. Il était encore en convalescence lorsque éclata la révolution de septembre. Il obtint alors une place de chef de section au Ministère des Affaires Etrangères, puis de secrétaire au Ministère de l'Intérieur. Il fut en dernier lieu conseiller d'État. Cela ne l'a pas empêché d'être le plus éminent des critiques dramatiques d'Espagne: ses articles sont restés célèbres. Mais cet écrivain, révolutionnaire et libre comme pas un, s'est tout à coup converti à la suite de la mort de sa femme. Il est devenu dévot, s'est retiré complètement du monde et passe, dit-on, toutes ses journées dans les églises.

Balasssa (Joseph), jeune linguiste hongrois, né en 1864; on lui doit quelques monographies appréciées sur les langues altaïques.

Balazs (François), historien hongrois, né en 1834, prêtre catholique à Török Szt. Miklos, est l'auteur de nombreuses dissertations et monographies qui concernent l'histoire nationale.

Baldamus (Aug.-Karl-Eduard), ornithologue allemand, né le 18 avril 1812 à Giersleben, près d'Aschersleben dans la Saxe prussienne, étudia la théologie à Berlin, et devint, en 1859, professeur au gymnase de Köthen; dans cette ville il lia connaissance avec les frères Naumann, les ornithologues bien connus, et poussé par leur influence il s'adonna à l'étude de l'ornithologie. C'est à son initiative qu'on doit la fondation de la société allemande d'ornithologie, du bureau de laquelle il fit partie pendant longtemps. Nommé pasteur à Dielzig en l'année 1849, il passa en 1858 dans la même qualité à Osternienburg, près de Köthen; en retraite depuis 1870, il vit à Cobourg. En collaboration avec Blasius, il achova l'ouvrage de Naumann « Naturgeschichte der Vögel Deutschlands » et écrivit « Illustriertes Handbuch der Federviehzucht » 2me éd., 2 vol. Dresde, 1881 ; « Vogelmärchen » Dresde, 1882. De 1849 à 1858, il publia à Köthen et à Stuttgart la *Naumannia, Archiv für die Ornithologie, vorzugsweise Europas.*

Baldassarre (Salvatore), vétérinaire italien, né à Foggia, le 25 septembre 1853. En 1873, il fut reçu docteur en médecine et en chirurgie vétérinaire à l'Université de Naples. Au mois de novembre de la même année, il fut nommé assistant à la chaire de zootechnie à l'École Supérieure d'Agriculture à Portici. En 1882, à la suite d'un examen de concours, il fut nommé professeur extraordinaire de zootechnie à l'école vétérinaire de l'Université de Parme. En 1883, il fut nommé professeur ordinaire de la même science à l'école vétérinaire de l'Université de Turin. En novembre 1885, il fut appelé au Ministère de l'Agriculture, de l'Industrie et du Commerce et chargé des fonctions de directeur chef de division. Le même ministère l'a chargé plusieurs fois d'importantes missions à l'intérieur et à l'étranger. Parmi ses publications nous citerons: « Del corneggio per enfisema delle tasche gutturali » 1871 ; « Istruzioni sugli insetti nocivi agli animali domestici » 1873 ; « Influenza della milza sulla digestione » 1879 ; « Sull'uso alimentare della carne degli animali equini » 1880; « Produciamo ovini da carne » 1881 ; « Brevi considerazioni sull'industria del bestiame » 1883 ; « La nutrizione intensiva nell'industria del bestiame » 1883 ; « Studii sperimentali sugli animali del R. Deposito di Portici » 1883 ; « Relazione di un concorso pel miglioramento del bestiame bandito dal Ministero di Agricoltura » 1884 ; « Trattato di zootecnia » 1885, en cours de publication. Mr Baldassarre a fondé, en 1878, avec quelques amis, un journal l'*Agricoltura Meridionale* dont il fut d'abord le rédacteur en chef et ensuite le directeur. Il est aussi l'auteur de plusieurs articles d'arguments scientifiques publiés dans différents journaux et revues.

Balder (Alphonse), poète français, de son vrai nom Alphonse Baudoin, né en 1835; il publia, sous ce pseudonyme, un petit recueil « Jambes et Cœurs » qui a fait assez de bruit à Paris en 1860, lors de sa publication. La même année il donna, toujours sous le même pseudonyme, un autre recueil de poésies « Tableaux et arabesques ». Plus tard il révéla son nom véritable dans: « Fleurs des ruines » 1867; « Revers de médailles » 1875; « Sylvestre Flahot, scène de forêt » 1875; « Drames de village » 1877; « Scènes de la vie en forêt » 1885.

Baldus (Édouard-Denis), artiste et photographe français, né à Paris en 1820, cultiva d'abord la peinture et se tourna vers la photographie, au progrès de laquelle il a contribué, en gélatinant, le premier, le papier des épreuves. Il s'est consacré surtout à la reproduction des vues, paysages et monuments et a entrepris, en 1854, sur la commande du ministère d'État, une vaste collection qui comprit bientôt plus de 1200 clichés. Ceux qui s'intéressent à ces sortes de travaux liront avec profit le rapport qu'il en a publié sous le titre « Concours de photographie. Mémoire déposé au secrétariat de la société d'encouragement pour l'industrie nationale, contenant les procédés à l'aide desquels les principaux monuments historiques du midi de la France ont été réproduits par ordre du ministre de l'intérieur » 1854. Il s'est aussi occupé avec un succès particulier de gravure héliographique. On doit à Mr Édouard Baldus, plusieurs grandes publications artistiques, exécutées à l'aide des procédés de héliogravure : « Recueil d'ornements d'après les maîtres les plus célèbres des XV, XVI et XVII siècles » 1868, in-folio avec planches; « Palais du Louvre et des Tuileries, motifs de décoration » ; 1875, in folio avec 400 pl. « Les Monuments principaux de la France » 1875, in. fol. avec 60 planches.

Balduzzi (Louis), historien et généalogiste italien, chanoine et théologien de Bagnacavallo, où il est né le 7 mars 1820. Dans sa jeunesse, il a été peintre et orateur sacré; rentré dans sa ville natale, il s'y voua presqu'entièrement aux études archéologiques et généalogiques, illustrant tout particulièrement les évènements, les exploits, les familles, les hommes de Bagnacavallo. Sans compter les œuvres inédites, telles que des « Lezioni sulla Genesi » ; les « Prediche Quaresimali » ; des panégyriques, des biographies, des poésies nombreuses, on nous signale 52 publications de cet écrivain infatigable. Nous en citerons quelques unes: « Biografia di Bartolomeo Ramenghi detto il Bagnacavallo » dans le *Cosmorama pittorico* de Milan, 1837; « Sopra un sigillo di Malvicino, conte di Bagnacavallo » 1869 ; « Sopra due bolli figulinari affatto inediti » Florence, 1870; « Il poema del conte Alessandro Biancoli sull' arte della majolica » dans le *Propugnatore*, 1872; « Giulio Cesare Bagnoli di Bagnacavallo e la sua tragedia l'*Aragonese* » ib. 1872; « Di Don **Damiano Battaglia** e de'suoi autografi nella Biblioteca di Bagnacavallo » ib. 1873; « Don Leonardo Parini e de'suoi autografi nella stessa Biblioteca » 1874; « Sopra due antichi edifizi Bagnacavallesi » Imola, 1869; « Degli antichi statuti di Bagnacavallo » 1875; « Dei conti Malabecca o Malvicini signori di Bagnacavallo » dans le journal l'*Araldico*, Rocca San Casciano, 1877; « I Collalto »; memorie storiche genealogiche, id., id., 1877; « Dei dipinti murali esistenti nella pieve di Bagnacavallo » Modène, 1877; « Sopra una tessera militare Estense-Bagnacavallese » Modène, 1877; « Monumenti ed oggetti di Belle arti ed antichità nel comune di Bagnacavallo » Ravenne, 1878; « Marmi Bagnacavallesi non illustrati da nessuno » Ravenna, 1878 « I signori di Firmian » dans l'*Araldico*, 1878; « Bagnacavallo e il governo dei Bolognesi » Modène, 1879; « I signori di Marzano, oggi conti Marazzani di Piacenza » dans l'*Araldico*, 1879; « Sugli archivii di Bagnacavallo » Pise, 1881; « L'arma di Cotignola » Pise, 1882; « I Douglas-Scotti di Piacenza » Pise, 1884; « Bagnacavallo e i Polentani » Modène, 1884; « Bagnacavallo e l'ultima dominazione degli Estensi » Bologne, 1886.

Balfour (Arthur James), homme politique anglais, fils de M. James Maitland Balfour, de Wittighame et de Lady Blanche Cecil, sœur du marquis de Salisbury. M. B. est né en 1848 et a fait ses études à Eton et au Collège de la Trinité à Cambridge. De 1878 à 1880, il a été secrétaire particulier de Lord Salisbury — alors ministre des affaires étrangères et il l'accompagna au Congrès de Berlin. En 1874, il a été élu membre de la Chambre des Communes, où il siège et vote avec le parti conservateur. Sous la première administration de Lord Salisbury, M. Balfour était président du bureau du gouvernement local et au retour de celui-ci au pouvoir, en 1886, il a été nommé d'abord secrétaire pour l'Ecosse, et ensuite secrétaire général du Lord-Lieutenant d'Irlande, fonctions qu'il occupe encore. M. Balfour est l'auteur de: « A Defence of Philosophic Doubt ». Notons encore de lui un très intéressant article inséré dans *The Nineteenth Century* de 1882 sous le titre « Morley's Life of Cobden ». Son frère M. Franciscus Maitland Balfour, qui n'étant âgé que de trente et un ans a trouvé la mort en 1882 dans une ascension des Alpes, a laissé des ouvrages qui lui assurent une des premières places parmi les physiologues du siècle.

Balfour (Isaac Bailey), botaniste anglais, second fils de John Hulton Balfour, éminent botaniste, (né en 1808, mort le 11 février 1884), né à Édimbourg le 31 mars 1853. Il fit ses études à l'Académie et à l'Université de sa ville natale, et il s'y gradua en sciences et en médecine. En 1879, il fut nommé professeur de botanique à l'Université de Glasgow d'où il passa, en 1884, à celle de Oxford. Il est examinateur pour la botanique aux Universités de Londres et d'Édimbourg et à l'Université Victoria. En 1874, il fut envoyé par la Société Royale des Naturalistes à Rodriguez pour y observer le passage de Vénus. Le compte-rendu de cette expédition, au point de vue de l'histoire naturelle, a été publié dans le vol. 168 des *Philosophical Transactions*, 1879. En 1880, aidé par la Société Royale et par l'Association britannique, il entreprit l'exploration de l'île de Socotora. Les résultats de cette expédition ont paru dans les publications de l'Association britannique et de l'Institution Royale. La botanique de l'île constitue le 31 vol. des *Transactions of the Royal Society of Edinburgh*. On consultera avec profit et intérêt un article sur ce voyage : « Prof. J. B. Balfour's Forschungen auf der Insel Socotra, 1880 » inséré dans les *Petermann's Mittheilungen* de 1881. M. Balfour a donné aussi de nombreux articles, surtout d'argument botanique, à plusieurs journaux et à plusieurs publications de sociétés savantes.

Bálint (Gabor), linguiste et voyageur hongrois, né, le 13 mars 1844, en Transylvanie. Il fit ses premières études à Peterwaradin, puis il alla à Vienne faire son droit et de là à Pest où il prit ses degrés. Mais un penchant irrésistible l'attirait vers l'étude des langues. En 1871, l'Académie de Pest l'envoya en Russie et en Chine pour y étudier les langues des Turcs Tatares, des Mongols, des Mantchous, et le finnois, langues plus ou moins analogues à la langue magyare. Revenu en Hongrie en 1874, il obtint le diplôme pour l'enseignement de ces langues. En 1877, il prit part à l'expédition entreprise par le comte Bela Szetcheny et visita avec lui l'Inde pour y étudier de près les peuples dravidiens et leurs langues qu'il croit analogues à la langue magyare. Surpris à Shanghai, où il étudiait le chinois, par une fièvre aiguë, il dut rentrer dans son pays en 1878. Dans ces voyages, M. Balint a employé pour apprendre les langues des différents peuples un système qu'on peut dire tout à fait particulier : il fréquentait les écoles des petits garçons y passant des heures et des journées entières, se faisait l'ami des petits élèves qu'il engageait à chanter pour pouvoir recueillir les chants qu'il se faisait après traduire mot à mot. Des ouvriers, des paysans il acquérait la connaissance de la technologie spéciale des arts et des métiers, sans oublier les devinettes et les proverbes qu'il recueillait précieusement et au milieu de tout cela il trouvait le temps d'enseigner à ceux qui le désiraient, et pour s'en faire des amis, le grec, le français, le latin. Il faut lire à ce sujet, pour voir à quel point le désir d'apprendre peut développer la patience chez un homme, le rapport sur son voyage qu'il a lu à l'Académie de Pest le 2 mars 1874; rapport dont le professeur E. Teza a rendu compte dans un article « Un viaggiatore filologo » dans la *Nuova Antologia* de Rome du 1er avril 1879. Mr Bálint, qui est maintenant professeur à l'université de Pest, a publié les travaux suivants tous écrits en langue magyare et dont malheureusement nous ne connaissons pas de traductions : « Rapport sur le voyage en Russie et en Asie » déjà cité ; « Textes populaires turcotatares » 1875 ; « Études sur la langue tatare de Kazan » Budapest, 1875-77, dans lesquelles on a une anthologie avec une traduction en langue magyare, la grammaire et un dictionnaire ; « Rapport sur le dialect des mongolos-bouriates du Nord » dans le XIII vol. du journal de Hunfalvy ; « A propos d'un livre mantchou sur les rites sacrés » dans les *Dissertations philologiques de l'Académie de Pest*, 1876 ; « Comparaison entre la langue hongroise et la langue mongole ». On annonce encore de lui un « Essai sur les langues dravidiennes » et un « Recueil de *Folk-lore* mongol ». Enfin, comme nous apprenons que Mr Bálint se trouvait, à la fin de l'année 1887, en Asie-Mineure, pour y faire des études etnographiques et linguistiques, il est permis d'espérer que le résultat de ce voyage ne tardera pas à paraître. On trouvera dans le *Bollettino italiano degli Studi orientali* des articles critiques de Mr le Comte Geza Kuun sur les travaux linguistiques de Mr Bálint.

Ball (Benjamin), médecin français, né à Naples, on 1833. Il a fait ses études à Paris, où il a passé son doctorat. M. Ball s'est fait recevoir agrégé de cette Faculté en 1866 et il est devenu médecin des hôpitaux, et professeur à la Faculté de médecine de Paris. On lui doit les ouvrages suivants : « De la coïncidence des gangrènes viscérales et des affections gangréneuses extérieures. Erysipèle gangreneux et pneumonie disséquante gangréneuse » 1860 ; « Des embolies pulmonaires » 1862 ; « Du rhumatisme véssical » 1866 ; « La Médecine mentale à travers les siècles » 1880 ; « Leçons sur les maladies mentales » 1883 ; « La Morphinomanie : les frontières de la folie : le dualisme cérébral : les Rêves prolongés » 1885 ; « De la folie gémellaire » 1885 ; « De la responsabilité partielle des aliénés » 1887, et en collaboration avec Mr le docteur O. Jennings : « Considérations sur le traitement de la morphinomanie » 1887. Le docteur Ball a publié les : « Leçons de pathologie expérimentale » de Claude Bernard, et les « Leçons cliniques sur les maladies des vieillards » du docteur Charcot.

Ball (Sir Robert Stawell), astronome anglais, né à Dublin en 1840 et élevé à Chester. En 1865, il fut appelé près de Lord Rosse à Parsonstown en qualité d'astronome ; en 1867, il fut nommé professeur de mathématique appliquée et de mécanique au Collège Royal d'Irlande ; membre de la Société Royale en 1875 ; professeur d'astronomie à l'Université de Dublin et astronome royal d'Irlande. L'Académie royale irlandaise lui décerna la médaille d'or de Cunninghan. Mr Ball a publié entr'autres « Experimental Mechanics » 1871 ; « Theory of Sirews » Dublin, 1876 ; « Elements of Astronomy » 1880 ; outre plusieurs articles d'arguments mathématiques, astronomiques et physiques insérés dans différentes publications. Mr Ball a tenu aussi plusieurs lectures publiques sur l'astronomie dans presque toutes les villes du Royaume-Uni et surtout à la *Royale Institution*. Son dernier ouvrage est la : « Story of the Heavens » devenue bien vite populaire. Il est chargé de rédaction du Nouveau Manuel de recherches scientifiques publiés par les soins de l'Amirauté.

Ball (John), savant voyageur et homme politique anglais, né le 20 Août 1818, et fils d'un magistrat qui fut aussi pendant quelque temps membre de la Chambre des communes, il acheva ses études à l'Université de Cambridge et fut, en 1843, admis au barreau de son pays. Il remplit quelques années les fonctions de commissaire de la loi des pauvres, et en 1852 entra au Parlement pour le comté de Carlow (Irlande) et se rallia au parti libéral. Au mois de février 1865, il fut nommé sous-secrétaire d'État pour les Colonies dans le premier Ministère présidé par Lord Palmerston et en garda les fonctions pendant plus de deux ans. Ayant échoué aux élections générales de 1858, il rentra dans la vie privée, s'adonnant entièrement aux études scientifiques et à la botanique surtout. Mr Ball a visité les pays qui bordent la Méditerranée et y a résidé longtemps. Dans ces derniers temps, il a visité aussi l'Amérique du Nord et celle du Sud. Ses ouvrages capitaux sont : « The Alpine guide » 3 vol. 1860-65, ouvrage dont ont rendu compte l'*Edinburgh Review* de juillet 1869 et la *Westminster Review* d'octobre 1864 ; « A Tour in Morocco and the Great Atlas » 1878, en collaboration avec Sir Joseph Dalton Hooker. Mr Ball est aussi l'auteur d'un grand nombre d'articles et de monographies savantes, publiés dans des revues et des recueils académiques ; citons entr'autres : « Spicilegium Florae Moroccanae » ; « Botanical Notes of an excursion through Portugal and Spain » et d'autres encore sur la Flore de la Patagonie septentrionale, des Andes Péruviennes, etc. insérés dans les *Annals of Natural History*, la *Linnaea*, la *Botanical Gazette* de Henfrey, le *Bulletin de la Société botanique* de France. Mr Ball s'est occupé aussi de géologie et de physique ainsi que le prouvent de nombreux articles sur ces sciences insérés dans le *Philosophical Magazine*, dans les *Reports of the British association*, où déjà, en 1848, il insérait une note qui a été fort remarquée « On rendering the Electric telegraph subservient to Meteorogical research », dans la *Nuova Antologia Italiana* etc. Un important article de Mʳ Ball « Origin of the Flora of the European Alps » a été publié dans les *Proceedings of the Geographical Society*; dans la *Bibliothèque Univ. de Genève, archives des Sciences physiques et naturelles*, il a publié : « Les glaciers » année 1862, vol. XIII ; « Relief du fond du lac de Come » 1872, vol. XLIV.

Ballagi (Maurice), philologue et théologien hongrois, membre de l'Académie des sciences de Budapest, né le 18 mars 1815. Après avoir achevé ses études à Budapest, à Paris, à Tubingue, il fut nommé professeur, d'abord au Gymnase de Szarvas, puis, en 1848, à l'Université de Budapest. Mais il n'eut pas le temps de commencer ses leçons, la révolution ayant éclaté. Attaché à la suite du général Görgeï, et puis du général Anlich, en qualité de secrétaire, il suivit l'armée. La réaction survenue, il vécut très péniblement jusqu'en 1851 ; alors l'Église Réformée autonome l'élut professeur à l'Académie Théologique de Kecskemet, et, en dernier lieu, à celle de Budapest, où il enseigna jusqu'en 1875. Depuis ce temps, ayant quitté sa chaire, il se voua entièrement à ses occupations littéraires et scientifiques. Parmi ses nombreuses publications, nous signalerons : « Dictionnaire hongrois-allemand et allemand-hongrois » 1848 (plusieurs fois réimprimé) ; « Collection de proverbes, sentences, dictons populaires hongrois » 1880 ; « Grammaire hébraïque-hongroise » 1885 ; « Dictionnaire du commerce » publié en 1887, par l'Academie hongroise. Parmi ses œuvres théologiques, on cite la traduction du Pentateuque et du livre de Josué, 1840 ; « Le combat du protestantisme contre l'ultramontanisme » 1871. Maurice Ballagi rédige aussi depuis une trentaine d'années le « Journal de l'Église et de l'École protestante » s'efforçant à mettre d'accord entr'eux les partisans de Calvin, les Luthériens et les Unitaires.

Ballagi (Aladar), historien hongrois, fils du précédent, né le 24 octobre 1853 à Kocskemet. Il enseigne l'histoire à l'université de Budapest, il travaille aux sources, et il a visité les archives et les bibliothèques les plus importantes de l'Europe. Parmi ses œuvres remarquables, on doit citer : « Histoire de la garde du corps hongroise, spécialement par rapport à son activité littéraire » 1872 ; « Histoire du développement de la typographie hongroise depuis 1472 jusqu'en 1877 » Budapest, 1878 ; « Les carabiniers Croates de Wallenstein des années 1623-1626 » 1882 ; ouvrage traduit en allemand en 1884 ; « Colbert » publié par l'Académie des sciences, 1887.

Ballande (Jean-Auguste-Hilarion), artiste et auteur dramatique français, né à Pombué, commune de Cuzorn, canton de Pumel (Lot et Garonne), le 6 juillet 1820. Il vint très-jeune à Paris, où il entra au Conservatoire pour y suivre les cours de déclamation ; après avoir été quelque mois élève en pharmacie, il joua sur les scènes de la banlieue de Paris avant d'être engagé à l'Odeon. Il s'était d'ailleurs occupé de bonne heure de littérature et de poésie. En 1869, il eut l'idée toute nouvelle de faire jouer le dimanche, au milieu de la journée, les chefs-d'œuvre du théâtre classique, en faisant précéder la représentation d'une conférence qui expliquait l'œuvre et préparait les auditeurs à la comprendre. Cette innovation que l'on railla beaucoup eut un très grand succès. Les conférenciers ordinaires étaient MM. Bertin, Léo Lespès, Paul Féval, Talbot, Jules Claretie, Édouard Fournier, Deschanel, Ernest Legouvé, Lapommeraye, Chavet, Delpit, Gerel, et enfin M. Sarcey qui a parlé plus de trente fois. L'Académie française consacra l'institution de M. Ballande en lui décernant un des prix réservés à la publication des œuvres morales. Malheureusement la concurrence s'en mêla, divers théâtres se mirent à donner aussi des représentations de jour et comme ils pouvaient y consacrer des ressources qui manquaient à M. Ballande, celui-ci ne put lutter contre la concurrence qu'il avait provoquée. M. Ballande avait en outre institué un concours de pièces nouvelles dont le prix était la représentation de l'œuvre couronnée. C'est ainsi que le drame en vers de M. Parodi, *Ulm le Parricide*, fut joué et avec un très grand succès. M. Ballande a été aussi pendant quelque temps directeur de l'ancien Théâtre Dejazet qu'il avait trop pompeusement, peut-être, appelé le troisième théâtre français. Cette nouvelle entreprise de M. Ballande n'a pas eu non plus le succès qu'il en espérait et il a dû y renoncer quelque temps après. M. Ballande a dirigé depuis le Théâtre des Nations, aidé par son secrétaire M. Émile Max, l'organisateur du *Musée Victor Hugo*, collaborateur de la *Revue Critique* et critique théâtral fort remarquable. Il a fait jouer en 1876 avec un succès d'estime un drame en vers de sa composition intitulé « Les Grands Devoirs » qu'il publia plus tard, en 1877, chez Dentu, sous le titre ronflant de : « Les Grands Devoirs, action héroïque en cinq actes, en vers ». On a encore de lui : « La parole appliquée à la diction et à la lecture à haute voix » 1855, 2ᵐᵉ éd. remaniée et augmentée 1868 ; « Une Prière à Notre Saint-Père le Pape », en vers, 1860, où il attaquait de front la souveraineté du Pape ; « Les Châteaux en Espagne » poème, 1861.

Ballantine (William), avocat anglais, né à Londres le 3 janvier 1812, inscrit au barreau le 6 juin 1834. Pendant plusieurs années, il exerça surtout devant les jurisdictions criminelles. En 1856, il était promu *serjeant-at-law* et depuis il plaida dans plusieurs affaires importantes, mais la renommée lui est venue pour avoir été le conseil de celui qu'on a surnommé le *Claimant* et qui réclamait le titre et les propriétés de la famille Tichborne (1871). Il a la réputation d'être fort adroit dans l'art de faire tomber en contradiction les témoins adversaires, art tout spécial aux avocats anglais et qui n'a de nom que dans leur langue. Mr Ballantine est, comme on dit en Angleterre, un *cross examiner* parfait. En 1875, il alla exprès aux Indes pour y défendre Mulkar Rao, le Guikovar de Baroda, qui était accusé d'avoir voulu empoisonner le résident anglais, colonel Phayre. On lui donna à titre d'avances sur les honoraires 5000 guinées, et on convint d'avance que les paiements ultérieurs n'auraient pas pu être inférieurs à une autre somme de 5000 guinées ce qui fait un total de 10000 guinées au minimum (Fs. 263000) qui est probablement la plus forte somme qui ait jamais été payée à un avocat. Le Guikovar fut acquitté grâce aux membres indigènes de la Commission qui ne crurent pas assez prouvé le crime dont il était accusé, mais le gouvernement anglais le déposa tout de même pour incapacité et mauvaise conduite notoire. Mr Ballantine est l'auteur de « Experiences of a Barrister's Life » 1882 et de « The Old World and the New » 1884.

Ballerini (Raphaël), jésuite italien, né à Medicina, près Bologne le 17 mai 1830, et qu'il ne faut pas confondre avec le Père Antoine Ballerini de Bologne (1805–1881). Parmi les ouvrages du Père R. Ballerini, nous citerons: « Istoria del Santuario della B. Vergine delle Grazie che si venera nella SS. Basilica cattedrale di Velletri » 1re éd., 1854, 2me éd. 1858, 3me éd. 1882; « Breve esame dell'opuscolo del Sac. Curci: *Il moderno dissidio tra la Chiesa e lo Stato* » en collaboration avec le Père Mathieu Liberatore; « Risposta al libro *La Nuova Italia e i vecchi zelanti* del Sacerdote C. M. Curci » 1881, en collaboration avec le Père François Salis Seevis; « Della elezione dello stato » 1881; « Memorie di Esterina Antinori » 1882; « Di Angelica Nosadini, ricordi e scritti » 1884; « Storia del Santuario della B. Vergine del Ponte » 1887; le père Ballerini est aussi l'auteur de plusieurs romans qui tous ont paru dans la *Civiltà Cattolica*, nous citerons « Giulio ossia un cacciatore delle Alpi nel 1859 » réimprimé à Bologne, 1863; « Affezione accieca ragione » 1879, 3me éd. 1880; « L'uso vince natura » 3me éd. 1879; « Vittorio ossia i casi di un giovane romano » 4me éd. 1879; « A chi ben crede, Dio provvede » 1880; deux romans du Père Ballerini ont été traduits en français et publiés à Tournai et à Paris chez Castermann: « Le Chasseur des Alpes » 1864; « La pauvresse de Casamari » 1865.

Ballerini Vello (Giuseppe), jurisconsulte et écrivain italien, avocat, professeur agrégé de l'Université de Turin, où il enseigne le droit constitutionnel et le droit civil, est né le 22 novembre 1842 à Garlasco Lomellina. Il débuta dans le journalisme par la direction du journal *Il Conte Cavour*, fondé à Turin par Govean et par d'autres, pour défendre la politique de Ricasoli. On a de lui entr'autres: « Pensieri sulla filosofia della storia » 1864; « Influenza del Cristianesimo sul miglioramento del diritto » 1865; « Le società cooperative in Italia » 1869; « L'Italia e gli stranieri » études de droit international; « Il Comune nell' ordinamento amministrativo italiano » 1872; « Olimpia–Amatilde–Fede » trois romans intimes, 1868–1874; « L'igiene e l'economia domestica » 1875, ouvrage couronné à l'Exposition nationale de Turin en 1884; « Gli angeli della Famiglia » six nouvelles, 1876, quatre éditions « Istituzioni politiche e civili dello Stato » 1878, trois éditions; « Il problema della pace perpetua » 1885.

Ballestrem di Castellengo, (Eufemia comtesse de) femme de lettres allemande très en vogue, née le 18 août 1854 à Ratibor dans la Silésie supérieure; ayant publié dans différents journaux littéraires plusieurs articles qui avaient été bien accueillis par le public et par la critique, elle les recueillit sous les titres suivants: « Blätter im Winde » nouvelles, Breslau, 1876; « Gesammelte Novellen » id. id.; « Verschlungene Pfade » id. 1877; « Aus tiefem Borne. Novellen » id. 1884. Le succès de ses premières nouvelles l'ayant encouragée à s'essayer dans le roman, elle publia « Lady Melusine » Berlin, 1878; « Das Erbe der zweiten Frau » dans la *Bibliotheck für unsere Frauen*, publiée à Jena par Edmund Hofer, 1878; « Heideröstein » Breslau, 1880; « Violet » roman, 1883. Mme de Ballestrem a publié aussi: un almanach « Charitas » 1880; des esquisses biographiques de souveraines de tous les temps et de tous les pays sous le titre « Im Glanze der Krone » Berlin, 1882; un album d'autographes de princes et de princesses allemandes: « Im Zeichen des rothen Kreuzes » id. id; « Altbiblische Bilder » Hirschberg, 1882; un drame: « Ein Meteor » dans l'*Universal Bibliothek*, Leipsick, Reclam, 1880, et une série d'anthologies des poètes anglais et allemands. Mme de Ballestrem n'a pas été moins heureuse sur le terrain de la poésie que sur celui de la prose. Citons: « Tropfen in Ocean » Dresde, 1878 et « Raoul der Page » chant du vieux temps, Leipsick, 1881, et en collaboration avec Mr Hermann Lingg: « Skalden Klänge » recueil de ballades des poètes contemporains, Breslau, 1883, etc.

Balley (Mme Berthe, née Praquin), femme poète française, née à Saint–Maixent (Deux Sèvres) en 1858. On lui doit: « Feuilles au vent » vers, Paris, Berger Levrault et Cie, 1882; « L'Héroïsme, vers » Paris, Dentu, 1885; « L'Histoire d'une chemise » id. id. id.

Ballue (Auguste–Eléonore–Arthur), publiciste

et homme politique français, né à Conty (Somme), le 16 décembre 1835. Entré, en 1853, à l'École militaire de Saint-Cyr, il en sortit officier. Après avoir pris part aux campagnes de Crimée, d'Italie et du Mexique et être arrivé au grade de capitaine, il donna en 1868 sa démission pour entrer dans le journalisme. Après avoir collaboré à un journal d'Alger, il devint rédacteur du *Peuple* de Marseille, puis de la *Liberté de l'Hérault*. En 1870, il fonda à Montpellier le journal *les Droits de l'homme* ; il reprit service pendant la guerre, et y arriva au grade de lieutenant-colonel. La guerre terminée, il reprit sa plume de journaliste, et se rendit à Lyon, où après avoir collaboré au *Progrès*, il prit part à la fondation de la *France républicaine*. Le 10 août 1883 il fut élu conseiller général du Rhône. Il se rendit en 1875 à Paris, y fonda, avec Mr Eugène Véron, le journal l'*Art*, et devint un des rédacteurs de l'*Avant-Garde*. Il avait fondé depuis quelque temps, à Lyon, le *Républicain du Rhône*, lorsque le 6 juin 1880, il fut élu député de Lyon contre le fameux Blanqui. Depuis lors, constamment réélu, il siège à l'extrême gauche. Comme député, il a prit part à plusieurs discussions importantes et présenté maints projets de loi. On a de lui : « la Question algérienne à vol d'oiseau » 1869 ; « les Zouaves pendant le siège » 1872.

Balsamo (Joseph-Eugène), savant italien, né à Lecce en 1829. Il est professeur de physique et de chimie dans le lycée de sa ville natale. Mr Balsamo, qui écrit aussi bien en français qu'en italien, a publié des ouvrages dans les deux langues. En français : « Photogénie de quelques composés par le phosphore et nouveau procédé de photographie » Paris, 1860 ; « Hybridité végétale artificielle du genre Gossypium, Lignes nodales, dans les dépôts galvaniques ». En italien on a de lui : « La terra vive » conférences ; « Cotoni e sgranellatura meccanica nella seconda Mostra cotoniera in Napoli » Naples, 1866 ; « Rendiconto dei lavori della Società economica di Terra d'Otranto » ; « Unipolarità del ferro » ; « Galileo Galilei » discours académique ; « Regolamento per lo esterminio dei bruchi » et plusieurs articles d'économie politique et d'agriculture épars dans différents journaux.

Baltet (Charles), horticulteur pépiniériste français, né à Troyes (Aube), en 1830. Il est devenu le directeur d'un vaste établissement horticole (Baltet frères) dans sa ville natale et il a rapporté, pour la beauté de ses produits, des médailles d'honneur à diverses expositions horticoles. M. Baltet est membre résident de la Société Académique de l'Aube et de diverses Sociétés, Académies et Comices d'agriculture et d'horticulture. Collaborateur de l'*Horticulteur français*, de la *Revue horticole*, du *Journal d'agriculture pratique*, du *Journal de la ferme*, etc., on lui doit : « Culture du poirier, comprenant la plantation, la taille, la mise à fruit et la description des cent meilleures poires. — Les bonnes poires », 1er éd., Troyes, 1859, 4me éd., Paris, Masson et fils, 1867, ouvrage traduit en allemand et en flamand ; « L'Horticulture en Belgique, son enseignement, ses institutions, son organisation officielle », Paris, Masson, 1865, ouvrage publié sous les auspices du Ministère de l'Agriculture ; « L'art de greffer les arbres, arbrisseaux et arbustes fruitiers ou d'ornement, pour les multiplier, les former ou les mettre à fruit », Paris, Masson, 1868, 2me éd., 1880 ; « La coulure du raisin, ses causes et ses effets, moyens de l'empêcher », Troyes, 1871 ; « Culture des arbres fruitiers au point de vue de la grande production », id., id. ; « De l'action du froid sur les végétaux pendant l'hiver 1879-80, ses effets dans les jardins, les pépinières, les parcs, les forêts et les vignes, avec la nomenclature des arbres ou des arbustes qui ont résisté ou succombé à la gelée », Paris, Masson, 1882 ; « Traité de la culture fruitière commerciale et bourgeoise », id., id., 1884. On doit encore à M. Charles Baltet un « Traité pratique des pépinières », traduit en allemand, par le consul général Ed. Ladé. Il n'a pas été publié à part en français, mais les deux premières parties de cet ouvrage ne sont que la traduction de deux chapitres insérés dans le *Livre de la ferme* de P. Joigneaux sous le titre: « Multiplication des végétaux ligneux, pépinières ». Outre ces deux chapitres il en a encore fourni six autres au *Livre de la ferme*, tous relatifs à des arbres ou arbustes fruitiers cultivés dans les jardins.

Baltzer (Arnim), géologue allemand, né à Zwockau, dans la province de Saxe, le 16 janvier 1842. Après avoir étudié les sciences naturelles à Zurich et à Bonn, il fut nommé, en 1868, professeur de chimie, de minéralogie et de géologie à l'École industrielle de Zurich, puis, en 1872, à l'Université de cette ville. En 1879, il devint directeur de l'École industrielle. La plupart de ses écrits, qui traitent de la géologie des Alpes suisses, particulièrement du Berner Oberland et des contrées volcaniques de l'Italie, ont paru dans l'*Annuaire de Minéralogie*. Citons : « Les Alpes de Glaris, problème de géologie alpine », Zurich, 1873 ; « Excursions sur l'Etna », id., 1874 ; « les Avalanches dans les Alpes », id., 1875.

Baltzer (Guillaume-Édouard), théologien allemand connu comme représentant des communautés libres et comme apôtre du végétarianisme, né, le 24 octobre 1813, à Hohenleine, petit village de Prusse, dans le cercle de Mersebourg, où son père était ministre protestant. Après avoir fait ses premières études à Schulpforta, il étudia de 1834 à 1838 la philosophie, la théologie et la mathématique aux Universités de Hall et de Leipzig. En 1841, il fut nommé diacre et prédicateur à l'Hôpital de Delitzsch (province de Saxe, Prusse centrale) où il resta environ six ans. Dans cette période, commencèrent les luttes rituelles qui conduisirent à la création des communautés libres. M. Baltzer prit une part fort vive à ces luttes et, après qu'on lui eut refusé la validation de son élection à pasteur de l'Église de Saint-Nicolas à Nordhausen, il fonda, le 5 janvier, une communauté libre dans cette ville et en devint le pasteur. En 1848, il fit partie du Parlement préliminaire de Francfort et de l'Assemblée Nationale prussienne et vota avec la gauche. En 1849, il fut compromis dans le grand procès intenté contre ceux des députés de la Prusse qui refusaient au Roi le droit de lever les impôts et fut acquitté. Nous citerons de lui: « Das sog. Apostolische Glaubensbekenntniss », Leipzig, 1847; « Alte und neue Weltanschaung », 4 vol., Nordhausen, 1850-59, 2me éd., 1859-81; « Neue Propheten. Vorträge », Nordhausen, 1853; « Das Leben Jesu », 2me éd., Nordhausen, 1861; « Allgemeine Religionsgeschichte », Nordhausen, 1854; « Die neuen Fatalister des Materialismus », Gotha, 1859; en outre, il publia une traduction, Nordhausen, 1860, et un commentaire, id., 1863, des quatre Évangiles. M. Baltzer qui est toujours à Nordhausen, où il a su acquérir une énorme influence, a fondé en 1868 dans cette ville un: « Verein von Freunden der natürlichen Lebensweise ». Il exposa ses principes végétariens dans son livre: « Die natürliche Lebensweise », 4 vol., Nordhausen, 1867-72; 2me éd., 1871. En 1868, il commença la publication d'un *Vereinsblatt* dont paraissent environ dix numéros chaque année. On a encore de lui: « Empedocles, eine Studie zur Philosophie der Griechen », Nordhausen, 1879; « Fünf Bücher von wahren Menschentum », id., 1880; « Vegetarianisches Kochbuch », 6me éd., id., 1880; « Gott, Welt und Mensch. Grundlinien der Religionswissenschaft in ihrer neuen Stellung und Gestaltung », id., 1869; « Ideen zur Socialen Reform », 1873; « Liederbuch für freie religiöse Gemeinden », id., 1863; « Aus der Edda. Deutsche Nachklänge in neuen Liedern », 2me éd. Leipzig, 1879 et plusieurs autres écrits. — Deux de ses frères, MM. Frédéric et Théodore Baltzer, anciens pasteurs, se sont aussi fait remarquer par des opinions analogues. Le premier, auteur du « Trotznachtigall. Lieder aus der Heimat », Chemnitz, 1881, forcé de s'exiler pour des raisons politiques, vécut à Zurich où il mourut le 22 janvier 1885; le second était prédicateur à Naumbourg et fut à cause de ses opinions religieuses, relevé de ses fonctions; il publia sa défense sous le titre: « Ein Glaubensbekenntniss ».

Baltzer (Leonhard Volkmar), fils du précédent, médecin à Nordhausen et végétarien comme son père. On a de lui: « Die Nahrungs-und Genussmittel des Menschen in ihrer chem. Zusammensetzung und physiologische Bedeutung » Nordhausen, 1874; « Das Kyffhäusergebirge in mineralische, geognotische und botanische Beziehung » Nordhausen, 1880.

Balucki (Michel), écrivain dramatique polonais, né, en 1837, à Cracovie. Après avoir, en 1861, fini ses études à l'université de sa ville natale, il s'adonna aux lettres. Deux de ses comédies « Polowanie na meza » (*La chasse au mari*) 1868 et « Radcy pana radcy » (*Les Conseillers de M. le Conseiller*), 1871, ont eu un grand succès et lui ont gagné la faveur du public, qu'un drame populaire « La famille Drileck » n'a fait que raffermir. Parmi ses comédies, nous citerons encore « Pracowici prozniacy » (*les Fainéants laborieux*); « Emancypowane » (*les Émancipées*) 1873; « Krewniaki »; « Teatr amatorski ». Il a publié aussi plusieurs romans « Kostyna » 1861; « Cycha milos'é » (L'amour silencieux); « Bez Chaty » (Sans chaumière) 1863; « Tajemnice Krakowa » (Le secret de Cracovie) 1880; « Ojcowska wola » (La volonté paternelle) 1879. Mr Balucki, qui est un écrivain très fécond, se distingue surtout par la clareté du style et la reproduction très fidèle des mœurs de son pays. Mr B. est maintenant attaché, en qualité d'écrivain dramatique, au théâtre de son pays. Il a publié aussi de petites poésies et des essais d'histoire littéraire.

Baluffe (Auguste), poète français, né à Abeilhau près Béziers (Herault) en 1843; nous connaissons de lui: « Les Cigarettes. Sonnets en l'air », Avignon, 2 vol., 1875; « Les Contes », id. id.; « Vibrations poétiques », Paris, Didier, 1875; « La sœur de Fléchier à Béziers (1652 à 1693), étude d'histoire locale », Béziers, 1878; « Molière et les Allemands, réponse à M. Hermann Fritsche de Stettin (Poméranie) », 1884.

Bambecke (Charles-Eugène-Marie van), médecin belge, né à Gand, le 6 février 1829. Ancien médecin du bureau de bienfaisance: ancien chirurgien adjoint à l'hôpital civil, ancien préparateur et conservateur à l'Université de sa ville natale, Mr Van Bambecke est aujourd'hui professeur d'anatomie et d'embryologie à l'Université de Gand, membre de l'Académie de médecine et de l'Académie royale des sciences, des lettres et des arts en Belgique. Il a publié dans les *Bulletins* de ces deux Académies, dans les *Archives de Biologie*, dans les *Annales de la Société de médecine de Gand*, un grand nombre d'études consacrées, pour la plupart, à l'embryologie; parmi les mémoires insérés dans ce dernier recueil nous citerons: « État actuel de nos connaissances sur la structure du noyau cellulaire à l'état de repos » qui a été tiré à part, Gand, 1885; on doit encore mentionner un excellent discours, prononcé, le 16 décembre 1885, en séance publique de la classe des sciences de l'Académie royale: « Pourquoi nous ressemblons à nos parents ».

Bamberg (Félix), homme de lettres et diplomate allemand, né, de famille israélite, le 17 mai 1820, à Unruhstadt, étudia à Berlin et à Paris. Dans cette dernière ville — où il se rendit avec Frédéric Hebbel, avec lequel il se lia d'une étroite intimité — il se consacra surtout aux études philosophiques et historiques. Témoin oculaire de la revolution de février, il écrivit « Geschichte der Februarrevolution » Brunswick, 1849. En 1851, il entra au service prussien et fut nommé Consul de Prusse et de Brunswick à Paris et plus tard Consul de la Confédération de l'Allemagne du Nord. Pendant la guerre de 1870-71, il fut appelé près du Quartier Général allemand, où il s'occupait surtout des questions de la presse; la guerre finie, il resta comme conseiller du général de Manteuffel, commandant le corps d'occupation. En 1874, l'empire allemand ayant institué à Messine le premier Consulat de carrière qu'il y eut jamais eu en Italie, Mr Bamberg fut appelé à le gérer. De Messine il passa, en 1880, en qualité de Consul-Général à Gênes, en 1888, il demanda et obtint d'être temporairement relevé de ses fonctions pour pouvoir se consacrer entièrement à ses travaux littéraires, mais il continue à demeurer à Gênes, où il est entouré de la considération générale. Plusieurs de ses travaux sont publiés dans les journaux allemands et français; nous citerons: « Ueber den Einfluss der Weltzustande auf Die Richtungen der Kunst und über die Werke Friedrich Hebbels » Hambourg, 1846; peu de temps après une série d'articles dans les *Jahrbüchern für dramatische Litteratur;* en 1856 sous le titre « Türkische Rede » il publia à Leipsick une histoire de la question d'Orient, qui a été aussi traduite en français. Mr Bamberg possède les ouvrages laissés inédits par Friedrich Hebbel et il en a déjà publié deux volumes sous le titre de « Tagebücher » Berlin, 1884 et 1887, précédés d'une préface. Nous croyons même savoir qu'une des causes qui ont poussé Mr Bamberg à se retirer temporairement de la diplomatie est le désir de se consacrer entièrement à la publication des œuvres de son ami.

Bamberger (Edouard-Adrien), médecin et homme politique français, né à Strasbourg le 25 décembre 1825. En 1858, après avoir été reçu docteur en médecine à la faculté de sa ville natale, il alla s'établir à Metz où, tout en exerçant son art, il s'occupa des questions relatives à l'instruction populaire, et fit un grand nombre de conférences sur la philosophie, les sciences naturelles, l'hygiène et se livra à une active propagande pour la ligue de l'enseignement que M. Macé venait de fonder. En même temps, il collaborait à divers journaux de nuance républicaine, notamment au *Courrier de la Moselle*. Après la reddition de Metz, il fut élu, le 8 février 1871, député de la Moselle à l'Assemblée française; de 1876 à 1881, il fut député pour l'arrondissement de Saint-Denis; ayant échoué aux élections de 1881, il fut nommé sous-bibliothécaire au Museum d'histoire naturelle. On a de lui: « Étude sur le travail des enfants dans les manufactures », 1873-74; « Étude sur le socialisme en Russie », etc.

Bamberger (Henri de), médecin autrichien, né à Zwonarka, près de Prague, le 27 décembre 1822, étudia à Vienne et à Prague sous des maîtres célèbres. Il entra après dans le grand hôpital de Prague; en 1850, il passa à Vienne comme assistant de la clinique du professeur Oppolzer, et y resta jusqu'en 1854, époque à laquelle il alla à Wurzbourg comme professeur de clinique médicale et médecin en chef de l'hôpital de Saint-Jules; il fut rappelé à Vienne, en 1872, comme directeur de la clinique médicale. Parmi ses ouvrages, nous citerons: « Krankheiten des chylopoëtischen Systems », 2me éd., Erlangen, 1864, qui forme la 1re partie du t. 6me, du *Handbuch der speziellen Pathologie und Therapie* de Virchow; « Lehrbuch der Krankheiten des Herzens », Vienne, 1857; « Ueber Bacon von Verulam, besonders vom mediz. Standpunkte », Wurzbourg, 1865; « Ueber Morbus Brightii », Leipzick, 1875, ouvrage qui a été traduit en italien par M. le docteur A. Vizioli: « Del morbo di Bright e sue relazioni con altre malattie », Naples, L. Vallardi, 1882, dans la *Raccolta di conferenze cliniche*, de Volkmann. Les journaux des médecine de l'Allemagne contiennent tous des nombreux articles de M. Bamberger; parmi ceux auxquels il a le plus fréquemment collaboré, nous rappellerons ici: *Archiv für pathologischen Anatomie und Physiologie und für klinische Medicin*, publié à Berlin par MM. Virchow et Reinhardt et la *Würzburger medicinische Zeitschrift* qu'il a fondé lui-même, en 1860, et dirigé pendant plusieurs années.

Bamberger (Louis), homme politique allemand, né à Mayence, le 22 juillet 1823; de 1842 à 1845 il étudia le droit à Giessen, à Heidelberg et à Gottingue, et travailla après, pendant deux ans, au tribunal de sa ville natale. Il s'adonna en même temps à la politique et au journalisme, et lorsque les événements de 1848 survinrent, il fut un des chefs du mouvement dans le Palatinat. Il prit part à l'insurrection de 1849 qui avait pour but de réclamer une constitution pour la Bavière rhénane. Lorsqu'elle fut comprimée, il se réfugia en Suisse pendant que le tribunal de Mayence le condamnait en contumace à la réclusion, et les assises de la Bavière rhénane à la peine de mort. Il passa de Suisse en Angleterre, puis en Belgique et en Hollande et alla enfin s'établir à Paris où pendant quinze ans (1853-1867), il dirigea une importante maison de banque. L'amnistie, qui suivit la guerre austro-prussienne de 1866, permit à M. Bamberger de rentrer dans sa ville natale, qui l'envoya en 1868, au Parlement douanier allemand, et en 1871 au

Reichstag. Au moment où éclata la guerre contre la France, M. Bamberger fut appelé par M. de Bismark au quartier général dès le mois d'août 1870; il fut ensuite envoyé en mission à Haguenau pour seconder le gouverneur de l'Alsace dans l'administration politique de cette province. Dans le Reichstag, M. Bamberger prit une place importante comme orateur financier, moins par l'éclat de la parole que par la netteté de l'exposition, la rigueur de la logique et l'autorité de l'expérience. M. Bamberger, qui a été l'un des chefs du parti national libéral, alla, peu-à-peu, s'approchant de la gauche, et forma un nouveau groupe qu'on appela d'abord les sécessionistes et ensuite *Liberale Vereinigung*. Pour expliquer cette évolution, il publia une brochure anonyme : « Die Sezession », 1881. Comme publiciste, M. Bamberger a fait paraître un certain nombre d'écrits d'histoire contemporaine et d'économie politique: « Die Flitterwochen des Pressenfreiheit », Mayence, 1848; « Erlebnisse aus der Pfälz. Erhebung », Francfort s. M., 1849; « Juchhe nach Italia », id. 1859, un petit écrit de circonstance dans lequel Bamberger exhortait les allemands à prendre parti pour l'Italie, dans la lutte que celle-ci avait engagée contre l'Autriche, pour arriver à unifier l'Allemagne en expulsant l'Autriche; « Adam Lux » dans la *Revue moderne* de 1866; « Monsieur de Bismark », Paris, Lévy frères, 1868, publié d'abord en français et dont l'édition allemande a paru la même année à Breslau; « Vertrauliche Briefe aus dem Zollparlament », Breslau, 1870; « Zur Naturgeschichte des franz. Kriegs », Leipzig, 1871; « Die Aufhebung der indirecten Gemeindeabgaben, in Belgien, Holland und Frankreich », Berlin, 1871; « Zur deutschen Münzgesetzgebung », Berlin, 1873; « Die fünf Milliarden », Berlin, 1873; « Die Arbeiterfrage unter dem Gesichtspunkte der Vereinsrechts », Stuttgart, 1873, polémique vigoureuse contre les socialistes de la chaire qui provoqua une réponse de M. Brentano, intitulé : *Die wissenschaftliche Leistung des Herrn Ludwig Bamberger*, Berlin, 1873. Citons encore de M. Bamberger: « Die Zettelbank vor dem Reichstage », Leipzig, 1874; « Reichsgeld, Studien über Wahrung und Wechsel », 3ᵐᵉ éd., Leipzig, 1876; « Deutschland und der Sozialismus », Leipzig, 1878; « Deutschtum und Judentum », 1880; « Die Schicksale d. lateinischen Münzbundes. Ein Beitrag zur Währungspolitik », Berlin, 1886; « Die socialistische Gefahr. Ein Nachwort zu den Verhandlungen d. Reichstags vom März und April d. j. », Minden, 1886; M. Bamberger a écrit aussi les : « Deutschen Jahrbücher », 1861-63 pour les *Demokratischen Studien*, publiés par M. de Walesrode et, depuis 1870, il a collaboré aussi aux journaux suivants: *Deutsche Rundschau*; *Allgemeine Zeitung*; *Unsere Zeit*; *Die Gegenwart*; *die Tribune*.

Bampi (Jean-Baptiste), écrivain italien, né à Civezzano (prov. de Trente), le 18 février 1854; bien qu'il se soit voué à la carrière ecclésiastique, il trouve cependant le temps de s'occuper de recherches historiques. On annonce qu'il a recueilli des matériaux pour écrire une histoire des corporations religieuses dans la province de Trente; jusqu'à présent, il n'a publié que quelques articles d'histoire locale dans la *Voce Cattolica* de Trente et « Cenni sulla vita e le opere di Ascenzio e Francesco Guglielmo Tringi », Trente, 1883, extrait de l'*Archivio Trentino*.

Bamps (Anatole), publiciste belge, docteur en droit, né à Saint-Trond le 29 avril 1838. On a de lui : « Étude sur la loi d'indépendance du pouvoir temporel et du pouvoir spirituel dans les sociétés modernes », Louvain, s. d.; « Het weredlyk gebied der Pauzen », id., 1861; « De toestand van Belgie », id., 1862; « Le synchronisme préhistorique et les aborigènes américains », Nancy, 1878, extrait en partie du *Compte rendu du Congrès des Américanistes* de Nancy; « Prolégomènes de la science américaniste », Bruxelles, 1879, extrait en partie du *Bulletin de la Société belge de géographie*. M. B. a collaboré, outre qu'aux deux recueils susmentionnés, à la *Revue continentale*, Gand, au *Courrier de la Meuse*, Maestricht, à la *Gazette du Brésil* de Rio de Janeiro, à la *Pressa* et à l'*Indépendance roumaine* de Bucharest, et au *Moniteur belge*.

Ban (Mathieu), le plus illustre des écrivains serbes du jour, né à Raguse en Dalmatie, le 18 décembre de l'année 1818. Il avait été destiné à la carrière ecclésiastique, et il devait entrer dans l'ordre de Saint-Dominique, mais, à l'âge de dix-huit ans, il quitta le froc, et prit service comme clerc d'un avocat; à vingt-un ans, poussé au désespoir, à la suite d'un amour malheureux, il abandonnait la Dalmatie, pour se rendre à Constantinople, où il enseigna la langue et la littérature italienne à l'institut grec de Calkis, ensuite au collège français de Bebek sur le Bosphore. En 1840, il épousait à Constantinople une jeune fille grecque, qui le fit père de sept enfants, dont il ne lui reste qu'une fille, Palissana, mariée au peintre et écrivain serbe Étienne Todorovic (Voir ce nom), peintre elle-même. A l'âge de seize ans, M. Ban avait déjà écrit des poésies italiennes, et quatre drames : « Il terremoto di Ragusa »; « Fingallo »; « Dobroslavo »; « Il Moscovita »; deux chants d'un poème épique : « La Presa di Cartagine ». Mais, à l'exception des poésies amoureuses, dont il donna lui-même, après quelques années, une traduction en serbe, il détruisit tous les manuscrits de sa première jeunesse, lorsqu'il tomba sur une traduction italienne des drames de Shakespeare, dont il fit pendant sept ans une étude approfondie. Après avoir passé quelques années avec sa femme à Constantinople et à Brussa, il alla s'établir à Belgrade, où, entre les années 1845-49, il entreprit l'éducation des filles du prince régnant de Serbie, Alexandre Karagéorgevic. Il se préparait à publier son cours à l'usage de la jeunesse serbe, et il en avait déjà publié trois livraisons sous le titre: *L'Éducateur de la femme*, lorsque la révolution de 1848 éclata, et M. Ban fut entraîné comme les autres, par le tourbillon de la politique, travaillant surtout à l'union des Serbes avec les Croates, contre les Hongrois, ralliant davantage la Dalmatie, sa contrée natale, avec la Serbie. C'est en Dalmatie, qu'il rédigea les trois premiers volumes du *Dubrovnik*, et reprit en main et mit en vers sa tragédie, son chef-d'œuvre dramatique: *Mejrima ou la libération de la Bosnie*, qu'il avait écrit en prose en 1854. Retourné, après la révolution, à Belgrade, il enseigna au Lycée de la ville, et depuis au Collège de l'artillerie, la langue et la littérature française; en 1860, il passa à la direction du Bureau de la presse au Ministère des affaires étrangères, et il garda ces fonctions jusqu'en 1871, envoyé de temps en temps, à l'étranger, en mission politique extraordinaire. En 1868, le Parlement Serbe, en reconnaissance des grands services que M. Ban avait rendu au peuple Serbe, lui décerna une pension nationale. En 1875, la Société littéraire de Belgrade célébrait avec pompe le jubilé de la cinquantième année de l'activité littéraire de ce fécond écrivain et illustre patriote. Décoré de la commende de l'ordre de Takovo, il est membre de plusieurs sociétés littéraires nationales et étrangères. On prépare actuellement à Belgrade une édition complète de ses œuvres, où figureront quatorze drames ou tragédies, qui lui valurent le titre de Sophocle slave, et dont quelques uns ont été traduits en russe, en polonais, en tchèque, en italien, en français, en allemand. Outre *Mejrima*, son chef-d'œuvre, on doit surtout signaler parmi les plus populaires: « Le dimanche des palmiers chez les Serbes »; « Jean Hus »; « Marojca Kaboga ». Parmi ses nombreux écrits politiques, le programme: « L'Orient rendu à lui même »; et la brochure: « Les droits des Serbes dans l'Empire Ottoman » ont rendu les plus grands services à la Serbie. Comme poète, comme publiciste, comme diplomate, comme historien, M. Ban a toujours été un apôtre inspiré de son pays. Ce que Mickiewicz a fait pour la Pologne, Mathieu Ban l'a entrepris pour la Serbie, ce qui explique l'auréole glorieuse qui couronne la vieillesse de ce noble écrivain, de ce grand patriote. Nous empruntons à un livre publié en 1881 à Zara par M. Siméon Pjerotic: *Sulla vita e sulle opere di Mattia Ban*, la liste de ses ouvrages en prose et en vers. Cette liste seule est le plus beau document de sa gloire: « Cenno istorico sul movimento slavo », 1848; « Études politiques sur les Slaves de Turquie », 1855; « Droits politiques de la nation serbe dans l'Empire Ottoman », 1856 (cette brochure publiée en français, a été traduite en allemand et en russe); « La Serbie devant le bombardement », 1862; « La Serbie devant la Conférence », 1862; « Les Slaves d'Autriche et de Turquie, leurs vues et leurs vœux dans la question d'Orient », 1862; « La Question d'Orient et le Congrès européen proposé par l'empereur Napoléon », 1864; « Dangers de la question d'Orient: Souffrances des Chrétiens » (traduit par l'auteur lui-même en italien sous le titre: « A che punto siamo della questione d'Oriente »), 1865; « Un coup d'œil sur les actes de la Diète croato », en serbe, 1866; « Pourquoi et comment les peuples Jougoslaves doivent se rallier », en serbe, 1866; « La Russie et les Jougoslaves », en français, en italien et en russe, 1866; « Quelques mots opportuns à mes frères d'Orient », 1866; « Question slave », 1868; « Réorganisation politique de l'Orient sur la base de l'équilibre des races », 1878; « La question de l'Orient après le traité de Berlin », 1879, traduit en russe; « Principes de l'École Serbe », 1863-65; « Un ouvrage en serbe sur les institutions politiques, économiques et sociales de la Serbie », 1866; « Tableau de notre époque actuelle », en serbe, 1875; « Ce qui peut guider la nation serbe vers l'avenir », en serbe, 1876; « Scintille slave istoriche e morali », en italien, 1845; « Élément de la science militaire », en serbe. Ses Leçons de littérature française comparée avec la slave ont été détruites pendant le bombardement de Belgrade. M. Ban avait été chargé dans les derniers temps d'écrire l'histoire de la Serbie contemporaine. Ses écrits en vers ne sont pas moins nombreux; on prétend que plus de quarante mille vers seraient, à l'heure qu'il est, sortis de sa plume, et dans ce nombre, des chefs-d'œuvre de poésie lyrique et dramatique. Voici encore le titre de ses ouvrages dramatiques: « Miljenko »; « Dobrila »; « Le comte Dobroslavo »; « Le dernier des Nemagni »; « La mort du Roi Vukasino »; « L'Empereur Lazare ou la Catastrophe de Kassovo »; « Le soulèvement de Takovo »; « La délivrance de la Serbie ou le dimanche des Palmiers chez les Serbes »; « Marthe Posadnika ou la Chute de Novogorod » (traduite en italien); « Le secret fatal »; « Vanda, reine de Pologne »; « Jean Hus »; « Marin Caborga ». On admire dans ses drames un grand mouvement de passions et des caractères bien tranchés, remplis d'originalité et de vie; l'auteur vise toujours à de très grands effets. La maison de M. Ban à Belgrade est le centre le plus fréquenté, le plus animé, et un véritable foyer de la vie intellectuelle Serbe.

Bancroft (Hubert Howe), écrivain américain, né à Granville (Ohio, E. U.) le 5 mai 1832; après avoir fait ses études à l'école commune, à peine

Âgé de seize ans, il se rendit à Buffalo (New-York) pour y faire son apprentissage dans la carrière de libraire-éditeur et, en 1852, son patron l'envoyait fonder un magasin en Californie, ce qu'il fit. Un nouvel intérêt vint le retenir dans cette contrée, celui de recueillir le plus grand nombre de matériaux pour l'histoire de la moitié occidentale du Nord America de Alaska à Panama, y compris le Mexique et l'Amérique centrale. Ayant recueilli une bibliothèque de 16,000 volumes sur cette matière, bibliothèque que, peu-à-peu, il porta à 50,000 volumes, parmi lesquels une grande partie des livres qui composaient la bibliothèque de l'Empereur Maximilien du Mexique, il commença ses séries historiques, qui, avec l'aide de douze assistants des plus compétents, s'achèveront en vingt-cinq ans. Voilà le titre des parties qui ont déjà paru de cet important ouvrage : « The Native Races », 5 vol., 1875-76 ; on consultera avec profit, à propos de ce livre, un article paru dans l'*Edinbury Review* de 1876 ; « Central America », 3 vol., 1882-1887 ; « Mexico », 6 vol., 1882-1887 ; « North Mexican States and Texas », 1 vol., 1883 ; « California », 5 vol., 1884-1886 ; « Northwest Coast », 2 vol., 1883-1884 ; « Alaska », 1 vol., 1886 ; « Oregon », dont jusqu'à présent n'a paru qu'un volume, en 1886 ; « British Columbia », 1 vol., 1886 ; « Popular Tribunals », 2 vol., 1887.

Bancroft (Georges), célèbre homme politique et historien américain, est né le 3 octobre 1800 à Worcester, État de Massachusetts. Fils d'un savant docteur en théologie, il fut élevé à l'École d'Exeter, dans le New-Hampshire, et plus tard à l'université d'Harvard, où il soutint, à l'âge de dix-sept ans, ses examens de sortie d'une manière si brillante que, grâce à l'intervention d'Everett, il put aller compléter aux frais de l'État son éducation en Europe. Il passa deux années à l'université de Gottingue, où il suivit, entre autres, les leçons d'histoire de Heeren. Après avoir reçu le grade de docteur en philosophie (1820), il se rendit à Berlin où il se lia avec Hegel, Humboldt, Savigny, Schleiermacher, Wolf, Varnhagen von Ense et autres hommes remarquables ; en 1821, il entreprit un grand voyage en Europe ; à Weimar, il connut Goëthe ; à Paris, Cousin et Benjamin Constant ; à Milan, Manzoni ; à Rome, Niebuhr et Buhnsen. De retour en Amérique, en 1822, il fut aussitôt nommé professeur de langue grecque à l'Université de Harvard. Peu satisfait des méthodes pédagogiques qui y étaient employées, il quitta sa chaire dès l'année suivante et fonda à Northampton, en société avec le docteur Joseph Coggswell, une école, appelée Round-Hill-School, qu'il organisa d'après le système des universités d'Europe, et où il s'entoura de professeurs allemands d'un haut mérite, parmi lesquels nous ne rappellerons que Karl Follen. Tout en dirigeant cette nouvelle institution, il collaborait à divers recueils littéraires et publiait, en 1823, sous le titre de « Poems » des vers dans lesquels il retrace les impressions laissées dans son esprit par la Suisse et par l'Italie. L'année suivante, il publiait une traduction anglaise de l'ouvrage de son ancien professeur Heeren: « Ideen über Politik, den Verkehr und den Handel der vornehmsten Völker der alten Welt » et des cours publics de littérature allemande. Il commença à réunir dès cette époque, les matériaux nécessaires pour ses grands travaux historiques. Les difficultés de tout genre et les oppositions qu'il eut à combattre pour amener à bien sa réforme pédagogique le rebutèrent. En 1826, il quitta *Round Hill School* pour aller habiter Springfield ; et tournant vers les questions politiques toute l'activité de son intelligence, il servit le parti démocratique par ses discours publics et ses articles polémiques dans les journaux. Élu, en 1830, membre de la cour générale du Massachussotts et, en 1831, sénateur du même État, il refusa ces fonctions ; il accepta, au contraire, celles de *Collector of the Customs of the Port* (receveur des douanes) à Boston et il les garda jusqu'en 1841. A cette époque, il prononçait fréquemment des discours publics, poursuivait avec plus d'activité que jamais ses travaux littéraires, et prenait une part active au mouvement philosophique connu sous le nom de *trascendentalisme*. Porté, en 1844, par le parti démocratique, comme candidat aux fonctions électives de gouverneur de l'État de Massachussetts, il ne fut point élu ; mais jamais aucun candidat de ce parti n'avait réuni dans cet État un aussi grand nombre de voix. M. Bancroft fut, l'année suivante, nommé ministre de la marine et signala son administration par la création d'un observatoire à Washington et d'une école navale à Annapolis (Maryland). C'est sous son ministère que les États-Unis prirent possession de la Californie, et c'est encore lui qui, pendant un mois d'interim qu'il fit au département de la guerre, donna l'ordre au général Taylor d'envahir le Texas, resté depuis à la République. Vers la fin de 1846, il échangea son portefeuille contre les fonctions de ministre plénipotentiaire à Londres et mit à profit son séjour en Angleterre pour compléter ses recherches sur la période relative à l'insurrection des colonies et pour entrer en relation avec les hommes les plus éminents d'Angleterre et de France. En 1849, après avoir obtenu le titre de docteur en droit de l'Université d'Oxford, il était rappelé en Amérique et se fixait à New-York. En 1867, M. Bancroft fut, par le président Johnson, envoyé à Berlin comme ministre plénipotentiaire auprès du royaume de Prusse et de la Confédération de l'Allemagne du Nord. Pendant la guerre de 1870, il proposa, dans l'intérêt de la paix, un projet de médiation américain qui n'eut pas de suite. Il a été relevé de son poste le 1ᵉʳ juillet 1874, et depuis lors il demeure à Washington et à Newport (Rhode Island) où il passe les mois d'été. M. Bancroft a été élu, dès 1848, correspondant de l'Académie des sciences morales et politiques de Paris, il est aussi membre de l'Académie royale de Berlin et de plusieurs sociétés savantes. Voici maintenant l'énumération des ouvrages de cet éminent historien: « History of the United States », Boston, 1834-74, 10 vol. Cet ouvrage dont on a de nombreuses éditions en anglais a été traduit deux fois en français, la première partie par Mˡˡᵉ Isabelle Gatti de Gomond sous le titre: « Histoire des États-Unis, depuis la découverte du continent américain », Bruxelles, Lacroix Verboeckhoven et Comp., 9 vol., 1862-64, et la seconde partie par M. Adolphe de Circourt, sous le titre: « Histoire de l'action commune de la France et de l'Amérique pour l'indépendance des États-Unis », Paris, Vieweg, 1876, 3 vol., une traduction allemande du même ouvrage due aux soins de MM. Kretzschmar et Bartels a paru à Leipzik, 1845-1875. En 1883-85, M. Bancroft a fait paraître en six volumes la dernière édition définitive de son grand ouvrage: « History of the Foundation of the United States », qui est comme la continuation de son premier ouvrage, et en 1866: « A Plea for the Constitution of the United States of America Wounded in the House of its Guardians ». M. Bancroft fut un des principaux collaborateurs de la *Northern American Review*, l'un des organes les plus accrédités de la presse littéraire aux États-Unis; les articles qu'il y a fournis ont été l'objet d'un recueil de « Miscellanies, essays, and reviews », New-York, 1855. C'est M. Bancroft qui fut chargé en 1865, de prononcer, au Congrès de Washington, l'éloge funèbre du président Lincoln. M. Gustave Jottrand en a donné une traduction française, Bruxelles, Lacroix et Verboeckhoeven, 1866. Dans l'impossibilité où nous nous trouvons de signaler tous les écrits dont la vie et l'œuvre de M. Bancroft forment le sujet, nous nous bornerons à signaler: deux articles de la *Bibliothèque universelle* de Genève qui le concernent, l'un, en 1846, anonyme, l'autre de M. A. Circourt en 1870 et dans les *Preussische Jahrbücher* de 1874 un article de M. Kapp.

Bandi (Joseph), homme de lettres et journaliste italien, issu d'une famille siennoise, né à Gavorrano (province de Grosseto) en 1834. Reçu docteur en droit à l'Université de Sienne, il vint faire son stage à Florence, où il ne tarda pas à nouer des rapports avec les hommes les plus en vue du parti qui aspirait à l'indépendance italienne. Il publia, sur ces entrefaites, plusieurs poésies qui eurent beaucoup de succès et qu'il réunit plus tard en un volume sous le titre: « Versi italiani », Florence, Mariani, 1857. La police toscane qui avait l'œil sur lui, trouva moyen de l'envelopper dans un procès de conspiration et il fut condamné à la détention dans la forteresse de Portoferrajo, d'où il ne sortit qu'en 1859, après la chute du gouvernement granducal. En 1860, il fit part de l'expédition des *Mille* qui débarquèrent à Marsala et il fit toute la campagne en qualité d'aide-de-camp du général Garibaldi. Il a publié plus tard un récit, aussi élégant qu'exact de cette expédition sous le titre: « Da Genova a Marsala e da Marsala a Napoli ». En 1861, il fut admis dans l'armée regulière avec le grade de chef-de-bataillon, mais il continua toujours à cultiver les lettres; il écrivit plusieurs brochures sur différents arguments, mais toutes également remarquables par l'élégance de la forme et la pureté de la langue. Après la campagne de 1866 à laquelle il prit part, il publia une brochure: « Da Custoza in Croazia, memorie di un prigioniero », Livourne, 1879, qui fut très bien accueillie. Il quitta ensuite le service et se consacra tout au journalisme. Il fut collaborateur apprécié de plusieurs journaux de Florence, jusqu'au jour où il fonda à Livourne la *Gazzetta Livornese* dont il est encore aujourd'hui le propriétaire et le directeur; il entreprit plus tard la publication d'un petit journal populaire *Il Telegrafo* où, sous la signature *il Piccione viaggiatore*, il publie des articles fort goûtés. M. Bandi a publié aussi plusieurs romans aussi intéressants pour le fond que notables pour la clarté du style et la pureté de la langue. Citons entr'autres: « Pietro Carnesecchi, storia fiorentina del XVI secolo », 2 vol., 2ᵐᵉ éd., Florence, Lemonnier, 1872; « La Rossina, storia fiorentina del XVIII secolo », 2 vol., 2ᵐᵉ éd., Florence, Lemonnier, 1875; « Caterina Pitti, storia fiorentina del XV secolo », 3 vol. Il est à regretter que la direction de ses journaux absorbe maintenant M. Bandi au point de l'empêcher de poursuivre sa carrière de romancier.

Bang (Antoine-Chrétien), théologien norvégien, fils de paysans, né en 1840, s'est créé un nom et une position par ses propres efforts. Reçu docteur en théologie en 1878, il est, depuis 1885, professeur de théologie à l'Université de Christiania. Il a écrit plusieurs travaux d'une grande érudition sur l'histoire de l'église et sur les traditions populaires. Nous citerons: « H. N. Hauge et ses Contemporains » 1874 (histoire du fondateur d'une secte religieuse, piétiste, qui a exercé une grande influence); « Sur la Réalité historique de la Résurrection du Christ » 1876 (thèse de doctorat); « Voluspaa (poème de l'Edda) et les Oracles Sybillins » 1879, ouvrage tout à fait remarquable, où l'auteur démontre une ressemblance frappante entre les anciennes traditions scandinaves et les traditions romaines; en allemand: « Einige Bemerkungen über den Ausdruck *instinctu divinitatis* der Inschrift des Constantinsbogens », 1878, dans les Mémoires de la Société des Sciences de Christiania; « Julianus Apostata » 1881; « Aperçu sur l'histoire de l'Église Norvégienne après la Réforme » 1883; « Traces du paganisme et du catholicisme restées dans notre peuple après la Réforme » 1884, étude intéressante et curieuse; « Souras Saintes de la Norvège après la Réformo », tirage à part des Mémoires de la Société des Sciences de Christiania, 1885; « les Frères Ophites » (secte gnostique) 1887; « Tableau de l'Histoire de l'Église Norvégienne sous le Catholicisme » 1887, ouvrage des plus érudits, puisé aux sources et enrichi de plusieurs documents inédits.

Bang (Hermann), littérateur danois, né le 20 avril 1828; il débuta dans les lettres, en 1879, par un petit proverbe dans lequel on découvrait facilement l'influence de la littérature française contemporaine. La même influence se trahissait aussi dans ses autres ouvrages: comme « Mélodies graves » nouvelles; « Génération sans espoir » roman; dernièrement M. Bang a publié un nouveau roman « Stuc » 1887, scènes de la vie moderne à Copenhague, dans lequel il paraît donner sa véritable mesure en suivant une voie plus originale.

Bange (Valérien de), officier supérieur et savant métallurgiste français, inventeur du système d'artillerie maintenant en usage dans l'armée française. Ayant pris sa retraite en 1883 avec le grade de colonel d'artillerie, il entra comme directeur dans l'usine Cail, qui a ses ateliers à Grenelle, à Denain et à Douai et où il s'occupe surtout de la fonte des canons. Plusieurs gouvernements ont adopté, en totalité ou en partie, le système d'artillerie de M. de Bange au lieu de celui de M. Krupp d'Essen; le gouvernement anglais a même donné à M. Bange la croix de l'ordre du Bain, dont il est loin d'être prodigue, surtout avec les étrangers. M. le colonel Bange se propose de publier prochainement le résultat de ses travaux et de ses expériences, mais jusqu'à ce jour il n'a fait paraître que deux articles importants: l'un sur la « Théorie de l'obturation » 1872-1874; l'autre sur la « Machine à rayer » 1874-75. Ces deux articles ont paru dans la *Revue d'Artillerie*.

Bank (Charles), compositeur de musique et écrivain musical allemand, né, le 27 mai 1811, à Magdebourg, fils du recteur de l'École capitulaire de cette ville, fut instruit de bonne heure par son père dans la musique théorique et pratique, et quoique destiné par sa famille à la carrière ecclésiastique, il s'adonna tout entier à la musique qu'il étudia d'abord avec Klein et Berger à Berlin et ensuite avec Fr. Schneider à Dessau. Après un premier voyage en Italie (1830-31), pendant lequel il écrivit son « Liederkreis aus Italien », il résida successivement à Magdebourg, à Berlin, à Leipzig, où il fit partie de la rédaction du nouveau journal de Schumann, et à Jena, et finit par se fixer à Dresde où il ne tarda pas à acquérir une grande réputation comme critique musical et comme maître de chant. Comme compositeur, M. B. s'est dédié surtout à la chanson et il en a publié au moins soixante-dix.

Bank (Otto), poète et critique allemand, frère du précédent, né, le 17 mars 1824, à Magdebourg d'une famille aisée, fréquenta d'abord le gymnase de sa ville natale, et à l'Université s'adonna surtout à l'étude de l'esthétique et de l'histoire des beaux-arts; il entreprit ensuite avec son frère un voyage de dix-huit mois en Italie, et à son retour se fixa à Dresde, où pendant plusieurs années il se fit favorablement connaître comme journaliste et auteur dramatique. Après 1859, il vécut cinq ans dans l'Allemagne du Sud et particulièrement à Munich d'où il entreprit de longs voyages d'étude en Allemagne, dans l'Italie du Nord et dans les Alpes pour revenir de nouveau se fixer à Dresde en 1865. M. B. publia les résultats de ses études critiques en deux volumes: « Kritischen Wanderungen in drei Kunstgebieten », 1865-66. Les « Alpenbilder », qu'il avait publiés en 1863 sont des tableaux villageois et ethnographiques. Ses « Galerien von München » dans une forme anecdotique et biographique offrent au lecteur une description artistique et critique des chefs-d'œuvre de la peinture. Citons encore parmi ses ouvrages critiques: « Litterarisches Bilderbuch », 1868, en trois volumes. M. B. s'est fait apprécier aussi comme poète par ses: « Gedichten », 1858, et ses « Worte für Welt und Haus », Leipzig, 1862.

Banks (Madame Georges Linnaeus, née Varley), femme poète anglaise, née le 25 mars 1821, à Manchester. Toute jeune encore, elle se consacra aux lettres et, en 1847, elle publiait son premier volume sous le titre: « Ivy Leaves ». Son premier roman: « God's Providence House », parut en 1865. Suivirent: « Stung to the Quick »; « Glory »; « Caleb Booth's Clerk »; « Through the Night », et plusieurs autres. Madame Bank a publié aussi quelques poèmes.

Bannelier (Charles), écrivain de musique, français, né le 15 mars 1840, à Paris; après avoir fait de bonnes études scientifiques, il s'adonna entièrement à la musique et suivit dans ce but les cours de composition au Conservatoire. En 1866, il entra dans la rédaction de la *Revue et gazette musicale* et il en était depuis plusieurs années rédacteur en chef quand, vers la fin de 1880, la *Revue* cessa ses publications. Sans tenir compte des nombreux articles qu'il a publiés dans ce journal et de ses compositions musicales, nous citerons de lui une traduction de l'allemand de l'ouvrage d'Édouard Hanslick: « Vom Musikalisch Schönen », qu'il publia en 1877 sous le titre: « Du beau dans la musique ».

Banneux (Philippe), ingénieur au corps de mines belge, né à Liège, le 1 avril 1849. Nous connaissons de lui : « De l'emploi de l'air comprimé comme force motrice », Bruxelles, 1876 ; « Études sur les distributions par tiroir », Bruxelles, 1881.

Banning (Émile), écrivain et administrateur belge, né à Liège le 12 octobre 1836, docteur en philosophie et ès-lettres, actuellement archiviste du Ministère des affaires étrangères de Belgique. M. B. a publié : « Rapport sur l'organisation et l'enseignement de l'Université de Berlin présenté à M. le Ministre de l'intérieur, le 26 octobre 1861 », Bruxelles, Lesigne, 1863 ; mais il est surtout connu comme l'auteur de « l'Afrique et la Conférence géographique de Bruxelles », 1er éd., Bruxelles, Muquard, 1877, 2me éd., id., id., 1878, livre qui a été aussi traduit en anglais. M. Banning a collaboré aux *Annales des Universités de Belgique*, à l'*Écho du Parlement*, à l'*Athenaeum belge*, à la *Revue de Belgique* ; il a écrit aussi dans la *Patria Belgica* l'« Histoire parlementaire de la Belgique », et il a rédigé avec S. Van de Weyer, pour le même ouvrage, l'« Histoire des relations extérieures de la Belgique depuis 1830 ».

Banville (Théodore FAULLAIN de), poète français, né à Moulins, le 14 mars 1823, fils d'un capitaine de vaisseau, vint de bonne heure à Paris et se consacra exclusivement aux lettres. Ses premiers essais remontent à 1842, époque à laquelle il fit paraître, chez Pilout, un premier volume de vers « Les Cariatides », qui appela sur lui l'attention de la critique et des lettrés. Bientôt après, en 1846, un second volume paraissait chez Paulier ; « Les Stalactites ». Pendant dix ans, M. de Banville ne produisit pas grand'chose ; de 1846 à 1857, nous ne connaissons de lui que « La Muse des Chansons », prologue dédié à Mlle Fix, 1851 ; « Les Nations », ode mêlée de divertissements et de danses, chantée sur le théâtre de l'Académie nationale de musique, le mercredi 6 août 1851, à l'occasion d'une fête donnée par la ville de Paris aux délégués de l'Exposition universelle de Londres, poésie de M. Th. de B., musique de M. Adolphe Adam ; « Le Feuilleton d'Aristophane », comédie satirique en collaboration avec Philoxène Boyer, 1853 ; « Les pauvres saltimbanques », Paris, Lévy, 1853 ; « Les folies nouvelles », prologue, musique de Hervé, 1854 ; « La vie d'une comédienne. Minette. Suivie du Festin des Titans. Scène de la vie transcendante » ; id., id., 1855 ; « Le Beau Léandre », comédie en un acte en vers, en collaboration avec Siraudin, 1856, qui pendant que nous écrivons est encore applaudie chaque soir à l'Odéon, et enfin les « Odelettes », Paris, Lévy, 1856, dont paraissait bientôt une seconde édition précédée d'un examen des odelettes par Charles Asselineau. Jusqu'à cette époque, le nom de M. de B. n'était guère sorti d'un cercle encore bien limité de lecteurs. Ce fut alors qu'il publia les « Odes funambulesques », sorte de grande parodie lyrique où il s'était efforcé de fixer la langue comique de la première moitié du XIXe siècle. Incertain de l'accueil qui serait fait à sa tentative, il s'était abrité sous le pseudonyme de Bracquemond, mais le succès lui fit bientôt reprendre son nom qui, dès lors, acquit une célébrité qu'il a conservée jusqu'à ce jour. Depuis 1857, M. de Banville a publié un grand nombre de pièces de théâtre, de poésies, romans ou études. Au théâtre il a donné : « Le Cousin du Roi », comédie en un acte, en vers, en collaboration avec Philoxène Boyer, Paris, Lévy, 1857 ; « Diane au bois », comédie héroïque, en deux actes, en vers », Paris, Lévy, 1863 ; « Les Fourberies de Nérine », comédie en vers, Paris, Lévy, 1864 ; « La Pomme », comédie en un acte, en vers, Paris, Lévy, 1866 ; « Gringoire », comédie en un acte, en prose, 1866 ; « Florise », comédie en trois actes, en vers, Paris, Lemerre, 1870 ; « Deïdama », comédie héroïque en trois actes, Paris, Lemerre, 1876 ; « Hymnis », comédie lyrique en un acte, musique de Jules Cressonnois, Paris, Tresse, 1879 ; « Riquet à la houppe », comédie féerique, Paris, Charpentier, 1884 ; « Socrate et sa femme », comédie en un acte, en vers, Paris, Lévy, 1885. Le recueil des pièces de M. de B. a eu deux éditions, la première, chez Lemerre, 1878, la seconde, chez Charpentier, 1879. — Parmi ses autres ouvrages, nous citerons encore : « Paris et le nouveau Louvre », Ode, Paris, Poulet Malassis, 1857 ; dans la même année et chez le même éditeur paraissait un recueil de ses poésies complètes de 1841 à 1854 ; « Esquisses parisiennes », Scènes de la vie, Paris, Poulet-Malassis, 1859 ; « La Mer de Nice », lettres à un ami, id., id., 1861 ; à la même époque se rapporte une plaquette in-8, devenue aujourd'hui très rare et fort recherchée par les bibliophiles, contenant : « Nice française scène lyrique ; le Vœu de Nice, ode ; le vingt avril, stances d'anniversaire, récitées sur le théâtre français de Nice », Nice, s. d. ; « Almanach de la Société des aquafortistes pour 1865, vers inédits de Th. de B. pour chaque mois », Paris, Cadart et Luquet, 1865 ; « Les Exilés », Paris, Lemerre, 1866 ; « Les Parisiennes de Paris », id., Lévy, id. ; « Les Camées parisiens », 3 vol., Paris, Pincebourde, 1866-73 ; « Études grecques. Nouvelles odes funambulesques », Paris, Lemerre, 1869 ; « Eudore Cléaz, conte du jour de l'an », id., id., 1870 ; « Adieu, scène lyrique », id., id., 1871 ; « Idylles prussiennes », id., id., id. ; « Théophile Gautier, ode », id., id., 1872 ; « Petit Traité de poésie française », id. Librairie de l'*Écho de la Sorbonne*, 1872, 2me éd. Charpentier, 1881 ; « Trente-six ballades joyeuses. Précédées d'une ohistire de la ballade par Charles Asselineau », Paris, Lemerre, 1873; « Les Princesses », id., id., 1874; « Le sang de la coupe », id. id., 1875; « Poésies Occidentales. Rimes dorées. Rondels », id., id., id.; « Contes pour les femmes », Paris, Charpentier, 1881; « Contes féeriques », id., id., 1882; « Mes souvenirs (Victor Hugo, Henri Heine, Théophile Gautier, Honoré de Balzac, Honoré Daumier, Alfred de Vigny, Méry, Alexandre Dumas) », id., id.; « La Lanterne magique, suivie de: Camées parisions, la Comédie française », id., id., 1883; « Paris vécu, suivi de: Feuilles Volantes », id., id., id.; « Nous tous (décembre 1883–mars 1884), poésies nouvelles », id., id., 1884; « Contes heroïques », id., id., id.; « Contes bourgeois », id., id., 1885; « Lettres chimériques », id., id., id.; « Dames et demoiselles et fables choisies mises en prose (Scènes de la vie) », id., id., 1886; « Madame Robert », recueil de nouvelles, 1887; « La Dame Anglaise », dans le 1er vol. des *Contes de Gil Blas*, Paris, Marpon et Flamarion, 1887. La plupart des poésies de M. de B. ont été réunies en 3 vol. sous le titre: « Poésies complètes. Édition définitive », Paris, Charpentier, 1878–79. M. de Banville a en outre collaboré à un grand nombre de journaux ou de revues, parmi lesquels il faut citer: la *Revue de Paris*, la *Revue Contemporaine*, le *Figaro* et aux *Poètes français* de M. Eugène Crepet. De 1850 à 1852, il a rédigé le feuilleton dramatique du journal *Le Pouvoir*; de 1860 à 1861, celui du *Boulevard*, et celui du *National* depuis 1869. M. de Banville donne depuis quelques années au *Gil Blas* des articles et des chroniques qui ont été pour beaucoup dans le succès de ce journal. Citons encore de lui un article du *Nain jaune* intitulé: « la *Comédie-Française* jugée par un témoin de ses fautes », par l'*Inconnu* qui a paru, en 1862, en brochure, sans nom d'auteur. M. de Banville a signé autrefois du nom de Francis Lambert des articles au *Tintamarre* et il a donné, sous le nom de François Villon, d'autres articles à divers journaux. (Cfr. sur M. de Banville, comme poète, les *Rassegne delle Letterature straniere* de la *Nuova Antologia*, 1878).

Bapaume (Amable), publiciste français, né à Yvetot (Seine inférieure) le 26 mars 1825. Il se consacra de bonne heure à l'enseignement et fut pendant plusieurs années professeur à Sainte-Barbe et à l'institution Massin. Durant son professorat, il écrivit plusieurs pièces de théâtre sous le pseudonyme de Henri Normand. Il fit représenter en collaboration avec Commerson, au théâtre Déjazet, le « Double deux » vaudeville; le « Futur dans le Pétrin » vaudeville; « la Vengeance de Pistache » vaudeville. Il écrivit également, en collaboration avec Commerson, les « Vacances de Cadichet » qui furent représentées aux Folies-Dramatiques et les « Premières armes de Citrouillard » comédie en trois actes. Avec le chansonnier Paul Avenel, il fit jouer sur des théâtres de genre: « la Lionne et le Philistin » comédie en quatre actes, et le « Service de nuit » vaudeville. Amable Bapaume donna encore aux Folies-Dramatiques un vaudeville « X Q P G » et composa une comédie en deux actes qui fut représentée au théâtre Déjazet « les Égarements de deux billets de banque ». Mr Bapaume a collaboré pendant longtemps au *Tintamarre*, lorsque ce journal était sous la direction de Commerson. C'est là qu'il écrivit un grand nombre d'articles humoristiques parmi lesquels nous citerons les « Médaillons à l'eau-forte » qui pouvaient se dire les bien nommés. Ces Médaillons valurent même à leur spirituel auteur quelques désagréments sur lesquels nous n'avons pas à nous entretenir ici. Plus tard, Mr Bapaume suivit Commerson qui venait de quitter, en 1872, le *Tintamarre*, pour faire revivre le *Tam-Tam*, fondé jadis par lui, et disparu depuis plus de trente ans. A la fin de 1876, Commerson brisé par l'âge et les infirmités (il est mort à Paris, le 24 juillet 1879) abandonna la direction du *Tam-Tam*, qui est depuis cette époque la propriété de Mr Bapaume. Celui-ci a publié sous son nom plusieurs romans: « Juana la lionne »; « La Rome tintamaresque. Histoire drôlatique et anecdotique de Rome depuis sa fondation jusqu'au moyen-âge. Préface par Commerson » 1870; « Napoléon I, histoire tintamaresque du grand homme. Précédée d'une préface par Commerson » 1873; « Cœur de Lionne » 1878; « Les Requins de Paris » 1882, qui ont d'abord paru en feuilleton dans le journal le *Peuple*. Les premiers chapitres de cet ouvrage furent remaniés par Alfred Touroude qui avait eu l'intention d'en tirer un grand drame, intention que sa mort, survenue le 6 juin 1875, l'empêcha de réaliser.

Bapst (Jules-Auguste), joaillier et journaliste français, né à Paris, le 30 mai 1830. Ayant épousée la fille aînée de M. Armand Bertin, il fut chargé de l'administration du *Journal des Débats*, et, en 1871, il succéda à M. Édouard Bertin, comme directeur politique. En janvier 1884, il s'est démis de ses fonctions de directeur en faveur de son gendre, M. Georges Patinot, ancien préfet de Seine-et-Marne.

Bapst (Germain), écrivain et archéologue français, né à Paris en 1853, membre de la Société nationale des antiquaires de France, ancien bijoutier. On a de lui: « Le Musée rétrospectif du métal à l'exposition de l'Union centrale des beaux-arts » 1880; « Les Métaux dans l'antiquité et au moyen-âge. L'Étain » 1883; « Inventaire de Marie Josèphe de Saxe, dauphine de France (1731-1767) » 1883; « Imprimerie et reliure » 1883; « Études sur l'étain dans l'antiquité et au moyen-âge. Orfèvrerie et industries diverses » 1884;

« Testament du Roi Jean le Bon » 1884; « Étude sur les coupes phéniciennes » 1885; « Souvenirs de deux missions au Caucase » 1886; « Sur la provenance de l'étain dans le monde ancien » 1886, extrait des Comptes rendus de l'Académie des inscriptions et belles lettres; « Études sur l'orfèvrerie française au XVII siècle, les Germains orfèvres-sculpteurs du roi » Paris, 1887; « Du rôle économique des joyaux dans la politique et la vie privée pendant la seconde partie du XVI siècle » Paris, Picard, 1887. M. Bapst a publié aussi des mémoires et des articles fort intéressants dans différents journaux sur les diamants de la Couronne de France, lors de la dispersion de cette collection, unique dans son genre.

Bar (Charles-Louis de), jurisconsulte allemand, né à Hanovre, le 24 juillet 1836, étudia le droit à Gottingue et à Berlin (1853-57); en 1865, il entrait dans la magistrature en qualité de juge suppléant; après avoir exercé pendant quelque temps ses fonctions judiciaires, il fut nommé en 1866 professeur à l'université de Rostock, d'où l'année suivante il passait à celle de Breslau, et en 1873 à celle de Gottingue. Sa réputation repose, à part son enseignement, sur de nombreux écrits. On cite comme les plus importants: « Zur Lehre vom Versuch und Theilnahme am Verbrechen » 1859; « Das internationale Privat und Strafrecht » 1862; « Recht und Beweis in Geschwornengericht » 1865; « Das Beweisurtheil des germanischen Prozesses » 1866; « Recht und Beweis in Zivilprozess » 1867; « Die Redefreiheit der Mitglieder gesetzgebender Versammlungen » 1868; « Die Grundlagen des Strafrechts » 1869; « Das hannoversche Hypothekenrecht » 1871; « Kritik der Principien des Entwurfs einer deutschen Strafprozess Ordnung » 1873; « Strafrechtsfälle, zum acad. Gebrauch und zum Selbststudium » 1875; « Das deutsche Zivilprozessrecht » 1879-1883 dans la *Rechtsencyklopœdie* de M. von Holtzendorff; « Handbuch des deutschen Strafrecht » 1 vol. contenant l'histoire du droit pénal, et des théories du droit pénal; « Staats und katholische Kirche in Preussen » 1883; « Cavour » esquisse historique et biographique, 1885.

Bara (Jules), homme d'État et jurisconsulte belge, né à Tournai, le 23 août 1835. Il fit ses études dans sa ville natale, dont il était boursier. Il se fit remarquer dès le collège par sa vive intelligence. Ayant étudié le droit, il se fit recevoir avocat, devint professeur à l'Université libre de Bruxelles et rédigea, sous le titre d' « Essai sur les rapports de l'État et des religions au point de vue constitutionnel » Tournai, 1859, une thèse dans laquelle il soutint des idées très libérales et qui fut très remarquée. Il n'avait que 27 ans lorsque en 1862 les électeurs de sa ville natale le choisirent pour député. A la Chambre il ne tarda pas à se distinguer dans les débats importants, de sorte, que personne ne s'étonna quand, le 12 novembre 1865, M. Bara fut appelé par le Roi Léopold I à faire partie du cabinet Frère Orban en qualité de ministre de la justice. Comme ministre, il présenta des lois très liberales, celles de l'abolition de la peine de mort et de la contrainte par corps, et il sut, malgré l'opposition acharnée que lui faisait le parti catholique, se maintenir au pouvoir jusqu'au mois de juin 1870 où il se retira avec le Cabinet tout entier, les élections ayant donné la majorité au parti catholique. Après la chute du ministère catholique Malou Aspremont, qui suivit les élections du 11 juin 1878, M. Bara reprit le portefeuille de la justice dans le nouveau cabinet libéral formé par M. Frère Orban et il garda le pouvoir jusqu'à la crise qui eut lieu le 16 juin 1884 et qui porta au gouvernement le parti catholique. En quittant le pouvoir, M. Bara reçut le titre tout honorifique de Ministre d'État. Il est aujourd'hui avec M. Frère Orban, le *leader* du parti libéral dans la Chambre des Représentants de Bruxelles. Citons encore de lui: « Conférence du jeune barreau. Discours sur la succession des étrangers en Belgique », Bruxelles, 1861.

Barach (Moritz), vrai nom d'un poète et écrivain autrichien qui est, peut-être, plus connu sous son pseudonyme de *Doctor Märzroth*. Né à Vienne, le 21 mars 1818, il y fit ses études et dès 1834 embrassa la carrière des lettres, dans laquelle il devait faire preuve d'une fécondité peu commune. Collaborateur de plusieurs journaux, entr'autres des *Fliegende Blätter* de Munich, il se révéla comme écrivain humoristique. Les « Wiener Kroquis » spirituelles chroniques de la vie viennoise qu'il envoyait à l'*Ueber Land und Meer* se lisent encore avec plaisir. Il publia aussi un Album « Brausepulver », et fonda les journaux humoristiques: *Der Komet* et *Die Komische Welt*. Il y a une quinzaine d'années, il transporta sa résidence de Baden, près de Vienne, à Salzbourg. Nous citerons de lui ses poésies en patois autrichien: « Bilder, Lieder und Geschichten » et « Bitt gar schön »; le « Liederbuch ohne Goldschnitt » 1856; — ses écrits humoristiques « Satans Leier », « Spottvögel », 1864 etc.; — ses nombreuses nouvelles (deux cent et plus); — ses romans-feuilleton; — ses compositions dramatiques: « Fritz Nürnberger »; « Bittschriften »; « Die Frau Professorin »; « Eine unruhige Nacht »; « Geheimnisse eines Jagdgewehrs »; « Zur Statistik der Frauen » etc. — Rappelons encore parmi ses ouvrages: « Gedichte in Salzburger Mundart », 1878 »; « Federzeichnungen aus den Salzburger Alpen »; 1880; « Lachenden Geschichten », 1880-81 etc.

Barack (Charles-Auguste), écrivain allemand, né le 23 octobre 1827 à Oberndorf sur le Neckar;

après avoir fait ses premières études dans sa ville natale et au gymnase de Rottweill, il fréquenta l'université de Tubingue et devint, en 1875, conservateur de la bibliothèque du musée germanique de Nuremberg. En 1860, il accepta la direction de la bibliothèque du palais du prince Fürstemberg à Donaueschingen (cercle de Constance, grand-duché de Bade); le 30 octobre 1870, il publia un appel pour la reconstitution d'une bibliothèque à Strasbourg qui obtint le meilleur succès. Au mois de juillet de 1871, il fut appelé à présider, en qualité de directeur à la reconstitution de cette bibliothèque, et en juin 1872 il fut nommé bibliothécaire en chef et professeur. Pour donner une idée de son activité, il suffira de dire que la *Kaiserliche Universitäts und Landesbibliothek* qu'il dirige possède aujourd'hui plus de 600,000 volumes. Parmi ses publications nous citerons: « Die Werke der Hrotsvitha », Nuremberg, 1858; « Hans Böhm und die Wallfahrt nach Nicklashausen 1476 », Wurzbourg, 1858; « Ein Lobgedicht auf Nürnberg aus dem Jahr 1490, vom Meistersänger Kuntz Hass », Nuremberg, 1858; « Nachrichten zur Geschichte der Kirche von Eschenbach an der Pegnitz », id., 1859; « Des Teufels Netz, satirisch-didaktisches Gedicht der ersten Hälfte des 15 Jahrhundert », Stuttgart, 1863; « Die Handschriften der Fürstlich Fürstenbergischen Hofbibliothek zu Donaueschingen », Tubingue, 1865; « Gallus Oheims Chronik von Reichenhau », Stuttgart, 1866; « Zimmerische Chronik », id. 1868–69, 4 vol., 2ᵐᵉ éd., Fribourg in Brisgau et Tubingue, 1881–82; « Ezzos Gesang von den Wundern Christi und Notkers *Memento mori* », Strasbourg, 1879; « Althochdeutsche Funde », dans la *Zeitschrift für deutsches Alterthum* », vol. XXIII, année 1879.

Baragiola (Aristide), littérateur italien, né le 19 octobre 1847, à Chiavenna (prov. de Sondrio). Après avoir fait ses études en Suisse, il se voua à l'enseignement et après avoir enseigné quelque temps à Côme et en Suisse, il fut nommé, en 1874, lecteur de langue italienne à l'Université de Strasbourg où, en 1876, il se fit recevoir docteur en philologie. M. Baragiola, qui a obtenu en Italie l'habilitation à l'enseignement du français et de l'allemand, avait été nommé, en 1887, professeur de langue allemande au collège militaire de Milan, place qu'il n'a pas cru devoir accepter. On a de lui: « Giacomo Leopardi, filosofo poeta e prosatore », 1876; « Italienische Grammatik mit Berüksichtigung des lateinischen und der romanischen Schwestersprachen », 1880; une excellente « Crestomazia italiana ortofonica », 1881; « Il povero Enrico, di Hartmann von Aue. Versione dal tedesco medioevale », 1881; « L'Inno di Ildebrando, versione dall'antico alto tedesco »; « Muspilli, ovvero, l'Incendio universale. Versione dall'antico alto tedesco », 1882; « La nave avventurosa di Zurigo, di Joann Fischert. Prima versione metrica dal tedesco, del secolo XVI », 1884. — M. Baragiola a fondé en 1884 le *Crocchio italiano di Strasburgo*, sorte de cercle qui a pour but d'entretenir l'amour à l'étude de la langue et de la littérature italienne. M. Baragiola a pris part à la guerre de 1866 dans la colonne qui, sous les ordres du colonel Guicciardi, défendait le passage du Stelvio contre les Autrichiens.

Baragnon (Louis-Numa), avocat et homme politique français, né à Nîmes, le 24 novembre 1835, fut reçu avocat et se signala par une collaboration active aux journaux catholiques et légitimistes du Midi. Comme membre du conseil municipal de Nîmes, le 4 septembre 1870, jour du renversement de l'Empire, il signa une proclamation républicaine qui lui fut reprochée plus tard et dont il dut se justifier dans une brochure publiée en 1874, sous le titre: « Quelques mots à mes collègues ». Élu représentant du Gard à l'Assemblée nationale, il alla siéger à droite et devint un des principaux orateurs de la majorité monarchiste. Le 26 novembre 1873, le duc de Broglie le nommait sous-secrétaire d'État à l'intérieur. Lorsque M. de Broglie quitta le Ministère, le 16 mai 1874, M. Baragnon conserva les fonctions de sous-secrétaire d'État, mais passa au Ministère de la Justice qu'il dut abandonner le 25 février 1875. Aux élections générales du 20 février 1876, il ne fut pas réélu; à celles du 14 octobre 1877, il obtint par contre une assez forte majorité, mais son élection fut invalidée; s'étant représenté à ses électeurs, il échoua de nouveau. Le 15 novembre 1878, le Sénat l'appelait dans son sein en qualité de sénateur inamovible. L'activité littéraire de M. Baragnon s'est manifestée surtout dans une collaboration très active aux journaux politiques de son parti et dans les luttes de la tribune, où il apporte une éloquence toujours passionée, mais jamais dépourvue de talent. Comme avocat, il a plaidé dans plusieurs de ces procès pour diffamation ou fraude électorale, auxquels ont donné lieu les agitations politiques de plusieurs départements du Midi. — M. Baragnon a collaboré aussi à l'ancien *Paris-Journal* sous le pseudonyme de *Miles*.

Baragnon (Pierre-Paul), journaliste français, né au château de Servanes (Bouches-du-Rhône) en 1830; il fit son droit à Toulouse, où en 1848 il débuta dans le journalisme en collaborant aux *Tablettes de Toulouse*. S'étant ensuite rendu en Italie, il entra en relation avec le savant Matteucci qui l'associa à ses travaux sur l'électricité, et il publia, en 1851, une « Étude physiologique et psychologique sur le mesmérisme ». De retour en France, il devint, en 1853, rédacteur en chef du *Courrier de Tarn et Garonne*, journal dans lequel il défendit avec ardeur la politique napoléonienne. De Montauban il passa, toujours comme journaliste, à Rouen,

et de Rouen à Paris, d'où il envoya des articles à la *Presse belge* et à l'*Haubsburger Allgemeine Zeitung*; puis il alla fonder à Bruxelles le journal le *Levant*. En 1858, il devint chef de la chancellerie de Moldavie. Une brochure qu'il publia quelque temps après sous le titre de « La Turquie devant l'Europe », et dans laquelle il prenait la défense de ce pays, lui valut d'être appelé à Constantinople, où il fut nommé rédacteur en chef du *Journal officiel* et directeur de l'imprimerie ottomane. Rentré en France, en 1865, il devint un des principaux rédacteurs de la *Presse* qui était alors la propriété de M. Mirès. En 1867, il devint directeur du *Mémorial Diplomatique*, journal qui avait été fondé par le fameux baron Debrauz de Saldapenna, mais au bout de quelque temps le marquis de la Vallette exigea qu'il quittât cette feuille. Peu après, il fondait le *Bulletin International*, qui paraissait à la fois en français à Bruxelles, à Nîmes, à Florence, à Dresde et à Bucarest, et, en 1869, il fonda *Le Centre gauche*, représentant le tiers parti libéral, qui contribua à l'avènement du cabinet de M. Émile Ollivier; mais, après les premiers revers qui suivirent la déclaration de guerre de 1870, M. Baragnon attaqua vivement l'Empire dont il demanda la déchéance. Son journal fut suspendu. Après la révolution du 4 septembre, il fut nommé préfet des Alpes Maritimes, mais son administration donna lieu à des incidents diplomatiques fort vifs et le gouvernement français s'empressa de rappeler ce fonctionnaire d'un jour qui devenait par trop compromettant et le chargea, comme fiche de consolation, de l'inspection générale des camps en Provence. En 1871, les électeurs de la Ciotat le nommèrent membre du conseil général du Rhône. En janvier 1872, il commença à publier par fascicules la *Tache noire*, suite d'études sur les évènements contemporains, à laquelle il joignit peu après une correspondance républicaine, intitulée le *Postscriptum*, mais en 1875 il dut suspendre la publication de ces deux journaux. Au mois de juillet 1876, il se porta candidat au conseil municipal de Paris, mais la mise au jour de ses anciens articles bonapartistes suffit à faire échouer sa candidature. M. Baragnon a créé, en 1878, à Paris, un petit journal d'informations le *Courrier du Soir*. Le Conseil général des Bouches-du-Rhône l'a élu président en août 1887, et il est devenu, cette même année, directeur du *Petit Dauphinois*. M. P. Baragnon a publié, comme réimpression du *Centre gauche*: « 1870, Plébiscite, guerre, désastres », 1878.
— Il a publié aussi, dans l'ancien journal le *Bien public*, plusieurs portraits politiques signés du pseudonyme : *Paul Salomé*.

Baranowski (Jean), astronome polonais; ses études finies à l'Université de Varsovie, il fut nommé assistant d'abord, et ensuite directeur de l'Observatoire de cette ville. Il a publié plu-sieurs travaux très estimés sur la Météorologie et sur l'Astronomie; on lui doit aussi une étude sur Copernic, publiée en tête des œuvres complètes du célèbre astronome.

Barantzévitch, écrivain russe. Il a publié de petits récits et de petites nouvelles. M. Barantzévitch, qui est pessimiste, choisit habituellement ses héros dans la classe des deshérités et des persécutés. Parmi ses récits, qui prouvent dans l'auteur un certain talent, les meilleurs sont : « La fleur » et « L'Esclave ». Ses récits paraissent d'ordinaire dans les *Nouvelles*, journal de Saint-Pétersbourg, mais il en a déjà publié trois recueils sous les titres : « Pod gnetom » (*Sous le joug*), 1884; « Cordes brisées », 1886, et « Petits récits », 1887.

Baratier (Aristide-Émile-Anatole), écrivain militaire français, né à Orange (Vaucluse), en 1834. Élève de l'École de Saint-Cyr, il servit dans l'infanterie, puis il entra dans le corps de l'intendance. Après avoir été attaché en qualité de sous-intendant à la division militaire de Nantes, il devint professeur à l'École supérieure de guerre. Collaborateur du *Journal des sciences militaires* et des *Mélanges militaires*, il a publié un certain nombre d'études sur l'administration militaire. Nous citerons de lui : « Création de manutentions roulantes pour les quartiers généraux et les divisions en campagne », 1872; « Principes rationnels de la marche des *impedimenta* dans les grandes armées », 1872; « De l'administration militaire et du fonctionnement des services administratifs », 1872; « Les *Impedimenta* dans l'armée autrichienne », 1874; « L'Art de ravitailler les grandes armées », 1874; « Essai d'instruction sur la subsistance des troupes en campagne dans le service de première ligne », 1875; « L'Administration publique en France », 1885.

Baratieri (Oreste), écrivain, homme de guerre et homme politique italien, actuellement commandant de quelques bataillons de bersaglieri en Afrique, est né le 13 novembre 1841 à Condino dans le Trentino. Il fit ses études à Trente et à Méran; en 1860, il s'engagea comme volontaire dans l'expédition dite des Mille et débarqua avec Garibaldi à Marsala. Il gagna bien vite son grade de major, et il passa à commander un bataillon des Bersaglieri. Nommé député au Parlement, il s'établit à Rome, où il prit part aux travaux de la Société Géographique italienne et dirigea la *Rivista Militare italiana*. Il écrit avec aisance sur les questions militaires et géographiques, en mettant un talent distingué à la disposition d'une science peu commune. Parmi ses publications les plus remarquables, nous citerons : « Da Veissemburg a Metz », lettres militaires sur la guerre de 1870, Cagliari, 1871; « L'esercito russo nel 1871 », Rome, 1871; « La situazione militare della Svezia nel 1872 », Rome, 1872; « La tattica odierna della fanteria », Rome, 1873; « La guerra civile di Spagna », Florence, 1875; « Il tiro al bersaglio », Rome, 1876; « Un' escursione in Tunisia », Florence, 1875; « L'Afghanistan », 1881; « La leggenda dei Fabii », essai de critique historique militaire, avec une carto topographique ancienne et moderne, Romo, 1885; « Le fortificazioni dei Re e la moderna Roma », Rome, 1887; « Le istituzioni militari della Cina »; « La quistione del Congo »; « L'istituzione del Tiro a segno »; « I tiri a segno nella difesa delle Alpi »; « Forza e spirito delle truppe combattenti in Italia », 1887; « Una salita all'Adamello »; « Orazio Antinori viaggiatore », etc. Plusieurs de ces écrits ont paru dans la *Nuova Antologia*.

Barattani (Philippe), écrivain italien, né le 1er mars 1825 à Filottrano (Ancône); il fit pendant quelque temps son droit à l'Université de Rome; puis il s'établit à Ancône, où il enseigne la littérature. M. B. a publié: « Quattro drammi lirici », Trieste, 1856-67; « Tre tragedie liriche », Venise, 1858; « Drammi e tragedie liriche », Ancône, 1861; « Il viaggio dello spirito », cantique, 1862; « I legati di Clemente VII », drame historique, Ancône, 1864; « Il Conte Ugo », drame en vers; « Stamura », mélodrame, Ancône, 1865; « Stella », drame en vers, Ancône, 1866; « Sei drammi e commedie », Ancône, 1868; « Carme cittadino », Florence et Ancône, 1870; « Lorenza », comédie qui a paru dans un journal de Palerme; « Mozart e il suo Don Giovanni », brochure; « Discorso avanti alla casa nativa dello Spontini in Maiolati »; « Le passeggiate marchigiane », esquisses; « Studio sopra un passo del quinto canto dell'*Inferno* », dans la *Rivista Europea* de l'année 1877; « L'ospite », idylle bourgeoise en vers; « Gli scrupoli del babbo », pièce en un acte en vers, Ancône, 1882. Restent inédits: « I figli d'Alessandro VI », drame en vers; « Urbano Grandieri », mélodrame; « Sera e mattino », idylle-mélodrame présenté récemment au concours ouvert par le Cercle Artistique de Turin.

Barattani (Auguste), journaliste et homme de lettres italien, fils du précédent. Après avoir longtemps collaboré à la *Gazzetta d'Italia* et au *Corriere delle Marche*, il prit la direction de la *Gazzetta Provinciale di Bergamo*, d'où il passa au *Corriere della Sera* de Milan, dont il est un des principaux rédacteurs. Parmi ses ouvrages, nous citerons: « In vagone, racconto », Florence, tip. de la *Gazzetta d'Italia*, 1877; « Storia - I fiori - Sulla bara - Ad una festa da ballo - Una pazza », id., id. id.; « Capriccio di duchessa », 2me éd., Ancône, Aureli; « Della Nanà di Emilio Zola. Appunti e note », Bergame, Gaffurri et Gatti, 1880; « Ambascie crudeli -Fisiologia di un cittadino giurato », id., id., id.; « Sfumature, racconto », Milan, Guigoni, 1884; « L'amante dello zio Beppe », Milan, Brigola, 1888.

Baravalle (Charles), poète et homme de lettres italien, plus connu sous son nom de plume d'*Anastasio Buonsenso*, né à Côme en 1826. Il fit ses premières études à Milan et dans le Collège de Gorla (à une demi-lieue de Milan), où il eut pour maître M. Sirtori alors prêtre et qui devait mourir lieutenant-général dans l'armée italienne. Il fréquenta plus tard le Lycée de Milan, où il eut pour professeur M. Carlo Ravizza; de là il passa à l'Université de Padoue, mais des poésies patriotiques de lui, qui circulaient sous le manteau, attirèrent l'attention de l'ombrageuse police autrichienne et il lui fut défendu de poursuivre ses études dans les Universités de l'Empire. Il poursuivit ses études particulièrement, mais jamais il ne put obtenir la faculté d'exercer la profession d'avocat ou celle de notaire; il se tourna alors vers la poésie et surtout vers la satire pour laquelle il avait un penchant décidé. On se rappelle encore les poésies qu'il faisait paraître dans les dernières années de l'occupation autrichienne dans le *Quel che si vede e quel che non si vede* et dans le *Pungolo* de Milan, poésies qui malgré la surveillance méticuleuse de la censure autrichienne étaient inspirées au patriotisme le plus sincère. La Lombardie délivrée, la carrière de l'enseignement lui fut ouverte et il fut tour à tour professeur dans les lycées de Milan, de Pavie et de Sienne. Depuis une quinzaine d'années, il est professeur extraordinaire de *Stilistica* à l'Académie de Milan. Parmi ses ouvrages, nous remarquons surtout: « Satire », Milan, 1857; « La Mantenuta »; « Cosette del cuore »; « Sonetti, lettere e fame »; « Epistola ad un Vescovo »; « Addio e ricordi - Versi », Milan, tip. Sociale, 1871; « Una parabola », Milan, tip. éd. Lombarda, 1874; « Il battesimo, l'Educazione in convento, preghiera di una fanciulla a sua madre », dans l'*Almanacco del Libero Muratore*, Milan, III année, 1874; « Un'ora serena », Milan, Battezzatti, 1877; « Il libro della nostra vita », Milan, Bertolotti, 1877; « Le fanciulle », Milan, Robecchi, 1878; « La leggenda del maestro rurale », Milan, Zaniboni, 1879 extrait de l'*Almanacco degli educatori*; « La leggenda della pellagrosa », Milan, Carrara, 1880; « Capricci satirici - Versi », Milan, Robecchi, 1882; « Fioretti educativi d'un vecchio maestro », Milan, Bortolotti, id., etc. M. Baravalle a collaboré aussi dans le *Milano e suoi dintorni*, Milan, Beltrami, 1881, dans le *Nipote del Vesta Verde*, Milan, 1884, etc. M. Baravalle est membre effectif de l'Institut Royal des Sciences, Lettres et Arts de Milan.

Barazzuoli (Auguste), publiciste, avocat et homme politique italien, président de la *Società Liberale Monarchica* en Toscane, député au parlement, est né en 1830 à Monticiano (province de Sienne). En 1848, il s'engagea, comme volontaire, dans le bataillon des étudiants qui combattit à Curtatone. Reçu docteur en droit à l'Université de Sienne, en 1851, il entra dans les bureaux du célèbre avocat et patriote Vincent Salvagnoli. Pendant les premières années de son séjour à Florence, il écrivit et donna à la scène deux comédies, qui remportèrent un succès flatteur. Mais les devoirs de sa profession d'avocat et son patriotisme l'entraînèrent bientôt dans une autre direction. Il n'écrivit plus que des correspondances aux journaux, des lettres, des bulletins, pour préparer l'insurrection toscane ; et en plusieurs occasions il montra un véritable talent d'orateur ; sa parole est vive, pétillante, spirituelle, parfois mordante ; son style d'écrivain est toujours souple et délié, sans jamais tomber dans la platitude. Il est l'un des collaborateurs les plus éloquents et les mieux goûtés du journal *La Nazione*. Ses relations et ses discours au parlement brillent toujours par une grande clarté d'exposition, un bon sens et un bon goût remarquables. Parmi ses grands discours publiques, celui aux étudiants de Sienne, publié sous le titre : « Monarchia, Statuto, Savoia » ; l'autre, en commémoration du Roi Victor-Emmanuel, prononcé en 1881 à Sienne dans la Salle dite du *Mappamondo*, et un troisième aux membres du Cercle Universitaire *Savoia* sur le Statut, prononcé en 1884 à Rome dans la salle du *Collegio Romano*, ont eu l'accueil le plus sympathique et le plus grand retentissement.

Barba (Emmanuel), publiciste, patriote, médecin et professeur italien, né le 10 août 1819 à Gallipoli (Terra d'Otranto), où il enseigne. Il débuta par un mémoire : « Sui mezzi per evitare i falsi ragionamenti in medicina ». En 1852, de la prison, il lança un « Proclama agli Italiani » dont quatre éditions furent bien vite épuisées. En 1863, il fonda un journal politique et littéraire sous le titre : *Il Gallo*. En sa qualité de bibliothécaire de la ville de Gallipoli, il publia un « Bollettino bibliografico » ; il a aussi fondé un Musée d'Histoire naturelle et d'Archéologie dans sa ville natale. On a de lui aussi des vers, des mémoires, des traductions, un gros volume d' « Epigrafi italiane ». M. Caivano-Schipani nous apprend aussi qu'il a dans son portefeuille trois ouvrages importants : « Cenni statistici e stati grafici sul territorio di Gallipoli » ; « Canti popolari e proverbi gallipolitani » ; « Vocabolario del dialetto gallipolitano ».

Barba (Joseph), ingénieur français, né à Hayange (Moselle), le 16 juillet 1840. Il fit ses études au Lycée de Metz, et fut admis, en 1858, à l'École polytechnique. Au sortir de l'école, il entra dans le corps des ingénieurs de la marine, et en cette qualité fut chargé de la construction du premier navire construit en acier, *le Tonnerre*. En 1875, il donna sa démission et entra au Creusot comme ingénieur principal. Il est, depuis 1881, ingénieur en chef de cette importante usine. On lui doit : « Étude sur l'emploi de l'acier dans les constructions », Paris, Baudry, 1874, 2me éd., 1875 ; « Expériences de résistance à la traction », dans les *Mémoires de la Société des ingénieurs civils*, 1881.

Barbacci (Guillaume), écrivain italien, délégué pour les écoles et juge de paix à Barchi (Ombrie), ancien professeur de littérature italienne, né à Scheggia le 15 octobre 1818. Il a publié : « Orazione panegirica ad onore di San Luigi Gonzaga, » Fano, 1850 ; « Corona di fiori poetici, colti in riva al Sentino e offerti a Maria Immacolata », Gubbio, 1855 ; « Un saggio sui tre regni della Natura », Fossombrone, 1862 ; « Phaleucia carmina », Pérouse, 1866 ; « Religione, patria, lavoro e libertà », chants pour le peuple, Foligno, 1870.

Barbaro-Forleo (Alfred), poète et avocat italien, né en 1856 à Francavilla Fontana (Terra d'Otranto). En 1880, il fut reçu docteur en droit à l'université de Naples. Après la mort de son père, en 1884, il se retira à Francavilla. Il a publié : « Melanconia, liriche giovanili », Bologne ; « In occasione dei solenni funerali di Vittorio Emanuele, versi », Naples ; « Liriche in prosa, bozzetti », Milan ; « All' Italia per le sue terre irredente », vers mis en musique par le maestro F. Finamore ; « Il libro dell'amore, Canzoniere », Gênes ; « Per la festa dell'Ascensione, bozzetto pugliese », Naples ; « Casamicciola, versi », Naples ; « Proximus tuus, poema sociale », Naples ; « I sette peccati capitali, sonetti », Naples ; « Lotte del Cuore » ; « Nuove liriche », Naples ; « La leggenda di Trani », Naples ; « Funeralia », Naples ; « Il Trovatello, poema sociale » ; « Fantasie » récits et nouvelles.

Barbedette (Hippolyte), littérateur français, né à Poitiers en 1827, étudia le droit et entra dans la magistrature ; il se démit de ses fonctions judiciaires pour se livrer à des recherches sur l'histoire de la musique et à la critique d'art. Il s'est fait connaître comme critique musical et littéraire par des articles publiés dans le *Ménestrel* et par les ouvrages suivants : « Beethoven, esquisse musicale » 1859, 2me éd. 1870 ; « Chopin, essai de critique musicale » 1861, 2me éd. 1869 ; « Weber » 1863, 2me éd. 1874. « Essai et critiques, études sur la littérature contemporaine et les idées nouvelles » 1865, volume dans lequel Mr B. a recueilli un certain nombre d'articles littéraires et politiques publiés dans le *Courrier de la Rochelle* ; « F. Schubert, sa vie, ses œuvres, son temps » 1866 ; « Félix Mendelsohn Bartholdy » 1869 ; « Stephen Heller » 1876. Mr Barbedette a publié aussi des notices étendues sur Haydn et sur Gluck. Ses œuvres musicales gravées sont éditées chez Hamelle (100 œuvres environ pour piano, violon, chant). En 1878, M⁻ Barbedette fut élu député par le collège de la Rochelle, aujourd'hui il représente au Sénat le département de la Charente.

Barbèra (Fratelli, eredi di Gasparo), une des maisons éditoriales les plus connues de Florence et de l'Italie. Fondée d'abord, par MM. Celestino Bianchi et Gaspard Barbèra, vers 1854, elle ne tarda pas à devenir la propriété de M⁻ Barbèra seul. M⁻ Barbèra, qui est mort à Florence le 13 mars 1880, a écrit lui-même ses mémoires « lo Memorie di un editore » qui furent publiés par le soin de ses fils, trois ans après sa mort. Nous nous bornerons donc à donner ici le titre des recueils les plus importants publiés par M⁻ Barbèra père. Le plus important et, sans aucun doute, le plus beau joyau de sa couronne d'éditeur est cette sympathique *Biblioteca Diamante* qui a eu un énorme succès et qui a été souvent imitée en Italie. Rappelons encore une *Biblioteca scientifica* initiée en 1860, une *Biblioteca scolare* très économique. Après la mort du père, ses deux fils, Pierre et Louis, ont pris la direction de la maison. Ils ont ajouté à leurs collections « la Raccolta di Novelle e Romanzi », « la Piccola Biblioteca del Popolo Italiano » et « la Collezione di Manuali di Scienze giuridiche, sociali e politiche » ; ils ont en outre ajouté à leur imprimerie un atelier de reliure des mieux outillés et ils ont commencé à publier des éditions illustrées. C'est la maison Barbèra qui est chargée de la grande édition nationale des œuvres complètes de Galilée. M⁻ Pierre Barbèra, qui dirige la maison, tandis que son frère Louis s'occupe de l'administration, a fait aussi ses preuves comme homme de lettres. Dans sa jeunesse, il s'est livré à des recherches biografiques sur les principaux éditeurs italiens et il a publié les biographies de Vincenzo Battelli et de David Passigli dans une petite édition qui n'a pas été mise en commerce. Il a recueilli aussi des notes sur Niccolò Bettoni et sur l'histoire de la librairie en Italie, mais absorbé par les affaires, il n'a pas encore trouvé le temps de publier le résultat de ses recherches, qui viendrait à point pour combler une véritable lacune. Mais la piété filiale de M⁻ Pierre Barbèra tient surtout à ce qu'on rappelle les soins que, avec le professeur Mestica, il a donné à la publication des Mémoires posthumes de son père, mémoires auxquels il a ajouté un dernier chapitre sur les dernières années de la vie de cet homme de bien. M⁻ Pierre B. a en outre recueilli et mis en ordre les lettres de son père publiées à la fin de ses Mémoires.

Bárbera (Louis), philosophe italien, né dans l'ancien royaume de Naples ; il fit ses études à l'Université de Pise et réside maintenant à Bologne en qualité de professeur ordinaire de philosophie morale à l'Université. On a de lui : « Gli elementi della metafisica del bene » Florence, 1864 ; « Della istruzione classica e scientifica » lettre à M⁻ Amicarelli, député, extrait du journal la *Nazione* de Florence, 1864 ; « Lezioni di logica inventiva » Pise, 1866 ; « Della legge di universale rotazione e della unità del sistema del mondo » Naples, Ghio, 1867 ; « Prolusione al Corso della Filosofia morale » Rome, 1872 ; « Teoria del calcolo delle funzioni » Bologne, 1876 ; « Nuovo metodo dei massimi e dei minimi delle funzioni primitive e integrali » Bologne, 1877 ; « Introduzione allo studio del calcolo » Bologne, 1881, ouvrage dont M. S. R. Minich a rendu compte dans les *Atti dell'Istituto Veneto*, 1882-83 ; « I Simplicci contemporanei, ovvero critica del calcolo infinitesimale » Turin, Loescher, 1883 (Cfr. « Conferma dell'ipotesi di Laplace sul nostro sistema planetario e legge di universale rotazione proposta dal prof. Barbera » de M⁻ Ungaralli dans la *Rivista Bolognese*, 1867).

Barberet (Joseph), administrateur français, chef de bureau des sociétés professionnelles au ministère de l'Intérieur, né à Demigny (Saône et Loire) en 1837. On a de lui : « La Bataille des intérêts, suivie d'un appendice intitulé la Calomnie » Paris, Cinqualbre, 1879 ; mais son grand ouvrage est : « Le Travail en France. Monographies professionnelles » ouvrage qui aura au moins 10 vol. et dont les deux premiers ont paru à Paris et à Nancy en 1885-86.

Barberis (Jules), prêtre catholique italien, de l'Ordre des Salésiens institué par le célèbre Dom Bosco, né en Piémont. Nous connaissons de lui : « La Republica Argentina e la Patagonia » Turin, 1877 ; « Storia antica, orientale e greca ad uso delle scuole e della costumata gioventù » id. id. ; « Relazione a S. E. il Ministro della Istruzione Pubblica sui Seminarii del Regno » Rome, 1879 ; « Il grande S. Agostino vescovo d'Ippona » San Benigno Canavese, 1887, 3 vol. ; « L'apostolato del secolo XVIII » id. id.

Barbet de Jouy (Joseph-Henri), littérateur et archéologue français, né à Cauteleu, près de Rouen, le 16 juillet 1812. Conservateur du musée des Souverains et des objets d'art du moyen-âge et de la Renaissance au musée du Louvre. Devenu conservateur des peintures, puis de la sculpture moderne au Louvre, il a été nommé, par décret du 1er mars 1879, administrateur des musées français. On doit surtout à M⁻ B. de J. des publications relatives aux objets d'art conservés dans les collections confiées à ses soins : « Les Della Robbia, sculpteurs en terre émaillée. Étude, suivi d'un catalogue de leurs œuvres fait en Italie en 1853 » Paris, Renouard, 1855 ; « Descriptions des sculptures modernes, de la Renaissance et du moyen-âge du musée impérial du Louvre » Paris, 1856 ; « Les Mosaïques chrétiennes des basiliques et des églises de Rome décrites et expliquées » Paris, Dideron, 1857; « Études sur les fontes du Primatice » Paris, Renouard, 1859 ; « Notice des antiquités, objets du moyen-âge, de la Renaissance et des temps modernes, composant le Musée des Souverains » Paris, 1865, 2me éd. 1866; « Galerie d'Apollon ; notice des gemmes et joyaux » Paris, 1867 ; « Musée national du Louvre. Description des sculptures du moyen-âge, de la Renaissance et des temps modernes » Paris, 1873. Citons enfin pour la dernière, comme celle qui dépasse de beaucoup en importance toutes les autres; « Les gemmes et joyaux de la couronne, publiés et expliqués par H. B. de J., dessinés et gravés à l'eau forte d'après les originaux par Jules Jacquemart » Paris, chalcographie des musées impériaux du Louvre, 1re partie, in-fol. avec 30 pl. 1865, 2me partie in-fol. avec 30 pl. 1868. En 1880-85 a paru chez Léon Techener à Paris une nouvelle éd. de cet important ouvrage en 31 livraisons in-folio.

Barbey d'Aurevilly (Jules-Amédée), journaliste français, né à Saint-Sauveur-le-Vicomte (Manche) le 2 novembre 1808 et non en 1811, comme le disent Larousse, Lorenz et presque tous ses biographes. Inscrit dans les registres de l'état civil sous le seul nom de Barbey, il y ajouta plus tard celui d'Aurevilly non par adoption ainsi que le dit Mr d'Heilly dans son *Dictionnaire des pseudonymes*, parce que dans ce cas il y aurait une note en marge de son acte de naissance qui dans le fait n'existe pas, mais probablement de part l'alphabet, comme dit Casanova *de Seingalt*. Il débuta en 1825, par une brochure intitulée : « Aux héros des Thermopyles ». Il travailla ensuite dans divers journaux de province et habita longtemps la ville de Caen, où Mr Trebutien, son ami, imprima à très petit nombre quelques essais littéraires, non mis dans le commerce, parmi lesquels nous rappellerons seulement un petit recueil de poésies, sans titre, et par conséquent anonyme, en tout de 54 pages, in-8 carré. Sur la 2 page on lit : Imprimé à XXXVI exemplaires par les soins de G. S. Trebutien, chez Hardel à Caen MDCCCLIV. Ce volume contient 12 pièces de vers, dont plusieurs pouvaient paraître un peu légères à l'époque où elles furent publiées, maintenant nous en avons bien vu d'autres. A la même période de la vie de l'auteur se rapporte un petit volume imprimé à Caen intitulé : « Eugénie de Guerin. Reliquiae » et contenant une notice sur Mlle Eugénie de Guerin, sœur du poète Maurice de Guerin, son Memorandum et sa correspondance. A partir de 1881, Mr d'A. fut attaché au *Pays*, pour lequel il rédigea des articles, où il révélait déjà toutes les qualités et tous les défauts qui devaient plus tard lui donner une bruyante renommée. En 1858, il a été avec MM. Escudier et Granier de Cassagnac père, l'un des fondateurs et des rédacteurs du *Reveil*, et, depuis, l'un des principaux collaborateurs littéraires de la *Situation*, du *Gaulois*, du *Constitutionnel*, de la *Veilleuse*, et de plusieurs autres journaux. Mr Barbey d'Aurevilly, se signalant autant par l'excentricité de son style que par celle de ses manières, nous donnons ici deux extraits d'un remarquable article de Paul de Saint-Victor, publié dans l'ancien *Figaro*; dans le premier l'écrivain est jugé de main de maître par une styliste qui s'y connaît: « L'Église militante n'a pas de champion plus « fougueux que ce templier de la plume dont « la critique guerroyante est une croisade per- « pétuelle ; mais le polémiste intraitable est en « même temps de l'originalité la plus fière...... « Jamais peut-être la langue n'a été poussée à « un plus fier paroxysme ; c'est quelque chose « de brutal et d'exquis, de violent et de déli- « cat, d'amer et de raffiné. Cela ressemble à « ces breuvages de la sorcellerie, où il entrait « à la fois des fleurs et des serpents, du sang « de tigre et du miel ». Et maintenant le second portrait, où le personnage physique est peint d'une manière frappante : « Il est grand « et svelte, d'un port d'hidalgo, le pas délibéré « et frappant du talon, le nez au vent, roide- « ment campé sur les jambes. Enferré dans sa « redingote tunique, d'un goût qui n'est qu'à lui « seul, crocheté, sanglé, coupé en deux à la « taille comme un officier belge, la poitrine « enflée, boutonnée, plastronnée, les bras forcés « dans les manches étroites, ouvertes sur le « côté à la hussarde, moins les galons. Il porte « des gants blancs couturés en noir, couleur « aurore ou mi-partie, des manchettes en en- « tonnoir de gantelet tenues à force d'empois à « la roideur du cuir verni; son pantalon collant « à sous-pieds est carrelé blanc, rouge, noir et « vert à l'écossaise, parfois zébré ou écaillé « comme un peau de tigre ou de serpent. Le « chapeau sur l'oreille, à la casseur d'assiettes, « il tient de la main droite une canne et de la « main gauche un petit miroir dans lequel il « vérifie, de cinq en cinq minutes, son identité ». Et maintenant renvoyant ceux de nos lecteurs qui désireraient de plus amples détails sur cet original écrivain, à l'article déjà cité de Paul de Saint-Victor, nous donnons ici la liste de ses ouvrages : « L'Amour impossible, chronique parisienne », 1re éd., Paris, Delanchy, 1841 ; nouvelle éd. Librairie Nouvelle, 1859 ; « La Bague d'Annibal » Duprey, 1843 — en 1884 l'éditeur Lemerre a réuni en un seul volume ces deux compositions; « du Dandysme et de Georges Brummel » Paris, Ledoyen, 1842, 2me éd., Poulet Malassis, 1861, 3mo éd., Lemerre, 1880 ; « Les prophètes du passé (J. de Maistre, De Monald, Chateaubriand, Lamennais), Caen, Hervé, 1851, 2me éd. Librairie Nouvelle, 1860, une troisième éd. en a été donnée en 1880 par Palmé, dans laquelle aux personnages ci-desgus, l'auteur a ajouté: Blanc de Saint-Bonet ; « Un vieille maîtresse » 3 vol. Paris, Cadot, 1821, 2me éd., id. 1858, 3me éd., Faure, 1866, 4me éd., en deux vol., Lemerre, 1879, 5me éd. 1886, (les dernières éditions ont un peu gazé les tableaux les plus risqués de cet ouvrage) ; « L'Ensorcellée » 2 vol., Paris, Cadot, 1854, 2me éd., Librairie Nouvelle, 1858, 3me éd. Lemerre, 1873, souvenirs de la Chouannerie normande, l'une des œuvres le plus caractéristiques de l'auteur ; « Notice sur F. M. Audin, auteur des Histoires de Luther, de Calvin, de Léon X et de Henri VIII » Paris, Maison, 1856 ; « Les œuvres et les hommes. Dix-neuvième siècle, 1re partie. Les philosophes et les écrivains religieux. 2me partie. Les historiens politiques et littéraires. 3me partie. Les poètes » Paris, Amyot, 1868, 1861-63 ; « 4me partie. Les Romanciers » id. id. 1866, 2me éd. Palmé, 1876 ; « 5me partie. Les Bas Bleus » Palmé, 1877 ; « 6me partie. Les critiques ou les juges jugés » Paris, Frinzine, 1885 ; « 7me partie. Sensations d'art » id. id. 1887 ; « Les Misérables de Victor Hugo » 1862 ; « Les quarante médaillons de l'Académie » curieux article sur l'Académie qui a soulevé quelques colères et de classiques rancunes, publié d'abord dans le Nain Jaune, sous le pseudonyme de Olda Noll et ensuite chez Dentu, 1863 ; « Le chevalier des Touches » Paris, Lévy frères, 1864, 2me éd., Lemerre, 1879, 3me éd. Jouaust, 1886 ; « Un prêtre marié » 2 vol. Faure, 1885, 3me éd. Palmé, 1874, 4me éd. Lemerre, 1882, et publié d'abord en feuilleton dans le Pays ; « Les Diaboliques (les six premières) » Paris, Dentu, 1874, ouvrage saisi peu de jours après sa publication comme contraire à la morale et détruit par l'éditeur sans avoir été poursuivi, une 2me éd. en a été donné en 1883 par Lemerre ; « Goethe et Diderot » Paris, Dentu, 1880 ; « Une histoire sans nom » Paris, Lemerre, 1882 ; « Memoranda, Préface de Paul Bourget » Paris, Rouveyre et Blond, 1885 ; « Les ridicules du temps » id. id. id. ; « Ce qui ne meurt pas » Paris, Lemerre, 1884, nouvelle éd. id. id. 1888 ; « Les Vieilles actrices ; le Musée des antiques » Librairie des auteurs modernes, 1884 ; « Une page d'histoire (1603) » Paris, Lemerre, 1886 ; le Figaro, supplément littéraire du 25 février 1888 a commencé à publier des pensées détachées de Mr B. d'A. qui forment le premier chapitre d'un livre, auquel cet écrivain met la dernière main.

Barbié du Bocage (Amédée), géographe français, fils et petit-fils de deux illustres écrivains de géographie. Son grand-père M. Jean Denis B. du B. fut le seul élève qu'eût formé le célèbre Danville. M. Amédée B., né à Paris, en 1832, a publié : « De l'introduction des Arméniens catholiques en Algérie », 1855 ; « Suez et Gerim », 1858 ; « Madagascar, possession française depuis 1642 », 1859 ; « Le Maroc », 1861 ; « Essai sur l'histoire du commerce des Indes orientales avant Alexandre le Grand », 1864 ; « Revues géographiques des années 1861, 1863, 1865 », publiées respectivement en 1862, 1864, 1866 ; « Rapport sur les travaux de la Société de géographie et sur les progrès des sciences géographiques pendant l'année 1866 », 1867 ; « Bibliographie annamite », 1867 ; « Rapport à la Société de géographie sur l'ouvrage de M. Codine intitulé: *Mémoire géographique sur la Mer des Indes* », 1868 ; « Rapport sur le concours au prix annuel fondé par Sa Majesté l'Impératrice pour la découverte la plus importante en géographie ou le travail le plus utile soit à la diffusion des sciences géographiques soit aux relations commerciales de la France », 1870 (ce rapport concluait à ce que le grand prix de dix mille francs fût décerné à M. Ferdinand de Lesseps, créateur du canal maritime à travers l'isthme de Suez) ; « Rapport sur la guerre de 1870-71 - 1er bataillon de la garde nationale du Canton de Conches (Eure) », 1872 ; « Rapport sur les documents envoyés à la Société des agriculteurs de France par M. le Ministre des domaines de Russie », 1877 ; « Des influences météorologiques sur la végétation forestière, de la distribution géographique des forêts et de la répartition des essences - Rapport au Congrès international d'agriculture de 1878 », Nancy, 1878 ; « Rapport à la Société des agriculteurs de France sur le travail de la Commission parlementaire des tarifs douaniers en ce qui touche le commerce des bois », 1880 ; « Boisement des terrains agricoles improductifs », 1881 ; « Essai sur les théories commerciales », 1883 ; « De l'influence des bois sur la culture des terres arables », 1883 ; « Le commerce des bois en 1880 et 1881 », 1883 ; « L'agriculture dans l'île de Madagascar », 1885 ; « Sur la nécessité de frapper d'un droit les blés étrangers à leur entrée en France », 1885 ; « Essai sur la politique coloniale », Évreux, 1885. On trouvera aussi de nombreux travaux de M. Barbié de Bocage dans le *Bulletin de la Société de Géographie*, dans ceux de la *Société d'Agriculture de l'Eure* et de la *Société Nationale d'Agriculture*.

Barbier (Frédéric-Étienne), écrivain dramatique et musicien français, né à Metz, le 15 novembre 1829. Il est actuellement chef d'orchestre au Concert de l'Alcazar à Paris. Il a fait représenter, dit Nérée Quépat « sur toutes les petites scènes lyriques de Paris et dans des cafés-concerts plus de soixante ouvrages plus ou moins importants, opéras-comiques, opérettes ou ballets ». Les premières compositions datent de l'année 1855 ; « Le Mariage de Colombine », 1 acte ; « Une nuit à Séville », 1 acte ; « Rose et Narcisse », 1 acte. Les dernières sont : « Corinna », opéra-comique en trois actes ;

« Les Incroyables », opéra-bouffe en trois actes; « La chaumière indienne », opéra-comique en un acte. M. B. a aussi collaboré, comme critique, aux journaux *L'Avenir Musical* (1853), et l'*Indépendance dramatique.*

Barbier (Joseph-Victor), géographe français, né à Nancy, en 1840, où il réside maintenant en qualité de secrétaire général de la Société de Géographie de l'Est. On a de lui : « Le livre d'or de la géographie dans l'Est de la France », Nancy, Berger Levrault, 1881; « A travers le Sahara. Les missions du Colonel Hatters », 1884; « Rapport sur les 6e et 7e sessions du Congrès national de géographie à Douai (1883) et à Toulouse (1884) », Paris, Berger Levrault, 1885; « Les Voyageurs inconnus. Un Vosgien tabou à Nouka Heva, souvenirs de voyage de Georges Winter, ex-soldat d'infanterie de marine », id., id., 1885; « Essai d'un lexique géographique », id., id., 1886.

Barbier (Joseph), ecclésiastique belge, né à Namur, le 17 novembre 1833, curé à Liernu, il a publié : « Nécrologe de l'abbaye de Floreffe, de l'ordre des Prémontrés, au diocèse de Namur », Louvain, 1877, et « Documents relatifs à la fondation du monastère des Bénédictines de la Paix Notre-Dame à Namur », Louvain, 1877; les deux, extraits des *Analectes pour servir à l'histoire ecclésiastique de la Belgique*, tome XIII et XIV. En collaboration avec son frère aîné, M. Victor Barbier, prêtre et ancien professeur au séminaire de Floreffe, né à Namur, le 8 novembre 1831, il a publié : « Histoire de l'abbaye de Floreffe », Namur, 1880 et suivants.

Barbier (Jules-Claude), jurisconsulte et écrivain français, né à Montmorency (Seine et Oise) le 28 février 1815. Après treize ans (1835-1848) d'exercice au barreau et d'une collaboration active au journal le *Droit*, il fut nommé, le 28 février 1848, substitut du procureur général près la Cour d'appel de Paris, et, parcourant peu-à-peu la carrière, il arriva, le 15 novembre 1884, au poste de premier président de la Cour de cassation. En 1873, il a publié : « Lois du jury, compétence et organisation ». M. Barbier a consacré ses loisirs à l'histoire et aux lettres. Plusieurs fois président, et enfin président honoraire, de la Société des études historiques, il a fait paraître de nombreux mémoires; citons : « Les cours d'amour »; « Le procès de Socrate »; « La Femme aux deux maris »; « Le Testament de Louis XIV »; « Les Premières années de la Régence »; « Pierre de Cugnières »; « Juvenal des Ursins »; « Jean Desmarets »; « Guy du Faur de Pibrac »; « Achille de Harlay »; « Claude Gautier »; « Dialogues d'outretombe »; « Desportes et Bertaux »; « Histoire du Ministère public en France ». En outre, il est l'auteur des ouvrages suivants : « Traduction en vers des Satires de Perse »; 1843; « Les Deux Arts Poétiques d'Horace et de Boileau », 1874; « L'Iliade d'Homère, traduite en vers français », 2 vol., 1880.

Barbier (Paul-Jules), auteur dramatique français, fils de Nicolas Alexandre B. peintre de mérite (1789-1864), né à Paris, en 1822, embrassa de bonne heure la carrière des lettres et débuta dès l'âge de treize ans par un dithyrambe intitulé : « La Voix de la France », Paris, 1835; il publia ensuite, dans le journal l'*Illustration*, un à propos en vers « L'Ombre de Molière », qui fut représenté à la Comédie-Française le 15 janvier 1847; le 16 avril de la même année il faisait jouer sur la même scène un drame en cinq actes et en vers : « Un poète », qui obtint un certain succès. Depuis lors, M. Barbier a donné les pièces suivantes : en 1848 : « Amour et bergerie », en un acte, en vers; « Les Premières coquetteries », comédie vaudeville en un acte; « Oscar XXVIII », comédie-vaudeville en deux actes, avec Labiche et Decourcelle; en 1849 : « Bon gré mal gré », comédie en un acte et en prose; « André Chénier », drame en vers; « Un drame de famille », drame en cinq actes, avec Michel Carré; « Le Feu de Paille », comédie-vaudeville, en un acte avec Chapelle; « Graziella », drame en un acte, tiré des *Confidences* de M. de Lamartine, avec Michel Carré. En 1850 : « Laurence », drame en deux actes, avec Théodore Barrière et Michel Carré; « Henriette Deschamps », drame en trois actes avec Michel Carré et A. Dumesnil; « L'Amour mouillé », comédie-vaudeville en un acte, avec Michel Carré et Arthur de Beauplan; « Les Amoureux sans le savoir », comédie en un acte et en vers, avec Michel Carré; « Jenny l'ouvrière », drame en cinq actes, avec Decourcelle. En 1851 : « Les Contes d'Hoffmann », drame fantastique en cinq actes avec Michel Carré; « Un Roi de la Mode », comédie en trois actes, mêlée de couplets, avec Decourcelle et Barrière; « Les Derniers Adieux », comédie en un acte et en prose avec Michel Carré; « La Fileuse », drame en cinq actes avec Michel Carré; « Les Marionettes du Docteur », drame en cinq actes, avec Michel Carré, musique d'Ancessy. En 1852, toujours en collaboration avec Michel Carré : « Galatée », opéra-comique en deux actes, musique de Victor Massé; « Le Mémorial de Sainte-Hélène », drame historique, musique d'Artus. En 1853, et toujours avec la même collaboration : « Les Noces de Jeannette », opéra-comique en un acte, musique de Victor Massé; « Les Papillottes de Monsieur Bénoît », opéra-comique en un acte, musique d'Henri Reber. En 1854 : « Les Antipodes », vaudeville en un acte, musique de G. Hirt; « Les Sabots de la Marquise », opéra-comique, musique d'Ernest Boulanger, les deux en collaboration avec Carré; et « Le Roman de la Rose », opéra-comique en un acte, avec

Jules Delahaye, musique de Prosper Pascal. En 1855, avec M. Carré : « Miss Fauvette », opéra-comique en un acte, musique de Massé ; « Deucalion et Pyrrha », opéra-comique en un acte, musique d'Alexandre Montfort ; « Les Saisons », opéra-comique en trois actes, musique de Massé ; et avec d'autres collaborateurs : « Une épreuve avant la lettre », comédie-vaudeville en un acte avec Cordellier-Delanoue, et « L'Anneau d'argent », opéra-comique en un acte avec Léon Battu, musique de Louis Deffes. En 1856, avec Carré : « Valentine d'Aubigny », opéra-comique en trois actes, musique d'Halévy. En 1857, toujours avec Carré : « Psyché », opéra-comique en trois actes, musique d'Ambroise Thomas. En 1858, avec son collaborateur ordinaire : « Le Médecin malgré lui », opéra-comique en trois actes, musique de Charles Gounod. En 1858, avec Carré : « Les Noces de Figaro », opéra en quatre actes, musique de Mozart. En 1859, toujours avec le même collaborateur : « Faust », opéra en cinq actes, musique de Gounod ; « Le Pardon de Ploërmel », opéra-comique en 3 actes, musique de Meyerbeer. En 1860 : « Gil Blas », opéra-comique en 5 actes, avec Michel Carré, musique de Th. Semet. En 1861 : « Cora, ou l'Esclavage », drame en cinq actes et sept tableaux ; « La Nuit aux gondoles », opéra-comique en un acte, musique de Prosper Pascal. En 1862 : « La Reine de Saba », opéra en cinq actes, avec Michel Carré, musique de Gounod ; « La Fille d'Égypte », opéra-comique en deux actes et trois tableaux, musique de Jules Beer. En 1863 : « Les Peines d'amour », opéra en quatre actes avec Michel Carré, imitation du *Così fan tutti* de Mozart. En 1864 : « La fille du maudit », drame en cinq actes et sept tableaux. En 1865 : « Lisbeth ou la Cinquantaine », opéra-comique en deux actes, musique de Mendelssohn ; « Princesse et favorite », drame en cinq actes ; « Les Mariages de don Lopez », opéra-comique en un acte, musique de Hartog. En 1866 : « Les Dragées de Suzette », opéra-comique en un acte, musique de Salomon ; « Le Maître de la Maison », comédie avec Foussier. En 1867 : « Maxwell », drame en cinq actes avec un prologue ; « Roméo et Juliette », opéra en cinq actes, avec Michel Carré, musique de Gounod ; « Mignon », opéra-comique en trois actes, avec Carré, musique d'Ambroise Thomas. En 1869 : « La loterie du mariage », comédie en deux actes et en vers. En 1869 : « Don Quichotte », opéra-comique en trois actes, musique d'Ernest Boulanger. En 1872 : « Sous le même toit », comédie en un acte. En 1873 : « La gusla de l'Emir », opéra-comique en trois actes, avec Carré, musique de Dubois ; « Jeanne d'Arc », drame en cinq actes en vers avec chœurs, musique de Charles Gounod, l'édition de 1873 que nous citons est conforme à la représentation qui n'eut lieu qu'en 1873, mais la pièce avait été écrite par l'auteur et imprimée dès 1869. En 1875 : « Don Mucarade », opéra-comique en un acte, musique d'Ernest Boulanger. En 1876 : « Les amoureux de Catherine », opéra-comique en un acte, d'après la nouvelle d'Erckmann-Chatrian, musique d'Henri Maréchal ; « Le Magnifique », opéra-comique en un acte, musique de J. Philipot ; « Sylvia, ou la Nymphe de Diane », ballet en trois actes, musique de Leo Delibes. En 1877 ; « Le Timbre d'argent », opéra-fantastique en quatre actes, avec Carré, musique de Camille Saint-Saëns ; « Graziella », drame lyrique en deux actes d'après le roman de Lamartine, musique d'Antony Chodens ; « Un retour de jeunesse », drame en cinq actes ; en vers ; « Paul et Virginie », opéra en trois actes avec Michel Carré, musique de Victor Massé. En 1878 : « Polyeucte », opéra en cinq actes, avec M. Carré, musique de Charles Gounod ; « La reine Berthe », opéra en deux actes, musique de V. Joncières. En 1881 : « Les contes d'Hoffmann », opéra en quatre actes, musique d'Offenbach ; « La Taverne des Trabans », opéra-comique en trois actes, en collaboration avec MM. Erkmann et Chatrian, musique de H. Maréchal. En 1882 : « Françoise de Rimini », opéra en 5 actes en collaboration avec Michel Carré, musique de A. Thomas. En 1884 : « Néron », opéra en quatre actes, musique de A. Rubinstein. En 1885 : « Une nuit de Cléopatre », opéra en trois actes, musique de V. Massé ; « Néron », drame en cinq actes, en vers. En 1886 : « Bianca Cappello », opéra en cinq actes, musique de H. Salomon. En dehors de ses pièces de théâtre, nous ne connaissons de M. Barbier que : « Le franc-tireur », Chants de guerre, Paris, Michel Lévy, 1871 ; « La Gerbe », un volume de poésies, Paris, Lemerre, 1882 ; et en 1886 la Préface de l'*Annuaire théâtral de Noël et Stoullig*. En 1879 il a publié, chez Lévy, deux volumes de « Théâtre en vers ». M. Barbier a été pendant longtemps président de la Société des auteurs dramatiques. Il a été nommé, en octobre 1887, directeur provisoire du théâtre de l'*Opéra Comique*.

Barbier (Pierre), poète et auteur dramatique français, né à Paris en 1854, fils du précédent, neveu d'Auguste Barbier, le poète des *Iambes*, arrière-neveu de l'abbé Prévost, auteur de *Manon Lescaut*, a commencé par faire de la peinture ; il a été pendant cinq ans élève de Bonnat. M. Pierre Barbier a fait représenter en 1876 au théâtre de la Gaîté « Le Roi chez Molière », à propos en un acte, en vers. En 1884 : « L'Enclume », opéra-comique en un acte, musique de Georges Pfeffer ; « Indigne », drame en quatre actes, aux Menus-Plaisirs. En 1886 : « Le Modèle », 1 acte, en vers, à l'Odéon. En 1887 : « Vincenette » 1 acte, en vers, à la Comédie-Française.

Barbier (Victor), écrivain et administrateur

français, né à Paris en 1828. Après avoir été pendant plusieurs années directeur des douanes à Chambéry, M. Barbier a été dernièrement admis à faire valoir ses droits à la retraite. M. Barbier est aussi membre de l'académie de Savoie. On a de lui : « La Savoie industrielle », 2 vol., Lyon, Georg, 1875 ; « Monographie historique de la bibliothèque de Chambéry », Chambéry, Perrin, 1883 ; « Les mosaïques du Hall du Cercle d'Aix-les-Bains du docteur A. Salviati », id. id., 1885.

Barbier de Meynard (Casimir-Adrien), orientaliste français, membre de l'Institut, né à Marseille en 1827, suivit d'abord la carrière des consulats, et fut attaché à la légation de France en Perse. Il devint plus tard professeur de turc à l'École spéciale des langues orientales vivantes. Le 9 mai 1876, il a été appelé à occuper la chaire de persan au collège de France, en remplacement de M. Mohl. Le 29 novembre 1878, il a été élu membre de l'Académie des inscriptions et belles-lettres, en remplacement du baron de Slane. On lui doit plusieurs importantes publications, parmi lesquelles nous citerons : « Dictionnaire géographique, historique et littéraire de la Perse et des contrées adjacentes ; extrait du Módjem el-Bouldan de Yaqout, et complété à l'aide de documents arabes et persans pour la plupart inédits », Paris, Duprat, 1861 ; « Description historique de la ville de Kazvên, extraite du Tarikhé guzideh de Hamd-Allah-Mustofi-Kazvini », id. id. id. ; « Extraits de la Chronique persane d'Hérat », id., Challamel, 1861 ; « Notice sur Mohammed ben Hassan Ech-Cheïbam jurisconsulte hanéfite », id., Duprat, id. ; « Tableau littéraire du Khorassan et de la Transoxanie au 4ᵐᵉ siècle de l'Hégire », id. id. id. ; « Ibrahim, fils de Mehdi. Fragments historiques, scènes de la vie d'artiste au III siècle de l'hégire (778 à 839, A. D.) », id., Maisonneuve, 1869 ; « Le Seïd Himyarite, recherches sur la vie et les œuvres d'un poète hérétique du II siècle de l'Hégire », id. Leroux, 1875 ; « La poésie en Perse, leçon d'ouverture faite au Collège de France, le 4 décembre 1876 », id. id., 1878, forme le tome XII de la *Bibliothèque orientale elzévirienne* ; « Dictionnaire turc-français, supplément aux Dictionnaires publiés jusqu'à ce jour, renfermant : 1º Les mots d'origine turque ; 2º Les mots arabes et persans ayant en osmanli une signification particulière ; 3º Des proverbes et locutions populaires ; 4º Un vocabulaire géographique de l'Empire Ottoman », tome 1. Paris, Leroux, ce volume a été publié de 1881 à 1885 en 4 livraisons. Le second volume, qui terminera l'ouvrage, sera également publié en 4 livraisons dont deux, formant la 1ʳᵉ partie du tome second, ont déjà paru, 1881-1886 ; l'ouvrage fait partie des *Publications de l'École des langues orientales vivantes* ; « Extrait du Miral ez zeman. — Fragments de la Chronique d'Alep et du Dictionnaire biographique de Kemal ed-din », dans le tome III, 2ᵐᵉ partie des *Historiens orientaux des Croisades*, publiés par l'Académie des Inscriptions et Belles-Lettres, Paris, imprimerie nationale, 1884 ; « Fin des Extraits d'Ibn el Athîr, Extraits d'Alainy (le collier des perles) » dans le tome II, 1ʳᵒ partie du recueil succité, id. id., 1888 (par suite de circonstances mentionnées dans la Préface, le tome II des *Hist. orient. des Crois*, a paru longtemps après le tome III) ; « Notice sur l'Arabie méridionale », dans les *Mélanges orientaux de l'École des langues orientales*, 1883 ; « Considérations sur l'histoire ottomane », dans les *Nouveaux Mélanges orientaux de l'École des langues orientales*, 1886 ; « Trois comédies (de Mirza Fèth Ali), traduites du dialecte turc azeri en persan par Mirza Dja'far et publiées d'après l'édition de Téhéran, avec un glossaire et des notes par B. de M. et S. Guyard », Paris, Imprimerie nationale, 1886 ; « L'Alchimiste, comédie en dialecte turc azeri, texte et traduction française », dans le *Journal Asiatique*, 1886. M. B. de M. a publié en outre plusieurs traductions, entre autres il a traduit et annoté : « Le livre des routes », d'Ibn Khordadbeh ; et en collaboration avec M. Paret de Courtelle les trois premiers volumes des « Prairies d'or », de Maçoudi. A partir du tome IV de cette publication — qui consiste de huit volumes et qui se fait aux frais de la Société Asiatique de Paris — M. Barbier a été chargé seul de cette publication qui a duré de 1861 à 1874 ; rappelons encore parmi ses traductions : « Le Boustan ou Verger, poème persan de Saadi », traduction, introduction et notes, Paris, Leroux, 1880 ; « Les Colliers d'or. Allocutions morales de Zamakhschari », Paris, Leroux, 1876 ; et « Les pensées de Zamakhschari », id. id. id.

Barbier de Montault (Xavier), archéologue et écrivain religieux français, né à Loudun (Vienne), en 1830. Après avoir reçu les ordres, il s'adonna d'une façon toute particulière à l'étude de l'archéologie chrétienne. En 1857, il fut nommé historiographe du diocèse d'Angers, qu'il quitta, en 1862, pour se fixer à Rome, où il a reçu le titre de camérier d'honneur de Pie IX. Mgr. Barbier de Montault, qui depuis quelques années est rentré en France, est chanoine de la basilique d'Anagni, officier d'Académie, correspondant du ministère de l'instruction publique pour les travaux historiques et membre de diverses sociétés françaises et étrangères. Il a collaboré aux *Analecta juris pontificii*, au *Bulletin monumental* de Mʳ de Chaumont, à la *Revue de l'art chrétien*, aux *Mémoires de la Société des antiquaires*, aux *Annales Archéologiques*, etc. Parmi ses nombreux articles, nous citerons : « Étude du symbolisme chrétien dans les œuvres d'art » Nîmes, 1855 ; « Épigraphie et iconographie des catacombes de Rome et spécialement d'Anagni » 1857; « L'année liturgique à Rome » Poitiers, 1857, plusieurs fois réimprimée; « Les Tapisseries du sacre d'Angers classées et décrites » 1858; « Peintures claustrales des Monastères de Rome » 1860; « Études ecclésiastiques sur le diocèse d'Angers » 1861; « Lettres inédites de Fénelon » Paris, 1863; « la Question des messes sous les Papes Urbain VIII et Innocent XII » Rome, 1863; « Étude archéologique sur le reliquaire du chef de Saint-Laurent » Rome, 1864; « Antiquité chrétienne de Rome du V au XVI siècle » Rome, 1864 et suiv.; « Iconographie des vertus à Rome » Arras, 1864; « les Fêtes de Noël et de l'Épiphanie à Rome » 1865; « les Fêtes de Pâques à Rome » Rome, 1866; « la Bibliothèque du Vatican et ses annexes » Rome, 1867; « Inscriptions françaises recueillies à Rome » Le Mans, 1868; « Épigraphie du Département de Maine et Loire » Angers, 1869; « Tableau raisonné des pierres et marbres antiques employés à la construction et décoration des monuments de Rome » Caen, 1869; « Exposition religieuse de Rome » Rome, 1870; « Les chefs-d'œuvre de la sculpture religieuse à Rome à l'époque de la Renaissance » Rome, 1870; « Les musées et galeries de Rome » Rome, 1870; « Iconographie et Symbolisme de la fable du loup écolier » Montauban, 1872; « Inscriptions bourguignonnes recueillies en Italie » Dijon, 1872; « Iconographie des Sibylles » Arras, 1874; « Le palais archiépiscopal de Bénévent » Arras, 1875; « Recueil de pratiques pieuses en l'honneur de Saint-Joseph » Rome, 1875; « Les Manuscrits du Trésor de Bari » Toulouse, 1876; « L'Archéologie et l'Art chrétien à l'exposition religieuse de Rome » Arras, 1877; « Les Églises de Rome étudiées au point de vue archéologique » Arras, 1877; « Notes archéologiques sur Moutiers et la Tarantaise » Moutiers, 1877; « le Trésor du Dôme d'Aix la Chapelle » Tours, 1877; « Traité de la visite pastorale selon la méthode de Benoît XIII » Paris, 1877; « Observations archéologiques sur les Églises de Rome » Arras, 1878; « Le Conclave et le Pape » Poitiers, 1878; « Traité pratique de la construction, de l'ameublement et de la décoration des églises, selon les règles canoniques et les traditions romaines, avec un appendice sur le costume ecclésiastique » 2 vol. Paris, 1878; « Le Trésor de la Basilique royale de Monza. Première partie: Les reliques » Tours, 1884; « L'Appareil de lumière de la cathédrale de Tours » Tours, 1884; « Inventaires et comptes de fabrique de l'église de Sainte-Radegonde des Pommiers (Deux Sèvres) » Saint-Maixent, 1885; « La Varvadieu, prière populaire recueillie de la bouche d'une vieille mendiante, à Loudun (Vienne) » Saint-Maixent, 1885; « Le Martyrium de Poitiers. Compte-rendu des fouilles » Poitiers, 1885; « Le Prieuré d'Availler, de l'ordre de Grammont » Vienne, 1885; « Les Clochettes de Langres et d'Orléans » Montauban, 1885; « L'inscription de la Grange-Lescou (Tarn et Garonne) » Montauban, 1885; « Statut des orfèvres de Poitiers, rédigés en 1456 » Paris, 1885; « Documents sur la question du martyr de Poitiers » Poitiers, 1886; « Le buste de Saint-Adolphe d'après une gravure du XVII siècle » Nancy, 1886; « Le Fer à hosties de Marsac (Tarn et Garonne) » Montauban, 1886; « Le grand Sceau de Raoul le Fou » Reims, 1886; « Les comptes de la corporation des gantiers à Rennes en 1842 » Rennes, 1886; « Les fers à hostie du diocèse de Verdun » Rennes, 1886; « Les Moules à bibelots pieux du Musée lorrain » Nancy, 1886; « Livres d'heures retrouvés de l'ancienne collection Mordret » Angers, 1886; « Note sur le processional de l'abbaye de Saint-Aubin à Angers » Angers, 1886; « Un agnus de Grégoire XI » Poitiers, 1886; enfin en collaboration avec M. L. Palustre; « Le Trésor de Trèves » Paris, 1886.

Barbiera (Raphaël), écrivain italien, né en 1851 à Venise; il débuta par des feuilletons dans la *Gazzetta di Venezia*, et par un essai littéraire sur le poète Praga dans l'*Eco dei Giovani* de Padoue. En 1876, il fut appelé à la rédaction du *Corriere della Sera* de Milan; en 1881, il dirigea le journal *Milano e l'Esposizione nazionale* et il entreprit la direction littéraire de l'*Illustrazione popolare italiana*. Il a collaboré à un grand nombre de journaux, entr'autres, à la *Rivista Europea*, à la *Rivista Minima*, à la *Gazzetta letteraria piemontese*, au *Fanfulla della Domenica*, au *Corriere del Mattino*, au *Giornale di Sicilia*, et il envoie de mois en mois des chroniques littéraires de la Lombardie à la *Rivista Contemporanea* de Florence. Parmi les publications de ce critique sympathique, à la plume dégagée, nous citerons: « Francesco Dall'Ongaro, ricordo », Venise, 1873; « Simpatie, studii letterarii », Milan, 1877; « Liriche moderne », avec une introduction sur la lyrique contemporaine, Milan, 1881; « Poesie d'Ippolito Nievo », avec une introduction sur l'auteur, Florence, Le Monnier, 1883; « Mondo sereno », Cesena, 1883; « Poesie edite, inedite e rare di Carlo Porta, scelte ed illustrate, colla biografia del poeta, rifatta su carteggi inediti », Florence, Barbèra, 1884; « Poesie veneziane scelte e illustrate », avec un essai sur la poésie en dialecte et sur le dialecte vénitien, Florence, Barbèra, 1886; « I Poeti della Patria ricordati al popolo italiano », Florence, Barbèra, 1886; « Chi l'ascolta? », entr'acte en vers, Città di Castello, 1886; « Almanacco delle Muse », anthologie lyrique contemporaine italienne, avec quelques renseignements biographiques sur les auteurs, Milan, Treves, 1888; « I poeti artigiani », Florence, Barbèra, 1888.

Barbieri (Francisco Asenjo), écrivain et compositeur de musique espagnol, membre, depuis 1873, de l'Académie de S. Fernando de Madrid, où il est né le 3 août 1823. Destiné par son père à la carrière d'ingénieur, il en fut détourné par sa passion pour la musique. Il étudia plusieurs instruments, s'engagea dans une musique militaire, devint choriste d'un théâtre de Madrid, et mena toute une vie d'aventures avant de percer comme compositeur. En 1850, il débuta par une *Zarzuela* (sorte de pièces comiques particulières au théâtre espagnol), et il ne tarda pas à se faire dans ce genre une grande réputation. Il a écrit de nombreux articles de critique, d'histoire et de littérature musicale, dans une vingtaine de journaux et revues espagnoles. Possesseur d'une riche bibliothèque spéciale, M. Barbieri a été, en 1866, l'un des fondateurs de la Société des bibliophiles espagnols; en 1868, il a été nommé professeur d'harmonie et d'histoire musicale au Conservatoire de Madrid.

Barbieri (Joseph), écrivain italien, directeur du *Circolo Frentano*, inspecteur des écoles à Larino, où il est né le 10 janvier 1847. Il a publié, entr'autres, une « Storia Frentana », traduit du grec les hymnes attribués à Homère, et publié des vers et une tragédie, dont le sujet est Maria de' Ricci.

Barbieri (Louis), écrivain italien, né, en 1859, à Quintano (arrondissement de Crême, province de Crémone); il fit ses premières études au gymnase de Crême d'où il passa au lycée de Lodi, et plus tard à l'université de Pavie. Revenu à Crême, il dut y accepter un petit emploi. On a de lui : « Gemmina, racconto sociale », Pérouse, 1886; « Ricordi di un operaio », Lodi, 1887; « La donna nella famiglia e nella società », Crême, 1887; et enfin: « La Biblioteca Storica Cremasca », qui doit comprendre dix volumes; quatre ont déjà paru, ce sont: « La Beneficenza in Crema e nel Circondario »; « Compendio cronologico della Storia di Crema, dalla fondazione della città ad oggi »; « Crema sacra »; « Crema artistica ». Cet ouvrage a commencé à paraître vers la fin de 1887, chez Anselmi, à Crême. M. Barbieri a collaboré aussi à plusieurs journaux littéraires, didactiques et politiques; citons entr'autres: l'*Ateneo Italiano* de M. Tito Mammoli, l'*Emporio Pittoresco*, il *Pensiero dei giovani*, la *Vedetta Lombarda*, la *Provincia umbra*, la *Squilla*, *Cornelio Tacito*, etc. En 1884 il a fondé à Lodi, avec M. Tavazzi, un journal démocratique il *Frustino*. M. Barbieri, qui est docteur en droit, est membre de plusieurs sociétés littéraires.

Barbieri (Ulisse), écrivain italien, né à Mantoue, où son père était professeur de botanique, en février 1842. En 1858, la police autrichienne le surprit pendant qu'il affichait des manifestes patriotiques; il fut arrêté et condamné à quatre ans de prison, peine qui lui aurait peut-être été remise s'il avait consenti à révéler ses complices, mais rien n'y fit: ni les obsessions de la police, ni les larmes de sa mère ne parvinrent à le fléchir, il tint bon et préféra expier sa peine plutôt qu'acheter sa liberté au prix d'une lâcheté. Une fois sorti de prison, il se dédia aux lettres, et il a écrit une quantité énorme de pièces et de romans populaires, et des brochures de toute sorte, etc. On l'a surnommé *Barbieri il sanguinario*, parce que les vols, les assassinats, les crimes de tout genre sont le fond de toutes ses œuvres. Voilà une liste sinon complète, au moins assez longue de ses publications : « Lord Byron à Venise », Milan, 1867; « Adelia, novella », id. id.; « Il palazzo del diavolo, leggenda mantovana », 2 vol., Milan, 1868; « Il delitto legale, azione drammatica e varii canti lirici », Mantoue, 1868; « *La Principessa invisibile* dopo le sue novantaquattro rappresentazioni. Parodia in due parti, prologo, arie e cori », Pavie, 1870; « L'assassinio di Maratona, ovvero, I briganti greci », Milan, 1870; « I misteri dell'assedio di Parigi », roman historique, Milan, 1871; « Gli incendiarii della Comune e le stragi di Parigi », id. id.; « L'assedio di Parigi, ovvero, la famiglia Sevreuil », drame contemporain en trois actes et quatre tableaux, id. id.; « L'assassinio di Giovanni Prim, ovvero, una incoronazione ed un feretro », id. id.; « Lucifero, fantasia romantica », id. id.; « La caverna degli Strozzi », drame en quatre actes, Milan, 1872; « Ancora uno! allegoria a Giuseppe Mazzini », id. id.; « Plauto e il suo teatro, scene romane », étude historique, Milan, 1873; « La locanda dei fanciulli rossi, dramma in quattro atti; Marco la Guida, bozzetto in versi », id. id.; « Il figlio della Nina di Trastevere », roman original, Rome, 1875; « La strega di campo dei fiori », roman original, id., 1876; « Ronzii, commedia in un atto; Trionfo non d'amore, scene medioevali leggendarie, parodia del *Trionfo d'Amore* », Bologne, 1877; « L'Isola dei predatori », roman original, Mortara, 1878; « Il giudizio universale », féerie en cinq tableaux, Milan, 1879; « Giulio Cesare », drame en quatre actes en vers, id. id.; « Ali tarpate, scene sociali in tre fasi », id. id.; « Elda », drame en trois actes, id. id.; « In basso, preceduto da uno schizzo di Edmondo De Amicis », Rome, Sommaruga, 1884; « Marat », scènes de la Révolution française, en 4 actes, Milan, Barbini, 1885; « Ribellione, versi », Lugo, 1887. — M. Barbieri réside maintenant à Gênes, où il rédige un journal ultra-socialiste *Combattiamo* qui est régulièrement saisi par le parquet.

Barbini (Carlo), éditeur italien, né à Milan, où il réside, en 1828. Tout jeune, il commença à aider son père dans son commerce de papetier et de bouquiniste et il apprit de la sorte les premières notions de bibliographie. En 1860, il débuta comme éditeur en publiant un roman historique de M. Felice Venosta; « Giovanni Maria Visconti »; presqu'en même temps il entreprenait la publication du *Panteon della libertà italiana*, s'assurant la collaboration de MM. Felice Venosta, Celestino Bianchi, Luigi Stefanoni, Giovanni De Castro, Vittore Ottolini et de plusieurs autres. Cette publication fort populaire fut très bien accueillie, et plusieurs des vingt-huit volumes, qui la composent furent réédités maintes fois; le volume sur Felice Orsini, pour parler d'un seul, eut quatorze éditions de 4000 exemplaires chacune. Plus tard, il achetait le fond de la *Biblioteca ebdomadaria teatrale Visaj* qu'il continuait pour son compte. En 1866, il entreprenait la *Galleria teatrale*, recueil de pièces dramatiques italiennes et dans laquelle ont trouvé place les œuvres de nos meilleurs auteurs, citons entre autres: Paolo Ferrari, Achille Torelli, Carrera, Muratori, Felice Cavallotti, Cuciniello, Salvestri, Dominici, D'Aste, etc. etc. M. Barbini, qui a toujours cherché de réunir la correction de ses éditions, au bon marché, a publié aussi plusieurs Manuels populaires, dont l'édition a été soignée par feu Gorini et par d'autres savants.

Barboni (Léopold), écrivain italien, né en 1848 à San Frediano à Settimo, près Pise. Il débuta en 1867, par un roman historique « Tecla Gualandi »; dont il prépare une nouvelle édition corrigée, et qui lui valut les encouragements du célèbre écrivain Guerrazzi. Suivirent: « Pensieri sulla storia » 1870 ; « Selvaggia Borghini » ; « Bona di Savoia » 1872 ; « La Confessione » roman historique dédié en 1872 à Guerrazzi; « Coscienza di re » 1875, dédié à Victor Hugo (le roi attaqué par l'auteur est Louis XV); « Martirio di donna » ouvrage de dix-sept ans publié en 1876 ; « Fra le fiamme del Vesuvio » 1878 ; « Giosuè Carducci e la Maremma » 1885 ; « La Cognata di Papa Innocenzo X ». Il vit à Livourne, où il est un des principaux rédacteurs du journal *Il Telegrafo*.

Barbou (Alfred), homme de lettres français, actuellement bibliothécaire à la Bibliothèque Sainte-Geneviève, est né à Mayet (Sarthe) le 20 décembre 1846. Ses études terminées au lycée du Mans, il vint à Paris et débuta très jeune dans le petit journalisme littéraire. Sous son nom et sous divers pseudonymes: Brevannes, Lussac, etc. il publia dans la *Vogue Parisienne*, le *Tintamarre*, l'*Éclipse* de nombreux articles, M. B. a aussi collaboré à l'*Opinion Nationale* où, sous le pseudonyme de Hassan, il a publié des chroniques qui ont obtenu un vif succès, au *Courrier de France*, au *Petit Parisien*, au *Voltaire*, à la *Presse*, où il publia de 1880 à 1882, des chroniques parisiennes. En 1882, il fonda, sous le patronage de Gambetta, une revue populaire *Le livre universel*. On a de lui ; « Histoire du Ministère Polignac » Dreyfouss, 1877, publiée sous le pseudonyme de Remember; « Les trois républiques françaises » Duquesne, 1878; « Les grands citoyens de la France: Jules Grévy » Duquesne, 1879; « Gambetta » id. id. ; « Victor Hugo » id. 1880, nouvelle éd. 1885 ; « Histoire complète du drapeau français avec l'histoire de tous les régiments de l'armée française » id. 1880; « Histoire des hommes illustres et des amis du peuple qui se sont consacrés à la cause du travail et du progrès » id. id.; « Victor Hugo et son temps » id. 1881, une nouvelle éd. de ce livre, *édition définitive*, a été publiée après la mort de Victor Hugo, sous le titre « La vie de Victor Hugo » Charpentier, 1885 ; « L'amiral Pothuau » Jouvet, 1882 ; « Les généraux de la République » id. id.; « Le Chien, son histoire, ses exploits, ses aventures » id. id.; « Les héros de la France et les pavillons noirs au Tonkin » Duquesne, 1884 ; « Les Grands Marins de France » id., 1885 ; « Les Prussiens » 1888 ; « Le Président Carnot » id.

Barboza du Bocage (José Vincente), naturaliste portugais, professeur de zoologie à l'École polythecnique et directeur du Muséo de Lisbonne, vice-président de l'Académie des sciences, né à l'île de Madère en 1828. La collection zoologique du Musée de Lisbonne qui est une des plus riches du monde en ce qui concerne la faune africaine est, en grande partie, son œuvre. M. Barboza est l'auteur de plusieurs mémoires insérés dans les actes des sociétés savantes de Lisbonne. Nous citerons entr'autres: « Noticia zoologica sobre a Cabra-montez da Serra do Gerez » et « Noticia sobre una colleção de conchas das ilhas da Madeira e Porto Santo », publiées dans les *Annães das Sciencias e Lettras, publicados de baixo dos auspicios da Academia Real das Sciencias*, Lisbonne, 1857 ; « Memoria sobre a Cabra-montez da Serra do Gerez », dans les *Historia e Memorias do Academia Real das Sciencias de Lisboa*, 1857 ; « Liste des Mammifères et Reptiles observés en Portugal » dans la *Revue et Magasin de Zoologie pure et appliquée*, de MM. F. E. Guérin Méneville et Ad. Focillon, Paris, 1863 ; « Lista dos reptis das Possessoẽs portuguezas d'Africa occidental que existem no Museu de Lisboa », (1868) et « Mammiferos e aves do Trasvaal » les deux dans le *Journal de Sciencias mathematicas, physicas e naturaes* de Lisbonne. Nous connaissons encore de lui : « Notes pour servir à l'ichthyologie du Portugal. Poissons plagiostomes, 1re partie. Squales », Lisbonne, imprimerie de l'Académie, 1866, texte portugais avec traduction française, en collaboration avec M. Felix de Brito Capello.

Barcia (Jean), helléniste italien, professeur titulaire au gymnase Ugdulena de Termini Imerese (prov. de Palerme). On a de lui : « Frammenti di Lisia volgarizzati », Turin, Stamperia Reale, 1871 ; ce livre ayant donné lieu à des

21

discussions assez vives, M. B. riposta avec une : « Risposta alle osservazioni dell'avv. Giuseppe Crispi sui frammenti di Lisia volgarizzati », Palerme, typ. du Giornale di Sicilia, 1874.

Barcia (Roque), écrivain et révolutionnaire espagnol, né à Séville en 1823. En 1846, il publia: « El Dos de Mayo », drame original en quatre actes, en vers. De 1848 à 1849, il voyagea en France et en Italie; revenu en Espagne, il devint directeur du cercle scientifique et littéraire de Madrid et il publia: « Diccionario de la lengua castellana », Madrid, 1857, et « Filosofia del alma humana ó teoria de los actos externos é internos del hombre », id., 1856; en 1858, il publia un ouvrage sur le progrès et le christianisme qui fut immédiatement saisi. Il passa alors en France, d'où il continua à lancer quantité de brochures revolutionnaires. De retour en Espagne, il devint, en 1866, le principal rédacteur de *La Democracia*, journal fondé par M. Emilio Castelar, et alla ensuite à Cadix créer le *Democrato andaluz*. Après la revolution qui renversa la reine Isabelle, il fut élu député aux Cortès. Il fit paraître à ce moment, dans deux journaux, la *Federacion española* et la *Justicia española* des articles fort violents. Lors de l'assassinat du maréchal Prim, Roque Barcia fut arrêté; rendu plus tard à la liberté, il partit pour Gibraltar; la République proclamée, en janvier 1873, il fut élu député de Vinaroz et alla siéger au milieu des intransigeants. Il quitta l'Assemblée le 6 juillet de la même année et partit pour Carthagène, prit part à l'insurrection cantonaliste de cette ville et fut un des premiers membres de la Junte. A la fin du siège de la ville, en février 1874, il parvint à s'échapper et continua à être, avec Contreras et Galvez, un des chefs du parti intransigeant.

Barde (Jean-Edouard), prédicateur et conférencier suisse (fils de Jean-Charles Barde de Gallatin, l'un des hommes qui, de 1827 à 1878, ont le plus travaillé, dans la Suisse romande, au développement de la vie religieuse), né à Genève, le 3 octobre 1836. Après avoir fait ses études au collège et au gymnase libres, ainsi qu'à l'Académie de sa ville natale, il fréquenta de 1856 à 1860 la faculté de théologie nationale; consacré en décembre 1861 au Ministère ecclésiastique protestant, il visita successivement l'Allemagne et l'Angleterre, fréquentant les Universités de Berlin, Tubingue et Erlangen, et se rendit à Paris où il demeura jusqu'en 1863, en qualité de suffragant de M. L. Vallette. Revenu en Suisse, il fut, de 1864 à 1865, rédacteur de la *Semaine religieuse* et du *Missionaire*, organe mensuel de la mission bâloise; en 1865, il fut nommé pasteur à Vandœuvre près de Genève, où il resta jusqu'en 1879, époque à laquelle il fut nommé professeur d'exégèse du Nouveau Testament à l'École de théologie évangélique. M. Barde est à Genève l'un des chefs et des orateurs les plus abondants et les plus diserts de l'extrême droite. On a de lui: « Thèse pour le baccalauréat en théologie sur le prophète Néhémie », 1861 ; « L'histoire sainte dans l'enseignement primaire, réponse à M. F. Buisson », 1869 ; « L'église et la communion des saints », 1873 ; « La Bible à Genève de 1835 à 1874 » ; « Samuel, Élie, deux études bibliques pour la jeunesse », 1881–84, et plusieurs sermons détachés, entr'autres : « Chantez à l'Eternel », 1866 ; « Travail et repos », 1867 ; « Deux jours au milieu des inondations », 1868 ; « Iniquité et charité », 1871 ; « Instruis les jeunes enfants », 1872 ; « Levons-nous et bâtissons », 1874 ; « Du milieu des ruines », 1881 ; « Aux tireurs suisses, souvenir du tir fédéral », 1887 ; M. Barde a aussi traduit de l'allemand: « L'État actuel des missions évangéliques », de Théodore Christlieb, et « Les petits commencements, ou, Fondation de la société des missions de Bâle » du D. A. Ostertag.

Bardeleben (Henri-Adolphe), chirurgien allemand, né, le 1er mars 1819, à Francfort s. O., il fit ses études aux Universités de Berlin, Heidelberg et Paris et devint en 1843 assistant d'abord, puis prosecteur et *privat Dozent* à l'Institut physiologique de Giessen ; en 1848, il fut nommé professeur extraordinaire et, en 1849, il alla professer la chirurgie à Greifswald, où il dirigea les cliniques de chirurgie et d'oculistique et présida la commission d'examen pour la médecine. En 1866, il exerça, avec le grade de général, les fonctions de médecin consultant à l'hôpital de campagne du cercle de Gitschin ; en 1868, il passa professeur de chirurgie et directeur de la clinique chirurgicale à l'hôpital de la Charité à Berlin. En 1870, il fut attaché en qualité de chirurgien à la première armée et en 1872 nommé Général-Médecin *à la suite* dans le Corps sanitaire. Comme écrivain, il est connu surtout par son « Lehrbuch der Chirurgie und Operationslehre », Berlin, 1852, 4 vol. 8mo éd., 1879–82, ouvrage qui eut le plus grand succès en Allemagne et à l'étranger. Nous en connaissons une traduction italienne sous le titre : « Istituzioni di patologia, chirurgia e medicina operatoria con note del prof. Francesco Frusci. Prima versione italiana sulla settima ed. tedesca del dott. F. Berti », Naples, 1876–1880, 2 vol. Ses autres travaux sont épars dans l'*Archiv für Anatomie, Physiologie und wissenschaftliche Medizin* publié à Berlin, par le docteur J. Müller et où il inséra entr'autres un mémoire: « Ueber Vena azygos, hemiazygos, und coronaria cordis bei Säugethieren », 1848; dans l'*Archiv für Pathologische Anatomie und Physiologie, und für klinische Medizin* de R. Virchow et B. Reinhardt où nous trouvons de lui: « Ueber die Lage des Blinddarms beim Menschen », 1849; « Verschluss des linken Ostium arteriosum an dem

Herzen eines halbjährigen Kindes », 1851 ; dans l'*Archiv für physiologische Heilkunde* de W. Roser, C. A. Wunderlich et W. Griesenger, auquel il donna outre plusieurs autres articles « Beiträge zur Lehre von der Verdauung », 1849. Les comptes-rendus sur les progrès de la chirurgie, qu'il a écrits à partir de 1851 pour le *Jahresbericht* de Cannstatt et qu'il continue dans celui de Virchow et de Hirsch. Déjà en 1869, M. B. avait commencé à soutenir énergiquement dans sa clinique la méthode curative de Lister, et il y a même apporté des simplifications qui ont été accueillies avec beaucoup de succès à l'hôpital de la Charité à Berlin.

Bardoux (Agénor), homme politique, publiciste, historien et jurisconsulte français, né le 15 janvier 1829, à Bourges, où son père était alors receveur des contributions directes, fit ses études à Clermont où était fixée sa famille. Lorsqu'il eut terminé son droit, il se fit inscrire au barreau de Clermont et devint bientôt bâtonnier de l'ordre. Il collaborait sous l'empire à l'*Indépendant du Centre* qu'il défendit et fit acquitter dans un procès politique en 1869. Après la révolution du 4 septembre 1870, il fut chargé des fonctions de maire de Clermont-Ferrand, et le 8 février 1871 fut élu représentant du Puy-de-Dôme à l'Assemblée nationale, où il se montra un des fermes soutiens de la politique de M. Thiers. Du 10 mars au 10 novembre 1875, il fut sous-secrétaire d'état au ministère de la justice. Réélu député en 1876, il fut nommé le 14 décembre 1877, ministre de l'instruction publique, du culte et des beaux-arts, portefeuille qu'il garda jusqu'au 4 février 1879. Mr Bardoux qui est, depuis quelques années, Sénateur, a été choisi à la fin de février 1888 comme rapporteur du projet de loi, présenté par le ministre du commerce, et ayant pour objet de modifier les droits du tarif général des douanes françaises à l'égard d'un certain nombre de produits italiens, à la suite de la rupture des négociations pour le renouvellement du traité de commerce entre les deux pays. Mr Bardoux a publié dans la *Revue historique du droit français et étranger* quatre mémoires : « Les légistes au XVIe siècle » 1856 ; « Les légistes au XVIII siècle » 1858 ; « De l'influence des légistes au moyen-âge » 1859 ; « Les grands baillis au XV siècle » mémoires qu'il a complétés et réunis en un volume sous le titre : « Les légistes et leur influence sur la société française » Baillière, 1877 ; « Le comte de Montlosier, et le Gallicanisme » C. Lévy, 1881 ; « Dix années de vie politique » Charpentier, 1882 ; un livre remarquable et des plus intéressants : « Études sur la fin du XVIII siècle, La Comtesse de Beaumont (Pauline de Montmorin) » C. Lévy, 1886. On annonce comme sous presse un nouveau volume de Mr B. « Madame de Custine, d'après des documents inédits ».

Mr Bardoux a donné aussi d'importants articles à la *Revue des deux Mondes*, qui ont été plus tard refondus dans les ouvrages que nous venons de citer: on lui attribue aussi un volume de vers publié en 1867, chez Calmann Lévy, sous le pseudonyme de Agénor Bardy.

Bardy (Agénor) Voyez BARDOUX.

Bareille (l'abbé Jean-François), écrivain ecclésiastique français, né à Valentin (Haute-Garonne) en 1813. Il reçut la prêtrise, s'adonna à la prédication et aux fortes études ecclésiastiques. Chanoine honoraire des diocèses de Toulouse et de Lyon, il fut choisi pour diriger l'école de Sorèze fondée par le Père Lacordaire. Dans ces dernières années, il s'est consacré tout entier à ses importantes publications. On a de lui : « Histoire de Saint-Thomas d'Aquin » 1846, 4me éd., 1862 ; « Emila Paula » 2 vol., 1854, 7me éd. 1869 ; « La vie du cœur » 1856, 3me éd., 1863 ; « Le radicalisme de la vérité, études contemporaines » 1885 ; Mr Bareille a donné la traduction de deux ouvrages du publiciste espagnol Balmès : « Mélanges religieux, philosophiques, politiques et littéraires » 3 vol. 1854 ; « Lettres à un sceptique en matière de religion » 1855 ; puis celle des : Œuvres complètes de Louis de Grenade » 21 volumes, 1861-66, celle des : « Œuvres de saint Jean Chrysostome d'après toutes les éditions faites jusqu'à ce jour » 1864-1873, 26 vol. avec le texte en regard, autre édition, sans le texte, 1866 et suivants, 13 vol.; l'Académie française a décerné à l'abbé Bareille un prix Montyon, en 1868, pour la traduction des Homélies contenues dans le tome III de cette publication. On lui doit aussi une traduction des « Œuvres de Saint-Jérôme » ; la traduction et la révision du texte de la « Somme théologique » de Saint-Thomas, publié par l'éditeur Vives, sous le nom seul de Mr F. Lachat, sont en grande partie l'œuvre de M. Bareille. Le texte latin qui se trouve au bas des pages est, par sa correction, une des parties importantes de ce travail ; Mr Bareille a écrit aussi l'histoire de l'Église depuis le XII siècle, jusqu'au pontificat de Clément VII pour la grande : *Histoire de l'Église depuis la Création* de J. E. Darras.

Barella (Hippolyte), médecin belge, né à Louvain le 27 Août 1832. Il a débuté dans les lettres par une série d'études publiées dans la *Revue critique* de Bruxelles sur les écrivains belges contemporains (1857-1858) et dont quelques unes ont été publiées séparément, entr'autres celles sur : « Antoine Clesse, Denis Sotiau, Adolphe Mathieu » parues à Bruxelles chez Van Meenen de 1857 à 1858 et l'autre sur « Édouard Waken » qui, publiée d'abord par le *Journal de Charleroi*, et reproduite par deux autres journaux belges, a été tirée à part, à 50 exemplaires seulement, chez Vanderhaegen, à Gand, en 1860. Dans ces dernières années, le

Dr **Barella** ne semble plus s'être occupé que d'écrits relatifs à l'art médical. On a de lui sous ce rapport une série d'études sur l'emploi thérapeutique de l'arsenic, entr'autres : « Observation de névralgie sciatique grave guérie par l'Arsenic » Bruxelles, 1863 ; « De la médication arsénicale de la fièvre intermittente » Anvers, Buschmann, 1863 ; « L'Arsenic dans l'Herpétisme » id. id. 1864 ; « de la Médication arsénicale dans les névralgies » id. id. id. ; « Des effets physiologiques de l'arsenic » id. id. id. ; « De l'emploi interne de l'arsenic » id. id. id. ; « De l'emploi de l'arsenic dans diverses maladies internes » id. id. id. Tous ces travaux, qui avant d'être publiés séparément avaient été publiés pour la plupart dans les *Annales de la Société de médecine* d'Anvers, ont été réunis par l'auteur dans un travail d'ensemble ; « De l'emploi thérapeutique de l'arsenic » Bruxelles, 1866. Citons encore de lui : « Du degré de fréquence de la folie à notre époque » 1874 ; « De l'abus des spiritueux, maladies des buveurs » 1878 ; « Les Alcools et l'alcoolisme » 1880, un des ouvrages les plus recommandables sur la question. Mr B. a traduit de l'anglais un ouvrage anonyme : « Clinique médicale des affections du cœur et de l'aorte. Observations de médecine pratique » et il a collaboré au *Journal de Médecine* de Bruxelles, au *Bulletin de la Société de médecine de Gand*, au *Journal des sciences médicales* de Louvain, au *Scalpel* de Liège, etc. Devenu membre de l'Académie de Médecine de Belgique, il a donné à cette Compagnie de nombreuses communications qui figurent dans ses *Bulletins* et il lui a soumis des mémoires, parmi lesquels elle a notamment couronné : « Le travail dans l'air comprimé » 1868 ; « Quelques considérations pratiques sur le diagnostic et le traitement rationnel des maladies organiques du cœur » 1872 ; « De la mort subite puerpérale » 1874.

Barelli (Vincent), ecclésiastique, archéologue et littérateur. italien, né à Ponna inferiore (Val d'Intelvi, province de Côme), le 13 octobre 1807. Après avoir reçu les ordres, il devint professeur, d'abord de grammaire, et ensuite de littérature italienne au Séminaire de Saint-Augustin à Côme. Il passa plus tard à Gazzeno, et de là à Laglio, deux petits villages sur le lac de Côme, en qualité de curé. En 1849, se trouvant à Laglio, il découvrit la caverne, dite *Buco dell'Orso*, sur les limites du territoire de cette commune et de celle de Brienno. Deux articles publiés dans la *Gazzetta di Milano* et dans le *Corriere del Lario* de Côme, où il rendait compte de sa découverte, attirèrent sur les lieux une affluence considérable de curieux et de savants. On reconnut que le *Buco dell'Orso* était la caverne ossifère la plus importante de l'Italie et la plus riche en fossiles de l'*ursus spelaeus* et de l'*ursus arctoidæus*. En 1854, M. Barelli fut nommé chanoine de la cathédrale de Côme. Il publia alors dans les Almanachs du Clergé du diocèse pour les années 1856, 1858 et 1859 des « Notizie sulle Chiese di Como e dei Sobborghi », qu'il réunit plus tard dans un volume, sous le titre : « Cenni storici sulla cattedrale e sulle altre chiese di Como e dei Sobborghi », Côme, 1860. S'adonnant ensuite aux lettres, il publia : « L'Allegoria della Divina Commedia di Dante Alighieri », Florence, 1864, et « Il Salterio recato in versi italiani », Côme, 1871, une deuxième édition de cet ouvrage notablement corrigée et avec le texte latin, a paru, en 1881, à Florence, chez les successeurs Le Monnier. En 1871, il fut nommé membre de la Commission que le Gouvernement venait d'instituer pour la conservation des monuments de la province de Côme, et, dans la première séance, il en fut élu président, charge qu'il tint jusqu'à l'application de la loi de 1877, qui donnait aux préfets la présidence de ces commissions. En 1872, la dite commission ayant décidée de fonder une importante publication, sous le titre de *Rivista archeologica della provincia di Como*, la direction en fut confiée à M. Barelli. Dans cette revue, il donna entr'autres la description des monuments migalythiques de Torno, du village préromain de Rondineto, des nécropoles de Cisiglio, de Villa Nessi et de Moncucco, des tombeaux romains de Camerlata, et, dernièrement encore, il y rendait compte d'une découverte très importante pour l'histoire des anciens habitants de l'Italie du Nord, celle des pierres cupelliformes, qu'il avait reconnue pour la première fois en 1880 (Voir à ce sujet le N. 18 et suivants de la *Rivista archeologica della provincia di Como*). En 1875, il fut nommé inspecteur des fouilles et des monuments de Côme. Il a été le promoteur de l'institution du Musée archéologique de Côme, et il continue à écrire dans la Revue susdite, bien que celle-ci, depuis quelques années, paraisse comme feuilleton séparé du *Bollettino della Società Storico Lombarda* de Milan. Dans la livraison de novembre 1887 du *Bullettino della Società Storica Comense*, M. B. a publié une monographie remarquable et détaillée de la commune de Ponna, son village natal.

Baret (Eugène), littérateur français, né à Bergerac (Dordogne), le 16 décembre 1816. Ancien élève de l'École normale et agrégé des lettres, il prit le grade de docteur ès-lettres, le 16 juillet 1853, et fut nommé, l'année suivante, professeur de littérature étrangère à la Faculté de Clermont-Ferrand, dont il est devenu le doyen en 1869. Successivement inspecteur de l'Académie de Paris, directeur de l'Académie de Chambéry, il a été nommé inspecteur général de l'instruction publique le 26 août 1878. M. Baret a fait une étude toute particulières des littératures du Midi, notamment de celle de l'Espagne, où il fit des voyages en 1855, 1857 et 1861.

Ses travaux sur ce pays lui ont valu d'être nommé mombre de l'Académie de Madrid. Outre des articles publiés dans la *Biographie générale* et dans le *Dictionnaire des sciences, lettres et arts* de Dezobry et Bachelet, on lui doit les ouvrages suivants : « De Themistio sophista et apud imperatores oratore », thèse, Durand, 1853; « Études sur la rédaction espagnole de l'*Amadis de Gaule* de Garcia Ordonez de Montalvo », id. id. id. ; « De l'Amadis de Gaule et de son influence sur les mœurs et sur la littérature, au XVI et au XVII siècle », Durand, 1853, 2ᵐᵉ éd., Didot, 1873 ; « Espagne et Provence. Études sur la littérature du midi de l'Europe, accompagnées d'extraits et de pièces rares ou inédites pour faire suite aux travaux de Raynouard et de Fauriel », 1857 ; « Les Troubadours et leur influence sur la littérature du midi de l'Europe », 1857, 3ᵐᵉ éd., Didier, 1867; « Du poème du Cid dans ses analogies avec la Chanson de Roland », thèse de doctorat, 1858 ; « Ménage, sa vie et ses écrits », extrait de la *Revue centrale des arts en province;* « Histoire de la littérature espagnole depuis ses origines les plus reculées jusqu'à nos jours », 1863 ; « Mémoires sur l'originalité du *Gil Blas* de Lesage », Aubry, 1864 ; « Observations sur l'histoire de la littérature espagnole de M. Amador de los Rios », Durand et Pedone Lauriel, 1875 ; « Le favori d'une reine, don Fernand de Valenzuela » dans la *Revue des deux Mondes* du 1ᵉʳ juillet, 1880 ; « Anthologie espagnole, complément de l'Histoire de la littérature espagnole », Delagrave, 1884. — M. Baret a traduit les « Œuvres dramatiques de Lopez de Vega » qu'il a publiées chez Didier et Compⁱᵉ, 1869-70.

Baret (Gustave), pseudonyme de M. Gustave Lafargue, (Voyez ce nom), musicien et auteur dramatique français, qui signe de ce nom des chroniques théâtrales.

Baretti (Eraldo), écrivain dramatique italien, né à Mondovi (province de Côni), en 1846, reçu docteur en droit à l'Université de Turin, est maintenant secrétaire au ministère de la justice à Rome. M. Baretti a écrit plusieurs comédies en dialecte piémontais qui furent jouées avec beaucoup de succès par la troupe dramatique piémontaise, rassemblée par Giovanni Toselli et maintenant dirigée par Gemelli et Milone. Citons : « Giulia la Maestra », comédie en trois actes ; « Intrighi, Superbia e Ambizione », id. en cinq actes ; « Un' idea luminosa », id. en deux actes ; « Un annunzio in quarta pagina », id. en un acte; « Facessie da preive » (Plaisanteries de prêtre), id. en deux actes; « Un romanzo in famiglia », id. en deux actes ; « Le conferenze », id. en deux actes ; « Gli Assabesi a Torino », id. en un acte ; « I fastidii di un grand'uomo », id. en trois actes. Cette comédie, reproduction de scènes de la vie politique italienne, donnée, en 1881, au théâtre Rossini, a eu le plus grand succès, a été jouée sans interruption pendant 80 soirées et se mantient toujours au répertoire. On l'a traduite aussi en dialecte vénitien et jouée avec le même succès à Trieste, à Venise et dans presque toutes les villes de la Vénétie. M. Baretti a écrit aussi en collaboration avec le regretté M. Arnulfi (Voyez ce nom), une comédie en langue italienne: « I duchi di Nemi ». Rappelons encore de lui: « Brindisi. An occasion che la colonia Mondovita a festeggiava ii spos Jemina Ugon », Rome, Botta, 1881.

Baretti (Martin), naturaliste et géologue italien, né en Piémont, professeur extraordinaire de géologie et directeur du Musée géologique à l'Université de Turin, et professeur de Minéralogie et de géologie à l'Institut technique Germano Sommeiller dans la même ville, membre ordinaire de l'Académie royale d'Agriculture. On a de lui : « Alcune osservazioni sulla Geologia delle Alpi Graje », Bologne, Gamberini e Parmeggiani, 1867 ; « Studii sul gruppo del Gran Paradiso », Turin, Cassone, 1868 ; « L'industria mineraria italiana », Milan, Treves, 1871; « Recherches géologiques dans les Alpes du Dauphiné » dans la *Bibliothèque suisse, Genève*, 1874; « Prelezione al corso di mineralogia e geologia nel R. Istituto Industriale e Professionale di Torino », Turin, Candelletti, 1875; « Géologie du Val d'Aoste » dans la *Bibl. suisse,* Genève, 1876; « Géologie du massif du Grand-Paradis » id., id., 1878; « Il gruppo del Gran Paradiso, versante sud-est », id., id., 1878; « Sui rilevamenti geologici fatti nelle Alpi Piemontesi durante la campagna del 1877 »; « Studii geologici sulle Alpi Graje settentrionali », les deux dans les *Atti dell'Accademia dei Lincei,* Rome, 1878; « Lettre sur les conditions géologiques du tracé Aoste-Chamounix » qui précède le livre de H. Berard: *Le Mont Blanc et le Simplon considérés comme voies internationales,* Turin, Casanova, 1880 ; « Il ghiacciajo del Miage, versante italiano del gruppo del Monte Bianco », Turin, Paravia, 1880; « I giacimenti antraciferi di Valle d'Aosta », dans les *Annali del R. Istituto Tecnico industriale e professionale di Torino,* X année, 1879-80; « Il lago del Rutor (Alpi Graje settentrionali) ricerche storico-scientifiche », Turin, Candelletti, 1880 ; « Resti fossili di mastodonte nel territorio d'Asti », dans les *Atti della R. Accademia di Scienze di Torino,* vol. XVI, 1881 ; « Aperçu géologique sur la chaîne du Mont-Blanc en rapport avec le trajet probable d'un tunnel pour une nouvelle ligne de chemin de fer », Turin, Candelletti, 1881 ; « Relazione sulle condizioni geologiche del versante destro della valle della Dora Riparia tra Chiomonte e Salbertrand », Turin, Camilla, 1882 ; « L'Italia nella storia della geologia », dans les *Annali del R. Istituto Tecnico, industriale e professionale di Torino,* tome XI, 1882-83 ; « Sunto delle sue lazioni di geologia », Turin, Casanova, 1883; « Il Margozzolo », dans le *Bollettino del Club Alpino Italiano*, 1884; « Condizioni geologiche dei terreni della galleria dei Giovi », Turin, 1887.

Barford (Paul-Frédéric), publiciste, historien et homme politique danois, né, le 7 avril 1811, à Lyngby, près de Grenaa, dans le Jutland; à partir de 1828, il fit ses études à Copenhague; en 1848, il devint membre de l'Assemblée constituante et après il fut, en 1869, membre du Folkething; employé plus tard au Ministère de l'intérieur, il devint assistant à la Bibliothèque royale. Comme écrivain, il se fit d'abord connaître par quelques essais de poésie et des ouvrages historiques inspirés par un esprit très démocratique, comme une histoire du Danemark et de la Norvège sous le règne de Frédéric III, une Biographie de la famille Rantzau, et une dissertation sur l'état des israélites. A la mort de Frédéric VI (1839) il se fit l'ardent propagateur de l'idée de la réunion de la Suède, de la Norvège et du Danemark en un seul état. Il fonda la même année une revue trimestrielle *Brage og Itun*, destinée à populariser les écrits danois, suédois et norvégiens animés du même esprit politique, mais, en 1842, il en cessa la publication. Ses ouvrages les plus connus sont ses contes d'histoire danoise: « Fortällinger af Fädrelandets Historie », 2 vol., 4me éd., 1873; plus tard il publia: « Kong Christian IX. Dagbog », 1869; « Belledere af Nordens Historie », 1874; « Seks Forelaskinger om Nordens Oltid », 1876; « Ledetraad i Danmarks Historie », 9me éd., 1879; « Danmark Historie fra 1319 til 1539 », 1886.

Bargellini (Demetrio), médecin italien, né à Empoli et résident à Florence, spécialiste pour les maladies des oreilles, *privat Dozent* d'otoiatrie à l'Institut des Études supérieurs de Florence. On a de lui: « Flora crittogamica del corpo umano », Florence, Ricci, 1876; « Monografia sugli usi dell'hyacinthus comosus », s. l., 1876; « Sulla utilità dei funghi considerati come medicine e come alimento e sul modo di renderli innocui ed alimentari », id., 1877; « Sul catarro semplice cronico della muccosa della cassa timpanica », mémoire, Florence, 1878; « L'audifono, l'elettrofono e i sordomuti », id., 1880; « Una lepisma saccharina nell'orecchio umano », 1881; « Due casi di polipi fibrosi dell'orecchio guariti colla decozione delle foglie di *asimina trilobo* », 1883; « Le acque minerali e i bagni di Chiecinella, 1883; « Sull'uso della tintura del Gelsomino a fior giallo come antispasmodico specialmente nelle nevralgie del trigemino », 1883; « Sulla cura del sordomutismo », Florence, 1886; « Sulle simpatie fra l'occhio e l'orecchio », id., ; « L'arboreto istriano, ossia descrizione degli alberi coltivati nel giardino della Principessa Elena Koltzoff Massalsky (Dora d'Istria) », id., 1887; « Sulle proprietà tossiche e medicinali del loglio », Florence, 1887; « Mesmer e i suoi seguaci » conférence tenue au *Circolo filologico* de Florence, le 5 mars 1888. M. B. a aussi traduit et annoté un ouvrage du docteur Clay: « Sulla cura del cancro dell'utero e della vagina con un nuovo metodo », Florence, 1881.

Bargellini (Mariano), écrivain italien, frère de précedent, né à Empoli (province de Florence), en 1831. Il prit ses degrés à l'Université de Pise et devint ensuite professeur au Gymnase et plus tard au Lycée de Pistoja, d'où il passa au Lycée *Guicciardini* de Sienne, où il est encore maintenant professeur de littérature italienne. On a de lui: « Della corrispondenza che è tra lo forme della società e le manifestazioni delle lettere », Florence, tip. Galileiana, 1863; « Della libertà », deux lectures faites à l'Université Royale de Sienne le 8 février et le 3 avril 1868, Sienne, Gati, 1868; « Storia popolare di Genova dalla sua fondazione fino ai nostri tempi », 2me éd., 2 vol., Gênes, Schenone, 1869-70; « Ippolito Nori, cenni biografici e critici », Empoli, Monti, 1873; « Lo svolgimento della poesia nella letteratura italiana », discours, Sienne, 1876.

Bargès (l'abbé Jean-Joseph-Léandre), orientaliste français, né à Auriol (Bouches du Rhône), le 27 février 1818, fit ses classes à Marseille, où il étudia ensuite les langues arabe et hébraïque. Ordonné prêtre, en 1834, il fut nommé, trois ans après, professeur suppléant à la chaire d'arabe de Marseille. Il a été appelé, en 1842, à la faculté de théologie de Paris, où il a professé depuis les langues orientales. En 1839 et en 1846, il a visité l'Algérie pour en étudier l'histoire et les idiomes. Depuis 1850, il a été nommé chanoine honoraire de Notre-Dame de Paris. On a de lui: « Traditions orientales sur les pyramides d'Égypte », 1841; « Rabbi Yapheth ben Eliel Bassorensis Karaitae in librum Psalmorum commentarii arabici », édition et traduction latine, 1846; « Temple de Baal à Marseille, ou Grande inscription phénicienne découverte dans cette ville (1845) expliquée, etc. », 1847; « Aperçu historique sur l'Église d'Afrique en général et en particulier sur l'Église épiscopale de Tlemcen », 1848; « Excursion à Sebdon, poste français sur la frontière du Maroc, fragment d'un ouvrage inédit intitulé: *Souvenirs de la province d'Oran ou voyage à Tlemcen* », 1849; « Mémoire sur deux inscriptions puniques découvertes dans l'île du Port-Cothon à Carthage », 1849; « Histoire des Beni Zeiyan, rois de Tlemcen, par l'imam Cidi-Abou-Abd'Allah-Mohammed ibn abd'el Djelyl et Tenessy », traduction de l'arabe, 1852; « Mémoire sur trente-neuf nouvelles inscriptions puniques expliquées et commentées », 1852; « Le Sahara et le Soudan. Documents historiques et géographiques recueillis par le cid el-Hadj-Abd-el-Kader-ben-Abou-Bekr-et-Touaty, avec un alphabet touareg inédit », 1853; « Le livro de Ruth, expliqué », 1854; « Les Samaritains de Naplouse. Épisode d'un pélerinage dans les lieux saints », 1855; « Mémoire sur le sarcophage et l'inscription funéraire d'Eschmounazar, roi de Sidon », 1856; « Nouvelle interprétation de l'inscription phénicienne découverte par M. Mariette dans le sérapeum de Memphis », 1856; « Jehuda ben Koreisch, epistola de studii targum utilitate, et de linguæ Chaldaicæ, Misnicæ, Talmudicæ, Arabicæ, vocabulorum item nonnullorum barbaricorum convenientia cum Hebrea », 1857, en collaboration avec M. D. B. Goldberg; « Inscription phénicienne de Marseille, nouvelle interprétation », 1858; « Termes himyariques rapportés par un écrivain arabe », 1859; « Tlemcen, ancienne capitale du royaume de ce nom, souvenirs d'un voyage », 1859; « Examen du système de M. l'abbé Leguest sur les racines sémitiques », 1861; « Notice sur un autel chrétien antique, découvert dans les environs de la ville d'Auriol », 1861; « Libri psalmorum David, versio a Rabbi Yapheth ben Heli Bassorensi Karaita », édition annotée, 1861; « Papyrus égypto-araméen appartenant au Musée égyptien du Louvre expliqué et analysé pour la première fois », 1862; « Hebron et le tombeau du patriarche Abraham, traditions et légendes musulmanes rapportées par les auteurs arabes », 1863; « Notice sur deux fragments d'un Pentateuque hébreu samaritain, rapportés de la Palestine par Monsieur F. de Saulcy », 1865; « Examen d'une nouvelle inscription phénicienne découverte à Carthage », 1868; « Inscription phénicienne de Marseille. Nouvelles observations », 1868; « Notice sur un autel antique dédié à Jupiter, découvert à Saint-Zacharie (Var) et sur quelques autres monuments romains trouvés dans la même localité ou dans les environs », 1875; « Homélie sur Saint-Marc apôtre et évangéliste par Sévère Anba évêque de Nestéraweh », traduite et annotée, 1877; « Notice sur les antiquités de Beliodène », 1883; « Recherches archéologiques sur les colonies phéniciennes établies sur le littoral de la Celto-Ligurie », 1883; « Vie du célèbre marabout Cidi Abou-Médien, autrement dit Bon Bedin », 1884; « Rabbi Yapheth Abou Aly, Ibn-Aly Bassorensis, in Canticum canticorum commentarium arabicum », édition et traduction, 1884; « Testament latin du sieur Bertrand Bomparis dit Jaussat, fait en 1407 » 1885; M. Bargès a publié aussi la troisième éd. de la « Grammatica hebraica » du père Édouard Slaughter S. J. et il est, en outre, l'auteur d'un grand nombre de mémoires insérés dans le *Journal Asiatique* et la *Revue de l'Orient*.

Bargoni (Angelo), homme politique, écrivain et administrateur italien, né à Crémone, le 26 mai 1829; il prit part aux campagnes de l'indépendance italienne de 1848 et de 1849; rentré en Lombardie après la fin malheureuse de la révolution, il prit une part active aux conspirations qui minèrent le gouvernement autrichien en Lombardie, de façon qu'il fut bientôt forcé d'échapper par la fuite aux dangers qui le menaçaient. Il fixa alors sa demeure à Gênes et là, tout en continuant son œuvre patriotique, il fonda et dirigea, pendant deux ans, le journal *La Donna*, qui fut plus tard repris par Mercantini, le poète bien connu. En 1860, il se rendit en Sicile, et il fut attaché d'abord au Cabinet de feu Depretis, alors prodictateur dans l'île; quand Mr Mordini succéda à Depretis, en qualité de prodictateur, Mr B. fut nommé Secrétaire-Général du Gouvernement. Après son retour sur le continent, il prit la direction du journal *Il Diritto* qui se publiait alors à Turin. Élu au mois de mars 1863 député au Parlement National par le collège de Corleone, peu de mois après, il se retirait de la direction du *Diritto*. Pendant quatre législatures successives il fut député d'abord pour le collège de Corleone, ensuite pour ceux de Casalmaggiore et de Chioggia. Le 13 mai 1869, il fut nommé ministre de l'instruction publique dans le ministère présidé par le général Menabrea, et il en garda le portefeuille jusqu'à la chute du Cabinet, le 14 décembre de la même année. Quelques mois plus tard, il prenait la direction du journal *l'L'Italia Nuova* qui se publiait à Florence chez Mr Barbèra. En 1871, il fut chargé de ramener en Italie les cendres de Ugo Foscolo qui reposent maintenant dans le Panthéon italien, à Santa-Croce de Florence. A la fin de la même année il fut nommé préfet de Pavie, d'où, après quatre ans, il passa dans la même qualité à Turin. Le 26 décembre 1877, il entrait dans le cabinet présidé par Mr Depretis en qualité de ministre du Trésor, portefeuille, qu'il gardait jusqu'au 23 mars 1878, et comme, à cette époque, le Ministère du Trésor fut de nouveau réuni à celui des finances, Mr Bargoni est le seul Ministre du Trésor qu'ait jamais eu le Royaume d'Italie. Il fut nommé alors préfet de Naples, mais, le premier janvier 1879, il donnait sa démission se retirant presque entièrement de la vie politique, tout en gardant la qualité de Sénateur du Royaume qui lui avait été conférée dès le 16 novembre 1876. Mr Bargoni a prononcé dans sa vie une quantité de discours politiques et administratifs qu'il nous serait impossible de rappeler ici; citons seulement pour son exceptionelle importance un rapport magistral sur l'administration centrale et provinciale et sur l'organisation financière du royaume, en 1878, qui bien que n'ayant jamais été discuté par la Chambre n'a pas moins eu un retentissement énorme. On a encore de lui: « La Donna » lecture publique faite à Milan en 1874 et réimprimée à Turin, Casanova, 1877;

« I piccoli corrigendi » dans l'*Ateneo Veneto* de juin 1882; « Commemorazione di Giuseppe Garibaldi » Venise, Coen, 1882; « Commemorazione di Vittorio Emanuele tenuta il 9 gennaio 1885 al Circolo Universitario di Bologna » Bologne, Monti, 1885; « La classe operaia alla Esposizione generale italiana di Torino, questione sociale, memoria » Turin, 1885; « Commemorazione di Garibaldi, pronunziata a Cremona, il 12 settembre 1886 ». Mr B. réside maintenant à Venise comme Secrétaire-Dirigeant de la Compagnie des *Assicurazioni Generali di Venezia*. Dans cette qualité, il a publié « Le Assicurazioni generali di Venezia alla Esposizione del 1884 in Torino » Venise, 1884.

Bargy (Jeanne de), une dame poète française, également auteur de romans, Mme Nelly Lieutier Besson, née en 1829, a signé du pseudonyme précité et de celui de Gabriel Besson.

Barham (Dalton), écrivain anglais (fils de Mr Richard Harris B., plus connu sous son pseudonyme de Thomas Ingoldsby, 1788-1845) a écrit la vie de son père dont la dernière éd. a paru, en 1880, à Londres en deux parties.

Baric (Jules-Jean-Antoine), publiciste, dessinateur et caricaturiste français, est né à Sainte-Catherine de Fierbois (Indre et Loire) en 1830. Il montra dès ses premières années une vocation décidée pour le dessin et la peinture, mais des malheurs de famille et la volonté de ses parents contrecarrèrent son inclination et après avoir essayé de différentes carrières, il finit par entrer dans l'administration des postes. En 1848, il commença à envoyer des caricatures, sous le pseudonyme de Craïb, aux journaux de Paris, entr'autres à la *Semaine*. En 1854, étant employé sur les bureaux ambulants, il commença au *Journal Amusant* la série des « Paysans », qui eut assez de succès pour faire connaître son nom; cependant il resta dans l'administration et ce n'est qu'en 1881 qu'il a sollicité et obtenu sa retraite pour raisons de santé. Mr B. a publié plusieurs recueils de ses charges, et nous en donnons ici la liste, parce que les légendes en font de véritables œuvres littéraires: « Proverbes travestis, ou la morale en carnaval » 1857; « Balivernes militaires » 1857; « Monsieur Plumichon » 1858; « Les Autrichiens en Italie » 1859; « Où diable l'esprit va-t-il se nicher » 1859; « Ces bonnes petites femmes » 1860; « L'éducation de la poupée » 1861; « Portiers et locataires » 1861; « Contes vrais, histoires drôlatiques à l'usage de la jeunesse » 1861, publiés sous le pseudonyme de Julius Altkind; « Les jolis soldats » 1861; « Polichinelle et son ami Pierrot » 1861; « Parodie des *Misérables* de Victor Hugo » 2 parties, 1862; « Les Fourberies d'Arlequin » 1862; « Coquecigrue » 1862; « Voilà ce qui vient de paraître » 1862; « La prise de Troie » 1863; « Un tour au salon, album comique de l'Exposition des Beaux-Arts de 1863 » 1863; « Nos Toquades » 1863; « Comment on débute au théâtre » 1863; « Fantasia militaire » 1864; « Martin Landor » 1864; « La Fée Carabosse » 1865; « Croquemitaine » 1865; et de 1865 à 1869: « Les soirées de M. Cocambo »; « Les Poseurs »; « Jean Fusin »; « Les Petits raisonneurs »; « Ce qu'il ne faut pas dire »; « Tout ce qu'on voudra »; « Petits gourmands et Petits paresseux »; « Parodie de *Quatre-Vingt Treize* de Victor Hugo » 1874. Mr B. a donné au théâtre: « Le Loup garou » opérette en un acte, en collaboration avec Mr Jules Delahaye; « le Grand Poucet » pantomime en quatre actes; « la Tête Noire » drame en cinq actes et sept tableaux, avec Laurent de Rillé; « Oh! mince....! » revue de l'année 1876 en cinq actes et 9 tableaux, avec L. Jonathan; « Les suites d'une folle nuit » vaudeville en un acte; « La Part à Dieu » opérette en un acte, musique de Laurent de Rillé, non représentée, mais publiée dans le *Magazin des demoiselles*, etc. etc. Mr B. travaille actuellement à une « Histoire comique des Postes ».

Baring-Gould (le rév. Sabine), écrivain ecclésiastique anglais, né à Exeter, en 1834, fut élevé à Clare College (Cambridge), où il prit le grade de *Master of Arts* en 1856. Ayant embrassé l'état ecclésiastique, il fut nommé d'abord en 1869 par Mme la vicomtesse Downe bénéficier de Dalton, et en 1871, par le gouvernement, recteur d'East Mersea (Colchester). En 1881, il fut nommé recteur de Lew-Trenchard, place déjà occupée par son père, mort en 1872. On a de lui: « Paths of the Just », 1854; « Iceland: its Scenes and Sagas », 1861; « Postmediœval Preachers », 1865; « Curious Myths of the Middle Ages », 1re série, 1866, 2me série 1867; « Curiosities of Olden Times », 1869; « The Silver Store », 1868, une troisième édition a paru en 1886; « The Book of Werewolves », 1869; « In Exitu Israel, an historical novel », 1870; « The Origin and Development of Religious Belief ». vol. 1, 1869, vol. 2, 1870; « The Golden Gate », 1869-70; « Lives of the Saints », 15 vol., 1872-77; « Some modern difficulties, a cours de lectures preached at St. Paul's Cathedral », 1874; « The Lost and Hostile Gospels: an Essay on the Toledoth Jeschu, and the Petrine and Pauline Gospels, of the First three Centuries of which Fragments remain », 1874; « Yorkshire Oddities », 2 vol., 1874; « Some modern Difficulties », neuf lectures, 1875; « Village Sermons for a Year », 1875; « The Vicar of Morwenstowe », 1876; « The Mystery of Suffering », 1877; « Germany, present and past », 1879; « The Preacher's Pocket », 1880; « The Village Pulpit », 1881; une 3me éd. de cet ouvrage a paru en 1885, sous le titre: « Village Conferences on the Creed »; « The Seven Last Words », 1884; « The

Passion of Jesus », 1885; « The Birth of Jesus, 1885; « Our Parish Church », 1885; « The Trials of Jesus », 1886; « Nazareth and Capornaum », 1886. M. B. G. a été de 1871-73 directeur de *The Sacristy*, revue trimestrielle d'art et de littérature ecclésiastiques ; il a essayé aussi ses forces, et, non sans succès, comme romancier, avec : « Mehalah » ; « John Herring » ; « Court Royal » etc.

Barițiu (Georges), écrivain roumain de la Transylvanie, né le 14 juillet 1812, à Yucu (comté de Klausenburg-Transylvanie), fils d'un prêtre roumain du rite uni (on sait que le Saint-Siège autorise le mariage de ces prêtres). Il fit ses premières études à Trescau, d'où il passa au gymnase de Blasendorf (Blasiu) et au séminaire théologique de Klausenbourg. Sorti en 1835 de cette école, il fut nommé professeur de physique au gymnase roumain de Blasendorf, l'année suivante il passait à Kronstadt (Brasiov) et y ouvrait une école commerciale entretenue par les oblations des patriotes roumains. M. Barițiu profita de son séjour à Kronstadt pour créer dans cette ville un véritable foyer d'instruction roumaine ; dans ce but il fondait dès 1838 un journal : *Gazeta Transilvaniei*, dont on célébra au commencement de cette année le cinquantième anniversaire, et une revue littéraire et scientifique : *Foia pentra minte inima si litteratura*. En 1848, les insurgés hongrois mirent sa maison au pillage et lui-même dut chercher le salut dans la fuite. Refugié à Bucharest, il en fut bientôt expulsé comme libéral. Il passa alors à Czernovitz, chef-lieu de la Bukovine ; rappelé, en 1849, à Kronstadt, il y reprit la publication de ses deux journaux, s'associant dans cette entreprise Jacob Muresciano, frère du poète de ce nom. En 1853, il fit un voyage en Allemagne, France, Suisse et Belgique. La même année, il publiait à Kronstadt, avec le docteur Gabriel Munteanu, un dictionnaire roumain-allemand, en deux volumes ; en 1857, paraissait la partie roumaino-allemande, en un volume dû à la collaboration de M. B. et du docteur Polyzu. En 1860, il fit paraître un dictionnaire magyar-roumain. Il a publié aussi dans ces dernières années trois documents historiques, c'est-à-dire les relations des préfets Abr. Jancu, Simon Balint et Jo. Axente sur la guerre civile de 1848-49, relations qui, parues pour la première fois à Vienne, en allemand, en 1849, y avaient été bientôt défendues. M. Barițiu a pris aussi une part très active aux travaux de la société littéraire de Transylvanie créé en 1861, et comme secrétaire de cette société il dirige une revue scientifique et littéraire, intitulée : *Transilvania*, qui est un précieux recueil de documents historiques et de mémoires concernant l'histoire locale. M. Barițiu, qui depuis quelques années a quitté Kronstadt pour Hermannstadt (Cibin), a fondé, dans cette ville, en 1879, un nouveau journal politique : *Observatoriulu*, dont il a tenu la direction jusqu'à la fin de juin 1875. M. B. a publié aussi plusieurs mémoires dans les Actes de l'Académie de Roumanie à laquelle il appartient depuis sa fondation (1867); citons entr'autres un mémoire sur la bataille de Varna en 1444, paru en 1873, et des notices sur l'économie politique et l'histoire de la civilisation en Transylvanie, parues en 1877-78 ; en 1884, il accepta de l'Académie des sciences de Bucharest la mission de continuer certaines études archéologiques et en même temps de recueillir des documents historiques; en accomplissant cette mission, M. B. a conçu l'idée d'une histoire de la Transylvanie et des peuples qui y demeurent, pendant les deux derniers siècles, c'est-à-dire depuis la libération du joug ottoman. M. B. espère pouvoir livrer à l'imprimerie cet ouvrage dans l'année courante.

Barker (Lady Marie-Anne, maintenant LADY BROOME), née à la Jamaïque, est fille de M. W. G. Stewart, alors secrétaire du gouvernement de cette île. Envoyée en Angleterre dès l'âge de deux ans, elle y fut élevée dans la famille paternelle et retourna à la Jamaïque en 1850. Elle épousa, en 1852, le capitaine d'artillerie Georges R. Barker, qui se distingua dans la guerre de Crimée et l'insurrection de l'Inde (1857), et qui fut fait Commandeur de l'Ordre du Bain. Celui-ci étant mort en 1860, elle épousa, en 1865, M. Frédéric Napier Broome qu'elle accompagna à la Nouvelle-Zélande. Revenue avec lui en Angleterre, en 1869, elle publia, dans l'automne de la même année, un volume intitulé : « Station Life in New Zealand ». Ce premier livre ayant réussi, elle publia, en 1870, un petit volume d'historiettes pour les enfants : « Stories About », qui fut suivi d'un grand nombre d'ouvrages du même genre : « A Christmas Cake in Four Quarters » ; « Spring Comedies » ; « Travelling About » ; « Holiday Stories » ; « Ribbon Stories » ; « Sybil's Book » ; « Station Amusements in New Zealand » ; « Boys » ; « Bet of Stow » ; « Letters to Guy » ; « A Distant Shore » ; « Rodrigues » etc. Au printemps de 1874, elle publia « First principles of cooking », qui eurent un grand succès et la firent nommer surintendante de l'École nationale de cuisine à South Kensington. Après avoir écrit dans divers *Magazines*, elle en fonda un, destiné aux familles, sous le titre : *Evening Hours*. Lady Barker qui a résidé pendant plusieurs années, avec son mari, dans l'Afrique méridionale a donné aussi une description de cette contrée : « A Year's Housekeeping in South Africa », 1877. Cet ouvrage a été traduit en français en 1884, sous le titre : « Une femme du monde au pays des Zoulous », Paris, F. Didot, 1872, par Mme E. B. qui déjà en 1882 avait fait paraître chez le même éditeur une traduction du premier ouvrage de Lady Barker sous le titre: « Une femme du monde à la Nouvelle-Zélande ».

Barlet (Édouard), professeur et journaliste belge, né à Bruxelles, le 28 mai 1834 (fils de M. Charles-Henri B., ancien professeur de sciences commerciales à l'Athénée royal de Liège, auteur de plusieurs ouvrages, né en 1798, mort en 1878). M. B. qui est docteur en philosophie et lettres, d'abord professeur à l'École industrielle et littéraire à Verviers, est maintenant professeur de langue française à l'Athénée royal de Liège. On a de lui: « Étude sur les romans grecs », Verviers, 1858; « Recherches historiques sur la fabrication de la draperie en Belgique », id., 1859; « Riches et pauvres, conférence publiée aux frais de la banque populaire de Huy », Huy, 1870; « Les rues de Liège. Biographies et notices », Liège, 1874; « Les Arts industriels en Belgique. De l'union des Beaux-Arts avec l'Industrie ». Bruxelles, 1874; mais son ouvrage le plus important est: « L'Histoire du commerce et de l'industrie, depuis les temps les plus reculés jusqu'à nos jours », qui, publiée d'abord à Liège, en 1859, sous le titre modeste d'essai, a eu l'honneur d'une seconde et d'une troisième édition, publiées à Malines en 1861 et 1884; ce livre tenu constamment à jour par l'auteur, est devenu depuis longtemps classique en Belgique. M. Barlet a traduit aussi du flamand: « Ce que peut une jeune fille », et « Monsieur Cinq pour cent », de E. Van Driessche. M. Barlet, qui a été rédacteur en chef de l'*Écho de Verviers* et de plusieurs autres journaux politiques de la même ville, a collaboré aussi aux *Annales de l'enseignement public* de Verviers, à la *Revue Critique* et à la *Revue trimestrielle* de Bruxelles, à l'*Illustration européenne*, au *Journal Franklin*, à la *Revue de Belgique*, au *Magasin pittoresque* de Paris, etc.

Barna (Ferdinand), linguiste hongrois, conservateur de la bibliothèque du Musée national à Pest. Il a traduit en hongrois « Le Kalevala », épopée finnoise, et publié des remarques sur l'analogie de certains mot finnois et magyars. Citons encore de lui: « Les dieux païens des Mordwins et leurs cérémonies religieuses »; « Les Dieux principaux du culte de nos ancêtres »; « Le passé et le présent du peuple Votiak », Budapest, 1885.

Barnabei (Félix), archéologue italien, né à Castelli, province de Teramo, en 1842. Il fit ses premières études au collège de Teramo, de là il passa à l'École Normale de Pise, où il resta quatre ans. Reçu docteur ès-lettres à l'Université de cette ville, il fut nommé professeur des littératures classiques au lycée Victor Emmanuel de Naples, où il enseigna de 1865 à 1875. S'étant adonné surtout à l'Archéologie il fut, lors de l'institution de la Direction générale des Musées et des Fouilles auprès du Ministère de l'Instruction publique, appelé à y prêter service en qualité de secrétaire. Promu plus tard directeur de galerie et de musée, il est toujours resté attaché au Ministère de l'Instruction publique. Il est aussi membre de la commission centrale pour l'enseignement artistico-industriel et membre correspondant de l'Académie royale des Lincei. On a de lui: « Degli scritti di Alessio Simmaco Mazzocchi sulla storia di Capua e sulle tavole Eugubine », Naples, 1874; « Relazione di un viaggio archeologico sulla Via Salaria » dans le *Giornale degli Scavi di Pompei*, nouvelle série, vol. I; « Sul papiro ercolanese, num. 1014 », id., vol. II; « Di un frammento d'iscrizione dedicatoria a Trajano, su lastra di vetro », dans le *Comment. philolog. in honor. T. Mommseni* »; « Delle majoliche di Castelli nell'Abruzzo Teramano », dans la *Nuova Antologia*, Août, 1876; « Gli scavi di Ercolano », dans les *Memorie della R. Accademia dei Lincei*, III série, 2 vol.; « Dell'arte ceramica in Italia », discours, Rome, Botta, 1881; M. Barnabei a envoyé aussi des contributions sur l'épigraphie au *Bulletin* de l'Institut archéologique allemand de Rome, en 1876, et des Lettres archéologiques à l'*Athenaeum* de Londres (1876-78). M. Barnabei vient d'être (avril, 1888) envoyé à Ravenne avec mission de réorganiser le musée byzantin de cette ville et de faire les études nécessaires pour isoler le Mausolée de Galla Placidia.

Barnaby (sir Nathaniel), ingénieur naval anglais, né à Chatham, en 1829, d'une famille qui avait déjà donné plusieurs générations de charpentiers à l'arsenal maritime local; il entra en 1848 à l'École de construction navale de Portsmouth, et, en 1854, il était déjà chargé de surveiller, pour le compte de l'État, la construction de deux canonnières; de 1855 jusqu'en octobre 1885, époque à laquelle il fut mis à la retraite, il rendit les plus grands services à la marine anglaise. En juin 1885, il était promu commandeur, à titre civil, de l'ordre royal du Bain. M. Barnaby est un des vice-présidents de la Société anglaise de tempérance et de l'Union des Écoles dominicales du South Eastern. Il est un des quatre fondateurs (1860) et l'un des vice-présidents de l'*Institution of Naval Architects* et il a contribué avec plusieurs articles à ses *Transactions*, citons entr'autres: « On the relative influence of breadth of beam and height of freeboard in lengthening out the curves of stability », tome XII, année 1871. Il est aussi l'auteur de l'article « Navy » dans l'*Encyclopædia Britannica;* enfin nous connaissons de lui: « Marine Propellers; Lects. at. Roy. Naval Coll. Greenwich », 1885 et « Naval Review: British, French, Italian, German, War Ships », 1886. Pour avoir une idée du système d'organisation naval préconisé par M. Barnaby on pourra lire: « La teoria del Barnaby ed il bilancio militare marittimo » de M. Paulo Fambri dans les *Atti dell'Istituto Veneto*, année 1874-1875.

Barnard (Frederik Augustus Porter), savant américain, né à Sheffield (Massachussetts) le 5 mai 1809, prit ses grades au Yale-College, en 1828, et y fut répétiteur dès l'année suivante. Il devint ensuite professeur dans les asiles des sourds-muets de Hartford et New-York; puis il passa à l'Université de l'Alabama, où il fut professeur de mathématiques et d'histoire naturelle, de 1837 à 1848, et professeur de chimie de 1848 à 1864. Il fut alors appelé, comme professeur de mathématiques et d'astronomie, à l'Université du Mississipi, dont il fut élu président en 1856, et chancelier en 1858. En 1854, il prit les ordres dans l'Église protestante épiscopale, et en 1861, il se démit des fonctions qu'il occupait à l'Université du Mississipi. En 1864, il devint président du collège Columbia, à New-York. Il fit partie de plusieurs missions scientifiques, entr'autres de celle qui alla, en 1860, au Labrador, pour y observer une éclipse totale du soleil, et à la suite de laquelle il fut nommé président de l'Association américaine pour l'avancement de la science. En 1862, il s'occupa de la rédaction des observations des étoiles dans l'émisphère méridional faites par M. Gillis, et, en 1863, il fut chargé de la publication des cartes des côtes des États-Unis. Il fut, en 1867, commissaire des États-Unis à l'Exposition Universelle de Paris. Il est membre d'un grand nombre de sociétés savantes de l'Europe et de l'Amérique. Outre une large collaboration à des journaux de science et d'éducation, M. B. a publié : « Treatise on Arithmetic », 1830; « Analytic Grammar », 1836; « Letters on Collegiate Government », 1855; « History of the United States Coast Survey », 1857; « Report on Machinery and Industrial Arts », 1869; « Recent Progress of Science », 1869; « The Metric System », 1871; « The Metrology of the Great Pyramid », 1884. En collaboration avec le professeur Arnold Gujot il a publié la « Universal Cyclopædia » de Johnson, 1874-77.

Barnard (Henry), administrateur et publiciste américain, né à Hartford (Connecticut), le 24 janvier 1811, fut reçu docteur en droit et littérature, aux collèges de Yale (1830), d'Harvard et de l'Union (1832) et consacra, dès lors, tous ses efforts à la cause de l'éducation populaire. Après avoir voyagé de 1835 à 1837 aux États-Unis et en Europe dans le but de se rendre compte de l'organisation et des méthodes de l'instruction publique, il fut, de 1837 à 1840, membre de la législature du Connecticut, où il provoqua la réorganisation complète des écoles publiques. Il prit, de 1837 à 1842, activement part à l'application de cette réforme comme membre et secrétaire du bureau d'éducation. Un changement politique le rendit, en 1842, à la vie privée. Après une année de voyages dans les États-Unis, consacrée surtout à recueillir les matériaux d'une histoire des écoles publiques en Amérique, il fut appelé à la direction des écoles du Rhode-Island. Il remplit pendant cinq ans ces fonctions, puis revint à Hartford et fut nommé, en 1850, principal d'une École normale, nouvellement établie dans le Connecticut; en même temps l'État le chargeait de la surintendance des Écoles publiques. Sa santé, compromise par un travail assidu, l'obligea à se retirer en 1855. C'est alors qu'il fonda à Hartford l'*American Journal of education* qu'il a toujours continué. Il s'est consacré aussi à la publication d'une *Library of Education*, en 53 volumes, comprenants 800 ouvrages différents. Depuis, il a été nommé président de l'association américaine pour l'avancement de l'éducation, président et chancelier de l'Université du Viscousin (1856-59) président du collège de Saint-John, à Annapolis dans le Maryland (1862-1869), et commissaire des Etats-Unis pour le département de l'éducation (1868-70); en cette dernière qualité, il eut occasion d'introduire dans le pays entier d'importantes réformes. Parmi ses nombreux ouvrages, nous citerons: « School architecture », 1839 ; « Education in Factories » 1842 ; « National Education in Europe », 1851; « Normal Schools in the United States and Europe », 1851; « Tribute to Gallaudet with History of Deaf Mute Instruction », 1852; « School Libraries », 1854; « Hints and Methods for the Use of Teachers », 1857; « Educational biography », 3 vol. 1857; « Pestalozzi and Pestalozzianism », 1861; « English Pedagogy », 1862; « German educational reformers », 1862; « National Education », 1872; « Military Schools », 1872; « American Pedagogy », 1875; « Education », 2 vol., 1878-79 etc., plusieurs des ouvrages compris dans cette liste, qui est loin d'ailleurs d'être complète, ont été plusieurs fois réédités. M. Barnard a rédigé, en outre, de 1838 à 1842, le *Common School Journal*, et, de 1845 à 1849, le *Rhode Island school Journal*.

Barnes (Robert), médecin anglais, né à Norwich (comté de Norfolk), en 1817 ; il fit ses premières études à Bruges, en Belgique, et ses études médicales à Norwich, à Londres et à Paris. Il a débuté comme médecin à bord d'un navire marchand qui a fait le tour du monde ; a été ensuite médecin de l'hôpital Dreadnought pour les marins et successivement fut attaché aux hôpitaux de St-Thomas et de St-Georges à Londres; il est maintenant médecin honoraire de cet hôpital et de plusieurs autres. M. Barnes, qui est agrégé au Collège Royal des médecins et des chirurgiens de Londres et membre de plusieurs sociétés savantes de la Grande-Bretagne et de l'étranger, a été Censeur du Collège Royal de Médecine de Londres et examinateur des collèges royaux de médecine et de chirurgie de l'Université de Londres, président de la Société obstétrique de Londres, président de la section d'obstétrique du Congrès International de Philadelphie (1877) et il est encore aujourd'hui président de la Société gynécologique de Londres. M. B. a fait plusieurs voyages en Europe, en Asie et en Amérique, et connaît le français, l'italien et l'allemand; il a été pendant plusieurs années rédacteur du *Lancet*, le plus connu des journaux de médecine anglais. Il a été le premier dans ses « Leksomian Lectures », 1867, à exposer, devant la Société médicale de Londres, la théorie de la *Placenta Prævia*. Citons encore de lui : « La dégénérescence de la Placenta », dans les *Transactions de la Société de Médecine et Chirurgie* de Londres, 1851-53, dont M. Ercolani a porté le jugement suivant : « Ad ogni modo credo che il Barnes ed il Robin fossero i primi a fare speciale parola di degenerazione grassosa della placenta »; « Leçons sur la fièvre puerpérale », 1865-66; « Sur les maladies convulsives des femmes » dans les *Cumleian Lectures du Collège royal de Médecine*, 1873 ; « Leçons sur les opérations obstétricales », 4me éd., 1886, traduites en plusieurs langues; « Obstetric Medicine and Surgery », 2 vol., 1884-85; « Les maladies médicales et chirurgicales des femmes », 2me éd., 1878; « Rapport au gouvernement sur le scorbut dans la marine marchande »; M. B. a publié, en outre, des mémoires en grand nombre dans les journaux scientifiques.

Barnum (Phinéas-Taylor), célèbre, trop célèbre, charlatan américain, né au village de Bethel (Connecticut) le 5 juillet 1810, quitta de bonne heure la maison de son père ; après avoir tâté de tous les métiers, tour-à-tour berger, valet de ferme, garçon de marchand de vin, il finit, par aversion pour le travail, comme il l'avoue lui-même, à se jeter dans les spéculations les plus hasardeuses. D'abord, il fonda un journal le *Hérault de la liberté* (1831), qui en trois ans lui attira plusieurs condamnations pour injures ou calomnies. En 1834, il montra publiquement à New-York une vieille négresse qu'il avait achetée mille dollars, d'un charlatan de Philadelphie, et qu'il donna pour Joice Heth, la nourrice de Washington, âgée de 160 ans! Après une série de vicissitudes, il se rendit acquéreur de l'*American Museum* de Scudder, cabinet de curiosités de New-York, et il fit admirer tour-à-tour au crédule public un modèle des chutes du Niagara, des nègres blancs, le cheval laineux, un monstre antédiluvien, une sirène des îles Fidji, des géants, des panoramas, des animaux qu'il avait rendu difformes, etc. En 1855, il fit la rencontre de Charles Stratton qu'il devait rendre célèbre sous le nom de *Tom Thumb* où *général Tom Pouce*. L'enfant avait cinq ans, il lui en donna quinze et parcourut l'Amérique et l'Europe qui célébrèrent à l'envie le merveilleux nain. Les résultats financiers de cette immense mystification furent merveilleux;

la colossale fortune de M. Barnum est due cependant à une autre affaire. En 1850, il engagea la cantatrice suédoise Jenny Lind, morte il y a quelques mois à Londres, pour une série d'environ 150 concerts. Madame Lind reçut pour sa part 750,000 francs, tous frais payés, et M. Barnum, à force de réclames, de puffs, d'articles, d'expédients de toute nature, réalisa près de trois millions de francs de bénéfice. M. Barnum n'était pas encore content : un jour il se mit en tête d'acheter et de montrer en Amérique la maison où était né Shakespeare, mais les Anglais se fâchèrent et il renonça à ce beau projet. Devenu millionaire, M. Barnum borna ses soins à l'administration de son *Museum*, mais un incendie qui dévora son musée et plusieurs spéculations malheureuses lui enlevèrent une grande partie de ses bénéfices. Il a pu cependant rebâtir son musée, et rétablir sa fortune. En 1865, il fit partie de la législature du Connecticut et posa même sa candidature pour le Congrès, mais il fut battu par l'opposition du parti démocratique. Il a eu l'audace d'écrire lui-même sa vie : « The Life of P. T. Barnum written by Himself », New-York, 1855, dont une traduction allemande a paru, en 1856, à Leipsick et une française, due aux soins de M. de la Bédollière à Paris, nouvelle éd., Barba, 1866. On cite encore de lui : « The Humbugs of the Worlds », New-York, 1865, traduite en français, sous le titre : « Les blagues de l'Univers », Paris, Faure, 1866 ; « Struggles and triumphs ; forty years recollection », Hartford, 1869; « Money-getting : hints and helps how to make a fortune », 1883, traduit en allemand, 1884. M. Barnum a tenu aussi plusieurs conférences sur la tempérance dont il est un apôtre fervent, sur l'art de devenir riche, et sur le *humbug*, un art celui-ci dans lequel il est passé maître. M. Barnum vit aujourd'hui retiré dans une villa orientale, nommée Iranishan, qu'il a fait construire lui-même à Bridgeport dans le Connecticut. Pour plus amples détails sur cette singulière existence voir : « Le Roi du Puff. Confessions de P. T. Barnum », dans la *Revue Britannique* de 1855.

Baróck (Paul), pseudonyme de M. K. H. Rydberg, écrivain suédois (V. ce nom).

Baroldi (Louis), ecclésiastique et géologue italien, né à Fiavè (province de Trente), le 14 mai 1853; après avoir reçu la prêtrise il fut envoyé, en qualité de vicaire, dans la vallée de Fassa, d'où il passa curé à Ballino, dans les Giudicarie. Pendant qu'il se trouvait dans la vallée de Fassa, il en étudia le conformation géologique et minéralogique qui est des plus intéressantes. On a de lui : « Sulla costituzione del Monte Schlern » dans l'*Annuario della Società degli Alpinisti Tridentini*, Roveredo, 1881 ; « Studii sulla Valle di Fassa ». On annonce aussi qu'il a recueilli d'abondants matériaux pour l'illustration minéralogique de plusieurs vallées du pays de Trente.

Baron (Arnaud), littérateur français, né à Sauternes (Gironde), le 18 septembre 1843, a présidé le premier comité de défense de Saint-Quentin, en 1870. Après avoir été professeur de rhétorique au lycée de Guéret, il est maintenant professeur agrégé à Bourges. Il a publié : « L'oasis », Lachaud, éd.; « Lettre à M. Thiers », Chérié, 1875; « Livingstone », id. id.; « Le Chêne (vers) », Sandoz et Fischbacher, 1876 ; « La Belle Adrienne (vers) », Ghio, 1878 ; « L'idée de la Commune », Ghio, 1879; « La Belle Marie », Dentu, 1881 ; « Un faux ménage », id. id., ce roman transformé a reparu dans la *Défense nationale* en 1886 ; « Feuilles d'acanthes, poésies legères », Dentu, 1884 ; « Ma fille est morte » Tulle, Mazeyrie, 1884 ; M. B. a publié aussi différentes poésies dans les journaux et revues littéraires.

Baron (Henri), chansonnier belge, ferblantier de son état, né à Liège où il demeure, le 7 mars 1857; on a de lui : « Recueil de chansons wallonnes et françaises », Seraing, 1875 ; « Fleurs ès guignons; recueil de chansons wallonnes et françaises », id., 1878. — Son oncle M. SIMON JACQUES BARON, né à Liège le 25 janvier 1815, et négociant dans cette ville, a publié aussi quelques chansons dans *Li veritâbli(jeois philosophe* et un petit fascicule de vers, paru à Liège, en 1856, sous le titre « Li passe temps de ciss ».

Baron (Julius), écrivain suisse-allemand, né le premier janvier à Festenberg en Silésie (cercle de Wartenberg) ; il étudia la jurisprudence aux universités de Breslau et de Berlin, occupa pendant quelque temps en Prusse une place dans l'administration judiciaire, puis il abandonna, en 1860, la pratique pour la science, se fit inscrire à Berlin, comme *privat-docent* pour le droit romain et germanique et devint, en 1869, professeur extraordinaire à la même université, en 1880, professeur ordinaire pour le droit romain à Greifswald, en 1883, titulaire de la même chaire à Berne. Il a publié : « Vues d'ensemble sur le droit romain » 1864, 2me éd., 1887; « Essai sur la procédure civile dans le droit romain » 3 vol., 1881-1882-1887; « Traité de droit penal allemand » 1882. Outre ces travaux de longue haleine Mr Baron a publié, dans diverses revues, une série d'articles sur les questions juridiques à l'ordre du jour. Nous signalons, entr'autres, une étude sur « Cavour » qui a paru en 1885, Ofr. les *Essais de vulgarisation scientifique* par Virchow et Holtzendorff, les *Annales* d'Hildebrand, et l'*Encyclopedie juridique* de Holtzendorff.

Baroni (Sisinio), latiniste italien, né en 1837, à Tenno di Riva (province de Trente), actuellement professeur titulaire pour les classes supérieures au gymnase de Vicenco. Nous connaissons de lui une « Grammatica della lingua latina », en deux parties ; « I. Parte, Fonologia e Morfologia », 1874; 2me éd., Padoue, Séminaire, 1884 ; « II. Parte. Sintassi », Padoue, 1880 ; « Libro di esercizii in correlazione alla grammatica latina », 1re éd., Udine, Seitz, 1874, 2me éd., Padoue, Séminaire, 1880.

Barot (François-Odysse), littérateur et journaliste français, est né à Mirebeau (Vienne), en 1830. Il débuta, à 19 ans, dans le journalisme et fut attaché à la *Réforme* de Ribeyrolles, jusqu'à la suspension de cette feuille radicale. En 1851, il entra à la *Presse* où il resta près de quinze ans, et où il devint dans les derniers temps, l'un des auxiliaires les plus actifs de M. Émile de Girardin. Lorsque, en 1886, M. de Girardin acheta la *Liberté*, M. B. entra à la rédaction de ce journal. Ses articles sur les causes de la guerre du Mexique (1868) achevèrent de le mettre en évidence, mais lui attirèrent un duel, qui eut lieu sur le territoire belge, avec le banquier Jecker. Il fut atteint en pleine poitrine d'une balle qui s'aplatit contre une pièce de cinq francs qu'il avait dans la poche de son gilet. A la suite de ce duel, les deux adversaires furent condamnés, par les tribunaux belges, à un mois de prison et 200 francs d'amende. Il resta à la *Liberté* lorsqu'elle devint la propriété de M. Léonce Détroyat et il y défendit la politique de M. Émile Ollivier. Pendant le siège de Paris, et les troubles de la Commune, M. Odysse Barot prit une assez notable participation aux agitations de toute cette période. Il fut secrétaire de Gustave Flourens, et à part sa collaboration à diverses feuilles, il eut lui même son journal *Le Fédéraliste*. Depuis cette époque il ne cessa d'avoir un rôle très actif dans la presse politique, et lorsque M. de Girardin prit la direction de la *France*, il entra dans ce journal où il se signala par la campagne menée contre les Ministres du 16 mai. De 1879 à 1882, il fut le principal collaborateur du *Mot d'Ordre* et rédacteur en chef de la *Marseillaise*, où il avait remplacé Félix Pyat et où il eut pour successeur M. de Lanessan. En 1878, il a commencé dans le *Voltaire* et poursuivi, pendant un mois, sous le titre: « Le Dossier de la Magistrature par Maître Z. », une campagne vigoureuse qu'il a renouvelée deux ans plus tard dans le même journal à la demande de Gambetta; c'est lui qui a déterminé, dans le parti républicain, le mouvement d'opinion qui a abouti à la suspension de l'inamovibilité des magistrats. Ce pamphlet a paru en volume chez Marpon et Flammarion. M. Odysse Barot, qui avait collaboré encore au *Bien-être universel*, à la *Revue philosophique et religieuse*, au *Figaro* (en 1861-62), au *Nain Jaune* (1863) etc. etc., a fondé, en 1855, la *Revue des Cours scientifiques et littéraires* continuée plus tard par M. G. Baillière. M. B. a fait d'assez longs séjours à Londres, d'où il a envoyé à plusieurs journaux des correspondances sur les questions anglaises. Sa vie littéraire peut se diviser en deux périodes bien distinctes. Dans la première, il a publié : « Grandeur et décadence d'un mirliton de Saint-Cloud », 1855; « La Naissance de Jésus », 1863; « Lettres sur la philosophie de l'histoire », 1864, extraites de la *Presse ;* « Histoire des idées au XIX siècle. Émile de Girardin, sa vie, ses idées, son œuvre, son influence », 1866; « L'Agonie de la Papauté », 1868; « Histoire de la littérature contemporaine en Angleterre, 1830-1874 », 1874; à cette même période de sa vie se rapporte la traduction qu'il a faite avec Elias Regnault de l' « Histoire de la Révolution française », de Carlyle, 3 vol., 1865-67, et l'autre des « Fables lyriques », de Robert Lytton, 1875. Dans la seconde période, qui commence en 1880, M. Barrot s'est adonné tout entier au roman, et comme romancier il a publié depuis lors au moins une trentaine de volumes dont voici les titres: « Les Amours de la duchesse » ; « John Marcy » ; « Le procureur impérial, 1re partie, Le Clocher des Chartres, 2me partie, Le Condamné » ; « L'inceste » ; « Madame la Présidente » ; Le Casier Judiciaire » ; « Le Fort de la Halle », 2 vol. ; « La Fille du Fusillé » ; « Filles Mères », 2 vol. ; « La Marchande de journaux », 5 vol. ; « La Fille du juge », 2 vol. ; « Les trois Bâtards » ; « Madame le préfète » ; « Papà » ; « Les Usuriers de Paris » ; « Les Drames de Lyon », 2 vol. ; « Le Mari de la Princesse » etc. M. O. B. achève en ce moment, pour le *Radical,* un nouvel ouvrage qui va paraître à la fin du mois de mars. Ajoutons que M. Barot a souvent signé ses articles du pseudonyme de B. Loulé et que sa femme, née Victorine Philipaux, a écrit dans le *Voltaire* sous la rubrique: la *Dame Voilée.*

Barozzi (Nicolas), écrivain italien, directeur des Galeries royales et du Musée Correr de Venise; on a de lui : « Dell'amore dei Veneziani per lo studio di Dante », Venise, 1865 ; « Gli scavi di Concordia nel febbraio 1873 », Venise, 1873; « Gentile di Fabriano », discours, dans les *Atti della R. Accademia di Belle Arti in Venezia*, 1880; « Corredo di nozze di una dama veneziana nel secolo scorso. — Documenti del 1744 », Venise, 1882. En collaboration avec M. Guillaume Berchet il a publié : « Delle accoglienze ai principi di Savoja fatte dai Veneziani — Note storiche », Venise, 1868, etc. ; « Le relazioni degli Stati Europei lette al Senato dagli Ambasciatori Veneziani nel secolo decimosettimo », 9 vol., Venise, Naratovich, 1877 et suivants. En société avec M. P. Stefani, il a publié: « Relazione di E. A. Cigogna sul soggiorno dei monarchi d'Austria, Russia e Napoli in Venezia nel 1822 », Venise, 1883, hors de commerce. En 1866 il entreprenait la publication d'une « Raccolta Veneta — Collezione di Documenti relativi alla Storia, all'Archeologia, alla Numismatica », dont n'ont paru que deux livraisons. Comme membre de la *R. Deputazione veneta di Storia patria,* il figure aussi parmi les directeurs de la publication des *Diarii di Marino Sanuto,* entreprise par le regretté Abbé Fulin.

Barozzi (Abbé Sébastien), poète italien, né dans la Vénétie. Il a publié : « Il salmo XLIV, versione in terza rima », Bellune, 1869 ; « Abigaile, libro I dei Re, versione in ottava rima », id., id.; « Nascita di Samuele, libro I dei Re, versione in ottava rima », id. id.; « Versioni dalla Bibbia », id., 1870 et 1871; « Versioni dal Nuovo Testamento, in versi », id., 1871. M. B. est aussi l'auteur de deux poèmes inédits : « La redenzione d'Italia » et « Cronaca del Popolo ». Du premier il a publié les chants 16 et 25, Bellune, 1869; le chant 24, id. id.; le chant 14 « Bataille de Palestro », id., 1871; la fin du chant 13, id., id.; du second « Ippolito Caffi », fragment du chapitre 25, id., 1881; enfin il a publié à Rovigo, Minelli, 1867, le chant 19 et à Bellune, 1871, deux autres fragments; nous ne saurions dire auxquels des deux poèmes ils se rapportent.

Barracand (Léon-Henri), poète et romancier français, né à Romans (Drôme), le 2 mai 1844. Il fit ses études au collège de sa ville natale et au lycée de Grenoble, puis se rendit à Paris pour y suivre les cours de l'École de droit. Reçu licencié, il s'adonna aux lettres, et débuta, en 1886, sous le pseudonyme de Léon Grandet, par un poème : « Dananiel », qui eut beaucoup de succès ; en 1870, il publiait : « Le docteur Gal », suite et fin du poème précédent. Dans l'intervalle, il avait publié un roman : « Yolande », 1867; on a eu ensuite de lui : « Jeannette », poème, 1872, histoire d'une famille pendant la guerre franco-prussienne; « L'Enragé », poème, 1873, fantaisie poétique et amoureuse; un volume de pièces de théâtre, 1878 (comprenant : « Morgana », comédie en trois actes et en vers; « La Comtesse de Châteaubriand », drame en cinq actes et en vers), « Tristan », proverbe en un acte et en vers), « Un village au XII et au XIX siècle », étude de mœurs, 1881 ; « Ode à Lamartine », 1881 ; « Lamartine et la Muse », couronné par l'Académie française, 1883; « Le Bonheur au village », 1883; « Hilaire Gervais », 1885 ; « Servienne », 1886 ; « Les Hésitations de Madame Planard », 1886 ; « Le Manuscrit du Sous-Lieutenant », 1887 ; « La Cousine », 1888, cinq romans, où, indépendamment de l'intérêt du récit, on remarque de rares qualités de style, un tour hardi dans l'expression et un mélange heureux de naturalisme et d'idéalisme approprié aux personnages, aux circonstances et aux milieux. Sous le titre de « Romans dauphinois », 1882, il a publié huit nouvelles parues à diverses époques dans l'ancienne *Revue Contemporaine* et dans la *Revue du Dauphiné* ; la

Revue politique et littéraire a inséré de lui deux autres nouvelles : « Germaine Leroy » ; « Un début dans les lettres ».

Barral (l'abbé François-Étienne-Adrien de) ecclésiastique français, né à Levroux (Indre) en 1816, ancien professeur au séminaire de Bourges, puis curé de Villegongis et ensuite de Villers près Châteauroux (Indre). M. l'abbé de Barral a collaboré aux *Annales de philosophie chrétienne*, il a donné quelques articles à la *Gazette du Berry*, au *Droit commun*, journal politique et religieux de Bourges et au *Musée chrétien* (en 1852 et 1853). On a de lui : « D'un musée religieux diocésain » Bourges, 1850 ; « Le Navire de Marie. Notes de voyage » Limoges et Paris, 1852 ; ce livre a eu quatre éditions, les trois dernières portent ces titres « Le Navire Maria Saint Malo » ; « Les deux Bretons ou la Croix du chemin », Limoges et Paris, 1862, le même livre a été publié en 1864 chez les mêmes éditeurs sous le titre « Le Retour à Dieu, ou le cousin Yaumin » ; « Épisodes historiques du règne de François I », Limoges, 1883 et une série de *Chroniques de l'histoire de France* dont ont paru ; « Légendes mérovingiennes », Tours, 1882 ; « Légendes carlovingiennes. Charlemagne », id. id. ; « Légendes carlovingiennes. La famille de Charlemagne et ses descendants », id., 1883 ; « Légendes capétiennes. Les premiers capétiens », id., 1884 ; « Légendes capétiennes. Les derniers capétiens. Valois et Bourbons », id., 1885. M. Adrien de Barral est membre de la Commission historique du Cher et du Comité d'histoire et d'archéologie de Bourges. Il ne faut pas le confondre avec un abbé Barral qui, reçu docteur en théologie en 1863 à la suite d'une thèse : « Études sur Saint-Athanase le Grand », a publié en 1884, chez Poussielgue, à Paris une nouvelle traduction des « Confessions de Saint-Augustin ».

Barral (Georges), chimiste et physiologue français, né à Paris en 1842, (fils de Jean-Augustin Barral chimiste et agronome bien connu, ancien secrétaire perpétuel de la Société d'agriculture de France, né à Metz en 1819, mort à Paris en 1884 et frère de M. Léon B. voyageur, mort, victime d'un guet-apens, au cours d'un second voyage au Choâ, en 1886). M. Barral fils a été, pendant quelque temps, secrétaire de la société de navigation aérienne, fondée par Monsieur Nadar sous le titre *Plus lourd que l'air*. En cette qualité il publia : « Impressions aériennes d'un compagnon de Nadar, suivies de la note lue à l'Observatoire impérial sur la troisième ascension du *Géant*, avec une carte du voyage », 1864 ; on a encore de lui ; « Vingt-sept minutes d'arrêt !... Salon de 1864 », 1864 ; « Le 93ᵐᵉ Anniversaire natal de Charles Fourier », 1865 ; « Missel de l'amour sentimental (le livre de l'épouse) » 1883 traduit en espagnol par M. Luis Carreras, Paris, 1885. M. B. a publié en outre, avec Ch. Dufaure de la Prade le « Bréviaire de l'amour expérimental » du D. Jules Guyot et a donné une préface au « Faiseur d'hommes » de Y. Rambaud et Dubut de la Forest. Il a collaboré au *Journal d'agriculture pratique*, à la *Revue horticole*, à la *Presse scientifique* et à *L'Économiste français* et il a été, avec son frère Jacques, rédacteur en chef du *Journal Barral;* dans ce journal M. Georges Barral, qui déjà, en 1884, et en 1885, avait dans ses écrits défendus vivement les principes physiologiques de la fécondation artificielle, a publié en novembre 1885 la thèse fameuse du docteur Girard sur ce sujet, thèse que la Faculté de médecine venait de reprouver, de condamner et de faire détruire.

Barrantes (Vicente), homme de lettres espagnol, né le 24 mars 1828, à Badajoz ; il commença par étudier la théologie, mais, venu à Madrid, en 1848, il s'adonna entièrement aux lettres et ne tarda pas à se faire connaître par plusieurs pièces de théâtre, romans, nouvelles, parmi lesquelles nous citerons « Siempre tarde » 1851, et par de nombreuses poésies, parmi lesquelles ses « Baladas españolas », firent sensation. Ses idées libérales et ses aspirations à l'unité de la presqu'île hibérique le poussèrent à écrire des satyres politiques et des nouvelles historiques comme « Juan de Padilla » et la « Viuda de Padilla » En 1850, il entra, comme surnuméraire, au Ministère de l'Intérieur, où il resta jusqu'au jour où, élu membre des Cortès, il vit s'ouvrir un nouveau champ à son activité. Un malheur, qui lui arriva pendant un voyage à Cadix, vint apporter un changement dans ses idées libérales. L'année suivante, il se signala dans les Cortès comme partisan de M. Canovas del Castillo ; de 1866 à 1868, il fut secrétaire du gouvernement des Philippines et depuis cette époque il lutta infatigablement dans l'intérêt des colonies. En 1862, l'Académie espagnole l'appelait dans son sein et dans la même année le gouvernement le nommait membre du Conseil de l'Instruction. Révoqué de ces fonctions six mois plus tard, il se mit à donner des leçons particulières. En dehors de ses discours académiques et de plusieurs ouvrages spéciaux sur l'Estremadura, nous citerons, parmi les très nombreux ouvrages de ce fécond écrivain : « Viaje à los infiernos del sufragio universal », conte politique et satyrique ; son grand ouvrage historique « Guerras piraticas de Filipinas » et « Diccionario biografico de hombres célebres extremeños », « Narraciones extremeñas » ; « Cuentos y leyendas » et « Dias sin sol », etc.

Barrès (Maurice), poète, publiciste, chroniqueur et romancier français, né, en 1862, à Charmes sur Moselle (Vosges). Il est venu à Paris en 1883 et, en 1884-85, il entreprenait la publication d'une Gazette mensuelle intitulée *Les*

Taches d'Encre, qui a été la première manifestation du groupe décadent. Parmi les articles les plus remarqués de ce journal, nous citerons : « Psychologie contemporaine »; « La sensation en Littérature; « La Folie de Baudelaire »; « Les Poètes suprêmes »; « Une nouvelle manière de sentir »; « MM^{rs} Leconte de Lisle et Sully Prudhomme ». Mr B. a fondé, en mars 1885, la *Revue Contemporaine*; puis il est entré au *Voltaire*, où il fait des chroniques. Il écrit aussi dans plusieurs journaux et revues. Outre plusieurs romans terminés, ou en cours d'impression, Mr B. a publié, chez Dupret, une série de « Dialogues Parisiens », dont le premier « Huit jours chez Mr Renan » a paru seulement il y a quelques semaines, ainsi que « la Vie au Quartier latin » premier fascicule d'une autre série « Sensations de Paris » que Mr B. publie chez l'éd. Dallon. Mr Barrès a publié aussi, en février 1888, chez l'éditeur Lemerre, un essai de roman psychologique sous le titre: « Sous l'œil des Barbares ». Un critique du *Journal des Débats*, qui pourrait bien être Mr Paul Bourget, écrit dans le numéro du 12 mars 1888 : « *Sous l'œil des barbares* produit dans le monde « des lettrés et des raffinés la plus vive impres- « sion qu'un roman ait causée depuis le groupe « réaliste. Il semble qu'une nouvelle forme d'art « soit indiquée dans cette monographie où la « sensibilité la plus aiguë s'unit au sens mé- « taphysique le plus large. Ce livre singulier, « avec sa sécheresse, et n'empruntant de dra- « matique qu'aux idées, passionera, par sa ner- « vosité et par sa profondeur d'analyse, ceux « que préoccupent les rapports entre l'aristo- « cratie intellectuelle et morale de la nouvel- « le génération et la masse bruyante des gens « d'action. Cette œuvre de clairvoyance et de « sincérité satisfera ceux qui, depuis plusieurs « années, devant la vulgarité montant sans « trêve, constatent le désistement de l'élite, af- « finée par la réflexion et peu vigoureuse. C'est, « dans une forme appropriée, la monographie « du malaise moral et physique dont souffrent « un grand nombre *sous l'œil des barbares*, « c'est-à-dire au milieu des mœurs grossières « qu'ils subissent sans les adopter ».

Barrett (Wilson), auteur et acteur dramatique anglais, né à Essex, le 18 février 1846, est le fils d'un gentilhomme campagnard. Nous n'avons pas à le suivre dans sa carrière artistique, ni à enregistrer les nombreux succès que, comme acteur, il a remporté sur les théâtres anglais. En 1874, il avait pris la direction de l'amphithéâtre de Leeds qui fut détruit par le feu, en 1876. Il passa alors, comme *impresario*, au Grand-Théâtre de la même ville qu'une société anonyme venait de faire construire. En 1879, il devenait directeur du Court-Theatre de Londres et, en 1881, du *Princess's Theatre*. Le 10 Août 1885, on donna sur les planches de ce théâtre un drame « Hoodman Blind » dû à la collaboration de Mr Barrett, qui y soûtenait un des rôles les plus importants, et de Mr Henry A. Jones et qui fut joué pendant 171 soirées; « The Lord Harry » des mêmes auteurs, fut mis en scène le 18 février 1886, Mr B. y jouant le rôle du protagoniste. Il collabora aussi, avec Mr Clement Scott, au drame moderne « Sister Mary », joué à Brighton, le 8 mars 1886, et avec Mr Sidney Grundy, à la tragédie classique « Clito » qui fut donnée au Princess's Theatre après « The Lord Harry ».

Barrill (Anton Giulio), romancier et journaliste italien, le plus fécond, peut-être, parmi les romanciers italiens, né à Savone, en 1836; il passa sa première enfance à Nice, où son père demeurait à cause du commerce. Revenu plus tard dans sa ville natale, il y fit ses études au collège des Écoles Pies, avec Leopoldo Marenco, l'auteur de la *Celeste*, et Mr Boselli, aujourd'hui ministre de l'instruction publique. En 1851, il se rendit à Gênes pour y faire son droit, et en même temps il y faisait ses premières armes dans le journalisme. A vingt-deux ans, il collaborait, avec Nino Bixio, dans la *Nazione*. L'année suivante, 1859, il s'engagea, comme volontaire, dans l'armée régulière et prenait part à la campagne de Lombardie. L'année suivante, il fut appelé à diriger le *Movimento* de Gênes. En 1866 et en 1867, il fit les deux campagnes avec Garibaldi, dont il avait été, pendant quelques mois, à Caprera, le secrétaire particulier. En 1872, il fondait à Gênes un nouveau journal, le *Caffaro*, dont il a gardé la direction jusqu'à ces dernières années. En 1876, les électeurs d'Albenga l'envoyèrent à la Chambre ; il y prit place d'abord sur les bancs de la gauche, mais irrité du peu de cohésion de ce parti il finit par s'approcher de la droite. Ne voulant cependant pas trahir la confiance de ses électeurs, il donna sa démission qui fut acceptée le 14 janvier 1879; et depuis lors il s'est adonné presqu'exclusivement à la littérature. Parmi ses romans nous citerons : « I misteri di Genova » Gênes, Moretti, 1867; « Capitan Dodero » id. id., 1868; « L'olmo e l'edera » id., Lavagnino, id. ; « Santa Cecilia » 2 vol., Milan, Treves, 1869; « Il libro nero » 2 vol. id. id. id. ; « I rossi e i neri » 2 vol., id. id. 1871; « Val d'Olivi » Gênes, Moretti, id., traduit en allemand par P. Heyse, Munich, 1877; « Le confessioni di Fra Gualberto » Milan, Treves, 1873; « Semiramide » conte babilonais, Milan, Treves, 1873; « Castel Govone, storia del secolo XV » 2 vol., Gênes, Moretti, 1874 ; « Come in sogno » Milan, Treves, 1875 ; « Racconti e novelle » id. id.; « La notte del Commendatore » id. id., 1876; « Cuor di ferro e cuor d'oro » id. id., 1877; « Diana degli Embriaci, storia del secolo XII » id. id. id.; « Tizio, Caio e Sempronio, storia mezzo romana » id. id. id.; « La conquista d'Alessandro » studio dal vero, id. id. 1879; « Il tesoro di Golconda, racconto » id. id. id.; « La donna di picche » roman, id. id. 1880; « L'undicesimo comandamento » id. id., 1881; « O tutto o nulla » id. id. 1882; « Il ritratto del diavolo » id. id. id., traduit en anglais par M. Wodehouse, Londres, Remington, 1886; « Il bianco spino » id. id. id.; « La sirena, storia vera » Rome; « Fior di mughetto » Milan, Treves, 1883; « Dalla rupe » id. id. 1884; « Il Conte Rosso » id. id. id. ; « Amori alla macchia » id.. id. id.; « Monsù Tomè » roman historique, id. id. 1885; « Il lettore della principessa » id. id. id.; « Arrigo il Savio » id. id., 1886; « Casa Polidori » id. id. id.; « La montanara » id. id. id,; « Se fossi re! » Florence, Barbèra, id.: « Uomini e bestie » contes d'été, Milan, Treves, 1886; « Il merlo bianco, avventure di terra e di mare » Milan, Treves, 1887; « La spada di fuoco » id. id. id.; « Un giudizio di Dio » id. id. 1888; presque tous ses romans ont été maintes fois réédités. Au théâtre, M.r B. a donné: « La legge Oppia, commedia togata » en trois actes, Gênes, Moretti, 1873, et « Lo zio Cosare » qui a été joué il y a quelques mois avec un succès différent sur plusieurs théâtres de l'Italie. En d'autres genres nous citerons encore de lui: « Ritratti contemporanei: Cavour, Bismark, Thiers » Milan, Treves, 1878 ; « Lutezia » souvenirs d'un voyage à Paris, id. id. 1879 ; « Canzone per nozze Bò Balestrini » Gênes, Sordomuti, id.; « Dal romanzo alla storia » discours, id. 1881; « Garibaldi, elogio funebre, » id. Martini, 1882 ; « Garibaldi » Rome, Sommaruga, 1883; « Orazione per la inaugurazione del busto di G. Mameli » Gênes, Martini, 1886. Citons encore: « Victor Hugo » essais critiques, Milan, Treves 1885, en collaboration avec M.r Henri Panzacchi.

Barroil (Jules), jeune anthropologue français, né, en 1854, à Marseille, depuis quelques années, résidant à Florence, où il est bibliothécaire de la Société anthropologique italienne; il a publié, entr'autres, une brochure sur les Albanais de la Calabre qu'il a visités en 1886, une conférence sur le Tabou de la Polynésie et une note sous ce titre : « Sulla lunghezza relativa del primo e secondo dito nel piede umano ».

Barrois (Charles), géologue et paléontologiste français, docteur ès-sciences, professeur chargé de cours à la Faculté de Lille, né, dans cette ville, en 1851. On a de lui: « Recherches sur le terrain crétacé supérieur de l'Angleterre et de l'Irlande » thèse pour le doctorat ès-sciences naturelles, Lille, 1876 ; « Mémoire sur le terrain crétacé des Ardennes, etc. », id., 1878 ; « Recherches sur les terrains anciens des Asturies et de la Galice », id., 1883. M. B. a traduit en français le grand traité de Paléontologie de M. Karl A. Zittel de Munich, qui comprendra 4 vol.; le 1.er a paru à Munich en 1885.

Barrois (Jules), naturaliste français, frère du précédent, docteur ès-sciences, directeur du laboratoire de Zoologie maritime à Villefranche (Alpes Maritimes), né à Lille, en 1852; on a de lui: « Recherches sur l'embryologie des Bryozoaires », Lille, 1877, sur le même argument et sous le même titre M. B. a publié aussi un travail dans la *Bibliothèque Universelle de Génève* de 1878; « Mémoire sur la métamorphose des bryozoaires chilostomes », Paris, 1881; « Mémoires sur les membranes embryonnaires des salpes », id., 1882; « Notes sur la métamorphose de la pédicelline » dans les *Comptes-rendus de l'Académie des sciences*, 1881, etc.

Barrois (Théodore), médecin français, cousin des précédents, né à Lille en 1859, professeur à la Faculté de médecine de Lille. Il a publié: « Contribution à l'étude des enveloppes du testicule », Lille, 1882; « Les glandes du pied et les pores aquifères chez les Lamellibranches » id., 1886; « Rôle des insectes dans la fécondation des végétaux », id., 1886.

Barros (Arana Diego), historien hispano-américain, né dans la République du Chili vers 1824. Il a été d'abord député, ensuite Ministre Plénipotentiaire du Chili auprès de la République Argentine. Son gouvernement ayant refusé de ratifier un traité qu'il avait conclu avec cette république, il donna sa démission. Nous connaissons de lui: « Histoire de la guerre du Pacifique (1879-1881) », 2 vol., Paris, Baudouin et C.ie, 1881; « Compendio de historia de America »; « Historia general de Chile »; « Historia literaria », dont un résumé a été publié à Buenos-Aires, en 1885, sous le titre: « Apuntes sobre las literaturas estranjeras ».

Barry (Très Révérend Alfred), ecclésiastique anglais, né en 1826, (second fils de Sir Charles Barry, né en 1795, mort le 11 mai 1860, l'éminent architecte qui bâtit le palais du Parlement à Londres), fut élevé au Collège royal de Londres et à celui de la Trinité à Cambridge, où il prit ses grades. Après de brillantes études, il reçut les ordres, en 1850, occupa plusieurs fonctions dans l'instruction publique, à Londres et en Angleterre, et fut même, de 1871 à 1877, membre du Bureau des Écoles de Londres. En 1883, il fut sacré Primat de l'Australie, Métropolitain de la Nouvelle-Galles du Sud et Évêque de Sydney. On a de lui: « Notes on the Gospels »; « Life of Sir C. Barry R. A. » (son père, déjà nommé); « Cheltenham College Sermons »; « Sermons for Boys »; « Notes on the Catechism »; « Religion for Every Day. Lectures to Men », 1873; « What is Natural Theology? ».

Barsan (Jean-Baptiste), poète et homme de lettres italien, né, le 12 mars 1819, à Rovigno (Istrie). M. B. est le véritable type de l'autodidacte; apprenti chez un charcutier, il trouva parmi les papiers qui devaient servir à envelopper les produits de la maison un vieux *Rimario* de Ruscelli.-Il s'en empara et se prit dès lors d'une belle passion pour la poésie. Lisant tout ce qui lui tombait sous la main, écrivant à ses heures, il parvint à travers une série de vicissitudes jusqu'à devenir digne d'occuper les fonctions de vice-bibliothécaire de la Communale de Trieste. La plus grande partie de ce qu'il a écrit dort encore inédite dans ses portefeuilles, et ce qui a paru est éparpillé dans une foule de brochures anonymes ou pseudonymes et dans plus de cinquante journaux italiens et étrangers auxquels il a activement collaboré; nous pouvons toutefois citer de lui: « Amore e sacrifizio », drame en quatre actes, Milan, 1857; « L'Anfiteatro di Pola — Carme », Rovigno, 1860; « Il cugino delle Indie », lever de rideau, Milan, 1863; « I Faccendieri », comédie en deux actes, Fiume, id.; « Le Faccendiere », comédie en deux actes, id., id.; « La gratitudine del ricco », esquisse, id., id.; « Un altro Misogallo — Rime », Trieste, 1871; « Amor paterno — Carme », id., 1875; « Il mondo della Luna — Fantasia », id., 1876; « Saggio di scritti fantastico-umoristici », id., 1880.

Barsanti (Pio), jurisconsulte italien, né à Lucques, vers 1847. Reçu docteur en droit, il fut d'abord inscrit au barreau de sa ville natale; il est maintenant professeur extraordinaire de droit et de procédure pénale, et chargé en même temps du cours de la philosophie du droit, à l'Université de Macerata. Outre plusieurs relations annuelles « Sulla condizione della Biblioteca Popolare Lazzaro Papi », à l'administration de laquelle il a présidé, on a de lui: « La legge della popolazione in rapporto colla morale e colla libertà », Lucques, 1874; « La legge della solidarietà e le due scuole governativa e liberale », id., 1875; « La parola e il pensiero », Crémone, Ronzi, 1876; « La socialità nel sistema della proprietà privata », Lucques, 1880; « Della scienza economica nelle sue relazioni con la sociologia e in specie col diritto civile e penale », id., 1881; « Dell'istruzione elementare libera », id., id.; « Il diritto criminale e il progresso », discours, Macerata, 1882; « Del pentimento nei reati e suoi effetti giuridici », id., 1886; « Del reato politico », id., 1887.

Barsanti (Père Octave), missionnaire italien de l'ordre des Franciscains; il a publié, entr'autres, une importante « Relazione dello Stato delle sette eterodosse nella Nuova Zelanda » dans la *Cronaca delle Missioni Francescane* du Rev. Père Marcellino da Civezza, et, en outre, deux volumes séparés: « I Selvaggi dell'Australia dinanzi alla scienza e al Protestantismo », Rome, 1868; « I Protestanti tra i Selvaggi della Nuova Zelanda », Turin, 1869. Le Père Barsanti s'était rendu en 1860 avec onze pères Franciscains dans la Nouvelle-Zélande pour y fonder une Mission Franciscaine. Revenu à Rome en 1868, dans l'intérêt de sa Mission, il publia les deux ouvrages que nous venons de mentionner, et il repartit pour l'Australie.

Bartalus (Étienne), écrivain hongrois, critique musical, né, le 2 novembre 1821, à Bálvangos Váralja (Transylvanie). Après avoir achevé ses études de jurisprudence et de philosophie, il se consacra presqu'entièrement à la musique, et il fut nommé maître à l'école normale préparatoire de Bude. Les ouvrages essentiels de M. Bartalus, qui lui valurent sa nomination à l'Académie et à la Société Kisfáludy (1887), sont: « L'origine et le développement de la musique archaïque hongroise »; « Les joueurs de lyre aux XVI-XVII siècles ». Il a aussi publié des nouvelles et des romans.

Barteneff (Pierre), érudit historien russe, né, le 13 (1er v. st.) octobre 1829, dans la province de Tamboff, il fit ses études à l'Université de Moscou, et fut pendant quelque temps bibliothécaire de la bibliothèque publique à Carkoff. Il a entrepris, en 1863, la publication de le *Russkij Archiv* (Archives Russes), recueil périodique de documents inédits et d'articles concernant l'histoire russe du XVIII et du XIX siècle. Il a publié, en outre: douze volumes de documents tirés des Archives de la maison princière des Woronzoff; une biographie d'Alexandre Puscкин, Moscou, 1854-55, et la biographie de Schouwalow, insérée dans la *Russk. Beséda* de 1857. Les recherches de M. B. ont mis en lumière des documents précieux pour l'histoire du XVIII siècles et surtout du règne de Catherine II.

Bartevelle (Alexis), pseudonyme sous lequel M. Edmond de Manne (*V. ce nom*), conservateur à la Bibliothèque Nationale de Paris, a fait paraître quelques chansons, en 1855.

Barth, pseudonyme d'une femme de lettres belge, veuve de M. Barthélemy Jean Drioghe, ancien substitut du procureur du roi à Bruxelles, juge au Tribunal de Siouth (Égypte), décédé, au Caire, le 17 avril 1885. Madame Drioghe a publié: « En Égypte. - Timsah, conte égyptien », Bruxelles, 1883; « De Bruxelles au Caire », id., 1884.

Barth (Auguste), illustre indianiste et savant critique français, membre de la Société Asiatique de Paris, membre honoraire de la Bataviaasch Genoatschap van Kunsten en Wotenschappen; né à Strasbourg (Bas-Rhin) le 22 mars 1834. Nous connaissons de lui: « Los Religions de l'Inde », Paris, Fischbacher, 1879, une traduction anglaise de cet ouvrage, autorisée par l'auteur, et due aux soins du Rév. J. Wood, a paru, en 1882, chez Trübner de Londres; « Inscriptions Sanscrites du Cambodge » avec atlas in-folio, Paris, imprimerie Nationale, 1885, 1re partie du tome XXVII des *Notices et Extraits de la Bibliothèque Nationale*. M. Barth a, en outre, collaboré à la *Revue Critique* depuis 1872, à la *Revue de l'Histoire des Religions* depuis sa fondation en 1880, et il a donné plusieurs articles au *Journal Asiatique* de Paris, et aux *Mémoires de la Société de linguistique*. Sa compétence en fait de littérature indienne et d'histoire des religions est exceptionnelle.

Barth (Jacob Böchmann), naturaliste norvégien, né à Christianssand le 11 mars 1822; en 1856, il fut nommé conservateur des forêts de la préfecture de Christiania. Il a publié: « La nature de la Norvège » ; « Souvenirs de mes chasses » ; « Des forêts en relation avec l'économie nationale » ; « Des questions plus importantes sur l'économie forestière de la Norvège » ; et plusieurs rapports officiels sur les forêts commerciales et sur celles du Finmark et du Guldbrandsdal. M. Barth a donné aussi plusieurs articles au *Nyt Magazin for Naturvidenskaberne* publié à Christiania par M. Chr. Langborg; citons entr'autres : « Indberetning om en i Lofoten og Vesteraalen foretagen zoologisk Reise », 1853 ; et « Fortegnelse over de i Lofoten og Vesteraalen forekommende Fugloarter » 1855.

Barthe (Marcel), avocat et homme politique français, né à Pau, le 15 janvier 1813, vint à Paris y faire son droit. Il se fit recevoir avocat; mais, ne s'occupant d'abord que de littérature, il se mêla aux querelles des classiques et des romantiques et écrivit dans l'*Artiste* et dans le journal *Le Temps*. Il alla ensuite se faire inscrire au barreau de Pau. Appartenant au parti républicain non socialiste, il fut élu député en 1848. Resté depuis en dehors de la vie politique, il fut réélu député en 1871, et depuis lors il a toujours fait partie de la Chambre des députés ou du Sénat, où il siège maintenant comme représentant des Basses-Pyrénées. Outre plusieurs articles de journaux, on cite de lui : « Du crédit foncier », 1850.

Barthel (G. Émile), écrivain allemand, né à Brunswick le 21 juillet 1835; il est libraire à Halle, il écrit sous le pseudonyme de *Gustave Haller*. M. B. a donné, entr'autres, la « Bibliothek humoristicher Dichtungen » ; « Scherz und Humor, Gedichte », Leipsik 1875 ; « Heiliger Ernst, Gedichte », Halle, 1876.

Barthélemy (Anatole-Jean-Baptiste-Antoine de), archéologue français, né à Reims (Marne), le 1er juillet 1821, est fils d'un ancien préfet. Élève de l'École des Chartes, il entra, pendant quelque temps, dans la carrière administrative, remplit les fonctions de secrétaire de préfecture et celles de sous-préfet dans plusieurs arrondissements. Nommé correspondant du ministère de l'instruction publique, puis membre du Comité des travaux historiques, et de la commission de la topographie des Gaules, il publia plusieurs travaux d'archéologie et de numismatique. Nous citerons : « Rapport sur quelques monuments religieux et féodaux du département de la Loire » Caen, 1842; « Essai sur l'histoire monétaire du prieuré de Souvigny (Allier) » Clermont-Ferrand, 1846; « Monnaies des Aulerio » 1847, extrait de la *Revue Numismatique* ; « Essais sur les monnaies des ducs de Bourgogne » Dijon, 1849 ; « Nouveau Manuel complet de numismatique ancienne » Paris, 1851; « Nouveau Manuel complet de numismatique du moyen-âge et moderne » id. 1852, les deux dans la collection des *Manuels Roret* ; « Jean de Fabas » Saint-Brieuc, 1854 ; « Diocèse de Saint-Brieuc, histoire et monuments » 6 vol., id., 1855-1864 ; « Études sur la révolution en Bretagne » id., 1858, en collaboration avec Mr Jules Geslin de Bourgogne ; « Tombeau de Saint-Dizier, évêque et martyr » Paris, 1858 ; « De l'aristocratie au XIX siècle » 1859 ; « Armorial de la généralité d'Alsace, recueil officiel, dressé par les ordres de Louis XIV, publié pour la première fois » Colmar, 1861 ; « La numismatique de 1859 à 1861 et de 1861 à 1863 » Paris, Rollin, 1861 et 1863 ; « Recherches sur la noblesse maternelle » 1861, extrait de la *Bibliothèque de l'École des Chartes* ; « La Justice sous la Terreur » Nantes, 1862 ; « Le peuple d'Auguste et la nationalité gauloise » 1864 ; « Numismatique mérovingienne » en deux suites, 1865 ; « Le château de Corlay » Nantes, 1865, extrait de la *Revue de Bretagne et de Vendée* ; « Mélanges historiques et archéologiques sur la Bretagne » 1869 ; « les Origines de la Maison de France » 1873 ; « Documents sur la Bretagne au XVI siècle » 1877 ; « Une monnaie inédite de Langres », 1878 ; « Vases sigillés et épigraphiques de fabrique gallo-romaine », 1878 ; « Études héraldiques » Angers, 1879 ; « La Colonne de Catherine de Médicis à la Halle au blé », 1880 ; Liste des noms d'hommes grecs sur les monnaies de l'époque mérovingienne », 1881; « Le Cartulaire de la commanderie de Saint-Amand » 1883, extrait du *Cabinet historique*. « Étude sur une vie inédite de Saint-Tudual », 1884 ; et en collaboration avec M. Fr. de Saulcy des « Mélanges de numismatique ». Mr A. de Barthélemy a collaboré à la *Bibliothèque de l'École des Chartes* et à la *Revue numismatique*. Il a donné aussi quelques articles à la *Correspondance littéraire*, et à d'autres recueils périodiques.

Barthélemy (Édouard-Marie comte de), archéologue et littérateur français, frère du précédent, né à Angers (Maine et Loire), le 21 novembre 1830, a également embrassé la carrière administrative ; il est devenu, sous l'Empire, auditeur au Conseil d'État et secrétaire du sceau des titres. Il fut nommé plus tard membre du Conseil Général de la Marne et du Comité des Travaux historiques. On a de lui : « Essai historique sur la réforme et la ligue à Châlons-sur-Marne (1561-1610) » 1851 ; « Mémoire sur l'élection à l'empire d'Allemagne de

François-Étienne, duc de Lorraine (1720-1745) » 1851 ; « Statistique monumentale de l'arrondissement de Saint-Menehould (Marne) » 1852 ; « Châlons pendant l'invasion anglaise (1388-1453) » 1852 ; « Cartulaires de l'évêché et du chapitre Saint-Etienne de Châlons-sur-Marne » 1853 ; « Essai historique sur les comtes de Champagne » 1853 ; « Une vie de chanoine au XVIIe siècle » 1853 ; « Études biographiques sur les hommes célèbres nés dans le département de la Marne » 1853 ; « Études biographiques sur Claude d'Epense, David Blondel et Perrot d'Ablancourt » 1853 ; « Histoire de la ville de Châlons-sur-Marne et de ses institutions depuis son origine jusqu'en 1789 » 1854, ouvrage qui résume les travaux précédents de l'auteur et qui a obtenu, en 1855, une mention honorable de l'Académie des Inscriptions ; « Correspondance inédite des rois de France avec le Conseil de ville de Châlons-sur-Marne » 1855 ; « Études sur les établissements monastiques du Roussillon » 1857 ; « De la noblesse au XIXe siècle et du rétablissement des dispositions pénales applicables à l'usurpation des titres » 1857 ; « La Noblesse en France, avant et depuis 1789 » 1858 ; « Les vitraux des églises de Châlons-sur-Marne » 1858 ; « Du Conseil d'État en 1859 » 1859 ; « Les livres nouveaux, essais critiques sur la littérature contemporaine » 4 série, 1859-68 ; « Études sur la vie de la Baronne de Rabutin-Chantal, fondatrice de l'ordre de la Visitation » 1860 ; « Étude historique sur le règne de François II (1559-1560) » 1860 ; « Les princes de la Maison Royale de Savoie » 1860 ; « Relation de l'entrée de Mgr. de Choiseul-Beaupré, évêque de Châlons, dans sa ville épiscopale » 1861 ; « Diocèse ancien de Châlons-sur-Marne, histoire et monuments » 1861 ; « Relation de l'entrée de la dauphine Marie-Antoinette à Châlons, le 11 mai 1770 » 1861 ; « Études sur la vie de Madame de Beauharnais de Méramion » 1861 ; « Armorial général de la généralité de Châlons-sur-Marne » 1862 ; « La Cour de Louis XIV, jugée par un contemporain » 1863 ; « Critique contemporaine. Deux années de quinzaines littéraires » 1863 ; « Philippe de Courcillon, marquis de Dangeaux, sa vie, son journal et la cour de Louis XIV » 1863 ; « Madame la comtesse de Maure, sa vie et sa correspondance suivies des Maximes de Mme de Sablé et d'une étude sur la vie de Mlle de Vandy » 1863 ; « Les trois conquêtes françaises du Roussillon, 1291-1493-1642 » 1864 ; « Variétés historiques et archéologiques sur Châlons-sur-Marne et son diocèse ancien » 8 séries, 1864-1879 ; « Les amis de la marquise de Sablé, recueil de lettres des principaux habitués de son salon » 1865 ; « Notice historique et archéologique sur les communes du canton de Ville sur Tourbe (Marne) » 1865 ; « Journal d'un curé ligueur de Paris sous les trois derniers Valois, suivi du Journal du secrétaire de Philippe du Bec, archevêque de Reims, de l'année 1588 à l'année 1605 » 1866 ; « Les Ducs et les Duchés français avant et depuis 1789 » 1867 ; « Gerbert, sa vie et ses ouvrages » 1868 ; « Les grands écuyers et la grande écurie de France, avant et depuis 1789 » 1868 ; « Notice historique et archéologique sur les communes du canton de Verzy (Marne) » 1868 ; « Mesdames de France, filles de Louis XV » 1870 ; « La princesse de Condé, Charlotte Catherine de la Trémouille » 1872 ; « Histoire des archers, arbalétriers et arquebusiers de la ville de Reims » 1873 ; « Les filles du Régent » 1874 ; « Étude sur Omer Talon et son influence sur l'éloquence judiciaire au dix-septième siècle » 1875 ; « Une nièce de Mazarin. La princesse de Conti » 1875 ; « Étude sur Jean Bodin, sa vie et ses travaux » 1876 ; « Notice historique sur le prieuré de Saint-Marcoul de Corbeny » 1876 ; « Les comtes et le comté de Soissons » 1877 ; « Le Prieuré de Saint-Laurent de Chaudefontaine » 1878 ; « Carrelages émaillés de Champagne », 1878 ; « Variétés archéologiques sur Châlons et le Châlonnais », 1879 ; « La Ville de Sézanne et l'abbaye de Reclus », 1880 ; « Sapho, le Mage de Sidon, Zénocrate. Étude sur la Société précieuse » 1880 ; « La Marquise d'Huxelles et ses amis. Mme de Sevigné, Mme de Bernières, Mme de Louvois, le Marquis de Coulanges, Mme de Callières, Mr de Gagnère, Fouquet » 1881 ; « La Dauphine Marie-Antoinette en Champagne, 1770 » 1882 ; « Visite des doyennés du diocèse de Châlons-sur-Marne au XVIIIe siècle » 1882 ; « Cartulaire de l'abbaye de Saint-Pierre d'Oye » 1882 ; « Généalogie de la famille Cauchon », 1882 ; « Obituaire de la Commanderie du Temple de Reims «, 1883 ; « Recueils des Chartes de l'Abbaye royale de Montmartre » 1883 ; « Recueil des Chartes de l'abbaye de Notre-Dame de Cheminon » 1883 ; « Cartulaire de l'abbaye de Bucilly » 1883 ; « Les correspondants de la marquise de Balleroy » 1883 ; « Notes sur les établissements des ordres religieux et militaires du Temple, de Saint-Jean de Jérusalem, et de Saint-Antoine de Viennois dans l'ancien archidiocèse de Reims » 1883 ; « Catherine de Medicis à Epernay pour la négociation et la paix de Némours conclue avec les Guises en 1585 » 1884 ; « Recueil des plaquettes historiques champenoises du XVIe siècle ». A cette liste, déjà suffisante pour donner une idée de l'activité de Mr E. de B., il nous faut ajouter les trois ouvrages suivants publiés avec Mr Louis de Laroque : « Catalogue des gentilshommes qui ont pris part aux assemblées de la noblesse pour l'Élection des États généraux de 1789 » 2 vol., Paris, Dentu, 1861-66 ; « Catalogue des certificats de noblesse délivrés par Cherin pour le service militaire, 1781-1789 » Paris, Aubry, 1864 ; « Catalogues des preuves de noblesse reçues par d'Hozier pour les écoles militaires, 1653, 1789 », Dentu, 1867, et en collaboration avec M. Nicolas Musart, vicaire général du diocèse de Châlons; « Pierres tombales du moyen-âge » Châlons, 1865, ouvrage qui devait être publié en 25 livraisons, mais qui n'a pas été complété. On doit en outre aux soins de M. E. de B. les éditions suivantes « Lettres inédites de la baronne de Rabutin-Chantal, fondatrice de l'ordre de la Visitation » Locoffre, 1860; « Œuvres complètes de Mathurin Regnier » (avec 32 pièces inédites), Poulet Malassis, 1862; « Œuvres inédites de Larochefoucauld, publiées d'après les manuscrits conservés par la famille » Hachette, 1863; « Journal du baron de Gauville, député de la noblesse aux états généraux (1789-1790) » Gay, 1864; « Armorial général des registres de la noblesse de France par L. P. d'Hozier et d'Hozier de Sérigny » Dentu, 1867; « Journal de Jean Héroard sur l'enfance et la jeunesse de Louis XIII » Didot, 1869; « Correspondance inédite de Gontaud Biron, maréchal de France » Bordeaux, Lefebvre, 1874; « Correspondance inédite du vicomte de Joyeuse » Téchener, 1876; « Mémoires de Charlotte-Amélie de la Trémouille (1652-1719) » Genève, Fick, 1876; M. Barthélemy a collaboré au *Bulletin monumental* de M. de Caumont. Il a donné plusieurs articles aux *Travaux* et aux *Annales* de la Société Académique de Saint-Quentin, à la *Revue des deux Mondes*, à la *Revue Britannique*, à la *Revue Contemporaine*, au *Correspondant*. M. B. a collaboré aussi à plusieurs journaux sous le pseudonyme de Danré.

Barthélemy (Charles), archéologue et historien français, né à Paris, en 1825, membre de la Société des Antiquaires de Picardie et de l'Académie de la religion catholique de Rome, correspondant du ministère de l'instruction publique. On a de lui : « Études historiques, littéraires et artistiques sur le VII siècle. — Vie de Saint-Éloi (588-658) », 1847; « Histoire du village de Chatenay-lez-Bagneux et du hameau d'Aulnay », 1847; « Notice d'une collection de vases et de coupes antiques en terre peinte, provenant du feu Prince de Canino (Lucien Bonaparte) », 1848; « Histoire de la Bretagne ancienne et moderne », 1854; « Histoire de Russie depuis les temps les plus reculés jusqu'à nos jours », 1856; « Histoire de Turquie depuis les temps les plus reculés jusqu'à nos jours », 1856; « Histoire de la Normandie ancienne et moderne », 1857; « L'esprit du Comte Joseph de Maistre », 1859; « Annales hagiologiques de la France », 6 vol., 1860-65; « Études sur quelques hagiologues du XVII et du XVIII siècle: Godescard, Baillet, Tillemont, Launoy », 1862; « Erreurs et mensonges historiques », 18 volumes ou séries, 1863-83; « La nouvelle imitation de Saint-Joseph », 1867; « Le Passé.

Hommes et choses. Souvenirs et impressions », 1877; « La Bourgeoisie et le paysan sur le théâtre au XVII siècle: la comédie de Dancourt (1685-1714), étude historique et anecdotique », 1882; « La guerre de 1870-71 », 1884; « Le Consulat et l'Empire », 1885; « Histoire de la comédie en France depuis les origines jusqu'à nos jours », Dupret, 1886; « Les Quarante fauteuils de l'Académie française (1634-1886) ». 1886; M. B. a publié aussi, en 1848, une traduction française du « Rational de Guillaume Durand », accompagné de notes et suivi d'une bibliographie liturgique; et, en 1876 : « Les Confessions de Fréron (1719-1776). Sa vie, souvenirs intimes et anecdotiques etc. ». En 1850 il a fondé, avec des savants français et étrangers, *L'Érudition*, revue mensuelle qui a subsisté trois ans.

Barthélemy (Hippolyte), ancien officier et écrivain militaire français, né à Alger le 31 juillet 1840, d'une famille militaire; son aïeul, son grand-père étaient, comme son père, officiers, ses deux frères le sont également. Élevé au Prytanée militaire de la Flèche et à l'École militaire de Saint-Cyr, il préféra le service dans l'infanterie au service dans l'état-major. Nommé sous-lieutenant, en 1860, il devint, en 1869, professeur adjoint d'art et d'histoire militaires, d'administration et de législation de l'armée à l'École de Saint-Cyr. Pendant la guerre de 1870-71, attaché à l'État-major du général Trochu, il se distingua dans plusieurs occasions, mais refusa toute récompense; en 1871, il devint titulaire des enseignements qu'il avait déjà donnés, comme suppléant, à l'école de Saint-Cyr. Il donna sa démission de capitaine, dans les premiers jours de 1878. Entré aussitôt, comme rédacteur militaire, au journal de Gambetta, la *République française*, il y collabora jusqu'à la fin de 1881. En 1881, il contribua à la fondation du *Paris*, dont il est encore rédacteur militaire. Il a collaboré aussi à d'autres journaux et notamment au *Petit Parisien*, à l'*Evènement*, au *Voltaire*, à la *Nouvelle Revue*, à l'*Armée Française*, à la *France Militaire* et au *XIXe Siècle*; il est actuellement collaborateur de ces deux dernières feuilles et de l'*Instruction*, revue hebdomadaire. On a de lui : « Conférences militaires à l'usage de la garde nationale sédentaire et de la garde nationale mobile » 8 brochures, Paris, Dumaine, 1870; « Manuel du fantassin » dans la *Petite Bibliothèque de l'Avenir militaire*, Paris, 1873; « Notions sur l'étude de l'art militaire, manuel de l'engagé conditionnel d'un an » Paris, Delagrave, 1873; « Cours d'art et d'histoire militaires » 2 vol. id. id., 1875; « Les petites opérations de la guerre » id. id. 1877; « les Armées européennes » id. id. id.; « La Guerre en Orient (1875-1878) par un officier supérieur » extrait du *Journal des sciences militaires*, id. Dumaine, 1878; « Avant la bataille » avec préface de Paul Déroulède,

Paris, A. Lévy et Cie, 1886, cet ouvrage qui a paru anonyme a eu un retentissement énorme, non seulement en France, mais en Allemagne et dans l'Europe entière ; « l'Ennemi » série de 3 vol., Paris, A. Lévy et Cie, le 1er volume « l'Ennemi chez lui » a paru en 1887, les deux autres « l'Ennemi sous les armes » et « l'Ennemi à la frontière » vont paraître ; citons encore : « la Guerre » grande publication militaire illustrée, en cours de publication à Paris, chez G. Rouff et Cie.

Barthélemy (Louis), poète français, né à Metz le 25 décembre 1827. Il débuta par « Les Fléaux de Dieu », poésie, précédée d'une lettre de Jean Reboul à l'auteur, Metz, 1850 ; et par un poème intitulé : « Socrate, ou l'unité de Dieu », couronné par l'Académie des Jeux floréaux, Metz, 1851. Suivirent : « Saint-Eucaire de Metz (l'église de), son histoire », Metz, 1864 ; poésies diverses et articles, dans le *Metz Littéraire* (1854), dans la *Revue des Hôpitaux*, dans *L'Indépendant de la Moselle* (1852-54), et un roman dans le feuilleton du *Petit Messin* (1883).

Barthélemy (le docteur L.), érudit français, président de la Société de statistique de Marseille. Nous connaissons de lui : « Inventaire chronologique et analytique des chartes de la maison de Baux, suivi d'un appendice relatif à la branche des Baux d'Arborée », Marseille, Champion, 1882 ; « Documents inédits sur divers artistes inconnus de Marseille et d'Aix, du XIV au XVI siècle », Paris, imp. Nationale, 1886.

Barthélemy Saint-Hilaire (Jules), philosophe, érudit et homme d'État français, né à Paris le 19 août 1805. De 1825 à 1838, il fut attaché au Ministère des finances ; mais il n'en fut pas moins, de 1826 à 1830, un des rédacteurs ordinaires du *Globe*, et, en cette qualité, le 28 juillet 1830, il signait cette protestation des journalistes qui fut un des avant-coureurs de la révolution de juillet. Après la révolution, il fit partie de la Société *Aide-toi, le ciel t'aidera !* rédigea plusieurs de ses notices biographiques, fonda le *Bon Sens* avec MM. Cauchois-Lemaire et Victor Rodde, et continua d'écrire dans les journaux d'opposition, le *Constitutionnel*, le *Courrier Français* et le *National*. Vers la fin de 1833, il parut renoncer à la politique et s'appliqua tout entier à ses travaux d'érudition. De 1834 à 1848, il fut répétiteur du cours de littérature française à l'École polytechnique, de 1838 à 1852, professeur de philosophie grecque et latine au Collège de France. Le 23 mars 1839, il était nommé membre de l'Institut, Académie des sciences morales et politiques, en remplacement de Broussais. En 1840, il fut, pendant quatre mois, chef de cabinet, auprès de M. Victor Cousin, ministre de l'instruction publique, dont il était l'ami intime. A la révolution de février 1848, il devint chef, à titre gratuit, du secrétariat du gouvernement provisoire, et bientôt après le département de Seine et Oise l'envoyait à l'Assemblée constituante ; en 1849, il était réélu à l'Assemblée législative ; il protesta contre le coup d'État du 2 décembre, refusa de prêter serment et, bien que dispensé de cette formalité par la tolérance du gouvernement, il quitta sa chaire du Collège de France et la direction de cet établissement, où l'avait appelé l'élection. Attaché à la commission chargée d'étudier la question du percement de l'isthme de Suez, il fit avec M. Ferdinand de Lesseps et les représentants de diverses nations, le voyage d'Égypte de 1855, et publia le récit intéressant de cette exploration d'abord dans le *Journal des Débats* et ensuite dans un volume paru, en 1856, chez Lévy frères : « Lettres sur l'Égypte » (2me éd., id., 1857). En 1869, il fut élu député au Corps Législatif et alla s'asseoir sur les bancs de l'opposition. Après la révolution du 4 septembre 1870, et pendant le siège, il resta à Paris qu'il ne quitta qu'après l'armistice pour aller prendre sa place de député à la gauche de l'Assemblée nationale. Il fit alors partie de la commission des quinze membres chargés d'assister le gouvernement dans les négociations de la paix avec l'Allemagne. Lorsque l'Assemblée eut nommé M. Thiers chef du pouvoir exécutif, celui-ci qui, depuis de longues années, était intimement lié avec M. B. S. H., le choisit comme chef de son cabinet particulier ; M. B. accepta les fonctions, mais il refusa, comme il avait toujours fait, le traitement qui y était attaché. On est d'accord à reconnaître que M. Barthélemy S.-H. a beaucoup contribué à la conversion de M. Thiers à la République. Après le renversement de son illustre ami, il quitta la petite chambre qu'il occupait à l'hôtel de la présidence et n'en continua pas moins ses fonctions de secrétaire auprès de M. Thiers. En décembre 1875, il fut nommé, par l'Assemblée, sénateur inamovible. Nommé, le 23 décembre 1880, ministre des Affaires étrangères, il donna sa démission de vice-président du Sénat (fonctions auxquelles il avait été élu le 16 janvier 1880) ; il garda le portefeuille jusqu'au 14 décembre 1881. Ce fut sous son gouvernement que l'entreprise de la Tunisie, sous prétexte de guerre contre les Kroumirs, fut entreprise. Comme écrivain, le titre principal de M. Barthélemy Saint-Hilaire est sa traduction française d'Aristote. Voici les principales publications qui s'y rapportent : « Politique d'Aristote », Paris, 1re édition, 2 vol., 1837, impr. royale ; 2me édition, Dumont, 1848 ; 3me édition, Germer Baillière, 1874 ; « La Logique », 4 vol., Ladrange, 1839-43 ; « Psychologie. Traité de l'âme », Ladrange, 1846 ; « Psychologie et Opuscules », Dumont, 1847 ; « Morale », 3 vol., Ladrange, 1856 ; « Poétique », Durand, 1858 ; « Physique », Ladrange, 1862 ; « Météorologie », id., 1863 ; « Traité du ciel », Durand, 1865 ; « Traité de la production et de la destruction des choses suivi du Traité sur Mélissus, Xénophante et Gorgias », Ladrange, 1866; « Rhétorique », 2 vol., id., 1870; « Métaphysique », 3 vol., G. Baillière, 1849; « Histoire des animaux », 3 vol., Hachotte, 1883; « Traité des parties des animaux », 2 vol., id., 1885; « Génération des animaux », 2 vol., id. 1887; ces diverses traductions, dont plusieurs sont les premières qui aient été faites en français, sont accompagnées de notes perpétuelles et quelques unes sont précédées d'introductions fort importantes; notons encore dans le même ordre de travaux « De la logique d'Aristote », 2 vol., 1838, mémoire couronné par l'Institut, et « De la Métaphysique, sa nature et ses droits dans ses rapports avec la religion et avec la science. Pour servir d'introdution à la Méthaphysique d'Aristote », Baillière, 1879, ouvrage qui a été traduit en allemand par Goergens, Leipzig, 1879. Mais cet énorme travail et les soins de la politique n'ont pas suffi à l'activité de M. B. Lors de la mort d'Eugène Burnouf, dont il avait fréquenté les cours de sanscrit, il fut chargé de le remplacer au *Journal des Savants* pour y rendre compte des travaux relatifs à l'Inde. Les nombreux articles publiés sur la Littérature indienne par M. Barthélemy contiennent la matière de plusieurs volumes aussi remplis d'érudition qu'attrayants à la lecture; comme indianiste, M. B. s'est fait connaître aussi par les ouvrages suivants: « Des Védas », Duprat, 1854; « Du Bouddhisme », id., 1855; « Le Bouddha et sa religion. Les origines du bouddhisme (543 av. J. C.). — Le Bouddhisme dans l'Inde au VII° siècle de notre ère. Bouddhisme actuel. Ceylan, 1858 », 1re éd., Didier, 1860, 2me éd., 1862, 3me éd., 1866; « Le Christianisme et le Bouddhisme. Trois lettres », Leroux, 1880; « L'Inde anglaise avec une introduction sur l'Angleterre et la Russie », 1887. Nous devons encore rappeler de lui les ouvrages suivants: « De l'École d'Alexandrie, précédé d'un Essai sur la méthode des Alexandrins et le mysticisme et suivi d'une traduction de morceaux choisis de Plotin », Ladrange, 1845; « De la vraie Démocratie », Didot, 1849; « Loi sur l'instruction publique avec un Commentaire, précédée d'une introduction historique », 1850; « Mahomet et le Coran », Didier, deux éd., en 1865; « Philosophie des deux Ampère », 1re éd., Didier, 1866, 2me éd., id., 1869. M. Barthélemy -S.-H. a fait une traduction en vers français de l'*Iliade* d'Homère, a traduit en français les *Pensées* de Marc-Aurèle, et il a publié de nouvelles éditions de « Madame de Hautefort » et « Madame de Longueville » de Victor Cousin, qui l'avait choisi comme exécuteur testamentaire et chargé spécialement de la conservation de la riche bibliothèque qu'il a léguée à la Sorbonne et dont M. B. a été nommé bibliothécaire à vie. De nombreux travaux de M. B. qu'il ne nous est pas possible de citer se trouvent dans les: *Séances et travaux de l'Académie des Sciences morales et politiques* et dans la *Revue des deux Mondes*.

Barthelson (Frédéric), littérateur suédois, né en 1836, actuaire à la direction générale des postes suédoises, a publié sous le pseudonyme de *Halfdan Glade* un cycle de poésies épiques « Balders död », 1862, et « Spegelbilder », 1872.

Barthès (Melchior), pharmacien français, vice-président du conseil d'hygiène et de salubrité de l'arrondissement de Saint-Pons, né à Saint-Pons (Hérault) en 1848. M. B. s'occupe surtout de poésie et de littérature languedocienne. On a de lui: « Glossaire botanique languedocien-français-latin de l'arrondissement de Saint-Pons (Hérault), précédé d'une étude du dialecte languedocien », Montpellier, 1873; « Flouretos de mountagno. Premier bouquet (1838-1842) », Montpellier, 1878; « Flouretos de Mountagno. Second bouquet (1842-1870) », Saint-Pons, 1885.

Barthety (Hilarion), érudit français, secrétaire de la Société des sciences, lettres et arts de Pau, rédacteur du *Mémorial des Pyrénées*, ancien notaire, né à Lescar (Basses-Pyrénées) en 1842. On a de lui: « L'ancien évêché de Lescar », Pau, 1878; « Étude historique sur Saint-Galactoire, évêque de Lescar », Pau, 1879; « La Sorcellerie en Béarn et dans le pays basque », id. id.; « L'Hôpital et la Maladrerie de Lescar », id., 1880. M. Barthety a publié, à Pau, en 1820. avec L. Soulice: « Calvinisme de Béarn, poème béarnais », de J. H. Fondeville, poète béarnais du XVIII siècle.

Barthez (Antoine-Charles-Ernest de), médecin français, né à Narbonne (Aude), en 1811, est le petit-neveu de l'illustre Paul-Joseph Barthez (1734-1806), le célèbre médecin de Montpellier. Reçu docteur à Paris, en 1839, à la suite d'une thèse sur « Les avantages de la marche et les exercices du corps dans les cas de tumeurs blanches, caries, nécroses des membres inférieurs chez les scrofuleux », en 1845, il fut désigné avec deux de ses collègues, parmi lesquels l'illustre Guenéaud de Mussy, pour aller étudier et combattre dans l'arrondissement de Coulommiers une épidémie de suette miliaire. M. Barthez, qui est membre de l'Académie de médecine depuis 1866, a été médecin de l'hôpital du Prince Impérial et de celui de Sainte-Eugénie. Il a publié, outre sa thèse, plusieurs mémoires dans la *Gazette médicale*, et dans les *Archives générales de Médecine;* il a fait paraître aussi, en collaboration avec le docteur F. Rilliet, un « Traité clinique et pratique des maladies des enfants », 3 vol., Germer Baillière, 1843, 2me éd., id. id., 1854; en 1884, en collaboration avec M. A. Sannié, M. Barthez a publié, chez Alcan, une troisième édition entièrement refondue et considérablement augmentée de cet ouvrage. Voyez au sujet des premiers travaux de MM. Rilliet et Barthez sur les maladies des enfants qui ont donné origine à l'ouvrage ci-dessus un article : « Affections de poitrine chez les enfants par MM. Rilliet et Barthez » dans la *Bibliothèque Universelle* de Genève, de 1838. M. Barthez a inséré lui-même dans le volume de l'année 1862, de ladite *Revue*, un important article sur la « Rougeole ». Il est aussi l'auteur d'une « Étude clinique sur la claudication des enfants », 1881.

Barti (P. T.). Sous ce pseudonyme, un homme de lettres italien, M. Parmenio BETTÒLI (Voyez ce nom) a exécuté il y a quelques années une des mystifications littéraires les plus réussies, et qui rappelle celle, qui a fait tant de bruit, de M. Arsène Houssaye quand il publia, dans la *Revue de Paris*, alors dirigée par MM. Buloz et Bonnaire, un conte : *L'Arbre de science* en l'attribuant à Voltaire, tandis que le conte était bel et bien de lui. Croyant avoir à se plaindre de M. Bellotti-Bon, un des meilleurs acteurs et, en même-temps, un des directeurs de théâtre les plus avisés de l'Italie, M. Bettòli lui envoya, sous le pseudonyme de P. T. Barti, marchand de poissons, le manuscrit d'une prétendue comédie de Goldoni, « L'Egoista per progetto » qu'il prétendait avoir trouvé dans de vieilles paperasses. M. Bettòli avait tellement soigné la partie matérielle de son travail que le bibliothécaire de la Marciana de Venise, auquel le manuscrit fut soumis, déclara que rien n'empêchait de le retenir contemporain du grand comédiographe vénitien ; quant à la valeur de la comédie, elle était telle que M. Bellotti-Bon, qui cependant s'y connaissait, n'hésita pas à déclarer dans une circulaire rendue publique que « il n'était pas encore arrivé à la troisième scène qu'il ne doutait déjà plus de l'authenticité de la comédie ». Et, en effet, non seulement il l'acheta, mais il la fit représenter en même temps, le 18 janvier 1875, sur les théâtres de Turin, de Florence et de Rome ; à Turin, la comédie alla aux nues et fut jouée six soirs de suite, à Rome l'enthousiasme fut moindre, mais le succès fut complet et on la donna pendant cinq soirs ; à Florence au contraire elle n'arriva qu'à la deuxième représentation, et encore au milieu des protestations générales ; quelques jours plus tard le public milanais faisait aussi un très mauvais accueil à la pièce. Les critiques les plus autorisés étaient partagés ; MM. Ferrari et Bersezio soutenaient l'authenticité qui était vigoureusement niée par MM. Ferrigni (Yorick), Martini et d'Arcais ; ce dernier fut même assez avisé pour désigner, dès le soir de la première représentation, et sous le voile d'une plaisanterie fort transparente, le nom du véritable auteur, et celui-ci ne tarda pas à se dévoiler dans une spirituelle brochure ; « Storia della commedia *L'Egoista per progetto* di P. T. Barti », qu'il publia à Milan, chez Treves, en 1875. Sous le même pseudonyme M. Bettòli a publié : « Poesi di tutti i mesi ; Minestra alla Genovese » Parme, 1876.

Bartol (Cyrus-Augustus), écrivain américain, né à Freepol (Marne) le 30 avril 1813 ; après avoir étudié la théologie à Cambridge, il fut adjoint, en 1835, au pasteur de l'église unitarienne à Cincinnati, et devint, en 1837, pasteur à Boston. Nous citerons de lui : « Christian Spirit and Life » 1850 ; « Cristian body and form » 1854 ; « Pictures of Europe » 1856 ; « Church and Congregation » 1858 ; « Ministers of West Church, principles and portraits, radical problems » 1872 ; « Rising Faith » 1873.

Bartoli (Adolfo), littérateur et érudit italien, né à Fivizzano de Lunigiana (prov. de Massa et Carrara), le 19 novembre 1833. Il allait entreprendre, selon le désir de sa famille, l'étude du droit quand, en 1856, Giampietro Vieusseux, sous les yeux duquel était tombé un de ses écrits, l'appela à Florence en qualité de secrétaire et de collaborateur de l'*Archivio Storico italiano* ; en 1859, sur la proposition de Pietro Thouar, il était nommé président du lycée d'Alexandrie en Piémont ; l'année suivante, il était nommé professeur au lycée de Livourne et directeur de l'école de marine de la même ville ; en 1867, il passa au lycée de Plaisance et l'année suivante à l'École supérieure de commerce à Venise où il resta jusqu'en 1874 ; à cette époque il fut nommé professeur ordinaire de littérature italienne à l'Institut des études supérieures de Florence. Parmi ses ouvrages nous citerons : « Le vite di Vespasiano da Bisticci » Florence, 1859 ; « I viaggi di Marco Polo » id., 1863 ; « Il libro di Sidrach » Bologne, 1868 ; « Pietro Giordani » discours, Plaisance, 1868 ; « Degli studii e delle scuole in Italia » id. id. ; « I primi due secoli della letteratura italiana » Milan, 1870-80, ouvrage de la grande importance et qui fait époque dans l'histoire critique de la littérature italienne ; « Il poema di Ettore Trajano » Venise, 1872 ; « I precursori del Boccaccio » Florence, 1876 ; « I precursori del Rinascimento » id., 1877 ; « Storia della Letteratura Italiana » 7 vol., Florence, 1878-87, traduite en allemand par le docteur von Reinhardstöttner, Leipzig, Voss, 1881 et suiv., son chef-d'œuvre ; « I manoscritti italiani della Biblioteca Nazionale di Firenze » commencé en 1880, la 1ere livraison du 4me vol. a été publiée en 1885 ; « Scenari inediti della Comedia dell'arte » id. 1880 ; « Crestomazia della Poesia italiana del Periodo delle origini » Turin, 1881 ; « Una novellina popolare gragnolese » Florence, 1881 ; et plusieurs articles dans l'*Archivio Storico italiano*, la *Rivista Europea*, la *Rassegna Settimanale*, l'*Enciclopedia Britannica*, le *Fanfulla della Domenica*, etc.

Bartoli (Adolphe G.), physicien italien, né

à Florence le 19 mars 1851; il fréquenta l'Université et l'École normale de Pise et en 1874 il y était reçu docteur ès sciences physiques et mathématiques. De 1874 à 1878, il fut assistant à la chaire de physique à l'Université de Bologne. En 1878-79, il passa à la suite d'un concours, professeur de la même science à l'Université de Sassari; en 1880, il fut nommé, toujours à la suite d'un concours, professeur de physique mathématique à l'Université de Palerme, mais il préféra le séjour de Florence, où, de 1880 à 1886, il enseigna la physique à l'Institut Technique provincial. Depuis 1886, il est professeur ordinaire de physique à l'Université de Catane et directeur de l'Observatoire de l'Université. On a de lui : « Metodo per dimostrare le leggi della gravità » dans le *Nuovo Cimento* de Pise, 1873; « Sopra un fenomeno della elettrolisi » id. id. id.; « Spiegazione di alcuni fatti relativi alla teoria del magnetismo di rotazione, trovato dall'Arago » id. id. 1875 et dans le *Naturforscher* de 1876 et dans le *Journal de Physique*, V. 136 ; « Sulla legge psicofisica del Fechner » dans le *Nuovo Cimento* de Pise, 1876; « Sui movimenti prodotti dalla luce e dal calore e sul radiometro di Crookes » Florence, Le Monnier, 1876 ; « Apparecchio per lo studio delle polarità galvaniche » dans le *Nuovo Cimento* de Pise, 1876 ; « Sulle scariche residue nei tubi di Geissler » dans la *Rivista scientifico-industriale* de Florence, 1877 ; « Sulla evaporazione nei tubi capillari » id. id. id.; « Sunti dei lavori di Fisica pubblicati in Italia nel 1876 » dans la *Rassegna semestrale* de Florence, 1877; « Sopra alcuni fenomeni che si osservano nel passaggio di una corrente elettrica per un voltametro ad acqua » dans le *Nuovo Cimento* de Pise, 1878 ; « Una nuova esperienza sulla elettrolisi coi deboli elettromotori » Sassari, 1878; « Sunti di tutti i lavori di fisica pubblicati in Italia o da autori italiani all'estero negli anni 1878 e 1879 » dans la *Rassegna semestrale* de Florence; « Sulla polarizzazione galvanica e sulla decomposizione dell' acqua con una pila di forza elettromotrice inferiore a quella di un elemento Daniell » mémoire couronné par l'Académie des Sciences de Bologne, dans le *Nuovo Cimento*, Pise, 1879 ; « Monografie sulla luce e sui colori » dans la *Enciclopedia Medica Italiana*, A. Vallardi, Milan; « Relazione fra la coesione specifica, la densità e il calore specifico di una classe di liquidi » dans le *Nuovo Cimento*, Pise, 1879 ; « Fenomeno della elettrolisi dell'acido solforico concentrato e di qualche altro liquido viscoso » id. id. id. ; « Dimostrazione elementare di un teorema di Clausius relativo alla teoria del raggiamento » id. id. id.; « Le leggi delle polarità galvaniche » id. id., 1880; « Sintesi di varii acidi organici per mezzo dell'acqua e di varie soluzioni acide ed alcaline con elettrodi di carbone », en collaboration avec le prof. G. Papasogli, id. id., 1880; « Sintesi di varii e nuovi composti organici per la via elettrica » id. id. 1881 (l'Académie des Lincei a décerné une mention honorable à ce mémoire); « Su le leggi delle polarità galvaniche » id. id. id.; « Nuova determinazione dell'equivalente meccanico del Calore » id. id. id., mémoire couronné par l'Académie des Lincei; « Sui prodotti della elettrolisi di varie soluzioni acide ed alcaline con elettrodi di grafito » id. id. id.; « Sulla composizione e sulle proprietà del Mellogeno, nuovo composto ottenuto per via elettrica » avec la collaboration du prof. G. Papasogli, id. id., 1882 ; « Sopra un metodo per ottenere magnetismo permanente anormale nell'acciaio, con correnti della Pila » avec la collaboration du prof. G. Alessandri, id. id. 1881 ; « Su l'elettrolisi dell'acido solforico con elettrodi di grafite e di carbone di storta » en collaboration avec le prof. G. Papasogli, id. id., 1882 ; « Sintesi di varî e nuovi composti organici per mezzo della elettrolisi di varie soluzioni alcooliche e con elettrodi di carbone » avec le même, dans la *Gazzetta chimica*, t. IX, Palerme, 1881 ; « Synthèse de plusieurs composés par le moyen de l'électrolyse » dans la *Bibliothèque universelle de Genève*, 1882 ; « Sopra un nuovo interruttore galvanico a periodo constante » *Atti della R. Accademia dei Lincei*, 1882; « Su la corrente residua data dai deboli elettromotori e sulla costruzione degli elettroliti » *Nuovo Cimento*, Pise, 1882; « Synthèse de plusieurs composés organiques par le moyen de l'électrolyse de l'eau, des solutions acides, alcalines et alcooliques avec des électrodes de charbon » en collaboration avec le docteur Papasogli, dans les *Comptes Rendus de l'Académie des sciences*, 1882; « Sull'elettrolisi dei composti binarii e di varii altri composti acidi e salini con elettrodi di carbone » avec le même, dans le *Nuovo Cimento* de Pise, 1882 ; « Sviluppo di elettricità per l'ossidazione a freddo del carbone » avec le même, id. id. id. ; « Sull'elettrolisi delle soluzioni dei sali ammoniacali con elettrodi di carbone » avec le même, id. id. 1882 ; « Osservazioni sopra una recente memoria del prof. M. Berthelot » id. id. id.; « Sull'elettrolisi della glicerina con elettrodi di carbone, di storta, di grafite e di platino » avec la collaboration du docteur G. Papasogli, id. id. id.; « Sul modo di formazione della Mellite » avec le même, dans les *Atti della Società toscana di scienze naturali* ; « Sulla elettrolisi con elettroidi di carbone delle soluzioni dei composti binarii e di vari altri composti acidi e salini » avec le même, dans la *Gazzetta Chimica Italiana*, 1883; « Sulla elettrolisi delle soluzioni di acido fluoridrico e di antimoniato potassico con elettrodi di carbone » avec le même, id. id. id. ; « Sulla elettrolisi dell'acqua e delle soluzioni di acido borico » avec le même, id. id. id. ; « Sulla costituzione degli elettroliti » id. id. id. ; « Rivendicazione di priorità contro il signor dottor Tommasi » dans le *Chemical News*, 1883; « Esperienza da lezione per dimostrare un teorema di Riemann sull'Elettrostatica » dans le *Nuovo Cimento*, 1883; « Sulla elettrolisi delle soluzioni di Fenolo con elettrodi di carbone o di platino » en collaboration avec le prof. Papasogli » id. id. id.: « Nuova contribuzione all'istoria del carbonio » avec le même, dans les *Atti della Società toscana di scienze naturali*, Pise, 1883; « Sul calorico specifico della mellite » en collaboration avec le Dr Enrico Stracciati, dans le *Nuovo Cimento*, 1884; « Sopra un apparecchio da lezione per dichiarare il primo principio di termodinamica » id. id.; « Sopra un nuovo elettromotore fondato sulla ossidazione a freddo del carbone » en collaboration avec le docteur G. Papasogli, dans la *Gazzetta Chimica*, 1884; « Sull'ossidazione dei carboni » avec le même, id. 1884; « Sull'elettrolisi dell'acido Mellitico con elettrodi di platino », avec le même, dans l'*Orosi*, 1884; « Di un singolare fenomeno elettrico che presenta l'alcole cetilico nel solidificare » id. id.; « La conducibilità elettrica delle combinazioni del carbonio »; «Sulla permeabilità del vetro ai gaz »; « Sulla coesistenza di formule empiriche diverse ed in specie su quelle che contengono la costante capillare dei liquidi e la coesione dei solidi »; ces trois mémoires ont été lus à l'Académie royale des Lincei et sont publiés dans le VIII vol., 3 série de ses *Transunti;* « Relazione fra la conducibilità elettrica e la composizione dei carboni di varie specie » dans le *Nuovo Cimento*, 1884; « Il calorico raggiante e il nuovo principio di termodinamica » id. id. ; « Di varie ipotesi per mettere d'accordo i resultati delle teoria del raggiamento col secondo principio di termodinamica » id. id.; « Di un singolare aumento di conducibilità che presentano alcune sostanze organiche nel solidificare » dans l'*Orosi;* « Elettrolisi con le scariche di una batteria di Leida, impiegandovi elettrodi di carbone » id. id.; « Intorno ad alcune formule date dal sig. dott. Mendeleeff per esprimere la dilatazione dei liquidi, e dai signori Thorpe e Rücher, per calcolare la temperatura critica della temperatura termica » en collaboration avec le prof. Stracciati, dans le *Nuovo Cimento*, 1882; « La temperatura critica ed i volumi molecolari ai gradi critici per gli idrocarburi Cn H$_2$n+$_2$ dei petrolii di Pensilvania » avec le même, id. id.; « Intorno ad una relazione fra la temperatura critica e la temperatura di ebullizione, data dal signor Pawlewski e dal signor Nadeydine » id. id.; « Sulla resistenza che presentano le superfici speculari d'acciaio all'azione ossidante dei vapori » dans l'*Orosi*, 1884; « Le proprietà fisiche degli idrocarburi Cn H$_2$n+$_2$ dei petrolii » en collaboration avec le prof. Enrico Stracciati, dans les *Atti della R. Accademia dei Lincei*, 1884; « I volumi molecolari e le dilatazioni dei liquidi alle temperature corrispondenti » id. id. id.; « L'elettricità, il carbonio, e la generazione spontanea » expériences originelles faites avec le professeur G. Papasogli, dans la *Natura*, Milan, 1885; « Elettrosintesi di alcuni nuovi composti derivati dal Mellogeno per incompleta ossidazione » en collaboration avec le prof. G. Papasogli, *Transunti della R. Accademia dei Lincei*, 1885; « Sulle continuate intermittenze che producono nella corrente elettrica alcuni liquidi interposti nel circuito » dans l'*Orosi;* « Perchè molte resine dopo fuse restano tenere e plastiche se raffredate bruscamente » id. id.; « Sulle diverse forme che prendono i solidi nel disciogliersi entro un liquido indefinito e in particolar modo sulle forme che assumono il ghiaccio e i sali nell'acqua, i corpi attaccati dal liquido che li circonda e gli elettrodi positivi di metallo, oppure di carbone, della notevole azione dell'ossigeno dell'aria in queste ultime azioni » avec la collaboration du prof. G. Papasogli, *Atti della società Toscana di scienze naturali*, 1885; « Revisione di alcune esperienze calorometriche » en collaboration avec le professeur E. Stracciati ; « La conducibilità elettrica delle combinazioni del carbonio ed in ispecie sulla conducibilità delle ammidi dei nitroderivati (seconda nota) » ; « La conducibilità elettrica di alcuni composti organici allo stato solido » ; « Sulla dipendenza della conducibilità elettrica della dietillammina dalla temperatura » ; « La conducibilità elettrica delle combinazioni organiche » ; « La conducibilità elettrica delle resine (nota preventiva) » ; « Densità di un solido in cui entrino tutti i corpi semplici serbandovi la loro densità allo stato solido e suo confronto con la densità media della terra », les sept mémoires précédents ont été lus à l'Académie des Lincei le 21 juin 1885; « Sopra alcune relazioni stabilite dal signor De Heen fra la dilatabilità e il punto di ebullizione dei composti di una stessa serie omologa » en collaboration avec Mr Enrico Stracciati, dans le *Nuovo Cimento*, 1886 ; « Sulla dilatazione termica di un miscuglio di due liquidi dedotta dalla dilatazione dei componenti » avec le même, id. id.; « In quali casi sia applicabile una regola data dal Groshans per calcolare le temperature corrispondenti » avec le même, id. id. ; « L'attrazione newtoniana nel sistema periodico degli elementi » dans l'*Orosi;* « Synthèse de l'acide mellique et des autres acides benzocarboniques en électrolysant l'eau avec des électrodes de charbon » en collaboration avec le prof. G. Papasogli, *Annales de Chimie et de Physique*, 1886; « Sur la composition et les propriétés du Mellogène, corps obtenu par électrosynthèse » avec le même, id. id.; « Sur les propriétés physiques des hydrocarbures Cn H$_2$n+$_2$

des pétroles d'Amérique » en collaboration avec le prof. E. Stracciati, id. id. ; « Sur quelques formules données par M. D. Mendeleeff pour exprimer la dilatation des liquides, et par MM. T. E. Thope et A. W. Rücher pour exprimer la température critique de la dilatation thermique » avec le même, id. id. ; « La conducibilità elettrica delle soluzioni dietillammina negli idrocarburi » dans l'*Orosi*, 1886 ; « Les températures critiques et les volumes moléculaires aux degrès critiques pour les hydrocarbures $Cn H^2 n+^2$ des pétroles de Pensylvanie » avec la collaboration du prof. Stracciati, dans les *Annales de Chimie et de Physique* ; « Observations relatives à une note de M. A. Millot sur les produits d'oxydation de charbon par l'électrolyse d'une solution ammoniacale » avec la collaboration du prof. Papasogli, *Comptes Rendus*, 1886 ; « Sur les volumes moléculaires et les index de dilatations des liquides aux températures correspondantes » *Annales de Chimie et de Physique*, 1886 ; « Sul variare della conducibilità elettrica del creosoto colla temperatura » *Orosi*, 1886 ; « Sulla conducibilità elettrica delle combinazioni del carbonio allo stato liquido ed in specie su la conducibilità dei radicali acidi cogli alogeni, dei rodanati delle essenze di senape, dei nitrili, dei sulfuri e delle combinazioni organo-metalliche, dans les *Rendiconti della R. Accademia dei Lincei*, 1886 ; « Sulla dipendenza della conducibilità elettrica dalla temperatura nelle soluzioni degli alcoli CnH_2n+_2O nei liquidi poco conduttori od isolanti » id. id. ; « Ancora intorno ad una relazione fra il punto critico ed il punto di ebullizione data dal signor Nadeydine e dal signor Pawleski » dans le *Nuovo Cimento*, 1886 ; « La conducibilità elettrica al punto critico » dans les *Rendiconti della R. Accademia dei Lincei*, 1886 ; « Sulla elettrolisi di varie soluzioni con correnti rapidamente interrotte e dirette nello stesso senso o invertite, impiegandovi elettrodi di grafite e di carbone di storta » en collaboration avec le prof. G. Papasogli, dans l'*Orosi*, 1886 ; « Reply to the observations made by Messrs T. E. Thorpe and A. W. Rücker upon our Essay entitled : Intorno ad alcune formule date dai signor Mendeleeff e dai signori T. E. Thorpe ed A. W. Rücker per calcolare la temperatura critica della dilatazione termica, en collaboration avec M. Stracciati, dans le *Phylosophical Magazine* de Londres, 1886 ; « Su i programmi per l'insegnamento della fisica nelle scuole d'Italia » dans *L'Università, Rivista dell'istruzione superiore*, Bologne, 1877. Presque tous ces nombreux mémoires ont été reproduits par plusieurs revues scientifiques italiennes et étrangères ; nous avons dû nous borner à citer celles où elles ont paru pour la première fois.

Bartolini (Antoine), ecclésiastique et littérateur italien, né le 25 mai 1820, à Stia (province de Arezzo). Il fit ses premières études dans son pays natal et plus tard au Séminaire de Fiesole. Le 23 septembre 1843 il fut ordonné prêtre et pendant dix ans il exerça les fonctions d'instituteur dans son pays natal. En 1853, il fut nommé curé de l'Église de San Donato à Coffia, d'où, l'année suivante, il passa à celle, plus importante, de Santa Cristina à Papiano ; en 1880, il se démit de ses fonctions ecclésiastiques et se rotira dans son pays où il donne des leçons particulières de latin, d'italien et de mathématique. M. Bartolini, qui a fait une étude particulière de la langue italienne, a publié : « Cecchino e Nunzia, ovvero, Ancora c'è che ire », nouvelle, 1 vol., 1872 ; « Un esposto e una figliastra », nouvelle, publié comme essai de la langue de cette partie de la province d'Arezzo qu'on appelle le Casentino, 1874 ; « La Battaglia di Campaldino », nouvelle avec des notes historiques, 1876 ; « La Falterona », 1879 ; « Scritterelli sparsi, raccolti e ordinati dall'autore », 1882 ; « Gli Italiani all'espugnazione di Tunisi », roman historique, 1886.

Bartolozzi (David), écrivain italien, médecin de la municipalité de Pescia, né vers l'année 1830 à Lanciole près Pistoia. Il a publié : « Nuove cause della Cofosi », 1849 ; « Storia d'Ileo e Peritonite », 1854 ; « Osservazioni riguardanti alcuni prodotti eteromorfi ritrovati nel cervello », 1855 ; « Osservazioni sul cholera che ha regnato nel 1855 a Pescia e cenno delle malattie che l'hanno preceduto da tre anni », 1855 ; « Ascessi flemmonosi della fossa iliaca destra », 1864 ; « Pane scuro di Liebig in sostituzione al bianco », 1870 ; « Vaccinazione e rivaccinazione », 1870 ; « Sulla lissa o rabbia canina », 1871 ; « Piccolo codice medico ad uso delle madri di famiglia », 1871 ; « Dei danni che reca il petrolio alla vista », 1871 ; « Angina difterica », 1877 ; « Danni derivati al nostro organismo per la crapula », 1877 ; « Abuso del tabacco », 1877 ; « Sulla pellagra in Valdinievole », 1877 ; « Quale influenza esercita la istruzione sulla salute », 1878 ; « Consigli al popolo a preservarsi dalla scrofola e dalla tisi », 1878 ; « Guida popolare per soccorrere coloro che si trovano in istato di morte apparente », 1878 ; « Di un nuovo Miringotomo », mémoire lu au Congrès international des otoîatres à Milan en 1880 ; « Nuove cause della Cofosi », deuxième mémoire, présenté au même Congrès ; « Consigli alle madri di famiglia per ottenere sana e robusta salute », 1885.

Bartos (François), ethnographe et philologue tchèque, né, en 1837, à Mlateova (Moravie ; monarchie austro-hongroise), fréquenta le gymnase d'Olmütz (Olomouc) et plus tard l'Université de Vienne, où il s'adonna particulièrement à l'étude des philologies classiques et slave. Nommé professeur, il enseigna tour à tour dans différents gymnases ; depuis 1859, il est attaché au gymnase de Brunn (Brno). M. B. a publié plusieurs livres à l'usage de ses élèves, citons entr'autres : cinq volumes de lectures tchèques et un traité de syntaxe qui a eu plusieurs éditions. Pendant les vacances, M. B. parcourait le pays dans le but de faire des recherches ethnographiques ; les premiers résultats qu'il obtint furent tels que le gouvernement lui accorda un congé de deux ans pour le mettre à même de poursuivre ses travaux. Dans cet ordre d'études, il a publié : « Dialectologie morave », 1 vol.; « Le peuple et la nation », petits discours ethnographiques et littéraires, 2 vol.; « Nouvelles chansons nationales de Moravie », le 1re vol. a paru en 1882, le 2me est sous presse. M. B. a recueilli plus de 2000 chansons nationales nouvelles avec les mélodies respectives.

Baruffaldi (Louis-Antoine), écrivain italien, né, le 10 juillet 1820, à Riva (province de Trente), où il fit ses premières études; il fréquenta ensuite le Gymnase et le Lycée de Trente et l'Université de Padoue où, le 30 décembre 1845, il était reçu docteur en droit. En 1848, il prit part au mouvement national italien; revenu dans son pays, il se consacra aux différentes administrations municipales et de bienfaisance de sa ville natale, dont il fut deux fois *Podestà* (Maire), et il ne donna aux lettres que les rares loisirs que lui laissaient ses occupations administratives; cependant il a publié : « Vittor Pisani », trois chants, en vers blancs, Venise, 1864; l'article « Riva di Trento », dans le *Dizionario Corografico d'Italia*, Milan, Vallardi, 1868; « Pel monumento dell'Arciprete Ciolli », polémique, 1879; « La Inviolata Chiesa Municipale di Riva », 1881; « Cenni Biografici del marchese Corradino di Albergo », 1883; « Tre scritti di polemica su Dante riguardo alle sue idee sul Dominio temporale dei Papi », Riva, 1884; « Sulle origini della Sacra Inquisizione », 1885; « Ricordi di Padova », 1885; « I miei quadri », 1855; « Discorso funebre per Andrea Maffei », 1886. — M. Baruffaldi est membre de l'Académie des sciences, lettres et arts de Rovereto, de celle de Padoue, de l'Athénée de Venise, de l'Académie des Arcadiens de Rome et, depuis 1885, Conservateur des Monuments et, comme tel, attaché à la Commission Impériale et Royale de Vienne, dont il avait déjà été nommé correspondant, le 26 juillet 1856.

Bary (Henri-Antoine de), botaniste allemand, né à Francfort s. M., le 26 janvier 1831; il étudia, à partir de 1849, la médecine aux Universités de Heidelberg, Marbourg et Berlin, et reçu docteur en 1853, s'établit comme médecin dans sa ville natale. Bientôt il abandonna la carrière médicale pour s'adonner à l'étude des sciences naturelles et à l'enseignement. En 1854, l'Université de Tubingue l'autorisa à l'enseignement libre de la botanique. L'année suivante, il fut appelé à Fribourg-en-Brisgau, comme professeur extraordinaire de cette science; il organisa, en 1858, le laboratoire public de botanique de cette ville et il y fut promu professeur ordinaire, en 1859. Appelé, en la même qualité, à Halle, en 1867, il fut nommé, en 1872, professeur de botanique à la nouvelle Université de Strasbourg, dont il devint second recteur la même année. M. Bary a pris, comme objectif principal de ses études, l'histoire du développement des algues et des champignons. Outre de nombreux travaux dans les revues, il publia : « Beitrag zur Kenntniss der *Achlya prolifera* », Berlin, 1862; « Untersuchungen über die Brandpilze und die durch sie verursachten Krankheiten der Pflanzen », id., 1853; « Untersuchungen über die Familie der Konjugaten », Leipsig, 1858; « Ueber die Keimung der Lycopodien », 1858; « Die Mycetozoen, ein Beitrag zur Kenntniss der niedersten Thiere », id., 1859, 2me éd., 1864; « Die gegenwartig herrschende Kartoffelkrankheit, ihre Ursache und Verhütung », id., 1861; « Recherches sur le développement de quelques champignons parasites », en français, Paris, 1863; « Ueber die Fruchtentwickelung der Askomyceten », id., 1863; « Beiträge zur Morphologie und Physiologie der Pilze », 5 parties, Francfort s. M., 1864-1882; « Handbuch der Morphologie und Physiologie der Pilze, Flechten und Mixomyceten », Leipsig, 1866; « *Prosopanche Burmeisteri*, eine neue Hydnoreé aus Südamerika », 1868; « Ueber Schimmel und Hefe », 2me éd., Berlin, 1874; « Vergleichende Anatomie der Vegetationsorgane bei den Phanerogamen und Farnen », Leipsig, 1877; « Vergleichende Morphologie und Biologie der Pilze, Mycetozoen, und Bakterien », id., 1882; « Vorlesungen über Bakterien », id., 1885. M. Vasserzug, préparateur au laboratoire de M. Pasteur, a donné une traduction annotée de ce livre, sous le titre : « Leçons sur les bactéries », Paris, Masson, 1886. — Il a publié aussi un recueil de « Mikrophotographien nach botanischen Präparaten », Strasbourg, 1878; depuis plusieurs années, il dirige la *Botanische Zeitung* fondée par Schlechtendal; de 1872 à 1879, il a eu comme collaborateur, dans cette entreprise, M. G. Kraus, auquel a succédé, en 1880, M. L. Just.

Barzellotti (Jacques), philosophe, critique et poète italien, né, en 1844, à Florence, où il fit de brillantes études, se signalant surtout pour la grande facilité avec laquelle il écrivait le latin, soit en prose, soit en vers. Reçu docteur en philosophie et ès-lettres à l'Université de Pise, il obtint, en 1866, de l'École normale de la même ville, l'habilitation à l'enseignement. A cette occasion, il écrivit deux thèses, l'une, qui est restée inédite, sur « Niccolò Machiavelli, studiato criticamente nella vita e nelle opere », l'autre sur les « Dottrine filosofiche di Cicerone », qui, publiée, par l'éditeur Barbèra de Florence, en 1867, et dédiée au comte Mamiani, valut à M. B. la chaire de philosophie au Lycée Dante de Florence, où il resta jusqu'en 1878; de 1879 à 1880, il professa, comme *privat Docent*, un cours d'histoire de la philosophie contemporaine à l'Université de Rome, en 1881, il fut, à la suite d'un concours, nommé professeur ordinaire de philosophie morale à l'Université de Pavie ; en 1883, il quitta, pour raisons de santé, l'Université de Pavie et l'enseignement, et se fixa à Rome ; en 1886, il fut chargé d'un cours d'histoire de la philosophie à l'Université de Rome; et au commencement de 1887, comme il n'y avait aucune place de professeur ordinaire vacante à l'Université de Rome, il se rendit au vœu unanime de la Faculté de philosophie et lettres de Naples qui l'appelait à reprendre l'enseignement officiel de la philosophie dans cette université. Après l'essai sur Cicéron, que nous avons déjà cité, M. Barzellotti a publié : « Sopra alcuni temi di letteratura e di filosofia », Florence, 1869 ; « La morale nella filosofia positiva », id., 1871, excellente étude critique dont une traduction anglaise a paru à New-York, en 1878 : « La letteratura e la Rivoluzione in Italia, avanti e dopo il 1848 e il 1849 », publié d'abord en allemand dans l'*Italia* de Hillebrand, et en italien, Florence, 1875; « Dell'animo di Michelangelo Buonarroti », id., id.; « Delle principali forme in cui il problema della libertà umana si presenta nello svolgimento storico della Filosofia », dans la *Filosofia delle scuole italiane*, Rome, 1875 ; « Ritratto morale e intellettuale di donna morta (Elena Mantellini) », Florence, 1876 ; « Quattro sonetti : A Silvia », id., 1877 ; « La critica della conoscenza e la metafisica dopo il Kant », dans la *Fil. delle scuole ital.*, 1878-79 ; « La filosofia in Italia », essai écrit pour le *Mind*, journal philosophique de Londres et publié en italien par la *Nuova Antologia*, 1879 ; « La nuova scuola del Kant e la filosofia scientifica contemporanea in Germania », *Nuova Antologia*, 1880, (Voir aussi : *la Littérature contemporaine en Italie*, troisième période, 1873-1883, par Amédée Roux, pag. 213-14) ; « L'idealismo di A. Schopenhauer e la sua dottrina della percezione », dans la *Fil. delle scuole italiane*, 1882 ; « I filosofi del razionalismo inglese e francese da Bacone e dal Descartes sino a Leibnitz » ; « Emanuele Kant » ; « Un pessimista. — A Schopenhauer » ; « La giovinezza e la prima educazione di Arturo Schopenhauer e di Giacomo Leopardi », les quatre essais qui précèdent, publiés d'abord dans la *Rassegna settimanale*, ont été réunis plus tard dans le volume d'essais, intitulé : « Santi, solitarii e filosofi », Bologne, Zanichelli, 1886 ; « La Basilica di San Pietro e il Papato dopo il Concilio di Trento », dans la *Nuova Antologia* de 1882 ; « Le condizioni presenti della Filosofia e il problema della morale », leçon préliminaire lue à l'Université de Pavie, en avril 1881, et publiée l'année suivante dans la *Rivista di Filosofia scientifica* de Turin ; « David Lazzaretti », Bologne, Zanichelli, 1885, réédité plus tard dans le volume d'essais dont nous avons déjà parlé et qui est certainement l'ouvrage de M. Barzellotti qui a été le plus lu en dehors du public spécial qui s'intéresse aux questions philosophiques. Ce livre défini par l'auteur « Studio di embriologia dei fenomeni religiosi », a été mis à l'index, par la Cour de Rome. L'*Athenaeum* de Londres, par la plume de M. R. Bonghi, le *Figaro*, par celle de Guy de Maupassant et la *Revue philosophique* de M. Ribot, dans un article de M. Vernes, sont à citer parmi les nombreux journaux étrangers, qui se sont occupés de ce travail. Ernest Renan, aussitôt le livre reçu, écrivait à l'auteur : « Je « vous remercie bien vivement de l'envoi que « vous avez bien voulu me faire de votre pré- « cieux volume sur Lazzaretti. Vous avez par- « faitement vu l'intérêt des faits d'Arcidosso, et « votre livre est un modèle de la manière dont « ces sortes d'enquêtes doivent être faites. C'est « un document infiniment précieux pour l'histoi- « re critique des religions. En particulier, le mou- « vement galiléen du Ier siècle de notre ère et « le mouvement ombrien de François d'Assise « en reçoivent de très vives lumières. Pour faire « scientifiquement l'étude des religions, il est « presqu'aussi important de bien connaître les « tentatives avortées que celles qui ont réussi. « Dans le passé, les documents sur les tenta- « tives avortées sont très rares. Un fait de ce « genre, se déroulant au grand jour de la pu- « blicité et analysé avec le soin et la sagacité « que vous y avez mis, constitue un phénomè- « ne unique et de la plus haute valeur ». Ajoutons, pour compléter la liste des ouvrages de M. B., qu'il a tenu, en 1885, au *Circolo Filologico* de Florence, une conférence sur Charles Hillebrand qui venait de mourir et dont il était depuis longtemps l'ami, conférence qui a été publiée en français par la *Revue Internationale* et en italien par l'*Archivio Storico italiano ;* rappelons encore : « La morale come scienza e come fatto e il suo progresso nella storia », leçon d'ouverture du cours qu'il professe à l'Université de Naples et qui a été publiée dans la *Rivista di filosofia* de Rome; et une introduction à la traduction de « L'Individuo e lo Stato », de Spencer, Città di Castello, Lapi, 1886, 2me éd. M. B. a écrit dans ces dernières années plusieurs articles littéraires et psychologiques dans le *Fanfulla della domenica* de Rome, dans la *Domenica del Fracassa*, dans la *Napoli Letteraria*, etc. Talent sobre, mais fin et délicat, écrivain élégant, M. B. est un des esprits les mieux équilibrés de l'Italie contemporaine.

Barzilaï (Joseph), écrivain israélite italien, né à Gradisca, près de Trieste, en 1828; il fit ses premières études à Casalmaggiore (prov. de Crémone) et son droit à l'Université de Padoue, où il fut reçu docteur. Il se fixa ensuite à Trieste, où il plaida avec succès dans plusieurs affaires criminelles. Connaissant à fond l'hébreu, il a publié plusieurs travaux sur la Bible; nous citerons de lui: « I treni di Geremia », traduction et notes, Trieste, Coen, 1867 ; « Il Cantico di Salomone », traduction, en vers, annotée; « Il Beemoth (Mammouth) », essai de paléontologie biblique; « Il Leviatan », monographie; « Un errore di trenta secoli », discours lu au Cabinet de la Minerve à Trieste, le 26 janvier 1868; « La statua di sale », études bibliques, Trieste, 1868 ; « Gli Abraxas », étude archéologique ; « Nuove ipotesi intorno a due celebri versi della *Divina Commedia* », essai d'idéographie sémitique; « Ideografia semitica e trasformazione della radice ebraica nelle lingue indo-europée » (Cfr. sur ce dernier travail: *Fanfulla della Domenica*, n. 13 ; *Centralblatt des Judenthums* de M. le docteur Grünwald de Pisek, Bohême, et le *Magazin für die Litteratur des In- und Auslandes*, n. 33). Dans un autre ordre d'études, M. B. a publié : « Sul nuovo indirizzo da darsi all'aereonautica ».

Baschet (Ludovic), libraire-éditeur français, né à Paris, le 24 septembre 1834. Ancien élève de l'école des Beaux-Arts, il quitta, en 1876, l'industrie des dessins pour papiers peints à laquelle il s'était d'abord adonné, pour fonder une librairie artistique. Il débuta par la *Galerie contemporaine et artistique* à laquelle il fit bientôt suivre : *Les Chefs-d'œuvre d'art à l'Exposition Universelle*, de 1878; *Les Chefs-d'œuvre d'art au Luxembourg, les Dessins du Louvre*. M. Baschet qui porte un spécial intérêt au développement de l'école française de peinture, publie, depuis 1879: *Les Catalogues illustrés* des expositions annuelles; *Les Salons*, comptes-rendus par des critiques d'art tels que MM. Burty, Havard, etc., illustrés par la photogravure; on lui doit aussi une importante publication: *Les cent Chefs-d'œuvre*, des collections parisiennes. M. Baschet a fondé, en 1883, *Paris illustré*, d'abord mensuel, puis, à partir de 1887, hebomadaire, et en 1886, la *Revue illustré*, sorte de magazine, éditée avec un rare bon goût et qui atteignit dès ses débuts un tirage considérable.

Bascle de Lagrèze (Gustave), magistrat et archéologue français, né à Pau, le 23 août 1811, d'une ancienne famille noble du Quercy. Son père, magistrat distingué, l'envoya étudier le droit à Paris, où il se fit recevoir licencié et suivit la carrière du barreau. Nommé substitut, en 1837, puis procureur impérial à Pau, il devint, en 1852, conseiller à la cour impériale de cette même ville, où il a siégé jusqu'à ces derniers temps. Outre de nombreux articles dans la *Biographie Michaud*, on cite de lui : « Chronique de la ville et du château de Lourdes.

Recherches historiques et archéologiques. Mystères de la Bastille des Pyrénées », Pau, 1845, la 4ᵐᵉ éd. en 1877; « Monographie de Saint-Savin de Lavedan », 1850; « Monographie de l'Escale-Dieu », 1850; « Le Trésor de Pau, archives du château d'Henri IV », 1851; « Monographie de Saint-Pé », 1853; « Droit criminel à l'usage des jurés », 1854, 4ᵐᵉ éd., 1865; « Observations sur les lacunes du droit pénal », 1856; « Les Pélerinages des Pyrénées », 1858; « Histoire religieuse de Bigorre », 1863; « La Féodalité dans les Pyrénées, comté de Bigorre », dans le *Compte rendu de l'Académie des sciences morales et politiques*, 1864; « Rome et Naples. Simples notes », 1864; « Histoire du droit dans les Pyrénées, comté de Bigorre », 1867, ouvrage auquel l'Académie des inscriptions a donné une mention honorable; « De la réorganisation de la magistrature », 1871; « Pompéi, les Catacombes, l'Alhambra, étude à l'aide des monuments de la vie païenne à son déclin, de la vie chrétienne à son aurore, de la vie musulmane à son apogée », 1872; « Le Parlement de Navarre », 1873; « Le saut du procureur », 1879; « La Navarre française », 1882; « Henri IV, vie privée, détails inédits », 1884; on doit aussi à M. B. de L. la publication faite à Pau, en 1846, des « Antiquités de Béarn. Manuscrit inédit de la Bibliothèque royale de Pierre de Marca, archevêque de Paris (1594-1662) » et la traduction du suédois, des « Légendes et Poèmes scandinaves, par le prince royal de Suède, aujourd'hui S. M. Charles XV », Paris, Dentu, 1863. — Son fils, M. Gaston Bascle de Lagrèze a publié à Pau, en 1855, des vers: « Quand le roi reviendra ».

Bascom (John), philosophe américain, né, le 1ᵉʳ mai 1827, à Genua (New-York E. U.), il fit ses études à New-York et au Collège William à Williamstown (Massachussetts), où il prit ses degrés en 1849, et où il enseigna pendant une année; il s'adonna ensuite à l'étude du droit et de la théologie, et, en 1855, il fut reçu docteur ès-sciences sacrées à Andover (Massachussetts). La même année il était nommé professeur d'éloquence au susdit Collège William: de 1875 à 1887, il fut président de l'Université de Viscousin; maintenant il demeure à Williamstown. Nous citerons de lui: « Political economy », New-York, 1861; « Treatise on æsthetics », id., 1862, nouvelle éd., 1881; « Principles of psychology », id., 1869, 2ᵐᵉ éd., 1877; « Science, philosophy and religion », id., 1871; « Philosophy of English literature », id., 1874; « Philosophy of religion », id., 1876; « Comparative psychology », id., 1878; « Ethics, or science of duty », id., 1879; « Natural theology », id., 1881; « Science of mind », id., 1881; « Problems in philosophy », id., 1886.

Baseggio (Georges), avocat et journaliste italien, né, à Capodistria (Istrie), vers 1840. Il fit ses études à Brescia, à Graz, à Vienne et à Pavie, où il fut reçu docteur en droit. Il se fixa ensuite à Milan, où il s'adonna à l'exercice de la profession d'avocat tout en collaborant à plusieurs journaux et, entr'autres, aux *Ore Casalinghe*, à la *Provincia dell'Istria* et surtout à la *Perseveranza* dont il fut pendant quelque temps le rédacteur en chef. Outre une biographie de M. Luigi Magri de Bergame, on a de lui : « La ferrovia della Pontebba », Milan, Treves, 1870 ; « Le inondazioni del 1882. Relazione al Comitato milanese di soccorso », Milan, 1883 ; « Riformatorii pei giovani della provincia di Milano, rapporto morale ed economico pel biennio 1883–84 », Milan, 1885.

Basile (Jean-Baptiste-Philippe), architecte italien, né à Palerme, en 1825. Après avoir été reçu docteur ès-sciences physiques et mathématiques à l'Université de sa ville natale, il se rendit à Rome, où il s'adonna aux études architectoniques sous la direction du célèbre Canina. Revenu à Palerme, il débuta comme professeur suppléant à la faculté de sciences physiques et mathématiques ; en 1860, il fut nommé professeur ordinaire d'architecture. En 1868, un jury international lui décerna le premier prix, sur 35 concurrents italiens et étrangers, pour son projet de l'*Opéra* de Palerme, dont il dirigea plus tard la construction ; en 1878, il fut chargé par le gouvernement de construire la façade de la Section italienne à l'Exposition universelle de Paris ; M. Basile qui est membre de l'Académie de S. Luca, de celles des *Virtuosi del Panteon*, de la *Palladiana* de Vicence et de la *Raffaele d'Urbino*, a été nommé en février 1887, membre honoraire et correspondant de l'Institut Royal des Architectes Britanniques de Londres ; le 20 septembre de la même année, il était nommé membre du Conseil Supérieur pour la péréquation foncière. M. Basile n'est pas seulement un architecte hors ligne, il est aussi un des écrivains d'architecture les plus distingués ; nous citerons de lui : « Il capitello jonico di Solunto », Palerme, 1855 ; « Gabinetto stereotomico », 13 livraisons, id., id. ; « Metodo per lo studio dei monumenti », id., 1856 ; « Giornale di antichità e belle arti », 3 séries, id., 1863–65 ; « Principii di assestismo architettonico », id., 1871, dans ce travail l'auteur définit ainsi lui-même le néologisme qu'il a introduit dans le titre : « Nous appelons aus- « sétique, d'après un motorec, un édifice complet « et organisé de la sorte qu'il puisse supporter « des augmentations dans n'importe quel état « successif de grandeur, sans perdre pour cela « ni les qualités qui lui sont particulières ni sa « beauté eurythmique extérieure, et nous appe- « lons Aussétisme architectonique la science « qui enseigne à créer de tels édifices ». On doit encore à M. Basile : « Il Ginnasio dell'Orto botanico di Palermo », Palerme, 1872 ; « Sul l'antico edifizio della Piazza Vittoria in Palermo », id., 1874 ; « Calcolo di stabilità della cupola del Teatro massimo di Palermo », id., 1876 ; « Osservazioni sugli svolgimenti dell'architettura odierna all'Esposizione Universale del 1878 in Parigi e proposte di riforme nell'insegnamento relativo », Palerme, 1879 ; « Curvatura delle linee dell'architettura antica », texte avec un atlas de XVI pl., id., 1884 ; « Sorgenti e condotte in Santa Lucia del Mela », id., 1884 ; « Gli ordini architettonici della Scuola italica, in attinenza alle forme vetuste della Sicilia », avec 4 pl., id., 1887 ; « Studio sulla resistenza delle pietre. Nuovo metodo », id., id.

Basile (Michel), économiste italien, né à Santa Lucia del Mela (arr. de Messine), le 13 mai 1832. Il fit ses études à Messine d'où sa famille était originaire et il les perfectionna ensuite en parcourant l'Italie et les pays les plus avancés de l'Europe. Déjà compromis aux yeux de la police bourbonienne en 1849, il prit part à l'émente du 8 avril 1860 à Messine ; le général Garibaldi le nomma membre de la Commission spéciale de guerre qui suivait l'armée, commission qui fut dissoute après la bataille de Milazzo et la capitulation de Messine. La guerre finie, il entra dans l'enseignement et il est maintenant professeur titulaire de géographie à l'Institut Technique et chargé de l'enseignement de la même science à l'Université de Messine. M. B. s'est occupé surtout des questions économiques et agricoles qui intéressent sa région natale ; il est président de la commission ampélographique de la province de Messine, a été le promoteur du Comice agricole de l'arrondissement, dont il a dirigé pendant plusieurs années les publications. M. Basile a publié, de 1880 à 1884, plusieurs mémoires sur les tracés des chemins de fer qui touchent Messine ; sur la question de la ligne Messine-Cerda, les idées qu'il soutenait ont été entièrement adoptées ; sur l'autre de la *rettilinea* dans la plaine de Milazzo-Barcellona, s'il n'a pas eu entièrement gain de cause, le projet adopté, qui est une transaction entre des intérêts contraires, peut s'appeler une victoire partielle. Outre ces mémoires et plusieurs autres sur les « Circoscrizioni amministrative del Regno d'Italia », 1864–1865, citons encore de lui : « Statistica della pastorizia del Circondario di Messina », 1870, mémoire qui a valu à l'auteur une médaille décernée par le Ministère d'agriculture ; « Il caseggiato delle aziende rurali », traité économique avec 4 grands plans, 1873, 2me éd. entièrement refondue, 1876 ; « I catasti d'Italia », 1875, 2me éd., entièrement refondue, Messine, D'Amico, 1880, ouvrage favorablement jugé par la presse italienne et étrangère, et entr'autres, par la *Revue Britannique ;* « L'Agricoltura nella provincia di Messina », rapport au 7me congrès des agriculteurs italiens, 1882 ; « Commemorazione dell'architetto L. Savoia, autore del camposanto monumentale di Messina », 1884. M. Basile a collaboré dans la partie relative à la Sicile de l'*Inchiesta agraria del Regno d'Italia*, dirigée par M. le sénateur Jacini, et il a donné aussi plusieurs articles à l'*Agricoltore messinese*, et à la *Sicilia agricola* de Palerme.

Bassa (Ernest de), journaliste italien, né à Trieste, en 1846. M. de Bassa a demeuré à Goritz, à Udine et à Trieste. Il fut rédacteur d'abord et directeur ensuite de l'*Isonzo*, l'organe du parti national libéral de Goritz. Il a fondé aussi plusieurs journaux illustrés : *Il Diavolo zoppo*, il *Vademecum della Ricamatrice*, il *Gallo* ; les illustrations et les dessins qui ont paru dans ces journaux sont dus à M. de Bassa qui manie aussi facilement le crayon que la plume.

Bassani (abbé Antoine), écrivain italien, professeur de théologie dogmatique, maître des cérémonies de l'Évêque de Chioggia, né à Chioggia en 1854. On a de lui : « Un episodio del brigantaggio », roman ; « Apollinare ed Aurora », nouvelle ; « Due madri », Souvenirs ; « Le figlie della Carità o Canossiane ». Tous ces livres ont été publiés à Turin par l'éditeur Speirani.

Bassani (François), géologue italien, né dans la Vénétie et actuellement *privat Docent* de géologie à l'Université de Padoue. On a de lui : « Ricerche sui pesci fossili del Miocene medio di Gahard (Ille-et-Vilaine) in Francia », Padoue, Prosperini, 1879 ; « Contribuzione alla fauna ittiologica del Carso, presso Comen, in Istria », id., id., 1880 ; « Note Paleontologiche », id., id., 1880 ; « Su due giacimenti ittiolitici nei dintorni di Crespano », id., id., 1880 ; « Parole e ricordo di Pietro Maraschin e Lodovico Pasini », id., id. id. ; « Intorno ad un nuovo giacimento ittiolitico nel monte Moscal, veronese », dans les *Atti della Società veneto-trentina di scienze naturali*, Padoue, 1885.

Bassermann (Henri), théologien protestant allemand, né, à Francfort s. M., le 12 juillet 1849, est le cadet des enfants de Frédéric Daniel B. (1811-1855) l'homme politique bien connu. De 1868 à 1872, il fit ses études à Jena, à Zurich et à Heidelberg, ne les interrompant que pour prendre part à la guerre franco-allemande. En 1873, il fut nommé prédicateur-adjoint à Arolsen et, en 1875, il alla poursuivre ses études à Jena, où, l'année suivante, il prenait ses degrés. Quelques mois plus tard, il devenait professeur extraordinaire de théologie à Heidelberg et, en octobre 1880, il recevait l'ordinariat ; en 1882 il obtenait à Zurich le titre de docteur honoraire en théologie ; en 1883, il était nommé directeur du séminaire théologique évangélique, et prédicateur de l'Université. Nommé, en 1885, surintendant général à Gotha, il préféra rester à Heidelberg. On a de lui : « Dreissig christl. Predigten », Leipsic, 1875 ; « Handbuch der geistlichen Beredsamkeit », Stuttgard, 1885 ; « Akademische Predigten », id., 1886 ; depuis 1879, il publie, avec M. Ehlers, la *Zeitschrift für praktische Theologie*.

Basset (Nicolas), chimiste français, né à Avocourt (Meuse), en 1824, et résident à Paris. Il s'est adonné à l'étude des sciences, puis s'est livré à l'enseignement de la chimie appliquée. On a de lui : « Traité pratique de la culture et de l'alcoolisation de la betterave », Paris, Goin, 1854, 2ᵐᵉ éd., id., Lacroix, 1868 ; « Le pain par la viande », id., Chaix, 1855 ; « Traité complet d'alcoolisation générale », Paris, Goin, 1855, 2ᵐᵉ éd., 1857 ; « Chimie de la ferme », id., Lacroix, 1858 ; « Traité théorique et pratique de la fermentation », id., Masson, id. ; « Précis de chimie pratique ou Éléments de chimie vulgarisés », id., Mollet Bachelier, 1861 ; « Guide pratique du fabricant de sucre », 2 parties, id., Lacroix, 1861-65, 2ᵐᵉ éd., en 3 vol., 1872-75 ; « La gelée et l'oidium », publié en plusieurs livraisons, id., id., 1861-63 ; « Guide pratique de chimie agricole », id., id., 1863 ; « Guide théorique et pratique du fabricant d'alcools », 3 vol., Librairie du *Dictionnaire des arts et manifactures*, 1868-1873 ; « Lettre à un raffineur sur la situation réelle de l'industrie sucrière française », id., Dentu, 1873 ; « La vigne et son phylloxéra », id., Lemoine, 1879 ; « Le Choléra », id., Dentu, 1884 ; « Les Antilles françaises, observations sur la Martinique », id., Challamel, 1886 ; « Question des sucres, coups d'épée dans l'eau », id., Capiomont et Renault. En 1854, M. Basset a mis en ordre et publié les deux ouvrages suivants d'un simple laboureur de Chaloue près Melle, Jacques Bujault : « Amendements et prairies » et « Du bétail en ferme ».

Basset (René), orientaliste français, né à Luneville, en 1855 ; actuellement chargé de cours à l'École supérieure des lettres d'Alger. On a de lui : « Prière des musulmans chinois, traduit sur l'original imprimé à Canton », Paris, Leroux, 1878 ; « La Poésie arabe antéislamique. Leçon d'ouverture faite à l'École supérieure des lettres d'Alger le 12 mai 1880 », id., 1880 ; « Études sur l'histoire d'Éthiopie », id., id., 1882 ; « Relation de Sidi Brahim de Massat. Traduit sur le texte Chelha et annotée », id., id., 1883 ; « Contes arabes. Histoire des dix visirs (Bakhtiar Namet) traduite et annotée, id., id., id. ; « Notes de lexicographie berbère », id., id., id.

Bassini (Edouard), médecin italien, né à Pavie, le 14 avril 1847. Après avoir pris part à la campagne de 1866, où il fut blessé et fait prisonnier, et à celle de 1867, il fut reçu docteur à l'Université de sa ville natale. Plus tard, il fréquenta les cliniques de Vienne, de Berlin, de Paris et de Londres. Attaché d'abord à différents titres aux Universites de Pavie et de

Parme, il est, depuis 1882, professeur ordinaire de propédeutique et de pathologie spéciale chirurgicale démonstrative, et suppléant à la chaire de clinique chirurgicale, à l'Université de Padoue. On a de lui : « Sul riassorbimento patologico del tessuto osseo », Milan, 1873 ; « Osservazioni anatomiche sul perineo maschile », id., 1874 ; « L'ago torsione quale mezzo per chiudere le arterie recise nell'amputazione degli arti », Pavie, 1876 ; « Sulla puntura capillare della vescica orinaria », id., id. ; « La clinica operativa di Pavia nell'anno 1876-1877 », id., 1878 ; « Sul serramento delle mascelle », Milan, Rechiedei, 1879 ; « La clinica chirurgica di Parma negli anni 1879-80 », Pavie, Fusi, 1880 ; « La medicatura ipodermica con l'olio di eucalipto », Milan, Rechiedei, 1880.

Basso (Joseph), physicien italien, né à Chivasso (arr. de Turin), le 9 novembre 1842 ; reçu docteur ès-sciences à l'Université de Turin, en 1862, il ne tarda pas à devenir agrégé de la Faculté des sciences de la même université ; en 1864, il fut nommé professeur de physique à l'Académie militaire de Turin ; chargé plusieurs fois de l'enseignement de la physique expérimentale, et de la physique mathématique, à l'Université de Turin, il y devint, en 1882, professeur ordinaire de cette dernière science ; M. Basso est aussi délégué royal pour les écoles du *mandamento* (canton) de Chivasso, et membre de l'Académie royale des sciences de Turin ; en cette qualité, il a publié vingt six mémoires originaux dans les *Atti e Memorie* de la dite compagnie, mémoires dont nous regrettons de ne pouvoir citer que les plus importants : « Intorno alla determinazione di temperature molto elevate », 1867 ; « Sulla deviazione massima dell'ago calamitato sotto l'azione della corrente elettrica », 1870 ; « Fenomeni di magnetismo osservati nel radiometro », 1877 ; « Fenomoni di polarizzazione cromatica in aggregati cristallini », 1880 ; « Riflessione della luce polarizzata sulla superficie dei corpi birefrangenti », 1881 ; « Studii sulla riflessione cristallina », 1882 ; « Fenomeni di riflessione cristallina interpretati secondo la teoria elettro-magnetica della luce », 1885 ; « Sulla legge di ripartizione della intensità luminosa fra i raggi birifratti da lamine cristalline », 1886 ; « Sulla legge ottica di Malus detta del *coseno quadrato* », 1887. — On doit aussi à M. Basso : « Nozioni di meccanica ad uso specialmente dei Licei », Turin, impr. royale ; « Sunti di fisica sperimentale raccolti da studenti alle sue lezioni nell' Università di Torino ».

Bastard (Georges), homme de lettres français, né, le 19 janvier 1851, à Nantes (Loire inférieure) où il a fait ses études. Fils d'un capitaine au long cours, il voulait suivre la carrière paternelle, mais son père s'y opposa. En 1870, engagé dans la cavalerie, il fut dirigé sur l'Algérie où l'insurrection arabe venait d'éclater. Ces provinces pacifiées et la guerre terminée, il rentra dans ses foyers et entreprit, quelques mois plus tard, un voyage en Italie, en Belgique, en Allemagne et en Angleterre. Parmi les ouvrages qu'il a publiés nous citerons : « Cinquante jours en Italie », 1870 ; « Sédan, dix ans après », 1880 ; « Saint-Nazaire illustré », 1880, dédié à M. Fr. de Lesseps ; « Lucienne », Dentu, 1883, ainsi que plusieurs biographies : « Ignotus » ; « Jules Verne » etc. M, B. a écrit plusieurs fois au *Figaro*, ainsi qu'à la *Nouvelle Revue*; il a donné de nombreux récits militaires au *Monde Illustré*, ainsi que des articles ; à la *Revue Bleue*, au *Gaulois*, à l'*Évènement*, au *Gil Blas*. Outre ces travaux littéraires, il a fait paraître : « La Défense de Bazeilles », Ollendorff, 1884, avec dessins de A. Neuville ; « Sanglants combats », 1887, avec dessins de C. Detaille, livres qui sont adoptés par les Ministres de l'Instruction Publique et de la Guerre. George Bastard a fait les chroniques des grandes manœuvres de la mobilisation du 17° Corps, à Toulouse (septembre 1887), dans le *Moniteur Universel*, le *Petit Moniteur* et le *Monde Illustré*. Sous presse : « D'Estoc et de Taille » ; « Les Charges Héroïques », qui, avec les ouvrages déjà parus, formeront quatre volumes complets sur l'armée de Châlons.

Bastian (Philippe-Guillaume-Adolphe), célèbre voyageur et etnographe allemand, né à Brême, le 26 juin 1826 ; il fréquenta le gymnase de sa ville natale et étudia d'abord le droit, puis la médecine et les sciences naturelles aux universités de Berlin, Heidelberg, Prague, Jena et Wurzbourg. Reçu docteur en médecine, il s'embarqua, en 1851, comme chirurgien de la marine pour l'Australie. Après avoir visité les régions aurifères et quelques parties de l'intérieur du pays, il passa dans la Nouvelle-Zélande et de là, traversant la mer du Sud, au Pérou. Il fit un assez long séjour à Cuzco, l'ancienne capitale du pays, et il y étudia les antiquités des Incas. Il remonta ensuite des Andes au Mexique, où il visita les pyramides, et en Californie d'où il s'embarqua pour la Chine et les Indes. Désireux d'approfondir l'antique civilisation brahmanique, il suivit le Gange, explora le Dekkan et le pays des Maharattes, se dirigea sur Bombay et, par Bassora, sur Bagdad, visita les ruines de Babylone et de Ninive, traversa la Syrie, la Palestine, l'Égypte, où il séjourna quelque temps au Caire. Il remonta ensuite le Nil, et, appuyant vers l'est, traversa la mer Rouge de Kosséyr à Djeddah, suivit une caravane à travers l'Arabie, et s'embarqua à Aden pour le Cap de Bonne Espérance, en touchant à l'île Maurice. Après avoir exploré les pays voisins du Cap et les possessions portugaises du sud-ouest de l'Afrique, il visita la ville de San Salvador où, depuis deux siècles, aucun européen instruit n'avait pénétré, Liberia, Sierra Leona, la Sénégambie, et revint enfin en Europe après huit ans d'absence. Cependant avant de rentrer à Brême, il visita encore le Portugal, l'Espagne, la Turquie, la Suède et la Norvège, où il demeura quelque temps à Tromsöe, et rentra à Brême, à la fin de 1859, pour mettre en ordre l'énorme quantité de notes scientifiques qu'il avait recueillies dans ses voyages. Comme avant-coureur d'autres travaux plus importants, il publia : « Ein Besuch in San-Salvador der Hauptstadt des Königsreichs Congo », Brême, 1859, auquel il fit suivre bientôt : « Der Mensch in der Geschichte : Zur Begründung einer psychologischen Weltanschauung », 3 vol., Leipsic, 1860 ; ce dernier ouvrage venait à peine de paraître que M. Bastian entreprenait un second grand voyage autour du monde. Il se rendit d'abord à Londres, où il resta quelque temps avant de s'embarquer pour Madras. De là, il passa à Rangoun, traversa l'Iraouaddy jusqu'à la capitale de la Birmanie, où il resta un an pour y étudier la langue et la littérature birmane ; il se rendit ensuite à Moulmein et à Bangkok, où il étudia la langue et la littérature siamoises, et de là, par le Cambodge, à Saïgon et Singapoure (Cfr. à propos de ce voyage les intéressants articles de M. A. de Circourt, publiés dans les *Annales des voyages* de 1867-68, sous le titre : « Les peuples de l'Asie Occidentale — Cambodge et Cochinchine — par A. Bastian »). En 1864-65, il visita l'archipel indien et le Japon ; de Yokohama, il passa à Shang-Haï, à Tien-Tsin et à Pékin. Il se fit conduire par un guide mongol dans le désert de Cobi, traversa le lac Baikal, visita l'Oural en traîneau pendant l'hiver, franchit le Caucase, suivit les bords de la mer Caspienne et de la mer Noire et rentra par la Galicie en Allemagne après cinq années d'absence. Les résultats scientifiques de ce voyage se trouvent consignés dans son grand ouvrage : « Die Völker des östlichen Asien », 6 vol., Jena, 1866-71. En 1866, M. Bastian se faisait autoriser comme *privat Docent* d'ethnologie par la faculté de philosophie de Berlin. Bientôt après, il devenait professeur extraordinaire d'ethnologie, préposé au Musée ethnographique et était nommé membre de la société d'ethnographie. Il succéda au professeur Dove comme président de la société de géographie et à M. Virchow comme président de la Société d'anthropologie, dont il avait été l'un des fondateurs. Il fut aussi le principal organisateur et le président de la Compagnie allemande pour l'exploration de l'intérieur de l'Afrique, et, en cette qualité, il fit, en 1878, une excursion sur la côte occidentale du continent noir pour y établir la station de Chinchoxo sur la côte de Loango, et fut le promoteur d'une expédition à Angola (1875), sous la direction du commandant de Homeyer ; de retour de cette excursion, il publia : « Die deutsche Expedition an der Loangoküste Afrikas », 3 vol., Jena, 1874. Pendant les années 1875-76, M. Bastian, dans le but de compléter les collections ethnographiques du musée royal de Berlin, entreprit un nouveau voyage au Pérou et à l'Equateur, visitant les vallées de la Magdalena et du Cauca, en Colombie, ainsi que le Guatemala ; avant de revenir en Europe, il toucha aux Antilles. Les résultats de ce voyage sont publiés dans : « Die Kulturländer des alten Amerika », 2 vol., Berl., 1878, nouvelle éd., id., 1886. En 1878, enfin, il fit un dernier voyage dans le même but ; il se rendit aux Indes par la Perse ; puis il visita Assam et plusieurs autres îles de l'archipel Indien, l'Australie, la Polynésie, l'Orégon, et revint par la presqu'île du Yucatan, en Europe ; le 11 août 1880, il arrivait à Berlin, où il publiait, comme fruit de son voyage : « Die heilige Sage der Polynesier », Leipsic, 1881. Outre les ouvrages déjà cités et de nombreux mémoires dans des publications périodiques, nous citerons de lui : « Beiträge zur vergleichenden Psychologie », Berlin, 1868 ; « Das Beständige in den Menschenrassen und die Spielweite ihrer Veränderlichkeit », id. id. ; « Mexico », discours, 1868, et « A von Humboldt », discours à l'occasion de la commémoration de cet illustre savant, en 1869 ; « Sprachvergleichende Studien, besonders auf dem Gebiet der indochinesichen Sprachen », Leipzig, 1870 ; « Die Weltauffassung der Buddhisten », id., 1870 ; « Ethnologische Vorschungen », 2 vol., Jena, 1871-73 ; « Die Rechtsverhältnisse bei verschiedenen Völkern », Berlin, 1872, ouvrage qui a donné lieu à un savant article de M. A. Maury : « Droit comparé des différents peuples de la terre », inséré dans le *Journal des Savants*, 1873 ; « Geographische und ethnologische Bilder », Berlin, 1873 ; « Offener Brief an Herrn Professor C. Häckel », id., 1874, où il se déclare adversaire du darwinisme ; « Schöpfung oder Entstehung », Jena, 1875 ; « Die Vorstellungen von der Seele », Berlin, 1875 ; « Vorgeschichte der Ethnologie », Berlin, 1881 ; « Der Völkergedanke im Aufbau einer Wissenschaft vom Menschen », id. id. ; « Der Buddhismus in seiner Psychologie », id. 1883 ; « Völkerstämme am Brahmaputra », Leipzig, 1883 ; « Inselgruppen in Ozeanien », id. id. ; « Zur Kenntnis Hawaiis », Berlin, 1883 ; « Allgemeine Grundzüge der Ethnologie », 1884 ; « Religionsphilosophische Probleme », id. id. ; « Indonesien oder die Inseln des malaischen Archipels », id., 1884 et suiv. ; « Der Fetisch an der Küste Guineas », id., 1885 ; enfin, M. Bastian a fondé, en 1869, en collaboration avec MM. Virchow et Robert Hartmann la *Zeitschrift für Ethnologie* où paraissent les Actes de la Société Anthropologique de Berlin.

Bastian (Henri-Charlton), médecin anglais, né à Truro (Cornouailles), le 26 avril 1837, fut reçu docteur en médecine, en 1866, au Collège de l'Université de Londres. Après avoir été attaché, comme médecin et comme professeur, à plusieurs hôpitaux, il est devenu doyen de la Faculté de médecine (1874-76) au Collège de l'Université de Londres et examinateur de médecine à l'Université royale d'Irlande, de 1876 à 1879. Nous citerons de lui : « The modes of Origin of Lowest Organisms », 1871 ; « The Beginnings of Life », 1874 ; « Clinical Lectures on the Common Forms of Paralysis from Brain Disease », 1875 ; « The Brain as an Organ of Mind », 1880, traduit en allemand sous le titre : « Das Gehirn als Organ des Geistes », vol. 52 et 53 de l'*Internationale Wissenschaftlichen Bibliothek*, Leipsig, 1882, et en français : « Le Cerveau, organe de la pensée chez l'homme et chez les animaux », Paris, G. Baillière et Cie, 1882, 2 vol. in-8° qui forment le tome 40 e 41 de la *Bibliothèque scientifique internationale ;* « Paralyses, Cerebral, Bulbar, and Spinal for Students, etc. », Londres, 1886 ; on lui doit aussi : « Memoirs on Nematoids : Parasitic and Free », publié dans les *Philosophical Transactions* et dans les *Transactions of the Linnaean Society*. Dans sa monographie sur les « Anguillulidæ », il a donné la description d'au moins cent nouvelles espèces découvertes par lui. On lui doit aussi plusieurs articles sur la pathologie publiés dans les *Transactions of the Patological Society ;* des articles sur les parties les plus abstruses de la physiologie cérébrale, dans le *Journal of Mental Sciences ;* il a publié aussi, en collaboration avec le directeur, plusieurs articles dans le *System of Medicine* du docteur Reynold et il est un des principaux rédacteurs du *Dictionary of Medicine* de Quain, auquel il a donné presque tous les articles sur les maladies de l'épine dorsale, ainsi que plusieurs autres sur les maladies du système nerveux. M. Bastian, qui fait surtout autorité dans la pathologie des affections nerveuses, est membre de plusieurs sociétés médicales.

Bastiné (Louis), jurisconsulte belge, né à Louvain, le 30 septembre 1812. Inscrit aujourd'hui au barreau de la Cour de Cassation et professeur à l'Université de Bruxelles, M. Bastiné a débuté par des adaptations et par une thèse, soutenue en 1846, sur « les droits de la femme en cas de faillite du mari ». Il a fait paraître un grand nombre de brochures juridiques et quelques livres fort estimés, dont plusieurs ont eu maintes éditions. Citons : « Théorie du droit fiscal dans ses rapports avec le notariat », Bruxelles, 1re partie, 1856, 2me partie, 1867, 2me éd., 1872 ; « Sommaire du cours de notariat », id., 1858 ; « Cours de notariat », 2me éd., id., 1870 ; « Code de l'enregistrement », id., 1873 ; « Code de la Bourse », id., 1877 ; « Cours de droit commercial », autographié et publié sans nom d'auteur. M. Bastiné qui est aussi l'auteur du traité de « Droit commercial »,

qui figure dans la *Patria Belgica*, a collaboré aussi à la *Belgique judiciaire*, au *Moniteur du Notariat*, au *Recueil général de l'enregistrement*, à la *Belgique communale* etc.

Bászel (Aurèle-Emile). C'est par erreur que nous avons inséré la notice concernant cet écrivain hongrois sous le nom de Aurel (Voyez ce nom).

Bataillard (Anne-Charles-Thomas), jurisconsulte français, né à Paris, en 1801. Il étudia le droit, se fit recevoir licencié, puis il acheta, en 1827, une charge d'avoué à Troyes. En 1831, Mr Charles B. se défit de son office et revint à Paris, où il se fit inscrire comme avocat. Tout en exerçant sa profession, il fut, de 1847 à 1858, juge de paix suppléant. En 1858, il renonça au barreau et se démit de ses fonctions judiciaires pour s'adonner complètement aux études. Outre des mémoires insérés dans la *Gazette des Tribunaux* et dans le *Bulletin Monumental* de Mr de Caumont, on lui doit quelques ouvrages qui lui ont valu d'être nommé membre de la Société des Antiquaires de France et correspondant de plusieurs Académies de province. Citons entr'autres : « Du duel » 1829 ; « Du droit de propriété et de transmission des offices ministériels » 1840 ; « Tableau des principaux abus existants dans le monde judiciaire au XVIe siècle » 1857 ; « L'oie réhabilitée » 1865 ; « Les origines de l'histoire des procureurs et des avoués depuis le Ve jusqu'au XVe siècle » Paris, Cotillon, 1868 ; « L'âne glorifié, l'oie réhabilitée, les Trois Pigeons, l'école de village et l'âne savant » id. Lemerre, 1873 ; « Mœurs judiciaires de la France du XVIe siècle au XIX » id. id. 1878. — Enfin Mr B. a écrit la période de 1483 à 1639 de l' « Histoire des procureurs et des avoués » publiée par lui en collaboration avec Mr Ernest Nusse, 2 vol. Hachette, 1883.

Bataillard (Paul), littérateur français, frère du précédent, né à Paris, le 23 mars 1816, fit son droit à Paris, et suivit les cours de l'Ecole des Chartes, de 1838 à 1841. Mr B. qui, en 1848, s'était fait remarquer par ses opinions démocratiques, a collaboré à plusieurs journaux et revues et notamment au journal des *Écoles*, à la *Libre Recherche*, à la *Revue de Paris*, à la *Revue critique d'histoire et de littérature*, au *Bulletin* et aux *Mémoires de la Société d'Anthropologie de Paris*. Il est membre de la Société de l'École des Chartes, de la Société d'Anthropologie de Paris et Archiviste de la Faculté de médecine de Paris. Nous citerons de lui : « L'œuvre philosophique et sociale de Mr Edgar Quinet » 1846 ; « Nouvelles recherches sur l'apparition et la dispersion des Bohémiens en Europe » 1849 ; « La Moldo-Valachie dans la manifestation de ses efforts et de ses vœux » 1856 ; « Premier point de la question d'Orient. Les Principautés de Moldavie et de Valachie devant le Congrès » id.; « Les derniers travaux relatifs aux Bohémiens dans l'Europe orientale » 1873; « Sur les origines des bohémiens ou tsiganes avec explication du nom *tsigane* » 1875; « Notes et questions sur les Bohémiens en Algérie » 1876; « Sur les origines des Bohémiens ou Tsiganes. Les Tsiganes de l'âge du bronze, études à faire sur les Bohémiens actuels » 1876; « État de la question de l'ancienneté des Tsiganes en Europe, pour servir d'introduction à la question de l'importation du bronze dans le Nord et l'Occident de l'Europe par les Tsiganes » Budapest, 1878, extrait du *Compte-rendu du Congrès d'anthropologie et d'archéologie préhistorique*, VIIIe session, Budapest, 1876; « Les Zlotars, dits aussi Dzvonkars, fondeurs en bronze et en laiton dans la Galicie orientale et la Bukovine » 1878; « Historique et préliminaires de la question de l'importation du bronze par les Tsiganes » 1880; « Les Anciens Métallurges en Grèce » 1880.

Bataille (Albert), avocat et journaliste français, né à Blois, le 10 mars 1856. D'abord secrétaire du parquet de Blois, il vint à Paris à vingt ans et fut, en sa qualité de concitoyen de Mr de Villemessant, attaché aussitôt à la rédaction du *Figaro*, à laquelle il n'a pas cessé d'appartenir depuis. Après avoir rédigé la chronique judiciaire de ce journal, sous la direction de Mr Fernand de Rodays, il est devenu, en 1879, titulaire de cette rubrique, qu'il dirige avec autant de talent que d'impartialité. Mr Albert Bataille, réunit chaque année, depuis 1879, les comptes-rendus des grands procès auxquels il a assisté, dans un recueil intitulé: « Causes criminelles et mondaines » édité par Dentu. Le volume de 1887-88 a paru le 23 avril 1888, M. Bataille ayant cette fois retardé la publication de son intéressant recueil annuel pour y pouvoir comprendre, avec les causes célèbres de l'an passé, toutes les affaires de décorations, depuis la première comparution du général Caffarel jusqu'à l'acquittement de M. Wilson. Mr Albert Bataille a publié également, dans le *Figaro*, des nouvelles et des études sur l'Allemagne: « Elsa »; « Nymphenburg »; « les Sept châteaux du Roi de Bavière »; il a fait paraître aussi, en 1884, chez Rouveyre et Blond, un roman intitulé « la Conquête de Lucy ». Il a été aussi l'un des organisateurs de la Société de la Presse judiciaire de Paris.

Bataille (Frédéric), poète et instituteur français, né, à Mandeure (Doubs), le 17 juillet 1850. Fils d'un cultivateur, il fit ses études à l'école normale de Montbéliard et est, depuis 1810, instituteur à Valentigny. Il conserva même ses modestes fonctions après que, le succès étant venu le trouver, il eut été reçu membre de la Société des gens de lettres. En dehors de sa collaboration à un grand nombre de journaux littéraires, parmi lesquels la *Revue de Poésie* et la *Jeune France* de Paris, le *Lyon Revue*, la *Jeune Belgique*, etc. on a de lui: « Délassements, poésies » Montbéliard, Barbier, 1873; « Premières rimes. Délassements. Libres Paroles » Paris, Sandoz et Eischbacher, 1874; « Le pinson de la mansarde, Sonnets » id. id. 1875; « Le Carquois, Sonnets (1876-1879) » Besançon, 1880; « Une lyre, les Fusains mignons, le Carnaval des muses, la Fête nationale — Sonnets et poésies diverses » Paris, Lemerre, 1883; « Le Clavier d'Or, Libertas, le Carquois, Patria, les Sommets (1875-84) » id. id. 1884; « Le vieux miroir » recueil de fables, 1887.

Batemann (John-Frédéric), ingénieur anglais, né en 1810, près de Halifax, comté d'York; il s'adonna d'une façon toute speciale à l'étude de l'art hydraulique. On lui doit un grand nombre de travaux appartenant à cette spécialité, parmi lesquels on doit citer particulièrement les constructions hydrauliques de la ville de Manchester et celles de la ville de Glasgow aboutissant au lac Katrim, qui sont les œuvres d'art les plus remarquables du genre exécutés dans la Grande-Bretagne. Mr Batemann, qui s'est aussi beaucoup occupé de météorologie, a publié plusieurs mémoires d'arguments scientifiques dans les actes de différentes sociétés et surtout dans les *Memoirs of the Literary and Philosophical Society of Manchester*, dans les *Reports of the British Association for the Advancement of Science* où il publia, entr'autres, en 1852, un article: « On the present state of our knowledge on the supply of water to towns » et dans les *Proceedings of the Royal Society*, où il inséra, en 1870, un mémoire: « Some accounts of the Suez Canal ».

Bates (Henry-Walter), naturaliste et voyageur anglais, né à Leicester, le 18 février 1825. Il entra d'abord dans une maison de commerce, que son goût décidé pour l'étude des sciences naturelles — de la botanique et de la zoologie surtout — et la lecture passionnée des livres de voyage le conduisirent à quitter. Avec son ami, A. Wallace, il résolut d'aller explorer, dans le plus grand détail, les pays de l'Amérique du Sud traversés par le fleuve des Amazones, projet qui fut vivement appuyé par les directeurs du *British Museum*. Les deux amis quittèrent ensemble Liverpool, sur un voilier, en mois d'avril 1848, mais, dès 1852, ils se séparèrent. Wallace revint en Angleterre, où son ami ne devait rentrer que sept ans après, en 1859. Pendant cette longue absence, il explora toute la vallée de l'Amazone, jusqu'aux frontières du Pérou, autant au point de vue de la faune et de la flore, qu'à celui de la géographie. De retour à Londres, il a consigné les résultats de son voyage dans un livre de haute valeur intitulé: « The naturalist on the River Amazonas » 2 vol. 1863, 3me éd. 1873, une traduction allemande de cet ouvrage a paru à Leipsig en 1866. M⁓ E. Forguez en a rendu compte dans un article intitulé : « Un naturaliste sous l'Équateur » publié, en août 1883, dans la *Revue des deux Mondes*. On lui doit en outre : « Contributions to Insect Fauna of the Amazon Valley » Londres, 1867 ; « Illustrated travels, a magazine of travel, geography and adventure » 4 vol. 1869 ; « Central America, West Indies and South America » avec un appendice ethnologique de Keau, 1878, 2ᵐᵉ éd. 1882. Il a donné aussi une quantité d'articles à plusieurs revues scientifiques anglaises entr'autres les : *Transactions* et dans les *Proceedings of the Linnaean Society ; Transactions and Proceedings of the Entomological Society ; Annals of Natural History* de Sir W. Jardine ; *Journal of entomology ; Proceedings of the Zoological Society ; The Entomologist monthly magazine ; Report of the British Association for the Advancement of Science* et plusieurs autres, parmi lesquels nous nous bornerons à citer : *The Zoologist* de Newmann, où déjà, en 1844, avant de partir pour son grand voyage, M. Bates avait inséré un article : « Notes on the habits of Coleoptera ». Citons encore de lui les traductions anglaises sur l'expédition polaire allemande sous le titre : « The German Artic Expedition of 1869-70 » Londres, 1874, et de l'ouvrage de Warburton : « Journey across the western interior of Australia » Londres, 1875. — M⁓ Bates, qui, depuis 1864, est secrétaire-adjoint de la Société Royale de Géographie de Londres, publie les *Transactions* de cette société.

Battaglia (Eliseo), homme de lettres italien, né, le 24 mai 1845, à Fivizzano (prov. de Massa et Carrara). Il fit ses études à Florence, à Lucques, à Pise et à Rome ; après avoir donné quelque temps des leçons particulières à Florence, il fut successivement professeur aux gymnases de Girgenti, Cento, Salò et à l'école technique de Seza. Revenu à Florence, il collabora, pendant quelques mois, au *Ferruccio*, et il dirigea tour-à-tour la *Scuola del Villaggio*, le *Pietro Thouar*, le *Soldato italiano*, etc. Après, il s'établit à Turin. On a de lui un volume de : « Versi », Modène, 1876 et « Farfalla e Duchessa », conte fantastique, Milan, 1878. « Maria Vittoria, duchessa di Aosta. Canto », Turin, Paravia, 1881.

Battaglia (Sébastien), publiciste italien, maître d'école à Alfonsine, né, à Lugo (prov. de Ravenne), le 13 juin 1844. Il a publié : « Norme per ben condurre e sorvegliare la gioventù » ; « Lezioni di agronomia » ; « Lezioni pratiche di Grammatica e di Aritmetica » ; parmi ses écrits inédits, on cite un « Saggio di Dizionario tecnico di Geografia ».

Battaglini (Monseigneur François), cardinal et archevêque italien, né, le 14 mars 1823, à Sant'Agostino di Piano (province de Bologne) ; il s'appliqua de bonne heure à l'étude et se fit remarquer par ses aptitudes littéraires et scientifiques et son amour pour la doctrine de Saint-Thomas. En 1845, il fut reçu docteur en théologie à l'Université de Bologne ; en 1848, il fut nommé professeur de philosophie au séminaire de Cento et en 1850 à celui de Bologne ; plus tard, il devenait chanoine archidiacre de la cathédrale de cette ville, président de l'Académie philosophique de Saint-Thomas et professeur de haute philosophie à l'Université, place que les évènements politiques l'empêchèrent de conserver. En 1879, Léon XIII le préconisa au siège de Rimini, où il mit tous ses soins à bien gouverner son diocèse et à instruire le clergé dans les sciences sacrées. Trois ans après, au mois de juillet 1882, Léon XIII lui confia l'important archidiocèse de Bologne, où il continua à diriger avec zèle le clergé et à organiser les études religieuses ; Léon XIII, au consistoire du 27 juillet 1885, le créa cardinal-prêtre, lui assignant le titre de Saint-Bernard aux Thermes. On a de lui : « Logicæ, Metaphysicæ, Ethicæ, institutiones quas in usum tyronum seminarii bononiensis secundum d. Thomæ Aq. Doctrinas tradebat F. B. », Bologne, 1858, plusieurs fois réimprimé et adopté par presque tous les séminaires de France et d'Italie, et « Logica per giovanetti », Modène, 1881, éd. épuisée.

Battaglini (Joseph), mathématicien italien, né, à Naples, le 11 janvier 1826. Au mois d'octobre 1860, il fut nommé professeur ordinaire de Géometrie supérieure à l'Université de Naples ; en octobre 1871, il fut appelé à l'Université de Rome pour y enseigner d'abord le calcul infinitésimal et la géometrie supérieure et ensuite la géometrie analytique et les mathématiques supérieures ; en 1886, il fit retour à l'Université de Naples, où il est maintenant professeur ordinaire de calcul différentiel et intégral et de mathématiques supérieures. Depuis 1863, il dirige l'important *Giornale di Matematiche ad uso degli Studenti delle Università italiane* qui se publie toujours à Naples, chez B. Pellerano. M. Battaglini est l'auteur d'une foule de mémoires très importants insérés dans plusieurs recueils ; nous nous bornerons à citer les derniers : « Sull' affinità circolare non euclidea », dans les *Atti della R. Accademia delle Scienze di Napoli*, 1876 ; « Sul movimento per una linea di 2° ordine », id., 1877 ; « Sui complessi di 2° grado », dans les *Atti della R. Accademia dei Lincei*, 1878 ; « Sulle rubriche ternarie sizipetiche », 1879, extrait du volume *Collectanea mathematica in memoriam D. Chelini*, Milan, 1881 ; « Sui connessi ternarii di 2° ordine e di 2ᵃ classe in involuzione semplice », dans les *Atti della R. Accademia di Napoli*, 1879 ; « Sull' equazione differenziale elittica », dans les *Atti della R. Accademia dei Lincei*, 1879 ; « Sui connessi ternarii di 1° ordine e di 1ᵃ classe », dans les *Atti della R. Accademia di Napoli* », 1880 ; « Sulle forme ternarie bilineari », dans les *Atti della R. Accademia dei Lincei*, 1880; « Sulle forme quaternarie bilineari », id., 1881; « Sopra una questione di geometria projettiva », dans les *Atti del R. Istituto di Incoraggiamento alle Scienze naturali economiche e tecnologiche di Napoli*, 1882; « Intorno ad una applicazione della teoria delle forme binarie quadratiche all'integrazione dell' equazione differenziale ellittica »; « Sulle forme binarie bilineari », les deux, dans les *Atti della R. Accademia dei Lincei*, 1885, et dans ceux de la *R. Accademia di Napoli* de la même année. M. Battaglini a traduit aussi de l'anglais avec notes et additions : « La Teoria delle Equazioni e del Calcolo differenziale ed internazionale » de M. Todhunter, et un « Trattato di Meccanica razionale, compilato sulle opere di Todhunter, Tait, Steele, Routh, etc. », Naples, 1873; du latin il a traduit l'ouvrage de G. Bolyai : « Sulla scienza dello spazio assolutamente vera ed independente dalla verità o dalla falsità dell'assioma XI di Euclide », Naples, 1875, et l'ouvrage de Lobatchewsky : « Pangeometria »; de l'allemand, l'ouvrage de E. Netto : « Teoria delle sostituzioni e sua applicazione all' Algebra », Turin, Loescher, 1885. M. Battaglini est un des soixante-dix chevaliers de l'ordre du Mérite civil de Savoie, il est un des Quarante de la Société italienne des Sciences, et membre de l'Académie royale des Lincei, de l'Académie des sciences de l'Institut de Bologne et de la Société royale de Naples.

Battezzati (Natale), éditeur italien, né à Tortona (prov. d'Alexandrie) en 1817, mort à Milan en 1882, où ses héritiers continuent la maison éditoriale qu'il avait fondée. Parmi les publications les plus importantes de cette maison, nous rappellerons la : « Storia del Parlamento Subalpino », de M. Angelo Brofferio, ouvrage écrit d'ordre de S. M. le Roi Victor-Emmanuel II, et la « Biblioteca Contemporanea », dirigée par le regretté professeur Eugenio Camerini. M. Battezzati est l'auteur d'un système de catalogue pour les libraires, qui, proposé par lui, au Congrès typographique et de librairie, de Naples (septembre 1871), a été adopté par plusieurs des plus importantes maisons de l'Italie.

Batz de Trenquelléon (Charles de), littérateur et journaliste français, né, en 1835, au Mas d'Agennais (Lot et Garonne). Après avoir successivement collaboré au *Journal de Calais*, à la *Revue de Toulouse*, à la *France générale*, il est devenu rédacteur d'abord et plus tard rédacteur en chef de la *Guienne*, journal légitimiste qui se publie à Bordeaux : On cite de lui : « A la fenêtre, étude de mœurs », Calais, 1852; « Nouvelles », 2 vol., id. 1854, ces deux publications ont paru sous le pseudonyme de Georges Linnois; « Les Voix perdues, poésies », Bordeaux, 1856; « Le Paupérisme et les souffrances morales de la Société », id., 1857, ouvrage couronné par l'Académie de Bordeaux; « Le Devoir (comédie en deux actes en vers), poèmes et bluettes », Paris, Dentu, 1858; « Variations de l'esprit public. Lois de sûreté générale (1820-1858) », Bordeaux, 1864; « Le Vrai 1889 », id., 1882; « Henri IV en Gascogne (1553-1589), essai historique », Poitiers, Oudin, 1885. M. B. de T. s'est essayé aussi au théâtre. Il a fait représenter, le 14 janvier 1866, sur le Théâtre Français de Bordeaux une comédie en trois actes, en prose. « Nos ennemis », qui a eu un certain succès et qui a été surtout remarquée comme une tentative de décentralisation théâtrale. Il a donné depuis : « Le Béarnais », drame historique en cinq actes, Bordeaux, 1867; « Le Dahlia bleu », comédie en trois actes, Toulouse, 1870; « La Fille de Washington », drame historique en cinq actes, Bordeaux, 1878. — On a confondu à tort M. B. de T., avec un sien cousin qui a le même nom que lui et qui, étant professeur de mathématique au lycée de Bordeaux, a publié, en collaboration avec M. Pichot, quelques livres didactiques.

Bauchart (Quentin-François-Victor-Adèle-Édouard-Ernest), bibliographe français, fils de M. Alexandre Bauchart, ancien député et sénateur de l'Empire, né, à Paris, en 1830, a fait ses études et son droit à Paris, et a été, sous l'Empire, auditeur de 1re classe au Conseil d'État. M. Bauchart a publié, en 1877, chez Morgand, un volume où, sous le titre : « Mes livres (1864-1874) », il donnait la liste de 152 ouvrages précieux réunis par lui dans l'espace de dix ans, et qui avaient été vendus à l'amiable pour 140,119 francs. Sous le même titre, il publia, chez Labitte, en 1881 (2me éd.), la liste des ouvrages réunis par lui de 1864 à 1881, et dont le prix d'adjudication s'élève à 287,613 fr. M. B. a publié, en outre, mais en gardant l'anonyme: « Bibliothèque de la Reine Marie-Antoinette au château des Tuileries; catalogue authentique publié d'après le manuscrit de la Bibliothèque Nationale », Paris, Morgand, 1884; et, sous son nom: « Les femmes bibliophiles de France (XVI, XVII et XVIII siècles) », 2 vol., Morgand, 1886. — Son fils M. Maurice Quentin-B., né à Paris, en 1857, a publié, en 1883, sous le pseudonyme de W. O. Cantin, chez Rouveyre et Blond: « Peine de Cœur », illustré par Elzingro.

Baudissin (Ulrich comte de), écrivain allemand, né à Greifswald (Poméranie), le 22 février 1816. Il entra dans l'armée danoise, où il arriva au grade de chef-d'escadron, il prit part à la première guerre entre le Danemark et l'Allemagne et reçut au siège de Düppel (1849) une blessure tellement grave qu'il fut obligé de quitter le service quelques années plus tard. Il se retira alors dans le midi de l'Allemagne, habita successivement Munich, Cannstadt et Constance, et s'adonna exclusivement à des travaux littéraires. On a de lui plusieurs comédies, réunios sous le titre: « Kleinigkeiten für das Theater », Altona, 1863, parmi lesquelles : « Ein Abenthouer auf der Eisenbahn », a été la plus goûtée en Allemagne; on lui doit aussi plusieurs romans; « Ronneburger Mysterien », Stuttgart, 1869; « Das Damenstift », 4 vol., id., 1875 ; « Wanderungen durch Jahrtausende », id., 1875; cycle de nouvelles qui passe pour le chef d'œuvre de l'auteur.

Baudissin (comte Wolf Wilhelm Friedrich), théologien allemand, né, le 26 septembre 1847, à Sophienhof (Holstein); il prit ses degrés à la faculté théologique de Leipsig, en 1874, et deux ans plus tard fut appelé à enseigner à l'Université de Strasbourg, où, en 1880, il devint professeur ordinaire ; dans la même qualité, il passa, en 1881, à Marbourg, où il se trouve encore. Nous connaissons de lui : « Translationis antiquæ libri Jobi quæ supersunt », Leipsig, 1870; « Eulogius und Alvar », id., 1872; « Jahve et Moloch sive de ratione inter Deum Israelitarum et Molochum intercedente », id., 1874; « Studien zur semitischen Religionsgeschichte », 2 vol., id., 1876-78.

Baudot (Joseph-Eugène-Anatole de), architecte français, né à Sarrebourg (Meurthe) le 14 octobre 1834; élève de H. Labrouste et de M. Viollet-le-Duc. M. Baudot a obtenu plusieurs médailles aux salons annuels pour ses projets architectoniques. Comme écrivain d'art, M. Baudot a publié : « Églises de bourg et de village », Paris, A. Morel, 1861-69, 2 vol., avec 150 pl., publié en 30 livraisons ; « Réorganisation de l'école des beaux-arts », id. id., 1864; « De l'emploi des matériaux polychromes dans la construction et la céramique en général », id., Desfossez, 1864; « La sculpture française au moyen âge et à la Renaissance », ouvrage comprenant environ 440 motifs photographiés, Paris, Vve Morel, 1884. M. de Baudot a dirigé, avec M. Viollet-le-Duc fils, la *Gazette des architectes et du bâtiment*, et, avec M. P. Chabal, le *Journal de menuiserie*.

Baudouin de Courtenay (Jean), philologue polonais, né, en 1845, à Radzymin (prov. de Varsovie). Il étudia d'abord au gymnase et à l'Université de Varsovie, et ensuite à celles de Jena, de Berlin, de Saint-Pétersbourg et de Leipsig. Entre 1872 et 1873, il s'occupa des affinités entre les dialectes slaves et frioulans de l'Autriche et de l'Italie. Reçu docteur en philosophie à l'université de Leipsig et, en glottologie comparée, à celle de Saint-Pétersbourg il fut, en 1874, nommé professeur à l'université de Kazan, où il resta, jusqu'en 1883, année dans laquelle il fut nommé professeur de grammaire comparée des langues slaves à l'Université de Dorpat; en 1887, il a été élu membre actuel de l'Académie des sciences de Cracovie. Mr Baudouin a publié de nombreux écrits en différentes langues; nous citerons de lui: « La diffusion de l'usage de l'alphabet latin dans les langues slaves » Varsovie, 1865, en polonais; « Observations sur l'ortographe polonaise » Prague, 1868, en bohême; « Einige Fälle der Wirkung der Analogie in der polnischen Declination » dans les *Beiträge z. vergl. Sprachforsch.* de Mr A. Kuhn, vol. VI, pp. 19-88; « Sur l'ancienne langue polonaise avant le XIV siècle » en russe, Leipsig, 1870; « Quelques observations générales sur la Glottologie et sur le langage »; « Quelques notes sur l'alphabet slave universel » ces deux mémoires, en russe, dans le *Périodique du Ministère de l'Instruction publique*, Saint-Pétersbourg, 1871, auquel M. B. de C. a contribué avec plusieurs autres articles de moindre importance ; « Quelques observations d'un professeur russe » dans le *Soca*, journal esclavon de Goritz, 1882-73 ; « Critique de la grammaire polonaise de l'abbé Malinowski » dans le *Niwa*, journal polonais, Varsovie, 1874 ; « Essai de Phonologie résienne » en russe, Varsovie, Saint-Pétersbourg, 1875 ; « Le catéchisme résien, annoté et suivi d'un lexique résien, russo, italien » Varsovie, Saint-Pétersbourg, 1875; « Le mouvement des Slaves autrichiens » dans les n. 34-51 du journal polonais *Przeglad tygodniowy*, 1877, revue hebdomadaire à laquelle Mr de Courtenay a donné plusieurs autres articles; « La vallée de Résie et les Résiens » extrait du *Recueil slave*, journal russe, III vol. Saint-Pétersbourg, 1877; « Compte rendu des études glottologiques dans les années 1872-73 et d'une mission scientifique à l'étranger » ce compte rendu, qui se trouve dans les *Mémoires de l'Université de Kazan*, comprend entr'autres, une: « Description des particularités phonétiques du dialecte esclavon de Wochein-Sava », et un « Mémoire sur l'harmonie vocalique résienne »; « Sur l'*Épenthèse eufonique* de la consonne N dans les langues slaves » dans les *Mémoires philologiques* de Mr Chovanskij, Voronez, 1877 ; « Programme détaillé des leçons données pendant les années 1876-77 à l'Université et à l'Académie ecclésiastique de Kazan »; « Le même pour les années 1877-78 » Kazan, Varsovie, 1881 en russe ; « Note glottologiche » dans les *Atti del quarto congresso degli orientalisti italiani* de Florence: « Sur la grammaire comparée des langues indo-européennes » Varsovie, Saint-Pétersbourg, 1881 ; « Quelques chapitres de grammaire comparée des langues slaves » Varsovie, 1881 ; « Fragments des leçons sur la phonologie et la morphologie de la langue russe » id. 1882 ; « Sur les slaves en Italie » id. id. ; « Der Dialekt von Ciokno » dans l'*Archiv. für slav. Philol.* VII, VIII, 1882; « Uebersicht der slavischen Sprachenwelt in Zusammenhange mit den anderen arlo-europäischen Sprachen » Leipsig, 1884; « De la pathologie et embriologie du langage » Varsovie, 1885-86 ; « Leçons sur la phonétique latine » dans les

Mémoires pathologiques de Voronez; « A l'occasion du jubilé du professeur Duchinsky » Cracovie, 1886; « Chansonnettes polonaises pour la plupart des environs de Varsovie » Heilbronn, 1886; on annonce comme d'imminente publication, par les soins de l'Académie impériale de Saint-Pétersbourg: « Materialien zur slavischen Dialectologie und Ethnographie ». Mʳ B. de C. a contribué avec plusieurs articles qu'il nous est impossible de citer, non seulement aux publications que nous avons déjà eu l'occasion de nommer, mais aussi aux suivantes: au *Messager philologique russe*, à la gazette polonaise *Nowimy*, à la revue hebdomadaire *Prawda* et à l'*Athenœum* de Varsovie, au *Messsager étranger*, et à la gazette polonaise *Kraj* de Saint-Pétersbourg.

Baudrillart (Henri-Joseph-Léon), illustre économiste français, né à Paris, le 28 novembre 1821, fit ses études au Collège Bourbon où il remporta le prix d'honneur de philosophie, en 1841. Il obtint successivement: en 1844, une mention de l'Académie française pour le « Discours sur Voltaire », Paris, Labitte, 1844; en 1846, le prix d'éloquence pour l'éloge de « Turgot », inséré dans la *Revue des deux Mondes* de septembre de la même année; en 1850, pour l'éloge de Madame de Staël; puis, en 1853, le premier des prix Montyon pour l'ouvrage intitulé: « Jean Bodin et son temps, tableau des théories politiques et des idées économiques du XVIᵉ siècle », Paris, Guillaumin, 1853 (Cfr. sur cet important ouvrage un article d'Hippolyte Passy dans le *Journal des Économistes*, 1853). Depuis 1852, suppléant, au Collège de France, de M. Michel Chevalier, il fut appelé, à la fin de 1866, à la chaire d'histoire de l'économie politique qu'on venait de créer exprès pour lui. En 1855, il avait remplacé le regretté Joseph Garnier comme rédacteur en chef du *Journal des économistes*. Longtemps attaché à la rédaction du *Journal des Débats*, M. Baudrillart devint, en 1856, le gendre de M. de Sacy, rédacteur en chef de ce journal. En avril 1868, il fut nommé rédacteur en chef du *Constitutionnel*, en remplacement de M. Paulin Limayrac, mais il n'y resta qu'une année. En novembre 1869, il fut nommé inspecteur général des bibliothèques, et c'est en cette qualité qu'il présenta au ministre de l'instruction publique, en 1871, un rapport sur les « Pertes éprouvées par les bibliothèques publiques de Paris, pendant le Siège et la Commune », 2ᵐᵉ éd., aug. Paris, Techener, 1872. Chargé, en 1877, par l'Académie des sciences morales et politiques, dont il est membre depuis 1863, de faire une enquête sur la situation morale, intellectuelle et matérielle des populations agricoles de la France, il consigna les premiers résultats de son travail dans deux volumes: « Les populations agricoles de la France », dont le premier: « La Normandie — passé et présent », a paru, chez Hachette, en 1880, et le second « Normandie et Bretagne », en 1885. Depuis le 29 octobre 1881, M. Baudrillart professe l'économie politique à l'École des ponts et chaussées. Outre les ouvrages que nous venons de citer, on doit rappeler encore de lui les ouvrages suivants: « Manuel d'économie politique », 1º éd., Paris, Guillaumin, 1857, 5ᵐᵉ éd., 1885 (Cfr. dans le *Journal des Économistes* de 1857 le rapport à l'Académie de M. H. Passy sur cet ouvrage); « Études de philosophie morale et d'économie politique », Paris, Guillaumin, 1858 (Cfr. un article de M. Cerfberr dans le *Journal des Économistes* de la même année); « Des rapports de la morale et de l'économie politique. Cours professé au Collège de France », Paris, Guillaumin, 1860, une 2ᵉ éd. revue et augmentée a paru, chez Guillaumin, en 1883, sous le titre: « Philosophie de l'économie politique »; « Publicistes modernes », Paris, Didier, 1ʳᵉ éd., 1862, 2ᵐᵉ éd., 1863; « La liberté du travail, l'Association et la Démocratie », Guillaumin, 1865; « Conférences populaires faites à l'asile de Vincennes », id., Hachette, 1866-69 (comprenant: « L'Argent et ses critiques »; « Les Bibliothèques et les Cours populaires »; « Le crédit populaire »; « Des habitudes d'intempérance »; « Luxe et Travail »; « Philippe de Girard »; « La Propriété »; « Le Salariat et l'Association »; « Vie de Jaquart »); « Éléments d'économie rurale, industrielle et commerciale », Paris, Delagrave, 1868; « Économie politique populaire », id., Hachette, 1869 (Cfr. *Annali di Statistica italiana*, 1869); « De l'enseignement moral et industriel en France et à l'étranger », id., 1873; « La Famille et l'Éducation en France », Didier, 1874; « Histoire du luxe privé et public depuis l'antiquité jusqu'à nos jours », 4 vol., Hachette, 1878-80, 2ᵐᵉ éd., chez le même, (Cfr. un article de M. Egger dans le *Journal des Savants* de 1881 et un article de M. B. Varagnac « La transformation du luxe », dans le *Journal des Économistes* de 1882); « Lectures choisies d'économie politique », Guillaumin, 1883; « Manuel d'éducation morale et d'instruction civique », Lecène et Oudin, 1885. — M. Baudrillart a collaboré activement au *Dictionnaire des sciences philosophiques*, au *Dictionnaire de l'Économie politique*, au *Dictionnaire de la Politique* de M. Block, à la *Revue des deux Mondes*, et au *Cours d'économie industrielle* de Thévenin.

Baudrillart (Alfred), écrivain français, fils du précédent, né à Paris, en 1859, ancien élève de l'École normale supérieure, agrégé d'histoire, professeur au Collège Stanislas à Paris. On a de lui: « Cours d'histoire élémentaire », Paris, Oudin, 1885; « Cours moyen d'histoire », id., id.; « Histoire de France élémentaire », 2 parties, id., id., id.

Baudry (Frédéric-Paul), archéologue français, né, à Rouen, en 1825. Dans le but d'étudier les anciens monuments, il visita une partie de la France et des pays environnants. Outre un certain nombre d'articles d'archéologie religieuse ou des comptes rendus artistiques, insérés dans les journaux de Rouen, et notamment dans le *Mémorial*, le *Nouvelliste*, la *Revue de Rouen* et la *Gazette de Normandie*, M. B., qui est membre de la société des bibliophiles normands et de la commission départementale des antiquités, a publié : « L'église paroissiale de Saint-Patrice », Rouen, 1850 ; « Trois semaines en voyage, France, bords du Rhin, Belgique », Rouen, 1855, 5ᵐᵉ éd., en 1865 ; « Histoire de Saint-Séver, évêque d'Avranches, et des églises qui ont été érigées en son honneur dans la ville de Rouen », Rouen, 1860, en collaboration avec M. A. Pottier; « Le Musée départemental de Rouen ; agrandissement et classification », Rouen, 1862 ; « Collection céramique du Musée des antiquités de Rouen », id., 1864 ; « L'église collégiale du Saint-Sépulcre de Rouen », id. id. ; « Les Créatures du bon Dieu ; rapports de l'homme avec les êtres inférieurs de la création », id. id. ; « Quinze jours en Suisse. Bâle, Berne, Lucerne », id., 1885 ; « L'église paroissiale de Saint-Vincent de Rouen », id., 1875 ; « Les religieuses Carmélites à Rouen », id. id. ; « Entrée de Saint-Ouen, chartreuse de Saint-Julien et église de Saint-Sauveur de Rouen, quatre dessins inédits de Robert Pigeon. Notices historiques », id., 1878 : « L'Engagé volontaire », comédie, id., 1883 ; « Notes archéologiques », id., 1883 ; « Le Jus de griffon », comédie burlesque, id., 1885. — M. Baudry a publié aussi, avec une notice, l'ouvrage anonyme : « Relation du voyage des Religieuses Ursulines de Rouen à la Nouvelle-Orléans en 1727 », et il a donné, en 1884, une traduction du premier livre du « Paradis perdu », de Milton.

Bauer (Marie-Bernard), aventurier franco-hongrois, né, à Pest, en 1829, d'une riche famille israélite. En 1848, poussé par son goût pour les aventures, il se rendit en France pour servir comme volontaire sous Cavaignac. Il s'occupa ensuite de photographie et même de peinture. Ayant embrassé le catholicisme, il entra dans l'ordre des carmes, y fit ses études théologiques et reçut la prêtrise. Au bout de quelques années, il quitta cet ordre et s'adonna à la prédication. Il ne tarda pas à prendre rang parmi les prédicateurs en renom tant en France qu'en Allemagne, se fit entendre à Vienne, fut appelé, en 1866, à Paris pour prêcher le carême à la cour, et, quelques mois après, nommé chapelain de l'Impératrice en 1867, ce qui ne l'empêcha pas de prêcher dans d'autres églises de Paris et surtout à Saint-Thomas d'Aquin, où un de ses sermons sur la Pologne, prononcé le 8 décembre 1867 (publié plus tard sous le titre : « Les Martyrs de l'Europe au XIX siècle », Paris, Maillet, 1868), eut un certain retentissement. Chanoine d'honneur d'un diocèse de Bretagne, il fut élevé, en janvier 1868, à la dignité de protonotaire apostolique. En 1870, pendant la guerre, M. Bauer devint aumônier en chef des ambulances de la presse. Il y a quelques années, M. Bauer a, sans cause apparente, renoncé à l'état ecclésiastique. On a de lui : « Le Judaïsme comme preuve du christianisme », conférences prêchées à Vienne à l'Église des Écossais, en 1865, Vienne, Sartori, 1866 ; « La Pologne devant l'histoire et devant Dieu », discours prononcé à Paris dans l'église de la Madeleine, le 22 mars 1867, Paris, Maillet, 1868; « Le But de la Vie », sermons prêchés à la chapelle impériale des Tuileries en présence de l'Empereur et de l'Impératrice, Paris, Jouby et Roger, 1869; en 1867 il a fait paraître aussi une brochure politique : « Napoléon III et l'Europe », qui eut un certain retentissement. — Un sien neveu, M. Armand Rosenthal, écrit depuis quelques temps, au *Figaro*, sous la signature de Jacques Saint-Cère des articles sur la politique étrangère qui se font remarquer par leur italophobie.

Bauer (Aurel Reinhard Edwin), écrivain religieux allemand, né, à Walda (Saxe), le 7 juillet 1816. Il fréquenta la faculté de théologie de l'Université de Leipsig, puis s'adonna pendant plusieurs années à des travaux littéraires. De 1840 à 1844, il rédigea, en Saxe, un journal pédagogique et publia plusieurs ouvrages : « Predigtsammlung », 8 vol., Leipzig, 1841-44 ; « Galerie der Reformatoren der christlichen Kirche », Meissen, 1841-43 ; « Zschokke's Leben », id., 1844 ; « Der Landpfarrer Cotta », id., id. ; « Volksbibliothek », id., 1845 ; en 1845, sous l'influence de son ami Robert Blum, qui était devenu alors le chef de la nouvelle communauté catholique de Leipsig, il se convertit au catholicisme et fut ordonné prêtre. Il se fit remarquer dès lors par son acharnement contre l'église orthodoxe protestante et obtint le titre de ministre des communes germaniques catholiques du royaume de Saxe. A cette période de sa vie se rattachent les ouvrages suivants : « Das Urchristenthum », Dresde, 1846 ; « Geschichte der Gründung und Fortbildung der deutsch-Katholischen Kirche », Meissen, 1846 ; « Drei und zwanzig Predigten », id., id. ; « Allgemeines christliches Gebetbuch », Dresde, id. ; « Zehn Predigten », id., 1847 ; « Das Christenthum der Apostel », id. id. ; « Das Christenthum der Kirchen », id., 1848 ; « Die Demagogie in Sachsen » Grimma, 1849 ; ces publications ayant soulevé des oppositions dans le parti même de l'auteur, celui-ci, en 1849, se démit de ses fonctions et revint au culte protestant. Peu après, il fut nommé professeur au Collège de Zwickau. Depuis, il a fait paraître : « Symbolismus des Kosmos », Weimar, 1851.

Bauer (Edgar), publiciste allemand, né, à Charlottenbourg, en 1821, et frère de M. Bruno Bauer, le célèbre philosophe allemand (1809-13 avril 1882); il étudia à Berlin la théologie d'abord et le droit ensuite; débuta par une défense de son frère Bruno, insérée dans les *Deutsche Jahrbücher* et suivie d'une brochure intitulée: « Bruno Bauer und seine Gegnern », Berlin, 1842, dont une édition remaniée fut saisie par la police; quelques mois plus tard une nouvelle brochure: « Der Streit der Kritik mit der Kirche und dem Staat », publiée à Berne, en 1843, fut saisie par la police prussienne et valut à l'auteur un procès et une condamnation à quatre ans de prison. Pendant l'instruction de son procès il publia : « Die Censurinstruktion vom 31 Januar 1843 », Leipsig, 1843, et les actes de son procès sous le titre: « Pressprozess », Berne, 1844. M Edgar B. qui avait déjà publié en collaboration avec son frère Bruno: « Denkwürdigkeiten zur Geschichte der neuern Zeit seit der französischen Revolution », 12 livraisons, Charlottenbourg, 1843-44, déploya pendant sa détention à Magdebourg une grande activité littéraire; il publia seul : « Die liberalen Bestrebungen in Deutschland », Zurich, 1843 ; « Die Geschichte der Konstitutionellen Bewegungen im südlichen Deutschland während der Jahre 1831-1834 », 3 vol., Charlottenbourg, 1845; « Die Kunst der Geschichtschreibung und Herrn Dahlmanns Geschichte der Französischen Revolution », Magdebourg, 1846 ; « Die Geschichte des Lutherthums » qui parut, à Leipsig, de 1846 à 1847, en cinq volumes dans la *Bibliothek der deutschen Aufklärer*, publiée par M. Edgar Bauer lui-même, sous le pseudonyme de *Martin von Geismar;* « Ueber die Ehe im Sinn des Lutherthums », Leipsig, 1848. Rendu à la liberté par l'amnistie du 18 mars 1848, il publia une revue politique intitulée *Die Partaien*, 3 livraisons, Hambourg, 1849 et ensuite avec Th. Olshausen die *Norddeutsche Freie Presse*. Il se rendit ensuite à Londres, où il publia en anglais : « Reflections on the integrity of the Danisch monarchy », 1857 ; « Sleswig », 1861; en même temps que le premier de ces deux écrits il faisait paraître à Leipsig: « Englische Freiheiten ». Revenu à Altona, il y publia: « Die Rechte des Herzogtums Holstein », Berlin, 1863 ; « Die Deutschen und ihre Nachbarn », Hambourg, 1870 ; « Die Wahrheit über die Internationale », Altona, 1872; « Artikel V. Der deutsche Gedanke und die dänische Monarchie », Altona, 1873 ; « Die orientalische Frage », Altona, 1877 ; « Der Freimauerbund und das Licht », Hanovre, 1877. — Enfin M. B. a publié, en collaboration avec l'évêque orthodoxe Koogmann, les *Kirchlichen Blätter* et la *Christlich-politische Vierteljahrschrift*.

Bauer (Louis-Célestin), poète allemand, né, le 19 mai 1832, à Ingolstadt, étudia la philosophie et la philologie à Wurtzbourg et à Munich, et, après avoir été instituteur de 1856 à 1861, fut appelé, en qualité de professeur, à Miltenborg, où il épousa la fille du maëstro Pierson ; il est, depuis 1871, conseiller pour les écoles à Augsbourg. On a de lui: « Gedichte », Berlin, 1860, 2me éd., Wurzbourg, 1862 ; « Frischgesungen-Sängerbrevier » 2me éd., id. 1863 ; « Bürgerlich », deux nouvelles, 1866 ; « Fliegender Sommer », poésies, 1874; et les opéras : « Der Schmied von Ruhla », musique de Lux, 1862, et « Die Nazarener in Pompeji », musique de Muck, 1854.

Bauernfeind (Charles-Maximilien de), ingénieur et géodésien allemand, né à Arzberg (Franconie supérieure), le 28 novembre 1818. De 1836 à 1841, il fit ses études à l'école polytechnique de Nuremberg et à Munich, où il fut reçu ingénieur. Attaché à la construction des chemins de fer bavarois, et successivement professeur à l'École des ingénieurs de Munich (1844), puis professeur ordinaire de géodésie à l'école polytechnique de Nuremberg, il fut nommé, en 1858, membre du conseil supérieur des travaux publics. En 1846, il avait donné une nouvelle formule pour la construction des arches de ponts, et en 1851, il trouva les prismes croisés, instrument de mesure qui fut bientôt très employé; ces découvertes et un travail sur la planimétrie de Ernst, Wetli et Hansen lui valurent, en 1853, le titre de docteur en philosophie de l'Université d'Erlangen. Il exécuta aussi, en 1857, des mesures de hauteurs barométriques dans les Alpes bavaroises, et reconnut le premier l'influence du rayonnement calorifique du sol. En 1861, il parcourut l'Allemagne, la Suède, le Danemark, pour examiner diverses applications de l'art de l'ingénieur, comme, déjà, en 1848, il avait visité, dans le même but, la France, la Belgique et l'Angleterre. En 1867, il représenta la Bavière à la conférence de Berlin pour la mesure des degrés. La même année, il fut nommé directeur de l'École polytechnique de Munich, qui fut alors transformée d'après ses plans en une école technique supérieure. En 1874, M. Bauernfeind, qui l'année précédente avait été anobli et nommé membre du conseil supérieur de l'instruction publique, quitta ses fonctions de directeur, laissant l'École dans une situation très-prospère. Depuis 1871, il est vice-président de la commission permanente pour la triangulation européenne. Outre de nombreux mémoires dans les revues et dans les actes de plusieurs Académies et Instituts, on lui doit: « Die bayrischen Staatseisenbahnen in Beziehung auf Geschichte, Technik und Betrieb », Nuremberg, 1845-47; « Beitrag zur Theorie der Brückengewölbe », 1846; « Theorie und Gebrauch des Prismenkreuzes », Munich, 1851 ; « Vorlegeblätter zur Brückenbaukunde »,

Munich, 1854, 3ᵐᵉ éd., 2 vol., Stuttgard, 1875; « Vorlegeblätter zur Strassen- und Eisenbahnbaukunde », Munich, 1856; « Elemente der Vermessungskunde », 2 vol., Stuttgard, 1856-58, 6ᵐᵉ éd., 1879, premier traité vraiment scientifique sur la matière, et considéré comme le chef-d'œuvre de l'auteur; « Beobachtungen und Untersuchungen über die Genauigkeit barometrischer Höhenmessungen », Stuttgard, 1862; « Die atmosphärische Strahlenbrechung », 2 parties, Munich, 1864-67; « Vorlegeblätter zur Wasserbaukunde mit erläuterndem Text », id., 1866; « Das bayrische Präzisionsnivellement », 5 livraisons, id., 1870-79; « Beobachtungen und Untersuchungen über die Eigenschaften und praktische Verwertung der Naudetschen Aneroïdbarometer », id., 1874; « Grundriss der Vorlesungen über Erd und Strassenbau », id., 1875; « Ergebnisse aus Beobachtungen der terrestrischen Refraktion », id., 1880 etc.

Bauernfeld (Édouard de), écrivain et poète dramatique autrichien, né à Vienne, le 13 janvier 1802, arriva, après de longues privations, à faire son droit et obtint peu après un petit emploi dans les bureaux du gouvernement de la Basse-Autriche. Passant d'une administration à l'autre, il végéta toujours dans les emplois subalternes, les « *Pia desideria* eines österreichischen Schrifstellers », qu'il avait publiées en 1842, constituant un obstacle infranchissable à son avancement. Un voyage à Londres et à Paris lui ayant permis de se rendre compte de la différence entre les pays libres et le sien, il résolut de quitter le service autrichien, mais il en fut retenu par l'assurance qu'on lui donna qu'on préparait des réformes. Pendant les journées de mars 1848, d'accord avec Anastasius Grün, et, moyennant sa popularité et son influence sur l'archiduc Palatin, il s'efforça de maintenir le mouvement dans la voie de la modération. Ses efforts incessants pendant cette période agitée lui procurèrent une inflammation cérébrale qui l'obligea à renoncer au mandat de député au parlement allemand. Depuis cette époque il vit, dans une tranquille retraite à Vienne. A l'occasion du 70ᵉ anniversaire de sa naissance, l'empereur lui accorda, comme récompense pour ses travaux littéraires, une augmentation de son traitement de retraite et la ville de Vienne lui décerna la bourgeoisie d'honneur. M. Bauernfeld est l'écrivain dramatique le plus fécond de l'Allemagne. Nous citerons de lui: « Vermischte Gedichten », 1852, nouvelle éd., Leipzig, 1856; « Wiener Einfälle und Ausfälle », 1852; « Ein Buch von einer Wienerin in lustig gemüchtlichen Reinlein, von Rusticocampus », 1858. En 1871-73 parurent à Vienne, chez Braumüller, les « Gesammelte Schriften », de l'auteur en 12 vol., nous donnons ici l'indication des ouvrages contenus dans chaque volume en indiquant, pour les plus importants, la date de la première édition: — 1ᵉʳ volume: « Leichtsinn aus Liebe », 1831; « Das Liebesprotokoll », 1831; « Der Musikus von Augsbourg » — 2ᵐᵉ vol.: « Das letzte Abenteuer », 1832; « Helene », 1833; « Die Bekenntnisse », 1834 — 3ᵐᵉ vol.: 1835; « Fortunat »; « Bürgerlich und romantisch », « Der literarische Salon » — 4ᵐᵉ vol.: « Das Tagebuch », 1836; « Der Vater »; « Der Selbstquäler » — 5ᵐᵉ vol.: « Die Geschwister von Nürnberg »; « Ein deutscher Krieger », 1844; « Grossjährig » — 6ᵐᵉ vol.: « Die Republik der Thiere »; « Aus Versailles », 1849; « Franz von Sickingen », 1850 — 7ᵐᵉ vol.: « Der Kategorische Imperatif », 1851; « Zu Hause », 1851; « Krisen », 1852 — 8ᵐᵉ vol.: « Fata Morgana »; « Die Zugvögel », 1855; « Die Virtuosen » 1855; « Ein Beispiel » 1855, — 9ᵐᵉ vol.: « Frauenfreundschaft », 1865; « Excellenz », 1865; « Aus der Gesellschaft », 1867; « Moderne Jugend », 1867 — 10ᵐᵉ vol.: « Die Landfrieden », 1870; « Die Prinzessen von Ahlden »; « Die Vögel » — 11ᵐᵉ vol.: « Reime und Rhytmen » — 12ᵐᵉ vol.: « Aus Alt und Neu-Wien », qui sont les mémoires de l'auteur. Depuis il a fait paraître: « Die Freigelassenen », roman, 2 vol., Berlin, 1875; et les comédies: « Die Verlassenen », 1875; « Mädchenrache oder die Studenten von Salamanca », 1881; un poème satirique « Aus der Mappe des alten Fabulisten », Vienne, 1879, et une tragi-comédie: « Des Alcibiades Ausgang », 1882.

Baumann (Henri), philologue allemand; nous ne connaissons de lui que « Londinismen. Slang und Cant, Alphabetisch geordnete Sammlung der eigenartigen Ausdruckweisen der londoner Volkssprache sowie der üblichsten Gauner, Matrosen, Sport und Zunft Ausdrücke mit einer geschichtlichen Einleitung und Musterstücken. Ein Supplement zu aller engl. deutschen Wörterbüchern », Berlin, Langenscheidt, 1887.

Baumbach (Rodolphe), poète allemand, né, le 28 septembre 1841, à Kranichfeld en Thuringe (duché de Saxe-Meiningen). Fils du médecin de la Cour, il fréquenta d'abord le gymnase de cette petite capitale, puis il alla étudier les sciences naturelles à Leipsig, Wurzbourg, Heidelberg et Fribourg in Brisgau. En 1865, il partit pour l'Autriche, voyagea en Italie, en Grèce, en Égypte et en Turquie et fut tour à tour précepteur et attaché à différents établissements d'instruction à Vienne, à Gratz et à Trieste, où il demeura quelques années, d'abord comme instituteur et ensuite entièrement occupé de ses travaux littéraires. Depuis 1885, il est revenu se fixer dans sa contrée natale. On a de lui: « Samielhilf », souvenirs d'un vieil étudiant, Jena, 1867; « Zlatorog », légende alpine esclavonne, Leipzig, 1877, 3ᵐᵉ éd., 1881; « Liedern eines fahrenden Gesellen », id., 4ᵐᵉ éd., 1884; « Horand und Hilde », poème héroïque, id.,

1878, nouvelle éd. remaniée 1887 ; « Neue Liedern eines fahrenden Gesellen », id., 1880; « Frau Holde », id., 1880 ; « Sommermärchen », id., 1881 ; « Spielmannslieder », id., 1882; « Von der Landstrasse », id., id. ; « Schildereien aus dem Alpenlande », id., 1883 ; « Abenteuer und Schwänke », id., 1883, 2ᵐᵉ éd. illustrée, id., 1884; « Das Lied vom Hütes », Meiningen, 1883 ; « Truggold », nouvelle en prose, Berlin, 1884; « Mein Frühjahr », Leipzig, 1884 ; « Der Pathe des Todes », id., id. ; « Erzählungen und Märchen », id., 1885 ; « Krug und Tintenfass », id., 1886.

Baumgarten (Jean), littérateur allemand, né, à Aix-la-Chapelle, en 1821, docteur en philosophie et professeur au lycée royal de Coblentz. En 1869, il entreprit la publication d'un « Glossaire des idiomes populaires du nord et du centre de la France », qui devait être publié en 10 livraisons, mais dont, croyons-nous, la première seule a paru. On lui doit en outre les ouvrages suivants, tous écrits en français : « Anthologie polytechnique tirée des meilleurs auteurs français de notre époque », Cassel, 1874 ; « Les mystères comiques de la province. Études de mœurs et curiosités etnographiques », Leipsig, 1878 ; « Le Parnasse allemand du XIX siècle », Kassel, 1878 ; « La France contemporaine, ou les Français peints par eux-mêmes », id. id. ; « A travers la France nouvelle », id.. 1879.

Baumgarten (Hermann), historien allemand, né, à Lesse (Brunswick), le 28 avril 1825. Il fit ses études historiques et philosophiques aux Universités de Halle, Jena, Bonne, Leipsig et Goettingue, devint, en 1848, professeur au gymnase de cette dernière ville, et, deux ans plus tard, rédacteur de la *Reichszeitung*. En 1852, il alla poursuivre ses études historiques à Heidelberg, où il noua des rapports étroits avec Gervinus et Häusser, puis il alla à Munich, s'y lia avec Sybel, Bluntschli et Brater, fut l'un des fondateurs de la *Süddeutschen Zeitung* ; il se rendit ensuite à Berlin, où il fit des recherches dans les archives. Nommé, en 1861, professeur d'histoire et de littérature à l'École polytechnique de Carlsruhe, il fut appelé, en 1872, à l'Université de Strasbourg, qu'on venait de réorganiser, et où il enseigne encore maintenant, en qualité de professeur ordinaire et de directeur du Séminaire historique. On a de lui : « Gervinus und seine politischen Ueberzeugungen », Leipsig, 1853 ; « Zur Verständigung zwischen Süd und Nord », Nordling, 1859 ; « Geschichte Spaniens zur Zeit der französischen Revolution », Berlin, 1861 ; « Geschichte Spaniens vom Ausbruch der französischen Revolution bis auf unsre Tage », 3 vol., Leipsig, 1865-71, qui est considérée son ouvrage capital ; « Partei oder Vaterland », Francfort, 1866 ; « Der deutsche Liberalismus. Eine Selbstkritik », Berlin, 1867 ; « Wie wir wieder ein Volk geworden sind », Leipsig, 1870 ; « Die religiöse Entwickelung Spaniens », Strasbourg, 1875 ; « Jacob Sturm », id., 1876 ; « Ueber Sleidans Leben und Briefwechsel », id., 1878 ; « Sleidans Briefwechsel », id., 1881 ; « Vor der Bartholomäusnacht », id., 1882 ; « Treitschkes deutsche Geschichte », id., 1883 ; en 1885, il a publié à Stuttgard le premier volume d'une importante « Geschichte Karls V ». M. B. a donné aussi une série d'articles historiques à l'*Historische Zeitschrift* de Sybel, et aux *Preussischen Jahrbüchern*, citons entr'autres, dans ce dernier recueil : « Herder und Georg Müller », 1872.

Baumgarten (Isidore), jurisconsulte hongrois, né à Pest, vers 1845, *privat Docent* de droit pénal à l'Université de sa ville natale; il a publié, en 1885, un volume sur « l'Attentat en droit criminel » qui a été fort loué par la presse juridique de tous les pays.

Baumgarten (Michel), théologien protestant allemand, né à Haseldorf (Holstein), en 1812. Son père, qui était un paysan aisé, l'envoya faire ses études à Altona, puis à l'Université de Kiel où, en 1839, il fut habilité en qualité de *privat Docent*; en 1846, il devint pasteur de l'église Saint-Michel à Schleswig, où il se fit remarquer par ses idées libérales et par son ardent patriotisme, qui lui valurent d'être révoqué deux ans après par le gouvernement danois; en 1850, il fut nommé professeur ordinaire de théologie à Rostock, mais, se tenant sur le terrain du Luthéranisme positif, il eut bientôt des démêlés avec l'autorité supérieure ecclésiastique du grand-duché de Mecklembourg, qui aboutirent à sa destitution, prononcée le 6 janvier 1858, et motivée par le fait « qu'il ne partageait pas les « principes de l'Église évangélique luthérienne « de l'État dans les points les plus importants « de l'enseignement et des maximes des livres « symboliques ». En cette occasion, il publia : « Eine Kirchliche Krisis in Mecklenburg », Brunswick, 1858 ; « Der Kirchliche Notstand in Mecklenburg », Leipzig, 1861 ; « Soll die mecklenburgische Landeskirche zu Grunde gehen? », id, id. ; « An die Freunde aus dem Gefängnis », Berlin, 1862, brochures qui lui valurent des amendes, et quelques mois de prison. Défenseur ardent et convaincu de la liberté de l'enseignement religieux, M. B. participa, en 1865, à la fondation de l'union des protestants allemands. Élu, en 1874, 1877 et 1878, par les électeurs de Rostock Dobberan, député au Reichstag, il fit partie d'abord du parti progressiste, et ensuite du groupe Löwe-Kalbe. Outre les ouvrages déjà cités, on lui doit: « Die Echtheit der Pastoralbriefe », Berlin, 1837; « Theologischer Commentar zum Alten Testament », Kiel, 1843-44 ; « Apostelgeschichte oder Entwickelungsgang der Kirche von Jerusalem bis Rom », 2 vol., Brunswick, 1882, 2ᵐᵉ éd., 1859; « Die Nachtgesichte der Sacharias », id., 1854, nouvelle éd., 1858 ; « Die Geschichte Jesu », id., 1859 ; « Schleiermacher als Theolog », Berlin, 1862 ; « Zwölf kirchengeschichtliche Vorträge zur Beleuchtung der kirchlichen Gegenwart », Brême, 1869 ; « Der Protestantenverein ein Panier in deutschen Reich », Berlin, 1871 ; « Kirchliche Zeitfragen in Vorträgen », Rostock, 1873-74 ; « Eine Krisis innerhalb des deutschen Protestantenverein », Rostock, 1876, « *Lutherus Redivivus* oder die kirchliche Reaktion », Francfort, 1878 ; « Doktor Martin Luthor. Volksbuch », Rostock, 1883.

Baumgartner (Adolphe), écrivain suisse, docteur en philosophie, *privat Docent* pour l'histoire à l'université de Bâle, né le 12 juin 1855. On a de lui : « Les sources dont s'est servi Dion Cassius pour les premiers siècles de l'histoire de Rome » 1880 ; « Le Dr M. Laurer et le 2me livre de Moïse le Chorénéen » 1885.

Baumgartner (Alexandre), jésuite suisse, né, le 27 juin 1841, à Altstatten (canton de Saint-Gall), fils de Jacobus Gallus B., historien et homme politique bien connu (1797-1869). Mr A. B. fit ses études préparatoires à Einsielden et à Feldkirch, fut admis, en 1860, comme novice dans la Compagnie de Jésus, habita, à partir de 1867, la maison de Maria Laach et quand les religieux de son ordre furent expulsés de l'Allemagne (1872) il alla se fixer dans les Pays-Bas. Outre un recueil de sonnets publiés par lui, on 1883, sous le titre : « La litanie laurétane », nous connaissons de lui : « Docteur Martin Luther. Ein Charakterbild. Zum Lutherjubiläum dem deutschen Volk gewidmet von Jakob Wohlgemuth » Trèves, imprimerie Pauline, 1883.

Baumstark (Édouard), économiste allemand, né, à Sinzheim, près Bade, le 28 mars 1807, fréquenta d'abord le lycée de Rastatt, et, do 1825 à 1828, l'université de Heidelberg, où il étudia le droit et les sciences économiques et où il prit ses grades. Appelé, en 1828, comme professeur extraordinaire à l'université de Greifswald, il devint, en outre, l'année suivante, professeur et l'un des directeurs de l'Académie des sciences économiques d'Eldena (supprimée en 1876) dont il fut nommé directeur en chef, en 1843, en même temps que professeur ordinaire à Greifswald. Nommé, en 1848, membre de l'Assemblée nationale prussienne, il y devint un des membres les plus influents de la droite. En 1849, il fit partie de la première chambre et y combattit de 1850 à 1852 la politique du ministère Manteuffel ; en 1856, il fut nommé conseiller intime de gouvernement ; depuis 1859, il représente, comme membre du parti national libéral, l'Université de Greifswald à la Chambre des Seigneurs ; la même année il était nommé membre du collège d'économie politique et en 1864, il devenait curateur de l'Université de Greifswald. Nous citerons de lui : « Staatswissenschaftliche Versuch über Staatskredit » Heidelberg, 1833 ; « Encyklopädie der Kameralwissenschaften » id. 1835 ; ayant traduit en allemand les : « Grundgesetze der Volkswirtschaft » de Ricardo, Leipsig, 1834, 2me éd. 1877, il les fit suivre de sa « Volkswirtschaftliche Erläuterung » Leipsig, 1838 ; en 1858 ayant fondé les : *Jahrbücher des staats- und landwirtschaftlichen Akademie Eldena*, il y publia plusieurs articles et, entre autres, un travail important : « Zur Einkommensteuerfrage » qui fut publié à part, à Greifswald, en 1849 ; citons encore de lui : « Zur Geschichte der Arbeiten der Klassen » Greifswald, 1853 ; « Einleitung in das wissenschaftliche Studium der Landwirtschaft » Berlin, 1858 ; « Die königliche staats- und landwirtschaftliche Akademie Eldena » Berlin, 1870. Dans un tout autre ordre d'études, Mr B. a publié « Bardale » revue des chants de tous les peuples du monde, Leipsig, 1836 et « A. Fr. J. Thibaut » id., 1841, dans lequel il expose ses idées sur la musique. Mr Édouard Baumstark était le frère puîné du philologue Antoine Baumstark (1810-1876). Enfin son fils M. FERDINAND BAUMSTARK, né à Greifswald, le 6 septembre 1839, est professeur ordinaire et assistant de l'Institut de Chimie à l'Université de cette ville.

Baumstark (Reinhold), neveu du précédent et fils de M. Antoine B. déjà cité ; homme politique et écrivain allemand, né, à Fribourg en Brisgau, le 24 août 1831 ; il étudia le droit, embrassa la carrière judiciaire, devint en 1857, juge de tribunal et en 1864 conseiller d'appel à Constance. En 1867, il publia, à Ratisbonne, un livre de controverse religieuse sous le titre : « Gedanken eines Protestanten über die Päpstliche Einladung zur Wiedervereinigung mit der römisch-katolischen Kirche », ce livre eut un tel retentissement qu'en 1869 il était déjà à sa treizième édition (M. Th. de Lamezan, en a donné une traduction française, Auch, 1868). A la suite de cette publication, il embrassa le catholicisme et comme il était membre du parlement badois, il y devint l'un des chefs du parti ultramontain. Il voulut se retirer de la politique en 1878, et donna pour cela sa démission de député, mais il fut envoyé de nouveau à la Diète l'année suivante et y prit une part active au rétablissement de la paix religieuse. En 1880, il était nommé conseiller à la Cour supérieure de Achern. La politique de conciliation qu'il avait soutenue ayant indisposé contre lui les ultramontains, ceux-ci se liguèrent avec les démocrates et l'empêchèrent, en 1882, d'être réélu député. Ses fonctions judiciaires et les occupations absorbantes de la politique n'ont pas empêché M. B. de s'adonner à des travaux littéraires et, en dehors de ses œuvres polémiques, il a publié de nombreuses études sur l'Espagne ; citons de lui, parmi ses œuvres polémiques: « Die katholische Volkspartei in Baden », Fribourg, B., 1870; « Fegfeuergespräche, id., 5me éd., 1852; « Die Wiederherstellung der Katholischen Seelsorge in Grossherzogthums Baden », id., 1880; « *Plus ultra!* Schicksale eines deutschen Katholiken 1869-1882 », Strasbourg, 1883. Parmi ses autres ouvrages, nous citerons : « Mein Ausflug nach Spanien », Ratisbonne, 1868, 2me éd., 1869, traduit en français, par M. le baron Th. de Lamezan, sous le titre: « Une excursion en Espagne », Paris, Tolra, 1872 ; « Don Francisco de Quevedo », Fribourg, 1871 ; « O'Connel », id., 1873 ; « Kolumbus », id., id.; « Leopold I », id., id. ; « Cervantes », id., 1875 ; « Philippe II von Spanien », id., id.; traduit en français par Godefroy Kurth, Paris, Lecoffre, 1887 ; « Die spanische National Litteratur im Zeithalter der habsburgischen Könige », Cologne, 1877 ; « Thomas Morus », Fribourg, 1879 ; « Bartholomäus de Las Casas », id., id. ; « John Fisher », id., id. Il a traduit aussi de l'espagnol « Munsternovellen », de Cervantes, Ratisbonne, 1868, 2 vol., et « Dame Kobold » de Calderon, Vienne, 1869. — Avec son frère, HERMANN BAUMSTARK (1836-1876), qui a été aussi un écrivain et un historien ecclésiastique distingué, il avait écrit « Unsre Wege zur Katholischen Kirche », 2me éd., Fribourg, 1871.

Baumstark (Christian), frère du précédent, né, en août 1839, étudia la philosophie et la théologie protestante d'abord à Tubingue et ensuite à Heidelberg. Il devint pasteur de Haag, dans l'Odenwald badois, d'où, en 1880, il passa à Auggen, dans l'Oberland badois. On a de lui : « Christliche Apologetik auf anthropologischer Grundlage », 2 vol., Francfort s. M., 1872-79 ; « Das Verhältniss zwischen Kirche und Staat nach den Bedürfnissen der Gegenwart », Heidelberg, 1873 ; « Zum kirchlichen Friede », Strasbourg, 1880, dans lequel il étudie le moyen d'arriver à un *modus vivendi* entre l'Église et l'État. — Un quatrième frère, ADOLF BAUMSTARK, avocat auprès de la Cour suprême de Carlsruhe a publié : « Was ist das Recht », Mannheim, 1874.

Baunard (l'abbé Louis) ecclésiastique et écrivain français, né à Bellegarde (Loiret), en 1826. Menant de front les études théologiques et littéraires, il a obtenu le double diplôme de docteur en théologie et de docteur ès-lettres. Après avoir été professeur au petit séminaire d'Orléans, il a été nommé vicaire à la cathédrale et chanoine honoraire. En 1868, il a été nommé aumônier de l'École normale primaire, et, en 1875, du Lycée d'Orleans. Depuis 1877, il est professeur d'éloquence sacrée et d'histoire ecclésiastique à l'Université catholique de Lille, et, en même temps, depuis 1881, supérieur du college Saint-Joseph. En 1884, il a été nommé Prélat domestique de Sa Sainteté. Outre plusieurs articles publiés dans le *Correspondant*, dans la *Revue d'économie chrétienne*, etc., et un certain nombre d'ouvrages de dévotion et de récits, de nouvelles et épisodes chrétiens, publiés sous le voile de l'anonyme, on lui doit: « Quid apud Græcos de institutione puerorum senserit Plato », Orléans, 1860 ; « Théodulfe, evêque d'Orléans et abbé de Fleury sur Loire », thèse pour le doctorat ès-lettres, id. id. ; « Vie de saints et personnages illustres de l'église d'Orléans. Maurice de Sully, évêque de Paris ; le bienheureux Réginald de Saint-Agnan de l'ordre des Frères Prêcheurs ; le bienheureux Odon de Tournai », 3 séries, Orléans, 1862-63 ; « Roseline de Villeneuve, souvenirs de Provence », Paris, Josse, 1862 ; « Alena de Worst, légende brabançonne », id., id., 1864 ; « Monsieur le Comte Edmond de la Touanne », Orléans, 1864 ; « Romaine de Todi, épisode du IV siècle », Paris, Josse, 1864 ; « Le doute et ses victimes dans le siècle présent », Paris, Leclère, 1865, 7me éd., 1886 ; « Madame la Comtesse de Choiseul d'Aillecourt », id., Josse, id. ; « Le livre de la première communion et de la persévérance », Orléans, Blanchard, 1867 ; « L'Apôtre Saint-Jean », Paris, Poussielgue, 1869, 12me éd. 1872 ; « Histoire de Saint-Ambroise », id., id., 1871 ; « Le Pontificat de Pie IX », discours, id., id., id. ; « Histoire de Madame Barat, fondatrice de la Société du Sacré-Cœur de Jésus », 2 vol., id. id., 1876, 4me éd., 1879 ; « Histoire de Madame Duchesne, religieuse de la Société du Sacré-Cœur de Jésus et fondatrice des premières maisons de cette société en Amérique », id., id., 1878, 2me éd., 1882 ; « Le vicomte Armand de Melun, d'après ses mémoires et sa correspondance », id., 1880 ; « La Foi et ses victoires, conférences sur les plus illustres convertis de ce siècle: le Comte Schouwaloff, Donoso Cortes, le général de Lamoricière, Joseph Droz, Frédéric Bastiat, Alexis de Tocqueville, Frédéric Le Play », 2 vol., id., id., 1881-84 ; « Les Catéchistes volontaires », Bruges, 1883 ; « Histoire du cardinal Pie, évêque de Poitiers », 2 vol., Paris, Oudin, 1885 ; « Panégyrique de Saint-Vaast », Arras, 1886.

Bauquenne (Alain), pseudonyme sous lequel, M. André Bertera, homme de lettres français, né à Marnes (Seine et Oise), en 1853, a publié les romans suivants : « L'Écuyère, mœurs parisiennes », Paris, Ollendorff, 1882 ; « Ménages parisiens », id., id., id. ; « Noces parisiennes », id., id., 1883 ; « La Maréchale, mœurs parisiennes », id., id., id. ; « La belle Madame Le Vassart », id., id., 1884 ; « Amours cocasses », id., id., 1885. — M. Bertera, qui est maintenant un romancier à succès, a débuté, en 1880, par un roman « L'Amoureux de Maître Wilhelm » publié à la même librairie, sous son vrai nom.

Baur (Gustave-Adolphe-Louis), théologien allemand, né à Hammelbach, dans l'Odenwald, le

14 mars 1816. Il fréquenta le Gymnase de Darmstadt et étudia la théologie protestante à Giessen, où il prit ses degrés en 1841, et où il devenait, en 1847, professeur extraordinaire et, en 1849, professeur ordinaire. En 1861, il devenait pasteur de la communauté de Saint-Jacques à Hambourg ; en 1870, professeur ordinaire de théologie à Leipsig et, en 1871, conseiller du Consistoire royal de Saxe ; il est aussi prédicateur de l'Université de Leipsig, directeur du Séminaire de théologie pratique, et du collège des prédicateurs de Saint-Paul. Parmi ses travaux, nous citerons : « Die Erklärung des Propheten Amos », Giessen, 1847 ; « Tabellen über die Geschichte des israel. Volks », id., 1848; « Grundzüge der Homiletik », id., id. ; « Geschichte der alttestamentlichen Weissagung », id., 1861, ouvrage très estimé, bien que jusqu'à present il n'en ait publié que le premier volume; « Boetius und Dante », Leipsig, 1874 ; « Grundzüge der Erziehungslehre », 3me éd., Giessen, 1876 ; « A. Kempffors Selbstbiographie », avec une introduction et des notes, Leipsig, 1870 ; les recueils de ses sermons parurent sous les titres suivants : « Predigten », Giessen, 1858 ; « Predigten über die epistolischen Perikopen », 2 vol., Hambourg, 1862 ; « Die Thatsachen des Heils », Hambourg, 1864 ; « Durch Kampf zum Frieden », Leipsig, 1872 etc. Par ses opinions théologiques, M. Baur se rattache à Schleiermacher.

Baur (Guillaume), théologien et écrivain allemand, frère du précédent, né à Lindenfels, dans l'Odenwald (Grand-duché de Hesse), le 16 mars 1826. Après avoir fréquenté le Gymnase de Darmstadt, il se rendit à l'Université de Giessen et au Séminaire pour les prédicateurs de Friedberg. Après avoir été, de 1848 à 1852, précepteur dans une famille, il a été successivement pasteur protestant en diverses paroisses ; en 1872, il devint prédicateur de la Cour et de la cathédrale à Berlin ; en 1869, conseiller du Consistoire suprême ; en 1881, prévôt de la fondation du Saint-Sépulcre à Berlin ; en 1883, surintendant général des provinces rhénanes. M. B. s'est attaché à donner au peuple le goût des fêtes et des chants religieux, à l'amener à la stricte observance du repos dominical et à sauvegarder la moralité publique, par la protection des jeunes filles. Outre de nombreux recueils de sermons, on lui doit : « Lazarus von Bethanien und seine Schwestern », 2me éd., Giessen, 1869 ; « Beicht- und Kommunionbuch », 3me éd., Jena, 1882 ; « Geschichte- und Lebensbilder aus der Erneuerung des religiösen Lebens in den deutschen Befreiungskriegen », 4me éd., 2 vol., Hambourg, 1884 ; « Das deutsche evangelische Pfarrhaus », 3me éd., Brême, 1884 ; « Leben des Freiherrn von Stein », 2me éd., Karlsruhe, 1885, et de petites biographies de « Stein », (4me éd., Barm., 1880) ;

de « Fréderic Perthes » (2me éd., id., 1880) et de « C. M. Arndt » (5me éd., Hambourg, 1882).

Baur (Franz-Adolf-Gregor), écrivain et forestier allemand, frère des précédents, né, le 10 mars 1830, à Lindenfels, dans l'Odenwald (Grand-duché de Hesse) ; il fit ses études à l'École polytechnique de Darmstadt et à Giessen, devint, en 1855, professeur à l'École forestière de Weisswasser en Bohême; en 1860, garde-général des forêts à Mitteldick près Darmstadt ; en 1864, professeur à l'Académie agricole et forestale de Hohenheine dans le Wurtemberg ; et, en 1878, professeur de sylviculture à l'Université de Munich, où il se trouve encore. Nous citerons de lui : « Ueber forstliche Versuchsstationen. Ein Weck- und Wahnruf », Stuttgart, 1868 ; « Forstakademie oder allgemeine Hochschule », id., 1875 ; « Die Holzmesskunst », 2me éd., Vienne, 1875, 3me éd., 1882 ; « Die Fichte in Bezug auf Ertrag, Zuwachs und Form », Berlin, 1877 ; « Lehrbuch der niedern Geodäsie », 3me éd., Vienne, 1879 ; « Untersuchungen über den Festgehalt und das Gewicht des Schichtholzes und der Rinde », Augsbourg, 1879 ; « Die Rotbuche in Bezug auf Ertrag, Zuwachs und Form », Berlin, 1881. Depuis 1866, M. B. publie le *Monatschrift für das Forst- und Jagdwesen* qui, depuis 1879, a pris le titre de *Forstwissenschaftliches Centralblatt.*

Baurens de Molinier (Jean-Baptiste-François-Théophile), ecclésiastique français, né à Toulouse, en 1835. Sous le pseudonyme de comte Reinilom de Sneruab, qui n'est que son nom renversé, il a publié un livre fort curieux: « Le Diable révolutionnaire, ou Histoire d'une possédée encore vivante, traduite de l'espagnol, avec introduction et conclusion sur les œuvres diaboliques modernes en particulier », Toulouse, Olmer, 1874.

Bavard (l'abbé Étienne), ecclésiastique et érudit français, né à Labussière sur Orne (Côte d'Or), et maintenant curé à Volnay dans le même département. On a de lui : « Histoire de Volnay depuis les temps les plus reculés jusqu'à nos jours », Beaune, 1870 ; « Légendes bourguignonnes », Tours, 1873 : « Tobsima, ou l'exilé du désert », id., id. ; « Vie du vénérable Bénigne Joly, le père des pauvres (1644-1694) », Paris, Poussielgue, 1878 ; « L'Hôtel-Dieu de Beaune (1443-1880), d'après les documents recueillis par l'abbé Boudrot », avec 19 pl., Beaune, 1881, extrait des *Mémoires de la Société d'histoire, d'archéologie et de littérature de l'arrondissement de Beaune.*

Bavier (Simon), homme politique, ingénieur et diplomate suisse, né à Coire, le 16 septembre 1825. Il fréquenta les Écoles polytechniques de Carlsruhe et de Stuttgart et, reçu ingénieur, fut employé à différents travaux, entr'autres à la construction des routes dans son canton natal et à celle de la ligne Piacenza-Castel San

Giovanni de 1857 à 1858 ; il exécuta en outre le plan détaillé d'un chemin de fer alpin par le Splügen. Membre du Grand Conseil du canton des Grisons, il le représenta à l'Assemblée fédérale de 1863 à 1878. Le canton Tessin étant, en 1876-77, vivement troublé par la lutte des partis, M. Bavier fut chargé, en qualité de commissaire fédéral, d'y rétablir l'ordre et y parvint sans faire usage de la force. En décembre 1878, il devint membre du Conseil fédéral suisse et, en 1882, président de la Confédération. C'est en cette dernière qualité, qu'il représenta la Suisse à l'inauguration du chemin de fer du Saint-Gothard. Depuis le 23 janvier 1883, il représente la Suisse, en qualité d'envoyé extraordinaire et ministre plénipotentiaire, auprès du Roi d'Italie. Il a publié : « Die Strassen der Schweiz », Zurich, 1878, qui obtint des prix aux expositions de Paris et de Venise.

Bavoux (Joseph-Évariste), ancien conseiller d'État et écrivain politique français, né à Paris, le 5 octobre 1809 ; son droit fini, il se fit inscrire au barreau de Paris, en 1834. Après la révolution de février 1848, le département de Seine et Marne l'envoya siéger à la Constituante d'abord, et à la Législative ensuite; en 1852, il a été nommé par le même département au Corps Législatif; il fut plus tard nommé conseiller d'État; depuis 1870, M. Bavoux, qui appartient au parti impérialiste, s'est retiré de la vie politique tout en s'occupant activement de propagande en faveur de la dynastie napoléonienne. Comme écrivain il s'est fait connaître par un certain nombre d'ouvrages : « Philosophie politique, ou l'ordre moral dans les sociétés humaines » 2 vol., Paris, Brockaus-Avenarius, 1840; « Voyage politique et descriptif en Algérie » 2 vol. id. id. 1841, 2e éd., 1843 ; « Études diverses de législation, de politique et de morale » id. Videcoq, 1843 ; « Manuel du notariat » id. id. id. ; « Aperçu sommaire du droit romain » lu à l'Institut, id. id. id.; « Costa Cabral, comte de Thomar » id. Amyot, 1846 ; « La France sous Napoléon III, empire et régime parlementaire » 2 vol., Paris, Plon, 1871 ; « Abrégés chronologiques de l'Histoire de France et des guerres entre la France et l'Angleterre » id. id. 1882; en collaboration avec Mr Alphonse François, il a publié « Voltaire à Ferney; sa correspondance avec la duchesse de Saxe-Gotha, suivie de notes historiques entièrement inédites » Paris, Didier, 1860, une 2e éd. augmentée de 27 lettres inédites, a paru en 1865; il a édité en outre les « Mémoires secrets de J. M. Augeard, secrétaire des commandements de la reine Marie-Antoinette » Plon, 1866. Parmi ses nombreuses brochures d'occasion, nous citerons : « Une Sœur de charité (Impératrice Eugénie) »; « Arenenberg, vacances du IVe Napoléon »; « Il a dix-neuf ans.... en 1875 »; « Chislehurst; Tuileries ; Souvenirs intimes »; « La Prusse et le Rhin » ;

« Candidatures officielles »; « Du Gouvernement personnel »; « Du Principe d'autorité et du Parlementarisme »; « Appel à la Nation »; « Confiscation des biens d'Orléans ; Réponse à Mr de Montalivet »; « Colonne de la place Vendôme et Jeanne d'Arc »; « Causes de la guerre; Crise actuelle »; « Du Communisme en Allemagne et du Radicalisme en Suisse »; « Orléanisme et République »; « Droit d'élection du chef de l'État »; « Les Stuarts et les Bourbons »; « Plébiscite de 1870. Prince Napoléon ».

Baworovsky (comte Victor), écrivain polonais, né en Galicie, et connu surtout comme traducteur de plusieurs poèmes de Byron, de Wieland et d'autres. Collectionneur éclairé, M. Baworovsky possède des trésors en livres, en tableaux, en manuscrits, et en objets d'arts de toute espèce.

Baxter (William Edward), homme politique et littérateur anglais, né, en 1826, à Dundee (Écosse) ; après avoir fait ses études au séminaire de Dundee d'abord, et à l'Université d'Édimbourg ensuite, il entreprit de longs voyages en Europe et en Amérique et entra dans la maison d'exportation de son père, dont il devint bientôt l'associé. En 1855, il fut élu député au Parlement, à la place de Joseph Hume, par le district écossais de Montrose qu'il a continué à représenter pendant quelque temps. Il prit rang dans le parti libéral, se prononça pour l'extension des suffrages, le vote au scrutin, et un système d'instruction indépendant des influences religieuses. Lors de la guerre de sécession américaine, il fut un défenseur ardent de la cause du Nord. Secrétaire de l'Amirauté sous le Ministère de M. Gladstone en 1868, puis, de mars 1871 à août 1873, secrétaire du Trésor, il fut nommé membre du Conseil privé, le 24 mars 1873. On a de lui : « Impressions of Central and Southern Europe, being notes of successives journeys in Germany, Austria, Italy, Switzerland and the Levant » 1850 ; « The Tagus and the Tiber: or Notes of Travel in Portugal, Spain, and Italy, in 1850-1851 » 5 vol., 1858 ; « America and the Americans » 1855; « Hints to Thinkers: or, Lectures for the Times » 1860 ; « Free Italy » lecture tenue en 1874 ; « A Winter in India » 1882 ; « England and Russia in Asia » 1885.

Bayer (Karl-Robert-Emmerik), romancier autrichien, plus connu sous son nom de plume de *Robert Byr*, né, le 15 avril 1835, à Bregenz (Voralberg), il fut élevé à l'Académie militaire de Wiener Neustadt, d'où il sortit avec le grade de lieutenant dans le régiment des hussards Radetzki, alors de garnison à Milan ; promu capitaine, en 1859, il prit part à la campagne de Lombardie, comme attaché à l'État-Major; tout de suite après la paix de Villafranca, il débuta dans les lettres, par deux volumes : « Kantonierungsbildern », Prague, 1860 ; en 1862, il quitta définitivement le service, se maria et se retira à Bregenz, s'adonnant entièremeut aux lettres. M. B. est surtout un romancier ; une tragédie « Lady Gloster », 1869, et une comédie « Der wunde Fleck », 1872, de lui, qui furent jouées, avec quelque succès sur les théâtres de Vienne, n'eurent pas de compagnes, et ne peuvent se considérer que comme des essais. M. Bayer a pris la vie militaire à sujet de plusieurs de ses travaux; citons entr'autres : « Oesterreichische Garnisonen », Hambourg, 1863 ; « Auf der Station », Berlin, 1865; « Anno Neun und Dreizehn », Innsbruck, 1865, esquisses biographiques de la guerre d'indépendance allemande, se rattache aussi à cet ordre de travaux; en d'autres genres citons : « Ein deutsches Grafenhaus », 3 vol., Berlin, 1866; « Mit eherner Stirn », 4 vol., id., 1868 ; « Der Kampf ums Dasein », 5 vol., Jena, 1869, 2me éd., 1872; « Sphynx », 3 vol., Berlin, 1870 ; « Zwischen zwei Nationen », 3 vol., Berlin, 1870 ; « Nomaden », 5 vol., Leipzig, 1871 ; « Auf abschüssiger Bahn », 4 vol., Berlin, 1872; « Nachrum », 2 vol., id., 1875; « Larven », 5 vol., Leipzig, 1876; « Gita », 4 vol., id., 1877 ; « Eine geheime Depesche », 3 vol., Jena, 1880 ; « Am Wendenpunkt des Lebens », 3 vol, Jena, 1881; « Der Weg zum Herzen », Leipzig, 1881; « Sesam », 3 vol., Stuttgart, 1881 ; « Unversöhnlich », 3 vol., Jena, 1882 ; « Andor », Stuttgard, 1883 ; « Lydia », Jena, 1883 ; « Soll ich », id., 1884, etc. ; citons encore de lui deux recueils de nouvelles : « Wrack », 4 vol., Leipzig, 1873, et « Quatuor », 1875.

Bayet (Charles), érudit français, né à Liège (Belgique), en 1849. Après de brillantes études, il fut nommé membre des écoles françaises de Rome et d'Athènes et reçu ensuite docteur ès-lettres. Il est aujourd'hui professeur d'histoire et d'antiquités du moyen-âge à la Faculté des lettres, et à l'école nationale des beaux-arts de Lyon. On lui doit plusieurs ouvrages importants : « De titulis Atticæ christianis antiquissimis commentatio » Paris, Thorin, 1878 ; « Recherches pour servir à l'histoire de la peinture et de la sculpture chrétiennes en Orient avant la querelle des Iconoclastes » id. id. 1873, forme le fascicule 10 de la *Bibliothèque des Écoles françaises d'Athènes et de Rome*; « L'Art byzantin » id. Quantin, 1883, fait partie de la *Bibliothèque des beaux-arts*; en collaboration avec M^r l'abbé Louis Duchesne, Mr B. a publié : « Mémoire sur une mission au Mont Athos » Paris, Thorin, 1877 et en collaboration avec Mr Berthold Zeller : « Les derniers Carlovingiens (877-97) » id. Hachette, 1884.

Bayle (Emile), savant français, né à la Rochelle, en 1819, ingénieur en chef des mines, professeur de paléontologie à l'École des mines, et de géologie à l'École des ponts et chaussées, a publié : « Cours de minéralogie et de géologie » Paris, Savy, 1869 et suiv. Mr B. a collaboré aussi à l'*Explication de la carte géologique de la France*, publiée par ordre du ministre des travaux publics, et il a donné, en commun avec H. Coquand, à la *Bibliothèque Universelle* de Genève un travail « Sur les fossiles recueillis dans le Chili par M. Domeyko et sur les terrains auxquels ils appartiennent ».

Bayle (Gustave), avocat et érudit français, né à Sault (Vaucluse), en 1843. M. B. qui est membre de l'académie de son département natal et inscrit au barreau d'Aix en Provence, a publié : « Les croix couvertes » Avignon, Aubanel, 1882 ; « Les Médecins d'Avignon au moyen-âge » id. Seguin, id.; « Marie Mancini à Avignon » id. 1883 ; « Étude historique littéraire et musicale sur un recueil manuscrit des anciens noëls de Notre-Dame des Doms » id. Aubanel, 1884.

Bayles (William-Edward), professeur de langue anglaise à Paris, né à Londres, en 1832. On a de lui : « Grammaire-dictionnaire ou A B C de la langue anglaise » Paris, Dramard-Baudry, 1874; « Le Constructeur de phrases ou manière d'apprendre en deux heures la construction de 10000 phrases anglaises » id. id. id. » « The Interpreter superseded or the A. B. C. Series of Conversation Books for travellers. Part. I: English-French, Part. II: English-German, Part. III : English-Italian, Part. IV: English-Spanish » 4 vol. Paris, Ve Boyveau, 1879; « L'Anglais par les exemples » id. id. 1880; « Correspondance commerciale anglaise » id. id. 1881; « Les produits commerciaux et industriels. Description, emploi, provenance et débouchés. Nomenclature de chaque produit avec ses variétés, en français, en anglais, en allemand, en italien et en espagnol » 2 parties, id. id. 1881-83; « Manuel de conversation française et anglaise » id. id, 1882.

Bayne (Pierre), théologien et écrivain anglais, né dans la maison du curé de Fodderty (comté de Ross, Écosse) le 19 octobre 1830. Il fit ses études au Collège Marischal d'Aberdeen, où il obtint ses premiers degrés. Après quelques succès universitaires, il entra dans le journalisme, et fut successivement rédacteur au *Commonwealth* de Glasgow, au *Witness* d'Édimbourg, au *Dial* et à la *Weekly Review* de Londres. Ayant adopté les idées de Darwin, il s'efforça surtout de montrer qu'elles étaient conciliables avec les croyances chrétiennes. Des esquisses biographiques publiés dans un magazine d'Édimbourg, attirèrent l'attention sur lui et rendirent possible la publication, en 1855, de son ouvrage : « The Christian Life in the present Time » suivi bientôt de deux volumes d'Essais qu'il publia en Amérique ; et en Amérique également il fit paraître un volume d'Essais biographiques et critiques, un traité sur « The

Testimony of Christ to Christianity » et un drame historique « The Days of Jezebet ». Devenu plus tard collaborateur du *Contemporary*, du *Fortnightly*, du *British Quarterly*, du *London Quarterly Review*, du *Fraser*, etc., il publia, en 1878, un volume « The Chief Actors in the Puritan Revolution » 1878. Depuis il a publié : « Lessons from my Masters » 1879 ; « Two Great Englishwomen (Mrs Browning and Charlotte Brönte) with an Essai on Poetry ». En 1879, l'Université d'Aberdeen lui conféra le titre de docteur en droit. Mr B. qui est aussi l'auteur d'un pamphlet : « The Church curse and the nation's claim » et d'une vie de Hugh Miller, le géologue bien connu, est, depuis 1883, occupé à écrire une vie de Martin Luther.

Bayrhoffer (Charles-Théodore), philosophe, publiciste et homme politique allemand, né à Marbourg (Hesse électorale), en 1812, fréquenta d'abord le gymnase de sa ville natale, et, à partir de 1829, les Universités de Marbourg et de Heidelberg, où il étudia d'abord le droit et ensuite la philosophie. En 1838, il devint professeur extraordinaire de philosophie à l'Université, et en 1845, il reçut l'ordinariat. Comme philosophe M. B. a publié d'abord : « Grundprobleme der Metaphysik » Marbourg, 1835 ; « Idee des Christenthums » id. 1836 ; « Der Begriff der organischen Heilung des Menschen » id. 1837 ; « Idee und Geschichte der Philosophie » id. 1838 ; dans ces travaux, et dans le dernier surtout, M. B. se montre partisan décidé de l'hégélianisme, tandis que dans ses « Beiträgen zur Naturphilosophie » 2 vol., Leipsick, 1839-40, où il s'efforce de concilier la théorie avec la pratique, il revient sur ses premières idées. Comme publiciste, Mr B. était, surtout, après la renaissance du catholicisme allemand, ami du progrès et partisan des communautés libres. Dans une série d'écrits comme : « Ueber den Deutschkatholizismus » Marbourg, 1844 ; « Das wahre Wesen der gegenwärtigen Religiösen Reformation in Deutschland » Mannheim, 1846 ; « Der praktische Verstand und die Marburger Lichtfreunde » Darmstadt, 1847, etc., il soutint avec ardeur ses principes. Il développa son programme surtout dans les : « Untersuchungen über Wesen, Geschichte, und Kritik der Religion » qu'il publia, en 1849, dans les *Jahrbüchern für Wissenschaft und Leben* de Darmstadt. En 1846, à la suite d'un discours tenu, l'anniversaire de l'Électeur, en faveur du catholicisme allemand, il fut suspendu de ses fonctions de professeur. Membre, en novembre 1848, de la diète hessoise il s'approcha du parti radical, et pendant la courte période de suprématie du parti libéral, il fut aussi président de la chambre, et membre du comité permanent ; mais au retour de l'Électeur, en 1835, il fut obligé d'émigrer en Amérique, où il a vécu à Green-County dans le Wiscousin, jusqu'en 1866, époque à laquelle il s'adonna de nouveau aux études.

Bazaine (François-Achille), maréchal de France, né, à Versailles, le 13 février 1811, s'engagea, en 1831, et passa en Afrique l'année suivante. Lieutenant, en 1836, il passait, en 1837, en Espagne, avec la légion étrangère et après deux campagnes pénibles contre les carlistes, il revint en Algérie, avec le grade de capitaine, en 1839. Lieutenant-colonel en 1848, commandant le 1er régiment de la légion étrangère, en 1850, il fut choisi, au début de la guerre d'Orient, pour commander la brigade d'infanterie qui fut formée de ce corps. Durant le cours du siège de Sébastopol, il se distingua par sa bravoure et son esprit d'organisation. A la retraite des Russes, il fut nommé gouverneur de la place, et promu, le 22 septembre 1855, général de division. En 1859, il était à la tête d'une division du 1er corps, commandé par la maréchal Baraguay d'Hilliers ; en cette qualité, il prit part à la bataille de Marignan et à celle de Solferino. En juillet 1862, mis à la tête de la première division d'infanterie du corps expéditionnaire au Mexique, il succéda au mois d'octobre de l'année suivante au général Forey, comme général en chef de l'expédition. Nous n'avons pas à relater ici les différentes phases de cette expédition, il nous suffira de dire que le général Bazaine, élevé à la dignité de maréchal de France, par décret du 5 septembre 1864, quittait, le 12 mars 1867, Vera-Cruz pour rentrer en France avec tout le corps expéditionnaire (Cfr. sur le maréchal Bazaine au Mexique les articles publiés par M. de Kératry dans la *Revue contemporaine*, septembre et octobre 1867). Commandant en chef de la garde impériale, il fut, au moment de la déclaration de guerre, entre la France et l'Allemagne, nommé commandant en chef du 3me corps de l'armée du Rhin. Dès le commencement du mois d'août, l'empereur lui confia la direction en chef des opérations militaires ; le 9, le maréchal prit en main le commandement des troupes réunies sous Metz. Le 13 et 14 il soutenait les terribles combats de Longueville et de Gravelotte, et ayant reconnu l'impossibilité de défendre la ligne de la Moselle, il tenta, sans pouvoir y parvenir, d'opérer sa jonction avec le maréchal Mac-Mahon et se vit bloqué par l'ennemi sous les murs de Metz. Le 4 septembre survenait la capitulation de Sédan, qui enlevait à la France toute espérance sérieuse de résistance. Bazaine serré de près par les forces allemandes, manquant de vivres, avec une armée décimée par les maladies et en grande partie démoralisée, ne voyant pas dans le pays un gouvernement quelconque auquel demander des instructions, capitulait, avec toute son armée, le 27 octobre. Cette capitulation souleva naturellement des vifs mécontentements contre Bazaine. Celui-ci, qui avait été envoyé à Cassel comme prisonnier de guerre, ayant recouvré sa liberté à la suite de la signature des préliminaires de paix, alla se fixer à Genève; mais l'opinion publique française, — excitée par ceux qui avaient tout intérêt à faire du maréchal le bouc émissaire des malheurs du pays, — devenant chaque jour plus menaçante pour le maréchal, celui-ci crut pourvoir à son honneur en rentrant en France, et en demandant des juges. Il fut déféré alors à un conseil de guerre organisé par la loi spéciale du 16 mai 1872, et interné au Petit-Trianon de Versailles pour toute la durée de l'instruction. Les débats s'ouvrirent le 6 octobre 1873, devant un Conseil présidé par le duc d'Aumale; le 10 décembre 1873, le maréchal déclaré coupable, était condamné à mort avec dégradation. Mais les membres du conseil de guerre, aussitôt après avoir prononcé cette sentence, signèrent un recours en grâce pour en empêcher l'exécution, et le maréchal de Mac-Mahon, commua la peine à vingt années de détention avec dispense de la dégradation militaire. Transporté, le 27 décembre à l'île Sainte-Marguerite pour y subir sa peine, il n'y resta que quelques mois, et grâce au dévouement de sa jeune femme et de quelques amis éprouvés, il parvint à s'échapper dans la nuit du 9 au 10 août 1874. Il gagna alors l'Italie et passa en Suisse, où il reçut au château d'Arenenberg le plus cordial accueil de la part de l'Impératrice Eugénie et du prince impérial. Plus tard, il se rendit en Angleterre, puis en Portugal et de là en Espagne, où le roi Alphonse XII lui ayant fait un excellent accueil, il se fixa définitivement à Madrid. C'est dans la villa qu'il habite, aux environs de cette ville, que, le 18 avril 1887, un assassin du nom de Hillairaud, natif de la Rochelle, tenta de le poignarder, mais ne parvint qu'à le blesser assez grièvement à la tête; malgré que l'assassin simulât une exaltation cérébrale, il fut, par le cour d'Assises de Madrid, condamné à huit ans de travaux forcés. Mr Bazaine a publié différents livres qui tous ont trait à la capitulation de Metz; déjà, en décembre 1870, il avait publié un mémoire justificatif où il s'attaquait avant tout à démontrer qu'il avait, en toute occasion, agi d'accord avec son conseil de guerre. Sans tenir compte de plusieurs brochures d'une authenticité suspecte qu'on lui a attribuées, citons: « Rapport du maréchal Bazaine. Bataille de Rezonville le 16 août 1870 » Bruxelles, Decq, 1870; « Rapport sommaire sur les opérations de l'armée du Rhin du 13 août au 29 octobre 1870 » Genève, Georg, 1871, traduit en allemand par M. Mels et publiés à Berlin, en 1870; « Capitulation de Metz. Rapport officiel du maréchal Bazaine » Lyon, Lapierre-Brille, 1871; « L'Armée du Rhin depuis le 12 août jusqu'au 29 octobre 1870 » Paris, Plon, 1872, une traduction allemande a paru la même année à Cassel; en septembre 1874, le maréchal publia dans le *New-York Herald*, une défense très étendue de sa conduite qui fut reproduite par plusieurs journaux européens: « la Vérité sur le fort Sainte-Marguerite » 1878; enfin il a publié, en 1883, chez Gaspar, à Madrid, un livre dédié à la Reine Isabelle II d'Espagne, sous le titre: « Épisodes de la guerre de 1870 et le Blocus de Metz » avec 3 cartes, 7 plans de batailles, et 5 facsimilés de lettres; cet ouvrage dont l'entrée a été interdite en France, a été traduit en allemand par M. Wevers, Berlin, 1884. Parmi les nombreuses publications auxquelles a donné lieu la capitulation de Metz et le procès du maréchal Bazaine nous citerons: « Operazioni di Bazaine » dans la *Rivista militare italiana* de 1871; Von Hanneken, « Marschall B. und die Kapitulation von Metz » Darmstadt, et Leipsick, 1873; Lefaure, « Procès du maréchal B. Audiences du premier conseil de guerre » Paris, 1874; La Bruyère, « L'Affaire B. compte-rendu officiel » Paris, 1874; « Der Prozess B. » Berlin, 1874; « Der Neue Pitaval » nouvelle série, 9 vol., Leipsig, 1874; A. Fialho, « Le maréchal défendu contre ses détracteurs par un ancien officier brésilien » Bruxelles, 1874; A. Forbes « Bazaine's vindication » dans la *Fortnightly Review*, 1883, et enfin le livre capital que M. le Comte d'Hérisson, l'auteur du *Journal d'un officier d'ordonnance*, a publié, il y a quelques jours seulement, chez Ollendorff, à Paris, sous le titre: « La légende de Metz ».

Bazaine (Pierre Dominique), où BAZAINE-VASSEUR, ingénieur français, frère du précédent, né, à Versailles, le 1re décembre 1809; sorti de l'École polytechnique, il prit part à la construction des premiers chemins de fer français. En 1856, appelé à l'École des ponts et chaussées comme professeur de chemins de fer il fut nommé, en 1860, ingénieur en chef. Après l'injuste condamnation qui frappa son frère, il donna, ainsi que ses deux fils, officiers dans l'armée, sa démission et rentra dans la vie privée. On lui doit: « Études sur les voies de communication; chemins vicinaux »; « Chemins de fer d'Alsace, leur description complète, tracé, terrassement, travaux d'art etc. », en collaboration avec M. Chaperon, Paris, 1844, et suiv.

Bazalgette (sir Joseph William), ingénieur anglais, né à Enfield (Middlesex), en 1819. S'étant fait connaître, dès 1848, par d'importants travaux de drainage exécutés dans le nord de l'Irlande, il fut bientôt appelé à Londres comme ingénieur de la commission métropolitaine des égouts; après avoir fait exécuter, d'après ses dessins, trois cents milles d'égoûts dans la ville de Londres, il fut nommé au concours, ingénieur en chef du service métropolitain des travaux publics. C'est à lui que la ville de Londres doit la construction de la plus grande partie des quais de la Tamise. Sir J. W. Bazalgette a rédigé des « Instructions » pour l'établissement de ponts et les modifications des rues, et s'est donné pour tâche de garantir les intérêts publics contre les inconvénients des travaux de viabilité.

Bazille (Camille), jurisconsulte français, né, à Poitiers, en 1834; après avoir été reçu docteur en droit, il acheta un office d'avocat au Conseil d'État et à la Cour de Cassation. On lui doit: « De la responsabilité pécuniaire de l'État par le fait de ses agents », Paris, Berger-Levrault, 1880; « Les indigènes algériens (israélites et musulmans) et l'impôt arabe », id., id., 1882; « Du pouvoir réglementaire », id., id., 1885, tous ces travaux avaient été publiés d'abord dans la *Revue générale d'administration*. M. B. a publié aussi, en collaboration avec Ch. Constant: « Code de la Presse. Commentaire théorique et pratique de la loi du 29 juillet 1881 », Paris, Pedone-Lauriel, 1883, forme le tome 24 de la *Petite encyclopédie juridique*.

Bazille (Gustave-Jean-Pierre-Barthélemy), jurisconsulte français, né à Figeac (Lot), en 1836. Reçu licencié en droit, à la faculté de Toulouse, il se fit inscrire, en 1861, au barreau de sa ville natale où il a été bâtonnier de son ordre. Attaché, pendant quelques années, à la préfecture de Toulouse, M. B. s'est beaucoup occupé de droit administratif. Outre des articles publiés dans le *Journal de droit administratif*, on lui doit: « Étude sur la jurisdiction administrative à l'occasion de la loi du 21 juin 1865 », Paris, Cosse, Marchal et Cie, 1867; « Dissertations sur la procédure administrative », id., Marchal, Billard et Cie, 1875.

Bazin (Hippolyte), érudit français, né à Luc-sur-Mer (Calvados), en 1855. M. B., qui est agrégé de grammaire, docteur ès-lettres, directeur du petit lycée Saint-Rambert à Lyon, a publié: « De Lycurgo », thèse, Paris, Leroux, 1855; « La République des Lacédémoniens de Xénophon », id., id., id.; « Le Galet inscrit d'Antibes, offrande phallique à Aphrodite (Ve ou VIe siècle a. J. C), étude d'archéologie religieuse greco-romaine », id., id., id., extrait des *Annales du Musée Guimet*.

Bazin (François), géographe française, né, à Paris, en 1830, lieutenant dans le 1er bataillon des francs-tireurs, pendant la guerre de 1870-71 et devenu plus tard professeur de géographie à l'école Turgot et à l'école Colbert. On a de lui: « Atlas spécial de géographie physique, politique et historique de la France », en collaboration avec M. Félix Cadet, Paris, Delalain, 1856, qui a eu plusieurs éditions; « Géographie agricole, industrielle et commerciale des cinq parties du monde. États de l'Europe », id., id., 1870; « Histoire du 1er bataillon des francs-tireurs de Paris-Châteaudun », id., Sausset, 1872; « Études sur les grands bassins de France, chefs-lieux de département et d'arrondissement, cours d'eau qui les arrosent », id., Dejey, 1878. M. B. a publié aussi il y a quelques années un volume de vers: « A l'aventure, poésies. Avec préface de Gaston Jollivet », Saint-Malo, Bazouge, 1885.

Bazin (Victor-Antoine), officier et écrivain militaire français, né à Autun (Saône et Loire), le 17 février 1849; après avoir reçu le double baccalauréat ès-lettres et ès-sciences, il entra, en 1868, à Saint-Cyr; sous-lieutenant le 3 mars 1873, il était promu capitaine le 31 août 1878. Il est actuellement officier d'ordonnance de M. de Freycinet, ministre de la guerre. Outre quelques ouvrages militaires sur l'instruction des troupes, sur la tactique et l'organisation générale de l'armée qu'il a publié sans nom d'auteur, on lui doit: « Les feux de guerre. Les feux d'infanterie et d'artillerie, conditions nouvelles qu'ils imposent à la formation du combat et au mode d'action du bataillon », Paris, Berger-Levrault, 1881; un rapport présenté par lui, en 1884, sur la vibration des armes à feu a été remarqué.

Bazire (Edmond), journaliste français, né, à Rouen, le 9 février 1846. Venu à Paris en 1869, il entrait à la *Réforme*, puis à la *Marseillaise*, dès sa fondation. Le 8 février 1870, il se faisait arrêter et condamner à six mois de prison pour avoir crié *Vive la République*, sous la terrasse des Tuileries, pendant que l'Empereur s'y promenait. Il resta à Paris pendant le siège et pendant la Commune, en faveur de laquelle il avait écrit des articles et envoyé des correspondances à l'étranger. L'ordre une fois rétabli, il quitta la France, passa en Suisse et en Italie, s'installa en Autriche et collabora assidument au *Danube*, journal français de Vienne. Après un court séjour en Belgique, il rentra à Paris, en 1877; il écrivit d'abord à l'*Homme libre*, puis au *Rappel*, et enfin à l'*Intransigeant*, où il entra dès sa création; dans ce journal, il signe de son nom les articles politiques et du pseudonyme d'Edmond Jacques les articles de Beaux-arts. Outre des articles dans plusieurs journaux, sous des pseudonymes divers, et des sonnets publiés dans quelques revues, on doit à M. B. une comédie, en vers, « La Berceuse », imprimée à Bruxelles et « Henri Rochefort », biographie, Paris, Quantin, 1883, et « Manet », étude, id. id., 1884. — Depuis six ans, M. Bazin est syndic des journalistes républicains.

Bazzanella (Auguste), ecclésiastique et littérateur italien, né, à Trente, en 1841. On a de lui un recueil de sonnets publié à l'occasion du mariage du baron de Salvadori de Trente, sous le titre: « Versi », Milan, Civelli, 1882.

Bazzanella (Joachim), ecclésiastique et érudit italien, né à Borgo Valsugana (province de Trente), le 20 juillet 1844; nommé curé à Castello Tesino dans sa province natale, il a publié: « Memorie di Tesino », Feltre, tip. Gastaldi, 1884.

Bazzani (Alessandro), littérateur italien, né à Aselogna (province de Vérone), le 31 décembre 1807. Il fit ses premières études au gymnase de Legnago et au lycée de Vérone, et se rendit ensuite à Padoue et à Vienne pour étudier la théologie. A Vienne il resta une vingtaine d'années, et fut attaché, pendant les derniers dix ans, au corps des Gardes-Nobles lombardo-vénitiens en qualité de professeur de littérature italienne. La révolution de 1848 étant survenue, ses opinions patriotiques hautement manifestées lui valurent un emprisonnement préventif de 49 jours et un procès devant une cour martiale; il fut acquitté, mais révoqué en même temps de ses fonctions de professeur. Il revint à Vérone, où quelques poésies patriotiques, bien que publiées par lui en pays libre, suffirent à le faire condamner au bannissement. Après avoir été successivement professeur de langue et de littérature allemandes à Florence, Sienne et Ancône, il obtint après la libération de la Vénétie une chaire à l'Université de Padoue. Il a été mis à la retraite, il y a quelques années. On a de lui: « Venturo, il Sansone di Sicilia », Rovigo, 1854, 1er Chant d'un poème inédit sur les Vêpres Siciliennes, où, annonçant que c'était de la Sicile que devait venir le libérateur de l'Italie, il semble avoir eu comme une vision prophétique de l'expédition des Mille, sous la conduite de Garibaldi, en 1860; « Inni, Odi, Canzoni e Sonetti », Legnago, 1859; « Il Risotto », dithyrambe, Modène, 1861; « La vergine patriota », vers, id., 1863; « Ode », en occasion du mariage Volebele-Guzzetti, Padoue, Prosperini, 1867, et plusieurs autres poésies civiles et patriotiques, publiées un peu partout. On lui doit en outre des traductions en poésie italienne: « La Mort de Wallenstein », de Schiller, Vienne, 1842, précédée d'une esquisse biographique du célèbre vainqueur de Lutzen; « La leggenda di Frithiof », Vérone, 1852, poème épique d'Isaïe Tegner, traduit du suédois, et précédé d'une remarquable étude sur la littérature scandinave, ainsi que de la biographie du poète et d'un parallèle entre la mythologie grecque et la scandinave; « Lo Studente spagnuolo », Milan, 1882, drame en trois actes traduit de l'anglais de Longfellow; « Asvero in Roma », Ancône, 1876, poème en six chants, traduit de l'allemand de Rob. Hamerling; « Macalda », tragédie, Messine, 1883, traduite de l'allemand de Hermann Lingg; parmi ses nombreuses publications en prose, nous citerons: « Elogio funebre all'illustre medico chirurgo Pietro Fagioli », Vérone, 1830; « Dell'epigrafia latina e delle epigrafi di Carlo Boucheron », Vienne, 1840; « Giudizio sulla Storia universale di Cesare Cantù », id. id.; « Della poesia ipocondriaca e del suo più illustre rappresentante, Giacomo Leopardi », Padoue, 1845; « Orazione di laude a San Pietro, primo apostolo e pontefice massimo; modello perenne del come reggere la Chiesa senza dominio temporale », Legnago, 1859; « Lettera a Pio IX », Modène, 1861; « Prolusione all'insegnamento della lingua e letteratura alemanna nella R. Università di Padova », Padoue, 1867. Citons encore de lui une traduction en prose: « Fiesco », tragédie en cinq actes de Schiller; M. B. qui a été un des très rares italiens de son temps qui connussent à fond l'ancienne littérature allemande et les littératures scandinaves, a dans ses portefeuilles plusieurs traductions, importantes de l'allemand, de l'anglais et des langues du Nord.

Bazzoni (Auguste), historien et diplomate italien, né à Montagnana (prov. de Padoue), en 1833. A vingt-quatre ans il était reçu docteur en droit par l'Université de Padoue. Dès son plus jeune âge, M. Bazzoni s'était senti du penchant pour les études historiques et déjà il avait commencé à recueillir les matériaux nécessaires pour écrire l'histoire de sa petite ville. La guerre de 1859 vint interrompre ses projets; il émigra à Florence, où, tout en continuant ses études, il nouait des rapports avec MM. Canestrini, Emiliani-Giudici, Gar, Capponi, Tommaseo et avec tous ceux qui composaient cette élite d'hommes remarquables qui se réunissaient autour de G. P. Vieussseux. En même temps, il entrait au Ministère des Affaires étrangères pour y suivre la carrière consulaire. Il est depuis plusieurs années consul d'Italie à Vienne. La plus grande partie des travaux de M. Bazzoni est insérée dans l'*Archivio storico italiano* (troisième série). Nous citerons: « Memorie e lettere di Carlo Emanuele II di Savoja », tome IIIe; « Carteggio dell'abate Ferdinando Galiani col marchese Tannucci », tomes IX et X; « Istruzioni date da Carlo Emanuele III re di Sardegna per la educazione del principe di Piemonte », tome IX; « Annotazioni degli Inquisitori di Stato di Venezia », tomes XIe et XIIe; « Memorie e documenti su i matrimoni Spagnuoli », tome XIV; « Relazioni diplomatiche tra la Casa di Savoja e la Prussia nel secolo XVIII », tome XV; « Notizie sugli Archivi di Roma », tome XVI; « Un confidente degli inquisitori di Stato di Venezia », tome XVIIe, et XVIIIe; depuis quelques années la collaboration de M. B. à l'*Archivio* a presque complètement cessé; dans les derniers volumes nous ne trouvons de lui qu'une nécrologie d'Armand Baschet, et un article sur *la Comtesse de Verrue* de M. G. de Léris; en dehors de sa collaboration à l'*Archivio*, M. B. a publié les biographies de « Ciro Menotti » et de « Aleardo Aleardi » dans la *Galleria dei Contemporanei* de l'Unione Tipografico Editrice de Turin, et la « Storia diplomatica d'Italia dal 1848 al

1868 », Florence, Civelli, 1876; « Un nunzio straordinario (Giulio Mazarini) alla Corte di Francia nel secolo XVII », Florence, 1881.

Bazy (Jean-Pierre-Antoine), historien français, né à Saint-Omer, en 1804. Élève de l'école normale, il s'adonna à l'enseignement, se fit recevoir docteur ès-lettres et occupa des chaires de littérature latine et d'histoire dans diverses facultés de France; M. B. a pris sa retraite depuis une quinzaine d'années. On lui doit : « Histoire de la société chrétienne en Occident et particulièrement en France, depuis les premiers siècles du christianisme jusque à la fin du règne de Saint-Louis », tome 1e, Paris, Tessier, 1842; « De l'enseignement public en France », Dijon, 1849; « Histoire politique, morale et littéraire de Rome à l'époque de Cicéron, puisée dans les écrits de cet auteur », id., id.; « Études historiques et littéraires sur C. Marlowe et Goethe », id., 1850; « Un épisode de la guerre de Trente Ans d'après les archives inédites de Saint-Omer », Clermont-Ferrand, 1862; « Tableau de l'histoire du moyen âge. Leçon d'ouverture », Poitiers, 1863; « État militaire de la monarchie espagnole sous le règne de Philippe IV. Les Mercenaires au XVIII siècle », id., 1864; « De la Réforme religieuse dans les temps modernes, dans ses rapports avec la civilisation », id., 1864; « La Révolution et les Partis en Angleterre sous les Stuarts. Leçon d'ouverture », id., 1865; « Précis des opérations du siège de Saint-Omer en 1638 d'après des documents inédits », Saint-Omer, 1874.

Beale (Dorothée), femme de lettres et institutrice anglaise, née, à Londres, le 21 mars 1831. En 1850, elle était nommée professeur de mathématiques et professeur de latin. En 1858 elle était préposée à l'important collège de jeunes filles de Cheltenham. Elle a publié plusieurs livres de texte pour ses élèves et a donné maints articles au *Journal of Education*, au *Fraser*, au *Monthly Packet* et à plusieurs autres journaux. Miss Beale est une des personnes qui ont le plus contribué au développement de l'instruction supérieure des jeunes filles.

Beale (Lionel Smith), médecin anglais, né, à Londres, en 1828, actuellement médecin du Collège de l'Hôpital Royal, professeur d'institutions et de pratique médicale au Collège Royal de Londres, autrefois professeur de Physiologie et d'Anatomie générale et pathologique, membre d'une foule de sociétés savantes, parmi lesquelles nous citerons seulement l'Académie des sciences de l'Institut de Bologne. Parmi ses nombreux ouvrages, nous citerons: « The Microscope in its Application to Practical Medicine »; « How to work with the Microscope », plusieurs fois réédité; « The structure of the Tissues of the Body »; « Protoplasm: or Life, Matter and Mind »; « Disease Germs, their supposed and real nature, and on the Treatment of Diseases caused by their Presence »; « Life Theories, their influence upon Religious Thought »; « The Mystery of Life : Facts and Arguments against the Physical Doctrine of Vitality »; « On Life and on Vital Action in Health and Disease »; « The Anatomy of the Liver »; « Urine, Urinary Deposits, and Calculous Disorders », 4me éd., une traduction française de cet ouvrage a paru, en 1865, à Paris, chez Baillière et fils; « Urinary and Renal Derangements and Calculous Disorders: Diagnosis and Treatment »; « One Hundred Urinary Deposits », en 8 livraisons; « On slight Ailments »; « The Physiological Anatomy and Physiology of Man », en collaboration avec feu le doct. Todd, et avec M. Bowman; M. B. est l'auteur de plusieurs autres ouvrages, parmi lesquels nous nous bornerons à citer le dernier: « Our Morality and Moral Question, chiefly from medical side », 1886. Il a donné plusieurs mémoires à la Société Royale, aux *Philosophical Transactions*, au *Lancet*, au *Medical Times and Gazette*, à la *Medical and Chirurgical Review* et au *Microscopical Journal*. Il est, depuis de longues années, directeur des *Archives of Medicine*.

Beale (Thomas Villert), compositeur et écrivain anglais, né à Londres, en 1831; il est l'auteur d'une centaine de compositions musicales, dont nous n'avons pas à nous occuper ici. Sous le pseudonyme de *Walter Mainard*, il collabore au *Gentleman's Magazine*, au *Once a Week* et à plusieurs autres journaux. Il est l'auteur du livre intitulé: « The Enterprising Impresario », qui contient des souvenirs personnels sur la Grisi et sur Mario, Viardot, Meyerbeer, Rossini et Lablache.

Beau (Gabriel), poète et romancier français, né, à Chartres, le 20 mai 1845. Après ses études faites au collège de sa ville natale, il est entré, en janvier 1866, au ministère de la guerre comme commis rédacteur; il y est actuellement sous-chef de bureau. M. B. qui a pris part à la campagne de 1870-71, comme attaché à l'État-Major Général de l'armée du Rhin, a publié: « Le Congrès des Peuples, ou le Cauchemar du général Boum », prose et vers, Paris, librairie des auteurs, 1867; « Les Éphémères », poésies, id., Jouaust, 1873; « Chants d'amour et de paix », id., Lemerre, 1874; « Rhéa Taupinier », roman de mœurs parisiennes, id., Marpon et Flammarion, 1883; « La Grèce poétique : Anacréon, Sappho, Bion, Moschus, Théocrite », traduction en vers, id., id., 1884; « Les Étourdies », mœurs parisiennes, id., id., 1885. Indépendamment de la littérature, M. Beau occupe ses loisirs à faire de la peinture sur émail cru (faïence à grand feu), genre complètement délaissé aujourd'hui en raison de ses difficultés.

Beaucaire (le vicomte Horric de), diplomate et écrivain français, né, en 1845. M. de Beaucaire, qui maintenant est secrétaire à la légation de France au Caire, a publié: « Une Mésalliance dans la maison de Brunswick (1665-1725) — Éléonore Desmier d'Olbreuze, duchesse de Zell », Paris, Oudin, 1885, une traduction anglaise de cet ouvrage a paru, en 1886, chez Remington, à Londres.

Beauchainais (A. de), pseudonyme sous lequel M. Anatole Bordot (voy. ce nom), a publié: « Le Buffon illustré à l'usage de la jeunesse », Paris, Lefèvre et Cie, 1883.

Beauchet (Ludovic), jurisconsulte français, né à Verdun (Meuse), en 1855; actuellement professeur à la faculté de droit de Nancy. Nous connaissons de lui: « Étude historique sur les formes de la célébration du mariage dans l'ancien droit français », Paris, Larose et Forcel, 1883 ; « Origines de la jurisdiction ecclésiastique et son développement en France jusqu'au XIIe siècle », id., id., 1884, les deux, extraits de la *Nouvelle Revue historique de droit français et étranger;* « Histoire de l'organisation judiciaire en France — Époque franque », id., Rousseau, 1885.

Beauclair (Henri), poète et romancier français, né à Lisieux (Calvados), en 1860, a débuté dans le journalisme parisien, en 1880. Il a donné des « Gazettes rimées », à la *Jeune France* et est actuellement le rédacteur parlementaire du *Petit Moniteur*. Il a publié: « L'Éternelle chanson, triolets », Paris, Léon Vanier, 1884; « Les Horizontales », vers, id., 1885 ; « Pentecôte », id., id., 1886 ; et, en collaboration avec M. Gabriel Vicaire, les « Déliquescences d'Adoré Floupette », id., id., id., parodie de la poétique des *symbolistes décadents*, qui souleva une vive polémique dans les journaux et dans le monde littéraires. On lui doit aussi les romans suivants: « Le Pantalon de Madame Desmon », Paris, Tresse et Stock, 1886; « Ohé! L'Artiste », id., id., 1887; « La Ferme à Goron », id., id., 1888.

Beauclert (Clément), l'un des nombreux pseudonymes de M. Charles Buet (voy. ce nom), journaliste, auteur dramatique et romancier français.

Beaucourt (Gaston-Louis-Emmanuel DU FRESNE marquis de), historien français, né à Paris, le 7 juin 1833. Cet éminent historien qui a porté surtout son attention sur le règne de Charles VII, dont il devait devenir plus tard l'historiographe le plus autorisé, se révéla dès l'âge de vingt trois ans par une brochure: « Le Règne de Charles VII, d'après M. Henri Martin et d'après les sources contemporaines », 1856, dans laquelle il prenait à partie M. Martin au sujet de son appréciation du caractère de Charles VII et de la mission de la Pucelle d'Orléans (Cfr. un article de M. Chasles « Le caractère de Charles VII », dans la *Revue Contemporaine*, de 1856). Henri Martin répondit à ses critiques dans la *Revue de Paris*, M. De Beaucourt riposta par une nouvelle brochure : « Un dernier mot à M. Martin », 1857, qui fut vraiment le dernier mot sur la question. Depuis il a publié : « Charles VII et Louis XI d'après Thomas Basin », 1860, travail dont la première partie avait paru dans le *Correspondant;* « La Chronique de Mathieu d'Escouchy », 2 vol., dont un de pièces justificatives; « Étude sur madame Elisabeth d'après sa correspondance ». 1864; « Notices sur la famille Du Fresne, avec pièces justificatives », Aubry, 1865; « Les Chartier: Recherches sur Guillaume Chartier et Jean Chartier », 1869; « Histoire de Charles VII », 3 vol., 1881-86, ouvrage de la plus haute valeur, encore inachevé et qui a obtenu en 1886, le grand prix Gobert, à l'Académie des Inscriptions et belles-lettres. M. de Beaucourt, qui est membre du Conseil de la Société de l'histoire de France, a créé, en 1866, la *Revue des questions historiques*, dont il est resté depuis lors le directeur, et où il a inséré plusieurs articles, parmi lesquels nous citerons : « Le Caractère de Louis XV », 1868; « Étude critique sur les lettres de Mme Elisabeth », 1869; « Charles VII, son caractère », 1872-75 etc. M. de Beaucourt a fondé, en 1868, la Société bibliographique, sous les auspices de laquelle parait *Le Polybiblion*, l'excellente revue bibliographique universelle bien connue. M. de Beaucourt a publié aussi, mais sans nom d'auteur, en 1871, une brochure politique : « Henri V et la monarchie traditionnelle ».

Beaudouin (Mondry), helléniste français, né à Cellettes (Loire et Cher), le 7 janvier 1852; il fit ses études au lycée de Vendôme, puis vint à Paris, au collège Rollin, pour préparer son examen d'entrée à l'École normale, supérieure. Élève de l'École normale, il suivit surtout les leçons de M. Charles Thurot. Il séjourna en Italie et en Grèce, pendant quatre ans, en qualité de membre de l'école française d'Athènes, et il envoya de là, à l'Institut, divers mémoires sur les dialectes grecs. Rentré en France, il fut nommé maître de conférences à la Faculté des lettres de Bordeaux, puis professeur de langue et littérature grecques à la Faculté des lettres de Toulouse. Outre divers articles sur des questions de linguistique et d'épigraphie grecques dans les recueils intitulés : *Bulletin de correspondance hellénique* et *Annales de la Faculté des lettres de Bordeaux*, on a de lui: « Quid Koraïs de neo-hellenica lingua senserit », Bordeaux, Gounouilhou, 1883; « Étude du dialecte chypriote moderne et médiéval », Paris, Thorin, 1884, qui forme le fascicule 36 de la *Bibliothèque des Écoles françaises d'Athènes et de Rome*.

Beaufort (Henri Charles FITZEROY SOMERSET duc de), pair d'Angleterre, et écrivain sportique, né le 1er février 1824. Le duc de Beaufort, qui appartient au parti conservateur et qui est lieutenant-colonel dans l'armée anglaise, a été deux fois, en 1858-59, et en 1866, sous les administrations de lord Derby, grand écuyer de S. M. la Reine (*Master of the Horse*). Il est président du *Four-in-Hand Club* et un des directeurs du recueil de livres sportives connu, sous le titre de « The Badminton Library » ; en 1885, il a publié, en collaboration avec M. M. Morris : « Hunting ».

Beaujean (Émile-Ambroise-Amédée), professeur et lexicographe français, né, à Saint-Fargeau (Yonne), le 17 décembre 1821 ; il fit ses études à Auxerre d'abord, au collège Henri IV de Paris ensuite, et entra, en 1841, à l'École normale. Reçu agrégé de grammaire en 1845, il fut successivement professeur à Laval, à Bourges et dans divers lycées de Paris ; le 8 avril 1879, il était nommé inspecteur de l'Académie de Paris. Le principal titre de M. Beaujean à la réputation littéraire est sa constante et utile collaboration au « Dictionnaire de la langue française », de M. Littré (1863-1872), dont il a ensuite publié, en 1875, chez Hachette, un « Abrégé » en 24 fascicules, auquel il a fait suivre, en 1878, un « Supplément d'histoire et de géographie ». En 1876, il a publié à la même librairie, un « Petit dictionnaire universel » qui peut se considérer comme un abrégé de l'abrégé précédent. Il ne faut pas confondre M. Amédée Beaujean avec un M. VICTOR BEAUJEAN qui a publié, en 1882, chez Muquardt, à Bruxelles, un « Dictionnaire des principaux termes de géographie, de topographie, de géologie et d'art militaire ».

Beaulieu-Marconnay (Charles-Olivier baron de), diplomate et historien allemand, né, à Minden, le 5 septembre 1811, d'une ancienne famille d'émigrés français ; de 1829 à 1833, il étudia le droit à Goettingue, à Jena et à Heidelberg ; il entreprit ensuite de grands voyages, dans lesquels il entra en rapports avec plusieurs personnalités marquantes. A son retour, il entra dans l'administration du grand-duché d'Oldenbourg. Auditeur au tribunal de Jever de 1835 à 1839, il s'y fit surtout connaître par une tragi-comédie, en quatre actes, en vers, qui roulait sur le fameux procès pour l'héritage des comtes de Bentink et sur l'entreprise du comte Charles-Antoine-Ferdinand de Bentink, qui, le 16 octobre 1836, avait essayé de se mettre en possession, par la ruse et la violence, de la liliputienne seigneurie de Kniephausen. Cet ouvrage, quoique répandu par milliers d'exemplaires manuscrits n'a jamais été imprimé. En 1839, M. de B. fut transféré au tribunal de Rastede, il accompagna l'année suivante le prince Hermann de Wied en Italie, accepta ensuite une place au ministère des finances, et devint, en 1843, référendaire au ministère du grand-duché de Saxe-Weimar ; en 1848, il devenait chef du département de la justice ; en 1849, maréchal de la Cour ; en 1853, grand-maître de la maison de la grande-duchesse Sophie. De 1851 à 1857, il fut intendant du théâtre de la cour à Weimar. Après avoir rempli plusieurs missions diplomatiques, il fut délégué au conseil fédéral comme représentant de la branche Ernestine. En 1866, après la dissolution du conseil fédéral, il rentra dans la vie privée, d'abord à Dresde et ensuite à Fribourg ; en dehors d'une série d'esquisses et de nouvelles publiés dans les journaux, on a de lui : « Biographie des sächsischen Ministers Thomas von Fritzsch », Leipsig, 1870 ; 1870 ; « Der Hubertusburger Friede », id., 1871 ; « Herzog Ernst-August von Weimar Eisenach », id., 1872 ; « Ausgewählte Gedichte von Apollonius von Maltitz, mit Biographie des Dichters », Weimar, 1873 ; « Anna-Amalia, Karl-August und der Minister von Fritzsch », id., 1874, et « Karl von Dalberg und seine Zeit », id., 1889, son œuvre la plus considérable.

Beaume (Georges), romancier français, né, à Pezenas (Hérault), le 12 mai 1861. Il a publié des nouvelles, des contes, des essais critiques dans plusieurs journaux et revues de Paris ; citons entr'autres dans l'*Artiste* une étude sur « Émile Pouvillon », et une autre sur « Camille Le Monnier ». En librairie, il a publié tout dernièrement les romans suivants : « Cyniques » ; « Jalousie » ; « Un couple » ; « Un seigneur » ; « Le fruit défendu », avec une préface de Léon Cladel. M. Beaume a, en preparation, deux autres romans : « L'agent » ; « Un bouquet ».

Beaumont (Charles-François-Édouard), peintre, dessinateur et écrivain français, né à Lannion (Côtes-du-Nord), vers 1823, est fils d'un sculpteur distingué. Nous n'avons pas à nous occuper ici de ses succès comme peintre et comme dessinateur ; bornons-nous à dire qu'il a été, avec M. J. G. Vibert, un des fondateurs de la Société des acquarellistes français et qu'il s'est fait une charmante spécialité de l'illustration de beaucoup de ces cartes d'invitation, ou de menus, coloriées ensuite par la chromolithographie, que la mode a adopté depuis quelques années. Ajoutons que, outre les illustrations dont il a enrichi ses propres ouvrages, M. Baumont en a fait aussi un grand nombre d'autres, soit pour les journaux, soit pour différents volumes, notamment : le *Diable amoureux* de Cazotte, les *Nains célèbres* de d'Albanès et G. Fath, *Notre-Dame de Paris* (Perrotin éd., 1845), les *Aventures de Fortunatus*, etc. M. B. qui semble depuis quelque temps avoir délaissé le crayon et le pinceau pour la plume a publié, dans le *Moniteur* et dans la *Gazette des Beaux-Arts*, un grand nombre d'articles sur l'épée, les armes anciennes, etc. Il a de plus fait paraître en volumes : « L'Épée et les Femmes », Paris, Librairie des Bibliophiles, 1882 ; « Un drame dans une carafe », id., id., 1883 ; « Fleurs de belles épées », id., Baschet, 1885 ; « Notices sur les gens de guerre du comte de Saint-Paul qui sont enfouis à Coucy depuis 1411 », id., id., id.

Beaumont (Alexandre), pseudonyme de M. Louis Alexandre Beaume, avocat à la Cour d'appel de la Seine, fils du feu peintre Louis Beaume. M. Beaumont, qui est maintenant connu surtout comme auteur de livrets d'opéra et qui a même été un moment directeur de théâtre à Paris, a débuté dans la vie littéraire en publiant sous son vrai nom un « Dialogue des morts sur la propriété littéraire », Paris, Castel, 1862, en société avec Adolphe Huard, et en collaborant au *Code général de la propriété industrielle* de Blanc, et au *Recueil des actions possessoires* de Jai; mais depuis, il a délaissé complètement Thémis et n'a plus écrit que des romans, comme : « Le legs du cousin Drack », Paris, Hennuyer, 1881, et « Le beau colonel », id., id., 1884, ou des livrets d'opéras; citons parmi ceux-ci : « Preciosa », en un acte, musique de Weber; « Rosa et Narcisse », en un acte, musique de Barbier; « Le Cœur et la main », musique de Lecocq, les trois en collaboration avec Nuitter; en mars 1888, on a donné au théâtre des Nouveautés : « Le Puits qui parle », opéra-comique fantastique en trois actes et six tableaux, en collaboration avec Paul Burani, musique de M. Edmond Audran.

Beaune (Henri), magistrat et écrivain français, né, à Dijon, en 1833; d'abord procureur impérial à Louhans, puis procureur général à Aix et à Lyon et enfin agrégé à la Faculté libre de droit de cette ville, où il est chargé du cours d'histoire générale du droit français public et privé. M. Beaune, qui est membre de plusieurs sociétés savantes et correspondant du ministère de l'instruction publique pour les travaux historiques, a publié : « Des distinctions honorifiques et de la particule », Paris, Muffat, 1861, 2me éd., 1862 ; « Sainte-Chantal et la direction des âmes au XVII siècle », id., Callou, 1862; « La Noblesse aux États de Bourgogne de 1350 à 1789 », avec 100 pl. d'armoiries, Dijon, Lamarche, 1864, en collaboration avec Jules d'Arbaumont ; « Journal d'un lieutenant criminel au XVIIe siècle », Paris, Guyot et Scribe, 1866 ; « Les réformes judiciaires dans les cahiers de 1789 », Dijon, Lamarche, 1867; « Voltaire au collège, sa famille, ses études, ses premiers amis : lettres et documents inédits », Paris, Amyot, 1867 ; « Les sorciers de Lyon, épisodes judiciaires du XVIIIe siècle », Dijon, Lamarche, 1868; « Voltaire contre Travenol, procès de presse au XVIIIe siècle », Paris, Douniol, 1869; « Les Universités de Franche-Comté, Gray, Dôle, Besançon. Documents inédits publiés avec une introduction historique par H. B. et J. D'Arbaumont », Dijon, Marchand, 1870, ouvrage couronné par l'Académie des inscriptions et belles-lettres ; « Le paradoxe moderne », id., Lamarche, 1872 ; « Le palais de justice et l'ancien parlement de Dijon », id., id., id.; « M. Th. Foisset, notice biographique », id., id., id., 2me éd., 1875 ; « Les dépouilles de Charles le Téméraire à Berne », id., Jobard, 1873 ; « Le droit coutumier et l'unité législative en France », Lyon, Briday, 1880; « Introduction à l'étude historique du droit coutumier français jusqu'à la rédaction officielle des coutumes », Paris, Larose et Forcel, 1880 ; « La Justice sous la Féodalité », Grenoble, Barlatier, 1880; « La Chapelle Saint-Hermès à Villey sur Telle », Dijon, Lamarche, 1881; « Claude de Rubys et la liberté de tester au XVIe siècle », Lyon, Pitrat, 1881; « L'Enseignement du droit romain et la Papauté », id., Briday, id.; « La condition civile de la Bourgeoisie française, d'après le droit coutumier », Grenoble, Barlatier, 1882; « Droit coutumier français; la condition des personnes et des biens », 2 parties, Paris, La Rose et Forcel, 1882-85; « La Noblesse bourgeoise », Lyon, Pitrat, 1883 ; « La vie intérieure au XVIIe siècle », id., Delhomme et Briguet, id.; « Augustin Cochin et les espérances chrétiennes », id., Pitrat, id.; « La correspondance de Voltaire », id., id., 1884 ; « Les Avocats d'autrefois, la Confrérie de Saint-Yves à Châlons sur Saône avant 1789 », Dijon, Darantière, 1885; « La Tristesse moderne », id., id., 1886; « La Richesse et la pauvreté », id., id., id. M. B. a publié, pour la Société de l'histoire de France, avec J. d'Arbaumont, les « Mémoires » d'Olivier de la Marche, Paris, Rénouard, 1883-84.

Beaunis (Henri-Étienne), médecin français, né, à Amboise (Indre-et-Loire), le 2 août 1830. En 1856, il fut reçu docteur en médecine par la Faculté de Montpellier. Entré, la même année, dans le corps sanitaire de l'armée, il fut attaché, en qualité de répétiteur d'anatomie, à l'École du service de santé militaire de Strasbourg. En 1863, il fut nommé, au concours, agrégé, pour les sciences anatomiques et physiologiques, de la faculté de médecine de Strasbourg. Il resta dans cette ville, jusqu'en 1870, et ne la quitta qu'après le siège, pendant lequel il fit son service à l'hôpital militaire. Sorti de Strasbourg, il fit la campagne de 1870-71, en qualité de médecin en chef de l'ambulance de la 1re division du 18me corps (Armée de la Loire, armée do l'Est). Après la guerre, lors du transfert à Nancy de la Faculté de médecine de Strasbourg, il fut nommé, en 1872, professeur de physiologie à la faculté de médecine de Nancy, en remplacement de M. Küss. M. Beaunis s'est principalement occupé de physiologie et surtout de physiologie nerveuse et de psychologie expérimentale. Un des premiers, en France, il a introduit les doctrines de Darwin dans l'enseignement officiel et s'est rattaché par ses écrits et son enseignement au mouvement philosophique moderne. Il a été, avec

Ribot, Charcot, Charles Richet, etc., l'un des fondateurs de la *Société de psychologie physiologique*. Il a fait dans ces dernières années des recherches sur le *sonnambulisme provoqué* et est avec Liebault, Bernheim, Liégeois, un des représentants de ce qu'on a appelé l'*École de Nancy*, par opposition avec l'*École de la Salpétrière*. Parmi ses ouvrages, nous citons : « De l'habitude en général », thèse de doctorat, 1856; « Anatomie générale et physiologie du système lymphatique », Strasbourg, Baillière, 1863; « Nouveaux éléments d'anatomie descriptive et d'embryologie », en collaboration avec A. Bouchart, Paris, Baillière, 1867, 4me éd., 1885; « Programme du cours complémentaire de physiologie fait à la Faculté de médecine de Strasbourg », id., id., 1873 ; « Remarques sur un cas de transposition générale des viscères », id., Berger-Levrault, 1874; « Les principes de la physiologie. Leçon d'ouverture du cours de physiologie », id., id., 1875; « Nouveaux éléments de physiologie humaine comprenant les principes de la physiologie comparée et de la physiologie générale », id., Baillière et fils, 1875, 3me éd., 1888; « Précis d'anatomie et de dissection », en collaboration avec A. Bouchard, id., id., 1876; « Claude Bernard, Leçon d'ouverture du cours de physiologie », id., Berger-Levrault, 1878 ; « De la justesse et de la fausseté de la voix », Baillière, 1884 ; « Recherches expérimentales sur les conditions de l'activité cérébrale et sur la physiologie des nerfs », id., id., 1884-86 ; « Le Sonnambulisme provoqué », id., id., 1886, 2me éd., 1887; et enfin un volume d'un tout autre genre: « Impressions de campagne, 1870-71 », notes prises au jour le jour à Strasbourg et à l'armée de la Loire et de l'Est. M. Beaunis a publié, en outre, plusieurs articles et travaux de physiologie et de psychologie dans la *Revue philosophique*, la *Revue scientifique*, la *Gazette médicale de Paris* etc. etc.

Beauplan (Victor-Arthur ROUSSEAU de), auteur dramatique français, né, à Paris, en juin 1823, est fils d'Amédée R. de B., compositeur de musique et descendant d'une famille dans laquelle la charge de maîtres d'armes du roi de France était, en quelque sorte, héréditaire. De 1843 à 1844, en collaboration avec Édouard Fournier, l'éminent érudit (1819-1880), il donna à la *Pandore* une série d'articles, sous le titre général de « Futilités historiques », et sous la signature de *Chevalier de Thurnier*, dans laquelle on trouve la seconde partie du prénom d'*Arthur* de M. de B., et la dernière syllabe du nom de son collaborateur. Il essaya ensuite ses forces, mais sans beaucoup de succès, par des vers sur « Le monument de Molière », Paris, Bréteau et Pichery, 1843, genre vers lequel il paraît être revenu après quarante ans, avec « Dix satires », Librairie Universelle, 1883, et « Les sept paroles », Librairie des auteurs modernes, 1885 ; mais le principal effort de son activité littéraire s'est porté vers le théâtre de genre, auquel il a fourni une quarantaine de pièces, soit seul, soit en collaboration avec MM. Barrière, Bayard, Brunswick, Carré, Clairville, Labiche, Leuven, Mélesville, Giraudin, Varin, etc. Nous citerons parmi ses pièces : « Le Règne des escargots », revue de l'année 1847; « Hortense de Cerny », 1851 ; « La Poupée de Nuremberg », 1852 ; « Le Lis dans la vallée », drame en cinq actes, tiré du roman de Balzac, 1853 ; « Élisa, ou Un Chapitre de l'oncle Tom », comédie en deux actes, 1853; « Boccace ou le Décameron », 1853; « To be or not to be », 1854; « Dans les vignes », 1855; « Les Marrons glacés », comédie mêlée de chants, en un acte, 1857; « Thérèse, ou Ange et Diable », 1858; « Les Pièges dorés », comédie en cinq actes en vers, 1858; « Les Plantes parasites, ou la Vie en famille », comédie en quatre actes, 1862; « Le Pain bis », opéra-comique en un acte, avec M. Brunswick, 1879; « Bonsoir! voisin », opéra-comique, 1884, etc. — M. de Beauplan, après avoir été, au commencement de 1868, commissaire impérial près de l'Odéon, fut nommé aux mêmes fonctions près les théâtres lyriques et le conservatoire, puis, en juin 1871, chef du bureau des théâtres et sous-directeur des beaux-arts au ministère de l'instruction publique. Il a été mis à la retraite en février 1879.

Beauquier (Charles), homme politique et publiciste français, né, à Besançon, le 19 décembre 1833, fit son droit à Paris, entra à l'École des Chartes en 1854, et obtint le diplôme d'archiviste paléographe. M. B. se lança alors dans le journalisme, et débuta dans le *Figaro littéraire*, vers 1858 ; après avoir collaboré à divers journaux de musique: le *Ménestrel*, la *Gazette Musicale*, etc., il entra à la *Tribune* d'Eugène Pelletan, et plus tard au *Reveil* de Delescluze. Précédemment, il avait fondé, à Besançon, avec quelques amis, un journal d'opposition, le *Doubs*, qui lui attira des amendes et plusieurs mois de prison. Le 4 septembre 1870, M. Beauquier fut nommé sous-préfet de Besançon; il quitta l'administration au printemps de 1871, pour prendre, à Besançon, la rédaction en chef du *Républicain de l'Est*, dont les procès interrompirent la publication. En 1875, il fonda, avec quelques ouvriers, un journal radical: *La Fraternité*. Membre du conseil général du Doubs, depuis 1871, et du conseil municipal, depuis 1873, il donna ses démissions lorsqu'il fut nommé député en 1880; il appartient à l'extrême gauche. M. Beauquier est membre de la Société des Gens de lettres et de l'Association des journalistes républicains. Il a publié : « Notice historique et pittoresque sur le Raincy », en collaboration avec Jules Tarby, Montereau, Librairie agricole, 1865; « Philosophie de la musique », Paris, Germer Baillière, 1865, dans la *Bibliothèque de philoso-*

phie contemporaine ; « Fiesque », opéra en 3 actes, musique d'Édouard Lalo, 1867 ; « Guerros de 1870-71. Les dernières campagnes dans l'Est », id., Lemerre, 1873 ; « La Musique et le drame », étude d'esthétique, id., Fischbacher, 1877, 2ᵐᵉ éd., 1884 ; « Les Provincialismes francs-comtois. Dictionnaire étymologique », id., Champion, 1881. — Il a publié aussi, dans la *Petite bibliothèque littéraire* de Lemerre, le « Théâtre de Beaumarchais avec une notice et des notes », 2 vol., 1872.

Beauregard (Henri), naturaliste français, né, au Hâvre, en 1851 ; docteur en médecine, aide-naturaliste au Muséum d'histoire naturelle, professeur agrégé à l'École supérieure de pharmacie de Paris, M. B. a publié : « Contribution à l'étude des organes génito-urinaires chez les mammifères », Paris, Vᵛᵉ Henry, 1877 ; « Guide de l'élève et du praticien pour les travaux pratiques de la mycographie, comprenant la technique et les applications du microscope à l'histologie végétale, à la physiologie, à la clinique, à l'hygiène et à la médecine légale », en collaboration avec le docteur V. Galippe, Paris, Masson, 1879 ; « Zoologie générale », id., F. Alcan, 1885, forme le n. 85 de la *Bibliothèque utile*.

Beaussire (Émile-Jacques-Armand), philosophe et homme politique français, né le 25 mai 1824, à Luçon (Vendée), où son père exerçait le commerce ; il fit ses études dans sa ville natale et à Bourbon-Vendée, puis à Paris au collège Louis le Grand, et entra à l'École normale en 1844. Reçu agrégé de philosophie en 1848 et docteur ès-lettres en 1855, il fut successivement professeur aux lycées de Lille, de Rennes, de Tournon et de Grenoble ; professeur de littérature étrangère à la faculté des lettres de Poitiers et de philosophie au collège Rollin et au lycée Charlemagne. Resté à Paris pendant la Commune, il fut arrêté quelques jours après, mais il parvint à recouvrer sa liberté. Le 2 juillet 1871, il était élu représentant de la Vendée à l'Assemblée nationale, où il vota avec la gauche modérée ; réélu plusieurs fois député, il n'a plus brigué le mandat à partir du 22 mai 1880, jour où il fut élu membre de l'Académie des Sciences morales et politiques. Outre ses deux thèses de doctorat : « Du fondement de l'obligation morale », Grenoble, Prudhomme, 1855, et « De Summi apud Anglos poetæ tragoediis o Plutarcho ductis », id. id. id. M. Beaussire a publié : « Lectures philosophiques, ou Leçons de logique extraites des auteurs dont l'étude est prescrite par l'Université », id. id., 1857 ; « Notice sur un manuscrit inédit de la bibliothèque de Poitiers », Poitiers, Letang, 1864, extrait du *Bulletin de la Société des Antiquaires de l'Ouest* ; « Antécédents de l'hégélianisme dans la philosophie française, Dom. Deschamps, son système et son école, d'après un manuscrit et des correspondances inédites du XVIII

siècle », Paris, Germer Baillière, 1865, dans la *Bibliothèque de philosophie contemporaine* (Cfr. un article de M. Ad. Franck dans le *Journal des Savants* de 1866) ; « La Liberté dans l'ordre intellectuel et moral, études de droit naturel ». id., Durand et Pedone Lauriel, 1866, ouvrage couronné par l'Académie française, une 2ᵐᵉ éd., revue et corrigée, a paru, chez Didier, en 1878 ; « La Morale indépendante », Niort, Clouzort, 1867, dans les *Conférences scientifiques et littéraires des Facultés de Poitiers* ; « La guerre étrangère et la guerre civile en 1870-71 », Paris, Germer Baillière, 1872 ; « La Morale laïque, examen de la morale évolutionniste de M. Herbert Spencer », id., Picard, 1881, extrait du *Compte-rendu de l'Académie des sciences morales et politiques* ; « La liberté d'enseignement et l'Université sous la troisième république », id., Hachette, 1884 ; « Les Principes de la morale », id., 1885 ; « Les Principes du droit », id., 1888. — M. B. a donné aussi divers articles au *Temps* et à plusieurs revues ; citons entr'autres : « Dante et ses nouveaux commentateurs », dans la *Revue moderne* de 1868 ; « La philosophie espagnole. Jacques Balmès », id., 1869 ; des travaux sur Hegel et sur Victor Hugo dans la *Revue des deux Mondes* de 1871, et plusieurs autres dans la *Revue des cours littéraires*, dans les *Comptes-rendus de l'Académie des sciences morales*, etc. Au mois de mai 1888, M. de Beaussire vient d'être nommé membre du Conseil supérieur de l'instruction publique.

Beautemps-Beaupré (Charles-Jean), magistrat français, né, à Saint-Pierre de Terre-Neuve (Colonies françaises), en 1823 ; après avoir été reçu docteur en droit, il entra dans la magistrature, devint procureur impérial à Chartres et juge du Tribunal de la Seine. Il a publié : « De la portion des biens disponibles et de la réduction », 2 vol., Paris, Durand, 1855 ; « Costumes du pays de Vermandois et ceulx d'envyrons, publiés d'après le manuscrit inédit des archives du département de l'Aube », id., id., 1858 ; « Note sur un manuscrit du grand coustumier de France, conservé à la Bibliothèque de Troyes », id., id., 1858, extrait de la *Revue historique de droit français et étranger* ; « De la nature de la transaction et des droits d'enregistrement auxquels elle peut donner ouverture », id., Maresq aîné, 1863, extrait de la *Revue pratique de droit français* ; « Du droit des propriétaires de fief d'ajouter le nom de leur fief à leur nom patronymique », id., Durand, 1864, extrait de la *Revue historique du droit français* ; « Le livre des droiz et des commandements d'office de justice, publié d'après le manuscrit inédit de la bibliothèque de l'Arsénal », 2 vol., id., id., 1865 ; « Coutumes et institutions de l'Anjou et du Maine antérieures au XIVᵉ siècle, textes et documents, avec no-

tes et dissertations », 4 vol., id., Pedone Lauriel, 1877-1883.

Beauvallon, pseudonyme sous lequel M. Ambroise *Janvier de la Motte* (voyez ce nom), a publié quelques comédies.

Beauvoir (Henri ROGER de), journaliste français, né, en 1849, à Santeny (Seine et Oise). Est le fils du romancier, bien connu Édouard Roger de Bully (1809-1866), l'auteur du « Chevalier de Saint-Georges », de « L'Écolier de Cluny » etc., que son oncle, le deputé de Bully, obligea à changer de nom à ses débuts dans la carrière des lettres. Sa mère était Mlle Léocadie Doze, de la Comédie Française, qui écrivit quelques comédies estimées et des mémoires sur Mlle Mars. Après avoir servi comme officier, dans l'armée de Paris, pendant la guerre, il entra après le siège au *Gaulois*, où il publia son journal militaire, et ensuite au *Figaro*, où il a publié une série d'articles : « Les Disparus », dont plusieurs ont été réunis en volume et qui contiennent d'utiles et intéressants renseignements sur les personnages de tous les genres et de toutes les notoriétés qui ont cessé de faire parler d'eux. Il a donné aussi au *Figaro* quelques articles militaires. En 1885, il publia, chez Berger-Levrault : « Nos généraux (1871-1884) », avec 136 dessins à la plume, qui en est à sa dixième édition ; on annonce comme d'imminente publication : « Nos drapeaux décorés » ; « Nos chasseurs à pied » ; « Notre légion étrangère ». M. de B. qui est encore officier de réserve aux chasseurs, est un des collaborateurs du *Moniteur de l'armée* et de l'*Illustration*. — Son frère, Eugène R. de B. a écrit quelques vaudevilles.

Beauvoir (Ludovic, marquis de), littérateur français, né, à Bruxelles, en 1846. Attaché par des traditions de famille et par un dévouement personnel à la famille d'Orléans, il avait à peine vingt ans, lorsqu'il accompagna, en qualité d'ami, dans un voyage autour du monde (de 1866 à 1867) le jeune duc de Penthièvre, fils du prince de Joinville. Après avoir servi dans les mobiles de la Somme pendant la guerre de 1870-71, il entra au Ministère des affaires étrangères et fut sous-chef du cabinet de M. le duc Decazes. M. de Beauvoir a publié, chez Henri Plon, le récit de son voyage dans l'extrême Orient, en trois séries : « I. Australie » 1860 ; « II. Java, Siam, Canton », id. ; « III. Pékin, Yeddo, San Francisco », 1872 ; les trois séries, réunies sous le titre : « Voyage autour du monde », ont eu le plus grand succès ; en moins de sept ans on en publiait quatorze éditions et l'Académie française couronnait cet ouvrage remarquable surtout pour la vivacité du récit.

Beauvois (Eugène), archéologue et historien français, né, en 1865, à Corberon, près de Beaune (Côte d'Or) ; on lui doit : « Découvertes des Scandinaves en Amérique, du Xe au XIIIe et XIVe siècles, fragments de sagas irlandaises, traduits pour la première fois en français », Paris, Challamel aîné, 1860, extrait de la *Revue orientale et américaine ;* « Contes populaires de la Norvège, de la Finlande, et de la Bourgogne, suivis de poésies norvégiennes imitées en vers », id., Dentu, 1862 ; « Le Principe des nationalités appliqué à la question dano-allemande », id., id., 1864 ; « La nationalité du Schleswig », id., Challamel, 1864 ; « Histoire légendaire des Francs et des Burgondes au IIIe et IVe siècles », id., Librairie des Bibliophiles, 1867 ; « Les antiquités primitives de la Norvège. Age de pierre et âge de bronze », id., Challamel aîné, 1879 ; « Origines et fondation du plus ancien évêché du nouveau monde, le diocèse de Gardhs en Groenland (986-1126) », id., Dufossé, 1878, extrait des *Mémoires de la Société d'histoire et d'archéologie de Beaune ;* « Un agent politique de Charles-Quint, le Bourguignon Claude Bouton, seigneur de Corberon. Notice sur sa vie et ses poésies avec le texte de son Miroir des Dames et des pièces justicatives », id., Leroux, 1882, publication de la Société d'histoire de Beaune ; « L'Élysée transatlantique et l'Éden occidental », id., id., 1884 ; « L'Élysée des Mexicains comparé à celui des Celtes », id., id., 1885, les deux, extraits de la *Revue de l'histoire des Religions*. M. Beauvois, qui est membre d'un grand nombre de sociétés savantes, a, en outre, traduit du danois : « La Colonisation de la Russie et du Nord scandinave et leur plus ancien état de civilisation », de J. J. A. Worsaae, Paris, Klincksieck, 1875 ; et « Histoire de Danemark depuis les temps les plus reculés jusqu'à nos jours », de Charles-Ferdinand Allen, 2 vol., Copenhague, Höst et fils, 1879.

Bebel (Ferdinand-August), socialiste allemand, né, à Cologne, le 22 février 1840 ; établi d'abord à Leipsig comme tourneur sur bois, il s'adonna entièrement au mouvement ouvrier ; dans ce but, il fonda quelques journaux et collabora dans tous ceux de son parti, fut plusieurs fois député à la chambre saxonne, au Parlement douanier allemand et au Reichstag, dont il fait encore partie, grâce à l'élection de la ville d'Hambourg, du 21 février 1887. L'histoire des nombreux procès et des condamnations de M. B. est trop connue pour que nous la reproduisions ici. Outre plusieurs brochures destinées à entretenir l'agitation révolutionnaire, M. B. a publié : « Unsere Ziele » ; « Der deutsche Bauernkrieg » ; « Die parlamentarische Thätigkeit des deutschen Reichstags und der Landtage » ; « Christenthum und Sozialismus » ; « Die Frau in der Vergangenheit, Gegenwart und Zukunft » Zürich, 1883 ; « Die mohammedanisch-arab. Kulturperiode im Orient und Spanien » Stuttgart, 1884 (Cfr. « A. Bebel und sein Evangelium, sozialpolitische Skizze von Cit. L. » Düsseldorf, 1885).

Beccari (Édouard), illustre botaniste et vo-

yageur italien, né à Florence, le 19 novembre 1848. Il fit ses études à Lucques et à Pise, et, en 1864, fut reçu docteur à l'Université de Bologne. Ayant connu à Gênes le marquis Doria, zoologue distingué, ils projetèrent de faire ensemble un voyage d'exploration à Bornéo ; mais pour mieux se préparer à ce grand voyage, M. B. jugea nécessaire de faire un séjour de quelques mois dans l'Institut botanique de Kero, en Angleterre, dans le but d'y étudier spécialement la flore de l'île de Bornéo. Ce fut en 1865 que les deux jeunes naturalistes s'embarquèrent pour l'Orient. Après avoir touché Aden, Ceylan et Singapour, ils travaillèrent ensemble pendant quelque temps à Bornéo ; le marquis Doria étant reparti pour Gênes, M. B. continua seul ses recherches, et revint en 1868 en Italie, malade, mais riche en fait de collections de botanique et de zoologie (on admira surtout sa collection d'ourang-outangs). Il fonda, à son retour, le *Nuovo Giornale Botanico Italiano*, et donna une courte description de son voyage à Bornéo. En 1870, il partit pour Assab, et rejoignit le marquis Antinori à Keren, dans le pays des Bogos. Après y avoir fait une abondante moisson en fait de plantes et d'animaux, revenu à Florence, il ne s'y reposa guère, mais, avec une impatience fiévreuse, il prépara avec M. De Albertis sa grande expédition scientifique dans la Nouvelle-Guinée ; les deux jeunes et intrépides voyageurs, étant partis le 21 novembre 1871, se séparèrent le 3 décembre 1872, la maladie ayant obligé M. de Albertis de regagner son pays natal. M. Beccari poursuivit seul, pendant l'année suivante, avec la force et le courage que le génie seul donne, ses précieuses recherches, à travers des difficultés de toute espèce. Ethnologue, antropologue, naturaliste, il fit preuve d'une bravoure exceptionnelle et sut gagner les sympathies des populations les plus sauvages. En 1877, il fit le tour du monde, en passant par l'Inde, le Pégou, Bornéo, Java, Sidney, la Tasmanie, la Nouvelle-Zélande, s'arrêtant pendant plusieurs mois dans l'île de Sumatra. Revenu à Florence, à la fin de l'année 1878, il était nommé Directeur du Musée et jardin botanique, qu'il avait enrichi de collections uniques, entr'autres, de la fleur gigantesque, qu'il avait découverte lui-même à Sumatra, l'*Amorphophallus Titanus*. Le fruit des observations scientifiques faites pendant ses grands voyages se trouve dans son livre monumental, intitulé : « Malesia, Raccolta d'osservazioni botaniche ». Dans le second volume, publié en 1884-86, on trouve une grande monographie, qui porte le titre de : « Piante Ospitatrici » un vol. in-4, di 340 pag., avec 65 tables ; dans le troisième volume, publié en 1886-87, on signale entr'autres : « Rivista delle specie del Genere Nepenthes » ; « Nuovi studii sulle Palme asiatiche » ; « Le Bombacee malosi e papuane ». Nous avons le regret d'apprendre que l'Institut des Études supérieures, après la publication de la troisième livraison du troisième volume de la « Malesia », qui illustre les nouvelles collections du Jardin botanique de Florence, apportées par M. B., de la Malaisie, vient d'en interrompre la publication, et refuse les fonds nécessaires pour achever ce monument ; mais nous espérons vivement que cette interruption ne soit que provisoire. Citons encore de cet éminent naturaliste : « Reliquiae Schefferianae » illustration des palmes qui existent dans le Jardin Botanique de Buitenzorg, avec 14 tables, insérée dans les *Annales de botanique de Buitenzorg*, vol. II, Leïde, 1884.

Beccari (Gualberta-Alaïde), femme de lettres italienne, directrice de deux journaux d'éducation, qui se publient à Bologne : *La donna* et *La mamma*. Le premier de ces journaux a été fondé par mademoiselle Beccari avant sa vingtième année, en 1868, à Padoue ; depuis vingt ans, elle y soutient bravement une campagne habile en faveur de la cause des femmes, campagne d'autant plus méritoire, que Mlle Beccari étant, depuis sa première jeunesse, malade au fond d'un lit (elle demeure maintenant à la Villa Saltore près Bologne), n'a d'autres ressources que celles que sa vaillante plume lui procure. Parmi ses publications séparées, on signale : « Fidanzati senza saperlo », comédie en trois actes, Milan ; « Pasquale Paoli », drame historique en cinq actes, Venise, 1870 ; « È storia », drame en trois actes, Padoue, 1872 ; « Il segreto della zia », comédie en quatre actes, 1882 ; « Pei nostri ragazzi », petites nouvelles publiées sous le pseudonyme de Flaviana Flaviani, Rocca San Casciano, 1883 ; « Un caso di divorzio », comédie en trois actes, Milan, 1884 ; *Fra sorelle*, étrenne pour l'année 1885, en collaboration avec quarante-deux autres dames italiennes, Rocca San Casciano, 1884 (Par l'initiative de Mlle Beccari, avait déjà été publié un magnifique album en l'honneur d'Adelaide Cairoli, la Cornélie de la nouvelle Italie, avec le concours de plusieurs femmes de lettres) ; « Oh, gli scimmiotti », comédie en trois actes, Rocca San Casciano, 1887.

Beccaria (Cesare), ecclésiastique et latiniste italien, né à Mondovi (prov. de Côni), en 1849. Après avoir fait ses études au Collège des Pères de la Mission à Turin, il revêtit l'habit de la maison et fut successivement professeur, dans les maisons de son ordre, à Sarzana, à Scarnafiggi et au Gymnase de Savone, où il enseigne encore maintenant. En 1874, il a publié, à Turin : « Della Commedia presso i Greci, i Latini e gli Italiani », qui lui servit de titre pour obtenir l'autorisation à l'enseignement des trois littératures classiques. Citons encore de lui : « Vitæ decurionum », Gênes, 1880 ; « Verismo e Sensismo », Savone, 1881 ; « Della letteratura latina in relazione colla letteratura moderna », Savone, 1882 ; « Dell'imitazione nell'arte », id., 1883 ; « Della educazione », id., 1886 ; « Biografia di Giuseppe Buroni », id., id. ; « Elogio di S. Filippo Neri », Gênes, 1886. — Il a publié en outre la traduction d'une épître latine de Boucheron, à laquelle il a fait suivre un discours inédit de Boucheron « Sul nesso tra la Poesia e le Belle Arti », et, en 1879, dans le *Baretti* de G. S. Perosino, il a donné une traduction latine de la vie de Castruccio Castracane de Machiavel. — En 1887, l'éditeur Speirani de Turin lui a confié la publication de « La Nuova Strenna di Don Mentore », étrenne catholique, fondée par M. Francesco Martinengo et qui en est à sa trente-unième année.

Béchamp (Pierre-Jacques-Antoine), médecin et savant français, né à Bassing, près de Dieuze (Meurthe), le 15 octobre 1816 ; étant tout jeune, il fut emmené en Valachie par sa famille ; revenu plus tard en France, à dix-sept ans, il y finit les études nécessaires et s'établit pharmacien à Strasbourg. Après de longues années de pratique et d'études, il résolut de se faire une carrière dans les sciences. Reçu bachelier ès-lettres et ès-sciences, agrégé à l'École de pharmacie de Strasbourg, docteur ès-sciences (1853) avec une thèse « Sur la Pyroxiline », enfin docteur en médecine, 1856, avec une thèse « Sur les Substances albuminoïdes et sur leur transformation en urée », il fut aussitôt nommé professeur de chimie médicale et de pharmacie à la Faculté de médecine de Montpellier, et y ouvrit son cours en janvier 1857. Il est devenu depuis professeur de chimie à la Faculté de médecine de Nancy. En 1876, il s'est démis de ses fonctions universitaires pour devenir doyen de la Faculté catholique de Lille. Les travaux de cet éminent savant appartiennent, comme on le verra plus bas, à deux ordres de recherches : à la chimie et à la biologie. Sur ce dernier terrain, il a développé la théorie des *microzymas* qui sont, selon lui, des agrégations moléculaires très petites mais visibles, représentant dans l'organisme animal l'élément vivant *per se ;* ils sont le germe de bactéries et peuvent devenir pathogènes ; en partant de ce principe, il nie l'existence, aujourd'hui affirmée par presque tous les savants, des parasites qui se produisent dans les organes ou qui y pénètrent du dehors pour engendrer certaines maladies, comme la phtisie, la fièvre typhoïde ou le choléra, il n'admet que divers ordres de microzymas dans les divers centres d'organisation qui, par évolution morbide, produisent la maladie. Partant de ses principes, il est entré vivement en lutte avec M. Pasteur, à propos de ses dernières découvertes. Voici maintenant la liste des ouvrages de cet infatigable travailleur : « Leçons sur la fermentation vineuse et sur la fabrication du vin », Montpellier, Coulet, 1863 ; « Conseils aux sériculteurs sur l'emploi de la créosote pour l'éducation des vers à soie », id. id., 1867 ; « De la circulation du carbone dans la nature et des intermédiaires de cette circulation », id., Asselin, 1868 ; « Lettres historiques sur la chimie, adressées à M. le professeur Courty », Paris, Masson, 1876 ; « Sur l'état présent des rapports de la science et de la religion au sujet de l'origine des êtres organisés », Lille, Quarré, 1877 ; « Les Microzymas dans leurs rapports avec l'hétérogénie, l'histogénie, la physiologie et la pathologie, examen de la panspermie atmosphérique continue ou discontinue morbifère ou non morbifère », avec 5 pl., Paris, Baillière, 1883 ; en dehors de ses travaux nous ne pouvons que rappeler une foule de mémoires et de notes insérées dans les *Annales de physique et de chimie*, dans le *Journal de Pharmacie et de Chimie*, dans le *Montpellier médical*, et dans les *Bulletins des Académies des sciences* et *de médecine*.

Béchard (Frédéric), littérateur français, né à Nîmes (Gard), le 28 novembre 1854 ; est fils de Ferdinand B. publiciste et ancien représentant (1799-1870). Il fit ses études au collège Henri IV, et partagea, en 1843, avec M. Édouard Laboulaye, un prix, proposé par l'Académie du Gard, par un mémoire « De la famille », qu'il publia, en 1850, à Paris, chez Lévy frères. Inscrit, en 1846, au barreau de Paris, il fut, de janvier 1849 à août 1850, sous-préfet à Lectoure et à Montargis. En 1877, le ministère du duc de Broglie le ramena, pour quelque temps, dans l'administration comme préfet de l'Orne. M. B. a donné au théâtre : « Les tribulations d'un grand homme », comédie en trois actes, en prose, 1848 ; « Les Déclassées », comédie en quatre actes, en prose, 1856 ; « Le Passé d'une femme », drame en quatre actes, 1859 ; il a publié en outre : « Les existences déclassées. Un voyage en zig-zag autour du monde. La princesse Ruolz. Un chapitre de l'histoire des naufrages. Le pays d'anomalie. Le club des habits rapés », Paris, Librairie nouvelle, 1860, 5ᵐᵉ éd., 1864 ; « L'Échappé de Paris. Nouvelle série des existences déclassées », id., Lévy frères, 1862 ; « Jambes d'argent, scènes de la grande chouannerie », id., Amyot, 1865 ; « Les Traqueurs de dot », id., Dentu, 1870, en collaboration avec M. Armand de Pontmartin ; « De Paris à Constantinople ; notes de voyage », id., 1872 ; « La loi électorale », id., id., 1873 ; « Les deux Lucien », id., id., 1885.

Bechard (Augustin), écrivain ecclésiastique canadien ; nous connaissons de lui les ouvrages suivants : « Biographie de l'honorable Joseph G. Blanchet (ex-président de la Chambre d'Assemblée) », Québec, Brousseau, 1884 ; « Biographie de M. l'abbé François Pilote, ancien supérieur du collège de Sainte-Anne », Sainte-Anne de Lapocatière (Canada), Proulx, 1885 ; « Biographie de l'honorable Augustin Norbert Morin », Québec, Filteau. 1885; « Histoire de la paroisse de Saint-Augustin, comté de Portneuf (province de Québec), 1694-1884 », Québec, Brousseau, 1885.

Bechi (Émile), chimiste italien, né à Florence ; il fit ses études dans le Séminaire de Strada, puis à l'Université de Pise et dans le Musée de Florence. Aux frais du dernier grand-duc de Toscane, il fut envoyé se perfectionner dans la chimie en Allemagne, au célèbre laboratoire de Liebig. En 1860, il fut nommé professeur de chimie dans l'Institut technique de Florence. Plusieurs de ses mémoires se trouvent insérés dans les *Atti dell'Accademia dei Georgofili ;* ses analyses des minerais et surtout des eaux de Montecatini sont célèbres. Pendant plusieurs années il publia des « Saggi di esperienze agrarie ». La huitième livraison a paru en 1884. En 1887, il publia la « Relazione sulla R. Stazione agraria di Firenze ». Citons encore un mémoire: « Su la teorica dei soffioni boraciferi ». L'élégance de la forme de ses écrits scientifiques ont mérité à M. Bechi l'honneur d'être nommé membre correspondant de l'Académie de la Crusca.

Bechmann (Georges-Charles-Auguste), illustre juriconsulte allemand, né, le 16 août 1834, à Nuremberg, étudia le droit à Munich et à Berlin, prit ses degrés en 1861, à l'Université de Wurzbourg, devint, en 1862, professeur ordinaire de droit à Bâle, d'où il passa en la même qualité, en 1864, à Marbourg, et la même année à Kiel ; en 1870, il fut appelé à l'Université d'Erlangen, et en 1880, à celle de Bonn, où il se trouve encore. M. Bechmann, qui a le titre de conseiller intime de justice, a publié : « Ueber die *usucapio ex causa judicati* » Nuremberg, 1860 ; « Ueber den Inhalt und Umfang der Personalservitut des *usus* nach röm. Recht », id., 1861 ; « Das römische Dotalrecht », 2 vol., Erlangen, 1865-67 ; « Zur Lehre vom Eigenthumserwerb durch Accession », Kiel, 1867; « Das *Jus Postliminii* und die *Lex Cornelia* », Erlangen, 1872 ; « Der Kauf nach gemeinen Recht », 2 vol., Erlangen, 1876-84.

Bechstein (Reinhold), germaniste allemand, né, à Meiningen, le 12 octobre 1833. Il étudia à Leipzig, Munich, Jéna et Berlin, s'occupant surtout de la langue et de l'archéologie allemandes. De 1858 à 1859, il fut attaché aux archives du Musée germanique de Meiningen ; puis il aida son père, le poète et romancier Ludwig B. (1801-1860), dans ses fonctions de bibliothécaire de la bibliothèque ducale de Meiningen. En 1861, il se rendit à Leipzig, où il commença par donner des leçons particulières ; il passa, en 1866, comme *privat Docent*, à Jena, où il devint professeur extraordinaire en 1869 ; enfin, il a été nommé, en 1871, professeur ordinaire de littérature allemande et contemporaine à l'Université de Rostock, où il est en même temps directeur du Séminaire de philologie allemande. Outre de nombreux travaux dans la *Germania* de Pfeiffer, on lui doit : « Ueber die Aussprache des Mittelhochdeutschen », Halle, 1858, l'édition de « Heinrich und Kunigunde », de Ebernand d'Erfurt, Quedlinbourg, 1860 ; « Deutsches Museum », nouvelle série, 1 vol., Leipzig, 1862, suite d'une publication entreprise par son père, de 1842 à 1843 ; « Altdeutsche Märchen, Sagen, und Legenden », Leipzig, 1863, 2me éd., 1877 ; « Des Matthias von Beheim Evangelienbuch in mitteldeutscher Sprache », id., 1867 ; « Gottfrieds von Strassburg Tristan », 2 vol., id., 1869, 2me éd., 1873 ; « Tristan », de Henri de Freiberg, id., 1877 ; « Tristan und Isolt in deutschen Dichtungen der Neuzeit », 1878; « Die Alterthümlichkeiten in unsrer heutigen Schriftsprache », 1878. Enfin, dans une thèse publiée à Jéna, en 1866, et dans un discours tenu à Rostock, en 1872, il illustra la légende: « Von den zehn Jungfrauen » que son père avait publiée à Halle, en 1855.

Becker (Auguste), poète et écrivain allemand, né, le 27 avril 1828, à Klingenmunster, dans le Palatinat rhénan, où son père était instituteur; de 1847 à 1850, il étudia la philosophie et l'histoire à l'Université de Munich, et commença sa carrière littéraire par une nouvelle couronnée « Die Festjungfrau », et par un poème épique et lyrique « Jung-Friedel, der Spielmann », Stuttgard, 1854, peinture des mœurs du XVI siècle, auquel le public fit un excellent accueil. En 1855, il devint rédacteur de l'*Allgemeine Zeitung* d'Augsbourg ; de 1859 à 1864, il fut directeur d'un journal libéral allemand: *Die Isar-Zeitung* ; en 1868, il alla se fixer à Eisenach, et de là il se transféra, en 1875, à Landau. Malgré le succès qu'avait obtenu son « Jung Friedel », M. B. se consacra exclusivement au roman et ce premier essai resta, avec quelques sonnets : « Oesterreich in zwölfer Stunde », son œuvre poétique ; on lui doit : « Novellen », Pest, 1856 ; « Die Pfalz und die Pfälzer », Leipzig, 1858, suite de croquis originaux ; « Des Rabbi Vermächtniss », roman en trois parties et six volumes, Berlin, 1866 ; 2me éd., Leipzig, 1884 ; « Vervehmt », 4 vol., id., 1868, roman à clef qui produisit une vive sensation et valut à l'auteur de nombreuses attaques ; on crut y reconnaître des personnages encore vivants de la cour de Bavière ; « Hedwig », 2 vol., id id. ; « Aus Stadt und Dorf », 2 contes, id., 1869 ; « Der Karfunkel », id., 1870 ; « Der Nixenfischer », 2 vol., id., 1871 ; « Das Thurmkatherlein », roman alsacien, 4 vol., Leipzig, 1871 ; « Meine Schwester », 4 vol., Wismar, 1876, où il raconte les aventures de Lola Montès à Munich, et les événements de la révolution de 1818 en Bavière; « Franz Staren », 3 vol., 1878 ;

« Maler Schönbart », conte brandebourgeois, Eisenach, id.; « Auf Waldwegen », dans la *Collection Spemann*, Stuttgart, 1881 ; « Mignons Eiertanz », histoire d'Advent, Leipzig, 1882, « Liederhort aus Jungfriedel des Spielmann », son premier poème, Leipzig, 1884.

Becker (Bernard-Henri), auteur et journaliste anglais, né en 1332; pendant plusieurs années, il fit partie de la rédaction du journal : *All the year round*, où il publia un grand nombre de romans originaux et d'esquissos. En 1874, il publia « Scientific London », dans lequel il raconte l'origine, le développement et la situation actuelle des grands institutions scientifiques de la capitale ; en 1878, il fit paraître un ouvrage en 2 vol.; « Adventurous lives ». Pendant la grande crise industrielle de 1878-79, il séjourna à Sheffield, à Manchester et dans les autres districts éprouvés du Nord, comme correspondant spécial du *Daily News*. Envoyé, dans la même qualité, en Irlande, vers la fin de 1880, il rencontra au milieu d'un champ inculte le fameux M. Boycott et sa femme, gardant eux-mêmes les troupeaux, n'ayant pu à aucun prix trouver des serviteurs en Irlande, par suite de l'interdiction de la *land league*. C'est alors qu'il écrivit à son journal ses fameuses lettres (réunies plus tard en un volume, sous le titre de : « Disturbed Ireland », 1882) où il rendait compte de la situation dans laquelle se trouvaient les propriétaires ruraux des comtés de Connaught et de Munster, lettres qui provoquèrent des discussions bruyantes à la Chambre des communes. M. Becker, qui est l'un des rédacteurs les plus assidus du *Daily News*, et qui a donné, en outre, maints articles d'art et de critique dramatique à plusieurs autres journaux, a publié en 1884: « Holiday Haunts by Cliffside and Riverside » dont une 2me éd., a paru l'année suivante et en 1886, « Letters from Lazy Latitude », deux ouvrages dont le titre explique assez l'argument.

Becker (Charles), illustre statisticien allemand, né le 2 octobre 1526, à Strohausen (Oldenbourg), fréquenta d'abord la gymnase d'Ovelgönne, et, en 1838, fut admis à l'école militaire d'Oldenbourg ; nommé officier, en 1842, et, plus tard, professeur de mathématiques à l'Institut militaire d'Oldenbourg, il fit avec le contingent oldembourgeois, les campagnes contre le Danemark, et entra, en 1850, dans l'armée du Schleswig-Holstein, et prit part, comme capitaine, à la campagne de 1850. Après la dissolution de cette armée, au printemps de 1851, il étudia l'économie politique et la statistique aux Universités de Gottingue et de Berlin, passa l'éxamen d'État et organisa le bureau de statistique du grand-duché d'Oldenbourg, qu'il dirigea de 1855 à 1872. En 1861, il reçut le titre de conseiller ministériel. Sous sa direction ont paru: « Statistiche Nachrichten über das Grossherzogthum Oldenburg » 13 vol.; et la « Statistik der Rechtspflege im Grossherzogthum Oldenburg »; en même temps, il était rédacteur responsable du *Magazin für die Staats- und Gemeinderwaltung im Grossherzogthum Oldenburg*, 9 vol., 1860-69. M. B. a pris part aux conférences des délégués officiels des bureaux de statistique ayant pour objet l'unification de cette branche importante de l'administration publique. En 1872, un bureau central de statistique pour l'empire allemand ayant été fondé, M. B. fut appelé à Berlin, en qualité de directeur, et nommé, en 1878, conseiller intime du gouvernement. Dans ces nouvelles fonctions, il fit paraître de 1872 à 1881 cinquante volumes de la « Statistik des deutschen Reichs » en comprendant dans ce nombre les « Vierteljahrshefte » devenus plus tard les « Monatshefte zur Statistik des deutschen Reichs ». En dehors de ses travaux officiels, M. B. a publié « Zur Berechnung von Sterbetafeln an die Bevölkerungsstatistik zu stellende Anforderungen » Berlin, 1874, où il expose une méthode à lui pour les statistiques de la mortalité.

Becker (Otto), médecin oculiste allemand, né le 3 mai, 1828, à Ratzebourg (Mecklembourg-Strelitz). Il fréquenta d'abord le gymnase de sa ville natale, puis il étudia, en 1847, la théologie et la philosophie à l'Université d'Erlangen et, de 1848 à 1851, les mathématiques et les sciences naturelles à Berlin. En 1851, il se rendit à Vienne, en qualité de précepteur, y étudia, de 1854 à 1859, la médecine, et fut bientôt nommé aide-médecin à l'hôpital général de cette ville, et, après avoir passé une année dans le service des maladies des yeux, il devint aide de clinique du célèbre professeur Arlt. En 1868, il fut nommé professeur ordinaire de médecine à l'université de Heidelberg, où il se trouve encore. Nous mentionnerons parmi ses ouvrages : « Atlas der pathologische Topographie des Auges » Vienne, 1874-78 et « Pathologie und Therapie des Linsensystems », dans le *Handbuch der gesamten Augenheilkünde* de MM. Gräfe et Sämisch, Leipzig, 7 vol. 1874-80.

Becker (Léon), peintre et naturaliste belgo, né, à Bruxelles, vers 1839. En dehors de nombreux articles, qu'il a donnés aux *Annales de la Société entomologique* de Bruxelles (1877 et suiv.), il a publié : « Les Êtres méconnus. Étude sur l'araignée », Bruxelles, Vve Parent et Cie, 1881, « Les Arachnides de Belgique. Première partie : Attidae, Lycosidae, Oxyopidae, Sparassydae et Thonissidae », in-folio, avec un atlas de 27 pl., id., F. Hayez, 1883 ; « Mémoires d'une lycose », id., Office de publicité, 1884, ouvrage de vulgarisation scientifique qu'il a orné lui-même d'une série de charmants dessins.

Becker (Jérôme-Jacques), lieutenant au 5e régiment d'artillerie belge, né le 21 août 1850. Après avoir fait partie d'une des expéditions belges au Congo, il a publié le récit de son voyage, en deux forts volumes, édités avec un grand luxe typographique, sous le titre : « La vie en Afrique », Bruxelles, 1887, livre qui a produit une grande impression en Belgique.

Becker (Moritz Alois, chevalier von), érudit et topographe autrichien, né, le 21 mai 1812, à Altstadt, dans le cercle de Schönberg (Moravie), il fréquenta d'abord le gymnase de Troppau, et étudia, de 1828 à 1832, la philosophie et la pédagogie à l'Université de Vienne. De 1832 à 1839, il fut précepteur dans différentes maisons particulières, et, en 1840, il entra, dans la même qualité, chez le prince régnant de Lichtenstein. En 1850, le gouvernement le nomma conseiller pour les écoles de la Basse-Autriche. En cette qualité, il s'occupa beaucoup de la réorganisation des écoles populaires et compila plusieurs manuels scolaires. En 1864, il fut nommé précepteur de S. A. I. et R. l'archiduc Rodolphe, prince héritier, et de sa sœur l'archiduchesse Gisolle. En 1868, il fut élevé à la noblesse. Depuis 1869, il est directeur de l'impériale *Familien-Fideikommiss und Privatbibliothek* de Vienne. Son activité littéraire s'exerce surtout sur le terrain de l'histoire autrichienne et sur celui des recherches topographiques et historiques dans la Basse-Autriche. Citons de lui : « Der Oetscher und sein Gebiet », 2 vol., Vienne, 1859-60 ; « Aelteste Geschichte der Länder des österr. Kaiserstaates bis zum Sturz des Weströmischen Reichs », qui forme le 1er vol. de l'« Oesterr. Geschichte für das Volk », Vienne, 1865 ; « Niederösterr. Landschaften mit histor. Streiflichtern », Vienne, 1879 ; « Verstreute Blätter » (en trois chapitres : « Soziales », « Kulturgeschichtliches », « Pädagogisches »), Vienne, 1880 ; « Topographie von Niederösterreich. Alphabetische Reienfolge und Schilderung der Ortschaften », 1 vol. A-E, 1880-1885, et « Hernstein in Niederösterreich, sein Gutsgebiet und das Land im weitern Umkreise », 3 vol. et un album, Vienne, 1882-86. — M. Becker a dirigé aussi la publication du grand catalogue : « Die Sammlungen der vereinten Familien- und Privatbibliothek Sr. Maj. des Kaisers », vol. 1-4, Vienne, 1873-82. Il a donné aussi plusieurs travaux aux *Mitteilungen der k. k. Geographischen Gesellschaft* de Vienne, et aux *Blättern des Vereins fur Landeskunde von Niederösterreich*, parmi lesquels nous citerons seulement : « Die letzten Tage und der Tod Kaiser Maximilian II », inséré dans ce dernier recueil. M. B. prit aussi une grande part au développement de la vie scientifique et artistique à Vienne comme fondateur de l'Union ethnographique de la Basse-Autriche, de la Société impériale de Géographie, dont il a été secrétaire général, de 1868 à 1875, de l'Académie de Commerce de Vienne, du Club scientifique, etc.

Becker (Adelin), écrivain allemand, né, le 25 décembre 1848, à Schulenburg (province du Hanovre), où son père était pasteur. Il fréquenta d'abord le gymnase de Holzminden, puis, après la mort de son père, celui de Hameln. En 1870, il se rendit à l'Université de Goettingue, mais, la guerre étant survenue, il s'engagea comme volontaire et ce ne fut qu'après la fin de la campagne qu'il reprit ses études. En dehors d'une active collaboration à plusieurs journaux et revues, M. B. a publié : « Die Gebrüder Saus und Braus und Hüll und Füll », 1885 ; « Zwei Naseweise auf der Ferienreise », 1886.

Becker (François), jésuite hollandais, né, à Maestricht, le 7 mars 1838, professeur au séminaire de Kuilenbourg. Nous connaissons de lui : « Turkisch Fatalisme of Mr. Van Houten's moderne Wereldbeschouwing » Bois-le-Duc, W. van Gulick, 1871 ; « De Veroordeeling van't Systeem van Copernicus gerechtvaardigd » id. id. 1872 ; « Galilei en De onfeibare Kerk van den Hoogleeraar Fruin » id. id. id.; « De Grenzen der Ervaring en het Darwinisme » id. id., 1873 ; « De Hypotesen in de wetenschap » id. id., 1874 ; « Het Zeste Eeuwfeest van den H. Thomas van Aquino » id. id. id.; « De Denkbeelden van Joseph de Maistre over sommige punten der wijsbegeerte » id. id. id.; « De Gemoedsaandoeningen bij den mensch en de dieren » id, id. 1875 ; « De Geest der scholastieke wijsbegeerte, naar prof. Talamo » id. id. 1877.

Becker (Victor), jésuite hollandais, né, à Maestricht, le 27 août 1841. Nous connaissons de lui : « Waar sommige lieden heen willen » Amsterdam, H. Bogaerts, 1869 ; « Vooruitgang van de Toekomst en Toekomst van den Vooruitgang. Lezing gehouden voor Prof. Calchas, anno 1901 » Bois-le-Duc, van Giulick, 1874; « De Overgang van Venus voorbij de zon » id. id. 1876 ; « Een blik op de moderne Meteorologie » id, id. 1877 ; « De Piramide van Cheops » id. id. id. « De Soorteenheid der Menschenrassen beschouwd in der lichaamsbouw » id. id. 1878. ; « L'auteur de l'*Imitation* et les documents néerlandais » Bruxelles, Ollivier, 1882.

Becker (Georges), musicien suisse, membre de l'institut national génevois et de plusieurs autres sociétés savantes, né, à Frankenthal (Bavière), en 1834. Il a publié : « La Musique en Suisse, depuis les temps les plus reculés jusqu'à la fin du XVIII siècle. Notices historiques, biographiques et bibliographiques », Paris, Sandoz et Fischbacher, 1874 ; « Pygmalion par. J.-J. Rousseau, publié d'après l'édition rarissime de Kurzböck (Vienne, 1772), avec quelques notes préliminaires », Genève, Georg, 1878.

Becker (Henri), jurisconsulte français, né en 1825. Ses études accomplies, il se fit inscrire, en 1850, au barreau de Paris. M. B., qui s'est occupé de droit international et de législation comparée, a publié : « De la justice et des avocats en Bavière et en Allemagne », Paris, Cotillon, 1871 ; « Le Notariat étranger », id. id., 1863 ; « La loi, les hôpitaux homœopathiques à Paris, en France et à l'étranger, avec une biographie de S. Hahnemann », id., Baillière et fils, 1870 ; « Études de droit international. Emprunts d'État étrangers en France. Emprunt D. Miguel de Portugal de 1832 », id., Durand et Pedone Lauriel, 1874 ; « Compte-rendu du Congrès de l'Association anglaise pour la réforme et la codification du droit des gens, tenu à Brême du 25 au 28 septembre 1876 », id., Cotillon, 1877 ; « Les Emprunts d'État étrangers en France », id., Pedone-Lauriel, 1880 ; « Étude de droit international. Proposition d'un projet de loi sur les emprunts d'État étrangers en France », id. id. id.

Beckers (Hubert), philosophe allemand, né, à Munich, le 4 novembre 1806 ; il fit ses études dans sa ville natale où, vers la fin de sa vingtième année, il prit une part très active au mouvement pour la réforme de la vie des étudiants allemands ; en 1831, il s'y habilita comme *privat Docent* de philosophie. De 1832 à 1847, il enseigna la philosophie au Lycée de Dillingen, en 1847, il fut appelé à l'Université de Munich où il enseigne encore maintenant et où il a le titre, fort prisé, de Conseiller de Cour. Depuis 1853, il est membre de l'Académie bavaroise des sciences. Ses travaux philosophiques ont pour base les dernières théories de Schelling. M. B. se fit d'abord connaître par une traduction d'un fragment de Victor Cousin sur la philosophie allemande et française, publiée à Stuttgart, en 1834, et pour laquelle Schelling écrivit lui-même une introduction. Plus tard, il publia : « Mitteilungen aus den merkwürdigsten Schriften über den Zustand der Seele nach dem Tode », 3 livres, Ausgsbourg, 1835-1836 ; « Repertorium der gesammten Literatur der Philosophie », 2 années, 1839 et 1840 ; « Denkrede auf Schelling », Munich, 1855 ; « Ueber die negative und positive Philosophie Schellings », 1855 ; « Ueber Schelling und sein Verhältnis zur Gegenwart », 1857 ; « Ueber die Bedeutung der Schellingschen Metaphysik », 1861 ; « Ueber die wahre und bleibende Bedeutung der Naturphilosophie Schellings », 1864 ; « Die Unsterblichkeitslehre Schellings », 1865 ; « Schellings Geistesentwickelung », 1875. Il publia aussi, sous le voile de l'anonyme : « Das geistige Doppelleben », Leipzig, 1856. Sous le titre de « Cantica spiritualia », Munich, 1845-47, 3ᵐᵉ éd., 1869, il a publié aussi un recueil d'anciens cantiques religieux et s'est fait connaître lui-même comme poète par son « Deutsches Reichslied » qui commence : « *Preis dir, o Deutsches Reich* » et qui fut chanté à l'inauguration du monument du Niederwald.

Beckh-Widmanstetter (Leopold von), historien autrichien, né, à Graz, le 15 novembre 1841.

Après une enfance très malheureuse, il entra dans une des écoles militaires que l'Autriche entretenait dans les provinces qu'elle occupait en Italie ; de là, il passa à une école d'artillerie, d'où il sortit, en 1859, officier de l'armée autrichienne. Pendant sept ans, il fut professeur à l'école des cadets de Graz et de Liebenhau près de Graz, et, en outre, il fut plusieurs fois chargé de remplir des missions scientifiques. En 1882, il quitta l'armée avec le grade de capitaine. Parmi ses nombreux travaux, nous citerons : « Ulrich's von Lichtenstein des Minnesängers Grabmal auf der Frauenburg », 1871 ; « Das Grabmal Leufold's von Wildon in der Stiftskirche zu Stainz und die Siegel der Wildoner », 1872 ; « Genealogische Studien über das Geschlecht der Gräfin Susanna Elisabeth Kempinski, Gemahlin des Herzogs Albrecht III von Sachsen-Koburg », 1876 ; « Studien an den Grabstätten alter Geschlechter der Steiermark und Kärntens », 1877-1878 ; « Grabstein der christlichen Zeit zu Friesach in Kärnten », 1882 ; « Die Epigonen der steierischen Adelschaft von 1283 », 1883 ; « Die Porträts in Kupferstichen Herren und Grafen von Stubenberg », 1883 ; « Ueber Archive in Kärnten », 1884 ; « Die ältere Art der Geldbeschaffung im Kriege », 1884 ; « Die angebliche Belagerung von Graz und die Schlacht bei Fornitz im Jahre 1532 als unhistorisch abgewiesen », 1886.

Beckman (Anders Fredrik), théologien et publiciste suédois, né, le 23 octobre 1812, il fit ses études à Upsal et à Stockolm et après avoir été pendant de longues années professeur de théologie, il devint, en 1864, évêque de Härnösand, et, en 1875, évêque de Skara. M. Beckman a dirigé deux revues de théologie, de 1849 à 1851, la *Tidskrift för svenska kyrkan* et, de 1861 à 1867, la *Teologisk tidskrift*. Il a publié : « Anmärkningar vid Svensk kyrkotidnings lära om kyrkan », 1856 ; « Nya testamentets lära om Kristi gudom », 1863 ; « Om den eviga osaligheten », 1864 ; « Om Kristi försoning », 1874.

Beckman (Ernst), publiciste suédois, fils du précédent, né, en 1850 ; il étudia d'abord à l'Université d'Upsal, il entreprit ensuite de longues voyages, visita surtout les États-Unis et ne revint dans son pays qu'en 1876. Il a acquis en Suède une grande autorité dans toutes les questions qui concernent l'éducation et le mouvement ouvrier, questions qu'il a particulièrement étudiées en Amérique. Et de ce pays il s'est surtout occupé dans ses ouvrages : « Fraan nya verlden, reseskildringar fraan Amerikas förenta stater », 1877 ; « Fraan paafvarnes Land », 1880 ; « Förenta staternas undervisningsväsonde », 1882 ; « Amerikanska studier », 1883. M. B. a collaboré aussi à beaucoup de revues et de journaux et fut, de 1880 à 1882, rédacteur du *Nyillustrerad tidning*. Élu député pour la ville de Stockholm, il s'est révélé orateur facile et s'est montré toujours défenseur passionné de la liberté aussi bien sur le terrain économique que sur celui de la religion et de la politique.

Beckmann (Ludwig-Konrad), peintre allemand, né, à Hanovre, le 21 février 1821; dans sa première jeunesse, il aida d'abord son père qui tenait une fabrique de voitures et acquit de telles connaissances dans la matière qu'il put publier un « Theoretisch-praktisches Handbuch des Wagners und Chaisenfabrikanten », Weimar, 1845, 4me éd., 1865. S'étant adonné plus tard à la peinture, il y remporta des succès dont nous n'avons pas à nous occuper ici. Sur le terrain littéraire, il s'est fait connaître comme humoriste par son « Reineke Fuchs », Düsseldorf, 1856 et « Idiotismus venatorius », id. 1858, ce dernier sous le pseudonyme de *Revierförster Holfster*.

Becque (Henri), auteur dramatique français, né, à Paris, le 9 avril 1837. Il débuta modestement par un « Sardanapale » opéra en trois actes, et cinq tableaux, imité de Lord Byron, qui, mis en musique par Joncières, fut représenté, avec succès, au Théâtre-Lyrique et édité la même année, chez Lévy frères. L'année suivant, M. Becque fit représenter au Vaudeville une comédie, en quatre actes: « L'enfant prodigue » publiée, en 1869, à la même librairie. Suivit « Michel Pauper », drame en cinq actes et sept tableaux, joué, en 1870, à la Porte Saint-Martin, sans que rien, dans le modeste succès qu'elle eut alors, put faire prévoir le succès qu'elle devait remporter, quinze ou seize ans plus tard, sur un autre théâtre de Paris; elle a été éditée, en 1871, à la librairie internationale. Pendant la guerre, M. Becque prit rang dans les bataillons de marche. Depuis, il a fait jouer, au Vaudeville, le 18 novembre 1871, une comédie en trois actes, en prose, qui échoua. Il écrivit ensuite, pour le Gymnase, deux petites comédies en un acte « la Navette », représentée le 18 septembre 1878, et « les Honnêtes Femmes », qui fut jouée le 1er janvier 1880; ces deux comédies furent imprimées, chez Tresse, la première en 1879, la seconde en 1880. A cette date, il avait, depuis trois ans, en portefeuille, une grande comédie de mœurs en quatre actes « les Corbeaux » qu'il avait présentée un peu partout et qu'on lui refusait impitoyablement. Sur le conseil et avec l'appui de M. E. Thierry, l'éminent critique, il se décida à la porter au Théâtre-Français, où elle fut accueillie par le comité de lecture et mise aussitôt en répétition. La représentation eut lieu le 14 septembre 1882; ce fut presque un événement, tant l'agitation fut vive sur la scène et dans la salle; il y eut du tapage et des sifflets au 3e acte; finalement, l'œuvre, éditée, la même année, chez Tresse, s'imposa. Néanmoins, M. H. Becque eut encore beaucoup de peine à faire jouer, le 7 février 1885, sa « Parisienne » au théâtre de la Renaissance; la pièce, quoique faiblement exécutée, eut un succès complet et établit définitivement la réputation de l'auteur; cette comédie en trois actes parut, en 1885, chez C. Levy. — On doit aussi à M. Becque: « Le Frisson » fantaisie rimée, Paris, Tresse, 1884. En dehors de ces ouvrages, M. B. a collaboré à divers journaux, notamment au *Peuple*, dont il a été un des principaux rédacteurs quand ce journal était dirigé par M. Floquet, à l'*Union républicaine*, au *Matin* et à la *Revue illustrée*; il a aussi quelques pièces de vers dans la nouvelle *Revue contemporaine*.

Becquerel (Alexandre-Edmond), physicien français, né, à Paris, le 24 mars 1820, fils de Antoine-César Becquerel (1788-1878), le physicien bien connu. Il aida d'abord son père dans un grand nombre de recherches et fut aide-naturaliste au Muséum d'histoire naturelle, où son père était professeur de physique; en 1853, le fils devenait à son tour professeur de la même science au Conservatoire des arts et métiers et, à la mort de son père, il lui succédait dans sa chaire du Muséum. Depuis 1863, il est membre de l'Académie des sciences. Parmi ses nombreux travaux, nous citerons d'abord sa collaboration à trois ouvrages de son père: « Éléments de physique terrestre et de météorologie », Paris, Didot, 1847; « Traité d'électricité et de magnétisme », id., id., 1855-56 et « Résumé de l'histoire de l'électricité et du magnétisme », id., id., 1858; en dehors de ces travaux et d'un cours de leçons de chimie et de physique professées en 1861, il a encore publié: « La lumière; ses causes et ses effets », 2 vol., Paris, Didot, 1867-68; « Des forces physico-chimiques et de leur intervention dans la production des phénomènes naturels », avec un atlas de 15 pl., id., id., 1875; et une quantité d'articles et de mémoires insérés dans les *Comptes-rendus de l'Académie des Sciences* et dans les *Annales de Chimie et de Physique*.

Beddoe (John), médecin et anthropologiste anglais, né, à Bewdley (comté de Worcester), le 28 septembre 1826. Il fit ses études aux Universités de Londres et à celle d'Édimbourg, où il fut reçu docteur en médecine, en 1853. Il prit part à la guerre de Crimée comme médecin militaire, et la guerre finie, alla s'établir à Clifton, où il exerça surtout dans les hôpitaux. Il fut membre du conseil de l'Association britannique pendant plusieurs années et président de la Société anthropologique en 1869 et 1870, membre de la Société Royale, du collège royal des médecins et de plusieurs autres sociétés savantes d'Europe et d'Amérique. M. Beddoe a écrit un grand nombre d'articles de médecine, de statistique et d'anthropologie, et il a la mérite d'avoir largement appliqué la méthode numérale aux recherches ethnographiques. En 1868, on lui décerna un prix de 150 guinées pour son:

« Essay on the Origin of the English Nation », qui forma la base de son ouvrage le plus important; « The Races of Britain », Londres, Trübner, 1885. Parmi ses autres travaux, nous citerons : « Stature and Bulk of Man in the British Isles »; « Relations of Temperament and Complexion to Disease »; « On Hospital Dietaries »; « Comparison of Mortality in England and Australia ». Il est aussi un des collaborateurs des *Anthropological Instructions for Travellers* de l'Association Britannique.

Béde (Émile), ingénieur belge, né, à Slavelot, le 9 mai 1828. M. Béde, qui a été professeur à l'Université de Liège, a publié : « Éléments d'algèbre », Bruxelles, Philippart, 1849; « De l'Économie du combustible, ou Exposé des principaux moyens usités ou proposés, pour produire et employer économiquement la vapeur servant de force motrice », avec 12 pl., 1re éd., Liège, Noblet, 1859, 2me éd., id., 1862, 3me éd., Bruxelles, 1878, cet ouvrage a été aussi traduit en allemand ; « Éléments de géometrie », Bruxelles, Philippart, 1862; « Résumé du cours de physique, professé à l'Université de Liège », 1re éd., 1855, 2me éd., Liège, Noblet et Baudry, 1864; « L'ingénieur-conseil à l'Exposition de Paris », Bruxelles, 1878; « La Teléphonie. Histoire, description et application des téléphones », Bruxelles, Decq, 1881. M. Béde est aussi l'auteur d'assez nombreuses brochures techniques. Parmi ses communications à l'Académie royale de Belgique, il faut citer surtout ses « Recherches sur la capillarité » (1857, 1861, 1865). M. Béde, qui a collaboré aux *Annales de l'enseignement public*, à la *Revue universelle des mines*, au *Bulletin de la Société industrielle et commerciale de Verviers*, dirige maintenant l'*Ingénieur-Conseil*. Il est, depuis le 19 octobre 1884, membre du Conseil communal de la ville de Bruxelles.

Bédelet (Madame Léonie), née Carlier, femme du libraire-éditeur de Paris A. Bédelet, est née, en 1814, à Metz. Elle a beaucoup écrit pour l'enfance et la jeunesse sous le pseudonyme d'Elisabeth Müller. On nous cite: « Plaisir et savoir », Paris, 1846 ; « Fables de Lafontaine, choisies, avec annotations », 1847; « Bible du jeune âge », 1850 ; « Le Buffon du jeune âge », 1854; « Les heureuses vacances », 1857 ; « La monarchie française en estampes », 1861; « Le Don Quichotte du jeune âge », 1852; « Le Monde en estampes », 1858 ; « Les Mille et une Nuits », 1860; « La Reine des poupées », 1864; « Bébé veut devenir grand garçon », 1865; « Les Siècles illustrés », 1866 ; « Mythologie pittoresque », 1867; « Les grands jours des petits enfants, », 1867 ; « Les Annales de l'antiquité illustrées », 1868. Plusieurs de ces livres ont été réimprimés.

Bedö (Albert), écrivain hongrois, rédacteur du *Journal Forestier*, depuis 1881, garde général des forêts du domaine et conseiller au Ministère de l'agriculture, né, le 31 décembre 1839, à Szepsi Köröspatak. On lui doit une foule d'articles publiés dans les journaux et dans les revues, et en outre, ces écrits séparés: « Éléments de la science forestière », ouvrage couronné, quatre éditions, 1873-1887; « L'économie forestière, objet de la statistique internationale », en allemand, 1876 ; « Description économique et commerciale des domaines de la Couronne hongroise » (publiée à part, en hongrois, en allemand et en français), 1878; « l'Importance de l'Économie forestière en Hongrie », ouvrage présenté à l'Académie, 1886 ; « Les Forêts et l'économie forestière », dans l'œuvre monumentale: *La Monarchie austro-hongroise*, publiée sous le patronage du prince royal Rodolphe.

Beduschi (Jean), professeur italien, né, à Mantoue. Il fut tour-à-tour professeur dans les collèges de Codogno, Brescia et Milan et président des lycées de Savonne et Massa Carrara. Depuis quelques années il a été retraité. M. Beduschi a inséré plusieurs articles dans les *Annali di statistica* et dans la *Rivista Europea* qu'on publiait, à Milan, avant 1847. La traduction de la « Clavis Homerica » de Patrick annotée par lui et par M. Tommaso Semmola a été éditée deux fois à Milan et à Naples, chez Rossi Romano, en 1860. Il a publié en outre: « Manuale di storia politica secondo il programma per l'ammissione nella R. Accademia militare » Savone, Meirocco, 1878.

Beecher-Stowe (Harriett-Elisabeth). Voyez STOWE.

Beer (Adolphe), historien autrichien, né à Prossnitz (Moravie), le 27 février 1831. Il étudia la philologie, l'histoire et l'économie politique à Heidelberg, Berlin, Prague et Vienne (1849-1851), et devint professeur d'histoire successivement au gymnase de Czernowitz (1853), à l'Académie du commerce de Vienne (1857) et, en 1868, à l'École industrielle supérieure de cette ville. Comme membre du comité de l'Instruction publique, il prit une part active à la réforme de l'enseignement. Ses hautes capacités pédagogiques le firent entrer, en 1870, au Ministère de l'Instruction publique ; mais il se retira bientôt, en même temps que les ministres Hasner et Stremayr, et s'adonna dès lors uniquement à des travaux scientifiques et littéraires. Il fut élu député à la Chambre par l'arrondissement de Schönberg-Sternberg (Moravie) en 1873. Nous citerons parmi ses œuvres historiques les plus remarquables: « Geschichte des Welthandels » 3 vol., Vienne, 1860-64 ; « Aufzeichnungen des Grafen Bentinck über Maria Theresia » id. 1871; « Holland und der österr. Erbfolgekrieg » id. 1871 ; « Die Erste Theilung Polens » 3 vol., id. 1873-74 ; « Joseph II ; Leopold II und Kaunitz ; ihr Briefwechsel » id. 1873 ; « Friedrich II und van Svieten » id. 1874; « Leopold II,

Franz II und Katharina von Russland. Ihr Briefwechsel nebst Einleitung über österr. Politik unter Leopold II » id. 1874; « Zehn Jahre österr. Politik 1801-10 » id. 1877; « Die Finanzen Oesterreichs im 19. Jahrh. » Prague, 1877; « Der Staatshaushalt Oesterreich Ungarns, seit 1868 » id. 1881; « Aus Wilhelm von Tegethoffs Nachlass » id., 1882; « Die Orientalische Politik Oesterreichs seit 1774 » id. 1883. M. Beer, qui est membre de l'Académie impériale de Vienne, depuis 1873, a publié aussi, en collaboration avec M. Hochegger: « Fortschritte des Unterrichtswesens in den Kulturstaaten Europas » 2 vol. Vienne, 1867-68.

Beer (Taco H. de), publiciste hollandais, ancien professeur à l'école d'art dramatique, professeur de langue et de littérature allemandes à Amsterdam, rédacteur de le revue littéraire et artistique illustrée, intitulée : *De Portefeuille*, et du *Noord en Zuid*, revue de langue et de littérature néerlandaises, d'une revue des dialectes néerlandais, et d'une autre revue internationale, en quatre langues (française, espagnole, italienne et anglaise) publiée en collaboration avec M. E. Rittner Bos, sous le titre: *De Quatuor*. Il est né, le 10 novembre 1830, à Maarsen. *Taco* est son pseudonyme. Parmi ses nombreuses publications, nous citerons des nouvelles, des poésies, des études littéraires, qui ont paru entre les années 1855-67, dans différentes revues; une comédie intitulée : « De Gelukzoeker » (L'aventurier); des traductions du français, de l'allemand, de l'anglais, du *plat-deutsch* (bas-allemand); parmi ses traductions du français, il faut signaler « L'Avare » et le « Malade imaginaire » de Molière; des manuels pour les langues et les littératures anglaise et allemande. Dans les années 1877-78, M. Taco H. de Beer, rédigea l'*Almanach du Théâtre;* en 1879, il fonda le journal *De Portefeuille;* entre les années 1879-86, il rédigea le *Het Tooneel;* Revue de Théâtre et de Dramaturgie. Il fonda, ou il rédigea encore plusieurs autres revues, où il fit preuve d'un talent facile, souple et fécond.

Beers (Jan van), littérateur belge, né, à Anvers, le 22 février 1821; depuis 1860, professeur de langue et de littérature néerlandaise à l'Athénée royal d'Anvers. Ses premiers essais poétiques, datant de l'époque où il était encore au Séminaire de Malines, étaient écrits en français, mais ayant lu les ouvrages de Henri Conscience, il s'éprit de la langue flamande et s'en fit l'ardent défenseur dans le journal pédagogique l'*Avenir*. Voici les titres de ses principaux ouvrages littéraires : « Graaf Jan van Chimay », nouvelle historique, Anvers, Buschmann, 1846 ; « Frans de Hakkelaar », mœurs anversoises, id. id., 1849 ; « Bij de dood van Hare Majesteit de Koningin », poème, id., H. Peeters, 1851 ; « Jongelingsdroomen », poésies, id. id., 1853, 9 éd. ; « De Blinde », poème, Utrecht, Dannenfelser, 1854, 4 éd. ; « Blik door een venster », poème, Amsterdam, H.-J. van Kesteren, 1855 ; « Zijn Zwanenzang », poème, Anvers, Kennis et Gerrits, 1855 ; « Lijkkrans voor Tollens », poème, Amsterdam, H.-J. van Kesteren 1856 ; « Bij de 25e verjaring van's Konings inhuldiging », poème couronné, publié au *Moniteur belge*, 1857 ; « Levensbeelden », poésies, Amsterdam, H.-J. van Kesteren, 1858, 5 éd. : « Martha de Zinnelooze », poème, id. id., 1859 ; « De Stoomwagen », poème couronné par l'Académie, « Jacob van Maerlant », poème couronné par le Gouvernement, Gand, J.-S. van Dooselaere, 1860 ; « Gevoel en leven », poésies, Amsterdam, H.-J. van Kesteren, 1869, 4 éd. ; « Jan van Beers' Gedichten », Amsterdam, Vve van Kesteren, 1873, 2 vol., 2me éd. ; « Rijzende blaren », poésies avec dessins de Jan van Beers fils, Gand, Ad. Hoste, 1883. M. van Beers a publié aussi plusieurs livres pédagogiques; en voici les titres: « Nederlandsche spraakleer », Lierre, Jos. Van In, 1852, 8 éd. ; « Handleiding tot het onderricht der Nederlandsche spraakleer », Bruxelles, Callewaert frères, 1864, 2me éd. ; « Grondregels der Nederlandsche spraakleer », id. id., 21me éd. ; « Oefeningen op de grondregels der Nederlandsche spraakleer », id. id., 15 éd. ; « Keur van proza- en dichtstukken », Gand, Ad. Hoste, 1872, en deux parties, dont la première a eu 5 éd., et la seconde, 6 ; « Voorhof der letterkunde », Anvers, J.-E. Buschmann, 1885 ; « Het Vlaamsch in het onderwijs », discours prononcé au conseil communal d'Anvers, Anvers, B.-J. Mees, 1876 ; « Het hoofdgebrek van ons middelbaar onderwijs », Gand, Ad. Hoste, 1879.

Beesly (Edmond-Spencer), historien et philosophe anglais, né à Feckenham (comté de Worcester), en 1831. Il fit ses études à Oxford et obtint, en 1860, la chaire d'histoire au collège de l'Université de Londres. Disciple de Comte, il a publié de nombreux ouvrages sur ce philosophe, entre autres une traduction du « System of Positive Polity », 1875-76. Son œuvre principale est une série de lectures, publiée en 1878, sous le titre: « Catiline, Clodius and Tiberius ». Se plaçant au point de vue démocratique avancé, il est loin de juger ces personnages avec la même sévérité que l'histoire. M. Beesly s'est beaucoup occupé des questions ouvrières.

Beets (Nicolas), illustre poète, conteur et théologien hollandais ; depuis 1854, professeur de théologie à l'Université de Utrecht, né, le 13 septembre 1814, à Harlem. Il débuta dans la revue *Les Muses*, en 1834, par un récit intitulé « José », suivi des poèmes : « Guy de Flaming » et « Ada de Hollande » écrits dans le goût de Byron. En 1837, sous le pseudonyme de Hillebrand, il publia sa « Camera Oscura », plusieurs fois réimprimée, commentée en 1887, par l'auteur lui-même, dans un livre publié à Harlem, sous le titre: « Après cinquante ans: Éclaircissements nécessaires et superflus de la Chambre Obscure. » La *Camera Oscura* se compose, en partie, de nouvelles et de descriptions humoristiques de la vie hollandaise. Plusieurs types, tels que Robertus Nurks, représentés dans ce livre, sont devenus populaires. Suivirent: « Verpozingen » Harlem, 1856; « Variétés et passe-temps littéraires » Harlem, Sermon, 1858. En 1878, un recueil de ses poésies, en seize volumes, a paru à Amsterdam. En 1882, il édita à Utrecht, en deux volumes, le recueil complet des poésies de Anna Roemers Visscher. Deux nouveaux volumes de poésies de M. Beets ont paru sous le titre de « Feuilles d'Automne » Amsterdam, 1881, Leïde 1884, et ses proses éparses, publiées depuis 1838, ont été réunies en un volume à Amsterdam, sous le titre « Sparsa » 1882; en 1883, a paru à Amsterdam le 9º vol. de ses « Heures édifiantes ». Suivirent une nouvelle série de « Mélanges Littéraires » Harlem, 1885; et « Feuilles d'hiver » dernières poésies, Leïde, 1887.

Beetz (Guillaume von), physicien allemand, né, le 27 mars 1822, a Berlin, où il fit ses études, et prit ses degrés. D'abord *privat-docent* à Berlin, il devint ensuite professeur au corps des cadets et à l'école d'artillerie et du génie; en 1855, il devint professeur à Berne; en 1858, à Erlangen, et, en 1866, à la nouvelle École polytechnique de Munich. De 1874 à 1877, il fut directeur du Polytechnikum de la même ville; en 1876, il fut élevé à la noblesse; il est membre de l'Académie royale bavaroise des sciences. M. B. s'est surtout occupé du galvanisme; il a publié une foule d'articles et de mémoires dans les *Annalen* de MM. Poggendorff et Wiedemann, dans le *Repertorium für Experimentalphysik*, dans les *Fortschritten der Physik* et dans la *Bibliothèque Universelle* de Genève. Dans cette dernière revue, il a publié, entr'autres un mémoire sur la « Conductibilité électrique des liquides » qui donna lieu à un autre article de l'éminent physicien italien Matteucci (tome XVI). Parmi les ouvrages publiés à part par M. Beetz, nous citerons: « Grundzüge der Elecktrizitätslehre » Stuttgard, 1878; « Leitfaden der Physik » 7º éd., Leipzig, 1883.

Begin (Émile-Auguste-Nicolas-Jules), médecin et littérateur français, né à Metz, le 24 avril 1802, se destina d'abord à l'École polytechnique, mais contrarié dans ses projets, il se tourna vers la médecine et fut attaché, pendant la guerre d'Espagne à l'hôpital de Barcelone. De retour en France, en 1828, il se fit recevoir docteur en médecine à Strasbourg, avec une thèse: « De l'influence des travaux intellectuels sur le système physique et moral de l'homme. Il se fixa à Metz, où il fonda, en 1830, un journal l'*Indicateur de l'Est*, dont la publication cessa d'ailleurs, le 1er janvier 1832. En 1850, M. Begin alla s'établir à Paris, où il s'occupa de publications historiques, et où il fut employé notamment comme membre de la commission chargée de rassembler la correspondance de Napoléon I. M. Begin est actuellement bibliothécaire à la Bibliothèque Nationale et médecin de l'établissement. On lui doit: « Dithyrambe composé pour honorer la mémoire du général Foy » dans la *Couronne poétique du général Foy*, par Magalon, Paris, 1826; « Histoire des sciences, des lettres, des arts et de la civilisation dans les pays messin, depuis les Gaulois jusqu'à nos jours » Metz, Verronais, 1829; « Biographie de la Moselle » 4 vol., id. id. 1829-32; « Histoire des duchés de Lorraine, de Bar et des Trois Évêchés » 2 vol., Nancy, 1833; « Guide de l'étranger à Metz et dans le département de la Moselle » Metz, Verronais, 1834; « Éducation lorraine élémentaire » anonyme, 3 vol., id. id., 1835-36; « Le Buchan français: nouveau traité complet de médecine usuelle » 2 vol., Paris, Pougin, 1836; « Connaissance physique et morale de l'homme » Nancy, 1837; « Guide de l'étranger à Nancy » id. id.; « La Moselle d'Ausone » traduction en prose » id. 1839; « Lettres sur l'histoire médicale du nord-est de la France » Metz, Lamort, 1840; « Mélanges d'archéologie et d'histoire » Metz, Verronais, 1840; « Histoire et description pittoresque de la cathédrale de Metz, des églises adjacentes et collégiales » 2 vol., id., id., 1842; « Lettres à M. Littré sur quelques phlegmasies muqueuses épidémiques qui ont régné depuis deux siècles dans le nord-est de la France » id. id. id.; « Metz depuis dix-huit siècles » 3 vol., Metz, 1846; « Voyage pittoresque en Espagne et en Portugal » Paris, Morizot, 1852; « Voyage pittoresque en Savoie et sur les Alpes » id., id., id.; « Histoire de Napoléon, de sa famille et de son époque au point de vue de l'influence napoléonienne sur le monde » 2 vol., id. Plon, 1853-54; « Musée médiomatricien » Metz, Verronais, s. d. On lui doit aussi de nombreux « Essais » sur divers points d'histoire locale, des « Éloges » parmi lesquels celui du maréchal Fabert, couronné par l'Académie de Metz, le 15 mai 1837; une foule d'articles dans plusieurs journaux et revues, et entr'autres dans l'*Australia*, dont avec MM. Michel Nicolas et Michelant il a été un des fondateurs.

Behaguel (Othon), germaniste allemand, né, à Karlsruhe, le 3 mai 1854; il fit ses études philologiques à Goettingue et à Heidelberg, où il eut comme professeur le regretté Karl Bartsch, mort dans les premiers mois de cette année. Reçu docteur en philosophie, il fut, d'abord, (1878), *privat-docent*, et, ensuite, professeur extraordinaire (1882) à Heidelberg, d'où il passa, en 1883, à Bâle, en qualité de professeur ordinaire pour la philologie et la littérature germanique. Il a publié « L'Énéïde » de Henri de Valdecke avec introduction et notes, Heilbronn, 1882; « Heliand » avec introduction et notes, Halle, id. « Lettres de J. P. Hebel » Karlsruhe, 1883; « Œuvres de J. P. Hebel » 2 parties, Stuttgart, 1883; « La langue allemande » Leipsig et Prague, 1886. M. Behaguel a fondé, on 1880, avec M. le professeur Neumann de Fribourg en Brisgau, la *Feuille Littéraire pour la philologie romane et germanique.*

Beheim-Schwarzbach (Max), polygraphe allemand, né à Berlin, le 15 avril 1839. Il étudia à Halle et à Berlin la théologie d'abord et ensuite l'histoire et la philologie. Depuis 1864, instituteur au collège de Ostrau, il s'est adonné surtout aux recherches sur l'histoire de la colonisation de l'Allemagne par les Hohenzollern, et il a publié sur ce sujet plusieurs travaux parmi lesquels nous citerons : « Friedrich der Grosse als Gründer deutscher Kolonieen »; « Hohenzollernsche Kolonisationen »; « Die Zillerthaler »; « Friedrich Wilhelm I in Lithauen »; « Die Besiedlung in Ostdeutschland »; il a publié aussi plusieurs drames patriotiques; nous citerons entre autres: « Deutschlands Morgenröte »; « Von Prag bis Schweidnitz »; « Herzog und Schöppenmeister »; il a publié aussi plusieurs volumes de poésies parmi lesquels: « Eheglück und Deutsche Lieder und Gedichte ».

Behrend (Jacques-Frédéric), jurisconsulte allemand, né, le 13 septembre 1833, à Berlin. Il devint, en 1854, *privat Docent* et, en 1870, professeur extraordinaire à la faculté de Berlin. En 1873, il fut appelé, en qualité de professeur ordinaire à Greifswald, où il se trouve encore maintenant et où il est devenu aussi directeur du séminaire juridique. Il a publié : « Magdeburger Fragen » Berlin, 1865; « Ein Stendaler Urtheilsbuch aus dem XIV Jahrhundert » id., 1868; « Lex Salica » id., 1874; « Lehrbuch des Handelsrechts » id., 1880-84; « Anevang und Erbengewere » id., 1885; depuis 1871, il a rédigé la *Zeitschrift für Gesetzgebung und Rechtspflege in Preussen* qui, en changeant son titre pour celui de *Zeitschrift für deutsche Gesetzgebung und für einheitliches deutsches Recht*, a paru jusqu'en 1875.

Behrens (Bertha), femme de lettres allemande, connue sous le pseudonyme de W. HEIMBURG, née, le 7 septembre 1850, à Thale sur le Harz. Elle fit ses premières études à Quedlinbourg, puis habita avec sa famille successivement dans différentes villes de l'Allemagne, où son père, médecin militaire, était appelé par son service. Elle demeure maintenant dans la maison paternelle à Kötschenbroda près de Dresde. Son premier roman: « Aus dem Leben meiner alten Freundin », Magdebourg, 1879, publié d'abord dans la *Magdeburger Zeitung*, eut un véritable succès; en 1884, l'éditeur Keil, de Leipzig, en donnait la 4me éd. Nous citerons encore d'elle : « Lumpenmüllers Lieschen », roman, Leipzig, 1879; « Kloster Wendhusen », id., 1880; « Waldblumen », huit nouvelles, id., 1882; « Dazumal », quatre nouvelles, id., 1884; « Ein armes Mädchen », roman, id. id. ; « Ihr einziger Bruder », nouvelle, id. id.

Behringer (Edmund), écrivain allemand, né, le 22 mai 1828, à Babenhausen (Souabe); il fréquenta les cours de Dahlmann, Arndt, Abel, Ritschl, Aschbach et surtout de Simrock qui lui inspira le goût des études germanistiques; après avoir été, de 1855-65, maître d'études et ensuite professeur de gymnase à Wurzbourg, il fut appelé à Aschaffenbourg, où il se trouve encore maintenant en qualité de recteur des études. En dehors de quelques esquisses et de quelques poésies d'occasion, M. B. a publié : « Das Felsenkreuz » 1854, nouvelle éd. 1878; « Das Morgenopfer der Natur » 1866-67; « Zur Würdigung des Heliand » 1868; « Heliand und Christ » 1870; « Ein Kaiserwort » 1871-72; « Ein Gotteswort » 1872; « Das schmückende Beiwort in der Iliade und in dem Niebelungliede » 1873; « Die Apostel des Herrn » 1879, nouvelle éd. 1885.

Behrle (Rodolphe), ecclésiastique catholique allemand, né, le 17 avril 1826, à Herbolzheim, dans le Grand-duché de Baden. De 1847 à 1850, il étudia la théologie à Fribourg; en 1851, il entra au séminaire archiépiscopal pour se préparer à recevoir la prêtrise qui lui fut conférée l'année suivante. Après avoir rempli plusieurs fonctions de son ministère, il fut nommé aumônier de l'hôpital grand-ducal des fous de Illenau, où il resta huit ans. En 1873, il fut nommé chanoine du chapitre de Fribourg. M. Behrle, qui a été nommé Camérier secret par le Saint-Père Léon XIII a publié, entr'autres, les ouvrages suivants: « Joseph und seine Brüder », drame, 1857; « König und Königin » conte, 1861; « Frauentreue » drame, 1869; « Der Franktireur » 1871; « Tobias » drame, 1873; « Die Kinder im Walde » conte de noël, 1887.

Beilstein (Frédéric-Conrad), chimiste russe, né, le 17 (5 V. S.) février 1838, à Saint-Pétersbourg. Après avoir fréquenté dans cette ville l'école supérieure allemande de Saint-Pierre, il se rendit, en 1852, en Allemagne, et suivit les cours de physique et de chimie à Heidelberg auprès de Bunsen; puis à Munich, où il suivit les cours de Liebig et de Gustave Jolly et à Gottingue, où il termina ses études sous la direction de Wöhler, et y soutint sa thèse inaugurale sur « la Murexide »; de 1858 à 1859, il travailla dans le laboratoire de Wurtz à Paris; en 1859, il devint assistant de Löwig à Breslau; en 1860, de Wöhler à Gottingue. En 1866, il alla à Saint-Pétersbourg comme professeur ordinaire à l'École technique supérieure et à l'Académie militaire des ingénieurs; en même temps, il était nommé chimiste du Conseil de l'Industrie et du commerce au Ministère des finances. Les recherches de ce savant ont surtout porté sur la chimie organique ; il a étudié à fond, pendant de longues années, les principaux corps de la série aromatique ; les dérivés de la benzine, du toluène, de la naphtaline, de l'acide benzoïque ; en chimie analytique, il a trouvé, entr'autres, de précieuses méthodes pour la séparation du fer et du manganèse, la détermination du zinc, etc. Plusieurs de ces découvertes ont reçu des applications industrielles, citons, entr'autres, ses recherches sur les pétroles d'Amérique et du Caucase. M. Beilstein, qui, depuis 1866, est membre de l'Académie impériale des sciences de Saint-Pétersbourg, et qui appartient à plusieurs autres sociétés savantes, a publié : « Anleitung zur qualitativen chem. Analyse », Leipzig, 1867 qui a eu six éditions en Allemagne, dont la dernière en 1887, et qui a été traduit en russe, en anglais, en hollandais, en italien et en français, cette dernière traduction, faite sur la 5me éd. allemande par A. et P. Buisine a été publiée à Lille, chez Masson, en 1883, sous le titre : « Manuel d'analyse chimique qualitative » ; on doit encore à M. Beilstein : « Die chemische Grossindustrie auf der Weltaustellung zu Wien 1873 », Leipzig, 1873 ; « Handbuch der organischen Chimie », 2 vol., Leipzig 1881-83, 2me éd., 3 vol., Hambourg, 1885 et suiv.

Beisler (Charles-Rodolphe), magistrat et poète allemand, né, le 17 juillet 1837, à Nidda, dans le grand-duché de Hesse ; après avoir fini ses premières études, il s'adonna d'abord à la théologie, mais se tourna bientôt vers la jurisprudence, qu'il étudia aux Universités de Munich et de Giessen ; après avoir pris ses examens, en 1863, il travailla d'abord comme avocat, mais il ne tarda pas à entrer dans la magistrature. Après avoir changé plusieurs fois de résidence, il se trouve maintenant, en qualité de juge, à Darmstadt. Depuis 1870, M. Beisler est un des collaborateurs les plus actifs de la *Frankfurter Presse* ; outre les nombreux articles et correspondances envoyées à ce journal, M. B. a publié quelques volumes ; citons, entr'autres : « Eine Reinfahrt über Mainz nach Düsseldorf » 1881 ; « Erna » poème lyrique et épique *in ottave rime*, 1884.

Beissier (Fernand), littérateur français, né, à Arles sur Rhône, en 1858, attaché au ministère de l'instruction publique ; nous connaissons de lui : « Çà et là », poésies, Arles, Jouve, 1876 ; « Minet », monologue en vers, Paris, Ollendorff, 1881 ; « Le Train n. 12 », comédie en un acte, id., Librairie théâtrale, 1863 ; « L'Averse », comédie en un acte, id. id., 1884 ; « Bonjour, Philippine », monologue en vers, id. id. id. ; « Bonnet de coton », monologue en vers, id. id. id. ; « Le Petit doigt de Maman » ; « La Moustache » ; « Oraison funèbre de Polichinelle », trois monologues pour enfants, id. id. id. ; « le Roman d'un notaire », comédie en un acte, avec Eugène Larcher, id. id. id. ; « Le Galoubet », contes et nouvelles de Provence, Arles, Jouve, 1885.

Békétoff (André Nicolaévitch), naturaliste russe, professeur émérite à l'Université Impériale de Saint-Pétersbourg, conseiller privé, président de la Société des Naturalistes de Saint-Pétersbourg, Secrétaire de la Société Impériale de l'Économie Rurale, Membre de plusieurs autres Sociétés Savantes, issu d'une famille appartenant à l'ancienne noblesse russe, naquit, le 26 novembre 1825, à Alfériévka ou Novaïa-Békétovka, résidence de son père au Gouvernement de Penza. Ayant perdu sa mère en bas âge, il fit ses premières études sous le toit paternel. Son éducation était confiée à une personne du plus grand mérite, Mme Louise Fournier, native de Lausanne. En 1834, il fut mis en pension au 1er Gymnase de Saint-Pétersbourg ; en 1842, étant entré à l'Université de Saint-Pétersbourg, il commença ses études à la Faculté des Langues Orientales, où il ne resta qu'un an. Conformément aux vœux de son père, dès 1843 il entra au régiment des Chasseurs de la Garde Impériale, employa 2 ans à faire des études militaires, et, à la veille de sa promotion au grade d'officier, donna sa démission et alla étudier les sciences naturelles à l'Université de Kazan, où il suivit les cours de plusieurs professeurs célèbres, tels que le docteurs Eversmann (Zoologie), Kornuch-Trotzky (Botanique), Claus (Chimie), Wagner (Géologie) et autres. En 1849, ayant gagné son diplôme de candidat (Bachelier), il alla servir à Tiflis, où il fut professeur des sciences naturelles et d'agronomie au Gymnase. Durant les 5 années qu'il passa au Caucase, il fit plusieurs excursions scientifiques en Kahétie, en Imérétie et en Gourie. En 1854, il se rendit à Saint-Pétersbourg pour y subir son examen de Magister, et publia son premier ouvrage scientifique. En 1855, il quitta le Caucase et alla s'établir à Moscou. En 1856, il publia sa seconde dissertation, qui lui valut le titre de docteur ès-sciences naturelles à l'Université de Moscou. En 1859, il fut nommé professeur de Botanique à l'Université de Carkoff, et en 1880 il passa à la chaire de Botanique de l'Université de Saint-Pétersbourg, qu'il occupe jusqu'à présent. Durant sa carrière scientifique, il fit plusieurs voyages en Allemagne, en France, en Hollande, en Suisse et en Italie ; il fut élu trois fois Doyen de la faculté des Sciences Naturelles à l'Université de Saint-Pétersbourg et trois fois Recteur de la dite Université. Il occupa cette dernière charge pendant 7 ans, depuis l'année 1875 jusqu'en 1882. Sa carrière d'écrivain date de 1853. Ses ouvrages botaniques sont des plus estimés non seulement en Russie, mais à l'étranger. Parmi ses dernières publications, nous signalons : « De Bary, Anatomie comparée des organes végétatifs, etc. », traduit de l'allemand, 1877-80 ; « Sur l'alimentation de l'homme dans le présent et l'avenir », 3 articles dans le Journal : *Messager de l'Europe*, 1878 ; « Le Darwinisme au point de vue des sciences physiques générales », même journal, 1882 ; « Manuel de botanique », 910 pages in 8°, 1883 ; « Essai sur l'acclimatation », 1884 ; « Sur le Sphagnum et ses applications techniques », publiés dans les *Travaux de la Société d'Économie rurale*, 1886 ; « Sur la flore du Gouvernement de Yékatérinoslaw », 1886. Dès l'année 1886, l'auteur a entrepris l'édition d'un journal de botanique, sous le titre de : *Scripta botanica Horti Universitatis petropolitanae*.

Bekk (Adolphe), littérateur autrichien, né, à Baden, près de Vienne, le 16 juin 1831. Orphelin de bonne heure, il fut élevé dans un pensionnat d'où il ne sortit que pour aller à Leipsig étudier la médecine, mais un penchant décidé l'attira bientôt vers la philosophie et la littérature ; après avoir fini ses études, non seulement à Leipsig, mais à Vienne, à Graz, à Jena et à Munich, il rentra dans son pays, où il ne tarda pas à être occupé dans l'enseignement. Depuis 1870, il est directeur de l'école normale de Salzbourg, où il a été nommé, en 1879, conseiller pour les écoles. On a de lui : « Ranken » poésies, 1862 ; « W. Shakespeare » 1864 ; « Shakespeare und Homer » 1865 ; « Wohin » poésies, 1882 ; « Die Verteidiger Wiens in den Türkenkriegen » 1883, et une quantité d'articles littéraires et historiques dans les journaux et les revues.

Bekker (Ernest-Emmanuel), jurisconsulte allemand, fils du célèbre philologue Emmanuel B. (1785-1871), né, à Berlin, le 16 août 1827. Il fit ses études à Berlin et à Heidelberg. En 1874, il fut appelé à succéder au professeur Windscheid, à Heidelberg, où il réside encore maintenant et où il a reçu, il y a quelques années, le titre de conseiller intime de cour. Il a publié : « De emptione, venditione, quæ Plauti fabulis fuisse præbetur », Halle, 1853 ; « Die prozessualische Konsumption in klassichen röm. Recht », Berlin, 1853 ; « Theorie des heutigen Strafsrecht », Leipsig, 1857 ; « Loci Plautini ; De rebus creditis », Greifswald, 1861 ; « Die Aktionen des römischen Privatsrechts », 2 vol., Berlin, 1871 ; « Das Recht des Besitzers bei den Römern », Leipsig, 1880 ; « Ueber die Kouponsprozesse Ruthenischen Eisenbahngesellschaften », Weimar, 1881. De 1857 à 1863, il a rédigé, avec M. Th. Muther, le *Jahrbuch des gemeinen deutschen Rechts* Leipsig, 1857-63 ; il a été aussi pendant quelque temps avec Poezl, directeur de la « Kritischen Vierteljahrschrift für Gesetzgebung und Rechtwissenschaft ». Outre de nombreux mémoires sur des questions juridiques et sociales, parus dans les revues et en brochures il a publié aussi, sous le voile de l'anonyme « Allerlei von deutschen Hochschulen », Berlin, 1869.

Beksics (Gustave), écrivain, juriste et homme politique hongrois, collaborateur du *Pesti Napló*, de l'*Ellenőr*, du *Nemzet*, depuis 1884, député au Parlement ; il est né, en 1847, à Gama's, département de Somogy. Il publia séparément : « Arthur Barna », et « Le Pays de la liberté », romans ; « La liberté de l'individu en Europe et dans la Hongrie » ; « La démocratie en Hongrie » ; « Les doctrinaires hongrois ».

Bélanger (Jean-Amable), homme de lettres canadien, né, à Sainte-Anne (Canada), en 1833 ; actuellement attaché au Secrétariat d'État, à Ottawa ; nous connaissons de lui : « Mes vers », Ottawa, 1882.

Belcastel (Jean-Baptiste-Gaston-Gabriel-Marie-Louis DE LACOSTE DE), homme politique français, né, à Toulouse, le 26 octobre 1821. Il fit ses études au collège des Jésuites et son droit à la Faculté de Paris, puis retourna dans ses propriétés et s'adonna à l'agriculture. Élu, en 1871, représentant à l'Assemblée nationale, il s'y fit remarquer par ses opinions religieuses et royalistes. En 1876, il fut élu sénateur, mais, lors du renouvellement triennal de 1879, il n'a pas été réélu. Un des organisateurs du pèlerinage à Paray-le-Monial, de l'année 1873, M. de Belcastel a été aussi un des chefs du pèlerinage français en Terre-Sainte, en 1884. Comme écrivain, il a publié : « Les îles Canaries et la vallée d'Orotava au point de vue hygiénique et médical », Paris, Baillière, 1862 ; « La Citadelle de la Liberté, ou la Question romaine au point de vue de la Liberté du monde », Toulouse, Delboy, 1867 ; « Ce que garde le Vatican », Paris, Palmé, 1871 ; « La Monarchie chrétienne, lettres d'un catholique à ses contemporains », id., Dentu, 1885, livre qui renferme toute sa doctrine et dont il a exposé lui-même l'objet et les conclusions dans une lettre adressée, en octobre 1883, à l'*Union du Languedoc*.

Belgrano (Louis-Thomas), historien italien, des plus érudits et des plus consciencieux, né, le 2 février 1838, à Gênes, où il occupe la chaire universitaire d'histoire. Employé aux archives, depuis l'année 1873, il y enseignait la paléographie. M. B. est le secrétaire général de la *Società Ligure di Storia Patria*, et depuis 1874, il dirige, avec M. A. Neri, le *Giornale Ligustico di Archeologia, Storia e Belle Arti*. C'est dans ce journal et dans les *Atti della Società Ligure di Storia*, qu'il faut chercher le plus grand nombre de ses écrits, remarquables non seulement par la richesse et la curiosité des faits historiques mis au jour, mais par la clarté de l'exposition, au service d'une critique sûre, fine et pénétrante. Parmi ses nombreuses publications, nous signalons : « Della vita e delle opere del marchese Girolamo Serra », 1859; « Documenti inediti riguardanti le due Crociate di Luigi IX re di Francia »; « Il Registro della Curia Arcivescovile di Genova »; « Della vita privata dei Genovesi », ouvrage très important; « Opuscoli di Benedetto Scotto », sur un projet de navigation aux Indes Orientales et Chine, avec préface et notes; « Interrogatorio e allegazioni spettanti alla causa promossa da Scipione Fieschi per la rivendicazione dei beni paterni »; « Prolusione al corso di Paleografia »; « Studii e Documenti sulla Colonia genovese di Pera »; « Sulla recente scoperta delle ossa di Cristoforo Colombo in San Domingo »; « La Famiglia di De Ferrari di Genova »; « La Porta Soprana di Sant'Andrea »; 1882; « Imbreviature di Giovanni Scriba », 1882. M. B. publie maintenant « Le Leggi municipali genovesi », avec ses illustrations. En collaboration avec M. Cornelio De Simoni, il publia avec des notes l' « Atlante Idrografico del Medio Evo », avec Maximilien Spinola et François Podestà, une série de « Documenti ispanogenovesi », sur la conspiration de Fieschi; avec Antonio Merli, un Atlas splendide illustrant le « Palazzo del Principe Doria a Sassolo ».

Bélinsky (Maxime), pseudonyme de M. JASSINKI (Voyez ce nom).

Beljame (Alexandre), professeur et littérateur français, né, à Villiers-le-Bel (Seine et Oise), le 26 novembre 1843. Reçu le premier à l'aggrégation d'anglais, M. B. a été nommé d'abord professeur au Lycée Louis-le-Grand. Depuis 1887, il est chargé du cours de langue et de littérature anglaises à la Faculté des Lettres de Paris. M. B. a été chargé de représenter le Ministre de l'Instruction publique au Congrès annuel des professeurs de français en Angleterre dont les séances ont eu lieu, en 1887 et en 1888, à Oxford et à Cambridge. Il a publié: « Le public et les hommes de lettres en Angleterre au XVIII siècle (1670-1744). Dryden. Addison. Pope », Paris, Hachette, 1881, ouvrage couronné par l'Académie française; « First, second and third english reader, premier, deuxième et troisième livres de lectures anglaises », 3 parties, id. id., 1882-1888; « De l'enseignement des littératures et des langues modernes dans une faculté des lettres », dans la *Revue internationale de l'enseignement*, 1883; « Les mots anglais groupés d'après le sens », id. id., 1887. Il a traduit aussi de l'anglais : « Forester », de miss Edgeworth.

Belkassem–ben–Bidra, orientaliste arabe, né, à Biskra (Algérie), en 1845. Professeur d'abord à l'École normale, au Lycée et à la Madreça d'Alger, et ensuite à l'École supérieure des lettres de la même ville, il a publié: « Cours pratique de langue arabe, à l'usage des écoles primaires de l'Algérie. Exercices d'écriture, de lecture et de mémoire. Règles du langage, thèmes et versions. Dialogues variés, contes amusants, lettres familières », Alger, Jourdan, 1885; et « Petite grammaire arabe de la langue parlée », id. id., 1885.

Bell (Alexandre–Graham), physicien, électricien américain, né, à Édimbourg, le 1 mars 1847. Il fit ses études dans sa ville natale et ensuite en Allemagne, à l'Université de Wurzbourg, où il fut reçu docteur en philosophie. Après un séjour de quelques années au Canada, il alla se fixer à Boston, où il est maintenant professeur de physiologie de la parole. Il était déjà connu par ses travaux sur l'instruction des sourdsmuets, lorsque sa découverte du téléphone parlant vint mettre le sceau à sa réputation (Cfr. un mémoire de F. Rossetti: « Sul telefono di Graham Bell », dans les *Atti dell'Istituto Veneto*, 1877-78). On lui doit aussi la découverte du photophone, merveilleux instrument qui transmet le son et la voix. Il faut citer encore, parmi les plus ingénieux appareils inventés par Bell, la Balance d'induction qui permet de déterminer sans douleur pour le patient, la position d'un projectile de plomb ou d'un autre métal dans le corps humain. M. Bell a publié un grand nombre de brochures et d'articles sur l'éducation et l'enseignement des sourds-muets; et parmi ces écrits, nous citerons le mémoire adressé à l'Académie des sciences de Paris, en 1881, sur les caractères offerts par la parole, chez les sourds-muets auxquels on a appris à articuler des sons, et un autre communiqué à la Société royale de Londres et à l'Académie des sciences de Paris, sur la propriété des lames d'or, d'argent, de caoutchouc, de bois et d'un grand nombre d'autres substances de rendre un son distinct lorsqu'elles sont frappées par des vibrations lumineuses intermittentes, découverte sur laquelle repose la plus grande partie de ses inventions.

Bell (James), l'un des pseudonymes du romancier et journaliste français Pierre DELCOUR (voyez ce nom).

Bell (sir Isaac Lowithan), industriel et homme politique anglais, né, en 1816, fils de Thomas B. l'éminent naturaliste (1792-1880). M. B. qui est à la tête d'une des plus importantes usines métallurgiques de l'Angleterre, s'est fait surtout connaître par ses recherches physiques et chimiques appliquées à la métallurgie et surtout à la lavoration du fer et de l'acier et il a publié sur ces arguments un grand nombre de brochures, d'articles et de mémoires insérés dans les actes de plusieurs sociétés savantes. De 1874 à 1880, il a représenté le bourg de Hartlepool à la Chambre des Communes.

Bell (William–Abraham), naturaliste et voyageur anglais; après avoir étudié la médecine à Cambridge, il fit part de l'expédition organisée, en 1867, par la Société des Chemins de fer du

Kansas, sous la direction du général W. J. Palmer, dans le but de tracer une nouvelle route. Il parcourut en cette occasion environ 8000 kilomètres de terrain à peu près inexploré et surtout les vallées du Rio-Grande et du Colorado. Les résultats de ce voyage ont été racontés par lui dans un ouvrage: « New tracks in North America » Londres, 1869, 2me éd., 1870, et dans plusieurs articles séparés commo: « On the basin of the Colorado, etc. » dans le *Journal* de la Société Géographique de Londres, 1869, et « On the native races of Mexico » dans le *Journal* de la Société Ethnographique de Londres, en 1870, etc. etc.

Bell (George), nom de plume, sous lequel est uniquement connu Joachim HOUNAU, journaliste, romancier et bibliographe français, né, à Pau (Basses Pyrénées), le 20 janvier 1824. Fils du médecin militaire Henri Michel H., il se jeta, en 1848, dans la politique, fut condamné à la déportation par la Haute Cour de Bourges. Quelques années plus tard, ayant obtenu la permission de rentrer en France, il se tourna vers la littérature. Nous connaissons de lui: « Pradier », Paris, Giraud et Dagneaux, 1852; « Introduction aux *Doinas*, poésies moldaves de V. Alexandri », id., De Soge et Bouchet, 1852, 2me éd., Cherbourg, 1855; « Étude littéraire sur M. Méry », en tête des œuvres de ce dernier, 1853; « Études contemporaines ». Mlle Person (Beatrix), id., Bourguet, 1854; « Voyage en Chine du capitaine Montfort avec une appendice historique sur les derniers événements », id., Lecou, 1854, 2me éd., Librairie nouvelle, 1860; « Études contemporaines. Gérard de Nerval », id., 1855; « Le miroir de Cagliostro (hypnotisme) », id. Librairie nouvelle, 1860; « Scènes de la vie du château », id., Lévy frères, 1860; « Les revanches de l'Amour », id. id., 1861, 2me éd., 1863; « Lucy la Blonde », id. id., 1863, nouvelle éd., 1883; « Ethel, souvenirs d'Afrique », id. Hachette, 1866; « La croix d'honneur », id., Faure, 1867; « Paris incendié », id. id., 1872-73; « Études d'histoire contemporaine. Comment les monarchies finissent », id., Lemir et Cie, 1878. M. B. a fait aussi jouer au Château d'Eau, en 1875, un drame: « Le Drapeau tricolore », et il a traduit de l'allemand: « Der Schelm von Bergen » (le Gars de Bergen), de Julius Schindler, plus connu sous son nom de plume de Julius von der Traun. — M. B. a aussi donné de nombreux articles bibliographiques et des feuilletons à différents journaux. C'est par erreur qu'on avait annoncé sa mort en 1870.

Bell (A.), voyez BELLET Paul.

Bellaigue (Camille), critique d'art français, né, à Paris, en 1828. Après avoir terminé ses études et avoir passé trois ans au Conservatoire, où il obtint un premier prix de piano dans la classe de Marmontel, il fit son droit et s'occupa ensuite de critique littéraire et musicale. Il publia, en décembre 1883, un premier article dans le *Correspondant* sur « Faust dans la poésie, la peinture et la musique »; en 1885, il est entré comme critique musical à la *Revue des deux mondes*. Depuis, il a publié « Un siècle de musique française » volume qui contient, outre les articles qui portent ce titre, des études sur Henri Heine, Schumann, *Mors et Vita* de Gounod; il a publié aussi « l'Année musicale » premier tome d'une série qui doit se publier annuellement et sera une revue des œuvres musicales parues dans le courant de l'année.

Bellardi (Louis), naturaliste italien, depuis 34 ans professeur d'histoire naturelle au Lycée Gioberti de Turin, conservateur des Collections paléontologiques du Musée de Turin, qu'il contribua à enrichir, membre de l'Académie des Sciences de Turin, membre correspondant de la Société Géologique de Londres et de la Société Botanico-Zoologique de Vienne, membre honoraire de la Société Malacologique de la Belgique et de la Société Belge de Paléontologie et hydrologie. Il est né, le 18 mai 1818. Son grand-père, le docteur Lodovico Bellardi, botaniste distingué, mort au commencement du siècle, était membre de l'Académie Royale des Sciences de Turin. Collecteur passionné, M. B. forma une collection remarquable des diptères du Piémont et des diptères du Mexique. Parmi ses nombreuses publications, on doit citer: « Nozioni elementari di Storia Naturale », en 3 vols. (Mineralogia-Botanica-Zoologia); « Principii di Scienze naturali », Turin, 1858; « Quadri iconografici di Mineralogia e di Geologia », id., 1860; « Quadri iconografici di zoologia », id., 1863; « Quadri iconografici di Botanica », id., 1863; « Primi elementi di scienze fisiche e naturali », en collaboration avec G. Luvini, id., 1869-70. Outre ces livres pour les écoles, sont très appréciés les mémoires scientifiques dont suivent les titres: « Saggio orittografico sulla classe dei Gasteropodi fossili dei terreni terziarii del Piemonte », en collaboration avec G. Michelotti, Turin, 1840; « Description des Cancellaires fossiles des terrains tertiaires du Piémont », id., 1841; « Monografia delle Pleurotome fossili del Piemonte », id., 1847; « Monografia delle Columbelle fossili del Piemonte », id., 1848; « Monografia delle Mitre fossili del Piemonte », id., 1850; « Catalogue raisonné des Fossiles nummulitiques du Comté de Nice », Paris, 1851 (dans les *Mémoires de la Société Géologique de France*, 2me série, vol. IV); « Saggio di ditterologia messicana », Turin, 1859-62; « Catalogo ragionato dei Fossili nummulitici dell'Egitto esistenti nel regio Museo di Mineralogia di Torino »; « I molluschi dei terreni terziarii del Piemonte e della Liguria » (en deux vol. in-4e), Turin, 1873-78; « Monografia delle

Nuculidi trovate finora nei terreni terziarii del Piemonte e della Liguria », Turin, 1875 ; « Novæ Pleurotomidarum Pedemontii et Liguriæ fossilium dispositionis prodromus », Pise, 1875 ; « Descrizione di un nuovo genere della famiglia delle Bullide », id., 1876. En collaboration avec son beau-frère, l'agronome Louis Arcozzi-Masino (voir ce nom), il publia le premier en Italie, en 1871, un mémoire sur le phylloxéra sous le titre: « Sunto delle osservazioni sulla *Philoxera vastatrix* fatte dai signori Planchon e Lichtenstein » (dans les *Annali dell' Accademia di agricoltura de Turin*) ».

Belle (Henri), diplomate et écrivain français, né en 1837. M. Belle qui est consul général de France à Buda-Pest a publié « Trois années en Grèce » Paris, Hachette, 1881 ; il a aussi traduit en français le « Marocco » d'Edmondo de Amicis, id. id. 1881.

Bellecombe (André-Ursule Casse de), littérateur français, né à Montpezat (Lot et Garonne), le 1er mars 1838. Fils d'un ancien officier de cavalerie qui consacrait ses loisirs à l'étude, il acheva ses classes au collège de Cahors et il s'adonna de bonne heure aux lettres. Il débuta par un volume de poésies romantiques : « Fantaisies dédiées à la comtesse Adèle de H*** » Paris, Legallois, 1843, et écrivit dans plusieurs journaux, notamment dans le *Courrier de la Gironde*. Citons encore de lui: « Antonio Morales » drame en trois actes et en prose, Paris, Cosson, 1844 ; « L'Agénais illustré, galerie des célébrités départementales » Agens, Noubel, 1846 ; « Mélanges littéraires » Cahors, 1849 ; « La France républicaine » 1848-49 » ; « Elisa, poème véritable » Paris, Taride, 1855 ; « Polygénisme et monogénisme par un polygéniste indépendant » id. Furne et Cie, 1867 « La vie ou la mort. Constitution républicaine, ou monarchie libérale » id. Dentu, 1872. Mais l'ouvrage le plus important de M. Bellecombe et qui lui a valu l'honneur d'être choisi président de l'institut historique de France, est son « Histoire universelle » commencée en 1849, qui doit embrasser l'histoire politique, militaire et religieuse et l'histoire scientifique, littéraire et artistique; jusqu'à présent on a imprimé 28 volumes de cet ouvrage qui dans le plan de l'auteur ne doit pas en avoir moins de cent quatorze; on assure que le manuscrit est déjà tout prêt.

Bellermann (Henri), musicien allemand, né à Berlin, le 10 mars 1832. Fils de Jean-Frédéric B. (1795-1874) philologue, après avoir étudié la musique sous la direction d'Édouard Grell, il fut nommé, en 1853, professeur de musique et de chant au *Grauen Kloster* de Berlin, puis, en 1866, professeur de musique à l'Université de cette ville, à la place de A. B. Marx. Ses compositions musicales pour les tragédies de Sophocle, *Ajax, le roi Œdipe*, et *Œdipe à Colone* obtinrent un succès considérable. Mais en nous bornant à considérer M. B. comme écrivain, nous rappellerons ici, en dehors de ses nombreux articles dans l'*Allgemeine musikalische Zeitung*, les ouvrages suivants : « Die Mensuralnoten und Taktzeichen des 15 und 16 Jahrhunderts » Berlin, 1858 ; « Der Kontrapunkt » id. 1862, 2me éd., 1877 ; « Ueber die Entwickelung der mehrstimmigen Musik » id. 1867 ; « Die Grösse der musikalischen Intervalle als Grundlage der Harmonie » id. 1873.

Bellet (Paul), littérateur et journaliste français, né en 1836. Ancien employé des postes, il s'est fait connaître d'abord par un petit volume: « Le canal de Suez et le canal maritime du Midi (Bordeaux à Toulouse et Toulouse à Cette) », Toulouse, Gemet, 1870; ensuite, il a publié sous le pseudonyme de Paul Tajac un recueil d' « Observations, Pensées et Maximes philosophiques », Paris, Dentu, 1875. Il a dirigé de 1882 à 1884, un journal illustré de lectures sous le pseudonyme d'A. Bell. Il a également collaboré au *Nain Jaune*, à la *Patrie*, au *Figaro*, etc., et a publié des pièces de théâtre dont l'une, la « Maison de Molière, » a été reçue à correction au Théâtre-Français, en 1879.

Bellet (l'abbé Charles), ecclésiastique et érudit français, membre de la Société d'archéologie de la Drôme. Nous connaissons de lui: « Étude critique sur les invasions en Dauphiné, notamment à Grenoble et dans le Graisivaudan », Lyon, Brun, 1880; « Un évêque au moyen-âge, notice historique sur Aimon I de Chissé, évêque de Grenoble de 1388 à 1427 », id., id., id.; « Notice historique sur Jost de Silenen, ambassadeur de Louis XI et évêque de Grenoble », id., id., id. ; « Le Manuel de M. Paul Bert, ses erreurs et ses falsifications historiques, suivi d'un examen de la morale laïque de M. Jules Ferry », Tours, Cattier, 1883.

Belleval (le marquis Marie-René de), littérateur français, né, le 27 juin 1835, à Abbeville (Somme); attaché pendant longtemps à la personne du comte de Chambord, il prit part à toute la campagne de 1870-71 et y fut blessé et décoré. De 1871 à 1878, il a été successivement sous-préfet à Béthune, à Luneville, à Villefranche, et à Sens. Il rédige actuellement le *Journal de l'Oise*, ayant été collaborateur de l'*Union* de Paris et de l'*Éclaireur de l'Oise*. Il a publié un grand nombre d'ouvrages d'érudition historique et quelques romans : « La Journée de Mons-en-Vimeu et le Ponthieu après le traité de Troyes », Paris, Durand, 1861; « La Grande guerre, fragments d'une histoire de France au XIVe et XVe siècles », id., id., 1862 ; « Notices historiques et généalogiques sur quelques familles nobles de Picardie », Amiens, Lemer aîné, 1863 ; « Rôle des nobles et fieffés du bailliage d'Amiens convoqués pour la guerre le 25 août 1337 », id., id., id.; « La première campagne d'Édouard III en France », id., 1864; « Nobiliaire de Ponthieu et de Vimeu », 2 volumes, id., id., 1864, 2me éd., revue, corrigée et augmentée, Paris, Bachelin-Defloronne, 1875; « Azincourt », Amiens, Lemer, 1865; « Du costume militaire des Français en 1446 », avec 7 pl., Paris, Aubry, 1866; « Jean de Bailleul, roi d'Écosse et sire de Bailleul en Vimeu », id., Dumoulin, 1866 ; « Le Ponthieu aux croisades », id., id., 1868; « Lettres sur le Ponthieu », id., id., id.; « Les lieutenants des maréchaux de France », id., id., 1877; « Nos pères, mœurs et coûtumes du temps passé », id., Olmer, 1879; « De Venise à Frohsdorf. Souvenirs et récits », id., Dentu, 1880; « La Fille de Chicot », id., id., 1882 ; « La salle des ancêtres, portraits civils et militaires », id., Didier, 1882; « Voyage autour d'une petite ville », id., Dentu, 1883 ; « Un tour en West Flandre », id., 1885; « La Dame au loup », id., C. Lévy, 1885. Nous citerons encore de lui: « Souvenirs d'un chevau-léger de la garde du Roi »; « Les Panoplies du XV au XVIII siècle; « Les Bâtards de la Maison de France »; « Souvenirs de guerre », etc.

Belli-Blanes (Henri), acteur et auteur dramatique italien. Il a publié: « La gran muraglia della China; scherzo comico in un atto » « Quale è il mio sesso? scherzo comico in un atto » Milan, Barbini, 1872; « Un numero fatale, scherzo comico. — Il neromaniaco, bizzaria drammatica » id. id. id.; « I promessi sposi, scherzo comico » Milan, 1884.

Belling (Édouard), littérateur allemand, né à Schrimm (prov. de Posen), le 30 janvier 1848 ; il fréquenta d'abord le gymnase de Lissa et ensuite l'Université de Breslau, où il suivit les cours de Haase, de Hertz, de Rossbach, de Rückert et de Pfeiffer. Parmi les travaux de cet écrivain nous citerons : « Die Metrik Schiller's » 1883; « Programme über Goethe's Metrik » id.; « Die Königin Luise in der Dichtung » 1886; « Die Metrik Lessing's » 1887.

Bellini (Domenico), peintre et écrivain d'art italien, né, à Pérouse, le 29 janvier 1845. Il fit ses études dans sa ville natale et il se déclare surtout redevable au peintre Domenico Bruschi de tout ce qu'il a appris en matière d'art. A dix huit ans, il vint continuer ses études à Florence, et deux ans après il passa à Rome en cultivant toujours son art. En novembre 1870, il fut nommé maître de dessin au collège Rosi à Spello (Ombrie) ; en 1878, à la suite d'un concours il fut nommé professeur de dessin à l'institut Giovanni Battista della Porta de Naples, où il se trouve encore maintenant. Il a publié: « Gli appunti dal vero per l'insegnamento dell'ornato. La compenetrazione dei solidi col sistema assonometrico. L'analisi dal vero per l'insegnamento dell'ornato », Foligno, 1872; « L'ornamentazione lineare », Naples, 1879. Il a encore, dit-on, en portefeuille plusieurs ouvrages inédits.

Bellio (Victor), géographe italien, né, à Vicence, le 31 août 1847. Il fit ses études au Gymnase et au Lycée de sa ville natale, et à l'Université de Padoue, où il fut reçu docteur en droit. De 1871 à 1872, attaché, en qualité de surnuméraire, au Ministère de l'Agriculture, de l'Industrie et du Commerce, il passait, en 1872, dans l'enseignement. En 1882, il était nommé professeur extraordinaire de géographie à l'Université de Palerme; en 1885, il passait dans la même qualité à Pavie, où, en 1886, il recevait l'ordinariat. M. Bellio a publié plusieurs travaux dans l'*Archivio Storico Siciliano*, entr'autres, une illustration sur « Il Periplo della Sicilia » et quelques notes sur des manuscrits siciliens de géographie; un mémoire dans le *Bollettino della Società Geografica Italiana* sur la description donnée par le Père Castelli de la Mingrélie et de la Georgie; sa leçon d'ouverture à l'Université de Pavie sur les rapports entre l'ethnographie de l'Italie et sa production artistique; une conférence sur l'Abyssinie, insérée dans les *Atti della Società africana d'Italia, Sezione di Firenze*, et enfin « Il Mare », Milan, 1886, dans la collection de Manuels publiée par l'éditeur Hœpli de Milan.

Bello (Emilio), poète sud-américain, né à Santiago du Chili, en 1845. Son père, littérateur distingué, lui inspira de bonne heure le goût des lettres, de sorte que, à peine sorti de l'enfance, il composait déjà des vers fort bien tournés. Il n'était pas encore âgé de seize ans et déjà de nombreuses poésies de lui commençaient à paraître dans divers recueils et journaux de Valparaiso et de Santiago. En 1872, elles furent réunies en un volume. Depuis 1870, M. Bello est député au Congrès du Chili.

Bellucci (Joseph), paléontologue et chimiste italien, professeur à Pérouse (Nous renvoyons au *Supplément* une notice plus détaillée sur ce savant ombrien).

Bellucci (Joseph), poète italien, né, à Cervia, le 20 décembre 1819. Propriétaire et maire, il partagea son temps entre les soins de la campagne et les affaires de sa ville natale, en consacrant tous ses loisirs à la poésie, qu'il cultive avec passion. Nous citerons ici : « Epitalamio con invocazione alle Grazie » ; « Eroide, Tasso, Leonora », et un fragment de la réponse de Leonora à Tasso; « Carme », dédié « alla illustre poetessa Teodolinda Franceschi Pignocchi ». Des traductions, entr'autres : « Le nozze di Peleo e di Teti di Catullo » ; « Il Laoconte del Sadoleto »; « Carme ad Alessandro Volta del prof. Antonio Rieppi » ; « Scienza e virtù, carme di Antonio Rieppi » ; « Del Telegrafo, della forza del Vapore e della Fotografia, carme di Giuseppe Rossi » ; « Della vera nobiltà, brano di Marcello Palingenio ».

Belluzzi (Raphaël), pédagogiste italien; il débuta comme instituteur dans les écoles communales, et à Budrio (province de Bologne) où il se trouvait, vers 1868, en cette qualité, il se fit remarquer par la violence de ses opinions ultraradicales ; nommé peu après instituteur à Bologne, il est devenu surintendant des écoles communales de cette ville, place que, croyons-nous, il occupe encore. Très mêlé au mouvement ouvrier, il a publié plusieurs rapports aux sociétés ouvrières dont il est membre; en dehors de ces publications, nous connaissons de lui : « I fanciulli venduti ; operetta in tre atti per fanciulli e fanciulle » musique de Parisini, Bologne, 1876; « Canzoniere politico popolare, con proemio storico dal 1828 al 1850 ; e brevi biografie dei poeti prescelti » Modène, Zanichelli, 1878; « Bologna nel risorgimento italiano » Bologne, Zanichelli, 1884; « Primi esercizi di lettura e scrittura » id. id., 1887. Sous le pseudonyme de *Rafbèl*, M. Belluzzi a publié une serie d'articles dans le journal de Bologne: *Ei ch'al scusa*.

Belolaweck Morgan (Camille), littérateur autrichien, né, le 29 octobre 1860, à Vienne, où son père était secrétaire de l'ambassade royale de Hollande. Après avoir fréquenté le gymnase, il se rendit à l'académie d'agriculture de Mödding, près de Vienne, mais ne se sentant pas de goût pour ces études, il alla à l'université de Vienne, où, pendant trois ans, il étudia la philosophie et la philologie. En 1876, n'ayant encore que seize ans, il fit paraître son premier volume de poésies « Kleine Blumen, kleine Blätter ». Ce fut d'après les conseils d'Anastasius Grün et de la femme poète Ada Christen, que son père se détermina à laisser recueillir en un volume ces poésies, qui avaient déjà paru dans les journaux et dans les albums. Ada Christen écrivit même la préface au premier volume des œuvres de son jeune protégé. Quelques années plus tard, en 1883, M. B. publiait un autre volume: « Feuilletone und Novelletten »; un drame de lui « Waldveilchen » fut joué au théâtre de Mödling; en 1886, il entreprit un voyage en Orient, dont il a publié les impressions en deux ouvrages : « Erinnerung aus Serbien » ; et « Dreissig Tage in Kleinasien » ; plus tard, il écrivit le libretto d'un opéra en trois actes « König Camille » musique du maestro Buvva de Gratz. Son dernier ouvrage est un roman « Prinz Ludwig ».

Belot (Adolphe), auteur dramatique et romancier français, né, à la Pointe-à-Pitre (Guadeloupe), le 5 novembre 1829; il vint en France, pour étudier le droit, fut reçu licencié, et se fit inscrire comme avocat au barreau de Nancy. M. Belot qui a toujours eu la passion des voyages a visité presque toute l'Amérique et tout récemment encore l'île de Ceylan et le Cambodge. On assure même que ces contrées seront le cadre de son prochain roman. Dès 1855, il débuta dans les lettres par un volume publié chez Didier, qui bien qu'ayant eu deux éd. dans la même année, passa presque inaperçu ; à ce premier essai, il fit suivre « Marthe. Un cas de conscience » nouvelle, Hachette, 1857, 1863, chez le même, nouvelle éd. augmentée d'une autre nouvelle « La Comtesse Emma » qui n'est que le sujet de son drame « La Vengeance du mari » exposé sous forme de narration ; comme romancier, M. Belot a encore publié : « L'habitude et le souvenir, histoire parisienne » Paris, Hachette, 1865, rééditée sous le titre « Deux femmes » et avec « La comtesse Emma » en 1873, chez Dentu ; « Le drame de la rue de la Paix » id. Lévy frères, 1867; « La Vénus de Gordes » id. Faure, id., en collaboration avec Ernest Daudet ; « Mémoires d'un caissier » id. id. 1868, en collaboration avec Jules Dautin ; « Mademoiselle Giraud, ma femme » id. Dentu, 1870. roman calqué sur *Mademoiselle Maupin* de Théophile Gauthier, publié, d'abord, en feuilleton, dans le *Figaro*, mais brusquement interrompu en raison du scandale qu'il souleva, ce qui ne l'empêcha pas, au contraire, d'avoir environ deux cents éditions en librairie ; « L'article 47 » roman, id. id. id. ; « La femme de feu » id. id. 1872 ; « Le Parricide » id. id. 1873 ; « Dacolard et Lubin » id. id. id., suite du précédent, les deux en collaboration avec Jules Dautin ; « Hélène et Mathilde » id. id. 1874 ; « Les Mystères de Trouville »; « Mme Vitel et Mlle Lelièvre »; « Une maison centrale de femmes » id. id. 1874-75, quatre romans faisant suite l'un à l'autre ; « Folie de jeunesse » id. id. 1876; « La sultane parisienne » id. id. 1877 ; « La Fièvre de l'inconnu » id. id. id; « La Vénus Noire » id. id. 1878; « La Femme de glace » id. id. id. ; « Les Étrangleurs » ; « La Grande Florine » deux romans se faisant suite, id. id. 1879 ; « Une joueuse » id. id. id.; « Le roi des Grecs » 2 vol. id. id. 1881 ; « Le sport de l'éléphant » extrait du « Rendez-vous de chasse » id. id. id. ; « Fleur de crime » 2 vol. id. id. ; « La Bouche de Mme X. » id. id. 1882; « Les fugitives de Vienne » id. id. id. ; « Reine de Beauté »; « La Princesse Sophie » deux romans se faisant suite, id. id. 1883 ; « La Tête du pont » id. id. 1884; « Le Pigeon » id. id. id. suite du précédent ; « Adultère, dernière aventure parisienne » 1875 ; « Une affolée d'amour »; « La couleuvre » deux romans se faisant suite, id. id. id.; « La petite couleuvre » id. id. 1885; « Les cravates blanches »; « Le chantage » qui forment un seul roman en 2 vol. id. id. 1886 ; « Courtisane » id. id. id. ; « Une lune de miel à Monte Carlo » id. id. 1887; « Alphonsine » id. id. id., dont ont vient de mettre en vente la 19me édition, etc. etc. — Comme auteur dramatique M. Belot débuta par une comédie en un acte « A la campagne » Paris,

Lévy frères, 1857, qui ne faisait pas prévoir l'immense et durable succès que devait avoir son second essai dramatique « Le Testament de César Girodot » comédie en trois actes, en prose, (Paris, Barbré, 1859), jouée à l'Odéon, le 30 septembre 1859. Cette pièce, écrite au collège avec son camarade M. Edm. Villetard, compte parmi les plus grands succès dramatiques de ces dernières années ; elle fut jouée près de 200 fois de suite, et elle a été souvent reprise par le théâtre de l'Odéon, dans les moments de pénurie dramatique. Depuis plusieurs années cette comédie est passée de l'Odéon à la Comédie-Française, où elle est au répertoire et où elle a été jouée plus de 300 fois, ce qui fait environ 800 représentations en comptant l'Odéon. M. Belot tire une pièce de presque chacun de ses romans; c'est ainsi que « Le Drame de la Rue de la Paix » a été représenté à l'Odéon, en 1868; « L'Article 47 » à l'Ambigu, en 1871; « La Vénus noire » au Châtelet, en 1879; « Les Étrangleurs de Paris » à la Porte Saint-Martin, en 1880, « Le roi des Grecs » à la Gaîté, en 1883, etc. En dehors des pièces tirées de ses romans, M. Belot a encore écrit pour le théâtre : « Un secret de famille » drame en cinq actes, Paris, Barbré, 1859; « La vengeance du mari » drame en trois actes, id. Librairie nouvelle, 1860; « Les parents terribles » comédie en trois actes, en prose, avec une préface en vers, en collaboration avec Léon Journault, id. Lévy frères, 1861; « Les maris à système » comédie en trois actes, id. id. 1862; « Le vrai courage » comédie en deux actes, en collaboration avec Raoul Bravard, id. Dentu, 1862; « Les Indifférents » comédie en quatre actes, en prose, id. Lévy frères, 1864; « Le passé de M. Jouanne » comédie en quatre actes, en collaboration avec M. Henri Crisafulli, suite de la *Vie de Bohême* de Murger, id. Librairie internationale, 1865; « Didon » opéra bouffe en deux actes et quatre tableaux, dont un prologue, musique de Blangini fils, id. Lévy frères, 1866; « Les souvenirs » comédie en quatre actes, id. Librairie internationale, 1867 ; « Miss Multon » comédies en trois actes, en collaboration avec Eugène Nus, id. Lévy frères, 1869; « La fièvre du jour » comédie en quatre actes, avec le même, id. id. 1870 ; « La marquise » pièce en quatre actes, avec le même, id. id. 1874; « Le Beau-frère » pièce en cinq actes, tirée du roman du même nom de M. Hector Malot, id. id. 1875 ; « Les petits coucous » comédie en trois actes, id. id. 1881. M. Belot a collaboré avec Alphonse Daudet à deux pièces tirées de deux romans du célèbre auteur de *l'Immortel*: « Fromont Jeune et Risler aîné » comédie en cinq actes jouée au Vaudeville, reprise au Gymnase; et « Sapho » comédie en cinq actes, jouée au Gymnase. M. Belot a été huit ans membre de la commission des auteurs dramatiques, et six ans membre du comité de la société des gens de lettres. Il a été aussi nommé par ses collègues du comité, vice-président pendant une année. Il est, en outre, vice-président d'honneur de l'association littéraire internationale.

Belsheim (Jean), théologien norvégien, né, de pauvres paysans, en 1829 ; nommé pasteur, en 1864, il s'est retiré, en 1870, avec une pension, pour se vouer entièrement aux études de l'Histoire Sainte et aux manuscrits du Nouveau Testament. Il a été chargé de plusieurs missions aux frais de l'État, pour collationer et copier des manuscrits à Upsal, à Stockholm, à Copenhague, à Berlin et à Saint-Pétersbourg. Il a déchiffré le premier des palimpsestes inexplorés, et il s'est fait un nom comme l'un des plus doctes éditeurs de manuscrits latins de la Bible. Nous donnons ici la liste de ses ouvrages les plus importants : « De la Bible, sa conservation, traduction et propagation », Christiania, 1875 (deux éditions); « Coup d'œil sur l'histoire de la Psalmodie de l'Église dans les pays du Nord », id., 1877; « *Codex aureus*, sive quatuor Evangelia ante Hieronymum latine translata, e Codice membranaceo inter V-VII sæculum ut videtur scripto qui in regia bibliotheca Holmiensi asservatur », Christiania, 1878 (édition excellente); « Die Apostelgeschichte und die Offenbarung Johannis in einer alten lateinischen Uebersetzung aus dem *Gigas librorum* auf der königlichen Bibliothek zu Stockholm, nebst einer Vergleichung der übrigen neutestamentlichen Bücher in derselben Handschrift mit der Vulgata und mit anderen Handschriften », Christiania 1879 ; « Das Evangelium des Matthæus, nach dem lateinischen Codex ff. Corbeiensis auf der kaiserlichen Bibliothek zu St. Petersbourg », id., 1881; « *Palimpsestus Vindobonensis*, antiquissimæ Veteris testamenti translationis latinæ fragmenta e Codice rescripto eruit et primum edidit J. B. », id., 1885; « *Appendix epistolarum Paulinarum*, ex codice Sangermanensi Petropolitano », id., 1888.

Beltchikowski (Adam), auteur dramatique et critique polonais, professeur à l'université de Cracovie, où il est né en 1839. Parmi ses travaux de critique littéraire, on nous signale surtout ses « Études critiques »; « Les premières amours du Dante », 1880 ; et un volume d'« Essais sur la littérature polonaise », parus en 1886; parmi ses drames historiques : « Le roi Don Juan », 1869 ; « Hunyadi », 1869; « Les Deux Radzivill », 1871; « Francesca da Rimini », 1873 ; « Le hois Ladislas de Varna » ; « Mtcheslas II roi de Pologne », pièce couronnée, 1876 ; « Le Serment » ; « Le Roi Boleslas le Brave », 1882. Citons encore une scène lyrique en vers, intitulée : « Une soirée au Czarny Lux » (le domicile du célèbre poète polonais Kochanowski), 1882 ; une comédie en trois actes:

« Protecteurs et protégés », 1875 ; et deux nouvelles : « Le vieux garçon » ; « Le foyer domestique », 1885 ; un roman en deux volumes : « Le Patriarche », 1872 etc.

Beltrame (Abbé Jean), illustre voyageur, géographe et linguiste italien, membre honoraire de la Société Géographique italienne, professeur d'histoire, de géographie, des droits et des devoirs du citoyen, à l'École Normale des femmes et à l'École Magistrale des hommes à Vérone, vice-président de l'Institut Mazza, où l'on élève près de 200 orphelins, directeur spirituel de l'*Orfanotrofio femminile*, commandeur de la Couronne d'Italie par *motu-proprio* de S. M. le Roi, admirable exemple de la possibilité de mettre parfaitement d'accord les sentiments d'un bon croyant avec ceux d'un patriote éclairé. L'abbé Beltrame est né le 11 novembre 1824 à Valeggio sul Mincio. Il fit ses études dans l'Institut Mazza et dans le Séminaire Épiscopal de Vérone. En 1848, et en plusieurs autres occasions, ayant, sous la domination autrichienne, témoigné son amour pour l'indépendance italienne, il commença à être rigoureusement surveillé par la police, ce qui le décida définitivement à la carrière des missions, vers laquelle le poussait de bonne heure une forte vocation. Mais, pour devenir un missionnaire plus utile, il reconnut bien vite la nécessité de se consacrer d'abord à l'étude des langues. A Vérone même, il étudia l'arabe avec un égyptien ; en 1850, il passa au Collège de Saint-Lazare à Venise, où il se perfectionna dans l'arabe et apprit l'arménien. Ce ne fut qu'en 1852, qu'il partit pour l'Afrique, où il fit un séjour de dix ans, faisant du bien et apprenant les langues du pays, surtout la langue Denka ou Dinka, qu'il révéla le tout premier à l'Europe savante. Comme écrivain, il débuta publiquement par une « Lettera scritta dall'Africa Centrale » qui parut, en 1858, à Padoue, avec des notes de l'abbé et professeur François Nardi. Suivirent : « Relazione della Missione veronese nell'Africa Centrale », Vérone, 1859 ; « Di un viaggio sul fiume Bianco nell'Africa Centrale », Vérone, 1881 ; « Cenni sui Denka e loro lingua », dans la *Rivista Orientale* de Florence, 1867 ; « Grammatica della lingua Denka », 1870, et « Studio sulla lingua degli Akka », 1877, dans le *Bollettino della Società Geografica Italiana*; « Il Sennaar e lo Sciangallah », en deux volumes, Vérone, 1870 ; « Grammatica della lingua Denka », réimpression, et « Vocabolario Italiano-Denka e Denka-Italiano », dans les Mémoires de la Société Géographique italienne, Rome, 1880 ; « Il fiume Bianco e i Denka » un vol. de 300 pages, Vérone, 1881, ouvrage couronné par une médaille d'or avec ses autres livres sur l'Afrique, par le Congrès international géographique de Venise, 1881 ; « Compendio della Storia d'Italia », en 4 volumes, à l'usage des écoles techniques et normales, Vérone, 1885-86 ; « Elementi di Morale - Diritti e Doveri del Cittadino », pour les mêmes écoles, Vérone, 1886. Restent inédits, mais nous espérons qu'ils ne le seront pas pour un longtemps, deux autres écrits de cet illustre travailleur, dont voici les titres : « In Nubia presso File, Sione ed Elefantina », et « Impressioni e memorie di un viaggio in Palestina ».

Beltrami (Eugène), mathématicien italien, né, à Crémone, le 16 novembre 1835 ; il fit ses études au gymnase et au lycée de sa ville natale, et à l'Université de Pavie. En 1862, il fut nommé professeur extraordinaire d'analyse algébrique à l'Université de Bologne ; l'année suivante il fut reçu professeur ordinaire de géodésie théorétique à l'Université de Pise. En 1866, il passa, sur sa demande, à l'Université de Bologne comme professeur de mécanique rationelle ; en 1873, il fut appelé à l'Université de Rome comme professeur de la même science et chargé en même temps du cours d'analyse supérieure ; en 1876, il passa à Pavie comme professeur de physique mathématique et chargé en même temps du cours de mécanique supérieure, fonctions qu'il remplit encore maintenant. Il a publié les mémoires suivants : Dans les *Annali di Matematica* dirigés par le prof. Brioschi : « Intorno ad alcuni sistemi di curve piane », 1862 ; « Sulla teoria delle sviluppanti », id. ; « Intorno ad alcune proprietà delle superficie di rotazione », 1865 ; « Sulla flessione delle superficie rigate, id. ; « Di un problema relativo alle superficie gobbe », id. ; « Risoluzione del problema : riportare i punti d'una superficie sopra un piano, in modo che le geodetiche sieno rappresentate da linee rette », 1866; « Delle variabili complesse sopra una superficie », 1867 ; « Teoria fondamentale degli spazii di curvatura costante », 1868 ; « Sopra una nota del prof. Schlaefli », 1872 ; « Sul potenziale mutuo di due sistemi rigidi », 1873 ; « Intorno ad alcuni nuovi teoremi di Neumann », 1880 ; « Sulle equazioni generali della elasticità », 1881 ; « Sul potenziale magnetico », 1882 ; — dans les *Memorie dell'Accademia di Bologna*: « Intorno alle coniche di 9 punti », 1863 ; « Sulle proprietà generali delle superficie di area minima », 1878 ; « Sulla teoria generale dei parametri differenziali », 1869 ; « Ricerche sulla cinematica dei fluidi », 1871-74 ; « Intorno ad alcuni teoremi di Feuerbach e di Steiner », 1875 ; « Considerazioni analitiche sopra una proposizione di Steiner », 1877 ; « Intorno alla teoria del potenziale », 1878 ; « Ricerche di geometria analitica », 1879 ; « Sulla teoria dell'attrazione degli ellissoidi », 1880 ; « Sulla teoria delle funzioni potenziali simmetriche », 1881 ; « Sull'equilibrio delle superficie flessibili ed inestendibili », 1882 ; « Delle funzioni associate e specialmente di quelle della calotta sferica », 1883 ;

« Sulla teoria dell' induzione magnetica », 1884; « Sull'uso delle coordinate curvilinee nelle teorie del potenziale e dell'elasticità », 1885; « Sull'interpretazione meccanica delle formole di Maxwell », 1886; « Intorno ad alcuni problemi di propagazione del calore », 1887; — dans le *Giornale di matematiche ad uso degli studenti delle Università italiane* du prof. G. Battaglini de Naples : « D'un problema relativo alle superficie di 2° ordine », 1863; « Sulle operazioni Algebriche », id.; « Estensione allo spazio di tre dimensioni dei teoremi sulle coniche di 16 punti », id.; « Ricerche di analisi applicata alla geometria », 1863-65; « Di alcune proprietà generali delle curve algebriche », 1866; « Dimostrazioni di due formole di Ossian Bonnet », id.; « D'una proprietà delle linee a doppia curvatura », 1867; « Intorno ad una trasformazione di variabili », id.; « Sulla minima distanza di due rette », id.; « Saggio di interpretazione della geometria euclidiana », 1868; « Alcune formole per la teoria delle coniche », 1871; « Intorno ad una trasformazione di Dirichlet », 1872; « Teorema di geometria pseudosferica », id.; « Del moto d'un solido che ruzzola sopra un altro solido », id.; « Sulla superficie di rotazione che serve di tipo alle superficie pseudosferiche », id.; « Sulle funzioni bilineari », 1873; — dans les *Atti dell' Istituto lombardo*: « Note sulla teoria delle cubiche gobbe », 1868; « Sulla teoria delle linee geodetiche », id.; « Sopra un nuovo elemento introdotto da Christoffel nella teoria delle superficie », 1869; « Sulla teoria analitica della distanza », 1872; « Di un sistema di formole per lo studio delle linee e delle superficie ortogonali », id.; « Considerazioni sopra una legge potenziale », 1876; « Intorno ad alcune proposizioni di Clausius nella teoria del potenziale », id.; « Intorno ad un caso di moto a due coordinate », 1878; « Sulle funzioni potenziali simmetriche », id.; « Sull'equazione pentaedrale delle superficie di terz'ordine », 1879; « Intorno ad una formola integrale », id.; « Intorno ad un teorema di Abel », 1880; « Intorno ad alcune serie trigonometriche », id.; « Sulla teoria della scala diatonica », 1882; « Sulla teoria dei conduttori elettrizzati », id.; « Sulla teoria degli strati magnetici », 1883; « Sulla equivalenza delle distribuzioni magnetiche e galvaniche », id.; « Sulla teoria del potenziale », id.; « Intorno ad un problema nella teoria delle correnti stazionarie », 1884; « Sulla rappresentazione delle forze newtoniane per mezzo di forze elastiche », id.; « Sulle condizioni di resistenza dei corpi elastici », 1885; « Sulla teoria delle onde », 1886; « Sulle funzioni sferiche d'una variabile », 1887; « Sulle funzioni complesse », id.; — dans le *Nuovo Cimento* de Pise: « Sulla teoria matematica dei solenoidi elettro-dinamici », 1872; — dans les *Memorie della R. Accademia dei Lincei*: « Sulla determinazione della densità elettrica », 1877; — dans les *Atti* de la même Académie: « Sull'attrazione di un anello circolare od elettrico », 1880; — dans les *Nouvelles Annales de Mathématique*: « Sur la courbure de quelques lignes singulières tracées dans une surface », 1865; — dans le *Bulletin des sciences Mathématiques et astronomiques*: « Formules fondamentales de cinématique », 1876; — dans les *Mathematische Annalen*: « Zur Theorie des Krümmungsmaasses », 1869; — dans le *Atti dell'Accademia di Torino*: « Sulle funzioni cilindriche », 1881; — dans les *Acta Mathematica* de Stockholm: « Sur les couches du niveau électro-magnétiques », 1883. — dans le *Collectanea Mathematica in memoriam D. Chelini*, Milan, 1881: « Discorso sulla vita e sulle opere di Domenico Chelini » et « Sulla teoria degli assi di rotazione ». — M. Beltrami est membre du Conseil supérieur de l'instruction publique, et il appartient à plusieurs sociétés savantes, parmi lesquelles nous citerons la Société italienne des sciences dite des quarante, l'Académie royale des Lincei, celle des sciences de l'Institut de Bologne, etc.

Beltrami (Luca), architecte et écrivain d'art, né, à Milan, en 1854. En 1876, il achevait ses études à l'Institut technique supérieur de Milan et passa à Paris, où il soutint avec succès les examens à l'école nationale des Beaux-Arts, fut attaché aux travaux pour l'Exposition Internationale de 1878, et, de 1877 à 1880, à ceux de la reconstruction de l'Hôtel de Ville. En 1880, ayant obtenu le premier prix au concours pour le monument qu'on doit ériger à Milan en souvenir de la révolution de 1848, il rentra dans sa ville natale, où il fut presque aussitôt nommé professeur de géométrie descriptive et d'architecture à l'Académie des Beaux-Arts. Nous ne parlerons pas ici des nombreux succès que M. Beltrami a remportés dans sa carrière d'architecte; nous disons seulement qu'il a dressé les plans et dirigé la construction du palais de la Société des Beaux-Arts de Milan qui a été universellement loué et que, en 1886, il a été parmi les quinze concurrents au projet pour la façade du Dôme de Milan qui ont été admis à concourir une seconde fois. Nommé, en 1884, membre du conseil municipal de Milan, il a été choisi par ses collègues, adjoint du maire (*assessore*) pour l'édilité; en octobre 1865, il était nommé Commissaire royal pour la révision des monuments nationaux de la Lombardie et membre du Conseil central d'Archéologie; en novembre 1867, il a été nommé professeur d'architecture pratique à l'Institut Technique Supérieur de Milan. M. Beltrami qui, dans sa jeunesse, avait donné des articles, fort goûtés, à un journal humoristique de Milan, a publié, en outre, les ouvrages suivants: « L'architettura all'Esposizione nazionale del 1881 » Milano, 1882; « Il Lazzaretto di Milano. Vicende storiche dal 1448 al giorno d'oggi » id. id., avec atlas; « L'*Hôtel de Ville* e Domenico da Cortona, detto il Boccadoro » dans la *Nuova Antologia*, de 1882: « Le vôlte del Duomo di Milano » Milan, 1882; « La facciata del Duomo di Milano » id. 1883; « Bramante poeta, colla raccolta di sonetti inediti » id. 1884; « La Rocca Sforzesca di Soncino, con appendice di documenti inediti » id. id.; « Il Castello di Milano sotto il dominio degli Sforza 1450-1530 » 1885, avec pl. ed illustrations; « La facciata del Palazzo Marino. Relazione al Consiglio Comunale » id. 1886; « Leonardo da Vinci e il Naviglio di Milano » id. id.; « Raccolta di motivi decorativi per l'insegnamento del chiaroscuro » id. id.; « Studii sulla facciata del Duomo di Milano » 3 brochures illustrées: « 1º. Le lince fondamentali »; « 2º Lo stile del Duomo » ; « 3º La teoria nel Duomo ». En décembre 1887, il a fondé avec M. G. Pagani la *Raccolta milanese di storia, geografia ed arte*, qui a cessé ses publications à la seconde livraison. A l'occasion de la réunion de la Députation d'histoire nationale qui a eu lieu à Milan, en avril 1888, M. Beltrami a présenté à la docte assemblée un mémoire sur un dessin inédit du Château, dit du *Valentino*, à Turin.

Beltrani-Scalia (Martin), administrateur italien, né en Sicile; il est actuellement conseiller d'état et directeur général des prisons au Ministère de l'Intérieur. M. B. S. a publié: « Lettera di B. S. al signor Federico Bellazzi sul libro : *Prigioni e prigionieri* » Florence, 1868; « Sul governo e sulla riforma delle carceri in Italia, saggio storico e teorico » Turin, Favale, 1868 ; « Cappello d'un cappello » Florence, Fodratti, 1869; « Stato attuale della riforma penitenziaria in Europa ed in America » Rome, Artero, 1874; « Il congresso penitenziario internazionale di Stoccolma » id. id. 1879; « La riforma penitenziaria in Italia ; studii e proposte » id. id. id. (Cfr. un mémoire du même titre de M. A. Buccellati, dans les *Atti del R. Istituto Lombardo* de 1879). M. B. S. est aussi l'auteur des introductions fort appréciées qui précédent les statistiques annuelles publiées par l'administration des prisons.

Beltrano (Giovanni), jurisconsulte et professeur italien, né, à Naples, le 12 mai 1823. Après avoir fréquenté l'école juridique de Roberto Savarese, qui a été la pépinière des grands avocats napolitains, il se fit inscrire, en 1845, au barreau de Naples, où il ne tarda pas à acquérir une certaine renommée. En 1861, il obtint, à la suite d'un concours, la chaire de droit privé comparé à l'Université de sa ville natale; l'année suivante, il était chargé de l'enseignement du droit international, dont il est, depuis longtemps, professeur ordinaire. M. Beltrano, est, maintenant, doyen de la Faculté juridique de Naples. Parmi les nombreuses publications de ce professeur, nous citerons les suivantes : « Esposizione critica della scuola medica di Salerno per Salvatore de Renzi » 1857; « Della trattazione della storia nei tempi antichi e nei moderni » 1858; « Pensieri sulla istituzione di una Consulta per le provincie Napoletane, nominata con decreto Luogotenenziale del 26 novembre 1860 » 1860; « Cenno storico-critico comparato sui dritti successorî del coniuge povero » 1861 ; « Di un nuovo ordinamento giudiziario nelle province napoletane » id.; « Scritti varî, politici e letterarî » id. ; « Prolusione all'insegnamento del Diritto privato comparato nella R. Università di Napoli » id.; « Prolusione al corso di Diritto Internazionale nella stessa R. Università » 1862; « Programma di un corso compiuto di Dritto Internazionale » 1863; « Discorso proemiale da servire di esplicazione al programma del un corso compiuto di Dritto Internazionale » id.; « Sul quesito se le officine di navigazione poste in Italia e dipendenti da armatori stranieri sieno soggette alla tassa di Ricchezza Mobile in Italia » 1877; « Degli effetti delle sentenze di annullamento pronunziate dalla Corte di Cassazione » 1878; « Del cangiamento di nazionalità in rapporto ai figli e delle condizioni necessarie per dimandare la naturalizzazione; 1879 ; « Dell'indole della ipoteca legale e dei suoi effetti in rapporto ai terzi, secondo il codice civile italiano » 1881 ; « Discorso pronunziato nella Regia Università di Napoli per la inaugurazione della scuola diplomatico-consolare » id. ; « Delle costruzioni fatte in buona fede sul suolo altrui a saputa e senza opposizione del proprietario del suolo medesimo » 1881 ; « Della incapacità elettorale del figlio dello straniero non naturalizzato » 2me éd. 1882.

Belval (Charles), hygiéniste belge, né, à Tournai, le 18 juillet 1832, ancien conservateur au Musée royal d'histoire naturelle de l'État. M. Belval est aujourd'hui pharmacien à Bruxelles. Il s'est beaucoup occupé des questions d'hygiène publique et il a écrit à ce sujet d'innombrables articles dans les bulletins des sociétés savantes, les revues scientifiques et les journaux médicaux belges et étrangers : nous nous bornerons à signaler sa collaboration aux *Annales d'hygiène et de médecine légale* et à la *Revue d'hygiène et de police sanitaire* de Paris ainsi qu'au *Mouvement hygiénique* de Bruxelles. Ses principales publications sont: « Études sur quelques questions d'hygiène administrative », Bruxelles, Manceaux, 1864; « Études sur les mesures administratives prophylactiques de la rage », id., Mertens, id.; « Des mesures hygiéniques à introduire dans les réglements communaux », id., id., 1864-65 ; « De l'organisation de l'hygiène publique en Belgique », id., Banvais, 1871; « Essai sur l'organisation générale de l'hygiène publique », id., Manceaux, 1876 ; « Des logements à la nuit, vulgairement nommé *garnis* », id., id., id.; « Essai sur les maisons mortuaires », id., id., 1877; « Des maisons mortuaires », Paris, Baillière et fils, 1877; « Hygiène et éducation de la première enfance », Bruxelles, Manceaux, 1880.

Belz de Villas, littérateur français, né, à Lyon, en 1857. M. B. qui demeure à Marseille, où il s'est adonné au commerce, consacre ses loisirs aux lettres. Citons de lui : « Contes naturalistes » Marseille, Bertin, 1882 ; « Un amour avorté, roman naturaliste » id. id. 1883 ; « Sous le ciel bleu » id. id. 1884 ; « Madame de la Roche » id. Trabuc, 1885.

Belza (Joseph; le son de la consonne L dans ce nom doit être cérébral), chimiste polonais, né à Mastowice, en 1805. Après avoir achevé, en 1826, ses études à l'Université de Varsovie, il fut nommé professeur de chimie au gymnase, et ensuite à l'Institut d'Agriculture à Marimont et à l'école des pharmaciens. Son nom est devenu célèbre en Pologne ; plusieurs de ses livres, demeurés longtemps uniques dans leur genre en Pologne, ont obtenu l'honneur d'une traduction en russe. Nous citerons, entr'autres : « Traité de chimie » Varsovie, 1844; « Abrégé du Traité de chimie » id. 1852 ; « Supplément au Traité de chimie » id. 1854. M. Belza avait débuté par un essai sur « Les eaux minérales » Varsovie, 1829. En 1837, il publia un mémoire « Sur la fabrication du sucre de betterave »; en 1840, les « Principes de technologie chimique » (réimprimés en 1851) ; en 1848 : « Vie de l'astronome polonais Arminski ».

Belza (Ladislas), poète et publiciste polonais, fils du précédent, membre de plusieurs sociétés littéraires et scientifiques, né, en 1847, à Varsovie. Après avoir terminé ses études à l'École Militaire de Kazan (Russie), il revint, en 1866, à Varsovie. Renvoyé de la Pologne Russe, en 1868, à cause de ses opinions libérales, il visita l'Italie du Nord, la Suisse et la France ; en 1869, il s'établit à Posen, où il ne s'occupa que de littérature ; mais, après deux ans de séjour, chassé par le gouvernement prussien, 1871, il s'installa à Lemberg, en Gallicie, où il réside encore. Le recueil de ses meilleurs poèmes a paru, en 1874, à Leipsig, chez Brockhaus, dans la Bibliothèque des Écrivains Polonais. Plusieurs de ses œuvres en vers et en prose destinés à la jeunesse ont été réimprimés. Citons entr'autres « Le bon fils » légende (deux éditions) ; « Anthologie des poètes polonais » (trois éditions). M. B. a aussi rédigé pendant sept ans un journal pour la jeunesse. Quelques unes de ses poésies sont traduites en allemand, par Nitschmann et Kurtzman, et en bohême par Jean Netchas.

Belza (Stanislas), jurisconsulte et publiciste polonais, frère et fils des deux précédents, avocat à Varsovie, ancien procureur du roi, né, à Varsovie, le 2 novembre 1849. Il voyagea beaucoup en Italie, en Serbie, en Croatie et dans les pays scandinaves. Il travailla avec M. Arthur Wolynski à la création du Musée Kopernik de Rome. Depuis 1867, il collabore aux principales revues et aux principaux journaux de la Pologne. Parmi ses écrits, nous signalons : « Un mois en Norvège » Varsovie, 1880 ; « Lettre du Danemark » id. 1882 ; « Une visite chez Strossmayer » id. 1884 ; « Au de là des Apennins » id. 1886 ; « Nouvelle loi sur les faillites en Italie » id. 1886 ; « Sur les honoraires des avocats » id. 1886. Citons encore : « Charles Miarka » Varsovie, 1880 ; « L'instruction primaire » id. 1880 ; « Dix ans de travail en Silésie » id., 1882 ; « Les abandonnés » id., 1886.

Bémont (Charles), historien français, né, à Paris, en 1848. — M. Bémont qui est docteur ès-lettres, archiviste paléographe et professeur d'histoire à l'École alsacienne de Paris, a publié : « Simon de Montfort, comte de Leicester, sa vie (120?—1265), son rôle politique en France et en Angleterre », Paris, Picard, 1884, ouvrage qui a été couronné par l'Académie française. M. Bémont avait déjà publié quelques articles sur le même argument dans la *Revue historique*.

Benamozegh (Élie), rabbin italien, né, à Livourne, en 1822, d'une famille originaire de Fez au Maroc. Il fit ses études à Livourne, partageant son temps entre les langues modernes, l'hébreu et les études philosophiques et religieuses. Commis dans une maison de commerce jusqu'à l'âge de 26 ans, il se voua entièrement au soins du Rabbinat et aux études. M. B., qui écrit très élégamment le français, a publié plusieurs de ses travaux en France, où il est certainement plus connu qu'en Italie. Parmi ses écrits, nous citerons : « Panim Lat Torà » commentaire agadéthique sur le Pentateuque ; « Emat Mafghia » réfutation d'un ouvrage anticabalistique de Léon de Modène ; « Taam Lescia », dialogue, en réfutation d'un ouvrage anticabalistique du prof. S. D. Luzzatto ; « Gher Ledek » notes critiques sur la paraphrase araméïque de Onkelos ; « Ner Ledavid » commentaire critique littéraire sur le livre des Psaumes ; « Mebó Kelali » introduction générale à tous les documents traditionnels du Judaïsme dans le Liban ; « Lori Ghil'ad » apologie du Commentaire du Pentateuque Em-lam-mùrà adressée aux Rabbins de Palestine ; « Teologia ebraica » Livourne, Vigo, 1858 ; « Le Pentateuque, avec commentaires et recherches philologiques, d'après les résultats des dernières études sur les dogmes, l'histoire, les lois, et les usages des peuples anciens ; y joint un examen de quelques unes des principales conjectures de la critique moderne sur divers passages des Lois de Moïse et de quelques traditions rabbiniques tant historiques que rituelles et théologiques » 5 vol., Livourne, 1862 ; « Storia degli Esseni » Florence, Lemonnier, 1865 ; « Morale juive et morale chrétienne ; examen comparatif, suivi de quelques réflexions sur les principes de l'islamisme » Paris, Lévy frères, 1867, ouvrage couronné par l'*Alliance israélite* de Paris ; « La creazione secondo l'ebraismo » dans la *Rivista Orientale* de Florence ; « Federigo II e gli studii ebraici » dans la *Rivista Bolognese* de 1867 ; « Dell'epoca di mezzo tra profeti e dottori » id. id. ; « Spinoza et la Kabbale » extrait de l'*Univers Israélite* de Paris ; « La Tradition, sa vraisemblance, sa nécessité et sa réalité » id. id. ; « Le crime de la guerre, dénoncé à l'humanité » mémoire qui sur la proposition de Jules Simon, Ed. Laboulaye et Hyp. Passy a obtenu une médaille en bronze et une mention honorable au Concours de la Ligue de la Paix de Paris ; « Cinq conférences sur la Pentecôte » ; « Introduction à Israel et l'humanité » ; « Lettres au prof. S. D. Luzzatto de 1851 à 1864 » ; « Le fonti del Diritto ebraico e il testamento Samama » Livourne, Vigo, 1887 ; « Controreplica al prof. Castelli sul tema ricordato » id. id. id. : « Deuxième partie de Emlammicsà sur les livres bibliques » ; « La Teosofia nella Bibbia e nei libri tradizionali (*Kabbalà*) ».

Benard (Charles), professeur et écrivain français, né, à Sainte-Foy (Seine Inférieure), le 15 février 1807. Après être sorti de l'école normale, il occupa diverses chaires dans les Lycées de province, puis à Paris aux Lycées Bonaparte (1848), et Charlemagne (1856), où il enseigne encore maintenant. M. Benard, qui est un des champions les plus ardents du spiritualisme, a publié : « Précis de philosophie », Paris, Joubert, 1841, 7me éd., id., Delagrave, 1873 ; « Manuel d'études pour la préparation au baccalauréat ès-lettres. Philosophie », id., Dezobry et Magdeleine, 1850 ; « La logique enseignée par les auteurs », id., id., 1858, ouvrage formant le complément du *Précis de philosophie* déjà cité ; « Logique suivie d'une analyse des auteurs », id., id., id. ; « De la philosophie dans l'éducation classique », id., id., 1862 ; « L'enseignement actuel de la philosophie dans les lycées et les collèges, ou les Antinomies de la logique », id., id., 1863 ; « Nouveau manuel de philosophie », id., Tandou, 1863 ; « Petit traité de la dissertation philosophique », id., Delagrave, 1866, 2me éd., 1869 ; « Questions de philosophie », id., 1869 ; « Manuel de philosophie », id., id., 1875 ; « La Philosophie ancienne, histoire de ses systèmes. Première partie : La Philosophie et la Sagesse orientales ; La Philosophie grecque avant Socrate ; Socrate et les socratiques ; Études sur les sophistes grecs », id., Alcan, 1885, volume qui a valu à son auteur un prix de l'Académie française. M. Benard a traduit, en outre, de l'allemand : « Le Cours d'esthétique », et « La Poétique » de Hegel, et les « Écrits philosophiques » de Schelling.

Bénard (Léon), professeur et littérateur français, agrégé de l'Université, né, à Vendes, (Calvados), en 1847 ; professeur au lycée de Poitiers d'abord, ensuite à celui de Nantes où il se trouve maintenant ; M. Bénard a publié : « l'Art de lire et d'écouter ou l'Éducation littéraire » 2 vol., Paris, Picard, 1878 : « Hérodote, morceaux choisis » id. Dupont, 1885.

Bencivenni (Ildebrando), littérateur et journaliste italien, directeur de l'École normale de Turin, né, à Mondolfo (province de Pesaro), en 1853. Parmi ses premiers travaux, nous citerons d'abord « Bianca Cappello » ; « Dita di Fata » ; « La leggenda del pugnale », romans ; « Iridescenze » ; « Il Rovescio della medaglia », comédie publiée dans les *Serate italiane* de Turin, mais qui ne fut jamais jouée ; on a joué, au contraire, et avec succès, trois autres pièces du même auteur : « Il primo amore » ; « L'ultimo amore » ; « Il giuoco del lotto clandestino ». Citons encore de lui un roman psychologique : « Rita ». S'étant adonné à l'enseignement, il publia plusieurs livres pédagogiques, parmi lequels nous citerons : « Cari bambini » ; « Le curiosità di Giannino » ; « Lettere a un giovane normalista » ; « Questioni ardenti », où il discute plusieurs problèmes concernant la question scolaire ; « Pedagogia scientifica », « La Scuola popolare nel problema sociale », et enfin un « Grande Dizionario di Pedagogia e Didattica di scienze affini e legislazione scolastica », ouvrage en cours de publication dans le genre de celui donné à la France, par M. Buisson. — M. Bencivenni dirige, à Turin, un journal pédagogique fort important : *Il maestro elementare italiano*, et il est, en même temps, un des principaux rédacteurs du *Giornale di Sicilia*, où ses articles sur « La Rivoluzione francese », ont été remarqués. M. Bencivenni signe habituellement ses articles dans les journaux du pseudonyme de *Joli*.

Bendall (Cecil), indianiste anglais, professeur de sanscrit à l'University College de Londres, chargé de la Section Orientale dans le Département des livres imprimés au British Museum, membre du Conseil de la Société Asiatique Royale de Londres, né à Londres en 1856, il fut reçu docteur et *fellow* à l'Université de Cambridge ; il entreprit, en 1884-85, un voyage archéologique dans le Nepal et dans l'Inde septentrionale, d'où il rapporta des matériaux et des observations d'un véritable intérêt scientifique. Nous citerons parmi ses ouvrages : « A Catalogue of the Buddhist Sanskrit M[pts] in the University Library, Cambridge, with palaeographical and chronological notices » ; « A journey of literary and archaeological research in Nepal and Northern India » ; des communications savantes aux Congrès internationaux des Orientalistes de Berlin et de Vienne ; différents articles et mémoires au *Journal of the Royal Asiatic So-*

ciety ; à l'*Indian Antiquary* et aux *Oriental Series of the Palaeographical Society*.

Bendel (Joseph), écrivain autrichien, né, le 10 octobre 1846, à Rosendorf en Bohême. Après avoir fréquenté le gymnase, il s'adonna à l'étude de la philosophie et de la philologie ; nommé ensuite professeur, il enseigna dans plusieurs gymnases ; depuis 1879, il est professeur au gymnase allemand de l'État à Prague. En 1886, les électeurs d'un collège de la Bohême du Nord l'ont choisi comme leur représentant au Reichsrath. On a de lui : « Firdusi » tragédie, 1881 ; « Zeitgenössische Dichter » 1882 ; « Die Deutschen in Böhmen, Mähren, und Schlesien » 1884.

Bender (Ferdinand), écrivain allemand, né, à Darmstadt, le 18 octobre 1847. Dès sa première jeunesse, il manifesta une vive inclination pour la musique. A Heidelberg, où il se rendit, en 1864, pour étudier la philologie classique, il s'adonna surtout à l'histoire et à l'archéologie, ce qui ne l'empêcha pas de s'occuper en même temps de musique et de poésie. Un premier essai dramatique et une série de « Skizzen aus dem Leben », furent bien accueillis dans le cercle d'amis pour lequel ils furent seulement imprimés. Après deux ans de séjour à Heidelberg, il quitta cette ville, en 1868, pour se rendre à l'Université de Giessen. Reçu docteur, en 1869, il fut presqu'aussitôt nommé professeur à l'École technique de Friedberg dans la Hesse supérieure. Nommé, en 1871, professeur au gymnase de Büdingen, il y fit paraître, en 1873, un conte en vers « Redlev » qui fut très bien accueilli. Transféré au gymnase de Darmstadt, il publia une autre poésie épique « Panthéa », 1876 qui eut moins de succès que les précédentes. Une comédie en un acte de lui « Zwei Lustspiele », fut au printemps de 1883 jouée plusieurs fois au théâtre de la cour de Darmstadt. En 1866, il publia : « Geschichte der altgriechischen Literatur ». En outre, M. Bender a publié une quantité de travaux et de critiques sur différents arguments de philologie, de pédagogie et de littérature soit dans les journaux, soit en brochures séparées. De même, il a publié plusieurs de ses poésies dans les journaux.

Bender (Guillaume), théologien protestant allemand, né, le 15 Janvier 1845, à Münzenberg (dans le grand-duché de Hesse): à partir de 1863, il étudia la philosophie et la théologie aux universités de Goettingue et de Giessen ; fréquenta, de 1866 à 1867, le Séminaire de Friedberg, et devint, en 1868, prédicateur-adjoint et professeur au gymnase de Worms ; en 1876, il fut appelé à l'université de Bonn, où il se trouve encore maintenant en qualité de professeur ordinaire de théologie et de directeur du séminaire évangélique. En 1877, l'université de Goettingue lui conférait *ad honorem* le titre de docteur en théologie. Parmi ses écrits, nous citerons : « Der Wunderbegriff des neuen Testaments », Francfort, 1871 ; « Schleiermachers Theologie mit ihren philosophischen Grundlagen », 2 vol., Nördling, 1876–78 ; « Johann Konrad Dippel, der Freigeist aus dem Pietismus », Bonn, 1882 ; « Reformation und Kirchenthum, eine akademische Festrede zur Feier des 400 jährigen Geburtstag Martin Luther », Bonn, 1884, qui eut 9 éd. et souleva un véritable mouvement d'opinion dans le clergé protestant de la province du Rhin et de Westphalie, et enfin : « Das Wesen der Religion und die Grundgesetze der Kirchenbildung », Bonn, 1886, 3 éd.

Benecke (Ernest-Guillaume), géologue et paléontologue allemand, né, à Berlin, le 16 mars 1838. Il étudia les sciences naturelles aux universités de Halle, Wurzbourg, Berlin et Heidelberg, travailla ensuite aux collections paléontologiques de Munich, sous la direction de Oppel, et fit, à plusieurs reprises, des excursions géologiques dans les Alpes méridionales. Un travail, inséré dans la *Bibliothèque de Genève* de 1866, sur la « Géologie des Alpes du Tyrol », est un des premiers fruits de ces excursions ; onze ans plus tard, en 1877, il donnait au même recueil un mémoire sur l'« Age du calcaire d'Esino ». Ayant obtenu ses grades à Heidelberg en 1866, il y fut nommé, en 1869, professeur extraordinaire ; en 1872, il fut appelé, en qualité de professeur ordinaire, à l'université de Strasbourg, où il se trouve encore maintenant ; presqu'en même temps, il était nommé membre de la commission des recherches géologiques en Alsace-Lorraine. Parmi ses ouvrages nous citerons : « Ueber Trias und Jura in den Südalpen », Munich, 1866 ; « Lagerung und Zusammensetzung des geschichteten Gebirges am südlichen Abhang des Odenwaldes », Heidelberg, 1869 ; « Abriss der Geologie von Elsass-Lothringen », Strasbourg, 1879 ; comme membre de la commission géologique d'Alsace-Lorraine, il a inséré dans le 1er volume des *Abhandlungen zur geologishen Spezialkarte von Elsass Lothringen*, Strasbourg, 1877 : « Ueber die Trias in Elsass-Lothringen und Luxemburg ». En collaboration avec Cohen, il a publié : « Geognostische Beschreibung der Umgegend von Heidelberg », Heidelberg, 1880, 2 liv. Depuis 1879, il est un des rédacteurs du *Neues Jahrbuch für Mineralogie*.

Beneden (Pierre-Joseph van), savant belge, né, à Malines, le 19 décembre 1809. Docteur en médecine, en sciences et en droit de l'Université d'Édimbourg, membre de l'Académie royale de Belgique et correspondant de l'Académie des Sciences de Berlin, M. P. J. Van Beneden fut d'abord conservateur du Cabinet d'histoire naturelle de Louvain ; admis, en 1835, comme professeur agrégé de l'Université de Gand, il passa la même année à l'Université catholique de Louvain, où il n'a pas cessé de professer jusqu'à ce jour. La zoologie lui doit d'inappréciables progrès; ses recherches sur la faune littorale de la Belgique, récompensés, par des prix officiels, ont été poursuivies avec un esprit investigateur et une patience admirables. On ne compte plus les communications qu'il a faites à l'Académie de Belgique, aux *Annales des Sciences naturelles*, au *Magasin de zoologie*, au *Journal de zoologie* de Paris, à la *Revue belge et étrangère*, à la *Revue générale*, aux *Annales du Musée royal d'histoire naturelle de Bruxelles*, à l'*Athenaeum*, aux *Annales de la Société géologique de Belgique*, aux *Archives de biologie*, au *Muséon*, aux *Documents parlementaires de la Belgique*, etc. etc. Il a collaboré à la *Patria Belgica*, et a donné des biographies de savants belges à l'*Annuaire* et à la *Biographie nationale* publiés par l'Académie royale de Belgique; il a donné aussi trois volumes d'« Anatomie comparée » à l'*Encyclopédie populaire*, publiée sous le patronage du Roi des Belges par la Société pour l'émancipation intellectuelle. Enfin, il a fait paraître les ouvrages suivants: « Bryozoaires fluviatiles. Histoire naturelle des polypes composés d'eau douce » en collaboration avec M. B. C. Du Mortier, Tournai, Casterman, 1850; « Mémoire sur les vers intestinaux », ouvrage qui a obtenu le grand prix des sciences physiques à l'Institut de France, Paris, Baillière et fils, 1858; « Zoologie médicale », 2 vol. en collaboration avec le docteur Paul Genais, id. id., 1859; « Iconographie des helmynthes ou des vers parasites de l'homme, Vers astoïdes », id., id., 1860; « Recherches sur les Bdellodes ou hirudinées et les Trématodes marins », Bruxelles, Hayez, 1863; « Mémoire sur une nouvelle espèce de Zéphirus de la mer des Indes », id., id., 1864; « Sur un dauphin nouveau et un Ziphioïde rare », id., id., id.; « Recherches sur les Squalodons (ossement provenant du crag d'Anvers) », id., id., 1865, et Muquardt, 1867; « Recherches sur la faune littorale de Belgique. Polypes », id., id., 1866; « Ostéographie des cétacés vivants et fossiles », en collaboration avec M. Paul Gervais, Paris, Bertrand, 1868-80; « Les Commensaux et les parasites dans le règne animal », id., G. Baillière, 1875, ouvrage, qui forme le tome VII de la *Bibliothèque scientifique internationale* et qui a été traduit en allemand et en anglais; « Description des ossements fossiles des environs d'Anvers », Paris, Baillière et fils, 1877-1885, 4 parties qui forment les tomes I°, IV°, VII°, IX° des *Annales du Musée royal d'histoire naturelle de Belgique*.

Beneden (Édouard Van), zoologue belge, fils du précédent, né, à Louvain, le 5 mars 1846; docteur en sciences naturelles, docteur en philosophie, *honoris causa*, de l'Université d'Jena; professeur à l'Université de Liège depuis 1870, élu correspondant de l'Académie royale de Belgique le 15 décembre 1870; membre, le 16 décembre 1872; directeur de la Classe des sciences, en 1883. En 1882, l'Institut de France lui décerna le prix Serres pour ses recherches sur l'embryologie. En 1887, le Jury belge chargé de juger le dernier concours quinquennal d'histoire naturelle lui a décerné le prix pour ses « Recherches sur la maturation de l'œuf, et la division cellulaire » Gand, Clemm, 1884. Ces recherches, destinées à renouveler la théorie de la génération et celle de l'hérédité lui avaient valu déjà les témoignages les plus flatteurs des Hennsen, des Weissmann, des Flemming, des Linstow, des Waldeyer, et le titre, très peu prodigué, de membre correspondant de l'Académie des sciences de Berlin. De ce savant infatigable nous ne connaissons, outre l'ouvrage que nous avons cité plus haut, qu'un seul volume publié à part sous le titre : « Recherches faites au laboratoire d'embryologie et d'anatomie comparée de l'Université de Liège pendant les années 1875 et 1876 »; tous ses autres travaux sont publiés dans les Revues et dans les Actes de plusieurs sociétés savantes. Citons les *Mémoires des savants étrangers* publiés par l'Académie royale de Belgique, les Mémoires et les Bulletins de la même Académie, le *Quarterly Journal of Micros. Soc.*, le *Zoologischer Anzeiger*, les *Comptes-rendus de l'Académie des Sciences* de Paris, le *Bulletin de la Société entomologique de Belgique*, les *Archives de biologie*, fondée par M. van Beneden en 1880, avec M. Ch. van Bambeke. Plusieurs savants, parmi lesquel MM. C. Moreau, Bortkau, A. Hansen, H. Ludwig, Kossmann, P. Mayer et Spengel ont publiés maints mémoires tirés en entier ou en partie des matériaux recueillis par M. Édouard van Beneden, pendant son voyage au Brésil et à La Plata.

Benedetti (Vincent), diplomate français, né, à Bastia (Corse), le 29 avril 1817. Entré dans la diplomatie, il parcourut rapidement les différents échelons de la carrière; en 1856 il assistait au congrès de Paris comme secrétaire chargé de la rédaction des protocoles du traité. Connu comme un des diplomates français les plus sympathiques à la cause italienne, il fut nommé, en 1861, ministre plénipotentiaire de France à Turin. Nommé plus tard ambassadeur à Berlin, il se trouva mêlé, comme on sait, aux incidents qui amenèrent la guerre de 1870-71. Violemment accusé par l'opinion publique, M. B. aussitôt rendu, en 1871, à la vie privée, publia chez Plon, à Paris, un volume « Ma mission en Prusse » qui est sa complète justification. Depuis, M. Benedetti s'est fait inscrire au barreau d'Ajaccio.

Beneke (Otto), archiviste et historien allemand, né, le 5 octobre 1812, à Hambourg. Après avoir fait ses études dans sa ville natale, il fit son droit et fut reçu docteur en 1836. Nommé archiviste de la ville libre de Hambourg, il trouva dans ses fonctions l'occasion de satisfaire sa vocation pour les recherches historiques et publia une série de travaux, parmi lesquels nous citerons les principaux: « Hamburger Geschichten und Sagen », 1854; « Gedichte », 1855; « Hamburger Geschichten und Denkwürdigkeiten », 1856; « Von unehrlichen Leuten. Kulturhistorischen Studien », 1863.

Benes (Vac'slav), écrivain tchèque, auteur de plusieurs nouvelles et romans, né, le 27 février 1845, à Trebiz.

Benezech (Alfred), théologien réformé français, actuellement pasteur à Montauban, né, à Milhau (Aveyron), le 11 juin 1844. M. B. a collaboré pendant trois ans au *Progrès des Communes* de M. Jules Steeg, en y publiant des études politiques; pendant la guerre de 1870, il a rédigé la *Tribune* de Royan. Puis il a fait paraître dans l'*Avenir*, sous le titre de « Lettres Saintongeoises », une série d'articles humoristiques sur les luttes de l'Église protestante; il a fourni à la *Renaissance*, et au *Journal du Protestantisme français* un grand nombre de méditations et d'articles sur les questions du jour. Il a collaboré à la *Critique philosophique* de M. Rénouvier, et contribué à la fondation de la *Critique religieuse*, où il a fait paraître des études philosophiques et politico-religieuses, dont les principales sont: « La crise du protestantisme »; « Le cléricalisme en France »; « La force du catholicisme »; « L' importance sociale de la religion »; « Le discrédit de la religion »; « L'évolutionnisme et la religion »; « La religion est-elle nécessairement intolérante »; « La religion libérale et la démocratie »; « Le problème de la prière »; « La guerre religieuse en France »; « L'État sans Dieu »; « L'Avenir de la religion sous l'influence du rationalisme contemporain ». Enfin, M. Benezech a publié à part: « Le Matérialisme et la religion dans la Démocratie », Genève, 1888; « Causeries morales et religieuses », Montauban, 1888.

Benfey (Anna, née SCHUPPE), femme de lettres et musicienne allemande, née à Landeck en Silésie. Dès son enfance, elle avait montré une certaine vocation pour les lettres, mais s'étant adonnée à la musique, où elle a remporté de véritables succès, elle s'y consacra toute entière. En 1879, ayant épousé un homme de lettres, M. Rodolphe Benfey, sa première vocation reparut et elle a publié dans les journaux, sous la signature: A. Schuppe, une quantité de nouvelles, de contes populaires, d'esquisses, de contes pour les enfants, etc.

Bengesco (Georges), littérateur et diplomate roumain, né, à Craïova, en 1848, actuellement premier secrétaire de la Légation royale de Roumanie à Paris. Il a publié: « Alexandre le Bon, prince de Moldavie (1401-1433), fragments d'une histoire de la Moldavie depuis les origines jusqu'à la fin du XV siècle », en collaboration avec Émile Picot, Vienne (Autriche), Holzhauser, 1882; « Notice bibliographique sur les principaux écrits de Voltaire ainsi que sur ceux qui lui ont été attribués », Paris, Quantin, 1882; « Voltaire, Bibliographie de ses œuvres », 1er vol., Paris, Rouveyre et Blond, 1882, 2me vol. E. Perrin, 1885.

Benham (le Rev. William), philosophe anglais, né, le 15 janvier 1831, à West Meon, (Hants); après avoir rempli différentes fonctions ecclésiastiques et s'être fait remarquer par son talent comme orateur sacré, il fut nommé, en 1882, recteur de l'Église de Lombard-Street, dite de Saint-Edmond Roi, dans la City de Londres. Il a publié: « The Gospel of Saint-Matthew, with notes and a commentary », 1862; « English Ballads, with introduction and notes », 1863; « The Epistles for the Christian Year, with notes and a commentary », 1864; « Readings on the life of our Lord and his Apostles », 1880; « The churches of the Patriarchs », 1867; « A Companion to the Lectionary », 1872; « Memoirs of Catherine and Crawfurd Tait », 1879; « How to Teach the Old Testament », 1881; « Short History of the American Church », 1884; « Diocesan History of Winchester », 1885; « Sermons for the Church Year », 2 vol., 1885. Il a publié aussi une nouvelle traduction anglaise de l' « Imitatio Christi », 1874, et les œuvres (1870) et les lettres (1885) de Cowper, et il a donné plusieurs articles au *The Bible Educator*, au *Macmillan's Magazine* et à d'autres journaux.

Beni (Charles), avocat et voyageur italien, président de la Section du Club Alpin du Casentino, né à Stia dans le Casentino, en 1851; il fit ses études de jurisprudence à l'Université de Pise, où il fut reçu docteur sur la présentation d'une thèse remarquable, sous le titre: « Del Furto violento e sua differenza dalla Rapina nel Diritto Romano, nella Pratica e nei Tempi Moderni », Florence, 1874. Après quelques années, il entreprit un voyage au Mexique, dont il rapporta des souvenirs et des notes intéressantes qui ont donné lieu à trois différentes communications faites à l'*Archivio per l'Antropologia e l'Etnologia*: « Notizie sopra gl' indigeni di Mexico », Florence, 1880; « Il Pulque (neutli) dei Messicani, Cenni etnografici », id., 1883; « Di alcune maniere di scrittura usate dagli Aztechi », id., 1881. Citons encore son excellente: « Guida illustrata del Casentino », Florence, Niccolai, 1881.

Beni-Barde (Joseph-Marie-Alfred), médecin français, né, à Toulouse, en 1834, actuellement médecin en chef de l'établissement hydrothérapique d'Auteuil près Paris. Nous connaissons de lui: « De la Névro-myopathie péri-articulaire », Paris, Masson, 1873; « Du Goître exophthalmique », id. id., 1874; « De l'hydrothérapie dans quelques troubles de la menstruation », id. id. ; « Traité théorique et pratique de l'hydrothérapie comprenant les applications de la méthode hydrothérapique au traitement des maladies nerveuses et des maladies chroniques », id. id. id., ouvrage couronné par l'Institut de France et la Faculté de médecine de Paris ; « Manuel médical d'hydrothérapie », id. id., 1878, 2me éd., 1883 ; M. Beni-Barde a, en outre, traduit de l'anglais les « Leçons sur les nerfs vaso-moteurs, sur l'épilepsie, et sur les actions réflexes normales et morbides », du docteur C. E. Brown-Séquard, Paris, Masson, 1872.

Beniczky-Bajza (Mme Léonore), femme de lettres hongroise, fille de l'écrivain Bajza, épouse de M. François Beniczky, secrétaire d'état au Ministère de l'intérieur, dame remarquable par sa distinction, par son talent et par sa beauté, née en 1842. Elle débuta dans la littérature à peine âgée de seize ans. Depuis 1858, avec une fécondité étonnante, madame Beniczky a publié plus de cent nouvelles et des romans qui forment déjà 42 volumes. Plusieurs de ces romans ont été réimprimés et traduits en allemand ; d'autres ont eu l'honneur d'une traduction française et d'une traduction anglaise. La vie hongroise y est fidèlement représentée. On doit aussi à Madame Beniczky deux drames qui restent au répertoire du théâtre national hongrois.

Benizello (Théodose), écrivain grec, professeur dans un collège d'Athènes et auteur de plusieurs brochures concernant des questions historiques. Son frère, M. Jean Benizello, avocat à Sira et parémiographe, a publié un recueil de proverbes grecs.

Benjamin (Edmond-Michel), homme de lettres français, né, à Metz, le 31 mai 1837 ; il a fondé en 1869 le *Comic Finance*, collaboré au *Nain Jaune*, au *Tam-Tam*, au *Paris Capitale*, à l'*Avant-Scène* avec Gille et Gramont, à la *Revue Réaliste* avec Ricouard, à la *Vie Mondaine* avec Limousin, à l'*Avenir National* et est actuellement directeur et rédacteur en chef de la *Finance pour Rire* qu'il a fondé, il y a dix ans, après avoir collaboré à l'*Éclat de Rire* ; rédacteur en chef de la *Revue Théâtrale illustrée*, correspondant du *Bavard* de Marseille, critique dramatique de la *République Radicale*. En collaboration avec M. Henri Buguet, il a publié : « Les Coulisses de bourse et de théâtre », Paris, Ollendorff, 1882, volume qui est précédé d'une préface de Francisque Sarcey, et « Paris enragé », Jules Lévy, 1886 ; il a collaboré aussi à la Revue de fin d'année de MM. Bertal et Hervé, sous le titre : « Il a des bottes ». — M. B. a été secrétaire du théâtre des Menus-Plaisirs, et de l'Ambigu et, en dernier lieu, du Concert Parisien.

Benjamin (Samuel-Green-Wheeler), écrivain et critique d'art américain, né, en 1837, à Argos (Grèce), où son père était missionnaire. Rentré, plus tard, avec sa famille dans son pays d'origine, il fut pendant quelques temps sous-bibliothécaire à Albany (New-York), puis revint en Europe, où il passa trois ans et s'occupa spécialement d'études artistiques. Plus tard, il alla se fixer à New-York, où il demeure maintenant et d'où il collabore aux principales revues de l'Amérique et de l'Angleterre. Citons, parmi ses écrits : « Constantinople, l'Ile des perles et autres poèmes », 1860 ; « Ode sur la mort d'Abraham Lincoln », 1865 ; « Le Turc et le Grec », 1867 ; « L'élite de Paris », 1870 ; « Qu'est-ce que l'art », 1877 ; « L'art contemporain en Europe », 1877 ; « Les grandes îles », 1879 ; « Les Iles de l'Atlantique », 1879 ; « L'Art en Amérique », 1880 ; « Le Paradis du monde », 1880 ; « Troie, sa légende, sa littérature, sa topographie », 1880 ; « Nos artistes américains », 2 vol., 1880-81 ; « La Perse et les Persiens », 1886.

Benjamin (Ernest), littérateur français, né à Paris, en 1854, employé d'abord dans le commerce, il publia : « Veillées poétiques » Paris, Lemerre, 1882 ; « L'impure » id. Marpon et Flammarion, 1884 ; « La Sainte » id., id., 1887, etc. etc.

Benkert (Charles-Marie), poète et traducteur, né, en Moldavie, en 1825. Sous le pseudonyme-anagramme de KERTBENY qu'il a composé du hongrois *kert* (jardin) et *ben* (dans), en y ajoutant l'*y* finale hongroise, il a publié surtout les traductions d'œuvres nationales hongroises d'Arany, Alexandre Petoefi, Levay, etc.

Benloew (Louis), philologue franco-allemand, né à Erfurt (Prusse) en 1818. Après avoir fait ses études à Berlin, à Goettingue et à Leipsig, il se fixa en France, s'y fit naturaliser et après avoir été reçu docteur ès-lettres, il obtint, en 1841, une chaire à Nantes, d'où il passa à Bourg, et de là à Paris en qualité de deuxième conservateur de la bibliothèque de la Sorbonne. Nommé, en 1849, professeur à la faculté de Dijon, il en fut pendant quelque temps le doyen. M. Benloew, qui est membre de l'Académie des Inscriptions et Belles-Lettres a publié : « De l'accentuation dans les langues indo-européennes tant anciennes que modernes » Paris, Hachette, 1847 ; « De Sophoclis dicendi genere cum Aeschyli Euripidisque comparato » id. id. 1847 ; « Théorie de l'accentuation latine » id. id. 1855, en collaboration avec M. Weill ; « Aperçu général de la science comparative des langues pour servir d'introduction à un traité comparé des langues indo-européennes » id. Durand, 1858, 2me édition « augmentée de deux traités lus à l'Académie des inscriptions et belles-lettres, d'une classification des langues et des modes d'écriture, d'après le docteur Steinthal, et d'un traité de la formation des langues celtiques » id. Thorin, 1872 ; « Précis d'une théorie des rhythmes — 1e partie: Rhythmes français et latins; 2e partie: Rhythmes grecs » id. Franck, 1862; « De quelques caractères du langage primitif » id. Herold, id.; « Recherches sur l'origine des noms de nombre japhétiques et sémitiques » Giessen, Reicher, 1862; « Los Sémites à Ilion, ou la vérité sur la guerre de Troie » Paris, Herold, 1863 ; « Essai sur l'esprit des littératures. La Grèce et son cortège ou la Loi esthétique » id. Didier, 1870; « Essai sur l'esprit des littératures: Un dernier mot sur les prosateurs » id. id., 1871 ; « La Grèce avant les grecs. Étude linguistique et ethnographique. Pélasges, Lélèges, Sémites et Soniens » id., Maisonneuve, 1877 ; « Analyse de la langue albanaise, étude de grammaire comparée » id. id. 1879; « Les lois de l'histoire » id. G. Baillière, 1881. — M. Benloew a publié aussi une édition classique des tragédies de Sophocle.

Benndorf (Frédéric-Auguste-Othon), archéologue allemand, né, à Greiz (Vogtland); de 1864 à 1868, il voyagea en Grèce et en Italie en qualité de pensionnaire de l'Institut allemand d'archéologie. De 1868 à 1869, *privat Docent* d'archéologie et de philologie à Gottingue; de 1869 à 1871, professeur ordinaire d'archéologie à Zurich; de 1871 à 1872, professeur honoraire à Munich; en 1872, professeur ordinaire d'archéologie à Prague et depuis 1877, professeur à l'Université de Vienne, où il préside en même temps au séminaire archéologique. Il est membre de l'institut archéologique allemand et de l'Académie des sciences de Vienne. En collaboration avec M. Richard Schöne, il a publié: « Die antiken Bildwerke des Lateranensischen Museums », Leipsig, 1867; plus tard il a publié une série de « Griechischer und sizilischer Vasenbilder », Berlin, 1869-83; « Die Antiken von Zürich », dans les *Mitteilungen der Antiquarischen Gesellschaft in Zürich*, 1872; « Die Metopen von Selinunt », Berlin, 1873; « Beiträge zur Kenntnis des athenischen Theaters », Vienne, 1875 et « Antike Gesichtshelme und Sepulkralmasken », id., 1878; en 1875, il prit part avec Conze et Hauser à la deuxième expédition archéologique en Samotrace, dont ils publièrent les résultats dans les « Neue archäologische Untersuchungen auf Samothrake », Vienne, 1880. En 1881 et 1882, il a entrepris, aux frais de l'État, dans le sud-ouest de l'Asie-Mineure des explorations qui donnèrent le meilleur résultat; il put en effet découvrir et expédier à Vienne, en 167 caisses, les sculptures qui ornaient le fameux tombeau de Gjölbaschi (village dans le vilajet de Konia, à dix kilomètres des ruines de l'ancienne Mira). Les résultats de ce voyage sont exposés dans son: « Vorläufigen Bericht », Vienne, 1883, et dans les « Reisen in Lykien und Karien », qu'il a publiés en collaboration avec G. Niemann, Vienne, 1884, avec 49 pl., et enfin dans son dernier ouvrage: « Das Heroon von Gjölbaschi-Trysa » 1888.

Bennett (sir James Risdon), médecin anglais, né, à Romsey (Hampshire), en 1809 ; après avoir étudié la médecine à Paris et à Édimbourg, il fut reçu docteur dans cette dernière ville, en 1833. Il voyagea d'abord sur le continent et se fixa ensuite à Londres, où il devint, à partir de 1843, professeur à l'hôpital Saint-Thomas qu'il quitta par la suite pour devenir premier médecin de l'hôpital Victoria. Depuis 1876, il a été réélu chaque année président de l'École de médecine de Londres. En 1881, il reçut le titre de baronnet et fut nommé président du comité exécutif du Congrès médical international tenu à Londres. Il est, depuis 1885, vice-président de la Société royale. Il a publié : une traduction d'un ouvrage allemand de M. Kramer, sous le titre: « Diseases of the Ear »; mais son principal ouvrage est: « An Essai on Acute Hydrocephalus », 1880, qui lui a valu l'honneur d'une médaille d'or décernée par la Société de médecine et de chirurgie de la Grande-Bretagne. Il est aussi l'auteur des « Lumleian Lectures on Cancerous and other Intra-Thoracic-Growths », 1880, et d'une foule d'articles insérés dans les *Transactions of the Pathological Society* et dans plusieurs autres journaux de médecine.

Bennett (James-Henri), médecin anglais, né, à Manchester, en 1816. Sa mère, veuve d'un riche industriel, étant venue habiter Paris, il fut élevé au Lycée Saint-Louis, et étudia ensuite la médecine à la Faculté de cette ville et y fut interne des hôpitaux. A cette époque, il publia dans les revues médicales des articles remarqués sur les maladies des enfants. En 1844, il alla s'établir à Londres, où il devint un des médecins les plus renommés, surtout en matière de gynécologie. En 1870, il quitta, pour raison de santé, l'Angleterre et vint habiter le midi de la France et l'Italie; il demeure de préférence à Menton. Parmi ses ouvrages, nous citerons: « A practical Treatise on Inflammation of the uterus and its appendages, and on its connexion with other uterine diseases », 4me éd., 1861, traduit en français par M. F. A. Aran, Paris, 1850; une nouvelle traduction en a été donnée par M. le docteur Michel Peter, Paris, Asselin, 1864 ; « A review of the present state of uterine Pathology », 1866; « Nutrition in health and disease », 1870; le docteur Barrué a donné une traduction française de cet ouvrage, revue par l'auteur, et exécutée sur la 3me éd. anglaise sous le titre: « De la nutrition dans la santé et la maladie — Essai de physiologie appliquée », Paris, Asselin, 1882; « Winter and Spring of the Mediterranea, or the Rivieras, Italy, Spain, Sardinia, Malta, Corfu, Corsica, Sicily, Algeria, and Tunis as Winter Climates », nouvelle éd. , 1880; de cet ouvrage anglais procèdent les deux suivants, publiés, par l'auteur, en français : « La Corse et la Sardaigne, étude de voyage et de climatologie », Paris, Asselin, 1876, et « La Méditerranée, la Rivière de Gênes et Menton comme climats d'hiver et de printemps », id., id., 1880 ; « On the Treatment of pulmonary Consumptions by hygiene, climate and medicine », que l'auteur lui-même a traduit en français sous le titre : « Recherches sur le traitement de la phthysie pulmonaire par l'hygiène, les climats et la médecine dans ses rapports avec les doctrines modernes », Paris, Asselin, 1874.

Bennett (William Cox), poète et littérateur anglais, né, à Greenwich, où son père était horloger, le 14 octobre 1820. Tout jeune encore, il prit une part très active dans les questions d'éducation populaire, et il avait vingt ans à peine qu'il réussissait à fonder à Greenwich une société littéraire et une bibliothèque de 15,000 volumes. De 1869 à 1870, il fut rédacteur en chef du journal politique hebdomadaire *Weekly Dispatch*, où il publia des articles fort remarqués sur les questions politiques et sociales. En 1877, il entreprit une campagne en vue de faire placer dans l'abbaye de Westminster le buste de Longfellow, le poète américain, et après de nombreuses démarches, il y réussit. Parmi ses nombreux ouvrages, nous citorons: « Poems », 1850 ; « Verdicts », 1852 ; « Roan's School : a Chapter in the Educational History of England » ; « War Songs », 1855 ; « Queen Eleonor's Vengeance and other Poems », 1857 ; « Songs by a Song Writer », 1859 ; « Baby May, and other Poems on Infants », 1861 ; « The Worn Wedding Ring, etc. », 1861 ; « The Politics of the People », 2 parties, 1865 ; « Our Glory Roll, National Poems », 1866 ; « Contributions to a Ballad History of England », 1868 ; « Songs for Sailors », 1872, réédité avec musique de J. L. Hatton en 1878 ; « Prometheus the Fire-giver », 1877 essai de restauration de la première partie, perdue, de la trilogie du *Prométhée* d'Eschyle ; « Sea Songs », 1878 ; « Songs for Soldiers », 1879 ; de 1883 à 1885, il a édité un recueil mensuel populaire intitulé : *The Lark, Songs, Ballads, and Recitations for the People*. La plus grande partie de ses poésies ont été réunies dans un volume paru, en 1862, dans la collection intitulée : *Routledge's British Poets*.

Bennett (James-Gordon), publiciste nord-américain, né vers 1840. Son père qui avait les mêmes nom et prénom que lui, était né à New-Mill dans le comté de Banffshire (Ecosse) le 1 septembre 1795. En 1819, il se rendit en Amérique où il s'occupa, sans succès, de journalisme jusqu'en 1835. Le 5 mai 1835, il lança un journal, le *New-York-Herald* qui, grace au principe de son fondateur de ne reculer devant aucun sacrifice pécuniaire pour donner le premier à ses lecteurs les nouvelles les plus récentes, devint bientôt une des feuilles les plus répandues et les plus riches du monde entier. Non seulement il employa le premier, d'une façon suivie, le télégraphe pour les besoins de la presse, mais il organisa, à New-York, un service spécial de renseignement, auprès des paquebots à leur arrivée dans le port. En 1871, M. Bennett père organisa la fameuse expédition qui, sous les ordres d'un de ses reporters, M. Stanley, alla à la recherche de Livingstone. Tout le monde sait l'heureux succès de cette expédition. Le 1 juin 1872, M. Bennett père mourait à New-York, laissant à son fils et successeur son journal qui, d'après les calculs les plus modérés, lui rapportait chaque année l'énorme somme de 750,000 dollars de bénéfice net. Le fils continua dans la même voie. Concurremment avec la direction du *Daily Telegraph*, il subventionna, en 1874, une nouvelle expédition de Stanley dans l'Afrique centrale avec mission de poursuivre les travaux de Livingstone et de découvrir les sources du Nil. Cette expédition dura de 1874 à 1877. Pour donner à son journal la primeur des nouvelles d'Europe il établit, presque seul, un câble sous-marin spécial entre l'Europe et l'Amérique. Il songea ensuite à envoyer une expédition à la découverte du pôle nord. Le steamer *La Jeannette* acheté et équipé à ses frais partit, en juin 1879, de San Francisco. La malheureuse issue de cette expédition est connue et tout le monde sait que M. Bennett envoya, au secours des malheureux navigateurs de *La Jeannette*, plusieurs navires dont aucun, pour une raison ou pour une autre, ne put atteindre le but proposé. Depuis quelques années M. Bennett a installé une succursale de ses bureaux à Paris, où l'on trouve une collection complète, unique en Europe, de la Presse transatlantique. Depuis le 1 Janvier 1888, une édition européenne du *New-York Herald* paraît à Paris. Disons en terminant que le journal de M. Bennett n'ayant jamais été lié à aucun parti, tout en étant le journal le plus lu du Nouveau-Monde, est loin d'en être le plus influent.

Benoist (Honoré), littérateur français, né à Grancey le Château (Côte d'Or), en 1831, membre de la Société d'archéologie, d'histoire et de littérature de Beaune. M. B. a publié : « Cours de thèmes calqués sur les versions de l'Epitome historiæ sacræ, avec le texte latin en regard », en collaboration avec Antoine Hudelot, Paris, Vve Maire-Nyon, 1854 ; « Le jeune Louis, ou les leçons d'un bon maître », Tournai, Castermann, 1862 ; « Jules, ou l'Enfant trouvé », id., id., id. ; « Les Anecdotes morales du père Grégoire », id., id., id. ; « Le Supplice de Tantale », pièce en un acte, avec couplets, Gauguet, 1863 ; « Les Dupes du cœur, deux ombres », id., Cournol, 1865 ; « La Contagion des lettres », comédie en un acte en vers, id., id., id.; « Les Grands phénomènes », id., Brunet, 1869.

Benoit (Camille), compositeur et écrivain français, né, en décembre 1852, à Roanne (Loire). Tout jeune encore, il étudiait, avec une préférence marquée, les lettres et la philosophie. Nous n'avons pas à nous occuper ici des nombreux succès, que M. Benoit remporta dans sa carrière musicale, disons seulement que malgré ses succès, il n'a jamais complètement déposé la plume qu'il avait prise dans ses jeunes années. C'est ainsi qu'on trouve de lui de la prose et des vers dans la *Revue contemporaine*, dans lo *Siècle littéraire*, dans le *Mémorial de la Loire*, etc., il a également donné une assez longue correspondance, sous le pseudonyme de *Sigismond*, à la *Musical Review* de Londres; enfin il a collaboré à la *Renaissance musicale*, au *Guide musical* de Bruxelles, au *Ménestrel* et à la *Revue et Gazette musicale*, où il a publié de curieuses études sur « la Musique et la Philosophie modernes »; « Darwin et Spencer », etc. En 1879, M. B. obtint une mention honorable au deuxième concours de la Ville de Paris, avec un drame lyrique « Cléopatre », dont il avait lui-même écrit les paroles. On doit encore à M. B. une traduction des deux parties du *Faust* de Goethe, un ballet-pantomime « Polyphème », et le texte d'une idylle dramatique en vers: « La Fête des roses ». Il a donné aussi plusieurs traductions appréciées de Wagner, notamment celle des « Souvenirs », Paris, Charpentier, 1884.

Benoit (Charles), littérateur et professeur français, né, à Nancy, le 25 août 1815, se voua à l'enseignement. Élève de l'école normale, il fut reçu docteur ès-lettres, en 1846, et l'un des premiers membres de l'école française d'Athènes. Appelé à la chaire de littérature française à la Faculté de Nancy, il a été doyen de cette Faculté. Outre ses deux thèses pour le doctorat « Essai historique sur les premiers manuels d'invention oratoire jusqu'à Aristote » Paris, Joubert, 1846; « Historica de M. T. Ciceronis officiis commentatio » id. id. id. M. Benoit a publié : « Essai historique et littéraire sur la comédie de Ménandre, avec le texte de la plus grande partie des fragments du poète » Paris, Didot, 1854; « Des Chants populaires dans la Grèce antique » Nancy, Grimblot, 1857, « Chateaubriand, sa vie et ses œuvres; étude littéraire et morale » Paris, Didier, 1865. — En 1883, M. Benoit a publié, avec une notice biographique et littéraire, les « Sermons » de l'abbé Villemet (1830-1882) aumônier du lycée de Nancy.

Benoit (Jean-Daniel), pasteur et historien français, né à Dieulefit (Drôme) le 24 juin 1844. Après avoir fait ses études littéraires à Paris, il fut élève de la Faculté de théologie de Montauban, où il fut reçu bachelier en 1868. Après avoir été successivement pasteur suffragant et pasteur titulaire de l'Eglise réformée de Montmeyran (Drôme) il est, depuis 1877, pasteur de l'Église réformée indépendante de Montauban. M. B. a publié, outre une biographie de Louis Ranc, 1873, les ouvrages suivants : « Un Martyre du désert. Jacques Roger, restaurateur du protestantisme dans le Dauphiné au XVIII siècle et ses compagnons d'œuvre » Toulouse, Société des livres religieux, 1875 ; « Une victime de l'intolérance au XVIIIe siècle. Desubas, son ministère, son martyre (1720-1846) id. id. 1879; « L'Église sous la croix, études historiques, Fulcran Rey, Pierre Papus, Étienne, Arnaud, Jean Martin » id. id. 1882; « François Bonifas, professeur à la Faculté de théologie de Montauban (1837-1878) » id. id. 1884; « Marie Durand prisonnier à la tour de Constance (1730-1768) » id. id. id.; « Daniel de Pernejail » id. id. 1885; « Souvenirs de la révocation » poésies, id. id. 1886. En 1885, il a publié le 1er volume de l'« Histoire des martyrs persécutés et mis à mort pour la vérité de l'Évangile, depuis le temps des Apôtres jusqu'à présent (1619) », par Jean Crispin. — M. Benoit a de plus collaboré aux journaux et revues suivantes : *L'Évangeliste*, le *Huguenot*, le *Bulletin historique du protestantisme*, la *Revue chrétienne*, etc.

Benoit (Jules de), vrai nom du romancier et journaliste français Jules de GASTYNES (Voyez ce nom).

Benoit (Louis), archéologue français, né, à Berthelming (Meurthe), en 1826. Avant l'annexion allemande, maire de son pays natal, suppléant du juge de paix de Fénétrange, conservateur de la Bibliothèque de Nancy (1867). Outre plusieurs articles insérés dans différents recueils d'archéologie, on lui doit: « Notes sur la Lorraine allemande. Les Rhingraves et les reîtres pendant les guerres de religion du XVIe siècle », Nancy, Lepage, 1860; « Notes sur la Lorraine allemande. Les Corporations de Fénétrange », id., id., 1864; « Exposition de la doctrine chrétienne en vers français », Paris, Douniol, 1864; « Les voies romaines de l'arrondissement de Sarrebourg », Nancy, Lepage, 1865; « L'abbaye de Craufthal (Claustriacum) », Strasbourg, Berger-Levrault, 1865; « Pierres bornaires armoriées », id., id., 1870.

Benoit (Peter), musicien belge, né à Harlebeke, le 17 août 1834, membre de l'Académie royale de Belgique. Lauréat du grand concours de composition musicale de 1857, M. B. fut, dix ans plus tard, nommé directeur de l'école de musique d'Anvers ; il a transformé cet établissement, et y a organisé un enseignement musical purement flamand. Nous n'avons pas à nous occuper ici de sa musique très originale et très remarquable, mais nous devons mentionner ses principales publications; « De vlaamsche muziekschool van Antwerpen » Anvers, De Cort, 1873 ; « Considérations à propos du projet pour l'institution de festivals en Belgique » Bruxelles, Gobbaerts, 1874 ; « Verhandeling over de nationale toonkunde » Anvers, 1875-77, 2 vol ; « De oorsprong van het cosmopolitisme in de muzica » Anvers, 1876, et sa collaboration au *Guide musicale*, à l'*Art universel*, à la *Revue trimestrielle* et aux journaux flamands: *De vlaamsche Kunstbode, de Eendracht, de Zweep*.

Bénoit-Levy (Édmond), jurisconsulte et littérateur français, né, à Paris, en 1858, avocat à la Cour d'appel de Paris. On a de lui : « Code manuel de la presse », en collaboration avec Albert Faivre, précédé d'une lettre préface par Ch. Floquet, Paris, Pichon, 1881, 4me éd., 1885 ; « Étude historique et juridique sur le serment *more judaico* », id., Cotillon, 1881; « Manuel pratique pour l'application de la loi sur l'instruction obligatoire », en collaboration avec F. B. Bocandé, avec une préface par Jean Macé, id., Cerf, 1883; « La Question des annonces légales », id., Cotillon, 1884; « Jules Favre », id., Picard-Bernheim, 1885 ; « Histoire des quinze ans, 1870-1885 », id., Derveaux, 1885 et suiv. M. Bénoit-Levy a été pendant quelque temps le rédacteur en chef du *Courrier des Tribunaux*, journal judiciaire qui se publiait à Paris.

Benrath (Charles), historien ecclésiastique et théologien protestant allemand, né, le 10 août 1845, à Düren ; il fit ses études à Berlin, à Heidelberg et à Bonn, où il prit ses degrés en 1870. Après avoir rempli pendant plusieurs années les fonctions d'instituteur dans un collège de sa ville natale, dirigé par son père, il entreprit, en 1871, un voyage scientifique de plusieurs années en Italie; en 1875, il se rendit à Dublin pour faire des études dans les Archives de la ville et, en 1876, il commença à tenir un cours de conférences à l'Université de Bonn sur l'histoire de l'Église. En 1879, il fut nommé professeur extraordinaire, en 1873, docteur hon. en théologie. Ses travaux concernent jusqu'a présent, presqu'exclusivement l'histoire de la réforme en Italie. A ses premiers travaux sur le « Konstantinische Schenkung », de Lorenzo Valla et sur le « Klagschrift », de Paleario insérés dans les *Monatsblätter* de Gelzer, décembre 1866 et octobre 1867, il fit suivre plusieurs dissertations dans le revues italiennes et surtout dans la *Rivista cristiana*, dont il a été un des fondateurs. En janvier 1875, il publia à Leipsig son premier grand ouvrage : « Bernardino Ochino von Siena ». On doit aussi citer les publications suivantes: « Summa der Heiligen Schrift », avec une introduction historique, Leipsig, 1880; « An den Adel », de Luther, avec introduction et notes, Halle, 1884; « Geschichte der Reformation in Venedig », id., 1886. M. B. prépare un travail sur le siècle de la Réforme pour le *Theol. Jahresbericht*.

Bense (Simon), publiciste français, né, à Marseille, le 28 octobre 1842. Sans sortir de Marseille, cet écrivain a collaboré au *Figaro*, à l'*Évènement*, à la *Cloche* d'Ulbach, à *La Vie Littéraire*, au *Paris Comique*, etc.; à *Marseille*, à *La Publicité*, au *Phocéen*, à *L'Écho de Marseille*, qu'il a fondé et dont il était rédacteur en chef, au *Petit Marseillais*, et au *Sémaphore*, dont il est rédacteur régulier. Sous le pseudonyme d'*Horace Bertin*, il a publié les ouvrages suivants : « Le mariage à Marseille, lettre à une vieille fille », Marseille, Esparon, 1865; « Marseille inconnue », id., Bérard, 1868; « Histoire anecdotique des cafés de Marseille », id., Bellue, 1869; « Le Cochon de Mme Chasteuil. Pierrot. Monsieur Verlaque. Le char-à-bancs. Un café d'officiers. L'abbé Chabert », Paris, Librairie des Bibliophiles, 1873 ; « Histoire d'un garde civique », id., id., 1874 ; « Marseille intime », Marseille, Société des Bibliophiles de Provence, 1875 ; « Les petits coins de Marseille », id., id., id.; « Le Furoncle », Marseille, Laveirarié, 1877 ; « Les heures marseillaises », id., id., 1878 ; « La musique du Curé de Tourtour », id., id., 1880 ; « Bustes et masques marseillais », id., id., 1882 ; « Croquis de Provence », Paris, Lemerre, 1883 ; qui contiennent des nouvelles et récits publiés par le *Figaro*, la *Vie Littéraire* et l'*Évènement ;* « Depuis qu'Ernest est député, monologue », Marseille, Laveirairié, 1884; « On dit que je le suis, monologue », id., id., 1886; « Les Pommes de la mère Aubry », comédie, 1886. M. B. est aussi un fanatique de pantomimes; le fils du grand Debureau a créé un « Pierrot Tartufe », de lui; il a écrit également: « Pierrot dentiste »; « Pierrot fainéant »; « Le Pêcheur de Saint-Jean »; « La Cigareuse », et autres pantomimes.

Benson (Très rev. Edward-White), archevêque anglican, né, dans les environs de Birmingham, le 14 juillet 1829. Il fit ses études et prit tous ses grades à l'université de Cambridge, où il fut reçu docteur en théologie, en 1869. Entré dans les ordres, il devint d'abord professeur à l'École de Rugby et ensuite recteur du collège Wellington. Prébendier d'abord, ensuite chancelier de la cathédrale de Lincoln, prédicateur attitré des universités de Cambridge et d'Oxford, M. Benson fut appelé, en 1877, à l'évêché de Truso. A la mort de l'archevêque Tait, en décembre 1882, il fut désigné pour lui succéder comme archevêque de Canterbury, primat de l'Église Anglicane. M. Benson a publié: « Sermons preached in Wellington College Chapel », 1859 ; « A memorial Sermon preached after the death of Dr Lee, first Bishop of Manchester », 1870 ; « Work, Friendship, Worship », trois sermons prêchés à l'Université de Cambridge, en 1871 ; « Boy-Life, its trial, its strength, its fulness, Sundays in Wellington College, 1859-72 », 1874 ; « Singleheart », 1877;

« Living theology », 1878; « The Cathedral, its necessary place in the Life and Work of the Church », 1879; « The Seven Gifts », 1885; « Communings with Masters of Public Schools », 1886; M. Benson a collaboré longtemps au recueil intitulé *Speaker's Commentary* et il a écrit aussi dans quelques autres revues anglaises.

Bentini (don Sante), littérateur et ecclésiastique italien, né, à Cotignola (prov. de Ravenne); après avoir fait ses premières études dans son pays natal, il passa au Séminaire de Faenza, où il reçut les ordres, en 1832. Deux ans après, il était nommé professeur de littérature, d'histoire et de géographie dans le séminaire même où il avait été élève. La réputation qu'il ne tarda pas à acquérir lui valut l'offre, plusieurs fois répétée, d'autres chaires plus importantes, mais il déclina toujours les offres de ce genre par affection à l'Institut où il avait puisé les principes du savoir. Et il poussa cette affection si loin que quand l'enseignement du grec devint obligatoire, il se mit à l'étudier seul et bientôt il fut non seulement à même de l'enseigner, mais il put publier, en 1862, dix idylles de Théocrite, Moscou et Bion, et plus tard il se mit à traduire les « Bucolici Greci », qu'il publia, en 1868, avec des notes d'une érudition étonnante. Le succès de cette publication l'enhardit à faire paraître, en 1871, à titre d'essai: « Lo Scudo d'Ercole », traduit en vers blancs, et les « Canti militari di Tirteo recati in terzine italiane », et enfin, en 1875, les « Poemi d'Esiodo », traduits et annotés, ouvrage qui a valu au traducteur les éloges des philologues les plus compétents de l'Italie. M. Bentini, qui, malgré son grand âge, n'a jamais voulu discontinuer son enseignement, a encore publié: « Poesie pel giorno delle nozze Carlo Melagola e Concettina Pignocchi », Faenza, Conti, 1878; « Le prime nozze », id., id., 1880; « Epitalamio di Elena di Teocrito, idillio, recato in versi italiani », id., id., 1885; « Alcune sacre poesie in omaggio di S. E. R. mons. G. Cantagalli, vescovo di Faenza », id., id., id.; « Poesie », id., id., id.

Bentley (Robert), botaniste anglais, né, à Hitchin (Herts), en 1825. Il étudia la médecine à Londres et fut admis, en 1847, dans le Collège royal de chirurgie. M. Bentley est surtout connu par ses travaux de botanique appliquée à la médecine. Après avoir enseigné la botanique pendant plusieurs années aux écoles médicales des différents hôpitaux, il fut nommé professeur de cette science au Collège royal, à la Société de pharmacie de la Grande-Bretagne et à l'Institution de Londres. En 1866 et en 1867, M. Bentley fut président du Congrès pharmaceutique de la Grande-Bretagne. Outre de nombreux travaux dans le *Pharmaceutical Journal*, dont il fut aussi le directeur pendant dix ans, travaux parmi lesquels nous signalerons une série d'articles: « On new american Remedies »; « On the Characters, Properties, and uses of *Eucalyptus Globulus* »; « Lectures on the organic Materia medica of the British Pharmacopæia »; il a collaboré, avec MM. Farre et Warington, à l'édition anglaise de la *Materia medica and therapeutes* de Pereira, Londres, 1854-55. Citons encore de lui: « Manual of Botany », Londres, 1861, 6me éd., 1886; « Student's guide to Structural, Morphological and Physiological Botany »; « Student's Guide to Systematic Botany »; « Principal plants employed in medicine », ouvrage richement illustré, en collaboration avec le prof. Trimen, 4 vol., Londres, 1875 et suiv.

Bentzon (Th.), illustre pseudonyme d'une dame écrivain de talent, madame Marie-Thérèse Blanc, née de Solms, à Seine-Port (Seine et Marne), le 21 septembre 1840. Sa collaboration à la *Revue des Deux Mondes* et à la *Revue Bleue* est des plus appréciées. L'étude des langues et de nombreux voyages développèrent cet esprit brillant et formèrent son goût. Dans sa première jeunesse, elle avait eu l'occasion d'étudier de près la vie de province. Plus tard, elle vécut à Paris dans le monde le plus intéressant et le plus choisi, faisant partie de ce monde-là, ce qui est un grand avantage, quoiqu'on en puisse dire, au point de vue de l'observation. Jamais, par ses allures, par ses manières, elle ne fut « femme de lettres » dans le sens un peu excentrique du mot. Elle demeura chez sa mère, la comtesse d'Aure, avec laquelle elle était étroitement unie, jusqu'à la mort récente de cette dernière. Deux des romans de Th. Bentzon ont été couronnés par l'Académie Française. A propos du premier, M. Jules Sandeau a fait de l'auteur cet éloge charmant: « Parmi les romanciers qui se sont
« produits en ces derniers temps, il en est un
« qui mérite une place à part et qui ne pouvait
« échapper à l'attention de l'Académie. Comme
« tous les biens honnêtement amenés, cette
« fortune littéraire ne s'est pas élevée en un
« jour. La mode et l'engouement ne sauraient
« rien prétendre, le travail et le talent ont tout
« fait. Si mes souvenirs ne me trompent pas,
« c'est en 1872, au lendemain de nos dé-
« sastres que parurent les premiers essais de
« Madame Bentzon. Bien que l'heure fût peu
« clémente, ces essais ne passèrent pas pour-
« tant inaperçus. Ils étaient faits pour plaire aux
« délicats et s'adressaient à cette portion de
« public qui s'appelait autrefois le parti des
« honnêtes gens; ils allaient à leur adresse.
« Dès lors les œuvres de Mme Bentzon se suc-
« cédèrent d'année en année, discrètement, sans
« bruit, ni fanfares; jamais talent ne s'affirma
« d'une façon plus modeste et plus fière. Par
« un de ces bonheurs qui ne doivent rien au
« hasard et dont le travail a seul le secret,

« chaque œuvre nouvelle marquait un progrès,
« un pas de plus vers la perfection. Les plus
« aimables qualités du romancier et de l'écri-
« vain se trouvaient réunies dans ces récits
« de la vie moderne. La passion n'en était pas
« exclue; bien loin de là, elle en était l'âme,
« mais, grâce à la pente naturelle d'un cœur
« droit et d'un esprit sain, l'auteur, sans éta-
« lage de morale, finissait toujours par la ra-
« mener et par l'asservir aux vérités et aux
« lois éternelles. Les deux derniers ouvrages :
« *Un Remords* et *L'Obstacle* ont mis le sceau
« à sa réputation. Combien d'autres j'aime-
« rais à citer ? La *Petite Perle*, par exemple.
« C'est le nom de l'héroïne ; ce nom sert de
« titre au volume, et, s'il est vrai de dire
« que jamais nom ne fut mieux porté, il est
« juste aussi de dire que jamais titre ne fut
« mieux justifié, car c'est une perle, en effet,
« c'est un bijou que ce joli roman. A tant de
« mérites qui plaident pour Mme Bentzon auprès
« de l'Académie, il faut joindre la fleur d'esti-
« me qui s'attache à sa personne. Elle même
« l'a dit : « Rien n'honore une femme autant
« que la conquête légitime de l'indépendance
« par le travail ». Aussi vit-elle honorée, en-
« tourée de sympathies et de respects. Cela
« n'ajoute rien au talent, mais n'y gâte rien,
« que je sache ». (Cfr. aussi la *Nuova Antologia* du premiers mars 1879). Nous allons faire
suivre la note des ouvrages de ce romancier
délicat, de cet écrivain exquis, dont la plume
souple et élégante trouve, à chaque nouvelle
œuvre, des charmes nouveaux: « Un Divorce » ;
« La vocation de Louise » ; « Une Vie manquée » ; « Un Châtiment » ; « Le Violon de
Job » ; « La Grande Saulière » ; « La Petite
Perle » ; « Un remords » ; « L'Obstacle » ;
« Georgette » ; « Le Veuvage d'Alice », 1881 ;
« Le retour », 1882 ; « Miss Jane », id., « Le
meurtre de Bruno Galli », 1883 ; « Tête Folle », id. ; « Tony », 1884 ; « Amour perdu »,
1884 ; « Une Conversion », 1885 ; « Figure é-
trange », 1886 ; « Émancipée », 1887. Tout ces
romans ont paru chez M. Calmann Lévy, sauf
« Un Divorce », chez Hetzel, qui a publié aussi
trois volumes destinés aux enfants ; entre autres l' « Histoire d'une jeune Créole », qui obtint un très grand succès. Madame Bentzon a
donné, en outre, à la *Revue des Deux Mondes*
de nombreux articles de critique sur les littératures anglaise, allemande, américaine, qui ont
paru depuis chez Calmann Lévy en trois volumes : « Littérature et Mœurs étrangères. Études ». Le troisième volume vient d'être publié.

Benussi (Bernard), écrivain italien, né, à Rovigno (Istrie), le 1er janvier 1846. Il fréquenta
les Gymnases d'Udine et de Capodistria et les
Universités de Padoue, Vienne et Gratz. Reçu
docteur en philosophie, il a été nommé professeur au Lycée communal supérieur de Trieste ;
nous citerons de lui : « Manuale di Geografia
dell'Istria », Trieste, 1877 ; « L'Istria sino ad
Augusto. Studii », id., 1883 ; « Manuale di Geografia, Storia e Statistica del Litorale, ossia
della contea di Gorizia, della città di Trieste e del marchesato d'Istria », Pola, 1885 ;
« Rovigno. Notizie storiche », Trieste, 1888 ;
« Introduzione alle Commissioni del Senato Veneto ai Podestà dell'Istria », dans les *Atti della Società Istriana di archeologia e storia patria*.

Benvegnù (Charles), écrivain italien, né, le
4 juillet 1848, à Zero Branco, province de Trévise, a publié les écrits suivants ; « Studio critico storico sul giuoco del lotto », Pordenone,
1873 ; « Discorso sulla storia naturale », Padoue, 1875 ; « Trattenimenti scientifici per l'istruzione del popolo », Rome, 1875 ; « Bozzetti
igienico morali », id., 1875 ; « In morte di Adele Benvegnù, elegia », Naples, 1877 ; « Del
suicidio », dialogue, 3me éd., 1879 ; « Sunto di
filosofia », Turin, 1879 ; « Sulla luce », id., id. M.
Benvegnù a dirigé pendant quelque temps à Turin le journal *Istruzione e lavoro*.

Benvenuti (Léo), archéologue et écrivain italien, membre de plusieurs sociétés savantes,
directeur du Musée Archéologique d'Este, fondé en grande partie avec les produits des fouilles que M. Benvenuti a faites dans sa villa ; il
est né, à Venise, le 21 juin 1839. Émigré en
1859, il servit comme volontaire dans les campagnes de l'indépendance ; une fois la Vénétie
rendue à l'Italie, M. B. quitta l'armée avec le
grade de lieutenant et se retira ensuite dans
ses terres à Este, où il se livra entièrement à
ses occupations archéologiques et littéraires.
Parmi ses publications, citons : « Racconti romantici », Milan, 1874 ; « Razza antica », 1875 ;
« Una ciocca di capelli », id. ; « Un neo », « Post
cœnam », id. ; « Serenata », 1878 ; « Baldus »,
nouvelle, dans la *Gazzetta d'Italia*, 1878 ; « Catalogo dell'archivio della magnifica Comunità di
Este », Este, 1880, en collaboration avec M.
Pietrogrande (voir ce nom) ; « Il Museo Euganeo-
Romano d'Este », Bologne, 1880 ; « Bibliografia Atestina », id., 1881 ; « Un autografo di Ugo
Foscolo », id., id. ; « Indicazione del Museo di
Este », id., 1882 ; « Lord Byron a Este », id.,
1884 ; « La Situla Benvenuti », magnifique illustration in folio, Este, 1886. On annonce en
préparation un ouvrage important du même auteur qui portera le titre : « Italiani all'estero ».

Benvenuti (Louis), écrivain italien, né, à
Trento, en 1819. On a de lui : « Come si possa
nella sposizione de' classici antichi coltivare il
carattere religioso-morale della Gioventù », Rovereto, 1858 ; « Due Idillii di Bione », Trento,
1863 ; « L'Idillio II di Bione », id., 1864 ;
« Carlo Conte Firmian e la Lombardia », id.,
1872 ; « L' Esposizione mondiale di Vienna »,
hymne id., 1873 ; « Visione », id., 1877 ;
« Versi », id., id. ; « La Cronaca di Folgaria

e le Memorie di Pergine del Decano Don Tom. Vig. Bottea con riguardo speciale all' origine dei Mocheni », id., 1881.

Beor (Louis-Joseph), comptable, littérateur et poète français, né, à Bus-Saint-Rémy (Eure), en 1840. On a de lui: « Heures fatales! Heures joyeuses; une voix de la patrie », poésies diverses et chansons, Paris, Chérié, 1875; « Printemps et neige », poésies nouvelles, id. id., 1877; « La principauté de Monaco », poème id. id., 1878; « La république de Saint-Marin », poème, Pithiviers, Forteau, 1878; « Une héroïne », poème, Toulon, 1879; « Le livre des poèmes », récits en vers, Orléans, Herluison, 1879; « Un trait de courage », poème dédié à la Reine de Portugal, Paris, Patay, 1881; « Pages d'histoire », poème historique, id. Chérié, 1881; « Voyages au pays des jolies femmes », poème, Bergerac, Boisserie, 1883; « Rimes galantes », Pithiviers, Forteaux, 1883; « Un noble cœur », poème, Lyon, Duc, 1883; « Les Abbés joyeux », roman historique, Paris, Vanier, 1885; « Le Cabaret de la Patte d'Oie », id. id. id.

Beöthy (Sigismond), poète et écrivain hongrois, né, à Comorn, le 17 février 1819. Il fit son droit à Pest, et se fit recevoir avocat, en 1841; attaché, avant 1848, au ministère des cultes, il quitta Pest après que les autrichiens y furent rentrés et se retira dans sa ville natale, où il s'adonna à l'exercice de sa profession. Outre quelques ouvrages juridiques, parmi lesquels nous citerons: « Elemi magyar kozjog », Pest, 1851, il a écrit des récits pour la jeunesse comme « Koszoru », 1835; des comédies parmi lesquelles: « Vigjáték, Kóbor Istók », 1840, et « Követválasztás », 1843, qui obtinrent un grand succès, des romans et des nouvelles publiées en 1866, ainsi que de nombreuses poésies qui parurent, en 1851, sous le titre de « Oesszes Költeményei ».

Beöthy (Zoltan), écrivain, critique et poète hongrois, fils du précédent, né, à Comorn, le 4 septembre 1848. Professeur de littérature hongroise et d'esthétique à l'École technique et à l'Université de Pest, membre de l'Académie hongroise et secrétaire de la Société Kisfaludy, M. B. a fait paraître des œuvres nombreuses et de genres divers, citons: « Beszlyéek », nouvelle, 1871; « Biró Márton », 1872; « A nevtelenek », 1875; « Kálozdi Béla », roman, 1875; « Rajzok », esquisses, 1879; « Raskai Léa », récit, 1881; ses critiques théâtrales ont paru en un volume, sous le titre: « Szinészek'es szinmüirok », 1881; on lui doit aussi une histoire de la littérature hongroise, dont la 4me éd. a paru en 1884, et une histoire du roman en Hongrie, couronnée par la Société Kisfaludy. Il a publié aussi une dissertation sur la tragédie: « A tragikum », 1885.

Bequet (Alfred), archéologue belge, né à Namur, en 1826; membre de la Société archéologique de Namur, il a publié plusieurs Mémoires dans les *Annales* de cette compagnie, parmi lesquels nous citerons: « Le Château de Montaigle »; « Excursions archéologiques dans la province de Namur »; « Henri Blès, peintre bouvignois »; « Le Château de Samson »; « Château-Thierry »; « Le manoir de Thy-le-Château »; « Antiquités découvertes à Namur, en 1875 »; « Les tombes plates de l'ancien comté de Namur du XIIIe au XVIIIe siècle », etc. etc.

Bequet (Léon), jurisconsulte et écrivain français, né, à Alger, en 1842, ancien avocat à la Cour d'Appel de la Seine, actuellement conseiller d'État. On a de lui: « De la personnalité civile des diocèses, fabriques et consistoires, et de leur capacité à recevoir des dons et legs », Paris, Maresq ainé, 1880; « Libéralités charitables, capacité des établissements ecclésiastiques et des bureaux de bienfaisance », id., Berger-Levrault, id.; « Algérie, gouvernement, administration, législation », en collaboration avec M. Manel Simon, id., Dupont, 1883; « Régime et législation de l'assistance publique et privée en France », avec le concours d'Émile Morlot et Trigant de Beaumont, id. id., 1885. — M. Bequet a donné plusieurs articles à la *Revue générale d'administration*, et à la *Revue pratique du droit français*.

Béraldi (Henri), administrateur, bibliographe et iconographe français, né, à Paris, en 1849. Fils d'un amateur éclairé qui avait réuni plus de dix mille portraits gravés, M. Béraldi suivi l'exemple paternel et il possède aujourd'hui une admirable suite de livres à figures du XVIIIe siècle, dont il a donné lui-même la description, sous le titre: « Mes Estampes » en 1885. En 1874, il publia, sous le pseudonyme anagramme de Henri Draibel: « L'œuvre de Moreau le jeune; notice et catalogue » Paris, Rouquette, 1874, qui est le premier catalogue qu'on ait essayé de dresser de l'œuvre de Jean-Michel Moreau (1741-1814). On lui doit encore « Bibliothèque d'un bibliophile » Lille, Conquet, 1885, qui est le catalogue raisonné de la bibliothèque de M. Eugène Paillet, président de la Société des Amis de livres; et « Les Graveurs du XIXe siècle, guide de l'amateur d'estampes modernes » Paris, Conquet, 1885. En collaboration avec M. le baron Roger Portalis, il a publié: « Charles-Étienne Gaucher, graveur (1740-1804) notice et catalogue » Paris, Morgand et Fatout, 1879; « Les Graveurs du XVIIIe siècle » 3 vol., id. id. 1880-82. M. B. qui est chef de bureau au ministère de la marine, a collaboré, soit sous son nom, soit sous l'anagramme déjà cité à plusieurs revues.

Berardi (Émile), écrivain ecclésiastique de la Romagne, né, à Bagnacavallo (province de Ravenne) le 3 décembre 1831, curé à Faenza. On a de lui: « Praxis Confessorum, seu Uni-

versæ Theologiæ Tractatus theoricus-practicus »,
Faenza, 1884; « Casus conscientiæ », id., 1885;
« De sollicitatione », Faenza, 1886; « Tractatus de Sollicitatione in compendium redactus »,
id., id.; « De recidivis et occasionaris », 2 vol.
En societé avec le prêtre Graziani, en 1885, il
publia: « L'uomo apostolico provveduto ».

Berardi (Gaston), écrivain et publiciste belge, fils de l'ancien directeur de l'*Indépendance belge*, est né, à Bruxelles, de parents français, le 28 octobre 1849. M. B. a fait ses études en France, en Allemagne et en Angleterre, plus tard il fit de longs voyages, parcourant l'Europe, le littoral nord de l'Afrique, l'Amérique, les Indes, la Chine et le Japon, d'où il adressa des correspondances, à l'*Indépendance belge*. Il alla ensuite représenter ce journal à Paris comme correspondant politique, collaborant, en même temps à diverses revues et journaux. A la mort de son père, 1885, il lui succéda dans la direction du journal. M. B. a fait paraître des « Études critiques sur le théâtre contemporain »; « l'Art japonais »; « Notes d'un voyageur ». Il a fait plusieurs conférences sur l'Extrême Orient et s'est fait également connaître par diverses compositions musicales signées de son nom, ou du pseudonyme de *Britta*. Plusieurs de ses articles dans l'*Indépendance* sont signés du nom de: Mardoche. M. Berardi fait partie du Conseil de l'Association syndicale de la presse étrangère.

Berardinelli (François), écrivain italien, l'illustre directeur de la *Civiltà Cattolica*, docte Dantophile, né, à Gambatesa (province de Molise), le 17 juin 1816. Agé de 21 ans, étant à Naples, il entra dans la Compagnie de Jésus; en 1850, on lui confia l'enseignement de la Rhétorique dans le *Collegio Massimo* de la même compagnie, et il y resta pendant onze ans. En 1861, il passa à Rome comme rédacteur de la *Civiltà Cattolica*, dont il est, depuis l'année 1875, le directeur éclairé. Outre un grand nombre d'articles qui ont vu le jour dans la revue qu'il dirige, le père Berardinelli a publié à part des ouvrages remarquables qui se rapportent à la *Divina Commedia* et aux idées politiques de son poète. A l'occasion du centenaire de la naissance du Dante, en 1865, il avait inséré dans la *Civiltà Cattolica* une série d'articles sur le système politique du grand poète, tel qu'on peut le relever par la *Divina Commedia*, touchant déjà à la question de la domination civile des Papes; dans la même année, sous le titre: « Omaggio a Dante Alighieri offerto dai Cattolici italiani nel maggio 1865, sesto centenario dalla sua nascita », Rome, Monaldi, le père Berardinelli avait exposée l'allégorie de la *Divina Commedia*. En 1881, il republia ce même écrit sous le titre de « Ragionamento intorno al vero senso allegorico della *Divina commedia* » comme appendice à son ouvrage capital: « Il dominio temporale dei Papi nel concetto politico di Dante Allighieri », Modène, tip. Pontificia ed Arcivescovile.

Berchet (Guillaume), historien italien, secrétaire actif de la *Deputazione Veneta di Storia Patria*, membre du Conseil supérieur des archives, neveu du célèbre poète lombard Jean Berchet, né, en 1833, fit ses études à l'Université de Padoue, où il fut reçu docteur en droit. Mais les recherches historiques le passionnaient: M. Berchet y voyait d'ailleurs un moyen puissant de réveiller par le souvenir des anciennes gloires de l'Italie le désir d'une résurrection nationale. En 1856, en collaboration avec M. N. Barozzi, il commença le recueil des « Relazioni lette al Senato dagli Ambasciatori veneti nel secolo XVIII », achevé maintenant en onze gros volumes (1856-79), digne pendant et complément des « Relazioni venete del secolo XVI », publiées jadis à Florence par Alberi. (On y trouve les relations sur les cours d'Espagne, France, Turquie, Angleterre, Rome et autres États Italiens). Toujours en collaboration avec M. Barozzi et avec M. Federico Stefani, il publie cet immense et important recueil qui s'appelle les « Diarii di Marin Sanudo » (21 volumes in-4° ont déjà paru à Venise chez Visentini; l'ouvrage entier sera compris en 58 volumes). Outre ces grands travaux d'érudition dignes d'un Muratori, on doit encore à M. Berchet une foule d'articles parus dans l'*Archivio Storico Veneto*, et dans les Actes et Mémoires de l'*Istituto Veneto* dont il fait partie, et des monographies précieuses; nous citerons ici: « Relazione della Moscovia d'Alberto Vimina 1653 », Milan, 1860; « Del commercio dei Veneti nell'Asia », Venise, 1864; « Cromwell e la Repubblica di Venezia », id, 1864; « Il Serraglio del Gran Signore descritto da Ottaviano Bon nel 1608 », id., 1865; « La Repubblica di Venezia e la Persia », Turin, 1865; « Nuovi documenti e Regesti », sur le même sujet », Venise, 1866; « Relazioni dei Consoli Veneti nella Siria », Turin, 1866; « I Portoghesi e le antiche Carte geografiche esistenti in Venezia », id. 1866; « La Cripta di San Marco di Venezia », id., 1868; « I Veneziani nell'Abissinia, colla mappa di Fra Mauro », Florence, 1869; « Marco Polo e il suo libro, di Yule », traduit de l'anglais, avec de nouveaux documents, Venise, 1871; « Le antiche Ambasciate Giapponesi in Italia », id., 1877; « Il Planisfero di Giovanni Leardo del 1452 », id., 1880; « Un'Ambasciata cinese a Venezia nel 1652 », id., 1885.

Berczik (Arpad), auteur et critique dramatique hongrois, directeur du bureau de la presse au Ministère de l'Intérieur, né, à Temesvar, en 1842. Il fit son droit à l'Université de Pest. Il est l'auteur de plusieurs nouvelles et de critiques théâtrales remarquables; mais il doit surtout ses grands succès aux pièces dramatiques, qui font partie du Recueil du Théâtre National hongrois : *A nemzeti Szinház könyvtára*. Nous citerons entr'autres : « La Femme d'esprit » ; « Les affaires publiques » (traduite en allemand) ; « Demi-gentilshommes » ; « Procureurs de mariage » ; « Au pays des Szeklers », comédie populaire couronnée par l'Académie, et ses derniers drames : « Le chapelain de Kis Igmánd » ; « La Reine du Bal » ; « Regarde la mère ! ».

Bérenger-Féraud (Laurent-Jean-Baptiste), médecin français, né, à Saint-Paul-du-Var (Alpes Maritimes), le 9 mai 1832. Entré, en 1852, dans le service de santé de la marine, il fut pendant quelque temps médecin particulier de S. A. I. le prince Jerôme-Napoléon, et est aujourd'hui directeur du service de santé de la marine à Cherbourg. M. B. a publié : « Des Fractures en V au point de vue de leur gravité et de leur traitement », Paris, Delahaye, 1864 ; « Traité de l'immobilisation directe des fragments osseux dans les fractures », id., id., 1869 ; « Traité des fractures non consolidées ou pseudarthroses », id., id., 1871 ; « De la Fièvre bilieuse mélanurique des pays chauds comparée avec la fièvre jaune. Étude clinique faite au Sénégal », id., id., 1874 ; « De la Fièvre jaune au Sénégal », id., id., id. ; « Traité clinique des maladies des Européens au Sénégal », 2 vol., id., id., 1875-78 ; « Étude sur les Oulofs (Sénégambie) » id., Leroux, 1875 ; « Étude sur les Peuls de la Sénégambie », id., id., id. ; « De la Fièvre dite bilieuse inflammatoire aux Antilles et dans l'Amérique tropicale », Delahaye, 1878 ; « De la Fièvre jaune à la Martinique », id., id., 1879 ; « Les Peuplades de la Sénégambie. Histoire, ethnographie, mœurs et coutumes, légendes etc. », id., Leroux, 1879 ; « Saint-Mandrier près Toulon, contribution à l'histoire de la localité et de l'hôpital maritime », id., id., 1881 ; « Traité clinique des maladies des Européens aux Antilles », 2 vol., id., Doin, 1881 ; « Traité théorique et pratique de la dyssenterie », id., id., 1882 ; « La Race provençale. Caractères anthropologiques, mœurs, coûtumes, aptitudes etc. de ses peuplades d'origine », id., id., 1883 ; « Nouvelles recherches sur le traitement du tænia », id., id., 1885 ; « Réminiscences populaires de la Provence ; coutumes, légendes, superstitions », id., Leroux, 1885 ; « Recueils de contes populaires de la Sénégambie », id., id., 1886 ; « Recherches sur les accidents que provoque la morue altérée », id., Doin, 1886 ; « Étude sur l'amputation du bras avec ablation total de l'omoplate », id., id.

Berg (Alois). Voyez Gerstenberg (Karl von).

Berg (Christian-Paulsen), homme politique et journaliste danois, né, à Tjaltring, près de Lemvig (Jutland), le 18 décembre 1829. Bien que simple instituteur élémentaire, il fut envoyé au parlement par l'arrondissement de Kolung.

Bientôt il y devint le chef de l'opposition et du parti radical, dont il défendait les principes dans le *Morgenbladet*. En 1884, il fut élu président du Folketing. Son opposition acharnée au ministère Estrup lui valut une condamnation à six mois de prison et à l'amende ; à l'expiration de sa peine, la population lui offrit une fête magnifique à Marienlyst. Des désaccords survenus entre lui et son parti l'ont amené à donner sa démission de président du Folketing où il siège toujours parmi les radicaux.

Berg (Frédéric-Théodore), médecin et statisticien suédois, né, à Gothenbourg, le 5 septembre 1806 ; il étudia la médecine à Lund et, depuis 1836, y enseigna l'Anatomie ; en 1841, il fut nommé professeur de médecine légale et de pédiatrie à l'Institut Caroline de Stockolm, et, en 1842, médecin en chef de l'hôpital des enfants. Parmi ses travaux sur la médecine, nous citerons : « Om torsk hos Barn », 1846 ; « Kliniska föreläsningar i Barnsjukdomar I. », 1853, et, « Bidrag tin Sveriges medicinska Topografi », 1853. Sur ces entrefaites, il était appelé à faire partie de la commission de statitique, dont il prit la direction en 1853 ; en 1858, il fut préposé au nouveau bureau de statistique qu'on venait d'instituer ; en 1877, il fut mis à la retraite. La plus grande partie des publications de ce bureau est due à M. Berg, il a collaboré aussi activement à la *Statistisk Tidskrift* ; parmi ses monographies statistiques, nous citerons : « Dodligheten i 1st Lefnadsaaret », 1869 ; et « Proportionen mellan Konen ». 1871.

Berg (Johann). Voyez Braun-Wiesbaden.

Berg (Wilhelm). Voyez Schneider (Lina).

Bergaigne (Abel-Henri-Joseph), orientaliste français, né, à Vimy (Pas de Calais), le 31 août 1838. Après avoir achevé ses études aux lycées d'Évreux et d'Amiens, il entra, d'abord, dans l'administration de l'enregistrement, qu'il quitta bientôt pour se livrer successivement à des études diverses, et enfin à celle des langues orientales, dans lesquelles il ne tarda pas à acquérir une rare compétence. En 1868, lors de la fondation de l'École pratique des Hautes Études (section des sciences philosophiques), il y fut nommé répétiteur de sanscrit, et il inaugura la précieuse *Bibliothèque de l'École*, en publiant dans son premier fascicule « La Chronologie dans la formation des langues indogermaniques » par G. Curtius, Paris, Franck, 1869. Actuellement M. Bergaigne est professeur de sanscrit et de grammaire comparée des langues indo-européennes à la faculté des Lettres de Paris et Directeur d'études à l'École des Hautes Études. M. Abel Bergaigne a été élu, le 6 février 1885, membre de l'Institut, Académie des Inscription et Belles Lettres, qui déjà, en 1873, avait couronné son : « Essai sur la construction grammaticale considérée dans son développement historique en sanscrit, en grec, en latin, dans les langues romanes et dans les langues germaniques ». En 1877, à la suite de deux thèses, l'une française : « Les Dieux souverains de la religion védique », l'autre latine : « De conjunctivi et optativi in indo-europeis linguis formatione et vi antiquissima », M. Bergaigne fut reçu docteur ès-lettres par la Faculté de Paris. En outre des travaux que nous avons déjà cités, il a publié : « Bhâmini-Vilâsa, texte sanscrit, publié avec une traduction et des notes » Paris, Franck, 1872, « la Religion védique, d'après les hymnes du Rig-Véda » 3 vol. Paris, Wieweg, 1878-1883, « Nâgânanda, la joie des serpents, drame boudhique attribué au roi Cri-Hrcha Deva » id., Leroux, 1879, « Quelques observations sur les figures de rhétorique dans le Rig-Véda » id., Wieweg, 1880; « les Inscriptions sanscrites du Cambodge » 1882 ; « Nouvelle inscription du Cambodge » id.; « Chronologie de l'ancien royaume tchmêr, d'après les inscriptions » id., Leroux, 1884 ; « Sacountala » drame hindou, en sept actes, de Kalidasa, traduit en collaboration avec M. Paul Lehugueur, son beau-frère, Jouaust, 1884 ; « Manuel pour étudier la langue sanscrite, Chrestomatie, lexique, principes de grammaire » id. Vieweg, id. ; « Études sur le lexique du Rig-Véda » id., Leroux, 1885 ; « M. Ludwig et la chronique du Rig-Véda » 1886 ; « les Découvertes récentes sur l'histoire ancienne du Cambodge » 1886 ; « Recherches sur l'histoire de la Samhitâ primitive du Rig-Véda » Paris, Leroux, 1886-87 ; « L'ancien royaume du Campa dans l'Indo-Chine d'après les inscriptions » id., id., 1888. M. Bergaigne a de plus collaboré à la Revue critique, aux Mémoires de la Société de linguistique et au Journal asiatique, où ont paru quelques-uns des travaux que nous avons cités.

Bergbohm (Charles), jurisconsulte allemand, né, le 18 septembre 1849, à Riga; il fit ses études à Dorpat, à Berlin et à Leipsig; en 1877, il fut autorisé par l'Université de Dorpat, à l'enseignement du droit public, et, en 1884, il y était nommé professeur de droit public et du droit des gens. En 1880-81 il a entrepris un voyage scientifique en Allemagne et en Autriche et à son retour il fut nommé conseiller d'État. On a de lui: « Staatsverträge und Gesetze als Quellen des Völkerrechts », 1877; « Die bewaffnete Neutralität 1780-1783, eine Entwickelungsphase des Völkerrechts im Seekriege », 1884. M. Bergbohm a traduit en allemand un ouvrage publié en russe, par M. le baron de Martens, sous le titre: « Völkerrecht, Das internationale Recht der civilisirten Nationen », 1883-1886.

Berge (Elisabeth von), femme de lettres allemande, née, le 12 mars 1838, à Ober-Ullersdorf, dans la province de Brandebourg. Contrariée d'abord, par ses parents, dans la vocation pour les lettres, qu'elle avait montré dès sa première jeunesse, ce ne fut que quand la maturité de l'âge fut venue, et, après un voyage en Italie, que Mme Berg put se consacrer entièrement aux lettres. Elle commença alors à étudier sérieusement les langues anciennes, la littérature et l'histoire et maintenant encore, dans sa charmante retraite de Marxbourg, près de Braubach, sur le Rhin, elle s'occupe d'études philosophiques. Elle a publié: « Christina von Schweden », 1873, drame qui a été très bien accueilli surtout par le sexe auquel appartient l'auteur; « Heinrich IV », 1880; « Pausanias », 1885; et enfin son dernier ouvrage et, d'après le jugement de l'auteur elle-même, son meilleur, une tragédie: « Alexoi », 1888.

Bergé (Henri-Joseph-Napoléon), chimiste belge, né, à Bruxelles, le 30 novembre 1835, professeur à l'université de Bruxelles. M. Bergé n'avait pas encore vingt ans, lorsqu'il présenta, le 14 mai 1855, au collège des bourgmestres et échevins de sa ville natale un remarquable mémoire : « De l'incombustibilité. Emploi du chlorure de calcium pour éteindre les incendies » Bruxelles, Verbruggen, 1855, réimprimée dans l'Année scientifique de Figuier, Paris, 1877 ; d'autres brochures scientifiques, puis une « Chimie appliquée aux arts industriels » Bruxelles, 1857, suivent ce travail. En même temps, M. B. qui dirigea, de 1865 à 1869, un journal spécial Le Chimiste, commençait à collaborer à la Revue universelle des sciences appliquées à l'industrie, à la Revue trimestrielle, au Journal des découvertes de Genève, à la Revue hebdomadaire de chimie de Paris, à l'Office de l'Industrie de Bruxelles, au Bulletin de l'Institut de France, à celui de l'Académie des Sciences de Paris, etc. etc. M. Henri Bergé a pris, en outre, une part importante au mouvement philosophique et politique de la Belgique ; il a présidé, ou préside encore, plusieurs associations libérales, et il a été, durant quelques années, député à la Chambre des Représentants.

Berge (Karl von). Voyez Homrighausen (Karl).

Bergen (Wilhelm). Voyez Ressel (Wilhelm).

Berger (Élie), paléographe français, né, à Beaucourt, en 1850; fils de feu M. Eugène Berger, ancien pasteur luthérien de Paris, M. Élie Berger, ancien membre de l'École française à Rome, actuellement archiviste aux archives nationales a publié : « Notice sur divers manuscrits de la bibliothèque Vaticane. Richard le Poitevin, moine de Cluny, historien et poète » Paris, Thorin, 1879 ; et « les Registres d'Innocent IV. Recueil des bulles de ce pape publiées ou analysées d'après les manuscrits originaux du Vatican et de la bibliothèque nationale » 3 vol., id. id. 1882 et suiv. — Les deux ouvrages font partie de la Bibliothèque des Écoles françaises d'Athènes et de Rome.

Berger (Philippe), orientaliste français, frère du précédent, né, le 15 septembre 1846, à Beaucourt (Haut-Rhin). Après avoir fait ses études en théologie à la Faculté de Strasbourg, il fut attaché, en 1873, à la rédaction du *Corpus inscriptionum semiticarum*, entrepris par l'Académie des Inscriptions et Belles-Lettres sous la direction de M. Renan, et il n'a cessé d'y collaborer depuis lors. En 1874, il a été nommé sous-bibliothécaire de l'Institut. En 1877, lors du transfert de la Faculté de théologie protestante de Strasbourg à Paris, il fut chargé du cours d'hébreu qu'il professe encore. M. B. a collaboré au *Journal des Débats* et à plusieurs revues savantes, entr'autres : à la *Revue Critique*, à la *Revue* et à la *Gazette Archéologique*, au *Journal Asiatique*, à l'*Encyclopédie des sciences religieuses*, aux *Mémoires de la Société de Linguistique*, aux *Archives des Missions scientifiques*, aux *Comptes-rendus de l'Académie des Inscriptions et belles-lettres*, etc. Sa première publication date de 1873 ; « Études sur les documents nouveaux fournis sur les Ophites par les Philosophoumena » et n'est qu'un extrait de sa thèse de doctorat : « Étude sur les renseignements nouveaux fournis sur le Gnosticisme par les Philosophoumena » qui obtint un accessit de 2000 fr. au concours Schmutz ; ensuite, il a publié: « Tanit Penê-Baal » Paris, Leroux, 1877 ; « Les ex-voto du temple de Tanit à Carthage », id., Maisonneuve, id. ; « Israël et les peuples voisins » id., Fischbacher, 1878 ; « Les généalogies de la Bible », id., id., 1879 ; « L'Ange d'Astarté, étude sur la seconde inscription d'Oum-el-Awamid », id., id., id. ; « L'Écriture et les inscriptions sémitiques », id., 1880 ; « le Pygmalion et le Dieu Pygmée » id., imprimerie nationale, id.; « Notice sur les caractères phéniciens destinés à l'impression du *Corpus Inscriptionum semiticarum* » id., id., id. ; « Le Trinité carthaginoise. Mémoire sur un bandeau trouvé dans les environs de Batna » id., Maisonneuve, 1880 ; « l'Exposition de la cour Caulaincourt au Louvre » id., Didier, 1881, avec E. Le Blant, R. Mowat, et R. Cagnat; « La Phénicie » id., Fischbacher, 1881 ; « Pygmée, Pygmalion, Note sur le nom propre Baal Maleac » id. Vieweg, id. : « Note sur les inscriptions puniques, rapportées d'Utique par M. le comte d'Hérisson » id., imprimerie nationale, 1882 ; « Les inscriptions sémitiques et l'histoire » id., Gauthiers-Villars, 1883 ; « Lettre à M. Alexandre Bertrand, sur une nouvelle forme de la triade carthaginoise » id., Leroux, 1884 ; « Nouvelles inscriptions nabatéennes de Medaïn Salih » id., A. Picard, id. ; « Stèles trouvées à Hadrumète » id., A. Lévy, id. ; « La Nécropole phénicienne de Mehdin », Leroux, 1884, en collaboration avec Paul Melon ; « L'Arabie avant Mahomet d'après les inscriptions » id., Maisonneuve, 1885 ; « Camillus » 1886 ; « Essai sur la signification historique des noms des patriarches Hébreux », 1886 ; « Rapport sur quelques inscriptions araméennes inédites du *British Museum* », 1886.

Berger (Samuel), théologien luthérien français, frère des précédents, et gendre de M. Himly, le doyen de la faculté des Lettres de Paris, est né à Beaucourt (Haut-Rhin), le 2 mai 1843. Il fit ses études littéraires à la Sorbonne et ses études théologiques à Strasbourg et à Tubingue ; il fut nommé, en 1867, pasteur de l'Église de la confession d'Augsbourg à Paris, dix ans après il était nommé bibliothécaire et secrétaire de la faculté de théologie protestante de Paris et il y était chargé du cours d'archéologie chrétienne. On a de lui : « F. C. Baur, les origines de l'École de Tubingue et ses principes », 1867, accessit du prix Schmutz à Strasbourg ; « La Bible au XVIe siècle, étude sur les origines de la critique biblique », Paris, Berger-Levrault, 1879 ; « De Glossariis et Compendiis biblicis quibusdam medii ævi », id., id., id. ; « Du rôle de la dogmatique dans le prédication », id., id., 1881 ; « La Bible française au moyen âge, étude sur les plus anciennes versions de la Bible écrites en prose de langue d'oil », id., Champion, 1884, mémoire couronné par l'Institut de France ; « L'histoire de la Vulgate en France », 1887. M. Berger a collaboré au journal luthérien *Le Témoignage* et à l'*Encyclopédie des sciences religieuses* publiée sous la direction de F. Lichtenberger.

Berger (Geoges), ingénieur et administrateur français, né, à Paris, en 1834. Il débuta comme ingénieur des mines ; mais il ne tarda pas à délaisser cette carrière pour s'adonner aux beaux-arts vers lesquels l'attirait une vocation que de nombreux voyages en Europe et en Orient ne firent que développer. En 1867, le gouvernement impérial le chargea de la Section étrangère de l'Exposition Universelle de 1868, fonctions qu'il a remplies aussi pendant l'exposition de 1878. En 1886, il fut nommé directeur général de l'administration de la future Exposition de 1889 ; M. B. qui a été, en 1876-77, professeur suppléant d'art et d'esthétique à l'École des Beaux-Arts, a publié ses leçons sous ce titre : « L'École française de peinture depuis ses origines, jusqu'à la fin du règne de Louis XIV » Paris, Hachette, 1879 ; citons encore de lui : « Exposition universelle internationale de 1889. Considérations générales sur son organisation financière » 2 parties, id., Berger-Levrault, 1885.

Berger (Guillaume), romancier allemand, né, à Barmen, le 21 janvier 1833. Issu d'une famille adonnée depuis de longues années au commerce, il fut, dès sa naissance, voué à la même profession, et lorsqu'il eut atteint l'âge de vingt ans, il partit pour l'Amérique pour y faire son apprentissage. A Cincinnati, il fonda un magasin de musique allemand, de là il passa à Boston, où il avait acheté une grande maison éditoriale de musique. En 1877, il se retira du commerce et revint se fixer à Brême, où il vit maintenant tout occupé de ses travaux littéraires. Parmi ses nombreuses publications, nous citerons: « Von den Inseln u. a. See », contes poétiques, 1883; « Opfer des Krieges », nouvelle, id.; « Das Trauerspiel », comédie, 1884; « Knurrhase », roman, 1885; « Ziele des Lebens », roman, id.; « Schwankende Herzen », roman, 1886; « Marga », roman, id.; « Allerlei Schicksale », conte, 1887; « Vom Markt des Lebens », nouvelle, 1887.

Berger (Jean-Népomucène), fameux joueur d'échecs autrichien, né, à Gratz, le 11 avril 1845; il s'adonna d'abord au commerce et est maintenant professeur à l'Académie commerciale et industrielle de sa ville natale. Mais M. B. est surtout connu comme auteur de problèmes d'échecs, et non seulement il est un des collaborateurs les plus appréciés des journaux spéciaux, mais il a publié sur cet argument un ouvrage qui a eu un énorme succès: « Das Schachsproblem und dessen kunstgerechte Darstellung », Leipsig, 1884.

Bergerat (Auguste-Émile), littérateur français, né, à Paris, le 29 avril 1845. En 1872, il épousait la fille cadette de Théophile Gautier. Poète, auteur et critique dramatique, romancier, chroniqueur, M. Bergerat débuta à la Comédie française, par un acte en vers: « Une amie », (Paris, Faure, 1865); la même année, il collaborait au *Figaro* hebdomadaire, sous le pseudonyme de *Jean Rouge*. En 1866, il publiait, chez Jouaust, un poème: « Les deux Waterloo », et il en donnait plusieurs autres à la *Revue nationale* de Charpentier, où il faisait en même temps la critique théâtrale. De 1867 à 1869, il collabora à nombre de journaux, parmi lesquels nous citerons le *Gaulois*, *Paris-Journal*, le *Journal de Paris*, le *Petit Moniteur*. A la représentation solennelle donnée à l'anniversaire de Molière, en 1867, par la Comédie française, on récitait une ode de lui. En août 1870, il donnait au théâtre de Cluny, un drame en trois actes: « Père et mari » édité l'année suivante, chez Lemerre. La même année, quelques poèmes de lui: « Guerre et siège », étaient récités par Coquelin à la Comédie française et l'année suivante paraissaient réunis en volume, chez Lemerre, sous le titre: « Poëmes de la guerre ». De 1871 à 1872, il collaborait au *Bien Public* et rédigeait la critique théâtrale de l'*Événement*. En 1873, en collaboration avec Armand Silvestre, il donnait au Vaudeville: « Ange Bosani », pièce en trois actes. En 1874, il succédait à Théophile Gautier, comme critique d'art, au *Journal Officiel* et il donnait au Vaudeville une comédie en un acte: « Séparée de corps ». En 1875, il faisait paraître, chez Michel Lévy:

« Peintures décoratives de Paul Baudry au grand foyer de l'Opéra. Étude critique, avec préface de Théophile Gautier ». En 1876-77, tout en continuant sa collaboration au *Journal Officiel*, il collaborait en même temps à la *Galerie contemporaine*, au *Ralliement* et à divers autres journaux. En 1878, il faisait paraître chez Baschet, un ouvrage considérable en deux volumes in-folio: « Les Chefs-d'œuvre d'art à l'Exposition Universelle ». En 1879, il créait la *Vie Moderne*, journal illustré, dont il a été pendant deux ans directeur et collaborateur et il publiait, chez Charpentier: « Théophile Gautier: entretiens, souvenirs et correspondance, avec une préface d'Edmond de Goncourt ». En 1880, il entrait au *Voltaire* comme chroniqueur, critique d'art et critique dramatique; les chroniques qu'il donnait à ce journal ont paru réunies, en volume, en 1882, chez Ollendorf, sous le titre de « Chroniques de l'Homme masqué ». En 1884, tout en collaborant au *Paris*, il publiait: « Le Faublas malgré lui », roman, chez Ollendorf, et il donnait « Le Nom », comédie en cinq actes à l'Odéon, et « Herminie », pièce en quatre actes au théâtre du Parc à Bruxelles. En 1884, il entrait au *Figaro* où il donne encore, sous la signature de *Caliban*, des chroniques fort goûtées, et il publiait, chez Boulanger: « Mes Moulins »; chez Frinzine: « Bebé et Cie », et un grand poème dramatique: « Enguerrande »; et quatre numéros d'un pamphlet: « Le Sancho Pancha ». En 1886, il faisait la critique théâtrale et des chroniques pour le journal *La France*, et il donnait deux pièces en trois actes, l'une: « Le Baron de Carabasse », au Palais-Royal, l'autre: « Flore de Frileuse », à l'Ambigu. En 1886, il publiait chez Ollendorff un roman: « Le Viol », et chez Dentu: « Ours et Fours » et « Vie et Aventures de Caliban ». En 1887, il donnait chez Ollendorf, « Le Petit Moreau », roman; chez Lemerre: « Le Livre de Caliban », une tragi-comédie en 3 actes: « La Nuit Bergamasque », au Théâtre Libre. En 1888, il collabore à l'*Estaffette*, à la *Vie pour Rire* et il donne chaque semaine: « La Lyre d'Ariel », au *Supplément littéraire du Figaro*. On annonce comme d'imminente publication: « La Jeune Fille », pièce en un acte, reçue à la Comédie française, le 17 mai 1888; chez Lemerre la troisième série des « Figarismes de Caliban », et chez Dentu: « Revolver et Vitriol »; « Le Capitaine Fracasse », pièce en cinq actes en vers, extraite du roman de Th. Gautier, et « Le Foyer », pièce en cinq actes, en prose.

Bergeret (Jean-Gaston-Adrien), littérateur français, né, à Paris, le 30 août 1840. M. B. qui est secrétaire rédacteur de la Chambre des députés, a publié: « Mécanisme du budget de l'État », Paris, Quantin, 1880, traduit récemment en italien par M. J. B. Salvioni de l'Université de Bologne, sous le titre : « La discussione del bilancio » ; « Les Réformes de la législation ». L'Impôt des patentes », id., id., id. ; « Les Ressources fiscales de la France », id., id., 1883. On lui doit en outre une comédie en deux actes en prose : « Les Grâces d'État », en collaboration avec Géry Legrand, Paris, librairie internationale, 1865 et plusieurs volumes de romans et nouvelles : « Dans le monde officiel », Paris, Ollendorff, 1884 ; « La famille Blache », id., id., 1885 ; « Contes modernes », id., Librairie moderne, 1886 ; « Provinciale » ; id. id., 1887, et deux comédies de salon : « Album », id., id., 1873, et « La Quadrille des Lanciers », id., id., 1884.

Bergeret (Louis-François-Étienne), médecin français, né à Montigny près Arbois (Jura), en 1814 ; ancien médecin en chef de l'hôpital d'Arbois, M. Bergeret a publié : « De l'abus des boissons alcooliques », Paris, Baillière, 1851, nouvelle éd. entièrement remaniée, 1870 ; « Maladies de l'enfance », id., id., 1855 ; « Des fraudes dans l'accomplissement des fonctions génératrices », id., id., 1868, 12e éd., 1884 ; « Les Passions. Hygiène morale et sociale », id., 1887.

Bergeron (Étienne-Jules), médecin français, né, à Moret (Seine et Marne), le 27 août 1817. Il fit ses études à Paris et y fut reçu docteur, en 1845 ; médecin de plusieurs des principaux hôpitaux de Paris, il ne tarda pas à acquérir une grande réputation comme spécialiste pour les maladies de l'enfance. Membre de plusieurs sociétés savantes, il est devenu, en 1884, vice-président du comité consultatif d'hygiène, et secrétaire perpétuel de l'Académie de médecine, en 1887. Nous citerons de lui : « De la Stomatite ulcéreuse des soldats, et de son identité avec la stomatite des enfants, dite couenneuse, diftérique, ulcéro-membraneuse » Paris, Labé, 1859 ; « De la rage » id., Asselin, 1862 ; « Recherches statistiques. Rapport sur la statistique des décès du troisième arrondissement de Paris 1853-1857 » id., Thunot, 1864 ; « Étude sur la géographie et la prophylaxie des teignes » id, Baillière, 1865 ; « Sur la répression de l'Alcoolisme » id., id., 1872 ; « Des vins fuchsinés » en collaboration avec A. Wurtz, id. 1877.

Bergeron (Georges), médecin français, né, à Blois, en 1839. Reçu docteur, en 1866, il fut, six ans après, nommé professeur agrégé à la faculté de médecine, puis inspecteur des maisons d'aliénés du département de la Seine, enfin médecin légiste. En cette dernière qualité, il a dû s'occuper de nombreux procès célèbres, et souvent ses expertises ont donné lieu à des discussions très vives. Nous citerons de lui : « Recherches sur la pneumonie des vieillards (pneumonie lobaire aiguë) » Paris, Delahaye, 1866 ; « Réactions physiologiques des poisons » id. id. ; « Des caractères généraux des affections catarrhales aiguës » thèse pour l'agrégation en médecine » id., id., 1872 ; « De l'existence normale du cuivre dans l'organisme » 1873, mémoire qui valut à son auteur le prix Orfila décerné par l'Académie de médecine ; « Sur la submersion » 1875 ; « Sur l'empoisonnement par la strychnine » 1877 ; « Sur l'arsenic » 1878 ; « De la réorganisation de la médecine légale en France » 1879 ; « Étude sur l'enseignement de la médecine au Japon » 1879 ; « Note sur un cas d'empoisonnement » 1880, en collaboration avec MM. Delens et l'Hote.

Bergfalk (Per Erik), jurisconsulte et économiste suédois, né, le 4 février 1798, à Oefver-Selö. De 1838 à 1861, il fut professeur à l'Université de Upsal, maintenant, retraité, il vit à Stockholm. Depuis longtemps, M. B. est considéré comme la plus haute autorité de la Suède en matière d'histoire économique et financière de son pays et le gouvernement a eu plusieurs fois recours à ses lumières en l'appelant dans différentes commissions. Outre des travaux critiques fort appréciés, sur les ouvrages historiques de Geyer, Stremcholm et Nordström, on lui doit : « Om Svenska jordens beskattning », 1832 ; « Om de Svenska städernas författning », 1838 ; « Om Svenska Postväsendets uppkomst och utbildning 1636-1718 », 1838, nouvelle édition remaniée, 1859 ; « Naagot om guldets framtid », 1853 ; « Bidrag tin handelskrisernas historea », 1859.

Bergh (Jean), jurisconsulte norvégien de premier ordre, avocat à la Cour Suprême, dès 1862, ancien rédacteur de la *Revue Hebdomadaire du Droit*, l'un des fondateurs des Congrès des Jurisconsultes du Nord, est né, en 1837. Quoiqu'appelé à entrer dans plusieurs ministères, il s'est toujours contenté de rester avocat. En 1883, il prit place parmi les hommes les plus saillants du parti conservateur, par sa célèbre « Défense du Ministère Selmer ». Cette défense, qui occupe quatre volumes qui font partie des *Actes de la Haute Cour* (Christiania, 1883-84), est, pour le moment, son chef d'œuvre. C'est ici que le célèbre jurisconsulte a apporté toute sa science et toute sa profondeur de raisonnement, et sa sagacité exceptionnelle. Citons encore trois de ses importantes dissertations : « Traité sur l'obligation de garantir les titres de la possession d'une chose vendue », Christiania 1867 ; « Thèse sur la Liberté religieuse soutenue devant la Cour Suprême, dans la cause Jaabaek contre Riddervold », id., 1876 ; « Traité sur les Lois relatives à l'âge de majorité », id., 1881.

Berghaus (Hermann), cartographe allemand, né, le 16 novembre 1868, neveu du célèbre géographe Heinrich B. (1797-1884). Outre de nombreuses cartes pour les atlas de Stieler et de Sydow, il a publié : « Allgemeine Weltkarte in Mercators Projection » Gotha, 1859, 2e éd., id., 1869, en 4 feuillos ; « Karte des Oetzhaler Gletschergebiets » Gotha, 1861; « Chart of the world » en 8 feuilles, très répandue, id., 1863, 10 éd., 1882; « Physikalische Karte der Erde » id. 1874, en 8 feuilles; « Physikalische Wandkarte von Europa » id., 1875, en 9 feuilles; « Karte der Alpen » id., 1878, en 8 feuilles; « Physikalische Wandkarte von Afrika » id., 1881, en six feuilles, et une série de cartes pour les écoles hongroises.

Bergler (Hans), romancier autrichien, né, à Vienne, le 17 juin 1859. Nous connaissons de lui: « Verkauft »; « Meist. Schwerdtlein und sein Gesell »; « Die Herzens Auferstehung »; « Die Firmpate »; « Zwei Gräber »; « Das erste Weihnachtsgeschenk »; « Guckkastenbilder Wiener », 1888; « Historietten », 1888. M. Bergler est connu aussi sous le pseudonyme de Ottokar Tann Bergler.

Bergman (Charles-Jean), poète et écrivain suédois, né à Stokholm le 6 juillet 1817. Il fit ses études à Upsal, devint professeur à l'École supérieure de Wisby (1843), puis entreprit, aux frais de l'État, un voyage scientifique en France, en Allemagne et en Danemark. Chargé de l'enseignement du latin et de la philosophie au gymnase de Wisby, en 1859, il fit ensuite dans les archives de Copenhague des recherches sur l'histoire du Gottland (1855). Il débuta dans la littérature par deux poëmes qui lui valurent un prix de l'académie suédoise. En 1840 et 1842, il fit paraître des poésies dans la *Linnaea borealis*, almanach qu'il avait fondée, puis il rédigea le *Gotlands läns tidning* (1849-1858). Nous connaissons de lui: « Upsala och dess nejder » 1842-43; « Gotlands geografi och historia i lättfattligt sammandrag » 1873; 3ᵐᵉ éd., 1879; « Skildringar och berättelser för ungdom » 1874; « Försöfk till en kort latinsk stilistik » 1881; « Gotländska skildringar och minnen » 1882; « Skaldeförsök » s. d. M. B. est membre de l'Académie des Sciences de Suède depuis 1867.

Bergmann (Ernest von), médecin allemand, né, le 16 décembre 1836, à Royen (Livonie). Après avoir fait ses études à Dorpat, à Vienne et à Berlin, il devint assistant à la clinique chirurgicale de Dorpat, où il prit ses degrés en 1864. Pendant la guerre de 1866, il dirigea l'hôpital militaire de Königinhof, en Bohême, et pendant la guerre de 1870-71 il fut préposé aux hôpitaux construits dans des baraquements à Mannheim et à Karlsruhe. Après avoir été, en 1871, nommé professeur ordinaire de chirurgie à Dorpat, il fut appelé, en 1877, comme chirurgien consultant, auprès de l'armée russe qui opérait sur le Danube; en 1878, il succéda à Linhart comme professeur et chirurgien en chef de l'hôpital de Saint-Jules à Wurzbourg, et en 1882, il fut nommé, à la place de Langenbeck, professeur ordinaire de chirurgie et directeur de la clinique chirurgicale de l'Université de Berlin. Tout le monde connaît le rôle qu'il a joué dans ces derniers jours à l'occasion de la maladie de S. M. l'Empereur d'Allemagne et les polémiques qu'il a eues à ce sujet avec le docteur anglais, sir Morell Mackenzie. En dehors de nombreux articles dans les journaux, M. Bergmann a publié: « Ueber Fettembolie », Dorpat, 1864; « Ueber die Lepra in Livland », id., 1867; « Das putride Gift », id., 1868; « Die Lehre von den Kopfverletzungen », Stuttgard, 1877, 2ᵐᵉ éd., 1880; « Ueber die Endresultate der Gelenkresektionen im Kriege », 1872; « Die Behandlung der Schusswunden des Kniegelenks im Kriege », 1878; « Die Fermentintoxication », en collaboration avec M. Angerer, Wurzbourg, 1882; « Die Unterbindung der *Vena femoralis* », id., id.; « Die Schicksale der Transfusion im letzten Decennium », Berlin, 1883.

Bergmann (Frédéric), pseudonyme du pasteur suisse Lebrecht Zwicky, né, le 6 février 1820, dans le bourg industriel de Mollis (Canton de Glaris). En 1837, il se rendit à Zurich pour y commencer les études théologiques poursuivies à Berlin et à Bonn (1841). En 1842, il accepta dans son canton d'origine la cure de Bettschwanden, mais il la quitta au bout de quatre ans pour se consacrer exclusivement à des recherches littéraires et résida tour à tour à Mollis, à Zurich, à Saint-Gall. Les années 1851-53 furent remplies par un long voyage d'instruction en Italie. A son retour en Suisse, M. Zwicky se décida à rentrer dans le ministère actif, dans lequel il est demeuré sans interruption depuis lors et a successivement occupé les deux postes d'Obstalden sur le lac de Wallenstadt (1854-1884), et de Bilten dans la vallée inférieure de la Linth. Nous citerons de lui: « Chants et légendes de la Suisse Occidentale », 1865; « Douze chants du Rutli », 1870.

Bergmann (Gustave-Adolphe), député alsacien, né le 16 mai 1816, à Strasbourg; il s'adonna d'abord au commerce et devint membre de la Chambre de commerce de sa ville natale et président du conseil d'administration d'une banque. En 1877, la ville de Strasbourg le nomma député au Reichsrath, où il s'unit au groupe des autonomistes; en 1878, il ne fut pas réélu et, en 1880, il fut nommé membre du Conseil d'Etat de l'Alsace-Lorraine. On a de lui: « Qu'est-ce que le chemin de fer au point de vue de la voirie, de l'État, et du Commerce? » 1860; « L'État directeur des chemins de fer » 1861; « Zur Enquete über ein einheitliches Tarifsystem auf der deutschen Bahnen » Berlin, 1876; « Die zukünftigen Zollverträge auf der Grundlage autonomer Tarife der industriellen Länder des europ. Kontinents » Strasbourg, 1879; « Der Barverkauf auf der Grundlage eines gesunden Handelskreditwesens »; « Die Zollsystemfrage in Deutschland ».

Bergmann (Julius), philosophe allemand, né, le 1ᵉʳ avril 1840, à Opherdecke (Westphalie).

Il étudia à Goettingue et à Berlin, devint, en 1872, professeur de philosophie à Königsberg, d'où il passa, en 1875, dans la même qualité à Marbourg. M. B. a fondé, en 1868, et dirigé, jusqu'en 1872 les *Philosophische Monatschriften*. Parmi ses nombreux ouvrages, nous citerons : « Grundlinien einer Theorie des Bewustseins » Berlin, 1870; « Zur Beurteilung des Kritizismus vom idealitischen Standpunkt » id. 1875; « Grundzüge der Lehre von Urteil » Marbourg, 1876; « Reine Logik » Berlin, 1879 ; « Sein und Erkennen » 1880 ; « Das Ziel der Geschichte », 1881 ; « Die Grundprobleme der Logik » id. 1882; « Materialismus und Monismus » 1882; « Das Richtige » id. 1883; « Vorlesungen über Metaphysik mit besond. Beziehung auf Kant » 1886; « Ueber d. Schöne » 1887. M. Bergmann est aujourd'hui un des représentants les plus éminents de l'école philosophique idéaliste.

Bergmann (Werner), ecclésiastique allemand, né le 9 mai 1804, à Ihenbüttel (Hanovre). De 1824 à 1827, il étudia la théologie à Gottingue, et, pendant cinquante ans, il exerca son ministère à Drakenbourg, près de Nienbourg sur le Weser. Mis à la retraite, en 1876, il se fixa à Hanovre. Son ouvrage le plus important est « Braunschweigischen Schriftsteller und Schriftstellerinnen von 1600 bis 1882 » 1882; il a publié, en outre: « Minona » poésies, 1856; « Tizian » roman, 1865; « Schlacht bei Drakenburg » conte, 1868; « Lieder und vermischte Gedichte » 1870.

Bergmeister (Joseph), littérateur et journaliste autrichien, rédacteur du *Dilettant* de Salzbourg, né, à Ried (Autriche supérieure), le 6 septembre 1833. On lui doit: « Die ges. mod. Galanteriearbeiten », 1881; « Weihnachtsgaben », 1885; « Die vorzüglichsten Beschäftigungen der Dilettanten », 1886. M. Bergmeister est connu aussi sous le pseudonyme de Max Imberg.

Bergner (Rodolphe), ethnographe et littérateur allemand, né, à Leipsig, le 24 septembre 1860; éditeur de la *Volksbibliothek für Kunst und Wissenschaft*. On a de lui: « Eine Fahrt durch Land d. Rastelbinder », 1882; « Siebenbürgen », 1884; « In d. Marmaros », 1885; « Das Wächterhaus von Suliguli », 1885; « Die deutsche Kolonie in Ungarn », 1886; « Rumänien », 1887.

Bergsöe (Grégoire-Guillaume), poète et romancier danois, né le 8 février 1835. Il débuta comme naturaliste; mais devenu, pendant toute une année, à la suite d'une maladie sérieuse, presqu'aveugle, il fut contraint d'abandonner les recherches scientifiques, et se voua entièrement à la poésie et à ce qu'on appelle littérature légère. Reçu docteur en philosophie à l'université de Copenhague, en 1864, il entreprit un voyage en Italie, qui éveilla tout à coup ses puissances poétiques et son talent de romancier. Étant alité, il composa son premier cycle de nouvelles italo-danoises, qui parut en 1866, sous le titre: « Piazza del Popolo » et qui obtint un succès éclatant par la fraîcheur du récit et par la finesse d'observation. Ce brillant début littéraire a été confirmé par les publications qui ont suivi et dont nous citerons les plus populaires : « De temps en temps, recueil de poésies lyriques », 1867 ; « La vieille fabrique », roman en deux volumes, 1869 ; « Sur les montagnes de la Sabine », roman en forme de lettres écrites de Gennazzano, en deux volumes, 1872 ; « Les fables des esprits », 1872 ; « La Fiancée de Rörvig », nouvelle, 1872 ; « Tresses de fleurs », recueil de poésies lyriques », 1873 ; « Nouvelles italiennes », 1874 ; « Entre chien et loup », cinq nouvelles, 1876, et autres romans et recueils lyriques. Citons, enfin, son grand volume in-4°, avec gravures et cartes topographiques, paru en 1878, sous le titre : « Rome sous le gouvernement de Pie IX ».

Bergstedt (Carl-Fredrik), philologue et publiciste suédois, né le 24 juillet 1817; reçu docteur en philosophie à l'Université d'Upsal. En 1844, il publia une traduction suédoise de l'épisode « Savitri », du *Mahâbhârata*, et, en 1845, du drame « Vikrama et Urvasi », de Kalidâsa ; en 1844, il débutait dans le journalisme et depuis cette époque il a rédigé et dirigé plusieurs journaux parmi lesquels nous citerons: le *Frey*, la *Tidskrift för literatur*, l'*Aftonbladen*, le *Samtiden*, etc. En dehors de plusieurs brochures, M. B. a publié aussi: « Den politiska ekonomien i sin närvarande utveckling, af Ambroise Clément, med inledning och tillämpning paa fäderneeslandets förhaallanden », 1868, etc.

Bergues-Lagarde (Joseph-Jacques-Marie-Casimir de), publiciste et poète français, né, à Casteljaloux (Lot et Garonne), le 11 août 1857; actuellement receveur principal des postes à Nîmes (Gard). M. B. qui a collaboré à un grand nombre de journaux surtout en province, a souvent signé Gustave Paturot, Nostradamus, Vicomte de Lanquai, et Bizemont de Laqueille. En librairie, il a publié: « Les landes », 1868; « Dictionnaire historique et biographique des hommes célèbres et de tous les illustres de la Corrèze », Angers, Lachèse, 1871; « Nobiliaire du Bas Limousin », Tulle, Grauffoi, 1873; « Les Gaules, histoire de la France dans les temps les plus reculés », Limoges, Ardant, 1878 ; « L'Espagne et l'Aquitaine au VIIIe siècle. Moun Yezid », id., id., 1882; « Aventures de Rasselas, prince d'Abyssinie, imitation du conte de S. Johnson », id., id., id. ; « Les Quatorze récits de Bizat, matelot de la marine française », Paris, Ollendorff, 1883; « Pleurs et sourires », poésies, id., Palmé, 1885.

Beri-Pigorini (Caterina). Voyez PIGORINI-BERI.

Béringuier (Richard), magistrat et historien

allemand, issu d'une famille française, né à Berlin, le 4 mars 1858. Après avoir fait toutes ses études et achevé son droit dans sa ville natale, il entra dans la magistrature, où il occupe maintenant à Berlin des fonctions assez élevées. M. B. occupe ses loisirs à des études historiques concernant surtout l'histoire de la ville de Berlin. Dans cet ordre de travaux, il a dirigé, depuis 1884, les : *Mittheilungen des Vereins für die Geschichte Berlins* ; depuis 1885, la *Korrespondenzblatt des Gesammtvereins der deutschen Geschichte und Altertums-verein*, et depuis 1887, *Die französische Colonie*. En outre, il a publié les ouvrages suivants : « Ausführliche Beschreibung der Feier zum 200-jährigen Gedächtnis des Edikts von Potsdam » 1885 ; « Die Stammbäume der Mitglieder der französichen Colonie in Berlin » 1887.

Berkeley (le Rev. Miles Joseph), botaniste anglais, né, à Biggin, dans la paroisse de Oundle, en 1803; après avoir fait ses études à Cambridge où il prit ses grades, il entra dans les ordres et fut successivement curé de plusieurs paroisses. M. B. qui est membre de plusieurs sociétés savantes anglaises et étrangères a publié : « Gleanings of British Algae », 1833 ; « Outlines of British Fungology » ; « Handbook of British Mosses » ; on lui doit aussi le dernier volume de l'*English Flora*, 1836, et les articles : « On the Diseases of the Plants », insérés dans la *Encyclopædia of Agriculture*. Il est aussi l'auteur d'une série d'articles sur la pathologie végétale insérés dans le *Gardener's Chronicle*; de l'introduction à la *Cryptogamic Botany*, d'un sermon prêché en commémoration des bienfaiteurs du collège du Christ de Cambridge, ainsi que de nombreux articles insérés dans les *Transactions of the Linnaean Society*, dans le *Zoological Journal*, dans le *Hooker's Journal of Botany*, dans le *Hooker's Hymalaian Journal* et dans l'*Antarctic and New-Zealand Flora*.

Berkow (Karl), nom de plume, sous lequel est uniquement connue une femme de lettres allemande, madame El. von Wolffersdorff, née, le 7 mars 1849, à Graudenz dans la Prusse occidentale. Elle passa sa jeunesse à Posen et à Dresde, où elle publia ses premiers romans. Mad.me B. qui vit, depuis quelques années, à Berlin, est parmi les collaborateurs les plus appréciés de la *Deutschen Romanzeitung*. Elle a publié plusieurs romans, parmi lesquels nous citerons « Frauenliebe » 2 vol., Berlin, 1874 ; « Die wilde Rose » 2 vol. id. 1875, 2me éd. id. 1884 ; « An des Thrones Stufen » 3 vol., Leipsig, 1878 ; « Vae victis » roman historique, 4 vol., id. 1879 ; « Fürst und Vasall » roman historique, 3 vol. Berlin, 1882 ; « Erstarrte Herzen » 2me éd., id. 1884 ; « Um Seinetwillen » 3 vol. id. id. ; « Wintersonne » roman historique sur la guerre de trente ans, 2 vol., id., id. qui a été traduit en danois; etc. etc.

Berlepsch (H. E. von), littérateur et écrivain d'art allemand, né, à Saint-Gall (Suisse), le 31 décembre 1852, rédacteur de la *Zeitschrift des Münchener Altertum-Vereins*. Nous connaissons de lui: « Deutsche Renaissance », 1873 ; « Skizzenbuch d. ital. Architekt. d. XVI Jahrhundert », 1875; « Das Kunstgewerbe a. d. Münch. Ausstellung », 1876 ; « Rembrandts Radierngrabstichelns », 1880 ; « Zentral Schweiz und Oberitalien », 1884 ; « Die Alpen », 1885; « Die Chorgestühl zu Wettingen », 1885 ; « Die Austellung von Arbeiten an edl. Metall zu Nürnberg », 1885 ; « Entwickelung d. Schweiz. Glasmalerei », 1886.

Berlepsch (Mme Godwina von), femme de lettres allemande, née à Erfurt en 1845 ; elle passa sa jeunesse en Suisse, où son père avait dû sa refugier à la suite de la révolution de 1848, et y prit le goût des lettres en aidant son père dans ses travaux littéraires. A la mort de son père, qui eut lieu en 1883, elle alla so fixer à Vienne. Depuis cette époque, Mme B. a publié dans les journaux des nouvelles, des poésies, des esquisses etc., etc., et un roman, en un volume : « Ledige Leute » 1886.

Berlié (Alexandre), littérateur français, né, à Paris, en 1827. Né de parents trop pauvres pour lui faire faire des études, il s'instruisit lui-même; il dut d'abord apprendre un métier manuel qu'il abandonna vite pour entrer dans la bureaucratie où il arriva à devenir secrétaire en chef de la mairie de Saint-Germain; mais son goût, dès l'enfance, très vif pour la littérature ne fit qu'augmenter avec le temps. Il y fut encouragé par Lamartine qui lui donna des conseils littéraires et corrigea ses premiers vers. Bientôt après, il commença par envoyer aux journaux des articles humoristiques qui ne furent pas toujours accueillis. En librairie, M. B. a publié : « Les trois hommes noirs. Julia », Paris, Albessard, 1867 ; « Laurence ou Histoire d'une saltimbanque. La Belle Marchande. Estelle », id., Ghio, 1879 ; « Aventures amoureuses de Michel-Antonius », id., Librairie des auteurs modernes, 1884; « Les Romans du trottoir, Marguerite », id., id., id. ; « La Comtesse Paule », id., id., id. — Attaché maintenant à la rédaction de l'*Artiste*, M. B. y publie des articles bibliographiques.

Berlin (Nils-Joan), chimiste suédois, né le 18 février 1812, à Hernösand, fit ses études à Upsal et devint professeur à l'Université de Lind. En 1864, il fut nommé directeur général du bureau médical de Stokholm. Retraité, depuis 1873, il vit toujours à Stokholm. M. Berlin a aussi pris part à la vie politique de son pays, comme membre de la première chambre, de 1867 à 1873. On a de lui : « In pharmacopaeam suecicam et militarem commentarius medicopraticus » 1846, 4me éd. 1849; « Den svenska farmacopeen öfversatt och kommenterad » 1849-51; « Lärobok i naturläran, för folkskolor och folkskollärare seminarier » 1852; « Läsebok i naturläran, för Sverges allmoge » s. d.; ces deux derniers ouvrages, traduits en norvégien, en danois, en finlandais, et en allemand, ont eu une diffusion de quelques centaines de milliers d'exemplaires; citons encore de lui: « Elementar lärobok i oorganisk kemi » 1857, 3ᵉ éd., 1870. Depuis 1884, M. Berlin est membre de l'Académie des Sciences de Stokholm.

Berlin (Rodolphe), médecin oculiste allemand, né à Friedland (Mecklenbourg Strelitz) le 2 mai 1832. Il fit ses études à Goettingue, Wurzbourg, Erlangen et Berlin, et il suivit les cours du célèbre professeur oculiste Gräfe. Il fut d'abord aide de clinique chirurgicale à l'Université de Tubingue et fonda, en 1861, à Stuttgard, une clinique des maladies des yeux. Depuis 1870, il est *privat Docent* d'optique physiologique à l'École industrielle supérieure et, depuis 1875, professeur d'oculistique comparée à l'école vétérinaire de Stuttgard. Le premier il a étudié, au point de vue comparé, les maladies de l'œil chez les différents êtres animés. Depuis 1883, il publie la *Zeitschrift für vergleichende Augenheilkunde*. On lui doit aussi, en dehors d'un grand nombre de mémoires publiés dans les journaux spéciaux: « Krankheiten der Orbita » dans le *Handbuch der gesammten Augenheilkunde*, Leipsig, 1880.

Berlioux (Étienne-Félix), géographe français, né, à Bourg d'Oesans (Isère), en 1828, professeur de géographie à la Faculté des lettres de Lyon. On a de lui: « La Traite orientale, histoire des chasses à l'homme organisés en Afrique depuis quinze ans », Paris, Guillaumin, 1870; « Doctrina Ptolomæi ab injuria recentiorum vindicata, sive Nilus superior et Niger verus, hodiernus Egbirren, ab antiquis explorati », id., id., 1874; « André Bruc ou l'origine de la colonie française du Sénégal », id., id., id.; « Lectures de la Carte de France », id., Dumaine, 1880; « Les Atlantes; histoire de l'Atlantis et de l'Atlas primitif », id., Leroux, 1883; « La Terre habitable vers l'équateur par Polybe », id., Challamel ainé, 1884.

Berlioz (Constant), littérateur français, né à Rumilly (Savoie), en 1836; ancien officier de l'armée française, actuellement commissaire de surveillance administrative des chemins de fer à Chambéry. M. Berlioz a publié: « La Savoie », poésies, Annecy, l'Hoste, 1880; « Sommeiller », poème et notes biographiques, id., Niérat, 1884; « Petits poëmes. Au bord de l'eau. Ils reviendront », Albertville, Hodoyer, 1884; « Rhodanus », id., id., 1885.

Berluc-Pérussis (Léon de), poète provençal, né, à Apt, le 14 juin 1835, d'une ancienne famille d'origine italienne (les Peruzzi de Florence), qui donna trente-quatre premiers Consuls ou maires à la ville de Forcalquier. Il fit ses études à Forcalquier et à Aix; licencié dans la faculté de droit de cette dernière ville, en 1856, il fut inscrit au barreau de la Cour d'Appel; il quitta le palais, en 1865, et fut nommé membre et secrétaire de l'Académie d'Aix. Esprit aux goûts variés, dit son biographe M. H. Issanchou, mais ramenant tout au culte de sa Provence natale, il étudia la Provence dans ses chartes, dans sa langue, dans son histoire littéraire et artistique, voire dans son agriculture. Il a écrit nombre d'opuscules touchant à ces diverses matières. Citons: « Les dates de l'histoire de Forcalquier »; « De la Cathédralité de l'Église de Forcalquier », 1863; « Forcalquier et ses souvenirs littéraires », 1876; « Les sonnettistes aptésiens », 1872; « Un document sur Laure de Sade », 1876; « François Pétrarque à Avignon »; « Malherbe à Aix », 1878; « Un provençal oublié »; « Laugier et Arbaud de Porchères »; 1878; « G. Rambot », 1860; « Fortuné Pin », 1870; « Les curieux et collectionneurs aixois », 1879; « Les Faïenceries de la Haute-Provence », 1880; « L'Enquête et la représentation agricoles », 1866; « La Crise agricole en Provence », 1866; « La question séricicole », 1867, et de nombreux discours et rapports académiques. Mais c'est plus particulièrement comme sonnettiste provençal et français que Léon de Berluc, ou plutôt A. de Gagnaud (un pseudonyme derrière lequel il s'obstine) s'est fait une notoriété étendue. Il a publié, de 1871 à 1877, l'*Almanac du sonnet*, avec la collaboration de deux cents confrères triés sur le volet, parmi lesquels Soulary, Laprade, Mistral, Sully-Prudhomme, Coppée, Autran, Aug. Barbier. Bon nombre de sonnets de Gagnaud, après avoir obtenu le premier prix des jeux floraux du Languedoc ou de la Société des Langues romanes, figurent aujourd'hui dans les principales anthologies, comme la *Monographie du sonnet*, les *Sonnets curieux et célèbres*, le *Livre de demain* de Albert de Rochas, l'*Exposition retrospective d'autographes* et les autres recueils isographiques d'Alexis Rousset, les *Fleurs félibresques*, le *Recueil de versions provençales*, sans parler des recueils édités à l'étranger, tels que le *Nouveau Parnasse français*, les *Poètes Contemporains* de J. Vom Hag, l'*Albo internationale per Casamicciola* du comte De Gubernatis, l'*Albumul macedo-roman*, etc. Parmi ces petits poëmes, où domine généralement la note subjective et mélancolique, accompagnée parfois d'une pointe d'humour, nous indiquerons, à peu près au hasard, en provençal: « Pèr un Cros »; « L'Iver is Aup »; « La Leco »; « L'Aubo »; « I latin d'Américo »; « Les Sannet revira de Louviso Labé »; et en français: « Sonnet trouvé »; « Jours amers »; « Cœur broyé »; « Silhouette champenoise »; « Profession de foi »; « Ma géographie ». Tel de ces quatorzains a valu à son auteur des stances exquises de la reine Carmen Sylva, du poète national des roumains Alecsandri, ou du grand poète français du Canada, Louis Fréchette. Tel autre a été traduit dans la plupart des langues latines. Signalons les traductions de Constant Hennion, le colonel Dumas, F. Delille et J. Mugnier, en français; d'E. Cardona, D. Ciàmpoli, N. Semmola et le chevalier Spera, en italien; de Caderas, en dialecte de l'Engadine.

Berlyn (Gustave), littérateur allemand, né à Freudenberg, le 30 avril 1822. Après avoir reçu une instruction accomplie, il s'adonna au commerce et est maintenant agent général d'une des plus importantes Sociétés d'assurance de l'Allemagne. Il trouve cependant le temps de consacrer ses loisirs aux lettres. Nous citerons de lui: « Gedichte », 1^r vol., 1855, 2e vol. 1877, 3e vol., 1884; « Der Geburtstag Festspiel », 1859; » Die Herrlichkeit der Kirche Gottes », 1862.

Bermann (Moritz), historien autrichien, né à Vienne, le 16 mai 1823. Ses études achevées, il s'associa aux affaires de son père qui avait un grand magasin d'objets d'art et auquel il succéda après sa mort. Comme conséquence de son commerce, il se mit à recueillir une quantité de matériaux biographiques et archéologiques qui donnèrent lieu à de nombreux travaux insérés dans les journaux. M. Bermann s'est surtout occupé de l'histoire de l'Empire d'Autriche et particulièrement de la ville de Vienne. Parmi ses nombreux travaux, dont plusieurs ont été publiés sous les pseudonymes anagrammatiques de *Berth Mormann*, et de *M. B. Zimmermann*, nous citerons: « Oesterreichs biographisches Lexikon », 1857; « Geschichte der Wiener Stadt und Vorst.; 1863; « Alt-Wien in Geschichten und Sagen für die reifere Jugend », 1865; « Dunkle Geschichten », 1868; « Hof-und Adelsgeschichten » 1869; « Kulissengeheimn. a. d. Künstlerwelt » id.; « Galante Gesch. » id.; « Kaiser Joseph u. d. Nähkäthchen » id.; « Ein Mord in d. Judenstadt » id.; « Der Pfaff von Kahlenberg » id.; « Marie-Therese und der schwarze Papst » 1870; « Prinz Eugen und der Geisterseher » id.; « Ein Minister i. d. Kutte » id.; « Geheimniss des Praters » id.; « Das schwarze Kabinet oder: Mysterien der Polizei », 1873; « Ein finsteres Staatsgeheimniss », 1874; « Der Stephansdom », 1878; « Alt und Neu Wien, Geschichte der Kaiserstadt », 1881; « Kronprinz Rudolph von Oesterreich, Wiener Ehrenkränzlein », 1883; « Oesterreich- Ungarn im XIX Jahrhundert », 1883; « Illustrirte Geschichte der österr. Armée », 1886, etc., etc.

Bermudez de Castro (Salvator marquis de LEMA duc de RIPALDA), diplomate et homme politique espagnol, né vers 1814. Il débuta dans la carrière comme ministre plénipotentiaire au Mexique. De 1848 à 1853, député aux Cortès, il y prononça plusieurs discours fort remarqués. En 1853, nommé ministre à Naples, il y resta jusqu'à la chute de François II, qu'il accompagna à Gaëte et même à Rome. A son retour en Espagne, il fut nommé sénateur. En 1865, il a été pendant quelques mois ambassadeur d'Espagne à Paris. En 1870, son nom a été souvent répété dans les journaux à propos d'un tableau de Raphaël, la Madone de Naples, appartenant au domaine de l'État, et dont François II lui avait fait cadeau quelques jours avant sa fuite. Ce tableau, que M. Bermudez de Castro avait mis en vente à Paris, a été revendiqué, mais sans succès, par le gouvernement italien (Cfr. Giacomo *Treves*: « Una Madonna di Raffaello », lettere, Pérouse, Boncompagni, 1870). Comme écrivain, nous connaissons de lui une poésie fort remarquée dans la « Corona fúnebre á la memoria de D. L. S. D Santos Siles y Veas »; « Antonio Perez, secretario de estado del rey Felipe II », études historiques; « Ensayos poéticos »; « El principe D. Carlos de Austria », dans l'*Album leterario español* et enfin une collaboration très active à la *Galaria de hombres célebres contemporaneos* publiée par Don Nicomedes Pastor Diaz, et par Don Francisco Cardenaz.

Bern (Maximilien), écrivain autrichien, né, à Cherson sur le Dnieper, dans la Russie méridionale, le 18 novembre 1849. Tout jeune enfant, ayant perdu son père, il alla avec sa mère et ses sœurs se fixer à Vienne. Des malheurs d'argent survenus à sa famille et la fin tragique d'un amour de jeunesse le firent renoncer aux études philologiques qu'il avait entreprises à l'Université; en 1873, il s'engagea avec la troupe d'un cirque ambulant, dans le but d'instruire les jeunes enfants attachés à la troupe et qui grâce à leur vie nomade ne pouvaient naturellement pas fréquenter les écoles; mais, moins de deux ans après il en eut assez de cette singulière profession et il revint à Vienne, où il publia son premier conte: « Auf schwankem Grunde », en 1875, 2e éd, 1879; il s'essaya aussi au théâtre et, en 1878, sa « Meine geschiedene Frau », pièce comique (*Plauderei*), en un acte, eut beaucoup de succès. M. B. a fait depuis de longs séjours à Berlin, à Hambourg, à Leipsig, à Munich et enfin à Paris, où il a épousé, en 1886, Mlle Olga Wolbrück, du Théâtre National de l'Odéon; en dehors des ouvrages déjà cités, M. B. a publié: « Gestrüpp », 1876; « Sich selbst im Wege », 1877, 3me éd., 1883; « Deutsche Lyrik seit Goethe's Tode » 1877, 10me éd., 1886; « Meine geschiedene Frau » 1878; « Ein stummer Musikant », 2 vol. 1879; « Anthologie für die Kinderstube », 1879; « Illustrirte Hausschatz für die Jungen », 1880; « Für Kleine Leute », 1886; « Am eignen Herd », id.; « Deklamatorium », 1887; « Lustige Stunden », id.

Bernabei (César), avocat et professeur italien, né, le 12 janvier 1836, à Montegranaro (province d'Ascoli-Piceno). Il passa sa première jeunesse à Tolentino, fit ses études à l'Université de Camerino, où il fut reçu docteur en droit et de là il passa à Rome. Revenu à Tolentino, après le mouvement politique de 1860, il y servit activement la cause nationale. Il fut successivement directeur du Collège de Fano, et professeur d'économie politique, statistique et science des finances aux instituts techniques de Teramo et de Padoue, où il enseigne encore maintenant. On a de lui : « Su l'educazione della donna », brochure, Spoleto, 1857; « Elogio funebre del Conte di Cavour », Tolentino, 1861; « Italia innanzi all'Europa », étude historique et économique, id., 1866; « Bartolo da Sassoferrato e la Scienza delle leggi », Rome, Loescher, 1881; « La vera prova d'amore », traduction d'une nouvelle de Bulwer, précédée d'une étude sur la nouvelle, Imola, Galeati, 1882; « Le società operaie di mutuo soccorso », conférence, Tolentino, 1887. — M. B. a publié un certain nombre d'articles d'arguments scientifiques et littéraires dans plusieurs revues. Il est membre du Conseil provincial de Macerata.

Bernabò-Silorata (Auguste), littérateur et pédagogiste italien, né, à Turin, le 15 avril 1845; ses études finies, il fut successivement professeur et directeur de différents établissements publics d'instruction; il est maintenant directeur de l'école normale pour les instituteurs de Crème. Nous connaissons de lui : « Versi giocosi », 1866; « Sull' istituzione delle Biblioteche popolari », Città di Castello, 1869; « Versi satirici e giocosi », Sanseverino, 1870; « Sull' istituzione degli asili d' infanzia », Foligno, 1871; « Il prof. Francesco Zantedeschi », Rome, 1872; « Niccolò Tommaseo », biographie, Rome, 1874; « Canzoniere educativo », Milan, 1875; « Del metodo materno o naturale nell' insegnamento primario », Rome, 1876; « Della vita e delle opere di Gino Capponi », Cagliari, 1877; « L'arpa italiana, nuovo canzoniere educativo », Turin, Tarizzo, 1881; « Affetti, sorrisi e voti », vers, id., Paravia, 1882; « L' innocenza », petite bibliothèque didactique, Treviglio, Messaggi, 1882 et suiv.; « Moralità e diletto », id. id., 1883; « Apologhi in prosa ed in versi », id. id. id.; « Racconti storici ed aneddoti diversi, in prosa ed in versi », id. id. id.; « Il concetto del sentimento della patria nell'opera educativa », id. id. id.

Bernabò-Silorata (Aristide), administrateur italien, actuellement inspecteur des prisons, et rédacteur de la *Rivista delle discipline carcerarie* qui paraît à Rome, où il publie entr'autres les biographies des criminalistes les plus célèbres.

Bernard (A. de), pseudonyme sous lequel M. le vicomte Alphonse Bernard de Calonne (voyez ce nom), publiciste français, ancien directeur de la *Revue contemporaine*, a signé la plus grande partie de ses livres et de ses articles d'art. Il a encore pris le pseudonyme de *Max Berthaud* et celui de *Poornick*.

Bernard (Jean). Voyez MUSCHI (Jean Bernard).

Bernard (Salvador), publiciste français, né, à Metz, en 1843, a débuté dans le journalisme, en 1863, dans le *Courrier de France et du Brésil*, à Rio-de-Janeiro, où il était secrétaire particulier du baron Des Michels, chargé d'affaires de France. Après une période passée dans une administration privée, il rentra dans la presse à la fin de 1868 et fut attaché à la rédaction de l'*Avenir National*. Appelé à faire partie de la rédaction du *National* dès l'apparition de cette feuille, le 18 janvier 1869, il collabora ensuite à *L'Histoire*, en février 1870. Le 4 septembre, il devint un des secrétaires d'Etienne Arago, maire de Paris. Après les événements du 31 octobre, il quitte le Cabinet du Maire de Paris pour l'artillerie de la garde nationale et assiste en qualité de lieutenant à la reprise du Bourget et au bombardement du plateau d'Avron et des forts de l'Est. La guerre terminée, il entre en qualité de rédacteur-gérant au journal *Le Républicain*. Poursuivi par le ministère Dufaure pour outrage à la morale publique et excitation à la haine des citoyens (affaire des 40 millions des princes d'Orléans) il est condamné par la Cour d'assises de la Seine à 2 mois de prison et 500 fr. d'amende (mai 1873). Il collabore ensuite et successivement au *Corsaire*, à la *Cloche*, au *Courrier d'État*, à l'*Événement*; puis à la *Resurrection* et au *Ralliement*. De là au *Nouveau Journal*, à l'*Opinion* et à l'*Estafette*, avatars successifs de la même feuille. Dès le 1er janvier 1878, il est admis à collaborer au *Journal officiel*, nommé rédacteur d'abord, il est enfin secrétaire de la rédaction dès le 1er janvier 1881. M. B. a publié sous diverses pseudonymes, de petites nouvelles dans l'*Histoire*, le *Sifflet*, l'*Éclipse*, et, sous son nom, la « Chatte du prisonnier », dans le *Nain Jaune*, l'« Héritage du Mort », dans le *Journal Illustré*, etc.

Bernard (Victor), auteur dramatique français, né, à Béziers, en 1829. Il a donné au théâtre un grand nombre de pièces presque toutes en collaboration et dont plusieurs ont été bien accueillies par le public. Voici la liste, autant que possible, complète de ses œuvres : en collaboration avec Clairville : « Mme de Montambrèche », comédie en 5 actes, 1866; « Feu la Contrainte par corps », vaudeville en un acte, 1867; « La Reine Carotte », pièce fantaisiste en 3 actes, 1872. Avec Gabriel Ferry : « Une éclipse de lune », comédie en un acte, 1868; « Le Coupé du docteur », comédie en un acte, 1872; « La Couronne impériale », comédie en 3 actes, 1885. Avec William Busnach: « Un fiancé à l'heure », vaudeville en un acte, 1872. Avec

Henry Buguet : « Paris sans monnaie », vaudeville en un acte, 1872. Avec Henri Bocage : « Le Cadeau du beau-père », comédie en un acte, 1874. Avec Eugène Grangé et A. Brot : « Le Gendre du Colonel », comédie en un acte, 1872. Avec Eug. Grangé et H. Buguet : « Geneviève de Brébant », folie-vaudeville en trois actes. Avec Eug. Grangé et William Busnach : « L'Hirondelle », comédie en un acte, 1872. Avec Laurencin et Grangé : « Trois fenêtres sur le boulevard », comédie. Avec E. Grangé : « Le Lys de la vallée », comédie en 3 actes, 1868 ; « La Vie privée », comédie en 1 acte, id. ; « On demande des ingénues », vaudeville en un acte, 1869 ; « Les Deux Bébés », comédie en un acte, 1870 ; « La Belle aux yeux d'émail », vaudeville en un acte, 1871 ; « Un entr'acte de Rabagas », à propos en un acte, 1872 ; « Fleur du Tyrol », vaudeville en un acte, id. ; « Les Versaillaises », chansons, 1872 ; « Le Grelot », opérette en un acte, musique de Léon Vasseur, 1873 ; « Le Baptême du Petit Oscar », vaudeville en cinq actes, 1873 ; « Le Bouton perdu », opérette en un acte, musique d'Adrien Talesky, 1874 ; « La Dame au passe-partout », comédie en un acte, id. ; « Entre deux trains », comédie en un acte, 1875 ; « Le Théâtre moral », actualité en trois tableaux, 1875 ; « Le Mariage d'une étoile », opérette en un acte, 1876 ; « Le Moulin du Vert Galant », opéra comique en trois actes, id. ; « Voyage à Philadelphie », vaudeville en 4 actes, id. ; « Les Cris-Cris à Paris », revue en 3 actes, 1877 ; « Les Trois Bougeoirs », comédie en un acte, 1878 ; « Les Vitriers », comédie en un acte, id. ; « Les Impressionistes », comédie en un acte, 1879 ; « Le Divorce », monologue, id. ; « Le Mariage de Groseillon », comédie en 3 actes, 1881 ; « La Brebis égarée », comédie en 4 actes, 1882. Avec Barrière : « Les Demoiselles de Montfermeil », comédie en 3 actes, 1877. Avec Siraudin : « Le Phonographe », en un acte, 1878. Avec Henri Crisafulli : « Le Petit Ludovic », comédie en 3 actes, 1879 ; « Les Noces d'argent », comédie en 3 actes, 1884 ; « Le Bonnet de Coton », comédie en un acte, id. Avec Delacour : « La Reine des Halles », pièce en trois actes, 1881. Avec Maurice Ordonneau : « Les Vacances de Toto », comédie en un acte, 1877 ; « Minuit moins cinq », vaudeville en un acte, 1879 ; « Cherchons papa », vaudeville en trois actes, 1885. Avec Paul Bilhaud : « La Veuve de Damoclès », comédie en trois actes, 1886. Sans collaborateur, M. B. a écrit une comédie en un acte : « Faussaire », Paris, Michaud, 1879.

Bernard Derosne (Léon), journaliste et avocat français, né, à Paris, en 1840. Inscrit au barreau de Paris, en 1865, il débuta, en 1870, dans le journalisme, en rédigeant la chronique judiciaire du *Paris-Journal*. Après la guerre, à laquelle il prit part, il collabora sous différents pseudonymes, notamment sous celui de *Pof*, à plusieurs journaux républicains. Depuis dix ans, il rédige la gazette parlementaire à la *République française*, et, depuis 1884, il fait aussi la critique dramatique du *Gil Blas*. Il a publié : « Types et travers » avec une préface de Sully-Prudhomme, Paris, Lévy, 1883, ouvrage couronné par l'Académie. Son frère M. Charles Bernard Derosne, ancien capitaine d'état-major, né, à Paris, en 1825, est connu pour avoir traduit de l'anglais et du norvégien plusieurs romans ; la femme de ce dernier Mme Judith B. D., née Julie Bernat, ancienne sociétaire du Théâtre-Français, sous le nom de Mlle Judith, a publié elle aussi plusieurs traductions de l'anglais, et un roman original : « Le Château du Tremble », Paris, Lévy, 1879 ; enfin leur fils M. Yorick Bernard Derosne, né à Paris, en 1855, a aussi traduit en français des romans de Fleming, d'Hardy et d'autres.

Bernardakis (Athanase N.), économiste grec, membre de l'Académie de Stanislas, né à Métélin en 1844. Il a fait ses études à Athènes et à Paris. Depuis 1870, il s'est occupé de commerce, d'abord à Constantinople, jusqu'en 1873 ; il passa à cette époque à Athènes, où il se maria en 1874. Parmi ses publications, écrites en français, nous signalons : « Le présent et l'avenir de la Grèce », Paris, 1870 ; « Recherches historiques et financières sur l'argent, le crédit et la banque depuis la plus haute antiquité jusqu'à nos jours », partagée en cinq mémoires distincts : I. Sur l'origine des monnaies et de leurs noms », Paris, 1870 ; « II. Le papier-monnaie dans l'antiquité », Paris, 1874 (l'auteur y soutient la thèse que le papier-monnaie a existé chez les anciens grecs) ; « III. De la quantité des métaux précieux et du chiffre des monnaies depuis la plus haute antiquité jusqu'à nos jours », Paris, 1875 ; « IV. La lettre de change dans l'antiquité », Paris ; « V. Les Banques dans l'antiquité », Paris, 1887.

Bernardakis (Démétrius), poète et philologue grec, né à Métélin (île de Lemnos-Turquie) en 1834. Dès son premier âge, il fut envoyé par ses parents à Athènes pour y faire ses études, qu'il alla plus tard achever aux Universités de Munich et de Berlin, où il fut reçu docteur en philologie. Nommé, en 1861, professeur d'histoire à l'Université d'Athènes, il donna sa démission en 1869, pour se retirer dans sa ville natale, où il s'est marié ; en 1882, il fut appelé à la direction de la Bibliothèque nationale d'Athènes, mais il n'y resta que quelques mois et se retira définitivement à Métélin, où il partage son temps entre les soins de sa propriété et ses « Euripidou Phoinissai », grand ouvrage sur la langue grecque moderne, auquel il travaille avec ardeur. On a de lui : « Graomiomachia », poème satirique, 1856 ; « Eikasia », légende historique de l'époque byzantine dans laquelle l'héroïne fait à Dieu le sacrifice de l'amour que lui porte l'empereur Théophile; cette légende écrite pendant que l'auteur était encore étudiant, fut publiée en 1856; « Maria Dozapatrî », drame, composé pendant qu'il était en Allemagne, publié en 1858 et devenu presque populaire; « Cypselides, ou la Cour de Périandre, tyran de Corinthe », drame, 1860; « Mérope », drame, 1866; « Kyra Phrosyne », drame dont l'héroïne est la jeune victime d'Ali, le cruel pacha de Janina, 1882; il a aussi publié un poème comique: « Peridromos » (le Vagabond) et des fragments d'un récit en vers: « Planis ». M. Bernadakis qui est aussi l'auteur de plusieurs dissertations philologiques a publié maints ouvrages didactiques et historiques, parmi lesquels nous citerons une importante « Grammaire de la langue grecque ancienne », 1865; une « Histoire universelle » dont le 1er vol. a paru en 1870; une « Histoire Sainte »; un « Cathéchisme de la religion grecque » qui a été couronné; un « Pseudattikismôn Elenkos », 1884 etc.

Bernardakis (Grégoire N.), philologue grec, directeur du gymnase de Météliu, né, dans cette ville, en 1848. Il fit ses études à Athènes et en Allemagne, où il fut reçu docteur ès-lettres. Il est auteur, entr'autres, de commentaires et d'observations critiques sur Thucydide, sur les Parallèles de Plutarque, sur Strabon, etc.

Bernardi (Abbé Jacopo), polygraphe italien, président de la Congrégation de Charité à Venise, né au mois de décembre 1813 à Follina (province de Trévise). Il fit ses études à Ceneda et à Padoue, où il fut reçu docteur, il enseigna d'abord la littérature italienne au séminaire de Ceneda, puis l'histoire universelle au Lycée *Santa Caterina* de Venise, et enfin, la philosophie et la littérature italienne au lycée de Pignerol en Piémont, l'histoire ecclésiastique et l'éloquence au Séminaire de la même ville, où l'Évêque, monseigneur Renaldi, le distingua, et en fit son secrétaire particulier. En 1877, il fit retour à Venise, où il vit toujours comblé d'honneurs publics et de marques de considération de la part de la population, qui vénère en lui l'homme toujours actif pour le bien, le prêtre croyant et libéral, l'écrivain illustre. Ses travaux littéraires se comptent par centaines, concernant la bienfaisance, la didactique, l'histoire, la géographie, l'éloquence, la poésie; il y a aussi, dans le nombre, plusieurs traductions, des éditions, des préfaces, des commentaires. Impossible de tout citer ici. Nous signalerons parmi ses écrits ceux qui ont fait le plus de bruit, ou qui nous semblent offrir un plus grand intérêt pour le public: « La pubblica beneficenza ed i suoi soccorsi alla prosperità fisico-morale del popolo », Venise, 1845; « Della patria potestà e dell'educazione », en deux vol., Venise, 1850; « Sugli Asili d'infanzia e la necessità di una riforma », Pignerol, 1857-60; « Storia di Ceneda », un vol. de 400 pages, Ceneda, 1845; « Storie pinerolesi », un volume de 200 pages, Pignerol; des monographies sur différents châteaux de la Vénétie; sur les statuts de Pignerol; sur la Maison de Savoye (à l'occasion du mariage de S. A. R. le Prince Humbert); « Vita e documenti di Pier-Alessandro Paravia », deux vol., Turin, 1863; « Vita di Giambattista Bodoni », un vol. de 240 pag., Saluces, 1872; les biographies en commemoration de sa mère, de Jacopo Bridin, Lorenzo da Ponte, Cassiano Del Porro, Pellegrino Rossi, Niccolò Tommasèo, Gaspare Contarini, Giambattista Perucchini, Monsignor Filippo Artico, Francesco Mengotti, Luigi Carrer, Pasquale Galuppi, Antonio Rosmini, Terenzio Mamiani, Giuseppe Borghi, Alessandro Citoli, Giuseppe Barbieri, Egidio Forcellini, Jacopo, Vincenzo e Giordano Riccati, Pier Paolo Vergerio il vecchio, Antonio Peretti, Ferdinando Maestri, Daniele Manin, Domenico Rosina, Angelo Mengaldo, Virginia Centurioni, Battistina Vernazza, Lorenzo Renaldi, Giuseppe Massimino, Guglielmo Stefani, Domenico Molinari, Giambattista Giuliani (Venise, 1884), Achille Mauri (Milan, 1885), Giuseppe Maria Malvezzi (Venise, 1886), Daniele Canal (Trévise, 1886), Luigi Accusani (Rome, 1886), Francesco Donà dalle Rose (Venise, 1887); des descriptions de voyage, entr'autres: « Viaggio in Italia », Venise, tip. del Gondoliere; « Viaggio e descrizione dell'Istria; Viaggio in Palestina », un vol. de 480 pages, Trévise, 1877-78. Parmi ses traductions, nous citerons: « Esamerone di San Basilio », Venise, 1845; « Omelie di San Giovanni Crisostomo al popolo Antiocheno »; « Lettere di Seneca a Lucilio », un vol. de 1125 pages, Milan, 1869 etc. Ses dissertations aussi, ainsi que ses poésies d'occasion sont nombreuses; nous signalerons: « Panfilo Castaldi, o rivendicazione all'Italia de' caratteri mobili per la stampa », Milan; « Giovanni Gerson, o rivendicazione all'Italia dell'autore dell'Imitazione di Cristo », Ivrée, 1874; « Le Principesse Reali di Savoia », Milan, 1874. Pour des notices plus amples sur les publications de ce travailleur infatigable, homme de bien, patriote ardent et lettré élégant, cfr. De Castro: « Della vita e delle opere di Jacopo Bernardi », Milan, et le premier volume de la *Biblioteca Storico-Italiana*, publié par le secrétaire de la *Deputazione di Storia patria di Torino*, baron Antoine Manno, Turin, 1884. Le dernier écrit de monseigneur Bernardi a été la commémoration de l'abbé Jacopo Ferrazzi lue à l'*Ateneo veneto*, Venise, 1887.

Bernardini (François), écrivain et ingénieur italien, né, à Lecce, le 11 mai 1851. Après avoir été reçu ingénieur à Naples, il revint exercer sa profession dans sa ville natale, et il est maintenant ingénieur au service de la province. Plusieurs nouvelles de lui, publiées d'abord dans les journaux ont été recueillies en un volume, par l'éditeur Brigola de Milan, en 1879; traduites en allemand par le baron Maillot de la Treille, elles furent publiées, chez Friedrig, à Leipsig et la presse allemande leur fit un accueil aussi flatteur que celui qu'elles avaient déjà reçu en Italie; maintenant les journaux annoncent que M. Emil Kapetanovich va en publier une traduction serbe. Un nouveau recueil de nouvelles du même auteur: « Rustica progenies », Rome, Sommaruga, 1885, a eu l'honneur d'une nouvelle édition, publiée, en 1886, par l'éditeur Verdesi de Rome. Il ne faut pas le confondre avec un M. N. BERNARDINI de la même ville, qui a lancé, il y a quelques années, des programmes-circulaires pour un grand dictionnaire des journaux, et qui a publié: « Giornali e giornalisti leccesi », Lecce, Lazzaretti, 1886.

Bernasconi (Don Baldassarre), écrivain italien, né, le 23 novembre 1837, à Côme; il fit de brillantes études classiques au Lycée de sa ville natale et pour seconder le désir de sa mère, il entra au séminaire, où il embrassa la carrière ecclésiastique, mais bien décidé d'y réunir le culte de la patrie à celui de Dieu. Vicaire de la paroisse de Laglio et maître d'école, il cultiva, en même temps le droit et les sciences naturelles, encouragé dans cette voie par son illustre ami l'abbé Stoppani. En 1869, il fut nommé curé à Torno sur le lac de Côme, où il réside encore. Ses connaissances géologiques, ses fouilles archéologiques, les services éminents qu'il a rendus dans la province de Côme à tous les investigateurs, aidés par son savoir et par son amabilité dans leurs recherches, lui ont mérité de nombreuses distinctions, entr'autres, le choix qu'on fit de lui comme président de la section du Club Alpin de Côme, et les louanges publics de plusieurs illustres étrangers qui ont visité le lac de Come, guidés par le docte curé de Torno (citons dans le nombre le géologue Bell, le voyageur Lund, et le Grand-Duc Charles-Alexandre de Saxe-Weimar. Outre un certain nombre d'écrits d'occasion, Don Bernasconi a publié: « Settanta documenti relativi alla Collegiata di San Fedele in Como »; « Due lettere di Basilio Parravicino da Como », Come, 1888.

Bernays (Michel), littérateur allemand, né, à Hambourg, d'une famille israélite, le 27 novembre 1834, frère du philologue bien connu Jakob B. (1824-1881). En 1872, il prit ses grades à l'Université de Leipsig; en 1873, il fut appelé à Munich comme professeur d'histoire littéraire. Nous citerons de lui: « Ueber Kritik und Geschichte des Goetheschen Textes », Berlin, 1866; « Goethe's Briefe an Friedrich Aug. Wolf », id., 1868, accompagnés d'une notice où l'auteur expose les rapports de Goethe avec Homère et les classiques de l'antiquité; « Zur Entstehungsgeschichte des Schlegelschen Shakespeare », Leipsig, 1872; « Der junge Goethe », 3 vol., Leipsig, 1875, collection des poésies et des lettres du célèbre écrivain pendant les années 1764-1776, collection dont il puisa les matériaux dans la bibliothèque de Goethe de M. Samuel Herzel, et qu'il fit précéder d'une introduction qui a toute l'importance d'un ouvrage séparé; « Goethe und Gottsched », Leipsig, 1880, deux biographies qui avaient parues d'abord dans l'*Allgemeine deutsche Biographie*. M. Bernays a publié aussi une nouvelle édition de la traduction de Shakespeare par Schlegel et Tieck, Berlin, 1871-72 et une nouvelle édition revue et corrigée de l'ancienne traduction de l'Odyssée d'Homère par Voss, Stuttgart, 1881.

Berndt (Gustave), géographe et écrivain de voyages allemand, né, à Oberau, le 2 septembre 1844, actuellement professeur à Breslau. Nous connaissons de lui: « Herbsttage im Berner Oberlande », 1872; « Frühlingstage in Florenz », 1877; « Jahreszeitblumen », 1878; « Die Schweizeralpen », 1881; « Das Val d'Anniviers und das Bassin de Sierre », 1882; « Der Gotthard einst und jetz », 1883; « Heimat und Fremde », 1884; « D. Alpenföhn u. s. Einfluss auf Natur und Menschenleben », 1886; « D. Föhn », 1886; « Die Plaine de la Crau oder die französische Sahara », 1887.

Berner (Albert-Frédéric), criminaliste allemand, né, le 30 novembre 1818, à Strasbourg, (cercle de Prenzlau), dans la Marche de l'Ucker. Il fit ses études à l'université de Berlin, et, en 1848, fut nommé professeur de droit. Nous citerons de lui: « Grundlinien der kriminalistischen Imputationslehre » Berlin, 1843; « Die Lehre von der Teilnahme am Verbrechen und die neuen Controversen über Dolus und Culpa » id., 1847; « Wirkungskreis des Strafgesetzes nach Zeit, Raum, und Personen » id., 1853; « Lehrbuch des deutschen Strafrechts » Leipsig, 1857; 13me éd. id. 1884; « Grundsätze des Preuss. Strafrechts » Leipsig, 1861; « Abschaffung der Todesstrafe » Dresde, 1861; « Die Strafgesetzgebung in Deutschland von 1751 bis zum Gegenwart » Leipsig, 1867; « Lehrbuch des deutschen Pressrechts » id., 1876; « Die Orientfrage » Berlin, 1878. — Sans tenir compte de son active collaboration à plusieurs journaux juridiques, ajoutons seulement qu'il est l'auteur de la plus grande partie des articles concernant le droit des gens dans le *Staatswörterbuch* de Bluntschli.

Bernhardt (Rosine BERNARDT dite SARAH), artiste française, née, à Paris, le 22 octobre 1844. Nous n'avons pas à nous occuper ici ni de l'actrice, merveilleusement douée que tout le monde a applaudi, ni du peintre et sculpteur dont les œuvres ont été plusieurs fois remarquées au Salon de Paris; nous nous bornerons à dire quelques mots de l'*authoress*. Sans tenir compte d'une pièce restée inachevée de l'extraordinaire artiste: « L'Épingle d'or », dont le *Supplément littéraire* du *Figaro* publia jadis une scène, ni de ses « Mémoires » toujours promis mais qui n'ont pas encore paru, elle a publié, en 1878, chez Charpentier: « Dans les nuages. Impressions d'une chaise », récit, illustré par Georges Clairin, de son ascension en ballon. Il y a quelques semaines seulement Sarah Bernhardt a donné au Théâtre de l'Odéon un drame en un acte en prose: « L'Aveu », qui a obtenu un grand succès, succès confirmé quelques jours plus tard au Théâtre de Dona Maria de Lisbonne où Mlle Bernhardt a joué elle-même sa nouvelle pièce.

Bernheim (Ernest), historien allemand, docteur en philosophie, né à Hambourg, le 19 février 1850, actuellement professeur à l'Université de Greifswald; nous connaissons de lui: « Lothar III und das Wormser Concordat » 1874; « Zur Geschichte des Wormsers Concordats » 1878; « Geschichtsforschung und Geschichtsphilosophie » 1880.

Bernheim (Hippolyte), médecin français, professeur à la faculté de médecine de Nancy et le chef incontesté de cette école, qu'on appelle l'École de Nancy et dont on connaît les polémiques sur l'hypnotisme et sur les questions qui s'y rapportent, avec le docteur Charcot et son école, dite de la Salpêtrière. Nous connaissons du docteur Bernheim: « Des fièvres typhiques en général » Paris, Baillière, 1869; « Leçons de clinique médicale » id. id. 1877; « Contribution à l'étude des localisations cérébrales » id., id., id., 1878; « Étude sur les râles » id., id., id.; « De la suggestion dans l'état hypnotique et dans l'état de veille » id., id., 1884; « De la suggestion et de ses applications à la thérapeutique » éd. Doin, 1886, 2me, éd., 1887.

Bernhöft (Franz-August-Friedrich-Alwin), jurisconsulte allemand, docteur en droit et professeur à l'Université de Rostock; né à Karlikow, près Lauenbourg, le 25 juin 1852; nous connaissons de lui: « Beitrag zur Lehre von Kaufe » 1874; « Der Besitztitel in römischen Recht » 1874; « Staat und Recht des römischen Königszeit », 1882; « Die Inschrift von Gortyn », 1886.

Bernimolin (Eugène-Mathieu-Joseph), administrateur et écrivain belge, né à Liège, le 18 mai 1833. M. Bernimolin, qui est docteur en droit et directeur chef de division au gouvernement de sa ville natale, a écrit: « Les derniers moments de Pierre de Bex » scène dramatique, Liège, Desoer, 1860; « Souvenir. A mon frère bien-aimé Auguste B. » id., id., 1861; « Manuel de droit sur la milice » id., id., 1864; « Précis du droit électoral en Belgique » Bruxelles, Decq, 1868; « Code de milice expliqué » id., id., 1871; « Philosophie et éducation » 2 vol., Liège, Vaillant Carmanne, 1875.

Bernoni (Dominique), écrivain italien, conseiller de préfecture à Naples, né, en 1835, à Asola (province de Mantoue). On a de lui: « Notizie biografiche dei ragguardevoli Asolani » Oneille, 1863; « Saggio d'un codice di Pubblica Sicurezza » Oneille, 1863; « Compendio della Legislazione italiana del privato cittadino » Revere, 1868; « Le vicende d'Asola » Rome, 1876; « Antonio Blado e la sua stamperia in Roma nel XVI secolo » Ascoli Piceno, 1883; « I Torresani, celebri stampatori a Venezia nel XV e XVI secolo » Naples, 1888.

Bernoni (Dominique-Joseph), administrateur et littérateur italien, frère du précédent, né, en 1828, à Asola (province de Mantoue) actuellement conseiller de préfecture à Venise. M. B. a fourni une série de précieuses contributions au *folklore* italien. Citons entr'autres: « L'igiene della tavola dalla bocca del popolo, ossia proverbii che hanno riguardo all'alimentazione », Venise, Ongania, 1872; « Canti popolari veneziani sin qui inediti », id., Fontana-Ottolini, id.; « Leggende fantastiche popolari veneziane raccolte », id., id., 1873; « Fiabe e novelle popolari veneziane », id., id., 1874; « Preghiere popolari veneziane », id., id., id.; « Giuochi popolari veneziani », id., Fontana, id., « Le Streghe », légendes populaires vénitiennes en dialecte, id, Antonelli, id.; « Tradizioni popolari veneziane: leggende, racconti, novelle e fiabe, usi, canti e indovinelli », id., id., 1875; « Usi natalizii veneziani », id., id., 1877; « Tradizioni popolari veneziane relative alla medicina », id., id., 1878.

Bernoulli (Johann-Jakob), archéologue suisse, issu de la célèbre famille de mathématiciens du même nom, né à Bâle, le 18 janvier 1831. Il fit ses études à Bâle d'abord et à Berlin ensuite; en 1856, il fut reçu docteur en philosophie à l'Université de Bâle et la même année il entreprit un voyage scientifique en Italie. De 1857 à 1876, il fut professeur d'histoire au Gymnase supérieur et à l'École technique supérieure de sa ville natale. En 1876, il fut nommé professeur extraordinaire d'Archéologie à l'Université de Bâle. Nous citerons de lui: « Ueber den Charakter des Kaisers Tiberius », Bâle, 1859; « Ueber die Laokoongruppe », id., 1863; « Ueber die Minervenstatuen », id., 1871; « Aphrodit, ein Baustein zur griechischen Kunstmythologie », Leipsig, 1873; « Die Bildnisse des ältern Scipio », id., 1875; « Die Bildnisse berühmt. Griechen » 1887; les trois derniers écrits comme programmes de son enseignement à Bâle; « Römische Iconographie », 1 vol., Stuttgard, 1882, 2 vol., id., 1886. — Son frère Charles-Gustave B., né, le 24 janvier 1834, le 18 mai 1878, fut un naturaliste distingué et est surtout connu pour ses explorations dans la république du Guatemala.

Bernsdorf (Édouard), critique musical, écrivain de musique et compositeur allemand, né, le 25 mars 1825, à Dessau; il vit maintenant à Leipsig et il s'est fait surtout connaître par son: « Neues Universallexikon der Tonkunst » Offenbourg, 1856-61, 3 vol., Supplément, 1863. Comme critique M. Bernsdorf appartient à l'école classique.

Bernstein (Jules), médecin allemand, fils de M. Aaron B., publiciste et naturaliste (1812-1884), né à Berlin, le 8 décembre 1839. Après avoir terminé ses études de médecine dans sa ville natale, en 1873 il fut nommé professeur de physiologie à Halle, où il se trouve encore maintenant et où il dirige aussi l'Institut de physiologie. On a de lui : « Untersuchungen über den Erregungsvorgang im Nerven-und Muskelsystem » Heidelberg, 1871 ; « Die fünf Sinne des Menschen » Leipzig, 1875, traduit en français sous le titre « Les Sens », Paris, Germer Baillière, 1875.

Bernstein (Max), écrivain allemand, né, à Fürth, près de Nuremberg, le 12 mai 1854. Il fit toutes ses études, jusqu'au droit inclusivement, à Munich. Depuis 1883, il s'est fixé dans cette ville en qualité d'avocat et il consacre ses loisirs aux lettres. Il est surtout connu comme écrivain dramatique et auteur de nouvelles. Nous citerons de lui : « Unbefangen » comédie, 1877 ; « Das Schwalbennest » nouvelle, 1879 ; « Alles in Ordnung » comédie, 1881 ; « Mein neuer Hut » comédie, 1881 ; « Dagmar » tragédie, 1881 ; « Ruth » drame, 1881 : « Ein guter Mensch » pochade (*Posse*) 1882 ; « De dreizechute Tüpferl » nouvelle, id.; « Der kleine Hydriot » id.; « Ein dunkler Punkt » comédie, 1884; « Gold » drame, 1885; « Ein Kuss » pièce comique (*Plauderei*), 1886; « Ritter Blaubart » comédie, 1886, etc.

Bernus (Auguste), pasteur protestant suisse, né, à Paris, le 1er novembre 1844, d'une famille de refugiés du Dauphiné, établie, dès le XVI siècle, à Francfort sur Mein, naturalisé, en 1866, citoyen vaudois; il fit ses humanités au collège Gaillard et à l'Académie de Lausanne, ses études philologiques à Berlin (1865-66) et ses études théologiques à la Faculté libre de Lausanne (1866-69) ; nommé, en 1869, pasteur de l'Église libre à Ormond-dessus (Vaud) il passait, en 1875, dans la même qualité, à l'Église française de Bâle. Nous citerons de lui : « Richard Simon et son histoire critique du Vieux Testament ; la critique biblique au siècle de Louis XIV », Lausanne, 1869; « Notices bibliographiques sur Richard Simon », Bâle, 1882. M. B. a été un des collaborateurs assidus de l'*Encyclopédie des sciences religieuses* de Lichtenberger, et du *Bulletin historique et littéraire de la Société de l'histoire du protestantisme français.*

Bernus (Mme Auguste, née Hélène DE PRESSENSÉ), femme de lettres française, fille de M. Edmond de Pressensé (voyez ce nom), née

à Paris le 7 janvier 1849, épousa, en 1869, le précédent. Après avoir essayé ses forces en traduisant de l'anglais d'abord : « Bessie. Une idylle au village », de Miss Alen Corkran, Paris, 1886, et ensuite : « Mademoiselle Angèle, etc. », quatre nouvelles du même auteur, Paris, 1887; elle publia, en 1886, chez Fischbacher « Cinq nouvelles », de son cru, qui furent très bien accueillies.

Berr de Turique (Julien), auteur dramatique français, né, à Paris, en 1864. Nous connaissons de lui : « L'Élection » monologue en vers, Paris, Ollendorff, 1880 ; « La Robe de percaline » monologue en vers, id. id. 1881 ; « Je ne veux plus aimer » monologue, id., id., 1883 ; « Un billet » monologue en vers, id. id. 1884; « Doctoresse et couturier » comédie en un acte, id. id. 1885; « Un homme aimé », id., Calman Lévy, 1886; « Les Demoiselles » id., id., 1887; et en collaboration avec M. Paul Bilhaud « Première ivresse » comédie en un acte, id., Librairie théatrale, 1885.

Berri (Jean), journaliste et homme de lettres italien, né, à Milan, vers 1846. Il commença par donner des leçons de français et d'anglais, mais bientôt il s'en lassa et s'adonna au journalisme. Pendant l'Exposition de 1878, il envoya de Paris à la *Ragione* de Milan, des correspondances artistiques fort brillantes. Plus tard, il fit partie de la rédaction de la *Riforma*; maintenant il réside à Paris en qualité de correspondant du *Diritto* de Rome, de la *Lombardia* de Milan, du *Corriere italiano* de Florence et de l'*Adige* de Vérone. M. Berri, qui écrit fort couramment l'anglais, a été aussi pendant quelque temps correspondant de journaux anglais. Nous connaissons de lui : « Le notti di Berlino », roman ; « Biografie di illustri italiani », Milan, Maglia, 1870 ; « Almanacco storico descrittivo », id., Politti, 1871 ; « I Carlisti o le ultime rivoluzioni di Spagna », id., id., 1872 ; « Enciclopedia popolare italiana, o tesoro universale di cognizioni utili », id. id., 1872 ; « Una vendetta delicata. Una fortunata combinazione », id., Legros, 1874 ; « La Fanciulla invisibile », traduction libre de l'allemand, id., id., id. ; « I Due ciechi », id., id., id., 1875 ; « Enciclopedia popolare; gran dizionario universale di cognizioni utili », id. Pagnoni, 1876 ; « Nuova guida del viaggiatore in Italia », id., id., id. ; « Racconti russi di Lermontof, Polevoï e Turguenef, tradotti in italiano », Rome, typ. italienne, 1880.

Berrini (Osvaldo), écrivain didactique italien, docteur ès-lettres et agrégé de l'Université de Turin, ancien professeur de littérature italienne au Lycée Cavour de la même ville ; il a publié : « Manuale di storia orientale e greca, conforme agli ultimi programmi per la 4a classe del ginnasio », Turin, Paravia, 1868; « Raccolta di esempi di bello scrivere in prosa e in versi », id., id., id.; « Raccolta di prose e poesio italiane », id., id., id. ; « Corso graduato di versioni dal latino nell' italiano e dall'italiano nel latino », id., id., 1869; « Compendio di grammatica latina », id., id., 1870 ; « Prefazione all'Autobiografia di Tommaso Vallauri », id., Roux et Favale, 1876 ; « Trattatello elementare d'antichità greche e romane », id., id., id., 1883. M. Berrini a publié en outre, chez l'éd. Paravia, des éditions des « Métamorphoses » d'Ovide (1881), de Cicéron (1882), de Catulle, de Tibulle et de Properce etc. etc.

Berruti (Joseph), médecin italien, docteur agrégé et *privat Docent* de gynécologie à l'Université de Turin, membre de l'Académie de médecine de cette ville. Nous connaissons de lui : « La Scrofola e gli Ospizii marini », Turin, Oddenino, 1871 ; « Sui medici condotti e la medicina pratica in Italia », id., Bona, 1872 ; « Piccolo formulario terapeutico ragionato ad uso dei medici d'Italia », id., Paravia, 1874, 3ᵐᵉ éd., 1877; « La Craniotomia nella pratica ostetrica », id. id., 1875 ; 2ᵐᵉ éd., 1876; « Un triennio (1869-72) di clinica ostetrica alla Maternità di Torino », id., Vercellino, 1875 ; « Osservazioni pratiche di ostetricia e di ginecologia », id., Negro, id. M. B. a donné plusieurs articles à l'*Indipendente*, journal de médecine. Il a publié en outre une foule de brochures sur les *Ospizii marini*, établissements où l'on soigne aux bords de la mer les enfants scrofuleux.

Berry (Georges), homme politique et jurisconsulte français, né à Bellac (Haute Vienne), en 1853 ; docteur en droit et avocat à la Cour d'appel de la Seine, chef du petit groupe conservateur au sein du conseil municipal de Paris, et du conseil général de la Seine, M. Berry ancien attaché d'ambassade, a publié : « Moralité du divorce » Paris, Larose, 1880; « La Peine de mort nécessaire » id., id., 1881 ; « La Grève » id., id., 1882 ; enfin M. Berry a eu l'honneur de collaborer au « Traité de médecine légale, de jurisprudence médicale et de toxicologie », Paris, Delahaye, 1885, de l'éminent médecin-légiste Legrand du Saulle (1830-1886), qui fut couronné par l'Institut de France.

Bersch (Joseph), énologue autrichien, docteur ès-sciences, professeur de chimie, directeur de l'hebdomadaire *Allgemeine Wein Zeitung*, né, à Vienne, en 1840. On a de lui : « Der Wein und sein Wesen », 2 vol. ; « Die Krankheiten des Weines », 1 vol. ; « Gährungs-Chimie für Praktiker » 5 vol. Au mois d'août prochain paraîtra: « Die Praxis der Kellerwirthschaft ».

Bersezio (Victor), romancier, auteur dramatique, critique et journaliste italien, né, en 1830, à Peveragno (province de Côni en Piémont), où son père, son premier maître, était secrétaire de la municipalité avant d'être appelé par le comte de Montiglio, dans les mêmes fonctions, à la municipalité de Turin, où le jeune Bersezio eut la chance de compter parmi ses maîtres l'abbé Michel Ponza, qui lui apprit de bonne heure le goût d'une certaine élégance littéraire; à peine âgé de quinze ans, M. B. entrait à l'Université de Turin, où en 1849 il fut reçu docteur en jurisprudence, après avoir pris part, comme volontaire, aux campagnes de l'indépendence italienne, des années 1848-49. Il débuta, dans la presse, par de petits essais dans les *Letture di Famiglia* de Lorenzo Valerio et dans le *Messaggiere Torinese* de Brofferio, et, sur la scène, par un drame « Pietro Micca », représenté pendant trois soirées au Théâtre Carignan de Turin, en 1852, et par une tragédie « Romolo », moins heureuse, représentée au Théâtre Gerbino, en 1853, et que l'auteur lui-même a condamnée. En société avec MM. Cesana et Piacentini, il fonda le journal politique *L' Espero*, où il publia une série de « Profili parlamentari », qui ont fait beaucoup de bruit dans le temps et lui ont procuré la connaissance et l'approbation du comte de Cavour. Il passa ensuite pendant une année à la direction du journal humoristique *Il Fischietto*. La lutte de la presse politique le fatigua cependant assez vite, et il s'en éloigna pendant quelques années, pour se livrer entièrement, dans la solitude de ses montagnes, à ses occupations littéraires de prédilection. Il composa alors son « Novelliere Contemporaneo », une suite de nouvelles où la vie réelle piémontaise de la moitié de ce siècle est très-bien rendue. Deux autres recueils de nouvelles ont suivi sous les titres : « La Famiglia » (Cfr. un article de M. Michele Coppino dans la *Rivista Contemporanea* de 1856) ; « L'amor di Patria » ; un volume de ces nouvelles mérita l'honneur d'être traduit en français par M. Amédée Roux, sous le titre: « Nouvelles Piémontaises », Paris, Hachette, 1859. (Cfr. un article de M. Ed. Villetard dans la *Revue Contemporaine* de Paris, de 1857, sous le titre : « Le roman contemporain en Italie. Carcano. Balbo. Bersezio »). Dans les années 1857 et 1858, à la suite de deux voyages à Paris, M. Bersezio entra en relation avec un bon nombre d'écrivains français de mérite et collabora au *Courrier Franco-Italien* de Carini et au *Courrier de Paris* de Félix Mornand. Revenu à Turin, il remplaça Félix Romani dans la rédaction de la partie littéraire de la *Gazzetta Ufficiale Piemontese*, et il ne s'en retira qu'en 1865, pour diriger le journal *La Provincia* et fonder la *Gazzetta Piemontese*, qu'il enrichit d'un supplément littéraire très apprécié sous le titre de *Gazzetta Letteraria*. Il ne quitta cette feuille importante qu'à la suite d'une rupture avec son éditeur M. Roux de Turin, qui en devint propriétaire et directeur unique. Pendant sa direction de la *Gazzetta Piemontese*, il fut nommé député au Parlement, et il ne négligea point la littérature, en révélant un talent hors ligne comme auteur dramatique. Parmi ses romans, outre: « La Mano di Neve »; « Mina o Vita ed Amore »; « L'Odio »; nous citerons: « La Plebe », roman social, 3 vol., Turin, Favale, 1867-68; « Il piacere della vendetta », Milan, Treves, 1868, 2me éd., 1874, 3me éd., Sonzogno, 1882; « La carità del prossimo », id., id., 1869, 3me éd., 1875; « Povera Giovanna », scènes villageoises, id., id., id., 2me éd., 1876, traduit en français par M. Léon Dieu, Paris, Hachette, 1885, et en allemand, Leipsig, 1883; « Il beniamino della famiglia », 2 vol., id., id., 1872; « Mentore e Calipso », Turin, Favale, 1873; « Fortuna disgraziata », Milan, Sonzogno, id.; « Cavalieri, armi ed amori », récit du XVIIe siècle, 2 vol., Milan, typographie Lombarde, 1864; « Il Segreto d'Adolfo », id., id., 1875; « Tre racconti (Il cane del cieco. Un genio sconosciuto. Galatea) », Florence, Barbèra, 1876; « Palmina », Milan, typogr. Lombarde, 1876; « Corrutela », id., id., 1877, une traduction allemande en a été publié la même année à Vienne sous le titre: « Korruption »; « Gli angeli della terra », Milan, Sonzogno, 1879, traduit en français par M. Léon Dieu, Paris, Hachette, 1881 et en allemand, Leipsig, 1884; « Il debito paterno », id., Treves, 1880, 2me éd., 1881, 3me éd., suivie de « Federico », conte d'Amédée Achard, 1882; « La vendetta di Zoe », id., id., 1881; « Le carezze della fama », roman dont la publication commencée, en 1881, par la *Gazzetta Piemontese* a été brusquement interrompue; « Il segreto di Matteo Arpione », id., id., id.; « L'ultimo dei Caldiero », nouvelle, dans la *Nuova Antologia*, de 1884; « Domenico Santorno », épisode de la révolution de 1848 à Milan, Milan, Sonzogno, 1885. Parmi ses pièces on doit citer: « Una bolla di sapone », comédie en 3 actes, Milan, Sanvito, 1871; « Un pugno incognito », comédie en 3 actes, id., id., 1872; « Uno zio milionario », comédie en 4 actes, id., id., 1876; « I violenti », comédie en 3 actes, id., id.; « Fra due contendenti », comédie en 3 actes, id., id., 1876; « Da galeotto a marinajo », comédie en 3 actes, id., id., id., outre: « I mettimale »; « I violenti »; « Fratellanza Artigiana »; « Il perdono », publiées dans le *Teatro Italiano Contemporaneo*, et « I supplicanti »; « Le ciarle assassine »; « Procella dileguata », toutes écrites en italien et « La Beneficensa »; « 'L sang bleu »; « Da la vanità a la culpa »; « I gieugh d'Bursa »; « La viulensa a l'a sempre tort »; « 'L dne a peul neu tütt »; en dialecte piémontais. Mais son vrai chef-d'œuvre, qui charmait Manzoni, grand maître dans la création des types, reste tojours la pièce en dialecte « Le disgrassie d'monsü Travett », où l'employé piémontais est représenté avec une fidélité saisissante. Cette pièce qui a eu de suite trente répétitions, a eu l'honneur d'une traduction italienne, et d'une traduction allemande, sous le titre de « Bartholommaeus's Leiden », M. B. a donné une suite moins brillante à cette œuvre maîtresse, sous le titre: « Le prosperità d'Monsü Travett ». Par un contrat spécial fait avec M. Sardou, et autres auteurs dramatiques français, M. B. a maintenant le privilège de traduire et faire représenter en Italie nombre de pièces dramatiques françaises. La correspondance que ce service international exige est considérable, et l'on doit savoir gré à M. B. d'avoir sû entretenir par la littérature, au moins dans le monde dramatique, les meilleurs rapports entre la France et l'Italie. Enfin, pour finir, il nous faut citer encore de cet infatigable écrivain: « Massimo d'Azeglio », dans la *Rivista Contemporanea* de Turin, de 1855; « Roma antica » et « Roma moderna », dans l'ouvrage *Roma, la Capitale d'Italia*, Milan, Treves, 1872, une nouvelle éd. de cet ouvrage commencée, en 1887, est en cours de publication: « Commemorazione di S. E. il conte D. Giuseppe Stara », Turin, Roux et Favale, 1877; « Il regno di Vittorio Emanuele II, trent'anni di vita italiana », id., id., 3 vol., 1878 et suivants, qui a toute l'importance d'une histoire puisée aux sources et tout le charme d'un roman; « Ricordi storici: Pio IX, Pellegrino Rossi, Angelo Brunetti » dans la *Rivista nuova di Scienze, Lettere ed Arti*, de 1879; « Torino », dans le volume du même titre publié chez Roux et Favale, 1880; « Note autobiografiche », dans le volume *Il primo passo*, Florence, Carnesecchi, 1882.

Bersier (Eugène-Arthur-François), écrivain français et pasteur de l'Église réformée de Paris, né, à Morges (Suisse; Canton de Vaud), le 5 février 1831, d'une famille française, qui s'y était réfugiée pour cause de religion. Après avoir fait ses études classiques à Genève, et avoir séjourné quelque temps aux États-Unis, il entreprit l'étude de la théologie à la Faculté Évangélique de Genève et aux Universités de Tubingue et de Halle (1850 à 1855). Nommé pasteur à Paris en 1855, il y a construit, en 1874, uniquement avec des dons volontaires, l'Église et l'école professionelle de l'Étoile, un des principaux temples protestants de la ville. M. Bersier a publié, chez Fischbacher, à Paris, de 1864 jusqu'à présent, sept volumes de « Sermons » dont les premiers sont parvenus jusqu'à douze éditions, et qui ont été traduits en allemand avec une préface de M. Koegel, en anglais, en suédois, en danois, en hollandais et en russe; en outre, il a publié: plusieurs sermons et conférences parmi lesquelles sont particulièrement notables celles sur « La Morale indépendante », 1869; « La Solidarité », 1870; « La Révocation » 1885. Citons encore de lui: « Histoire du synode général de l'église réformée de France », 2 vol., Paris, Sandoz et Fischbacher, 1872; « Liturgie à l'usage des églises réformées », id., id., 1874; « Mes actes et mes principes », id., id., 1877, en réponse à M. Astié de Genève; « Lettres d'un protestant à M. Jules

Ferry sur ses projets de loi », id., id., 1879 ; « Le Régime synodal, examen des mesures à prendre pour en assurer l'exercice régulier dans l'Église réformée de France », id., id., id. ; « Les Projets de pacification de l'Église devant le synode officieux », id., id., 1880 ; « De l'enseignement de la morale dans l'École primaire », id., id., 1881 ; « Études sur le XVI siècle ; ouligny avant les guerres de religion », id., id., 1884, 3me éd., 1888, traduite en anglais et en allemand. M. B. qui est un collaborateur régulier de la *Revue Chrétienne* depuis sa fondation, a été aussi, de 1871 à 1875, correspondant du *Journal de Genève*. Les lettres qu'il a adressées à ce journal au temps de la Commune ont produit une véritable sensation.

Bersier (Madame Eugène, née Marie HOLLARD), femme du précédent, née, à Paris, en 1831, a publié plusieurs romans religieux, parmi lesquels nous citerons : « La Bonne guerre », Paris, Sandoz et Fischbacher, 1871 ; « Micheline », id., id., 1874, 6me éd., 1888 ; « Toulède », id., id., 1880 ; « L'Ermite de Plouerneau », id., id., 1881 » ; « André Tourel », id., id., 1883 ; « Histoire d'une petite fille heureuse », id., id., 1885 ; « Le journal de Marc », id., id., 1887 ; « Ici et la », id., id., 1887 ; « Les Myrtilles », id., id., 1888.

Bert (Madame Paul, née Miss CLAYTON) veuve de l'éminent physiologiste et homme politique français, (né à Auxerre le 17 novembre 1833, mort à Hanoï, au Tonkin, le 11 novembre 1886). Madame Paul Bert a traduit en anglais et publié à Londres, chez Relfe, en 1885, un travail de son mari : « First Year of Scientific Knowledge ». — On lui attribue aussi un livre publié sous le nom de A. Clayton : « Amour sacré de la patrie ! Épisode de la guerre de 1870-71. Avec une préface de Paul Bert » Paris, Picard Bernheim et Cie, 1884. Miss Clayton, qui est née à Banff, en Écosse, avait accompagné son mari au Tonkin.

Berta (Auguste), écrivain italien, rédacteur en chef de la *Gazzetta del Popolo della Domenica*, feuille littéraire qui paraît à Turin, est né dans cette ville le 24 mai 1855 ; il est redevable de son éducation littéraire aux enseignements du professeur Henri Ottino, et à la lecture des poésies de Praga, Carducci, Hugo, Baudelaire, Musset, ses auteurs de prédilection parmi les poètes, ainsi que Zola et Daudet parmi les romanciers. A l'âge de 21 ans, il fut reçu docteur en droit à l'université de Turin. Il débuta, en 1883, par un recueil de vers, publié chez Casanova, sous le titre: « Cadenze » ; le succès de ce livre attira sur lui l'attention des directeurs de la *Gazzetta del Popolo*, qui lui confièrent la rédaction de ce supplément littéraire qu'il dirige habilement depuis cinq ans. Pendant l'Exposition Nationale de Turin, en 1884, sa « Cantata dell'Esposizione » fit du bruit.

M. B. est encore l'auteur de deux volumes de récits intitulés : « Salamandra » et « Passiflora » parus en 1887. On annonce sous presse, chez Treves de Milan, un volume de contes de fées pour les enfants : « Nonna Bianca ».

Bertacchi (Daniel), lieutenant colonel vétérinaire italien, né, à Bobbio, en 1820. En 1848, après avoir achevé ses études à l'école supérieure des vétérinaires de Turin, il entra dans l'armée en qualité de volontaire. Parmi les travaux de M. Bertacchi qui n'ont pas rapport à la médecine vétérinaire, nous citerons : « Monografia di Bobbio », 1851 ; « Necrologio di Francesco Papa », Turin, 1879 ; « Necrologio di Pietro Fossa », Bobbio, 1879 ; « Proposta di una esposizione universale in Italia », Turin, 1879 ; « La vite, sua cura e cultura contro i parassiti », id., 1886. — Parmi ses ouvrages exclusivement scientifiques, nous citerons : « Rivista igienica del cavallo di truppa », 1851 ; « Compendio di ippologia », 1860 ; « Memoria sul moccio e sul farcino », 1864 ; « Avvenire del cavallo italiano », 1867 ; « Nuovo disegno di ippocoltura nazionale », 1874 ; « Questione ippica rispetto all'esercito », 1875 ; « Un fenomeno di termogenesi umana », Turin, Candelletti, 1878 ; « Memento ippico », id., id., id. ; « Complemento organico del corpo veterinario militare », id., id. ; « Non più rimonte all'estero », id., id., 1879 ; « Reminiscenze d'igiene ippico-militare », id., Civelli, 1880 ; « I depositi d'allevamento », Rome, Voghera, 1881 ; « Sulla psicologia scientifica del dott. Pari », Turin, Candelletti, 1882 ; « Paraplegia nel Cavallo », id., id., id. ; « Rimembranza ippica », id., id., 1883 ; « Conferenza ippico-militare », id., id., 1884 ; « L' Italia ippica », Rome, 1887.

Bertacchi (Cosimo), fils du précédent, géographe italien, né à Pignerol, en 1854. Il fit ses études aux Universités de Bologne et de Turin. Il a pris part aux travaux du Congrès maritime de Naples, et de celui de Géographie de Venise. Nommé, en 1882, professeur de géographie à l'Institut technique de Bari, il dirige maintenant, à Turin, l'Institut Fornaris. Nous connaissons de lui : « L'oceano atlantico » Turin, Candelletti, 1877 ; « Il monumento di Gaudenzio Ferrari » Turin, Borgarelli, 1877 ; « L'Afganistan nel conflitto eventuale fra l'Inghilterra e la Russia » id., Candelletti, 1880 ; « Della coesione in rapporto alle forze cristallogeniche » id., id., id. ; « La geografia nell'insegnamento secondario » id., id., id ; « Di un nuovo disegno pel riordinamento degli studii geografici » id., id., 1881 ; « Meteore luminose ; l'arcobaleno. Il miraggio » id., id., 1883 ; « La geografia nell'insegnamento » id., id., 1885 ; « Note geografiche », id., id., 1887 ; « Dante geometra. Note di geografia medioevale » id., id., id. ; « La Fisica dei deserti e segnatamente dei deserti dell'Asia in rapporto alla climatologia europea » id., id.,

1888, et en collaboration avec M. G. Vaccheri: « Il gran Veglio del Monte Ida. — Saggio di esegesi dantesca » Turin, Candelletti, 1877; « Cosmografia della divina Commedia. La visione di Dante Alighieri considerata nello spazio e nel tempo » id., id., 1881. — La maison Barbèra de Florence, enfin, va publier bientôt, à ce qu'on nous assure, une nouvelle édition de la Géographie de Bevan, revue et remaniée par M. Bertacchi.

Bertagnolli (Charles), écrivain italien, né, à Pergine (Trentino), en 1843; il fut reçu docteur à l'Université d'Innsbrück. Il a été l'un des membres pour la commission italienne à l'Exposition de Vienne, en 1873 et est aujourd'hui chef de bureau à la Direction Générale de la Sûreté publique à Rome. On a de lui, entr'autres ouvrages: « La colonia parziaria » Florence, 1881; « L' economia dell' agricoltura in Italia », Rome, 1886.

Bertalisse (A.), pseudonyme sous lequel est connu M. Albert Lévy, journaliste français, rédacteur du *Journal de la Jeunesse*, et auteur de « Mes Souvenirs » Paris, Hachette, 1885, dans la *Bibliothèque des écoles et des familles*.

Bertanza (Jean), écrivain italien, né, à Limone sur le lac de Garde, en 1810; il dirige la bibliothèque de la ville de Rovereto. On a de lui: « Elogio accademico di Mons. Carlo E. Sardagna », Rovereto, 1842; « Vocabolario del vernacolo italiano dei distretti roveretano e trentino di G. B. Azzolini » en résumé, Venise, 1856; « Tommaso Morar », cantique, Venise, 1857; « Poesie », Rovereto, 1859; « Della educazione umana », Venise, 1854; « Le Omelie di S. Giovanni Crisostomo, al popolo antiocheno », traduction italienne, Rovereto, 1881; « Manualetto di estetica popolare » Rovereto, 1884.

Bertazzi (Jean-Baptiste), auteur dramatique italien, né, en 1822, à Villanova (Monferrat), ancien maire de sa ville natale, où il réside, ancien député au Parlement; écrivain distingué, M. Bertazzi a publié une série de drames historiques qui ont été remarqués. Citons: « Bonifacio VIII »; « Megollo Lercari »; « Ottaviano Fregoso » Turin, 1861; « Napoleone e Giuseppina »; puis trois autres drames réunis en un seul volume publié à Verceil: « Carlo V »; « Gustavo Vasa » et « Rossolana », avec une introduction de M. Cristoforo Baggiolini sur le théâtre et sur le drame historique.

Bertelli (Joseph), écrivain et officier italien, né, à Brescia, le 17 janvier 1847. Après avoir fait ses études dans les Collèges militaires d'Asti et de Modène, il entra dans l'armée, devint lieutenant dans les compagnies alpines et fut, pendant quelque temps, attaché à l'Institut topographique de Florence; maintenant, avec le grade de capitaine d'infanterie, il est à la disposition du Ministère des finances pour les travaux du cadastre. Il débuta par des essais publiés dans la *Sentinella Bresciana*. Nous citerons de lui: « Alpi ed Alpini, considerazioni », Vérone, Civelli, 1876; « Sguardo scientifico all'arte della topografia. Tribunali militari. Dissertazioni », id., Apolonio, 1878; « Alcuni cenni sulle scuole di guerra », Rome, Voghera, 1880; « Operazioni militari nelle valli dell'Oglio e dell'Adda (1866) », id. id., 1881; « Lo stipendio dei subalterni aritmeticamente discusso », id., id., 1882; « Note ed appunti di topografia », id., id., 1884; « Disegno topografico », Milan, Hoepli, 1887, et plusieurs articles insérés dans la *Rivista Militare*.

Bertelli (le père Timothée), illustre physicien et ecclésiastique italien, né, à Bologne, le 24 janvier 1826. Le père B. qui appartient à l'ordre des Barnabites et qui est depuis vingt ans professeur de physique et directeur de l'Observatoire au collège *alla Querce* de Florence, s'est adonné à l'instruction, sans pour cela délaisser ses recherches savantes. S'étant surtout appliqué à l'étude des phénomènes sysmiques il a fait sur ce terrain plusieurs découvertes de la plus haute importance, et dont les résultats se trouvent relatés dans son ouvrage: « Registratore meteorologico elettroscrivente » Bologne, 1859, et dans plusieurs mémoires insérés dans les *Mondes* de Paris; dans les *Atti della Società italiana di Scienze naturali*; dans le *Bollettino di Bibliografia e Storia delle Scienze matematiche e fisiche* du prince Boncompagni de Rome, dans le *Bullettino del Collegio Romano*, dans les *Atti dell'Accademia pontificia de'Nuovi Lincei*, dans le *Bollettino Meteorologico di Moncalieri*, dans le *Bullettino del Vulcanismo Italiano* du prof. M. S. De Rossi de Rome, dans la *Rivista Scientifica Industriale*, dans le *Bollettino della Società Geologica Italiana*. On annonce comme d'imminente publication: « Dichiarazione e conferma di alcune ipotesi geogeniche relative all'origine del vulcanismo terrestre. Dinamica vulcanosismica dichiarata colle teorie meccaniche, fisiche e chimiche ».

Bertera (André). Voyez BAUQUENNE (Alain).

Berthaud (Max). Voyez CALONNE (Alphonse Bernard de).

Bertheau (Ernest), orientaliste et exégète allemand, né, à Hambourg, le 23 novembre 1815. Il étudia la théologie et les langues orientales à Berlin et à Gottingue. Nommé *privat Docent* à cette dernière université, en 1836, professeur extraodinaire, en 1842, et professeur ordinaire l'année suivante, il y enseigna l'exégèse de l'Ancien Testament, l'histoire des Israélites, la théologie de la Bible, ainsi que l'arabe, le chaldéen et le syriaque. Il a publié les ouvrages suivants: « Die sieben Gruppen mosaischer Gesetze » Goettingue, 1840; « Zur Geschichte der Israeliten » id. 1842; des commentaires des livres des Juges et de Ruth, (Leipsig, 1845), des Proverbes de Salomon (id. 1847), des livres des Chroniques (id. 1854), des livres d'Esdras, Néhémie et Esther (1862). Il a publié aussi à Goettingue, en 1842, une nouvelle édition de la Grammaire syriaque de Bar-Hebraeus. M. B. a le titre de Conseiller intime du Gouvernement.

Berthelé (Joseph), archéologue français, né, à Paris, en 1858, actuellement archiviste du département des Deux Sèvres et rédacteur en chef de la *Revue poitevine et saintongeoise*. On a de lui : « Quelques notes sur les fouilles du P. de la Croix à Sanxay (Vienne) », Niort, Robichon, 1882 ; « La question de Sanxay à propos du mémoire du P. de la Croix », Poitiers, Oudin, 1883 ; « De Niort à Ruffec et de Ruffec à Angoulême, promenade archéologique », Melle, Lacave, 1885.

Berthelot (Pierre-Eugène-Marcellin), illustre chimiste et homme politique français, né, à Paris, le 27 octobre 1827 ; en avril 1854, il a été reçu docteur ès-sciences avec une remarquable thèse sur les : « Combinaisons de la glicerine avec les acides et reproduction artificielle des corps gras neutres » Paris, Mallet-Bachelier, 1824 ; on doit à M. Berthelot plusieurs découvertes importantes sur le terrain de la chimie qui lui ont valu les plus hautes récompenses de la part des Corps scientifiques de la France. En 1865, sur la demande de l'Académie des sciences, une nouvelle chaire de chimie organique fut créée pour lui au Collège de France. Pendant le siège de Paris, nommé président du comité scientifique de la défense il mit sa science au service de son patriotisme. Entré dans la vie politique, il s'occupa activement des questions concernant l'enseignement supérieur scientifique en France, qui fut réorganisé d'après ses plans ; il présida, depuis 1878, la Commission des substances explosibles et en dirigea les travaux ; il fut aussi président de la Commission du Sénat pour la loi relative à la réorganisation et à la laïcité de l'enseignement primaire, loi qui a été votée en octobre 1886 ; quelques jours après, le 11 décembre 1886, M. Berthelot, qui avait été élu, en juillet 1881, sénateur inamovible, fut nommé ministre de l'instruction publique et des beaux-arts, et il garda le portefeuille jusqu'au 30 mai 1887. Pendant son Ministère, il entreprit, en avril 1887, un voyage pour l'inauguration des Écoles d'enseignement supérieur à Alger et la visite des établissements d'instruction primaire dans toute la Kabylie. M. Berthelot est membre de l'Académie de médecine et de plusieurs autres sociétés savantes. En dehors de la thèse déjà citée et de nombreux mémoires relatifs à la synthèse des carbures d'hydrogène, des alcools, à la thermochimie, à la végétation et à la formation de l'azote par la terre végétale (argument dont il s'occupe particulièrement dans les laboratoires de la station de chimie végétale de Meudon, dont il a provoqué la création, en 1883) on lui doit les ouvrages suivants : « Chimie organique fondée sur la synthèse » 2 vol. Paris, Mallet-Bachelier, 1860 ; « Sur la force de la poudre et des matières explosives » id. Gauthier-Villars, 1872 ; une 3me éd. de cet ouvrage revue et considérablement augmentée a paru en 2 volumes, en 1883 ; « Traité élémentaire de chimie organique » id. Dunod, 1872, 3me éd, 1886 ; « Vérifications de l'aéromètre de Baumé » en collaboration avec le docteur Coulier et J. Ch. d'Almeida, id., id., 1873 ; « Synthèse chimique » id. Germer-Baillière, 1875, 5me éd., 1887 ; « Essai de mécanique chimique fondée sur la thermochimie » 2 vol. id. Donod, 1879 ; « Les origines de l'Alchimie » id., Steinheil, 1885 ; « Sciences et philosophie » C. Lévy, 1886 ; « Collection des anciens Alchimistes Grecs. Introduction, texte et traduction » id., id., 1887. Plusieurs cours de chimie professés par M. Berthelot, ont été, en outre, publiés, ainsi que ses discours prononcés, en 1887, au Sénat et à la Chambre des députés, sur l'état général de l'Instruction publique, en France, sur l'évolution historique qui tend à séparer la Société laïque des organisations religieuses, sur la Censure, sur l'enseignement supérieur dans les Colonies, etc. ; les discours qu'il a prononcés aux funérailles de Paul Bert, ainsi qu'à celles des victimes de l'incendie de l'Opéra-Comique ont été également publiés.

Berthelot (André-Marcel), historien français, fils du précédent, né, à Paris, le 20 mai 1862. Après de brillantes études, il fut reçu agrégé d'histoire et de géographie et nommé membre de l'École de Rome (1884). Il fut envoyé en mission par le ministère de l'instruction publique en Italie, en Allemagne et en Hollande et nommé, en 1886, maître de conférences de l'Histoire des religions de la Grèce et de Rome à l'École des Hautes-Études. Il a publié, en collaboration avec M. Didier, une « Histoire intérieure de Rome, jusqu'à la bataille d'Actium », Paris, Leroux, 1885, tirée des *Römische Alterthümer* de Ludwig Lange et plusieurs mémoires sur des manuscrits alchimiques grecs et mathématiques latins du moyen âge dans les *Archives des Missions* et dans la *Bibliothèque de l'École de Rome*.

Berthet (Bertrand, dit ÉLIE), très fécond romancier français, né, à Limoges, le 8, ou le 9, juin 1815. Sa famille l'envoya à Paris y faire son droit, mais lui au contraire voulut tâter de la littérature et y débuta en publiant, sous le pseudonyme d'*Élie Raymond* et sous le titre : « La Veilleuse », un volume de nouvelles qu'il avait écrites étant encore au collège. Quelques années plus tard, il commença à se faire connaître par des feuilletons dans le journal *Le Siècle*. Depuis lors, et c'était en 1837, M. Berthet a publié presque continuellement dans ce journal et dans plusieurs autres des romans que naturellement il publiait après à part. Nous citerons: « Le Colporteur », Paris, Dumont, 1841; « La Croix de l'affût », id., id., id.; « Le Chevalier de Clermont », 2 vol., en collaboration avec Henri Monnier, id., Souverain, 1841; « L'Andorre », id., Dumont, 1842; « Justin », id., id., id.; « Richard le fauconnier », 2 vol., id., Gabriel, Roux, 1844; « La ferme de l'Oseraie », 2 vol., id., Passard, 1846; « La fille du cabanier », 2 vol., id., id., 1847; « Le Château de Montbrun », 3 vol., id., Baudry, id.; « Le Pacte de famine », id., Gabriel Roux, id.; « Le Château d'Auvergne », 2 vol., id., Petion, 1848; « Une Maison de Paris », 3 vol., id., Passard, id.; « Paul Duvert », 2 vol., id., id., id.; « L'Étang de Précigny », 3 vol., id., id., 1849; « La mine d'or », id., Havard, id.; « Le Roi des ménétriers », 3 vol., id., Passard, 1850; « La Roche tremblante », 2 vol., id., id., 1851; « Les Mésaventures de Michel Morin », id., id., id.; « La Falaise Sainte-Honorine », 3 vol., id., id., id.; « La Fille des Pyrénées (Antonia), 3 vol., id., id., id.; « Le Dernier Irlandais », 3 vol., id., id., 1852; « La Malédiction de Paris », id., id., id.; « Le Réfractaire », 2 vol., id., id., id.; « Le Vallon suisse », 2 vol., id., id., id.; « La Bastide Rouge », 2 vol., id., id., 1853; « Le Cadet de Normandie », id., id., id.; « La Ferme de la Borderie », 2 vol., id., id., id.; « Le Garçon de banque », 2 vol., id., De Potter, id.; « La marquise de Norville », 3 vol., id., id., id.; « Les missionnaires du Paraguay », id., Boisgarde, id.; « Les Mystères de la famille », 3 vol., id., Passard, id.; « Les catacombes de Paris », 8 vol., id., De Potter, 1854-55; « Le Garde-chasse », 3 vol., id., id., 1854; « La maison murée », id., Boisgarde, 1855; « Justine », id., id., id.; « Gaëtan le Savoyard », id., Martinon, id.; « Le Spectre de Chatillon », id., Cadot, id.; « La Nièce du Notaire », id., De Vresse, 1856; « Les Chauffeurs », 5 vol., id., Cadot, 1857; « Le Nid des cigognes », id., id., id.; « La Bête du Gévaudan », 5 vol., id., De Potter, 1858; « La Dryade de Clairefont », 3 vol., A. Cadot, 1859; « Les Émigrants », 5 vol., id., De Potter, 1859; « Le Douanier des mers », 5 vol., id., id., 1860; « La Directrice des Postes », id., Cadot, 1861; « L'Homme des Bois », 7 vol., id., De Potter, id.; « L'Aveuglené », id., Boisgard, 1862; « Le gentilhomme Verrier », 6 vol., id., De Potter, id.; « L'Oiseau du désert », 5 vol., id., id., id.; « Odilia », id., Hachette, id.; « Le Capitaine Blangis », id., De Potter, 1864; « Le Fou de Saint-Didier », 4 vol., id., id.; « Le Juré », id., Hachette, id.; « La Double Vue », 5 vol., id., De Potter, 1865; « L'Enfant des Bois », id., Hachette, id.; « La Maison des deux Sœurs », id., Dentu, id.; « Les Houilleurs de Polignies », id., Hachette, 1866; « La Peine de mort, ou la Route du mal », id., Librairie internationale, id.; « Le bon vieux temps », id., id., 1867; « Le Démon de la Chasse », id., id., 1868; « Les Drames de Cayenne », id., id., id.; « Le Séquestre », id., Sartorius, 1869; « La Tour du Télégraphe », id., Degorce-Cadot, id.; « Le Gouffre », id., Dentu, 1872; « L'Année du Grand Hiver (1709) », id., id., 1873; « L'Incendiaire », id., Degorce-Cadot, id.; « L'Oeil de Diamant », id., Dentu, id.; « Les Parisiennes à Nouméa », id., Sartorius, id.; « Le Val d'Andorre », id., Degorce-Cadot, id.; « Les Drames du Cloître », id., Sartorius, 1874; « Les oreilles du Banquier », id., id., id.; « Les Catacombes de Paris », id., Roy, 1875; « La famille Savigny », id., Dentu, id.; « Maître Bernard », id., id., id.; « Romans préhistoriques », id., id., 1876; « L'Assassin du percepteur », id., Degorce-Cadot, 1877; « Le Braconnier », id., id., id.; « Le Juré assassin », id., id., id.; « Mademoiselle de la Fougeraie. Fauvette », id., id., id.; « Monsieur de Blangy et les Rupert », id., id., id; « Les Petits écoliers dans les cinq parties du monde », id., Furne, id., « Le Sauvage », id., Dentu, id.; « Tout est bien qui finit bien », id., Degorce-Cadot, 1877; « Les Trois Spectres », id., id., id.; « Histoire des uns et des autres », id., Dentu, 1878; « Les Cagnards de l'Hôtel-Dieu », id., id., 1879; « Le Crime de Pierrefitte », id., id.; « Le Crime du sorcier », id., Roy, id.; « La fontaine de la fidélité », id., Dentu, 1880; « Un mariage secret », id., Degorce-Cadot, id.; « Mère et fille », id., id., id.; « Une mystérieuse aventure », id., id., id.; « Le Martyre de la Boscotte », id., Dentu, id.; « Le Charlatan », id., id., 1881; « Tête à l'envers », id., Plon, id.; « La Bonne femme », id., Degorce-Cadot, 1882; « La Marchande de tabac », id., Dentu, id.; « Le Sac Laramée », id., id., id.; « La Sœur du curé », id., id., 1883; « Fleur de Bohême », id., Degorce-Cadot, id.; « Le Brocanteur », id., Dentu, 1884; « La femme du fou », id., id., id.; « Paris avant l'histoire », id., Furne, id.; « Édouard chez les Orangs », id., id., id.; « La famille Rupert », id., id., id.; « Le garde champêtre », id., Dentu, id.; « La Maison du malheur », id., id., 1886; « L'Herboriste Nicias », id., id. « L'Expérience du grand-papa », id., Jouvet, 1888. Au théâtre M. Berthet a donné: « Les Garçons de recette », drame en cinq actes, avec Dennery, et « Le Pacte de famine » en collaboration avec M. Paul Foucher; tous les deux tirés de ses romans.

Berthezène (Alfred), homme de lettres français, né, à Vauvert (Gard), en 1843. On a de lui: « Idée générale de la Révolution française », Paris, Ernest Leroux, 1875; « Napoléon le Dernier », id., id., id.; « Le Progrès. Les Religions. La Révolution. La Science », poésies, id., 1877; « La Révolution », poème national, id., 1881, 3e éd., 1886; « Histoire de la Troisième République », id., Dentu, 1881.

Berthold (G.), statisticien allemand, né, à Berlin, le 12 février 1845, docteur en philosophie, et attaché au bureau de statistique de Berlin; il a publié: « Armenlast und Freizügigkeit » 1882; « Vermehrt die Freizügigkeit d. Armenlast » 1884; « Stenogr. Lese und Uebungs-Buch, System Arends » 5 éd., 1884; « Statistik der deutschen Arbeiterkolon. » 1885; « Die Wohnungsverh. in Berlin » 1886; « Die Entwickelung der deutschen Arbeiterkolon. », 1887.

Berthold (Karl-Adam), écrivain allemand, né, le 6 juillet 1835, à Munster. Après avoir fréquenté le gymnase de sa ville natale, il étudia la philologie pour s'adonner à l'enseignement; nommé professeur au gymnase de Brilon d'abord, et à celui de Bocholt ensuite, il dirigea en même temps, à partir de 1875, un journal: *Natur und Offenbarung*. Nous citerons de lui: « Die heilige Elisabeth » épopée, 1866 »; « Darstellungen der Natur » 1873; « Im Freien » 1876; « Von der Nordsee bis zu den Alpen » 1878; « An frischen Quellen » 1879; « Die Naturschöne » 1882.

Berthoud (Aloys), pasteur protestant suisse, né, le 28 février 1845, à Vallorbes (Vaud). Après avoir fait ses études classiques à l'Académie de Lausanne, et ses études théologiques à la faculté libre de la même ville et à l'Université de Tubingue, il fut nommé, en 1869, pasteur au Sentier (Vallée du lac de Joux); de là, il passa à Grandson en 1872, et à Lausanne en 1877, enfin, en 1887, il était nommé professeur de dogmatique à la faculté évangélique de Genève. Nous citerons de lui: « Les deux Piliers du Christianisme libéral, réponse à M. Ferd. Buisson », 1869; « Pourquoi et comment, ou importance et organisation des écoles du dimanche », mémoire couronné, 1871; « La poésie de la Bible », Lausanne, Mignot, 1880; « Poésies », 1881, dont plusieurs revêtent une couleur religieuse et apologétique très prononcée; « Des problèmes de la vie morale. La Matière et l'Esprit », 1886; « L'Homme et l'animal », 1886 dans la *Petite bibliothèque du Chercheur*, éditée par Imer, à Lausanne.

Berthoud (Charles), écrivain suisse, né, le 2 mai 1813, à Couvet, dans le Val de Travers, il commença ses études littéraires à Neuchâtel et les poursuivit à Paris et en Allemagne; de 1848 à 1860, il fut professeur de littérature française à Neuchâtel; de 1860 à 1865, il résida à Florence; depuis il a fixé sa demeure au château de Gingins dans le canton de Vaud. Parmi les ouvrages originaux de cet écrivain, nous citerons: « Notices sur Léopold Robert » 1869; « Lettre à l'auteur du glossaire neuchâtelois » 1869; « Biographie des Quatre Petitpierre, 1707-1790 » 1875; « Madame de Carrière » 1875; « Juste Olivier » 1880; « Charles Gleyre » 1880; « Ernest Bersot » id. Parmi les nombreuses adaptations en français d'ouvrages allemands, italiens, ou anglais, nous citerons:

« Neander. La morale des philosophes grecs et la morale chrétienne » 1861; « Karl Hase: François d'Assise » 1864; « Henri Heine: Correspondance inédite avec une préface et des notes » 2 vol. 1867; « Alfonso della Marmora: Les secrets d'État » 1877; « A. Trollope: Le Gardien » 1877; « Ouida: Wanda », 1885; ce dernier publié sous le pseudonyme de F. Bernard.

Berthoud (Frédéric, dit Fritz), peintre et littérateur suisse, né, le 7 août 1812, à Fleurier, dans le Val de Travers (canton de Neuchâtel); après avoir fait de bonnes études à Neuchâtel, il entra à Paris dans une maison de banque fondée par un de ses oncles et dont il devint dans la suite l'un des directeurs; revint, en 1827, se fixer définitivement dans ses montagnes natales et prit à Fleurier l'initiative de nombreux projets d'utilité publique. Député au Grand-Conseil de Neuchâtel et aux Chambres fédérales de 1868 à 1878, professeur honoraire de l'Académie de Neuchâtel, M. B. consacre aujourd'hui aux lettres sa verte vieillesse. On a de lui: « Sur la montagne » trois volumes d'esquisses et de nouvelles, Neuchâtel, Delachaux, 1866; « La retraite de l'Armée de l'Est en Suisse » id., Sandoz, 1871; « Un hiver au soleil » récit d'un voyage en Italie fait avec le naturaliste Édouard Desor, Paris, Fischbacher, 1871, 2me éd. 1885; « J. J. Rousseau au Val de Travers (1762-1765) » id. id. 1881; « J. J. Rousseau et le pasteur de Montmollin » suite du précédent, Neuchâtel, Attenger, 1884.

Berthoud (Samuel-Henri), littérateur français, né, le 19 janvier 1804, à Cambrai (Nord), et fils d'un imprimeur-libraire de cette ville; après avoir fait ses études au collège de Douai, il devint rédacteur d'un journal qu'éditait son père, puis fonda, en 1828, la *Gazette de Cambrai*. En même temps, il collaborait à la *Mode*, à la *Revue des Deux Mondes* et à d'autres journaux de Paris, et instituait, à Cambrai, des cours gratuits se chargeant lui-même de celui de littérature. Sa collection des « Chroniques et traditions surnaturelles de la Flandre », (3 vol., 1831 et 1834), rééditée plus tard, en 1862, chez Garnier frères, sous le titre: « Légendes et traditions surnaturelles des Flandres », date de cette époque. A la fin de 1832, il alla se fixer à Paris, où, grâce à une collaboration active à plusieurs journaux, il se fit rapidement connaître. De la direction du *Musée de famille* (1834), il passa à celle du *Mercure* (1835), qui servit à fonder la *Presse* et entra à ce dernier journal dont il fut, jusqu'en 1848, un des principaux rédacteurs. Il a écrit pendant plusieurs années des articles scientifiques et des chroniques dans la *Patrie* sous le nom de *Sam.* Dernièrement, M. Berthoud a donné à la ville de Douai une riche collection ethnographique qui a été réunie sous le nom de Musée Berthoud. Nous citerons de lui: « Contes misanthropiques », 1831; « La Sœur de lait du Vicaire », 1832, dont le premier titre était : « Bah! » ; « Le Cheveu du Diable », 2 vol., 1833 ; « Mater dolorosa », 2 vol., 1834 ; « L'Honnête homme », 1837 ; « Pierre-Paul Rubens », 2 vol., 1840, publié d'abord au *Musée des familles* : « La Bague antique », 2 parties, en 4 vol., Paris, De Potter, 1842 ; « Le Pater de Fénelon », id., Lebrun, id., 2e éd., Limoges, Ardent, 1882; « Berthe Frémicourt », 2 vol., id., De Potter, 1843 ; « L'Enfant sans mère », 2 vol., id., id., id. ; « Marianne de Selvignies », 2 vol., id., id., 1844 ; « Le fils du rabbin », 2 vol., id., id., id. ; « La Palette d'Or », 2 vol., id., id., 1845 ; « La fille du Brigand », 2 vol., id., id., id. ; « Daniel », 2 vol., id., id., id. ; « Mémoires de ma cuisinière », 2 vol., id., Sandre, 1846 ; « Nicolas Champion », 2 vol., id., De Potter, 1846 ; « Études de mœurs algériennes. El-Hioudi », 4 vol., id., id., 1847 ; « L'Anneau de Salomon », id., Beck, 1850 ; « Illustrations de l'histoire de Hollande », Tournai, Castermann, 1852 ; « Fantaisies scientifiques de Sam », 4 vol., id., Garnier frères, 1861 ; « Le Dragon rouge, ou l'Art de commander au démon et aux esprit infernaux », id., Renault, 1861 ; « Les Petites chroniques de la science », 10 vol., id., Garnier frères, 1861-71 ; « Aventures des os d'un géant », id., Dupray de la Maherie, 1862, 2e éd., Garnier, 1871 ; « La Botanique au village », id., Dupont, 1862 ; « Contes du docteur Sam », id., Garnier, id. : « Les Femmes des Pays-Bas et des Flandres », id., id., id. ; « Lectures des soirées d'hiver », id., Dupont, id. ; « Contes à Dodo et à Dédèle », id., Dupray, 1863 ; « Histoire pour les petits et pour les grands enfants », id., id., id. ; « Le véritable tableau de l'amour conjugal », id., Renault, 1863 ; « Le Monde des insectes », id., Garnier, 1864 ; « L'Homme depuis cinq mille ans », id., id., 1865 ; « L'Esprit des oiseaux », Tours, Mame, 1866 ; « Les Féeries de la Science », Paris, Garnier, id. ; « Les Hôtes du logis », id., id., 1867 ; « La Cassette des sept amis », id., id., 1868 ; « Les soirées du docteur Sam », id., id., 1871 ; « Histoires et romans de vegétaux », id., Dupont, 1881 ; « Causeries sur les insectes », id., id., 1882. Après cet ouvrage publié juste cinquante ans après son premier travail, M. Berthoud semble s'être accordé un repos bien gagné. Ajoutons pour finir que M. B. a fait jouer, en 1841, au théâtre des Variétés « Une bonne qu'on renvoie », vaudeville et qu'il a publié : « Les Oeuvres choisies », de Piron.

Berti (Dominique), écrivain, philosophe et homme d'état italien, ancien professeur des universités de Turin et de Rome, député au Parlement, ancien ministre de l'instruction publique, ancien ministre de l'agriculture et du commerce, conseiller de l'ordre civil de Savoie, membre de l'Académie des Lincei ; esprit large et fécond d'idées brillantes, prompt dans la conception, lent dans l'action, libéral avec modération, homme d'ordre mais indépendant, très compétent en matières philosophiques, pédagogiques et économiques, orateur solide, lorsque son imagination de philosophe rêveur ne le fait point divaguer, est né à Cumiana, en Piémont, le 17 décembre 1820. Il fit ses études à Carmagnola, avec ses amis Rayneri le pédagogisto, et Bertini le philosophe, puis à Turin, où il fit connaissance avec l'illustre philosophe Louis Ornato, le traducteur de Marc-Aurèle, l'ami de Cousin et de Santarosa, dont M. Berti lui-même nous a donné un portrait fidèle dans ses « Ricordi di conversazioni giovanili » publiés dans la *Nuova Antologia*. Reçu docteur ès-lettres à l'Université de Turin, il crut pendant quelque temps à sa vocation pour le théâtre, et il composa des pièces, qu'il détruisit ensuite. Mais l'apparition des écrits de Gioberti et de Rosmini, le souvenir de ses entretiens avec Ornato, l'exemple de ses amis de la première jeunesse, Rayneri et Bertini, le réveil de l'Italie, lui en fait comprendre qu'il y aurait un moyen de contribuer, par la philosophie, à l'éducation de l'Italie moderne, et qu'il y avait un nouveau monde ouvert aux pédagogistes. En 1876, étant répétiteur au collège dit des Provinces, à Turin, il fut nommé professeur de pédagogie, d'abord à Novare, peu de temps après, à Casale, où il publia sa « Prolusione nell'inaugurazione della scuola di metodo di Casale ». En union avec Lorenzo Valerio, Boncompagni, l'abbé Aporti, et le comte Louis Franchi, M. Berti fonda en Piémont la *Società delle Allieve Maestre con annessa Scuola di Metodo*. En 1849, il occupait la chaire de philosophie morale à l'Université de Turin, qu'il changea à l'Université de Rome contre la chaire d'histoire de la philosophie. M. Berti a été l'un des promoteurs les plus zélés de l'instruction publique en Piémont et à Rome. Comme publiciste, il collabora activement aux journaux politiques *Concordia, Democrazia, Risorgimento, Alpi, Rivista Italiana, Rivista Contemporanea, Istitutore*. Au parlement, sa parole facile, claire, persuasive a toujours produit le meilleur effet sur son auditoire. Comme penseur, M. Berti a toujours montré une grande originalité et indépendance d'esprit ; tout ce qu'il pense, tout ce qu'il dit, tout ce qu'il écrit lui appartient. Aussi s'est-il le premier attaché en Italie aux grands esprits philosophiques de la renaissance italienne, tels que Marsilio Ficino, Pietro Pomponazzi, Giordano Bruno, Tommaso Campanella et Galilée qu'il a contribué à mettre en vogue. Parmi ses écrits, nous citerons « Della riforma elettorale e parlamentare in Francia, Belgio, Spagna » ; « Il Parlamento Sardo e Vincenzo Gioberti » ; « Uno sguardo sul Papato » ; « Costituente italiana » ; « Della Costituente » ; « Cronaca politica » ;

« Toscana, Piemonte, Roma » ; « Uno sguardo sul nostro avvenire » ; « Relazione per un catechismo popolare » ; « Statuto, Stampa e Parlamento Sardo » ; « Considerazioni politiche sullo stato del Piemonte » ; « Della libertà d'insegnamento e della Legge organica dell'istruzione pubblica » ; « Esame del progetto per la istruzione secondaria » : tous ces écrits ont paru dans la *Rivista Italiana*, des années 1849-50 ; « Alcune notizie intorno alla pubblica istruzione », Turin, 1852 ; « Della libertà nell'insegnamento », id., 1855 ; « Pico della Mirandola » ; « Lettere inedite del Conte di Cavour » dans la *Rivista Contemporanea* de Turin, 1862 ; « La vita di Giordano Bruno », Florence, 1866 ; « Luigi Ornato o Ricordi di conversazioni giovanili » dans la *Nuova Antologia* de l'année 1868 ; « Lettere sopra la scuola gratuita per le aspiranti maestre », Florence, 1869 ; « La venuta di Galileo Galilei a Padova e la invenzione del Telescopio » dans les *Atti dell' Istituto veneto*, 1871 ; « La volontà ed il sentimento religioso nella vita e nelle opere di Vittorio Alfieri » dans la *Nuova Antologia*, de 1872 ; « La Verità », discours philosophiques, Fabriano, 1875 ; « Copernico e le vicende del sistema Copernicano in Italia nella seconda metà del secolo XVI e nella prima del XVII, con documenti intorno a Giordano Bruno e Galileo Galilei », Rome, 1876 ; « Il processo originale di Galileo Galilei », Rome, 1876, réimprimé en 1879 ; « Storia dei manoscritti Galileiani della Biblioteca Nazionale di Firenze ed indicazioni di parecchi libri, codici e libri postillati da Galileo », dans les *Atti della R. Accademia dei Lincei*, Rome, 1876 ; « La critica moderna e il processo contro Galileo Galilei », dans la *Nuova Antologia*, 1876 ; « Cesare Alfieri », Rome, 1877 ; « Di Cesare Cremonino e della sua controversia con l'inquisizione di Padova e di Roma », Rome, 1878 ; « Di Giordano Bruno e di taluni suoi discepoli, secondo nuovi documenti tolti dall'Archivio veneto », Rome, 1878 ; « La vita e le opere di Tommaso Campanella », Rome, 1878 ; « Lettere di Tommaso Campanella », Rome, « I Piemontesi e la Crusca », Florence, 1879 ; « Documenti intorno a Giordano Bruno da Nola », Rome, 1880 ; « Di Vincenzo Gioberti riformatore politico e ministro con sue lettere inedite », Florence, 1881 ; « Nuovi documenti su Tommaso Campanella », Rome, 1881 ; « Lettere di Carlo Alberto, di Cavour etc. » ; « Le Classi lavoratrici ed il Parlamento », Rome, 1887 ; « Il Conte di Cavour avanti il 1848 », Rome, 1887 (un vol. in 8° gr. di 371 pag.) ; « Diario inedito con note autobiografiche del Conte di Cavour, con introduzione », Rome, 1888 (un vol. in 8° gr. di 460 pag.).

Bertie-Marriott (Clément), homme de lettres anglo-français, né, à Tundersly (Angleterre), en 1848, résidant à Paris, ancien correspondant de divers journaux anglais et américains, et collaborateur du journal le *Voltaire* sous le pseudonyme d'Alberty. Le nom de M. Bertie-Marriott a eu, il y a quelques années, un certain retentissement en Italie à propos d'une entrevue, publiée dans le *Figaro*, qu'il avait eue avec le général Cialdini, duc de Gaëte, au moment où cet homme d'État quittait son ambassade de Paris. M. Bertie-Marriott a publié : « Parisiens et Parisiennes. Mes entretiens », Paris, Dentu, 1883 ; « Un parisien au Mexique », id., id., 1886.

Bertillon (Alphonse), ethnographe français, né, à Paris, en 1853, fils du docteur Louis-Adolphe Bertillon, médecin et botaniste (1821-1883). M. Alphonse Bertillon, qui est membre de la Société d'anthropologie de Paris, a publié, en 1883, dans la *Bibliothèque de la Nature* de l'éditeur Masson, un volume intitulé : « Ethnographie moderne. Les Races sauvages. (Les peuples de l'Afrique, de l'Amérique, de l'Océanies, quelques peuples de l'Asie et des régions boréales) ».

Bertillon (Jacques), médecin et statisticien français, né à Paris, en 1851, frère du précédent, chef des travaux statistiques de la ville de Paris ; on lui doit « La Statistique humaine en France », Paris, Baillière, 1880. M. Bertillon est directeur des *Annales de démographie*, et a collaboré à divers journaux, notamment au *XIXe Siècle*.

Bertin (Ernest), littérateur français, né, à Paris, en 1833, docteur ès-lettres, agrégé de l'Université, professeur libre à la Sorbonne. M. B. a publié : « De Plautinis et Terentianis adolescentibus amatoribus », Paris, Pedone Lauriel, 1879, thèse de doctorat ; « Les Mariages dans l'ancienne société française », id., Hachette, id., ouvrage couronné par l'Académie française.

Bertin (Eugène), poète français, né, à Paris, en 1850, officier du commissariat de la marine. M. Bertin a publié : « Premiers péchés », poésies, Paris, Ghio, 1881 ; « Sonnets amoureux : Amor vita, Chants du voluptueux », poésies, id., id., 1882 ; « Péchés d'amour », poésies, id., id., 1884 ; « Excelsior », poésie, id., id., 1885.

Bertin (Horace). Voyez BENSE (Simon).

Bertin (Mlle Marthe), femme de lettres, lauréat de l'Académie française, née à Amboise, (Indre et Loire), le 11 janvier 1855 ; elle a publié : « Les Épreuves de Jean » Paris, Delagrave, 1882 ; « Les causeries de Mlle Mélin », Tours, Mame, 1884 ; « Simon et Simone », id., id., 1884 ; « Madame Grammaire et ses enfants », Paris, Delagrave, 1884, ouvrage couronné par l'Académie française ; « La petite maison rustique », id., id., 1885 ; « Petit pinson », Tours, Mame, 1885 ; « Les Petits Laroche », id., id. ; citons encore d'elle : « Les deux côtés du mur » : « le Voyage au pays des défauts » ;

« les Douze » publiés dans le *Magasin d'Éducation et de Récréation*, Paris, Hetzel; « Qui est-Elle ? », publié dans le *Journal Saint-Nicolas*, Paris, Delagrave; et « Denise Laugier »; « Friquet »; « Un voyage de Farfadets », publiés chez Mame, à Tours.

Bertin (Paul-Robert-Adalbert), littérateur allemand, né, à Peitz (cercle de Cottbus), le 23 janvier 1849. Professeur d'abord aux gymnases de Potsdam, et de Saint-André à Berlin, il passa, en 1878, à celui de Langenberg dans les provinces rhénanes, où il se trouve encore maintenant. M. B. est collaborateur assidu de plusieurs journaux pour la jeunesse; il a publié, en outre : « Ajax » poème dramatique d'après Sophocle, 1881 ; « Altklassische Mythen und Sagen. Zwölf poetische Gemälde aus Ovids Metamorphosen », 1883; « Lehre von der Interpunktion mit erläuternden Beispielen aus deutschen Dichtern und Denkern », 1886. Plusieurs travaux de M. Bertin sont signés avec le pseudonyme de Robertin, ou avec celui de Berinto.

Bertinaria (François), philosophe italien, professeur d'histoire de la philosophie à l'université de Gênes, né à Biella en Piémont, le 18 février 1816. Il fit ses études de droit à l'université de Pise, où l'illustre Centofanti lui inspira le goût de la philosophie. Reçu docteur en 1838, il s'établit à Turin, où, entre les années 1839-1844, il s'adonna avec ferveur aux études philosophiques ; et il y publia, en 1843, la traduction du traité d'Histoire de la philosophie de Kannegiesser. Entre les années 1844 et 1850, il collabora pour la partie philosophique à l'*Enciclopedia popolare* de l'éditeur Pomba de Turin. Agrégé à la faculté philosophique de l'université de Turin, il y fut chargé de l'enseignement de la métaphysique, et en 1860 il y remplaça le célèbre Mamiani, devenu ministre de l'instruction publique, dans la chaire de la philosophie de l'histoire, nouvellement créée. Il passa ensuite à l'université de Gênes, où il se trouve encore. Son enseignement se distingue par l'ordre systématique, par la clarté de l'exposition, et par les vastes connaissances juridiques qu'il place comme fondement essentiel de ses doctrines philosophiques. Parmi ses nombreuses publications, nous citons : « Dell'indole e delle vicende della filosofia italiana », Turin, 1846 ; « Concetto della filosofia », id., 1846 ; « Saggi filosofici », id., 1852 ; « Della Teoria poetica e dell'epopea latina », id., 1856 ; « Prospetto dell'insegnamento della filosofia della storia », id., 1857 ; « Idées philosophiques sur l'association et l'assurance », id., 1863, traduites en espagnol sous le titre: « Ideas filosoficas sobre la association y el seguro », Madrid, 1863 ; « Dell' Importanza della filosofia della storia e delle sue relazioni colle altre scienze », Turin, 1864 ; « L'Antica e la nuova filosofia del diritto », id., 1865 ; « Principii di biologia e di Sociologia », Turin, 1865 ; « Introduzione allo studio della filosofia del diritto », id., 1865 ; « Principii di filosofia del diritto di proprietà », id., 1866 ; « Sulla formola esprimente il nuovo principio dell'enciclopedia », id., 1866; « La Storia della filosofia e la filosofia della storia », id., 1866; « Il Positivismo e la metafisica », id., 1867 ; « Scienza, arte e religione », id., 1867 ; « Prolusione ad un corso di filosofia civile complementare degli studii politico-legali nella R. Università di Genova », Bologne, 1868 ; « L'Assunto della Nomologia giuridica », Turin, 1871 ; « Del Popolo politicamente considerato », Gênes, 1872 ; « Delle Caste », 1872 ; « Istituzioni di filosofia civile, parte prima », Fiume, 1871; « Saggio sulla funzione ontologica della rappresentanza ideale », Rome, 1874 ; « Concetto del mondo civile universale », Rome, 1875 ; « La Dottrina dell'evoluzione e la filosofia trascendente », Gênes, 1876 ; « Ricerca se la divisione della Chiesa dallo Stato sia dialettica e sofistica », Rome, 1877 ; « Ricerca se il problema dell'incivilimento possa essere oggidì risoluto », Rome, 1877 ; « La psicologia fisica ed iperfisica del Wronski », Turin, 1877 ; « Ricerca se l'odierna società civile progredisca ovvero retroceda », Rome, 1878 ; « L'ozio, saggio di filosofia civile », Gênes, 1879 ; « L'odierno antagonismo sociale », Gênes, 1879 ; « Il Problema critico esaminato dalla filosofia trascendente », Rome, 1880 ; « Fondamenti filosofici della scienza politica », id., 1882 ; « La Civiltà romana e l'epopea latina », Mantoue, 1884 ; « Il Concetto della scienza », Todi, 1886 ; « Idee introduttive alla storia della filosofia », Rome, 1886. Cfr. sur ce philosophe indépendant les articles remarquables qui ont paru dans la *Scienza Nuova* du docteur Caporali (Todi, 1885, 1886).

Bertini (Ettore), avocat et littérateur italien, né, à Prato (province de Florence), le 2 décembre 1832. Reçu docteur en droit, en 1857, il s'adonna à l'exercice de la profession d'avocat, mais il consacre ses loisirs aux lettres. Nous citerons de lui : « Prose e versi », Prato, 1856; « Poesie », 1858 ; « All'Italia ed ai martiri d'Italia, sonetti ed iscrizioni », 1859 ; « Memoria sull'influenza dei diboscamenti soverchi sull'igiene, sulla industria agricola e manifatturiera », 1859 ; « Canto in versi sciolti a Napoleone III », 1859 ; « Parole al popolo toscano nella occasione del plebiscito », 1860 ; « Iscrizioni onorarie a Vittorio Emanuele e Napoleone III », 1860 ; « Napoleone III e Francesco II de' Borboni », réflexions, 1860 ; « L'Italia negli ultimi mesi del 1860 », 1860 ; « Considerazioni sul codice penale toscano », 1861 ; « Orazione funebre ai martiri d'Italia », 1861 ; « Orazione funebre in memoria di Attilio Frosini, pistojese », 1861 ; « Altra orazione funebre ai martiri d'Italia », 1862 ; « Orazione biografica dell'illustre artista di canto Emilia Goggi », 1863, etc.

etc. On annonce que M. Bertini va réunir en volume ses écrits épars.

Bertini (Eugène), mathématicien italien, professeur de géométrie supérieure à l'Université de Pise, né, à Forlì, le 8 novembre 1846. En 1863, il fut admis à l'Université de Bologne, et, en 1866, après avoir fait, comme volontaire, la campagne du Tyrol, il passa à l'Université de Pise, où il prit ses degrés. En 1869, il suivit les cours de mathématiques supérieures donnés dans l'Institut technique supérieur de Milan par les professeurs Brioschi, Casorati, Cremona. Il a publié: dans les *Annali della R. Scuola normale superiore di Pisa*: « Sui poliedri euleriani », 1869. Dans le *Giornale di Matematiche* du professeur Battaglini: « Nuova dimostrazione del teorema: due curve punteggiate projettivamente sono dello stesso genere », 1869 ; « Sistema simultaneo di due forme biquadratiche binarie », 1875 ; « Sulle curve razionali, per le quali si possono assegnare arbitrariamente i punti multipli », 1877 ; « Sui complessi di 2º grado », 1877. Dans les *Annali di Matematiche* de Milan: « Sopra una classe di trasformazioni univoche involutorie », 1876-77 ; « Ricerche sulle trasformazioni minori involutorie nel piano », 1877 ; « Contribuzione alla teoria delle 27 rette e de' 45 piani tritangenti di una superficie di 3º ordine », 1884. Dans les *Rendiconti della R. Accademia dei Lincei*: « Una nuova proprietà delle curve di ordine n con un punto $(n-2)^{uplo}$ », 1877 ; « Sulla congruenza di 2º ordine, 6ª classe e 1ª specie dotata soltanto di superficie focale », 1879 ; « Sui fasci di quadriche in uno spazio ad n dimensioni », 1886. Dans les *Rendiconti del R. Istituto Lombardo*: « Sulla curva gobba di 4º ordine e di 2ª specie », 1872 ; « Sulle trasformazioni univoche piane e in particolare sulle involutorie », 1880 ; « Sui sistemi lineari », 1882 ; « Costruzioni geometriche della trasformazione univoca di 3º ordine », 1882 ; « Sopra alcune involuzioni piane », 1883 ; « Sulla superficie di 3º ordine », 1884 ; « Le ornografie involutorie in uno spazio lineare a qualsivoglia numero di dimensioni », 1886 ; « Sulla geometria degli spazi lineari in uno spazio ad n dimensioni », 1886 ; « Costruzione delle monografie in uno spazio lineare qualunque », 1887. Dans les *Rendiconti della R. Accademia delle Scienze di Torino*: « Sulla scomposizione di certe ornografie in ornologie », 1887. Dans les *Collectanea mathematica in memoriam D. Chelini*, Milan, 1881 : « Sulle curve gobbe razionali di 5º ordine ». Dans le *Periodico di Scienze matematiche e naturali per l'insegnamento secondario*: « Libro quinto di Euclide », 1873, dont deux éditions à part ont été publiées, chez Loescher, en 1880 et en 1884.

Bertini (Pellegrino), chimiste et naturaliste italien, né, à Lucques, en 1825, ancien professeur d'histoire naturelle au Lycée de Sienne. Il a publié: « Il Cholera è o no contagioso? », Lucques, 1852; « Della contagiosità del cholera e dell'ozono come rimedio curativo », id., 1855; « Dell'azione del zolfo sulla crittogama della vite e del carbone come più vantaggioso rimedio », id., 1858; « Il carbone è rimedio alla malattia della vite? », Sienne, 1861; « Sulla necessità di associare all'educazione dello intelletto, l'educazione del cuore », 1862; « In lode del marchese Cosimo Ridolfi », id., id.; « Considerazioni critiche sui nuovi principii di Fisiologia vegetale del prof. G. Cantoni », id., 1863; « I danni del diboscamento », id., 1865; « Sulla vita e sugli scritti di Paolo Mascagni », id., 1874; « Scritti scientifici », Moschini, 1874; de 1857 à 1859 M. B. dirigea à Lucques *L'Utile*, journal scientifique, artistique, industriel et moral.

Bertini (l'abbé Pierre), ecclésiastique et littérateur italien, né, à Presina (province de Vicence), en 1845. Dès l'âge de 18 ans, il entrait en qualité de professeur de grec, de latin et d'italien dans l'ancien collège Barbaran de Padoue, où il a enseigné pendant de longues années. M. l'abbé B. a publié : « Memorie di famiglia », Padoue, Prosperini, 1872; « Noemi e Rut », idylle biblique, id., id., 1873; « Giulio e Gustavo. Episodio della guerra franco-prussiana », id., id., 1874; « Ore tristi e liete, Carmi », id., id., 1875; « Oltre le stelle », vers, id., id., id.; « Quadretti », sonnets, id., id., id.; « Elogio funebre a Mons. Francesco Rossi », id., Sacchetto, 1876; « Sonetti », id., Prosperini, id.; « Sulla vita e sugli scritti di Mons. G. C. Parolari », id., Randi, 1877; « Giorgio e la sua educazione », id., Sacchetto, 1878; « Tristi e liete poesie », id., id., id.; « Ossarii di Solferino e di S. Martino », souvenirs, id., Salmin, 1879; « Scritti varii », id., id., id.; « Tutto pel meglio », conte, Vérone, Civelli, 1880 ; « Della forma letteraria in relazione alla tendenza del nostro secolo », dans les *Atti della R. Accademia delle Scienze di Padova*, 1881 ; « La Messalina del Cossa e la Messalina ed Aria del Wilbrandt », Padoue, Randi, 1882 ; « Foglie sparse », Florence, typ. du *Vocabolario*, 1883 ; « Gli idillii di Tennyson », dans les *Atti della R. Accademia delle Scienze di Padova*, 1884; « La Zingara ed una prova di amore », pièce en vers, Padoue, Gammartini, 1885 ; « Sui cori del Manzoni », id., Randi, id.; « Spigolature, versi e prose », id., Giammartini, 1885 ; « Echi del cuore », id., id., 1886 ; « La donna nell'*Eneide* e nella *Gerusalemme Liberata* », id., Randi, id.; « Polimetro », Ivrée, Tomatis, 1886 ; « Versi », Padoue, Giammartini, 1887 ; « Ricreazioni », vers, id., id., id.; « Accompagnamento di natura col soggetto principale del dramma », id., Randi, id.; « Del bello nell'educazione », id., id., 1888.

Bertol-Graivil (Eugène-Édouard-DOMICENT),

publiciste et auteur dramatique français, né, à Paris, le 15 avril 1857. Il débuta dans le journalisme, en fondant avec Victor Souchon le *Progrès artistique* (1878), puis il écrivit successivement dans plusieurs journaux; après avoir été secrétaire de rédaction de la *Réforme*, il entra au *National* et au *Petit National* (1885); plus tard, il a fait partie de la rédaction du *Réveil-matin;* il écrit actuellement à l'*Estafette* et à l'*Écho de Paris.* Comme auteur dramatique, nous connaissons de lui: « la Rédemption d'Istar », 1879; « Marcel », en un acte et en vers, représenté au Théâtre de Cluny, édité chez Tresse, 1883; « Par procuration » et « Deux orages », comédies en un acte en prose, représentées à la Porte Saint-Martin, Tresse, 1882 et 1883; « La petite princesse »; « Aveugle par amour », jouées dans des casinos et des salons; « Maîtres et valets », à propos en un acte, en vers, représenté à la Comédie-française, Tresse, 1884; en collaboration M. B. G. a écrit: « le Crime de Pecq », drame, en cinq actes, en vers, avec M. Albin Valabrègue, représenté aux Menus Plaisirs, édité chez Monnier, 1883; « l'Assiette au beurre », pièce en cinq actes, avec le même, et « le Point d'interrogation », comédie en un acte avec Georges Lorin, représentée à la Porte Saint-Martin, Tresse, 1884; citons encore de lui plusieurs monologues: « Pas pressé », Tresse, 1883; « Maladie grave », id., 1882; « Dans le Nord », id., 1883; « Les tonneaux »; « Le soleil » tous dits par Coquelin Cadet, et « Hésitations », Tresse, 1882; « Sa bonne », dits par Mme Reichemberg; M. B-G. a également publié: « Gambetta. Souvenirs », Tolmer, 1883, illustré par Regamey, et un roman: « Les deux criminels »; et il a fait, à la salle du boulevard des Capucines, plusieurs conférences remarquées sur l'art au Japon et en Chine. Il est membre de la Société des auteurs et compositeurs, de l'Association de la Presse parisienne et de celle des journalistes républicains.

Bertoldi (Alphonse), écrivain italien, né à Bibbiano, près Reggio-Emilia, le 9 octobre 1861; en 1865, il fut reçu docteur ès-lettres à l'université de Bologne, et publia dans la même ville, chez Zanichelli: « Studio su Gian Vincenzo Gravina », qui mérita des encouragements flatteurs de la part de Giosuè Carducci.

Bertoldi (Joseph), poète italien, ancien inspecteur général des écoles moyennes, membre correspondant de l'Académie de la Crusca et membre du Conseil Supérieur de l'Instruction publique, fils du médecin Jean Bertoldi, est né à Fübine dans le Monferrat en l'année 1821. Après de brillantes études littéraires, il fut reçu docteur ès-lettres à l'Université de Turin (1842), et en 1846 docteur agrégé de la faculté, étant déjà professeur de rhétorique au gymnase et professeur suppléant de son illustre maître Paravia dans la chaire d'éloquence italienne à l'Université de Turin. Un recueil de ses « Versi », paru en 1844 à Turin et fut très remarqué; on y distingua surtout une nouvelle pathétique en vers sur Gaspara Stampa. Ses « Canzoni » ont une allure classique, un souffle puissant, une inspiration grandiose. Ses vers latins sont des mieux tournés que l'on ait composé dans ce siècle. Lorsqu'il parle, sa parole est élégante, son discours donne le reflet d'une belle intelligence et d'un grand cœur. La thèse, sur la comédie de Plaute, présentée pour son aggrégation, ses vers, ses leçons, le suffrage de son maître Paravia et de ses condisciples le désignaient d'avance pour une chaire d'université; mais engagé par les circonstances à entrer dans l'administration, il y porta des vues supérieures. En 1847, il eut un moment de grande popularité, par l'hymne au Roi Charles-Albert, qui commence:

Con l'azzurra coccarda sul petto
Con italici palpiti in core,

et que tout le peuple en Piémont, vieillards et enfants, chantaient avec enthousiasme. Ses chansons pour la mort de Cavour (1861), et pour l'Exposition Nationale de Turin (1884) sont des plus nobles qui aient été écrites dans l'Italie contemporaine. Le commandeur Bertoldi a pris depuis plusieurs années sa retraite, et il partage son séjour entre Florence, où il a son pied à terre, et Rome, où sa fille unique Camilla est mariée avec le général Garneri.

Bertolini (Ferdinand), professeur de langue française à l'École technique et au cercle philologique de Trapani (Sicile). Il vient de publier: « Leçons de langue française, précédées de notices littéraires sur les plus célèbres auteurs français, depuis Pascal, jusqu'à nos jours, etc. », Marsala, Martoglio, 1888.

Bertolini (François), historien italien, professeur d'histoire à l'Université de Bologne, où il passa, après avoir, pendant de longues années, enseigné aux lycées de l'État et à l'Université de Naples; il est né à Mantoue en 1836. M. B. débuta, comme écrivain, par des articles de critique historique dans la *Rivista Ginnasiale* (1858-59), et dans les *Effemeridi della pubblica istruzione* (1860-61); et par la « Storia Romana » qui depuis 1864 a eu l'honneur de plusieurs éditions et où, pour la première fois peut-être en Italie, on tenait compte des derniers résultats de la critique allemande sur l'histoire romaine. Dominé par l'esprit sceptique de la critique moderne, il s'avança peut-être trop en 1876, lorsqu'il s'avisa de diminuer dans la *Nuova Antologia* l'importance et la gloire de la Bataille de Legnano, dont on célébrait en Italie le septième centenaire, mais il provoqua par son hardiesse une intéressante discussion, à laquelle ont pris part, entr'autres, Cornelio Desimoni, Pietro Rotondi, Cesare Vignati et Tullo Massarani. Parmi ses livres scolaires, ont eu le meilleur accueil : « Storia primitiva di Roma », en trois petits volumes, 1860 ; « Storia del Medio Evo », Milan, 1866 ; « Compendio di Storia italiana ad uso delle Scuole normali », id., 1871 ; « Biografie di Storia Italiana », Bologne, 1874 ; « Manuale di Storia d'Italia ad uso delle Scuole tecniche », en trois volumes, Naples, 1878. Mais il doit surtout sa réputation à ses grands livres d'histoire : « Storia antica d' Italia », Milan, 1874 ; « Storia d' Italia sotto le dominazioni barbariche », id., 1870 ; « Storia italiana del secolo decimonono », id., 1880 ; « Storia antica universale », id., 1885 ; « Storia Romana », ouvrage couronné par le Ministère de l'Instruction publique, id., 1886. On imprime chez Treves à Milan : « Storia del Risorgimento italiano », un gros volume illustré. Citons encore du même auteur : « La signoria d'Odoacre e le Origini del Medio Evo », dans les *Atti dell' Istituto Lombardo*, 1873 ; les « Spedizioni italiche di Enrico II », dans l'*Archivio Storico Italiano*, 1862-63 ; « Saggi critici di Storia italiana », Milan, 1883 ; « I partiti italiani nel 1815 », dans la *Nuova Antologia* de l'année 1885 ; « Le rivoluzioni italiane del 1820 e 1831 », id., 1886-87 ; « Pellegrino Rossi », Bologne, 1887 ; « La gioventù di Camillo Cavour », id., 1887 ; « Livio Zambeccari », id., 1887.

Bertolotti (Antonino), publiciste italien, directeur des archives de Mantoue, grand chercheur de documents inédits, travailleur infatigable et complaisant, membre de plusieurs sociétés littéraires et savantes italiennes et étrangères, né, à Lombardore Canavese, dans la province de Turin, en 1836. Après avoir étudié la chimie à l'Université de Turin, et pendant plusieurs années servi dans l'administration des postes, il passa au service des archives, où il fit preuve d'une activité exceptionnelle. Parmi ses nombreuses publications, nous signalons : « Dina o la Badia di San Michele della Chiusa, nouvelle », Valence sur le Po, 1860 ; « Peregrinazioni in Toscana », Turin, 1863 ; « Alfredo o l'Italia settentrionale », id., 1867 ; « Passeggiate nel Canavese », huit volumes, riches de notions sur les mœurs et les légendes populaires du Piémont, Ivrée, 1867-1868 ; « Fasti Canavesani », id., 1870 ; « Guida storico-corografica alle tre ferrovie canavesane », id., 1872 (petit ouvrage couronné par la société pédagogique italienne) ; « Statuti minerarii della Valle di Brosso », Turin, 1871 ; « Traccie d'immigrazioni galliche nell'Italia settentrionale segnate nelle nomenclature territoriali », Florence, 1869 ; « Statuto per l'estirpamento de' Berrovieri nei secoli XIII e XIV », Turin, 1871 ; « Le comte Frédéric Sclopis di Salerano », (Florence, 1873, traduit en anglais) ; « Costantino Nigra », Ivrée, 1873 ; « Benvenuto Cellini e gli orefici lombardi a Roma », Milan, 1875 ; « Objects of the Seventeenth Century », (dans le journal *The Art*) ; « L'Atelier de Benvenuto Cellini », dans la *Gazette des Beaux-Arts* de l'année 1876 ; « Francesco Cenci e la sua famiglia », ouvrage consciencieux riche en documents, Florence, 1877 ; « Le Tipografie orientali e gli orientalisti a Roma nei secoli XVI e XVII », Florence, 1878; « Notizie storiche, coreografiche e biografiche sopra Cumiana », 1879 ; « Artisti Siciliani in Roma », Palermo, 1879 ; « Artisti Belgi e Olandesi in Roma », Florence, 1880 ; « Artisti Urbinati in Roma », Urbin, 1881 ; « Artisti Lombardi in Roma », Milan, Hoepli, 1881, en deux vol. ; « Artisti Modenesi, Parmensi e della Lunigiana », Modène, 1882 ; « Artisti Veneziani in Roma », Venise, 1884 ; « Artisti subalpini in Roma », Mantoue, 1885 ; « Artisti Bolognesi, Ferraresi, ec. in Roma », Bologne, 1885 ; « Artisti Svizzeri in Roma », Bellinzona, 1886 ; « Artisti Francesi in Roma », Mantoue, id. ; (M. B. est en train de préparer deux autres monographies sur les artistes allemands et sur les artistes espagnols à Rome, ce qui complétera à peu près cette précieuse série de contribution pour l'histoire de l'art). Citons encore : « Les Juifs à Rome aux XVIe, XVIIe et XVIIIe siècles », Paris, 1881 ; « Streghe, sortiere e maliardi in Roma nel secolo XV », Florence, 1883 ; « Artisti in relazione coi Gonzaga », Modène, 1885 ; « La Disfida di Barletta », Milan, 1885 ; « La medicina, chirurgia e farmacia in Roma nel secolo XVI », Rome, 1886 ; « Repulsioni straordinarie alla prostituzione in Roma nel secolo XVI », id., 1887 ; « La schiavitù in Roma dal secolo XVI al XIX », id., id. ; « Lettere e notizie inedite di Rubens, Cornelio di Warl, Giovanni Röös e Vandick », Bruxelles, id.

Berton (Pierre-François-Samuel MONTAN dit), acteur célèbre et auteur dramatique français, né à Paris, en 1843. Petit-fils du célèbre compositeur de musique Montan dit Berton et fils du comédien Charles-François Montan-Berton, dit Francisque Berton (1820-1874) et de Mlle Caroline Samson qui s'est fait connaître par quelques gracieux romans et proverbes, M. Berton a apparteau, pendant un grand nombre d'années, au théâtre du Gymnase d'où il passa successivement à l'Odéon, au Théâtre-Français, au Vaudeville, etc., remportant partout des succès dont nous n'avons pas à nous entretenir ici. Depuis 1880, M. Berton est professeur de lecture à haute voix des instituteurs et des institutrices de la ville de Paris. Pour le théâtre M. B. a écrit : « Les Jurons de Cadillac », comédie en un acte, Paris, Lévy frères, 1865 ; « Didier », pièce en trois actes en prose », id., id., 1868 ; « La vertu de ma femme », comédie en un acte, id., id., id. ; « Sardanapale », opéra en trois actes d'après Byron. Musique d'Alphonse Duvernois, id., Tresse, 1882 ;

Bertrand (Joseph-Louis-François), illustre

mathématicien et écrivain français, né à Paris, le 11 mars 1822. Sorti le premier de l'École polytechnique, il entra d'abord dans le service des mines qu'il quitta pour entrer dans l'enseignement, où il eut bientôt atteint les premières places. A trente-quatre ans, il était nommé membre de l'Institut de France, Académie des Sciences, et, en 1873, il en devenait le secrétaire perpétuel. Professeur titulaire au Collège de France dès 1862, il était élu, le 4 décembre 1884, membre de l'Académie française, en remplacement de J.-B. Dumas. Sans tenir compte d'une foule de mémoires, embrassant à la fois la physique, les mathématiques pures, la mécanique, etc., nous citerons les principaux ouvrages de cet écrivain qui, ainsi que l'a dit M. Pasteur, dans son discours de réception à l'Académie française : « a eu la double fortune de rester « un savant pour ses confrères de l'Acadé- « mie des sciences tout en devenant un lettré « aux yeux des membres de l'Académie fran- « se » : « Traité d'arithmétique », Paris, Hachette, 1849 ; « Traité d'algèbre », 2 parties, id., id., 1850 ; « Traité de calcul différentiel et de calcul intégral », id., Gauthier-Villars, 1864-1870 ; « Arago et sa vie scientifique », id., Hetzel, 1865 ; « Les Fondateurs de l'Astronomie moderne, Copernic, Tico-Brahé, Kepler, Galilée, Newton », id., id., id. ; « L'Académie des sciences et les Académiciens de 1666 à 1793 », id. id. 1868 ; « La Théorie de la lune d'Aboul Wefa », id., Gauthier-Villars, 1873 ; « Discours de Réception à l'Académie française et Réponse de M. Pasteur », id., Perrin, 1875 ; « Thermodynamique », id., Gauthier-Villars, 1887. Presque tous ces ouvrages ont été maintes fois réédités. M. Bertrand a traduit en outre « Méthode des moindres carrés », de Gauss et publié : « la Mécanique analytique », de J. L. Lagrange.

Bertrand (Alexandre-Louis-Joseph), frère du précédent, archéologue français, docteur ès-lettres, agrégé de l'Université de France, né à Paris, le 21 juin 1820. Entré à l'École Normale, en 1840, passé de là à l'École d'Athènes, il fut nommé, en 1863, conservateur du musée des antiquités celtiques et gallo-romaines à Saint-Germain en Laye, à la fondation duquel il avait du reste beaucoup contribué. Depuis 1860, il est directeur de la nouvelle série de la *Revue archéologique*, à laquelle il a fourni un certain nombre d'articles. Il a été président de la Société des Antiquaires de France. En 1881, il a eu l'honneur de succéder à Littré comme membre de l'Institut, Académie des inscriptions et Belles-Lettres. On a de lui : « Essai sur les dieux protecteurs des héros grecs et troyens dans l'Iliade », thèse de doctorat, Rennes, Catel, 1857 ; « Études de mythologie et d'archéologie grecque. D'Athènes à Argos », id., id., 1858 ; « Les Voies romaines en Gaule. Voies des itinéraires. Résumé du travail de la commission de la topographie des Gaules », Paris, Didier, 1863 ; « De la valeur des expressions Κελτοι et Γαλάται, Κελτική et Γαλάτια dans Polybe », id., id. 1876 ; « Archéologie celtique et gauloise » ; « Mémoires et documents relatifs aux premiers temps de notre histoire nationale » id., id., id.; « Cours d'archéologie nationale. La Gaule avant les Gaulois d'après les monuments et les textes », id., Leroux, 1884. — En collaboration avec M. le général Creuly, il a publié : « Commentaire de J.-César. Guerre des Gaules. Traduction nouvelle, accompagnée de notes topographiques et militaires », 2 vol., Didier, 1864.

Bertrand (Alexis), philosophe français, né à Chassey (Côte d'Or), en 1850. Ses études finies, M. B. s'est adonné à l'enseignement. Agrégé, puis docteur, il fut successivement professeur au lycée et à la Faculté de Dijon, d'où il est passé à la Faculté des lettres de Lyon ; il y occupe la chaire de philosophie. Son œuvre principale est : « l'Aperception du corps humain par la conscience », Paris, G. Baillière, 1881. En société avec M. Paul Gérard, il a traduit de l'anglais : « Le Pessimisme, histoire et critique », de James Sully, id., id., id. ; et il a donné des éditions classiques de la « De vita beata », de Sénèque, id., Delagrave, 1883 ; et des « Nouveaux essais sur l'entendement humain », de Leibnitz, id., V. Belin, 1885.

Bertrand (Alphonse), écrivain français, né à Tours, en 1850, actuellement secrétaire rédacteur du Sénat. On a de lui : « Marcel » roman composé, en 1875, en collaboration avec Alph. Nicolas Lebègue, directeur de l'*Office de publicité* de Bruxelles et édité par les soins du dit office et l'Organisation, française, le gouvernement, l'administration, etc. », Paris, Quantin, 1882. En 1887, M. B. a publié chez Charpentier, en collaboration avec E. Ferrier : « Ferdinand de Lesseps, sa vie, son œuvre ».

Bertrand (Charles-Eugène), botaniste français, né à Paris, en 1851, professeur de botanique à la faculté des sciences de Lille. Nous connaissons de lui : « Histoire d'un haricot », Lille, chez l'auteur, 1880 ; « La Théorie du faisceau », id., id., id. ; « Notice biographique sur Joseph Decaisne », id., id., 1883 ; « Recherches sur les Tmésiptendées », id., id., 1885, etc.

Bertrand (Édouard), littérateur français, né à Nancy, en 1829, ancien élève de l'école normale supérieure, professeur à la faculté des lettres de Grenoble. On a de lui : « De pictura et sculptura apud veteres rhetores », thèse, Paris, Thorin, 1881 ; « Un critique d'art dans l'antiquité. Philostrate et son école ; avec un appendice renfermant la traduction d'un choix de tableau de Philostrate l'ancien, Philostrate le jeune, Choricius de Gaza et Manus Eugenicus », id., id., 1882.

Bertrand (Frédéric-Oscar), agriculteur allemand, né, en 1824, à Heilbronn. Ses études finies, il fut, pendant quelque temps, préposé à une exploitation agricole en Würtemberg, d'où il passa à Ostin, en Belgique, comme administrateur des terrains de Mertens, et où il fonda, en 1849, une école d'agriculture. En 1857, il est rentré en Allemagne comme administrateur des biens du duc de Croy. On a de lui: « Ueber landwirtschaftliche Pachverträge », Breslau, 1870; « Ackerbau und Viehzucht für den kleinen Landwirt », ouvrage couronné, 7e éd., Münster, 1884.

Bertrand (Louis-Philippe), socialiste belge, né, à Molenbeek Saint-Jean (Bruxelles), le 15 janvier 1856. D'abord ouvrier marbrier, aujourd'hui administrateur du journal le Peuple, M. B. s'est beaucoup agité pour la création du parti ouvrier belge. Il a dirigé un journal populaire la Voix de l'ouvrier, et collaboré à presque tous les journaux du même bord qu'on publie en Belgique et à l'étranger; outre plusieurs almanachs et maintes brochures de propagande, M. B. a publié: « Cinquante années de bonheur et de prospérité », Bruxelles, 1880; « Essai sur le salaire », id., 1884; « Le Parti ouvrier belge », id., id.; « Le logement de l'ouvrier et du pauvre en Belgique », id., 1888.

Bertre (Madame Léopold née BOISSONADE. Voyez BESNERAY (Marie de).

Bertz (Édouard), écrivain anglo-allemand, né, le 8 mars 1853, à Potsdam; il commença sa carrière littéraire comme collaborateur poétique des Jahreszeiten. Il étudia la philosophie et les sciences sociales à Tubingue et à Leipsig, et en même temps il publia plusieurs travaux sur ces matières. En 1877, il se rendit à Paris pour y apprendre le français; l'année suivante, il passa en Angleterre, d'abord comme maître de langues, mais bientôt il se consacra tout entier aux lettres, entra dans la Société Aristotélique et publia plusieurs essais critiques sur la littérature anglaise, en même temps qu'il collaborait activement à plusieurs journaux allemands. En 1881, une maladie nerveuse fut cause qu'il s'associa à la Colonie idéale que l'écrivain anglais Thomas Hughes allait fonder en Amérique; en 1882, il fut nommé bibliothécaire de la bibliothèque qu'on venait d'instituer à Rugby (Tennesee). Après l'avoir mise en ordre et en avoir rédigé le catalogue, il revint, en 1883, en Angleterre. Il fut nommé assistant de la bibliothèque de Londres et préposé, en même temps, à une école du soir pour les apprentis, dans laquelle il fit plusieurs conférences en anglais. Pendant ce temps, il publia dans la même langue son roman historique « The French Prisoners ». Le succès de ce livre lui permit de rentrer en Allemagne, en 1884. D'abord il se fixa à Stuttgard, où il publia une traduction des « Lettres persanes », de Montesquieu, avec notes et commentaires, mais, en 1885, il se retira dans sa ville natale pour achever de mettre en ordre les nombreux matériaux littéraires qu'il avait rapportés de ses voyages et pour donner la dernière main à son roman : « Glück und Glas ».

Besançenet (Alfred de), poète, historien et romancier, né, à Strasbourg, en 1829, opta, en 1871, pour la nationalité française. Parmi les ouvrages historiques de M. de B. nous citerons: « Le bienheureux Pierre Fourier et la Lorraine, XVIe et XVIIe siècle », Paris, Muffat, 1864, 2e éd., id., Téqui, 1879; « Le Général Dommartin en Italie et en Égypte (1786-1799) » id., Téqui, 1880, ouvrage couronné à Milan et, par la société d'encouragement au bien, à Paris ; « Alsace et Lorraine », id., id., 1883 ; « Les Français au cœur de l'Afrique », id., id., 1884 ; « Les martyrs inconnus », etc. etc. Parmi ses romans, nous rappellerons : « Un amour de grande dame », Paris, Dentu, 1865 ; « La Comtesse de Cournon », id., Maillet, 1868 ; « Les échelons difficiles », id., Hurtau, 1873 ; « Jenny les bas-rouges », id., Téqui, 1880 ; « Les reliques d'un chouan », id., id., 1881 ; « Dona Gracia », id., Gautier, 1885 ; « Les Contes d'un champenois », « Coups d'épée au pays comtois ». Parmi ses ouvrages poétiques, enfin nous rappellerons: « Chansons de printemps », Paris, Maillet, 1868; « Sylva », id., Jouve, 1883, conte couronné par la société d'encouragement au bien; « Il ne faut pas dire, fontaine.... », proverbe, id., id., id.., etc. etc. M. Alfred de Besancenet, qui a collaboré à plusieurs journaux politiques, est membre de la Société des gens de lettres depuis 1867. — Son fils M. Étienne de B., s'occupe aussi de littérature et collabore à un journal politique; au mois de mars de l'année courante, il a fait jouer au Théâtre des jeunes un opéra-comique « Petit bonhomme vit encore » musique d'Henry Duvernoy.

Besançon (Jules-Charles-Lucien), écrivain suisse, né, à Moudon (canton de Vaud), le 22 janvier 1831. Après avoir fait ses études au collège et à la faculté de théologie de Lausanne, il fut successivement pasteur à Bière (1853), instituteur au collège de Rolle (1857), maître de langue grecque au collège cantonal de Lausanne (1862), professeur de littérature latine à l'Académie de Lausanne et directeur du Gymnase (1874). Parmi ses ouvrages scolaires, nous citerons : « Thèmes grecs », 2 vol. 1867 ; « Petite chrestomatie grecque ». M. B. a publié en outre plusieurs nouvelles satiriques dirigées contre le méthodisme et l'aristocratie vaudoise, entr'autres: « Le moyen de parvenir », 1865 ; « Le veau d'or », 1868 ; « Le tyran du village », Lausanne, Mayer, 1872 ; « Les Crustacés. Étude de mœurs bourgeoises », Paris, Ghio, 1874 ; « Le Bedent », Lausanne, Rouge et Dubois, 1877 ; « Le Cagnotton », id., id., id. ; « Mémoires de l'instituteur Grimpion », id., Benda, 2 vol. 1877-78 ; « Facéties », 1878, etc.

Besant (Walter), écrivain anglais, né, à Portsmouth, en 1868. Il fit ses études à Londres et à l'Université de Cambridge, où il prit ses grades. Destiné d'abord à l'état ecclésiastique, il y renonça bientôt, et fut, pendant quelque temps, professeur au collège de l'île Maurice. En 1868, il publia son premier ouvrage : « Studies in Early French Poetry ». Ensuite il écrivit: « The French Humourists », 1873 : « Rabelais », 1877, pour la collection *Ancient and Foreign Classics;* « Coligny », 1879 ; « Wittington », 1881, pour la collection *New Plutarch*, dont il est un des directeurs ; « Readings from Rabelais », 1882. Depuis plusieurs années, M. B. est secrétaire de la société d'exploration de la Palestine, et en cette qualité il a publié, avec feu le professeur Palmer, (dont il a fait paraître, en 1882, la biographie), en 1871, une « History of Jerusalem » et il dirige maintenant la publication d'un grand ouvrage : « The Surwey of Western Palestine ». M. Besant qui a été un collaborateur des plus assidus de presque tous les magazines de Londres, a publié conjointement avec feu James Rice une longue suite de romans signés des noms des deux auteurs, et deux comédies : « Ready Money Mortiboy » et « Such a good man ». — Dans ces derniers temps M. B. a fait paraître sous son seul nom : « The Revolt of Marc » ; « The Captain's Room » ; « All Sorts and Conditions of Men : an Impossible Story », 1882 ; « All in a Garden Fair », 1883 ; « Doroty Forster » 1884; « Uncle Jack », 1885; « Children of Gibeon », 3 vol. 1886; « Fifty years ago », 1888. — M. B. est premier président du Comité exécutif de l'*Incorporated Society of Authors*, société dont le président est lord Tennyson.

Bescherelle (Émile), botaniste français, fils du grammairien bien connu (1802-1883), actuellement employé au Ministère des travaux publics et membre de la Société de Botanique. Nous connaissons de lui : « Prodromus bryologiæ Mexicanæ, ou énumeration des mousses du Mexique avec description des Espèces nouvelles », Paris, Baillière, 1871 ; « Catalogue des mousses observées en Algerie », Alger, Jourdan, 1882. M. Bescherelle a collaboré à « La Cryptogamie », par Eugène Fournier qui fait partie du grand ouvrage : *Mission scientifique au Mexique et dans l'Amérique centrale*, publié par ordre du Ministère de l'instruction publique, 1869-74.

Beseler (Charles-Georges-Christophe), jurisconsulte allemand, né, le 2 novembre 1809, à Rödemiss (duché de Schleswig), frère de Wilhelm Hartwig B. (1805-1884) un des chefs du mouvement de 1848-51, dans le Schleswig-Holstein. Après avoir fait ses premières études à l'école capitulaire de Schleswig, il alla faire son droit à Munich et à Kiel. Reçu, en 1835, en qualité de *privat Docent* à l'Université de Heidelberg, il fut presqu'aussitôt nommé professeur à Bâle et en 1837 à Rostock. Nommé, en 1842, professeur à Greifswald, il y fut élu député à l'Assemblée nationale allemande, où il se signala comme un des chefs du centre droit. Devenu, en 1859, professeur à Berlin, il fut trois fois recteur de l'Université, membre de la Chambre des Seigneurs de Prusse et directeur du séminaire juridique; il est aussi conseiller intime de justice. Nous connaissons de lui : « Die Lehre von den Erbverträgen », 3 vol., Gottingue, 1835-40 ; « Ueber die Stellung des römischen Rechts zu dem nationalen Rechte der germanischen Völker », 1837 ; « Zur Beurteilung der sieben Göttinger Professoren und ihrer Sache », Rostock, 1838. « Die Unionverfassung Dänemarks und Schleswig-Holstein », Jena, 1841; « Volksrecht und Juristenrecht », Leipsig, 1843 ; « System des gemeinen deutschen Privatrechts », 3 vol., id. 1847-55, 3me éd., Berlin, 1873 ; « Kommentar über das Strafgesetzbuch für die preussischen Staaten », Leipsig. 1851 ; « Zur Geschichte des deutschen Ständerechts », Berlin, 1860 ; « Der Londoner Vertrag vom 8 mai 1852 », id. 1863 ; « Die englische-französische Garantie vom Jahre 1720 », id., 1864; « Ueber die Gesetzeskraft der Kapitularien », id., 1871 ; « Erlebtes und Erstrebtes », 1884. — M. B. a rédigé pendant quelques années la *Zeitschrift für deutsches Recht ».

Besi (comte Alexis), publiciste italien, né, à Venise, le 20 juin 1842. En 1862, il débuta dans les lettres par un volume de poésies: « Amore e lagrime », ensuite, malgré une collaboration fort assidue et presque ininterrompue à presque tous les journaux catholiques de l'Italie, il publia plusieurs romans qui presque tous ont été maintes fois réédités. Nous citerons entr'autres: « Racconti di un codino »; « L'ultimo dei Cesari » ; « Adalberto, episodio della Lega Lombarda » ; « Ines di Granata » ; « L'orfanella delle lagune » ; « Hessa Paulowna » scènes du nihilisme russe ; « La presa d'Eubea »; « Un fiore d'Armenia » ; « Gulnara o la bella Armena »; « Cuore d'artista » ; « Son morta ! storia d'un cuore »; « Fra Jachin e Booz »; « Storia d'una vittima », etc. etc. Sur d'autres terrains, M. Besi a écrit : « L'amico dei giovani cattolici ed italiani » ; « Della necessità di tornare allo studio di Dante » ; « Dante e i Papi-Re »; « Il Cattolicismo e la Civiltà » ; « Dell'origine, dello sviluppo e degli effetti della Lega Lombarda » ; « I Vitturi », étude historico-généalogique sur une ancienne famille de Vérone à laquelle appartenait la mère de l'auteur; « Sulla inumazione e cremazione dei cadaveri », dont une traduction allemande va bientôt paraître, et enfin un dictionnaire de botanique. Tout cela sans tenir compte d'une foule d'articles épars dans les revues et de nombreuses traductions de l'espagnol, etc.

Besnard (Eric), journaliste et littérateur français, né, à Neuilly près Paris, en 1857, a été pendant quelque temps rédacteur du *Soir*. Nous connaissons de lui : « Le lendemain du mariage », Paris, Ghio, 1884 ; « Hera », roman contemporain, id., Plon, 1887.

Besneray (Mme Léopold BERTRE, née BOISSONADE, connue sous le nom de MARIE DE), femme de lettres française, née de parents français, à Moscou en 1852. Élevée en France, Mme de B. débuta de bonne heure dans les lettres par : « Paul, souvenirs d'Australie », Paris, Dentu, 1877 ; suivirent bientôt : « Ivan Stertoff », id, id., 1878 ; « Journal d'une fiancée », id., id., 1879 ; « Olga la bohémienne », id., id., id. ; « Le Fils d'une actrice. Scènes russes », id. id., 1881 ; « Edith Sarmany », Nancy, Librairie de la Société bibliographique, 1882 ; « Louise Landry », id., id., id. ; « Nadine », Paris, Plon, 1883 ; « Vie Brisée », id., id., 1884 ; « La Batelière du Tarn », id., id., 1885 ; « Heureuse ?..... », id., id., 1887. Dans d'autres genres, on doit a Mme de B. : « Socrate, Marc-Aurèle, Fénelon », étude philosophique, 1879 ; « Les Salons parisiens », 1883, et « Les grandes époques de la peinture. Le Poussin, Ruysdael, Claude Lorrain », Paris, Delagrave, 1884. Mme de B. a, en outre, collaboré activement à plusieurs journaux et revues littéraires.

Bésobrásoff (Vladimir), économiste et publiciste russe, membre de l'Académie des sciences de Saint-Pétersbourg, Conseiller au Ministère des Finances, Sénateur de l'Empire, l'un des fondateurs de l'Institut du Droit International de Gand, beau-frère du Directeur de ce Dictionnaire, est né, à Vladimir, en 1829, issu d'une ancienne famille appartenant à la noblesse de Twer. Il fit ses études élémentaires sous la direction de sa mère, ses études classiques et scientifiques au Gymnase de Moscou et au Lycée de Tsarskoje Tseló. Écrivain libéral, il est, peut-être, le plus populaire parmi les économistes russes ; admirateur sincère de la législation et de la civilisation anglaise, il travaille depuis nombre d'années à faire entrer les idées les plus saines des économistes étrangers dans l'esprit de la nation et du gouvernement russe. Plusieurs missions importantes lui ont été confiées, soit en Russie même, soit à l'étranger. Parmi ses grands ouvrages, outre une foule d'articles parus dans les revues libérales et dans les journaux russes les plus en vogue, nous citerons : « Études sur la Physiologie sociale », 1857-59 ; « La Circulation financière en Russie » ; « Études sur les Revenus » (cinq mémoires publiés dans les *Actes de l'Académie des Sciences de Saint-Pétersbourg*) ; « L'économie des mines de l'Oural » ; « La Guerre et la Révolution » ; une espèce d'Annuaire, ou Recueil, ou Anthologie économique publiée sous le titre de *Sbornik gossoudarstvennich znanii*; « Études sur l'économie nationale de la Russie », publiées par l'Académie impériale des Sciences (deux volumes de cet ouvrage important ont paru en français et en russe, dans les années 1883 et 1886). En 1884-85, le Gouvernement russe a publié en six gros volumes le compte-rendu de l'Exposition industrielle qui avait eu lieu, en 1882, à Moscou. Cette ample relation rédigée avec le plus grand soin par M. Bésobrásoff est une description détaillée de toutes les branches de l'industrie et des arts de la Russie.

Bésobrásoff (Paul), philologue russe, fils du précédent, professeur agrégé à l'Université de Moscou, né le 2 février 1859 ; dans les années 1886-87, il entreprit, à la suite d'une mission officielle, un intéressant voyage en Grèce et en Palestine, à la recherche des manuscrits grecs qui se trouvent dans les bibliothèques de l'Orient. M. Paul B. a publié nombre d'articles sur l'histoire Byzantine, dans la *Revue du Ministère de l'Instruction publique* ; entre autres, en 1883, un essai sur « Boémond », le héros italien de la première Croisade, un Rapport à la Société de Palestine sur son voyage en Orient et sur les manuscrits grecs qu'il a eu l'occasion d'examiner en Orient et en Italie. Il collabore aux *Nouvelles de Saint-Pétersbourg* et à la *Gazette Russe de Moscou*, qui n'est pas à confondre avec la *Gazette de Moscou* de feu M. Katkoff. M. B. prépare actuellement un volume sur Michel Bellos, le philosophe et ministre byzantin du XIe siècle.

Bessels (Émile), naturaliste et voyageur allemand, né, à Heidelberg, en 1847. Conseillé par Petermann, il entreprit, en 1869, un voyage au pôle nord, visita la partie orientale de la mer Glaciale et rechercha l'existence du Gulf Stream à l'est du Spitzberg. Il prit part ensuite, comme médecin de marine et comme chef de la division scientifique, à l'expédition du *Polaris*, envoyée par les États-Unis dans les régions polaires, sous la direction de Hall. A la mort de celui-ci, en novembre 1870, l'expédition, qui avait atteint 89°, 9' de lat. Nord, dut prendre le chemin du retour ; mais le 15 octobre 1871, le bâtiment, pris au milieu des blocs de glace, vint échouer près de l'île de Littleton, dans le Smith-Sund. Une partie des passagers et de l'équipage se réfugia sur un bloc de glace, qui fut entraîné en pleine mer. M. Bessels et treize personnes passèrent l'hiver dans l'île de Littleton, près du bâtiment naufragé ; ils s'embarquèrent, en juin 1873, sur deux canots, et eurent la bonne fortune de pouvoir rejoindre un navire écossais qui les déposa en Écosse en septembre de la même année. Une deuxième expédition que Bessels avait préparée avec Weyprecht et Dorst, n'ayant pu être mise à exécution, Bessels se fixa définitivement à Washington, où il est Secrétaire général de la *Smithsonian Institution*. En dehors de nombreux articles insérés dans les journaux allemands et dans le bulletin de l'*United-States geological Survey*. On lui doit: « Scientific results of the United-States Arctic expedition », Washington, 1876 et « Die amerikanische Nordpolexpedition », Leipsig, 1878.

Bessemer (Henry), fameux ingénieur anglais, né, en 1813, dans le comté de Hertford, porta de bonne heure son esprit actif vers les inventions industrielles. Son nom est resté attaché à un nouveau procédé pour la trempe de l'acier, qui a pris dans le monde entier une extension considérable, découverte qui lui valut les plus grands honneurs. Une autre invention, celle des paquebots à salon suspendu pour éviter le mal de mer, n'a pas ajouté beaucoup, malgré son utilité, à la réputation de l'inventeur qui est, depuis 1871, président de l'*Iron and Steel Institut* de Londres; parmi ses nombreux mémoires scientifiques, nous en citerons une en français, où il rend compte de sa principale invention: « Fabrication du fer et de l'acier », Paris, Lacroix, 1864.

Besson (Louis), journaliste français, attaché à la rédaction de l'*Événement*, où il est chargé de toute la partie dramatique du journal, soit comme critique, soit comme information. Ses articles sont habituellement signés *Panserose*. M. Besson a écrit en outre: « Les trois sommations » comédie en un acte, Paris, Dubuisson, 1879; « Le Valet de cœur » saynète, avec Firmin Javel, id., Tresse, 1880.

Besson (Martial), poète et romancier français, né, à Lésignac-Durand (Charente), le 29 mars 1856. Il fit ses études à Poitiers; de 1876 à 1880, il fut professeur au collège de la Rochefoucauld. Il a publié: « Les Voix du cœur » brochure, 1877; « Poésies » avec une préface de Charles Fuster, Paris, Giraud, 1885; « Poèmes sincères » avec une préface de Léon Cladel, id., Lemerre, 1877, et deux romans: « Le jeune poète de Laverney », 1878 et « Le Frisat », 1882; sans compter des nouvelles, des articles littéraires et bibliographiques, il faut mentionner une importante étude sur « le Confolentais » (partie septentrionale du département de la Charente). M. B. prépare en ce moment un volume de poésies: « Les Sauvageons ».

Best (William-Thomas), célèbre joueur d'orgue anglais, né, le 13 août 1826, à Carlisle (Cumberland); en 1840, organiste à Liverpool; en 1852, on lui confiait le fameux orgue du Panopticum et celui de l'Église de Saint-Martin de Londres et depuis 1854 celui de la chapelle de Lincoln's Inn et de la salle des concerts de S. Georgshalle à Liverpool. En dehors de nombreuses compositions musicales, dont nous n'avons pas à nous occuper ici, M. B. a publié: « The modern school for the organ », Londres, 1853, et « The art of the organ playing », 2 vol., id., 1870.

Bestoujev-Rioumine (Constantin), historien russe, ancien professeur de l'histoire russe à l'Université de Saint-Pétersbourg, depuis 1884, en retraite, est né, en 1829, dans la province de Nijni Novgorod. Il fit ses études classiques à Nijni et les universitaires à Moscou. Nommé professeur en 1856, membre de l'Académie Impériale des sciences en 1872, il fondait à Saint-Pétersbourg, en 1878, des cours supérieurs, une sorte de faculté universitaire pour les femmes, qui ont eu le plus grand succès. Il publia nombre d'articles de critique historique aussi brillants que savants dans différentes revues; mais il doit surtout sa grande réputation d'historien à son enseignement, à un mémoire publié, en 1868, sur la Rédaction des *Annales de la Russie* et surtout à son « Histoire de la Russie », dont le premier volume, qui arrive jusqu'au règne de Jean III, paru en 1872, reçut immédiatement l'honneur d'une traduction allemande; la première partie du second volume n'a été publiée qu'en 1885. M. B. R. travaille lentement mais solidement; son esprit est fin; ses aperçus sur la vie nationale du peuple, dont il suit le développement à travers les grands événements de l'histoire, sont des plus justes, et sa critique sur les sources de l'histoire russe est pénétrante. On doit souhaiter que l'état de sa santé un peu ébranlée lui permette d'achever ce véritable chef-d'œuvre. Dans ces dernières années, il entreprit un voyage en Italie, où il fit un assez long séjour.

Beszonoff (Pierre), écrivain folk-loriste russe, né, en 1828, bibliothécaire de l'Université de Moscou, docteur en philologie et littérature slave, secrétaire d'une espèce de Société de *Folk-lore* russe, qui se nomme précisément Société des Amateurs des Études Historiques sur la littérature populaire. On lui doit plusieurs recueils de chants populaires russes de la Russie Blanche, des chants Bulgares, des chants d'enfants, des chants sacrés, chantés par les pauvres boiteux, aveugles, manchots etc., qui fréquentent les foires populaires, les fêtes religieuses, etc.

Beta (Ottomar-Heinrich), écrivain allemand, (fils de Heinrich B., écrivain et homme politique, 1813-76, qui avait changé son nom de Bettziech contre celui de Beta), né, à Berlin, le 7 février 1845; il fit ses études d'abord à Stettin et ensuite à Londres, où son père, compromis, en 1848, s'était réfugié. M. B. commença de bonne heure à aider son père dans ses travaux littéraires, tout en faisant des traductions de l'anglais en allemand et en collaborant à plusieurs journaux anglais. Après l'amnistie, le père et le fils revinrent en Allemagne, où ce dernier se consacra tout entier aux lettres. Nous connaissons de lui: « David Rizzio », tragédie, 1867; « Schmollis, ein Hundeleben », roman, 1867; « Altmodisch und modern », comédie, 1875; « Russische

Bilderbogen », 1875 ; « Unter Unkraut », roman, 2 vol., 1876 ; « In Liebesbanden », nouvelle, 1877 ; « Eine deutsche Agrarverfassung », 1879 ; « Nichts halb », drame, 1885 ; « Peregrine », nouvelle, 1886 ; « Jeder für alle », id. ; « Politik des Unbewussten », id. ; « Die Kunst verheiratet und doch glücklich zu sein », id. ; « Das Geheimniss der englischen Wirtschaftspolitik », 1887.

Bethusy-Huc (comtesse Valeska de, née baronne DE REISWITZ), femme de lettres allemande, née, le 15 juin 1849, à Kielbaschin dans la Haute-Silésie. Elle reçut une éducation très soignée, et s'adonna à l'étude de la philosophie et de l'histoire de l'art. En 1876, elle publia dans *Ueber Land und Meer* ses premières nouvelles dont le succès l'encouragea à poursuivre dans la carrière des lettres. En 1869, elle épousa M. le comte de B., avec lequel elle vit maintenant à Deschowitz (cercle de Gross-Strelitz Haute-Silésie). On lui doit: « Der Sohn des Flüchtlings » roman, 2 vol. 1881 ; « Die Eichhofs » roman, id. ; « Die Schlossfrau von Dramnitz » roman, 2 vol. 1882 ; « Zwei Novellen (Reszo, *Sillery mousseux* », 1883 ; « Durch ! » roman, 1884 ; « Auf Umwegen » roman, id. ; « Coeurdamen » nouvelle, 1885 ; « Die Lazinski's » roman, 2 vol. 1887. On annonce d'imminente publication: « Der älteste Sohn ». Mme de Bethusy Huc signa souvent ses productions littéraires; *Moritz von Reichenbach*.

Betocchi (Alexandre), économiste et staticien italien, né à Padoue, en 1843, résidant à Naples où il est *privat Docent* d'économie politique à l'Université, professeur de statistique et d'économie politique à l'Institut technique Giovanni della Porta, directeur des travaux de statistique de la Chambre de Commerce. Nous connaissons de lui : « Sul diritto di grazia, considerazioni giuridico-politiche », 1864 ; « L'avvenire dell'operaio e le società cooperative », 1864 ; « Dell'ingiuria » monographie, 1864 ; « La proprietà letteraria e il teatro », 1865 ; « Della importanza degli studii economici e delle Società cooperative come soluzione del problema sociale », 1867 ; « I Napoletani al Re », 1867 ; « Maria o la paurosa della Vandea » drame en quatre actes et prologue, 1867 ; « Lezioni di economia commerciale » recueillies par un de ses élèves, Naples, De Angelis, 1868 ; « Il Bono agrario e la Banca agricola italiana », 1869 ; « Acqua e fuoco strumenti di distruzione, acqua e fuoco strumenti di civiltà » conférence, Milan, Treves, 1872 ; « Le agenzie di pegnorazione e lo sconto delle pensioni a Napoli », Naples, De Angelis », id. ; « I magazzini generali », id., id., id. ; « Forze produttive della provincia di Napoli », 2 volumes, id., id., id. ; « Ottava sessione del Congresso di statistica a Pietroburgo » rapport à la Chambre de commerce de Cagliari, qu'il représentait à ce Congrès, Cagliari, 1873 ; « Considerazioni economiche sul bilancio del comune di Napoli », 1874, « Settentrionali e meridionali », 1877 ; « Elementi di economia industriale e commerciale », Naples, Angelis, 1880 ; « Erostrato al Banco di Napoli » id., id., 1884.

Betocchi (Alexandre), ingénieur italien, inspecteur général du génie civil, membre du Conseil supérieur des travaux publics et de l'Académie royale des Lincei. M. Betocchi, qui est surtout compétent dans les questions hydrauliques, a été chargé plusieurs fois de missions importantes par le gouvernement ; il a fait aussi partie de plusieurs commissions italiennes à l'occasion des différentes expositions qui ont eu lieu dans ces dernières années. On lui doit « Del prosciugamento del lago Fucino per opera di S. E. il principe Alessandro Torlonia » mémoire lu à l'Académie Royale des Lincei, 1873 ; « Dei vantaggi che la scienza dell'ingegnere può trarre dalle grandi esposizioni industriali », Rome, Pallotta, 1873 ; « Dell'idrologia del Tevere » id., Paravia, 1875 ; « Dello stato attuale delle osservazioni mareografiche in Italia e dei relativi studii », Pallotta, 1877 ; « Effemeridi e statistica del fiume Tevere prima e dopo la confluenza dell'Aniene e dello stesso Aniene durante l'anno 1878 » dans les *Atti della R. Accademia dei Lincei*, 1880 ; le même pour 1879, 1880, 1882 ; « L'ordinamento dei congressi » dans les *Annali della società degli ingegneri e degli architetti italiani*, Rome, 1888.

Bets (Pierre-Vincent), historien et ecclésiastique belge, né, à Tirlemont, le 22 janvier, 1822. M. B., qui est curé de Neerlinter et doyen du district de Léau, a publié quelques volumes ascétiques tels que : « La règle de saint-Augustin, évêque et docteur de l'Église », Tirlemont, Menks, 1855; les vies de Saint-Joseph et de Saint-Antoine de Padoue (1866), des écrits sur les fameux pèlerinages de la France (1874), tous, excepté le premier que nous avons cité, écrits en flamand. Mais ses travaux historiques sont beaucoup plus connus. Son principal ouvrage est : « Histoire de la ville et des institutions de Tirlemont, d'après des documents authentiques, la plupart inédits » 2 vol., Louvain, Fonteyn, 1860-61, que l'auteur a complétée, à partir de 1868, par des monographies écrites en flamand, des différentes communes situées aux environs de Tirlemont, citons entr'autres: celle de la commune de Neerlinter, en 1868 ; d'Oplenter et Bunsbeek, en 1870 ; de Hakendover, en 1873 ; de Vommersom, en 1873. Il nous faut encore citer de lui : « Campagne des Français et des Hollandais dans les provinces belges et Nôtre-Dame Consolatrice de Tirlemont », Louvain, Fonteyn, 1859, traduit la même année en flamand ; « Notice sur la ladrerie de Terbank, près de Louvain, la chapelle de Lazerny à Rumpst et la condition sociale des lépreux dans le Brabant », Louvain, Peeters, 1870, et enfin, un ouvrage flamand sur la pacification de Gand, le traité si célèbre dans l'histoire des Pays-Bas : « De Pacificatie of bevrediging van Gent beschouwd in hare wording, wezen, voorstanders en verdrukkers », Thunen, Van Hoebroeck, 1876. M. B. collabore au *Brabandsch Museum voor oudheden en geschiedenis*, Louvain, à la *Revue catholique* de Louvain, au *de Nieuwe school en letterbode* et au *Maria-Almanak* de Baer le Duc, et au *Vlaamsche wacht* de Gand, et notamment aux *Annalectes pour servir à l'histoire ecclésiastique de la Belgique*.

Bettelheim (Antoine), écrivain autrichien, docteur en droit, né, à Vienne, le 18 novembre 1851; en 1877, il entreprit un voyage à Florence et à Rome; en 1879-80, il voyagea en France, en Hollande, en Angleterre et en Espagne, dans le but spécialement de faire des recherches pour sa grande biographie de Beaumarchais qui parut, en 1886, à Francfort, sous le titre : « Beaumarchais, eine Biographie ». Depuis 1881, il s'est établi à Vienne, où il poursuit ses études littéraires. En 1881, il publia à Leipsig une traduction de la brochure de Littré : « Comment j'ai fait mon dictionnaire de la langue française ».

Betteloni (Victor), poète italien, fils de l'aimable et regretté poète véronais César Betteloni, professeur de littérature italienne et d'histoire au *Collegio femminile* de Vérone, est né dans cette ville, le 13 juin 1840. Il fit ses études à Côme et à Pise, où il fut reçu docteur en droit. Nous lui devons une édition des poésies de son père, précédée d'une excellente biographie, deux traductions fort réussies du *Don Juan* de Byron et de l'*Ahasver in Rom* de Hamerling, publié, en 1876, à Milan, sous le titre : « Nerone », une nouvelle en vers : « L'ombra dello sposo », un premier recueil de vers : « In primavera », Milan, qui fut très remarqué, un second recueil de vers publié, en 1880, à Milan, avec préface de Giosuè Carducci, etc.

Betti (Henri), mathématicien italien, né, à Pistoia, le 21 octobre 1823 ; il fit ses études classiques au Lycée de sa ville natale et se rendit ensuite à Pise, où il obtint une bourse du gouvernement, et où il fut reçu, en même temps, en 1846, docteur ès-sciences physiques et mathématiques et docteur en mathématique appliquée. En 1848, M. Betti prit part, avec le bataillon universitaire toscan, à la campagne de l'indépendance ; le 1er mai 1849, il était nommé professeur suppléant de mathématiques au lycée Forteguerri de Pistoia, et deux mois après, à la suite d'un concours, professeur effectif ; en 1854, lors de l'institution du lycée de Florence, M. Betti y était nommé professeur ; et à la fin d'octobre 1857, il passait à l'Université de Pise. En 1858, il entreprenait, avec les professeurs Casorati et Brioschi de l'Université de Pavie, un voyage scientifique en Suisse, en Allemagne et en France. M. Betti a été plusieurs fois, entre 1862 et 1874, député au Parlament italien, en octobre 1865, il était nommé directeur de l'École normale supérieure de Pise ; en novembre 1867, membre du conseil supérieur de l'instruction publique ; et le 14 octobre 1874, secrétaire général du Ministère de l'instruction publique dont le portefeuille était alors confié à M. Bonghi ; enfin, le 26 novembre 1884, il était nommé sénateur du Royaume ; M. Betti qui est membre de plusieurs académies italiennes et étrangères a parmi ses nombreuses décorations la croix du mérite civil de Savoie ; la plupart des écrits de ce mathématicien illustre sont épars dans des recueils académiques et dans les revues spéciales. Les *Annali di Scienze matematiche e fisiche* de Tortolini de Rome ; les *Annali di matematica pura e applicata* de Rome ; les *Annali delle Università toscane* de Pise ; le *Memorie della Società italiana delle Scienze* de Florence ; le *Journal für die Mathematik* de Crelle de Berlin ; le *Quarterly Journal of Mathematics* de Londres, les *Comptes-Rendus des Séances de l'Académie des Sciences* de Paris, ont tous publié de ses Mémoires ; fort peu nombreux, au contraire, sont ces écrits publiés à part ; outre une traduction du « Trattato di Algebra elementare », de Bertrand, publiée à Florence, chez Le Monnier, en 1862, avec des notes, des additions et des changements sur lesquels il s'explique dans un « Avvertimento » qui précède l'ouvrage et dans lequel il promet un traité d'algèbre supérieure, nous citerons de lui : « Sopra la teoria della capillarità », mémoire, Pise, Nistri, 1867 ; « Teoria della capillarità », id., Pieraccini », id. ; « Gli elementi di Euclide, con note, aggiunte e correzioni ad uso dei Ginnasi e dei Licei », en collaboration avec le prof. Brioschi, Florence, Le Monnier, id. Ajoutons, enfin, que M. B. a continué avec M. Felici, pour la physique expérimentale et mathématique, le *Nuovo Cimento* de Pise qui avait été fondé, pour la physique et la chimie, par les illustres Matteucci et Piria.

Bettòli (Parmenio), journaliste, romancier, auteur dramatique italien, né, à Parme, le 17 janvier 1835. Il débuta dans la vie comme employé aux chemins de fers, mais il quitta bientôt la comptabilité pour le journalisme, et fut tour à tour directeur du *Nuovo Patriota* de Parme, du *Corriere della Sera* de Milan et de la *Gazzetta di Parma* ; dans tous ces journaux, et dans le dernier surtout, M. B. a toujours soutenu avec autant de vigueur que de talent les principes libéraux, mais un beau jour, peu satisfait de la marche des choses en Italie, il quitta son journal et s'en alla en Afrique chercher fortune. Il résida pendant quelques années à Tripoli, où il ne fit pas fortune, mais d'où il adressait à presque tous les journaux libéraux italiens des correspondances ; particulièrement notables entr'autres celles qu'il adressait au *Fanfulla* et qu'il signait du pseudonyme d'*Italicus*. Revenu en Italie, il fait partie de la rédaction du *Popolo Romano*, où il s'occupe surtout de critique dramatique et où il s'est fait remarquer en résistant seul à l'enthousiasme soulevé dans la presse et dans le public par la plus célèbre parmi les artistes italiennes de nos jours, Mme Duse. Sans entrer juges dans la question, on peut bien dire que les passes d'armes ont été, de la part de M. Bettòli, les plus brillantes. A la première période de la vie de M. Bettòli se rapporte l'ouvrage suivant : « Vocabolario tecnico italiano e francese e franceso e italiano, ad uso dei costruttori di lavori pubblici e più specialmente degli ingegneri ed agenti delle strade ferrate », Parme, Grazioli, 1867. — Comme écrivain dramatique, M. Bettòli a débuté à dix-huit ans avec un drame: « Il Pittore », en 1853; suivirent: « Due aristocrazie », 1861; « La buona fede », 1865; « Le figliuolo da marito », 1865; « Un gerente responsabile », comédie en trois actes ; « Susanna », comédie en un acte » ; « L'emancipazione della donna », comédie en deux actes; « Protesta », monologue, Milan, Barbini, 1869; « Lavinia », 1869; « Il Divorzio », 1869; « La vera moglie »; « Il Papato e l'Impero »; « De gustibus non est disputandum »; « Un pregiudizio »; « Giulio Alberoni »; « Il Boccaccio a Napoli », comédie en 5 actes en vers, Milan, Barbini, 1870; « Le idee della signora Aubray », comédie en quatre actes, qui n'est pas une traduction, mais une suite à la comédie de M. Dumas fils, id., id., id.; « La pena del taglione », comédie en trois actes ; « Curiosità, sei femmina », comédie en un acte, id., id. ; « Il contraveleno », comédie en trois actes, id., id., id.; « Il padrone del padrone », comédie en trois actes, id., id., id. ; « Catilina », drame en cinq actes, en vers, id., id., 1875 ; « A [lleanza] R [epubblicana] U [niversale] », comédie en trois actes, id., id. id. ; « Per la famiglia del maestro Costantino Dall'Argine », monologue, Parme, 1877; « La regina Ester », tragédie en cinq actes, id., id., 1881 ; « Un gorgonzolese a Tripoli », comédie en un acte, id., id., 1882 ; « Fausta, opera-ballo », Milan, Ricordi, 1886; sans prétendre avoir cité ici toutes les pièces de M. Bettòli, nous rappelons encore : « L'Egoista per progetto », dont nous avons déjà eu l'occasion de parler (Voyez BARTI P. T.). Comme romancier M. Bettòli a publié: « I re di Maragatos », légende espagnole, 2 vol., Milan, Barbini, 1874; « Il processo Duranti », id., Treves, id. ; « La favorita del Duca di Parma », roman historique, id., id., id. ; « Giacomo Locampo », conte, id., id., id.; « Carmelita, racconto del Tavoliere di Puglia », id., id.; 1875; 2e éd., id., 1880 ; « Terremoto », histoire du XVIe siècle, Milan, Galli

et Omodei, 1877 ; « Un pizzicagnolo in Africa », dans le volume *In teatro*, Rome, Perino, 1885.
— M. Bettòli a publié aussi, en 1879, chez Barbini, à Milan, un roman en cinq volumes en collaboration avec L. Vincenzi, sous le titre : « Un bacio al cimitero ».

Bettòlo (Jean), capitaine de frégate dans la Marine Royale italienne, né à Gênes de parent tyroliens. On lui doit, outre plusieurs brochures sur des sujets techniques un : « Manuale teorico-pratico di artiglieria navale », publié par ordre du Ministère royal de la Marine, 1 vol. ; « Artillerie », Florence, Barbèra, 1879, ouvrage très estimé par les gens compétents.

Bettonagli (François), jésuite italien, né, à Bergame, le 1er avril 1819, est l'auteur d'une brochure sans lieu, ni date, ni nom d'auteur, mais publiée à Milan, typographie Rozza, en 1879, sous le titre: « L'insurrezione filosofica dei Rosminiani nel Trentino »; déjà, en 1857, en collaboration avec Don Vladimiro Carminach, recteur du séminaire de Bergame, le père B. avait publié dans cette ville, chez Cresuni : « Dichiarazioni della Dottrina cristiana, ossia Catechismo ad uso delle chiese e scuole della Diocesi di Bergamo ».

Bettoni-Cazzago (comte François), écrivain italien, président de l'*Ateneo* de Brescia, né, dans cette ville, le 7 avril 1835, fils du comte Jacques Bettoni et de la noble dame Marie Cazzago. Ayant étudié le droit, il entra dans la diplomatie et il fit part, pendant quelque temps, de l'ambassade de Berlin. Mais il ne tarda point à se retirer dans sa ville natale, pour s'y livrer presqu'entièrement aux études historiques. Parmi ses grands ouvrages, on doit signaler: « Memorie »; « Tebaldo Brusato », morceau d'histoire tiré du XVe siècle; « Brescia nel secolo passato », nouvelle historique; « Storia della Riviera di Salò », quatre volumes in-8°; « Note di viaggio in Francia e Spagna »; « Gli Italiani nella guerra d'Ungheria 1848–49 ». Citons encore quelques essais, mémoires, notes : « La nobiltà toscana »; « L'Abissinia e l'Italia », « Memoria intorno alla grande spedizione di Russia »; « Processo inedito di una strega »: « Cronache inedite bresciane dei secoli XIV-XVII »; « Necrologia del barone F. Monti »; « Necrologia del comm. F. Odorici », etc.

Betzo (Mariette), femme poète de la Grèce, née à Nauplie, en 1841. Des malheurs de famille, tel que la mort de deux époux et la fin tragique d'une fille, ont poussé cette veuve inconsolable à la poésie. Elle a publié dernièrement un volume de poésies où elle se montre aussi ardente patriote que mère et épouse désolée. Elle écrit des vers dans une langue populaire très pittoresque. Son recueil est intitulé : « Lauriers et Myrthes ». Nous citerons entr'autres : « Amour et Psyché »; « Les suites d'un baiser » les « Élégies », les « Chants patriotiques ».

Beudant (Charles), jurisconsulte français, né, à Fontenay le-Fleury (Seine et Oise), le 9 janvier 1829; est fils de François Sulpice B. le célèbre minéralogiste (1787-1850). Nommé, au concours, en 1857, agrégé des facultés de droit, il fut attaché d'abord à la faculté de Toulouse, puis appelé, en 1862, à celle de Paris, où il fut chargé comme suppléant de M. F. Duranton de l'un des cours de Code Napoléon. En 1879, il fut nommé doyen de la faculté de Paris, charge à laquelle des raisons de santé l'obligèrent de renoncer en 1887; parmi ses ouvrages, nous citerons : « De l'indication de la loi pénale dans la discussion devant le jury », Paris, Cotillon, 1860; « De la subrogation à l'hypothèque légale des femmes et des sous-ordres », 1867; rédacteur assidu de la *Revue critique de législation* et de la *Revue pratique de droit français*, il y a donné notamment : « De la Naturalisation », 1855; « Des Expertises médico-légales », 1863 ; « De l'Influence au civil de la chose jugé au criminel », 1885. Depuis 1867, M. Beudant a collaboré au recueil périodique de M. Dalloz, dont il est devenu depuis directeur. De 1871 à 1877, il a fait partie du conseil municipal de Paris.

Beugnon (Henri de). Voyez GUENOT (l'abbé C.).

Beugny d'Hagence (Gabriel de), littérateur français, né, à Racquinghem (Pas-de-Calais), en 1831. Nous connaissons de lui: « Touriste et pèlerin: Chartres, Auray, le Morbihan, Lourdes, La Garde, la Salette, les Pyrénées, les Alpes, Paray-le-Monial » Lille, Lefort, 1874 ; « Proscrits. Souvenirs de la révolution de 93 en Artois » Hazebrouck, David, 1875; « Lucy » Paris, Bleriot et Gauthier, 1876 ; « La Vallée maudite, derniers souvenirs de la révolution en Artois » Saint-Omer, D'Homont, 1882; « Le secret de Rose » Paris, Plon, 1883 ; « Mademoiselle de la Rochegauthier » id., Bleriot et Gautier, 1884; Pauvre Lady », id., id., id. ; « Yvonne de Montigneul », id., id., id. ; « Claude Burget », id., id., 1885 ; « Los mémoires d'un commis voyageur », id., Plon, id. ; « Le roman d'un jésuite », id., Palmé, 1887.

Beuthien (Angelius), écrivain allemand, né, le 8 décembre 1834, à Pronsdorf, (Holstein). Des malheurs de famille le forcèrent à entreprendre un petit commerce de tabac et il endura avec sa famille les souffrances les plus atroces jusqu'au jour où le succès de son premier livre, écrit, comme tous les suivants, en *platt-deutsch*, vint changer sa situation. Il vit maintenant à Lübeck, où il publie un journal, le *Spottvogel*. Nous citerons de lui : « Klaas Hinerk », 1876 ; « De latinsche Buer un sin Nabers », 1878 ; « Halfsblod », 1880; « Pegasus Irrfart », 1887, et deux drames : « Senator Jaspersen », 1879 et « Die schwarze Dame », id.

Beyer (Konrad), poète et écrivain allemand, né, le 13 juillet 1834, à Pommersfelden près de Bamberg (Bavière), il fit ses études à Leipsig et écrivit une dissertation d'argument scientifique : « Ueber die anatomischen und physiologischen Verhältnisse der vegetablischen Zelle » et un travail philosophique « Erziehung zur Vernunft », plusieurs fois réédité, 3me éd., Vienne, 1877 et qui eut l'honneur d'être traduit en italien par le comte Carlo Rusconi. Mais M. Beyer s'est surtout fait connaître par ses travaux sur Friedrich Rückert, nous citerons: « Friedrich Rückert's Leben und Dichtungen », 3 éd., Cobourg, 1870; « Friedrich Rückert. Ein biographisches Denkmal », Francfort, 1864; « Neue Mitteilungen über Friedrich Rückert und kritische Gänge und Studien », 2 vol., Leipsig, 1873; « Nachgelassene Gedichte Friedrichs Rückerts und neuen Beiträge zu dessen Leben und Schriften », Vienne, 1877; « Rückert als Freimauer und Dichter », 1880; « Rückert und das Regentenhaus von Sachs-Coburg-Gotha », 1886; sur d'autres terrains, M. B. a publié: « Lieb und Leid », poésies, Leipsig, 1865; « Der Nixe Sang », poésie, id., 1869; « Arja, die schönsten Sagen aus Indien und Iran », id., 1872; « Leben und Geist Ludwig Feuerbach », 2 éd., id., 1873; « Deutsche Poetik », Stuttgard, 2 vol., 1882-84; « Braumüller und Cotta », 2me éd., 1883 et plusieurs autres travaux, parmi lesquels des romans historiques comme « Erzherzog Karl oder der Kampf um den Niederwald », et plusieurs nouvelles. Depuis quelques années, M. B. vit à Stuttgard seulement occupé de ses travaux littéraires.

Beyrich (Henri-Ernest), géologue et paléontologue allemand, né, à Berlin, le 31 août 1815; conseiller intime des mines, professeur ordinaire à l'Université de Berlin, président de la section paléontologique du Musée de minéralogie. M. Beyrich a beaucoup contribué à développer dans son pays le goût des recherches géologiques exactes et il a lui-même étudié particulièrement les terrains crétacé et tertiaire de la Silésie. Nous citerons parmi ses travaux: « Beiträge zur Kenntniss der Versteinerung des rheinischen Uebergangsgebirges », Berlin, 1837; « Ueber einige böhmische Trilobiten », id., 1845; « Untersuchungen über Trilobiten », 2 vol., id., 1846; « Konchylien des norddeutschen Tertiärgebirges », 6 livraisons, id., 1853-1857; « Ueber die Krinoiden des Muschelkalks », id., 1857; « Ueber einige Cephalopoden aus dem Muschelkalk der Alpen », id., 1867. M. B. a publié, en outre, de nombreux articles dans les *Annalen* de Poggendorff, dans l'*Archiv* de Karsten, dans les *Monatsberichten der Akademie der Wissenschaften* et dans la *Zeitschrift der Deutsche Geologische Gesellschaft*. Il a dirigé aussi l'exécution de la « Geologische Karte von Preussen und den thüringeschen Staaten ».

Beyrich (Mad^{me} Clémentine, née HELM), femme du précédent, née, le 9 octobre 1825, à Delitzsch (Saxe). Sous son nom de jeune fille, elle s'est acquise une grande réputation par ses écrits pour la jeunesse. Nous citerons d'elle: « Märchen », 1859; « Kinderlieder », 1861; « Backfischens Leiden und Freuden », 1862; « Lillis Jugend », 1870; « Drei Erzählungen für junge Mädchen », 1872; « Das Kränzchen », 1873; « Prinzesschen Eva », 1874; « Frau Theodora », 1874; « Das vierblättrige Kleeblatt », 1877; « Unterm Schnee erblüht », 1879; « Unsere Selekta », 1880; « Leni von Hohenschwangau », 1882; « Elfchen Goldhaar », 1882; « Professorentochter », 1883; « Röschen im Moose »; « Die Stiefschwestern », 1886; « Die Glücksblume von Capri », 1886.

Beyschlag (Johann-Heinrich-Christoph-Willibald), théologien protestant allemand, né, à Francfort-sur-le-Mein, le 7 septembre 1823 ; d'abord prédicateur adjoint à Trèves, il devint, en 1857, prédicateur de la Cour à Carlsruhe, où il défendit avec une grande énergie la politique ecclésiastique d'Ullmann ; cette tentative de réforme ayant échoué, il fut nommé, en 1860, professeur de théologie à Halle, où il se trouve encore en qualité de prédicateur de l'Université et de directeur du séminaire théologique. A la suite d'une conférence prononcée, en 1864, à Altenbourg sur le sujet : « Welchen Gewinn hat die evangelische Kirche aus den neuesten Verhandlungen über das Leben Jesu zu ziehen », l'orthodoxie de ses opinions fut suspectée. Outre de nombreuses conférences réunies sous le titre: « Zur deutsch-christlichen Bildung », Halle, 1880, des sermons, des écrits d'occasion, M. B. a publié : « Evangelische Beiträge zu den alten und neuen Gesprächen über Staat und Kirch », Berlin, 1852; « Aus dem Leben eines Frühvollendeten », 2 parties, Berlin, 1859, 5e éd., Halle, 1879; « Die Christologie des Neuen Testaments », Berlin, 1866 ; « Die Paulinische Theodicee », id., 1868 ; « K. J. Nitzsch, eine Lichtgestalt der neuern Kirchengeschichte », id., 1872 ; « Die christliche Gemeindeverfassung im Zeitalter des Neuen Testaments », Harlem, 1874 ; « Zur Johannneischen Frage », Gotha, 1876 ; « Zur Erinnerung an D. Albrecht Wolters », Halle, 1879 ; « Der Altkatholizismus », 3 éd., 1883. — M. B. fut, aux synodes prussiens de 1875 et de 1879, le chef reconnu du parti, dit moyen, qui combat la gauche du protestantisme; il dirige dans les idées de ce parti une revue mensuelle les *Deutsch-evangelischen Blätter* qu'il a fondée, en 1876, avec Wolter.

Beyttenmiller (Théodore), écrivain allemand, né, le 2 février 1820, à Weinsberg dans le Wurtemberg ; il fut élevé dans l'orphelinat de Stuttgard d'où il passa à l'École normale de la même ville; après avoir fini ses études au Polytechnikum de cette ville, il fut précepteur dans plusieurs grandes maisons et, entre autres, chez le prince Gortschakow, ambassadeur de Russie. En 1857, il fut nommé professeur à l'École technique de Stuttgard, où il professe encore. En dehors de nombreuses compositions poétiques, publiées dans les journaux, nous connaissons de lui : « Gedichte », 1846; « Maiglöcken », poésies, 1845; « Unsere alt- und mittelhoch- deutschen Dichter », 1861; « Deutsche Sprache und Stilllehre », 1877; « Altdeutsche Mythologie », 1883; « Blumengewinde deutscher Lyrik », anthologie, 1884, 3e éd., 1887; « Tempelhalle christlicher Lyrik », anthologie, 1884, 2e éd., 1887.

Bezzenberger (Adalbert), indianiste et philologue allemand, né, à Cassel, le 14 avril 1851, professeur ordinaire à la Faculté philosophique de Königsberg; nous connaissons de lui : « Untersuchungen über die gothischen Adverbien und Partikel », 1873; « Ueber die a-Reihe der gothische Sprache », 1874; « Litauische und lettische Drucke der 16 Jahrhundert », 1874-75; « Beiträge zur Geschichte d. litt. Sprache », 1877; « Litterarische Forschungen », 1882 ; « Die pamphylische Inschrift », 1884; « Lettische Dialekstudien », 1885. De 1877 à 1888, M. B. a publié les *Beiträge z. Kunde d. indogerm. Sprachen;* et, en 1886, il a traduit « Das littauische Haus ».

Bladego (Joseph), littérateur italien, né, à Vérone, le 28 août 1853 ; il fit ses études classiques dans sa ville natale et se rendit ensuite à l'université de Padoue, où il fut reçu docteur ès-lettres et en philosophie. Nommé ensuite vice-bibliothécaire à Vérone, il ne tarda pas à y être promu bibliothécaire et chargé en même temps de la direction des anciennes Archives de la ville, qui sont parmi les plus importantes de l'Italie. Il a publié : « Le nozze di Teti e di Peleo », traduction, Vérone, 1873 ; « Sopra un codice della Biblioteca Comunale di Verona, contenente l'Epistola de magnete di Pietro Peregrino di Maricourt », Vérone, Rossi, 1873 ; « Dei cataloghi di una pubblica biblioteca, e in particolare del catalogo reale », id., Civelli, 1874 ; « Natura e scienza », ode, id., Franchini, id. ; « Alcuni versi », Vérone, 1875 ; « Alcune lettere di Niccolò Tommasèo, id., id. ; « Lettere di C. Tedaldi-Fores indirizzate alla Teotochi-Albizzi », avec des notices biographiques et critiques sur Tedaldi, dans le *Buonarroti* de Rome, 1876, « Ombre e riflessi », vers, id., Münster, 1877 ; « Antonio Peretti, note letterarie », id., Civelli, 1878 ; « Procul negotiis », vers, Vérone, 1878 ; « Francesca Lutti », Milan, tip. lombarda, 1879 ; « Due poesie inedite », Venise, Longo, 1880 ; « Lettere inedite di Lodovico Antonio Muratori », éd., Vérone, Münster, et Modène, Vincenzi, 1881 ; « Lettere inedite di Scipione Maffei, con note e prefazione », Vérone, 1881 ; « Da libri e manoscritti, spigolature », id., Münster, 1883, 2ᵐᵉ éd., 1885 ; « Due sonetti di Gian Nicola Salerno (1379-1426), con notizie e note », Bologne, Fava et Garagnani, 1883 ; « Poesie e lettere di Ippolito Pindemonte, raccolte ed illustrate », Bologne, Zanichelli, 1883 ; « Les biographies de Pietro Caliari, Paolo Morando, Cavazzola et Domizio Calderini », 1883 ; « Giornale di memorie di Benedetto Del Bene (1770-1796) », Vérone, Zuppini, 1883 ; « La piena d'Adige in Verona del 1776 », documents, id., Franchini, 1884 ; « Carteggio inedito di una gentildonna veronese (Antoni-Verza) », Vérone, 1884 ; « Commemorazione di Rinaldo Fulin », Lucques, Giusti, 1884 ; « Il padre Manzi e il padre Mamachi, aneddoto muratoriano, aggiuntavi la bibliografia delle lettere a stampa di L. A. Muratori », Vérone, Gayer, 1886 ; « In giardino. — Ha quindici anni », id., Franchini, 1887 ; « Vincenzo Monti e la baronessa di Stael », id., Gayer, id. ; « Ricordi e sogni, rime », id., Franchini, 1888 ; cela, sans tenir compte de plusieurs articles insérés dans l'*Adige* de Vérone, dans le *Giornale storico della letteratura italiana*, dans l'*Archivio Veneto*, etc.

Biaggi (Jérome-Alexandre), écrivain italien, rédacteur du journal la *Nazione* pour la partie musicale, collaborateur de la *Nuova Antologia*, professeur de l'histoire de la Musique et d'Esthétique musicale à l'Institut Royal de Musique à Florence, est né, à Calcio, dans la province de Bergame, en 1822. Il fit ses études au Conservatoire de Milan. En 1848, il était l'un des secrétaires du Gouvernement provisoire de la Lombardie. S'étant refugié en Piémont après l'armistice de Salasco, il fut appelé à faire partie de la commission nommée à Turin pour les affaires des émigrés de la Lombardie. Nous n'avons pas à nous occuper ici de son opéra représenté à Messine : « Mastino della Scala ». Nous citerons seulement ses doctes et élégantes publications qui touchent à l'histoire et à la critique de la musique : « Vita di Gioachino Rossini », dont les chapitres publiés font vivement désirer le complément de l'ouvrage ; « Della musica religiosa e delle questioni inerenti », une foule d'articles et de petits travaux, parmi lesquels nous citerons : « Del melodramma e del *Lohengrin* di Wagner », dans les *Atti dell'Accademia del R. Istituto Musicale* de Florence, X année, 1872 ; « Ragionamento sul canto liturgico », introduction aux « Inni della Chiesa, tradotti e commentati da Luigi Venturi », Florence, Carnesecchi, 1877 ; « Memoria intorno al Casamorata », dans les *Atti* déjà cités, 1882 ; Préface à la « Vita di Nicola Vaccai », écrite par son fils Jules, Bologne, Zanichelli, 1882 ; et enfin, des matériaux en grand nombre pour son grand ouvrage toujours en préparation, un « Dizionario della musica », qui doit améliorer et compléter celui de Fétis.

Biagi (Guido), bibliothécaire et littérateur italien, né, à Florence, en 1855. Il fit ses études classiques au Lycée Dante, d'où il passa, l'un des premiers, à l'Institut des Études supérieurs. Pendant qu'il était encore au lycée, il publia, chez Lemonnier, à Florence, un volume d'« Insegnamenti » tirés des ouvrages de Giusti, et précédés d'une « Autobiografia », qui est un portrait vivant du poète. En même temps, il donnait, sous le pseudonyme, d'*Edmondo Guidi*, des vers, à la *Rivista Europea*, plusieurs, d'entre eux, comme le « Vestito smesso » eurent un tel succès, qu'on dut les réimprimer plusieurs fois. Passionné pour les recherches littéraires, tout en fréquentant l'Institut, il entreprit à la Bibliothèque de Florence, des études sur le *Decamerone*, le *Novellino* et sur les manuscrits des premiers siècles de la littérature italienne et il s'appliqua à résoudre la question de savoir si le *Novellino* était du XIII ou du XIV siècle, et par qui et comment il avait été réuni ; en étudiant l'historique de la question, il arriva à se convaincre que chacun des deux partis soutenait une opinion différente, selon qu'ils s'appuyaient sur la 1ʳᵉ éd. de 1525, ou sur l'autre de 1572. Il mit en ordre le résultat de ses recherches et il les publia dans une monographie qui présentée comme thèse à l'Institut obtint le maximum des voix et une mention spéciale. L'année suivante, il publia en tête d'une édition des « Novelle Antiche », d'après des manuscrits fort anciens, sa monographie sur le « Storia esterna del testo del Novellino ». En même temps, M. B. avait fondé un petit journal littéraire, *il Parini*, qui vécut une année ; après la mort de ce journal, il a collaboré et travaillé assidument à une revue littéraire fondée par cinq étudiants de l'Institut, MM. Luigi Gentile, Alfredo Straccali, Giovanni Marradi et Severino Ferrari et intitulée *I nuovi Goliardi*. Il y publia un curieux travail sur la *Rassettatura del Decamerone*, qui est le seul essai qu'on ait sur cette matière ; mais ses collègues appelaient M. Biagi un *bourgeois*, et même, comme l'a dit plus tard dans une poésie, M. Marradi : *un pseudo-goliardo*. Après que les *Nuovi Goliardi* eurent cessé leurs publications, M. B. devint collaborateur de la *Rassegna Settimanale*, dont il fut pendant quelque temps secrétaire de rédaction. En 1880 M. Biagi fut appelé à Rome et attaché à la bibliothèque Victor-Emmanuel, qui était en voie de réorganisation, et chargé de travailler au catalogue des manuscrits. A Rome, il fut collaborateur assidu du *Fanfulla della Domenica*, qui était alors dirigé par M. Ferdinand Martini, auquel il donna l'idée de fonder le *Giornale per i bambini* qui fut le premier de ce genre en Italie, et dont M. B. fut, sous la direction de M. Martini, le compilateur pour tout le temps qu'il resta à Rome. Pendant cette période, il écrivait aussi sous le pseudonyme d'*Adimaro*, de brillants articles dans le *Capitan Fracassa*. Revenu à Florence il s'adonna à des travaux littéraires et il dirigea la charmante édition de la *Piccola Biblioteca Italiana* de l'éditeur Sansoni; en même temps il publiait plusieurs articles dans différentes revues, un entr'autres, dans le *Livre*, sur certains documents relatifs à la famille Bonaparte et dans le quel il prouve l'absurdité de la légende populaire sur le sobriquet de *Plon-plon*, donné à S. A. I. le prince Jérôme-Napoléon. Dans la même période, il publiait : « Il viaggio di nozze della Principessa di Sultzbach » à l'occasion du mariage de S. A. R. le prince Thomas de Savoie, duc de Gênes, et un « Commento delle Poesie del Giusti » pour la *Biblioteca delle Giovinette*, de l'éditeur Lemonnier. Sur ces entrefaites, M. B. avait été nommé sous-bibliothécaire pour les manuscrits à la bibliothèque Nationale de Florence, où il tint un cours de bibliologie et de bibliothéconomie pour les élèves de l'Institut supérieur; en 1883, il fut transféré à la Bibliothèque Victor-Emmanuel de Rome, et quelques mois plus tard il devenait chef du cabinet de M. Martini, alors secrétaire général au Ministère de l'Instruction publique. Sorti du ministère, en même temps que M. Martini, il fut nommé bibliothécaire de la *Marucelliana* de Florence, dont il s'occupe avec passion, tout en consacrant ses loisirs à ses chers études. Il a recueilli plusieurs de ses articles épars, dans un volume publié chez Treves de Milan, sous le titre: « Anneddoti letterarii ». Dans la *Nuova Antologia*, il a publié une monographie fort curieuse sur Tullia d'Aragona, la fameuse courtisane-poète, qu'il est sur le point de republier en volume. Ayant eu maintes occasions de s'apercevoir du manque de livres spéciaux pour ceux qui se destinent à la profession de bibliothécaire, il s'est mis à traduire les principaux ouvrages étrangers de bibliothéconomie, et il prépare, en même temps, un « Annuario storico-statistico-legislativo delle Biblioteche italiane ». Il prépare, en même temps, un Index des matières du *Maremagnum* de Francesco Marucelli, fondateur de la Bibliothèque, à laquelle il préside. Cet index dont il a publié un essai est un des plus énormes travaux bibliographiques qui aient jamais été conduits à fin; il occupe cent onze volumes manuscrits et sera publié dans la collection des *Indici e Cataloghi*, qui paraît aux frais du Ministère de l'Instruction publique. Depuis le 1er janvier 1888, M. Biagi a fondé et dirige à Florence la *Rivista delle biblioteche*, journal de bibliothéconomie et de bibliographie, qui est venue combler une véritable lacune.

Blanchetti (Enrico), écrivain italien, né, en 1834, à Ornavasso (arr. de Pallanza, prov. de Novare), membre du conseil provincial de Novare, du conseil provincial pour les écoles, et de la Commission pour la conservation des monuments de sa province natale. Se destinant au barreau M. B. avait entrepris les études de droit qu'il dut abandonner pour des raisons de santé; il vit maintenant dans son pays partageant son temps entre les soins de ses fonctions publiques et ses études historiques. Il a publié : « I signori d'Ornavasso del ramo dei conti di Castello. Appunti storici », Novare, Rusconi, 1875 ; « Dei limiti della antica contea d'Ossola, seçolo XI; appunti storici », s. l. n. d. mais Novare, 1875 ; « Un dono del cav. ab. D. Antonio Carestia al museo patrio di Valsesia », Novare, Spagnolini, 1879 ; « L'Ossola inferiore; notizie storiche e documenti », 2 vol., Turin, Bocca, 1879. — M. B. a recueilli en outre de nombreux matériaux pour un *Codex diplomaticus blanderatensis*, recueil, autant que possible complet, des documents antérieurs au XIV siècle de l'ancienne famille des comtes de Biandrate qui jouèrent un grand rôle dans l'histoire du pays de Verceil et de Novare à cette époque.

Bianchi (Émile), jurisconsulte et écrivain italien, avocat à Pise, né à Carrare le 24 octobre 1849 ; il fit ses études à l'université de Pise, où, en 1876, il fut nommé professeur agrégé de droit civil. On lui doit : « Sugli articoli 1438, 1441 del Codice civile italiano », Pise, 1861 ; « Studio sull'art. 842 del Codice civile italiano », Pise, 1872 ; « Saggio di Studii sul Diritto internazionale privato », Bologne, 1873 ; une traduction italienne du *Lehrbuch des allgemeinen deutschen Wechselrecht* d'Achille Renaud, avec préface et supplément, où l'on compare les lois étrangères avec le projet de loi italien, Pise, 1874 ; « Sulla capacità di succedere degli Istituti di beneficenza », Bologne, 1874 ; « La legislazione commerciale in Italia ed il suo avvenire », leçon d'ouverture, Pise, 1875 ; « Sulla retroattività dell'anatocismo convenzionale », Bologne, 1876 ; « Della origine del Codice civile italiano e dei più importanti pregi e difetti del medesimo », leçon d'ouverture, Pise, 1877 ; « Considerazioni generali sul sistema ipotecario e sulla trascrizione secondo il codice civile italiano », leçon d'ouverture à son cours de droit civil pour l'année 1877-78 » ; « Il divorzio. Considerazioni sul progetto di legge presentato al Parlamento italiano », Pise, Nistri, 1879 ; « La fondazione testamentaria dei corpi morali », id., Vannucci, id., réimprimé à Bologne en 1880 ; « Le indagini sulla paternità naturale. Proposta di riforme dell'art. 189 del Codice civile italiano. »; Florence, Giusti, 1880; « Corso di legislazione agraria », 2 vol., Pise, Nistri, 1886 ;« Studii ed appunti di diritto civile », id., id., 1887.

Bianchi (Ferdinand), jurisconsulte italien, né, à Parme, en 1854. Reçu docteur en droit, à l'université de Sienne, en 1876, il fut, en 1878, inscrit au barreau de Florence. *Privat Docent* de droit civil à l'université de Parme, de 1879 à 80, il fut l'année suivante chargé du même cours à l'université de Sienne, professeur extraordinaire à l'Université de Macerata, en 1881-82, il y recevait l'ordinariat, en 1884, et était l'année suivante, transféré à l'université de Sienne, où il se trouve encore maintenant. On a de lui : « Delle obbligazioni solidali di diritto romano » Parme, 1878 ; « Un quesito sull'articolo 3 del Codice Civile italiano » Sienne, 1881 ; « Il diritto successorio in relazione agli ordinamenti sociali » id., id.; « I principii della indivisibilità nel diritto civile italiano » id., id. ; « La divisibilità delle cose » dans l'*Archivio Giuridico* de 1882 ; « Del pegno commerciale » Macerata, 1883 ; « Una questione interna di trascrizione » dans l'*Archivio Giuridico* de 1883 ; « Sull'ammortizzazione delle cambiali » 1884 ; « I limiti legali della proprietà nel diritto civile » Macerata, 1885 ; « Le prime linee del sistema ipotecario italiano » 1886 ; « La prescrizione commerciale contro la moglie » ; 1886 ; « Sulla inalienabilità delle servitù prediali » 1886 ; « La regola *servitus servitutis esse non potest* » 1886 ; « Risoluzione della vendita e rifiuto delle merci » 1887 ; « Garanzia di evizione nelle espropriazioni forzate » 1887.

Bianchi (Joseph), ecclésiastique italien, né dans les environs d'Udine ; nous connaissons de lui les ouvrages suivants, le premier desquels a été publié aux frais de la ville d'Udine : « Indice dei documenti per la storia del Friuli dal 1200 al 1400 », Udine, Jacob et Colmegna, 1877 ; « Saggi storico-critici intorno all'epoca della distruzione di Aquileja », Venise, 1877 ; « Del preteso soggiorno di Dante in Udine od in Tolmino durante il patriarcato di Pagano della Torre », Milan, Battezzati, 1878.

Bianchi (Léonard), professeur et médecin italien, né à San Bartolomeo in Galdo, (province de Benevento), en avril 1848. M. Bianchi, qui demeure à Naples, y est membre de l'Académie royale de médecine, médecin de l'hôpital *Sant'Eligio*, de ceux qui sont annexés à l'*Albergo dei poveri*, de la maison provinciale des fous ; aide à la clinique psychiatrique de l'Université de Naples, où il est, en même temps, *privat Docent* de psychiatrie, de pathologie et de clinique médicale. M. B. a traduit de l'anglais et publié avec des notes « Trattato delle malattie renali ed urinarie » de William Roberts, 1878 ; en collaboration avec le prof. Lombroso, il a publié : « Misdea » Rome, Bocca, 1884, et seul : « La paralisi spinale spatica » monographie, Detken, 1881 ; « La emiplegia, Saggio di fisio-patologia del cervello » Naples, 1886 ; « Semiottica delle malattie del sistema nervoso » qui paraît par livraisons, chez l'éditeur Vallardi de Milan. M. Bianchi est, en outre, l'auteur d'une foule de mémoires publiés dans le *Movimento medico-chirurgico*, dans le *Giornale internazionale delle Scienze mediche*, dans la *Scuola medica napolitana*, dans la *Psichiatria*, dans la *Rivista speciale di freniatria*, dans la *Medicina contemporanea*, dans les *Archivii di Psichiatria* de Lombroso, dans la *Revue de philosophie scientifique* de Ribot, dans le *Neurologisches Centralblatt* etc. etc.

Bianchini (Dominique), littérateur italien, chef de division au Ministère des Affaires Étrangères, membre de la *R. Commissione per i testi di lingua*, de Bologne, né, à Naples, vers 1820. Parmi les nombreux écrits publiés par M. Bianchini, nous citerons : « Di un antico inno alle Grazie », dissertation, Rome, Riccomanni, 1872 ; « Lettere inedite di Pietro Giordani », Florence, 1882 ; « Lettere di G. B. Niccolini », dans le journal *il Fanfani* ; « Lettere inedite di Luigia Stolberg, contessa di Albany, a Ugo Foscolo e dell'abate di Brême alla contessa d'Albany », en collaboration avec M. Camillo Antona-Traversi. En outre, M. Bianchini a publié une foule d'articles sur Ugo Foscolo et plusieurs lettres du grand poète dans les journaux suivants : *Fanfulla della Domenica* ; *il Baretti* ; il *Propugnatore* ; *Gioventù di Firenze*, 1865 ; *Il Novellatore mensile* ; on trouvera une énumération exacte de ces articles qui sont une contribution des plus précieuses à l'histoire de Foscolo, dans l'excellente *Bibliografia Foscoliana* de M. Pietro Gori, Florence, 1886. M. B. a publié en outre de petits écrits d'occasion en collaboration avec M. Arlia.

Bianchini (Édouard), littérateur italien, né à Pitigliano (province de Grosseto), le 1er septembre 1846. Il fit son droit à l'université de Sienne, où il fut reçu docteur, en 1867. Après avoir fait la campagne de 1866, dans les Corps des Volontaires italiens, il devint, en 1867, rédacteur du journal la *Vita Nuova*, qui paraissait à Sienne. De 1870 à 1871, il fut rédacteur ordinaire du *Diritto*, d'abord à Florence, en suite à Rome. En 1872, il fut nommé, à la suite d'un concours, professeur d'histoire, de géographie, de littérature italienne, et de droit maritime à l'École navale de Trapani. En 1873, il fut transféré à l'Institut naval de Gaëte dont il devint plus tard président ; en août 1866, il fut, sur sa requête, nommé directeur de l'École technique de Sienne, où il se trouve encore maintenant, et où il enseigne l'histoire, la géographie et les premières notions du droit. De 1881 à 1883, il a collaboré à la *Coltura*, revue dirigée par M. Bonghi. On lui doit : « Intorno alla proprietà letteraria ed artistica » essai, Moschini, 1869 ; « Il taglio dell'istmo di Panama » étude historique et géographique, publié d'abord dans l'*Ombrone* de Grosseto et ensuite en brochure séparée ; « Nozioni di geografia fisica, descrittiva e commerciale, coll'aggiunta di una rassegna storica delle principali scoperte geografiche » Sienne, 1881 ; « Delle oscillazioni del suolo sulle coste di Gaeta » publié d'abord dans la *Rivista Marittima*, et ensuite tiré à part, Rome, 1882, et plusieurs articles d'économie politique, de statistique et de géographie, insérés dans divers journaux.

Biart (Lucien), écrivain français, né à Versailles, le 21 juin 1828. Il s'embarqua très jeune pour le Mexique, s'occupa de zoologie et adressa au Musée d'histoire naturelle de Paris de nombreuses collections d'insectes et d'oiseaux. Reçu professeur de botanique, de chimie et de physique par l'Académie de médecine de Puebla, il fit partie de la Commission scientifique du Mexique. Rentré en France, après une absence de près de 20 années, M. Biart publia dans diverses revues, et notamment dans la *Revue des deux Mondes*, des récits de voyage et des romans, dont les sujets, sont, pour la plupart, empruntés aux mœurs de l'Amérique septentrionale, et rédigea, de 1871 à 1873, le feuilleton dramatique et littéraire du journal *La France*. On doit à M. Biart: « La Terre Chaude » 1862; « La Terre Tempérée » 1866; « Le Bizeo » 1867; « Benito Vasquez » 1869; « Pile et Face » 1870; « Laborde et Cie » 1872; « Les clientes du docteur Bernagius » 1873; « L'Eau dormante » 1875; « A travers l'Amérique » 1876, ouvrage couronné par l'Académie Française; « La Capitana » 1877; « Une traduction de Don Quichotte » 1878, précédée d'une étude importante qui fut la dernière œuvre de Prosper Mérimée; « Les Ailes brûlées » 1879; « Jeanne de Maurice » 1880; « Le Pensativo » 1884; « Les Aztèques » 1885, curieux livre d'histoire faisant partie de la *Bibliothèque Ethnologique* publiée sous la direction de MM. de Quatrefages et Hamy; « Quand j'étais petit » 1886, histoire d'un enfant racontée par un homme. Outre ces ouvrages, M. Lucien Biart a écrit de nombreux volumes illustrés destinés à la jeunesse: « Aventures d'un jeune naturaliste » 1869; « Entre frères et sœurs » 1872; « Aventures de deux enfants dans un parc » 1877; « Deux amis » 1877; « M. Pinson » 1879; « La frontière Indienne » 1880; « L'homme et son berceau » 1880; « Le secret de José » 1881; « Lucia Avila » 1882; « Entre deux Océans » 1882; « Le roi des Prairies » 1883; « Le Fleuve d'or » 1884; « Grand-Père Maxime » 1887.

Biasutti (Jean), écrivain italien, président du Lycée Marco Foscarini à Venise, né, dans cette ville, le 29 janvier 1830. Reçu docteur ès-lettres à l'Université de Padoue, en 1854, il se voua depuis lors à l'enseignement, dans les écoles classiques de la Vénétie. Ses publications littéraires et philologiques ont été fort remarquées. Citons entr'autres: « Quali siano state le cause della decadenza delle lettere nel secolo XVIII e quale influenza vi abbia esercitato il dominio spagnuolo in Italia » Venise, 1856; « Sull' insegnamento della lingua italiana nei Ginnasi » Rovigo, 1861; « Della Filologia comparata e delle sue relazioni coll' Archeologia, colla Storia e colla Filosofia » Venise, 1865; « Metodo pratico per ben comporre nella lingua italiana » ouvrage couronné au VI Congrès Pédagogique italien, plusieurs fois réimprimé; « La Filosofia comparata e l'insegnamento classico nei Licei » Venise, 1867; « Studii comparativi sull'alfabeto latino » Venise, 1867; « Sul miglior modo di rendere popolare l'insegnamento della Storia nazionale », dans la *Rivista Europea* de Florence de l'année 1870; « Gli apologisti del Cesarismo » Florence, 1875.

Bibaud (F. M. M.), homme de lettres canadien. Nous connaissons de lui: « Biographies des Sagamos illustres de l'Amérique septentrionale, précédées d'un index de l'histoire fabuleuse de ce continent », Montréal, 1848; « Catéchisme de l'histoire du Canada », id., Bibaud et Richer, 1853; « Les Institutions de l'histoire du Canada, ou Annales canadiennes jusqu'à l'an 1819 », id., Senécal et Daniel, 1855; « Dictionnaire historique des hommes illustres du Canada et de l'Amérique », id., Bibaud et Richer, 1857; « Tableau historique des progrès matériels et intellectuels du Canada », id., id., 1858; « Le Mémorial des vicissitudes et des progrès de la langue française au Canada », id., Chapleau, 1879; « Mémorial des honneurs étrangers conférés à des Canadiens », id., Beauchemin et Valois, 1885.

Biberfeld (Sigismond), écrivain dramatique allemand, né, à Berlin, le 18 octobre 1828. Nous connaissons de lui: « Aus meiner Liederquelle » poésies; « Ein ungarisches Mädchen » pièce à chanter; « Ein ächtes Berliner Kind » pochade; « 's Baby » monologue; « Fünfzig Jahre Bühnenleben » 1887.

Bibesco (prince Georges), écrivain roumain, ex-officier supérieur de l'armée française, né, à Bucarest, le 14 mars 1834. Il est le troisième fils du prince Georges-Demètre B. qui a régné sur la Valachie, de 1843 à 1848, et de Zoé Mavrocordatos, nièce et fille adoptive du prince Brancovano de Bessaraba, dont les ancêtres ont donné leur nom à la Bessarabie. Le prince Georges élevé en France et à l'École de Saint-Cyr entra par autorisation spéciale dans l'armée française; il fit la campagne de Mexique, puis fut attaché à l'armée d'Algérie et, enfin, en 1868, quand il était proposé pour le grade de chef d'escadrons, il donna sa démission. En 1870, à l'occasion de la guerre, il reprit service, à Sedan il fut blessé et fait prisonnier, mais pendant sa captivité il sut rendre de nouveaux services à son pays d'adoption en employant toute l'influence que lui donnait sa haute situation personnelle au profit de ses compagnons d'infortune. Au moi de juin 1871, le prince rentra définitivement dans la vie privée. M. de Bibesco est le mari de la princesse de Bauffremont, née Valentine de Caraman-Chimay; l'histoire de ce mariage est trop connue pour que nous ayons à y insister. M. de Bibesco qui déjà dès son retour du Mexique envoyait à la *Revue contem-*

p/.raine un article pour justifier son ancien chef, le général Lorencez des accusations auxquelles il était en butte, a publié ensuite les ouvrages suivants : « Le corps Lorencez devant Puebla, 5 mai 1862 ; retraite des cinq mille », Paris, Plon, 1872 ; « Campagne de 1870. Belfort, Reims, Sédan ; le 7ᵉ corps de l'armée du Rhin », id., id., id. ; « Histoire d'une frontière. La Roumanie sur la rive droite du Danube », id., id., 1883 ; « Au Mexique, 1862. Combats et retraite des six mille », dessins de P. Jazet, id., id., 1887 ; « Recueil. Politique, Religion, Duel », id., id., 1888.

Bibesco (prince Nicolas), frère aîné du précédent, comme lui élevé en France et ancien officier de l'armée française. Il a accompagné le maréchal Randon dans son expédition en Algérie et à son retour, il a publié dans la *Revue des deux Mondes* des articles sur l'ethnographie de l'Algérie.

Bibesco (prince Alexandre), frère des précédents, né en 1841. Il a fait, comme son frère, la campagne avec l'armée française au Mexique, mais comme capitaine au régiment étranger ; il a publié deux petits livres pour les excursionistes dans le département de l'Isère : « Les Sept-Eaux », Grenoble, Drevet, 1878 ; « Le Grand Veymont (Trièves et Vercors) », id., id., 1880.

Bibra Spesshardt (baronne Thècle de), femme de lettres allemande, née, le 3 juin 1847, à Römhild (Saxe-Meiningen). Atteinte d'une maladie grave, elle chercha d'abord dans les lettres une distraction, et une fois rétablie en santé, elle y trouva une vocation. Après avoir écrit plusieurs nouvelles, contes, feuilletons etc. sous le pseudonyme de T. Alfred, elle publia, sous son vrai nom : « Riesenkönig Watzmann », 1884 ; « Neujahrstraum », 1884 ; « Gefiona », 1886 ; « Die Hochschule », id. ; « Das Freifräulein », 1887.

Bicchi (César), botaniste italien, né, à Lucques, en août 1822 ; reçu docteur en médecine, il n'exerça jamais sa profession, tout en faisant part pendant dix-huit ans du Conseil sanitaire de la province, et s'adonna à l'étude des sciences naturelles. Élève de l'illustre botaniste de Lucques, Benedetto Puccinelli, il fut pendant quelques années son assistant honoraire ; plus tard, venu à Florence, il y suivit les cours du célèbre Parlatore et il eut l'honneur de se voir dédier par ce botaniste, avec les paroles les plus flatteuses, un nouveau genre de plantes (le genre *Bicchia*) et une nouvelle espèce de narcisse le *Narcysus Bicchianus*. M. Bicchi fut parmi les promoteurs de la *Società crittomologica italiana*, fondée à Gênes, en 1858, et présidée par Giuseppe De Notaris, et il fut un des compilateurs les plus actifs de l'*Erbario crittogamico italiano*. Professeur de botanique à l'Institut de pharmacie de Lucques, il a été admis à la retraite il y a trois ans, tout en gardant les fonctions de directeur du jardin botanique et du musée annexé : il remplit, en outre, dans sa ville natale, plusieurs fonctions administratives auxquelles il a été appelé par la confiance de ses concitoyens. On lui doit : « Aggiunta alla flora lucchese del prof. Benedetto Puccinelli » Lucques, Giusti, 1860 ; « Descrizione di una nuova specie del genere *tulipa* » Milan, 1861, à cette espèce M. B. a donné le nom de *Tulipa Beccariana*, en honneur de M. Beccari, (Voyez ce nom) qui l'avait découverte ; « Sulla vita del dott. Giovanni Giannini, botanico lucchese », etc.

Bickell (Gustave), théologien et philologue allemand, fils de Johann Wilhelm B., le canoniste protestant bien connu (1799-1848). M. Gustave B., né, à Cassel, le 7 juillet 1838, fit ses études à Marbourg et à Halle, se fit recevoir à Marbourg *privat Docent* des langues sémitiques et indo-germaniques. En 1865, il embrassa le catholicisme, se fit ordonner prêtre et fut nommé professeur à l'Académie de Münster. Depuis 1874, il est professeur d'archéologie chrétienne et de langues sémitiques à l'Université d'Innsbruck. En dehors d'une collaboration très active à plusieurs revues scientifiques. M. B. a publié : « Grundriss der hebräischen Grammatik », 2 vol., Leipsig, 1869-70, une traduction anglaise de cet ouvrage a paru, en 1877, M. l'abbé Élie Philippe en a donné, en 1884, chez Lecoffre, une traduction française sous le titre de : « Principes généraux de grammaire hébraïque » ; « Gründe für die Unfehlbarkeit des Kirchenoberhauptes », 2 éd., Münster, 1870 ; « Conspectus rei Syrorum litterariæ », id., 1871 ; « Messe und Pascha », Mayence, 1872 ; « Synodi Brixinenses sæculi XV », Innsbruch, 1880 ; « Der Preger (Koheleth) », 1884. — M. B. a donné aussi des éditions et des traductions des poésies d'Ephrem le syrien (Leipsig, 1866); des « Sancti Isaaci Antiocheni opera omnia », 2 vol., Giessen, 1873-77; de l'ouvrage syrien « Kalilag und Damnag », Leipsig, 1876, et a traduit les « Dichtuugen der Hebräer nach dem Versmass des Originals », Innsbruck, 1882-84.

Bickerstedt (le très Révérend Edward-Henri), théologien anglican, né, à Islington (Londres), le 25 janvier 1825, prit ses grades à Cambridge et, après avoir été ordonné, en 1848, exerça son ministère dans différentes paroisses, devint, en 1861, chapelain de l'évêque de Ripon, et, en 1885, il fut sacré évêque d'Exeter. On lui doit : « Poems », 1848 ; « Water from the Well-Spring », 1853 ; « The Rock of Ages; or Scripture Testimony to the One Eternal Godhead of the Father, and of the Son, and of the Holy Spirit », 1858 ; « Practical and Explanatory Commentary on the New-Testament », 1864 ; « Yesterday, To-day and for Ever », poème en douze livres, 1866, 18ᵉ éd., 1887 ;

« The Spirit of Life; or Scripture Testimony to the Divine Person and Work of the Holy Ghost », 1868; « The Hymnal Companion to Book of Common Prayer », 1870; une nouvelle éd. de ce livre augmentée et revue a paru, en 1876, et est maintenant en usage dans plus de deux mille églises de l'Angleterre et des colonies ; « The two Brothers and other Poems », 1871 ; « The Master's Home Call », 1872 ; « The Reef and other Parables », 1873 ; « The Shadowed Home and the Light Beyond », 1874 ; « The Lord's Table », 1882.

Bickmore (Albert-Smith), naturaliste américain, né, à Saint-Georges (Maine), le 1er mars 1836. Il prit ses grades au collège Dartmouth, en 1860, puis s'adonna à l'étude des sciences naturelles, sous la direction de l'illustre Agassiz, qui, dès l'année suivante, lui confia la direction du département des mollusques de son musée de zoologie comparée de Cambridge. Ayant conçu le projet de fonder à New-York un musée d'histoire naturelle, et pour enrichir en même temps le musée de Cambridge, il passa une année dans les îles de l'Archipel Indien, parcourut une grande partie de la Chine, le Japon et la Sibérie, dont il visita les mines, séjourna dans les provinces du Nord et du centre de la Russie d'Europe, s'arrêta quelque temps en Angleterre, et revint aux États-Unis, après une absence de trois ans environ. En 1869, il publia simultanément à New-York et à Londres son livre « Travels in the East Indian Archipelago » qui eut un grand succès et qui l'année suivante a été traduit en allemand par M. Martin et publié à Jena. En 1870, il fut nommé professeur d'histoire naturelle à l'Université de Madison à Hamilton (État de New-York). Depuis lors il a publié de nombreux articles dans l'*American Journal of Science* ainsi que dans le *Journal of the Royal Geographical Society*, de Londres. Il est actuellement surintendant du Musée d'histoire naturelle de New-York, dont il a été le promoteur et qui a été inauguré à la fin de 1877.

Bidault (Édouard), administrateur français, né, au Mans, en 1828. Après avoir été membre et vice-président du conseil de préfecture de la Seine-Inférieure et membre du conseil de préfecture de la Seine, il vit maintenant, à Paris, retraité avec le titre de conseiller honoraire de préfecture. On lui doit : « Manuel des élections au Corps législatif, aux conseils généraux, d'arrondissement et municipaux », Le Mans, Monnoyer, 1857 ; « Code électoral, guide pratique des élections, etc. », Paris, Durand, 1863 ; 8e éd., id., Dupont, 1877 ; « Loi du 14 avril 1871. Élections municipales du 30 avril 1871. Législation et jurisprudence en vigueur », id., Lachaud, 1871 ; « Électeurs et éligibles. Étude historique », id., Dupont, 1877.

Bidermann (Hermann-Ignaz), écrivain de droit public et statisticien autrichien, né, à Vienne, le 3 août 1831, il fit ses premières études et fréquenta ensuite les universités de Innsbruck, Gœttingue et Leipsig ; se fit recevoir, en 1855, professeur des sciences politiques par l'École supérieure de Pesth. M. B. qui déjà, en 1854, avait fait paraître son premier travail : « Die technische Bildung in Kaisertum Oesterreich », mit à profit son séjour, en Hongrie, pour entreprendre un voyage de recherches, dont les premiers résultats parurent dans son ouvrage : « Das Eisenhüttengewerbe in Ungarn », Pest, 1857 ; nommé, en 1858, professeur ordinaire des sciences politiques à l'Académie juridique de Kassa, en Hongrie, il porta son attention sur les rapports ethnographiques des populations qui l'environnaient et recueillit les matériaux pour son ouvrage : « Die ungarischen Ruthenen, ihr Wohngebiet, ihr Erwerb, und Ihre Geschichte » dont deux parties ont paru à Innsbruck, en 1862-68 ; mais qui n'est pas encore complet. Transféré à Pressbourg ; il y resta, jusqu'en 1861, époque à laquelle il passa à l'université d'Innsbruk, où il écrivit : « Betrachtungen über die Grundsteuerreform in Oesterreich », Gratz, 1862 ; « Ueber den Merkantilismus », Innsbruck, 1870 ; et la première partie de sa « Geschichte der österreischischen Gesamtstaatsidee », Innsbruck, 1867. Nommé professeur de statistique et de droit public à Gratz, il y conduisit à terme l'ouvrage entrepris par le baron Karl Hock, mais dont celui-ci n'avait publié que la première livraison: « Geschichte des österreich. Staatsrates », Vienne, 1868-79 ; et prétendit combattre les aspirations patriotiques des italiens du Tyrol dans : « Die Italiener im tirolischen Provinzialverbande », Innsbruck, 1874. M. B a publié aussi, en 1875, dans la *Zeitschrift für das Privat und öffentliche Recht der Gegenwart* de Grünhut: « Enstehung und Bedeutung der Pragmatischen Sanktion ». — La même année il publiait : « Die Bukowina unter österr. Verwaltung », 2me éd., Lemberg, 1877 ; on lui doit encore : « Die Romanen und ihre Verbreitung in Oesterreich », 1877 ; et « Die Nationalitäten in Tirol und die wechselnden Schicksale ihrer Verbreitung », 1886.

Biechy (Armand), homme de lettres français, né, à Colmar (Alsace), en 1813, professeur de philosophie au lycée de Nancy. Il a publié : « Histoire du siège de Jérusalem par Titus d'après Flavien Joseph », Limoges, Barbou, 1843, une nouvelle éd. a paru en 1859, sous le titre : « Histoire de Jérusalem » ; « Marie d'Alezzio ou la Divine Providence », id., id., 1843, publié de nouveau, en 1857, sous le titre : « Charles d'Anjou ou la Terreur de Naples » ; « Saint-Louis, ou la France au XIIIme siècle », id., id., 1844 ; « Tableau du siècle de Leon X » id., id., id. ; « Saint-Augustin, ou l'Afrique au Ve siècle » id., id., 1845 ; « La Croix sur la

Baltique » id., id., id., roman historique imité de la tragédie allemande du même titre de Werner: « Traité élémentaire d'archéologie classique » id., id., 1846 ; « Histoire de la domination des Maures en Espagne, d'après Conde, de Marlès, dom Ferreras, Cardonne » id., id., 1852, nouvelle éd., en 1863, sous le titre : « Dieu et la patrie » ; « Essai sur la méthode de Bacon. De l'idée de la science » Toulon, Aurel, 1855 ; « L'Induction. Essai sur les principes, les procédés, la valeur et la portée de la méthode expérimentale » Paris, Delagrave, 1869 ; « L'Afrique au IV° siècle » Limoges, Barbou, 1872 ; « Vie de Saint-Louis » id., id., 1874; « Des rapports de la philosophie avec les sciences exactes » Paris, Delagrave, 1874; « La France au XIIme siècle » Limoges, Barbou, 1876; « Le siège de Jérusalem » id., id., 1878 ; « Souvenirs de Palestine » id., id., 1880 ; « Les arts dans l'Italie ancienne » id., id. ; « Son frère M. E. BIECHY, médecin à Schlestadt, né, à Colmar, en 1814, a publié : « De l'empoisonnement du duc de Praslin. Examen du traitement antitoxique. La doctrine française et la doctrine italienne » Schlestadt, Helbig, 1847 ; « D'une révolution dans la constitution médicale et la Méthode thérapeutique durant le cours du siècle actuel » Paris, Baillière, 1880.

Biedermann (Frédéric-Charles), philosophe et homme politique allemand, né, à Leipsig, le 25 novembre 1812 ; il prit ses grades dans cette ville, où il devint, en 1838, professeur extraordinaire à l'Université. En 1845, à la suite d'une conférence qu'il avait tenue: « Ein Wort an Sachsen Stände » il dut renoncer à ces fonctions. Dans les journaux qu'il a publié : *Deutsche Monatsschrift für Litteratur und öffentliches Leben*, (1842-45), le trimestriel *Unsre Gegenwart und Zukunft*, (1846-48), et l'hebdomadaire *der Herold*, (1844-47), il combattit surtout pour le progrès national et pour l'union des petits états à la Prusse. M. B. prit une part assez importante aux mouvements politiques de 1848. Il fit partie du parlement de Francfort, puis de l'Assemblée nationale allemande, qui le nomma secrétaire d'abord, vice-président ensuite. De 1849 à 1850, il prit part aux séances du parlement de Gotha et de la seconde Chambre de Saxe ; il obtint, plus tard, l'autorisation de rouvrir son cours d'économie politique à l'université de Leipsig, mais ses attaques répétées, dans les *Deutsche Annalen*, contre le coup d'État du 2 décembre 1851, lui attirèrent un procès, qui se termina par une condamnation à la prison et lui fit perdre de nouveau sa place de professeur ; revenu à Weimar, il y rédigea l'officieuse *Weimarische Zeitung* ; en 1863, il passa de nouveau à Leipsig, où il prit la direction de la *Deutsche Allgemeine Zeitung*, dont il était le correspondant, depuis 1850 ; il garda la direction de cette feuille, jusqu'en 1879, où elle cessa ses publications. Considéré comme le chef du parti national libéral saxon, il représenta ce groupe politique dans la deuxième Chambre de 1869 à 1870, et dans le *Reichstag* allemand de 1871 à 1874. En 1875, M. B., avait été réintégré dans ses fonctions de professeur extraordinaire ; depuis 1876, il est professeur honoraire. Parmi ses très nombreux ouvrages nous citerons: « Fundamental-philosophie » 1838; « Die deutsche Philosophie von Kant bis auf unsre Tage » 2 vol., 1842 ; « Vorlesungen über Sozialismus und soziale Fragen » id., 1847 ; « Geschichte des ersten Preuss. Reichstages » 1847; « Erinnerung aus der Pauskirche » 1849; « Die Erziehung zur Arbeit » 1852, 2me éd. 1883 ; « Deutschland im 18 Jahrhundert » id.. 1854-1880, 2 vol., en 4 parties ; une 2me éd. du 1er vol. a paru en 1880 ; « Frauenbrevier, kulturgeschichtliche Vorlesungen », 1856, 2me éd., 1881 ; « Friedrich der Grosse und seine Verhaltniss zur Entwickelung des deutschen Geisteslebens » Brunswick, 1859; « Deutschlands trübste Zeit, oder der dreissigjährige Krieg in seinen Folgen für das deutsche Kulturleben » ouvrage précédé d'une autobiographie, Berlin, 1862 ; « Dreissig Jahre deutscher Geschichte » 1880 ; « Heinrich von Kleist's Briefe an seine Braut » 1883 ; « Deutsche Volks- und Kulturgeschichte » 1885 ; « Mein Leben » 2 vol., 1886. En 1864, M. B. écrivit : « Die Repräsentivverfassungen mit Volkswahlen geschichtlich entwickelt im Zusammenhange mit den politischen und sozialen Zustanden der Völker » ; cet ouvrage, dont une traduction française a été publiée la même année chez Brockhaus à Leipsig, par M. Stanislas Leportier, forme la première partie du grand traité: *Das konstitutionelle Prinzip, seine geschichtliche Entwickelung* publié par le baron de Haxthausen pour le compte de la grande-duchesse Hélène de Russie. Ce savant publiciste obtint aussi du succès comme auteur dramatique avec « Kaiser Henri IV » drame, 1861 ; « Otto III » drame, 1863 ; « Der letzte Burgmeister von Strassburg », drame, 1870.

Biedermann (Gustave), philosophe autrichien, né, en 1815, à Aicha en Bohême, il fit ses études à Prague et il vit maintenant en qualité de médecin, à Bodenbach près de Teschen. Déjà dans son premier écrit : « Die spekulative Idee in Humboldt Kosmos », Prague, 1849, il s'était montré partisan de Hegel, dont il suivait la méthode dialectique, mais dont, cependant, il a changé le système dans son ouvrage capital ; « Philosophie als Begriffswissenschaft », id., 3 vol., 1877-1880, parce que à la place de la triade originelle, idée, nature, et esprit, il substitue la nouvelle: esprit, nature, vie. Outre les ouvrages déjà cités on lui doit : « Die Wissenschaftslehre », 3 parties, Leipsig, 1850-60; « Die Wissenschaft des Geistes », 3me éd.,

Prague, 1870; « Kants Kritik und die Hegelsche Logik », id., 1869; « Zur logischen Frage », id., 1870; « Pragmatische und wissenschaftliche Geschichtschreibung der Philosophie », id., 1870; « Metaphysik in ihrer Bedeutung für die Begriffswissenschaft », id., 1870; « Die Naturphilosophie », id., 1875; « Philosophie der Geschichte, id., 1884.

Biedermann (Gustave-Voldemar baron de), littérateur et administrateur allemand, né, à Marienberg (Saxe), le 5 mars 1817. Il étudia le droit à Heidelberg et à Leipsig, et entra dans l'administration. Depuis 1869, directeur général des chemins de fer saxons à Dresde, il a été admis à la retraite le 1er avril 1887, avec le titre de conseiller intime des finances. M. B. charme ses loisirs en s'occupant de littérature. Il a publié divers écrits en prose et en vers qui lui valurent le titre de docteur honoraire de la faculté de philosophie de Leipzig. Nous citerons de lui : « Goethe und Leipzig », 2 vol., Leipsig, 1865 ; « Zu Goethes Gedichten », id., 1870 ; « Goethe und Dresden », id., 1875 ; « Goethe und das sächsische Erzgebirge », Stuttgart, 1877 ; « Goethe Forschungen », Francfort s-l-M, 1879, nouvelle série, 1886. Il a publié en outre : « Goethes Aufsätze zur Literatur », 1873 ; « Goethes Briefe an Eichstädt », 1872 ; « Goethes Tages- und Jahreshefte », 1876 ; « Goethes amtliche und gesellschaftliche Vorträge sowie geistliche Briefe », 1876; « Goethes Briefwechsel mit Friedrich Rochlitz ». M. B. est aussi collaborateur de la grande édition des ouvrages de Goethe à Weimar, dans laquelle il a publié dernièrement, avec Erich Schmidt, les deux premiers volumes de la quatrième partie, les lettres de Goethe; il est aussi un collaborateur assidu de la *Zeitschrift für vergleichende Literaturgeschichte* du professeur Max Koch et de plusieurs autres journaux et revues littéraires.

Biedermann (Detlew Wilibald baron de), agronome et écrivain allemand, frère du précédent, né, le 23 octobre 1823, à Forchheim, près de Marienberg (Saxe), se consacra à l'agriculture, et après avoir passé de longues années dans l'Erzgebirge, vit maintenant à Dresde. Il a écrit des ouvrages d'agriculture et des romans qu'il n'a signé que de son petit nom de *Wilibald*. Voilà le titre de ses œuvres : « Ueber die Pflichten und Rechte der Rittergutsbesitzer », 1866 ; « Kleines Treiben aus einer kleinen Stadt », roman, 1869 ; « Der Roman als Kunstwerk », 1876 ; « Mathematik für Damen », 1880 ; « Zeitungswesen sonst und jetzt », 1882.

Biedermann (Rodolphe), chimiste et technologue allemand, né, à Uslar (cercle d'Hidelsheim-Prusse), le 22 février 1845. M. Biedermann qui est *privat Docent* à l'Université et à l'école supérieure technique de Berlin et rédacteur du *Techn. chem. Jahrbuchs und Repert. der technische Journallist*. a publié en outre : « Handbuch anth. Aussätze a. d. exacten Wissenschaften », 1876 ; « Bericht über die Ausstellung wissenschaft. Apparat i. Southkensington Museum, 1876; « Die wichtigsten Bestimmungen der Patentgesetze aller Länder », 2me éd., 1885.

Bielenstein (Auguste), philologue et écrivain russe, né, à Mittau (Courlande), le 20 février (4 mars v. s.) 1826. — Fils d'un ecclésiastique, il fut lui-même pasteur à Neu-Autz (Courlande) en 1852, puis pasteur de la communauté allemande de Doblen en 1867. Il s'est principalement occupé de la langue lettonienne qui jusque là avait tenté peu de savants ; son ouvrage le plus important est : « Die lettische Sprache nach ihren Lauten und Formen », 2 vol., Berlin, 1863-64, ouvrage couronné par l'Académie de Saint-Pétersbourg. On lui doit encore une: « Lettische Grammatik », Mittau, 1863 ; « Die Elemente der lettischen Sprache », id., 1866 ; depuis 1864, nommé président de la Société littéraire lettonienne de Mittau, il a publié un grand nombre de travaux dans le *Magazin der Lettische litterarische Gesellschaft*, et il a interrompu le travail d'un « Lettisches Wörterbuch », dont le 1er vol. avait paru à Riga en 1862, pour entreprendre la révision philologique et exégétique de la Bible lettonienne qu'il a publié, en 1877, à Mittau; ensuite, il a fait paraître un gros recueil de chansons populaires : « Sammlung lettischen Volkslieder », Mittau, 1875 ; et « Tausend lettische Räthsel übersetzt und erklärt », Mittau, 1881, etc. etc.

Bielz (Édouard-Albert), écrivain hongrois, né, le 4 février 1827, à Nagy-Szeben (Hermanstadt), en Transylvanie. Après avoir fait son droit, il entra au service de l'État, mais occupa toujours ses loisirs à l'étude des sciences naturelles, de la géologie et de la statistique ; il fut, dans l'année 1849, parmi les fondateurs de la Société des naturalistes de Transylvanie, siégeant à Hermannstadt, dont il fut secrétaire d'abord, président ensuite. En dehors de nombreux articles et mémoires, publiés dans les *Verhandlungen und Mitheilungen des Siebenbürgischen Vereins für Naturwissenschaft*, dans l'*Oesterreischische Revue*, dans les *Jahrbüchern des siebenbürgischen Karpatenvereins*, etc. il a publié à part : « Fauna der Wirbeltiere Siebenbürgens », 1856 ; « Fauna der Land-und Süsswasser-Mollüsken Siebenbürgens » id. ; « Handbuch der Landeskunde Siebenbürgens, eine physikalisch-statistich-topographische Beschreibung dieses Landes » 1857 ; « Kurzgefasste Erdbeschreibung von Siebenbürgen, für dem Schulgebrauch bearbeitet », 1858 ; « Reisenhandbuch für Siebenbürgen », 1881 ; « Siebenbürgen, ein Handbuch für Reisende », 1885. — M. Bielz a rédigé aussi, de 1861 à 1863, une nouvelle série de la *Transilvania* revue hebdomadaire pour l'ethnographie, la littérature et les questions d'intérêt scientifique locales; il a collaboré à la première édition de l'*Orts Lexicon der Länder der Ungar. Krone* publié, en 1873, sous la direction du Bureau royal de statistique hongrois et il travailla à la nouvelle édition de la géographie de la Hongrie de J. Michaelis.

Blémont (René), homme de lettres français, ancien chef du bureau à la mairie du 6 arrondissement de Paris, né, à Orléans, en 1819. Il a publié « Le petits-fils d'Obermann » Versailles, Beau jeune, 1863, une 2me éd. de cet ouvrage suivie de « l'Histoire d'un Pinson » a paru, en 1880, à Orléans, chez Herluison; « Fleurs de lys » poésies, Versailles, Beau jeune, 1863 ; « La Collégiale de Saint-Agnan d'Orléans » Orléans, Herluison, 1876; « Orléans », id., id., id.

Bienengräber (Alfred), théologien et littérateur allemand, né, le 8 novembre 1840, à Grimme (duché d'Anhalt). Reçu docteur en philosophie, il fut pendant quelque temps instituteur privé, et fut nommé ensuite aumônier des prisons en différents endroits. Maintenant il est pasteur à Meerane dans le royaume de Saxe. Il débuta dans les lettres, en 1864, par un petit volume de poésies: « Freud und Leid », qui a été vite épuisé et qui d'après la volonté de l'auteur n'a jamais été réimprimé; presqu'en même temps, il fit paraître plusieurs nouvelles et contes dans différents journaux et surtout dans la *Leipziger Allgemeine Modenzeitung*. A partir de 1876, il fut correspondant et collaborateur de plusieurs journaux conservateurs; il a publié aussi dans les journaux spéciaux plusieurs articles et mémoires sur les questions pénitentiaires, et de nombreux articles de théologie dans les *Pastoralblättern* de Vilmar, dans le *Sächs. Kirchen und Schullblatt* et en d'autres journaux spéciaux. Parmi ses nombreux écrits publiés à part doivent être cités : « Briefe eines Mannes nach dem Herzen Gottes », 1868; « Zur Geschichte der griechischen Poesie », 1870; « Aus Krieg und Frieden », id.; « Schmerz und Weltschmerz », 1878; « Die Liebe ist des Gesetzes Erfüllung », 1878; « Ich und mein Haus wollen dem Herrn dienen, eine Hochzeitgabe aus Gottes Wort », 1879; « Im Sonntagsfrieden, ein Erbauungsbuch für die Sonn- und Festtage eines Kirchenjahres », 1886.

Bienvenu (Charles-Léon), écrivain humoristique français, né, à Paris, le 25 mars 1835 ; avant d'être rédacteur en chef du *Tintamarre*, M. B. a collaboré à une foule de journaux littéraires et satiriques: *Figaro, Diogène, Le Nain Jaune, Le Corsaire, Le Soleil, La Lune, L'Éclipse, Le Journal Amusant* etc. En 1866, il a fait représenter sous son propre nom au Théâtre Déjazet une saynète, en un acte: « Un Monsieur qui veut se faire un nom », Paris, Librairie dramatique, 1867. Tous ses autres travaux ont été publiés sous le pseudonyme de *Touchatout*, et, en effet, ce publiciste aussi drôlatique que fécond a un peu touché à tout dans ses livres et dans ses articles où se trouvent mêlées et caricaturées à la fois l'histoire politique et la religion. Il a publié : « Histoire de France tintamarresque de Touchatout, revue et mise en désordre par Léon Bienvenu », Paris, Librairie du *Petit Journal*, 1867; 2e éd., 1875 ; 3e éd., 1877 ; « L'Homme qui rit, nouveau roman de Victor Hugo. Édition tintamarresque », id., Polo, 1869; « Histoire tintamarresque de Napoléon III », id., Librairie illustrée, 1873; « Cours de villégiature, petit guide du parisien à la campagne pendant la belle saison », id., 1873; « Les cinquante lettres républicaines de Gervais Martial », id., id., 1875 ; « Les Nouvelles tragédies de Paris. Rallonge tintamarresque au feuilleton de X. de Montepin (l'Homme aux mains postiches) », id., Ghio, 1875 ; « Le Tour du Monde tintamarresque », id., Librairie de l'Eau-forte, 1875; « La Dégringolade impériale de 1866 à 1872 », id., Dreyfous, 1878; « La grande mythologie tintamarresque », id., id., id.; « Le Trombinoscope », id., Marpon et Flammarion, 1882; « Mémoires d'un préfet de police », id., id., 1885.

Bierling (Rodolphe), jurisconsulte allemand, né, à Zittau, le 7 janvier 1841. Après avoir fréquenté les Universités de Leipsig et de Goettingue et avoir été reçu docteur en droit, il se fit inscrire au barreau de sa ville natale; en 1873, il fut nommé professeur ordinaire de droit à Greifswald, où il enseigne encore maintenant. De 1871 à 1875, il a été membre de la Chambre des députés de Prusse; il a publié: « Gesetzgebungsrecht evangelischer Landeskirchen im Gebiete der Kirchenlehre », 1869; « Zur Kritik der juristichen Grundbegriffe », 1e partie 1877, 2e partie 1883 ; « Die konfessionelle Schule in Preussen und ihr Recht », 1855; et une foule de petits travaux, de dissertations et de mémoires insérés notamment dans la *Zeitschrift für Kirchenrecht*, les *Deutsch- evang. Blättern* et dans le *Rechtslexicon* d'Holtzendorf.

Biermann (Gottlieb), historien autrichien, né, en 1824, à Presbourg; il fit ses études au Lycée évangelique de sa ville natale et à l'Université de Jena, s'adonna ensuite à l'enseignement secondaire et alla finir ses études à Vienne. De 1856 à 1873, professeur au Gymnase évangélique de Teschen, dans la Silésie autrichienne, et depuis 1873, directeur et conseiller pour les écoles, au gymnase allemand de Prague. En dehors de nombreuses dissertations publiées dans les *Jahresberichten* de deux instituts où il a professé et de plusieurs mémoires et articles insérés dans les journaux, on lui doit: « Geschichte der evangelischen Kirche Oesterreich. Schlesiens », 1859 ; « Geschichte des Herzogtums Teschen », 1863 ; « Geschichte der

Herzogtümer Troppau und Jägerndorf », 1874. Ces deux derniers ouvrages ont valu à l'auteur l'honneur d'être nommé docteur honoraire par la Faculté philosophique de l'Université de Breslau.

Biermann (Otto), mathématicien autrichien, fils du précédent, né, à Teschen (Silésie autrichienne), le 5 novembre 1858; il étudia les mathématiques et la physique à Prague, à Vienne et à Berlin, et est maintenant *privat Docent* à l'Université de Prague. En dehors d'une série de travaux de mathématique publiés surtout dans les Actes de l'Académie impériale des sciences, il vient de faire paraître un ouvrage important sous le titre: « Theorie der analytischen Funktionen », 1887.

Biese (Alfred), philosophe et philologue classique allemand, né, à Putbus sur le Rügen, le 25 février 1855, docteur en philosophie et professeur au gymnase de Kiel. Nous connaissons de lui : « Die Entwickelung des Naturgefühls bei den Griechen und den Römern », 2 vol., 1882-84; « Die Entwickelung des Naturgefühls im Mittelalter und in der Neuzeit », 1887.

Biez (Jacques de), journaliste et critique d'art français, né, à Étretat (Seine Inférieure), en 1852, ancien secrétaire de rédaction de la *République française*. M. B. a publié : « Étretat. Un Coup de vent du sud au cap d'Antifer », nouvelle, Étretat, Médrinal, 1877; « Tamburini et la musique italienne », Paris, Tresse, 1877; « Édouard Manet; conférence faite à la salle des Capucines », id., Baschet, 1884; « Le Salon (1884) de Paris illustré », id., Lemonnyer, 1884. — Dans ces dernières années M. de B. s'est adonné avec passion à la propagande antisémitique, il a entrepris un voyage en Roumanie dans le but d'y tenir des conférences antisémitiques, et a publié dans le même ordre d'idées : « La Question juive. La France ne peut pas être leur terre promise », Paris, Marpon et Flammarion, 1886.

Bigarne (Charles), érudit français, né, à Beaune (Côte-d'or), en 1825, membre de la commission des antiquités de son département natal. Il a publié : « Étude historique sur le chancelier Rolin et sur sa famille », Beaune, Lambert, 1860; « Relation des fêtes du concours musical à Beaune. Suivi du Guide de l'étranger à Beaune », id., Batault-Morot, 1870; « Étude sur l'origine, la religion et les monuments de Kalètes-Édues », id., Lambert, 1875; « Histoire de Charey et ses seigneurs », 2 vol., id., Batault-Morot, 1876; et en collaboration avec M. Ch. Aubertin: « Esquisse historique sur les épidémies et les médecins à Beaune avant 1789 », Beaune, Devis, 1885. En outre, il a fait paraître avec une préface et des notes, un opuscule inédit d'Alexis Piron: « Une fête à Beaune, en 1729 », id., Batault-Morot, 1876.

Bigelow (Jean), publiciste, homme politique et diplomate américain, né, en 1817, dans l'état de New-York, nommé consul en 1861, chargé d'affaires en 1864, ambassadeur à Paris en 1865, premier rédacteur du *New-York Times* en 1869, secrétaire de l'état de New-York, élu par le parti démocratique en 1875. Parmi ses publications, signalons: « La Jamaïque en 1850 et les effets de 60 années de liberté dans une Colonie à esclaves », New-York, 1852; « La vie et les services publics de J. C. Fremont », id., 1856; en français: « Les États-Unis de l'Amérique en 1863 », Paris, 1864; « Recherches modernes », Boston, 1867; « Les Humeurs des habitants de Hayti », esquisses de voyage, 1877; « Molinos le Quiétiste », 1882. En 1868, M. Bigelow avait publié l'autobiographie de Franklin, d'après un manuscrit qu'il avait découvert à Paris, et en 1887 il entreprit une nouvelle édition complète des œuvres de Franklin, dont les deux premiers volumes ont paru.

Biginelli (Don Luigi), ecclésiastique et théologien italien, né en Piémont, M. B. appartient depuis de longues années à la presse catholique turinoise. Il dirige maintenant l'*Ateneo*, journal catholique hebdomadaire qui sans mériter le titre d'intransigeant n'a cependant pas droit à celui de libéral. M. Biginelli a publié : « Biografia di Monsignor Alessandro Reminiac dei Marchesi d'Angennes, Arcivescovo di Vercelli, con notizie storiche di sua famiglia », Turin, Favale, 1868; « Dell'unità nei catechismi », id., Marietti, 1869; « Biografia del conte Solaro della Margherita », id., id., Favale, 1870; « Pel giubileo sacerdotale di Mons. Nazari di Callabiana », id., De Rossi, 1881; « Biografia di Monsignor Lorenzo Gastaldi Arcivescovo di Torino », id., id., 1883; « La nuova Italia studiata nella Esposizione nazionale di Torino », id., Canonica, 1885; « Il clero alla Esposizione nazionale di Torino », Naples, 1885; « Della catechetica nel secolo XIX », Turin, Canonica, 1886; « Della più fruttuosa predicazione », id., id.

Bignami (Énée), publiciste et ingénieur italien, né en Lombardie, et partageant actuellement son séjour entre Milan et Florence. Depuis 1848, l'un des acteurs les plus ardents et les plus actifs de l'indépendance italienne et écrivain éloquent, on lui doit: « Le domaine des Chemins de fer du Sud de l'Autriche et de la Haute Italie », Turin, Civelli, 1868; « Cenisio e Fréjus », avec une lettre du général L. F. Menabrea, Florence, Barbèra, 1871, livre des plus sympathiques publié à l'occasion de l'inauguration du grand tunnel qui devait unir à jamais la France à l'Italie; l'auteur lui-même en a donné une traduction française sous le titre : « La Percée des Alpes », qui a paru, en 1872, chez Hachette. Savant aimable, il parle des choses les plus graves dans un style brillant et plein d'attraits. Son livre « Il lago di

Garda descritto e disegnato », Milan, Civelli, 1878, description d'un voyage qu'il a fait avec le colonel suédois Boernstierne contient aussi des pages spirituelles écrites avec le plus grand enjouement.

Bignami-Sormani (Émile), ingénieur italien, né, à Milan, le 28 août 1829. Il fut parmi les fondateurs du *Crepuscolo*, le vaillant journal de Milan, qui sut se montrer patriote sous les yeux de la police autrichienne, et il prit une part active au mouvement patriotique italien. Sans nous occuper ici des très remarquables travaux que M. B. a faits en sa qualité d'ingénieur, nous citerons de lui les Mémoires suivants : « I canali di Milano », 2ᵉ éd., Milan, 1868 ; « Il canale di fognatura sotto la via Romagnosi in Milano » ; « Nozioni su di un nuovo metodo di fognatura tubulare » ; « La grandine, note pei rilievi dei danni sui prodotti agricoli » ; « L'archeologia preistorica in Italia », Milan, Battezzatti, 1875 ; « Tracce dell'antico Milano », Milan, 1878 ; « L'igiene della città », id., Civelli, id. ; « Lo spazzamento della neve nella città di Milano », Milan, 1880. Depuis la fondation du Collège des ingénieurs et des architectes de Milan, M. B. en a été le secrétaire.

Bigot (Charles-Jules), littérateur français, né, à Bruxelles, le 14 septembre 1840, de parents français. Après avoir terminé ses études en France, M. B. fut admis à l'École normale supérieure, en 1860, et passa ensuite par l'École d'Athènes. Reçu agrégé, il professa la rhétorique dans divers lycées, mais ne tarda pas à donner sa démission pour entrer dans le journalisme. Tour à tour collaborateur de la *Gironde*, du *Journal officiel*, du *XIX Siècle*, du *Gagne-petit*, du *Siècle*, où il rédige encore la chronique dramatique, M. Bigot a donné aussi des articles appréciés à diverses publications périodiques, notamment à la *Revue politique et littéraire* et a collaboré à la *Vie littéraire*. Depuis 1880, il est professeur de littérature à l'École militaire de Saint-Cyr et à l'École d'institutrices de Fontenay. Parmi les ouvrages de M. Charles Bigot, nous citerons : « Les Classes dirigeantes », Paris, Charpentier, 1875 ; « Le clergé français devant la loi française », en collaboration avec J. Oudiganne, id., Dreyfous, 1877 ; « La fin de l'anarchie », id., Charpentier, 1878 ; « Le Petit Français », id., Weill et Maurice, 1883 ; « Raphaël et la Farnésine », id., 1884 ; « Grèce, Turquie, le Danube », id., Ollendorff, 1886 ; « Questions d'enseignement secondaire », id., Hachette, 1886 ; « De Paris au Niagara », id., Dupret, 1887 ; « Lectures choisies de français moderne », id., Hachette, id. ; « Peintres français contemporains », id., id., id. — Mᵐᵉ Charles Bigot, sa femme, née à Paris de parents américains, en 1843, s'est également adonnée aux lettres. Sous son nom de jeune fille, Marie HEALY, elle a fait paraître une traduction anglaise du « Raphaël et la Farnésine », de son mari et, sous le pseudonyme de JEANNE MAIRET, elle a publié plusieurs romans, parmi lesquels nous citerons : « Maria », Paris, Charpentier, 1883, ouvrage couronné par l'Académie française, dans la séance du 15 novembre 1884 ; dans la même séance un autre livre recevait la même récompense, c'était le « Petit Parisien », déjà cité parmi les travaux de son mari ; poursuivant l'énumération des romans de Mᵐᵉ Bigot nous trouvons encore : « Jean Méronde », suivi de « Mˡˡᵉ Printemps » ; « Un Mariage superbe » ; « Le Coupé marron », Paris, Ollendorff, 1885 ; « Une folie », id., id., 1886 ; « André Maynard, peintre », id., id., id. ; « La Tache du petit Pierre », id., Jouvet, 1887 ; « Paysanne. Faiseurs d'ancêtres. La femme d'un musicien », id., Librairie de l'art, 1888.

Bigot (Julien-Armand), avocat et homme politique français, ancien magistrat, fils d'un juge de paix, né le 18 janvier 1831. Il fit ses études classiques au Lycée de Laval et son droit à Paris. Il débuta dans la magistrature comme substitut à Mayenne, (1850), à Laval, (1858), à Angers, (1861) ; il fut nommé substitut du procureur général, en 1873 ; avocat général, en juillet 1868 ; il donna sa démission, le 7 septembre 1870, lors de l'installation du procureur général nommé par le gouvernement insurrectionnel. Il se fit inscrire au barreau d'Angers, où il fait partie du conseil de l'ordre. Après sa démission, en 1870, M. Armand Bigot fut élu député de la Mayenne à l'Assemblée nationale ; il y fit partie de plusieurs commissions importantes, notamment de la Commission des Grâces, qui eut à statuer sur les recours des condamnés de la Commune. Non réélu aux élections de 1876, il rentra au barreau et, après le 16 mai, fut rappelé dans la magistrature, comme Président de Chambre à la Cour d'Angers, par M. le duc de Broglie, alors ministre de la justice. Mis, prématurément, à la retraite lors de l'épuration de la magistrature, il a été une seconde fois élu député aux élections du 3 octobre, dans le département de la Mayenne où il est né. Comme œuvres littéraires, on a de M. Armand Bigot, deux discours remarquables, prononcés à la rentrée de la Cour d'Angers : l'un est consacré à l' « Éloge de Prévot de la Chancellerie » avocat au présidial de cette ville, l'autre a pour titre « Essai sur l'histoire du droit à Angers ».

Bigot (Léon), homme de lettres et professeur français, né, à Paris, en 1855, fils de l'avocat du même nom qui mourut en plaidant, en 1872, à Versailles, à la barre du conseil de guerre. M. Léon Bigot fils, membre de la Société des gens de lettres et de plusieurs sociétés savantes, a dirigé de nombreuses publications périodiques : il a fondé divers journaux et une correspondance, la *Chronique géographi-*

que mensuelle, fort répandue en France et à l'étranger. Il a enseigné la philosophie et l'histoire dans plusieurs établissements universitaires et notamment à Compiègne et à l'Association Polytechnique de Paris, où son cours sur le XVIe siècle a été remarqué. Professeur et Directeur de collège, il n'a pas cessé d'écrire et do collaborer à différentes revues. On lui doit: « L'ange du poète », comédie-étude en un acte en vers, Paris, Tresse, 1875 ; « Voix de l'aube », poésies, Chartres, Petrot-Garnier, 1872; ces deux ouvrages ont été réédités en un seul volume chez Hurtau de Paris, en 1878 ; « Histoire de deux passions. La Folle nue. Une fille latine », romans, Paris, Hurtau, 1877 ; « Johan le Coupeur ou le Siège de Soissons en 1414 »; nouvelle historique d'après des documents authentiques, Soissons, Berger et Demoncy, 1877 ; « Lettre à la Société de géographie sur l'enseignement de la géographie dans les écoles », Paris, Naples, 1879 ; « Le Connétable do Richemont », étude historique, id., Arnould, 1882, plusieurs fois réédité ; « Révolte », poème minuscule, id., id., 1883 ; « Le Fou de Compiègne », roman historique, Compiègne, Lefebre, 1884; « Des Appétits factices », Paris, Grassart, 1885 ; « Jeune fille moderne », comédie en un acte, id., Arnould, 1885. Rappelons encore du même auteur, sur le terrain philosophique et historique : « Lettres indépendantes » ; « Le seizième siècle etc. », et sur le terrain purement littéraire ; « Les Veillées d'un Huguenot » ; « Diane de Malaugy » ; « Faux-col en papier » ; « Benjamin Catillard », etc. etc.

Bikélas (Démétrius), poète, traducteur et publiciste grec, né en 1835, auteur de poésies patriotiques, traducteur en grec moderne du septième chant de l'*Odyssée*, de trois tragédies de Shakespeare « Roméo », « Hamlet » et « Macbeth », auteur d'un roman « Louki Laras » et de nouvelles traduites en français par le Marquis de Queux de Saint-Hilaire (Paris, 1887) et en allemand par le docteur Aug. Boltz, d'une Étude historique sur l'empire byzantin, traduite en allemand et en français (la traduction française sous le titre: « Les Grecs au moyen âge », est de M. Legrand, Paris, Maisonneuve, 1878). Parmi ses dernières publications, citons : « De Nicopolis à Olympie », lettres à un ami, Paris, 1885; « Le rôle et les aspirations de la Grèce dans la question d'Orient » ; « Othello de Shakspeare traduit » ; « Poésies nouvelles » (1867-1885) ; « L'Établissement et les limites du Royaume de la Grèce » études historiques, 1887. Citons encore de lui: « Sur la nomenclature moderne de la Faune grecque », Paris, Maisonneuve, 1879.

Bilhaud (Paul), homme de lettres français, né, à Allichamps (Cher), le 31 décembre 1854. M. B a débuté par des chansons et des monologues dont l'un « Le Hanneton », 1879, est devenu populaire. Nous citerons en outre, de lui: « Oraison funèbre de ma belle-mère », 1880; « Premier amour », Paris, Barbré, 1881; « Gens qui rient (choses à dire) », préface par Coquelin Cadet, id., id., 1882 ; volume de poésies et de monologues qui en est maintenant déjà à sa treizième édition ; « La Sonate » ; « Le Voleur volé, anecdote oubliée par Anacréon », avec des illustrations de H. Gray, id., Ollendorff, 1883; « La Douche », comédie de salon, en un acte, en collaboration avec Jules Lévy, id., Librairie théâtrale, 1884 ; « Gustave! », comédie de salon, en un acte, id., id., id. ; «La soirée du seize », comédie de salon, en un acte, id., id., id. ; « Solo de flûte », id., id., 1885 ; « Zilda », ballet humoristique en un acte, 1886 ; « L'âne », 1888 ; « Ça ! », poésie ayant obtenu la première mention au concours littéraire du *Figaro*, en 1885. Au théâtre, il a donné : « Première ivresse », comédie en un acte, avec Julien Berr de Turique, id., id., id. ; « J'attends Ernest », comédie en un acte avec Albert Barré, id., id., id. ; « Les Espérances », comédie en un acte, id., id., id. Citons encore: « La première querelle », comédie en un acte en vers jouée au Gymnase le 1er septembre 1881 ; « Bigame », comédie en 3 actes, Palais Royal, 3 mars 1886. « La veuve de Damoclès », comédie en 3 actes, Vaudeville, mai 1886 ; on lui doit aussi un grand nombre de chansons, parmi lesquelles : « L'amour frileux », musique de Darcier ; « Roman champêtre », musique de Paul Henrion.

Biliotti (Édouard), écrivain italien, agent consulaire de Sa Majesté le Roi d'Italie dans l'île de Rhodes. M. Biliotti a publié en collaboration avec l'abbé Cottret, curé de Fleurines (Orne-France), ancien précepteur à Rhodes, un ouvrage fort important en langue française sous le titre: « L'île de Rhodes », Paris, Thorin, 1881, avec planches.

Billard (Eugène), homme de lettres français, avocat à la cour d'appel de Paris, né, à Saint-Eugène (Saône et Loire), en 1859. Il a publié plusieurs monologues en vers, parmi lesquels nous citerons: « Follette », Paris, Librairie théâtrale, 1883 ; « Je me marie », id., id., id. ; « Retour du bal », id., id., id., 1885 ; il a publié aussi une saynète en vers: « La vocation de Molière », id., id., id., et une brochure de tout autre genre : « Le Péril Social et la loi du 31 août », id., Dentu, 1884.

Billaud (Victor), typographe et journaliste français, né à Saint-Julien-de-l'Escap (Charente inférieure), secrétaire de l'Académie des Muses Santones, qu'il a fondée, ancien directeur de la *Chronique Charentaise*, revue qui se publiait à Saint-Jean d'Angely, et du *Phare littéraire* de Royan. M. Billaud a publié : « Frissons », poésies, Saint-Jean d'Angely, 1874 ; « Brises Santones », id., id. ; « Le Livre des Baisers », dont une 2me éd. a paru à Paris, chez Ghio, en

1879. — M. Billaud, qui réside maintenant à Royan (Charente inférieure), dirige en même temps sept journaux hebdomadaires qui paraissent en différentes villes du Charentais : *Les Annales de la Rochelle* ; *Le Courrier de Rochefort* ; *Le Mémorial de Saintes* ; *La Chronique de Saint-Jean d'Angely* ; *L'Écho de Jarnac* ; *Le Journal de l'Ile d'Oleron* ; *La Gazette des Bains du Mer de Royan.*

Billault de Gerainville (Alexandre-Ernest), littérateur, économiste et historien français, né, à Châteaudun (Eure et Loire), le 19 avril 1825, tour-à-tour professeur, avocat, banquier, soldat même quand la patrie a eu besoin de tous ses enfants, il a trouvé cependant le temps de fournir une abondante production littéraire. On doit à cet infatigable écrivain : « Vie des philosophes de Diogène de Laërte », texte grec avec traduction nouvelle en regard et des notes, 2 vol. ; « Le Cable de Plaute », traduction nouvelle en vers français ; « Résultats fantastiques de l'application de la loi sur les loyers », 1871 ; « Fantastique circulaire de M. Dufaure sur la nouvelle jurisdiction des loyers » ; « Cuisine gouvernementale » ; une nouvelle édition de l'« Éloge des perruques », ce badinage étincelant de verve et d'esprit de M. de Guerle. Le nouvel éditeur a fait passer en français, en vers et en prose, les parties que le respectable, mais trop austère, censeur avait laissées en grec et eu latin, « deux langues, dit-il, dans sa pré-« face, que n'entendent pas encore toutes les da-« mes ». Ce savant et facétieux opuscule a eu huit éditions consécutives, et les honneurs de la traduction à l'étranger ; « Essai sur la liste civile et les budgets du second empire » ; « L'Arrondissement de Châteaudun et son député ; lettre d'un ancien du pays et réponse » ; « De la chûte inévitable du Crédit foncier de France », 1883 ; « Poésies de C. V. Catulle », traduction nouvelle avec le texte latin en regard ; « Plaidoyer de Cicéron pour Marcus Caelius Rufus » ; « L'Académie française, ses vices, ses abus, sa décrépitude » ; « Histoire de Louis-Philippe duc d'Orléans, 6 octobre 1773–9 août 1830 », 3 vol. avec plans. Et nombre de monographies, articles de journaux, plaquettes de moindre importance, parmi lesquelles sa notice de « La Défense de Châteaudun », qui, parue au *Moniteur de l'armée*, du 6 décembre 1870, et reproduite par tous les journaux, a donné le signal de l'enthousiasme patriotique d'où a surgi, par acclamation, la souscription nationale en l'honneur de cette héroïque cité. On annonce comme d'imminente publication : « Juvénal. Traduction nouvelle avec le texte latin en regard et des notes » ; « La France au sentiment des étrangers ».

Billod (Eugène), médecin français, né, à Briançon (Hautes Alpes), en 1818. M. Billod, ancien médecin de l'asile public d'aliénés du departement de Maine et Loire à Sainte-Gemme (près Angers), actuellement médecin en chef et directeur de l'asile public de Vaucluse (Seine et Oise), a publié : « Des Maladies de la volonté, ou Études des lésions de cette faculté dans l'aliénation mentale », Paris, Masson, 1848 ; « De la pellagre en Italie et plus spécialement dans les Établissements d'aliénés », Angers, 1860 ; « De la dépense des aliénés assistés en France et de la colonisation considérée comme moyen pour les départements de s'en exonérer en tout ou en partie », Paris, Masson, 1861 ; « Traité de la pellagre, d'après des observations recueillies en Italie et en France », id., id., 1865 ; « Les Aliénés de Vaucluse et de Ville-Évrard pendant le siège de Paris », id., id., 1873 ; « Des maladies mentales et nerveuses ; pathologie ; médecine légale ; administration des asiles d'aliénés », 2 vol., id., id., 1880–82 ; « Les Aliénés en Italie ; établissements qui leur sont consacrés, organisation de l'enseignement des maladies mentales et nerveuses », id., id., 1884.

Billot (Albert), diplomate français, docteur en droit, rédacteur au Ministère des affaires étrangères d'abord, ensuite secrétaire d'ambassade. Il a publié : « De l'arrestation provisoire en vue d'extradition », Paris, Durant et Pedone Lauriel, 1868 ; « Traité de l'extradition, suivi d'un recueil de documents étrangers et des conventions d'extradition conclues par la France et actuellement en vigueur », id., Plon, 1874 ; « Étude sur le projet de loi relatif à l'extradition des malfaiteurs », id., Berger-Levrault, 1878.

Billotti (Raphaël-Vincent), publiciste italien, fils de l'archéologue Angelo B., né, à Livourne, le 19 mais 1843. Il a collaboré aux journaux : *La Fanfara*, *Il Giovine Esercito*, *La Pubblicità*, *Il Vessillo Militare* et il dirigea le journal *Il Reduce*. Il a publié séparément : « Piccola guida tascabile di Livorno » ; « Dal pennello al moschetto » esquisse militaire ; « Relazione per la riforma delle musiche militari » ; « Elogio funebre di Mons. Gavi ».

Billroth (Théodore), chirurgien allemand, né, à Bengen (île de Rugen), le 26 avril 1829 ; il fit ses études à Greifswald, Gœttingue, Vienne et Berlin, fut reçu, en 1856, docteur en médecine, en cette dernière université, et obtint, trois ans plus tard, la chaire de chirurgie et la direction de la clinique chirurgicale de l'Université de Zurich. En 1867, il alla remplir les mêmes fonctions à Vienne. Pendant la guerre franco-allemande, il fut attaché aux ambulances de l'armée du Rhin. Ce savant est considéré comme l'un des premiers chirurgiens du siècle ; il s'est occupé à la fois d'histologie, de pathologie générale, de chirurgie et de l'organisation du service des hôpitaux. Il a, le premier, opéré un malade du cancer stomacal (Cfr. un travail d'un ses élèves, le Dr Wölfler: « Ueber die von prof. Billroth ausgeführten Resectionen der carcinomatösen Pylorus », Vienne, 1881). Parmi ses nombreux ouvrages, très estimés, nous citerons: « De natura et causa pilorum affectionis », 1852; « Ueber den Bau der Schleympolypen », Berlin, 1855; « Untersuchungen über die Entwickelung der Blutgefässe nebst Beobachtungen aus der chirurgischen Universitätsklinik zu Berlin », id., 1856; « Beobachtungsstudien über Wundfieber und accidentelle Wundkrankheiten », id., 1861; « Die allgemeine chirurgische Pathologie und Therapie », Berlin, 1863, 12me éd., 1885, cet ouvrage a été traduit en français par MM. les docteurs L. Culman et Ch. Sengel de Forbach, sous le titre: « Éléments de pathologie chirurgicale générale », Germer Baillière, 1867, 2 tirage, 1874; « Chirurgische Klinik », Zurich, 1860-67; « Erfahrungen auf dem Gebiete der praktischen Chirurgie », Berlin, 1869; « Chirurgische Klinik, Wien, 1868-70 », Berlin, 1870-72; « Chirurgische Briefe aus dem Feldlazaretten in Weissenburg und Mannheim, 1870 », Berlin, 1872; « Untersuchungen über die Vegetations-formen der *Couobacteria septica* », Berlin, 1874; « Ueber den Transport der in Feld Verwundeten und Kranken », Vienne, 1874; « Ueber das Lehren und Lernen der medizin. Wissenschaften an den Universitäten der deutschen Nation », Vienne. 1876; « Chirurgische Klinik Wien, 1871-76, nebst Gesamtbericht über die chirurgischen Kliniken in Zürich und Wien, 1860-1876 », Berlin, 1879; « Krankenpflege im Haus und im Hospital », Vienne, 1880; « Aphorismen zu lehren und lernen der medizin. Wissenschaft », 1886; en outre, il a fait paraître avec Petra le « Handbuch der allgemeinen und speziellen Chirurgie mit Einschluss der topographischen Anatomie, Operations-und Verbandlehre », Stuttgard, 3 vol., 1865 et 1875, et, depuis 1869, avec Lücke, une revue: *Die deutsche Chirurgie.* Il a été aussi, depuis l'origine, co-directeur de l'*Archiv für klinische Chirurgie*, fondé par feu le docteur von Langenbeck. Le jour même de la mort de S. M. l'empereur Frédéric III, M. Billroth publiait dans les journaux de Vienne une lettre dans laquelle il défendait le système suivi par le docteur sir Morell Mackenzie dans le traitement de l'auguste malade.

Biltz (Karl-Friedrich), philologue, journaliste, écrivain et critique dramatique allemand, né, à Schildau (Saxe), le 6 juillet 1830; après avoir fait ses études à Halle, il fut nommé, en 1853, professeur au gymnase de Torgau, d'où il passa, en 1857, à l'école technique de Potsdam; en 1861, il donnait sa démission pour se rendre à Berlin et s'y préparer aux examens de *privat Docent.* Reçu en cette qualité à l'Université de Jena en 1864, il entrait presqu'en même temps en qualité de rédacteur à la *Norddeutsche Allgemeine Zeitung*, où il restait jusqu'en 1870. Depuis cette époque, il s'est entièrement adonné à ses études philologiques et littéraires, tout en restant en même temps attaché à la *Norddeutsche Allgemeine Zeitung* seulement en qualité de critique dramatique. On lui doit: « Die dramatische Frage der Gegenwart », 1859; « Coriolan », tragédie, 1860; « Dramatische Studien » 1863; « Mein Mann schreibt Tragödien », comédie jouée avec succès au *Residenz Theater* de Berlin; « Der glückliche Bräutigam », comédie; « Der Alte Barbarossa », pochade (*Posse*), 1866; « Die Duenna », de Richard B. Sheridan, traduite avec une introduction historico-littéraire, 1872; « Anno Zweitausend », pochade de l'avenir (*Zukunftposse*), 1877, 2me éd., 1886; « Gedichte », dédié à la mémoire de sa femme, 1883; « Der Fürst von Raiatea », pochade publiée sous le pseudonyme de *Oenophilus*, 1886; « Vorträge und Aufsätze », 1888. M. Beltz est, depuis 1877, membre de la *Berliner Gesellschaft für das Studium der neueren Sprachen*, et il a publié plusieurs travaux philologiques dans les mémoires de cette compagnie: *Archiv für das Studium der neueren Sprachen.*

Bimbenet (Eugène), historien français, membre et ancien président de la société archéologique et historique de l'Orléanais, ancien greffier en chef de la cour d'appel d'Orléans, né, à Orléans, en 1801. On a de lui: « Relation fidèle de la fuite du roi Louis XVI et de sa famille à Varennes, extraite des pièces judiciaires et administratives, etc. etc. », Paris, Dentn, 1844, 2me éd., Didier, 1868; « Histoire de l'université des lois d'Orléans », id., Dumoulin, 1853; « Monographie de l'hôtel de la Mairie d'Orléans », id., id., 1855; « Recherches sur l'état de la femme, l'institution du mariage et le régime nuptial », id., Cotillon, 1855; « Genabum. Essai sur quelques passages de César », Orléans, Jacob, 1861; « Épiscopats de Saint-Euverte et de Saint-Aignan, ou l'Église d'Orléans au IV et V siècles », Orléans, Herluison, 1861; « Les Essais de Montaigne dans leurs rapports avec la législation moderne », Paris, Durand, 1864; « Université d'Orléans. Chronique historique extraite des registres des écoliers allemands », Orléans, Herluison, 1875; « Histoire de la ville d'Orléans », 2 vol., id., id., 1884-1885.

Binder (François), historien et littérateur allemand, né, le 7 novembre 1828, à Ertingen (Würtemberg), et résidant à Munich où il redige le *München*, journal politique et littéraire. Nous connaissons de lui: « Heldenbilder an der dreissigjährig. Krieg », 1856; « Charitas Pirkheimer », 1873, 2e éd., 1878; « Görres Briefe », 1885; « Louise Hensel », 1885.

Bindi (Vincent), écrivain italien, né, à Giulianuova (province de Teramo), le 31 janvier 1853. Tout en faisant son droit à Naples, il suivait en même temps les cours de lettres et de philosophie à l'École Normale supérieure. Successivement professeur dans différents lycées et instituts, il est aujourd'hui président de l'Institut technique Pier delle Vigne à Capoue. M. B. qui est membre de plusieurs sociétés savantes a été envoyé, en 1885, par le Ministère de l'Instruction publique à Paris, avec mission de faire des études à la Bibliothèque Nationale, et à son retour il publia un rapport sur la *Cronaca Casauriense* qui existe dans cette bibliothèque. Plus tard, il parcourut l'Angleterre, la Belgique, la Hollande, l'Allemagne et la Suisse dans le but de recueillir des matériaux pour son « Codice Diplomatico Abruzzese ». — M. Bindi a en effet consacré toute son activité littéraire à l'illustration de sa région natale. On a de lui: « L'Arte e la XII esposizione promotrice di Napoli », Naples, Piazza, 1876 ; « L' Esposizione Nazionale di Napoli. L' Arte antica », 1877 ; « Pietro delle Vigne ed i Grandi Capuani del Regno di Federico II », id., Giannini, 1878, édition de grand luxe publiée aux frais de la ville de Capoue; « La Coltura artistica nelle Provincie meridionali d'Italia dal IV al XVIII secolo », id., Mormile, 1878 ; « Castel San Flaviano (*Castrum Novum*), e di alcuni monumenti d'arte negli Abruzzi », 4 vol., id., id., 1879-1882; « Monumenti artistici degli Abruzzi », id., id., 1882; « Gli Aquaviva letterati », id., id., id.; « Le Majoliche di Castelli ed i pittori che le illustrarono », id., id.; 2e éd., id., Cioffi, 1883; « San Giovanni in Venere, monastero benedettino degli Abruzzi e tre dissertazioni latine inedite di Pietro Polidoro di Lanciano », id., 1882; « L'agro castrense e la porta dell'antico tempio di Santa Maria a Mare presso Giulianuova », id., id.; « Gli Statuti municipali di Atri », id., id.; « G. Mancinelli, G. Gigante, Camillo Guerra », id., id.; « Artisti abruzzesi, dagli antichi a' moderni », id., De Angelis, 1883; « L' Arte del paesaggio a Napoli »; « Fonti della Storia Abruzzese. Supplemento alle Biblioteche Storico tipografiche degli Abruzzi di C. Minieri Riccio e A. Parascandolo », id., id., 1884; « Alcune inedite notizie intorno all'artista abruzzese Cola Filottesio detto Cola dell' Amatrice »; « L' artista napoletano Michele De Napoli »; « L' arco di trionfo di Federigo II Imperatore a Capua »; « Il Museo e la Biblioteca Campana »; « Illustri Giuliesi »; « La Patria del Cardinale Emilio Mazzarino »; « A rivendicare al Municipio di Capua, l'uso dell' antico motto S. P. Q. C. (*Senatus Populusque Campanus*) »; « Il Pastor di Cosenza e il fiume Verde. Commento storico »; « Arte e Storia », Lanciano, 1887; « Artisti abruzzesi », 1 Supplément à l'ouvrage déjà cité. — M. B. s'est acquis par ses travaux et par les soins qu'il donne à l'Institut qu'il dirige de telles titres à la reconnaissance de la ville de Capoue que le Conseil Communal lui à conféré le titre de citoyen honoraire.

Binding (Charles), illustre jurisconsulte allemand, né, à Francfort sur le Mein, le 4 juin 1841. Il étudia le droit et l'histoire à Goettingue et à Heidelberg et ayant obtenu le grade de docteur à Goettingue (1866), et celui d'agrégé à Heidelberg, il fut nommé, en 1866, professeur ordinaire à Bâle et, en 1870, à Fribourg en Brisgau. Lors de l'organisation de la nouvelle université à Strasbourg (1872), il y occupa pendant quelques mois une chaire de droit, mais il passa dès l'année suivante à Leipsig comme professeur ordinaire de droit pénal. Parmi ses ouvrages, nous citerons : « Das Burgundisch- Romanische Königreich », dont jusqu'à présent on n'a publié que le 1er volume : « Geschichte », (Leipzig, 1868), suivi d'une importante appendice de W. Wackernagel sur la langue des Bourguignons et sur les monuments de cette langue ; « Die Normen ueber ihre Uebertretung. Eine Untersuchung ueber die rechtswidrige Handlung und die Arten des Delikts », 1e vol. («Normen und Strafgesetze »), Leipsig, 1872 ; 2e vol. (« Schuld und Vorsatz »), 1877 ; en outre il a publié : « De natura inquisitionis processus criminalis Romanorum », Goettingue, 1863 ; « Der Entwurf eines Strafgesetzbuchs für den Norddeutschen Bund in seinen Grundsätzen beurteilt », Leipsig, 1869 ; « Der Antagonismus zwischen dem deutschen Strafgesetzbuche und dem Entwurfe des bad. Einführungsgesetzes dazu », Fribourg i. B., 1871 ; « Die gemeinen deutschen Strafgesetzbücher vom 26 Februar 1876 und vom 20 Juni 1872. Einleitung », 2e éd., Leipsig, 1877 ; « Die drei Grundfragen der Organisation des Strafgerichts », Leipsig, 1876 ; « Grundriss zur Vorlesung über gemeines deutsches Strafrecht. I. Einleitung und allgemeiner Teil », 2e éd., Leipsig, 1889 ; « Grundriss des gemeinen deutschen Strafprozessrechts », id., 1881.

Binet (E.), jurisconsulte français, né, à Rocroi (Ardennes), le 27 fevrier 1847; il a été attaché comme agrégé à la Faculté de Nancy, en 1873, et a fait successivement en cette qualité les cours de procédure civile et un cours de code civil, en 1877. Il a constamment occupé cette chaire, depuis cette époque, et, depuis 1880, il est chargé, en plus, d'un cours d'enregistrement. Il est l'auteur de deux thèses remarquables, publiées chez Collin, à Nancy, en 1870 : « De la Cession des créances » thèse de droit romain; « De la cessions des droits litigieux » thèse de droit français. M. B. a inséré, en outre, plusieurs articles dans la *Revue critique de législation et de jurisprudence*, et il a collaboré, pour la partie juridique à la *Grande Encyclopédie*.

Binhack (Franz X.), philologue et littérateur allemand, né, le 11 avril 1836, à Waldsassen dans le Palatinat supérieur. Il fréquenta l'Université de Munich, où, après avoir étudié d'abord la philosophie, les sciences naturelles, et l'histoire, il s'adonna ensuite à l'étude de la philologie classique. Nommé professeur de gymnaso successivement en différents endroits, il fut en dernier lieu, transféré à Eichstätt (Bavière), où il se trouve encore. M. B. a traduit en allemand le 3e et 4e livre des « Sylvæ lyricæ », et les odes historiques de Jakob Balde (1604-1668), le célèbre latiniste bavarois; en même temps, il publiait plusieurs autres travaux philologiques, traductions, etc. M. B. est cependant plutôt connu comme poète lyrique à cause de ses « Reime und Träume », 2e éd., 1878, et do ses « Eigenes und Fremdes », 1882. En dehors de ces travaux, on lui doit encore: « Zum Feier des 200 jähr. Todestag J. Baldes », 1867; « Dichterstimmen », poésies, 1876; « Die Aebte der Cisterzienserstiftes Waldfassen, 1887; « Die Markgrafen in Nordgau », id.

Binz (Charles), médecin allemand, né, le 1er juillet 1832, à Berncastel sur la Moselle (gouvernement de Trèves); il étudia la médecine à Wurzbourg, Bonn et Berlin et fut nommé, en 1868, professeur à Bonn où, en 1869, il institua, par ordre du gouvernement, l'Institut de Pharmacologie et, en 1873, occupa, à l'Université, la chaire de professeur ordinaire de pharmacologie. Nous citerons de lui: « Beobachtungen zur innern Klinik », Bonn, 1864; « Experimentelle Untersuchungen über das Wesen der Chinin Wirkung », Berlin, 1868; « Das Chinin nach den neuern pharmakol. Arbeiten », Berlin, 1875; « Ueber den Traum », Bonn, 1878; « Grundzüge der Arzneimittellehre », Berlin, 1866, 8e éd., 1882; « Vorlesungen über Pharmakologie ».

Biollay (Léon), administrateur et économiste français, né, à Paris, en 1830, ancien inspecteur général des perceptions municipales de la ville de Paris. Il a publié: « La question des salaires. Un projet de solution », Paris, Dentu, 1863; « Un Épisode de l'approvisionnement de Paris, en 1789 », id., Dupont, 1878; « Règlements du commerce du bétail dans les marchés d'approvisionnements de Paris », id., Berger-Levrault, 1879; « Origines et transformations du factorat dans les marchés de Paris », id., id., 1880; « Études économiques sur le XVIIIe siècle. Le Pacte de famine. L'Administration du commerce », id., Guillaumin, 1885; « Études économiques sur le XVIIIe siècle. Les prix en 1790 », id., id., 1886.

Biot (Hyacinthe-Joseph), avocat belge, greffier au tribunal de commerce de Bruxelles, né, à Rochefort (province de Namur), le 11 avril 1838. Collaborateur assidu du Bulletin de l'Union syndicale de Bruxelles, M. Biot a publié des ouvrages juridiques dont surtout, maintes fois réimprimés, sont devenus en quelque sorte classiques dans la patrie de l'auteur: « Le Code de commerce actuellement en vigueur en Belgique annoté », 1e éd., Bruxelles, Bruylant Christople, 1872; 7e éd., 1880; et « Traité théorique et pratique de droit commercial », 2 vol., 1e éd., id., 1872; et 3e éd., 1888; citons encore de lui: « Notions élémentaires du droit civil », id., id., 1880.

Biotière (Francisque de), homme de lettres français, né, à Moulins (Allier), le 23 février 1836. Après de brillantes études, il se décida à embrasser le journalisme, mais, pour gagner son pain quotidien, il entra dans une imprimerie, au titre de correcteur. Il se révéla comme journaliste et comme homme de lettres en prêtant sa collaboration, au point de vue artistique et littéraire, à plus de vingt journaux et revues de Paris et de la Province. En 1868, il publia chez Hachette: « Les Autruches du Roi-Soleil », fantaisie humoristique qui eut du succès. Bientôt après, il fonde deux journaux satiriques: le *Belphégor* et la *Fronde*. Il devient ensuite rédacteur en chef du *Moniteur de la Mode*. A peine la guerre de 1870 est-elle terminée qu'il fait paraître « Paris dans les Caves », tableau du siège qui eut huit éditions. Nous avons de lui de nombreuses études et nouvelles humoristiques, parmi lesquelles nous devons citer: « Nos petites demoiselles sucrées »; « De Paris à Soissons. Voyage d'Agrément par un temps de pluie »; « Mon appartement au quartier latin »; « Mélanie »; « Pierrette »; « Un drame dans les coulisses »; « Les aventures du jeune Henri »; « Le Dernier Rêveur »; « Courbassus »; « Fleur d'amour »; « Le Pensionnat de Mlle Flore »; « Jeune Poule et Vieux Renard ». — Il a fondé et dirigé l'*Alliance des Arts et des Lettres*, journal qui compte dix ans d'existence, et entre temps il a publié deux romans: « Les Rentes du docteur » et « La Muguette ».

Bippard (Georges), philologue allemand, né, le 17 août 1816, à Berka-sur-Werra (Thouringe), il fréquenta les universités de Jena, Berlin et Leipsig; fut professeur en différents endroits et, enfin, en dernier lieu, à l'Université de Prague. On lui doit: « Philoxeni, Timothei, Telestis fragmenta », 1843; « Theolog. Pindarica », 1846; « Pindar's Leben, Weltanschauung und Kunst », 1848; « Hellas und Rom », 1858; « Drei Epist. des Qu. Horatius Flaccus », 1885.

Biqual (Charles), littérateur français, né, à Montpellier, le 4 octobre 1850; il a collaboré à divers journaux de province, et plus tard à des journaux de Paris; il fait, depuis 1855, la chronique parisienne dans la *République illustrée*. Il a publié, chez Decoux, un livre intitulé: « A la Bonne Franquette » avec préface d'Armand Silvestre. M. Charles Biqual est fondateur et vice-président de la société *les Rabelaisiens*, dont Armand Silvestre est le président. Il signe souvent du pseudonyme de Charles Grim.

Biraghi (Émile), publiciste italien, directeur du *Corriere Italiano* de Florence, né, à Merate (prov. de Côme), le 31 octobre 1831. Il étudia la jurisprudence à Padoue, et pendant quelques années il enseigna l'histoire universelle, l'histoire de la littérature italienne et l'esthétique à l'Institut Robiati de Milan. En 1857, il entreprit à Vérone la direction du journal libéral *La Specola d'Italia*, qui devait bientôt être supprimé. Son directeur devait se refugier à Turin, où il collabora au *Diritto* et à l'*Indipendente*. Après la bataille de Magenta, il rentra à Milan et fut l'un des principaux rédacteurs du journal alors en vogue *La Lombardia*. Plus tard, nous le retrouvons à la rédaction du journal *L'Italia*, dirigé par De Sanctis, et de l'*Avvenire*, et correspondant de plusieurs journaux italiens et étrangers, entr'autres, du *Pungolo* et de l'*Opinion Nationale*. Depuis 1869, il dirige le *Corriere Italiano* de Florence, donnant l'inspiration et des contributions à l'*Adige* de Vérone. On lui doit aussi un grand nombre de discours d'occasion, des conférences, des brochures sur des sujets différents, politiques et économiques, conçus dans l'esprit le plus large et le plus libéral; nous citerons : « La convenzione 23 giugno 1868 per l'appalto del monopolio dei tabacchi nel Regno d'Italia », lettres, Naples, De Angelis, 1868; « Le censure del prof. deputato Ferrara alla convenzione 23 luglio 1868 per l'appalto del monopolio dei tabacchi », lettre, Florence, Barbèra, 1868; « Il Canale di Suez, le vie e gli interessi commerciali d'Italia », étude économique, Florence, Civelli, 1869; « Venezia e l'Adriatico », id., id., 1872 ; « L'amministrazione della giustizia del Regno d'Italia », lettre à M. Mancini garde des sceaux, id., id., 1877; « Sulla sala di biblioteca disegnata e scolpita dal prof. Rinaldo Barbetti per il barone Leopoldo De Rothschild di Londra », id., id., 1881; « Della produzione e del commercio di esportazione di speciali prodotti agricoli ed orticoli d'Italia », id., id., id.

Biran (Élie-François-Jean-Marie GONTIER de), littérateur français, né, à Bergerac (Dordogne), le 22 juillet 1848. Il termina au Lycée Napoléon ses études commencées au Lycée de Périgueux et fut deux fois lauréat au concours général. Puis il entra, comme rédacteur, au Ministère de l'Intérieur, où il est encore. Petit-neveu de Maine de Biran, il publia, en 1868, chez Dupont, une étude sur les œuvres philosophiques de ce *réflechisseur idéaliste*, ainsi qu'il le nomme. Poète à ses heures M. Élie de Biran a fait insérer des vers dans la *Revue de la Poésie*, la *Revue de la Jeunesse*, l'*Almanac du Sonnet*, le *Sonnettiste*. En 1882, il a noué sa gerbe de « Fleurs éparses », éditée par Fischbacher. On doit à M. de Biran un certain nombre de travaux d'histoire et d'érudition, parmi lesquels nous citerons : « Soulèvement des croquants en Périgord », 1877 ; « Le nouvel art dramatique de Lope de Vega », notice et traduction, 1879 ; « Notice sur G. Gontier de Biran, député aux États généraux de 1789 », 1879; « Maine de Biran et la critique italienne », 1880 ; « Notes et documents inédits relatifs aux institutions de la ville de Bergerac avant 1789 », 1880 ; « Une ambassade de France en Turquie sous Henri IV », 1881 ; « Jean V. Martin évêque (1601-1612) », 1884. M. Élie de Biran a fait aussi paraître deux études d'administration et d'économie sociale : « Principes de l'assistance publique en France », 1881 ; « Les établissements d'utilité publique », 1882. Licencié en droit, Lauréat de la Société d'encouragement au bien, M. de B. est membre de plusieurs sociétés savantes.

Birdwood (sir George Christopher Molesworth); savant anglais, né, à Belgaum dans la présidence de Bombay, le 8 décembre 1832, étudia à Plymouth, se fit recevoir docteur en médecine et, en 1854, entra au service de la Compagnie des Indes à Bombay, où il fut nommé d'abord, en 1857, professeur ordinaire d'anatomie et de physiologie au Collège médical Grant, et plus tard professeur de botanique et de matière médicale. Nommé en même temps curateur du Musée Central du gouvernement à Bombay, il y fonda avec l'aide de l'éminent médecin hindou, Bhao Dhaji et d'autres indigènes, le *Victoria and Albert Museum* et les *Victoria Gardens*. Nommé, en 1867, par sir Bartle Frere, commissaire à l'Exposition Universelle de Paris, des raisons de santé l'obligèrent à quitter définitivement l'Inde, en 1869. Comblé d'honneurs, à son retour en Angleterre il s'occupa presque exclusivement de choses indiennes et publia : « Catalogue of the Bombay Presidency (Vegetable) », 1862 ; 2e éd., 1868 ; « The Genus Boswellia (Frankincense Plants) », avec illustrations de trois nouvelles espèces, dans le 27e vol. des *Transactions of the Linnæan Society*; l'article « Incense », dans l'*Encyclopædia Britannica*; « Handbook to the British Indian Section, Paris Exhibition of 1878 » ; « On an ancient Silver Patera », dans le tome XI des *Transactions of the Royal Society of Litterature*; « Handbook on the Industrial Arts of India », 1880 ; « The Arts of India », 1881 ; « Austellung Indischer Kunst-Gegenstände zu Berlin », 1881 ; « Indiens Konstalöyd en Kortfattad Skildring », Stokholme, 1882. M. B. a toujours collaboré activement aux journaux indiens et il a dirigé pendant quelque temps le *Bombay Saturday Review*. Il a publié dans le *Times* (1881-82), une série de lettres pour défendre, même au point de vue de la moralité, l'impôt sur l'opium, lettres qui furent reproduites dans le livre « The Truth about Opium », 1882, de M. W. H. Brereton. Parmi les nombreux articles de M. B. nous en citerons encore deux de particulièrement notables : « Are we Despoiling India? », dans la *National Review* de septembre 1883, et « The Christmas Tree », dans la *Asiatic Quarterly Review* du 1er janvier 1886.

Biré (Edmond), littérateur français, né, à Luçon (Vendée), en 1829, docteur en droit et secrétaire de la Chambre de commerce de Nantes. M. Biré a débuté dans les lettres en publiant, en collaboration avec Émile Grimaud : « Les poètes lauréats de l'Académie française. Recueil des poèmes couronnés depuis 1800, avec introductions (1671-1800) et des notices biographiques et littéraires, tome I, 1671-1830; tome II, 1830-1864 », Paris, Bray, 1864. Ensuite il publia seul; « Victor Hugo et la Restauration », étude historique et littéraire, Paris, Lecoffre et fils, 1869; « Dialogue des vivants et des morts », id., id., 1872 ; « La légende des Girondins », id., Palmé, 1882 ; « Victor Hugo avant 1830 », id., Gervais, 1883 ; « Journal d'un bourgeois de Paris pendant la Terreur », id., id., 1884; « Victor de Laprade, sa vie et ses œuvres », id., Perrin, 1886.

Birket-Smith (Sophus), écrivain danois, bibliothécaire de l'université de Copenhague, né, à Banders (Danemark), le 28 août 1838 ; il étudia d'abord la médecine, se vouant ensuite à l'archéologie classique et à l'histoire littéraire. En 1824, il prit part à la guerre de son pays contre l'Allemagne. Après avoir été bibliothécaire du Roi, il passa à la Bibliothèque de l'Université. Il débuta dans la presse par un Guide dans le cabinet des antiques de Copenhague. Suivirent un mémoire sur les vases peints de ce même cabinet, 1862; l'Histoire de Léonore-Christine comtesse Ulfeldt, en deux vol. 1879-81; des recherches sur la Bibliothèque de l'Université de Copenhague, avant 1728, et spécialement sur la collection de manuscrits, 1882; des Études sur l'ancienne comédie danoise, 1883. En outre, il a édité des écrits d'autres auteurs ; citons une série d'anciennes comédies danoises, 1866-67 ; les Souvenirs de prison de Léonore-Christine comtesse Ulfeldt, réimprimés pour la 4me fois, en 1887; un Recueil de lettres jetant le jour sur l'histoire littéraire danoise de la fin du siècle passé et du commencement de ce siècle, 1884 ; l'autobiographie du médecin Otto Sperling, 1885. Il a collaboré aussi au recueil historique intitulé : *Danske Samlinger*. Toutes les publications de ce remarquable écrivain ont été faites en langue danoise.

Birlinger (Antoine), germaniste allemand, né, le 14 janvier 1834, à Wirmlingen près Tubingue. Reçu, en 1869, *privat Docent* à l'Université de Bonn pour la philologie allemande, il y devint professeur, en 1872. M. B. s'est surtout occupé de recherches concernant le *folklore* de l'Allemagne méridionale, et il a, dans ce but, fondé l'*Alemania*, journal pour la langue, littérature etc., de l'Alsace, du Haut-Rhin et de la Souabe. Nous citerons de lui : « Volkstümliches aus Schwaben », 1861-62 ; « Nimm mich mit », 1862 ; « Schwäbisch Augsburgisches Wörterbuch », 1864; « Felix Fabers gereimtes Pilgerbüchlein », 1864; « Sosprechen die Schwaben », 1868; « Alem. Sprache rechts des Rheins, seit dem 13 Jahrhun. », 1868; « Aus Schwaben », 1873 ; « Des Knaben Wunderhorn », 1874 ; « Altdeutsche Neujahrsblätter », 1874 ; « Hans Bustetter Ernstlicher Bericht », 1887.

Birnbaum (Charles-Joseph-Eugène), économiste allemand, fils de l'illustre jurisconsulte Jean-Michel-François B. (1792-1877), né à Louvain (Belgique), le 18 mai 1829. Il étudia à Giessen et à Jena, fit ensuite pendant sept ans de l'agriculture pratique, et ayant pris ses grades à Giessen, en 1866, il devint directeur de l'école d'agriculture de Plagwitz près de Leipsig. Nommé l'année suivante professeur d'économie politique et d'économie morale à l'Université de Leipsig, il a été député de Leipsig-Campagne au Reichstag allemand de 1871 à 1873. Nous citerons de lui : « Ueber die Wirtschaftsysteme », 1857 ; « Lehrbuch der Landwirtschaft », Francfort s. M., 3 vol., 1858-63 ; « Fr. G. Schultze als Reformator der Landwirtschaft », id., 1860 ; « Die Universitäten und die isolierten landwirtschaftlichen Lehranstalten », Giessen, 1862 ; « Wie und wann soll man düngen », Mayence, 1863 ; « Die Kalidüngung in ihren Vorteilen und Gefahren », Berlin, 1868 ; « Denkschrift über das Genossenschaftswesen in der Landwirtschaft », id., 1870 ; « Anleitung zum Studiengang des Landwirthsch. », 1874 ; « Landwirtschaftliche Taxationslehre », Berlin, 1877 ; « Katechismus der landwirtschaftlichen Buchführung », Leipsig, 1879 ; « Wichtige Tagesfragen », Berlin, 1880 ; « Taschenbuch zum Bonitieren », 1885 ; M. B. a collaboré aussi à la rédaction du *Handbuch für angehende Landwirth*, de S. von Kirchhaus, 9e éd., Berlin, 1880 ; il a rédigé avec Thielsle *Landwirtschaftliches Konversations-lexicon*, Leipsig, 1876-81, 7 vol., et publié de 1870 à 1874 la revue mensuelle *Georgika* devenue depuis *Deutsche Monatsschrift für Landwirtschaft und Einschlagen der Wissenschaften* etc., etc.

Bischof (Charles), ingénieur des mines et métallurgiste allemand, né, dans les salines de Durrenberg (cercle de Mersebourg, en Prusse), le 4 juin 1812. Après avoir fait ses études à Berlin, il fut d'abord employé dans les mines de M. le comte d'Einsiedel à Lauchhammer, puis, après de nouvelles études, il devint directeur des mines de Maegdersprung (1843), et, enfin, inspecteur des mines. Il prit sa retraite en 1864. Parmi les nombreuses inventions et découvertes qu'on lui doit, nous citerons un petit char à vapeur se mouvant sur les voies ordinaires et qui fut le premier de ce genre en Allemagne (1829), et un nouveau système de chauffage qui fut plus tard appliqué dans la plupart des branches de l'industrie et en particulier dans l'exploitation des mines (1839). On lui doit les ouvrages suivants : « Die indirekte Nützung roher Brennmaterialen », 2ᵉ éd., Quedlinbourg, 1856; « Die anorganische Formations- gruppe », 1864; « Geschichte der Schöpfung », Dessau, 1868; « Die feuerfesten Thone », Leipsig, 1877.

Bischoff (Joseph-Édouard-Conrad), romancier allemand, connu sous le pseudonyme de *Conrad de Bollanden*, né, à Niedergailbach (Palatinat), le 9 août 1828. Il étudia la théologie catholique à Munich; ordonné prêtre à Spire, en 1852, il devint vicaire à la cathédrale de cette ville, puis fut successivement desservant à Kirchheimbolanden, curé à Boerrstadt et enfin à Berghausen près de Spire, (1859). En 1869, il donna sa démission et se retira à Spire pour s'occuper uniquement de ses travaux littéraires. Le pape Pie IX l'a nommé, en 1872, Camérier secret, en récompense des services qu'il avait, par ses écrits, rendus à la cause de la Foi, et en effet, M. Bischoff appartient à la fraction la plus intransigeante du parti catholique. Déjà dans ses deux premiers romans « Brautfahrt », Ratisbonne, 1867, et « Franzvon Sukingen », non seulement il attaque avec la plus grande violence la Réforme, mais il peint sous les couleurs les plus noires Luther, Sickingen, Huttens etc. Suivirent ensuite « Königin Bertha », Ratisbonne, 1860; « Barbarossa », id., 1862; « Die Aufgeklärten » Mayence, 1864, et « Historische Novellen über Friedrich II und seine Zeit », 4 vol., id., 1865-77, où le grand roi est représenté comme un malfaiteur politique. Dans « Angela », Ratisbonne, 1866, le romancier prend à combattre les progrès des sciences naturelles et dans le « Freidenker », id., id.; il prend à partie le libéralisme. Tous ses autres romans, dont suivent les titres, sont naturellement conçus dans le même esprit: « Gustave Adolphe », 4 vol., Mayence 1867-70; « Raphaël », id., 1870; « Die Unfehlbaren », id., 1871; « Der Gott », Ratisbonne, 1871; « Der alte Gott », id., id.; « Kelle oder Kreuz », id., 1872; « Die Magern und die Fetten », id., 1872; « Bussisch », id., 1872; « Canossa », 3 vol., Mayence, 1873; « Die Staatsgefährlichen », id., 1873; « Die Reichsfeinde », 2 vol., 1879; « Urdeutsch », 2 vol., 1875; « Bankrott », 3 vol., 1877; « Die Bartholomäusnacht », 2 vol., 1879; « Altdeutsch », 3 vol., 1881; « Savonarola », 2 vol., 1882; « Neudeutsch », 1884, etc. etc. — Les œuvres complètes de cet auteur paraissent dans une édition populaire illustrée, depuis 1871, à Ratisbonne; la plus grande partie en a été traduite en différentes langues.

Bishop (William-Henri), littérateur américain, né, le 7 janvier 1847, à Hartford (Connecticut E. U.); il fit ses études et se gradua à Yale College de New-Haven dans le même État. Il a publié : « Detmold », roman, 1879; « The House of a Merchant Prince », 1882; « Old Mexico and his last provinces », 1883; « Choy Susan and other Stories », 1885; « The Golden Justice », 1887; tous ses travaux ont paru, d'abord, dans l'*Atlantic Montthy*, ou dans l'*Harper's Magazine*, ou bien dans *The Century*, et n'ont été réunis, en volume, que plus tard. M. B. est, depuis 1885, professeur à l'Institut des Sourds-muets de New-York.

Bissing (Ferdinand), journaliste allemand, né, en 1832, à Heidelberg; après avoir été promu, *summa cum laude* à l'Université de sa ville natale, il y resta quelques années en qualité de *privat-Docent*. Pendant ce temps, il publia : « Athen und die Politik seiner Staatsmänner von der Niederlage der Perser bis zum Waffenstillstands des Perikles », 1862; « Frankreich unter Ludwig XVI », 1871; depuis cette époque, il s'adonna entièrement au journalisme et est depuis dix ans directeur de la *Brisgauer Zeitung* à Fribourg-en-Brisgau.

Bisson (Alexandre-Charles-Auguste), auteur dramatique et écrivain musical français, né, à Briouze (Orne), le 9 août 1848. En 1869, il entra au Ministère de l'instruction publique en qualité de rédacteur; mais il ne tarda pas à donner sa démission pour se consacrer au théâtre. M. Bisson a fait représenter les pièces suivantes : « Quatre coups de canif », vaudeville en un acte (Folies Marigny, 1873); « Le Chevalier Baptiste », comédie en un acte (Gymnase, 1874); « Le Vignoble de madame Pichois », comédie en quatre actes (Théâtre Scribe, 1874); ces deux dernières pièces écrites en collaboration avec André-Sylvane ont été publiées, en 1874-75, chez Lévy frères : « Un voyage d'agrément », comédie en trois actes (Vaudeville, 1881), en collaboration avec Gondinet, Paris, Lévy, 1881; « Le Fiancé de Margot », opérette en un acte, 1881; « Un lycée de jeunes filles », opérette-vaudeville en quatre actes (Cluny, 1881); « 115, Rue Pigalle », comédie en trois actes (Cluny, 1882), Paris, C. Lévy, 1882; « La Gymnastique en chambre », vaudeville en un acte (Menus-Plaisirs, 1882); « Ninette », opéra-comique en trois actes, en collaboration avec Alfred Hennequin, musique de Raoul Pugno (Renaissance, 1882), publié la même année chez Lévy; « Le Député de Bombignac », comédie eu trois actes (Théâtre Français, 1884); « Le Cupidon », vaudeville en trois actes (Palais Royal, 1884); « Le Moûtier de Saint-Guignolet », opérette en trois actes (Galeries Saint-Hubert, Bruxelles, 1885); « Une mission délicate », comédie en trois actes (Renaissance, 1886); « Un conseil judiciaire », comédie en trois actes (Vaudeville, 1886); « Ma gouvernante », comédie en trois actes (Renaissance, 1887); « Le Roi Koko », vaudeville en trois actes (Renaissance, 1887). Indépendamment de ces pièces dont plusieurs, comme « Le Député de Bombignac », ont obtenu un éclatant succès, M. Bisson a écrit : « L'Anniversaire » et « Le Retour de Jeanne », deux opérettes en un acte, publiées dans le *Magasin des demoiselles*. — Comme écrivain de musique, M. B. a écrit en collaboration avec Théodore de Lajarte, l'érudit bibliothécaire de l'Opéra, les ouvrages suivants : « Grammaire de la musique », Paris, Hennuyer, 1879 ; « Petit traité de composition musicale », id., id., 1881 ; « Petite encyclopédie musicale. Tome I, Traité de musique. Tome II, Histoire générale de la musique et Biographie des compositeurs, virtuoses, etc. », id., id., 1881-83.

Biston (Remy-Joseph-Pierre), polygraphe et avocat français, né, à Épernay (Marne), le 29 août 1811. On lui doit : « De la noblesse maternelle en Champagne et de l'abus des changements de nom », Châlons, 1859 ; « De la fausse noblesse en France », Paris, 1861 ; « Lettre sur la politique du temps présent », Paris, 1866 ; « Un mot sur l'Allemagne », Paris, 1867 ; « Des bienfaits de l'association et Documents sur quelques sociétés coopératives », Paris, 1868 ; « Etude politique et morale ; Noir et Blanc », Paris, 1869 ; « Berryer et ses contemporains », Paris, 1873 ; « De l'avilissement des titres de noblesse, sous l'ancien régime ».

Bittanti (Louis), physicien et mathématicien italien, né, à Casalmorano (province de Crémone), ancien professeur au Lycée de Brescia, actuellement membre du Conseil pour les écoles de sa province natale, et président du Lycée Manin de Crémone. Nous connaissons de lui : « Di Nicolò Tartaglia matematico bresciano », discours, Brescia, Apollonio, 1871 ; « Sulla proposta del sig. don Bortolo Bozzoni di far morire le crisalidi dei filugelli colla rarefazione dell'aria: sperienze », dans les *Commentarii dell'Ateneo di Brescia per l'anno 1879*, etc.

Bittong (Franz), écrivain dramatique allemand, né, le 2 novembre 1842, à Mayence. Il s'adonna d'abord au commerce, mais une passion irrésistible l'attirait vers le théâtre, de la sorte qu'il finit par quitter ses affaires pour entreprendre une carrière plus en harmonie avec ses goûts. En 1871, de retour de la guerre, il prit la direction du théâtre de l'Opéra de sa ville natale ; en 1872, il passait, en la même qualité, à Stettin ; en 1873, à Brême ; en 1876, au *Thaliatheater* de Hambourg, où il se trouve encore maintenant en qualité de régisseur en chef du théâtre de la ville. Parmi ses nombreuses productions nous citerons : « Die Meistersänger und das Judentum in der Musik », parodie, 1871 ; « Blaue Rosen, schwarze Tulipen », comédie, 1871 ; « Die Dämonen des Herzens », tragédie, 1871 ; « Plaudereien über die Reforme der deutschen Bühne », 1872 ; « Emmerich Joseph », 1872 ; « Wichtelmänner », 1872 ; « Lancelot », opéra, 1875 ; « Des Königs Schwert », comédie, 1876 ; « Die Lachtaube », comédie, 1876 ; « Die Plaudertasche », comédie, 1878 ; « Der Westindier », drame, 1883 ; « Der Lügner », comédie, 1884 ; « Flottenmanöver », comédie, 1887.

Bittrich (Max), homme de lettres allemand, né, le 17 juin 1866, à Forst, en Lusace, où il demeure encore maintenant ; il a publié dans plusieurs journaux des contes villageois, des nouvelles et des poésies qui ont été fort goûtés. En société avec M. Heinrich Sohnrey, il dirige la *Festmappe für Zeitungen*. Ses contes villageois en dialecte de la Lusace ont eu le plus grand succès ; publiés d'abord dans les journaux, ils viennent d'être réunis en volume.

Biundi (Joseph), économiste et écrivain italien, ancien directeur provincial (*provveditore*) des études, actuellement en retraite à Messine, né, à Palerme, le 30 octobre 1824. Il fit de brillantes études de jurisprudence à l'Université de sa ville natale, et s'y fit dès sa première jeunesse remarquer par ses publications, qui sont maintenant nombreuses et touchent à des sujets différents. En 1883, M. Biundi présidait à Trapani le Congrès Pédagogique. On lui doit, entr'autres : « Sulla vita e gli scritti di G. E. Di Blasi » ; « Cenni biografici di Giuseppe Borghi » ; « Sui nuovi frammenti di Diodoro Siculo » ; « Sullo storico Flavio Vopisco e sulla versione di Salvatore Chindemi » ; « Dizionario siciliano-italiano » ; « Saggio di Storie Siciliane ». Toutes ces publications littéraires ont paru à Palerme entre les années 1845 et 1859. Depuis, M. Biundi se voua presqu'entièrement à l'économie politique et à la pédagogie. (Citons cependant encore à titre de curiosité un article paru, en 1886, dans le *Giornale Napoletano*, sur un passage des *Tusculanæ* de Cicéron qui fait allusion au monument érigé dans le voisinage de Siracuse en l'honneur d'Archimède, pour réfuter l'historien Cantù qui dans la *Storia Universale* avait accusé les Siracusains d'ingratitude). Parmi les publications économiques et pédagogiques de M. B., citons : « L'*Empedocle*, giornale d'agricoltura ed economia pubblica per la Sicilia » (en 7 vols. depuis 1852 jusqu'en 1860) ; « Sul credito agrario e sull'istituzione di una Banca territoriale in Sicilia », 1854 ; « Popolazione e miseria », 1858 ; « Sulla teoria statistica del Romagnosi », 1859 ; « Sulla proprietà letteraria », 1859 ; « Sul libero panificio », 1859 ; « Sugli Asili infantili », 1860 ; « Saggio sulla letteratura greco-sicula », (dans la *Rivista della pubblica istruzione* de Turin, 1864) ; « L'Economia esposta nei suoi principii razionali e dedotti », Milan, 1864 (ouvrage couronné au Congrès pédagogique de Gênes) ; « Manuale d'agricoltura teorico-pratico », Turin (ouvrage en deux vols. couronné au même Congrès pédagogique) ; « Sulla Scienza Statistica e sulle sue applicazioni alle forze morali e materiali de' varii Stati d' Europa e specialmente del Regno d'Italia », Florence, 1867 (ouvrage mentionné avec honneur au Congrès international de Statistique); « Il Libro delle meraviglie o spiegazione de' fenomeni della natura » (livre pour le peuple); « L'Elettorato e la istruzione obbligatoria in Italia », Messine, 1886; « Sulla Riforma degli Studii secondarii classici » (dans l'*Eco degli insegnanti* de l'année 1887).

Bivort (Charles), publiciste français, né, à Troine, (grand-duché de Luxembourg), en 1846. M. Bivort, qui est directeur du *Bulletin des Halles* et membre de la Société de Statistique de Paris, a publié: « Annuaire des Halles et Marchés. Manuel du commerce et de l'industrie », Paris, 1878, publication qui n'a pas été continuée; « Études sur la législation des sucres dans les divers pays d'Europe et aux États-Unis », id., 1880; « Législation et commerce des sucres en France et dans les principaux pays étrangers. Régime douanier. Usage et condition des places en France et à l'étranger », 2me éd., 1882.

Bixio (Maurice), administrateur italo-français, né, à Paris, en 1836; fils d'Alexandre Bixio, qui a été ministre de l'agriculture en France, et neveu du général italien Nino Bixio, M. Maurice Bixio, qui a été officier dans l'armée italienne, et qui a quitté le service avec le grade de lieutenant des *bersaglieri*, et le titre d'officier d'ordonnance de Sa Majesté. le Roi, réside maintenant à Paris, où il est président du Conseil d'administration de la Compagnie générale des voitures. Il a publié: « De l'alimentation des chevaux dans les grandes écuries industrielles. Cinq ans d'expérience sur une cavalerie de 10000 chevaux » Paris, Librairie agricole, 1878.

Bizemont (comte Henry de), géographe et écrivain français, né, à Nancy, le 22 février 1839. Il a pris part, en 1859, à la campagne d'Italie, et successivement aux campagnes en Cochinchine, du Soudan, franco-prussienne. En 1880, il était capitaine de frégate; en 1882, il prit sa retraite. Collaborateur du *Polybiblion* pour la partie géographique, il a publié des ouvrages de géographie fort intéressants: « Les Grandes entreprises géographiques, depuis 1870. 1º partie: l'Afrique; 2º partie: expéditions polaires » Paris, Hachette, 1877; « L'Amérique centrale et le Canal de Panama » Librairie de la Société bibliographique, 1881; « L'Indo-Chine française: Basse Cochinchine, Annam, Tongkin » id., id., 1883.

Bizio (Jean), chimiste italien, professeur de Chimie et de *Merceologia* à l'École supérieure de Venise, secrétaire de l'Institut de Venise, né, dans cette ville, en 1823; il prit ses degrés à l'Université de Padoue, en 1847, et y fut pres-qu'aussitôt nommé assistant à la Chaire d'histoire naturelle et élu secrétaire de la section de chimie au Congrès des Savants de Venise, 1847. De 1858 à 1862, il voyagea à l'étranger travaillant surtout dans les laboratoires de Redtenbacher à Vienne, de Liebig à Munich et de Bunsen à Heidelberg. A dix-neuf ans, avant même d'entrer à l'Université, il publia son premier travail: « Sopra il congelamento dell'acqua e la conseguente sua depurazione ». Suivirent d'autres travaux: « Intorno ad una speciale trasformazione dello zucchero di canna in presenza di materie azotate »; « Analisi dello *sferococco confervoide* »; « Relazione sopra l'esistenza dello arsenico nell'acqua ferruginosa di Civillina »; « Sopra l'esistenza dell'indaco in un sudore »; « Ricerche chimiche sopra l'olio della camomilla »; « Indagini sopra la *Fenilsinnamina* e le sue combinazioni »; « Sopra la determinazione quantitativa del rubidio e del cesio »; « Sopra l'influenza dell'orina nel modificare alcune chimiche reazioni »; « Scoperta del glicogeno negli animali invertebrati e relative ricerche sperimentali »; « Sopra la scomposizione dell'acido ossalico sciolto nell'acqua »; « Intorno alla ricerca del bromo in presenza dell'urea »; « Nota sul protosolfuro di fosforo »; « Sperienze intorno all' azione riduttrice della gelatina »; « La diffusione e lo stato fisiologico del rame nello organismo animale dichiarati per il primo da Bartolomeo Bizio »; « Nuove indagini sopra il glicogeno negli animali invertebrati »; « Gli studii dell'autore sul glicogeno da lui difesi contro il Koukenberg ed il Bernard »; « L'applicazione del nitrato d'argento allo esame chimico degli olii confutata » et cinq autres travaux sur le même argument; « Discorso nell'inaugurare i busti di Carlo Combi e di Rinaldo Fulin presso la R. Scuola superiore di commercio in Venezia »; « Analisi chimica dell'acqua potabile delle sorgenti di Due Ville ». — Il publia, de même, l'analyse des eaux minérales les plus importantes de la Vénétie, analyses qui sont insérées dans les *Atti* de l'Institut Royal de Venise. On lui doit aussi plusieurs monographies sur le café, le sucre, le pétrole etc., exposées sous forme de leçons à l'École supérieure du commerce. Dans les *Atti* succités on trouve aussi ses rapports annuels sur les prix scientifiques et industriels décernés par le même Institut.

Bizos (Gaston), littérateur français, doyen et professeur de littérature française à la faculté des lettres d'Aix, ancien élève de l'École normale, né, à Paris, en 1848. Il a publié: « Étude sur la vie et les œuvres de Jean de Mairet (1604-1686) », thèse, Paris, Thorin, 1877; « Flori historici, vel potius rhetoris, de vero nomine, ætate qua vixerit, et scriptis » thèse, id., id.; « Les frères de Boileau Despréaux » Aix, Remondet Aubin, 1880.

Bizouard (l'abbé Jacques-Théodore), ecclésiastique et érudit français, né, à Beurey-Bauguay (Côte d'Or), en 1844, actuellement aumônier de l'hôpital d'Auxonne. Il a publié : « Couvent de l'Ave Maria (octobre 1412 à septembre 1792). Sainte-Colette à Auxonne (1412-1417) » Lyon, Vitte et Lutin, 1879; « Histoire de Ste.-Colette et des Clarisses en Bourgogne (Auxonne et Sourre) d'après des documents inédits et des traditions locales », Paris, Haton, 1881 ; « Histoire de l'hôpital d'Auxonne (1374-1884) », Dijon, Grigne, 1884, etc. etc.

Bizynos (Georges), poète et conteur grec, né, en Thrace, en 1852; professeur agrégé de philosophie, à l'Université d'Athènes. On a de lui : « Codrus », nouvelle, différentes nouvelles publiées dans les revues, et un volume de poésies publiées sous le titre : « Les brises Athéniennes ».

Bizzoni (Achille), journaliste et romancier italien, né, à Pavie, le 5 mai 1841 ; ancien officier dans l'armée italienne, il appartient maintenant au parti des ultra-démocrates et des intransigeants, malgré certaines allures aristocratiques. On lui attribue plus d'une cinquantaine de duels, et, depuis 1860, il a pris part en brave, à toutes les campagnes de l'indépendance italienne. Il a fondé, en 1867, le *Gazzettino Rosa*, en 1873, *Il Popolo*, en 1879 *La Bandiera*, reprise en juin 1884, qui ont fait plus de bruit qu'ils n'ont eu de succès. Parmi ses publications séparées nous citerons : « L' autopsia di un amore, studio dal vero », 2 vol., Lodi, 1872-73; qui serait à ce qu'on prétend une sorte d'autobiographie : « Antonio, racconto d'amore », Milan, Sonzogno, 1874; « Le Ossa dei Santi Gervaso, Protaso ed Ambrogio e le autorità milanesi », id., Gattinoni, 1874; « Milano e i suoi tre Santi », id., id., id.; « Re Quan Quan e la sua corte. Millesimaterza notte tradotta dall'arabo », id., id., id.; « Impressioni di un volontario all'esercito dei Vosgi », id., id., id.; « I Salvatori e la stampa », Gênes, 1876 ; « Garibaldi, narrato al popolo », Milan, Reggiani, 1883 ; « *Undici maggio, Pavia a Garibaldi* », numéro unique; « Un matrimonio dietro le scene », Milan, Sonzogno, 1886. — M. Bizzoni dirige depuis sa fondation, *La Commedia Umana*, journal hebdomadaire fondé à Milan et qui imite, dans le format, les *Guêpes* d'Alphonse Karr.

Bizzozero (Jules), illustre médecin italien, professeur de pathologie générale à l'Université de Turin, membre de l'Académie des Sciences de Turin, de l'Académie des Lincei et du *Consiglio Superiore di Sanità*, ancien membre du Conseil Supérieur de l'Instruction publique (1882-85), ancien Recteur de l'Université de Turin (1885-86), né, à Varese, le 20 mars 1846. Après des études brillantes à l'Université de Pavie, où le professeur Mantegazza ne tarda pas à deviner et à présager en lui un grand savant, il fut reçu docteur, en 1866, et bientôt après professeur d'abord d'istologie et ensuite de pathologie. En 1872, on l'appelait à l'Université de Turin. A Pavie il fit très-jeune la belle découverte que dans la moëlle des os il y a un réservoir reconstructeur du sang. Son ancien maître, l'illustre professeur Mantegazza, nous apprend que M. Bizzozero: « dans son Laboratoire « est infatigable, patient, minutieux, que ses « mains élegantes, aristocratiques, on dirait les « mains délicates d'une dame semblent faites « exprès pour sonder les mystères les plus « profonds de la vie. Son exposition en la « chaire est exacte et méthodique. Son « *Corso* « *litografato* » est le plus beau cours de pathologie générale que l'on ait publié jusqu'à nos « jours en Italie, et l'*Archivio delle Scienze me-* « *diche* fondé par lui à Turin, est un modèle « de journal scientifique, où l'on donne les ré- « sultats des observations et des expériences « de physiologie et d'anatomie pathologique ». Nous donnons ici le titre de ses publications les plus importantes : « Studii comparativi sui nemaspermi e sulle ciglia vibratili » (on y démontre l'analogie de leurs sensations sous l'action des réagents chimiques) ; « Sui corpuscoli semoventi », 1865 (où l'on découvre la contractilité des cellules de la moëlle des os) ; « Sulla neoformazione del tessuto connettivo e sulle cellule semoventi », 1866 (on y démontre que les cellules connectives fixes sont une transformation des cellules se mouvant d'elles-mêmes); « Di alcune alterazioni dei linfatici del cervello e della pia madre », 1868 (on y prouve que l'*état criblé* du cerveau est la conséquence d'une dilatation des lymphatiques périvasculaires); « Sul parenchima della ghiandula pineale », 1868-71 (description de la structure istologique de l'organe de la génération chez l'homme et chez d'autres animaux); « Sul midollo delle ossa », 1868-69 (démonstration que la moëlle rouge est un organe qui fabrique le sang); « Sulla struttura degli epitelii pavimentosi stratificati », 1870; « Sulla struttura del mollusco contagioso », 1870-76; « Sui rapporti della tubercolosi della dura madre », 1873 ; « Sui rapporti della tubercolosi con altre malattie », 1874 (spécialement avec la siphilis et avec la scrophule, première description de la véritable tuberculose de la peau) ; « Sui linfatici e sulla struttura delle sierose umane », 1876-78 (démonstration de l'existence d'une membrane limitante et de ses rapports avec les lymphatiques); « Sulla trasfusione del sangue nel peritoneo » 1880 (en collaboration avec le professeur Golgi) ; « Di un nuovo elemento morfologico del sangue (*le piastrine*), e della sua importanza nella trombosi e nella coagulazione », 1882 ; plusieurs mémoires sur la « Produzione dei globuli rossi nelle varie classi dei vertebrati », 1882-84 (où l'on démontre pour la première fois que les globules rouges proviennnent toujours, par scission indirecte, de globules rouges préexistants) ; « Sui microfiti dell' epidermide umana normale », 1884; « Sulla produzione e sulla rigenerazione fisiologica degli elementi ghiandolosi », 1887 (dans cet ouvrage, fait en collaboration avec le docteur Vassale, on détermine que dans presque toutes les glandes l'activité des fonctions est indépendante de la destruction des cellules propres des glandes elles-mêmes).

Bjerknes (Charles-Antoine), illustre mathématicien et physicien de la Norvège, né le 24 octobre 1825 à Christiania. En 1854, il était reçu *privat Docent* à l'université de sa ville natale, à la suite d'une dissertation couronnée; il entreprit dans les années 1855-57 un voyage scientifique à l'étranger aux frais du gouvernement. En 1863, il fut élu professeur de mathématiques à l'université de Christiania, et en 1877 proclamé *doctor ad honorem* par l'université d'Upsal. Ses savants mémoires ont paru successivement dans les recueils suivants : *Nouveau Magasin des Sciences naturelles et physiques* de Christiania, *Journal des Mathématiques* de Crelle, *Programme de l'Université de Christiania*, *Bulletin de la Société des Sciences* de Christiania, *Bulletin scientifique des Naturalistes et Physiciens de la Scandinavie*, *Nachrichten* de la Société des Sciences de Goettingue, *Comptes-Rendus de l'Académie des Sciences* de Paris, *Revue du Nord* de Stockolm. Ses observations et ses découvertes sur l'hydrodynamique lui ont valu une réputation européenne. Son point de départ a été le problème de Dirichlet. Citons, pour l'intérêt qu'ils peuvent avoir pour l'histoire de la science, les cinq articles parus en 1877, dans les *Comptes-Rendus de l'Académie des Sciences* de Paris sous le titre de : « Remarques historiques sur la théorie d'un ou de plusieurs corps, de formes constantes ou variables, dans un fluide incompressible ; sur les forces apparentes qui en résultent et sur les expériences qui s'y rattachent ». En 1878, M. Bjerknes faisait paraître dans la *Nordisk Tidskrift*, une biographie du grand géomètre norvégien Niels Henri Abel (né en 1802, mort en 1820); dont il donnait en 1885 une nouvelle édition française, considérablement augmentée, en collaboration avec M. Hoüel (un vol. de 368 pages, Paris, Gautier Villars). Dans ces dernières années, le professeur Bjerknes s'est occupé exclusivement de ses études et de ces expériences sur les problèmes fondamentaux du mouvement et de l'attraction, tendant à prouver que l'électricité et le magnétisme ont des analogies complètes dans les attractions hydrodynamiques. Dans les expériences d'électricité faites avec grand succès à Paris en 1881, M. B. était aidé par son fils Guillaume, dont les nouveaux appareils ont remporté un diplôme d'honneur. Ces expériences ont été renouvelées et complétées en 1882 à la *Physical Society* de Londres, en 1886 à la réunion des naturalistes scandinaves, qui eut lieu à Christiania. Une description des expériences de Paris a été publiée en 1883, dans le *Repertorium der Physik* de Vienne, sous le titre de « Hydrodinamische Erscheinungen welche den elektrischen und magnetischen analog sind ». Une exposition des recherches théoriques sera préparée pour les *Acta Mathematica*, de Stockolm, dans une série d'articles, sous le titre de « Recherches hydrodynamiques », dont en 1888 avait paru un essai d'introduction.

Björnlin (Gustave), écrivain militaire et nouvelliste suédois, né, en 1845; il fut, en 1879, nommé capitaine au Corps d'état-major. A présent, il a la direction des Archives militaires, qui font partie de l'état-major et il a fait preuve, dans ces nouvelles fonctions, d'une activité incomparable. Ses principaux écrits militaires sont: « Finska kriget 1708-1709 », 1882; « Sveriges krig i Ryssland 1805-1807 », 1882, mais plusieurs de ses travaux se trouvent épars dans les journaux et les revues; en 1879, il a lui même fondée une *Svenske soldaten*. Mais, au milieu de ses travaux littéraires, M. B. a trouvé le temps de s'adonner aux lettres, et ses nouvelles historiques : « Carl Svenske », 1876; « Elsa », conte du temps où l'on persécutait les sorcières, 1879, permettent de classer M. B. aussi haut comme romancier que comme historien militaire.

Björnson (Björnstjerne), illustre poète, romancier, auteur dramatique, orateur norvégien, né, à Krikne (Osterdal), le 8 décembre 1832. Depuis 1857, jusqu'en 1859, il a dirigé le Théâtre National de Bergen; entre les années 1860-64, il voyagea à l'étranger ; dans ce voyage, il parcourut l'Italie, et demeura presque deux ans à Rome. Entre les années 1865-67, il dirigea le Théâtre de Christiania. En 1863, le Parlement lui avait déjà décerné une pension nationale de 2250 francs, malgré ses idées démagogiques et républicaines. M. Björnson avait débuté, en 1857, par une brillante nouvelle de mœurs, intitulée : « Sinnöve Solbakken ». Suivirent « Arne », 1858 ; « En glad Gut (un jeune homme gai) » ; « Fiskerjentes (la fille du pêcheur) »; « Smaastykker (Petits morceaux) » ; nouvelles et des poèmes dramatiques : « Le Roi Sverre », 1861 ; « Sigurd Slembe », 1862, tirés de l'ancienne histoire de la Norvège; des comédies, telles, que: « Nouveaux mariés », qui eut un brillant succès ; des drames: « Hulda la boiteuse », en trois actes, Bergen, 1858 ; « Marie Stuard en Écosse », Copenhague, 1864 ; « Au milieu des batailles ». En 1866, on publia à Hilburghausen, une traduction allemande des principaux ouvrages de Björnson. Il représente fidèlement dans ses premiers ouvrages la vie des paysans, pour lesquels il montrait même un culte qui lui fut reproché comme excessif. Dans ses derniers ouvrages, il semble revenu de cet excès d'enthousiasme.

Blache (Noël), avocat et homme de lettres français, membre du Conseil général du département du Var, né, à Toulon, en 1842. — M. Blache qui a débuté, dans la vie, comme agent comptable de la marine dans sa ville natale, a débuté dans les lettres par un « Manuel du magasinier de la flotte », 1ᵉ éd., 1865; 2ᵉ éd., 1868; mais quittant bientôt la littérature professionnelle pour l'histoire politique, il donna : « L'histoire de l'insurrection du Var en décembre 1851 », Paris, Le Chevalier, 1869 ; cet essai aussi, ne fut pas suivi d'autres du même genre et depuis lors M. Blache n'a plus publié que des ouvrages littéraires : « Au pays du mistral », Paris, Ollendorff, 1884 ; « Césarin Audoly », id., id., 1885 ; « Clairs de soleil », id., id., id. ; « Meley », id., id., 1886 ; « Monsieur Peymarlier », id., id., 1887.

Blachère (Bernard-Henri-Ernest), homme politique et littérateur français, né, à Largentière (Ardèche), le 3 mai 1837 ; élève de l'École militaire de Saint-Cyr (1855-56), sous-lieutenant d'infanterie de 1856 à 1859, démissionnaire, en 1859. Élève de l'École des hautes études, section de philologie (1869). Pendant le guerre de 1870-71, chef de bataillon des mobilisés de l'Ardèche (1870-71). Maire de l'Argentière et conseiller général de l'Ardèche de 1871 à 1876. En 1877, il était élu député, contre M. Odilon Barrot; en 1878, contre M. Jules Roche ; élu, aux élections du 4 octobre 1885, le premier sur la liste des six députés de l'Ardèche, il tombait le 16 décembre sous le coup des invalidations que l'on sait. Il a publié : « Essai sur la légende de Mélusine », 1872 ; « Les projets de M. de Freycinet et l'agriculture », 1878 ; « L'influence de Prudhon et de Littré sur les idées contemporaines », 1883 ; et plusieurs discours politiques et conférences.

Black (William), romancier et journaliste anglais, né, en 1841, à Glasgow ; après avoir reçu son instruction dans différentes écoles particulières, il débuta dans le journalisme en écrivant dans le *Glasgow Weekly Citizen* ; en 1864, il se rendit à Londres et écrivit pour différents magazines, et fut attaché l'année suivante à la rédaction du *Morning Star*, dont il fut le correspondant spécial pendant la guerre austro-prussienne de 1866, guerre dont il publia des esquisses dans son premier roman : « Love or Marriage », publié l'année suivante et qui touchait en même temps à des questions sociales fort ardues. Son deuxième roman : « In Silk Attire », 1869, fut plus favorablement accueilli ; en 1870, il publia simultanément les deux romans : « Kilmeny », tableau quelque peu fantaisiste de la vie d'artiste à Londres, et « The Monarch of Mincing Lane », autre étude de mœurs londoniennes. En 1871, il fit paraître « A Daughter of Helth », qui passe pour son meilleur roman, et qui fut maintes fois réédité. Suivirent : « The Strange Adventures of a Phaeton », 1872, description littéraire d'un voyage de Londres à Edimbourg, qui eut un tel succès qu'aujourd'hui encore beaucoup de touristes, les américains surtout, ne font ce voyage que son livre à la main ; suivirent : « The Maid of Killeena and other Stories », 3 vol., 1874 ; « Three Feathers », dont la scène se passe en Cornouailles, 1875 ; « Madcap Violet », 1876 ; « Green Pastures and Picadilly », 1877 ; « Macleod of Dare », 1878 ; « White Wings : a Yackting Romance », 1880 ; « Sunrise : a story of these Times », 1881 ; « The Beautiful Wretch », 1882 ; « Shandon Bells », 1883 ; « White Heather », 1886 ; « Judith Shakespeare », 1886 ; « Wise Women of Inverness and other Miscellanies », 1886, etc. Pendant quatre ou cinq années, M. Black à été co-directeur du *Daily News*, mais, depuis 1885, il s'est retiré définitivement du journalisme.

Blackburn (Colin-BLACKBURN baron), jurisconsulte anglais, né, en 1813, fut élevé à Eton et au Collège de la Trinité de Cambridge, où il fit son droit. Inscrit plus tard au barreau, il fut un des rédacteurs autorisés des décisions de la Haute Cour du Banc de la Reine et les huit ou dix volumes de l'« Ellis and Blackburn », jouissent d'une grande autorité dans le monde juridique anglais. Il a publié un excellent ouvrage : « Contract of Sale » 2ᵐᵉ éd., Londres, Stevens and S., 1885. Entré dans la magistrature, M. Blackburne y est arrivé aux plus grands honneurs, jusqu'à être nommé (1876) Pair du Royaume à vie.

Blackburn (Henri), écrivain anglais, né à Portsea, le 15 février 1830, et élevé au King's Collège de Londres ; actuellement correspondant et critique d'art de plusieurs journaux et magazines anglais. En 1855, 1856 et 1864, il a visité l'Espagne et l'Algérie, et a tenu plusieurs lectures sur ces matières. De 1870 à 1872, il a été directeur de la *London Society*. Il a écrit, et en partie illustré les ouvrages suivants : « Life in Algeria », 1864 ; « Travelling in Spain », 1866 ; « The Pyrenees », illustré par Gustave Doré, 1867 ; « Artists and Arabs », 1868 ; « Normandy Picturesque », 1869 ; « Art in the Mountains : the Story of the Passion Play in Bavaria », 1870 ; « Harz Mountains », 1873 ; « Breton Folk », illustré par R. Caldecott, 1879 ; « Memoir of the Early Art Carreer », illustré par le même, 1886. M. Blackburn a été le premier à introduire le système des Catalogues illustrés des expositions avec des facsimiles et des esquisses donnés par les artistes. Il est le directeur des deux publications annuelles : *Academy Notes* et *Grosvenor Notes*.

Blackie (John Stuart), écrivain et savant anglais, né, à Glasgow, en juillet 1809. — Il fit ses études à Edimbourg et à Aberdeen ; puis il alla les compléter à Berlin, à Goettingue et à Rome. En 1834, il publia une traduction en vers du « Faust » de Goethe, avec notes et introduction (2ᵐᵉ éd., 1880). Bien qu'il se fût fait inscrire cette même année, au barreau écossais, il continua à s'adonner à des travaux littéraires, et publia de nombreux articles dans différentes revues, notamment dans *Blackwood's Magazine* dans le *Tail* et dans la *Foreign Quarterly Review*. En 1841, une nouvelle chaire de littérature latine ayant été créé au *Marschal-College* de Aberdeen, elle fut donnée à Blackie qui la garda pendant onze ans. Dans cette période, il prit une part fort vive au mouvement pour la réforme universitaire en Écosse, dont le résultat fut la nomination, en 1858, d'une commission parlementaire sur cet argument qui introduisit plusieurs réformes fort importantes dans l'instruction supérieure en Écosse. Il inséra aussi plusieurs articles de philologie dans le *Classical Museum* publié, en 1850, par le docteur L. Schmitz, auquel il donna aussi une traduction en vers d'Eschyle qui ne contribua pas peu à sa nomination à la chaire de grec à l'Université d'Édimbourg, qui eut lieu en 1852. A ces publications suivirent : « Pronunciation of Greek, Accent and Quantity », 1852 ; « Songs and Legends of Ancient Greece », 1857, 2ᵐᵉ éd., 1880 ; « Discourse on Beauty, with an Exposition of the Theory of Beauty according to Plato appendeed », 1858, et un volume de poésies anglaises et latines, en 1860. A la suite d'un voyage en Grèce, fait en 1853, il publia une brochure pour recommander chaleureusement l'étude de la langue grecque moderne, et plusieurs articles sur la Grèce moderne dans la *Westminster Review* et dans la *North British Review*, à laquelle il donna plusieurs autres articles. Il est aussi l'auteur de l'article sur Platon dans les *Edinburgh Essays* et de l'article : « Homer » dans l'*Encyclopedia Britannica*. En dehors de l'activité déployée par lui sur le terrain des littératures classiques, activité qui, tant qu'il resta à Édimbourg, s'exerça surtout sur Platon et sur Homère, M. Blackie fut aussi très actif comme conférencier et se montra un chaud partisan de la nationalité écossaise. Son nom est étroitement uni à la loi qui permet que les professeurs écossais puissent être choisis, même en dehors de l'Église officielle. En 1866, il publia : « Homer and the Iliad », traduction de la grande épopée homérique dans le mètre des ballades, précédée d'une étude dans laquelle B. combat avec ardeur, non seulement en faveur de la personnalité d'Homère, mise en doute par la plupart des critiques, mais pour la véracité historique des récits ; en 1869, il publia « Musa Burschicosa », recueil de ballades dédiées aux étudiants d'Édimbourg ; en 1870,

un volume of « War-Songs of the Germans », avec des esquisses historiques dans lesquelles, à l'occasion de la guerre franco-allemande, il montre une grande sympathie pour l'Allemagne. En 1872, il fit paraître : « Lays of the Highlands and Islands » ; dans un cours de lectures qu'il fit à la *Royal-Institution* de Londres, il combattit les idées de M. John Stuart Mill sur la philosophie morale, les appréciations de M. Grote sur les sophistes grecs et l'interprétation allégorique de Max Müller sur les anciens mythes. En 1874, il publia, sous le titre de « Horac Ellenicae », un recueil de ses principaux articles philologiques ; la même année, il publiait un petit livre de conseils pratiques aux jeunes gens, intitulé « Self Culture », livre qui eut une énorme diffusion dans tous les pays de langue anglaise et qui fut traduit en italien et en français ; la traduction française due à M. F. Pécant a paru, en 1884, chez Hachette, sous le titre : « L'Education de soi-même, intellectuelle, physique et morale » ; ses ouvrages plus récents sont : « The Wise Men of Greece », 1877 ; « The Natural History of Atheism ; a defense of Theism against modern Atheistic and Agnostic tendencies », id. ; « Lay Sermons ; a series of discourses on importants points of Christian doctrine and morals », 1881 ; « The Language and Literature of the Highlands of Scotland, with poetical translation of some of the most popular pieces of Gaelic Poetry », 1875 ; « Altavana or fact and fiction from my life in the Highlands », 1882. Il contribua puissamment à la fondation d'une chaire de langue celtique à l'Université d'Édimbourg, pour l'institution de laquelle, il recueillit en quatre ans 12,000 livres sterlings. Au mois d'août 1882, il quittait sa chaire à l'Université et l'année suivante, il publiait : « The Wisdom of Goethe », livre dans lequel il donnait le résultat de ses longues études sur le caractère et l'influence du grand poète allemand. En 1885, il fit paraître : « The Scottish Highlanders » et « The Land Laws », dédié à M. Bright et qui n'est qu'un exposé économico-historique, des doctrines énoncées dans « Altavana » ; citons encore : « What History Teaches », 1886, deux lectures sur les rapports de l'État et de l'Église considérés au point de vue historique, et « Messis Vitae ; Gleanings of Son from a Happy Life », id. — M. Blackie a fait paraître avec E. Jones : « Democracy. A Debate », dont une deuxième édition a paru en 1885, et tout cela sans tenir compte d'une foule d'écrits en prose et en vers, publiés dans plusieurs revues et de nombreuses lectures tenues tant en Angleterre qu'en Ecosse.

Blackley (le Rév. William Levery), ecclésiastique et philanthrope anglais, né, à Dundalk (Irlande), le 30 décembre 1830. Il reçut une partie de sa première éducation sur le continent et après avoir pris ses grades à l'université de Dublin, il entra dans les ordres et remplit différentes fonctions ecclésiastiques jusqu'à devenir chanoine honoraire de la cathédrale de Worchester. En 1857, il publia une traduction, en vers, du célèbre poème suédois, de l'illustre Tegner: « The Frithjof Saga », et presqu'en même temps son « Practical German Dictionary », qui soit dans sa forme originale, soit en abrégé, eut plusieurs éditions; suivirent « Critical English New Testament », 1867; « Word Gossip », 1869; en même temps il collaborait aux principales revues et il écrivait pour la *National Society for promoting the Education of the Poor*, son Manuel « How to Teach Domestic Economy », 1879 et « The Social Economy Reading Book », 1881; son beau livre « Thrift and Independence, a Word to Working Men » qui rivalise avec ceux de Smiles et de Blackie fut publié, en 1883, par la *Society for Promoting Christian Knowledge*. — En novembre 1878, M. Blackley publia, dans le *Nineteenth Century*, sous le titre : « National Insurance, a cheap, practical and popular way of preventing Pauperism », un article qui immédiatement attira l'attention du public, ainsi qu'un sermon « Our National Improvidence », qu'il prêcha, en septembre 1879, à l'abbaye de Westminster. A la suite de ce sermon, une Ligue de prévoyance nationale fut constituée, en 1880, pour éclairer l'opinion publique sur la question de l'Assurance nationale, et un grand nombre de *meetings* eurent lieu dans le même but. Les idées de M. B furent bien accueillies, non seulement en Angleterre, mais aussi en Allemagne et jusque dans la Nouvelle-Zélande.

Blackmore (Richard-Dodridge), romancier anglais, né, à Longwort (Berkshire), le 8 juin 1825. Il étudia à l'école de Tiverton et à l'Exeter Collège de Oxford, où il prit ses grades, en 1847. Après avoir fait partie, pendant quatre années, du barreau de Londres, il dut l'abandonner, en 1856, à cause du mauvais état de sa santé. Bien qu'il soit devenu un écrivain très connu, il est toujours resté horticulteur et souvent il apporte en personne au marché de Londres les produits de son industrie. Il a publié: « Eric and Karine » ; « Epullia » ; « The Bugle of the Black Sea », poésies qui n'euront pas un grand succès et les romans suivants : « Clara Vaughan », 1864; « Cradock Novel: a Tale of the New Forest », 1866 ; « Lorna Doon : a Romance of Exmoor », 1869, qui a eu le succès le plus vif, a été tiré à plus de 50000 exemplaires, et dont une édition de grand luxe a paru, chez Low, à la fin de 1886; « The Maid of Sker », 1872; « Alice Lorraine : a Tale of the South Downs », 1875; « Cripps the Carnier : a Woodland Tale », 1876 ; « Eréma : or My Father Sir », 1877, traduit en français par Fr. Bernard, 2 vol., Hachette, 1881; « Mary Anerley », 1880; « Christowell, a Dartmoor tale », 1882;

« Tommy Upmore », 1884; « Remarkable History of Sir T. Upmore Bart. M. P. », 1885. — M. Blackmore a publié aussi « The Fate of Franklin », poème, 1860; « The Fann and Fruit of Old », traduction des *Géorgiques* de Virgile, 1862-1871 et un ouvrage historique « History of the Yorkshire », 1880.

Blackwell (Madame Elisabeth), femme-médecin anglaise, née, le 2 février 1821, à Bristol. En 1832, elle passa, avec sa famille aux États-Unis, où son père mourut, en 1838, laissant une veuve et neuf enfants sans ressources. Elisabeth pourvut à ses besoins et à ceux de sa nombreuse famille en donnant de leçons et elle trouva cependant le temps d'étudier la médecine à Charleston (Caroline du Sud) et à Philadelphie; elle eut à surmonter d'abord de grandes difficultés pour obtenir ses grades ; toutes les écoles de médecine la repoussèrent, excepté celles de Castleton (Vermont) et de Geneva (New-York), et ce fut dans cette dernière qu'après bien des difficultés elle put obtenir, en 1849, le premier diplôme de docteur en médecine qu'on eût jamais décerné à une femme aux États-Unis. Elle passa ensuite une année et demie à l'Hôpital de la Maternité à Paris, et à celui de Saint-Barthélemy à Londres, et, en 1851, elle s'établit comme médecin spécialiste pour les maladies des femmes et des enfants à New-York. Elle a publié: « The Laws of Life », 1852; « La religion de la santé » que nous ne connaissons que par la traduction française, qu'en a donnée Mme Hippolyte Meunier, Paris, Bellaire, 1873; « Counsels to Parents on the Moral Education of their Children », 1879, dont une traduction française a paru chez Baillière, en 1881; et plusieurs autres ouvrages professionnels. En 1859, elle visita l'Angleterre et y fit un cours de lectures médicales.

Bladé (Jean-François) littérateur français, avocat, ancien magistrat, correspondant de l'Institut de France, né, à Lectoure (Gers), en 1827. On a de lui : « Pierre de Lobannier et les quatre chartes de Mont-de-Marsan », Paris, Dumoulin, 1861; « Coutumes municipales du département du Gers », id., Durand, 1865 ; « Dissertation sur les chants héroïques des Basques », id., Franck, 1866 ; « Contes et proverbes populaires, recueillis en Armagnac », id., id., 1867 ; « Études sur l'origine des Basques », id., id., 1869; « Défense des études sur l'origine des Basques », id., id., 1870 ; « Contes populaires recueillis en Agenais. Traduction française et texte agenais suivi de notes comparatives par Reinhold Köhler », Toulouse, Bäer et Cie, 1874; « Études géographiques sur la vallée d'Andorre », id., id., 1875; « Les Exécuteurs des arrêts criminels d'Agen, depuis la création jusqu'à la suppression de leur emploi », Bordeaux, Lefebvre, 1877; « Géographie juive, albigeoise, et calviniste de la Gascogne », id., id., id.; « Poésies populaires en langue française recueillies dans l'Armagnac et l'Agenais », Paris, Champion, 1879; « Proverbes et devinettes populaires recueillies dans l'Armagnac et l'Agenais. Texte gascon et traduction française », id., id., 1880; « Poésies populaires de la Gascogne », 3 vol., id., Maisonneuve, 1881, forment les tomes 5e, 6e et 7e de *Les littératures populaires de toutes les nations;* « Épigraphie antique de la Gascogne », Bordeaux, Thollet, 1885; « Contes populaires de la Gascogne », 3 vol., Maisonneuve, 1886 (tomes 19e à 21e du recueil sus-cité).

Blades (Guillaume), bibliologue et typographe anglais, né, en 1824, à Clapham (comté de Surrey), succéda à son père comme imprimeur à Londres. Il a édité : « The Gouvernayle of Heltke », et d'autres incunables et il a publié un grand nombre d'articles sur les questions du jour et sur l'histoire de l'imprimerie et de la paléotypographie. Mais il est surtout connu par les œuvres suivantes : « The Life of William Caxton », 2 vol., 1863, ouvrage dans lequel M. Blades a, le premier, établi sur des bases inébranlables, l'histoire des commencements de l'art typographique en Angleterre : « The Enemies of Books », 1881, traduit en allemand, et en français sous le titre: « Les livres et leurs ennemis », et publié chez Claudin, en 1883, et « Numismata Typographica », 1883, également traduit en allemand et dont une traduction française, avec préface et annotations par Léon Degeorge sous le titre: « Numismatique de la typographie, ou historique des médailles de l'imprimerie », publiée à Bruxelles chez Gay et Doucé, en 1880, n'a pas été achevée. Citons encore de M. Blades: « German Morality Play. Depositio Cornuti Typographici », Londres, Trübner, 1885.

Blagovestchinski (Nicolas), latiniste russe, né en 1830, étudia à l'Institut pédagogique de Saint-Pétersbourg et fut envoyé ensuite par achever ses études à l'étranger. Revenu en Russie, il fut nommé professeur de littérature latine à l'Université de Kazan; en 1852, il passait dans la même qualité à l'Université et à l'Institut pédagogique de Saint-Pétersbourg. En 1873, il fut élu recteur de l'Université de Varsovie. En 1883, admis à la retraite, il se fixait à Saint-Pétersbourg, où il demeure maintenant. M. B. a écrit plusieurs essais sur la littérature sur les antiquités romaines: « Des principes de la comédie latine »; « Du caractère et de l'importance de la littérature latine »; « Le poète satirique Perse »; il a publié aussi une traduction russe avec commentaire de ce même poète, Saint-Pétersbourg, 1873; une traduction des satires de Juvenal dans le *Journal du Ministère de l'instruction publique;* « L'Histoire de la sculpture antique sous les diadoches »; mais son ouvrage principal est : « Horace et son temps », 1864, 2me éd., Varsovie, 1878. — M. B., qui écrit et parle le latin avec la plus grande élégance, faisait dans cette langue ses leçons à l'Institut pédagogique; ses traductions sont particulièrement notables pour l'exactitude et pour la pureté du langage.

Blagosvetloff (Grégoire), écrivain russe, né en 1826 au Caucase; il fit ses études à Saratoff et à Saint-Pétersbourg, où il enseigna pendant quelques années dans les écoles militaires et dans les Instituts des demoiselles Marie. Il débuta dans la presse en 1856, par une « Esquisse historique sur le roman russe », publiée dans la revue: *Le fils de la patrie,* et suivie par d'autres articles et essais critiques épars dans plusieurs journaux et revues. Enfin, il fonda lui-même une nouvelle revue sous le titre: *La Parole russe,* où il se fit le propagateur ardent et passionné du réalisme dans la littérature russe. On a surtout remarqué alors ses études sur Shelley, Buckle, Macaulay, Tocqueville, Stuart-Mill, Darwin, Kostomoroff, où à propos et hors de propos, il attaquait vivement tout ce qui semblait contredire à son goût pour le naturalisme. Sa revue ayant été supprimée, à cause de ses excès, il en fonda une autre non moins hardie sous le titre *Diélo* (L'Action), où il continua aveuglement son œuvre de destruction. S'étant lui-même surfait, il perdit, par l'exagération, son influence même chez les adeptes de son école, au fur et à mesure qu'elle se généralisait, et, en se généralisant, se disciplinait.

Blaikie (William-Garden), théologien anglais, né, à Aberdeen, en 1820. En 1868, il a été nommé professeur de théologie au Nouveau Collège d'Édimbourg ; il a été directeur de plusieurs publications périodiques et l'est encore du *Sunday Magazine;* on lui doit: « Better Days for Working People »; « Personal Life of David Livingstone »; « The Work of the Ministry »; « Leaders in Modern Philantropy », New-York, 1885 et de plusieurs autres ouvrages de théologie et de philantropie.

Blaine (James Gillespie), homme politique américain, né, à West Brownville, comté de Washington, dans l'État de Pensylvanie, le 31 janvier 1830. A vingt ans, il fut nommé professeur à l'Institut militaire de Georgetown, dans le Kentucky. Il y passa deux années. Il étudia ensuite le droit, fut admis au barreau de Pensylvanie, mais n'exerça pas la profession d'avocat. Par contre, il s'occupa beaucoup de journalisme. En 1853, il alla s'établir à Augusta (Maine), où il prit la direction du journal le *Kennebeck.* Plus tard, il fonda, à Portland, le *Portland Advertiser.* Un des orateurs les plus brillants du parti républicain, M. Blaine qui avait déjà été membre et président de la législature de l'État du Maine fut élu, en 1862, député au Congrès; en 1869, il devenait président de la Chambre. De 1876 à 1883, il fit partie du Sénat fédéral pour l'État du Maine. En 1876 et en 1880, candidat à la présidence des États-Unis, il se vit préférer la première fois B. Hayes, la seconde Garfield; celui-ci appela aussitôt James Blaine à la plus haute fonction politique de l'Union, celle de Secrétaire d'État. M. Blaine accompagnait le président Garfield lorsque celui-ci fut assassiné. Il exerça le pouvoir suprême de fait pendant les deux mois que dura l'agonie de ce dernier et donna sa démission après sa mort, malgré les instances de son successeur. En 1884, candidat de nouveau à la présidence, il se vit préférer Grover Cleveland; on annonce qu'il présentera de nouveau sa candidature, en 1888. Sans tenir compte d'une quantité innombrable d'articles de journaux, de discours prononcés dans les Chambres et dans les réunions publiques, M. B. a publié: « Eulogy on James Abram Garfield », Boston, 1882, et un livre fort curieux, ses propres mémoires : « Twenty Years in Congress, from 1861 to 1881 », 2 vol., Boston, 1883-1886. Une particularité remarquable de M. Blaine est sa mémoire, il s'est créé là-dessus aux États-Unis une véritable légende. (Cfr. Ramdell : « Life and public services of the Hon J. G. B. », New-York, 1884).

Blampignon (Émile-Antoine), ecclésiastique français, né, à Proverville (Aube), en 1830. Il entra dans les ordres, devint professeur de philosophie au grand Séminaire de Troyes et au Lycée d'Angoulême, puis fut appelé, en 1877, à la Sorbonne pour y professer le droit ecclésiastique. Il a publié : « Histoire de Sainte-Germaine, patronne de Bar sur Aube », Troyes, Bouquot, 1855; « De l'esprit des sermons de Saint-Bernard », thèse présentée à la Faculté de théologie de Paris, id., Douniol, 1858; « Étude sur Malebranche, d'après des documents manuscrits, suivie d'une correspondance inédite », id., id., 1861; « De Sancto Cypriano et de primæva Carthaginensi Ecclesia », id., Durand, 1862; « Les facultés de Théologie de France », id., Douniol, 1872. — M. Blampignon qui avait déjà publié une nouvelle édition des « Oeuvres complètes », de Massillon et une nouvelle édition de son « Petit carême, suivi des sermons choisis de l'avent et du grand carême », Paris, Palmé, 1882, a donné en outre les deux ouvrages suivants sur le grand orateur: « Massillon, d'après des documents inédits », Paris, Palmé, 1879 ; « L'Épiscopat de Massillon, d'après des documents inédits, suivi de sa correspondance », id., Plon, 1882.

Blanc (le baron Albert), diplomate italien, ancien directeur du service politique, ancien secrétaire général du Ministère des affaires étrangères, actuellement ambassadeur de Sa Majesté le Roi d'Italie à Constantinople, né, à Chambéry, en 1835. Il a traduit, avec M. Artom (Voyez ce nom), l'« Oeuvre parlementaire du comte de Cavour », Paris, Hetzel, 1862 et il a publié la correspondance diplomatique du comte Joseph de Maistre.

Blanc (Edmond), érudit français, bibliothécaire de la ville de Nice, correspondant du Ministère de l'instruction publique, né, à Marseille, en 1841. Nous connaissons de lui : « Mémoire sur un tumulus de l'âge de bronze, situé à Nores près Vence (Alpes-Maritimes), Cannes, Vidal, 1874; « Notice sur l'épigraphie romaine de Vence et de ses environs », id., id., 1875 ; « Saint-Paul de Vence; description des antiquités civiles et religieuses que l'on y voit », id., id., 1876; « Vence et la Voie Julia Auguste; étude sur les voies romaines de l'Est de la Narbonnaise », Nice, Malvano et Mignon, 1877; « Note sur le fort préhistorique de la Tourrague près des Tourrettes-les-Vences », Tours, Bouserez, 1877; « Monographie de la cathédrale de Vence », id., id., id. ; « Notes sur un crâne trépané du tumulus de Noves », Cannes, Vidal, 1878 ; « Étude sur les sculptures préhistoriques du Val d'Enfer près des lacs des Merveilles (Italie) », id., id., id. ; « Rapport sur les courses de la Société géographique de France à Vence et dans ses environs », id., id., 1879 ; « Épigraphie antique du département des Alpes-Maritimes », Nice, Malvano et Mignon, 1880. — En collaboration avec M. Henri Moris, archiviste du département, M. Blanc a publié, sous les auspices du Ministère de l'instruction publique, un grand ouvrage « Cartulaire de l'abbaye de Lérins », 1re partie, Paris, Champion, 1884.

Blanc (l'abbé Élie), ecclésiastique français, vicaire à la cathédrale de Valence, professeur de philosophie scolastique aux Facultés catholiques de Lyon, né, à Tain, près Valence, en 1846. Nous connaissons de lui : « Exposé de la synthèse des sciences », Paris, Palmé, 1877; « Les nouvelles bases de la morale d'après M. Herbert Spencer. Exposition et réfutation », Lecoffre, 1881; « Le Dictionnaire logique de la langue française, ou Classification naturelle et philosophique des mots, des idées et des choses », id., id., 1882; « Un spiritualisme sans Dieu. Examen de la philosophie de M. Vacherot », Lyon, Vite et Perrussel, 1885; « Petit dictionnaire de la langue française », Paris, Palmé, 1886.

Blanc (Hippolyte), administrateur et écrivain français, chef de division honoraire au Ministère de la justice, né, à Marseille, en 1820. Il a publié: « De l'inspiration des camisards. Recherches nouvelles sur les phénomènes observés parmi les protestants des Cevennes à la fin du XVIIe siècle et au commencement du XVIIIe, pour servir à l'intelligence de certaines manifestations modernes; précédé d'une lettre à l'auteur par le T. R. P. Ventura de Raulica », Paris, Plon, 1859; « Simple argument à l'usage de ceux qui ne veulent pas argumenter », id., Palmé, 1864; « Le merveilleux dans le jansénisme, le méthodisme et le baptisme américains, l'épidémie de Morzine, le spiritisme. Recherches nouvelles », Paris, Plon, 1865; « Lectures sur la géographie industrielle et commerciale. Fabrication. Histoire. Mœurs ouvrières. Procédés. Produits. Statistique », id., Palmé, 1881; « Bibliographie des corporations ouvrières avant 1789 », id., Librairie de la Société bibliographique, 1885.

Blanc (Irénée), publiciste français, né, à Laguepie (Tarn et Garonne), le 13 août 1856. Après avoir fait des études brillantes aux collèges de Villefranche d'Aveyron et de Saint-Gaudens, M. B. entra à l'Université et professa successivement aux Lycées de Mont de Marsan, Angoulême et Rennes. Pendant le 16 mai, M. B. collabora au journal radical : *La République de l'Ariège*. Mis en congé, il devint, à Paris, le correspondant du *Petit Provençal* de Marseille et entra ensuite à *La France*, où il s'occupe plus particulièrement des questions économiques. Libéral avant tout, il n'a cessé de combattre les tendances protectionnistes et dernièrement encore il plaidait avec persévérance en faveur du traité de commerce franco-italien. Il a fondé l'*Économiste pratique*, organe d'une Société portant le même nom, et la *Liberté coloniale* dirigée par M. Isaac, sénateur de la Guadeloupe.

Blanc (Paulin), publiciste français, ancien professeur au Lycée de Grenoble, né, à Ceyreste (Bouches du Rhône), en 1835. Il a publié: « Causeries sur les sciences physiques. La Terre. Le Ciel. La Matière. L'Air. L'Eau. Le Feu », Vienne, Savigné, 1869; « La Draperie à Vienne (Isère), son histoire, sa statistique, ses manufactures », id., id.; « Ponsard », études biographiques, id., id., 1870; « La Roulette et le Trente et Quarante, ou Guide des visiteurs de Monte-Carlo », id., id., 1880; « Les joueurs et les cercles avec des notices sur Monte-Carlo et Aix-les-Bains », Châlons-sur-Saône, Joserand, 1885.

Blancard (Louis), paléographe et numismate français, né, à Marseille, en 1831. Ancien élève de l'École des Chartes, il fut nommé archiviste du département des Bouches du Rhône. M. B., qui s'occupe surtout de numismatique, a été élu, le 19 décembre 1884, correspondant de l'Académie des inscriptions. Il a publié : « Iconographie des sceaux et bulles conservés dans la partie antérieure à 1790 des archives départementales des Bouches du Rhône », 2 vol. in-fol., Paris, Dumoulin, 1860; « Des monnaies frappées en Sicile au XIIIe siècle par les suzerains de Provence », id., Rollin et Feuardent, 1868; « Essai sur les monnaies de Charles I, comte de Provence », id., Dumoulin, publié en 5 fascicules, 1868-1879, ouvrage couronné par l'Institut de France; « Le Besant d'or sarrazinas pendant les Croisades, étude comparée sur les monnaies d'or, arabes et d'imitation arabes frappées en Égypte et en Syrie au XIIe et XIIIe siècles. Suivi de la table des poids de 300 dinars fathimites dressée par H. Sauvaire », Marseille, Barlatier-Feissat, 1880; « Sur les notations pondérables des patères d'Avignon et de Bernay et la livre romaine », Tours, Buserez, 1883; « Documents inédits sur le commerce de Marseille au moyen âge, édités intégralement ou analysés. Tome I: Contrats commerciaux du XIIIe siècle », Marseille, Balatier-Feissat, 1884. M. Blancard a publié en outre plusieurs articles dans la *Bibliothèque de l'École des Chartes* et dans la *Revue de numismatique française*.

Blanchard (Edward Laman), écrivain et auteur dramatique anglais, fils d'un acteur distingué de Covent Garden, est né le 11 décembre 1820. Il débuta de fort bonne heure dans le journalisme, et il n'avait pas encore vingt-cinq ans qu'il était déjà connu comme directeur du *Chambers' London Journal*, comme auteur des *Bradshaw's Descriptive Railway Guides* et d'une série de petits ouvrages, contes, essais, drames, farces, etc. Plus tard il publia le « Shakespeare » de Willoughby, l' « England and Wales delineated », et deux romans : « Temple Bar » et « Man without a Destiny ». M. B. a fourni au théâtre environ cent pièces, dont la plupart sont des farces de Noël et des féeries mythologiques. — Pendant trente-cinq ans de suite, il a été le fournisseur attitré des « Christmas Annuals », pour le théâtre de *Drury Lane*. Depuis 1863, il fait partie de la rédaction littéraire du *Daily Telegraph*.

Blanchard (Émile), naturaliste français, né, à Paris, le 6 mars 1820, se consacra aux recherches d'anatomie et de physiologie. Nommé aide-naturaliste au Muséum, professeur titulaire de zoologie, en 1862, il a rempli, en outre, de 1844 à 1847, des missions scientifiques en Italie et en Sicile. Ses Mémoires ayant pour objet les animaux sans vertèbres ont été insérés dans les *Comptes-rendus de l'Académie des sciences* ou dans les *Annales des sciences naturelles*. Ses recherches sur l'organisation des vers, lui ont valu, en 1854, le prix décerné par l'Académie des sciences. Membre de plusieurs sociétés savantes, il a été élu, le 10 février 1862, membre de l'Académie des sciences, dont il a été président en 1881. En 1876, il a été nommé professeur à l'Institut national agronomique. Outre les travaux déjà cités, M. B. a publié : « Histoire naturelle des insectes orthoptères, névroptères, hémiptères, hyménoptères, lépidoptères et dyptères, avec une introduction par M. Brullé », 3 vol., Paris, Duménil, 1840; « Histoire ds insectes, traitant des leurs mœurs et de leurs métamorphoses en général, et comprenant une nouvelle classification fondée sur leurs rapports naturels », 2 vol., id., Didot, 1845; « Du système nerveux chez les invertébrés », id., Masson, 1849; « L'organisation du règne animal », 38 livraisons, id., Baillière et fils, 1851-64; « La zoologie agricole. Ouvrage comprenant l'histoire entière des animaux nuisibles et des animaux utiles », 1854 et suiv.; « Les poissons des eaux douces de la France », Paris, Baillière et fils, 1866; « Métamorphoses, mœurs et instincts des insectes », id., Germer Baillière, 1867; « La vie des êtres animés. Les conditions de la vie chez les êtres animés. L'origine des êtres », Paris, Masson, 1888. M. Blanchard a collaboré également à la grande édition du *Règne animal* de Cuvier, Paris, Masson, 1849, en rédigeant, avec Milne-Edward, Audoin et Doyère, la partie concernant les « Insectes », et avec Milne-Edwards la partie concernant les « Zoophites », et il est aussi l'auteur des tomes 8e et 9e « Insectes », du *Traité complet d'histoire naturelle* de Achille-Joseph Comte, Paris, Didot, 1844. Parmi ses publications de moindre importance, nous citerons encore ses articles publiés dans la *Revues des deux Mondes*, parmi lesquels particulièrement remarquable une série sur « Madagascar et la Nouvelle-Zélande », 1878-84; sur « L'origine des êtres »; « La Variabilité des espèces »; « La Sélection »; « Les mœurs des fourmis », 1875; « La voix chez l'homme et chez les animaux » (1876) et « Les araignées » (1877). Parmi ses Mémoires publiés plus récemment dans les *Comptes-rendus de l'Académie des Sciences*, les plus importants sont : « Preuve de la formation récente de la Méditerranée », 1881 ; « Preuve de l'effondrement d'un continent central pendant l'âge moderne de la Terre » etc. Enfin, il a publié, notamment, en 1881, des travaux sur les insectes nuisibles de la vigne.

Blanchard (Raphaël), médecin et naturaliste français, né, à Saint-Christophe (Indre et Loire), le 28 février 1857. Reçu docteur en médecine en 1880, licencié ès-sciences naturelles en 1881, il est, depuis 1883, professeur agrégé d'histoire naturelle à la Faculté de médecine de Paris, membre d'un grand nombre de sociétés savantes, il est aussi secrétaire général de la Société zoologique de France. M. Blanchard qui a collaboré aux « Eléments de zoologie », de Paul Bert, Paris, Masson, 1885, a publié en outre : « De l'Anesthésie par le protoxyde d'azote, d'après la méthode de Paul Bert », thèse de doctorat, Paris, 1880 ; « Les Coccidés utiles », thèse pour le concours d'agrégation, id., Baillière et fils, 1883 ; « Les universités allemandes », id., Delahaye et Lecrosnier, 1883 ; « Traité de zoologie médicale », 3 parties, id., Baillière et fils, 1885-86; sans tenir compte de plusieurs autres travaux de moindre importance

et d'une foule de mémoires insérés dans les principaux recueils scientifiques français et allemands, ajoutons que M. Blanchard est parmi les collaborateurs du *Dictionnaire encyclopédique des sciences médicales*, publié sous la direction du docteur A. Decambre, auquel il a donné notamment les articles d'helmintologie.

Blanchecotte (Mme Augustine-Adolphine-Malvina, née SOUVILLE), femme de lettres française, née, à Paris, le 30 novembre 1830. Mme B. qui a été liée avec les hommes éminents de son temps, comme Béranger, Lamartine, Sainte-Beuve, Laprade, a publié : « Rêves et Réalités », poésies, 1851 et trois éditions suivantes, ouvrage couronné par l'Académie française ; « Nouvelles poésies », Perrotin, 1857; « Impressions d'une femme », méditations, portraits, pensées, id., Didier, 1868, ouvrage couronné par l'Académie française ; « Tablettes d'une femme pendant la Commune », id., id., 1874; « Le long de la vie », nouvelles impressions d'une femme, id., id., 1876; « Les Militants », poésies, Lemerre, 1877. Mme B. a collaboré à plusieurs recueils périodiques, entre autres à la *Revue française*, à la *Revue contemporaine*, à la *Revue européenne* et a donné plusieurs articles sur la littérature étrangère, particulièrement anglaise, au *Constitutionnel*. Le 29 décembre 1887, elle a été nommée Officier d'Académie au titre de professeur de littérature.

Blanchet (Désiré), professeur français, agrégé d'histoire au Lycée Charlemagne, à Paris, ancien élève de l'École normale supérieure, né, à Mazan (Vaucluse), en 1844. Il a publié : « Biographies des hommes illustres des temps anciens et modernes », Paris, Vve Belin, 1882 et, chez le même éditeur, une quantité de livres de texte pour l'histoire de France, pour les différentes classes, livres dont l'énumération n'aurait içi aucun intérêt.

Blandy (Stella), femme de lettres française, née, à Montesquieu Valvetre (Haute Garonne), en 1837. Elle débuta dans les lettres en écrivant à la *Revue contemporaine*, d'où elle passa à la *Revue des Deux Mondes*, et ne tarda pas à acquérir une certaine réputation dans le domaine de la littérature destinée aux enfants. Nous citerons d'elle : « La Dernière chanson, scènes du Mâconnais », Paris, Maillet, 1867 ; « Revanche de femme ». Degorce-Cadot, 1869; « Les Indiscrétions du prince Svanine. Un musulman, s'il vous plaît! La Bruderschaft. Sept pour un. L'Émeraude », id., Librairie générale, 1874 ; « Benédicte », id., Didier, 1875 ; « Le Petit Roi », id., Hetzel, 1877 ; « Le Procès de l'absent », id., Didot, 1880 ; « La Benjamine », id., id., 1882 ; « La dette de Zeena ». id., Blond et Barral, id. ; « Les Épreuves de Norbert », id., Hetzet, 1882 ; « Un oncle à héritage », id., Blond et Barral, 1884 ; « Trois sous neufs », id., Picard-Bernheim, 1884 ; « Mon ami et moi », id., Hachette, 1885 ; « Mont Salvage », id., Delagrave, id. ; « Tante Marize », id., Didot, id., « Trois contes de Noël », id. id., 1886 ; « Rouzétou », id., Hachette, id. ; « L'Oncle Philibert », id., Hetzel, 1887 ; « Pierre de Touche », id., Didot, 1888. Plusieurs de ces ouvrages ont été souvent réédités. En outre, Mme Blandy a traduit de l'anglais, pour l'éditeur Hetzel, les ouvrages suivants de Mayne Read : « Les deux filles du squatter », 1876 ; « Les jeunes voyageurs », 1877 ; « Les Robinsons de terre ferme », 1878 ; « Les Chasseurs de chevelure », 1879 ; et, pour la maison Hachette, de l'italien, les ouvrages de Salvatore Farina : « Amour aveugle ; Bourrasques conjugales ; Un homme heureux ; Valet de pique », 1880, et « Le Trésor de Donnina, 1883.

Blankenburg (Henry), historien allemand, né, près de Cologne, le 7 octobre 1820. Il entra dans l'armée prussienne comme officier du génie, et, après avoir dirigé la reconstruction du château de Hohenzollern (1850-57), il passa dans l'état-major. Peu après sa nomination à lieutenant colonel, il quitta l'armée et se fixa à Breslau, où il rédige la *Schlesische Zeitung*. On lui doit : « Der deutsche Krieg von 1866 », Leipsig, 1868 ; « Die innern Kämpfe der nordamerikanischen Union bis zur Präsidentenwahl 1868 », id., 1869. Des résumés de ces ouvrages avaient paru d'abord dans l'*Unsere Zeit*. De 1870 à 1873, M. B. a été député à la Chambre prussienne.

Blanpain (N.), homme de lettres français, né, à Quatre Champs (Ardenne), le 3 décembre 1839. D'abord apprenti typographe, il débuta par de petits travaux littéraires qui ont paru dans différents journaux. Devenu plus tard correcteur d'imprimerie, il s'est, depuis 1870, établi pour son compte. Nous citerons de lui : « Les Alliés en Champagne (1814) », Paris, Lachaud, 1869 ; « Les insurgés du 18 mars. Jules Vallès, membre de la Commune », id., id., 1871 ; « Musée féminin, galerie illustrée des femmes célèbres, courtisanes, aventurières, reines, impératrices, femme de lettres, empoisonneuses, héroïnes, actrices, criminelles », id., Cinqualbre, 1878 ; « Les Roués célèbres. Les aventures galantes du maréchal de Richelieu », id, id., 1880 ; « La Voisin », id., Dentu, 1885 ; Ajoutons que M. Blanpain publie avec Victor Poupin : » La Bibliothèque des libres penseurs », et plusieurs autres publications illustrées destinées à entretenir dans le peuple la haine contre le clergé.

Blaramberg (Nicolas), homme politique roumain, député au Parlement, ancien avocat général à la Cour de cassation de Bucarest, membre du Conseil de l'ordre, orateur influent de l'opposition ; en 1886, il a publié, à Bucarest, un gros volume in-8°, en roumain et en français, qui donne les plus larges et les plus doctes informations sur la législation et sur la population roumaine ; en voici le titre : « Essai comparé sur les institutions, les lois et les mœurs de la Roumanie, depuis les temps les plus reculés jusqu'à nos jours ». M. Blaramberg, qui appartient à une noble et ancienne famille de Braïla, avait déjà publié à l'occasion de la guerre turco-russe : « La Roumanie et la guerre actuelle, ou gouvernants et gouvernés », Paris, Durand, 1877.

Blas (G. Charles), chimiste belge, né, à Fribourg (Bade), le 7 septembre 1839, professeur à l'Université catholique de Louvain, correspondant de l'Académie royale de médecine de Belgique. Les bulletins et les mémoires des académies belges renferment d'importantes communications de M. Blas ; nous citerons son « Étude sur les Eaux alimentaires et spécialement celles de la ville de Louvain et de quelques autres localités de la Belgique », 1886. Il a publié en outre un « Précis de pharmacognosie et d'éléments de pharmacie », Louvain, Vanlinthout frères, 1859 ; « Traité élémentaire de chimie analytique », 2 vol., Louvain, Peeters-Ruelens, 1879 ; la traduction d'un travail allemand de M. Classen sur « L'Analyse électrolitique quantitative », Louvain, 1886, et celle d'un autre ouvrage allemand le « Manuel pratique de l'analyse industrielle du gaz », de Winckler, Paris, 1886.

Blasco. Pseudonyme de M. NAVARRO DELLA MIRAGLIA (Voyez ce nom).

Blasco (Eusebio), homme de lettres et homme politique espagnol, ancien préfet de Tolède, ancien directeur de l'Ordre public au Ministère de l'Intérieur à Madrid, ancien inspecteur général des postes et télégraphes d'Espagne ; jusqu'à ces derniers jours président de la section de littérature de l'Athénée de Madrid, où il eut comme successeur M. Valera, l'éminent romancier. M. Blasco qui écrit aussi couramment le français que l'espagnol est maintenant (depuis 1881), rédacteur au *Figaro* de Paris où il signe ses articles du pseudonyme de *Mondragon*, correspondant de *La Epoca* de Madrid, et collaborateur de plusieurs revues littéraires parisiennes. M. Blasco est né, à Saragosse, capitale de l'Aragon, le 28 avril 1844, d'une famille où l'exercice de la profession d'architecte semblait traditionnel. A dix-huit ans, ayant perdu son père, il alla à Madrid tenter fortune ; là il se voua au journalisme radical avec Rivera, Castelar, dont il est resté l'ami intime, Robert, Palacio, etc. Lancé dans la politique révolutionnaire, il prit part aux grands événements, barricades, conspiration, révolution de septembre. En 1868, Prim le fit nommer chef de bureau au Ministère de l'Intérieur. En 1869, Don Sallustiano Olozaga le fit inviter à l'inauguration du Canal de Suez et à son retour il le garda à Paris trois mois pour l'aider secrètement dans la négociation de la candidature Hohenzollern. La guerre arrivée, Rivero, ministre de l'Intérieur, le fit son secrétaire particulier. La République survenue, M. Blasco ne voulut pas la servir et il commença à se tenir à l'écart. — Mais avant tout, M. Blasco a toujours été auteur dramatique et ce sont ses pièces qui lui ont donné la notoriété en Espagne. M. Blasco a publié, en effet, soixante-quatre pièces de théâtre et trente volumes de poésies, polémiques et critiques. Les comédies les plus fréquemment jouées, sont: « La Rosa amarella »; « Juan Garcia »; « Soledad »; « Pobre Porfiado »; « El Anzuelo »; « No la hagar y no la temar »; « El baile de la Condesa », etc. etc. Parmi ses livres les plus populaires sont: « Una señora comprometida »; « Mes devociones »; « Mes contemporaneos »; « Noche en vela ».

Blaserna (Pierre), illustre physicien italien, né, à Fiumicello, près d'Aquileja, en 1836. Il fit ses études au Lycée de Gorice et à l'Université de Vienne, où il passa trois années, de 1856 à 1859, en qualité d'assistant à l'Institut de physique. Il débuta, en 1858, par un Mémoire, en allemand, sur les courants induits auquel, en 1859, il en fit suivre un autre sur les courants induits et déduits; les deux furent insérés dans les Actes de l'Académie des Sciences de Vienne. Il se rendit ensuite à Paris, où il fréquenta le laboratoire de Régnault au Collège de France, et il y resta jusqu'en 1861, époque à laquelle il fut chargé du cours de physique à l'Institut des Études supérieures de Florence, qu'on venait d'instituer; en 1863, il fut nommé professeur ordinaire de physique à l'Université de Palerme, jusqu'en 1872, lorsqu'il fut appelé à Rome, où il créa un grand laboratoire de physique qui repond à tous les besoins de la science moderne. M. Blaserna est maintenant professeur ordinaire de physique et président de la Faculté des sciences physiques et mathématiques à l'Université de Rome, directeur du Cabinet et de l'Institut spécial de Physique, membre du Conseil Supérieur de l'instruction publique et membre du Conseil Supérieur de l'instruction agricole, président du comité dirigeant de météorologie et de géodynamique du Royaume, membre et secrétaire pour la classe de sciences physiques, mathématiques et naturelles de l'Académie des Lincei de Rome, membre de la Société italienne des sciences dite des quarante, et de plusieurs autres compagnies savantes italiennes et étrangères, vico-président de la Société Royale de Géographie et chevalier de l'Ordre du Mérite Civil de Savoie. Sans parler des nombreux articles et mémoires épars dans plusieurs publications savantes italiennes et étrangères, nous citerons de lui: « Sul principio della conservazione delle forze », Palerme, 1864; « Sullo stato attuale delle scienze fisiche in Italia », Paris, 1868; « Sulla compossibilità dell'acido carbonico e dell'aria a 100 gradi », Palerme, 1865; « Le esplorazioni recenti intorno al mare libero del Polo », id., 1869; « Sulla polarizzazione della corona solare », id., 1870; « Sullo spostamento delle linee dello spettro », id., id.; « Sullo sviluppo e la durata delle correnti indotte », id., id.; « Le esplorazioni recenti nell'Africa centrale », id., id.; « L'Università di Roma », en collaboration avec le prof. Tommasi-Crudeli, Palerme, 1871; « La teoria dinamica del calore. Sul modo di dirigere i palloni aerostatici », id., 1872; « La teoria del suono nei suoi rapporti con la musica », Milan, 1875, travail qui fait partie de la *Bibliothèque scientifique internationale*, et qui par conséquent a été traduit en français, en anglais et en allemand: « L'eruzione dell'Etna del 24 maggio 1879 », rapport en collaboration avec le professeur Silvestri-Gemellaro, Rome, Botta, 1879; « la Questione del mare polare libero », dans le *Bollettino della Società Geografica*, vol. X, 1880; « Lezioni sulla teoria cinetica dei gas », 1 partie, litographiée, Rome, 1882; « Relazione sulla memoria del dott. Nasini: *Potere rotatorio* », en collaboration avec le prof Cannizzaro, dans les *Transunti dell'Accademia dei Lincei*, vol. V, 1881; « Relazione sulla memoria del prof. Lametta: *Sintesi delle osservazioni meteorologiche fatte in Modica ed in Siracusa relative al fenomeno della caduta delle polveri meteoriche dall'anno 1876 fino al 26 aprile 1880* », en collaboration avec le prof. Stoppani, id., id., id.; « Relazione sulla memoria del prof. Rost: *Ricerca del fenomeno di Hall nei liquidi* », id., vol. VI, 1882; « Relazione sulla memoria del prof. Bartoli: *Sopra un nuovo interruttore galvanico a periodo costante* », id., id., id., les deux en collaboration avec le prof. Felici; « Osservazioni sulle note di I. Canestrelli: *Sulla graduazione dei galvanometri* », id. id., id.; « Alcune considerazioni aggiunte alla memoria del dott. E. Bozzi: *Sul calore sviluppato da una corrente durante il periodo variabile* », id., id., id, vol. VII, 1883; « Sulla temperatura corrispondente al periodo glaciale », trois notes, id., vol. VII et VIII, 1883-84; « Sulla conferenza internazionale di Vienna per l'adozione di un corista uniforme », quatre notes dans les *Rendiconti* de la même Académie, 1885-86; « La conferenza internazionale di Vienna e l'adozione di un corista uniforme », extrait de la *Nuova Antologia*, vol. 55, Rome, 1886. — M. B. était délégué par le gouvernement italien à cette conférence.

Blasko (Ludwig), poëte allemand, né, à Lagos (Hongrie), d'un père slave et d'une mère hongroise, le 19 mai 1859. Il fréquenta l'Université de Pest, y fut reçu docteur en droit et depuis 1885, s'est fait inscrire au barreau de son pays natal. Dès son enfance, épris de la poésie allemande et de la science allemande, il est devenu entièrement allemand de cœur et d'esprit. Dès sa 17me année, il commença à publier dans les journaux et dans les revues littéraires des poésies lyriques allemandes qui eurent et ont toujours beaucoup de succès. Il a aussi publié plusieurs traductions du français et du hongrois.

Blass (Frédéric-Guillaume), philologue allemand, né, le 22 janvier 1843, à Osnabrük (Hanovre). Il fit ses études, de 1860 à 1863, aux Universités de Gœttingue et de Bonn, où il prit ses grades. Après avoir professé dans différents gymnases, il fut nommé, en 1876, professeur extraordinaire à l'Université de Kiel, où, en 1881, il reçut l'ordinariat. Son ouvrage le plus important est : « Die Athische Beredsamkeit », 3 vol., Leipsig, 1868-80, une deuxième édition a commencé à paraître. Il a publié en outre : « Die griechische Beredsamkeit, in dem Zeitraum von Alexander bis auf Augustus, Berlin, 1865 ; « Ueber die Ausprache des griechischen », Berlin, 1870 ; 2me éd., remaniée 1882 et les chapitres sur l'herméneutique, la critique, la paléographie, la science des livres et des manuscrits dans le *Handbuch der Klassischen Altertumswissenschaft*, 1 vol., Nordlingen, 1885. On lui doit aussi les éditions de plusieurs orateurs grecs (Hypérides, Antiphon, Andocide, Dinarchus, Demosthène) dans la collection de Teubner ; la nouvelle édition d'Isocrate de Benseler, 2 vol., Leipsig, 1878-79, et enfin, la continuation de l'édition des Biographies de Plutarque, vol. 3, 4, 5 et 6, Leipsig, 1872-75, dont les deux premiers volumes avaient été publiés par O. Siefert.

Blau (Edouard), auteur dramatique français, né, à Blois, en 1836. On lui doit un assez grand nombre d'œuvres, parmi lesquelles nous citerons : « Le Chanteur florentin », scène lyrique, en collaboration avec son cousin, M. Alfred Blau, musique de Jules Duprato, Paris, Librairie dramatique, 1866 ; « La Chanson de l'Étoile », opéra-comique, en un acte, musique de Louis Gérôme, id., 1873 ; « Bathile », opéra-comique en un acte, musique de W. Chaumet, Paris, Tresse, 1877 ; « Le paradis perdu », drame oratorio en 4 parties, musique de Théodore Dubois, id., id., 1870 ; « Belle Lurette », opéra-comique, en trois actes avec Ernest Blum et Raoul Toché, musique d'Offenbach, id. C. Lévy, 1880 ; « Le Chevalier Jean », opéra en quatre actes, avec Louis Gallet, musique de Victorin Joncières, id., C. Lévy, 1885 ; « Le Cid », opéra en quatre actes et dix tableaux, avec Louis Gallet ed A. D'Ennery, musique de J. Massenet, id., Tresse, 1885. — Ajoutons enfin qu'un acte en vers de lui « Maître Andrea », a été représenté avec succès à l'Odéon au mois d'octobre 1887. — Un sien cousin, M. ALFRED BLAU, a écrit, en collaboration avec Camille Du Locle, le libretto de « Sigurd », opéra en quatre actes, et neuf tableaux, musique de C. Reyer qui vient d'être repris avec tant de succès à l'Opéra, à Paris.

Blavatzki (Madame, née HAHN), femme spirite russe, née, à Ekatérinoslav (Sibérie), en 1831. Dès sa plus jeune enfance, des accidents que la superstition de ceux qui l'environnaient grossit outre mesure, lui donnèrent la réputation de sorcière, réputation que son sonnambulisme, ses crises nerveuses, ses caprices contribuèrent à accréditer. Mariée, en 1848, à M. Blavatzki, elle s'enfuit trois mois après son mariage, se rendit à Tiflis à cheval et parcourut successivement l'Asie centrale, les Indes, l'Amérique, l'Afrique et l'Orient. Au Caire, elle noua des relations avec un magicien copte ; en Amérique, elle connut les mystères du Vaudou des nègres ; aux Indes, on lui apprit le bouddhisme ésotérique qu'elle a prêché depuis. Revenue en Europe, en 1848, elle prétendit être en relation avec les esprits, se donna comme investie de pouvoirs surnaturels et parvint à gagner à ses doctrines un certain nombre d'adeptes convaincus ; quelques uns d'entr'eux ont créé à Paris, en 1886, une revue spéciale. Mme Blavatzki a publié un grand ouvrage : « Isis » dans lequel elle prétend exposer la signification occulte et symbolique de l'histoire (Cfr. « Incidents in the Life of Mme Blavatzki by Relative and Friends », Londres, Redway, 1886).

Blavet (Émile-Raymond), journaliste français, né, à Cournonterral (Hérault), le 14 février 1838. Il débuta dans la carrière de l'enseignement et fut successivement professeur en différents endroits et, en dernier lieu, à Nice où il connut Alphonse Karr. Ce fut sur ses conseils que M. Blavet écrivit ses premiers articles dans la *Gazette de Nice* et dans le *Lazzarone* qu'il avait fondé. Il vint bientôt après à Paris, ville avec Aurélien Scholl qui le fit entrer à la rédaction du *Club* ; il appartint depuis à la rédaction du *Camarade*, du *Nain Jaune*, du *Soleil*, de la *Situation* et, enfin, au *Figaro* auquel il collabora très activement jusqu'à la guerre de 1870 ; pendant le siège, il fit partie du corps des éclaireurs de M. de Poulizac. En 1871, il fonda à Versailles le *Rural*, brochure hebdomadaire conservatrice qui n'eut que quelques numéros. Après avoir travaillé à l'*Éclair*, il entra au *Gaulois*, dont il devint rédacteur en chef, en septembre 1878, sous la direction de M. Tarbé des Sablons. En 1879, il quittait le *Gaulois* pour devenir rédacteur en chef de la *Presse* ; de la *Presse* il passa à l'*Évènement* et de celui-ci au *Voltaire*, auquel journal il donna aussi un roman : « La Princesse rouge », publié plus tard, en 1883, en volume, chez Denoc et Cie et auquel il vient de donner une suite sous le titre : « Dent pour dent », Decaux, 1886. Enfin, le 1er janvier 1884, il est rentré au *Figaro*, où il publie un brillant article quotidien ; « La Vie Parisienne », sous la signature de *Parisis* ; depuis 1886, il remplace au même journal le regretté Arnold Mortier et cumule la « Vie Parisienne », avec la « Soirée théâtrale », qu'il signe comme son prédécesseur *Un Monsieur de l'orchestre*. Les articles quotidiens de la Vie Parisienne sont réimprimés chaque année en volumes séparés et paraissent, chez Ollendorff, avec des préfaces des écrivains les plus en vogue, comme Coppée, Claretie, etc. Jusqu'à présent Blavet n'a pas imité Arnold Mortier et il ne réimprime pas ses Soirées théâtrales. — M. Blavet est depuis 1884, secrétaire général du théâtre de l'Opéra. — Au théâtre M. Émile Blavet, auteur du « Bravo », opéra en quatre actes, musique de G. Salvayre, représenté sur le Théâtre lyrique, en 1877, a donné un second opéra, en quatre actes, mis en musique par le même M. Salvayre et joué au théâtre Marie de Saint-Pétersbourg. Il a encore fait jouer, en 1884, au théâtre de la Renaissance, en collaboration avec M. Fabrice Carré : « Le voyage au Caucase », vaudeville en trois actes et, en 1886, aux Nouveautés, en collaboration avec M. Alfred Delilia : « Mimi Pinson », vaudeville en trois actes ; dernièrement, enfin, il a donné à l'Ambigu : « Le Fils de Porthos », drame de cape et d'épée qui a eu un énorme succès.

Bleibtreu (Carl), littérateur allemand, né, à Berlin, le 13 janvier 1859, et fils de M. Georges B., le célèbre peintre de batailles ; ses études finies, après avoir voyagé quelque temps, il revint chez ses parents à Charlottenbourg, pour se consacrer entièrement aux lettres ; M. B., qui appartient à l'école réaliste, est depuis 1886 rédacteur du *Magazin für Literatur des In- und Auslandes*. Parmi ses nombreux ouvrages, nous citerons « Erinnerungen eines französischen Offiziers », 1882 ; « Aus Norvegens Hochlanden », nouvelles, 1883 ; « Der Niebelungen not », roman, 1884 ; « Wer weisst es », 1884 ; « Schlechte Gesellschaft », 1885 ; « Lord Byron », 2 drames, 1886 ; « Welt und Wille », poésies, 1886 ; « Geschichte der englischen Literatur », 2 vol., 1887 ; « Götzen », parodie, 1887 ; « Grössenwahn », roman, 3 vol., 1887.

Bleisteiner (Georges), auteur et critique dramatique allemand, né à Nuremberg, le 13 mars 1865. Pendant son enfance, il fut atteint d'une cécité qui ne servit pas peu à développer en lui le goût des choses de la pensée. Ayant recouvré la vue, il composa, pendant qu'il fréquentait encore le gymnase, une tragédie « Elissa ». Il se rendit plus tard aux universités d'Erlangen et de Leipsig pour y étudier la théologie, mais sa vocation pour les lettres finit par triompher et il se fixa à Leipsig, en qualité de critique d'art. Il vient d'écrire, tout dernièrement, un drame : « Kaiser Otto der Dritte ».

Blémont (Émile-Léon PETITDIDIER dit), poète et littérateur français, né, à Paris, le 17 juillet 1839. Le pseudonyme littéraire de Blémont qu'il a adopté est le nom de famille de sa grand'mère paternelle. Licencié en droit, inscrit au barreau de Paris, M. B. plaida pendant dix ans et fut le secrétaire de M. Salvetal. Il a débuté dans la littérature, en 1866, et publié depuis lors, en vers, les œuvres suivantes : « Contes et féeries. Lola. Le Basilic Salernitain. Scènes d'amour. Tremlis », Paris, Librairie centrale, 1866 ; « Poèmes d'Italie », id., Lemerre, 1870 ; il a collaboré au *Tombeau de Théophile Gautier*, id., id., 1873 ; aux *Étrennes du Parnasse*, 1874, et au *Parnasse Contemporain*, 3ᵉ série, id., Lemerre, 1877 ; ensuite il a publié, toujours en vers : « Les Cloches », poème d'Edgard Poë, traduction libre, id., Librairie de l'Eau-forte, 1876 ; « Portraits sans modèle », id., Lemerre, 1879 ; « Les Filles Sainte-Marie », id. ; « La Prise de la Bastille », id., id., id. ; « Le Porte Drapeau », 1880 ; « Le Jardin enchanté », Paris, Charavay frères, 1882 ; « Enoch Arden », d'après Tennyson, 1885 ; « La liberté éclairant le monde », 1886 ; « Poèmes de Chine », Paris, Lemerre, 1887 ; « Chansons normandes », 1887. — Au théâtre M. B. a donné : « Pour les inondés », stances dites par Mounet Sully et éditées la même année chez Lemerre ; « Molière à Auteuil », comédie en un acte en vers, en collaboration avec Léon Valade, jouée à l'Odéon, Paris, E. Lévy, 1876 ; « Le Barbier de Pezenas », comédie en un acte en vers, en collaboration avec Léon Valade, jouée à l'Odéon, id., id., id. ; « Stances pour André Gill », Odéon, 1871 ; « Pour la statue de Victor Hugo », dit par Albert Lambert, en 1882 ; « Pierre Corneille », poésie, dite à l'Odéon et éditée par Lemerre en 1884 ; « Visite à Corneille », dite à la Comédie française en 1886 ; « Roger de Naples », drame en cinq actes en vers, Lemerre, 1888. — En prose, M. B. a publié : « Esquisses américaines », de Mark Twaine, traduction libre, Paris, Ollendorff, 1881 ; « Le livre d'or de Victor Hugo, par l'élite des artistes et des écrivains contemporains », id., Launette, 1883 ; « Voyage sentimental en France et en Italie », de Lawrence Stern, traduction précédée d'une notice, id., id., 1884 ; il a collaboré, en outre, aux *Chefs d'œuvre de Paris*, aux *Grands peintres français et étrangers* de l'éditeur Launette, où il a écrit notamment une étude sur « Joseph de Nittis », etc. Comme journaliste, enfin, M. B. a fondé, en 1872, avec Jean Aicard, *La Renaissance littéraire et artistique*, et en 1887 avec H. Carnoy, G. Vicaire, etc., *La Tradition ;* il a collaboré, en outre, au *Nain Jaune*, aux *Coulisses parisiennes*, au *Rappel*, au *Réveil Social*, à la *Justice*, à la *Vie littéraire*, à l'*Artiste*, à la *Muse Républicaine*, au *Molière*, au *Beaumarchais*, au *Paris*, à l'*Eau-forte*, au *Progrès artistique*, au *Monde poétique*, au *Courrier Français*, à la *Revue des Traditions populaires*, au *Paris-Noël*, etc. etc.

Blengini (César-Albert), publiciste italien, ancien officier de l'armée italienne, successivement professeur d'escrime du Roi de Grèce, puis des officiers de la Garde à Saint-Pétersbourg, et, en dernier lieu, nouvellement professeur d'escrime et consul de Venezuela et de Roumanie à Athènes, né, le 24 août 1838, à Mondovi, en Piémont. Il a publié : « Apologia al valore italiano », 1866 ; « Trattato sulla scherma moderna » ; « Monografia sul duello » ; une autre brochure sur l'« Abolizione del duello » ; « Cenni storici della Lega Filellenica della Grecia » ; « Annuario-Guida-Statistica e commerciale della Grecia e degli Stati Orientali ».

Blenck (Émile), statisticien allemand, né, le 22 décembre 1832, à Magdebourg ; après avoir achevé ses études classiques dans sa ville natale, il suivit d'abord un cours d'agriculture pratique et se rendit ensuite à Berlin pour y étudier le droit et les sciences politiques et il y obtint deux fois le premier prix de la faculté pour ses travaux d'économie sociale et de statistique. En 1857, il entra dans l'administration et, de novembre 1864 jusqu'à juillet 1867, il travailla au bureau royal prussien de statistique, qui était alors sous la direction de Engel ; rappelé dans le même bureau, en 1869, après deux années passées à d'autres fonctions, il y parcourut rapidement sa carrière jusqu'à devenir d'abord substitut de Engel et à occuper définitivement sa place, quand celui-ci fut mis à la retraite. Depuis 1865, M. B. a pris part à tous les travaux scientifiques (*Zeitschrift* et *Jahrbuch d. Preussische Statistik*) du bureau qu'il dirige. Depuis 1882, il est le directeur de toutes les publications que nous avons citées plus haut et de la *Statistische Korrespondenz*. Récemment, il a publié un volume : « Das Königliche preussische Statistische Bureau beim Eintritt in sein neuntes Jahrzehnt » Berlin, 1885, qui sous l'apparence d'un simple compte-rendu est un traité complet, théorique et pratique de la science.

Bliedner (Arno), professeur et écrivain allemand, né, à Kahla (duché d'Altembourg), le 18 octobre 1848. Son père, qui était pasteur, lui donna lui-même la première instruction, il fréquenta ensuite les écoles publiques, le gymnase d'Altenbourg, et les universités de Jena et de Leipsig, où il étudia la philosophie et la théologie. Depuis 1878, professeur à l'école normale (*Schullehrer Seminar*) de Eisenach, M. B., a publié : « Schiller Lesebuch », 1885 ; « K. B. Stoy und das pädagogische Universitätsseminar », 1886 ; « Ueber Fremdwörter in der deutschen Sprache », id., etc.

Blind (Charles), révolutionnaire allemand, né, à Mannheim, le 4 septembre 1820, il était étudiant à Heidelberg lorsqu'il commença à se mêler aux agitations politiques. En 1847, la publication d'une brochure : « Deutscher Hunger und Deutsche Fürsten », lui valut un court emprisonnement. Après l'insuccès du soulèvement badois, en 1848, il se refugia en France, d'où il fut conduit à la frontière suisse par ordre du général Cavaignac. Au mois de septembre de la même année, il organisa, avec Struve, une seconde tentative d'insurrection, fut pris, et condamné à huit ans de détention. Délivré, par une émeute, en 1849, il fut l'auxiliaire de Brentano, qui lui confia une mission diplomatique à Paris. Sa participation au mouvement du 13 juin 1849, le fit bannir pour toujours de la France, il se refugia alors à Bruxelles, puis, depuis 1855, à Londres, où il entretint des relations suivies avec Garibaldi, Mazzini, Ledru-Rollin, Louis Blanc, et les autres chefs de la démocratie européenne, et où il se mit à défendre ses idées dans les feuilles anglaises, allemandes et américaines et notamment dans *Der deutsche Eidgenosse*. Depuis 1871, tout en continuant de vivre à Londres, il servit la cause nationale allemande à la fois comme journaliste et comme orateur d'assemblées politiques, combattant, en même temps, comme indignes d'un patriote, le socialisme international et l'ultramontanisme. Outre de nombreux essais sur l'histoire, la mythologie et les antiquités germaniques, M. B. a publié une série de biographies politiques : Ledru Rollin, François Deak, Freiligrath, etc. ; une étude en allemand : « Zur Geschichte der republic Partei in England » ; et en anglais : « Fire Burial among our Germanic Forefathers : a Record of the Poetry and History of Teutonic Cremation » ; « Yggdrasil, or, the Teutonic Tree of Existence » ; « An Old German Poem and a Vedic Hymn » ; « Scottish, Shetlandic and Germanic Water-Tales » ; « New Finds in Shetlandie and Welsh Folk-Lore » ; « The Siegfried Tale » ; « The New Conflict in Germany ». M. Blind a collaboré à plusieurs revues anglaises et allemandes, et à la *Revue Internationale* de Florence.

Blizinski (Joseph), auteur dramatique polonais, né, en 1827, à Varsovie. Parmi ses pièces comiques, qui ont eu un succès brillant et se distinguent surtout par la création de types nationaux d'une vérité saisissante, on cite : « Une mère prévoyante » ; « Le vieux célibataire » ; « Le Père » ; « Sieur Damase », qui a remporté le grand prix au concours dramatique de Léopol ; « Un mari à défaut de mieux ».

Bloch (Édouard), auteur dramatique et écrivain humoristique allemand, né, le 20 août 1831, à Berlin, où il tient une librairie théâtrale ; M. Bloch a composé plusieurs pochades et comédies en un acte qui eurent du succès et qui parurent ensuite en librairie. Citons entr'autres : « Wie zwei Tropfen Wasser » ; « Promenadenbekanntschaften » ; « Eine Kokette » ; « Er hat den Spleen » ; « Er hat seine Frau kompromittiert » ; « Eine sehr delikater Auftrag » ; « Sein Onkel und ihre Tante » ; « Blinde Liebe », etc.

Bloch (Gustave), archéologue français, professeur d'antiquités grecques et latines à la Faculté des lettres de Lyon, ancien élève de l'École normale supérieure, ancien membre des Écoles françaises de Rome et d'Athènes, né, à Fegersheim (Alsace), en 1848. Nous connaissons de lui : « Les Origines du Sénat romain, recherches sur la formation et la dissolution du Sénat patricien », Paris, Thorin, 1883.

Bloch (Maurice). Voyez BALLAGI (prononcez *Bolloghi*, raccourci en *Bloch*).

Bloch (Oscar-Thorwald), médecin danois, né, à Copenhague, le 15 novembre 1847. Reçu médecin, en 1872, il fut, de 1872 à 1875, prosecteur de chirurgie, et, de 1876 à 1878, chef de clinique chirurgicale. En 1879, il passa sa thèse de doctorat; de 1879 à 1881, prosecteur d'anatomie pathologique, de 1880 à 1885, lecteur d'anatomie pathologique. Depuis 1886, chirurgien en chef du Frédérics Hôpital et professeur de clinique chirurgicale à l'Université de Copenhague. Outre différents mémoires dans l'*Hospital Tidende* dont il est rédacteur, depuis 1878, et dans la *Bibliotek for Lager*, parmi lesquels est surtout notable : « Sur le decubitus de la trachée artère par les canules de la trachéotomie », il a écrit les livres suivants : « L'osteomyélite aiguë infectieuse », Copenhague, 1879 ; « Traitement des plaies depuis les temps anciens jusqu'à présent », id., 1880 ; « Traité sur les bandages et appareils chirurgicaux », id., 1883 ; « Développement des opérations des calculs vescicaux dans les dernières quinze années », id., 1885.

Block (Maurice), illustre statisticien et économiste, né, à Berlin, le 18 février 1816, fut amené en France à l'âge de deux ans et s'est fait naturaliser français. Il a fait ses études à Paris et les a complétées en Allemagne. Attaché, dès 1843, au Ministère de l'Agriculture et du Commerce de France (Bureau de la Statistique), il y devint sous-chef, en 1853. En 1861, il quitta l'administration pour s'occuper de ses travaux. En 1880, il fut nommé membre de l'Institut de France (Académie des sciences morales et politiques), et il est membre de plusieurs académies étrangères et décoré des ordres de presque tous le pays. Parmi ses nombreux écrits, nous citerons : « Des charges de l'Agriculture dans les différents pays », Paris, Bouchard-Huzard, 1851, ouvrage couronné par l'Institut; « L'Espagne, en 1850, Tableau de ses progrès les plus récents », id., Guillaumin, 1851 ; « Dictionnaire de l'administration française », id., Berger-Levrault et fils, 1855-56, plusieurs fois réimprimé; « Dictionnaire général de la politique », id., O. Lorenz, 1862-64 ; 2ᵉ éd., Perrin, 1872-74, nouveau tirage, 1884 ; « Statistique de la France comparée avec les autres États de l'Europe », 2 vol., id., Amyot, 1860; 2ᵉ éd., Guillaumin, 1874, ouvrage couronné par l'Institut ; « Puissance comparée des divers États de l'Europe », Gotha, Perthes, 1862; « L'Europe politique et sociale », id., Hachette, 1869 ; « Les Communes et la liberté, étude d'administration comparée », id., Berger-Levrault, 1877; « Traité historique et pratique de statistique », id., Berger-Levrault, 1878; « Petit manuel d'économie politique », id., Hetzel, 1873 ; 8ᵉ éd., 1880, ouvrage couronné par l'Académie française et traduit en douze ou treize langues ; sans tenir compte d'une foule de travaux de moindre dimension mais non de moindre valeur, ajoutons que M. Block a fait paraître pendant de longues années chez Berger-Levrault, l'« Annuaire de l'Administration française », et chez Guillaumin, l'« Annuaire de l'économie politique et de la finance » et qu'il a collaboré à plusieurs journaux et revues, parmi lesquelles nous nous bornerons à citer la *Revue des deux Mondes*, le *Journal des Économistes*, l'*Économiste français*, le *Home and foreign Review*, le *Vierteljahrsschrift*, le *Journal des Débats* etc. etc.

Blocqueville (Adélaïde-Louise d'ECKMÜHL marquise de), femme de lettres française, née, à Paris, en 1815. Elle est la dernière fille du maréchal Davout auquel elle a élevé un véritable monument dans son livre: « Le Maréchal Davout, prince d'Eckmühl, raconté par les siens et par lui-même », 4 vol., Paris, Didier, 1879-1880; nous citerons encore d'elle: « Perdita », Paris, Dentu, 1859 ; « Chrétienne et musulman », id., id., 1861 ; « Le prisme de l'âme », id., Hetzel, 1863 ; « Rome », id., id., 1865 ; les quatre ouvrages qui précèdent ont tous été publiés sans nom d'auteur; « Les soirées de la villa des Jasmins », 4 vol., id., Didier, 1873-74; « Rose de Noël », id., Ollendorff, 1884 ; « Les pensées d'un Pape (Clément XIV) », id., Librairie des bibliophiles, 1886; Mᵐᵉ de Blocqueville, par reconnaissance pour la ville d'Auxerre qui a érigé un monument à son père, vient de faire cadeau à la bibliothèque de cette ville d'une riche collection de tableaux, meubles, bronzes, bijoux, livres, manuscrits, qui sont exposés dans une salle, dite salle d'Eckmühl, et où l'on trouve les manuscrits et la correspondance inédite du maréchal ainsi que beaucoup de pièces sur la Révolution et sur l'Empire.

Blomeyer (Adolphe), agronome allemand, né, le 24 février 1830, à Frankenhausen près Cassel; il entreprit d'abord l'étude du droit qu'il quitta bientôt pour s'adonner à l'agriculture; en 1856, il prit l'administration d'un domaine en Silésie et, en 1860, celle de ses biens paternels. En 1865, il devint professeur d'agriculture à Proskau, d'où, en 1869, il fut appelé à la direction du nouvel institut d'agriculture qu'on venait de fonder à l'Université de Leipsig; en 1881, il a été titré conseiller intime de la cour. On a de lui : « Handbuch des preuss. und sächs. Pachtsrechts », Berlin, 1873 ; « Die mechan. Bearbeitung des Bodens », Leipsig, 1881.

Blomfield (Alfred), théologien anglais, né, à Fulham, le 31 août 1831. Après de brillantes études, il embrassa la carrière ecclésiastique et devint en dernier lieu (1882), évêque de Colchester et suffragant de l'évêque de Saint-Albans. En 1863, il a publié les mémoires de son père, le Dr Charles James B., ancien évêque de Londres, et outre plusieurs publications théologiques, en 1871, un volume de « Sermons in Town Country ».

Blondeau (Henri), auteur dramatique français, né, à Paris, en 1841. M. B. a publié seul les pièces suivantes : « Le Pion amoureux », pochade-parodie, mêlée de couplets, Paris, Egrot, 1866 ; « Dagobert et son Vélocipède », opérette-bouffe en un acte, musique de Demarquette, id., Grou, 1869 ; toutes ses autres pièces ont été faites en collaboration. Avec Hector Monréal : « Tapez-moi là dessus », revue en quatre actes, Paris, Dechaume, 1868 ; « Les Hannetons de l'année », revue en trois actes, id., Barbré, 1869 ; « V'là les bêtises qui recommencent », revue en quatre actes, id., id., 1870 ; « Paris dans l'eau », vaudeville en quatre actes, id., Tresse, 1872 ; « Une poignée de bêtises », revue en deux actes, id., id., id. ; « Qui veut voir la lionne » revue-fantaisie en trois actes, id., Barbré, 1872 ; « Ah ! c'est donc toi, Madame la Revue », revue en trois actes, id., Tresse, 1874 ; « La nuit de noces de la fille Angot », vaudeville en un acte, id., id., id. ; « La Comète à Paris », revue en trois actes, id., Lefrançois, 1875 ; « Pif-Paf ! », féerie en cinq actes, id., Tresse, 1875 ; « L'ami Fritz Poulet », parodie à la fourchette, mêlée de chansons à boire et à manger en deux services, deux entremets et un dessert », id., id., 1877 ; « Les environs de Paris, voyage d'agrément en quatre actes et huit tableaux », id., id., id. ; « La serinette de Jeannot », vaudeville en un acte, id., id., 1885 ; « Les Terreurs de Jarnicoton », vaudeville pantomime en un acte, id., id., id. ; « Au clair de la lune », revue en quatre actes et huit tableaux, id., Ollendorff, 1885 ; cette dernière avec l'aide d'un troisième collaborateur G. Grisier ; en collaboration avec MM. Chirot et Duru : « Les Pommes d'or », féerie en trois actes et dix-huit tableaux, Paris, Tresse, 1873 ; avec Siraudin : « La Revue à la vapeur », actualité parisienne en un acte, id., id., 1875 ; avec L. Jonathan : « Carnot », drame militaire en cinq actes, id., id., 1885.

Blondel (Antony), professeur et littérateur français, né à Avion (Pas de Calais), en 1852. Après des études faites au Lycée Louis-Le-Grand, il est entré dans l'Université d'abord comme professeur de philosophie, puis comme attaché à l'administration centrale au Ministère de l'Instruction publique, où il est encore. Sa santé ne lui a point permis de continuer le professorat, ni d'aborder la littérature militante.

On a de lui : « Le roman d'un maître d'école », avec une préface de Jean Richepin, Paris, Maurice Dreyfous, 1881 ; « La vie privée de Pierre Camus (d'Arras) », id., id., 1882 ; « Le Bonheur d'aimer », id., Victor Havard, 1886 ; annoncé pour paraître prochainement à la même librairie : « L'Heureux village ».

Blondel (Auguste), écrivain suisse, né, à Lancy près Genève, le 21 août 1854 ; il fit ses études à Genève et à Paris et fut reçu licencié ès-lettres et en droit. En 1866, il a été élu député au Grand Conseil de son Canton natal. On lui doit : « Esquisses littéraires : Un abbé (Voisenon) dans les salons (1708-1775) », Genève, Georg, 1878, ouvrage qui a eu l'honneur d'une seconde édition ; « Essai sur le billet de banque », thèse présentée à la Faculté de droit de Genève, id., id., 1879 ; « Contes et esquisses », id., Cherbuliez ; « Rodolphe Töpffer. L'écrivain, l'artiste, l'homme », en collaboration avec P. Mirabaud qui s'est occupé surtout de la partie bibliographique, Paris, Hachette, 1887. M. Blondel a publié, en outre, de nombreuses nouvelles dans la *Revue politique et littéraire* de Paris, et dans le Recueil intitulé le *Foyer Romand*, Lausanne, 1886-1887 ; des poésies dans les *Chants du pays, Album lyrique de la Suisse romande*, Lausanne, Imer et Payot, 1883. Collaborateur du *Journal de Genève* et de la *Bibliothèque Universelle de Lausanne*, il envoie aussi des chroniques suisses au *Livre* et à la *Revue Internationale* de Rome.

Blondel (Georges), professeur et écrivain français, né, à Dijon, le 8 mars 1856 ; il fit ses études au Lycée de sa ville natale ; en 1874, lauréat au concours de la Société de géographie de Paris, lauréat, en 1876 et 1877, de l'Académie de Dijon pour deux mémoires restés inédits ; reçu docteur en droit, en 1881 ; et, en 1883, agrégé d'histoire ; chargé, en octobre 1883, d'une mission scientifique en Allemagne par Monsieur Albert Dumont ; chargé, en octobre 1885, d'un cours d'histoire du Droit, à la Faculté de Droit de Lyon. Il a publié : « Étude sur la loi Cincia et la publicité des donations », thèse de doctorat, 1881 ; « Étude sur plusieurs manuscrits de la Bibliothèque royale de Berlin », dans la *Nouvelle Revue historique du Droit* ; 1884 ; « De l'enseignement du Droit dans les Universités allemandes », Paris, Le Soudier, 1885 ; « Le volontariat en Allemagne », id., Baudoin, 1885 ; « Notice sur l'historien Georges Waitz », id., Larose, 1886 ; « La réforme des études juridiques en Allemagne », travail publié par M. B. dans la *Revue interne de l'enseignement*, en 1887, à propos des vives polémiques soulevées en Allemagne par son premier écrit ; « La Réforme des Universités russes », id., 1887 ; « L'enseignement du Droit en Angleterre ». Sont annoncés pour paraître prochainement des travaux sur « Les Avoireries » ; sur

« La Constitution de l'Allemagne au XIII⁰ siècle »; sur « Les Droits régaliens au Moyen âge ». M. B. a publié, en outre, de nombreux articles et comptes-rendus, quelquefois non signés, dans plusieurs revues juridiques ou historiques.

Blondel (Spire), écrivain d'art français, né, au Merlerault (Orne), en 1836. Il entra, en 1860, à la *Revue des Beaux-Arts*, où il débuta par une série d'articles fort remarqués sur « L'Histoire de la glyptique depuis les temps antiques jusqu'à nos jours ». En librairie, il a publié : « Recherches sur les couronnes de fleurs », 1860; « Le Jade. Étude historique, archéologique et littéraire sur la pierre appelée *Yû* par les Chinois », Paris, Leroux, 1875; « Histoire des éventails, chez tous les peuples et à toutes les époques. Illustré de cinquante gravures et suivi de notices sur l'écaille, la nacre et l'ivoire », id., Loones, id.; « Recherches sur les bijoux des peuples primitives. Temps préhistoriques. Sauvages. Mexicains et Péruviens », id., Leroux, 1876; « Histoire anecdotique du piano », id., Baur, 1880; « L'art intime et le goût en France; Grammaire de la curiosité », Rouveyre et Blond, 1884; « L'art pendant la Révolution. Beaux-Arts, arts décoratifs », avec 48 gravures, id., Laurens, 1888. On lui doit en outre de nombreux articles spéciaux insérés dans le *Bien public*, la *Mosaïque*, la *Gazzette des Beaux-Arts*, le *Livre*, parmi lesquels nous citerons : « Les Outils de l'Écrivain », 1882, la *Revue libérale*, la *Revue britannique*, où nous citerons l'« Histoire anecdotique de l'orgue », 1881; la *Chronique musicale*, où il a fait paraître entre autres une étude sur « Les Castrati », 1877. — Depuis 1879, M. Blondel a pris une part active à la rédaction du *Dictionnaire Encyclopédique et Biographique de l'industrie et des arts* de MM. E. O. Lamyel et Thorel, dont il est l'un des principaux collaborateurs.

Blondelet (Charles), auteur dramatique et romancier français. Nous connaissons de lui : « La-i-tou, et Tralalà », folie-vaudeville en un acte, en collaboration avec Michel Bordet, Paris, Dechaume, 1858; 2ᵉ éd., id., Barbré, 1879; « Ah ! il a des bottes, Bastien », vaudeville en un acte, avec le même, id., Librairie théâtrale, 1859 ; « Le diable au corps », féerie-vaudeville en un acte, id., id., 1859; « Le Beau Paris », saynète bouffe, avec F. Baumaine, id., Egrot, 1868 ; « Deux auteurs incompris », opérette-bouffe en un acte, avec Avocat, musique de Félix Jouffroi, id., Librairie théâtrale, 1868; « L'Assommoir pour rire, précédé d'une conférence sur l'Assommoir, ambigu parodie en un acte, de deux auteurs qui restent dans ces-z-eaux-là », avec Baumaine, id., Le Bailly, 1879; « Les Rois s'amusent ou les deux Henriot », opérette en un acte, musique d'Éd. Deransart.

Bloesch (Emile), écrivain suisse, fils du célèbre jurisconsulte et homme d'État bernois, né, le 11 janvier 1838, à Burgdorf, dans la Haute Argovie; il fit ses études à Berne, Berlin et Heidelberg et fut reçu docteur en philosophie et nommé pasteur dans divers villages bernois et à Bienne où il resta, de 1861 à 1875 ; actuellement il est directeur de la bibliothèque de Berne, et, depuis 1855, professeur extraordinaire pour l'histoire ecclésiastique de la Suisse à l'Université de Berne; de 1878 à 1886, il a été rédacteur du *Berner Taschenbuch*. Sans tenir compte de nombreuses notices biographiques, historiques et littéraires insérées dans le journal susdit, dans les *Annales de la Société d'Histoire suisse*, dans les *Archives de la Société historique de Berne*, dans le *Bund*, dans la *Gazette d'Augsbourg*, il a publié : « Biographie d'Édouard Bloesch ou trente années de l'histoire de Berne », 1 vol., Berne, 1872.

Blouët (Paul), littérateur français, né, le 3 mars 1848, plus connu sous son pseudonyme de Max O'Rell. Officier de cavalerie réformé à la suite de blessures reçues au service, il alla s'établir en Angleterre, en 1873, et y fut presqu'aussitôt nommé professeur en chef de l'École française à Saint-Paul. Au mois d'août 1883, il publia, à Paris, chez Calman Lévy : « John Bull et son île, mœurs anglaises contemporaines », qui se vendit à un nombre incalculable d'exemplaires et fut traduit non seulement dans toutes les langues de l'Europe, mais encore en arabe, en bengali et en mahratti. En 1884, M. Paul Blouët quitta l'enseignement pour se consacrer entièrement au journalisme et à la littérature. Il publia alors, toujours sous le même pseudonyme : « L'Éloquence de la chaire et de la tribune française », Oxford, 1884; « Les filles de John Bull », Paris, C. Lévy, 1884; « Les Chers voisins », id., id., 1855; ces deux derniers volumes ont été aussi traduits en anglais et ont eu presque autant de succès que son premier ouvrage. M. Blouët a publié ensuite en anglais : « Drat the Boys; or Recol. of an Ex-French master in England », Londres, Field and T., 1886; « L'ami Mac Donald. Souvenirs anecdotiques de l'Écosse », Paris, Lévy, 1887; en collaboration avec George Sperkling, pseudonyme anglais de M. Georges Petillot, M. Blouët a publié aussi : « John Bull à l'école ».

Blowitz (Henry-Georges-Stephan-Adolphe Opper de), correspondant parisien du *Times*, d'origine austro-slave, né, à Blowitz (cercle de Pilsna, Bohême, Autriche), le 28 décembre 1825. Venu en France très jeune, il fut successivement professeur d'allemand dans différents lycées et partout, à côté de son enseignement, il organisa avec beaucoup de succès des cours de littérature étrangère comparée. En 1860, il quitta l'Université pour retourner aux lettres, s'occupa de critique littéraire et de politique étrangère dans la *Gazette du Midi*, fit une correspondance hebdomadaire dans la *Décentralisation* de Lyon ; naturalisé français le 5 octobre 1870, il rendit quelques services à la cause de l'ordre contribuant à combattre la Commune de Marseille. Le 23 juillet 1871, M. de Blowitz entra en qualité de correspondant temporaire et suppléant au *Times* ; il s'y distingua tellement et il révéla de telles qualités de correspondant et de journaliste qu'en moins de trois ans il devenait correspondant en chef du même journal à Paris. Tout le monde connaît l'importance des communications que M. de Blowitz envoie au grand journal de la City ; nous rappellerons seulement que c'est grâce à lui que le *Times* put publier, à Londres, le traité de Berlin au moment même où les plénipotentiaires apposaient à Berlin leur signature sur la pièce originale ; toutes les enquêtes ordonnées, par la chancellerie allemande, dans le but de connaître qui avait communiqué le traité à M. de Blowitz restèrent sans résultat. Si l'œuvre quotidienne de M. de Blowitz dans le *Times* représente à peu près l'équivalent de cinq mille volumes, il a, en revanche, fort peu publié en librairie. Nous citerons de lui : « Feuilles volantes. Nouvelles en prose. Midi à quatorze heures, comédie proverbe en deux actes et en vers », Marseille, A. Fontaine, 1858 ; « L'Allemagne et la Provence », paru d'abord, dans le *Correspondant*, en 1869, et qui, sous forme de brochure, fut couronné par le Congrès scientifique d'Aix ; « Le Mariage royal d'Espagne », Paris, Plon, 1878, tiré à 500 exemplaires et non mis dans le commerce ; « Une course à Constantinople », id., id., 1884. Ajoutons ici que M. O. de Blowitz, autorisé à porter ce nom par une déclaration solennelle du 6 mai 1860, a épousé à Marseille, en 1859, Mme Anne-Amélie Arnaud d'Agnel, veuve Rethfort, fille d'un trésorier de la marine, nièce par son père du général chevalier d'Arnaud et nièce aussi par sa mère du Comte d'Agnel de Bourbon d'une vieille famille du midi français.

Blum (Ernest), auteur dramatique et journaliste français, né, à Paris, le 15 août 1836. Fils d'un acteur, il travailla de bonne heure pour le théâtre. A dix-huit ans il donnait aux Variétés un vaudeville en un acte : « Une femme qui mord », et il devint bientôt le fournisseur attitré des Délassements comiques. M. Blum qui a appartenu, pendant plusieurs années, à la rédaction du *Charivari*, a réuni en volume ses principaux articles sous le titre : « Entre Bicêtre et Charenton. Les Aventures d'un notaire. La Légende du monsieur qui avait le frisson. Petites contes fantastiques avec ou sans moralité », Paris, Librairie internationale, 1865 ; entré au *Rappel*, dès la création de ce journal (1869), il y a rédigé les bulletins des coulisses et des articles de théâtre sous le nom de *Marsy*, et des bulletins de la Bourse sous le pseudonyme d'*Ursus*. En dehors du volume déjà cité et en dehors de ses productions comme homme de théâtre, dont nous parlerons plus bas, M. Blum ; a publié : « Mémoires de Rigolboche », 1860, cet ouvrage a paru sans nom d'auteur et c'est Albert Wolff qui raconte dans son volume « La Gloire à Paris », qu'il a été écrit par M. Blum ; le même ouvrage nous apprend que les « Mémoires » de Mlle Thérésa, la *Patti de la chope* comme l'avait si spirituellement baptisée Fiorentino, ont été rédigés par Ernest Blum, Albert Wolff et Henri Rochefort ; poursuivant l'énumération des œuvres de M. Blum nous trouvons : « Les Pieds qui remuent ; bals, danses et danseuses », 1864 ; « Biographie complète d'Henri Rochefort par un ami de dix ans », Bruxelles, Royez fils, 1868. — Au théâtre, M. Blum a donné : « Horace et Liline », vaudeville en un acte, Paris, Lévy frères, 1862 ; « Une avant scène », vaudeville en cinq actes, id., Tresse, 1876 ; « Rose Michel », drame en 5 actes, id., id., 1877 ; « L'invité, scènes de la vie de chasseur », en un acte, id., Allouard, 1878. — Il nous est impossible de donner la note des pièces composées en collaboration par M. Blum, le nom seul de ses collaborateurs en montrera l'étendue : Cogniard, Flan, Jallais, Henri de Kock, Clairville, Siraudin, Rochefort, Thiery, Thiboust, Brisebarre, Crémieux, Labiche, Blondeau, Blau, et, enfin, Raoul Toché (Voyez ce nom), qui est devenu, dans ces derniers temps, son collaborateur inséparable, et avec lequel il a remporté de nombreux succès.

Blum (Hans), jurisconsulte et littérateur allemand, né, à Leipsig, le 8 juin 1841, fils du célèbre orateur politique et député Robert Blum, fusillé à Vienne en 1848. Il reçut sa première instruction en Suisse, fréquenta ensuite les Universités de Berne et de Leipsig et, en 1879, il s'établit avocat dans cette dernière ville. Il suivit, pendant le guerre franco-prussienne, le quartier général allemand en qualité de correspondant du *Daheim* ; de 1871 à 1878, il fut rédacteur en chef des *Grenzboten* tout en collaborant activement à plusieurs autres journaux. M. Blum, qui appartient au parti national libéral, fut, de 1867 à 1870, membre du Reichstag de l'Allemagne du Nord et appartient, depuis 1867, au comité directeur de ce parti pour le Royaume de Saxe. Parmi ses ouvrages séparés, nous citerons : « Kommentar zum deutschen Strafgesetzbuch », Zurich, 1870 ; « Sachsischer Rechtsfreund », id., 1870 ; une biographie de son père, sous le titre : « Robert Blum. Ein Zeit- und Character- Bild für das deutsche Volk », Leipsig, 1878 ; « Die erste Frucht des deutschen Staatssozialismus », id., 1881 ; « Aus d. alten Pitaval », 1886 etc. ; sur le terrain purement littéraire, M. B. a publié : « Dunkle Geschichten », nouvelles, Berlin, 1874 ; « Aus unseren Tagen », roman, Magdebourg, 1876 ; « Junius », drame, 1883 ; « York », drame, 1884 ;

« Der Ueberläufer », conte, 1884; « Herzog Bernhard » roman historique, 1885; « Hellwyll und Budenberg », id., 1886; « Die Aebtissin von Säckingen », roman historique, 1887. — Depuis 1879, M. B., publie, avec K. Braun, *Die Annalen des Reichsgerichts*, qui depuis 1883, ont changé leur titre en celui de *Urtheilen und Annalen des Reichsgerichts*.

Blum (Lodoiska von), femme de lettres allemande, née, dans la Pologne russe, le 25 décembre 1841. Après la mort de son père, officier prussien, elle quitta Berlin pour Vienne, où elle s'adonna entièrement aux lettres jusqu'en 1882, année dans laquelle elle se fixa pour raison de santé, à Venise, où elle demeure encore. Parmi ses nombreux ouvrages, nous citerons: « Die schwarze Käthe », 3 vol., roman, 1868; « Teufelsburg », 3 vol., roman, 1873; « Das Sündenerbe », 3 vol., roman, 1874; « Gesammelte Novellen », 1875; « Hildegard », nouvelle, 1875; « Das Geheimniss des rothes Turms », roman, 1879; « Das Blutbuch », 1880; « Die Hexe von Wrostawa », roman, 1880; « Aus dem Leben der Armen », 1882; « Ohne Fehl », 1884; « Der Doppelgänger », roman, 1886; « Die schöne Melusine », 3 vol., roman; « Um Ehre und Leben », 2 vol., roman; « Die Zauberin von San Pietro di Castello », 2 vol., roman; « Unter die Maske », roman historique, 2 vol.; « Die Erbe von Castruccio », roman, 2 vol.

Blum (Max), jeune poète allemand, né, à Wohkuhl dans le Meklenbourg, le 23 décembre 1863; après avoir fréquenté le Gymnase de Neu Strelitz, il s'adonna au commerce, mais sa vocation littéraire parlant plus haut que la voix de l'intérêt, il quitta les affaires pour se consacrer tout entier aux lettres. Un volume de poésies qu'il vient de faire paraître: « Vom Felde der Liebe », 1887, a été très bien accueilli par la critique.

Blumenthal (Oskar), littérateur et humoriste allemand, né, le 13 mars 1852, à Berlin; il étudia la philologie à l'Université de sa ville natale et à celle de Leipsig. En 1870, il était encore étudiant quand il fit paraître son premier article satirique: « Vorpostengefechte eines litterarischen Franc-Tireurs », qui eut un certain succès. Il fonda ensuite à Leipsig: *Die Deutsche Dichterhalle*; à laquelle il fit suivre, à Dresde, les *Neuen Monatshefte für Dichtkunst und Kritik*, et après la mort de ce journal, il revint à Berlin, où il entra comme rédacteur au *Berliner Tageblatt*. Il resta dans ce journal jusqu'en 1887, époque à laquelle il le quitta pour fonder un théâtre. Parmi ses ouvrages, nous citerons: « Allerhand Ungezogenheiten », Leipsig, 1874, 5ᵉ éd., 1877; « Vom Hundertsten ins Tausendste », id., 1875; « Für alle Wagen- und Menschenklassen. — Plaudereien », 3 vol., id., 1875; « Gemischte Gesellschaft », id., 1877; « Auf der Mensur. Federkrieg », id., 1878;

« Bummelbriefe », Dantzick, 1880; « Zum Dessert », 1880; « Aus heiterm Himmel », Berlin, 1880; « Von der Bank der Spötter », Berlin, 1874; « Aufrichtigkeiten », 1887. Au théâtre, M. B. débuta par: « Die Philosophie des Unbewussten », comédie-parodie, en un acte, Vienne, 1876; suivirent les grandes comédies: « Wir Abgeordneter »; « Die Teufelsfelsen »; « Operationen »; mais ses plus grands succès furent: « Der Probeffeil », 1883; « Die grosse Glocke »; « Ein Tropfen Gift »; et « Der Schwarze Schleier ». Sous le titre: « Theatralische Eindrücke », M. B. a réuni en volume, Berlin, 1885, plusieurs essais de critique dramatique. M. Blumenthal a publié, en 1874, en 3 vol., à Detmold, une édition critique de « Grabbes Werke und handschriftlichen Nachlass ».

Blümner (Hugo), archéologue allemand, né, à Berlin, le 4 août 1844; il fit ses études universitaires à Breslau, Berlin et Bonn (de 1862 à 1866), fut reçu docteur en philosophie en 1866, sur la présentation d'une thèse: « De locis Luciani ad artem spectantibus », nommé l'année suivante professeur au gymnase de Sainte-Marie-Madeleine à Breslau, et, en 1870, *privat Docent* à l'Université, il prit possession de sa chaire par la dissertation: « De Vulcani in veteribus artium monumentis figura », imprimée la même année à Breslau; en 1874, il fut nommé professeur extraordinaire d'archéologie à l'université de Königsberg; de 1876 à 1877, il entreprit un voyage scientifique en Italie, et notamment en Sicile, et à son retour il fut nommé professeur ordinaire de philologie et d'archéologie à l'Université de Zurich. Nous citerons de lui: « Archäologische Studien zu Lucian », Breslau, 1867; « Ueber die Gewerbthätigkeit der Völker der klassischen Altertums », Leipsig, 1869, travail couronné par la Société des sciences Jablonowsky; « Dilettanten, Kunstliebhaber und Kenner im Altertum », Berlin, 1873; « Technologie und Terminologie der Gewerbe und Künste bei Griechen und Römern », 4 vol., Leipsig, 1874-86; « Technische Probleme aus Kunst und Gewerbe der Alten », Berlin, 1877; « Die archäologische Sammlung im eidgenössichen Polytechnicum zu Zürich », Zurich, 1881; « Laokoon Studien », Fribourg e. B., 1881-82; « Das Kunstgewerbe im Altertum », 2 vol., Leipsig, 1885; « Leben und Sitten der Griechen », 3 vol., Leipsig, 1887. — M. B. a publié aussi une édition critique du « Laokoon », de Lessing, avec un commentaire très étendu, Berlin, 1876, nouvelle éd. remaniée, 1880; une édition des « Winkelmanns Briefen an seine Züricher Freunde », Fribourg e. B., 1882, et une nouvelle adaptation du « Lehrbuch der griechischen Privataltertümer », de Hermann, id., 1882. — M. B. est en outre un collaborateur assidu de la *Gazette archéologique*, des *Nouvelles annales philologiques*, du *Musée rhénan pour* la *philologie*, des *Annales de l'Institut archéologique*; de l'*Indicateur pour les Antiquités suisses*, des *Grenzboten*, du *Fels und Meer*, du *Nord und Süd*, etc. etc.

Blunt (le révérend John Henry), théologien anglais, né, en 1823, à Cheyne Walk (Chelsea); entré dans les ordres il est depuis 1873, recteur à Beverton (comté de Gloucester). Depuis son jeune âge, M. B. a été un collaborateur assidu des revues et des magasins ecclésiastiques, et il est l'auteur des lectures sur le Symbole publiées, en 1855, sous le titre: « The Atonement and the At-one-maker », et de plusieurs brochures. Depuis 1864, il a publié : « Directorium Pastorale », plusieurs fois réédité; « Household Theology » ; « The Annoted Book of Common Prayer » ; « History of the Reformation of the Church of England », 2 vol., qui embrassent la période de 1513 à 1662 ; « The Doctrine of the Church of England as stated in Ecclesiastical Documents set forth by authority of Church and State, from 1536 to 1662 ; « The Book of Church Law » ; « The Sacraments and Sacramental Ordinances of the Church »; « A Christian View of Christian History »; « Keys to the Knowledge and use of the Prayerbook, Bible, Church Catechism » ; « A Plain Account of the English Bible, from the earliest times of its Translation to the present day » ; « A Dictionary of Doctrinal and Historical Theology »; « A Dictionary of Sects, Heresies, Ecclesiastical Parties, and Schools of Religions Thought », 1874; « Tewkesbury Abbey and its Associations », 1874; « Dursley, Beverston, and some neighbouring Parishes », 1877; et, enfin, une « Annotated Bible », en 3 vol. in-4°. Presque tous ses ouvrages ont été plusieurs fois réédités et se rééditent encore.

Blüthgen (Victor), poète et littérateur allemand, né, le 4 janvier 1844, à Zörbig (province de Saxe); il étudia la théologie à Halle et à Marbourg. De 1876 a 1877, il fut rédacteur de la *Krefelder Zeitung* et entra ensuite à la *Gartenlaube* de Leipsig, où déjà il avait fait paraître un de ses romans : « Ausgärender Zeit », publié plus tard, en 1885, en 2 vol. à Lichterfelde. M. B. qui a renoncé au journalisme et vit maintenant à Freierwalde sur l'Oder s'est fait surtout connaître comme écrivain pour la jeunesse. Nous citerons de lui : « Schelmensspiegel », Leipsig, 1876, 2ᵐᵉ éd., 1886; « Froschmäusekrieg », id., 1878; « Hesperiden », 1879; « Bunte Novellen ». 1880, 2ᵐᵉ éd., 1887; « Gedichte », 1881; « Der Friedensstörer », 1883; « Poirethouse », 1884; « Ausgährender Zeit », 1884; « Der Preusse », 1884; « Le bensfrühling », 1885; « Zum Nachtisch », 1886; « Die Stiefschwester », 1887.

Blytt (Axel Gudbrand), botaniste norvégien, né, en 1843, et fils d'un botaniste, il enseigne, depuis 1880, à l'Université de Christiania; il a pris part à plusieurs congrès, entr'autres à celui international de botanique qui a eu lieu à Florence en 1874, et où il a été nommé chevalier de l'ordre de la Couronne d'Italie. M. Blytt a publié à Christiania, de 1874 à 1876, les tomes II et III de la « Flore de Norvège », dont le premier avait été publié par son père. On lui doit, en outre: « Essay on the Immigration of the Norvegian Flora during alternating rainy and dry periods », Christiania, 1876, travail remarquable, où l'auteur propose une théorie nouvelle qui a eu beaucoup de retentissement dans le monde savant et dans les revues littéraires ; « Des Couches géologiques alternantes et de leur importance pour la chronologie géologique et pour la doctrine des variations des espèces », dans les *Mémoires de la Société des Sciences*, Christiania, 1883, où l'auteur examine les phases climatologiques de la terre depuis trois millions d'années; « On Variations of Climate in the Course of Time », dans les mêmes *Mémoires*, Christiania, 1886; et une foule d'autres écrits de moindre importance.

Bobba (Romuald), philosophe italien, né à Cigliano (province de Novare). Après avoir été reçu docteur en philosophie et enseigné quelque temps dans les lycées de l'état, il fut nommé professeur ordinaire d'histoire de la philosophie à l'Université de Turin. On a de lui: « Commemorazione di Antonio Genovesi », Bénévent, Nobile, 1867; « Nelle solenni esequie del principe Oddone. Commemorazione », id., id., id.; « Saggio intorno ai filosofi italiani meno noti prima e dopo la pretesa Riforma Cartesiana », Turin, Loescher, 1868 ; « Saggio intorno alla protologia d'Ermenegildo Pini », philosophe italien du siècle passé (1741-1825), Turin, Borgarelli, 1870; « Critica filosofica, risposta al prof. Fiorentino », s. l., 1870 ; « Storia della Filosofia rispetto alla conoscenza di Dio da Talete sino ai nostri giorni », 4 vol., Lecce, typ. Salentina, 1873; « Della educazione nei suoi principii e rapporti colla istruzione secondaria classica », Come, Ostinelli, 1876; « La logica induttiva e formale comparata all'organo di Aristotile », dans les *Atti della Regia Accademia delle Scienze di Torino*, 16ᵉ vol., 1881; « Lo sperimentalismo e l'apriorismo nella filosofia contemporanea »; Turin, Roux et Favale, 1881; « Saggio sulla filosofia greco-romana considerata nelle sue fonti e nel suo svolgimento fino a Cicerone inclusivamente del *Anthologia philosophica ex Marco Tullio Cicerone* », id., Paravia, 1882; « Studio critico sopra una memoria del prof. Ferri, intitolata: *Analisi del Concetto di sostanza e sue relazioni* », 1885; « Sopra un *Nuovo saggio di Teodicea* del Zanchi », id.; « Sopra lo *Stoicismo romano* considerato particolarmente in Seneca dal Corsi », id. — L'11 avril 1887, une demoiselle, MARIE BOBBA, fille, croyons nous, de M. R.

B., a tenu à Turin une conférence sur « Pitagora, i suoi tempi e il suo istituto », conférence qui a été, la même année, publiée chez Tarizzo et qui n'est qu'une partie d'un ouvrage dont on annonce la publication comme imminente: « Pitagora e le sue dottrine pedagogiche e morali ».

Boborykine (Pierre), romancier, auteur dramatique et publiciste russe très-fécond; né, en 1836, à Nijni-Novgorod. Il fit ses études universitaires à Kazan et à Dorpat et passa ses examens de docteur en droit à l'Université de Saint-Pétersbourg. Il débuta, en 1861, dans la carrière littéraire par une comédie: « Le petit noble », suivie du drame: « La jeune fille ». Entré à la rédaction de la revue russe *Le Cabinet de lecture*, il y inséra son premier roman « En chemin », qui donna lieu à de vives récriminations, à cause de la sympathie qu'on y témoignait pour les nihilistes, dont l'auteur cependant ne partageait point les exagérations, ainsi qu'on put le voir d'ailleurs par l'article qu'il publia, en anglais, dans la *Fortnightly Review*: « The nihilism in Russia ». Suivit coup sur coup une longue série de romans; citons: « Sur le terrain d'autrui »; « Psychologie d'un jeune homme russe perdu à Paris »; « Le sacrifice nocturne »; « Devant le jury »; « Vérités sérieuses »; « A l'américaine »; « Les fabricants »; « A la moitié de la vie »; « Kitaï-Gorod (Cité chinoise) », en deux volumes; « A l'œuvre »; « Quelques modernes », 1887; des nouvelles: « Un confident »; « L'eau colorée »; « Une légende moscovite »; « Sans maris »; « Une humble »; « Un misérable »; « Mourir, dormir »; « Un hérétique »; « Le premier bal »; « Dans la tour »; « Un apprentissage »; « Le corsage bleu », 1887; des pièces dramatiques: « Le docteur Mochkoff » en quatre actes, drame intime, 1884; « Les vieux comptes », 1885; « Un stigmate », drame, en quatre actes; « A brûle-pourpoint », comédie de mœurs, en quatre actes, 1887; « Par force », drame, 1887. M. B. s'est aussi beaucoup occupé de critique théâtrale; on lui doit même un volume intitulé: « L'art théâtral », et une foule d'essais critiques, épars dans plusieurs journaux et revues, notamment dans le *Messager d'Europe, Dielo, Slovo, Annales de la Patrie, Revue pittoresque, Nov, La pensée russe, Novosti*. Sa plume est facile, son langagage délié; talent prompt dans la conception et dans ses procédés de combinaison; on l'accuse cependant quelquefois de délayer sa prose et d'outrer son expression, jusqu'à la rendre irritante par sa grossièreté. En philosophie, il professe les idées de l'école positiviste française.

Bobretzki (Nicolas-Vassilievitch), zoologue russe, né, en 1843, dans la Podolie, reçu docteur en zoologie à l'Université de Kiev, en 1873; envoyé ensuite, pendant deux ans, à l'étranger, aux frais de l'université, il s'arrêta, spécialement à la station zoologique de Naples. A son retour, il fut nommé, après quelques années, professeur de zoologie dans la même université où il enseigne toujours. Parmi ses publications, citons des mémoires et des notes en russe sur l'*Annulata Cactepoda*, l'*Annelida polychaeta*, sur le *Saccocirrus papillocercus*, sur une nouvelle espèce de *Lycastis*, et différents autres écrits concernant spécialement les Annelides, et qui ont paru pour la plupart dans les *Zapiski* de la *Kiev. Obstch. Estestv.*, entre les années 1868-1881, en allemand, dans la *Zeitschrift für Wissenschaftliche Zoologie* des années 1874-1878. « Zur Embryologie des Oniscus murarius », et « Ueber die Bildung des Blastoderms und der Keimblätter bei den Insecten » dans l'*Archiv für microscopische Anatomie* de l'année 1876; « Studien über die embryonale Entwickelung der Gastropoden »; et en français dans les *Annales des Sciences Naturelles* de l'année 1875: « Étude des Annelides du golfe de Marseille » en collaboration avec M. Marion.

Bobrzynski (Michel), jurisconsulte et historien polonais, né, en 1849, à Cracovie; il fit ses études dans l'université de sa ville natale. En 1876, il fut nommé professeur à l'université; en 1878, directeur des archives de Cracovie. Parmi ses nombreuses publications, on distingue: « Les Assemblées Polonaises sous le règne des rois Olbracht et Alexandre »; « Jean Ostrorog »; « Études littéraires et politiques »; « Résumé de l'histoire de la Pologne ».

Bocca (Frères), libraires-éditeurs italiens, établis à Turin, avec des maisons succursales à Rome et à Florence. La maison a été fondée à la fin du siècle passé; la librairie n'avait entrepris, avant 1870, que de rares publications; mais dans ce nombre figure un livre fameux, *Le mie Prigioni* de Silvio Pellico. Le directeur actuel de cette maison est M. Jean Lerda, né, en 1853, à Fenestrelle. Les nouvelles publications de cette maison ne sont pas nombreuses, mais choisies, sérieuses et importantes. Citons: *Nuova Collezione di opere giuridiche, Biblioteca antropologico-giuridica, Biblioteca di Scienze sociali, Biblioteca matematica, Collezione di Storici Italiani, Rivista Storica Italiana, Miscellanea di Storia Italiana, Curiosità di Storia Subalpina, Archivio di psichiatria, Giornale di Erudizione*, etc.

Boccaci (Louis), romancier et publiciste italien, directeur de la *Gazzetta Provinciale di Bergamo*, né, au mois de février de l'année 1848, à Florence. A l'âge de quatorze ans, il publiait son premier roman: « Le vittime della cupidigia ». Suivirent: « La cortigiana del cielo. »; « Un dramma d'amore »; « Pia de'Tolomei »; « Suor Maria »; « Le Memorie del Re Galantuomo »; « Le Memorie di Garibaldi »; « L'Europa pittoresca »; « Kui-Tang »; « Follie »;

43

La Valigia, journal des voyages ; la *Rivista illustrata*; une foule d'articles de critique littéraire, théâtrale et de science populaire dispersés dans les journaux, et trois romans parus en feuilleton dans des journaux qui ont disparu avec eux sans laisser aucune trace de leur existence : « La principessa di Santa Rosa » ; « I due Rivali » ; « Il Conte Verde ».

Boccardi (Albert), écrivain italien, docteur en droit, directeur de la société de *la Minerva* né, à Trieste, au mois de novembre de l'année 1854. On lui doit des romans, qui ont eu un excellent accueil: « Ebbrezza Mortale », Milan, 1880, cinq éditions; « Policromi », série de nouvelles, Milan, 1883 ; « Morgana », 1885 dont on nous annonce une traduction française : « Cecilia Ferriani », Milan, 1888; des pièces de théâtre « Mario », 1873 ; « Voci di cuore », 1874; « Adelia », 1874 ; « Pelle d'orso », 1875 ; « Trieste ricordo », 1876 ; « Chi ben ama ben corregge », 1876 ; « In assenza del gatto », 1880 ; un « Libro di lettura per il popolo triestino », ouvrage couronné, en 1886, par le *Regio Istituto Veneto;* une traduction italienne, avec des additions, du livre de Juliette Lamber « Poètes grecs contemporains », une foule d'articles brillants sous son nom, ou sous le pseudonyme de *Nino Nix* dans le *Nuovo Tergesteo*, dans l'*Indipendente*, dans l'*Illustrazione Italiana*, dans le *Capitan Fracassa*, etc.; des conférences, entr'autres une fort intéressante sur le journal littéraire *La Favilla*, fondé, en 1836, à Trieste, par Gazzoletti, Somma et Dall'Ongaro.

Boccardi (Joseph), médecin italien, professeur d'anatomie microscopique et agrégé de pathologie générale à l'Université de Naples, disciple des professeurs Albini, Cantani et Massucci, né, à Castelmauro dans le Sannium, en 1857 ; on lui doit: « Contribuzione all'istologia e fisiologia dello stato dei peli umani », 1877; « Ricerche sulla pneumotorace », 1880 ; « Su l'influenza trofica dei nervi », 1881 ; « Su la fisiopatologia dei vasi sanguigni », 1885; « Su gl'innesti epiteliali », 1886 ; « Sui processi riproduttivi nell'intestino », id.; « Su lo sviluppo dei corpuscoli sanguigni » id. ; « Sul succo entirico », en collaboration avec les docteurs Malerba e Jappelli, id.; « Su l'influenza dei microrganismi nell'inversione del saccarosio », en collaboration avec les mêmes, 1887 ; « Sulla fisiopatologia del rene », en collaboration avec le docteur Malerba, id.

Boccardo (Gerolamo), illustre économiste et polygraphe italien, sénateur du royaume, chevalier du Mérite civil, professeur d'économie politique à l'université de Gênes, est né, en cette ville, le 16 mars 1829. Son père était le commandeur Barth. Boccardo, sa mère Mme Pauline Duppelin-Meneyrat. Très-jeune, il débuta brillamment dans la carrière de publiciste par des articles parus dans les journaux politiques du temps, qui attirèrent sur lui depuis les années 1847–48, l'attention de ses concitoyens. Quelques années plus tard, ses premiers essais dans la science économique fixèrent l'attention du comte de Cavour qui songeait à en faire un sous-secrétaire d'état au ministère de l'agriculture, de l'industrie et du commerce. Empêché par ses occupations de quitter Gênes, il se voua entièrement aux intérêts de sa ville natale, et à ses publications, dont le nombre est, à l'heure présente, très grand. M. Boccardo manie la langue avec la plus grande aisance; son style est clair, facile et sympathique, et très apte à la vulgarisation de la science. Parmi ses nombreux écrits, sans compter une foule d'articles communiqués aux revues, aux journaux et aux encyclopédies, surtout à la *Nuova Enciclopedia popolare*, dont il a écrit l'introduction et qu'il dirige, ainsi que la *Biblioteca dell'Economista*, nous citons: « Trattato teorico-pratico di Economia politica », en trois volumes, réimprimé la septième fois, en 1885, à Turin, avec de nombreuses additions; « Sismopirologia » ; « Terremoti e vulcani »; « Storia del Commercio », réimprimée, en 1885, à Turin, pour la troisième fois; « Dizionario dell'Economia e del Commercio », en deux grands volumes; « Fisica del Globo » ; « La Terra e la sua progressiva conquista »; « Feste, giuochi e spettacoli » ; « Prediche di un laico »; « Diritto commerciale » ; « Diritto amministrativo », réimprimé en 1886 ; « Contabilità »; « Antichità romane e greche » ; « Corso di Storia Universale », en 5 vol.; « Note e memorie di un economista »; les neuf préfaces importantes aux volumes de la troisième série de la *Biblioteca dell'Economista*, réunies en un seul volume, sous le titre : « L'Economia politica moderna e la Sociologia », Turin, 1883 ; « Doveri e diritti del cittadino », dont a paru, en 1886, à Turin, la cinquième édition; « I principii della Scienza e dell'Arte delle Finanze », Turin, 1887. — Son fils Ernest, ingénieur et professeur à l'École Industrielle de Vicence, a publié, entr'autres, un excellent « Trattato di Geometria pratica ».

Bocchini (Angelo), médecin italien, né, à Fano, le 13 juillet 1838; il fit ses études à Pérouse, à Rome et à Bologne, où, en 1862, il fut reçu docteur. On lui doit, entr'autres : « Il dilatatore ad archetto del professor Giuseppe Corradi nella cura dei restringimenti uretrali », Forlì, 1876 ; « Chelotomia crurale sinistra », Spolète, 1877, (le docteur Bocchini, depuis l'année 1864, avait été nommé médecin de la ville de Spolète) ; « Trasfusione di sangue umano defibrinato in donna prossima a perire per anemia prodotta da ripetute metrorragie causata da fibromiomia », Spolète, 1877 ; « Legatura dell'arteria succlavia sinistra », Forlì, 1877 ; « Ciste moltiloculare colloide dell'ovaia sinistra », Spolète, 1878.

Bocci (Donato), écrivain italien, né, à Bibbiena, le 7 août 1832. Il a enseigné pendant longtemps la littérature italienne dans les écoles moyennes du royaume: en 1880, il était à Turin, comme maître privé, et il avait publié : « La Sintassi italiana »; « Ortoepia e Ortografia della lingua italiana »; « Lezioni di Rettorica e Belle Lettere »; « I Carmi C. V. Catullo », traduction en vers; « Moralità e ricreazione »; « Dizionario storico, geografico, universale della Divina Commedia »; « Un'ora di innocente piacere per i fanciulli »; « Una pioggia di rose per le fanciulle ».

Bochkovitch (Jean), écrivain et professeur serbe, recteur de l'université de Belgrade, né à Novi-Sad en 1834. Il fit ses études à Karlowitz et à Vienne. Revenu en Serbie en 1861, il enseigna d'abord la philologie et l'histoire littéraire dans les gymnases de Belgrade et de Kragujewatz. A cause de ses opinions politiques, en 1871, il se retira à Novi-Sad, où il rédigea les deux feuilles; *Matica Srpska* et *Letopis*. Retourné, enfin, à Belgrade, il remplaça à l'université le décédé professeur Georges Danitchitch. Ses ouvrages vont paraître en huit volumes, dont le premier vient d'être publié. On y distingue, entr'autres, une Grammaire serbe, fort appréciée.

Bochkovitch (Stojan), illustre homme d'état et historien serbe, ancien ministre de l'instruction publique, et professeur d'histoire à l'université de Belgrade, actuellement conseiller d'état, patriote éminent aussi prudent que sincèrement libéral, est né, en mars 1833, à Swilainatz, et étudia la philosophie et le droit à l'Académie de Belgrade. Il a entrepris plusieurs voyages à l'étranger, et dans chaque voyage, en Italie, en Allemagne, en Belgique, en France, procuré de nouveaux amis à la cause nationale serbe. Ami personnel des plus influents hommes politiques de la Serbie, par ses sages conseils, il joue dans son pays un rôle des plus respectables et jouit de l'estime et de la considération de tous les partis qui ont en vue la grandeur et la prospérité de la Serbie. Il dirigea d'abord pendant quelque temps la *Gazette de Serbie* et le journal *Jedinstvo* (L'Unité). Entre les années 1869-74, il a été chef de Section au Ministère des affaires étrangères. Plusieurs fois président de la section des sciences historiques, ancien président de la Société royale des sciences, deux fois recteur de l'académie de Belgrade, en 1873 ministre de l'instruction publique et des cultes, il appliqua toujours le principe de la décentralisation politique et de la décentralisation administrative, en prenant ensuite une part très active à l'organisation et aux travaux de l'*Omladina Srpska*, ou *Jeune Serbie*. Comme ministre, il avait augmenté l'autorité et le pouvoir de l'Académie et de la Société des Sciences de Belgrade, en lui déférant le choix des professeurs, sur la liste des noms présentée par le ministère. Les événements de la Bosnie et de l'Herzégovine, qui lui semblaient diminuer le prestige de la Serbie dans la péninsule des Balcans, le forcèrent à se retirer de la vie politique active, et de se contenter, pendant quelques années, de la chaire d'histoire universelle à l'Académie de Belgrade. Parmi ses nombreuses publications, nous signalerons : « Histoire générale du Moyen-Age », spécialement pour les peuples slaves »; « Projet d'un Dictionnaire scientifique, avec le texte serbe-croate-bulgare »; « Assemblée législative »; « L'Histoire de l'Humanité et les Sciences naturelles »; « L'Empereur Étienne Douchan de Serbie et les relations diplomatiques de la Péninsule Balkanique au XIV siècle », dans la *Revue Internationale* de l'année 1886, réimprimé en Belgique ; la traduction du roman de Levic'nik, en trois volumes ; « Le Monténégrin, ou les Souffrances des Chrétiens en Orient »; « Portraits de la Réformation » etc.

Bock (Charles-Alfred), voyageur et naturaliste norvégien, né, en 1849. Il s'établit de bonne heure en Angleterre, où il fut chargé, en 1878, d'une expédition scientifique, aux grandes îles de l'Archipel indo-chinois, pour en étudier surtout la faune. Il voyagea surtout dans l'île de Sumatra, où il demeura assez longtemps. Ensuite, il fut mis par le gouvernement hollandais à la tête d'une expédition à l'intérieur de Bornéo, où il pénétra très loin et demeura cinq mois dans des régions inconnues jusqu'alors. En 1881, il entreprit une expédition en Siam et Lao, en partie à ses propres frais, en partie aidé par le Roi de Siam, qui mit un bateau à vapeur, des canots, des éléphants et une escorte à sa disposition. Il demeura sept mois à l'intérieur et revint enfin en Europe pour arranger et étudier ses collections, dont il a enrichi les musées de Londres et de Christiania. Depuis 1886, il est vice-consul de Norvège à Shanghaï en Chine. On lui doit, entr'autres : « The Head-Hunters of Borneo, a narrative of travel up the Mahaktam and down the Barito ; also, Journeyings in Borneo with 30 coloured plates, maps etc. », London, 1881. Cet ouvrage a été traduit en allemand, hollandais, norvégien, etc. « Temples and Elephants, the narrative of a journey of exploration through upper Siam and Lao, with maps, illustrations, etc. », London, 1884. L'auteur décrit ses voyages avec beaucoup de verve.

Böck (Charles), écrivain allemand, né, le 23 mai 1832, à Münster; il entra d'abord au service militaire, émigra ensuite en Amérique, prit part à la guerre de Crimée et à celle des Indes contre les Cipayes, et après la fin de celle-ci, revint en Allemagne; il fut pendant quelque temps directeur de la *Westfälische Zeitung* de Dortmund, et vit maintenant à Berlin occupé seulement de ses travaux littéraires. En dehors de nombreux articles, publiés dans les journaux et revues, on lui doit : « Die im Reulerschen Dialekt geschriebenen Spledder und Splöhr », 1859 ; « Rose von Soest », 1866 ; « Die Geheimnisse von Berlin », 1873 ; « Der Spion », 1875 ; « Ludwig der XIV und sein Hof », 1877 ; « Onkel Toms Hütte und Beecher Stowe », 1880 ; « Nordenskjöld im ewigen Eise », 1881 ; « Luise, Königin von Preussen », 1881 ! « Prinz Heinrich's Weltumseglung », 1881 ; « Kaiser Wilhelm's Leben », 1883 ; « Westindienfahrt des Prinzen Heinrich von Preussen », 1884 ; « Jungdeutschland in Afrika », 1885.

Böck (Richard), statisticien allemand, né, à Berlin, le 24 mars 1824. Il est fils d'Auguste B. (1785-1867), le célèbre auteur de l'*Économie politique des Athéniens*. Après avoir fait son droit à Berlin et à Heidelberg, il entra dans l'administration et travailla, à partir de 1852, au bureau de statistique de Berlin et de Potsdam. Nommé, en 1864, conseiller du gouvernement, en 1875, directeur du bureau de statistique de Berlin, il obtint une chaire à l'Université de cette ville en 1881. On lui doit : « Ortsschaftstatistik und historischgeographische Uebersicht des Regierungsbezirk Potsdam », Berlin, 1861 ; « Die geschichtliche Entwickelung der amtlichen Statistik des preussischen Staats », id., 1863 ; « Sprachkarte vom preussischen Staat », id., 1864 ; « Die statistiche Bedeutung der Volkssprache als Kennzeichen der Nationalität », id., 1866 ; « Der Deutschen Volkszahl und Sprachgebiet », id., 1870 ; « Historische Karte von Elsass-Lothringen », id., 1870 ; « Sterblichkeitstafel für den preussischen Staat im Unfang von 1865 », Jena, 1875 ; « Die Bevölkerung- Gewerbe- und Wohnungsaufnahme vom 1 Dec. 1875 in der Stadt Berlin », Berlin, 1878-80 ; « Die Bewegung der Bevölkerung der Stadt Berlin in den Jahren 1869-78 », id., 1884 etc. — Depuis 1877, M. B. est le directeur du *Statist. Jahrbuch der Stadt Berlin.*

Bode (Guillaume), historien d'art allemand, né, à Calwörde (duché de Brunswick), le 10 décembre 1855, il fit son droit à Gottingue, et étudia ensuite l'histoire de l'art à Berlin et à Vienne. En 1871, il fit un voyage artistique en Italie et en Dalmatie, et, en 1872, il se rendit dans le même but dans le Nord de l'Europe. Nommé, en 1880, directeur d'une section de la pinacothèque de Berlin, il l'a enrichie par de nombreux achats faits en Italie. Il dirige maintenant le Musée Industriel. Nous connaissons de lui : « Studien zur Geschichte der holländ. Malerei », Brunswick, 1883 ; « Bildern aus kleinern Gemäldegalerien in Deutschland und Oesterreich » ; « Die Plastik », 2 vol. de la *Geschichte der deutschen Kunst* publiée en collaboration avec d'autres, Berlin, 1885 ; « Die italienischen Bildhauer der Renaissance », 1887.

Bodenheimer (Constant), écrivain suisse, né, le 3 mai 1836, à Porrentruy dans le Jura Bernois ; il étudia les sciences propédeutiques de la médecine, puis l'histoire et l'économie politique aux Universités de Fribourg en Brisgau, Berne et Munich. Professeur à l'École cantonale de Porrentruy (1862), et rédacteur du *Journal Le Jura*, membre du Conseil d'État bernois (1870-1878), et ardent protagoniste du Kulturkampf, membre du Conseil des États suisse (1875-1878), il représenta officiellement la Suisse au Congrès international de statistique à Saint-Pétersbourg (1872), et au Congrès international pour la propriété industrielle à Paris (1878). Fixé à Strasbourg depuis 1880, il est le rédacteur en chef du *Journal d'Alsace et Courrier du Bas-Rhin*. Parmi ses ouvrages parus en français, nous citerons : « L'œuvre des soupes économiques et la répression de la mendicité », Porrentruy, 1866 ; « La loi de l'Empire germanique en date du 15 juin 1883 sur l'assurance des ouvriers contre la maladie », Strasbourg, 1884 ; « L'enquête agricole en Alsace-Lorraine », Strasbourg, 1885 ; « Réflexions à propos de l'Exposition universelle d'Anvers », Strasbourg, 1886 ; et en allemand : « L'impôt fédéral sur le tabac et l'eau de vie », Berne, 1877 ; « La question des assurances », Berne, 1879 ; « L'Alcoolisme », Genève, 1879. M. B. collabora à la *Bibliothèque Universelle* (1 juin 1887 : « La Façade du Dôme et les fêtes de Florence ») et à diverses revues économiques françaises et allemandes.

Bodenstedt (Frédéric), illustre publiciste, poète et traducteur allemand, né le 22 août 1819 à Peine dans le Hanovre, établi actuellement à Wiesbaden. Il fit ses études à Goettingue, Munich et Berlin. A l'âge de 22 ans, il entrait comme instituteur dans la maison de l'un des princes Galitzine de Moscou et traduisait du russe des poésies de Pouchkine et de Lermontof, dont un premier essai parut en 1843 à Leipsig. En 1844, il se rendait, sur invitation du général Neithard, gouverneur général du Caucase, à Tiflis, en traversant les pays des Cosaques, dont il recueillait et traduisait les chants populaires. Il dirigea pendant une année un institut pédagogique, enseignant en même temps le français et le latin dans le gymnase de Tiflis. Mais il renonça, en 1845, à ses fonctions, pour parcourir le Caucase, et étudier avec Georges Rosen et Henri Seymour la langue persane sous la direction de Mirza Schaffy. Comme fruit de ses recherches, il publia deux grands ouvrages qui fondèrent sa réputation : « Die poetische Ukraine », 1845, et « Die Völker des Kaukasus », 1848. Suivirent : « 1001 Tage in Orient », 1849 ; « Die Lieder des Mirza Schaffy », 1851, 126ᵐᵉ éd., 1887 ; « Aus Heimat und Fremde », contes, 1852 ; « Demetrius », tragédie, 1856 ; « Shakespeare's Vorläufer und Zeitgenossen », 1858 ; « Königs Autharis Brautfahrt », comédie,

1870; « Aus Ost und West », 1861 ; « Epische Dichtungen », 1863 ; « Das Herrenhaus in E-schenwalde », 1872 ; « Eimkehr und Umschau », 1873; « Aus dem Nachlass des Mirza Schaffy », 1874; « Alexander von Korinth », drame, 1876 ; « Dor Sänger von Schiras. Hafisische Lieder », 1877 ; « Verschollenes und Neues », 1877. En 1879, M. B. entreprit un voyage en Amérique, et à son retour il publia un gros volume, sous le titre : « Vom Atlantischen zum Stillen Ozean », Leipsig, Brockhaus, 1881. Presqu'en même temps la maison Brockhaus publiait une nouvelle collection de ses poèmes, sous le titre: « Aus Morgenland und Abendland. Neue Gedichte und Sprüche » ; ce livre en est déjà à sa troisième édition. En 1882, il donnait chez Schletter de Breslau une nouvelle traduction du persan : « Die Lieder und Sprüche des Omar Chajjâm »; le livre en est à sa quatrième édition. En 1886, M. Schottlaender à Breslau donnait une nouvelle collection des poésies de Bodenstedt : « Neues Leben » ; en 1888, paraissait, chez Titze à Leipsig en un volume in fol. illustré : « Sakuntala », poème en cinq chants. On nous annonce en préparation des « Erinnerungen » qui auront, sans doute, un grand attrait, et où l'Italie jouera, dit-on, un grand rôle, surtout sous le rapport poétique.

Bodio (Louis), statisticien et économiste italien, Directeur général de la Statistique du Royaume d'Italie, né, à Milan, le 12 octobre 1840. Il fit ses études de jurisprudence à l'université de Pise, où, le 7 août 1861, il fut reçu docteur en droit. Après son doctorat, il se rendit en France, jouissant d'une bourse du Gouvernement italien pour y poursuivre et perfectionner ses études d'économie politique et de statistique ; il fréquenta à Paris plusieurs cours du Collège de France et du Conservatoire des arts et des métiers. A son retour de Paris, il fut successivement nommé professeur d'économie politique à l'institut technique de Livourne (1864), à l'institut technique de Milan (1867), à l'école supérieure de commerce à Venise (1869). Après la mort du docteur Pietro Maestri, il fut appelé à le remplacer dans la Direction de la Statistique du Royaume (en 1872), et il y apporta une intelligence brillante, une énergie hors ligne. M. B. a publié : « Saggio sul commercio esterno terrestre e marittimo del regno d'Italia », Florence, 1865; « Sui documenti statistici del Regno d'Italia », Florence, 1867; « Dei rapporti della statistica coll'economia politica e colle altre scienze affini », Milan, 1869. M. B. a dirigé, pendant sept ans, la revue trimestrielle intitulée: *Archivio di statistica* (1877-1882) ; dans cette revue il inséra plusieurs articles sur la population, l'émigration, les chemins de fer, les fondations de charité, les conditions matérielles et morales des classes ouvrières, etc. Mais son œuvre capitale reste la publication des enquêtes officielles statistiques, qu'il dirige et illustre par des introductions remarquables. Depuis 1886, M. Bodio rédige aussi le *Bulletin de l'Institut International de Statistique*, fondé en 1885, et dont il est le secrétaire général.

Body (Albin), érudit belge, né, à Spa, le 17 octobre 1836. M. Body est depuis longtemps bibliothécaire-archiviste de sa ville natale. Il a donné une foule de notices très curieuses et très spirituelles au *Bulletin de l'Institut archéologique liégeois*, et au *Bulletin de la Société liégeoise de littérature Wallonne* ; a collaboré au *Glossaire roman-liégeois* de M. Stanislas Bormans ; et publié des brochures et des livres, parmi lesquels il faut mentionner surtout: « Notice sur le château de Franchimont », Liège, 1868; « Les Promenades de Spa », Liège, 1869; « Annette et Lubin, la légende et l'histoire », Liège, 1871 ; « Pierre-le-Grand aux eaux de Spa », Bruxelles, 1872. « Histoire anecdotique du théâtre de Spa », Spa, 1872; « Bibliographie Spadoise et des eaux minérales du pays de Liège », Bruxelles, 1875; « Gustave III, roi de Suède, aux eaux de Spa », Bruxelles, 1879. Plusieurs de ces études ont eu deux éditions et celle sur « Pierre-le-Grand aux eaux de Spa », a été traduite en russe en 1880.

Boelhouver (Adolphe), poète italien, né, en 1841, à Livourne, de parents hollandais. Il fit son droit à Pise et est inscrit maintenant au barreau de sa ville natale. En dehors de plusieurs articles critiques et bibliographiques, publiés dans plusieurs journaux littéraires, il publia deux volumes de vers sous le titre : « In Campagna », Livourne, Vigo; « In morte di Ruggiero Settimo », Pise, Citi, s. d.; « Raggi e riflessi », Livourne, Vigo, 1885. On lui doit aussi: « Del catalogo dei novellieri italiani posseduti da Giovanni Papanti », id., id., 1872.

Boëns (Hubert), publiciste belge, docteur ès-sciences et en médecine, membre correspondant de l'Académie royale de médecine de Belgique, né, à Charleroi, le 12 janvier 1825. M. Boëns est un esprit original et indépendant, qui a défendu par de nombreuses brochures et des conférences très écoutées les principes du rationalisme en philosophie et en sociologie et qui les défend encore aujourd'hui dans un journal qu'il dirige à Charleroi, *L'Ami du peuple*. Au point de vue des sciences médicales, on a de lui, outre des communications et des articles dans les *Bulletins* de l'Académie de Belgique et dans les journaux spéciaux, des livres d'une importance considérable: « Traité pratique des maladies, des accidents et des difformités des houilleurs », Bruxelles, 1862; « Louise Lateau, ou les mystères de Bois-d'Haine dévoilés », Bruxelles, 1875, 2 éditions; « La Bière au point de vue médical, hygiénique et social », Bruxelles, 1878; et surtout « L'Art de vivre », 1ere édition, Verviers, 1878, excellent manuel d'hygiène populaire devenu plus tard, grâce aux développements que l'auteur a donnés à son œuvre primitive, un traité complet d'hygiène (1880). M. le Dr Boëns est maintenant à la tête de la Ligue internationale des antivaccinateurs et depuis le jour où il publia sa brochure: « Plus de Vaccin, plus de Vaccine ! », Bruxelles, 1879, il a combattu — avec plus de bonne foi que de mesure souvent — la belle découverte de Jenner et les admirables travaux de Pasteur.

Boerescu (Constantin), jurisconsulte roumain, avocat à Bukarest, frère du feu ministre. On lui doit, entr'autres, deux brochures écrites en français : « Les principautés unies devant le second Congrès de Paris », 1858 ; « De l'Amélioration de l'état des paysans roumains », 1861.

Boethius (Simon-Johannes), historien suédois, né en 1850, fut nommé professeur agrégé de l'histoire à l'Université d'Upsal, en 1877. Entre ses ouvrages, il faut remarquer: « L'Autocratie suédoise sous le roi Sigismond », 1877, continué par : « Le duc Charles de Sudermanie et l'aristocratie suédoise, 1534-1596 », 1884-86 ; « L'Histoire de Suède, 1718-1809 », 1879 ; il a publié les tomes 1 et 2 des « Documents annexés aux Mémoires de Schinkel pour l'histoire moderne de Suède », 1880-82, et les « Mémoires de J. A. Ehrenström, 1882-83, secrétaire de Gustave III ». En ce moment il publie son principal ouvrage : « La révolution française, ses causes et son histoire intérieure 1788-1789 ». Comme écrivain, il joint l'investigation minutieuse à un jugement sûr et à une exposition impartiale des faits et des personnes.

Bofarull y Broca (Antoine), illustre historien espagnol, directeur des Archives de Barcelonne, né en Catalogne le 4 décembre 1821. Sous le pseudonyme de *Coblejador de Moncada*, il publia de nombreuses poésies, et en 1875 il fut élu président des jeux floraux. Son chef-d'œuvre est une « Histoire critique civile et ecclésiastique de Catalogne », en neuf volumes, Barcelonne, 1876-78. On lui doit aussi un « Guide de Barcelonne », Barcelonne, 1847 ; « La Chronique du Roi don Pedro IV le Cérémonieux », 1850 ; un livre sur les « Victimes de la religion », 1850 ; un « Calendrier moral, historique et religieux du ménestrel catalan », 1857 ; la « Chronique catalane de Ramon Muntaner », 1860 ; « Des Études grammaticales sur la langue catalane et une chrestomatie de cette langue », 1868 ; une « Grammaire de la langue catalane », des nouvelles, des légendes, des discours, des mémoires. Parmi ses dernières publications, nous citerons en catalan : « Costums que 'sperden y records que fugen », souvenirs de 1820 à 1840 ; « Lo derner catalá, quadro trágich, historich y en vers », Barcelonne, 1880 ; en castillan : « Pasade, presente y porvenir de Barcelona », Barcelonne, 1881 ; « El mas ilustre Villanoves, ilustrissimo señor De Francisco Armand », Villa-

nueva y Geltrú, 1881 ; « Ramon Muntaner guerrero y cronista », Barcelonne, 1883 ; « Illuro », mémoire historique sur l'origine et la transformation de cette ancienne ville, Mataro, 1883 ; « Olivares, Tortosa y Cataluña », Tortosa, 1884 ; « Historia critica de la guerra de la independencia en Cataluña », continuation de la *Historia critica de Cataluña*, dont elle forme les volumes X, XI, Barcelonne, 1886-87 ; « L'incendi del Arbos por los Francesos », mémoire couronné, Barcelonne, 1887.

Bofill (Pedro), journaliste espagnol, critique théâtral de *la Epoca* et de plusieurs autres journaux de Madrid. Écrivain satirique et ancien employé des télégraphes, il abandonna sa position pour s'adonner complètement à la littérature.

Bogdanof (Victor Ossipowitch), publiciste russe, né, à Riga, le 22 janvier 1859 ; depuis l'année 1880, professeur de langue et de littérature russe à l'École Supérieure de Saint-Pierre de Saint-Pétersbourg. Il a publié en trois parties, une « Russische Chrestomathie », dont a déjà paru une seconde édition.

Bogdanovitch (Eugène), général russe. Appartenant au parti panslaviste le plus accentué, M. B a publié dernièrement : « La Bataille de Navarin d'après les documents inédits des archives impériales russes. Traduit du russe, sous la direction de Napoléon Ney », Paris, Charpentier, 1887. Cet ouvrage, écrit dans un sens très favorable à la France, a soulevé un véritable enthousiasme dans la presse française qui envisage déjà M. B. comme l'héritier des idées françaises du général Skobeleff. M. B. qui avait été, grâce à ses opinions, relevé de ses fonctions par le gouvernement russe, y a été récemment réintegré, ce qui a donné lieu à bien des commentaires dans les journaux politiques qui ont voulu trouver dans ce fait une nouvelle preuve des sympathies françaises du gouvernement russe.

Bogey (Louis), chansonnier et auteur dramatique suisse, né, en 1850, à Genève, d'une famille d'origine savoisienne. Il fit un assez long séjour en Italie, et notamment à Naples, où il fut pendant plusieurs années professeur de langue et de littérature françaises à l'École Allemande, et où il collabora à la *Revue Amusante* fondée dans cette ville par M. E. W. Foulques (1877-78). De retour à Genève, en 1880, M. Bogey fut nommé bibliothécaire de la ville de Genève, place qu'il occupe encore actuellement. Il y fonda, en 1883, un journal littéraire et artistique illustré : *Le Foyer*. Outre une grande quantité de chansons publiées dans une foule de journaux, entre autres dans *La Chanson* de Paris, on lui doit : « Les yeux de la foi », vaudeville ; « Le coq et la poule », proverbe, Paris, Ollendorf, 1880 ; « Un héritage », comédie, Lausanne, 1882 ; « Vendredi 13 », comédie, Genève, 1884; « Conseils paternels », comédie, Genève, 1884; « Table d'hôte », monologue en vers, Paris, Ollendorf, 1886; « La trouvaille », monologue en vers; « Le miroir », saynète; « La brochure », comédie; « Le comique », conte en vers, Genève, 1888. M. Bogey est aussi correspondant, pour le Grand-Théâtre de Genève, de la *Revue et Gazette des Théâtres* de Paris.

Bögh (Erik), écrivain danois, né, à Copenhague, le 17 janvier 1822. Il s'adonna d'abord à l'enseignement, mais il le quitta bientôt pour chercher fortune ailleurs. Successivement acteur, peintre de portraits, il parcourut la Suède et vint, en 1848, à Christiania, où il écrivit une revue de nouvelle année, qui obtint un énorme succès, puis une série de petites pièces. L'année suivante, il se rendit à Copenhague et acheva de s'y faire connaître en déployant une activité littéraire prodigieuse. En 1855, il fit, aux frais de l'État, un voyage en Allemagne et en France, puis à son retour il prit la direction du théâtre du Casino, qu'il garda jusqu'en 1860. A la fois dramaturge, conteur en prose, publiciste et poète, M. Bögh a écrit pour le théâtre de Copenhague une centaine de pièces plus ou moins importantes et a publié en quatre années douze œuvres dramatiques, deux recueils de poésie et six cahiers de chansons. Parmi ses vaudevilles, nous citerons : « la Nuit du nouvel an », qui fut représenté plus de cents fois; « Le Remplaçant du mari »; « Le Festin du Carnaval », ainsi que des œuvres dramatiques plus importantes comme « Le Calife en aventures »; « le Secrétaire de rédaction »; « la Comtesse et sa mère », etc. Directeur du *Folket Avis*, depuis 1861, M. Bögh en a rédigé le feuilleton, sous forme de causeries, intitulées « Ceci et cela », réunies en volume de 1870 à 1878. Dans ces articles, il traitait les questions sociales, politiques, littéraires et artistiques du jour, qu'il approfondit dans deux ouvrages, sous le titre de « Syv Forelaesninger », et de « Otte nye Forelaesninger ». On lui doit encore un grand ouvrage en prose : « Jonas Tvaermoses Orgelser », 1875; et « Udvalgte Fortaellinger », 1876. Depuis 1881, il est censeur du théâtre National de Copenhague.

Boghaert (Arthur), écrivain belge, né, à Péruwelz, dans le Hainaut belge, le 28 avril 1854. Cet auteur, qui a employé de nombreux pseudonymes formés de son nom véritable par mélonomasie, anagramme, etc. (Arthur Duverger, Robert Harthaug, A. Béduvez.....) et qui, souvent aussi, n'a signé ses écrits que d'initiales (A. du V. — A. D. — D. — B. — A. B. V......), débuta, en 1875, par une collaboration, devenue très étendue, à divers journaux et publications périodiques, notamment à la *Revue de Belgique*, où son premier article: « Le Mariage religieux au point de vue légal », parut le 15 avril 1876. En 1878, à la suite d'un concours officiel, la Société de Médecine d'Anvers couronna des « Causeries populaires sur l'hygiène », qu'il avait écrites avec son cousin M. Léon Evrard, mais qu'il signa seul: elles ont été imprimées en flamand à Anvers, en 1880, une édition française, augmentée de moitié et successivement récompensée par l'Académie royale de Belgique, par la Société française de Tempérance, par le Jury international de l'Exposition d'Hygiène et d'Enseignement de Londres, par la Société industrielle de Rouen, a paru à Bruxelles, en 1883, sous un nouveau titre: « La santé du peuple », et cette fois sous la seule signature de M. Evrard. (M. Belisario Marconi a fait paraître à Macerata, en 1886, une traduction italienne de la « Santé du peuple » sous le titre: « La salute del popolo », dans la préface de laquelle M. le Dr Ch. Deliège, de la Société royale belge de Médecine publique, a raconté la curieuse histoire intime de ce livre). Entretemps, M. Boghaert avait adressé des communications à la Commission royale d'histoire (1878), et à l'Académie royale de Belgique (1879), dont les *Bulletins* renferment de lui des notes relatives au Saint-Office de l'Inquisition qui firent assez du bruit parmi les historiens (Cf. l'*Athenœum belge* du 1er juin 1880); il avait donné au public un volume consacré au même sujet: « L'Inquisition en Belgique », Verviers, 1re éd., 1879; 2e éd., 1888; il avait publié un certain nombre d'opuscules politiques, économiques et industriels, parmi lesquels nous citerons une brochure sur « Le parti socialiste belge, son histoire et son programme », Lyon, 1880; et entrepris la rédaction de toute une série de *Biographies nationales* qu'édite depuis 1884 la maison Lebègue et Cie de Bruxelles. On doit mentionner parmi ses plus récentes publications : « La Vauderie dans les États de Philippe le Bon », Arras, 1885; « Un Précurseur de Richard Lenoir: Liévin Baurvens, le véritable importateur en France de la filature mécanique du coton », Mulhouse, 1886, étude couronnée par la Société industrielle de Mulhouse; « La législation du travail en Belgique et le principe d'une législation internationale du travail », Bruxelles, 1887; « Cas de conscience littéraires », id., 1887; « Les Convulsionaires de Namur en 1772 », Namur, 1887. M. Boghaert a donné à la fin de ce dernier travail la table détaillée d'une grande *Histoire de la Sorcellerie en Belgique*, qu'il prépare depuis longtemps.

Boglietti (Jean), écrivain italien, ancien officier de l'armée italienne, en retraite depuis 1872, collaborateur de plusieurs journaux et revues, entr'autres : *Arena* de Vérone, *Diritto* de Rome, *Nazione* de Florence, *Gazzetta Piemontese* de Turin, *Nuova Antologia* de Rome, *Rassegna Nazionale*, *Revue Internationale*, *Contemporany Review*, né en Piémont le 29 août 1836. Critique distingué, d'un esprit très cultivé et rempli de bon sens, il débuta par une traduction du *Faust* de Goethe, publiée dans le *Scacciapensieri*. Parmi ses essais et articles, nous citerons: « Sulla riforma parlamentare in Inghilterra », 1867 ; « Democratici e repubblicani negli Stati Uniti d'America », 1868 ; « Il liberalismo inglese » ; « Chiesa e Stato al Nord e al Sud dell' Impero germanico » ; « L'Austria nel 1876 » ; « La Monarchia Spagnuola » ; « La Questione d'Oriente » ; « La politica nella letteratura contemporanea della Francia » ; de longues études sur Byron, (1879-1883), sur Shelley, sur Carlyle, sur le nihilisme en Russie (1881), sur le président Garfield (1881), sur Auguste Barbier (1882), sur le Torquemada de Victor Hugo (1882), sur les écrivains français contemporains (1882), sur Cherbuliez (1883), sur Georges Sand (1883), sur l'Exposition d'Amsterdam (1883), sur la politique de M. d'Azeglio (1888), sur Lamartine, poète et homme d'État (1885), sur l'Eudémonologie de Schopenhauer (1885), sur Marie Stuard (1886), sur le Comte de Cavour avant 1848 (1886), sur Don Juan d'Autriche à la bataille de Lépante (1887). Mais la mesure de son talent d'écrivain et de critique est donnée par un excellent volume sur « Bismarck » qui vient d'être publié (1888).

Bogor (Marie), pseudonyme de mademoiselle Anna Geiger, femme de lettres française, née, vers l'année 1850, à Strasbourg. Elle fit ses études à Nancy et à Paris, où elle écrivit sur les cours pédagogiques des articles qui furent remarqués par Jean Macé. Elle entra dans la carrière de l'enseignement comme institutrice de la baronne de Trüil, filleule de la Reine Sophie de Hollande, et voyagea avec son élève en Angleterre, en Belgique, en Prusse, en Autriche, en Pologne, en Suisse, acquérant de nouvelles connaissances sur la littérature et les mœurs des différents pays. Après le mariage de son élève, Mlle Geiger retourna à Paris, où elle enseigna pendant un hiver la littérature française dans un institut privé. La guerre ayant éclaté, elle accompagna à Java, comme institutrice, la fille aînée de S. E. M. Jacques London, Gouverneur des Indes Néerlandaises ; et elle tira de son séjour dans ce paradis terrestre le plus brillant parti pour la littérature, faisant passer au journal l'*Illustration* de Paris, et dans deux volumes, publiés chez Sandoz et Fischbacher intitulés : « Souvenirs de femme », et « Kousuma », roman, des descriptions ravissantes de la vie orientale. Le premier de ces deux volumes a été traduit en italien. Après le séjour de quelques années à Florence, Mademoiselle Geiger, habite maintenant Rome, où ses leçons sont très recherchées par les grandes familles de l'aristocratie italienne.

Bogouslavski (Albert), écrivain militaire prussien, né, à Berlin, d'une famille originaire de la Pologne, le 24 décembre 1834. Entré, en 1852, dans l'armée prussienne, il y fit les campagnes des années 1864-1866, 1870-71 et arriva au grade de colonel. On lui doit : « Die Entwickelung der Taktik von 1793 bis zur Gegenwart », 2me éd., 4 vol., Berlin, 1873-78 ; « Taktische Folgerungen aus dem Kriege 1870-71 », 2e éd., Berlin, 1872, traduit aussi en anglais, en italien et en russe ; « Bildung und Mannszucht », id., 1872 ; « Ausbildung und Besichtigung oder Rekrutentrupp und Kompagnie », 2me éd., id., 1883 ; « Das Leben des Generals Dumouriez », 2 vol., id., 1879 ; « Die Drei Hauptwaffen in Form und Wesen », id., 1880 ; « Der Kleine Krieg und seine Bedeutung für Gegenwart », id., 1881 ; « Die Fechtweise aller Zeiten », id., 1882 ; « Anlage, Leitung und Durchführung von Feldmanovern », id., 1883.

Bogouslavski (Ladislas), écrivain polonais, né, à Varsovie, en 1838 ; il fit ses études à Moscou, Saint-Pétersbourg, Paris et Heidelberg. Ses critiques littéraires dans le *Courrier de Varsovie* ont été spécialement remarquées. On nous signale surtout comme important un essai de lui sur les théâtres de Varsovie. Il a été lui-même directeur du Grand Théâtre et du Théâtre des Variétés de Varsovie.

Bogoutchefski (Baron Nicolas), archéologue et écrivain russe, d'origine polonaise, résident dans son château de Zapolja, près Pskof, est né, le 18 mai 1851, à Doljitza, dans le gouvernement de Saint-Pétersbourg. Il a fait ses études à Genève, Eton, Oxford, Heidelberg, et beaucoup voyagé, apprenant dans ses voyages un grand nombre de langues ; outre les langues classiques, il connaît le français, l'allemand, l'anglais, le hollandais, l'espagnol, et il est membre de la *Royal Historical Society* de Londres, et de la Société Estonienne de Dorpat. Ses écrits archéologiques, historiques, bibliographiques sont épars dans un grand nombre de revues et de recueils ; un certain nombre a paru sous le pseudonyme de *Niels-Unfried Phil. D^r*. Il est grand collectionneur d'autographes et de portraits gravés russes et étrangers ; sa collection de Zapolja contient plus de 3500 pièces belles et rares ; dans sa propre collection il a puisé plusieurs documents historiques intéressants, qu'il a publiés et commentés. En 1887, le baron B. termina dans les *Transactions* de la Société historique de Londres ses recherches historiques commencées, en 1878, sous le titre : « The English in Moscowy during the XVI Century ». Sous le nom de Niels Unfried, il publia, entr'autres, douze contes de la Livonie et de Pskof. Ses essais historiques en russe touchent essentiellement à l'histoire des vieilles républiques de Pskof et de Novgorod. La sœur du baron, Marie Bogoutchefski, née à Pskof, en 1855, connaît le sanscrit et travaille sur des sujets de littérature indienne.

Bogovitch (Marc), poète jougo-slave, né, en 1816, à Varadin (Croatie). Nous le trouvons, en 1848, commissaire à Turopol, puis à Varadin, jusqu'en 1850. Rentré dans la vie privée, il fut condamné, en 1853, à six mois de *carcere duro*, pour délit de lèse-Majesté. Parmi ses publications, on doit signaler « Ljubice », recueil de poésies, 1844 ; « Smilje i Kovilje », nouvelles poésies lyriques », 1847 ; « Domorodni glas », chants politiques, 1848 ; « Pesme Antuna Memtchica », 1830 ; « Frankopan », drame, 1857 ; « Étienne, dernier roi de Bosnie », tragédie, 1857 ; « Mattia Gubec », 1869 ; « Pripovesti », recueil de nouvelles.

Bohl (Joan), écrivain, jurisconsulte, poète, historien, dantophile hollandais, avocat à la Cour d'Amsterdam, membre honoraire de plusieurs sociétés savantes nationales et étrangères, né le 8 octobre 1836, à Zierikzee, ville maritime de la Zélande (Pays-Bas). A l'âge de quatorze ans, il publia ses premières nouvelles. Dans sa première jeunesse, il parcourut et visita les principaux pays de l'Europe. Ensuite, il se rendit à l'Université de Leide en 1865, où il fut reçu docteur en droit romain, *summa cum laude*. S'étant établi, comme avocat, à Amsterdam, il y fonda une Revue Dantesque (1877-1887), et il publia un remarquable volume de « Canzoni », où il introduisit le premier dans la poésie néerlandaise, la *terzina* italienne. A la suite de sa traduction du Dante, l'Université de Louvain le nomma, en 1884, docteur ès-lettres. On lui doit, outre une traduction néerlandaise du Code de commerce italien, des ouvrages de critique littéraire, des ouvrages poétiques, des ouvrages historiques et des ouvrages juridiques. Parmi les ouvrages littéraires, citons quatre volumes de nouvelles et poésies, Rotterdam, 1851-61, et, en outre, « Hemeltely en Wereldling, Blyf by Ons », Bois-le-Duc, 1862-63 ; « Warom », 2 vol., Tiel, 1863 ; parmi ses ouvrages poétiques, les *Canzonen* déjà citées (1887) et la traduction des trois parties de la *Divina Commedia* (1876-1880-1885, Amsterdam). Au nombre de ses publications historiques, nous citerons, entre autres, un ouvrage en deux volumes sur « Pie VII et son temps », Rotterdam 1855-62 ; au nombre de ses publications juridiques, plusieurs monographies, la traduction ci-dessus mentionnée du Code de commerce italien, et des mémoires sur ce Code dans le *Bulletin de l'Académie royale de Belgique*.

Böhmer (Édouard), illustre écrivain et philologue allemand, ancien bibliothécaire de l'Université de Halle et professeur de langues romanes à la même Université, jusqu'en 1872, année dans laquelle il fut appelé à l'Université de Strasbourg, depuis 1883, en retraite comme professeur *emeritus* dans sa villa à Lichtenthal près Baden-Baden, est né, le 24 mai 1827, à Stettin. Il entreprit plusieurs voyages en Suisse, en Angleterre, en France, en Espagne, au Portugal, en Italie, où il est membre honoraire de la *Società Siciliana per la Storia patria*, ainsi que des *Félibriges* de la Provence, et de la *Real Academia Española*. On lui doit : « De Pantheismi nominis origine et usu et notione », dissertation pour son doctorat, 1851 ; « Inedita von Spinoza », 1852 ; « Ueber Philosophie in Italien », dans la *Zeitschrift* de Ulrici ; « Das orste Buch der Thora », 1862 ; plusieurs articles sur les Mystiques dans la *Zeitschrift* qu'il publiait avec Lud. Giesebrecht ; « Damaris », 1864-65 ; plusieurs articles dans le *Dante-jahrbuch* publié par lui avec Ch. Witte entre les années 1867-70 ; « Ueber Dante's Monarchie », 1865 ; « Ueber Dante's Vulgaris Eloquentia », 1867 ; « Die provenzalische Poesie der Gegenwart », 1870 ; *Romanische Studien*, une revue fondée, en 1871, qui continue à se publier, et dont six volumes ont paru ; plusieurs écrits sur la réforme en Italie et en Espagne, et les éditions des œuvres édites et inédites de Juan de Valdes « Spanish Reformers of two centuries » en deux vols., 1874-83 ; « Auslegung des Römerbriefes des Apostel Paulus », 1886.

Böhmert (Charles-Victor), économiste allemand, né, à Quesitz, près Leipsig, le 23 août 1829. Il étudia le droit et l'économie politique de 1848 à 1852, puis fit son stage chez un avocat près de Meissen et obtint un prix pour un mémoire sur les moyens d'améliorer la situation des ouvriers intitulé : « Briefe zweier Handwerker », Dresde, 1854. En 1857, il se rendit à Brême, où il remplit, jusqu'en 1866, les fonctions de syndic de la chambre de commerce et où il dirigea, jusqu'en 1860, le *Bremer Handelsblatt*, journal commercial de Brême, organe de la liberté économique. En 1866, il devint professeur d'économie politique et de statistique à l'École polytechnique et à l'Université de Zurich. Dix ans après, le gouvernement saxon l'appela à remplir les mêmes fonctions au Polytechnicum de Dresde et le nomma directeur du bureau de statistique du royaume. M. Böhmert, rédige, depuis 1873, avec Gneist, l'*Arbeiterfreund*, organe du comité central pour le bien des classes laborieuses et dirige, depuis 1875, la *Zeitschrift der K. sächs. statist. Bureau*, et depuis 1877, la *Socialkorrespondenz u. d. Volkswohl*. Parmi ses autres ouvrages, nous citerons : « Freiheit der Arbeit », Brême, 1858 ; « Beiträge zur Geschichte des Zunftwesens », ouvrage couronné, Leipsig, 1861 ; « Vortrag über die Verhältniss von Arbeiter und Arbeitgeber », Zurich, 1868 ; « Beiträge zur Fabrikgesetzgebung », id., 1868 ; « Armenpflege und Armengesetzgebung », Berlin, 1869 ; « Lotterien und Prämienanleihen nach Volkswirthschaf. Grundsätzen und Erfahrungen », Berlin, 1870 ; « Die Goldausmünzungsfrage bei der deutschen Münzreform », Brême, 1871 ; « Das Studium der

Wirthschaftswissenschaften an der techn. Hochschulen », Leipsig, 1872 ; « Das Studium der Frauen », id., id. ; « Untersuchungen über die Lage der Fabrikarbeitor in der Schweiz », Zurich, 1872; « Der Socialismus und die Arbeiterfrage », id., id.; « Arbeitorverhältnisse und Fabrikeinrichtungen der Schweiz », id., 1873; « Die Bedeutung der allg. Wirthschaftslehre und Statistik für die Landwirthschaft », Dresde, 1876 ; « Die Gewinnbetheilung », 2 parties, Leipsig, 1878 ; « Die Aufgaben der Volkswirthschaftlehre und Statistik », 1880; « Fortschritte in Sparcassewesen », 1882 ; « Das Armenwesen in 77 deutschen Städten und einigen Landarmenverbänden », Dresde, 1886.

Böhringer (Paul), écrivain suisse, né, le 24 avril 1852, à Glattselden dans le canton de Zurich, fils de l'historien de l'Église Franz Böhringer. Il fit ses études théologiques et historiques à l'Université de Zurich (1870-1874). Nous le trouvons d'abord pasteur du village de Niederhasli près de Zurich (1875) et de la paroisse de Saint-Pierre à Bâle (1879), puis privat Docent pour l'histoire ecclésiastique à l'Université de cette dernière ville (1880), l'un des plus actifs représentants du Protestantisme libéral dans la Suisse allemande et de ses plus féconds conférenciers. M. Paul Böhringer a achevé à partir du VIIme volume l' « Histoire ecclésiastique en biographies » commencé par son père Franz Böhringer (volumes VII-XII, Stuttgart, 1876-1881), et rédige, pour le *Compte-Rendu annuel de théologie*, le résumé critique concernant l'histoire de l'Église pour les périodes greco-romaine et du Moyen-Age, Leipsig, 1881-1887. Parmi ses ouvrages séparés, nous citerons: « Grégoire, un caractère de la Révolution française », Bâle, 1878.

Böhtlingk (Othon von), célèbre orientaliste allemand, membre de l'Académie des Sciences de Saint-Pétersbourg, commandeur de l'ordre de la couronne d'Italie, membre honoraire de la Société Asiatique Italienne, retraité depuis plusieurs années à Jena, avec le titre d'Excellence, est né, le 30 mai 1815, à Saint-Pétersbourg, où ses parents s'étaient transférés de Lubeck deux ans auparavant. Il fit ses études à Saint-Pétersbourg, Dorpat, Berlin, Bonn, d'où il revint, en l'année 1842, dans sa ville natale, comme membre agrégé de l'Académie des Sciences. Il avait débuté par la langue arabe et par la langue persane, et il fit plus tard une excursion importante dans le champ des langues altaïques, par son livre essentiel : « Sur la langue des Jakouts », Saint-Pétersbourg, 1849-51. Mais il devait surtout acquérir sa grande célébrité sur le terrain de l'indianisme. Nous ne citerons ici que ses grands ouvrages, c'est à dire l'édition en 2 volumes de la « Grammaire Sanscrite, de l'ancien grammairien indien Pânini », 2 vol., Bonn, 1840; « Dissertation sur l'accent sanscrit », 1843; la « Grammaire indienne de Volpadeva », Saint-Pétersbourg, 1846; le « Dictionnaire Sanscrit de Hematchandra »; l'édition et la traduction allemande de la « Çakuntalâ de Kalidâsa » ; la « Chrestomatie Sanscrite », rééditée et complétée en 1877; les deux éditions avec traduction allemando des « Sentences Indiennes (Indische Sprüchen) » ; mais surtout son ouvrage monumental, achevé en sept grands volumes, entre les années 1862 et 1875, en collaboration avec les professeurs Rudolf Roth et Aldrecht Weber, sous le titre de *Sanskrit-Wörterbuch*, publié aux frais de l'Académie des Sciences de Saint-Pétersbourg. Le 3 février de cette année, le professeur Böhtlingk célébrait le jubilée de son doctorat ; à cette occasion le professeur Roth publiait, à Stuttgard, avec ses amis, un *Festgruss*, en forme de recueil de mémoires scientifiques, auquel les plus illustres philologues de l'Allemagne ont contribué.

Boileau (Pierre-Prosper), officier et ingénieur français, né, à Metz, le 19 février 1811. Élève de l'École polytechnique, il entra dans l'artillerie en 1833, fut nommé, en 1841, professeur de mécanique à l'École d'application de l'artillerie et du génie, et se livra à divers travaux de mécanique qui lui valurent un prix de l'Académie des sciences en 1856. Mis à la retraite en 1867, il s'occupa exclusivement de travaux scientifiques ; mais, en 1870, il fit partie de la commission scientifique de la défense nationale et fut nommé lieutenant-colonel. Le 22 mars 1875, l'Académie des sciences l'élut son correspondant pour la section de mécanique. Nous connaissons de lui : « Traité de la mesure des eaux courantes », Paris, Mallet-Bachelier, 1854 ; « Instruction pratique sur les sciences », 2me éd., id., Lacroix, 1861 ; « Notions nouvelles d'hydraulique », 2me éd., Versailles, Ronce, 1882. Il a publié en outre la 4me éd. de l'« Application de la mécanique aux machines », de A. Taffe, Paris, 1872.

Bois (Maurice), écrivain militaire français, né, le 2 mars 1851, à Fresne-Saint-Maures (Haute-Saône) ; capitaine depuis le 6 mai 1882, il a été, de 1875 à 1880, professeur adjoint de géographie à Saint-Cyr. Il a publié : « Les Hautes-Pyrénées, étude historique et géographique du département; depuis les temps les plus reculés jusqu'à nos jours, avec une description des principales villes: Tarbes, Bagnères de Bigorre, Lourdes etc. », Tarbes, Dubut, 1884; « La France à Tunis. Expédition française en Tunisie, 1881-82 », précédée d'une description géographique et historique de la Régence de Tunis, Paris, Baudoin, 1885 ; « Sur la Loire, bataille et combat » avec 5 cartes hors texte, Paris, Dentu, 1888.

Bois (George), écrivain francais, né, à Fresne-Saint-Maures (Haute-Saône), le 24 novembre 1859; a fait ses études au Collège de Gray. Il a publié successivement: « Les premières feuilles », poésies, Paris, Dentu, 1882; « Edith », drame en quatre actes et en vers, représenté sur le Théâtre des Nations, le 29 mars, id., Dentu, 1885; « Un petit révolutionnaire sous Henri III », poésies, plaquette, id., Vannier, 1885; « Son gendre! », roman de mœurs parisiennes, id., Dontu, 1887; « Précoce », roman de mœurs parisiennes, id., id., 1888.

Boisgobey (Fortuné de), romancier français, très fécond, né, à Granville, le 11 septembre 1821, d'une ancienne famille de magistrats. A la suite d'un revers de fortune, il entra assez tard dans la littérature, en écrivant son premier roman des « Deux Comédiens », pour le *Petit Journal*, et un second, avec un beau succès, intitulé le « Forçat colonel », pour le *Petit Moniteur*. Suivirent 54 romans en 86 volumes (1868-1888), parmi lesquels on distingue: les « Collets noirs »; la « Main coupée »; le « Secret de Berthe »; le « Cri du sang »; l'« Héritage de Jean Tournéol »; l'« Épingle rose »; la « Vieillesse de M. Lecoq »; « l'« As de cœur »; la « Peau d'un autre »; la « Tresse blonde »; « Cœur volant »; « Jean coupe en deux »; « Cornaline la dompteuse »; « L'œil de chat »; « Le chalet des pervenches »; « Mariage d'inclination ». On lui doit aussi un volume de voyages: « Du Rhin au Nil », 1876.

Boissier (Gaston), écrivain français, membre de l'Académie française, professeur de poésie latine au Collège de France, collaborateur actif de la *Revue des deux Mondes*, de la *Revue de l'Instruction publique*, de la *Revue de philologie*, et du *Journal des Savants*, critique éminent, est né, à Nîmes, en 1823, et fut reçu docteur à Paris, en 1856, sur la présentation de deux thèses concernant le poète Attius et Plaute (1857), et une étude sur l'historien Térence Varron, cette dernière couronnée, en 1859, par l'Institut, et publiée, en 1861. On lui doit en outre trois monographies exemplaires « Cicéron et ses amis », 1865; réimprimé pour la septième fois, en 1884; « La religion romaine d'Auguste aux Antonins », 1874, réimprimé pour la troisième fois, en 1883; « L'opposition sous les Césars », 1875, réimprimé, en 1885; et, en outre « Promenades archéologiques: Rome et Pompéi », 1880; « Nouvelles promenades archéologiques: Horace et Virgile », 1886; « Madame de Sévigné », dans la *Collection des grands écrivains français*, 1887.

Boissonade-Doutry (Gustave-Émile), jurisconsulte français, né, à Vincennes, en 1823, est fils de Jean-François Boissonade (1774-1857), le célèbre helléniste. Il étudia le droit et se fit recevoir docteur par une thèse: « Essai sur l'histoire des donations entre époux et leur état d'après le Code Napoléon », Paris, Cotillon, 1852; agrégé de la Faculté de Paris, il occupa une chaire à celle de Grenoble. Il accepta, en 1873, la mission d'aller au Japon, pour initier ce pays au droit et à l'administration de l'Europe. On a de lui: « Tableau synoptique du droit romain », 1854; « De l'exception apportée en matière de partage au principe de l'action Paulienne », Paris, Cotillon, 1856; « Textes choisis du Digesto », Grenoble, Ravanat, 1865; « Le Code Napoléon et les sociétés coopératives civiles du Dauphiné », Paris, Cotillon, 1866; « De l'effet des arrhes dans la vente sous Justinien », id., Durand, id.; « De la réserve héréditaire chez les Athéniens », id. id., 1867; « La réserve héréditaire dans l'Inde ancienne et moderne », id., Thorin, 1870; « Histoire de la réserve héréditaire et de son influence morale et économique », id., Guillaumin, 1873, ouvrage couronné par l'Institut; « Histoire des droits de l'époux survivant » Thorin, 1874, mémoire couronné par l'Institut; « Législation comparée des droits du conjoint survivant », id., id., id.; « Projet de code civil pour l'empire du Japon, accompagné d'un commentaire. Tome I. Des droits réels; tome II. Des droits personnels », id., id., 1882-83; « Projet de code de procédure criminelle pour l'empire du Japon, accompagné d'un commentaire », id., id., 1882; « Projet révisé du Code pénal pour l'empire du Japon, accompagné d'un commentaire », id., id., 1886. — Avant de quitter la France, M. B. avait publié un grand nombre de mémoires dans la *Revue de l'histoire du droit français*, dans la *Revue de législation ancienne et moderne* et dans la *Revue historique du droit français et étranger*.

Boïto (Arrigo), poète et musicien italien, l'auteur du *Mefistofele*, œuvre de génie, dont il a écrit le livret et la musique, est né, en 1842, à Padoue. Il fit ses études musicales au Conservatoire de Milan. Ami du regretté poète Praga, une sorte de Baudelaire italien, il en imita les étrangetés de langage. En collaboration avec Praga, il écrivit une pièce pour le théâtre: « Le madri galanti », qui échoua. En 1877, il publia chez l'éditeur Casanova de Turin « Il Re Orso, fiaba », et « Il libro dei versi ». Il a aussi écrit et publié des vers en dialecte vénitien et les livrets de la *Gioconda* pour Ponchielli, de l'*Ero e Leandro* pour Bottesini, de l'*Otello* pour Verdi, du *Nerone* pour son propre opéra de ce nom dont on attend la mise en scène.

Boïto (Camille), architecte et écrivain d'art italien, frère du précédent, mari de la marquise Madonnina Malaspina, femme-poète de Venise, professeur d'architecture dans l'Académie de Brera de Milan, membre de nombreuses commissions d'art, né, à Rome, le 30 octobre 1836. Sa mère était une polonaise, la comtesse Joséphine Radolinski. Il fit ses études en Allemagne, en Pologne, à Padoue. Il débuta comme écrivain, en Toscane, par des revues d'art insérées dans le journal: *Lo Spettatore*. En 1860, malgré sa jeunesse, il fut nommé professeur d'architecture supérieure à l'Académie des Beaux Arts de Milan. Esprit remuant, conseiller actif, écrivain robuste et spirituel, souvent novateur, il partage nombre d'idées des partisans de l'art de l'avenir. Outre de nombreux articles et essais dispersés dans les journaux et dans les revues, surtout dans le *Politecnico*, et dans la *Nuova Antologia*, on lui doit: « Storielle vane », deux vol., Milan, 1876-79 ; « Scultura e pittura d'oggi », Turin, 1877 ; « Leonardo e Michelangelo », Milan, 1878 ; « Architettura del medioevo in Italia », avec une introduction sur le style futur de l'architecture italienne, ouvrage illustré, Milan, Hoepli, 1880 ; « I principii del disegno e gli stili dell'ornamento », id., id., 1882, une nouvelle édition a paru en 1887 ; « Leonardo, Michelangiolo e Andrea Palladio », id., id., 1883 ; « Gita di un artista (à Cracovie, Berlin, Vienne, Bavière) », id., id., 1884 ; « Senso, nuove storielle vane », id., Treves, 1884 ; « L'anima di un pittore », id., Hoepli, 1885 ; « Restauri e concorsi », id., id., 1888.

Boker (George), auteur dramatique, poète et diplomate américain, né à Philadelphie le 6 octobre 1823. Après avoir achevé ses études au Princeton-College à New-Jersey et voyagé en Europe, il se consacra spécialement à la vie littéraire, après la mise en scène d'une tragédie intitulée: « Calaynos », donnée avec succès en Angleterre et en Amérique. Deux autres tragédies du même auteur: « Betrothal » et « Francesca da Rimini », sont aussi devenues populaires. Citons encore du même auteur une « Éléonore de Guzman » et « Anne Boleyne » ; mais M. Boker n'est pas moins connu par son habileté comme auteur de sonnets. Il a pris une part très active à la vie politique, et comme président de l'*Union-League*, il envoya au camp pendant la guerre civile près de 10,000 hommes. En 1872, il fut envoyé ministre des États-Unis à Constantinople, et il y demeura pendant quatre ans; de Constantinople il passa à la légation de Saint-Pétersbourg, où il résida pendant trois ans. Depuis son retour de Saint-Pétersbourg, il s'est établi à Philadelphie. On lui doit encore: « Lesson of Life and other Poems », Philadelphie, 1847 ; « Podesta's Daughter and other Poems », en deux volumes, 1852 ; « Plays and Poems », en deux volumes, 1856 ; « Poems of the War », 1864 ; « Königsmark, a tragedy, and other poems », 1869 ; « Book of the Dead », 1882. En 1887, il a composé une nouvelle pièce de théâtre, sous le titre : « Glaukos ». On nous promet encore un recueil de 300 sonnets, du même auteur, dont le sujet serait l'amour.

Bolaffio (Léon), jurisconsulte italien, professeur de droit à l'Institut technique de Venise, libre *Docent* du droit de commerce à l'Université de Padoue, est né dans cette dernière ville le 5 juillet 1848. En 1876, il fonda, à Venise, la *Temi Veneta*, revue de jurisprudence qui prospère encore sous sa direction. Ayant appris en 1864 la sténographie d'après la méthode de Gabelsberger et de Noé, le tout premier il l'enseigna officiellement en Italie, et il fonda les sociétés sténographiques de Padoue et de Milan. On lui doit, sans compter un grand nombre d'articles insérés dans les journaux de jurisprudence (entr'autres, le *Fôro Italiano*) et un certain nombre de brochures: « Commento al primo libro del Codice di commercio del 1882 » ; « Elementi di diritto civile patrio » ; « Le principali riforme del nuovo Codice di commercio » ; « L'art. 1176 del Codice civile nelle sue attinenze col diritto commerciale » ; « Alcune questioni sulla moratoria » ; « Il commento al libro dei fallimenti » etc.

Bolaffio (Louis-Philippe), journaliste italien, né, dans la Vénétie, vers 1845. Il débuta dans les lettres en fondant avec quelques amis à Gênes, où sa famille était émigrée, vers 1864, un journal littéraire *La Favilla*. Rentré à Venise, après 1866, il collabora dans le *Rinnovamento* et dans la *Venezia*, deux journaux fondés et dirigés par M. Carlo Pisani. Ensuite il dirigea pendant quelque temps la *Gazzetta Cremonese*. S'étant fixé à Milan, il fonda avec M. Carlo Borghi l'*Italia*, et quand, après la mort de celui-ci, l'*Italia* passa dans les mains de M. Dario Papa, il fonda le *Caffè* qu'il dirige encore. On lui doit: « Il 14 giugno 1859. Memorie », Venise, Sonzogno, 1867 ; « Italia: Guida dei viaggiatori. Parte I. Alta Italia coi paesi limitrofi di Nizza, Trentino, Canton Ticino, Trento e Trieste », Milan, Treves, 1881 ; « Venezia, il Veneto, il lago di Garda e i paesi limitrofi del Trentino, con appendice sul Congresso e la mostra geografica internazionale di Venezia », id., id., id. ; « Italia, Guida dei viaggiatori. Parte II. Italia Centrale », id., id., 1883 ; « Torino, i suoi dintorni e l'Esposizione Nazionale del 1884 », id., id., 1884 ; « L'Italia Meridionale con la Sicilia, la Sardegna e Caprera », id., id., 1887. A tous ces livres qui, le premier excepté, font partie de la collection des *Guide* de la maison Treves de Milan, il faut ajouter: « Augusta », roman, Milan, Verri, 1888.

Bolin (Guillaume), écrivain finlandais, né, à Saint-Pétersbourg, le 2 août 1835 ; il fit ses études à Helsingfors et y fut reçu docteur en 1860, professeur de philosophie en 1865, bibliothécaire en 1873. Dans la même année, il donnait à Stockolm, une série de lectures sur les tragédies de Shakespeare. Parmi ses publications, nous citons une nouvelle traduction suédoise des œuvres de Shakespeare soignée par lui à Lund, en six volumes, 1879-1887, et, en outre, des Études sur la famille, en suédois, Helsingfors, 1864 ; « Sur la philosophie politique européenne contemporaine », 1874 ; deux drames, en allemand; « Der Cinsani », en quatro actes, Leipsig, 1885; « Königs Pathenkind (La filleule du Roi) », en un acte, Leipsig, 1887, qui a aussi été traduite en suédois et représentée à Stockholm et à Helsingfors. On lui doit aussi une traduction en vers du petit drame de Theuriet « Jean-Marie », publié, en 1887, sous le titre: « Verschollen ».

Bollati (Frédéric-Emanuel, créé depuis quelques années, BARON DE SAINT-PIERRE, titre d'un vieux manoir de la vallée d'Aoste, qu'il possède), écrivain italien, docteur en droit, surintendant des archives piémontaises, membre de l'Académie des Sciences de Turin, né, en 1822, à Pont Canavese. On lui doit, entr'autre: « Manuale dell'Elettore Municipale »; « Manuale dell'Elettore Politico »; « Memorie e documenti inediti spettanti alla Storia del Diritto Italiano nel Medio Evo »; « Atti e documenti delle Assemblee rappresentative nelle antiche Provincie »; « Fasti legislativi e parlamentari della Rivoluzione italiana nel Secolo XIX », en plusieurs volumes; une nouvelle édition des Anciennes Chroniques de la Maison de Savoye de Servion, avec dédicace à S. M. la Reine Marguerite, en deux vols., édition de grand luxe, Turin, Casanova, 1879; « Frammenti di storia intima della Casa di Savoia », Turin, Casanova, 1881; « Nozze illustri », Turin, 1882; « Humbert III le Saint. — Amé VII le Rouge », Turin, 1883; « Atti e documenti delle antiche Assemblee rappresentative nella Monarchia di Savoia », 2 vols., Turin, 1884.

Bolle (Jean), écrivain italien, directeur de l'*Istituto sperimentale di bachicoltura ed etnologia* de Goritz, vice-président de la Société agraire de le même ville, né à Trieste en 1850, a publié une foule d'articles et mémoires concernant l'éducation des vers à soie, la culture de la vigne, l'œnologie, le phylloxéra, les maladies des plantes dans plusieurs recueils et surtout dans la *Sericoltura austriaca*, dans l'*Annuario dell' i. e r. Istituto sperimentale di bachicoltura* et dans les *Atti e Memorie della Società agraria*; mais nous le signalons ici particulièrement comme auteur d'un traité populaire illustré sur l'éducation rationnelle du ver à soie, traité qui a eu l'honneur de nombreuses traductions (allemande, tchèque, hongroise, croate, russe, tartare, georgienne et arménienne).

Bölliger (Adolphe), écrivain suisse, né, en avril 1854, à Holziken (Argovie). Il fit ses études philosophiques et théologiques aux Universités de Bâle, Tubingue et Leipsig (1872-1878), interrompues en 1875-76 par la direction de l'école secondaire de Seftland en Argovie. Reçu docteur en philosophie en 1878 et nommé *privat Docent* pour la philosophie à l'Université en 1879, il enseigne la langue et la littérature allemande à l'école technique supérieure de Bâle depuis 1882. On lui doit: « Le problème de la Causalité », 1872; « Ante Kant, où Eléments de Logique, de Physique et d'Éthique », 1882.

Bollinger (Otto), médecin allemand, né, le 2 avril 1843, à Altenkirchen dans le palatinat du Rhin. Il fit ses études médicales à Munich et alla les compléter à Berlin et à Vienne. *Privat Docent* à Munich en 1870, il prit part à la campagne de France comme médecin militaire, puis fut nommé professeur à l'école vétérinaire de Zurich, en même temps que *privat Docent* à l'école supérieure de cette ville. En 1874, M. B. obtint les chaires d'anatomie pathologique à l'école vétérinaire et de pathologie comparée à l'université de Munich. Outre de nombreux articles dans les journaux spéciaux sur la morve, l'hémoglobimine, la tuberculose, sur une nouvelle peste bovine (l'actinomykose), et sur une maladie parasitaire du bétail, on lui doit: « Die Kolik der Pferde und das Wurmaneurysma der Eingeweidearterien », Munich, 1870; « Zur Pathologie des Milzbrandes », id., 1872; « Infektionen durch tierische Gifte », dans le 3 vol. du *Handbuch der speziellen Pathologie und Therapie* de Ziemssen, Leipsig, 1876; « Ueber animale Vaccination », id., 1879; « Zur Ætiologie der Infections-Krankheiten », Munich, 1881; « Ueber Fleischvergiftung intestinale Sepsis und Abdominaltyphus », Munich, 1881; « Ueber Vererbung von Krankheiten », Stuttgard, 1882.

Bolognese (Dominique), poète et auteur dramatique italien, né, à Naples, le 11 février 1819. M. B. qui a débuté dans les lettres à l'âge de 21 ans par un « Saggio sullo spirito della letteratura », auquel il fit suivre bientôt un drame: « I Pirati di Barataria », a écrit plus de soixante *libretti* d'opéras, parmi lesquels nous citerons: « Marco Visconti »; « L'Elena di Tolosa »; « L'assedio di Leida »; « Il Muratore di Napoli »; « Ermelinda », etc. M. Bolognese, après avoir été quelques années attaché à une administration de l'État et avoir été poète et régisseur du théâtre *San Carlo* et de celui du *Fondo* de Naples, vit maintenant dans la retraite la plus absolue. Outre les ouvrages déjà cités, on lui doit: « Memorie di un artista », roman, 1866; « Sonetti a Firenze », Florence, Fodratti, 1867; « Michelangelo Buonarroti », drame historique en 5 actes, Naples, De Angelis, 1872; « Giuseppina Bonaparte », drame en 4 actes, id., id., 1873; « Maria de' Medici », drame historique en six actes, id., id., id.; « La montanina svizzera », drame en un acte, id., id., id.; « Costanza di Chiaramonte », drame historique en cinq actes en vers, id., id., 1874; « Utile e cuore », comédie en 4 actes, id., id., 1875; « Amore e giuoco », comédie en 4 actes, id., id., 1876; « Giovanni di Pareja », drame en deux actes, id., id., id.; « Maddalena, o il principe e l'usuraio », comédie en cinq actes, id., id, 1877; « Madamigella Lafayette », comédie historique en 8 actes, id., id,, 1879; ses pièces dramatiques ne se jouent plus sur les scènes italiennes; on leur reconnaît en général plus de mérite littéraire que de connaissance du théâtre; citons encore une espèce d'idylle biblique en vers, intitulée: *Noemi*, joué, en 1858, à Turin, par madame Ristori.

Bolognini (Nepomuceno), écrivain italien, né à Pinzolo in Val Rendena (Trentino) le 25 mars de l'année 1824. Après avoir reçu son doctorat en jurisprudence, il prit part aux guerres de l'indépendance et il y gagna son grade de major. Dans l'*Annuario* de la Société des Alpinistes de Trente, il publia: « La Valle di Genova e la Danza Macabra di Pinzolo », 1875; « La salita sulla Cima Roma e sul passaggio di Carlo Magno per Val Camonica e Val di Rendena », 1876; « Lettere dai Monti Trentini », 1877; « Le mattinate della Rendena »; « I Lavini di Marco »; « Il Monte Tonale e la Valle di Rabbi », 1880; « Fiabe e leggende della Rendena »; « Saggio di proverbi e modi proverbiali trentini », 1882.

Bölte (Amélie-Charlotte-Élise-Marianne), femme de lettres allemande, né, à Rehna (Meklembourg-Schwerin), le 6 octobre 1817. Institutrice dans une famille noble, dès l'âge de dix-sept ans, elle se rendit, en 1839, en Angleterre. Grâce à la protection de Varnhagen et de Carlyle, elle obtint de collaborer à des revues allemandes et traduisit en allemand plusieurs romans anglais. De retour dans son pays, elle se fixa d'abord à Dresde et entra en relations avec Gutzkow et Auerbach. Depuis 1879, elle habite Wiesbaden. Elle débuta dans les lettres par « Erzählungen aus der Mappe einer Deutschen in England », 1848; « Visitenbuch eines deutschen Arztes in London », 2 vol., Berlin, 1852, dans laquelle elle donne une idée de la vie sociale en Angleterre. Elle publia ensuite: « Eine deutsche Palette in London », Berlin, 1853; « Das Forsthaus », Prague, 1854; « Eine gute Versorgung », 2 parties, Hambourg, 1856, plusieurs recueils de nouvelles et une série de romans biographiques qui semblent être son genre favori: « Frau von Stael », 3 vol., Prague, 1859; « Juliane von Krüdener », 6 vol., Berlin, 1861; « Winkelmann », 3 vol., Berlin, 1861; « Vittorio Alfieri », 2 vol., Berlin, 1862, traduit en italien par M. Gustavo Strafforello; « Franziska von Hohenheim », 2 vol., Hanovre, 1863; « Die Welfenbraut », Jena, 1867; « Prinzessin Wilhelmine von Preussen », id., id. Mlle B. a publié en outre trois romans traitant spécialement de la situation des femmes: « Die Tochter des Obersten », 2 vol., Vienne, 1872; « Elisabeth oder eine deutsche Jane Eyre », 2 vol., id., id.; « Wohin führt es? », 2 vol., Vienne, 1876. Elle a publié aussi: « Frauenbrevier », Vienne, 1862, 4me éd., 1864; « Neues Frauenbrevier », Leipsig, 1876,

2 éd., 1877. Citons encore d'elle: « Männer und Frauen », 1854; « Liebe und Ehe », 3 vol., Hambourg, 1857; « Moderne Charakterköpfe », 3 vol., Vienne, 1863; « Streben ist Leben », 1868; « Die Gefallene », 1882, etc..

Boltz (Auguste-Constantin), philologue allemand, né, à Breslau, le 26 septembre 1819. Il s'adonna d'abord au commerce tout en s'occupant en même temps de linguistique et devint professeur à l'académie de commerce de Hambourg. Étant entré ensuite comme précepteur dans une famille russe, il eut l'occasion de visiter la plus grande partie de l'Europe, puis obtint une chaire à l'École militaire russe. Revenu en Allemagne, en 1855, il fut chargé de l'enseignement de la langue russe à l'Académie militaire de Berlin. Des raisons de santé le contraignirent, en 1878, à quitter ces fonctions; il se transféra d'abord à Bonn, ensuite à Darmstadt et s'occupa de la publication de nombreux ouvrages de linguistique. M. Boltz s'est fait surtout connaître par son: « Neuen Lehrgang der russischen Sprache nach der Robertsonschen Methode », 5me éd., Berlin, 1880, auquel plus tard il fit suivre d'après la même méthode des grammaires française, anglaise, italienne et espagnole et un livre de lecture allemand et grec moderne. On lui doit en outre: « Handbuch der englischen Literatur », en collaboration avec H. Franz, 2 vol., Berlin, 1852; « Das Lied vom Heereszug Igors gegen die Polowzer », texte original avec commentaire et traduction, id., 1854; « Beiträge zur Völkerkunde aus Wort und Lied », id., 1868; « Die Sprache und ihr Leben », Leipsig, 1868; « Vorschule des Sanskrit in lateinischer Umschrift », Oppenheim, 1868; une traduction en allemand des « Lieder des hellenischen Mirza Schaffy, Athanasios Christopulos », Leipsig, 1880; « Die hellenische oder neugriechische Sprache », Darmstadt, 1881; « Die hellen. Taufnamen », 1883; « Land und Leute in Nord Euböa », 1884; « Die Cyklopen ein hist. Volk », 1885; « Hellen. Erzählungen », 1er vol., 1887. M. Boltz a publié en outre des traduction des romans de Lermontow et de Tourguénef, une traduction en vers du poème hindou *Hitopadeça* etc., etc.

Bombicci-Porta (Louis), illustre naturaliste italien; depuis 1860, professeur de minéralogie à l'université de Bologne, membre de plusieurs sociétés scientifiques italiennes et étrangères, né, à Sienne, en 1833, reçu docteur ès-sciences naturelles à Pise en 1853, il a créé à Bologne un musée modèle de minéralogie, admiré non seulement par sa richesse, mais encore par le classement intelligent au point de la vue de la science, de la conservation, de la perspective. Ses publications sont nombreuses; on en compte, entre les années 1858 et 1887, soixante-sept. Nous citerons ici les principales qui ont été publiées séparément et dans les *Memorie* dell'*Accademia delle Scienze dell'Istituto di Bologna*; nous renvoyons pour les autres au *Nuovo Cimento*, à la *Scienza Contemporanea*, à l'*Enciclopedia chimica*, à la *Gazzetta dell'Emilia*, à la *Rivista Scientifico-industriale*, à la *Rivista scientifica italiana*, à la *Patria*, aux *Atti de l'Academia dei Lincei*, à l'*Ateneo Veneto*, aux *Annali del ministero d'agricoltura e commercio*. Nous signalerons donc: « Studio sulle forme cristalline del feldispato ortose nel granito tormalinifero dell' isola d'Elba », Pise, 1858; « La classificazione naturale dei minerali », Pise, 1861 ; « Sunti autografici di un corso di lezioni di mineralogia generale », Bologne, 1861; « Corso di mineralogia », un vol. de 800 pages, Bologne, 1862, 8° gr.; « Sulla associazione poligenica applicata alla classazione dei solfuri minerali », Bologne, 1867; « Notizie intorno ad alcuni minerali italiani », Milan, 1868; « La teoria dell' Associazione poligenica applicata allo studio dei silicati », Modène, 1868; « I silicati minerali secondo la teoria dell'associazione poligenica », Bologne, 1868, édition de luxe; « Sull'oligoclasite del Monte Cavaloro e sulla composizione della magnetopirite », id., 1868 ; « Il museo mineralogico della R. Università di Bologna, Guida », id., 1868; « La storia d'un sasso, prelezione al corso universitario di mineralogia », id., 1869; « I terremoti, lettura pubblica per beneficenza », id., 1870; « I fosfati e arsenicati minerali secondo la teoria delle associazioni poligeniche », id., 1870; « I minerali e i corpi organizzati viventi, prelezione », id., 1871; « L'emiedria strutturale e il quarzo plagiedro in gruppi paraboloidi », id., 1872; « Mineralogia generale della provincia di Bologna », id., 1874; « Corso di mineralogia generale », trois gr. vol., id., 1875 ; « Sulle influenze reciprocamente iso-orientatrici nei cristalli isomorfi », id., 1876, « Sull' origine delle montagne, lecture faite au Club Alpin de Bologne », id., 1877 ; « Il processo di evoluzione nelle specie minerali », discours d'inauguration des études à l'université de Bologne », id., 1877 ; « Mineralogia generale », dans les *Manuali Hoepli*, Milan, 1880; « Mineralogia descrittiva », id., id., 1885; « Ricordi di geologia e di fisica terrestre », vol. I, Modène, 1880; vol. II : « Litologia generale e descrittiva », Bologne, 1885; « Il gabinetto mineralogico universitario di Bologna, relazione e guida », id., 1882 ; « Montagne e vallate nel territorio di Bologna », id., 1882 ; « Per la inaugurazione del monumento a Pellegrino Matteucci nel cimitero della Certosa di Bologna », id., 1882; « Commemorazione di Quintino Sella il 16 aprile 1884 nell' archiginnasio di Bologna », id., 1884; « I mostri nella natura, nella scienza, e nell'arte », conférence, id., 1884; « Le stelle cadenti », dans la *Picc. Biblioteca del Popolo*, Florence, 1886 ; « Le traslormazioni lenti dei paesaggi terrestri », conférence à l'Académie *Petrarca* d'Arezzo, 1887 ; parmi les écrits insérés dans les *Mémoires de l'Institut de Bologne*, citons : « Notizie di mineralogia italiana », 1869 ; « Studii sui minerali del Bolognese », 1871 ; « Contribuzioni di mineralogia italiana », 1877 ; « Nuovi studii sulla poligenesi dei minerali », 1880, 1881-1883 ; « Il sollevamento dell'Apennino bolognese », 1882 ; « Sopra una nuova classificazione litologica » ; « Sulle superficie elicoidi e paraboloidi nei carbonati romboedrici detti selliformi », 1885 : « Sulla contorsione di tipo elicoide nei fasci prismatici di antimonite del Giappone », 1886 ; « Sulla Datolite della Serra dei Zanchetti », 1886 ; « Sulla costituzione fisica del Globo terrestre, sull'origine della sua crosta litoide e sulle cause dei moti sismici che più frequentemente ci avvengono », 1887 ; « Sull'ipotesi dell'azione e soluzione magnetica del Globo terrestre sulle materie cosmiche interplanetarie contenenti ferro », id.

Bombig (Jean-Georges), publiciste et marchand italien, né à Goritz. Il a fondé et il dirige, dans cette ville, un journal satirique intitulé: *La Freccia*, où il a surtout entrepris de défendre la nationalité italienne contre les Slovènes.

Bommer (Joseph-Édouard), écrivain belge, professeur de botanique à l'Université de Bruxelles, conservateur au Jardin botanique de l'État, né à Bruxelles le 17 novembre 1829. Au début de sa carrière, M. Bommer a publié une nouvelle édition de la *Flore* de Bautier, revue et augmentée spécialement au point de vue de la flore belge (Bruxelles, 1854; a été signée de l'anagramme Remmob). Depuis lors il a fait paraître quelques brochures et donné d'intéressantes études de physiologie végétale et de botanique dans le *Bulletin de la Scciété royale de Botanique de Belgique*, les *Archives cosmologiques*, les *Annales de l'horticulture en Belgique*, le *Bulletin de l'Académie de Belgique*, le *Bulletin de la Société de Botanique de France*, etc. etc.

Bon (Jean), écrivain italien, descendant de l'acteur et auteur dramatique F. Auguste Bon, né, à Venise, le 6 septembre 1855. Il fit ses études à Padoue, où il fut reçu docteur ès-lettres, en 1878. Après un an de perfectionnement à l'Institut des Études Supérieures de Florence, il fut successivement professeur dans les écoles moyennes de Foggia, Spolète, Spezzia, où la présidence du Lycée lui fut confiée ; à la fin de l'année passée nous le trouvons à la Direction de l'École technique de Busto Arsizio. Étudiant, il collabora à l'*Eco dei Giovani* de Padoue, (1871) à l'*Albo dei Giovani* de Vérone (1873), et au *Bacchiglione* (1874-79). Au théâtre, il donna, en 1875, un monologue en vers pour le monument à Goldoni ; en 1877, une comédie « Maschere », qui échoua, et depuis ces autres pièces, fort bien accueillies : « Due mesi prima » ; « Dall'amore all' odio » ; « Nodo gordiano »;

« Amore non si compra e non si vende, ma solo per amore, amor si rende » ; en 1886, il publia des scènes en vers, sous le titre « Eros », et il nous prépare, dit-on, une histoire du théâtre italien. Citons encore au nombre de ses publications : « Sulle origini della poesia popolare in Italia », 1878 ; « Canzoniere », 1881 ; « Sul modo di trattare scientificamente la storia dell' ingegno umano nelle produzioni letterarie », 1884. M. Bon avait fondé, en 1879, à Padoue, la revue : *La Vita Nuova*, et, en 1885, pendant qu'il était président du lycée de la Spezzia, le journal *Il Tritone*.

Bonacci-Brunamonti (Alinda), femme poète italienne, à l'heure qu'il est la plus illustre des femmes écrivains de l'Italie, réunissant en elle des facultés rares, une imagination poétique admirablement disciplinée, un savoir peu commun, avec un sentiment vif et profond de la nature et de la famille, un culte des formes classiques les plus exquises, avec un élan et un enthousiasme digne d'une sibylle inspirée, est née à Pérouse, en 1842. Son père Gratiliano Bonacci de Recanati, auteur d'un livre remarquable d'esthétique et professeur de littérature au *Collegio della Sapienza*, fut son premier, et on peut dire son unique maître. Enfant de neuf ans, Alinda Bonacci savait par cœur et expliquait une grande partie de la *Divina Commedia* ; à l'âge de onze ans, elle abordait Virgile dans le texte latin ; à quatorze ans, on publiait sa première « Raccolta di versi », qui émerveilla les lecteurs et la critique (cfr. l'article inséré par F. Bartoli dans le *Giornale Scientifico-Letterario-Agrario* de Pérouse, en l'année 1856). Elle poursuivit avec ardeur ses études, cherchant une nouvelle nourriture à son esprit dans la philosophie de Platon et dans les Pères de l'Église, jusqu'aux glorieux événements des années 1859-60, qui éveillèrent sa muse patriotique. Alors elle fit paraître ses : « Canti Nazionali », suivis par une nouvelle « Raccolta di versi », à l'occasion de son mariage avec l'avocat Pierre Brunamonti, jurisconsulte distingué, professeur à l'université de Pérouse. La mort de son père et d'un enfant lui inspirèrent des vers touchants ; et l'étude, la tendresse de sa fille Beatrice qui lui restait, les joies de la famille, l'admiration sincère et l'affection de toute sa ville natale, la correspondance avec ses illustres amis (entr'autres citons Augusto Conti, Terenzio Mamiani, Giovanni Duprè, Antonio Stoppani, Andrea Maffei, Fr. De Sanctis, Jacopo Zanella, etc.) apportèrent quelque soulagement à son double chagrin, et lui permirent de donner une forme grave mais calme et presque sereine à sa douleur. En 1875, les éditeurs Le Monnier publiaient dans leur *Biblioteca Diamante* un recueil définitif de ses meilleures poésies, sous le titre de « Canti » ; et 1887, l'éditeur Lapi de Città di Castello, régalait les amateurs de la poésie italienne d'un autre charmant volume publié sous le titre de « Nuovi Canti ». Dans la même année, Mme Bonacci-Brunamonti tenait à l'Académie des Beaux-Arts de Pérouse une admirable conférence sur « Pietro Perugino e l'Arte Umbra », publiée dans la livraison de février 1888 de la *Rivista Contemporanea* de Florence. Dans cette prose élégante le poète et le critique se donnent la main pour communiquer à tout le discours un mouvement et une force qui le rendent très-éloquent, et font seulement désirer que Mme Alinda s'essaye plus souvent dans ce genre d'éloquence.

Bonadei (Charles), poète et naturaliste italien, ancien professeur de littérature et d'histoire naturelle au Lycée de Sondrio, fondateur du Musée d'histoire naturelle annexé au lycée, président du Conseil de la Bibliothèque de Sondrio, membre de la Commission provinciale pour la conservation des monuments, conseiller du Comice agraire de la Valtelline, né, en 1822, à Castione Andevenno, dans la province de Sondrio. Il fit ses études à Côme et à Pavie. Il prit part, en 1848, aux campagnes contre les Autrichiens ; à leur rentrée en Lombardie, il dut se refugier en Suisse, où il enseigna pendant quelque temps. Revenu, il eut d'abord à se défendre contre le gouvernement qui le surveillait comme suspect, et ensuite contre les démagogues, contre lesquels il lança bien des flèches acérées dans le journal *Lo Stelvio* qu'il dirigeait, et dans ses satires, genre de poésie qu'il manie avec aisance. Parmi ses écrits en vers, citons : « Rime », Côme, Giorgetti, 1858 ; « Nuovi Versi », Sondrio, Brughera, 1873. (Satires, épigrammes, chants lyriques, traductions du français, de l'allemand, du grec et du latin) ; « Brindisi ito in fumo », Turin, 1874 ; « L'uomo di Mare », Sondrio, 1881 ; « In morte di Carlo Besta », élégie, Rome, 1881 ; parmi ses écrits en prose, nous signalons : « Sull' accrescimento in grossezza ed altezza delle piante dicotiledoni e monocotiledoni », Sondrio, Brughera, 1864 ; « Salite Alpine », Turin, dans le *Bollettino del Club Alpino*, 1873 ; « La piscicoltura nei laghi alpini », id. ; « Schizzo geognostico della Valtellina », Sondrio, Moro, 1885.

Bonafede-Oddo (Jacques), écrivain italien, né, le 20 novembre 1827, à Grattero (province de Palerme). Il prit part à la campagne garibaldienne du Tyrol, en 1866 ; nommé, en 1880, professeur de littérature italienne à l'École normale de Bari, il dirige actuellement l'École Normale Supérieure d'Aquila et le journal : *Letteratura montanara*. On lui doit : « I Mille di Marsala » ; « Il Brigantaggio » ; « Alexandre Banforti », roman ; « Emma Lyona », roman ; « La famiglia Cairoli nel risorgimento italiano » ; « La verità sulla filosofia empirica moderna » ; « Il Generale Giuseppe La Masa », avec des documents.

Bonafede-Oddo (Mathilde), femme de lettres italienne, mariée au précédent, née, à Trieste, le 27 mai 1839. Elle débuta par une étude sur Laurent des Médicis, par une biographie de Tommaso Campanella et par nombre de poésies. Parmi ses poésies imprimées, on nous signalo surtout « La Croce Rossa » ; « Il Temporale » ; « Dogali » ; « Ai Bulgari » ; « Al pensiero » ; « Al tempo » ; « Ave Maria ». Madame Bonafede-Oddo écrit actuellement une Histoire de la ville d'Aquila pour les écoles, et un Guide de cette ville.

Bonaldo (Monseigneur Nicolas), ecclésiastique italien, doyen des chanoines et vicaire général du diocèse de Chioggia (province de Venise), où il est né le 23 avril 1825. Ses articles dans la *Scuola Cattolica* de Milan et dans le *Divus Thomas*, ainsi qu'un livre publié, en 1877, à Parme, sous le titre: « Conferenze per gli Ecclesiastici », ont été remarqués.

Bonanni (Théodore, baron d'OCRE), historien et littérateur italien, né, à Brindisi, le 22 avril 1815. Reçu docteur en droit, en 1836, il se fit inscrire au barreau d'Aquila. Depuis de longues années, il est directeur des Archives de la province dans la même ville. Outre une foule de publications de moindre importance, on lui doit: « Indice delle materie trattate nella Divina Commedia di Dante Alighieri », Naples, De Angelis, 1871 ; « Monografia della provincia del secondo Abruzzo Ulteriore, seguita dalla sua statistica », Aquila, Grossi, 1871 ; « La guida storica della città dell'Aquila e suoi dintorni », Aquila, Rossi, 1874 ; « Risposta della *Guida storica dell'Aquila* alla critica anonima inserita nella *Gazzetta di Sulmona* », id., typ. de l'évêché, 1875 ; « Quale fu — qual'è — quale potrebbe essere la provincia del II Abruzzo ulteriore », id., Grossi, id. ; « Vita di Gesù e di Maria, estratta dalla Divina Commedia », id., id., 1879 ; « L'ufficio provinciale di statistica in Aquila », id., id., id. ; « La corografia dei comuni e dei villaggi della provincia del II Abruzzo ulteriore », id., id., 1883 ; « Corografia delle opere pie della provincia di Aquila », id., 1884 ; « Il patrimonio ecclesiastico della provincia del secondo Abruzzo ulteriore », id., id. . « La storia della nomenclatura degli atti che conservansi nei pubblici archivii », id., 1885 ; « Monografia dei diritti dei confocolieri sopra i propri comuni », id., id., id. ; « San Giovanni da Capistrano e la civiltà; pel V centenario dalla nascita », id., id., id. ; « La legislazione archivistica romana », id., id., 1886 ; « La numismatica del II Abruzzo ulteriore », id., id., id. ; « Corografia dell'antica regione dell'Abruzzo », id., id., 1887 ; « Delle antiche e nuove industrie della provincia del II Abruzzo ulteriore », id., id., id. ; « La statistica letteraria scientifica artistica della provincia del II Abruzzo ulteriore », id., id., id. ; « Le legislazioni dell'antico diritto romano », id., id., id. ; « Sulla istituzione di un alunnato nei pubblici archivi in luogo degli esami a concorso », id., id., 1888.

Bonaparte (Napoléon-Joseph-Charles-Paul), prince français, second fils de Jérôme-Napoléon, roi de Westphalie (1784-1860) et de la princesse Frédérique de Wurtemberg, né, à Trieste, le 9 septembre 1822. Nous n'avons pas à nous occuper ici de la vie politique de ce prince qui est aujourd'hui le chef de la Maison de Bonaparte. Rappelons seulement quelques dates. En 1847, le roi Louis-Philippe lui permet de rentrer en France avec son père. En 1848, élu par la Corse à l'Assemblée constituante, il se rangea parmi les républicains modérés; le 10 février 1849, il était nommé ministre plénipotentiaire de France en Espagne; mais n'y restait que fort peu de temps ; en 1850, député de la Corse à l'Assemblée législative, il se retira dans la vie privée à la suite du Coup d'État. A la fin de l'année 1852, cependant, le prince Napoléon était appelé éventuellement à l'hérédité du trône (18 décembre), et, en vertu du sénatus-consulte du 23 suivant, il portait le titre de prince français et avait de droit sa place au Sénat et au Conseil d'État ; en même temps, il était nommé général de division; pendant la guerre de Crimée, il prit part aux batailles de l'Alma et d'Inkermann et il mérita d'être cité à l'ordre du jour pour sa belle conduite. Atteint dès le début de la campagne d'une maladie qui se faisait chaque jour plus grave, il fut bientôt rappelé en France, où il fut nommé président de la commission impériale de l'Exposition Universelle. Le résultat de ses travaux personnels est consigné dans le « Rapport sur l'Exposition Universelle de 1855, présenté à l'Empereur par S. A. I. le prince Napoléon », Paris, imprimerie Impériale, 1857. — En 1857, il entreprit dans les mers du Nord, une assez longue excursion qui a été de la part de M. Choięcki (Charles-Edmond) l'objet d'une publication de luxe: « Voyage dans les mers du Nord, à bord de la corvette: *La Reine Hortense*. Notices scientifiques, communiquées par MM. les membres de l'Exposition », Paris, Lévy frères, 1857, 2me éd., 1862. Pendant la guerre de 1859, le prince, qui avait épousé, le 30 janvier 1859, S. A. R. la princesse Clotilde de Savoie, fille de Victor-Emmanuel, eut le commandement du cinquième corps d'armée qui occupa la Toscane, mais qui n'eut pas l'occasion de prendre part à des faits d'armes. La guerre finie, le prince Napoléon prit, au sein du Sénat, une position importante comme orateur. Quelques uns de ses discours furent des évènements, et à propos du premier qu'il prononça le 1er mars 1861, sur la puissance temporelle des papes, l'empereur crut devoir lui adresser une lettre officielle, où, tout en le félicitant de son éloquence, il croyait devoir dégager son gouvernement de toute solidarité de doctrines politiques avec lui. Ce discours fut immédiatement traduit en italien par Angelo De Gubernatis et publié à Turin, par ordre du comte de Cavour. L'année suivante, le prince s'éleva de nouveau contre le pouvoir temporel démontrant surtout par l'histoire des relations diplomatiques que, depuis deux cents ans, les ambassadeurs français auprès du Saint-Siège ont dénoncé les abus et prédit la chute du pouvoir temporel. Ces discours ont été publiés en brochure séparée : « Discours prononcés au Sénat dans la délibération des paragraphes sur le projet d'adresse. Séance des 22, 25 février et 1er mars 1862 », Paris, Dentu, 1862. La même année, sous le nom de son secrétaire M. Emmanuel Hubaine, il développait les mêmes idées dans une brochure intitulée : « Le gouvernement temporel des papes, jugé par la diplomatie française (recueil de documents) », Paris, Dentu, 1862, 2me éd., 1863 ; à la même époque à peu près se rapportent : « La Question polonaise ; discours prononcé au Sénat le 18 mars 1863 », id. id., 1863 et dans lequel le prince se montrait comme toujours l'éloquent défenseur des nationalités opprimées, et « Discours prononcé au banquet de l'isthme de Suez (11 février 1864) », id. Dentu, 1864. L'année suivante, le prince tomba en disgrâce à cause d'un « Discours prononcé le 15 mars 1865 pour l'inauguration du monument élevé dans la ville d'Ajaccio à Napoléon I et à ses frères », Paris, Dentu, 1865. On sait le rôle joué par le prince pendant la guerre de 1870. Chargé par l'Empereur d'une mission auprès de la Cour italienne, il apprit à Florence la chute de l'Empire. Ses adversaires, parmi lesquels Jules Favre, tirèrent parti de cette circonstance pour l'accuser de s'être dérobé au danger. Le prince répondit par une brochure : « La vérité à mes calomniateurs », Paris, Dentu, 1871. Tout le monde connaît son histoire parlementaire dans les Assemblées républicaines, ses dissensions avec les autres membres de la famille impériale, et les expulsions de France dont il a été frappé deux fois. Rappelons seulement ici ses publications que nous n'avons pas encore eu l'occasion de citer. D'abord deux lettres fort importantes au directeur de la *Revue des deux Mondes* ; la première du 15 octobre 1850 au sujet d'un article de M. le Comte de Montalivet: *Louis-Philippe et sa liste civile*, la seconde du 1er juillet 1867 au sujet d'un article de M. le Comte d'Haussonville : *L'Église romaine et l'empire*, où le prince donne des détails fort intéressants sur les difficultés entre Napoléon et Pie VII pour le mariage de son père ; « Les Alliances de l'Empire en 1869 et 1870 », dans la même revue du 1er avril 1878, publié à part la même année chez Dentu, et qui donna lieu à de vives polémiques avec M. le duc de Grammont, ancien ministre des affaires étrangères ;

enfin « Napoléon et ses détracteurs », publié chez C. Lévy, en 1887, et destiné surtout à combattre les affirmations de M. Taine. Il convient aussi de mentionner la part importante que, comme président de la Commission nommée dans ce but, le prince a prise à la publication de la *Correspondance de Napoléon I*, 32 vol., 1858-1870. Disons enfin que, d'après des documents authentiques publiés par M. Guido Biagi dans le *Livre* de 1883, page 225, il est prouvé que le sobriquet de *Plomplon*, auquel les ennemis du prince ont voulu donner une origine injurieuse, n'était qu'un petit nom d'amitié qu'on lui donnait dans sa famille et dont son père se sert déjà, dans une lettre, en 1834. Dans la correspondance de Georges Sand, on trouve une série de lettres fort intéressantes adressées par le grand écrivain au prince Napoléon.

Bonaparte (Roland-Napoléon, prince), fils du prince Pierre B. (1815-1881), qui était le quatrième fils de Lucien, frère de Napoléon-le-Grand. Le prince Roland, né le 19 mars 1858, fut élevé à l'École de Saint-Cyr, d'où il sortit sous-lieutenant dans l'armée française. En 1886, son nom lui valut d'être rayé des cadres de l'armée. Resté veuf de bonne heure, il se consacra à des voyages scientifiques et à des études d'anthropologie. Membre de plusieurs sociétés savantes de Paris, le prince Roland a publié : « Les habitants de Surinam », notes recueillies à l'Exposition coloniale d'Amsterdam, en 1883, Paris, 1884 ; « Les premières nouvelles concernant l'éruption du Krakatoa, en 1883, dans les journaux de l'Insulinde », id., id. ; « Les premiers voyages des Néerlandais dans l'Insulinde (1595-1602) », Versailles, 1884 ; « Les derniers voyages des Néerlandais à la Nouvelle-Guinée », id., 1885 ; « Notes on the Lapps of Finmark », Paris, 1886, en anglais, reproduction d'une lecture faite devant l'Institut anthropologique de Londres ; « Le Fleuve Augusta », id., 1887. — Le prince Roland a collaboré en outre à la *Revue internationale de géographie* de G. Renaud ; à l'*Exploration*, à la *Revue géographique* de Drapeyron ; à la *Nature* de Gaston Tissandier ; aux *Proceedings* de la Société d'anthropologie de Londres ; aux *Mittheilungen* de Pettermann. Il vient de rentrer à Paris (Juillet 1888) de retour d'un voyage scientifique dans l'Amérique du Nord.

Bonaparte (Prince Louis-Lucien), linguiste et chimiste français, ancien sénateur, docteur de l'université d'Oxford, membre fondateur de la Société Royale des antiquaires du Nord de Copenhague, membre honoraire de l'Académie Impériale des Sciences de Saint-Pétersbourg, l'un des vingt-cinq membres honoraires de la Société des antiquaires d'Écosse, membre honoraire de la Société Philologique de Londres, est né le 4 janvier de l'année 1813, dans la résidence de Thorngrave, dans le Comté de

Worcester, en Angleterre, pendant que son père, Lucien Bonaparte, frère de Napoléon premier, y demeurait prisonnier, ayant donné sa parole d'honneur de ne pas s'échapper. Après la bataille de Waterloo, la famille du jeune prince se rendit dans les états du Pape, où il passa sa première jeunesse. Il s'établit plus tard à Florence, et il y demeura jusqu'à la révolution de l'année 1848. Rentré en France, le prince fut élu député de la Corse à l'Assemblée Constituante, et peu de temps après, membre de l'Assemblée Législative. Le 31 décembre de l'année 1855, il fut élu sénateur et reçut le titre de Prince et d'Altesse. Il débuta par des écrits sur la chimie. Citons : « Esposizione di una nuova nomenclatura esprimente il rapporto atomico », Florence, 1839; « Recherches chimiques sur le venin de la vipère », dans la *Gazzetta Toscana delle scienze medico-fisiche* de Florence ; « Recherches sur les valérianates de quinine et de zinc, sur le lactate de quinine, la phloridzine, et leur application à la Thérapeutique », dans le *Journal de Chimie-médicale* ; « Séparation des oxydes de cérium, de lanthane et de didymium », dans la *Gazzetta Toscana delle scienze medico-fisiche*. Mais les plus importantes publications de ce travailleur fécond touchent à la linguistique et rempliraient à elles seules, par une simple énumération, tout un volume de Bibliographie. Il débuta dans la linguistique par un « Specimen lexici comparativi omnium linguarum Europearum », Florence, 1847. Suivirent des travaux sur la langue basque : « Le Verbe basque, par l'abbé Inchauspe; Langue basque et Langues finnoises », Londres, 1862 ; « Classification morphologique des Langues européennes », Londres, 1863 ; « Le verbe basque en tableaux », id., 1864 ; « Formulaire de prône en langue basque conservé naguère dans l'église d'Arbanne, réédité et suivi de quelques observations linguistiques sur les sous-dialectes bas-navarrais et navarro-souletin de France et d'Espagne », id., 1866 ; « Note sur les prétendus génitifs et datifs pluriels de la Langue basque », id. ; « Observations sur les Dialectes bas-navarrais et navarro-souletins », Londres, 1867 ; « Ortographe applicable au patois de la Langue d'Oïl », id., 1867 ; une foule de traductions de textes bibliques en différents dialectes basques, latins, celtiques, faites par lui ou par d'autres, et publiées souvent avec des notes linguistiques. Parmi ses dernières publications, nous citons : « Sur les mots basques *ill, illargi, illun* », Londres, 1879; « Observaciones sobre el vascuence de Navarra », Pampelune, 1881-82 ; « Carta linguistica », Saint-Sébastien, 1883 ; « Curiosidades euskaras », Pamplona; « Nueva carta linguistica », Saint-Sébastien, 1883 ; « The simple tenses in modern Basque, and old Basque », Londres, 1885 ; « Lord Macclesfield's Basque Mss. », Londres, 1884 ; « Remarques sur certaines assertions de M. G. Vinson concernant la langue basque », Londres, 1884 ; « Nouvelles remarques sur la langue basque », Londres, 1884 ; « Descubrimiento de manuscriptos bascos en Angleterra », Pampelune, 1884 ; « Athravaeth Gristnogavl. Originally printed at Milan, A. D. 1568. Reproduced in fac-simile from the unique copy in the possession of H. I. H. Prince Louis-Lucien Bonaparte », 1880, avec préface du prince; « On Neuter Neo-Latin substantives », Londres, 1880, avec un « Postscript », Londres, 1881 ; « Polemica sostenida en la revista inglesa *The Academy*, contra el Dr A. Burnell: De las terminaciones hispano-portuguesaz *ez y es* », Saint-Sébastien, 1882 ; « Names of European Reptiles in the living Neo-Latin languages », Londres, 1883 ; « Words connected with the Vine in Latin and the Neo-Latin Dialects », Cambridge, 1883 ; « Neo-Latin Names for *Artichoke* », dans l'*Academy* du 15 mars 1884 ; « Neo-Latin Names for *Artichoke* », Londres, 1884 ; « One word more on *Artichoke* », id., 1884 ; « Albanian in Terra d'Otranto », Londres, 1885; « Beatrice. Notti tre. Per Giulio Luca in Partenabo (*anagramme de Luigi Luciano Bonaparte*) de'Cadolingi, Cavaliere Etrusco. Osservazioni fonetiche, onde agevolare a'non Italiani, non che a molti Italiani, la corretta pronunzia toscana », Londres, 1879 ; « Observations on the pronunciation of the Sassarese Dialect of Sardinia, and on various points of resemblance which it presents with the Celtic Languages », 1883 ; « On Portuguese simple sounds, compared with those of Spanish, Italian, French, English, etc. », Londres, 1880 ; « Portuguese Vowels », Londres, 1884 ; « Note supplémentaire sur le *que* béarnais », Londres, 1879 ; « Troisième note sur le *que* pronominal propre au béarnais, et sur la probabilité de son origine basque », Londres, 1879, (la première note avait paru en 1878) ; « The simple sounds of all the Slavonic Languages compared with those of the principal Neo-Latin and Germano-Scandinavian languages », Londres, 1880 ; « The Days of the week in all the European Languages », Londres, 1880 ; « Roncesvalles and Juniper in Basque, Latin, and Neo-Latin, and the successors of Latin », Londres, 1880 ; « On M. Bell's Visible Speech vowel alphabet etc. » ; « Initial Mutations in the living Celtic, Basque, Sardinian, and Italian Dialects », Londres , 1883 ; « A List of the Living European Languages into which the Bible has been translated and printed », Londres, 1881 ; « Italian and Uralic Possessive suffixes compared », Londres, 1885.

Bonaparte-Wyse (Guillaume-Charles). V. WYSE.

Bonariva (Alexandre), ingénieur mécanicien italien, né à Venise en 1827. Inventeur des nouvelles fournaises pour la chaux et d'un nouveau système perfectionné de perforation du sol; il a publié : « Memorie per la coltivazione dei petroli nelle provincie parmensi », 1869; et « Le perforazioni Artesiane per la ricerca di acque salienti e per lavori di esplorazioni del sottosuolo », avec un catalogue illustré de toutes les machines des différents systèmes mécaniques de perforation. En 1882, il a fondé à Bologne la *Società italiana impresaria per le perforazioni artesiane*.

Bonatelli (François), philosophe italien, professeur de philosophie à l'Université de Padoue, né, à Iseo, en 1830. Il fit ses études à Chiari, Brescia, Pavie et Vienne, et s'adonna de bonne heure à l'enseignement. En 1843, il avait déjà publié un petit poème; à l'âge de 19 ans, il était déjà professeur. Il enseigna successivement dans les écoles moyennes de Chiari, Milan, Brescia, puis Montanara, de nouveau Brescia et Turin. Appelé, en 1861, à l'enseignement de la philosophie théorétique à l'Université de Bologne, il passa de là à Padoue, en 1867. On le considérait d'abord comme un adepte de Herbart, lorsque l'évolution de sa pensée philosophique n'était point encore achevée; mais chaque nouvel ouvrage de lui indique un progrès, et révèle une pensée de plus en plus mûre et indépendante. Excellent psychologue et logicien, sur la chaire ainsi que dans ses nombreux écrits il fit preuve d'une force rare d'argumentation. Citons parmi ses publications: « Sulla sensazione », 1852; « Attinenze della logica colla psicologia », 1861; « Argomento ontologico », 1868; « Del numero pitagorico »; « Pensiero e lingua », 1868; « La coscienza »; « Delle idee della natura »; « Del pensiero e della conoscenza »; « Il bene, il bello e la scienza », 1872; « Il meccanismo interiore », Padoue, 1872; « L'Antropologia e la Pedagogia », 1873; « La Filosofia dell'inconscio esposta ed esaminata », Rome, 1876; « La Filosofia e la sua Storia », 1877; « Di un'erronea interpretazione d'alcuni fatti psichici », dans les *Atti dell' Accademia de' Lincei*; « La filosofia della storia », leçon d'ouverture à l'Université de Padoue; « Trucioli di filosofia », observations sur la logique de Bain, dans la *Filosofia delle Scuole italiane* qu'il rédigea en collaboration avec T. Mamiani; « Ore felici », vers, Padoue, 1881; « Sur l'Esthétique musicale », en français, dans la *Revue philosophique* de Ribot; « Remarques sur les sensations et les perceptions », dans la même, février 1883; « La poesia nella vita », dans la *Rassegna Nazionale*; « Pro aris et focis », conférence, dans la même, 1887; « Intorno al valore teoretico dei principii pratici », dans la *Filosofia delle Scuole italiane*; « Osservazioni critiche sopra una dottrina di H. Spencer », dans les *Atti del R. Istituto Veneto*; « Intorno allo svolgimento psicologico delle idee di esistenza e di possibilità », id., 1886; « Sulla libertà del volere », id., 1887; « Di alcune difficoltà psicologiche che si risolvono mediante il concetto dell'infinito », dans les *Atti dell'Accademia dei Lincei*; « L'impensabile », id.; « L'ideale e il reale », conférence à l'Ateneo Veneto; « L'io e l'egoismo », id., 1886; « Discussioni gnoseologiche e note critiche », un volume, Venise, Antonelli; « Echi dell'infinito », conférence, Venise, Fontana.

Bonato (l'abbé Modesto), littérateur italien, né, le 2 février 1812, à Asiago (province de Vicence). Après avoir été pendant plusieurs années professeur au gymnase de Padoue, il entra chez les comtes Papafava-Carraresi, en qualité de précepteur du comte Albert. Depuis longtemps il s'est retiré dans son pays natal, Asiago, le chef-lieu des fameux *Sette Comuni*, où, au beau milieu d'un pays italien, la population conserve une langue qui prouve clairement son origine allemande. M. B. s'est attaché particulièrement à écrire l'histoire de ce curieux pays « Storia dei sette comuni e contrade annesse », dont le quatrième et dernier volume a paru en 1865. Citons encore de lui : « Delle favole esopiane tramandate da Babrio »; « Encomio poetico di Pietro d'Abano », 1843; « Vita di Alessandro Papafava, vescovo di Famagosta », 1859; « Il panteon degli uomini illustri in Germania intitolato *Walhalla* », 2 Mémoires, dans le 8e vol. des *Saggi nuovi della Accademia di scienze, lettere ed arti* di Padova, Turin, Loescher, 1868; « La famiglia dei Fabris di Asiago, cenni biografici », Padoue, typ. du Séminaire, 1870; « Le rogazioni di Maggio nel comune di Asiago », id., id., id.; « Vita della beata Giovanna Maria Bonomo », id., id., id.; « Aldobrandino da Conselve: ricordi storici », id., id., 1875; « Intorno alla vita ed agli scritti dell'abate Domenico Pesavento », id., id., 1879; « Elegidion », id., id., id.; « Versi per nozze Valmarana Cittadella Vigodarzere », id., id., id.

Bonavino (Christophe, plus connu sous son pseudonyme d'Ausonio Franchi), philosophe italien, né, à Pegli (province de Gênes), en 1820, embrassa la carrière ecclésiastique et fut ordonné prêtre. Mais l'étude de la philosophie ébranla sa foi et après deux ans de luttes violentes, M. Bonavino (en 1849), ne voulut plus rester ministre d'un dogme auquel il avait cessé de croire. Quittant avec l'habit et l'état ecclésiastique jusqu'à son ancien nom, il se fit alors appeler Ausonio Franchi. M. B. rend compte de l'évolution accomplie en lui dans l'« Introduzione », de son principal ouvrage « La Filosofia delle Scuole Italiane », Capolago, 1852, livre suivi d'un « Appendice », où l'auteur rappelle à l'Italie la tradition de Giordano Bruno et de Campanella et s'élève contre le néoplatonisme du comte Mamiani. — Il donna depuis : « Studii filosofici e religiosi. Del sentimento », Turin, 1854; « Il razionalismo del popolo », Genève,

1856; « Le Rationalisme avec une introduction par D. Bancel », Bruxelles, Lacroix et Cie, 1858; « Lettere su la storia della Filosofia moderna. Bacone. Descartes. Spinoza. Malebranche », 2 vol., Milan, 1863; « La religione del Secolo XIX », 2 vol., Lausanne, 1866; « Su la teorica del giudizio. Lettere a Nicola Mameli », 2 vol., Milan, Salvi, 1870; « La caduta del principato ecclesiastico e la restaurazione dello impero germanico », id., Treves, 1871 ; « Saggi di critica e polemica. Questioni filosofiche. Questioni religiose. Questioni politiche », 3 vol., id. Salvi, 1871-72. Tous ces ouvrages, ainsi que le journal hebdomadaire *La Ragione*, qu'il avait fondé à Turin (1854-1858), étaient destinés à la défense des droits de la Raison pure. M. Franchi, qui n'a jamais été un athée et dont l'ignorance ou la mauvaise foi ont seules pu confondre le rationalisme avec le matérialisme, parait être revenu dans ses dernières années à des doctrines plus orthodoxes. M. Franchi qui est, depuis 1860, professeur d'histoire de la philosophie à l'Académie scientifique et littéraire de Milan, avait débuté dans les lettres en publiant une Grammaire latine et une italienne qui a été plusieurs fois rééditée. Sur d'autres terrains, M. Bonavino a publié: « Appendice alle memorie politiche di Felice Orsini », Turin, Steffenoni, 1856 et « Epistolario di Giuseppe Lafarina », 2 vol., Milan, Treves, 1869, recueil qui émut vivement la gauche parlementaire et qui provoqua une réponse de M. Crispi, aujourd'hui président du conseil des Ministres, et un procès au cours duquel M. Bonavino prononça un remarquable discours qui a été publié: « Discorso alla Corte di Milano nella causa per la pubblicazione dell'epistolario La Farina », Milan, Salvi, 1870.

Bonazzi (Benoît), philologue italien, né, à Naples, le 12 octobre de l'année 1840, d'une illustre famille patricienne de Bari et de Bergame, et, par la ligne maternelle, des barons de San Nicandro. Appelé par sa vocation à la vie monastique, il changea son premier nom de Pompée en celui de Bénoît, entrant dans le couvent des Bénédictins à la Cava de' Tirreni, dont il préside maintenant le Couvent et le Collège, qui lui doit, en grande partie, son lustre, et où il enseigne, avec le plus grand profit, le grec et le latin au séminaire. L'un des premiers en Italie, il appliqua à l'enseignement des langues classiques les nouvelles méthodes allemandes, tout en les adaptant à l'intelligence italienne. Ses publications ont été appréciées par les juges les plus compétents, et méritent seulement d'être plus généralisées dans les écoles classiques de l'Italie. Citons : « L'insegnamento del Greco in Italia e la Grammatica di G. Curtius », Naples, 1869 ; « Corso di analisi grammatico-radicale-comparativa », deux parties, plusieurs éditions, Turin, Loescher; « Paradigma di tutta la flessione nominale e verbale, riguardata nei suoi tipi originarii in riscontro colle alterazioni invalse e vigenti nella lingua comune de'Greci », plusieurs éditions ; « Lessico radicale comparativo di due mila fra le più ovvie parole della lingua greca, aggruppati nelle rispettive famiglie, e disposte in due continuate colonne, l'una delle Radici e Temi, l'altra delle parole quali ora sussistono », id. ; « Prontuario delle radici greche », id. ; « Letture greche progressive », id. ; « De C. Mucci Plauti Prosodia », avec une lettre latine du professeur Ritschl à l'auteur, dont il faisait le plus grand cas. Mais son ouvrage capital est le « Dizionario Greco-Italiano », un grand volume de 1050 pages, publié avec lo plus grand soin par l'éditeur chevalier Ant. Morano de Naples, en 1887 ; Ruggiero Bonghi, helléniste distingué, considère ce Dictionnaire comme le meilleur entre ceux qui ont été publiés jusqu'à présent en Italie, et pense que pour longtemps il n'y aura plus à en attendre un autre qui puisse mieux répondre aux besoins de nos écoles.

Bonazzi (François), écrivain et généalogiste italien, frère du précédent, né à Naples, le 25 novembre 1838. Reçu docteur en droit à l'Université de Naples, il exerça pendant quelques années la profession d'avocat, à laquelle il renonça pour s'adonner à ses études de prédilection, et pour s'occuper de l'administration d'instituts de bienfaisance. Les services rendus par ce patricien, pendant le désastre de Casamicciola, lui valurent une distinction de la part du gouvernement, et sa grande compétence dans la science du blason la nomination de membre correspondant du Conseil héraldique du royaume. Outre un grand nombre d'écrits insérés dans l'*Archivio Storico della Società di Storia Patria napolitana*, dans *la Rassegna Pugliese*, et en d'autres recueils, on lui doit : « Statuti ed altri provvedimenti intorno all'antico Governo municipale della città di Bari », Naples, 1876 ; « I Registri della Nobiltà delle provincie Napoletane », id., 1879 ; « Cenni biografici di Saverio Baldacchini », id. ; « Elenchi delle famiglie ricevute nell' ordine Gerosolimitano », id.; « La cronaca di Vincenzo Massilla sulle famiglie nobili di Bari, con giunte e documenti », Naples, 1881 ; « Registro dei Cavalieri ammessi ai Reali Baciamani », id., 1882 ; « Ruolo generale dei Cavalieri del S. M. O. Gerosolimitano dal 1738 al 1882 », id., 1883, travail très consciencieux et exact ; « Elenco dei Cavalieri e Dame di devozione del S. M. Ordine Gerosolimitano dal 1729 al 1883 », id., 1884 ; « Cenno biografico di Luigi Volpicella », id. ; « Ruolo Generale dei Cavalieri del S. M. O. Gerosolimitano dal 1738 al 1883, con appendice », id.; « Elenchi degli insigniti del R. Ordine di San Gennaro e dei Cavalieri Gran Croce e Grandi Uffiziali del R. Ordine di San Ferdinando e del

Merito », Naples, 1885 ; « Ruolo del Gran Priorato delle due Sicilie del S. M. O. di S. Giovanni di Gerusalemme », id. ; « Elenco delle famiglie riconosciute nobili dalla Commissione dei titoli di nobiltà del Regno delle due Sicilie ad occasione delle prove di ammissione nelle R. Guardie del Corpo », Naples, 1887 ; « Titoli di nobiltà concessi o legalmente riconosciuti nelle provincie meridionali d'Italia dal 1806 al 1887 », id., 1888. Citons enfin, l'*Araldo, Almanacco Nobiliare del Napoletano*, publié d'abord, en collaboration, et maintenant par lui tout seul ; cette importante publication généalogique va maintenant entrer dans sa douzième année.

Boncompagni (Prince Balthazar), mathématicien italien, issu de l'illustre famille des Princes de Piombino qui donna un Pape à l'Église (Grégoire XIII), est né, à Rome le 10 mai 1821. De bonne heure, sous la direction de l'abbé Dominique Santucci, il prit goût pour les sciences mathématiques ; avant sa vingtième année, il insérait dans le *Giornale Arcadico* (1840) deux remarquables biographies du mathématicien Joseph Calandrelli et de l'astronome André Conti. Trois ans après, il publiait, à Berlin, dans le *Journal* de Crelle ses « Recherches sur les intégrales définies », et, en 1846, dans le *Giornale Arcadico*, les « Studii intorno ad alcuni avanzamenti della Fisica in Italia nei secoli XVI e XVIII ». Nommé, en 1877, membre de l'Académie des *Nuovi Lincei*, depuis ce temps, il publia toujours dans les *Atti* de cette Académie un grand nombre de ses travaux scientifiques, continuant cependant à collaborer au *Giornale Arcadico*, aux *Annali dalle Scienze Matematiche e Fisiche*, et surtout au célèbre *Bullettino di bibliografia e di storia delle scienze matematiche e fisiche*, fondé per lui avec une munificence vraiment princière et qui en est maintenant à son vingtième volume. On nous fait craindre qu'il puisse être le dernier ; mais le zèle du Prince Boncompagni pour les sciences mathématiques laisse encore espérer une nouvelle série qui continue à rendre à l'histoire de ces sciences les services éminents que les premiers vingt volumes ont rendu dans ces vingt années ; le premier volume du *Bullettino* a paru, en 1868, le dernier, en 1888. Le Prince est un grand collectionneur, et il n'a jamais épargné aucune dépense pour se procurer des livres et des manuscrits rares et en avoir copie, pour se mettre en même temps au courant de tout le mouvement contemporain des sciences mathématiques, afin de compiler dans le *Bullettino* sa précieuse « Bibliografia delle scienze matematiche ». Dans ce riche recueil on trouvera presque tout ce que le prince a écrit dans ces derniers vingt ans, nécrologies, biographies, récensions, comptes-rendus concernant des mathématiciens illustres, notes scientifiques originales, catalogues, etc. Avant l'année 1868, il avait publié : « Delle versioni fatte da Platone Tiburtino », traducteur du XIIe siècle, Rome, 1851 ; « Della vita ed opere di Gherardo Cremonese », traducteur du XIIe siècle, id., 1851 ; « Gherardo da Sabbionetta », astronome du XIIIe siècle, id., 1851 ; « Della vita e delle opere di Guido Bonatti » (dans le *Giornale Arcadico* de la même année), suivi plus tard de « Giunte e correzioni » ; « Memoria sopra Leonardo », Roma, 1854 ; « Saggio intorno ad alcune opere di Leonardo », id., 1854 ; « Tre scritti inediti di Leonardo », d'après un manuscrit de la bibliothèque Ambrosiana de Milan, Florence, 1854 ; « Intorno alla risoluzione delle equazioni simultanee $X^2 > h = y$, $^2X^2$ h z^2 », dans les *Annali delle scienze matematiche e fisiche* de l'année 1855 ; « Intorno ad una proprietà dei numeri », dans les *Annali* de la même année ; « Scritti inediti del P. D. Pietro Cossali », Rome. 1857 ; « Dissertazione intorno ad un Trattato d'aritmetica stampato nel 1478 », publié dans les *Atti dei Nuovi Lincei* dans les années 1862-63.

Bond (Édouard-Auguste), écrivain anglais, bibliothécaire du Musée Britannique, né, le 31 décembre 1815. Comme Conservateur des manuscrits, il rédigea, avec ses aides, un Catalogue de diverses Collections de manuscrits du Musée et publia successivement un Catalogue de tous les manuscrits, papyrus et chartes acquises pendant 1854-75, en deux volumes. Il publia en outre des articles dans l'*Archæologia* de la Société des Antiquaires, parmi lesquels « An Account of Money-Lending Transactions of Italian Merchants in England in the thirteenth and fourteenth Centuries », 1839. Il publia aussi les « Statutes of the University », Oxford, en 3 vol. ; et il fit paraître en 1856, aux frais de l'*Hakluyt Society* le : « Russe Common Wealth » du docteur Giles Fletcher, et aux frais du gouvernement, les « Travels in Russia » de sir Jerome Horsey : « The speeches in the Trial of Warren Hastings », en 4 vol. ; et « Chronicon Abbatiæ de Melsâ », en 3 vol. Avec son collegue E. M. Thompson, il fonda, en 1870, la Société Paléographique dont il est président, et, en collaboration avec lui il publia la série de « Facsimiles of ancients manuscripts and inscriptions ».

Bondroit (Eugène), homme de lettres belge, né, à Bouillon, le 18 mars 1829. Collaborateur du *Journal Franklin* de Liège, et plusieurs fois lauréat de la Société des Soirées populaires de Verviers, M. Bondroit s'est fait connaître par un grand nombre de poésies, de comédies et de nouvelles. Son meilleur ouvrage est sans contredit « Les Armuriers, scènes de la vie liégeoise », Liège, 1880 ; mais il faut citer encore de lui : « Marianne la botresse », Verviers, 1874 ; « Rosette », Liège, 1874 ; « La Fête de Grand Mère », id., 1875 ; « La Palotte des Blanchespierros », id. 1877; « Pierre de Bex », id., 1879; « Molière chez lui », id., 1880. « Une famille de houilleurs, scènes de mœurs liégeoises », id., 1882.

Bonet-Maury (Amy-Gaston-Charles-Auguste), théologien protestant et littérateur français, ancien pasteur, fils du général Frédéric B., commandant de l'École Polytechnique, né, à Paris, le 2 janvier 1842. Après avoir étudié la théologie à Genève et à Strasbourg, et avoir publié sa thèse: « J. Bunsen, un prophète des temps modernes », 1867 M., B. fut nommé pasteur de l'église réformée de Dordrecht. Ramené en France par les malheurs de la patrie, M. B. fut successivement pasteur à Beauvais et à Saint-Denis, où il cumula les fonctions pastorales avec celles d'aumônier militaire (1877). Licencié ès-lettres, 1876, et licencié en théologie, il fut chargé du cours d'histoire ecclésiastique à la Faculté de Paris, et inaugura le 10 mai 1879, son enseignement par une leçon sur le: « Rôle des hérésies au moyen-âge ». Après avoir pris le grade de docteur en théologie, M. Bonet-Maury a été nommé professeur titulaire à la dite chaire, en l'année 1881. Outre la thèse déjà citée, nous citerons de lui: « Les origines de la Réforme à Beauvais », 1869; « E quibus Nederlandicis fontibus hauserit scriptor libri de imitatione Christi », 1878; « Gérard de Groote, un précurseur de la Réforme au XIVme siècle », Paris, Fischbacher, 1878; « Des origines du christianisme unitaire chez les Anglais », id., id., 1881; « Arnauld de Brescia, un réformateur au douzième siècle », id., id., id.; « La doctrine des douze Apôtres », essai de traduction avec un commentaire id., id., 1884. Enfin il a traduit de l'allemand: « L'empereur Akbar », de Noer, 3 vol., Leyde, Brill, 1883-1887. — M. Bonet-Maury est collaborateur de la *Revue politique et littéraire*, de la *Revue chrétienne*, de l'*Encyclopédie des Sciences Théologiques*, et du *Journal du Protestantisme français*. En 1855, il a été nommé bibliothécaire sous-directeur du Musée pédagogique, et en cette qualité il a publié le « Catalogue Général de la Bibliothèque centrale de l'Instruction primaire », 2 vol., Paris, Imprimerie Nationale, 1866, et collaboré à la *Revue pédagogique*. Membre de la *Commission de patronage des boursiers de l'Enseignement primaire à l'Étranger*, il est spécialement chargé de patronner ceux que le Gouvernement français place en Angleterre afin de fournir aux maisons de commerce françaises des commis de leur nationalité pour la correspondance étrangère.

Bonfadini (Romuald), publiciste, historien et homme politique italien, député au Parlement, ancien sous-secrétaire d'État au Ministère de l'Instruction publique (1874), né en Valtelline, en septembre 1831. Il débuta par des travaux agronomiques au milieu d'une Société agraire de la Valtelline, dont il était l'âme. Après un voyage entrepris à Paris, où il connut Daniel Manin et où il causa longuement avec ce grand patriote sur les affaires d'Italie, il songea avec ardeur à la délivrance de la Lombardie. Sa première brochure « Sulle condizioni e sui bisogni dell'Agricoltura in Valtellina », à son apparition, en 1857, fit du bruit et fut reproduite par le *Crepuscolo*, dont il devint bientôt, pendant deux ans, le collaborateur actif. Après la mort du *Crepuscolo*, il passa à la rédaction de la *Perseveranza* et il y resta jusqu'en 1866; M. Brioschi s'étant retiré de la direction du *Politecnico*, cette ancienne revue fut confiée à M. Bonfadini, qui la garda jusqu'à sa fusion avec la *Nuova Antologia*. Depuis ce temps, M. Bonfadini ne fit plus que de rares et courtes apparitions dans le journalisme; mais en revanche, il se livra avec plus d'ardeur aux études politiques et historiques et fut souvent recherché comme habile conférencier. Parmi ses publications, on doit surtout signaler: « La Repubblica Cisalpina e il primo Regno d'Italia », ouvrage cité par Dom. Berti dans un discours au Parlement; « Roma nel 1867 », souvenirs personnels du séjour de l'auteur à Rome, qui ont eu à Milan l'honneur de la réimpression; « Discorso sulle cause e sugli effetti della Rivoluzione francese nel secolo scorso », faisant partie de la *Biblioteca popolare* des frères Treves de Milan; « Povera Morta », roman édité par l'ancienne Typographie Lombarde; « Milano ne'suoi momenti storici », en deux vols., Milan, Treves; « Mezzo secolo di patriotismo », chez les mêmes éditeurs (Voyez ALDO).

Bonfigli (Clodomir), médecin aliéniste italien, né, à Camerino (prov. de Macerata), le 9 septembre 1838. Reçu docteur en médecine à l'université de Rome, il fut attaché d'abord à la clynique de l'université de sa ville natale, il fut ensuite attaché à la Maison des fous de Reggio-Emilia, et en 1873, il était nommé directeur d'un établissement du même genre à Ferrare, où il réside encore et où il est secrétaire de l'Académie de médecine. M. Bonfigli a collaboré à plusieurs journaux et revues savantes; nous citerons entr'autres: le *Raccoglitore medico*, la *Rivista clinica* de Bologne, le *Galvani*, le *Sperimentale*, l'*Archivio italiano per le malattie nervose*, la *Rivista Sperimentale di freniatria e medecina legale*, le *Giornale internazionale di scienze mediche*, le *Giornale della Società italiana d'igiene*. Parmi ses publications séparées, nous citerons: « Un caso di colite ulcerativa e trombosi della succlavia », Bologne, 1869; « Intorno ad alcuni casi di afasia di recente pubblicati », id. id.; « Alcuni casi di isterismo, storie e considerazioni cliniche », id., 1870; « Sulla dottrina dell'eclampsia », Florence, 1870; « Sulla cura dell'erisipola traumatica », Forlì, 1870; « Contusione delle pareti del ventre con perforazione intestinale », Bologne, 1871 ; « Rivista sulle malattie degli organi della circolazione », Forli, 1871 ; « Rivista sulle malattie del sistema nervoso », Bologne, 1871 ; « Sul progettato ampliamento dell'ospizio di Mombello », Forli, 1872 ; « Nuove celle per i pazzi furiosi », Milan, 1873 ; « Sulla classificazione delle malattie nervose con alienazione mentale, studio », Milan, Rechiedei, 1875 ; « Sulla cura della diarrea vaso-paralitica dei cachettici: comunicazione preventiva », id., id., id. ; « Osservazioni al progetto di regolamento ministeriale per il servizio dei mentecatti e dei manicomi », id., id., id. ; « Un caso di cisti dermoide nella cavità degli epiploon », Bologne, 1875 ; « Sulla così detta pazzia morale, lettera al prof. Cacopardo », Milan, 1876 ; « A quali specie di lavori agricoli sia opportuno fare attendere i mentecatti nelle colonie », Milan, 1877 ; « Ancora sulla questione della pazzia morale », Reggio Emilia, 1878 ; « Sulla questione della necessità della alimentazione forzata per i mentecatti sitofobi », Milan 1878 ; « Sulla pellagra, Lettere polemiche », Forli, 1879 ; « Ulteriori considerazioni sull'argomento della pazzia morale », Reggio Emilia, 1879 ; « La pellagra », Milan, 1880. En outre, M. B. a traduit de l'allemand l'ouvrage suivant du docteur P. Guttmann : « Dei metodi clinici per l'esame degli organi del petto e del ventre compresa la laringoscopia », Milan, Vallardi, 1877, et celle du docteur Nothnagel : « La diagnosi di sede nelle malattie cerebrali », id., id., 1881 ; et il a donné plusieurs articles à l'*Enciclopedia medica* de l'éditeur Vallardi, dont il a dirigé la partie concernant la psychiatrie.

Bonghi (Roger), illustre polygraphe et homme politique italien, professeur d'histoire ancienne à l'Université de Rome, député au Parlement national, membre du Conseil supérieur de l'Instruction Publique, ancien Ministre de l'Instruction Publique, philosophe, philologue, archéologue, historien, biographe, critique, polémiste éminent, directeur d'un petit journal littéraire, traducteur de Platon, est né, à Naples, le 20 mars 1828, issu d'une famille aisée qui lui fit donner une instruction très soignée; cette instruction merveilleusement aidée par un talent hors ligne, lui fit dès sa vingtième année une sorte de renommée parmi la jeunesse de son temps. Il n'avait que vingt ans lorsqu'il publiait sa traduction du « Filebo », Naples, 1847 ; à vingt-un ans il donnait son essai sur « Petrarca », id., 1848. Attaché, en 1848, à l'Ambassade napolitaine à Rome, dont le titulaire était M. Pier Silvestro Leopardi, aussitôt qu'il eut vent de la réaction bourbonienne, il se retira d'abord en Toscane et ensuite en Piémont, où pendant plusieurs années il se livra entièrement à ses études littéraires et philosophiques, et s'attacha spécialement au grand philosophe Ant. Rosmini. C'est par Rosmini qu'il eut le bonheur et la gloire d'être reçu dans l'intimité d'Alessandro Manzoni, qui aimait tout particulièrement sa causerie docte et spirituelle. De cette époque laborieuse de la vie de M. Bonghi datent son livre important, réimprimé plus tard: « Perchè la Letteratura italiana non sia popolare in Italia », 1856, la traduction de deux autres dialogues de Platon « Eutidemo », et « Protagora », Milan, 1857, et de la métaphysique d'Aristote, Turin, 1854. En 1859, il était nommé professeur de philosophie à l'Université de Pavie, et nous avons un échantillon de ce cours dans ses « Lezioni di logica », Milan, 1860, où il semble adhérer aux idées de la philosophie contemporaine anglaise. La délivrance de Naples du joug bourbonien le ramena dans son pays natal, où il travailla activement pour l'organisation d'un grand parti modéré constitutionnel en écrivant une série d'articles remarquables dans le journal: *Il Nazionale*. Il fonda et dirigea ensuite à Turin le journal *La Stampa* et il collabora activement aux journaux *La Perseveranza* de Milan, l'*Unità Nazionale* de Naples, et la *Nuova Antologia* où ses chroniques politiques et ses articles sur la politique du jour ont été fort appréciés. Les hommes les plus éminents du jour, tels que Cavour, Thiers, Gladstone, Disraeli, Léon XIII, Bismarck, ont été étudiés par lui à fond ; presque tous ces essais ont été réunis en volumes, et augmentent considérablement le riche bagage littéraire de M. Bonghi. Dans tous ces écrits qui se suivent avec une rapidité vertigineuse, rien n'indique la fatigue ou l'épuisement ; même lorsqu'on a su que l'illustre écrivain était souffrant, sa tête restait libre, et sa plume alerte jetait des éclairs. Avec la plus grande aisance, il était passé de la chaire de la philosophie aux Université de Pavie et de Naples, à la chaire de littérature grecque aux Universités de Rome et de Florence, et de celle-ci à la chaire d'histoire ancienne à Milan d'abord, à Rome ensuite. Avec la même facilité, il passe d'un discours parlementaire, d'une discussion sur les finances, sur l'administration, à un article politique pour la *Perseveranza*, à une discussion philosophique, à une causerie étincelante d'esprit. Maintenant, au grand étonnement de la foule, après l'Histoire romaine, il nous prépare une Vie de Jésus pour le peuple, racontée, à la manière des légendes, d'après les Évangiles (Rome, Perino, 1888). Mais ceux qui approchent M. Bonghi et qui connaissent la souplesse et la portée de son esprit ne s'étonnent de rien, et se préparent à jouir de ces nouvelles manifestations d'un talent privilégié. On l'a accusé quelquefois d'incohérence en politique, parce qu'il voit nombre de questions au point de vue de la contradiction et du scepticisme ; mais, de toutes ces apparentes contradictions ressortent trois figures qui, malgré des interruptions grotesques, se complètent assez, le libéral modéré, le docte philosophe et l'artiste. Dans sa critique, cependant, il s'abandonne souvent au caprice du moment et il se laisse facilement entraîner par les sympathies et par les antipathies, ce qui empêche les lecteurs de son journal de prendre au sérieux ses appréciations, où il se montre souvent plus mordant que juste envers ceux qu'il n'aime pas, et trop disposé à exalter outre mesure les écrivains qui ont le privilège d'être dans ses bonnes grâces. Le Duc de Sermoneta disait ouvertement que M. Bonghi possède le même talent, les mêmes habitudes et toute l'élasticité de conscience des anciens sophistes. Parmi ses publications, citons encore l'édition des œuvres inédites et rares de Manzoni, une édition de luxe des poésies de Leopardi, la traduction complète, toujours en train de publication, des Dialogues de Platon, une monographie volumineuse intitulée : « La vita e i tempi di Valentino Pasini », Florence, Barbèra, 1867 ; « Dizionario delle Antichità Greche e Romane, per Antonio Rich, tradotto dall'inglese sotto la direzione di R. B. e G. Del Re, con supplemento di Giuseppe Fiorelli », 2 vol., Florence, typ. Cavour, 1866-64 ; « La questione ecclesiastica », Milan, typ. de la *Perseveranza*, 1867 ; « I partiti politici nel Parlamento italiano », Florence, Le Monnier, 1868 ; « Storia della finanza italiana dal 1864 al 1868, lettere al comm. Giuseppe Saracco, senatore », id., id., id. ; « L'alleanza prussiana e l'acquisto della Venezia : storia e considerazioni », id., id., 1870 ; « Perchè la letteratura italiana non sia popolare in Italia. Lettere critiche », 3 éd., Milau-Padoue, Valentini et Mues, 1873 ; « Frati, Papi e Re. Discussioni tre », Naples, Morano, 1873 ; « L'istruzione popolare in Italia, lettere al prof. G. Sacchi », Milan, typ. de la *Perseveranza*, 1874 ; « Il segreto dell'urna », Florence, Le Monnier, id. ; « Discorsi e Saggi sulla pubblica istruzione », 2 vol., Florence, Sansoni, 1876 ; « Pio IX ed il Papa futuro », Milan, Treves, 1877 ; « Il Conclave e l'elezione del pontefice », id., id., 1878 ; « Leone XIII e l'Italia », id., id., id. ; « Il Congresso di Berlino e la Crisi d'Oriente », id., id., id. ; « Ritratti contemporanei. Cavour, Bismark, Thiers », id., id., 1879 ; « La Tempesta di W. Shakespeare e il Calibano, di E. Renan », dans les *Atti della R. Accademia di Scienze morali e politiche di Napoli*, 15 vol., 1879 ; « La storia antica in Oriente e in Grecia », neuf conférences, Milan, Treves, 1879 ; « Bibliografia storica di Roma antica : saggio e proposte », Rome, typ. elzévirienne, 1879 ; « Dialoghi di Platone tradotti », Rome, Bocca, 1881-1888 ; « Disraeli e Gladstone, ritratti contemporanei », Milan, Treves, 1881 ; « Leone XIII e il Governo italiano », Rome, typ. elzévirienne, 1882 ; « Manuale di antichità romane per uso dei ginnasi e dei licei », Naples, Morano, 1882 ; « Horæ subsecivæ », Rome, Sommaruga, 1883 ; « Francesco d'Assisi, studio », Città di Castello, Lapi, 1884 ; « Storia orientale e greca pei ginnasi e licei », Naples, Morano, 1885 ; « Storia di Roma », Milan, Treves, 1885 ; « Leone XIII, studii », Città di Castello, Lapi, 1885 ; « Arnaldo da Brescia, studio », id., id., id. ; « Storia di Roma scritta per le scuole secondarie », Naples, Morano, 1885 ; « Il conte di Cavour e il concetto di libertà », Pise, Valenti, 1885 ; « La perequazione fondiaria », Turin, Bocca, 1885 ; « Roma pagana », Florence, Barbèra, 1886 ; « In viaggio da Pontresina a Londra », Milan, Lombardi, 1888 — Au moment de livrer cette notice, nous apprenons que M. Bonghi vient d'être nommé *doctor honoris causa* en droit civil, par l'Université d'Oxford.

Bongi (Salvatore), archiviste et historien italien, président de l'Académie royale de Lucques, né, dans cette ville, en 1825. Il débuta par la publication illustrée de deux raretés bibliographiques, les « Novelle di Ortensio Landi », 1851 et les « Novelle di Antonfrancesco Doni », 1852. Suivit une monographie remplie d'érudition : « Sopra la Mercatura dei Lucchesi dei secoli XIII e XIV », Lucques, 1858. Placé à la tête des Archives de Lucques, M. Bongi l'organisa d'une manière rationnelle, au profit des érudits et chercheurs, compilant à leur service ce précieux « Inventario del R. Archivio di Lucca », dont le premier volume parut à Lucques, en 1872, le second, en 1876, le troisième, en 1880, le quatrième et dernier, en 1887. Il publia, en outre : « I Bandi Lucchesi del Secolo XIV », Bologne, 1863 ; « Storia di Lucrezia Buonvisi », Lucques, 1864 ; « Paolo Guinigi e le sue ricchezze », id., 1871 ; « Sulle Schiave orientali », dans la *Nuova Antologia* de l'année 1866 ; « Sulle prime Gazzette d'Italia », dans le même recueil de l'année 1869 ; « Il velo giallo di Tullia d'Aragona », dans la *Rassegna critica* de Florence ; « Il Principe Don Carlo e la Regina Isabella di Spagna », Lucques, 1877 ; une foule d'articles, notes, mémoires d'érudition, dans les *Atti dell'Accademia di Lucca*, dans l'*Archivio Storico Italiano*, dans le *Bibliofilo* de Carlo Lozzi, dans le *Giornale degli eruditi e curiosi*, publié jadis à Padoue par le docteur Jacques Treves.

Bonhomme (Jean-François-Honoré), littérateur français, né, à la Tremblade (Charente-Inférieure), le 29 janvier 1811, fut d'abord clerc de notaire, puis secrétaire d'un sous-préfet, et entra dans l'administration des contributions indirectes. Il quitta le ministère des finances, en 1866, pour raison de santé et se consacra entièrement aux travaux littéraires. Il a publié : « Fiez-vous-y », roman de mœurs, 2 vol., Paris, Garnier, 1842 ; « Madame de Maintenon et sa famille. Lettres et documents inédits publiés sur les manuscrits autographes originaux, avec une introduction, des notes et une conclusion », id., Didier, 1863 ; « Le duc de Penthièvre ; Louis-Jean-Marie de Bourbon, sa vie, sa mort (1725-1793), d'après des documents inédits », id., Didot, 1869 ; « Louis XV et sa famille, d'après des lettres et des documents inédits », id., Dentu, 1873 ; « Le Dernier abbé de cour, étude d'histoire et de mœurs au XVIII siècle », id., Didier, id. ; « Madame de Pompadour, général d'armée », id., Charavay frères, 1880 ; 1880 ; « L'Exil d'Ovide », comédie en un acte en vers, id., Ollendorff, 1883 ; « Grandes dames et pécheresses. Études d'histoire et de mœurs au XVIII siècle », id., Charavay, id. ; « Voyages de Piron à Beaune, suivis de ses amours avec Mlle Quinault, publiés sur les manuscrits autographes originaux », id., Jouaust, 1884 ; « Madame la comtesse de Genlis, sa vie, son œuvre, sa mort, 1746-1830 », id., id., 1885 ; « A travers les buissons fleuris », poésies. id. Ollendorff, 1886 ; « Haltes et récits », prose et vers, Dentu, 1887. M. B. a publié en outre : « les Oeuvres inédites de Piron », 1859, suivies plus tard d'un « Complément », 1865 ; la « Correspondance inédite de Collé, 1709-1783 », Paris, Plon, 1864 ; « Journal et Mémoires de Ch. Collé », 3 vol., id., Didot, 1868 ; « Correspondance inédite de Mademoiselle Théophile de Fernig, aide de camp du général Dumouriez », id., Didot, 1873 ; « Correspondance inédite du chevalier Daydie », id., id., 1874 ; « Poésies choisies et pièces inédites de Piron », id., Quantin, 1879 ; « Poésies diverses de Paul Desforges-Maillard (1699-1772) », id., 1880 ; « Mémoires d'un jeune espagnol », de Florian, id., Jouaust, 1883 ; enfin il a fait représenter en collaboration avec M. Fournier, en 1863, à l'Odéon une comédie en un acte et en vers. M. B. est un des collaborateurs de la *Revue de France* et de la *Revue britannique.*

Bonhomme (Paul), homme de lettres français, né, à Marseille, en 1861. On lui doit: « Battons-nous !.... », scène en vers, Paris, librairie théâtrale, 1882 ; « La Pendule », monologue en vers, id., id., 1883 ; « L'amour », badinage en vers, id., id., 1885 ; « Le bal des fleurs », badinage, en vers, id., id., id. ; « Bébé », monologue en vers pour enfants, id., id., id. ; « Charades en action pour salons », 1ere série, id., id., id., 2me série, id., id., 1886 ; « Porte-veine », monologue en vers, id., id., 1885 ; « Les Bébés des jardins de Paris », id., Quantin, id. ; « Les Récits de l'oncle Paul », id., id., id. ; « La Dame au peignoir bleu », id., J. Lévy, id. ; « Deux Mariages », id., Didot, 1886 ; « Le Grand frère », id., Lévy, id.

Boni (Luce-Octave), curé et écrivain italien, résident à Paderno Bellunese, né, le 19 janvier 1833, à Bribano (Belluno), est auteur d'un volume de « Scritti vari », et d'un livre intitulé : « Economia politica considerata in sè medesima e nelle sue attinenze colla morale e colla religione ».

Boni (Oreste), écrivain italien, directeur des éditions littéraires de la librairie Battei à Parme, né, dans cette ville, le 25 décembre 1847. Il suivit, en 1866, Garibaldi, dans la campagne du Trentino, il passa ensuite à Comacchio comme professeur de littérature italienne, et il y fonda le journal : *La Zanzara*. Forcé, en 1880, de quitter cette ville, à la suite d'une émeute populaire éclatée pendant les élections, il se retira, d'abord à Voltri, et de là il revint à Parme, où il fonda avec l'éditeur Battei un nouveau journal : *Le campane d'Italia*, qu'il dirigea pendant une année, et où Jacopo Zanella, Alberto Rondani et Ugo Fleres, entr'autres, ont écrit. On lui doit des esquisses publiées à Parme, en 1884, sous le titre : « Marine », louées par Am. Roux, dans la *Revue du Monde Latin* ; « Ritorno, bozzetto drammatico », représenté avec succès, et publié, en 1886, à Parme : « I venduti », roman, paru dans les *Campane d'Italia* ; « Giuana », roman, Parme, 1887 ; « Grammatica italiana della lingua parlata con gli esempii cavati dal Manzoni », quatre éditions, Parme, Battei, 1887 ; et une excellente anthologie de la littérature italienne contemporaine, publié à Parme, chez Battei, en 1887.

Boniforti (Louis), écrivain italien, prêtre patriote, ancien prédicateur fort recherché à Milan et à Turin, chanoine à Arone, sur le Lac Majeur, est né, en cette ville, en 1817. Attaché de cœur à son lac, il l'a illustré avec amour et saisi toutes les occasions de le mettre en relief. On lui doit: « Della carità verso la patria. Discorso e poesie », Novare, 1848 ; « Dolori e conforti sugli avvenimenti del 1849 in Italia », Novare, 1850 ; « Della Ferrovia da Genova al Lago Maggiore », Turin, 1852 ; « Arone e strade al Lago Maggiore », Turin, 1855 ; « Nel risorgimento d'Italia, Discorsi sacro-civili », Milan, 1866 ; « Il Lago Maggiore e dintorni, con viaggi ai Laghi e Monti circonvicini », ouvrage couronné, plusieurs éditions ; « Illustrazioni e Ricordi del Lago Maggiore, Album descrittivo, pittorico, poetico-musicale », Milan, 1872 ; « Per Laghi e Monti », description d'une partie de l'Italie supérieure et de la Suisse, Milan, Dumolard, 1887 ; « Le Isole Borromee ed il Monte Motterone », Milan, Dumolard, 1887, en italien et en français.

Bonino (Jean-Baptiste), écrivain italien, professeur de littérature latine et grecque dans le Lycée de Spezzia, né à Rivarolo Canavese, reçu docteur en philologie à l'université de Turin, en 1873 ; on lui doit : « Il tema del presente nel verbo grèco », Turin, 1879 ; « Corso di esercizi greci », Turin, 1880, trois éditions ; « Grammatica elementare della lingua greca », Naples, Ant. Morano, 1887 ; « L'orazione di Cicerone in difesa di Or. Plancio commentata »,

Turin, 1887; « La seconda Filippica di M. T. Cicerone commentata », avec une introduction historique, id., 1887; « L'arte poetica di Q. Orazio Flacco commentata », id., 1887. Ces trois derniers ouvrages font partie de la collection des classiques latins et grecs commentés, éditée par Loescher.

Bonitz (Hermann), illustre philologue et pédagogiste allemand, né, le 29 juillet 1814, à Langensalz; ses études finies, il entra dans l'enseignement et occupa plusieurs chaires et eut la direction de plusieurs gymnases ou écoles à Dresde, à Berlin, à Stettin et à Vienne. Il fut dans cette ville l'un des principaux auteurs du projet d'organisation des gymnases autrichiens et, pour le soutenir, fonda, en 1850, la *Zeitschrift für österreichische Gymnasien*. Rappelé à Berlin, en 1867, comme directeur du gymnase du Cloître gris, il y devint directeur du séminaire pédagogique, membre de l'Académie des sciences, et, en 1875, conseiller et rapporteur au Ministère de l'Instruction publique. M. Bonitz, qui passe pour un des hommes les plus versés dans la philosophie de Platon et d'Aristote, a donné une édition capitale de la « Metaphysica », de ce dernier, Bonn, 2 vol., 1848-49, à laquelle se rattachent comme travaux préparatoires : « Observationes criticae in Aristotelis libros metaphysicos », Berlin, 1842 et l'édition de: « Alexandri Aphrodisiensis commentarius in libros metaphysicos Aristotelis », id., 1847. On cite en outre parmi ses travaux sur Aristote : « Ueber die Kategorien des Aristoteles », Vienne, 1852 ; « Aristotelische Studien », 2ᵐᵉ éd., id., 1875 ; et « Index Aristotelicus », Berlin, 1870. — Sur Platon, il a publié: « Disputationes Platonicae duae », Dresde, 1837; et « Platonische Studien », 2 vol., Vienne, 1858-60, 2ᵐᵉ éd., Berlin, 1875. Nous citerons encore de lui : « Beiträge zur Erklärung des Thucydides », Vienne, 1854; « Beiträge zur Erklärung des Sophocles » 2 vol., id., 1855-57 ; « Ueber den Ursprung des homerischen Gedichte », id., 1860, 5ᵐᵉ éd. 1881, une traduction anglaise par Packard a paru, à New-York, en 1880; sans compter de nombreux articles dans les recueils périodiques.

Bonizzi (Paul), naturaliste italien, membre de plusieurs sociétés scientifiques italiennes et allemandes, professeur ordinaire d'histoire naturelle au lycée de Modène et professeur agrégé d'anatomie comparée à l'université, né, à Modène, le 27 septembre 1840. Le professeur Canestrini a été le maître de ce savant distingué. Dans l'*Annuario della Società dei Naturalisti di Modena*, il a publié : « Sulla generazione del Polchus phalangoides Welch », 1868 ; « Prospetto sistematico e catalogo dei pesci del modenese », 1869 ; « I mammiferi viventi ed estinti del modenese », 1871 ; « Relazione e conclusione sugli scavi fatti nella terramare del Montale », 1872 ; « Intorno all'esistenza del daino nelle terremare », 1872 ; dans l'*Archivio di zoologia, Anatomia e Fisiologia* de Bologne : « Sulle varietà della specie Garterosteus aculeatus », 1869; dans les *Atti della Società Veneta-Trentina di scienze naturali*: « Le variazioni dei colombi domestici di Modena », 1873 ; « Intorno all'ibridismo del colombo domestico colla tortora domestica », 1873 ; dans le *Giornale di agricoltura del Regno d'Italia*, publié à Bologne: « Gli insetti dannosi ai cereali : I. Lo zabro », 1877 ; dans les *Annali di Meteorologia* de Rome: « Osservazioni microscopiche sulle polveri dell'aria », 1885; dans les *Rendiconti dell'Accademia dei Lincei*: « Intorno ai corpuscoli ferruginosi e magnetici dell'atmosfera », 1885. Séparément, M. B. a publié : « Enumerazione sistematica dei rettili ed anfibii che si sono finora raccolti e studiati nel modenese », Modène, 1870 ; « I costumi delle api », Milan, Treves, 1871 ; « I colombi di Modena », un vol. illustré, Modène, 1876 ; « Dell'utilità dei colombi », id., 1876 ; « Intorno alle opere scientifiche di Beniamino Corti », id., 1883; « Colombi domestici », dans les *Manuali Hoepli*, Milan, 1887; « Animali da cortile », id., 1888.

Bonjean (Georges), magistrat et philantrope français, fils du sénateur B., assassiné par les Comunards en 1871, né, à Paris, en 1848. M. Bonjean, qui est juge suppléant au tribunal de la Seine, a publié : « L'Étude du droit romain simplifié. Tableaux synoptiques du droit romain », Paris, Pedone Lauriel, 1876 ; « Explication méthodique des Institutes de Justinien », 2 vol., id., id., 1878-1888. Comme philantrope, il est surtout connu pour la fondation de l'école industrielle d'Orgeville, sorte de colonie pénitentiaire destinée à recevoir les jeunes détenus et pour l'organisation de la Société générale pour la protection de l'enfance, dont il a été, avec son frère, M. Maurice B., né à Paris, en 1855, l'ardent promoteur. Ce dernier, qui est avocat à Paris, a publié : « Congrès international pour la protection de l'enfance », 2 vol., Paris, Pedone Lauriel, 1885.

Bonnaffé (Edmond), critique d'art français, né, au Havre, le 9 décembre 1825. M. B. qui est l'heureux propriétaire d'un cabinet de livres et de curiosités de la Renaissance formé par ses soins, a collaboré à la *Gazette des Beaux-Arts*, à l'*Art*, au *Journal des Arts* etc., où il a publié des études, des notices, des comptes rendus. Parmi ses ouvrages publiés en librairie, nous citerons: « Les Collectionneurs de l'ancienne Rome. Notes d'un amateur », Paris, Aubry, 1867 ; « Les Collectionneurs de l'ancienne France », id., id., 1873 ; « Le Catalogue de Brienne (1662) », id., id., id.; « Inventaire des meubles de Catherine de Médicis en 1589. Mobilier, tableaux, objets d'art, manuscrits », id., id., 1874; « Inventaire de la duchesse de Valentinois, Charlotte d'Albret », id., Quantin, 1878 ; « Causeries sur l'art et la curiosité », id., id., id., ouvrage couronné par l'Institut ; « Physiologie d'un curieux », id., Martin, 1881 ; « Les Amateurs de l'ancienne France. Le Surintendant Fouquet », id., Librairie de l'Art, 1882 ; « Recherches sur les collections de Richelieu », id., Plon, 1883 ; « Dictionnaire des amateurs français au XVII siècle », id., Quantin, 1884 ; « Les Propos de Valentin », id., Rouam, 1886 ; « Le Meuble en France au XVI siècle », id., id., 1887.

Bonnal (Edmond), jurisconsulte et écrivain français, né, à Toulouse, en 1839. Ses études terminées, il fit son droit, fut reçu avocat, et, tout en exerçant cette profession, publia dans différents journaux quelques études de jurisprudence et d'histoire. Il devint ensuite directeur de la *Revue de Toulouse*, et plus tard conservateur des Archives du Dépôt de la Guerre. On lui doit : « Influence du catholicisme sur la formation de l'Espagne », Toulouse, Bonnal et Gebrac, 1865 ; « La liberté de tester et la divisibilité de la propriété », Paris, Guillaumin, 1866 ; « Étude sur l'histoire de la littérature pendant la Révolution », id., id., 1869 ; « De l'abolition et du remplacement des octrois », id., id., id. ; « Traité des octrois », id., id., 1873 ; « Le droit d'hérédité dans la législation, le droit comparé et l'économie politique », id., id., 1875 ; « Manuel et son temps. Étude sur l'opposition parlementaire sous la Restauration », id., Dentu, 1877 ; « Capitulations militaires de la Prusse. Étude sur les désastres des armées de Frédéric II, d'Jéna à Tilsitt, d'après les archives du dépôt de la guerre », id., Dumaine, 1879 ; « La Diplomatie prussienne depuis la paix de Presbourg jusqu'au traité de Tilsitt, d'après les archives du Dépôt de la guerre et du ministère des affaires étrangères », id., id., 1880 ; « Histoire de Desaix », id. id., 1881 ; « Le Royaume de Prusse » Baudoin et Cie, 1883 ; « Chute d'une République: Venise, d'après les archives secrètes de la République », id., Didot, 1885 ; « L'Allemagne Prussienne devant la Russie et la France », id., Dentu, 1888 ; « Carnot, d'après les archives nationales, le dépôt de la guerre et les séances de la convention », id., id., id.

Bonnard (Jean), philologue suisse, né, à Nyon (Vaud), en 1855. Reçu docteur en philosophie à l'Université de Zurich sur la présentation d'une thèse : « Le participe passé en vieux français », Paris, Vieweg, 1877, ancien élève de l'École des Hautes études, M. B. est attaché depuis 1876 à la publication du *Dictionnaire de l'ancienne langue française* de Godefroy. Il a publié en outre : « Les Traductions de la Bible en vers français au moyen âge », Paris, Champion, 1884, et il a traduit de l'allemand, avec P. Pierson : « L'Histoire de la littérature romaine », de W. S. Teuffel, 3 vol., Paris, Vieweg, 1879-83.

Bonnardot (François), archiviste-paléographe français, né, à Demigny (Saône et Loire), le 19 novembre 1848. M. B. a fait ses études à l'Institution religieuse de Saint-Vincent à Chalons-sur-Saône, puis à l'École des Chartes et à l'École des Hautes Études. Archiviste de la ville d'Orléans, en 1867, du service historique de la ville de Paris, en 1872, président de la Société de Linguistique, en 1869, M. Bonnardot avait obtenu une première médaille au Concours des Sociétés savantes, à la Sorbonne, en 1868, et diverses mentions à l'Institut. En 1880, il a obtenu de l'Académie française le prix de philologie. Il a publié dans la *Romania* : « Guerre de 1338 ; études sur le dialecte lorrain et l'idiome de Metz » ; « Sur un nouveau manuscrit des Lohérains » ; « Essai de classement des manuscrits des Lohérains » ; « Dialogus animæ conquerentis et rationis consolantis », texte lorrain du XIIe Siècle (avec un supplément de corrections) tiré à part ; dans les *Archives des missions scientifiques et littéraires*, 3 série, tome I : « Chartes françaises de Lorraine et principalement de Metz aux XIIIe et XIVe Siècles avec un Recueil de textes choisis dans les divers dépôts d'archives de la province », tiré à part, en 1873. Dans le *Bulletin de la Société des anciens textes*, année 1876 ; « Notice du manuscrit 189 de la Bibliothèque d'Épinal originaire de Metz » ; « Choix de lectures et notes transcrites par Philippe II Desch, maître échevin de Metz au XVe Siècle » ; dans l'année 1878 du même recueil : « Le saint voyage de Jérusalem (1359), relation en patois messin accompagnant le texte du voyage du seigneur d'Anglure » en collaboration avec Auguste Longnon. M. Bonnardot a publié avec feu M. de Bouteiller : « La guerre de Metz en 1324 », poème du XIVe Siècle suivi d' « Études critiques », avec plans et chartes, Paris, Didot, 1875. Il a pris part avec le même auteur à la publication du « Journal de Jean le Coulon », 1881 (étude grammaticale du texte) et du « Journal de Buffet », 1884. Il a fourni au journal *Mélusine* un article intitulé : « Daillements du pays messin du XVe Siècle ». D'après les manuscrits de Paris, Londres et Épinal il a publié : « Le psautier de Metz » (XIVe Siècle), 2 vol., Paris, Vieweg, 1885. — Dans les *Mémoires de la Société historique et archéologique de l'Orléanais* de 1885, il a publié : « Essai historique sur le régime municipal à Orléans (1389-1799) » ; dans la *Nouvelle Revue du droit français et étranger* de 1885 : « Documents pour servir à l'Histoire du droit Coutumier à Metz au XIIIe et XIVe Siècles ». D'après les *Registres de la Société de l'histoire de Paris et de l'Ile de France*, il a publié : « Documents inédits sur le Siège de Metz, en 1552 », 1885 ; « Les Fiefs de Paris, au milieu du XVIe Siècle », 1886. Citons encore : « Le Livre des métiers d'Étienne Boileau »,

1879; « Les tomes I et IV des Registres de l'ancien bureau de ville de Paris », 1884-85 ; « Fragments d'une traduction de la Bible en vers français conservée à la Bibliothèque de Trèves », dans la *Romania*, 1887, et, enfin: « Les Archives de l'État de Luxembourg », dans les *Archives des missions*.

Bonnassies (Jules), littérateur français, ancien attaché à la direction des beaux-arts (bureau des théâtres), né en 1813. On a de lui : « La Comédie française. Notice historique », Paris, Aubry, 1868 ; « Lettre à mylord *** sur Baron et la D^{lle} Le Couvreur, par Georges Wink (l'abbé d'Allainval). Lettre du souffleur de la Comédie de Rouen au garçon de café, par Du Mas d'Aigueberre », id., Willem, 1871 ; « Le Théâtre et le peuple, esquisse d'une organisation théâtrale », id., Le Chevalier, 1872 ; « La Censure dramatique », id., Sagnier. 1873 ; « Les spectacles forains et la Comédie française. Le droit des pauvres avant et après 1789, etc. », id., Dentu, 1874 ; « La Musique et la Comédie française », id., Baur, id. ; « Les Auteurs dramatiques et la Comédie française à Paris aux XVII et XVIII siècles », id., Willem, 1874 ; « La Comédie française, histoire administrative (1658-1757) », id., Didier, 1874 ; « La Comédie française et les comédiens de province aux XVII et XVIII siècles. Contestations, débuts », id., Willem, 1875 ; « Les Auteurs dramatiques et les théâtres de province », id., id.. id. —. B. a publié, en outre, en 1870, chez Barraud à Paris, une nouvelle édition de « La Fameuse comédienne, ou histoire de la Guérin auparavent femme et veuve de Molière », ouvrage qui, publié pour la première fois à Francfort, en 1688, sous le voile de l'anonyme, a été attribué successivement par Barbier à Mme Boudin, par P. Lacroix à la Fontaine, et par notre auteur à Mlle Guyot.

Bonneau (Alcide de), littérateur français, né à Orléans, en 1836, a collaboré au *Dictionnaire de la conversation*, et au *Grand Dictionnaire du XIXe siècle*, de Pierre Larousse ; M. Alcide de Bonneau a traduit de l'italien : « Socrate et l'amour grec », 1877 ; « Nouvelle choisies de Franco Sacchetti » 1879 ; « Le dialogue de Luisa Lisca de Tolède », 1884, 4 vol. ; « Manuel d'Érotologie classique », 1882, 2 vol. ; « La Raffaella d'Alessandro Piccolomini », 1884 ; « La Mandragore », comédie de Machiavel, 1887 ; « Curiosa », 1887. Citons encore de lui : « La Crémation et ses bienfaits », Paris, Dentu, 1887.

Bonnefoy (Marc), écrivain et capitaine français, né en 1840 à Sablet (Vaucluse). On lui doit : « La France héroïque », Paris Fischbacher, en 1876 ; « Honneur et Patrie, poèmes militaires », id., 1876, 4e éd. ; « La vraie loi de Nature », poésie philosophique, id., Charavay frères, 1883, « Maurice, Poème d'un étudiant », id., Léon Venier, 2e éd., 1883 ; « Contes en vers très légers », id., id., id., « Encore des vers, sonnets d'un libre-penseur, id., id., 1885 ; « Histoire du Bon Vieux temps », Librairie des publications populaires, 1883 ; « Avènement des temps nouveaux » (La Révolution), id., 1885 ; « Récits d'histoire contemporaine », id., id., 1884-1885 ; « Autour du drapeau », récits militaires, id., 1886 ; « Poètes et Poésies », critiques et conseils, id., id., « Le Poème du dix-neuvième siècle, ou le Doute », Paris, Sauvaitre, 1888.

Bonnemère (Joseph-Eugène), écrivain français, né le 21 février 1813, à Saumur (Seine et Loire). Il débuta, en 1841, par des pièces de théâtre ; mais il doit surtout sa réputation à une série de publications historiques. Citons : « Histoire des Paysans », 1856 ; « La Vendée, en 1793 », 1866 ; « Le Roman de l'Avenir », 1867 ; « Paysans au dix-neuvième siècle », Nantes, 1845 ; « Histoire de l'association agricole », Nantes, 1849 ; « La France sous Louis XIV » ; « Louis Hubert, curé vendéen », 1868 ; « Histoire des Camisards », 1869 ; « Études historiques saumuroises », 1869 ; « Les Paysans avant 1789 », 1872 ; « Histoire de la Jacquerie », 1874 ; « Histoire populaire de la France », en trois vols., 1874-79 ; « L'âme et ses manifestations à travers l'histoire », 1881 ; « Histoire de quatre Paysans », 1881 ; « La Prise de la Bastille », 1881 ; « Les guerres de la Vendée », 1884 ; « Hier et aujourd'hui », 1886. « Histoire des guerres de religion, XVI siècle » 1886. Depuis 1858, M. B. a aussi envoyé des lettres économiques de France au *Messager russe* de Moscou.

Bonnemère (Lionel), poète et littérateur français, fils du précédent, né, à Angers, en 1843. Il a publié : « Entre deux trains », comédie en un acte, en prose, 1879 ; « La Farce du feu d'amour », comédie en un acte, en vers, 1879 ; « Voyage à travers les Gaules, 56 ans avant C. », 1879 ; « Histoire nationale des Gaulois sous Vercingétorix », avec Ernest Bosc, 1881 ; « Histoire de Vercingétorix racontée au village », 1882.

Bonnet (Jules), littérateur et historien réformé français, docteur ès-lettres et lauréat de l'Institut, né, à Nîmes, le 30 juin 1820. Entré à l'École Normale, en 1839, il en sortit professeur d'histoire, au lycée de Mâcon. Son enseignement y fut de courte durée. Violemment attaqué à la suite d'une leçon sur la Réforme, il demanda un congé à M. Villemain, et fit, sans regret, le sacrifice d'une carrière qui ne lui laissait pas la libre expression de ses sentiments. Docteur ès-lettres, en 1850, sa thèse, sur « Olympia Morata, épisode de la Renaissance en Italie », 1850, 4me éd., Paris, Grassart, 1865, fut son premier livre qui obtint rapidement plusieurs éditions, et fut traduit en plusieurs langues, y comprise l'italienne. M. Jules Bonnet s'est voué presque exclusivement à des

travaux concernant la Réforme ; un des premiers collaborateurs de la *Revue chrétienne*, il prit dès 1852, une part active à la rédaction du *Bulletin de la Société d'histoire du protestantisme français*, dont il devint le directeur en 1865. Il s'attacha à donner un caractère plus littéraire à ce recueil qui contient de précieux documents inédits. En 1863, il fut chargé, par le Comité de l'Alliance évangélique française de porter en Espagne une pétition en faveur de la liberté religieuse, et sous le titre « Une mission en Espagne », il a publié le récit de son voyage dans la *Revue chrétienne* (1865). Depuis bien des années, M. Jules Bonnet est occupé d'une histoire de Renée de France, duchesse de Ferrare, qui doit résumer ses études sur l'Italie de la Renaissance et de la Réforme. Parmi ses ouvrages, nous citerons encore : « Calvin au val d'Aoste », mémoire lu à l'Académie des sciences morales et politiques le 27 juillet 1861 », Paris, Grassart, 1861 ; « Aonio Paleario, étude sur la réforme en Italie », id., Lévy frères, 1862 ; « Récits du XVI siècle », id., Grassart, 1864 ; « Nouveaux Récits du XVI siècle », id., id., 1869 ; « La Réforme au château de Saint-Privat », étude historique, id., id., 1873 ; « Notice sur la vie et les écrits de M. Merle d'Aubigné », id., id., 1874 ; « Derniers Récits du XVI siècle », id., id., 1875 ; « Quelques souvenirs sur Augustin Thierry », id., Sandoz et Fischbacher, 1877 ; « La Famille de Curione. Récit du XVI siècle », Bâle, Schneider, 1878 ; « Souvenirs de l'Église réformée de la Calmette. Page d'histoire locale », Paris, Fischbacher, 1884 ; « Récits du XVI siècle », seconde série, id., Grassart, 1885.
— M. Bonnet a publié en outre : « Lettres de Jean Calvin, recueillies pour la première fois et publiées d'après les manuscrits originaux. Lettres françaises », 2 vol., Paris, Meyrueis et Cie, 1854 ; « Mémoires de la vie de Jean de Parthénay Larchevêque, sieur de Soubise, accompagnés de lettres relatives aux guerres d'Italie sous Henri II et au siège de Lyon (1562-63) », id., Willem, 1879 ; « Histoire des souffrances du bienheureux martyr Louis de Marolles, conseiller du roi etc. Réimprimée sur la seconde édition avec une préface et des notes », id., Grassart, 1882.

Bonnet (Louis), écrivain suisse, né, en 1805, à Dullit, près Rolle, (canton de Vaud), pasteur des églises françaises à Londres (1830), et à Francfort sur le Main (1835-1881), père de M. Max B. philologue et professeur à la Faculté des Lettres de Montpellier, M. Louis B., a publié : « La famille de Béthanie », recueil de méditations, 1834 ; « Troisième triséculaire de l'Église française de Francfort sur Main », 1854 ; « Communion avec Jésus », 1860 ; « Le miracle dans la Vie du Sauveur », discours religieux, 1867 ; « De la peine de mort », 1868 ; « Le Nouveau Testament expliqué au moyen d'instructions, d'analyses et de notes exégétiques », 4 vol., 1880-1885. M. L. B. a traduit de l'allemand avec M. Charles Baup « le Commentaire sur le Nouveau Testament », de Gerlach, 2 vol. 1856 ; et traduit de l'italien, en le faisant précéder d'une notice historique, un ouvrage célèbre du XVIIe siècle, retrouvé à Cambridge « Le bienfait de Jésus-Christ crucifié envers les Chrétiens », 1856, plusieurs éditions.

Bonnetain (Paul), voyageur et romancier français, né à Nîmes, le 4 août 1858. M. B. fit ses études au Lycée de Montpellier et au Collège de Saint-Dié (Vosges). Sa famille contrariant sa précoce vocation littéraire, il s'engagea pour cinq années dans l'infanterie de marine à dix-huit ans. Libéré en 1881, il revint à Paris et débuta au *Petit Parisien* et à *La Vie populaire*. En 1882, il fit paraître, chez Decaux, son premier volume : « Le tour du monde d'un troupier » ; suivirent: « Charlot s'amuse », Bruxelles, Kistemackers, 1883 ; et « Une Femme à bord », Paris, Marpon et Flammarion, 1884. Le premier de ces deux ouvrages souleva un violent scandale, le roman de « Charlot s'amuse » n'étant autre chose que le roman de l'onanisme ; mais le livre ne fut cependant poursuivi que deux ans après, alors que l'auteur, correspondant du *Figaro*, suivait, pour ce journal, les opérations militaires au Tonkin. C'est entre les deux voyages en Extrême-Orient que l'auteur de « Charlot s'amuse » fut acquitté par le jury de la Seine. Me Léon Cléry l'avait défendu, le professeur Charcot avait témoigné de l'honnêteté scientifique du livre, Alphonse Daudet de sa valeur littéraire. Quelque temps après cet acquittement, M. B. se rembarquait comme correspondant du *Figaro*, du *New-York-Herald* et de l'*Indépendance Belge*, pour visiter le Tonkin, la Chine et le Japon. Il avait déjà publié « Au Tonkin », Havard, 1885, réimprimé chez Charpentier, en 1888, avec 120 pages inédites et « Autour de la Caserne », Havard, 1885. En 1886, il donna, chez Charpentier, « L'Opium », roman exotique qui eut un certain succès ; en 1887, parut, chez Marpon et Flammarion : « En mer ». Cette même année, l'auteur entra au *Gil Blas*, qui publia de lui : « Le Nommé Perreux », roman militaire original, Charpentier, 1888 ; enfin il vient de faire paraître, il y a quelques jours, chez le même éditeur: « Amours nomades ». Le 1er janvier 1888, M. B a pris la direction du *Supplément littéraire du Figaro*, dont il veut faire une feuille vivante, ouverte aux jeunes. Entre temps, il a publié chez Quantin : « l'Extrême Orient », un gros volume illustré et « L'Histoire d'un paquebot », illustré, ce dernier en collaboration avec le commandant Tillier. M. B., qui avait déjà publié deux petites pièces de théâtre : « Au bord du passé » comédie en un acte, Paris, Tresse, 1884 ; « Ma poupée » saynète, id., id., id., a donné au *Théâtre Libre*, le 9 mars 1887, « La Pelote », en trois actes (prose), en collaboration avec M. Descaves. Son frère M. Émile B. né, à Dôle (Jura), en 1860, a publié: « Mon petit homme », Bruxelles, Kistemackers, 1885.

Bonney (Thomas-Georges), géologue anglais, né, le 27 juillet 1853, à Rugeley dans le Comté do Stratford, étudia à l'Université de Cambridge où il fit ensuite un cours de lectures sur la géologie et, en 1877, il fut élu professeur de géologie à l'Université de Londres. Il a été pendant six ans secrétaire de la Société Géologique dont il devint ensuite président; il fut aussi président de la Société Minéralogique. Le professeur Bonney a publié un grand nombre d'articles dans le *Journal de la Société Géologique*, dans le *Geological Magazine*, dans les publications de la Société Royale, etc. Il est membre du Club Alpin dont il a été aussi nommé président. Il est l'auteur de: « Outline Sketches in the High Alps of Dauphiné », 1865 ; « The Alpine Regions », 1868, et a fourni le texte à plusieurs ouvrages illustrés sur les Alpes, la Norvège, etc. En outre, il a contribué largement à plusieurs publications de topographie descriptive: « Picturesque Europe »; « Our Own Country », et, en 1864, il a traduit de l'italien les deux ouvrages sur la Palestine de M. Pierrotti. Comme ecclésiastique, il a prêché devant l'Université de Cambridge et a fait des lectures: « On the influence of Science on Theology », 1885. Comme l'abbé Stoppani, l'illustre géologue italien, le rév. Bonney harmonise admirablement dans ses enseignements les droits de la science avec ceux de la religion.

Bonnières de Wierre (Guillaume-François Robert de), poète, chroniqueur, critique et romancier français, est né à Paris le 7 avril 1850. Pendant la guerre, il a servi dans les 2e lanciers. Après avoir fait son droit à Paris, M. B. a collaboré au *Figaro* sous le pseudonyme de Janus; au *Gaulois* et au *Gil Blas* sous le pseudonyme de Robert-Estienne et de Robert-Robert. M. B. a publié des volumes de critique, des poésies, des chroniques contemporaines et des romans. Citons: « Saint-Évremond et les Académiciens », Charavay, 1re éd., 1881 ; « Lettres grecques de madame Chénier », id., 1re éd., 1882 ; « Contes de fées », en vers, id., 1re éd., 1881 ; « Mémoires d'aujourd'hui », Ollendorff, les trois premières séries ont paru; la quatrième et dernière série paraîtra en 1889; les romans: « Les Monach »; « Jeanne Avril », ont paru, d'abord, dans la *Revue des Deux Mondes;* « Le Baiser de Maïna », a été publié dans les *Débats* (La préface indique la façon dont le livre a été fait après un voyage aux Indes). Le Château de Wierre, que la famille de M. Robert de Bonnière possède depuis 1640, a été décrit minutieusement par Sainte-Beuve dans « Volupté »,

pag. 29 et suivantes. Sainte-Beuve a peint le grand-père de M. R. de B. sous le nom de marquis de Couaën.

Bonola (Frédéric), avocat et journaliste italien, né en Lombardie, résident en Égypte. M. Bonola, qui a publié quelques ouvrages dont nous espérons pouvoir donner la liste dans le *Supplément*, est surtout connu pour les brillantes correspondances égyptiennes qu'il envoie depuis de longues années au *Fanfulla* de Rome et qu'il signe du pseudonyme de *Febo*.

Bonomelli (Mons. Jérémie), orateur sacré et écrivain ecclésiastique italien, évêque de Crémone, né, le 22 septembre 1831, à Nigoline (province de Brescia); il fit ses études à Nigoline, Lovere, Brescia et Rome, où il reçut son doctorat en théologie. On a de lui: « L'eco di nove anni in San Pietro di Cremona », discours, Crémone, 1886 ; « Antidoto sicuro contro la falsa scienza, ossia il giovane studente istruito e difeso nella Dottrina Cristiana », entretiens, trois vols.; « Verità sempre antiche e sempre nuove »; « Un grande pericolo e un grande dovere ». A Turin, on publie chez l'éditeur Marietti, sa traduction des Carêmes de Monsabré de Nôtre-Dame de Paris ; dix volumes ont déjà paru.

Bonomi (Augustin), écrivain italien, professeur du gymnase de Rovereto, né, à Madice vers l'année 1825; il a publié à Rovereto l'« Avifauna Tridentina ».

Bonsergent (Alfred), publiciste et conteur français, né, à l'île Maurice, en 1848. M. Bonsergent est actuellement secrétaire-rédacteur au Sénat. Il a publié: « Cinq nouvelles », 1874 ; « Une muse », nouvelle, 1875 ; « Procédure des débats parlementaires », 1878 ; « Comment se fait la loi », 1881 ; « Miette et Broscoco » id.; « Madame Caliban » 1882 ; « La Revanche d'Alcide », nouvelles, 1883 ; « Une énigme » 1884 ; « Le Vétéran », nouvelles, 1885.

Bonvicini (l'abbé Angelo), littérateur italien, ancien professeur d'histoire et de géographie au lycée de Vicence, né, à Montecchio Maggiore (province de Vicence), le 14 mars 1826. Parmi ses écrits, nous citerons: « Intorno all'educazione dei Greci », 1863 ; « Elogio di Giuseppe Parini », Vicence, Longo, 1868 ; « Intorno agli scritti di Cesare Balbo », 1873. « Sulle opere e sulle gesta di Alfonso Laschi, cittadino vicentino », discours prononcé à Vicence, 1877.

Bonwetsch (G. Nathaniel), théologien allemand, né, le 5-17 février 1848, à Norka, colonie allemande dans le gouvernement de Saratow en Russie. Il fit ses études théologiques à Dorpat, à Goettingue et à Bonn, et depuis 1878 il enseigne à l'Université de Dorpat, où il devint professeur ordinaire de théologie historique en 1883. On a de lui: « Ueber Wesen, Entstehung und Fortgang der Arkandisziplin », 1873 ; « Die Schriften Tertullians nach der Zeit ihrer Abfassung untersucht », Bonn, 1878; « Die Geschichte des Montanismus », Erlangen, 1881; « Unser Reformator Martin Luther. Festrede », Dorpat, 1883; « Ueber den Separatismus », 1883; « Die Prophetie im apostol. und nachapost. Zeiten », 1884; « Cyrill und Methodius, die Lehrer der Slaven », 1885; « Thomasius, Dogmengeschichte neu herausgegeben », 1 vol. 1886.

Boos (Henri), historien allemand résident en Suisse, né, le 14 juin 1851, à Cannstadt près Stuttgart. Il fit ses études philologiques et historiques aux Universités de Bâle en 1869, de Leipsig en 1872, de Goettingue en 1873. Docteur en philosophie en 1874, il publia une dissertation sur « Die Liten und Aldionen nach den deutschen Volksrechten », Goettingue, 1874. *Privat Docent* en 1875, et professeur pour l'histoire du Moyen-âge en 1881, à l'Université de Bâle, il fut nommé directeur du Séminaire historique en 1887. Les vastes connaissances bibliographiques de M. B. le désignaient pour la réorganisation de plusieurs bibliothèques (Schafhouse en 1876, Argovie en 1878-1879, Worms 1880-1886, Bâle Campagne en 1886). On lui doit: « Die Wehrpflicht im fränkischen Reich », Bâle, 1875; « Geschichte der Stadt Basel im Mittelalter », id., 1877; « Thomas und Felix Platter. Zur Sittengeschichte des XVI Jahrhunderts », Leipsig, 1878; « Basler Jahrbuch, 1879 », Bâle, 1879; « Urkundenbuch der Stadt Aarau », Argovie, 1879 »; « Urkundenbuch der Landschaft Basel », 2 vol. Bâle 1881-83; « Wie Basel die Landschaft erwarb », id., 1885; « Quellen zur Geschichte der Stadt Worms. — 1 vol. Urkundenbuch. — 1 partie 627-1300 » Berlin, 1886.

Boot (Jean-Cornelius-Gerhard), célèbre latiniste hollandais, né, le 17 août 1811, à Arnhem. En 1830-31, il porta les armes contre les Belges. Reçu docteur en droit et ès-lettres, à l'université de Leïde, en 1839, il fut nommé Directeur du Gymnase de Leovardin, et, en 1851, professeur de Littérature, d'Histoire et des Antiquités grecques et romaines à l'Athénée de Amsterdam. Depuis 1878, jusqu'en 1882, il a été professeur de littérature latine à l'université d'Amsterdam, et il est toujours secrétaire de l'Académie royale des sciences. Il est, avec Gladstone, Mignet, Ranke, Mommsen, Marsh, Bluntschli et Zeller, l'un des huit grands savants étrangers qui ont été, dès la première formation, agrégés à l'Académie des Lincei de Rome. Le prof. Boot écrit le latin avec la plus grande élégance. Ses thèses de doctorat étaient en latin : « De bello sacro Phocensi », et « De captis et redemptis ab hostibus jure Romano ». En latin il publia encore: l'Histoire du Gymnase de Leovardin, 1854; la Vie de Pierre Wesseling, 1874, les notes et préfaces de ses éditions critiques telles que la première « Catilinaria » de Cicéron, et les Lettres du même auteur à Atticus, 1874, nouvelle édition 1886, la nouvelle édition, publiée en 1872, des « Italica » de Nic. Heinsius, avec une admirable dédicace à l'Italie, qu'il adore; « Commentatio de Sulpiciae quae fatur Satira », 1868; « Observationes criticae ad M. Tullii Ciceronis Epistolas », 1880; « Ugo Grotius et Cornelius Tacitus », 1883; « J. H. Gronovii ad Alb. Rubenium Epistolae », pour la première fois publiée dans le I vol., des *Memorie della Classe di Scienze Morali dell'Accademia dei Lincei*, de l'année 1877. En français, le professeur Boot a publié, l'un des premiers, une étude « sur les Papyrus d'Herculanum », dès l'année 1841; en hollandais, une Grammaire latine et une foule de notes et dissertations dans les *Mémoires de l'Académie royale des Sciences* d'Amsterdam.

Booth (William), agitateur religieux anglais, général de la fameuse *Armée du Salut*, né, à Nottingham, le 10 avril 1829. Il entra à l'âge de quinze ans dans la secte des méthodistes de Wesley et y devint prédicateur à dix-huit ans. Après avoir, dit-on, obtenu de nombreuses conversions, il se décida à voyager pour répandre la parole de l'Évangile, mais ses idées n'ayant pas été approuvées par ses supérieurs hiérarchiques, il dut quitter la communauté méthodiste. Réduit à ses propres forces, il s'adonna dès lors, avec sa femme, à la prédication; depuis 1875, il précha un peu partout dans les rues de Londres, dans les bals, dans les théâtres, etc., et il parvint ainsi à grouper autour de lui un nombre relativement considérable d'adhérents, recrutés surtout dans les bas-fonds de la population. Ce noyau s'accrut d'année en année, et, en 1878, M. B. put organiser militairement la *Salvation Army*, qui comptait, en décembre 1885, presque 400000 officiers et soldats, repartis en 1322 corps ou stations établies dans le Royaume-Uni, en France, dans l'Amérique du Nord, en Australie, aux Indes, au Cap de Bonne-Espérance, au Canada et en Suède. M. B., a publié plusieurs livres ayant trait à son étrange institution; citons entr'autres « Salvation Soldiery »; « Training of Children »; « Letters to Soldiers »; « Holy Living », et « Orders and Regulations for the Salvation Army ». Il a publié aussi un article « The Salvation Army », dans la *Contemporary Review*, d'août 1882. Sa femme, qui l'aide dans ses efforts, a publié dans le même ordre d'idées : « Practical Religion »; « Aggressive Christianity »; « Godlessness »; « Life and Death » et « The Salvation Army in relation to Church and State ». M. Booth, qui s'intitule lui-même *le général*, a fondé, en 1880, *The War Cry*, journal hebdomadaire pour son armée, à l'instar duquel paraissent l'*En Avant* à Paris, *Strids Ropet* à Stockolme, le *Jangi Pokar* aux Indes, etc. On évalue à 550,000 exemplaires la circulation hebdomadaire de cette étrange presse. Quant à la famille du général, elle s'est taillée une belle part dans l'affaire; son fils aîné est son chef d'état-major ; sa fille aînée, comme on verra dans l'article suivant, maréchale en France, les autres, comme les généraux d'Alexandre, se sont partagés le monde et régissent les affaires de la maison dans les différents pays.

Booth (Catherine, dite la MARÉCHALE), fille du précédent, née à Jatershead (Porkshire), le 16 septembre 1859. Elle a hérité de l'enthousiasme religieux de ses parents et comme eux s'est vouée à la prédication. A vingt ans, fut chargée par son père de la conquête de la France, de la Belgique, de la Suisse. Tout le monde se rappelle l'odyssée de l'*Armée du Salut* en Suisse. A Paris et en France, bien qu'accablée sous le ridicule, elle a eu moins d'obstacles sérieux à franchir, cependant son œuvre de propagande n'a pas donné, ainsi qu'on le suppose, de bien grands résultats. Outre une collaboration assidue au journal *En avant* dont nous avons parlé plus haut, Miss Booth a publié : « Chants de l'armée du Salut », deux séries 1884 et 1886 ; « l'Armée du Salut et ses relations avec l'État », 1884 ; « Il vous la faut », 1886. La maréchale a épousé, à Londres, le 8 février 1887, le colonel Clibborn, colonel, bien entendu, dans la même armée où sa femme est maréchale.

Borbas (Vincent DE), botaniste hongrois, *privat Docent* à l'Université de Budapest, né, à Ipolyi Litke, le 29 juillet 1844. Il a étudié à fond les plantes de la monarchie austro-hongroise et collaboré à une trentaine de revues, recueils, publications scientifiques. Son herbier privé est des plus remarquables, sa correspondance scientifique des plus vastes ; plusieurs botanistes lui ont dédié des plantes, Freyn un *Cirsium*, Kerner un *Allium*, Menyhart une *Roripa*, Sanis une variété de la *Poa Cenisia*, Uechtritz un *Hieracium*, Vukotinovic un *quercus* H. Braun une *Rosa*, Haeckel un *Bromus*, Halacsy un *Rubus*, Haussknecht un *Epilobium*. Parmi ses articles et ouvrages séparés, on distingue : « La Flore du comtat de Pest depuis Sadler et les nouvelles données », 1872 ; « Observations botaniques faites dans le Banat », 1873 ; « Supplément à la connaissance systématique des œillets jaunes et leurs parents » ; « Symbolæ ad floram æstivam insularum Arbe et Veglia » ; « Les Filicoideæ de l'herbier Haynald » ; « De Iridibus nonnullis, præcipue hungaricis », 1877 ; « Recherches sur les espèces indigènes de l'Arabis et sur d'autres Crucifères » ; « Contributions à la Flora d'après les recherches faites par l'auteur avec le concours de l'Académie des sciences » ; « Primitiæ monographiæ Rosarum imperii Hungarici », 1880 ; « Contributions à la Flora et en particulier aux espèces Roripa » ; « Conspectus Dianthorum dubiorum et eis affinium » ; « Pteridophyta herbarii Doctoris Haynald Hungarica », 1878 ; « Symbolæ ad Caryophylleas et Melanthaceas floræ croaticæ » ; « Symbolæ ad pteridographiam et Characeas Hungariæ » ; « Observations sur les espèces de Verbascum » ; « Supplément à la connaissance systématique des espèces de Dianthus jaune » ; « Histoire naturelle des plantes », pour les écoles, Budapest, 1879-80, plusieurs éditions ; « Flora Comitatus Castriterrei », couronné par la Société des Médecins et Naturalistes hongrois. M. de B. a aussi traduit en hongrois l'ouvrage de Thomé : « Lehrbuch der Botanik ». Citons encore : « Balanographische Kleinigkeiten », 1884 ; « Arabis Apennina », 1885, etc.

Borchsenius (Othon), littérateur et journaliste danois, né, à Ringsted (Seeland), le 17 mars 1844. Après avoir terminé ses études à l'Académie de Soroe, il se fixa à Copenhague. De 1873 à 1878, rédacteur de la revue *Près et loin* et, depuis 1880, directeur de la publication illustrée *Ude og Jemme*, qui prit une grande importance sous sa direction, M. B. s'est occupé surtout des langues et littératures septentrionales. Citons de lui : « Un devoir de la société », 1877, son ouvrage le plus important sur l'instruction populaire ; « Essai sur l'histoire de la littérature, de 1840 à 1850 », 1878-80 ; « Feuilletons littéraires », 1880, essais sur l'histoire des littératures contemporaines danoise et suédoise. En collaboration avec F. L. Liebenberg, il a publié un extrait des mémoires d'Oehlenschlaeger ; avec M. Weibull, un conte de Noël : « Ydun », 1880 et, enfin, avec F. W. Horn un « Livre de lectures danoises », 1880.

Börckel (Alfred), littérateur allemand, né, le 15 novembre 1851, à Mayence, il s'adonna d'abord au commerce qu'il quitta bientôt pour les lettres et devint bibliothécaire du Casino Gutenberg et de la bibliothèque municipale. On lui doit : « Vom Rhein », poésies, 1878 ; « Inko der Huronenhäuptling », 1880 ; « Frauenlob », 1881 ; « Die fürstlichen Mennesenger », 1882 ; « Guttenberg », 1883 ; « Der Philosoph von Sanssouci », 1885 ; « Strandlieder », 1885 ; « Arnold Walpod », 1887, etc.

Bordier (Arthur), médecin français, né, à Saint-Calais (Sarthe), en 1841, ancien interne des hôpitaux, ancien chef de clinique de la Faculté de médecine. M. le docteur Arthur Bordier est actuellement professeur de géographie médicale à l'École d'anthropologie de Paris. Il a publié : « La géographie médicale », 1883 ; « La Colonisation scientifique et les colonies françaises », 1884 ; « La Vie des Sociétés », 1887.

Bordier (Henri-Léonard), érudit français, né, à Paris, le 8 août 1817, d'une famille de l'Orléanais, émigrée en Suisse au XVI siècle pour cause de religion. Il suivit les cours de l'École de droit et de l'École des Chartes ; licencié en droit et archiviste-paléographe en 1870, secrétaire d'Augustin Thierry et auxiliaire de l'Académie des Inscriptions, membre de la commission des Archives départementales au ministère de l'intérieur en 1846, archiviste aux Archives nationales en 1850, mais démissionaire au début du deuxième empire, bibliothécaire honoraire des manuscrits à la Bibliothèque nationale en 1872, membre du Conseil central des Églises réformées de France et du Consistoire de Paris en 1882. On lui doit: « Du recueil des chartes mérovingiennes. Notice suivie des pièces mérovingiennes inédites », Paris, Dumoulin, 1850 ; « Les Archives de la France, ou Histoire des archives de l'empire, des archives des ministères, des départements, des communes, des hôpitaux, des greffes, des notaires etc. contenant l'histoire d'une partie de ces dépôts », id., id., 1854; « Les églises et monastères de Paris. Pièces en prose et en vers des IX, XIII et XIV siècles, publiées d'après les manuscrits, avec notes et préface », id., Aubry, 1856 ; « Histoire de France depuis les temps les plus anciens jusqu'à nos jours, d'après les documents originaux et les monuments de l'art de chaque époque », en collaboration avec M. Édouard Charton, 2 vol., 1859-60 ; « Le Grütli et Guillaume Tell ou défense de la tradition vulgaire sur les origines de la Confédération suisse », 2 brochures, en réponse à M. Albert Rillich, 1865 ; « Les inventaires des archives de l'empire », Paris, Bachelin Deflorenne, 1867 ; « Rectifications concernant les Huguenots » 1868 ; « Philippe de Rémi, sire de Beaumanoir », 1869 ; « Le Chansonnier huguenot du XVI siècle », 2 vol. 1869 ; « Une Fabrique de faux autographes, ou récit de l'Affaire Vrain-Lucas », en collaboration avec M. Émile Mabille, Paris, Techener, 1870 ; « L'Allemagne aux Tuileries de 1850 à 1870; collection des documents tirés du cabinet de l'Empereur », id., Beauvais, 1872 ; « Les Archives hospitalières de Paris », en collaboration avec M. Léon Brièle, id., Champion, 1877; « Peinture de la Saint-Barthélemy par un artiste contemporain, comparée avec les documents historiques », id., Fischbacher, 1878 ; « La Saint-Barthélemy et la critique moderne », id., id., 1879 ; « Description des peintures et autres ornements contenus dans les manuscrits grecs de la Bibliothèque nationale », id., Champion, 1885; « Douet d'Arcq, chef de la section historique aux Archives nationales », 1886. — M. Bordier a traduit en outre l': « Histoire ecclésiastique de France », de Grégoire de Tours ; il a rédigé avec M. Ludovic Lalanne un mémoire sur la mystérieuse « Affaire Libri » et un « Dictionnaire des pièces autographes volées aux bibliothèques publiques de la France », et il dirige sous les auspices de la Société de l'histoire du protestantisme français, la publication de la deuxième édition de la « France protestante », des frères Haag, Paris, Fischbacher 1877 et suiv. édition assez sérieusement remaniée et considérablement augmentée pour constituer une œuvre véritablement nouvelle et originale.

Bordone (Philippe-Toussaint-Joseph BOURDON dit), aventurier français, né, à Avignon, en 1821, où il a été pharmacien. M. Bordone, après être devenu, on n'a jamais trop su comment ni pourquoi, général et chef d'état-major de Garibaldi pendant la guerre de France en 1870-71, et s'être acquis une renommée bruyante à la suite de plusieurs procès fort retentissants, a publié quelques ouvrages dans lesquels il a essayé de réfuter les nombreuses accusations qu'on lui faisait: « Garibaldi et l'armée des Vosges », 1871, 3 vol.; « L'Armée des Vosges et la commission des marchés », 1873; « L'Armée des Vosges et la commission d'enquête sur les actes du gouvernement de la Défense nationale », 1875; « Garibaldi, sa vie et ses aventures, ses combats », 1878. Avec « Garibaldi », drame en cinq actes, représenté au Théâtre des Nations en 1880, il a voulu aussi essayer du théâtre, mais la pièce est tombée après un des fiascos les plus bruyants dont les scènes françaises gardent le souvenir.

Bordoni-Uffreduzzi (Giuseppe), écrivain et médecin italien, professeur agrégé de pathologie à l'université de Turin, bactérologue au bureau d'hygiène de la municipalité de Turin, directeur de l'Institut contre la rage de la même ville, né, à Pérouse, le 28 février 1853 ; il fut reçu docteur en médecine et chirurgie dans l'université de Turin, en 1882; il continua ses études à Munich et à Berlin, en se dédiant tout spécialement à la bactériologie dont, en 1886, il inaugura un cours spécial à l'université de Turin; en 1887, chargé par la municipalité de Turin, il se rendit à Paris pour y étudier le système Pasteur contre la rage qu'il applique maintenant à Turin dans un Institut de sa création. Il a publié : « Sulla fisiologia del sonno », 1884; « Sul decubito »; « Sul premio dei vitelli neonati »; « I microparassiti nelle malattie d'infezione », manuel de bactériologie, Turin, 1886 ; « Ueber die biologischen Eigenschaften der normalen Hautmikrophyten », Berlin, 1885; « La coltivazione del bacillo della Lebbra », dans l'*Archivio per le scienze mediche*, vol. XII; « Sull'Eziologia della meningite cerebrospinale epidermica », en collaboration avec le prof. Foa; « L'esame biologico del ghiaccio in rapporto colla pubblica igiene »; « Ueber den Proteus hominis capsulatus », Berlin, 1887; « L'esame batteriologico del sangue e la cura Pasteur », dans la *Riforma medica*, 1887; « Sulla cura preventiva della rabbia », rapport au maire de Turin, Turin, 1888.

Borel-Girard (Charles-Louis-Gustave), écrivain suisse, né, à Neuchâtel, le 26 mars 1845. Il fit ses études classiques au collège de sa ville natale, ses études théologiques à Neuchâtel,

Bâle et Tubingue ; d'abord pasteur de l'Église nationale en 1868, puis de l'Église indépendente en 1873, il s'est fait connaître comme prédicateur et conférencier. Il a donné trois volumes de vers : « Brins de mousse », 1868 ; « Roses de Noël », 1879 ; « Chants d'Avril », 1881 ; et un opuscule théologique : « Le lendemain de la Mort », 1886.

Borel d'Hauterive (André-François-Joseph), généalogiste et paléographe français, conservateur honoraire de la bibliothèque Sainte-Geneviève, né, le 3 juillet de l'année 1812, à Lyon. M. Borel d'Hauterive débuta, en 1835, par un livre intitulé : « La Saône et ses bords », et il collabora au livre de Charles Nodier : « La Seine et ses bords ». On a encore de lui : « Histoire de Cadet Pallier » ; « Précis historique sur la Maison royale de Saxe », Paris, 1843 ; « Les Grands Corps politiques de l'État. Biographie complète des membres du Sénat, du conseil d'État et du corps législatif », id., Dentu, 1852 ; « Le Monarque de la sagesse, son tombeau et sa famille », id., Bachelin-Deflorenne, 1869 ; « Les Sièges de Paris, annales militaires de la capitale depuis Jules César jusqu'à ce jour », id., Dentu, 1871 ; M. B. d'H. publie depuis 1856, chez Dumoulin ; « L'Armorial général de France », dont ont déjà paru 3 vol., et depuis 1842, chaque année chez l'éditeur Dentu : « L'Annuaire de la noblesse de France et des maisons souveraines de L'Europe ».

Borelius (Johan-Jakob), philosophe suédois, né, le 27 juillet 1823. Il fit ses études à Upsal et, depuis 1866, est professeur de philosophie théorétique à l'Université de Lund. M. B. a publié plusieurs ouvrages de philosophie, dans lesquels il se montre partisan des doctrines hégéliennes. Citons entr'autres : « I hvad afseende är Hegel panteist », 1851 ; « Den dogmatiska rationalismens strid mot den spekulativa filosofien », 1857 ; « Kritik öfver den boströmska filosofien », 1859-60, critique du système de philosophie d'un de ses compatriotes Boström, philosophe idéaliste et rationaliste, mort en 1866 ; « Lärobok i den formella logiken », 1863, 3me éd., 1871 ; « Anmärkningar vid Herbarts filosofiska system », 1866 ; « Den gamla och den nya tron », 1874 ; « Skandinavien och Tyskland », 1877.

Borelli (Jean-Baptiste), médecin et homme politique italien, né, à Boves (province de Côni), au mois d'août 1813. Reçu docteur en médecine à l'Université de Turin, il entra en qualité d'interne à l'Hôpital que l'Ordre des Saints Maurice et Lazare entretient dans cette ville, et il y resta quarante-six ans, dont trente et un comme chirurgien en chef. En 1876, élu député au Parlement, il prit sa retraite ; le 12 juin 1881, il était nommé Sénateur du Royaume. M. Borelli qui est membre de plusieurs Académies et compagnies savantes italiennes et étrangères a vu plusieurs de ses travaux couronnées par des sociétés savantes ; nous citerons entr'autres, une médaille d'or décernée par la Société de médecine de Toulouse à son Mémoire sur les Injections iodates et une médaille d'argent décernée par la Société Nationale d'Industrie et de Commerce de Paris à un Mémoire sur l'Application de la lumière électrique à la navigation et à l'industrie qu'il insérait, en 1854, dans la *Presse* de feu Émile de Girardin. M. B. a fondé deux journaux de médecine; en 1850, la *Gazzetta medica degli Stati Sardi*, devenue plus tard la *Gazzetta medica di Torino*, et dont il garda la direction pendant vingt ans, et le *Giornale d'oftalmologia italiana*, qu'il dirigea pendant quinze ans; depuis qu'il a quitté l'exercice de la profession, il a collaboré assidument à la *Gazzetta di Torino*, à la *Sentinella delle Alpi* de Côni, au *Popolo Romano*, au *Diritto* de Rome et surtout au *Pensiero di Nizza*, dont il est un des collaborateurs ordinaires. Le cadre de notre dictionnaire ne nous consentant pas de nous occuper de tout ce que M. Borelli a fait pour le progrès intellectuel et matériel de son pays natal, nous nous bornons a donner ici le titre de ses principaux ouvrages. Parmi ses travaux scientifiques nous citerons : « Osservazioni intorno ad una proposizione di Gio. Rasori nella sua Teoria della flogosi », 1837 ; « De scirrho et cancro, specimen inaugurale », id., 1840 ; « Monografia topografica dell'epidemia tifoidea della Valle d'Aosta », id., 1846 ; « Della Eterizzazione nelle operazioni chirurgiche », id., 1847 ; « Del Collodion nelle sue operazioni terapeutiche », id., 1849 ; « Sul metodo della ligatura nel trattamento della Stafiloma », mémoire présenté au Congrès ophtalmique de Bruxelles, en 1857 ; « Alessandro Riberi. Cenni necrobiologici », Turin, 1861 ; « Della riduzione incruenta nelle ernie inguinocrurali strozzate », Turin, Bottero, 1867 ; « Raccolta di osservazioni clinico-patologiche », 2 vol., id., id., 1868 ; « Congresso oftalmologico internazionale tenuto in Parigi nei giorni 12-14 agosto 1867. Relazione », id., id., id. ; « Sul secondo concorso al premio Riberi ; appunti critici », id., id., 1869 ; « Mezzi per distinguere la morte reale dall'apparente », id., id., id. Non moins nombreuses sont les publications faites par M. Borelli comme homme politique et publiciste ; citons entr'autres : « Progetto di legge pel riordinamento dell'istruzione pubblica superiore presentato alla Camera dei deputati il 17 giugno 1876 », Florence, Botta, 1876 ; « Questioni ferroviarie », id., id., 1878 ; « Logistica ferroviaria », id., id., 1880 ; « Antiche strade romane nel circondario di Boves (Cuneo) e loro raccordamento colle romane storiche », id., id., 1883 ; « Infanticidio e matrimonio », id., id., 1884 ; « Bovesani illustri », Turin, Roux et Favale, 1886 ; « Studii filosofici sociali », 3 parties, Rome, Botta, 1886-87; « Saggio di riforme nel regime costituzionale e parlamentare italiano », 2e éd., id., id., 1888 et plusieurs brochures comme: « La questione semitica e la sua possibile soluzione »; « Il riposo delle domeniche ed altri giorni festivi »; « L'insegnamento religioso nelle scuole », etc.

Boretius (Alfred), illustre jurisconsulte allemand, né, à Meseritz (Pologne allemande), le 27 février 1836, professeur ordinaire à l'Université de Halle, fort connu pour ses profondes études sur le droit du moyen âge, dans lesquelles il eut pour maître l'illustre Jean Merkel. Collaborateur des *Monumenta Germaniæ*, il aida Pertz dans la publication des deux premiers volumes des *Leges*, et plus tard, en 1868, il publia dans le quatrième volume le « Liber legis Longobardorum », ou « Liber Papiensis », en y préposant une docte préface qui sert d'introduction à l'ouvrage. Par ce travail M. Boretius a mis son nom à côté de celui des Savigny, des Merkel, des Bluhme et des autres savants allemands qui ont illustré le droit du moyen âge. Il a publié, en outre, plusieurs autres travaux, parmi lesquels nous en citerons deux, d'une grande portée scientifique, sous les titres: « Die Capitularien im Langobardenreich », Halle, 1864, et « Beiträge zur Capitularien Kritik », Leipzig, 1874, qui lui ont valu l'honneur d'être chargé par la Direction des *Monumenta Germanica* d'une nouvelle édition des capitulaires pour ce recueil. Citons encore de lui: « Friedrich der Grosse in seinen Schriften », 1870. M. B. est actuellement collaborateur de la *National Zeitung* de Berlin.

Borgmann (Eugène), chimiste allemand, assistant de M. le prof. Fresenius au Laboratoire de Wiesbaden, né, le 10 août 1843. Il a traduit en allemand les « Études sur le Vinaigre » de Pasteur, et publié à Wiesbaden : « Systematischer Gang der qualitativen und quantitativen Analyse der Harns, zur achten Auflage von Neubauer und Vogel Harnanalyse »; « Anleitung zur chemischen Analyse der Weiner » ; un grand nombre de dissertations sur le vin, la bière, les aliments, les boissons etc. Il collabore activement, depuis 1878, au journal de Biedermann *Centralblatt für Agrikulturchemie*.

Borgognoni (Adolphe), homme de lettres italien, écrivain de talent, né, le 4 novembre 1840 à Corropoli, (province de Térame, Abruzzes), où son père, natif des Romagnes, exerçait la médecine. Il fit ses études à Bologne, où, en 1861, il fut reçu docteur en droit. Il s'adonna cependant exclusivement à la littérature, et il enseigna successivement dans le Gymnase d'Imola et dans l'Institut technique de Ravenne, où il demeure. On lui doit: « Fiori, Fronde e Stecchi », vers, 1863; « L'Epistola a Cane Scaligero »; « Voci del cuore e delle cose », vers, 1876; « Lorenzino de'Medici », dans la *Nuova Antologia;* « Studii d'erudizione e d'arte », 1877-78; « Il canto dello sbadiglio », 1878; « Biografia di Giosuè Carducci », comme introduction au recueil des « Poesie », publié par Barbèra; les « Poesie de Marchetti », avec introduction; « Saggio delle lettere di Luigi Carlo Farini », avec préface; « Dante da Maiano », Ravenna, 1882; « La questione Maianesca », Città di Castello, Lapi, 1885; « Matelda, studio dantesco », Città di Castello, Lapi, 1887; « Rime e versi », Ravenna, 1886. Après avoir pris part à la rédaction de journaux politiques tels que le *Romagnolo*, la *Cronaca Romagnola*, la *Giovine Romagna*, et avoir publié deux brochures politiques: « Divagazioni d'un malfattore di Ravenna », et « I Repubblicani in Parlamento », M. B. a restreint sa collaboration aux journaux littéraires, tels que la *Nuova Antologia*, *Fanfulla della Domenica*, *Domenica del Fracassa*, *Cronaca Bizantina*, *Propugnatore*, etc.

Bormann (Edwin), littérateur allemand, né, le 14 avril 1851, à Leipsig; après avoir fréquenté le Polytechnicum de Dresde et les Universités de Leipzig et de Bonn, il revint se fixer dans sa ville natale, où il collabore à plusieurs journaux humoristiques. M. B. s'est fait surtout remarquer comme écrivain en dialecte saxon. Ses principaux ouvrages sont : « Seid umschlungen, Millionen », 1879; « Mei Leibzig low ich mir », 1882; « Reinecke Fuchs », 1882; « Schelmenlieder », 1883; « Leib'ger allerlei », id.; « Biff! Baff! Buff! », 1884; « Schwalbenbrief », 1885; « Die Tafelrunde », 1886.

Bormans (Stanislas), érudit belge, né, à Hasselt (prov. du Limbourg), le 2 février 1835. Reçu docteur en philosophie et lettres, en 1857, M. Bormans fut élu membre de la Commission royale pour la publication des anciennes lois et ordonnances de la Belgique, en 1870; membre de la Commission royale d'histoire, en 1875; correspondant de l'Académie de Belgique, en 1874; et membre titulaire de cette compagnie savante, en 1879. Depuis 1857, il a été attaché aux Archives du royaume, d'abord à Liège, puis à Namur, puis de nouveau à Liège, où il est, depuis 1884, conservateur du dépôt de l'état. On a de lui de nombreuses et remarquables études publiées dans le *Bulletin*, l'*Annuaire* et la *Biographie nationale*, édités par l'Académie royale de Belgique; dans les *Bulletins* de l'Académie d'archéologie, de la Commission d'archéologie, de la Commission d'histoire, de l'Institut archéologique liégeois, de la Société liégeoise de littérature wallonne, de la Société historique et littéraire du Limbourg, des Commissions d'art et d'archéologie; dans les *Annales* de la Société archéologique de Namur, de l'Institut archéologique du Luxembourg, du Cercle hutois des sciences et des beaux-arts; dans les *Analectes pour servir à l'histoire ecclésiastique de la Belgique*, les *Procès verbaux* de la Commission pour la publication des anciennes lois, la *Revue de la Numismatique belge*, le

Messager des Sciences historiques, le *Bibliophile belge*, l'*Athenœum belge*, l'*Atlas topographique des villes des Pays-Bas au XVIe siècle*, le *Jahrbuch des heraldisch-genealogischen Vereines Adler*, de Vienne, etc. Il a écrit des mémoires curieux sur les anciennes corporations de métiers de la ville de Liège : « Les Tanneurs », Liège, 1863; « Les Drapiers », Liège, 1886 : un « Glossaire roman-liégeois », entrepris avec l'aide de M. Body, mais resté inachevé; une « Liste chronologique des édits et ordonnances de la principauté de Liège, de 974 à 1505 », Bruxelles, 1873. Pour la Commission des anciennes lois, il s'est chargé de publier conjointement avec MM. L. Pollain et L. Crahay, le « Recueil des ordonnances de la principauté de Liège » ; et les « Coutumes du pays de Liège ». Pour la Commission d'histoire, il a achevé la publication, commencée par feu M. A. Borgnet, de la célèbre chronique de Jean des Preis, dit d'Outre-Meuse « Ly Myreur des histors », Bruxelles, 1877 et 1880 ; et il a édité le « Mémoire du légat Onufrius sur les affaires de Liège, en 1468 », Bruxelles, 1885. Pour la société des bibliophiles liégeois, il a fait paraître la « Chronique des évêques de Liège d'après un manuscrit de la Bibliothèque nationale de Paris », Liège, 1864; le « Chronicon lodiense » de Mathias de Leewis, etc. Enfin pour répondre au désir exprimé par le Conseil provincial de Namur, il a préparé l'impression des cartulaires de Namur, de Dinant, de Couvin et des petites communes de la province, Namur, 1873 à 1882. Ce dernier travail a valu à M. Bormans une médaille d'or, qui lui a été décernée par la députation permanente du conseil provincial.

Bormans (Théophile), magistrat belge, né à Liège, le 5 septembre 1837, actuellement conseiller à la cour d'appel de Bruxelles et membre du conseil communal de Saint-Josset-en-Noode. M. B. a publié des travaux juridiques très importants, parmi lesquels nous citerons : « Code de procédure civile », Bruxelles, 1876 à 1879 ; « Traité de l'alignement » Arlon, 1879 ; « Répertoire belge de législation, d'instructions, de doctrine et de jurisprudence concernant la médecine légale, l'exercice de l'art de guérir et la police sanitaire », Bruxelles, 1882 ; « Commentaire législatif et doctrinal du code de procédure civile belge », id., 1884-85; « Code des constructions », id., 1887.

Born (Étienne), écrivain allemand résident en Suisse, né, le 28 décembre 1824, à Lissa, dans la province de Posen, étudia à Berlin la philologie, tout en poursuivant son apprentissage typographique. Affilié aux sociétés secrètes, il s'expatria, en 1846, pour échapper aux poursuites de la police et habita Paris, Genève, Bruxelles. Mêlé à Berlin à la révolution du 18 mars 1848 et à Dresde à celle du 4 mai 1849, il rédigea à Leipsig le journal *La Fraternité* en 1848-49, se fixa, en 1849, à Zurich, en même temps que Semper et Richard Wagner et reprit ses études de philologie et d'histoire naturelle à l'Université. Professeur de langue et de littérature allemandes au gymnase (1860) et à l'Académie (1866) de Neuchâtel, professeur extraordinaire pour la littérature comparée à l'Université de Bâle (1878) et rédacteur du journal : *Die Basler Nachrichten*, il fut nommé président de l'association de la presse suisse. On lui doit des drames de jeunesse sur Étienne Marcel, Hans Waldmann, joués à Berne et à Zurich, des manuels pour l'enseignement de la langue allemande (résumé de la grammaire, chrestomathie), des notices biographiques et esthétiques sur Voltaire, J.-J. Rousseau, Châteaubriand, Georges Sand dans la collection *Spemann*, une introduction aux œuvres complètes de Henri Heine pour l'édition Cotta, des conférences sur Beaumarchais, André Chénier, Byron, Zschokke, Henri Heine, Lenau ; « L'École romantique en Allemagne et en France » dans la *Bibliothèque des Conférences des professeurs suisses;* des traductions en allemand d'ouvrages de Ch. Martens, Renan, Alphonse Daudet, etc.

Bornecque (Jules), officier et écrivain militaire français, capitaine au 1er Régiment du Génie, né, à Massevaux (Alsace), le 17 octobre 1838, a publié, à partir de 1876, chez Dumaine et chez Baudoin son successeur, les ouvrages suivants: « La guerre civile aux États-Unis d'Amérique », (traduction) ; « Guide pour l'enseignement de la Fortification permanente par Brunner, du génie autrichien », (trad.) ; « Guide de la Fortification de campagne », (trad.) ; « Guide de la guerre de siège », (trad.) ; « Surprise de Bergop-Zoom » ; « Défense de Portugalette, en 1873 » ; « La cartographie militaire à l'Exposition universelle de 1878 » ; « Les locomotives routières considérées au point de vue militaire »; « Organisation des services accessoires dans une forteresse assiégée » ; « Emploi des feux d'infanterie dans la guerre de siège », (trad.) ; « La chaussure militaire » ; « La coiffure militaire » ; « Les fortifications de Deligrad », (trad.) ; « Italicæ Res », (trad.) ; « Le rôle des camps retranchés modernes dans les guerres futures », (trad.) ; « Les combats de Halijas et de Zewin », (trad.) ; « Le rôle de la fortification dans la dernière guerre d'Orient » ; « Emploi des retranchements de campagne sur le champ de bataille et leur influence sur la tactique », (trad.) ; « Emploi de la pelle d'infanterie pour l'exécution des travaux de fortification improvisée », (trad.) ; « Examen de système de fortification des principales puissances de l'Europe », (trad.) ; « La photographie appliquée au lever des plans » ; « Recherches et expériences faites sur les obus torpilles » ; « Les fusils à répétition ». — M. Jules Bornecque a, en outre, collaboré à plusieurs journaux militaires.

Bornier (Vicomte Henri de), poète et auteur dramatique français, né à Lunel (Hérault) le 25 décembre 1825. Il fit ses études aux Séminaires de Versailles, de Montpellier et de Saint-Pons. Il alla, en 1845, faire son droit à Paris. Il y publia cette même année, chez Desloges, un volume de vers, les « Premières feuilles » et présenta au Théâtre français un drame en cinq actes, en vers : « Le mariage de Luther », qui fut reçu à correction. Nommé par le ministre de Salvandy surnuméraire à la bibliothèque de l'Arsenal, il y est devenu bibliothécaire. M. de B. a donné au théâtre : « Dante et Béatrix », drame en 5 actes et en vers, Paris, Lévy frères, 1853 ; « Le Monde renversé », comédie en un acte en vers (jouée sur le théâtre français de Saint-Pétersbourg), id., Brière, id. ; « La muse de Corneille », comédie en un acte en vers (Odéon), id., Lévy, 1864 ; « Le quinze janvier », à propos pour l'anniversaire de la naissance de Molière (Français), id., Masgana, 1860 ; « La cage du lion », comédie en vers, id., Ducessois, 1862 ; « Agamemnon », tragédie en cinq actes, imitée de Sénèque (Français), id., Lévy, 1868 ; « La Fille de Roland », drame en 4 actes en vers, id., Dentu, 1875, représentée avec le plus grand succès au théâtre français ; « Dimitri », opéra en cinq actes et sept tableaux en collaboration avec Armand Silvestre, musique de Victorin Joncières, id., Dentu, 1876 ; « Les Nôces d'Attila », drame en 4 actes, en vers (Odéon), id., id., 1880, pièce qui donna argument à une brochure publiée par l'auteur, sous le titre : « Attila, à propos d'un drame nouveau », id., id., id. ; « L'Apôtre », drame en 3 actes, en vers, id., id., 1881 ; « Agamemnon », un acte en vers d'après Eschyle (Opéra), 1886. Parmi ses poésies, nous citerons : « La Guerre d'Orient », poème, Paris, Taride, 1858 ; « La Sœur de charité au XIX siècle », id., Douniol, 1859 ; « L'Isthme de Suez », poème, id., Dentu, 1861 ; « La France dans l'extrême Orient », poème, id., Douniol, 1863 ; ces quatre derniers poèmes ont été couronnés par l'Académie française ; « Le Monument d'Alexandre Dumas », poésie, id., Ollendorff, 1874 ; « Napoléon à Corneille », poésie pour le centenaire à Rouen », id., id. ; « Les deux villes », poésies, id., Dentu, 1875 ; « Le Ruisseau et la rivière, fable, suivie du toast à Victor Hugo », id., Ollendorff, 1879 ; un volume de ses « Poésies complètes (1850-1881) », a paru, en 1881, chez Deutu ; on lui doit encore plusieurs romans : « Le Fils de la terre » Paris, Douniol, 1864 ; « Un cousin de passage, scènes de la vie de château », Nantes, Forest et Grimaud, 1865 ; « La Lizardière », Paris, Dentu, 1883 ; « Comment on devient belle », id., id., 1884 ; « Le Jeu de vertus », id., id., 1885 ; un grand nombre de poésies, nouvelles, discours, parmi lesquels, à citer : « Éloge de Chateaubriand », Paris, Didot, 1864, et « La Cigale à Paris », id., Sandoz et Fischbacher, 1877 ; des critiques littéraires, comme : « La Politique de Corneille », Paris, Dentu, 1879. — L'hiver prochain sera représenté à la Comédie Française un nouveau drame de M. de Bornier « Mahomet », dans lequel l'auteur met en scène la jeunesse de Mahomet.

Borson (Jean-François), général et écrivain militaire français, né, en 1825, à Chambéry (Savoie) ; fit ses études à Genève et à Paris, où il obtint le grade de licencié ès-sciences mathématiques (juillet 1844). Entré dans l'armée Sarde, par voie de concours, il fut nommé lieutenant au corps royal d'État-Major, en septembre 1845, puis continua à servir dans cette arme jusqu'en 1860, époque à laquelle il passa au service de la France, à la suite de l'annexion de son pays natal. M. Borson a siégé, de 1857 à 1859, comme député au Parlement piémontais et il a été élu à deux reprises secrétaire de la Chambre des députés. Il est actuellement général de division à Montpellier. Il a publié une « Étude sur la frontière du Sud-Est depuis l'annexion à la France de la Savoie et du comté de Nice », dans la *Revue militaire française*, 1870, (ce travail a été édité en brochure par Dumaine) ; dans la *Revue catholique des Institutions et du Droit*, Grenoble, 1873, un travail intitulé : « Du repos et de la sanctification du dimanche au point du vue social », par un officier supérieur (anonyme). Dans l'*Annuaire du Club Alpin français* de l'année 1874 : « Le Mont Iseran », étude de géographie alpine, Paris, Chamerot, 1875. Dans les comptes-rendus de l'Académie de Clermont-Ferrand : « La nation gauloise et Vercingétorix », conférence publique faite, le 17 août 1879, dans la grande salle de la Mairie de Clermont-Ferrand ; « Discours prononcé, le 23 février 1888, à Montpellier, aux obsèques du Général Perrier, directeur du service géographique de l'armée », Montpellier, Bochin, 1888. Un compte-rendu de « L'Exposition militaire du ministère de la guerre en 1867 » ; et quelques articles sur la cartographie ; quelques articles et discours anonymes ou signés dans des publications périodiques ou dans des journaux, etc. Citons encore le discours « Sur le Diguement de l'Isère », prononcé le 8 mai 1858 à la Chambre des députés de Turin.

Bortolotti (Fanny, née GHEDINI), femme poète italienne, née, le 16 Septembre 1820, au Caire (Égypte), où son père M. Gaetano Ghedini, ingénieur, s'était rendu pour faire des reliefs sur l'isthme de Suez. Revenue de bonne heure à Bologne, d'où sa famille était originaire, elle fut élevée dans un milieu littéraire et se fit bientôt connaître comme poète et poète patriote. Ayant épousé M. Bortolotti, typographe de Milan, elle se transféra dans cette dernière ville et se livra surtout à des travaux de traduction.

En 1859, elle fonda, la première parmi les femmes italiennes, un journal: *L'albo delle donne italiane*, mais les conditions politiques de l'époque ne permirent pas à cette publication, qui s'annonçait sous les meilleurs auspices, d'arriver à son second numéro. En 1863, elle publia chez l'éditeur Agnelli de Milan « I proverbi spiegati al popolo », couronné par la Société pédagogique de la même ville, et qui fut réédité, en 1865, par Trevos de Milan. Nous connaissons encore d'elle: « Dialoghi istruttivi pei fanciulli del popolo »; « I primi anni di celebri personaggi »; « Lo Statuto spiegato al popolo », Vicence, Buratto, 1867 ; « Lo Statuto spiegato al popolo delle campagne », Milan, Agnelli, 1869 ; « Cenni biografici di Anna Morandi-Manzolini », Milan, Bortolotti, 1883.

Bosc (Ernest), architecte français, né à Nîmes, en 1837. On doit à M. Bosc plusieurs publications non seulement techniques, mais aussi d'arguments politiques et financiers. Voici la liste de tout ce que nous connaissons de lui: « Traité complet de la tourbe », Paris, Baudry, 1870; « Le Suffrage universel, l'arme à deux tranchants », id., Cherbuliez, 1871 ; « La République devant le Suffrage universel », id., id., id.; « Crise financière, moyen pratique de la conjurer », id., id., id.; « Le Salon de 1872, (Architecture) », id., Veuve Morel, 1872 ; « Des concours pour les monuments publics à propos du concours de l'Hôtel de ville de Paris », id., Baudry, 1872 ; « Du chauffage en général et plus particulièrement du chauffage à la vapeur et au gaz hydrogène », conférence, id., Vᵉ Morel, 1875; « Architecture rurale. Traité des constructions rurales », id., id, id.; « Traité complet théorique et pratique du chauffage et de la ventilation des habitations particulières et des édifices publics. Chauffage des wagons, ventilation du logement, des animaux domestiques, des ateliers ordinaires, etc. », id., id., id.; « Dictionnaire raisonné d'architecture et des sciences et des arts qui s'y rattachent », 4 vol., id., Didot, 1876-1880 ; « Dictionnaire général de l'archéologie et des antiquités, chez les divers peuples », id., id., 1880 ; « Dictionnaire de l'art, de la curiosité et du bibelot », id., id., 1882. — M. B. a publié en outre en collaboration avec L. Bonnemère : « Histoire nationale des Gaulois sous Vercingétorix », Paris, Didot, 1881, et, avec M. André Louis, un roman de mœurs languedociennes : « La Haine d'un gardien », Nîmes, Librairie du *Petit Méridional*, 1885.

Bosch (Edgar), écrivain militaire français, né à Rosheim, (Bas-Rhin, Alsace), le 26 juillet 1854. Entré à l'École polytechnique, en 1872, puis à l'École d'application de l'artillerie et du génie, en 1874, il en sortit lieutenant d'artillerie, en 1876. Il fut nommé capitaine commandant, en l'année 1877, et reçu élève à l'École supérieure de guerre, où il resta deux ans

1882-1884. Il est attaché, depuis cette époque, au comité consultatif de l'artillerie et à la section technique de l'artillerie pour collaborer à la rédaction de la *Revue d'Artillerie*, publication mensuelle. Tous les travaux du capitaine Bosch ont été publiés dans cette *Revue*. Les plus importants ont fait l'objet de tirages à part. Ce sont : « l'Artillerie anglaise en 1884 »; « Le matériel de l'artillerie des États-Unis »; « Le matériel de l'artillerie (système de Bange) à l'Esposition d'Anvers »; « La Tourelle de Saint-Chamond et la coupole Gruson aux expériences de Bucarest »; « Les canons à tir rapide Hotchkiss ». Quelques autres articles n'ont pas été tirés à part : « Le matériel de l'artillerie italienne »; « Les canons de gros calibre de l'artillerie espagnole »; « Le fusil allemand modèle 1871-1884 »; « Tirs de siège exécutés par l'artillerie anglaise 1882 à 1885 »; « Nouvelles règles de tir de l'artillerie autrichienne »; « Le réglement de manœuvres de l'artillerie allemande pendant les grandes manœuvres de 1877 »; « Les canons pneumatiques Zelinski »; « La loi militaire de 1888 en Allemagne »; « Aphorismes de manœuvres », traduits de l'italien.

Boschetti-Confortini (Thérèse), femme de lettres italienne, née à Schio (prov. de Vicence); elle a publié des esquisses remarquées; citons : « Per le nozze Asquini-Fulco », Vicence, 1870; « Bozzetti di storia naturale », id., 1871, couronné par le Ministère de l'instruction publique; « La Frana di Rossberg »; « La Tomba del Re Amleto »; « La Chiesa di Nörwig », dans le journal *La Donna*, 1877; « Tra i monti », dans le journal *La Famiglia e la Scuola* de Milan, 2ᵐᵉ année; « Per le nozze Panciera-Boschetti », Vicence, 1881; « Bozzetti di storia naturale » dans l'*Educatore Italiano* de 1885.

Boselli (Paul), économiste, jurisconsulte et homme d'État italien, depuis 1870, député au Parlement, depuis 1882, président du Conseil Provincial de Turin, docteur agrégé de la Faculté de jurisprudence de Gênes, professeur de la Science de la Finance à l'Université de Rome, président du Conseil Supérieur de la Marine Marchande, président de la Société économique de Rome, membre de plusieurs Sociétés savantes, décoré de plusieurs ordres italiens et étrangers, entr'autres, officier de la Légion d'Honneur de France, commandeur des Ordres de Charles III et de la Conception d'Espagne, Grand officier de l'Ordre de Léopold de Belgique, etc., Ministre actuel de l'Instruction Publique, est né, le 18 juin 1838, à Savone, d'une très-ancienne famille de cette ville. Il fit ses études dans sa ville natale et à l'Université de Turin, où enseignaient alors Scialoia, Melegari, Pescatore, Ferrara, Mancini et autres illustrations de la jurisprudence. Reçu docteur, en 1860, il fit ses débuts littéraires dans les revues et dans les journaux du temps, entr'autres, dans l'*Italia letteraria*, fondée à Turin, par Angelo De Gubernatis. Entré dans la carrière administrative, au Conseil d'État, il fit vite son chemin, et commença à se produire et à se distinguer, par son activité, son zèle et son intelligence, comme secrétaire général de la Commission Italienne à l'Exposition de Paris de l'année 1867. Nous le retrouvons, en 1869, secrétaire général du Congrès Pédagogique de Turin, et délégué du Gouvernement italien à l'ouverture du Canal de Suez, et entre les années 1869-73, président de la *Giunta permanente di Finanza*, créé par Quintino Sella, dont il était le disciple et l'ami, en 1878, président de la Commission pour la réformation des écoles techniques et il rend des services éclatants au pays comme président et relateur de la Commission d'Enquête sur la Marine marchande, qui donna lieu à plusieurs lois favorables à notre marine. En 1885, il représentait, comme délégué du gouvernement, l'Italie à l'Exposition internationale d'Anvers. En 1886, il stipulait au nom du Gouvernement Italien, un Traité de navigation avec la France, malheureusement repoussé par la Chambre française. En attendant le volume de « Discorsi e scritti varii » du député et ministre Boselli qui s'imprime à Turin, avec une large introduction biographique du professeur Isidoro Marchini, sans compter les nombreux discours et les nombreuses et importantes relations au parlement, parmi les publications du ministre Boselli, nous signalons: « Il trattato di commercio e la Liguria », 1875; « Il lavoro dei fanciulli », 1880; « L'evoluzione storica dell'operosità Ligure »; « Inchiesta sulla Marina mercantile; « Le droit maritime en Italie » (vol. présenté au Congrès international d'Anvers).

Bosia (Joseph), ecclésiastique et littérateur italien, né, à Salerano sur le Lambro (province de Milan), le 2 mars 1810. M. Bosia qui a été, pendant quelque temps, professeur de philosophie au Lycée de Lodi, a publié : « Sulla eccellenza degli studii filosofici »; « Sulla indipendenza della patria »; « Il Clero e la libertà della patria »; « L'Episcopato italiano e la indipendenza nazionale »; « Vincenzo Gioberti »; « I Voti degli amatori della patria e della religione »; « Lo Spirito di partito »; « Considerazioni sul principio di libertà », Lodi, 1878.

Bosq (Paul), journaliste et publiciste français, né, à Marseille, le 25 février 1845. Il a publié des articles dans divers journaux et revues de Marseille, de 1860 à 1865. En 1865, M. B. vint à Paris et collabora à l'*Époque*, journal de l'opposition libérale, fondé et dirigé par Ernest Feydeau ; au *Soleil* littéraire, fondé par Polydore Millaud et au *Petit Journal*. Depuis M. B. a écrit dans de nombreux journaux, notamment à l'*Écho*, au *Globe*, à la *Patrie*, au *Gaulois*. Il a publié plusieurs articles remarqués dans le *Figaro*; des nouvelles et des romans dans le *Gil Blas*, le *Temps*, etc. Actuellement M. B. est rédacteur au *Soleil* d'Édouard Hervé, où il publie des articles sous son nom, et écrit, chaque jour, sous le pseudonyme: A. FONTENAY. Rédacteur également au *Petit Marsellais*, sous son nom et sous le pseudonyme de JAC-MERCIER. M. B. a publié en librairie : « Marseille et le Midi à l'Exposition universelle de 1878 », Paris, Didot, 1879 ; « Voyage autour de la République », Paris, Chevalier-Marescq, 1874 ; « Versailles et les Trianons », Paris, Librairie Renouard, 1887. En collaboration avec Théodore Henry, il a publié : « Les Treize femmes de Gaspard de Besse », Paris, Librairie internationale, 1883.

Bossanne (Henri), poète francais, est né, dans le département de la Drôme, en 1853. A dix-sept ans il suivit les cours de l'École des Beaux-arts de Lyon, puis il servit pendant la guerre en qualité de sapeur du génie, sous les ordres du capitaine Laisant, aujourd'hui député. Il abandonna la sculpture pour les lettres. Ses productions poétiques sont d'un talent robuste et d'un amoureux sensé de la forme. D'une conception élevée, humanitaire, elles ont obtenu presque toutes, dans les concours, les premières récompenses et ont été insérées dans les revues et les journaux de province. La plupart sont réunies en volume et ont été éditées à Paris, les autres à Vienne. Il faut citer: « La Plainte de paria », 1885; et « Fleurs Sauvages », 1887.

Bosscha (Jean), physicien hollandais, né, le 18 novembre 1831, à Breda (Nouveau Brabant); il fit ses études à Deventer et à Leyde; en 1857, assistant au cabinet d'histoire naturelle à Leyde; en 1860, professeur à l'académie militaire de Breda; en 1863, inspecteur scholaire, il devint, en 1872, professeur à l'école polytechnique de Delft qu'il dirige depuis 1878. Ses dissertations sur différentes parties de la science physique publiées en langue hollandaise et fort appréciées par les savants, ont été traduites en allemand et insérées dans les *Annalen* de Poggendorff.

Bossert (Adolphe), homme de lettres français, éminent historien de la littérature, né à Barr (Bas-Rhin) le 10 juin 1832; il fit ses études à Strasbourg, à Paris, à Berlin, à Vienne et à Dresde. En 1867, le ministre Duruy le chargea d'un cours de littérature allemande à la Sorbonne comme *privat Docent*. Après la guerre, M. B. fut chargé à la fois d'un cours à la faculté de Douai et d'une inspection des cours de langues vivantes dans les lycées du Nord. Trois ans plus tard, il fut proposé en première ligne par les professeurs du collège de France pour la succession de Philarète Chasles, mais il ne fut point nommé à cause de ses opinions libérales. En 1883, M. B. fut nommé inspecteur de l'Académie de Paris et en 1887 inspecteur général avec l'attribution spéciale de l'inspection des cours de langues vivantes. Le résultat de son premier enseignement a été : « La Littérature allemande au moyen-âge, et les origines de l'Épopée germanique », Paris, Hachette, 1871; « Goethe, ses précurseurs et ses contemporains », id., id., 1872; « Goethe et Schiller », id., id., 1873, les trois ouvrages ont été réédités par la même maison en 1882. Depuis, il a fait de la philologie et de la grammaire : « Les mots allemands groupés d'après le sens » ; « Les mots anglais groupés d'après le sens ». M. B. termine en ce moment une « Histoire générale de la littérature allemande depuis les origines jusqu'en 1870 ».

Bossetti (Jean), littérateur italien, né à Barbania (province de Turin). Reçu docteur èslettres en 1853, il devint professeur dans différents établissements de l'État, et il se trouve maintenant en cette qualité au Lycée Botta à Ivrée. Son premier essai imprimé est un « Inno per la riforme di Carlo Alberto », 1847; suivirent : « Inno sacro al centenario del Corpus Domini », 1853; « La Donna forte », poème, 1854; « La Donna e l'odierna civiltà », 1855 » ; « Il Marchese d'Ivrea », poème en six parties sur la tradition du tyran de cette ville, tué par une meunière, dont on célèbre chaque année l'anniversaire dans le fameux carnaval de cette ville ; « La Casa di Pietro Micca » ; « Un addio » ; « La Questione d'Oriente » ; « Della vita e delle opere di Bernardino Lanino, pittore vercellese », Vercelli, Perotti, 1871 ; « Per l' inaugurazione del monumento a Camillo Cavour, eretto in Torino. Canto », Turin, Botta, 1873; « Il Trionfo di Dante, poemetto », Turin, Paravia, 1875 ; « Alcune liriche », id., Botta, 1879 ; « Nozze Arborio-Mella-Ferrari, canzone », Verceil, Guidetti, 1881 ; « Canto », Ivrée, Garda, 1882.

Bost (Jean-Augustin), théologien suisse, né, à Genève, le 3 juillet 1815, l'aîné des dix fils d'Ami Bost. Élevé d'abord à l'Institut morave de Kornthal, près Stuttgard (1824), il alla ensuite achever ses études à l'Académie de Genève et à la Faculté de théologie évangélique (1832-1836). Consacré pasteur à Lausanne, en 1837, il fut de 1841 à 1843, secrétaire de la députation vaudoise à la diète fédérale ; de 1843 à 1860, pasteur en différentes villes de France. En 1860, il rentra à Genève et s'adonna à l'enseignement religieux tout en tenant des conférences et écrivant dans les journaux. En 1870, il entreprit un voyage en Orient. On lui doit : « Histoire des juges d'Israël », 1841 ; « Dictionnaire de la Bible », 1849, 2e éd., 2 vol., 1865 ; « Petit abrégé de l'histoire des papes au point de vue de leur infaillibilité et de leur unité », Paris, Ducloux, 1853 ; « L'Époque des Macchabées », Strasbourg, Berger Levrault, 1862 ; « L'oraison chrétienne ou la Prière du Cœur », Genève, Beroud, 1862 ; « Le Repos », id., id., 1863 ;
« Quelques pensées sur la foi », id., id., id. ; « César Malan, impressions, notes et souvenirs », 1865; « Valentine. Épisode de la vie d'un pasteur », Genève, Richard, 1871 ; « Chaumont, le sergent de Villars », 1874 ; « Souvenirs d'Orient. Damas, Jérusalem, le Caire », Paris, Sandoz et Fischbacher, 1875 ; « Dictionnaire d'histoire ecclésiastique », Genève, Fischbacher, 1884. — En outre, M. B. a traduit de l'anglais : « Voyage des enfants d'Israël », 1838 ; « Manuel de la Bible », par Angus, 1858 ; « La perle des jours », 1862 ; « Marie Lothrop », 1866 et en outre des nombreuses brochures d'apologétique, de polémique confessionelle et ecclésiastique, etc. M. Bost est aussi collaborateur du *Journal de Genève*, et de diverses feuilles religieuses, suisses et françaises, comme le *Chrétien évangélique* de Lausanne, la *Semaine religieuse* de Genève, l'*Église libre* de Nice.

Bost (Théophile), écrivain franco-suisse, frère du précédent, né, à Genève, en 1828, d'une famille d'origine française, chassée de France lors des persécutions religieuses. Il fit ses études théologiques à Montauban. — Professeur dans l'institution Duplessis-Mornay à Paris pendant quelques années, il exerça les fonctions de pasteur protestant à Verviers (Belgique) de 1856 à 1885. La maladie l'a forcé de prendre sa retraite. Il a fait de nombreuses conférences de concert avec MM. de Laveleye et Goblet d'Alviella, pour gagner la Belgique à la cause du libéralisme religieux. M. Théophile Bost a publié sous le titre de « La Sainteté parfaite de Jésus-Christ », une traduction de l'ouvrage allemand du Dr Ullmann, 1866 ; « Le Protestantisme libéral », Paris, Germer Baillière, 1865 ; « Le Réveil de la France », Paris, Germer Baillière, 1871 ; de 1880 à 1885, dans la collection de l'éditeur Gilon de Verviers : 4 volumes de « Conférences » prononcées dans différentes villes de Belgique. M. Th. Bost a collaboré, en outre, à plusieurs Revues en France et en Belgique : *La Revue de Théologie*, le *Disciple de Jésus-Christ*, *La Revue trimestrielle de Belgique*, entre autres ; et à nombre de journaux, toujours au profit des idées libérales.

Botkine (Serge), célèbre médecin et écrivain russe, président de la Société médicale russe, premier médecin de la Cour impériale, né, en 1832, à Moscou, dans une famille de riches marchands de thé. Son frère Basile s'était fait connaître dans le monde intellectuel par ses « Lettres d'Espagne ». Le docteur Botkine étudia d'abord les mathématiques à l'Université de Moscou ; il se dédia ensuite à la médecine par un pur hasard. Ayant eu la chance de suivre le docteur Pirogoff, pendant la guerre de Crimée, il prit goût pour la médecine, et après la guerre, il se rendit à Berlin et à Paris, pour y poursuivre ses études sous la direction de Virchow et de Bernard. Revenu, en 1860, à Saint-

Pétersbourg, il fut nommé professeur agrégé à l'Académie de Médecine et Chirurgie. Directeur ensuite de la Clinique, il y créa une nouvelle école médicale russe, qui donna une foule d'élèves et de médecins distingués. Comme médecin, il jouit d'une autorité extraordinaire, surtout en ce qui concerne les maladies internes, dans lesquelles sa compétence est hors-ligne. Pour l'étude de ses maladies, il a même créé une revue intitulée : « Archives de la Clinique des maladies internes », et composé un grand ouvrage, qui a été traduit en français et en allemand. Ses idées libérales lui ont donné aussi une grande popularité parmi les étudiants; cette popularité s'est accrue depuis son mariage avec la princesse Catherine Obolenski, veuve Mordwinoff, dont on connaissait en Russie les idées avancées, et pendant la peste de Vetlianka. Nous sommes en état de donner la liste complète des publications scientifiques de cet illustre savant : « La stase, dans les vaisseaux sanguins du mésentère de la grenouille, produite par l'action des sels neutres », *Journal de la médecine militaire*, 1858; « Détermination quantitative de l'albumen et du sucre à l'aide de l'appareil à la lumière polarisée de Soleil-Wentzke », *Gazette médicale* de Moscou, 1859; « Détermination quantitative du sucre lactique », *Gazette médicale* de Moscou, 1858 ; « De l'action des sels sur les globules rouges du sang en circulation », *Virchow's Archiv*, tome XV, page 173 (en langue allemande); « Sur l'échange des graisses dans l'organisme animal », *Virchow's Archiv*, tome XV, page 380 (en langue allemande); « Recherches concernant la diffusion des matières organiques: 1) Les conditions de la diffusion des globules rouges du sang en dehors de l'organisme », *Virchow's Archiv*, tom. XX, page 26 (en langue allemande); « 2) Les particularités que présente la matière colorante de la bile en ce qui concerne la diffusion », id., page 37 ; « 3) Sur les propriétés eudosmotiques de l'albumen », id., page 39 ; « De l'absorption de la graisse dans les intestins », thèse inaugurale, Saint-Pétersbourg, 1860 ; « De l'action physiologique du sulfate de l'atropine », *Moniteur de la médecine*, 1861 (la même en langue allemande, *Virchow's Archiv*, tom. XXIV, fasc. 1 et 2, pag. 83); « Un cas de la thombose de la veine aorte », *Moniteur de la médecine*, 1863 (la même en langue allemande, *Virchow's Archiv*, tom. XXX); « Les progrès faits par la pathologie et par la thérapie interne pendant les années 1861 et 1862 », *Journal de la médecine militaire*, 1863 et 1864; « Communication préliminaire sur l'épidémie de la fièvre recurrente à Saint-Pétersbourg », *Moniteur de la médecine*, 1864 (la même en langue allemande, *Berliner Klinische Wochenschrift*, 1864); « Une lettre de Saint-Pétersbourg, communication sur l'épidémie de la fièvre recurrente », *Wochenblatt der Zeitschrift der K. K. Gesellschaft der Aertzte Wien*, 1865 (en langue allemande); « Cours de clinique médicale », Tome premier : « Les maladies du cœur », Saint-Pétersbourg, 1867 (édition allemande, Berlin, Aug. Hirschwald, 1867, édition française, Paris, Germer Baillière, 1870); Tome second : « De la fièvre. Typhus exanthématique », Saint-Pétersbourg, 1868, (édition allemande, Berlin, Aug. Hirschwald, 1868, édition française, Paris, Germer Baillière, 1872); Tome troisième: « De la contractilité de la rate et du rapport entre les maladies infectieuses et les affections chroniques de la rate, du foie, des reins et du cœur. — Des phénomènes reflexes observés dans les vaisseaux sanguins de la peau et de la sueur reflexe », Saint-Pétersbourg, 1878 (édition allemande, Berlin, Hirschwald, 1874 et dans la *Berliner Klinische Wochenschrift*, 1875, n. 7); « Communication préliminaire concernant l'épidémie du choléra de 1871 », Supplément de la *Feuille épidémiologique*, 1871, (en allemand dans la *Berliner Klinische Wochenschrift*, 1871); « Des phénomènes auscultatoires observés chez les individus atteints du rétrécissement de l'orifice atrio-ventriculaire gauche et de la matière qu'on remarque quelquefois en percutant la partie supérieure de la ligne parasternale gauche », *Gazette clinique hebdomadaire russe*, 1881 ; « Discours sur la signification de Pirogoff », *Gazette clinique hebdomadaire russe*, 1881 ; « Discours à propos du jubilée du professeur Virchow », *Gaz. clin. hebdom. russe*, 1881, n. 31 ; « Nécrologie du docteur Boubnoff », *Gaz. clin. hebdom. russe*, 1884; « Nécrologie du professeur Tchistovitch », *Gaz. clin. hebdom. russe*, 1885 ; « Sur l'épidémie du choléra à Paris », *Comptes-rendus de la Société des médecins russes de Saint-Pétersbourg*, 8 novembre 1885 ; « Les bases principales de la médecine clinique », discours prononcé dans la séance solennelle de l'académie de médecine de Saint-Pétersbourg, *Gaz. hebdom.*, 1886 ; « Conférences cliniques sur les maladies internes », fascicule I, Saint-Pétersbourg, 1886 ; fascicule II, Saint-Pétersbourg, 1887. Ajoutons encore: « Sur la peste chez l'homme », discours dans les *Comptes-rendus de la Société des médecins russes* de Saint-Pétersbourg (en russe), 1878 ; « Nécrologie du professeur Sabakewitch », id., 1878.

Botta (Vincent), littérateur et homme politique italien, membre de la Faculté des sciences et lettres de New-York, membre correspondant national de l'Académie Royale des Lincei (6ᵐᵉ classe, sciences sociales), né, en 1818, à Cavallermaggiore (prov. de Côni). Reçu docteur en philosophie à l'Université de Turin, après avoir été quelque temps professeur de philosophie et de mathématiques, il fut élu député au Parlement par le collège de Carrù (1849), et l'année suivante, le Gouvernement sarde l'envoyait en Allemagne avec le docteur Luigi Parola, pour y étudier les méthodes l'enseignement. Leur rapport, publié en 1851 : « Sul pubblico insegnamento in Germania », servit de base à diverses réformes universitaires. En 1853, M. B. se rendit en Amérique et se fixa définitivement à New-York. En 1860, il travailla avec ardeur à concilier les sympathies de l'Amérique au nouveau Royaume d'Italie dont il était considéré, quoiqu'il ne fût revêtu d'aucune charge officielle, comme le représentant le plus important et le plus autorisé. Ses nombreux articles qu'il envoyait de New-York au Journal l'*Opinione*, traduits dans toutes les langues, publiés dans un grand nombre de revues et de journaux tant de l'ancien que du nouveau monde, contribuèrent considérablement à rendre l'opinion favorable au nouveau régime établi. En reconnaissance des services rendus par lui à la Dynastie et au pays, lors de l'annexion des États romains, en 1870, et lors des démonstrations américaines à l'occasion de la mort du Grand Roi, Sa Majesté le Roi Humbert fit frapper en son honneur une médaille d'or avec cette inscription : *A Vincenzo Botta in ogni fortuna della patria sapiente interprete del pensiero italiano presso il grande ed amico popolo degli Stati-Uniti : Umberto, 1878.* Nous connaissons de lui une vie du comte de Cavour, publiée en anglais à New-York, tout de suite après la mort du grand homme d'État et qui a été traduite en italien par M. Stanislao Gatti sous le titre : « Vita, carattere e politica del conte Cavour », Naples, 1865; un ouvrage en anglais sur Dante philosophe, poète et politique, suivi d'une analyse de la *Divina Commedia*, publié à New-York, en 1865 (ce livre a reparu en 1886, sous un nouveau titre: « Introduction to the Study of Dante » ch. Scribner's sons, New-York, avec une analyse de la *Divina Commedia*, dont les principaux épisodes sont donnés traduits en anglais ; « The Unity of Italy », 1870 ; « In Memoriam », 1878, deux volumes où il a recueilli les nombreuses allocutions prononcées par lui en faveur de l'unité de la patrie et à l'occasion de la mort de Victor-Emmanuel ; et, enfin, une esquisse historique sur la philosophie moderne en Italie, ouvrage remarquable qui va de la Renaissance à l'époque contemporaine et qui fait partie de la traduction anglaise de l'*History of Philosophy from Thales to the present Time* de Ueberweg, Londres et New-York, 1874; mais la plus grande partie du bagage littéraire de M. Botta est composé de ses articles dans les Revues américaines, dont la seule énumération des titres nous conduirait trop loin. Il a épousé, en 1855, Mlle ANNE-CHARLOTTE LYNCH, femme poète américaine connue par des romans et des nouvelles insérés dans les *Magazines* et les journaux littéraires et par un gracieux volume de « Poésies », publié à New-York, en 1849. Après la guerre de 1870, Mme Botta conçut la pensée de venir en aide aux misères créées en France. Dans ce but, elle s'occupa de former, pour en adresser le prix en France, une collection de dessins originaux d'artistes distingués des États-Unis accompagnée de curieux autographes; des circonstances en ayant retardé la vente, il était trop tard, quand elle fut accompli, pour donner au produit sa destination première; Mme Botta adressa, donc, en 1878, une somme de 10,000 fr. à l'Académie française, en la priant d'en consacrer les intérêts à donner, tous les cinq ans, un prix au meilleur ouvrage sur l'émancipation de la femme. L'Académie accepta, mais elle obtint de modifier légèrement les clauses du prix et de l'attribuer au meilleur ouvrage sur la condition de la femme.

Bottalla (Paul), jésuite et historien italien, né, à Palerme, le 15 août 1823. D'abord professeur d'histoire universelle au Collegio Massimo de sa ville natale, il occupa ensuite la chaire d'histoire ecclésiastique au collège Saint-Bruno (Galles du Nord). Plus tard, il alla en France, où il fut nommé professeur de théologie et d'histoire à la faculté de théologie de Poitiers. Pendant qu'il était en Italie, il collaborait à la *Civiltà Cattolica*, où il fit paraître : « Studii storici sulla Chiesa e l'Imperio ». Il a publié en outre plusieurs autres ouvrages en italien, en français et en anglais. Citons : « Corso di storia e di geografia universale - Medio evo », 2 vol., Palerme, 1850, traduite en français ; « Programma d'insegnamento adottato nel Collegio massimo di Palermo », 1852 ; « Elogio funebre per mons. Angiolo Filippone, già vescovo di Nardò, recitato nell'anniversario », id., 1852 ; « Compendio di storia antica e moderna », 2 vol., id., 1853-54 ; « Corso preparatorio allo studio della storia », 2 vol., id., 1856 ; « Histoire de la révolution de 1860 en Sicile, de ses causes et de ses effets dans la révolution générale de l'Italie », 2 vol., Bruxelles, Goemaere, 1862 ; « The Pope and the Church considered in their Mutual Relations with reference to the Errors of the High Church Party in England », 2 vol., Londres, 1868-70 ; en 1877, l'abbé Marie-Louis Dubois publiait, à Poitiers, chez Oudin frères : « De l'infaillible et souveraine autorité du Pape dans l'Église et dans ses rapports avec l'État », 2 vol., traduits en partie de l'ouvrage du P. Bottalla. Parmi les ouvrages de ce dernier, nous citerons encore : « Pope Honorius before the Tribunal of Reason and History », Londres, 1868, comme réponse à la brochure de Le Page Renouf sur la condamnation de ce Pape ; « The Papacy and Schism: Strictures on Ffoulkes's Letter to Archbishop Manning », Londres, 1869 ; « La composition des corps d'après les deux principaux systèmes qui divisent les écoles catholiques », Poitiers, Oudin, 1878, etc. etc.

Bottalla (Emmanuel), jésuite italien, frère puiné du précédent, né, à Palerme, le 26 mai 1826. Nous connaissons de lui : « Prosodia latina ed italiana ad uso delle scuole della Compagnia di Gesù », Palerme, 1851 ; « Corso elementare di grammatica latina esposta per le scuole della Compagnia di Gesù », id.. 1852, 2me éd. remaniée, id., 1855 ; « Corso preparatorio allo studio della storia e geografia moderna », id., 1852 ; « Veni mecum Sacerdotum utriusque cleri ; seu preces, benedictiones et formulæ variæ ad sacerdotum utilitatem in unum collectæ », Turin, Marietti, 1883.

Bottari (Ercole), littérateur italien, professeur de littérature italienne au Lycée *Niccolini* et à l'Académie navale de Livourne, est né en 1848 dans cette ville. Il a fait ses études à l'Université de Pise, où il fut reçu docteur. On lui doit : « Sul libro del Cortegiano », Pise, Nistri, 1874 (thèse de doctorat insérée dans les *Annali della R. Scuola normale di Pisa*) ; « Sui dialoghi morali di Sperone Speroni », Césène, 1878 (étude insérée dans la Cronaca del Liceo di Cesena et signalée par le Ministère de l'instruction publique) ; « Studio su Matteo Palmieri » dans les *Atti della R. Accademia lucchese* de l'année 1885.

Bottari (Michelage), patriote et poète italien, né, à Messine, le 18 octobre 1829, actuellement professeur titulaire de littérature italienne à l'Institut technique *Antonio-Maria Jaci* de Messine, directeur de la section de littérature et des beaux-arts de la *R. Accademia Peloritana di scienze, lettere ed arti* de la même ville, et membre de la commission chargée de la conservation des monuments dans la province. En 1848, son jeune âge ne l'empêcha pas de prendre une part très active à la révolution de son pays ; forcé de fuir, lors de la restauration bourbonienne, il se fixa d'abord à Malte, ensuite à Alexandrie d'Égypte. Pendant son exil, il fit paraître, en Suisse, la première édition de ses « Liriche », 2 vol., Capolago, 1851-55, réimprimées plus tard à Messine en 1862. Tout dans ces « Liriche » annonçait le poète et on doit vraiment regretter que M. Bottari n'ait presque plus rien publié. Revenu en Italie, lors de la révolution de 1860, il prit une part active au mouvement garibaldien, arriva au grade de capitaine et entra en cette qualité dans l'armée regulière ; en 1862, il donnait sa démission, et ne reprenait service qu'en 1866, pour la durée de la campagne. M. Bottari, qui a été pour quelques mois directeur d'un journal politique dans sa ville natale, a été, pendant quelque temps, député au Parlement national. Nous connaissons encore de lui : « Elogio di Lorenzo Valerio », Messine, 1866 ; « In morte di Mazzini », chanson, Messine, 1872, où le poète donne la mesure de toute sa valeur et fait preuve d'une inspiration singulière ; « Elogio di Vincenzo d'Amore », Messine, 1875 ; « Discorso per la morte del Re », prononcé au Cabinet de lecture de Messine le 11 février 1878.

Bottaro (Don Luigi), écrivain italien, professeur d'anthropologie et de logique à l'université de Gênes, est né, à Savone, en 1819. En 1862, il fonda avec sa sœur Fortunata, le journal : *La donna e la famiglia*, qui, depuis l'année 1867, paraît aussi en français à Paris, sous le titre : *La femme et la famille ;* quelques années après il fonda un autre journal : *Il Consigliere delle famiglie*, qui continue à se publier à Gênes. Parmi ses nombreux écrits, on doit citer : « Letture di logica e metafisica » ; « Letture di filosofia e morale » ; « Dei principii filosofici che reggono il calcolo di probabilità » ; « Delle attinenze delle scienze positive colla civiltà e suoi progressi » ; « Delle cause per le quali il progresso della civiltà scema l'estensione e l'importanza delle funzioni governative » ; « Se la civiltà corrompa i costumi », dans les *Atti dell'Accademia di filosofia italica*, fondés par T. Mamiani e D. Berti ; « I principii sociali dimostrati al popolo » ; « Delle origini umane » ; « Del riordinamento degli studii filosofici nell'università di Genova », avec un programme général des études philosophiques ; « Bellezze e gioie cristiane », trois petits vol. ; « Vita Cristiana » ; « Feste Cristiane » ; « Glorie Cristiane » ; « Voli dell'anima » ; « Misteri umani » ; « Pensieri e consigli » ; « Carità di Dio » ; « Carità de' Fratelli » ; « La felicità nel cristianesimo » ; « Fede e poesia », 2 vol. ; « Luce e amore » ; « Le mie vacanze in Val Vigezzo » ; « Drammi di un asilo di beneficenza » ; « La spada e la croce » ; « In famiglia » ; « Per essere amati » ; « Dell'educazione cristiana ».

Bottaro (Fortunata), femme de lettres italienne, née à Savone ; sœur du précédent ; elle a fait ses études à Gênes. En 1862, elle fonda avec son frère une revue mensuelle littéraire et pédagogique importante, sous le titre : *La Donna e la famiglia* (Voir plus haut). Mme Bottaro a fourni à ce journal une foule d'écrits qui se distinguent par l'élégance de la forme et par la noblesse des sentiments. Elle a en outre publié un volume de dialogues fort apprécié, sous le titre : « La Famiglia e la felicità ».

Bottea (Don Tommaso), écrivain italien, curé doyen à Malé, (prov. de Trente), citoyen honoraire de la ville de Pergine, est né à Monclassico (Val di Sole), le 3 décembre 1819. On a de lui : « Cronaca di Folgaria », Trente, 1860 ; « Memorie di Pergine e del Perginese », Trente, 1880 ; « La sollevazione dei Rustici nelle valli di Non e di Sole, nel 1525 », dans l'*Archivio Trentino*, de l'année 1882 ; « Ancora sui Mocheni », Rovereto, dans les *Annali degli Alpinisti Tridentini*, 1882 ; « Rivoluzione delle valli del Nosio nell'anno 1407 », dans l'*Archivio Trentino*, 1883; « Storia della Val di Sole », Trente, 1884; des poésies latines d'occasion et un manuscrit inédit de « Quadri genealogici » sur les familles de Pergine.

Bottero (Jean-Baptiste), journaliste italien, né, à Nice en Provence, le 17 décembre 1816. Reçu docteur en médecine à l'Université de Turin, il fonda avec Felice Govean la *Gazzetta del Popolo* qui fut dès sa fondation, et qui est encore maintenant, le journal le plus populaire de Turin. Depuis ce jour là, M. Bottero n'a plus d'histoire, son histoire est celle de son journal. Disons seulement qu'il a été pendant quelque temps député au Parlement et qu'il a même eu l'honneur de succéder à M. de Cavour comme représentant du 1er collège de Turin immédiatement après la mort du grand homme d'État. — Il n'est point à confondre avec un autre journaliste piémontais du même nom, l'avocat Alexandre Bottero, ancien rédacteur du *Diritto* et correspondant de journaux démocratiques, actuellement secrétaire au Ministère de l'Instruction publique.

Bötticher (Charles), archéologue allemand, né, à Nordhausen (Prusse), le 29 mai 1806. Il fréquenta, à partir de 1827, l'académie d'architecture de Berlin et fut chargé, en 1834, de l'enseignement du dessin à l'école industrielle. Successivement chargé du cours à l'académie d'architecture, professeur à l'académie des arts et à l'université de Berlin, il fut nommé, en 1854, sous-directeur des collections de sculpture du musée de Berlin. En 1876, il a été mis à la retraite. C'est à lui qu'est dû le classement, dans l'ordre historique, des œuvres d'art dans le musée de Berlin. En 1862 et en 1880, il a fait des voyages en Grèce pour y entreprendre des recherches archéologiques. Parmi ses nombreuses publications, nous citerons: « Dessinateurschule », Berlin, 1839 ; « Die Holzarchitectur des Mittelalters », id., 1835-41 ; « Ornamentenbuch », id., 1835-44 ; « Tektonik der Hellenen », Potsdam, 1844-1852, 2me éd., Berlin, 1869, son œuvre capitale; « Bericht über die Untersuchungen auf der Akropolis in Athen », Berlin, 1863 ; « Der Baumkultur der Hellenen », Berlin, 1867 ; « Der Zophoros am Parthenon hinsichtlich der Streitfrage über seinen Inhalt und dessen Beziehung auf das Gebaude », 1875 ; « Die Thihmele der Athena-Nike auf der Akropolis von Athen », 1880, et de nombreux articles d'archéologie et d'histoire dans le *Philologus* de Goettingue et d'autres feuilles spéciales.

Bottini (Henri), médecin italien, né, à Stradella (province de Pavie), le 7 septembre 1837 ; reçu docteur à l'Université de Turin, il fut, pendant quelque temps, assistant à la clinique chirurgicale de Pavie, puis chirurgien en chef à l'hôpital de Novare, et enfin, depuis 1877, professeur ordinaire de clinique chirurgicale et de médecine opératoire à l'Université de Pavie. M. Bottini, qui est considéré comme une des illustrations chirurgicales de l'Italie, et qui est membre des Académies de Médecine de Turin et de Bologne a été, lors de la mort de M. Depretis, nommé à sa place, député au Parlement italien par le second collège de Pavie. Nous connaissons de lui : « Studii clinici sul drenaggio chirurgico », Milan, 1863 ; « Scrotamento delle ossa nella carie », Pavie, 1864 ; « Dell'Acido fenico nella Chirurgia pratica e nella Tassidermica, Preludio alle moderne teorie Listeriane », 1869; ici il est bon de noter que quand Lister annonça sa méthode elle était déjà, depuis trois ans, en vigueur à l'hôpital de Novare ; « Saggi clinici di medicina operativa », Milan, 1869 ; « Novello processo per la esportazione endolare del mascellare superiore senza vulnerare le parti molli del volto », Turin, 1871 ; « La Terapia delle fratture » ; « La Gangrena traumatica invadente. Contribuzioni cliniche e zooesperimentali », Turin, 1871 ; « Esportazione d'ambo i condili della mandibola nel serramento stabile della bocca », id., 1872 ; « La Galvanocaustica nella pratica chirurgica », Novare, Merati, 1873, 3 éd., Milan, 1875 ; « Estirpazione totale di laringe umana seguita da esito felice », id., Valoggia, 1875 ; « Ovariotomia, con esito felice. Nota clinica », Turin, Vercellino, 1875 ; « Radicale Behandlung der auf Hypertrophie der Prostata beruhenden Ischurie », dans le XXI vol. de l'*Archiv de Langenbeck*, 1877, mémoire qui a été traduit en français par le docteur Bacchi, et publié dans le *Bulletin de Thérapeutique*, 1877 ; « Stromenti a galvanoplastica », id., id., 1877 ; « Estirpazione di gozzo voluminoso », Turin, 1878 ; « Altra estirpazione di gozzo con felice successo », id., id., « Laporotomia antisettica ; studii esperimentali e cliniche reminiscenze del corso 1878-79 », Milan, Dumolard, 1880 ; « La litolaplassi », id., Vallardi, 1881 ; « L'arte e la scienza in chirurgia », leçon d'ouverture, id., Rechiedei, 1881 ; « La estirpazione totale dell'utero dalla vagina », id., Vallardi, 1882.

Bottini (Jean-Dominique), médecin italien, né, à San Remo (province de Porto Maurizio), eu 1813 ; il fit ses études à Gênes et à Turin, où en 1839 il prit ses degrés. M. Bottini, qui a été longtemps médecin à l'hôpital de Mentone, à publié : « Menton et son climat », Paris, Poupart Davy, 1863 ; et plusieurs articles dans la *Gazzetta Medica italiana*.

Botto (Vincent), écrivain italien, professeur de rhétorique à Camogli, collaborateur de l'*Ape Ligure*, né, à Chiavari, en 1861. Il est auteur d'un livre apprécié: « Trattato di Retorica generale ».

Bottoni (Constantin), industriel italien, né à Ferrare, où il fut pendant quelque temps vice-président de la Chambre de commerce. Les soins d'un important établissement industriel qu'il dirige ne l'empêchèrent pas de se consacrer aux lettres. Sans tenir compte de quelques poésies latines et italiennes publiées dans sa jeunesse, nous citerons de lui : « Nuovo saggio di traduzione dell'Eneide di Virgilio », Ferrare, Taddei, 1877, qui comprend le 1 et le 2 livres, l'épisode de Nise et d'Euriale (9 livre) et la mort de Didon (4 livre); deux ans après cet essai, en 1881, M. B. publiait chez le même éditeur la traduction du poème entier (Cfr. Colla Aurelio. « Su la versione dell'Eneide di P. Virgilio, del dott. cav. Costantino Bottoni », Ferrare, typ. de l'Eridano, 1881).

Bottoni (Charles), fils du précédent, né, à Ferrare, vers 1850. M. B. qui est professeur d'économie politique et de statistique à l'institut technique de cette ville et chargé du cours de statistique à l'Université, a publié : « Il decentramento amministrativo », thèse de doctorat publiée aux frais de la faculté, Ferrare, 1875 ; « Il lavoro dei fanciulli », Florence, tip. de l'Association, 1876.

Boubée (Simon), journaliste et romancier français, né, à Larochefoucauld (Charente), en 1846. Il débuta, en 1865, dans la *Gazette du Languedoc*. Venu à Paris, il collabora ensuite à la *Gazzette de France*, au *Clairon* et au *Gaulois*. Conservateur convaincu, il s'attira par la vivacité de ses attaques contre le parti dominant plusieurs duels dont un avec M. Emmanuel Arène, et même, en 1881, des poursuites judiciaires pour certains articles sur le président Grévy et sur son gendre, que l'avenir n'a que trop justifiés. Comme romancier, M. B. a publié : « Le Violon fantôme », Paris, Dentu, 1877 ; « Le Pierrot de cire », id., Plon, 1878 ; « Mongroléon I, roi du Kaor Tay », id., Dentu, 1880; « Bouche Verte », id., Frinzine, Klein et Cie, 1884; « Mlle Rébus », id., Dentu, 1886; « Main-de-Cire », id., Piaget, 1888.

Bouchard (Charles), médecin français, né à Montier-en-Der (Haute Marne), en 1837. M. B. qui est professeur agrégé à la Faculté de médecine de Paris, et médecin des hôpitaux a été élu membre de l'Académie de médecine le 13 juillet 1876 et membre de l'Institut, Académie des sciences, le 23 mai 1887, en remplacement de M. Paul Bert. Nous connaissons de lui : « Études expérimentales sur l'identité de l'herpès circiné et de l'herpès tonsurant », Lyon, Savy, 1860 ; « La Pellagre observée à Lyon », id., id., 1862 ; « Recherches nouvelles sur la Pellagre », id., id., id.; « Des dégénérations secondaires de la moëlle épinière », Paris, Asselin, 1866 ; « Études sur quelques points de la pathogénie des hémorrhagies cérébrales », id., Savy, 1867 ; « Tuberculose et phthisie pulmonaires », id., Masson, 1868; « De la pathogénie des hémorrhagies », id., Savy, 1869 ; « Utilité et objet de l'histoire de la médecine », leçon d'ouverture, 1877 ; « Étiologie de la fièvre typhoïde », id. id., s. d.; « Maladies par rallentissement de la nutrition ; cours de pathologie générale professé à la Faculté de médecine de Paris, pendant l'année 1879-80, recueilli et publié par le docteur H. Frémy », id., id., 1882; « Leçons sur les autointoxications dans les maladies », id., id., 1887. M. B., qui a collaboré aux *Archives générales de médecine*, et à la *Gazette hebdomadaire de médecine*, a publié, en outre, la deuxième série des « Leçons cliniques sur les maladies des vieillards et les maladies chroniques », du docteur Charcot, Paris, Delahaye, 1869.

Bouchard (Léon), magistrat et publiciste français, né à Paris, le 22 janvier 1830, conseiller maître de la Cour des comptes, président de Chambre, le 5 novembre 1878. Il a publié: « Étude sur l'administration des finances de l'empire romain dans les derniers temps de son existence », Paris, Guillaumin, 1872; « Histoire des institutions financières de la France ». M. Léon Bouchard a fait paraître plusieurs articles sur l'administration et la comptabilité financière dans la *Revue des deux mondes*.

Bouché-Leclercq (Auguste), homme de lettres français, ancien professeur de littérature ancienne à Montpellier, depuis 1879 professeur d'histoire ancienne à la Faculté des Lettres de Paris, est né, en 1842, à Francières, dans l'Oise. Il voyagea avec le plus grand profit en Italie (1864-65) et en Allemagne (1865-69). On lui doit deux thèses de doctorat, publiées à Paris, chez Franck, en 1871 : « Les Pontifes de l'ancienne Rome » et « Placita Græcorum de origine generis humani »; un livre excellent sur: « Giacomo Leopardi, sa vie et ses œuvres », Paris, Didier, 1871 ; deux discours prononcés à la Faculté de Montpellier en 1878 : « De la Dignité des lettres anciennes », id., Franck, 1874; un grand ouvrage en quatre volumes, couronné en 1883 par l'Académie française: « Histoire de la Divination dans l'Antiquité », Paris, Leroux, 1879-1881; « Atlas pour servir à l'histoire grecque de E. Curtius », id., 1883 ; « Manuel des Institutions romaines », Paris, Hachette, 1886; des contributions au grand *Dictionnaire des Antiquités grecques et romaines* de Daremberg et Saglio, surtout les articles: « Devotio » et « Divinatio »; les traductions françaises de « L'Histoire de l'Hellénisme » de Droysen, en trois volumes, couronnée en 1886 par l'Académie française, Paris, Leroux, 1883-85, et « L'Histoire de la Grèce sous la domination des Romains », par Hartzberg, en trois volumes, id., 1887-1888.

Bouchor (Maurice), poète et littérateur français, né, à Paris, en 1855; il a publié : « Les Chansons joyeuses, poésies », Paris, Charpentier, 1874 ; « Les Poèmes de l'amour et de la mer. La Fleur des eaux. La Mort de l'amour. L'Amour divin », id., id., 1876 ; « Le Faust moderne; histoire humoristique en vers et en prose », id., id., 1878 ; « Contes parisiens, en vers », id., id., 1880 ; « L'Aurore », id., id., 1883; « La messe en Ré de Beethoven », compte rendu et impressions, id., Fischbacher, 1886; « Les Symboles », poème, id., Charpentier, 1888; « Dieu le veut », drame en vers, en cinq actes et six tableaux, Paris, Fischbacher, 1888; annoncé, pour paraître prochainement, chez le même éditeur, un autre opuscule de critique musicale : « Israël en Égypte ».

Bouchot (Henri), archiviste et littérateur français, né, à Beure (Doubs), en 1849; a concouru en 1872 pour l'École des Chartes, où il a été élève pensionnaire. Depuis 1874, il a publié une quarantaine d'ouvrages, parmi lesquels : « L'Armorial de Bourgogne et de Franche-Comté », Dijon et Paris, Champion, 1874-75, 3 vol.; « Le Livre rouge de Saint-Quentin », en collaboration avec M. Henri Martin, de l'Académie française et M. Emmanuel Lemaire, Saint-Quentin, 1879; « Les Dames de Brantôme », chez Jouaust, 3 vol. Attaché au Cabinet des Estampes de la Bibliothèque Nationale en 1879, il a publié trois catalogues du Département : « Les portraits aux crayons des XVI et XVII siècles », Paris, Oudin, 1884, in 8° planches; « Notice sur les dessins de Martellange et catalogue », 1886; « Inventaire de la collection Fleury », Paris, Hachette, 1887. M. B. a été nommé bibliothécaire du département en 1888. — En Histoire, il a publié plusieurs brochures : « Lettres sur l'histoire du Pertois », Vitry-le-Français, Pessez, 1880; « Mandrin en Bourgogne », Paris, Picard, 1882; la « Guerre des Jacques », etc. — Pour les Beaux-Arts, il a publié : « Le Livre, l'illustration, la reliure », Paris, Quantin, 1886, fait partie de la *Bibliothèque de l'enseignement des Beaux-Arts ;* divers articles dans l'*Art* et la *Gazette des Beaux-Arts ;* dans ce dernier journal une longue étude sur le portrait peint au XVII siècle, et en allemand un long article sur « La gravure sur bois en France », Vienne, 1887. — Pour l'Histoire des mœurs en France, il a écrit « La Famille d'autrefois », Paris, Oudin, 1887; « L'Histoire des métiers », id., id., id. ; « L'Œuvre de Gutenberg », id id., id. Citons encore : « Les Reliures d'art de la Bibliothèque Nationale », Paris, Rouveyre, 1888; « Quelques dames du XVI siècle et leurs peintres », id., Société de la propagation des livres d'art, 1888; « Les Contes francs-comtois », Paris, Nadaud, 1887, avec un dessin d'Edelfelt; « Les Grandes dames », avec un dessin de Jean Gigoux, poésies Patoises, 1884. M. B. collabore régulièrement aux *Lettres et aux Arts* de la maison Goupil, où il a publié trois ou quatre articles de longue haleine. Il a fondé la *Revue Franc-Comtoise* en 1863. Avec M. G. Duplessis, il publie le « Dictionnaire des marques et monogrammes des graveurs », Paris, Rouam, 1886.

Bouchut (Eugène), médecin français, né, en 1818, à Paris, y fit ses études médicales et y reçut, le 12 avril 1843, le diplôme de docteur. Après avoir exercé les fonctions de chef de clinique à l'Hôtel-Dieu, il fut nommé agrégé de la Faculté de médecine et passa, en 1852, à l'Hôpital Bon-Secours et plus tard à celui de Sainte-Eugénie et des Enfants Malades. On a de lui : « Manuel pratique des nouveaux-nés, des enfants à la mamelle et de la seconde enfance », Paris, Baillière, 1845, 7me éd., sous le titre de *Traité* etc., id., id., 1873; « Traité des signes de la mort et des moyens de prévenir les enterrements prématurés », ouvrage couronné par l'Institut de France, id., id., 1849, 3me éd. id., id., 1883; « Mémoire sur l'hygiène et l'industrie de la peinture au blanc de zinc », id., id., 1852; « Nouveaux éléments de pathologie générale et de sémiologie », id., id., 1857, 4me éd., id., id., 1883; « De l'état nerveux aigu et chronique, ou Névrosisme appelé névropathie aiguë, cérébro-pneumo-gastrique », id., id., 1859, 2e éd., id,, 1877; « Leçons cliniques sur les maladies de l'enfance faites à l'hôpital Sainte-Eugénie », id., chez l'auteur, 1860; « Hygiène de la première enfance comprenant les lois organiques du mariage, les soins de la grossesse », id., Baillière, 1862, 6e éd., id., id., 1874; « La Vie et ses attributs dans leurs rapports avec la philosophie, l'histoire naturelle et la médecine », id., id., 1862, nouvelle éd., id., id., 1871; « Histoire de la médecine et des doctrines médicales, leçons faites à l'École pratique de la Faculté de médecine en 1862, 1863 et 1864 », id., Germer Baillière, 1864, nouvelle éd., id., id., 1876 ; « Du Diagnostic des maladies du système nerveux par l'ophtalmoscopie », id., id., 1865; « Dictionnaire de médecine et de thérapeutique médicale et chirurgicale, en collaboration avec Armand Desprès, id., 1867, 4me éd., id., id., 1883; « Cérébroscopie. Des tubercules de la rétine et de la choroïde reconnus à l'ophtalmoscope et indiquant la tuberculose cérébrale », id., id., 1869; « Des effets physiologiques et thérapeutiques de l'hydrate de chloral », id., id., id. ; « Maladies des enfants. Recherches anatomiques et cliniques sur l'endocardite végétante et ulcéreuse des maladies aiguës fébriles », id., id., 1875; « Atlas d'ophtalmoscopie médicale et cérébroscopie », id., id., 1876 ; « Traité de diagnostique et de sémiologie » id., id., 1882; « Clinique de l'hôpital des enfants malades », id., id., 1883, ainsi qu'un grand nombre d'articles et de mémoires dans les *Annales d'hygiène publique*, la *Gazette des hôpitaux*, etc., etc. — Depuis 1880, M. B. publie chaque année, chez J. B. Baillière, un « Compendium, annuaire de thérapeutique, française et étrangère ». Son fils, M. Henri B., docteur en médecine, a publié, en 1887, chez Guillard et Aillaud, un volume de « Fragments poétiques ».

Boucicault (Dion), auteur dramatique et acteur anglais, né, à Dublin, le 26 décembre 1822. Il fit ses études à l'Université de Londres sous la direction de son tuteur le Dr Lardner et commença sa carrière dramatique en se produisant, comme acteur et auteur, en même temps, sur les scènes de *Covent Garden*, en mars 1841, dans « London Assurance ». De 1853 à 1860, il resta aux États-Unis, à son retour à Londres, il fit représenter à l'*Adelphi-Theater* : « Colleen Bawn »; cette œuvre, qui a obtenu un énorme succès non seulement à Londres et dans tous les pays de langue anglaise, mais à Paris même, où elle fut arrangée pour les scènes françaises par M. d'Ennery et donnée à l'Ambigu sous le titre de: « Le lac de Glenaston », 17 octobre 1861, a été suivie par « Octoroon », en 1861. M. Boucicault, devenu directeur du théâtre Adelphi au mois d'octobre 1861, a quitté la scène, à la fin de 1868, pour se consacrer spécialement à la littérature. Il a repris sa carrière dramatique, en 1876, à New-York, où il a produit une série de pièces dans lesquelles il se réserva les principaux rôles. Nous citerons encore de lui : « Old Heads and Young, Hearts » ; « Love in a Maze »; « Used Up »; « The Willow Copse »; « Janet Pride »; « Louis XI »; « The Corsican Brothers »; « Faust and Marguerite »; « The Long Strike »; « Flying Scud »; « How She loves Him », 1867; « After Dark », 1868; « Paul Lafarge », 1870; « A Dark Night's Work », 1870; « The Rapparee; or, the Treaty of Limerik », 1870; « The Shaughran », 1873; « The Dead Secret », 1878; « The Jilt », 1885.

Bougaud (Louis-Victor-Émile), théologien et prélat français, né à Dijon, en 1824. Après avoir été vicaire-général de l'évêque d'Orléans, il a été nommé, le 8 novembre 1887, évêque de Laval. Mgr. Bougaud a publié : « Étude historique et critique sur la mission, les actes et le culte de Saint-Bénigne, apôtre de la Bourgogne », Autun, 1859 ; « Histoire de sainte Cantal et des origines de la Visitation », Paris, Lecoffre, 1861, 8e éd., 1874 ; « Histoire de Sainte-Monique », id., Poussielgue, 1865, 6e éd., 1873 ; « Panégyrique de Jeanne d'Arc », id., id., 1865; « L'Agriculture et la France », id., id., 1878 ; « Le Christianisme et les temps présents », 5 volumes, id., id., 1872-1884; « Les expiations de la France », id., id., 1874 ; « Histoire de la bienheureuse Marguerite Marie », id., id., id.; « Chronique de l'abbaye de Saint-Bénigne de Dijon, suivie de la chronique de Saint-Pierre-de-Bèze », Dijon, Darantière, 1876 ; « Le Grand péril de l'Église de France au XIX siècle, avec une carte indiquant la géographie et la statistique des vocations sacerdotales », Paris, Poussielgue, 1878.

Bougeault (Alfred), littérateur français, né, à Boissy (Seine et Oise), en 1817; M. Alfred Bougeault a été professeur de littérature française au Lycée Alexandre à Saint-Pétersbourg. Il a publié: « Difficultés et finesses de la langue française », 1858 ; « Kryloff ou le La Fontaine russe, sa vie et ses fables »; « Histoire des littératures étrangères », 3 vol., Paris, Plon, 1875-1876; « Étude sur l'état mental de J.-J. Rousseau et sa mort à Ermenonville », id., id., 1883; l'auteur y conclut à la folie et au suicide.

Bougier (Louis-Sylvestre), publiciste français, né, à Decize (Nièvre), en 1851, professeur au Collège Rollin de Paris. Il a publié plusieurs volumes d'enseignement : « Précis de Géographie physique, politique et militaire », 2e éd., Paris, Alcan, 1888; « Géographie de la France », 8e éd., Alcan, 1888; « Géographie de l'Europe », id., 1886; « La France et l'Europe pendant la Révolution Française », 1886. Il a collaboré à la *Revue critique*, à la *Revue historique*, à la *Grande Encyclopédie* pour l'histoire d'Angleterre et d'Amérique, au *National* pour la critique littéraire, au *Parlement* et au *Siècle* pour la politique étrangère, etc. Rédacteur en chef de la *Nièvre républicaine* de 1886 à 1888, il a soutenu dans ce département les doctrines des républicains progressistes.

Bouhy (Victor), ingénieur belge, né à Liège le 3 mars 1811, connu surtout par deux mémoires couronnés par la Société des Sciences, des arts et des lettres du Hainaut : « Du Minerai de fer en Hainaut », Mons, 1855; « De la houille, et en particulier des diverses espèces de houille exploitées au couchant de Mons », Mons, 1855 ; et par un ouvrage intitulé : « La Fonte, le Fer et l'Acier à l'Exposition universelle de Paris, en 1878 », Bruxelles, 1879. M. B. a collaboré aux *Annales des travaux publics*, aux *Annales des mines*, à la *Revue universelle des mines*, à *La Meuse* de Liège, au *Bulletin de l'Association française pour le progrès des sciences* etc.

Bouillier (Francisque), philosophe français, membre de l'Institut, ancien doyen de la Faculté des lettres de Lyon, inspecteur général honoraire de l'Université, ancien directeur de l'École normale supérieure, né à Lyon, en 1813. On a de lui : « Théorie de la raison impersonnelle », Paris, Joubert, 1844 ; « Manuel de l'histoire de la philosophie », id., Dezobry-Magdeleine, 1845, une nouvelle éd. de cet ouvrage sous le titre : « Notions d'histoire de la philosophie », a paru, en 1874, chez Delagrave ; « Histoire de la Philosophie cartésienne », 2 vol., id., Durand, 1854, 3me éd., id., Delagrave, 1868; « Analyses critiques des ouvrages de philosophie compris dans le programme du baccalauréat ès-lettres », id., Durand, 1855, 2me éd., id., id., 1861; « De l'unité de l'âme pensante et du principe vital », id., id., 1858; « Du principe vital et de l'âme pensante, ou Examen des diverses doctrines médicales et psychologiques sur les rapports de l'âme et de la vie », id.,

Baillière, 1862, 2ᵐᵉ éd., id., Didier, 1873 ; « Du Plaisir et de la Douleur », id., Baillière, 1865, 3ᵐᵉ éd., id., Hachette, 1885; « De la conscience en psychologie et en morale », id., id., 1872 ; « Morale et progrès », id., Didier, 1875; « L'Ancien conseil de l'Université et le projet de loi de M. Ferry sur le Conseil supérieur de l'instruction publique », id., Pedone-Lauriel, 1879; « L'Institut et les Académies de province », id., Hachette, 1879; « L'Université sous M. Ferry », id. Gaume, 1881; « La Vraie Conscience », id., Hachette, 1882; « Études familières de psychologie et de morale », id., id., 1887.

Bouïnais (Albert-Marie-Aristide), officier et écrivain militaire français, né, à Rennes, le 2 mars 1851; chef de bataillon d'infanterie de la marine. Engagé volontaire au 5ᵐᵉ hussards pour la durée de la guerre en 1870, il fut fait prisonnier et s'évada de Sédan; comme maréchal des logis au 4ᵐᵉ hussards de marche, il fit la campagne de la Loire. M. Bouïnais est entré à Saint-Cyr, en 1872. Il fut sous-lieutenant le 1ᵉʳ octobre 1873. Chef de bataillon, depuis le 29 novembre 1886, il a compté au 1ᵉʳ janvier 1888, 13 campagnes, dont 5 de guerre. Il est commandeur d'Isabelle la Catholique, de l'ordre royal du Cambodge, du dragon d'Annam, officier de la couronne de Siam, chevalier de Villaviciosa de Portugal, etc. Membre, en 1885, de la commission franco-chinoise de délimitation des frontières Sino-annamites, où il représenta le département de la Marine. Il fut envoyé en mission à Pékin, en mars 1887, auprès de M. Constans, envoyé extraordinaire de la République française en Chine pour les affaires de la délimitation, dans lesquelles il a heureusement assisté ce ministre et aidé à la conclusion des traités avec le Céleste-Empire. M. Bouïnais, qui est licencié en droit, est l'auteur de travaux, qui font autorité, sur l'Indo-Chine, et d'une curieuse monographie sur la Guadeloupe. Ses travaux ont été plusieurs fois couronnés. Il a publié : « La Guadeloupe physique, politique et économique », avec une carte, 1 vol., Paris, Challamel, 1882: « La Cochinchine française contemporaine », avec une carte, id., id., 1884 ; « L'Indo-Chine française contemporaine », 2 vol., avec trois cartes et 12 gravures (médaille d'argent de la société commerciale), id., id., 1885 ; « La France en Indo-Chine », id., id., 1886. Il est aussi l'auteur d'un manuscrit provisoirement secret déposé en avril 1888, aux Affaires-Étrangères : « A la Frontière du Tonkin et en Chine », notes et impressions d'un membre de la commission de la délimitation. Citons encore « L'Indo-chine » dans la *France Coloniale* d'Alfred Rambaud, Paris, Colin, 1886; « Le royaume du Cambodge », dans la *Revue Maritime et Coloniale*, 1885 ; « Le royaume d'Annam », Paris, Baudouin, 1885, *Revue maritime et coloniale;* « Le Protectorat du Tonkin », id., id., id., Baudouin, 1885. Ces trois opuscules ont valu à leur auteur une médaille d'or décernée, en 1886, par la commission du ministère de la marine, présidée par l'amiral Jurien de la Gravière de l'Académie française. Le commandant Bouïnais a fait des conférences aux sociétés de Géographie commerciale de Paris, et aux sociétés de Géographie de Rouen et de Rochefort s. mer.

Bouis (Casimir), publiciste français, né, à Toulon, en 1848 ; après avoir fait son droit, il quitta le barreau pour le journalisme. Pendant la Commune, il écrivit dans le *Cri du Peuple* et dans la *Patrie en danger*. Condamné à la déportation dans une enceinte fortifiée, par arrêt de janvier 1873, M. Bouis revint à Paris après l'amnistie. Il entra au *Citoyen* de M. Secondigné, où il écrivit jusqu'en 1881. M. Casimir Bouis a publié deux volumes : « Calottes et soutanes, ou jésuites et jésuitesses », 1870; « Après le naufrage », 1880, poésies politiques écrites à la *Nouvelle Calédonie*.

Boulanger (Georges-Ernest-Jean-Marie), général français, né, à Rennes (Ile et Vilaine), le 29 avril de l'année 1837. Nous n'avons pas à suivre M. Boulanger dans sa brillante carrière militaire, ni encore moins dans sa carrière politique qui, jusqu'à présent, on peut le dire, tient toute entre deux duels, celui qu'il eut le 16 juillet 1886, avec le sénateur baron de Lareinty et celui qu'il vient d'avoir deux ans après presque jour par jour avec le président du conseil des ministres M. Floquet. Disons seulement que le général Boulanger fait paraître, par livraisons, chez l'éd. Jules Rouff et Cⁱᵉ : « l'Invasion allemande », histoire de la guerre de 1870-71, que ses adversaires prétendent être l'ouvrage de M. Hippolyte Barthélemy (*Voyez ce nom*).

Boulay (Abbé Jean-Nicolas), naturaliste français, né, à Vagney (Vosges), en 1837. Licencié ès-sciences naturelles, membre de la Société botanique de France, M. l'abbé Jean Nicolas Boulay, fut d'abord professeur au grand séminaire de Saint-Dié ; il est actuellement professeur à l'Institut catholique de Lille. Il a publié: « Goethe et la science de la nature », 1869; « Flore cryptogamique de l'Est », 1872; « Le Terrain houiller du nord de la France et ses végétaux fossiles », 1876; « Recherches de paléontologie végétale dans le terrain houiller du nord de la France », 1879 ; « Recherches de paléontologie végétale dans le terrain houiller des Vosges », 1879; « Révision de la Flore des départements du nord de la France », 1880; « Considérations sur l'enseignement des sciences naturelles », 1883 ; « Muscinées de la France : Première partie : Mousses », 1884.

Boullier (Auguste), littérateur et homme politique français, né à Roanne (Loire), en 1833. M. B., qui a voyagé longtemps en Europe, en Asie et en Afrique, a collaboré au *Courrier de*

49

Lyon, à la *Décentralisation*, au *Correspondant*, et à l'*Italie* de Turin. En 1871, nommé député à l'Assemblée nationale, il vota avec les conservateurs; il ne fut plus réélu aux élections successives. On lui doit: « Essai sur l'histoire de la civilisation en Italie », 2 vol., Paris, Dentu, 1861, les deux volumes publiés ne contiennent que la première partie de l'ouvrage: « Les Barbares », les volumes suivants n'ont pas paru; « Le Dialecte et les Chants populaires de la Sardaigne », id., id., 1864; « L'Ile de Sardaigne. Description, statistique, mœurs, état social », id., id., 1865; « Etudes de politique et d'histoire étrangères. Allemagne, Turquie, Italie », id., id., 1870; « L'Art Vénitien, architecture, sculpture, peinture », id., id., id.; « Un Roi et un conspirateur: Victor Emmanuel et Mazzini, leurs négociations secrètes et leur politique; suivi de M. de Bismark et Mazzini, d'après des documents nouveaux », id., Plon, 1885.

Bounge (Nicolas), illustre économiste et homme d'état russe, ancien professeur de droit administratif à l'université de Kiew, président actuel du Conseil des Ministres, né, à Kiew, vers l'année 1825. Il fit ses études dans sa ville natale. Nommé d'abord professeur de la science des finances au Lycée du prince Besborodko, à Négine, en 1850, il fut transféré à l'université de Kiew, où il enseigna, pendant près de trente ans, et dans les années 1859-63, il travailla activement comme membre éclairé de la Commission pour l'émancipation des paysans en Russie. Nommé adjoint du ministre des finances (sous-secrétaire d'état) en 1880; gérant du ministère en 1881; ministre des finances en 1882; le premier janvier 1886, il a été appelé à la présidence du Conseil des Ministres. Savant aussi profond que modeste et aimable, M. Bounge a publié: « La législation du commerce sous Pierre-le-grand », 1848; « Du Crédit », discours, 1849; « Théorie du Crédit », 1852; « Cours de statistique », 1865; « Droit administratif », 1869-77, en deux vol.; « Eléments d'économie politique », 1870; « Magasins généraux et Warrants »; « Sur le rétablissement de l'Unité de la Monnaie en Russie », 1877; plusieurs articles économiques dans le *Messager d'Europe* (*Wiestnik Evropy*) de Saint-Pétersbourg, et dans le *Recueil* (*Sbornik*) *des sciences politiques* publié à Saint-Pétersbourg par son collègue et ami M. de Bésobrasoff. Son dernier écrit a été publié, en 1880, dans le *Sbornik* et porte ce titre: « Notice sur l'état actuel de notre système monétaire et sur les moyens de l'améliorer ».

Bouniakowsky (Victor-Jacob), célèbre mathématicien russe, conseiller privé, ancien professeur de l'Université de Saint-Pétersbourg, de l'Académie de marine, de l'Institut des voies de communications et de l'Institut des Mines, membre honoraire de toutes les Universités russes, vice-président de l'Académie Impériale des sciences de Saint-Pétersbourg, dont il est membre depuis 1828, est né en Podolie le 3 décembre 1804. Il fit ses premières études dans la maison du comte Formasoff, dont il accompagna le fils à l'étranger, où il demeura pendant six ans, tantôt à Cobourg et à Lausanne, tantôt à Paris, où il suivit les cours de la Sorbonne et du Collège de France. Reçu docteur en mathématiques à Paris, à l'âge de vingt-un ans, il revint à Saint-Pétersbourg, où il ne tarda pas à se distinguer par son enseignement comme professeur et par ses nombreuses publications, dont plusieurs ont contribué à lui créer une enviable renommée à l'étranger. Nous ne citons ici que ses deux thèses de doctorat, en français (Paris, mai, 1885): « I. Sur le mouvement de rotation, dans un milieu résistant, d'un système de plus d'une épaisseur constante et d'un contour déterminé, autour d'un axe incliné par rapport à l'horizon, suivi de la détermination du rayon recteur dans le mouvement elliptique des planètes »; « II. Sur la propagation de la chaleur dans l'intérieur des corps solides »; « Arithmétique à l'usage des Collèges et des Ecoles militaires » (trois éditions, en russe, Saint-Pétersbourg, 1844-49-52); « Programme et prospectus d'arithmétique à l'usage des Ecoles militaires », id., 1849; une foule de mémoires et de notes sur la théorie des nombres, sur l'algèbre, sur la géométrie, sur le calcul différentiel et intégral, sur la théorie des probabilités et l'anthropobiologie, sur la mécanique rationnelle et appliquée, dans les bulletins et les Mémoires de l'Académie des sciences de Saint-Pétersbourg, depuis le premier avril 1829 jusqu'à la fin de l'année 1887; plus d'une cinquantaine de ces mémoires sont en langue française. Citons encore: « Dictionnaire des Mathématiques pures » (le seul premier volume a paru, en 1839, et comprend les lettres A-D; un grand vol. en 4° de 464 pages, à deux col., avec huit feuilles de planches; « Nouvelle théorie des parallèles »; « Lignes parallèles », Saint-Pétersbourg, 1850-1853; « Principes fondamentaux de la théorie mathématique des probabilités », en russe, id., 1846, son chef d'œuvre; « Essai sur les lois de la mortalité en Russie et sur la distribution de la population orthodoxe par âges », en russe, id., 1865; « Recherches anthropobiologiques et leur application à la détermination du mouvement de la population mâle en Russie », en russe, id., 1874. M. B. a inventé un nouveau planimètre, un panthographe et autres instruments de calcul; il a collaboré, en ce qui se rapporte aux mathématiques, à la rédaction du Dictionnaire Encyclopédique russe, dit de Pluchart (du nom de l'éditeur) entre les années 1834-1841, et, plus tard (1861-1863) pour les sciences exactes à celui de Herschelmann (les deux dictionnaires sont restés inachevés). Il a pris part active à la vérification, au complément et à l'explication des termes de mathématiques admis dans le Dictionnaire des langues ecclésiastico-slave et russe, travail exécuté au sein de l'Académie des sciences. Un grand nombre de ses travaux, tant imprimés que manuscrits, se rapportent aux caisses de retraites et aux caisses dites émeritales. Son travail principal, rentrant dans cette catégorie, se rapporte à la caisse émeritale de la marine russe. Dans la *Revue Maritime* (*Morskoï Sbornik*), de l'année 1857, il a inséré la description d'une table à pièces mobiles pour la détermination, sans aucun calcul, du mois et du jour de Pâques, avec l'explication de son usage pour résoudre différentes questions relatives au calendrier de l'Église Greco-Russe. Cet opuscule, en langue russe, contient en outre la démonstration rigoureuse, pour le calendrier Julien, des formules bien connues de Gauss, qui servent à la détermination du jour de Pâques. Le 16 février 1867, M. B. présenta à l'Académie des Sciences de Saint-Pétersbourg une note sur un abaque russe perfectionné.

Bouquet (François-Valentin), écrivain français, ancien professeur de lycée à Rouen, retraité depuis 1876, est né dans cette ville en 1815. On lui doit ces publications : « Jeanne D'Arc au Château de Rouen », 1866 ; « Les Fastes de Rouen », poème latin d'Hercule Grisel, prêtre rouennais du XVII siècle, 1870 ; « Les Mémoires de Thomas du Fossé », 4 vol., 1879 ; « Nouveaux documents sur Hercule Grisel et les Fastes de Rouen », id. ; « La Troupe de Molière et les deux Corneille à Rouen en 1658 », 1880; une nouvelle édition des « Tombeaux de la Cathédrale de Rouen, par feu A. Deville », 1881 ; « Le Regret d'honneur féminin », poème français inédit du XVI siècle, par François Sagon, prêtre rouennais; « La Parthénie ou Banquet des Palinods de Rouen, en 1546, poème latin du XVI siècle, par Baptiste Le Chandelier » ; « Documents concernant l'histoire de Neufchâtel-en-Bray et des environs », 1884 ; « Histoire civile et militaire de Neufchâtel-en-Bray par Dom Bodin », 1885, et enfin: « Rouen aux principales époques de son histoire » dans le *Rouen illustré*, publication de luxe d'un libraire de cette ville.

Bourde (Paul), publiciste et romancier français, est né, le 22 mai 1851, à Voisseaux (Isère). En qualité de correspondant spécial du *Temps*, il a suivi les expéditions de Tunisie et du Tonkin et fait de nombreux voyages en Afrique, en Italie, en Grèce, à Constantinople, en Russie, où il a assisté au couronnement du tzar Alexandre III. De ses correspondances quelques unes ont été réunies en volume et forment les ouvrages suivants : « A travers l'Algérie », couronné par l'Académie française, Paris, Charpentier, 1880 ; « De Paris au Tonkin », id., C. Lévy, 1884 ; « En Corse », id., id., 1887. M. Paul Bourde a publié, en outre, un roman : « La Fin du Vieux Temps », id., id., 1884 et un petit Traité de morale pratique intitulé : « Le Patriote », id., Hachette, 1882, qui a été couronné par l'Académie des Sciences morales et politiques, et qui en est à sa cinquième édition.

Bourdon (Mathilde, née LIPPENS), femme de lettres française, née, à Gand, en 1817. Mariée d'abord à M. Froment, elle a épousé en secondes noces, M. Hercule Bourdon, publiciste, né, à Dunkerque, en 1808, ancien rédacteur du *Globe* saint-simonien et de la *Revue du progrès social* et auteur de quelques dissertations de droit. Mme Bourdon s'est signalée par une étonnante fécondité dans la littérature spéciale à l'usage des enfants; dans l'impossibilité absolue de citer toutes ses publications, dont la première en date « l'Histoire de Nôtre-Dame de la Treille », Lille, Reboux, 1851, remonte à une date assez éloignée, nous citerons seulement les publications postérieures à 1875 ; « Le Val Saint-Jean », Paris, Haton, 1876 ; « Fabienne et son père », id., Allard, id. ; « Le Pain quotidien », id., id., 1877 ; « Les premiers et les derniers », id., id., id. ; « La Rosière, ou, trop parler nuit », proverbe, Lille, Lefort, 1878 ; « Seule dans Paris », Paris, Allard, 1879 ; « Études et notices historiques », id., Bray et Retaux, id. ; « Histoire d'un agent de change », id., Delhomme et Briguet, 1880 ; « Nouvelle mythologie dédiée aux jeunes filles », id., Pictois-Cretté, id. ; « Un rêve accompli », id., Delhomme et Briguet, id. ; « Henriette de Bréhault », id., id., 1882 ; « Histoire d'une fermière », id., Blond et Barral, id. ; « La table de sapin, suivi de l'Idole », Lille, Lefort, 1882; « Le lait de chèvre », Paris, Delhomme et Briguet, 1883 ; « Rivalité », id., id., id. ; « Ruth et Suzanne », id., id., 1884 ; « Récits de notre temps », Lille, Lefort, 1885 ; « Jacqueline », Paris, Gautier, 1885.

Bourelly (Jules), écrivain militaire français, né à Belfort, le 29 janvier 1835. Admis, à sa sortie de Saint-Cyr, 1857, à l'École d'État-major, puis attaché au ministère de la guerre, il était, en 1870, sous-directeur des études à Saint Cyr. Il fit la campagne contre la Prusse en qualité de capitaine d'état-major. En 1872, il fut attaché militaire à la légation de France en Suède. Nommé colonel, en 1887, M. Jules Bourelly a publié : « Conférences sur les opérations de nuit en campagne », 1870 ; « La Marine militaire allemande », 1872 ; « Le Maréchal de Fabert », 2 vol., 1880-81, ouvrage couronné par l'Académie française ; « Cromwell et Mazarin. Deux campagnes de Turenne en Flandre. La bataille des Dunes », Paris, Perrin, 1886. M. Jules Bourelly, a, en outre, collaboré à la *Revue* *militaire française* et au *Journal des Sciences militaires*. Le col. Bourelly est chevalier de l'ordre italien du Mérite militaire de Savoie et de l'Epée de Suède.

Bourénine (Victor), poète, traducteur, critique et humoriste russe, né, le 7 mars 1841, à Moscou. Il fit ses premières études dans la maison paternelle; il fut d'abord inscrit aux cours d'architecture, qu'il ne tarda pas à abandonner pour se livrer entièrement à la littérature. Il tâta de la prose et de la poésie et se distingua de bonne heure par sa verve satirique. Ses premières poésies satiriques avaient paru, en 1862, dans les journaux *L'Étincelle* et *Le Sifflet*, sous le pseudonyme de *Vladimir Monumentoff* ; elles révélaient un poète facile, élégant et spirituel ; un an après, sous une forme plus élevée, par des poèmes publiés dans le *Sovremenick* (*Le Contemporain*), il se montrait poète d'un grand sentiment. Après la suppression violente du *Contemporain*, M. B. passa ses nouveaux poèmes tantôt au *Messager de l'Europe*, tantôt aux *Annales de la Patrie*. Dans ces poèmes, il chantait les gestes des héros des anciennes chansons russes: « Schourilo Plenkovitch » ; « Dispute entre Elie de Mourom et le Prince Vladimir » ; « Mikoula Selianinovitch », etc. On lui doit aussi des traductions de poètes étrangers ; nous nous souvenons de sa traduction de la chanson de Léopardi à l'Italie. Pendant la guerre franco-prussienne, M. B. publia un grand nombre de poésies soit satiriques, soit pathétiques, où s'étale toute la haine du poète contre la Prusse, tout son amour pour la France. Ces poésies ont paru en un volume, sous le titre de « Échos poético-militaires », signé *L'Hermite de Wiborg*. Depuis 1865, M. Bourenin est l'un des principaux rédacteurs de la *Gazette Russe de Saint-Pétersbourg* (*Petersbourgskija Viedomosti*).

Bourgault (Louis), littérateur français, né, à Chaumont (Haute-Marne), le 5 octobre 1857. Il fit ses études au collège de Langres. Il a publié ses premières œuvres en collaboration avec son ami intime, Charles Mongin, jeune homme de bel avenir, mort prématurément (1857-1882) : « Coup de sonnette », comédie en un acte en prose, Clamecy, Cégrétin, 1882 ; « Échos du cœur », poésies nouvelles, Paris, Ollendorff, 1882 ; « L'agent d'assurances », comédie en un acte en prose, id., Ghio, 1885. Sans collaboration, il a publié : « Nouvelles champenoises », Paris, Ghio, 1885, et un roman « Pascaline ». — Sous presse, une brochure : « Les mots langrois ». — Ajoutons en outre plusieurs poésies parues dans les journaux et revues et les nouvelles suivantes : « L'amour de la ficelle » ; « Échec et mat » ; « Le Pensum » ; « Le Poisson d'avril » ; « La première cigarette » « La Pêche aux grenouilles » ; « Le trombone » « Le coup du cidre » ; « Le miracle de sœur Ursule ».

Bourges (Élémir), homme de lettres français, né à Manosque (Basses-Alpes), en 1852. M. Bourges a collaboré au *Parlement*, au *Journal des Débats*, à la *Revue des deux mondes*. Il a publié « Le Crépuscule des Dieux », 1884 ; « Sous la Hâche », 1885, épisode des guerres de la Vendée.

Bourget (Paul), éminent critique et romancier français, né, à Amiens, le 2 septembre 1852, fils de Justin B. (1822-1887), mathématicien et ancien recteur des Académies d'Aix et de Clermont. Après de brillantes études, il fréquenta pendant une année l'École des hautes études s'adonnant de préférence à la langue grecque; puis à partir de 1873, il se consacra exclusivement à la littérature. Déjà, depuis 1872, il collaborait à la *Renaissance*, petit journal littéraire. Il écrivit ensuite à la *République des lettres*, 1877, à la *Vie littéraire*, 1878, à la *Paix* et au *Globe*, 1879, où il inséra une « Étude sur Napoléon », qui fut particulièrement remarquée. En 1880, il entra au *Parlement* et y demeura jusqu'à la fusion de cette feuille avec les *Débats*, où il est resté. Enfin, il est également à la *Nouvelle Revue*, depuis 1882, et à l'*Illustration* depuis 1884. On a de lui : « La vie inquiète, poésies. (Au bord de la mer. Jeanne de Courtisols. George Ancelys. La vie inquiète) », Paris, Lemerre, 1875 ; « Edel, poème », id., id., 1878 ; « Les aveux, poésies », id., id., 1882 ; « Ernest Renan », id., Quantin, 1883, forme la 16e livraison des *Célébrités contemporaines ;* « Essais de psychologie contemporaine (Baudelaire, M. Renan, Flaubert, M. Taine, Stendhal) », id., Lemerre, 1883 ; « L'Irréparable. Deuxième amour. Profil perdu », id., id., 1884 ; « Cruelle énigme », id., id., 1885 ; « Nouveaux essais de psychologie contemporaine (M. Dumas fils, M. Lecomte de Lisle, MM. de Goncourt, Tourguénew, Amiel) », id., id., 1885 ; « Poésies, 1872-76. Au bord de la mer, la Vie inquiète, petits poèmes », id., id., id. ; « Un crime d'amour », id., id., 1886 ; « André Cornelis », id., id., 1887 ; « Mensonges », id., id., id. ; M. B. a publiée, en 1881, chez Jouaust, une nouvelle édition du « Roman comique », de Scarron, précédé d'une préface et il a maintenant sous presse deux volumes de critique : « Études et portraits », un volume de nouvelles et un volume de poésies.

Bourgeois (Émile), historien français, depuis 1885, professeur d'histoire à la faculté de lettres de Lyon, né, à Paris, le 24 juillet 1857. Il a fait un voyage en Allemagne, chargé par le gouvernement d'une mission à l'Université de Leipsig. On lui doit : « La Constitution de Carthage », 1881 ; « L'Enseignement classique et le recrutement de l'enseignement supérieur », 1883 ; « Le Capitulaire de Kiersy sur Oise et la législation Carolingienne au IX siècle », Paris, Hachette, 1885, ouvrage d'érudition des plus remarquables ; « Sur la coudition des provinces romaines au temps de Cicéron (en latin) », Paris, Hachette, 1885; « Hugues l'abbé Margrave de Neustrie et archichapelain de France à la fin du IX siècle », Caen, 1885; « Neuchâtel et la politique prussienne en Franche-Comté (1702-1713), d'après des documents inédits des archives de Paris, Berlin et Neuchâtel, Paris, Leroux, 1887 »; « L'histoire contemporaine et la science de l'histoire », 1886; « La Révolution française et la science historique », 1887, fragments d'une étude générale que M. B. prépare « Sur les lois et la méthode de l'histoire »; « La question de l'École des Chartes » (dans la *Revue Bleue* de 1888). M. B. collabore à la *Revue Historique*, à la *Revue Critique*, à la *République Française*, à la *Grande Encyclopédie*, à la *Revue politique et littéraire*. Il a contribué à fonder le *Bulletin et les Annales de la Faculté des Lettres de Caen*; il a transformé l'*Annuaire de la Faculté des Lettres de Lyon* en *Bibliothèque de la Faculté des Lettres de Lyon*, qui compte actuellement 6 volumes et qui en aura douze au mois de janvier 1889. Il est, enfin, secrétaire général du *Bulletin des travaux de l'Université de Lyon*, recueil méthodique de tous les travaux que publient les différents professeurs de cette université et qui a été fondé en 1888.

Bournand (Jean-François), homme de lettres français, né, à Paris, le 24 juin 1853. Tour-à-tour professeur d'esthétique et d'histoire de l'art à l'Association polytechnique, commissaire général des Beaux-Arts aux Expositions françaises de Tunis, Directeur du *Paris-Salon*, rédacteur en chef du *Blanc et Noir*, revue des Beaux-Arts, rédacteur en chef du *Dessin*, correspondant du *Progrès Tunisien*, du *Journal de la Vienne*, de la *France du Nord*, critique d'art du *Feu Follet*, de la *Revue artistique et littéraire*, de l'*Esprit pratique*, collaborateur du *Moniteur des Arts*, du *Journal des Artistes*, du *Journal des Demi-mondes*, de la *Curiosité*, il traite les questions artistiques et fait les biographies des artistes anciens et contemporains dans le *Dictionnaire des Dictionnaires*. On lui doit, entr'autres: « Histoire des Beaux-Arts et des Arts appliqués à l'Industrie », Paris, Bernard, 1885; 2ᵐᵉ éd., 1888; « Les arts et les grands artistes de la renaissance italienne », Paris, Bernard, 1886; « Catalogues illustrés de l'Exposition internationale de *Blanc et Noir* », Paris, Bernard, 1885-86; « Paris-Salon 1880 », id.; « Précis d'histoire de l'art », rédigé conformément aux programmes officiels, trois éd.; « Viollet-le-Duc », 1885; « L'art chrétien primitif » (épuisé); « Les autels au moyen-âge » (épuisé); « Régiment de Sapeurs-Pompiers »; « Paris-Salons 1887 », Paris, Bernard, 2 volumes avec phototypies.

Bourneville (Magloire-Désir), homme politique et publiciste français, né à Garancières (Eure) le 20 octobre 1840. Il étudia la médecine à Paris, fut interne des hôpitaux, s'y fit recevoir docteur en 1870 et se distingua par une collaboration des plus actives au *Mouvement médical*, au *Progrès médical*, à la *Revue photographique des hôpitaux* (1869-1873) et à la revue bi-mensuelle: *Les Archives de névrologie* (avec M. Charcot). En 1879, il fut nommé, au concours, médecin du service des aliénés à l'hospice de Bicêtre. De 1876 à 1883, il représenta le quartier de Saint-Victor au conseil municipal de Paris, et fut le rapporteur habituel du budget de l'Assistance publique et du service si important des asiles d'aliénés de la Seine. C'est à lui surtout qu'on doit la création des bibliothèques médicales et des bibliothèques pour les malades dans les hôpitaux; des nouveaux établissements balnéo-hydrothérapiques des hôpitaux; la création du service des enfants idiots et arriérés de Bicêtre, etc. Après la mort de Louis Blanc, M. B. le remplaça, comme député au Parlement. En dehors de ses articles de journaux, dont quelques uns ont été tirés à part, on a de M. B.: « De la sclérose en plaques disséminées », 1869; « Études cliniques et thermométriques sur les maladies du système nerveux », 1871-1872, 2 vol.; « De la contracture hystérique permanente », 1872; « Notes et observations cliniques sur la fièvre typhoïde », 1873; « Science et miracle: Louise Lateau, ou la Stigmatisée belge », 1875; « Recherches cliniques et thérapeutiques sur l'épilepsie et l'hystérie », 1876; « Iconographie photographique de la Salpêtrière. Hystéro-Épilepsie. L'hystérie dans l'histoire », 1876-1879; « L'année médicale », 1878-1888; « Compte-rendu du service des enfants idiots et arriérés de Bicêtre (maladies nerveuses des enfants », de 1880 à 1888; « Bibliothèque diabolique », réimpression avec notes et commentaires des principaux ouvrages sur la sorcellerie, les épidémies démoniaques, etc.

Bouros (Jean), écrivain grec, né, dans l'île de Chio; il fit ses études en Allemagne. Nommé professeur à l'université d'Athènes, ensuite président du collège médical, il était le médecin ordinaire du feu roi Othon. On lui doit deux brochures sur les Hôpitaux et sur la Pharmacologie des anciens; en outre, en collaboration avec le professeur Landrer et avec le pharmacien Sartori, la « Pharmacopée Hellénique ».

Bourret (Mgr Joseph-Christian-Ernest), ecclésiastique et écrivain religieux français, évêque de Rodez et de Vabres, depuis 1871, né, à Labro (Ardèche), le 9 décembre 1827. Prêtre de l'Oratoire, docteur en théologie, avec une thèse sur « L'origine du pouvoir civil d'après Saint-Thomas et Suarez », Paris, Douniol, 1857. Il fut, quelque temps, professeur de droit ecclésiastique à la Sorbonne. Mgr Bourret a publié: « L'École chrétienne de Séville sous la monarchie des Visigoths », id., id., 1855;

« Essai historique et critique sur les sermons de Gerson », id., id., 1858; « Réponse aux principales attaques contre l'Église », Rodez, 1877; « Réponse aux principaux sophismes contre les droits de l'Église à l'enseignement », id., 1878; « Des principales raisons d'être des ordres religieux », id., 1880; « Du respect qui est dû à la religion, à ses ministres et à ses institutions », id., 1880; « Procès-verbaux authentiques et autres pièces, concernant la reconnaissance des reliques de Sainte-Foy, vierge et martyre », id., 1881.

Boursin (Elphège), journaliste français, né, à Falaise (Calvados), en 1836. Après avoir écrit pendant quelque temps dans le *Figaro*, il entra, en 1869, à la *Marseillaise* et depuis cette époque a toujours appartenu à la presse la plus avancée; il a entrepris dans le même ordre d'idées la publication d'une série de brochures de propagande radicale qu'il signe du pseudonyme de *Père Gérard*. Depuis 1878, le *Père Gérard* est devenu une publication hebdomadaire illustrée. Parmi les écrits de M. B., nous citerons : « Le livre des femmes au XIX siècle », Paris, Rome, 1865; « Histoire romaine », id., Fayard, 1866; « Histoire de l'agriculture, du commerce et de l'industrie en France », id., Rome, 1868; « Le Moniteur des français, ou Explication des lois », id., id., 1869 ; « Catéchisme du bon républicain », id., Sagnier, 1872; « Danton, étude historique », id., Librairie des célébrités contemporaines, 1872; « Un gouvernement républicain, s'il vous plaît », id., Sagnier, 1872; « Manuel du bon citoyen », id., id., id.; « Lettre à mon député », id., id., id.; « Nouveau dictionnaire universel de la langue française », id., Mulo, 1872, 2me éd., Laplace Sanchez et Cie, 1877; « Questionnaire des examens au volontariat d'un an », id., id., 1873, nouvelle éd., Masson, 1880; « Révolution parlementaire du 24 mai 1873 », id., Librairie des célébrités contemporaines, 1873 ; « Manuel des aspirants aux emplois réservés aux anciens sous-officiers », id., Sagnier, 1876; « Manuel des aspirants au volontariat d'un an », 5 vol., id., Masson, 1880, plusieurs fois réédité; « Histoire populaire de la Révolution française », Paris, Ebran, 1884; « Les Veillées du père Gérard. Les Capucins normands », id., Marpon et Flamarion, 1885. M. Boursin a terminé en ce moment un « Dictionnaire de la Révolution Française », qui va paraître en livraisons illustrées chez les éditeurs Fusier et Jouvet.

Bourson (Pierre-Philippe), publiciste franco-belge, né, à Blaye, en France, le 10 mai 1801, naturalisé belge, mort en 1837. M. Bourson est une des figures les plus sympathiques du journalisme contemporain belge. Il a publié de très nombreux articles d'histoire, d'économie politique et de critique dans l'*Observateur*, l'*Indépendance*, la *Revue trimestrielle*, et il dirige depuis de longues années le *Moniteur belge*, journal officiel de la Belgique. Nous ne serons pas indiscret en ajoutant que M. Bourson a fait paraître des livres et des brochures, soit sans y mettre aucune signature, comme son « Histoire parlementaire du traité de paix du 19 avril 1839, entre la Belgique et la Hollande », Bruxelles, 1839, soit en les signant de simples initiales, comme son opuscule « Des Puissances européennes dans la question d'Orient », Namur, 1840.

Bouscatel (Pierre-Édouard), publiciste français, collaborateur du *Figaro* sous le pseudonyme de ÉDOUARD SUTIL, décoré de plusieurs ordres, est né, à Paris, en 1839. Entré jeune dans la presse, il donna des vers au *Petit Journal*, à la *Patrie*, au *Gaulois*, au *Figaro*, à l'*Indépendance Belge*, écrivant toujours en faveur de l'Italie. Il a fait la campagne de 1859, dans l'état-major du Maréchal Vaillant, Major-Général de l'armée d'Italie, en qualité d'historiographe. Il nommé directeur et rédacteur en chef du *Nouvelliste du Jour*, il y soutint, pendant dix ans, les principes de l'ordre. Parmi ses publications, on doit signaler : « L'Impératrice et le quatre septembre » ; « De Châlons à Sédan »; « Poésies » ; « Paradis Perdu » ; « Méphistophélès », «Le Roi des Aulnes » ; « Vive l'Italie », mis en musique par des compositeurs célèbres, ainsi que « Le Réveil de l'Italie », représenté, en 1859, aux *Italiens;* « Les Derniers jours de Metz » ; « La Campagne du Rhin », etc. Pendant la guerre franco-allemande, il a eu l'honneur d'être condamné pour des articles sur la Prusse et le Roi de Prusse. M. B. a signé aussi *baron R. de la R.* une série d'articles très bien informés qu'il a donnés, en 1868, au *Figaro* sur la première communion du prince impérial, sur des voyages de la cour, sur des réceptions aux Tuileries et avec des détails intimes sur les habitudes de l'entourage impérial.

Boutmy (Émile), publiciste français, né, à Paris, en 1835. Ancien professeur à l'École spéciale d'architecture, directeur de l'École libre des sciences politiques fondée en 1871, membre libre de l'Académie des sciences morales et politiques, M. Boutmy a publié : « Introduction au cours d'histoire comparée de l'architecture », Paris, Morel, 1869; « Philosophie de l'architecture en Grèce », id., Germer Baillière, 1870; « Quelques observations sur la réforme de l'Enseignement supérieur », id., id., 1877; « Études de droit constitutionnel : France, Angleterre, États-Unis », id., Plon, 1885; « Le Développement de la Constitution et de la Société politique en Angleterre », id., id., 1887.

Boutmy (Pierre-Eugène), polygraphe et littérateur francais, né à Sargé (Loir et Cher), le 14 septembre 1828. Après avoir passé quelques années dans l'Université en qualité de maître d'études, de maître élémentaire et de surveillant général, il a embrassé la profession de correctour d'imprimerie et il l'a exercée pendant trente années à Paris. Il a travaillé pendant vingt ans au *Grand Dictionnaire universel du XIX° Siècle* de Pierre Larousse, auquel il a fourni en même temps un grand nombre d'articles géographiques et biographiques, ainsi que tous ceux qui sont relatifs à l'art typographique. Il a lu et corrigé cette immense Encyclopédie d'un bout à l'autre. Il a collaboré pendant quatre ans à la *France illustrée* de M. A. V. Malte-Brun, pour laquelle il a rédigé quarante départements, notamment ceux qui ont subi l'invasion allemande. « Le dictionnaire des communes de la France, de l'Algérie et des Colonies », est son œuvre absolument personnelle. Il a, d'ailleurs, été publié sous son nom, à la fin de *La France illustrée*. M. Eugène Boutmy a aussi publié : « Les typographes parisiens, suivis d'un petit dictionnaire de la langue verte typographique », Paris, 1874 ; « Dictionnaire de la langue verte typographique, précédé d'une monographie des typographes, et suivi de chants dus à la Muse typographique », id., Lisieux, 1878 ; « Un épisode de la chasse aux millions (de Paris à Issoudun) », id., Ghio, 1882 ; « Dictionnaire de l'argot des typographes, suivi d'un choix de coquilles typographiques curieuses ou célèbres », id., Marpon et Flammarion, 1883.

Boutroux (Étienne-Émile-Marie), littérateur français, né, à Montrouge (Seine), le 28 juillet 1845 ; il a étudié à Paris et à l'Université de Heidelberg. Après avoir enseigné la philosophie à Caen, à Montpellier et à Nancy, il fut chargé d'un cours complémentaire sur l'histoire de la philosophie allemande près la Faculté des lettres de Paris en 1885, et nommé professeur d'histoire de la philosophie moderne à la même Faculté en remplacement de M. Janet, en 1°88. Parmi ses écrits, nous devons citer d'abord ses Thèses de doctorat : « De Veritatibus æternis apud Cartesium », Paris, G. Baillière, 1874 et « De la Contingence des lois de la nature », id., id., id. Suivirent : « La Grèce vaincue et les premiers stoïciens », id., id., 1875 ; « La Monadologie de Leibnitz, suivie d'une note sur les principes de la mécanique dans Descartes et dans Leibnitz », id., Delagrave, 1881 ; la traduction des deux premiers volumes de l'ouvrage d'Édouard Zeller: « La Philosophie des Grecs considérée dans son développement historique », id., Hachette, 1882-84 ; « Socrate fondateur de la science morale », mémoire lu à l'*Académie des sciences morales et politiques*, sept. et nov. 1883 ; un article sur « Aristote » dans la *Grande Encyclopédie*, 1886 ; « Le philosophe allemand Jacob Boehme », mémoire lu à l'*Académie des sciences morales et politiques*, 1888. Plus, divers articles sur des questions de philosophie et de pédagogie dans la *Revue Internationale* ainsi que dans d'autres revues philosophiques, de l'enseignement et pédagogiques, etc. Une notice sur son enseignement et ses travaux vient d'être publiée par la *Revue bleue* 10 mars 1888.

Bouvier (Alexis), romancier et auteur dramatique français, né, à Paris, le 15 janvier 1836, d'une famille d'ouvriers. Il apprit le métier de ciseleur et l'exerça jusqu'en 1863, tout en consacrant ses loisirs à compléter son instruction. A cette époque, ses premiers succès de chansonnier et de vaudevilliste lui permirent de se livrer au théâtre et à la littérature. Parmi ses chansons, nous en citerons une démocratique : « La Canaille », popularisée par Mme Bordas et « Les Trois lettres du marin », dont Dacier a écrit la musique. M. B. est aussi l'auteur, seul ou en collaboration, de plusieurs opérettes, parmi lesquelles nous citerons: « Versez, marquis ! », musique de F. Barbier, 1862 ; « Danseuse et marquis », duo bouffe, musique du même, 1863 ; « Eureka !!! », musique de F. Jouffray, 1863 ; « Une paire d'anglais », saynète bouffe, musique de Charles Demergue, 1863 ; « La Veuve d'un vivant », musique du même, 1865 ; « La gamine du village », musique de F. Barbier, 1865 ; « Gervaise, ou qui a bu boira », opéra-comique en un acte, en collaboration avec Hippolyte Lefebvre, musique de F. Barbier, 1870 ; « Les petites dames du Temple », vaudeville en cinq actes, 1875 ; « Suzanne au bain », vaudeville en un acte, avec Édouard Prevel, 1875 et plusieurs autres en collaboration avec le même. Mais M. Bouvier est surtout connu comme romancier, nous citerons parmi ses romans : « Auguste Manette », Paris, Dentu, 1870 ; « Les Pauvres », Bruxelles, Lacroix et Verboeckhoven, id, ; « Les soldats du désespoir », Paris, Lachaud, 1871 ; « Le mariage d'un forçat », id., Ghio, 1873 ; « Les drames de la forêt », id. id., id.; « Amour, misère et Cie », id., Dreyfus, 1878 ; « Le Domino rose », id., Dentu, id. ; « Monsieur Coquelet. Le Mouchard », id., Saguier, id. ; « La Femme du Mort », id., Rouff, 1878, auquel font suite les suivants : « La Grande Iza », id., id., id. ; « Iza, Lolotte et Cie », id., id., 1880 ; « Iza la Ruine », id., Marpon et Flammarion, 1885 ; « La mort d'Iza », id., id., id.; reprenant maintenant l'énumération des romans de M. B. nous trouvons: « Monsieur Trumeau », id., Dentu, 1879 ; « La Belle Gelée », id., Rouff, id. ; « Les créanciers de l'échafaud », id., id., 1880 ; « Mademoiselle Beausourire », id., id., id.; « Mademoiselle Olympe (ancienne maison Palmyre) » id., id., id. ; « Malheur aux pauvres », id., id., id. ; « Caulot le garde-chasse », id., Dentu, 1881 ; « Le club des coquins », id., id., id. ; « Le fils d'Antony », id., Rouff, id. ; « La Princesse Saltimbanque », id., id., id. ; « La Rousse », id., id., 1882 ; « Bayonetto, histoire d'une jolie fille », id., Rouff, id.; « Ma Bougenotte », id., id., id. ; « Le Bel Alphonse », id., Marpon et Flammarion, id.; « Les drames de la forêt », id., Rouff, 1883 ; « La petite duchesse », id., Marpon et Flammarion, id.; « Le sang brûlé », id., id., id.; « Veuve et vierge », id., id., 1884; « Étienne Marcel, ou la grande commune », id., Rouff, 1884; « Le fils de l'amant », id., Marpon et Flammarion, id.; « Le mari de sa fille », id., Fayard, id.; « La petite Cayenne », id., Marpon et Flammarion, id.; « La belle herboriste », id., Fayard, 1885; « L'Armée du Crime », id., Marpon et Flammarion, 1886; « Lolo », id., id., id.; « Colette », id., id., 1887; « Ninie », id., id., 1887; « La petite Baronne », suite du précédent, id., id., id.; « La femme nue », id., id., 1888, qui forme la suite de « Mademoiselle Beauboiser ». — N'ont pas encore, croyons-nous, parus en librairie: « Les yeux de velours », publié dans la *Lanterne*, 1887; « Les Amours de sang », id., id.; « Les seins de marbre », publié dans le *Radical*, 1888; « La belle Olga », id., id. M. Bouvier a tiré de plusieurs de ses romans des drames qui ont obtenu le même succès que ses livres; c'est ainsi qu'il a donné avec M. Brault: « Le mariage d'un forçat », drame en cinq actes (Théâtre de Cluny, avril 1878), et seul « La Dame au Domino rose », drame en cinq actes (Château d'Eau, octobre 1882); avec Guillaume Levet: « La sang brûlé », drame en cinq actes (Château d'Eau, avril, 1885) etc.

Bouvier (Alfred), écrivain suisse, né à Genève le 25 novembre 1848, a été employé pendant deux ans aux Archives de cette ville. Il a fondé, en 1879, la *Tribune de Genève*, qui a pris rapidement une place importante dans la presse de la Suisse romande.

Bouvier (Ami-Auguste-Oscar), pasteur et théologien protestant suisse, né, à Genève, le 16 février 1826, fils de M. Barthélomy B. (1795-1847), pasteur lui aussi et connu pour différentes publications. Après avoir fait ses études dans sa ville natale et passé une année à Berlin, il suivit les cours de théologie de Genève. Pasteur, en 1851, il fut chargé de diverses missions évangéliques à Paris, à Londres et enfin à Genève, où il est, depuis 1861, professeur de théologie à l'Académie. Placé en dehors des partis qui divisent l'Église protestante, il a développé avec talent des idées religieuses d'un souffle élevé dans des discours et des sermons, dont la collection forme sept ou huit volumes. Nous connaissons de lui: « Études sur les conditions du développement social du Christianisme », 1851; « Le Chrétien ou l'homme accompli », Genève, Cherbuliez, 1857; « Réflexions sur la prédication et l'homilétique », id., id., 1860; « Démocratie et Christianisme, ou État religieux de la Suisse romande », 1861; « les Orthodoxes et les libéraux en face de la royauté du Christ », 1869; « Catholiques libéraux et protestants », 1873; « L'esprit du christianisme », Paris, Sandoz et Fischbacher, 1877; « Les Partis religieux et la conciliation », Neuchâtel, Sandoz, 1878; « La faculté de théologie de Genève pendant le XIX siècle », Genève, Georg, 1878; « Le Divin d'après les apôtres », Paris, Fischbacher, 1882; « Paroles de foi et de liberté », 2 séries, id., id. 1882-85; « Le Protestantisme à Genève », Genève, Cherbuliez, 1884; « Réformons le caractère genevois », id., id., 1885. M. B. a publié aussi: « l'Académie de Genève, esquisse d'une histoire abrégée de l'Académie fondée par Calvin, en 1599 », de Jacob Élysée Cellerier, Genève, Cherbulliez, 1872, et il a collaboré à l'*Encyclopédie des sciences religieuses* de Lichtenberger.

Bovallius (Robert-Maurice), historien suédois, né, en 1817; il fit ses études à l'Université d'Upsal. Il entra ensuite au service des Archives en qualité de surnuméraire et arriva peu à peu jusqu'au grade d'historiographe de S. M. le Roi. Depuis 1882, il a été admis à la retraite. Nous connaissons de lui: « De forma regiminis Sueciæ anno MDCXXXIV confirmata », 1842; « De institutione nobilium in patria suculo XVII ex actis publicis », s. d.; « Berättelse om riksdagen i Stockholm 1713-1714 », ouvrage couronné, en 1844, par l'Académie royale de Suède; « Om svenska statsskickets förändring efter Carl XII:s död », 1854. — Un de ses fils, M. Charles B., est professeur à l'École supérieure de Upsal et a publié plusieurs travaux de zoologie.

Bovet (Albert), banquier suisse, né, à Neuchâtel, en 1831, célèbre collectionneur d'autographes, a publié sous le pseudonyme d'AZELINE divers ouvrages très appréciés: « Sous les sapins. Nouvelles et croquis neuchâtelois », Neuchâtel, Sandoz, 1869; « Au bord du torrent. Silhouettes et paysages alpestres », id., id., 1872; « Par monts et vaux. Souvenirs d'un alpiniste », Paris, Fischbacher, 1879; « Carnet d'un touriste », id., id., 1883; « Récits d'un montagnard. Alpes et Jura », id., id., 1866.

Bovet (Eugène-Victor-Felix), théologien et hébraïsant suisse, parent du précédent, né, le 7 novembre 1824, à Neuchâtel, d'une vieille famille autochtone enrichie dans le commerce des toiles; il fit ses études littéraires et théologiques à Neuchâtel et à Berlin (1843-1848). De 1848 à 1859, il fut bibliothécaire de la ville de Neuchâtel, de 1861 à 1871, professeur de littérature française et d'hébreu à l'Académie de Neuchâtel. M. B. qui est très versé dans la philologie sémitique, dans le Talmud et dans les commentaires des Rabbins a fait aussi des cours libres d'exégèse de l'Ancien Testament aux facultés indépendantes de Genève et de Neuchâtel (1883-1886). On lui doit la publication (1851-53) de Fragments inédits des Confessions et du Discours sur les Richesses de J.-J. Rousseau, qui étaient déposés à la bibliothèque de Neuchâtel. Il a publié, en outre: « Le comte Zinzendorf », 2 vol., 1860, 3 éd.;

« Voyage en Terre-Sainte », 1861, ouvrage très goûté du public protestant et traduit en plusieurs langues; « Histoire du Psautier des Églises réformés », Neuchâtel, Sandoz, 1872. — M. B. est collaborateur de la *Revue Suisse*, dont il a été directeur, en 1853, de la *Bibliothèque Universelle* et du *Journal de Genève*.

Bovio (Jean), homme politique et publiciste italien, *libre docent* de la philosophie du droit, de l'histoire du droit, et du droit public comparé à l'université de Naples, député au parlement, âme de feu, noble intelligence, orateur fougueux et brillant, écrivain éloquent, libre penseur qui écrit et agit en conséquence, est né, à Trani, dans les Pouilles, en 1838. Républicain, il n'a jamais rien demandé au gouvernement de son pays. Docteur en droit et avocat, il n'a jamais mis le pied au tribunal, à l'exception d'une seule fois, pour y défendre Alberto Mario, c'est-à-dire ses propres principes. Il a le culte des grandes choses et des grandes intelligences; c'est pourquoi il s'est fait l'initiateur d'une généreuse campagne en faveur de l'institution d'une chaire nationale pour l'explication du Dante et de son œuvre, à Rome. Ses leçons sont très fréquentées, ses discours applaudis. M. Bovio a eu, dans sa carrière, des persécuteurs implacables et des admirateurs sincères; nous, ses adversaires politiques, au nom de l'idéal élevé qu'il poursuit constamment, nous nous rangeons parmi ces derniers. Il ne croit pas à la métaphysique et non plus au positivisme; idéaliste passionné, il semble partager en religion comme en politique la foi de Mazzini; mais il vénère la mémoire de Gioberti. Parmi ses nombreuses publications, nous citerons : « Corso di Scienza del Diritto »; « Saggio critico del Diritto penale e del fondamento etico », trois éditions; « Il sistema della Filosofia »; « Scritti letterarii »; « Schema del Naturalismo matematico »; « Risposta ai critici »; « Discorsi politici »; « Uomini e tempi », une brochure qui fit beaucoup de bruit lorsqu'elle parut en 1879. Moins prolixe, il a la facilité de style de Gioberti et de M. Sbarbaro, avec plus de nerf et plus de suite. Ses derniers ouvrages sont « Filosofia del Diritto »; « Storia del Diritto in Italia »; « Scritti filosofici e politici »; « Dottrina de' partiti in Europa »; il prépare en trois volumes son chef-d'œuvre: « Il Naturalismo ». Citons encore ses dernières brochures : « La Francia », qui a été traduite en français et publiée à Paris, chez Dentu, en 1884; « La Geologia del mezzogiorno rispetto all'indole degli abitatori »; « La Scienza e la Storia irresponsabili innanzi al codice penale »; « Cristo alla festa di Purim », des conférences sur le Dante, des Discours, etc.

Bowen (François), littérateur americain, né, le 8 septembre 1811, à Charlestown (Massachusetts); en 1833, il prit ses degrés, après de brillants succès scolaires, au Collège Harward et, en 1835, il fut nommé répétiteur de philosophie et d'économie politique dans cette Université. Depuis 1843 jusqu'en 1853, il dirigea une des principales revues des États-Unis, le *North-American Review*. Il attira ensuite l'attention publique par des articles sur la question hongroise, entièrement opposés à l'enthousiasme populaire d'alors, que la présence de Kossuth aux États-Unis avait porté jusqu'au comble. Après avoir fait plusieurs cours de philosophie et de droit public à l'Institut Lowell, il a été appelé à une chaire de philosophie morale et d'économie politique au Harward-College. M. B., qui est un adversaire acharné des doctrines philosophiques d'Auguste Comte et de Stuart Mill, a publié plusieurs ouvrages, parmi lesquels nous citerons : « Critical Essays on the history and present condition of speculative philosophy », Boston, 1842; « Lectures on the application of metaphysical, etc. », Boston, 1849; « Layman's Study of English Bible in Literary and Secular Aspects », New-York, 1885, et plusieurs volumes de la *Biographie américaine* de Sparks.

Boy-Ed (Ida), femme de lettres allemande, née le 17 avril 1852, à Bergedorf près de Hambourg. Elle se maria très jeune à Lubeck où elle demeure maintenant, et ce ne fut pas sans des luttes fort vives qu'elle put obtenir de sa nouvelle famille la permission de suivre sa vocation littéraire. On lui doit plusieurs romans et nouvelles, parmi lesquelles nous citerons: « Ein Tropfen », 1882; « Männer der Zeit », 1884; « Sein Schuld », 1885; « Dornenkronen », 1886; « Abgründe des Lebens », 1887; « Unversuchten », 1887; « Masken », 1887.

Boyd (le révérend André Kennedy Hutchison), écrivain anglais, né, le 25 novembre 1825, à Auchinleck (comté d'Ayr, en Écosse); il fit ses études à l'Université de Glasgow où il prit ses degrés. Ordonné pasteur, en 1851, il occupa plusieurs fonctions ecclésiastiques et en dernier lieu celle de ministre dans la ville universitaire de Saint-Andrews. Il se fit d'abord connaître comme écrivain par plusieurs articles insérés dans le *Fraser's Magazine* sous la signature A. K. H. B.; plusieurs de ses articles ont été réimprimés à part. Parmi ses nombreux ouvrages publiés en librairie, nous citerons: « The Recreations of a Country Parson », 3 séries; « The Graver Thoughts of a Country Parson »; « Counsel and Comfort spoken from a City Pulpit »; « Present day Thoughts: Memorial of St. Andrew's Sundays », 1870; « Towards the Sunset », 1883; « What Set Him Right with other Chapters to Help », 1885. — M. Boyd a été proclamé, en 1864, docteur honoraire en théologie de l'Université d'Édimbourg.

Boyer (Georges), écrivain français, né, à Paris, le 21 juillet 1850; son père était homme de lettres et dirigea, entre les années 1854-56, le théâtre du Vaudeville. Il a pris part à la campagne de 1870, et collaboré au *Figaro* et au *Gaulois*, où il a succédé, en 1879, sous le même pseudonyme de PARISINE, à Hippolyte Nazet; depuis quatre ans, il est le rédacteur en chef du *Supplément littéraire du Petit Journal*, dont il écrit la causerie de tête sous le pseudonyme de BLAISE THIBERTE. En 1878, il a fait représenter au Palais-Royal une pièce en un acte, sous le titre : « La Famille », en collaboration avec M. Gondinet. En 1883, il a remporté à l'Institut le prix Rossini de 3000 francs avec un poème intitulé : « Hérode ». Il a travaillé pour quelques compositeurs célèbres, donnant « Polichinelle et Bébé » à Ritter : « Le Mariage d'Oiseaux » à Cadés, et « Les Enfants » à Massenet. Ses vers ont été publiés en volume chez Ollendorff, sous le titre: « Paroles sans musique », 1884, avec une remarquable préface d'Auguste Vitu. En 1887, le même éditeur publiait le monologue en vers: « Le Trèfle à quatre feuilles », délicieusement illustré d'eaux fortes par Paul Avril, et dit un peu partout par Mlle Reichemberg. M. B. a été secrétaire général de plusieurs parmi les plus importants théâtres de Paris.

Boyesen (Hjalmar Hjorth), écrivain norvégien demeurant aux États-Unis, professeur de littérature allemande à l'Université Columbia de New-York, romancier, critique et journaliste distingué, né le 23 septembre de l'année 1848 à Fredricksvern, dans la Norvège méridionale, où son père, officier de l'armée, se trouvait en garnison. Son père ayant ensuite fait quelques voyages en Amérique, l'engagea vivement à l'y suivre et le jeune B., séduit par son exemple, finit par s'établir, en 1869, aux États-Unis. Maniant avec la plus grande aisance la langue anglaise, il devint bientôt un écrivain en vogue, sans oublier sa langue maternelle, avec laquelle même, il débuta par des articles sur le sort des Norvégiens en Amérique dans le journal *Fremad* qui paraissait à Chicago. Ayant connu à Paris Tourguéneff, le grand romancier russe, il s'éprit de sa manière et s'efforça à l'imiter dans ses nouvelles « Gunnar »; « Norseman's Pilgrimage », et plusieurs autres de ce genre, réunies sous le titre: « Tales from two Hemispheres », qui ont reçu en Amérique un accueil très sympathique, ainsi que son roman « Falconberg », New-York, 1879, et un intéressant volume de critique littéraire : « Goethe and Schiller, their lives and works ». Citons encore : « Queen Tithania », 1882; « Idyls of Norway and other Poems », 1883 ; « Alpine Rosey », drame accueilli avec enthousiasme au Théâtre du *Madison Square* de New-York; « A Daughter of the Philistine », 1884; « The History of Norway », 1886. A la fin de l'année 1887, il publiait un recueil de récits norvégiens sous le titre: « Les corsaires modernes ».

Boyle (Robert), écrivain écossais, né le 25 mai 1842, lecteur de langue anglaise à l'université de Dorpat entre les années 1875-79, et depuis 1879 professeur d'anglais à l'École supérieure de Saint-Pierre à Saint-Pétersbourg. Il a publié dans les Programmes de l'École: « Shakespeare und die beiden edlen Vettern », 1880; et « Shakespeares Wintermärchen und Sturm ».

Boysset (Charles), publiciste et homme politique français, né, en 1817, à Châlon-sur-Saône. Reçu licencié en droit, il entra dans la magistrature et fut nommé procureur de la République dans sa ville natale, en 1848. Représentant à l'Assemblée législative, en 1849, il fut emprisonné lors du coup d'État, puis exilé. Il rentra en France, en 1857, et fonda le *Progrès de Saône-et-Loire*. Après la révolution du 4 septembre, M. Boysset devint maire de Châlon-sur-Saône, et fut nommé commissaire du Gouvernement pour l'organisation de la défense des départements de Saône et Loire et de la Côte d'or. En 1850, M. Charles Boysset avait fondé avec Proudhon, Michel de Bourges et Paul de Flotte, *le Peuple*, dont il devint l'un des principaux collaborateurs. En 1867, il publia « Le Catéchisme du XIXe siècle », synthèse politique et philosophique dont la deuxième édition a paru, en 1870, et une brochure électorale intitulée « Sursum Corda ». Tour à tour attaché à la rédaction du *Bien public*, du *Nouveau Journal*, du *XIX Siècle*, de l'*Évènement*, du *Petit Lyonnais*, M. Charles Boysset a aussi collaboré à la *Revue positive* et à la *Réforme économique*. Président du Conseil Général de Saône-et-Loire, M. Charles Boysset a été élu au second tour du scrutin aux élections du 4 octobre. Il est le chef du parti radical de Saône-et-Loire.

Bozdech (Emmanuel), auteur dramatique tchèque, né, à Prague, le 21 juillet 1841. Il étudia le droit et s'adonna pendant quelque temps à l'enseignement. Sa première comédie: « Du temps des cotillons », obtint un complet succès. Il écrivit ensuite une tragédie: « Le Baron Goertz », et des comédies historiques: « Le Maître du Monde (Napoléon le Grand), en robe de chambre »; « Les Bons Amis »; « L'Épreuve de l'homme d'État » (le baron de Kaunitz, le fameux ministre de Marie-Thérèse); et « Les Aventuriers », dont l'action se passe à l'époque de l'empereur Rodolphe II. Plusieurs de ses pièces ont été jouées avec succès, sur les principales scènes allemandes. Outre ces œuvres qui ont fait sa réputation, M. B. a publié des nouvelles et traduit des pièces du théâtre français, notamment « Fernande », de Sardou.

Bozzo (Joseph), littérateur italien, né, à Palerme, en 1809. En 1830, il débuta comme professeur de littérature latine, à l'Université où, ensuite, de 1842 à 1863, il enseigna la littérature italienne; il a maintenant le titre de professeur émérite de l'Université, dont il a été aussi quelque temps Recteur et il est en même temps secrétaire perpetuel de l'Académie des sciences, des lettres et des arts de sa ville natale et membre de la Commission pour les textes de la langue. Nous connaissons de lui: « Cantica in morte di Giovanni Meli poeta siculo », Palerme, 1820; « Delle scienze e delle arti, orazione inaugurale », Palerme, 1825 ; « Ragionamento critico intorno ad un famoso luogo della Divina Commedia di Dante : *Chi è più scellerato di colui che al giudizio divin passion porta* », id., 1830; « Sullo studio della letteratura in Sicilia, memoria in risposta ad un articolo del *Giornale Arcadico di Roma* », id., 1850; « Commento della Divina Commedia », id., 1831, 2me éd., 1837, 3me éd., 1858 ; « Osservazioni filosofiche ed estetiche intorno al Canto XXXI dell'Inferno », id., 1831 ; « Considerazioni sopra i commenti del verso di Dante: *Poscia più che il dolor potè il digiuno* », id., 1832 ; « Memoria sull'uso della mitologia ne'versi dei moderni », 1844 ; « Della stamperia della R. Università degli studii di Palermo », id., 1850; « Un voto. I teatri. Versi varii », id., 1850 ; « Intorno al bisogno di ricondurre gli studii alla usata sobrietà del sentire italiano », id., 1851 ; « Lettera intorno al metodo dell'insegnamento letterario », Palerme, 1851 ; « Le lodi dei più illustri siciliani del secolo XIX », 2 vol., Palerme, Clamis, 1852; « Memoria sull'istituzione di un liceo normale », Palerme, 1855 ; « Aggiunte alle considerazioni intorno ai commenti del verso di Dante: *poscia più che il dolor*, etc. », dans le *Propugnatore*, 2d vol., 1ere partie ; « Le rime del Petrarca col commento », 2 vol., Palerme, 1870; « Biografia di Francesco Peranni, generale di artiglieria » ; « Osservazioni fisiologiche intorno al canto XI dell' Inferno di Dante », dans le *Giornale di scienze, lettere ed arti per la Sicilia*, vol. 31; « Sulla Divina Commedia di Dante pubblicata in Palermo », id., vol. 37; « Considerazioni intorno ai commenti di un verso di Dante », id., vol. 38 ; « Elogio di Rossini », Palerme, 1874; « Il Decamerone di Giovanni Boccaccio illustrato », Palerme, Tamburelli, 1877; « Trentadue novelle del Boccaccio scelte, ordinate ed esposte per le scuole », id., 1878; « Discorso letto il 19 novembre 1876 in onore di Vincenzo Bellini », id., 1878 ; « Pel centenario di Metastasio », dans les *Atti della R. Accademia di scienze di Palermo*, 8 vol., 1884; à ce bagage déjà considérable, il faut ajouter une foule d'articles, discours académiques, nécrologies, qu'il nous est même impossible de citer.

Bozzo (Stefano-Vincenzo), littérateur italien, né à Palerme, en 1852. Après avoir débuté par des « Versi in morte di Francesco Domenico Guerrazzi », Palerme, 1873, suivi bientôt d'un « Canto per l'inaugurazione del Politeama di Palermo », id., 1874, il se partagea entre des travaux d'érudition et des essais poétiques et littéraires. Voici, par ordre chronologique, la liste de ses œuvres, que nous connaissons : « Il rosaio di Maddalena », légende, Palerme, 1878; « L'Islam e i rapporti politici e religiosi fra l'Oriente e l'Occidente », id., id.; « Corrispondenza particolare di Carlo d'Aragona, duca di Terranova, presidente del Regno di Sicilia, con S. M. il Re Filippo II relativa all' assedio di Tunisi del 1574-75 », publié par la *Società Siciliana di Storia Patria*; « Ballate », id., id., 1878 ; « Su un codice della Biblioteca comunale di Palermo », id., Montaina, 1878 ; « Pel quadro del Morelli *Le tentazioni di Sant'Antonio*, quartine », id., Amenta, 1880 ; « Note storiche siciliane del secolo XIV. Avvenimenti e guerre che seguirono il Vespro dalla pace di Caltabellotta alla morte di Federico II l'Aragonese (1302-1337) », id., Virzi, 1882 ; « Il vespro considerato nelle sue cause e nelle sue conseguenze », discours, Palerme, Lao, 1884 ; « Gli studii classici in Sicilia dal secolo XIV alla metà del secolo XIX », discours, id., id., id.; « Discorso sulla storia di Sicilia », Florence, Cellini, 1884 ; « Una cronaca siciliana inedita del secolo XIV ed un codice della Biblioteca Comunale di Palermo », Bologne, Fava, 1885; « Storia siciliana di anonimo autore, compilata in dialetto nel secolo XV, trascritta e corredata di studii, note ed indici », Bologne, Romagnoli, 1885. A quoi il faut ajouter de nombreux articles dans l'*Archivio storico siciliano*, et dans d'autres journaux.

Brabourne (Lord Edward-Hugessen-Knatchbull-Hugessen), homme d'état et écrivain anglais, né le 29 avril 1829, à Mersham Hatch, dans le comté de Kent. Il prit ses dégrés à Oxford, entra à la Chambre des Communes, et, en 1880, fut nommé Pair du royaume. Lord Brabourne qui a été successivement Lord de la Trésorerie, sous-secrétaire d'état à l'Intérieur et aux Colonies, et membre du Conseil Privé, se sépara, en 1881, au sujet de la question irlandaise, de M. Gladstone et, en 1885, il se rallia définitivement au parti conservateur. Parmi ses publications, nous citerons : « Stories for my Children », 1869; « Crackers for Christmas », 1870 ; « Moonshine » 1871 ; « Tales at Tea-time », 1872; « Queer Folk »; 1873: « Whispers from Fairyland », 1874 ; « River Legends, or River Thames and Father Rhine », 1874 ; « Higgledy Piggledy ; or Stories for Everybody and Everybody's Children », 1875 ; « Uncle Joe's Stories », 1878 ; « Other Stories », 1879 ; « Mountain Sprite's Kingdom », 1881 ; « Ferdinand's Adventure », 1883 ; « Friends and Foes from Fairyland », 1885. Il a publié en outre les lettres de sa grand'tante maternelle « Letters of Jane Austen », 1885, et deux brochures: « Life, Times and Character of Oliver Cromwell », 1877; « The Truth about the Transwaal », 1881.

Braccforti (Comte Albert), naturaliste italien,

professeur à l'école technique de la Spezzia, né, à Plaisance, le 22 janvier 1838. Il a été reçu docteur en mathématique à l'université de Pavie et docteur ès-sciences naturelles à l'université de Bologne. On a de lui : « Elementi di meccanica ad uso delle Scuole tecniche e dei Licei », Codogno, 1865 ; « Storia naturale degli stagni », Parme, 1871 ; « Della riproduzione degli animali e delle piante », Viadana, 1872 ; « Dello studio delle scienze fisiche e naturali », Plaisance, 1872 ; « L'entomologia degli stagni », Viadana, 1873 ; « Manuale delle formule geometriche », sance, 1873 ; « Flora piacentina », Plaisance, 1877 ; « Dizionario botanico piacentino-latino », Plaisance, 1877 ; « Ittiologia Padana », Plaisance, 1885 ; « Profumi », Plaisance, 1880 ; « Luce ed ombra, bozzetti della vita di naturalista », Plaisance, 1884.

Brace (Charles-Loring), philantrope et écrivain américain, né, à Lichtfield (Connecticut), le 19 juin 1826. Après un voyage en Europe, il fonda, en 1853, à New-York la *Children's Aid Society,* dont le but est de recueillir les enfants abandonnés, de les instruire et de leur fournir les moyens d'existence jusqu'à ce qu'ils soient en état de gagner leur vie. Cette Société eut des débuts modestes, mais prit rapidement un grand développement. M. B., bien que très occupé comme secrétaire de cette Société, a encore trouvé le temps de publier les ouvrages suivants : « Ungary in 1851 », 1852 ; « Home life in Germany », 1853 ; « The Norse-folk, or a visit to the homes of Norway and Sweden », 1857 ; « The races of the old world, a manual of ethnology », 2e éd., 1869 ; « Short sermons to new boys », 1865 ; « The new West, or California in 1867-68 », 1869 ; « The dangerous classes of New-York », 1872 ; « Gesta Christi, or a history of human progress », 1882.

Brachelli (Hugues-François), statisticien autrichien, né à Brunn (Moravie), le 11 février 1834. Il fit ses études à l'Université de Vienne, puis, en 1855, fut attaché à la direction de la statistique administrative. Nommé, en 1860, professeur extraordinaire, en 1863, professeur ordinaire de statistique, de droit constitutionnel et de droit administratif à l'école industrielle de Vienne, M. Bracbelli, entra, en 1872, au Ministère du commerce autrichien comme conseiller du gouvernement et président de la commission de statistique. Il fut chargé aussi de l'enseignement de la statistique et du droit public austro-hongrois dans les écoles militaires supérieures et prit part aux conférences de statistique qui eurent lieu dans les principales villes de l'Europe de 1877 à 1881. Parmi les ouvrages de M. B., dont les données sont toujours puisées aux sources officielles, nous citerons : « Die Staaten Europas. Vergleichende Statistik », Brunn, 1856, 4me éd., 1884 ; « Deutche Staatenkunde ». 2 vol., Vienne, 1856-57 ; une traduction italienne due à M. Tacchetti a paru dans la même ville, en 1856 ; « Statistisk der österreichischen Monarchie », Vienne, 1857 ; « Abriss der Geographie », Brunn, 1862 ; « Dreissig statistiche Tabellen über alle Länder und Staaten der Erde », Leipsig, 1862, supplément 1867 ; « Statistiche Skizze der europaïschen Staaten », Leipsig, 1873, 10 éd., 1885 : « Statistische Skizze der österreichische-ungarischen Monarchie », Leipsig, 1873, 2e éd. 1887 ; « Statistische Skizze der Ost und Nord-europäischen Staaten », Leipsig, 1873 ; « Statistiche Skizze der West und Sud europäischen Staaten », Leipsig, 1873, 6 éd., 1887 ; « Oesterreichs commercielle und industrielle Entwickelung in den letzten Jahrzehnten », en collaboration avec M. Migerka, Vienne, 1874 ; « Statistische Tabellen 1877 », Leipsig, 1877. Comme collaborateur du *Handbuch der Geographie und Statistik* de Stein-Wappaus, M. B. y a inséré les travaux suivants : « Osman. Reich und Griechenland », 1858 ; « Oesterreich », 1861 ; « Preussen und die deutschen Mittel und Kleinstaaten », 1864 ; « Schweiz », 1870 ; « Italien », 1871.

Brachet (Auguste), philologue français, né, à Tours, le 29 juillet 1845 ; il étudia la philologie sous Diez et Littré, fut attaché, en 1864, à la Bibliothèque nationale et débuta par une série de travaux sur les langues et les littératures du moyen âge : « Étude sur Bruneau de Tours, trouvère du XIII siècle », Paris, Hérold, 1865 ; « Du Rôle des voyelles latines atones dans les langues romanes », Leipsig, Brockhaus, 1866 ; « Dictionnaire des doublets ou doubles formes de la langue française », Paris, Franck, 1868, supplément 1871, ouvrage couronné par l'Académie des inscriptions. En 1870, M. Brachet fut nommé professeur de philologie romane à l'École des hautes études. Chargé, en 1871, d'une mission scientifique dans les Universités anglaises, il a été l'année suivante nommé examinateur et professeur de langue et de littérature allemande à l'École polytechnique. Parmi les ouvrages philologiques de M. Brachet, nous citerons encore : « Grammaire historique de la langue française », Paris, Hetzel, 1867 : « Dictionnaire étymologique de la langue française », id., id., 1870, 7me éd., en 1875, (Cfr. un article de M. A. Sorel dans la *Revue des deux Mondes,* de juillet 1870) ; « Morceaux choisis des grands écrivains du XVI siècle, accompagnés d'une Grammaire et d'un Dictionnaire de la langue du XVI siècle », id., Hachette, 1874, 3me éd., 1875 ; « Nouvelle grammaire française fondée sur l'histoire de la langue », id., id., 1874, 2me éd., 1875 ; « Petite grammaire française fondée sur l'histoire de la langue », id., id., 1875 ; « Cours de grammaire française », Hachette, 1882, ces deux derniers ouvrages en collaboration avec J. Dussouchet.

Ajoutons, enfin, que M. Brachet a traduit, avec M. Gaston Paris, le 1 tome de la « Grammaire des langues romanes », de Frédéric Diez, Paris, Franck, 1873-74. Et maintenant que nous en avons fini avec le philologue, il nous reste à parler d'un épisode de la vie de M. Brachet que nous voudrions ne pas avoir à enregistrer dans un livre comme le nôtre, destiné dans notre pensée à resserrer les liens de fraternité littéraire entre les écrivains de tous les pays. M. Brachet, qui avait fait un long séjour en Italie, crut, rentrant en France, devoir publier un livre qui sous le titre: « l'Italie qu'on voit et l'Italie qu'on ne voit pas », Paris, Hachette, 1881, présentait, aux yeux de la France, l'Italie comme une ennemie acharnée prête à saisir toutes les occasions pour se ruer sur elle. Le livre eut un certain retentissement; deux hommes d'État italiens, M. Crispi, aujourd'hui président du Conseil des ministres, et le comte Nigra, aujourd'hui ambassadeur de Sa Majesté à Vienne, crurent bien faire en répondant et n'eurent pas de peine à réduire au néant les dires de M. Brachet; celui-ci, qui naturellement ne demandait pas mieux, riposta par deux brochures: « *Al misogallo signor Crispi*; à propos de l'Italie qu'on voit et l'Italie qu'on ne voit pas », Paris, Plon, 1882 et « Réponse à Son Exc. M. Nigra, suivie de pièces rectificatives », id., Marpon et Flamarion, 1882, ces deux brochures furent plus tard refondues avec l'œuvre primitive et publiées l'année suivante chez Marpon et Flammarion, 1883, mais la vogue était passée, personne ne s'occupa plus de la question et de tout le bruit qu'on en avait fait, il ne resta que l'espoir aux amis de M. B. de le voir un jour regretter d'avoir quitté le paisible terrain de la science pour celui agité de la politique.

Brackel (Fernande baronne DE), femme de lettres allemande, née au château de Welda, près de Warbourg, en Westphalie, le 24 novembre 1835. Elle débuta, en 1873, par un volume de « *Gedichte* », réédité en 1880, mais plus tard elle s'adonna presqu'entièrement au roman. Nous citerons d'elle: « Die Tochter des Kunstreiters », roman, 1875, 4me éd., 1881 ; « Heinrich Findelkind », 1875 ; « Nicht wie die Andorn », 1877; « Daniella », 1878, 2me éd., 1882; « Am Heidstock », 1881, 2me éd., 1884; « Prinzessin Ada », 1883; « In fernen Ländern », id. — Mme la baronne de B. appartient par ses idées au parti catholique le plus fervent.

Brackenbury (colonel Charles Booth), écrivain militaire anglais, né, à Bayswater (comté de Midlessex), le 7 novembre 1831; il fit ses études à l'académie militaire de Woolwich, entra dans l'artillerie royale et fut promu colonel le 1er octobre 1882. Il prit part au siège de Sébastopol, suivit les armées allemandes pendant les guerres de 1866 et de 1871 et l'armée russe pendant la campagne de 1877. Il a publié: « European Armaments in 1867 »; « The Constitutional Forces of Great Britain »; « Foreign Armies and Home Reserves », 1871; « The Winter Campaign of Prince Frederick Charles in 1870-71 »; « Reforms in the French Army », sans tenir compte d'une foule d'essais et de lectures sur des arguments militaires, d'une vie de Frédéric le Grand et d'une série de Manuels Militaires.

Brackenbury (le général Henri), officier anglais, né, à Bolingbroke, dans le Lincolnshire, le 1er septembre 1837. Il entra, en 1856, dans l'artillerie et servit dans les Indes de 1851 à 1856. Il fut chargé ensuite successivement du cours d'artillerie et du cours d'histoire militaire à l'école militaire de Woolwich. Pendant la guerre franco-allemande, il représenta la Société anglaise de la Croix-Rouge; il a maintenant le grade de major-général dans l'armée. Après avoir pris part à la guerre des Achântis comme secrétaire du général Wolseley, il publia « Fanti and Ashanti », 1873 et « Narrative of the Ashanti War », 1874. — En 1885, il a publié: « River Column of the Nil Expedit. Force ». Il est aussi l'auteur de plusieurs brochures d'argument tout à fait militaire. — Ajoutons, enfin, que M. B. faisait paraître, en 1872, chez Lachaud de Paris, un gros volume: « Les Maréchaux de France. Étude de leur conduite de la guerre en 1870. Lebœuf: Plans et préparatifs. Mac-Mahon: Woerth et Sédan. Bazaine: Metz », qui a été retiré du commerce, le jour même de sa mise en vente.

Braddon (Marie-Élisabeth, veuve MAXWELL). romancière anglaise, née, à Londres, en 1837, est fille de M. Henri Braddon, *solicitor;* elle débuta toute jeune dans la presse et publia d'abord des vers, élegies, pamphlets politiques ou parodies dans les feuilles de province. Miss Braddon a écrit un grand nombres de nouvelles, parmi lesquelles: « Lady Audley's Secret »; « Aurora Floyd »; « Eleanor's Victory »; « John Marchmont's Legacy »; « Henry Dunbar »; « The Doctor's Wife »; « Only a Cloud »; « Sir Jasper's Tenant »; « The Lady's Mile »; « Rupert Godwin » et « Run to Earth ». Miss Braddon dirige *Belgravia*, un Magazine de Londres auquel elle a donné les romans suivants: « Birds of Prey »; « Charlotte's Inheritance »; « Dead Sea Fruit »; « Fenton's Quest » et plusieurs contes et nouvelles. En 1861, elle a publié: « Garibaldi and other poems »; parmi ses œuvres plus récentes, citons: « To the bitter End », 1872; « Lucius Davoring », 1873; « Strangers and Pilgrims », 1873; « Griselda », drame en quatre actes, joué au *Princess's Theatre*, en novembre 1873; et « The Missing Witness »; « Lost for Lowe », 1874; « Taken at the Flood », 1874; « Hostages to Fortune », 1875; « Dead Men's Shoes », 1876; « Joshua Haggart's Daughter », id.; « An Open Verdict », 1878;

« The Cloven Foot », 1879; « Vixen », id.; « Justas Jam », 1880; « The story of Barbara », id.; « Asphodel », 1881; « Mount Royal », 1882 »; « Flower and Weed »; « Ishmael »; « Wyllard's Weyrd »; « Mohawks », 1886 etc.

Bradlaugh (Charles), homme politique anglais, né, à Londres, le 26 septembre 1833. Son père n'ayant pu lui faire donner qu'une instruction élémentaire, M. B. successivement petit clerc d'étude, caissier dans une maison de commerce, instituteur dans une école du dimanche, parvint à combler de lui-même les lacunes de son instruction première. A dix-sept ans, il faisait des vers à la louange de Kossuth, de Mazzini et des héros de l'insurrection polonaise et, en 1850, il publiait sa première brochure libre-penseuse : « Quelques mots sur la croyance chrétienne »; la même année, le besoin le forçait à s'engager et il prenait service dans le 7ᵉ régiment des Dragons de la garde, de garnison en Irlande. Son père étant mort, en 1853, il quitta le service militaire et, revenu à Londres, entra comme secrétaire chez M. Rogers *sollicitor* qui partageait ses idées. De 1853 à 1868, il publia, sous le pseudonyme de ICONOKLASTES, plusieurs brochures dans lesquelles il se faisait l'apôtre de la libre-pensée; nous citerons seulement un commentaire satirique de l'Ancien Testament. Conférencier habile, il tint non seulement à Londres, mais aussi dans les principales villes d'Angleterre des conférences antireligieuses. En 1858, la société des sécularistes de Londres le nommait président. En 1859, il entrait dans la rédaction de l'*Investigator*, revue de la libre pensée; l'année suivante, il fondait le *National Reformer* et depuis cette époque, il posait position pour un des chefs du parti ultra-radical; entre 1869 et 1878, il publia une foule de brochures, parmi lesquelles nous nous bornerons à citer : « The National secular Society Almanach », 1869; « Heresy, its utility and morality », 1870; « The Impeachment of the House of Brunswick », 1873; « A few words about the devil, and other biographical sketches and Essays », 1874; « The Free-thinkers testbooks », 1876; « Jesus, Shelley and Malthus, or pious poverty and heterodox happiness », 1877; « A plea for Atheism », id.; « The Laws relating to blasphemy and heresy », 1878; la même année il publiait un volume « Fruits of Philosophy », dans lequel, ayant soutenu ouvertement les doctrines malthusiennes, il fut poursuivi pour outrage à la morale; condamné en première instance, il fut acquitté en appel, après avoir prononcé une de ses plus brillantes plaidoiries. Aux élections d'avril 1870, il fut envoyé à la Chambre des Communes par le collège de Northampton; tout le monde se rappelle les nombreux incidents qui suivirent son refus de prêter serment; non seulement on ne lui permit pas de le remplacer par une simple déclaration de fidélité à la Reine, mais quand il se fut décidé à le prêter, la Chambre lui nia le droit de prononcer un serment dont il avait autrefois refusé formellement de répéter les termes. Constamment soutenu par ses électeurs, ce ne fut qu'à l'ouverture de la session de 1886, que M. Bradlaugh fut, enfin, admis à siéger après six ans d'une lutte des plus curieuses et sans exemple dans les annales des parlements.

Bradley (révérend Edward), écrivain anglais, plus connu sous son pseudonyme de CUTHBERT BÉDE, né, en 1827, fit ses études théologiques à l'Université de Durham, fut ordonné en 1850, et après avoir changé plusieurs résidences, fut nommé, en 1883, vicaire de Lenton près de Grantham. Il débuta dans les lettres, en 1847, par « Verdant Green », un roman, où il peint, sous des couleurs humoristiques, la vie d'Oxford. Suivirent : « Medley »; « Motley »; « Photographic Pleasures »; « Love's Provocations »; « Tales of College Life »; « Fairy Fables »; « Nearer and Dearer »; « Happy Hours at Wynford Grange »; « Humour, Wit and Satire »; « Little M. Bouncer and his friend Verdant Green », un pendant à son premier roman. En 1861, il publia : « Glencreggan », un ouvrage illustré sur le Cantire, dans le Pays Montagneux de l'Ouest, où il s'occupe du paysage, de l'histoire, de l'archéologie et des légendes de cette presqu'île qui fut le siège de l'ancienne monarchie écossaise; en 1862 : « The Curate of Cranston », avec d'autres proses et poésies; en 1863 : « A Tour in Tartan Land »; en 1864 : « The Visiter's Handbook to Rosslyn and Haw-thornden » et « The White Wife », un autre ouvrage illustré sur les légendes et les histoires populaires de l'Écosse; en 1865: « The Rook's Garden : Essays and Sketches », en 1866 : « Mattins and Muttons: or, the Beauty of Brighton », roman ; et, en 1885, un ouvrage historique et topographique sur « Fotheringhay and Mary, Queen of Scots ». Il a collaboré au *Punch*, à l'*Illustrated London News*, au *Graphic*, à la *London Review*, à *Once a Week*, au *Gentleman's Magazine*, au *Bentley's Magazine*, au *Sharpe's Mag.*, au *Saint-James Mag.*, etc. etc.

Braga (Théophile), illustre critique et historien de la littérature portugaise, l'un des chefs du parti démocratique en Portugal, né, le 24 février 1843, dans l'Ile de Saint-Michel (Archipel des Açores, d'où sa mère Dona Maria de Camara Albuquerque était native). Il reçut sa première instruction au Lycée de Ponta Delgada et il poursuivit ses études à l'Université de Coimbra, où il fut reçu docteur en droit, le 26 juillet 1868. Il est actuellement professeur de littérature dans le *Curso Superior de Letras* de Lisbonne. Il n'avait que quinze ans lorsqu'il publia son premier volume de vers : « Folhas verdes ». Collaborateur de plusieurs journaux et revues portugaises et étrangères (entr'autres, *Bibliografia critica et Positivismo* de Porto, *Chrysalida* et *Instituto* de Coimbra, *Renascença* de Porto, *Seculo* de Lisbonne, *Revue de Philosophie positive* de Paris, *Athenæum* de Londres, *Rivista di Filologia romanza*, *Rivista di Letteratura popolare* et *Revue internationale* de Rome, *Academia* de Madrid, *Zeitschrift für rumanische Litteratur* de Breslau), le prof. Braga est, peut-être, le plus fécond et le plus remuant écrivain de son pays. A l'heure qu'il est, ses livres forment à eux seuls presqu'une bibliothèque. Nous faisons suivre ici la liste de ses ouvrages plus marquants en vers : « Visnaô dos Tempos » ; « Tempestados sonoras » ; « Ondina de Lago » ; « Torrentes » ; « Contos fantasticos » ; « Cancioneiro e Romanceiro geral portuguez », 5 vol., sous le titre : « Historia da poesia popular portugueza » ; et en prose : « Historia da Literatura portugueza » ; « Ideas republicanas em Portugal » ; « Historia de Direito portoguez » ; « Theoria da Historia da Literatura portugueza » ; « Caracteristicas dos Actos Commerciais » ; « Espirito do Direito civil moderno » ; « Michelet, conferencia historica » ; « Voltaire, conferencia historica » ; « Voltaire, conferencia do Centenario » ; « Theocracies literarios » ; « Os criticos da Historia da Literatur » ; « Estudos da Eta-de Media » ; « Escavacôos bibliographicas » ; « Questôes de Literatura e Arte portugueza » ; « Sobra a origens portugueza de Amadis de Gaula » ; « Gramatica portugueza elementar » ; « Manual do Historia do Literatura portugueza » ; « Antologia portogueza » ; « Parnaso portuguez moderno » ; « Poesia do Direito » ; « Traços gerais de filosofia positiva comprovados pelas descobertas scientificas modernas » ; « Historia universal (esbocos de Sociologia descriptiva) » ; « Historia universal (Civilisaçôes cosmopolitas propagadoras dos civilisaçôes isoladas » ; « Soluçôes positivos do politica portugueza », 3 vol., sous ces titres : « Du aspiraçao revolucionaria e sua disciplina em opiniao democratica — Do sistema constitucional, como transigencia provisoria entre o absolutismo e a revoluçao » ; « Historia das obros primos de Balzac » ; « Historia do Romantismo em Portugal (Garrett, Herculano, Castilho) », Lisbonne, 1880 ; « Origens poeticas do Christianismo », Porto, 1880 ; « Bibliographia Camoniana », Lisbonne, 1880 ; « Questôes de Litteratura e Arte Portugueza », Lisbonne, 1881 (trois éditions) ; « Dissoluçao do sistema monarchico representativo », id. ; « Contos populares de Brazil », 2 vol., Lisbonne » 1885 ; « Contos tradicionaes do Povo portuguez », 2 vol., Porto, 1883 ; « Miragens seculares », Lisbonne, 1884 ; « Systema de Sociologia », id., id. ; « Os Centenarios, como Synthese affectiva das Sociedades modernas », Porto, 1884 ; « O povo portuguez no seus Costumes, Crenças et radiçoês », 2 vol., Coimbra, 1885 ; « Curso de Historia da Litteratura portugueza », Porto, 1885, un grand vol. de 411 pages ; « Cancioneiro popular gallego (avec une introduction sur la poésie populaire de la Galicie) », Madrid, 1885 ; « Historia da Pedagogia em Portugal », 1888 ; une foule d'articles, de préfaces, d'éditions de livres anciens, et de traductions. Entr'autres, il a traduit en portugais les premiers ouvrages de Chateaubriand, et édité le « Cancioneiro portugues do Vaticano », les œuvres complètes de Camoens, les œuvres poétiques de Bocage, de Christoflam Falçâo etc., et, en six volumes, le théâtre portugais.

Bragaglia (César), écrivain italien, avocat à Rome, né, à Ceccano (arr. de Frosinone), en 1864. Il était encore étudiant au lycée Cirillo de Naples quand il débuta dans le journalisme par des essais critiques et des nouvelles, dans la *Rivista Europea*, la *Gazzetta della Domenica* de Florence, le *Giornale Napoletano* et l'*Intermezzo* de Naples. Citons parmi ses nouvelles : « Amalia » ; « Ultima perniciosa libido » ; « Il pittore del Villaggio » ; « Gilda », etc. Parmi ses polémiques, nous rappellerons ses articles violents contre les *Ricordanze* de Rapisardi, qui firent quelque bruit. Passé, en 1882, à Rome, il collabora à la *Rassegna settimanale*, à la *Libertà* et à la *Lega della Democrazia*. Dans ce dernier journal, il inséra un long ouvrage d'érudition brillante intitulé : « Corruzione regale », où l'on tâche de démontrer le rôle pernicieux joué par les courtisanes et les favorites dans les cours des rois, et des rois de France surtout. En 1885, l'éditeur Sommaruga annonçait un volume d'essais sur la littérature russe sous le titre de : « Steppe Sacre ». La maison éditoriale de M. Sommaruga ayant fait faillite, le manuscrit de M. B. fut égaré dans ce désastre ; quelques échantillons sur Nekrassof, Gevtchenko et Gregorovitch, publiés dans le *Fanfulla della Domenica*, dans la *Domenica Letteraria* et dans la *Gazzetta italiana illustrata* de Rome furent fort goûtés. Citons parmi ses ouvrages séparés, trois traductions, qui font partie de la *Biblioteca Universale* de l'éditeur Sonzogno de Milan : « Boris Godounoff », de Puchkine ; « La Camicia rossa », de Herzen ; « Il Libro della Nazione polacca e dei pellegrini polacchi », de Mickiewicz.

Bralla-Armeni (Petros), homme politique grec, né, à Corfou, en 1824. Il fit ses études à Bologne, Genève et Paris, et enseigna pendant une dizaine d'années la philosophie à l'Académie ionienne. Nommé conseiller d'État, puis ministre des Affaires étrangères (1866), il fut ensuite président du parlement ionien et secrétaire général du gouvernement des îles ioniennes. Il fut ensuite pour quelque temps ministre plénipotentiaire de Grèce à Londres et à Saint-Pétersbourg. On lui doit divers ouvrages philosophiques estimés : « Essai sur lesidé es premières et les **Principes rationnels** »; « Éléments de Philosophie théorique et pratique »; « Unité des principes rationnels »; « la Mission historique de l'hellénisme »; « la Philosophie de Socrate et de Platon selon M. Fouillée », 2 vol. Tous ses ouvrages sont écrits en grec.

Brambilla (Joseph), littérateur italien, né, à Côme, vers 1808; ancien bibliothécaire communal et président du lycée de sa ville natale, puis président du lycée d'Alexandrie, aujourd'hui retraité. Pendant la domination autrichienne, ses opinions libérales lui valurent des persécutions qui le forcèrent, après quelques mois de prison, à se réfugier en Piémont, où il fut, entre 1856 et 1859, professeur dans les lycées de l'État. Une fois la Lombardie délivrée, le gouvernement lui offrit plusieurs fois une chaire dans des Universités, chaire qu'il refusa toujours préférant s'adonner à l'enseignement secondaire. Parmi ses nombreuses publications, nous citerons: « In morte di Vincenzo Monti, visione », Côme, 1828; « Il lago dei pioppi », poème, id., 1829; « Il belletto », traduction du *Medicamenta faciei* d'Ovide, id., 1831; « Saggio di uno spoglio filologico », id., id.; « Dodici armonie di A. Lamartine, tradotte in vario metro », id., 1834; « Il ratto di Proserpina », poème de Claudien, traduit et achevé, id., 1837; « Sopra un poema inedito di G. Zanoia, da P. L. Parravicini pubblicato per suo », Turin, 1837; « Il libro intorno alla Provvidenza di L. A. Seneca », traduction, Prato, 1837; « Lettera (della Volgata LXXXX) di L. A. Seneca », traduction, Milan, 1837, 2me éd., Bologne, 1839; « Sopra la statua rappresentante A. Volta », lettre critique, Côme, 1838; « Sopra le odi di Orazio, tradotte da M. Colonnetti », lettre critique, id., id.; « Il Lario », description historique, Turin, 1839; « Ai reverendi operai dell'Annunziata nei sobborghi di Como, lettera serio-giocosa », Capolago, 1839; « Intorno alle traduzioni dallo spagnolo di P. Monti, osservazioni », Vienne, 1840; « L'amore platonico », chanson, Côme, 1841, 2me éd., Turin, 1852; « Satyrici lusus, carmina », Côme, 1841; « Elogio di G. Prayer, intendente delle finanze », id., 1842; « Idillii tre », Côme, Turin, Bologne, 1845; « Intorno alla coltivazione delle barbabietole », Milan, 1845; « L'apologia delle bestie », id., 1846; « Ai reverendi operai della Nunziata nei sobborghi di Como », Côme, 1846; « I monumenti », poème, id., 1848; « La focaccia », traduction du *Moretum*, Turin, 1848; « Dei principali traduttori dell'Eneide, cenni critici », id., 1855; « Di una pessima traduzione latina dell'episodio dantesco intorno al Conte Ugolino, fatta da Niccolò Tommasèo, osservazioni filologico-estetiche », id., 1857; « Intorno agli ozii letterarii di G. Demarchi, critica », id., 1858; « Le trasformazioni di Ovidio Nasone, recate in versi italiani », Milan, 1862, nouvelle éd., Milan, Sonzogno, 1885; « L'Italia,

poème, Côme, 1862; « Ad un passero. Invito », Turin, 1864; « Su le traduzioni di alcune tragedie francesi, fatte da Livio Pallachini », Côme, 1864; « Sopra un verso di Dante, lettera critica », id., id.; « Su la traduzione di Pindaro fatta dal prof. E. Albani », id., 1865; « Memoria storico-scientifica intorno ad A. Volta », id., 1866; « Intorno alla coltivazione degli ulivi », id., id.; « Hugonis Fuscolo. De sepulcris carmine latine interpretatum », Côme, 1867; « Intorno allo scultore Luigi Agliani », Milan, 1867; « Intorno all'allegoria della Divina Commedia esposta da F. Barelli », Côme, 1868; « Del Salterio Davidico, tradotto in versi italiani da V. Barelli », id., 1868; Florilegio epigrafico », Côme, Franchi, 1868; « Dante Alighieri », poème, Côme, 1869; « Dell' influenza della luna su l'economia degli animali e dei vegetali », id., id.; « Di una lapida ritrovata sui bastioni di Como », id., id.; « Su la storia romana di Teodoro Mommsen », id., id., 1870; « Intorno alla vita di Vittorino da Feltre, dialogo di Fr. Prendilaqua », Côme, 1871; « Di una ingiuria fatta all'ing. G. B. Piatti, inventore delle macchine usate per il traforo del Cenisio », Côme, 1873; « Per l'accademia che si celebra il 17 marzo d'ogni anno in tutti i licei d'Italia », chanson, id., id., 1863; « Ugo Foscolo », poème, id., id., 1875; « Ai capi famiglia; parenèsi letta il 2 giugno 1878, inaugurando la distribuzione dei premi scolastici », Alexandrie, Ragazzoni, 1878; « Intorno al monumento eretto in Alessandria a Urbano Rattazzi, lettera agli amici », Côme, Franchi, 1885.

Brame (Charles-Henri-Auguste), chimiste et médecin français, né à Lille, en 1816. Successivement attaché à différents hôpitaux militaires, il fut reçu docteur en médecine par la Faculté de Paris, en 1848, à la suite d'une thèse: « la Force catalytique »; en 1841, il fut nommé professeur de chimie et de pharmacie à l'École préparatoire de médecine de Tours. Ses études sur « l'État utriculaire dans les minéraux », forment la matière de six mémoires insérés de 1845 à 1851, dans les *Comptes-Rendus de l'Académie des Sciences*, complétés plus tard par quelques pages que l'on trouve dans le même recueil du 28 septembre 1885. Notons encore que M. B., a proposé une nouvelle théorie des couleurs dans laquelle il soutient que les couleurs se forment non par décomposition de la lumière mais par composition de la lumière et de l'ombre. Citons encore de lui: « Les Dires du sieur Ch. Brame du Mesnil », Tours, 1875; « Traité pratique des affections cutanées ou maladies de la peau, basé sur un nouveau traitement », Paris, Savy, 1880.

Branca (Ascanio), économiste et homme politique italien, né dans la province de Basilicate qu'il représente à la Chambre des députés depuis 1870. Deux fois sous-secrétaire d'État au Ministère de l'agriculture, de l'industrie et du commerce, M. Branca était l'un des plénipotentiaires italiens pour les pourparlers avec la France au sujet du traité de commerce, pourparlers qui, comme on sait, n'ont pas abouti. Outre plusieurs mémoires, rapports parlementaires, etc. M. Branca est l'auteur d'un livre écrit en français : « Le Crédit et la Banque internationale », Paris, Guillaumin, 1867.

Branda (Paul), pseudonyme littéraire de M. RÉVEILLÈRE (Paul-Émile-Mario), officier de marine français, né, à Saint-Martin, île de Ré (Charente-Inférieure), le 27 mai 1829. Capitaine de vaisseau, il est surtout connu pour son passage (avec un torpilleur), des Rapides de Préa-Prea-Patong, réputés infranchissables. Il démontra ainsi la navigabilité du Haut-Mékong, considéré jusqu'alors comme impraticable. L'ouverture du Laos, à la navigation à vapeur, longuement étudiée d'abord par le commandant Réveillère, puis exécutée avec une tenace persévérance, est l'œuvre la plus remarquable de ce marin. Entré à l'École navale, en 1845, il fit successivement les campagnes des Antilles, du Levant, de la Côte occidentale d'Afrique où, premier européen, il remonta seul la rivière de Laos. Il fit la guerre de Chine et de Cochinchine de 1860 à 1864, et la campagne de la Guyane; trois fois le tour du monde, la campagne de Calédonie. Enfin, il occupa les hautes fonctions de commandant de la marine en Cochinchine, pendant les guerres de Chine et du Tonkin, la rebellion du Cambodge et la révolte de la Cochinchine. Une étrange fortune lui fit comme une spécialité du sauvetage des navires : en effet il eut cette chance bizarre d'en sauver neuf pendant ses quarante années de mer. Le récit de ses campagnes tient une grande place dans les œuvres de P. Branda, le plus souvent elles lui servent de thème pour développer les thèses qui lui sont chères, thèses scientifiques, morales, ou politiques. Dans son livre : « Autour du monde », il expose une théorie personnelle sur le magnétisme terrestre, à laquelle il tient beaucoup, théorie que l'éminent électricien, comte du Moncel, voulut bien présenter à l'Académie des sciences. Il a publié : « En mer, souvenirs et fantaisies », Paris, Dupont, 1868; « Récits et nouvelles », id., Lachaud, 1869; « Mers de l'Inde », id., id., 1870; « Pouvoir spirituel et pouvoir temporel », id., Dentu, 1871; « République constitutionnelle », id., Lachaud, 1871; « L'Assemblée perpétuelle », id., Pichan, id. ; « Les droits de l'homme », id., Bellaire, 1872; « La république rurale », id., id. ; « Mers de Chine », id., Pichon, id. ; « Un jour à Monaco », id., Sagnier, 1873; « A Barcelone. Dix mois d'anarchie », id., Bellaire, 1874; « Les trois caps; journal de bord », id., Fischbacher, 1877; « Lettres d'un marin, Calédonie, le Cap, Sainte-Hélène », id., id., 1881; « Contre vent et marée », id., Dentu, 1883; « Autour du monde », id., Fischbacher, id.; « Réflexions diverses », 7 vol., 1875-1887; « Soleil d'automne », Paris, Fischbacher, 1885; « Çà et là : Cochinchine et Cambodge. L'Ame Khmère. Ang-Kor », id., id., 1886; « Le Haut-Mékong, ou le Laos ouvert », id., id., 1887; « La Mer universelle. La France sur l'Océan », id., id., 1888.

Brandes (Georges-Maurice-Cohen) illustre philosophe et critique danois, né, à Copenhague, le 4 février 1842. Sorti de l'université de sa ville natale, il s'appliqua particulièrement à la philosophie et à l'esthétique des pays allemands et scandinavos. A vingt ans, il remporta un prix de l'université dans un concours, dont le sujet était : « De l'idée antique du Destin ». En Danemark, prédominait alors la philosophie de la droite hégélienne, qui prétendait pouvoir concilier l'orthodoxie avec les idées modernes. M. B. s'efforça longtemps de combattre cette école et de faire prévaloir les droits du libre examen. Il suivit d'abord les doctrines de la gauche hégélienne; mais, après avoir étudié les œuvres de Stuart Mill, de Taine, de Sainte-Beuve et de Comte, il embrassa la cause de la psychologie moderne. Revenu à Copenhague après de longs séjours à Paris, en Italie et à Berlin, où il connut les écrivains les plus estimés de l'époque, il se trouva au milieu de la plus ardente réaction politique et religieuse (1871); des séries de lectures qu'il entreprit à l'Université sur les grands courants de la littérature du XIX siècle, obtinrent un succès qui souleva contre lui le zèle des orthodoxes, qui lui firent fermer les portes de l'Université. Après avoir lutté quelques années, il abandonna sa patrie, et, en octobre 1877, alla se fixer à Berlin, où il étudia l'allemand qu'il écrit aujourd'hui aussi élégamment que le danois et l'anglais. A la fin de 1882, il retourna à Copenhague, ses concitoyens lui ayant assuré une rente annuelle de 4000 couronnes (5600 francs) avec la seule charge de faire à Copenhague des lectures publiques d'argument littéraire. Il a publié : « Dualismeny von nyeste Filosofi », Copenhague, 1866; « Aesthetiske Studier », 1868; « Kritiker og Portraiter », 1870; « Hovedstromninger i det 19 Aarhundredes Litteratur », 5 vol., 1872-1883, traduits en allemand par Strodtmann, sous le titre : « Die Hauptströmungen der Litteratur des 19 Jahrhunderts », Berlin, 1872 et suiv.; « Ferdinand Lussalle », Berlin, 1877, édition considérablement augmentée; « Sören Kierkeguard », Copenhague, 1877; « Danske Digtere », id., id. ; « Esajas Tegner », Berlin, 1878 et « Benjamin Disraeli », id., id.; « Der romantiske Skole i Frankrig », 1882; « Mennesker og Vaerker i nyere evropaeisk Literatur », 1883; « Det moderne Gjennembruds. Moend », 1883; « Ludwig Holberg », 1885. En allemand, il a publié : « Die romantische Schule in Frankreich », 1883; « Die romantische Schule in Deutschland », 1887 ; « Ludwig Holberg und seine Zeitgenossen, Moderne Geister », 1887. En anglais : « Eminent Authors of the nineteenth Century », New-York, 1887. M. Brandes a tenu aussi qua're conférences en langue russe à Saint-Pétersbourg et à Moscou (1887), et il a publié un livre en polonais.

Brandes (Édouard), littérateur, philologue et homme politique danois, frère du précédent, né, à Copenhague, le 21 octobre 1847. Il étudia, depuis 1865, la linguistique comparée à l'Université de sa ville natale, puis, spécialement le sanscrit et le persan. Il s'est fait connaître comme écrivain par la publication d'un volume de portraits et d'études : « Dansk Skuospilkonst », Copenhague, 1880, suivi bientôt de « Fremmed Skuespilkonst », id., 1881, ainsi que par un drame « Lägemidler », 1881.

Brandl (Vincent), historien et archéologue tchèque, né, le 5 avril 1834 ; il fit ses études à Vienne. De 1858 à 1861, il fut professeur d'histoire à la *Realschule* de Brunn, où, en 1861, il fut nommé archiviste. Il commença alors un : « Manuel des antiquités moraves », Brunn, 1870; suivirent plusieurs travaux spéciaux en langue tchèque et : « Libri citationum et sententiarum », 3 vol., Brunn, 1872-78 ; « Codex diplomaticus Moraviae », 3 vol., 1874-78 ; « Glossarium illustrans bohemico-moravicæ historicæ fontes », Brunn, 1876.

Brandt (Frédéric-Pierre), jurisconsulte norvégien, professeur de droit à l'Université de Christiania, *doctor juris honoris causa* de l'Université de Munich, est né, le 24 juillet 1825, dans le district de Robygdelag. Il débuta, en 1851, par un mémoire sur les anciennes Institutions juridiques de la Norvège, qui lui valut une médaille décernée par le Prince royal. En 1856, il entreprit, aux frais du Gouvernement, un voyage scientifique en Danemark et en Allemagne. Comme recteur de l'Université de Christiania, il assista au jubilé universitaire des Universités de Lund et de Munich. En 1867, il fit, sur invitation, un cours sur le procès civil norvégien, à l'Université d'Upsal. Parmi ses nombreux travaux nous citerons : « Le Code norvégien de Christian IV de l'année 1604 », Christiania, 1855, en collaboration avec Fr. Hallager ; « Le droit pratique d'après la législation norvégienne », id., seconde édition, 1878 ; « L'assurance maritime, supplément au droit maritime », Christiania, 1876, paru aussi en allemand, à Leipzig, en 1878, sous le titre : « Ueber Seeversicherung ». Cet ouvrage d'importance capitale fut récompensé par les Sociétés d'assurance avec un prix de 10,000 couronnes, soit 14,000 francs. Mais le principal ouvrage de l'auteur est « L'Histoire du Droit norvégien », Christiania, 2 vol., 1880-83. Citons encore son traité « De l'Emprisonnement pour Dettes », dans la *Revue du Droit International*, I, p. 347. (Cfr. sur ses travaux, l'article qui lui a été consacré dans la *Kritische Vierteljahrschrift* de Munich).

Brândza (Docteur), médecin roumain, licencié de la Faculté de Paris, professeur d'histoire naturelle à l'Université de Bukarest. Nous connaissons de lui deux mémoires : l'un sur « la Trichinose » et l'autre sur « le Jaborandi », publiés le premier dans la *Revue Scientifique* de Bukarest, et le second dans le *Revue Contemporaine*.

Brants (Victor-L.-J.-L.), économiste belge, né à Anvers le 23 novembre 1856. M. B., qui est professeur à l'Université de Louvain et qui a fait partie de la Commission du travail, instituée en 1866 par le gouvernement belge pour étudier les questions ouvrières, a collaboré ou collabore encore aux *Mémoires* de la Société littéraire de l'Université Catholique, à la *Revue de l'instruction publique*, à la *Revue Catholique des institutions et du droit* de Grenoble, au *Bulletin* de la Société de législation comparée et à la *Réforme sociale* de Paris. Son principal ouvrage est un « Essai historique sur la condition des classes rurales en Belgique jusqu'à la fin du XVIII siècle », Bruxelles, 1880, écrit pour répondre à une question mise au concours par l'Académie royale de Belgique et qui a obtenu le prix. Il a publié encore : « La morale du désintéressement rationnel », Louvain, Peters, 1876 ; « Coup d'œil sur les débuts de la science économique dans les écoles françaises aux XIII et XIV siècles », id., id., 1881 ; « Propriété et communauté dans le droit athénien », id., id., 1882 ; « Lois et méthode de l'économie politique », id., id., 1883 ; « Code rural de la Belgique », id., id., 1884 ; « La Lutte pour le pain quotidien », id., id. 1885.

Brasch (Moritz), littérateur allemand, né, à Zempelbourg (Prusse Occidentale), le 18 août 1843. Après avoir fait ses études aux universités de Berlin, Greifswald et Jena et avoir pris ses grades à celle de Leipzig, il se fixa dans cette ville, où il fut de 1847 à 1880, redacteur du grand *Conversationslexicon* de la maison Brockhaus ; depuis il vit tout entier occupé de ses travaux littéraires ; nous citerons de lui : « Benedictus von Spinoza's System der Philosophie », 1870 ; « Lichtstrahlen aus Mendelsohn's Schriften nach der *Ethica* dargestellt », 1874 ; « Mendelsohn's Schriften zur Philosophie, Aesthetik und Apolog. », 2 vol. 1880 ; « Schiller als Philosoph und Historiker » ; « Die Klassiker der Philosophie von den frühesten griechischen Denkern bis auf die Gegenwart, eine gemeinfassliche historische Darstellung », 3 vol., 1883-86 ; « Gesammelte Essays und Charakterköpfe zur neuern Philosophie und Literatur », 2 vol. 1885-86 ; « Die Philosophie der Gegenwart, ihre wesentlichsten Richtungen und ihre Hauptvertreter », 1887 ;

Friedrich Ueberweg's Nachlass, philosophische Abhandlungen und wissenschaftliche Korrespondenzen mit einer historisch philosophischen Einleitung », 1887-88.

Brassaï (Samuel), savant polygraphe hongrois, né, avec le siècle (1800), à Thoroczks en Transylvanie, professeur de mathématiques à l'Université de Clausenbourg (Kolozsvar), nommé, en 1887, membre honoraire de l'Académie nationale hongroise. Il fit des études privées, presque toujours sans maître. En 1834, il débuta par un journal populaire intitulé: *Gazette du Dimanche* ; ensuite, il fut successivement nommé professeur d'histoire au Collège des Unitariens de Clausenbourg (1837) ; de Pest (1848) ; directeur du Musée de Transylvanie (1850) ; professeur de mathématiques à l'Université de Clausenbourg (1875). Parmi ses nombreuses publications littéraires et scientifiques, nous citerons: « Introduction à la cosmographie, à la Géographie et à la statistique », 1835 ; « Grammaire allemande », 1845, en deux vol.; « Traité sur les Banques », 1852 ; « Esquisse d'une Syntaxe comparée des langues », 1858 ; « Discours sur la méthode d'enseignement », 1867-69 ; « Grammaire française », 1863 ; « Du Beau dans les Beaux-arts », 1878, traduit en allemand ; « Exercices d'algèbre », traité philosophique et mathématique très-original, 1877 ; « *Commentator commentatus*, revue critique des commentaires sur les Satyres d'Horace », 1872; « Paraleipomena et Diorthoumena », revue critique des commentaires du II livre de l'Énéïde, 1865 ; « Euklides », traduction hongroise; « Ce n'est pas la seule matière qui est immortelle ». Il dirige avec le Dr Hugo Melzl une revue littéraire polyglotte ; et il continue à publier dans les journaux et dans les revues, des articles écrits avec verve et souvent mordants.

Brasseur (Alexandre DUMONT dit), acteur comique et écrivain français, fils de Jules B., l'amusant artiste du Palais-Royal, aujourd'hui directeur des *Nouveautés*. Le fils, sans abandonner la scène, à fait paraître, en 1886, en collaboration avec Fr. Jourdain, chez Decaux de Paris, un volume illustré par Job « Jean-Jean » qui a été fort bien accueilli.

Brassey (Thomas, baron), homme politique et économiste anglais, né, à Stafford, en 1837. Après avoir fait ses études à Oxford, il s'adonna à l'industrie. En 1865, le collège de Devonport l'envoya à la Chambre des Communes où, plus tard, il représenta le collège de Hastings ; en 1880, il fut nommé Lord civil et, en 1884, secrétaire de l'Amirauté ; en 1886, il fut élevé à la pairie. Il est l'auteur de « Work and Wages », 1870 ; « Lectures on the Labour Question », 1871 ; « English Work and Foreign Wages », 1875 ; « British Women », 1876 ; « British Seamen » ; « British Navy », 5 vol., 1880. — M. B. avait épousé, en 1860, miss Annie Alinutt, avec laquelle il fit à diverses reprises de longs voyages sur mer. Durant le dernier voyage il visita successivement l'Inde, Bornéo, le Cap de Bonne Espérance. Il en a publié un récit. C'est pendant ce voyage qu'il perdit sa femme, morte en mer, le 14 septembre 1887, et qui était très appréciée pour ses travaux littéraires et surtout pour ses descriptions de voyage.

Bratianu (Jean), orateur et homme politique roumain, né, à Pitesti (Valachie) en 1822, d'une famille de petite noblesse, entra à l'âge de seize ans dans l'armée et trois ans après alla compléter ses études à Paris. Tout en suivant les cours de l'École Polytechnique, il s'adonna à l'étude de l'histoire et de l'économie politique et prit une part très vive aux agitations des étudiants qui précédèrent la Révolution de février 1848. Revenu en Valachie, il prit part au mouvement qui renversa le prince Georges Bibesco et devint un des membres les plus influents du gouvernement provisoire. La révolution vaincue, il fut arrêté et mis en liberté quelques jours plus tard ; il revint à Paris, où il publia, en 1855 : « Mémoire sur l'empire d'Autriche dans la question d'Orient », il eut en même temps à subir une détention pour avoir pris part à une conspiration contre Napoléon III. En 1857, il publiait, à Paris, chez A. Frank, un nouveau: « Mémoire sur la situation de la Moldo-Valachie, depuis le traité de Paris ». Rentré dans son pays, il devint, avec Rossetti, un des chefs du parti radical. Tour-à-tour député et ministre sous le prince Couza, il fut l'un des partisans les plus acharnés de l'élection du prince Hohenzollern sous le règne duquel il fut souvent ministre et chef du cabinet. Outre les deux mémoires déjà cités, nous connaissons de M. Bratianu, en français : « La Question religieuse en Roumanie. Lettre à M. le directeur de l'*Opinion Nationale* », Paris, Librairie du Luxembourg, 1866, et en roumanin : « Epistola asupra Instructiunei publice; Reflectuseci asupra situationei », Bucarest, 1856 ; « Memoriu adresatu Princepeliu Cuza », id., 1859 ; mais M. Bratianu mérite surtout d'être connu comme orateur ; ses discours, toujours improvisés, révèlent en lui toutes les qualités d'un orateur de race.

Brau de Saint-Pol Lias (Marie-François-Xavier-Joseph-Jean-Honoré), explorateur et économiste français, officier de l'Ordre royal du Cambodge, chargé par le Gouvernement français de missions scientifiques en Malaisie et en Indo-Chine, membre de plusieurs sociétés savantes, né à Seix, (Ariège), en 1840. Licencié en droit de la Faculté de Toulouse, il a pris une large part au mouvement géographique et surtout au mouvement de la géographie commerciale qui s'est produit en France depuis 1872 ; il a fait trois grandes explorations à Sumatra et dans l'Indo-Chine ; on lui doit, entr'autres : « Percement de l'isthme de Panama ; le

Congrès de Paris », Paris, Dentu, 1879 ; « Atché (Sumatra) », conférence faite à l'Exposition d'Amsterdam, Leïde, Brill, 1883; « Pérak et les Orangs-Sakeys, voyage dans l'intérieur de la presqu'île Malaise », Paris, Plon, 1883 ; « Chez les Atchés, Lohong, île de Sumatra », id., id., 1884; « De France à Sumatra. Les Anthropophages », id., Oudin, 1884; différents articles dans la *Nouvelle Revue* (1882-85), et dans les *Bulletins de la Société de Géographie Commerciale* de Paris, etc.

Braun (Karl), homme politique, économiste et écrivain allemand, né, à Hadamar (principauté de Nassau), le 20 mars 1822. Ses études accomplies, il entra dans la magistrature, mais ses opinions ayant déplu, il donna sa démission et s'établit avocat à Wiesbaden (1849). Membre du Landtag prussien et du Reichstag de la Confédération du Nord et de l'Empire, il fut l'un des fondateurs du parti national libéral dont il se sépara, en 1880, pour se rallier au nouveau parti de MM. Lasker, Bamberger, Forkenbeck, etc. Depuis 1879, M. B. est avocat au tribunal de Leipzig. Il a fait de longs voyages en Europe, en Asie, en Afrique et surtout en Orient. M. B., partisan convaincu de la liberté du commerce, fonda, en 1858, le Congrès des économistes, dont il est président depuis 1859. Parmi ses nombreuses publications, nous citerons : « Die Zins-Wuchergesetze », 1856 ; « Für Gewerbefreiheit und Freizügigkeit durch ganz Deutschland », Francfort, 1858 ; « Vier Briefe eines Ostpreussen », Leipzig, 1867 ; « Frankfurts Schmerzensschrei », id., 1868 ; « Parlamentsbriefe », Berlin, 1869, 3me éd., Hanovre, 1881 ; « Gegen Gervinus », Leipzig, 1871 ; « Während des Kriegs. Erzählungen, Skizzen und Studien », id., 1871 ; « Tokai und Jokai, Bilden aus Ungarn », Berlin, 1873 ; « Aus der Mappe eines deutschen Reichsbürgers. Kulturbilden und Studien », 3 vol.; Hanovre, 1874 ; « Mordgeschichten », id., id. ; « Eine türkische Reise », 3 vol., Stuttgard, 1875-77 ; « Reisebilder », id., 1875 ; « Zeitgenossen, Erzählungen, Charakteristiken und Kritiken », 2 vol., Brunswick, 1877 ; « Randglossen zu den politischen Wandlungen der letzten Jahre », Bromberg, 1879 ; « Der Diamantenherzog », Berlin, 1881 ; « Kulturgeschichtliche Novellen », 1881 ; « Doktor Sackauer », id. ; « Champagner », id. ; « Von Friedrich dem Grossen bis zum Fürsten Bismarck », Berlin, 1882, histoire de la politique économique de l'Allemagne et surtout de la Prusse; « Die Wisbyfahrt », lettres de voyage, Leipzig, 1882 ; « Blutige Blätter », 1883 ; « Die Vagabundenfrage », id. ; « Pandämonium », 1887 etc. etc.

Braun (Thomas), écrivain belge, né à Commern, dans la Prusse rhénane, en 1815, naturalisé belge en 1849. M. B., qui est depuis longtemps inspecteur des écoles normales de la Belgique, a écrit de nombreux petits livres classiques ; mais son œuvre principale est un « Cours de méthodologie et de pédagogie » dont la première édition parut à Bruxelles en 1849 et que l'auteur a, depuis, repris maintes fois en sous-œuvre, l'augmentant ou le condensant tour-à-tour. Citons aussi un rapport adressé au Ministre de l'Intérieur sur « L'enseignement primaire à l'Exposition internationale de Paris, en 1878 », Bruxelles, 1879. Depuis 1855, M. B. dirige une revue pédagogique mensuelle, *L'Abeille*.

Braune (Théodore-Guillaume), germaniste allemand, né, le 20 février 1850, à Grossthiemig, près d'Ortrand, dans la province de Saxe. Il prit ses degrés, en 1872, à l'Université de Leipzig à la suite d'une thèse : « Untersuchungen über Heinr. von Veldecke », dans le 4e vol. de la *Zeitschrift für deutsche Philologie* de Zacher. Après avoir été quelque temps attaché à la Bibliothèque de l'Université de Leipzig, il fut, par la même Université, autorisé à l'enseignement, en 1877, à la suite d'une nouvelle thèse: « Ueber die Quantität der althochdeutschen Endsilben », insérée dans le 2d vol. des *Beiträgen*. En 1880, il a été nommé professeur ordinaire à l'Université de Giessen, où il enseigne maintenant. Déjà, en 1873, il avait fondé avec M. H. Paul la revue *Beiträge zur Geschichte der deutschen Sprache und Litteratur* qui paraît à Halle; depuis 1876, il publie, dans la même ville: *Neudrucke deutscher Litteraturwerke des 16 und 17 Jahrhundert;* et, depuis 1880, la *Sammlung Kurzer Grammatiken germ. Dialekten*, parmi lesquelles sont de lui la « Gotische Grammatik », 1880, 2e éd., 1882, et la « Althochdeutsche Grammatik ». En outre, M. B. a publié : « Zur Kenntniss des Fränkischen und zur hochdeutschen Lautverschiebung », Halle, 1874 ; « Althochdeutsches Lesebuch », Halle, 1875, 2me éd., 1881.

Brayer (Félix), administrateur et écrivain français, né, à Fays-Billot (Haute-Marne), en 1824. D'abord commissaire central de police à Boulogne, il fut ensuite attaché au Ministère de l'intérieur comme commissaire spécial des chemins de fer. On a de lui: « Procédure administrative des bureaux de police », Arras, 1866 ; « Loi annotée du 11 mai 1868 sur la presse », Paris, Durand, 1869 ; « Dictionnaire général de police administrative et judiciaire », 2 vol., 1876 ; « Manuel de police administrative et judiciaire », 1877 ; « Formulaire général de police », 1880 ; « Guide-memento des gardiens de la paix à Paris », id. ; « Tribunaux de simple police. Fonctions du ministère public », 1882.

Brazzà (le comte Pierre-Paul-François-Camille de), officier de marine et explorateur italien, au service de la France et naturalisé français. M. de Brazzà qui est né, à bord de la *Vénus*, en rade de Rio-Janeiro, le 26 janvier 1852, appartient à la noble famille des Brazzà (ou

Brazzacco) Savorgnan Cergneu qui n'est qu'une branche de cette grande famille de Savorgnan, venue de Moravie, au 6e siècle, avec le duc Gisulphe et depuis lors fixée dans le Frioul, où elle possédait, d'après la tradition, 70 villages, 7 châteaux, un comté et un marquisat. M. Pierre de Brazzà fit ses études à l'école navale et il en sortit officier de la marine française. Il n'était encore qu'enseigne de vaisseau lorsqu'il demanda, en 1875, au Ministère de la marine française, l'autorisation de partir pour l'Afrique équatoriale à la découverte de l'Ogôoué. L'autorisation obtenue, le jeune explorateur quittait l'Europe vers la fin de la même année. Nous ne suivrons pas M. de Brazzà dans son premier voyage, non plus que dans les quatre suivants: les résultats en sont connus. M. de Brazzà a ouvert à la France la grande route commerciale de l'Afrique centrale de l'Ouest; en avril 1886, le gouvernement français l'a nommé commissaire général du Congo et du Gabon. Monsieur de Brazzà est de ceux qui préfèrent faire de l'histoire plutôt que de l'écrire, nous pouvons cependant citer de lui les articles suivants insérés dans le *Bollettino della Società Geografica italiana*: « Spedizione al fiume Ogoué », 1877, pag. 209-226; « Esplorazione del Conte P. Savorgnan di Brazzà », lettres du voyageur à sa famille, 1878, pages 220-223; « Discorso del conte P. S. di B. intorno alle sue esplorazioni nell'Africa equatoriale letto nella conferenza sociale del 22 giugno 1879 » 1879, pages 491-516; « Lettere », 1880, pages 403-404; « L'arrivo di P. S. de B. sul Congo », 1881, pages 48-51; « Il Conte B. e le stazioni francesi sull'Ogoué », id., pages 205-210; « Le stazioni francesi sull'Ogoué e sul Congo », id., 519-528 ; « La conferenza del Conte P. di B. a Parigi », 1882, pages 621-642. — En 1886, M. de B. a fait paraître à Paris un ouvrage illustré de deux eaux-fortes, de dessins d'après nature et de cartes, sous le titre: « Conférences et lettres de P. S. de B. sur ses trois explorations dans l'Ouest africain de 1875 à 1886 ». — (Cfr. Er. Génin: « Les Explorations de Brazzà », Paris, 1885; *Revue des deux Mondes*, 1 nov. 1862, 1 nov. 1884; *Correspondant*, 1879, 1883; *Nuova Antologia*, 1882; *Atti dell'Accademia pontificia dei Nuovi Lincei*, 1876-77; *Mittheilungen de Petermann*, 1879; *Cosmos* de Guido Cora, 1882-83). — Un de ses frères, M. Giacomo, né, à Rome, le 14 décembre 1859 et qui l'avait accompagné dans un de ses voyages, est mort à Rome, des suites d'une maladie contractée en Afrique, le 29 février 1888.

Bréal (Michel), illustre philologue et pédagogiste français, professeur de grammaire comparée au Collège de France, membre de l'Institut, Académie des inscriptions et belles-lettres, de l'Académie royale des Lincei, de l'Académie de Turin, correspondant de l'Académie royale de Belgique, docteur *honoris causa* des Universités de Zurich et de Bologne, directeur de l'École des hautes études, inspecteur général de l'enseignement supérieur en France, linguiste profond et écrivain brillant, est né, à Landau (Bavière rhénane), le 26 mars 1832 de parents français. Il a fait ses études à Metz, à Paris, à Berlin, où il suivit les cours des célèbres professeurs Bopp et Weber. A son retour en France, il fut employé aux Manuscrits Orientaux de la Bibliothèque Impériale; après la mort du professeur Hase, la chaire de grammaire comparée au Collège de France ayant été mise au concours, M. B. se présenta et enleva la place. Ses débuts littéraires ont été des plus brillants; voici les titres de ses publications: « Sur l'affinité de la religion zoroastrienne et des Croyances védiques », 1862, étude couronnée par l'Académie des inscriptions et Belles-Lettres, »; « Fragments de critique zende. De la géographie de l'Avesta. Le Brahme Tchengrenghâtchah », 1862; « Hercule et Cacus, étude de Mythologie comparée » thèse, 1863 ; « De Persicis nominibus apud scriptores graecos », id.; « Le Mythe d'Oedipe », 1864, essai de mythologie comparée, qui trouva en Italie un oppositeur dans le professeur Comparetti; « De la Méthode comparative appliquée à l'étude des langues »; « La forme et la fonction des mots », 1867; « Les progrès de la grammaire comparée »; « Les idées latentes du langage »; et autres Mémoires réunis en un volume de « Mélanges de mythologie et de linguistique », Paris, Hachette, 1877; une traduction magistrale avec notes et introductions de la « Grammaire comparée des langues indo-européennes » de Bopp, 4 vol., id., 1867-72; un ouvrage classique sur « Les Tables eugubines. Texte, traduction et commentaire », Paris, Frenck, 1875, qui lui valut l'honneur d'être nommé citoyen honoraire de la ville de Gubbio, qu'il visita l'année suivante; « Quelques Mots sur l'instruction publique », 1872; « Sur le déchiffrement des inscriptions cypriotes », 1877; « Excursions pédagogiques », 1882; « Leçons de mots; les mots grecs groupés d'après la forme et le sens », 1882; « Leçons de mots; les mots latins groupés d'après le sens et l'étymologie », 3 vol., 1881-1885, le 3e vol. est un « Dictionnaire étymologique latin »; une foule de notes linguistiques, d'articles épars dans les revues, dans les journaux, entr'autres dans la *Revue Critique*, qu'il a contribué à fonder, et qu'il a dirigé pendant des années.

Breitinger (Henri), littérateur suisse, né, à Zurich, le 11 mars 1832. Après avoir fait ses études philologiques aux Universités de Munich, de Zurich et de Bâle, il entreprit des voyages scientifiques en France, en Angleterre et en Italie; en 1875, il fut nommé professeur des littératures comparées à l'université de Zurich et, en 1880, au Polytechnicum. Parmi ses ouvrages principaux, nous citerons : « Aus neueren Litteraturen », Zurich, 1876 ; « Les Unités d'Aristote avant le Cid de Corneille », Genève, Georg, 1879 ; « Les biographes de Madame de Staël 1887, et des articles sur le roman actuel en Italie, sur Eugène Rambert et la littérature dans la Suisse française, sur Bernardino Zendrini etc., insérés dans la *Deutsche Rundschau*, la *Gegenwart*, le *Nord und Sud*, etc. M. B. qui est un des collaborateurs de l'*Allgemeine deutsche Biographie* a publié aussi des traductions d'Amalia Marmont (Jena, 1873) et de Pétrone (Stuttgard, 1874).

Brelich (Ernest), écrivain italien, né à Fiume (Hongrie) le 9 janvier 1844, secrétaire du Conseil municipal de sa ville natale, depuis 1871 et assesseur honoraire. S'étant d'abord adonné au commerce, il y resta jusqu'à son entrée à la municipalité (1870). M. B. est rédacteur du journal politique *La Bilancia* depuis sa fondation, et collaborateur du *Pester Loyd* et du *Fiume*. Il a traduit de l'allemand en italien des romans de madame Ciotta (R. Enze), et du hongrois le roman : « L'Homme d'or » ; de Jokaï, les « Épisodes de la Révolution hongroise des années 1848-49 », et d'autres ouvrages de même auteur.

Bremon (José-Fernandez), écrivain espagnol, chroniqueur émérite ; se distingue surtout par son imagination et par ses petits contes et nouvelles qui rappellent la manière d'Edgard Poë. Appelé par ses qualités à jouer un grand rôle dans la politique, il en a toujours été empêché par l'indépendance de son caractère. Employé à la Présidence du Conseil sous le premier gouvernement de M. Canovas, il donna sa démission et regagna toute sa liberté d'écrivain.

Brémond (Félix), médecin et littérateur français, né, à Flayosc (Var), le 7 février 1843. M. B., qui est vice-président de la commission des logements insalubres de la ville de Paris, inspecteur départemental du travail des enfants dans les mines et les manufactures, a été l'un des principaux organisateurs et le commissaire général de l'exposition d'hygiène de l'enfance, ouverte, en 1877, à Paris. Outre des articles dans le *Voltaire*, la *Famille* et la *Semaine populaire*, on lui doit : « L'Acide salicilique à l'Académie », Paris, Coccoz, 1877 ; « Hydrologie médicale. Notice sur l'eau minérale nitrée d'Heudreville », id., Delahaye, 1878 ; « Rabelais médecin ; avec notes et commentaires. Gargantua », Vᵉ Pairault, 1879 ; « Entretiens familiers sur la santé », id., Lauwerenys, 1884.

Brémond d'Ars (Vicomte Guy de), érudit et historien français, issu d'une très ancienne famille de l'Angoumois et de la Saintonge, né, le 25 septembre 1856, à Jaulges (Yonne). Il est collaborateur du *Correspondant* et de la *Revue des Questions Historiques*. En 1884, il a publié, entr'autres, un livre remarquable et intéressant sur « Le père de Madame de Rambouillet, Jean de Vivonne, sa vie et ses ambassades près de Philippe II et à la Cour de Rome d'après des documents inédits », Paris, Plon, 1884, ouvrage couronné par l'Académie française.

Brentano (François), philosophe allemand, né, à Marienberg, près Boppart, le 16 janvier, 1838. Ordonné prêtre, en 1864, à Gratz, il devint *privat Docent* de philosophie à Wurzbourg, en 1866, puis professeur ordinaire de la même science à l'Université de Vienne, mais il se démit de ses fonctions officielles, en 1880, tout en restant *privat Docent* à la même Université. Nous citerons de lui : « Von der mannigfachen Bedeutung der Seienden nach Aristoteles », Fribourg, 1862 ; « Die Psychologie des Aristoteles », Mayence, 1867 ; « Psychologie vom empirischen Standpunkte », Lepizig, 1874 ; « Offener Brief an prof. C. Zeller », id., 1883.

Brentano (Louis-Joseph, dit Lujo), économiste allemand, frère du précédent, né, à Aschaffenbourg (Bavière), le 18 décembre 1844. Après avoir fait partie du bureau de statistique fondé, à Berlin, par Engel, il accompagna ce dernier dans un voyage scientifique en Angleterre. *Privat Docent* à l'université de Berlin, en 1871, il fut nommé, en 1872, professeur de science politique à l'université de Breslau, d'où il passa au même titre, à celle de Strasbourg, et enfin, en 1887, à celle de Vienne. M. B. qui appartient à l'école des *socialistes de la chaire*, a publié : « On the history and development of Gilds and the Origin of Trade-Union », 1870 ; « Das Arbeitergeld der Gegenwart », 2 vol., Leipzig, 1761-72 ; « Die Arbeitverhältniss gemäss dem heutigen Recht », 1871 ; « Die wissenschaftliche Leistung des Herrn L. Bamberger », (*Voyez ce nom*), id., 1873 : « Ueber Einigungsämter. Eine Polemik mit Dʳ Alex. Meyer », id., id. ; « Ueber die Verhältniss von Arbeitslohn und Arbeitszeit zur Arbeitsleistung », id., 1876 ; « Die Arbeiterversicherung gemäss der heutigen Wirthschaftordnung », id., 1879 ; « Der Arbeiterversicherungszwang, seine Voraussetzungen und seine Folgen. Die Zeit und Streiffragen », Berlin, 1881 ; « Die christlichsociale Bewegung in England », 2ᵐᵉ éd., Leipzig, 1883 ; « Ueber eine zukünftige Handelspolitik des deutschen Reichs », 1885 etc. M. Léon Caubert a publié, en 1885, chez Jouaust, à Paris, la traduction d'un ouvrage de M. B., sous le titre : « La Question ouvrière ».

Brentari (Othon), écrivain italien, président de la *Società di Ginnastica e Lettura* et de la *Società di Tiro a Segno* de Bassano, né, à Stagno, dans la Valsugana (prov. de Vicence), en 1852. Il fit ses études à Roveredo, Innsbruck, Vienne et Padoue, où il fut reçu docteur. Depuis 1882, il dirige le gymnase de Bassano. On a de lui, entr'autres : « La ginnastica nelle scuole popolari », Bassano, 1880 ; « Le società ginnastiche », id.;

1880; « Studio e onestà », id., 1880; « Il Museo di Bassano illustrato », id., 1881; « La casa Remondini e la Corte di Spagna », id., 1882; « Ai ginnastici convenuti a Possagno », id., 1882; « La fondazione del Monte di Pietà di Bassano e del suo Territorio », id., 1884; « Biografia di G. B. Ferracina », id., 1884; « Il Gradonigo e Carlo Goldoni », id., 1885; « Guida di Bassano e Sette Comuni », id., 1885; « Dell'antico splendore, del commercio e dell'industria bassanesi », Venise, 1885; « Biografia di Giov. Montini », Bassano, 1885; « Un grido di dolore del tiro a segno nazionale », id.; « Guida del Cadore », Bassano, 1866; « I podestà Soranzo a Bassano », id.; « Guida di Belluno e Feltre », Bassano, 1887; « Guida di Vicenza, Recoaro e Schio », id.; « Della vita e degli scritti di G. I. Ferrazzi », id.; « Venezia ed i suoi monti », Venise, 1887; « Ai pompieri di Bassano », Bassano, 1888. M. B. qui, pendant que nous écrivons, visite la partie septentrionale de l'Europe envoie des lettres fort intéressantes sur son voyage au *Corriere de la sera* de Milan.

Brero (Dominique), éditeur italien, propriétaire de la *Libreria editrice Brero* de Turin, qui succéda à la librairie Marietti, fondée en 1820. M. Brero, qui avait été longtemps employé chez M. Marietti, en devint, en 1870, le successeur. Parmi les nombreuses publications de cette maison qui, sans avoir une spécialité déterminée, embrasse en même temps la botanique, les mathématiques, l'agriculture, le droit, les beaux-arts etc., il nous faut surtout rappeler: « I fiori dei giardini », de F. Edward Hulme, traduits par un des plus illustres naturalistes italiens, M. Michele Lessona, édition dont on peut dire que le burin et la plume se sont associés pour produire un chef d'œuvre de grâce et d'élégance. Citons encore : « La théorie des formes binaires », par le prof. chev. abbé Faa di Bruno ; « Il credito e l'agricoltura » de M. Cesare Luigi Gasca, etc. etc.

Brésil (Jules-Henri), auteur dramatique et acteur français, né, à Paris, en 1823. Agé de seize ans à peine, il fit jouer un vaudeville intitulé : « Une mauvaise plaisanterie », qui eut plus de cent représentations. Plus tard, il fit jouer à Bordeaux: « Les trois sœurs », comédie en cinq actes en prose; à Lyon: « Le pacte de sang », drame en cinq actes, et « Los moutons de Panurge », comédie en trois actes en vers; aux Bouffes Parisiens : « Vénus au moulin d'Ampiphros », tableau mythologique; et pour plusieurs autres théâtres plusieurs travaux en collaboration, parmi lesquels nous citerons les deux suivants, avec A. Dennery : « Le Tribut de Zamora », opéra en quatre actes, musique de Ch. Gounod, Paris, Tresse, 1881 ; et « Diana », drame en cinq actes et sept tableaux, id., 1884, — M. B., enfin, a publié dans la *Presse* un roman intitulé : « La Vierge aux deux amours ».

Bresslau (Harry), historien allemand, né, à Dannenbreg (Hanovre), le 22 mars 1848. Il étudia l'histoire à Berlin et à Goettingue, où il prit ses grades, en 1869. Après avoir été quelque temps professeur dans des écoles secondaires, il devenait, en 1876, professeur extraordinaire des sciences auxiliaires de l'histoire à l'Université de Berlin. Nous citerons de lui: « Die Kanzlei Kaiser Konrads II », Berlin, 1869; « Jahrbücher des deutschen Reiches unter Heinrich II », 3 vol., Leipzig, 1874; « Aktenstücke zur Geschichte von Josef August du Cros », Berlin, 1876; « Jahrbücher des deutschen Reichs unter Konrad II », 2 vol., Leipzig, 1849-84; « Der Sturz zweier preussischer Minister », en collaboration avec Isaacsohn, Berlin, 1879. Parmi les nombreux articles, dissertations, mémoires de cet historien aussi fécond qu'érudit, nous citerons seulement: « Zur Geschichte der deutschen Gemeinden im Gebiet des Monte Rosa und im Ossolathal », dans la *Zeitschrift der Geschichte für Erdkunde*, Berlin, 1881 et « Ueber die älteren Königs und Papsturkunden für das Kloster St. Maximin bei Trier », dans la *Westd. Zeitschr. f. Geschichte und Kunst*, 1886. Parmi les nombreuses publications dont M. B. est collaborateur, citons encore: les *Monumenta Germanica* et l'*Allgemeine deutsche Biographie*.

Bret-Harte (François). Voyez HARTE.

Breton (Jules-Adolphe), peintre et poète français, né, à Courrières (Pas-de-Calais), le 1 mai 1827. Sans nous préoccuper des nombreux succès que ce peintre éminent a remporté à la pointe de ses pinceaux, disons qu'il a l'habitude d'accompagner d'une pièce de vers presque tous ses tableaux qui doivent être charmants si nous en jugeons par les volumes qu'ils ont inspirés: « Les champs et la mer. Poésies », Paris, Lemerre, 1875; « Jeanne », poème, id., Charpentier, 1880. M. Breton est membre correspondant des Académies de Vienne et de Stockolm et, depuis 1886, membre de l'Académie des Beaux-Arts de Paris.

Brewer (le Rev. E. Cobham), littérateur anglais, né, à Londres, le 2 mai 1810; il fit ses études à Cambridge où il prit ses degrés. Entré dans les ordres, il s'adonna aux lettres. En 1850, il publia la « Guide to Science », qui eut un énorme succès et qui fut traduit en italien et en français. (La traduction française est de l'auteur lui-même, une 5e éd. revue et corrigée par le célèbre Abbé Moigno en fut publiée, en 1864, chez Loones, à Paris, sous le titre: « La Clef de la Science »). On lui doit en outre: « Dictionary of Phrase and Fable », 18e éd., 1885; « Reader's Handbook », 4e éd., 1884; « Theology in Science »; « History (political and literary) of France », 1863; « History (political and literary) of Germany », 1881; « Dictionary of Miracles », 1884; ainsi que plusieurs livres pour les écoles et plusieurs brochures sous différents pseudonymes.

Breynat (Jules-Antoine), écrivain français, né, à Grenoble, le 11 février 1821. Il a exercé, dans le temps, les fonctions de Préfet, dans les départements du Lot et de la Haute-Savoie. Après sa mise à la retraite, il a collaboré à l'*Assemblée Nationale*, au *Paris-Journal* et au *Moniteur*. Parmi ses ouvrages politiques, nous citerons : « Les Socialistes modernes », 1849, « Les cahiers de 1871 ». En collaboration avec Alphonse Brot, et sous son nom, il a publié les romans suivants : « Les nuits terribles » ; « Miss Million » ; « Les compagnons de l'arche » ; « Les Espions » ; « Les mariages dorés ». Avec le même auteur et sous le pseudonyme de de Saint-Véran, il donna ces romans : « La Déesse Raison » ; « Les Enfants de la mère major » ; « Les maquignons du mariage » ; « Juppin » ; « Souviens-toi » ; de ce dernier roman, il a tiré en collaboration avec Eugène Nus et Alphonse Brot: « La conspiration des poudres », jouée à la Gaîté. M. Breynat a, en outre, publié seul, sous le pseudonyme de Saint-Véran, les romans suivants: « Une ci-devant déesse de la liberté » ; « Le crime des Airelles » ; « Le portefeuille des vieux avocats ».

Brialmont (Henri-Alexis), général et écrivain militaire belge, né, à Vanloo, dans le Limbourg, le 25 mai 1821, est fils du général Laurent Mathieu B. (1789-1885). Sorti de l'école militaire de Bruxelles, en 1843, il fit sa carrière dans le génie et dans l'état-major et fut promu lieutenant-général en 1877. Sans nous préoccuper de quelques incidents politiques qui ont marqué les dernières années de la vie militaire de cet éminent général, nous donnons ici la liste des publications que nous connaissons de lui : « Précis d'art militaire », 4 vol., dans la *Bibliothèque populaire* de Bruxelles, 1844; « De l'Armée et de la situation financière », Bruxelles, Perrichon, 1850; « Éloge de la guerre, ou Réfutation des doctrines des amis de la paix », id., Kiessling, id. ; « De la guerre, de l'armée et de la garde civique. Réfutation des doctrines des amis de la paix », id., id., id. ; « Faut-il fortifier Bruxelles ? Réfutation de quelques idées sur la défense des États », id., Perrichon, id. ; « Réponse d'un officier du génie à M. Vanderelde. Pour faire suite à l'ouvrage précédent », id., id., id. ; « Considérations politiques et militaires sur le Belgique », 3 vol., id., Tanera, 1852; « Anvers agrandi et fortifié pour cinq millions », id., Stapleaux, 1855; « Défense du projet d'agrandissement général d'Anvers », id., id., id.; « Projet de réorganisation de la marine belge », Anvers, Jouan, 1855; « Résumé d'études sur les principes généraux de la fortification des grands pivots stratégiques », Bruxelles, Guyot et Stapleaux, 1856; « Défense de l'Escaut » id., Tanera, 1856; « Histoire du duc de Wellington », 3 vol., Bruxelles, 1857; « Situation militaire de la Grande-Bretagne », id., Tanera, 1860; « Système de défense de l'Angleterre », id., id., id.; « Le système cellulaire et la colonisation pénale », id., Lebégère, 1861; « Réorganisation de la marine nationale en Belgique », id., id., id. ; « Le Corps belge du Mexique », id., Guyat, 1864; « Considérations sur la réorganisation de l'armée. — Justification du quadrilatère. Le volontarisme jugé au point de vue belge. Projet de réorganisation de la garde civique. Réponse aux critiques », id., Muquardt, 1866 ; « Études sur l'organisation des armées et particulièrement de l'armée belge », id., id., 1867 ; « Traité de fortification polygonale », 2 vol., id., id., 1869 ; « Vérité sur la situation militaire de la Belgique, en 1871 », id., id., 1871 ; « Du service obligatoire en Belgique », id., id., id. ; « La Fortification à fossé sec », id., id., id. ; « La fortification improvisée », id., id., 1872 ; « Étude sur la fortification des capitales et l'investissement des camps retranchés », Paris, Dumaine, 1873; « La défense des États et les camps retranchés », id., Baillière, 1877 ; « Causes et effets de l'accroissement successif des armées permanentes », Bruxelles, Muquardt, id. ; « La Fortification du champ de bataille », id., id., 1878 ; « Manuel de fortification de campagne », id., id., 1879; « Étude sur les formations de combat de l'infanterie, l'attaque et la défense des positions et des retranchements », id., Guyot, 1880; « Tactique de combat des trois armes », 2 vol., avec atlas, id., Muquardt, 1881 ; « Situation militaire de la Belgique. Travaux de défense de la Meuse », id., id., 1882 ; « Le Général comte Totleben, sa vie et ses travaux », id., id., 1884; « Les fortifications d'Anvers; projets de 1858 et 1859 », Bruxelles, 1884; « La fortification du temps présent », 2 vol., Paris, Le Soudier, 1885; « Les fortifications de la Meuse », brochure, Bruxelles, 1887; « M. Frère et les travaux de défense de la Meuse », id., id., id.; « Réponse aux observations du Lt. général Baron Chazal contre les fortifications de la Meuse », id., id., id. Plusieurs de ces ouvrages ont été traduits. M. Brialmont a fondé, en 1850, le *Journal de l'armée belge*.

Brian (Houghton-Hodgson), célèbre orientaliste anglais, l'un des promoteurs des études sur le bouddhisme en Europe, ancien Ministre Résident d'Angleterre à la cour du Roi de Nepal à Katmandou; il est né, avec le siècle, et il passe ses derniers hivers à Menton. On a tout le droit de s'étonner de ne pas trouver ce grand nom dans les *Men of the time*. Personne n'a rendu à la connaissance du bouddhisme des services plus importants que M. Brian, soit par l'envoi de manuscrits précieux, dont il fit cadeau aux bibliothèques de la France et de l'Angleterre, soit par la correspondance scientifique qu'il entretint du Nepal avec les savants de l'Europe, et par ses propres « Essays » sur des sujets indiens publiés, entre les années 1828 et 1850, à Calcutta, et dont les plus remarquables ont été réunis en trois volumes à Londres sous ces titres: « Essays on the languages, literature and religion of Nepal and Tibet », 1874, et « Miscellaneous Essays relating Indian subjects », 1880. M. B. H. Hodgson est un véritable apôtre du bouddhisme en Europe, et il vit à peu près comme un disciple de Bouddha. Il est membre de l'Institut, chevalier de la légion d'honneur, membre honoraire de la Société Orientale Allemande, etc.

Briard (Emmanuel), littérateur français, né, à Metz, en 1845. M. Briard, qui est docteur en droit, a publié: « Satires et élégies », Bruxelles, Lacroix et Verboeckhoven, 1869; « A l'étranger. Réflexions d'un voyageur. Allemagne, Suisse, Italie », Paris, Berger Levrault, 1874; « Cortuse », poème, id., id., 1877; « Le comique en musique », tirage à part du *Nancy Artiste*, Nancy, Metzner, 1884; « Bibliographie des Almanachs nancéïens au XVII siècle », tirage à part des *Mémoires de la Société d'Archéologie lorraine*, Nancy, Crepin Leblond, 1886.

Briart (Alphonse), ingénieur belge, né à Chapelle-lez-Herlaimont le 25 février 1825. Membre correspondant de l'Académie royale de Belgique depuis 1867 et membre titulaire depuis 1874, M. Briart a donné des études de géologie, principalement au *Bulletin* et aux *Mémoires* de cette savante compagnie, aux *Annales* de la Société géologique, de la Société géologique du Nord, de la Société malacologique de Belgique, au *Bulletin* de la Société des ingénieurs de l'école des mines de Mons, etc. Un travail écrit en collaboration avec M. F. Cornet lui a valu un prix de la Société des sciences, des arts et des lettres du Hainaut: « Description minéralogique, paléontologique et géologique du terrain crétacé du Hainaut », Mons, 1866. Avec le même collaborateur, il a fait paraître: « Homme de l'âge du mammouth », Bruxelles, 1873. Enfin, il a signé seul un très bon livre de vulgarisation: « Principes élémentaires de paléontologie », Mons, 1883.

Bridel (Louis), jurisconsulte franco-suisse, fils du pasteur du même nom, né, à Paris, en 1852. Ancien élève du collège Gaillard et de l'Académie de Lausanne (1861-71), il fit ses études juridiques à Paris (1871-72) et à Lausanne (1875-77). Il entreprit, en 1872, un voyage en Italie; en 1879, nous le retrouvons avocat à Lausanne; en 1887, il a été nommé professeur de Pandectes à l'université de Genève. M. B., qui est membre de la société de législation comparée et de la Fédération pour l'abolition de la prostitution, a publié: « La puissance maritale », 1879; « La femme et le droit, étude historique sur la condition des femmes », 1884; « Les sciences sociales et leur méthode », 1885; « L'enseignement supérieur à Lausanne et les legs de Roumine », 1886; « Les delits contre les mœurs », 1887. Un sien cousin, PHILIPPE BRIDEL, fils du libraire-éditeur Georges Bridel, né à Lausanne, en 1853, pasteur de l'Église libre, à Paris, en 1879, et à Lausanne, en 1887, a publié une thèse sur « La philosophie de la Religion de Kant », 1876, et une brochure « les Bases de la morale évolutionniste d'après M. Herbert Spencer », 1886, outre plusieurs articles dans la *Revue Chrétienne*.

Brierley (Benjamin), écrivain anglais, né, à Failswort (Lancashire), le 26 juin 1825. Fils d'un pauvre tisserand, il suivit d'abord le métier de son père et dut combler seul les lacunes de son instruction. Il publia son premier œuvrage politique « My uncle's Garden », 1849, puis entra dans le journalisme et fonda lui-même un journal littéraire. On lui doit un grand nombre de récits, entr'autres: « Tales and Sketches of Lancashire Life », 1885; « Horne Memories, and Recollections of a Life », 1886; et en outre des comédies et des chansons, dont plusieurs dans le dialecte du Lancashire. Il a lui-même joué plusieurs de ses pièces.

Bright (John), économiste et homme d'État anglais, né, à Greenbank, près de Rochdale (comté de Lancaster), le 16 novembre 1811. Associé d'une grande maison industrielle, il fut des premiers, en 1835, à organiser, avec M. Cobden, la ligue de Manchester connue sous le nom de *Anti-corn law league*. Le libre échange et la cause de la paix ont toujours été depuis lors le but de sa vie. Membre de la Chambre des Communes, depuis 1847, où il représenta d'abord le collège de Manchester et où il représente maintenant celui de Birmingham, il consacra toutes ses forces au triomphe de ses principes. M. Bright a été plusieurs fois membre des cabinets présidés par M. Gladstone soit en qualité de ministre du Commerce qu'en celle de chancelier du duché de Lancaster. Un des orateurs les plus éloquents, le plus éloquent peut-être après M. Gladstone, du parlement anglais, il a publié plusieurs recueils de ses discours. Citons: « Speeches on parliamentary reform », Londres, 1867; « Speeches on questions of public policy », id., 1867; « Speeches on the public affairs », id., 1869; citons encore: « Public Letters collected and edited by H. J. Leech », Londres, 1885 (Cfr. « John Bright », par M. Challamel Lacour, *Revue des deux Mondes*, février 1870; *Edinburgh Review*, janvier, 1879; *Westminster Review*, id., id.; *Revue britannique*, 2e vol., 1869; *Quarterly Review*, avril, 1879 et 1882 et enfin; « John Bright. Popular Sketch. Statesman and Orator », Londres, Stock, 1885).

Brignardello (Jean-Baptiste), ecclésiastique, patriote et écrivain italien, né, le 30 mars 1825, à Chiavari (province de Gênes). Il fit ses premières études dans le Séminaire de sa ville natale, d'où il passa à l'Université de Gênes, où il fut reçu docteur en droit, en décembre 1854. Après avoir été ordonné prêtre, il entra, en 1859, dans le corps des Chasseurs de la Magra, organisé par le gouvernement provisoire de l'Émilie, en qualité d'aumônier du régiment et quand ce corps, à la suite des annexions, devint le 41e régiment d'infanterie de l'armée italienne, il y resta dans la même situation jusqu'à la suppression définitive des aumôniers des régiments. L'histoire du 41e régiment, qui se conserve inédite dans les Archives du corps, est due à M. B. En 1871, il entra dans l'enseignement, et fut successivement professeur de langue et littérature italienne à l'Institut forestier de Vallombrosa, à l'école de marine marchande de Viareggio et à celle de Gênes, où il enseigne depuis quatorze ans. Parmi ses écrits, dont plusieurs fort importants pour la biographie italienne, nous citerons: « Benedetto Sanguinetti, professore e priore della Facoltà di Filosofia e Lettere all'Università di Genova », Turin, 1858; « Per la solenne benedizione della bandiera e giuramento della guardia nazionale di Teramo », Chieti, 1862; « Della vita e delle opere di Francesco Filippi Pepe, illustre poeta dell'Abruzzo Teramano », 2me éd., Chieti, 1862; « Melchiorre Delfico », Turin, 1864; « Bernardino Turio, botanico », 3me éd., Naples, 1865; « Carlo Garibaldi, meccanico », 2me éd., Bologne, 1853; « Necrologia del magistrato Andrea Costantini », Florence, 1866; « Giovanni Battista Canepa ebanista e poeta », Bologne, 1867; « L'esposizione di Chiavari », Florence, Fodratti, 1869; « Giuseppe Gaetano Descalzi detto Campanino e l'arte delle sedie in Chiavari », id., Cellini, 1870; « Nicola de Scalzi viaggiatore », id., id., 1870; « Cenno biografico del pittore Giovanni Batt. Pietro Copola », id., id., 1872; « I merletti nel circondario di Chiavari », id., Barbèra, 1873; « Michele Alberto Bancalari delle Scuole Pie, professore di fisica alla Regia Università di Genova », Gênes, 1874; « Delle vicende dell'America meridionale e specialmente di Montevideo nell'Uruguay », Gênes, 1879, dans lequel il fait ressortir que le premier habitant de cette ville, et le premier défricheur de ces terrains vierges a été un génois; « Una nuova medaglia del doge Giano II de Campofregoso », dans la *Rivista Marittima*, 1882; « L'avo e il padre del generale G. Garibaldi, notizie e rettifiche », Florence, Barbèra, 1884; « Francesco Chiarella, cenno biografico », Gênes, 1887; « La bandiera nazionale italiana », id., 1888. M. B. a publié aussi: « Notizie biografiche e Iscrizioni latine e italiane del sac. prof. Jacopo Rocca », Gênes, 1874; « La Repubblica orientale dell'Uruguay all'Esposizione di Vienna », de M. Adolphe Vaillant, traduite et annotée par M. B., Gênes, 1874; « Tre lettere inedite di Lodovico Antonio Muratori e una del prof. Ignazio Montanari », Gênes, 1879. M. B. a collaboré a plusieurs journaux parmi lesquels nous citerons *il Mediatore* et *l'Opinione*.

Brigola (Alfredo e Ci), maison éditrice italienne de Milan, constituée, sous forme de commandite, depuis le 1er mai 1880 et représentée par M. Alfred Brigola, né, à Milan, en 1844, et, qui, après avoir pris part aux campagnes de l'indépendance, avait été commis dans plusieurs des plus importantes maisons de librairie de Milan. La maison Brigola a édité, depuis 1880, plusieurs traductions des romans de Jules Verne, de Gonzales, de Georges de Peyrebrune, et elle prépare une traduction de « Tartarin sur les Alpes », d'Alphonse Daudet. Parmi les ouvrages italiens, nous citerons: de M. Francesco Giganti, capitaine dans l'armée italienne: « Donte per dente »; « Aurora e tramonto »; « Abisso »; de Salvatore Farina: « Pe' belli occhi della gloria », etc. etc.

Brin (Benedetto), ingénieur naval et homme d'état italien, né, à Turin, en 1833. Reçu docteur en mathématiques à l'Université de sa ville natale, il entra dans le corps du génie naval, et on lui doit les dessins des grands cuirassés italiens, tels que la *Lepanto* et l'*Italia*. Lors de l'avènement de la gauche au pouvoir (26 mars 1876), il fut choisi comme ministre de la marine et depuis cette époque il a gardé, sauf de rares intervalles, presque continuellement ce portefeuille. Comme député, M. Brin fut rapporteur du projet de loi sur la réforme électorale: (Cfr. E. Foperti: « La relazione del deputato Brin sul progetto di legge por la riforma elettorale », dans la *Rassegna Nazionale* de 1880); parmi ses écrits concernant des question techniques, nous citerons: « Il materiale di navigazione e selvataggio all'esposizione universale del 1878 in Parigi », Rome, 1880; « La nostra marina militare », Rome, Forzani, 1881.

Brink (Bernhard-Egidius-Conrad ten), philologue hollandais, né, le 12 janvier 1841, à Amsterdam. Il fit ses premières études à Dusseldorf, à Essen et à Munster, d'où il passa à l'Université de Bonn, où il s'adonna surtout aux études philologiques. Reçu docteur en philosophie à la suite d'une thèse: « Coniectanea in historiam rei metricæ Francogallicæ », Bonn, 1865, il fut successivement *privat Docent* de philologie à l'Académie de Munster et professeur ordinaire aux Universités de Marbourg et de Strasbourg, où il enseigne, depuis 1873, la philologie anglaise. Nous citerons de lui: « Zum Romaunt of the Rose », dans le *Jahrb. f. engl. Lit.*, 1867; « Wace und Galfried von Monmouth », id., 1868; « Grammatik oder Logik. Sendschreiben an Herrn Edelstand du Méril », Munster, 1869; « Chaucer. Studien zur Geschichte seiner

Entwicklung und zur Chronologie seiner Schriften », 1 partie, id., 1870 ; « Der Prolog zu den Cantorbury Tales », Marbourg, 1871 ; « Zum englischen Vokalismus », dans la *Zeitschrift für deutsch. Alterthum*, 1876 ; « Geschichte der englischen Literatur », 1 vol., Berlin, 1877, une traduction anglaise de cet ouvrage due à M. H. Kennedy a paru à Londres et à New-York, en 1883 ; « Beiträge zur englischen Lautlohre », dans l'*Anglia*, 1878 ; « Dauer und Klang. Ein Beitrag zur Geschichte der Vocalquantität im Altfranzösischen », Strasbourg, 1879 ; « Chaucer Sprache und Verskunst », Leipzig, 1884 ; outre plusieurs articles dans la *Bonn. Theol. Litt., Bl.*, dans les *Archiven* de Herrig, dans l'*Academy* et dans l'*Anzeiger für deutsch. Alterthum.* M. B. publie à Strasbourg, depuis 1874, avec W. Scherer, les *Quellen und Forschungen zur Sprach- und Kulturgeschichte der german. Völker.*

Brink (Jan ten), écrivain hollandais, rédacteur de la *Revue Nederland* et du *Journal du Dimanche* (Zondagblad) qui paraît à Amsterdam, docteur en théologie, ancien précepteur à Batavia, professeur de littérature hollandaise au Gymnase de la Haye, né le 15 juin 1834 à Appingadam (prov. de Groningue) ; à vingt-deux ans, il débuta dans la presse par une nouvelle « Speelschuld » dans le *Studenten-Almanak* de 1856 de la ville d'Utrecht, où il étudiait, et où il fut reçu docteur en 1860. Parmi les soixante et plus ouvrages de ce fécond écrivain, nous citerons : « Van Poezie en van quos ego », 1860 ; « Van Utrechtsche Snobs », 1860 ; « Gerbrand Adriaenses Brederöd », Utrecht, 1859, (réimprimé à Rotterdam en 1871 et à Leïde) ; « De Diderico Volckertsen Coornhert scriptore ethico », dissertation pour le doctorat, Utrecht, 1860 ; « Op de Grenzen der Preanger », esquisses et souvenirs de voyage, Batavia, 1861, (réimprimé à Arnhem en 1865-69 et à Leïde en 1886) ; « Drie Dagen in Egypte », Rotterdam, 1862 ; « Oost-indische Dames en Heeren », Arnhem, 1866 (plusieurs éditions ; traduit en français dans le *Journal de Paris*, 1867, et dans le *Journal de Genève*, 1868, en allemand, par Wilh. Berg, Leipzig, 1868) ; « Het Vuur, dat niet wordt uitgebluscht », nouvelle, Arnhem, 1868 (plusieurs éditions, traduite en suédois par Mathilda Langlet, Stockholm, 1880) ; « De Schoonzoon van Mevroun de Roggeveen », roman, Amsterdam, 1871-73-75-86 (traduit en allemand par Ad. Glaser), Brunswick, 1876 ; « E. G. Bulwer Litton », biographie et critique, Haarlem, 1873 ; « Nederlandsche Dames en Heeren », nouvelles, Leïde, 1873-85 ; « Letterkundige Schetsen », Haarlem, 1874, Leïde, 1883 ; « Jeannette en Juanito » roman, Leïde, 1877 (réimprimé en 1885) ; « Kleine Geschiedenis der Nederlandsche Letterkunde », Haarlem, 1877 (réimprimé en 1882) ; « Bloemlezing uit nederlandsche Dichters », Amsterdam, 1876-83 (réimprimé en 1881-84) ; « Émile Zola. Letterkundige studie », Nimègue, 1879 (réimprimé en 1884, traduit en allemand par H. Georg Rabstedt, en 1887) ; « Het verloren Kind », Leïde, 1879 ; « De Famille Muller-Belmonte », Leïde, 1880 ; « Tene schitterende carrière », Leïde, 1881 ; « Prins Frederik der Nederlanden », La Haye, 1881 ; « Kritieken », Leïde, 1882-86, en treize parties ; « Onze hedendaagsche Letterkundigen », La Haye, 1882 ; « Nieuwe romans », Haarlem, 1883 ; « Causerien over moderne romans » Leïde, 1884 ; « Dr Nicolaas Heinsius », Rotterdam, 1885 ; « Romans en Nouvellen », Leïde, 1885. M. B. collabore, en outre, aux principales revues et aux principaux journaux de la Hollande.

Brinn'ganbast (Louis-Pilate de), écrivain français, né, le 11 avril 1865, à Bois-Mallet (Louisiane) d'une vieille famille protestante d'émigrés français ; il vécut quelque temps à Tahiti ; vint en France, où il eut une enfance malheureuse, et fit de bonnes études au Lycée de Lille ; il fut nommé, à seize ans, professeur d'histoire Lycée de Charleville ; il n'y resta qu'un an, et, entraîné par sa vocation littéraire, se rendit à Paris ; fut nommé élève de l'École des Hautes-Études, à la suite de plusieurs travaux historiques et philologiques appréciés ; donna successivement au *Chat soir*, au *Courrier Français*, au *Monde poétique*, au *Paris-Moderne*, au *Décadent*, etc. etc., des articles de critique, des poèmes en prose, des nouvelles, des vers très remarqués. Il a publié, en 1888, un roman : « Fils adoptif » : c'est l'attendrissante histoire d'un enfant malheureux, dans un milieu provincial. L'œuvre est précédée d'une préface, où l'auteur expose son esthétique personelle, et combat tour-à-tour, au nom du roman vériste, les théories de MM. Zola, Maupassant et des *Décadents*. Ce livre est dédié à Alphonse Daudet. Sous forme de poème synthétique, M. de B. a encore publié une suite de « Sonnets insolents », avec Préface et Argument. Outre deux nouvelles œuvres sur le point de paraître : « Colle forte », sur le concubinage dans tous les mondes et la vie d'étudiant à Paris ; et « Pétrarque », drame en 5 actes, en vers, il annonce et prépare : « Des Essais de critique » ; « Sainte-Edeline », étude du monde protestant ; « La Boîte Machin » et « Le Pion des Regibus », sur l'enseignement libre et la vie de château.

Brinton (Daniel G.), archéologen, mythologue et linguiste américain, professeur d'archéologie et de linguistique américaine, dans l'université de Philadelphie, président de la Société des Numismates et des Antiquaires de cette ville, membre de nombreuses sociétés savantes, américaines et étrangères (entr'autres, des Sociétés d'Anthropologie de Paris et de Vienne, et de la *Real Academia* de Madrid), délégué général de l'Institution Ethnographique. On lui doit

une série nombreuse de publications intéressantes; citons: « The Floridian Penisula », Philadelphie, 1859; « The Myths of the New-World », New-York, 1876; « Grammar of the Choctaw Language », Philadelphie, 1870; « Contributions to a Grammar of the Muskokee Language », dans les *Proceedings of the Amer. Philos. Soc.*, 1870; « The Ancient phonetic Alphabet of Yucatan », New-York, 1870; « The National Legend of the Chahta-Muskokee Tribes », dans l'*American Historical Magazine*, 1870; « The Arawack Language of Guiana », dans les *Transactions of the American Philosophical Society*, 1871; « On the language of the Wachez », dans les *Proceedings* de la même Société, 1873 : « The Religious sentiment », New-York, 1876; « Notes on the Codex Trsano and the Chronology of the Mayas », dans l'*American Naturalist*, 1881; « The names of the Gods in the Kitche Myths, Central America », dans les *Proceedings* déjà cités, 1881; « The probable nationality of the Mound Builders », dans l'*American Antiquarian*, 1881; « American Hero Myths », monographie importante, Philadelphie, 1882; « The journey of the Soul, a comparative Study from Aztec, Aryan and Egyptian Mythology », Philadelphie, 1883; « The Folk-lore of Yucatan », dans le *Folk-lore Journal;* « Aboriginal American Authors », volume présenté au Congrès International des Américanistes, Philadelphie, 1883; « A Grammar of the Cakchiquel Language of Guatemala », traduction, introduction et notes; « The lineal measures of the semi-civilized Nations of Mexico and Central America »; « On the Xinca indians of Guatemala », dans les *Proceedings of the Americ. Philos. Society*, 1885; « American Languages and why we should study them »; « The philosophic Grammar of American Languages, as set forth by Wilhelm von Humboldt, with the translation of an unpublished Memoir, by him, on the American Verb », 1885; « On polysynthesis and incorporation, as characteristics of American Languages », dans les *Proceedings* déjà mentionnés, 1885; « The Books of Chilan Balam, the Prophetic and Historic Records of the Mayas of Yucatan, 1882; « Notes on the Mangue, an extinct Dialect formerly spoken in Nicaragua », dans les *Proceedings* etc., 1885; « On the cuspidiforus petroglyphs, or so-called Bird-tsack Sculptures of Ohio », Philadelphie, 1884; « Memoir of Dr Karl Hermann Berendt », dans les *Proc. Amer. Antiq. Soc.*, 1886; « The Taensa Grammar and Dictionary, a deception exposed », contre la théorie de Parisot, 1886; « The study of the Nahuatl Language », 1886; « The phonetic elements in the Graphic Systems of the Mayas and Mexicans, 1886; « The conception of Love in some American languages », dans les *Proc. Amer. Philos. Soc.*, 1886; « On the Ikonographic Method of Phonetic Writing with special Reference to American Archæology », id.; « Critical Remarks on the editions of Diego De Landa's Writings », id., 1887; « A review of the data for the Prehistoric Chronology of America »; New-York, 1887. Le professeur Brinton a aussi fourni deux essais importants à l'*Iconographic Enciclopædia*, sur l'Anthropologie et l'Ethnographie, et sur l'Archéologie Préhistorique, Philadelphie, 1886. Il dirige enfin et il publie toute une bibliothèque sous le titre : « Library of Aboriginal American Literature »; à cause de cette grande publication, la *Société Américaine de France* a décerné, en 1885, une médaille au docteur Brinton « qui, dans ces derniers temps, s'est placé « par ses nombreux et savants travaux au pre- « mier rang des Américanistes du Nouveau-Mon- « de ». La bibliothèque américaine éditée par le Dr Brinton, comprend déjà ces ouvrages: « The Cronicles of the Mayas »; « The Iroquois Book of Rites »; « The Comedy-Ballet of Güegüence »; « A migration Legend of the Creek Indians »; « The Lenâpé and their Legends »; « The Annals of the Cakchiquels »; « Ancient Nahuats Poetry ».

Brioschi (François), illustre mathématicien et homme politique italien, né, à Milan, le 22 décembre 1825. Il fit ses études, à l'Université de Pavie et, en 1843, y fut reçu docteur ès-sciences mathématiques. Nommé, en 1852, professeur de Mécanique rationnelle, de Géodésie et de Calcul différentiel à cette Université il y resta jusqu'en 1862. En 1861, il fut élu député par le collège de Todi et presqu'aussitôt il entrait au Ministère de l'Instruction publique en qualité de Secrétaire général; il garda ses fonctions sous le Ministère de M. De Sanctis, et sous celui de M. Matteucci et il ne les quitta que pour se rendre à Milan y organiser l'Institut technique supérieur qu'il dirige depuis sa fondation, et où il enseigne l'hydraulique. Le 8 octobre 1865, il a été nommé Sénateur du Royaume. Presque tous les écrits de ce grand savant. président de l'Académie des Lincei, sont épars dans les Revues, dans les publications académiques, dans les journaux spéciaux. La liste qui suit, tient compte de toutes celles dont nous avons pu trouver trace. Dans le *Giornale dell' I. e R. Istituto Lombardo di Scienze, Lettere ed Arti :* « Sul moto del calore nel globo della terra », 1 vol., 1847; « Dei criterii per distinguere i massimi dai minimi valori delle primitive », 3 vol., 1851; « Sulla teorica dei covarianti », 8 vol., 1856; « Sopra una estensione del teorema di Abel », id., id.; « Sugli integrali comuni a molti problemi di Dinamica », id., id.; « Intorno ad un problema di Statica razionale », 9 vol., id.; « Sulla linea di stringimento di un sistema di linee a doppia curvatura », id., id. Dans les *Annali di Scienze matematiche e fisiche* dirigés par le prof. B. Tortolini de Rome: « Intorno la integrazione di una equazione alle derivate del second' ordine », 2 vol. 1851; « Sulle equazioni alle derivate ordinarie e lineari », 3 vol., 1852; « Sopra il prodotto reciproco dei raggi di curvatura di una superficie », id., id.; « Intorno ad alcuni punti della teorica della superficie », id., id.; « Sopra un teorema di Jacobi intorno ai criterii di integrabilità per distinguere i massimi dai minimi valori delle primitive », id., id.; « Sulle linee tautocrone », 3 et 4 vol., 1852-53; « Intorno le sviluppoidi e le sviluppate ricerche », 4 vol., 1853; « Sulle linee di curvatura delle superficie », id., id.; « Sulla integrazione della equazione delle geodetiche », id., id.; « Intorno ad alcune formole che si riscontrano nella teorica della superficie », id., id.; « Sulla variazione delle costanti arbitrarie nei problemi della dinamica », id., id.; « Intorno ad un teorema di meccanica analitica », id., id.; « Intorno ad alcuni teoremi di geometria », id., id.; « Sopra un teorema nella teoria delle forme quadratiche », 5 vol., 1854; « Intorno ad alcune proprietà di una linea tracciata sopra una superficie », id., id.; « Intorno ad una nota proprietà di alcune equazioni alle derivate parziali », id., id.; « Intorno ad alcune questioni di algebra superiore », id., id.; « Sulle funzioni simmetriche delle radici di una equazione », id., id.; « Intorno ad una proprietà degli invarianti », id., id.; « Intorno ad alcune formole per la risoluzione delle equazioni algebriche », id., id.; « Intorno ad alcune questioni della geometria di posizione », 6 vol., 1855; « Intorno ad alcune proprietà delle superficie del terzo ordine », id., id.; « Sulle costruzioni del sig. Chasles per le linee del terzo e quarto ordine », id., id.; « Intorno ad una proprietà delle equazioni alle derivate parziali del primo ordine », id., id.; « Sopra una nuova proprietà degli integrali di un problema di dinamica », id., id.; « Sul discriminante delle funzioni omogenee a due indeterminate, e sull'equazione ai quadrati delle differenze », 7° vol., 1856; « Sulle funzioni omogenee di terzo grado a due indeterminate », id., id.; « Sopra una trasformazione delle equazioni caratteristiche per un discriminante », id., id.; « Ricerche algebriche sulle forme omogenee a due indeterminate », id., id.; « Sopra una formula di trasformazione per le serie doppiamente infinite », id., id.; « Ricerche algebriche sulle forme binarie », id., id.; « Sul principio di reciprocità nella teoria delle forme », id., id.; « Sulla partizione dei numeri », 8° vol., 1857 »; « Sulla trasformazione delle funzioni ellittiche », id., id.; « Sui poligoni inscritti alle coniche », id., id.; « Intorno ad alcune proprietà delle superficie a linee di curvatura piane, o sferiche », id., id. Dans la 2° série du même recueil: « Sullo sviluppo di un determinante », 1 vol., 1858; « Sulle funzioni abeliane complete di prima e seconda specie », id., id.; « Sopra alcune proprietà delle funzioni abeliane id., id.; « Sullo sviluppo delle funzioni Jacobiane secondo le potenze ascendenti dell'argomento », id.; « Intorno ad un teorema del sig. Borchardt », id., id.; « Dimostrazione di una formola di Jacobi », id., id.; « Sui covarianti delle forme a più variabili », id., id.; « Sulle equazioni del moltiplicatore per la trasformazione delle funzioni ellittiche », id., id.; « Appendice all'articolo: Sulla risoluzione delle equazioni del quinto grado », vol. 1°, 2°, 3° et 4°, 1858-1861; « Intorno ad una formola di interpolazione », 2 vol., 1859; « Sulle linee di curvatura della superficie delle onde », id., id.; « Sopra una trasformazione dell'integrale elittico », 3 vol., 1860. Dans la nouvelle série des *Annali di Matematica pura ed applicata*, publiée à partir de 1867, à Milan, par M. Brioschi lui-même et par M. Cremona en continuation de ceux de Tortolini: « Sulla teoria delle coordinate curvilinee », 1 vol., 1867-68; « Il discriminante delle forme binarie del sesto grado », id., id.; « La soluzione più generale delle equazioni del quinto grado », id., id. Dans les *Nouvelles Annales de Mathématiques* de MM. Terquem et Geromo de Paris: « Sur des déterminants des formes quadratiques », 11° vol., 1852; « Sur les fonctions de Sturm », 13° vol., 1854; « Méthode pour déterminer les racines communes à deux équations », 14° vol., 1855; « Relations de distance entre les points », 14° vol., 1855; « Sur les séries qui donnent le nombre de racines réelles des équations algébriques à une ou plusieurs inconnues », 15° vol., 1856; « Théorème sur une propriété des racines des équations algébriques », id., id.; « Deux théorèmes de géométrie sur la droite et le cercle », id., id.; « Sur l'hexagon inscriptible dans une conique », 16° vol., 1857; « Géométrie algorithmique: Sur les polygones inscrits et circonscrits à des coniques », id., id.; « Sur quelques propriétés des surfaces du troisième ordre », 18° vol., 1859. — Dans le *Cambridge and Dublin Mathematical Journal* de MM. W. Thomson et N. M. Ferrers: « Sur une propriété d'un produit de facteurs linéaires », 9° vol., 1854. Dans le *Journal des Mathématiques pures et appliquées* de Joseph Liouville de Paris: « Note sur un théorème relatif aux déterminants gauches », 19° vol., 1854. Dans le *Journal für die reine und angewandte Mathematik*, de M. A. L. Crelle de Berlin: « Sur deux formules relatives à la théorie de la décomposition des fractions rationnelles », 50° vol., 1855; « Sur l'analogie entre une classe de déterminants d'ordre pair; et sur les déterminants binaires », 52° vol., 1856; « Sur une nouvelle propriété du résultant de deux équations algébriques », 53 vol., 1857; « Sur une formule de M. Cayley », id., id.; « Sur l'intégration des équations ultra-elliptiques », 55 vol., 1858; « Développements relatifs au § 3 des recherches de Dirichlet sur un problème d'Hydrodynamique », 59e vol., 1861. Dans les *Memorie di Matematica e di Fisica della Società italiana delle scienze* de Modène : « Intorno al movimento di un punto materiale sopra una superficie qualsivoglia ». 25e vol., 1855 ; « Sui criterii di integrabilità delle funzioni o sulle equazioni isoperimetriche », id., id. Dans le *Quarterly Journal of Pure and Applied Mathematics* de M. J. J. Sylvester de Londres : « Sur une propriété d'un déterminant fonctionnel », 1er vol., 1857 ; « Note sur deux théorèmes de Géométrie », id., id. Dans les *Atti dell' I. R. Istituto Lombardo di scienze, lettere ed arti* de Milan : « Sulla trasformazione delle equazioni algebriche », 1er vol., 1858 ; « Sul metodo di Kronecker per la risoluzione delle equazioni di quinto grado », id., id. Dans les *Comptes-rendus hebdomadaires des Séances de l'Académie des sciences* de Paris : « Sur la théorie de la transformation des fonctions abéliennes » 47e vol., 1858 ; « Sur diverses équations analogues aux équations modulaires dans la théorie des fonctions elliptiques », id., id. ; « Sur la théorie des formes cubiques à trois indéterminées », 56e vol., 1863 ; « Extrait d'une lettre à M. Hermite (Recherches d'analyse Mathématique) », id., id. ; « Sur une classe d'équations du quatrième degré », 57e vol., 1863 ; « Sur quelques formules pour la multiplication des fonctions elliptiques », 59e vol., 1864 ; « Sur une classe de résolvantes de l'équation du cinquième degré », 63e vol., 1866 ; « Sur une transformation des équations différentielles du problème des trois corps », 66e vol., 1868 ; « Sur les fonctions hyperelliptiques », 70e vol., 1870 ; « Sur l'équation du cinquième degré », 73e vol., 1871. Dans les : *Astronomische Nachrichten* de M. H. C. Schumacher, de Altona : « Premiers éléments approximatifs de la nouvelle comète », 53e vol., 1860. Dans les *Memorie dell' I. R. Istituto del regno Lombardo-Veneto* : « Sulla risolvente di Malfatti per le equazioni del quinto grado », 9e vol., 1863 ; « Proprietà fondamentali di una classe di equazioni algebriche », 10e vol., 1867. Dans le *Giornale di Matematiche ad uso degli studenti delle Università italiane* du prof. Battaglini de Naples : « Intorno ad una trasformazione delle forme quadratiche », 1er vol., 1863 ; « Sopra una proprietà delle forme ternarie », id., id. ; « Lezioni sulla teoria delle funzioni Jacobiane ad un solo argomento », 2d vol., 1864. Dans le *Rendiconto delle Adunanze e dei lavori della Reale Accademia delle Scienze* de Naples : « Sopra una nuova formola nel calcolo integrale », 3e vol., 1864. Dans les *Atti della Reale Accademia delle scienze e belle arti* de Naples : « Sopra alcune nuove relazioni modulari », 13e vol., 1866-68. Dans les *Rendiconti dell' Istituto Lombardo di scienze e lettere* : « Sopra una nuova trasformazione dell'integrale ellittico », 1er vol., 1864 ;

« Sopra una formola di Jacobi per la moltiplicazione delle funzioni ellitiche », id., id. ; « Sopra le equazioni generali dell'ottavo grado che hanno lo stesso gruppo delle equazioni del moltiplicatore corrispondente alla trasformazione di settimo ordine delle funzioni ellittiche », id., 1868 ; « Sulle equazioni che dà i punti di flesso delle curve ellittiche », 2d vol., 1869. Dans le *Politecnico* de Milan, qu'il dirigea pendant deux années: « Di alcuni recenti progressi pratici nell'Idraulica », 1er vol., 1866 ; « Delle traverse oblique alla direzione di un corso d'acqua », id., id. ; « Sulle formole empiriche per le portate dei numi », 2d et 3e vol., 1866-67. Dans les *Mathematische Annalen*, de Leipzig « Des substitutions de la forme

$$\Theta\,(r) = \varepsilon\left(r^{\frac{n-2}{}} + ar^{\frac{n-3}{2}}\right)$$

pour un nombre n premier de lettres », 2d volume 1870 ; « Les tangentes doubles à une courbe du quatrième ordre avec un point double », 4e vol., 1871. Dans les *Atti della Reale Accademia dei Lincei*, de Rome : « Sulla bissezione delle funzioni iperellittiche di prima specie e sul problema geometrico corrispondente », vol. 24e, 1870-71 ; « Riassunto sulla determinazione analitica di alcune singolarità sulle curve piane », 2e série, 2d vol., 1874-75 ; « Sulle condizioni per la decomposizione di una cubica in una conica ed in una retta » ; « Sulle condizioni che devono essere verificate nei perimetri di una curva del quarto ordine perchè la medesima sia una conica ripetuta » ; « Le inondazioni del Tevere in Roma », les trois dans le 3d vol. 1875-76. Dans les *Transunti* de la même Académie » ; « Sopra alcuni recenti risultati ottenuti dal signor Klein nella risoluzione delle equazioni di 3o grado », 1er vol., 1876-77 ; « Su di alcune formole nella teorica delle funzioni ellitiche » 2d vol., 1877-78 ; « Sulla equazione modulare dell'ottavo grado », 1er vol., 1876-77 ; « Su di alcune formole nella teorica delle funzioni elittiche », 2d vol., 1877-78 ; « Sulla equazione modulare dell'ottavo grado », 3e vol., 1878-79 ; « Sulla equazione dell'ottaedro » 3e vol., 1878-79 ; « Sopra una classe di equazioni differenziali integrabili per funzioni ellittiche », 4e vol., 1879-80 ; « Sulla origine di talune equazioni differenziali lineari presentata da Blaserna », 6e vol., 1881 ; « Le relazioni algebriche fra le funzioni iperellittiche del primo ordine », 7e vol., 1882-83 ; « Sopra una classe di curve del 4o ordine », 8e vol., 1883-84. Parmi ses ouvrages séparés, nous citerons ; « Gli Elementi di Euclide, con note, aggiunte ed esercizii ad uso dei ginnasi e dei Licei », en collaboration avec M. Betti, Florence, Lemonnier, 1867-68 ; une traduction du « Trattato elementare delle funzioni ellittiche di Arturo Cayley », Milan, Hoepli, 1879 ; « Lo sbocco occidentale della ferrovia faentina », Rome, Civelli, 1880; « Lo sbocco orientale della ferrovia tinentina », id., id., id.; une introduction aux « Esercizii sulle equazioni differenziali », de M. G. Tomaselli, Milan, Hoepli, 1883. « Disposizioni per provvedere alla pubblica igiene nella città di Napoli », id., Forzani, 1885; « Variazioni alla tariffa degli zuccheri, del glucosio e degli altri prodotti contenenti zucchero », rapport au Sénat, id., id., 1888.

Briosi (Joan), naturaliste, chimiste, agronome et physiologue italien, depuis 1883, professeur de botanique à l'Université de Pavie, membre correspondant de l'Académie des Lincei et de plusieurs sociétés savantes italiennes et étrangères, surtout russes et allemandes, est né, en 1846, à Ferrare. Il étudia la mathématique d'abord dans sa ville natale, ensuite à Turin et à Naples. Après un cours de conférences tenu à Ferrare: « Sullo macchine a vapore e ferrovie », il fut envoyé à l'étranger au frais du Gouvernement; il fréquenta pendant un an l'Institut Agricole supérieur de l'État en Belgique, il visita les établissements scientifiques de l'Angleterre, et il passa près de trois ans à l'Université de Halle, profitant des vacances pour visiter, le plus souvent à pied, la Hollande, l'Allemagne et l'Autriche. A Halle il cultiva surtout les études d'anatomie et de physiologie végétale. Revenu en Italie, il fut envoyé à Palerme, où il organisa la *Stazione sperimentale agraria*, qu'il dirigea pendant quelques années; il passa ensuite à la direction de celle de Rome et enfin, à Pavie, où il dirige aussi le *Laboratorio crittogamico italiano*. Le prof. B. représentait, en 1884, l'Italie en qualité de délégué au Congrès international de Botanique de Saint-Pétersbourg; en 1886, il assistait au Congrès d'horticulture de Paris. On lui doit: « Ricerche chimiche qualitative e quantitative sul frutto del fico », 1878; « Ueber allgemeines Vorkommen von Stärke in den Siebröhren », 1873; « Ueber normale Bildung von fettartige Substanz im Chlorophyll », 1873; « Il mal di cenere od una nuova crittogama degli agrumi », 1877; « Ueber Esperidin », en collaboration avec le prof. Paternò, 1876; « Ueber die Phytoptose des Weinstocks », 1877; « Il marciume ed il bruco dell'uva », 1877; « Intorno ai vini della Sicilia », 1878; « Esame chimico comparativo dei vini italiani inviati all'Esposizione di Parigi », 1878; « Sur le mal de gomme des citroniers », 1878; « I vini romani », 1880; « Contribuzione all'anatomia delle foglie », 1881; « Sopra un organo finora non avvertito di alcuni embrioni vegetali », 1881; « Ancora sull'anatomia delle foglie », 1881; « Sull'embrione delle Cuphee », 1881; « Intorno alle probabili ragioni dell'eterofillia nell'*Eucalyptus globulus* ed in piante analoghe », 1883; « Esperienze per combattere la peronospora della vite », 1886-1888. Citons encore des « Ricerche fisico-chimiche sull'acqua del Tevere », 1879, en collaboration avec M. Vaccarone.

Brisson (Eugène-Henri), homme politique français, ancien Président du Conseil, ancien Président de la Chambre des députés; né, à Bourges, le 31 juillet 1835. Son père était avoué. Après de bonnes études au lycée de Bourges, M. H. B. fit son droit à Paris. Encore étudiant, il se lia d'amitié avec les professeurs démissionnaires pour refus de serment à l'empire. En 1854, à dix-neuf ans, il concourut à la fondation de l'*Avenir*, revue hebdomadaire des lettres, des sciences et des arts, fondée au quartier latin, par MM. Frédéric Morin, Jules Barni, Eugène Despois, Ribert, avec la collaboration d'Eugène Pelletan, Catalan, etc. Le journal *l'Avenir* fut supprimé par jugement. M. H. B. y publia: des articles sur « Marnix de Sainte-Aldegonde », sur « Les Révolutions d'Italie, d'Edgard Quinet », et sur « Les Réformateurs au XVI siècle, de Victor Chauffour » (N. 9, 12, 19, 21, 22 et 23). En 1856-57, il collabora à la feuille italienne la *Ragione*, journal de philosophie religieuse, politique et sociale, fondée à Turin par Ausonio Franchi (Voyez BONAVINO Christophe). Parmi les collaborateurs de la *Ragione*, figuraient, M. Henri Brisson, MM. Charles Renouvier, de Potter, Edgard Quinet et Louis Blanc. M. H. B. y publia des « Lettres sur le mouvement littéraire et philosophique français ». Collaborateur de la *Revue philosophique et religieuse* avec MM. Littré, Renouvier, Amédée Guillemin, Masson, Charles Lemonnier, Réclus, Fauvety, il y publia, dans le numéro du 1er décembre 1857, un remarquable article sur le 9me volume de l'*Histoire de la Révolution française de Louis Blanc*. En 1859, avec M. Frédéric Morin et quelques autres amis, M. H. B. contribua à la création du *Progrès de Lyon*, journal libéral, très hostile à l'Empire. Au bout de peu de temps, le préfet du Rhône obligea le gérant du journal à ne plus insérer la correspondance parisienne qui était faite par M. B. A partir de 1861, jusqu'en 1865, M. H. B. collabora au *Phare de la Loire*. Il y donna de nombreux articles politiques; au point de vue littéraire, on remarque un grand article sur l'*Histoire de la campagne de 1815* d'Edgard Quinet. Le *Phare de la Loire* contient aussi des conférences faites à Paris, en avril 1864, sur Paul-Louis Courier et sur un autre pamphlétaire moins connu, Claude Tillier. Dans la *Réforme littéraire*, on remarque plusieurs « Lettres d'Égypte » où M. B., était allé passer l'hiver. Ces lettres intitulées « Au bord du Nil », sont aussi remarquables par le talent descriptif que par la pensée philosophique sur le génie des races et les différences de civilisation. Dans la *Revue littéraire du mois*, publiée à Lille, il faut citer un article de M. H. B., intitulé: « Rendez-nous Voltaire », écrit sur deux brochures que venaient de publier MM. Renan et Charles Lemonnier. Le 30 mai 1864, M. H. B. entra au *Temps*, fondé et dirigé par Nefftzer. Il y collabora assidument depuis lors, jusqu'en 1869. Au point de vue philosophique, on remarque un article sur la mort du Père Enfantin. Au point de vue politique, M. H. B. fut du très petit nombre de ceux qui, avant Sadowa, signalèrent le danger que l'ambition de la Prusse faisait courir à la France. A cette époque (1866), presque tous les écrivains du parti républicain démocratique se prononcèrent pour la Prusse contre l'Autriche. Au mois de mai 1869, M. H. B. quitta le *Temps* ; au mois de juin de la même année, il entra à *l'Avenir National*, dirigé avec plus de vigueur par M. Peyrat, aujourd'hui sénateur et vice-président du Sénat. Il y collabora jusqu'à la guerre. En 1865, M. H. B. avait fondé avec M. A. Massol la *Morale Indépendante*. Le premier numéro est du dimanche 6 août. Ce journal hebdomadaire servit d'organe à un mouvement philosophique qui partait des loges maçonniques et qui avait pour but d'opposer la morale humaine, progressive, à la morale théologique et ascétique. De 1865 à 1867, M. H. B. y publia, outre ses articles de polémique courante, de nombreux articles philosophiques et littéraires. On sait que le R. P. Hyacinthe, qui prêchait alors à N.-Dame, consacra ses conférences de l'Avent 1865-1866, à combattre les doctrines de la *Morale Indépendante*. Le 1er février 1866, M. H. B. entra à la *Revue Nationale*, fondée par l'éditeur Charpentier, revue libérale et littéraire, où collaboraient MM. Édouard Laboulaye, P. Lanfrey, Eugène Despois, etc. Il y publia divers articles contre la Prusse et, quand la *Revue Nationale* devint hebdomadaire en 1867, ce fut M. B. qui rédigea la chronique politique. En 1868 et 1869, M. H. B. écrivit pour l'*Almanach de la Coopération*, deux articles intitulés : « La Tyrannie au village » et « N'oublions pas la politique ». De 1877 à 1881, il collabora au journal *le Siècle*. Il écrivit (1881) la préface de l'ouvrage intitulé : « L'Angleterre et ses institutions. » En 1868, M. H. B. avait contribué avec MM. Gambetta, Challemel Lacour, Allain-Targé, Clément Laurier, etc. à la fondation de la *Revue politique et littéraire*. Il y écrivit des articles remarquables sur M. Dufaure, sur *la France nouvelle* de Prevost-Paradol, où il défend la forme républicaine; sur la Révolution et le salaire des cultes, sur la souscription Baudin; il faut mentionner aussi l'article du 17 octobre intitulé: « Vive la République ! ». Poursuivi pour son article sur la « Souscription Baudin », M. H. B. se défendit lui-même. Malgré le talent qu'il déploya dans son plaidoyer, il fut naturellement condamné, mais ce furent cet article et cette défense qui lancèrent définitivement M. H. B. dans la politique militante. Candidat à Paris aux élections complémentaires de 1869, il eut le plus grand succès dans les réunions publiques. Nommé, après le 4 septembre, adjoint au maire de Paris, il donna sa démission au lendemain du 31 octobre, en même temps que MM. Étienne Arago et Floquet. Élu le 8 février 1871 représentant de la Seine à l'Assemblée nationale, sa carrière est dès lors connue de tous. Membre du groupe de l'Union républicaine, il en a été président. Président de la commission du budget, en 1879, président de la Chambre des députés, le 3 novembre 1881, et maintenu dans les session suivantes, il fut président du Conseil dans le ministère du 6 avril 1885, et candidat à la Présidence de la République, lors du renouvellement des pouvoirs de M. Grévy.

Brito-Aranha (Pedro-Wenceslau), écrivain portugais, né le 28 juin 1833. Il entra dans une imprimerie à quinze ans, et il exerça le métier de compositeur jusqu'en 1857. Mais déjà en 1852 il avait débuté par une étude sur les travaux de l'association typographique. Entré dans le journalisme, il collabora à un grand nombre de journaux portugais, entr'autres : *Revoluçaô*, *Civilisaçaô*, *Rei e Ordem*, *Federaçaô*, *Jornal para todos*, *Archivo Familiar*, *Diario do Recipe*, etc., et il est un des principaux rédacteurs du *Diario de Noticias*, le journal le plus répandu du Portugal, et l'un des directeurs des *Leituras populares*. Il a publié séparément des traductions de l'espagnol et du français, et différentes brochures, entr'autres : « Jesuitas en 1860 »; « Jesuitas e Lazaristas », 1882. Actuellement M. B. travaille à un grand « Diccionario bibliographico portugues » dans lequel se trouvent aussi compris les auteurs brésiliens, et qui est publié aux frais du Gouvernement. — S'étant signalé pendant l'invasion de la fièvre jaune en 1862, M. B. a reçu de son Gouvernement l'ordre de la Tour et de l'Épée.

Brivzemniék (F.), écrivain letton distingué, conseiller d'état et inspecteur des écoles nationales de Courlande, né en 1846. M. B. est l'auteur de divers travaux anthropologiques et ethnographiques, de recueil de chansons, proverbes, énigmes, contes nationaux, formules païennes, etc., etc.

Broch (Ole-Jacques), illustre savant mathématicien, physicien, statisticien et homme politique norvégien, né, le 14 janvier 1818, à Froderiksstad. Il étudia les mathématiques en France et en Allemagne, entre les années 1840-42. Reçu docteur, sur la présentation d'une Monographie « Sur les Lois de la propagation de la Lumière dans les corps cristallisés, etc. », en 1848, il était nommé professeur de mathématiques à l'université de Christiania, ensuite député au Parlement, président de la Commission norvégienne à l'Exposition de Paris, Ministre de la marine norvégienne entre les années 1869-72. Dans ces dernières années il a, le plus souvent, demeuré à Paris, engagé d'abord comme délégué de la Norvège auprès de plusieurs Congrès internationaux ou en d'autres missions publiques; entre autres, depuis 1879, il a été l'un des Directeurs du Bureau International des Poids et Mesures établi à Sèvres, près Paris, qu'il préside depuis 1883. Membre d'un grand nombre de Sociétés savantes et du Comité chargé, sous la présidence de M. de Lesseps, d'examiner les divers projets de canalisation de l'isthme de Panama, il fut par le même comité élu Président de la Section de Navigation. Parmi ses nombreuses publications, nous citerons : « L'Annuaire Statistique du Royaume de Norvège », dont le premier volume parut en 1867; « Cours de Mathématiques trascendentales », Christiania, 1861; « Traité élémentaire d'Arithmétique et d'Algèbre », plusieurs fois réimprimé; « Traité élémentaire des fonctions elliptiques », en français, Christiania et Paris, 1867; plusieurs mémoires de mathématique pure; entr'autres : « Sur certaines fonctions trascendantes »; « Sur certaines propriétés d'une certaine classe de fonctions trascendantes »; « Sur les fonctions de la forme

$$ \int x^s - \gamma\, p - 1\, f\,(xp)\, [R\,(xp)] \pm \frac{s_1}{rp}\, 5x \text{ »} $$

(ce mémoire présenté, en 1841, à l'Académie des Sciences de Paris fut alors inséré dans les Mémoires des savants étrangers); « Sur les séries des différentes puissances »; des Cours autographiés de mathématique pure publiés à l'usage de l'École Supérieure militaire; « Les Éléments de la Géométrie descriptive », Christiania, 1847, plusieurs fois réimprimés; « Traité élémentaire de Géométrie », id., 1855, plusieurs éditions; « Traité élémentaire de Trigonométrie », id., 1851, plusieurs éditions; « Solution d'un problème géométrique », dans le 40e vol. du *Journal* publié par Crelle à Berlin; « Cours de géodésie », Christiania, 1861; « Traité élémentaire de mécanique », en allemand, Berlin, 1854; « Sur le télégraphe électrique », Christiania, 1852; « Des lignes de Frauenhofer, dans le spectre solaire »; « Lois générales du mouvement des ondes »; « Lois spéciales du mouvement des ondes », ces deux dernières dissertations ont paru dans le *Répertoire de Physique* de Dove à Berlin, entre les années 1844-46; des mémoires sur les chemins de fer norvégiens; des mémoires de métronimique, insérés, dans ces dernières années, en partie dans les *Travaux et Mémoires du Bureau International des Poids et Mesures* de Paris, et dans d'autres recueils français, en partie, dans les Annuaires du Bureau des Poids et Mesures norvégiens paraissants à Christiania.

Brochard (Victor-Charles-Louis), philosophe français, né, à Quesnoy sur Deûle (Nord), en 1848. Ses études accomplies, il fut successivement professeur de philosophie aux lycées de Pau, de Douai, de Nancy et enfin, au lycée Condorcet de Paris; en 1886, il était nommé maître de conférences à l'École normale supérieure. Il a publié : « De Assensione stoïci quid senserint », thèse de doctorat, Paris, Berger-Levrault, 1879; « De l'erreur », thèse, id., id., id. Il a publié en outre, avec une notice et des notes : « Le discours de la méthode », la « Première méditation » et « Les principes de la philosophie », de Descartes. Ajoutons, enfin, qu'un mémoire de lui sur « Les Sceptiques grecs », Paris, Alcan, 1887, fut couronné par l'Académie des sciences morales et politiques.

Brocher de la Fléchère (Henri), jurisconsulte suisse, membre correspondant de l'Académie de jurisprudence et législation de Madrid, membre de l'Institut de Droit international, l'un des directeurs de la *Revue Générale du Droit*, publiée par Ernest Thorin, à Paris, depuis 1874, professeur d'histoire du Droit à l'Université de Genève, est né, le 10 octobre 1835, à Genève. Après avoir suivi, jusqu'en 1861, la carrière commerçale, il s'adonna à l'étude de la jurisprudence, et, en 1864, il fut reçu docteur en droit à l'Université de Berlin. Entre les années 1865 et 1866, il enseigna l'économie politique au Polytechnikum et à l'Université de Zurick, et entre 1866 et 1874, la philosophie du droit, l'histoire du droit et le droit romain à l'Académie de Lausanne. Indépendamment d'un grand nombre d'articles bibliographiques ou autres dans divers dictionnaires et revues périodiques, il a entrepris la publication d'un grand ouvrage universel sur la philosophie du droit, intitulé : « Les Révolutions du droit, études historiques destinées à faciliter l'intelligence des institutions sociales ». De cet ouvrage, qui doit avoir environ huit volumes, deux seulement ont paru chez H. Georg à Genève et Bâle et chez Thorin, à Paris. Ils portent pour sous-titres, le premier : « Introduction philosophique », 1877; le second : « Enfantement du droit par la guerre », 1882. Les autres volumes sont en préparation, et plusieurs fragments en ont paru dans diverses revues, surtout dans la *Revue générale de Droit* et dans la *Revue du droit international*.

Brockhaus (Henri), libraire-éditeur allemand, né, à Leipzig, le 7 août 1829. Reçu docteur en philosophie, en 1850, il fut membre du Reichstag allemand, de 1871 à 1878, et vota avec le parti national libéral. Il est président de l'Association des imprimeurs allemands et chef de la grande maison éditoriale qui porte son nom. Celle-ci fondée, en 1818, par Frédéric-Arnold Brockhaus (1772-1823), qui avait été d'abord libraire à Amsterdam et à Altenbourg, passa à la mort du fondateur à ces deux enfants: Frédéric (1800-1865), et Henri (1804-1874). Après la mort de ce dernier, ce fut son fils, celui dont nous avons écrit le nom en tête de cet article, qui, associé avec son frère Henri-Rodolphe, né, à Leipzig, le 16 juillet 1838 et son fils Albert-Édouard Brockhaus, né, le 2 septembre 1853, prit la direction de la maison. C'est un établissement très important, employant environ 600 personnes, et qui comprend, outre la maison de commerce proprement dite, une imprimerie, une fonderie de caractères, des ateliers de galvanoplastique, de xylographie, de reliure, etc. Dans l'impossibilité de rappeler, faute d'espace, toutes les grandes et importantes publications de cette maison, nous nous bornerons à citer le *Brockhaus's Conversations Lexicon* dont la 13e éd. en 16 vol. commencée, en 1882, est déjà achevée et dont le *Supplément* est en cours de publication, et le *Brockhaus's Kleines Conversations Lexicon*, abrégé du précédent, 3e éd., 2 vol. 1879-80.

Brode (Reinhold), historien allemand, né, en 1856, à Pakulent, près de Stettin, en Poméranie; il fit ses premières études aux gymnases de Berlin et de Halle, où il fut, en 1880, reçu docteur en philosophie; nommé professeur au gymnase civique de Halle, où il s'est, depuis 1884, fixé à Berlin, où il publie les documents et les pièces justificatives pour l'histoire de l'électeur Frédéric-Guillaume de Brandenbourg. On lui doit : « Freigrafschaft und Wehme », 1880; « Freigrafschaft und Wehme (Historische Aussätze dem Andenke an Georg Wartz gewidmet) », 1886; « Max Duncker. Ein Gedenkblatt », 1887; « Ein Schwedischer Obrist auf der Festung Peiz » dans le IX vol. des *Wörkische Forschungen*, 1887; « Urkunden und Actenstücke zur Geschichte des Kurfürsten Friedrich Wilhelm von Brandenburg », tome XIII, sous presse.

Brögger (Waldemar-Christopher), géologue norvégien, né, à Christiania, en 1851; depuis 1881, professeur de géologie et minéralogie à la Haute École, ou Université libre de Stockholm. Il a fait beaucoup de voyages scientifiques et étudié sur place la géologie de la Corse et des provinces baltiques de la Russie; plus spécialement, il a étudié les étages du bassin silurien qui forme la vallée de Christiania. Ses écrits principaux sont les suivants : « Chaudières des Géants près de Christiania », en collaboration avec M. Keusch, Copenhague, 1879, paru aussi en allemand, sous le titre : « Riesenkessel bei Christiania » dans la *Zeitschrift der deutschen geol. Gesellschaft*, 1874; et en anglais, sous le titre : « Giants'kettles at Christiania », dans le *Quarterly Journal of the Geological Society*, 1874; « Die silurischen Etagen II und III im Cristianiagebiet und auf Eker, ihre Gliederung. Schichtenstörungen und Contactmetamorphosen », Christiania, 1882. C'est le travail capital de l'auteur, auquel se rattachent plusieurs moindres travaux, ainsi qu'une grande « Carte géologique des îles du golfe de Christiania », 1887. Depuis longtemps membre de la Commission chargée de l'étude géologique de la Norvège, il a publié une foule de travaux plus ou moins développés.

Broglie (Jacques-Victor-Albert, prince, puis duc de), illustre écrivain et homme d'État français, né, à Paris, le 13 juin 1821. M. de Broglie, fils aîné de l'ancien pair de France et ministre du Roi Louis-Philippe (1785-1870), et petit-fils de Madame de Staël, est issu de cette branche de la famille de Broglia, qui quoique établie en France depuis le XVIIe siècle, n'en est pas moins d'origine italienne. Un vers célèbre rappelle encore les cinq grandes familles de la ville de Chieri, dont le nom commençait par B.

« *Sunt Balbus, Bertonus, Balbianus, Brolia, Bensus* »

dont l'une, les Bertone, a donné à la France le brave Crillon; une autre, les Benso, le comte de Cavour à l'Italie. Le prince de B. se fit, au sortir des bancs de l'Université, une réputation précoce comme publiciste. Il débuta dans la *Revue des deux Mondes* où il publia, le 1er août 1848, un article sévère sur « La politique étrangère de la France depuis la Révolution de Février », l'article anonyme fit sensation et fut attribué à son père. Tout en continuant sa collaboration à la *Revue*, à laquelle il donnait des articles fort goûtés sur des questions de politique contemporaine, de littérature, de philosophie, de religion, d'histoire et d'économie politique, il devenait en même temps un des principaux rédacteurs du *Correspondant*. Conservateur et libéral en même temps, il défendait à la fois les intérêts de la religion, et les principes du libéralisme constitutionnel moderne. Le 20 février 1862, il fut élu membre de l'Académie française, à la place de Lacordaire et, le 26 février 1863, il prenait séance. Élu député à l'Assemblée nationale, le 8 février 1871, il fut tour-à-tour ambassadeur de France à Londres, sénateur, ministre et président du conseil sous les présidences de M. Thiers et du maréchal de Mac-Mahon. M. B. joua un rôle tellement important dans l'histoire parlementaire de le première période de la troisième république française que personne ne peut l'avoir oublié; nous aurions donc mauvaise grâce à nous y arrêter, d'autant plus que le dernier mot est loin d'avoir été dit sur les événements auxquels il a été mêlé. M. de Broglie qui, depuis 1885, ne fait plus partie des Chambres françaises, a publié les ouvrages suivants : « Mémoire sur l'instruction publique, présenté à la conférence d'Orsay », Paris, Fournier, 1841; « Études morales et littéraires », id., Lévy, 1853; « L'Église et l'Empire romain au IVe siècle; 1re partie, Règne de Constantin; 2me partie, Constance et Julien; 3e partie, Valentinien et Théodose », 6 vol., id., Didier, 1856-60, ouvrage plusieurs fois réédité; « La lettre impériale et la situation », id., Douniol, 1860; « Questions de religion et d'histoire », 2 vol., id., Lévy, 1860; 2e éd., 1863; « Une réforme administrative en Afrique », id., Dumineray,

1860; « La Souveraineté pontificale et la liberté », id., Douniol, 1861 ; « La Diplomatie du suffrage universel », id., id., 1863 ; « Discours de réception à l'Académie française, le 26 février 1863 », id., Didier, 1863 ; « Discours prononcé dans la séance publique de l'Académie française du 21 juillet 1864, sur les prix de vertu », id., Didot, 1864 ; « La liberté divine et la liberté humaine », id., Douniol, 1865 ; « Les Candidatures officielles », id., id., 1868 ; « Le Corps législatif, le Mexique et la Prusse », id., id., id. ; « La Diplomatie et le droit nouveau », id., id., id. ; « Nouvelles études de littérature et de morale », id., Didier, 1868 » ; « Le Secret du roi. Correspondance secrète de Louis XV avec ses agents diplomatiques (1742-1754) » ; 2 vol., id., Lévy, 1878 ; 2ᵉ éd., 1879 ; « Frédéric II et Marie-Thérèse, d'après des documents nouveaux (1740-1742) », 2 vol., id., id., 1882 ; « Frédéric II et Louis XV d'après des documents nouveaux (1742-1744) », 2 vol., id., id., 1884 ; « Marie-Thérèse, impératrice (1744-1746) », 2 vol., id., id., 1888; « Le procès et l'exécution du duc d'Enghien », id., Plon, 1888. — Outre une grande quantité de discours parlementaires et politiques dont il nous serait impossible de tenir compte, M. de B. a publié encore une traduction des : « Pensées sur la religion et la morale », de Leibnitz, Tours, Mâme, 1870 ; « Le libre échange et l'impôt; études d'économie politique par le feu duc de Broglie. Publiées par son fils », Paris, Lévy, 1879 ; « Les souvenirs du feu duc de Broglie, publiés par son fils », 4 vol., id., id., 1886-1887.

Broglie (abbé Auguste-Théodore-Paul DE), frère du précédent, né, à Paris, le 18 juin 1834. Ses études terminées, en 1855, il entra dans la marine et parvint rapidement au grade de lieutenant de vaisseau ; peu de temps après, il donnait sa démission, entrait au Séminaire et se faisait ordonner prêtre, en mai 1869 ; en 1883, il était nommé professeur d'apologétique à l'Institut catholique de Paris. Il a publié : « Conférences sur la vie surnaturelle, prêchées dans la chapelle de Sainte-Valère, pendant le carême de 1878 », Paris, Ponsielgue, 1878, les mêmes, 2ᵉ année. Carême de 1880, id., id., 1882 ; les mêmes, 3ᵉ année, Carême de 1881, id., id., 1883 ; « Le Positivisme et la science expérimentale », 2 vol., id., Palmó, 1881 ; « La définition de la religion », id., Librairie de la Société bibliographique, 1882 ; « La Science et la religion ; leur conflit apparent et leur accord réel », leçon d'ouverture du cours d'apologétique chrétienne professé à l'institut catholique, id., id., 1883 ; « Instruction morale. Dieu, la Conscience, le Devoir, Psychologie élémentaire, Morale théorique et pratique, Éléments de logique », id., Putois-Crétté, 1883, 2ᵐᵉ éd., revue, corrigée et augmentée de notions élémentaires de logique et théorie des méthodes scientifiques, id., id., 1884 ; « La morale indépendante », id., id., 1885 ; « Problèmes et conclusions de l'histoire des religions », id., id., 1885 ; « La Morale sans Dieu, ses principes et ses conséquences », id., id., 1886.

Broglie (César-Paul-Emmanuel, prince DE), le dernier des fils du duc Albert, né, à Paris, le 22 avril 1854. Malgré les cruelles souffrances qui l'accablent depuis sa première jeunesse, il a publié deux ouvrages qui ont été fort remarqués : « Le fils de Louis XV, Louis, dauphin de France (1729-1765) », Paris, Plon, 1877 ; « Fénelon à Cambrai, d'après sa correspondance (1699-1715) », id., id., 1884, ouvrage couronné par l'Académie française.

Broglio (Émile), économiste, publiciste, historien et homme d'État italien, ancien Ministre de l'Instruction publique (27 oct. 1867 — 13 mai 1869), né, à Milan, au mois de février de l'année 1814. Ses parents étaient Angelo Broglio et Judith Righetti. Il fit ses études à Vérone et à Pavie, où, en 1835, il fut reçu docteur en droit. Plus tard, il fut autorisé à enseigner particulièrement, à Milan, le Droit Naturel et la Statistique, et ensuite les sciences politiques et l'économie sociale. En 1840, il entreprit, avec le poète Aleardi, son ancien compagnon d'études au Collège de Vérone, un voyage *à la découverte* de l'Italie. Nommé, en 1842, secrétaire de la Société des Chemins de Fer, il garda cette place pendant quatre ans. Il prépara avec Daniel Manin, l'insurrection lombardo-vénitienne, et il fut nommé, en 1848, secrétaire du Gouvernement Provisoire de Lombardie. Avant cette époque, il avait déjà publié un traité pratique de Droit administratif, sous le titre « Della Cittadinanza », livre devenu classique pour les questions municipales et gouvernementales ayant rapport au droit international concernant le service militaire ; « Dell'influenza dell'associazione », mémoire présenté, en 1845, à l'Institut Lombard. La déroute de l'année 1848 obligea M. Broglio à chercher refuge en Piémont, et il fut immédiatement élu député du Collège de Castel San Giovanni ; mais, en 1849, après la défaite de Novare, cette ville ayant été agrégée à la province de Plaisance et annexée au duché de Parme, M. Broglio cessa d'être député. Il continua cependant avec ferveur ses études économiques et politiques, et fit paraître, en 1855, sous forme de lettres au comte de Cavour, un traité fort important : « Dell'Imposta sulla rendita », qui a été le point de départ pour l'application en Italie de cet impôt essentiel. Il rentra à Milan, en 1859, et il y dirigea pendant quelque temps le journal *La Lombardia*. En 1860, il publiait son chef d'œuvre : le traité « Delle Forme parlamentari », qui au dire de Panizzi, est le plus clair exposé de la constitution anglaise qui ait été publié en Italie. A la même année remontent deux discours publiés à Milan : « Agli Operai, una parola di un amico ». L'une des gloires et des consolations les plus grandes de sa vie a été l'amitié de Manzoni et de Massimo d'Azeglio, qui, en 1861, se firent même promoteurs de son élection au Parlement, comme député du collège de Lonato-Desenzano. Cavour avait déjà défini, en 1857, M. Broglio : « Un homme de beaucoup d'esprit qui a fait « d'excellentes études ». Nommé, en 1867, Ministre de l'Instruction publique, pour seconder les idées unitaires en fait de langue de son grand ami Manzoni, il engagea le Gouvernement et s'engagea lui-même personnellement avec M. Giorgini à la compilation et à la publication du « Novo Vocabolario della lingua parlata ». On lui doit aussi la création du Lycée musical de Rome et les encouragements les plus intelligents donnés, pendant son Ministère, aux beaux-arts et à la littérature italienne. M. Bonghi a écrit de lui dans la *Perseveranza* du 19 novembre 1870 : « Il est l'homme parlementaire le « plus illustre et le plus instruit de la Lom- « bardie ; e il n'y a pas de vie politique plus « honorable, plus sincère, plus constante que « la sienne ». Malgré ces beaux suffrages, ses électeurs, avec la logique ordinaire des troupeaux, ne l'ont point réélu député en 1876. Mis à l'écart de la vie politique, il se livra, avec un zèle admirable à son âge, aux études historiques, dont le meilleur fruit est sa grande histoire, en quatre volumes, de Frédéric le Grand. Les premiers volumes de cette publication ont paru à Milan chez Hoepli, en 1874 et 1876, sous le titre : « Vita di Federico II, Re di Prussia, detto il Grande », et les deux derniers à Rome, chez Civelli, en 1879 et 1880, sous le titre : « Il Regno di Federico II di Prussia ».

Bronikowski (Antoine), philologue polonais, né, en 1817, dans le grand-duché de Posen. Il fit ses études à l'Université de Breslau, et s'est fait surtout connaître par des traductions fort heureuses de classiques grecs.

Bronner (Benno). — Voyez MOLITOR (Guillaume).

Bronsart von Schellendoff (Paul), général et homme politique allemand, né, à Dantzig, le 28 janvier 1852. Fils d'un chef de service au ministère de la Guerre en Prusse, il fut élevé au corps des cadets, entra, en 1849, comme lieutenant en second dans le régiment des grenadiers de l'empereur François, suivit les cours de l'Académie de guerre, fut nommé lieutenant en premier en 1859, puis capitaine au grand état-major (1861), où il resta jusqu'à sa nomination à général de brigade. Il fit la campagne de France comme lieutenant-colonel chef de division au grand état-major. C'est lui qui négocia les préliminaires de la capitulation de Sédan avec l'empereur Napoléon III. Chef de l'état-major de la garde et major-général, en 1875, il fut nommé, en 1878, commandant de brigade, et, en 1881, commandant de division. En 1883, il remplaça le général von Kameke comme ministre de la guerre. On doit à ce général plusieurs ouvrages d'art militaire, parmi lesquels nous citerons : « Ein Rückblick auf die Taktischen Rückblicke », 2 éd., Berlin, 1870, et « Der Dienst des Generalstabs im Frieden und im Krieg », 2 vol., id., 1875-76 ; 2ᵐᵉ éd., 1884 ; une traduction de cet ouvrage est officiellement en usage dans l'armée anglaise, une traduction française, due au capitaine Weil, a été publiée, par les soins de la *Réunion des officiers*, en 1876, chez Dumaine, à Paris, sous le titre : « Le service d'état-major ». — Le frère aîné du général M. Jean B. von S. occupe un rang distingué parmi les compositeurs de musique allemands.

Brosbøll (Charles). — Voyez CARIT ETAIR.

Brot (Charle-Alphonse), romancier et auteur dramatique français, né, à Paris, le 12 avril 1809, fut clerc chez un avoué et commis chez un banquier, avant de s'occuper de littérature. Devenu chef de l'imprimerie et de la librairie au ministère de l'intérieur, M. B. n'a pas ralenti sa production littéraire et l'a continuée après sa mise à la retraite. En 1830, il débuta par des « Chants d'amour », insérés, en partie, dans *le Voleur*, puis donna une trentaine de romans : « Priez pour elle », 2 vol., 1883 ; « Jane Grey », 2 vol., 1835 ; « La Tour de Londres », 1835 ; « Carl Sand », 2 vol., 1836 ; « la Comtesse aux trois galants », 2 vol., 1839 ; « la Nuit terrible » 1840 ; « Soirée aux aventures », Paris, Souverain, 1840 ; « les Secrets de famille », 2 vol., id., id., 1841 ; « Le Bord de l'Eau », 2 vol., id., Cadot, 1844 ; « La Syrène de Paris », 2 vol., id., Souverain, 1845 ; « Le médecin du cœur », id., id., 1846 ; « Réveille-matin », 2 vol., id., 1847 ; « La Terre promise », 2 vol., id., 1849 ; « Deux coups de tonnerre », 2 vol., id., id., 1853 ; « Les deux péchés », 2 vol., id., Chappe, 1857 ; « Une soirée d'hiver », 2 vol., id., id., id. ; « La Place de Terreaux », id., Lécrivain et Toubon, 1861 ; « La Cousine du roi », id., Faure, 1865 ; « Les Espions », id., Librairie du Moniteur Universel, 1874 ; « Miss Million », id., Rouff, 1880 ; « Les Compagnons de l'Arche », id., id., 1881 ; « La Déesse Raison », id., Dentu, id., ces deux derniers en collaboration avec Saint-Véran (*Voyez* BREYNAT). M. Brot a aussi écrit quelques drames, soit seul, soit en collaboration avec M. Béraud, Clairville, Lurine, Lemaître et Nus. Citons : « Juliette », 1834 ; « La Lescombat », 1841 ; « La Tour de Londres », 1855 ; « Jane Grey », 1856 ; « la Marnière des Saules », drame en cinq actes avec Ch. Lemaître (Gaîté), 1858 ; « Le Testament de la reine Elisabeth », drame historique à grand spectacle, en cinq actes et huit tableaux, avec Nus, 1867 ; « Le Gendre du colonel », comédie en un acte avec Bernard et Grange, 1872 ; on doit encore à M. Brot une foule d'articles de journaux, des nouvelles et des pièces de vers.

Brouardel (Paul-Camille-Hippolyte), médecin français, né, à Saint-Quentin (Aisne), le 17 octobre 1837; fit ses études médicales à la Faculté de Paris, et obtint le grade de docteur en 1862. Reçu, ensuite, médecin des hôpitaux, il fut chargé, en 1873, du service médical à l'hôpital Saint-Antoine. Agrégé, en 1869, il a été nommé professeur de médecine légale, le 12 avril 1879. Après avoir pris, en 1878, la direction des *Annales d'hygiène publique et de médecine légale*, qui en étaient, déjà, à leur cinquantième année, M. B. est devenu successivement: membre de l'Académie de médecine, président de la société de médecine légale, directeur du laboratoire de la Morgue, enfin, en 1887, doyen de la Faculté de médecine de Paris. On lui doit: « De la Tuberculisation des organes génitaux de la femme », thèse, Paris, Asselin, 1865; « Étude critique des diverses médications employées contre le diabète sucré », thèse de concours d'agrégation, id., id., 1869; « l'Urée et le foie », id., Masson, 1877; « Étude médico-légale sur la combustion du corps humain », id., Baillière, 1878; « Des causes d'erreur dans les expertises relatives aux attentats à la pudeur », id., id., 1883; « De la Réforme des expertises médico-légales », id., id., 1884; « Dispositions à adopter pour l'assainissement de la ville de Toulon », en collaboration avec M. Bruniquel, id., id., 1885; « Rapport sur les essais de vaccination cholérique entrepris en Espagne par le docteur Ferran », en collaboration avec MM. Chanin et Albarran, id., Masson, 1885; « Le secret médical », id., Baillière, 1886, volume auquel donna lieu un procès intenté contre le médecin qui avait assisté dans sa dernière maladie le célèbre peintre Bastien-Lepage; « Affaire Pranzini. Triple Assasinat. Relation médico-légale », id., id., 1887. — Enfin M. le docteur B. a publié après la mort du docteur Paul Lorain (1857-1875): « De la Température du corps humain et de ses variations dans les diverses maladies », 2 vol., Paris, Baillière, 1877-78.

Broughton (miss Rhoda), romancière anglaise très populaire, née, à Segrwyd Hall, dans le comté de Denbight (pays de Galles septentrional), le 20 novembre 1840. Ses principaux romans sont « Cometh Up as a Flower », 1867, autobiographie qui a été traduite en français, sous le titre: « Comme une fleur », par Auguste de Viguerie, 3me éd., Paris, Havard, 1882; « Not Wisely, but Too Well », 1867, traduit par Mme C. du Parquet, sous le titre: « Follement et Passionnément », Paris, C. Lévy, 1882; « Red as a Rose is She », 1870, traduit par la même, sous le titre: « Fraîche comme une Rose », Paris, C. Lévy, 1880; « Goodbye, Sweetheart, Goodbye », 1872, traduit par la même, sous le titre: « Adieu les amoureux », Paris, C. Lévy, 1879; « Nancy », 1873, traduction française, Paris, Amyot, 1876; « Tales for Christmas Eve », 1873, republiés, en 1879, sous le titre: « Twilight Stories »; « Jean », 1876, traduit par Mme Du Parquet sous le titre: « Joanna », Paris, C. Lévy, 1880; « Second Thoughts », 1880; « Belinda », 1883, traduit par la même et édité chez Lévy, en 1883; « Doctor Cupid », 1888, etc. etc.

Brown (Charles-Philippe), orientaliste anglais, ancien employé dans le *Civil Service* de Madras, auteur de livres fort estimés sur la langue et la littérature Telugu. Il a décrit lui-même sa vie dans un ouvrage intitulé: « Some account of my Literary Life », Londres, 1856. En 1817, il avait déjà publié à Madras: « The Prosody of the Telugu and Sanscrit Languages explained ». Suivirent: « Essay on the Language and Literature of the Telugus », id., 1839; « Essay on the Creed, Customs and Literature of the Jangams », id., 1840; « A Grammar of the Telugu Language », id., 1840; 2me éd., id., 1857; « Account of the Basav Puran », id., 1841 etc.; « Dialogues in Telugu and English », id., 1841, 2me éd., id., 1853; « Vakyavali, or exercises in Idioms English and Telugu », id., 1852; « Telugu-English Dictionary », id.; « English-Telugu Dictionary », id., 1853; « A Dictionary of the mixed Dialects and Foreign Words Used in Telugu », id., 1854; « Telugu reader », id., 1867; « An Ephemeris, showing the Corresponding Dates according to the English, Hindu and Musulman Calendars, from 1751 to 1850 »; « Carnatic Chronology, The Hindu and Mahometan Method of Reckoning Time explained », Londres, 1863; « The Zillah Dictionary in the Roman Character », Madras, 1852; « English and Hindustani Phrasaeology, or Exercises in Idioms », id., 1855. Ne trouvant plus aucune trace de l'activité littéraire de ce savant depuis 1867, nous ignorons s'il lui convient encore cette place dans un Dictionnaire des auteurs du jour; ajoutons seulement qu'il n'est pas à confondre avec d'autres Brown du *Civil Service* de Madras qui ont aussi livré à la presse des écrits sur l'administration locale.

Brown (Robert), littérateur et mythologue anglais, né, à Barton sur Humber (comté de Lincoln), le 6 juillet 1844; il fit ses études au collège Cheltenham et acquit bien vite une renommée par ses travaux sur les religions de l'antiquité, sur la mythologie et sur l'astronomie. Nous connaissons de lui: « Poseidôn : a Link between Semite, Hamite and Aryan », 1872; « The Great Dionysiak Myth », 2 vol. 1877-78; « The Religion of Zoroaster, considered in connection with Archaic Monotheism », 1879; « The Religion and Mythology of the Arians of Northern Europe », 1880; « Language and Theories of its Origin », 1881; « The Unicorn », 1881; « The Law of Kosmic Order », 1882; « Eridanus »; River and Constellation », 1883 ; « The Myth of Kirkê », 1883 ; « The *Phainomena* or Heavenly Display of Aratos : done into English Verse », 1885. M. Brown est membre de la Société d'archéologie biblique et de la Société des archéologues, et il a donné plusieurs articles à l'*Archæologia*, à l'*Academy* et à plusieurs autres publications périodiques.

Browne (William-Alexander-Francis), illustre aliéniste anglais, né, près de Stirling, en Ecosse, en 1805. Après avoir pris ses degrés à Édimbourg, il se rendit à Paris et en Allemagne, dans le but d'y étudier plus particulièrement les affections mentales. En 1834, il fut nommé médecin de l'École de Montrose, et, quatre ans après, médecin en chef de l'Institut royal de Dumfries. En 1857, il fut nommé directeur général du bureau des asiles d'aliénés d'Écosse. M. Brown a été, pendant sa longue carrière, un avocat zélé de la liberté, presque absolue, des aliénés. Il a écrit sur ce sujet un ouvrage, devenu classique : « What Asylums were and ought to be », qui a beaucoup contribué à la réforme radicale dans le système des hôpitaux et asiles d'aliénés. On doit en outre à M. B., qui est membre de la Société royale de Londres et de plusieurs sociétés savantes, de nombreuses études publiées dans divers recueils scientifiques et des rapports annuels sur l'établissement royal d'aliénés à Dumfries.

Browne (Frances), femme auteur anglaise, née, le 16 janvier 1816, à Stranorlar, comté de Donegal (Irlande), où son père était receveur des postes. Devenue aveugle dès sa première jeunesse, elle ne s'adonna pas moins à l'étude, aidée en cela par sa mémoire prodigieuse. En 1840, elle publia : « Songs of our Land » ; ensuite, elle publia de nombreux morceaux dans divers recueils, notamment dans l'*Athenæum*, *Hood's Magazine, Keepsake*. En 1847, elle alla s'établir à Édimbourg, où elle fut attachée à la rédaction du *Chamber's Journal*, et publia : « Lyrics and miscellaneous poems ». En 1862, elle alla se fixer à Londres qu'elle n'a plus quitté depuis. Parmi les nombreux ouvrages de Mme B., nous signalerons encore : « Legends of Ulster », 1851 ; « The Ericksens », id. ; « Two Stories for my young friends », 1851 ; « Granny's wonderful choir and its tales of fairy times », 1856 ; « Our uncle, the traveller's stories », 1860 ; « Stolet voyage », 1860 ; « My share of the world », 3 vol., 1861 ; « The Castelford Case », 1861 ; « The Hidden Sin », 1865 ; « Exile's Trust », 1869 ; « The Nearest Neighbour and other Stories », 1875 ; « Dangerous Guest: a Story of 1745 », 1886 ; « Foundling of the Fens », id.

Brown-Séquard (Charles-Édouard), célèbre médecin et physiologiste français, né, à l'île Maurice, en 1818, est fils de M. Edward Brown de Philadelphie qui avait épousé une française. Il alla, en 1838, terminer ses études à Paris, se fit recevoir docteur en 1840 et s'adonna dès lors à des recherches de physiologie expérimentale sur la composition du sang, la chaleur animale, la moëlle épinière et ses maladies, le système musculaire, les nerfs et les ganglions sympathiques. Les découvertes résultant de ses savants travaux l'amenèrent à traiter spécialement les maladies du système nerveux. Il séjourna ensuite quelque temps dans l'Amérique du Nord et à Londres, où il fut médecin de l'hôpital des paralytiques et se fit recevoir, en janvier 1869, professeur agrégé à l'École de médecine de Paris. Après avoir professé la pathologie et la physiologie à l'Université de Howard aux États-Unis, il succéda, en 1878, à Claude Bernard dans la chaire de physiologie expérimentale du Collège de France. Les résultats de ses recherches sont consignés dans près de cinq cents publications soit en anglais, soit en français, parmi lesquelles nous citerons : « Experimental researches applied to Physiology and Pathology », New-York, 1853 ; deux mémoires sur « La Physiologie de la moëlle épinière », Paris, 1855 ; « Experimental and clinical researches on the physiology and pathology of the Spinal Cord », Richmond, 1855 ; « Recherches expérimentales sur la physiologie des capsules surrénales », Paris, 1856 ; « Researches on Epilepsy, its artificial production in animals and its etiology nature, and treatment in man », Boston, 1857 ; « Leçons sur le diagnostic et le traitement des principales formes de paralysie des membres inférieurs », traduites de l'anglais par le docteur Richard Gordon, Paris, Masson, 1864, 2me éd., 1865 ; « Course of lectures in the physiology and pathology of the central Nervous System », Philadelphie, 1868 ; « Leçons sur les nerfs vasomoteurs, sur l'épilepsie et sur les actions réflexes normales et morbides », traduites de l'anglais par le docteur Beni Barde, Paris, Masson, 1872 ; « Dual character of the Brain », Washington, 1879 ; « Two lectures on Convulsions and paralysis as effects of desease of the brain », Philadelphie, 1878 ; en outre, il a collaboré au *Dictionnaire des sciences médicales*, il a fondé, en 1858, le *Journal de la physiologie de l'homme et des animaux* et il en fut le directeur jusqu'en 1863 ; depuis 1868, il rédige, en collaboration avec Charcot et Vulpian, les *Archives de physiologie normale et pathologique*, et depuis 1873, les *Archives of scientific and practical Medicine and Surgery* paraissant en Amérique. M. B. S. fait partie de l'Académie des sciences de Paris depuis le 21 juin 1886, et il préside la Société de Biologie depuis le 27 mars 1887.

Browning (Robert), poète anglais, né, à Camberwell, près de Londres, en 1812 ; il fit ses études à l'Université de cette ville. A l'âge de 20 ans, il entreprit un voyage en Italie, et publia à son retour un conte en vers : « Pauline » qui fut suivi de « Paracelse », 1836, drame fantastique, et deux ans plus tard il donna au théâtre un drame historique : « Strafford », qui n'eut pas un grand succès. En 1840, il publia son poème : « Sordello » qui n'eut pas un meilleur accueil et que l'auteur lui-même jugea opportun de ne pas comprendre dans la collection de ses œuvres complètes. Entre 1842 et 1846, il fit paraître une série de poèmes lyriques et dramatiques qui furent recueillis, sous le titre : « Bells and pomegranates », et en même temps, il donnait, en 1843, au théâtre de Drury-Lane, une tragédie : « A Blot on the Schutcheon » qui, quoique remarquable par sa puissance poétique, n'obtint pas un grand succès. Quelque temps après une autre pièce de lui : « The Duchess of Cleves », était jouée à Haymarket. En novembre 1846, M. B. avait épousé miss Elisabeth B. authoress distinguée, morte en 1861, et après son mariage, il avait résidé pendant plusieurs années en Italie et principalement à Florence, faisant de temps en temps des excursions en France et en Angleterre. En 1849, un recueil de ses poésies a été publié à Londres en deux volumes et réimprimé aux États-Unis. Un poème, à la fois religieux et philosophique, intitulé : « Christmas Eve and Easter Day », a paru en 1850, suivi par une collection de poésies intitulée : « Men and Women », une de ses œuvres les plus puissantes. Citons encore de lui : « King Victor and King Charles » ; « Dramatic Lyrics » ; « Return of the Druses » ; « Colombe's Birthday » ; « Dramatic Romances » ; « The Soul's Errand » ; un nouveau volume de poésies, en 1864 ; « The Ring and the Book », 4 vol ; « Balaustion's Adventure, including a Transcription from Euripides », 1862 ; « Fifine at the Fair », 1872 ; « Red Cotton Nightcap Country ; or Turf and Towers », 1873 ; « Aristophanes Apology, including a Transcript from Euripides, being, The Last Adventure of Balaustion », 1875 ; « The Agamemnon of Aeschylus, transcribed », 1877 ; « La Saisiaz : the Two Poets of Croisic », 1878 ; « Dramatic Idyls », 1879 ; et « Joco-Seria », 1883. M. B. a particulièrement étudié la musique, la peinture et l'histoire de ces deux arts. En 1882, l'université de Oxford lui conféra le titre honoraire de docteur en droit civil. Le 28 octobre 1881 s'est réunie, à Londres, pour la première fois, une *Browning Society* qui se propose de réunir les admirateurs du poète dans le but de s'adonner à l'étude et à la discussion de ses ouvrages, et de publier des travaux qui les illustrent. La même société s'est donné comme but : la formation de clubs pour la lecture de ses ouvrages, pour la représentation de ses drames et pour la compilation d'une *Concordantia*, ou Lexique de ses œuvres, et enfin de ne rien délaisser de tout ce qui peut servir à amener la diffusion de l'étude et de l'influence de ce grand poète. — En 1882, a paru à Londres une deuxième édition augmentée et corrigée de la « Bibliography of Robert Browning from 1833 to 1881 », rédigée par M. Frédéric J. Furnival.

Bruce (le rev. John Collingwood), historien et archéologue anglais, né, en 1805, à Newcastle. Il fréquenta d'abord l'Université de Glasgow. Destiné d'abord à être ministre de l'Église Presbytérienne, il ne voulut accepter aucune mission de ce genre et se borna à aider son père dans la direction d'une école particulière et à lui succéder jusqu'en 1858, où il se retira définitivement. En 1881, il fut Moderator, ou président de l'Église presbytérienne d'Angleterre. Il a écrit : « A Handbook of English History », qui a eu plusieurs éditions et il a préparé toutes les éditions successives de la : « Introduction to Geography and Astronomy » dont son père est l'auteur principal. En 1851, il a publié un mémoire descriptif et historique du « Roman Wall », de l'Angleterre septentrionale, dont une 3e éd. a paru, en 1866. En 1856, il a publié : « The Bayeux Tapestry Elucidated », où l'on trouve une copie, sur une échelle réduite de cette tapisserie. Plus tard, il a publié : « A Handbook to Newcastle », et un « Handbook », à l'usage des visiteurs de la muraille romaine construite par Adrien. En outre, il a édité pour le compte de la Société des Archéologues de Newcastle-sur-Tyne le « Lapidarium septentrionale », grand ouvrage in-folio qui renferme une description de tous les monuments de l'époque romaine dans le Nord de l'Angleterre. Ce livre, qui parut à Newcastle, en 1870, avait été entrepris sur le désir de feu Algernon quatrième duc de Northumberland et a été richement illustré grâce aux largesses de ce seigneur.

Brücke (Ernest-Guillaume), physiologiste allemand, né, à Berlin, le 6 juillet 1819. Nommé, en 1843, aide au musée d'anatomie comparée et prosecteur à Berlin, puis professeur d'anatomie à l'Académie des beaux-arts de cette ville; en 1846, il passa, en 1848, à l'Université de Koenigsberg et l'année suivante à Vienne, où il est encore maintenant en qualité de professeur de physiologie et de haute anatomie. Élu membre de la Chambre des seigneurs, en 1879, il se joignit au parti constitutionnel. M. B. a débuté par une thèse latine : « De diffusione humorum per septa mortua et viva », Berlin, 1842. La publication de son ouvrage : « Anatomische Beschreibung des Augapfels », Berlin, 1847, fonda sa réputation scientifique ; et son ouvrage : « Grundzüge der Physiologie und Systematik der Sprachlaute », Vienne, 1856, 2me éd., 1876, ouvrit des voies nouvelles à la science. Des études plus approfondies sur ces questions le conduisirent à la découverte d'une nouvelle méthode d'écriture, destinée à représenter les sons d'après leur véritable valeur. Dans ce système que l'auteur a exposé dans son « Ueber eine neue Methode der phonetischen Transcription », Vienne, 1863, les caractères devant servir à l'impression ne sont pas des lettres, mais des signes indiquant la position des différents organes vocaux pendant la parole ; ces signes assemblés servent ensuite à former les lettres. On doit encore à M. B. : « Physiologie der Kunstgewerbe », Leipzig, 1866 ; « Die physiologische Grundlagen der neu hochdeutschen Verskunst », id., 1871; « Vorlesungen über Physiologie », 2 vol., Vienne, 1873-74, 4me éd., 1885; « Bruchstüke aus der Theorie der bildenden Künste », Leipzig, 1877, et une foule de mémoires, dissertations insérées dans différents recueils et notamment dans les *Sitzungsberichten* de l'Académie de Vienne; nous citerons seulement les dernières : « Ueber eine durch Kaliumhypermanganat aus Hühnereiweiss erhaltene stickstoff-und schwefelhaltige unkrystallisirbare Säure », 1881 ; « Ueber das Alkophyr und über die wahre und die sogennante Birnartreaction », 1883 ; « Ueber die Wahrnehmung der Geräusche », 1884 etc.

Brückner (Alexandre), historien russe, né, à Saint-Pétersbourg, le 5 août 1834. Il fréquenta, de 1857 à 1860, les Universités de Heidelberg, de Jena et de Berlin; de 1861 à 1867, il fut professeur à l'École de droit de Saint-Pétersbourg; de 1867 à 1872, à l'Université de Odessa et depuis 1872, il est professeur d'histoire russe à l'Université de Dorpat. M. B. qui est titré conseiller d'État actuel, a publié entr'autres : « Finanzgeschichtliche Studien, Kupfergeldkrisen », Saint-Pétersbourg, 1867 ; « Die Familie Braunschweig in Russland », id., 1874 ; « Culturhistorische Studien. Die Russen im Auslande im 17 Jahrh. Die Ausländer in Russland im 17 Jahrh. », Riga, 1876 ; « Ivan Possoschkow. Ideen und Zustände im Zeitalter Peters des Grossen », Leipzig, 1878 ; « Peter der Grosse », Berlin, 1879 ; « Der Zarewitsch Alexei », Heidelberg, 1880; « Katharina II », Berlin, 1883 ; « Beiträge zur Culturgeschichte Russlands im 17 Jahrhunderts », Leipzig, 1887; « Ueber Thatsachenreihen in der Geschichte », Dorpat, 1887. Plusieurs de ces ouvrages, ainsi qu'une grande quantité d'études, essais, etc., ont paru en langue russe.

Bruding (Charles), jurisconsulte allemand, ancien professeur aux Universités de Bâle, Fribourg, Strasbourg et Leipzig, né, le 4 juin 1841, à Francfort s. l. M. Il a publié plusieurs travaux de Droit pénal et d'histoire du Droit et, entr'autres, en 1868, un Projet d'un code pénal pour la Confédération de l'Allemagne du Nord qui lui ont valu un certain renom parmi les jeunes criminalistes allemands.

Brugi (Biagio), jurisconsulte italien, né, à Orbetello (province de Grossetto), le 13 août 1855.

Il fit ses premières études à Lucques, et se rendit ensuite à l'Université de Pise, où il fut reçu docteur en droit. De 1877 à 1878, il fut à Berlin, aux frais du gouvernement, pour se perfectionner dans ses études. Revenu en Italie, il fut nommé professeur à l'Université d'Urbin, d'où il passa à celle de Catane, et aujourd'hui il est professeur extraordinaire d'Institutions du droit romain à l'Université de Padoue, où il fait aussi un cours libre, unique dans son genre, d'histoire littéraire du droit romain depuis le moyen âge jusqu'à nos jours. M. B. qui a toujours cultivé les lettres en même temps que le droit, ce qui lui a permis de devenir un des écrivains de jurisprudence les plus élégants, a publié : « A Francesco Carrara, ode », Lucques, Canovetti, 1876 ; « Canzone che Tarugi Torello offre agli sposi avv. Guido Marucci ed Elisa Cortesi », id., id., 1877; « I fasti aurei del diritto romano », Pise, Vannucchi, 1878; « Il moderno positivismo e la filosofia dei giureconsulti romani », Urbin, Righi, 1881; « Studio sulla dottrina romana delle servitù prediali », dans l'*Archivio giuridico* de Pise, 32^e vol., 1884; « Una recente opera sul diritto delle XII tavole », id., 33^e vol., id.; « Delle alluvioni e dei mutamenti nel letto dei fiumi secondo i libri dei *Gramatici veteres*, confrontati col Digesto », Catane, 1885 ; « Nota illustrativa ad una decisione della Corte d'appello di Venezia in materia di cancellazione d'iscrizione ipotecaria », Venise, Fontana, 1886; « L'*ambitus* e il *paries communis* nella storia e nel sistema del diritto romano », Rome, Loescher, 1887; « Disegno di una storia letteraria del diritto romano dal medio evo ai tempi nostri, con speciale riguardo all'Italia », Padoue, Drucker et Tedeschi, 1888; « La scuola padovana di diritto romano del secolo XVI », dans les *Studi editi dalla Università di Padova a commemorare l'ottavo centenario dell'Università di Bologna*, Padoue, 1888; outre plusieurs monographies sur le droit romain dans l'*Archivio Giuridico* du prof. Serafini, dans l'*Antologia Giuridica* de Catane, dans le *Gravina* de Catanzaro, dans la *Rivista italiana delle scienze giuridiche* de Schupfer et Fusinato ; parmi ces monographies on a surtout remarqué celle sur les : « Servitù prediali », déjà citée et une autre: « Sul valore filosofico della Scuola storica tedesca », dans le *Circolo giuridico*, 1883. M. B. a traduit et annoté le cinquième livre du « Commentario alle Pandette » de Glück, Milan, Vallardi, 1888 ; enfin, il a travaillé avec le prof. Serafini à la compilation du Code Suisse : « Delle obbligazioni e del dolo commerciale ».

Brugmann (Frédéric-Charles), philologue allemand, né, à Wiesbaden, le 16 mars 1864. Ayant obtenu, en 1871, ses grades à Leipzig, à la suite d'une thèse: « De grecæ linguæ productione suppletoria », il devint professeur au gymnase de sa ville natale; de là il passa à Fribourg, et maintenant il est professeur ordinaire de littérature indo-germanique à l'Université de Leipzig. Nous citerons de lui: « Nasalis sonans in der indogermanischen Gesprächen », dans les *Stud. zur griech. u. lat. Grammatik*, qu'il a publié avec M. G. Curtius, Leipzig, 1877; « Mithologische Untersuchungen auf dem Gebiete der indo-germanischen Sprachen », en collaboration avec M. H. Osthoff, 4 vol., Leipzig, 1878-1881; « Littauische Volkslieder und Märchen », en collaboration avec M. Leskien, Strasbourg, 1882; « Griechische Grammatik Lautlehre, Flexionslehre und Syntax », dans le *Handbuch d. class. Alterthumswiss.*, de Iwan Müller, 2 vol., Nördlingen, 1884; « Grundriss der vergleichenden Grammatik der indogermanischen Sprachen », 1 vol., Strasbourg, 1886.

Brugnatelli (Tullio), chimiste, ingénieur et mathématicien italien, professeur de chimie générale à l'Université de Pavie, né, en 1825, à Pavie. Il prit part à l'insurrection de Milan, dite des cinq journées, en 1848, et en 1849, comme officier du génie, à la glorieuse défense de Venise. Professeur à l'Université de Pavie, depuis 1859, il a été président de la faculté, recteur de l'Université et maire de la ville. On lui doit un « Trattato di chimica generale inorganica », des notes de chimie toxicologique, la description de quelques appareils de son laboratoire, et de quelques expériences, des observations sur les eaux de Pavie, sur différentes eaux minérales, et surtout l'analyse des eaux de Valdieri, en collaboration avec le professeur Peyron.

Brugnoli (Jean), médecin italien, né, à Bologne le 4 septembre 1814. En 1837, il fut reçu docteur en médecine à l'Université de sa ville natale; en 1848, il fut appelé à y enseigner la pathologie et il traduisit alors le Traité de Grisolle qu'il publia avec des illustrations et des notes. Depuis 1852, il est professeur ordinaire de pathologie spéciale médicale à l'Université de Bologne, président de la Faculté et membre de l'Académie des sciences de l'Institut de Bologne; M. Brugnoli qui dirige le *Bollettino delle scienze mediche* a publié une foule de mémoires dans les *Memorie dell'Accademia delle scienze dell'Istituto di Bologna*. Citons: « Di due casi d'atrofia gialla acuta del fegato », 1864; « Di due casi d'aneurisma dell'aorta ascendente », id.; « Il nitrato d'argento nella cura dell'atrofia muscolare progressiva », 1866; « Il Cholera morbus in Bologna nel 1865 », id.; « Alcuni fatti patologici in appoggio alla dottrina che ammette la sede dell'organo legislatore della parola nella parte anteriore degli emisferi cerebrali », 2e série, 5° vol., 1867; « Del soprassalto cardiaco e della diatesi erpetica come causa frequente di esso », id., 7° vol., 1868; « Storia di una singolare nevrosi presentante a forma prevalente un sonnambulismo sponta- neo morboso », id., 9e vol., 1870; « Contribuzione alla pratica della toraccentesi capillare negli essudati seriosi pleuritici », id., 3e série, 3e vol., 1873; « Il salicilato di soda considerato quale specifico nella cura del reumatismo articolare acuto », id., id., 9e vol., 1879; « Storia e considerazione di vasta idatide del fegato trattata con la puntura capillare aspirante praticata nel sesto spazio intercostale destro », id., 4e série, 1er vol., 1880; « Dell'adiostolia in un avvelenamento da nitro-benzina », id., id., 2e vol., 1881; « Il salicilato di soda quale specifico nella cura della pleurite essudativa reumatica e fors'anche del tetano reumatico », id., 3e vol., 1883; « Della porpora nervosa in relazione alla malattia per la quale morì il professor Senatore E. Rizzoli », id., 4e vol., 1883. Citons encore de lui: « Cenni necrologici di parecchi illustri soci della Società medica », Bologne, 1866; « Biografia di G. B. Comelli e Matteo Venturoli », id., 1868; « Caso singolare di malattia da attribuirsi al rachitismo », id., 1869; « Saggi clinici fatti coll'acqua ferruginosa della Piana », id., 1870; « Sul migliore ordinamento degli ospedali », id., id.; « La forza aspirante del cuore e l'attività della diastole cardiaca », id., 1872; « Le terme porrettane nella cura della tisi polmonare », id., 1875; « Discorsi d'inaugurazione del VI Congresso Generale della Associazione medica italiana », id., 1875; « Sulle cause delle imperfezioni e delle malattie dei coscritti riformati di leva nella provincia di Bologna », id., 1878, mémoire écrit d'après une invitation du Ministère de la Guerre. Rappelons encore trois mémoires remarquables insérés dans le *Bollettino delle Scienze*, 1873, et plusieurs articles dans le *Dizionario delle Scienze mediche* publié à Pavie par les professeurs Mantegazza, Corradi e Bizzozzero. Enfin, parmi ses ouvrages séparés, citons: « Alcune osservazioni sull'uso terapeutico della noce vomica in alcune nevrosi della vita organica », Bologne, Gamberini e Parmeggiani, 1870; « Delle malattie epidemiche e popolari che hanno dominato nella provincia di Bologna nel quinquennio 1872-1876 », rapport, id., id., 1877; « Le même pour les années 1877-1878 », id., id., 1880; « Id. pour les années 1879-1880 », id., id., 1882; « Le même pour les années 1883-84 », id., id., 1886; « Notizie ed osservazioni intorno alle malattie di malaria nella provincia di Bologna: memoria », id., id., id.; « Uso della noce vomica nella epilessia da irritazione del vago », id., id., 1888.

Brugsch (Henri-Charles, connu aussi sous le titre de BRUGSCH-PACHA), savant égyptologue allemand, né, à Berlin, le 18 février 1827. Il était encore étudiant quand il manifesta sa vocation pour les études sur l'antique Égypte par un premier écrit en latin: « Scriptura Ægyptiorum demotica », Berlin, 1848, auquel il fit suivre : « Numerorum demoticorum doctrina », id., 1849; « Uebereinstimmung einer hieroglyph. Inschrift von Philae mit dem griech. und demot. Anfangs-Texte des Decretes von Rosette », id., id.; « De Natura et indole linguae popularis Ægyptorum », id., 1850; « Sammlung demotischer Urkunden », id., id.; « Uebersichtliche Erklärung ägyptischer Denkmäler des k. neuen Museums zu Berlin », id., id.; « Die Inschrift von Rosette », 1re partie, id., id.; « Inscriptio Rosettana hieroglyphica », id., 1851; « Sammlung demotisch-griech. Eigennamen ägyptischer Privatleute », id., 1851. Ces publications lui attirèrent la protection d'Alexandre de Humboldt et du roi Frédéric-Guillaume IV. Il lui fut donné d'aller étudier les monuments égyptiens dans les musées de Paris, de Londres, de Turin et de Leïde, puis il fit, en 1853, un premier voyage en Égypte, où la découverte des tombeaux du bœuf Apis, faite par Mariette-bey, lui fournit l'occasion à des études historiques et hiéroglyphiques. Rentré à Berlin, en 1854, il prit le diplôme de *privat Docent*, et fut attaché au musée égyptien. En 1857-58, il fit un second voyage en Égypte; en 1860, il accompagna le baron de Minutoli dans son ambassade de Perse, parcourut avec lui une grande partie de ce pays et après la mort de son chef prit la direction de l'ambassade. En 1861, il fit retour à Berlin, et, en 1864, il fut nommé Consul prussien au Caire. Rentré en Allemagne, en 1868, il obtint une chaire d'antiquités égyptiennes à l'Université de Goettingue, mais, sur la demande du vice-roi d'Égypte, il alla, en 1873, prendre au Caire, la direction de l'*École d'Égyptologie*, récemment fondée. Commissaire égyptien aux expositions universelles de Vienne et de Philadelphie, M. B. reçut, en 1873, du vice-roi le titre de Bey, et, en 1881, celui de Pacha. En 1879, il revint à Berlin, où il est professeur titulaire d'Égyptologie. En 1882, il accompagna le prince Frédéric-Charles de Prusse dans son voyage en Égypte et en Syrie, et, en 1884, il alla, en Perse, en qualité de conseiller d'ambassade. Outre les ouvrages déjà cités, nous connaissons de lui : « Grammaire démotique », Berlin, 1855; « Reiseberichte aus Aegypten », Leipzig, id.; « Wanderung nach den Natronklöstern in Aegypten. Vortrag », Berlin, id.; « Recherches sur la division de l'année chez les anciens Égyptiens », id., 1856 ; « Monuments de l'Égypte », id., 1857 ; « Die Aegyptischen Alterthümer in Berlin », 1857; « Geographische Inschriften altägyptischer Denkmäler », 3 vol., Leipzig, 1857-60; « Histoire de l'Égypte », 1 vol., id., 1859, 2e éd. en allemand, 1876 ; « Geschichte Aegyptens unter den Pharaonen », Leipzig, 1876-77, traduction anglaise, Londres, 2me éd., 1880 ; « Recueil de monuments égyptiens, en collaboration avec Dümichen, 6 parties, Leipzig, 1862-63; « Matériaux pour servir à la reconstruction du calendrier des anciens Égyptiens », Leipzig, 1864; « Aus dem Orient », Berlin, 1864; « Wanderung nach der Türkismen und der Sinaibalbinsel », Leipzig, 1866, 2me éd., 1868; « Hierogliphisch-demotisches Wörterbuch », 7 vol., Leipzig, 1867-82; « Ueber Bildung und Entwicklung der Schrift », Berlin, 1868; « Die ägyptische Gräberwelt », Leipzig, id.; « Die Sage von der geflügelten Sonnenscheibe nach altägypt. Quellen dargestellt », dans les *Abhandlungen d. k. Ges. d. Wiss.* de Goettingue, 1870; « Grammaire hiéroglyphique à l'usage des étudiants », Leipzig, 1872, éd. allemande id., id.; « Verzeichniss der Hieroglyphen mit Lautwerth », id., id.; « Neue Bruchstücke des Codex Sinaiticus, aufgefunden in der Bibliothek des Sinaiklosters », id., 1875 ; « l'Exode et les monuments égyptiens », id., id. ; « Der Bau des Tempels Salomons nach der Koptischen Bibelversion », id., 1877 ; « Dictionnaire géographique de l'ancienne Égypte », id., 1877-1880; « Drei Festkalender des Tempels von Apollinopolis Magna in Oberägypten », id., 1877 ; « Reise nach der grossen Oase El Chargeh in der Lybischen Wüste. Beschreibung ihrer Denkmäler », parties 1-4, id., 1878 ; « La géographie des noms ou division administrative de la haute et de la basse Égypte », id., 1879 ; « Die neue Weltordnung nach Vernichtung des sündigen Menschengeschlechts nach einer altägypt. Ueberlieferung », Berlin, 1881; « Thesaurus inscriptionum ægyptiacarum », id., 1882-84; « Religion und Mythologie der alten Aegypter », Leipzig, 1884; « Prinz Friedrich Carl im Morgenlande », en collaboration avec Garnier, Francfort, 1884; « Im Lande der Sonne, Wanderungen im Persien », Berlin, 1886. M. B. a traduit et publié en outre: « Zweibilinque Papyri hieratisch und demotisch », de H. Rhind, Leipzig, 1865, et il a fondé, en 1863, la *Zeitschrift für ägypt. Sprache und Alterthumskunde*. Brugsch Pacha est l'un des huit membres honoraires étrangers de la Société Asiatique Italienne.

Bruhin (Gaspard-Aloys), écrivain suisse, né, le 14 avril 1824, à Schübelbach, dans la Marche Schwytzoise, reçut son éducation première à Schwytz et à Fribourg, dans les collèges des Jésuites, et se rendit, en 1845, à Munich, pour y étudier la jurisprudence. Dès son retour en Suisse, en 1849, la démocratie le comptait parmi ses plus ardents champions, il fondait, pour la défense des idées libérales, au foyer même de Sonderbund, le *Messager alpestre de Schwytz et d'Uri*, qu'il abandonna, il est vrai, au bout de quelques mois, pour rédiger à Berne, sous l'inspiration du général Ochsenbein, la *Gazette suisse fédérale*. L'insuccès de la politique adoptée par son patron, força Bruhin à déposer momentanément, en 1852, la plume du polémiste, pour travailler dans l'étude d'avocat ouverte à Rapperschwyl, par le colonel Breny, mais l'impétuosité de son tempérament et l'ardeur de ses opinions qui s'accentuaient toujours davantage dans le sens du radicalisme, ne lui permirent pas de rester longtemps à l'écart des luttes quotidiennes. Tout au contraire, il les transporta, dès 1854, dans son district d'origine par la fondation d'un journal fortement teinté de socialisme, quoique placé sous la protection du nom vénéré de A. *Stauffacher*. Depuis lors, M. B. a poursuivi parallèlement la double carrière du journalisme et du barreau, plaidant (1858), devant les tribunaux zurichois, tout en rédigeant (1856) la *feuille populaire* créée par Treichter, prenant, en 1864, une part des plus actives à l'agitation démagogique qui sévit sur le canton de Bâle-campagne et investi, en récompense de ses services, par ses nouveaux concitoyens, des fonctions de procureur général. Actuellement M. Bruhin, tout en conservant sa charge à Liestal, a élu son domicile à Bâle. Le poëte a souffert, chez lui, du contact avec le politicien. Ses romans et ses drames, quoique souvent remarquables par l'éclat des images et l'énergie des sentiments, par le caractère confus et fièvreux des aspirations, fatiguent par un style tendu, prétentieux, fréquemment incorrect. La sérénité artistique et l'impartialité d'historien lui font également défaut dans ses peintures du passé, et ses personnages, malgré les passions qu'il s'efforce à leur comuniquer, demeurent de pures abstractions politiques et sociales, dépourvues de vérité et de vie. Parmi ses ouvrages, nous citerons : « Le scalde », recueil de légendes du Nord, 1855 ; « Paracelse », un cycle poétique, 1856 ; « Antechrist », poème dramatique, id. ; « Arnold », roman suisse, 1858 ; « Léon le travailleur », roman, 1863, et diverses nouvelles publiées en feuilleton dans les journaux progressistes : « La rencontre » ; « la jeune héroïne de Wollzai » ; « Gustave Nelk » ; « L'Heimatlose » ; « Henri », 1863 ; « le landamann Suter », 1863 ; « la Réconciliation », 1873 ; des drames patriotiques et une « Anthologie de poésies germano-américaines », 1869.

Brun (Charles-Jacques), écrivain d'art suisse, né, à Hambourg, le 12 septembre 1851, d'un père genevois et d'une mère allemande ; il reçut son éducation en Allemagne et en Suisse. Après de longs voyages et des séjours en France, en Angleterre et en Italie, il fut nommé professeur pour l'histoire de l'art à l'école supérieure des jeunes filles de Zurich. Parmi ses publications nous citerons: « Léonard de Vinci », biographie insérée dans l'*Art et les Artistes* de Dohm, 1879 ; « Bernardino Luini », deux monographies insérées dans le même recueil ; *Feuille pour le nouvel an*, éditée par la *Société des Artistes Zurichois*, 1880 ; « Andrea Mantegna », une série d'études dans la *Revue pour l'Art plastique* de Leipzig, 1875, 76, 81, 82 ; « Les fresques de Luini dans l'Église S. Marco à Milan », id., 1878 ; « La Passion de Luini à l'Eglise Santa-Maria degli Angeli à Lugano », id., 1879 ; « Le graveur suisse Frédéric Weber », id., 1881-82 ; « Giotto ; Fiesole ; Signoretti », trois conférences dans le *Journal pour l'Art Chrétien*, Stuttgard, 1885, 87, 88 ; « L'anonyme à l'Académie des Beaux-Arts de Venise », études critiques sur un livre d'esquisses apocryphes de Raphaël ; « Répertoire artistique de Stuttgard », 1888 ; M. B. est collaborateur de la *Biographie germanique*, du *Dictionnaire artistique* de Meyer, du *Journal des Architectes suisses*, de l'*Indicateur* de Goettingue et de la *Revue historique* de Sybel.

Brunchorst (Georges), jeune médecin norvégien, né, en 1862, à Bergen, où il est chef de la division botanique du musée. Il a traité, avec beaucoup de talent, plusieurs des problèmes actuels de la science naturelle moderne. On lui doit : « Ueber die Wurzelanschwellungen von Alnus und den Elaeagnaceen », Leipzig, 1886, thèse de doctorat ; « Les maladies des plantes les plus importantes », Bergen, 1886 ; « Des plantes insectivores », id., 1887.

Brundo (Charles), littérateur italien, né, à Cagliari, en août 1839. Reçu, à l'âge de dix-neuf ans, docteur en droit à l'Université de sa ville natale ; après avoir fait son stage, il entra comme secrétaire dans une des principales typographies de Cagliari celle de M. Timon ; il est maintenant délégué pour les écoles du canton de Cagliari et syndic (maire) de la commune de Pula. M. Brundo consacre ses loisirs aux lettres et dans une série de publications toutes concernant son île, il en a popularisé sous une forme agréable, l'histoire et la description des mœurs. Nous citerons de lui : « Raccolta di tradizioni sarde », Cagliari, Timon, 1869, dont une nouvelle série a paru en 1873 ; « L'Alcade di Longone, racconto storico del secolo XVIII », id., id., 1870 ; « La rotta di Macomer, racconto storico del secolo XV », id., id., 1872 ; « Adelasia di Torres », id., id., 1874 ; « Il Pino Balestrieri », id., id., 1875 ; « Il Fantasma bianco », id., id., id. ; « Una Congiura in Cagliari, racconto storico del secolo XVII », id., id., 1877 ; « Olimpia, scene contemporanee », id., id., id. ; « Bozzetti storici » de l'époque romaine, id., id., id. ; « Marino e Nerino, racconto storico del secolo XII », id., id., 1878 ; « Scene e bozzetti », id., id., id. ; « Di palo in frasca, saggi critici », id., id., 1887 ; « Ricordi storici di Gaetano Cadeddu e dei suoi tempi », di., id., id.

Brunelli (Gérémie), poëte italien, professeur de littérature italienne et latine au séminaire de Pérouse, est né, à Cerciano, en 1841. Il a publié : « Il marchese Alessandro Antinori, ricordo-funebre », Pérouse, 1879 ; « La Vergine Italiana o Caterina Beninicasa, canto », id., 1880 ; « L'Immacolata a Firenze, canto », Bologne, 1880; « Nel XIV centenario di S. Benedetto, prosa e versi », Pérouse, 1881; « Pellegrino Matteucci, Episodio », Bologne, 1882; « Metastasio e i nuovi poeti, versi », Turin, 1882; « Giovanni Dupré, canto », id., 1882; « Carlo Conestabile, Elogio funebre », Pérouse, 1882; « Saluto dei fratelli latini ai fratelli slavi, canto », traduit en quatre langues, Rome, 1882; « Leonis XIII Carmina », Udine, 1883; « Franciscalia, prose e versi », Pistoia, deux éditions; « Foglie d'ellera, versi », Sienne, 1886.

Brunengo (Joseph), savant écrivain ecclésiastique italien, membre de la Compagnie de Jésus, l'un des rédacteurs les plus actifs et les plus compétents de la *Civiltà Cattolica*, conseiller de la Commission des Cardinaux pour les études historiques, membre de la *Society of biblical archaeology*, né, à Piverone près Ivrée, le 12 janvier 1821. Entré le 15 octobre 1835 dans la docte Compagnie, il collabore, depuis 1854, à la *Civiltà Cattolica*, où il débuta par le « Storia dell'assassinio di Pellegrino Rossi »; il continua depuis lors à être l'historien de cette Revue. Ses publications sont nombreuses; citons : « Un romanzo storico di genere nuovo », 1865; « La moderna necromanzia », 1856-57; « Intorno alle cause dei fenomeni mesmerici », 1857; « I Principati danubiani »; « Clemente V e Filippo il Bello », 1859; « Origini della sovranità temporale dei Papi », 1860-61 réimprimé à Rome en 1862; « Il Codex diplomaticus dominii temp. S. Sedis, del Theiner », 1862; « I Primi Papi-Re e l'ultimo dei Re Longobardi », 1862-63, réimprimé à Rome en 1864; « Il Patriziato romano di Carlomagno », 1864-66; « Clemente V e i Templari », 1866; « La notte di San Bartolommeo », 1866-67; « Sul nepotismo di Sisto IV », 1868; « L'Assemblea del clero gallicano nel 1682 », 1869; « La Storia di Roma del Reumont », 1871; « I Destini di Roma », 1871-77, réimprimé à Turin, 1874-76, en quatre petits volumes; « La Storia di Roma del Gregorovius », 1877; « Storia dell'Impero assiro-caldeo in relazione colla Bibbia, secondo le scoperte moderne », 1878-80; « L'Impero di Babilonia e di Ninive, dalle origini fino alla conquista di Ciro, descritto secondo i monumenti cuneiformi comparati colla Bibbia », 2 gr. vol., Prato, Giachetti, 1885; « La Cronologia Biblico-Assira », supplément à l'histoire de Babilone, id., id., 1886. Signalons encore quelques autres essais importants qui ont paru dans la *Civiltà Cattolica* de ces dernières années : « La Stela di Mesa », 1885-86; « Il Tesoro, la Biblioteca e l'Archivio dei Papi nel secolo XIV », 1886; « Il Diluvio di Alberto Cetta », 1886-87; « Il Nabucodonosor di Giuditta », 1886-88.

Brunet (Pierre-Gustave), littérateur français, né, à Bordeaux, le 18 novembre 1807, est membre de l'Académie des belles-lettres de cette ville, où il a été longtemps adjoint au maire. Ses publications bibliographiques l'ont fait confondre quelquefois avec son homonyme M. Jacques-Charles Brunet (1780-1867). Après s'être occupé particulièrement des recherches sur les divers patois de la France, ainsi que sur la vieille langue française, il a mis en lumière un grand nombre de travaux d'auteurs anciens devenus fort rares. Nous citerons de lui : « Recueil d'opuscules et fragments en vers patois, extrait d'ouvrages devenus fort rares », Bordeaux, 1840; « Notices et extraits de quelques ouvrages écrits en patois du midi de la France », Paris, Leleux, 1840; « Essai d'études bibliographiques sur Rabelais », id., Techener, 1841; « Notices sur une édition inconnue du Pantagruel et sur le texte primitif de Rabelais », id., id., 1844; « Lettre au bibliophile Jacob, au sujet de l'étrange accusation intentée contre M. Libri », id., id., Paulin, 1849; « Bibliothèque bibliophilo-facétieuse, éditée par les frères Gébéodé », (MM. G. B. et Octave Delepierre), 3 vol. s. l. (mais Londres), 1852-1857; « Nouveau siècle de Louis XIV », Paris, Garnier frères, 1857; « Les Violier des histoires romaines, ancienne traduction française de Gesta romanorum ». id. Jannet, 1858; « Notices sur les proverbes basques recueillis par Arnauld d'Oihenart et sur quelques autres travaux relatifs à la langue euskarienne », id., A. Aubry, 1859; « Dictionnaire de bibliologie catholique », id., Migne, 1860; « Curiosités théologiques », id., Delahays, 1861, nouvelle éd., id., Garnier frères, 1884; « De Tribus Impostoribus MDIIC. Texte latin, collationné sur l'exemplaire du duc de La Vallière », id., Gay, 1861; « La Papesse Jeanne; étude historique et littéraire », id., id., 1862, nouvelle éd., Bruxelles, Gay et Doucé, 1880; « Anthologie scatologique, recueillie et annotée par un bibliophile de cabinet, Paris, chez le libraire qui n'est pas triste », id., id.; « Les Évangiles apocryphes », id., Frank, 1863; « Fantaisies bibliographiques », id., Gay, 1863; « La France littéraire au XVe siècle », id., Frank, 1865; « Étude sur Francisco Goya, sa vie et ses travaux », id., Aubry, 1865; « Recherches sur diverses éditions elzéviriennes, extraites des papiers de M. Millot », id., id., 1866; « Imprimeurs imaginaires et libraires supposés, étude bibliographique », id., Tross, id.; « Le Marquis de Sade, l'homme et ses écrits. Étude bio-bibliographique. Sadopolis chez Justin Valcourt l'an 0000 », Bruxelles, Gay, 1866; « Curiosités bibliographiques et artistiques », Genève, Gay, 1867; « Firmin Didot et sa famille », Paris, Bachelin-Deflorenne, 1870; « Études sur la reliure des livres et sur les collections des bibliophiles célèbres », Bordeaux, Lefebvre, 1873; « Maranzakiniana », Paris, Jouaust, 1875; « La légende du Prêtre

Jean », Bordeaux, Lefebvre, 1877; « Livres payés en vente publique 1000 fr. et au dessus », id., id., id.; « La Reliure ancienne et moderne », Paris, Daffis, 1878; « Les livres cartonnés », Bruxelles, Gay et Doucé, 1878; « Recherches sur les imprimeries imaginaires, clandestines et particulières », id., id., 1879; « Les Fous littéraires. Essai bibliographique sur la littérature excentrique, les illuminés visionnaires », id., id., 1880; « Livres perdus. Essai bibliographique sur les livres devenus introuvables », id., id., 1882. — Depuis 1878, M. Brunet a commencé à publier, d'abord chez Gay et Doucé de Bruxelles et ensuite chez la Veuve Moignet de Bordeaux chaque année : « La Bibliomanie en 18. . Bibliographie rétrospective des adjudications les plus remarquables faites cette année et de la valeur primitive de ces ouvrages ». - M. G. Brunet a encore traduit « Velasquez et ses œuvres », de William Stirling; « les Propos de table », de Martin Luther; « Devoirs des femmes dans le mariage », de Mlle Ellis; « Eothen ou le Voyage en Orient » de Kinglake et il a publié avec des préfaces et des notes la « Correspondance », de la duchesse d'Orléans, princesse Palatine; l'« Histoire macaronique », de Merlin Coccai ; « les Très Merveilleuses histoires des femmes du Nouveau-Monde » de Guillaume Postel; la 2me éd. des « Supercheries littéraires » de J. M. Quérard; « les « Oeuvres posthumes du même »; les «Sociétés badines, bachiques, littéraires et chantantes », d'Arthur Dinaux ; « l'Élite des Contes du sieur d'Ourville » ; et des « Facétieuses nuits », de Straparole; il a en outre fourni des articles à un grand nombre de journaux bibliographiques et littéraires, notamment au *Bulletin du Bibliophile*; à la *Revue critique des livres nouveaux*; à la *Revue archéologique*, à l'*Intermédiaire des chercheurs et des curieux*. Plusieurs de ces articles et des livres qui précèdent sont anonymes ou signés avec les pseudonymes : *Dom Catalagus, Philomneste Junior, C.* et *J. A. I. Turben*, anagramme, etc.

Brunetière (Ferdinand), illustre littérateur et critique français, né, à Toulon, en 1849. M. Brunetière a été nommé, en 1886, professeur suppléant de langue et de littérature française à l'École normale supérieure. On lui doit: « Études critiques sur l'histoire de la littérature française: La littérature française du moyen-âge; Pascal; Mme de Sévigné, Molière, Racine, etc. », Paris, Hachette, 1880; « Nouvelles études critiques sur l'histoire de la littérature française. Les Précieuses, Bossuet et Fénelon, Massillon, Marivaux, la Direction de la librairie sous Malesherbes, Galiani, Diderot, etc. », id., id., 1882; « Le Roman naturaliste », id., Lévy, 1883; les trois derniers ouvrages, ont été couronnés par l'Académie française, « Histoire et Littérature », 3 vol., id., C. Lévy, 1884-86; « Études critiques sur l'histoire de la littérature française, 3me série », id., Hachette, 1887. M. B. a publié, en outre, un recueil de « Sermons choisis », de Bossuet, Paris, Didot, 1882.

Bruni (Antoine), pédagogiste italien, né, à Prato (prov. de Florence), vers 1840; il fit ses études à Pise, et commença, tout jeune encore, un apostolat infatigable en faveur de l'institution des bibliothèques populaires, dont il a été, en Italie, le créateur. Entré dans l'administration de l'Instruction publique, il fut inspecteur dans plusieurs arrondissements et fit même dans quelques provinces les fonctions de proviseur et partout il se signala par son ardeur en faveur de l'instruction populaire. Aujourd'hui il est directeur de l'École normale pour les instituteurs d'Aquila. Parmi ses nombreuses publications, nous citerons: « Appunti grammaticali della lingua italiana »; « Della beneficenza di Domenico Giuntalodi »; « Memorie della biblioteca circolante popolare di Prato »; « Dell'istruzione », discours; « Le private istituzioni economiche, educative e di beneficenza pubblica dell'Alsazia alla Esposizione Universale del 1867 », Florence, Gaston, 1867; « Discorsi varii », Prato, 1868; « Delle istituzioni popolari educative, economiche e di beneficenza d'Italia. Studio storico, statistico, espositivo », 1re partie, « Provincia di Genova », Florence, Botta, 1868; « Delle biblioteche e dei libri popolari », id., id., 1869; « Le biblioteche popolari in Italia dal 1861 al 1869 », id., id., id.; « Annuario delle biblioteche popolari d'Italia », en collaboration avec M. Giovanni Benedetti, id., Cellini, 1870; le même pour les années 1870-71 avec un « Cenno sulle biblioteche circolanti di Berlino », id., Tofani, 1872; « I dieci mesi dell'anno scolastico, ossia guida alle istituzioni educative, etc. », Milan, Agnelli, 1872; « Norme didattiche e piccolo codice dell'istruzione », Turin, 1876; « Quarto annuario delle biblioteche popolari d'Italia dal 1873 in poi con una cronaca estera », Milan, Agnelli, 1879; « Quinto annuario, etc. u. s. », Turin, Berni, 1882; « Sillabario graduale », 8e éd., Turin, Paravia, 1882; « Vittorino e Maria, letture per le scuole », id., id., 1883; « Educatrice e madre: consigli ed esempi dedicati alle giovani italiane », Milan, Agnelli, 1883; « L'uomo e l'educazione ossia nozioni antropologiche », Milan, Trevisini, 1885; « Scuole, Biblioteche, Mostre e Conferenze », Milan, Agnelli, 1885.

Brunlalti (Attilio), jurisconsulte, géographe, brillant écrivain et homme politique italien, né, à Vicence, le 2 avril 1849. Il débuta de bonne heure dans le journalisme comme rédacteur du *Diritto*; en même temps, il fondait avec M. Genala la *Società per lo studio della Rappresentanza proporzionale*, question à laquelle se rapportent plusieurs de ses publications. De 1872 à 1877, il dirigea le *Bollettino della Società geografica italiana*, où il inséra plusieurs mémoires importants. Attaché d'abord à la Bibliothèque de la Chambre des Députés, il quitta cette situation pour entrer dans l'enseignement; il fut d'abord professeur à l'Université de Pavie et aujourd'hui il est professeur ordinaire de droit constitutionnel à l'Université de Turin. M. B., qui est membre correspondant de l'Institut de Milan, représente depuis quelques années sa ville natale à la Chambre des Députés. Parmi ses nombreuses publications, nous citerons, outre « Le istituzioni politiche della Svizzera », leçon d'ouverture à un cours de droit constitutionnel comparé fait à l'Université de Rome, les ouvrages suivantes : « Libertà e democrazia, studi sulla rappresentanza delle minoranze », Milan, Treves, 1871 ; « Le grandi vie del commercio internazionale e gli interessi italiani », dans les *Studii sulla geografia naturale e civile dell'Italia* publiés par la Société Royale de Géographie, Rome, 1875; « Il mare Saharico e la spedizione italiana in Tunisi », id., id., 1876; « Conversazioni geografiche », Rome, Botta, 1877; « Le ultime esplorazioni africane e polari », deux conférences, id., Forzani, 1878 ; « La giusta rappresentanza di tutti gli elettori », id., Civelli, id. ; « La monarchia rappresentativa e la demagogia cesarea », lecture, Vicence, Burato, 1879; « La riforma elettorale e lo scrutinio di lista », lettres, avec M. Aicardo Gualdo, Venise, Fontana, 1880 ; « Le moderne evoluzioni del governo costituzionale: Saggi e letture », Milan, Hoepli, 1880; « Gli eredi della Turchia: studi di geografia politica ed economica sulla questione d'Oriente », id., Treves, 1881 ; « La costituzione italiana », leçon d'ouverture, Turin, Loescher, 1881; « Algeria, Tunisia e Tripolitania, studii di geografia politica italiana », Milan, Treves, 1881 ; « Sulla riforma elettorale politica », dans les *Atti della Filotecnica* de Turin, 4 vol., 1882; « Guida allo studio del diritto costituzionale », Turin, Loescher, 1882; « La questione delle colonie », dans le 3ᵉ vol. de l'*Annuario delle scienze giuridiche, sociali e politiche*, Milan, Hoepli, 1882 ; « La geografia economica al 3° congresso internazionale geografico di Venezia », et « Gli italiani in Africa », dans les *Conferenze tenutesi in Milano presso la Società d'esplorazione commerciale in Africa*, Milan, Bellini, 1882-1883 ; « L'emigrazione e la colonizzazione degli Italiani e l'avvenire della Regione Platense », Rome, 1882; « Le amazzoni nella storia e nella leggenda », dans les *Atti della Filotecnica* de Turin, 5ᵉ vol., 1883 ; « Libertà e legge », Padoue, Prosperini, 1884; « Gli italiani fuori d'Italia », dans les *Atti della Filotecnica de Turin*, 7 vol., 1885 ; « La Corea secondo gli ultimi viaggi », dans le *Bollettino della Società geografica italiana*, mars, 1855; « L'Italia e la questione coloniale, studii e proposte », Milan, Brigola, 1885 ; « Gli inglesi in Birmania », conférence, Rome, Civelli, 1887; « I grandi viaggiatori,

cento biografie », Milan, Vallardi, 1887. M. B. écrit en outre chaque année depuis 1875, une « Rivista Geografica », pour l'*Annuario scientifico* de l'éditeur Treves de Milan; il dirige, depuis 1881, la *Biblioteca di scienze politiche, scelta collezione delle più importanti opere moderne italiane e straniere di scienze politiche*, publiée à Turin par l'Unione Tipografico Editrice et, depuis 1884, l'*Annuario biografico universale, raccolta delle biografie dei più illustri contemporanei* publié par la même maison; en outre, il a traduit de l'allemand : « L'Africa orientale dal Limpopo al paese dei Somali », de Hermann von Barth, Rome, Botta, 1876 et il dirige la traduction de la « Nuova Geografia Universale », d'Élysée Reclus, Milan, Vallardi, 1883 et suiv. — Ajoutons enfin que M. B. vient de publier à part plusieurs rapports qu'il a présentés à la Chambre sur des projets de loi qui autorisaient plusieurs communes à dépasser le maximum de l'impôt, rapports qui ont été fort loués par leur clarté.

Bruno (Giovanni), économiste italien, né, à Palerme, le 9 mai 1818. Depuis 1845, M. B., est professeur ordinaire d'économie politique à l'Université de sa ville natale, maintenant, il est, en même temps, doyen de la Faculté de jurisprudence et président de l'Académie des sciences, des lettres et des beaux-arts de la même ville. En 1848, il a été député au Parlement sicilien et il a dirigé avec M. Francesco Crispi, aujourd'hui président du conseil des ministres, le journal l'*Apostolato* et avec l'illustre économiste Francesco Ferrara, l'*Indipendenza* et la *Lega*. Partisan, depuis 1842, de l'utilité des Caisses d'épargnes, il a débuté par la publication du livre : « Sul vantaggio e progresso delle Casse di risparmio e sui mezzi di istituirle in Sicilia », Palerme, Lao, 1842, 2ᵐᵉ éd., 1852, mais ses efforts n'aboutirent à rien, et ce ne fut qu'en 1861 qu'il put enfin instituer dans sa ville natale, la première caisse d'épargne dont il fut l'organisateur et le premier directeur. Parmi ses autres publications toutes inspirées aux principes de la plus large liberté économique, nous citerons: « Sulla divisione della proprietà territoriale », id., Morvillo, 1844; « Sulla sapienza », discours d'ouverture prononcé à l'Université; « Sulla importanza della scienza economica », leçons d'ouverture, les deux réunies en volume et publiés à Palerme, chez Lao, 1846 ; « Sulla influenza delle condizioni politiche al progresso degli studii », leçon d'ouverture, Palerme, 1848; « Sulla origine della economia sociale, ovvero teoria della storia di questa scienza », Palerme, Losnaider, 1854 ; « Sul sistema doganale in Sicilia e della scala franca in Palermo », Palerme, 1854; « Difetti e riforma delle statistiche commerciali », id., id. ; « Del libero panificio e delle mete », id., id., plusieurs fois réédité; « Rudimenti sul libero panificio e sulle mete », id., id.; « Sul divieto alla importazione in Sicilia degli animali bovini », id., 1856; « Sulla esposizione industriale ed agricola siciliana », id., 1857; « Riflessioni economiche », id., 1858; « Sul credito territoriale », id. id.; « Dell'unità politica e della indipendenza amministrativa delle regioni italiane », id., 1860; « Le isole e il continente », id., 1862; « Discorso inaugurale per l'apertura della cassa centrale di risparmio in Palermo », Palerme, 1862; « La scienza dell'ordinamento sociale, ovvero Nuova esposizione dell'economia politica. Corso completo », 2 vol., id., 1858-62; « Sul progetto ministeriale intorno alla imposta sui tabacchi », id., 1854; « Lettre à M. le rédacteur en chef du *Journal des Économistes* sur les *Comptes-rendus* sur l'ouvrage: *la scienza dell' ordinamento sociale* par MM. H Passey et J. G. Courcelle-Senouil », id., 1866; « Relazione sulle scuole municipali e su i nuovi ordinamenti per la direzione o governo delle medesime », id., 1869; « Relazione sulle scuole municipali », id., Gaipa, 1870; « I liberisti e gli autoritarii », id., 1875.

Bruno (Joseph), mathématicien italien, professeur titulaire de mathématique à l'Institut technique Germano Sommeiller de Turin, professeur ordinaire de géometrie et doyen de la Faculté des sciences physiques, mathématiques et naturelles à l'Université de la même ville, et membre de l'Académie royale des sciences. Presque tout ce que M. B. a publié se trouve dans les recueils publiés par cette compagnie. Nous citerons de lui: dans les *Atti* de l'Académie: « Dimostrazione di una proprietà dell'elicoide sghembo a piano direttore ed osservazioni sopra una proposizione del trattato di Stereotomia di Leroy », 2^d vol., 1866-67; « Intorno ad alcune proprietà dell'elicoide sghembo a piano direttore », 3e vol., 1868; « Ricerche sulla linea luogo dei punti ed una iperboloide sghembo, nei quali i due raggi principali di curvatura della superficie sono uguali in lunghezza fra loro », 6e vol., 1876; « Generalizzazazione e corollari di un noto teorema di geometria », 7^e vol., 1871-72; « Alcune proposizioni sulle coniche », id., id.; « Su d'una relazione fra il punto in cui s'incontrano due tangenti ad un elisse, e quello in cui concorrono le normali a questa linea nei punti di contatto alle anzidette tangenti », 8e vol., 1872-73; « Un teorema sui punti comuni ad una parabola e ad una circonferenza », id., id.; « Una proprietà di due quadriche unifocali dimostrata »; 14e vol., 1879; « Nota sopra i triedri trirettangoli, i cui spigoli sono tutti normali ad una quadrica data », 15e vol., 1880; « Sulle coniche che passano per tre punti dati e toccano due rette date », 17e vol., 1882; « Sui quadrilateri sghembi circoscritti ad una quadrica », id. id.; « Sopra un punto della teoria delle frazioni continue », 21e vol., 1886; et dans les *Memorie* de la même compagnie:

« Alcune proposizioni sulla superficie conoide, avente per direttrici due rette »; « Nota sulla superficie conoide, la direttrice curvilinea della quale è una linea piana di secondo grado ed interseca la direttrice curvilinea del conoide stesso », 2e sério, 24e vol., 1868. Nous citerons encore du même auteur: « Sopra un teorema di geometria descrittiva e sua applicazione al tracciamento del contorno dell'ombra di alcuni corpi », dans les *Annali di matematica* de MM. Brioschi et Cremona, Milan, 5e vol., 1863; « La esposizione di un teorema geometrico », dans les *Nouvelles Annales de Mathématique*, 2me série, 2e vol.; « Sul quadrangolo delle intersezioni ortogonali di una conica a centro colle normali condotte a questa curva da un punto qualunque del suo piano », Turin, Paravia, 1876; « Sopra una applicazione di un teorema conosciuto della geometria », dans les *Annali del R. Istituto Tecnico, Industriale e professionale di Torino*, XI vol., 1882-83; « Donato Levi », dans l'*Annuario della R. Università di Torino*, 1885-86.

Brunold (Frédéric). Voyez MEYER (Auguste F.).

Brunn (Henri, chevalier von), archéologue allemand, né, à Värlitz, près Dessau, le 23 janvier 1822. Il fit ses études à Bonn, et se rendit, en 1843, en Italie. Là, tout en publiant des ouvrages scientifiques, puis en s'occupant de questions politiques, il fréquenta assidûment les musées et réunit les matériaux d'un grand ouvrage sur les inscriptions que préparaient Mommsen et Ritschl. De retour en Allemagne, il fut, de 1854 à 1858, *privat Docent* et conservateur de la bibliothèque à l'université de Bonn, puis envoyé à Rome, en 1856, comme secrétaire de l'Institut archéologique allemand à la place de Braun. Il réussit avec l'aide de Henzen, et grâce aux subsides du gouvernement prussien, à donner un nouvel éclat à cet établissement, qui devint un centre d'instruction pour les jeunes archéologues. Depuis 1865, M. de Brunn est professeur d'archéologie à l'Université et conservateur du cabinet des médailles de Munich; en 1868, il a été nommé aussi conservateur du musée céramique du roi. Nous connaissons de lui: « Artificum liberae Greciae tempora », Bonn, 1843; « Geschichte der griechischen Künstler », 2 vol., Stuttgard, 1853-1859; « De actorum indicibus Plinianis disputatio isagogua », Bonn, 1856; « Die Philostratischen Gemälde gegen K. Friedrichs vertheidigt », Leipzig, 1861; « Denkschrift über die Gründung eines Museums von Gypsabgüssen classischer Bildwerke in München », Munich, 1867; « Beschreibung der Glyptotek König Ludwig I zu München », München, 1868, 5me éd., 1887; « I rilievi delle urne etrusche pubblicati a nome dell'Istituto di corrispondeuza archeologica; vol. I, Ciclo Troico », Rome, 1870; « Supplement zu den Studien über den Bilderkreis von Eleusis von Carl Strube », Leipzig, 1872; « Kurzes Verzeichniss des Museums von Gypsabgüssen classischer Bildwerke in München », Munich, 1877, 3me éd., 1886; « Denkrede zur Erinnerung an das Centenarium der Geburt Königs Ludwig I », Munich, 1886, et une foule de discours académiques et d'articles insérés dans le *Bollettino dell'Istituto archeologico*, dans les *Memorie dell'Istituto di corrispondenza archeologica* de Rome, dans la *Archäologische Zeitung*, et dans presque tous les recueils spéciaux d'Italie et d'Allemagne.

Brunner (Henri), illustre jurisconsulte allemand, né, le 22 juin 1840, à Wels, dans l'Autriche supérieure, actuellement professeur ordinaire de droit allemand à l'Université de Berlin. Il s'occupa particulièrement de l'histoire du droit, science où il est aujourd'hui passé maître. Il eut pour professeurs C. G. Homeyer, dont il a écrit la vie, dans le *Preuss. Jahrb.* de 1875 : « Karl Gustav Homeyer. Nachruf », et Theodore Sukel, aujourd'hui encore professeur à l'Université de Vienne, auquel il dédia un de ses meilleurs ouvrages : « Die Entstehung der Schwurgerichte », Berlin, 1873; nous citerons encore de lui : « Das gerichtliche Exemtionsrecht der Babenberger », Vienne, 1864; « Zeugen- und Inquisitionsbeweis der Karolingischen Zeit », id., 1866; « Wort und Form in altfranzösischen Prozess », id., 1868, « Das anglonormanische Erbfolgesystem. Ein Beitrag zur Geschichte der Parentelenordung », Leipzig, 1869; « Das französische Inhaberpapier Mittelalters », Berlin, 1869 ; « Zur Rechtsgeschichte der römischen und germanischen Urkunde », id., 1880; nous citerons en outre parmi ses publications insérées dans différents recueils : « Sippe und Wergeld », dans la *Zeitschrift f. Savignystiftung f. Rechtsgeschichte*, 1882; « Die Erbpacht », id., 1884 ; « Ueber das Alter der Lex Alamannorum », dans les *Sitzungsbericht d. Berl. Ak.* 1885; « Die Landschenkungen der Merovinger und der Agilolfinger », id., id.; « Die Herkunft der Schöffen », dans les *Mittheilungen d. Institut f. österr. Geschichtsforsch.*, 1887. On ne pourrait enfin passer sous silence les articles : « Geschichte und Quellen des Deutschen Rechts »; « Ueberblick über die Geschichte der französ. normannischen und englischen Rechtsquellen », qu'il a inséré dans la *Holtzendorff's Encyklop.*

Brunner (Fritz), poète suisse, né, le 30 mai 1830, à Bötzingen près de Bienne (canton de Berne) ; fils d'un sellier, il apprit, au sortir de l'école primaire, l'état d'horloger qu'il exerce encore aujourd'hui dans son village d'origine et compose dans ses moments de loisir des « Poésies », par lui réunies en un volume, 1872.

Brunnhofer (Hermann), philologue et écrivain suisse, bibliothécaire de la bibliothèque cantonale d'Aarau, président de la Société géographique de la Suisse centrale, fondée par lui en 1884, rédacteur de la *Fernschau*, annuaire de cette Société, est né le 16 mars 1841 à Aarau. Il fit ses études dans sa ville natale, à Zürich, à Bonne et à Berlin, où il fréquenta les cours de sanscrit de MM. Bopp et Weber. Il collabora à Oxford au *Dictionnaire Sanscrit Anglais* de Monier Williams, et à l'*Index des Mots du Rigveda* de Max Müller, et traduisit en allemand la partie des « Essays » de ce dernier qui se rapporte au Veda et à l'Avesta. Revenu en Suisse, après quelques années d'enseignement dans les écoles moyennes, il fut nommé bibliothécaire. En 1876, il entreprit son premier voyage en Italie, et à Naples il rassembla des matériaux pour le livre très-important qu'il a publié sur Giordano Bruno. Citons de lui, outre un grand nombre d'articles épars: « l'άλκ, Lac, der graecoitalische Name der Milch », Aarau, 1872; « Ueber den Geist der indischen Lyrick », Leipzig, 1882; « Giordano Bruno's Weltanschauung und Verhängniss, aus den Quellen dargestellt », livre dédié à son ami et compagnon d'études à Berlin, Angelo De Gubernatis, Leipzig, 1882; « Der Indienfahrer Anquetil Duperron », Bâle, 1883; « Ueber den Ursitz der Indogermanen », Bâle, 1884 ; « Der Wetterprophet », comédie en trois actes d'Alfred Werder, Aarau, 1884; « Fachcatalog der Aargauischen Kantonsbibliothek », trois gros volumes de plus de mille pages chacun, 1881-1887.

Bruns (Ernest-Henri), astronome allemand, né, à Berlin, le 4 septembre 1848. Il fut successivement calculateur à l'Observatoire de Pulkova (1872 à 1873), observateur à l'observatoire de Dorpat (1873 à 1876) et professeur à Berlin (1876). En 1882, il fut nommé directeur de l'observatoire et professeur d'astronomie à Leipzig. On lui doit, outre de nombreux articles dans plusieurs journaux : « Ueber die Perioden der elliptischen Integrale erster und zweiter Gattung », Dorpat, 1875 ; « Die Figur der Erde », Berlin, 1878 ; « Ueber eine Aufgabe der Ausgleichungsrechnung », dans les *Abhandl. d. k. sächs. Gesellschaft d. Wiss.* 1886.

Brunswick (Benoît), écrivain français, né, en 1830, à Ribeauvillé (Alsace). Il suivit la carrière diplomatique, et fut notamment attaché comme secrétaire, vers 1859, à l'ambassade de France à Constantinople. M. Brunswick a publié des articles très appréciés sur la politique orientale dans plusieurs journaux, parmi lesquels nous citerons le *Courrier d'Orient* et la *Presse d'Orient*. En librairie, il a publié : « Dictionnaire pour la correspondance télégraphique secrète », Paris, Berger-Levrault, 1868, la 5me éd. est de 1878 ; « Recueil de documents diplomatiques relatifs au Montenegro (1699-1876), avec une introduction », Constantinople, Weiss, 1876 ; « Recueil de documents diplomatiques relatifs à la Serbie (1812-1876), avec une introduction », id., id., id. ; « La Réforme et les garanties », Paris, Leroux, 1877 ; « La vérité sur Midhat-Pacha », id., id., id. ; « L'Égypte et le Congrès », id., id., 1878 ; « Le Traité de Berlin, annoté et commenté », id., Plon, id. ; « L'Église et l'État, documents », id., Amyot, 1880.

Brunton (Thomas-Lauder), médecin et physiologiste anglais, né, en 1844, dans le comté de Roxburgh. Il fit ses études et prit ses grades à l'Université d'Édimbourg, où il obtint le grand prix et la médaille d'or pour sa thèse : « On Digitalis ». En 1867, à la suite d'une série d'observations sur l'angine de poitrine, il appliqua le premier la nitrite d'amyle au traitement de cette maladie, méthode souvent employée depuis avec succès. Successivement professeur de matière médicale à l'hôpital de Middlesex et à celui de Saint-Barthélemy, il fut élu, en 1874, membre de la Société royale ; en 1886, il fit partie de la commission royale anglaise qui se rendit à Paris pour étudier le traitement pastorien de l'hydrophobie, et son rapport forme un véritable traité sur la matière. Les articles scientifiques de M. B. sont épars dans divers journaux ; un de ses travaux les plus importants est la partie concernant la digestion, la sécrétion et la chimie animale dans le *Sanderson's Handbook for the Physiological Laboratory*, l'ouvrage entier traduit en français par M. G. Moquin-Tandou, a paru sous le titre : « Manuel du laboratoire de physiologie » à Paris, chez G. Baillière, en 1883. Dans ces derniers temps M. B. a entrepris de très curieuses recherches sur le venin des serpents, et des expériences non moins intéressantes sur la respiration artificielle. Citons parmi ses derniers travaux : « Text-Book of Pharmacology, Therapeutik », Londres, Macmillan, 1885 ; « Digestion : their Consequences and Treatment », id., id., 1886.

Brusa (Émile), jurisconsulte italien, né, le 9 septembre 1843, à Ternate (province de Côme) ; reçu docteur en droit à l'université de Pavie, en 1861, il se fit inscrire au barreau de Milan, où il resta, jusqu'en 1871, époque à laquelle il fut nommé professeur de droit international et de philosophie du droit à l'université de Modène. En 1877, il eut l'honneur d'être appelé en qualité de professeur de droit pénal, de procédure pénale et de philosophie du droit à l'Université d'Amsterdam, où il enseigna pendant plusieurs années, et il ne quitta la Hollande que pour revenir en Italie prendre possession de la chaire de professeur de droit et de procédure pénale à l'Université de Turin, où il enseigne encore. Parmi ses nombreux travaux, nous citerons : « Sulla classificazione del duello », Milan, 1865 ; « Sorveglianza speciale della polizia », id., 1866 ; « Studii sulla recidiva », id., id, ; « L'ebrezza preordinata al reato », id., 1867 ; « Il libro primo del progetto di codice penale ticinese », Bologne, 1869 ; « La cassazione di Napoli e il progetto di codice penale italiano », Florence, id. ; « Il progetto di codice penale italiano, riveduto e modificato », Bologne, 1870 ; « Il duello nel progetto di codice penale italiano », id., 1871 ; « La proposta d'una dottrina di pratica legislativa », Florence, 1873 ; « Idea fondamentale del diritto e del diritto internazionale in ispecie », leçon d'ouverture, Modène, 1872 ; « Sulle recenti riforme del Giuri e della Procedura avanti le Assise in Italia », Turin, 1874-75 ; « Pareri sul processo Arnim con alcune considerazioni a servizio della futura legislazione italiana », Venise, Antonelli, 1875 ; « Les récidivistes », Toulouse, 1876 ; « Qual'è il miglior mezzo per combattere la recidiva », Rome, 1877 ; « Dei segreti politici », Venise, 1877 ; « De la Science en général et de l'École pénale italienne en particulier », leçon d'ouverture à son cours à l'université d'Amsterdam, Amsterdam, 1878 ; « La morale e il diritto criminale al limbo », discours, Turin, 1880 ; « Sistemi legislativi intorno alla parte civile nel giudizio penale » dans le 3e vol. de l'*Annuario delle scienze giuridiche, sociali e politiche*, Milan, Hoepli, 1882 ; « Dell' unità di cassazione in Italia », dans le 4me vol., du même *Annuario*, 1883 ; M. B. a publié en outre avec des additions et des notes : « Il codice penale zurighese », Venise, 1873 ; « Del diritto internazionale. Lezioni del prof. Ludovico Casanova », 2 vol., Florence, Cammelli, 1876, qu'il fit précéder d'une étude critique : « Sull'odierno diritto internazionale pubblico » ; et il a traduit et publié avec des notes : « L'ultimo progetto di codice penale olandese », Bologne, Zanichelli, 1878. — M. Brusa est membre effectif de l'Institut international de Gand.

Brusasco (Laurent), médecin italien, depuis 1871 professeur et directeur de la clinique médicale à l'école supérieure de zooïatrie de Turin, né, à Castello d'Annone (prov. d'Alexandrie), le 17 octobre 1838. Il a fait ses études à Asti, Alexandrie et Turin, où il fut reçu docteur. Il exerça la zooïatrie, pendant un certain nombre d'annés, à Felizzano ; étudiant de médecine à l'université de Turin, il publiait sa dissertation : « Sopra i vari metodi e procedimenti operativi di castrazione delle vacche », Turin, Franco, 1862. Suivit une foule de publications fort appréciées par les spécialistes ; nous ne citerons ici que les principales : « Osservazioni cliniche sul cloralio idrato nella cura dell' epilessia e della tosse convulsiva », Turin, Speirani, 1870 ; « Brevi considerazioni sull'applicazione del cianuro di potassio nella cura del tetano », id., id. ; « Ancora sugli effetti terapeutici del cloralio idrato », id., id., id. ; « Sull'acariasi follicolare », id., id., id. ; « Riflessioni teorico-pratiche sulla febbre aftosa epizotica », id., id., id. ; « Colite sarcomatosa in un cavallo », id., id., id. ; « Tubercolosi in una scimmia -

morte – esperimenti relativi alla sua trasmissibilità al cavallo, cane, gatto; pneumonite verminosa in un gatto », id., id., 1871; « Rendiconto della sezione clinica-medica nello spedale della R. Scuola Superiore di medicina veterinaria di Torino, dal 1° novembre 1869 a tutto ottobre 1870 », id., id., id.; « Due parole intorno ad una forma particolare di agalassia non poranco nota (contagiosa), nelle pecore e nelle capre », id., id., id.; « L'acido fenico ha proprietà abortiva? », id., id., 1872; « Brevi considerazioni sull'asfissia », id., id., 1873; « Importanza della termometria nella clinica zooiatrica », id., id·, 1872; « Sulla malattia delle galline indicata colla denominazione di pipita », id., id., 1874; « Nuovo Dizionario terapeutico ragionato di patologia medica e chirurgica e di specialità », 1 vol. di 600 pag., id., id., 1876; « Sulla necessità dell'ordinamento degli studii veterinari e dell'esercizio pratico in Italia, in rapporto ai progressi della scienza ed in relazione ai bisogni del paese », id., Bruno e C⁰, 1878; « Metodo semplicissimo per ottenere non solo la diminuzione ma la scomparsa o cessazione della secrezione lattea nelle femmine dei nostri animali domestici », id., id., 1879; « Proposta di un nuovo metodo per la cura antisettica delle ferite », id., id., 1877; « Difterite nei polli », id., id., 1880; « Spontaneità e curabilità del moccio », id., id., id.; « La durata della garanzia nel carbonchio od antrace », id., id., id.; « Rendiconto del Congresso internazionale d'igiene tenutosi a Torino nel 1880 », id., id., id.; « Enteroclismo – apparecchio per tutti gli animali – sue indicazioni », Milan, Agnelli, id.; « Provvedimenti igienici e sanitari contro il carbonchio od antrace e durata della garanzia nel medesimo », dans les *Atti del Congresso dei Veterinari*, tenu à Milan, 1881; « Tubercolosi miliare per contagione diretta dall'uomo ad una cagna », Turin, Brun, 1882; « Strongilo gigante – strongilus gigas – trovato nel rene di un cane », id., id., id.; « Carbonchio », id., id., id.; « Rabbia furiosa in un asino », id., id·, id.; « Setticemia puerperale in una capra », id., id., 1883; « Carbonchio batteridiano e setticemia », id., id., 1884; « Impiego dei semi di senape nera a scopo epissartico ed antiparalitico », id., id.; « Iniezioni tracheali di idroclorato di morfina a scopo terapeutico », id., id., id.; « La Cocaina », id., id., 1885; « Su di un caso di colerina acuta da policolia in un cane », id., id., id,; « Grave idroperitoneo in una cavalla », id., id., 1886; « Sulla febbre catarrale infettiva dei bovini - Rapporto a S. E. il Ministro di Agricoltura e Commercio », Rome, 1886; « Antiparassitici – Antectoparassitici ed Antelmintici », Turin, 1886; « Poche parole sopra una forma speciale di occlusione intestinale nel cane per accumulo di frammenti di ossa nel retto », dans le journal *Il Medico Veterinario* de Turin,

1886; « Antipirina », id., id., 1887; « Grave stravaso sanguigno (echimosi), sotto congiuntivale in un cavallo », id., id., id. Sous presse: « Trattato di materia medica e terapeutica ».

Brusina (Spiridion), naturaliste dalmate, professeur de zoologie à l'Université d'Agram, et Directeur du Musée National de Zoologie dans la même ville, membre de plusieurs Sociétés et Académies savantes, entr'autres, celles d'Agram et de Belgrade, président de la Société Croate des Naturalistes, est né, à Zara, le 11 décembre 1845. Il fit ses premières études dans sa ville natale sous la direction du docteur Pulic' et du docteur Danilo. Lorsqu'il étudiait encore au Gymnase, il fit d'intéressantes collections d'histoire naturelle; entr'autres, celle des mollusques de la Mer Adriatique la plus riche que l'on connaisse et qui fait maintenant partie du Musée d'Agram. Il poursuivit ses études à Vienne; en 1867, il fut nommé adjoint au Musée National d'Agram, dont il devint Directeur en 1876. Le Musée lui doit des collections nouvelles et sa meilleure organisation actuelle. En 1885, à l'occasion du jubilé de cinquante ans pour la renaissance de la nation Croate, il fonda la première Société des naturalistes croates. Son premier ouvrage a paru dans les actes de la Société Zoologico-botanique de Vienne, en 1865; depuis cette année, le professeur Brusina a fait paraître une cinquantaine d'ouvrages, dont nous ne citerons ici que les plus importants: « Contribuzione pella Fauna dei Molluschi dalmati », Vienne, 1866; « Ipsa Chieraghinii Conchylia ovvero contribuzione pella Malacologia Adriatica », Pise, 1870; « Prilozi paleontologiji hrvatskoj », Agram, 1874; « Fossile Binnen-Mollusken aus Dalmatien, Kroatien und Slavonien », Agram, 1876; « Cenni sugli stadi naturali in Dalmazia, seguito dalla descrizione di alcuni fossili terziari », Zara, 1875; « Jedan lecenium nase zooligicke literature (1867-1877) », Agram, 1876; « Stepan Schulzer Müggenburzki, Biograficke crtice », Agram, 1880; « J. E. Kuzmic', biograficke critice », Agram, 1881; « Orygoceras eine neue Gasteropodengattung der Melanopsiden Mergel Dalmatiens », Vienne, 1882; « Anomalie der Ornis Croatica », Vienne, 1883; « Die Neritodonta Dalmatiens und Slavonien », Francfort s. M., 1884; « Die Fauna der congerienschicten von Agram in Kroatien », Vienne, 1884; « Ueber die Mollusken-Fauna Oesterreich-Ungarn », Gratz, 1885; « Zoologya i Kirvati », Agram, 1886; « Appunti ed osservazioni sul lavoro *On the Mollusca procured during the Lightning and Poccupine Expedition 1868-70* », Agram, 1887. Sous presse, un grand ouvrage du même auteur: « Sui molluschi continentali fossili dei paesi slavi meridionali » et un « Prodromo d'Ornitologia Jugoslava ».

Bruston (Charles-Auguste), théologien protestant français, né, le 6 août 1838, à Bourdeaux (Drôme). Il fit ses études théologiques à Montauban, et il entreprit un voyage scientifique en Suisse et en Allemagne. Depuis 1874, il est professeur d'hébreu à la faculté de théologie protestante de Montauban. Parmi ses ouvrages, nous citerons: « L'authenticité des Actes des Apôtres », 1859; « Les Psaumes traduits de l'hébreu, d'après des nouvelles recherches sur le texte original », 1865; « Le texte primitif des Psaumes », 1873; « Le déchiffrement des inscriptions cunéiformes » 1873; « L'inscription de Debon traduite et annotée, 1873 »; « Les inscriptions assyriennes et l'Ancien Testament », 1876; « L'idée de l'immortalité de l'âme chez les Phéniciens et chez les Hébreux », 1878; « Histoire critique de la littérature prophétique depuis les origines jusqu'à la mort d'Isaïe », 1881; « Étude sur l'Apocalypse », 1883; « Les quatre sources de l'Exode », 1883; « Les deux jéhowistes, étude sur les sources de l'histoire sainte », 1885. M. B. a traduit de l'allemand: « Étude critique sur l'Évangile selon Saint-Jean », de M. Fr. Bleek, Paris, Meyrueis, 1864.

Brunn (Christian), historien et littérateur danois, né, à Copenhague, en 1831. Conservateur de la bibliothèque royale depuis 1863 et docteur *honoris causa* de l'Université de Copenhague, il a publié une bibliographie danoise: « Bibliotheca danica, 1482-1830 »; en littérature; il a débuté par des études biographiques: « Rosegaard », 2 vol., 1869; « Curt Adelaer », 1871; « Fra et Hjorne of Kirkegaarden », 1873; parmi ses travaux historiques, nous citerons: « Niels Juel og Hollanderne », 1871; « Ludwig Holberg som Historiken », 1874; « Slaged ved Holberger Heide », 1879; citons enfin de petites études de mœurs: « Ved Strand og Klit »; « Pompeji », 1879. — M. B. a publié aussi les lettres de Holberg, 3 vol., 1870-71.

Bruzelius (Nils-Gustaf), archéologue suédois, né en 1826. Il prit ses degrés à l'Université de Lund, et depuis 1864, il demeure à Ystad, (Malmöe), en qualité de directeur des écoles, et il y fit plusieurs découvertes archéologiques. Pour poursuivre ses études archéologiques, il a visité le Danemark, l'Allemagne, l'Autriche et la Suisse, voyages dont il a rendu compte dans un ouvrage intitulé: « Beskrifning öfver Svensk forlemningar jämte en kort framställning af den äldre järhaldern i Norra och mellersta Europa », 1869. Citons encore de lui: « Beskrifning öfver fornsaker, funna i Skaane », 1850; « Svenska fornlemningar, aftecknade och beskrifna », 2 vol. 1853-60; « Allmogelifvet i Ingelstads härad i Skaane under slutet af förra och början af detta aarhundrade », 1876.

Brzozowski (Charles), poète polonais; aimant surtout l'Orient, il puise dans la vie de ces peuples les arguments de ses poëmes. Les « Nuits des chasseurs en Anatolie », et le « Lion amoureux », entre autres, lui ont donné une belle renommée. La richesse de la fantaisie, l'harmonie du vers et la variété dans les épisodes sont les qualités personnelles de ce poète.

Bryce (James), écrivain et membre du parlement anglais, né, à Belfast (Irlande), le 10 mai 1838. Il fit de brillantes études aux Universités de Glasgow et d'Oxford, et fréquenta plus tard l'Université de Heidelberg. En 1870, il occupa la chaire de droit civil à l'Université d'Oxford, et, élu membre de la Chambre des Communes, où il représente encore la ville d'Aberdeen, il fut nommé sous-secrétaire aux affaires étrangères dans le Cabinet présidé par M. Gladstone. Comme homme politique, M. B. a été un des plus chauds partisans du bill du *Home-Rule* et s'est particulièrement occupé de la Question d'Orient. Son principal ouvrage littéraire est: « The Holy Roman Empire », 1864, 8me éd., 1884, traduit en allemand, 1873, et en italien, 1886; suivirent: « The Trade-Mark Registration Acts, 1875, and 1876, with introduction and Notes », 1877; « Transcaucasia and Ararat, a narrative of a Journey in Asiatic Russia in the autumn of 1876, with an account of the author's ascent of Mount Ararat », 1877, 3me éd., 1878; sans tenir compte d'une grande quantité d'articles politiques, historiques ou géographiques, insérés dans les journaux et revues, parmi lesquels, particulièrement notables des descriptions de l'Islande et des montagnes de la Hongrie et de la Pologne.

Bruzzone (Pierre-Louis), publiciste italien, ancien rédacteur du journal *L'Italie*, actuellement rédacteur du journal *Il Popolo Romano*, correspondant de plusieurs journaux, né, à Bosco (prov. d'Alexandrie), le 19 décembre 1832. On lui doit un essai « Sulla vera libertà », dans l'*Osservatore* de Tortone de l'année 1857; « Storia del Comune di Bosco », Turin, Arnaldi, 1861; « Il Monte di Crea », description d'un Sanctuaire du Monferrat, 1859; des romans: « Lo sposo felice », dans la *Gazzetta del Popolo* de Florence; « Nell'assenza del marito », dans la *Nazione* de Florence; « La figlia del capitano », traduction de la nouvelle de Puchkine, dans l'*Opinione;* « Giuditta della Fraschetta », Rome, Capaccini; « Francesco Cenci », roman historique, Rome, 1887; un livre de lecture pour les ouvriers; des « Lettere economiche », dans la *Gazzetta di Torino;* « Torri e Castelli », etc.

Buccellati (abbé Antoine), ecclésiastique, jurisconsulte et littérateur italien, né, à Milan, le 22 mai 1831. Il débuta comme professeur au séminaire archiépiscopal de sa ville natale, et ensuite au lycée Calchi-Taeggi de Milan. Depuis plus d'un quart de siècle, il est professeur à l'Université de Pavie, où il a enseigné le droit ecclésiastique, jusqu'en 1865, et le droit pénal ensuite. M. Buccellati, qui, depuis 1868, est membre effectif de l'Institut Lombard, s'est fait remarquer non seulement comme jurisconsulte, mais aussi comme littérateur. Nous connaissons de lui : « Sommi principii del diritto penale », Milan, 1865 ; « Del reato », id., 1866 ; « Le Fabbricerie e la legge 12 agosto 1867 » ; « Indagini dei principii a cui pare informato il codice penale pel Regno d'Italia » dans les *Rendiconti dell'Istituto lombardo di scienze e lettere*, 2me série, 2 vol., 1868 ; « Ricordo del professore Giovanni Maria Bussedi », Milan, 1869 ; « Cenno critico della relazione dell'Hetzel intorno alla pena di morte », id., id. ; « Cenno critico intorno alle norme che ressero finora gli esami liceali », id., id. ; « Il Codice Penale per l'esercito », mémoire, id., id. ; « Pena militare », id., 1871 ; « Prigioni militari », id., 1872 ; « Reclusione militare », id., id·; « Abolizione della pena di morte », réflexions dans le *Cesare Beccaria e l'abolizione della pena di morte*, Milan, Vallardi, 1872 ; « Manzoni, ossia il progresso morale, civile e letterario », 2 vol., Milan, Legros, 1873 ; « Progetto di codice penale pel Regno d'Italia presentato dal ministro Vigliani al Senato », mémoire, id., 1875 ; « La lingua parlata di Firenze, e la lingua letteraria in Italia », id., id. ; « La pena », Venise, id. ; « Quale importanza abbia l'isolamento assoluto rispetto ad un completo sistema penale », Milan, 1876 ; « Le prigioni della Spagna », Rome, id. ; « Le système cellulaire », Milan, id. ; « La scuola d'Atene cartone di Raffaello », Urbin, id. ; « Questioni proposte dal congresso penitenziario internazionale di Bruxelles », Milan, id. ; « Sul progetto di legge per la conversione dei benefici curati », Gênes, 1877 ; « Studii della commissione governativa per la compilazione del progetto di codice penale », Milan, 1877-78 ; « L'allucinato », roman, 3 vol., Milan, 1876 ; » L'ideale in letteratura », id., id. ; « Il reato di bancarotta », « La razionalità del diritto di punire di fronte agli attacchi di alcuni sperimentalisti », les deux dans les *Memorie del R. Istituto Lombardo*, XIII vol., 1878 ; « Relazione intorno agli studii della Commissione pel riesame del progetto di codice penale italiano », id., 1878-79 ; « Reati commessi col mezzo della stampa », dans les *Rendiconti* de la même compagnie, 2 série, 12e vol., 1879 ; « Nihilismo e ragione del diritto penale », id., 13e e 14e vol., 1880-81 ; « La scuola francese e la scuola italiana », dans les *Memorie* susdites, XIV vol., 1880 ; « Gli studii sperimentali e il diritto penale », *Rendiconti*, susdits, XIV vol., 1881 ; « Indagine speciale intorno all'istituto dell'aggregazione », id., id. ; « Come l'ordine giuridico possa essere infranto : ricerche sperimentali e morali sulla genesi del reato », id., id., 1882 ; « Recenti riforme del processo penale in Europa in confronto al codice di procedura penale del Regno di Italia », dans le 3^e vol. de l'*Annuario delle scienze giuridiche sociali e politiche*, Milan, Hoepli, 1882 ; « Recenti riforme del processo penale », dans le 4^e vol., du même *Annuario*, 1883 ; « Il 22 maggio, ode », Milan, Hoepli, id. ; « Istituzioni di diritto e procedura penale secondo la ragione ed il diritto romano », id., id., 1884 ; « Progetto del codice penale, libro I », Milan, Vallardi, 1887 ; « Esposizione critica del codice penale italiano », dans les *Memorie* susdites, vol. XVIII, 1888. — Ajoutons enfin que M. B. vient d'être nommé membre honoraire de la Société juridique de Berlin, honneur fort prisé parmi nos jurisconsultes.

Bucci (Eugène), publiciste italien, né, en 1863, à Sassari, d'une famille originaire de la Romagne. Il débuta, presqu'enfant, à Turin par un journal intitulé : « *Il Diavolo cieco* » ; pendant qu'il fréquentait l'Institut technique de Pesaro, il collaborait au *Corriere dell'Emilia* de Bologne et au journal *Il Buon senso* de Rimini. De l'Institut technique de Pesaro, il passa à celui de Bergame ; et tout en continuant ses études, il publiait à Rimini, en 1882, ses « Leggende Alpine », et dans la *Gazzetta Provinciale di Bergamo*, de l'année 1883, ses « Racconti della domenica », et dans la même année à l'imprimerie Gaffuri e Gatti de Bergame : « Luisella, bozzetto toscano ». Ayant fondé à Bergame la *Lega Anticlericale*, il dut s'éloigner de cette ville à la suite des démonstrations en faveur d'Oberdank, et il entra, en 1884, à la rédaction du journal *L'Epoca* à Gênes. Il passa après à la rédaction du *Bersagliere* de Rome, où il signa avec le pseudonyme de *Cireneo*. En 1885 correspondant de la *Gazzetta Piemontese* à Tripoli, il publia : « I commerci di Tripoli » ; il quitta la Tripolitanie pour suivre la guerre entre la Bulgarie et la Serbie ; mais il était à peine arrivé sur les bords du Danube, que la guerre était déjà finie. Rentré en Italie, il passa quelque temps à la rédaction de la *Democrazia* de Rome, puis il alla à Mantoue prendre la direction de la *Nuova Mantova*, où il publia en 1886 : « Lisa », étude sociale ; « A bordo del Maratona » ; « Stella nera » ; « I misteri di Mantova », roman resté inchevé. L'*Opinione Nazionale* de Florence, en août 1887, publiait de lui un « Ultimo capitolo, scene della vita ».

Buchanan (Robert-Williams), poète et prosateur anglais, né le 18 août 1841 ; il fit ses études à l'école supérieure et à l'université de Glasgow. Il débuta fort jeune dans les lettres par un volume de vers : « Undertones », 1860 ; suivi de « Idyls and Legends of Inverburn », 1865, et de « London Poems », 1866. La même année M. B. publiait les « Wayside Poesies », et traduisait un volume de ballades danoises. Ses derniers ouvrages sont : « North Coast Poems », 1867 ; « Napoleon Fallen », trylogie dramatique et lyrique dans laquelle l'auteur laisse éclater tout l'antipathie que lui inspire la France ;

« The Land of Lorne ; including the cruise of the Tern to the outer Hebrides » 1861 ; « The Drama of Kings », id. ; « The Fleshly School of Poetry », 1872, où il attaque vivement MM. Rossetti et Swinburne, ce qui provoqua de la part de ce dernier une réponse encore plus vive et qui souleva une longue querelle ; « Master Spirits », 1873 ; une tragédie de lui : « The Witchfinder », avait déjà été jouée quelques années auparavant au Sadler's Well Theatre et une comédie en trois actes « A Madcap Prince », fut donnée à Haymarket au mois d'août 1874. Il a donné aussi au théâtre : « A Nine Days Queen », et des versions dramatiques de « The Queen of Connaught », et « Paul Clifford ». En 1869, M. B. donna dans la salle de Hanover Square une série de lectures tirées de ces ouvrages poétiques. Une collection de ses poèmes a été publiée en 3 vol., en 1874. En 1876, M. B. a publié son premier roman « The Shadow of the Sword », suivi bientôt par « A Child of Nature », 1879; « God and the Man », 1881 ; et « The Martyrdom of Madeline », 1882. La même année paraissaient, presqu'en même temps, un nouveau volume de poésies intitulé : « Ballads of Life, Love and Humour », et une « Selection », de ses différentes poésies. Son roman « Love me for ever », parut en 1882, et sa comédie « Lady Clare », fut donnée au Globe-Theatre en avril de la même année. « Alone in London », un drame écrit en collaboration avec Miss Hariette Jay, sa belle-sœur, fut donné au théâtre Olympique le 2 novembre 1885 et « Sophia », une adaptation du « Tom Jones », de Fielding, au Vaudeville le 12 avril 1866. Citons encore parmi ses derniers ouvrages : « Annan Water », roman, nouvelle éd., Londres, Chatto, 1885 ; « Earthquake ; or, Six Days and a Sabbath », id., id., id. ; « Foxglove Manor », id., id., id. ; « Matt : a Story of a Caravan », id., id., id. ; « New Abelard », roman, id., id., id. ; « Stormy Waters », 3 vol., roman, id., Maxwell, id. ; « Master of the Mine », id., Chatto, 1886 ; « That Winter Night ; or Love's Victory », id., Simpkin, 1886. Pendant plusieurs années M. B. a fait partie de la rédaction de la *Contemporary Review*, à laquelle il a donné plusieurs essais et maintes poésies.

Bücheler (François), éminent philologue allemand, né, le 3 juin 1837, à Rheinberg ; à partir de 1852, il fit ses études à l'Université de Bonn, où il prit ses degrés. Successivement professeur à Fribourg et à Greifswald, il est maintenant professeur ordinaire de philologie classique à l'Université de Bonn. M. B., qui s'est adonné surtout aux études critiques, grammaticales et épigraphiques, y a acquis une telle autorité qu'on l'a appelé, après Ritschl, *princeps Philologorum*, a publié : « De T. Claudio Caesare grammatico », Elberfeld, 1856 ; « Grundriss der lateinischen Deklination », Leipzig, 1866, nouvelle éd. de Windekilde, Bonn, 1879, une traduction française de cet ouvrage, par M. Havet, forme le 24° fascicule de la *Bibliothèque de l'École des hautes études*, sous le titre : « Précis de la déclinaison latine », Paris, Vieweg, 1875 ; « Academicorum philosophorum index Herculanensis », Greifswald, 1869 ; « Coniectanea latina », id., 1870 ; « Anthologiæ epigraphicæ latinæ spec. I », id., id. ; « Populi Iguvini lustratio legem umbricam interpretatus est », Bonn, 1876 ; « Oskische Bleitafel », Francfort s. l. M., 1878 ; « Umbrica », Bonn, 1883 ; « Das Recht von Gortyn », supplément au *Rhein. Museum*, 1882 ; il a publié en outre : « Pervigilium Veneris », Leipzig, 1859 ; « Petronius », Berlin, 1862, une nouvelle édition de Pétrone, suivie du « Liber Priapearum », id., 1862, 2me éd., avec les satires de Varron et de Sénèque, id., 1871. On lui doit, en outre, une foule de dissertations, articles, surtout sur les anciens dialectes de l'Italie, insérés dans plusieurs journaux, revues, etc. Depuis 1878, il est co-directeur du *Rheinisches Museum für Philologie*.

Bücher (Charles), économiste allemand, né, le 16 février 1847, à Kirberg (duché de Nassau). Après avoir fait ses études aux universités de Bonn et de Gœttingue, il fut nommé d'abord professeur au gymnase de Dortmund, en 1872, d'où il passa, l'année suivante, à l'école *reale* de Francfort s. l. M. Rédacteur pour la partie économique et financière de la *Francfürter Zeitung* (1878-80), il passa, en 1881, à Munich, en qualité de *privat Docent* d'économie politique et de statistique. En 1882, il fut appelé comme professeur des mêmes sciences à l'Université de Dorpat, et, en 1883, à celle de Bâle, où il se trouve encore. On lui doit : « Die Aufstände der unfreien Arbeiter, 143-129 v. Chr. », Francfort s. l. M., 1874 ; « Die gewerbliche Bildungsfrage und der industrielle Rückgang », Eisenach, 1877 ; « Lehrlingsfrage und gewerbliche Bildung in Frankreich », id., 1878 ; « Die Frauenfrage in Mittelalter », Tubingue, 1882 ; « Die Arbeiterfrage im Kauffmannsstande », Berlin, 1883 ; « Die Bevölkerung von Frankfurt am Main in XIV und XV Jahrhundrt », 1 vol., Tubingue, 1886 ; on lui doit aussi un mémoire, paru en 1887, sur les endroits producteurs pour les marchés de Noël et les traductions des deux ouvrages de Laveleye : « Demokratie und Socialpolitik », Eisenach, 1878, et « das Ureigenthum », Leipzig, 1879.

Bucher (Lothaire), homme politique et administrateur allemand, né, à Neustettin, le 25 octobre 1817. Après avoir étudié le droit et la science de l'administration à l'université de Berlin, il entra dans la magistrature. Élu, en 1848, membre de la Chambre prussienne, il s'y signala par ses idées radicales. En 1850, poursuivi par la police, il se réfugia en Angleterre, où il fut, pendant dix ans, correspondant de la *National Zeitung*. Rentré en Allemagne, il fut appelé, en 1864, par M. de Bismarck à prêter service au Ministère des Affaires étrangères; il devint bientôt un des hommes de confiance du Chancelier, fut élevé par lui aux fonctions de conseiller d'ambassade et remplit plusieurs missions importantes, celle entr'autres de secrétaire archiviste du Congrès de Berlin, en 1878. En 1886, il a été mis à la retraite. Citons de lui : « Kulturhistorische Skizzen aus der Industrieausstellung aller Völker », Francfort s. l. M., 1851 ; « Der Parlamentarismus wie er ist », Berlin, 1856, 2ᵐᵉ éd., 1882; « Bilder aus der Fremde, für die Heimat gezeichnet », 2 vol., Berlin, 1862; « Preussens altes Recht an Schleswig-Holstein », Berlin, 1865 ; « Der Cobdenclub », 1881. M. B., a publié aussi la 2ᵐᵉ éd., du « System der erworbenen Rechte » de Lassalle.

Bucher (Adalbert-Bruno), critique d'art allemand, frère du précédent, né le 24 avril 1826, à Koeslin (Prusse). Il débuta, à Vienne, comme journaliste; en 1870, il fut nommé secrétaire du musée pour l'art et l'industrie, dont il devint sous-directeur, en 1880, avec le titre de conseiller du gouvernement. Parmi ses ouvrages, nous citerons : « Die Kunst im Handwerk », Vienne, 1872, 2ᵐᵉ éd., 1876 ; « Ueber ornamentale Kunst auf der Weltaustellung in Wien », Berlin, 1874 ; « Geschichte der technischer Künste », en collaboration avec Ilg, Lessing et autres, Stuttgart, 1874 et suiv.; « Katechismus der Kunstgeschichte », 1880, 2ᵐᵉ éd., Leipzig, 1884; « Reallexicon der Kunstgewerbe », Vienne, 1883 ; « Die Fälscherkünste », 1885 ; « Mit Gunst », 1886. — M. B. a publié de 1874 à 1876, avec A. Gnauth, une revue mensuelle *Das Kunsthandwerk* à Stuttgard.

Bucheron (Emmanuel-Arthur-Marie), journaliste français, collaborateur du *Figaro*, mieux connu sous son pseudonyme de SAINT-GENEST, né, à Tours, vers 1834. Entré, de bonne heure dans l'armée, il quitta le service avec le grade de sous-officier, et débuta, en 1869, au *Figaro*, par des : « Lettres d'un Provincial », qui furent peu remarquées. Il reprit service pendant la guerre de 1870, et gagna par son courage le grade de lieutenant et la croix de la légion d'honneur. Rentré au *Figaro*, il s'y fit une spécialité de la politique militaire; ses attaques, contre le gouvernement, plus violentes qu'injustes, lui valurent des procès et des condamnations et ce fut grâce à un de ses articles, que le *Figaro* lui-même fut suspendu pour un mois. Peu de temps après il quittait définitivement le journal où il n'est rentré qu'au commencement de l'année courante, après une absence d'une dizaine d'années, mais il a bien changé dans ce temps et ceux qui se rappellent le Saint-Genest d'autrefois, trouvent que celui d'aujourd'hui n'en est qu'une pâle imitation. M. B. a réuni en volumes la plupart de ses articles et publié quelques brochures politiques. Voici les titres de ses ouvrages : « La politique du soldat », Paris, Dentu, 1872 ; « Lettres d'un soldat. Froeschwiller ; 4 septembre ; campagne d'Orléans ; campagne de l'Est », id., id., 1873 ; « Joyeuses années », id., id., 1874 ; « Appel aux monarchistes », id., id., 1875 ; « J'y suis, j'y reste », id., id., id. ; « La Bride sur le cou. Par monts et par vaux. A travers Paris. Au bord de la mer », id., id., 1876 ; « Quels sont les coupables ? », id., Plon, 1878 ; « La carte à payer. A Jacques Bonhomme », id., id., 1879 ; « La persécution religieuse », id., id., id.; « Radicaux et cléricaux », id., Librairie de la Société bibliographique, 1880.

Buchner (Max), voyageur et naturaliste allemand, né à Hambourg. Après avoir étudié la médecine, il entreprit, en 1875, un voyage autour du monde, et fit un séjour prolongé dans plusieurs îles des mers australes. En 1868, il fut envoyé par la Société africaine d'Allemagne dans l'Ouest-africain, où il atteignit la résidence de Muata Jamvo. Après six mois de repos, il prit le chemin du retour. En 1884, il visita de nouveau l'ouest africain accompagné par Nachtigal et fut nommé consul à Cameroun, fonctions qu'il conserva jusqu'en 1885. Il a publié : « Reise durch den Stillen Ocean », Breslau, 1874.

Büchner (Eugène), zoologue russe, né, à Saint-Pétersbourg, en 1861, membre de l'Académie Impériale des Sciences. Il a publié en allemand : « Beiträge zur Ornithologie des Saint-Petersburger Gouvernements », 1881 ; « Die Vögel des Saint-Petersburger Gouvernements », 1886. Le même ouvrage avait paru deux ans auparavant en russe, sous le titre de « Ptitzi S. Peterburgskoï Gubernii » ; et dans les *Mémoires de l'Académie de Saint-Pétersbourg* de l'année 1887 ; « Zur Geschichte des Kaukasischen Thiere (Capra caucasica Güld und Capra cylindricornis Blyth) ».

Büchner (Frédéric-Charles-Christian-Louis), naturaliste et philosophe allemand, né, à Darmstadt, le 29 mars 1824. En 1843, il se rendit à l'université de Giessen, y étudia d'abord la philosophie, puis se tourna vers la médecine pour satisfaire au vœu de sa famille. Il alla aussi suivre les cours de l'école de médecine de Strasbourg, puis revint à Giessen, où sur la présentation d'une thèse « Beiträge zur Hall'schen Lehre von einem excitomenschen Nervensystem », Giessen, 1848, il reçut le grade de docteur, en 1848, et prit part aux mouvements politique de cette année. M. Büchner a écrit lui-même une description humoristique de la part par lui prise à ce mouvement, sous le titre : « Erinnerungen eines 1848ers », publié dans l'*Humoristiches Deutschland* de Stettenheim, 2ᵐᵉ année, 3me livraison, Spemann éditeur. Une nouvelle de lui: « Im schönen Grund », fut insérée dans la *Westliche Post* de Saint-Louis en Amérique. Plusieurs autres travaux du même genre restent inédits. Une fois reçu docteur, il alla perfectionner, pour quelque temps, ses études aux Universités de Wurzbourg et de Vienne, et revint après dans sa patrie, où, sous la direction de son père, médecin-légiste renommé, il s'adonna à l'étude de la médecine légale, écrivant une série de dissertations et d'expertises sur des arguments médico-légaux qui furent publiés dans un journal consacré à cette science: *Vereinte deutsche Zeitschrift für die Staats Arzneikunde* paraissant à Fribourg en Brisgau et qui eurent un tel accueil auprès des savants, que la Société des médecins badois pour le progrès de la médecine légale, le nomma son membre honoraire, et lui décerna une médaille au mérite littéraire. Tout en s'adonnant à la science, M. B., trouvait le temps de recueillir les écrits laissés par son frère aîné Georges, (mort à 23 ans, après avoir conquis une certaine renommée comme littérateur par son drame: « Danton's Tod »), écrits qu'il publiait pour la première fois, avec une introduction et une biographie, chez Sauerländer, à Francfort s. l. M., en 1850. Nommé, en 1852, assistant à la clinique médicale de Tubingue, il s'y faisait en même temps autoriser en qualité de *privat Docent*. En 1855, eut lieu à Tubingue le congrès des médecins et des naturalistes allemands. Büchner en écrivit les comptes-rendus pour le *Würtembergischen Staatsanzeiger* et pour la *Augsburger Allgemeine Zeitung*. Ces compte-rendus et la lecture de l'ouvrage de Moleschott sur la circulation de la vie, lui donnèrent l'idée du livre, auquel il doit la plus grand partie de sa renommée: « Kraft und Stoff. Empirisch-naturphilosophische Studien », Francfort s. l. M., Meidinger, 1855. Ce livre dont les hardiesses eurent un retentissement immense, eut, comme premier résultat, celui d'obliger son auteur à quitter sa chaire de Tubingue et à rentrer dans sa ville natale où il reprit l'exercice de la profession. Il nous serait impossible de donner une bibliographie complète de ce livre qui a été traduit en presque toutes les langues; en France seulement, depuis 1855, on en écoulait six éditions, la 6e a paru chez Reinwald à Paris, en 1884; en Allemagne la seizième éd. vient de paraître chez Thomas, de Leipzig. Les éditions allemandes, de la 3e jusqu'à la 10e, sont, chacune, précédée d'une introduction différente qui sont autant de réponses de M. Büchner aux attaques soulevées par son ouvrage. En même temps, l'auteur développait son système dans une série d'articles et de dissertations qu'il publiait dans le *Jahrhundert* de Hambourg, dans les *Anregungen für Kunst, Leben und Wissenschaft* de Leipzig, dans les *Stimmen der Zeit*, et dans la *Gartenlaube*. En 1857, il publia: « Natur und Geist oder Gespräche zweier Freunde über den Materialismus und über die realphilosophischen Fragen der Gegenwart »; après avoir publié le 1er volume de cet ouvrage concernant le Macrocosmos, l'auteur se convaincut que la forme dialoguée n'était pas la plus facilement intelligible pour le gros public et il ne fit jamais paraître le second volume qui devait traiter du microscosmos; l'ouvrage cependant, bien qu'incomplet, en est déjà à sa 3e éd., qui a paru, en 1874, chez Thomas de Leipzig. Réunissant dans un ouvrage plusieurs de ses articles et de ses dissertations académiques, M. B. publiait, chez Thomas de Leipzig, ses « Physiologische Bilder », dont le 1er vol. paru en 1861, en était, en 1886, à la 3e éd., et le 2e, paru en 1875, fut republié en 1886. Deux autres volumes du même genre, sous le titre: « Aus Natur und Wissenschaft. Studien, Kritiken und Abhandlungen. In allgemeinen verständlicher Darstellung etc. », parurent le 1er en 1862, le 2me en 1884, chez le même éditeur. Cet ouvrage aussi a eu l'honneur de plusieurs éditions et a été traduit en français, en italien et en russe; la 2e éd. de la traduction française a paru, chez Baillière, en 1881. L'Allemagne est aussi redevable à M. Büchner d'une traduction, mise à la portée de tout le monde du nouvel ouvrage de Lyell, le fameux géologue anglais: « Das Alter des Menschengeschlechts auf der Erde und der Ursprung der Arten durch Abänderung, nebst einer Beschreibung der Eiszeit in Europa und Amerika », Leipzig, Thomas, 1864, 2e éd., 1874: suivirent: « Die Darwin'sche Theorie in sechs Vorlesungen », id., id., 1868, 4e éd., 1876; la traduction française a paru, en 1869, chez Reinwald de Paris; on en a aussi une traduction polonaise et même une arabe publiée par le docteur Schemeil à Tantah en Égypte, en 1884. Entre 1868 et 1869, M. B. publiait: « Der Mensch und seine Stellung in der Natur in Vergangenheit, Gegenwart und Zukunft, oder: Woher kommen wir? Wer sind wir? Wohin gehen wir? », 3 parties, traduites en anglais, en italien, en hollandais, en espagnol et en français, la 4e éd. de la traduction française a paru, en 1878, chez Reinwald de Paris. Suivirent: « Aus dem Geisterleben der Thiere oder Staaten und Thaten der Kleinen », Berlin, A. Hoffmann, 1876, 3e éd., Leipzig, Thomas, 1880, traduit en anglais, en hollandais, en espagnol et en français, Reinwald, 1881. Comme pendant à cet ouvrage parut « Liebe und Liebesleben in der Thierwelt », Berlin, Hoffmann, 1875, 2me éd., Leipzig, Thomas, 1885, traduit en hollandais. Citons encore: « Licht und Leben », Leipzig, Thomas, 1882, traduit en anglais, en polonais, en russe, et en français, Reinwald, 1882, une traduction italienne est aussi annoncée comme d'imminente publication;

« Thatsachen und Theorien aus dem naturwissenschaftlichen Leben der Gegenwart », Berlin, 1887. — Parmi les écrits de moindre importance de B. il nous faut citer : « Ueber Freidenkerthum », Gotha, s. d. ; « Der Gottesbegriff und seine Bedeutung in der Gegenwart », 2e éd., Leipzig, 1882 ; « Der Fortschritt in Natur und Geschichte im Lichte der Darwin'schen Theorie », Stuttgart, 1884 ; « Ueber religiöse und wissenschaftliche Weltanschauung », Leipzig, 1887. — Pendant l'hiver 1872-73, Büchner se rendit aux États-Unis, où il tint plusieurs conférences qui sont presque toutes publiées ou refondues dans les ouvrages que nous avons déjà citées. Font exception seulement une dissertation sur la question de la femme, écrite sur le prière d'une asssociation pour les droits de la femme, et qui n'a pas encore été publiée et une sur le naturalisme qui a été publiée seulement en anglais, par A. K. Butts et Cie, de New York, sous le titre : « Materialism : Its History and Influence on Society ».

Büchner (Alexandre), littérateur franco-allemand, frère du précédent, né, à Darmstadt, le 25 octobre 1827, fut professeur adjoint à la faculté de Zurich, puis se fixa en France et professa à Valenciennes avant d'être appelé à la chaire de littérature étrangère à la Faculté de Caen. On a de lui : « Geschichte der englischen Poesie », 2 vol., Darmstadt, 1855 ; « Französische Litteraturbilder », 2 vol., Francfort s. l. M., 1858 ; « Der Wunderknabe von Bristol », Leipzig, 1861 ; Chatterton » ; « Lord Byron's erste Liebe », nouvelles, id., 1862 ; « Lautverschiebung, und Lautverwechselung, Abhandlung über deutsche Phonologie », Darmstadt, 1863 ; « Jean Paul in Frankreich », Stuttgard, 1863, et, en français : « Jean Paul et sa Poétique », Paris, Durand, 1862, en collaboration avec M. Léon Dumont, pour servir de préface à la traduction de la *Poétique*, ou *Introduction à l'Esthétique* de J. P. F. Richter ; « La Cathédrale de Lund et sa légende », Caen, Leblanc Hardel, 1875 ; « Les Derniers critiques de Shakespeare », id., id., 1876 ; « J. A. Kryloff et ses Fables », id., id., 1877 ; « Hamlet le Danois », Paris, Hachette, 1878 ; « Essai sur Henri Heine », Caen, Leblanc Hardel, 1881 ; « Un philosophe amateur. Essai biographique sur Léon Dumont (1837-1877) », avec des extraits de sa correspondance », Paris, Alcan, 1884 ; M. Büchner a publié en outre, avec un avant-propos et des notes, une édition classique du *Faust* et d'*Iphigénie en Tauride* de Goethe et de la *Fiancée de Messine* de Schiller.

Buck (Dudley), compositeur américain, né, à Hartford (Connecticut), le 10 mars 1839. En 1858, il vint en Europe pour compléter son instruction musicale. De retour en Amérique, en 1862, il y obtint comme musicien et compositeur des succès dont nous n'avons pas à nous occuper ici. Il est, depuis quelques années, organiste de l'église de la Sainte Trinité à Brooklyn. Il a publié un dictionnaire musical fort apprecié sous le titre : « Dictionary of Musical Terms », 1880.

Buckle (George-Earle), écrivain et journaliste anglais, né le 10 juin 1854. Après de brillantes études à l'université d'Oxford, il se fit inscrire au barreau de Londres, en 1880. Entré à la rédaction du *Times*, il en a été un des collaborateurs les plus actifs et les plus autorisés. En février 1884, il succéda, à feu le Dr Chénery, en qualité de directeur-éditeur de ce journal.

Buckley (Arabella Burton, épouse FISHER), femme naturaliste anglaise, née, à Brighton, la 24 octobre 1840 ; elle épousa, en 1884, le docteur Thomas Fisher, médecin à la Nouvelle-Zélande, mais n'en continua pas moins à signer ses travaux de son nom de jeune fille. Madame B. qui a eu l'honneur d'être attachée en qualité de secrétaire pendant onze ans à Sir Charles Lyell, l'éminent géologue, a publié : « A Short History of Natural Science » ; « The Fairyland of Science » ; « Life and her Children » ; « The Winners in Life's Race ». Elle a dirigé en outre la publication de la 9me édition des « Physical Sciences », de Mme de Somerville.

Buckman (James), botaniste et géologue anglais, né, à Cheltenham (comté de Gloucester), en 1816. D'abord clerc en pharmacie dans sa ville natale, il se rendit ensuite à Londres, où il étudia la chimie, la botanique et la géologie. De retour à Cheltenham, en 1842, il devint secrétaire de la Société royale des naturalistes, et fit des conférences qui attirèrent sur lui l'attention des savants. De 1846 à 1848, il fut conservateur et professeur de botanique à l'Institut philosophique de Birmingham. De 1848 à 1863, il a été professeur de botanique et de géologie au collège royal d'agriculture de Cirencester. Parmi ses nombreux ouvrages, nous citerons : « Chart of the Cotteswalds » ; « Our Triangle, letters on the Geology, Botany and Archeology of the Neighborhood of Cheltenham », 1852 ; « The Ancient Straits of Malvern or an account of the former marine conditions which separated England from Wales », 1860 ; « The Remains of Roman Art », 1862 ; « History of British Grasses », 1870 ; « Science and Practice in Farm cultivation », 1872. — M. Buckman a publié de nombreux travaux dans divers recueils scientifiques. Il a doté la ville de Cirencester d'une belle collection d'antiquités romaines, et il dirige dans le Dorsetshire une grande ferme modèle.

Bucknell (Jean-Charles), médecin anglais, né en 1817. Après de fort brillantes études à l'Université de Londres, il fut nommé, en 1844, surintendant de la maison des fous du comté de Devon, où il resta jusqu'en 1862, époque à laquelle il fut nommé médecin visitateur des fous, fonctions qu'il garda jusqu'en 1876. En 1853, il fonda le *Journal of Mental Science* dont il garda la direction pendant neuf ans. Il fut aussi un des premiers fondateurs du journal *Brain*. En outre, il a publié : « Unsoundness of Mind in Relation to Criminal Acts », 1857 ; « The Manual of Psychological Medecine », 1858 ; « The Psychology of Shakespeare », 1860 ; « The Medical Knowledge of Shakespeare », 1860 ; « Notes on American Asylums », 1876 ; « Habitual Drunkenness and Insane Drunkards », 1878 ; « Care of the Insane and their Legal Control », 1880 ; sans tenir compte d'une foule de brochures et d'articles épars dans les journaux et dans les revues.

Budé (Eugène-Guillaume-Théodore DE), écrivain suisse, né, au Petit-Saconney, près de Genève, le 7 juin 1836, d'une famille de réfugiés français, qui compte parmi ses ancêtres Guillaume Budé (1457-1450), l'illustre helléniste et fondateur du collège de France, est fils d'un capitaine des Gardes-suisses de Charles X. Il fit ses études classiques, de 1847 à 1855, au collège et à l'Académie de Genève. Après avoir séjourné quelque temps à Paris, il passa à Londres, où il prit service dans le corps des *riflemen* (1863-1865) ; depuis son retour à Genève, il s'occupe de travaux littéraires et d'œuvres philantropiques. On lui doit : « Un détail sur l'escalade », Genève, Cherbuliez, 1860 ; « Roses et cyprès », poésies, 1862 ; poursuivant sa carrière, dans le domaine historique, par les biographies estimées de plusieurs théologiens génevois : « Vie de Jean Diodat », Lausanne, Bridel, 1869 ; « Vie de François Turretini », id., id., 1871 ; « Vie de Benedict Pictet », id., id., 1874 ; « Vie de Jean Alphonse Turrettini », id., id., 1881 ; enfin par celle de son aïeul : « Vie de Guillaume Budé », Paris, Perrin, 1884. On lui doit aussi la publication de lettres et documents inédits, tels que : « Lettres inédites de Descartes, précédées d'une introduction », Paris, Durand et Pedone Lauriel, 1869, mémoire communiqué à l'Académie des sciences morales et politiques ; « Lettres inédites adressées à J. Alph Turrettini », 3 vol., 1887. M. B. a publié, en outre, divers mémoires sur les questions sociales qui ont provoqué à Genève, dans un bref délai, la création d'institutions philantropiques correspondantes, citons : « De l'œuvre protectrice envers les animaux », 1862 ; « Des bibliothèques populaires », 1871 ; « Des asiles de nuit à Berlin », 1872 ; « Des écoles professionnelles de jeunes filles » ; « Des auberges ouvrières en Allemagne », 1878 ; « Du danger des mauvaises lectures et des moyens d'y remédier », 1883. Enfin il a traduit de l'anglais : « Histoire d'une souris », de Mrs Perring.

Budenz (Joseph), illustre orientaliste allemand, professeur de langues ougro-finniques à l'Université de Budapest, né, en 1836, à Rasdorf, près de Fulda ; il fit ses études à Fulda et à Gœttingue, où le professeur Benfey en fit un indianiste distingué ; pour son doctorat, il publia une dissertation remarquable sur le suffixe της. A Gœttingue même, il eut la chance de pouvoir apprendre avec l'aide d'un autre étudiant la langue hongroise. En 1858, il se rendit d'abord à Budapest, et bientôt après à Debreczin, et il devint, en peu de temps, maître absolu de cette langue, dont il compléta la connaissance par un voyage chez les Sicules de la Transylvanie. A ces connaissances, il ajouta celle de la langue finnique qu'il étudia tout seul, et celle de la langue turque. Nommé d'abord professeur de grec dans le Lycée de Stuhlweissemburg, puis sous-bibliothécaire et membre de l'Académie des Sciences de Budapest, ensuite professeur à l'université, il fit paraître ses premiers travaux linguistiques dans la revue *Magyar Nielverzet* rédigée par Paul Hunfalvy, dont il devint aussi le principal collaborateur dans la compilation du Bulletin linguistique de l'Académie des Sciences, où a paru son « Vocabolarium Ceremissicum utriusque dialecti » (le titre est en latin, mais le livre en hongrois) ; il a mis en ordre et commenté les matériaux du célèbre voyageur et linguiste Reguli sur la langue des Tchouvás ; il édita le Dictionnaire *Abuska* de la langue Tchagataï que le prof. Wambéry avait envoyé de l'Asie Centrale, des Fables écrites dans la langue de Khiva, et une Dissertation sur ce Dialecte turc. Mais son grand ouvrage est le « Dictionnaire comparée de la langue hongroise avec les langues ougro-finniques ». Citons encore une étude sur le Lexicon paleosloveno-latin de Miklositch, de l'année 1862, des mémoires sur l'idiome des Lapons, des textes züriens, une foule d'essais et d'articles épars et son dernier ouvrage, publié, en 1886, à Budapest, sous le titre : « Ugor alaktan » (Morphologie Ougrienne), dont le comte Geza Kuun a donné une analyse étendue dans les deux premiers volumes du *Giornale della Società Asiatica Italiana*. Les meilleurs élèves de Budenz ont publié, à l'occasion du jubilé de leur maître, en 1884, un recueil d'écrits linguistiques, sous le titre : *Budenz-Album*.

Budge (Louis-Jules), illustre physiologiste allemand, né à Wetzlar (Coblence). D'abord professeur à l'université de Bonn, il passa ensuite à celle de Greifswald, où il enseigne depuis 1856. M. B., s'est surtout occupé de l'anatomie et de la physiologie du système nerveux et il arriva à des découvertes qui ont permis d'expliquer l'influence de la moëlle épinière sur la nutrition et de donner une interprétation nouvelle de nombreux faits pathologiques. Il publia ces résultats dans un mémoire couronné par l'Académie des sciences de Paris, et par l'Académie royale de Belgique. Sur le terrain de l'histologie, il a trouvé l'origine des canaux capillaires déférents du foie. Parmi ses ouvrages nous citerons; « Die Lehre vom Erbrechen », Bonn, 1840 ; « Untersuchungen über das Nervensystem », 2 vol., Francfort s. l. M., 1841-1842; « Allgemeine Pathologie als Erfahrungswissenschaft », Bonn, 1843 ; « Physiologie des Menschen », Weimar, 1848, 8me éd., 1862; cet ouvrage a été traduit en italien par M. Castese, en hollandais, en russe, en espagnol, et en français par Eugène Vincent sous le titre : « Compendium de physiologie humaine », Paris, Masson, 1874 ; « Bewegung des Iris », Brunswick, 1854 ; « Compendium der Physiologie », Leipzig, 1864, 3me éd., 1870 ; « Anleitung zu Präparirübungen », 1866. M. B. a donné en outre de nombreux articles à plusieurs journaux de médecine allemands et il a collaboré au *Wagner's Handwörterbuch*, et à la *Berl. med. chir. Encyklopädie*.

Budilovics (Antoine), écrivain russe, né, à Komotwo (gouvernement de Grodno), en 1846. Il suivit les cours de l'Université de Saint-Pétersbourg, en sortit, en 1867, avec le grade de licencié et, après un voyage en Allemagne et en France, fut nommé professeur de philologie slave à l'Université. Ses principaux ouvrages sont : « Lomonosoff considéré comme naturaliste et comme philologue », Saint-Pétersbourg, 1879 ; « Lomonosoff écrivain », 1871 ; « la Bohême, le pays et la population », id. ; « les Treize Prédications de Saint-Grégoire, d'après un manuscrit du XI siècle », id. ; « Correspondances datées du Danube inférieur et moyen », 1874 ; « Tableaux statistiques des slaves, classés d'après la nationalité, la religion et la politique », 1875 ; « Observations sur la statistique sociale et économique de la Bohême, de la Moravie et de la Silésie autrichienne », 1875 ; « Esquisse de l'histoire des Serbes », 1877 ; « Observations sur l'étude de la race slave », 1877 ; « De l'unité littéraire des peuples slaves », 1876 ; « Relations des slaves occidentaux et des slaves méridionaux », 1877 ; « Analyse des parties essentielles de la langue slave, au point de vue morphologique », 1877 ; « les Slaves primitifs, leur langue, leur manière d'être et de penser », 1878 etc.

Budin (Pierre), médecin français, né, à Énencourt-le-Sec (Oise), en 1843. Il fit ses études à Paris, où après avoir été reçu docteur, il devint accoucheur des hôpitaux et professeur agrégé à la Faculté de médecine. On lui doit : « Recherches physiologiques et cliniques sur les accouchements », Paris, Delahaye, 1876 ; « De la tête du fœtus au point de vue de l'obstétrique. Recherches cliniques et expérimentales », id., Doin, id. ; « Des lésions traumatiques chez la femme dans les accouchements artificiels », thèse, id., Doin, 1878 ; « Recherches sur l'hymen et l'orifice vaginal », id., Delahaye, 1879 ; « Des Varices chez la femme enceinte », id., Doin, 1880; « Obstétrique. Recherches cliniques, etc. », id., Doin, 1885. Le docteur Budin a traduit de l'anglais : « Sur le mécanisme de l'accouchement » de J. Matthews Duncan, Paris, Douin, 1878.

Büdinger (Max), historien allemand, né, à Cassel, le 1 avril 1828. Il étudia la philosophie et l'histoire aux universités de Marbourg, Bonn et Berlin, et se rendit à Vienne après avoir obtenu ses grades universitaires; en 1861, il fut appelé à l'Université de Zurich, où on lui confia la chaire d'histoire universelle, et, en 1872, il obtint la même chaire à l'Université de Vienne. On lui doit un grand nombre d'ouvrages importants, parmi lesquels nous citerons : « Ueber Gerbert's wissenschaftliche politische Stellung », Cassel, 1851 ; « Ueber einige Reste der Vagantenpoesie in Oesterreich », Vienne, 1854 ; « Oesterreichische Geschichte bis zum Ausgange des 13 Jahrhunderts », 1 vol., Leipzig, 1858; « König Richard III von England », Vienne, 1858; « Die Königinhofer Handschrift und ihre neuesten Vertheidiger », Vienne, 1859 ; « Die Normannen und ihre Staatengründung », Vienne, 1860; « Von den Anfängen des Schulzwanges », Zurich, 1865 ; « Ein Buch ungarischer Geschichte », Leipzig, 1866; « Das mittelgriechische Volksepos », Leipzig, 1866; « Wellington. Ein Versuch », id., 1869; « Lafayette. Ein Lebensbild », 1870 ; « Aegyptische Einwirkungen auf hebräische Culte », Vienne, 1873-74; « Krösus Sturz », Vienne, 1878 ; « Eugippus. Eine Untersuchung », Vienne, 1878 ; « Lafayette in Oesterreich », id., id. ; « Vorlesungen über englische Verfassungsgeschichte », Vienne, 1880; « Kleon bei Thukydides », id., id. ; « Der Ausgang des medischen Reiches », id., id. ; « Die Entstehung des achten Buches Otho's von Freising ». Vienne, 1881 ; « Die neue entdeckten Inschriften über Cyrus », Vienne, 1881 ; « Apollinaris Sidonius als Politiker », id., id. ; « Acten zu Columbus Geschichte », 1886 ; « Der Patriciat und das Fehderecht in den letzten Jahrzehnten des röm. Republik », 1886 ; « Zeit und Schicksal bei Römern und Westariern », 1887 ; « Ueber neue Quellen und Hilfsmittel zu Columbus Geschichte », 1887.

Budmani (Pierre), écrivain serbo-croate, né, à Raguse, le 28 octobre 1835. A l'âge de dix-sept ans, il étonnait déjà par ses connaissances linguistiques la baronne Ida von Düringsfeld, qui en parle dans son livre *Aus Dalmatien*, publié à Prague en 1857. Il étudia à Vienne le droit et il s'habilita à l'enseignement de la philologie qui lui fut confié, à son retour, dans le gymnase de Raguse. Dans les années 1866-67, il publia, en deux livraisons, à Vienne, sa « Grammatica della lingua serbo-croata » (soit illyrienne), devenue classique en Dalmatie. Dans le programme du gymnase de Raguse des années

1874, et 1876, il inséra deux essais intéressants : « Sull'origine della lettera z nelle lingue slave » et « Sulla metrica nazionale serbo-croata », où il démontra le premier que le mètre de la poésie nationale serbe se règle d'après le rithme musical. Dans les journaux littéraires de Raguse : *Slovinac'* et *Dubrovnik*, M. B. publia des traductions en serbo-croate du sanscrit, du polonais, du russe et du français ; il connaît aussi le hongrois, le turc et le persan ; il joue du violoncel et il l'enseigne à ses enfants ; il est fort dans les mathémathiques ; on l'admire à Raguse comme un homme universel. Après la mort de l'illustre philologue Danitchitch, décédé en 1883, l'Académie d'Agram engagea le professeur Budmani à poursuivre la publication du grand Dictionnaire croato-serbe : « Rjec'nik hrvatskoga, ili srpskoga jezika », dont il fournit chaque année une grande livraison. Les quatre livraisons parues depuis 1883 ont obtenu les suffrages les plus flatteurs de la part de savants tels que Miklositch et Jagitch. Citons encore de ce philologue distingué un mémoire « Sul dialetto serbo-croato di Ragusa » dans les *Actes de l'Académie d'Agram*, 1883 ; un compte-rendu « Sulle grammatiche e sulla Lessicologia croata » dans le volume publié, en 1885, pour le jubilé de la cinquantième année de la fondation de l'Académie croate ; la préface aux œuvres d'Antoine Gledjevitch, insérée dans le 15ᵉ volume de la série des classiques serbo-croates, publiée aux frais de la même Académie ; et, enfin, en 1888, sa Grammaire de la langue russe à l'usage des croates. Il demeure, depuis l'année 1883, à Agram pour la compilation et la publication du Dictionnaire, qui sera, une fois achevé, son véritable monument de gloire.

Budzinski (Stanislas), jurisconsulte polonais, né, à Varsovie, en 1824. Il acheva ses études à Moscou. En 1860, il devint professeur de droit civil à l'Université de Saint-Pétersbourg et, depuis 1868, professeur à l'Université de Varsovie. Il s'est aussi beaucoup occupé de littérature et a traduit en polonais plusieurs ouvrages poétiques d'Oelhnschläger, de Halm, de Calderon, de Goethe et de Lermontoff. On lui doit aussi un travail fort consciencieux, en polonais, sur le théâtre allemand et sur le théâtre espagnol, ainsi que plusieurs travaux relatifs à l'Économie politique et au Droit.

Buet (Charles), littérateur français des plus féconds, né, à Chambéry (Savoie), le 23 octobre 1846. Après avoir fait ses études au collège de Saint-Pierre d'Albigny, il a été rédacteur du *Journal de la Savoie* (1865), de l'*Univers* (1867) et de l'*Écho de l'Ardèche* (1871), et pendant quelque temps rédacteur en chef d'un journal catholique à l'île Bourbon ; ses principales publications sont, dans le domaine de l'histoire : « Les ducs de Savoie au XV et XVI siècles », Tours, Mame, 1878 ; « Études historiques pour la défense de l'Église. La papesse Jeanne », Paris, Palmé, 1878 ; « Notre Saint-Père le Pape Léon XIII », Tours, Mame, 1879 ; « La Dîme, la Corvée et le Joug », Paris, Palmé, 1882 ; « Louis XI et l'Unité française », Tours, Mame, 1883 ; « l'Amiral de Coligny et les guerres de religion au XVI siècle », Paris, Palmé, 1884 ; « Charles V et la France au XIV siècle », Tours, Mame, 1885 ; « Études historiques pour la défense de l'Église. Christophe Colomb », 1876, et enfin : « Les Mensonges dans l'Histoire », 2 vol. Parmi ses études littéraires, nous citerons : « Paul Féval. Souvenirs d'un ami », Paris, Palmé, 1883 ; « Médaillons et camées », id., Giraud, 1885 ; au théâtre, M. B. a donné un drame en cinq actes et huit tableau : « Le Prêtre », représenté, en 1881, à la Porte Saint-Martin avec un assez bruyant succès et publié l'année suivante, chez Palmé, avec préface de Barbey d'Aurevilly, et orné de huit compositions de Georges Sauvage. — On doit aussi à M. B. plusieurs livres de voyage ; citons : « A bord du *Mariotis*, notes d'un voyageur », Limoges, Barbou, 1875 : « Les rois du pays d'or », Paris, Bleriot, 1880 ; « Six mois à Madagascar », Paris, Palmé, 1884, et encore : « Trois mois à l'île Bourbon, journal d'un étudiant » ; « La Reine des côtes africaines » ; « Sous le soleil d'Afrique » ; « Les premiers explorateurs français de l'Afrique équatoriale » ; et plusieurs publications concernant la Savoie, telles que : « La côte de Savoie, guide patriotique des bords du Lac Léman » ; « Evian-les-bains et ses environs » ; « Thonon et ses environs ». — Parmi les nombreux romans de M. B., il nous faut citer : « Le crime de Maltaverne », Paris, Olmer, 1876 ; « Philippe-Monsieur », id., id., 1877, nouvelle éd., Bleriot, 1882 ; « Hauteluce et Blanchelaine », id., 1878 ; « Le Maréchal de Montmayeur », id., id., id. ; « Histoires cosmopolites », id., Palmé, id. ; « Contes à l'eau de rose », avec une préface de Paul Féval, id. id., 1879 ; « Histoires à dormir debout », id., id., 1881 ; « Les Savoyardes », id., id., 1882 ; « Scènes de la vie cléricale », id., id:, id. ; « Contes ironiques », id., Tresse, 1883 ; « La petite Princesse », id., Dentu, 1883 ; « Les coups d'épée de M. de Puplinge », id., Palmé, 1884 ; « Contes moqueurs », id., Giraud, 1885 ; « Madame la Connétable », id., id., 1886, et encore : « les Mystères de Villeblanche » ; « l'Honneur du nom » ; « Les Chevaliers de la Croix blanche ». Parmi ses romans historiques : « Morogh à la hâche, histoire du VI siècle », Paris, Lethiêlleux, 1869 ; « L'Apôtre du Chablais », Limoges, Barbou, 1874 ; « L'homme au capuchon rouge, chronique du XV siècle », id., id., id. ; « A petite cloche grand son », id., id., 1875 ; « Les gentilshommes de la cuiller », Paris, Téqui, id. ; « Le Capitaine Gueule d'Acier », id., id., id. ;

« La Dame noire de Myans, chronique du XIII siècle », id., Olmer, id. ; « L'Hotellerie du Prêtre Jean », id., Téqui, 1876 ; « La mitre et l'épée, chronique génevoise », id., id., 1877 ; « Irène Bathori, scènes de la vie de province », id., Bray et Retaux, 1879 ; « François le Balafré », id., Olmer, 1881 ; « Les Bourgeois de la Rochelle », Limoges, Barbou, 1882 ; « Le roi Charlot, scènes de la Sainte-Barthélemy », 2 vol., id. Palmé, 1883, et encore : « Le Pont d'Arcey » ; « Légendes des bords du lac » etc. — Enfin, parmi les nombreuses brochures publiées par M. B. sous son nom, ou sous le pseudouyme de *Vindex*: « Qu'est-ce qu'un jésuite ? », Paris, Palmé, 1879 ; « Les Jésuites et l'obscurantisme », id., id., id. ; « La comédie politique », avec une préface de Paul Féval, id., Reuhel, 1880 ; « Le Plébiscite des pères de famille », id., Palmé, id. ; « Histoire complète de l'expulsion des Jésuites », id., id., id. ; « Une erreur historique. Le droit du seigneur a-t-il existé ? », id., id., 1881 ; « Le Bilan de la Révolution, études sociales », id., Oudin, 1881 ; et encore : « L'ouvrier au temps jadis » ; « Le roi français. Henri le magnanime ». Nous citerons encore parmi les ouvrages de M. Buet : « Histoire de la Comtesse de Savoie », réimpression du livre de la comtesse de Fontaines, avec préface, notes et appendices, splendide ouvrage pour les bibliophiles, et la traduction de : « Une légende chrétienne, ou Simon Pierre et Simon le Magicien », Tournai Castermann, 1871, du révérend père J. J. Franco S. J. — Ajoutons que M. B. a publié dans divers journaux des articles, sous les pseudonymes de Clément Beauclert, J. Bormaux, Gaston Bois-Dupré, Samuel de Belleforest, Tristan de Rochenoire, Camille Vaudrey, La Baudraye, Amedée Leyret, Capitaine Nemo, Rubompré, Vindex, Gauthier de Montréal. M. Charles Buet a épousé, en 1872, Mlle Poncet, une sœur d'Ambroise et Jules Poncet, premiers explorateurs de l'Afrique centrale. M. B. est décoré des ordres royaux de la Couronne d'Italie et d'Isabelle la Catholique ; il est vice-président de l'Académie Chablaisienne et membre de plusieurs autres académies françaises et étrangères.

Buffa (Gaspard), écrivain italien, docteur agrégé de l'Université de Gênes, où il enseigne la géographie, professeur au Lycée *Cristoforo Colombo* de la même ville, ancien directeur du *Corriere Mercantile*, poète élégant, journaliste brillant et érudit, né, à Cairo Montenotte (arr. de Savone), le 4 décembre 1833. Son bagage littéraire n'est pas bien riche, mais choisi. Citons : « Il Mare », poème ; « Emma » et « Riccardo di Valbruna », nouvelles en vers ; « In morte di Tecla » ; « Ode alla Primavera » ; « Canto a Giove Tonante ».

Buffenoir (Hypollite), poète et romancier français, né à Vougeot (Côte d'or), le 16 octobre 1847 ; ses poésies surtout révèlent beaucoup de talent. Il débuta, en 1846, par un volume de vers : les « Premiers baisers ». Suivirent les « Allures viriles » ; la « Vie ardente » ; « Cris d'amour et d'orgueil », en vers ; et en prose : « Drames de la place de Grève », roman ; « Robespierre », aperçu sur la Révolution française ; le « Député Ronquerolle », roman ; les « Bons moments », récits, impressions et discours littéraires ; « Sœur Marie la Blanche » ; « Un Séjour à Palerme » ; « La confession d'un homme de lettres », où l'on retrouve le disciple de Rousseau. M. H. Buffenoir, tout en restant un poète élégant et délicat, a aussi joué un certain rôle comme homme politique. Il y a en lui un ferment de jacobinisme, dont il ne peut se défendre. Aussi se réclame-t-il de Robespierre et de Saint-Just, qu'il appelle « ses maîtres ». M. Buffenoir a été candidat à la députation dans la Côte d'or et en Seine et Oise. Il a collaboré à des journaux très radicaux. Il va publier un volume sous ce titre : « Sensations politiques », recueil de ses discours et conférences. En résumé, personnalité curieuse, tourmentée par le rêve et par l'action, dans laquelle frémissent tour à tour les fièvres de Saint-Preux, les inquiétudes de René et les souffles justiciers de la Révolution.

Bugge (Elseus-Sophus), illustre linguiste et philologue norvégien, né, d'une famille aisée, dans la petite ville de Laurvig, le 5 janvier 1833. Il fit ses études à Christiania, et il débutait, en 1850, c'est-à-dire à l'âge de dix-sept ans, par une brochure « Sur les transitions des consonnes dans les dialectes norvégiens », communiquée à la *Revue scientifique et littéraire* de Christiania ; il n'avait que vingt ans, lorsqu'il devenait l'un des collaborateurs de la célèbre *Zeitschrift* de Kuhn, à laquelle il donnait des articles étymologiques et de grammaire comparée sur les langues osque et ombrienne. Ses études universitaires achevées, il entreprit, aux frais du gouvernement norvégien, un voyage d'étude à l'étranger, suivant à Copenhague les cours de sanscrit de Westergard, à Berlin, ceux des professeurs Bopp et Weber (pour le sanscrit, le pali et le zend). Revenu à Christiania, il fut nommé, d'abord, professeur suppléant, ensuite extraordinaire, et, en dernier lieu, professeur ordinaire des langues comparées et de l'ancienne langue nordique à l'université. Étymologue savant, il a montré des vues originales dans toutes ses recherches. Sa plus grand compétence est dans les langues nordiques ; son édition de l' « Edda », publiée à Christiania, demeure son chef-d'œuvre de critique, et est devenue classique et définitive. Ses plus belles découvertes dans le domaine des langues nordiques lui ont donné occasion à une série d'articles publiés dans la *Revue philosophique* de Copenhague de l'année 1867, et des années suivantes. Citons encore ses éditions des « Sagas mythologiques », ses articles sur Plaute dans la *Revue de Copenhague*, ci-dessus mentionnée, dans les *Annales* de Fleckeisen, dans le *Philologus*, revue allemande ; son édition de la « Mostellaria », représentée, en 1875, par les étudiants de l'Université, à l'occasion du jubilé du professeur Aubert ; une monographie sur les « Runes » ; des articles sur la relation entre le Gothique et l'ancien haut allemand, dans la *Zeitschrift* de Kuhn ; les « Étymologies romanes », dans la *Romania* ; les « Études sur les anciennes langues italiques », dans les *Actes de l'Académie* de Christiania ; des contributions à l'étude des langues celtiques, etc. Dans ces dernières années, M. Bugge s'est tourné avec ardeur vers un nouvel ordre d'études, et il s'occupe maintenant de recherches sur l'origine de l'ancienne mythologie scandinave. Ses « Études sur l'origine des mythes, des dieux et des héros scandinaves », 1° série, fasc. 1-2, Christiania, 1881, tendent à prouver que la mythologie scandinave est d'origine en partie greco-latine, en partie juive et chrétienne, et que ses traditions ont été importées des Iles Britanniques, où les Norois les entendaient chez les chrétiens celtes et anglo-saxons. Dans ses recherches, M. B. a apporté un esprit original et une vaste érudition. Si les parallèles qu'il a fait valoir paraissent parfois trop ingénieux pour être convaincants, si toutes ces idées nouvelles ont, d'abord, surpris le monde savant, on est maintenant à peu près d'accord pour reconnaître que malgré tous les doutes qu'on peut soulever sur les questions de détail, il y a dans les conclusions de M. Bugge un grand fond de vérité. Bien que les traits fondamentaux de la mythologie aient été communs à tous les peuples germaniques, on ne saurait méconnaître que les mythes norois ont un grand nombre de traits spéciaux dont Bugge à retrouvé des analogies frappantes dans les anciennes traditions de l'Europe méridionale. Les idées de M. B. ont naturellement trouvé beaucoup d'adversaires. Son travail n'est pas encore terminé ; il y a dans sa nature une certaine mobilité qui le fait souvent changer de sujet. Quand au milieu d'un travail une idée nouvelle le frappe, il quitte ce qu'il a en main ; de nouveaux horizons s'ouvrent devant lui, il s'y jette avec ardeur, poursuit cette idée, publie un nouveau travail, quitte à recommencer le précédent à la première occasion. C'est ainsi qu'il a abandonné pour un certain temps la mythologie pour s'occuper pendant longtemps et à plusieurs reprises du problème de la langue étrusque, des inscriptions runiques et d'autres questions encore. En attendant la continuation de son œuvre mythologique, le commencement en a été traduit en allemand par M. O. Brenner, sous le titre : « Studien über die Entstehung der nordischen Götter und Heldensagen », Munich, 1881-82. — Citons encore parmi les travaux de M. B. : « Etymologische Beiträge aus dem Nordischen », dans les *Beiträge zur Kunde der indogermanischen Sprachen*, III, 1879 ; « Beiträge zur Erforschung der etruskischen Sprache », dans les *Etruskische Forschungen und Studien*, publiée par le docteur W. Decke, Stuttgard, I-III, 1883-1886. M. B. a en outre collaboré largement à une foule de travaux publiés par d'autres philologues et folkloristes scandinaves et autres, notamment aux *Vieilles Chansons Populaires du Danemark*, publiées par Svend Grundtvig, Copenhague, 1853-84, aux *Old Breton Glosses*, publiés par W. Stokes, Calcutta 1879 et 1880 ; au *Glossaire* du dialecte de la Daleciarlie de A. Norcen, dialectologue suédois distingué et à une foule d'autres travaux qu'il serait trop long d'énumérer, ici. Enfin, il vient de publier tout récemment un grand nombre d'articles dans les Revues savantes de l'Allemagne et de la Scandinavie, sur des étymologies scandinaves, sur le poème anglo-saxon « Beowulf », sur les rimes, etc. Citons encore : « Der Ursprung der Etrusker, durch zweilemnische Inschriften erläutert » dans les *Mémoires de la Société des Sciences de Christiania*, 1886, où l'auteur essaie de déchiffrer deux inscriptions écrites, selon lui, dans une langue qui s'approche de l'étrusque ou en est un dialecte oriental ; les « Etymologische Studien über germanische Lautverschiebung », trois articles dans les *Beiträge zur Geschichte der deutschen Sprache*, publiés par H. Paul, et W. Braune Holle, 1878, études d'une haute importance qui se rattachent à la fameuse loi de Werner.

Bugge (Frédéric-Guillaume), théologien norvégien, né, à Trondhjem, en 1838 ; depuis 1870, professeur de théologie à l'Université de Christiania, il a publié un grand nombre d'écrits très estimés, dont les plus importants sont les suivants : « Épîtres de l'apôtre Paul », traduites avec des introductions et des exposés développés de leur contenu et teneur, 2 vol., Christiania, 1879-81, ces deux volumes, assez forts, sont devenus très populaires par leur clarté et leur style très élégant et agréable et ont eu non moins de trois éditions en peu de temps ; « Actes des Apôtres », avec introduction, traduction et explication, Christiania, 1881, livre qui a eu le même succès que le précédent ; déjà, en 1885, il en paraissait une nouvelle édition ; « Épîtres des apôtres Pierre et Judas », avec introduction, traduction et explication, Christiania, 1885. Il a écrit aussi un grand nombre d'articles où avec beaucoup de talent il fait valoir les vues et les principes de l'église luthérienne orthodoxe, articles insérés dans la *Luthersk kirketidende* dont il était, avec Heuch, le rédacteur en chef, et dans la *Luthersk Ugeskrift* continuation de la précédente ; et qui paraît sous la même direction. Enfin M. Bugge a été chargé de rédiger l'ébauche d'une nouvelle traduction de la Bible.

Buguet (Henry), auteur dramatique, publiciste, chansonnier français, né, à Paris, le 18 novembre 1845, a fait jouer un nombre considérable de vaudevilles, comédies, opérettes, parodies et surtout de revues de fin d'année. En ce genre, il s'est fait spécialiste à tel point que dans une brochure illustrée intitulée : « Revues et revuïstes », Paris, J. Lévy, 1887, il enseigne l'art de faire une revue et de la faire représenter avec succès. Il a écrit en outre une collection en vingt volumes : « Foyers et coulisses, histoire anecdoctique des théâtres de Paris », Paris, Tresse, 1873 et suiv. très utile pour toutes les bibliothèques théâtrales ; dans le même ordre d'idées, il a publié, avec M. Edmond Benjamin (*Voyez ce nom*) : « Coulisses de bourse et de théâtre ». Pour les enfants, il a recueilli avec un soin tout paternel : « L'esprit des enfants, bons mots, saillies, reparties, anecdotes, poésies, contes et historiettes », Paris, Heymann, 1881, nouvelle éd., Monnier, 1885; pour ce livre V. Sardou et F. Coppée ont fourni chacun une préface et M. Ferdinand de Lesseps en a accepté la dédicace au nom de ses onze enfants. Il a publié en outre : « Le Guide des maîtres et des domestiques d'après les meilleurs ouvrages et conforme aux renseignements puisés aux justices de paix », Paris, Dervaux, 1881, édition populaire épuisée ; en collaboration avec M. Benjamin, il a publié, en 1886, chez J. Lévy, « Paris enragé », dedié à M. Pasteur, et illustré par Choubrac; en 1888, il a publié, chez Tresse : « Théâtre de cercles, casinos et châteaux », dont M. Raoul de Najac a donné le jugement suivant: « Un de nos plus
« féconds vaudevillistes M. Henry Buguet a eu
« l'heureuse idée de réunir sous ce titre seize
« saynètes, piécettes et monologues joyeux qui
« ont été créés par les joyeux acteurs populaires
« qui ont nom : Baron, Berthelier, Coquelin cadet, Daubray etc. Les comédiens-amateurs si
« nombreux aujourd'hui trouveront à jouer dans
« le recueil, des petites pièces toutes, plus gaies
« les unes que les autres. Ils y trouveront
« même des calembours abracadabrants car M.
« Buguet est le marquis de Bièvre des temps
« modernes. Ne vous plaignez pas, vous dit-il,
« que j'abuse de ce que Victor Hugo appelle
« la fiente de l'esprit qui vole, puisque je le
« fais uniquement dans un *but-gai* ». Enfin, on annonce de lui comme étant sous presse : « Les 419 coups », en collaboration avec M. Bertol Graivil ; « Odette de Champdivers », roman, en collaboration avec M. Drucker ; « Vingt Monologues pour 20 sous » recueil, comme le titre le dit, de vingt monologues inédits.

Bühler (Georges), indianiste allemand, né, à Borstel (Hanovre), le 19 juillet 1837. Il se fit recevoir docteur à l'Université de Goettingue en 1858. En 1859, il se rendit à Londres pour y étudier les anciens manuscrits de la bibliothèque de la Compagnie des Indes, travail auquel il consacra trois années ; puis, après un court séjour à Gœttingue, où il fut attaché à la bibliothèque, il fut envoyé, comme professeur de langues orientales au collège Elphinstone de Bombay ; il passa ensuite directeur des études sanscrites à Poona (1866) et inspecteur scolaire de la division septentrionale de la présidence de Bombay. Chargé de recueillir, de 1873 à 1877, tous les manuscrits sanscrits qu'il pourrait acquérir au compte de l'État, tant dans la présidence que dans le Rag'putana, le Kâçmîra etc., il en a formé une collection sans rivale, riche de plus de 2000 manuscrits, parmi lesquels celui, fort précieux, de l'*Artharvaveda*, passé en Allemagne. De retour en Europe, il fut nommé, en 1881, professeur de sanscrit à l'université de Vienne. — On lui doit : « Das griechische Secundärsuffix της », thèse, Goettingue, 1858 ; « A Digest of Hindu law », 2 vol., Bombay, 1867-69, 3 éd. 1880 ; « Prâkritwörterbuch », Gœttingue, 1879; « Leitfaden für dem Elementarkursus des Sanskrit mit Glossaren », Vienne, 1883 ; « Ueber eine kürzlich für die Wiener Univ. erworbene Sammlung von Sanskrit-und Prâkrithandschriften » dans les *Sitzungsberichte d. Wien. Akad.* 1882; « Ueber das Zeitalter des Kasmîrischen Dichters Somadeva », id., id., 1885 ; « Ueber eine Inschrift des Königs Chanrasena IV v. Valabhi », id., 1886 ; en outre, M. B. a publié un grand nombre d'ouvrages sanscrits, entre autres : « Le quatrième et le cinquième livre du Pantcha-Tantra », Bombay, 1867 ; « Le second et le troisième livre du Pantcha-Tantra », id., 1868 ; « Le livre des lois de Apastamba », 2 vol., id., 1869-71 ; « Le Daçakumaraciarita », id., 1873; « Le Vikramua-Ciarita », id., 1875 ; M. B. a collaboré en outre à l'*Orient und Occident* de Benfey, qui avait été son professeur, à plusieurs journaux scientifiques de Madras et de Bombay et aux *Sacred Books of the East* de l'illustre Max Müller, dont le second volume est formé par sa traduction des « Aphorismes légaux d'Apastamba et de Gautama », traduits et précédés d'une introduction, Londres, 1879. Ajoutons aussi qu'il a publié plusieurs textes sanscrits dans la *Bombay Sanskrit series*, plusieurs rapports sur ses voyages scientifiques, (entr'autres, très important celui qui nous renseigne sur son voyage au Cachemire, à la découverte d'anciens manuscrits) et qu'il a déchiffré plusieurs inscriptions indiennes parmi lesquelles trois du roi Açoka.

Bühlmann (Joseph), écrivain suisse, né, le 6 février 1837, à Raerswyl, près de Sursee (canton de Lucerne) d'une pauvre famille de paysans ; aussitôt son école primaire terminée, il dut s'engager chez un fermier des environs, où il fut employé à la culture des champs et à la garde du bétail. Son zèle pour l'étude était si ardent qu'il triompha de circonstances aussi défavorables; le conseil municipal de son village, touché de ses persévérants efforts, lui accorda le subside nécessaire pour la fréquentation de l'école normale de Rothhausen. En 1854, s'ouvrit pour lui la carrière de l'enseignement; il fut appelé successivement et, après avoir conquis les diplômes nécessaires, aux postes de professeur aux séminaires de Hallbühl et de Hochdorf, aux écoles secondaires de Zell et de Schupfheim, dans l'Entlibuch. Aujourd'hui il déploie son activité pédagogique dans la ville même de Lucerne et siège au Conseil d'éducation, dont il est un des membres les plus zélés et les plus capables. Le système de Froebel s'honore de compter en lui un de ses plus fermes adeptes. En 1881, fut fondée par son initiative une revue pédagogique des plus estimées; *Die Praxis der Schweiz. Volks und Mittelschulen.* La plupart de ses manuels ont été adoptés dans les établissements d'instruction publique de Lucerne et comptent plusieurs éditions toujours améliorées. Il a publié: « Sprach und Lesebuch für die Primarschulen d. Kant. Luzern », 2 vol., 1869; « Friederich Fröbel und die Kindergärten », 1871; « Zur Gründung einer Mittelschule in Luzern », 1872; « Eine Schulreise in Deutschland », 1873, livre qui par l'abondance et la justesse des observations a attiré dès sa publication l'attention des hommes compétents; « Die Zwingherrn am Pilatus », 1877; « D. Handarb. Unterricht für Knaben », 1884; « Illustrierte Naturgeschichte für Volks und Fortbildungs Schulen », 1884; « Die Schultischreform in Luzern », 1887.

Buisson (Ferdinand), administrateur et pédagogue français, né, à Paris, le 20 décembre 1841. Il commença ses études à Argentan (Orne), les continua à Saint-Étienne et les acheva à Paris. Protestant de naissance, M. B., qui s'était fait recevoir en France agrégé de philosophie fut, de 1866 à 1870, professeur suppléant à l'Académie de Neuchâtel (Suisse). Dans cette première période de sa vie, il publia diverses brochures sur des questions religieuses: « L'orthodoxie et l'Évangile dans l'Église réformée. Réponse à M. Bersier », Paris, Dentu, 1864; « Le Christianisme libéral », id., id., id.; « De l'enseignement de l'histoire sainte dans les écoles primaires », Neuchâtel, Cherbuliez, 1869; « Principes du christianisme libéral », id., id., id. — Revenu en France au moment de la guerre, il organisa pendant le siège de Paris, avec le concours de M. Jaufrès, l'orphelinat laïque de la Seine. En 1871, il fut nommé inspecteur primaire à Paris, par M. Jules Simon, puis secrétaire de la commission de statistique de l'instruction primaire. En 1873, et en 1876, il fut envoyé comme délégué du Ministre de l'Instruction publique aux Expositions universelles de Vienne et de Philadelphie. En 1878, il fut chargé du rapport sur la section de pédagogie à l'Exposition universelle de Paris, et le 31 août de la même année, nommé inspecteur général hors cadre pour l'enseignement primaire. A cette période se rapportent les trois publications suivantes: « Rapport sur l'instruction primaire à l'Exposition universelle de Vienne, en 1873 », Paris, Imprimerie nationale, 1876; « Devoirs d'écoliers américains, recueillis à l'Exposition de Philadelphie par F. B. et traduits par A. Legrand », id., Hachette, 1876; « Rapport sur l'instruction primaire à l'Exposition universelle de Philadelphie », id., Imprimerie nationale, 1878. En février 1879, appelé par M. Jules Ferry à la direction de l'enseignement primaire, M. B. a été le collaborateur des divers ministres qui se sont succédés au département de l'Instruction primaire. Il est le principal auteur des programmes, instructions, et circulaires qui ont appliqué cette législation. M. B. a entrepris la publication d'un *Dictionnaire de pédagogie et d'instruction primaire*, Paris, Hachette, 1882-1887, en quatre volumes, dont les deux premiers embrassent la partie générale ou technique et les deux autres, la partie spéciale ou pratique, et auquel il a donné un certain nombre d'articles sans signature, notamment « Éducation »; « Émulation »; « Laïcité », etc.

Bulgarini (Angiolina), institutrice italienne, née, à Grossette, le 21 janvier 1847. Mme B., qui a été maîtresse à l'École Normale des Institutrices de Pavie (1867-72), et qui enseigne maintenant la littérature italienne à l'École Supérieure pour les jeunes filles de Rome, a publié: « Pensieri intorno l'insegnamento della lingua italiana nelle scuole normali », Turin, Marino, 1873; « La Madonna delle Grazie, cenni storico-artistici », Florence, 1874; « Dialoghetti famigliari, ossia studii di lingua parlata », 2e éd., Milan, Agnelli, 1874, 3e éd., id., 1878; « Un fior non fa ghirlanda », Sienne, 1874, 2e éd., Turin, Paravia, 1883; « Prontuario di voci concernenti i lavori donneschi », Turin, Paravia, 1879; « La struttura del periodo », en collaboration avec P. C. Castagnola; id., id., 1884.

Bulhão-Pato (Raimundo-Antonio DE), écrivain portugais, né, de parents français, à Bilbao (Espagne), le 3 mars 1829. En 1837, il se fixa à Lisbonne, où, depuis nombre d'années, il dirige les *Monumentos ineditos* de l'Académie Royale des Sciences, dont il est membre. On a de lui: « Versos », 2 vol., 1850 et 1867; « Virgem n'uma peccadora », comédie en vers, représentée avec succès depuis 1858; « Digressões e Novellas », 1864; « Pasquita », 1867; « Canções da tarde », 1867; « Flores agrestes », 1870; « Paizagens », 1871; « Cantos e satiras », 1873; « Renan e os sabios da Academia », 1874; « Maria de Bragança », 1874;

« Sob o cipressos », 1877. On annonce encore : « Scenas historicas da India » ; « Gaveta dos meus papeis » ; « Novos cantos e novas satiras ». — M. B. a traduit en portugais : « Graziella » de Lamartine, 1864 ; « Vendetta » de Balzac, 1874 ; « Hamlet » et « Le Marchand de Venise » de Shakespeare, 1879 et 1881.

Bull (Édouard-Isaac-Hambro), médecin norvégien, né, à Bergen, en 1845 ; reçu docteur en médecine, à l'université de Christiania, en 1875, après avoir soutenu avec honneur sa thèse : « Études cliniques sur le *Morbus Brightii* chronique », il exerça depuis dans cette ville, où il jouit d'une grande renommée et a une grande clientèle. Il a décliné l'offre qu'on lui avait fait d'une chaire de médecine à l'Université d'Upsal. M. B. a fait plusieurs voyages scientifiques et pris part à plusieurs congrès de naturalistes et de médecins. Ses principaux écrits sont « Caractères et traits principaux du traitement des maladies de l'espèce du *Morbus* Brightii », Christiania, 1883, publié aussi en allemand sous le titre : « Hauptzüge in der Behandlung der Bright'schen Krankheiten » dans le *Centralblatt für die gesammte Therapie*, Vienne, 1883 et suiv. ; « Des méthodes artificielles d'alimentation employées dans un but thérapeutique », Christiania, 1885. On doit encore à M. B. une foule de travaux spéciaux dans les revues médicales norvégiennes, comme le *Magasin norvégien de médecine*, dont il a été le rédacteur en chef de 1875 à 1883, dans la *Revue de médecine pratique*, dans l'*Annuaire clinique*, dans les *Mémoires de la Société de Médecine* de Norvège, dans les *Archives Médicales du Nord*, etc. Citons encore de lui : « Ueber operative Eröffnung von Lungen Cavernen », mémoire présenté au huitième Congrès international des médecins, à Copenhague, et imprimé dans le *Berliner Klinische Wochenschrift*, 1884 ; « De nos aliments et de notre diète », Christiania, 1886 ; « De la santé de la femme », id. — Depuis 1885, M. B. est correspondant de la *Semaine Médicale* de Paris.

Bulmerincq (Auguste DE), jurisconsulte russe, né, à Riga, le 12 août 1822. Après avoir fait son droit à Dorpat, il s'y fit recevoir professeur en 1853. Dans ce poste, il s'occupa de développer le bien-être matériel et intellectuel des habitants des provinces de la Baltique, et y organisa la première exposition industrielle et le premier congrès agricole. Il a fondé et dirigé, de 1863 à 1873, la *Baltische Wochenschrift für Landwirthschaft, Gewerbefleiss und Handel*. Parmi ses ouvrages, nous citerons : « Von der Wahl und dem Verfahren des freiwilligen Schiedsgerichts », Dorpat, 1849 ; « Das Asylrecht in seiner geschichtlichen Entwicklung », id., 1853 ; « De natura principiorum juris inter gentes positivi », id., 1856 ; « Carl Eduard Otto », id., 1858 ; « Die Systematik des Völkerrechts », 1 vol., id., 1858 ; « Praxis, Theorie und Codification des Völkerrechts », Leipzig, 1874 ; « Prises maritimes », Gand, 1880 ; ses travaux lui valurent d'être nommé, en 1877, rapporteur de la commission pour le droit de la guerre navale et de succéder, en 1882, à Bluntschli dans la chaire de droit public à Heidelberg. M. de B. qui a donné beaucoup d'articles au *Jahrbuch* de Holtzendorff, au *Krit. Vierteljahrsschr. für Gesetzgebung und Rechtswissenschaft* et à la *Baltische Monatsschrift*, a collaboré aussi au *Staatswörterbuch* de Bluntschli, au *Rechtslexicon* de Holtzendorff, et il a écrit pour le recueil des *Handbuch des öff. Rechts der Gegenwart* de Marquards : « Handbuch des Völkerrechts », Fribourg, 1884, et « Das Consularrecht », id., 1886.

Buloz (Charles), publiciste français, successeur de son frère Louis et de son père dans la Direction de la *Revue des deux Mondes*. Il est né à Paris, le 23 septembre 1843. Il continue, avec honneur, l'œuvre glorieuse, qui reste encore le plus beau monument de la littérature française contemporaine. M. Buloz a épousé, en 1873, la fille d'un savant, le professeur A. Richet, membre de l'Académie des sciences.

Buls (Charles-François-Gommaire), écrivain et homme politique belge, né, à Bruxelles, le 13 octobre 1837. M. B. avait acquis une réputation méritée dans le monde des lettres et des arts par des articles dans la *Revue trimestrielle*, la *Revue de Belgique*, la *Discussion*, et par quelques brochures traitant des questions d'art et d'enseignement ; il avait prêté un concours dévoué à la ligue belge de l'enseignement sous les auspices de laquelle il avait donné des cours publics et dont il était devenu le président, lorsqu'il fut nommé bourgmestre de la ville de Bruxelles, et peu après, membre de la Chambre des représentants. Nous devons citer de lui : « Une Excursion scolaire à Londres », Bruxelles, 1872 ; « Vienne en 1873, esquisses de voyage », Bruxelles, 1874 ; « La Sécularisation de l'enseignement », Bruxelles, 1876. M. Buls est un des représentants les plus éminents du parti libéral belge.

Bulthaupt (Henri), poète et auteur dramatique allemand, né, à Brême, le 26 octobre 1849. Après avoir étudié le droit et la littérature allemande, il fut quelque temps précepteur à Kiew, puis entreprit un voyage en Grèce, en Orient, en Italie ; il occupa, de 1875 à 1878, un emploi dans l'administration de sa ville natale, et, le 1er janvier 1879, succéda à J. G. Kohl, comme bibliothécaire de la ville. Il débuta au théâtre par une tragédie : « Saul », 1870 ; suivirent : « Ein Korsisch Trauerspiel », tragédie ; « Die Kopisten », comédie ; « Lebende Bilder », comédie ; « Die Arbeiter », tragédie, 1875 ; « Durch Frost und Gluten », 1876 ; « Der junge Mönch », nouvelle, 1879 ; « Dramaturgische Skizzen », 1879, 2me éd., 1885 ; « Dramaturgische Streifzuge », 1880, 2ᵐᵉ éd., 1884; « Die Käthchen von Heilbron », opéra, 1880; « Das Münchener-gesamtgastspiel », 1880; « Der Sonntagskind », opéra, 1882; « Dramaturgie der Klassiker, 1ᵉʳ vol., Lessing, Goethe, Schiller, Kleist, 2ᵈ vol., Shakespeare », 1882-83; « Die Malteser », tragédie, 1883; « Gerold Wendel », tragédie, 1884; « Imogen », drame, 1885; « Achilles », poésies, 1885; « Ein neuer Welt », drame, 1886 ; « Dramaturgie der Oper », 2 vol., 1887.

Bulwer-Lytton (Édouard-Robert, comte). — Voyez LYTTON.

Bunge (Rodolphe), poète allemand, né, à Köthen, le 27 mars 1827. Il se rendit à Paris pour y étudier la chimie. De Paris, il entreprit un voyage en Suisse et en Italie, mais des raisons de santé l'obligèrent à rentrer dans son pays, où il prit la direction d'une fabrique fondée par son père, tout en continuant de cultiver les belles-lettres. Nous citerons de lui : « Blumen », poésies publiées sous le pseudonyme de *Rudolf*, 1854; « Heimat und Fremde », poésies, 1864; « Dornröschens Brautfahrt », 1867; « Der Herzog von Kurland », tragédie, 1871 ; « Tragödiencyklus », 1872-75, comprenant cinq drames: « Nero », « Alarich », « Desiderata », « Fest zu Bayonne », « Klosternhaus », dans lesquels, il se propose de montrer l'influence du christianisme sur la vie des peuples ; « Die Zigeunnerinco », médie, 1878 ; « Ausgewählte Festspiele und Operndichtungen », 1882 ; « Deutsche Samaritarinnen », 1883 ; « Die Trompeter von Säklingen », 1884; « Otto der Schütze », opéra, 1886; « Die Mädchen von Schelda », opéra, 1887.

Bunsen (Robert-Guillaume), chimiste allemand, né, le 31 mars 1811, à Gœttingue, où son père était professeur de littérature occidentale ; il étudia à l'Université de cette ville, les sciences physiques et naturelles, et compléta son instruction à Paris, à Berlin et à Vienne. Habilité à l'enseignement de la chimie, à Gœttingue, en 1833, il succéda, trois ans plus tard, à Wöhler, comme professeur à l'Institut polytechnique de Cassel. Appelé à l'Université de Marbourg, en 1838, il y devint professeur titulaire en 1841, puis directeur de l'Institut de Chimie. En 1851, il passa à l'université de Breslau, qu'il quitta, dès l'année suivante, pour aller occuper la chaire de chimie à celle de Heidelberg, où il enseigne encore. M. Bunsen s'est fait un nom dans la science, par des recherches importantes et d'heureuses découvertes, consignées dans une foule de mémoires insérés dans les recueils et revues scientifiques. Parmi ses plus importantes découvertes, citons : une nouvelle pile de charbon d'un usage très répandu et qui porte son nom, l'emploi de l'hydrate de fer comme contrepoison de l'arsenic, ses recherches sur la loi de l'absorption des gaz, sur le point de solidification des substances fondues, sur la combustion des gaz, sur la photochimie, ses travaux sur le spectre solaire et sur l'analyse spectrale, sur la lumière de magnesium, etc. Parmi ses écrits, nous citerons: « Enumeratio ac descriptio hygrometrum », Gœttingue, 1830; « Das Eisenoxydrat, ein Gegengift des weissen Arseniks oder der arsenigen Säure », en collaboration avec Berthold, Gœttingue, 1834, 2ᵉ éd., 1837; « Schreiben der Berzelius über die Reise nach Island », Marbourg, 1846 ; « Ueber eine volumetrische Methode von sehr allgemeiner Anwendbarkeit », Heidelberg, 1854 ; « Gasometrische Methoden », Brunswick, 1857, 2ᵉ éd. 1877, une traduction française faite sous les yeux de l'auteur en a été donnée par M. Th. Schreiber sous le titre : « Méthode gazométrique », Paris, Masson, 1858 ; « Chemische Analyse durch Specialbeobachtungen », en collaboration avec Kirchoff, Vienne, 1871 ; « Anleitung zur Analyse der Aschen und Mineralwasser », Heidelberg, 1874 ; « Flammenreactionen », Heidelberg, 1850, 2ᵐᵉ éd., 1886, etc. etc.

Bunyllaï (Venceslas), historien hongrois, né le 11 janvier, 1837, à Sálor-Alja-Ujhely ; il est actuellement assesseur et bibliothécaire du Concistoire de Nagyvárad, et membre de l'Académie. Grand fouilleur d'archives, au mois de décembre de l'année 1887, il faisait des recherches au Vatican. Parmi ses ouvrages historiques, on cite surtout : « Histoire de l'Abbaye de Egyed », 1880 ; et « Histoire de l'Épiscopat de Nagyvárad, depuis sa fondation, jusqu'en 1866 ».

Buonamici (François), jurisconsulte italien, né à Pise, où il fit ses études, et où il fut reçu docteur en droit. Depuis 1860 professeur à l'Université de Pise, il y a enseigné successivement le droit commercial, l'histoire du droit, et les institutions du droit romain. Il est aujourd'hui recteur de l'Université. Il débuta dans les lettres par une thèse : « Poliziano giureconsulto » ; nous citerons aussi : « Della vita e delle opere del prof. F. Del Rosso » ; « Scuola pisana del diritto romano » ; « Sulle *litterarum obligationes* in diritto romano » ; « Delle *Legis Actiones* nell'antico diritto romano ». Pise, Nistri, 1868 ; « Del delitto di violato sepolcro », id., id., 1873 ; « Per la dedicazione di una statua a Vincenzo Salvagnoli nel camposanto di Pisa presso alla sua tomba », id., id., 1874 ; « Sul progetto preliminare del Codice di Commercio del Regno d'Italia ». id., id., id, ; « Dell'uso del diritto romano nella giurisprudenza italiana », leçon d'ouverture, id., id., 1877; « Dei trattati internazionali in quanto sono mezzi d'incivilimento », discours, id., id., 1879 ; « L'*Actio Auctoritatis* dell'antico diritto romano », dans le 29ᵉ vol., de l'*Archivio giuridico* de Pise, 1882. M. Buonamici a publié en outre : « Lettere inedite al padre Guido Grandi », Pise, Nistri, 1879, sans tenir compte de plusieurs dissertations et articles insérés dans divers journaux et revues et surtout dans l'*Archivio Giuridico* susnommé.

Buonanno (Gennaro), écrivain italien, né, vers 1840, dans l'ancien royaume de Naples. Ses études accomplies, il entra dans les ordres et devint prêtre de l'Oratoire. Dans cette qualité il publia : « San Benedetto, sermone recitato a Montecassino il 21 marzo 1874 », Montecassino, 1874 ; mais il ne tarda pas à se dégoûter de la vie ecclésiastique et un beau jour, ayant déposé l'habit sacerdotal, il entra dans l'administration des bibliothèques et il est aujourd'hui sous-bibliothécaire, faisant fonction de bibliothécaire, à Crémone. Depuis lors, il a publié : « Alcuni scritti », Rome, Forzani, 1878, où il est question des plus illustres écrivains contemporains, tels que Giuseppe Ferrari, Luigi Tosti, Domenico Berti, Giambattista Giuliani, Ferdinando Bosio, etc. ; « Decadimento della magistratura e dell'avvocatura », Naples, 1886 ; et un « Discorso in morte del cav. prof. Luigi Zapponi, bibliotecario dell'Università di Pavia, », Pavie, 1887.

Buonazia (Lupo), orientaliste italien, professeur d'arabe au collège asiatique et à l'université de Naples, né, à Prato (prov. de Florence), le 18 juillet 1844. Reçu docteur en droit à l'université de Pise, en 1864, il y aborda l'arabe sous la direction du professeur Fausto Lasinio, poursuivant, après son doctorat, ses études à l'Institut des Études Supérieures de Florence, où l'illustre Amari enseignait alors la langue et la littérature arabe. En 1868, il était en état de publier le « Catalogo de' Manoscritti arabi nelle biblioteche Riccardiana e Nazionale ». Cette publication encouragea le Gouvernement Italien à le maintenir, pendant deux ans, aux études en Allemagne, sous la direction du célèbre et regretté professeur Fleischer, de Leipzig. En 1872, il fut envoyé à Beirut, en Syrie, pour y prendre la direction de l'École italienne, mais surtout pour s'exercer à parler l'arabe. Revenu à Naples, en 1874, il fut nommé professeur au collège Asiatique, et ensuite à l'université. Ayant pris part au Congrès International des Orientalistes de Florence, il y fit une lecture « Sul metodo da seguirsi nelle ricerche sulla metrica araba », publiée dans les *Actes* de ce Congrès. Le professeur Buonazia a encore publié : « Grammatica della lingua araba », Naples, 1879, lythographiée ; « Catalogo dei codici arabi della Biblioteca Nazionale di Firenze », Florence, Succ. Le Monnier, 1885.

Buonomo (Joseph), médecin italien, né, le 24 décembre 1825, à Gaète. Après de brillantes études, il obtint à l'université de Naples le doctorat en médecine *ad honorem*. En 1852, il fondait à Naples une école privée de médecine, sur les bases de la physiologie spérimentale et des recherches cliniques faites à l'hôpital des Incurables ; en 1870, il organisait la maison des fous Sales, et il ouvrait une nouvelle École de Psychiatrie, agrégée plus tard à l'université de Naples. Le résultat de ses études et de ses recerches se trouve dans le *Giornale Psichiatrico*, fondé par lui. Le professeur Buonomo, est, depuis 1876, député au Parlement.

Burani (Paul) — Voyez ROUCOUX (Urbain).

Baratti (Charles), écrivain italien, né, à Vimercate (province de Milan), en 1840. Après avoir été reçu docteur ès-lettres à l'Académie scientifico-littéraire de Milan, il fut nommé successivement professeur dans plusieurs établissements d'instruction secondaire de l'État. Outre plusieurs articles d'arguments littéraires ou scientifiques publiés en différents journaux, on lui doit : « La letteratura e lo studio dei classici in ordine alle attuali condizioni politiche dell'Italia », 1866 ; « Dei modi di migliorare le condizioni economiche e morali della popolazione di Vimercate », 1868 ; « L'armonia degli interessi sociali, scritti popolari di economia sociale », Milan, Rechiedei, 1874 ; « Storia critica degli studii fatti o promossi dall'Associazione Pedagogica italiana di Milano », 1876.

Burbure de Wesembeek (Léon-Philippe-Marie, chevalier DE), musicien et érudit belge, né, à Termonde le 16 août 1812. Docteur en droit en 1832, archiviste de la cathédrale d'Anvers en 1847, administrateur de l'Académie d'Anvers en 1854, membre de l'Académie royale de Belgique depuis 1862, M. de B. fait partie de la Commission des monuments, de la Commission du musée Plantin, et il préside le comité de rédaction du *Codex Rubenianus*. Outre ses nombreuses compositions musicales, et sans parler de notices remarquables qu'il a publiées dans le *Bulletin*, les *Mémoires* et l'*Annuaire* de l'Académie, et dans la *Biographie nationale* qui paraît sous le patronage de cette compagnie, il a écrit des opuscules, parmi lesquels nous citerons : « Lettres inédites d'Aubertus Mireus », Gand, 1850 ; « David Lindenus, sa famille, ses amis », id., 1851 ; « Jan van Ockegem », Anvers, 1856, 2me éd., Termonde, 1868 ; « La Sainte-Cécile en Belgique », Bruxelles, 1860 ; « Notes sur les *Liggeren* de Saint-Luc », Anvers, 1864 ; et les listes des ammans et des échevins d'Anvers qu'il a dressées avec M. L. Torfs : « Chronologische lyst der ammans van Antwerpen », Anvers, 1871 ; « Lyst der schepenen van Antwerpeen vóor de XV eeuw. », id., 1872.

Burckhardt (Jacques), historien suisse, né, à Bâle, le 25 mai 1818 ; il étudia la théologie, la littérature et l'histoire à l'université de sa ville natale, puis à celle de Berlin, où il se lia avec Kugler, dont il publia plus tard la 2me éd. du « Handbuch der Kunstgeschichte », Stuttgard, 1848, et se voua comme lui à l'étude des Beaux-arts. De retour en Suisse, il fut nommé professeur d'histoire de l'art à l'Université de Bâle. Appelé plus tard à l'Institut polytechnique de

Zurich, il préféra, après quelques années, revenir dans sa ville natale, où il enseigne encore, malgré les offres de plusieurs autres universités allemandes. Ses ouvrages extrêmement remarquables par l'érudition dont ils sont remplis, l'ampleur magistrale de la critique et la profonde connaissance des littératures européennes, sont les suivants : « Die Kunstwerke der belgischen Städte », Dusseldorf, 1842; « Conrad von Hochstaden, Erzbischof von Köln », Bonn, 1843; « Erzbischof Andreas von Krain und die letzte Concilwersammlung in Basel 1482-84 », Bâle, 1852; « Die Zeit Constantins des Grossen », Bâle, 1853, 2me éd., 1880; « Cicerone, eine Anleitung zum Genuss der Kunstwerke Italiens », Bâle, 1855; 5me éd., revue et complétée par le docteur Wilhelm Bode, Leipzig. 1884, traduit en français, sous le titre : « Le Cicerone, guide de l'art antique et de l'art moderne en Italie » par M. Auguste Gérard, Paris, Plon, 1885; « Die Cultur der Renaissance in Italien », Bâle, 1860, 4me éd. revue et complétée par Geiger, Leipzig, 1885, M. Schmitt en a donné une traduction française, sous le titre: « La Civilisation en Italie au temps de la Renaissance », 2 vol., Paris, Plon, 1885; « Geschichte der Renaissance in Italien », Stuttgard, 1867, 2me éd., 1878. — M. B. est aussi l'auteur du cinquième volume de la *Geschichte der Baukunst* de Kugler : « Geschichte der neueren Baukunst ».

Burckhardt (Théophile), écrivain suisse, né, le 18 janvier 1840, à Gelter Kinden près de Sissach, un village du canton de Bâle-campagne, où son père exerçait le ministère évangélique; il reçut son éducation classique au gymnase, puis au pœdagogium de Bâle, et commença à l'Université de cette ville (1858-60) des études historiques et philologiques poursuivies plus tard à Bonn. A son retour d'Allemagne, en 1863, il fut reçu, par l'Université de Bâle, docteur en philosophie à la suite d'une thèse : « Cæcili rhetoris fragmenta »; il professa, tour-à-tour, l'allemand à l'école *reale* et le latin et le grec dans les classes supérieures du gymnase de sa ville d'origine. En 1877, il fut chargé de fouilles archéologiques sur l'emplacement d'Augusta Rauracorum, et il a présidé, à diverses reprises, la Société d'histoire et d'archéologie et celle d'utilité publique. La liste de ses principaux articles et mémoires témoigne de l'ouverture de son esprit et de la variété de ses connaissances : « L'hymne homéride de Hermes » dans les *Annales pour la Philologie classique* de Fleckeisen, 1868; « Les établissements d'instruction secondaire à Bâle » dans la *Revue pour l'Association des gymnases suisses*, 1872; « Le gymnase de Bâle à la fin du XVIII siècle, 1766-1800 », 1873; « L'année de la danse des morts exécutée au Petit Bâle », dans l'*Annuaire pour l'histoire suisse*, 1877; « L'hymne homéride à l'Apollon Délien », 1878 ; « Les diverses danses des Morts à Bâle », dans les *Mémoires de la Société d'Histoire et d'Archéologie de Bâle*, 1882; « Le théâtre romain d'Augusta Rauracor. », id., id., id.; « Don Emmanuel Burckhardt, capitaine-général du royaume des Deux-Siciles » dans l'*Annuaire Bâlois* de 1883; « La transformation de l'État, en 1758, d'après les papiers d'un vieux bâlois » dans les *Mémoires de la Société d'Histoire de Bâle*, 1886; « L'Helvétie sous les Romains », 1887.

Burckardt-Finster (Albert), écrivain suisse, né, à Bâle, le 18 novembre 1854, professeur d'histoire au gymnase, et, depuis 1881, *privat Docent* pour l'histoire et l'archéologie du Moyen-âge à l'Université de sa ville natale, rédacteur de l'*Annuaire Bâlois*. Il a publié : « Basel zur Zeit des dreissigjährigen Krieges », 2 parties, 1880-81; « Das Schloss Vufflens », inséré, en 1882, dans les *Mittheilungen der Antiq. Gesellschaft in Zurich*, dont il est un collaborateur assidu.

Burdeau (Auguste), publiciste et homme politique français, né, à Lyon, le 10 septembre 1851. Après de brillantes études, il prit part à la guerre de 1870, et fait prisonnier par les Allemands, il parvint à s'évader après six mois de captivité. M. Burdeau, qui est député du Rhône et professeur de philosophie au lycée Louis-le-Grand de Paris, a publié : « Le Droit usuel et l'économie politique à l'école », en collaboration avec M. Henri Reverdy, Paris, Picard-Bernheim, 1883; « L'instruction morale à l'école (Devoir et Patrie) », id., id., id.; « Notions élémentaires d'économie politique à l'usage de tous les établissements d'instruction publique », id., id., id. Avec M. Lucien Arréat (*Voir ce nom*), il a collaboré pour la partie relative à l'enseignement aux « Questions sociales contemporaines » d'Adolphe Coste, Paris, Guillaumin, 1865. En outre, il a traduit de l'allemand : « Le Fondement de la morale », de Schopenhauer, Paris, G. Baillière, 1879; et de l'anglais « les Essais de morale, de science et d'esthétique » de Herbert Spencer, 3 vol., id., id., 1877-79 et « L'Alternative. Contribution à la psychologie » de Edward R. Clay, id., Alcan, 1886. — M. Burdeau a collaboré à la *Revue des Deux-Mondes*, à la *Revue philosophique* de Th. Ribot, à la *Revue bleue*, ainsi qu'aux journaux : le *Télégraphe*, la *Petite République française*. Il a fondé le *Globe*, le *Coopérateur français* et l'*Éducation nationale*.

Burdin (Charles), poète et publiciste français, né, à Chambéry, le 12 octobre 1845. Charles Burdin a collaboré à l'*Indépendance de la Savoie*, Chambéry, (1871); à la *Savoie Républicaine*, (1873); au *Père André*, feuille destinée aux paysans, Chambéry (1877-1883). Rédacteur en chef du *Patriote Savoisien*, de 1876 à 1883, et du *Républicain de la Savoie*, qu'il a fondé en 1883, et dont il est encore le principal rédacteur, il a publié: « Impressions d'un flâneur », Chambéry, 1874 ; « Notice sur Marc-Claude de Buttet, poète savoisien de la Renaissance », id., id.; des poésies: « Les Amours de tête, Rimes galantes. Tableaux et paysages. Heures noires. Ça et là », Paris, Jouaust, 1876 ; et « Le Poème de la Montagne », Chambéry, 1882.

Burdo (Adolphe), voyageur belge, explorateur de l'Afrique centrale, né, à Liège, en 1849. Il entreprit un premier voyage, en 1878, avec M. de Sémellé, qui mourut en mer en vue de Madère. Après avoir visité le Sénégal, il remonta le Niger depuis son embouchure jusqu'en amont de son point de jonction avec le Bénoué, dans le royaume de Nupé. Il s'avança ensuite sur le Bénoué, et explora les pays encore inconnus des Akpotos et des Mitchis, dont il dressa la carte. Revenu plus tard en Europe, il publia un récit détaillé de son voyage : « Niger et Benoué. Voyage dans l'Afrique centrale », Paris, Plon, 1879 ; l'année suivante, l'Association internationale africaine l'envoyait en mission de Zanzibar à la région des Grands Lacs. Parti de Zanzibar, il parcourut en caravane l'Ousagara, l'Ougogo, l'Ounyanyembé, l'Ougonda, l'Ougala, région du lac Tanganyika. Ses rapports qui figurent aux *Annales de l'Association internationale africaine* sont des plus complets et des plus détaillés sur cet itinéraire. Il fut arrêté dans son voyage par les armées de Mirambo, qui venaient de massacrer Carter et Cadenhead et de décimer l'expédition des éléphants indiens. Malgré la désertion du plus grand nombre de ses hommes, Burdo parvint à sauver la caravane qu'il conduisait à Karéma au capitaine Popelin, qui à son tour parvint à sauver M. Burdo au moment où il allait succomber sous les attaques des Rougas-Rougas. Sur son second voyage, M. B. a publié : « Les Belges dans l'Afrique centrale, leurs voyages, aventures et découvertes, d'après les documents et journaux des voyageurs », Bruxelles, P. Maes, 1884 ; « Les Arabes dans l'Afrique centrale », Paris, Dentu, 1885 ; « De Zanzibar à la région des grands lacs », 1886.

Bureau (Edmond), écrivain militaire français, né, à Lille, le 9 avril 1830. Sorti de Saint-Cyr, comme sous-lieutenant, le 1er octobre 1853, il est actuellement lieutenant-colonel du 6e régiment territorial d'infanterie. Après avoir professé le cours de géographie militaire à l'École de Saint-Cyr, M. Edmond Bureau est aujourd'hui examinateur à l'École Monge à Paris, et professeur dans plusieurs écoles préparatoires à Saint-Cyr. Le colonel Bureau a publié : « Atlas de Géographie militaire », Paris, Furne, 1869 ; « Conférence sur les différentes enceintes de topographie, et les fortifications de 1840 », id., Dumaine, 1871 ; « Géographie physique, historique et militaire de la région française, France, Hollande, Belgique, Suisse, frontière occidentale de l'Allemagne », id., Jouvet éditeur 1882 ; « Nos Frontières » id., id., 1887; et différents articles militaires dans le journal: *Le Moniteur de l'Armée* de 1866 à 1870.

Burgain (Antonio), littérateur et poète franco-brésilien, né, au Havre, en 1812. Il alla très jeune au Brésil, où il devint membre du *Conservatorio dramatico* de Rio Janeiro et professeur de français et de géographie. Un des poètes dramatiques les plus féconds, il a écrit un grand nombre de drames qu'on joue toujours sur la plupart des scènes du Brésil et du Portugal. Parmi ses pièces le plus en vogue, nous nous bornerons à citer : « Luis de Camoens » ; « Pedro Sem » ; « O Governador de Brago » ; « O Mosteiro de Santo Jago ».

Burgess (James), physicien, naturaliste et orientaliste anglais, né, dans la paroisse de Kirkmahoe (comté de Dumfries, en Ecosse), en 1832. Il était, depuis 1855, professeur de mathématiques à Calcutta, lorsqu'il publia : « On Hypsometrical measurement by means of the Barometer and Boiling-point Thermometer, with Tables », 1858. En 1861, il se fixa, comme professeur à Bombay, et fit paraître des articles fort remarqués sur les marées, l'hypsométrie, l'architecture indienne dans le *Philosophical Magazine* et dans les *Transactions of the Bombay Geographical Society*. Nommé, en 1869, secrétaire de la Commission de l'Observatoire de Colaba, il fit au gouvernement de l'Inde un remarquable rapport sur cet établissement. Il publia, en 1869 : « The Temples of Shatrunjaya », grand ouvrage in-folio, illustré de 45 vues photographiques, qui fut suivi, en 1870, d'un autre ouvrage du même genre sur les antiquités de Somnath, Girnâr et Junagâr, et, en 1871, de « The Rock Temples of Elephanta or Ghârapuri ». En 1872, il fonda *The Indian Antiquary*, revue mensuelle très estimée, consacrée à l'archéologie orientale, à l'étude de la littérature et des mythes de l'Inde qu'il dirigea pendant quatorze années. En 1871, il parcourut le Guzarate et le Radjputana, et il publia, en 1873, à Londres, chez Marion et Cie, un grand volume in-folio contenant des vues de l'architecture de ces contrées. En 1873, il fut nommé directeur de la Commission archéologique de la présidence de Bombay et des Etats limitrophes d'Hyderabad, Guzarate et Malwa. Les résultats des travaux de cette Commission ont été publiés dans une série de volumes illustrés in-4º et dans un volume in-8º : « The Cave Temples of India ». La Commission archéologique de Madras, lors de sa création, en 1881, s'unit à celle de Bombay, sous la direction de M. B. qui a reçu, en 1886, le titre officiel de directeur général de la Commission archéologique de l'empire de l'Inde.

Burggraeve (Adolphe), médecin belge, né, à

Gand, le 6 octobre 1806, professeur à la faculté de médecine de sa ville natale, chirurgien en chef de l'hôpital civil, membre de l'Académie royale de médecine de Bruxelles, M. Burggraeve s'est fait surtout connaître comme promoteur d'une méthode de thérapeutique appelée par lui *dosimétrie*. Nous connaissons de lui : « Cours théorique et pratique d'anatomie », Gand, 1840; « Études sur André Vesale, précédées d'une notice historique sur sa vie », id., 1841; « Anatomie de texture, ou histologie appliquée à la physiologie et à la pathologie », 2me éd., Gand, 1845; « Tableaux synoptiques de clinique chirurgicale (matières générales), avec des annotations et des histoires des maladies », id., 1850; « Le Génie de la chirurgie, considérée sous le rapport des pansements, des opérations, du diagnostic, du prenostic et du traitement médical », id., 1853; « Nouvelle macrobiotique, ou l'Art de prolonger la vie », Bruxelles, 1854; « Le vaccin vengé », Gand, 1855; « Le Choléra indien considéré sous le rapport hygiénique, médical et économique », id., id.; « Cours de théories et de clinique chirurgicales », id., 1859; « Amélioration de l'espèce humaine », id., 1860; « Les Appareils ouatés », Bruxelles, 1860; « Chirurgie théorique et pratique », id., id.; « Oeuvres médico-chirurgicales », 7 vol., Bruxelles, 1862, et suiv.; « Le livre de tout le monde sur la santé », Bruxelles, Lacroix et Verboekhoven, 1864; « Questions sociales. Amélioration de la vie domestique de la classe ouvrière », Gand, Muquardt, 1864; « De l'épizootie actuelle et des moyen d'y remédier », Bruxelles, 1865; « Considérations anatomo-physiologico-philosophiques sur les organes pelviens doubles », Bruxelles, 1866; « Nature et prophylaxie du choléra indien », id., « Notice sur les sources ferrugineuses acidulées de Dieketronne ou le Spa flamand », id., id.; « Plombage des plaies », id., 1867; « Études médico-philosophiques sur Joseph Giuslain », id., 1867; « Considérations sur la médication atomistique », id., 1868; « Méthode atomistique, ou Nouveau mode de préparer et prescrire les médicaments », id., 1868; « La médecine atomistique devant l'Académie royale de médecine de Belgique », id., 1869; « Médecine atomistique, ou Nouvelle méthode de thérapeutique avec expériences thermométriques et sphygmographiques », id., 1870; « De la longévité humaine et des moyens propres à y arriver », id., 1874; « Monument à Edw. Jenner, ou Histoire générale de la vaccine », id., 1875; « Nouveau manuel de thérapeutique dosimétrique, ou Traitement des maladies par les médicaments simples », id., 1876; « Manuel des maladies des enfants avec leur traitement dosimétrique », id., 1877; « Manuel des maladies des femmes avec leur traitement dosimétrique », id., id.; « Manuel de pharmacodynamie dosimétrique », id., id.; « Manuel de symptomatologie dosimétrique », id., id.; « Manuel des dispepsies et de leur traitement dosimétrique », id., 1879; « Nouveau guide pratique de médecine dosimétrique », id., id.; « Réponse à M. le docteur Derobaix, professeur à l'Université libre de Bruxelles, sur sa brochure : *Quelques mots à propos du nouveau projet de loi sur l'enseignement supérieur* », id., 1883; « Hygiène thérapeutique des pays torrides fondée sur la médecine dosimétrique », id., 1887; « La longévité humaine par la médecine dosimétrique », id., id.: « La surveillance maternelle ou hygiène thérapeutique de la première enfance d'après la méthode dosimétrique », id., id.; « Manuel des maladies du cœur etc. », id., id.

Burke (Sir John Bernard), historien, généalogiste et héraldiste anglais, né, à Londres, en 1815. Il fit ses premières études au collège de Caen en France. En 1839, il se fit inscrire au barreau de Middle Temple, devint roi d'armes, en 1853, chevalier de l'Ordre du Bain, en 1868, gouverneur de la galerie nationale d'Irlande, en 1874. Tant que son père a été vivant, il l'a aidé dans la publication du « Peerage » qu'il a continué seul après sa mort. En outre, il a publié : « The Commoner of Great Britain and Ireland », republié ensuite sous le titre de « The Landed Gentry »; « A General Armory »; « Visitation of Seats »; « Family Romance »; « Anecdotes of the Aristocracy »; « The Historic Lands of England »; « Vicissitudes of Families »; « Reminiscences, Ancestral and Anecdotal », et plusieurs autres livres sur des arguments historiques, héraldiques et archéologiques.

Bürkli (Karl), écrivain militaire et colonel fédéral suisse, né, à Zurich, où il a fait toute sa carrière; il a publié un essai historique et critique : « Der wahre Winkelried », et une étude : « Die Taktik der alten Urschweizer », 1886.

Burmeister (Hermann), naturaliste allemand, né, le 15 janvier 1807, à Stralsund, où son père était employé supérieur des douanes, fit ses premières études dans sa ville natale et suivit pendant quatre ans les cours de médecine aux Universités de Greifswald et de Halle. Dans cette dernière ville, il se lia avec le professeur Nitzsch qui fortifia son goût pour la zoologie et particulièrement pour l'entomologie. Docteur, en 1869, il débuta par une « Grundriss der Naturgeschichte », Berlin, 1833, à laquelle il fit suivre un « Handbuch der Naturgeschichte », Berlin, 1837, auquel sert d'illustration un « Zoologische Handatlas », id., 1835-43, 2me éd., 1858-60; ensuite il publia un très apprécié « Handbuch der Entomologie », 5 vol., Berlin, 1832-55 et un livre non moins précieux sur les : « Genera insectorum ». En 1837, il fut nommé professeur de zoologie à Halle, où il fit aussi des cours de géologie. Dans cette période, il publia : « Geschichte der Schöpfung », Leipzig, 1843, 7me éd., 1867;

« Geologisch Bilder zur Geschichte der Erde und ihre Bewohner », 2 vol., 2ᵐᵉ éd., id., 1855; « Zoonomische Briefe », 2 vol., id., 1856 ; et plusieurs monographies, parmi lesquelles nous citerons « Die Organisation der Trilobiten », Berlin, 1843 ; « Die Labyrinthodonten », 3 parties, id., 1849-50; « Der fossile Gavial von Boll », Halle, 1854. En 1848, il fut élu membre de l'Assemblée nationale allemande et de la première chambre prussienne. Mécontent des conditions politiques de l'Allemagne, il prit un long congé et resta, jusqu'en 1852, au Brésil. En 1856, il entreprit un nouveau voyage dans l'Amérique du Sud, parcourut l'Uruguay et la partie septentrionale de la République Argentine, et, en 1859, franchissant les Andes, à travers une route qui n'avait pas encore été explorée, il se dirigea à travers le lac de Copiapo à Panama et à Cuba, d'où, en 1860, il fit retour en Allemagne. Mais, en 1861, il abandonna de nouveau sa chaire et repartit pour Buenos-Ayres, où il devint directeur du musée d'histoire naturelle fondé par lui et, en 1870, curateur de la nouvelle Université de Cordoue. Comme résultat de ses voyages, il a publié : « Reise nach Brasilien », Berlin, 1853 ; « Landschaftliche Bilden Brasiliens », id., 1853; « Systematische Uebersicht der Thiere Brasiliens », 3 vol., id., 1854-56 ; « Erläuterungen zur Fauna Brasiliens », id., 1857; « Reise durch die La Plata Staaten », 2 vol., Halle, 1881 ; « Ueber das Klima der Argentinischen Republik », id., 1861; « Die fossilen Pferde der Pampasformation », id., 1875. Il a, en outre, entrepris sur cette région et son histoire naturelle un immense ouvrage « Physikalische Beschreibung der Argentinischen Republik », Buenos-Ayres et Halle, 1875, qui doit compter une vingtaine de volumes et dont le premier seulement a paru dans l'édition allemande, tandis que l'édition française du même ouvrage, qui paraît sous le titre de « Description physique de la République argentine, d'après des observations personnelles » en est déjà à son cinquième volume. Le premier volume est consacré à l'histoire de la découverte et à une esquisse géologique du pays, le second contient la climatologie et le tableau géognostique du pays, les autres contiennent la partie zoologique. Comme directeur du Musée de Buenos-Ayres, M. Burmeister publie depuis plusieurs années les : *Anales del Museo publico* (depuis 1884 *Nacional*) *de Buenos Aires para dar á conocer los objetos de historia natural nuevos o poco conocidos conservados en este estabilimento* », la 2ᵐᵉ livraison du tome III de cette important publication, la dernière que nous connaissions, a paru à Buenos-Ayres en 1885.

Burnand (Francis-Cowley), auteur dramatique et écrivain humoristique anglais, né en 1837. Il fit ses études à Cambridge, où il fonda le A [*mateur*], D [*ramatic*], C [*lub*] dont S. A. R. le prince de Galles devint plus tard président honoraire. Il est l'auteur d'une centaine de pièces de théâtre pour la plupart comiques, parmi lesquelles : « The Colonel », et la parodie du drame nautique, « Black-eyed Susan », eurent plus de 400 représentations consécutives. Devenu, depuis 1880, directeur du célèbre journal humoristique le *Punch*, il y a introduit la rubrique bien connue : « Happy Thoughts ». — En 1879, il a publié : « The A. D. C.: being Personal Reminiscences of the University Amateur Dramatic Club, Cambridge », et, en 1886: « Faust and Loose ».

Burnett (Françoise, née HODGSON), femme de lettres anglaise, née, à Manchester, le 24 novembre 1849. A la suite de revers de fortune, elle émigra en Amérique avec ses parents, y épousa, en 1873, le docteur Burnett et demeure maintenant avec lui à Washington. Elle a publié plusieurs contes dans les *magazines* américains. En 1872, elle inséra dans le *Scribner's Monthly* (maintenant *The Century*), une histoire en dialecte du Lancashire : « Surly Tim's Trouble », qu'elle fit paraître, en librairie, en 1877 ; « The Lass o'Lowrie's », paru d'abord dans le *Scribner*, eut un tel succès qu'il fut tout de suite publié en volume, 1877. Ensuite, elle publia les récits suivants dont plusieurs avaient déjà paru dans les journaux : « Katleen Mavour neen »; « Lindsay's Luck »; « Miss Crespigny »; « Pretty Poly Pemberton »; « Théo »; « Dolly » (qui avait déjà paru sous le titre de « Vagabondia »); « Jarl's Daughter »; « Quiet Life »; « Haworth's », 1879 ; « Louisiana », 1880 ; « A Fair Barbarian », 1881 ; « Through one Administration », 1883 ; « A Woman's Will, or Miss Defarge », 1886 ; « Little Lord Fauntleroy », id.

Burnouf (Émile-Louis), littérateur français, né, à Valognes (Manche), le 25 août 1821, est cousin germain de l'éminent orientaliste Eugène Burnouf (1801-1852). Élève du Lycée Saint-Louis, reçu à l'École normale en 1841, docteur ès-lettres en 1850, ancien élève de l'École d'Athènes, il fut nommé professeur de littérature ancienne à la faculté de Nancy, puis directeur de l'École française d'Athènes. Il dirigea en cette qualité des fouilles intéressantes et adressa à l'Institut les comptes-rendus annuels des travaux de l'École. Au mois d'août 1875, arrivé au terme de sa délégation, il fut remplacé dans ce poste et nommé professeur et doyen de la faculté des lettres de Bordeaux. Il n'accepta pas cette nomination et reçut, le 23 mars 1878, le titre de directeur honoraire de l'École d'Athènes. Nous connaissons de lui : « Des Principes de l'art d'après la méthode et les doctrines de Platon », Paris, Delahain, 1850; « De Neptuno ejusque cultu, præsertim in Peloponneso », id., id., thèses ; « Nala ; épisode du Mahâbhârata, traduit du sanscrit en français », Nancy, Grimblot et veuve Raybois, 1856 ; « Méthode pour étudier la langue sanscrite; ouvrage composé sur le plan de la méthode grecque et de la méthode latine de J. L. Burnouf, d'après les idées d'Eugène Burnouf et les meilleurs traités de l'Angleterre et de l'Allemagne, notamment la grammaire de Bopp », en collaboration avec L. Leupol, Duprat, 1859, 2ᵐᵒ éd., 1861; « La Bhagavad-Gîtâ, ou le chant du bienheureux, poëme indien, publié par M. E. B. », Nancy, Grosjean, 1861; « Essai sur le Vêda ou Introduction à la connaissance de l'Inde », Paris, Dezobry, Tandou et Cⁱᵉ, 1863; « Dictionnaire classique sanscrit-français », en collaboration avec M. Leloup de Cheroy, 6 liv., Paris, Maisonneuve, 1863-65; « Choix de morceaux sanscrits, traduits, annotés, analysés », avec le même, id., id., 1866; « Histoire de la littérature grecque », 2 vol., id., Delagrave, 1869; « La science des religions », 2ᵐᵉ éd., id., Maisonneuve, 1872, 4ᵐᵉ éd., revue et complétée, id., id., 1885; « La légende athénienne. Étude de mythologie comparée », id., id., id.; « L'Indigo Japonais. Culture et préparation. Notice traduite pour la première fois du japonais », id., Librairie générale, 1874; « La Mythologie des Japonais, d'après le Koku-si-Ryaku, ou Abrégé des historiens du Japon », traduite pour la première fois sur le texte japonais, Paris, Maisonneuve, 1875; « La Ville et l'Acropole d'Athènes aux diverses époques », id., id., 1877; « Le Catholicisme contemporain », id., C. Lévy, 1879; « Mémoires sur l'antiquité : l'Age de bronze; Troie, Santorin, Delos, Mycènes, le Parthénon, les Courbes, les Propylées; un faubourg d'Athènes », id., id., 1879; « La Vie et la Pensée. Éléments réels de philosophie », id., Reinwald, 1886; « Les Chants de l'Église latine, restitution de la mesure et du rythme », 1887. — M. Burnouf a collaboré en outre aux *Archives des missions scientifiques*, au *Dictionnaire des lettres et des arts* de Dezobry et Bachelet et à la *Revue des Deux Mondes*, où il a inséré plusieurs articles remarqués.

Burtin (Charles-Henri), littérateur français, né, à Metz, le 22 septembre 1835. Il fit ses études dans sa ville natale chez les jésuites, puis entra, en qualité de surnuméraire d'abord, et d'employé ensuite à la préfecture de la Moselle. Après l'annexion, il quitta la préfecture, mais continua à demeurer à Metz, où il entra dans les bureaux de la mairie. En 1872, il fut nommé bibliothécaire-adjoint de la ville. M. Burtin a publié dans le journal le *Vœu national* et dans le *Lorrain* qui l'a remplacé plus tard, une série d'intéressantes études sur les abbayes, couvents et monastères de la ville de Metz; au *Lorrain* il a donné aussi une note fort intéressante « Sur l'origine des étrennes ». En juillet 1875, M. B. a présenté au Congrès des américanistes, à Nancy, un « Mémoire sur les Iroquois du Sault Saint-Louis (Canada) », à la session de 1867 qui se tint à Luxembourg, il présenta un « Mémoire sur le Brésil » et, à celle de 1879, à Bruxelles, un « Mémoire sur l'antiquité des différents états de la domination canadienne ». Une grande « Histoire des Évêques de Metz depuis Saint-Clément jusqu'à Mgr. Du Pont Des Loges », complètement achevée, reste encore inédite; enfin M. Burtin a fait recopier à ses frais les *Observations séculaires* de Paul Ferry, précieux manuscrit en 3 énormes volumes in-folio dans lesquels ce célèbre pasteur a recueilli une immense quantités de remarques, d'extraits, de faits historiques et littéraires, d'actes publics, copiés entièrement de sa propre main et d'après lesquels il se proposait d'écrire l'histoire civile et ecclésiastique de sa patrie. — Un sien frère NICOLAS-VICTOR BURTIN, né, à Metz, le 18 décembre 1828, est missionaire au Canada depuis 35 ans, et depuis 25 à le tête d'une des plus importantes missions iroquoises de ce pays, celle du Sault Saint-Louis. Il possède parfaitement la langue iroquoise et a fait de nombreux ouvrages manuscrits en cette langue. Depuis plusieurs années, il travaille à une histoire complète de sa mission depuis son origine jusqu'à nos jours. Le gouvernement du Canada et l'autorité supérieure ecclésiastique encouragent vivement ce travail qui fera suite à l'histoire même du Canada.

Burton (sir Richard-Francis), voyageur anglais, né, dans le comté de Norfolk, en 1821; il étudia en Angleterre et en France, entra au service de la Compagnie des Indes et obtint un brevet de lieutenant dans un régiment indigène. Attaché à la présidence de Bombay, il visita d'abord les Nilgherries, ou montagnes Bleues, puis fut employé dans le Sindh, où il fit un séjour de cinq années. Le fruit de son séjour dans cette province est consigné dans les ouvrages suivants : « Sindh or the unhappy Valley », 2 vol., 1850; « Falconry in the valley of the Indus », 1850; « Sindh and the races that inhabit the valley of the Indus », 1850, qu'il accompagna d'une description des Nilgherries : « Goa and the Blue Mountains ». Doué d'une facilité remarquable pour apprendre les langues, M. B. connaît à fond plusieurs langues asiatiques, le moultani, entr'autres, dont il a donné : « A Grammar of the multani language »; s'étant appliqué à l'étude de la langue arabe, il ne tarda pas à la parler comme un naturel. Il forma alors le projet de visiter les villes saintes de l'Arabie, où aucun Européen n'avait pénétré depuis Burckhardt. Il partit à cet effet de Southampton, en avril 1853. Arrivé à Suez, il pénétra dans le Hedjaz par Yemboe, sous le déguisement d'un pélerin afgan. Il réussit à visiter les deux villes saintes, et il opéra son retour par Djedda. Il a donné la relation de son voyage dans « Personal narrative of a Pilgrimage to el Medineh and Meccah », 3 vol.,

Londres, 1855, 2ᵐᵉ éd., 1857. Revenu au Caire, il reçut la mission de visiter le pays des Somalis sur la côte de l'Afrique orientale, et partit avec les lieutenants Stroyan, Speke et Hern ; mais il ne put outrepasser l'Harrar, qu'aucun Européen n'avait encore visité jusque là. Dans cette expédition, il fut grièvement blessé et M. Stroyan tué. Le livre dans lequel il en est rendu compte, intitulé : « First footsteps in east Africa or an exploration of Harar », contient une grammaire de la langue du pays. L'intrépide voyageur se rembarqua à Berbera, le 6 avril 1854 ; il avait formé le projet d'aller à la découverte des sources du Nil, et il partit, à la fin de 1856, avec le lieutenant Speke, pour la côte du Mozambique, chargé par la Société de géographie de vérifier l'existence d'une mer intérieure annoncée par les Arabes et les missionaires de la côte de Zanzibar. Il découvrit, en effet, le vaste lac Tanganyika. Il a décrit ce voyage dans « The Lake regions of Central-Africa », 2 vol., Londres, 1860, traduit en français par M. H. Loreau, sous le titre : « Voyage au grand lacs de l'Afrique orientale », Paris, Hachette, 1862. En même temps, le capitane Speke avait pénétré jusqu'au lac Nyanza et l'avait signalé comme la source du Nil. A peine de retour en Europe, M. B. s'embarqua pour les États-Unis qu'il traversa d'un ocean à l'autre et comme d'habitude, il publia les résultats de cette excursion, sous le titre : « The city of the Saints and across the Rocky Mountains to California », 2ᵐᵉ éd., Londres, 1862, et en effet, les Saints du dernier jour, qu'il défend avec une grande vivacité dans ce livre, paraissent avoir été la principale préoccupation de son voyage. Nommé ensuite Consul d'Angleterre dans la baie de Biaffra, il fixa sa résidence dans l'île de Fernando Po, d'où il a encore entrepris de nouvelles explorations comme l'indiquent les deux volumes publiés, en 1863, sous le titre : « Abeokuta and an exploration of the Cameroun Mountains », 2 vol., Londres, 1863, et « A mission to Gelele, king of Dahomey », 2 vol., 2ᵐᵉ éd., id., 1864. A la fin de 1864, nommé Consul au Brésil, il publia sur son séjour dans ce pays : « The highlands of Brezil », 2 vol., Londres, 1868 ; et « Letters from the Battlerk fields of Paraguay », Londres, 1870. Nommé, en 1869, consul à Damas, il en profita pour visiter les ruines de Palmyre et pour réunir une précieuse collection anthropologique et archéologique ; les détails de ce voyage sont exposés dans son livre : « Unexplored Syria », 2 vol., Londres, 1872 ; en 1872, il entreprit un voyage en Islande, et il en rendit compte dans son ouvrage : « Ultima Thule », 2 vol. 1875. En 1876-77, le khédive d'Égypte le chargea d'étudier les gisements d'or du pays de Madian, où il découvrit les ruines d'importantes villes de l'antiquité ; la relation de ce voyage a pour titre : « The Gold Mines of Midian and the ruined Midianite Cities. A Fortnight's Tour in North Western Arabia », 1878 ; depuis 1882, M. Burton est consul général d'Angleterre à Trieste. En dehors des ouvrages déjà cités, nous connaissons encore de lui : « Wit and wisdom from West Afrika », 1865 ; « Vikram and the Vampire, or Tales of Hindu Devilry », 1869 ; « Zanzibar, City, Islands and Coast », 2 vol. 1872 ; « Proverbia communia syriaca », 1872 ; « Two trips to Gorilla Land and the Cataracts of the Congo », 2 vol., 1875 ; « Etruscan Bologna », 1876 ; « Sind revisited : with notices of the Anglo-Indian Army ; Railroads, Past, Present and Future », 1877 ; « To the Gold Coast for Gold : a personal narrative », en collaboration avec M. Cameron, 1882. M. B. a traduit aussi les Lusiades de Camoens, 1881, ses poésies lyriques, 1884, et a écrit aussi : « Camoens : his Life and his Lusiads, a Commentary », 2 vol., 1881. Ses derniers ouvrages sont une traduction des *Mille et une Nuits* et une histoire de l'épée et de son usage dans tous les pays, depuis l'antiquité. — Sa femme Isabella, qui l'a accompagné dans ses plus récents voyages, a publié : « AEI. Arabia, Egypt, India ; narrative of travel », 1879, et « The inner life of Syria, Palestine and the Holy Land », nouvelle éd., 1884.

Burty (Philippe), collectionneur et littérateur français, né, à Paris, le 11 février 1830. Ses études achevées, il entra dans l'atelier de M. Chabel Dussurgey, peintre de fleurs et d'ornements attaché aux Gobelins, y travailla pendant plusieurs années et commença alors à étudier et à collectionner des estampes. Il débuta comme critique dans l'*Art au XIX Siècle*, et écrivit un Salon pour un journal des modes ; puis, en 1859, entra à la *Gazette des beaux-arts*, et inaugura, dans cette feuille, les comptes-rendus des ventes d'objets d'art. Après avoir été attaché à la *Presse* pour y rédiger le courrier artistique, il suivit, en 1866, M. de Girardin à la *Liberté* avec les mêmes attributions, et prit part, en 1869, à la rédaction du *Rappel*. Lors de la fondation de la *République française*, il y fut chargé des comptes-rendus de livres d'art et d'expositions, sans négliger une correspondance hebdomadaire adressée à un journal anglais : *The Academy*. Désigné par Eugène Delacroix, le grand peintre, dans son testament, pour classer ses dessins, il remplit avec succès sa mission délicate et le catalogue qu'il en a dressé est recherché, ainsi que ceux de plusieurs autres ventes qu'on lui doit également. Il a réuni une remarquable série de lithographies et d'eaux-fortes de maîtres contemporains et une collection de curieux objets du Japon qui figurèrent avec honneur à l'Exposition Universelle de 1878. M. Burty, qui dans les derniers temps a collaboré aussi à l'*Art* et a publié plusieurs articles relatifs au Japon, ses industries et ses arts, a été membre du comité de la Société des gens de lettres et il est actuellement inspecteur des Beaux-Arts auprès du Ministère de l'Instruction publique et des Beaux-Arts. Outre les « Eaux-fortes de F. Seymour Haden », recueil d'un prix élevé, publié en 1866, qui eut un grand succès en Angleterre, nous citerons de lui: « Chefs d'œuvre des arts industriels. Céramique, verrerie et vitraux, émaux, métaux, orfévrerie et bijouterie, tapisserie », Paris, Ducroq, 1866; « Notice des études peintes par Th. Rousseau exposées au Cercle des arts », 1867; « Les émaux cloisonnés anciens et modernes », 1868; « Paul Huet, notice biographique et critique, suivie du catalogue de ses œuvres », 1869; « Eaux-fortes de Jules de Goncourt. Notice et catalogue », id., Librairie de l'Art, 1875; « Maîtres et petits maîtres. Eugène Delacroix, Méryon, V. Hugo, Jules de Goncourt, J. F. Millet, Dauzats », Paris, Charpentier, 1877; « L'eau-forte en 1878 », id. Vve Cadart, 1878; « Salon de 1883 », id., Baschet, 1883; « Bernard Palissy », id., Rouam, 1886, dans Les Artistes célèbres publiés sous la direction de M. Eugène Müntz. M. Burty a recueilli et publié les « Lettres d'Eugène Delacroix », Paris, Quantin, 1878, 2e éd., Charpentier, 1880. Citons aussi, dans des genres très différents: « Pas de lendemain », nouvelle, 1869; « Les derniers télégrammes de l'Empire », 1870, publication anonyme de dépêches trouvées aux Tuileries; « Grave imprudence », roman, Paris, Charpentier, 1880.

Burvenich (Frédéric), savant belge, né, à Deynze (Gand), le 26 juin 1837. Professeur à l'école d'horticulture de l'État à Gand, M. B. collabore aux principaux journaux et revues d'horticulture belges et étrangers et il a publié, en français et en flamand, de nombreux volumes destinés à vulgariser les principes de la culture potagère et de la culture des arbres fruitiers; citons entr'autres: « La grande culture des arbres fruitiers dans les vergers, les champs, les pâtures, le long des routes, dans les cours d'écoles etc. », Gand, l'Hoste, 1876; « La culture potagère à la portée de tous », id., id., 1877; « Les Pignons perdus. Moyens de les utiliser par la culture fruitière », id., id., id.; « Traité élémentaire de culture maraîchère », id.; id., 1884.

Bury (William-Coutts KEPPEL lord ASHFORD, vicomte DE), homme politique anglais, fils du comte d'Albermarle, né en 1832; il entra d'abord dans l'armée, fut, en 1850-51, secrétaire particulier de lord John Russell, et aide-de-camp de feu lord Fitz-Gerald, aux Indes. En 1859, il entra à la Chambre des Comunes, et, en 1876, il devint membre de la Chambre des pairs succédant à son père dans la baronie d'Ashford. D'abord libéral, il s'est rallié ensuite au parti conservateur; il a rempli différents emplois politiques, entr'autres celui de sous-secrétaire d'État au Ministère de la Guerre, dans le Cabinet formé par lord Salisbury, en 1885. Depuis 1879, il s'est converti au catholicisme. Outre plusieurs articles d'argument historique et politique, lord Bury a publié: « The Exodus of the Western Nations », et « A Report on the Condition of the Indians of British Nord-America », 1866.

Bus (François-Joseph-Marie DE), avocat et ancien magistrat français, né, à Cambrai (Nord), le 15 octobre 1842. M. de B. qui avait débuté dans la magistrature en qualité de substitut du procureur impérial à Thonon a donné sa démission, en 1877, étant alors magistrat au Parquet de Dunkerque. Il a fondé à Paris, en 1878, avec MM. Dréolle, Cuneo d'Ornano, et Robert Mitchell le *Paris-Capitale* où les articles qu'il insérait sous le pseudonyme de l'*Indiscret* ont eu beaucoup de succès. Ayant pris ensuite la direction du *Mémorial de Lille*, il la conserva jusqu'à la mort du Prince Impérial. Sans tenir compte d'un certain nombre de brochures humoristiques, publiées sous le pseudonyme de l'*Indiscret*, M. de B. a publié chez Dentu les deux premiers volumes de « La politique contemporaine devant l'Histoire », les six autres volumes qui doivent completer cet ouvrage paraîtront prochainement. M. de B. a fondé à Paris, en 1887, l'*Association amicale des Enfants du Nord et du Pas de Calais* et le Dîner de *La Betterave* qui compte déjà beaucoup d'adhérents.

Busacca (Antonino), écrivain italien, né et demeurant à Messine: nous connaissons de lui: « Cenni filosofici », Messine, 1837; « Cenni ideologici e morali », 3 parties, Messine, 1837; « Elementi di filosofia », 3 vol., Messine, 1842-43, 2e éd., Palerme, 1845; « Una gita al Seminario di Palermo », id., 1846; « Elementi di aritmetica », id., 1847, 2e éd., 1850; « Difesa di Mons. Ursino vescovo di Patti per un discorso letto nell'apertura di quegli studii », id., 1850; « Dizionario geografico statistico e biografico della Sicilia, preceduto da un compendio storico siculo », Messine, 1850; « Storia della legislazione di Sicilia dai primi tempi fino all'epoca sveva », id., 1852; « Città antiche di Sicilia, loro origine, fine, sito e monete autonome », dans l'*Eco Peloritano* de Messine, de 1854; « Compendio della Storia di Messina »; « La filosofia del diritto siculo »; « La Sicilia e i suoi monumenti con la guida generale della medesima »; « La biografia degli uomini illustri di Sicilia »; « Annuario della città di Messina », Messina, Nicotra, 1875; « Storia della legislazione italiana dai primi tempi fino all'epoca nostra », id., Carbone, 1883.

Busacca del Gallo d'Oro (Raphaël), économiste et administrateur italien, né, en Sicile, le 5 janvier 1810. Il débuta comme écrivain par une brochure: « Sullo istituto di incoraggiamento e sulla industria siciliana », Palerme, 1835, à laquelle il en fit suivre une autre : « Degli zolfi della compagnia Teix in Sicilia », id., 1839, destinée à combattre le monopole bourbonien; en 1846, en publiant une brochure de Peel sur la question des céréales en Angleterre, il fit suivre par un travail fort remarquable en faveur de la liberté du commerce. En 1848, il publia: « La Sicilia considerata politicamente in rapporto a Napoli e a tutta l'Italia », où il laissait éclater tout son patriotisme. Après la révolution de 1848, il émigra en Toscane, où il écrivait dans les journaux *La Patria* et le *Costituzionale*, contribuant de toutes ses forces à tenir vives les idées de liberté et de nationalité. Le discours préliminaire qu'il plaça en tête de sa traduction de la « Filosofia politica » de Lord Brougham, ainsi que plusieurs brochures qu'il publia ensuite servirent fort bien à cet effet. En 1859, le baron Ricasoli le nommait Ministre des finances du gouvernement provisoire de la Toscane. Elu député, il fit pendant de longues années partie de la Chambre, se montrant surtout compétent en matière de finance. Ses « Studii sul corso forzoso », publiés d'abord dans la *Gazzetta di Firenze* et ensuite en volumes séparés sont des plus importants sur la matière. Depuis de longues années M. B. est conseiller d'État. Dernièrement il a publié: « La convenzione del 15 settembre », Milan, Civelli, 1883; « Nomina di un presidente di sezione del Consiglio di Stato », Florence, Lemonnier, 1887. — M. B. a été pendant quelque temps collaborateur de la *Gazzetta d'Italia*.

Buscaïno–Campo (Albert), littérateur et philologue italien, né, à Trapani (Sicile), le 26 janvier 1826. Quoique reçu docteur en médecine par l'Université de Pise, il s'occupa surtout d'études sur la langue italienne dans lesquels il s'est acquis une compétence réelle. Depuis de longues années, il vit à Trapani dans la retraite la plus absolue, tout en s'occupant des questions qui se rattachent aux progrès de l'instruction publique. Parmi ses nombreuses publications nous citerons: « Vannina d'Ornano », tragédie, Pise, 1845; « Del siciliano insorgimento », discours, Trapani, 1853; « Il poeta di teatro, scherzo per musica », id., 1853; « Lettera ad un amico sul Conte di Montecristo di Dumas », id., 1858; « Versi », Palerme, 1860; « Di ciò che rilevi nel fatto della annessione » discours, Trapani, 1860; « Un saggio di probità e di sapienza clericale », Palerme, 1861; « Il Cattolicismo e la Chiesa Evangelica », Trapani, 1861; « Sopra un verso della *Divina Commedia* di Dante non inteso dalla comune degli interpreti », lettre, Palerme, 1861, réimprimé plus tard sous le titre: « Esposizione del *più fermo* di Dante Alighieri », Trapani, 1865 ; « Versi e Prose », Florence, Cellini, 1862, cette édition ayant été entièrement retirée par l'auteur est devenue fort rare; « Poche domande al Fanfani », Trapani, 1863; « Sui vocabolari della pronuncia e dell'uso di Pietro Fanfani, lettere critiche », id., 1863; « Sul suffragio universale », dialogue; « Tre lettere filologiche al cav. Pietro Fanfani », Trapani, 1864; « Relazione municipale sulle scuole elementari di Trapani », Trapani, 1867; « Studii vari riveduti ed ampliati », Trapani, Modico, 1867, volume qui contient des poésies lyriques, deux essais dramatiques et une remarquable interprétation de quelques passages obscurs de Dante; une « Appendice », à ce volume a paru, en 1871; « Sulla lingua d'Italia », 2ᵉ éd., id., id., 1868; « Regole per la pronunzia della lingua italiana », Trapani, 1872, 3ᵉ éd., 1875; « Alcuni aneddoti di storia italiana in proposito della bibliografia di Pietro Fanfani », id., 1874; « Un saggio della libertà in Italia sotto il Ministero riparatore », id., id., 1877; « Studii di filologia italiana », Palerme, 1877; « Questioni di critica religiosa proposte da un uomo di buona fede ai pastori della sua Chiesa », édition remaniée, Trapani, Modico, 1880; « Scritto di polemica religiosa », id., id., 1882, pas en commerce; « Sull'ispirazione biblica », id., id., 1883; « Critica e religione, appendice ai suoi scritti di polemica religiosa », id., id., 1884; « Due scritti critico-filosofici », id., id., 1886; « Sul clericalismo », lettre aux rédacteurs de la *Civiltà Cattolica*, id., id., 1887; « Sul clericalismo e il potere temporale dei papi », aux mêmes, Florence, Lemonnier, 1887.

Busch (Jules-Hermann-Maurice), auteur allemand, né, le 13 février 1821, à Neustadt, près de Dresde. Après avoir étudié la théologie et la philosophie à l'université de Leipzig, où il prit ses grades, il s'adonna au journalisme, rédigea la *Novellenzeitung*, collaborant à plusieurs autres journaux et revues et traduisit en allemand quelques ouvrages de Dickens et de Thakeray. En 1848, il entra dans la vie politique, en s'inscrivant dans les rangs du parti radical, mais désespérant bientôt de voir se réaliser son rêve le plus ardent, il émigra aux États-Unis, résolu de s'y établir comme fermier. Il y arriva au commencement de l'année 1851; il voyagea dans les États de l'Atlantique et de l'Ouest et séjourna assez longtemps dans l'Ohio et le Missouri, hésitant à établir sa ferme dans l'un ou l'autre de ces deux États. Mais ne trouvant nulle part, dans la République américaine, l'idéal qu'il avait rêvé, il en fut tellement désappointé, que l'année suivante il retourna dans sa patrie. Ses impressions de voyage sont publiées sous le titre : « Wanderungen zwischen Hudson und Mississipi », 2 vol., Stuttgard, 1853 et dans une brochure : « Die Mormonen », Leipzig, 1857; en l'année 1853, il fut chargé par une société patriotique de parcourir pendant six mois les deux duchés de Schleswig et d'Holstein et d'en traiter la question, ce qu'il fit outre que dans plusieurs articles de journaux et de revues, dans les « Schleswig-Holsteinische Briefe », 2 vol., Leipzig, 1854; plus tart, il entreprit pour le compte du Lloyd autrichien plusieurs voyages en Orient; en 1867, il alla en Égypte et en Nubie; en 1858, il visita la Grèce; en 1859, la Palestine, la Syrie, l'Asie-Mineure, la Turquie d'Europe, la Roumanie et la Hongrie. Le résultat de ces voyages se trouve consigné dans trois guides pour les voyageurs, publiées à Trieste par le Lloyd « Aegypten », 1858; « Griechenland », 1859; « Die Türkei », 1860, et dans les ouvrages suivants: « Eine Wallfahrt nach Jerusalem. Bilder ohne Heiligenscheine », 3me éd., Leipzig, 1881; « Bilder aus dem Orient », Trieste, 1862, publié dans la même ville, en français, en 1865, sous le titre: « l'Orient pittoresque »; « Bilder aus Griechenland », Trieste, 1863. En 1856, il entra dans la rédaction des *Grenzboten*, et en devint un des collaborateurs les plus importants. De 1859 jusqu'à l'époque de la guerre de Schleswig-Holstein, il dirigea cette publication; en 1864, il quitta Leipzig, et s'attacha au duc Frédéric d'Augustenbourg dont il prit à défendre la cause; mais voyant que le duc, pour maintenir ses droits à la souveraineté des duchés ne voulait faire aucune concession à la cause de la nationalité allemande, il prit congé de lui et rentra à Leipzig à la direction des *Grenzboten*. Peu de temps après, le gouvernement prussien l'envoya dans le Hanovre pour assister M. de Hardenberg, commissaire civil, en qualité de directeur de la presse officielle. Il publia sur cette période « Das Uebergangsjahr in Hanover », Leipzig, 1868; revenu à Leipzig, il publia une adaptation de l'ouvrage de Lenormant sous le titre: « Urgeschichte des Orients », 2 éd., Leipzig, 1872, 3 vol.; et une « Geschichte der Mormonen », id., 1870; appelé à Berlin, en 1870, et attaché au bureau de la presse au Ministère des Affaires étrangères, il accompagna M. de Bismarck en France, pendant la guerre franco-allemande, et resta auprès de lui, jusqu'en mars 1873, époque à laquelle il prit la direction du *Hannoverschen Kurier*. En 1878, il revint à Berlin, où il fut, dans les articles politiques du *Grenzboten*, l'interprète fidèle des idées politiques et économiques du chancelier. Parmi ses autres écrits, il nous faut citer: « Zur Geschichte der Internationale », Leipzig, 1882; « Amerikanische Humoristen », id., 1875 et suiv., traductions de romans d'auteur américains notamment de Mark Twain, Bret Harte, Aldrich et Artemus Ward; « Deutscher Volkshumor », id., 1877; « Deutscher Volksglaube », id., 1877; « Die gute alte Zeit », 2 vol., id., 1878; « Wunderliche Heilige. Religiöse und politische Geheimbünde », Hanovre, 1879; « Graf Bismark und seine Leute während des Kriegs mit Frankreich. Nach Tagebuchsblättern », 2 vol., Leipzig, 1878, 6me éd., 1884; cet ouvrage forme une partie du journal particulier, dans lequel, pendant la campagne de 1870, Busch inscrivait régulièrement chaque jour ses impressions personnelles et les divers incidents parvenus à sa connaissance. Ce livre fit sensation; en peu de semaines, il en parut cinq éditions. Il fut aussitôt traduit dans presque toutes les langues étrangères; une traduction française sous le titre « Le Comte de Bismark et sa suite pendant la guerre de France (1870-71) », a été publiée chez Dentu, en 1879. Citons encore de lui: « Neue Tagebuchsblätter », id., 1879, qui fait suite au précédent, et « Unser Reichskanzler », id., 1884, études sur le prince de Bismarck.

Busk (Miss Rachèle H.), folk-loriste anglaise, l'un des écrivains qui a le mieux mérité des études sur la littérature populaire. Née à Londres, d'une ancienne et illustre famille d'origine normande, après avoir reçu une éducation artistique et littéraire fort soignée, elle commença à voyager, et s'intéressant surtout aux récits des différents peuples, elle y puisa de vrais trésors pour l'Histoire du folk-lore. Ayant porté particulièrement son attention sur l'Espagne et sur l'Italie, elle parvint à augmenter considérablement le patrimoine de ses notions dans ce nouveau et intéressant domaine littéraire. Collaboratrice des *Notes and Queries*, pendant quelques années correspondant de Rome de la *Westminster Gazette*, (plusieurs de ces lettres ont été réunies en un vol., sous le titre: « Contemporary Annals of Rome »), du *Monthly Packet*, où elle fit paraître son essai: « The Street Music of Rome »; on lui doit une série de livres importants; citons: « House-hold Stories from the Land of Hofer », 1871, où se trouvent quatre contes populaires du Tyrol italien; « The Valleys of Tyrol », 1874; « Patroñas: Spanish Tales »; « Sagas from the far East or Kalmuk and Mongolian Traditionnary Tales », 1873; « Folk-Lore of Rome »; « The Folk-Songs of Italy, specimens, with translation and notes from each provinces, and Prefatory treatise », Londres, 1887.

Buslaeff (Théodore), philologue russe, membre de l'Académie des Sciences de Saint-Pétersbourg, né, à Penza, en 1818. Il acheva ses études à la Faculté des lettres de Moscou, accompagna, en qualité de précepteur, les fils du comte Strogonoff dans un voyage en Italie, et en profita pour apprendre à fond la langue italienne et pour étudier les antiquités romaines ainsi que l'histoire de la peinture. De retour à Moscou, il se livra d'abord presque exclusivement à la pédagogie et publia quelques livres élémentaires, tels que: « Conseils aux Instituteurs des écoles élémentaires »; « De la méthode phonétique dans l'enseignement de l'alphabet »; « De l'enseignement de la langue maternelle ». En 1847, en qualité de *privat Docent*, il ouvrit à l'Université un cours de grammaire comparée et d'histoire de la langue russe qui eut du succès. A la suite d'une thèse brillante « De l'influence du christianisme sur la langue slave », 1848, il fut nommé professeur de littérature russe à l'Université de Moscou. Depuis cette époque, il a publié : « Grammaire historique de la langue russe », 1858, excellent ouvrage dans lequel il a appliqué au russe la méthode scientifique introduite par Grimm dans l'enseignement de la langue allemande; « Esquisses historiques de la Littérature russe et de l'Art national », 2 vol., 1861; « L'Épopée héroïque russe », 1862; « Notions générales sur la Peinture religieuse en Russie », 1866; « Chrestomathie historique », 1866; « Chrestomatie russe », 1870; « De la vie et de la poésie nationale », 1872. Élu, cette même année, membre de l'Académie des sciences de Saint-Pétersbourg, il a été chargé d'écrire un certain nombre de monographies relatives à l'art et à la littérature russes, et dans lesquelles il a étudié successivement Kostamaroff, Polevoi, Zabelin, Stassoff, Miller et Wesselowsky. Il a en outre fait insérer dans les Revues divers articles intéressants tels que : « La destinée des femmes dans les livres nationaux »; « Fantaisies éthnographiques de nos aïeux »; « La poésie russe au XI Siècle »; « Caractères idéals de femmes dans l'ancienne Russie »; « Les Chants de l'ancienne Edda »; « Karamsin »; « Cyrille et Methode ». Par ses ouvrages et ses recherches dans le domaine des antiquités slaves, M. B. a rendu d'énormes services à la langue russe et à l'histoire de l'art. Il a toujours comme but le rapprochement des productions littéraires avec les productions artistiques et il parvint surtout par sa « Grammaire historique », à introduire dans l'étude de la littérature une nouvelle méthode. — Retraité depuis quelques années, M. B. vit maintenant dans une villa aux environs de Moscou.

Busnach (William-Bertrand), auteur dramatique français, né, à Paris, le 7 mars 1832, est originaire d'une famille d'israëlites arabes, alliée à celle du compositeur F. Halévy. On a fait remarquer plaisamment à ce sujet, que ce fécond écrivain est arabe d'origine, juif par sa religion, anglais par son prénom, allemand par son nom, parisien par sa naissance et qu'il est en réalité italien, car son père était sujet italien et lui n'a jamais demandé sa naturalisation. — Après avoir occupé un emploi dans les douanes, M. W. B. se consacra au théâtre de genre, et administra, pendant deux ans, l'Athénée, où, sous sa direction, M. Ch. Lecocq remporta ses premiers succès. Seul, ou en collaboration, il a fait représenter sur cette scène et sur d'autres plus importantes une grande quantité de pièces dont plusieurs tirées de romans à la mode; à ce dernier titre, M. B., qui possède de réelles qualités de metteur en scène, est devenu notamment le collaborateur attitré de Zola. Parmi les nombreuses productions de M. B. nous citerons : « La Claque ! la claque ! », folie-revue en un acte, 1852; « Les Virtuoses du Pavé », bouffonnerie musicale en un acte, musique de M. Auguste Laveillé, 1864; « C'est pour ce soir », à propos en un acte, 1865; « Cinq par jour », folie-vaudeville en un acte, id.; « Les Gammes d'Oscar », folie musicale en un acte, musique de M. Georges Douay, id.; « Les petits du premier », opéra-bouffe en un acte, musique de M. Émile Albert, id.; « Bu qui s'avance », revue de l'année, avec Alex. Flan, id.; « Les Sabots d'Aurore », comédie en un acte, avec R. Deslandes, 1866; « La Gazette des Parisiens », journal-revue en un acte, avec Alex. Flan, id.; « Le Myosotis », aliénation mentale et musicale, avec Cham, musique de Ch. Lecocq, id.; « Le Quai Malaquais », opérette en un acte, musique d'A. de Roubin, avec Élie Frébault, id.; « Robinson Crusoé », bouffonnerie musicale en un acte, musique de M. Pillevestre, id.; « La Vipérine », opérette en un acte, musique de Debillemont, avec Jules Prével, id.; « Les Voyageurs pour l'Exposition », revue-fantaisie en cinq actes, avec Henri Thiéry, 1867; « Bûche, nabab et portière », extravagance en un acte, avec Henri Buguet, id.; « Les Canards l'ont bien passée », revue en 3 actes et 7 tableaux, id,; « L'affaire est arrangée », comédie en un acte, avec Édouard Cadol, 1868; « Malbrough s'en va-t-en guerre », opéra-bouffon en quatre actes, musique de M. ***, avec P. Siraudin, id.; « La Pénitente », opéra-comique en un acte, musique de Mme de Grandval, avec Henri Meilhac, id.; « L'Ours et l'amateur des jardins », bouffonnerie musicale en un acte, musique de M. Legouix, avec Marquet, 1869; « Ferblande, ou l'Abonné de Montmartre », parodie en un acte, trois tableaux et deux intermèdes, avec Gastineau et Clairville, 1870; « Paris-Revue », revue-ballet-féerie en quatre actes, un prologue et vingt-six tableaux avec Siraudin et Clairville, id.; « Dans le mouvement », vaudeville en un acte, avec Henri Chabrillat, 1872; « Un fiancé à l'heure », 1872; comédie-vaudeville en un acte avec Victor Bernard, id.; « Héloïse et Abélard », opéra-comique en trois actes, musique de Litolff, avec Clairville, id.; « L'Hirondelle », comédie en un acte avec V. Bernard et E. Grangé, id.; « Le Club des séparées », folie-vaudeville en un acte, 1873; « L'Éducation d'Ernestine », comédie-vaudeville en un acte, id.; « Les Esprits de Batignolles », folie-vaudeville en un acte, id.; « Pomme d'Api », opérette en un acte, musique de J. Offenbach avec Ludovic Halévy, id.;

« La Rosière de Valentino », bouffonerie en un acte, id. ; « Sol-si-ré-pif-pan », bouffonerie musicale en un acte, musique de H. Vincent, id. ; « Forte en gueule », revue en trois actes et quinze tableaux, avec Clairville, 1874 ; « La liqueur d'or », opéra-comique en trois actes, musique de Laurent de Rellé, avec A. Liorat, id., cette pièce a été interdite après la 9e représentation ; « Mariée depuis midi », pièce en un acte, mêlée de chant, musique de Georges Jacobi, avec A. Liorat, 1874 ; « L'Opéra aux italiens » à propos en un acte, id. ; « Charbonnier est maître chez lui », opérette-vaudeville en un acte, musique de Clairville fils, avec Clairville père, 1875 ; « La malle des Indes », revue en trois actes et dix-huit tableaux, avec le même, id. ; « Les deux Omar », opérette-bouffe en un acte, musique de Firmin Bernicat, avec O. Delafontaine, 1876 ; « Le premier tapis », comédie en un acte, avec Adrien Decourcelle, id. ; « Kosiki », opéra-comique en trois actes, musique de Charles Lecocq, avec Armand Liorat, 1877 ; « Mon mari est à Versailles », comédie en un acte, avec O. Gastineau, id. ; « L'Opoponax », opérette en un acte, musique de Léon Vassour, avec Charles Nuitter, id. ; « Le Truc du colonel », pièce en un acte, avec Armand Liorat, id. ; « Les Boniments de l'année », revue en quatre actes et dix tableaux, avec Paul Burani, 1878 ; « Le Bas de laine », comédie-vaudeville en trois actes, avec Duru et Gastineau, 1879 ; « L'assommoir », drame en cinq actes et neuf tableaux, avec Octave Gastineau, 1881 ; cette pièce ainsi que « Nana » et « Pot-Bouille », également tirées des romans du même titre d'Émile Zola, ont été réunies en un seul volume et publiées, avec trois préfaces de Zola, chez Charpentier, en 1884 ; « Petit Jacques », drame en cinq actes, tiré du roman de J. Claretie, 1881 ; « La Soucoupe », comédie en un acte, id.; « Zoé Chien-Chien », drame en huit tableaux, avec Arthur Arnould, 1882 ; « Chambre nuptiale », comédie-vaudeville en un acte, avec Jacme, 1882 ; « La Grande Iza », drame en cinq actes, tiré du roman d'Alexis Bouvier ; « La Laitière et le pot au lait », pièce en un acte et en vers, mêlée de chant, musique de Wachs, avec Armand Liorat, 1883 ; « Le Phoque à ventre blanc », parade musicale en un acte, musique de Georges Douney, id. ; « Ma femme manque de chic », comédie en trois actes, avec Henri Debrit, 1885 ; « L'Héritage de Perdrival », avec Duru, 1886 ; « Madame Cartouche », opéra-comique en trois actes, musique de Vasseur, avec Pierre Decourcelle, id. ; « Franc-Chignon », parodie en trois actes, avec Carle-Vanloo, 1887 ; « Le Ventre de Paris », drame en cinq actes, tiré du roman de Zola ; « Germinal », drame tiré aussi d'un roman de Zola et qui, après avoir été pendant quelque temps défendu par la censure, n'a été joué, en 1888, que pour faire un fiasco colossal, etc. — En 1886, M. B. a publié, chez Charpentier, un roman en collaboration avec Henri Chabrillat : « La Fille de M. Lecocq ».

Busaelli (Bernard), écrivain italien, employé à la Caisse d'Épargne de Milan, né, dans cette ville, le 29 janvier 1844. Il publia dans le journal l'*Espero*, une série de « Profili di scrittori viventi (Francesco Giarelli, Giosuè Carducci, Olindo Guerrini) ». On cite encore une biographie « Il Conte Vincenzo Gentiloni di Filottrano », et « Lampi di fantasia », 1879 ; «.Grammatica della lingua universale » ; « Una piaga sociale » ; « Sul duello » ; « Una visita imbarazzante » ; « Francesco Viganò e le sue opere » ; « A proposito del libro de anonimo autore : *Cesare Cantù giudicato da lui stesso* », etc.

Buss (Ernest), théologien et littérateur suisse, né d'une famille bernoise, le 15 février 1843, à Tenniken, village près de Sissach (canton de Bâle-Campagne) où son père était pasteur. Il fut élevé à Grandelwald, dans l'Oberland, où ses parents allèrent s'établir l'année même de sa naissance. Après avoir fréquenté, de 1858 à 1868, le gymnase et l'université de Berne, il fit ses études théologiques à Berlin et à Tubingue (1868-1869). De 1865 à 1868, il voyagea en France, en Allemagne, en Autriche, en Hongrie et dans l'Italie du Nord. Revenu en Suisse, il fut, de 1870 à 1880, pasteur en différents endroits ; en 1880, il s'établit à Glaris, où il exerce actuellement son ministère. En 1886, l'université de Heidelberg lui conféra le titre de docteur en théologie *honoris causa*. L'activité théologique de M. Buss s'est concentrée sur l'*Allgemeine Evangelische Protestantische Missionsverein*, nouvelle société qui a rompu avec les procédés orthodoxes et se propose de prêcher un Christianisme dégagé du dogmatique traditionnelle et mis en harmonie avec la culture contemporaine, société fondée par lui avec de nombreux représentants du Protestantisme libéral, en 1884, à Weimar, et dont il préside la branche suisse pour laquelle il a prononcé, de 1884 à 1887, toute une série de conférences, et rédigé, depuis 1886, avec MM. Hoppel, Herbarth et le docteur Th. Arndt de Berlin, la *Zeitschrift für Missionskunde und Religionswissenschaft*. On lui doit : « Die Bildung des Volkes im Kanton Bern », brochure, 1873 ; « Die christliche Mission, ihre prinzipielle Berechtigung und praktische Durchführung », 1876, ouvrage couronné par une société de la Haye : « Das Volksaberglaube », 1881 ; « Die Mission einst und jetzt », 1883 ; « Neue Missionsbestrebungen », 1884 ; « Lehrmittel für den Religionsunterricht an Konfessionell gemischten Schulen », 1886 ; « Familienbibel », 1886. Membre zélé du Club alpin, M. Buss a fourni d'utiles et nombreuses contributions à la littérature pittoresque et descriptive, citons entr'autres : « Bad und Kurort Lenk », 1877 ; « Panorama von Wildhorn »,

1877; « Das Bergleben in relig. Beleuchtung »,
1878; « Wanderstudien aus der Schweiz », continuation de l'ouvrage d'Osenbrüggen, 1881;
« Das Bergsturz von Elm », 1881; « Glarnerland und Walensee », 1885. M. B. va faire paraître sous peu une histoire des vingt-cinq premières années du Club Alpin Suisse; il est aussi collaborateur du *Bund* et de plusieurs autres journaux littéraires, politiques et religieux de la Suisse.

Bustamente (Ricardo-José), homme politique et poète bolivien, né, à la Paz, en 1821. Il fit ses premières études à Buenos-Ayres, d'où il vint, en 1839, les achever en Europe. Il se fixa plus tard à Paris, et il y publia ses premières poésies. M. Bustamente collaborait en même temps au grand ouvrage que M. Alcide d'Orbigny publiait sur la Bolivie; c'est à M. Bustamente qu'on doit surtout la partie concernant les territoires si peu connus de Caupolican et de Mojos; plus tard, il publia lui-même, aux frais du gouvernement bolivien, une traduction espagnole de cet ouvrage. De retour dans son pays, il devint Ministre de l'Intérieur, puis fut nommé chargé d'affaires de la Bolivie près le gouvernement brésilien. On lui doit aussi une nombreuse série de poésies lyriques, publiées toutes dans divers journaux espagnols et américains.

Buszczynski (Étienne), écrivain polonais, né, en 1821, en Ucraine, dans la province de Kieff, où il acheva ses études universitaires, en 1845. Ayant pris part à l'insurrection polonaise de 1863, il fut condamné à mort par défaut et puis exilé de sa patrie à perpétuité. Après avoir beaucoup voyagé en Suisse, en France, en Italie et en Allemagne, dans le but spécialement de connaître les institutions et les mœurs de ces pays, il s'établit définitivement à Cracovie, pour s'y livrer à ses études littéraires et historiques, dont les résultats sont déposés dans une longue série de publications, qui embrassent une vingtaine d'années. Il avait débuté, en 1862, par un livre publié à Léopol (Lemberg), sur la Podolie, la Volynie et l'Ucraine. Suivirent en français: « La Pologne et ses provinces méridionales », Paris, 1863; « La Décadence de l'Europe », id., 1867; « Le Catéchisme social », id., 1876; « La population de l'Europe au point de vue ethnographique », Rome, 1883, dans les *Atti del Congresso geografico* de Venise; en italien: « Italia e Polonia », discours prononcé à Mestre, Venise, 1883; en allemand: « Bestandtheile der rus. Bevölk. u. deren Confessionen », Lemberg, 1875; « Die Wunden Europa's, Statistische Thatsachen mit ethnogr. u. histor. Erläuter. », Leipzig, 1875, et une quarantaine d'autres écrits différents, poèmes, récits, discours, conférences, brochures, monographies en langue polonaise, etc. Citons la toute dernière; « Obrona spotwazzonego naro-du », Cracovie, 1888. En reconnaissance de ses mérites littéraires, l'Académie de Cracovie a nommé M. B. son membre extraordinaire.

Bustelli (Joseph), écrivain italien, ancien professeur de lycée, actuellement président du lycée de Césène, né, à Civitavecchia, le 8 avril 1832. Il a fait ses études dans sa ville natale, à Viterbe et à Rome, où, en 1843, il fut reçu docteur en droit. Écrivain robuste, au style serré et chaud, il a débuté, en 1855, par un petit volume de vers. Suivirent: « Il libro I degli Annali di Tacito », traduction plus courte que le texte original, Rome, 1858; « Vita e frammenti di Saffo da Mitilene », discours et traduction, Bologne, 1863; « Canti nazionali, satire ed altri versi », id., 1864; « La vita e la fama di Vittoria Colonna », 1867; « Elogio di Tommaso Campanella », Catane, 1868; « Su la canzone del Petrarca all'Italia », 1869; « Della vita e degli scritti di Giovanni Berchet », 1871; « Torquato Tasso », discours, id., 1872; « Di Alessandro Poerio », Messine, 1875; « Le imboscate nel concorso di Firenze », écrit polémique et apologétique, Messine, 1875; « Scritti », 2 vol., Salerne, 1878; « Sulla decollazione di Francesco Bussone, Conte di Carmagnola, Lettera al prof. Francesco Paolo Cestaro », Césène, 1888. En préparation, un ouvrage historique étendu: « L'enigma di Ligny e di Waterloo, studiato o sciolto » et dont il vient de publier un essai sous le titre: « Sulla rivoluzione francese del 1789. Osservazioni », Césène, 1888.

Bustichi (Adèle, née Pelliccia), femme de lettres italienne, fille du sculpteur italien Ferdinand Pelliccia, née, le 26 septembre 1846, depuis 1871 mariée au docteur Dosideo Bustichi, à Monti-Licciano (pr. de Massa et Carrare). Son bagage littéraire est très mince; quelques sonnets, deux chansons, dont on loue l'élégance, et la biographie d'Éléonore Fonseca Pimentel (cette dernière publiée dans les *Martirii Italiani di alcune donne*, Venise, tip. del Commercio, 1871) c'est tout ce qu'elle a publié; sans aucune prétention littéraire, elle garde dans son portefeuille des vers, des comédies, des nouvelles, qui ne verront, peut-être, jamais le jour.

Bute (John-Patrick Crichton, marquis de), écrivain et homme politique anglais, né, le 12 septembre 1847, à Mount-Stuart House dans l'île de Bûte (Écosse). Il prit ses grades à l'Université d'Oxford. En 1868, il s'est converti au catholicisme; en 1880, les Universités de Glasgow et d'Édimbourg lui ont donné le titre de docteur en droit *honoris causa*. A la chambre des Pairs, où il succéda à son père, mort l'année qui suivit sa naissance, il siège parmi les libéraux. On lui doit: « The Early Days of sir William Wallace », 1876; « The Burning of Ayr », 1878, études historique du plus haut intérêt sur les anciennes mœurs écossaises, et sur les rivalités des divers clans; « The Roman Breviary translated out of Latin into English », 1879; « The Coptic Morning Service for the Lord Day, translated into English », 1882; « Altus of St. Columba », 1882.

Butti (Charles), professeur italien, né à Barzago (province de Come), en 1843. Il prit ses grades à l'Académie scientifico-littéraire de Milan. Il est, depuis de longues années, professeur titulaire d'histoire et de géographie au lycée Machiavelli de Lucques. On a de lui : « Dei principali viaggi fatti per ritrovare le sorgenti del fiume Nilo », discours lu au lycée Machiavelli de Lucques, Lucques, Torcigliani, 1875.

Buttura (Antonin-Charles), médecin franco-italien, né, à Paris, en 1816, fils du poète Antoine (1881-1832), fut pendant longtemps médecin à Cannes et devint, plus tard, maire de la ville. Il a publié : « Des fièvres éruptives sans éruption et particulièrement de la scarlatine sans exanthème », Paris, Baillière, 1857; « l'Hiver dans le midi. Indications climatologiques et médicales », id., id., 1864 ; « Des médecins dans les armées romaines », id., id., 1867; « l'Hiver à Cannes, les bains de mer de la Méditerranée, les bains de sable », id., id., id. ; « l'Hiver dans le midi et particulièrement à Cannes : Lettre à un médecin sur les soins à donner aux malades, dans les pays chauds », Cannes, Maccarry, 1867 ; « l'Hiver à Cannes et au Cannet », Paris, Baillière et fils, 1882.

Büysse (Cyriel), écrivain belge, né, en septembre 1859, à Nevele (Flandre orientale), et y demeurant ; il a publié, entr'autres, une nouvelle très remarquée intitulée « Guustje en Zieneken », Gand, l'Hoste, 1887.

Byrne (Mrs William Pitt, née Busk), femme de lettres anglaise, veuve de M. W. Pitt Byrne, propriétaire du *Morning-Post*. Sans tenir compte de plusieurs écrits insérés dans les journaux, Mme Byrne a publié : « Flemish Interiors », le plus connu parmi ses livres. On lui doit encore : « Realities of Paris Life », 3 vol.; « Red, White, and Blue », 3 vol.; « Undercurrents Overlooked », 2 vol.; « Cosas de España », 2 vol.; « Feudal Castles of France »; « Gheel, or the City of the Single »; « Sainte Perrine, or the City of the Gentle »; « Pictures of Ungarian Life »; « Curiosities of the Search Room ».

C

Cabanellas (Gustave-Eugène), ancien officier de marine et savant physicien français, né, à Paris, le 14 mai 1839. Sorti de l'école navale, en 1857, il fit, comme officier de marine, les campagnes d'Italie et du Mexique. Il commença à se faire connaître par l'invention d'un système de mise à la mer de canots pendant la marche des navires. Après avoir pris part à la guerre franco-allemande et à la défense de Paris, il fut chargé de l'organisation des défenses sous-marines du port de Cherbourg. En 1880, il prit sa retraite comme lieutenant de vaisseau pour s'adonner entièrement à des recherches sur l'électricité, et, depuis cette époque, il a adressé à l'Académie des sciences de nombreux mémoires, insérés dans les *Comptes-Rendus*. En 1884, l'Institut lui décerna une médaille de mille francs sur les fonds du grand prix des sciences mathématiques. La science électrique lui doit plusieurs découvertes sur le terrain surtout de la transmission de la force. Outre de nombreux articles dans des revues techniques : *La Lumière électrique*, dont il a été l'un des fondateurs, l'*Électricité*, le *Cosmos*, le *Bulletin de la Société de physique*, etc. M. C a publié : « Principes théoriques et conditions techniques de l'application de l'électricité au transport et à la distribution de l'énergie », 1887.

Cabanis (Jean-Louis), ornithologiste allemand, né, à Berlin, le 8 mars 1816. Après avoir achevé ses études à l'Université de sa ville natale, il se rendit aux Etats-Unis, et s'adonna à des recherches zoologiques dans les Carolines. Revenu à Berlin, en 1841, il y fut nommé conservateur des collections ornithologiques du musée. M. Cabanis qui s'est occupé surtout de la systématique des oiseaux, a fondé, en 1853, le *Journal für Ornithologie* qui est, en Allemagne, le journal le plus important pour cette branche de la science et l'organe de la Société allemande d'ornithologie, fondée également par M. Cabanis, et dont il est le secrétaire général. Les travaux de Cabanis ont paru surtout dans l'*Archiv für Naturgeschichte* de Wiegemann, où il publia, en 1847, ses « Ornithologischen Notizen », qu'il devait développer plus tard dans le *Museum Heinianum*, Halberstadt, 4e partie, 1855-63. M. C. a collaboré aussi, en 1846, pour la partie ornithologique à la *Fauna peruana* de Tschudi ; en 1848, aux *Reisen in Guayana* de Schonburgk ; et, en 1869, aux Reisen in *Ostafrika* de Decken.

Cable (George-Washington), romancier nord-américain, né, le 12 décembre 1844, à la Nouvelle-Orléans, où il réside. A quatorze ans, à la mort de son père, il dut quitter les bancs de l'école pour aider, par son travail, sa mère et ses sœurs. Depuis cette époque jusqu'en 1863, il fut commis dans un magasin. En 1863, il entra dans l'armée confédérée et y resta jusqu'à la fin de la guerre civile dans la Louisiane. Revenu à la Nouvelle-Orléans, il suivit de nouveau la carrière commerciale jusqu'en 1879 ; mais dès 1869, il avait commencé à collaborer sous le pseudonyme de *Drop Shat* au *Picayune* de la

Nouvelle Orléans, et plus tard au *Scribner's Magazine* et à l'*Appleton's Journal*, mais ses premiers essais ne suffirent pas à attirer sur lui l'attention du public jusqu'au jour au moins (1879), où il les publia reunis en un seul volume. Suivirent : « The Grandissimes », 1880 ; « Madame Delphine », 1881 ; « Creoles of Luisiana », 1884 ; « Dr Sevier », 1884 ; « The Silent South », 1885 ; tous ces romans ont de l'originalité ils initient le lecteur à la vie de la population créole de la Louisiane, et tous ont été accueillis avec faveur en Angleterre et avec un véritable enthousiasme dans les lectures surtout qui l'auteur en fit lui même dans les principales villes de l'Amérique du Nord. M. Cable a publié aussi, en 1880, « The History of New Orleans ».

Cabrières (François-Marie-Anatole, monseigneur de ROVÉRIÉ DE), prélat français, né, à Beaucaire (Gard), le 30 août 1830. D'abord chanoine et vicaire général du diocèse de Nimes, Mgr. de Cabrières a été nommé Évêque de Montpellier, le 18 decembre 1873 et sacré le 19 mars 1874. — On lui doit : « Deux Histoires vraies », Tournai, Casterman, 1861 ; « Notice sur la réverende mère Marie Elisabeth de la Croix, carmélite dechaussée de Nimes », Nimes, Giraud, 1861 ; « Eloge funèbre de Jean Reboul (le boulanger poète) prononcé dans l'église cathédrale de Nimes, le 31 mars 1864 », id., Bedot, 1864 ; « Mougères. Fragments recueillis et publiés sous la direction de Mgr l'évêque de Montpellier », Mougères, 1877 ; « Les projets de loi de M. J. Ferry, ministre de l'instruction publique », Montpellier, Martel, 1879 ; « Oraison funèbre de Mgr. Forcade, archevêque d'Aix ». En outre Mgr. de C. a fait paraître une traduction accompagnée d'additions et de notes de l'ouvrage anglais du Père Rawes : « le Disciple bien aimé », Nimes, Bedot, 1874, et il a édité les « Dernières poésies », de Jean Reboul ; tant qu'il a été chanoine à Nimes, il a fait paraître beaucoup d'articles dans les journaux et revues catholiques de cette ville, depuis qu'il est evêque il a publié un certain nombre de lettres pastorales, de mandaments et quelques sermons.

Cacace (Titus), jurisconsulte italien, sénateur du Royaume, depuis le 13 mars 1864 ; né, à Naples, en 1800. Il a publié un grand nombre de brochures, dont une reste célèbre : « Esegesi su i tribunali di commercio ».

Caccianiga (Antoine-Maurice-Jacques), agronome, économiste, journaliste et homme de lettres italien, né, à Trevise, le 30 juin 1823. Son père était milanais, sa mère vénitienne. Il a fait ses études à Trévise, Bellune, Padoue et Pavie. En 1848, se trouvant à Milan, il a fondé et dirigé le *Spirito Folletto*, journal humoristique très spirituel, qui était devenu populaire. Au retour des Autrichiens dans la Lombardie il émigra à Paris, d'où il envoyait des correspondances au journal la *Concordia* de Turin. Son père étant mort, pendant son éxil, l'héritage en fut saisi par le gouvernement autrichien. M. C. commença alors à écrire un « Courrier de Paris », pour le journal *L'Opinione* ; et peu après il obtenait la chaire de professeur de langue italienne à l'École supérieure du Commerce, dirigée par Blanqui, l'économiste. Son autobiographie de ces temps se trouve dans son volume « Sotto i ligustri », sous le titre: « Reminiscenze dell'esiglio ». Revenu dans son pays à la suite d'une amnistie, il vécut rétiré dans sa Villa de Saltore, d'où il envoyait des articles au *Consultore Amministrativo* de Vérone, sous le pseudonime d'un *Deputato di Maserada* (la Comune où se trouve sa villa). Ces articles se trouvent en grande partie recueillis dans les « Bozzetti morali ed economici », avec plusieurs autres écrits publiés dans l'*Archivio Domestico*, journal d'éducation dont il contribua à la fondation et à la rédaction. Vers la fin de l'année 1865, il fut envoyé, député de Trevise, à la Congregation Centrale de Venise, où il soutint une ferme opposition contre le gouvernement autrichien, et rédigea une protestation contre le dernier emprunt de la domination étrangère. A la chute du gouvernement autrichien il fut élu par ses concitoyens *Podestà* (maire), de Trevise, et après l'adoption de la loi Comunale italienne, nommé Syndic. Dans cette qualité il a fait partie de la Deputation, présidée par Tecchio, qui apporta le plebiscite vénitien à Turin. Après, il accompagna Victor-Emanuel, pendant son entrée triomphale à Venise, et pendant le séjour de S. M., à Trévise. Presque en même temps il fut élu député du 1^r collège de Trevise, mais, peu de jours après, le gouvernement l'envoyait Préfet à Udine. On assure qu'un dissentiment avec le ministère, le fit renoncer aussitôt à cette place, où il avait été reçu avec une sympathie évidente. Porté candidat de nouveau par ses concitoyens, il renonça aussitôt à cette honneur, malgré les prières de ses électeurs et il se fixa définitivement à la campagne, partageant sa vie, entre l'étude, l'agriculture et les voyages. Depuis cette époque il publia plusieurs ouvrages remarquables, par le style facile et brillant, par beaucoup de bon sens, par l'amour constant de la patrie qui anime ses écrits, quelques uns adressés au peuple, auquel il sait comme on doit et comme on peut parler. Voici maintenant, l'ordre chronologique de ses publications principales : « Lo Spirito Folletto » ; « la Vita Campestre », traduite en français ; « Le Cronache del villaggio » ; « Ricordo di Treviso » ; « Almanacco d'un Eremita » ; « Bozzeti Morali ed Economici », « il Proscritto », traduit en allemand ; « Il Dolce far niente » ; « Il bacio della Contessa Savina » ; « Villa Ortensia » ; « Il Roccolo di S. Alipio », tous quatro traduits en français ; deux font partie de la *Bi*-

bibliothèque *des meilleurs romans étrangers*, publiée par Hachette. Après l'exposition universelle de Paris de 1878, parut le volume de : « Novità della industria applicate alla vita domestica », 2 éditions épuisées. En 1881, il publia « Sotto i ligustri », en trois parties. La 2e partie contient « Le reminiscenze dell'esiglio », et la 3e los « Improssioni rurali ». En 1883 a été publié « Il Convento », en 1886 « La famiglia Bonifazio ». Ses Contes et Nouvelles furent presque tous traduits en français et en allemand et reproduits dans des journaux de Paris, Zurich et Brême. M. Caccianiga a été collaborateur de plusieurs journaux et a toujours écrit pour l'*Illustrazione italiana*, publiée par MM. Treves frères, qui sont les éditeurs de presque tous ses ouvrages. Il a toujours continué à servir son pays dans les administrations publiques et dans les sociétés savantes et littéraires. Depuis douze ans, il est Président du Conseil Provincial de Trévise, membre du Conseil administratif de l'École Royale de Viticulture et d'Énologie de Conegliano, membre correspondant de l'Institut royal de Venise et de la *Deputazione per gli studi di Storia patria*.

Cacciatore (Gaetano), astronome italien, né, à Palerme, le 17 mars 1814, fils de Niccolò C., le célèbre astronome (1780-1841). Après avoir fait ses études dans sa ville natale, il entra à l'Observatoire en qualité d'assistant ; en 1841, il succédait à son père en qualité de directeur de l'Observatoire et de professeur d'astronomie à l'Université. Dès le commencement de sa carrière, il dut lutter, et sans résultat, contre le gouvernement qui lui refusait les moyens nécessaires pour porter l'Observatoire au niveau des progrès de la science. En même temps, tout en s'adonnant à l'instruction théorique et pratique de ses élèves, il entreprit la publication d'un « Annuario del R. Osservatorio di Palermo », dont les années 1842-49 parurent sous sa direction et qui fut continué, plus tard, pendant quelques années par M. Domenico Ragona-Scinà ; dans ces Annuaires se trouvent plusieurs travaux de M. C., et, entr'autres, plusieurs « Discorsi astronomici popolari ». En 1848, il prit part à la révolution sicilienne, fut élu député et, en cette qualité, il signa le décret de déchéance des Bourbons. Après la restauration, il préféra l'exil à la honte d'une retractation et ce ne fut que la révolution de 1860 qui lui permit de rentrer en Sicile. Naturellement, il fut réintégré dans ses fonctions. Rentré dans son Observatoire, il s'occupa d'abord de l'installation d'un superbe équatorial qui, acheté par le gouvernement déchu, n'avait pas encore été mis en place; en même temps, il entreprenait la publication du *Bollettino del R. Osservatorio di Palermo*, dont une nouvelle série a commencé à paraître, en 1881. M. Cacciatore, qui a été, pendant quelque temps, doyen de la Faculté des sciences de Palerme, et qui est membre de plusieurs académies italiennes et étrangères, a publié : « Sul nuovo osservatorio stabilito in Trevandro (oggi capitale del Travankore), nelle Indie orientali, lettera a Francesco Malvica », publié dans le vol. 28e no 78 des *Effemeridi Scientifiche e letterarie per la Sicilia*, 1840; « Elogio di Niccolò Cacciatore padre dell'autore », dans le 1er vol. des *Atti dell'Accademia di Palermo*, et enfin dans le *Giornale di scienze naturali ed economiche, pubblicato per cura del Consiglio di perfezionamento annesso al R. Istituto Tecnico di Palermo* : « Sulle stelle filanti del 10 agosto 1866 », 2e vol. 1866 ; « Sull'apparizione delle stelle cadenti del 14 novembre 1866 », id., id. ; « Sull'eclisse solare del 6 marzo 1867 », 3me vol., 1867 ; « Le stelle cadenti del periodo di novembre 1867 », id., id. ; « Il passaggio di Mercurio sul sole », 4me vol., 1868 ; « Le stelle cadenti del 14 novembre 1869 ». Citons encore : « Progetto di riordinamento degli studii meteorologici in Italia », Palerme, 1875 ; « Il P. Angelo Secchi. Parole lette nella solenne tornata del 5 maggio 1878 dell'Accademia di Scienze e lettere di Palermo », id., 1878; « Il passaggio di Venere sul disco del sole il 6 decembre 1882. Relazione », id., 1883.

Cacheux (François-Joseph-Émile), ingénieur français, né, à Mulhouse (Haut-Rhin), en 1844. En 1869, il reçut le diplôme d'ingénieur des arts et manufactures. Depuis, il s'est occupé spécialement de l'amélioration des habitations ouvrières, dans le but de rendre la propriété abordable à toutes les fortunes. En collaboration avec M. Émile Muller, professeur à l'École centrale, il publia un ouvrage intitulé « les Habitations ouvrières en tous pays : situation en 1878, avenir », Paris, Dejey, 1879. Depuis, il a publié seul : « l'Économiste pratique. Construction et organisation des crèches, salles d'asile, écoles, habitations ouvrières, et maisons d'employés, hôtels pour célibataires, etc. ; mécanisme, statuts, règlements des institutions de prévoyance et de bienfaisance », Paris, Baudry, 1884, ouvrage couronné par l'Académie des sciences morales et politiques ; « L'ingénieur économiste. Habitations ouvrières, etc. », Paris, 1885. M. C. a collaboré, en outre, à plusieurs journaux et revues, parmi lesquels il faut citer le *Journal d'hygiène* et l'*Économiste français*.

Caderas (Jean-Frédéric), illustre écrivain suisse, né, de parents suisses, à Modène (Italie), le 13 juillet 1830. M. C., le plus populaire parmi les poètes de l'Engadine, élégant et naturel à la fois, est notaire à Samaden, lauréat des jeux floraux de Provence, membre de la Société pour l'étude des Langues Romanes de Montpellier, membre d'honneur des Concours poétiques du Midi de la France à Agen, membre fondateur de la *Revue française* d'Agen, rédacteur du *Fögl d'Engiadina* à Samaden. Il fit ses premières classes à Modène, et il acheva ses études au Collège de Thalweil (Zurich). Il débuta par des chants populaires de l'Engadine, par des articles dans le journal qu'il continue à rédiger, et par une comédie en dialecte « Il Farmacist ». Suivirent quatre recueils de vers qui établirent sa renommée : « Rimas », 1865 ; « Nuevas Rimas », 1879 ; « Fluors Alpinas », 1883 ; « Sorirs e Larmas », 1887. Plusieurs de ses poésies ont été traduites en allemand par Alphonse de Flugi, G. Hartmann, et W. Kaden, en italien par le professeur Comello, en provençal par M. Léon de Berluc-Perussis. Citons encore ses nouvelles : « Aniello » ; 1863 ; « La dame de Morteratsch », 1864 ; « Adéline », 1865 ; « Le retour » 1869 ; « Ne m'oubliez pas », 1870.

Cadet (Félix), pédagogue français, né, à Paris, en 1827. Ancien professeur de philosophie, il est aujourd'hui inspecteur général de l'instruction publique. On lui doit : « Atlas spécial de géographie physique, politique et historique de la France », avec François Bazin, plusieurs fois réédité, Paris, Delalain, 1856 ; « Examen du traité des devoirs de Cicéron », Reims, 1865 ; « Cours d'économie politique », Paris, Guillaumin, 1868 ; « Histoire de l'Économie Politique. Les Précurseurs. Conférences faites de 1867 à 1870, à la Société industrielle de Reims ; 1re série : Boisguilbert, Vauban, Quesnay, Turgot. 2me série : Adam Smith, Franklin », id., id., 1869-71 ; « Pierre de Boisguilbert, précurseur des économistes 1646-1714. Sa vie, ses travaux, son influence », id., id., 1871 ; « Turgot 1727-1781 », id. id., 1873 ; « Lettres sur la pédagogie ; résumé d'un cours fait à l'Hôtel de ville », Paris, Delagrave, 1883. M. Cadet a édité, en outre, les « Opuscules philosophiques », de Pascal, avec introduction, etc., Paris, Delalain, 1877, et en collaboration avec le docteur Eugène Dain : « Madame de Maintenon : Éducation et morale, choix de lettres, entretiens et instructions », id., Delagrave, 1884 ; « L'éducation à Port-Royal, Saint-Cyran, Arnould, Lancelot, Nicole de Sacy, Guyot, Coustel, Fontaine, Jacquelin Pascal. Extraits précédés d'une introduction », Paris, Hachette, 1886.

Cadet (Ernest), frère du précédent, administrateur français, né, à Paris, en 1832. Après avoir été reçu docteur en droit, il est entré dans l'administration, et est aujourd'hui chef de bureau au ministère de l'Instruction publique. On lui doit : « Dictionnaire de législation usuelle. Ouvrage spécialement destiné aux élèves des lycées, etc. », Paris, Belin, 1869 ; « Études morales sur la société contemporaine. Le Mariage en France. Statistique. Réformes », Paris, Guillaumin, 1871, ouvrage couronné par l'Institut. M. Ernest C., ainsi que son frère Félix, déjà nommé, a collaboré au *Manuel encyclopédique du commerce*, rédigé par M. Pigeonneau, Paris, Fouraut, 1885.

Cadet de Gassicourt (le docteur Ernest), médecin français, né, à Paris, le 31 octobre 1826, actuellement médecin à l'hôpital de Sainte-Eugénie pour les enfants malades. Sans tenir compte de plusieurs articles, mémoires, etc., insérés dans différents recueils, nous citerons de lui : « Traité clinique des maladies de l'enfance, leçons professées à l'hôpital Sainte-Eugénie », 3 vol., Paris, Doin, 1880-94. M. C. de G. fonda, en janvier 1883, avec le docteur de Saint-Germain, la *Revue mensuelle des maladies de l'enfance*, à laquelle il donna plusieurs études importantes : « Localisations cérébrales », 1883 ; « Albumincine diphtérique », 1884 ; « Maladies à symptômes trompants », 1885, etc.

Cadiat (Oscar), médecin français, né, à Decazeville (Aveyron), en 1844. Reçu, en 1876, agrégé à la Faculté de médecine de Paris, il suppléa le professeur Robin dans la chaire d'histologie, en 1877, et occupa ensuite celle de physiologie en 1882-83. Depuis, il a été nommé conservateur du musée Orfila. On lui doit : « Étude sur l'anatomie normale, et les tumeurs du sein chez la femme », Paris, Baillière et fils, 1875 ; « Cristallin ; anatomie et développement, usage et régénération. Thèse », id., id., 1876 ; « Cours d'histologie professé à la Faculté de médecine de Paris », (autographié), Paris, Vve Henry, 1878 ; « Traité d'anatomie générale appliquée à la médecine (embryologie, tissus et systèmes) », 2 vol., id., Delahaye et Lecrosnier, 1879-81 ; « Cours de physiologie professé à la Faculté de médecine de Paris (1882-83). Physiologie générale. Génération. Organes des sens », (autographié), 3 fascicules, Paris, Doin, 1883.

Cadol (Victor-Édouard), illustre auteur dramatique et romancier français, né, à Paris, le 11 février 1831. Il fut de bonne heure en relation avec Georges Sand qui le couvrit d'une protection presque maternelle, et l'aida dans les débuts de sa carrière littéraire qui furent pour lui assez durs. Il commença par collaborer dans différents journaux, il écrivit des études vinicoles pour l'*Encyclopédie de l'Agriculteur* et même un « Cuisinier », pour Garnier frères. Dans la dédicace qu'il a proposé à son roman « les Inutiles », on trouvera d'autres détails sur cette première période de sa vie. M. Cadol a donné au théâtre : « La Germaine », comédie en trois actes en prose, Paris, Lévy frères, 1863 ; « La Famille », drame en cinq actes ; « Les ambitions de M. Fauvelle », comédie en cinq actes, id., id.. 1868 ; « Les Inutiles », comédie en quatre actes, id., id., 1868, cette pièce donnée au Théâtre de Cluny en 1868-69, passa les deux cents représentations et fut un des plus grands succès de la saison ; « Le maître de la maison », pièce en cinq actes ; « Les virtuoses du pavé », pièce en un acte ; « L'affaire est arrangée », comédie en un acte,

Dentu, 1868 ; « Le Mystère », comédie en un acte, id., 1870 ; « La Belle Affaire », comédie en trois actes, Librairie internationale, « id.; Jacques Cernol », comédie en trois actes, id., id. ; « La fausse monnaie », comédie en cinq actes id., id.; « Fils de lui-même », comédie en trois actes ; « Les créanciers du bonheur », comédie en trois actes, id., id., 1871 ; « Memnon ou la Sagesse humaine », opéra-comique en un acte, tiré d'un conte de Voltaire, id., id., 1872; « Une amourette », comédie en quatre actes, id., 1872 ; « Le puits de Carnac », drame en quatre actes ; « Le Spectre de Patrick », drame fantastique en cinq actes et neuf tableaux, Lévy frères, 1872 ; « Voyage autour du monde en 80 jours », pièce en cinq actes et vingt tableaux tirée du célèbre roman de Jules Verne ; « Le neveu d'Amérique », comédie en trois actes ; « Le secrétaire particulier », comédie en trois actes, id., Dentu, 1877 ; « La grand'maman », comédie en quatre actes, Paris, Michaelis, 1878 ; « La comtesse Berthe », pièce en quatre actes, id., id., 1880 ; « Le serpent », comédie en trois actes ; « Le scrupule », comédie en un acte ; « Mon fils », comédie en quatre actes ; « L'Enquête », drame en trois actes, Paris, Michaelis, 1880. — M. C. a publié aussi plusieurs romans fort remarquables ; nous citerons : « Marianne »; « Georges Poirier » ; « La Prima Donna »; « le Père Raymond » ; « Madame Élise », id., Lévy, 1874 ; « Contes gais » ; « Le Monde galant », id., Dentu, 1873 ; « Rose, splendeurs et misères de la vie théâtrale », id., id., 1874 ; « La Bête Noire », id., C. Lévy, 1875 ; « Monsieur le Maître » ; « Le cheveu du Diable, voyage fantastique au Japon », id., id., 1876 ; « Les Inutiles », id., C. Lévy, 1877 ; « Marguerite Chauveley », id., id., 1878 ; « Berthe Sigelin », id., id., 1878 ; « La Grande Vie »; « La Préférée », id., id., 1879 ; « La Diva », id., id., id.; « Le fils adultérin », id., Dentu, 1881 ; « Un enfant d'Israël », id., id., id. ; « La revanche d'une honnête femme », id., id., 1882 ; « Son Altesse ». id., id., 1883 ; « Un fils anonyme » ; « La Belle Virginie », id., Plon, 1883 ; « Son Excellence Satinette », id., Marpon et Flammarion, 1882 ; « La colonie étrangère » ; « Cathi », id., Tresse, 1883 ; « la Vie en l'air », id., Dentu, 1884 ; « Tout seul, aventures d'un prétendant à travers le monde », id., Boulanger, 1884 ; « Hortense Maillot », id., C. Lévy, 1885 ; « Lucette », id., id., 1886 ; « Le meilleur monde », id., id., id. ; « Gilberte », id., id., 1887 ; « Les amours de Chicot » ; « l'Héritier d'Hector »; « Mademoiselle », id., Librairie moderne, 1887 ; « Mariage de princesse » ; « Les Frères de lait ». M. Cadol s'est quelquefois servi de l'anagramme O'CLAD pour ses articles de journaux, et au théâtre il a signé souvent du pseudonyme de PAUL DE MARGALIERS.

Cadorna (Charles, comte), homme d'État italien, né, à Pallanza (province de Novare), le 8 décembre 1809. Après avoir fait son droit à Turin, il se fit inscrire au barreau de Casale, en 1830. Élu, en 1848, membre de la Chambre des députés, il se fit aussitôt remarquer par la vigueur de ses opinions libérales et monarchistes. Appelé, le 16 décembre 1848, à faire partie du cabinet présidé par M. Gioberti, en qualité de ministre de l'instruction publique, il accompagna, en 1849, le roi Charles-Albert sur le théâtre de la guerre contre l'Autriche, et, après la malheureuse journée de Novare, il prit part aux négociations pour l'armistice. Après la chute du cabinet dont il faisait partie (27 mars 1849), il n'en resta pas moins un des membres les plus influents de cette vaillante majorité qui suivait le drapeau de M. de Cavour. De 1850 à 1855, il fut président de la Chambre des députés; le 29 août 1858, il était nommé sénateur du royaume, et, du 18 octobre 1858 au 19 juillet 1859, ministre de l'instruction publique, dans le cabinet présidé par M. de Cavour. Nommé, peu après, conseiller d'État, il fut, du 17 janvier au 10 septembre 1868, ministre de l'intérieur dans le cabinet présidé par le général Menabrea. De 1869 à 1875, M. Cadorna fut ambassadeur d'Italie à Londres, puis, à la mort du comte Des Ambrois de Nevache, il lui succéda en qualité de Président du Conseil d'État. M. le comte Cadorna est non seulement un patriote illustre et un orateur de premier ordre, mais bien souvent ses articles dans les journaux italiens et étrangers ont appelé l'attention du monde politique. On lui attribue, entr'autres, les articles de la *Nuova Antologia* signés : *Un ex-ministro*. Nous connaissons de lui : « Discorso pronunziato alla Camera elettiva per la soppressione delle corporazioni religiose », Turin, Botta, 1855 ; « Lettera sui fatti di Novara del 1849, estratta dai documenti della Storia del Parlamento di Angelo Brofferio », Venise, Grimaldo, 1867 ; « Le riforme amministrative », Florence, 1868 ; « Interpellanza sui casi di Bologna: Discorso pronunziato alla Camera dei Deputati nella Tornata del 18 aprile », Florence, Botta, 1868 ; « Le seicento delegazioni governative. Osservazioni sul disegno di legge della Commissione della Camera dei Deputati, intorno al riordinamento della amministrazione centrale e provinciale dello Stato », id., id., 1869 ; « Vita e scritti di Carlo Bagnis. Commemorazione », Rome, Botta, 1880 ; « La politica del conte di Cavour nelle relazioni fra la Chiesa e lo Stato », Rome, 1882 ; « Illustrazione giuridica della formola del conte di Cavour : *Libera chiesa in libero stato* », id., 1882 ; « Le relazioni internazionali dell'Italia e la questione dell'Egitto », Turin, 1882 ; « La triplice alleanza e i pericoli interni ed esteri dell'Italia », Florence, 1883 ; « Il potere temporale dei papi, la legge delle garanzie, e la garanzia delle garanzie », id., 1884 ; « Della espansione coloniale dell' Italia », Florence, Ricci, 1885 ; « Il principio della rinascenza », Rome, Loescher, 1887; « Relazione sull'ordinamento degli enti morali civili del culto », id., Ripamonti, id.; « Del primo ed unico principio del diritto pubblico clericale », id., Loescher, 1888.

Cadorna (Raphaël), général italien, frère du précédent, né, à Milan, en 1815. Il fit ses études à l'Académie militaire de Turin, en sortit officier dans l'infanterie, mais passa, dès 1840, dans le Corps du génie. Envoyé, en 1848, à Milan, pour y organiser deux compagnies du génie, il fut nommé chef de bataillon par le gouvernement provisoire de Lombardie. En 1849, il fut secrétaire-général au Ministère de la Guerre. Après la malheureuse journée de Novare, il passa en Algérie, avec une autorisation spéciale du gouvernement français, et prit part à une expédition en Kabylie. Rentré en Piémont, il fit la campagne de Crimée, fut élu député, devint colonel en 1859, général de brigade en 1860 et chargé de l'organisation militaire de la Toscane. De 1860 à 1870, il remplit plusieurs missions des plus difficiles en Sicile et à Bologne, où il fut envoyé comme Commissaire Extraordinaire du Roi, après les désordres auxquels la taxe sur la mouture avait servi de prétexte. M. Cadorna, qui avait vaillamment pris part à la campagne de 1866, eut l'honneur d'être choisi, en 1870, pour commander le corps qui devait occuper Rome. Le 17 mars 1871, il était promu général de division et, le 15 novembre de la même année, on le nommait Sénateur du Royaume. En 1877, quand il pouvait rendre encore de grands services au pays, l'inexorable politique exigea qu'il fût mis à la retraite. Nous connaissons de lui : « Relazione a S. E. il Presidente del Consiglio dei Ministri sul riordinamento dell'armata », Florence, 1860; « Operazioni militari del IV corpo d'esercito nelle provincie già pontificie dal 10 al 20 settembre 1870 », Florence, Voghera, 1870.

Cadoudal (Louis-Georges DE), littérateur français, né à Lugeac (Haute-Loire), le 10 février 1828, est fils du général Joseph Cadoudal, mort en 1852, et neveu du célèbre Georges de Cadoudal. Il a été successivement directeur de la *Bretagne* de Vannes, rédacteur en chef du *Messager de la Charité*, critique littéraire du journal l'*Union*, collaborateur du *Correspondant* et de plusieurs autres recueils et journaux religieux et légitimistes. Il a publié les volumes suivants : « Faits et récits contemporains. Recueil anecdotique », Paris, Sarlit, 1860 ; « Les signes du temps; critiques littéraires et morales », id., Lecoffre, 1861 ; « Souvenirs de quinze années. 1845-1861. Esquisses morales, historiques et littéraires », id., Sarlit, 1862 ; « Histoire et anecdotes du temps présent », id., id., 1883 ; « Honnêtes facéties et menus propos », id., id., id. ; « Madame Acarie; étude sur la société religieuse aux XVIme et XVIIme siècles », id.; Poussielgue-Rusand, id. ; « Les Serviteurs des hommes », id., Dillet, 1864 ; « Monsieur le comte de Chambord, d'après sa correspondance ». id., id., 1872 ; « Le 10 août », id., Librairie de la Société bibliographique, 1875 ; « Georges de Cadoudal et la chouannerie par son neveu », id., Plon, 1887.

Caetani-Lovatelli (comtesse Ersilia). Voyez LOVATELLI.

Caffi (Michel), écrivain d'art italien, né, à Milan, en 1814; après avoir fait son droit à l'Université de Pavie, il se dédia de bonne heure aux études archéologiques et artistiques et il publia des illustrations de quelques anciennes églises de Milan et plusieurs écrits d'érudition et d'épigraphie latine. M. Caffi, qui a prit part à toutes les campagnes de l'indépendance italienne, et qui a appartenu, pendant quelque temps, à la magistrature, a collaboré à la *Lombardia*, au *Politecnico* dirigé par Carlo Cattaneo, à l'*Arte in Italia* publiée à Turin par Biscarra, etc. Aujourd'hui encore il collabore à l'*Archivio storico italiano* de Florence, à l'*Archivio storico Lombardo* de Milan, à l'*Arte e storia* de Florence, au *Bibliofilo* de Bologne et les articles et les mémoires qu'il y publie sont souvent reproduits en brochures séparées. Parmi ses nombreux écrits, nous citerons : « Dell'Abbazia di Chiaravalle in Lombardia, iscrizioni e monumenti, aggiuntovi la storia dell' eretica Guglielmina Boem », Milan , 1843 ; « Della Chiesa di Sant'Eustorgio di Milano, illustrazione storico-monumentale-epigrafica », id., 1848; « I capi d'arte di Bramante d'Urbino nel milanese, memorie storico-artistiche, raccolte per cura del dott. C. C. (bibliografia) », Florence, Cellini, 1871 ; « Di un eccellente miniatore finora ignorato. Evangelista Della Croce milanese », id., id. ; « Di alcuni maestri d'arte in Lombardia. Giov. Donato ed altri di Montorfani. Beltramo Zutti, Baldassarre degli Imbianchi, Andrea Salajo di Caprotti », id., typ. Galileiana, 1873 ; « Giovanni Mazzoni », Milan , 1875 : « Creditori della duchessa Bianca Maria Visconti », id., 1876; « Il castello di Pavia », id., id. ; « Le tarsie e gl' intagli in legno nel coro della cattedrale di Ferrara », id., 1877 ; « Dei Canozzi lendinaresi, maestri di legnami del secolo XV », Lendinara, Buffetti, 1878, mémoire qui a valu à M. Caffi d'être nommé citoyen honoraire de la petite ville de Lendinara ; « Degli artisti lodigiani. Memorie », id., Vallardi, 1879 ; « Arte e dolori », dans l'*Archivio storico lombardo*, du 30 septembre 1879 ; « Le tarsie pittoriche di fra Giovanni da Verona nel coro degli Olivetani in Lodi », Milan , 1880 ; « Di Vincenzo Civerchio da Crema, pittore, architetto, intagliatore del secolo XV, XVI, notizie e documenti », Florence, Cellini, 1883 ; « Guglielmo Bergamasco, ossia Vielmo Vielmi di Alzano »,

Venise, Visontini, 1884 ; « Di alcuni architetti e scultori della Svizzera italiana », Milan, Bortolotti, 1885 et 1887 ; « Bianca M. Visconti Sforza a S. Antonio di Padova », id., id., 1886. M. C., qui est membre honoraire non résident de l'Académie Albertine des beaux-arts de Turin, a, dans ses portefeuilles, une histoire, encore inédite, de la sculpture sur bois.

Cagiati (Philippe), écrivain et patriote italien, né à Rome, le 18 avril 1821. Il fit de brillantes études littéraires et juridiques dans sa ville natale. Reçu docteur en droit, il se perfectionna dans la littérature sous la direction d'un maître illustre, le professeur Louis M. Rezzi ; et il prit une part active au mouvement libéral des années 1847-49. Il fut tour à tour capitaine de la Garde Nationale, membre du *Circolo Romano*, conseiller municipal, membre du Comité qui organisa la défense de Rome. Plus tard, il travaillait d'accord avec le *Comitato Nazionale*, qui résidait à Turin, et il fut le correspondant du journal *La Stampa*, dirigé par M. Bonghi, sans négliger le commerce d'objets d'art et de luxe auquel des circonstances de famille l'avaient forcé de consacrer presque toute son activité. Après 1870, il fut nommé bibliothécaire du *Circolo Cavour*, et il publia une brochure remarquée sous le titre : « La fusione dei partiti », dans laquelle il faisait un appel chaleureux à l'union nationale. Mais on signala surtout le premier volume de ses « Rivolgimenti d'Italia », publié sous le pseudonyme de *Lucio Franco*. Ce fut par son initiative, et par celle de MM. Ruspoli, Leoni et Ciampi, que l'illustre Gregorovius fut proclamé citoyen de la ville de Rome, dont il avait si brillamment écrit l'histoire.

Cagna (Achille-Giovanni), homme de lettres italien, né, à Verceil (prov. de Novare), en septembre 1847. Fils d'un menuisier, il ne reçut qu'une instruction rudimentaire et débuta dans la vie en qualité de saute-ruisseau chez un commerçant de sa ville natale. Mais la passion de l'étude, aidée par les bons conseils de M. Gioacchino De Agostini, un des professeurs les plus justement considérés de sa ville natale, lui permit de perfectionner son instruction et de se lancer, non sans succès, dans la carrière littéraire. Nous citerons de lui : « Maria, ovvero così camminava il mondo », drame en quatre actes, Milan, Barbini, 1869 ; « Tempesta sui fiori, bozzetti sociali », id., id., 1870 ; « Un bel sogno », roman, id., id., 1871, 2ᵐᵉ éd., id., Galli, 1882 ; « La società », comédie en 4 actes, id., Barbini, 1872 ; « Le vie del cuore », comédie en trois actes, id., id., 1873 ; « Racconti umoristici. - Un soldo - Un' avventura galante - Lei, voi e tu », 2 vol., id., id., id. ; « Povera cetra, poesie varie », id., id., 1874 ; « Don Luigi da Toledo », mélodrame en 3 actes, Vercelli, Guglielmoni, 1875 ; « Serenate », vers, parmi lesquels particulièrement remarquables « Nozze d'oro - La mamma ! - Non voglio morire », Milan, Barbini. 1875 ; « Feste nuziali », comédie en deux actes ; « Falene dell'amore », Milan, Galli et Omodei, id. ; « Noviziato di sposa », id., id., 1881 ; « Diogene ; bozzetto umoristico in un atto con prologo - Fantasia sopra un prologo di Barrière - Che peccato ! commedia in un atto », id., Barbini, 1881 ; « Bozzetti intimi », 2ᵐᵉ éd., id., Galli, 1882 ; « Il sottimino di Beethoven : bozzetto », Vercelli, 1882 ; « Vecchia ruggine », comédie en deux actes, et « Ultimo ricevimento », comédie en un acte, Milan, Barbini, 1883 ; « Spartaco », drame, id., id., 1886 ; « Provinciali », id., Galli, 1887 ; « Presso la culla », comédie en un acte, id., Sonzogno, 1888.

Cagnetta (Thomas), médecin italien, né, le 20 avril 1837, à Terlizzi (prov. de Bari). Après son doctorat, il fut, pendant quelques années, médecin de la marine italienne ; depuis 1876, il est *privat Docent* de pathologie et de clinique à l'Université de Naples. On lui doit : « La corea ed il valerianato di atropina », Gênes, 1864 ; « Istruzioni popolari sul colera morbus », Montevideo, 1868 ; « L'*Eucaliptus globulus*, rimedio contro le febbri miasmatiche », Naples, 1871 ; « Le febbri remittenti nei paesi caldi », id., 1873 ; « Lo scorbuto », id., 1876 ; « Note cliniche », id., 1878 ; « Le scuole elementari per i ragazzi rachitici di Torino », id., 1879 ; « Revisioni di perizia sulla causa Maragliano », id., 1879 ; « Rendiconto clinico della prima sala donne degli Incurabili », id., 1880 ; « Osservazioni cliniche », id., 1880 ; « Contribuzioni allo studio delle malattie dell'apparecchio circolatorio », id., 1882 ; « Compendio di semiotica del sistema nervoso », id., 1882 ; « Relazione dell'epidemia colerica del 1884 » ; « Indirizzo allo studio della clinica medica e casuistica clinica », id.; 1886 ; « Studii sperimentali sull'azione dell'*adonis vernalis*, solfato di sparteina e sulla digitale », id., 1886 ; « Contribuzione allo studio clinico e terapeutico dell'angina pectoris », id., 1887.

Cahen (Isidore), professeur et publiciste français, né, à Paris, de famille israélite, le 16 septembre 1826. Ancien élève de l'École Normale Supérieure, il fut chargé, en avril 1848, de la suppléance du cours de philosophie au Lycée de Versailles. Nommé, en 1849, professeur de philosophie au Lycée de Napoléon-Vendée, il se vit forcé, sur les réclamations de l'évêque de Luçon, d'abandonner sa chaire et quitta l'enseignement public, après une lutte retentissante. M. C. a, dès lors, collaboré au *Journal des Débats*, à la *Presse*, à l'*Avenir national* ; il fut l'un des fondateurs du *Temps* avec A. Nefftzer. En 1871, il a aussi collaboré au journal *Le Havre*. - Depuis 40 ans, M. Isidore Cahen, est l'un des principaux collaborateurs du recueil hebdomadaire intitulé les *Ar-*

chives Israélites, et depuis 1862, il est seul directeur et propriétaire de cette publication, qui, depuis un demi-siècle d'existence, est devenue, par excellence, l'organe international du judaïsme libéral. Parmi ses publications séparées, nous citerons : « Deux libertés en une », Paris, Dentu, 1848; « Esquisses sur la philosophie du poème de Job », id., Frank, 1851; « Bible de la famille israélite », etc. — M. C. a traduit de l'allemand « l'Immortalité de l'âme chez les Juifs », de Brecher.

Cahu (Jules-Théodore), littérateur et humoriste français, né, en 1854, à Beaugency (Loiret), bien plus connu sous son pseudonyme littéraire de Théo-Critt. Après avoir fait ses premières études au petit séminaire de Mgr Dupanloup, et à Paris avec un précepteur particulier, il entra à l'école militaire de Saint-Cyr et sortit, avec le numéro un, de l'école de cavalerie de Saumur. Après être arrivé au grade de capitaine de cavalerie et avoir été officier d'ordonnance du ministre de la guerre, il donna ses démissions pour se consacrer exclusivement aux lettres; actuellement, il est maire de Bec-Hellouin et membre du Comité des gens de lettre. Il a publié : « Nos farces à Saumur », Paris, Ollendorff, 1882 ; « Le 13 cuirassiers », vignettes et dessins par O'Bry, préface par Paul Ginisty, id., id., id. ; « L'art de se faire aimer par son mari », préface par la vicomtesse de Renneville, Paris, Rouveyre et Blond, 1883 ; « Entre amoureux », étude mondaine, Bruxelles, Kistemackers, 1883 ; « La vie en culotte », Paris, Ollendorff, 1883 ; « La colonelle Durantin. Avec une préface par le colonel Ramollot », id., id., 1774 ; « Journal d'un officier malgré lui, (septembre 1873 ; mai 1885), Saumur, Prytanée militaire, les Cuirassiers, Paris, Versailles, la Normandie, la Remonte, les Chasseurs », id., id., 1885 ; « Les loisirs d'un hussard », id., id., id. ; « Vive le mariage », id., Marpon et Flamarion, id. ; « Le Régiment où l'on s'amuse », id., id., 1886 ; « L'ami des jeunes filles », id., id., id. ; « Le Sénateur Ignace », id., Ollendorff, 1886 ; « Le Bataillon des hommes à poil », nouvelles, id., Marpon et Flammarion, 1887 ; « Russes et Autrichiens en robe de chambre », id., id., id. ; « Les Mémoires de Cigarette », id., Quantin, id. ; « Chez les Allemands », id., Ollendorff, id. ; « Au pays des Mauresques », id., Marpon et Flamarion, 1888 ; « Les petits potins militaires », id., Ollendorff, 1888. — Citons encore du même auteur : « Cantharinades » ; « Les Armées étrangères » ; « Nevrosée », etc.

Cahun (David-Léon), orientaliste et littérateur français, né, à Haguenau (Bas-Rhin), le 23 juin 1841. En 1864, il fit ses débuts à la *Revue française*, où il publia des articles géographiques et les relations de ses voyages en Égypte et dans le pays adjacents (1865-66) ; presqu'en même temps, il publiait, dans la *Presse*, une revue géographique et des lettres de voyage. En 1866, il entra à la *Liberté* et il y publia des articles d'opposition libérale et républicaine, puis d'autres articles de géographie, de critique historique, etc. La *Liberté* s'étant ralliée à l'Empire, il la quitta pour entrer à la *Réforme* (1869) et à la *Loi*. Correspondant de plusieurs journaux pendant la guerre, jusqu'à l'insurrection du 4 septembre, il s'engagea alors comme volontaire, et devint, en novembre, sous-lieutenant au 46e de marche. Il revint ensuite à ses études préférées sur l'Orient, portant principalement ses recherches sur les Turcs et les Tatares. Attaché à la bibliothèque Mazarine, en 1876, il fut chargé de plusieurs missions par le ministère de l'instruction publique ; il visita, de cette façon, en 1878, la Syrie du Nord et les Montagnes des Ansariés, et en 1880-81, la Syrie centrale, le désert de Charnié et la Mésopotamie. M. Cahun, qui est maintenant bibliothécaire à la Mazarine, a inséré des études nombreuses sur l'histoire et la littérature des peuples turcs et mongols dans les publications de la Société d'Ethnographie, de l'Athénée Oriental, etc. ; il a donné aussi des mémoires aux publications de la Société américaine et du Congrès des orientalistes ; il a collaboré à la *Revue Bleue* et au *Journal des Débats*, où il a publié, entre autres, une nouvelle intitulée : « Les Sept Puits ». — Depuis 1875, il est correspondant régulier du *Phare de la Loire* dont M. Schwab, un de ses parents, est propriétaire et directeur. Parmi ses publications, nous citerons : « Les Aventures du capitaine Magon, ou Une Exploration phénicienne mille ans avant l'ère chrétienne », Paris, Hachette, 1875 ; « La Bannière bleue, aventures d'un musulman, d'un chrétien et d'un païen à l'époque des croisades et de la conquête mongole », id., id., 1876 ; « Les Pilotes d'Ango », id., id., 1878 ; « Voyage aux Iles Feroë », id., id., 1879 ; « Voyage en Syrie et dans la montagne des Ansariés » dans le *Tour du Monde* de 1879 ; « Les Mercenaires », id., id., 1882 ; « Excursions sur les bords de l'Euphrate », id., Dreyfous, 1884 ; « Le Congo. La Véridique description du royaume africain. Traduite pour la première fois en français, sur l'édition latine, faite par les frères De Bry, en 1598, d'après les voyages portugais, et notamment celui d'Édouard Lopez, en 1578 », Bruxelles, 1884 ; « La Vie juive », avec une préface de Zadoc Kahn, Paris, Monnier, 1885 ; « Les Rois de mer », id., Charavay, 1887.

Caillé de Procé (Dominique), poète français, de la famille de Boulay-Paty, est né à Nantes le 1er avril 1856. Plusieurs fois lauréat de la *Revue Poétique Méridionale*, des *Poètes de l'Avenir*, de la *Revue littéraire du Maine*, de la *Pomme*, etc., M. Dominique Caillé a dirigé, avec M. O. de Gourcuff, la *Revue littéraire de Nantes*.

M. D. Caillé a publié plusieurs petits poèmes: « Edith », un récit d'Augustin Thierry, forgé sur la sonore enclume de Leconte de Lisle » ; « Parisina », poème ; « Au bord de la Chézine », poésies, Nantes, Harciau, 1887 ; « Sonnets », 1887.

Caillemer (Exupère), jurisconsulte et professeur français, né, à Saint-Lô (Manche), en 1837, étudia le droit et se fit inscrire au barreau de Caen, en 1862. Mais il entra bientôt dans l'enseignement, comme agrégé à la Faculté de Grenoble, et devint professeur titulaire du Code Napoléon et du droit civil. Il a été nommé, en 1875, doyen de la Faculté de droit de Lyon, et le 23 décembre 1876, élu membre correspondant de l'Académie des sciences morales et politiques. Nous connaissons de lui : « Des Intérêts », Paris, Durand, 1861 ; « Étude sur Michel de Marillac », Caen, 1862 ; « Étude sur Antoine de Govea (1505-1566) », Paris, Durand, 1864 ; « M. Frédéric Taulier (1806-1861), sa vie et ses œuvres », id., id., id.; « Antoine de Govea fut-il conseiller au parlement de Grenoble ? », Grenoble, 1865 ; « Antonii Goveani Icti ad DD. Titulum ad senatum consultum trebellianum commentariorum quæ supersunt codicis justa fidem gratianopolitani », Paris, Durand, 1865 ; « Notes pour la biographie du jurisconsulte Gaius », 1865 ; « Études sur les antiquités juridiques d'Athènes. 1re étude: Des institutions commerciales d'Athènes au siècle de Demosthènes ; 2e étude : Lettres de change et contrats d'assurance », id., id., 1865 ; en continuant la série de ces études sur les antiquités juridiques à Athènes, M. C. a publié, chez Thorin, les neuf autres études suivantes, toutes concernant le droit athénien : 3e étude : « Le crédit foncier », 1866 ; 4e étude : « Les Papyrus grecs du Louvre et de la Bibliothèque impériale », 1867 ; 5e étude : « La restitution de la dot à Athènes », 1867 ; 6e étude : « La propriété littéraire », 1868 ; 7e étude : « La Prescription », 1869 ; 8e étude : « Le Contrat de louage », 1870 ; 9e étude : « Le Contrat de prêt », id.; 10e étude : « Le contrat de société », 1873 ; 11e étude : « Le Droit de succession légitime », 1879 ; 12e étude : « La Naturalisation » ; 1883. Parmi les autres ouvrages de ce savant jurisconsulte, nous citerons : « Notes sur les railways ou chemins à rainure dans l'antiquité grecque », 1869 ; « Les manuscrits de Bouhier, Nicaise et Peiresc de la bibliothèque du Palais des Arts de Lyon », Lyon, Georg, 1880 ; « Le Droit civil dans les provinces anglo-normandes au XII siècle », Paris, Thorin, 1884 ; « Lettres de divers savants à l'abbé Claude Nicaise », id., Picard, 1885.

Calletet (Louis-Paul), physicien français, né, à Châtillon sur Seine (Côte-d'Or), le 21 septembre 1822. A sa sortie de l'école des mines de Paris, il s'occupa de métallurgie dans les forges de la Côte d'or, tout en continuant à s'adonner à des recherches scientifiques. Parmi ses expériences les plus importantes, il nous faut signaler celles sur l'action des très hautes pressions sur les liquides et sur les gaz qu'il parvint à comprimer à plus de 1000 atmosphères, et la liquéfaction de l'oxygène, de l'azote, de l'air et de tous les gaz regardés avant lui comme permanents. M. Cailletet a été élu, en mai 1884, membre de l'Académie des sciences, dont il était depuis plusieurs années membre correspondant. Ses diverses publications se trouvent dans les *Comptes-rendus de l'Académie des sciences*, dans les *Annales de chimie et de physique* et dans les *Mémoires de la Société d'encouragement*.

Caird (Sir James), homme politique et écrivain anglais, né, à Stranraer (comté de Vigtown, Écosse), en 1816 ; il fut élevé à Edimbourg. En 1849, quand la lutte entre la théorie de la protection et celle du libre échange était dans toute sa chaleur, M. C. publia un traité: « High Farming as the best Substitute for Protection » qui eut l'honneur de huit éditions successives. L'année suivante, sir Robert Peel le chargea de visiter l'Irlande, désolée par la famine ; son rapport publié la même année et dans lequel il fait ressortir les resources de cette île, produisit un tel effet qu'une grande masse de capitaux fut employée par les anglais, dans des entreprises agricoles voluntaires. En 1850-51, il fut chargé par le *Times* de faire une enquête sur les conditions de l'agriculture en Angleterre. Ses lettres, réunies plus tard en un volume, sous le titre : « English Agriculture », furent bientôt réimprimées aux États-Unis et traduites en allemand, en suédois et en français ; cette dernière traduction, due aux soins de M. Bancelin-Dutertre, a paru, en 1854, à Paris, chez Bouchard-Huzard, sous le titre : « Agriculture anglaise. Situation économique et agricole. Modes de culture des comtés d'Angleterre ». — En 1858, il publia la relation de son voyage dans les prairies du Mississipi avec force détails sur l'agriculture de ces contrées ; cet ouvrage aussi fut traduit dans plusieurs langues. Élu membre du parlement, il fit part de plusieurs commissions importantes et c'est sur sa proposition que la Chambre a décrété la publication d'une statistique annuelle de l'agriculture. En 1863, au temps de la fameuse *cotton-famine* produite par la guerre de sécession, il visita l'Algérie, la Sicile et autres régions de l'Italie dans le but de se rendre compte de la possibilité d'introduire dans ces contrées la cultivation du coton ; il s'occupa aussi beaucoup de l'introduction de la culture de la betterave sucrière en Angleterre. En 1878, il rédigea, à l'occasion de l'Exposition Universelle de Paris, un rapport sur l'agriculture anglaise qui fut traduit en plusieurs langues et publié en Angleterre, sous le titre : « The Landed Interest ».

En 1880-81, en qualité de président de la Société de statistique, il lut sur la question agricole deux discours qui eurent un certain retentissement.

Caird (John), théologien anglais, né, à Groenock (comté de Renfrew-Ecosse), en décembre 1820; il prit ses grades à l'Université de Glascow, entra dans les ordres et, en 1862, fut nommé professeur de théologie à cette même université. M. Caird, qui est un des Aumôniers de la Reine en Écosse, a publié : « Sermons », 1858; « Unity of the Sciences », 1873-74; « Introduction to the Philosophy of Religion », 1880.

Caire (Pier-Luigi), magistrat italien, né, à Saorges, (Alpes-Maritimes, France), en 1841. Ayant opté pour la nationalité italienne, il entra dans la magistrature, et est aujourd'hui juge au Tribunal de San-Remo. M. Caire, qui a été collaborateur de la *Rivista Subalpina* de Côni et de la *Rivista Contemporanea* de Turin, a publié les travaux suivants : « La questione del confine occidentale d'Italia, studiato sotto il rapporto geografico, strategico, etnografico e linguistico, in risposta al libro del Barone Severino Cassio, *Il limite naturale d' Italia ad occidente* », Turin, Negro, 1867; « Sul limite naturale d'Italia ad Occidente. Lettera al Barone Severino Cassio », id., id., 1869 ; « Dei dialetti italiani in generale e del nizzardo in ispecie », Côni, 1878 ; « I comuni della valle di Roja e di Bevera annessi alla Francia, notizie corografico-storiche », id., 1880; « Saggio sul dialetto nizzardo, in confronto colle lingue romanze e coi dialetti italiani », San-Remo, 1883.

Cairo (Gaetano-Alessandro), typographe italien, demeurant à Codogne (arr. de Lodi, prov. de Milan), où il dirige une imprimerie qui est parmi les plus anciennes de la Lombardie, et qui a été fondée vers la fin du 18ᵐᵉ siècle par son grand-père, M. Louis Cairo. Un Gaetano Cairo, nommé par plusieurs auteurs comme inventeur du tachymètre et de la stéréofeidotypie appartenait à la même famille ; disons, en passant, que ses inventions ne paraissent pas lui avoir survécu. M. Cairo a édité plusieurs ouvrages d'éducation et d'instruction surtout, parmi lesquels nous citerons: « Quadri sinottici dei Re d'Italia, dei Principi Sabaudi, dei Pontefici, della Storia Universale, di Geometria, di Storia Naturale, etc. ». - Citons aussi un « Antifonario », qui pour *sa clarté et sa correction*, a reçu une médaille en bronze à l'Exposition Internationale de Musique, qui a eu lieu, en 1881, à Milan; un « Dizionario corografico della provincia e Diocesi di Cremona », de M. l'abbé Grandi de Crémone; « Spiegazioni evangeliche », de l'abbé Aquilano Bignami, archiprêtre de la ville et plusieurs autres ouvrages, parmi lesquels nous ajouterons encore: « Proverbi in azione illustrati », de Vincenzo Zappi et « Storia naturale della creazione », de Francesco Maiocchi.

Caironi (Giuseppe-Antonio), littérateur italien, né, à Levate (prov. de Bergame), le 30 novembre 1825. Ses études achevées il fut, en novembre 1851, autorisé à l'enseignement dans les gymnases de l'État. En 1854, le gouvernement autrichien le nomma assistant à la chaire d'histoire à l'Université de Vienne, mais il refusa de s'y rendre. Il enseigna successivement dans plusieurs gymnases de l'Italie, fût pendant sept ans directeur du gymnase de Oristano en Sardaigne et depuis quinze ans il dirige celui de Asola en province de Mantoue. On lui doit: « Precetti di Prosa e Poesia », Bergame, Pagnoncelli, 1860; « *La Trevigliese* », journal politique littéraire, Treviglio, 1863; « Scolta di opuscoli poetici », Oristano, 1875, parmi lesquels la première traduction italienne de la « Ruth », tableaux en trois idylles de Caroline Pichler, née de Greiner; « A Garibaldi », discours et poésies parmi lesquel; « Il due giugno », ode à la manière de Pindare. — Parmi ses nombreuses publications eparpillées dans les journaux nous citerons; « Il Maledetto », qui a été traduit en anglais et qui eut beaucoup de succès.

Caise (Louis-Albert), homme de lettres français, né, à Oyonnax (Ain), le 15 septembre 1840. Ses études achevées, il entra dans l'administration des finances, tout en continuant des études littéraires et médicales. Ses premiers essais littéraires parurent dans le *Journal du Peuple*, de Lille, dont il fut le correspondant durant plusieurs années. En 1886, il fonda à Paris le *Journal des femmes;* en 1867, il fit paraître dans le *Courrier populaire de Lille*, une série d'articles remarqués sur l'Exposition Universelle. La même année, il publiait, chez Dumoulin : « Histoire de Saint-Vallier, de son abbaye, de ses seigneurs et de ses habitants », auquel il fit suivre, en 1870, chez le même éditeur : « Cartulaire de Saint-Vallier, ou Relevé des chartes et documents concernant Saint-Vallier ». - A cette période de sa vie se rapportent aussi deux romans : « La Jeunesse d'une femme », Paris, Barba, 1869, et « Les Victimes du mariage », id., id., 1870. M. Caise prit part à la guerre de 1870, fut promu capitaine pendant le siège et se trouva à l'affaire du Bourget. Dans un livre intitulé « la Vérité sur la Garde mobile de la Seine et le combat du Bourget », Paris, Lachaud, 1875, il a retracé les épisodes dont il fut témoin. Le 1ᵉʳ mars 1870, au moment de l'entrée de l'armée allemande dans les Champs-Elysées, il faisait paraître un placard intitulé : « Les Prussiens dans Paris », qui, tiré à 25000 exemplaires, était une exhortation véhémente au peuple de Paris et à ses frères d'armes. En 1872, il fit paraître, chez Glady frères : « Premier livre du jeune républicain. Alphabet français », les opinions qu'il développait dans ce livre et dans une pétition imprimée, présentée à l'Assemblée, pour l'abolition de la prostitution légale. Nommé en province, il préféra donner sa démission. A partir de 1873, il devint secrétaire de rédaction de l'*Avenir militaire* ; en même temps, il s'essayait au théâtre, faisant jouer à Montmartre, (1878) : « Le volontaire d'un an », comédie en un acte, et puis un vaudeville en un acte « Un homme de ménage », écrit avec Félix Jahyer ; et un drame en cinq actes « La Famille du Conscrit », qui souleva de vives polémiques à cause du rôle que l'auteur fait jouer à un reporter, et qui parut désobligeant à la corporation des reporters parisiens. En 1873, M. Caise publiait aussi trois brochures d'argument militaire : « L'organisation de la nouvelle armée française » ; « Les nouvelles lois militaires » ; « L'appel de l'armée territoriale » ; en 1877, il faisait paraître, chez Dumaine : « Douaniers, forestiers, pompiers. Corps spéciaux organisés et armés. Décrets du 2 avril 1875, et circulaire réglant leur organisation militaire ». — Fixé en Algérie, depuis 1877, il s'y est livré à de nombreux travaux archéologiques et à des fouilles ; pendant l'insurrection du Sud Oranais, il fut correspondant de l'*Évènement ;* plus tard, il collabora successivement à l'*Atlas* et au *Petit Fanal* d'Oran, au *Petit Colon*, au *Radical* et à la *Vigie d'Alger*. Enfin, M. C., qui compte parmi les arabisants les plus consciencieux, a fondé à Boufarik, où il s'est fixé temporairement, un organe radical bihebdomadaire: *Le Boufarikois* (1877-1878). Il collabore au *Bulletin de la Société des Gens de lettres*, où il a donné de nombreuses nouvelles : « L'appui moral » ; « Frères et soldats » ; « Kradoudja » ; « Cent Seddik » ; « Les aventures d'un naturaliste » ; « Le Marabout Mohaud ou Rokia » ; « Douze heures à Alger ». — Citons encore de lui deux romans : « La Jeunesse d'une femme au Quartier latin », Paris, Hurtau, 1879 ; « Teurkia », id., Marpon et Flammarion, 1888.

Caithness (Lady Marie, duchesse de POMAR, née MARATEGUI), femme de lettres espagnole, apôtre de la théosophie en Europe, née à Londres. Blonde, de haute taille, de la plus grande beauté et avec une fortune considérable, elle épousa en premières noces le général comte de Pomar, créé duc par le Pape Pie IX ; femme du monde, amoureuse du faste et du plaisir mondain, la comtesse de Pomar éblouit le monde madrilène par ses réceptions, tout en aimant les lectures et les occupations sérieuses. Des voyages à la Havane, où la comtesse possédait, et possède encore, de superbes propriétés, coupaient ses séjours dans la capitale espagnole. Restée veuve, ce fut l'éducation de son fils qui l'entraîna vers l'Angleterre, sa patrie maternelle (sa mère était fille de l'hon. James Compton, cadet du marquis de Northampton). Après quatre ans, elle accordait sa main à Lord Barrogill, chef du clan de Sinclair et quatorzième comte de Caithness, inventeur d'une nouvelle boussole, la boussole Caithness, qui fut adoptée par la marine anglaise. Lord Caithness mourut après quelques années à New-York ; depuis son second veuvage, la duchesse de Pomar, ou Lady Caithness, s'est fixée à Paris, où elle occupe le bel hôtel Pozzo di Borgo. Chaque année, elle passe les trois ou quatre mois de l'hiver à Nice, où elle tient la tête de la société et où ses beaux bals sont légendaires. Rentrée à Paris en avril, elle y reprend les fêtes interrompues par le carême. Aujourd'hui la grande dame est devenue une réformatrice théosophiste. Aussi érudite en matière de science et d'art qu'en littérature et en philosophie, lady Caithness a publié un grand nombre d'ouvrages, qui ont été traduits en plusieurs langues, tels que: « Old Truths in new light » ; « Serious letters to serious friends » ; « The Mystery of the Ages » ; « La Théosophie universelle » ; « La Théosophie chrétienne » ; « La Théosophie bouddhiste » ; « Fragments de théosophie occulte de l'Orient » ; « Visite nocturne à Holyrood », etc. Pour répandre ses idées, la Duchesse de Pomar a fondée sous le titre *L'Aurore*, une revue mensuelle consacrée à la recherche et à l'explication de certains problèmes psychologiques. Le prix de cette revue étant élevé, elle fonda une nouvelle publication mensuelle, d'un prix abordable pour tous : *Le Messager de la paix*, où elle fait reproduire les principaux articles de l'*Aurore*. C'est dans l'*Aurore* qu'elle a fait paraître son roman « Amour immortel », sous le pseudonyme de *Victor Bellechasse*. A l'âge de vingt-cinq ans, elle avait déjà publié en anglais: « The Honeymoon » ; « Through the ages » ; « Fashion and passion » ; « A secret marriage » ; « Whois she ? » ; « The heir to the crown ». — Son fils, le duc de Pomar, a débuté dans la vie littéraire par un article sur le Bouddhisme, qui a paru dans l'*Aurore* de janvier 1887.

Caix de Saint-Aymour (le vicomte Amédée DE), voyageur et écrivain français, né à Senlis, (Oise), le 26 avril 1843. Après avoir fait ses premières études dans sa ville natale, il se rendit à Paris, où il suivit simultanément les cours de la Faculté de droit, de l'École des Chartes, de l'École des langues orientales et de l'École des hautes études. Il s'occupa, d'abord, de linguistique comparée et publia, en 1866, à l'occasion d'une discussion qui eut lieu alors au Sénat, une brochure intitulée : « La Question de l'enseignement des langues classiques et des langues vivantes au Sénat et devant l'opinion publique », Paris, Dentu, 1866 ; à laquelle il fit suivre un gros ouvrage, donnant la synthèse de son système linguistique : « La langue latine étudiée dans l'unité Indo-européenne. Histoire, grammaire, lexique », id., Hachette, 1867. Pendant la guerre, M. C. de S. A. s'engagea. De

1871 à 1883, il fut membre du Conseil général de l'Oise. De 1873 à 1877, il dirigea une revue intitulée d'abord l'*Indicateur de l'Archéologie*, et ensuite le *Musée Archéologique*. En 1869, il fut chargé d'une mission archéologique en Bosnie et en Herzégovine. Le récit de ce voyage publié, d'abord, en partie, dans la *Revue des deux Mondes*, parut ensuite sous le titre de : « Les pays sud-slaves de l'Austro-Hongrie (Croatie, Slavonie, Bosnie, Herzégovine, Dalmatie) », Paris, Plon, 1884. Nous citerons encore de lui : « Le Plébiscite et l'hérédité », id., Dentu, 1870 ; « La Grande voie romaine de Senlis à Beauvais et l'emplacement de Litanobriga ou Latinobriga », id., Didier, 1873 ; « Notes sur un temple romain découvert dans la forêt d'Halatte (Oise), lues à la réunion des sociétés savantes à la Sorbonne le 9 avril 1874 », id., Reinwald, id. ; « Études sur quelques monument mégalythiques de la vallée de l'Oise », id., Leroux, 1875 ; « Annuaire des sciences historiques, bibliographie des ouvrages d'érudition », id., Hachette, 1877 ; « Les intérêts français dans le Soudan éthiopien », id., Challamel, 1884 ; « Notice sur Hugues de Groot (Hugo Grotius), suivie de lettres inédites », id., Charavay, id. ; « La France en Éthiopie. Histoire des relations de la France avec l'Abyssinie chrétienne sous les règnes de Louis XIII et de Louis XIV (1734-1706), d'après les documents inédits des affaires étrangères », id., Challamel, 1886 ; enfin M. de Saint-Aymour, qui est membre de la Commission des monuments historiques, a publié, avec une introduction et des notes, le troisième volume, concernant le Portugal, du *Recueil des instructions données aux ambassadeurs et ministres de France, depuis le Traité de Westphalie jusqu'à la Révolution Française*, Paris, Alcan, 1887.

Cajmi (Charles), écrivain italien, né, à Milan, en 1823. Il débuta dans les lettres, à l'âge de dix-sept ans, par un roman historique : « Ghisola Caccianemico », qui fut remarqué. Ce premier succès lui ouvrit en même temps les portes de l'enseignement particulier et celui du journalisme. En 1853, il publia : « Il bello delle lettere italiane, proposto ai giovanetti d'ambo i sessi », qui eut l'honneur de plusieurs éditions (la dernière, Milan, Carrara, 1876), et qui mérita les éloges, peu prodigués, du *Crepuscolo*. Citons encore de lui : « Le lezioni di geografia e di statistica », 1856, plusieurs fois réédité ; « Conversazioni intorno alla terra » ; « Compendio di geografia descrittiva e statistica proposto alle scuole ginnasiali e tecniche », Milan, Gnocchi, 1867 ; « Nuovo atlante di carte geografiche mute per agevolare lo studio della geografia, disegnate su quelle di Filippo Naymiller », id., id., 1868 ; « Nuovo Galateo. Consigli di un nonno ai suoi nipoti », id., Agnelli, 1869, plusieurs fois réédité et que la *Perseveranza* a

appelé un *livre d'or* ; « Dorelitta, scene contemporanee », id., Carlo Brigola, 1871 ; « Su e giù ; scene milanesi dal 1796 al 1814 », id., Galli et Omodei, 1875 ; « Parentela di parole o saggio di etimologia delle voci più comuni italo-greche », Milan, 1880.

Calamandrei (Rodolphe), jurisconsulte et littérateur italien, né, le 12 octobre 1857, à Lucignano della Chiana, (prov. d'Arezzo). Reçu docteur en droit à l'université de Sienne, en 1878, il se rendit, en 1884, à l'université de Berlin, pour y suivre surtout les cours de droit commercial. Maintenant il est inscrit au barreau de Florence. Nous connaissons de lui : « Monte Amiata. Ricordi di viaggio » ; « La cambiale » ; « Il fallimento » ; « Le società commerciali », 2 vol. ; « Il contratto di trasporto » ; « Monarchia e Repubblica rappresentativa » ; « Berlino, profili e ricordi », Florence, Niccolai, 1886. En 1885, M. C. a fondé et dirigé à Florence : l'*Avocatura italiana*, journal des avocats. En annonce pour paraître prochainement, chez l'éditeur Niccolai, de Florence : « La nuova Legge comunale e provinciale sommariamente illustrata e confrontata coll'anteriore ».

Calcar (Mad.^{me} Élise Van, née Schiotling), femme de lettres hollandaise, née, à Amsterdam, en 1822. Après avoir reçu une éducation très soignée, elle débuta dans la vie littéraire, par quelques traités religieux et philosophiques qui attirèrent sur elle l'attention du poète Isaac da Costa qui l'encouragea à se vouer aux lettres. Elle publia alors : « Hermine », un roman de mœurs familiales, qui a fondé sa réputation, mais qui souleva contre elle la haine du parti de l'orthodoxie religieuse qu'elle excita encore davantage par son autre ouvrage : « Le XIII. Douze types de Pasteurs évangéliques ». Cependant plusieurs de ses ouvrages philantropiques et moraux ont été couronnés par différentes sociétés. Un traité sur les rapports entre maîtres et domestiques a obtenu une médaille d'or de la Société du bien public et un autre traité sur la double vocation de la femme fut couronné par la Société de l'industrie nationale. En 1853, elle a épousé M. Van Calcar, bourgmestre de son pays natal. En 1865, elle a été nommée inspectrice des écoles primaires qu'elle a réformées d'après les principes de Fröbel. Pour la propagande de ses idées pédagogiques, Mme Van Calcar a tenu des conférences dans presque toutes les villes de la Hollande, et lorsqu'elle les vit prendre racine dans le pays, elle fonda une maison d'éducation pour les institutrices qu'elle a dirigée pendant dix ans. L'excès du travail ayant affaibli sa santé, elle s'est retirée à la Haye, où elle continue cependant ses études pédagogiques et psychologiques. Depuis onze ans, elle dirige un journal psychologique où elle s'occupe de magnétisme, d'hypnotisme et de spiritisme. En dehors des ouvrages déjà nommés, nous citerons encore : « Une étoile dans les ténèbres », roman historique sur Gerolamo Savonarola, 2 vol. ; « Le fils du chevalier du guet », 2 vol. ; « Luther le Réformateur », 1 vol. ; « Evangélino. La vie de la femme », 2 vol.; « Paupérisme et bienfaisance », 2 vol. ; « Johan Stephan Van Calcar » ; « Fantasmagorie » ; « La pierre philosophale, l'art d'être heureuse » ; « Ce que j'ai vu à Paris » ; « L'influence de nos premières impressions » ; L'espoir de l'avenir, journal éducatif pour les écoles, 3 années ; « Éducation harmonique, développement naturel de l'esprit et du corps » ; « Les femmes dans les prisons », 2 vol. ; « Les enfants du siècle », roman de mœurs, 3 vol. ; « Une femme seule » ; « Heureux, malgré le mariage », roman ; « Francesco Burlamacchi » ; « Les conspirateurs », 2 vol.; « Emmanuel Swedenborg », biographie ; « La Reine Sophie des Pays-Bas », biographie; « Frédéric Froebel, réformateur de l'éducation ».

Caldeira (Fernando), écrivain portugais, fils du vicomte de Borralha, est né à Agueda, le 7 novembre 1841. Après avoir étudié à l'Université de Coimbre, il fut plusieurs fois député aux Cortès. Il est auteur de quelques pièces de théâtre ; citons : « O Sapatinho de setim », comédie en trois actes, 1876 ; « Varina », scènes de la vie populaire ou cinq actes, 1877 ; « Os Missionarios », drame, 1879 ; « Mantilha de renda », comédie en deux actes, en vers, 1880 ; « Sara », drame en quatre actes, 1881.

Calderini (Jean), médecin italien, né, à Varallo (prov. de Novare), le 24 décembre 1841. Reçu docteur en médecine à l'université de Turin, en 1872 il y devint *privat Docent* d'oculistique; en 1873 il fut chargé du cours d'obstétrique à l'Université de Parme, où il est maintenant professeur ordinaire de cette science, directeur de l'Institut d'obstétrique et doyen de la Faculté de médecine. Nous citerons de lui: « Rigidità del Collo dell'utero » dans la *Gazzetta dell'Osservatore Medico* de 1865 ; « Saggio di pratiche osservazioni intorno alla aspettazione nelle operazioni ostetriche », Turin, Favale, 1866 ; « Enucleazione del bulbo dell'occhio in rapporto alla estirpazione, alla influenza sull'occhio che rimane, alla anatomia patologica ed alla protesi oculare », id., Loescher, 1867 ; « Del contatto dell'Iride colla lente cristallina nell'occhio umano », id., id., 1868 ; « Intorno alla questione della possibilità che nell'occhio di una persona uccisa rimanga l'immagine dell'uccisore e la fotografia possa rilevarla », id., Favale, id. ; « Rapporto dell'organo della visione coll'organismo nello stato fisiologico e nel patologico », leçon d'ouverture, id., Loescher, 1869; « Calendario della gravidanza, dedotto dal Calendario circolare del prof. cav. Tibone, direttore della clinica ostetrica di Torino », id., id., id.; « L'osteomalacia, con bibliografia relativa fino al 1870 », thèse d'aggrégation, id., id., 1870 ;

« Danni cagionati alla vista dalle condizioni attuali della società e mezzi atti a prevenirli », dans le *Giornale veneto di scienze mediche*, 3e série, 14e vol., 1871 ; « Elementi di anatomia e fisiologia diagnostica e terapeutica dell'apparato della visione », 2e éd., Turin, Loescher, 1873 ; « Primo rendiconto del R. Istituto ostetrico, annesso all'Ospizio di maternità nell'Università di Parma, anni 1872-75 », Parme, 1876 ; « Ampia cloaca uretro-vescico-vaginale, chiusura della vulva, successo », dans la *Gazzetta delle cliniche di Torino*, 1878 ; « Dispareunia da vaginismo, utero a collo conico, stenosi dell'orifizio esterno ; retroverso flessione; sterilità. Cura seguita da successo », id., id. ; « Notizie sull'amputazione utero-ovarica », quatro notes, id., 1879: « Secondo rendiconto del R. Istituto ostetrico di Parma », 1875-77 », id., id. ; « Le precauzioni antisettiche nella pratica ostetrica », leçon d'ouverture, Turin, 1881 ; « Sulla questione dell'insegnamento pratico della ginecologia e della pediatria in Italia », Milan, Agnelli, 1881 ; « Decollazione colla fune », id., id., id. ; « Ranula in un neonato », id., id., id. ; « Del metodo nella scienza e nell'insegnamento, e delle riforme universitarie », discours, Parme, 1882 , « Contributo alla diagnosi delle mostruosità del feto ed alla eziologia dell'*indriamios* », Milan, Agnelli, 1882 ; « Una cretina ed una microcefala nell'istituto ostetrico di Parma », id., id., id. ; « Esportazione dell'utero dalla vagina e studii sull'operazione », id., id., id. ; « Alcuni vizi congeniti dell'apparato genitale », Bologne, Gamberini et Parmeggiani, 1882 ; « L'ostetricia e la ginecologia nelle università tedesche, studii fatti in due viaggi. Relazione a S. E. il signor Ministro della pubblica istruzione », dans le *Bollettino della Istruzione pubblica*, 1882 ; « Note cliniche di ostetricia », dans la *Gazzetta delle cliniche* di Torino, 1882 ; « Per la riabilitazione del cefalotribo italiano. Note sperimentali e cliniche », dans lo *Giornale Internazionale di scienze mediche*, Naples, 1882 ; « Note cliniche di ginecologia », Turin, Camilla, 1882 ; « L'esame del latte delle nutrici nella pratica medica: note sperimentali, preceduto da alcune considerazioni generali sul latte », Parme, Ferrari, 1882 ; « I bacini assimetrici, osservazioni cliniche e studii », id., id., id. ; « Comunicazioni pratiche di Pediatria », dans la *Gazzetta delle cliniche* di Torino, 1882 ; « Rivista d'ostetricia e di ginecologia. Gravidanza extrauterina », id., 1883 ; « Una lezione rendiconto della clinica ostetrica e della clinica ginecologica », dans la *Gazzetta degli Ospedali*, 1883 ; « Di un irrigatore e di un segnagrammi », id., n°84 ; « Andamento del R. Istituto Ostetrico di Parma, dal 31 ottobre 1882 al 1° novembre 1884 », dans la *Gazzetta delle Cliniche* de Turin, 1885. — En collaboration avec le docteur C. Bini, il a traduit : « Compendio di oftalmologia per gli stu-

denti e medici pratici », du docteur G. Rheindorf, Turin, Loescher, 1871. Il nous reste maintenant à citer plusieurs écrits du docteur Calderini qui sortent complètement du domaine de la médecine : « Monte Rosa », dans la *Gazzetta della Valsesia*, 1867 ; « La Francia nella guerra del 1870, impressioni, lettere al padre dalla Francia nell'ambulanza medica internazionale torinese », dans la *Gazzetta della Valsesia*, 1870 et 1871 ; « Una corsa nella galleria del Frejus. Monte Rosa », id., 1871 ; « Ascensione alla Sarrotspitze, gruppo del Monte Rosa », dans le *Bollettino del Club Alpino Italiano*, 1875 ; « Alla punta Giordani ed alla piramide di Vincent per una via nuova », id., 1878 ; « Otto giorni negli Appennini tra Parma e Spezia », Varallo, 1878.

Calderini (Guillaume), architecte italien, né, à Pérouse, vers 1840. M. C. qui est professeur extraordinaire de dessin et d'architecture élémentaire à l'Université de Pise et membre de la commission gouvernementale pour les monuments de la province de Pérouse, a publié : « Schiarimenti sul 2º progetto per la facciata del Duomo di Firenze », Pérouse, 1867 ; « Sulla pretesa instabilità degli arconi di bocca d'opera del nuovo Politeama perugino », id., 1875 ; « Michelangelo Buonarroti e l'architettura moderna », id., id. ; « Risposta alla dichiarazione di alcuni signori, relativamente alle vetrate dipinte dal prof. Francesco Moretti ». id., 1879 ; « Le facciate decorative esterne progettate e disegnate », id., 1880 ; « Descrizione del progetto di monumento a Vittorio Emanuele in Roma che si presenta al concorso », id., 1881 ; « Proposte sull'insegnamento dell'architettura nelle R. Università Italiane di primo ordine », id., id. : « La soppressione della facoltà delle scienze fisiche, matematiche e naturali dell'Università di Perugia », id., 1883 ; « Concetto, forma e costruzione più idonea delle case per gli operai da erigersi nelle città italiane », id., 1885 ; « Il disegno della ultima gara tra i due architetti prescelti nel concorso pel palazzo di giustizia in Roma, brevi cenni di descrizione del progetto », id., 1887 ; « Relazione esplicativa del progetto per il palazzo di giustizia in Roma », id., id.

Calderini (Pierre), ecclésiastique italien, né, à Borgosesia (province de Novare), le 11 novembre 1824. Ordonné prêtre en 1850, il se rendit, en 1855, à l'université de Turin, où il se fit recevoir docteur en philosophie en 1857. Après avoir été successivement professeur à Ceva et à Mondovi, il fut nommé, en 1859, professeur de littérature italienne, d'histoire et de géographie et directeur de l'École technique de Varallo. Dans cette petite ville, où il réside encore dans la même qualité, il a institué un Musée d'histoire naturelle; il a beaucoup contribué aussi à la fondation de la section de Varallo du Club alpin italien. Nous citerons de lui : « In morte di Vincenzo Gioberti », ode, Varallo, 1852 ; « I dolori dell'Italia », ode, id., 1853 ; « In morte della madre », vers blancs, id., 1855 ; « Discorso per l'apertura delle scuole speciali di Varallo », id., 1859 ; « Discorso sull'arte della musica », id., 1860 ; « Discorso per l'inaugurazione della società operaia di Borgosesia », id., 1862 ; « Discorso per l'apertura delle scuole serali di Varallo, id., 1863 ; « La geognosia del monte Ferrora », id., 1868 ; « La Fauna vicentina per l'abate Francesco Dr Disconzi. Rivista bibliografica », id., id. ; « Il notaio Gaetano Negri. Cenni biografici », id., id.; « Lo studio dell'entomologia in Piemonte », id., id.; « Dei funghi sospetti e velenosi nel territorio senese. Rassegna bibliografica », id., id.; « l'Ornitologia lombarda », id., id. ; « Il cavalier Giuseppe Antonio Calderini, cenni biografici », id., id. ; « Il bolide del 26 gennaio 1869 », id., id. ; « La legge sulla caccia e le opinioni di varii insigni naturalisti sugli uccelli insettivori », id., 1869 ; « D'un monolite in Valsesia, ossia la torre di Bonideto », id., id. ; « Apparizione d'un numero straordinario di *Nemure nebulose* nei dintorni di Varallo », id., 1869; « D'una testa di vitello mostruoso », id., 1869; « La Valsesia, considerata sotto i suoi varii aspetti », id., id. ; « Meneguzzo e Sesino. Cenni biografici », id., id. ; « Le nostre montagne », mémoire lu au Congrès du Club Alpin, tenu à Domodossola, 1870 ; « L'ingegnere Giuseppe Antonini. Cenni biografici », id., id. ; « Il cavaliere Agostino Molino. Cenni biografici », id., « Per la fondazione dell'osservatorio meteorologico sul colle di Valdobbia », id., 1872 ; « Della convenienza che il Santuario di Varallo sia dichiarato monumento nazionale », id., 1873 ; « La contessa Giuseppina Toesca di Castellazzo. Cenni biografici », id., id.; « Discorso per la festa d'inaugurazione di alcune fontane solennizzatasi in Civiasco », id., 1875 ; « Lettura fatta in commemorazione del cav. capitano Edoardo Crolla, all'adunanza dei soci del Circolo alpino italiano », id., id. ; « Il prof. cav. Giuseppe Balsamo Crivelli. Cenni biografici », id., id.; « Commemorazione del professore di musica Beniamino Lunghetti », id., 1887 ; « Commemorazione del sacerdote don Giuseppe Chiara-Sorini, rettore del Collegio convitto di Varallo », id., 1877 ; « Commemorazione del maestro di musica Giuseppe Fasio », id., 1878.

Calderwood (Henri), philosophe anglais, né, à Peebles en Écosse, le 10 mai 1830. Il était encore étudiant, dans sa ville natale, lorsqu'il publia : « The philosophy of the Infinite », 1854, confutation du système philosophique de Sir William Hamilton, qui eut l'honneur de trois éditions. En 1861, il fut nommé examinateur de philosophie morale à l'université de Glasgow, qui lui conféra, en 1865, le diplôme de docteur

en droit. En 1868, M. C. fut nommé professeur de philosophie morale et d'économie politique à l'Université d'Édimbourg, où il enseigne encore. On lui doit : « On Teaching », 1874, 3ᵐᵉ éd., 1881 ; « Handbook of Moral Philosophy », 1872. 12ᵐᵉ éd., 1885 ; « The Relation of Mind and Brain », 1879, 2ᵐᵉ éd., 1884. Il a publié en outre : « The Parables of our Lord », 1880 ; « The Relations of Science and Religion ». — M. C. a plusieurs fois décliné la candidature au Parlement, qui lui était offerte par ses concitoyens.

Caliari (Pierre), écrivain italien, issu de la famille qui donna le jour au célèbre peintre Paolo Caliari, plus connu sous le nom de Paolo Veronese, est né, comme lui, à Vérone, le 31 décembre 1841. Il reçut de ses parents sa première instruction, qu'il poursuivit au Gymnase et au Séminaire de sa ville natale. Il débuta, à l'âge de 19 ans, par un petit poème sur « Enrico Dandolo », republié dans un recueil de « Versi », paru à Vérone en 1875, et réimprimé en 1879 et en 1883. Citons encore de nombreuses traductions, des discours d'occasion, une série de conférences : « Sulla Donna cristiana » ; un « Discorso storico-estetico sulla Basilica di San Zeno a Verona » ; un roman « Angiolina » (trois éditions) ; « L'Arte della parola. Precetti ed esempi », 1887 ; mais on doit surtout signaler son tout dernier volume, très important pour l'histoire de la peinture italienne, sur « Paolo Veronese », Rome, typ. du Sénat, 1888.

Callavay (rev. Henri), ecclésiastique anglais, missionnaire à Natal d'abord, il fut sacré, le 30 octobre 1873, à Édimbourg, évêque de la Cafrerie anglaise. On lui doit : « Nursery Tales. Traditions and Historics of the Zulus », 1866 ; « Religious System of the Amazulu », 1868 ; il a traduit aussi une grande partie de l'Ancien et du Nouveau Testament en langue zulu.

Calliburcès (le docteur P.), médecin grec, né, à Nassus ; il a étudié la médecine en France, et il a publié, pendant quelque temps, un journal médical intitulé : *Hippocrate*. M. C. qui, à ce qu'on assure, s'occupe de faire paraître une édition des œuvres d'Hippocrate, a publié : « Recherches expérimentales sur l'influence du traitement pneumatique sur la fermentation des jus sucrés », Paris, Savy, 1884.

Calligas (Paul), jurisconsulte grec, né, en 1814, à Smyrne. Il fit ses études à Genève, Munich et Berlin, où il prit ses degrés. Il a publié entr'autres : « Système du droit romain tel qu'il a été appliqué à la Grèce ». Il a traduit aussi et publié avec une introduction le traité de Biener sur les anciens recueils de canons de l'Église orientale ; on lui doit aussi un ouvrage en 4 vol. sur les éléments du droit civil antérieurs au nouveau Code, éléments qu'il trouve dans la législation byzantine, dans le droit canon de l'Église orientale, et dans les lois spéciales du royaume de Grèce. On cite enfin, de lui un roman : « Tanos Vlécas ».

Calmon (Marc-Antoine), homme politique français, sénateur, membre de l'Institut, né, à Tamniès (Dordogne), le 3 mars 1815. D'abord auditeur au Conseil d'État, il fut élu député en 1846, mais ne fit point partie des assemblées politiques pendant la République de 1848 et le second Empire. En 1871, M. Thiers le nomma sous-secrétaire d'État au ministère de l'intérieur ; le 7 décembre 1872, il fut nommé préfet de la Seine ; le 14 décembre 1873, il entrait à l'Assemblée comme représentant du département de Seine et Oise. En 1875, l'assemblée le nomma sénateur inamovible. En 1879, il fut élu vice-président du Sénat. Depuis longtemps, signalé par de remarquables études économiques, il fut élu, en 1872, membre libre de l'Académie des sciences morales et politiques ; nous citerons de lui : « Les Impôts avant 1789 », Paris, Douniol, 1865 ; « Le Rapport de M. Fould, les crédits et l'amortissement », id., Dentu, id. ; « William Pitt, étude financière et parlementaire », id., Lévy frères, id. ; « Étude des finances de l'Angleterre depuis la Réforme de Robert Peel, jusqu'en 1869 », id., id., 1870 ; « Histoire parlementaire des finances de la Restauration », 2 vol., id., id., 1868-1870. Une partie de ces travaux a paru d'abord dans la *Revue des deux Mondes* et dans le *Correspondant*. — M. Calmon, qui a été un des amis les plus intimes d'Adolphe Thiers, en a publié les « Discours parlementaires », 15 vol., Paris, C. Lévy, 1878-1883, les faisant précéder d'une importante « Notice ». — Sa femme, Mᵐᵉ Calmon, a publié, soit sous son nom, soit sous le voile de l'anonyme, plusieurs romans ; nous citerons : « Mes pensées », Paris, Amyot, 1878, nouvelle édition, C. Lévy, 1879 : « Histoires intimes », id., C. Lévy, 1880 ; « Le roman de Gabrielle », id., id., 1881 ; « Un secret », id., id., 1882 ; « Oui et non », id., id., id. ; « Miss Merton », id., id., 1883 ; « Autour du village », id., id., 1885 ; « Cœur droit, l'Inconnue, Cécile, Expiation », id., id., 1888.

Calogeropoulos (Nicolas), jurisconsulte grec, questeur et conservateur de la Bibliothèque de la Chambre des Députés, l'un des meilleurs orateurs du Parlement, avocat au barreau d'Athènes, né, dans cette ville, en 1851. On lui doit deux monographies, l'une sur les rapports de succession d'après le droit français, l'autre sur la *collatio bonorum*, d'après le droit romain.

Calonne (Alphonse BERNARD, vicomte DE), publiciste et littérateur français, né, à Béthune, en 1818. Après avoir fait son droit à Paris de 1840 à 1842, il débuta dans les lettres par des articles d'archéologie et de critique d'art. Légitimiste convaincu, M. de C. collabora, après la révolution de 1848, avec Xavier de Montépin à des brochures de circonstance : « Les Trois journées de février »; « Le Gouvernement provisoire, histoire anecdotique et politique de ses membres, etc. ». M. de C. fut un des rédacteurs du *Lampion*, et quand ce journal fut suspendu, par le général Cavaignac, il essaya, de concert avec MM. de Montépin et de Villemessant, de le remplacer par la *Bouche de Fer*, dont le premier numéro fut saisi le jour de son apparition. Il entra ensuite à l'*Opinion publique* dirigée par M. A. Nettement, et s'y occupa surtout de questions d'art. Dans ce journal, il accusa hautement et publiquement le célèbre critique Fiorentino d'indélicatesse et de chantage dans l'exercice de ses fonctions d'aristarque littéraire et théâtral. Fiorentino demanda une réparation à la Société des gens de lettres toute entière, et, comme il ne pouvait se battre successivement avec tous ses membres, il choisit le premier en rang sur la liste alphabétique dressée par le comité, M. Amédée Achard, qu'il blessa assez grièvement. A la suite de ce duel, M. de C. qui avait été, en même temps, poursuivi par Fiorentino comme diffamateur, fut condamné à l'amende par le tribunal correctionnel. Le 4 août 1850, il fit paraître le premier numéro d'un journal hebdomadaire : *Le Henri IV* qui s'intitulait *journal de la réconciliation* et était destiné à servir la politique fusionniste, mais qui ne put vivre. Après le coup d'État du 2 décembre, il s'adonna d'abord à des travaux artistiques et littéraires; en 1852, il entrait à la rédaction de la *Revue contemporaine*, dont trois ans après il devenait propriétaire, et qui n'a cessé de paraître qu'après l'insurrection du 4 septembre 1870. Parmi les publications de M. de Calonne, dont plusieurs parurent sous les pseudonymes de *A. de Bernard*, *Max Berthaud*, *Poornick*, etc., nous citerons : « Bérangère », nouvelle, 1852; « Voyage au pays de Bohême, Mendiants et flibustiers littéraires », 1852; « La Minerve de Phidias restaurée », 1855 ; « Pauvre Mathieu », 2 vol., 1856; « Les frais de la guerre », 2 vol., 1856; « Le portrait de la marquise », 1857; « De la défense des côtes en Angleterre », 1859; « La Pologne devant les conséquences des traités de Vienne », 1861; « Les stations d'un touriste », 1861; « M. Rattazzi et la crise italienne » 1862; « La politique de la France dans les affaires d'Allemagne et d'Italie », 1866; « Le rôle de la Prusse et de l'Allemagne du Nord dans l'équilibre européen », 1866; « La Ferme des Moines », 1879; « Les Chemins de fer de l'État », 1882; « Noblesse de contrebande », 1883, livre tiré à 100 exemplaires et dans lequel l'auteur, sous le pseudonyme de *Toison d'Or*, prétend démasquer beaucoup de nobles de contrebande, avec preuves à l'appui; « les Ophidiennes (scènes de la vie moderne) », 1884; « Les Épreuves d'une héritière », 1885 ; « La Foire aux écus », 1886.

Calonne (Albéric, baron DE), érudit français, né, à Amiens, en 1843. Il est aujourd'hui vice-président de la Société des antiquaires de Picardie. Nous connaissons de lui : « Histoire des abbayes de Dommartin et de Saint-André-au-Bois, ordre de Prémontré, au diocèse d'Arras », Paris, Champion, 1875 ; « l'Alimentation de la ville d'Amiens au XVe siècle, étude historique », Amiens, 1880 ; « La vie municipale au XVe siècle dans le nord de la France », Paris, Didier, 1880; « La vie agricole sous l'ancien régime en Picardie et en Artois », id., Guillaumin, 1883, 2e éd. revue et augmentée, 1885.

Calori (Louis), illustre anatomiste italien, né, le 8 février 1807, à San Pietro in Casale (prov. de Bologne), où son père François exerçait avec honneur la profession de médecin. En 1829, il fut reçu docteur en médecine à l'Université de Bologne, où il avait fait ses études, et l'année suivante il y fut nommé professeur suppléant d'Anatomie. En 1835, il obtint la chaire d'Anatomie descriptive, et, en 1844, celle d'Anatomie humaine qu'il occupe encore. M. Calori a été plusieurs fois doyen de la Faculté de médecine de l'Université. L'Académie royale des sciences de l'Institut de Bologne a tenu, le 7 novembre 1884, une séance extraordinaire solennelle pour fêter le quarantième anniversaire de son élection comme académicien pensionnaire. Lors de son élection en cette qualité, M. Calori appartenait déjà, depuis dix ans à la docte Compagnie en qualité d'Académicien honoraire et, en 1884, il était pour la dixième fois président annuel de l'Académie. En cette occasion, l'Académie de Bologne a voulu lui dédier le cinquième volume de la quatrième série de ses actes, en tête duquel on a publié une bibliographie des ouvrages de l'éminent professeur, bibliographie, que nous reproduisons ici, après l'avoir, non seulement mise à jour, mais aussi complétée par plusieurs articles omis par l'Académie. Dans les *Novi Commentarii Academiæ Scientiarum Instituti Bononiensis*, M. Calori a publié : « Quæ significatio, qui usus, et quæ probabilior destructionis ratio membranæ pupillaris foetus humani », 3e vol., 1839; « De foetu humano monoculo », 4e vol., 1840; « Descriptio anatomica branchiorum maxime internorum Gyrini Ranæ exculentæ, unaque præcipuum discrimen quod inter branchios adinvicem et Batrachiorum urodelorum intercedit », 5^e vol., 1842; « De vasis pulmonum Ophidiorum secundariis observationes novæ », id., id.; « Nonnulla de nervo sympathico Ophidiorum indigenorum. Accedit descriptio ac demonstratio in anguibus et lacertis », 7^e vol., 1844; « De monstro humano arcencephalico cum eventratione consociato », id., id.; « De obtruncato funiculo umbilicali foetus humani in cursu vitæ intrauterinæ, de istiusque obtruncationis causis », id., id.; « Descriptio anatomica monstri humani Xiphopagi una cum animadversionibus quibusdam de actione a clarissimo Serresio tributo duobus hepatibus ad organisationem tum internam, tum externam monstrorum quæ is vocat hepatodima signandam », 8e vol., 1846; « Animadversiones anatomicæ de tergemina atresia, nimirum oris, ani, et vaginæ in humano foetu inspecta », 9e vol., 1849; « Annotationes anatomicæ de origine et connexionibus nervi accessorii Willisii cum posticis nervorum cervicalium superiorum radicibus et cum nervo vago », id., id.. Dans les *Memorie dell'Accademia delle Scienze dell'Istituto di Bologna*, 1re série: « Animadversiones historico-criticae et observationes anatomicæ de portione minore paris quinti nervorum cerebri hominis et nonnullorum mammalium domesticorum », 1er vol., 1850; « Sui rapporti esistenti fra le più cospicue diramazioni arteriose e venose diramate per la milza dell'uomo e dei mammiferi domestici », id., id.; « Tre osservazioni anatomiche: Una sopra una connessione congenita della milza con le appendici uterine sinistre; Altra sopra un' anomalia del Peritoneo; La terza sopra il rapporto di formazione e di sviluppamento fra gli arti ed i loro apparecchi nervosi », 2e vol., id.; « Storia di un feto umano mostruoso », id., id.; « Sull'anatomia dell'Axoloti (Stredon), 3e vol., 1851; « Sulla matrice degli scudetti cornei della cassa toracico-addominale dei Cheloni », 4e vol., 1853; « Sulla corda del timpano », id., id.; « Sulla struttura dell'Helamys Caffer, F. Cuvier », 5e vol., 1854; « Descrizione anatomica di un peracefalo umano inserito col suo tralcio ombellicale in un tronco comune al tralcio di feto normale », id., id.; « Descrizione di mostro umano doppio opoertodemo, preceduta da un breve commentario sulle uova gemellifiche degli uccelli », 6e vol., 1855; « Sul corso e sulla distribuzione delle arterie della cavità del timpano ne' Chirotteri, negli Insettivori, ecc. », 7e vol., 1856; « Sulle borse mucose sottocutanee del corpo umano; annotazioni anatomiche », id., 8e vol., 1857; « Sullo scheletro del Monitor terrestris Ægypti, *Cuvier* (Varanus arenarius, *Duméril* e *Bibron*) », id., id.; « Sopra un voluminoso tumore congenito esteso dalla pelvi ai piedi con apparente complicazione di ernia o sventramento », 9e vol., 1858; « Sullo scheletro della Lacerta viridis, *Linn.*; sulla riproduzione della coda nelle Lucertole, e sulle ossa cutanee del teschio de'Saurii », id., id.; « Sopra un Sirenomelo (Sirenomeles *Isidore Geoffroy Saint-Hilaire*) », 10e vol., 1859; « Sulla riproduzione di una doppia coda, nelle Lucertole, e sullo scheletro del Platydactilus murales, *Duméril* e *Bibron* », id., id.; « Sullo scheletro dello Stellio vulgaris, *Daudin* », id;, id.; « Sopra una nuova specie di mostro umano excencefalico vissuto trent'ore », id., id.; « Sulle tracheoliti ed oftalmoliti osservate in alcuni Gecchidi e sullo scheletro del Platydactylus guttatus, *Cuv.* », 12e vol. 1861;

« Sullo scheletro dell'Uromastix spinipes, *Merrem* (Stellio spinipes, *Daud.*) e sopra alcuni nuovi muscoli caudali osservati nel medesimo Saurio », id., id.; « Sullo scheletro dell'Agama amleata Merrem », id., id.; « Sullo scheletro del Phrynosoma Harlanii e su quello del Phrynosoma orbicularis », id., id.; « Di una particolare epifisi del capitello del primo osso metacarpeo e del primo metatarseo nonchè di altre delle tuberosità del quinto », id., id. Dans la deuxième série: « Di alcuni particolari intorno le parti genitali muliebri », 1er vol., 1861; « Dei vasi capillari sanguiferi della porzione deciduva del tralcio ombellicale nel feto di mammiferi domestici, e delle loro anastomosi coi capillari della porzione permanente nei feti sopratutto cavallini e vaccini », 1er vol., 1862; « Di tre Celosomi umani (Celosomiens *Isid. Geoffroy Saint-Hilaire*), notabili per rispetto alla torologia ed alla distribuzione teratologica di cotale famiglia di mostri », 2 vol., 1862; « Sulla duplicità congenita della milza », id., id.; « Sulla splancreologia e sui vasi sanguiferi che le appartengono nonchè sul sistema linfatico dell'Uromastix spinipes, *Merr.* », id., id.; « Intorno un caso di mancanza congenita del polmone sinistro e del lobo sinistro delle ghiandole tiroidea e timo con atrofia del nervo vago e delle metà corrispondenti di midolla allungata », 3e vol., 1864; « Sul sistema linfatico delle Rane e delle Salamandre », id., id.; « Vita di Antonio Alessandrini », id., id.; « Cervello di un negro della Guinea », 5e vol., 1865; « Di alcuni nuovi muscoli suprannumerari degli arti », 6e vol., 1867; « Delle corrispondenze del nervo muscolocutaneo con il capo sopranumerario del bicipite bracchiale e col bracchiale interno », id., id.; « Intorno ad alcune varietà incontrate nella muscolatura degli arti superiori », id., id.; « Intorno alle suture soprannumerarie del cranio umano e su quelle specialmente delle ossa parietali », id., id.; « Lettera responsiva al celebre craniologo prof. Giustiniano Niccolucci sui wormiani occipitali ed interparietali posteriori dei cranii nostrali, e di quelli delle fontanelle laterali nei cranii di negro », 7e vol., 1867; « Di alcune varietà muscolari dell'avambraccio e dell'eminenza Ipothennar », id., id.; « Varietà dei muscoli del tronco e descrizione di una pettorina di fanciullo singolare per varie anomalie », id., id.; « Di un anideo umano trilobato », id., id.; « Del tipo brachicefalo negli italiani odierni », 8e vol., 1868; « Delle anomalie più importanti di ossa, vasi, nervi e muscoli occorse nell'ultimo biennio facendo anatomia del corpo umano », id., id.; « Annotazioni anatomiche sul sistema vascolare di un mostro umano acardio e anadenolimfemico », 9e vol., 1869; « Del cervello nei due tipi brachicefalo e dolicocefalo italiani », 10e vol., 1870; « Sopra un cranio scafoideo (Scaphocephalus Baeni », id., id.; « Degli usi del muscolo pronatore quadrato e di un muscolo soprannumerario cubito–radio–carpeo nell'uomo », id., id.; Dans la 3ᵉ série: « Annotazioni storico-critiche sulle origini dei nervi ottici », 1ᵉʳ vol., 1871; « Della stirpe che ha popolata l'antica necropoli alla Certosa di Bologna e delle genti affini », 2ᵉ vol., 1872; « Sulle apparenze di sostanza grigia, prodotte dall'azione prolungata di una satura soluzione di bicromato di potassa in varie parti della bianca del cervello », 4ᵉ vol., 1874; « Di alcune borse mucose corrispondenti alla trachea ed alla laringe e ad alcune delle parti adiacenti », 5ᵉ vol., 1874; « Dei resultamenti ottenuti iniettando i canali di Fontana e di Petit e la camera anteriore dell'occhio umano dei mammiferi domestici », id., id.; « Intorno ai riti funebri degli italiani antichi ed ai combusti del Sepolcreto di Villanova e dell'antica Necropoli alla Certosa di Bologna », 6ᵉ vol., 1875; « Sulla disposizione dei visceri e specialmente del fegato in due casi di sventramento addominale congenito e su di una nuova specie di Celosomo » id., id.; « Di un mostro eteropagosuino », 7ᵉ vol., 1876; « Se gli ossetti sesamoidei de' tendini, si svolgono nell'uomo da cartilagine ialina. Ricerche », 8ᵉ vol., 1879; « Osservazioni sul variato rapporto vascolare delle due radici del nervo mediano e sulle condizioni atte a produrlo », id., id.; « Sopra un antico cranio fenicio trovato in Sardegna messo a riscontro con gli altri poco conosciuti e coi cranii sardi e siculi moderni somiglianti », 9ᵉ vol., 1878; « Dell'abnorme separazione della porzione squamosa dalle altre dell'osso temporale nell'uomo adulto. Di alcuni particolari intorno alle varietà delle cellule mastoidee e del forame di Rivino », 4ᵉ série, 1ᵉʳ vol., 1880; « Di una bambina microcefalica e specialmente del suo cervello », id., id.; « Sulla coesistenza di un'eccessiva divisione del fegato e di qualche dito sopranumerario nelle mani e nei piedi » 2ᵐᵉ vol., 1881; « Di una inversione splancnica generale nell'uomo accompagnata da alcuni notabili del capo con esso lei convenienti, e da estranee anomalie », id., id.; « Intorno al canale sopracondileo dell'omero dell'uomo », id., id.; « Di un proencefalo umano singolare per alcune parti sopranumerarie sembianti a Dermocimache », id., id.; « Sull'alta divisione del nervo grande Ischiatico considerata come differenza nazionale e sulle varietà del muscolo piriforme »; « Intorno al processo sopracondiloideo interno del femore dei mammiferi e nell'uomo », 4ᵉ vol., 1883; « Di tre mostri Sicocefali e particolarmente del Giano », id., id.; « Dell'iniope e del sinoto, dei caratteri comuni e proprii dei varii sicefali e della loro genesi », 5ᵉ vol., 1884; « Sulla esistenza di un grande Wormiano nella fontanella anteriore e di altre anomalie ossee dell'ovato facciale in un neonato deforme per gola lupina e microftalmia », id., id,; « Sulla proporzione delle arterie renali molteplici coll'aorta nel caso di un rene a ferro di cavallo o sulle modificazioni dei plessi nervosi in attinenza con quelle », 6ᵉ vol., 1885; « Di un mostro umano Acardio e della ipotesi più probabile intorno alle cagioni della mancanza del cuore », id., id.; « Degli arti superiori deformi in un feto a termine e delle alterazioni ed anomalie ossee muscolari nervose e vascolari concomitanti », 7ᵒ vol., 1886; « Sopra due casi di varietà numeriche delle costole e di altre anomalie », 8ᵉ vol., 1887; « Sulla splancnologia di un sternopago umano, notabile per inversione delle cavità cardiache », 8 vol., 1887. Dans les *Rendiconti dell'Accademia delle Scienze dell'Istituto di Bologna*: « Sulla forma micoscopica delle parti elementari della sostanza nervosa dell'encefalo », 1835; « Sopra un'aneurisma misto », 1840; « Sulla disposizione dei principali rami arteriosi e venosi descritti dal Tigri », 1847. Dans le *Bollettino delle Scienze mediche di Bologna*: « Sopra alcune anomalie che presentano le vene della metà superiore del corpo degli uccelli », 1842; « Sopra una particolare ossificazione a sesamoideo insolita del tendine inferiore del muscolo tricipite bracchiale », id.; « Cinque anomalie dei nervi dell'avambraccio e della mano », 1871. Dans la *Rivista clinica di Bologna*: « Sull'anomala sutura fra la porzione squamosa del temporale e l'osso della fronte nell'uomo e nelle Simie », 1874; « Di alcune anomalie delle principali arterie e delle vene superficiali del collo considerate in relazione colla pratica chirurgica », id., « Sulle anomalie del Coreale e del nervo sottorbitale e sul punto in cui può tagliarsi questo nervo con maggior speranza di buon successo nella Prosopalgia », id. Dans les *Nuovi Annali delle Scienze Naturali*, publiés à Bologne par MM. Alessandrini, Bertoloni, Gherardi e Ranzani: « Lettera al signor dottor M. Rusconi in risposta alla critica da questi fatta alle sue osservazioni su gli organi della respirazione dei girini della rana comune e delle laerve della Salamandra cristata », 6ᵉ vol., 1841; « Annotazione anatomo-patologica sopra la novella specie di aneurisma misto del Malgaigne », id., id.; « Sulla generazione vivipara della Cloe diptera (Effemera diptera *Lerin*) », 9ᵒ vol., 1848; — Ajoutons un mémoire inédit lu à l'Académie des sciences, en 1836, et connu par des extraits qui en ont été publiés dans le *Rendiconto* et dans les *Annali di Scienze naturali*: « Osservazione microscopica nelle parti elementari del Cervello ». Dans les *Memorie della Società Medico-Chirugica* de Bologne: « Storia di un mostro umano anencefalo con imperforazione del naso e con labbro leporino mediano complicato », 1ᵉʳ vol., 1838; — Enfin parmi les ouvrages séparés et d'un caractère scientifique de M. Calori, nous citerons: « Tavole anatomiche rappresentanti la struttura del corpo umano e loro spiegazione a fronte », 2 vol., Bologne, 1850-53; « Volgarizzamento della Patologia generale di Chomel, eseguito sulla 4ª ed.° », Milan, 1858; « Per la solenne inaugurazione del monumento al prof. Alessandrini », discours, 1865. — Outre les nombreux écrits scientifiques que nous venons de citer et qui, comme on voit, peuvent se partager en trois grandes catégories selon qu'elles traitent d'Anatomie humaine, de Zootomie ou d'Anthropologie, M. Calori a publié plusieurs volumes qui montrent qu'il aurait pu prendre dans la littérature une place aussi distinguée que celle qu'il occupe parmi les savants. Citons : « Iscrizioni italiane destinate a celebrare illustri bolognesi », Bologne, 1871; « Volgarizzamento delle istorie delle guerre giudaiche di Josefo Ebreo, cognominato Flavio, testo di lingua antica ridotto a più sana lezione », Bologne, Romagnoli, 1878, qui fait partie de la Collection d'ouvrages inédits ou rares des trois premiers siècles de la langue italienne, publiée par les soins de la Commission des textes de la langue; « Delle istorie di Giustino abbreviatore di Trogo Pompeio, volgarizzamento del buon secolo di Jeronimo Squarzafico, tratto dai codici laurenziano e riccardiano e migliorato nella lezione colla scorta del testo latino », Bologne, Romagnoli, 1880 ; « Epitome della storia romana di Lucio Anneo Floro da Romolo sino a Cesare Augusto : antico volgarizzamento anonimo, tratto da un manoscritto inedito e pubblicato », id., id., Gamberini e Parmeggiani, 1883.

Calvert (George-Henri), écrivain américain, né, à Baltimore, le 2 janvier 1803, de la famille du célèbre fondateur de la colonie du Maryland, George Calvert lord Baltimore; il fit ses études au collège de Harvard, puis à l'Université de Goettingue. A son retour, il se mit à la tête d'un journal important de Baltimore, the *Baltimore American*, dont il garda plusieurs années la direction. En 1843, il s'établit à Newport (Rhode Island). — On a de lui, outre de nombreux articles dans les revues américaines: « Illustrations of Phrenology », 3 vol., 1832; « A volume from the life of Herbert Barklay », Baltimore, 1832; « Arnold and Andrew », 1840, fragment dramatique ; « Cabiro », poème, 2 parties, 1840-1864; « Scenes and thoughts in Europe », 2 vol., New-York, 1846-1850; « An introduction to social science », 1856; « Anyta and other poems », 1863; « First year in Europe », 1867; « Ellen », poème, 1869; « Goethe, his life and works », 1872 ; « Essays », 1875; « Charlotte von Stein », 1876; « Wordsworth », biographie, 1878; « Coleridge, Shelley, Goethe », 1880; et plusieurs traductions de l'allemand, parmi lesquelles particulièrement notable une traduction en vers du « Don Carlos » de Schiller, 1836, et celle d'une partie de la correspondance entre Schiller et Goethe, 1845.

Calvi (César), littérateur italien, né, le 25 juin, à Florence, où il réside partageant son temps entre l'enseignement particulier de la littérature et l'étude. Il a publié plusieurs comédies; citons: « Cesare Beccaria, o la pena di morte », comédie en quatre actes; « Il giuoco del lotto », id.; « Poesia »; « La Burocrazia »; « I falliti », ces trois dernières comédies réunies en un seul volume ont été publiées à Florence en 1877. Citons encore de lui : « Storia dei Governi d'Italia dal 1815 ai nostri giorni », 3 vol., Florence, 1863-65; « Maria Spezia-Aldighieri. Cenni biografici », Florence, 1868. M. C. a publié aussi; « Due novelle di Andrea Cavalcanti, secondo la lezione d'una copia di A. Magliabechi », Florence, 1884.

Calvi (comte Félix), historien et littérateur italien, né, à Milan, d'une famille noble et inscrite dans la noblesse génoise, le 16 décembre 1822. Il était encore étudiant lorsqu'il débuta dans le journalisme, et à peine sorti des bancs de l'école, il publia son premier roman : « Un Castello nella campagna romana, leggenda del settimo secolo », bientôt suivi par plusieurs autres, tels que : « Una Regina della moda »; « Leonilda »; « Claudia », trois romans de mœurs contemporaines. Mais des études sérieuses le préparaient à des travaux plus importants de littérature, et, sans délaisser entièrement le roman, il s'adonna surtout à des travaux d'histoire et de philosophie. En 1870, il publia une étude fort louée : « La filosofia contemporanea e le lezioni di Ausonio Franchi » dont une nouvelle édition a paru en 1887. Suivirent: « Vicende del Monte di Pietà in Milano », Milan, Agnelli, 1872; « Il Patriziato milanese, secondo nuovi documenti deposti negli archivi pubblici e privati », id., Mosconi, 1876; « Curiosità storiche e diplomatiche del secolo XVII. Corrispondenze segrete di grandi personaggi », id., Vallardi, 1878; « Famiglie Silva e Ghirlanda », hors de commerce, id., id., 1882; « Il Gran cancelliere Francesco Taverna e il suo processo, secondo nuovi documenti », id., Bortolotti, id.; « Storia della famiglia Borri », hors de commerce, id., Vallardi, id.; « Le Esequie del conte Felice Confalonieri in Milano », dans l'*Archivio Storico lombardo* de 1884; « Commemorazione di Giulio Porro Lambertenghi », Milan, Bortolotti, 1886; « Del Cerimoniale per l'ammissione dei nobili giureconsulti », id., id., id.; « Il Castello di Porta Giovia e sue vicende », id., id., id.; « Disinganno », comédie en un acte, Milan, Vallardi, 1887; « Bianca-Maria Sforza-Visconti, regina dei Romani, imperatrice germanica e gli ambasciatori di Lodovico il Moro alla corte Cesarea secondo nuovi documenti », id., Vallardi, 1888; « Il Poeta Giambattista Martelli e le battaglie fra classici e romantici; nota storico-biografica », id., Bortolotti, 1888. M. Calvi a publié en outre, chez l'éditeur Vallardi, 4 grands volumes in-folio : « Famiglie notabili milanesi », 1875 et suivantes, dans lesquels il a donné, entr'autres, les généalogies des familles suivantes : « Barbiano e Belgiojoso », 2e livr.; « Isimbardi e Colleoni », 6e livr.; « Melzi e Melzi-Malingegni », 7e livr.; « Monti, Moroni e Villani », 8e liv.; « Calvi, Resta, Cotta, Vitaliani e Borromei », 9e livr.; « Borri, Attendolo, Borromei, Bolognini e Landriani », 11e livr. — M. Calvi est vice-président de la Société d'histoire de Lombardie, membre de l'Institut de Milan, de la *Regia Deputazione di storia patria* de Turin, de l'Institut historique de Rome, consulteur du Musée archéologique de Milan, etc.

Calvo (Carlos), publiciste argentin, est né à Buenos-Aires, en 1824. Accrédité, en 1860, comme ministre plénipotentiaire près les cours de Paris et de Londres avec une mission spéciale, il donna sa démission après l'avoir remplie; plus tard, il fut nommé ministre plénipotentiaire près l'empereur d'Allemagne. Correspondant de l'Institut historique de Paris depuis plusieurs années, il a été élu membre correspondant de l'Académie des sciences morales et politiques de Paris, en 1860; il est aussi membre de l'Académie d'histoire de Madrid et membre fondateur de l'Institut de droit international. Parmi ses travaux, tous publiés en français, nous citerons : « Recueil complet de traités, conventions, capitulations, armistices et autres actes diplomatiques de tous les États de l'Amérique latine, compris entre le golfe du Mexique et le Cap de Horn, depuis l'année 1493, jusqu'à nos jours; précédé d'un Mémoire sur l'état actuel de l'Amérique, de tableaux statistiques, d'un Dictionnaire diplomatique, avec une notice historique sur chaque traité important », 11 vol., Paris, Durand, 1862-1869 ; « Une page du droit international, ou l'Amérique du Sud devant la science du droit des gens moderne », id., id., 1864; « Annales historiques de la révolution de l'Amérique latine, accompagnées de documents à l'appui, de l'année 1808 jusqu'à la reconnaissance par les états européens de l'indépendance de ce vaste continent », 15 vol., id., id., 1884-1885; « Le Droit international théorique et pratique, précédé d'un exposé historique des progrès de la science du droit des gens », id., id., 1868, 2me éd., corrigée et augmentée, 2 vol., id., Durand et Pedone-Lauriel, 1870-72; 3me éd. complétée, 4 vol., id., Pedone-Lauriel, 1880-1881, cet ouvrage est considéré comme le plus remarquable sur cette matière; « Examen des trois règles de droit international proposées dans le traité de Washington. Mémoire présenté à l'Institut de droit international, session de Genève, 1874 », Paris, Durand et Pedone-Lauriel, 1874 ; « Étude sur l'émigration et la colonisation. Réponse à la première des questions du groupe V soumise au congrès international des sciences géographiques de 1875 », id., id., 1875; « Manuel de droit international public et privé, conforme au programme des facultés de droit », id., Rousseau, 1881, 2me éd., 1883; « Dictionnaire manuel de diplomatie et de droit international public et privé », 2 vol., Berlin, Puttkammer et Mühlbrecht, 1885. — Ajoutons pour finir que M. Calvo est le seul auteur de droit international dont le nom ait été cité dans la Convention signée à Berlin pour les affaires du Congo.

Calvo (Daniel), poète bolivien, né, à Sucre (Chuquisaca), le 18 décembre 1832. Banni, à la suite d'une des fréquentes révolutions de son pays, il ne rentra en Bolivie que pour se jeter avec une nouvelle ardeur dans les luttes de la politique bolivienne, et il dirigea successivement les journaux: *El Porvenir*, *El Siglo* et *La Causa de Setiembre*. Depuis, et jusque dans ces derniers temps, son nom a été mêlé à tous les événements qui ont agité la Bolivie. En 1856, parurent ses premières poésies, sous le titre: « Melancolias »; en 1859, il publia, à Sucre, la légende de « Ana Dorsel » qui eut un grand retentissement dans le monde littéraire en Espagne et dans l'Amérique du Sud. En 1879, il fit paraître un volume de « Rimas ».

Cambouroglo (Jean), écrivain grec, né, en 1851, à Constantinople. Il reçut dans sa ville natale une éducation soignée, et y apprit le français au lycée Toffanini. Arrivé très jeune à Athènes, il y acheva ses études et de là se rendit en Allemagne pour y faire son droit. De retour à Athènes, il fonda, avec Démètre Coromilas, le premier journal quotidien grec : *Efimeris*. En 1881, il se sépara de M. Coromilas, et fonda un nouveau journal: *Néa Efimeris*, devenu très populaire et dont il continue à être le rédacteur en chef. Il a aussi publié des poèmes : « L'Acropole » ; « Phaëton » ; un recueil de poésies lyriques: « Patrie — Jeunesse »; « Le Dictionnaire dans 1000 ans »; des nouvelles: « Marie et Léandre »; « Ma Maison »; « Le Rébuté ». Il a traduit du français : « Rabagas »; « Dalila »; « Jeanne qui pleure et Jeanne qui rit »; « Nana » (ce roman sous le pseudonyme de *Flox*); de l'espagnol, quelques drames de Caldéron. Pour le 3me centenaire de Caldéron, il a composé un hymne qui lui valut une médaille de bronze. Il a été décoré de l'ordre de Danilo 1er pour avoir traduit les poésies lyriques de ce prince. L'empereur du Brésil lui a conféré l'ordre des Chevaliers de la Rose pour son article sur le Brésil, lors de l'exposition des produits du Brésil à Athènes. Il est membre de plusieurs sociétés, entr'autres, de celle pour l'encouragement des lettres grecques en France.

Cambouroglo (Démètre), frère du précédent,

né, en 1852, à Constantinople. Après avoir fait son droit, il se fit inscrire au barreau d'Athènes. Poète et littérateur estimé, il est auteur de différents recueils de poésies : « La voix du cœur » ; « Vieux péchés » ; « Les tableaux » ; de « Fables » ; de « Dialogues » ; d'« Esquisses ». Il fonda une revue hebdomadaire : La Semaine, dont il a été pendant quelque temps le rédacteur en chef.

Cambray-Digny (comte Louis-Guillaume DE), homme d'État italien, né, à Florence, en 1820. Il fit ses études à l'École Polytechnique de Paris. Revenu en Toscane, il prit part au mouvement libéral qui précéda et initia la révolution de 1848. En 1848, il fut membre de la municipalité de Florence et en 1849, de la Commission gouvernementale. En 1859, il fut élu député à l'Assemblée toscane. Le 23 mars 1860, il était nommé Sénateur du Royaume. Du 27 octobre 1867 au 14 décembre 1869, il a tenu le portefeuille des finances dans le Ministère, présidé par le général de Menabrea. On lui doit : « Ricordi sulla Commissione Governativa Toscana del 1849 », Florence, 1853 ; un volume sur la Finance italienne, publié chez les successeurs Le Monnier en 1882, outre plusieurs articles sur des arguments de finance et d'économie politique, publiés dans la *Nuova Antologia*, dans la *Rassegna di scienze sociali e politiche*, dans la *Revue Internationale*.

Cambray-Digny (comte Thomas DE), homme politique et littérateur italien, fils du précédent, né, à Florence, en 1845. Il fit ses études à Pise, où il fut reçu docteur en droit. Outre une relation fort appréciée sur la péréquation de l'impôt foncier lue à l'Académie des *Georgofili*, M. de C. a publié une poésie fort remarquable : « Monte Bianco », Florence, 1880, qui a été traduite en anglais par M. Sebastiano Fenzi. Plusieurs articles de M. de C. ont paru dans la *Rassegna di Scienze Sociali* et dans les publications du Club alpin italien, dont M. de C., qui est un alpiniste passionné, est vice-président pour la section de Florence. On lui doit aussi des vers publiés dans le *Fanfulla della Domenica* et des proverbes en vers *martelliani* dont l'un « La mano tira e il diavolo coglie » a été joué avec succès à Florence et ailleurs. Ajoutons que M. de C., qui a fait la campagne de 1866 comme volontaire dans un régiment de cavalerie, est député au Parlement, où il représente, depuis les dernières élections, la ville de Florence.

Cambrelin (Alfred-Léon), officier et écrivain militaire belge, né, le 11 juin 1828, à Namur, fils de François-Philippe-Joseph C. (1792-1881), médecin distingué et auteur de plusieurs travaux médicaux. M. C. a fait ses premières études pour la marine. Il entra à cet effet à l'École militaire belge, et en sortit, le 1er juin 1847, en qualité d'aspirant de marine de 1re classe. Il avait déjà fait eu cette qualité deux croisières dans la mer du Nord et un voyage à la côte d'Afrique (Sénégal et Guinée), quand, le 22 janvier 1849, à la suite de la suppression de la marine, il dut entrer dans l'armée de terre (corps d'état-major). Il est maintenant général-major et commandant militaire d'une circonscription provinciale. M. Cambrelin a publié plusieurs ouvrages militaires : « Essai sur la défense de la Belgique. Proposition de faire de Namur et de la Sambre-Meuse la base du système défensif de la Belgique », Bruxelles, Decq, 1858 ; « Appendice à l'essai, etc. », id., Danco, 1859-60, ces deux ouvrages ont été réimprimés ensemble, Paris, Berger-Levrault, 1884 ; « Camp retranché d'Anvers. Considérations critiques sur le système de défense, adopté en 1859 », Bruxelles, Bruylant, 1860 ; « De l'État-Major en Prusse, en France et en Belgique », id., id., 1871 ; « Conférence sur les reconnaissances militaires, découvertes, rapports d'avant-postes », 2 parties, id., id., 1874-78 ; « Le généralat, les armes spéciales et les armes de ligne », id., Lebègue, 1875 ; « Étude sur les ports de mer belges », 2 parties, id., Bruylant, 1876-77 ; « Cavalerie et forteresses », Gand, Annoot-Braeckman, 1877 ; « Port de Gris-nez sur le Pas-de-Calais pour remplacer les ports de Calais et de Boulogne, et être substitué au tunnel sous-marin, destiné à relier la France et l'Angleterre », Bruxelles, Bruylant, 1877 ; « La fortification de l'Avenir, basée sur l'emploi du fer », Paris, Berger-Levrault, 1884. M. Cambrelin a sous-presse les deux ouvrages suivants : « Patriotisme : Sa nature, sa récompense, Faits historiques », et « Nouveau brise-lames flottant (rigide et insubmersible), pour la défense des rades foraines et des têtes de chenal », dans cet ouvrage est exposé un projet que M. C. avait déjà développé en séance du Congrès d'hygiène et de sauvetage, à Bruxelles, en 1876. A l'exposition, dite *Grand Concours*, de Bruxelles, en 1888, ont figuré de M. le général C. : une vanne d'écluse automatique pour le remplissage et la vidange rapide de plus grands sacs ; un mode de hâlage des navires sur les canaux à l'aide des locomotives ; une gaine pour révolver se maniant d'une main ; un pont de campagne démontable et portatif à la main, par pièces, pour le franchissement des fossés dans les surprises et les attaques de nuit.

Camenisch (Georges), poète suisse, né, le 8 juin 1829, d'une famille de cultivateurs établie à Sarn, près de Thusis, dans les Grisons. Frappé de cécité pendant son adolescence, il habite encore aujourd'hui la maison paternelle, se consolant depuis un grand nombre d'années de son infirmité en cultivant les lettres. On lui doit un recueil : « Les poésies d'un aveugle » dont la première édition a paru en 1870, la troisième en 1885.

Camenisch (Anne-Catherine, ou, par abréviaviation, Nina), femme de lettres suisse, sœur aînée du précédent, née, le 26 avril 1826, au village de Sarn, où elle réside encore aujord'hui sous le même toit que son frère. Elle a publié : « Les poésies d'une jeune paysanne des Grisons », 1866 (2ᵐᵉ éd., 1885) ; « Les écheveaux du fil », récit en prose.

Camerana (Jean), poète et écrivain d'art italien, né, en 1845, à Turin. Pendant que son père était conseiller à la Cour de Cassation, qui alors résidait à Milan, il s'y lia d'amitié avec Arrigo Boito et Emilio Praga et forma avec eux le triumvirat des poètes de l'avenir, qui aimaient l'art pour l'art, qu'unissaient le respect du classique avec les goûts du moderne et qui cherchaient leurs modèles surtout parmi les français : Victor Hugo, Alfred de Musset, Théophile Gauthier et Charles Baudelaire. M. Camerana malheureusement n'a presque rien publié ; il a résisté à toutes les insistances des éditeurs et surtout de M. Casanova, de Turin, qui depuis longtemps aurait voulu recueillir ses vers dans un volume. Les poésies qu'on connaît de lui, lui ont été, pour ainsi dire, arrachées par ses amis et sont publiées dans différents journaux littéraires tels que *Verso la meta, Velocipede, Serate italiane, Rivista Contemporanea, Rivista Minima, Gazzetta Letteraria*. Mais la revue à laquelle il a le plus activement collaboré est l'*Arte in Italia*, publication splendide de la Maison Pomba de Turin. M. Camerana est un collectionneur passionné et il a été membre de la Commission chargée d'ordonner la Section de l'art ancien à la dernière exposition des beaux-arts qui eut lieu à Turin. Docteur en droit, il a suivi la carrière paternelle et est entré dans la magistrature : il fut successivement auditeur à Turin, juge au Tribunal de Varallo, attaché au cabinet de M. Conforti garde-des-sceaux à Rome, substitut à Turin ; maintenant il est Procureur du Roi au Tribunal de Saluces.

Cameron (Verney-Lovett), officier de marine et explorateur anglais, né, à Radipole, près de Weymouth (comté de Dorset), en 1844, d'une des anciennes familles de l'Écosse, est fils du révérend Jonathan Henry Lovett C. pasteur de Shorchan. Entré dans la marine anglaise, en 1857, il servit successivement dans la Méditerranée, aux Antilles, dans la mer Rouge et sur la côte orientale de l'Afrique, où il fut occupé à des levées hydrographiques. Il s'acclimata bientôt à cette région et apprit le Kisaouahili, langue des naturels du Zanguebar, qui, parlée par de nombreuses tribus de l'intérieur, est, en réalité, la langue commerciale de l'Afrique orientale. Choisi, en 1872, par la Société royale géographique de Londres, pour diriger une expédition, destinée à ravitailler Livingstone, il se trouvait dans les meilleures conditions pour la mener à bien. Le 30 novembre 1872, M. C., qui était alors lieutenant de vaisseau, quitta l'Angleterre, et arriva, le 13 janvier 1873, à Zanzibar où avec l'aide de sir Bartle Frere, alors en mission auprès du sultan, il fit les préparatifs de son départ. Le 18 mars, il quittait Bagamoyo, port de la côte d'Afrique, situé en face de l'île de Zanzibar, et pénétrait dans l'intérieur. Le 13 août, M. C. arriva, avec quelques compagnons, à Kouihara, dans l'Ounyanyembi où la difficulté de trouver des porteurs les arrêta pendant trois mois. Le 21 août, des naturels de l'Ouganda lui apportèrent une lettre adressée, de Gondokoro, par sir Samuel Baker au Dʳ Livingstone. La réponse qu'il y fit parvint à l'infortuné colonel Gordon, successeur de Baker, au bout de huit mois environ. Le 29 octobre, M. C. et ses deux compagnons étaient tous en proie à de violentes attaques de fièvre, quand ils reçurent la nouvelle de la mort de Livingstone. L'expédition avait manqué son but principal ; toutefois, voulant aller chercher dans l'Oudjidji, sur les bords du lac Tanganyika, les papiers que Livingstone y avait laissés, M. Cameron résolut, pour compléter les découvertes de celui-ci, de poursuivre son voyage. Il chargea M. Murphy, seul survivant de ses deux compagnons et trop malade pour le suivre, de ramener à la côte le corps de Livingstone et, en novembre 1873, il partait pour l'Ouest ; le 22 février suivant il arrivait à Kaouélé, dans l'Oudjidji. Il s'arrêta dans cette localité jusqu'au 20 mars, où il s'embarqua sur le lac Tanganyika, et commença la circumnavigation de la moitié méridionale de ce lac, dont il releva les côtes avec la plus grande précision, rectifiant le contour erroné porté par hypothèse sur les cartes antérieures et marquant l'embouchure de 96 rivières qui se jettent dans ce lac. Revenu le 3 mai le long de la rive occidentale à la hauteur de Kaouélé, il y découvrit une large rivière, le Loukouga, sortant du lac et se dirigeant vers l'Ouest. Rentré à Kaouélé, le 9 mai, il fit ses préparatifs pour pénétrer plus loin dans l'intérieur, et, le 18, il quittait l'Oudjidiji, obligé par ses guides de prendre, vers le N.-O. la route de Nyangoué, où il arriva au mois d'août suivant ; c'était le point extrême atteint par Livingstone en descendant le Loualaba vers le nord. L'hostilité des populations situées au delà empêcha M. C. de dépasser ce point ; mais, d'après les renseignements fournis par les indigènes, il crut pouvoir affirmer que, d'une part le Loukouga se jetait dans le Louvoua, affluent du Loualaba, d'autre part que celui-ci se détournant vers l'ouest allait se jeter dans l'Atlantique et devait être identifié avec le Zaïre ou Congo. Prenant alors la direction du sud, il remonta la rivière Lomami, entra dans l'Ourona où il fut obligé de faire un long séjour et y étudia le réseau de rivières et de lacs qui couvre ce pays. Le longeant ensuite au S.-O.

il entra dans le bassin de Kassabi, l'une des origines du Congo, et arriva, au commencement de septembre 1875, à la ligne de partage des eaux entre ce bassin et celui du Zambèze. Enfin, le 7 novembre, il atteignait la côte occidentale d'Afrique à Katombela, près de Benguela, dans les possessions portugaises et, le 22 novembre, il arrivait à Loanda. Depuis dixneuf mois on n'en avait plus aucune nouvelle et on le croyait perdu. Il avait, dans l'espace de trente-deux mois, parcouru près de 5000 kilomètres dont environ 1900 en pays absolument inconnu. En avril 1878, il rentra en Angleterre rapportant les renseignements les plus complets sur les contrées traversées, il y fut accueilli avec le plus grand enthousiasme et comblé d'honneurs. Après s'être rendu à Paris, où il fit au mois de janvier 1877, dans le grand amphithéâtre de la Sorbonne, une conférence sur son voyage, il reprit service dans la marine anglaise. M. Cameron qui avant son départ avait publié une traduction des « Nouvelles bases de tactique navale » de l'amiral Butakow et un mémoire original intitulé : « Essay on Steam Tactics », 1865, a publié après son retour ; « Across Africa », 1876, qui fut traduit en français, par M. H. Loreau, sous le titre: « A travers l'Afrique ; voyage de Zanzibar à Benguela », Paris, Hachette, 1877 ; en 1880, il publia un ouvrage en deux volumes sur la vallée de l'Euphrate sous le titre: « Our Future Highway » ; dans cet ouvrage, qui a été traduit en français sous le titre: « Notre future route de l'Inde », Paris, Hachette, 1883, M. C. examine dans quelles conditions et suivant quelle voie l'Angleterre doit établir un chemin de fer pour communiquer par terre avec les Indes et il donne la préférence à celle qui passerait par Tripoli, Alep, la vallée du Tigré, Bagdad et la Perse. En 1882, il entreprit, avec le capitaine Burton, un voyage d'exploration dans le pays environnants la colonie de la Côte d'Or. Parmi ses derniers ouvrages, nous citerons: « Cruise of the *Black Prince* Privateer », 1886 ; « Harry Raymond: Adventures among Pirates, Slavers, etc. », id. ; « Jack Hooper: his adventures at Sea in South Africa », id. ; « Queen's Land ; or, Ard Al Malakat », id. — Sa femme Mrs Lovett Cameron a publié plusieurs romans, parmi lesquels nous citerons: « Cost of a lie », 2 vol., 1886 ; « Dead Past », id. ; « In a Grass Country: Love and Sport », id. ; « Life's Mistake », 2 vol., id. ; « Madness of Marriage: a Sketch », id. ; « North Country Maid », id. ; « Lodge by the Sea », 1887 ; « Pure Gold », id. ; « Vera Nevill ; or Poor Wisdom's Chance », id.

Cameroni (Félix), critique italien, né, à Milan, en 1844. Il débuta, vers 1869, dans la presse radicale de sa ville natale, écrivant surtout dans l'*Unità italiana*, l'organe de Mazzini, et dans le *Gazzettino Rosa* et signant avec les pseudonymes de *Stoico, Asso, Atta Troll, Pessimista;* ce dernier est celui dont il se sert le plus souvent et avec lequel il a signé les critiques qu'il publie dans l'*Arte Drammatica*, depuis 1871, et dans le *Sole*, depuis 1873. M. Cameroni, qui est aussi radical en littérature qu'en politique, a été un des premiers, en Italie, à faire campagne en faveur de l'école naturaliste.

Campana (Robert), naturaliste italien, fils de M. Charles C., mathématicien et patriote (1816-1884), né, à Teramo, le 5 août 1844. Reçu docteur en médecine à l'université de Naples, il fut, pendant quelques temps interne dans les hôpitaux de cette ville. Le désir de se perfectionner dans ses études le poussa à se rendre à Vienne, pour y suivre les cours des plus célèbres professeurs de cette université. Revenu en Italie, il fut nommé professeur de l'université de Naples d'abord, à celle de Gênes ensuite, où il professe encore la clinique dermopathique et syphilopathique, et où il débuta par une leçon d'ouverture intitulée « Dei rapporti della Dermatologia colla Patologia interna e colla chirurgia », Gênes, 1878. On lui doit encore: « I nei materni » ; « Studii clinici delle Linfedemopatie sifilitiche », et plusieurs mémoires scientifiques qui ont été aussi traduits en allemand.

Campanini (Naborre), littérateur italien, né, à Novellara (prov. de Reggio-Emilia), le 28 août 1850. En 1873, il fut reçu docteur en droit par l'Université de Modène ; pendant qu'il était encore étudiant dans cette ville il y dirigeait un journal *Lo Studente*, dans lequel il insèra plusieurs articles d'art et de littérature et quelques poésies. En 1873, il publia un mémoire sur la question de l'Alabama ; en 1874, il était nommé professeur de littérature italienne dans un institut de Reggio, et il faisait paraître sous le titre « Alcune poesie », un volume fort loué. L'année suivante, ayant renoncé à l'enseignement, il prit la direction d'un journal *Il Corriere di Reggio nell'Emilia*, dans le feuilleton duquel il fit paraître la traduction d'un roman de Tourgueneff, intitulé: « Acque di primavera » (traduit auparavant du russe par Mme S. De Gubernatis née Bésobrasoff) ; et plusieurs traductions des contes espagnols de Trueba. En 1876, il publia à Reggio un nouveau volume de vers « Nuovi versi », auxquels il fit suivre, en 1877 « Trenta sonetti », qui tenaient tout ce que ses premiers travaux promettait. La même année il publiait un mémoire sur la Pétrarque « Selva piana e il Petrarca », et un « Studio sul Don Giovanni del Byron » à propos de la nouvelle traduction du prof. Casali. Citons encore de lui : « Versi per nozze Sormani-Moretti, Costantini-Morosini », Reggio Emilia, 1875 ; « Nei Pampas », poésie, id., 1876 ; « Due poesie. Dammi la tua lira. Al dirupo », id.,

1877; « Il cavallo del tempo », id., id.; « Sull'alba », poésie, id., id.; « Madamigella de Scuderi », traduction de l'allemand de E. T. A. Hoffmann, id., id.; « Cave canem », étude d'archéologie », id., 1878; « Nuove liriche », Bologne, Zanichelli, 1879; « Note storiche e letterarie », Reggio Emilia, Bondavalli, 1883 ; « Un precursore del Metastasio », id., id., id.; « La fata del Nord : leggenda del Reno », melodrame en un acte, Milan, Sonzogno, 1883. M. C. a collaboré au *Pesce d'aprile : strenna del Circolo Artistico Fiorentino*, Florence, Bencini, 1882. En collaboration avec M. Bandieri, il a publié « Cenni statutarii e statistici dell'arte della seta in Reggio Emilia nei secoli XVI, XVII e XVIII », Rome, Civelli, 1887. — En 1877, M. C. était nommé professeur de littérature italienne à l'institut technique Angelo Secchi de Reggio Emilia, où il enseigne encore. M. C. est membre correspondant de l'Académie Royale des sciences, des lettres et des arts de Modène et inspecteur honoraire des fouilles et monuments pour le canton de Reggio Emilia.

Campardon (Émile), historien français, né, à Paris, le 18 juillet 1834, fut admis à l'École des chartes, en 1857. Attaché dès cette époque aux Archives de l'Empire, il y a puisé la matière de publications relatives au XVIIIe siècle et à la Révolution française dont plusieurs ont fait quelque bruit. M. C., qui est devenu chef de section aux Archives nationales, a publié : « Histoire du tribunal révolutionnaire de Paris, 10 mars 1793, à 31 mai 1795 (12 prairial an III) d'après les documents conservés aux archives de l'empire », 2 vol., Paris, Poulet Malassis, 1861, 2me éd., augmentée, id., Plon, 1871 ; « Marie-Antoinette à la Conciergerie (du 1er août au 16 octobre 1793) », id., Gay, 1862 ; « Marie-Antoinette et le procès du collier d'après la procédure instruite devant le parlement de Paris », id., Plon, 1863 ; « Madame de Pompadour et la cour de Louis XV au milieu du XVIIIme siècle », id., id., 1867 ; « Documents inédits sur J.-B. Poquelin Molière », id., id., 1871 ; « Nouvelles pièces sur Molière et sur quelques comédiens de sa troupe », id., Berger-Levrault, 1876 ; « Les spectacles de la foire, depuis 1595 jusqu'à 1791 », 2 vol., id., id., 1877 ; « Les comédiens du Roi de la troupe française, pendant les deux derniers siècles », id., Champion, 1878 ; « Un artiste oublié. J.-B. Massé, peintre de Louis XV, dessinateur et graveur », id., Charavay, 1880 ; « La Cheminée de Mme de la Poulinière », id., id., id.; « Les Comédiens du roi de la troupe italienne pendant les deux derniers siècles », id., Berger-Levrault, id. ; « Voltaire. Documents inédits, recueillis aux Archives nationales », id., Rouquette, 1880; « Les Prodigalités d'un fermier général, complément aux Mémoires de Mme d'Epinay », id., Charavay, 1882 ; « L'Académie royale de musique au XVIIIme siècle », id., Berger-Levrault, 1884. M. Campardon a encore publié le « Journal de la Régence », de Jean Buvat, et, en collaboration avec C. Boutaric : « Les Mémoires de Frédéric II ».

Campaux (Antoine-François), littérateur français, né, à Thillay (Seine et Oise), le 15 juillet 1818. Ses études achevées au Séminaire de Paris et à l'École Normale Supérieure, il fut successivement professeur de rhétorique au collège de Remiremont et aux lycées de Napoléon-Vendée et de Mâcon, puis professeur de littérature ancienne à la faculté des lettres de l'Académie de Strasbourg, d'où, après l'annexion, il passa à celle de Nancy. Nous citerons de lui : « De l'ecloga Piscatoria », Paris, Durand, 1859 ; « François Villon. Sa vie et ses œuvres », id., id., id.; « De la conciliation des principes de l'ancienne et de la nouvelle critique littéraire », id., id., 1864 ; « Les legs de Marc-Antoine », id., Hachette, id., ouvrage couronné par l'Académie française ; « La Question des femmes au quinzième siècle », id., Berger-Levrault, 1865 ; « Du mariage à Athènes », inséré dans le *Bulletin des Sociétés savantes*, 1868 ; « L'Abbé Bautain, ancien doyen de la Faculté des lettres de l'Académie de Strasbourg », discours, Strasbourg, veuve Berger-Levrault, 1869 ; « Une visite au général Uhrich », Genève, Georg, 1871 ; « Maisonnette », poème, Paris, Librairie des Bibliophiles, 1872, 2me éd., id., Berger-Levrault, 1874 ; « Des rapports de la beauté plastique et de la beauté morale », id., id., id.; « Isidore Vincent, feuillet d'histoire de l'École normale supérieure et de l'École d'Athènes », id., id., 1877 ; « Les Pêcheurs », vers, id., id., 1882. — M. Campaux a publié quelques pièces de poésies dans la *Revue contemporaine*, dans l'*Artiste*, et dans l'*International*.

Campbell (sir George), administrateur anglais, né en 1824. Il partit de bonne heure pour les Indes et occupa successivement les postes de juge à la haute cour de Calcutta, de gouverneur des provinces centrales, et enfin, d'administrateur du Bengale. De retour en Europe, en 1874, il fut nommé, en 1875, député par le collège de Kirkaldy qu'il représente encore. On lui doit : « Modern India », 1852 ; « India as it may be », 1853 ; « Handbook of the eastern Question : being a very recent View of Turkey », 1876 ; et enfin : « White and Black in the United States ».

Campbell (le rev. Lewis), helléniste anglais, né le 3 septembre 1830. Après avoir fait ses études à Édimbourg, à Glasgow et à Oxford, il entra dans les ordres, devint vicaire de Milford, et, en 1863, fut nommé professeur de grec à l'université de Saint-Andrew, où il enseigne encore. Parmi ses nombreux ouvrages, nous citerons : « The Theaetetus of Plato », 2me éd., 1883 ; « The Sophistry and Politics of Plato »,

1867; « Sophocles — The Plays and Fragments », I vol., 1871, 2me éd., 1879, II vol., 1881; « Verse translations of Sophocles », 1873-1883; « Sophocles », 1879. M. C. a écrit aussi plusieurs articles sur Sophocle et sur Platon dans l'*Enciclopaedia Britannica*. Il a donné aussi maints articles à la *Quarterly Review* et à d'autres revues. En 1877, il a publié un volume de sermons : « The Christian Ideal », et en collaboration avec M. Garnett: « Life of James Clerk Maxwell », 1882, 2me éd., 1884.

Campello della Spina (comte Paul), homme politique et littérateur italien, fils du sénateur comte Pompée de C. (1803-1884), qui fut, en 1867, ministre des affaires étrangères, et de la princesse Giacinta Ruspoli; il est né, à Spolette (province de Pérouse), en 1829. Dès son âge le plus tendre, il fut emmené à Rome, où il fit ses études au lycée de la *Pace* et à l'université. En 1851, il épousa Mlle Marie Bonaparte, fille du prince de Canino. En 1867, élu député par la ville de Spolette, il ne siégea que quelques mois, et en février 1868, il donna sa démission. En 1880, et sur son initiative, les hommes les plus éminents du parti conservateur italien, tels que le comte Valperga de Masino, le député Bortolucci, Augusto Conti, Cesare Cantù, le marquis Manfredo da Passano, le prince Borghese, le marquis Malvozzi-Campeggi et plusieurs autres se réunirent chez lui pour jeter les bases d'un parti conservateur italien. Aujourd'hui le comte de Campello est conseiller municipal de Rome et membre du conseil provincial et de la députation provinciale. On a de lui: « I Domagoghi al tempo di Cesare », Gênes, 1868, une 2me éd., avec plusieurs autres écrits, en a été publiée à Florence en 1882; « Stornelli ed altri versi », Assisi, 1869; 2me éd., Florence, 1871; « Frate Crispino da Viterbo », Modène, 1871, 2me éd., Naples, 1874 épuisée; « Il cranio dei vivi e il cervello dei morti. Lettere di Niccolò Tommaseo e Paolo Campello », Florence, 1873 épuisée, mais reproduite dans les Oeuvres de Tommaseo; « Di una storia popolare di S. Gregorio Magno », Rome, 1884 ; « Tutti cavalieri e due proverbi in versi, preceduti da uno studio sul teatro moderno », Rome, 1884; « Un programma conservatore », Florence, 1886.

Camperio (Manfredo), officier, homme politique, voyageur et géographe italien, né, à Milan, en 1826. Il passa sa première jeunesse à Milan et à Dresde. Patriote ardent et de la première heure, il prit part à toutes les conspirations contre l'Autriche, et il fut arrêté et emprisonné dans la citadelle de Linz; mais il parvint à s'échapper. Pendant les cinq glorieuses journées de Milan, en 1848, il se signala en montant le premier à l'assaut du palais du Génie. Ensuite, il s'engagea dans un corps garibaldien, et, sous les ordres de Medici, il prit part à la brillante faction de Stabio. En 1849, il s'engageait, simple soldat, dans la cavalerie piémontaise, et prenait part à la journée de Novare. Il quitta alors le service et commença la série de ses voyages visitant Constantinople, Londres, puis l'Australie, où, pendant 18 mois, il servit comme matelot à bord d'un bateau hollandais. Revenu à Milan, il se signala de nouveau par son patriotisme, par sa haine contre l'étranger. Un duel, qu'il eut avec un colonel autrichien, qu'il avait mis à la porte d'un bal donné par son oncle, le baron Ciani, est resté célèbre à Milan. Il passa alors en Piémont, reprit de nouveau le service pour la guerre en 1859, et de simple soldat arriva vite au grade de capitaine de cavalerie. C'est avec ce grade qu'il quitta le service, en 1867, après avoir pris part à toutes les campagnes de l'indépendance. Il partit alors pour l'Égypte, d'où il envoya à la *Perseveranza* de Milan une série de lettres détaillées sur la construction du canal de Suez. Le recueil de cette correspondance a été publié. Plus tard, il fut délégué par les chambres de commerce à plusieurs congrès commerciaux, et représenta la direction des chemins de fer italiens du Midi à l'inauguration du canal de Suez. Il profita de son séjour en Égypte pour remonter le Nil jusqu'à Assouan, puis poussa jusqu'aux Indes orientales, à Ceylan et à Java. De retour, il fut nommé conseiller municipal de Milan, et plus tard, député au Parlement par le collège de Pizzighettone. Fondateur et vice-président de la Société pour l'exploration de l'Afrique, dont le but est de créer des stations italiennes sur ce continent, il entreprit aussi un voyage d'études dans la Cyrénaïque et acquit la conviction que cette contrée serait un jour d'une grande importance pour notre pays. M. C. a fondé, en 1876, un journal de géographie l'*Esploratore*. Outre une foule d'articles publiés dans ce journal et dans plusieurs autres, tous concernant des questions de géographie et de navigation, nous connaissons de lui: « Il ministro Pasini e la valigia delle Indie », Milan, 1869; « Tre linee internazionali di navigazione. Lettere alla *Perseveranza* », id., 1871; « Le scoperte di Enrico M. Stanley e del luogotenente Cameron nell'Africa », id., Treves, 1876; « La Società d'esplorazione commerciale in Africa. Storia, spedizione e progetti », id., Bellini, 1883.

Campillo (Narciso), poète lyrique espagnol, originaire de Séville; M. C., qui est professeur de littérature à l'Institut de Saint-Isidore à Madrid, est auteur de plusieurs ouvrages littéraires; il appartient à l'école classique et dans ses poésies on trouve plutôt la correction et l'élégance que l'inspiration.

Campoamor y Campoosorio (Don Ramon DE), poète, philosophe et homme politique espagnol, né, à Ravia (district de Luarca), en 1817; il rendit à Madrid pour y étudier la médecine, mais il ne tarda pas à s'adonner au journalisme, à la littérature et à la politique. Quand la reine Christine fut exilée d'Espagne, il lui adressa une ode qui fait autant d'honneur à son talent qu'à son cœur ; lorsqu'elle revint, il en composa une seconde dans laquelle il lui conseillait la clémence et le pardon. La reine Isabelle, qui avait pour lui beaucoup d'estime, le nomma gouverneur civil de Castellon de la Plana, Alicante et Valence. Élu plusieurs fois aux Cortès, il se fit remarquer par son éloquence. Pendant le gouvernement provisoire qui succéda à la révolution de 1868, il se tint à l'écart, tout en se rangeant parmi les adversaires du régime républicain. Pendant le règne de don Amédée, il fut directeur général de l'Assistance publique et de la Santé au Ministère de l'Intérieur. Après la restauration d'Alphonse XII, il fut nommé Conseiller d'Etat. Déjà, depuis longtemps, l'éloquence de ses discours parlementaires et ses mérites littéraires lui avaient valu un siège à l'Académie. — M. de C. est le créateur d'un nouveau genre de poésies qu'il appelle « *Doloras* », petites pièces humoristiques pleines en même temps de philosophie et de sentiment. De 1836, époque où elles parurent pour la première fois, jusqu'en 1882, on en a déjà fait seize éditions; aujourd'hui une foule de jeunes poètes espagnols et portugais marchent sur les traces de M. de C. Parmi les nombreux ouvrages de M. de C., nous citerons: « Oyes del alma », Madrid, 1842 ; « Fabulas morales y politicas », Madrid, 1842, 9me éd., 1866 ; « Ternezas y flores », Madrid, 1858 ; « Colon », épopée, id., 1859 ; particulièrement remarquables sont ses nouvelles en vers, parmi lesquelles nous citerons : « El drama universal », Madrid, 1873 ; « Los pequeños poemas », id., 1879 ; « Los buenos y los sabios », Séville, 1881 ; « El amor y el rio Piedra », id., 1882 ; « Los amores de Juana », id., id. ; « El tren express », id., id., 1885. — M. de C. a écrit aussi quelques pièces pour le théâtre qui n'ont pas obtenu un grand succès, bien que l'on trouve certainement de grandes beautés et d'amusants passages dans ses pièces telles que: « Dies Iræ » ; « Cuerdos y locos » ; « El honor » ; « Guerra a la guerra » ; « Asi se escribe la historia ». Mais M. de C. est surtout connu à l'étranger par ses œuvres philosophiques : « Filosofia de las leyes », 1846 ; « El personalismo, apuntes para una filosofia », 1850 ; « Polémicas con la democracia », 1862 ; « Lo absoluto », 1865, sa profession de foi philosophique ; « El idealismo », 1883. Notons encore une polémique fort vive qu'il eut dans la *Revista Europea* avec deux autres philosophes, Revilla et Canalejas, partisans de la philosophie de Kraus. — Les « Obras poeticas » de M. de C. ont eu plusieurs éditions ; la dernière que nous connaissons est de 1872.

Campofregoso (Louis, marquis DE), officier italien, né, à Milan, vers 1840. Il fit presque toute sa carrière dans le Corps de l'État-Major; en 1884, étant chef d'escadrons dans le 19e régiment de cavalerie (Guides), des raisons de santé le forcèrent à quitter définitivement le service. Nous connaissons de lui : « Sulla straordinaria importanza militare ed industriale di Val Ternana », Terni, 1872 ; « Del primato italiano sul Mediterraneo », Rome, Loescher, 1872 ; « Il monumento Cavour, considerato in rapporto coll'arte, colla storia e col pensiero italiano », id., id., 1873.

Campos (don José-Manuel-Quentin, comte DE), officier espagnol, né, le 31 octobre 1845, à Madrid. Il servait dans la cavalerie, mais, pendant la guerre civile, il passa au service de don Carlos. Après la défaite de celui-ci, il se refugia en France, se perfectionna dans la connaissance du français et publia dans cette langue soit des brochures politiques, soit des ouvrages littéraires. Nous citerons de lui : « Aux défenseurs de don Carlos », écrit en français et en espagnol, Tours, Cottin, 1875 ; « Le Siège de Bilbao par l'armée carliste, en 1874 », Paris, Sauton, 1876 ; « A mes enfants et à la jeunesse en général », id., Larcher, 1877 ; « Le Protectorat de Cromwell, Armand de Riamboy et la Ferme de Cardonnell », id., Martinon, 1878 ; « Les Vengeurs d'aujourd'hui », id., librairie de l'Écho de la Sorbonne, 1880 ; « Irma », roman parisien, id., Denoc, 1884 ; « Le Lion dompté par l'agneau », id., Dontu, 1884.

Camus (Jules), philologue et botaniste franco-italien. Né en France, vers 1843, M. Camus a beaucoup voyagé en qualité de précepteur ; venu en Italie, il se fixa d'abord à Padoue ; maintenant ayant obtenu la naturalisation italienne, il est professeur de français à l'École militaire de Modène. Nous citerons de lui : « Botanique et philologie », dans la *Feuille des jeunes naturalistes*, XVe année, n. 170 et 171, Paris, 1885 ; « Étude de Lexicologie botanique. Additions au Dictionnaire de Littré », dans la *Revue de la Société française de Botanique*, tom. IIIe, n. 28 et 29 ; « Studio di Lessicografia botanica sopra alcune note manoscritte del secolo XVI in vernacolo veneto », dans les *Atti del R. Istituto veneto di scienze, lettere ed arti*, tome IIe, série VIe, Venise, 1884 ; « Tératologie du Paliurus aculeatus Lam. et du Gleditschia triacanthos L. », dans la *Feuille des j. Nat.*, XVIe année, n. 167 ; « L'Haplophyllum patavinum Juss. et son habitat en Italie. Quelques mots sur la flore des monts Euganéens », dans la *Feuille des j. Nat.*, XIIIe année, n. 153 ; « Anomalie e Varietà nella flora del Modenese », dans les *Atti della Società dei Naturalisti di Modena*, série IIIe, vol. IIe ; « La stenografia francese ed il sistema di Gabelsberger », dans *Lo Stenografo*, n. 9, 10 e 11, Padoue, 1881 ; « Sull'origine di alcuni termini di Bacologia », dans le *Bollettino di Bachicoltura*, année Ie, n. 2 e 3, Padoue,

1883; « L'influenza della donna sul linguaggio », dans l'*Euganeo* de Padoue, n. 145, 1883; « Chant de Mai (Mailied de Goethe) », dans la *Revue internationale*, Florence, mai, 1884; « Ricerca geometrica della lunghezza di un arco di ellisse », dans les *Atti del R. Istituto veneto di scienze, lettere ed arti*, tom. Ier, série VI^a; « L'opera salernitana *Circa Instans* ed il testo primitivo del *Grant Herbier en Françays*, secondo due codici del Secolo XV, conservati nella R. Biblioteca Estense », Modène, 1886. M. Camus a publié aussi, d'après un manuscrit inédit de la même bibliothèque: « Precetti di Rettorica scritti per Enrico III re di Francia », Modène, 1887. — Enfin, en collaboration avec le prof. O. Penzig, il a publié: « Illustrazione del ducale Erbario estense, raccolto nel Secolo XVI e conservato nel R. Archivio di Stato in Modena », dans les *Atti della Società dei naturalisti di Modena*, série IIIe, vol. IV; « Anomalies du Rhinanthus Alectorolophus Lois », dans la *Feuille des jeunes Naturalistes*, XVIe année, n. 182, Paris, 1885.

Canale (Michel-Joseph), historien italien, né, à Gênes, le 23 décembre 1808. M. Canale est maintenant docteur agrégé de la faculté de philosophie et lettres de l'Université de Gênes, bibliothécaire en chef de la bibliothèque Beriana, professeur d'histoire et de géographie à l'institut technique de la même ville, correspondant de la Consulte héraldique du Royaume, membre non résident de l'Académie royale des sciences de Turin, de celle de Berlin, de la société de géographie de Paris, de celle d'histoire et de littérature d'Odessa, de l'Institut de géographie commerciale de Marseille et de celui des sciences, des lettres et des arts de Washington. Reçu docteur en droit à l'Université de Gênes, il s'adonna d'abord à la littérature et publia, entr'autres, les travaux suivants: « Simonino Boccanegra », tragédie historique, Capolago, 1833; « La Battaglia di Montaperti », Gênes, 1836; « Il Castello di Ricolfago », conte, Chiavari, 1837; « Paolo da Novi », nouvelle historique, Gênes, 1838; « Girolamo Adorno », conte historique, id., 1846. — S'étant ensuite consacré à des travaux de plus longue haleine, il entreprit, en 1844, la publication d'une « Storia della Repubblica di Genova », qu'il conduisit d'abord des origines à l'an 1400; puis qu'il continua jusqu'en 1528 (4 vol., Florence, Lemonnier, 1864), et à laquelle il a ajouté, en 1874, un cinquième et dernier volume, publié à Gênes, qui va de 1528 jusqu'à 1850. En 1846, à l'occasion de la réunion du congrès des Savants qui eut lieu à Gênes, il publia: « Guida letteraria, storica, scientifica di Genova », et « Storia dell'Esposizione dei lavori e prodotti dell'industria genovese ». — Après la guerre de Crimée, il publia: « Della Crimea e dei suoi dominatori dalle sue origini fino al Trattato di Parigi », ouvrage en trois volumes qui a été traduit en russe et en allemand. Citons encore de lui: « La vita ed i viaggi di Cristoforo Colombo », Florence, 1863; « Biblioteca Civico-Beriana di Genova, relazione », Gênes, 1867; « Storia del commercio, dei viaggi, delle scoperte e carte nautiche degli Italiani », id., id.; « Storia della origine e grandezza italiana della real Casa di Savoia fino ai dì nostri », 2 vol., in-f., Gênes, Ferrando, 1868; « Dell'origine ed ordinamento dei Comuni in Italia », dans les *Atti del R. Istituto Tecnico industriale e professionale e di marina mercantile della provincia di Genova*, 2e vol., Gênes, 1869; « Storia del medio-evo ed uso delle scuole e degli istituti del Regno d'Italia », nouvelle éd., id., 1871; « Storia della repubblica di Genova, dall'anno 1528 al 1550, ossia le congiure di Gian Luigi Fiesco e Giulia Cibo, colla luce dei nuovi documenti », id., 1874; « Storia antica e greca », id., 1879; « Tentativo dei navigatori e scopritori genovesi per riuscire all'India lunghesso la costa occidentale dell'Africa sino dagli ultimi anni del Secolo XIII, continuato quindi per essi ed altri italiani al servizio del Portogallo nel XIV ed oltre la metà del XV Secolo: patente e sicuro indirizzo alla scoperta del capo di Buona Speranza », id., 1882; « Gli annali di Caffaro e i suoi continuatori », id., 1886; « Della spedizione in Oriente di Amedeo VI di Savoia », id., 1887. — Ajoutons pour finir que la première période de la vie de cet illustre écrivain a été troublée par des persécutions et des procès politiques, dans un desquels il eut Charles Blanc pour co-accusé. Le comte de Cavour, qu'il avait eu l'honneur de connaître à Gênes, simple officier du génie, devenu ministre se rappela de lui et le fit nommer professeur à l'institut technique de Gênes.

Canalejas (don Francisco), écrivain espagnol, professeur d'histoire de la philosophie à l'Université de Madrid, membre de l'Académie de cette ville, littérateur et orateur de premier ordre, prosateur élégant quoique quelquefois péchant par trop d'affectation; parmi les nombreux écrits de philosophie, d'esthétique et de littérature publiés par M. C. nous nous bornerons à citer un cours de littérature générale; quelques études sur la poésie épique dans l'antiquité et au moyen âge, et un travail sur les doctrines religieuses du rationalisme moderne.

Candèze (Ernest), savant belge, né, à Liège, le 22 février 1827. M Candèze, qui est docteur en médecine, dirige un établissement d'aliénés à Glain, près de Liège; mais c'est surtout comme entomologiste qu'il s'est fait connaître et c'est tout particulièrement le naturaliste que l'Académie royale de Belgique a appelé à faire partie de sa classe des sciences. Les travaux qui ont fondé la haute réputation de M. Candèze ont paru d'abord dans les *Mémoires* de la

Société des sciences de Liège : c'est là, notamment, qu'a été publiée sa belle « Monographie des Élatérides », qui forme 4 vol., Liège 1857-1863, et que l'auteur a complétée par une foule de notices insérées dans le *Bulletin* et les *Mémoires* de l'Académie, dans les *Annales* et les *Comptes-rendus* de la Société entomologique de Belgique, et dans les principales publications étrangères spécialement consacrées aux sciences naturelles, par exemple, dans les *Annali del Museo civico di storia naturale di Genova*. Il faut mentionner encore de M. Candèze un traité des insectes nuisibles et utiles, inséré dans *Le Livre de la ferme et des maisons de Campagne*, édité, en 1865, par la librairie Masson de Paris ; les biographies des naturalistes Lacordaire et Chapuis, publiées par lui dans l'*Annuaire* de l'Académie de Belgique ; quelques brochures scientifiques et une collaboration assez étendue à *La Meuse* de Liège, la *Revue scientifique*, aux *Mondes*, à la *Science pour tous*, au *Siècle*, au *Magasin d'éducation et de récréation* de Paris. Dans ces journaux, surtout dans le *Magasin d'éducation*, fondé par le regretté Hetzel, M. Candèze s'est attaché à vulgariser la science, et il y a réussi avec un rare bonheur. Hetzel a édité, au surplus, en volumes, les principales œuvres écrites pour lui par l'académicien belge : « Aventures d'un grillon », Paris, 1877 (traduit en anglais, en italien, en hollandais et en russe) ; « La gileppe : les infortunes d'une population d'insectes », Paris, 1881 ; « Périnette, histoire surprenante de cinq moineaux », Paris, 1886. L'Académie royale de Belgique a décerné à ce dernier ouvrage l'un des prix, fort enviés, de la fondation De Keyn.

Candida-Gonzaga (comte Berardo), généalogiste italien, né, le 26 février 1845, à Sulmona (Abruzzes), où son père, napolitain de naissance, résidait en qualité de sous-préfet. Le comte C. G. a publié un grand ouvrage, en six volumes : « Memorie delle famiglie nobili delle provincie meridionali d'Italia », qui a été fort loué par les personnes compétentes, et qui a obtenu une médaille d'argent à l'Exposition internationale des sciences et des arts de Milan. Il a publié aussi un volume sur la famille Filangieri à laquelle il appartient. Il est aussi parmi les compilateurs de l'Annuaire nobiliaire napolitain *L'Araldo* qui a commencé ses publications en 1878. — M. le comte C. G. est membre de plusieurs compagnies savantes, conseiller municipal de la ville de Naples et vice-syndic du quartier San Ferdinando dans la même ville. Il est aussi l'auteur de plusieurs morceaux de musique fort loués, dont nous n'avons pas à nous occuper ici, et il a fondé à Naples une fabrique de céramiques artistiques, *Industria ceramica napolitana*, qui emploie soixante ouvriers.

Candolle (Alphonse-Louis-Pierre Pyramus de), naturaliste suisse, né, à Paris, le 27 octobre 1806. Fils de l'illustre botaniste Augustin Pyramus de Candolle (1778-1841), M. de C. descend d'une ancienne famille provençale mentionnée avec honneur dès le XIIIe siècle dans les Archives municipales de Marseille et dont quelques membres se fixèrent dans le cours du XVIe siècle à Genève pour cause de religion. M. de C. fut élevé à Genève, où il fit ses études juridiques sous la direction de l'illustre Pellegrino Rossi. En 1829, il fut reçu docteur en droit après avoir soutenu une thèse sur « Le droit de grâce ». Après avoir poursuivi pendant quelques années des recherches économiques et statistiques consignées dans plusieurs articles de la *Bibliothèque universelle*, M. de C. se tourna vers la science illustrée par son père, collabora à ses travaux et lui succéda, en 1841, dans sa chaire de l'Académie de Genève. Les agitations politiques de sa patrie et l'arrivée au pouvoir de M. James Fazy l'obligèrent, en 1846, à se démettre prématurément de ses fonctions professorales. Membre, à diverses reprises, du corps législatif genevois, il s'y fit remarquer par l'abondance et la sûreté de ses renseignements comme par la précision de sa parole. Deux fois, en 1876, à Londres et, en 1877, à Paris, il eut l'honneur de présider les Congrès internationaux de botanique. Il a été élu, en avril 1851, correspondant de l'Institut de France (Académie des sciences) et, membre étranger, le 15 juin 1874, en remplacement d'Agassiz. On a de lui : « Monographie des campanulées », 1830 ; « Introduction à l'étude de la botanique » 2 vol., 1834-35 ; « Les Caisses d'épargne de la Suisse considérées en elles-mêmes et comparées avec celles des autres pays », Genève, Kessmann, 1838 ; « Hypsométrie des environs de Genève, ou recueil complet des hauteurs mesurées au dessus du niveau de la mer dans un espace de 25 lieues autour de la ville », id., Cherbuliez, 1839 ; « Géographie botanique raisonnée, ou Exposition des faits principaux, et des lois concernant la distribution géographique des plantes de l'époque actuelle », 2 vol., Paris, Masson, 1855 ; « Lois de la nomenclature botanique », id., Baillière, 1867 ; « Histoire des sciences et des savants depuis deux siècles, suivie d'autres études sur les sujets scientifiques, en particulier sur l'hérédité et la sélection dans l'espèce humaine », Genève, Georg, 1872, 2me éd., 1884 ; « La Phytographie, ou l'art de décrire les végétaux, considérés sous les différents points de vue », Paris, Masson, 1880 ; « Darwin, considéré au point de vue des causes de son succès et de l'importance de ses travaux », Genève, Georg, 1882 ; « Nouvelles remarques sur la nomenclature botanique. Complément au Commentaire des lois de la nomenclature », Genève, Georg, 1883 ; « Origine des plantes cultivées », Paris, Baillière, 1883 ; « Notice sur Edmond Boissier »,

1883. — En outre, M. de C. a continué la publication du grand ouvrage commencé par son père : « Prodromus systematis naturalis regni vegetabilis sive enumeratio contracta ordinum, generum, specierumque plantarum, huiusque cognitorum, juxta methodi naturalis normas digesta, editore et pro parte auctore Alphonso de C. », 17 vol., Paris, Masson, 1824-1874; ouvrage colossal auquel il a fait suivre, en collaboration avec son fils Casimir (*Voyez l'article suivant*) : « Monographiæ phanerogamarum. Prodromi nunc continuatio et nunc revisio », 5 vol., Paris, Masson, 1878-1883; enfin, il a publié les « Mémoires et souvenirs », laissés inédits par son père, Genève, Cherbuliez, 1861, et il a donné une 3me éd., de sa « Théorie élémentaire de la botanique », Paris, Roret, 1843. — M. de C. a publié, en outre, un grand nombre de travaux dans la *Bibliothèque universelle de Genève*, les *Mémoires de la Société de physique et d'histoire naturelle de Genève*, les *Annales des sciences naturelles* de Paris et autres journaux scientifiques; beaucoup de ces articles ont été tiré à part à petit nombre.

Candolle (Anne-Casimir Pyramus de), botaniste suisse, fils du précédent, né, à Genève, le 26 février 1836. Les deux fils de M. Alphonse de C. ont suivi la voie glorieusement ouverte par leur aïeul, donnant au monde savant l'exemple d'une troisième génération continuant les travaux de ses devanciers comme l'avaient fait les Bernoulli et les Jussieu. L'aîné, celui dont nous nous occupons maintenant, est devenu, par son mariage, gendre du physicien François Manet. Il a fait ses études universitaires à Paris et obtenu, en 1856, le grade de licencié ès-sciences physiques. M. Casimir de C., qui est docteur *honoris causa* de l'Université de Rostock, a publié : « De la production naturelle et artificielle du liège dans le chêne-liège», Genève, 1860; « Théorie de l'angle unique en phillotaxie », id., 1865; « Sur la structure et les mouvements des feuilles du Dionaea muscipula », id., Georg, 1876; « Anatomie comparée des feuilles chez les familles de Dicotyledones », id., id., 1879; « Considérations sur l'étude de la phyllotaxie », id., id., 1881; « Nouvelles recherches sur les Piperacées », id., id., 1882; « Rides formées à la surface du sable déposé au fond de l'eau et autres phénomènes analogues », id., id., 1883. — M. Casimir de C. a inséré diverses monographies dans le *Prodromus* déjà cités et enrichi de plusieurs travaux les *Annales des sciences physiques et naturelles* et les *Mémoires de la Société de physique*. — Son frère cadet Lucien de C. né, à Genève, en 1838, a traduit de l'anglais : « La Sélection naturelle » de Alfred Russel Wallace, Paris, Reinwald, 1872.

Cane (Alessandre-Gustave), littérateur français, appartenant à l'école romantique, né, à Apt (Vaucluse), le 3 mars 1835, est le troisième fils d'un docteur en médecine italien, originaire d'Alba (province de Cuneo), qui, ayant fait de ses deux fils aînés des médecins, destinait son dernier enfant à la même carrière. — Le jeune homme sembla se prêter volontiers aux intentions paternelles; il étudia la médecine à Marseille, puis à Paris; mais au moment de prendre ses grades, la fréquentation de quelques écrivains le détourna des études médicales et le poussa vers les lettres. Entre temps, l'élève en médecine avait fait, en qualité de médecin adjoint, de bien intéressants voyages au banc de Terre-Neuve, en Crimée, à la Martinique, à Madagascar, dans les Indes. En 1860, fidèle à son origine transalpine, il s'était enrôlé des premiers sous les bannières garibaldiennes. Débarqué à Palerme en compagnie d'Émile Maison, de Jules Carret, alors élève de l'Académie de Turin, il prit part à cette mémorable campagne des Deux-Siciles qui assura l'unité italienne. Après la bataille du Volturne (1er octobre 1860), Gustave Cane devint médecin de la Légion de Flotte, organisée par le colonel Cluseret, et qui faisait partie de la brigade Milbitz, division Cosenz. — De retour en France, M. C. renonça définitivement à la médecine et entra dans le journalisme. Il a collaboré successivement au *Carillon*, à la *Liberté*, à la *Gazette des Étrangers* d'Alfred d'Aunay, au *Nouveau Journal* avec Pascal Duprat, à l'*Évènement*, au *Gaulois* avec Jules Simon, au *Voltaire*, au *Siècle*, à l'*Estafette*, à la *Revue Britannique*. En même temps qu'il faisait du journalisme, il publiait une série de variétés littéraires, dont les principales ont pour titre: « Trop de fleurs »; « La Casquette du Père Giraud »; « Le Réveillon »; « Le Brigadier compatissant »; « Amoureux des Étoiles »; « La Conquête de Marie »; « Une Première à la Sorbonne »; « Le Culte des morts chez les races latines »; « La Première inhumation de Voltaire » etc., etc. — Puis des nouvelles et des romans : « Un Conte d'Apothicaire »; « Poil-Roux »; « De la Madeleine à la Bastille »; « Mariette »; « L'Agent Berthier »; « La Démission du Commandant »; « Le Juge d'Aubagne »; « Un Drame dans un buvard ».

Cané (don Miguel), écrivain argentin, fils du publiciste du même nom, né, à Buenos-Ayres, vers 1853. Sa carrière politique et littéraire fut rapide et brillante; M. Cané a été successivement député, membre du conseil général d'éducation, professeur de philosophie à l'Université de Buenos-Ayres. En 1877, il publia un brillant volume d'esquisses et de fantaisies, sous le titre: « Ensayos » — Nous connaissons encore de lui : « Charlas Literarias », Sceaux, Charaire, 1885; dans ce volume, il a recueilli de nombreux articles de critique littéraire et dramatique déjà publiés dans plusieurs journaux de

Buenos-Ayres. Particulièrement notables, parmi ses articles, ceux qui traitent des représentations données par Ernesto Rossi à Buenos-Ayres et les autres intitulés: « Bebé en el circo », et « Una leccion civica ».

Canepa (Antoine), écrivain italien, né, en 1828, à Gênes, où il enseigne la littérature italienne. Il a dirigé deux journaux littéraires *Alfieri* et *Parini* et publié des traductions métriques de plusieurs poésies de lord Byron: « La Parisina »; « Il Prigioniero di Chillon »; « La sposa di Abido »; « L'Assedio di Corinto »; « Tenebre » etc. ... On lui doit aussi quelques poésies lyriques, cinq sermons et une tragédie d'argument romain: « Virginia ». Il a publié aussi dans les journaux quelques essais d'une traduction métrique de l'Enéïde encore inédite, mais dont Tommaseo parle avec les plus grands éloges dans son *Dizionario estetico*.

Canestrini (Jean), illustre naturaliste italien, apôtre éloquent du Darwinisme en Italie, professeur à l'université de Padoue, né, à Revo (province de Trente), le 26 décembre 1835; il étudia à Goritz, Méran, Vienne, où il fut reçu docteur en philosophie. Il enseigna, en 1859, l'histoire naturelle au lycée de Gênes, d'où il passa, en 1861, à l'université de Modène, et il y fonda la *Società dei Naturalisti moderni*, dont il fut le président; en 1869, il passa à l'université de Padoue, et il y fonda la *Società Veneto-Trentina di Scienze Naturali* qu'il préside. Ses publications l'ont mis au rang des premiers naturalistes contemporains. Il débuta par des mémoires en langue allemande (1858-1861): « Sur la position de l'Ophicephalus dans le système », Vienne, 1858; « Sur la position des Helmishthyede dans le système », id., 1859; « Notes zoologiques », id., 1859; « Critique du Système de Müller », id., 1859; « Les Percoïdes », id., 1860; « Les Anabatines », id., 1860; et en italien: « I pleuronettidi del golfo di Genova », Gênes, 1861; « Intorno allo sviluppo del Dactylopterus volitans ed al genere Cephalacanthus », id., 1861; « Sopra una nuova specie di Ophicephalus », id., 1861; « I Gobii del golfo di Genova », id., 1861; « Sopra una nuova specie di Teprapturus », id., 1861; « Sopra alcuni pesci poco noti, o nuovi del Mediterraneo », Turin, 1862; « I Blennini Anarrhicadini e Callionimini del Golfo di Genova », Gênes, 1862; « Intorno alla Solea oculata », id., 1862; « I Gadidi del Golfo di Genova », Modène, 1863; « Note Ittiologiche », 1864; « Studii sui Lepadogaster del Mediterraneo », id., 1864; « Note Ittiologiche », id., 1865; « Sopra alcuni parassiti », en société avec le prof. Generali, id., 1866; « Sopra due teschi umani scavati nelle Terremare del Modenese », id., 1866; traduction italienne de l'ouvrage de Darwin: « L'origine des Espèces », en collaboration avec L. Salimbeni, id., 1866; « Riflessioni sulle nostre Terremari », id., 1866; « Origine dell'uomo », Milan, 1866, nouvelle éd., id., 1870; « L'antichità dell'uomo », Modène, 1866; « Oggetti delle Terremare Modenesi », deux mémoires, id., 1866; « Catalogo dei pesci d'acqua dolce d'Italia », id., 1866 »; « Sopra due crani antichi trovati nell'Emilia », id., 1867; « Sulle arnie a foro mobile », id., 1867; « Storia della Salsa di sopra presso Sassuolo », id., 1867; « Due note ittiologiche », id., 1867; « Cenni critici intorno alla teoria di Kölliker sull'origine delle specie », id., 1867; « Intorno ad un deposito di selci lavorate antiche nel Modenese », id., 1867; « Intorno agli Aracnidi dell'ordine Arancina, osservati nel Veneto e nel Trentino », Venise, 1867; « Nuove specie italiane di animali », id., 1868; « Intorno ad un cranio antico trovato presso Verona », id., 1868; « Enumerazione degli Aracnidi Arancina, osservati nel Veneto », id., 1868; « Studii sui Labroidi del Mediterraneo », id., 1868; « Nuovi Aracnidi italiani », Modène, 1868; « Sopra alcuni crani antichi scoperti nel Trentino e nel Veneto », id., 1868; « Sopra alcuni pesci dell'Australia », Bologne, 1869; « Sopra un cuore anormale del gallo domestico », en collaboration avec le prof. Generali, Modène, 1899; « Aracnidi italiani », en collaboration avec le professeur P. Pavesi, Milan, 1869; « La zoologia odierna », leçon d'ouverture, Padoue, 1869; « Compendio di Zoologia ed Anatomia comparata », Milan, 1869-71, 3 vol.; « Intorno a due uccelli mostruosi », Modène 1870; « Note zoologiche », Venise, 1871; « Intorno alla riproduzione e allo sviluppo dei Lofobranchi », Florence, 1871; « Sur le mâle de la Cobitis Taenia », en allemand, Leipzig, 1871; « Nuove specie di Opilionidi », Modène, 1872; « Pesci d'Italia », Milan, 1872; « Gli Opilionidi italiani », Gênes, 1872; « Studî recenti intorno alla generazione delle anguille », Padoue, 1872; « Caratteri sessuali secondarii della tinca », id., 1873; « Nuove specie italiane di Aracnidi », id., 1873; « Gli insetti e l'agricoltura », id., 1863; « Manuale di agricoltura razionale », id., 1873; « Le ossa di Francesco Petrarca », id., 1874; « Nuove specie di Liodes », id., 1874; « Chernetidi ed Opilionidi della Calabria », id., 1875; « Intorno alla Fauna del Trentino », id., 1875; « Il cranio di Ambrogio Fusinieri », Venise, 1875; « Osservazioni aracnologiche », Padoue, 1876; « Nuovi Acari Italiani », en collaboration avec le Dr Franc. Fanzago, id., 1876; idem, 2me série, id., 1876; « La mano degli agricoltori », en collaboration avec le Dr Fanzago, id., 1877; « Metamorfosi del Lachnus pini », id., 1877; « La teoria dell'evoluzione », Turin, 1877; « Intorno agli acari italiani », en collaboration avec le Dr Fanzago, Venise, 1877; traduction italienne de l'ouvrage di Darwin sur les variations des animaux et des plantes à l'état domestiquo, Turin, 1878; traduction italienne, en collaboration avec le docteur T. A. Saccardo, des ouvrages de Darwin sur les plantes insectivores et les plantes rampantes, et sur les effets de la fécondation croisée dans le monde végétal, Turin, 1878; « Prime nozioni di antropologia », Milan, 1878; « Commémoration du prof. Roberto De Visiani », Padoue, 1878; traduction italienne en collaboration avec le docteur Fr. Bassani, de l'ouvrage de Darwin sur l'Expression des sentiments, Turin, 1878; « Nuove specie del genere Dermoleichus », Venise, 1879; « Intorno ad alcuni Acari parassiti », Padoue, 1879; « Sulla produzione dei sessi », id., 1879; « Produzione dei sessi ed animali dicogami », id., 1879; « Sopra due crani di Botocudi », en collaboration avec le Dr Moschen, id., 1879; « Sopra un cranio dell' Ossario di S. Martino, mancante di sutura coronale », en collaboration avec le Dr Moschen, Venise, 1879; « Sopra un cranio deformato scavato nella piazza Capitaniato a Padova », en collaboration avec le Dr Moschen, Padoue, 1880; « La Teoria di Darwin criticamente esposta », Milan, 1880; « Anomalie del cranio Trentino », en collaboration avec le Dr Moschen, Padoue, 1880; « La fillossera », id., 1880; « Intorno al genere Gamasus », Venise, 1881; « Nuove specie del genere Gamasus », en collaboration avec M. Riccardo Canestrini, id., 1881; « L'Odierno indirizzo della biologia », Padoue, 1881; « Intorno alla ereditarietà dei caratteri individuali », Turin, 1881; « I Gamasi italiani », en collaboration avec M. Riccardo Canestrini, Padoue, 1882; « Carlo Darwin », Florence, 1882; « Il corallo in Italia », id., 1882; « Commemorazione di Carlo Darwin », Padone, 1882; « Acari italiani nuovi e poco noti », dans les Atti del R. Istituto Veneto, 1881-82, en collaboration avec son fils M. Riccardo C. déjà nommé; « I diversi apparecchi col mezzo dei quali le orchidee vengono fecondate dagli insetti », de Charles Darwin, 1re traduction italienne de MM. C. et Lambert Moschen, Turin, Unione Tipografico-editrice, 1883; « Le diverse forme dei fiori in piante della stessa specie », de Charles Darwin, traduction italienne de MM. C. et Lambert Moschen, id., id., 1884; « Acari nuovi e poco noti », dans les Atti del R. Istituto Veneto, 1884; « Prospetto dell' Ocarofauna italiana. Parte I. Oribatini e Gamasini », id., id.; « Sopra alcune nuove specie di acari italiani », dans les Atti della Società Veneta Trentina di scienze naturali, 1884; « Antropologia », Milan, Hœpli, 1887; « La teoria dell'evoluzione », Turin, Unione Tipografico-editrice, id.; « La teoria di Darwin criticamente esposta », Milan, id.; « Sopra un cranio scafoideo rinvenuto a Sant'Adriano », Padoue, Prosperini, id.; « Sulla struttura e distribuzione dei banchi di corallo e delle isole madreporiche », de Charles Darwin, traduit pour la première fois en italien par MM. Jean et Richard C., Turin, Unione Tipografico-editrice, 1888; « Intorno ad alcuni acari ed opilionidi dell' America », Padoue, Prosperini, 1888; « I tiroglifidi, studio critico », dans les Studii editi dalla Università di Padova a commemorare l' VIII centenario dell' Università di Bologna, Padoue, 1888. — Son fils, Richard, outre les nombreux ouvrages publiés en collaboration avec son père et que nous avons déjà cités, a publié seul: « Storia naturale, ad uso del 1° corso del liceo. Struttura e funzioni delle piante e degli animali, secondo i nuovi programmi del 28 ottobre 1884 », Padoue, Prosperini, 1884; « Osservazioni sull' apparato uditorio di alcuni pesci », id., id., id.; « Prelezione al corso di prostitologia », Venise, Fontana, 1887; « Uno sguardo attraverso i microbi », Padoue, Penada, 1887.

Cañete (don Manuel), écrivain espagnol, né, à Séville, le 6 août 1822. Ses études terminées à Cadix, il fut pendant quelque temps employé au Ministère de l'intérieur. Membre de l'Académie royale espagnole depuis 1858, et gentilhomme de la Chambre de S. M. le roi, M. C. est de plus secrétaire du Comité de Bienfaisance présidé par l'Infante doña Isabelle et son attachement à la maison royale lui a valu le grand cordon d'Isabelle la Catholique. — Il s'est adonné à divers genres littéraires qu'il a tous cultivés avec succès. Il a une érudition remarquable et ses travaux littéraires ont toujours un grand retentissement. Il est censeur à l'Académie et critique dramatique au journal La Ilustration española y americana. Poète lyrique, il se distingue par la force et l'élégance de l'expression et par l'originalité. Ses « Poesias », 1858, ont le caractère pathétique de l'école de Séville, mais on peut quelquefois lui reprocher la recherche de l'effet déclamatoire. Ses odes religieuses, politiques et philosophiques, ainsi que ses lettres à Tamayo y Baus, au comte de San Luis, à Aureliano Fernandez-Guerra, etc. ont été fort louées. Il a fait représenter plusieurs drames avec succès: « Un rebato en Grenada »; « El duque de Alba »; « Los dos Foscari »; « Beltran y la Pompadour »; « La Flor de Besalú », etc.; et en collaboration: « La esperanza de la patria »; « El don del Cielo »; « El peluquero de su Alteza »; « Un juramento »; etc. Critique très renommé et d'une grande autorité, il travailla beaucoup, de 1845 à 1855, à relever le niveau du théâtre de son pays qui était en pleine décadence. Plus tard, il étudia les origines de l'art dramatique espagnole et on lui doit la connaissance de plus de trente écrivains de la fin du 15me et du commencement du 16me siècle qui étaient tombés dans l'oubli le plus complet. A cet ordre de recherches se rattachent ses ouvrages: « Farsas y eglogas de Lucas Fernandez », 1867; « La tragedia llamada

Josefina de Micael de Carvajal », 1870; « Escritores españoles y hispano-americanos », 1884; « Teatro español del Siglo XVI », id.

Canevazzi (Silvio), ingénieur italien, né à Saliceto-San-Giuliano (commune et province de Modène), le 16 mars 1852. Il fit ses premières études (1861-68), au collège de San Carlo de sa ville natale, et, de 1868 à 1870, il en fréquenta l'Université; en 1870, il se rendit à l'institut technique supérieur de Milan, où il fut reçu ingénieur civil en septembre 1873. De 1873 à 1875, il fut assistant à la chaire de mécanique et chargé d'un cours à l'École d'application des ingénieurs de Rome. En 1875, nommé élève ingénieur dans le corps royal des mines, il fut envoyé à l'école spéciale des mines de Liège, où il reçut le diplôme d'ingénieur des mines, en 1877. Il profita de cette occasion pour faire une tournée scientifique en Angleterre, en France et en Allemagne. Revenu en Italie, il fut chargé d'un cours à l'école d'application des ingénieurs de Bologne, où il est maintenant professeur ordinaire des ponts et constructions hydrauliques et chargé du cours de mécanique appliquée aux constructions. On lui doit: « Recherches chimiques etc. », en collaboration avec M. Giorgi, dans la *Revue Universelle des mines*, 1877; « Sull' equilibrio molecolare », dans les *Atti della Accademia delle scienze dello Istituto di Bologna*, 1878; « Sopra alcune formule della resistenza dei materiali », id., id., 1880; « Sulla teoria delle travature », Bologne, Gamberini e Parmeggiani, 1886.

Canini (Marc-Antoine), patriote, poète et érudit italien, né, en 1822, à Venise, où il demeure et il enseigne les langues depuis quelques années. Polyglotte distingué, il débuta dans sa jeunesse, en collaborant, sous la direction de Carrer, à l'édition des classiques, publiée par la typographie du *Gondoliere*. Il s'était avant sa vingtième année inscrit comme étudiant à la faculté de droit de Padoue; il quitta pendant quelque temps ses études juridiques pour s'adonner à la littérature; mais, dans les années 1846-47, il reprit ses cours de jurisprudence. Surveillé et poursuivi par la police autrichienne à cause de son esprit remuant, il se refugia en Toscane, où il publia un livre, en vers et en prose, sous le titre : « Pio IX e l'Italia », qui révéla son esprit prophétique. Il prit une part active au mouvement insurrectionnel de la Vénétie et à la défense de Venise pendant le siège. Accusé comme directeur du *Tribuno* de socialisme, il passa à la défense de Rome; après l'entrée des Français dans la Ville Éternelle, il se rendit, comme proscrit, en Grèce et en Orient, où, pendant plusieurs années, il mena une vie fort agitée et accidentée. Flourens, l'un des chefs de la Commune, l'appelait *L'exilé cosmopolite*. En 1850-52, il publia à Athènes un nouveau recueil de vers, sous le titre de « Men-te, Fantasia e Cuore »; suivirent maintes brochures sur la question d'Orient, pour laquelle il se passionna longtemps, dans l'intérêt des nationalités. La plupart des aventures de cette période de la vie de M. Canini se trouve racontée dans son livre écrit en français sous le titre: « Vingt ans d'exil ». En 1865, il publiait à Turin en deux volumes, son livre érudit intitulé : « Etimologico dei vocaboli italiani derivati dal greco », qui donna lieu à de vives polémiques; son formidable antagoniste n'était rien moins que l'illustre glottologue Ascoli. En France, il publiait des traductions en vers du sanscrit et du grec. Revenu en Italie, en 1873, il traduisit en italien et compléta pour la partie italienne l'Histoire Contemporaine de G. Weber (Milan, Treves éd.). Suivit une nouvelle en vers, pleine d'imagination et de force, intitulée : « Giorgio il Monaco e Leila », des poésies éparses, un essai d'anthologie des sonnets italiens; mais, remarquable surtout, son grand recueil de chants d'amour, publié à ses frais, dont deux volumes ont déjà paru, à Venise (1886-87), et qui témoigne de son activité fiévreuse, de sa résistance au travail, de ses nombreuses connaissances littéraires et linguistiques, et de l'étendue de ses relations avec le monde lettré. Il « Libro dell'amore », nous offre des traductions de presque 150 langues étrangères, effort qui éveille l'admiration des amis de M. Canini, mais qui n'a cependant pas encore été couronné de tout le succès matériel qu'il aurait eu raison de s'attendre d'une entreprise aussi considérable.

Canis (Jean), avocat français, né, à Paris, le 20 novembre 1840. Il était inscrit au barreau de sa ville natale, lorsque, en 1871, ayant accepté des fonctions judiciaires, sous la Commune, il dut naturellement, après le rétablissement de l'ordre, se refugier en Angleterre. Amnistié, il rentra en France et se fixa à Versailles. On lui doit les ouvrages suivants, dont les antécédents de l'auteur disent assez les tendances: « Les Massacres en Irlande », Paris, Dentu, 1881; « Histoire de la République française depuis 1870 jusqu'à 1883 », id., Ghio, 1884.

Canivet (Charles-Alfred), publiciste et poète français, né, à Valognes (Manche) le 10 février 1839; fils d'un professeur de rhétorique, il entra d'abord dans l'Université et devint plus tard secrétaire d'Amédée Thierry. Attaché au *Journal de Paris* depuis 1873, il passa ensuite à la rédaction du *Soleil*, où, en dehors de ses brillantes chroniques quotidiennes paraissant sous le pseudonyme de JEAN DE NIVELLE, il a publié sous son nom des *Variétés littéraires*. Citons en prose: « Jean Dagoury », scènes du pays bas-normand, Paris, Plon, 1877; « Constance Giraudel », id., Dentu, 1880; « Pauvres diables », id., Charpentier, 1882; « Les Hautemanière », id., Ollendorff, 1885; « La Nièce de l'Organiste », id., Plon, id.; « La Ferme des Gohel », id., Marpon et Flamarion, 1888, et un volume d'histoire : « Les Colonies perdues », Paris, Jouvet, 1884, où sont exposés les déboires et l'abandon de Montcalm au Canada et de Dupleix dans l'Inde. Comme poète, on lui doit : « Chants libres », Caen, 1866 ; « Croquis et paysages », Paris, Lemerre, 1879 ; et « Le long de la côte », id., id., 1883.

Canna (Jean), homme de lettres et philologue italien, professeur de littérature grecque à l'université de Pavie, membre correspondant de l'Institut archéologique germanique de Rome, né, à Casale en Monferrat, le 20 décembre 1832. Reçu docteur ès-lettres à l'université de Turin en 1853, il enseigna dans les gymnases et les lycées du Piémont jusqu'en 1876, année dans laquelle il passa à Pavie. Ses écrits ne sont pas nombreux, mais témoignent d'un goût raffiné. Citons : « Della Sublimità, libro attribuito a Cassio Longino », traduction avec notes et introduction, Florence, Le Monnier, 1871 ; « Della vita e degli scritti di Stefano Guazzo », Florence, Bencini, 1872 ; « Saggio di studii sul carme esiodeo : Le Opere e i Giorni », Turin, 1874 ; « Della umanità di Virgilio », Turin, Loescher, 1883 ; « Le ore », conférence, Casale, Cassone, 1884 ; « Degli scritti latini di Stefano Grosso », Casale, 1886. Le prof. C. a aussi inséré dans les *Rendiconti del R. Istituto Lombardo*, dont il est membre correspondant, trois écrits sur le poète grec Aristote Valvoritis, sur les opuscules grecs du savant philologue hongrois Jean Telfy et sur Jean-Marie Bussedi.

Cannada-Bartoli (Gaetano), jurisconsulte italien, né, le 19 octobre 1846, à Mazzarino (province de Caltanisetta). Il fit ses études à Catane et à Naples, où il est maintenant *privat Docent* de droit civil à l'Université. On lui doit : « Discorso intorno alla Storia d'Italia », Naples, 1869 ; « Il privilegio dell'imprenditore d'opere e il diritto ipotecario italiano », id., 1878 ; « Del diritto di accrescere fra coeredi e collegatari », id., 1879 ; « Il diritto ipotecario italiano », id., id. ; « La ratifica riguardo alla inesistenza e alla rescindibilità degli atti giuridici », id., 1885.

Cannizzaro (Stanislao), illustre chimiste italien, né, à Palerme, vers 1820. — Après avoir été professeur aux Universités de Pise et de Palerme, il fut nommé professeur de chimie générale à l'Université de Rome, où il dirige, en même temps, l'Institut chimique qu'il a fondé. M. C. est membre de l'Académie royale des sciences de l'Institut de Bologne, de l'Académie Pontaniana de Naples, de la Société italienne des sciences, dite des XL, de l'Académie des Lincei, de l'Académie royale des sciences de Turin, de la Société des sciences naturelles et économiques de Palerme et de plusieurs autres compagnies savantes. M. Cannizzaro, qui est chevalier de l'ordre du mérite civil de Savoie, Sénateur du Royaume, depuis le 15 novembre 1871, et Vice-Président du Sénat, est aussi membre du Conseil technique pour l'administration des tabacs, de la Commission supérieure pour l'Essai des métaux précieux et pour les poids et mesures, vice-président du Conseil pour l'instruction agricole. Les premières publications que nous connaissons de lui sont : « Quesiti fisiologici », Palerme, 1840 ; « Corso di Agricoltura », id., 1845 ; parmi ses publications séparées, nous citerons encore : « L'emancipazione della ragione ed il nesso fra tutti i rami dello scibile quali effetti del metodo delle scienze fisiche », Milan, Daelli, 1865 ; « Sulla scuola di applicazione dei Tabacchi in Francia e sul laboratorio tecnico annesso », rapport au Ministre des finances, Rome, 1879 ; « Sunto di un corso di filosofia chimica fatto nella R. Università di Genova ; e nota sulle condensazioni di vapore », Rome, Manzoni, 1880 ; « Relazione sulle analisi di alcune acque potabili fatte per incarico del Municipio di Padova », id., Salviucci, 1882 ; « Acque termominerali di Civitavecchia : analisi chimica », Civitavecchia, Strambi, 1882 ; « Sulla vita e sulle opere di Raffaele Piria », Turin, Loescher, 1883. — Mais le plus grand nombre des travaux de cet éminent savant a paru dans des recueils scientifiques. Citons dans le *Nuovo Cimento* de Pise : « Nouvelles recherches sur l'alcool benzoïque », 1er et 3e vol., 1855-56 ; « Sulla trasformazione del toluene in alcole benzoico ed acido toluico » 2e vol., 1855 ; « Della disassociazione, ossia scomposizione dei corpi sotto l'influenza del calore » ; 6^e vol., 1857 ; « Lettera al prof. S. di Luca ; sunto di un corso di Filosofia Chimica », 7^e vol., 1858 ; « Osservazioni sulla *Spiegazione di alcune insolite condensazioni di vapori di Kopp* », 8^e vol., 1858 ; « Osservazioni sulla nota di Dumas intorno gli equivalenti dei corpi semplici », id., id. ; « Comparazione del benzone ottenuto dall'acido salilico e di quello ottenuto dall'acido benzoico », 13^e vol., 1861 ; « Sull'acido alfatoluico e sull'aldeide corrispondente, ricerche per servire allo studio degli acidi isomeri », id., id. ; en collaboration avec M. Bertagnini : « Sur l'alcool anisique », 1er vol., 1855 ; en collaboration avec M. Rossi : « Sopra i radicali dell'alcool benzoico, dell'alcool cuminico e dell'alcool anisico », 14e vol., 1861. Dans les *Annalen der Chemie und Pharmacie* de MM. Liebig, Wöhler et Kopp : « Ueber den der Benzoesäure entsprechenden Alkohol », 88e, 90e et 92e vol., 1853-54 ; « Sur l'alcool anisique et sur deux bases oxygénées qui en dérivent », 117e vol., 1861 ; « Sur l'alcool anisique, et sur un nouvel acide homologue à l'acide anisique », id., id. ; « Ueber die aus Cyanbenzyl dargestellte Toluylsäure », 119e vol., 1861 ; « Sur la série toluique », 124e vol., 1862 ; « Sur les amines de l'alcool benzylique », 134e vol.,

1865 ; « Sur les émines de l'alcool benzoïque », 4e vol., supp., 1865 ; « Ricerche sulla costituzione dell'alcool anisico », 137e vol., 1866 ; « Sul toluene monobromico ». 141e vol., 1867 ; et en collaboration avec M. Cloez: « Recherches sur les amides cyaniques », 78e vol., 1851. — Dans le *Bulletin de la Société Chimique* de Paris: « Note pour servir à l'étude des acides isomères », 1861 ; « Sur la décomposition de l'acide salylique par la baryte caustique », id. — Dans les *Berichte der Deutschen Chemischen Gesellschaft zu Berlin*: « Einwirkung des festen Chlorcians auf Benzylalkohol », 3e vol., 1870. — Dans le *Giornale di scienze naturali ed economiche pubblicato per cura del Consiglio di perfezionamento annesso al R. Istituto Tecnico di Palermo*: « Intorno agli alcaloidi derivati dall'alcool benzilico » 1er vol., 1866. — Dans la *Gazzetta chimica italiana* de Palerme : « Notizie storiche e considerazioni sull'applicazione della teoria atomica alla chimica e sui sistemi di formule esprimenti la costituzione dei composti », 1er vol., 1871 ; « Azione dei due cloruri di cianogeno, cioè del gassoso e del solido sull'alcool benzoico », id., id. ; « Sulla monobenzilurea », id., id. ; « Osservazioni sulla memoria di Kolbe: *Sulle formole di struttura e sulla dottrina del collegamento degli atomi* », id., id. ; « Sui limiti e sulla forma dell'insegnamento teorico della chimica », 2e vol., 1872 ; en collaboration avec W. Koerner : « Sugli alcooli anisico e metisalicico », id., id. ; en collaboration avec M. Sestini : « Ricerche sulle santonine » 3e vol., 1873. — « Sui prodotti di decomposizione dell'acido santonoso » dans les *Atti della R. Accademia dei Lincei*, 15e vol., 1882-83 ; ainsi que plusieurs autres mémoires, surtout dans les Actes de cette dernière Académie.

Cannizzaro (Thomas), poète italien, cousin du précédent, né, à Messine, le 17 août 1838 ; l'un des plus inspirés parmi les poètes italiens du jour, âme de feu, d'une imagination très vive, plein d'enthousiasme ; il écrit en italien, en français, en espagnol, en allemand ; il connaît encore plusieurs autres langues et littératures étrangères ; il est, malgré sa vie solitaire, en correspondance sympathique avec un grand nombre d'hommes de lettres italiens et étrangers, qui l'apprécient à sa juste valeur. Les suffrages de ce public choisi lui suffisent et lui permettent de dédaigner les applaudissements de la foule. Il est membre de plusieurs sociétés littéraires et scientifiques, entr'autres, de l'*American Philosophical Society* de Philadelphie, de la *Numismatic and Antiquarian Society* de la même ville, de la *Société des Traditions populaires* de Paris, etc. Il prit le goût des lettres sous la direction de Joseph Monasta et Vincenzo Amore, l'un littérateur, l'autre poète distingué ; il étudia la philosophie avec le prêtre Joseph Crisafulli-Trimarchi, la jurisprudence avec Antoine Fulci et tout seul les langues étrangères. A l'âge de dix-sept ans, il entreprit son premier voyage en Italie, et il fit à Rome la connaissance du célèbre littérateur Salvatore Betti et du célèbre sculpteur Pietro Tenerani. En 1860, nous le trouvons parmi les volontaires de Garibaldi, dans les rangs des *Cacciatori del Faro*. En 1862 et en 1863, il parcourut la France, l'Espagne, l'Angleterre, visitant Victor Hugo à l'île de Guernesey, où il fut accueilli avec la plus grande bienveillance, bienveillance que le grand poète lui garda jusqu'à sa mort. A Paris, il connut, entr'autres, Sainte-Beuve et Louis Blanc. Il se maria en 1864, et entre les années 1868-1875, il vécut dans la plus profonde retraite dans une campagne de sa propriété *Marina della Palma* près Messine. Depuis 1875, il habite Messine. Il débuta par des vers français, sous le titre : *La voir !* Messine, 1862 ; suivirent : « Ore segrete, saggi lirici », suivis de vers français, allemands, espagnols et en dialecte sicilien, Messine, 1882 ; une traduction française des « Canti scolti del popolo siciliano » de Letterio Lizio-Bruno, id., 1867 ; « La voce di Guernesey », traduction, d'après Victor Hugo, avec suite de vers originaux en italien et en français, id., 1867 ; « A propos de l'insurrection de Candie, vers d'un sicilien » (en français, en espagnol, en allemand), id., 1858 ; « L'India », vers dédiés à son ami Angelo De Gubernatis, id., 1873 ; « La mia visita ad Enrico Sanson, boia di Parigi, per Enrico Marquard », traduction italienne, id., 1878 ; « In solitudine, Carmina », deux éditions, id., 1880, Milan, 1883 ; « Antivespro », Messine, 1882 ; « Garibaldi e Mazzini, 1000 versi di un siciliano », en italien et en français, 1883 ; « Fiori di oltralpe, Saggio di traduzioni poetiche di varie lingue », id., 1882 ; « Épines et Roses », id., 1884 ; « Cianfrusaglie », id., 1884 ; nombreuses poésies éparses, qui révèlent une grande fraîcheur d'inspiration et la plus grande aisance dans l'art de manier la rime. Plusieurs de ses poésies ont eu l'honneur de traductions étrangères ; citons parmi ses traducteurs en allemand Hugue von Meltzl et Louis Foglar, en espagnol Blas Leoncio de Peñar, en suédois Théod. Lindh, en tchèque Jaroslav Vrehlic'ky otc.

Cano (Léopold), auteur dramatique espagnol, très en vogue, né, à Valladolid, en 1848. M. C. qui est officier d'état-major et professeur de mathématiques à l'École d'État-Major de Madrid, a, comme auteur dramatique, imité avec succès le genre brillant d'Echegaray. Tous ses écrits ont fait beaucoup de bruit, entr'autres: « La Pasionaria », qui a été traduite en anglais. Citons encore parmi les pièces qui ont eu le plus de succès : « La Mariposa » ; « Las Laureles de un poeta » ; « La opinion publica ».

Canonge (Joseph-Frédéric), officier et écrivain militaire français, né, à Paris, le 27 janvier 1837. Sorti sous-lieutenant de l'École militaire de Saint-Cyr, en 1857, il prit part à la campagne d'Italie de 1859, et assista aux batailles de Magenta et de Solferino. Tout en continuant son service militaire, il se fit recevoir, le 14 avril 1869, docteur en médecine ; à cette occasion il publia sa thèse : « Hygiène de l'infanterie à l'intérieur ». Il prit part, en qualité de capitaine, à la guerre contre l'Allemagne, et y fut fait prisonnier. En 1876, il fut attaché comme professeur à l'École supérieure de guerre, où il créa le cours d'histoire militaire contemporaine, et il y demeura jusqu'au 18 octobre 1881. Depuis le 28 octobre 1885, M. C. est lieutenant-colonel au 69e régiment d'infanterie. Il a publié : « Histoire militaire contemporaine (1854-1871) », 2 vol., Paris, Charpentier, 1882, ouvrage honorablement cité par l'Académie française et « Atlas d'histoire militaire contemporaine », id., id., 1886.

Canonico (Tancredi), illustre jurisconsulte italien, né, à Turin, le 14 mai 1828. M. C., qui a été professeur de droit et de procédure pénale à l'université de sa ville natale, et qui est membre de l'Académie des Sciences de la même ville, réside aujourd'hui à Rome en qualité de Conseiller de la Cour de Cassation ; il est en même temps membre du conseil du Contentieux diplomatique et Sénateur du royaume, depuis le 12 juin 1881. M. Canonico a reçu du gouvernement italien plusieurs missions honorables. En 1878, avec MM. Pessina et Beltrani-Scalia il représentait l'Italie au Congrès international de législation criminelle de Stockolm ; en 1884, chargé par le gouvernement de visiter les prisons de la Belgique, de la Suède et Norvège, de l'Allemagne, de la Russie et de la Suisse, il donna les résultats de son voyage dans une brochure publiée en français, sous le titre : « Une course à travers quelques prisons d'Europe », et dont il existe aussi une traduction italienne. Son autorité en matière juridique est très grande, et les qualités qu'il possède, comme écrivain, d'une grande clarté d'exposition, et, comme libéral et croyant, d'une parfaite amabilité jointe à une rare franchise, lui font une position exceptionnelle parmi nos jurisconsultes. On lui doit, entr'autres, une traduction italienne du traité « De imitatione Christi », plusieurs articles scientifiques dans l'*Enciclopedia Popolare* de Turin, dans la *Rivista delle Discipline carcerarie*, dans la *Rivista Penale*, dans le *Giornale delle Leggi* etc., six dissertations sur plusieurs questions de jurisprudence, publiées en 1851, trois lectures (1864-68) etc. Citons encore : « Il Libro di Ernesto Renan e il suo sistema », Turin, 1863 ; « Del reato e della pena » ; « Del Giudizio penale » ; « L'attività del vero, Impressioni e riflessi sopra un libro del Littré » ; « Il Delitto e la Libertà del Volere » ; « I Riformatorii dei minorenni » ; « Sulla durata dell'isolamento nelle carceri ; « Le nouveau pape », en français et en italien ; « La questione religiosa e l'Italia », qui a eu l'honneur d'une traduction française et d'une traduction polonaise ; deux relations statistiques sur le mouvement des crimes et des punitions en Italie. Il a collaboré au nouveau code pénal et à l'organisation de l'administration des biens du clergé ; et il prépare la biographie d'un homme d'état, qu'il a connu dans l'intimité, pendant 27 ans, et qui sera comme son testament d'écrivain.

Canovas del Castillo (Antonio), homme d'État espagnol, né, à Malaga, le 8 février 1828. Il suivit à Madrid les cours de philosophie et de droit et se fit d'abord connaître comme poète et littérateur. Les premiers travaux que nous connaissons de cet éminent homme d'État sont : « El dia de Jueves Santo », poésie lyrique, dans l'*Album del Bardo*, Madrid, 1851 ; des vers à l'occasion de la mort du général De Enna dans la « Biografia del Excmo. Sr. D. Manuel De Enna, teniente general de los ejercitos nacionales », id, 1851 ; « La Campana de Huesca. Crónica del Siglo XII », id., 1852 ; 2me éd., 1854. Bientôt, au milieu de ses travaux littéraires et historiques, il fut entraîné vers le journalisme et il prit, en 1851, la direction de la *Patria*, journal conservateur. Dès 1852, il fut envoyé aux Cortès par la ville de Malaga ; la même année, il reçut des fonctions au ministère de l'Intérieur et, deux ans plus tard, il fut nommé chargé d'affaires à Rome. Il contribua, en cette qualité, à préparer le Concordat entre l'Espagne et le Saint-Siège. Après avoir été à la tête de l'administration intérieure, comme directeur général, depuis 1858, et comme sous-secrétaire d'État, en 1861, il devint ministre de l'Intérieur, en 1864, dans le cabinet Mon ; il échangea ce portefeuille dans le cabinet O'Donnel contre celui des finances et des colonies. Renversé du pouvoir par Narvaez et Gonzalez Bravo, il fut un des derniers à défendre dans les Cortès les idées libérales conciliées avec la monarchie constitutionnelle et fut banni peu de temps avant la révolution de septembre 1868, à laquelle il ne prit aucune part. — Après avoir combattu, dans les Cortès constituantes, les projets de constitution républicaine, il s'employa à préparer la restauration bourbonienne. Il fut l'un des chefs du mouvement qui porta Alphonse XII au trône. Aussi, il reçut, le 31 décembre 1874, la présidence du ministère de régence, et, lors de l'avènement du prince, il resta à la tête du cabinet dit de conciliation. Il se retira au mois de septembre 1875, devant les exigences du parti conservateur extrême, mais il fut rappelé à la présidence du conseil dès le 2 décembre de la même année et il resta au pouvoir jusqu'au mois de mars de 1879. Revenu au pouvoir en décembre 1879, il y resta jusqu'au mois de mars 1881 ; en janvier 1884, il était de nouveau nommé président du Conseil des ministres ; à la mort du Roi Alphonse XII, il fut remplacé par M. Sagasta. Nommé président des Cortès, le 26 décembre 1885, il prit séance par un remarquable discours en commémoration du feu roi. Outre les écrits que nous avons déjà cités, M. C. est l'auteur d'une histoire de la domination autrichienne en Espagne, et de plusieurs écrits littéraires, devenus aujourd'hui fort rares et qui l'avaient fait admettre, en 1860, à l'académie d'histoire, et, en 1867, à l'Académie espagnole. En 1886, M. J. G. Magnabal a publié, chez l'éditeur Leroux, de Paris, une traduction de « Le théâtre espagnol contemporain », de M. C., dont nous regrettons de ne pas connaître l'original.

Canron (Augustin), homme de lettres et journaliste français, né, à Avignon, en 1829. M. C., qui est avocat et docteur en droit, a été rédacteur de la *Gazette du Midi* de Marseille et de l'*Opinion du Midi* de Nîmes, il est membre du comité archéologique de Vaucluse. On lui doit : « Relation du Concile provincial, tenu à Avignon au mois de décembre 1849 », Avignon, Seguin, 1850 ; « Histoire du bienheureux Pierre de Luxembourg suivie d'une notice sur la vie de la vénérable Jeanne de Luxembourg, sa sœur », Carpentras, Devillario, 1854 ; « Histoire de Saint-Benezet, berger, et des frères de l'œuvre du pont d'Avignon », id., id. ; « Nouveau cours d'histoire, comprenant l'histoire ancienne, la mythologie, l'histoire romaine, et l'histoire de France », Avignon, Aubanel, 1857, publié sous le pseudonyme de *Frère Anicet de Sainte-Suzanne ;* « Guide de l'étranger dans la ville d'Avignon et ses environs », id., id., 1858 ; « Les palais des Papes à Avignon. Notice historique et archéologique », id., id., 1860 ; « Vie de Saint-Agniol, citoyen, évêque et premier patron de la ville d'Avignon », id., id., 1861 ; « Vie de Saint-Didier, évêque et martyr », id., id., 1862 ; « Les Jésuites à Avignon, esquisse historique (1555-1875) », id., Seguin, 1875 ; « La confrérie des Pénitents gris de la ville d'Avignon », id., id., 1877 ; « Les Jésuites, leur histoire, leurs doctrines, leur morale, leurs œuvres », id., id., 1880 ; « Le Christ en buis de Jean Guillermin », id., id., 1884.

Caustein (Raban, baron Von), jurisconsulte allemand, professeur ordinaire de droit commercial et cambial à l'Université de Graz. Nous connaissons de lui : « Die österr. Civilprocess-Novelle vom 16 mai 1874 erläutet », Vienne, 1875 ; « Streitgenossenschaft und Nebenintervention vom Standpunkte der öst. Gesetzgebung », id., 1876 ; « Die rationellen Grundlagen des Civilprocesses und deren Durchführung in den neuesten Civilprocess-Gesetzentwürfen Oesterreichs und Deutschlands, sowie in der Civilprocess-Ordnung für das deutsche Reich »,

id., 1877 ; « Lehrbuch der Geschichte und Theorie des österr. Civilprocessrechtes. Mit Benützung rechtshist. Vorarbeiten V. Harras Ritter von Harrasowsky », 3 livres, Berlin, 1880-82 ; « Compendium des österr. Civilprocessrechts », Berlin, 1885 ; sans tenir compte de plusieurs articles insérés dans des journaux et revues juridiques.

Cantacuzène-Altieri (la princesse Olga), femme de lettres, née à Vienne (Autriche), de parents russes, le 13 (25) novembre 1843. Fille du feu prince Alexandre Cantacuzène, elle épousa, le 2 décembre 1876, le prince Don Lorenzo Altieri. On lui doit : « Tante Agnès », Paris, Didier, 1873 ; « Carmela », 2 vol., id., Émile Paul, 1875 ; « Le passage d'un ange », id., Téqui, 1877 ; « Poverina », id., C. Lévy, 1880 ; « Le mensonge de Sabine », id., id., 1881 ; « Fleur de neige », id., id., 1885 ; « Irène », id., id., 1886 ; « Mois de Marie », id., Plon, id. ; « Une exaltée », id., G. Lévy, 1887.

Cantani (Arnaud), illustre médecin italien, professeur et directeur de la clinique médicale à l'Université de Naples, né d'un père italien, le 15 février 1837, à Hainsbach (Bohême). Il étudia et fut reçu, en 1860, docteur en médecine à l'Université de Prague. Il débuta en 1862 par un long article sur la Thérapie de l'École médicale de Prague dans la *Gazzetta Medica Lombarda*, et par une traduction avec notes, éditée à Milan par Vallardi, et plusieurs fois réimprimée, de la Pathologie et Thérapie spéciale de Niemeyer. Nommé, en 1864, professeur de matière médicale à l'Université de Pavie, en 1867, de Clinique médicale à l'*Ospedale Maggiore* de Milan, il passa, en 1868, à l'Université de Naples, où il enseigne encore, avec le plus grand succès. Parmi ses nombreuses publications, nous ne citerons ici que les plus importantes : « Sull'Acetonemia », Naples, 1864 ; « Sulla Terapia delle idropisie », id., 1865 ; « Sull'Idrocistovario », id., 1866 ; « Sulle Pneumatosi spontanee », id., 1867 ; « Manuale di Materia medica e terapeutica », Milan, 1866-77, en deux vols. ; « Patologia e Terapia del ricambio materiale », Milan, Vallardi, 2 vols. Le premier vol. sur le Diabète, paru, en 1875, a été traduit en français par Charvet (Paris, Delahaye, 1876), et en allemand par Hahn ; le second vol. a paru, en 1883. La traduction allemande, à laquelle a aussi collaboré le Dr Fränkel, est en quatre volumes. Le prof. Cantani a dirigé, jusqu'en 1886, le *Morgagni*, journal de médecine ; maintenant il dirige le *Giornale internazionale delle scienze mediche*, Naples, Detken. On lui doit en outre un « Manuale di Farmacologia clinica », en 5 vols., Milan, Vallardi, 1885-87 ; « Risultati della cura nell'epidemia di Napoli del 1884 », Naples, Vallardi, 1885, traduit en allemand par Fränkel, Leipzig, 1886, et une foule de mémoires, parmi lesquels, on doit signaler: « Caso di fegato ambulante », qui eut l'honneur de plusieurs éditions italiennes, et d'une traduction allemande; « La febbre »; « La Flogosi »; « La infezione »; « L'erotismo nervoso »; « La scrofolosi »; « L'isterismo »; « Le sanguisughe al retto nasale »; « Indicazioni dell'Eteroclismo »; « Ecnofilia »; « Reumatismo articolare acuto »; « Atassia »; « Infezione da malaria »; « Vajuolo »; « Satirismo »; « Jaborandi »; « Acireale »; « Febbre aftosa nell'uomo »; « Atrofia cutanea progressiva »; « Leucomia splenica »; « Paralisi bulbare progressiva con atrofia muscolare progressiva »; « Cura abortiva nell'Ileotifo »; « Acido solfidrico contro la tubercolosi », 1882; « Adenotifo »; « Istruzioni popolari concernenti il cholera »; « Vera Ipertrofia muscolare »; « Carcinoma del cervelletto con scirro polmonare »; « Asma lipocardiaco »; « Broncostenos catarrale diffuso ed i suoi rapporti cou l'entisema e l'asma riflesso »; « Le acque di Napoli »; « Tentativo di Batterioterapia » (le premier il a inventé cette cure, qui vient d'être adoptée en Allemagne); « L'acido tannico per enteroclisi nel cholera »; « Giftigkeit der Cholerabacillen » (une traduction portugaise par Havelburg a paru à Santos); « La infezione », leçon d'ouverture à l'Université de Naples, en 1886; « Idrofobia »; « Indicazioni terapeutiche dell'Enteroclisi », Naples, Detken, 1887; « Ipodermoclisi in un caso d'anemia per dissanguamento »; « Atrofia progressiva dei bulbi pilari », etc. Ses découvertes sont nombreuses et lui ont fait une grande réputation en Italie aussi bien qu'à l'étranger.

Cantarian (Père Samuel), écrivain arménien, préfet des études au Collège Arménien de Venise, est né, en 1838, à Constantinople. Ses ouvrages les plus importants sont : « La Rhétorique pour les classes supérieures », 1875; « Dictionnaire français-arménien-turc », 1886; et une traduction en vers arméniens de la « Première Méditation de Lamartine ».

Cantoni (Charles), philosophe italien, professeur de philosophie théorétique à l'université de Pavie, né, à Groppello (prov. de Pavie), en novembre 1840. M. C., esprit sérieux et pénétrant, écrivain serré et robuste, étudia d'abord le droit à l'Université de Turin; puis il se voua aux études littéraires et philosophiques, et fut reçu docteur en philosophie et docteur ès-lettres, en 1862. Son vrai maître, et celui qui l'impressionna le plus vivement, et qui laissa des traces plus profondes dans son esprit, a été le regretté philosophe Jean-Marie Bertini. En 1866, nous le trouvons professeur de philosophie au lycée de Casale; en 1868, au lycée de Milan; en 1877, à l'Académie scientifique et littéraire de la même ville; en 1878, à l'université de Pavie, où il prononça un discours fort applaudi sur l'unité de la science. Parmi ses écrits remarquables, on doit citer : « Teodoro Jouffroy », thèse de doctorat, 1862; « Gio. Battista Vico, studii, virtù e comparazione », 1864; « Mamiani e Lotze », deux essais dans la *Nuova Antologia*, 1869; « Letture sull'intelligenza umana », 1870-1871. « Corso elementare di filosofia », 3 vol. [« Psicologia percettiva e logica », I vol., 1866; « Psicologia morale ed Estetica », II vol., 1886; « Storia della filosofia », III vol., 1887] cet ouvrage en est à sa quatrième édition; « Appunti sulla filosofia di Kant », trois lectures à l'Institut Lombard, 1873; « La questione universitaria », 1874; « La libertà nell'istruzione superiore », 1876; « Giuseppe Ferrari », 1878; « G. M. Bertini », 1879; « Emmanuele Kant », 1879-1884; « La Riforma Universitaria », deux essais dans la *Nuova Antologia*, 1881; « Baldassarre Poli », 1885; « Professori e studenti nelle Università italiane e nelle tedesche », 1887. M. C. est membre de la Société philosophique de Berlin, et membre correspondant de l'Académie des Lincei de Rome.

Cantoni (Giovanni), illustre physicien et homme politique italien, né, à Milan, le 31 décembre 1818. M. Cantoni a été, de 1867 à 1870, membre de la Chambre des députés; de 1870 à 1872, il a été appelé, par le regretté César Correnti, en qualité de secrétaire général au Ministère de l'Instruction publique; depuis le 16 mars 1879, il est Sénateur du Royame. M. Cantoni, qui a été pendant longtemps recteur de l'Université de Pavie, y est professeur ordinaire et directeur du laboratoire de physique. Il est membre du conseil scolaire de la province de Pavie, de l'Institut Royal Lombard pour les sciences, les lettres et les arts, de l'Académie Pontaniana de Naples, de la Société italienne des sciences dite des XL, de l'Académie Royale des Lincei, et, enfin, du Comité supérieur de météorologie et géodinamique. Parmi les nombreuses publications de ce physicien illustre éparpillées dans différents journaux et recueils, nous citerons: dans les *Rendiconti del Reale Istituto Lombardo di scienze, lettere ed arti* : « Sulle variazioni di temperatura promosse nei liquidi da alcuni movimenti », 1er vol., 1864; « Osservazioni su la evaporazione e la diffusione dei liquidi, e su la imbibizione dei solidi porosi », id., id.; « Sulla permeazione dei liquidi nei solidi porosi », id.; « Su le azioni mutue delle correnti elettriche colle magneti e su le correnti d'induzione », 2e vol., 1865; « Sul calore prodotto dalla permeazione dei liquidi nei solidi porosi », 3e vol., 1866; « Sulla paragonabilità delle osservazioni ozonoscopiche », id., id.; « Esperienze sulla produzione dei vibrioni in liquidi bolliti », id., id.; « Su alcuni casi di correnti d'induzione », id., id.; « Sull'isolamento delle macchine a strofinio », 4e vol., 1867; « Sul raffreddamento dei gas per rarefazione », id., id.; « Ancora su la produzione degli infusorii in liquidi bollenti », id., id.; « Altre sperienze su la produzione degli infusorii », id., id.; « Su le macchine elettriche ad induzioni », id., id.; « Su alcune condizioni fisiche della affinità e sul moto browniano », 2e série, 1er vol., 1868; « Sperimenti e considerazioni su alcuni punti di elettro–chimica e di elettro–fisiologia », id., id.; « Sull'eterogenia », id., id.; « Su alcuni principii di idrostatica », id., id.; « Riflessi sulla nota del prof. Riatti: *Delle trasformazioni del movimento calorifico, osservabili nei corpi ruotanti* », id., id.; « Sull'elettroforo e su la induzione elettrostatica », 2e vol., 1869; « Sulla causa della incandescenza dei bolidi », id., id.; « La elasticità e la caloricità nei corpi », id., id.; « Il galvanometro nell'elettrostatica », id., id.; « Sulle pioggie dell'autunno 1868 nell'Alta Italia », id., id.; « Sperienze d'elettrologia », id., id.; « Studii intorno alle comuni macchine elettriche », id., id.; « Ancora su le macchine a strofinio », id., id.; « Ancora su la produzione degli infusorii in palloni suggellati ermeticamente e scaldati oltre i 100° », id., id.; « Sull'efficacia delle macchine a strofinio modificate », id., id.; « Sui condensatori elettrici », 5e vol., 1872; « Di un'altra analogia fra la polarizzazione elettrica e la magnetica », id., id.; « Sulle calorie di combinazione dei corpi », id., id.; « Su una sperienza d'elettrostatica », 6e vol., 1873; « Importanti osservazioni di G. B. Beccaria sui condensatori elettrici », id.; « Nuova analogia tra la polarizzazione elettrica e la magnetica », id., id.; « Su alcune teorie geologiche », id., id.; « Su la polarizzazione dei coibenti », id., id.; « I guasti arrecati all'agricoltura dall'inverno 1879–80 », 13e vol., 1880; « Sui fenomeni termici e luminosi che si manifestano nelle bottiglie di Leyda nel momento della loro scarica », 14e vol., 1880. Dans le même Recueil, en collaboration avec P. Mantegazza: « Di alcune esperienze sull'eterogenia in vasi chiusi e con sostanze bollite ad atmosfera arroventata », 2e vol., 1865; Dans les *Annali di Chimica* du prof. Giovanni Polli de Milan: « Sulla costituzione atmosferica dell'inverno ora scorso », vol. 26e, 1858; « Esperienze relative alla generazione spontanea », vol. 50e, 1870. Dans les *Atti delle adunanze dell'I. R. Istituto Veneto di scienze, lettere ed arti*: « Ancora intorno ai nuovi principii di fisiologia vegetale applicati all'agricoltura », 1860. Dans le *Nuovo Cimento* de Pise: « Relazioni tra alcune proprietà termiche ed altre proprietà fisiche dei corpi », vol. 14e, 1861. Dans les *Atti della Società italiana di scienze naturali*: « Le lenticelle nei nuovi principii di fisiologia vegetale », 4 vol., 1862; « La metereologia agraria », 21 vol., 1879. Dans les *Atti della R. Accademia dei Lincei*: « Su i varii modi di esplorazione elettrica e su l'influenza delle ipotesi in elettrostatica », 2fi° vol., 1873; « Sulla teoria della pila Voltiana », 3e série, 3e vol., 1878-79, et 7me vol., 1880; « Sperienze sulla polarizzazione elettrica delle lamine coibenti », 14me vol., 1882-83. Dans la *Rivista di filosofia scientifica* de Turin: « Dell'energia nella fisica moderna », 1er vol.; 1881. — Parmi ses publications séparées, nous citerons: « L'ontologismo della fisica », Pavie, Fusi, 1866; « Lezioni sulle condizioni fisiche della elasticità », id., Bizzoni, 1867; « Sommario di un corso di lezioni sulla gravità », id., id., id.; « La creazione di alcuni organismi », dialogue, Milan, Bozza, 1868; « I principii fisici della idrostatica », Pavie, Bizzoni, 1868; « Relazione tra alcune proprietà termiche ed altre proprietà fisiche dei corpi », 2me éd., id., id., id.; « Scienza e religione », discours d'ouverture prononcé à l'Université de Pavie, Milan, Vallardi, 1869; 2me éd., id., Treves, 1870; « Elementi di fisica », 2me éd., id., id., 1874; 3me éd., id., id., id., 1875; « L'omogeneità delle energie fisiche », 3e éd., id., id., 1879, 5me éd., id., id., 1884; « Importanza scientifica degli studi sperimentali di Paolo Gorini sui Plutoni », Lodi, Luinio, 1881; « Agli studenti universitarii. Consigli », Pavie, Bizzoni, 1882; « Sull'incenerimento dei cadaveri », conférence tenue à l'Université de Pavie, id., id., id.; « Ad onoranza del prof. Sante Garavaglia. Parole », id., id., 1887; « Note sul clima di Varese e su la meteorologia agraria », Varese, Maj et Malnati, 1887. — Enfin, M. C. a collaboré pendant plusieurs années à « L'Amico del Contadino », publié annuellement, depuis 1868, chez l'éditeur Vallardi de Milan, par MM. Gaetano Cantoni et Luigi Sacchi; il a donné une édition des « Scritti varii di Ambrogio Fusinieri », publiée aux frais de la Municipalité de Vicence et de l'Académie Olympienne de la même ville, Vicence, Burato, 1878; il a donné une traduction italienne de la « Fisica » de Balfour Stewart, Milan, Hoepli, 1881, 3me éd., id., 18-4; enfin, on lui doit aussi: « Bibliografia italiana di elettricità e magnetismo: saggio compilato per incarico del Ministero di agricoltura, industria e commercio dai professori F. Rossetti e G. C., in occasione della mostra internazionale di elettricità che si aprì a Parigi nell'agosto 1881 », Padoue, Sacchetto, 1881.

Cantor (Georges–Ferdinand–Louis–Philippe), mathématicien allemand, né, à Saint-Pétersbourg, le 3 mars 1845. Il n'avait encore que onze ans, quand il vint en Allemagne. Il fit ses premières études à Wiesbaden, à Francfort s. l. M., et à Darmstadt. En 1862, il se rendit à l'université de Zurich, et fréquenta ensuite celles de Berlin et de Gœttingue. Reçu docteur en philosophie, le 14 décembre 1867, à l'Université de Berlin, il fut, en 1869, autorisé par l'Université de Halle à l'enseignement des mathématiques; en 1872, il était nommé professeur extraordinaire à la même Université, et, en 1879, il y recevait l'ordinariat. On lui doit: « De æquationibus sec. grad. indet. », thèse, Berlin, 1867; « De transformatione form. ternar. quadrat. », thèse, Halle, 1869 ; « Historische Notizen über die Wahrscheinlichkeitsrechnung », id., 1874; « Grundlagen einer allgemeinen Mannichfaltigkeitslehre », Leipzig, 1883 ; sans tenir compte d'une foule d'articles insérés dans plusieurs journaux de mathématique.

Cantor (Maurice), historien et mathématicien allemand, né, à Mannheim, le 23 avril 1829, d'une famille originaire du Portugal. Il n'a, avec le précédent, que des liens de parenté fort éloignés, appartenant à deux branches différentes de la même famille. M. C. est professeur honoraire des mathématiques à l'Université de Heidelberg, membre honoraire du Copernicus-Verein de Thorn, membre correspondant de l'Académie des Sciences de Turin, et de l'Institut Lombard de Milan. Il a fait ses études universitaires à Heidelberg, Gœttingue et Berlin. Mais il se considère, lui-même, spécialement comme élève de M. A. Stern de Gœttingue et de M. Lejeune-Dirichlet de Berlin. On lui doit: « Grundzüge einer Elementararithmetik », Heidelberg, 1855 ; « Mathematische Beiträge zum Kulturleben der Völker », Halle, 1863 ; « Die römischen Agrimensoren und ihre Stellung in der Geschichte der Feldmesskunst », Leipzig, 1875; « Das Gesetz im Zufall », Berlin, 1877 ; « Vorlesungen über Geschichte der Mathematik », 1 vol., Leipzig 1880; plusieurs mémoires historiques et autres dans divers recueils, parmi lesquels nous citerons : « Ueber den sogenannten Seqt der ägyptischen Mathematikers », dans les *Sitzungsbericht der Wiener Akademie*, 1884.

Cantù (César), célèbre historien italien, né, le 8 décembre 1807, à Brivio, (prov. de Come). Pour jouir d'une bourse, pendant quelques années, il fut obligé de porter le froc, qu'il jeta aux orties à l'âge de 18 ans. Nommé professeur de grammaire à Sondrio, et, après quatre ans, à Côme, il n'y resta qu'une année et passa ensuite au Lycée de Milan. Il n'avait que 25 ans à la mort de son père, qui lui laissa sur les bras toute une nombreuse famille ; il prit alors le plus grand soin de l'éducation de ses frères (parmi lesquels son frère Ignace, mort depuis une dixaine d'années, était lui-même excellent écrivain et éducateur), et de ses petites sœurs. Depuis ce temps, on peut dire que toute la vie de César Cantù est dans ses livres. Il avait débuté à 21 ans par un poème remarqué en 4 chants « Algiso e la Lega Lombarda », et à 22 par la « Storia di Como », en dix livres, qui est un véritable modèle d'histoire municipale. Suivirent, pendant des années, des poésies d'occasion, (entr'autres un sermon de l'année 1831, contre les honneurs prodigués par la ville de Côme à la chanteuse Giuditta Pasta), et des articles et essais dans l' *Indicatore Lombardo*, dans le *Ricoglitore*, dans la *Rivista Europea* de Milan, et dans plusieurs autres revues; « La Lombardia nel secolo XVII », commentaire historique des *Promessi Sposi*, sur des matériaux que Manzoni lui-même lui avait fournis; « Discorso intorno a Lord Byron » ; « Studio su Vittore Hugo e il Romanticismo »; « Saggi sulla Letteratura tedesca » ; « L'Abate Parini ed il suo secolo », et autres nombreuses monographies qui lui préparaient des matériaux précieux pour ses grands ouvrages historiques, tels que la « Storia Universale », et la « Storia degli Italiani ». Ainsi son étude « La Rivoluzione della Valtellina », préludait à son livre : « Il Sacro Macello di Valtellina, episodio della Riforma Religiosa », qui devait, à son tour, fournir un chapitre à la « Storia degli Eretici d'Italia ». L'activité déployée par cet écrivain, avant sa 26e année, avait quelque chose de prodigieux ; cette activité et la franchise avec laquelle il s'exprimait, attirèrent bientôt sur lui la surveillance de la police autrichienne. A la fin de l'année 1833, grâce au chef du bureau de la censure, Paride Zaiotti, littérateur distingué, mais qui persécutait de son envie tous les écrivains qui s'élevaient au dessus de l'ordinaire, Cantù fut mêlé à un procès politique. Arrêté le 11 novembre 1833, il ne fut relâché que le 14 octobre de l'année suivante. Tous les moyens d'écrire lui étant refusés, avec un cure-dent il se fit une plume, la fumée de la bougie remplaça l'encre, et des vrais chiffons furent utilisés comme papier. C'est ainsi que fut écrite la plus grande partie du roman « Margherita Pusterla » ; nous en avons vu les intéressants fragments et nous pouvons l'attester. De la même manière, il a écrit plusieurs pages de son livre pour le peuple : « Il Galantuomo ». Il fallait bien, à la sortie de la prison avoir quelque chose de prêt, pour venir en aide à la famille abandonnée, d'autant plus qu'il s'attendait à se voir interdire, par le gouvernement autrichien, la faculté d'enseigner, ce qui ne manqua pas d'arriver. La plume restait donc sa seule ressource. En 1835, on vit paraître à la fois trois livres pour le peuple « Il Galantuomo », « Il buon Fanciullo » et « Il Giovinetto ». Le roman aussi était tout prêt, mais la censure autrichienne, avant de le livrer à la presse, le garda, pendant trois ans, dans ses bureaux. Tel était l'écrivain, auquel, en 1836, songea M. Joseph Pomba, l'éditeur de Turin, pour lui confier le soin d'écrire la première grande histoire universelle en italien. Tels sont les précédents littéraires et politiques de cet éminent vieillard, auquel l'esprit de parti qui domine le gouvernement italien refuse une place au Sénat, avec une inconséquence qui touche au ridicule, puisque cet illustre proscrit du Sénat n'est pas seulement chevalier du Mérite Civil de Savoie, mais aussi membre du conseil de l'ordre. Commencée, en 1836, l'Histoire universelle de Cantù, conçue d'après un plan nouveau, dont tout le mérite lui revient, était achevée au bout de six ans, en 72 volumes. L'éditeur Pomba s'est enrichi par ce livre, et l'auteur y gagna, dit-on, 300,000 francs. Cet ouvrage devenu populaire, et traduit en plusieurs langues (en Allemagne il a même eu l'honneur de deux traductions), procura à son auteur la plus grande renommée et lui servit de base et de point de départ pour d'autres travaux. A la veille de l'insurrection de la Lombardie, de l'année 1848, averti qu'il allait être de nouveau arrêté, il se refugia en Piémont, où Brofferio écrivit des pages éloquentes en sa faveur. Après les cinq fameuses journées dans lesquelles le peuple milanais chassa les autrichiens, Cantù revint à Milan, et y fonda et dirigea le journal *La Guardia Nazionale*, où il inséra ses « Trattenimenti di Carlambrogio da Montevecchia », livre pour le peuple, qui fut très bien accueilli, et préluda à d'autres livres du même genre qu'il écrivit plus tard, tels que « Buon senso e buon cuore »; « Il Portafoglio d'un Operaio », et « Attenzione ». Entre las années 1849 et 1859, il publia: « Ezzelino da Romano »; « La letteratura italiana per via d'esempi »; « La Storia degli Italiani »; « Scorsa d'un Lombardo negli Archivi di Venezia ». En 1857, lorsque le prince Maximilien, gouverneur-général pour l'Autriche, du royaume Lombardo-Vénitien, laissait entrevoir que l'Autriche ne tarderait pas à accorder à la Lombardie une constitution libérale, Cantù fut du petit nombre des libéraux qui se laissèrent prendre au piège et il accepta l'honneur d'accompagner l'Archiduc dans ses excursions; cet honneur lui coûta cher; ses ennemis le traitèrent de traître, et continuent, après trente ans, à lui reprocher comme un crime cette illusion d'un moment, oubliant, ou faisant semblant d'oublier, tous ses grands mérites, et irritant inutilement les dernières années de l'illustre historien par d'indignes chicanes. Malgré tout, Cantù continua à travailler avec ardeur. Après 1859, il publia encore, outre les livres populaires ci-dessus mentionnés: « Gli eretici d'Italia », 3 vol.; « Gli illustri italiani », id.; « Cronistoria dell'indipendenza italiana », id.; « Sull'origine della lingua italiana »; « Il Monti e l'età che fu sua »; « Notizie storiche e critiche sulla vita e le opere di Alessandro Manzoni »; « Alessandro Manzoni, reminiscenze »; « Antologia militare »; « Caratteri storici »; « Diplomatici della Repubblica Cisalpina e del Regno d'Italia ». En 1883, un comité se forma pour lui offrir une médaille d'honneur (voir la *Medaglia Monumentale in onore di Cesare Cantù*, Turin, Vincenzo Bona, 1883). A la mort de M. Minghetti, M. Cantù fut élu à sa place comme membre étranger de l'Institut de France. Il a été pendant une législature député au Parlement National; il a fondé la *Società Storica Lombarda* et gardé la présidence d'honneur au Congrès historique de Milan; il est Surintendant des archives de la Lombardie, décoré de plusieurs ordres étrangers, membre de nombreuses académies nationales et étrangères, illustre exemple d'une vie entièrement vouée aux études et au travail.

Capasso (Bartolomeo), illustre historien italien, né à Naples, le 22 février 1815. M. C. est actuellement directeur des Grandes Archives de l'État à Naples, et Surintendant des Archives des provinces continentales de l'ancien royaume de Naples, membre de l'Académie royale des Lincei de Rome, de l'Académie d'Archéologie, Lettres et Beaux-arts de Naples, de l'Académie Pontaniana, inspecteur des fouilles et monuments de la ville de Naples. On lui doit: « Topografia storico-archeologica della penisola sorrentina, e raccolta di antiche iscrizioni alla medesima pertinenti », Naples, 1846; « Memorie storiche della Chiesa Sorrentina », id., 1854; « Sull'antico sito di Napoli e Paleopoli, dubbi e congetture », id., 1855; « La cronaca napoletana di Ubaldo, edita dal Pratilli nel 1751, ristampata e dimostrata un' impostura del secolo scorso », id., 1855; « Nuova interpretazione di alcuni luoghi oscuri e difficili de' latini scrittori, tentata coll'aiuto del dialetto e de' costumi napoletani », id., 1858; « Sulla iscrizione sorrentina dedicata a Fausta, nuove osservazioni », id., 1862; « Il Tasso e la sua famiglia a Sorrento. Ricerche e narrazioni storiche », id., 1866; « Notizie di alcune iscrizioni abruzzesi inedite e nuova spiegazione del vocabolo *majorinus* », id., id.; « Sulla storia esterna delle Costituzioni del regno di Sicilia, promulgate da Federigo II », id., 1869; « Sul catalogo dei feudatari delle province napoletane sotto i Normanni », id., 1870; « Historia diplomatica regni Sic. inde ab an. 1250 ad an. 1266 ». id., 1874; « La famiglia di Masaniello », id., 1875; « Le fonti della storia delle province napoletane dal 568 al 1500 », id., 1876; « Monumenta ad Neap. ducatus historiam pertinentia, quæ partim nunc primum partim iterum typis vulgantur », 2 vol., id., 1881.

Capé (Eugène, dit MONTROSIER), littérateur et écrivain d'art français, né à Paris, le 15 novembre 1839. Il fit ses études sous la direction son père, qui s'était aussi occupé de littérature. Entré dans le journalisme, en 1859, il collabora au *Messager du théâtre et des arts*, où il introduisit la critique d'art et la critique littéraire, et dont il ne tarda pas à devenir le principal rédacteur. En 1869, il entre à la *Cloche*, fondée par Louis Ulbach, et il y fait la partie artistique et les théâtres, jusqu'à la fin du journal, en 1872. En 1874, M. C. devient rédacteur en chef du *Musée des deux Mondes*, revue d'art et de littérature, avec la collaboration de A. Dumas, Alphonse Daudet, François Coppée, Léon Cladel, Henri de Bornier, L. C. Huysmans, de Heredia, Banville, etc. En même temps, il dirige la *Chronique illustrée* et la *Ga- zette des amateurs*, et collabore à la *Gazette des Beaux-Arts* et à l'*Art*. M. B. a publié: « Les Artistes modernes », 4 vol., Paris, Launette, 1881-84; il collabore, chez le même éditeur, à deux publications: *la Société d'aquarellistes fran- çais* et les *Grands peintres français et étrangers*, où il a donné d'importantes études sur Eugène Lami, Baron, Vibert, Puvis de Chavannes, Ju- les Breton, Rosa Bonheur, Raymond de Ma- drazo. Il a publié en outre : « Les Chefs d'œu- vre d'art au Luxembourg », Paris, Baschet, 1881 ; « Les Peintres modernes », id., id., 1882, un volume consacré à Ingres, H. Flandrin, et Robert Fleury; M. C. a collaboré aussi à la *Galerie contemporaine*, du même éditeur, et a fait « Le salon de 1888 », un volume considé- rable. Il a donné aussi, chez Launette « Le Sa- lon des Aquarellistes », en 1887 et en 1888, deux volumes importants. Dans tous ses ouvra- ges, il a cherché à faire la psychologie de l'art et à peindre les hommes par les œuvres.

Capecelatro (monseigneur Alphonse), prélat italien, né, à Marseille, le 5 février 1824, fils du duc François de Castel Pagano. Il fit ses étu- des à Naples, où, en 1866, il entra dans la congrégation de l'Oratoire. En 1866, il fut élevé à la dignité de Supérieur, qu'il garda jusqu'à l'avènement du Saint-Père Léon XIII, qui le nomma successivement Prélat de Sa Cour, Bi- bliothécaire du Vatican, Archevêque de Capoue et enfin Cardinal. — En 1856, il publia son importante : « Storia di Santa Caterina e del Papato del suo tempo », qui a eu l'honneur de plusieurs éditions successives, d'une traduction française et d'une allemande. Ensuite il publia: « Newman e l'Oratorio inglese » ; « La Storia di San Pier Damiani », 2 vol., ouvrage histo- rique de la plus haute valeur ; « Gli errori di Renan » ; « La vita di Gesù Cristo », 2 vol. ; « Scritti varii religiosi e sociali », (parmi les- quels une brochure sur les ordres religieux : « Le armonie della religione con la civiltà », et une autre brochure « Perchè il Concilio ? »); « Le armonie della Religione col Cuore », (où se trouve la brochure: « Amore e dolore cristia- no) » ; « Sermoni » ; « La Madre di Dio » ; « Gladstone e gli effetti dei decreti vaticani » ; « Apparecchio al Catechismo » ; « La Dottrina Cattolica », une édition française traduite sous les yeux de l'auteur et avec son concours per- sonnel a paru, en 1884, chez Lethielleux, de Paris, sous le titre: « Exposition de la doctrine catholique » ; « La Vita di San Filippo Neri » ; « La vita del Padre Rocco, domenicano », Sien- ne, 1881 ; « Prose sacre e morali », id., 1884 ; « La Vita del Padre Lodovico da Casoria ». — Une nièce du Cardinal, Mlle Henriette C.,

actuellement duchesse, et mère de famille à Naples, née à Turin, en 1863, et fille de M. Antoine C., ancien directeur des postes italien- nes, a publié un volume: « Proverbii illustrati ai fanciulli », sous forme de contes fort gra- cieux.

Capel (Mgr. Thomas-Jean), prélat catholique anglais, né le 28 octobre 1836. Ordonné prêtre, en 1860, par S. Em. le card. Wiseman, il fut, pendant quelque temps, chargé de la direction de la mission catholique anglaise à Pau, en France. Prédicateur hors ligne, Mgr. Capel fut bientôt élevé par le Pape aux hautes dignités de l'Église. En 1882, il a écrit : « Great Bri- tain and Rome », dans lequel il soutient la né- cessité pour l'Angleterre de consentir à rece- voir un Nonce apostolique à Londres ; ce livre, tra- duit en français, a été publié, la même année, chez Téqui, à Paris, sous le titre ; « La Grande- Bretagne et le Vatican, ou, La Reine doit-elle entretenir des relations avec le Souverain Pon- tife ? ». On lui doit encore : « Confession » ; « The Holy Catholic Church » ; « The Name Catholic » ; « The Pope the Head of the Chri- stian Church ». Il a réédité, en outre, l'ouvrage bien connu : « Faith of Catholics ».

Capeller (Charles), indianiste allemand, pro- fesseur extraordinaire de sanscrit à l'université de Jena. Nous connaissons de lui : « Die Ga- nachandas. Ein Beitrag zur indischen Metrik », Leipzig, 1872 ; « Vâmana's Stilregeln bearb. », Strasbourg, 1880 ; « Sanskrit Wörterbuch », id., 1886.

Capellini (Giovanni), illustre naturaliste ita- lien, né, à la Spezzia, le 23 août 1833. Reçu doc- teur ès-sciences à l'Université de Pise, en 1858, il entreprit ensuite un voyage scientifique en Europe. En 1860, il était nommé professeur au collège national de Gênes et agrégé à l'Univer- sité de la même ville ; l'année suivante, il pas- sait à l'Université de Bologne en qualité de pro- fesseur ordinaire de géologie et de paléontologie. Depuis cette époque, M. Capellini a employé chaque année ses mois de vacances à voyager et il a parcouru de la sorte toute l'Europe et une grande partie de l'Amérique septentrionale. M. C. est le créateur de l'Institut géologique de Bologne et le promoteur des Congrès inter- nationaux d'Anthropologie et d'Archéologie. Com- me organisateur de la cinquième session de ce Congrès, qui eut lieu à Bologne, il organisa, en même temps, une Exposition italienne d'Ar- chéologie préhistorique. C'est M. C. qui le pre- mier a eu l'idée des Congrès géologiques in- ternationaux. Doyen de la Faculté des sciences de l'Université de Bologne, il en a été plusieurs fois recteur, et en cette qualité il a présidé aux fêtes du dernier jubilé de cette Université. M. C. est membre de presque toutes les compagnies savantes italiennes et de plusieurs des plus im- portantes de l'étranger, et il est décoré de plusieurs ordres, et entr'autres de celui du Mérite civil de Savoie. Voici maintenant la liste chronologique des travaux scientifiques de cet illustre savant : « Sulla geologia dei dintorni di colle di Val d'Elsa », Pise, 1858 ; « Nuove ricerche paleontologiche nella caverna ossifera di Cassana (provincia di Levante) », *Liguria Medica*, 1859 ; « Sur le gisement des végétaux fossiles à Sarzanello, Caniparola et San Lazzaro », *Contrib. à la flore foss. ital., Val d'Arno, par MM. Gaudin et Strozzi*, Zurich, 1859 ; « Note sur une nouvelle espèce d'Isis fossile », *Bull. Soc. Géol. Fr.*, sér. 2, XVI, 1859 ; « Catalogue des Oscabrions de la Méditerranée, suivi de la description de quelques espèces nouvelles », *Journal Conchyl.*, 1859 ; « Cenni geologici sui giacimenti delle ligniti della bassa Val di Magra », *Mem. Acc. Sc. Tor.*, ser. 2, XIX, 1860 ; « Della presenza del ferro oolitico nelle montagne della Spezia », Gênes, 1860 ; « Notizie geologiche e paleontologiche sui gessi di Castellina Marittima in Toscana », *Nuovo Cimento*, 1860 ; « Relazione sui metodi e norme stabilite dalla giunta consultiva per la formazione della Carta geologica del Regno d'Italia », Turin, 1861 ; « Études stratigraphiques sur l'Infralias dans les montagnes du golfe de la Spezia (résumé) », *Bull. Soc. Géol. Fr.*, sér. 2, XIX, 1861 ; « Le schegge di diaspro dei monti della Spezia e l'epoca della pietra », Bologne, 1862 ; « Studii stratigrafici e paleontologici sull'Infralias nelle montagne del golfo della Spezia », *Mem. Acc. Sc. Ist. Bol.*, sér. 2, I, 1862 ; « Balenottera fossile nelle argille plioceniche di San Lorenzo in collina », *Rivista ital. di scienze, lettere ed arti*, Turin, 1862, nouvelle éd., Bologne, Vitali, 1862 ; « Geologia e paleontologia del Bolognese. Cenno storico », Bologne, 1862 ; « Conglomerato a ciottoli improntati », *Rend. Sess. Acc. Sc. Ist. Bol.*, 1862-63 ; « Carta geologica dei dintorni del golfo della Spezia e Val di Magra inferiore », Bologne, 1863 ; 2me éd., Rome, 1881 ; « Relazione sul modo di rintracciare alcune sorgenti che alimentavano l'acquedotto di Nerva nella città di Narni, e sue modificazioni e riparazioni per garantirne la quantità e la purezza », Narni, 1863 ; « Sui Delfini fossili del Bolognese », *Mem. Acc. Sc. Ist. Bol.*, sér. 2, III, 1863 ; « Relazione di un viaggio scientifico fatto nel 1863 nell'America settentrionale », Bologne, 1864 ; « Descrizione geologica dei dintorni del golfo della Spezia e Val di Magra inferiore, destinata alla illustrazione della carta, pubblicata nel 1863 », Bologne, 1864 ; « Report on the Petroleum Cº limited », Londres, 1864 ; « Balenottere fossili del Bolognese », *Mem. Acc. Sc. Ist. Bol.*, sér. 2, IV, 1864 ; « La storia naturale dei dintorni del golfo della Spezia. Cenno storico », *Atti Soc. Ital. Sc. Nat.*, VIII, 1865 ; « I fossili infraliassici dei dintorni del golfo della Spezia », *Mem. Acc. Sc. Ist. Bol.*, sér. 2, V, 1865 ; « Petrolio di Tocco e Bitumi di Lotto Manopello », Turin, 1866 ; « Ricordi di un viaggio scientifico nell'America Settentrionale nel 1863 », Bologne, 1867 ; « Giacimenti petroleiferi di Valacchia e loro rapporti coi terreni terziari dell'Italia centrale ». *Mem. Acc. Sc. Ist. Bol.*, sér. 2, VII, 1867 ; « Per la solenne distribuzione delle medaglie agli Espositori della provincia di Bologna, premiati nel Concorso universale a Parigi l'anno 1867. Discorso ». Bologne, 1868 ; « Ariano e dintorni. Cenni geologici sulle valli dell'Ufita, del Calore e del Cervaro », *Mem. Acc. Sc. Ist. Bol.*, sér. 2, IX, 1869 ; « Antichità preistoriche nelle grotte del Palo di Molfetta », *Gazz. Emilia*, 1869 ; « Pesci ed insetti fossili nella formazione gessosa del Bolognese », id., id. ; « La fosforite in Italia », id.; « L'antropofagismo in Italia all'epoca della Pietra. Lettera sulle scoperte paleoetnologiche fatte nell'isola Palmaria », id., id., *Gazz. Italia*, id., et *Ann. Scient.*, 1870 ; « Armi e utensili di pietra nel Bolognese, id., et *Mem. Acc. Sc. Ist. Bol.*, sér. 2, IX, 1869 ; « Di Nicola Stenone e dei suoi studii geologici in Italia », Bologne, 1870 ; 3me éd., Florence, 1881 ; « Congresso internazionale di Archeologia preistorica. Sessione IV a Copenaghen nel 1869 », *Rivista Bologn.*, IV, 1870 ; « Compendio di geologia per uso degli allievi della R. Università di Bologna », 1ere partie, Bologne, 1870 ; « Vertebre cervicali di una Balena affine alla B. byscajensis, e bacino di Rhinoceros megarhinus », *Rend. Sess. Acc. Sc. Ist. Bol.*, 1870-71 ; « Carte géologique des environs de Bologne et d'une partie de la vallée du Reno », Bologne, 1871 ; « L'età della pietra nella valle della Vibrata », *Mem. Acc. Sc. Ist. Bol.*, sér. 3, I, 1871 ; « Sul Felsinoterio, sirenoide halicoreforme dei depositi littorali pliocenici dell'antico bacino del Mediterraneo e del Mar Nero », *Mem. Acc. Sc. Ist. Bol.*, sér. 3, I, 1871 ; « La grotta dell'Osteriola presso S. Lazzaro nella provincia di Bologna », *Rend. Sess. Acc. Sc. Ist. Bol.*, 1871-72 ; « Report on the sulphur mines of Cesenate », Londres, 1872 ; « Sur les grottes de Molfetta », *Compte-rendu Congr. intern. Anthr. Arch. préhist.*, 6me session, Bruxelles, 1872 ; « Atti, 6a Riun. Soc. sc. nat. in Siena. Il genere Hipparion nelle ligniti senesi », Milan, 1872 ; « Sulle roccie serpentinose del Bolognese, e in particolare su quelle dei dintorni di Bisano », *Rend. Sess. Acc. Sc. Ist. Bol.*, 1872-73 ; « Grotta dei Colombi à l'île Palmaria (golfe de la Spezia), station de Cannibales à l'époque de la Madeleine », *Compte-rendu Congr. intern. Anthr. Arch. préhist.*, 5me session, Bologne, 1873 ; « Sulla Balena etrusca », *Mem. Acc. Sc. Ist. Bol.*; « Congresso internazionale di Antropologia e Archeologia preistoriche. Sesta sessione a Bruxelles, 1872 », *Arch. Antrop. Etnol.*, III, 1873 ; « Sulla esatta provenienza del collo fossile di Balena dei dintorni di Chiusi », *Rend. Sess. Acc. Sc. Ist. Bol.*, 1873-74; « La formazione gessosa di Castellina Marittima e i suoi fossili », *Mem. Acc. Sc. Ist. Bol.*, sér. 3, IV, 1873; « Sopra alcuni nuovi esemplari di fossili provenienti dalle argille scagliose cretacee dei dintorni di Porretta », *Rend Sess. Acc. Sc. Ist. Bol.*, 1873-74; « Strati a Congeria, formazione oeninghiana e piano del calcare di Leitha nei Monti Livornesi », id.; « Cenni sul Congresso internazionale di Antropologia e di Archeologia preistoriche a Stoccolma nel 1874 », id.; « Sui Cetoterii bolognesi », *Mem. Acc. Sc. Ist. Bol.*, sér. 3, V., 1874; « Calcare a Amphistegina, strati a Congerie e calcare di Leitha nei Monti Livornesi », *Rend. sess. Acc. Sn. Ist. Bol.*, 1874-75; « L'uomo pliocenico in Toscana », id., 1875-76; « Sulle balene fossili toscane », *Atti Acc. Linc.*, sér. 2, III, 1876; « De l'ambre italienne et principalement de l'ambre rougeâtre du Bolognais », *Compte-rendu Congr. intern. Anthr. Arch. préhist.*, 7me sess., *Stockholm*, 1876; « Sur les récentes découvertes de l'âge de la pierre dans le Bolognais », *Compte-rendu Congr. intern. Anthr. Arch. préhist.*, 7me sess., Stoccolma, 1876; « L'uomo pliocenico in Toscana », *Atti Acc. Linc.*, sér. 2, III, 1876; « Sui terreni terziari di una parte del versante settentrionale dell'Appennino », *Mem. Acc. Sc. Ist. Bol.*, sér. 3, VI, 1875; « Sull'analisi meccanica delle roccie crittomere per mezzo delle lamine sottili e del microscopio », *Rend. Sess. Acc. Sc. Ist. Bol.*, 1876; « Cetacei fossili dell'Italia meridionale », id., id.; « Sulla Balenottera di Mondini, Rorqual de la Mer Adriatique di G. Cuvier », *Mem. Acc. Sc. Ist. Bol.*, sér. 3, VII, 1876; « Della Balena di Taranto, confrontata con quelle della Nuova Zelanda e con talune fossili del Belgio e della Toscana », id., VIII, 1877; « Balenottere fossili e Pachyacanthus dell'Italia meridionale », *Atti Acc. Linc.*, sér. 3, I, 1877; « Les traces de l'homme pliocène en Toscane », *Compte-rendu Congr. intern. Anthr. Arch. préhist.*, 8me sess., Budapest, 1877; « L'ivoire, les dents de castor, le corail, les coquilles et autres matériaux utilisés par les anciens habitants de Felsina », id., id.; « Sur la découverte de la cassitérite en Italie », id., id.; « Marne glauconifere dei dintorni di Bologna », *Rend. Sess. Acc. Sc. Ist. Bol.*, 1876-77, et *Boll. Com. Geol. It.*, VIII, 1877; « Sulla proposta di un congresso internazionale geologico. Frammenti di lettere », Bologne, 1877; « Sulla origine e sul giacimento delle sorgenti salate e solforose dei dintorni di Sant'Angelo in Pontano », Macerata, 1877; « La Balena di Taranto e il Macleayius del Museo di Parigi », *Rend. Sess. Acc. Sc. Ist. Bol.*, 1877-78; « Pachyacantus vel Priscodelphinus », *Trans. Acc. Linc.*, sér. 3, II, 1878; « Il calcare di Leitha, il sarmatiano e gli strati a Congerie nei monti di Livorno, di Castellina Marittima, di Miemo e di Monte Catini », *Atti Acc. Linc.*, sér. 3, II, 1878; « Della pietra leccese e di alcuni suoi fossili », *Mem. Acc. Sc. Ist. Bol.*, sér. 3, IX, 1878; « Inclusioni di apatite nella roccia di Monte Cavaloro », *Rend. Sess. Acc. Sc. Ist. Bol.* 1877-78; « Sulla prehnite dei Monti Livornesi e sui minerali che l'accompagnano », id., id.; « Gli strati a Congerie e le marne compatte mioceniche dei dintorni di Ancona », *Atti Acc. Linc.*, sér. 3, III, 1879; « Balenottera fossile delle Colombaie presso Volterra », id., id.; « Breccia ossifera della caverna di Santa Teresa dal lato orientale del golfo di Spezia », *Mem. Acc. Sc. Ist. Bol.*, sér. 3, X, 1879; « Gli strati a Congerie o la formazione gessosa-solfifera nella provincia di Pisa e nei dintorni di Livorno », *Atti Acc. Linc.*, sér. 3, V, 1880; « Sul calcare screziato con foraminiferi dei dintorni di Porretta nel Bolognese », *Rend. Sess. Acc. Sc. Ist. Bol.*, 1879-80; « Il macigno di Porretta e le roccie a Globigerine dell'Appennino bolognese », *Mem. Acc. Sc. Ist. Bol.*, sér. 4, II, 1880; « Calcari a bivalvi di Monte Cavallo, Stagno e Casola nell'Appennino bolognose », id., id.; « Resti di Tapiro nella lignite di Sarzanello », *Atti Acc. Linc.*, sér. 3, IX, 1881; « Le roccie fossilifere dei dintorni di Porretta nel Bolognese e l'arenaria di Roccapalumba in Sicilia », *Rend. Sess. Acc. Sc. Ist. Bol.*, 1880-81; « Avanzi di Squalodonte nella molassa marnosa miocenica del Bolognese, *Mem. Acc. Sc. Ist. Bol.*, sér. 4, II, 1880; « Carta geologica dei monti di Livorno, di Castellina Marittima e di una parte del Volterrano », Rome, 1881; « Carta geologica della provincia di Bologna », id., id.; « Relazione sul secondo Congresso geologico internazionale a S. E. il Ministro di Agricoltura, Industria e commercio », id., id.; « Sullo scheletro di Scelidoterio esposto nel R. Museo Geologico di Bologna », *Riass. Acc. Linc.*, sér. 3, V, Rome, 1881; « Discours prononcé à la séance d'ouverture du Congrès géologique international, 2me session, Bologne, 1881 », *Compte-rendu Congr. Géol. Int.*, 2me sess., Bologne, 1881; « Del Tursiops Cortesii e del Delfino fossile di Mombercelli nell'Astigiano », *Mem. Acc. Sc. Ist. Bol.*, sér. 4, III, 1882; « Di un'Orca fossile scoperta a Cetona in Toscana », id., sér. 4, IV, 1883, pag. 665-67, tt. i-iv; « Discorso pronunciato nella seduta d'apertura dell'adunanza estiva della Società geologica italiana in Fabriano il 2 settembre 1883 », *Boll. Soc. geol. ital.*, II, 1883; « Il Chelonio veronese (Protosphargis veronensis, Cap.) scoperto nel 1852 nel Cretaceo superiore presso S. Anna, di Alfaedo in Valpolicella », *Atti Acc. Linc.*, sér. 3, XVIII, 1884; « Il Cretaceo superiore e il gruppo di Priabona nell'Appennino settentrionale, e in particolare nel Bolognese, loro rapporti col *grès de Celles* in parte e con gli strati a *Clavulina Szabói* », *Mem. Acc. Sc. Ist. Bol.*, sér. 4, V, 1884; « Del Zifioide fossile (Choneziphius planirostris) scoperto nelle sabbie plioceniche di Fangonero presso Siena », Rome, 1885; « Resti fossili di Dioplodon e Mesoplodon 1885 », *Mem. Acc. Sc. Bol.*, sér. 4, VII ; « Sulle Coccie vulcaniche di Montecatini e Orciatico nella provincia di Pisa », Rome, 1885 ; « Adunanza estiva della Società geologica italiana in Arezzo nel settembre 1885. Discorso inaugurale », Rome, 1885 ; « Sopra resti di un Sirenio fossile (Metaxytherium Lovisati. Cap.), raccolti a Monte Fiocca presso Sassari in Sardegna », *Mem. Acc. Sc. Ist. Bol.*, sér. 4, VII, 1886 ; « Cetacei e Sireni fossili scoperti in Sardegna », *Rend. Acc. Linc.*, sér. 4, II, 1886 ; « Ouverture de la 3me Session du Congrès géologique international à Berlin en 1885 », Bologne, 1886 ; « Adunanza estiva della Società geologica italiana in Terni il 24 ottobre 1886. Discorso inaugurale », *Boll. Soc. geol. ital.*, vol. V, 1886 ; « Sulla scoperta dei resti di una Megattera fossile presso Montepulgnasco in Val d'Arda », id., id. ; « Intorno ad ossa fossili dei dintorni di Pontremoli e Ortona », id., id. ; « Delfinorinco fossile dei dintorni di Sassari », Bologne 1887. — En collaboration avec M. Pagenstecher : « Mikroscopische Untersuchungen über den innern Bau einiger fossilen Schwämme », *Zeitschr, wiss. Zool.*, X, 1860 ; et en collaboration avec M. Heer : « Les Phyllites crétacées du Nebraska », *Mém. Soc. Helv. Sc. Nat.*, 1886. — On lui doit aussi les traductions suivantes : « Sui testacei marini delle coste del Piemonte, per J. G. Jeffreys. Traduzione con note e catalogo speciale per il golfo della Spezia », Gênes, 1860 ; « Una prima lezione di Storia Naturale della signora L. Agassiz », Bologne, 1865 ; « Commission internationale pour l'unification de la nomenclature géologique. Rapport de MM. Neumayr », Bologne, 1883 ; « Projet pour la publication d'un Nomenclator palaeontologicus, par MM. Neumayr », Bologne, 1883. — Enfin, M. C. a publié les deux comptes-rendus suivants : « Congrès international d'Anthropologie et d'Archéologie préhistoriques. Compte-rendu de la cinquième session à Bologne, 1871 », Bologne, 1873 ; « Congrès géologique international. Compte-rendu de la 2me session, Bologne, 1881 », Bologne, 1882.

Capern (Édouard), poète anglais, né, à Tiverton (Devonshire), le 21 janvier 1819. Il était employé à la poste, et on le nommait le *Postman poet* et aussi le *Bideford poet*. En 1856, ayant publié ses « Poems », le Gouvernement anglais lui accorda une pension annuelle de 1000 francs, qui fut élevée après quelques années à 1500 francs. Suivirent les « Ballads and Songs » ; « Devonshire Melodists » ; « Wayside warbles », 1865, augmentés en 1870 ; son dernier ouvrage est une chanson de l'Armada de Philippe II, en 1588. Le « Bideford poet », demeure à présent dans le pittoresque village de Braunton près de Bideford. M. Walter Savage Landor lui a dédié son poème « Antony and Octavius ». La ville de Birmingham, où il a demeuré pendant quelques années, lui a décerné aussi des distinctions et des honneurs.

Capitelli (comte Guillaume), écrivain et homme politique italien, actuellement préfet de la province de Messine, décoré d'une médaille en argent et d'une médaille en or pour les services rendus pendant les épidémies cholériques ; est né, à Naples, le 6 novembre 1840, fils de M. Dominique C., illustre patriote et jurisconsulte, qui présidait, en 1848, le parlement napolitain. Il fit son éducation littéraire sous Raffaele Masi, et, en 1860, il fut reçu docteur en droit. Il voyagea en Italie, en France, en Belgique, en Allemagne, en Angleterre. Nous le trouvons à 26 ans maire de Naples, à 33 préfet de Bologne. Mais ayant donné sa démission, il ne rentra dans la carrière administrative qu'en 1885, en acceptant la place de préfet d'Aquila. Lorsque le choléra sévissait le plus à Messine, il fut destiné préfet de cette ville. Doué d'une grande culture littéraire, écrivain de bon goût, orateur distingué, très versé dans la politique et dans l'administration, ami des patriotes italiens les plus illustres, le comte Capitelli a publié : « Pochi versi », Naples, 1863 ; « Opuscoli giuridici di Domenico Capitelli con prefazione e note di suo figlio Guglielmo », id., 1861 ; « Studii sul Municipio di Napoli », id., 1871 ; « Della vita e degli Studii di Domenico Capitelli, presidente del Parlamento napoletano del 1848 », Bologne, Monti, 1874 ; « Studii sulla condotazza delle acque in Napoli », Naples, 1873 ; « Pagine sparse », Naples, Giannini, 1877 ; « Studii biografici (Vittoria Colonna — Alessandro Manzoni — Gius. Pisanelli) », Naples, 1881 ; « Memorie e lagrime », vers, Padoue, Salmin, une quatrième édition augmentée en a paru, en 1886, à Lanciano ; « Patria ed Arte, conferenza e studii », Lanciano, 1887. M. Capitelli étant maire de Naples lors de la naissance, dans cette ville, du prince de Savoie, qui est aujourd'hui le Prince héritier d'Italie, a reçu de Sa Majesté Victor Emmanuel II, selon un ancien usage, le titre de Comte.

Capmal (Paulin), littérateur français, membre de la Société des Gens des lettres, receveur des droits d'entrée de Paris, né, à Sommières (Gard), le 28 septembre 1828. Après avoir sérieusement étudié la littérature française à la Faculté des lettres de Montpellier, M. C. publia, dans cette même ville, chez les éditeurs Seguin et Coulet, deux petits volumes intitulés l'un : « Picorée Littéraire » ; l'autre : « Esquisses Méridionales. Grisettes de Montpellier ». Peu de temps après, il se fit connaître à Paris par un roman historique, épisode des guerres de religion en Languedoc paru dans le feuilleton de la *Liberté*, sous le titre : « Le Cachot de la

Tour des Pins ». Cet ouvrage fort remarqué fut suivi de près par : « Les folles nuits de Pierre d'Aragon », épisode de la guerre des Albigeois. Depuis lors le *Temps*, la *France*, le *Pays*, la *Petite Presse*, les journaux illustrées, ont publié plusieurs de ses romans ou nouvelles; nous citerons parmi les plus remarquables de ces œuvres : « La Jeunesse de François I »; « Une nuit au Couvent »; « Le Trésor du juif Salomon »; « La Chanteuse du quartier latin »; « Les musiciens de la nature »; « Gabrielle Maurel »; « Raoul d'Arcis », et enfin : « Feuillets d'album », un volume de poésies parmi lesquelles nous signalerons : « Un soupir de Ronsard »; « Le chant du cygne »; « Joinville le Pont », et plusieurs sonnets.

Capon (Jacques, dit CAPONI), journaliste italien, né, à Venise, vers 1830. M. C. qui appartenait à une honorable famille de négociants de Venise, envoyait pendant les dernières années de l'occupation autrichienne des lettres à la *Perseveranza*, dont la police autrichienne a pendant longtemps cherché en vain l'auteur. Il y a vingt-cinq ans à peu près, il alla s'établir à Paris, d'où il envoie toujours à la *Perseveranza* des correspondances et des chroniques fort goûtées; il est aussi, depuis dix-sept ans le correspondant parisien du *Fanfulla*, où il signe *Folchetto*. Depuis deux ans, M. Capon réunit chaque année ses correspondances en un volume, sous le titre « Vita Parigina ». M. Capon qui a collaboré aussi à des journaux français, et qui est le doyen des correspondants italiens à Paris, avec lesquels il a fondé la Société de la *Polenta*, est, depuis quelques années, chevalier de la Légion d'honneur.

Capone (Luc), médecin italien, né, à Montella (prov. d'Avellino), en 1832. Après avoir été médecin dans l'armée et dans les hôpitaux civils de la ville de Naples, il est, depuis 1870, *privat Docent* de clinique médicale, propédeutique et générale à l'Université de Naples. On lui doit : « Guida di Laringoterapia », Naples, 1865; « Sulla pneumonite secondaria », id., 1867; « Dissertazione sulla questione : Sino a qual punto il diagnostico anatomico possa chiarire il trattamento curativo delle malattie del cuore », Naples, 1868. Il a publié, en outre, plusieurs mémoires dans le *Filiatre Sebezio*, parmi lesquels nous citerons : « Sul migliore trattamento del Reumatismo articolare acuto »; « Sugli studii fisio-patologici della Tuberculosi fatti dal prof. Sangalli di Pavia »; « Sugli esperimenti chimico-terapeutici del chinoide Armand »; « Sugli studii della inoculazione tubercolare del Willemin di Parigi »; « Elogio del prof. Biagio Lauro ».

Caporali (Henri), illustre philosophe et polygraphe italien, né, à Côme, en 1841, actuellement résident à Todi (Ombrie). Il étudia la jurisprudence à Padoue; reçu docteur en droit, il obtint à l'université de Bologne le diplôme d'histoire et de géographie. Il étudia aussi les sciences naturelles et les sciences économiques, et il entreprit des voyages à l'étranger pour compléter son instruction. Il débuta, en 1868, par une brochure, publiée à Bassano, qu'il a lui-même condamnée et oubliée. Suivit, en 1873, un ouvrage modèle, le premier volume d'une « Enciclopedia geografica », qui promettait, d'après le plan et le commencement, un livre grandiose; mais l'éditeur s'étant découragé aux premiers débuts, le docteur Caporali tourna, depuis lors, vers une autre direction sa puissante activité intellectuelle. Encouragé par des amis, dans sa propriété de Todi, où il s'installa, depuis 1881, il fonda et il publie, depuis 1883, à ses frais, une revue philosophique, unique dans son genre, sous le titre de *Scienza Nuova*, et où il rattache toutes les sciences positives par un seul principe qui les domine et les unit à la philosophie. Infatigable lecteur de tous les grands ouvrages de philosophie moderne, il les analyse d'une manière profonde, et il en donne dans sa revue, écrite d'un bout à l'autre par lui seul, des extraits accompagnés de ses observations critiques, qui ont paru à plusieurs philosophes contemporains porter l'empreinte d'un vrai génie. Positiviste et idéaliste à la fois, il demande aux sciences mathématiques la solution de plusieurs problèmes philosophiques. Après la mort de M. Siciliani, il avait été désigné à lui succéder en qualité de professeur à la faculté philosophique de Bologne; mais il préfère sa liberté et dans les loisirs de la vie champêtre il continue à suivre ses goûts de philosophe solitaire qui lui permettent cependant d'entretenir une correspondance intéressante avec les premiers philosophes de notre temps.

Capparelli (André), médecin italien, né, à Randazzo (prov. de Catane), le 13 décembre 1855. Reçu docteur en médecine à l'Université de Catane, en 1880, il passa l'année suivante à l'Université de Turin en qualité de premier assistant au laboratoire de physiologie. En 1883, il fut nommé professeur ordinaire de physiologie expérimentale et directeur de l'Institut Physiologique à l'Université de Catane. M. Capparelli s'est fort distingué pendant le choléra de 1877. On lui doit : « Sulla reazione della mitilaniluna nella degenerazione umiloide »; « Sulla dose tossica dell' acido arsenioso »; « Sulla nuova legge elettro-fisiologica scoperta dal Dr D. Mucci »; « Azione del succo gastrico sul cloruro di sodio »; « Sulla contrazione delle fibre muscolari lisce »; « Intorno alla influenza della recisione del promagastrico sulla velocità della corrente arteriosa »; « Nuovi procedimenti sperimentali per determinare la velocità della corrente sanguigna »; « Ricerche sul veleno del triton instatus »; « Azione dell'acido jodico in soluzione concentrata sui globuli rossi sanguigni »; « Sulla esistenza dell'acido lattico nelle urine normali e patologiche »; « Ricerche sul tasso baccato »; « Sulle condizioni attuali delle scienze mediche, sperimentali e cliniche »; « Sulle ptomaine del cholera »; « Perchè il Laudano del Sydenham è veramente efficace sul cholera ».

Cappelletti (Licurgue), littérateur italien, né, à Piombino (prov. de Pise), le 20 novembre 1842. Pendant qu'il suivait les cours de la Faculté des lettres à l'Université de Pise, il collaborait à deux journaux de Florence : *la Gioventù* et le *Letture di Famiglia*. En 1868, il fut nommé professeur de littérature italienne dans les Écoles normales et, depuis lors, il a toujours appartenu à l'enseignement officiel, sauf une courte période, pendant laquelle il fut rédacteur au *Monitore di Bologna*. Aujourd'hui, il est professeur d'histoire à l'institut technique Amerigo Vespucci de Livourne. M. Cappelletti, qui est membre de la Commission royale pour les textes de la langue italienne qui a son siège à Bologne, a publié : « Dell'industria e del commercio dei Veneziani, ai tempi della Repubblica e delle loro relazioni coll'Oriente », Venise, Antonelli, 1867; « Poesie », Pise, Nistri, 1868; « Considerazioni sull'istruzione obbligatoria », Messine, 1870; « Poesie scelte di Giovanni Meli tradotte ed annotate », Palerme, 1872; « Storia d'Italia narrata per biografie agli alunni della 2ª classe delle scuole normali », Turin, Paravia, 1872, 2ᵉ éd., id., id., 1878; « Commento sopra la terza novella della prima giornata del *Decamerone* », Bologne, Fava e Garagnani, 1874; « Lucrezia Borgia e la sua storia », Pise, Nistri, 1875, 2ᵉ éd., id., 1876; « L'amico di Diogene. Scherzo comico in un atto », Milan, Sanvito, 1876; « Sull'origine e sul progresso degli studî storici », Bologne, 1876; « Michelangelo Buonarroti », id., 1877; « Studii sul *Decamerone* », Messine, 1879; « Compendio di letteratura per uso degli istituti tecnici, dei collegi militari », Biella, Amosso, 1879; « Nuovi studii sul *Decamerone* », Parme, Adorni, 1880, où il a recueilli des articles qu'il avait publiés dans le *Propugnatore* de Bologne, dont il était un des principaux collaborateurs; « Antologia della poesia lirica italiana moderna per uso delle scuole », 2ᵉ éd., Parme, 1881; « Novelle scelte in ogni secolo della letteratura italiana », id., id.; « Poesie di Giacomo Leopardi, scelte e commentate », id., id.; « Albertino Mussato e la sua tragedia *Ecerinus* », id., id.; « Letteratura spagnuola; aggiuntovi un cenno sulla letteratura portoghese », Milan, Hoepli, 1882; « Bibliografia Leopardiana », 2ᵉ éd., Parme, Adorni, 1882; « Canti di Leopardi, commentati », Turin, Paravia, 1883; « Novelle del Boccaccio annotate ad uso delle scuole classiche », Turin, Paravia, 1883; « Le cento novelle antiche illustrate ad uso delle scuole classiche », Florence, Paggi, 1884; « Storia della letteratura italiana per uso delle scuole », Turin, Paravia, id.; « Le grazie, dialogo di A. Cesari, aggiuntovi otto novelle, con prefazione e note », id., id., id.; « Il marchese di Felino, racconto storico del secolo XVIII », Foligno, Campitelli, 1885; préface à un poème de M. Emmanuel Turchi: « Africa », id., id., id. ; « Storia generale dal 1846 al 1878, narrata alla gioventù italiana », id., Sgariglia, id.; « Storia antica orientale e greca », Turin, Unione Tipografico Editrice, 1886; « Storia della rivoluzione francese », 2 vol., Foligno, Sgariglia, 1886-87; « Maria Antonietta, regina di Francia », conférence, id., id., 1888; « Raccolta di aneddoti antichi e moderni », Livourne, Giusti, 1888.

Cappelli (Joseph), littérateur italien, né, à Pavie, le 4 janvier 1804. Il fit ses premières études à Ferrare et à Venise. Reçu docteur en droit à l'Université de Padoue, il entra dans l'administration, parcourut toute la carrière et fut mis à la retraite, en 1869, avec le grade de Commissaire de district. Dans son jeune âge, il s'était adonné au dessin et avait fréquenté avec succès l'Académie des beaux-arts de Venise. Une fois délivré des soucis de la carrière administrative, il reprit une idée caressée depuis longtemps, celle d'adapter la *Divina Commedia* du Dante à l'intelligence de tout le monde. Dans ce but il en publia une traduction en dialecte vénitien, avec le texte en regard, en y ajoutant des notes de tout genre; cette traduction a paru, en 1875, à Padoue, où M. Cappelli s'est fixé depuis qu'il a été mis à la retraite (Cfr. une brochure de M. Alessio Besi: « Sulla necessità di tornare allo studio di Dante a proposito di una traduzione veneziana della *Divina Commedia* »).

Capranica (marquis Louis), romancier et auteur dramatique italien, fils du marquis Barth. Capranica et de la princesse Flaminie Odescalchi, né, à Rome, en 1821, résident, depuis nombre d'années, à Milan, où il a épousé, en 1878, une comtesse polonaise. Destiné par ses parents à la carrière ecclésiastique, il fit ses études au Collège de Propagande; mais, en 1844, il quitta brusquement son premier état pour entrer dans la Garde noble du Pape. Un premier drame: « La Congiura de'Fieschi », joué avec grand succès par des amateurs au théâtre Metastasio devant un public d'élite (dans le nombre des spectateurs était aussi le comte Pellegrino Rossi alors ambassadeur de France à Rome), lui valut des compliments flatteurs du Pape Pie IX. Suivirent: « Francesco Ferrucci », drame joué par Ad. Ristori et Th. Salvini, le 15 nov. 1848, le jour même de l'assassinat de Pellegrino Rossi, circonstance qui donna lieu à une démonstration en faveur de la république. Comme garde national, le jeune marquis Capranica prit part à la défense de la porta San Pancrazio, assiégée par les Français; après la rentrée du Pape, il fut exilé, et il se refugia à Venise, où il resta pendant onze ans. En 1859, la police autrichienne l'expulsa à son tour; il passa quelques mois à Ferrare, puis il fit retour à Venise, où il fut pendant une année président du Comité national secret. Chassé une seconde fois, en 1861, il se refugia à Milan, où il demeure toujours. Après s'être encore une fois essayé au théâtre, où sa « Vittoria Accoramboni », n'a pas eu de succès, encouragé par une dame étrangère et par Massimo d'Azeglio, dont il devint l'ami, il reprit les traditions du roman historique italien, et il fut si heureux dans cette nouvelle carrière littéraire, que l'on peut affirmer, sans flatterie, que ses romans historiques sont les meilleurs publiés en Italie dans la dernière moitié du siècle. Citons: « Giovanni delle Bande Nere »; « La Congiura di Brescia »; « Fra Paolo Sarpi »; « Maschere sante » (la première édition avait pour titre: « I Misteri del Biscottino »); « La Festa delle Marie »; « Donna Olimpia Panfili »; « La Contessa di Melzo »; « Papa Sisto », 1877; « Re Manfredi », 1882; « Maria Dolores ». Tous ces romans ont été publiés par la maison Treves de Milan; dans le dernier, l'auteur raconte d'une manière dramatique le célèbre procès parisien des deux duchesses, la duchesse de Chaulnes et la duchesse de Chevreuse. Rappelons encore un recueil de vers publié par M. Capranica pendant son séjour à Venise, sous le titre: « Voglio d'Amore ».

Capranica del Grillo (marquise Adélaïde, née RISTORI). Cette célèbre actrice italienne est entrée au nombre des écrivains par un volume de « Memorie », ou souvenirs de sa vie artistique, qui a fait quelque bruit. Mme Ristori-Capranica, est née, à Cividale (prov. d'Udine), d'après certains biographes, en 1812, d'après d'autres, en 1816. Ses plus grands succès tiennent entre les années 1845 et 1865. Elle a surtout joué des pièces classiques; mais les poètes Giacometti, Dall'Ongaro, Somma, Montanelli et autres modernes ont eu l'honneur de voir jouer leurs pièces par la grande actrice.

Caprile (Dominique), littérateur italien, né à Gênes, le 24 octobre 1837. Il fit ses études dans sa ville natale; en 1859, il commença à collaborer assidûment dans un journal de Gênes, mais il se fatigua bien vite de la politique et contribua, en 1862, à la fondation d'une revue, pédagogique et littéraire: *La Donna e la Famiglia*, dont il est encore maintenant le principal rédacteur. En 1860, il entra dans le service des Archives, mais, en 1867, il quittait ses fonctions pour se rendre à Paris où, pendant un séjour de huit ans, il collabora à une Revue française; revenu ensuite en Italie, il se fixa définitivement dans sa ville natale. Nous citerons de lui: « Le gioie del pensiero »; « Tesori modesti, letture di *Famiglia* »; « Fiori nel deserto », contes; « Gli Angeli del perdono », conte; « Virtù educative, studii sull'educazione della donna »; « Lo Spirito del Viatore, scritti letterarii e morali ». — Un sien frère, Giambattista Caprile, instituteur dans les écoles municipales de Gênes et auteur de quelques bonnes pièces de vers, a été pendant de longues années collaborateur du journal génois: *Il Cittadino*.

Capuana (Louis), poète, critique, romancier et auteur dramatique italien, né, à Mineo (prov. de Catane), le 27 mai 1839. Esprit fin et psycologue profond, il porte des qualités supérieures d'artiste dans ses essais critiques et dans ses créations. Nous passons sur ses débuts littéraires tels que: « Garibaldi », légende dramatique en trois chants; « Vanitas Vanitatum », quatorze sonnets, et sur ses premiers feuilletons dramatiques dans la *Nazione* de Florence (1864-65), feuilletons dont les meilleurs ont été réunis en volume: « Il Teatro Italiano contemporaneo », et nous signalons à peine une relation qu'il publia, 1875, en sa qualité de maire de sa commune et qui porte pour titre: « Il Comune di Mineo »; mais, c'est à Milan surtout, où il s'établit, en 1877, comme critique du *Corriere della Sera*, que M. Capuana fonda sa véritable réputation d'écrivain. Ses « Profili di Donne », nouvelles, et ses « Paralipomeni al Lucifero di Mario Rapisardi », révélèrent avec ses nouveaux articles de critique un écrivain mûr et délicat. Son plus grand succès a été cependant un roman naturaliste: « Giacinta », publié la première fois à Milan, en 1879, réimprimé à Catane, en 1886, et dont l'auteur même a tiré un drame très hardi, qui s'est représenté avec un succès disputé dans cette dernière année. Suivirent: « Un bacio », republié avec d'autres nouvelles, sous le titre: « Storia fosca »; « Homo », recueil de nouvelles; « C'era una volta », recueil de contes populaires pour la jeunesse, Milan, Treves, 1882, lequel a eu l'honneur d'une traduction allemande; « Il regno delle Fate », nouveau recueil de contes populaires qui complète le précédent, Milan, Morelli, 1883, et qui va être réimprimé chez l'éditeur Paggi de Florence, lequel a payé à l'auteur, rien que pour la réimpression, la somme ronde de trois mille francs; « Spiritismo? », Catane, Giannotta, 1884; « Parodie », id.; « Ribrezzo », id., 1885; « Il piccolo Archivio », comédie en un acte, id., 1886; « Studii sulla letteratura contemporanea », deux vol., Milan, Brigola, 1880, Catane 1882; un troisième vol. a paru, en 1887, à Catane sous le titre: « Per l'arte »; « Semiritmi », essai curieux de prose rithmée, Milan, Treves, 1888.

Capuano (Louis), jurisconsulte italien, né, le 18 septembre 1821, à Basolice (prov. de Benevento). Après avoir fait ses premières études dans son pays natal, il se rendit à Naples pour y faire son droit. En 1839, il entra, à la suite d'un examen, dans la magistrature. De 1845 à 1848, il enseigna particulièrement le droit. En 1857, il initia la publication des *Annali di diritto teorico-pratico*, journal juridique auquel ont collaboré Gio. Manna, Antonio Storace, Ferrigni, Trevisano, Pessina, Polignano, Pepere, De Filippo, etc. En 1858, il fut promu secrétaire du Procureur Général, avec titre de juge de Tribunal. En 1860, il reprit la publication des *Decisioni* de la Cour Suprême de justice, publication qui, commencée par Albasini, avait été suspendue après sa mort, et que M. Capuano continua avec le concours de M. Vincenzo Napoletano. En 1861, M. C. fut chargé de l'enseignement du droit public intérieur comparé et du droit civil à l'Université de Naples et nommé en même temps membre hors cadre, du Conseil Supérieur de l'instruction publique. En 1862, il fut nommé professeur extraordinaire des institutions de droit romain et chargé, en même temps, de l'enseignement du droit civil. A la même époque, en sa qualité de magistrat, il était nommé Conseiller d'appel. En 1875, la loi sur le cumul des emplois et fonctions publiques l'obligea à opter entre la magistrature et l'enseignement et, ayant choisi cette dernière carrière, il fut nommé professeur ordinaire des institutions de droit romain. Pendant deux ans, il fut Recteur de l'Université et, à l'occasion de l'Exposition de Turin, en 1884, il publia : « Notizie intorno all'origine, formazione e stato presente della R. Università di Napoli ». En 1869, il a commencé la publication d'un grand ouvrage : « Dottrina e Storia del Diritto Romano », en 3 parties, dont la dernière n'est pas encore achevée. M. C. est membre de plusieurs Académies italiennes, et pendant l'année 1862-83 il a été président de l'Académie de Naples. Plusieurs mémoires de lui, insérés dans les *Atti* de cette société, ont été aussi tirés à part ; citons entr'autres : « Origine, storia e progresso dell'jus gentium » ; « Storia dei metodi seguiti nella trattazione scritta ed orale del Diritto Romano dei Romani dal tempo dell'Irnerio fino ai nostri giorni » ; « Storia dell'Albinaggio », etc. etc.

Caput (Salvatore), littérateur et poète italien, né, à Cagliari, en 1829. Il fit ses études dans sa ville natale, y fut reçu docteur en droit et y exerce la profession d'avocat depuis une trentaine d'années. On lui doit : « Versi e prose », Florence, Barbèra, 1870, 2me éd., 1871 ; « I miei spallini di quattro mesi », Cagliari, 1884. M. Caput a l'intention de publier bientôt une nouvelle édition de ces deux volumes qu'il s'occupe sans trêve de corriger et d'améliorer.

Caputo (Michel-Charles), compositeur et écrivain d'art italien, né, à Naples, le 22 juillet 1837. Tout en s'adonnant à la musique, il se faisait recevoir en même temps docteur ès-lettres. M. C. qui est, depuis 1876, professeur de chant à l'École normale pour les jeunes filles de Naples, a collaboré pour la partie musicale dans plusieurs journaux italiens et étrangers. Il a publié « Elementi di lettura musicale ordinati alla istruzione inferiore », Naples, 1866 ; « Annuario generale della musica », Naples, 1875 ; « Manuale di Corodagogia approvato dal VII congresso pedagogico italiano », id., 1877 ; « La figlia di Jefte », mélodrame, Milan, Ricordi, 1886 ; « San Pietro a Maiella », Naples, Pietrocola, id. On trouvera des lettres de lui dans un livre de M. Giulio Roberti : « *Pagine di buona fede a proposito di musica precedute da alcune altre pagine di uguale buona fede, ed intieramente inedite, state dirette all'autore* da F. dott. Filippi, F. d'Arcais, M. C. CAPUTO, St. Tempia, F. Hiller, Alb. de Lassalle, chev. Van Clewyck, Ch. Bosselet, Carl Kipke », Florence, Barbèra, 1876.

Cara (père César) Voyez DE CARA.

Cara (Albert), archéologue et naturaliste italien, né, à Cagliari, en 1847. Après avoir fait ses études dans sa ville natale, il s'adonna en même temps aux sciences naturelles, qu'il étudiait à l'Université, et à l'Archéologie, science qu'il cultivait sous la direction de son père Gaetano C. directeur du Musée archéologique de Cagliari, où le jeune Albert entra lui-même à l'âge de quinze ans en qualité de surnuméraire. M. C. a publié : « Cenni sulle Cavallette, Locuste e sui mezzi più facili per distruggerle », Cagliari, 1866 ; « Memoria sopra i quattro topi, casalingo, decumano, tettajuolo e ratto », id., 1870 ; « Monografia della Lucertola comune di Sardegna », id., 1872 ; « Catalogo degli oggetti presentati all'Esposizione sarda del 1871, in Cagliari, compilato col sig. Raffaele Palomba », id., 1872 ; « Nuovi acquisti del Museo di Zoologia della regia Università di Cagliari », id., 1876 ; « Alcune osservazioni sull'opera incompiuta : Il Museo di antichità di Cagliari, illustrato e descritto dal sig. Vincenzo Crespi », 1876 ; « Notizie intorno ai Nuraghi di Sardegna » ; « Enumerazione con note dei Sigilli figulini di bronzo appartenenti al R. Museo di antichità in Cagliari », avec 3 pl., 1877 ; « Questioni archeologiche, lettera al can. Giovanni Spano », 1877 ; « Descrizione e determinazione di un antico Arnese in pietra della Sardegna », id. ; « Nota delle iscrizioni fenicie sopra Monumenti della Sardegna che appartengono al R. Museo di antichità in Cagliari », avec 4 pl., id. M. Cara a aussi publié un « Vocabolarietto botanico sardo-italiano », dans lequel il donne les termes populaires à côté des termes scientifiques de la flore de la Sardaigne ; sur la Flore de cette île, M. Cara a réuni des matériaux précieux qui n'attendent qu'un éditeur.

Caradec (le docteur Th.), médecin français, né, à Brest (Finistère), le 31 mars 1851. M. C., qui est actuellement médecin de l'hôpital civil de sa ville natale, a publié : « Le Musée de Pau », 2 fasc., 1879 ; « La goutte et son traitement », « Préjugés sur l'hygiène et les maladies des enfants », id. ; « La ligue contre les vivisections », 1881 ; « L'amputation susmalléolaire de la jambe au lieu d'élection », id. ; « Étude sur Ambroise Paré », etc. M. C. est lauréat de l'Académie de médecine et de la Faculté de médecine de Paris (prix Montyon) ; il a collaboré successivement à la *Vie littéraire* (1877-78), à la *Revue Bleue* et à la *Revue Rose*. Il a fondé, en 1885, chez Delagrave, une revue d'hygiène pour les mères de famille, *La Mère et l'Enfant*, qui est aujourd'hui en pleine prospérité.

Carafa (Charles, des ducs DE NOJA), littérateur italien, né, le 30 avril 1851, à Lucques, où son père, appartenant à une des plus nobles familles de Naples, se trouvait émigré. Il fit son droit à l'Université de Naples, mais il ne songea jamais à se faire inscrire au barreau. S'étant adonné entièrement à la littérature, il a fondé et dirigé à Naples trois journaux littéraires : *Lo Scacciapensieri, L'Alcione, Mergellina*. Il a publié : « Un ora di mestizia », vers, Naples, 1872 ; « Il vecchio castello », légende, en vers, d'après le français de S. Lapointe, id., 1873 ; « In morte di Carlo Villani della Polla », vers, id., id. ; « Renato e Bianca », idylle, id., id., 2ᵐᵉ éd., id., 1887 ; « Per l'anniversario della morte di Diego dei baroni Aliprandi », vers, id., 1874 ; « Strenna dell'*Alcione* », id., id. ; « Alla cara Memoria di Francesco Quarto di Belgiojoso », vers, 3ᵐᵉ éd., id., 1875 ; « La poesia della vita — In un giorno di pioggia », contes, id., 1876 ; « Il mio tributo. Versi in morte del Gran Re Vittorio Emanuele », id., 1878 ; « Ore d'insonnia », vers, id., id. ; « Fra veglia e sonno », contes, Naples, 1876-78 ; « Accanto al fuoco », contes, id., 1878 ; « Omaggio alla memoria del Re Vittorio Emanuele », prose et vers, id., 1879 ; « L' Istituto Principe di Napoli », id., id. ; « Insalata », sonnets, Babylone, 1880 ; « Amore contrastato, amore fortunato », proverbe, Naples, 1881 ; « Mezzo infallibile », id., 1882 ; « La libertà di parola e la libera discussione », id., 1883 ; « Brindisi. Versi improvvisati durante il banchetto offerto da S. E. il generale Menabrea, marchese di Val Dora, il 14 marzo 1883 », Paris, 1883 ; « Visione », vers à S. A. R. Mgr. le prince de Naples, avec la traduction en vers français de T. Vibert, Naples, 1883 ; « Ai mani di Re Vittorio Emanuele », vers, avec la traduction en vers français de T. Vibert, Naples, 1884 ; « L'Italie délivrée et son deuxième Roi », de l'italien de F. Caivano, Paris, 1884 ; « Echi della Colonia italiana di Parigi », vers, avec la traduction en vers anglais de M. Sebastiano Fenzi, Naples, 1884 ; « Il centenario di Corneille », vers traduits du français de T. Vibert, Naples, 1884 ; « Per la nascita della piccola Susanna », vers, avec la traduction en vers français de T. Vibert, id., id. ; « Francesco Coppée ed il suo discorso su Laprade », Ancône, Morelli, 1885 ; « Alla Francia », vers sur la mort de Victor Hugo, avec la traduction en vers français de T. Vibert et R. Alpe, Naples, 1855 ; « Alla mia cara Lucca », vers, id., id. ; « Foglie al vento », vers, id., id. ; « Souvenir du Carnaval de Menton », Nice, Giordan, 1886 ; « La neonata », monologue en vers, écrit pour la première représentation de la Société Filodramatique italienne de Paris, Paris, 1886 ; « Il bacio della Sirena », légende en vers d'après le français de R. Asse, Issy, 1886 ; « I Giacobiti », drame en cinq actes, en vers, traduction du français de F. Coppée, Milan, Treves, 1887 ; « Sempre avanti Savoja ! affettuoso ricordo alla memoria dei prodi, caduti in Africa », Florence, 1887 ; « Pro Charitate », recueil d'écrits publié au profit de l'Institut des sourds-muets de Florence, Florence, 1877 ; « Il Consigliere Renaud », du français de T. Vibert, publié dans le journal l'*Ordine* d'Ancône ; « Savoja », vers, Naples, 1887. — M. le duc de Noja a, sous presse, les ouvrages suivants : « Margherite », vers ; « I sonetti parigini di T. Vibert », traduits en sonnets italiens ; « A zonzo », impressions de voyage ; « A chi è cieco amor sorride », proverbe en un acte en vers ; « I moralisti », comédie du français de Scribe ; « Angeli e demoni », drame en cinq actes en prose.

Caraguel (Joseph), littérateur français, né, à Narbonne (Aude), le 1er septembre 1855. Il a collaboré, en 1884, à la *Revue Indépendante*, où il a publié notamment « Mistral et le Félibrige », et « les Groupes révolutionnaires ». Il a collaboré, en 1885, à la *Revue Contemporaine*, où il a donné notamment une étude critique et biographique de Jules Vallès. Il a publié: « Le Boul' Mich' », Paris, Ollendorff, 1883 ; « Les Barthozouls », id., Peoget, 1887.

Caranti (Blaise), homme politique, administrateur et littérateur italien, né, à Sezzé (prov. d'Alexandrie), vers 1840. Tout jeune encore, grâce à l'amitié du marquis Pallavicini-Trivulzio, il était secrétaire de cette *Società Nazionale*, qui a eu une si grande part dans l'affranchissement de l'Italie. Il n'avait pas encore dix-huit ans, quand il publia son « Catechismo politico pei contadini piemontesi », qui a eu l'honneur de plusieurs éditions successives et qui a été fort loué, entr'autres, par Alessandro Manzoni. Tour à tour attaché au cabinet des ministres de l'Intérieur, Rattazzi et Cavour, volontaire dans l'armée garibaldienne, en 1860, et secrétaire particulier du marquis Pallavicino-Trivulzio, quand l'illustre patriote fut nommé par Garibaldi prodictateur à Naples, chef de cabinet du même, lors de sa préfecture à Palerme, en 1862, directeur chef de division au Ministère de l'Agriculture et du Commerce, chargé d'une mission secrète aussi dangereuse qu'honorable en Autriche, pendant la guerre de 1866, président de l'administration des canaux Cavour, député au Parlement, directeur d'un excellent journal libéral de Turin, *Il Risorgimento*, M. Caranti est toujours et avant tout un patriote. Parmi les nombreux écrits de cet esprit lucide qui a embrassé toutes les questions qui intéressent le pays, nous citerons : « Lettere ad Aleardo Aleardi »; « Delle nuove speranze d'Italia. Parallelo fra il 1848 ed il 1859 »; « Catechismo politico pei contadini lombardi »; « Intorno ad un Congresso Europeo sulle cose dell'Italia Centrale. Pensieri e Proposte »; « La nuova Roma », qui fut vivement attaquée par Guerrazzi ; « Progetto di colonizzazione penitenziaria alle Nicobare »; « Rapporto sullo stato dei lavori pel taglio dell'istmo di Suez e delle decisioni prese dal Congresso internazionale del 1865 »; « Alcuni Bozzetti Letterari : Giulia Molino-Colombini - Pietro Giuria »; « Alcune notizie biografiche sul dottor David Livingstone »; « Plebiscito delle provincie Napolitane »; « Pagine raccolte »; « Giuseppe Garibaldi », 1882; « Della vita e delle opere di Carlo Boncompagni »; « La Politica Estera in Italia »; « Alcune note Biografiche su Quintino Sella » etc.

Carapanos (Constantin), archéologue grec, né, à Arta, en Épire, le 13 mars 1840. Il fit ses études à Janina, à Corfou et à Athènes, où, en 1861, il fut reçu docteur en droit. Gendre du banquier Zographos, il fonda avec lui une maison de banque, mais, en 1870, il se retira des affaires pour s'adonner tout entier à ses recherches archéologiques. Il fit exécuter des fouilles qui l'amenèrent à la découverte des ruines de Dodone qu'il illustra dans un important ouvrage « Dodone et ses ruines », avec atlas gr. de 63 planches, Paris, Hachette, 1878.

Carcassonne (Adolphe), littérateur français, membre du concistoire israélite de Marseille, né, dans cette ville, le 15 mars 1826. M. C., qui est membre de l'Institut national de Genève, a publié : « Théâtre d'enfants », petites comédies en vers, Paris, Ollendorff, 1878 ; « Théâtre d'adolescents », id., id., 1880 ; « Pièces à dire », poésies, id., id., 1881 ; « Scènes à deux », id., id., id. ; « Nouvelles pièces à dire », id., id., 1883 ; « Répliques enfantines », id., id., 1885 ; « Théâtre des jeunes filles », id., id., 1887 ; « Dans les salons », poésies, id., id., 1888. Tous les ouvrages que nous venons de citer ont été plusieurs fois réédités.

Cardamone (Raphaël), ecclésiastique et écrivain italien, professeur au Gymnase de Cosenza, né, à Parenti (prov. de Cosenza), le 9 mars 1844. On lui doit : « Canti », Naples, 1865 ; « Studii di Letteratura », id., 1867 ; « Lo studente spagnuolo », drame de Longfellow, traduit de l'anglais, id., 1869 ; « Dell'episodio di Laocoonte », étude critique, Florence, Barbèra,

1872 ; « Traduzioni metriche », de l'anglais de Longfellow, Hemans, Cook, Moore et Montgomery, Turin, Loescher, 1878 ; « Della Musica, libri sei », traduit de Saint-Augustin avec une introduction et des notes, Florence, Barbèra, 1878 ; « Nuove traduzioni Metriche », de l'anglais de Shelley, Hebor, Grant, Wordsworth, Turin, Loescher, 1869 ; « Del risorgere dal peccato a grazia », Cosenza, 1880 ; « Schizzo geografico dell'America e dell'Oceania », à l'usage de la troisième classe des gymnases italiens, 1880.

Cardassi (Laurent), écrivain italien, né, à Rutigliano (prov. de Bari), le 17 février 1841. Il fit ses études à Conversano et il est maintenant instituteur aux écoles communales et professeur dans un gymnase particulier de sa ville natale. Il a publié : « Rutigliano in rapporto agli avvenimenti più notevoli della provincia e del Regno ; sua origine e vicende », Bari, Gissi, 1877-78 ; « Discorso su i caduti di Sahati e Dogali », Rome, Botta, 1887 ; outre plusieurs brochures et quelques vers.

Cardevaque (Adolphe de), archéologue français, né, à Calais, en 1828. On lui doit : « L'Abbaye du mont Saint-Eloi, 1068-1792 », Arras, Brissy, 1859 ; « L'Abbaye de Saint-Vaast », 3 vol., id., Sueur-Charruey, 1866-69, avec Auguste Tomink ; « Histoire de l'invasion allemande dans le Pas de Calais », Arras, 1872 ; « Histoire de l'abbaye d'Auchy-les-Moines », id., 1875 ; « Dictionnaire biographique du département de Calais », id., 1875-1879 ; « Histoire de l'Abbaye de Cercamp, ordre de Citeaux, au diocèse d'Amiens », id., 1878 ; « Histoire de l'administration municipale de la ville d'Arras, depuis l'origine de la commune, jusqu'à nos jours », id., 1879 ; « Les Places d'Arras », id., 1881 ; « Le Collège de Saint-Vaast à Douai (1619-1789) », Douai, 1882 ; « En wagon d'Arras à Etaples », Arras, 1882 ; « Voyage autour de mon fauteuil à l'Académie d'Arras », id., 1883 ; « Les Serments de la ville de Cambrai », Cambrai, 1883 ; « Le canton d'Acheux (Somme) », Amiens, 1883 ; « Le Théâtre à Arras avant et après la révolution », Arras, 1884 ; « La Musique à Arras depuis les temps le plus reculés jusqu'à nos jours », id., 1886.

Cardile-Ciofalo (Joseph), médecin et bibliographe italien, né, à Palerme, le 28 février 1829. Il est maintenant premier bibliothécaire de la Bibliothèque communale de Palerme et médecin attaché au service de la Santé maritime dans la même ville. On lui doit : « Principii fondamentali della scienza bibliografica », Palerme, 1850 ; « Cenni storici sulla Sicilia », id., 1852 ; « Saggio sulla vita e le opere di Wolfango Goethe », id., 1852 ; « Geografia storico-fisico-matematica di Sicilia », inachevée, id., 1853 ; « Catalogo della biblioteca privata del duca di Monteleone », id., id. ; « Sui ricci marini, ricerche anatomico-fisiologiche », id., id.; « Manuale del salassatore ovvero dell' uso del salasso e de'suoi effetti nella cura delle malattie », Milan, 1858; « Cenno storico della medicina in Sicilia », Palerme, 1858; « Dizionario etimologico di medicina, chirurgia, materia medica e chimica farmaceutica », id., 1860; « Un nuovo parassita vegetale osservato con favo da'dottori (C. Cardile e L. Farco », id., 1867; « I filo-parassiti, ovvero contributo allo studio di cause morbose non ben conosciute dagli antichi », Palerme, Tamburelli, 1869, 2e éd., id., Amenta, 1870; « Il freddo ed il caldo in rapporto alla salute e alle malattie », thèse de concours à la chaire de pathologie générale, id., Solli, id.; « Sul lupo, osservazioni patologiche-cliniche », id., Lima, id.; « La medicina forense ovvero Manuale pei medici, periti, magistrati ed avvocati secondo lo spirito della legislazione vigente italiana, con un dizionario di termini tecnici », Palerme, 1873; « Sui vaiuolosi ricoverati all'ospedale della Nunziata », Palerme, Virzi, 1879; « Sulla tisichezza popolare nello spedale civico pel novennio 1871-79. Osservazioni nosologico-demografiche », id., 1881; « La salute pubblica e la fognatura in Palermo », id., 1884; « Considerazioni sulla genesi del cholera e sui mezzi profilattici por combatterne la diffusione », id., id. M. C. a dirigé aussi pendant quelque temps *La Concordia*, journal de médecine et de chirurgie, qui paraissait à Palerme. — Son frère, Jean Cardile, né, en 1808, premier distributeur à la bibliothèque communale de Palerme a fait cadeau à ce depôt de plusieurs de ses travaux inédits concernant les manuscrits existants dans cette bibliothèque et plusieurs autres questions d'histoire municipale.

Cardon (Émile), publiciste et critique d'art français, né, à Paris, le 2 juin 1824. Il débuta dans la presse sous les auspices de B. Sarrans jeune, l'historien, dont il resta le secrétaire jusqu'en 1847. De 1850 à 1855, il parcourut l'Espagne, l'Italie, l'Égypte, la Turquie, la Tunisie et l'Algérie. A son retour, il collabora à divers journaux : le *Moniteur de la Colonisation*, la *Revue du monde colonial*, etc. et il publia : « De l'agriculture en Algérie », Paris, 1858; « Les chemins de fer de l'Algérie », id., Challamel, 1859; « L'émir Abd-el-Kader », biographie, id., 1860; « Étude sur l'agriculture et la colonisation de l'Algérie », id., 1860; « La Question algérienne. Quelle sera la solution? », id., id.; « La question du coton », id., Dentu, id.; « Études sur les progrès de la civilisation dans la régence de Tunis », id., id., 1861; « Manuel d'agriculture pratique algérienne », id., 1862; « Traité d'agriculture pratique. Midi de la France, Espagne, Maroc, Algérie, Tunisie, Littoral méditerranéen », id.; « Études sur l'Espagne, le Portugal et leurs colonies. (Lettres sur l'Exposition Universelle de 1862) », id., 1863; « L'Art industriel en 1863; études sur l'exposition des beaux-arts appliqués à l'industrie », id., 1863; « Guide du visiteur de l'exposition permanente de l'Algérie et des colonies », etc. — Entre temps, M. C. écrivait quelques salons et des critiques musicales et rédigeait de 1860 à 1865, le *Figaro-Programme*. Depuis cette époque, M. C. s'est adonné presque exclusivement à la critique musicale et aux études d'art, collaborant à l'*Événement*, au *Figaro*, au *Grand Journal*, au *Paris-Magazine*, dont il eut la rédaction en chef, en 1867. En 1870, il a suivi, comme correspondant du *Gaulois*, le corps de Mac-Mahon; il fut, avec M. Chabrillat, un des deux journalistes faits prisonniers par les Prussiens et condamnés à être fusillés. Secrétaire de la rédaction du *Gaulois*, pendant le siège de la Commune, il quitta, en 1871, ce journal, pour entrer au *Courrier de France*, puis à la *Presse*. De 1876 à 1881, il a appartenu à la rédaction du *Soleil*, où, en dehors des Salons, il a publié chaque lundi, sous le titre de « Notes et Croquis », une semaine artistique. Dans le *Soleil illustré*, il a fait paraître un travail très étendu sur « Rubens, sa vie et son œuvre ». Il est aujourd'hui rédacteur en chef du *Moniteur des Arts*. On doit encore à M. C. « L'Art au foyer domestique (la décoration de l'appartement) », Paris, Renouard, 1884.

Cardona (Henri), avocat et écrivain d'art italien, né, à Messine, en 1847. Il fit ses premières études au collège de Maddaloni et les continua à l'Université de Naples. On lui doit : « Del Vero in Pittura », Naples, 1874, ouvrage couronné par l'Académie d'Archéologie, Lettres et Beaux-Arts de la Société Royale de Naples; « Il Presente delle principali arti del disegno in Italia », id., 1876, couronné par l'Académie Raphaël d'Urbin; « Wagner et il *Lohengrin* », Naples, 1881, traduit en espagnol, en 1883, par Don Enrico Claudio Girbal. Citons encore de lui sur d'autres terrains: « La legge sui giurati del 1874 », Naples, 1875; « L'abolizione della guerra », Palerme, 1876; « Cicerone e la sua filosofia del diritto », id., 1877; « Dell'antica letteratura catalana », id., 1878. M. C. a traduit aussi plusieurs poésies provençales modernes, et ses traductions ont été couronnées aux fêtes latines de Forcalquier. On lui doit en outre un grand nombre d'écrits publiés dans plusieurs journaux littéraires, parmi lesquels : « Bellini di fronte alla storia », inséré dans le *Giornale Napoletano della Domenica* du 3 septembre 1882, et traduit l'année suivante en espagnol par M. Girbal.

Cardona (Louis), littérateur italien, né, à Fermo (prov. d'Ascoli-Piceno), le 5 avril 1827; fils du comte Gaetano Cardona, mathématicien illustre. Après avoir pris part aux campagnes de l'indépendance de 1848 et 1849, il fut naturellement persécuté par le gouvernement pontifical qui l'emprisonna d'abord, et l'exila ensuite. En 1860, il obtint une position au ministère de l'intérieur, et de 1860 à 1867, il remplit plusieurs missions politiques. Après avoir été professeur d'histoire et de littérature italienne à Côme, Belluno, Vérone et Florence, il vit maintenant retraité à Florence. M. Cardona garde dans ses portefeuilles une quantité énorme d'écrits inédits et dont plusieurs feraient la fortune d'un éditeur intelligent; dans l'impossibilité d'en donner la note, nous nous bornerons à rappeler ici tout ce que ce fécond écrivain a publié: « Biografia del genitore, conte Gaetano Cardona »; « Iscrizioni italiane per gli studenti uccisi dagli Austriaci il 9 febbraio 1848 in Pavia »; « Storia sommaria delle Marche », 2me éd., Turin, Favale, 1860; « Storia umoristica del Dominio Temporalesco de'Papi », dans le *Pasquino* de Turin, 31 août, 1862; « Contro il duello, satira », dans le *Diavolo Zoppo* de Bologne du 27 juin 1863; « Le Banche fondiarie », Turin, Botta, 1863; « L'Emigrazione Romana e Veneta », dans le *Corriere dell'Emilia*, du 8 mars 1864; « Pietro Arbues », dans le *Corriere Italiano* de Florence, N°. 209-210, de 1867; « Giuditta Tavani-Arquati », dans la *Riforma*, de 26 septembre 1867; « Della Santa Inquisizione », dans l'*Opinione* du 29 septembre 1869; « Educazione ed istruzione nelle scuole », dans les *Letture di Famiglia* de Florence, mars 1870; « Storia del Censo Romano, antico e moderno », dans l'*Economista* de 1870; « Considerazioni storiche ed economiche sull'Agro romano », Florence, Barbèra, 1870; « Omaggio a Giuseppe Verdi », dans l'*Opinione* de 1871; « Effetto della musica sugli animali », dans la *Gazzetta musicale* de Milan de 1874; « Il Petrarca e la Corte Pontificia », dans la *Gazzetta d'Italia*, juillet, 1874; « Aneddoti di Vincenzo Bellini pel suo centenario », Ragusa, Piccitto, 1876; « Gli antichi Romani esploratori d'Africa »; « Girolamo Segato, sua vita e sue sventure »; « Giordano Bruno », les trois, dans la *Natura* de Milan, 1884-85; « Storia della Poesia », Florence, Barbèra, 1885.

Carducci (Giosuè), le plus illustre parmi les poètes italiens du jour, professeur de littérature italienne à l'université de Bologne, est né, le 27 juillet 1836, à Valdicastello près Pietrasanta, issu d'une ancienne famille qui donna un *Gonfaloniere* à la ville de Florence. Son père Michel était médecin; sa mère, Ildegonda Celli, appartenait à une famille florentine. La première jeunesse du poète se passa dans la Maremma de Pise, et précisément, le plus souvent, à Castagneto in Bolgheri. De trois jusqu'à quatorze ans, le poète y respira, à pleins poumons, l'air libre des champs, pendant que sa mère lui apprenait les poésies patriotiques de Berchet, et son père les chœurs de Manzoni et le latin; il s'enthousiasma aussi dans la lecture de l'Iliade, de Virgile, du Tasse, des poésies de Giusti, et il se passionna pour les grandes figures de l'histoire ancienne, tantôt rêvant de devenir Scipion, tantôt Gracchus, tantôt Brutus. A l'âge de onze ans, c'est-à-dire en 1847, il composa ses premiers vers, des strophes sur la mort d'une chouette; suivit un poème sur la chute du château de Bolgheri aux mains de Ladislas roi de Naples, et des *terzine* sur Brutus qui songe à tuer César. Le pays de Castagneto étant un ancien fief, puis un domaine presqu'exclusif des Gherardesca, M. Carducci y invoquait la loi agraire des Gracques. Après la réaction de l'année 1849, son père ayant perdu sa place de médecin du village, il passa avec sa famille à Florence, et il plaça son fils au collège des *Scolopii*. A la sortie du collège, il publia ses premiers vers; et en 1858, en société avec une élite de jeunes littérateurs, il fonda une revue littéraire: *Il Poliziano*, dont la vie fut courte, mais glorieuse, et qui témoigne des efforts du poète et de ses amis pour faire revivre en Italie les formes classiques avec un contenu moderne. Dans la même année, il écrivait la préface au recueil des « Satire e poesie minori » d'Alfieri, publié à Florence par Barbèra. Suivirent plusieurs essais critiques et des poésies toujours élégantes, souvent inspirées; mais sa vraie popularité date de l'« Inno a Satana », publié, en 1865, à Pistoia, sous le pseudonyme d'*Enotrio Romano*, qu'il garda, comme poète, pendant quelques années, pour reprendre plus tard son nom, devenu glorieux, de Giosuè Carducci. Ses « Studii letterarii », 1874; ses « Bozzetti critici e discorsi letterarii », 1876; son nouvel essai d'édition du texte et du commentaire des « Rime del Petrarca », 1879; son édition des œuvres en latin de l'Arioste; ses articles dans la *Nuova Antologia;* ses superbes discours, sur « L'Opera di Dante », prononcé à Rome, et sur l'Université de Bologne, prononcé cette année à Bologne, lui ont fait la réputation du premier littérateur de l'Italie contemporaine; ses « Poesie », plusieurs fois réimprimées avec additions, l'ont consacré grand poète. Il créa de nouveaux mètres, dans lesquels il composa ses fameuses « Odi Barbare » qui ont provoqué un grand nombre de discussions et d'imitations et donné lieu à un livre de M. Chiarini, publié, en 1878, à Bologne, chez Zanichelli, sous le titre: « I critici italiani e la metrica delle Odi Barbare ». Plusieurs poésies de Carducci ont été traduites en allemand, en tchèque, en français (récemment par M. Julien Lugol); la jeunesse italienne adore ce poète vigoureux; S. M. la Reine d'Italie apprend ses vers par cœur; le Gouvernement italien l'a nommé chevalier de l'ordre du mérite civil. M. Carducci a été plusieurs fois membre du conseil supérieur de l'instruction publique. Son dernier écrit, à notre connaissance, est une relation, très sévère, sur les résultats des examens de littérature dans les lycées de l'état. La ville de Pietrasanta a fait placer une inscription sur la voie publique en honneur de son illustre poète.

Carega di Muricce (marquis François), écrivain et homme politique italien, né, en Toscane, vers 1830. S'étant adonné surtout aux études agricoles et économiques, il prit une part fort active au mouvement politique qui détermina l'annexion de la Toscane. En 1860, il fut pendant quelque temps député au Parlement, et fut l'un des principaux organisateurs de l'Exposition italienne qui eut lieu à Florence en 1861. M. le marquis C. qui a beaucoup voyagé est un alpiniste émérite. Il a collaboré à plusieurs journaux, notamment à la *Gazzetta d'Italia*, et il a dirigé pendant quelque temps le *Monitore di Bologna* et l'*Alfiere* dans la même ville. Il est *privat Docent* d'économie rurale à l'école d'application pour les ingénieurs de Bologne. On lui doit : « Ultime parole sulla esposizione italiana tenuta in Firenze nel 1861 », Florence, Fodratti, 1868, hors de commerce; « Esposizione italiana del 1861. Documenti in appendice alle *Ultime parole* », id., id., id., hors de commerce; « Nozioni di agronomia ordinate secondo i programmi officiali degli istituti industriali e professionali », Empoli, Monti, 1870; « Saggio di economia rurale americana applicata all' Italia », mémoire lu à l'Académie royale des Georgofili, Florence, Cellini, 1873 ; « Storia ed ascensione del Popocapetepete, 1871, due lettere indirizzate al prof. Giuseppe Meneghini », Florence, 1874; « In America (1871-72) », 2 vol., id., 1875 ; « La barbabietola e il suo zucchero », id., id.; « Annuario agricolo », 1ere année, Florence, 1876 ; « Annuario geografico », id., id., id. ; « Annuario industriale », id., id., id. ; « Annuario scientifico », id., id., id. ; « Orazione pei funerali solenni di Vittorio Emmanuele II, celebrati in S. Marcello Pistoiese », Pistoia, Niccolai, 1878 ; « Agronomia », Milan, Hoepli, 1879; « Cascine sociali da istituirsi nella montagna pistoiese: proposta », Pistoia, Niccolai, 1879 ; « Il congresso degli Alpinisti, lettura pubblica », Potenzu, 1883 ; « Delle riforme agrarie proposte pei comuni di Scalfati e di San Marzano sul Sarno ; conferenze », Salerno, 1883 ; « Assab, conferenza », id., 1884 ; « Cav. avv. prof. Luigi Buonopane. Ricordo », id., 1887; « Un' estate a Cutigliano: escursioni ed ascensioni », 2e édition, Pistoia, Niccolai, 1887.

Carini (Isidore), ecclésiastique, paléographe et archéologue italien, né, à Palerme, le 7 janvier 1845. Il fit ses études au Collège des Jésuites et au Séminaire archiépiscopal de sa ville natale. En 1872, il fonda, avec M. Cusa, son ancien professeur, et avec M. Starabba, l'*Archivio storico siciliano*, et, en 1873, avec MM. Cusa, La Lumia, Salinas, Pitré, Di Giovanni et Di Marzo, la *Società siciliana di Storia patria*. A- près avoir été pendant quelque temps professeur de paléographie et de diplomatie aux Archives de l'État à Palerme, il fut chargé par le Gouvernement italien et par la Société sicilienne d'histoire, de faire des recherches dans les Archives espagnoles sur les Vêpres Siciliennes. En 1844, N. S. P. Léon XIII, l'appelait aux Archives du Vatican et M. Carini obéissait à l'appel du Saint-Père et quittait Palerme pour Rome, le service de l'État pour celui de l'Église. Parmi les publications les plus importantes de ce savant illustre, nous citerons : « Sopra un suggello siciliano inedito del Museo Britannico », Palerme, 1869; « Sul dialetto greco di Sicilia e su di un opuscolo del signor Ahrens », id., 1870; « Brano di un Codice Cefalutano inedito del Secolo XIV, per la prima volta pubblicato », id., 1870; « La Sicilia e gli studii orientali », id., 1871, incomplet; « Sul sacro libro detto la *Sapienza di Salomone* e sul saggio critico del sig. Francesco Perez », id., 1871 ; « Su d'una nuova iscrizione rinvenuta nelle Catacombe di Siracusa », id., 1872; « Annotazioni sul Sarcofago rinvenuto in Siracusa », id., id.; « Di Gregorio Ugdulena e delle sue opere », id., id.; « Sulle scienze occulte nel Medio Evo e sopra un Codice della famiglia Speciale », id., id.; « Sul Monastero di San Giovanni degli Eremiti e sopra un suggello inedito a quello appartenente », id., 1873, « Iscrizioni rinvenute nelle Catacombe di Siracusa », id., id.; « Venti iscrizioni trovate nelle Catacombe di Siracusa », id., id.; « Università di Palermo nell' anno primo del corrente Secolo », id., 1874; « San Tommaso e la Sicilia », id., id.; « Trentatre nuove iscrizioni della Catacombe di Siracusa », id., 1875; « Il professore Cusa e gli studii moderni di Paleografia e Diplomazia », id., id., incomplet; « Gli studii storici in Sicilia nel Secolo XIX », id., id.; « Nuove iscrizioni greche delle Catacombe di Siracusa », id., 1870; « Materiali specialmente cavati dai Diplomi siciliani per un supplemento al Lessico del Du Cange », id., id.; « Di Rocco Pirri e delle sue opere », discours, id., 1877; « Cronachetta inedita di San Placido di Calonerò », id., 1878; « Arcosolio dipinto a sarcofago nelle Catacombe di Siracusa », id., id.; « Diplomi Svevi inediti. Lettera al chiar. dott. Edoardo Winkelmann », id., 1879; « Della nobile Dama Donna Marianna di Onoles, Baronessa di S. Pietro. Cenni necrologici », id., id.; « Sulle materie scrittorie adoperate in Sicilia », id., id; « La Porpora e il colore porporico nella diplomazia, specialmente siciliana », id., id.; « Sulla vita e sulle opere del commendatore Isidoro La Lumia », id., id.; « La Sicilia al Congresso Geografico di Venezia », dans l'*Archivio storico siciliano*, de 1881; « De Rebus Regni Siciliæ (9 sett. 1282 — 26 agosto 1283). Documenti inediti estratti dall' Archivio della Corona d'Aragona », Palerme, 1882; quoique cet ouvrage capital ne porte pas le nom de M. Carini et que quelques exemplaires même portent le nom de M. Silvestri, surintendant des archives de l'État à Palerme, nous n'hésitons pas à suivre l'exemple de l'illustre Amari et de plusieurs autres écrivains et à attribuer cet ouvrage à M. Carini, qui seul, pendant sa mission en Espagne, en a recueilli et coordonné les matériaux; poursuivant l'énumeration des ouvrages de M. C. nous trouvons quelques chapitres du volume: Il Vespro e la quistione Angioina, qui a été publié, en 1882, à Palerme, sans nom d'auteur: « Una pergamena sulla fondazione del Duomo di Cefalù », dans l'Archivio storico italiano, de 1883; « La Cabala e un'opera del P. Coltraro », id., id.; « Le tradizioni popolari nella loro genesi e nella loro evoluzione », dans la Revue Il Movimento de Palerme, 1883, incomplet; « Sulla vita e sulle opere di mons. Pietro Sanfilippo », Palerme, 1884; « Gli archivi e le biblioteche di Spagna, in rapporto alla Storia d'Italia in generale e di Sicilia in particolare », id., id., cet ouvrage publié aux frais du Ministère de l'instruction publique n'est pas encore achevé; « Sul Titolo presbiteriale di Santa Prisca. Notizie storiche », Palerme, 1885; « Prolusione al Corso di Paleografia e Critica storica inaugurato nella Pontificia Scuola Vaticana il 16 marzo 1885 », Rome, typ. du Vatican, 1885, plusieurs fois réédité; « Le lettere e i Regesti dei Papi », Rome, Monaldi, 1883; « Il sole d'Aquino, per le feste centenarie del Seminario di Palermo », Naples, 1885; « Sommario delle lezioni di Paleografia tenute nella Nuova Scuola Vaticana l'anno 1885. Scrittura latina », Rome, typ. du Vatican, 1886; « Sulla vita e sulle opere del padre Alessandro Narbone » (le grand bibliographe sicilien), Naples, 1886; « I Lapsi e la deportazione in Sicilia del Papa S. Eusebio », Rome, Monaldi, 1886; « Piccoli manuali di Sigle ed abbreviazioni dell'Epigrafia classica », Rome, typ. du Vatican, 1886; « L'Episcopello nel Medio Evo », Rome, 1887; « Epigrafia e Paleografia del Papa Damaso », id., id.; « Argomenti di Paleografia e Critica storica, trattati nella Pontificia Scuola Vaticana », id., id.; « La Beata Vergine nella poesia italiana »; « Leone XIII e il Secolo presente », Naples, 1888. — M. Carini vient de commencer, à la typographie du Vatican, la publication du « Regesto di Martino IV », le pape contemporain des Vêpres siciliennes; il a réédité, en quatre volumes, les « Storie Siciliane », de M. Isidoro La Lumia, en les faisant précéder d'une longue introduction; de même, il a publié, en trois volumes et avec une introduction, les « Orazioni inedite del Padre Ventura ». — M. Carini est actuellement Sous-Archiviste du Saint-Siège (l'Archiviste est le célèbre Père Tosti), consulteur de la Commission des Cardinaux pour les études historiques, professeur de paléographie, diplomatie et critique historique dans la nouvelle école vaticane, Prélat domestique du Saint-Père, et bénéficié de la Basilique Vaticane; enfin, il est membre de plusieurs compagnies savantes de l'Italie et de l'Academia de Buenas Letras de Barcelone. Dans l'énumeration de ses œuvres, nous n'avons pas tenu compte d'une foule d'écrits mineurs, parmi lesquels quelques poésies remarquables, des écrits d'arguments religieux, des biographies, etc.

Carjat (Étienne), caricaturiste, littérateur et photographe français, né, à Fareins, près de Villefranche (Ain), le 1er avril 1829. M. C. s'occupa de dessin industriel jusqu'en 1854, où il publia une série de grands portraits-charges lithographiés, intitulée : Le Théâtre et la Ville, qui eut un grand succès. Il visita, tour-à-tour, Lyon, Saint-Étienne, Marseille, Angoulême, Baden-Baden, où son fusain humoristique a laissé de nombreux souvenirs. En 1856, M. C. fonda le premier Diogène, journal illustré, en compagnie d'Amédée Rolland, Charles Bataille et A. Pothey. En 1861, il ouvrit un atelier de photographie qui devint vite à la mode, et où il donna des soirées musicales et littéraires pour lesquelles on s'arrachait les invitations. L'année suivante, il fonda le Boulevard, journal littéraire illustré, où débutèrent nombre d'écrivains qui se sont fait un nom; Daumier, Durandeau, Benassit et lui-même y publièrent leurs meilleurs charges. Cette publication dura dix-huit mois. Citons de lui: « Les Mouches vertes », satire, Paris, Weil et Block, 1868 ; « La leçon de Jeanne, drame patriotique en un acte et en vers », id., Lemerre, 1872 ; « Artiste et citoyen. Poésies précédées d'une lettre de Victor Hugo », id., Tressse, 1883,

Carle. Sous ce pseudonyme, le célèbre écrivain dramatique Victorien SARDOU (Voyez ce nom) a donné au Vaudeville, en 1861, un petit acte: « L'Écureuil » qui servait de lever de rideau à son grand succès: « Nos Intimes ».

Carle (Gaston), journaliste et homme politique français, est né, à Laon, le 25 mars 1841. Il suivit les cours de droit, de médecine et prit le grade de licencié ès-sciences. Un article qu'il fit dans le journal Le Peuple de Jules Vallès le fit condamner à la prison. Pendant la guerre, il s'engagea et devint sous-lieutenant. Au commencement de 1872, il quitta l'armée pour reprendre la profession de journaliste. Il collabora à l'Évènement, au Courrier de France, puis fonda le Bulletin des Conseils municipaux. En décembre 1876, il fut nommé sous-préfet de Lectoure; mais il fut révoqué après l'acte du 16 mai 1877, et alla fonder à Rennes le journal républicain Le Petit Breton. Revenu à Paris, en novembre 1878, il fut nommé secrétaire de la commission parlementaire d'enquête sur les élections du 14 octobre; puis il entra au journal Le Temps, dont il devint secrétaire de la rédaction; il prit, enfin, la direction du journal *La Paix*, qu'il fonda en mai 1879. Depuis le 31 janvier 1886, M. C. est membre du Conseil municipal de Paris.

Carle (Henri), écrivain français, né, en 1822, à Montat près de Cahors (Lot), initiateur d'une nouvelle réforme religieuse rationnelle, indépendante du clergé, et d'une alliance religieuse universelle. Pour soutenir ses idées, il commença par fonder une revue qui s'appela d'abord *L'Alliance universelle* et ensuite la *Libre Conscience* et qui vécut de 1865 à 1873; en 1870, il réunit à Paris un Congrès philosophique international de théistes qui fut bientôt interrompu par la guerre. Nous citerons de lui: « Alliance religieuse universelle. Essai sur les moyens de rapprocher toutes les croyances, toutes les doctrines et de les ramener à l'unité », Paris, 1860; « Crise des croyances. M. Rénan et l'esprit de système. Henri Martin, Jean Reynaud et la tradition », Paris, Cournol, 1864; « Recueil de compositions pour le baccalauréat ès-lettres », id., Belin, 1864; « Almanach de la conciliation des croyances pour 1865 », id., Thirifocq, 1864; « Étude comparée des doctrines de Rome et du théisme contemporain. Réponse à Mgr. Dupanloup sur l'athéisme et le péril social », id., 1867; « Almanach de la libre conscience pour 1870 », id., Cherbuliez, 1869. M. Henri Carle a fait une introduction pour l'ouvrage de Chemin: « Qu'est-ce que la théophilanthropie », et il a collaboré avec Beraud aux « Compositions de littérature et d'histoire données à la Sorbonne et dans les facultés des départements », Paris, Croville Morant, 1881.

Carle (Joseph), jurisconsulte italien, né, à Chiusa (province de Côni), en 1847. M. C. qui est docteur agrégé de la Faculté de Turin, professeur ordinaire de Philosophie du droit et chargé du cours des sciences sociales dans la même Université, membre de l'Académie des Lincei de Rome et de celle des sciences de Turin, a publié: « Della condizione giuridica dello straniero », Turin, 1865; « Dell'autorità delle leggi penali in ordine ai luoghi e alle persone », id., 1867; « Dell'appellazione in materia civile », thèse d'agrégation, Turin, 1868; « Saggio di una teoria di diritto internazionale privato, applicata al fallimento », id., 1871; « La dottrina giuridica del fallimento nel diritto privato internazionale », Naples, 1872; « De exceptionibus in jure romano », Turin, 1873; « Prospetto d'un insegnamento di filosofia del diritto. Parte generale », Rome, Bocca, 1873; « Saggi di filosofia sociale », Turin, Bocca, 1875; « Genesi e sviluppo delle varie forme di convivenza civile e politica », leçon d'ouverture, id., id., 1877; « La vita del diritto nei suoi rapporti colla vita sociale. Studio comparativo di filosofia giuridica », id., id., 1880 (Cfr. un mémoire de M. B. F. Bernasconi, Venise, Cecchini, 1881); « La vita e le opere di Carlo Boncompagni di Mombello. Commemorazione », Turin, Loescher, 1882; « Degli studi sociali all'età nostra », discours d'ouverture, id., Paravia, 1883. « Evoluzione nel diritto pubblico e privato di Roma », id., Bocca, 1886; « Le origini della proprietà quiritaria », id., Loescher, 1887; « Le origini del diritto romano », id., Bocca, 1888, Citons encore de lui: « Relazione sulla *Esposizione critica delle dottrine psicologiche di Alessandro Bain*, del prof. Giuseppe Allievo » dans les *Atti della R. Accademia delle Scienze* de Turin, 15me vol., 1880; « Di una nuova edizione delle istituzioni di Gajo, curata da C. Dubois », id., 16me vol., 1881.

Carlet (Gaston), médecin et naturaliste français, né, à Dijon, en 1845. M. C. a d'abord étudié la médecine, puis les sciences naturelles, auxquelles il a consacré la plupart de ses travaux. Il est docteur ès-sciences et en médecine des Facultés de Paris, professeur à la faculté des Sciences, et à l'École de Médecine de Grenoble; membre correspondant de l'Académie de Médecine de Paris. En outre du « Précis de zoologie médicale », Paris, Masson, 1881, 2me éd., 1888, qui résume les principaux points de son enseignement, M. G. Carlet a publié de nombreux mémoires sur diverses parties de l'Anatomie et de la Physiologie comparée, ainsi que des notes insérées chaque année dans les *Comptes rendus de l'Académie des Sciences* de Paris. Citons de lui: « Du rôle des sciences accessoires en médecine », Paris, 1871; « Étude de la locomotion humaine », id., 1872; « Observations sur l'inflorescence », id., id.; « Mémoire sur l'appareil musical de la Cigale », id., 1877; « Mémoire sur le procédé opératoire de la Sangsue », id., 1884; « Mémoire sur le venin et l'aiguillon de l'abeille », id., 1888. — M. C. a donné en outre au *Dictionnaire encyclopédique des sciences médicales*, Paris, 1875-1887, les articles suivants: « Circulation », en collaboration avec M. Marcy »; « Crâne et Foie »; « Digestion »; « Faim et soif »; « Fonction »; « Génération »; « Miction »; « Nutrition »; « Peau »; « Racines rachidiennes »; « Respiration »; « Rumination »; « Sang »; « Sangsue »; « Sarcopte »; « Sécrétion et excrétion »; « Sens »; « Sphygmographe »; « Squelette »; « Stridulation »; « Succion »; « Système nerveux »; « Téguments »; « Toucher »; « Urinaire (appareil) ». — Et il a inséré, de 1873 à 1888, les notes suivantes dans les *Comptes-Rendus* de l'Académie des sciences de Paris: « Sur un nouvel osmomètre »; « Sur le fonctionnement de l'appareil respiratoire, après l'ouverture de la paroi thoracique »; « Sur le mécanisme de la déglutition »; « Sur le mode d'action des piliers du diaphragme »; « Sur le rôle du bulbe artériel des poissons »; « Sur la membrane interne du gosier de poulet, comme cloison osmotique »; « Sur le retour de la contractalité dans les muscles où cette propriété a disparu sous l'influence de courants d'induction énergiques »; « Expériences sur la tonicité musculaire »; « Sur la locomotion des Insectes et des Arachnides »; « Sur le *Tingis* du Poirier »; « Appareils schématiques nouveaux relatifs à la respiration », etc. etc.

Carletti (Pascal-Vincent), professeur de langue et de littérature arabes à l'Université libre de Bruxelles, membre des sociétés asiatiques de Paris et de Londres, officier du Nichan-Iftikhar de Tunis. Fils du Dr Joseph Carletti et de Francesca Falengola de Naples, il naquit à Nicosie (île de Chypre), en avril 1822, et vécut en Syrie avec son père qui fut médecin particulier de l'Émir Bechir Chéhab, souverain du mont Liban, 1830-1840. Mis en pension au collège des Missionnaires de Saint-Lazare, à Aïntoura, dans le Kesserwan, en 1835, il en sortit, en 1840, pour suivre son père, qui avait dû accompagner l'Émir, prisonnier des anglais, d'abord à Malte, puis à Constantinople, d'où il se rendit à Smyrne pour y compléter ses études; et, en 1844, il retourna en Syrie. Il entra au consulat général de Russie, à Beyrout, comme secrétaire-interprète, et de 1849 à 1851, il dirigea une école à Lattaquie. Dans la seconde moitié de cette dernière année, il se rendit à Londres, et de là à Belfast, où il exerça la profession de traducteur et de maître de langues orientales. Rappelé à Londres, en 1856, par la maison Lascaridi et Cie, il fut après quelque temps envoyé, à la même maison, à Marseille, pour y tenir la correspondance avec la Syrie, et, en 1858, il créa, dans cette dernière ville, avec l'appui du premier ministre du Bey de Tunis, un journal hebdomadaire arabe, le *Outared* (Mercure), qu'il publia, peu après, à Paris, sous le patronage du Ministère de l'Algérie; mais il le cessa en avril 1860, pour aller, sous l'invitation d'un personnage influent à la cour du Bey, créer un journal de même nature à Tunis, *Arrâïd-Uttounisi* (l'Explorateur tunisien), qui devint l'organe officiel du gouvernement, et peu après la publication des premiers numéros de ce journal, M. Carletti fut décoré du *Nizam* et nommé, par décret du Bey, traducteur-interprète au ministère des affaires étrangères. Pendant dix-sept ans, tout en conservant sa place au ministère, M. Carletti fut seul rédacteur et adminstrateur du journal, ainsi que directeur de l'imprimerie du Gouvernement, dont il avait augmenté le matériel de ses propres deniers et qu'il exploitait pour son propre compte. Mais vers la fin de 1876, les commotions politiques dont la Tunisie fut tourmentée, le déterminèrent à liquider ses affaires et à quitter Tunis (oct. 1877). Il se fixa à Londres, d'où il fut appelé à Bruxelles (28 oct. 1880), pour occuper la chaire de langue et de littérature arabes. Parmi ses publications en langue arabe nous citons : « Kachful-Mukhabba », ouvrage inédit d'Ahmed Farés, sur l'*Europe contemporaine*; « Kitáb-ul-mú-nis », histoire de Tunis d'Ibn-Abi-Dinar; « Tarikh-uz-Zarkachi », monographie des *Almohadés* du *Maghreb*, et des *Hafsites*, de Tunis, ouvrage du IX s. de l'hég. « Al-Amalyyát al Amma », traité de jurisprudence du rite malekite; « Risalat Abd-il-massihbni-Ishaq Al-hindi », ouvrage inédit du III s. de l'hégire (controverse entre un chrétien et un musulman). pour le compte de la *Turkish missions aid Society* de Londres. « Idh-har-ul-hágg, ou, Manifestation de la vérité », traduction française d'une apologie de l'islamisme, 2 vol., Édimbourg et Paris, Leroux, 1880; « Méthode théorique et pratique de langue arabe », Paris, Leroux, 1884; « Grammaire comparée de l'arabe, l'hébreu et le syriaque ».

Carlevaris (Prospero), savant italien, docteur agrégé à la faculté des sciences de Gênes, professeur titulaire de chimie générale à l'Institut technique *Germano Sommeiller* de Turin. M. Carlevaris, qui, dans sa jeunesse, avait publié quelques poésies populaires fort émouvantes, s'est consacré ensuite exclusivement à des travaux scientifiques. Nous connaissons de lui : « Delle materie tessili e dei colori derivati dalla serca distillazione del litantrace. Lezioni dette al corso normale nell'autunno del 1867 », Turin, Paravia, 1868; « La luce, ossia l'idro-magnesiaca e le sue applicazioni », id., id., id.; « L'aria atmosferica e le sue funzioni. Lezioni dette alle conferenze magistrali agrarie d'Asti nell'autunno dell'anno 1869 », id., id., 1869; « Elogio di Edoardo Raffo », Sienne, 1869; « Lezioni sulle antiche e sulle nuove polveri da guerra e sul fulminato d'argento e di mercurio », id., Negro, 1871; « Corso elementare di chimica moderna », 3 vol., id., id., 1872. En outre, il a publié dans les *Comptes-Rendus de l'Académie des Sciences* de Paris: « Note sur un nouveau mode de lumière fixe constante et blanche » 60me vol., 1865; et dans les *Atti della R. Accademia di Torino*: « Nuovo procedimento di clorometria, ossia della determinazione del titolo del cloruro di calce », 3e vol. 1869.

Carlevaris (Stanislas), journaliste et homme de lettres italien, fils du précédent, né, à Turin, en 1847. Il fit ses études à Gênes et montra d'abord quelque penchant pour la peinture, qu'il quitta cependant bientôt voyant qu'il n'y obtenait pas les succès qu'il y espérait. Il fit la campagne de 1866 avec Garibaldi, et pris part l'année suivante à l'expédition de Mentana. Il a fondé à Turin *La Vita torinese* et à Rome *La Vita Romana*, deux journaux qui ont eu une existence éphémère, et il a collaboré à plusieurs journaux politiques, entr'autres, à la *Gazzetta Piemontese*. Il débuta, dans les lettres, par un roman : « Vita perduta », publié, chez Sonzogno, à Milan; suivirent: « Dopo morto. Fantasia », Turin, Borgarelli, 1870; « Nonna Capriccio (Bozzetti della vita romana) », Rome, Artero, 1872; « La storia di un teschio », Turin, Camilla et Bertolliero, 1874; « Cyclamen. Il ritratto della Croziuccia. La vendetta di una madre », Milan, 1876; « Senza sole: novelle », Turin, Casanova, 1877; « Giardini e viali », dans le volume *Torino*, publié par les éditeurs Roux et Favale, Turin, 1880; « L'ultima rondine », Milan, Brigola, 1880; « Grandi e piccini. Novelle », Turin, Turizzo, 1880; « Vasi in bronzo del giardino reale di Torino », id., Bocca, 1884.

Carli (Romulus), écrivain corse, ancien attaché à l'administration des postes françaises, né, le 30 mai 1830, à Speloncato, en Corse, où il vit maintenant en retraite, partageant son temps, entre les études littéraires et les plaisirs de la chasse. Il rédige le *Moniteur des chasses*; on lui doit aussi un petit livre intitulé : « La Scatola », Ajaccio, 1883, dans lequel il décrit brillamment une chasse aux flambeaux dans la vallée du Regino.

Carlier (Jules), littérateur et homme politique belge, né, à Mons, le 17 août 1851. Au temps où il était secrétaire de la Société industrielle *La Métallurgique*, à Bruxelles, il a donné un grand nombre de conférences populaires qui ont été publiées en brochures; nous citerons les suivantes : « Le Parlement britannique »; « Le Vie de Macaulay »; « Le Comte Camille de Cavour », Mons, 1878; « Daniel de Foë »; « L'Éducation des femmes »; « Paris en Amérique »; « La Lecture »; « Les Sept merveilles du monde »; « La Bataille de Jemmapes »; « Richard Cobden »; « Nos Moyens de communication »; « Georges Stephenson »; « Le Parlement belge et la procédure parlementaire »; « Charles-James Fox »; « La Presse »; « Jadis et aujourd'hui »; « La Caisse générale d'épargne et de retraite ». Deux de ces opuscules, remaniés et complétés par l'auteur, sont devenus deux véritables livres : « Richard Cobden », Verviers, 1883; « Les Sept merveilles du monde », Bruxelles, 1884. — M. Carlier avait débuté par une étude intitulée : « De l'éducation politique en Belgique », Mons, 1873, et s'il collaborait à des journaux sans nuance politique, comme *L'Athenœum belge* et les *Annales de la Société d'éducation populaire de Laeken*, il collaborait aussi à des publications libérales comme la *Revue de Belgique*, l'*Écho du Parlement*, le *Journal de Bruges*, et il fit partie du Comité de l'Association pour l'adoption du principe de la représentation proportionnelle des groupes électoraux aux corps élus. Cette préparation à la vie politique lui a valu récemment un siège à la Chambre des Représentants de son pays; il vient d'être nommé Commissaire général de la Belgique à l'Exposition de Paris de 1889.

Carloni (Francesco-Fortunato), écrivain italien, né, en 1831, à Cerreto d'Esi (province d'Ancône). Il fit ses études au lycée de Fabriano et à l'Université de Macerata, où il fut reçu docteur en droit. Il s'adonna cependant de préférence aux lettres. Nous citerons de lui : « Il buon Cittadino »; « Patologia del Regno d'Italia »; « Elementi dell'Arte agraria adattati alla zona appennina dell' Italia centrale »; « Sui fatti avvenuti in Fabriano il 12, 15 settembre 1870 », Cingoli, Falconi, 1871; « Savonarola : dramma tragico in cinque atti », Florence, 1885; « Saluto a Gioacchino Rossini, ode », Florence, Carnesecchi, 1887.

Carmen Sylva, harmonieux pseudonyme littéraire que sa passion pour les grands bois a inspiré à Sa Majesté Pauline-ELISABETH-Ottilie-Louise, REINE DE ROUMANIE. Cette illustre et poétique princesse est née, le 29 septembre 1843, au château de Monrepos, sur les bords du Rhin, du prince Guillaume HERMANN-Charles DE WIED, et de la princesse Marie de Nassau, une toute jeune mère qui n'avait que dix-huit ans, lorsqu'elle mit sa fille au monde. Son père, grand ami de la philosophie allemande, qu'il a cultivée jusqu'à sa mort, non en *dilettante* mais en travailleur, a laissé des ouvrages philosophiques auxquels il avait fait participer sa fille, en lui communiquant les manuscrits avant de les livrer à l'imprimeur. Mmes Mita Kremnitz, Mawer et Mac Kerlie, qui toutes trois ont écrit séparément sur la jeunesse de la princesse Elisabeth, la représentent comme une enfant douée de cette intensité de vie intellectuelle et sensitive, sans laquelle on ne devient ni poète, ni littérateur. Quand elle s'échappait des mains de Mlle Lavater, la nièce du célèbre physionomiste, sa gouvernante, elle courait les bois et les champs avec les filles des gardes-chasses et des fermiers. Un jour, on la surprit à l'école du village voisin, assise sur les bancs et voulant absolument qu'on lui fît suivre la classe. Elle grimpait sur les genoux du vieux poète Arndt pour lui faire réciter des vers; enfin elle n'était pas tout-à-fait, comme une autre. En grandissant, elle devint studieuse et posée; apprit le français, l'italien, l'anglais, le suédois et nous ne savons combien d'autres langues encore. Jeune fille encore, elle voyagea beaucoup. Invitée à Berlin par la reine (aujourd'hui l'impératrice-douairière) Auguste, elle y resta plus d'une année. Elle passa l'hiver suivant à Saint-Pétersbourg, avec la grande-duchesse Hélène, proche parente de sa mère; celui de 1867, à Naples avec la princesse Thérèse d'Oldenbourg, sa cousine; ses parents la conduisirent en Suède, en France; et partout elle témoigna de l'amour pour la vie paisible et du dégoût pour le monde. A vingt-quatre ans, la princesse Elisabeth de Wied était déjà une femme sérieuse, réfléchie, familière avec les hautes pensées philosophiques et morales, disposée à garder le célibat, car « il ne peut, – disait-elle, – y avoir de joie dans le mariage sans amour ». Mais cet amour, qui ne s'était par encore présenté sur sa route, ne tarda pas à se faire sentir; le prince Charles de Hohenzollern, que les traités venaient de mettre sur le trône de Roumanie, sut toucher le cœur de la princesse, et, le 15 novembre 1869, leur mariage était célébré. Trois jours après, le jeune couple faisait son entrée à Bucarest. La princesse Elisabeth aimait son mari, elle le comparait à Guillaume le Silencieux, et disait de lui : « La postérité l'appellera Charles le Sage ». Son grand objet était désormais de l'aider dans sa mission. Elle le fit avec dévouement. La reine (on sait que le prince Charles a été proclamé roi de Roumanie le 14-26 mars 1887) Elisabeth porte aujourd'hui deux titres parmi ses sujets : l'un est celui d'*institutrice du peuple* qu'elle a mérité en fondant, dès le début, une foule d'écoles; l'autre celui de *mère des blessés*, qu'elle eut plus tard l'occasion d'acquérir pendant la guerre des Balkans. Mais c'était évidemment les œuvres de la paix qui répondaient le mieux à ses besoins. La passion de la princesse pour la pédagogie trouvait de quoi se satisfaire. Elle commença par apprendre la langue du pays et la sut en un an. Puis, elle traduisit et fit traduire les livres scolaires élémentaires français pour les écoles. Jusque-là, nul ne savait qu'elle eût le don d'écrire en vers; elle avait caché ses poésies, comme l'avare son trésor; mais à ce moment, il lui sembla que ce serait un moyen d'établir un courant sympathique entre elle et un peuple poète que de se relever à lui poète elle-même; et elle fit traduire ses œuvres, afin qu'on pût les distribuer aux enfants des institutions scolaires. Outre les écoles primaires, que la reine n'est pas seule à couvrir de sa sollicitude, elle en a fondé de spéciales dont le soin convient plus particulièrement à son sexe : écoles de dessin, de peinture, de musique, de chant pour les jeunes filles ; écoles de couture, de broderie, ateliers de filage, de tissage, et même de tricot pour les vieilles femmes. *L'asile Hélène*, qui, par son but, rappelle notre école normale est surtout l'objet de ses soins. Quatre cent soixante jeunes filles s'y préparent à l'enseignement primaire, secondaire et supérieur. D'abord, la princesse se contentait de visiter assidûment cet établissement, qu'elle avait trouvé fondé et fonctionnant déjà à son arrivée en Roumanie. Mais une des maîtresses, qui enseignait la littérature allemande, étant venue à mourir, la princesse a voulu la remplacer et c'est elle qui faisait là, il n'y a pas longtemps, des conférences sur les sujets littéraires. Nous ignorons si elle a continué son entreprise. A côté de ces occupations conformes à ses goûts, la reine Élisabeth s'en est créé de conformes à son devoir spécial d'épouse d'un prince régnant. Elle a fondé une société pour le développement de l'industrie nationale du tissage, bâti une manufacture de soie, institué une œuvre pour les malades pauvres, une école de gardes-malades et plusieurs œuvres importantes de bienfaisance et de charité, entre autres: l'*Œuvre Élisabeth* dont le but est de donner du bois aux pauvres, ce premier de leurs besoins dans les rudes hivers de la Roumanie. Avant de donner la note, autant que possible complète, des ouvrages de cette *authoress* couronnée, nous sentons le devoir de renvoyer ceux qui désirent de plus amples détails biographiques à un article de M. V. de Chevigny: « Trois princesses, femmes de lettres », inséré dans le *Correspondant* du 25 septembre 1888, article auquel nous avons largement puisé. Cfr. aussi les ouvrages de Kremnitz: « Carmen Sylva », Berlin, 1882, et de Von Stackelberg « Aus Carmen Sylvas Leben », 4ᵐᵉ éd., Heidelberg, 1886. — Nous citerons d'elle: « Sappho », 1880; « Rumänische Dichtungen », Leipzig, 1881; « Stürme », poésies, Bonn, 1881; « Ein Gebet », nouvelle, Berlin, 1882; « Jehova », Leipzig, 1882, traduit en français par Hélène Vacaresco, Paris, Lemerre, 1887; « Die Hexe », Berlin, 1882; « Leidens Erdengang », un cycle de nouvelles, Berlin, 1882; « Pelesch Märchen », ou « Aus Carmen Sylva Königreich », Leipzig, 1883, traduit en français par MM. L. et F. Salles, sous le titre de « Contes du Pelech », Paris, Leroux, 1884; les mêmes traducteurs ont donné aussi une version des « Nouvelles », de Carmen Sylva, Paris, Hachette, 1886; « Aus zwei Welten », 1883 ; « Meine Ruh », poésies lyriques, 4 vol., 2ᵐᵉ éd., Berlin, 1886; « Handzeichnungen », esquisses, id., 1884; « Mein Rhein », poésies, Leipzig, 1884; « Astra », roman, Bonn, 1886; citons encore: « Les pensées d'une reine », Paris, C. Lévy, 1882, anonyme, mais la préface de M. Louis Ulbach dit que l'auteur est Sa Majesté la Reine Élisabeth, l'ouvrage n'est pas une traduction mais il a été écrit en français par la reine elle-même ; « Le Pic au regrets », conte roumain, Paris, Nillson, 1884.

Carnarvon (Henry HOWARD MOLYNEUX HERBERT 4ᵐᵉ comte DE), homme d'État et écrivain anglais, né, à Londres, le 24 juin 1831, appartient à une branche cadette des comtes Pembroke, élevée, en 1780, à la pairie héréditaire. Connu d'abord sous le nom de baron PORCHESTER, il fit ses études au collège de Christchurch à Oxford, et prit, en 1849, les titres et la place de son père à la chambre des Lords, où il débuta par un discours, loué par lord Derby, qui, en 1859, le nomma grand-maître de l'Université d'Oxford, et secrétaire d'état pour les Colonies, en juin 1866 ; mais, au mois de mars de l'année suivante, lord C. donnait sa démission, trouvant trop démocratiques les idées de ses collègues sur la réforme parlementaire. De 1872 au commencement de 1878, il fut de nouveau sous-secrétaire d'État pour les colonies dans le cabinet présidé par Disraeli. De juin 1885 à janvier 1886, il fut lord lieutenant d'Irlande sous la première administration de Lord Salisbury. Il est l'auteur des ouvrages suivants : « The Archaeology of Berkshire », 1859 ; « Recollections of the Druses of the Lebanon, and Notes on their Religion », 1860 ; « The Prison Discipline », 1864 ; en outre il a édité : « Reminiscences of Athens and the Morea : Extracts from a Journal of Travels in Greece during 1839 by the late Earl of Carnarvon », 1869 ; et « The Gnostic Heresies of the First and Second Centuries », de feu H. L. Mansell, doyen de Saint-Paul, avec une introduction et une biographie de l'auteur, 1875. Une traduction en vers de l' « Agamemnon », d'Eschyle, 1879, et de l' « Odyssée », sont ses dernières œuvres littéraires.

Carnazza-Amari (Joseph), homme politique et jurisconsulte italien, né, à Palerme, le 31 décembre 1840. Il débuta, à l'âge de 15 ans, par une dissertation « Sul duello », Catane, 1856. Reçu docteur en droit à l'Université de Catane, en 1858, il s'adonna d'abord à l'exercice de la profession, puis il entra, en qualité de juge de tribunal, dans la magistrature qu'il quitta au bout d'une année pour se consacrer à l'enseignement ; il est aujourd'hui professeur ordinaire de droit international à l'Université de Catane, membre de la commission conservatrice des monuments de la même ville, député au Parlement depuis 1880, et conseiller provincial. Nous connaissons de lui : « Della capacità civile de' conventi dei mendicanti », Catane, 1861 ; « Dissertazione sopra una questione di diritto », id., id. ; « Osservazione sull'articolo 670, ll. cc. », id., id. ; « Sulla ammissibilità della domanda di nullità di testamento per causa di captazione e suggestione », id., id. ; « Dissertazione sul diritto che ha l'archiginnasio di Catania di essere riconosciuto università di prima classe », id., id. ; « Elementi di diritto internazionale », Catane, Crispo et Russo, 1 vol., 1867 ; « Sull'equilibrio politico degli Stati », discours d'ouverture, Catane, Galatola, 1867 ; « Trattato sul diritto internazionale pubblico di pace », 2me éd., Milan, Maisner, 1875. — Citons encore de lui : « Nuova esposizione del principio del non intervento » et « Dello studio del diritto internazionale in Italia ».

Carnazza-Puglisi (Joseph), jurisconsulte italien, doyen de la Faculté de droit et professeur de droit commercial à l'Université de Catane ; nous connaissons de lui : « Poche idee critiche sul progetto di revisione del codice civile Albertino », Catane, Galatola, 1861 ; « I principii del diritto commerciale secondo le leggi di eccezione per le due Sicilie ed il codice di commercio per gli Stati Sardi », 2 vol., id., id., id. ; « Necrologia di Carlo-Giuseppe-Antonio Mittermaier », id., id., 1867 ; « Il diritto commerciale, secondo il codice di commercio del Regno d'Italia », 2 vol., Milan, Savallo, 1869.

Carné-Trecesson (comte Jules DE), littérateur français, est né, à Mériel (Seine-et-Oise), le 3 juillet 1835. Il est cousin de l'académicien Louis de Carné (1804-1876). Sous le pseudonyme-anagramme *J. de Cénar*, M. Jules de Carné a collaboré de bonne heure à divers journaux littéraires de Paris et de la province, et a publié plusieurs romans et nouvelles : « Pécheurs et pécheresses », Lévy frères, 1862 ; « Un jeune homme chauve », id. Dentu, 1864 ; « Cœur et sens, scènes de la vie réelle », id., Lévy frères, 1868 ; « Charlotte Duval », id., id., id. ; « Marguerite de Karadec », id., C. Lévy, 1876 ; « Après la faute », id., id., 1880. M. de Carné a signé aussi *Minor* et *Henri Karl*.

Carneri (Barthélemy, chevalier DE), écrivain austro-italien, né, à Trente, le 2 novembre 1821, issu d'une ancienne et noble famille de la ville. Tout jeune encore, il se rendit à Vienne, où il s'adonna d'abord aux études littéraires et juridiques et ensuite à la philosophie. Depuis 1870, il est membre de la Chambre des députés autrichiens ; il réside maintenant à Gratz. M. de C. s'est essayé dans plusieurs genres littéraires. Il a débuté par un volume de poésies : « Gedichte », 1848, 2me éd., Leipzig, 1850 ; suivirent : « Das moderne Faustrecht ». 1860 ; « Pflug und Schwert », sonnets, Vienne, 1862 ; « Franz Deak », 1863 ; « Oesterreich und die Encyklika », 1865 ; « Oesterreich nach der Schlacht bei Königgratz », 1866 ; « Sittlichkeit und Darwinismus », Vienne, 1871 ; « Gefühl, Bewusstein, Wille », id., 1876 ; « Der Mensch als Selbstzweck », id., 1877 ; « Grundlegung der Ethik », id., 1881 ; « Ethische Essays », Stuttgart, 1886.

Carnot (Marie-François-SADI), président de la République française, né, à Limoges, le 11 août 1837. Nous ne répéterons pas ici la biographie trop connue de cet homme d'État ; nous nous bornerons à rappeler que après avoir exercé pendant quelque temps sa profession d'ingénieur dans l'administration des ponts et chaussées il fut élu, on 1871, représentant à la Chambre des députés. Devenu ensuite sous-secrétaire d'État d'abord, et puis ministre des travaux publics et des finances, il sut, par les rares qualités morales qu'il déploya dans ses hautes fonctions, mériter les suffrages des membres du Congrès, qui, après la demission de M. Grévy, l'ont élevé à la plus haute magistrature de son pays. Comme écrivain, son bagage littéraire est des plus minces. En dehors de ses discours et de ses rapports parlementaires, on ne lui doit qu'une traduction de l'ouvrage de F. Stuart-Mill : « la Révolution de 1848 et ses détracteurs », Paris, Germer-Baillière, 1875.

Carnoy (Henry), écrivain et érudit français, né à Warloy-Baillon (Somme), le 12 mai 1861. Dès 1875, M. Carnoy collabora au *Journal d'Amiens* pour la partie littéraire. En 1877, il publia dans une revue spéciale, *Mélusine*, que venaient de fonder MM. Eugène Rolland et Henri Gaidoz, une série d'articles sur les contes, légendes, usages et croyances de la Picardie. En 1879, M. Carnoy donna dans la *Romania* une nouvelle série de « Contes populaires picards ». Ce travail qui fut l'objet d'une étude du Dr Reinhold Kœhler de Weimar, décida l'auteur à continuer ses recherches sur les traditions populaires. Nommé, en 1883, professeur au lycée Louis-le-Grand, à Paris, M. Henri Carnoy publia cette même année dans la *Collection des Littératures populaires de toutes les Nations* un important ouvrage sur la « Littérature orale de la Picardie », Paris, Maisonneuve, qui fut couronné par la Société des Sciences et des Lettres de Lille. Ce volume fut bientôt suivi des « Contes français et canadiens », id., E. Leroux, 1884. En 1884, fut publié à Paris et à Alger le tome 1er de « L'Algérie traditionnelle », contribution au Folk-Lore des Arabes, recueil curieux de toutes les traditions musulmanes, qui doit comprendre plusieurs autres volumes. En juillet 1883, M. Carnoy entra comme chroniqueur littéraire au journal l'*Opinion* de Paris, où il a publié trois ou quatre cents nouvelles qui vont paraître en volumes. Le tome 1er en a paru sous le titre de « Contes bleus », Paris, A. Dupret, 1887. Aujourd'hui que l'*Opinion* est devenue l'*Estafette*, M. C. y continue sa collaboration. Les nouvelles de M. Carnoy ont été traduites en italien, en espagnol, en grec, en anglais et reproduites dans la *Gazzetta di Torino, el Globo*, la *Meuse*, la *Turquie*, le *Moniteur oriental*, etc.... Entre temps, M. Carnoy a publié de nombreuses études relatives aux traditions populaires, à la mythologie, à des points de littérature, dans la *Romania*, la *Revue de l'Histoire des Religions*, la *Revue libérale*, la *Revue générale*, la *Revue des Traditions populaires*, etc. Nous citerons ses travaux sur les « Associations religieuses musulmanes (*Rev. génér.*), « Le Culte du Serpent et du Dragon » (*Rev. de l'Hist. des Relig.*), les « Acousmates ou Chasses fantastiques » (id.), le « Monde des Génies », les « Guerriers dormants » (*Rev. libérale*). En 1886, M. Carnoy eut à diriger la *Revue des Traditions populaires* ; mais à la fin de l'année, il donna sa démission et fonda une nouvelle revue, dont il est le directeur, sous ce titre *La Tradition*. Cette revue va entrer dans sa troisième année. Elle a groupé autour d'elle de nombreux artistes, érudits et lettrés. En dehors des ouvrages cités ci-dessus, M. Henri Carnoy a publié : « Les légendes de France », 1 vol., illustré par Éd. Zier, Paris, Quantin, 1885 ; « La Nuit de Noël », roman illustré par Chovin, id., id., 1886 ; « Hans Mortens », roman, id., id., 1887 ; « Les traditions populaires de l'Asie-Mineure ». id., Maisonneuve, 1888. — M. C. prépare un roman de mœurs : « Madeleine Girard », des « Contes de Corps de Garde » et un volume sur les traditions de Constantinople.

Carnoy (Jean-Baptiste), micrographe et botaniste belge, né, à Rumillies, le 22 janvier 1836. M. Carnoy est chanoine honoraire de la cathédrale de Tournai ; professeur à l'Université catholique de Louvain, et membre correspondant de l'Académie pontificale des *Nuovi Lincei*. On a de lui des articles dans la *Revue médicale de* Louvain, la *Flore des serres et des jardins de l'Europe* de Gand, la *Revue de l'arboriculture* de Metz ; nous connaissons de lui : « Cours de géométrie analytique. Géométrie plane et géométrie de l'espace », 2 parties, Paris, Gauthiers-Villars, 1872-74 ; « Manuel de microscopie », Louvain, Peters-Ruelens, 1880 ; « La Biologie cellulaire. Étude comparée de la cellule dans les deux règnes », Paris, O. Doin, 1884 ; « La Cellule, recueil de cytologie et d'histoire générale, publié par J.-B. Carnoy, G. Gilson et J. Deny », Gand, Engelke, 1885.

Carnuth (Otto-Alexander), philologue allemand, né, le 26 septembre 1843, à Riesenbourg dans la Prusse Occidentale ; après avoir fréquenté le gymnase de Thorn, il alla étudier la philologie aux Universités de Leipzig et de Königsberg, où il fut reçu docteur en 1869. Après avoir été professeur en différents endroits, il fut nommé, en 1876, directeur du gymnase de la ville de Dantzig, fonctions qu'il occupe encore. Sans tenir compte de plusieurs articles insérés dans différents journaux, nous citerons de lui : « Aristonici περὶ σημείων Ὀδυσσείας reliquiæ emendatiores », Leipzig, 1869 ; « De Etymologi Magni fontibus », 1re partie, Berlin, 1873 ; « Nicanoris περὶ Ὀδυσσειακῆς στιγμῆς reliquiæ emendatiores », Berlin, 1875 ; deux comptes-rendus sur les écrits concernant les Grammairiens Grecs qui ont paru dans les *Jahresberichten* de Bursian, Leipzig et Berlin, 1875-76. « De Etymologici Magni fontibus », 2me partie, Berlin, 1876 ; « Quellenstudien zum Etymologicum Gudianum, Programm », Dantzig, 1880 ; « Friedrich Fröbel und seine Grundsätze über die Erziehung der Kinder », id., 1882 ; « Ziel und Methode d. griechische Unterricht », Berlin, 1888 ; « Xenophon's Anabasis erklärt », cinquième édition, 1884.

Caro (Miguel-Antonio), écrivain colombien, né, le 10 novembre 1843, à Bogota, où il fit ses études littéraires et philosophiques. Fils de José Eusebio C. (1817-1853) qui occupe une des premières places parmi les poètes modernes de l'Amérique du Sud, M. Caro fils s'adonna de bonne heure aux lettres. Sans tenir compte de sa collaboration à *El Tradicionista* (1871-73);

à *El Repertorio Colombiano* et à d'autres revues du même genre, il a publié : « Poesias », 1866; « Estudios sobro el utilitarismo », 1869; « Gramatica Latina », on collaboration avec M. Rufino J. Cuervo, 2me éd., 1869; « Tractado del participio », 1870; « Horas de amor », 1871 ; et une traduction complète, en vers, avec introduction des « Obras de Virgilio », 3 vol. 1873-75. On doit aussi à son initiative la publication de « El Anuario de la Academia Colombiana », 1874-75. — M. Caro a été sénateur et représentant de la république ; depuis 1870, il est membre correspondant de l'Académie espagnole, et un des fondateurs de l'Académie colombienne qu'il a même présidée pendant quelque temps. Actuellement il est bibliothécaire national. Dernièrement on a publié à part une brochure de lui : « Del uso en sus relaciones con el lenguajo », discours lu à l'Académie Colombienne le 6 août 1881.

Caro (Jacob), historien allemand, né, à Gnesen, le 2 février 1836, de parents israélites. Après s'être acquis une réputation par la publication de : « Das Interregnum Polens im Jahr 1586, oder die Häuser Zborowsky und Zamojski », Gotha, 1861, il fut chargé de continuer l'histoire de la Pologne, commencée par Röpell. Après avoir, dans l'intérêt de son travail, parcouru la Galice et la Russie méridionale, il se faisait recevoir, en 1863, *Docent* à Jena ; en 1864, sur l'invitation de la grande-duchesse Hélène, il l'accompagnait dans un voyage dans le midi et jusqu'à Saint-Pétersbourg. Revenu à Jena, il y fut nommé professeur extraordinaire ; en 1878, il fut nommé professeur d'histoire à l'Université de Breslau. Nous connaissons de lui : « Johannes Longinus. Ein Beitrag zur Litteraturgeschichte », Jena, 1863 ; « Lessing und Swift. Studien über Nathan den Weisen », Jena, 1869 ; « Liber cancellariae Stanislai Ciolek. Ein Formelbuch der polnischen Königskanzlei aus der Zeit der hussitischen Bewegung », 2 vol., Vienne, 1871-74 ; « Katharina II von Russland », dissertation. Breslau, 1876 ; « Aus der Kanzlei Kaiser Sigismunds. Urkündliche Beiträge zur Geschichte des Constanzer Concils », dans l'*Archiv für öst. Gesch.* 1879 ; « Das Bündniss zu Canterbury », Gotha, 1880 ; « Ueber eine Reformationsschrift des 15 Jahrh. », dans la *Zeitschr. der westpreuss. Geschichtsverein*, 1882 ; « Beata und Halszka. Eine polnische russ. Geschichte aus der 16 Jahrh. », Breslau, 1883.

Caro (Mme Elme, née Pauline CASSIN). Voyez : ALBANE P.

Caro (E.) Voyez : AVANZINI (Balthazar).

Carocci (Guido), journaliste et écrivain d'art italien, ancien collaborateur de la *Gazzetta del Popolo* de Florence, actuellement directeur du journal *Arte e Storia* qui paraît dans la même ville. On lui doit : « Il castello di Vinci-gliata », conte du XIV siècle, avec notes historiques, Florence, 1872 ; « Il Viale de'Colli », description historico-artistique, id., id. ; « Fiesole. Breve illustrazione de' suoi monumenti », id., 1874 ; « Illustrazione storico-artistica dei dintorni di Firenze », id., 1875 ; « Le Donne Illustri nella Storia d'Italia », id., 1879. — A l'occasion de l'inauguration de la façade du Dôme de Florence, M. C. a publié une monographie sur Donatello.

Carotti-Conti (Paulino), institutrice italienne, née, en 1847, à Florence, où elle fit ses études à l'école normale pour les jeunes filles. Après avoir enseigné particulièrement pendant quelques années, elle fut nommée inspectrice des écoles royales Léopoldines de Florence ; dernièrement le Ministro lui a décerné une médaille comme récompense de ses efforts pour l'instruction populaire. On lui doit : « Libro di dettatura e copia per le classi elementari », Florence, Paggi, 1879 ; « Le quattro stagioni, libro di lettura per le classi elementari », 4 vol., id., id. ; « Libro di lettura per le scuole rurali e di famiglia », Milan, Trevisini, 1882 ; « Raccontini secondo il metodo oggettivo », id., id., 1883 ; « Piccola storia sacra », id., id., id. ; « Vivendo s'impara. Dialoghi e lettere », id., id., 1887.

Carpegna (comte Guido Di), homme politique et écrivain italien, appartenant à la noble famille des princes Falconieri, né le 6 février 1840. M. de Carpegna a été, pendant quelque temps, député au Parlement national et conseiller municipal de Rome. Il est aujourd'hui membre du conseil et de la députation provinciale de Pesaro et Urbino. M. di Carpegna, qui a été président du Comice agricole de Rome, s'est beaucoup occupé des questions qui ont trait à la bonification de la campagne de Rome. Nous connaissons de lui : « L'Alga : canto », Urbino, 1876 ; « Le crittogame : versi », id., 1877 ; « Il comizio agrario e la scuola-podere di Roma : risposta al professore Antonio Marucchi », Rome, Forzani, 1877.

Carpenter (Alfred), médecin anglais, né, à Rothwell (comté de Northampton), le 28 mai 1825. Après avoir servi, pendant plusieurs années, en qualité de médecin dans les hôpitaux, il fut élu, en 1879, président du Conseil de l'Association anglaise de médecine, examinateur pour l'hygiène publique à l'Université de Londres, membre de la Commission royale d'enquête sur les conditions des hôpitaux de Londres, etc. Nous citerons de lui : « A History of Sanitary Progress in Croydon », 1856; « Hints on House Drainage », 1866 ; « Physiological and Mechanical Aspect of Sewage irrigation »; « Alcoholic Drinks as Diet, as Medecines, and as Poisons » ; « Influence of Sewer Gas on public Health »; « Causation of Epidemic Disease »; « Address on Public Medecine », discours lu, en 1876, à l'Association anglaise de médecine à Sheffield; « The First Principles of Sanitary Work »; « Fogs and London Smoke », 1880; « Health at School », et en dernier lieu une série d'articles dans le *Practical Teacher* sur la « School Surgery ».

Carpentier (Mlle Émilie), femme de lettres française, née, à Paris, en 1837. On lui doit: « Cent et un petits contes pour les enfants », Paris, Vermot, 1860; « La Ménagerie des enfants », id., id., id.; « Les Souvenirs de mon grand-père, contes et nouvelles dédiés à la jeunesse », id., id., id.; « Alphabet syllabairo amusant », id., id., 1862; « Les Aventures d'une poupée », id., id., id.; « Les Fêtes des enfants », id., id., id.; « Jeunes têtes et grands cœurs », id., id., id.; « Histoire des reines de France », id., id., 1863; « La jeunesse des princes », id., id., id.; « Mémoires de Barbe-Bleue », id., id., 1865; « Les Petits Bonheurs de la jeunesse », id., id., id.; « Les Vaillants cœurs », id., id., id.; 2e éd., id., A. Rigaud, 1874; « Mademoiselle Précieuse ou mademoiselle J'Ordonne, contes pour les jeunes filles », id., id., 1866; « Petits contes pour les commençants », id., id., id.; « Les Jumeaux de Lusignan, ou les Petits-fils de Mélusine », id., id., 1867; « Vouloir c'est pouvoir », id., A. Rigaud, 1868; « Les Petits marchands d'images », id., id. 1869; « L'enfance de Louis XIV », id., id., id.; « Les enfants célèbres », id., id., id.; « Les campagnes de Moffino, épisode de la guerre de Russie », id., id., 1872; « Récits historiques », id., id., 1873; « La maison du bon Dieu », id., Hachette, 1881; « Le Sire Gilles de Retz. Mémoires de Barbe-bleue », Limoges, Ardant, 1882; « Le Trésor de Fritz », Paris, Lefèvre, 1882; « Tout seul », id., id., 1883; « Les ignorances de Madeleine », id., id., id.; « Sauvons-le! », id., Hachette, id.; « Captive! », id., Lefèvre, 1884; « Enfants d'Alsace et de Lorraine », id., id., id.; « La Maison fermée », id., Hachette, id.; « La tour du preux », id., id., 1885; « Pauvre petite », id., Lefèvre, id.; « La part du matelot », id., id., 1886; « Pierre-le-Tors », id., Hachette, 1887. Mlle Carpentier a collaboré à plusieurs journaux de famille, entr'autres à la *Semaine des enfants*, au *Journal des demoiselles*, au *Magasin des demoiselles*, etc. etc.

Carpi (Léon), économiste et homme politique italien. M. Carpi a été le premier député élu par la ville de Ferrare au parlement italien, mais ensuite il n'a plus été réélu. Il partage maintenant son existence entre Bologne et Rome, où il collabore au *Popolo Romano*. Israélite de naissance, il a débuté dans les lettres par: « Alcune parole sugli Israeliti in occasione di un decreto pontificio d'interdizione », Florence, 1847. Ensuite il a publié: « Dell'emigrazione italiana all'estero nei suoi rapporti coll'agricoltura, coll'industria e col commercio », Florence, Civelli, 1871; « Il corso forzoso o le proposte dell'on. Maurogonato », Florence, Le Monnier, 1873; « Delle Colonie e dell'emigrazione d'italiani all'Estero sotto l'aspetto dell'industria, commercio ed agricoltura », Milan, typ. lombarde, 1874; « L'Italia vivente. Studii sociali. Letteratura », id., Vallardi, 1877; « Statistica illustrata della emigrazione all'estero del triennio 1874-76, nei suoi rapporti coi problemi economico-sociali », Rome, 1878; « Il Risorgimento italiano: biografie storico politiche d'illustri italiani contemporanei », Milan, Vallardi, 1884 et suiv.; « L'Italia all'estero. Note », Rome, Centenari, 1887.

Carr (Joseph William COMYNS), écrivain d'art anglais, né, à Londres, le 1er mars 1849. Il s'adonna d'abord à l'étude du droit; de 1870 à 1880, il fut collaborateur assidu des plus importantes revues et magasins littéraires, et attaché à la rédaction du *Saturday Review*, de l'*Examiner*, de l'*Academy*, etc. Pendant plusieurs années, il a fait les critiques d'art à la *Pall Mall Gazette* et, en 1875, il a accepté de publier l'édition anglaise de l'*Art*. Nous citerons de lui: « Drawings by the Old Masters », 1877; « The Abbey Church of St. Albans », 1878; « Examples of Contemporary Art », 1878; « Essays on Art »; « Art in Provincial France », 1883; « Papers on art », 1884. Dans les dernières années, M. C. a écrit aussi pour le théâtre. En 1882, il a donné une version dramatique de la nouvelle de M. Hardy: « Far from the Madding Crowd », et, en 1884, il collabora avec feu Hugh Conway au drame: « Called Back », tiré du conte populaire du même nom. Outre les ouvrages déjà cités, nous connaissons encore de lui: « A Fireside Hamlet »; « A United Pair »; « Kate Percival », 1886.

Carrance (Évariste), homme de lettres français, né, à Bordeaux, le 1er octobre 1842. Remarquable surtout par sa fécondité, il a publié une quantité d'ouvrages parmi lesquels nous citerons: « Un peu de spiritisme », Bordeaux, 1863; « A tort et à travers. Entre minuit et une heure », Paris, Rénaud, 1864; « A tort et à travers. La Fatalité. Un mauvais père », id., id.; « En province », un acte en vers, id., 1865; « A vingt ans », un acte en vers, id., Dentu, 1865; « Le Roi des pêcheurs », id., id., id.; « Les hommes d'élite — 1re série: Les Sauveteurs », id., id., 1866; « Les Toqués », un acte en vers, id., id., id.; « M. Thiers, chef du pouvoir exécutif de la République française », Bordeaux, 1871; « Le Mariage chez nos pères. Récits et légendes », Paris, Lemerre, 1873; « Histoire d'un mort », id., id., id.; « Tobie (les grandes figures de la Bible) », Bordeaux, 1874; « Le choix d'un mari », comédie en trois actes en prose, id., 1875; « Le roi des pêcheurs », id., 1875; « Les nuits d'Antonin », id., id.;

« Les mystères de Royan », id., 1876; « Les aventures du docteur Van-der-Bader », id., 1877; « Le Pays bleu », id., 1878; « L'Émeraude », comédie en un acte en prose, Agen, 1878; « Légendes sacrées. Les grandes figures de la Bible », id., 1880; « Le capitaine Bouton-d'-Or », comédie en un acte, en prose, id., 1881; « Les Flèches d'argent », poésies, id., 1882; « Sous les marronniers », comédie en un acte en prose, id., 1885; « Les ruses de l'amour », comédie en 3 actes, id., 1887, etc. etc. — M. E. C. est rédacteur en chef de la *Revue française* qui paraît depuis 1874, à Agen; il a fondé, en 1864, la *Société des Concours Poétiques du midi* qui compte aujourd'hui douze mille membres et dont le recueil compte 40 vol. — Il a traduit: « Coriolan », de Shakespeare.

Carrano (François), officier et homme politique italien, né, à Naples, le 2 décembre 1815. Officier dans l'armée napolitaine, il donna sa démission en 1848. Il prit part à la défense de Venise comme officier dans l'état major du général Pepe. En août 1849, il passa, avec son général, en Piémont, où, associé avec l'élite de l'émigration napolitaine, il contribua de tous ses efforts à la réussite de la politique du comte de Cavour. En 1859, il fut chef d'état-major du corps des *Cacciatori delle Alpi*, commandé par le général Garibaldi. Il entra ensuite dans l'armée régulière avec le grade de chef de bataillon. En 1861, il aida le général Cosenz dans l'organisation de la garde nationale, dans l'ancien royaume de Naples, et, en 1862, ayant le grade de colonel, il en fut nommé commandant en sous ordre. En 1865, il devenait commandant en chef de la garde nationale. En 1871, il a été mis à la retraite avec le grade de général de brigade. Après avoir été pendant quelque temps conseiller municipal de Naples et député au Parlement, il vit aujourd'hui tout occupé de ses études historiques. On lui doit: « Sui posti avanzati di cavalleria leggiera, ricordi di F. De Brach », traduit du français, Naples, 1843; « Della difesa di Venezia nel 1848 e 1849 », Gênes, 1850; « Vita del generale Florestano Pepe », id., 1851; « Vita del generale Guglielmo Pepe », Turin, 1857; « I Cacciatori delle Alpi comandati dal generale Garibaldi », Turin, 1860; « Veglie Napoletane », Naples, De Angelis, 1872, pensées sur l'histoire de l'Italie, depuis les temps anciens jusqu'à la reconstitution de la monarchie napolitaine sous Charles III en 1834; « Ricordanze storiche del risorgimento italiano dal 1822 al 1870 », Turin, Casanova, 1885; cet ouvrage a été extrait d'un travail bien plus étendu, dont M. Carrano s'occupe depuis 12 ans, et qui comprendra l'histoire de la renaissance de l'Italie, depuis la révolution de 1789 jusqu'à 1870.

Carrard (Henri), écrivain suisse, né à Lausanne, le 2 septembre 1824; il fit ses études juridiques à Lausanne, à Paris et à Berlin, devint avocat et président du tribunal civil, et, depuis 1869, professeur à l'Académie de Lausanne pour le droit civil et commercial. Docteur en droit *honoris causa* de l'Université de Zurich (1883), membre des Commissions fédérales qui ont élaboré le code des obligations (1883), et la loi sur les poursuites, très versé dans les annales du pays de Vaud au moyen-âge, sous la domination des comtes de Savoie, M. Carrard a été appelé à présider, de 1880 à 1884, la *Société d'Histoire de la Suisse Romande*. On lui doit: « Principales divergences qui existent entre la législation des Cantons allemands et des Cantons français et manière de les concilier », rapport présenté, en 1873, à la société des juristes suisses; « Le combat de Chillon a-t-il eu lieu, et à quelle époque? », 1887.

Carraresi (Jules-César), écrivain italien, né, à Florence, le 19 juin 1834, actuellement employé supérieur à la direction générale de la Banque nationale à Rome. Il fit ses études à Livourne et à Florence, employant ses loisirs à des recherches dans les bibliothèques, recherches dont il tira plusieurs romans historiques. Citons entr'autres: « Jacopo Bussolari da Pavia », histoire du XVIᵉ siècle, Florence, 1853; « L'assedio di Livorno », histoire du XVᵉ siècle, id., 1867; « Montanini e Salimbeni », id., Botta, 1867; « La Fidanzata di Palermo », histoire du XIIIᵉ siècle, Milan, 1876, publié sous le pseudonyme anagramatique d'*Arsace Serra Greco*; citons encore: « Due poesie di Agata Sofia Sassermò, tradotte », Rome, Bontempelli, 1882. Mais l'ouvrage le plus important de M. C. est, sans aucun doute, sa « Cronografia generale dell'èra volgare dall'anno 1 all'anno 2000 », Florence, Sansoni, 1875.

Carraroli (Dario), littérateur italien, né, à Casaleone (prov. de Vérone), en 1849; il fit ses premières études au Séminaire d'abord, et ensuite au lycée de Vérone. Il se rendit après à l'Université de Pise, où il suivit les cours de la faculté des Lettres et fut élève de l'École Normale Supérieure. Il est maintenant professeur de littérature italienne au Lycée Ennio Quirino Visconti de Rome. On lui doit: « Considerazioni sul Romanzo in Italia »; « Studi su Fra Giacomino da Verona »; « Monografia sugli antichi storici di Alessandro Magno »; « In autunno », vers; et plusieurs articles de critique littéraire dans différents journaux et surtout dans la *Rivista Minima*.

Carrau (Ludovic), philosophe français, né, à Paris, en septembre 1842. Entré à l'École normale supérieure, en 1861, agrégé de philosophie, en 1870. Il a publié: « Exposition critique de la théorie des passions dans Descartes, Malebranche et Spinoza », 1870; « La Morale utilitaire. Exposition et critique des doctrines qui fondent la morale sur l'idée du bonheur », Paris, Didier, 1875, ouvrage couronné par l'Académie des sciences morales et politiques et par l'Académie française ; « Études sur la théorie de l'évolution aux points de vue psychologique, religieux et moral », id., Hachette, 1879 ; « Étude historique et critique sur les arguments du Phédon de Platon en faveur de l'immortalité de l'âme humaine », dans le *Compte-Rendu de l'Académie des sciences morales et politiques*, 1887 ; « La conscience psychologique et morale dans l'individu et dans l'histoire », Paris, Perrin, 1888 ; « La Philosophie religieuse en Angleterre, depuis Locke jusqu'à nos jours », id., Alcan, 1888 ; « De l'éducation, cours de morale à l'usage des Écoles Normales », id., Quantin et Picard, 1888. M. Carrau a publié une nouvelle traduction française du « Phédon », de Platon, ainsi que de nouvelles éditions classiques de ce même « Phédon », du 7e et 8e livre de la « République », de Platon, et du 8e livre de la « Morale à Nicomaque », d'Aristote ; enfin il a traduit de l'anglais : « La Philosophie de l'histoire en France », et « La Philosophie de l'histoire en Allemagne », de Robert Flint, 2 vol., Paris, Alcan, 1878. — M. C., collabore en outre à la *Revue des deux Mondes*, à la *Revue politique et littéraire*, à la *Revue philosophique*, au *Journal des Débats*. Il est actuellement professeur adjoint à la Faculté des lettres de Paris.

Carré (Albert), artiste et auteur dramatique français, ancien directeur du théâtre du Vaudeville, né, à Strasbourg, en 1852. Il est neveu de feu Michel Carré (1819-1872), le collaborateur bien connu de Jules Barbier. On lui doit : « La Bosse du vol », comédie-vaudeville en un acte avec A. Chaulieu et H. Feugen, Paris, Tresse, 1879 ; « Les Beignets du roi », opéra-comique en trois actes, d'après la comédie de Benjamin Archer, musique de Bernicat, Paris, Barbré, 1882 ; « L'Amour en livrée », opérette en un acte, musique de Georges Stret, avec Paul Meyan, Paris, Bathlot, 1883.

Carré (Émile), chansonnier français, né, à Montreuil-Sous-Bois, le 4 mars 1829. Officier dans la garde mobile, en 1848, M. C. prit part à la guerre de Crimée, en qualité de sergent-major. Dans les misères du long siège de Sébastopol, sa gaieté ne le quitta pas. En pleine tranchée, il composait des vers. Libéré du service militaire, il réunit en volume et publia chez l'éditeur Huré les meilleurs de ses chants de soldat. Depuis il n'a pas cessé de composer, pour MM. J. Arnaud, Libert, Bourges, Colmance, etc., des chansons de café-concert parmi lesquelles beaucoup sont restées au répertoire : « Les Étudiants en Goguette » ; « Les Emballeurs » ; « Les jeunes filles aiment les fleurs » ; « L'Amant d'Amanda », scie qui a eu un succès extraordinaire ; « Si ça ne fait pas suer » ; « Tu fais d'la peine à ma sœur », etc.

Carré (Fabrice, ou CARRÉ LABROUSSE), avocat et auteur dramatique français, né, à Paris, en 1855. On a de lui : « Une Aventure de Garrick », comédie en un acte et en vers, Paris, Tresse, 1882 ; « Rimes sans raison », avec une préface de Charles Demaze, id. ; Ghio, id. ; « La Nuit de noces de P. L. M. », comédie en un acte, id., Tresse, 1883 ; « Flagrant délit », comédie en un acte, id., Ollendorff, 1885.

Carré de Busserolle (Joseph-Xavier), archéologue et littérateur français, ancien rédacteur du *Journal d'Indre et Loire*, membre et ancien vice-président de la Société archéologique de Touraine. On lui doit : « Mémoires chronologiques, archéologiques et héraldiques pour servir à l'histoire ecclésiastique de la province de Touraine », Rouen, 1853 ; « Recherches historiques sur la Baronnie de Preuilly et sur les châteaux de Bessay et de Fontbaudry (Indre et Loire) », id., id. ; « Calendrier historique, héraldique et généalogique des familles nobles de France pour 1856 », id., 1856 ; « Notes, fragments et documents pour servir à l'histoire de Touraine », Tours, 1856 ; « Notice sur l'abbaye des Couards, confrérie célèbre qui a existé à Rouen et à Évreux », Aubry, 1859 ; « Notice sur les fêtes des ânes et des fous qui se célébraient au moyen-âge dans un grand nombre d'églises, et notamment à Rouen, à Beauvais et à Autun », id., id. ; « Les Chauffeurs en Touraine et dans les provinces voisines », Tours, 1862 ; 2me éd., id., 1881 ; « Recherches historiques sur la vicomté de la Guerche », id., id. ; « Souvenirs de la Révolution dans le département d'Indre et Loire (de 1790 à 1798) », id., 1864 ; « Les Colonnes infernales ; souvenirs de la guerre de Vendée (1794) », id., 1865 ; « Calendrier de la noblesse de Touraine, de l'Anjou, du Maine et du Poitou », Paris, Bachelin-Deflorenne, 1857 ; « Le même pour 1868 », id., id., 1868 ; « Drames judiciaires de la Touraine. 1re livraison. Enlèvement et séquestration du sénateur Clément de Ris », Tours, 1872 ; « Dictionnaire géographique, historique et biographique d'Indre et Loire et de l'ancienne province de Touraine », 6 vol., Tours, Suppligeon, 1878-1884 ; « Les Usages singuliers de la Touraine » [6 brochures : « Le Droit du seigneur », Tours, 1881 ; « Le Chêne de la mariée. Le Banquet de Nivès », id., id. ; « La Quintaine ; le Saut de Seuilly », id., id. ; « La Torture. Question par l'eau. Les Brodequins », id., id. ; « Les Nouveaux mariés de Saint-Paterne ; Les Épreuves judiciaires », id., id. ; « Les Supplice des faux monnayeurs », id., 1885] ; « Les Inhumanités et sacrilèges du capitaine Legnon. Notice sur la Chartreuse du Liget », Tours, 1881 ; « Les Tombeaux du cimetière de la Salle à Saint-Symphorien près Tours ; guide du visiteur », id., 1882 ; « L'Ancien nom de la commune de Saint-Cyr en Touraine ». id., 1884 ; « Liste des membres de la noblesse de Touraine qui ont comparu à l'assemblée de 1789 à Tours », id., id. ; « Supplément à l'Armorial général de Touraine », id., id. ; « Un air de guitare archéologique sur les vitraux de Champigny »; id., 1885 ; « Massacre de deux cents prisonniers à Chanon en 1793. Nouveaux détails », id., 1885 ; « Le monument Celtique de Montsoreau », Saumur, 1885 ; « Notice sur la ville et la collégiale de Cande (Indre et Loire) », Tours, 1885.

Carrera (Valentin), auteur dramatique italien, le créateur de la comédie populaire italienne, né, à Turin, le 19 décembre 1834. Ancien employé dans l'administration des douanes, actuellement retraité à Turin, avec le grade de secrétaire du Ministère des Finances, il débuta au théâtre par un drame représenté, en 1859, sous le titre: « Il Lotto ». Suivit, en 1861, la « Cronaca della difesa del Lago Maggiore, nel 1859 » ; un livre d'alpinisme plein de verve et d'esprit : « Per laghi ed alpi, peregrinazioni di uno zingaro ». En 1862, il revint au théâtre, et ne le quitta plus. Nous faisons suivre ici le titre de ses pièces : « Don Girella », comédie, 1862 ; « L' Incubo », et « Il Conte Orazio », drames fantastiques ; « Chi s'aiuta Dio l'aiuta », proverbe ; « Concordia », pièce allégorique ; « Una notte passa presto », farce ; « O l'una o l'altra », drame social ; « La Dot », comédie de mœurs. Mais son premier véritable succès, qui fonda sa réputation d'auteur comique a été la « Quaderna di Nanni », comédie populaire jouée la première fois à Florence, en 1870, et qui a obtenu le prix du gouvernement, après avoir été longuement applaudie par le public et indiquée par la critique comme la représentation la plus fidèle de certains types du peuple florentin. Suivirent : « La Guardia borghese fiamminga », parodie très amusante, en deux actes ; « Capitale e mano d'opera », 1871, drame social pour le peuple, d'une grande portée morale : « La strage degli Innocenti », jouée sous le pseudonyme de *Giuseppe Savelli* ; « A. B. C. », comédie populaire, écrite en collaboration avec son frère Quintino, jouée en 1873 ; « Un avvocato dell'avvenire », comédie satyrique, très mordante, 1874 ; « Galateo nuovissimo », comédie populaire, 1875 ; « Scarabocchio », drame en un acte, 1876 ; « Alessandro Puschin », drame, 1877, joué par Ernesto Rossi ; « Tempeste alpine », drame ; « Il denaro del comune », comédie-parodie, 1879 ; « Il celebre Tamberlini », 1880 ; « La preghiera di Stradella », 1881 ; « La figlinola del Saltimbanco », tiré du drame portugais de A. Ennes, 1882 ; « Fra due impresarii », « Gli ultimi giorni di Goldoni », comédie en trois actes, que Yorick a appelé un petit chef-d'œuvre de couleur et de sentiment, 1881 ; « I nostri coscritti », en deux actes, 1883 ; « Il colpo di stato », pièce où il n'y a que des femmes ; des bluettes, comme : « Ritorno d'Africa » ; « Risate, sbadigli, smorfie o starnuti » ; « Ora si che capisco » ; « La mamma del vescovo », drame émouvant, en cinq actes, depuis quatre ans joué sur tous les théâtres de l'Italie avec le plus franc succès, 1884 ; « Bastoni fra le ruote », pièce satyrique en trois actes, 1884 ; « La Filosofia di Giannina », pièce exquise en trois actes, 1885 ; « Nervosa », un acte, 1887. Une première édition du Théâtre de M. Valentino Carrera, a paru, à Milan, à la *Tipografia editrice;* une seconde édition élégante, en trois volumes, vient de paraître à Turin, chez Roux et Favale, aux frais de l'auteur qui a accompagné chaque volume d'une brillante introduction et de remarques sur chaque pièce, ce qui ajoute à ce recueil un grand intérêt pour l'histoire du théâtre contemporain italien ; suivra, dit-on, un quatrième volume. Nous passons sur une foule d'articles et études critiques sur le théâtre, communiqués par M. Carrera à différents recueils, revues et journaux. M. Carrera possède au plus haut degré la *ris comica*, relevée d'un sentiment puissant de la responsabilité morale de l'écrivain, et surtout de l'auteur dramatique. Sa grande culture littéraire, une connaissance très-remarquable de la langue populaire, son respect de l'art, sont cause que non seulement on s'amuse à ses pièces, mais qu'on y apprend à aimer et à respecter l'auteur. En 1876, il entreprit dans un intérêt purement littéraire et historique, la direction d'une série de représentations de l'ancien théâtre italien, en commençant par la *Mandragola* de Machiavel, le *Marescalco*, la *Calandria*, la *Strega* ; cet essai n'a que trop bien réussi, puisqu'il encouragea d'autres entrepreneurs à exploiter la grande immoralité de ces pièces, sans se soucier d'autres choses et surtout du but essentiel de M. Carrera, qui voulait nous donner tout un cours pratique de comédie italienne, depuis Plaute jusqu'à Goldoni. Le début avait été brillant. On en fit un scandale, et rien qu'un scandale, et M. Carrera se retira, pour reprendre ses travaux. Nous apprenons qu'il a achevé deux nouvelles pièces : « Il romanzo d' una signorina », en cinq actes, et « Un'avventura a Vienna », en trois actes.

Carrera (Quintino), auteur dramatique italien, frère du précédent, né, à Turin, le 19 décembre 1842. Il fit ses études dans sa ville natale, s'y fit recevoir docteur en droit, et entra ensuite comme employé à l'Hôtel de Ville. Il s'essaya surtout dans le théâtre en dialecte piémontais ; nous citerons, entr'autres, parmi ses pièces : « l Pensionarj d'Monsù Neirot », « Gl'impegnus », « El Lunes », « Le Occasion ». — Une pièce en italien de lui : « Il successo », n'eut pas le succès que son titre semblait lui faire présager. M. Q. C. a collaboré, avec son frère, à « A. B. C. », comédie en 3 actes, 1876. Le recueil de ses pièces en dialecte piémontais vient de paraître, sous le titre : « Teatro in dialetto piemontese », 2 vol., Turin, Toscanelli, 1886.

Carrère de Maynard (Paul de), avocat et docteur en droit français, né, en 1847, à Toulouse (Haute-Garonne); il fit ses études au Lycée de cette ville. Puis élève de la Faculté de droit et de la Faculté des lettres, il remporta dans les concours les premiers succès. Entré au barreau de Toulouse, en 1869, il exerça la profession d'avocat pendant quelques années ; il se fixa ensuite à Paris, où il prit part à de nombreux travaux relatifs à la jurisprudence de la Cour de Cassation. Il a souvent fourni à des revues des articles purement littéraires. Propriétaire dans le midi de la France, il a fait paraître dans quelques journaux agricoles des études sur la viticulture.

Carrière (Moritz), célèbre philosophe et esthéticien allemand, né, le 5 mars 1817, à Griedel (grand-duché de Hesse) ; il fit ses études à Giessen, à Goettingue et à Berlin, passa ensuite quelques années en Italie s'occupant surtout de travaux artistiques ; en 1849, il se fit recevoir *privat Docent* à Giessen, et, en 1849, il y devint professeur. Depuis 1853, il est professeur ordinaire d'esthètique à l'université de Munich. On lui doit : « De Aristotele Platonis amico ejusque doctrinæ justo censore », Goettingue, 1837 ; « Studien für eine Geschichte des deutschen Geistes », Grünberg, 1841 ; « Vom Geist. Schwert und Handschlag für Franz Baader », Weilbourg, 1841 ; « Die Religion in ihrem Begriff, ihrer Weltgesch. Entwicklung und Vollendung », id., id. ; « Der Kölner Dom als freie deutsche Kirche », Stuttgard, 1843 ; « Abälard und Heloïse », id., id., 2me éd., Giessen, 1853 ; « Wissenschaft und Leben in Beziehung auf die Todesstrafe », Darmstadt, 1845 ; « Die philosophische Weltanschauung der Reformationszeit », Stuttgard, 1847, 2me éd., 2 vol., 1887 ; « Religiöse Reden und Betrachtungen für das deutsche Volk von einem deutschen Philosophen », Leipzig, 1850, 2me éd., 1856 ; « Charakterbild Cromwells », Leipzig, 1851 ; « Das Wesen und die Formen der Poesie », Leipzig, 1854, 2me éd., 1884 ; « Erbauungsbuch für Denkende », Francfort, 1858 ; « Aesthetik », 2 vol., Leipzig, 1859, 3me éd., 1884 ; « Gott, Gemüth und Welt », Stuttgard, 1862 ; « Lessing, Schiller, Goethe, Jean Paul. Vier Denkreden », Giessen, 1862 ; « Die Kunst im Zusammenhang ihrer Culturentwicklung und die Ideale der Menschheit », 5 vol., Leipzig, 1863-74, 3me éd., 1876-1886 ; « Ueber die sittliche Weltordnung », discours, Munich, 1870 ; « Deutsche Geisteshelden im Elsass », id., 1871 ; « Atlas der Plastik und Malerei », 30 pl., Leipzig, 1875 ; « Die sittliche Weltordnung », Leipzig, 1877 ; « Geschmack und Gewissen », Breslau, 1882 ; « Die Wechselbeziehungen deutscher und italienischer Kunst », id., id. — La collection des « Gesammelte Werke », de M. Carrière, en 11 vol., a commencé à paraître à Leipzig, en 1886. — M. C. s'est aussi essayé sur le terrain de la poésie, citons : « Die letzte Nacht der Girondisten », Giessen, 1849, et « Agnes. Liebesleider und Gedankendichtungen », Leipzig, 1863. — M. C. est aussi l'auteur du texte de la « Shakespeare-Galerie » de Kaulbach, Berlin, 1856-58, et il a collaboré au « Neue Plutarch », de Gottschall, Leipzig, 1880.

Carrilho-Videira (José), éditeur et homme politique portugais, né, à Marvão (district de Portalegre). Il fit ses études à Coimbra, à Porto et à Lisbonne, où il fréquenta l'école de médecine, et y prit ses grades. Mais il ne tarda pas à se jeter dans la mêlée politique en fondant successivement plusieurs journaux, tels que le *Debate*, la *Republica*, l'*Europa;* devenu propriétaire de la *Nova Livraria Internacional*, il publia une série d'ouvrages, destinées pour la plupart à la propagande des idées républicaines qu'il professe. Citons, entr'autres : « Soluções Positivas da Politica Portugueza » de Theophilo Braga ; « Catechismo Republicano » qu'il écrivit lui-même en collaboration avec Teixeira Bastos ; « Politica Republicana », de Alberto de Salles ; « Dissolução do Systema Monarchico-Representativo », de Theophilo Braga ; « Monita Secreta o Historia da Companhia de Jesus », de Fernando Garrido, qu'il accompagna de notes ; « O que é a confissão », de A. S. Morin ; « Systema de Governo Republicano Federal ao alliance do povo » ; « Encyclopedia Republicana » ; « Progressos do Espirito Humano », de Teixeira Bastos ; « Vicraçoes do Seculo », du même ; « Deus, as Religiões e a Morte do Papado », de Sunner y Capdevilla ; « Historia da Revolução Franceza de 1789 », de Hamel ; « Comte e o positivismo », de Teixeira Bastos ; « Historia do Romantismo » ; « Historia universal », de Theophilo Braga ; « Luziadas de Luiz de Camoës », publiées par Braga ; « A terra e o homen a luz da moderna sciencia », de Charles von Koseritz, etc., etc. — A la même librairie, paraît la *Bibliotheca das Idéas Modernas*, où on a déjà publié des travaux de Draper, Lubbock, Wurtz, Berthelot, Moleschott, Ramsay, Saint-Robert, Tylor, Schmidt, Littré, etc., et la *Revista de estudios livres*, organe du mouvement littéraire et scientifique moderno du Portugal et du Brésil. M. C. V. a édité, en outre, plusieurs volumes de Folk-lore. M. Silvio Romero raconte qu'à Rio-Janeiro les éditeurs, ignorant la valeur de ces précieux documents, repoussaient avec dédain l'idée de publier une collection des chants et de récits populaires du Brésil. M. Carrilho Videira que ses publications internationales ont mis dans le mouvement du siècle en a, au contraire, compris la valeur au double point de vue de l'histoire et de la poésie ; en éditant les deux séries de « Cantos populares do Brazil », et de « Contos populares do Brazil », il a rendu un service à la littérature et à la philologie. Ajoutons, pour finir, que M. C. V. publie, depuis 1873, un *Almanach Republicano* dont il est le principal rédacteur, et qu'il est l'auteur d'un volume: « Libertade de Consciencia e o Juramento Catholico ».

Carruccio (Antoine), médecin italien, né à Cagliari, le 17 janvier 1839. Tout en s'adonnant avec prédilection à l'étude des langues classiques, il se fit recevoir docteur en médecine et en chirurgie à l'université de sa ville natale, et ne tarda pas à y être nommé secteur attaché au cabinet anatomique; en 1865, il y professa un cours libre d'anatomie histologique descriptive et topographique. Il vint ensuite à Florence pour perfectionner ses études à l'Institut supérieur, et y resta deux ans, d'abord en qualité d'aide du professeur Adolfo Targioni-Tozzetti au cabinet de zoologie et de professeur de sciences naturelles à l'école normale pour les instituteurs, et ensuite étudiant, avec Maurice Schiff, l'anatomie comparée. En 1871, il fut nommé professeur à l'Université de Modène, et l'année suivante il fut, en même temps, chargé de l'enseignement de l'histoire naturelle à l'École militaire de cette ville. Aujourd'hui, il est professeur ordinaire de zoologie et directeur du cabinet zoologique à l'université de Rome et membre de la Commission pour la pêche près du Ministère d'agriculture et du commerce. M. Carruccio a publié plusieurs de ses travaux dans *La Sardegna medica*, un journal qu'il fonda et dirigea à Cagliari de 1864 à 1868; dans la *Gazzetta Popolare di Cagliari;* dans l'*Imparziale* de Florence; dans le *Bollettino della Società Entomologica Italiana;* dans les *Atti della R. Accademia delle scienze, lettere ed arti* de Modène etc., et enfin dans le *Spallanzani*, revue scientifique qu'il a fondée à Modène vers 1871. Parmi ses publications, nous citerons: « Considerazioni anatomico-patologiche sulla apoplessia ed emorragia cerebrale », thèse de doctorat, Cagliari, 1862; « Sugli usi ed effetti terapeutici delle acque termo-minerali di Sardara », id., 1864; « Esame storico-critico sulla grande scoperta della circolazione maggiore del sangue », Turin, 1864; « Sui meriti degli Anatomici italiani e sulle grandi scoperte da essi fatte dal secolo XVI al XIX », 2 parties, Cagliari, 1864-66; « Sulla anatomica conformazione e sui rapporti del tubo gastro-enterico studiato nell'uomo e nei mammiferi. Nozioni teorico-pratiche di anatomia umana e comparata », 2 livraisons, id., 1867; « Sul cervello umano e di alcuni mammiferi superiori, e sulle sue funzioni intellettuali », 1868; « Nuovo microscopio solare e fotografico e compressore, inventati dal cav. Filippo Pacini. Cenni illustrativi », Florence, Martini, 1868; « Lezioni sulla fisiologia della digestione fatte al R. Museo di Storia Naturale di Firenze da Maurizio Schiff, compendiate con note ed aggiunte di A. C. », Florence, Martini, 1869; « Sulla più esatta determinazione della *Nemesia fodiens*, con descrizione dei caratteri proprî del maschio trovati per la prima volta dal prof. C. », Cagliari, 1871; « Sui lavori anatomici del senatore prof. Paolo Savi », id., id.; « Di un *Ampelius garrulus* preso nel Modenese », Modène, 1872; « Sui miglioramenti introdotti durante il corso scolastico 1871-72 nel museo di zoologia e di anatomia comparata della R. Università di Modena », Modène, Vincenzi, 1872; « Dei meriti speciali del prof. cav. Paolo Galdi, quale insegnante l'anatomia umana normale », discours d'ouverture, id., id., 1873; « Risposta a più quesiti della Commissione d'inchiesta sulla istruzione secondaria », 1873; « Indicazione delle diverse specie di rettili e pesci egiziani donati al Museo anatomico zoologico della R. Università di Modena, con osservazioni e note anatomiche sugli apparati velenifero della *Naja Haje* ed elettrico del *Malapterurus electricus* », 1874; un rapport « Sul primo congresso italiano di medici-condotti in Forlì nel settembre 1874 », 1874; « Sinossi delle lezioni di anatomia fisica e zoologia », 1877; « Sopra una specie del genere Solenophorum, forse nuova, trovata nel Python Natalensis Smith », dans les *Memorie della R. Accademia di Scienze* de Modène, 19me vol., 1879; « Note illustrative al Catalogo dei Vertebrati del Modenese. Mammalia. Aves. », dans les *Atti della Società dei Naturalisti* de Modène, 3me série, 1er vol., 1883; « Prolusione al corso di zoologia, letta il 26 novembre 1883 nella R. Università di Roma », Modène, Vincenzi, 1883; « Primi studî sulla Collezione Zoologica della *Caracciolo*, lettera al comandante Carlo De Amezaga », Rome, Forzani, 1885.

Cart (Jacques-Louis), pasteur protestant suisse, né, à Genève, le 30 août 1828, d'une famille vaudoise, originaire de l'Abbaye dans la vallée du lac de Joux; il fit ses premières études au collège et à l'Académie de Genève et ses études théologiques en Allemagne et à Lausanne. Entré dans le ministère évangélique en 1851, il fut successivement pasteur en France, et dans le canton de Vaud. Il est actuellement pasteur à Rolle (Vaud). Après avoir débuté par des traductions libres de l'allemand: « le Tour de Jacob le Compagnon », par Gotthelf, 1854 ; « Les Voies merveilleuses de Dieu envers Charles Dominique de Gasser, baron de Thourn, de Schwitz de Ledderhose », M. Cart s'est fait avantageusement connaître par des ouvrages originaux. Citons : « L'Église, son essence, et sa manifestation au milieu du monde », discours, Paris, Meyrueis, 1856 ; « La Famille et l'école ou des rapports qui existent entre l'instruction et l'éducation des enfants », discours, id. id., id., « Des Principes de l'Église libre », fragments, id., id., id. ; « Le conteur du Père François, travaux d'apologétique populaire », 1863; « Pierre Viret, le réformateur vaudois », Paris, Cherbuliez, 1864; « le Canton de Vaud et la Suisse de 1798 à 1815 », une série de récits, 1868; « Histoire du mouvement religieux et ecclésiastique dans le canton de Vaud, pendant la première moitié du XIX siècle », 6 vol., Lausanne, Bridel, 1871-1881 ; « Histoire de la littérature française à l'usage des gymnases et des maisons d'éducation », id., id., 1875 ; il faut ajouter encore au bagage littéraire de M. C. un article étendu sur le canton de Vaud dans l'*Encyclopédie des sciences religieuses*, de Lichtenberger; les biographies de « César de Laharpe » ; « Cellerier père » ; « Diodati » ; « Merle d'Aubigné », etc., dans la *Galerie suisse* d'Eugène Secretan : plusieurs brochures polémiques, parmi lesquelles une (1883), à propos de l'armée du salut et de la liberté religieuse et une autre sur « le Diaconat dans l'église évangélique libre du Canton de Vaud », Lausanne, Bridel, 1884. M. L. J. Cart a collaboré en outre a plusieurs revues et journaux religieux, et a été le fondateur, en 1858, du *Chrétien évangélique*.

Cart (William-Adolphe), écrivain suisse, né, le 5 novembre 1846, à Morges (canton de Vaud). Il fit ses études classiques au collège de Morges et au gymnase de Francfort s. l. M., d'où il passa aux Universités de Bonn et de Berlin (1865-68). A la suite d'une thèse « Quæstiones Ammianeae », Berlin, 1868, il fut reçu docteur en philosophie par cette dernière université. De 1868 à 1870, il fréquenta l'École des Hautes Études à Paris, et fut secrétaire du bibliothécaire de la Sorbonne. De 1870 à 1874, il devint professeur de littérature latine à l'Académie de Lausanne, et, à partir de 1874, professeur au collège de Galliard. M. C. a publié : « Un Maître deux fois centenaire. Étude sur J. S. Bach, 1685-1750 », Paris, Fischbacher, 1884; « Cours élémentaire de géographie ancienne », Lausanne, Payot, 1885. En outre, il a traduit de l'allemand et publié aux frais de la Société d'histoire de la Suisse romande: « La Rose de la Cathédrale de Lausanne », de Jean Rodolphe Rahn, Lausanne, Bridel, 1879. On lui doit aussi plusieurs articles insérés dans la *Revue critique* de Paris, dans la *Bibliothèque nationale*, dans la *Gazette de Lausanne*, dans l'*Écho des Alpes*, dans l'*Im Neuen Reich* de Leipzig, dans les *Grenzboten*, et enfin dans la *Galerie suisse*, de E. Secrétan.

Cartault (Augustin-Georges-Charles), littérateur français, né, à Paris, le 24 avril 1847. M. Cartault qui est maintenant professeur de poésie latine à la Faculté des lettres de Paris, a été élève du Lycée Louis-le-Grand, et comme tel il remporta le prix d'honneur de rhétorique au concours général; devenu élève de l'École normale supérieure, il fut reçu le premier à la licence ès-lettres et à l'agrégation des lettres. Il passa ensuite à l'école française d'Athènes, fut reçu docteur ès-lettres et devint successivement professeur de seconde et de rhétorique au lycée d'Amiens, de rhétorique au lycée de Versailles et au lycée Charlemagne à Paris, maître de conférences de langue et littérature française à l'École normale supérieure, chargé du cours de poésie latine à la Faculté des lettres de Paris, où il a succédé à M. Eugène Bénoist. Pendant la guerre de 1870-71, il a été sous-préfet à Murat (Cantal). On lui doit « La Trière Athénienne, essai d'archéologie navale », Paris, Thorin, 1881 ; « De causa Harpalica », id., id., id., « Terres cuites de Grèce et d'Asie Mineure. — Collection Camille Lécuyer », en collaboration; « De quelques représentations de navires sur des vases archaïques provenant d'Athènes », extrait des *Monuments grecs ;* « De l'authenticité des groupes en terre cuite d'Asie Mineure », brochure publiée à Mâcon; « Notice sur M. Eugène Bénoist, professeur de poésie latine à la Faculté des lettres de Paris », extrait de la *Revue Internationale de l'Enseignement*. — M. C. a publié en outre plusieurs articles littéraires dans la *Revue littéraire et politique*, archéologiques dans la *Gazette Archéologique*, philologiques dans la *Revue de philologie*.

Cartaz (Adolphe), médecin français, né, à Montluel (Ain), le 16 juillet 1847. M. le docteur Cartaz, ancien interne des hôpitaux de Paris, ancien interne lauréat des hôpitaux de Lyon, lauréat de la Faculté de médecine de Paris et de l'École de médecine de Lyon, secrétaire de la rédaction de la *Revue des sciences médicales*, secrétaire adjoint du conseil de l'Association française pour l'avancement des sciences, a publié : « Injections de chloral contre le tétanos », dans le *Progrès médical*, 1874 ; « Des Névralgies envisagées au point de vue de la sensibilité récurrente », thèse, Paris, Masson, 1875 ; « Du névrome pléniforme », dans les *Archives générales de médecine*, 1876 ; « Des névroses nasales réflexes », dans la *France médicale*, 1885 ; « Des Paralysies laryngées d'origine centrale », id., 1886 ; « De la tuberculose nasale », id., 1887 ; outre nombreux articles critiques et analytiques dans la *Revue des sciences médicales*, le *Progrès médical*, la *Nature*, etc. etc.

Carteret (Antoine), homme politique suisse, né, à Genève, le 3 avril 1813. Il a joué dans la politique de la petite république de Genève un rôle secondaire pendant une trentaine d'années, jusqu'en 1870, où il fut appelé à diriger les affaires, à la tête desquelles il est resté placé jusqu'à ces derniers temps. Il a lutté contre le parti catholique, dirigé par Mgr Mermillod, et il a donné un grand développement aux établissements d'instruction publique, notamment à l'Académie de Genève, que Calvin avait fondée, en 1559, et qui a été, en 1876, élevée au rang d'Université. Il a publié un roman « Les deux amis, mœurs genevoises », Genève, Richard, 1872, et un volume de « Fables et poésies », Paris, Hachette, 1862, 2ᵐᵉ éd., 1873.

Carteret (John GRAND) Voyez GRAND CARTERET.

Cartier (Étienne), érudit français, membre de la Société des antiquaires de France, né, à Tours, en 1813. Nous connaissons de lui : « Esthétique de Savonarole », Paris, Didron, 1847 ; « Du Symbolisme chrétien dans l'art », Tours, Lecesme, 1847 ; « Recherches sur quelques monnaies historiques du XVIᵉ siècle », Paris, Rollin, 1851 ; « Histoire des reliques de Saint-Thomas d'Aquin », id., Sagnier et Bray, 1854 ; « Lettres de Sainte-Catherine de Sienne, id., Didron, 1854 ; « Appel aux honnêtes gens. Considérations sur le repos du dimanche pour l'homme, la famille, la société, l'industrie et le commerce », id., Poussielgue-Rusand, 1856 ; « Une nuit pendant l'inondation », id., id., id. ; « La vie de Fra Angelico de Fiesole de l'Ordre des Frères prêcheurs », id., id., 1857 ; « La Question romaine par un ouvrier », id., id., 1860 ; « Un religieux dominicain. Le R. P. Hyacinthe Besson, sa vie et ses lettres », 2 vol., id., id., 1865 ; « Vie du R. P. Hyacinthe Besson », id., id., 1869 ; « Études sur l'art chrétien », id., Didot, 1875 ; « Les sculptures de Solesmes », id., Palmé, 1876 ; « Vie de Sainte-Catherine de Sienne, de Raymond de Capoue, traduite par C. C. », 4ᵐᵉ éd., id., Poussielgue, 1877 ; « Études sur l'art chrétien », id., Pellet et Dumoulin, 1879 ; « L'Art chrétien. Lettres d'un solitaire », id., Poussielgue, 1881 ; « Les Moines de Solesmes », id., 1882. — M. Cartier, en outre, a traduit de l'italien les « Lettres », de Sainte-Catherine de Sienne et les « Œuvres », du B. Henri de Suzo ; on lui doit aussi les traductions des « Conférences sur la perfection chrétienne », de Cassien, des « Institutions » du même auteur, et des « Dialogues de Saint-Grégoire ».

Cartuyvels (Jules), ingénieur belge, professeur à la Faculté des sciences de l'Université catholique de Louvain. Nous connaissons de lui : « Fabrication du sucre. Études sur le charbon d'os », Liège, Demarteau, 1877 ; « Fabrication du sucre. La diffusion au point de vue scientifique, industriel et agricole », Louvain, Fonteyn, 1879, les deux en collaboration avec F. Renotte ; « Traité complet théorique et pratique de la fabrication de la bière et du malt », Paris, Baudry, 1879, en collaboration avec Ch. Stammer ; « De la diffusion et des procédés récents de fabrication du sucre au moyen de l'osmose, ou de la séparation », Louvain, Fonteyn, 1884, en collaboration avec F. Renotte et Émile Reboux.

Caruel (Théodore), botaniste italien, professeur de botanique à l'Institut des Études supérieures de Florence, ancien professeur de l'Université de Pise, membre étranger de l'Académie Linnéenne de Londres, membre national de l'Académie royale des Lincei de Rome, membre de la Commission gouvernementale pour les mesures à prendre contre le phylloxera ; M. C. a publié : « De la nature et du mode de formation des Racines tubéreuses des Orchidées », dans le *Bulletin* de la Société de botanique de Paris ; « Observations sur la nature et l'origine de la pulpe qui entoure les graines dans certains fruits », dans les *Annales des sciences naturelles*, Paris, 1859 ; « Observation sur l'*Heterotoma loleioides* », id., id. ; « Prodromo della flora toscana », 1 vol., 1860 ; « Sul fiore femmineo degli Arum », Milan, 1863 ; « Sopra due crocifere italiane », id., id. ; « Guida del Botanico principiante », Florence, 1866 ; « I generi delle Ciperoidee Europee », Florence, Cellini, 1866 ; « Enumeratio seminum in R. horto botanico Florentino de'Semplici, anno 1866 collectorum », id., Civelli, 1867 ; « Le piantagioni al Canale di Suez », dans le *Bollettino della Società Geografica italiana*, 1869 ; « Sulla Cyclanthera explodens » ; « Polygalacearum italicarum conspectus » ; « Sulla gimnospernia delle conifere » ; « Juncearum italicarum conspectus » ; « Del vincolo lanuto nei semi delle luzole » ; « Struttura delle foglie della Passerina hirsuta » ; « Valerianacearum italicarum conspectus » ; « Nota sulla Veronica longistyla » ; dans le *Nuovo giornale Botanico italiano* de Florence, 1869 ; « Miscellanee botaniche », dans les *Atti della Società italiana di scienze naturali*, XI vol., Milan, 1869 ; « Statistica botanica della Toscana, ossia saggio di studî sulla distribuzione geografica delle piante toscane », Florence, Pellas, 1871 ; « La morfologia vegetale », Pise, Nistri, 1878 ; « La questione dei tulipani di Firenze », dans les *Atti della Società toscana di scienze naturali*, Pise, Nistri, 1879 ; « Relazione e proposte intorno all'orto ed al museo botanico del R. Istituto di Studî superiori di Firenze », Florence, Lemonnier, 1881 ; « Pensieri sulla Tassinomia botanica », dans les *Atti della R. Accademia dei Lincei*, 10ᵐᵉ vol., 1880-81 ; « Enumeratio seminum horti bot. florentini », en collaboration avec M. Baroni, Florence, Pellas, 1886 ; « Storia illustrata del regno vegetale secondo l'opera del dott. Aloisio Pokorny », 4ᵐᵉ éd., Turin, Looscher, 1888. — M. Caruel continue aussi « La Flora italiana », commencée par le prof. Parlatore ; le 8ᵐᵉ vol. a paru, cette année, chez Lemonnier à Florence.

Carus (Julius-Victor), zoologue allemand, né, à Leipzig, le 25 août 1823. Après avoir fait ses premières études dans sa ville natale, il allait à Dorpat, où il travaillait sous la direction de C. B. Reichert et A. E. Grube (1844-1846). De 1849 à 1851, il passait à Oxford en qualité d'assistant de sir Henry Acland au musée du collège Christ-Church ; en 1853, il était nommé professeur à Leipzig, où il est encore maintenant professeur extraordinaire de zoologie. Pendant les deux étés de 1873 et 1874, il alla suppléer à Édimbourg le professeur de zoologie sir Wiville Thomson, alors engagé dans l'expédition scientifique du *Challenger*. Nous connaissons de lui : « Zur näheren Kenntniss des Generationswechsels », Leipzig, 1849 ; « System der thierischen Morphologie », id., 1853 ; « Ueber die Werthbestimmung zoologischer Merkmale », id., 1854 ; « Icones Zootomicae ». id., 1857 ; « Bibliotheca zoologica », 2 vol., id., 1861, en collaboration avec M. Engelmann ; « Ueber die Leptokephaliden », Leipzig, 1862 ; « Handbuch der Zoologie », id., 1863-75, avec la collaboration pour les anthropoïdes de M. Gerstäcker ; « Geschichte der Zoologie », Munich, 1872 ; « Prodromus faunae mediterraneae », 2 vol., Stuttgard, 1884-85. — M. Carus a traduit en allemand la « Physiologie », de Lewes, Leipzig, 1860, et l' « Aristoteles », du même auteur, id., 1866, ainsi que les œuvres complètes de Darwin. Depuis 1856, M. C. publie à Leipzig un « Jahresbericht über die im Gebiete der Zootomie erschienenen Arbeiten », et depuis 1878, un « Zoologischer Anzeiger » ; en outre, depuis 1879, il est rédacteur du « Zoologischer Jahresbericht », publié par la station zoologique de Naples.

Caruso (Jérome), médecin et agronome italien, né, à Alcamo (province de Trapani), le 18 septembre 1842. Il fit ses premières études dans sa ville natale, et ensuite à l'Institut agricole de Palerme, où il resta jusqu'en 1858. En même temps, il étudiait la médecine, et, en 1861, se faisait recevoir docteur en médecine et en chirurgie ; envoyé, en 1861, par le gouvernement, à l'Exposition nationale qui eut lieu à Florence, il écrivit son rapport sur les « Studî di zootomia fatti all'Esposizione italiana del 1861 », Palerme, 1863. L'année suivante, il fut nommé commissaire du génie militaire, et, en cette qualité, il fut envoyé à Messine, où il put étudier une maladie spéciale des orangers, citronniers et autres espèces analogues, maladie sur laquelle, il publia un mémoire : « Monografia su l'apoplessia linfatica o mal di gomma degli agrumi », Palerme, 1864, qui fut jugé très favorablement non seulement en Italie, mais aussi à l'étranger. En 1864, ayant quitté le service militaire, il fut nommé professeur et directeur de l'Ecole agricole de Corleone ; en 1867, il devenait professeur d'agronomie à l'Institut industriel et professionnel de Messine. Enfin, en 1871, il fut nommé, à la suite d'un concours, professeur d'agronomie à l'Université de Pise et directeur de l'École d'agronomie qui y est annexée, fonctions qu'il occupe encore ; il est aussi chargé du cours d'agronomie à l'École normale pour les instituteurs de Pise et président du comice agricole de cette ville. Il a été longtemps membre du Conseil supérieur pour l'instruction industrielle et professionnelle, et il a été chargé par le gouvernement de plusieurs missions importantes dans le domaine de ses études. Nous citerons encore de lui : « Degli avvicendamenti agrarî », Palerme, 1862 ; « Sulla necessità d'imboscare e sulla creazione dei serbatoi artificiali », Messine, 1863 ; « Trattato di viticultura e vinificazione, ovvero il presente e l'avvenire enologico dell'Italia meridionale », Palerme, Lorsneider, 1869 ; « Studî sulla industria dei cereali in Sicilia e le popolazioni che la esercitano », id., id., 1870, ces deux mémoires ont été couronnés par le Congrès agricole de Catane ; « Trattato sulla coltivazione degli ulivi e la manifattura dell'olio », id., id., id. ; « Prolusione inaugurale al Corso di Agraria nella R. Università di Pisa », Milan, 1872 ; « Sulle condizioni economico-agrarie ed igieniche della campagna di Brindisi », id., 1873 ; « Sulla convenienza della trebbiatrice Weil con maneggio ad un cavallo in confronto degli altri metodi di trebbiatura », Florence, 1873 ; « I sistemi d'amministrazione rurale e la questione sociale », discours, Pise, Nistri, 1874 ; « Sulla consuetudine di pagare a tempo il bestiame vaccino », id., id., id. ; « Sul riordinamento della istruzione agraria in Italia », Florence, 1875 ; « L'agricoltura della campagna ferrarese », 1877 ; « La coltivazione economica della vite », 1878 ; « La prima escursione agraria fatta dall'Associazione nella Maremma grossetana », dans les *Atti dell'Associazione per le escursioni agrarie nella regione centrale d'Italia*, 3me année, 1879 ; « Dell'olivo. Monografia », Turin, Unione Tipografico-Editrice, 1883 ; « Frantojo a vapore del marchese Nomis a Terriciola », Florence, Ricci, 1887 ; « La peronospora nella provincia di Pisa », id., id., id. — Ajoutons, enfin, que M. Caruso a fondé, en 1874, à Florence, un journal l'*Agricoltura Italiana*, où il a publié plusieurs articles et mémoires fort importants.

Carutti (Dominique, baron DE CANTOGNO), historien italien, secrétaire de l'Académie des Lincei, conseiller d'état, conseiller de l'Ordre du mérite civil de Savoie, président de la Députation royale d'Histoire nationale à Turin, est né d'une famille très ancienne du Piémont, à Cumiana près Turin, le 26 novembre 1821. Il fit ses premières études au collège de Garzigliana, qui n'existe plus maintenant, et aux Écoles publiques de Pignerol. Après il suivit les cours de droit et de belles-lettres aux universités de Turin et de Pise. En 1840, demeurant en Toscane, il y publia deux nouvelles intéressantes et fort bien écrites : « Delfina Bolzi » et « Massimo ». Suivit une tragédie, sous le titre : « Volinda ». Les événements des années 1847-48 ne tardèrent guère à l'attirer vers la politique ;

ses articles publiés dans la *Concordia* et dans la *Rivista Italiana*, et ses importants ouvrages : « Il Piemonte come potenza italiana nel sistema politico d'Europa », 1849, et « Dei principii del Governo libero », 1852, réimprimé, en 1861, à Florence, chez Le Monnier, ont fixé l'attention publique sur lui comme publiciste éclairé et prévoyant. Mais le baron Carutti doit sa plus grande réputation à ses livres d'histoire, doctes monographies écrites avec toute l'ampleur et la dignité classique des grands historiens. Citons: « Storia del Regno di Vittorio Amedeo II », Turin, 1856 ; « Storia del Regno di Carlo Emanuele III », id., 1859 ; « Storia della diplomazia della casa di Savoia », 4 volumes dont le premier a paru à Turin en 1875 ; « Il Conte Umberto I Biancamano », Florence, 1878, réimprimé à Rome, Loescher, 1884 (on en prépare une traduction française) ; « La gioventù del gran principe Eugenio », Florence, 1885 ; une foule d'articles, mémoires, essais historiques, insérés dans plusieurs recueils, et surtout dans les *Memorie della R. Accademia di Torino* et dans les *Atti dell'Accademia dei Lincei*. Citons, entr'autres : « Relazioni sulla Corte di Spagna dell'abate Doria Del Maso e del conte Lascaris di Castellar, ministro di Savoia » ; « Il discorso sopra l'acquisto di Milano, di monsignore Claudio Seyssel » ; « Della neutralità della Savoia nel 1813 » ; « Avvedimenti politici per quelli che vogliono entrare in Corte, del signor conte di Verrua, ambasciatore di Savoia a Roma », dans la *Miscellanea di Storia italiana*, Turin, 1862 ; « Note su Panfilo Castaldi ». dans les *Actes de l'Académie Néerlandaise*, vol. XI ; « Lorenzo Coster, notizie intorno alla sua Vita e all'invenzione della tipografia in Olanda », id., 1868 ; « Saggio critico intorno a Properzio e ad una nuova edizione della Cinzia », id. ; « Sulpiciae Caloni Satira », id., 1872 ; « Chi fosse il falso inviato di Savoia alla Corte imperiale di Vienna », dans les *Curiosità e Ricerche di Storia Subalpina*, 1877. On annonce de lui un nouvel ouvrage historique de première importance, en deux volumes : « Storia della Corte di Savoia, durante la Rivoluzione francese » et « Regesta Comitum Sabaudiae, entre les années 902-1253 », qui feront partie de la *Biblioteca Storica Italiana*, publiée par la *R. Deputazione di Storia patria*. Citons encore sa « Breve Storia dell'Accademia dei Lincei », Rome, 1883 ; « Gioventù — Racconti », Florence, Le Monnier, 1861 ; « L'Addio. Versi », 4me édition définitive, Rome, Loescher, 1885. Le baron Carutti a servi pendant quelques années au Ministère des affaires étrangères, et, en 1859, il était sous-secrétaire d'État du comte Cavour ; il a été plusieurs fois député au Parlement, en 1860, du collège d'Avigliana et Giaveno, en 1661, du collège d'Aoste, en 1870-74, de celui de Verres. Entre les années 1862-1869, il a été Ministre plénipotentiaire en Hollande. On a grande raison d'être étonné qu'un homme aussi haut placé, qui a tant de titres à la reconnaissance publique, qui a pendant si longtemps siégé à la Chambre des Députés, et à qui revient l'honneur insigne de créer des chevaliers du mérite civil n'ait point encore trouvé sa place au Sénat. Mais la politique joue des tours incroyables. Après la mort de Ricotti, le baron Carutti demeure le premier historien du Piémont; mais il peut se consoler en pensant que le premier historien de la Lombardie, César Cantù, n'a pas encore pris rang au Sénat; décidémment le gouvernement actuel de l'Italie en veut aux historiens.

Casa editrice poliglotta, raison sociale d'une maison éditoriale fondée à Naples, depuis quelques années, par le professeur E. W. Foulques. Comme son nom l'indique du reste, elle se propose principalement d'encourager et de rendre accessible à tout le monde l'étude des langues étrangères. A cet effet, sans cependant renoncer complètement à des publications d'un autre genre, elle s'est fait une spécialité en publiant une série de grammaires pratiques françaises, anglaises et allemandes, des livres de lecture, des guides de la conversation et autres, tant à l'usage des italiens que des français. Quelques uns de ces livres, qui se distinguent tous par leur utilité pratique, sont déjà très populaires en Italie, et commencent à être connus et appréciés à l'étranger.

Casa (Frédéric), homme de lettres italien, né, à Naples, le 7 février 1861. Reçu docteur en droit, en 1883, et docteur ès-lettres et en philosophie, en 1885, il a publié : « Le Odi di Orazio », traduction métrique des quatre livres des odes, Rome, Sommaruga, 1883 ; « Fantasmi ellenici », vers originaux et traductions métriques du grec publiés dans la *Biblioteca Minuscola*, Naples, A. Tocco, 1885 ; « Ritmi e fantasie », Bologne, Zanichelli, 1886 ; « La Vigilia di Venere (*Pergilium Veneris*), avec une préface de Ruggiero Bonghi, id., id., 1887, — On annonce comme sous presse du même auteur : « L'Urania di G. Pantano, preceduta da un'ampia dissertazione sui quattrocentisti », qui paraîtra chez l'éditeur Lapi de Città di Castello ; « Note critiche », et une traduction des « Jugendliche Lieder », de Ludwig Uhland. — M. C. a collaboré dans le *Corriere del mattino* et dans le *Piccolo* de Naples, ainsi que dans les principaux journaux littéraires de l'Italie tels que : *Fanfulla della Domenica, Domenica del Fracassa, Domenica Letteraria, Napoli letteraria*, etc. etc.

Casagrande (Albert), philologue italien, né, en 1845, à Torcegno (Valsugana, province de Trente) ; il fit ses études à Borgo, à Rovereto et à Vienne. Il a enseigné d'abord à Trieste, d'où il passa au gymnase de Capodistria. On a de lui « Catullo e il suo tempo », Trieste, 1868 ;

« Esercizî greci per i ginnasi e licei », 2 parties, Turin, 1878-79 ; « Elementi di sintassi greca », id., 1882 ; « Esercizi di sintassi latina », id., 1885 ; « Esercizi di morfologia latina », 2 parties, id., 1886 ; « Grammatica della lingua latina », id., id. ; « Elementi di prosodia e metrica latina », id-, id. ; on annonce comme d'imminente publication : « Grammatica greca – Morfologia ». — Sans tenir compte de plusieurs articles et poésies publiées dans différents journaux nous citerons seulement quelques poésies insérées dans une étrenne de Venise *la Beneficenza*, 1874.

Casali (Henri), écrivain italien, né, en 1829, à Reggio d'Emilia. M. C. a été reçu docteur en droit à l'Université de Modène. Il prit part, en 1859, à la campagne de l'indépendance, et débuta dans la vie littéraire par des poésies patriotiques qui furent fort louées. Depuis 1859, jusqu'à ces dernières années M. C. a enseigné l'histoire dans les Lycées de l'État et en dernier lieu il était professeur de littérature italienne au lycée de Plaisance. On lui doit : « Guido Badoero », poème épique, 1862 ; « La Mente di Giuseppe Baretti », id. ; « Il don Juan di Lord Byron, recato in altrettante stanze italiane », Milan, Battezzatti, 1875 ; « L'arte sotadea nella piccola letteratura del verismo italiano », discours dans le *Programme du lycée de Plaisance*, Plaisance, Marescotti, 1881.

Casamajor (Clément-Louis DE), ecclésiastique et mathématicien français, né, à Sommières (Gard), le 23 novembre 1849. Après de brillantes études primaires faites chez les Frères des Écoles chrétiennes de Perpignan, il est devenu pensionnaire au grand séminaire de la même ville. A peine avait-il passé un an au séminaire, qu'il était désigné pour enseigner à l'institution de Saint-Louis de Perpignan ; en 1873, il était nommé, en cette même qualité, au séminaire de Prades. A partir de 1875, année dans laquelle il a reçu la prêtrise, il est devenu professeur de sciences physiques et naturelles à l'institution Saint-Louis de Gonzague, où il est encore aujourd'hui. Il a publié : « Rôle des sciences dans la haute éducation intellectuelle » et un « Cours d'arithmétique », divisé en trois parties : « 1e Cours élémentaire » ; « 2e Cours moyen » ; « 3e Traité complet », cet ouvrage qui contient plus de mille problèmes types a été couronné par la Société scientifique des Pyrénées orientales, qui a accordé à l'auteur sa plus haute récompense : une médaille de vermeil. M. C. a fait paraître, en outre, un grand nombre d'articles dans les revues et dans les journaux ; on a surtout remarqué ses études contre le Darwinisme, insérées, en 1880, dans le *Cosmos* de l'abbé Moigno. Malgré ses nombreuses occupations, M. C. trouve aussi le temps de s'adonner, avec succès, à la prédication.

Casa-Miranda (Angel-Ramon VALLEJO, comte DE), journaliste espagnol, plus connu en Espagne par son vrai nom de famille VALLEJO et à Paris par ANGEL DE MIRANDA. Il a été journaliste en France et en Espagne. Pendant de longues années, attaché au *Gaulois*, il fut à Paris le seul espagnol, écrivant dans la presse parisienne. Ami du général Prim d'abord et de M. Canovas ensuite, il a été le porte-voix de ces deux personnages dans les journaux de Paris pendant près de quinze ans. Sa vie, très accidentée et féconde en aventures, offre mille anecdotes curieuses, parmi lesquelles nous rappellerons seulement son expulsion du camp allemand, ordonnée par M. de Bismark pendant la guerre de 1870-71. Il fut attaché à l'ambassade d'Espagne et chargé des rapports avec la presse. Le roi Alphonse XII le fit comte de Casa-Miranda, en 1877, et il est actuellement député aux Cortès. Le 12 mars 1887, il a épousé la célèbre cantatrice Christine Nilsson, veuve d'Auguste Rouzaud. Nous citerons de lui les deux ouvrages suivants qui ont paru en français : « L'œuvre de la Révolution espagnole. Gouvernement provisoire et Cortès constituantes », Paris, Dentu, 1869 ; « Un Dîner à Versailles chez M. de Bismark », Bruxelles, Office de publicité, 1870.

Casas (José-Lopez DE), officier et écrivain espagnol, né, à Madrid, le 25 juillet 1828. Après avoir fait ses premières études chez les frères de l'école de San Fernando, il entra à l'école des cadets et il n'avait pas encore dix-sept ans quand il fut nommé enseigne (*alferez*) dans les Chasseurs. La carrière militaire de M. de C., qui est maintenant colonel, a été des plus brillantes ; il a pris part à presque toutes les campagnes faites par l'Espagne, depuis qu'il est au service ; blessé et fait prisonnier par Don Ramon Cabrera, il a couru deux fois le risque d'être fusillé ; de mars à juin 1854, il a dû émigrer en France. M. de C. a été comblé d'honneurs par le gouvernement de son pays ; il est décoré de plusieurs ordres espagnols et étrangers, membre et lauréat de plusieurs académies et compagnies savantes de l'Espagne et de l'étranger. Il a publié : « Trattado del sistema métrico con aplicacion al de pesas y medidas de España », 1859 ; « Descripcion de la carabina modelo de 1857, su conservacion, teoria del tiro, fabricacion de cartuchos, apreciacion de las distancias, etc., etc. », 1860 ; « Escalafon de la R. y militar Orden de S. Hermenegildo, con cuanto se habia legislado sobre el asunto, su historia, etc. », 1875 ; « Tarifas de haber mensual y Diario de todas las clases de Infanteria, con varias noticias utiles », 1878 ; « Libro de Tropa o sea compendio de los deberes militares, dividido en Capítulos, servicio de campaña, ascensos y recompensas, leges penales, etc. », 1879. M. de C. a collaboré à plusieurs journaux et il est maintenant collaborateur de *El Eco de Castilla*, et de *El Boletín de Caza y Pesca* de Barcelone.

Casati (Charles), magistrat et érudit français, né, en 1833, descend d'une ancienne famille italienne de la branche collatérale des marquis Casati. Il prit part à la guerre de l'indépondance italienne, et reçut à ce titre plusieurs décorations et médailles militaires italiennes. Docteur en droit et lauréat de la Faculté de Paris, il se fit d'abord inscrire au barreau, puis entra dans la magistrature. Il est actuellement conseiller à la Cour de Paris. M. C. a publié: « Principes généraux des lois, en droit romain, d'après les titres II, III, IV au Digeste, XIV au Code, et I, IV au Code théodosien et d'après le titre préliminaire en droit français. Essai historique sur le pouvoir législatif en France », Paris, Didot, 1855; « Le Réveil de la question d'Orient. Une solution nouvelle », id., Dentu, 1860; « Rome ou Florence. Quelle doit être la capitale de l'Italie? », id., id., 1861; « Pas encore la guerre en Italie », id., id.; « Un projet de loi sur la propriété littéraire et artistique », id., Marescq aîné, 1862; « La Monarchie scandinave à propos de la question danoise. Lettre à M. le baron Hochschild, ministre de Suède et de Norvège », id., Dentu, 1865; « Venise et les traités de 1866; lettre à M. la Comte de Usedom, ministre de Prusse », id., id., 1866; « Richard le Biaus. Roman inédit du XIIIme siècle en vers. Analyse et fragments publiés pour la première fois d'après un manuscrit de la bibliothèque de l'Université de Turin », id., Franck, 1868; « S. A. R. madame Marguerite de Savoie, princesse royale d'Italie. Note biographique », id., Dentu, 1869; « Note sur les faïences de Talavera la Reina et Coup d'œil sur les musées de Madrid », id., Didron, 1874; « Observations pratiques sur l'application de différents articles du Code pénal en matière correctionnelle et sur les modifications à apporter au régime des amendes », id., Marchal et Billard, 1875; « Lettres royaux et lettres missives inédites notamment de Louis XI, Louis XII, François I, Charles-Quint, Marie Stuart, Catherine de Médicis, Henri IV, Bianca Capello, Sixte V, etc., relatives aux affaires de France et d'Italie, tirées des archives de Gênes, Florence et Venise », id., Didier, 1877; « Notice sur le musée du château de Rosenborg, en Danemark, concluant à la création d'un musée historique de France avec notes complémentaires sur le musée Grüne Gewoelbe, de Dresde, et sur des faïences danoises inédites », id., id., 1879; « Petits musées de Hollande et grands peintres ignorés. Exposition archéologique de Bruxelles », id., id., 1881; « Fortis Etruria. Origines étrusques du droit romain », trois études, id., Didot, 1883-84, 2me éd., id., id., 1888; « Note à l'Académie des inscriptions sur la nécropole étrusque d'Orvieto », id., id., 1888; et enfin de nombreux mémoires sur la « Numismatique étrusque »; « la Gens romana », les « Origines étrusques »; « les Sarcophages étrusques », etc.

Casdonis (Georges), écrivain grec, né, à Ténos, île des Cyclades, en 1852, directeur et rédacteur en chef de la feuille hebdomadaire Εστία (Le Foyer), revue littéraire, fondée, en 1870, par Paul Diomède, ex-secrétaire de la Banque Nationale, et qui vient de remporter le prix de mille francs au concours de la Société pour la propagation des Lettres Grecques en France. Dans cette revue, il publia des romans, des nouvelles, des articles littéraires et un bulletin hebdomadaire. Depuis 1882, il est propriétaire et rédacteur en chef de la Νέα Εφημερίς.

Case (Jules), publiciste et romancier français, né, à Paris, en 1856; il fit ses études littéraires et scientifiques au collège Sainte-Barbe. Il fit ensuite partie de plusieurs administrations et entra au ministère de l'instruction publique. Il s'occupa de lettres et fit un grand nombre de vers qui sont restés inédits. Il collabora au *Globe*, à la *Revue littéraire et artistique* (revue verte), au *Panurge*, au *Matin*, au *Soir*. En mai 1887, il entra au journal le *Réveil-Matin*, où il fit des chroniques hebdomadaires. Vers la fin de 1887, il est passé à l'*Estafette*, où il fournit une chronique chaque lundi. Il a donné des articles dans beaucoup de journaux, au *Passant*, à la *Revue exotique*, à la *Vie populaire*, etc. Il a publié plusieurs romans: « La petite Zette », Paris, Havard, 1884; « Une bourgeoise », id., id., 1885; « La fille à Blanchard », id., id., 1886; « Bonnet rouge », id., id., 1887.

Caselli (Jean), illustre physicien italien, né, à Sienne, le 25 mai 1815. Il fit ses études littéraires et scientifiques à Florence, où il suivit tout spécialement et avec le plus grand profit, les cours de Leopoldo Nobili. Ce célèbre professeur étant mort en 1835, son élève lui consacra une biographie étendue publiée, en 1841, à l'occasion de la réunion du Congrès des Savants, sous le titre: « Elogio di Leopoldo Nobili », Florence, Le Monnier. Il dicta aussi l'épigraphe du monument élevé à la mémoire de ce grand physicien et inauguré à la même occasion du Congrès dans le Panthéon italien de Santa Croce. Dans la même année, il s'établit à Parme, où il demeura pendant sept ans. En 1848 et 1849, ayant travaillé avec ardeur à préparer l'annexion du Duché de Parme au Piémont, il fut, au retour du duc Charles III, expulsé du Duché. Revenu à Florence, il y fonda, en 1854, un journal édité par Le Monnier, sous le titre: « La Ricreazione, Giornale di scienze fisiche e di arti ». On trouve aussi de nombreux articles et essais de lui dans les Actes de l'Ateneo Italiano, et des Académies des *Georgofili* de Florence et des *Fisiocritici* de Sienne. Mais M. Caselli doit sa grande renommée à la découverte du Pantélégraphe, ou Télégraphe Universel, inventé en 1855, par lequel on transmet non seulement la dépêche ordinaire, mais le fac-similé de toute espèce d'écriture et de dessin avec une précision comparable à celle de la photographie. Cette invention, adoptée en France, où il demeura pendant dix ans, en 1863 pour la ligne entre Paris et Lyon, achetée par le Gouvernement russe, récompensée par une médaille d'or et par la croix de la Légion d'honneur à l'Exposition universelle de Paris en 1867, attend encore son application féconde en Italie, où la seule ville natale de M. Caselli lui a fait honneur, en plaçant, en 1869, une inscription sur la maison, où le savant inventeur est né, et un buste en marbre dans la salle municipale dite du *Concistoro*. M. C. est président honoraire perpétuel de l'Académie des *Fisiocritici* de Sienne.

Casgrain (Henri-Raymond), ecclésiastique et écrivain canadien, docteur ès-lettres, membre de la Société royale du Canada. Nous connaissons de lui : « Un contemporain, F. X. Garneau », Québec, 1866 ; « Légendes canadiennes », 3me éd., id., 1877 ; « Histoire de l'Hôtel Dieu de Québec », id., 1878 : « Une paroisse canadienne au XVIIIe siècle », id., 1880. — Entre 1884 et 1885, les éditeurs Beauchemin et Valois de Montréal (Canada) ont fait paraître les « Œuvres complètes » de M. l'abbé C., en 2 vol., dont le 1er comprend les « Œuvres diverses » et le 2me « Les Biographies canadiennes ».

Casgrain (Philippe-Baby), avocat canadien, député au parlement fédéral. Nous connaissons de lui : « Letellier de Saint-Just et son temps », Québec, Darveau, 1885.

Casorati (Félix), mathématicien italien, fils du médecin François et frère du jurisconsulte Louis, est né, à Pavie, le 17 décembre 1835. Il fit ses études au gymnase, au lycée et à l'université de cette ville, obtenant, en 1856, le diplôme d'ingénieur et d'architecte. Il eut le bonheur d'être nommé tout de suite assistant de M. F. Brioschi, qui, d'accord avec A. Bordoni, le fit nommer, en 1857, professeur suppléant de topographie et d'hydrométrie. En 1858, il donna aussi un cours de géodésie, et l'année suivante, il quitta toutes ces matières pour enseigner l'analyse algébrique et la géométrie analytique, toujours dans la même université. Devenu, en 1861, professeur ordinaire, il succéda, en 1863, à G. Mainardi dans l'enseignement de l'analyse infinitésimale, qu'il continue de donner même à présent. Il donna aussi d'autres cours de géodésie et d'analyse supérieure à Pavie (1865-1868) et à l'École des ingénieurs, fondée, à Milan, par M. Brioschi (1868-1875). Depuis 1875, il s'est borné aux cours d'analyse infinitésimale et supérieure à l'université de Pavie. Parmi ses publications, nous citerons les suivantes, comme offrant des recherches originales. Dans les *Annali di scienze matematiche e fisiche*, publiés, par B. Tortolini, à Rome: « Intorno la integrazione delle funzioni irrazionali », 1856 ; « Sulla trasformazione delle funzioni ellittiche », 1857. — Dans les *Annali di matematica*, dirigés par M. F. Brioschi (Rome, Milan) : « Intorno ad alcuni punti della teoria dei minimi quadrati », 1858; « Ricerca fondamentale per lo studio di una certa classe di proprietà delle superficie curve », 1860 et 1861 ; « Le relazioni fondamentali tra i moduli di periodicità degli integrali abeliani di prima specie », 1869 ; « Alcune formole fondamentali per lo studio delle equazioni algebrico-differenziali », 1878 ; « Il calcolo delle differenze unite, interpretato ed accresciuto di nuovi teoremi, a sussidio principalmente delle odierne ricerche basate sulla variabilità complessa », 1880 ; « Generalizzazione di alcuni teoremi dei signori Hermite, Brioschi e Mittag-Leffler », 1881 ; « Aggiunte a recenti lavori dei signori Weierstrass e Mittag-Leffler sulle funzioni di una variabile complessa », 1882 ; « Sopra le *coupures* del signor Hermite, i *Querschnitte* e le superficie di Riemann ; ed i concetti d'integrazione si reale che complessa », 1887 et 1888. — Dans les *Acta Mathematica* de Stockholm : « Les fonctions d'une seule variable à un nombre quelconque de périodes », 1886 ; « Les lieux fondamentaux des fonctions inverses des intégrales abéliennes et en particulier des intégrales ellyptiques », 1886. — Dans les *Rendiconti del R. Istituto Lombardo* : « Alcune riflessioni relative alla teorica generale delle funzioni di una variabile complessa », 1866 ; « Un teorema fondamentale circa le discontinuità delle funzioni », 1868 ; « Sulle soluzioni singolari delle equazioni alle derivate parziali », 1876 ; « Sulle coordinate dei punti e delle rette nel piano, dei punti e dei piani nello spazio », 1877 ; « Sulla integrazione delle equazioni algebrico-differenziali per mezzo di funzioni lineari », 1878 ; « Sull'equazione fondamentale nella teoria delle equazioni differenziali lineari », 1880. — Dans les *Memorie del R. Istituto Lombardo* : « Sui determinanti di funzioni », 1874. — Dans les *Atti dell'Accademia dei Lincei* : « Sulla regola seguita da Bessel e dal signor generale Baeyer durante la misura del grado nella Prussia orientale per osservare gli angoli orizzontali ecc. », 1875 ; « Nuova teoria delle soluzioni singolari delle equazioni differenziali di primo ordine e secondo grado », 1876 ; « Ricerche sulle equazioni differenziali a primitiva generale algebrica », 1877 ; « Nota concernente la predetta teoria delle soluzioni singolari », 1879 ; « Sulle equazioni differenziali lineari », 1882. — Dans les *Comptes-rendus de l'Académie des Sciences de Paris* : « Sur les fonctions à périodes multiples », 1863 et 1864 ; « Sur la distinction des intégrales des équations différentielles linéaires en sous-groupes »,

1881. — Dans les *Collectanea Mathematica in memoriam D. Chelini*, Milan, 1881 : « Una formola fondamentale concernente i discriminanti delle equazioni differenziali e delle loro primitive complete ». Ouvrages publiés à part: « Teorica delle funzioni di variabili complesse », publiée à Pavie en 1868, chez Fusi; « Teoria, descrizione ed uso di alcuni strumenti topografici a riflessione » et « Le proprietà cardinali degli strumenti ottici anche non centrati », publiées à Milan en 1872, chez Bernardoni. Plusieurs des mémoires précédents n'ont pas attiré jusqu'à présent l'attention des géomètres. Mais, aussi le mémoire de l'année 1863 : « Sur les fonctions à périodes multiples » a été longtemps tout-à-fait negligé, bien qu'il devait détruire un préjugé très grave, concernant un point capital dans l'analyse mathématique, c'est-à-dire, qu'une périodicité plus que double n'est pas possible dans les fonctions d'une seule variable; e n'est qu'à la suite des nouvelles publications faites par M. Casorati, en 1886, dans les *Acta Mathematica*, que l'on a reconnu enfin la fausseté de cette proposition, que tout le monde depuis un demi-siècle croyait exacte.

Casoretti (Claudia), femme de lettres italienne, née en Lombardie. M.me Casoretti a publié quelques romans originaux et plusieurs traductions de l'anglais. Nous citerons d'elle : « La razza dell'avvenire », de Lord Lytton Bulwer, Milan, Dumolard, 1874; « Gli Italiani », de F. Elliot, Milan, Treves, 1875 ; « Marito e moglie », de Wilkie Collins, id., id., 1877; « Ada Allen », roman original, id., Robecchi, 1877 ; « Il Marchese Lionello », conte original, id., id., 1878 ; « Katerfelto », de White Melville, id., Menozzi, 1879, 2.me éd., id., Brigola, 1883 ; « La vita di Carlo Dickens », de J. Forster, id., id., 1880 ; « Ritratti dal vero », contes et esquisses, Milan, Civelli, 1881.

Casotti (baron François), archéologue et littérateur italien, membre de la Commission pour la conservation des Monuments historiques et des Beaux-Arts dans la province de Lecce, où il est né le 2 décembre 1817. Après avoir fait ses premières études à Lecce et à Bari, il alla les achever à Naples. Il appartint, pendant quelque temps, à l'administration, en qualité de conseiller de préfecture ; ensuite retraité, il fut élu plusieurs fois membre du conseil provincial. Parmi ses nombreux écrits, nous citerons: « Scritti inediti e rari di diversi autori trovati nella provincia d'Otranto e pubblicati con prefazioni ed altre memorie originali », Naples, 1865 ; ce livre contient une introduction fort savante, quatre brochures inédites et illustrées d'Antonio Galateo, des Lettres inédites de Muratori à Tafuri, une lettre critique au Directeur de l'*Archivio storico italiano* sur le livre de la *Fortuna de Oria*, un écrit sur quelques brochures du XVI siècle sur le domaine temporel des papes, etc.; « Opuscoli di archeologia, storia ed arti patrie », Florence, Pellas, 1875 ; ce sont des mémoires sur les origines de Galatina, sur des précieux travaux d'orfèvrerie du XIV siècle, sur une précieuse peinture de l'église des Bénédictines de Lecce, et enfin, sur les Statuts de cette ville; « Lettera al duca Sigismondo Castromediano intorno alla tavola dipinta delle Benedottine di Lecce », id., id., 1876; « Il castello di Cosentino », rapport au nom de la Commission pour la conservation des monuments, Lecce, 1885. — Le baron Casotti s'est aussi montré un statisticien éminent dans un mémoire intitulé : « Della ricchezza pubblica e privata della Terra d'Otranto ». Citons aussi de lui les écrits suivants : « Esposizione di un luogo del Petrarca di varia e dubbia lezione », Naples, 1855 ; « Lettera a Cesare Guasti, con Sonetto inedito di Torquato Tasso », Naples, 1859.
— On ne peut pas passer sous silence que M. le baron Casotti à découvert dans les archives de l'église de Nardò plusieurs parchemins grecs du XV siècle du plus haut intérêt, qui ont été publiés par le regretté M. Trinchera dans son ouvrage : « Syllabus Græcarum Membranarum quæ partim Neapoli in maiori Tabulario et primaria Bibliotheca, partim in Casinensi Cænobio ac Cavensi, et in Episcopali Tabulario Neritino jamdiu delitescentes, etc. », Naples, 1865.

Caspari (Charles-Paul), théologien et orientaliste allemand, né, à Dessau, le 8 février 1814 d'une famille israélite. Il fit ses études aux Universités de Leipzig, de Berlin et de Koenigsberg, où il prit ses grades en théologie. En 1847, il se transféra à Christiania, et, dix ans après, il fut nommé professeur de théologie à l'Université de cette ville. Il commença à se faire connaître comme exégète par son « Kommentar über den Propheten Obadja », Leipzig, 1842. Suivirent : « Beiträge zur Einleitung in das Buch Jesaja », Berlin, 1848; « Ueber den syrisch-ephraimitischen Krieg unter Jotham und Ahas », Christiania, 1849; « Ueber Micha und seine prophetische Schrift », id., 1852; un commencement de « Kommentar zum Propheten Jesaja », id., 1857; « Zur Einführung in das Buch Daniel », 1871; comme historien des dogmes de l'Église il s'est acquis une grande réputation par les travaux suivants: « Quellen zur Geschichte des Taufsymbols und der Glaubensregel », 2 vol., Christiania, 1866-69; « Quellen zur Geschichte der Taufsymbols », id., 1875; « Alte und neue Quellen zur Geschichte des Taufsymbols und der Glaubensregel », id., 1879; « Dissertation critique et historique sur quelques connaissances présumables et certaines du baptême en Orient », en norvégien, dans la *Theologisk Tidskrift*, Christiania, 1881; « Martin von Bracerès Schrift *De correctione rusticorum* herausgegeben von D.r C. P. C. », Christiania, 1883; « Kirchenhistorische Anecdota », id., 1883;

« Eine Augustin fälschlich beigelegte |*Homilia de Sacrilegiis* », publié d'abord avec une courte notice dans la *Zeitschrift für deutsches Alterthum*, 1881, plus tard, dans les *Actes de l'Académie des sciences* de Christiania, 1886, texte extrêmement intéressant pour les superstitions et les traditions populaires du commencement du moyen âge, accompagné de notes critiques, linguistiques et mythologiques du savant auteur. M. Caspari a aussi publié quelques travaux sur la langue arabe : une édition de l'« Enchiridion studiosi », de Borhan-ed-Dins, Leipzig, 1838, et une « Grammatica arabica », id., 1848 qui paraît toujours en de nouvelles éditions, continuée et publiée avec additions et corrections par d'autres sans le concours de l'auteur. La 5me édition allemande vient de paraître ; une édition française « Grammaire arabe », traduite de la quatrième édition allemande et, en partie, remaniée, par E. Uricochea, a paru à Bruxelles et à Paris, chez Maisonneuve, en 1880. M. Caspari a publié, en outre, une foule de dissertations, plus ou moins développées, mais toujours savantes, dans les Revues de théologie et autres.

Caspari (Charles-Théodore), littérateur norvégien, fils du précédent, né, à Christiania, en 1853, professeur de lycée à Christianssund, a publié plusieurs poèmes satiriques d'une grande force et d'une élégance remarquable, dans lesquels il prend à partie, surtout, les excès du radicalisme. Quant à la forme, il paraît avoir pris Obsen à modèle. Nous citerons de lui : « Sonnets polémiques », Christiania, 1880 ; « Tidsbilleder », id., 1883 ; « Lirik og Satire », id., 1887.

Caspari (Otto), philosophe allemand, né le 24 mai 1841, à Berlin ; depuis 1869 *privat Docent* et depuis 1877 professeur extraordinaire de philosophie à Heidelberg, M. C. a publié : « Die Sprache als psychischer Entwicklungsgrund », Berlin, 1864 ; « Die Irrthümer der altclassischen Philosophen in ihrer Bedeutung für das philosophische Princip », Heidelberg, 1868 ; « Die psychophysische Bewegung in Rücksicht der Natur ihres Substrats », Leipzig, 1869 ; « Leibniz'Philosophie, beleuchtet vom Gesichtspunkt der physikalischen Grundbegriffe von Kraft und Stoff », Leipzig, 1870 ; « Die Urgeschichte der Menschheit, mit Rücksicht auf die natürliche Entwicklung des frühesten Geisteslebens », 2 vol., Leipzig, 1873, 2me éd., 1877 ; « Die Thomson'sche Hypothes von der endlichen Temperaturausgleichung im Weltall, beleuchtet vom philos. Gesichtspunkte », Stuttgart, 1874 ; « Die Grundprobleme der Erkenntnissthätigkeit, beleuchtet vom psychol. und kritischen Gesichtspunkte », 2 vol., Berlin, 1876-1879 ; « Virchow und Haeckel vor dem Forum der methodologischen Forschung », Augsbourg, 1878 ; « Das Erkenntnissproblem mit Rücksicht auf die gegenwärtig herrschenden Schulen », Breslau, 1881 ; « Der Zusammenhang der Dinge. Gesammelte philosophische Aufsätze », id., id. ; « Hermann Lotze in seiner Stellung zu der durch Kant begründeten neuesten Geschichte der Philosophie », id., 1883 ; « Philosophische Jubiläumsgrüsse zur Säcularfeier der Univ. Drei Essays über Grund und Lebensfragen der philosophischen Wissenschaft », Heidelberg, 1886. M. Caspari est un des fondateurs et des rédacteurs du *Kosmos*, 1877.

Cassagnac (Paul GRANIER DE), publiciste et homme politique français, né, à la Guadeloupe, le 2 décembre 1843. Fils de M. Bernard-Adolphe G. d. C., comme lui écrivain et homme politique (1808-1880). Il vint très-jeune en France, fit ses études en province et à Paris, où il fut reçu licencié. Malgré le désir de son père, il s'adonna de bonne heure au journalisme, où il se fit une bruyante notoriété personnelle par son talent incisif et gouailleur, et par les duels et les affaires judiciaires que les emportements de sa plume lui attiraient à chaque instant. De nombreuses rencontres à l'épée lui acquirent, dès ses débuts, une réputation de tireur de première force. Son duel avec M. Aurélien Scholl, où ce dernier fut grièvement blessé, fut un de ceux qui alors firent le plus de bruit. — En 1862, il fonda l'*Indépendance parisienne* ; l'année suivante, il entra à la *Nation*, dont son père était le rédacteur en chef, mais la volonté paternelle l'avait relégué aux comptes-rendus bibliographiques et tenu loin de la polémique journalière. Ne pouvant se résigner à ce rôle obscur, il entra, vers 1864, dans le *Diogène*, petit journal rédigé par MM. Clarétie, Lermina, d'Hervilly. Enfin, en 1866, son père désespérant d'arrêter une vocation si décidée se l'adjoignit comme chroniqueur quotidien au *Pays*, dont il venait de prendre la direction. Sur ces entrefaites, son père ayant été chargé, comme délégué du Corps législatif, d'une enquête agricole dans le Midi, M. Paul de C. l'accompagna en qualité de secrétaire, et publia une brillante relation de cette tournée. Devenu rédacteur en chef du *Pays*, M. Paul de C. s'attira un grand nombre de procès et de duels ; nous citerons parmi ses derniers celui qu'il eut avec Gustave Flourens, l'un des duels les plus acharnés qui se soient vus de nos jours, et ceux qu'il soutint avec Henri de Rochefort, qui ne dut la vie qu'à une médaille de la Vierge qu'il portait sur soi, et avec son cousin germain, Lissagaray, qui reçut cinq blessures, etc. La guerre déclarée, l'ardent journaliste, qui souffrait encore d'une blessure récente à la poitrine, et qui venait d'être nommé chef de bataillon des mobiles du Gers, préféra s'engager, comme volontaire, dans le 1er régiment de zouaves, attaché à la division Abel Douai. Il assista à la bataille de Sédan, fut fait prisonnier et interné dans la forteresse de Cosel, sur la frontière de Pologne. Les souffrances occasionnées par l'intensité du froid et les mauvais traitements dont les prisonniers étaient l'objet lui fournirent une occasion de préparer une révolte que l'adoucissement de la température et de nouvelles rigueurs firent échouer. Après un séjour à Venise, que l'ébranlement de sa santé avait rendu nécessaire, il revint en France, fut élu conseiller général du département du Gers et, peu de jours après, conseiller municipal et maire de Coulommé; en même temps, il fondait dans ce département un journal impérialiste: l'*Appel au peuple*. En 1872, M. de Cassagnac dont les convictions sont restées inébranlables pendant toute sa vie, redevint rédacteur en chef du *Pays*, ancien journal de l'Empire. Trois mois après, il eut encore un duel avec M. Ed. Lockroy qui fut blessé. Provoqué à son tour par M. Ranc, dans la *République française*, il se battit contre lui; tous deux furent blessés. Élu député le 20 février 1876, il montra à la Chambre la même ardeur, la même fougue qu'il avait montrée dans le journalisme. La narration des incidents parlementaires qu'il souleva, des procès et des duels qu'il s'attira dans sa lutte infatigable, remplirait des pages entières. Bornons-nous à dire qu'au milieu de ses violences, parfois regrettables, M. de C. a su se mériter à tel point l'estime même de ses adversaires qu'il est aujourd'hui encore un des arbitres incontestés de presque toutes les questions d'honneur qui surgissent dans la Chambre et dans la presse française. Depuis quelque temps, M. de C. a quitté la direction du *Pays* pour fonder un nouveau journal l'*Autorité*. En dehors de sa collaboration très active aux journaux, on ne peut citer de M. de C. que: « Empire et royauté », Paris, Lachaud, 1873; « Histoire populaire abrégée de Napoléon IV », id., id., 1874; « Histoire de la troisième république », id., id., 1875; « L'Aigle, almanach du suffrage universel », id., id., 1875 et suivantes. Il a collaboré, en outre, à une « Histoire de Napoléon III », rédigée par son père.

Cassani (Giacomo), jurisconsulte et écrivain italien, né, à Renazzo (commune de Cento, province de Bologne), le 18 mars 1818. Il fit son droit à l'Université de Bologne, se fit ordonner prêtre et resta pendant dix ans dans son pays en y exerçant son ministère. En 1849, il alla se fixer à Bologne. De 1849 à 1859, quoique persécuté, à plusieurs reprises, grâce à ses opinions libérales, par le gouvernement pontifical, il vécut à Bologne donnant des leçons particulières et continuant en même temps ses études préférées d'économie politique, philosophie et théologie. En 1860, il fut nommé professeur ordinaire de droit canonique à l'Université de Bologne; en 1869, il devint professeur de l'histoire du droit; depuis quelques années il a le titre de professeur émérite. Du 1er janvier 1871 au 30 décembre 1876, il publia une revue intitulée: *Il Rinnovamento Cattolico* qui se transforma depuis dans la *Riforma disciplinare cattolica*. Nous citerons de lui: « Dell'avvenire commerciale d'Europa e in particolare d'Italia con appendice sulla valle del Po », Bologne, 1865; « Non vi può essere Italia senza Roma capitale », Milan, 1865; « Del bisogno di buone statistiche e come s'abbiano a fare », Bologne, 1866; « Sul progetto del ministro Scialoja », id., id.; « Le tasse e la libertà », id., id.; « La questione del matrimonio legittimo e rato », Turin, 1866; « Un progetto radicale di legge per la soppressione dei regolari, l'ordinamento dell'asse ecclesiastico e l'abolizione delle decime », id., 1866; « Di una ferrovia Bologna-Verona per Cento, Finale, ecc. », Bologne, 1867; « Sulla storia del diritto », leçon d'ouverture, Bologne, 1870; « Sulla eccellenza del matrimonio », id., id.; « Delle principali questioni politico-religiose: I vol. Dei rapporti fra la Chiesa e lo Stato », Bologne, *Regia tipografia*, 1872; II vol., « Del primato del Pontefice e del valore giuridico del Concilio Vaticano », id., id., 1876; III vol., « Della proprietà ecclesiastica e delle leggi che la governano in Italia », id., id., id.; « Della importanza politica e giuridica della storia del diritto », discours d'ouverture, id., id., 1875; « La geografia ed etnografia nel concerto delle scienze », id., id., id.; « Le Partecipanze di Cento e Pieve, brano di storia del diritto medioevale », id., id., 1876; « Risposta all'anonimo autore di *Cento e Pieve* », suite du précédent, id., id., 1878; « La cura della sciatica a Cassano d'Adda. Lettera al prof. Francesco Rizzoli », id., id., 1879; « Intorno alla ferrovia di San Pietro in Casale a Cento », id., id., 1880; « La mancanza dell'uva e le decime prediali; risposta all'opuscolo: *Le primizie e la mancanza dell'uva* del cav. avv. Guido Gozzi », id., id., 1881; « Le partecipanze nelle Romagne », id., id., 1886; « Alla memoria del cav. Camillo Stagni », id., id., 1887; « Dell'antico studio di Bologna e sua origine », id., id., 1888.

Cassard (Paul), publiciste français, né, à Lyon, en 1862, a fondé, en 1879, *L'Aurore*, petite revue mensuelle; collaboré, en 1881, à la *Réforme*, au *Travailleur* de 1881 à 1883; dirigé la *Revue Provinciale*, fondée, le 15 mars 1884, avec MM. Jean Lombard et Auguste Fourès; puis, le 31 décembre de la même année, il a fondé *La Revue Moderne* qui a, rapidement, conquis l'une des premières places parmi les revues littéraires de province. M. Paul Cassard dirige actuellement le *Revue Moderne* (bi-mensuelle), et collabore à la *Revue Socialiste* de Paris.

Cassau (Carl), littérateur allemand, né à Lunebourg, le 26 avril 1840. Il fit ses études dans sa ville natale; il fut d'abord précepteur, puis instituteur à Celle. S'étant fait habiliter à l'enseignement supérieur à Magdebourg, il est maintenant maître à l'école supérieure de sa ville natale. Sans tenir compte de plusieurs nouvelles, poésies et contes éparpillés dans divers journaux, nous citerons de lui : « Raumlehre für Mittelschulen », 1877 ; « Lessing und Goethe im Lichte der Pädagogik », 1879 ; « Pädagogik der Alten », 1882 ; « Fröbel und die Kindergarten Pädagogik », 1882 ; « Erhabendes und Belebendes, Erzählungen aus grosser Zeit », en collaboration avec M. Steinberg, 1883 ; « Die Schweden in Uelzen », 1884 ; « Gesammelte pädagogische Aufsätze », 1885 ; « Der Offiziersbursche, Humoresken », en collaboration avec M. Bartholomai, 1885 ; « Vorschule der Geometrie », 1887.

Cassel (David), historien allemand, né, le 7 mars 1818, à Glogau ; il étudia d'abord au gymnase catholique de sa ville natale, et ensuite à Breslau et à Berlin. De 1846 à 1879, il enseigna dans plusieurs institutions israélites de Berlin, et depuis 1872, il est professeur, pour la science du judaïsme, à l'Université de Berlin. Nous connaissons de lui : « Leitfaden für den Unterricht in der jüd. Geschichte und Litteratur », 6me éd., Berlin, 1882 ; « Geschichte der jüd. Litteratur », 2 vol., Berlin, 1872-73 et « Lehrbuch der jüd. Geschichte und Litteratur », Leipzig, 1879. — En outre, M. C. a publié plusieurs anciens ouvrages de la littérature hébraïque, entr'autres, le « Kusari » de Judaha Levi, avec une traduction et des commentaires en allemand.

Cassel (Paulus Stephanus, ci-devant Selig), érudit allemand, frère du précédent, né, le 27 février 1821, à Glogau, d'une famille israélite. Il fréquenta d'abord le gymnase catholique, puis le gymnase protestant de Schweidnitz et s'adonna ensuite aux études historiques, à Berlin, sous la direction de M. Ranke. De 1850 à 1856, il fut rédacteur de la *Erfurter Zeitung*. En 1885, il abjura le judaïsme et entra dans l'église évangélique, changeant son nom de SELIG en celui de PAULUS STEPHANUS. Après avoir passé encore trois ans à Erfurt comme bibliothécaire, il se fixa, en 1859, à Berlin. En 1866, il fut élu membre de la Chambre des députés prussienne. Nommé prédicateur à l'église du Christ, il eut de tels succès qu'il fut appelé à prêcher dans plusieurs grandes villes. Un certain nombre de ses sermons ont été publiés séparémment ou en recueil. On cite particulièrement ceux qu'il prononça, de 1869 à 1870, sur le concile de Rome et l'histoire de la papauté, et surtout ses discours de l'année suivante à l'occasion de la guerre contre la France, discours reproduits sous le titre de « Deutsche Reden », 2me éd., 2 parties, Berlin, 1871 ; les écrits de M. Cassel sont fort nombreux et traitent d'une foule de sujets ; nous nous bornerons à citer : « Historische Versuche », Berlin, 1847 ; « Magyarische Alterthümer », id., 1848 ; « Geschichte der Juden », dans l'*Allgemeine Encyklopädie* de Ersch et Gruber, 2me section, 27e vol., Leipzig, 1851 ; « Von Warschau bis Olmütz », id., Berlin, id. ; « Ueber thüringische Ortsnamen », Erfurt, 1856-58 ; « Eddische Studien », Weimar, 1856 ; « Ueber Schamir », Erfurt, 1856 ; « Erfurt und die Zännemannia », Hannover, 1857 ; « Erfurter Bilde und Brauche », 1859 ; « Der Schwan », Berlin, 1860, 3 me éd., id., 1872 ; « Rose und Nachtigal », id., 1860 ; « Weihnachten Ursprünge, Bräuche und Alberglauben », Berlin, 1862 ; « Ueber den goldenen Thron Salomonis », Erfurt, 1863 ; « Die Schwalbe », Berlin, 1867 ; « Drachenkampfe », id., 1868, 2me éd., 1878 ; « Symbola Renati », 3me éd., id., 1872 ; « Hohenzollern. Ursprung und Bedeutung dieses Namens », id., 1873 ; « Kaiser- und Königsthrone in Geschichte, Symbol und Sage », id., 1874 ; « Der Chezarische Königshof aus dem 10 Jahrhun. », id., 1876 ; « Vom Nil zum Ganges », dans les publications de l'*Allgemein Verein für deutsche Litteratur*, Berlin, 1880 ; « Die Symbolik des Blutes », id., 1882 ; « Fredegunde », 1883 ; « Japanische Sagen », 1885 ; « Friedrich Wilhelm II », 1886 ; « Heidelberg und sein Name », 1886, etc. ; parmi ses écrits théologiques, nous citerons : « Ueber Renans Leben Jesu », Berlin, 1863 ; « Die Bücher der Richter und Ruth theologisch- homiletisch bearbeitet », Bielefeld, 1866 ; « Altkirchlicher Festkalender », Berlin, 1869 ; « Das Evangelium des Sohnes Zebedäi », id., 1870 ; « Von Wega nach Damaskus », Gotha, 1872 ; « Aus guten Stunden », id., 1874 ; « Apologetische Briefe », 2 livraisons, Berlin, 1875 ; « Löwenkämpfe von Nemea bis Golgatha », Berlin, 1875 ; « Das Buch Esther », en allemand et en anglais, Berlin, 1878 ; « Die Hochzeit zu Kana », id., 1883 ; « Aus Litteratur und Symbolik », id., 1884 ; « Aus Litteratur und Geschichte », id., 1895. Depuis 1875, M. C. publie une revue théologique hebdomadaire : *Sunem*. Dans les derniers temps, il s'est signalé par une campagne vigoureuse contre les antisémites. A ce dernier ordre de travaux, appartiennent : « Wider Heinrich von Treitsche » ; « Die Antisemiten und die christliche Kirche » ; « Die Juden in der Weltgeschichte » ; « Die Abstammung der Engländer » etc. etc. — Citons encore de lui une brochure en français : « La Maison de Jeu de Monte-Carlo à Monaco. Appel social avec des remarques scientifiques sur l'histoire du jeu », Berlin, Stuhr, 1885.

Cassone (Joseph), écrivain italien, né, le 13 novembre 1843, à Noto, (prov. de Syracuse) ; il fit ses études dans une institution particulière. Appelé, en 1864, sous les drapeaux, il y resta jusqu'en 1867. Revenu dans son pays, il y reprit ses études interrompues, mais, frappé d'une double infirmité, il devint complètement sourd et paralysé des membres inférieurs. Dans cette cruelle situation, il n'en continua pas moins ses études et il apprit tout seul l'allemand et le hongrois, qu'il écrit admirablement. Il a publié une traduction métrique fort fidèle do « l'Intermezzo lirico », de Heine, Noto, 1871 ; « Il sogno incantato », traduction du « Tündérálom », de Pétöfi, Assisi, 1874, traduction fort prisée par le Dr Meltzl, qui, dans une brochure hongroise sur les traducteurs siciliens de Pétöfi, a parlé très favorablement de M. C. Sans tenir compte de plusieurs traductions de Heine, de Pétöfi, de Platen, de Scheffel, publiées dans les journaux, nous citerons encore: « Il mare del Nord », de Heine, Noto, 1877 ; « il Pazzo », de Pétöfi, id., 1879 ; « Foglie di Cipresso su la tomba di Etelke », de Pétöfi, id., 1881 ; « L'Apostolo », du même, Rome, Molino, 1886. — En outre il a toujours inédite une traduction du « Canzoniere », de Heine. — M. Cassone est membre honoraire de la *Petöfi Társaság* de Pest et, depuis 1881, il est membre étranger de l'Académie nationale hongroise.

Castagna (Niccola), littérateur italien, né, à Città Sant'Angelo (prov. de Teramo), le 29 octobre 1823. Fils et frère de deux littérateurs distingués, MM. Michelangelo (1783–1865) et Pasquale C. (1819–1887), M. N. C. fit ses études dans sa ville natale, d'abord, et, ensuite, à Ortona, à Aquila et à Naples, où il se fit recevoir docteur en droit, et où il eut entr'autres pour professeur le célèbre philologue Basilio Puoti, ce qui nous explique le soin et l'élégance qui distingue tous ses écrits. M. Castagna ayant publié dernièrement une : « Bibliografia di due morti e un vivo », Atri, 1887, où il donne la note des publications de son père, de son frère et des siennes, nous nous bornerons ici à citer les principales parmi ses publications que nous y trouvons décrites. Il débuta par « Intorno a Pandolfo Collenuccio, storico e poeta del secolo XV », dans l' *Artista napolitano*, Naples, 1840 ; suivirent une foule de poésies, de travaux bibliographiques et littéraires imprimés dans différents journaux littéraires et politiques de Naples et d'autres lieux ; parmi les plus importants, nous citerons : « Un Campagnuolo », conte historique dans le *Salvator Rosa*, Naples, 1842, réimprimé dans la *Formica*, de 1845 ; « Salvator Rosa », étude sur la jeunesse du peintre-poète, dans le *Salvator Rosa*, Naples, 1842, réimprimé dans le *Gondoliere* de Venise, 1843 ; « Palmino. Studiarello di famiglia », dans la *Toletta*, Naples, 1843 ; « Della mitologia e dell'arte nel seicento », dans le *Salvator Rosa*, Naples, 1843 ; « Jacopo Robusti detto il Tintoretto », id., id., id. ; « Il Montanaro. Cantilene popolari abruzzesi », dans le *Zeffiro*, id., 1844, réimprimé dans l'*Omnibus*, id., 1846 ; « Vico e la Poesia », étude critique dans le *Vittoria Colonna*, Naples, 1845 ; « Del metodo nella scienza del diritto », Naples, 1847 ;

« Studî di legislazione criminale », Naples, 1853 ; « Di Corradino di Svevia e di sua madre. Rettificazione storica », dans le *Bazar*, Naples, 1856 ; « Carlo Marenco tragico », dans l'*Iride*, id., 1857 ; « Della statistica e di un libro di Giacomo Raccioppi », id., id., id. ; « Osservazioni al *Vocabolario di parole e modi errati* di Filippo Ugolini », Naples, 1858 ; « Stelle ardenti », id., id. ; « Di una singolare cortesia », dans la *Farfalla*, Naples, 1859 ; « Di un acrostico di Giovanni Boccaccio, esame di filologia storica », dans la *Sirena* de Naples, 1860 ; « A Giuseppe Garibaldi », dans le *Paese* et dans l'*Iride*, Naples, 1860 ; « I republicani del 1860 », Chieti, 1860, republié, plus tard, sous le titre : « Dell'idea politica italiana », Naples, 1861 ; « Di una ragione penale », Naples, 1864 ; « Proverbi italiani illustrati », dans lo *Borghini* de Florence, 1865 et 1866, 3me éd., Naples, 1869 ; « Vita di Saverio Confetti », id., id. ; « Viole mammole », recueil de poésies religieuses, 6me éd., Naples, 1875 ; « Storia della Sollevazione d'Abruzzo nel 1814 », Aquila, 1875 ; « Della Cronaca di Dino Compagni, lettere due a Pietro Fanfani », dans lo *Borghini* de Florence, 1876 ; « I Proverbi dell'Ariosto tratti dal poema e illustrati », Ferrare, 1877 ; « Vocaboli e modi del vernacolo angolano col riscontro italiano o toscano » ; « Giunte al *Dizionario della lingua italiana* di Niccoló Tommaseo », Turin, 1863, on doit à M. C. tous les articles de ce grand dictionnaire précédés de la sigle *Cast.;* « Assavero », Naples, 1880 ; « Fili di paglia », dans le *Fanfani* de Florence, 1881 et 1882 ; « Giunte di nuovi vocaboli al vernacolo angolano », id., id., 1882 ; « Ricreazioni letterarie », id., id., 1883 ; « Appunti d'arte », id., id., 1883 ; « Storia della repubblica di Senarica », Florence, 1884 ; « Storia della Sollevazione di Abruzzo nel 1814 », 2e éd., Rome, 1884 ; « Giuseppe di Cesare. — ricreazioni letterarie », Florence, 1885 ; « Pensieri varii », dans le *Giulio Carcano*, numéro unique, Naples, 1885 ; « Il Montanaro del Gran Sasso d'Italia », 2e éd., Atri, 1887 ; « Inni delle Tombe », id., id.

Castagnola (Paolo-Emilio), littérateur italien, né, à Rome, le 7 mai 1825. M. C. qui est aujourd'hui directeur de l'école technique *Cola di Rienzo* à Rome, et *privat Docent* de littérature italienne à l'Université de la même ville, a été, pendant longtemps, et continue à être professeur de la même matière à l'École supérieure pour les jeunes filles de Rome. Il débuta dans les lettres, en 1856, par un volume de « Poesie » ; suivirent : « Gliceria, o il Secolo d'Augusto », 1864, comédie exquise dans laquelle on représentait pour la première fois sur la scène italienne, le monde comique de l'époque romaine ; « La Vanità », nouvelle, 1865 ; « Della Felicità », dialogue philosophique, id. ; « Nuove poesie », Florence, Barbèra, 1867 ; « Sei lettere intorno alla lingua ed allo stile », Florence, typ. *Galileiana*, 1867 ; un petit livre de prières, 1868 ; « Leopoldina », roman, 1871 ; « Dell' ideale e del vero nell'arte », 1873 : « La popolazione e la teorica del Malthus », discours d'économie politique, id. ; « I pensieri di Giacomo Leopardi, con le osservazioni di P. E. C. », Florence, Le Monnier, 1874 ; « Andreina », nouvelle éd., id., typ. de l'*Associalion*, id. ; « Istituzioni di belle lettere ad uso della scuola superiore femminile », Rome, Paravia, 1874-75 ; 2ᵐᵉ éd., Florence, Le Monnier, 1880 ; « Detti memorabili di Filippo Ottonieri. — Il Parini, ovvero della gloria, di Giacomo Leopardi, con le osservazioni di P. E. C. », Florence, Le Monnier, 1875 ; « Storia di Roma (1846-1869) », Rome, Capaccini, 1875 ; « Intorno al valore del principio di contradizione », discours, 1876 ; « Storia di un' educanda », Assisi, Sgariglia, 1877 ; « Concento », id., id., 1878 ; « Cenno storico su la letteratura francese », avec le professeur Ettore Carlandi ; « Nembrot : elegia drammatica », Imola, Galeati, 1881 ; « Notizie della vita e delle opere di Ignazio Ciampi », id., id., id. ; « Poesie (raccolta completa) », id., id., 1882 ; « Undici canti di Giacomo Leopardi, con introduzione e commento per uso delle scuole, di P. E. C. », Florence, Le Monnier, 1883 ; « La struttura del periodo : trattatello ad uso delle scuole », en collaboration avec Mˡˡᵉ Angela Bulgarini, 2ᵐᵉ éd., Turin, Paravia, 1884 ; « Sguardo su la letteratura tedesca », Imola, Galeati, 1884 ; « Versi inediti e ultimi canti », id., id., 1886 ; « La prima tempesta », nouvelle, Rome, Forzani, 1887 ; « Saggi di filosofia popolare », Imola, Galeati, 1888.

Castagnola (Stefano), homme politique et jurisconsulte italien, né, à Chiavari (prov. de Gênes), le 3 août 1825 ; reçu docteur en droit à l'Université de Gênes, en 1847, il se fit tout de suite inscrire au barreau, se signalant, en même temps, par son talent comme jurisconsulte et par l'ardeur avec laquelle il avait épousé les idées libérales. Il prit une part active au mouvement national initié en 1848 par Charles Albert et débuta en cette occasion dans les lettres par une publication intitulée : « Sulla educazione delle donne italiane », Chiavari, 1848 ; la même année, il s'engageait volontaire dans l'armée et prenait part à la campagne de l'indépendance italienne. Revenu à Gênes, il fut élu conseiller municipal et conseiller provincial, et a fait par la suite presque toujours partie de ces deux corps. Élu, en 1857, député au Parlement, il a siégé à la Chambre, presque sans interruption, jusqu'en 1876. Du 14 décembre 1869 au 10 juillet 1873, il fit partie du Cabinet Lanza–Sella, en qualité de Ministre de l'Agriculture, de l'Industrie et du Commerce, et, en cette occasion, il fut à différentes reprises chargé de l'*interim* des ministères de la marine et des travaux publics. Il nous est impossible de signaler ici les nombreux travaux officiels publiés par M. C. dans ses qualités de conseiller municipal et provincial, de député et de ministre, ainsi que de rappeler les nombreuses commissions dont il a été membre. Depuis la chute du cabinet dont il faisait partie, M. Castagnola a repris l'exercice de sa profession d'avocat et son cours à l'Université de Gênes, où il est professeur ordinaire de droit commercial. Il a professé dans la même Université le droit canonique et le droit romain, et les leçons qu'il a faites en cette qualité sur « l'Enfiteusi », en 1878, et qu'il a publié dans le journal *La legge* de Rome, et plus tard réunies en un volume, ont été fort appréciées. M. C. a collaboré à plusieurs journaux politiques et de droit, et il a publié une foule de mémoires juridiques qu'il nous est impossible de citer ; nous nous bornerons donc à rappeler de lui : « Sulle disposizioni legislative da adottarsi per prevenire le simulazioni di avarie generali. Memoria del Ministro di Agricoltura, Industria e Commercio ai Ministri di Grazia, Giustizia e Culti e della Marina », Florence, Barbèra, 1870 ; « La legislazione delle società commerciali : memoria presentata al Ministro di Grazia, Giustizia e Culti », dans les *Annali del Ministero di Agricoltura, Industria e Commercio*, Rome, id., 1871 ; « Agli elettori del collegio di Chiavari », Gênes, Pellas, 1877 ; « Delle relazioni giuridiche fra Chiesa e Stato », Turin, Unione Tipografico Editrice, 1882 ; « Nuovo codice di commercio italiano : testo, fonti, motivi, commenti, giurisprudenza », avec la collaboration de M. S. Gianzana et de plusieurs autres jurisconsultes, id., id., id., et suiv. ; « Italia e Francia e la convenzione di navigazione », id., id., 1887. — M. Castagnola est, depuis quelques mois, syndic (*maire*) de la ville de Gênes.

Castaing (Alphonse), ethnographe français, vice-président de la société d'ethnographie de Paris, né, à Roquefort (Landes), en 1822. Nous connaissons de lui « La question marocaine », Paris, Challamel aîné, 1859 ; « La Syrie, les Druses, et les Maronites », id., id., 1860 ; « Le Cantique des cantiques, ou l'Amour et la poésie dans l'antiquité sacrée », id., id., id. ; « Annuaire ethnographique oriental et américain, publié sous les auspices de la Société d'ethnographie, et avec le concours de la commmission des travaux littéraires », id., id., 1862 ; « Le même, 2ᵐᵉ année », id., id., ; « Jésus, M. E. Renan et la science, trilogie en un acte et trois tableaux, avec prologue, intermèdes et épilogue. Corinne, Abdénago, Eliophas », id., id., 1863 ; « L'Aquitaine avant et jusqu'à l'époque de César. Introduction. Origine du nom de l'Aquitaine », id., Dumoulin, 1871 ; « Ethnogénie de l'Aquitaine primitive », id., Maisonneuve, 1885 ; « Ethnographie de la France à l'usage des écoles », id., id., id. M. C. a collaboré à la *Revue* *orientale*, à la *Revue de l'Orient* et aux *Annales du génie civil*, et il a créé le *Bulletin de la Société des Sciences Industrielles*.

Castan (l'abbé Ferdinand-Xavier-Émile), ecclésiastique et écrivain religieux français, né, à Belmour (Aveyron), en 1824. M. C., qui est aujourd'hui chanoine honoraire de Paris, chanoine titulaire de Moulins (Allier), grand-vicaire honoraire et auditeur à l'officialité de ce même diocèse, docteur en théologie de l'université romaine, membre de la société des lettres, sciences et beaux-arts de l'Aveyron, fit ses premières études au petit séminaire de son pays natal, et ses études théologiques d'abord au grand séminaire de Saint-Sulpice, puis, à la Sapience simultanément et au Collège romain. — M. l'abbé Castan fut secrétaire de son oncle Mgr. Affre, archevêque de Paris. Plus tard se trouvant à Rome, chargé, par son évêque, de la mission la plus importante et la plus délicate, il fut sollicité vivement à plusieurs reprises par Mgr. de Mérode, de la part de Sa Sainteté Pie IX, de l'accompagner, en prenant place parmi les prélats de sa suite, dans le voyage qu'elle allait entreprendre dans les provinces des états pontificaux. Depuis cette époque, et ce fut le motif du refus que M. l'abbé Castan fit aux offres de Sa Sainteté, il s'est consacré uniquement à la composition de ses ouvrages : « Élévations sur la vie de la mère de Dieu », 2e éd., Paris, Douniol, 1853 ; « Nouvelles méditations pour le mois de Marie », id., Vivès, 1854 ; « Histoire de la vie et de la mort de Mgr. Denis-Auguste Affre, archevêque de Paris », id., 1855 ; « Méditations sur la Passion, d'après l'Évangile, selon Saint-Jean », id., Sarlit, 1857 ; « Les origines du christianisme, d'après la tradition catholique », id., Palmé, 1868 ; « Les origines du christianisme d'après la critique rationaliste contemporaine », id., id., id. ; « Du progrès dans ses rapports avec l'Église », id., id., id. ; « De l'idée de Dieu d'après la tradition chrétienne et les diverses autres théodicées », id., id., 1871 ; « De l'union de la religion et de la morale », id., id., id. ; une « Histoire de la Papauté », en 4 vol. : « 1er vol. : Saint-Pierre et les temps apostoliques », id., id., 1873 ; « 2me vol. : Persécutions contre le christianisme, chute du paganisme », id., id., 1874 ; « 3me vol. : Moyen-âge comprenant les temps barbares et les temps féodaux », id., id., 1875 ; « 4me vol. : Renaissance et temps modernes »; id., id., 1876; citons encore de lui : « Exposition du mystère de la Souffrance », et une traduction de l' « Exposition suivie des quatre Évangiles de Saint-Thomas d'Aquin ».

Castan (Ferréol-François-Joseph-Auguste), archéologue et historien français, est né, à Besançon, le 23 novembre 1833. Sorti, en 1855, de l'École des Chartes, avec le premier rang de sa promotion, il revint dans sa ville natale pour y être l'adjoint du bibliographe Charles Weiss, érudit qu'il remplaça, en 1866, comme conservateur de la Bibliothèque de Besançon. Dans cet important dépôt, il a mis en lumière le plus ancien manuscrit des *Chroniques de Froissart*, la version française des *Chroniques de Burgos*, la moitié d'un *Livre d'heures* décoré par Albert Dürer et ses principaux disciples, un *Bréviaire* imprimé à Salins, en 1484, qui est le premier produit de la typographie en Franche-Comté. Engagé dans le débat relatif à l'emplacement de l'Alesia des *Commentaires* de César, il a décrit les mémorables fouilles des tombelles du pays d'Alaise (1858-64), fouilles qui ont procuré au Musée des antiquités de Besançon un groupe précieux d'objets de l'époque gauloise. Ayant ensuite entrepris l'étude des édifices qui décoraient Besançon à l'époque romaine, il découvrit, en 1867, le Capitole de cette ville. En 1870, il découvrait le Théâtre antique de la même ville et provoquait l'encadrement des vestiges de cet édifice dans un square archéologique, exécuté par M. l'architecte Ducat, sous les auspices de la Société d'Émulation du Doubs, association qui a recueilli, dans ses *Mémoires*, la plus grande partie des écrits de M. Castan. Élu correspondant de l'Institut de France, en 1875, par l'Académie des Inscriptions et Belles-Lettres, M. C. a fait plusieurs lectures à cette compagnie, celle entr'autres d'une dissertation sur l'emplacement du Capitole de Carthage. Quelques années après (1881), il put ajouter à ses titres celui d'associé de l'Académie royale de Belgique, distinction qui lui fut accordée pour la part qu'il avait prise à l'édition belge de la *Correspondance du cardinal de Granvelle*. A la suite d'une mission d'études en Italie, qu'il accomplit dans l'automne de 1880, il publia l'histoire de l'église dédiée à Saint-Claude, que la Franche-Comté possédait à Rome, puis un mémoire sur le tableau du Bronzino, que les Médicis de Florence avaient offert aux Granvelle de Besançon. Mis ainsi en goût d'étudier les œuvres d'art, M. Castan à visité la plupart des grandes collections de l'Europe et en a rapporté les éléments d'une série déjà nombreuse de travaux. Toutefois M. Castan n'a pas abandonné ses études d'archéologie, ainsi qu'en témoigne son ouvrage sur les « Capitoles provinciaux du monde romain », 1886, corps de doctrine qui embrasse l'ensemble des imitations provinciales du plus auguste des sanctuaires religieux de l'ancienne Rome. Ses principales publications sont les suivantes : « Origines de la commune de Besançon », 1858; « Archéologie du pays d'Alaise », sept rapports sur les fouilles de tombelles gauloises, 1858-1864 ; « Monographie du palais Granvelle à Besançon », 1866 ; « Le Capitole de Vesontio », 1868; « Le champ de Mars de Vesontio », 1869 ; « Le théâtre de Vesontio et le square archéologique de Besançon », 1872; « La Franche-Comté et le pays de Montbéliard, histoire abrégé de la région Séquanaise », 1877; « Catalogue des musées de la ville de Besançon », 6º éd., 1879, 7º éd., 1886; « Besançon et ses environs », 1re éd., 1880; 2º éd., 1887; « La confrérie, l'église et l'hôpital de Saint-Claude des Bourguignons de la Franche-Comté à Rome », 1881; « Les origines et la date du Saint-Ildefonse de Rubens », 1884; « Les arènes de Vesontio », 1885; « Inventaire des richesses d'art de la Bibliothèque de Besançon », 1886; « Le sculpteur français Pierre-Étienne Monnot auteur du *Marmorbad de Cassel* », 1887; « Histoire et description des musées de la ville de Besançon », 1888.

Castelar y Rissol (Émile), le célèbre écrivain, orateur et homme politique espagnol, né, à Cadix, le 8 septembre 1832, se jeta de bonne heure dans les agitations politiques de son pays, et se signala dans les diverses manifestations révolutionnaires par ses aspirations républicaines. Son premier discours politique, en 1854, au Théâtre de l'Opéra, le fit tout de suite acclamer comme le premier orateur de l'Espagne. Presque en même temps, il publiait: « Ernesto. Novela original de costumbres », Madrid, Gaspar y Roig, 1855; « Don Alfonso el Sabio », en collaboration avec D. F. de Canalejas et qui parut d'abord en feuilleton dans les *Novedades* et ensuite en volume, Madrid, impr. *del Seminario*, 1856; « la Hermana de la caridad, leyenda popular », id., Libreria Americana, 1857; dans ces premiers travaux du grand orateur on trouve l'influence qu'ont exercé sur M. C. deux grands écrivains français, Chateaubriand et Lamartine. Dans cette première période de sa vie, Castelar se lança dans le journalisme, devint rédacteur en chef de la *Tribune*, organe des idées démocratiques, collabora activement à *La Discussione*, fondée par Rivero, et fonda lui-même, en 1864, un journal *La Démocracia*, où ses idées politiques et sociales revêtirent une forte teinte de mysticisme théologique, à laquelle il a renoncé depuis, mais qui, à cette époque, éloigna de lui beaucoup de démocrates. Il se vit alors destitué de la chaire d'histoire et de philosophie qu'il avait obtenue au concours à l'Université de Madrid. Il prit part, en 1866, à la Révolution qui fut comprimée par Serrano; condamné à mort, il passa la frontière et se retira à Genève, puis en France. Lorsque, en septembre 1868, Prim et Serrano eurent renversé du trône Isabelle, Castelar rentra en Espagne et fut, avec Orense, un des chefs du parti démocratique. Élu député aux Cortès, il y prononça de fort bons discours, qui eurent un retentissement énorme, mais qui ne suffirent pas à donner la victoire à l'exiguë minorité républicaine, dont M. Castelar était le chef incontesté. Citons parmi ses discours celui avec lequel il développa la proposition d'une amnistie générale pour les délits politiques, proposition qui fut repoussée; il fut plus heureux avec le discours qu'il prononça le 26 avril 1869, en faveur de la liberté de conscience, et quand, à la suite des émeutes républicaines du mois d'octobre 1869, la minorité républicaine ayant quitté la Chambre, il obtint par un éloquent discours la libre rentrée de ses collègues. Pendant cette période, M. Castelar ne cessa de combattre les candidatures au trône d'Espagne qui se succédèrent pendant dix-huit mois, et notamment celle de S. A. R. le duc d'Aoste, présentée par le général Prim. Pendant les deux années du règne d'Amédée, Castelar siégea dans les rangs de l'opposition et attaqua fréquemment la politique des ministères Sorrano et Sagasta. A diverses reprises, il prononça des discours d'une grande éloquence, l'un surtout, le 21 décembre 1872, en faveur de l'abolition de l'esclavage dans les possessions espagnoles. Après l'abdication qui termina si dignement le règne trop court d'Amédée I, M. Castelar fut nommé, en février 1873, président du conseil et ministre des affaires étrangères, mais en présence des rivalités qui divisaient la faction républicaine de la nouvelle Chambre, il donna sa démission en juin 1873. Le 8 septembre il revenait aux affaires; et en présence des désordres de toute espèce qui troublaient son pays, il blama énergiquement la démagogie, et se déclara prêt à appliquer la peine de mort pour obtenir le retablissement de la discipline militaire; le rétablissement de l'ordre à Carthagène n'est pas un des moindres titres de gloire de M. Castelar. En janvier 1874, à la suite de dissentiments avec M. Salmeron, président des Cortès, il donna sa démission. Quelques jours plus tard, Alphonse XII était proclamé Roi d'Espagne. M. C. fit partie des nouvelles Cortès, mais, au milieu d'une Chambre presque exclusivement monarchique, sa parole et ses motions furent sans effet, et aujourd'hui, malgré sa haute réputation, trop modéré pour les uns, trop avancé pour les autres, il est resté un homme politique sans parti. Outre les trois écrits que nous avons cité de lui, rappelons encore: « Lucano, su Vida, su Genio, su Poema », 1857; « Ideas Democraticas », 1858; « La civilizacion en los cinco primeros siglos del Cristianismo. Lecciones pronunciadas en el Ateneo de Madrid », 2 vol., 1858-59; « Crónica de la guerra de Africa », 1859; « La Redencion del Esclavo », 1859; « Collecion de los principales articulos politicos y leterarios », 1859; « Cartas à un Obispo sobre la Libertad de la Iglesia », dans la *Biblioteca de Democracia*, 1864; « Questiones politicas y sociales », 3 vol., 1870; « Discursos Parlamentarios en la Asamblea Constituijente », 2 vol., 1871; « Vida de Byron », 1873; « Miscelanea de réligion, de arte y de politica », 1874; « Estudios historicos sobro la edad media », 1875 ; « Historia del movimento republicano en Europa », 2 vol., 1875 ; « Perfiles de personages y bocetas de ideas », 1875 ; « Cartas sobre la politica europea », 2 vol., 1875 ; « la Question do Oriente », 1876 ; « Recuerdos de Italia », 1876 ; « El ocaso de la libertad », 1877 ; « Ensayos literarios », 1880 ; « La Rusia contemporanea », 1881 ; « Tragedias de la historia », 1883. Citons encore de lui : « Roma vieja et nueva Italia » ; « Historia de un corazon », et « Garibaldi », que nous ne connaissons que par une traduction publiée à Florence, chez Lemonnier, en 1882, par Jarro. Presque tous les écrits de M. Castelar du reste ont été traduits dans plusieurs langues (Cfr. : « Sanchez del Real. — Emilio Castelar, su vida, su caracter, sus costumbres, etc. », Madrid, 1874).

Castellani (Charles), bibliographe et helléniste italien, ancien professeur dans les lycées de l'État, ancien préfet de la bibliothèque Victor-Emmanuel de Rome, actuellement préfet de la bibliothèque de Saint-Marc à Venise et membre de l'Athénée de cette ville, a publié, entr'autres : « Del triregno di Pietro Giannone, discorso letto nel R. Liceo Broggia », Florence, Lemonnier, 1867 ; « Angelo Poliziano, ristauratore degli studi classici. Discorso letto nel regio Liceo Pellegrino Rossi », Carrare, 1868 ; une excellente édition et traduction italienne du « Pluto d'Aristophane », Florence, Lemonnier, 1872 ; « Catalogo ragionato delle più rare e più importanti opere geografiche a stampa che si conservano nella biblioteca del collegio romano », Rome, Bocca, 1875, ouvrage qui a obtenu une mention honorable décernée par le IX Congrès international de géographie ; « Notizie di alcune edizioni del secolo XV non conosciute finora dai bibliografi, un esemplare delle quali è conservato nella biblioteca Vittorio Emanuele di Roma », Rome, 1877 ; « L'abate V. Zanetti e l'arte vetraria in Murano », Venise, 1884 ; « Le biblioteche dai tempi più remoti alla fine dell'impero romano d'Occidente », Bologne, Monti, 1884 ; « Le rane di Aristofane, tradotte in versi italiani con introduzione e note », id., Zanichelli, 1885 ; « Di una supposta edizione aldina 1559 del trattato di Dionigi d'Alicarnasso *de Thucydidis charactere* », Venise, Visentini, 1886 ; « Di una edizione delle poesie del Cariteo », Bologne, 1887 ; « Di un esemplare di Valerio Massimo », id., id. ; « Parole nella inaugurazione della sala Bessarione nella biblioteca di San Marco », Venise, Visentini, 1887 ; « Epitalamio greco di Prodromo Teodoro, inedito da un codice marciano, testo greco, con traduzione a fronte », id., id., 1888.

Castellani (Gioacchino), écrivain italien, né à Savone, en 1807. M. C. qui est, depuis 1839, docteur agrégé à la Faculté de droit de l'Université de Gênes, a enseigné, pendant quelque temps le droit civil dans cette université. Entré ensuite dans la carrière du Ministère public, près des Tribunaux Militaires, il a fait, en cette qualité, la campagne de Crimée et celle de 1859. Mis à la retraite, en 1874, il enseigna, comme *privat Docent*, le droit pénal militaire à l'université de Gênes. Il a publié : « Due novelle in ottava rima », et quelques autres poésies, et a commencé chez l'éditeur Pagano de Gênes, la publication des : « Commenti del Codice Penale del Regno di Sardegna » ; citons encore de lui : « Nozze Alberti-Spessa », vers, sous le pseudonyme de *Lamisto Idalio*, Gênes, 1881 ; « Maria di Magdala o Maria Maddalena », drame sacré, en 5 actes, Savone, Ricci, 1882 ; « Gesta della Real Casa di Savoja. Carmo », id., id., 1886 ; « Fiorino e Sveno. Messinella. Novelle in versi », id., id., 1887.

Castellazzo (Louis), écrivain et démocrate italien, mieux connu dans le monde des lettres sous son pseudonyme d'ANSELMO RIVALTA, actuellement secrétaire de la maçonnerie italienne à Rome, est né, à Pavie, le 29 septembre 1827. Il étudiait le droit à l'Université, lorsque la guerre de 1848 éclata ; il combattit d'abord en Lombardie avec les *Bersaglieri Torinesi*, puis à la défense de Rome avec Medici et Garibaldi ; revenu à Mantoue, il conspira contre l'Autriche. Arrêté, en 1852, il subit le bâton et la torture, et, sous le supplice, il fit des aveux déplorables, qui jettèrent une ombre funeste sur toute son existence. L'Autriche lui fit grâce et lui permit d'achever ses études à Pavie. Mais M. Castellazzo ne cherchait que l'occasion de se mesurer de nouveau contre son ennemie mortelle ; nous le retrouvons, en 1859, en campagne contre l'Autriche, à Vinzaglio et à San Martino, où il mérita, comme un brave, deux mentions honorables ; en 1860, il est blessé à la bataille de Capoue, et il y gagne une troisième mention honorable et un brevet de chef de bataillon ; mais, malgré ce grade, il repart, comme simple volontaire, en 1866, pour la campagne du Tyrol, et il y gagne la croix du mérite militaire de Savoie. En 1867, il se rend à Rome pour y préparer l'insurrection, avant l'invasion de Garibaldi ; arrêté, il est condamné par le Gouvernement de Pie IX, à la galère, dont il est délivré, en 1870, par le Gouvernement italien. Aussitôt délivré, cherchant toujours en vain la mort, il suit Garibaldi en France, et il combat à Dôle. Le Collège de Grosseto le nomma une fois son représentant au Parlement ; mais cette nomination donna lieu à de vives récriminations de la part du député Joseph Finzi, l'un des martyrs de Mantoue. M. Castellazzo passa toute sa vie entre les conspirations, les batailles et la collaboration à différents journaux démocratiques, tels que la *Nuova Europa* de Montanelli, la *Democrazia* d'Alberto Mario, la *Riforma*, etc. Mais il se signala surtout comme écrivain par un drame historique: « Tiberio », publié dans la *Civiltà italiana*, de 1865, ouvrage plein de force et de couleur locale, et par un roman historique romain: « Tito Vezio », où l'histoire romaine du dernier siècle de la république est vivement dramatisée, et où l'érudition est animée par un récit plein d'éclat. Citons encore, parmi ses écrits de moindre importance « La Lombardia nel 1848 »; « Dio non paga il sabato »; « Il Castello dei Burattini ». Mais son livre le plus intéressant, qui ne sera peut-être publié qu'après sa mort, sera celui qui contiendra ses Mémoires.

Castelli (David), savant orientaliste italien, professeur de langue et de littérature hébraïque à l'Institut des Études Supérieures à Florence, né, le 30 décembre 1836, à Livourne. Il étudia la langue rabbinique sous la direction du rabbin A. B. Piperno, et le latin et l'italien avec un littérateur fort distingué, F. S. Orlandini. Après quelques années d'enseignement privé, donné tantôt à Livourne, tantôt à Pise, où il suivit les cours de langues sémitiques de l'éminent professeur Fausto Lasinio, il fut nommé, en 1875, professeur d'hébreu à l'Institut des Études Supérieures de Florence. Parmi ses publications qui témoignent également de sa culture littéraire et de sa culture scientifique, nous citerons : « Il *Cohelet*, volgarmente detto Ecclesiaste », Pise, 1866; « Leggende Talmudiche », id., 1869; « Il Messia secondo gli Ebrei », Florence, 1874; « Della Poesia Biblica », id., 1878; « Il Diritto di testare nella Legislazione ebraica », id., id.; « Il Commento di Sabbatai Donnolo sul Libro della Creazione », texte hébreu inédit, avec introduction en hébreu et en italien », Florence, 1880; « La Profezia nella Bibbia », id., 1882; « La legge del popolo Ebreo nel suo svolgimento storico », id., 1884; « Storia degli Israeliti », Milan, Hoepli, dont les deux premiers volumes ont paru, 1887, 1888.

Castelli (Dionigi), jurisconsulte italien, né, à Crémone, le 3 mars 1834. Reçu docteur en droit à l'Université de Pavie, il entra dans la magistrature et est aujourd'hui juge au Tribunal civil de Côme. Il publia, en 1860, chez l'éditeur Hoepli de Milan, une monographie sur l'abolition de la peine de mort. Il présenta au premier Congrès des jurisconsultes italiens, qui eut lieu à Rome, en 1872, quatre mémoires sur les sept thèses qu'on y devait discuter, mémoires qui furent si bien accueillis que le Congrès en délibérait l'impression. Citons encore de lui: « L'ordinamento giudiziario e l'amministrazione della giustizia in Inghilterra, preceduto dalla legge 5 agosto 1873, tradotta dal testo ufficiale con note ed una introduzione di Carlo M. Duni », Milan, Manini, 1874; « Parole pronunziate innanzi al feretro del dottor Carlo Vigorelli nel Cimitero di Como », Côme, 1886.

Castelli (Joseph), littérateur italien, né, à Ascoli Piceno, en 1846. Après avoir fait de brillantes études classiques dans son pays natal, il passa aux Universités de Rome et de Naples, où il fut habilité à l'enseignement de la littérature dans les gymnases et les lycées. Depuis lors, il s'adonna à l'enseignement, et il est aujourd'hui président du lycée de sa ville natale. En même temps, il cultivait les lettres et surtout les études historiques et archéologiques. Il collabora à plusieurs journaux politiques de sa région natale et de Rome, et il fonda et dirigea, pendant quelque temps, la *Gazzetta d'Ascoli*, mais il ne tarda pas à se retirer de la mêlée politique pour se consacrer à d'autres travaux plus sérieux. Le premier en Italie, il créa un journal pour les enfants, *Giornaletto dei fanciulli*, Ascoli et Rome, 1873-75, qui fut couronné au IXme congrès pédagogique de Bologne. Nous citerons de lui : « C. Augusto Vecchj — Carme con nota biografica e giudizio di Cletto Arrighi », Milan, L. Perelli, 1869; « Sugli scritti storici, politici, morali del marchese Mariano Alvitreti, studi nella *Palestra letteraria, artistica, scientifica* », id., 1869; « Il sogno dell'esule — Carme », Ascoli, id.; « La Primavera — Letture morali ed istruttive », 3me éd., Turin, Paravia, 1874, ouvrage couronné par le IX congrès pédagogique italien; « Influenza degli studi sulla formazione del carattere », Ascoli, 1877; « Tavole cronologiche della storia antica, compilate ad uso delle scuole secondarie », Turin, E. Loescher, 1878; « Vittorio Emanuele II, re d'Italia », discours, Ascoli, id.; « Le olive bianche ascolane nell'antichità », 4me éd., Forlì, 1879; « Le ultime rose di autunno — Racconto milanese », Milan, Treves, id., 3me éd.; « Cenni biografici del comm. Costanzo Mazzoni, professore alla R. Università romana », Ascoli, 1880; « Cenni biografici del comm. Emidio Pacifici-Mazzoni, professore alla Università romana », id., id.; « Il monumento a Vittorio Emanuele in Ascoli », id., 1882; « Appunti di bibliografia marchigiana », Bologne, 1883; « Una colonia ascolana in Corsica », Ascoli, 1884; « L'istruzione pubblica in Ascoli », Monte Giorgio, id.; « Sculture ascolane nel XI secolo », Rome, 1885; « Il Collegio Montalto a Bologna — Saggio storico », Ascoli, 1886; « La Via Consolare Salaria, con carta itineraria del Piceno, disegnata dal prof. G. Marenesi », id., id.; « Bruchi e farfalle — Racconto romano », Rome, 1887; « Notizie biografiche del comm. G. I. Ascoli », Ascoli, id., « Sulla vita e sulle opere di Cecco d'Ascoli », id., id.; « L'età e la patria di Quinto Curzio Rufo — Parte I », id., 1888, la 2me partie est sous presse; « Collane, braccialetti ed anelli nell'antichità », id., id. M. C. s'occupe depuis longtemps de deux travaux inportants: « La Bibliografia Marchigiana » et la « Storia di Ascoli Piceno ».

Castellini (Michel), écrivain italien, né, à Thonon *(Savoie)*, le 7 novembre 1826. Il entra, comme son père, dans l'administration des finances et fut retraité il y a quelques mois, après être arrivé aux fonctions d'inspecteur général du Ministère. Il débuta dans la *Ragione*, journal philosophique publié par Ausonio Franchi à Turin. Il fonda ensuite lui-même, en 1859, un journal *Il Teatro Italiano* qui méritait une vie plus longue que celle qu'il a eue. En 1861, il succéda au Directeur de ce *Dictionnaire* en qualité de courriériste théâtral du *Diritto*; ensuite, il écrivit les feuilletons dramatiques de la *Gazzetta Ufficiale* et de la *Riforma*. Il est aussi l'auteur de quelques poésies et de quelques romans qui ont été remarqués.

Castello-Branco (Camillo), illustre romancier et polygraphe portugais, né le 16 mars 1826. Resté orphelin à l'âge de deux ans, il fut élevé, pendant quelques années, à Villa Real, puis envoyé pour ses études à Porto. « Ce littérateur, « écrit M. Ortiz, inférieur par ses vers à Zor- « rilla, par ses comédies à Breton de los Her- « reros, par son talent satirique à Marian José « de Larra, est le premier conteur contemporain « de la Péninsule ibérienne ». On raconte aussi qu'après avoir, par ses quatre-vingt volumes, enrichi ses éditeurs, il est resté pauvre lui-même. On loue dans ses nouvelles un esprit profond d'observation, sans prétentions philosophiques, une imagination fertile et un style plein d'*humour*. M. Castello-Branco est membre de l'Académie Royale des sciences de Lisbonne, et commandeur de l'Ordre de Charles III d'Espagne. Nous empruntons à M. Figueiredo cette longue liste de ses publications: « Abençoadas lagrimas! (Larmes bénies) », drame en trois actes, 1861, tiré d'un roman du même auteur, paru sous le même titre, en 1857; « Agostino de Ceuta », drame en quatre actes », 1847, plusieurs fois réimprimé; « Agulha em palheiro », 1865; « Amor da perdição », 1862, réimprimé; « Amor da salvação », 1864, réimprimé; « Amores do diabo », traduit de Cazotte; « Anathema », 1851, réimprimé; « Ao anoitecer da vida », poésies; « Annos de prosa », roman, 1863; « Esboço biografico de D. Antonio Alves Martins bispo de Vizeu », 1870; « Aspirações », 1851; « O bene o mal », 1863; « No bons Jésus do Monte », 1863; « Os brilhantes do brazileiro », réimprimé; « Cancioneiro Allegre », 1878; « Carlota Angela », roman, 1858, réimprimé; « O carrasco de Victor Hugo José Alves », roman historique, 1876; « O clero e o S. Alexandre Herculano », 1850; « Coisas espantosas », 1862; « Coisas leves e pesadas », 1867; « Condemnado », drame en trois actes; « Coração, cabeça e estomago », roman, 1862; « A Corja », 1880; « Correspondencia epistolar entre Camillo Castello-Branco e José Cardoso Vieira de Castro »; « Curso de literatura portugueza », en collaboration avec Andrade Ferreira; « A cruz », livre ascétique, 1854; « O demonio de ouro »; « Divinidade de Jesus e tradição apostolica », 1863; « A doida do Candal », roman, réimprimé; « Doze casamientos felizes », 1861, réimprimé; « Duas Epocas de vida », poésies, 1854, réimprimées; « Duas horas de lectura », 1857; « A engeitada », roman, 1866; « Esboços de apreciações literarias », 1865; « A espada de Alexandre », 1872; « Espinhos e flores », drame en trois actes, 1857, réimprimé; « O esqueleto » roman, 1865; « Estrellas propicias », 1863; « Estrellas funestas », 1869; « Eusebio Macario », 1879; « A filha do Arcediago », 1853, réimprimé; « A filha do Dr Negro », 1864; « A filha do regicida », roman historique; « Gazeta literaria do Porto », 1868; « O homem de brios », roman, 1857, réimprimé; « Horas de paz ». écrit religieux, 1865, réimprimées; « Hossana », 1852; « Inspirações », poésies, 1859; « O judeu », roman historique, 1866; « Iustiça », drame en deux actes, 1858, réimprimé; « Livro negro », continuation des *Misterios de Lisboa*, parus en 1854, 1855; « O Marquez de Torres Novas », drame en cinq actes, 1849, réimprimé; « Memorias do Carcero », 1862, réimprimées; « Memorias de Fr. João de S. José de Queiroz, bispo de Graõ Parà », avec une introduction et plusieurs notes, 1858; « Memoires de Guilherme do Amaral », 1863; « O Morgado de Fafe amoroso », comédie en trois actes, 1865; « Mosaico e silva de curiosidades historicas, literarias e biograficas », 1868; « A Mulher fatal », réimprimé; « Misterios de Fafe », roman social; « A neta do Arcediago », 1856, réimprimé; « Noites de insomnia », 1874; « Noites de Lamego », 1863; « Novellas do Minho », 1876-1877; « O olho de vidro », roman historique, 1866; « Onde està a felicitade », 1857; « poesias », 1852; « Poesia ou dinheiro », drame en deux actes, 1855; « Poesias e prosas ineditas de Fernâo Rodrigues Lobo Soropita », avec une préface et des notes, 1867; « Purgatorio e Paraizo », drame en trois actes, 1859; « Quatro horas innocentes »: « O que fazem mulheres », roman philosophique, 1858; « A queda d'um anjo », roman, 1866; « O Regicida », 1874; « O retrato de Ricardina », roman; « Roman de um homem rico », 1861; « O santo da montanha », roman, 1866; « O sangue », roman; « Scenas contemporaneas », 1862: « Scenas da Foz; Solemnia verba; Ultima palavra da sciencia », 1857, réimprimé; « Scenas inocentes da comedia humana », 1863; « O senhor do Paço de Ninâes »; « A sereia », 1865; « Theatro Comico: A morgadinha de Val de Amores », en un acte; « Entre a flauta e a viola », entr'acte; « Az trez irmans », 1866; « O ultimo acto », drame en un acte, 1862; « Un livro », poésies, 1854, réimprimé; « Vaidades irritadas e irritantes », 1866; « Vida de Don Alfonso VI », 1873; « Vinte horas de liteira », 1864; « Vingança », dont en 1869 a paru la seconde édition; « Az virtudes antigas, on a freira que fazia chagas e o frade que fazia reis », 1868; « O Visconde de Ouguella », biographie, 1873; « Voltaire o Christo », 1871. On lui doit aussi plusieurs traductions, entr'autres, celles du *Génie du Christianisme*, des *Martyrs* de Chateaubriand, d'un roman de Feuillet, d'un roman de Feydeau, etc. On fait aussi un mérite à Castello-Branco d'avoir, surtout dans ses nombreux romans, enrichi la langue portugaise par de nouvelles locutions choisies dans la langue de la province.

Castelnau (Albert), écrivain français, né, à Montpellier, en 1823. Nous connaissons de lui: « La Renaissance en Italie. — Zanzara », 2 vol., Bruxelles, 1860; « La Question Religieuse », Paris, Poulet-Malassis, 1861; « Simplice ou les Zigzags d'un bachelier », id., Grollier, 1866; « Sonnets historiques », id., Lemerre, 1873; « Les Médicis », 2 vol., id., 1879. M. de Castelnau a collaboré à la *Revue de Paris*, à la *Morale indépendante* et autres journaux. Il ne faut pas le confondre avec le marquis CASTELNAU D'ESSENAULT qui a publié dans la *Revue catholique de Bordeaux*: « Clément V et ses récents historiens », tiré ensuite à part, Bordeaux, Duthu, 1881.

Castelnuovo (Leo DI), pseudonyme sous lequel est presqu'uniquement connu dans le monde littéraire M. le comte LÉOPOLD PULLÈ, homme politique et littérateur italien, né, à Verone, le 17 avril 1835. Fils du comte Jules Pullè (Voyez CASTELVECCHIO), il s'engagea dans l'armée italienne, y fournit une brillante carrière et fut promu sur le champ de bataille capitaine de cavalerie et décoré de la médaille à la valeur militare. Tout jeune encore, il écrivit et publia quelques essais dramatiques; en 1866, il publia un volume de poésies, sous le titre: « Arpa e chitarra », et il fit paraître en feuilleton dans plusieurs journaux quelques nouvelles et un roman: « I morti tornano ? », publié l'année suivante dans le *Pungolo* de Milan. Parmi ses œuvres dramatiques, nous citerons: « Il guanto della Regina », drame en vers, en quatre actes; « O bere o affogare », comédie en un acte, brillant succès; « Impara l'arte.... », comédie en trois actes; « Quell' l'altra ! », comédie en deux actes; « Fuochi di paglia », comédie en trois actes restée au répertoire; « Un cuor morto », comédie en trois actes; « Virginia » (du suédois, de Léopold), tragédie en vers, en cinq actes; « Spirito e forma », comédie en un acte, toutes ces pièces ont été publiées; les suivantes ont aussi essuyé le feu de la rampe et sont maintenant en cours de publication: « Un brindisi », comédie en vers, en cinq actes; « La prima bugia » comédie en trois actes; « Pesce d'aprile », comédie en vers, en cinq actes; « Charitas », comédie en trois actes. Citons encore du même auteur: « Ferri vecchi (1855-1886) », vers, en cours de publication; « Scene e fiabe di questo mondo e di quell' altro », contes fantastiques, sous presse; « Genealogia dei Vitaliani e Borromeo », dans les *Famiglie notabili milanesi*, publiées à Milan, par l'éditeur Vallardi, et plusieurs autres travaux historiques; ajoutons aussi que M. Pullè a été chargé par la Chambre des députés de recueillir et de publier les discours parlementaires de M. Minghetti. M. Pullè, qui est commandeur des ordres italiens, est aussi commandeur avec plaque de l'Ordre du Christ du Portugal. Il est conseiller municipal de la ville de Milan et a été plusieurs fois adjoint au maire (*assessore*); il est, depuis 1880, député au Parlement, et il a été plusieurs fois nommé secrétaire de la Chambre; enfin, il est membre du conseil héraldique du royaume.

Castelnuovo (Enrico), romancier italien, né, à Florence, en 1839; mais il n'avait pas encore deux ans quand sa famille se transféra à Venise où depuis il a toujours résidé. Après avoir fait le cours technique, il entra en qualité de commis dans une maison de commerce, tout en continuant à étudier tout seul. En 1870, il quitta les affaires pour prendre la direction d'un journal politique *La Stampa*. En 1872, il fut nommé professeur à l'École supérieure de commerce de Venise et il publia son premier volume, dans lequel il recueillit des esquisses et des nouvelles qu'il avait publiées dans différents journaux. La même année, *La Perseveranza* publia en feuilleton un roman de lui: « Il quaderno della zia », qui fut fort goûté et qui ensuite fut tiré à part. Dans le même journal parurent: « La Casa Bianca », 1873; « Vittorina », 1874; « Lauretta », 1876; « Il professor Romualdo », 1878. Plus tard, l'éditeur Casanova de Turin recueillait en un volume intitulé: « Nuovi racconti », des contes qui avaient déjà paru dans les *Serate italiane*. En 1879, un nouveau volume de ses contes fut publié par l'éditeur Treves de Milan sous le titre: « Alla finestra ». Le premier de ces contes celui qui donne le titre au volume est un véritable joyau. Citons encore de lui: « Nella lotta », roman, 1880; « La Contessina », conte, 1881; « Sorrisi e lagrime », contes, 1882; « Dal primo amore alla soffitta », roman, 1883; « Due convinzioni », roman, 1885; « Reminiscenze e fantasie », contes divers, 1886; on annonce pour paraître prochainement « Filippo Busini juniore », roman.

Castelvecchio (Riccardo), pseudonyme sous lequel est uniquement connu, dans le monde littéraire, un auteur dramatique italien le comte JULES PULLÈ, père du comte Léopold Pullè (voyez CASTELNUOVO LEO). Le comte Jules Pullè est né, à Verone, d'une ancienne et fort noble famille venue probablement de Flandre, du nom de **Paulet**. Il débuta fort jeune, en 1837, par deux comédies, dont la première : « Giulio, ossia una passione sfrenata », tomba, tandis que l'autre : « Due donne simili e due cose diverse », fut fort bien accueillie. Suivirent : « Romilda », tragédie classique sur le goût de celles d'Alfieri ; et « Marino Faliero », qui out un succès retentissant. En 1849, il fit jouer : « La notte di San Silvestro », et « La nostalgia », idylle en vers ; ces deux pièces eurent un grand succès. En 1853, il fit jouer à Trieste : « Un episodio del 1793 », et à Milan, en 1856 : « Il duca ed il forzato », qui ont le meilleur accueil. L'année suivante, il donnait : « La cameriera sagace », et « La donna romantica ed il medico omeopatico », auxquelles il doit la plus grande partie de sa réputation. Citons encore de lui : « La donna bigotta » ; « Il medico condotto » ; « Frine », etc. En outre, il a donné des traductions libres de plusieurs pièces de Molière et de Beaumarchais, tandis que plusieurs de ses pièces ont été traduites en allemand et une « La donna romantica », en français et a été jouée à Paris, mais sous un autre titre et à l'insu de son auteur. Aujourd'hui, M. le comte Pullè vit dans la retraite la plus absolue, charmant ses loisirs par l'étude de la physique et de la chimie et par l'exercice de la photographie et même de la typographie. Dans l'impossibilité où nous sommes de donner la note exacte de tout ce que M. C. a publié, nous nous bornerons à donner ici les titres de ses pièces qui ont été publiées dans les dernières années : « La donna romantica ed il medico omeopatico », comédie et parodie en cinq actes en vers, nouvelle éd., Milan, Bettoni, 1869 ; « La collana della regina », comédie en six actes, id., id., id., id. ; « Ugo Foscolo », comédie historique en quatre actes et en vers, id., id., id., id., que l'auteur tient pour son chef d'œuvre ; « La creazione della donna », opérette-parodie en trois actes avec ballet, musique de M. Eliodoro Bianchi, Milan, 1870 ; « La cameriera prudente », comédie en 3 actes, Milan, Sanvito, 1877 ; « Le memorie di un soldato », comédie, id., Porro, 1877 ; « Una famiglia ai nostri giorni », drame en 3 actes, id., id., id. ; « Esopo », comédie, id., Giuliani, id. ; « Dispetti amorosi », comédie, id., id., id. ; « I vassalli », legende en 3 actes en vers, id., Sanvito, id. ; « Frine », comédie en un prologue et 4 actes, Milan, Bernardoni, 1878 ; « Omero a Samo », comédie en 3 actes, Milan, Sanvito, 1879 ; « Adele di Volfinga », tragédie lyrique en quatre actes, avec A. Giovannini qui en a écrit aussi la musique, Milan, Gattinoni, 1880 ; « La notte di S. Silvestro, ovvero l'ultimo giorno dell'anno », comédie en 3 actes, Florence, Salani, 1880 ; « La donna pallida », drame en prose en 4 actes, joué pour la première fois au théâtre Fossati de Milan, le 15 mars 1883.

Castets (Jean-Charles-Ferdinand), philologue français, né, à Bordeaux, le 26 mai 1838, a fait ses études au lycée de Marseille, a été reçu à l'École Normale supérieure, en 1857, agrégé de grammaire, en 1863, docteur ès-lettres à Paris, en 1873. Après avoir enseigné dans plusieurs lycées, il est entré, en 1876, à la Faculté des lettres de Clermont, d'où il a été transféré à celle de Montpellier la même année ; il y est maintenant professeur de littérature étrangère et, depuis 1881, doyen de la Faculté des lettres. M. Castets, qui est décoré de plusieurs ordres français et étrangers, membre de la Société des langues romanes, de l'Académie des Sciences et lettres de Montpellier, de la Société languedocienne de géographie, premier adjoint au maire de Montpellier, a publié, outre une édition classique du 1er livre de Thucydide, parue, chez Delagrave, à Paris : « Eschine l'Orateur, étude historique et littéraire. Thèse de doctorat », Paris, Thorin, 1872 ; « De tragediis Sophoclis », id., id., id. ; « Turpini. Historia Karoli Magni et Portholandi. Texte revu et complété d'après les sept manuscrits de Montpellier », Paris, Maisonneuve, 1880 ; « Il Fiore, poème italien du XIII° siècle, en 232 sonnets, imité du Roman de la Rose par Durante », id., id., 1881 ; « Recherches sur les rapports des Chansons des gestes et de l'épopée chevaleresque italienne », id., id., 1887. — M. C. a collaboré à la *Revue des langues romanes* et au *Dictionnaire archéologique* de Darenberg et Saglio, auquel il a donné notamment les articles « Chorus » ; « Comedia » ; « Chorus cyclicus » ; « Dithyrambus », etc.

Casti (Henri), littérateur italien, né, à Aquila, le 11 juillet 1831. Après de brillantes études faites dans sa ville natale, il fut nommé, en 1853, professeur dans l'Athénée épiscopal de la même ville et membre du conseil des écoles ; en 1861, il fut nommé professeur du gymnase supérieur, mais, en 1869, il quitta l'enseignement officiel pour s'adonnner à l'enseignement particulier, jusqu'en 1882, époque à laquelle il fut appelé, par le vœu unanime du Conseil Provincial, à organiser et à diriger la Bibliothèque provinciale. Outre une foule d'écrits inédits, M. Casti a publié : « L'Aquila Vestina, canto in terza rima, dedicato a Mariano d'Ayala », Aquila, 1848 ; « Vicende storiche delle scuole aquilane » ; « Apologia della simultanea varietà degli studi » ; « Necessità di bandire dalle scuole classiche le premiazioni da scena » ; « Importanza civile delle scuole classiche », discours d'ouverture lu à l'Athénée épiscopal, id., Lancellotti, 1853-59 ; « Del miglior modo d'insegnare nei Ginnasî l'arte dello scrivere » ; « De'Commenti del Regio sulle metamorfosi di P. Ovidio Nasone » ; « Pensieri di un Abruzzese sulla odierna filosofia in Italia » ; « Dell'insegnamento classico ed universitario nel Real Liceo degli Abruzzi, dal 1767 al 1860 »; « Galileo Galilei e la festa scolastica del 1866 »; « Necrologia di Bonanno De Sanctis »; « Pietro Bernabò Silorata e la sua carità cittadina », monographies publiées dans l'*Emulazione*, id., Grossi, 1866; « Sul fine degli studi, discorso letto nel real liceo Cotugno, il dì 31 dicembre 1866 », id., id., 1868; « Orazione funebre, letta nelle solenni esequie del professore Filippo Muzi, il dì 1° maggio 1868 », id., id., 1868; « Niccolò Machiavelli e l'Aquila degli Abruzzi, polemica contro Angelo Leosini in difesa dell'opinione del Machiavelli intorno all'origine dell'Aquila »; « La licenza liceale e la necessità di rialzare gli studi di lettere nei Licei »; « La battaglia de' 2 giugno 1424 »; monographies publiées dans le *Fulmine*, id., Vecchioni, 1877; « Epigrammata, graeco sermone exarata », Aquila, R. Grossi, 1870; « In Vestinos, iure exoptantes ut tandem conficiatur via, ferreis axibus strata qua Romam quam citissime petere possint, ode cum italica Causani Gentilis interpretatione », id., Grossi, 1880; « In anvenos Corfemiae campos »; « In regiones aprutinos nuperrimo terraemota concussas »; « In lunam a recentioribus poetis despectam », et seize autres odes latines publiées dans le *Gran Sasso d'Italia*, dans le *Giornale Napoletano di lettere e filosofia* et dans la *Palestra Minima*; « Dell'antico incivilimento dei Vestrini e della prima origine della città dell'Aquila », Naples, *Giornale Napoletano della Domenica*, 1882; « Polemica con Giuseppe Leosini intorno la vera origine della città dell'Aquila », Aquila, Santilli, 1882; « Della pronuncia del greco nelle nostre scuole »; « La Ciropedia di Senofonte in relazione alla storia, alla scienza ed all'arte »; « La quarta ecloga di Virgilio e la falsa interpretazione data ad essa nell'Evo Medio »; « Dell'istituzione de *propaganda fide*, in correlazione allo studio comparativo delle lingue, e de' due grandi orientalisti abruzzesi, Antonio dall'Aquila e Mario da Calascio »; « Dell'Unitarismo o Socinianismo e dell'opposto domma cattolico », monographies publiées dans la *Palestra minima*, id., Vecchioni, 1883-86; « Quattro relazioni sull'andamento della Biblioteca Provinciale dal 1883 al 1886 », id., Grossi, 1883-86; « Tertium carmen primi divinæ comediæ cantici, latine redditum », Sulmona, Jannamorelli, 1884; « Sante de Leonardis ed i suoi manoscritti », Aquila, Grossi, 1885; « In Joannem Capistranensem, strenuum Albæ Græcæ liberatorem, epinicion », id., id., id.; « Carlo d'Andrea e le sue opere matematiche », id., id., 1886; « Elogio storico di Anton Ludovico Antinori », id., Vecchioni, 1887; « In onomasticon Guillelmi Comitis Capitelli gratulatio », id., Grossi, 1887; « Anton Ludovico Antinori e le sue molteplici opere storiche edite ed inedite », id., id., id.; « Dell'antica città d'Amiterno dei Sabini », id., Santilli, id.

Casti (Raphaël), littérateur italien, né, à A. quila, le 24 octobre 1843. Ses études accomplies dans sa ville natale, il s'engagea dans l'armée en 1862, et il ne quitta le service qu'en 1878 avec le grade de lieutenant. Il devint alors directeur de la *Gazzetta d'Aquila* d'abord, et du *Gran Sasso d'Italia* ensuite. Outre plusieurs articles insérés dans le *Diritto*, dans l'*Italia militare* et dans la *Riforma*, il a publié deux brochures scientifiques: « La Trinità del Cosmos » et « Aeronautica ».

Castilho (Vicomte Jules DE), écrivain portugais, né, le 30 avril 1840, à Lisbonne; en 1879, il a été gouverneur civil des arrondissements de Horta et Ponta Delgada. Il est actuellement sous-bibliothécaire de la Bibliothèque Nationale de Lisbonne. On lui doit: « Primeiro versos », Paris, 1867; « Antonio Ferroira », trois volumes, Paris, 1872; « O Ermiterio, recueil de vers, Lisbonne, 1876; « Memorias dos vinte annos »; « Don Ignez de Castro », drame en cinq actes en vers, Paris, 1875; « Lisboa Antiga », Lisbonne, 1880; « Memoria de Castilho », les deux premiers volumes, Lisbonne, 1881. Le vicomte de Castilho a aussi traduit le livre de L. Veuillot sur Jésus-Christ.

Castoldi (Ezio), médecin italien, né, à Milan, en 1830; il se fit recevoir docteur en médecine à l'Université de Pavie. Il fit les campagnes de 1848 et 1849; et en 1857, il publia un volume de « Canti filosofici », en vers blancs, inspirés aux théories matérialistes. La même année, il commença à collaborer au *Panorama*, au *Pungolo*, au *Quel che si vede e quel che non si vede*, journaux, qui, sous les yeux de la police autrichienne, entretenaient le feu sacré de la patrie. En 1859, il fonda et dirigea un journal: *La gente latina* qui avait pour programme l'union des races latines, mais qui n'eut pas de succès. Il se retira alors du journalisme pour s'adonner à la médecine. Devenu chef de service au grand Hôpital de Milan, il publia plusieurs travaux scientifiques, parmi lesquels nous citerons: « I fenomeni della generazione spontanea », Milan, 1862; « Della diatesi scrofolosa e suo trattamento mediante i bagni marini », id., 1864; « Sull'alcoolismo acuto », id., 1871. Promoteur infatigable d'une œuvre qui a pour but d'envoyer aux bains de mer les enfants pauvres atteints de scrophules, et chef du comité institué dans ce but, il publie chaque année, chez l'éditeur Rechiedei: « Relazione del trattamento fatto coi bagni marini negli Ospizi di Voltri e di Sestri Levante degli scrofolosi di Milano ». Citons encore de lui: « Lotta ecclesiastica fra Roma e Milano nel secolo XI », Milan, 1866; « Lettere finanziarie », id., 1868; « Un episodio del due di decembre 1851 », comédie-drame en 4 actes, Milan, Barbini, id.; « Sulla tomba del comm. Angelo Grossi », Codogno, Cairo, 1887. — M. C. E. est depuis de longues années professeur d'histoire et de géographie à l'École technique *Elia Lombardini* de Milan.

Castori (Constantin), jurisconsulte italien, né à Venise, le 2 septembre 1859, d'une famille grecque, réfugiée en Italie pour échapper aux cruautés des Turcs, en 1821. Il fut élevé au Collège *Marco Foscarini* de Venise, il fit ses études de droit à l'Université de Padoue et obtint un poste de perfectionnement pour les prolonger. Entré dans le barreau, il se dédia à l'étude du droit pénal. Il fut nommé, après examens, professeur agrégé de droit pénal à l'Université de Padoue, où il institua un cours spécial sur une question d'actualité : *Sur les différents projets du nouveau Code pénal en Italie*. Avocat, il prit part à des procès célèbres, entr'autres, il apparut comme partie civile au long procès qui eut lieu à la suite des fraudes commerciales à la *Banque Vénitienne*, procès où, parmi les défenseurs, siégeait M. Crispi, actuellement Président du Conseil. Il prit aussi part au *Procès des socialistes de Monselice* qui furent tous absous. Dans un procès de tentative d'homicide, où il soutenait l'accusation, le coupable fut si fortement impressionné par sa harangue qu'il se suicida. Il a publié : « Le banche popolari in Italia », Venise, 1881 ; « Se per il Pubblico Ministero sia un obbligo od una facoltà l'esercizio dell'azione penale », mémoire inséré dans les *Atti del R. Istituto Veneto di scienze, lettere ed arti* ; « Il giudice popolare ed il senso morale » ; « Il diritto di estradizione », ouvrage couronné par la *R. Accademia di scienze, lettere ed arti di Modena*, Turin, 1886. M. C. est, en outre, collaborateur du *Foro Italiano*, du *Digesto Italiano* et de l'*Archivio giuridico*, où il écrit la revue pénale.

Castro y Serrano (José), écrivain espagnol ; on lui doit surtout des romans, des scènes de mœurs, etc. Nous citerons de lui, entr'autres : « Ansias Matrimoniales », pièce comique en un acte, Madrid, Cuesta, 1848 ; des compositions de M. Costa y Serrano, aussi bien que de Villanueva, Castelar et autres, se trouvent dans *Mañanas de Abril y Mayo, Ramillete de flores y yerbas*, Madrid, 1856 ; enfin M. C. y. S. a écrit la préface des « Obras en verso y prosa de Don Francisco Zea », publiées aux frais de l'État, Madrid, Germer-Baillière, 1858.

Castromediano (Sigismond duc DE MORCIANO, marquis DE CABALLINO), écrivain et homme politique italien, né au château de Caballino (prov. de Lecce), le 18 janvier 1811. Patriote de la veille, le duc de C., prit une part fort active aux mouvements révolutionnaires qui éclatèrent dans sa province natale. Arrêté, il fut condamné par le gouvernement bourbonien à trente ans de fers. Il supporta les affres du procès et le long emprisonnement avec un courage et un stoïcisme qui a peu d'exemples même dans l'histoire italienne de cette période si fertile en martyres courageusement supportés. Il fut parmi les soixante-six condamnés politiques auxquels Ferdinand de Bourbon commua, en 1859, la peine de l'emprisonnement en celle de la relégation en Amérique. On sait comment, grâce au courage et à la présence d'esprit de M. Settembrini, fils d'un des déportés et alors officier dans la marine marchande anglaise, le navire, frété par le Bourbon pour débarquer les déportés en Amérique, les conduisit au contraire en Angleterre, où ils furent reçus avec tous les honneurs que leurs souffrances héroïquement endurées leur méritaient (Cfr. DE RINALDIS « Sigismondo Castromediano ed i sessantasei condannati politici napoletani deportati in America », Naples, 1863). M. de Castromediano ne fit que toucher le sol libre de l'Angleterre et il partit tout de suite pour Turin, où, avec l'élite de l'émigration napolitaine et sicilienne, il travailla de toutes ses forces à l'annexion de l'ancien royaume de Naples au Piémont. Après l'annexion, il fut pendant quelque temps député au Parlement ; puis n'ayant plus été réélu, il se retira à Lecce, où cet honnête homme, qui a tout sacrifié pour son pays et qui a même refusé les dédommagements en argent si vivement sollicités par tant d'autres qui y avaient bien moins de droit que lui, vit aujourd'hui dans une pauvreté des plus honorables et sans aucune fonction publique excepté celle, absolument honoraire, d'inspecteur des fouilles et des monuments de la province. Parmi ses publications, nous citerons : « Errico Lupinacci, ricordo », Lecce, 1876 ; « La Commissione conservatrice dei monumenti storici e di belle arti di Terra di Otranto », rapport au conseil provincial, id., 1877 ; « La chiesa di Santa Maria di Cerrate nel contado di Lecce », id., id. ; « Iscrizioni messapiche raccolte dal cav. Luigi Maggiulli e dal duca Sigismondo Castromediano » ; « Delle monete d'oro trovate a Cursi (Terra d'Otranto), ricerche e descrizioni », id., 1855 ; « Due capitoli tolti alle memorie », id., 1886. A propos de ces Mémoires, M. Giuseppe Gigli écrivait naguère, dans la *Rivista Contemporanea* de Florence, que le duc de Castromediano qui a déjà achevé son travail se trouvait dans l'impossibilité de le publier faute de moyens. Nous espérons pour l'honneur des éditeurs italiens qu'il aura suffi de cette simple annonce pour que M. de Castromediano n'ait eu qu'à choisir parmi les offres qu'elle doit avoir provoquées. L'éditeur qui les publierait ferait en même temps une bonne affaire et une bonne action.

Cat (Édmond), écrivain français, professeur agrégé d'histoire et de géographie à l'École des lettres d'Alger, ancien inspecteur d'Académie. On lui doit : « Les grandes découvertes maritimes du XIII et XIV siècles », Paris, Degorce Cadot, 1882 ; « Vie, gloire et disgrâces de Christophe Colomb », id., id., id., 1883 ; « Un coin de l'Algérie », id., id., id. ; « Les premiers explorateurs de l'Amérique », id., id., id. ; « Découvertes et explorations du XVII au XIX siècle », id., id., 1884.

Catacouzénos (Alexandre), écrivain grec, musicien et poète, né, à Trieste, en 1824. Il étudia la musique à Vienne et à Paris. Il composa un opéra : « Antonio Foscarini », représenté avec succès à Odessa en 1861, et des quatuors pour l'église grecque d'Odessa. En 1870, il fut nommé maître de chapelle de la Reine des Hellènes ; il fonda le Conservatoire de Musique d'Athènes, dont il continua à être l'inspecteur. Comme poète, il a écrit : « Feux poétiques » ; « Le Patriarche Grégoire » ; « Poésies Lyriques » ; « Chants pédagogiques » ; « La Muse des Enfants ».

Catalan (Eugène-Charles), illustre mathématicien belge, né, à Bruges, le 30 mai 1814. Après avoir fait ses études à l'École Polytechnique de Paris, M. Catalan embrassa la carrière de l'enseignement. Il professa les mathématiques d'abord dans plusieurs collèges français, puis à l'Université de Liège, où il commença son cours d'analyse, en 1865, l'année même où l'Académie royale des sciences, des lettres et des beaux-arts de Belgique l'élut membre associé ; le gouvernement belge l'a élevé à l'éméritat, en 1884. M. Catalan a publié un grand nombre de traités dont la plupart, devenus immédiatement classiques, ont été maintes fois réimprimés ; nous citerons : « Éléments de géométrie », Paris, 1843 ; « Manuel du baccalauréat en sciences », id., 1852 ; « Traité de géométrie descriptive », id., 1852 ; « Manuel des candidats à l'École polytechnique », id., 1857-1858 ; « Notions d'astronomie », id., 1860 ; « Traité élémentaire des séries », id., 1860 ; « Théorèmes et problèmes de géométrie élémentaire », id., 1864 ; « Mélanges mathématiques », Bruxelles, 1868 ; « Cours d'analyse de l'Université de Liège », Bruxelles, 1870, etc. À cette liste d'ouvrages, il faudrait ajouter celle des brochures qu'a fait paraître M. Catalan et dont la plus connue est : « L'article 757 : application de l'algèbre au Code civil », Paris, 1862. 2me éd., Bruxelles, 1871. Mais c'est aux journaux scientifiques et aux grands corps savants qu'il a donné le résultat de ses recherches les plus originales, les plus importantes : on trouvera ses principales communications dans les publications des académies de Bruxelles, de Paris, des *Nuovi Lincei* et de Saint-Pétersbourg, de la Société royale des sciences de Liège, de l'Association française pour l'avancement des sciences ; dans *Le Géomètre* de Paris, le *Journal de l'École Polytechnique*, celui de Lionville, celui de Résal, le *Bulletin* de Darboux, les *Nouvelles Annales de Mathématiques* ; dans le *Bulletino* du prince Boncompagni, les *Annali di matematica pura ed applicata* de Tortolini ; dans les *Revue de l'enseignement public en Belgique*, *Mathesis* et la *Nouvelle Correspondance mathématique* qu'il a fondée en 1875.

Catalani (Thomas), diplomate et littérateur italien, né, à Catane, le 28 avril 1843. Il n'avait pas encore vingt ans quand il fut reçu docteur en droit à l'Université de sa ville natale. A la suite d'un examen de concours, il fut admis au ministère des affaires étrangères le 5 février 1865. Successivement attaché aux légations italiennes de Lisbonne, Madrid, Athènes, Constantinople, il fut envoyé à Londres, en 1869, et il y est encore en qualité de conseiller d'ambassade. M. Catalani, qui est un diplomate du plus grand avenir, a géré depuis le mois d'octobre 1878 jusqu'à présent quatorze fois l'ambassade italienne à Londres en qualité de chargé des affaires et aujourd'hui encore, au moment où nous mettons sous presse, il vient de partir de Rome, où il se trouvait en congé, pour Londres, afin d'y reprendre la direction provisoire de l'ambassade à la suite de la mort du général-comte Ch. A. Nicolis de Robilant. Il a publié : « Ero e Leandro », traduction du grec, Catane, 1861 ; « Amore e Psiche », traduction d'Apulée, id., 1861 ; « L'Italia ed i Goti », poème, Florence, Le Monnier, 1862 ; plusieurs « Canti popolari », insérés, en 1861 et en 1862, dans le *Museo di famiglia*, dans la *Gioventù* et dans quelques autres journaux ; « La Riorganizzazione della marina in Inghilterra », 1870 ; « L'Amministrazione dei telegrafi in Inghilterra », id. ; « La Polizia di Londra », 1873-78 ; « Dell' insegnamento primario in Inghilterra », 1877 ; « Fanciulli italiani in Inghilterra », 1878.

Catálina (Mariano), académicien espagnol, auteur de quelques œuvres estimables et éditeur d'une bibliothèque d'écrivains contemporains fort appréciée.

Catani (Thomas), religieux, naturaliste et pédagogue italien, né, à Florence, le 7 décembre 1868 ; en 1875, il entra dans l'ordre des pères Scolopii, et, reçu docteur ès-sciences naturelles, il les enseigne maintenant dans leur institut de Florence. Il a publié des livres de lecture pour les écoles élémentaires, fort prisés par leur originalité et par la pureté du style. Citons : « Ugo. I primi passi », 1885 ; « Ugo e Truffolino », 1886 ; « Ugo e Paolino », 1888.

Catanzaro (Charles), écrivain italien, né, et demeurant à Florence, où il dirige un journal littéraire et théâtral. Nous citerons de lui : « Triste verità », Florence, Fioretti, 1871 ; « Accanto alla stufa », 3 contes, id., Biliotti, id. ; « Idilio d' amore », nouvelle, id., Salani, 1872 ; « Cari estinti. Bozzetti letterari », Polverini, 1873, 3me éd., Sienne, Mucci, 1875 ; « David Chiossone. Profilo critico-biografico », Milan, Barbini, 1874 ; « A fin di bene », comédio en un acto, Florence, Romei, 1874; « Giuseppe Rovani, profilo critico biografico », id., Ducci, 1875 ; « Un innamorato sentimentale », nouvelle, 2ᵐᵉ éd., Naples, Mormile, 1875 ; des biographies de : « Giacometti » ; « G. B. Bozzo-Bagnera » ; « Gherardi del Testa » ; « Lodovico Muratori » ; écrites pour la Collezione teatrale, de l'éditeur Mucci de Sienne », 1876 ; « Vignette in penna d'alcuni scrittori contemporanei », Sienne, Mucci, 1876 ; « Foglie autunnali », nouvelles, 2ᵐᵉ éd., id., id., id., la 1ᵉʳᵉ éd., est de 1866 ; « Simpatie letterarie. Giuseppe Rovere. Andrea Maffei. Paolo Giacometti. Giulio Carcano. Gherardi del Testa. Antonio Caccia », Florence, Cellini, 1877 ; préface aux : « Profili d'artisti », de M. Chiaro Chiari, Florence, Cellini, 1883 ; « La presse florentine à la mémoire du prince Paul Domidoff de San Donato », id., id., 1885 ; « Alla memoria di Eleonora Rinuccini de' principi Corsini », id., id., 1886 ; « Il marchese Gaetano Crescimanno e le sue opere », id., id., 1887.

Catelani (Bernardino), écrivain italien, né, à Reggio di Emilia, en 1818. — Après avoir été lecteur de Mathématique et de Physique au Séminaire de Nonantola et plus tard professeur des littératures grecque et latine au lycée de Reggio di Emilia, et président du lycée de Faenza, il est maintenant retraité. M. C., qui est membre de la R. Deputazione di Storia patria per le provincie Modenesi, a publié, outre plusieurs exercices philologiques et quelques poésies : « Raccontini e novelle a istruzione delle giovanette », 2ᵐᵉ éd., 1ʳᵉ partie, Bologne, Zanichelli, 1871 ; « Il nuovo levita », ode, Reggio-Emilia, Calderini, 1872 ; « Il Vesuvio e Plinio il vecchio », trois lettres de Pline le jeune traduites par B. C., Faenza, Conti, 1880 ; « Favole di Fedro, tradotte in altrettanti versi da Maestro Biagio e pubblicate da B. C. », id., id., 1884 ; « I cinque libri delle favole di Fedro col volgarizzamento di B. C. », Reggio-Emilia, Calderini, 1884 ; « Raccontini e novelle », Reggio-Emilia, 1887.

Catermol-Mancini (Mᵐᵉ Eva). Voyez LARA (contessa).

Cathelineau (Henri DE), officier et écrivain français, né à la Jabaudière (Maine et Loire), en 1813. Petit-fils du célèbre Cathelineau, qui fut mortellement blessé à la tête des Vendéens qui résistaient contre la révolution, il fut élevé dans les traditions légitimistes et catholiques les plus ardentes. Lorsque la guerre de 1870 éclata, il demanda et obtint l'autorisation de former un corps franc qu'il se chargea de recruter en Vendée et en Bretagne. Il se signala en plusieurs combats, obtint le grade de général de brigade et se retira depuis dans la vie privée. On lui doit : « Le corps de Cathelineau pendant la guerre », 2 vol., Paris, Amyot, 1871 ; « L'Heure à Dieu. Dernières paroles du manifeste de Mgr. le comte de Chambord, 8 mai 1871 », id., Plon, 1873 ; « La vraie liberté », id., Palmé, 1882 ; « Noblesse oblige ; les Mauges ; Vendée angevine », Amiens, Guillaume, 1883.

Cattaneo (César), jurisconsulte italien, né, à Milan, en 1821. Après avoir fait ses études littéraires dans sa ville natale, il se rendit à l'Université de Pavie, où, en 1847, il fut reçu docteur en droit. Inscrit au barreau de Milan, il faisait en même temps des cours privés de droit, jusqu'en 1855, où il fut nommé professeur de droit civil à l'Université de Pavie, où il enseigne encore. On lui doit : « La legge universale di cambio in vigore nella monarchia austriaca e negli stati di Germania commentata con speciale riguardo alla motivazione ufficiale e alle discussioni avvenute nella redazione della stessa : aggiunte le principali differenze dal diritto di cambio francese », Milan, Pirotta, 1852 ; « Le principali novelle aggiunte alla legge generale di cambio », dans la Gazzetta de' tribunali, Milan, 1859 ; « La legge fino alla sua effettuazione », dans le Monitore de' tribunali, id., 1860 ; « Intorno al progetto di legge sulla proprietà letteraria presentato al Senato del regno d'Italia il 18 novembre 1862 », id., id., 1863 ; « Il diritto di aquedotto nel nuovo progetto di codice civile italiano », id., id., 1864 ; « La cambiale nel progetto preliminare per la riforma del codice di commercio del regno d'Italia », id., id., 1874.

Cattaneo (Jacques), médecin italien, professeur adjoint d'anatomie comparée à l'Université de Pavie, né, dans cette même ville, le 23 septembre 1857. Il fit ses premières études à Milan ; en 1875, il se rendit à l'Université de Pavie, où, en 1879, il fut reçu docteur ès-sciences naturelles ; ayant ensuite obtenu une pension du gouvernement pour perfectionner ses études, il s'adonna surtout aux études biologiques ; en 1883, il fut nommé privat Docent et, en 1884, professeur adjoint d'anatomie et de physiologie comparée. Parmi ses publications qui embrassent particulièrement la prothystologie, l'anatomie, l'histologie comparée et l'embryologie, nous nous bornerons à citer : « Intorno all'ontogenesi dell' Arcella vulgaris », dans les Atti della Società italiana di scienze naturali, 21° vol., Milan, 1878 ; « Sull'anatomia e fisiologia dell'Acanthocystis flava, id., 22ᵐᵉ vol., id., 1879 ; « Le individualità animali », id., id., id., id. ; « Contribuzione all'anatomia comparata dello stomaco dei Kanguri », dans le Bollettino scientifico, Pavie, 1881 ; « Sugli organi riproduttori femminile dell' Holmaturus Bennetti », dans les Atti della Società italiana di scienze naturali, 24ᵐᵉ vol., Milan, 1882 ; « Le Colonie lineari e la morfologia dei Molluschi », Milan, Dumolard, 1883 ; « I Protisti del lago di Como », dans le Bollettino scientifico, Pavie, 1883 ; « Fissazione, colorazione e conservazione degli infusorii », id., id., id.; « Sull'istologia del ventricolo e proventricolo del *Melopsittacus indulatus* », id., id., id., et dans le *Journal de Micrographie*, Paris, 1883 ; « Le forme fondamentali degli organismi », dans la *Rivista di filosofia scientifica*, Turin, 1883 ; « Istologia e sviluppo dell'apparato gastrico degli uccelli », dans les *Atti della Società Italiana di Scienze naturali*, Milan, 1884; « Idee di Giulio Cesare Vanini sull' origine ed evoluzione degli organismi », dans la *Rivista di filosofia scientifica*, Turin, 1885 ; « Sulla formazione delle cripte intestinali negli embrioni del *Salmo salar* », dans le *Rendiconti dell' Istituto Lombardo*, 19me vol., Milan, 1888 ; « Sulla esistenza dello glandule gastriche nell' *Acipenser sturio* e nella *Tenia vulgaris* », id., id., id., id.; « Sviluppo e dimensione delle cellule pigmentali nelle larve dell'Arcotoll », dans le *Bollettino Scientifico*, Pavie, 1886 ; « Istologia e sviluppo del tubo digerente dei pesci », dans les *Atti della Società italiana di scienze naturali*, 29me vol., Milan, 1885 ; « Sulla struttura dell'intestino e delle glandule pepto-diestatiche dei crostacei decapodi », id., id., id., id.

Cattani (Christophe) poète, italien, né, en 1811, à Denno (prov. de Trento), curé à Ala ; il publia nombre de discours et de poésies latines dont on remarqua l'élégance.

Cattier (Edmond), ingénieur et littérateur belge, né, à Bruxelles, en 1885, attaché à la rédaction du journal bruxellois *La Gazette*, et connu par de spirituels ouvrages de vulgarisation scientifique : « Les atômes et bien des choses encore », Bruxelles, 1881 ; « Les bêtes du professeur Métaphus », id., 1883; « La ligne de Saint-Macaire », id., 1885. La maison Lebègue a fait paraître une édition de luxe des « Bêtes du professeur Métaphus », dont l'Académie royale de Belgique a signalé la valeur littéraire dans un de ses rapports de concours.

Cattreux (Louis), publiciste belge, né, à Bruxelles, le 24 juillet 1846. M. Cattreux qui représente en Belgique les grandes associations fondées à Paris pour la protection de la propriété littéraire et artistique, et qui est un des collaborateurs du journal parisien *La Presse*, s'est beaucoup occupé des questions relatives aux droits d'auteur, et lors de la promulgation de la loi belge de 1886, sur la matière, il a été nommé chevalier de l'ordre de Léopold, pour la part qu'il a prise à l'élaboration de cette loi, notamment par la publication des travaux suivants : » Le théâtre et les auteurs dramatiques envisagés au point de vue de la législation belge », Bruxelles, 1880 ; « Étude sur le droit de propriété, les œuvres dramatiques et musicales », id., 1883.

Catualdi (Vittorio), pseudonyme de M. DE HASSEK (Oscar) *Voyez ce nom*.

Cauderlier (Émile), publiciste belge, né, à Gand, le 11 janvier 1846. Il fit ses études professionnelles à l'Athénée de sa ville natale, et fut élève libre de l'Université de Paris, en 1879 et en 1880. Il a collaboré à la *Revue de Belgique*, à *L'Art moderne*, et à divers journaux, et un voyage en Italie lui a fourni le sujet de deux volumes : « Du Saint-Gothard à Syracuse », Paris, Dentu, 1882 ; « Une excursion en Sicile », Verviers, Gillon, 1884. Mais les travaux qui ont surtout fait la réputation de M. C. se rapportent à une des questions les plus graves de notre époque. Secrétaire de la Ligue patriotique contre l'alcoolisme, il a publié à Bruxelles, chez A. Monceaux, en 1884, un remarquable opuscule intitulé « Les boissons alcooliques et leurs effets sociaux en Belgique », lequel a été suivi d'autres brochures dans lesquelles il a continué à étudier le terrible fléau de l'alcoolisme et les remèdes à lui opposer. Ces brochures — parmi lesquelles nous citerons : « Les boissons alcooliques et leurs effets sur l'appauvrissement du pays », Bruxelles, A. Manceaux, 1885 ; « Les remèdes à l'acoolisme en Belgique », id., id., 1887 ; « Le Monopole de l'alcool », id., id., 1888 — ont valu à M. Cauderlier une place dans la Commission du travail officiellement instituée, en 1886, pour examiner la situation de la classe ouvrière, et les investigations auxquelles il a pu se livrer lui ont permis de développer ses recherches précédentes dans un mémoire complet sur l'alcoolisme, encore inédit, mais dont on connaît déjà les grandes lignes par l'analyse qu'en a faite le jury chargé de décerner, en 1888, le prix Guinard de 10,000 franc, fondé en Belgique pour récompenser tous les cinq ans les ouvrages ou les inventions les plus utiles aux ouvriers. Parmi la masse considérable de travaux soumis à son appréciation, le jury a classé, en effet, le mémoire de M. Cauderlier immédiatement après celui de M. Ernest Gilon (*voir ce nom*), qui a obtenu le prix.

Cauer (Paul), écrivain allemand, né, à Breslau, le 17 décembre 1854 ; il fit ses premières études à Pforta, d'où il passa aux Universités de Leipzig, Strasbourg et Berlin, pour y étudier la philologie ; reçu docteur en philosophie, en 1875, il devint, en 1880, professeur ordinaire dans un gymnase de Berlin ; en 1884, il fut appelé en qualité de professeur des classes supérieures à Kiel, où il réside maintenant. On lui doit : « De dialecto Attico vetustiore. Questiones epigraphicæ », 1845 ; « Delectus inscriptionum græcarum propter dialectum memorabilium », 1877, 2e éd., 1883 ; « Das Altertum und der patriotismus. Festrede », 1883 ; « Zum Verständniss der nachahmenden Kunst des Vergil. Programm », 1885 ; « Was ist Patriotismus ? Festrede », 1886; « Homeri Odyssea, in usum scholarum edita », id.

Caulfield (Richard), archéologue anglais, né

à Cork; il prit ses grades au *Trinity-College* de Dublin; en 1864, il fut nommé bibliothécaire de la *Royal-Institution* de Cork, et, en 1876, du *Queen's College* de la même ville. En 1859, il fut nommé membre de la Société des archéologues de Normandie; et, en 1862, agrégé de la Société d'archéologie de Londres. En 1882, il fut nommé membre de l'Académie royale d'histoire de Madrid. Il est directeur du *Journal of the Royal Historical and Archæological Association of Ireland*; on lui doit : « Sigilla Ecclesiæ Hibernicæ illustrata », Cork, 1853 ; « Rotulus Pipæ Clonensis, ex orig. in Registro Eulos. Cath. Clonensis asservato etc. », id., 1859; « Lecture on the History of the Bishops of Cork », id., 1864, et plusieurs autres travaux d'archéologie locale.

Cauly (Eugène-Ernest), ecclésiastique français, né, à Saint-Étienne à Arnes (Ardennes), le 7 septembre 1841; il a commencé ses études chez les frères des Écoles chrétiennes, a fait ensuite ses humanités au petit séminaire de Reims, couronnées par le diplôme de bachelier ès-lettres, ses études théologiques au Grand Séminaire de Reims. Prêtre, en 1865 ; nommé vicaire de Sédan et conjointement aumônier de l'hôpital militaire de la même ville, où son dévouement et sa charité furent signalés pendant la guerre franco-allemande; aumônier du collège de Sédan, en 1871 ; curé de Thugny, en 1873 et 74; aumônier du Lycée national de Reims, de 1875 à 1884; curé doyen de Signy l'abbaye (Ardennes), de 1885 à 1888; nommé, le 16 février 1888, à la cure de Saint-André de Reims, et enfin, le 24 août 1888, nommé Vicaire-général de Son Ém. Mgr. le Cardinal Langenieux, archevêque de Reims, on lui doit : « Histoire du Collège des Bons-Enfants de l'Université de Reims », ouvrage couronné par l'académie nationale de Reims, Reims, Michaud, 1884; « Cours d'instruction religieuse à l'usage des catéchismes de persévérance et des maisons d'éducation », Paris, Poussielgue, 1884-1888 [quatre volumes dont le 1er a pour titre : « Le Catéchisme expliqué »; le 2me : « Recherche de la vraie religion »; le 3me : « Apologétique chrétienne »; le 4me : « Histoire de la Religion et de l'Église »]. Cet ouvrage, approuvé par Son Ém. le Cardinal Langenieux, archevêque de Reims, a été honoré d'un bref de Sa Sainteté le Pape Léon XIII.

Caussade (Jean-Jacques-François DE BÉCHON comte DE), littérateur français, né, à la Sauve (Gironde), le 18 juillet 1841, d'une ancienne famille du Quercy établie plus tard dans l'Agenais, où ses ancêtres furent seigneurs de Monclar et de Caussade. Il a fait ses premières études à Bordeaux et à Bazas, et les a complétées à Paris au lycée Napoléon et à la Sorbonne. Nommé, le 1er juin 1866, secrétaire particulier du grand référendaire du Sénat, M. Thouvenel, il a passé ensuite, en 1867, comme bibliothécaire à la Bibliothèque du Louvre. Après la destruction de cette bibliothèque, incendiée, comme on sait, par les communards, en mai 1871, M. de C. est devenu bibliothécaire du Ministère de l'Instruction publique. Il a rempli cette fonction jusqu'au mois de février 1879, époque à laquelle, il a été nommé conservateur à la Bibliothèque Mazarine, poste qu'il occupe encore aujourd'hui. — M. de Caussade a été, en 1867 et 1838, rédacteur littéraire à la *Presse* et au *Bien Public*, et est chargé actuellement, au *Journal des Débats*, du Compte-rendu de l'Académie des Inscriptions et belles-lettres et de celui de l'Académie des sciences morales et politiques. Professeur libre, il est chargé d'un cours d'histoire de l'art à l'association des Cours de la Sorbonne par l'enseignement secondaire des jeunes filles ; il est membre de la Commission d'examen de l'Hôtel de Ville pour les brevets de capacité d'enseignement primaire. On lui doit : Œuvres complètes d'Agrippa d'Aubigné », publiées d'après les manuscrits originaux avec notices, notes et glossaire », 4 vol, Paris, Lemerre, 1872-77; le travail a été commencé en collaboration avec M. Eugène Reaume, professeur de l'Université; depuis la mort de son collaborateur, M. de Caussade est chargé seul d'achever l'édition; « Œuvres de Paul-Louis Couvrier », id., id., 1880; le 1er vol. « Lettres et pamphlets politique », est le seul qui ait paru, les autres sont en préparation. M. de Caussade a publié en outre plusieurs ouvrages devenus classiques dans tous les établissements d'instruction publique français : « Notions de Rhétorique. Étude des genres littéraires », Paris, Masson, 1879, 4me éd., 1887; « Histoire de la littérature grecque », id., id., id., 5me éd., 1887; « Histoire de la littérature latine », id., id., 1880, 3me éd., 1886.

Cauvain (Henri), romancier français, né, à Paris, le 1er février 1847, fils de M. Henri Cauvain, avocat, l'un des principaux rédacteurs du *Constitutionnel*, mort en 1858. Entré dans l'administration des finances, en 1869, il est actuellement trésorier-payeur général à Annecy. Après avoir collaboré à divers journaux, M. Henri Cauvain a publié les ouvrages suivants : « Maximilien Heller », Paris, Lecoffre, 1871, 2me éd., 1875; « Le Roi de Gand », id., id., 1874; « Le Chariot d'or », id., id., 1875; « Les Amours bizarres; le Cadavre de Juliette; l'Empoisonné; la Formosine; Serva Serviroff », id., Calmann Lévy, 1879; « La Mort d'Eva », id., id., 1881; « Rosa Valentin (l'Espion) », id., id., 1882; « Un cas de folie », id., id., id.; « Le grand vaincu, dernière campagne du marquis de Montcalm au Canada », id., Hetzel, 1883; « Madame Gobert; la Branche de Corail; une Méprise; Deux Martyrs; Maître Claudius », id., C. Lévy, 1884; « La main sanglante », id., id.,

1886. On lui doit encore : « Le procès Féraud », pièces en 3 actes, écrite en collaboration avec M. William Busnach, et qui a été représentée, avec succès, au théâtre Molière de Bruxelles, le 13 janvier 1888.

Cavailhon (Édouard), poète et écrivain français, ancien agriculteur, rédacteur en chef de l'*Entraineur*, journal de sport, né, en 1844, à Génis, près d'Excédeuil (Dordogne). Il a publié un certain nombre d'articles sur le monde hippique et plusieurs volumes : « Chants d'artiste et chants d'amour », poésies, Paris, Dentu, 1879 ; « Impressions du moment », poésies, id., id., id. ; « Artiste et grand seigneur », proverbe en deux actes, id., id., 1881 ; « Les Sportsmen pendant la guerre (épisodes de 1870-71) », avec une préface d'Armand Silvestre, id., id., 1881 ; « La Fascination magnétique », précédée d'une préface par Donato et de son portrait photographié, id., id., 1882 ; « Portraits en sonnet. Première série. Les personnalitées parisiennes », id., id., id. ; « Amour de moissonneur, monologue, suivi de la Grand'mère (vers) », id., Marpon et Flammarion, 1883 ; « La Créole parisienne », id., id., 1884 ; « Monologues de sport (vers) », id., id., 1884 ; « Contes et portraits rabelaisiens. Cinquante portraits d'actrices », id., Arnould, 1885 ; « Les Courses et les paris », id., Dentu, 1885 ; « Les haras de France », id., id., 1886 ; « Les Chants du cavalier » poésies, id., id., id. ; « La France Ferrycide », id., id., 1888.

Cavalcaselle (Jean-Baptiste), illustre écrivain d'art italien, né, à Legnago (prov. de Vérone), le 22 janvier 1820. Patriote ardent, il prit une part très active au mouvement national italien et à la campagne de 1848 qui en fut la conséquence. Après la malheureuse issue de la guerre de 1849, il dut se refugier en Angleterre. Comme dès son plus jeune âge il s'était adonné à l'étude du dessin et de la peinture, il en connaissait à fond non seulement la partie technique, mais aussi l'histoire, et il avait acquis une grande expérience de la manière des anciens maîtres; il fut chargé, par le célèbre éditeur de Londres, M. Murray, d'illustrer, pour son compte, une nouvelle édition des œuvres de Vasari. M. C., avant de commencer ce travail, voulut visiter lui-même, partout où ils se trouvaient, les chefs d'œuvres de l'art décrits par le célèbre écrivain qu'il devait illustrer. Il entreprit dans ce but un voyage en Europe et parvint même, grâce à l'intervention du gouvernement anglais, à obtenir un sauf-conduit qui lui permit de toucher le territoire autrichien. Il acquit de la sorte un véritable trésor de connaissances nouvelles et précieuses, dans le domaine surtout des Documents qui illustrent l'histoire de l'art, et il retourna en Angleterre avec une quantité considérable de notes, de croquis, etc., qui lui permettaient de se mettre à la tâche avec conscience. S'associant alors avec M. Joseph Archer CROWE (voyez ce nom) il publia comme premier essai de ses recherches : « Early Flemish Painters », Londres, 1857 et 1872, une traduction française de cet ouvrage a paru sous le titre: « Les anciens peintres flamands, leur vie et leurs œuvres ; traduits de l'anglais par O. Delepierre, annoté et augmenté de documents inédits par Alexandre Pinchard et Ch. Ruelens », 2 vol., Bruxelles, Heussner, 1862-65. — L'ouvrage eut le meilleur accueil. M. Murray, renonçant alors, sur les conseils aussi de M. Charles Castlake, le célèbre directeur de la galerie de Londres, à sa première idée d'un Vasari illustré, donna commission à MM. Crowe et Cavalcaselle d'écrire une : « New history of Painting in Italy from the second to the fifteenth century », Londres, 1864 et suiv., ouvrage magistral qui a été traduit en allemand par Jourdan et dont la maison Lemonnier de Florence a publié une édition italienne fort augmentée, sous le titre : « Storia della pittura in Italia dal Secolo II al Secolo XVI », 4 vol., 1882-88. Cet ouvrage est partagé en deux grandes parties : la première qui comprend l'art chrétien primitif et qui part du commencement de cet art dans les Catacombes, son progrès, son histoire pendant le cours de dix siècles et sa déchéance ; et la seconde qui s'occupe de la Renaissance de l'Art et de sa merveilleuse manifestation grâce à Giotto, au Ghirlandajo, à Raphaël, qui l'amena au plus haut degré de perfection. Une « Life of Titian », publiée à Londres, en 1877 et à Florence, chez Lemonnier, en 2 vol. 1877-78 sous le titre : « Tiziano, la sua vita, i suoi tempi, con alcune notizie della sua famiglia », peut se considérer comme une partie du grand ouvrage dont nous venons de parler ; en effet, elle n'a été publiée à part et avant son tour qu'à l'occasion du quatrième centenaire du grand peintre. En 1859, le gouvernement italien rappela en Italie M. Cavalcaselle. Ensuite il alla à Vienne, appelé par la direction de la Galerie du Belvedere, qui voulut son aide et ses conseils pour la réorganisation de ses catalogues. Revenu à Florence, il fut, pendant la période où cette ville fut la capitale du Royaume, inspecteur du Musée national dans le Palais du *Podestà*. Après 1878, il se transféra à Rome, où il est maintenant inspecteur central auprès de la Direction générale des antiquités et des beaux-arts au Ministère de l'Instruction publique. M. C. a été élu, le 17 août 1872, correspondant libre de l'Institut de France (Académie des Beaux-Arts). Outre les ouvrages déjà cités, nous rappellerons encore de lui : « Sul più autentico ritratto di Dante », Florence, 1865 : « Sulla conservazione dei monumenti e oggetti di belle arti e sulla riforma dell' insegnamento accademico », Florence, Civelli,

1870, 2ᵐᵉ éd., Rome, Loescher, 1875; « Raffaello, la sua vita e le sue opere, edizione originale italiana », avec le même, 1 vol., Florence, Lemonnier, 1884. — Il convient enfin de rappeler que M. C. a été un des plus actifs collaborateurs du *Dictionnaire des peintres*, publié par Mayer de Leipzig.

Cavalleri (Enea), littérateur italien, né à Ferrare, membre du Conseil d'Agriculture, près du Ministère d'Agriculture, Industrie et Commerce. Nous connaissons de lui: « Sugli esorciti permanenti », Florence, Lemonnier, 1871 ; « In giro pel mondo. Osservazioni ed appunti », Bologne, Zanichelli, 1880 ; « Relazione della Commissione incaricata di ricercare le cause della pellagra e di proporre i mezzi valevoli a togliere od almeno a limitare l'espandersi della malattia stessa », en collaboration avec MM. Leopoldo Ferraresi et Clodomiro Bonfigli, Ferrare, Bresciani, 1885.

Cavalieri (Joseph), ecclésiastique italien, né, en 1834, à Pederzano (province de Trente), actuellement professeur au séminaire épiscopal de Trente. On a de lui un petit volume de « Poesie », Trente, 1881 et « La guardia al morto », mélodrame burlesque, id., 1882.

Cavallari (François-Xavier), architecte et archéologue italien, né, le 2 mars 1809, à Palerme. M. Cavallari est un véritable autodidacte. A quinze ans, il dessinait et il gravait lui-même quelques planches de géometrie et de physique pour un professeur de l'Université et pour un père jésuite ; à dix-sept ans, il mesurait et il dessinait la façade de la cathédrale de Palerme. Le duc de Serra di Falco ayant vu ce dessin, se l'adjoignit comme collaborateur pour son colossal ouvrage en six volumes in-folio sur les antiquités siciliennes et sur les Églises normandes. En 1837, il alla à Rome, avec le docteur H. W. Schultz, pour collaborer avec lui à la « Raccolta dei Monumenti inediti dell'Italia Meridionale dal V al XVI secolo ». En 1840, il revint en Sicile pour travailler avec le baron Sartorius de Waltershausen aux reliefs et à la publication de la carte topographique et géologique de l'Etna, travail magnifique qui servit plus tard de modèle à plusieurs autres du même genre. En 1843, il se rendit, avec sa famille, à Goettingue, et, tout en y travaillant pour gagner sa vie, il suivait les cours des professeurs Gauss et Hermann. Il publia alors deux mémoires fort importants en allemand: « Zur Topographie des alten Syrakus », Goettingue, 1845, et « Die geschichtliche Entwickelung der Künste seit der Trennung des Römischen Reichs », id., 1847. Le 15 mai 1848, il était reçu docteur à l'université de cette ville. Pendant les cinq années qu'il avait passés en Allemagne, M. C. avait fait plusieurs voyages d'étude dans l'Europe septentrionale. En juillet 1848, il fit retour en Sicile, et il fut nommé professeur de géographie au lycée national de Palerme. Il prit ensuite du service dans l'État-Major de l'armée sicilienne, avec le grade de capitaine chef de service du bureau topographique. Il fut blessé à la prise de Catane. En 1851, nommé professeur ordinaire à l'université de Palerme, il y enseigna l'architecture ornementale et la topographie. Deux ans après, il donnait sa démission et partait pour Milan, où, jusqu'en 1856, il enseigna à l'École des ingénieurs architectes annexée à l'Académie des Beaux-Arts. En 1856, il quitta Milan pour se rendre au Mexique, où il fut nommé directeur de l'Académie des beaux-arts. En 1864, M. Amari, ministre de l'instruction publique, le rappelait en Italie et le nommait directeur des Antiquités en Sicile. En 1876, ses fonctions ayant été supprimées, il fut nommé ingénieur de première classe des fouilles du royaume ; aujourd'hui, il est sous-directeur du Commissariat des Musées et des fouilles de la Sicile. En 1879, M. C. fut chargé par le gouvernement de découvrir et de préciser la position de l'ancienne Sybaris, ed il obtint les résultats les plus heureux. Outre les deux mémoires déjà cités, M. C. a publié: « Tavola istorica dell'architettura dopo la divisione dell'impero Romano », Milan ; « Ritratti messicani », Palerme, Amenta, 1866 ; « Belle Arti e Civiltà », 1871 ; vingt-deux mémoires ayant trait à des découvertes archéologiques faites par lui entre 1865 et 1876 dans le *Bullettino della Commisione di Antichità e Belle Arti di Sicilia* ; « Relazione sullo stato delle antichità di Sicilia, sulle scoverte e sui restauri fatti dal 1860 al 1872 », Palerme, 1872 ; « Le ferrovie in Sicilia », id., 1875 ; « Sulla topografia di talune città greche di Sicilia e dei loro monumenti », id., 1879 ; « Sulle città e le opere di escavazione in Sicilia, anteriori alle colonie greche », mémoire lu, en 1879, à la *Società di Storia Patria* et inséré dans l'*Archivio Storico Siciliano*, journal où ont paru plusieurs autres mémoires de M. C.; « Thapsos ; Appendice alla memoria *La città e le opere di escavazione in Sicilia, anteriori ai Greci* », id., Virzi, 1880. — M. C. est membre de plusieurs académies italiennes et étrangères, chevalier de 1ʳᵉ classe de l'Ordre de Saint-Michel de Bavière et chevalier de l'Ordre d'Albert de Saxe.

Cavalletti (Jacques-HAMILTON), publiciste et littérateur italien, né, à Livourne, d'une ancienne famille de Pise, demeurant à Florence, où il fit ses premières études. Il fut placé ensuite dans le collège des jeunes nobles, dirigé par les RR. Pères Jésuites, à Reggio-Emilia. Très-jeune encore, il prit service dans un régiment de cavalerie à l'étranger dans l'espoir de pouvoir un jour faire servir les connaissances acquises à l'avantage de son pays. Des malheurs de famille, et des tracasseries qu'il eut à subir, en 1859, de la part du gouvernement provisoire de la Toscane l'on empêchèrent. Il s'adonna alors exclusivemement aux études, et il vit maintenant solitaire et tout voué à ses travaux dans une ancienne propriété de sa famille, près de Livourne. En 1866, il fut parmi les premiers à soutenir l'idée de la création d'un parti conservateur italien. En 1880, il fut appelé à diriger à Milan, dans cet ordre d'idées, un journal, *Lo Spettatore lombardo*. L'écho des brillantes polémiques qu'il eut alors avec l'*Osservatore Cattolico* (Voyez ALBERTARIO) n'est pas encore éteint. Il passa ensuite à diriger le *Corriere di Torino*, mais il n'y resta pas longtemps. Il est superflu de nommer les articles publiés dans les journaux qu'il a dirigés et qui se comptent par centaines. Parmi les nombreux écrits de ce vaillant publiciste, qui tous sont inspirés par un haut sentiment de patriotisme et par l'amour de tout ce qui est beau, vrai et noble, nous citerons, seulement outre plusieurs articles et brochures publiés, depuis 1860, dans différents journaux et revues tels que *Firenze* (1875), la *Scuola*, la *Gazzetta d'Italia*, etc.; « Dissolving Views », 1 vol., 1866 ; « Forza, Materia e Ragione », 1868; ce volume, dirigé contre l'ouvrage bien connu de Louis Büchner, a été fort loué par des hommes d'opinions différentes tels que Augusto Conti, Tommaseo, Luigi Ferri, Giuseppe Giuliani, etc.; « Memoria pel Congresso Pedagogico di Bologna », 1874; des articles bibliographiques dans la *Rivista Europea*; une série d'articles critico-scientifiques dans la *Rivista Universale* (1869-70) sur le « Libero arbitrio » ; « Pensieri sull'educazione », Florence, 1871 ; une série d'articles dans la *Gazzetta d'Italia* sur la « Lega dei proprietarii », dont il avait pris l'initiative ; « La donna », Florence, 1878 ; « Il Socialismo e lo Stato », série de lettres dans la *Gazzetta d'Italia*, 1878 ; « La rivoluzione conservatrice », Florence, 1879 ; des essais biographiques sur plusieurs hommes d'État anglais tels que : « Gladstone » ; « D'Israeli » ; « Pitt », comme aussi des essais d'un autre genre, tels que: « Libertà e delitto », tous publiés dans la *Rassegna Nazionale* de Florence. Enfin, M. C. qui connaît à fond plusieurs langues étrangères, a traduit de l'allemand: « Il nuovo Giobbe », de Sacher Masoch, et plusieurs ouvrages anglais, entr'autres: des romans, de Thackeray, de Miss Edgeworth, de Mark Twain, de Bret Harte, etc. et tous les romans de M. Marion Crawford, qu'il garde encore inédits, etc. etc.

Cavalli (abbé Jacques), écrivain italien, né, dans le Frioul, le 4 juillet 1839. Il fit ses études au lycée d'Udine et ensuite aux séminaires de Goritz et de Trieste. Il fut d'abord professeur au lycée de Capodistria et ensuite aumônier dans les Écoles communales de Trieste; il collabore depuis plusieurs années pour la partie littéraire à la *Provincia* de Capodistria et à l'*Archeografo triestino*. Il est auteur d'une excellente « Istoria di Trieste », à l'usage de la jeunesse, que la Municipalité de Trieste a voulu publier à ses frais, en récompensant l'auteur, et que le gouvernement autrichien, par contre, a défendue dans ses écoles. Il a recueilli aussi les « Cimelii dell'antico parlare Triestino », que le célèbre professeur Ascoli a illustré dans l'*Archivio glottologico* de 1878, d'où ils furent reproduits dans l'*Archeografo triestino*.

Cavalli (Gaetano-Maria), écrivain italien, né, le 26 mai 1826, à Santa Maria Maggiore di Valvigezzo (province de Novare). Il fit ses premières études chez les pères Rosminiens de Domodossola. De 1847 à la fin de 1849, il servit dans l'armée sarde; ensuite, il fut, pendant quatre ans, instituteur à Bellinzago Novarese, il réside maintenant, retraité, à Novare, où il a été, pendant plus de trente ans, professeur de littérature, d'histoire et de géographie à l'institut Bellini et directeur de l'école normale pour les jeunes filles. Il a publié : « Lettere ad uso delle scuole elementari e speciali », Novare, 1859; « Breve storia d'Italia dai popoli primitivi alla caduta dell'impero romano », id., 1861, 3me éd., 1865 ; « La Grammatica studiata dai giovinetti nella lettura dei buoni scrittori », 2 parties, Turin, 1869-70, 11me éd. de la 1re partie, et 8me de la 2me, 1887, ouvrage approuvé par plusieurs conseils scolaires et auquel le 8me Congrès pédagogique a décerné une mention honorable ; on lui doit en outre : « Dell'istruzione conveniente all'operaio », Novare, 1854; « Dell'efficacia della storia patria sulla morale e civile educazione », id., 1864 ; « Delle letture educatrici », id., 1868 ; « Dell' insegnamento della lingua nelle scuole infantili e nelle elementari », id., 1870 ; « Giuditta Morelli », éloge funèbre, id., 1871 ; « L'istruzione femminile e la famiglia », id., 1877 ; « Conferenza sui libri di testo », publiée avec quelques conférences d'autres instituteurs, Novare, 1883. Il a publié en outre plusieurs poésies d'occasion pour mariage, etc. et plusieurs articles de différents genres dans les journaux de Novare : l'*Iride*, l'*Agogna*, la *Vedetta*, la *Verità*, il *Monitore*, etc. etc.

Cavallotti (Félix), poète et homme politique italien, est né, le 6 décembre 1842, à Milan, issu de la famille vénitienne des Baffo-Cavallotti. Il débuta à l'âge de douze ans par des poésies contre les autrichiens. A dix-sept ans, il publiait une brochure « Germania e Italia », et il partait avec Medici pour la Sicile, combattant à Milazzo et sur le Volturne. De retour à Milan, il entrait dans le journalisme. En 1866, il reprend les armes, et nous le rencontrons au combat de Vezza en Valcamonica. En 1867, tout en continuant à écrire dans la *Gazzetta di Milano*, il dirige, avec M. Bizzoni, le *Gazzetino Rosa*. Il publie ensuite plusieurs poésies qui le font remarquer comme révolutionnaire. Poésies et articles lui procurent des procès sans fin et des duels, qui lui donnent une grande popularité. En 1871, il débuta au théâtre par un drame: « I Pezzenti », tiré d'un roman de Gonzales. Suivirent : « Guido » ; « Agnese » ; « Alcibiade », œuvre de talent qui fut couronné par le prix du gouvernement ; « I Messenii » ; « Il Cantico dei Cantici », un petit bijou ; « La figlia di Jefte », son pendant, où l'auteur révéla des finesses, des délicatesses inattendues, comme si les grâces d'une femme eussent dompté, attendri et inspiré ce poète révolté ; « Nicarete o la festa degli aloi. ». Il vient d'achever trois nouvelles pièces : « Lea », drame en trois actes ; « Lettere d'amore », un acte ; « Agatomedon », comédie en 4 actes. Nommé plusieurs fois député au Parlement, il y fit grand bruit chaque fois qu'il y parla ; mais il vaut beaucoup mieux, et il réunit beaucoup plus de suffrages sur la scène, où ses adversaires même sont forcé de reconnaître la puissance d'un talent hors ligne. Ses poésies ont été réunies en volume et rééditées sous le titre: « Anticaglie » ; il tient, comme poète, de Berchet, de Manzoni et de Prati; mais il y ajoute sa nature de rebelle; on lui doit aussi une nouvelle traduction italienne des poésies de Tyrthée.

Cavallucci (Camillo-Jacopo), écrivain d'art italien, né, à San Leolino, petit village de la Val d'Ambra en Toscane, en 1827. Il fit ses premières études à Florence, fréquentant en même temps l'Académie des beaux-arts pour y étudier le dessin ornemental dans le but de s'adonner plus tard à l'architecture. Mais la mort prématurée de son père l'obligea de renoncer à son projet et de gagner sa vie en donnant des leçons particulières; en 1847-48, il commença à écrire dans les journaux de petits articles artistiques et littéraires et il finit pour s'adonner sérieusement à la critique d'art. En 1854, il fonda avec le docteur Boschi le *Bollettino delle Arti del Disegno*, journal que, ensuite, il dirigea seul. En 1856, il fut attaché à la direction des Galeries de Florence; en 1860, le gouvernement italien le nomma inspecteur des écoles à l'Académie royale des Beaux-Arts et après la réorganisation que cet Institut eut à subir, en 1874, il y fut chargé de l'enseignement de l'Histoire de l'Art; il est maintenant chargé du cours de littérature appliquée aux beaux-arts dans le même institut, et chargé de l'esthétique près de la Direction des galeries et des musées de Florence. M. C. a publié une foule d'articles dans les journaux et surtout dans la *Nazione* de Florence (1860-1874), presque toujours sous le pseudonyme de *Pietro d'Ambra*; parmi ces articles, nous nous bornerons à citer : « Cenni storici sulla edificazione della Cattedrale fiorentina » ; « La facciata del Duomo di Firenze » ; « Le Porte di Bronzo di detta chiesa e appunti storici relativi alla medesima » ; « Chi siano i continuatori della chiesa di Santo Spirito in Firenze, e chi gli autori della Sagrestia ed annesso vestibolo » ; « Le antiche mura di Firenze », etc. Parmi ses travaux séparés, nous citerons: « I volontari italiani dal 1821 al 1861 » ; « Notizie storiche intorno al dossale d'argento ed ai Reliquiarii appartenenti alla Chiesa di S. Giovanni di Firenze », Florence, Barbèra, 1869 ; « La Madonna di Vallombrosa di Raffaello d' Urbino. Notizie inedite », id., id., 1870 ; « Notizia storica intorno alle gallerie di quadri antichi e moderni della R. Accademia delle arti del disegno in Firenze », id., typ. *del Vocabolario*, 1873 ; « La nuova Guida di Firenze e contorni », Florence, 1873; « Sui restauri di pittura a fresco », mémoire, Assisi, Sgariglia, 1874 ; « Raffaello Sanzio », discours, Florence, Bencini, 1883 ; « Manuale di storia della scultura », Turin, Loescher, 1885 ; « Santa Maria del Fiore », Florence, Cirri, 1887. Citons encore de lui un ouvrage en français, en collaboration avec E. Mollinier ; « Les Della Robbia, leur vie et leur œuvres », Paris, Rouam, 1884.

Cavaniol (Charles-Henri), journaliste et écrivain français, né, à Chaumont (Haute-Marne), en 1845. Il vint étudier le droit à Paris, et publia dès l'âge de dix-huit ans son premier ouvrage. Reçu licencié, en 1868, il retourna à Chaumont, y continua ses travaux littéraires et devint, en 1869, rédacteur en chef de l'*Union de la Haute-Marne*. On lui doit: « Une scène du désert », Chaumont, Cavaniol, 1863 ; « Daniel », id., Lhuillier, 1864 ; « Une légende », id., id., 1865 ; « Nidintabel. La Perse ancienne », Paris, Durand et Pedone-Lauriel, 1868, ouvrage dans lequel il s'est attaché à faire revivre les institutions civiles et religieuses des anciens Perses, leur mœurs, leurs coutumes et leur physionomie extérieure et morale ; « Les Monuments en Chaldée, en Assyrie et à Babylone, d'après les récentes découvertes archéologiques », id., id., 1870, résumé critique des travaux qui ont été publiés depuis cinquante ans sur les civilisations disparues de l'Orient; « l'Invasion de 1870-71 dans la Haute-Marne », Chaumont, Cavaniol, 1873.

Cavanna (Guelfo), naturaliste italien, né, à Ferrare, le 27 février 1850. M. C. qui est agrégé à la chaire de zoologie et d'anatomie comparée des vertébrés à l'Institut des études supérieures de Florence, a fondé, en 1875, avec le docteur Giorgio Papasogli, la *Rassegna delle Scienze Naturali in Italia*, dans laquelle on rend compte de tous les travaux d'histoire naturelle qu'on publie en Italie. Sans tenir compte de plusieurs mémoires sur l'anatomie et sur la biologie des animaux, M. C. a publié : « Manuale di Zoologia (Invertebrati) », dans la collection des *Manuali* de l'éditeur Hoepli de Milan.

Cavazza (Pierre), philologue italien des plus distingués, professeur de langue latine et grecque à l'Institut des Études Supérieures de Florence, élève de l'université de Pise, ancien professeur des Lycées d'Avellino, de Palerme et de Bologne, est né, en 1850, à Massalombarda (province de Ravenne). On lui doit, outre une foule d'articles, insérés dans le *Giornale Napoletano*, dans la *Rivista di filologia e d'istruzione classica*, dans la *Rassegna Palermitana* et dans le *Propugnatore*, les écrits dont suivent les titres: « La Declinazione in Apollonio Rodio », Avellino, 1878; « Apollonio Rodio e il suo poema », étude, Palerme, 1882, ouvrage critique couronné, en 1885, par l'Académie des Lincei; « Miscellanea », Bologne, 1884; « Lisia. Orazione contra Eratostene, testo riveduto con prefazione e commento », Bologne, 1885; « Lysiæ Orationes contra Eratosthenem et contra Agoratum, recognovit P. Cavazza », Florence, 1887.

Cave (Eugène), poète italien, né, à Rome, en 1848. Il fit ses études de sciences et de lottres à l'Université de Pise, au Polytechnique de Milan et à l'Université de Rome. Il fit la campagne de 1866 et y gagna le grade d'officier d'artillerie. En 1878, il publia, chez Zanichelli de Bologne un volume de poésies lyriques qui fut très bien accueilli par la critique italienne et étrangère. Après avoir parcouru l'Europe, l'Orient et une partie de l'Afrique, il publia un autre volume de poésies lyriques, parmi lesquelles: « l'Acropoli di Atene »; « Il Bosforo »; « Per la via del Gottardo »; « Engadina »; « Fra le rovine di Cartagine »; « Navigando il Danubio »; « il Reno »; « Sulla Rupe Etnea »; « Venezia »; « Semering ». Dernièrement il publia une ode pour Dogali, et une autre « Cæletia templa ». En 1879, il a publié dans la *Libertà* de Rome une monographie sur « Monte Cassino ».

Cave (Sir Lewis-William), jurisconsulte anglais, né, le 3 juillet 1832, à Desborough (comté de Northampton). M. Cave, qui a occupé de hautes fonctions dans la magistrature anglaise, et qui a mérité d'être élevé par sa souveraine à la noblesse, a publié plusieurs ouvrages de jurisprudence. De 1861 à 1865, en collaboration avec l'honorable E. Chandos Leigh il a publié les décisions de la Cour pour la connaissance des cas réservés à la Couronne. En 1861, en collaboration avec M. Bell, il a publié la septième édition de « Pratic of Petty Sessions », de M. Stone. En 1859, il a publié la sixième, et, en 1875, la septième édition du « Treatise on the Law of Contracts », et, en 1879, la cinquième édition de « Law of Torts », du même auteur.

Cavestany (Jean-Antoine), écrivain dramatique espagnol; il débuta encore fort jeune par un drame « L'esclave de sa faute », qui obtint les plus vif succès.

Cayley (Arthur), mathématicien anglais, né, à Richmond (comté de Surrey), le 16 août 1821; il fit ses études au *King's College* de Londres et au *Trinity College* de Cambridge. Il se fit ensuite inscrire au barreau et exerça la profession d'avocat jusqu'au jour, où il fut appelé à enseigner les mathématiques dans la nouvelle chaire instituée à Cambridge par Saddler, chaire qu'il occupe encore. M. C. qui est membre de la Société Royale, de la Société d'Astronomie, de la Société de Mathématiques et de plusieurs autres sociétés savantes, a publié dans leurs actes une foule d'articles mathématiques dont une collection est en cours de publication par les soins des Syndics de l'*University Press Cambridge;* on lui doit aussi: « An Elementary Treatise on Elliptic Functions », Cambridge, Londres, 1876. — M. C. est membre correspondant de l'Institut de France, il a été président de la Société de mathématique, et en 1885, il a été nommé président de la *British Association*.

Cazalis (Henri), écrivain français, né, à Cormeille-en-Parisis (Seine et Oise), le 9 mars 1840 — M. Cazalis, qui est à la fois licencié en droit et docteur en médecine, a publié, sous le pseudonyme de *Jean Caselli*: « Chants populaires de l'Italie. Texte et traduction », Bruxelles, Lacroix et Verboekhoven, 1865; « Vita tristis. Rêveries fantastiques, romances sans musique dans le mode mineur, les mystères, pensées douloureuses ou bouffonnes, armonia, poésies », id., id., id.; « Melancholia », poésies, Paris, Lemerre, 1868; « Le livre du néant », recueil de pensées, id., id., 1872; « Henri Regnault, sa vie et son œuvre », id., id., 1872; « L'illusion », vers, id., id., 1875. Sous le pseudonyme de *Jean Lahor*: « Le Cantique des cantiques », traduction en vers, Paris, Lemerre, 1887; « Poésies complètes ». id., id., 1888, où sont réunis et refondu les deux volumes des vers de l'*Illusion* et de *Melancholia*, avec beaucoup de pièces inédites; « Histoire de la littérature indienne. Les grands poèmes religieux et philosophiques », id., Charpentier, id.

Cazals (Antoine-Lucien), écrivain français, professeur de langues, directeur de l'école Montaudran à Toulouse, né, le 14 décembre 1853, à Roqueserière (Haute-Garonne). Lauréat et membre d'un grand nombre de sociétés savantes de France, d'Espagne et d'Italie et chevalier de plusieurs ordres, a fait des études approfondies sur les langues néo-latines, en parle couramment plusieurs. Après l'étude des langues, il s'est adonné à l'étude de l'Économie politique, de l'Agriculture et des sciences naturelles. On lui doit: « Le Musée des Écoles primaires », 1877, publication à la suite de laquelle chaque école de France a dû avoir un musée scolaire; « Lettres sur l'agriculture », publiées dans le journal *Le Bélier* de Nancy; « Histoire de la Ville de Montesquieu-en-Lauragais », 1888, publication à la suite de laquelle les instituteurs de l'Académie de Toulouse ont dû rédiger, chacun pour leur commune, une histoire locale; « Supplément à toutes les histoires de France », fac-similé de 207 signatures de personnages célèbres; « Le Jardin botanique de l'École primaire », paru d'abord dans le *Bélier* de Nancy. M. Cazals a traduit une « Vita di Garibaldi » par le professeur Francesco Guerra de Naples et diverses nouvelles du grand philosophe espagnol Don Manuel Pelo y Peyrolon.

Cazauran (l'abbé Jean-Marie), ecclésiastique français, né, le 2 mai 1845, à Monguillem (Gers). M. C. fit ses premières études à Aire-sur-l'Adour (Landes), il apprit le latin avec un maître particulier et suivit le cours de Rhétorique au Petit Séminaire d'Auch (Gers). Professeur au collège de Plaisance-du-Gers à l'âge de dix-sept ans, il y resta jusqu'à l'âge de vingt ans. En 1869, il fut ordonné prêtre. Aujourd'hui, il est professeur au grand séminaire d'Auch et chanoine honoraire de la même ville. On lui doit: « Nostradamus démasqué ou prédiction de l'avènement de Gambetta », Mirande, Laboyrie, 1871; « Monsieur le Comte de Mun », Paris, Victor Palmé, 1876; « Monographie de Saint-Pierre de Condom », id., id., 1879; « Le Berceau des PP. de Lourdes ou Notre-Dame de Garaison », id., id., 1883; « Mgr. de Langalerie, archevêque d'Auch », Auch, Moulès, 1886; « Pouillé du diocèse d'Aire », Paris, Maisonneuve, 1886; « Monuments Païens de Belloc S. Clamens », id., id., 1887; « Basilique de Sainte-Quitterie au Mas-d'Aire », id., id., id.; « Arcésance de Toujouse », id., id., 1888; « Bains Gallo-Romains de Montréal-du-Gers », id., id., id.; « Montaigut. Ses Coutumes. Histoire », id., id., id.; « Mariage morganatique du duc d'Épernon », id., id., id.

Cazelles (le docteur Émile), médecin, publiciste et administrateur français, né, à Nîmes, en 1831. Ancien interne des hôpitaux de Paris, M. C. devint secrétaire général du département du Gard au mois d'octobre 1870; il donna sa démission au mois de février 1871, lors de la réunion de l'Assemblée nationale. En 1878, il rentra dans l'administration, et fut nommé successivement préfet de la Creuse (1878), préfet de l'Hérault (mars 1879), directeur de l'administration pénitentiaire au ministère de l'intérieur (novembre 1879), directeur de la sûreté générale (1880), préfet de Meurthe et Moselle (1882), préfet des Bouches-du-Rhône (1883), directeur de l'Assistance publique au ministère de l'intérieur et chargé, à ce titre, de soutenir devant le Sénat le projet de loi présenté par le gouvernement sur les aliénés (1886). M. Cazelles est actuellement conseiller d'État, attaché à la section du Contentieux, depuis 1887. On lui doit la traduction des ouvrages suivants qu'il a publiés avec des préfaces ou des introductions: « La Circulation de la vie, lettres sur la physiologie », par J. Moleschott, 2 vol., 1866; « La Philosophie de Hamilton. », par Stuart-Mill, 1869; « L'assujetissement des femmes », par Stuart-Mill, id.; « Les premiers principes », par Herbert Spencer, 1871; « Mes mémoires, histoire de ma vie et de mes idées », par Stuart-Mill, 1874; « Le Sens et l'Intelligence », par Alexandre Bain, 1878; « La Religion naturelle, son influence sur le bonheur du genre humain, d'après les papiers de Gérémie Bentham, par Georges Grote », 1875; « Essais sur la Religion », par Stuart-Mill, 1875; « Principes de Biologie », par Herbert Spencer », 2 vol. 1877-78; « Principes de sociologie », par le même, 4 vol. 1878-1887.

Cazenove (Quirin-Jules-Raoul DE), historien français, né, à Lyon, le 14 décembre 1833. Il fit ses études dans sa ville natale, et fut reçu bachelier ès-lettres en 1850, et licencié ès-sciences en 1863. De 1857 à 1859, M. de C. a voyagé en Europe. M. de C. est membre de la Société de l'Histoire de France, du Concistoire de l'Église réformée de France, l'un des secrétaires du Synode général de l'Église réformée de France, en 1872, l'un des directeurs de la Caisse d'Épargne de Lyon, membre de la Commission des bibliothèques de la Ville de Lyon, secrétaire de la Société des amis des arts de Lyon, membre (et président pour 1881) de la Société archéologique, historique et littéraire de Lyon, membre de l'Académie de Lyon. Il a publié: « Rapin-Thoyras, sa famille, sa vie et ses œuvres, suivi des généalogies des six familles descendues de Paul de Rapin, seig[r] de Thoyras, lignes masculines et féminines, Savoie, France, Hollande, Suisse, Prusse, Saxe, Wurtemberg, Bavière, Allemagne, Autriche, Danemarck, Angleterre », Paris, Aug. Aubry, 1866; « Notes sur deux bibliophiles lyonnais. Jean Grolier et Nicolas Yemeniz, 1562-1867 », Lyon, Aug. Brun, 1867; « Notes sur le Salon. Tableaux et artistes protestants », Paris, Ch. Meyrueis, 1874; « Les vallées de Félix Neff (Hautes-Alpes). Leur état présent. Rapport de la Commission d'enquête, 1873-74 », Lyon, Georg, 1875; « Mémoires de Samuel de Pechels (Montauban, 1686, Dublin, 1692) », Toulouse, Soc. des livres religieux, 1878; « Les Criées faites en la Cité de Genève l'an mil-cinq-cent-soixante », Réimpr. de l'édition originale, avec notes et préface, Montpellier, C. Coulet, 1879; « Notes sur l'île de Chypre », Toulouse, imp. Chauvin et fils, 1880; « Le Salon des Arts à Lyon. Catalogue des objets d'art qui y furent exposés le 25 août 1786 », Lyon, imp. Pitrat aîné, 1883; « Émigration des Vaudois français en Algérie », Paris, Grassot, 1883; « Les tableaux d'Albert Dürer au Musée de Lyon », Lyon, Georg, 1883; « Les Ruines de Montségur », Toulouse, impr. Chauvin et fils, 1883; « Premiers voyages aériens à Lyon en 1684 », Lyon, Georg, 1887; « Le Peintre-Graveur Adrien Van der Kabel,

La Haye, Rome et Lyon (1681-1705). Suivi du catalogue de son œuvre peinte et gravée », Lyon, Georg, 1888.

Cazin (le docteur Henri), médecin français, né à Samer (Pas-de-Calais) en 1836. M. le docteur Cazin, qui est médecin chirurgien de l'hôpital maritime de Berck-sur-mer, a publié : « Études anatomiques et pathologiques sur les diverticules de l'intestin », Paris, Asselin, 1862; « De l'opération césarienne en cas de tumeurs fibreuses utérines remplissant l'excavation pelvienne », id., Delahaye, 1877; « Des Varices pendant la grossesse et l'accouchement », id., id., 1881, mémoire couronné par l'Académie de médecine; « Contribution à la thérapeutique chirurgicale des fistules vésico-vaginales », id., Asselin et Houzeau, 1881; « Des Tubercules de l'estomac, spécialement chez les enfants », id., id., 1881 ; « Du Toucher rectal dans la coxalgie », id., Baillière et C., 1882 ; « Les Établissements hôpitaliers à Berck-sur-Mer », id., Asselin, 1885 ; « De l'influence des bains de mer sur la scrofule des enfants », id., id., ouvrage couronné par l'Académie de médecine. Le docteur H. Cazin a traduit du suédois : « Opération césarienne rendue nécessaire, etc. », mémoire du Dr Netz, et il a publié les 3me, 4me et 5me éditions du « Traité des plantes médicinales », de son père, le docteur J. F. Cazin.

Cazin (Mme Jeanne), femme de lettres française, a publié les ouvrages suivants qui font tous partie de la *Bibliothèque rose illustrée* de l'éditeur Hachette : « Les petits montagnards », 1882 ; « Un drame dans la montagne », 1882; « Histoire d'un pauvre petit », 1883 ; « L'enfant des Alpes », 1885 ; « Perlette », 1886 ; « Les Saltimbanques. Scènes de la montagne », 1887.

Céard (Henri), écrivain français, né, à Bercy (Paris), en 1851. M. Céard, qui est actuellement sous-conservateur de la Bibliothèque de la Ville de Paris, a publié : « Une belle journée », Paris, Charpentier, 1881. M. Céard qui fait partie de la jeune phalange naturaliste a collaboré avec MM. Émile Zola, de Maupassant, Huysmans, Hennique et Alexis aux fameuses *Soirées de Medan*, Paris, Charpentier, 1880, où il a inséré une nouvelle « la Saignée ». Depuis, il a tiré de la *Renée Mauperin* des frères de Goncourt, une pièce en trois actes qui a été représentée sans grand succès en novembre 1886. Il a donné aussi quelques études critiques à l'*Express* et quelques articles littéraires au *Télégraphe*.

Cebisceff (Panuce). Voyez TCHEBISCEFF.

Ceccaldi-Colonna (Dominique-Albert-Édouard-Tiburce). Voyez COLONNA.

Cecchetti (Bartolomeo), historien et paléographe italien, né, à Venise, le 2 septembre 1838. M. C., qui est maintenant directeur des Archives de l'État à Venise, surintendant des Archives des provinces Vénitiennes et membre du comité directeur de la *R. Deputazione sovra gli studii di storia patria*, a publié une foule d'écrits et de mémoires concernant l'Administration des Archives, dont il a la direction, et l'histoire de sa ville natale. Nous citerons de lui : « Programma dell'I. R. Scuola di Paleografia in Venezia », Venise, 1862 ; « Il Doge di Venezia », id., id. ; « L'artiere, l'artista e lo scrittore rimpetto alla società », id., id. ; « Gli Archivî della Repubblica Veneta dal secolo XIII al XIX », id., 1865 ; « Titoli e Note cronologiche degli Archivî dell' ex-Repubblica Veneta e dei governi successivi », en collaboration avec. M. Gregorin, Venise, 1867; « Sommario della Nummografia Veneziana fino alla caduta della Repubblica », en collaboration avec M. V. Padovan, Venise, typ. du Commerce, 1867; « Una visita negli Archivî della Repubblica di Venezia », id., Naratovich, id. ; « Il R. Archivio generale dei Frari a Venezia. Note statistiche », en collaboration avec M. Gregorin, id., id., id. ; « Di alcune opere della principessa Dora d'Istria », id., typ. du Commerce, 1868; « La Vita dei Veneziani sino al 1200 », id., Naratovich, 1870 ; « Le restituzioni scientifiche ed artistiche fatte dal Governo austriaco nel 1868 », id., Cecchini, id. ; « Il R. Archivio di Venezia », avec M. Deodoro Toderini, id., Naratovich, 1873 ; « Bibliografia della Principessa Dora d'Istria », 6me éd., Florence, 1873 ; « Monografia della Vetraria Veneziana e Muranese », avec MM. Vincenzo Zanetti et le comte Eugenio Sanfermo, Venise, Antonelli, 1874 ; « Trieste e le sue istituzioni. Ricordo », Florence, 1874 ; « La Repubblica di Venezia e la Corte di Roma, nei rapporti della religione », 2 vol., Venise, Naratovich, 1874, son ouvrage capital; « L'Archivio di Stato in Venezia nel decennio 1866-1875 », avec M. D. Toderini, id., id., 1876; « L'Archivio di Stato in Venezia negli anni 1876-1880 », Venise, Naratovich, 1881 ; « Gli Archivî del Veneto », 2 vol., id., id., id. ; l'introduction au « Saggio d'inventario degli Archivî di Stato di Venezia », id., id., id. ; « La morte dell'abate Vincenzo Zanetti di Murano », id., id., 1884 ; « Per la storia della medicina in Venezia », id., 1886 ; « Francesco Berlan. Commemorazione », id., Fontana, 1887 ; « Vita e scritti di Vincenzo ab. Zanetti », id., Naratovich, 1877. — Parmi les nombreuses publications insérées par lui dans différents journaux et revues, bornons-nous à citer: Dans les *Atti del R. Istituto veneto di scienze, lettere ed arti* : « Appunto di documenti custoditi presso i comuni di Fano, di Canale, Feltre, Mel, Pieve di Cadore e Vallada nella provincia di Belluno », 13e vol., 1867-68 ; « Dell' importanza degli Archivî notarili d'Italia e prima statistica di quelli del Veneto », id., id. ; « Memoria presentata sull'Archivio notarile di Treviso » 14e vol., 1869 ; « Le scritture occulte nella diplomazia veneziana », id., id. ; « Osservazioni sulle caratteristiche degli Archivi e delle Biblioteche », id., id. ; « Dei primordi della lingua italiana e del dialetto in Venezia », 15e vol., 1870 ; — et dans l'*Archivio Veneto* : « Degli Archivi veneti antichi » 1er vol., 1871 ; « La *Vecchia del Morter* fu Giustina Rosso », 25e vol., 1883 ; « La Medicina in Venezia nel 1300 », id., id. ; « La Vita dei Veneziani nel 1300. La città e la laguna », 37e vol., 1884 et suiv. M. C. a dirigé avec Camillo Boito le colossal et splendide ouvrage édité récemment par l'éditeur Ongania de Venise, en trois éditions, italienne, française et anglaise, sous le titre : « La Basilica di San Marco in Venezia, illustrata nella storia e nell'arte con documenti ». Sa femme Mme ANNA MANDER-CECCHETTI est une femme poète des plus distinguées.

Cecchi (Antoine), voyageur et marin italien, né, à Pesaro, le 28 janvier 1849. Issu d'une famille aisée de marins et d'industriels, il fit ses études dans les écoles techniques de son pays. Le chanoine Mazzoli, son professeur d'astronomie et d'histoire de la navigation, lui inspira la passion des voyages. Il parcourut plusieurs fois l'Adriatique sur les navires de son père, qui y exerçait le cabotage. Il entra ensuite à l'École de Marine de Venise, où il fit de si brillantes études qu'il obtint une médaille en or, distinction qui y est fort rarement décernée. Le célèbre armateur italien Rubattino l'ayant connu et apprécié, lui confia le commandement en second du *Proteo*, navire qui faisait la pêche des perles et du corail sur les côtes d'Afrique et d'Asie. Le capitaine ayant succombé pendant le voyage, M. Cecchi prit le commandement du navire et parvint à le reconduire en Italie, malgré que la plus grande partie de l'équipage fût tombée malade. Pendant ce voyage, il recueillit des données fort intéressantes sur ces régions, et il les publia, en feuilleton, dans un journal de sa ville natale. Dans le temps où il se trouvait dans la Mer Rouge, il eut l'occasion de connaître les membres de la première expédition italienne en Afrique et, ayant d'autres engagements, il dut décliner l'offre qu'ils lui faisaient de les accompagner. Il accepta plus tard, quand M. le capitaine Martini revint en Italie pour demander de nouveaux secours à la Société de Géographie. Nous ne dirons rien du rôle qu'il joua dans cette expédition, tout se trouvant décrit dans l'ouvrage qu'il publia par commission de la Société de Géographie et du gouvernement : « Da Zeila alle frontiere del Cassa », 3 vol., Rome, Loescher, 1887 ; en 1885, le gouvernement le chargea d'accompagner la première expédition militaire à Massahouah. De là, le 27 mars 1885, il partait sur l'*Agostino Barbarigo* pour Zanzibar, où il resta six mois environ. Pendant ce voyage, il explora, au point de vue commercial, toute la côte Suakeli-Benadir, et il conclut un traité de commerce et de navigation avec le sultan Sayd Bargash, qui lui conféra le grand cordon de son ordre de l'Étoile. Revenu en Italie, le gouvernement le nommait Consul-Général de Sa Majesté le Roi d'Italie à Aden ; outre l'ouvrage déjà cité, et de nombreux articles insérés dans les journaux et revues de commerce et de géographie, M. Cecchi a publié : « L'Abissinia settentrionale », Milan, Treves, 1887.

Cecchi (Pier Leopoldo), écrivain italien, né, vers 1850, à Florence. Issu d'une famille peu aisée, il dut s'adonner de bonne heure à un commerce de détail, mais la volonté de s'instruire fut plus forte que les coups de la fortune, et il parvint, à force de volonté et de courage, à se mettre à même de fréquenter l'Institut des études supérieures de Florence, où il se signala par de fort brillantes études ; en même temps, il collaborait à l'*L'Italia Nuova*, au *Diritto*, à la *Rivista Europea*, journaux auxquels il donna surtout des articles d'art. Parmi ses travaux littéraires, nous citerons : « La Donna e la Famiglia italiana del secolo XIII-XVI » ; « L'Idealismo italiano nel secolo XIX. Esposizione della prima parte dell'opera del prof. L. Ferri, intitolata : *Essai sur l'histoire de la philosophie en Italie au XIX siècle* », Florence, Cellini, 1869 ; « Studio storico sull'arte cristiana », id., typ. de l'*Associazione*, 1873 ; « Studî sull'arte contemporanea. Il Vela e Duprè. Il monumento a Cavour », id., id., id. ; « Il progresso del pensiero nelle lettere del Rinascimento », id., .id., 1875 ; « Torquato Tasso : il pensiero e le belle lettere italiane nel secolo XVI », en deux vols., Florence, Le Monnier, 1877 ; « Il cristianesimo primitivo secondo B. Labanca », Rome, 1886 ; « La scuola positiva e la critica storica », id., id. ; « Studî critici sulla filosofia della religione, di Raffaele Mariano », Rome, 1888. — M. Cecchi, qui a débuté dans l'enseignement en qualité de professeur au lycée de Palerme, est aujourd'hui professeur titulaire de littérature italienne au lycée Christophe Colomb de Gênes.

Cecchi (Silvio), écrivain italien, né, en 1840, à Limite (commune de Capraja, province de Florence). Il fit ses études philosophiques à l'Université de Pise et à l'École Normale Supérieure, où il fut admis à la suite d'un concours. Reçu docteur, en 1867, et habilité en même temps à l'enseignement, il fut successivement professeur de philosophie aux lycées de Bari, Chieti, Macerata, Pise, Sienne, où il reside encore avec la double qualité de professeur titulaire de philosophie au lycée Guicciardini, et chargé, en même temps, de l'enseignement de la pédagogie aux jeunes filles de l'école normale. A Bari, il a été quelque temps collaborateur de la *Palestra*, journal de sciences et de littérature qui paraissait dans cette ville. On lui doit aussi un essai de philosophie positive et deux discours académiques, l'un sur Giordano Bruno, lu à Chieti, l'autre sur Niccolò Piccolomini, lu à Sienne. Il a écrit aussi un petit traité d'agriculture rationnelle, qui a été plusieurs fois réédité. Citons encore de lui : « La Natura e l'Arte nel Regno vegetale » ; « La sapienza del popolo intorno al matrimonio, ossia otto proverbi illustrati », Sienne, 1877, nouvelle éd., Florence, 1887 ; « Sul vero modo di tener le pecchie: tre dialoghi popolari », 3me éd., publié à la requête du Ministère de l'Agriculture, id., id. ; « Guida allo studio della filosofia tracciata secondo i programmi ministeriali », 1re partie, Florence, Carnesecchi, 1879 ; « La storia delle culture e le scienze filosofiche ai tempi nostri », leçon d'ouverture, Rome, Salviucci, 1881 ; « Iscrizioni per la visita dei Reali d'Italia a Siena nel luglio 1887 », Sienne, Nava, 1887 ; « La scuola, la famiglia e lo scolare », discours, id., id.

Cecchini (Richard), publiciste italien, né le 27 février 1857, à Pise. Il débuta, en 1877, par une satire : « Pelao Strambotti » et un livre : « Al lume di luna », avec préface de L. Barboni. Il collabora à plusieurs journaux, sous le nom de *G. Rosa*, et il fonda et rédigea plusieurs journaux, dont la vie fut éphémère : *Leopardi*, *All'Ussero*, *la Bohême*, *Ettore Fieramosca* et *La Toscana*. On a de lui : « Studî su Shakespeare », Turin, Baratta, 1878 ; « Il canto del dolore », Pise, 1879-1880 ; « Il canto della morte », légende en vers », Turin, 1880 ; « Monsieur le diable », esquisses biographiques d'un déporté de la Commune, Pise, 1881 ; « Appunti su Massimiliano Balloni, scultore toscano », Pontedera, 1882 ; « L'Ebrea », traduit du Portugais de Th. Ribeiro, Pise, 1885 ; « Cloaca massima », chronique scandaleuse contemporaine, id. ; « Sardou plagiario », à propos de *Fedora* ; « Le disgrazie del signor Plomplon », Pise, Nistri, 1885 ; « Pro Byron », Pise, Mariotti, 1886 ; « Vita coniugale », Prato, Salvi, 1887 ; « Pei Dantofili », à propos du vers *Pape Satan, Pape Satan Aleppe* de Dante, dans la *Rivista illustrata* de Milan, 1887, ecc.

Cecconi (Jean), officier supérieur et écrivain italien, né à Scansano (province de Grosseto), le 2 février 1833. Il fit ses premières études au collège Tolomei de Sienne. De 1849 à 1854, il étudia au lycée militaire de Florence, d'où il sortit, en 1854, avec le grade d'officier ; il servit d'abord dans l'infanterie et dans les tirailleurs ; après la révolution, à laquelle M. C. prit une part très active, il passa comme capitaine dans l'État-Major. Nous n'avons pas à suivre M. Cecconi dans sa brillante carrière militaire ; disons seulement que, à la tête du 4e bataillon du 20e régiment d'infanterie, il se signala à la bataille de Custozza. Colonel en 1874, M. Cecconi vit quelques années plus tard sa carrière brisée par une ignoble vengeance politique.

Les nombreuses publications de M. C. peuvent se diviser en écrits militaires et écrits historiques, parmi les premiers, nous citerons : « Delle condizioni e dei bisogni dell'esercito italiano », Florence, Sciolla, 1867 ; « Sul regolamento di esercizio e di manovra, considerazioni e proposte », Forlì, 1868 ; « Il battaglione d'istruzione, li schieramenti e la tattica della fanteria », dans l'*Italia Militare*, 1872 ; « Origine e scopo della guerra (Saggio di studii filosofici) » dans la *Rivista Europea*, fasc. 1er novembre 1872 ; « Illustrazione di una moneta di Nerva in relazione con la legge sulla requisizione dei quadrupedi pel servizio dell'esercito », dans l'*Italia Militare*, 1873 ; « Sull'ordine normale di combattimento. — Tattica vecchia e tattica nuova », deux conférences tenues à la garnison de Foggia, dans l'*Italia Militare*, décembre 1873, et traduites dans une revue militaire française ; « Sul passo militare », Livourne, Meucci, 1875 ; « Preliminari agli esercizi tattici — Sul metodo di ammaestramento tattico ai campi d'istruzione », deux conférences à la garnison de Livourne, Rome, 1877 ; « L'istruzione della nostra fanteria » dans la *Rassegna Settimanale*, Rome, 1881 ; « Guida agli esercizî tattici elementari », dans l'*Italia Militare*, 1877 ; « Il Comando Supremo delle forze militari nei grandi Stati moderni », dans la *Nuova Rivista*, Torino, typ. Locatelli, 1882 ; « I nostri soldati hanno sete — Il malessere che deprime i nostri ufficiali — Il corpo di Stato Maggiore e la carriera militare — È urgente rialzare lo spirito dell'esercito », dans la *Gazzetta di Torino*, 1883. Parmi les publications de nature historique du même auteur, nous citerons : « Il 14 luglio 1859 a Desenzano », dans l'*Illustrazione Italiana*, 1881 ; « Garibaldi a Modena », dans la *Rassegna Settimanale*, Rome, 1881 ; « I martiri carabinieri e i martiri cospiratori — Memorie storiche sulle cospirazioni del 1867 », dans la *Nuova Rivista*, 1881 ; « Torino è in pericolo, si salvi Torino — Storia di diciotto giorni dal 27 aprile al 15 maggio 1859 », Turin, Locatelli, 1882 ; « La pace di Villafranca — Napoleone e Cavour », deux conférences dans les *Atti della Filotecnica di Torino*, vol. V, 1883 ; « Le recenti e le antiche memorie delle vie di Torino », conférences, *Atti* id., vol. VI, 1884 ; « I vecchi olmi del Corso Valentino — Memorie Torinesi », dans la *Gazzetta del Popolo della domenica*, le pseudonyme de *Scansanese*, Turin, 1883-84 ; « Una visita di Garibaldi a Cavour », dans l'*Illustrazione Italiana*, 1886 ; « La Genesi dell'Italia », un petit chef-d'œuvre de livre écrit dans la meilleure langue italienne, où les données historiques se mêlent avec des vues politiques de la plus grande justesse, Florence, Barbèra, 1887.

Cech (Swatopole), poète chèque, né le 21 février 1846, à Ostredek, en Bohême ; il fut d'abord reporter judiciaire des journaux de Prague et est actuellement rédacteur du journal mensuel *Kvety*. Après avoir débuté par de petites poésies et des nouvelles réalistes, il révéla des qualités remarquables, comme poète épique, dans « Adamite », 1874, et « Václav z Michalovic », 1880, 2ᵉ éd. illustrée, 1882. On lui doit aussi des contes poétiques : « Evropa » ; « Cerkes », (une aventure au Caucase, pays que l'auteur a visité en 1876) ; « Ve stinu lipy », (à l'ombre des tilleuls); un poème couronné sur Calderon, etc. L'œuvre de M. C. est en partie traduite dans l'*Universalbibliothek* de Reclam.

Cecil (Lord Eustace-Brownlow-Henry), homme politique anglais, second fils du second marquis de Salisbury, et frère cadet du marquis de Salisbury, aujourd'hui premier ministre d'Angleterre ; né, à Londres, en 1834. Il fit ses études à Harrow et à Sandhurst. Il entra dans l'armée, en 1851, prit part à la guerre de Crimée et se retira avec le grade de capitaine, en 1863. Il fut pendant quelque temps membre de la Chambre des Communes, et remplit même des fonctions politiques, entre 1875 et 1880. On lui doit : « Impressions of Life at Home and Abroad ».

Cegani (Gaetano), géographe italien, né, en 1827, à Venise, où il est depuis de longues années professeur titulaire d'histoire et de géographie à l'institut technique *Paolo Sarpi*. Ses « Elementi di geografia generale », 2 vol. Venise, 1860, ont été fort bien accueillis par les personnes compétentes. Il a écrit plusieurs revues de géographie pour différents journaux italiens et étrangers, outre deux monographies, publiées sous les titres : « Il Principato di Monaco » et « Il Principato di Lichtenstein ». M. Cegani a été le seul italien qui répondit avec un mémoire fort érudit et bien fait « I Veneti », Venise, 1877, à M. Schneller, un allemand qui dans les *Mittheilungen* de Petermann avait affirmé que les habitants de la Vénétie étaient allemands d'origine. Citons encore de lui : « Il canale di Suez », Milan, Treves, 1869 ; « Canali e ferrovie d'America. Pensieri », Venise, Naratovich, 1870.

Ceglinsky (Gregor), écrivain ucranien, né, le 9 mars 1853, à Katusch (Galicie). Il fit ses études gymnasiales à Stanislaswic et se rendit ensuite à l'Université de Vienne, où il s'adonna (1875-1879), aux études de philologie classique et comparée. En 1880, il fut nommé professeur de philologie classique au gymnase académique de Lemberg, où l'enseignement se donne en langue ruthène. Parmi les ouvrages scientifiques de M. C., nous citerons : « De Hipponacte Ephesio, Jambographo », étude critique Lemberg, 1880 ; « Schewtschenko und seine zeitgenossische Kritik », id., 1881 ; ayant eu la direction artistique du théâtre ruthène, il écrivit les pièces suivantes : « But bienfaisant », comédie en 3 actes, 1883: « Papa à la fête des fiançailles », comédie en un acte, id., 1884 ; « Les faucons », comédie en 4 actes, id., 1885 ; « Un vilain jour », comédie en un acte, id., 1886 ; « Noblesse de bottes », comédie en 4 actes, id., 1887 ; « Les aventures d'un amant », monodrame; on doit aussi à M. Ceglinsky plusieurs nouvelles : « Deux couples » ; « Les fils » ; « Sur les écureuils » ; « Tableaux de Noël », toutes imprimées de 1885 à 1887 dans le journal littéraire *Zorja* (*L'Aurore*) que M. C. dirige depuis 1887. Toutes les nouvelles et les comédies de cet auteur représentent la vie réelle de la société ruthène en Galicie. M. C. a traduit, en outre, en ruthène, le livre d'exercices grecs de Schenkl.

Celakowsky (Ladislas), botaniste tchèque, né, à Prague, le 29 novembre 1834, fils du célèbre poète François L. C. Il fit ses études au gymnase de Breslau et à l'Université de Prague, où il suivit les cours d'histoire naturelle et notamment ceux de botanique. En 1860, il fut nommé conservateur du musée national; en 1866, il fut reçu docteur et nommé professeur honoraire et, en 1871, professeur ordinaire de botanique à l'Université de Prague. Depuis, 1853, il a prit une grande part aux travaux du comité national qui s'occupe des recherches botaniques, et il publia dans les *Archives* de ce Comité un ouvrage fort étendu sur la « Flore » de la Bohême. Étant encore étudiant, il avait traduit plusieurs drames de Shakespeare et notamment « Le roi Lear » ; « Le roi Henri IV » ; « La Tempête ». Parmi ses écrits scientifiques, nous citerons un prodrome de la Flore en Bohème, dont il existe une édition allemande (1867-1875), et une édition en tchèque. On doit en outre citer plusieurs Mémoires de botanique, ou publiés séparément, ou insérés dans les Revues *Ziva*, *Lotos*, *Osveta*, de Prague, dans la *Revue botanique autrichienne*, dans les *Actes de la Société des Sciences* de Prague, et enfin dans la *Flora* de Ratisbonne.

Celedon (Rafael), prêtre espagnol qui s'est surtout occupé des langues primitives de l'Amérique. Nous ne connaissons de lui que : « Gramatica, catecismo, i vocabulario de la lengua gvajiria, con una introducion i un appendice par E. Uricoechea », Paris, Maisonneuve, 1878, qui forme le tome V de la *Bibliothèque linguistique américaine* ; « Gramatica de la lengua Koggaba, con vocabularios y catecismos », id., 1885, forme le tome X de la *Bibliothèque* susdite.

Celesia (Emmanuel), éminent écrivain italien, historien, avocat, homme de lettres, pédagogiste, poète, érudit et patriote, né, le 3 août 1821, à Finale, dans la Ligurie, où il fit ses premières études. A l'âge de dix-huit ans, il passa à Gênes pour s'y livrer aux études de jurisprudence et au journalisme. En 1840, il était l'un des principaux rédacteurs du journal *L'Espero*. Après trois ans, il faisait paraître à

Milan son premier recueil de « Canti », où se trouve, eutr'autres, le poème : « Fuoco sacro », qui fit du bruit lorsque l'auteur le lut au Congrès des Savants à Gênes. En 1845, il publiait son « Intelletto ed Amore », un mélange de prose et de poésie qui fut très remarqué. Il entreprit pendant ces années de fréquents voyages en Toscane et en Romagne, dans le but de resserrer les liens entre les patriotes des différentes provinces de l'Italie et de les mettre d'accord pour l'insurrection de tout le pays contre l'étranger. En même temps il organisait à Gênes, avec Lorenzo Pareto, Vincenzo Ricci et Giorgio Doria, le premier centenaire de l'expulsion des autrichiens de la ville de Gênes. Esprit remuant, M. C., prit une part active à tous les mouvements patriotiques des années 1847-49. Après, il s'adonna à sa profession d'avocat, à ses études de prédilection, à l'enseignement, et il devint biliothécaire et professeur de l'université de Gênes. Il est membre du Conseil Communal et du Conseil Provincial, président du *Comitato Ligure per l'educazione del Popolo*, du *Circolo Filologico*, du *Circolo Stenografico*, et d'autres nombreuses institutions fondées par lui. Ses publications, où l'on remarque toujours une forme soignée à côté d'une pensée élevée, sont nombreuses. Nous signalons ici : « Nuovi Canti », 1848 ; « Storie Genovesi del secolo XVIII » ; « La congiura del Conte Fiesco », 1865, excellente monographie historique, traduite en anglais par D. H. Wheeler ; « Storia dell'Università di Genova » ; « Dell'antichissimo idioma dei Liguri » ; « Le Teogonie dell'antica Liguria » ; « Porti, vie, strade dell'antica Liguria » ; dont plusieurs passages sont cités dans la *Vie de César*, de Napoléon III, qui profita aussi beaucoup de la « Tavola geografica antica dell'Alpi », du même auteur, et lui fit cadeau d'une tabatière en or avec son nom incrusté en diamants ; « Le scuole professionali femminili » ; « Storia della pedagogia italiana », en 2 vol. ; « Il Canzoniero », Gênes, 1879 ; « Val Pia. Passeggiate alpine », id., id. ; « I Re Janigeni o i Liguri nel Settimonzio », Florence, 1881 ; « Storia della Letteratura in Italia ne' secoli barbari », en deux vol., Gênes, 1882-83 ; « Commemorazione del Generale Garibaldi », Gênes ; « Linguaggio e proverbî marinareschi », Gênes, 1884 ; « La Biblioteca Universitaria di Genova » ; « Cenni storici sull'Orfanotrofio maschile di S. Gio. Batt. in Genova », Gênes, 1884 ; « L'Ateneo Genovese », discours d'inauguration », 1884 ; « Le Società operaie », 1885 ; « I Laghi delle Meraviglie in Val d'Inferno », 1885 ; « Per la solenne inaugurazione del busto del generale Garibaldi nella R. Università di Genova », 1886 ; « Escursioni alpine », Rome, id. ; « Della topografia primitiva di Genova », id. ; « Il Cantico dei cantici », nouvelle traduction en vers.

Celewicz (Julien), écrivain ucranien, né, à Pawelcze (Galicie), en 1843. Il fit ses études gymnasiales à Stanislasw, passa, ensuite, à l'Université de Lemberg (1865), pour y étudier la philosophie. De 1869 à 1871, il enseigna comme suppléant au gymnase allemand de Lemberg, de 1871 à 1875, comme professeur au gymnase de Stanislasw et ensuite il fut appelé, en la même qualité, au gymnase académique de Lemberg, où il enseigne encore. On a de lui : « Sur l'union des deux diocèses ruthènes en Hongrie, Munkacs et Eperies, avec Rome », dans le *Prowda* (*La Vérité*) revue ruthène, Lemberg, 1867 ; « Notices historiques sur la Otekra Dowbuszcznk », dans le *Dilo*, revue ruthène, id., 1882 ; une traduction polonaise de ce travail, due à M. B. Szopinski, a paru à Cracovie en 1887 ; « Skit Maniawski », Lemberg, 1887, monographie.

Céllères (Eugène), jurisconsulte et administrateur français, né, à Cahors (Lot), en 1821. D'abord avocat à Montauban, ensuite sous-préfet à Prades, à Gaillac, etc. M. C. a publié : « Manuel de la police de roulage, à l'usage des propriétaires, des voituriers, des agents chargés de constater les contraventions, etc. », Montauban, Lapie-Fontanel, 1848 ; « Manuel du contribuable », deux éd., Paris, Hachette, 1869 ; « Commentaire de la loi du 10 août 1871, relative à l'organisation et aux attributions des conseils généraux », deux éd., id., Muzard, 1871 ; « Exposé de la loi du 15 février 1872, relative au rôle éventuel des conseils généraux dans le cas où l'Assemblée nationale viendrait à être illégalement dissoute, ou serait empêchée de se réunir », id., id., 1872 ; « [N]ouveau code du recrutement de l'armée », id., id., id. ; « Traité pratique de l'impôt des voitures et chevaux », nouvelle édition, id., id., 1873 ; « Le nouveau Code municipal annoté », id., id., 1884. Il ne faut pas confondre cet écrivain avec M. Paul C., commis au Ministère des finances, né, en 1836, mort en 1883, et auteur de plusieurs romans.

Celoria (Jean), astronome italien, né, en 1842, à Casale (prov. de Alexandrie), où il fit ses premières études. Reçu docteur en mathématiques à l'Université de Turin, il poursuivit ses études aux Observatoires de Milan, de Berlin et de Bonn. M. C., qui est membre effectif de l'Institut Lombard, professeur de géodésie théorétique à l'Institut technique supérieur de Milan, deuxième astronome de l'Observatoire de Brera de la même ville, a collaboré à plusieurs revues scientifiques et littéraires. Depuis 1870, il publie chaque année des « Riviste astronomiche », dans l'*Annuario scientifico ed industriale*, de l'éditeur Treves de Milan. En outre, il a donné deux belles monographies populaires : « La luna », et « Le Comete », dans la *Biblioteca Utile*, du même éditeur. Citons encore di lui: « Nuova determinazione dell'orbita di Clizia »; « Determinazione della latitudine di Milano »; « Influenza della luna sulle altezze del Barometro »; « Se nella media temperatura annua, e se nella quantità di pioggia che cade, esista un periodo sincrono a quello delle macchie solari »; « Sul grande commovimento atmosferico, avvenuto il 1° agosto 1872, nella Bassa Lombardia »; « Sulle variazioni periodiche o non periodiche della temperatura nel clima di Milano »; « Sull'eclissi solare totale del 3 giugno 1238 »; « Sugli eclissi solari totali del 3 giugno 1239 e del 6 ottobre 1241 »; « Sopra alcuni scandagli del Cielo e sulla distribuzione generale delle Stelle nello spazio »; « Sopra alcuni eclissi di Sole antichi, e su quello di Agatocle in particolare », mémoire publié dans les *Atti della R. Accademia dei Lincei*, et qui a obtenu le prix royal décerné par la même académie en 1870; « Sull'apparizione della Cometa di Halley, avvenuta nell'anno 1456 »; « Sulla Cometa dell'anno 1472, osservata da P. Toscanelli »; « Sulle comete dell'anno 1457 e sulle osservazioni fattene da P. Toscanelli »; « Sulle differenze di longitudine fra Milano, Padova, Vienna e Monaco »; « Sulle differenze di longitudine fra Milano, Padova, Genova e Napoli »; « Sulla differenza di longitudine fra Milano e Roma »; « Sulla differenza di longitudine fra Milano, Parigi e Nizza »; « Sull'orbita della Cometa, 1886 »; « Nuova determinazione della stella doppia Σ, 3121 »; « Sugli istrumenti ed apparati scientifici presentati all'Esposizione industriale italiana del 1881 in Milano »; « Sulle teorie cosmogoniche — Considerazioni »; « Sulla polvere dell'atmosfera » conférences.

Cels (Alphonse), écrivain belge, bibliothécaire de l'Université de Bruxelles et répétiteur des cours de philosophie, né, à Lierre (Belgique), en 1845. On lui doit: « Éléments d'anthropologie. Notion de l'homme comme organisme vivant et Classification des sciences anthropologiques fondamentales », tome 1, Bruxelles, Rozez, 1885.

Ceneri (Joseph), illustre jurisconsulte italien, né, à Bologne, le 17 janvier 1827; il fit ses premières études au Séminaire de sa ville natale et en fréquenta plus tard l'université, où il se fit recevoir docteur en droit. En 1848, il s'engagea dans l'armée piémontaise, mais il avait trop présumé de ses forces physiques et la faiblesse de sa santé l'obligea presqu'aussitôt à quitter le service militaire. Le 30 avril 1852, il fut nommé professeur à l'Université de Bologne, et jusqu'en 1859, il se consacra exclusivement à son enseignement. Il prit part à la Révolution de 1859, et, en qualité de secrétaire général de l'Instruction publique, au gouvernement provisoire qui en fut la conséquence. Nommé membre de la Constituante, il vota la déchéance du gouvernement pontifical. Il cumula ensuite les fonctions de Conseiller de Cour d'Appel et celles de Professeur jusqu'au jour où, à la suite de la loi sur le cumul des fonctions publiques, il choisit cette dernière carrière. En 1867, il prit part à l'expédition garibaldienne contre Rome, qui finit à Mentana. S'étant signalé par l'ardeur de ses opinions républicaines et ayant même refusé de prêter serment, en qualité de professeur, il fut révoqué par le Ministère Menabrea, mais rappelé peu de temps après au service par M. Correnti, devenu ministre de l'Instruction publique. M. Ceneri a été membre du Conseil Communal et du Conseil Provincial de Bologne et député au parlement national, mais il s'est surtout signalé comme avocat en prenant part à tous les procès importants qui ont eu lieu dans les dernières années à Bologne, et dans les villes environnantes. Parmi ses nombreuses publications, nous citerons: « Sunti di lezioni di pandette sui temi del diritto delle obligazioni », Bologne, Vitali, 1867; « Prolusione al corso di Pandette », id., Zanichelli, 1872; « Ricordi di cattedra e foro », id., id., 1877; « Prolusione al corso di Pandette letta nell'Università di Bologna il 19 novembre 1878 », id., id., 1879; « Gl'internazionalisti e l'articolo 426 del codice penale: difesa al tribunale di Forlì », id., id.; « Introduzione al titolo *Locati-Conducti* (Dig. XIX, 2; Cod. IV, 65; Inst. III. 24) », leçon, id., id., 1880; « Lezioni sui temi del *jus familiæ* », id., id., id., 1880; « Ci vuol proprio il ballo? Causa di interpretazione e di contratto tra il comune di Bologna e il principe Spada Veralla », id., id., 1882; « Varia », id., id., 1884; « Due epoche e due legislatori », conférence, Venise, Fontana, 1886; « Alberto Mario », discours, Bologne, Zanichelli, 1887; « Jus strictum et æquitas », discours d'ouverture au cours de Pandectes, id., id., id.; « Nuovi ricordi di foro, con appendice », id., id., id.; « VIII Centenario dell'università di Bologna (12-13 giugno 1888), discorso di chiusura e istituzione del premio perpetuo », id., id., id.

Ceresa (Antoine), ecclésiastique italien, né, en 1812, à Altare (prov. de Gênes). Il fit ses humanités près des pères de la Mission de Savone et il n'avait encore que seize ans quand il entra comme novice dans leur maison de Gênes. Après une année de noviciat, il alla finir ses études au Collège Alberoni de Plaisance, où il s'adonna, pendant une année, à la Philosophie et à la Théologie dogmatique; à 27 ans, il devint professeur de cette science qu'il enseigna d'abord pendant deux ans à Turin et ensuite, pendant près de dix ans, au Collège Alberoni de Plaisance, jusqu'au jour où le duc de Parme expulsa tous les Piémontais de ses minuscules États. Il fut alors, pendant quatre ans, professeur de morale à Scarnafigi et à Sarzana. En 1855, il alla à enseigner la Morale et les institutions bibliques dans le Collège pour les Missionnaires, ouvert à Gênes par le marquis Brignole Sale. Il a publié : « Interpretazione dell'Apocalisse o Rivelazione dei destini e del corso storico del genere umano », 2 vol., Gênes, Pellas, 1869-72.

Ceresole (Alfred-Louis), écrivain suisse, né, le 17 mars 1842, à Friederichsdorf près de Nassau, où son père (Auguste C. professeur d'hébreu à l'Académie de Lausanne), fut pasteur pendant quatorze ans; frère cadet de Victor C. (*Voyez la notice suivante*) et de Paul C. colonel divisionnaire suisse, ancien président du Conseil d'État vaudois et de la Confédération suisse, il fit ses études au collège cantonal et à l'Académie de Lausanne (1852-1863), où il prit son diplôme de licencié en théologie avec une thèse sur « L'Art dans le Culte », 1866. Il fit comme soldat divers services militaires en Suisse. Nommé ensuite pasteur suffragant à Oron et à Begnins, plus tard pasteur titulaire aux Ormonts-Dessus dans les Alpes Vaudoises (1866-1871) et à Vevey, où il demeure encore aujourd'hui. M. C. fut à diverses reprises appelé à la présidence de la Société de Belles-Lettres et à la rédaction de sa Revue. Il a fait la campagne de 1870-71 comme aumônier de bataillon, et a fondé le premier cercle ouvrier et la première crèche pour enfants pauvres dans la Suisse romande. Prédicateur et conférencier éloquent, M. C. a prononcé en Suisse et à l'étranger de nombreux discours sur des sujets religieux, sociaux, historiques, tels que: « L'Institution et les Bienfaits du Dimanche »; « La littérature immorale »; « La Jeunesse et le Christianisme »; « L'Art et la Religion », etc. Parmi ses publications, nous citerons: « Chansonnier de la Société de Belles-Lettres », 1864; « Les Institutions philantropiques de la ville de Vevey », 1874; « Vevey et ses environs », dans la collection des *Guides Orell-Füssli*, 2 éd., Zurich, 1881 et 1886; « Les orgues du temple de Saint-Martin », prose et poésie, 1882; « Scènes vaudoises, ou le Journal de Jean-Louis », récits campagnards et militaires en parler vaudois, 2me éd., Lausanne, Imer, 1883-1884; « Les légendes des Alpes Vaudoises », id., id., 1884, illustré par le peintre Édouard Burmand; « Montreux. Description historique et pittoresque », Zurich, Orell-Füssli, 1885 ; « Les Chants populaires de la Suisse romande », 1885, en collaboration avec MM. H. de Meuron et H. Roehrich; « Zermatt. Description, histoire et légendes avec illustration », 1888; « Chamonix et le Mont-Blanc illustré », id. — M. A. C. a été, avec l'éditeur Imer de Lausanne, un des fondateurs du *Foyer romand*.

Ceresole (Victor), écrivain suisse, né, en 1831, à Friederichsdorf (ancien landgraviat de Hesse-Hombourg) frère du précédent. Il fit ses études historiques et littéraires à Paris, à Wurzbourg et à Lausanne. En 1859, il entra comme précepteur dans la famille des comtes Papadopoli de Venise, près de laquelle il occupe encore des fonctions de confiance. Expulsé deux fois, à cause de ses sympathies italiennes, par le gouvernement autrichien, il revint, en 1867, à Venise, en qualité de consul de la Confédération suisse, fonctions qu'il occupe encore. M. C. a contribué à la restitution aux archives de Venise des documents et régistres emportés à Vienne par l'Abbé Dudeck. Il se livra dans les Archives de Venise à des recherches assidues et fructueuses, afin de mettre en lumière les rapports et relations de l'ancienne république de Venise avec le canton de Vaud. Il a publié: « Lausanne et le canton de Vaud », en allemand, 1860; « La République de Venise et les Suisses. Premier relevé des principaux manuscrits inédits des archives de Venise se rapportant à la Suisse », Venise, Antonelli, 1864; « A propos de l'article 18 du traité de Vienne du 3 octobre 1866. La Vérité sur les déprédations autrichiennes aux archives de Venise. Trois lettres à M. Armand Baschet », 1re éd., Padoue, 1866, 2me éd., Venise, Münster, 1867; « Les Dépêches de Jean-Baptiste Padavino, écrites de Zurich 1607-1608 », Bâle, Schneider, 1878; « J.-J. Rousseau à Venise, 1743-1744. Notes et documents recueillis par V. C., publiés par Th. de Saussure », Genève, Chorbuliez, 1885. En outre, M. C. a publié: « Documents diplomatiques sur l'Escalade de Genève, tirés des archives de Venise », dans les *Mémoires et Documents de la Société d'histoire et d'archéologie de Genève*, 1877; « Le Bréviaire Grimani »; « La Grille de la *Logetta* »; « Origines de la dentelle de Venise et l'école du point de Burano »; « La Cà d'Oro à Venise »; « Les reliquaires de la ville de Pordenone »; « La porte de bronze de la sacristie de Saint-Marc à Venise »; « Alessandro Vittoria », dans l'*Art* (1876-1888). En outre, M. V. C. a annoté les publications italiennes suivantes: « Enrico di Rohan. Autobiografia, 1637 », 1864; « Del governo e stato dei signori Svizzeri. Relazione di G. B. Padavino, 1601 », 1876; « Di alcune relazioni tra la casa degli Aldobrandini e la Repubblica di Venezia, 1588-1617 », 1880.

Cerfberr (Anatole), homme de lettres et journaliste français, né, à Paris, le 6 juillet 1835. Issu de la première famille israélite qui ait été naturalisé française (Cfr. LÉMANN: « L'entrée des israélites dans la Société française », Paris, Lecoffre, 1887) et fils d'un intendant militaire, il commença les études de droit qu'il fut obligé d'interrompre pour des raison de santé. Tout jeune encore, il machinait un « Jacques Bonhomme, chronique du temps de Jean le Bon », en collaboration avec M. Henri Cazin (*Voyez ce nom*). Depuis, d'un passage de Rabelais, il tirait: « Le Bonheur d'avoir des Créanciers », qui fut répété, mais non représenté; en même temps, il collaborait à plusieurs petits journaux tels que *La Tribune des Poètes, La Terre promise, Jean qui pleure et Jean qui rit*, et, en 1860, il publiait, chez Vanier, un volume de vers « Loin des coulissiers ». Du mois d'août 1861 jusqu'au mois de juin 1865, il dirigea le journal hebdomadaire le *Théâtre*, où avaient collaboré Damase Jouaust, l'éditeur célèbre, Georges d'Heilly, etc. et qui avait eu, pour rédacteur en chef, le célèbre érudit Édouard Fournier. « Hugolâtre — dit un des ses biographes — « il fut du pèlerinage politico-littéraire à Bruxelles et rapporta *Napoléon le Petit* dans ses « bottes ». Balzacolâtre, ajouterons-nous, il réclamait, au lendemain de la représentation des *Ressources de Quinola* au Vaudeville (1863), l'érection d'une statue à Balzac et il lui élevait lui-même un monument en publiant, en collaboration avec J. Christophe: « Répertoire de la Comédie humaine de H. de Balzac. Avec une introduction de Paul Bourget », Paris, Calman Levy 1887; des vers et des nouvelles de lui (citons entre autres: « Le Cheval du Boucher »; « Un Parricide »; « Madame de Rangy ») se trouvent épars dans la *Gazette du Matin*, la *Gazette du Soir*, la *Libre Revue*, le *Réveil*, le *Balzac*, le *Grillon*, l'*Europe Artiste*, l'*Événement*, *Gil Blas*, la *Jeune France*, etc. Il a signé parfois *Arthur Clary, Antoine Cerlier, Anonyme*; il a été le *Fulgence Ridal* qui a rédigé hebdomadairement au *Figaro*: « Les Miettes de l'actualité », notes très documentées sur les scènes d'autrefois — auteurs, impresarii, comédiens — à propos des pièces nouvelles et des reprises. Enfin, il a collaboré à deux vaudevilles de M. Gaston Briet: « Le coup de lapin »; « Les tribulations d'un Esculape ».

Cerfberr de Medelsheim (Maximilien-Charles-Alphonse), publiciste français, né, à Épinal, (Vosges), le 20 juillet 1817, voyagea fort jeune, en Algérie et en Orient, fut attaché, en 1859, à l'administration des prisons près le Ministère de l'Intérieur, et s'occupa activement de la réforme ou de l'amélioration du régime pénitentiaire. En 1848, il fut quelque temps commissaire de la République dans le département de Saône-et-Loire, il est resté depuis étranger à la politique et à l'administration. On a de lui: « Voyage de la duchesse d'Orléans en France », 1837; « Projet d'établissement d'un pénitentier à Paris », Paris, Marc Aurel, 1841; « Ce que sont les Juifs en France », Paris, Mansut, 1843; « La vérité sur les prisons. Lettre à M. Lamartine », id., id., 1844; « Des condamnés libérés », id., Royer, id.; « Les Juifs, leur histoire, leur civilisation et leurs mœurs », id., Albert frères, 1846; « De la colonisation de l'Algérie par les pauvres, les orphelins et les condamnés libérés », 1847; « La Guyane. Civilisation et barbarie. Coutumes et paysages », Paris, Giraud, 1854; « Paraboles », id., Lévy frères, 1854; « Notes de voyage. Libre échange », id., Renouard, 1855; « Les grandes industries. I. Le gaz, huile, cire, suif, bois, houille, coke, etc. », id., Bouret, 1856; « L'état actuel de la métallurgie en Europe », 1858; « Vénalité des offices. Du courtage », Paris, Librairie centrale, 1865; « L'épargne par la dépense », id., Librairie des assurances, 1867; « La police d'assurance », id., id., id.; « Histoire d'un village », id., Hachette, 1881; « L'Architecture en France », id., Jouvet, 1882. On lui doit aussi un grand nombre d'articles dans le *Journal des prisons*, le *Journal du Haut et Bas Rhin*, la *Revue d'Alsace*, le *Courrier de l'Isère*, etc. Il a également traduit de l'allemand les « Contes populaires de Museaus », et les « Contes du chanoine Schmidt », destinées à l'éducation du comte de Paris.

Cerlani (abbé Antoine-Marie), illustre orientaliste et paléographe italien, préfet de la bibliothèque Ambrosiana de Milan. M. C. est dans la même ville chargé de l'enseignement de la paléographie à l'Académie scientifique et littéraire, consulteur du Musée d'Archéologie et membre effectif de l'Institut des sciences et lettres. En sa qualité de préfet de l'Ambrosiana, il a dirigé la publication des « Monumenta sacra et profana, ex codicibus præsertim bibliothecæ ambrosianæ, opera collegii doctorum ejusdem », Milan, Besozzi. Fort versé dans la langue syriaque, il a publié aussi: « Canonical histories and apocriphal legendes », Milan, 1873, édition tirée à peu d'exemplaires hors de commerce, reproduction fidèle d'un Code ambrosien fort curieux et assez important pour l'histoire de la littérature légendaire chrétienne. Citons encore de lui: « Translatio Syra Pescitto Veteris Testamenti, ex codice Ambrosiano sec. fere VI photolitografice edita », Milan, Pogliani, 1876-1880; « Il rotolo epistolografo del principe Antonio Pio di Savoja », avec M. Giulio Porro, id., id., 1883; « Discorso funebre nei funerali di mons. Francesco Maria Rossi », Milan, 1883. Enfin rappelons ici deux mémoires insérés dans les *Memorie del R. Istituto Lombardo*: « Das vierte Ezrabuch del dott. Enrico Ewald », 10me vol., 1868; « Le edizioni e i manoscritti delle versioni Siriache del Vecchio Testamento », 11me vol., 1869.

Cernesson (Léopold-Camille), architecte, publiciste et homme politique français, né, au hameau des Forges, commune de Jully (Yonne), le 28 janvier 1831. Il est élève de l'École des Beaux-Arts de Paris. En 1854, il fut attaché au service municipal de Paris et dirigea, de 1869 à 1877, les importants travaux d'appropriation de l'entrepôt de Bercy. En janvier 1878, M. Cernesson fut élu par le quartier d'Auteuil membre du Conseil municipal, où il vota avec les radicaux. A deux reprises, il fut élu président de cette assemblée, où il siégeait encore lorsque, le 26 février 1888, il posa sa candidature comme républicain radical à la députation dans la Côte d'Or en remplacement de M. Carnot, élevé à la présidence de la République. Il fut élu le 11 mars. On doit à M. Cernesson : « Grammaire élémentaire du dessin, ouvrage destiné à l'enseignement méthodique et progressif du dessin appliqué aux arts », Paris, Ducher, 1877 ; 2ᵐᵉ éd., 1881 ; « Conférence sur l'enseignement du dessin, faite au Trocadéro pendant l'Exposition de 1876 », id., id., 1878 ; et de nombreux articles de journaux sur les Beaux-Arts, notamment un ouvrage : « La Vie et l'œuvre d'Émile Gilbert architecte », 1875 ; la biographie de « Louis Duc », 1880-81, etc.

Cernuschi (Henri), homme politique et économiste italien, naturalisé français, né, à Milan, en 1821. Issu d'une famille riche, il étudia le droit et se jeta avec ardeur dans le mouvement patriotique. Après avoir joué un rôle qui le mit en évidence, pendant la révolution de 1848, à Milan, il se rendit à Rome, où il fut élu membre de l'Assemblée nationale constituante qui proclama la république. Il présida la commission chargée de faire et de défendre les barricades. Après la restauration, il fut arrêté et traduit devant un conseil de guerre, mais il parvint à se tirer d'affaire en quittant l'Italie et en se réfugiant en France, où il s'occupa d'affaires industrielles et de banque ; il y acquit une grande fortune et devint un des principaux actionnaires du journal le *Siècle*. En 1869, il prit fréquemment la parole dans les réunions publiques, où il combattit, avec énergie, les utopies socialistes. Ayant donné à la fin d'avril 1870, une somme de 100,000 fr. au comité antiplébiscitaire, il fut expulsé de France, où il ne rentra qu'après l'insurrection du 4 septembre. Peu après, il quitta Paris et se mit à voyager ; il visita l'Égypte, une partie de l'Orient, se rendit en Chine et au Japon et rapporta de ce pays une curieuse collection d'objets d'art. Depuis cette époque, M. Cernuschi a pris une part active aux discussions relatives à l'étalon monétaire, discussions dans lesquelles il a apporté tout le poids de son autorité incontestable au profit des intérêts français contre ceux de la justice et des autres pays qui composaient la ligue latine, parmi lesquels était cependant son pays natal. Nous citerons de lui : « Réponse à une accusation portée par M. de Cavour », Paris, Dentu, 1861 ; « Mécanique de l'échange », id., Librairie internationale, 1865, traduit en italien sous le titre : « Meccanica degli scambi. Traduzione a cura dell'autore », Milan, Rechiedei, 1871 ; « Contre le billet de banque. Déposition et notes », Paris, Guillaumin, 1866 ; « Illusion des sociétés coopératives », id., id., id. ; « Or et argent », id., id., 1874 ; « *Silver vindicated*, note lue au Congrès de l'Association pour l'avancement de la science sociale, tenu a Liverpool en octobre 1876 », id., id., 1876 ; « M. Michel Chevalier et le bimétallisme », id., id., id. ; « Le Bland Bill », id., id., 1878 ; « La Diplomatie monétaire, en 1878 », id., id, id. ; « Le maniement de la dette publique et le 3 pour 100 amortisable », id., id., id. ; « Les projets monétaires de M. Say », id., id., id. ; « Le Bimétallisme en Angleterre, réponse à une lettre de M. Henri Hucks Gibbs, ancien gouverneur de la Banque d'Angleterre », id., id., 1879 ; « Le Bimétallisme à quinze et demi nécessaire pour le Continent, pour les États-Unis, pour l'Angleterre », id., id., 1881 ; « Le grand procès de l'Union latine », id., id., 1884 ; « Les grandes puissances métalliques », id., id., 1885 ; « Les Assignats métalliques faisant suite au grand procès de l'Union latine », id., id., id. ; « La Danse des assignats métalliques, faisant suite au Monométallisme bossu », id., id., id.

Cerquetti (Alphonse), littérateur italien, né, à Montecòsano (prov. de Macerata), le 18 mars 1830. Il fit ses premières études classiques dans son pays natal. Il alla ensuite à Morrovalle pour y étudier la philosophie et de là, en 1848, il passa à Macerata, où il commença son droit qu'il dut interrompre deux ans après. S'adonnant ensuite à l'enseignement particulier, il vécut de la sorte jusqu'en 1860, époque à laquelle il fut nommé professeur de quatrième au Gymnase de Forlì, et, un an plus tard, professeur de littérature italienne au lycée Morgagni de la même ville ; il y resta jusqu'en novembre 1877 ; il passa alors au lycée Campana de Osimo. S'étant adonné aux études linguistiques et lexicographiques, il publia plusieurs travaux fort appréciés par les hommes les plus compétents de l'Italie tels que Tommasèo, Manuzzi, Fanfani. Voici les titres de ses principales publications : « Saggio di esercitazioni filologiche », Bologne, 1855 ; « Studî lessicografici e filologici », Forlì, 1868 ; « Alcune osservazioni sui *Modi scelti della lingua italiana*, raccolti per Vincenzo Di Giovanni », id., 1869 ; « Correzioni e giunte al Vocabolario degli Accademici della Crusca », id., 1869 ; « Alcune voci mancanti a'Vocabolarii », id., 1869 ; « Saggio di correzioni e giunte alla lettera *B* », id., 1870 ; « Saggio di supplemento al Vocabolario della lingua italiana, compilato da Pietro Fanfani », id., id. ; « Sulla voce *Pagnottante*. Dialogo », id., 1871 ; « Bibliografia e lessicografia », id., id. ; « Alcune voci ed esempî mancanti all'*A* della Crusca. Nuovi studî », Bologne, 1872 ; « Osservazioni sugli errori della lingua italiana che sono più in uso, notati da A. De Nino », id., id. ; « Saggio di correzioni e giunte al *C* della Crusca alla voce *Chiusura* », Turin, 1874 ; « Secondo saggio di correzioni e giunte al *C* », Imola, 1875 ; « Risposta al discorso di Cesare

Guasti letto nell'adunanza pubblica della R. Accademia della Crusca », Forlì, 1875; « L'accuratezza della *Crusca* nel citare il *Decamerone* del Boccaccio », id., 1875-77; « Appendice all'Appendice del Vocabolario della lingua parlata del Rigutini », Milan, 1877; « Saggio della mala fede del cavalier Giovanni Tortoli apologista della Crusca », id., 1877; « Nuove correzioni e giunte al Vocabolario degli Accademici della Crusca », id., 1877; « Il Leopardi filologo », Rome, Civelli, 1878; « Il *Fanfulla della Domenica* e la Crusca », id., id., 1879; « La Biografia di Pietro Fanfani, scritta da Giuseppe Rigutini », Osimo, Rossi, 1879; « La buona fede (?) del comm. Cesare Guasti », id., id., 1880; « Risposta a una lettera di Francesco Zambaldi », id., id., id.; « Pietro Fanfani e le sue opere », 2me éd., Florence, 1880; « Dieresi o non Diaresi », 7 livraisons, Osimo, Rossi, 1882-83; « Quattrocento e più correzioni al Vocabolario metodico della lingua italiana di Aurelio Gotti », id., id., 1884; « Saggio di Studî e correzioni sopra il testo e i commenti delle Odi di Giuseppe Parini », id., id., 1885 « Sopra il testo della Batracomiomachia e de'paralipomeni di Giacomo Leopardi », Recanati, Simboli, 1885; « Correzioni al testo de' pensieri filosofici e aforismi critici raccolti dagli scritti in prosa di Giacomo Leopardi per cura di P. di Colloredo Mels », Osimo, Rossi, 1887; « Alcune lettere sopra i *Neologismi buoni e cattivi* di Giuseppe Rigutini », 2me éd., Milan, Carrara, 1887.

Cerrato (Louis), philologue italien, né, le 30 juillet 1854, à Casale (prov. d'Alexandrie); il fit ses premières études au gymnase de sa ville natale sous la direction de son frère Joseph, aujourd'hui directeur d'une institution qui porte son nom à Turin. Il passa ensuite, comme élève, au collège *delle Provincie* à Turin, où il fit de fort brillantes études couronnées par le titre de docteur ès-lettres, obtenu en 1877, et par celui de docteur en philosophie, obtenu l'année suivante. A la suite de plusieurs concours, brillamment soutenus, il obtint d'abord une pension pour perfectionner ses études à l'intérieur et ensuite une autre pour se rendre à l'étranger. Reçu, sur ces entrefaites, docteur agrégé pour la langue et la littérature grecque, à la Faculté de philosophie et de lettres de Turin, il partit pour l'Allemagne, où il séjourna pendant quelque temps à Leipzig, à Berlin, à Dresde, à Vienne et à Munich. De 1881 à 1884, *privat Docent* de littérature grecque à l'Université de Turin, il enseignait en même temps l'histoire et la géographie au Lycée Gioberti, et le latin, le grec et la philosophie dans plusieurs institutions particulières; en 1884, il était chargé du cours de littérature grecque à l'Université de Gênes; en 1885, il y devenait professeur extraordinaire de la même matière, et, en 1886, il était chargé du cours de grammaire et lexicographie grecque et latine, chaires qu'il occupe encore. On lui doit: « Sui frammenti dei Carmi Soloniani », thèse de doctorat, extrait de la *Rivista di filologia ed Istruzione classica*, Turin, Looscher, 1877; « Solone. Saggio critico-biografico », extrait de la même *Rivista*, id., id., 1879; « Del Fato nelle poesie omeriche », thèse d'agrégation, id., id., id.; « De Claudii Claudiani fontibus in poemate *De Raptu Proserpinæ* », extrait de la même *Rivista*, id., id., 1881; « Morfologia omerica di W. Ribbeck tradotta sulla 2ª edizione originale », id., id., 1882; « Animadversiones criticæ in Cl. Claudiani, poema de Raptu Proserpinæ », id., id., 1882; « De quarta Tantali pœna apud Pindarum », Casale, Evasio, 1884; « I canti popolari della Grecia antica », extrait de la *Rivista* déjà citée, Turin, Loescher, 1884; « La questione delle origini nella storia della Lirica e Melica Greca »; Gênes, 1885. — Outre plusieurs autres articles insérés dans la *Rivista di Filologia* déjà citée, on annonce pour paraître prochainement: « La tecnica del lirismo Pindarico ».

Cerri (Gaëtan), littérateur austro-italien, né, à Bagnolo (prov. de Brescia), le 26 mai 1826. En 1839, il se rendit à Vienne. En 1845, il était déjà suffisamment maître de la langue allemande pour pouvoir publier deux poésies allemandes dans un journal théâtral de Vienne. En 1847, il fit un voyage dans la Haute Italie et y connut plusieurs des écrivains les plus en vogue. En 1848, il retourna à Vienne pour s'y adonner à l'étude du droit; mais les événements politiques l'obligèrent à se chercher un emploi, tout en donnant, en même temps, des leçons d'italien au Conservatoire de Vienne. Il obtint ensuite un emploi au ministère de l'intérieur et aujourd'hui il est secrétaire au ministère des affaires étrangères. Entre les années 1850 et 1856, il dirigea l'*Iris* un journal pour les femmes, qui paraissait à Gratz; il rédigea aussi, en 1854, le feuilleton du *Corriere Italiano* de Vienne et collabora à quelques autres journaux. Parmi ses écrits en allemand, nous citerons: « Politische Liebeslieder », 1848; « An Hermine », poésie, 1849; « Glühende Liebe », 1850; « An Fanny Elssler », 1851; « Inneres Leben », 1860; « Aus einsamer Stube », 1867; « Aretino », 1871; « Gottlieb, ein Stilleben », 1871; « Sturm und Rosenblatt », poème dramatique en un acte, 1871; « Ein Glaubensbekenntniss », 1872. — M. Cerri a publié aussi, en 1854, quelques sonnets italiens sous le titre: « Ispirazioni del cuore »; il a traduit en allemand plusieurs poésies des poètes modernes italiens, et de l'allemand en italien la « Debora », de Mosenthal, 1858, et la comédie « Solo », de Saphir, 1858.

Cerrutti (François), ecclésiastique et professeur italien, né, à Saluggia (prov. de Novare), en 1844. Fort jeune encore, il entra dans l'Ordre de l'Oratoire de Saint-François de Sales, fondé par le célèbre et regretté Don Bosco. Il fréquenta, avec succès, le cours de lettres et de philosophie à l'Université de Turin, où il prit ses grades, en 1866. De 1870 à 1887, il a été président du Lycée d'Alassio. Pendant ce temps, il fut appelé plusieurs fois à Gênes pour faire partie de la commission d'examen pour les élèves des lycées et de différentes commissions pour le choix des professeurs de l'Université. Aujourd'hui, il est directeur général des études de la Société de Saint-François de Sales. Parmi les nombreux écrits qu'il a publiés, nous citerons les plus importants: « Il Romanzo », 1879; « Nuovo dizionario della lingua italiana in servizio della gioventù », Turin, 1879; « La storia, sua eccellenza e suoi deliramenti », S. Pier d'Arena, 1880, « Alassio e le sue glorie letterarie ne'secoli XVII e XVIII », id., 1881; « L'insegnamento secondario classico in Italia, considerazioni critiche e proposte », Turin, 1882; « Storia della Pedagogia in Italia dalle origini ai tempi nostri », id., 1883; « Gli alti concetti pedagogici di Leone XIII, ossia la ricostituzione dell'antico Patriarchio Lateranense, e la scuola superiore di Teologia comparata », Turin, 1884; « Le Idee di Don Bosco sull'educazione e sull'insegnamento e la missione attuale della scuola », Turin, 1866, une éd. française a été publiée, en 1887, à Nice, par l'imprimerie du patronage Saint-Pierre; « Disegno di storia della letteratura italiana », Turin, 1887; « Il cristianesimo e la storia », id., id.

Certeux (Alphonse), publiciste français, ancien directeur du *Journal officiel de l'Algérie*, né, à Paris, en 1834. Nous citerons de lui: « Guide du planteur d'eucalyptus. Contenant un catalogue raisonné, avec description, de 200 espèces, et une partie médicale d'hygiène et thérapeutique », Paris, Challamel, 1877; « Le Néflier du Japon (*Nespilus Japonica*) », id., id., 1878; « Le Travail pour tous », id., id., 1879; « L'Algérie traditionnelle. Contributions au *folklore* des Arabes. Légendes, contes, chansons, musique, mœurs, coutumes, fêtes, croyances, superstitions, etc. », avec Henri Carnoy, id., Maisonneuve, 1884.

Cerù (Domenico-Agostino), écrivain musical italien, né, à Lucques, le 28 août 1817. Outre une lettre publique adressée au maestro Andrea Bernardini de Buti et dans laquelle il compare la musique italienne à la musique allemande, on lui doit: « Cenni intorno alla vita e alle opere di Luigi Boccherino », 1864; « Cenni storici dell'insegnamento della musica in Lucca e dei più notabili maestri compositori che vi hanno fiorito », Lucques, Giusti, 1871.

Cervetto (Louis-Auguste), journaliste et écrivain italien, né, à Gênes, le 28 août 1855. M. C., qui est un collaborateur de la *Rassegna Nazionale* de Florence et qui a donné à plusieurs journaux des études sur les usages et les mœurs de Gênes, a publié: « Le famiglie liguri », ouvrage qui a été fort loué par des écrivains compétents.

Cesana (Joseph-Auguste), journaliste et nouvelliste italien, né, à Milan, le 8 octobre 1821. Après avoir été reçu docteur en droit à l'Université de Pavie, il prit part aux événements politiques des années 1848-49; en 1849, nous le trouvons à la rédaction du journal *La Concordia* de Turin. En 1854, il fonde, avec MM. Piacentini et Bersezio, le journal *L'Espero;* après avoir collaboré au *Fischietto*, le journal humoristique de Turin, il fondo, avec M. Piacentini, *Il Pasquino;* il dirige le journal *La Staffetta;* il collabore à la *Gazzetta di Torino*, au *Mondo Illustrato* et à nombre d'autres journaux piémontais; il passe avec la capitale à Florence, et il y fonde, en 1865, *Il Corriere Italiano*, et, en 1870, avec MM. Piacentini et le Baron De Renzis, le journal *Il Fanfulla*, dont il n'a plus quitté la rédaction, et où il a souvent écrit sous le nom de *Tommaso Canella*, le protagoniste du premier de ses romans. Sans quitter la rédaction du *Fanfulla*, il dirigea, entre les années 1871-77, le journal *L'Italie*. Son fils Louis, ancien collaborateur du *Fanfulla*, sous le pseudonyme de *Cannellino*, dirige aujourd'hui le journal quotidien de Rome *Il Messaggero*. Écrivain aimable, dégagé et spirituel, M. Cesana père a su gagner toutes les sympathies, celles du public et celles de ses collègues de la presse. Il a publié séparément: « Tommaso Canella »; « Michelina »; « Il Tesoro del Nonno, ossia Cinquant'anni dopo », romans; « Da Firenze a Suez e viceversa », impressions de voyage; un vol. de Nouvelles, rééditées sous le titre: « Amore allegro ». Il est en train d'écrire ses « Ricordi di un Giornalista », dont quelques chapitres intéressants ont déjà paru dans le *Fanfulla*.

César (Pierre), littérateur suisse, né, à Buix (canton de Berne), en 1853. Il a publié: « Les chercheurs de trésors », nouvelle, Bâle, Krusé, 1880; « Pierre Péquignat », drame en cinq actes, Porrentruy, Michel, 1881; « Sans famille. Nouvelle bernoise », id., id., id.; « La Vengeance de Jeanne Gabus », nouvelle, Delémont, Boechat, 1883; « Le Forgeron de Talheim », nouvelle alsacienne, Lausanne, Fischbacher, 1885.

Cesareo (Giovanni-Alfredo), poète italien, né, à Messine, en janvier 1861. Il fut élève au Collège de cette ville et il n'avait que douze ans, que déjà il composait des vers et surtout une ballade romantique à l'imitation de celles de Prati. En 1875 il envoyait à l'*Illustrazione Popolare* des vers: « È morta », qui furent insérés. Au Lycée de Messine, M. Giuseppe Bertolli qui était son professeur de littérature italienne, l'encouragea dans son amour pour les études littéraires et M. Sergi, qui fut son professeur de philosophie à l'Université de la même ville, en fit un partisan convaincu des doctrines d'Herbert Spencer. Il n'avait pas encore dix-huit ans et déjà il publiait dans la *Rivista Europea* de Florence, des essais critiques sur l'« Amleto », et sur « Leopardi »; quelques semaines plus tard, il publia son « Canto di primavera », qui fut vivement attaqué par la *Rassegna Settimanale*. Non seulement M. Cesareo répondit à la *Rassegna*, mais il envoya, sous un autre nom, au même journal, quelques articles de critique historique qu'il eut la satisfaction de voir accueillir par cette revue qui l'avait si fort malmené. Plus tard, il publiait à Ravenne un recueil de poésies sous le titre: « Sotto gli aranci », avec une préface du professeur Rapisardi. En 1883, il a fait paraître le première partie de son « Don Juan », intitulée: « Gli amori ». Dans ces dernières années, il publia quatre travaux d'un genre très différent: « Saggi di critica »; « Le Occidentali »; « Le Avventure eroiche e galanti »; la traduction des « Satire », de Pétrone. — M. Cesareo a collaboré à plusieurs journaux et surtout au *Corriere di Roma* sous le pseudonyme de *Principe Nero*, au *Capitan Fracassa*, etc.

Cesca (Jean), philosophe italien, né, à Trieste, en 1858. M. Cesca, qui est émigré de son pays pour cause politique, a fait ses premières études au gymnase communal de sa ville natale. Il a fréquenté ensuite les Universités de Vienne, Gratz, Padoue, l'Institut des études supérieures de Florence et, enfin, l'Académie de Zurich. Nommé professeur dans les lycées de l'État, il a enseigné d'abord aux lycées royaux de Palerme, Acireale et Trévise; aujourd'hui il est professeur au lycée d'Arezzo. Il a publié: « Cinque documenti inediti sui Fiorentini nell'Istria », Capodistria, 1880; « XVI Documenti sulle trattative tra Trieste e Venezia prima dell'assedio del 1368 », Fano, 1881; « Le relazioni fra Trieste e Venezia sino al 1381 », Vérone-Padoue, 1881; « La sollevazione di Capodistria nel 1348 », id., 1882; « L'assedio di Trieste nel 1463 », id., 1883; « L'Evoluzionismo di Erberto Spencer », id., id.; « Il nuovo realismo contemporaneo della teorica della conoscenza in Germania ed in Inghilterra », id., id.; « Le teorie nativistiche e genetiche della localizzazione spaziale », id., id.; « Storia e dottrina del Criticismo », id., 1884; « La dottrina Kantiana dell'*a priori* », id., 1885; « L'origine del principio di casualità », id., id.; « La filosofia scientifica », Milan, Turin, 1885; « Il nuovo Spiritualismo », Naples, 1885; « Ueber die Existenz von umbewussten psychischen Zustände », Leipzig, 1885; « Il Monismo meccanistico e la coscienza », Trévise, 1886; « La dottrina psicologica sulla natura della coscienza », Milan-Turin, 1886; « Die Lehre von der Natur der Gefühle », Leipzig, 1886; « La morale della filosofia scientifica », Vérone-Padoue, 1886; « Il concetto di sostanza », Milan-Turin, 1886; « L'idealismo critico del Cohen », Naples, 1886; « La relatività della conoscenza », Milan-Turin, 1886; « Lo spiritualismo del Lotze », Naples, 1886; « Il transubbiettivismo del Volkelt », id., 1887; « Le cause finali », Milan-Turin, 1887; « Die Lehre von dem Selbstbewusstsein », Leipzig, 1887; « La teorica della conoscenza nella filosofia greca », Vérone-Padoue, 1887; « L'insegnamento secondario classico », Naples, 1887; « L'appercezione », id., id.; « La suggestione ipnotica », id., id.; « La cosa in sè », Milan-Turin, 1888 (sous presse): « La Metafica empirica », Milan-Turin, 1888 (sous presse); « L'educazione del carattere », Vérone, 1888. (Cfr. Werner: « Die italienische Philosophie des neunzehnten Jahrhunderts », 4mo vol., Vienne, 1886).

Cesena (Amédée GAYET DE), journaliste et publiciste français, né à Sestri di Levante (province de Gênes, Italie), en 1810. Fils d'un père français, il a ajouté au nom de celui-ci, qui était *Gayet*, celui de sa mère, *Cesena*, de naissance italienne. Il débuta par un hymne classique sur « la Conquête d'Alger », Dijon, 1830, travailla quelque temps auprès du baron Taylor, publia une tragédie en cinq actes: « Agnès de Méranie », Paris, Ledoux, 1842 et alla diriger, en 1853, le *Journal de Maine et Loire*, feuille ministérielle. Au mois de mars 1848, il collabora au *Représentant du peuple* de Proudhon. De 1852, il écrivit dans la *Patrie*, et fut ensuite avec MM. Granier de Cassagnac et Cauvain un des rédacteurs principaux du *Constitutionnel*. En mai 1857, il quitta celui-ci pour travailler exclusivement à la *Semaine financière*, d'où il sortit pour fonder la *Semaine politique*, qui devint le *Courrier du Dimanche*. En 1869, il fut un des rédacteurs anonymes du *Figaro*. Parmi ses nombreuses publications, nous citerons: « Les Césars et les Napoléons », Paris, Amyot, 1856; « L'Angleterre et la Russie », id., Garnier frères, 1858; « L'Italie confédérée, histoire politique, militaire, et pittoresque de la campagne de 1859 », 4 vol., id., id., 1859; « Campagne de Piémont et de Lombardie en 1859 », id., id., 1860; « Nouveau guide général du voyageur en France », id., id., 1862; « La Papauté et l'Adresse », id., Dentu, id.; « Le Nouveau Paris. Guide de l'étranger », id., Garnier frères, id.; « Environs de Paris, guide pratique », id., id., 1864; « Les Belles Pêcheresses », Dentu, 1865; « Histoire de la guerre de Prusse », id., Garnier frères, 1871; « Une courtisane vierge », id., Dentu, 1873; « Le Chapelet d'Amour », id., id., 1877; « La Maison de France », id., Blériot et Gauthier, 1884; « Les

Bourbons de France », id., Blériot, 1887. On a souvent confondu cet écrivain distingué avec son cousin Sébastien GAYET dit CESENA, qui signait le plus souvent Sébastien RÉHAL et qui est mort, en 1863, à 48 ans. Il avait donné, entre autres ouvrages importants, une traduction complète des œuvres de Dante.

Cesnola (Alexandre PALMA DI), *Voyez* PALMA.

Cesnola (Louis PALMA DI) *Voyez* PALMA.

Ceuleneer (Adolphe DE), archéologue belge, né, à Termond (Flandre orientale), le 22 février 1849. Il étudia à l'Université de Louvain, où il fut reçu docteur en philosophie et lettres, en 1864, étudia ensuite aux Universités de Strasbourg, Berlin et Leipzig, voyagea dans la plus grande partie de l'Europe pour l'étude des musées et des monuments, fut chargé par le gouvernement belge de missions archéologiques en Italie, en Grèce, en Espagne et en Portugal, et enfin aux États-Unis et au Mexique; aujourd'hui il est professeur d'antiquités romaines et d'archéologie à l'Université de Gand. Nous citerons de lui: « Recherches sur l'origine des communes belges », Anvers, 1871; « Einige Woorden over hat schoone in de Kunst », Louvain, 1874; « Ypres et ses monuments », Bruges, 1874; « Marcia, la favorite de Commode », Paris, Palmé, 1876; « De la nécessité des études d'archéologie classique », Gand, Vanderhaegen, 1877; « Notice sur une inscription du proconsul de la Narbonnaise », Bruxelles, 1878; « Notices sur deux vases archaïques d'Agrigente », id., 1879; « Découverte d'un tombeau pélasgique en Attique », id., 1879; « Lettre à M. le professeur Willems sur le cours de l'Ibiscus », Bruxelles, 1879; « L'école française d'Athènes », Gand, Vanderhaeghen, 1880; « Lettres archéologiques de Grèce, d'Orient et d'Espagne », dans l'*Atheneum belge*, 1880-81; « Essai sur la vie et le règne de Septime-Sévère », Bruxelles, Hayez, 1880, mémoire couronné; « L'Afrique romaine », Paris, 1881; « Le Portugal. Notes d'art et d'archéologie », Anvers, 1881; « Notice sur un diplome militaire de Trajan, trouvé aux environs de Liège », Liège, Grandmont, 1881; « Les Têtes ailées de Satyre, trouvées à Angleur », Bruxelles, Hayez, 1882. En outre, M. C. a collaboré au *Polybiblion*, à l'*Atheneum belge*, à la *Revue de l'Instruction publique*, au *Journal des Beaux-Arts*, et à plusieurs autres journaux et revues.

Chabaneau (Camille), professeur et écrivain français, né, à Nontron (Dordogne), en 1831. D'abord attaché à la direction des postes de la Charente, il est, depuis 1879, chargé du cours de langues romanes à la Faculté des lettres de Montpellier. On lui doit: « Histoire et théorie de la conjugaison française », Paris, Franck, 1868, nouvelle éd., id., Vieweg, 1879 ; « Poésies intimes », id., Lemerre, 1870 ; « Fragments d'un Mystère provençal, découverts à Péri-gueux », publiés, traduits et annotés, Paris, 1874; « Grammaire limousine. Phonétique. Parties du discours », id., Maisonneuve, 1876; « La langue et la littérature provençales », leçon d'ouverture, prononcée le 7 janvier 1879 à la Faculté des lettres de Montpellier, id., id., 1879; « Comput en vers provençaux », publié, traduit et annoté, id., id., 1881; « Le Sort des apôtres, texte provençal du XIIIe siècle, publié avec l'original latin », id., id.; « Traduction des psaumes de la pénitence, en vers provençaux, publiée pour la première fois, d'après le manuscrit d'Avignon », id., id., id.; « Les Troubadours Rénaud et Geoffroy de Pons », id., id.; « Fragments d'une traduction provençale du roman de Merlin », id., id., 1883; « Poésies inédites des troubadours du Périgord », 1885; « Notes sur quelques manuscrits provençaux perdus et égarés », id., id., 1886; « Paraphrases des Psaumes de la pénitence en vers gascons », id., id., 1886 »; « Paraphrase des litanies, en vers provençaux », id., id., id.; « Sainte Marie-Madeleine dans la littérature provençale. Recueil des textes provençaux, en prose et en vers, relatifs à cette sainte », id., id., 1887; « Deux manuscrits provençaux du XIVe siècle, contenant des poésies de Raimon de Cornet, de Paire, de Ladies et d'autres poètes de l'école toulousaine, publiés en entier pour la première fois, avec introduction, notes, glossaire et appendice par le Dr J-B. Noulet et C. C. », id., id., 1888. — Plusieurs des travaux que nous venons de citer sont tirés de la *Revue des langues romanes*, quelques autres du *Bulletin de la Société archéologique et historique de la Charente* et du *Courrier littéraire de l'Ouest;* enfin, M. C. a inséré deux travaux dans le Tome Xe de la nouvelle édition de l'*Histoire du Languedoc :* « Origines de l'Académie des jeux floraux »; « Biographies des troubadours en langue provençale ».

Chabat (Pierre), architecte français, né, à Paris, le 22 février 1827. Élève de Garrez, il a exposé aux Salons des dessins d'architecture et a été chargé de travaux importants, dont les projets ont également figuré aux Salons. M. C., aujourd'hui professeur préparateur du cours de constructions civiles au Conservatoire des Arts et métiers, a publié un grand nombre d'ouvrages importants relatifs à la pratique de son art; ce sont: « Bâtiments de chemin de fer. Embarcadères, plans de gares, stations, abris, maisons de garde, etc. », 2 vol., Paris, Morel, 1860-65; « Dictionnaire des termes employés dans la construction et concernant la connaissance et l'emploi des matériaux, l'outillage qui sert à leur mise en œuvre, l'utilisation de ces matériaux dans la construction des divers genres d'édifices anciens et modernes, la législation des bâtiments », 2 vol., id., Ve A. Morel, 1875-76; « Complément », de ce dictionnaire, id., id.,

1878, 2ᵐᵉ éd., 4 vol., id., id., 1881-82; « Fragments d'architecture. — Égypte — Grèce — Rome — Moyen-Âge — Renaissance — Age moderne, etc. », id., id., 1875; « La Brique et la terre cuite; étude historique de l'emploi de ces matériaux, fabrication et usages, motifs de construction et de décoration choisis dans l'architecture des différents peuples », avec M. Félix Monnory », id., id., id.; « Cours de dessins géométrique à l'usage des écoles municipales et professionnelles », 2 parties, id., id., 1885.

Chaban (Jean-Baptiste), ecclésiastique français, né, en 1840, à Mauriac (Cantal). Il fit ses études aux collèges de Mauriac, entra au séminaire de Saint-Flour, en 1859; devint professeur au collège de Mauriac, en 1864, et aumônier de la Visitation d'Aurillac, en 1875. M. C. qui est chanoine honoraire de Saint-Flour, a publié: « Sainte-Théodechilde vierge, fille de Clovis, fondatrice du monastère de Saint-Pierre-le-Vif à Sens (498-560) », Aurillac, 1883; « Les pélerinages et sanctuaires de la Sainte-Vierge dans le diocèse de Saint-Flour », 1888.

Chabaud-Arnault (Charles-Marie), marin français, né le 4 avril 1839. Admis à l'école navale en 1854, il fut promu aspirant en 1856, enseigne en 1860, lieutenant de vaisseau en 1865 et capitaine de frégate en 1880. Il s'est retiré du service actif en 1885. Il a publié plusieurs ouvrages concernant la marine militaire : « Des passages de vive force et de l'attaque des places maritimes par les flottes actuelles », Paris, Berger-Lévrault, 1877; « Essai historique sur la stratégie et la tactique des flottes modernes », id., id., 1879; « Tableau général de l'histoire maritime contemporaine », id., id., 1881; « Les Torpilles à bord des navires et les embarcations de combat », id., id., 1884; « Étude sur la guerre navale de 1812 entre l'Angleterre et les États-Unis de l'Amérique du Nord », id. id., 1884; « Les Batailles navales au milieu du XVIIᵉ siècle »; en outre, dans la *Revue maritime et coloniale*, nombre d'autres travaux techniques ou historiques, dont le plus important a pour titre: « Études historiques sur la marine militaire en France »; enfin, un volume: « Histoire des flottes militaires ».

Chabauty (l'abbé E. A.), ecclésiastique français, curé de Saint-André à Mirebeau-le-Poitou (Vienne), chanoine honoraire d'Angoulême et de Poitou. M. C. est un des promoteurs les plus ardents de la croisade antisémitique en France, et il a été un des fondateurs et des principaux collaborateurs du journal l'*Antisémitique* qui paraissait, il y a quelques années, à Montdidier. On lui doit: « Lettres sur les prophéties modernes et concordance de toutes les prédictions jusqu'au règne d'Henri V inclusivement », Poitiers, Oudin, 1872; « Les Prophéties modernes vengées ou Défense de la concordance de toutes les Prophéties », id., id.,

« Les Juifs, nos maîtres! documents et développements nouveaux sur le question juive », id., Palmé, 1883.

Chabrand (Armand), médecin et littérateur français, né, à Molines-en-Queyras (Hautes-Alpes), en 1812. Il a publié: « Du goître et du crétinisme endémiques et de leurs véritables causes », Paris, Delahaye, 1864; « Antoine Cayre-Morand, fondateur de la manufacture de cristal de roche de Briançon », Grenoble, Drevet, 1874; « Les Refuges-Napoléon dans les Hautes-Alpes », id., id., id.; « Patois des Alpes cottiennes (Briançonnais et vallées vaudoises), et en particulier du Queyras », id., Champion, id., cet ouvrage écrit en collaboration avec A. de Rochas d'Aiglun, est extrait du *Bulletin de la Société de statistique de l'Isère*; « De Guillestre à Château-Queyras, par la Comble-du-Guil », id., Drevet, 1878; « La Famille de Videl, secrétaire et historien du connétable de Lesdiguières », id., id., 1879; « Les Escoyères en Queyras », id., id., 1880; « État de l'instruction primaire dans le Briançonnais, avant 1790 », id., id., 1882; « La guerre dans les Alpes. Passages de troupes, réquisitions et contributions de guerre », id., id., 1885; « Monsieur d'Angervilliers, intendant du Dauphiné », id., id., id.

Chabrillan (Céleste VENARD, comtesse Lionel de MORETON), plus connue sous le pseudonyme de MOGADOR, qu'elle a illustré d'abord dans les bals publics, puis en librairie et au théâtre. Mogador, qui a été tour à tour danseuse, comtesse, écrivain, actrice, et même, un peu, chanteuse, est née, à Paris, le 28 décembre 1824; elle avait épousé le comte de Chabrillan, en 1854; il devint consul de France à Melbourne et il mourut quatre ans après son mariage. — Mᵐᵉ de Chabrillan a tenté deux fois de publier ses mémoires. La première fois ils parurent, en 5 volumes, chez De Vresse, en 1854, sous le titre: « Adieux au monde. Mémoires de Céleste Mogador », la police les supprima aussitôt. L'auteur introduisit alors des cartons dans l'édition, et l'ouvrage, quelque peu modifié, reparut, en 1858, à la Librairie nouvelle; mais il n'obtint pas davantage grâce devant l'autorité; enfin une nouvelle édition revue et ornée d'un portrait de l'auteur, a paru, en 1876, en 2 vol., à la même librairie sous le titre « Mémoires de Céleste Mogador ». L'année suivante, Mᵐᵉ de C. publia, toujours à la même librairie « Un Deuil au bout du monde, suite des Mémoires de Céleste Mogador ». — En 1862, on retrouvait Mᵐᵉ de Chabrillan à la fois actrice, auteur dramatique et directrice de théâtre. Elle s'était associé, en effet, avec le publiciste Andray Deshorties pour exploiter la petite salle des Folies-Marigny, et elle y joua elle-même, sous le pseudonyme de *Lionel*, prénom de son mari, une ou deux pièces de sa composition. Enfin, depuis une malheureuse tentative de début dans un café-chantant (1865), Mme de C. a renoncé à paraître sur la scène, et elle s'est bornée à publier des romans et à écrire des comédies et des drames. Elle a publié : « Les voleurs d'or », Paris, Lévy frères, 1857 ; « la Sapho », id., id., 1858 ; « Miss Pewel », id., Librairie nouvelle, 1859 ; « Est-il fou ? », id., id., 1860, nouvelle éd., C. Lévy, 1879 ; « Un miracle à Vichy », id., Dentu, 1861 ; « Bonheur au Vaincu », comédie en un acte, id., imprimerie Cosson, 1862 ; « En Australie », vaudeville, en un acte, id., id. ; « Nedel », opérette-bouffe en un acte, musique de M. Marius Boullard, id., Le Bailly, 1863 ; « Querelle d'Allemand », proverbe en un acte, id., Librairie des Deux Mondes, 1864 ; « Les Voleurs d'or », drame en cinq actes, précédé d'un prologue, id., Lévy frères, 1864 ; « En garde », opérette en un acte, musique de M. Ventejoux, id., Librairie des Deux Mondes, 1864 ; « Militairement », opérette en un acte, musique de M. Marius Boullard, id., id., id. ; « L'amour de l'art », vaudeville en un acte, id., Alcan-Lévy, 1864 ; « Un homme compromis », vaudeville en un acte, id., id., id. ; « Mémoires d'une honnête fille », id., Faure, id., ces *Mémoires* avaient été d'abord attribués à Alfred Delvau, mais Mme la comtesse Chabrillan s'en est reconnue l'auteur dans un article qu'elle a publié dans le *Nain jaune* ; cependant le *Dictionnaire des anonymes* ne considère pas cette affirmation comme une preuve suffisante et il continue à désigner M. Delvau comme l'auteur de ces *Mémoires*; poursuivant l'énumération des publications de Mme de C. nous trouvons encore : « A la Bretonne », opérette en un acte, musique de M. Oray, Paris, imprimerie Morris, 1869 ; « Les Crimes de la Mer », drame en cinq actes, id., id., id. ; « L'Américaine », comédie en cinq actes, Paris, 1870 ; « Les Revers de l'Amour », comédie en cinq actes, id., id. ; « Les Deux sœurs. Émigrantes et déportées », id., C. Lévy, 1876 ; « Une méchante femme », id., id,, 1877 ; « M'am Nicol », comédie en 3 actes, id., Barbré, 1880 ; « La Duchesse de Mers », id., C., Lévy, 1881 ; « Les Forçats de l'amour », id., id., id., ; « Marie Baude », id., id., 1883 ; « Un drame sur le Tage », id., id., 1885 ; « Pierre Pascal », drame en cinq actes, joué à l'Ambigu, id., imprimerie Chaix, 1885.

Chabrillat (Henri), littérateur et auteur dramatique français, né, à Marseille, le 28 décembre 1844. Élevé à Paris, il y fonda, à 22 ans, - en quittant le régiment, où il s'était engagé pour faire la campagne d'Italie, - le *Gamin de Paris*, journal illustré à 10 centimes, dont Pilotel était le principal dessinateur. Il collabora ensuite au *Soleil*, au *Corsaire*, au *Charivari*, au *Figaro*, au *Gaulois* et à l'*Évènement*. Incorporé, en 1870, dans le bataillon des francs-tireurs de Paris, qui prit une part brillante à la défense de Châteaudun, il passa ensuite à l'armée de Chanzy et fit partie de l'état-major du général. Il appartient toujours à l'armée et commande un bataillon territorial. De retour à Paris, après la conclusion de la paix, M. Chabrillat reprit ses travaux littéraires. Il épousa, en 1872, Mlle Cantin, fille du directeur des Folies-Dramatiques, avec laquelle il devait divorcer en 1885, et prit, en 1878, la direction du théâtre de l'Ambigu-Comique, où il fit représenter notamment l'*Assommoir* (1879) et *Nana* (1881) de Busnach. Désespéré par des embarras financiers, il se tira un coup de pistolet le 1er mars 1882. Heureusement, il guérit de la blessure et il céda la direction de son théâtre à Sarah Bernhardt. Depuis lors, M. Chabrillat a repris la plume. On lui doit une vingtaine de vaudevilles en un acte : « Les Mirlitons », vaudeville-revue en trois actes, avec Alfred Duru », Paris, Tresse, 1876 ; « Les trois Margots », opéra-bouffe en 3 actes, avec Bocage, id., id., 1876 ; « La Belle Bourbonnaise », en 3 actes, avec Dubreuil » ; « La Fiancée du roi de Garbe », 4 actes, avec Dennery, etc. M. Henri Chabrillat a publié : « Les Amours d'un millionnaire », Paris, Dentu, 1883 ; « Le Petite Belette », id., id., 1884 ; « Friquot », id., id., 1885 ; « La Fille de M. Lecoq », en collaboration avec William Busnach, id., Charpentier, 1886 ; « La Filliotte », id., Dentu, id. ; « L'Amour en quinze leçons », id., id., 1887 ; « L'Empoisonneuse du Val-Suzon », id., id., 1888 ; « Les Écumeurs de Paris », id., id., id.

Chaby (Claude de), officier supérieur et écrivain portugais, le même qui a représenté son gouvernement aux grandes manœuvres qui ont eu lieu en Italie, en septembre 1880. Il a publié un volume de poésies lyriques traduites de l'espagnol, quelques vers d'Aquilera, quelque drame de Breton de Los Herreros, plusieurs livres d'art militaire et une histoire de la guerre péninsulaire contre la République française, entre les années 1793 et 1795.

Chadjidakis (Georges), écrivain grec, né, en 1846, dans l'île de Crète. Il étudia la philologie à l'Université d'Athènes, et il y fut reçu docteur en 1877. Il alla ensuite se perfectionner en Allemagne aux universités de Leipsig, Berlin et Jena, sous la direction de Curtius et des plus célèbres professeurs de philologie. Linguiste distingué, il a fourni plusieurs articles aux revues philologiques d'Athènes et de l'Allemagne, telles que la *Zeitschrift* de Kuhn, le *Betzonberger's Beiträge*, la *Clio*, journal grec de Leipzig, etc.

Chadjidakis (S. N.), frère du précédent, est né, en Crète, en 1844, fit ses premières études à Réthimo à Syra, de 1863-1866 ; il étudia les mathématiques à l'Université d'Athènes et, en 1868, il fut reçu docteur. De 1870 au 1873, il étudia à Berlin et à Paris ; de retour en Grèce, il fut nommé professeur de Mathématiques à l'École militaire et, en 1884, professeur suppléant à l'Université d'Athènes, et professeur à l'école navale. On lui doit plusieurs articles insérés dans les *Mathematische Beiträge* de Berlin, en 1876, et plusieurs ouvrages classiques, de 1879 à 1884 ; deux discours sur les Sciences mathématiques chez les anciens grecs, publiés dans la revue grecque *Le Parnasse*; beaucoup d'articles en allemand sur les Mathématiques transcendantes dans le *Crell's Journal für reine und ausgewandte Mathematik*. Présentement, il a sous presse un ouvrage sur le Calcul différentiel.

Chadourne (André), littérateur français, est né, à Saint-Cyprien (Dordogne), en 1859. Il a fait ses études au Collège des Jésuites de Sarlat. Étant encore étudiant, il a fait paraître, à Angers, une brochure sur « Pie IX ». Il a publié depuis : « Le quartier latin » ; « Nos étudiants », Paris, Dentu, 1885. En 1882, il a fait représenter au Théâtre Déjazet: « Le Masque Vainqueur », 1 acte ; à l'Hôtel de La Vie Moderne une pièce en trois actes intitulée : « Aux Urnes ». « Le Père du Carabin » et « Clémence Isaure » n'ont point encore été représentés. M. Chadourne a fait, à la Salle Herz, puis à l'Institut Rudy, un Cours d'Esthétique et d'histoire des Beaux-Arts. Le 17 juin 1888, il a dit une Ode, à l'inauguration de la statue du poète Laprade, à Montbrison.

Chadwick (David), publiciste et homme politique anglais, né, à Maulesfield (comté de Chester), le 23 décembre 1821. Il fut élevé à Manchester. Comptable et trésorier de la corporation de Salford de 1844 à 1860, il fut un des fondateurs de la grande bibliothèque royale du musée Salford et du *Salford Working Men's College*, dont il devint également le trésorier. En 1867, la Société de statistique de Manchester, le choisit pour président. Il fut envoyé à la Chambre des Communes par le district de Maulesfield, en 1868, en 1874 et en 1880, mais cette dernière élection fut cassée à la suite d'une enquête. On a de lui un volumineux ouvrage de statistique intitulé : « History of the rate of Wages in Lancashire in 200 trades during twenty years 1839 to 1859 ». — En outre, il a publié dans divers recueils des études sur les écoles ouvrières, sur la représentation parlementaire, sur la loi des pauvres, sur la réforme sanitaire publique au point de vue financier, sur une réforme de l'*Income Tax*. M. C. est lauréat de l'Institut des ingénieurs civils de Londres et le fondateur à Manchester de la grande compagnie industrielle *Globe Cotton Spinning and manufacturing Company*.

Chadwick (Edwin), administrateur anglais, né en 1802, suivit la carrière du barreau, où il fut admis en 1830. Sa collaboration à la *Westminster Review*, et, notamment, un travail remarquable qu'il y inséra, en 1828, sur la question alors très débattue des assurances sur la vie, lui valut les encouragements de J. Bentham, qui, à sa mort, lui fit don d'une partie de sa riche bibliothèque. Membre de la nouvelle commission d'enquête de l'administration de la loi des pauvres (1834), et chargé du rapport général, il fit adopter l'établissement d'écoles industrielles, comme moyen préventif de la misère. M. C. a également fait partie de diverses commissions administratives et a attaché son nom à la nouvelle organisation de l'assistance publique. En 1855, au sujet du travail des enfants dans les manufactures, il contribua beaucoup à faire adopter le système des inspections locales, qui, depuis, a été étendu à toutes les branches d'industrie occupant des ouvriers mineurs. En 1838, il obtint du *Poor law board* l'autorisation d'entreprendre une enquête spéciale sur les causes physiques de la fièvre à Londres, il étendit ensuite cette enquête à toute l'Angleterre et fit un rapport sur les mesures à prendre pour l'assainissement des grandes villes. Depuis 1848, il a pris une part considérable aux travaux du comité général de santé. En 1854, chargé de présenter un rapport sur différentes branches d'administration civile et les améliorations dont elle est susceptible, il a proposé, entr'autres réformes urgentes, des examens d'admission, des concours publics, et un avancement réglé sur le mérite. Ses nombreux mémoires sur des arguments administratifs et économiques lui ont valu l'honneur d'être nommé membre correspondant de l'Académie des sciences morales et politiques. Depuis plusieurs années, il jouit d'une pension de retraite servie par le gouvernement anglais.

Chaignet (Anthelme-Édouard), professeur et écrivain français, né, à Paris, le 9 septembre 1819. Il a fait ses études au Prytanée militaire de la Flèche. Professeur d'abord dans ce même institut, il devint successivement professeur de littérature grecque à la Faculté des lettres de Poitiers, recteur de l'Académie de la même ville, et membre correspondant de l'Institut de France (Académie des sciences morales et politiques). On lui doit: « Les principes de la science du beau », Paris, A. Durand, 1860, mention honorable de l'Académie des sciences morales et politiques ; « De la Psychologie de Platon », id., id., 1863, couronné par l'Académie française ; « Des principes de la critique », mémoire inédit, 1865, mention et médaille de l'Académie française ; « Vie de Socrate », Paris, Didier, 1866, mention très-honorable de l'Académie des sciences morales et politiques ; « La vie et les écrits de Platon », id., id., 1871, couronné par l'Académie des sciences morales et politiques ; « Pythagore et la philosophie pythagoricienne », 2 vol., id., id., 1873, couronné par l'Académie des sciences morales et politiques; « Essai sur la psychologie d'Aristote », id., Hachette, 1884, couronné par l'Académie des sciences morales et politiques; « De Versu iambico », id., A. Durand, 1863; « Des Formes diverses du chœur dans la tragédie grecque », id., Imprimerie nationale, 1865; « Théorie de la déclinaison des noms en grec et en latin », id., Thorin, 1875; « Essais de métrique grecque: *Le vers iambique* », id., Vieweg, 1887; « La Philosophie de la science du langage », id., Didier, 1875; « La Tragédie grecque », id., id., 1877; « Histoire de la Psychologie des Grecs », tome 1er : « Histoire de la Psychologie des Grecs avant et après Aristote », id., Hachette, 1887. Sous presse: « La Rhétorique et son histoire »; « Histoire de la Psychologie des grecs; tome II. Psychologie des stoïciens, des épicuriens, des alexandrins ». M. C. a été, en 1874, candidat au Sénat dans le département de la Vienne.

Chaillé-Long-Bey (Charles), voyageur américain, d'origine française, né, à Baltimore, en 1843. Après avoir pris part à la guerre de sécession, pendant laquelle il servit dans l'armée du Nord, il vint, en 1860, en Egypte, où le khédive lui donna le grade de lieutenant-colonel d'état-major. Lorsque, en 1874, Gordon fut nommé gouverneur des provinces équatoriales d'Égypte, il l'emmena avec lui comme chef d'état major. Chaillé-Long prit les devants, chargé d'une mission pour Mtésa, roi d'Uganda et, en 58 jours, il arriva sans encombre sur les bords du lac Victoria, où résidait le chef africain. Reçu magnifiquement par Mtésa, il dut assister d'abord au sacrifice de trente victimes humaines immolées en son honneur. Bientôt les choses changèrent; pillé par les ministres, menacé de vol et d'assassinat, il se tira à grand'peine d'une situation périlleuse, qui exigeait de sa part autant de fermeté que de ruse diplomatique. Il s'était proposé de constater si les lacs Victoria et Albert communiquaient entre eux et d'achever ainsi l'œuvre incomplète de Speke. Il n'atteignit pas entièrement son but; mais il explora une partie du lac Victoria, découvrit, entre ce bassin et l'Albert Nyanza, un nouveau lac, qu'il appela lac *Ibrahim*, du nom du khédive et descendit le Nil Somerset. Après avoir eu maille à partir avec les Danaglas, sujets du roi d'Ounoyoro, il put rejoindre, sans encombre, Gordon à Gondokoro. M. Chaillé-Long a écrit la relation de son voyage, que nous ne connaissons qu'à travers la traduction qu'en a donnée Mme Foussé de Sacy « L'Afrique centrale, expéditions au lac Victoria Nyanza et au Makraka Niam-Niam à l'ouest du Nil blanc », Paris, Plon, 1877. En 1882, on le retrouve à Alexandrie comme consul-général des États-Unis: il sauva alors du massacre un certain nombre d'Européens. Il publia, en 1886, à Paris, chez Dentu, sous le titre : « Les trois Prophètes », un ouvrage intéressant sur Gordon, le Mahdi et Arabi.

Chaillu (Paul BELLONI DU), voyageur français d'origine, naturalisé à New-York, où il réside maintenant, sous le nom de CHAYLION, né, à Paris, le 31 juillet 1835, est le fils d'un agent consulaire, qui s'occupait en même temps de commerce, vers l'embouchure de la rivière Gabon. Il fut élevé dans un des établissements que les Jésuites avaient formés dans ce pays. Le jeune du Chaillu se familiarisa de bonne heure avec les tribus voisines, réunit des informations, fit provision de vivres, de médicaments, d'armes et de présents; puis, vers la fin de 1855, entreprit dans l'intérêt de l'histoire naturelle, un des plus curieux voyages qu'on ait jamais faits. Il parcourut, pendant quatre années, l'intérieur du continent africain, sous l'équateur, et y découvrit, dans une région couverte d'épaisses forêts, une chaîne de montagnes élevées, courant de l'E. à l'O. et dont un pic atteint, d'après ses calculs, la hauteur de 12000 pieds. Suivant lui, c'est dans ces montagnes que prennent leurs sources les quatre grands fleuves de l'Afrique, le Nil, le Niger, le Zambeze, et le Zaire ou Congo. Il tua et rapporta plusieurs gorilles et une grande variété d'oiseaux d'espèces inconnues. Cette collection a été achetée par le Musée britannique. M. du Chaillu rencontra aussi les Fans, tribu inconnue de cannibales, qui, pourtant, ne sont pas absolument dépourvus de civilisation. Il a publié l'histoire de cette expédition sous le titre: « Explorations and Adventures in Equatorial Africa », 1861, nouvelle éd. 1871; une éd. française de cet ouvrage a paru, en 1862, sous le titre : « Voyages et aventures dans l'Afrique équatoriale, mœurs et coutumes des habitants, chasse au gorille, au crocodile, au léopard, à l'éléphant », Paris, Lévy frères, 1862. La publication de ce livre donna lieu à de vives discussions; et de plusieurs côtés on refusa d'y ajouter foi; pour se défendre, M. du C. repartit de nouveau pour l'Afrique, en 1863, et il y resta jusqu'en 1865. Il publia un récit de ce voyage sous le titre : « A Journey to Ashango Land », 1867, qui a été traduit en français sous le titre : « l'Afrique sauvage. Nouvelle excursion au pays Ashangos », Paris, Lévy frères, 1877. Il passa ensuite plusieurs années aux États-Unis, faisant souvent des lectures publiques et publiant en même temps une série de livres pour la jeunesse, dans lesquels ses aventures sont racontées avec un peu trop d'embellissements. Citons: « Stories of the Gorilla Country », 1868; « Wild life under the Equator », 1860; « Lost in the Jungle », 1869; « My Apinge Kingdom », 1870 et « The Country of the Darfs ». En 1872, portant ses investigations sur une autre région du globe, il a fait de longues explorations en Suède, en Laponie et en Finlande, voyages qu'il a décrits dans un ouvrage « The Land of the Midnight Sun », 1861, qui a été traduit en français sous le titre: « Le pays du soleil de minuit. Voyage d'été en Suède, en Norvège, en Laponie et dans la Finlande septentrionale », Paris, C. Lévy, 1882, et dans un autre ouvrage, dont nous ne connaissons que l'édition française : « Un hiver en Laponie. Voyages d'hiver en Suède, en Norvège, en Laponie et dans la Finlande septentrionale », id., id., 1883.

Chaix (Édouard-Albans), imprimeur et éditeur français, né à Châteauroux (Indre), le 27 mars 1832, est le fils de M. Napoléon Chaix (1807-1885), fondateur de l'*Imprimerie des Chemins de fer*. Il a repris et développé les publications créées par son père et maintenu les avantages assurés à ses ouvriers et à leurs enfants pour l'institution des cours gratuits et de plusieurs caisses de prévoyance ou de secours. Il a publié plusieurs brochures sur la participation aux bénéfices, sur les écoles professionnelles, etc. On lui doit aussi : « Statistique de l'imprimerie en France. Donnant l'importance comparée : 1° de la production des livres dans les principaux centres d'imprimerie; 2° d'un certain nombre de villes et des divers départements de France en ce qui concerne l'impression de journaux politiques ; 3° le classement de certaines villes de France au point de vue de la production typographique ; 4° un état comparatif de la production des livres dans quelques villes », Paris, 1875. — Trois ans après, il a publié un « Historique », de l'établissement qu'il dirige.

Chaix (Pierre-Antonin), écrivain français, né, à Crest (Drôme), le 26 janvier 1826, a fait ses études à l'Établissement libre d'Oullins, près Lyon ; notaire à Saillans (Drôme) de 1851 à 1857, depuis 1864, attaché à l'Établissement financier *Le Crédit Lyonnais*, comme chef du Contentieux et du Personnel. — On lui doit : « Quelques solutions dont la connaissance est utile aux banquiers et aux commerçants », Lyon, 1870, 2me éd., revue et considérablement augmentée, 1879. Les deux éditions sont épuisées.

Chaix (Paul), écrivain suisse, né, le 1er octobre 1808, à Crest (Drôme, France). Fils du peintre Georges Chaix d'origine espagnole, devenu citoyen de Genève *par don gratuit pour services rendus*, et d'une mère française, il fut élevé à Genève (1816-1827), et fréquenta d'abord l'institut privé, dirigé par le pasteur Heyer, ensuite les cours de l'ancienne académie; précepteur (1829) en Angleterre du duc de Richmond, en Russie (1833) du prince Gagarine, professeur de géographie et d'histoire au collège (1836) et au gymnase (1847) de Genève, il se retira de l'enseignement en 1881. En 1846, il entreprit un voyage en Grèce et en Égypte avec la comtesse Bagréeff Spéransky. On lui doit : « Carte de Savoie », 1832 ; « Précis de géographie », 1838, au point de vue historique, très succinct et très substantiel, très apprécié à juste titre dans l'enseignement et qui est parvenu, en 1877, à sa 11me édition ; « Atlas scolaire », 1841 ; « Histoire de la conquête du Pérou », 1853, 2 vol., d'après les documents espagnols. Attaché, jusqu'en 1873, à la rédaction de la *Bibliothèque Universelle* pour la partie : géographie, voyages, politique coloniale, M. Chaix a été aussi un fidèle collaborateur du journal de géographie le *Globe*, fondé à Genève par M. de Beaumont. Son fils, M. ÉMILE CHAIX, né, à Genève, en 1859, a fait ses études au Polytechnicum de Zurich (1876-1879). Parti, en 1879, pour la Russie, il fut précepteur à Pétersbourg et à Moscou ; professeur de français et de géographie à l'école impériale de Gatchina, après des examens subis en langue russe (1875-1883). Il fit des voyages sur le Volga et dans l'Oural, se rendit à Belgrade, où il fut nommé secrétaire du ministère des affaires étrangères du gouvernement serbe (1883-1886). Revenu à Genève, il succéda à son père dans plusieurs établissements particuliers d'instruction. M. Chaix fils a présidé à la dernière édition du « Précis de géographie » de son père.

Challamel (Jean-Baptiste-Marie-Augustin), littérateur français, né, à Paris, le 18 mars 1818, fit ses classes au collège Henri IV, passa dix-huit mois dans une maison de commerce, étudia ensuite le droit, fut reçu avocat en août 1838, et se tourna vers la littérature. En 1844, il fut attaché à la bibliothèque de Sainte-Geneviève, où il devint bibliothécaire. On a de lui, outre de nombreux articles dans la *France littéraire*, éditée par son frère, et des nouvelles fournies à plusieurs revues : « Les plus jolis tableaux de Téniers, Gérard Dow, etc., 1839 » ; « Album du Salon de 1840 », 1840 ; « Saint-Vincent de Paul », Paris, Challamel, 1841, 3me éd., id., Le Clère, 1857 ; « Les merveilles de la France, ou le Vademecum du petit voyageur », anonyme, id., Challamel, 1841 ; « Histoire-musée de la république française depuis l'assemblée des notables jusqu'à l'empire, 1789 à 1804. Complément de toutes les histoires de la révolution française », Paris, Challamel, 1841-42 ; « Un été en Espagne », id., id., 1843 ; « Les Français sous la révolution », en collaboration avec Wilhelm Tenint, id., id., id. ; « Isabelle Farnèse », 2 vol., id., Permain, 1851, nouvelle éd., id., Lécrivain et Toubon, 1862 ; « Mme du Maine, ou les légitimes et les légitimés », id., id., 1851-53 ; « Histoire de France, 1re partie : Histoire de Napoléon ; 2me partie : Histoire de la Révolution ; 3me partie : Histoire de Paris ; 4me partie : Histoire de France », id., Barba, 1852 ; « Le Rosier », opéra-comique en un acte, musique de M. Henri Potier, id., Lévy frères, 1859, 2me éd., id., id., 1862 ; « Histoire anecdotique de la Fronde, 1648 à 1653 », insérée, en 1859, dans la *Revue française*, et publiée en volume, Paris, Librairie nouvelle, 1860; « Histoire du Piémont et de la maison de Savoie », id., Havard, 1860; « Histoire inédite des papes depuis Saint-Pierre jusqu'à nos jours », id., id., id.; « Histoire populaire des papes depuis Saint-Pierre jusqu'à la proclamation du royaume d'Italie, 32-1861 », id., Dentu, 1861; « La Régence galante », id., id., id.; « Le roman de la plage », id., id., id.; « Mémoires du peuple français depuis son origine jusqu'à nos jours », 8 vol., id., Hachette, 1865-1873, ouvrage couronné par l'Académie française; « L'Ancien Boulevard du Temple », id., Librairie de la Société des gens de lettres, 1873; « Histoire de la mode en France. La Toilette des femmes depuis l'époque gallo-romaine jusqu'à nos jours », id., aux bureaux du *Magasin des Demoiselles*, 1874, nouvelle éd., id., Hennuyer, 1880; « Les Amuseurs de la Rue », id., Ducroy, 1875; « Le Roi d'une île déserte. Le lierre de Criquebœuf », id., Librairie de la Société des Gens de lettres, 1875, nouvelle éd., id., Martin, 1882; « Les légendes de la place Maubert », id., Lemerre, 1877; « Les Revenants de la place de Grève », id., id., 1879; « Colbert », id., H. E. Martin, 1880; « La France et les Français à travers les siècles », id., Roy, 1883; « Précis d'histoire de France depuis les origines jusqu'à 1883 », id., Lemerre, id.; « Récits d'autrefois: les Grandes Compagnies. Les Étudiants au moyen-âge », id., Delagrave, 1884; « Souvenirs d'un hugolâtre: la génération de 1830 », id., Jules Lévy, 1885; « Histoire de la liberté en France, depuis les origines jusqu'à 1789 », id., Jouvet, 1886; « Histoire de la liberté en France depuis 1789 jusqu'à nos jours », id., id., id.; « La France à vol d'oiseau au moyen-âge », id., Delagrave, 1887. — M. Challamel a signé quelques uns de ses écrits du nom de JULES ROBERT.

Challemel-Lacour (Paul-Amand), illustre publiciste et homme politique français, né à Avranches (Manche), le 19 mai 1827; il fit ses études au lycée Saint-Louis, puis entra à l'Ecole normale, en 1846, et en sortit, premier agrégé de philosophie, en 1849. Nommé cette même année professeur de philosophie au lycée de Pau, et, en 1851, au lycée de Limoges, il fut, au moment du 2 décembre, signalé pour ses opinions républicaines, emprisonné à Paris pendant quelques mois, puis expulsé de France, en 1852. Il se retira en Belgique, où il fit des conférences à Bruxelles et à Anvers. Après avoir voyagé en Allemagne et en Italie, il devint, en 1856, professeur de littérature française au *Polytechnicum* de Zurich, rentra en France trois ans après, lors de l'amnistie, et tenta de faire à Paris un cours public sur les beaux-arts, bientôt interdit par l'autorité. Chargé plus tard, avec M. Scherer, de la critique littéraire dans le *Temps*, il collabora aussi à la *Revue nationale*, à la *Revue des cours publics*, etc., fut directeur de la *Revue moderne* pendant plusieurs années, et quelques mois gérant de la *Revue des Deux Mondes* après la mort de V. de Mars. A la fin de 1868, il fut poursuivi comme directeur de la *Revue politique* à propos de la souscription Baudin. — Nommé préfet du Rhône, quelques jours après l'insurrection du 4 septembre 1870, et commissaire de la République, il conserva cette situation pendant toute la durée de la guerre. Après le vote des préliminaires de paix (5 février 1871), il donna sa démission. Le 7 janvier 1872, après avoir accepté un mandat impératif, il fut élu représentant des Bouches-du-Rhône à l'Assemblée nationale, et prit place à l'extrême gauche et révéla en plusieurs occasions une éloquence politique de premier ordre. En janvier 1876, il fut élu sénateur par le département des Bouches-du-Rhône. Le 14 janvier 1879, il était nommé ambassadeur de France auprès de la Confédération suisse, puis, au mois de juin 1880, envoyé, en la même qualité, à Londres, où sa nomination donna lieu à une discussion des plus vives au sein de la Chambre des Communes. Le 21 février 1883, lors de la formation du cabinet Ferry-Waldeck-Rousseau, il était appelé au Ministère des Affaires Étrangères; le 20 novembre de la même année, il devait, pour raison de santé, quitter le ministère. Réélu sénateur des Bouches-du-Rhône au mois de janvier 1885, M. Challemel-Lacour n'a plus reparu à la tribune. Outre de nombreux articles sur la politique, les beaux-arts, le théâtre, la littérature, en particulier la littérature allemande et la philosophie, M. Challemel-Lacour a publié dans la *Bibliothèque de philosophie contemporaine*: « La Philosophie individualiste, étude sur Guillaume de Humboldt », Paris, Germer Baillière, 1864. Il a donné une traduction de « l'Histoire de la Philosophie », de Ritter, avec une introduction, 3 vol., 1861, et édité les « Œuvres de Mme d'Epinay », avec une introduction, 2 vol., Paris, Santon, 1869. — Ajoutons que M. Challemel-Lacour a été, pendant plusieurs années, rédacteur en chef de la *République française*.

Chalon (Jean-Charles-Antoine), écrivain belge, né, à Namur, le 6 juillet 1846. Docteur ès-sciences naturelles, professeur à l'École normale et à l'École industrielle de Namur, M. Jean Chalon a donné des études de science pure au *Bulletin de la Société royale belge de botanique*, à *La Belgique horticole*, aux *Mémoires de la Société des lettres, des sciences et des arts du Hainaut*; il a collaboré à la *Revue trimestrielle* de Bruxelles et aux journaux pédagogiques bruxellois *L'Abeille* et *L'Avenir*, aux *Annales de l'Union des artistes* et au *Journal de Liège*, à *L'Organe de Namur*, à *L'Opinion libérale*, au

Coopérateur et aux *Annales* du Cercle artistique de la même ville ; et il a fait paraître les ouvrages suivants, traitant avec un égal bonheur le roman, le récit de voyage, le manuel didactique, ou le livre de vulgarisation scientifique : « La Vie d'une plante », Namur, 1871; « Mademoiselle Houlart », Namur, 1875; « En Cherchant des trilobites », Liège, 1878 (les deux romans dont nous venons de reproduire les titres ont obtenu chacun une mention honorable dans les concours de la Société des lettres, des sciences et des arts du Hainaut); « Mon Carnet », 1re partie, Liège, 1875; 2me partie, Mons, 1876 (souvenirs d'un voyage en Italie, en Egypte, en Tunisie); « En attendant Bébé », Verviers, 1879; « Aux Pyramides », id., 1880; « Un mois en Tunisie », id., 1880; « Mes Vacances en Suisse », 1881; « Chimie, zoologie et botanique », Mons, 1881 (complété au moyen d'un supplément, puis refondu et devenu un excellent « Manuel de sciences naturelles », arrivé, en 1887, à sa 4e édition) ; « Quelques expériences de chimie », Verviers, 1883 ; « Résumé de cosmographie », id., 1883 (réimprimé sous le titre : « Le Monde tel qu'il est »); « Les premiers âges de la terre et l'homme fossile », Bruxelles, 1883; « Souvenirs d'Alger », id., 1885; « Zoologie systématique », Mons, 1885; « Naples, 1874-1886 », id., 1886; « Une excursion dans le règne minéral », id., 1886; « Lisons! », Namur, 1888 (morceaux choisis de littérature). — Beaucoup de ces livres ont eu les honneurs de la réimpression, notamment ceux publiés à Verviers dans la collection d'ouvrages populaires, fondée par M. Ernest Gilon et connue sous le nom de *Bibliothèque Gilon*.

Chalon (Renier-Hubert-Ghislain), numismate, historien et bibliophile belge, né, à Mons, le 4 décembre 1802. M. Renier Chalon est, sans contredit, l'un des savants qui honorent le plus la Belgique et dont la réputation est le mieux établie à l'étranger. Reçu avocat après la soutenance d'une thèse : « De qualitatibus et conditionibus ad ineundas nuptias jure civili requisitis », Louvain, 1824, il fut plus tard receveur des contributions directes à Bruxelles, et peu à peu, grâce à ses beaux travaux, il devint président de la Société des bibliophiles de Mons, vice-président de la Commission royale des monuments, membre de l'Académie royale de Belgique, des Sociétés numismatiques de Londres et de Vienne, et de bien d'autres corps savants. On l'a vu longtemps à la tête de la Société royale belge de numismatique, dont il est un des fondateurs, et de la *Revue belge de numismatique*, qui renferme de lui, ainsi que la *Revue française de numismatique*, une masse énorme de communications. L'œuvre numismatique de M. R. Chalon est, au reste, trop considérable, pour que nous puissions songer à l'analyser ici : nous renvoyons le lecteur à la « Bibliographie de la numismatique belge », de M. Cumont, nous bornant à mentionner deux magnifiques publications : les « Recherches sur les monnaies des Comtes du Hainaut », Bruxelles, 1848, complétées par des suppléments, publiés en 1852, 1854 et 1857; et les « Recherches sur les monnaies des Comtes de Namur », Bruxelles, 1860, complétées par un supplément, publié en 1870. Pour la Société des bibliophiles de Mons, notre auteur a publié : « la Chronique du bon chevalier messire Gilles de Chin », Mons, 1837, et « Les mémoires de messire Jehan, seigneur de Haynin et de Louvignies », id., 1842. Enfin, il a donné des articles nombreux dont beaucoup ont été tirés à part et qui tous – la chose vaut certes d'être signalée – présentent un vif intérêt, au *Bulletin du Bibliophile*, au *Bibliophile belge*, au *Messager des sciences historiques*, à la *Revue d'histoire et d'archéologie*, aux *Mémoires*, au *Bulletin* et à l'*Annuaire* de l'Académie royale de Belgique, aux *Mémoires* de la Société des lettres, des sciences et des arts du Hainaut, au *Bulletin* de l'académie d'archéologie de Belgique, au *Bulletin* des Commissions royales d'art et d'archéologie, aux *Archives du nord de la France*, etc. Ajoutons que, chez M. R. Chalon, l'esprit et l'humour s'allient à la science et à l'érudition : il n'est personne dans le monde des lettres qui ne connaisse quelqu'une de ses spirituelles mystifications. Le fameux « Annuaire agathopédique et saucial », le compta parmi ses collaborateurs (voir Quérard, « Les Supercheries littéraires », vo *Rabonis*); le « Catalogue de la bibliothèque de M. de Fortsas », Mons, 1840, plusieurs fois réimprimé en Belgique et en France, et resté si célèbre parmi les bibliophiles, fut son œuvre; et il ne faut point chercher d'autre auteur que lui aux deux brochures, tout aussi fantaisistes, dont voici les titres : « De la vitesse relative et anaclastique de l'akinésie d'un corps solide en repos », Morlanwetz, 1840; « Recueil de documents et de mémoires relatifs à l'étude spéciale des boutons et fibules de l'antiquité, du moyen âge, des temps modernes et des autres époques, publiés par la Société nationale de boutonistique », Saint-Gilles, Bruxelles, 1851.

Chalubinski (Titus), médecin polonais, né, en 1820, à Choeivo. Il étudia la médecine à l'Université de Dorpat et prit ses degrés à Wurtzbourg. De 1847 à 1849, il fut médecin en chef à l'Hôpital évangélique de Varsovie, et en 1859, il fut élu professeur à l'Université de la même ville, mais quatre ans plus tard, la langue russe étant devenue obligatoire pour l'enseignement universitaire, il quitta sa chaire. M. Chalubinski est aujourd'hui un des meilleurs praticiens de Varsovie, et il y jouit d'une considération fort méritée. On lui doit entr'autres : « Indications sur la manière de reconnaître les maladies et de les traiter », 1847; « La méthode de trouver les indications médicales », 1874 ; « La fièvre intermittente », 1875 ; « Grimineae tatrenses », 1882 ; « Enumeratio muscorum frondosorum tatrensium », 1886.

Chamard (le R. P. Dom François), bénédictin français de l'abbaye de Ligugé (Vienne), né, à Cholet (Maine-et-Loire), en 1828. On lui doit : « Les Vies des saints personnnages de l'Anjou », 3 vol., Paris, Lecoffre, 1862-63 ; « Saint-Martin et son monastère de Ligugé », Poitiers, Oudin, 1873 ; « Les Églises du monde romain, notamment celles des Gaules, pendant les trois premiers siècles », Paris, Palmé, 1877 ; « Correspondance inédite concernant la Vendée militaire », Angers, Germain et Grassin, 1880 ; « Les origines de la Gaule », Ligugé, chez l'auteur, 1881 ; « Les Reliques de Saint-Benoît », id., id., 1882 ; « Les Papes au VI° siècle », id., id., 1885.

Chamberlain (Joseph), homme politique anglais, né, à Londres, en 1836. D'abord associé dans une importante maison de commerce de Birmingham, il se retira des affaires en 1874. En 1876, il fut élu député par la ville de Birmingham, dont il avait déjà été plusieurs fois maire. Au parlement, il attira sur lui l'attention par ses opinions avancées. Ayant été réélu député, en 1880, il fut appelé, peu après, par M. Gladstone, à faire partie du cabinet comme président du *Board of Trade*. Il conserva son portefeuille jusqu'en 1885. Malgré quelques dissentiments avec Gladstone, il accepta de nouveau le même ministère dans le cabinet du 8 février 1886. Mais il le garda peu de temps, car il ne put s'entendre avec M. Gladstone sur la question irlandaise et il donna sa démission le 27 mars 1886. M. Chamberlain est président de la ligue nationale d'enseignement et d'éducation. Il a publié plusieurs études remarquables dans la *Fortnightly Review*, parmi lesquelles nous citerons : « The liberal Party and its Leaders », septembre, 1873 ; « The Next Page in the Liberal Programme », octobre, 1874 ; « The Right Method with the Publicans », mai, 1876. — Il n'est pas à confondre avec M. John Chamberlain, sinologue et yamatologue éminent, qui dirige et publie les *Mémoires de l'Académie Impériale de Tokio* au Japon.

Chamberland (Charles-Édouard), savant français, né, à Chilly-le-Vignoble (Jura), le 12 mars 1851. Ancien élève de l'École normale supérieure, agrégé de physique et docteur ès-sciences (1879), il ne voulut pas entrer dans l'Université, mais il fut l'un des collaborateurs les plus actifs de M. Pasteur, dans les recherches auxquelles se livra cet illustre savant sur les fermentations charbonneuses et l'inoculation du virus rabique. Le 18 octobre 1885, il fut élu député sur la liste républicaine radicale, dans son département natal. Outre des « Mémoires », écrits en collaboration avec MM. Pasteur, Thuil-

lier et Roux, et publiés dans les *Comptes-Rendus de l'Académie des Sciences*, on lui doit : « Recherches sur l'origine et le développement des organismes microscopiques », 1879 ; « Le Charbon et la vaccination charbonneuse d'après les travaux récents de M. Pasteur », Paris, Tignol, 1883 ; « Les Eaux d'alimentation dans l'hygiène et les maladies épidémiques », id., id., 1885.

Chambeyran (Léon), marin et hydrographe français, né, à Anse (Rhône), le 15 décembre 1827. Sorti de l'école navale, en 1845, M. C. a été, pendant 30 ans et demi de navigation, chargé de diverses missions hydrographiques ; aujourd'hui il est à la retraite avec le grade de capitaine de vaisseau. On lui doit : « Cartes particulières et plans d'une très grande partie des côtes et récifs de Nouvelle Calédonie » ; « Notions d'hydrographie ou hydrographie pratique », Paris, Berger-Levrault, 1881 ; « Théorie des carrés magiques », Lorient, Baurnal, 1887.

Chambrier (James de), écrivain suisse, né, à Neuchâtel, le 18 novembre 1830, d'une famille qui a joué un rôle important dans les affaires publiques du pays et tient une place distinguée dans ses annales littéraires, fils du baron Alexandre de Chambrier, général au service de Prusse, neveu de Frédéric de Chambrier, le docte auteur de l'*Histoire de Neuchâtel et Valangin*, frère de M. Alfred de Chambrier, professeur d'histoire à l'Académie de Neuchâtel et oncle de la jeune fille poète Mlle Alice de Chambrier, morte le 20 décembre 1882. — Il fit ses études à Neuchâtel, en Allemagne, et à Paris, s'occupa de recherches assidues dans les bibliothèques et entreprit de longs voyages visitant Vienne, Constantinople, Athènes, la Russie, l'Italie, l'Espagne, l'Algérie. Nous citerons de lui : « Marie-Antoinette, reine de France », 2 vol., Paris, Hachette, 1868 ; 2me éd., id., Didier, 1871 ; « Un peu partout », une suite de récits, de paysages et d'étude de mœurs : 1er vol. : « Du Danube au Bosphore », Paris, Didier, 1872 ; 2e vol. : « Du Bosphore aux Alpes », id., id., 1874 ; 3e vol. : « Du Jura à l'Atlas », Neuchâtel, Sandoz et Thuillier, 1873 ; 4e vol. : « D'Alger à Madrid », id., id., 1885 ; « Rois d'Espagne de Charles IV à Alphonse XII », Paris, Monnerat, 1888. — Un sien cousin, M. Frédéric de Chambrier, né, à Neuchâtel, en 1817, a publié : « Les mensonges historiques sur Neuchâtel », Neuchâtel, Berthoud, 1880.

Champfleury, pseudonyme usuel de l'écrivain français Jules-François-Felix HUSSON-FLEURY, né, le 10 septembre 1821, à Laon, où son père était secrétaire de la mairie ; il fit des études incomplètes, puis fut employé dans les bureaux de son père. Il entra ensuite dans une maison de librairie de Paris, et se lia avec une société de jeunes gens, dont quelques uns acquirent de la réputation, tels que MM. Pierre Dupont, Murger, de Banville, Courbet, Banvil-

etc., qui travaillaient péniblement à s'ouvrir une voie dans le journalisme ou dans les arts; plus tard, il a raconté lui-même les joies et les misères de ce temps d'épreuves dans les « Confessions de Sylvius », Paris, Bry, 1849, et ensuite dans « Les Aventures de Mariette », parues pour la première fois à Paris, chez Lecou, en 1856, et rééditées ensuite maintes et maintes fois. Il débuta dans les lettres, sous le nom de Cabrion, au journal le Tam-Tam (1843), puis il mit au bas de quelques biographies publiées dans le Journal de l'Aisne (1844), et d'un article de l'Artiste (1844), intitulé: « Une visite au Louvre », son nom véritable de Jules Fleury. — A partir de cette époque, il adopta le pseudonyme qui figure en tête de cette notice. Ce fut Arsène Houssaye qui, trouvant le nom de Champfleury plus élégant, plus fleuri, plus XVIIIe Siècle enfin, aurait engagé son rédacteur à le substituer au sien propre. Voici ce qu'on lit, à ce propos, dans la Lorgnette littéraire du regretté Charles Monselet : « La manie dominante de M. Hous-
« saye consistait à rebaptiser ses rédacteurs :
« de M. Jules Fleury il a fait Champfleury ; de
« M. Hippolyte Castille, le chevalier Castille ;
« il a obligé M. Aubryet à s'appeler Aubryet
« avec un y. Nous-même nous n'avons pas été
« à l'abri de ses tentatives euphoniques. Lors-
« que nous allions corriger nos épreuves, il
« nous arrivait de trouver notre nom ortogra-
« phié tantôt Moncelé (comme Franjolé) tantôt
« Charles de Monselay, et c'étaient de vérita-
« bles combats pour obtenir le restitution du
« nom de nos pères ». Ce fut sous ce pseudonyme de Champfleury qu'il inséra dans l'Artiste une foule d'esquisses, de nouvelles et de fantaisies, dont la plupart ont été reproduites dans ses Contes (Voyez plus bas). En 1840, M. C. publia, avec ses amis Baudelaire et Toubin, un journal politique, le Salut public qui n'eut que deux numéros et dont tous les articles étaient anonymes. Dans la même année, il collabora activement au journal hebdomadaire La Silhouette et y inséra notamment un grand nombre d'articles sur les beaux-arts, signés Bixiou. On trouve aussi quelques articles de lui signés Bloomfield (traduction anglaise de son pseudonyme) et Lhôte. Lorsque Marcelin fonda la Vie parisienne, Champfleury prit une part active à sa rédaction, signant d'abord ses articles de son nom entier, puis simplement de ses initiales. Une nouvelle de lui, donnée à ce journal, « Le Comédien Racle », (25 juin 1864) est signée Molinchart, nom emprunté à la ville imaginaire dans laquelle se passe le remarquable roman du même auteur: Les Bourgeois de Molinchart. Toujours dans la Vie Parisienne, il faut mettre à l'actif de Champfleury les notes anonymes sur Proudhon (20 janvier 1865) — Quelques écrivains, Nodier, Jules Janin, Th. Gau-

tiers, etc. vaient mis à la mode l'humble scène des Funambules; M. C. se passionna lui aussi pour Pierrot et Colombine, et ses pantomimes, interprétées par M. Paul Legrande, attirèrent la foule. Nous citerons: « Pierrot valet de la mort », 1846, qui fut son début; « La Reine des carottes », 1848; « Les Trois filles à Cassandre », 1849; et « Trois Pierrots », 1850. Toutes ses pantomimes, imprimées à peu d'exemplaires et devenues rarissimes, excitèrent vivement, au moment de leur représentation, l'attention des délicats; Théophile Gautier s'en occupa longuement dans ses feuilletons de la Presse qu'on trouvera en partie réimprimés dans les curieux « Souvenirs des Funambules » de Champfleury, Paris, Lévy, 1859. — En 1848, M. Champfleury figura parmi les fondateurs de l'Évènement, auquel il fournit peu d'articles; en 1849, il donna à la Voix du Peuple de Proudhon « Les Vies de Noël », roman rustique publié ensuite à part chez Hachette, en 1853. En 1858, il publia une Gazette de Champfleury, du format des Guêpes, et dont deux numéros seulement parurent. En mars 1872, il a été nommé chef des collections de la manufacture de Sèvres qu'il a réorganisées et dont il a dressé le catalogue; le 15 juillet 1887, il a été nommé administrateur adjoint de cette importante manufacture. Outre les publications ci-dessus mentionnées, nous citerons encore de ce très fécond écrivain : « Feu Miette. Fantaisies d'été », Paris, Martinon, 1847; « Pauvre Trompette. Fantaisie de printemps », id., Sartorius, id.; « Chien-Caillou. Fantaisies d'hiver », id., tentative bien marquée de réalisme que V. Hugo déclara un chef-d'œuvre; « Essai sur la vie et l'œuvre des Le Nain, peintres laonnois », id., Didron, 1850; « Contes domestiques », id., Lecou, 1852; « Les Excentriques », id., Lévy frères, id.; « Contes vieux et nouveaux », id., id., 1853 ; « Contes d'été », id., Lecou, 1853 ; « Contes d'automne », id., id., 1854; « Les Bourgeois de Molinchart », 3 vol., id., Locard-Davy, 1856, tableau satirique de mœurs provinciales, qui contribua le plus à la réputation de l'auteur comme chef de l'école réaliste; « Les Deux Cabarets d'Auteuil. Un inventeur de provinces », id., Martinon, 1855; « Les peintres de Laon et de Saint-Quentin, De la Tour », id., Didron, 1855; « Monsieur de Bois d'hyver », 5 vol., id., Cadot, 1856; « Grandeur et décadence d'une serinette », id., Blanchard, 1857; « Le Réalisme », id., Lévy frères, 1857; « Les Souffrances du prof. Delteil », id., id., 1857; « Les premiers beaux jours », id., id., 1858; « L'usurier Blaizot », id., id., id.; « La Succession Le Camus. Misères de la vie domestique », id., Cadot, id.; « Les amis de la nature; précédé d'une caractéristique des œuvres de l'auteur par Edmond Duranty », id., Poulet-Malassis, 1859; « Les Amoureux de Sainte-Périne », id.,

Librairie nouvelle, 1859; « Les Sensations de Josquin », id., Lévy, id.; « Richard Wagner », id., Librairie nouvelle, 1860; « La Mascarade de la vie parisienne », id., Lévy frères, 1860; « Chansons populaires de France », id., Plon, id.; « De la littérature populaire en France. Recherches sur les origines et les variations de la légende du Bonhomme Misère », id., Poulet-Malassis, 1861; « Grandes figures d'hier et d'aujourd'hui, Balzac, Gérard de Nerval, Wagner, Courbet », id., id., id.; « Le Violon de faïence. L'Avocat qui trompe son client. Les amis de la nature. Les enfants du professeur Turk », id., Hetzel, 1862; « Les peintres de la réalité sous Louis XIII. Les frères Le Nain », id., Vve Renouard, 1862; « Les bons contes font les bons amis », id., Truchy, 1863; « Les Demoiselles Tourangeau; journal d'un étudiant, suivi de la Princesse au rire de mouette », id., Lévy frères, 1864; « Histoire de la caricature antique », id., Dentu, 1865; « Histoire de la caricature moderne », id., id., id.; « La Pantomime de l'avocat », id., Librairie centrale, id.; « Histoire des faïences patriotiques sous la Révolution », id., Dentu, 1866; « Ma tante Péronne », id., Faure, id.; « Monsieur Tringle », id., Dentu, id.; « La Comédie Académique. La Belle Paule », id., Librairie internationale, 1867; « L'Hôtel des commissaires priseurs », id., Dentu, 1867; « Les Chats, histoire, mœurs, observations, anecdotes », id., Rothschild, 1868 ; « Histoire de l'imagerie populaire », id., Dentu, 1869; « De quelques monuments inédits de la caricature antique. Lettre à M. Mérimée », id., Claye, 1869; « Introductions aux *Oiseaux chanteurs des bois et des plaines*, imité de l'allemand par Ernouf », id., Rothschild, 1869; « L'Avocat Trouble Ménage », id., Dentu, 1870 ; « Histoire de la caricature au moyen-âge », id., id., 1871; « Les Enfants, éducation, instruction, ce qu'il faut faire savoir aux hommes et aux femmes », id., Rothschild, 1872; « Souvenirs et portraits de jeunesse. Mürger, Courbet, Baudelaire, Bonvin, Proudhon, Veuillot, Victor Hugo, Sainte-Beuve », id., Dentu, id.; « Histoire de la Caricature sous la République, l'Empire et la Restauration », id., id., id.; « Madame Eugénie. Histoire du lieutenant Valentin. Le Marronnier. Les Bras de la Venus de Milo. Les deux amis. La Sonnette de M. Berloquin », id., Charpentier, 1874; « La vie et l'œuvre de Chintreuil », en collaboration avec La Fizelière et Henriet, id., Cadart, 1874; « Documents pour servir à la Biographie de Balzac. I. Balzac propriétaire », id., J. Baur, 1875; « Le Secret de M. Ladureau », id., Dentu, id.; « La Pasquette », id., Charpentier, 1876; « Contes de bonne humeur, La Petite Rose », id., Dentu, 1877; « Documents pour servir à la biographie de Balzac: 1re partie: Balzac au collège ; 2me partie: Balzac, sa méthode de travail, étude d'après ses manuscrits », id., Patay, 1878; « Henri Monnier, sa vie, son œuvre, avec un catalogue complet de l'œuvre », id., Dentu, 1879; « Histoire de la caricature sous la Réforme et la Ligue », id., id., 1880; « Bibliographie céramique; nomenclature analytique de toutes les publications faites en Europe et en Orient sur les arts et l'industrie céramiques depuis le XVIe Siècle jusqu'à nos jours », id., Quantin, 1881; « Contes de bonne humeur. Surtout n'oublie pas ton parapluie », id., Dentu, 1881; « Fanny Minoret », id., id., 1882; « Les Vignettes romantiques. Histoire de la littérature et de l'art (1825-1840) », id., id., 1883; « Le baron Charles Davillier et ses collections céramiques léguées par lui au musée de Sèvres », id., Ménard, 1883; « La Comédie de l'apôtre », id., Dentu, 1886; « La fille du chiffonnier », pièce en 4 actes, id., Edinger, 1887; « Les artistes célèbres. La Tour », id., Rouam, id.; « Histoire et description des trésors d'art de la manufacture de Sèvres », id., Plon, id.; « Nouvelles études sur l'art et la littérature romantique. Le drame amoureux de Célestin Nanteuil », id., Dentu, 1887. « Le Musée secret de la caricature », id., id., 1888. — Ajoutons que la plus grande partie des ouvrages que nous venons de citer ont été maintes fois réédités. M. Champfleury a traduit de l'allemand, les « Contes posthumes », de Hoffmann et il a inséré nombre de curieux articles dans la revue *Le Livre* sur les écrivains à demi oubliés de la période romantique.

Champier (Victor), littérateur français, né à Feurs (Loire), le 3 octobre 1851. Après avoir terminé ses études à Paris, il se prépara à embrasser la carrière du barreau et, tout jeune encore, se trouva mêlé à la société littéraire qui, à la fin du second empire, représentait les idées libérales. En 1868, il devint le secrétaire de M. Vapereau, l'auteur du *Dictionnaire des Contemporains*, jusqu'en 1874, et resta étroitement associé à ses travaux, notamment au *Dictionnaire des littératures*, donnant, en même temps une collaboration active à diverses publications, telles que le *Dictionnaire du XIXe siècle*, critique littéraire et artistique, au *Journal de la jeunesse*, au *Magasin pittoresque*, au supplément du *Dictionnaire de la conversation*, (librairie Didot), à la *Petite Presse*, où il publia des nouvelles et un roman historique remarqué sur le faux Louis XVII, intitulé « les mystères d'un Dauphin de France ». A la fondation de la revue illustrée, l'*Art* (1875), il devint secrétaire à la rédaction de ce journal et rédacteur en chef d'une sorte de magazino, fondée par l'éditeur Decaux, qui eut un moment un grand succès, le *Musée Universel*. Plus d'un écrivain, aujourd'hui célèbre, a débuté dans ce recueil, par exemple M. de Maupassant, sous le pseudonyme de *Moraus*. M. C. y donna, pendant les deux années de sa direction, sous le pseudonyme de *Cyrano*, une chronique hebdomadaire et nombre d'études critiques, signées soit de son nom, soit des pseudonymes A. *Balmont* et *L. Francoeur*. Dans le journal l'*Art*, les articles de M. C., sur l'administration des Beaux-Arts, lui acquirent rapidement une réputation de compétence, qui lui assura dans ces questions une autorité spéciale. En 1878, nommé secrétaire de la société qui s'était formée pour créer, à Paris, un Musée des arts décoratifs, aujourd'hui en pleine voie de prospérité, M. C. se démit de ces fonctions pour se consacrer tout entier à un recueil intitulé la *Revue des Arts décoratifs*, ayant pour objet la propagande la plus active de ses idées relatives à l'enseignement de l'art appliqué à l'industrie. M. C., après avoir été chargé du compte-rendu du Salon à la *Revue de France* (1879), puis au *Moniteur Universel*, où il succéda, pour la critique d'art, à Paul de Saint-Victor, fut nommé secrétaire général de ce journal et, en cette qualité, donna de 1880 à 1887, la collaboration la plus variée et la plus active à l'ensemble des publications dirigées par Paul Dallaz, soit qu'il signât du nom de *Robinson*, dans le *Petit Moniteur*, des chroniques quotidiennes (1885-1887), soit qu'il rédigeât à lui seul une revue hebdomadaire l'*Art contemporain* (1880-83), ou qu'il insérât dans le *Moniteur*, presque tous les jours, des articles de fantaisie ou de critique. Parmi les ouvrages publiés par M. V. Champier, il faut citer : « L'année artistique », 1878-1883, 4 vol., Paris, Quantin; « Le Musée du Louvre. Modèles d'art décoratif d'après les dessins originaux des maîtres anciens », id., id., 1882 ; « Le mobilier moderne », id., id., 1884 ; « Les Anciens Almanachs illustrés », id., Frinzine, 1885; à ces publications, il faut ajouter un grand nombre d'articles, qui ont paru dans la *Nouvelle Revue*, l'*Art*, le *Dictionnaire des antiquités grecques et romaines*, le *Dictionnaire de l'Industrie*, la *Revue des Arts décoratifs*, etc.

Champion (Paul), professeur et littérateur français, né, à Nogent (Haute-Marne), en 1853. Après avoir enseigné à Valence, Bayonne et Belfort, il est actuellement professeur d'histoire au Lycée de Lons-le-Saulnier. Il a publié: « Géographie normale » ; « Petite géographie du département du Jura », Lons-le-Saulnier, A. Bertrand, 1887; « Le Canada », monographie, avec cartes, Paris, Palmé, 1887, dans la collection des *Voyages et Découvertes géographiques*, publiée sous la direction du comte de Bizemont et de M. Cortambert. M. Paul Champion, entre autres travaux, prépare un « Cours de géographie », en 3 volumes, dont la première partie est sous presse.

Champneys (Basile), architecte anglais, né en 1842. Il fit ses études à l'Université de Cambridge, où il prit ses grades, en 1864; puis il étudia l'architecture sous la direction de John Pritchard. M. C. a construit plusieurs édifices publics à Cambridge, à Oxford, à Harrow, et à Londres, qui lui doit le monument Fawcoel. Il a construit aussi plusieurs églises, élevé un grand nombre d'hôtels particuliers, et restauré plusieurs édifices anciens. Outre quelques publications professionnelles, on lui doit: « A Quiet Corner of England », 1875.

Champoiseau (Charles-François-Noël), membre du corps consulaire français, né, le 1er mai 1830. Successivement vice-consul ou consul de France, à Redoute-Kaleh, à Philippopoli, à Andrinople, à Janina, à la Canée, à Bilbao, à Galatz, à Bâle, à Messine, à Livourne, à Turin et à Smyrne, il est, depuis 1887, consul-général de France à Naples. Son nom reste attaché à la découverte de la *Victoire*, de Samothrace, cette merveilleuse statue qu'on voit au musée du Louvre. Il était chargé du consulat de France à Andrinople, lorsqu'il obtint une subvention du gouvernement impérial pour faire des fouilles dans l'île de Samothrace (1863). Il recueillit des inscriptions, des bas-reliefs et découvrit près du portique d'un grand temple la statue de la Victoire. Rappelé à Andrinople par des affaires de famille, en 1878, il put embarquer et amener en France les marbres qui forment le piédestal de la statue. Il a publié un historique de sa découverte dans la *Revue archéologique* de 1880.

Champollion-Figeac (Aimé), archiviste français, – fils de J. J. C. F. (1778-1867), l'archéologue bien connu, et neveu de Champollion le jeune (1790-1832), le célèbre égyptologue – est né, à Grenoble, en 1813. M. Aimé C. F., qui est chef du bureau des archives départementales au Ministère de l'Intérieur et membre du Conseil général de l'Isère, a publié : « Louis et Charles, ducs d'Orléans, leur influence sur les arts, la littérature et l'esprit de leur siècle, d'après les documents originaux et les peintures des manuscrits », 3 parties en 2 vol., Paris, Comon, 1844 ; « Captivité du roi François I », id., Didot, 1847, fait partie de la *Collection des documents inédits sur l'histoire de France* ; « Poésies du roi François I, de Louise de Savoie duchesse d'Angoulême, de Marguerite reine de Navarre, et correspondance intime du roi avec Diane de Poitiers et plusieurs autres dames de la cour », id., id., id. ; « Droits et usages concernant les travaux de constructions publics ou privés sous la troisième race des rois de France, palais, châteaux, cathédrales, églises, forteresses, hospices, prisons, etc. (987-1380). D'après les chartes et autres documents originaux », Paris, Leleux, 1860 ; « Les Archives départementales de France. Manuel de l'archiviste, des préfectures, des mairies et des hospices, contenant les lois, décrets, circulaires, etc., relatifs au service des archives ; précédé d'une introduction historique sur les archives publiques anciennes et modernes », Paris, Dumoulin, 1860 ; pendant plusieurs années, à partir de 1860, M. C. F. a publié, chez le même éditeur, un « Annuaire de l'archiviste des préfectures, des mairies et des hospices, pour faire suite au Manuel de l'archiviste ». On lui doit encore : « Dumolard, représentant de l'Isère à l'Assemblée législative de 1791 et la momie du maréchal de Turenne », Grenoble, Drevet, 1876 ; « Chroniques dauphinoises et documents inédits relatifs au Dauphiné pendant la Révolution », 1e série : « les Savants du département de l'Isère et la Société des sciences, des lettres et des arts de Grenoble (1794-1810) », Vienne, Savigné, 1880 ; 2e série : « l'Ancien Régime et la Révolution (1750-1788) », Grenoble, Grattier et Savigné, 1884 ; 3e série : « Première période historique. Les États du Dauphiné et la Révolution (1788-1794) », Paris, Picard, 1887 ; « Les deux Champollion, leur vie et leurs œuvres, leur correspondance archéologique relative au Dauphiné et à l'Égypte. Étude complète de biographie et de bibliographie, 1778-1867, d'après des documents inédits », Paris, Champion, 1888. — M. C. F. a encore publié les « Poésies » du duc Charles d'Orléans ; « les Mémoires » de Mathieu Molé, et ceux du cardinal de Retz.

Champsaur (Félicien), littérateur français, né, à Turriers (Basses-Alpes), en 1858. M. C. a trente ans à peine ; et ses œuvres, à ce jour, sont déjà nombreuses. Citons : « Dinah Samuel », roman, Paris, Ollendorff, 1882 ; « Le Massacre », critique, id., Dentu, 1884 ; « Miss America », roman, id., Ollendorff, 1885 ; « Le Cœur », roman, id., Havard, 1886 ; « Entrée de clowns », nouvelles, id., id., id. ; « Le cerveau de Paris », critique, id., Dentu, id. ; « Les Bohémiens », ballet lyrique, 1887 ; « Parisiennes », poésies, id., Lemerre, id. ; « Le Défilé », critique, id., Havard, id. ; « L'amant des danseuses », roman, id., Dentu, 1888 ; « Les Éreintés de la vie » pantomime en un acte, id., id., id. Débarqué à Paris, en 1877, venant de Provence, mêlé au mouvement du quartier latin, à l'époque du centenaire de Voltaire, il fonda, à cette occasion, une petite feuille intitulée *Les Écoles*. Il écrivit, ensuite, à la *Lune Rousse*, au *Réveil*, à la *Marseillaise*. Puis, il fonda, avec André Gill, une publication hebdomadaire *Les Hommes d'aujourd'hui*. Après ces débuts, il entre à la *Vie Littéraire*, il écrit des chroniques remarquées, au *Voltaire*, au *Gaulois*, à l'*Évènement*, au *Figaro*, où il apporte une note nouvelle et bien moderne.

Champseix (Madme Léonie, née BÉRA), femme de lettres française, née, en 1832, à Champagné (Vienne), et connue dans le monde littéraire sous le nom d'ANDRÉ LÉO. Mlle Béra, née dans la campagne de son père, reçut une éducation sérieuse et solide. Au mois de décembre 1851, elle épousait M. Pierre-Grégoire Champseix, ancien rédacteur de la *Revue sociale* et de l'*Éclaireur du Centre*, qui habitait alors la Suisse en qualité de réfugié politique. En 1854, les deux époux, profitant de l'amnistie, rentrèrent à Paris. La jeune femme y fit d'abord de vains efforts pour trouver un éditeur qu'elle ne parvint à rencontrer que plus tard. Le 4 décembre 1863, elle perdait son mari. Après la chute de l'empire, elle prit fréquemment la parole dans les clubs, où elle traita des questions sociales et de l'émancipation des femmes. Elle fut parmi les partisans les plus exaltés de la Commune et fonda et rédigea un journal *La Sociale*, dans lequel elle poussait les communards à la résistance. Arrêtée peu après l'entrée des troupes à Paris, elle fut relâchée, on ne sait trop pourquoi, et passa en Suisse, où elle continua sa propagande révolutionnaire et épousa en secondes noces B. Malon, ancien membre de la Commune. Rentrée en France, après l'amnistie, elle continue à publier des romans sous le pseudonyme déjà cité et qui n'est que l'union des petits noms de deux enfants jumeaux qu'elle eut de son premier mari. Nous citerons d'elle : « Un mariage scandaleux », Paris, Hachette, 1862, 2me éd., id., Faure, 1863 ; nouvelle éd., id. Marpon et Flammarion, 1883 ; « Une vieille fille », id., Faure, 1864 ; « Les deux filles de M. Plichon », id., id., 1864 ; 3me éd., id., Hachette 1868 ; « Jacques Galéron », id., Faure, 1865 ; « Lettre d'une mère de famille à M. Duruy », id., id., id. ; « Un divorce », id., Librairie internationale, 1866 ; « L'idéal au village », id., Hachette, 1867 ; « Aline Ali », id., Librairie internationale, 1868 ; « Attendre. Espérer. Les Désirs de Marinette », id., Hachette, 1868 ; « Double histoire. Histoire d'un fait divers », id., id., id. ; « La Femme et les mœurs. Liberté ou monarchie », Paris, 1869 ; « Légendes corréziennes. Le Vieux David. Le Tisserand, le tailleur et le berger. Le Drach », id., Hachette, 1870 ; « La Guerre sociale. Discours prononcé au congrès de la paix à Lausanne », Neuchâtel, Georg, 1870 ; « La commune de Malenpis », conte, id., Librairie démocratique, 1874, qui, l'année précédente, avait paru en feuilleton dans la *République française* ; « La grande illusion des petits bourgeois », 1876 ; « Le Père Brelfort », id. ; « Grazia », 1879 ; « Traité du droit international », traduit du russe de F. Martens ; « L'Enfant des Rudère », Paris, Rouff, 1883.

Chancy (Emmanuel), écrivain haïtien, chef de bureau au ministère de la justice d'Haïti. Nous connaissons de lui : « L'Indépendance nationale d'Haïti ; étude historique contenant des appréciations nouvelles, suivie d'états inédits des sommes versées dès 1838, en exécution du traité financier du 12 février, et précédée d'une préface de M. Jeremie », Paris, Marpon et Flammarion, 1884.

Chandler (Charles-Frederick), chimiste américain, né, à Lancaster (Massachusetts É. U.), le 6 décembre 1836 ; il fit ses études au collège Harvard et ensuite aux Universités de Berlin et de Goettingue, où il prit ses grades, en 1856. En 1858, il fut nommé professeur de chimie au collège pharmaceutique de New-York, et en 1864, professeur de chimie analytique à l'École des Mines. Il fut, pendant plusieurs années, président du bureau sanitaire de la ville de New-York. En 1870, il fonda, avec son frère, l'*American Chemist*, revue mensuelle, où il insera les résultats de ses recherches. On lui doit : « The Inaugural Dissertation », 1856 ; « Report on Water for Locomotives », 1865 ; « Examinations of various Rocks and Minerals », publiés dans les *Rapports géologiques des deux États de Jowa et de Wisconsin* ; « Investigations on Mineral Waters ». — M. C. a donné en outre plusieurs articles scientifiques à l'*Universal Cyclopaedia* de Johnson, 1876-77, et il a inséré dans divers journaux et revues des articles sur la distribution des eaux dans les villes, sur le pétrole, sur la purification du gaz, etc.

Chandler (Henry-William), philosophe et helléniste anglais, né, à Londres, en 1828. Il fut élevé particulièrement et aujourd'hui il est professeur de philosophie morale à l'Université de Oxford et curateur de la Bibliothèque Bodleiènne de la même ville. On lui doit : « An Examination of Mr Jelf's edition of Aristotle's Ethics », 1866 ; « A Paraphrase of the Nicomachean Ethics of Aristotle, the First Book », 1859 ; « A Practical Introduction to Greek Accentuation », 1862, 2me éd., 1881 ; « Miscellaneous Emendations and Suggestions », 1866 ; « The philosophy of Mind, a corrective for some errors of the day », 1867 ; « Elements of Greek Accentuation », 1867, 2me éd., 1878 ; « Catalogue of Editions of Aristotle's Nicomachean Ethics, etc. printed in the 15th. century », 1868 ; « Elements of Psychology on the Principles of Beneke », traduction de l'allemand, 1871 ; « Chronological Index of Editions of Aristotle's Nicomachean Ethics », 1878 ; « Five Court Rolls of Great Cressingham », 1885.

Chaulíaux (Philibert), publiciste français, né, à Chevroche (Saône-et-Loire) en 1826. M. C., qui a été le fondateur et le rédacteur du journal *La Gaule*, a publié : « Veneziana », roman, Genève, 1864 ; « Le Culte de Vénus et du Beau », Lyon, 1880 ; « Les Six grands bassins fluviaux de la Gaule (France) », 2 vol., Lyon, 1885.

Chantagrel (Jean), jurisconsulte et homme politique français, né, à Sauxillanges (Puy de Dôme), le 14 avril 1822. Il était répétiteur de droit et membre du conseil général de son département quand il fut élu député le 4 octobre 1885. M. C. appartient à l'extrême gauche. On lui doit : « Traduction et explication des textes du Digeste désignés pour le premier examen de licence (troisième examen de droit) », Paris, Marescq, 1855 ; « Droit administratif, théorique et pratique », id., J. Masson, 1856, 2me éd., id., Menard, 1862 ; « Manuel de droit criminel (Codes pénal et d'instruction criminelle) », id., Masson, 1858, 2me édition, revue, augmentée et mise au courant des modifications introduites dans les Codes pénal et d'instruction criminelle par les lois des 13 et 20 mai 1863 et 14 juillet 1865, id., Menard, 1865 ; « Droit administratif. Questionnaire résumé et supplément », id., Masson, 1859 ; « Commentaire du Code Napoléon », Paris, Cotillon, 1861.

Chantavoine (Henri), poète et critique littéraire français, né, en 1850, à Montpellier. Il a publié : « Poèmes sincères. Foyer. Patrie. Évangiles », Paris, Calman Lévy, 1877 ; « Satires contemporaines », vers, id., id., 1880 ; « Ad memoriam (1874-1883) », vers, 1884 ; M. C. a fait paraître dans la *Nouvelle Revue*, d'autres vers, non encore réunis. Il a publié, dans la *Nouvelle Revue* et dans d'autres recueils littéraires, un assez grand nombre d'études de critique également non réunies. Il appartient, dépuis 1880, à la rédaction du *Journal des Débats*.

Chantelauze (Regis), littérateur et historien français, né, à Montbrisson (Loire), en 1821. On a de lui : « Le Père de La Chaise, confesseur de Louis XIV. Études d'histoire religieuse. Lettres et documents inédits », Paris, Durand, 1859 ; « Marie Stuart, son procès et son exécution d'après le journal inédit de Bourgoing, son médecin, la correspondance d'Amyas Paulet, son geolier, et autres documents nouveaux », Paris, Plon, 1876, ouvrage couronné par l'Académie française ; « Monsieur Paul Sauzet, ancien président de la Chambre des députés », id., id., id. ; « Le Cardinal de Retz et l'affaire du chapeau, étude historique suivie des correspondances inédites de Retz et de Mazarin », 2 vol., id., Didier, 1878 ; « Le Cardinal de Retz et ses missions diplomatiques à Rome, d'après les documents inédits des archives du Ministère des affaires étrangères », id., id., 1879, les deux ouvrages ont été couronnés par l'Académie française ; « Louis XIV et Marie Mancini, d'après de nouveaux documents », id., id., 1880 ; « Saint-Vincent de Paul et les Gondi, d'après de nouveaux documents », id., Plon, 1882 ; « Louis XVII, son enfance, sa prison et sa mort au Temple, d'après des documents inédits des Archives nationales », id., Didot, 1884 ; « Portraits historiques : Philippe de Commynes, le grand Condé, Mazarin, Frédéric II, Louis XV et Marie Thérèse », id., Perrin, 1886, 2me éd., id., 1887 ; « Les Derniers chapitres de mon *Louis XVII*. Découverte des ossements du Dauphin, en 1846, dans le cimetière Sainte-Marguerite », id., Didot, 1887. — M. C. a publié aussi une nouvelle édition des « Mémoires », de Philippe de Commine, Paris, Didot, 1880.

Chantraine (Guillaume), pseudonyme collectif de Ch. POTVIN (*Voyez ce nom*), membre de l'Académie royale de Belgique, conservateur du Musée Wiertz à Bruxelles, né, à Mons, le 2 décembre 1818, et de sa femme, née Louise PFEIFFER à Ratibor (Silésie), en 1839. Ont paru sous ce pseudonyme : « Le Tournesol », Bruxelles, Parent, 1883 ; « Contes modernes pour enfants, prose de Guil. Chantraine, poésie de Ch. Potvin », id., Weissenbruch, 1883 ; « Quelques pages des maîtres-conteurs allemands », Verviers, Gilon, 1885.

Chantre (Daniel-Auguste), théologien suisse, né, à Genève, le 21 décembre 1846 ; il fit ses études classiques au collège et à l'Académie de sa ville natale, fut licencié en théologie, en 1860, et couronné pour un mémoire de patristique intitulé : « Exposition critique des opinions d'Irénée, Tertullien, Clément d'Alexandrie, Origène, sur la nature de l'œuvre rédemptrice de Jésus-Christ » ; de 1860 à 1861, il séjourna en Allemagne et à Paris ; de 1862 à 1886, il fut pasteur à Genève, où il déploya de remarquables aptitudes administratives et mena à bien l'érection du temple des Paquis, dont il présida, en 1868, l'inauguration. En 1869, il fut l'un des créateurs et des plus fidèles collaborateurs de l'*Alliance libérale*, journal destiné à vulgariser les plus clairs résultats de la théologie moderne. Fondateur, en 1870, et membre à partir du 1873, du comité central pour l'*Union suisse du Christianisme libéral*. Principal fondateur, en 1873, du recueil annuel progressif les *Étrennes Chrétiennes*, dont il rédigea de 1876 à 1881, la chronique ecclésiastique ; membre du Consistoire de 1871 à 1879, et chef incontesté de la majorité qui réorganisa l'Église nationale d'après les principes démocratiques ; l'un des inspirateurs les plus écoutés du gouvernement radical, présidé par M Carteret ; professeur d'histoire ecclésiastique à l'Université de Genève, depuis 1882. M. C, outre de nombreuses brochures de circonstance, a publié : « Le Jubilé de l'Université de Bâle », 1860 ; « Le bataillon 84, dans le Porrentruy », dont il fut l'aumônier pendant la guerre franco-allemande, 1871 ; « Histoire abrégée du symbole des Apôtres », 1871 ; « La Séparation de l'Église et de l'État. Réflexions et menus propos », 1878, 2 éditions ; « La Religion chrétienne. Précis d'instruction religieuse à l'usage des catéchumènes », 1879. M. C. a, en outre, traduit de l'allemand: « La Religion chrétienne, d'après Schmid » ; 1872 ; « Les Origines du Nouveau Testament », d'après Egli, 1874 ; « Précis d'Histoire religieuse », d'après Martin, 1876, 2me éditions.

Chantre (Ernest), savant français, né, à Lyon, en 1843. Depuis 1881, il avait secondé M. le Dr Lortet dans la réorganisation du Muséum des sciences naturelles de Lyon, dont il fut nommé sous-directeur en 1875, fonctions qu'il occupe encore ; de 1878 à 1881, il fut professeur de géologie à l'École agricole du département du Rhône, et, en 1881, il fut chargé de conférences d'anthropologie à la Faculté des sciences de Lyon ; chargé plusieurs fois de missions scientifiques par le gouvernement français : en 1873, en Grèce et en Turquie ; en 1879, en Russie, et spécialement au Caucase et en Crimée ; en 1881, dans l'Asie occidentale (Ararat et Caucase) ; en 1883, en Autriche et en Russie ; M. Chantre, qui est membre de plusieurs compagnies savantes, a été maintes fois secrétaire des congrès internationaux d'anthropologie et d'archéologie préhistorique et du congrès des orientalistes ; il est décoré de plusieurs ordres, lauréat de l'Institut de France, et récompensé souvent pour ses travaux avec des médailles d'argent et d'or. On lui doit : « Notes sur des cavernes à ossements et à silex taillés du nord du Dauphiné (époque quaternaire) » (*Bull. Soc. géol. de France*, 1865) ; « Études paléoethnologiques dans le nord du Dauphiné et les environs de Lyon (âge de la pierre) », Lyon, 1867 ; « Nouvelles études paléoethnologiques. Foyers-sépultures néolithiques », id., 1868 ; « Notice historique sur la vie et les travaux de J.-J. Fournet, professeur de géologie à la Faculté des sciences de Lyon, correspondant de l'Institut », id., 1870 ; « L'âge du bronze dans le bassin du Rhône et passage de l'âge du bronze au premier âge du fer » (*Compte-rendu du Congrès international d'anthropologie et d'archéologie préhistoriques de Bologne*, 1871) ; « Découverte d'un trésor de l'âge du bronze, à Réalon (Hautes-Alpes) », Annecy, 1872 ; « Note sur la faune du lehm de Saint-Germain-au-Mont-d'Or (Rhône) et sur l'ensemble de la faune quaternaire » (*Comptes-rendus de l'Académie des sciences*, 23 décembre 1873) ; « Études paléontologiques dans le bassin du Rhône (période quaternaire) », en collaboration avec M. le Dr LORTET (*Archives du Muséum d'histoire naturelle de Lyon*, 1873-1874) ; « Les faunes mammalogiques tertiaires et quaternaires du bassin du Rhône » (*Compte-rendu de la deuxième session de l'Association française pour l'avancement des sciences*, Lyon, 1874) ; « Carte archéologique d'une partie du bassin du Rhône, pour les temps préhistoriques, à l'échelle de 1 : 864,000 », Lyon, 1874 ; « L'âge de la pierre et l'âge du bronze en Troade et en Grèce », id., id. ; « Sur l'âge du bronze et le premier âge du fer en France » (*Compte-rendu du Congrès de Stockholm*, 1874) ; « Rapport au Congrès de Stockholm sur une légende internationale pour les cartes préhistoriques », id., id. ; « Les palafittes ou constructions lacustres du lac de Palandru, près de Voiron (Isère) », Chambéry et Grenoble, 1871, deuxième édition, Lyon, 1874 ; « Études paléoethnologique dans le bassin du Rhône (l'âge du bronze) (Recherches sur l'origine de la métallurgie en France) », 3 vol., Lyon, 1875-1876; « Monographie géologique des anciens glaciers et du terrain erratique de la partie moyenne du bassin du Rhône », en collaboration avec M. A. FALSAN, 2 vol., avec atlas, Lyon, 1875 ; « Caractères des âges du bronze et du fer de la France » (Comte-rendu du Congrès international d'anthropologie de Buda-Pesth, 1876); « Légende internationale adoptée pour les cartes d'archéologie préhistorique » (Matériaux, 1876, et en un tableau, 1878) ; « Observations sur les séries préhistoriques de quelques musées autrichiens », (Matériaux pour l'histoire primitive et naturelle de l'homme, Toulouse, 1879) ; « Compte-rendu de l'Exposition préhistorique de Buda-Pesth en août 1876 », id., 1877 ; « Les nécropoles du premier âge du fer des Alpes françaises », id., 1878 ; « Monographie des Mastodontes du bassin du Rhône », en collaboration avec M. LORTET (Archives du Muséum d'histoire naturelle de Lyon), Lyon, 1879 ; « Notes anthropologiques. De l'origine orientale de la métallurgie », id., 1879 ; « Notes anthropologiques. Relations entre les sistres bouddhiques et certains objets lacustres de l'âge du bronze », id., 1879 ; « Études paléoethnologiques dans le bassin du Rhône (âge du fer). Nécropoles et tumulus », id., 1880 ; « L'âge du bronze en Italie » (Matériaux, 1880); « Observations sur un crâne grec représentant la déformation fronto-bregmatique (Congrès de Reims, 1880) ; « L'âge du bronze au Caucase et dans la Russie Méridionale (Matériaux, 1880) ; « Les nécropoles du premier âge du fer renfermant des crânes macrocéphales » (Congrès de Lisbonne, 1880) ; « Observations sur l'âge des nécropoles préhistoriques de la chaîne centrale du Caucase (Congrès de Lisbonne, 1880) ; « France préhistorique. Atlas paléoethnologique par départements accompagné d'une statistique alphabétique des documents relatifs aux âges de la pierre, du bronze et du fer. Dauphiné (Isère, Drôme, Hautes-Alpes) » (Association française pour l'avancement des sciences), Grenoble, 1885; « Itinéraire en Syrie, haute Mésopotamie, Kurdistan et Caucase. Mission scientifique de 1881 » (Compte-rendu du Congrès de géographie de Lyon, 1882) ; « Caractères céphalométriques des Ansariés et des Kurdes » (Bulletin de la Société d'anthropologie de Lyon, 1882) ; « Nécropole de Koban en Osséthie (Caucase) » (Matériaux, 1882) ; « Nouvelles observations sur les âges de la pierre et du bronze dans l'Asie occidentale (Syrie septentrionale, haute Mésopotamie, Kurdistan, Arménie et Caucase) », id., 1882; « Origines et caractères anthropologiques des Ossèthes » (Bulletin de la Société d'anthropologie de Lyon, 1882) ; « Note sur la disposition des terrains morainiques des environs de Lyon et sur la prétendue faune préglacière de Sathonay (Ain) » (id.) ; « Nouvelles fouilles dans la grotte de Gigny (Jura) » (id.); « Un nouveau gisement quaternaire ancien à Curson, dans la Drôme » (Compte-rendu de l'Association française pour l'avancement des sciences. Session de Grenoble, 1885) ; « Découvertes préhistoriques dans le Dauphiné » (id.) ; « Nouvelles découvertes préhistoriques au Caucase » (id.) ; « Fouilles dans les grottes de Saint-Amour (Jura) » (id.) ; « Tumulus du Dauphiné » (id.) ; « Les menhirs du champ de la Justice ou alignement de Saint-Pantaléon, près d'Autun (Saône-et-Loire) », (Matériaux, 1885) ; « Les dolmens du Caucase » (id.) ; « L'industrie actuelle du silex dans le département de Loir-et-Cher » (Bulletin de la Société d'anthropologie de Lyon, 1885) ; « Notice nécrologique sur le comte Ouvaroff » (id., 1885) ; « Les dernières découvertes dans les palafittes du lac de Paladru (Isère) » (id.) ; « La dolichocéphalie » (id., 1886) ; « Une sépulture de l'âge du bronze à Brégnier (Ain) » (id.) ; « Notices nécrologiques sur Bayern et Chierici » (id.) ; « Les laboratoires anthropologiques de l'Italie en 1886 » (id.) ; « Les tumulus des environs de Trévou (Ain) » (id.) ; « Étude sur des crânes d'Ansariés » (id.) ; « Observation sur une tête momifiée d'un indien jivaro » (id.) ; « Recherches anthropologiques dans le Caucase. Résultats des missions de M. Chantre de 1879 à 1883 », 5 vol., 1888 ; Matériaux pour l'histoire primitive et naturelle de l'homme, Revue mensuelle illustrée, dirigée depuis 1883, avec la collaboration de M. Cartailhac.

Chapeller (l'abbé Charles), ecclésiastique français, né, à Paris, le 6 février 1843, fils du jardinier de l'Archevêché. Élevé dans les Vosges, il fit ses humanités au petit-séminaire d'Autrey et ses études théologiques à celui de Saint-Dié. En 1870, il était premier vicaire d'Épinal, quand la mort du curé le laissa chargé de l'administration de cette grande paroisse au plus fort de l'invasion prussienne. Son patriotisme fut à la hauteur des circonstances et un jour on le vit traîner en prison par l'étranger. Nommé successivement aux cures de Rouvres et de Saint-Maurice, enfin, à Jeanménil, il vit au milieu de sa bibliothèque, l'une des plus riches en raretés sur la Lorraine. Il a publié: « L'Église de Domjulien. — Médailles du B. Pierre Fourrier », études archéologiques et épigraphiques ; « Jean Bédel, sa vie et ses œuvres », étude biographique et bibliographique ; « Les origines d'Épinal et Saint-Goëgry » ; « Notre Dame de Consolation d'Épinal » ; « Saint-Auger et son hermitage près d'Épinal » ; « Notes archéologiques » etc. etc.

Chapeller (Jean-Charles), littérateur français, né, à Lemmecourt (Vosges), en 1821. M. C., qui est archiviste de la Société d'émulation des Vosges, membre correspondant de l'Académie de Stanislas, membre de la Société d'archéologie lorraine, a publié: « Essai historique sur Beaufremont, son château et ses barons », Épinal, 1859; « Recherches sur la culture du mérisier et la fabrication du kirsch », Mirecourt, 1861; « Les défenseurs de la Mothe. Notices historiques et biographiques », Épinal, 1863; « Documents rares ou inédits de l'histoire des Vosges, publiés au nom du Comité d'histoire vosgienne, en collaboration avec MM. P. E. Chevreux et J. Gley », tomes V à VIII, Épinal, 1879-1884.

Chapelot (J.), pseudonyme de M. Jean Condat, littérateur français, né, à Chapelot, hameau de la Commune de Vindelle (Charente), où il est né le 29 octobre 1824. — Il a publié : « Spiritisme, Réflexions sur le spiritisme, les spirites et leurs contradicteurs. Commentaires. Lettres et fables spirites ». Bordeaux, 1863; « Dialogues entre deux Ventres-rouges », Angoulême, 1871; « Les Prophéties de Jean de la Vèze », 1871, épuisé; « Contes balzatois », Bordeaux, 1872, 2ᵐᵉ éd., 2 vol., Paris, Léon Vanier, 1877-79; « Dialogues entre deux Charentais », Angoulême, 1879; « L'Ami du rire et de la gaîté. Macédoine », Paris, Vanier, 1880; « La Chasse aux cléricaux et aux bonapartistes », id., id., 1881; « Les Brégauds (première Brégaudière) », vers, id., id., 1883. M. J. Chapelot a fondé plusieurs journaux: la *Gaîté*, le *Persifleur*, le *Biographe*, publication mensuelle illustrée, le *Panthéon du mérite*, etc. etc.

Chaperon (Philippe), littérateur et romancier français, né, à Bercy (Paris), le 21 novembre 1853. Il fit ses études au lycée de Versailles, et fut attaché quelques années à la maison Lemerre, d'où il sortit pour devenir secrétaire de M. G. A. Thierry. Il collabora à un certain nombre de journaux et de revues littéraires, notamment à la *Vie Moderne*, à l'*Indépendance française* et au *Courrier français*. Il a réuni des nouvelles qui ont paru dans ces différentes feuilles et les a publiées sous le titre de « Nouvelles parisiennes », Paris, Charavay frères, 1883; — M. C., qui avait débuté par « Un Scandale », drame en trois actes en prose, Paris, Barbré, 1879, a publié ensuite: « Histoires tragiques et contes gais », Paris, Lemerre, 1884; « Mademoiselle Vermont, mœurs parisiennes », id., id., 1885; « Argine Lamiral », id., id., 1886, que le *Voltaire* avait donné en feuilleton l'année précédente; « Bon repos », id., id., 1887.

Chaponnière (Jacques-François, dit Francis), théologien suisse, né, à Genève, le 6 avril 1842; petit-fils du poète humoriste François C. le charmant auteur du « Barbier optimiste » et de tant de spirituels couplets applaudis sous la Restauration, il fit ses études littéraires et théologiques (1860-66) à l'Académie de sa ville natale présentant comme thèse de licence un travail : « Sur la question des Confessions de foi au sein du Protestantisme contemporain », 1867. De 1867 à 1869, il séjourna à Paris, à Tubingue et à Berlin, visitant, en même temps, l'Italie, l'Angleterre et l'Écosse; de 1870 à 1879, il fut *privat Docent* à l'Université de Genève pour l'exégèse du Nouveau Testament et la statistique ecclésiastique. A partir de 1870, il a dirigé la *Semaine religieuse*, le principal organe du protestantisme évangélique dans la Suisse romande; outre de nombreux et excellents nécrologes des personnalités éminentes de la Genève religieuse dont quelques uns ont été tirés à part, il a publié : « Affirmations religieuses de quelques physiciens et naturalistes modernes », traité d'apologétique populaire, 1874; quelques brochures de polémique, telles que: « Quel doit être dans la crise actuelle notre programme ecclésiastique », 1876; « La révision constitutionnelle et l'Église nationale évangélique au lendemain de la séparation », 1880; plus deux traductions de l'allemand : « L'incrédulité moderne et les meilleurs moyens de la combattre », par Christlieb, 1874; « L'immutabilité de l'Evangile apostolique », par Conrad d'Orelli, 1880.

Chapuis (François-Marc-Jules), ecclésiastique suisse, né, à Genève, le 22 janvier 1811, d'une famille autochtone, tandis qu'il descend, par sa mère, de refugiés dauphinois émigrés en Suisse pour cause de religion. Il fit ses études littéraires et théologiques au collège et à l'Académie de sa ville natale; nommé, en 1874, pasteur à Gênes pour la communauté protestante de langue française, il succéda, en 1839, au vénérable Cellerier père, comme pasteur de Saligny, près Genève. Depuis sa retraite, en 1868, il s'occupe à Genève de différentes œuvres religieuses et a donné à plusieurs reprises des conférences littéraires fort goûtées. M. C. qui s'est essayé tour à tour dans l'exégèse familière, la controverse, la narration fictive, l'apologue, a publié : « Exposé des principales erreurs de l'Église de Rome », 1850; « Catéchisme élémentaire », 1866; « La Gerbe », recueil d'anecdotes », 4 vol., 1858-1877; « La gerbe missionnaire », 1866; « Méditations sur l'Évangile selon Saint-Marc pour le culte domestique », 1867, 2ᵐᵉ éd., 1870; « L'œuvre de Jesus-Christ », manuel d'instruction religieuse, 1873, 2ᵐᵉ éd., 1882; « L'Épître selon Saint-Jacques, études bibliques », 1874; « La Fontaine du village, seize récits populaires », 1877; « les Psaumes. Méditations pour le culte domestique », 1885. En outre, M. C. a traduit de l'anglais: « le Miroir. Cent fables et allégories », par Mistress Prosser. Il convient d'ajouter à cette liste plusieurs opuscules de circonstance, entr'autres : « Le Dernier Sermon », 1862; « Le Concours agricole », 1866; « la Grande Alliance », 1869; « la Voix du départ », 1870; « Le culte de famille », 1873; « Noël chez le grand père », 1876; « Autour de l'arbre de Noël », 1877. M. C. est aussi un collaborateur fidèle et très apprécié des *Étrennes religieuses* et de la *Semaine religieuse*.

Charaux (Claude-Charles), philosophe français, né, à Pont-à-Mousson (Meurthe et Moselle), le 23 septembre 1828. Élève de l'école normale supérieure (promotion de 1848), ancien professeur de philosophie au lycée de Bar-le-Duc, actuellement professeur à la faculté des lettres de Grenoble. M. C. a publié : « De la méthode morale, ou de l'amour et de la vertu comme éléments nécessaires de toute vraie philosophie », thèse de philosophie morale, Paris, Ladrange, 1866; « De l'Art d'enseigner, et en particulier de l'enseignement de la morale », Paris, Belin, 1867 ; « Les principes de la philosophie morale », id., Durand et Pedone-Lauriel, 1868, une 1re éd. de cet ouvrage avait paru, en 1867, sous le titre : « Simple exposé des principes de la philosophie morale », une 3me éd., a paru, en 1883; « La Métaphysique simplifiée ou agrandie, ou Méditations sur les principes de la philosophie », id., Berlin, 1868; « La Pensée et l'Amour », id., Durand et Pedone-Lauriel, 1869 ; « La Philosophie et le Concile. Lettres d'un philosophe socratique à Mgr. Mermillod, évêque d'Hébron », 1re série, id., id., 1869, 2me série, Genève, Ve Garin, 1871; « Philosophes et savants. Dialogues de philosophie socratique », Paris, Durand et Pedone-Lauriel, 1870; « La Crise de cent ans. L'Exilé lorrain. Le Sommet de la cité chrétienne », Grenoble, Côte, 1875 ; « De l'esprit philosophique », Paris, A. Durand, 1877; « L'Ombre de Socrate », 2me éd., des dialogues de philosophie socratique, précédés d'un : « Essai sur le rire et le sourire », Durand et Pedone-Lauriel, 1878 ; « Le Temps et l'unité de temps », id., id., 1878, 2me éd., 1879 ; « De la Pensée », id., id., 1881. 2me éd., 1883 ; « Philosophie religieuse, dialogue et récits », Grenoble, 1884 ; « Notes et réflexions », 4e éd., 1887 ; « L'art et le christianisme. Visite à deux artistes contemporains », brochure, 1887 ; « Du Beau et de la Pensée dans l'Histoire », discours, 1887 ; « De l'esprit philosophique et de la liberté d'esprit », Paris, Pedone-Lauriel, 1888.

Charaux (Jean-Baptiste-Auguste), écrivain français, né, à Pont-à-Mousson (Meurthe et Moselle), vers 1825. Il fit ses études au collège de sa ville natale, où, au siècle dernier, l'Université catholique de Lorraine avait son siège. M. Charaux, qui est docteur ès-lettres, a enseigné dans l'Université de l'État 25 ans dans presque toutes les branches, principalement en humanités et en rhétorique. Il fut successivement professeur à Rambervilliers, à Saint-Dié, à Grenoble, à Saint-Brieuc, à Mont-de-Marsan et à Tarbes. En 1876, il donna sa démission pour entrer dans l'enseignement supérieur catholique; il est aujourd'hui professeur de littérature française à l'Université catholique de Lille. On lui doit : « Saint-Avites, évêque de Vienne en Dauphiné » ; « La Critique idéale et catholique » : « Corneille », 2 parties, Lille, Lefort, 1878-1879, « Racine », « Molière », id., id., 1883 , « L'Esprit de Montesquieu », id., id., 1885. Tous ces ouvrages ont été approuvés par le Souverain Pontife, d'abord par une lettre pontificale, 1883, et, ensuite, par une lettre du cardinal Jacobini, 1886.

Charavay (Marin-Étienne), archiviste et littérateur français, né, à Paris, le 17 avril 1848. Fils de Jacques Charavay, célèbre expert en autographes, mort en 1867, il entra à l'École des chartes, en 1865, et obtint le diplôme d'archiviste-paléographe, en 1869, avec une thèse sur le gouvernement du dauphin Louis (Louis XI) en Dauphiné. Il succéda à son père, en 1867, et il a rédigé un grand nombre de catalogues d'autographes, parmi lesquels ceux des collections Brunet, Boilly, Chambry, Ratheray, Benjamin Fillon, Sensier, A. Bovet, Dubrunfaut, dont la plupart sont ornés de facsimile. En 1881, il a été un des fondateurs de la revue historique la *Révolution française* et il a été le promoteur de la *Société de l'Histoire de la Révolution française*, dont il est le secrétaire général-adjoint. Il prépare la publication de la correspondance générale de Carnot pour le Ministère de l'Instruction publique et les procès verbaux des élections parisiennes de 1790 à 1792 pour la ville de Paris. Il a publié : *L'Amateur d'autographes*, revue mensuelle, dirigée par lui, depuis 1867 ; « Notes sur Nicolas Thoynard d'Orléans d'après les notes de J. Ch. Brunet », 1867; « Faux Autographes. Affaire Vrain-Lucas », 1870 ; « Amours pastorales de Daphnis et Chloé », édition annotée, 1872; « Collection de lettres autographes et de documents historiques sur le règne de Louis XIII, formée par M. A. Pecard », 1873 ; *Revue des documents historiques*, recueil des documents, 7 vol., 1874-1880; « Étude sur la chasse à l'oiseau au moyen-âge », 1874 ; « Jean Lemaire des Belges, indiciaire de Marguerite d'Autriche, et Jean Perreal pourtraicteur de l'Église de Brou », 1875; « Jean d'Orléans, comte d'Angoulême », 1876; « La famille messine des Praillon », 1876; « Lettres autographes recueillies par M. Sensier », 1878; « Inventaire des autographes et documents historiques réunis par M. Benjamin Fillon », 1878-1884; « Album de facsimile d'autographes et de portraits pour l' *Histoire d'un crime* de Victor Hugo », 1878; « Alfred de Vigny et Charles Baudelaire candidats à l'Académie française », 1879 ; « Supplément à l'Isographie des hommes célèbres », 1880 ; « L'héroïsme professionnel », 1881 ; « Les Enfants de la République », 1881 ; « Lettres de Louis XI roi de France, publiées pour la Société de l'Histoire de France », tome I : « Lettre de Louis Dauphin », 1883; « Lettres autographes composant la collection de M. Alfred Bovet », 1887; « La science des autographes », 1887.

Charavay (Eugène), littérateur et bibliographe français, fils et successeur de Gabriel C. (1818-1879), il dirige, depuis 1879, d'importantes ventes d'autographes. Il continue la publication de la *Revue des autographes* et du journal *l'Imprimeur*, fondés par son père.

Charbonnier (Nestor), médecin belge, né, à Dinant, le 19 juillet 1832. Il est connu surtout par ses travaux relatifs à Louise Lateau, la célèbre stigmatisée du village de Bois-d'Haine: « Étude sur Louise Lateau », Bruxelles, 1873 ; « Maladies et facultés diverses des mystiques », id., 1875 (l'Académie royale de médecine de Belgique vota l'impression de ce mémoire dans ses publications, mais seulement après une discussion générale fort animée qui explique les deux opuscules suivants); « Réfutation du rapport de M. Warlemont sur les *Maladies des mystiques* », id., 1875 ; « Réfutation de la théorie de la Commission académique sur les faits de Bois-d'Haine », id., 1875. Il y a quelques jours à peine, M. C. vient de publier, chez l'éditeur Mertens de Bruxelles, une étude physiologique fort importante: « Pacifiques et Belliqueux », étude sérieuse, impartiale, approfondie, à bien des points de vue tout à fait nouvelle, de la situation internationale et un excellent modèle, en tout cas, de l'emploi de la méthode d'investigation positive dans le domaine politique, mais sur laquelle nous aurions cependant quelques observations à faire pour ce qui concerne au moins l'Italie. — On a du même auteur quelques brochures et des articles publiés dans la *Revue de Belgique*, *L'Art Médical*, *La Presse médicale*, *Les Lettres médicales*, le *Bulletin* de l'Académie de médecine, etc. M. Charbonnier a fait partie du Conseil provincial du Brabant, puis de la députation permanente de ce conseil, et il dirige aujourd'hui l'Institut des sourds-muets fondé par la Province.

Charcot (le docteur Jean-Martin), médecin et professeur français, membre de l'Académie de médecine, né, à Paris, le 29 novembre 1825. Interne des hôpitaux, le 5e sur 20, nommé le 18 décembre 1848 (dans cette promotion remarquable, se trouvaient les docteurs : Potain 2e, Axenfeld 3e, Trélat 11e, Vulpian 16e); docteur en 1853 ; médecin du bureau central, en 1856; de la Salpêtrière en 1862 ; chef de clinique médicale de 1853 à 1855 ; professeur agrégé en 1860; professeur d'anatomie pathologique en 1872 et de la chaire de clinique des maladies du système nerveux (créée pour lui), le 1er janvier, 1882. Le docteur Charcot avait déjà enseigné avec beaucoup de succès, mais sans caractère officiel de 1866 à 1878; cet enseignement a fondé *l'École de la Salpêtrière*, connue dans le monde entier par ses travaux sur les maladies du système nerveux. Bon nombre des élèves qui se sont formés là, sous la direction de M. Charcot, sont maintenant professeurs ou agrégés à Paris, notamment MM. Ball, Cornil, Brissaud, Joffroy, Raymond, ou en province, Petres, etc., médecins des hôpitaux. — Membre de l'Académie de médecine en 1872, membre de l'Académie des sciences le 12 novembre 1883, en remplacement de J. Cloquet ; membre d'un grand nombre de sociétés savantes françaises ou étrangères, docteur honoraire de plusieurs Universités, M. Charcot a fondé seul, ou en collaboration : 1° *Les archives de physiologie normale et pathologique* (1868), paraissant encore aujourd'hui ; 2° *Revue mensuelle de médecine et de chirurgie* (1877, dédoublée en 1881); 3° *Archives de Neurologie* (1880) qui publient surtout les travaux provenant de l'École de la Salpêtrière. Dans l'impossibilité de citer les titres de tous les ouvrages de M. Charcot, nous mentionnerons les principaux : « Études pour servir à l'histoire de l'affection décrite sous les noms de goutte asthémique primitive, nodosités des jointures, rhumatisme articulaire chronique (forme primitive) », thèse de doctorat, Paris, 1853 ; « De l'expectation en médecine », id., Germer Baillière, 1857 ; « De la pneumonie chronique », thèse d'agrégation, id., Delahaye, 1860 ; « La Médecine empirique et la médecine scientifique ; parallèle entre les anciens et les modernes », leçon d'ouverture d'un cours de pathologie interne, professée à l'École pratique de médecine pendant le semestre d'été 1867, id., id., 1867 ; « Leçons cliniques sur les maladies des vieillards et les maladies chroniques, recueillies et publiées par le docteur B. Ball », id., id., 1868, 2me éd., 1874 ; les mêmes, 2me série publiée par de docteur Ch. Bouchard, id., id., 1869 ; « Leçons sur les maladies du système nerveux faites à la Salpêtrière. Recueillies et publiées par Bonneville », id., id., 1873-74, 2me éd., 1875 ; 3me éd., 1880 — un 3me volume de ces leçons a été recueilli par le Dr Ch. Féré et publié, chez le même éditeur, en 1884; cet ouvrage a été traduit en plusieurs langues ; « Leçons sur les maladies du foie, des voies biliaires et des reins, faites à la Faculté de médecine de Paris (cours d'anatomie pathologique), recueillies et publiées par Bourneville et Sévestre », id., id., 1877, 2me éd., en 1882; « Mémoires sur les localisations motrices dans l'écorce des hémisphères du cerveau », imprimé à la suite de « *De la localisation des maladies cérébrales* », de David Ferrier, id., G. Baillière, 1879 ; « Leçons sur les localisations dans les maladies du cerveau et de la moelle épinière faites à la Faculté de médecine de Paris, recueillies et publiées par Bourneville et E. Brissaud », id., Delahaye, 1880, ouvrage également traduit en plusieurs langues ; « Leçons sur les conditions pathogéniques de l'albuminurie. Recueillies par E. Brissaud », id., 1881; « Les démoniaques dans l'art », en collaboration avec P. Richer, id., id., 1887 ; en outre, le docteur C. a annoté la traduction française de : « La Goutte, sa nature, son traitement, etc. », d'A. Baring Garrod, Paris, Delahaye, 1867. En dehors de ces travaux publiés en volumes, M. le docteur Charcot a publié beaucoup d'observations dans des journaux spéciaux et dans les comptes-rendus des Sociétés savantes. Il a fait paraître de nombreuses leçons dans la *Gazette hebdomadaire* et dans le *Progrès médical;* il a inséré beaucoup de travaux sur les maladies du système nerveux (cerveau, moelle), sur les névroses (goître exophalmique, hystérie) et enfin sur l'hypnotisme.

Chardon (Henri), avocat et écrivain français, né, à Mamers (Sarthe), en 1834. M. Chardon, ancien élève de l'école des Chartes, vice-président de la Société historique et archéologique du Maine, membre du Conseil général de la Sarthe, a publié : « Histoire de la reine Bérengère, femme de Richard Cœur-de-Léon et dame douairière du Mans », Paris, Franck, 1866; « Amateurs d'art et collectionneurs manceaux. Les frères Fréart de Chantelou », id., id., 1867; « Les Vendéens dans la Sarthe », 3 vol. Le Mans, Monnoyer, 1871-73; « La Troupe du Roman comique dévoilée et les Comédiens de campagne au XVII siècle », id., id., 1876 ; « La Fête de l'Être suprême au Mans », id., id., 1877; « Les Artistes du Mans jusqu'à la Renaissance », Paris, Champion, 1879 ; « Les Grebans et les Mystères dans le Maine », id., id., id.; « Rabelais, curé de Saint-Christophe du Jambet, ses rapports avec le Maine et les frères du Ballay », id., id., id. ; « Les Protestants au Mans, en 1572, pendant et après la Sainte-Barthélemy », 2me édition, augmentée de notes et d'additions sur l'histoire des protestants à Tours et à Caen, id., id., 1881 ; « Le Tombeau de Charles d'Anjou, comte du Main, à la cathédrale du Mans et le sculpteur Francesco Laurana », id., id., 1882 ; « La Vie de Rotrou, mieux connue; documents inédits sur la société polie de son temps et la querelle du Cid », id., Picard, 1884; « La vie de Tahureau, documents inédits sur sa famille, son mariage et l'Admirée », id., id., 1885. M. C. a publié aussi : « Les Noëls de Jean Daniel, dit maître Mitou, organiste de Saint-Maurice et chapelain de Saint-Pierre d'Angers, 1520-1530. Précédés d'une étude sur sa vie et ses poésies », Paris, Maisonneuve, 1874.

Charencey (Hyacinthe de), orientaliste français, membre de la Société asiatique, né, à Paris, en 1832; on lui doit : « Le déluge et les livres bibliques », Paris, Challamel, 1858 ; « De la Parenté de la langue japonaise avec les idiomes tartares et américains », id., id., id. ; « De la Classification des langues et des écoles de linguistique en Allemagne », id., id., 1859; « Compte-rendu et analyse de l'*Histoire des nations civilisées du Mexique et de l'Amérique centrale*, etc., de M. l'abbé Brasseur de Bourbourg », id., id., id.; « Notice sur un ancien manuscrit mexicain, dit *Codex Telleriano Remensis* », id., id., id. ; « Recherches sur les origines de la langue basque », id., id., id. ; « La Régence de Tunis », id., id., id. ; « La Langue basque et les idiomes de l'Oural. 1er fascicule ; Structure grammaticale et déclinaisons », id., id., 1862; 2me fascicule: « Declinaison et comparaison avec divers idiomes », id., Franck, 1866; « Des degrés de dimension et de comparaison en basque », id., Challamel, 1867 ; « Recherches sur la familles des langues tapijulapane Mixe », id., id., 1868; « Des Affinités de la langue basque avec les idiomes du Nouveau-Monde », Caen, Le Blanc-Hardel, 1868; « Le Mythe de Votan. Étude sur les origines asiatiques de la civilisation américaine », Paris, Maisonneuve, 1871 ; « Essai d'analyse grammaticale d'un texte en langue maya », id., id., 1873 ; « Le Mythe d'Imas, tradition des peuples mexicains », id., id., id. ; « De quelques idées symboliques se rattachant au nom de douze fils de Jacob », id., id., 1874 ; « De la Symbolique des points de l'espace chez les Indous », id., Leroux, 1875 ; « Fragment de chrestomathie de la langue maya antique », id., id., id. ; « Essai de déchiffrement d'un fragment du manuscrit Troano », id., id., id. ; « Djemschid et Quetzalcohuati. L'Histoire légendaire de la Nouvelle-Espagne, rapprochée de la source indo-européenne », id., Maisonneuve, id. ; « Essai sur la symbolique des points de l'horizon dans l'Extrême Orient », id., id., 1876 ; « Mélanges sur différents idiomes de la Nouvelle-Espagne », id., Leroux, 1876 ; « Recherches sur le codex Troano », id., id., 1877; « Des Animaux symboliques dans leur relation avec les points de l'espace chez les Américains », id. id., 1878 ; « Des couleurs considérées comme symboles des points de l'espace chez les peuples du Nouveau-Monde », id., id., id. id. ; « Chronologie des âges ou soleils d'après la mythologie mexicaine », id., Maisonneuve, 1878 ; « Recherches sur les dialectes tasmaniens. Vocabulaire français-tasmanien et tasmanien-français », id., id., 1880 ; « Les traditions relatives au Fils de la Vierge », id., id., 1881 ; « Mélanges de philologie et de paléographie américaines », id., Leroux, 1883.

Charette (Athanase baron DE), officier français, né, vers 1828, d'une famille dont l'illustration date des guerres de la Vendée, entra dans l'armée pontificale et y fut chargé du commandement d'un régiment composé presque exclusivement de jeunes volontaires appartenant à la noblesse catholique de tous les pays. Ce corps figura avec honneur à la bataille de Castelfidardo. L'annexion de Rome au Royaume d'Italie et la dissolution de l'armée pontificale qui en fut la conséquence, rendit la liberté au régiment des zouaves pontificaux. — M. De Charette, leur colonel, fut autorisé par le gouvernement insurrectionnel français, à former alors, en prenant son ancien corps pour noyau, une *Légion des volontaires de l'Ouest*, qui se signala à la bataille de Patay, où M. De Charette fut grièvement blessé. Après la signature de l'armistice, il fut nommé, malgré son refus de toute candidature, membre de l'Assemblée nationale, mais il n'accepta pas le mandat. Depuis, il rentra dans la vie privée tout en se signalant par l'ardeur de ses opinions monarchistes et catholiques. Il a publié : « Souvenirs du régiment des zouaves pontificaux. Rome 1860-70 ; France 1870-71 », 2 vol., Paris, Santon, 1877-1878 — une première édition de cet ouvrage, publiée en 1876, n'a pas été mise dans le commerce. Le colonel De Charrette a épousé Miss Polk, fille de M. James Polk du Tennesée, président des États-Unis d'Amérique, de 1845 à 1849.

Charles-Edmond. — Voyez CHOJECHI.

Charles (Elisabeth, née RUNDLE), femme de lettres anglaise, née, le 2 janvier 1828, à Tavistock (Devonshire) ; elle épousa, en 1851, M. Andrew Paton Charles qui la laissa veuve, le 4 juin 1868. Elle débuta dans les lettres, en 1850, par une traduction de Neander : « Light in Dark Places : Memorials of Christian Life in the Middle Ages ». Suivirent : « Tales and Sketches of Christian Life in Different Land and Ages », 1851 ; « The Two Vocations », 1853 ; « The Cripple of Antioch », 1855 ; « The Song without Words », 1856 ; « The Voice of Christian Life in Song », 1858 ; « Sketches of Hymns and Hymn Writers », id. ; « The Three Wakings », 1859 ; « Wanderings over Bible Lands and Seas », 1862 ; « The Martyrs of Spain », id. ; « Sketches of Christian Life in England in the Old Time », 1864 ; « Chronicles of the Schönberg-Cotta Family », 1864, une traduction française de cet ouvrage, due à Mme Relliet de Constants, a paru sous le titre : « Chroniques de la famille Schönberg-Cotta », 2 vol., Paris, Grassart, 1868 ; « Diary of Mrs. Kitty Trevelyan », 1865 ; « Winfred Bertram and the World she lived in », 1866 ; « The Draytons and the Davenants », 1867 ; « On Both Sides of the Sea, a Story of the Commonwealth and Restoration », 1867 ; « The Women of the Gospels », 1868 ; « Watchwords for the Warfare of Life », 1869 ; « Diary of Brother Bartholomew », 1870 ; « The Victory of the Vanquished », 1871 ; « The Cottage by the Cathedral », 1872 ; « Against the Stream », 1873 ; « The Bertram Family », 1876 ; « Conquering and to Conquer », id., 1876 ; « Lapsed but not Lost », 1877 ; « Joan the Maid », 1879 ; « Sketches of the Women of Christendom », 1880, une traduction française de cet ouvrage, due a Mme de Witt, née Guizot, a paru sous le titre : « Les femmes de la Chrétienté », Paris, Bonhour, 1882. — Citons encore de Mme Charles un ouvrage, paru en 1877, mais que nous ne connaissons qu'à travers la traduction qui en a été donnée par Mme de Witt : « Une famille chrétienne à Carthage au IIIme Siècle », Toulouse, Lagarde, 1880.

Charles (Émile), philosophe et administrateur français, né, à Valenciennes, en 1826. Sorti de l'École normale supérieure, il occupa successivement plusieurs chaires dans des lycées de province et, jeune encore, fut appelé comme professeur de philosophie au lycée Louis-le-Grand de Paris. Nommé recteur de l'Académie de Clermont-Ferrand, en 1874, il fut placé, en décembre 1878, à la tête de l'Académie de Lyon. Nous citerons de lui : « Roger Bacon, sa vie, ses ouvrages, ses doctrines d'après les textes inédits », Paris, Hachette, 1861, thèse présentée à la Faculté des lettres de Paris ; « De vitæ natura », id., A. Durand, 1862, thèse ; « Lectures de philosophie ou Fragments extraits des Philosophes anciens et modernes, mis en ordres et annotés », 2 vol., Paris, Belin, 1873-76 ; « Éléments de philosophie », 2 vol., id., 1884-85. — M. É. Charles a publié en outre de nouvelles éditions de « La République de Cicéron », Paris, Hachette, 1866 ; de « La Logique de Port-Royal ou l'Art de penser », d'Antoine Arnauld, id., Delagrave, 1868, et il a donné une traduction nouvelle des « Des Biens et des Maux », de Cicéron, Paris, Hachette, 1875. — M. Émile Charles n'est pas seulement connu comme écrivain ; il est aussi un administrateur habile, et c'est à lui que Lyon doit, en grande partie, la création de la Faculté de médecine, la restauration de sa Faculté de droit, l'établissement du petit lycée de Saint-Rambert, l'ouverture d'un collège pour les jeunes filles, le transfert des écoles normales primaires, etc. etc.

Charles (docteur Nicolas), médecin belge, né, à Liège, le 5 décembre 1845. Il a fait ses études à l'Université de sa ville natale, où il a été reçu, en 1867, docteur en médecine, chirurgie et accouchements. — M. C. est, depuis le 1er janvier 1879, professeur d'accouchements et chirurgien-directeur de la Maternité de Liège depuis le 1er janvier 1879. Depuis janvier 1885, il est membre du Conseil Communal. M. Charles est le rédacteur en chef du *Journal d'Accouchements et Revue de médecine et de chirurgie pratiques*, paraissant depuis 1880, le 15 et le 30 de chaque mois, et il a donné des articles à plusieurs autres périodiques : la *Gazette obstétricale*, le *Scalpel*, les *Annales de la Société médico-chirurgicale de Liège*. Il a publié : « Résumé statistique et clinique de cent opérations pratiquées dans des accouchements difficiles », 1re série, 1875 ; « Mémoire sur la nature et le traitement des convulsions des femmes enceintes et en couches », extrait des *Mémoires couronnés et autres mémoires*, publiés par l'*Académie royale de médecine de Belgique*, 1876 ; « Albuminurie suivie d'éclampsie. Observations et réflexions », extrait du *Bulletin de l'Académie de médecine de Belgique*, 1877; « Des déplacements de la matrice en arrière pendant la grossesse », mémoire couronné par l'Académie de médecine de Paris, prix Capuron, 1874; « Clinique obstétricale, 2me série de cent opérations pratiquées dans des accouchements difficiles », 1878; « Du palper et des manœuvres abdominales externes en accouchements », 1879; « De la mort apparente des nouveau-nés », 1879; « De la vaccine, leçon faite à l'École d'Accouchements de la Maternité de Liège », 1883; « Notions générales sur l'organisation du corps humain, ou abrégé d'anatomie et de physiologie humaines, avec un appendice sur les tempéraments », 1883; « Prophylaxie de la fièvre puerpérale. Généralités sur les symptômes et la nature des maladies suites de couches; moyen de les éviter; emploi des antiseptiques dans les accouchements », 1885; « Cours d'Accouchements, donné à la Maternité de Liège », 2 vol., 1887; « Hygiène des Nouveau-Nés. Guide des Jeunes Mères », 1887.

Charles (l'abbé Robert), érudit français, né, à la Ferté-Bernard (Sarthe), en 1847. M. l'abbé C., qui est vice-président de la Société historique et archéologique du Maine, a publié: « Les Chroniques de la paroisse et du collège de Courdemanche, au Maine », Le Mans, Pellechat, 1876; « Étude historique et archéologique sur l'Église et la paroisse de Souvigné-sur-Même (Sarthe), id., id., id.; « L'œuvre de Saimtot Chemin, sculpteur fertois, 1530-1555. Les Statues de Souvigné-sur-Même », id., id., 1876; « Le Théâtre antique d'Aubigné et la Villa de Roches, à Sceaux », id., id., 1877; « Notice archéologique sur les monuments de Château-Gontier », id., id., 1878; « Saint-Guingalois, ses reliques, son culte en son prieuré à Château-du-Loir (Sarthe) d'après des documents inédits », id., id., 1879; « Les Artistes Manceaux de l'église de Saint-Pierre-de-la-Cour, au Mans, d'après des documents inédits (1471-1574) », id., id., 1880; « Le Vieux Mans. L'Enceinte Gallo-Romaine », id., id., 1882.

Charlton-Bastian (Henri), voyez BASTIAN (Henri CHARLTON).

Charmasse (Anatole DE), érudit français, né, à Avallon (Yonne), en 1835. M. de C., qui est membre de la Société des Antiquaires de France et secrétaire de la Société Eduenne à Autun, a publié: « Notice sur les anciens hôpitaux d'Autun », Paris, Durand, 1861; « Notice sur la correspondance littéraire de Benigne Germain avec l'abbé Lebœuf », id., id., 1864; « Cartulaire de l'église d'Autun », 2 parties, id., id., 1865; « État de l'instruction primaire dans l'ancien diocèse d'Autun, pendant les XVIIe et XVIIIe Siècle », 2me éd., id., Champion, 1877; « Cartulaire de l'évêché d'Autun connu sous le nom de Cartulaire rouge, publié d'après un manuscrit du XIIIe Siècle, suivi d'une carte et d'un pouillé de l'ancien diocèse d'Autun, d'après un manuscrit du XIVe Siècle », id., Pedone-Lauriel, 1880; « Note sur un usage singulier qui existait autrefois à Couches en Bourgogne », id., Champion, 1882; « Le Prieuré de Champchanoux de l'ordre de Saint-Bénoît au diocèse d'Autun », id., id., id.; « Les Jésuites au collège d'Autun », id., id., 1885.

Charmes (Marie-Julien-Joseph-François, dit Francis), publiciste et homme politique français, né, le 21 avril 1848, à Aurillac (Cantal); il fit ses études classiques au collège d'Aurillac et au lycée de Poitiers, puis son droit à Paris. Pendant la guerre de 1870-71, il a fait, comme capitaine des mobiles du Cantal, toute la campagne de l'armée de la Loire. Après avoir appartenu, pendant trois mois, à la rédaction du *XIX Siècle*, alors dirigé par Edmond About, il entra, en août 1872, au *Journal des Débats* et en devint aussitôt un des rédacteurs les plus actifs et les plus remarqués, tant pour ses articles sur la politique intérieure, que sur la politique extérieure. Il prit notamment, sous l'inspiration directe de M. Thiers, une part importante à la campagne libérale menée par ce journal contre le gouvernement du 16 mai. M. Barthélemy Saint-Hilaire l'appela, en octobre 1880, au Ministère des Affaires Étrangères et lui confia les fonctions de sous-directeur à la direction des Affaires Politiques; en novembre de la même année, il fut pourvu du grade de ministre plénipotentiaire de 2me classe. Après avoir été quelque temps député, il fut nommé conseiller d'État en service extraordinaire au mois d'octobre 1886, puis élevé au grade de Ministre plénipotentiaire de 1re classe.

Charmes (Xavier), administrateur et historien français, frère du précédent, né, le 23 novembre 1849, à Aurillac, a débuté dans l'administration de l'Instruction publique comme secrétaire d'académie à Montpellier. Appelé au Ministère de l'Instruction publique, en 1873, il devint chef de Cabinet de M. Bardoux, en 1877; il a été nommé successivement chef de division, puis directeur du secrétariat et de la comptabilité au même Ministère. Membre du Comité des travaux historiques, il a publié, en 1886: « Le Comité des travaux historiques et scientifiques », 3 vol., dans la *Collection des documents inédits sur l'Histoire de France*, et la suite de cette publication précédée d'une remarquable introduction, qui renferme l'histoire complète de développement des études historiques en France, depuis un siècle et demi. L'Académie des sciences morales et politiques l'a appelé, le 12 mars 1887, dans son sein, à titre de membre libre. — Un troisième frère, M. Gabriel C., écrivain remarquable, collaborateur politique de la *Revue des Deux Mondes*, né le 7 novembre 1850, est mort le 18 avril 1886.

Charnacé (Ernest-Charles-Guy DE GIRARD, marquis DE), écrivain français, connu dans le monde des lettres sous le nom de GUY DE CHARNACÉ. M. de C. est né, à Château-Gontier (Mayenne), le 3 mai 1825, d'une vieille famille de l'aristocratie française qui depuis 1400 a donné une longue suite d'hommes d'épée et de diplomates, dont le plus illustre, le baron Hercule de Charnacé, fut le confident de Richelieu et l'ambassadeur de Louis XIII près des cours du Nord de l'Europe. En 1849, il épousait Mlle Claire-Christine d'Agoult (*Voyez la notice suivante*), fille du colonel de ce nom et de la comtesse d'Agoult, née Flavigny, en littérature *Daniel Stern*. Toute la vie de l'auteur a été consacrée au journalisme et aux lettres, après un séjour de quatre années en Allemagne, où il acheva ses études. Ses connaissances sont très variées. Il débuta dans le journalisme, sous la direction de M. Émile de Girardin, traitant les questions économiques et d'agriculture. Plus tard, il devint critique musical et littéraire et, progressiste en économie rurale, il resta classique en art et en littérature. Retiré à la campagne depuis 1875, il a donné un certain nombre de romans, parcourant le cycle du genre, romans de mœurs, romans de caractère, romans historiques, romans cynégétiques. On a de lui : « Études d'économie rurale », Paris, Lévy frères, 1863 ; « Études sur les animaux domestiques. Amélioration des races. Consanguinité. Haras », id., Masson, 1864 ; « Les races chevalines en France », id., id., 1869 ; « Les races bovines en France », id., id. id. ; toujours dans le même ordre de travaux, il a publié avec des introductions deux œuvres posthumes d'Émile Baudement (1810-1864) : « Les Merinos », Paris, Delagrave, 1868, et « Principes de zootechnie », id., id., 1869. Parmi ses travaux se rapportant à la musique et aux musiciens, nous citerons : « Les étoiles du chant. Adeline Patti. Christina Nillson. Gabrielle Krauss », Paris, Plon, 1868 ; une traduction des « Lettres de Glück et de Weber, publiées par L. Nohl », id., id., 1870 ; « Les Compositeurs français et les théâtres lyriques subventionnés », id., Dentu, id. En d'autres genres, citons encore : « Les Femmes d'aujourd'hui », 2 sér., Paris, Lévy frères, 1866-69 ; « Réponse à l'*Homme-femme*, de M. Alexandre Dumas », id., Lachaud, 1872 ; « Causeries sur mes contemporains », id., Dentu, 1874 ; « Drames mystérieux », id., Heymann et Pérois, 1879 ; « Une Parvenue », id., Ollendorff, 1881 ; « Un homme fatal », id., id., 1882 ; « Le Baron Vampire », id., Dentu, 1884 ; « Vaincu », id., id., 1887 ; « Souvenirs d'une jument de classe » ; « Les veneurs ennemis » ; « Aventures et portraits », id., id., 1888 ; annonçons, enfin, deux volumes en préparation : « Coquette » et « Expiation ».

Charnacé (Claire-Christine d'AGOULT, marquise DE), femme de lettres française, femme du précédent, né le 10 août 1830. Mme la marquise de Charnacé a collaboré à plusieurs journaux et revues, parmi lesquelles nous citerons la *Revue de Paris* (1856-1857), la *Revue Française* et la *Revue Germanique*, fondée par Nefftzer et Dollfus, et devenue depuis *Revue Moderne*, à laquelle elle donna, depuis 1858 jusqu'à la fin, plusieurs traductions et articles originaux, la *Revue Européenne*, où elle inséra, en mars 1860, un article biographique sur Mlle Elisabeth Blackwell, docteur en médecine ; elle collabora encore à la *Presse*, de 1856 à 1862, au *Temps*, depuis 1861, dans lequel journal elle fit notamment les Salons, de 1863 à 1866 ; la *Gazette des Beaux-Arts*, fondée par Ch. Blanc et E. Galichon, où elle inséra, entr'autres, en 1872, une « Vue générale de l'art chinois ». Citons encore, parmi les revues auxquelles elle apporta sa collaboration, la *Revue de Philosophie positive*, fondée, en 1868, par Littré et Wyronzoff. Parmi ses écrits publiés à part, nous citerons : « Essais de critique d'art », Paris, Lévy frères, 1864.

Charnay (Claude-Joseph-Désiré), voyageur français, né, à Fleurie (Rhône), le 2 mai 1828. Dès l'âge de vingt ans, il voyagea en Angleterre et en Allemagne pour y apprendre les langues, puis il s'embarqua pour les États-Unis, où il s'adonna à des recherches dans les bibliothèques qui lui inspirèrent le goût de l'archéologie américaine. Il revint en France, et le ministère de l'Instruction publique lui confia, en 1857, une mission au Mexique. Pendant son séjour à Mexico, il publia un premier travail sur l'Histoire des monuments modernes au Mexique ; à son retour (1861), il donna successivement : « Le Mexique, souvenirs et impressions de voyage », Paris, Dentu, 1863 ; et « Cités et ruines américaines », id., Morel et Cie, 1863, ce dernier ouvrage en collaboration avec Viollet-le-Duc. Satisfait des résultats de cette première mission, le gouvernement lui en confia une seconde au Madagascar (1863), une troisième dans l'Amérique du Sud, et une quatrième à Java et en Australie, en 1878. Dans l'intervalle, M. Charnay visita en outre, sans mission officielle, les États-Unis, le Canada, et publia sur les diverses contrées parcourues par lui de nombreux articles dans le *Tour du Monde*. En 1880, il partit de nouveau officiellement pour le Mexique, afin d'explorer les anciennes villes ; au cours de cette mission qui dura deux ans, M. C. exhuma les plus anciennes demeures toltèques à Tula et à Teotihuacan, et fit plusieurs découvertes importantes, rapportant de son voyage non seulement des photographies et des moulages, mais aussi des fragments de monuments. Ces richesses archéologiques ornent aujourd'hui les galeries du Trocadéro. M. C. dans son grand ouvrage : « Les Anciennes villes du nouveau monde, voyages d'exploration au Mexique et dans l'Amérique centrale (1857-1882) », Paris, Hachette, 1884 a donné l'histoire monumentale et documentaire des civilisations américaines. En 1886, il s'est remis de nouveau en route pour le Mexique. Outre les ouvrages précités, on lui doit: « La Civilisation toltèque », 1886; « Les Toltèques au Tabasco et dans le Yucatan », id.; « Une princesse indienne avant la conquête », 1888.

Charnock (Richard-Stephen), voyageur et ethnographe anglais, né, à Londres, le 11 août 1820, fut élevé au Collège royal et reçu *attorney*, en 1841. Il a fait des voyages d'études dans toute l'Europe, en Asie-Mineure, dans le Nord de l'Afrique, s'adonnant surtout à l'étude de l'anthropologie, de l'archéologie et de la philologie et particulièrement des langues celtiques et orientales. Il est membre ou correspondant de diverses sociétés savantes de Londres ou de l'étranger et il a même été nommé, en 1871, président de la Société anthropologique de Londres. Outre un grand nombre de mémoires philologiques et anthropologiques dans divers journaux et recueils, il a publié: « Guide to Tyrol », 1857; « Local Etymology », 1859; « Guide to Spain and Portugal », 1865; « Verba nominalia », 1866; « Ludus Patronymicus », 1868; « The Peoples of Transylvania », 1870; « Memorial Customs of Essex », 1870; « Patronymica Cornu Britannica », 1870; « On the Physical, Mental and Philological Caracters of the Wallons », 1871; « I Sette Comuni », 1871; « Bradshaw's Illustrated Handbook to Spain and Portugal », nouvelle éd.; un glossaire du dialecte d'Essex, 1879; et « Prænomina: or the Etymology of the principal Christian names of Great Britain and Ireland », 1882.

Charot (Médéric), journaliste français, né, à Chevru, près la Ferté-Gaucher (Seine-et-Marne), en 1846; propriétaire, gérant et directeur du journal *L'Éclaireur de l'arrondissement de Coulommiers*, M. C. a publié: « Ma première gerbe. Poésies d'un paysan », Paris, Vanier, 1867; « Petites pages poétiques », id., id., 1868; « Marguerite Landry », drame en un acte en vers, id., id., 1869; « Le Bataillon de Provins (siège de Paris, 1870-71) récit d'un Garde Mobile », id., id., 1873; « Jacques Dumont », avec une préface de George Sand, id., C. Lévy, 1876; « La Chanson du Berger; Le Récit d'un buveur d'eau; Les Peupliers de Jean Lefèvre », id., Dentu, 1880; « Croquis et Rêveries » suivi de: Carnet d'un Garde Mobile, esquisses et impressions », vers, id., id., 1883, ouvrage couronné par l'Académie française.

Charpentier (Arthur-Louis-Alphonse), médecin français, né, à Paris, en 1836. Il fit ses études médicales dans cette ville, où il a pris, en 1863, le grade de docteur en médecine. En 1869, il a été nommé chef de clinique d'accouchements de la Faculté; en 1872, professeur agrégé de la faculté de médecine. M. C., qui est membre de plusieurs compagnies savantes, a publié: « Étude comparative sur la Belladone, le Datura et la Jusquiame, au point de vue clinique », 1863; « Des Accidents fébriles chez les nouvelles accouchées », thèse inaugurale, id.; « Maladie du placenta et des membranes », thèse de concours pour l'agrégation, 1869; « De l'influence des divers traitements sur les accès éclampiques », thèse de concours d'agrégation, 1869; « Contribution à l'histoire des paralysies puerpérales », Paris, Delahaye, 1872; « Leçons sur les hémorragies puerpérales », dans les *Archives de tocologie*, 1er vol., 1874; « Observation de grossesse extra-utérine péritonéale ayant duré environ treize mois; extraction de l'enfant par la paroi abdominale ouverte par le caustique de Vienne; mort par le choléra; autopsie », id., id., id.; « Grossesse extra-utérine de près de sept mois, prise pour une rétroversion utérine compliquant une grossesse normale, ou pour un développement sacciforme de la paroi postérieure de l'uterus », id., id., id.; « Observation de tumeur de la région sacrococcygienne prise pour une grossesse gémellaire; présentation de l'épaule », id., id., id.; « Observation d'oblitération complète du col, suivie de réflexions », id., 1875; « Des lésions du fœtus à la suite de l'extraction dans les présentations de l'extrémité pelvienne, soit primitive, soit consécutive à la version, avec un court aperçu des diverses méthodes d'extraction », dans la *Zeitschrift für Geburtshülfe und Frauenkrankheiten*, Stuttgard, 1875; « Manuel d'accouchements comprenant la pathologie de la grossesse et les suites de couches », par Carl Schroeder, traduit et annoté », 1875; « Revue critique du *Traité d'Obstétrique vétérinaire* par M. Saint-Cyr », dans les *Archives de médecine*, 1875; « Rétrécissement du bassin chez une femme d'une taille de 1m, 15, etc. », dans les *Archives de tocologie*, 1876; « Des instruments destinés à remplacer le forceps et des tractions mécaniques », 1876; « Sur les signes de l'avortement pendant les premiers mois de la grossesse », rapport, dans les *Annales d'hygiène et de médecine légale*, 1877; « Des grossesses extra-utérines » dans la *Revue des sciences médicales*, 1877; « L'Obstétrique au Japon », retraduit de l'allemand dans les *Archives de tocologie*, 1879; « Notice bibliographique sur le docteur Jacquemier », dans les *Archives de médecine*, 1879; « De l'hydramnios », dans les *Archives de tocologie* », 1880; « Observations de grossesse triple », dans la *France médicale*, 1882; « Traité pratique d'accouchements », 2 vol., 1883; « De l'emploi du sulfate de cuivre en obstétrique », dans les *Archives de tocologie*, 1884; « Contribution à l'étude des vomissements de la grossesse », id., id., 1887; « De la rupture du périnée », id., id., 1887. Depuis

1886, M. Charpentier publie, avec Dolens, les *Nouvelles archives d'Obstétrique et de gynécologie*.

Charpentier (Georges), éditeur français, né, à Paris, en 1846. Son père M. Gervais C., né vers 1805, et mort le 14 juillet 1871, n'avait encore qu'une librairie peu importante, en 1838, lorsqu'il eut l'idée d'introduire en France un nouveau format in-18, qu'il appela in-18 *anglais* et qui fut bientôt naturalisé sous le nom de format Charpentier. Les « Œuvres d'André Chénier » inaugurèrent avec un succès complet cette collection élégante, commode, et, pour l'époque, d'un prix réduit, qui compta, en quelques années, près de 400 volumes. M. Georges Charpentier, après s'être occupé d'art et de littérature et avoir fait représenter et publier une comédie en un acte : « La Folie Persécutrice », Paris, Lévy frères, 1870, a pris la direction de la maison éditrice à la mort de son père. Il est, entr'autres, l'éditeur attitré de M. Emile Zola.

Charpin-Fougerolles (le comte de), érudit et homme politique français, né, à Lyon, en 1816. Le comte de C. F. qui a été, pendant quelque temps, député, a publié : « Cartulaire du prieuré de Saint-Sauveur-en-Rue (Forez), dépendant de l'abbaye de la Chaise-Dieu (1062-1401). Publié avec une notice historique et des tables », Lyon, Bru, 1881, en collaboration avec C. Guigue ; « Document inédit relatif à la guerre qui eut lieu, en 1368, entre les Dauphinois et les Provençaux », id., id., 1882 ; « Cartulaire des francs-fiefs du Forez (1090-1292), publié d'après le document original conservé aux Archives nationales », id., id., 1882 ; « Grand cartulaire de l'abbaye d'Ainay, suivi d'un autre cartulaire rédigé en 1286 et de documents inédits », 2 vol., id., id., 1885, en collaboration avec M. C. Guigue. — Sa femme, née de Saint-Priest, a publié, en 1866, chez Albanel, à Paris : « Éléonore d'Autriche, reine de Pologne ».

Charro-Hidalgo (Auguste). Journaliste et littérateur espagnol fort distingué, directeur de la *Revista Contemporanea*, est secrétaire de l'Athénée de Madrid.

Charteris (le révérend Archibald-Hamilton), théologien anglais, né, à Wamphray (comté de Dumfries), le 13 décembre 1836 ; il fit ses études à l'Université d'Édimbourg, où il prit ses degrés, en 1852 et en 1853. Après avoir rempli différents emplois de son ministère évangélique, il fut reçu docteur en théologie à l'université d'Édimbourg, en 1868, et deux ans après, il y était nommé professeur de critique biblique, chaire qu'il occupe encore. Parmi ses nombreux écrits, nous citerons ; « Life of James Robertson D. D. », 1867 ; « Canonicity : a collection of Early Testimonies to the Books of the New Testament », 1880 ; « The New Testament Scriptures (*the Crall Lecture*) », 1882.

Charton (Édouard-Thomas), illustre littérateur et homme politique français, né, à Sens (Yonne), le 11 mai 1807, fit son droit à Paris, où il fut reçu avocat à vingt ans et devint, dès 1829, rédacteur en chef du *Bulletin de la Société pour l'instruction élémentaire*, et du *Journal de la morale chrétienne*. Voué dès lors à ce genre de littérature utile et pratique, il fonda, en 1833, le *Magasin pittoresque*, resté jusqu'à présent sous sa direction et qui est son recueil de prédilection. — Antérieurement, de 1829 à 1831, M. Charton avait embrassé les doctrines du saint-simonisme, mais il se sépara des saint-simoniens dès que M. Enfantin eut fait prévaloir parmi eux ses doctrines. — Après la révolution de 1848, il fut appelé par M. H. Carnot — le père du président actuel de la République française — son ancien coréligionnaire et son ami, au poste de secrétaire-général du Ministère de l'instruction publique. Il fut ensuite élu, par son département natal, représentant à l'Assemblée constituante. Il y vota, en général, avec le parti démocratique modéré. Élu, au mois d'avril 1849, conseiller d'État, il fut un des membres actifs de la section de législation. Au 2 décembre 1851, il signa, avec dix-sept de ses collègues, la protestation contre le coup d'État. Écarté de la vie politique, il revint alors à ses travaux littéraires. — Nommé préfet de Versailles, le 6 septembre 1870, il ne remplit ses fonctions que pendant quelques jours, et dut se retirer lors de l'arrivée à Versailles de l'armée allemande. Aux élections de 1871, son département natal le nomma représentant à l'Assemblée nationale, où il vota constamment avec la minorité républicaine de l'Assemblée. Le 8 janvier 1878, il fut élu sénateur de l'Yonne et il a été le premier président du groupe de la gauche républicaine du Sénat. Aujourd'hui encore il est membre de la Haute Assemblée. Au commencement de 1867, il a été nommé correspondant de l'Académie des sciences morales (section de morale), et membre libre, en remplacement de Casimir Périer, le 30 décembre 1876. En 1856, M. Charton — qui avait déjà, en 1843, concouru à la fondation de l'*Illustration* — a fondé, avec M. Paulin, un nouveau recueil hebdomadaire illustré, *L'Ami de la maison*, qui n'a duré qu'une année. Il dirige, depuis leurs fondations, la publication du plus important recueil de voyages illustrés : *Le Tour du monde* et la collection dite *Bibliothèque des merveilles*. On a de lui : « Lettres sur Paris », avec G. Doin, 1830 ; « Guide pour le choix d'un état, ou Dictionnaire des professions, indiquant les conditions de temps et d'argent pour parvenir à chaque profession, etc. ; rédigé par MM. Bourguignon, Cap. Cellier, etc., sous la direction de M. Édouard C. », Paris, Veuve Lenormant, 1842 ; 3ᵉ éd., publiée avec la collaboration de Paul Laffitte et Jules Charton, id. Hachette,

1880; « Doutes d'un pauvre citoyen », brochure, 1847; « Voyageurs anciens et modernes, ou Choix des relations de voyages les plus intéressants et les plus instructifs, depuis le V Siècle avant Jésus-Christ jusqu'au XIX Siècle, avec biographies, notes et indications iconographiques », 4 vol., Paris, 1854-57, ouvrage couronné par l'Académie française; « Histoire de France, depuis les temps les plus anciens jusqu'à nos jours, d'après les documents originaux et les monuments de l'art de chaque époque », avec Henri Léonard Bordier, 2 vol., id., 1859-60; « Histoire de trois pauvres enfants (un Français, un Anglais, un Allemand), qui sont devenus riches, racontée par eux mêmes », Paris, Hachette, 1864; 2me éd., 1865; « Lectures de famille choisies dans la collection du *Magasin pittoresque* », Paris, 1865; « Le Tableau de Cébès, souvenirs de mon arrivée à Paris », Paris, Hachette, 1882, un vrai bijou; puis des articles fournis à la *Revue encyclopédique*, au *Bon Sens*, au *Monde*, au *Temps*, à l'*Encyclopédie nouvelle*, et surtout au *Magasin pittoresque*, où sa part fut très grande dans une rédaction anonyme.

Chartres (Robert-Philippe-Louis-Eugène-Ferdinand d'ORLÉANS, duc DE), second fils du duc d'Orléans et de la princesse Hélène, frère puîné du comte de Paris, né à Paris, le 9 novembre 1840, fut élevé en Allemagne, dans la petite ville d'Eisenach, et se réfugia plus tard en Angleterre, auprès de la famille de son père. Pendant la guerre de 1859, il prit service dans l'armée piémontaise, mais il donna sa démission lors des premières entreprises contre les États Pontificaux. En 1860, il fit, avec son frère aîné, un voyage dans le Liban, et partit ensuite avec lui pour l'Amérique, où venait d'éclater la guerre de sécession. Il fit la campagne du Potomac, comme capitaine d'état-major dans l'armée de Marc-Clellan; en 1863, il donna sa démission. Au mois d'août 1870, il demanda vainement au ministre de la guerre de servir dans l'armée active. Plus tard, il fut admis à servir dans l'armée du général Chanzy, comme capitaine au titre auxiliaire, sous le pseudonyme transparent de *Robert Le Fort*; se distingua, pendant la campagne, puis, après l'abrogation des lois d'exil, fut nommé par M. Thiers chef d'escadron et autorisé à servir sans solde dans l'armée française. Il a été promu lieutenant-colonel, le 5 avril 1875, et colonel du 12e régiment de chasseurs, en 1878, mais, le 22 février 1883, le général Thibaudin, ministre de la guerre, le mit en non activité par retrait d'emploi. Il prit alors un congé et partit aussitôt après pour l'Asie, où il fit un voyage d'exploration. L'article 4 de la loi du 22 juin 1886, portant que les membres des familles ayant régné en France, ne pourraient entrer dans les armées de terre et de mer, le ministre de la guerre le raya des contrôles de l'armée. S. A. Royale Mgr. le duc de Chartres, a publié, sous le voile de l'anonyme: « Souvenirs de voyage. Une visite à quelques champs de bataille de la vallée du Rhin », Paris, Dentu, 1869; et il a écrit l'introduction qui précède un ouvrage posthume de son père: « Campagnes de l'Armée d'Afrique, 1835-1839, par le duc d'Orléans », id., Lévy frères, 1870. Il a épousé, le 11 juin 1863, à Kingston sur la Tamise, sa cousine, la princesse Françoise-Marie-Amélie d'Orléans, née, le 14 août 1844, fille aînée du prince de Joinville.

Charvet (Léon), architecte et écrivain français, né, à Lyon, en 1830. M. C., qui est professeur à l'école des beaux-arts de Lyon, a publié: « Essai d'une monographie de la ville de Lyon », Lyon, Vingtrinier, 1860; « Recherches sur l'abbaye d'Abondance en Chablais », Lyon, Perrin, 1864; « Lettres sur l'architecture au XIVe siècle », Annecy, Thério, 1865; « Biographies d'architectes. Sébastien Serlio (1475-1554) », Lyon, Glairon-Mondet, 1869; « Biographies d'architectes. Les de Royers de la Valpercière », id., id., 1870; « Biographies d'architectes. Réné Dardel. 1796-1871 », id., id., 1873; « Biographies d'architectes. Étienne Martellange (1569-1641) », id., id., 1884; « Biographies d'architectes. Jehan Perreal, Clément Trie et Édouard Grand », id., id., 1875; « Études sur les beaux-arts. Recherches sur la vie et les ouvrages de quelques artistes », Lyon, 1876; « La Maison forte de Montalby dite du Soliers, à Vaulx-et-Milieux (Isère) », Vienne, Savigné, 1878; « Études historiques. La Société littéraire de Lyon au XVIIIme siècle », Lyon, Mougin Rusand, 1879; « Enseignement primaire du dessin à l'usage des écoles primaires et des lycées et collèges », Paris, Delagrave, 1883, en collaboration avec J. Pillet.

Chassignet (Louis M. M.), économiste et écrivain militaire français, né, le 11 juillet 1817, à Jarville (Meurthe), d'une famille originaire de Franche-Comté, dont un membre, J. B. Chassignet a publié (Besançon, 1601, Lyon, 1613, etc.), des poésies (odes et sonnets) qui le classent à un rang distingué dans l'école de Ronsard. Sorti, en 1849, de l'École Polytechnique, comme officier d'artillerie, M. M. Chassignet, fut, en 1857, promu, au choix, capitaine dans cette arme, à la suite de l'expédition de Kabylie; admis, en 1859, au concours, dans l'Intendance militaire, il fut attaché, en 1860, au corps expéditionnaire de Syrie. Il prit, comme sous-intendant, part à l'expédition de Mentana, 1867, et à la malheureuse guerre de 1870-71. En 1876, il quitta volontairement la carrière militaire, pour se consacrer exclusivement à ses études. Il avait, dès lors, publié un « Journal d'une Excursion en Palestine », Nancy, Ve Raybois, 1862 (tiré à petit nombre). Citons encore de lui: « Essai historique sur les Institutions militaires, depuis les temps les plus reculés, jusqu'à nos jours », Paris, Rozier, 1869, 2ᵐᵉ éd. d'un « Plan de constitution militaire », id., id., 1871 ; « Études sur la réforme militaire, et observations sur l'ouvrage intitulé : *l'Armée française en 1879* », Paris, Berger-Levrault, 1884. Il a depuis fait insérer dans les *Mémoires de l'Académie de Stanislas* divers opuscules : « Souvenirs du Liban », 1864 ; « Invalides de l'armée », id. ; « Un soldat lorrain, Gᵃˡ Houchard », 1866 ; « Souvenirs du camp de Kab-Elias et d'une excursion aux ruines de Balbek », 1887 ; et dans le *Bulletin de la Société d'Économie sociale* de Paris, deux monographies, l'une en 1882, sur la « Cristallerie de Baccarat », et l'autre, 1886, sur les « Maronites » ; sous presse, même société « Étude sur les logements ouvriers à Nancy ».

Chassin (Charles-Louis), publiciste français, né, à Nantes, le 11 février 1831, acheva ses études au lycée Bourbon, et protesta, en mars 1851, par une lettre à l'*Évènement*, contre la fermeture du cours de M. Michelet. Depuis cette époque, il collabora à plusieurs feuilles républicaines et se fit remarquer par l'ardeur de ses opinions ; il fonda, en 1868, et dirigea jusqu'à la révolution du 4 septembre 1870, le journal hebdomadaire *La Démocratie*. Pendant la période insurrectionnelle de 1871, il fut détenu deux mois en prison. Sous le pseudonyme de LE PARISIEN, il a écrit d'importantes correspondances dans le *Journal Russe de Saint-Pétersbourg*, de 1871 à 1874, puis postérieurement à cette date, dans la *Gazette de la Bourse*, le *Courrier du Nord* et la *Vérité Russe*. Il était également, depuis 1868, le correspondant de l'importante revue *Le Contemporain*, fondé à Saint-Pétersbourg par le poète Nekrassoff, transformée plus tard en *Annales de la patrie* et supprimée par Alessandre III dans les premières années de son règne. Au mois de mai 1877, il fonda, avec MM. Jean Macé et L. L. Vauthier, *La Semaine républicaine*, feuille qui eut une certaine influence dans les campagnes pendant la période du 16 mai. Depuis cette époque il a donné sur différentes questions politiques ou sociales des études, dans le *Rappel*, le *Journal officiel*, la *Paix*, le *Journal des Économistes* et la *Ville de Paris*. Parmi ses travaux publiés en librairie, nous citerons : « La légende populaire du petit manteau bleu », Paris, Bry aîné, 1852 ; « Les âmes sœurs, rêverie panthéiste », 1854 ; « La Hongrie, son génie et sa mission ; étude historique ; suivie de Hunyad, récit du XVᵉ Siècle », Paris, Garnier frères, 1855, 2ᵐᵉ éd., id., Pagnerre, 1859 ; « Edgar Quinet. Sa vie et son œuvre. L'homme, sa vie, son influence, la philosophie de l'histoire, les nationalités, les religions, les poèmes », id., Pagnerre, 1859 ; « Manin et l'Italie », id., id., id. ; « Histoire politique de la révolution de Hongrie, 1847-1849 », 2 vol., 1859-60, avec M. D. Iranyi ; « Le Poète de la révolution hongroise, Alexandre Petöfi », Bruxelles, Lacroix et Van Meenen, 1860 ; « Ladislas Téléky », Paris, Dentu, 1861 ; « Liberté de la presse. Lettres à M. de Persigny », Paris, Pagnerre, 1861 ; « La presse libre selon les principes de 1789 », id., id., 1862 ; « Le Génie de la Révolution. Tome I. Les Élections de 1789, d'après les brochures, les cahiers et les procès-verbaux manuscrits », id., 1863 ; « L'Armée et la Révolution. La Paix et la Guerre. L'Enrôlement volontaire. La Levée en masse. La Conscription », id., A. le Chevalier, 1867 ; « Le Parlement républicain, résumé populaire du droit constitutionnel », id., Fischbacher, 1879 ; « L'Église et les derniers serfs », id., Dentu, 1880 ; « Les cahiers des curés, étude historique d'après les brochures, les cahiers imprimés et les procès-verbaux manuscrits », id., Charavay frères, 1882 ; « Les Élections et les cahiers de Paris, en 1789 », tome I, 1888, ouvrage rédigé d'après les instructions de la Commission de recherches sur l'histoire de Paris, pendant la Révolution, instituée par le Conseil Communal de Paris.

Chassiotis (Georges), écrivain grec, ancien directeur du lycée grec de Péra (de 1870 à 1875), né, en Épire, en 1844. On a de lui : « L'instruction publique chez les Grecs, depuis la prise de Constantinople par les Turcs jusqu'à nos jours », Paris, Leroux, 1881.

Chatelain (Dʳ Auguste), médecin et littérateur suisse, né, à Neuchâtel, le 19 avril 1838, d'une vieille famille de la bourgeoisie. Il fit ses premières études dans sa ville natale et ses études médicales, de 1857 à 1862, à Berlin, Prague, Vienne, Paris, et Wurzbourg, où il fut reçu docteur en médecine. De 1862 à 1882, il fut médecin de l'hospice des aliénés à Pressargier, canton de Neuchâtel. Nous citerons de lui : « L'harmonie de notre être. Conseils d'hygiène », 1864 ; « Erreurs et préjugés populaires en médecine », 1865 ; « La Responsabilité criminelle et la capacité civile dans les états de trouble intellectuel », traduction de l'ouvrage allemand du prof. de Krafft-Ebing, Paris, Masson, 1874 ; « L'Alcoolisme », Neuchâtel, Monnerat, 1887, mémoire couronné par la Société de médecine et de chirurgie de Bordeaux. En dehors de ses travaux scientifiques, M. C. s'est fait connaître par un volume de « Croquis et nouvelles : Connais-ça ; le Secret du Notaire ; Lucette, etc. », Lausanne, Monnerat, 1887, pleines de verve et de naturel. M. C. est un des collaborateurs de la *Bibliothèque Universelle* de Genève, du *Foyer romand*, etc.

Chatelain (Émile), écrivain français, né, à Paris, en 1851. M. C., qui est maître des conférences à l'école pratique des hautes études, bibliothécaire à la bibliothèque de l'Université, ancien membre de l'École française de Rome, a publié: « Quintilien. Institution oratoire, collation d'un manuscrit du X⁰ Siècle », en collaboration avec J. Le Coultre, Paris, Franck, 1875, forme le 20ᵉ fascicule de la *Bibliothèque de l'École pratique des hautes études*; « Notice sur les manuscrits des poésies de S. Paulin de Nole, suivie d'observations sur le texte », id., Thorin, 1880, forme le fascicule 14ᵐᵉ de la *Bibliothèque des Écoles françaises d'Athènes et de Rome*; « Lexique latin-français à l'usage des candidats au baccalauréat ès-lettres », id., Hachette, 1882; « Prosodie latine suivie d'un appendice sur la prosodie grecque », id., id., en collaboration avec feu Charles Thurot de l'Institut; enfin, en 1884, M. C. a entrepris, chez Hachette, la publication d'un grand ouvrage intitulé: « Paléographie des classiques latins. Collection de fac-similés des principaux manuscrits de Plaute, de Térence, Varron, Cicéron, César, Cornélius Népos, Lucrèce, Catulle, Salluste, Virgile, Horace, Tibulle, Properce, Ovide, Tite-Live, Justin, Phèdre, Sénèque, Quinte-Curce, Perse, Lucain, Pline l'Ancien, Valérius Flaccus, Stace, Martial, Quintilien, Juvénal, Tacite, Pline le Jeune, Suétone, etc. », l'ouvrage doit se composer d'environ 12 livraisons.

Chatin (Gaspard-Adolphe), éminent botaniste français, membre de l'Institut, né, à Tullins (Isère), le 30 novembre 1813, fit ses études médicales à Paris, et y reçut, en 1844, le diplôme de docteur, avec une thèse sur « Quelques principes de toxicologie ». Pharmacien à l'hôpital Beaujon et à l'Hôtel-Dieu, il fut chargé de professer la botanique à l'École supérieure de pharmacie, dont il devint le directeur en 1874. Au mois de mai 1886, ayant été l'objet de manifestations hostiles de la part des étudiants qui fréquentaient cet établissement, et qui l'accusaient de donner un trop grand développement à l'enseignement de la botanique, il offrit sa démission qui, après bien des tergiversations, fut acceptée par le Ministère. Il redevint alors simple professeur de botanique, puis, au mois d'août suivant, il fut mis à la retraite, et nommé directeur honoraire. Membre de l'Académie de Médecine, depuis 1853, il a été admis à l'Académie des sciences, le 29 juin 1874, en remplacement de Claude Gay. Nous citerons de lui: « Études de physiologie végétale faites au moyen de l'acide arsénieux », Paris, Bachelier, 1848; « la Symétrie générale des organes des végétaux », 1848; « l'Existence de l'iode dans les plantes d'eau douce, dans l'eau, dans l'air », 1851; « Mémoire sur la vallisneria spiralis L., considéré dans son organographie, sa végétation, son organogénie, son anatomie, sa tératologie et sa physiologie », Paris, Mallet-Bachelier, 1855; « Anatomie comparée des végétaux, comprenant les plantes aquatiques, aériennes, parasites, terrestres, 2 vol., id., J. B. Baillière, 1856-1866; « Anatomie des plantes aériennes de l'ordre des orchidées », id., id., 1857; « Mémoire sur les limnanthées et les coriacées », id., Masson, 1857; « Excursion botanique dirigée en Savoie et en Suisse », id., Baillière, 1862; « Le Cresson », id., id., 1866; « La Truffe, étude des conditions générales de la production truffière », id., Vᵉ Bouchard-Huzard, 1869.

Chatin (Joannes), médecin et savant français, fils du précédent, né, à Paris, le 19 août 1847. Docteur en médecine et docteur ès-sciences, il fut nommé, d'abord professeur agrégé à l'École supérieure de pharmacie, puis répétiteur à l'École des hautes études, enfin maître des conférences à la Faculté de sciences. Il a été élu membre titulaire de l'Académie de médecine, dans la section de Pharmacie le 25 mai 1886. Il a publié: « Études botaniques, chimiques et médicales sur les Valérianées », thèse, Baillière, 1872; « Du siège des substances actives dans les plantes médicinales », id., id., 1876; « les Organes des sens dans la série animale; leçons d'anatomie et de physiologie comparée faites à la Sorbonne », id., id., 1880; « Contributions expérimentales à l'étude de la chromatopsie chez les batraciens, les crustacées et les insectes », id., Gauthier Villars, 1881; « la Trichine et le Trichinose », id., Baillière, 1883.

Chatrian (Alexandre), littérateur français, né, à Soldatenthal (Meurthe), en 1826, a publié tous ses ouvrages en collaboration avec M. Erckmann. Voyez ERCKMANN-CHATRIAN.

Chaudé (l'abbé Aquilas), ecclésiastique français, né, à Brouy (Seine-et-Oise), en 1823. M. Chaudé, curé de Vaujours en Seine-et-Oise, ancien curé de Fontenay-le-Fleury, membre de plusieurs sociétés savantes, a publié: « Botanique descriptive, contenant l'organographie, l'anatomie, la physiologie et la classification des plantes », Paris, Palmé, 1876; « De Lourdes au Cirque de Gavarnie », id., id., id.; « Histoire de Fontenay-le-Fleury », Fontenay-le-Fleury, 1876; « Histoire des merveilles et des prodiges de la croix », Paris, Palmé, 1877; « Église, liberté, progrès », id., id., id.; « Histoire de Saulx-les-Chartreux, doyenné de Longjumeau, diocèse de Versailles », id., id., 1881; « la Théologie des Plantes ou Histoire intime du monde végétal », id., id., 1882; « Histoire de Vaujours et de l'asile Fénelon, diocèse de Versailles etc. », id., id., 1883.

Chaudordy (J.-B. Alexandre DEMAZE, comte DE), diplomate français, né vers 1825. Il entra, en 1851, dans la diplomatie, et il était, en 1870, directeur au Ministère des affaires étrangères lorsqu'il fut désigné pour représenter ce ministère auprès de la délégation de Tours. En cette qualité, il publia plusieurs circulaires remarquables en réponse aux notes de M. de Bismarck, réfuta les accusations du chancelier allemand à propos de violations de la convention de Genève, et protesta avec énergie contre les excès commis en France par l'armée allemande. Il publia plus tard l'histoire de son passage aux affaires pendant cette période. Le 8 février 1871, il fut élu représentant du Lot-et-Garonne à l'Assemblée nationale. Il prit place à droite. Nommé ambassadeur de France à Berne, le 4 décembre 1873, il fut appelé, le 3 septembre 1871, à l'ambassade de Madrid. Après quelque temps, passé en disponibilité, il fut nommé ambassadeur à Saint-Pétersbourg, mais il ne prit pas possession de son poste. Dernièrement, il a publié : « La France à la suite de la guerre de 1870-71. La France à l'intérieur. La France à l'extérieur », Paris, Plon, 1887 ; « De l'état politique de la nation française », id., id., 1888.

Chauveau (FRANCK-Joseph-Charles), jurisconsulte et homme politique français, ancien député, aujourd'hui sénateur, né, à Paris, le 1er septembre 1846, est fils d'un avoué. Il fit ses études au collège Stanislas et au lycée Henri IV, visita une grande partie de l'Europe et séjourna assez longtemps en Angleterre. De retour à Paris, il se voua à l'étude du droit, fut reçu docteur, s'inscrivit au barreau et fut élu premier secrétaire de la conférence des avocats. Secrétaire de la Société de législation comparée, il se fit connaître par des travaux insérés dans ses *Annales* ou *Bulletins*, et fut élu, comme candidat républicain, dans une élection partielle du mois d'août 1876, pour l'arrondissement de Senlis (Oise) : il se fit inscrire aux groupes de la Gauche républicaine et du Centre gauche, et fut élu secrétaire de ce dernier groupe. Il vota avec la majorité, et après l'Acte du 16 mai 1877, fut un des 363 députés des Gauches réunies qui refusèrent un vote de confiance au ministère de Broglie. Il fut réélu le 14 octobre suivant. Il fut encore réélu, le 21 août 1881. Aux élections du 4 octobre 1885, il se désista au scrutin de ballotage. M. Franck Chauveau s'est fait connaître par ses discours à la Chambre des députés, notamment sur l'état de siège, la loi organique du Conseil d'État, dont il a été rapporteur, sur l'inamovibilité de la magistrature, la législation des sucres, la révision de la Constitution, etc. Le 5 janvier 1888, il a été élu sénateur de l'Oise, et devint secrétaire pour le centre gauche du Sénat. On cite de M. Franck Chauveau: « Étude sur lord Brougham », discours prononcé à l'ouverture de la conférence des avocats, le 30 novembre 1872, Paris, Durand, 1873 ; « Étude sur la législation électorale de l'Angleterre », id., Cotillon, 1874 ; et divers autres travaux extraits, comme les précédents, du *Bulletin de la Société de Législation comparée*.

Chauveau (Pierre-Joseph-Olivier), écrivain et homme politique canadien, né, le 30 mai 1820. Dès l'âge de dix-sept ans, après de brillantes études au séminaire de Québec, il entra au *Canadien*, journal libéral, où il publia avec des articles politiques, ses premières poésies. Il s'y fit tellement remarquer qu'en 1844, à peine âgé de vingt-quatre ans, il fut élu député par le comté de Québec. En 1851, il fut nommé *solicitor general* du Bas-Canada, et après avoir fait partie à ce titre du ministère de cette province, il y siégea, en 1853, en qualité de secrétaire provincial, poste qu'il abandonna l'année suivante pour devenir surintendant de l'Instruction publique du Bas-Canada. On lui doit, en cette qualité, l'établissement d'écoles normales et une réorganisation à peu près complète des bibliothèques publiques. Les plus remarquables de ses poésies sont : « L'Insurrection » ; « Le Jour des banquiers » ; « Joies naïves » ; « Adieux à Colborne » ; « Albion » ; « Donnacona » ; « Soirées canadiennes », spirituelles épîtres satiriques. En prose, on a de lui des portraits politiques très estimés. Il a collaboré au *Fantasque*, au *Castor*, au *Canadien*, à l'*Univers* et au *Courrier des États-Unis*. Dans le *Journal de l'instruction publique du Canada*, il écrit des « Revues mensuelles » remarquables. On lui doit en outre: « L'Instruction publique au Canada », Québec, A. Cote et Cie, 1876 ; « François Xavier Garneau, sa vie et ses œuvres, étude historique », Montréal, Beauchemin et Valois, 1883 ; « Charles Guérin, roman de mœurs canadiennes », id., J. Lovell, 1883. Comme homme politique, M. C. appartient à la fraction la plus libérale du parti conservateur.

Chauveau (Auguste), vétérinaire français, né, à Villeneuve-la-Guyard (Yonne), en 1828. Il entra, en 1845, après de brillantes études, à l'école d'Alfort. Plus tard, s'étant fixé à Lyon, il devint membre d'abord et président ensuite de la Société de médecine et professeur à l'École vétérinaire de cette ville. Il était directeur de l'école vétérinaire de Lyon, lorsqu'il fut élu membre correspondant de l'Académie des sciences, en 1878. En 1886, il a remplacé M. Bouley, comme membre titulaire et a été nommé professeur de pathologie comparée au Muséum. Il est en outre membre associé de l'Académie de médecine. On lui doit: « Quelques notes sur la structure et la sécrétion de la corne », Lyon, Savy jeune, 1853 ; « Traité d'anatomie comparée des animaux domestiques », Paris, J.-B. Ballière, 1857 ; 2me éd., id., id., 1871 ; 3me éd., id., id., 1878 ; « Vaccine et variole. Nouvelle étude expérimentale sur la question de l'identité de ces deux affections », id., Asselin, 1865, en collaboration avec MM. Viennois et P. Moynet. Outre ces ouvrages et de nombreux articles publiés dans le *Journal de médecine vétérinaire*, M. C. a écrit un grand nombre d'études sur la physiologie du cœur qui furent publiées dans les *Comptes-rendus de l'Académie des Sciences* et dans le *Moniteur des Hôpitaux*, des recherches sur la question glycogénique, sur la théorie des effets physiologiques de l'électricité, sur la théorio des germes, sur la vitesse de propagation des excitations dans les nerfs moteurs, etc.

Chauvet (Costanzo), journaliste italien, né, à San Stefano Belbo (arr. d'Alba, prov. de Côni), en 1844. Fils d'un géomètre distingué, originaire de la Provence, il quitta de bonne heure ses études pour prendre part aux guerres de l'indépendance italienne. Après avoir servi pendant quelques années dans l'armée italienne, il s'adonna au journalisme. Ayant suivi, en qualité de correspondant de journaux étrangers, le corps d'occupation qui marchait sur Rome, il fut le premier journaliste qui entra dans cette ville, le 20 septembre 1870, au moment même où le corps diplomatique en sortait pour se rendre auprès du général commandant le corps d'occupation. S'étant fixé à Rome, il y fonda tout d'abord un journal humoristique illustré, le *Don Pirloncino*, qui eut le plus vif succès, mais qui donna souvent à M. Chauvet l'occasion de faire ses preuves sur le terrain. Bientôt après, il fonda *Il Popolo Romano*, journal politique quotidien, libéral modéré, qui sut gagner les sympathies du public de Rome au point de devenir le journal le plus répandu de la capitale. Après la révolution parlementaire de 1876, qui porta au pouvoir la gauche avec M. Depretis, le *Popolo Romano* devint l'organe le plus autorisé des idées de cet homme politique et il garda cette situation jusqu'à la mort de ce ministre dont M. C. a toujours été l'ami le plus fidèle et dévoué. M. Chauvet est un des polémistes les plus vigoureux de la presse politique italienne surtout dans les questions financières et économiques en rapport avec la politique et il est en même temps un des plus habiles organisateurs de journaux, ainsi que le prouve le succès qu'il a obtenu avec le *Popolo Romano*, pour lequel il vient de bâtir à Rome, via Due Macelli, un hôtel spécial, le premier de ce genre, qui ait été construit en Italie. M. Chauvet, dont l'activité est légendaire, possède, aussi un tact exquis, grâce auquel il a su gagner l'amitié des hommes politiques les plus en vue de tous les partis, qui apprécient le caractère sérieux et respectueux qu'il a su donner à son journal.

Chauvet (Jérôme-Auguste-Emmanuel), écrivain et philosophe français, né, le 12 novembre 1819, à Caen (Calvados). Il entra à l'École normale en 1839, fut reçu agrégé de philosophie en 1845 et docteur ès-lettres en 1855. Nommé, en 1842, professeur de philosophie au lycée de Mâcon, il passa ensuite, en la même qualité, au lycée de Caen, puis devint, en 1858, professeur à la Faculté des lettres de Caen, sa ville natale. M. Chauvet est membre du Conseil académique de Caen. On a de lui : « Des Théories de l'entendement humain dans l'antiquité », Caen, Hardel, 1855 ; « Mémoire sur la philosophie d'Hippocrate », extrait du *Compte-rendu des séances de l'Académie des sciences morales et politiques*, Paris, Durand, 1856 ; « Mémoire sur le Traité de Galien, intitulé : *Que les mœurs de l'âme suivent le tempérament du corps* », id., id., 1857 ; « Mémoire sur le Traité de Galien, intitulé : *Des Dogmes d'Hippocrate et de Platon* », id., id., id. ; « La Psychologie de Galien », id., Durand et Pedone-Lauriel, 1867 ; « L'Éducation », id., id., 1868 ; « Les médecins philosophes contemporains », id., id., 1870 ; « Galien. Deux chapitres de morale pratique chez les anciens », Caen, Le Blanc-Hardel, 1875 ; « Discours sur la paix perpétuelle », 1881 ; « La Philosophie des médecins grecs », Paris, Thorin, 1885 ; « Le Travail. Études morales ». id., Pedone-Lauriel, id. M. E. Chauvet a publié, en collaboration avec M. A. Saisset : « Œuvres complètes » de Platon, dans la *Bibliothèque Charpentier* et il a donné une édition des « Lettres à Lucilius » de Sénèque.

Chauvigné (Auguste-Alexandre), publiciste, romancier, poète, auteur dramatique français, né, à Tours (Indre-et-Loire) le 1er novembre 1855, où il fit ses premières études. Il est fils de M. Auguste-François Chauvigné, peintre et céramiste remarquable. M. Chauvigné fils est rédacteur en chef de la *Revue littéraire et artistique* de Touraine ; secrétaire perpétuel de la Société d'Agriculture, Sciences, Arts et Belles-Lettres d'Indre-et-Loire ; secrétaire-général adjoint de la Société de géographie de Tours ; membre de la Société des amis des arts de la Touraine ; de la Société archéologique de Touraine ; délégué du Congrès des Sociétés savantes de la Sorbonne à Paris ; il est collaborateur de la *Revue du Siècle*, de la *Revue des journaux et des livres*, depuis 1887, et de la *Revue de Paris et de Saint-Pétersbourg* depuis 1888. Parmi ses travaux historiques, nous citerons : « Étude historique sur Guttemberg », 1884 ; « Histoire des corporations d'arts et métiers de Touraine », ouvrage lu au congrès des sociétés savantes de la Sorbonne, en 1884, Tours, Rouillé-Ladevèze, 1885 ; « Origine, importance et durée des anciennes foires de Tours », ouvrage lu au congrès des Sociétés savantes de la Sorbonne, en 1885 ; « Recherches sur les voies de communication en Touraine », Tours, 1888. Parmi ses ouvrages littéraires, nous nous bornerons à citer : « Fauvette », comédie en un acte en prose, 1882 ; « L'Enfance », poème ; « Marius Darnay », roman, 3me éd., Paris, Ollendorff, 1887 ; « La Lionne », roman ; « Conte-moi donc ça », comédie en un acte en vers représentée à Tours, 1888 ; « L'Aurore », poème lyrique, 1888.

Chavanne (Joseph), voyageur et géographe allemand d'origine belge, né à Gratz (Autriche), le 7 août 1846. Après avoir fait ses études à Gratz et à Prague, il entreprit, en 1867-68, un grand voyage aux États-Unis, au Mexique, dans l'Amérique centrale et aux Antilles ; fut employé au tracé du chemin de fer du Pacifique, entre

Chicago et Cheyenne, descendit le Mississipi jusqu'à la Nouvelle-Orléans et traversa le Texas. En 1869, on le trouve au Maroc et en Algérie, où il pousse jusqu'à l'entrée du Sahara. De retour à Vienne, il travailla à l'Institut météorologique, devint, en 1875, rédacteur en chef des *Mitteilungen der Wiener Geographischen Gesellschaft*, et publia un grand nombre de cartes, atlas, notices et ouvrages qui appelèrent sur lui l'attention. En 1874, il calcula, à un demi-degré de latitude près, la position de la terre François-Joseph. Entré, en 1884, au service de l'*Institut national de géographie* de Bruxelles, il fut chargé de relever la topographie de la région située entre le Congo et le Kuilu-Niadi d'une part, l'embouchure du Congo et la station d'Équateur de l'autre. Comme premier résultat de son expédition, il dressa une carte, publiée par l'*Institut national* de Bruxelles dans le rapport de 1 : 200,000; cette carte comprend le cours du Congo depuis l'embouchure en remontant jusqu'à Boma et la côte nord jusqu'à Landana. En même temps, il étudiait la géologie de cette contrée. En août 1885, il a visité le Musché Congo dans l'Ouest africain portugais. Parmi les principales publications de M. C., nous citerons : « Die Temperaturverhältnisse von Oesterreich-Ungarn, dargestellt durch Isothermen », Vienne, 1881 ; « Beiträge zur Klimatologie von Oesterreich-Ungarn », id., 1872 ; « Die Sahara », id., 1878 ; « Afghanistan. Land und Leute », id., 1878 ; « Afrika im Licht unsrer Tage », id., 1881 ; « Die mittlere Höhe Afrikas Ströme und Flüsse », id., 1883 ; « Jan Mayen und die österreichische arktische Beobachtungsstation », id., 1884. Il a publié aussi une « Physikalische Wandkarte von Afrika », en 4 feuilles, 2ᵐᵉ éd., Vienne, 1882, et il a donné ses soins à la septième édition de la « Allgemeine Erdbeschreibung », de Balbi, Vienne, 1882.

Chavannes (François-Louis-Frédéric), théologien suisse, né, à Vevey, le 24 octobre 1803 ; il fit ses études théologiques à Lausanne, poursuivit après sa consécration au Saint-Ministère la double carrière parallèle du pastorat et de l'enseignement des sciences exactes comme directeur du collège de sa ville natale (1827-1834), maître de géométrie et d'arithmétique aux écoles normales du canton de Vaud pour lesquels il composa d'excellents manuels (1836-38) ; professeur de mathématiques au collège cantonal de Lausanne (1838-1847) et en même temps comme pasteur suffragant dans la même ville (1834-1837). En 1847, il entra au service de l'Église wallonne en qualité de pasteur d'Amsterdam et il y resta jusqu'en 1856. Rappelé dans le canton de Vaud par une grave maladie, il a successivement résidé à Vevey, Aigle et Lausanne. Prédicateur ingénieux, théologien nourri de la pensée de Vinet, mais affranchi des barrières dogmatiques qui retenaient encore son maître, M. C. a publié dans la *Revue de Strasbourg* (1851-1853), des études exégétiques et psychologiques des plus remarquées sur : « Blaise Pascal » ; « La Morale » ; « L'Autorité des Écritures », et « La détermination de quelques dates de l'histoire évangélique ». Il a collaboré aussi activement à plusieurs autres journaux religieux progressistes, tels que *Le Lien*, *La Renaissance*, *L'Alliance libérale*. Parmi ses ouvrages les plus importants, nous citerons : « Poésies chrétiennes et cantiques », 1838 ; « Le pasteur de campagne », poème en quatre chants, 1846 ; « Notice sur un manuscrit du XVIᵉ Siècle renfermant les poésies inédites de Clément Marot et Théodore de Bèze », 1844 ; « Un messager de l'Évangile », 1850 ; ainsi que quelques autres sermons détachés ; « Alexandre Vinet », brochure polémique à l'occasion de l'ouvrage de Rambert, 1875 ; « Alexandre Vinet, considéré comme moraliste et apologiste chrétien », mémoire couronné par la Société théologique de la Haye, 1883.

Chavannes (Gustave-César), théologien suisse, fils du précédent, né, à Vevey, le 10 mai 1832. Il fit ses études théologiques à Amsterdam et à Leyde, de 1851 à 1855, fut précepteur en Russie, de 1857 à 1862, maître de français au collège de Morges, de 1862 à 1865, pasteur de la communauté libérale de Motiers dans le Vully fribourgeois, de 1865 à 1871 ; rédacteur du *National suisse*, journal radical de la Chaux-de-Fonds, 1871-1872 ; pasteur des églises wallonnes de Leeuwarden, 1872-1874 et de Leyde. Collaborateur de plusieurs feuilles progressistes politiques et religieuses, M. C. a traduit du hollandais, de concert avec M. A. G. Van Hamel : « La Bible des Familles », explication historique de l'Ancien et du Nouveau Testament par MM. Kuenen, Oort, et Hoy Kaas, 6 vol., 1875-1880.

Chavannes (Antoine-François-Ernest), théologien suisse, né, à Aubonne (Canton de Vaud), le 15 avril 1821 ; il fit ses études à l'Académie de Lausanne, qui lui conféra, en 1844, le diplôme de licencié en théologie. Nommé suffragant à Commugny, il donna sa démission, en 1845, lors de la crise politico-ecclésiastique qui aboutit dans le canton de Vaud à la fondation d'une Église libre. De 1845 à 1849, il séjourna en Angleterre s'adonnant à l'enseignement ; revenu à Lausanne, en 1849, il continua à y enseigner jusqu'en 1859, époque à laquelle il fonda, avec le docteur Martinier, historien et bibliographe distingué, une librairie ancienne. En 1866, il fut nommé bibliothécaire à la Faculté de théologie libre. M. Ernest Chavannes est l'un des érudits les plus versés dans la connaissance de l'ancienne histoire vaudoise, à laquelle se rapportent ses trop rares publications : « Le Trésor de l'Église cathédrale de Lausanne, documents accompagnés de notes historiques » Lausanne, 1873 ;

« Comptes de la ville inférieure de Lausanne, du 11 octobre 1475 au 11 octobre 1476 », Lausanne, 1873, dans le tome 28me des *Mémoires de la Société d'histoire de la Suisse romande*; « Extrait des Manuaux du Conseil de Lausanne, 1383-1564 », dans les tomes 35e, 36e et 1er de la nouvelle série du même recueil, 1880-1887. M. C. est collaborateur de la *France Protestante* et du *Bulletin de la Société pour l'histoire du protestantisme français*, où il a inséré notamment des articles sur « Le Refuge dans ses rapports avec Lausanne ».

Chavée-Leroy, agriculteur et publiciste français. M. Chavée-Leroy est né à Leuze, province de Namur (Belgique), le 10 décembre 1827. Après avoir acquis une expérience consommée des choses de l'agriculture, il quitta le sol natal pour faire valoir en France une exploitation agricole située dans le département de l'Aisne. De ses études sur les maladies des végétaux, M. C. a tiré la conclusion suivante: « C'est par la bonne proportion des divers éléments réclamés par chaque variété d'une espèce végétale qu'on peut faire disparaître les affections dont elle est atteinte ». M. Chavée-Leroy ne s'est pas occupé seulement de physiologie végétale; adversaire du libre-échange absolu, il prit la défense des cultivateurs ruinés en grand nombre par la baisse considérable du prix des denrées agricoles. Membre de la Société des agriculteurs de France, lauréat de plusieurs sociétés savantes, collaborateur du *Journal d'agriculture pratique*, de la *Défense agricole*, du *Journal de l'Aisne*, de la *Vigne française*, du *Journal de Micrographie* et autres publications scientifiques, M. Chavée-Leroy a publié des brochures et des notices sur feuilles volantes qui se trouvent répandues aujourd'hui dans toute la France et même à l'étranger. Parmi les brochures, nous citerons par ordre de date: « La Maladie de la vigne et la maladie des vers à soie », 1881; « Études sur le vin, le ferment, la fermentation, la vie, la respiration, la chaleur et le mouvement », 1881; « La Crise agricole », 1883; « Le Choléra et les maladies épidémiques », 1883; « La Maladie des pommes de terre », 1883; « M. Pasteur et les théories microbiennes », 1883; « Les Microbes organisés et la Crémation », 1884; « Résumé de la question phylloxérique de 1865 à 1884 »; « La Maladie de la Vigne, les Microbes et la Commission supérieure du phylloxera », 1885; « Les Maladies de la Vigne, anthracnose, pourridié, péronospora », 1885; « A propos de l'Anthracnose, lettre adressée à M. Tisserand, directeur de l'agriculture », 1886.

Chavette (Eugène VACHETTE, connu sous le pseudonyme anagramme de), littérateur français, né, à Paris, en 1827. Il écrivit d'abord dans le *Tintamarre*, le *Figaro*, l'*Évènement*, et se fit remarquer par un talent d'observation minutieuse.

— Il a réuni ses saynettes dans: « Le Procès Pictompin et ses dix-huit audiences », Paris, Passard, 1865; « Physionomies parisiennes. Restaurateurs et restaurés », id., Le Chevalier, 1867; « Les Petites comédies du vice. Le Guillotiné par la Persuasion. Deux vers de Properce. Le Père d'Adolphe. Le Pendu par conviction », id., Librairie internationale, 1875; « Les petits drames de la vertu pour faire suite aux Petites comédies du vice », id., Marpon et Flammarion, 1882; « Les Bêtises vraies, pour faire suite aux Petites comédies du vice et aux Petits drames de la vertu », id., id., id.; il a publié en outre plusieurs romans émouvants et spirituels qui ont eu le plus grand succès. Citons: « Le Remouleur, épisode du temps de la Terreur et du Directoire », 2 vol., Paris, Dentu, 1873; « Défunt Brichet », 2 vol., id., id.; « La Chiffarde », 2 vol., id., id., 1874; « L'Héritage d'un pique-assiette », 3 vol., id., id., id.; « La Chambre du crime », id., id., 1875; « La Chasse à l'oncle », 2 vol., id., id., 1876; « Aimé de son concierge », id., id., 1877; « La Recherche d'un pourquoi », id., id., 1878; « Nous marions Virginie; Timoléon Polac les yeux au bout d'un baton », id., id., 1879; « Le Roi des liniers (affaire de femme) », id., id., 1879; « L'Oncle du Monsieur de Madame », id., id., 1880; « Le comte Omnibus », 2 vol., id., id., 1881; « Un notaire en fuite », 2 vol., id., id.; « La Bande de la belle Alliette (souvenir judiciaire) », 2 vol., id., Marpon et Flammarion, 1882; « Réveillez Sophie », 2 vol., id., id.; « L'Oreille du cocher », id., Dentu, 1883; « Le Saucisson à pattes », 2 vol., id., Marpon et Flammarion, 1884; « La conquête d'une cuisinière », 2 vol., id., id., 1885; « Si j'étais riche », 2 vol., id., Dentu, 1886; « Lilie, Tutue, Bébeth », id., Marpon et Flammarion, 1888. — M. C. a en outre collaboré à quelques vaudevilles, parmi lesquels nous nous bornerons à citer: « Les Pieds de Damoclès », folie-vaudeville en un acte, avec Dutertre, Paris, Barbré, 1870.

Chazel (Prosper). Sous ce pseudonyme ont paru diverses nouvelles publiées par l'un des principaux rédacteurs du journal *Le Temps*, M. Adolphe-Louis-Auguste LE REBOULLET, né, en 1845, fils de l'ancien doyen de la Faculté de Strasbourg et d'abord lui-même professeur de la même Faculté. Citons: « Le Châlet des Sapins », Paris, Hetzel, 1875; « La Haie Blanche », id., Dreyfous, 1878; « Histoire d'un forestier », id., id., Hennuyer, 1880; « Riquette », id., Hetzel, 1881. — M. Le Reboullet a été correspondant à Paris de la *Gironde* de Bordeaux et du *Libéral* de Toulouse.

Checchi (Eugène), écrivain italien, né, en Toscane, vers 1840, actuellement directeur du *Fanfulla della Domenica*. Il a collaboré à plusieurs journaux et entr'autres à la *Gazzetta d'Italia* et à la *Gazzetta del Popolo* de Florence.

Il s'est fait surtout connaître par ses articles de critique, et par de charmantes nouvelles insérées dans plusieurs journaux. Nous citerons de lui: « Il Fausto di Volfango Goethe », discours, Florence, Lemonnier, 1869; « Mozart fanciullo. Episodio storico in un atto in prosa », sous le pseudonyme de *Calibano*, id., id., 1879; « Racconti, novelle e dialoghi », Milan, Carrara, 1885; « Cristoforo Colombo », Florence, Barbèra, 1886; « Racconti per giovinetti », id., Paggi, id.; « Giuseppe Verdi; il genio e le opere », id., Barbèra, 1887; « L'Italia dal 1815 ad oggi », Milan, Carrara, 1888.

Checchi (Teobaldo), journaliste, auteur et acteur dramatique italien, né, vers 1845. Après avoir écrit dans plusieurs journaux, il s'adonna à l'art dramatique, épousa Mlle Eleonora Duse, la grande artiste italienne, et composa quelques pièces pour le théâtre, entr'autres: « Lord Blunts », comédie en un acte, Milan, Barbini, 1885. Depuis quelques années, il vit, séparé de sa femme, à Buenos-Ayres, où il occupe une haute position administrative et d'où il envoie des correspondances à plusieurs journaux italiens, entr'autres au *Corriere della Sera*.

Chenevière (Adolphe), littérateur suisse, né, à Genève, le 30 janvier 1855. Reçu maître-ès-arts dans sa ville natale, en 1875, et licencié en droit, en 1878, à la suite d'une thèse sur la « Correspondance télégraphique dans ses rapports avec le droit civil et commercial », il alla se fixer à Paris où il fut successivement reçu licencié ès-lettres, en 1881, et docteur ès-lettres, en 1886, après avoir présenté deux thèses l'une en français: « Bonaventure des Periers, sa vie, sa poésie », Paris, Plon, 1886; l'autre en latin: « De Plutarchi familiaribus », id., id., id. — Citons encore de lui: « Contes Indiscrets », Paris, Lemerre, 1888; « Lexique de la langue de Bonaventure des Periers », Paris, Léopold Cerf, 1888: on annonce comme d'imminente publication deux romans, dont un qui aura pour titre: « Secret d'amour », paraîtra prochainement chez Lemerre, un volume de nouvelles et une édition annotée, avec introduction historique, critique, lexique, etc. de Jean Bertaut poète, édition qui fera partie de la *Bibliothèque elzévirienne* de Plon. M. C. collabore à divers journaux et revues, auxquels il a donné plusieurs articles critiques, nouvelles, etc.

Chennevières (Charles-Philippe, marquis DE), administrateur et littérateur français, né, à Falaise (Calvados), le 23 juillet 1820, débuta dans les lettres par quelques volumes anonymes de contes et d'historiettes. Il parcourut ensuite le midi de la France, visitant surtout les musées. Attaché, dès 1846, à l'administration des Musées royaux, il fut nommé, en janvier 1852, inspecteur des Musées de province et chargé des Expositions annuelles des artistes vivants. Il reçut depuis le titre d'inspecteur des expositions d'art et fut longtemps conservateur du Musée du Luxembourg. Nommé, le 23 décembre 1873, directeur des Beaux-Arts, en remplacement de M. Charles Blanc, le 7 mars 1878, il fut remplacé, comme directeur des Beaux-Arts, par le statuaire Guillaume et nommé directeur honoraire. L'Académie des Beaux-Arts l'a élu académicien libre en remplacement du baron Taylor, le 12 novembre 1879. Nous citerons de lui: « Recherches sur la vie et les ouvrages de quelques peintres provinciaux de l'ancienne France », 4 vol., Paris, Dumoulin, 1847-1862; « Observations sur le Musée de Caen et son nouveau catalogue », 1851; « Lettres sur l'art français », id.; « Notice historique et descriptive sur la galerie d'Apollon au Louvre », Paris, Pillet fils aîné, 1851; « Essais sur l'organisation des arts en province », id., Dumoulin, 1852; « Portraits inédits d'artistes français », 5 livraisons, id., id., 1853-59; « Les derniers contes de Jean de Falaise », id., Poulet-Malassis, 1860; « Les Aventures du petit roi Saint-Louis devant Bellesme », id., Hetzel, 1865; « Contes de Saint-Santin », 3 vol., Argentan, 1862-68, nouvelle éd., Paris, Plon, 1880; « Contes percherons », Nogent-le-Rotrou, 1869; « Les Caprices de Mariette », Paris, Hetzel, 1878; « Allocutions prononcées dans différentes solennités », 1879; « Histoire et description de l'hospice de Bellesme (Orne) », id., Plon, 1884; « Histoire et description de l'Église de Saint-Sauveur de Bellesme (Orne), id., id., id.; « Les Souvenirs d'un Directeur des Beaux-Arts », id., id., id.; sans compter une foule de brochures, imprimées en province, relatives à des faits ou des intérêts locaux et tirés à petit nombre. Il a fondé, en 1851, avec M. de Montaiglon, les *Archives de l'art français*, recueil périodique de documents artistiques et de pièces inédites, continué depuis 1856 par son collaborateur, et ensuite par la Société de l'art français. Il a contribué à la publication des *Mémoires inédits sur la vie et les ouvrages des membres de l'Académie royale de peinture et de sculpture*, 1854, et du *Journal de Dangeau*, 19e vol., 1854-61. M. de C., qui porte depuis son mariage le nom de CHENNEVIÈRES-POINTEL, a souvent employé les pseudonymes de *Jean de Falaise*, *La Boussardière*, *Philippe de Pointel* et *Un Normand*.

Chennevières (Henri, comte DE), administrateur et littérateur français, né, à Bellesme (Orne), le 28 octobre 1850, fils du précédent, est conservateur-adjoint des dessins et des peintures au musée du Louvre. Il a publié: « Les Dessins de maîtres anciens exposés à l'école des Beaux-Arts, en 1879. Étude », Paris, à la *Gazette des Beaux-Arts*, 1880; « Les Dessins du Louvre », 4 vol., id., Baschet, 1880-84; « Contes sans *qui* ni *que* », id., Frinzine, 1886, ouvrage dans lequel l'auteur tient à la lettre la promesse faite dans son titre. Il a juré, déclare-t-il, une haine sans merci à ces deux lourds conjonctifs de la syntaxe qui infectent les meilleurs écrivains. Une frase fameuse de Bossuet : « Celui *qui* règne dans les cieux, *de* « *qui* relèvent tous les empires, *à qui* seul ap-« partient, etc. », l'horripile par cette déclinaison méthodique. De fait, il est incontestable que M. de Chennevières a exécuté un tour de force de la meilleure grâce du monde et que sa phrase y gagne beaucoup en élégance et en légèreté.

Chenot (Louis-Joseph), administrateur et littérateur français, né à Auxonne (Côte d'Or), en 1837. Petit-fils du célèbre mathématicien Lombard qui fut professeur de Napoléon I.—M. C. fut reçu avocat à l'âge de 18 ans par la faculté de Droit de Dijon, puis voyagea pendant plusieurs années pour s'instruire, dans les principaux États de l'Europe. Il collabora ensuite à divers journaux de Paris, notamment à la *Revue de l'Instruction publique* et à la *Chronique parisienne* et publia un grand nombre de feuilletons, de nouvelles et de traductions de romans italiens. Les brochures de propagande qu'il publia pendant la période du 16 mai le firent connaître comme homme politique, et, en 1881, il fut appelé à la Sous-Préfecture de Poligny dans le Jura. Les principaux ouvrages de M. C. sont : « Jane », Paris, Dentu, 1865 ; « Gabriel de Saint-Ferjeux », id., Faure, 1867 ; « Lina Miller » ; « Wilhelmine » ; « Friederika » ; « La Vierge du Lizon » ; « Palmira », traduit de l'italien de V. Bersezio ; « Les Conjurés » ; « Le baron de Strebor » ; « Une nuit et son lendemain », traduits de l'italien de G. T. Cimino ; enfin, un volume de poésies intitulées : « Fleurs fanées », Paris, Dentu, 1883.

Cherbuliez (Victor), illustre romancier et publiciste français, membre de l'Académie française, né, à Genève, le 19 juillet 1829. Son père M. André C. qui était professeur de latin d'abord, puis de grec à l'Université de Genève, avait publié une étude sur les satiriques latins et, plus tard, un travail sur l'orateur grec Aristide de Smyrne ; il mourut, en 1874. Après avoir pris à Genève ses deux baccalauréats de lettres et de sciences, M. Victor C. acheva ses études à Paris d'abord, puis en Allemagne, où il passa, en 1851 et 1852, six mois à l'Université de Bonn, dix mois à Berlin, suivant surtout des cours de philosophie et d'histoire. — Avant de publier : « A propos d'un cheval, causeries athéniennes », Genève, Cherbuliez, 1861, il avait, pour ses débuts, publié dans la *Revue Germanique* (1859), des études d'esthétique qui n'ont pas été réunies en volume. Sauf ces études et « Le Cheval de Phidias », essai admirable, composé à son retour d'un voyage en Orient, et qui parut tout de suite en volume, à Paris, chez Lévy frères, en 1864, et sauf un « Salon », écrit, en 1872, pour *Le Temps*, tous les ouvrages de M. Cherbuliez, sans exception, nouvelles et études politiques et littéraires, ont été publiés d'abord par la *Revue des Deux Mondes*. Depuis 1875, il a écrit, sous le pseudonyme de *G. Valbert*, des articles mensuels, pleins de verve et d'esprit, consacrés surtout à la politique et aux littératures étrangères. Un certain nombre ont été reproduits en volumes. Nous citerons parmi ses ouvrages les plus connus : « Le Comte Kostia », Paris, Hachette, 1863 ; « Le Prince Vitale, essai et récit à propos de la Folie du Tasse », id., Lévy frères, 1864 ; « Paule Méré », id., Hachette, 1865 ; « Le Roman d'une honnête femme », id., id., 1866 : « Le grand œuvre », id., id., 1867 ; « Prosper Randoce », id., id., 1868 ; « L'Aventure de Ladislas Bolski », id., id., 1870 ; « L'Allemagne politique, depuis le traité de Prague », id., id., id. ; « La Revanche de Joseph Noirel », id., id., 1872 ; « Meta Holdenis », l'un de ses meilleurs romans, et « Études de littérature et d'art », id., id., 1873 ; « L'Espagne politique (1868-1873) », id., id., 1874 ; « Miss Rovel », id., id., 1875 ; « Le Fiancé de Mademoiselle Saint-Maur », id., id., 1876 ; « Samuel Brohl et Cie », id., id., 1877 ; « L'Idée de Jean Téterol », id., id., 1878 ; « Amours fragiles » (recueil de trois nouvelles : « Le Roi Apepi » ; « Le bel Edwards » ; « Les Inconséquences de M. Drominel »), Paris, Hachette, 1880 ; « Noirs et Rouges », id., id., 1881 ; « La Ferme du Choquard », id., id., 1883 ; « Olivier Maugant », id., id., 1885 ; « La Bête », id., id., 1886. — « Samuel Brohl », a été mis au théâtre par Henry Meilhac ; « Ladislas Bolski », par Auguste Maquet ; « La Ferme du Choquart », doit être transformée en pièce par Busnach. La plupart des romans de Victor Cherbuliez ont été traduits, soit en anglais, soit en allemand, plusieurs en italien, en espagnol, ou dans une des langues slaves, presque tous en danois et en suédois ; « Le Roman d'une honnête femme », en arménien, etc. A la liste de ces romans, il faut ajouter : « La Vocation du Comte Ghislain », Paris, Hachette, 1888, qui vient d'être mis en vente. Plusieurs recueils biographiques prétendent que M. Victor Cherbuliez a obtenu des lettres de naturalisation, ce qui est une erreur : M. C. d'origine suisse, a été réintégré dans ses droits de citoyen français, en vertu d'une loi, de 1791, et comme descendant de Français (de Poitou), qui s'étaient réfugiés à Genève après la révocation de l'édit de Nantes pour cause de religion. Cette loi a été souvent invoquée et souvent appliquée. Victor Cherbuliez a été élu membre de l'Académie française, en 1882, en remplacement de M. Dufaure ; son discours de réception, à la séance du 25 mai 1882, ainsi que la réponse de M. Renan ont été publiés chez C. Lévy en 1882.

Cherubini (Gabriel), écrivain italien, né, à

Atri (province de Teramo), en 1820. Il fit ses premières études dans son pays natal, et alla ensuite les continuer dans un collège de Rome. Il étudia la philosophie à Chieti et le droit à Aquila et à Naples, où il se fit recevoir licencié. Revenu dans son pays, il se consacra aux études littéraires s'adonnant, en même temps, à l'études du grec, d'abord comme instituteur particulier, et ensuite en qualité de professeur à l'Institut d'Atri. En 1849, le gouvernement bourbonien lui ayant défendu l'enseignement, il se recueillit dans ses études et surtout dans celle du grec. Eu 1863, il a été nommé syndic de sa ville natale. Il est, depuis de longues années, délégué pour les écoles de son canton, inspecteur des fouilles et des monuments et membre honoraire non résident de l'Académie Albertine des Beaux-Arts de Turin. On lui doit: « Intorno alla vita ed alle opere di Raffaele Pastore, traduttore di Tito Lucrezio Caro, delle *Georgiche* di Virgilio, delle *Elegie* di Tibullo, Catullo e Properzio »; « Intorno alla pittura in majolica ed ai principali cultori di essa in Atri ed in Castello »; « Della vita e delle opere di Stefano Ferrante atriano »; « Sui codici miniati della Cancelleria Capitolare di Atri »; « Sulla Elittica e su Filippo Riga, abruzzese »; « Nicola Filotesco, detto Cola dell'Amatrice »; « Delle pitture di Nicola de Laurentiis, chietino »; « Su di alcuni dipinti di soggetto biblico di Francesco Antonio Grue »; « Nicola Ranieri, pittore di Guardiagrele »; « La Cappella di Andrea III Aquaviva duca d'Atri »; « La Cattedrale di Atri, monumento del secolo XIV »; « Traduzione dal greco in italiano dell' Orazione parenetica d'Isocrate a Demonico »; « Su di alcune superstizioni degli Abruzzi »; « Su di un esemplare *ante literam* della cena di Leonardo, incisa in rame dal Morghen, esistente una volta in casa dei Forcella-Abate di Penne »; « Sulla fondazione della diocesi di Atri »; « Intorno a Pietracamela, paese posto alle falde del gran Sasso »; « Sul San Berardo, quadro di Giuseppe Bonolis, donato dall'autore a Teramo sua patria »; « Necrologia di Alessandro Berrettini, vescovo di Teramo »; « I Crociati Abruzzesi, racconto storico del secolo XII »; « Alcune lettere di Filippo-Maria Visconti a Giona Acquaviva, con commenti »; « Sull'Epistolario di Giacomo Leopardi »; « Necrologio di Giuseppe Bonolis, pittore teramese »; « Su di alcuni costumi abruzzesi dipinti in maiolica del Grue »; « Francesco Saverio Grue nella R. Fabbrica della porcellana in Napoli »; « Biografia del conte De Filippis Delfico ed esame delle costui opere »; « Sulla vera patria del card. Giulio Mazzarino abruzzese »; « Notizie storico-statistiche di Atri e Mandamento »; « Notizie su di Giulianuova »; « Biografia di Francescantonio Santagata abruzzese »; « Versione dall'inglese di alcune poesie di Tommaso Moore irlandese »; Traduzione italiana di alcuni racconti di Washington Irving »; « Orazione funebre per G. O. Sorricchi »; « Vita di Mario Nuzzi, pennese, pittore di fiori »; « Necrologia di Vittorio Jandelli »; « Gli Abruzzi, monografia storico-archeologica »; « La vita campestre negli scrittori latini »; « Sulla metrica dei Greci e dei latini »; « Notizie biografico-statistiche sui Greci e della pittura ceramica in Castelli »; « Statuto municipale di Atri »; « Illustrazione degli affreschi della Cattedrale »; « Biografia del dott. Comizio Rosa di Castelli », et plusieurs articles d'histoire locale insérés dans la *Rivista Abruzzese*. M. C. a été le promoteur des travaux entrepris aux frais du gouvernement, pour restaurer les fresques de la cathédrale d'Atri, fresques fort importants du commencement du XVe siècle. — Un sien neveu, M. Rodolphe C., fit ses études à l'Université de Naples, où il étonna ses professeurs par la précocité et l'étendue de sa doctrine dans les langues classiques et dans les langues étrangères, orientales surtout. Une étude de lui, sur le « Criton » de Platon, permettait de concevoir les plus grandes espérances sur son compte: mais, nommé professeur dans les lycées de l'État, il fut bientôt frappé d'une grave maladie qui l'obligea à se retirer dans sa ville natale, où il vit maintenant, dans l'obscurité, auprès de son oncle.

Chéruel (Pierre-Adolphe), historien français, né, à Rouen (Seine-Inférieure), le 17 janvier 1809, fut reçu à l'École normale, en 1828, et agrégé des classes supérieures de lettres, en 1830. Nommé professeur d'histoire au collège royal de Rouen, il devint bientôt membre des Académies de Rouen et de Caen, et de la Société des antiquaires de Normandie. Outre un certain nombre de dissertations et de notices remarquables insérées dans les mémoires de ces compagnies savantes, il publia: « Histoire de Rouen sous la domination anglaise au XVe siècle », Rouen, Legrand, 1840, et « Histoire de Rouen pendant l'époque communale, 1150-1382 », 2 vol., id., id., 1844. En 1849, il fut choisi pour succéder à M. H. Wallon, comme maître de conférences à l'École normale. Il fut nommé inspecteur-général de l'instruction publique, et recteur de l'Académie de Strasbourg, puis de celle de Poitiers, jusqu'en 1874. Il est maintenant retraité avec le titre d'inspecteur-général honoraire de l'Université et membre de l'Institut de France (Académie des sciences morales et politiques. Section d'histoire). — Outre les deux ouvrages déjà cités, M. C. a publié: « De l'Administration de Louis XIV 1661-1682) d'après les Mémoires inédits d'Olivier d'Ormesson », Rouen, Brière, 1849; « Histoire de l'administration monarchique en France, depuis l'avènement de Philippe-Auguste jusqu'à la mort de Louis XIV », Dezobry et

Magdeleine, 1855; « Dictionnaire historique des institutions, mœurs, et coutumes de la France », 2 vol., id., Hachette, 1855, 2me éd., id., id., 1865; « Marie Stuart et Catherine de Médicis. Étude historique sur les relations de la France et de l'Écosse dans la seconde moitié du XVIe siècle », id., id., 1858; « Notice biographique sur Henri Groulart, seigneur de la Cour. Sa correspondance relative aux négociations qui ont préparé la paix de Westphalie », id., Dupont, 1861; « Lettres du cardinal Mazarin pendant son ministère », 4 vol., 1862-1887, dans la *Collection des documents inédits relatifs à l'histoire de France*, publiée par le Ministère de l'instruction publique; le 5me vol., qui comprendra les lettres de Mazarin pendant les années 1652-1653, est sous presse; « Mémoires sur la vie publique et privée de Fouquet, surintendant des finances », 2 vol., Charpentier, 1864; « Saint-Simon, considéré comme historien de Louis XIV », id., Hachette, 1865 ; « Histoire de France pendant la minorité de Louis XIV », 4 vol., id., 1879-1880; « Histoire de France sous le ministère de Mazarin », 3 vol., id., id., 1882. Membre du comité de la langue, de l'histoire et des arts de la France, M. Cheruel a publié dans la *Collection des Documents inédits* : « Le Journal d'Olivier Lefèvre d'Ormesson », 2 vol., 1860-62, et il a surveillé la double édition des « Mémoires du duc de Saint-Simon », publiés pour la première fois, d'après le manuscrit original de l'auteur. Il a aussi publié les « Mémoires de Mlle de Montpensier », et traduit de l'anglais le « Dictionnaire des Antiquités romaines et grecques », d'Antoine Rich. Enfin, il a inséré plusieurs mémoires dans le *Compte-rendu des séances et travaux de l'Académie des sciences morales et politiques*, parmi lesquelles nous citerons : « Mémoires sur la ligue du Rhin, en 1658 »; « Sur la valeur historiques des Mémoires de Louis XIV »; « Sur le rôle politique de la princesse palatine (Anne de Gonzague) pendant la Fronde », etc.

Cherville (Gaspard-Georges PECOW marquis DE), littérateur français, né, à Chartres, le 11 décembre 1821, d'une ancienne famille noble de la Beauce, débuta dans les lettres assez tard, comme collaborateur d'Alexandre Dumas père. Il avait pris une part active à une longue série de romans-feuilletons publiés par ce dernier, depuis 1850 : (« Black »; « Le Père la Ruine »; « Les Louves de Machecoul »; « La Maison Combet » etc.), lorsqu'il publia sous son nom son premier volume : « Les Aventures d'un chien de chasse », Paris, Hetzel, 1862, 2me éd., id., Dentu, 1882; il donnait, en même temps, sous le pseudonyme de *G. de Morlon* : « Le Dernier crime de Jean Hiroux », Paris, Poulet-Malassis, 1862. Ensuite, il s'est surtout occupé, dans ses articles ou dans ses livres, des questions relatives à la chasse, à la pêche et aux champs, à l'éducation populaire, etc. Il dirigea la publication de luxe, intitulé : *La Vie à la Campagne* avant de donner, sous le même titre, une série de lettres dans le journal le *Temps* (1870 et années suivantes). Il collabora, en outre, au *Journal des Chasseurs*, à la *Chasse illustrée*, au *Sport* et fournit des causeries et des nouvelles à divers journaux. Outre les ouvrages déjà mentionnés, nous citerons de lui : « Histoire d'un trop bon chien », Paris, Hetzel, 1867, 2me éd., id., id., 1869, 3me éd., id., id., 1884; « Pauvres bêtes et pauvres gens », id., Dentu, 1867; « L'histoire naturelle en action. Contes, récits et aventures », id., Didot, 1873, 2me éd. considérablement augmentée, id., id., 1879; « La Chasse aux souvenirs. Les derniers péchés du chevalier de Vaugelas. La Balle enchantée », id., id., 1875; « Contes de chasse et de pêche », id., id., id.; « La vie à la campagne », 3 séries, id., Dreyfous, 1879, 1882, 1885; « Muguette, la Cage d'Or, le Bossu de Tymeur, la Laide », id., Didot, 1881; « Les Bêtes en robe de chambre », id., id., 1882; « La Piaffeuse », id., Dentu, 1883; « Jules Claretie », id., Quantin, id., forme la 20e livraison des *Célébrités contemporaines* : « Contes d'un buveur de cidre », id., Dentu, 1884; « Les oiseaux de chasse », id., Rothschild, 1884; « Contes d'un coureur de bois », id., Marpon et Flammarion, 1885; « Le Gibier plume », id., Rothschild, 1885; « Le Gibier poil », id., id., id.; « La Maison de chasse; Montcharmont le Braconnier; l'Héritage de Diomède », id., Didot, 1885; « Les mois aux champs », id., Marpon et Flammarion, 1886; « Gaspard l'avisé. Histoire d'un loup », id., Didot, 1887; « Au village : Légendes et croquis rustiques », id., Librairie du *Temps*, 1887; « Chats et Chiens », illustrés par Eugène Lambert, avec une préface d'Alexandre Dumas fils, id., Librairie de l'Art, 1888; « Dans la forêt », id. — M. de Cherville a en outre collaboré avec le baron Lage de Chaillon et M. A. de la Rue au traité : « Du chien de chasse », Paris, Goin, 1868; avec le même M. de la Rue et Ernest Bellecroix, il a publié : « Les Chiens d'arrêt français et anglais », id., Didot, 1881, et il a écrit les introductions du : « Traité de vénerie », de Sid Mohamed el Mangali, traduit de l'arabe par Florian Pharaon, Paris, Dentu, 1880, et du « Nouveau Dictionnaire des chasses », d'Amédée Pairault, Paris, 1885.

Chervin (le docteur Arthur), médecin français, directeur de l'institution des Bègues à Paris, né, à Lyon, en 1850. On lui doit : « Statistique du mouvement de la population en Espagne de 1865 à 1869, suivie d'une étude sur la natalité et la mortalité dans chacune des 49 provinces du royaume », Paris, Baillière, 1876; « Analyse physiologique des éléments de la parole. Voyelles et consonnes; mécanisme de leur prononciation », id., id., 1878; « Prononciation française. Méthode Chervin. Exercices de lecture à haute voix et de récitation », Paris, 1879 ; « La Méthode Chervin pour corriger le bégayement et tous les autres défauts de prononciation », id., 1881.

Chesneau (Ernest), littérateur et critique d'art français, né, à Rouen, le 9 avril 1833, fit ses études au collège de Versailles, et s'engagea, à dix huit ans, dans un régiment de hussards. Venu à Paris en 1855, il s'y occupa de littérature, et principalement de littérature artistique, entra, peu après, comme rédacteur, au musée du Louvre et fut nommé inspecteur des Beaux-Arts en 1869, fonctions dont il se démit après le 4 septembre 1870. Il a publié : « Les Intérêts populaires dans l'art. La Vérité sur le Louvre. Le Musée de Napoléon III et les artistes industriels », Paris, Dentu, 1862 ; « La peinture française au XIXe siècle. Les Chefs d'école : L. David, Gros, Géricault, Decamps, Meissonnier, Ingres, H. Flandrin, E. Delacroix », id., Didier, id., 3me éd., id., id., 1883 ; « L'Art et les artistes modernes en France et en Angleterre », id., id., 1863 ; « Le Décret du 13 novembre et l'Académie des Beaux-Arts », id., id., 1864 ; « Peinture, sculpture. Les nations rivales dans l'art. Angleterre, Belgique, Hollande, Bavière, Prusse, États du Nord, Danemark, France, etc. L'art Japonais. De l'influence des expositions internationales sur l'avenir de l'art », 2 éditions, id., id., 1868 ; « L'Art Japonais. Conférence faite à l'Union centrale des beaux-arts appliqués à l'industrie », id., Morel, 1869 ; « L'Eau-forte en 1877 », id., Vve Cadart, 1877 ; « La Chimère », roman, id., Charpentier, 1879 ; « Le Statuaire J.-B. Carpeaux, sa vie et son œuvre », id., Quantin, 1879 ; « Notice sur G. Régamey », id., Librairie de l'art, 1879 ; une étude sur l'art décoratif et des notices dans : « Les Dessins de décoration des principaux maîtres », d'Édouard Guichard, id., Quantin, 1880 ; « Peintres et statuaires romantiques (Huet, Boulanger, Préault, Delacroix, Th. Rousseau, Millet) », id., Charavay, 1880 ; « L'éducation de l'artiste », id., id., 1881, ouvrage qui a été traduit en anglais ; « La Peinture anglaise », id., Quantin, 1882, fait partie de la *Bibliothèque de l'enseignement des Beaux-Arts* ; « Artistes anglais contemporains », id., Librairie de l'Art, 1882 ; « Œuvre complète d'Eugène Delacroix, en collaboration avec MM. A. Robaut et F. Calmettes », id., Charavay, 1885 ; « Les Estampes en couleur du XVIIIe siècle », 1886-88 ; « Joshua Reynolds », Paris, Rouam, 1887, fait partie de la collection *Les Artistes célèbres*. Il a aussi rédigé le *Rapport officiel* du jury des classes des Beaux-Arts, à l'Exposition universelle de 1867. M. E. Chesneau a collaboré d'une manière régulière à l'*Opinion nationale*, au *Constitutionnel*, au *Pays*, au *Peuple français*, à l'*Estaffette*, au *Paris-Journal*, au *Moniteur universel*. Il a également fourni des articles à diverses revues : la *Revue Européenne*, la *Revue de France*, la *Revue des Deux Mondes*, la *Gazette des Beaux-Arts*, l'*Art*. Il a fait de nombreuses conférences sur l'histoire des arts du dessin et de la musique à Bruxelles et à Anvers pendant la Commune, à Chartres, mais surtout à Paris, à l'Institut Rudy, à la Société d'encouragement, et principalement à l'*Union centrale des Beaux-Arts appliqués à l'industrie*, dont il fut un des membres les plus actifs depuis sa fondation, en 1863, et pendant quelque temps secrétaire général à l'époque de sa transformation en *Union centrale des Arts décoratifs*, après la guerre.

Chesnel (Eugène-Jacques), publiciste français, né, à Caen, le 24 octobre 1850. Après avoir fait ses études de droit à la Faculté de Caen, il entra, en 1874, à l'École des sciences politiques de Paris ; puis il collabora à la *France*, sous la direction d'Émile de Girardin, ensuite à l'*Indépendance* et au *Télégraphe*. En 1876, M. Chesnel entra dans l'administration comme secrétaire de l'*Institut agronomique*; le gouvernement lui confia plusieurs missions scientifiques en Danemark, en Suède, en Angleterre, en Algérie, etc.; il a publié un important « Rapport sur le Danemark », dans les *Annales de l'Institut agronomique*, 1883-1884. Il fit aussi de nombreuses conférences, notamment à l'Exposition universelle de 1878, et fut nommé officier d'académie (1878). En même temps, il collaborait à divers journaux scientifiques: *Science et Nature*, *Génie civil*, *Journal d'agriculture*, etc. En 1884, M. E. Chesnel donna sa démission de fonctionnaire, afin de se consacrer entièrement à la vie politique. Il entreprit la fondation en Normandie, d'un journal indépendant, dans lequel il se prononça contre le parti opportuniste. Poursuivi, judiciairement, en France, M. Chesnel passa quelque temps en Turquie au service du gouvernement ottoman. De là il visita l'Asie-Mineure, la Syrie, la Palestine, l'Égypte et revint en France, après avoir résidé en Italie et à Genève. Il publia, sous le pseudonyme de *Kesnin Bey* « Le Mal d'Orient (mœurs turques) », Paris, Marpon et Flammarion, 1887, étude satirique contre la Turquie. En 1888, il a publié à la même librairie, sous son nom, « Les Plaies d'Égypte », pamphlet dirigé contre les anglais dans la vallée du Nil. M. E. Chesnel est rentré dans la presse parisienne, où il occupe une place importante comme rédacteur pour la politique étrangère; actuellement il est rédacteur au *Voltaire*, où il signe ses articles du pseudonyme de *Gallus*.

Chevalet (Émile), littérateur et romancier français, né, à Levroux (Indre), le 1er novembre 1813 ; fit ses études aux collèges d'Issoudun et de Bourges, et entra dans l'étude d'un notaire, où il écrivit son premier roman : « Amélie, ou la grisette de province », 1832. Ce succès l'engagea à continuer; il publia ensuite: « Pourvoi en grâce »; « La Quiquengrogne »; « Les Mémoires d'une pièce de cinq francs », 10 vol., formant plusieurs séries de romans, 1854-55, en collaboration avec Paul Féval; « Les Ombres gauloises. Théâtre de poche en six tableaux », avec Eugène Andray, Paris, Dentu, 1851 ; « Rire et satire. Anecdotes, pensées, fariboles, actualités », avec le même, id., id., id. ; « Le livre de Job », Paris, Permain, 1884 ; « La famille de l'Émigré, ou l'héritière de Crazanes », Limoges, Ardant frères, 1868, 2me éd., id., id., 1883. M. Chevalet a également abordé le théâtre avec quelques vaudevilles, comme « La Canne d'un grand homme », comédie en un acte, 1862, et une opérette jouée aux Bouffes-Parisiens: « Le Violoneux », musique de M. Offenbach. On lui doit aussi un volume critique : « Les 365: annuaire de la littérature et des auteurs contemporains, par le dernier d'entre eux », Paris, Havard, 1858. Dans un autre ordre de travaux, il a fait paraître: « Précis d'histoire moderne et contemporaine, rédigé d'après les programmes officiels, etc. », Paris, Chamerot et Lauwereyns, 1865; « Cours de fortifications et d'artillerie pour les écoles régimentaires », id., id., 1866; « Cours de géographie pour les écoles régimentaires », id., id., id.; « Cours d'histoire pour les écoles régimentaires », id., id., id.; « Histoire politique et militaire de la Prusse depuis ses origines jusqu'à 1867 », id., Dumaine, 1867; « Mon journal pendant le siège et la Commune par un bourgeois de Paris », id., Librairie des contemporains, 1871; « Mil huit cent quarante-huit (le Roman dans l'Histoire) », Paris, Dentu, 1878; « La Question sociale : I. Le Problème du paupérisme ; II. La Bourgeoisie française et le socialisme au XIXe siècle; III. L'Évangile du prolétaire; IV. Les Iniquités de l'Impôt », Paris, Ghio, 1882, ouvrage qui a obtenu une mention honorable au concours Isaac Pereire; « Voyage en Islande, rédigé d'après les notes d'un officier supérieur de la marine de l'État », Tours, Mame, 1884. — Après la mort de M. Victor Saussin (1868), il a continué la publication du « Dictionnaire de législation et d'administration militaire », Paris, Berger-Levrault, 1867-78. Enfin, il a dirigé, sous le pseudonyme de *Théola*, le *Journal de l'armée territoriale*. — M. Émile Chevalet a été, pendant longtemps, employé au Ministère de la guerre, et il a pris sa retraite comme chef de bureau.

Chevalier (Monseigneur Casimir), prélat français, né, à Saché (Indre-et-Loire), le 7 mars 1825, membre de plusieurs sociétés savantes, correspondant du ministère pour les travaux historiques, historiographe du diocèse de Tours, camérier secret du Saint-Père et Vicaire-général honoraire de Poitiers. Nous citerons de lui : « La Baguette divinatoire, justifié scientifiquement », publié d'abord dans le *Journal d'Indre-et-Loire*, aux mois de janvier et février 1848, et tiré à part à 100 exemplaires. Seconde édition remaniée et augmentée, 1853; « La Touraine avant les hommes », notice géologique, Tours, Mame, 1855, 2me édition; « Étude sur la Touraine, hydrographie, géologie, agronomie, statistique », avec quatre cartes géologiques. Tours, Guilland-Verger, 1858; « Du Climat de la Touraine au VIe Siècle », dans les *Mémoires de la Société archéologique de Touraine*, tom. XI; « Annales de la Société d'agriculture, sciences, arts et belles-lettres du département d'Indre-et-Loire » 19 volumes, publiés sous la direction de M. l'abbé C. Chovalier, secrétaire perpétuel (du tome XXXIX 1860 au tome LVIII, 1879); « Tableau séculaire de la Société d'agriculture de Tours » (1761-1861), dans les *Annales de la Société d'agriculture*, tom. XL; « La fabrique de l'Église de Souvigné (1477-1761) », dans les *Mémoires de la Société archéologique*, tom. XII; « Le Château de la Carte, à Ballan », dans les *Mémoires de la Société archéologique*, tom. XIII; « Figure historique de Saint-Martin, étude sur son rôle et son influence », Tours, Bousrez, 1862. La seconde édition, 1864, est précédée d'une lettre de Monseigneur Guibert, archevêque de Tours; « Les Quinze joyes de Notre-Dame et autres dévotes oraisons tirées de deux manuscrits du XVe Siècle », Tours, Bousrez, 1862; « Tableau de la province de Touraine (1762-1766), administration, agriculture, industrie, commerce, impôts, publié pour la première fois d'après un manuscrit de la Bibliothèque municipale de Tours », Tours, Ladevèze, 1863, tirage à part des *Annales de la Société de l'agriculture de Tours*. Ce volume a été signalé au Comité des travaux historiques, par M. Amédée Thierry, comme une des publications les plus importantes qui aient été faites sur l'administration de l'ancienne France; « Rapports de la Commission d'organisation du Concours régional de Tours, 1864, présenté au préfet d'Indre-et-Loire », dans les *Annales de la Société d'agriculture*, tom. XLIII; « Table analytique des *Mémoires de la Société archéologique de Touraine* », formant le tome XV de la collection, 1864; « Essai sur les noms géographiques en Touraine », dans les *Mémoires de la Société archéologique*, tom. XV, 1864; « De la Navigation commerciale de la Loire au XVe et au XVIe Siècles, avec pièces justificatives », id., tom. XVII; « Les Écoles artistiques de Tours et leurs Mécènes », dans le *Bulletin de la Société archéologique de Touraine*, tom. I; « Un Tour en Suisse, histoire, sciences, monuments, paysages », sous le pseudonyme de *Jacque Duverney*, 2 vol., Tours, Mame, 1866, 3 éd.; « Archives royales de Chenonceau », 5 vol., Paris, Techener, 1864 et suiv.; « Géologie contemporaine, histoire des phénomènes actuels du globe appliquée à l'interprétation des phénomènes anciens », Tours, Mame, 1868, 2 éd.; « Histoire de Chenonceau, ses artistes, ses fêtes, ses vicissitudes, d'après les archives du château et les autres sources historiques », Lyon, Perrin, 1868; « Histoire des jardins en Touraine. I. Le Parterre de Diane de Poitiers à Chenonceau. II. Les Jardins de Catherine de Médicis », 1868; « Défense de Saint-Grégoire de Tours au sujet des origines de sa propre Église », sous la signature du *Chevalier noir*, Tours, Ladevèze, 1869. « Promenades pittoresques en Touraine, histoire, légendes, monuments, paysages », Tour, Mame, 1869; « Le Château de Chenonceau. Notice historique, avec une vue cavalière du château », id., Mazereau, 1869, 4 éd.; une 5e édition, revue et complétée par l'auteur et tirée à 5000 exemplaires, a été imprimée par P. Bousrey, Tours, en 1882; « Recherches historiques et archéologiques sur les Églises romanes en Touraine, du VIe au XIe Siècle », en collaboration avec M. l'abbé Bourassé pour le texte, et avec M. de Lafollye pour les dessins, Paris, Dumoulin, 1869; « Naples, le Vésuve et Pompei, croquis de voyage », Tour, Mame, 2 éd.; « La Sépulture de Ronsard au prieuré de Saint-Cosme-les-Tour, fouilles faites au mois de juin 1870 », Tours, Ladevèze, 1873; « Études sur les antigrégoriens et sur l'apostolat de Saint-Galien »; « De l'Apostolicité des Églises de France. Rapport sur un ouvrage de M. l'abbé Frugère, concernant l'apostolicité de l'Église du Velay », Tours, Ladevèze, 1870; « Tours capitale, la Délégation gouvernementale de Tours, et l'occupation prussienne en Touraine (1870-1871) », ouvrage inédit, rédigé à la demande de la ville de Tours, et dont le manuscrit autographe appartient à M. Eugène Gouin, banquier à Tours, ancien maire; « Guide pittoresque du voyageur en Touraine », Tour, Ladevèze, 1871; nouvelle éd., 1882; « Les origines de l'Église de Tours », Tours, 1871; « Les origines de la Renaissance française », Tours, Ladevèze, 1871; « Mémoire sur l'origine tourangelle de Descartes, avec pièces justificatives », id., id., 1872; « Nécrologie; Éloge funèbre de M. l'abbé J.-J. Bourassé, 5 octobre 1872 », id., id., id.; « L'abbé Bourassé et le mouvement intellectuel en Touraine depuis quarante ans », Tours, Mame, 1873; « Cartulaire de l'abbaye de Nogers », Tours, 1872; « Histoire de l'abbaye de Nogers au XIe et au XIIe Siècles, d'après les chartes », id., 1873; « Histoire et description de la Cathédrale de Tours, avec une vue de la Cathédrale », dix éditions, Tours, Rouillé-Ladevèze, 1873-1881; « La Ville d'Azay-le-Redeau au XVe et au XVIe Siècle, avec pièces justificatives », dans le *Bulletin de la Société archéologique*, tom. II; « Le Couvent de Saint-François-de-Paule au Plessis-le-Tours (1490-1498) », avec la collaboration de M. Guin Car-

let dans les *Mémoires de la Société archéologique*, tom. XXIII; « Les Archives d'Amboise. Budget de la ville; franchises municipales; relations de l'histoire d'Amboise, avec l'histoire générale », dans l'*Union Libérale* de Tours, août, 1873; « Inventaire analytique des Archives communales à Amboise (1421-1789), précédé d'une introduction et suivi de documents inédits relatifs à l'histoire de la ville », Tours, Georget-Joubert, 1874; « Le Château d'Azay-le-Rodeau », dans le *Bulletin de la Société archéologique de Touraine*, tom. III; « Les Beaux miracles de Monseigneur Saint-Martin archevêque de Tours. Publié d'après un manuscrit du XVe Siècle de la Bibliothèque municipale de Tours », Tours, Bouscez, 1874; « Histoire de l'abbaye de Marmoutier, par dom. Ed. Martère, publiée pour la première fois, annotée et complétée », *Mémoires de la Société archéologique de Touraine*, 1874 et 1875; « Les Reliques de Saint-Martin; lettre à Monseigneur l'archevêque de Tours, sur les marbres du tombeau de Saint-Martin », dans la *Semaine religieuse* de Tours, novembre 1875; « Dictionnaire historique et monumental des communes d'Indre-et-Loire », l'auteur a utilisé, pour la rédaction de ce Dictionnaire, tous les documents historiques qu'il avait recueillis dans ses lectures, et toutes les notes archéologiques et géologiques qu'il avait relevées sur le terrain dans ses explorations à travers la Touraine; « L'Architecture religieuse en Touraine depuis trente ans », 1876; « Note sur les fouilles exécutées au Couvent de Saint-François près du Plessis-lez-Tours », *Bulletin de la Société archéologique*, tom. IV; « Archéologie chrétienne, ou précis de l'histoire des monuments religieux du moyen âge », par M. l'abbé Bourassé, 9me éd. révisée et complétée par M. l'abbé C., Tours, Mame, 1878; et précédée d'une « Notice sur M. l'abbé Bourassé »; « Restauration de Chenonceau 1864-1878 », Lyon, L. Perrin, 1878; « Histoire abrégé de Chenonceau », id., id., 1879; « La Suisse pittoresque; croquis de voyage », sous le pseudonyme de *Paul Friboy*, Tours, Mame, 1880; « Herculanum et Pompei, scènes de la civilisation romaine », id., id., id., trois éd.; « Le Tombeau de Saint-Martin à Tours, étude historique et archéologique, avec le dessin des fragments du Tombeau », Tours, Rouillé-Ladevèze, 1880; « Gustave Guerin et le mouvement architectural en Touraine depuis quarante ans », *Bulletin de la Société d'archéologique*, tom. V; « Les fouilles de Saint-Martin de Tours, recherches sur les six basiliques successivement élevées autour du tombeau de Saint-Martin », Tours, Pericat, 1888.

Chevalier (Ludwig), historien, germaniste et philosophe allemand, né à Vienne, en 1831 et résidant à Prague. Il a publié : « Entstehung und Bedeutung der griechischen Söldnerheere »,

1859-69 ; « Das Realgymnasium », 1871 ; « Ueber d. Unterricht in d. deutschen Sprachen an anderssprach. Gymnas. mit besonder Rücksicht auf cech. Obergymnasium », 1872 ; « Die Partoikämpfe in Italien von Regierungsantritte Kaiser Karl der Dicken bis zum Tode Berengars von Friaul », 1873 ; « Die Philosophie A. Schopenhauers in ihren Uebereinstimmungs- und Differenzpunkten mit der Kantischen Philosophie », 1874 ; « Das edd. Lied *Fiölsviansmál* Versuche c. Deutung desselben », 1874 ; « Die Einfälle der Gallier in Griechenland 279 und 278 », 1878 ; « Goethes Gedichte Zueignung », 1882 ; « Ueber das Unterricht in der philosoph. Propädeutik an österr. Gymnas. », 1885-1887.

Chevalier (Cyr-Ulysse-Joseph), érudit français, né, à Rambouillet (Seine et Oise), le 24 février 1841. Sa vocation d'érudit commença à se révéler par la découverte du cartulaire original de Saint-Barnard de Romans, manuscrit du XII° siècle, perdu depuis 60 ans. Il a fait des recherches dans les archives et bibliothèques de Paris, Valence, Grenoble, Carpentras, Avignon, Lyon, Cluny, Marseille et Le Puy, pour la rédaction d'un « Digeste Dauphinois » (— an 1349), prêt sur fiches. Il a entrepris en même temps un dictionnaire bibliographique général du moyen âge et commencé, dès 1867, la publication d'un double « Lexicon bibliographicum », destiné à terminer les deux patrologies latine et grecque de l'abbé Migne ; interrompue dès les premières feuilles par l'incendie des ateliers de la Chaussée du Maine. Non découragé, il obtint plusieurs missions littéraires du gouvernement français, en Angleterre, 1873 et 1875 ; il décida la société bibliographique de Paris a publier le « Répertoire des sources historiques du moyen âge », divisé en trois série : bio-bibliographie, topo-bibliographie, biblio-bibliographie, le tome I° a paru en 4 fascicules de 1877 à 1883 ; un 5° supplémentaire a suivi (1888), ouvrage qui a obtenu, en 1888, le prix Brunet, décerné par l'Académie des Inscriptions et Belles-Lettres. M. l'abbé Chevalier qui est correspondant du ministère de l'instruction publique pour les travaux historiques et archéologiques (1868), chanoine honoraire du diocèse de Valence (1877), docteur en philosophie de l'Université de Leipzig (1882), membre non résidant du comité des travaux historiques et scientifiques (1884), docteur en théologie de l'Université de Louvain (1887), professeur d'histoire à l'Institut catholique de Lyon (1887), correspondant de l'Institut (Académie des inscriptions et Belles-Lettres), 30 décembre 1888, a publié : « Documents inédits relatifs au Dauphiné (Académie Delphinale) », 2 volumes contenant : « Les Cartulaires de l'église et de la ville de Die ; Le Nécrologe de Saint-Robert de Cornilon ; Un Hagiologe, et Deux Chroniques de Vienne ; Une Chronique des évêques de Valence ; Le Cartulaire dauphinois de l'abbaye de Saint-Chaffre ; Les Pouillés des diocèses de Vienne, Valence, Die et Grenoble », Grenoble, 1868 ; « Inventaire des archives Dauphinoises de M. Henri Morin-Pons. Dossiers généalogiques, A.-C. », Lyon, 1878 ; « Le Mystère des Trois Doms, joué à Romans en MDIX, publié d'après le manuscrit original, avec le Compte de sa composition, mise en scène et représentations théâtrales en Dauphiné du XIV° au XVI° siècle », Lyon, 1887 ; « Compte de Raoul de Louppy, gouverneur du Dauphiné de 1361 à 1369 », Romans, 1886 ; « Itinéraire de Louis XI dauphin », Voiron, 1886 ; « Itinéraire des dauphins du Viennois de la seconde race », id., 1886 ; « Itinéraire des dauphins de la troisième race », id., 1886. On lui doit aussi la *Collection de Cartulaires dauphinois* : Tome I : « Cartulaire de l'abbaye de Saint-André-le Bas de Vienne, ordre de Saint-Benoît, suivi d'un *Appendice* de chartes inédites sur le diocèse de Vienne (IV°-XII° siècles) », Vienne, 1869 ; — Tome II : « Actes capitulaires de l'église Saint-Maurice de Vienne : Statuts, inféodations, comptes, publiés d'après les régistres originaux et suivis d'un *Appendice* de chartes inédites sur le diocèse de Vienne (XIII°, XIV° siècles) », Vienne, 1875 ; — Tome III : « Cartulaires des Hôpitaliers et des Templiers en Dauphiné », Vienne, 1875 ; — Tome IV : « Cartulaire de l'abbaye Nôtre-Dame de Léoncel, ordre de Cîteaux, au diocèse de Die, publié d'après les chartes originales », Montélimar, 1869 ; — Tome V : « Cartulaire municipal de la ville de Montélimar (Monuments inédits de l'histoire du Tiers-État) », id., 1871 ; — Tome VI : « Cartulaire du prieuré de Saint-Pierre du Bourg-les-Valence, ordre de Saint-Augustin ; Diplomatique, soit *Recueil de chartes pour servir à l'histoire du pays compris autrefois dans le royaume de Bourgogne*, tirées de différents archives par Pierre de Rivaz (542-1976), analyse avec notes et appendice de pièces inédites », Valence et Vienne, 1875 ; — Tome VII : « Choix de documents historiques inédits sur le Dauphiné, publiés d'après les originaux conservés à la bibliothèque de Grenoble et aux archives de l'Isère », Montbéliard, 1874 ; — Tome VIII : « Cartulaire de l'abbaye de Saint-Chaffre du Monastier, ordre de Saint-Benoît, suivi de la *Chronique de Saint-Pierre du Puy* et d'un *Appendice* de chartes. Cartulaire du prieuré de Paray-le-Monial, même ordre, suivi d'un *Appendice* de chartes et de visites de l'ordre de Cluny », id., 1888. On lui doit aussi un recueil de *Documents historiques inédits sur le Dauphiné* : 1re livr. : « Inventaire des archives des Dauphins à Saint-André de Grenoble en 1277, publié d'après l'original », Nogent-le-Rotrou, 1869 ; — 2° livr. : « Inventaire des archives des Dauphins de Viennois à

Saint-André de Grenoble en 1846 », id., 1871 ; — 3ᵉ livr. : « Notice analytique sur le Cartulaire d'Aimon de Chissé, aux archives de l'évêque de Grenoble », Colmar, 1869 ; — 4ᵉ livr. : « Visites pastorales et Ordinations des évêques de Grenoble de la maison de Chissé (XIV-XV siècles) », Montbéliard, 1874 ; — 5ᵉ livr. : « Nécrologe et Cartulaire des Dominicains de Grenoble », Romans, 1870 ; — 6ᵉ livr. : « Ordonnances des rois de France et autres princes souverains relatives au Dauphiné (1155-1689), précédées d'un *Catalogue* des registres de l'ancienne chambre des comptes de cette province », Colmar, 1871 ; — 7ᵉ liv. : « Cartulaire de l'abbaye de Bonnevaux, ordre de Saint-Benoît, au diocèse de Vienne », Grenoble, 1888 ; — 10ᵉ livr. : « Correspondance politique et littéraire du marquis de Valbonnais, président de la chambre des comptes et historien du Dauphiné », id., 1872. Depuis deux ans, M. Chevalier prépare la publication d'un *Repertorium hymnologicum* qui est à l'impression dans les *Analecta Bollandiaux* de Bruxelles et renfermera environ 24,000 articles, ouvrage sans précédent et impatiemment attendu des spécialistes.

Chevalier (Louis-Édouard), publiciste et marin français, historien de la marine, né le 6 janvier 1824. Enseigne de vaisseau en 1850, lieutenant en 1854, capitaine de frégate en 1865, capitaine de vaisseau en 1875, il a publié : « La Marine française et la marine allemande pendant la guerre de 1870-71 », Paris, Plon, 1873 ; « Histoire de la marine française pendant la guerre de l'indépendance américaine », id., Hachette, 1877 ; « Histoire de la marine française sous la première République », id., id., 1886 ; « Histoire de la marine française sous le premier Empire », id., id., id.

Chevalier (Louis-Augustin-Émile), économiste français, né, à Liancourt (Oise), le 21 décembre 1851. M. C. a fait ses études au lycée Louis-le-Grand, puis a suivi les cours de la faculté de droit, dont il est docteur, et dont il a été plusieurs fois lauréat. M. C., lauréat de l'Institut de France, ancien professeur suppléant à la Faculté de droit de Douai, est maintenant professeur à l'Institut national agronomique. Il a publié : « Les Jeux et paris (Jeux de bourse, courses de chevaux, maisons de jeux, loteries) devant la loi », Paris, Derenne, 1875 ; « De la Propriété des mines et de ses rapports avec la propriété superficiaire », id., Maresq aîné, 1876 ; « Une nouvelle forme de société alimentaire. L'Economat du Closmortier, près Saint-Dizier (Haute-Marne) », id., id., 1877 ; « La Crise agricole », id., id., 1881 ; « Les Salaires au XIX siècle », id., id., Rousseau, 1887, ouvrage couronné par l'Académie des sciences morales et politiques.

Chevandier (Antoine-Daniel), médecin, publiciste et homme politique français, né, à Sorres (Hautes-Alpes), le 27 mai 1822. Élu député de la Drôme, le 8 février 1871, pour l'arrondissement de Die, dont il avait été sous-préfet après le 4 septembre, il fut réélu, le 20 février 1876, et siégea à la gauche, avec laquelle il a toujours voté. Sa candidature triompha également, le 21 août 1881. Il soutint, le 26 mars 1888, à Montpellier, une thèse de physiologie, avec cette épigraphe empruntée à C. Fourier : *Les attractions sont proportionnelles aux destinées ; La série distribue les harmonies*. Il écrivit dans les journaux de l'opposition de la Drôme, publia une brochure sur la vérification des votes et sur l'organisation de la médecine cantonale ; il envoya, en 1850, à l'Académie de médecine plusieurs mémoires sur les bains de vapeur térébenthinés et commença ainsi la série de ses publications sur la méthode thermo-résineuse appliquée à la cure du rhumatisme, de la goutte et des névralgies ; il fonda, en 1873, son institut thermo-résineux, à Paris, institut bien connu des rhumatisants. Il a publié de nombreux articles de médecine dans la *France médicale*, dans la *Gazette médicale de Lyon*. Membre de plusieurs sociétés savantes, il est un des fondateurs de la Société littéraire La Cigale, qu'il fait la confidente de ses poésies.

Chevé (Émile-Frédéric-Maurice), marin et poète français, fils d'un médecin de la marine, entra à quinze ans à l'École navale de Brest ; servit comme officier dans la marine militaire pendant trente-quatre ans ; quitta le service avec le grade de capitaine de frégate et vint se fixer à Paris, pour s'y consacrer à la littérature pour laquelle il avait toujours eu une secrète passion, que sa carrière ne lui permettait pas de suivre ; il a publié trois volumes de vers : « Virilités », Paris, Lemerre, 1882 ; « Les Océans », id., id., 1884 ; « Chaos », id., id., 1887. Ces poésies appartiennent aux genres philosophique et descriptif ; la philosophie de l'auteur est un pessimisme matérialiste.

Chevreul (Michel-Eugène), illustre chimiste français, plus que centenaire, membre de l'Institut, né, à Angers, le 31 août 1786, et fils d'un médecin distingué, fit ses études à l'école centrale d'Angers, où il eut pour condisciple et pour émule l'anatomiste Béclard. Il avait dix-sept ans lorsqu'il vint à Paris et entra comme manipulateur dans la fabrique de produits chimiques de Vauquelin, qui le chargea de la direction de son laboratoire. Préparateur du cours de chimie au Muséum d'histoire naturelle (1810), il fut, en 1813, nommé professeur au lycée Charlemagne, officier de l'Université et directeur des teintures et professeur de chimie spéciale à la manufacture de tapis des Gobelins (1824), où il put se livrer à son goût pour les recherches analytiques, et appliquer ses vues ingénieuses sur ce qu'on peut appeler la philosophie pratique des phénomènes naturels. En 1826, il fut nommé dans la section de chimie, membre de l'Académie des sciences, et, en 1830, il obtenait la chaire de chimie appliquée du Muséum d'histoire naturelle. Il a fait partie de la Société royale de Londres, présidé la Société d'agriculture, etc. Le 10 février 1879, il fut admis à la retraite comme directeur du Muséum, mais il conserva sa chaire de professeur. Aux Gobelins, il est devenu, en 1833, directeur du Laboratoire supérieur des recherches sur la théorie et la constitution des couleurs, créé spécialement pour lui, et il a laissé à M. Decaux la direction de l'atelier de teinture. Sa longévité a donné au nom de Chevreul une énorme popularité. Aussi à deux reprises, en 1885, pour le centième anniversaire de sa naissance, et, en 1886, pour son centenaire, fut-il l'objet de manifestations enthousiastes auxquelles tout Paris prit part et qui eurent leur écho dans le monde entier. Les institutions et les sociétés savantes voulurent être représentées à ce glorieux anniversaire et nombre de délégations étrangères apportèrent à l'illustre centenaire des témoignages d'admiration et de respect. A cette occasion fut inaugurée sa statue, élevée au Muséum, une médaille commémorative et une liste de ses travaux dressée avec luxe. — Dès 1823, M. Chevreul avait publié ses « Recherches chimiques sur les corps gras d'origine animale », travail qui a ouvert à la chimie organique et à plusieurs des industries qui en dépendent une voie féconde. La Société d'encouragement pour l'industrie nationale, décerna à l'auteur, en 1852, le prix de 12,000 francs de la fondation du marquis d'Argenteuil : « Le prix — disait M. Du-« mas, le chimiste, à son confrère — consacre « l'opinion de l'Europe sur des travaux servant « de modèle à tous les chimistes ; c'est par « centaines de millions qu'il faudrait nombrer « les produits qu'on doit à vos découvertes ». Les travaux les plus remarquables de M. C. ont eu pour objet, outre l'étude des corps gras d'origine animale, celle des couleurs, de leurs alliances et de la graduation de leurs nuances ; il a fait sur ce sujet, tant aux Gobelins qu'au Muséum, de nombreuses leçons. Parmi ses publications, nous citerons : « Considérations générales sur l'analyse organique et sur ses applications », 1824 ; « Leçons de chimie appliquée à la teinture », 1828-31 ; « De la loi du contraste simultané des couleurs et de l'assortiment des objet coloriés, considérés d'après cette loi dans ses rapports avec la peinture », 1839 ; « De la baguette divinatoire, du pendule dit explorateur et des tables tournantes, au point de vue de l'histoire, de la critique et de la méthode expérimentale », Paris, Mallet-Bachelier, 1854 ; « Lettres adressées à M. Villemain, sur la méthode en général et sur la définition du mot *fait* relativement aux sciences, aux lettres et aux beaux-arts », id., Garnier, 1856 ; « Des couleurs et de leurs applications aux arts industriels à l'aide des cercles chromatiques », id., Bailière, 1864 ; « Considérations sur l'histoire de la partie de la médecine qui concerne la prescription des remèdes », id., id., 1865 ; « Histoire des connaissances chimiques », tom. I, id., Guerin, 1866, la suite n'a pas paru, ce premier volume se vend aussi comme formant un ouvrage complet, sous le titre de : « Introduction à l'histoire des connaissances chimiques » ; « De la Méthode à posteriori expérimentale et de la généralité de ses applications », id., Dunod, 1870, etc. — Nous n'essayerons point d'énumérer tous les mémoires intéressants que ce savant a présentés à l'Institut non plus que les articles insérés dans les recueils scientifiques ; nous signalerons seulement ses articles sur l'histoire de la chimie dans le *Journal des Savants*; un mémoire sur la « Théorie des effets optiques que présentent les étoffes de soie » et les Mémoires suivants qu'il a présentés à l'Académie des Sciences depuis 1875 : « Sur l'affinité capillaire », 1876 ; « Sur une des causes de la colorisation en rouge des feuilles du *cissus quinquefolia* », 1877 ; « Sur la combinaison du chlorhydrate d'ammoniaque avec les chlorures de sodium et de potassium », id. ; « Sur les draps de laine teints en noir bleuâtre », 1879 ; « Considérations générales sur les méthodes scientifiques », 1883 ; « Sur le mouvement des poussières abandonnées à elles-mêmes », 1885. — On lui doit aussi tous les articles de chimie du *Dictionnaire des sciences naturelles.*

Chevreul (Henri), érudit français, fils du précédent, né, à Paris, en 1819. M. Chevreul fils, ancien magistrat, membre de l'Académie de Dijon et de la Commission départementale des antiquités de la Côte-d'Or, a publié : « Étude sur le XVIe Siècle. Hubert Languet », Paris, Potier, 1852 ; 2me éd., 1856 ; « Pièces sur la Ligue en Bourgogne. Vie et faits héroïques du maréschal d'Aumont, avec la Quenouille des dames d'Autun (1591) : La Prinse de la ville d'Autun par le maréschal de Biron (1595) ; Réduction de la ville et du château de Beaune, le 5 février 1595, par Lemaidon ; Discours sur le combat de Fontaine Françoise (1595). Lettres du roy à MM. du Parlement et de la cour des comptes », Paris, Martin, 1882 ; « Pièces sur la ligue en Bourgogne (2me série) : Advis des Estats de Bourgogne aux François touchant la résolution prise aux Estats de Blois, l'an 1588-1590 ; Contre-lettre à la noblesse de Bourgongne ; Discours de deux belles deffactes des ennemis, executées en Champagne et en Bourgongne, le 23 d'avril 1589 ; Relation de ce qui s'est passé, en 1585 et 1586, en la ville d'Auxonne. Discours véritable du siège de Montbard », id., id., 1883 ; « Discours de ce qui s'est passé en la prise de la ville de Marseille pour le service du roy par Mgr. le duc de Guyse, son lieutenant-général en Provence, sur l'advis donné par un de la ville même du 18 février 1596; Vray discours de la ville de Marseille en l'obéissance du roy, le 17 février 1596. Marseille par le commandement de Messieurs », id., id., 1884. — M. Henri C. a publié aussi le « Traité de la vènerie » de Budé; « L'Estat de l'empire de Russie », du capitaine Margeret; « Le Livre du Roi Charles IX »; « Le Chien courant », de Passerat; les « Lettres », de Languet de Gergy, et une nouvelle édition de « L'Autourserie », de P. de Gommer.

Chevrey-Rameau (Paul), diplomate français, né, à Versailles, en 1836. M. C. R., qui est ministre plénipotentiaire et sous-directeur des Affaires consulaires au Ministère des Affaires étrangères, a publié: « Obligations militaires des Français », Paris, Dumaine, 1880; « Répertoire diplomatique et consulaire », id., Laros et Forcel, 1883; le même, supplément pour les années 1883 et 1884, id., id., 1885.

Chevrier (Edmond), écrivain français, président de la Société d'émulation de l'Ain, né, à Bourg (Ain), en 1818. On lui doit: « Le Général Joubert. Étude sur sa vie, fragments de sa correspondance inédite », Bourg, Martin-Bottier, 1860, 2me éd., Paris, Fischbacher, 1884; « Contes et nouvelles », Lyon, Vingtrinier, 1870; « Les éléments de la science politique », Mâcon, Protat, 1871; « Histoire des partis politiques en France et du parti républicain en particulier », id., id, 1873; « De l'esprit de sociabilité et de la solitude », Bourg, Grandin, 1874; « Notice historique sur le protestantisme dans le département de l'Ain (Bresse, Bugey, pays de Gex), et lieux circonvoisins (Savoie, Lyon, Mâcon) », Paris, Fischbacher, 1883.

Cheyne (Thomas-Kelly), théologien anglais, né, à Londres, le 18 septembre 1841. Il fit ses études à l'Université d'Oxford, où il prit ses grades; après avoir exercé des fonctions de son ministère, il fut nommé, en 1885, professeur d'interprétation de la Bible à l'Université d'Oxford, où il enseigne encore. M. C. qui est chanoine de la Cathédrale de Rochester et docteur en théologie *honoris causa* de l'Université d'Édimbourg a publié: « Notes and Criticismus on the Hebrew Text of Isaiah », 1868; « The Book of Isaiah, chronologically arranged », 1869; « The prophecies of Isaiah », 2 vol., 1880-81; 3me éd., 1885; « Exposition of Jeremiah and Lamentations », 2 vol., 1883-84; « Micah also Hosea », 2 vol., 1882-85 dans *The Cambridge Bible;* « The Book of Psalms: a New Translation », 1884, nouvelle éd., avec notes critiques, 1888; « Job and Salomon, critical and exegetical studies on Job, Proverbs, Ecclesiastes, and Ecclesiasticus », 1887; sous presse: « Jeremiah his Life and Times ». — Outre plusieurs articles sur des arguments bibliques dans l'*Encyclopædia britannica*, parmi lesquels nous citerons: « Cosmogony »; « Canaanites »; « Daniel »; « Deluge »; « Isaiah »; « Jeremiah »; « Jonah »; « Hittites ».

Cheyne (William-Watson), médecin anglais. M. C. fut reçu, en 1875, docteur en médecine à l'Université d'Édimbourg, où il est maintenant professeur d'anatomie. On lui doit: « Antiseptic Surgery, its Principe, Practice, History and Results »; « Manual of the Antiseptic Treatment of Wounds »; « Public Health Laboratory Work: part. 1, Biological Laboratory »; en outre, il a donné plusieurs mémoires aux *Pathological Society's Transactions*, parmi lesquels nous citerons: « On the Relation of Organisms to Antiseptic Dressing », 1879, et « Micro-organisms in Purpura Hemorrhagica », 1884.

Cheysson (Émile), ingénieur et économiste français, né, à Nîmes (Gard), le 18 mai 1836. Élève de l'école polytechnique, il était ingénieur des ponts et chaussées, en 1856. De 1871 à 1874, il s'occupa d'industrie privée et fut directeur des usines du Creusot. Il reprit ensuite son rang dans les ponts et chaussées, fut nommé ingénieur en chef, en 1877, et remplit les fonctions de directeur des cartes et plans au ministère des travaux publics, de 1876 à 1885. Il est devenu professeur d'économie politique à l'École des sciences politiques. C'est un disciple de Le Play dont il a été le collaborateur et l'ami. On lui doit: « Le pain du siège », 1871; « La Question de la population, en France et à l'étranger », Paris, Baillière, 1885; « Le Capital et le Travail », 1885; « La Statistique géométrique », 1886; « L'Assistance rurale et le groupement des communes », 1886; « Les Moyennes et la statistique », 1886; « Projet d'hospice rural », 1888; en collaboration avec MM. O. Du Mesnil et A. Foville, une collection d'albums de statistique graphique, 1879-1887. — M. C. a en outre publié dans des bulletins de société, et des revues, de nombreux articles sur les travaux publics, la statistique, la cartographie et l'économie sociale. Il a été président de la Société d'Économie sociale, de la Société de statistique, vice-président de la Commission centrale de la Société de géographie, etc. etc.

Chiala (Luigi), officier supérieur, homme politique et écrivain italien, né, à Ivrée (prov. de Turin), le 29 janvier 1834. Il n'avait encore que dix-neuf ans quand il fonda, à Turin, en 1853, *La Rivista Contemporanea*, qu'il dirigea jusqu'en 1857. En 1858, il publia un volume, en français: « Une page d'histoire du gouvernement parlementaire en Piémont », Turin, Botta. Le 28 avril 1859, il s'engagea dans l'armée régulière pour prendre part à la campagne de l'indépendance; promu officier le 11 novembre de la même année, il prit part aussi aux campagnes de 1860-61 et de 1866. De 1862 à 1866, il dirigea le journal l'*Italia Militare* et, de 1870 à 1876, la *Rivista Militare italiana*. En 1878, il quitta le service militaire actif avec le grade de capitaine; aujourd'hui il est chef de bataillon dans le 4me régiment des Alpins (armée territoriale). — Depuis le mois d'octobre 1882, M. Chiala fait partie de la Chambre des Députés, où il représente le 5me collège de Turin et, en ce moment, nous apprenons qu'il vient d'être adjoint aux Archives Nationales. Nous citerons de cet écrivain distingué et consciencieux: « Le Général La Marmora et l'alliance prussienne », Paris, Dumaine, 1868; « Cenni storici sui preliminari della guerra del 1866 e sulla battaglia di Custoza », 2 vol., Florence, Voghera, 1870-72; « Alfonso La Marmora. Commemorazione », Florence, Barbèra, 1879; « L'alleanza di Crimea », Rome, Voghera, 1879; « Ricordi della Giovinezza di Alfonso La Marmora », 2 vol., Rome, Botta, 1881, 10 éd., dans l'espace de six mois; « Ricordi inediti di Michel Angelo Castelli sul conte di Cavour », Turin, Roux et Favale, 1876. — M. C. a publié en outre les « Lettere edite ed inedite di Camillo Cavour », 6 volumes, Turin, Roux et Favale, 1882-1887.

Chiala (Valentino), officier supérieur et écrivain italien, frère du précédent, né, à Ivrée (prov. de Turin), le 20 octobre 1838; après avoir été un des meilleurs élèves de la Faculté des lettres de l'Université de Turin, il entra dans l'armée, le 14 juillet 1859; le 11 mars 1860, il était promu officier; il devint plus tard professeur à l'école supérieure de guerre et est aujourd'hui colonel commandant le 23me régiment d'infanterie. On lui doit: « Sunto di lezioni sulla campagna del 1796-97 in Italia » et « Relazione sulla guerra austro-prussiana nel 1866 ».

Chiappelli (Alexandre), philosophe italien, né, à Pistoja (prov. de Florence), en 1857, professeur de l'histoire de la philosophie à l'Université de Naples, membre de l'Académie des Lincei et de l'Académie des Sciences morales et politiques, esprit sérieux, lucide et bien nourri, et écrivain élégant, fit ses études à l'Institut des Études supérieures de Florence; il enseigna d'abord la philosophie aux lycées de Padoue et de Florence; et, en 1887, il obtint, par concours, la chaire qu'il occupe actuellement à l'Université de Naples. Parmi ses publications les plus importantes, citons: « Della Interpretazione panteistica di Platone », Florence, Le Monnier, 1881; « Sullo svolgimento dell'ideale umano nella Letteratura Greca fino al IV Secolo », Padoue-Vérone, 1884; « Sul Carattere Formale del Principio Etico », id., id.; « La Dottrina della realtà del Mondo esterno nella Filosofia moderna prima del Kant », Florence, Arte della Stampa, 5 vol.; « Studî », Turin, Loescher, 1877; « La Coltura Storica e il rinnovamento della Filosofia », leçon d'ouverture au cours d'histoire de la philosophie, Naples, 1887; « Le idee millenarie dei Cristiani nel loro svolgimento storico », discours d'inauguration à l'Université de Naples, Naples, 1888; une foule d'essais et articles dans différentes revues: *Filosofia delle Scuole Italiane*, *Giornale Napoletano di Filosofia e Lettere*, *Rivista di Filologia classica*, *Arte e Storia*, *Preludio*, *Atti della R. Accademia dei Lincei*, *Nuova Antologia*, *Archivio Giuridico*, et dans les journaux *Fanfulla della Domenica* et *Cultura*. Citons en outre: « Zu Pythagoras und Anaximenes », dans l'*Archiv für Geschichte der Philosophie*.

Chiari (doctor Hans), médecin autrichien, né, à Vienne, en 1851. Après avoir fait ses études dans sa ville natale, il fut, de 1874 à 1879, assistant à l'institut pathologique et anatomique de Vienne. De 1878 à 1882, il fut *privat Docent* d'anatomie pathologique à l'Université de Vienne, et de 1879 à 1882, prosecteur à l'Hôpital Rodolphe de Vienne. Depuis 1882, il est professeur d'anatomie pathologique à l'Université de Vienne. On lui doit de nombreuses publications sur la science qu'il professe, insérées dans les journaux spéciaux et surtout dans les *Wiener medicinische Jahrbüchern*, la *Prager Zeitschrift für Heilkunde*, le *Wiener medicinische Wochenschriften* et la *Prager medicinische Wochenschrift*.

Chiarini (Joseph), poète et critique italien, ancien secrétaire au ministère de l'instruction publique, ancien président du Lycée, des Écoles Techniques et du *Circolo Filologico* de Livourne, depuis 1884, président du Lycée Umberto I et chargé d'un cours de Littératures Modernes à l'Université de Rome, est né, le 17 août 1833, à Arezzo. Il fit ses études à Florence, et devint de bonne heure l'ami intime et le compagnon fidèle de M. Carducci, avec lequel il débuta par de petits essais littéraires entre les années 1855-1860. Étant employé au Ministère de l'Instruction publique, il dirigea pendant quelques années à Turin la *Rivista Italiana con le Effemeridi della pubblica istruzione*. En 1866, il fonda à Florence l'*Ateneo Italiano*, un journal qui, malgré une brillante collaboration, n'a pas eu de succès, et après quelques mois de vie, s'éclipsa. Critique éminent, ayant une connaissance profonde des langues et littératures anglaise et allemande, et des littératures classiques, il s'est montré à ses heures poète de force, rempli de sentiment. Parmi ses publications, nous citons: « Dialogo sulla filosofia leopardiana », Livourne, Vigo, 1870; « Leggenda e Vita di S. Guglielmo d'Oringa », Livourne, Vigo, 1870; « Poesie » (avec de nombreuses traductions de Heine et de l'anglais), Livourne, Vigo, 1874; « In Memoriam », deux chants très pathétiques, Imola, Galeati, 1875; « Sopra i critici italiani e la metrica delle *Odi Barbare* », Bologne, Zanichelli, 1878; « Atta Troll », de Heine, avec préface de Carducci et notes de Karl Hillebrand, Bologne, Zanichelli, 1878; « Germania », de Heine, id., 1881; « Poesie », de Heine, id., 1883; « Lacrymæ », id., 1879-80; « Esperimenti metrici », id., 1882; « Ombre e figure », essais critiques, Rome, Sommaruga, 1883 ; « Donne e poeti », notes critiques, Rome, Verdesi, 1885; « Letture di Storia patria », vol. I, Florence, Sansoni, 1887 (il prépare un second vol. de cet ouvrage destiné aux écoles élémentaires de Rome); une foule d'articles pour les journaux, spécialement pour le *Fanfulla della Domenica, La Domenica letteraria, La Domenica del Fracassa*, qu'il dirigea pendant les années 1884-86, *La Nuova Antologia*, où il publie une excellente « Rassegna della letteratura tedesca ». Nous apprenons encore qu'il va publier les œuvres inédites de Foscolo et ses études sur Shakespeare, d'après le cours qu'il a fait à l'Université de Rome.

Chiaves (Desiderato), éminent jurisconsulte, homme d'État et littérateur italien, né, à Turin, le 2 octobre 1835. Reçu docteur en droit à l'âge de vingt ans, il fit son stage dans le cabinet de M. Cornero, avocat, tout en s'adonnant en même temps à la littérature pour laquelle il se sentait un penchant irrésistible. Après avoir, avant 1848, collaboré aux *Letture di Famiglia*, il écrivit des poésies politiques humoristiques, aussi brillantes que lestement troussées, pour le *Fischietto*, où il signait souvent *Fra Chichibio*. En 1843, il publia un ouvrage fort utile : « Istituzioni preparatorie all'ufficio del giurato. Il giudice del fatto », ouvrage qui aujourd'hui encore est étudié avec beaucoup de fruit. A la fin de l'année 1848, il fut nommé commissaire extraordinaire du gouvernement dans le Canavais. Depuis 1851, il fut presque toujours conseiller communal et conseiller provincial de Turin, et depuis bientôt trente-cinq ans, il fait partie de la Chambre des députés, où il a toujours appartenu à la droite libérale, c'est-à-dire au parti de Cavour, de Minghetti, de Ricasoli, etc. Du 14 décembre 1865 au 20 juin 1866, il fut ministre de l'intérieur dans le Cabinet présidé par le général Lamarmora. Il a été aussi, pendant quelque temps, vice-président de la Chambre des Députés. — M. Chiaves a fait aussi ses preuves comme auteur dramatique et plusieurs de ses pièces : « Lo Zio Paolo » entr'autres, ont essuyé avec succès le feu de la rampe, et se maintiennent encore au répertoire. Il y a quelque années M. Chiaves a réuni ses travaux dramatiques, sous le titre : « Ricreazioni d'un filodrammatico. Commedie », Turin, Bocca, 1876. Citons encore de lui : « Giudice mal giudicato. Apologia del giuri nei giudizî penali, letta all'adunanza della Società filotecnica di Torino il 19 gennaio 1879 »; « Il Re. Studio », Turin, Loescher, 1881 ; « Sui diritti degli autori delle opere d'arte », Turin, Roux et Favale, 1882; « Quintino Sella », commémoration, Turin, Casanova, 1884.

Chieco (François), écrivain italien, né, à Palo del Colle (province de Bari), le 25 avril 1836. Il fit ses premières études dans son pays natal, et il alla les achever à Bari d'abord, à Naples ensuite, où il s'adonna surtout aux lettres. Ses premiers essais furent des poésies, dans lesquelles il essayait d'imiter Leopardi et Foscolo, dont il a écrit « Le ultime ore »; le manuscrit de ces poésies étant tombé entre les mains de la police bourbonienne valut à l'auteur, encore presqu'enfant, une persécution des plus acharnées. Renvoyé de Naples, il fut contraint de fréquenter le Lycée de Bari, dirigé par les Pères Jésuites — il ne lui fut pas permis cependant d'achever les études de droit. Ayant compris de bonne heure que la poésie n'était pas son fait, il se mit à écrire en prose ébauchant une histoire civile de la littérature italienne qui n'a jamais été achevée, ni, par conséquent, publiée. Il prit part à la révolution de 1860, et à la tête d'une compagnie de garde nationale mobilisée, il combattit les brigands de la Basilicate. Il a été, pendant longtemps, maire de sa commune, conseiller provincial, membre de la commission permanente du conseil, commissaire royal dans plusieurs communes, directeur en chef de l'hospice provincial Victor-Emmanuel à Giovinazzo, membre du conseil scolaire de la province, etc. Outre plusieurs publications de circonstance, on doit à M. Chieco : « Antonio Ranieri », essai biographique trois fois réédité : « Dell'Ufficio della letteratura italiana nel secolo XIX », étude historique et critique. Ces deux travaux ont été mis à l'Index en décembre 1864.

Chiminelli (Louis), médecin italien, né, le 29 octobre 1816, à Rosa di Bassano (province de Vicence). Il fit ses premières études à Bassano et fréquenta ensuite l'Université de Padoue (1835-1840). De 1841 à 1843, il passa à l'École impériale de perfectionnement chirurgicale de Vienne, et revenu ensuite en Italie, il exerça la médecine dans plusieurs villes de la Vénétie ; l'Université de Padoue, ayant été fermée, grâce aux troubles politiques, pendant les années 1849 et 1850, il enseigna particulièrement, à Bassano, les sciences médicales. Nommé commissaire des sources d'eau minérales de Récoaro en 1860, il s'adonna dès lors particulièrement à l'hydrologie, science qu'il a enseigné, en qualité de *privat Docent* pendant plusieurs années à l'Université de Rome. Membre de plusieurs congrès médicaux italiens et du Congrès international de climatologie et d'hydrologie qui eut lieu à Biarritz pendant l'automne de 1886, il parvint après de longs efforts à fonder aussi en Italie une société de climatologie et d'hydrologie, dont il est le président; il dirige aussi un journal spécial consacré à ces deux sciences. Les premières publications de M. C. concernent la médecine et surtout la chirurgie. En 1845, il traduisit de l'allemand :

« La Chirurgia plastica » des docteurs Ammon et Baumgarten, à laquelle il ajouta plusieurs études originales. On lui doit aussi, sur le même terrain, plusieurs mémoires fort importants. Il ne délaissa pas non plus les études de littérature, de philosophie, d'histoire et de politique; en 1857, il publia un travail : « Della Civiltà e della sua storia »; dans le même ordre de travaux, on lui doit aussi un ouvrage sur les armées en Italie depuis les Étrusques jusqu'à nos jours; sur la femme, surtout en Italie, étudiée dans ses rapports avec la famille, la société, la patrie et la civilisation; sur les maux et sur les remèdes en Italie et surtout sur la vraie et sur la fausse liberté. M. C. s'est occupé aussi d'hygiène, et il a publié plusieurs travaux sur cette science; mais depuis quelques années, il s'occupe particulièrement d'hydrologie. Voici la note des principaux travaux qu'il a publiés sur cette matière : « Recoaro, le sue fonti minerali e i suoi dintorni. Piccola guida », Bassano, 1865; « Del più conveniente uso delle acque minerali di Recoaro, relativamente alle varie sorgenti e dosi adoperate, e alla speciale forma e natura delle malattie », Vicence, 1868; « Osservazioni pratiche sull'azione delle acque minerali di Recoaro, con alcune storie di malattie guarite, dal 1860 al 1869, colle dette acque prese alla fonte », id., 1869; « Recoaro e le sue acque minerali. Cenni fisico-medico-statistici », Bassano, 1870, 2me éd., 1875; « Importanza dell'idrologia medica, specialmente minerale, in Italia », Rome, 1874; « Recoaro e le sue fonti minerali secondo la tradizione e la storia », Bassano, 1875; « Le acque minerali d'Italia, studiate tanto dal punto di vista della loro natura e diversità, che da quello delle condizioni sanitarie e confortevoli degli stabilimenti, dei quali sono provveduto le singole stazioni di cura », Padoue, 1876-80; « La stagione di cura nell'anno 1875 a Recoaro. Studio clinico », Rome, 1877; « Recoaro, et ses eaux minérales vues et étudiées à vol d'oiseau », Paris, 1877; « Il solfato ed il carbonato di calce nelle acque di Recoaro ed in altre acque minerali », Valdagno, 1877; « La virtù medicinale delle acque minerali di Recoaro, impiegate per bibita e per bagno; ed avvertimenti igienici e metodo per il miglior uso delle stesse », Bassano, 1878, 4me éd.; « Annuario-Manuale delle acque minerali, dei bagni ed ospizi marini, della idroterapia e della climatologia in Italia. Anno I », Padoue-Bassano, 1878; « Studî sulle acque acidulo-ferruginose d'Italia », Bassano, 1879; « Sulla necessità di una classificazione uniforme delle acque minerali d'Italia, e più particolarmente della classificazione delle acque acidulo-gassose e delle alcaline » (Atti dell' VIII Congresso medico generale italiano a Pisa), Pise, 1879; « Le acque minerali specialmente in Italia, raggruppate ed illustrate per classi,

cioè secondo la loro chimica natura ed azione, con cenni sopra la terapeutica delle stesse », Padoue, 1880; « L'idrologia medica e la Società italiana d'idrologia al X Congresso generale dell'Associazione medica italiana, nel 1882 », Florence, 1882; « Del più facile e pratico modo d'istituire la Società italiana d'idrologia e climatologia medica e progetto di uno Statuto-Regolamento per la detta Società » (Atti del X Congresso medico generale di Modena), Modène, 1883; « La stagione delle cure a Recoaro nel 1882. Studio clinico », Bassano, 1883; « Conclusioni degli ultimi Studî intorno all'importanza e l'utilità della istituzione degli Ospizî marini in Italia », Florence, 1884; « Gite e peregrinazioni alle principali stazioni mediche: idrologico-minerali, idroterapiche, marittime e climatiche d'Italia. La cura della tisi nelle alte regioni », Bassano-Roma, 1884; « Cenni intorno alle sorgenti minerali di Nepi nella provincia di Roma », Rome, 1884; « Programma delle materie da trattarsi nei Corsi d'Idrologia e di Climatologia medica presso la R. Università di Roma dall'anno scolastico 1884-85 in poi », Rome, 1885; « Il Passato e l'Avvenire dell'Idrologia medica in Italia. Discorso inaugurale e prelezioni al 1º corso d'idrologia medica all'Università di Roma nell'anno scolastico 1884-85 », Florence, 1885; « Coup d'œil sur les cures dirigées par le doct. Chiminelli dans la station de Recoaro, province de Vicence, pendant la saison d'été 1884 » dans la Revue méd. et scient. d'hydrolog. et de climat. pyrénéennes, 2e année, Toulouse, 1885; « Della dispepsia e del suo trattamento curativo col mezzo delle acque minerali », Florence, 1886; « Annuario di Climatologia e d'Idrologia medica, scritto dai signori dottori G. Faralli per la Climatologia, e L. Chiminelli per l'Idrologia », an. 1er, id., 1886; « Poche parole sull'acqua salso-jodica di Sales », Florence, 1886; « Intorno alla natura delle acque solforate, in generale, e più precisamente intorno alla sorgente idro-solforato-calcica di Arquà-Petrarca, presso Battaglia (Padova) », id., 1886; « Castellammare di Stabia, quale stazione per cure minerali e climatiche », id., 1886; « Alcune riflessioni intorno all'acqua Hunyadi-Janos e la sua azione fisiologica e terapeutica, ed intorno alle sorgenti minerali naturali congeneri in Italia e fuori », id., 1886, « Dell'importanza ed utilità della idrologia medica e balneoterapia », 2e éd. augmentée, Milan, 1886; « Congresso internazionale d'idrologia e di climatologia medica di Biarritz. Relazione ed apprezzamenti », Florence, 1886-87; « Dell'azione e degli effetti fisiologici e terapeutici delle acque minerali e dell'idroterapia propriamente detta in generale, e particolarmente dell'azione e dei loro effetti sedativi e del grande valore pratico di questi ultimi », id., 1887.

Chinazzi (Carlo-Giuseppe), écrivain et philosophe italien, né, à Oviglio (arr. d'Alexandrie), en 1840. Il étudia à l'Université de Turin, où il fut reçu docteur ès-lettres ; de 1860 à 1867, il servit dans l'armée, et y arriva au grade de lieutenant. M. Chinazzi, qui est docteur agrégé à la faculté de lettres de l'Université de Turin, est maintenant *privat-Docent* de philosophie morale à l'Université de Gênes et professeur de littérature italienne à l'École royale supérieure de commerce dans la même ville. Outre plusieurs articles insérés dans l'*Avvisatore Alessandrino*, dans le *Spettatore* de Milan, etc., il a publié : « Se la filosofia morale meriti il nome di scienza », 1868 ; « Religione e scuola », 1874 ; « Saggi filosofici. L'Attributo », 1878 ; « Giacomo Leopardi », conférence, Gênes, Sambolino, 1879 ; « Delle forze operative dell'animo umano », id., id., 1881 ; « Della vita e degli scritti di Ercole Ricotti », Ciminago, 1883 ; « Alessandro Manzoni », discours, id., Sambolino, 1885 ; « Accusa di suicidio mossa contro Aristotile », id., id., 1887 ; « Discerpta », id., id., id. ; « Di due documenti inediti che toccano del poeta ligure Bartolomeo Gentile Fellamonica ». id., Sordomuti, 1888 ; « Dell'influenza d'alcune condizioni fisiche sulla evoluzione pedagogica dell'uomo », id., Ciminago, 1888 ; « L'eredità psicologica nella stirpe sabauda », id., id., id. ; « Della scienza morale », id., Sordomuti, 1888.

Chincholle (Charles-Henri-Hyppolite), journaliste et romancier français, né, à Chauny (Aisne), le 16 juillet 1845. Il a été secrétaire d'Alexandre Dumas père et a écrit dans les journaux le *Mousquetaire* et le d'*Artagnan*. Il a collaboré au *Parlement*, à la *Liberté*, au *Paris Journal*, enfin il est entré, en 1872, au *Figaro* où il est encore et où il écrit tant sous son nom que sous divers pseudonymes : RIP, CHARLES, GEORGES TROIS, HENRI HAMOISE. M. Chincholle s'est aussi essayé au théâtre ; en 1870, il fit jouer, au théâtre des Folies-Dramatiques, un petit acte très gai : « L'Oncle Margottin », qui eut plus de 300 représentations et qui fut publié la même année chez Dentu ; il loua ensuite le théâtre des Nouveautés tout exprès pour y donner un drame en trois actes de lui « Le Mari de Jeanne », drame noir qui se terminait par le meurtre de l'épouse et de l'amant, et qu'il publia, en 1872, chez le même éditeur en le faisant précéder de « Pourquoi il les a tués ». Nous citerons de lui : « La Plume au vent », 2 éd., Paris, Cournol, 1865 ; « Alexandre Dumas aujourd'hui », id., Jouaust, 1867 ; « Les pensées de tout le monde », id., Madre, 1868 ; « Dans l'ombre », avec une préface d'Alexandre Dumas, id., Librairie internationale, 1871 ; « Les phrases courtes », id., id., 1872 ; « Le lendemain de l'amour », avec une préface d'Alexandre Dumas », id., C. Lévy, 1880 ; « Le catalogue de l'amour », id., Dentu, 1881 ; « La ceinture de Clotilde », id., Marpon et Flammarion, 1884 ; « Les jours d'absinthe. Roman parisien », id., Franzine, 1885 ; « Les Survivants de la Commune », id., Boulanger, 1885 ; « Le vieux général », id., Dentu, 1886 ; « Femmes et Pois », id., Marpon et Flammarion, 1886 ; « La Grande prêtresse, roman parisien », id., Librairie mondaine, 1887 ; « Paula. Histoire d'une névrosée », id., id., novembre 1888. Grand amateur de gravures, M. Chincholle dirigea aussi un journal spécial de Beaux-Arts, l'*Estampe*, qui dura trois ou quatre ans.

Chiniquy (le père), prêtre catholique canadien d'origine française, né, à Kamouraska (Canada), en 1809. Ayant émigré, vers 1850, avec environ 10,000 catholiques pour les États-Unis, il a fondé la colonie de Sainte-Anne, dans les environs de Chicago, et s'est séparé, en 1858, de l'Église catholique. Il a publié : « Le Prêtre, la femme et le confessionnal », dont les 3 premières éditions ont vu le jour à Bruxelles, et la 4mo à Paris, en 1880, chez Grassart. Cet ouvrage a été aussi traduit en italien, Rome, Chira, 1849, 2me éd., id., Arata, 1888.

Chiostri (Laurent), ingénieur des mines italien. Il a dirigé, pendant quelque temps, l'exploitation des mines de Castellina Marittima, ensuite celle de Montevecchio en Sardaigne, et enfin, s'étant retiré dans son pays natal, il s'y est adonné presqu'entièrement à l'agronomie et à la botanique ; il a été aussi, pendant quelque temps, membre du conseil provincial de Lucques. — On a de lui : « Sulla questione se i guasti avvenuti nelle case del paese di Castellina Marittima siano attribuibili, o no, ai lavori sotterranei della miniora di detto luogo », Pise, 1851 ; « Sulla miniera ramifera di Miemo nei monti della Faggeta toscana », Livourne, 1853 ; « Rapporto dell'ingegnere direttore Lorenzo Chiostri alla gerenza della società concessionaria delle miniere di Montevecchio in Sardegna », Livourne, Zecchini, 1868 ; le même pour l'année 1869, id., Ortalli, 1870 ; « Relazione della Commissione per il concorso a premî ai coltivatori di frumento », Lucques, Canovetti, 1885.

Chiostri (Léon), écrivain italien, frère du précédent, né, à Montecarlo (prov. de Lucques). M. C., qui est docteur ès-sciences mathématiques, a enseigné, pendant quelque temps, à l'École technique de Pescia. Aujourd'hui il est sous-économe des bénéfices vacants dans la même ville. On lui doit : « Dell'influenza del suono sulla elettricità atmosferica », Lucques, Canovetti, 1868 ; « Conferenze archeologiche esposte ai contadini del Poggio di Montecarlo », Pescia, Vannini, 1876.

Chiotis (Christo Panagioti), savant grec, né, à Zante, en 1814. Professeur d'histoire et de géographie au lycée de sa ville natale, puis nommé historiographe des îles Ioniennes, lors de leur réunion à la Grèce, il a publié un grand nombre de dissertations historiques, linguistiques et archéologiques, parmi lesquels nous citerons : « La Langue grecque vulgaire », 1859 ; « Histoire ecclésiastique jusqu'en 1860 », 1860 ; « Documents relatifs aux fiefs de Corfou », 1861. Son ouvrage le plus considérable est une « Histoire des îles ioniennes », en grec, dont 5 vol. ont été publiés de 1870 à 1880 ; il a de plus fait imprimer un assez grand nombre de manuscrits grecs découverts par lui dans les bibliothèques de Turin, Milan, Venise, Rome et Naples. Il a publié aussi, en italien : « Osservazioni intorno all'attuale lingua greca del Mustoxidi » ; « Risposta alla dissertazione del signor Borri, intorno ai Luoghi Santi » ; « Cenni intorno ad alcuni codici greci che si trovano nelle Bibliotèche d'Italia », Sienne, 1864 ; « Relazione dell'eccellentissimo signor Domenico Gritti ritornato dalla Morea » ; « Sulla vita e sepolcro di Andrea Vassallo » ; « Relazione dell'operato delle Armi venete, dopo la loro partenza di Corinto e la presa di Atene ».

Chipiez (Charles), architecte français, né à Ecully (Rhône), en 1835. M. C. est surtout connu par ses travaux relatifs à l'histoire de l'art. Sur ce sujet aussi bien que sur diverses questions d'archéologie, il a publié de nombreux et remarquables mémoires dans la *Revue archéologique*, la *Revue générale d'architecture et des travaux publics*. Il a publié : « Histoire critique des origines et de la formation des ordres grecs », Paris, Morel, 1876. Il est aussi l'un des deux auteurs de l'« Histoire de l'art dans l'antiquité », qu'il publie depuis 1881, en collaboration avec M. G. Perrot de l'Institut, chez l'éditeur Hachette. On doit encore à M. C. Chipiez de nombreuses restitutions et restaurations de monuments antiques de différents styles.

Chirac (Auguste), publiciste français, né à Marseille, en 1838. M. C. s'est adonné à deux genres de littérature qui sembleraient s'exclure. Dans l'un, la poésie légère, se rangent : « Une dette d'amour », comédie en deux actes, en vers, Paris, Librairie internationale, 1860 ; « N'éveillez pas ma fille », comédie en un acte en vers, id., Lachaud, 1872 ; « Le Péché de mon oncle », comédie-vaudeville en un acte, id., id., 1874. Il débuta dans l'autre genre, la littérature politico-économique, par les « Lettres d'un Marseillais sur l'Exposition Universelle de 1867 à Paris », Paris, Librairie internationale, 1868 ; suivirent plusieurs ouvrages, ou plutôt plusieurs pamphlets, dans lesquels il attaque avec une violence inouïe la haute finance, se révélant, en même temps, un des plus ardents parmi les antisémites français. Citons dans cet ordre de travaux : « La Haute-Banque et la Révolution », Paris, Amyot, 1876 ; « Les Mystères du crédit. I. Le Crédit foncier de France », id., id., id. ; « Les Rois de la République, histoire des juiveries, synthèse historique et monographies »,
2 vol., id., Arnould, 1883-85 ; nouvelle éd., id., Dentu, 1888 ; ouvrage qui vient d'avoir un renouveau d'actualité à l'occasion des scandales soulevés en France, par M. Numa Gilly, le député de Nîmes, avec lequel M. Chirac paraît étroitement lié. Citons encore de lui, toujours dans le même ordre d'idées : « La Prochaine révolution. Code socialiste », Paris, Arnould, 1886 ; « Les Brigandages historiques. L'Agiotage sous la troisième République (1870-1887) », 2 vol., id., Savine, 1886. M. Chirac a attaqué aussi la presse dans une conférence qu'il a publiée en brochure : « La Vénalité dans le journalisme », 1887.

Chiudina (Jacques), écrivain et notaire à Spalato, chevalier de l'ordre de Takova de Serbie, de l'ordre de Danilo Iᵉ du Monténégro, décoré d'une médaille d'or de l'empereur François-Joseph Iᵉʳ, membre de l'Académie Serbe de Belgrade, est né, en 1825, à San Filippo Giacomo, joli faubourg de Zara, en Dalmatie. Ancien professeur de langue et littérature italienne dans l'*Accademia di Nautica e Commercio* de Trieste, pendant les années 1847-48, docteur en droit, ancien collaborateur de la *Favilla* et de l'*Osservatore Triestino* de Trieste, ancien directeur de la *Gazzetta di Zara* (1848-49) et de l'*Osservatore Dalmatico* de la même ville jusqu'en 1856, il est, depuis nombre d'années, notaire dans la ville de Spalato, et ses travaux littéraires et historiques lui ont fait une brillante réputation parmi les écrivains de son pays. Ses publications sont nombreuses ; nous citons : « Tendenze dei popoli Slavi in letteratura politica », Zara, 1849 ; « Sulla Bosnia », id., 1850 ; « Divisione della Dalmazia in acquisto vecchio, nuovo, nuovissimo », id., 1851 » ; « Cenno sui Frangipani », id., id. ; « Dissertazione sui popoli Slavi e sui loro dialetti », id., id. ; « La città di Sebenico », id., id. ; « La città di Cattaro », id., id. ; « Ragusa e la sua costituzione repubblicana », id., id. ; « Come veniva considerata Venezia dai popoli Slavi », id., id. ; « La Dalmazia prima della sua sottomissione ai Romani », ;d., 1852 ; « Letteratura Slava », id., id. ; « La Serbia e la letteratura Serba », id., 1853 ; « Il Santuario della Madonna di Poisan presso Spalato », id., id. ; « La città di Curzola e suo statuto », id., 1854 ; « Studî storici sopra Lissa », id., 1854 ; « Legislazione civile e criminale delle città dalmatiche nel Medio-Evo », Naples, 1858 ; « Canti del popolo Slavo tradotti in versi italiani », avec des notes intéressantes, 2 vol., Florence, Cellini, 1878 ; « Storia del Montenegro dai tempi antichi ai di nostri », Spalato, 1882 ; « Maria Seleban de'Cattani illustre botanica », id., 1884 ; « Verlika ed il suo distretto », id., 1885 ; « Karagjorgje il Grande », id., 1885 ; « La città di Spalato », Venise, 1886. On nous promet un ouvrage d'imminente publication sur l'ancienne Illyrie, la Libournie, la Pannonie, la Dalmatie et Spalato, la ville de Dioclétien.

Chiusoli (César), journaliste et auteur dramatique italien, rédacteur du *Resto del Carlino* de Bologne. M. C. vient de faire jouer (décembre 1888), au théâtre Valle de Rome, une comédie « Neva », qui a eu un succès retentissant. On annonce comme imminente la représentation d'une autre pièce du même auteur : « Simulatrice ». — Nous espérons pouvoir donner dans le *Supplément* de plus amples détails sur ce jeune écrivain.

Chivot (Henri), auteur dramatique français, né, à Paris, le 13 novembre 1830. Après avoir longtemps exercé à la Compagnie du chemin de fer de Paris à Lyon et à la Méditerranée, les fonctions de chef du bureau du secrétariat de la direction générale, il a pris sa retraite au bout de trente ans de service. M. Chivot n'a produit, à lui tout seul, qu'une seule pièce : « Les locataires de M. Blondeau », vaudeville en cinq étages (*sic !*) joué au Palais-Royal, en juin 1879 et publié, la même année, chez Tresse. Tout le reste de son volumineux bagage littéraire a été publié en collaboration avec M. Alfred Dunc. On doit à cette collaboration un grand nombre de vaudevilles, comédies bouffonnes, opérettes, jouées sur les scènes de genre et théâtres secondaires de Paris. Citons : « Mon nez, mes yeux, ma bouche », 3 actes, avec M. Siraudin, 1858 ; « La Femme de Jephté », vaudeville en 3 actes, 1859 ; « Les splendeurs de Fil d'acier », 3 actes, 1860 ; « Le Songe d'une nuit d'avril », 2 actes, 1861 ; « Pifferaro », un acte, 1863 ; « Les Mères terribles », comédie en un acte, jouée à l'Odéon, le premier essai des deux auteurs sur une scène plus élevée, 1864 ; « La Tante Honorine », comédie en 3 actes, second essai du même genre pour le même théâtre, 1865 ; « Les Orphéonistes en voyage », pièce, en 5 actes et 10 tableaux, 1865 ; « Un homme de bronze », 1 acte, 1865 ; « Les Médecins de Gonnesse », folie en 1 acte, id. ; « Les Chevaliers de la Table ronde », opéra-bouffe en 3 actes, musique de M. Hervé, 1866 ; « Un Pharmacien aux Thermopyles », vaudeville en un acte, 1867 ; « Le Luxe de ma femme », vaudeville en un acte, 1868 ; « L'île de Tulipatan », opérette en un acte, musique de M. Offenbach ; « Fleur de thé », opéra-bouffe en 3 actes, musique de M. Lecoq, 1868 ; « Le Soldat malgré lui », opérette en 2 actes, musique de M. F. Barbier, 1868 ; « Le Carnaval d'un merle blanc », 3 actes, 1869 ; « Les Cent Vierges », musique de M. Lecoq, 1872 ; « La Blanchisseuse de Berg-op-Zoom », musique de M. Vasseur, 1875 ; « Le Pompon », musique de M. Lecoq, 1876 ; « Madame Favart », musique de M. Offenbach, 1879 ; « La Villa Blancmignon », comédie en 3 actes avec M. Erny, 1879 ; « Les Noces d'Olivette », opérette en 3 actes, musique d'Audran, 1879 ; « La fille du tambour-major », opérette en 3 actes, musique d'Offenbach, 1879 ; « Le Siège de Grenade », vaudeville en 4 actes, 1880 ; « La Mère des compagnons », opérette en 3 actes, musique de Hervé, 1880 ; « La Mascotte », operette en 3 actes, musique d'Audran, id., qui a eu plus de mille représentations ; « Gillette de Narbonne », opérette en 3 actes, musique d'Audran, 1882 ; « Bocace », opéra-comique en 3 actes, musique de Suppé, 1882, qui a été jouée dans toutes les villes du monde et toujours avec le même succès ; « Le Truc d'Arthur », 1882, comédie en trois actes ; « La Princesse des Canaries », opérette en 3 actes, musique de Lecoq, 1883 ; « Le Cousin de Rosette », vaudeville en un acte, 1883 ; « La Dormeuse éveillée », opérette en 3 actes, musique d'Audran, 1883 ; « L'Oiseau bleu », opérette en 3 actes, musique de Lecoq, 1884 ; « Le Grand Mogol », opérette en quatre actes, musique d'Audran, 1884 ; « Pervenche », opérette en 3 actes, musique d'Audran, 1855 ; « Les Noces d'un réserviste », vaudeville en quatre actes, 1885 ; « La Cigale et la Fourmi », opérette en 3 actes, musique d'Audran, 1886 ; « Robert Surcouf », opéra en 3 actes, musique de Planquette, 1887.

Chizzolini (Jean), ingénieur et agronome italien, né, à Campitello (prov. de Mantoue), le 2 décembre 1824 ; il fit, de 1834 à 1842, ses premières études au gymnase et au lycée de Mantoue ; de 1842 à 1846, il fréquenta les cours de mathématique à l'université de Pavie. Pendant que de 1846 à 1848, il faisait son stage à Milan auprès de la Direction générale du service hydraulique et des chaussées pour la Lombardie, il continua ses études littéraires, nouant des relations avec plusieurs écrivains contemporains, et particulièrement avec Torti. Il prit une part brillante à la révolution de 1848, et au retour des Autrichiens, il dut émigrer en Piémont. Revenu, à la fin de 1849, dans sa province natale, il s'adonna à l'exercice de sa profession, sans pourtant jamais délaisser les études littéraires. En 1859, il aida, comme ingénieur, les opérations de l'armée italienne dans la province de Mantoue. En 1860, il fut envoyé en Sardaigne pour diriger les travaux de construction des routes nationales. En 1861, appelé à prêter service auprès de la direction du génie civil de Milan, il se fixa définitivement dans cette ville et y dirigea, pendant quelque temps, les travaux pour la construction de la galerie Victor-Emmanuel et de la Place du Dôme. En même temps, il s'occupait d'importantes opérations hydrauliques pour l'assainissement des terrains marécageux. Il contribua à la fondation de la *Società Agraria* de Lombardie, et prit l'initiative de la création de la *Società generale degli agricoltori italiani*, qui a tenu, sous sa présidence, plusieurs congrès fort importants. M. C. s'est fait d'abord connaître par la publication de plusieurs écrits en différents journaux de la Lombardie et du Piémont ; en 1856, il publia un drame historique, sous le titre: « Grimoaldo al trono dei Longobardi ». On lui doit aussi un mémoire sur l'« Amministrazione delle acque pubbliche » et une « Relazione tecnica sui progetti per l'irrigazione dell'Alta Lombardia », présentés à la Députation provinciale de Milan. De 1864 à 1866, il a fondé et dirigé un journal, l'*Agricoltura*; en 1868, il fondait l'*Italia Agricola*, et en 1879, *Il Corriere dei Campi*. On lui doit aussi un mémoire technique: « Su la ruota a pompa ». Parmi ses dernières publications, nous citerons encore: « Della ricerca ed utilizzazione delle acque di sorgenti », dans les *Annali del Ministero di agricoltura, industria e commercio*, 1879; « Coltivazione e utilizzazione del sorgo », Milan, 1882; « Riordinamento della tariffa doganale », id., 1886; « Discorso d'inaugurazione del IX Congresso agricolo in Siena », Milan, 1887; « Sui restauri della galleria Vittorio Emanuele », id., id. ; « Dei più importanti provvedimenti igienici per le popolazioni rurali », dans les *Conferenze tenute alla esposizione internazionale di apparecchi di macinazione e panificazione in Milano*, Milan, Bernardoni, 1888; « Sulla bonifica dei terreni bassi nel distretto di Gonzaga », Milan, 1888; « Bonifica dell'agro mantovano-reggiano », Mantoue, Segni, 1888.

Chocarne (le R. Père Bernard), religieux français, de l'ordre des Frères prêcheurs, né, à Dijon (Côte d'Or), le 4 avril 1826. Il a publié : « Le R. P. Henri-Dominique Lacordaire, de l'ordre des frères prêcheurs. Sa vie intime et religieuse », 2 vol., 1866, une 6me éd. de cet ouvrage, corrigée et augmentée, a paru, en 1880, chez Poussielgue frères, à Paris; « Pensées choisies du R. P. Lacordaire extraites de ses œuvres », 2 vol., Paris, Poussielgue, 1879; « Lectures pour chaque jour, extraites des écrits des saints et des bienheureux », 2 vol., id., 1882; « Saint-Thomas d'Aquin et l'Encyclique *Æterni Patris* de S. S. le pape Léon XIII », id., id., 1884. — Le R. P. Chocarne a publié aussi les: « Lettres », du R. P. Lacordaire à Mme la baronne de Prailly, id., id., 1885.

Chodzlewicz (Ladislas), journaliste et romancier polonais, né, à Tulczyn (Podolie), le 16 juin 1813. Il fit ses premières armes dans le journal humoristique, le *Balamut*, qui paraissait à Saint-Pétersbourg sous la direction de Michel Konarsky, puis envoya des correspondances à la *Semaine de Saint-Pétersbourg* en même temps qu'il collaborait à divers journaux périodiques polonais: la *Bibliothèque de Varsovie*, le *Pèlerin*, l'*Étoile*, la *Chronique de Varsovie*, etc. Comme romancier, il a publié: « Les Trois Lys » 1845; « Le Château de Czarnokozime », 2 vol., 1846. En 1847, il entreprit un long voyage à travers l'Italie, l'Espagne, la Grèce, la Turquie, l'Égypte, la Palestine, la Syrie, l'Asie-Mineure. Lorsqu'éclata la guerre d'Orient, il s'enrôla dans l'armée française. Depuis, il est resté dans sa patrie d'adoption et il a été nommé inspecteur des chemins-de-fer sur la ligne de l'Ouest. Dans ses loisirs, il s'est adonné à l'étude des caractères cunéiformes et il a publié quelques mémoires, parmi lesquels nous citerons: « Un vers d'Aristophane. Texte persan de la comédie les Acharniens expliqué », Paris, Leroux, 1876; « Études paléo-persos », id., id., id.; « Une inscription cunéiforme de Persepolis », id., id., id.

Chodzko (Alexandre), poète et orientaliste polonais, naturalisé français, né, à Krzywicze (Pologne), en 1803; il fit ses premières études à Wilna, où il noua des liens d'amitié avec Mickiewicz et plus tard il étudia les langues orientales à Saint-Pétersbourg; il fut, pendant quelque temps, drogman de l'ambassade de Russie en Perse, et plus tard, de 1831 à 1845, Consul-général de Russie à Recht. Des raisons politiques l'ayant obligé à émigrer en France, il fut nommé directeur de l'école que le gouvernement persan entretenait à Paris et, après la mort de Mickiewicz, professeur de langues et de littératures slaves au collège de France. Partisan de l'école romantique, il écrivit dans sa première jeunesse des poésies dans le genre oriental et entr'autres un poème intitulé: « Derar », 1839; ses traductions des poésies néo-helléniques ont une grande valeur. M. C. a écrit beaucoup en anglais et en français. Parmi ses ouvrages importants, outre une traduction en polonais des poésies persanes et néo-helléniques du recueil du Fauriel, nous citerons: « Une excursion de Teheran aux pyles caspiennes », 1835; « Specimens of the popular poetry of Persia », London, 1842; « Le Ghilan ou les marais Caspiens. Description historique et géographique du pays qui borde au sud la mer Caspienne », 1850; « Grammaire persane ou principes de l'iranien moderne », Paris, Duprat, 1852, 2me éd., id., Maisonneuve, 1883; « Le Drogman turc, donnant les mots et les phrases les plus nécessaires pour la conversation », id., Duprat, 1855; « Études philologiques sur la langue courde », 1857; « Légendes slaves du moyen-âge, 1169-1137, traduction du paléoslave, en français », Paris, Duprat, 1859; « Pend-Namé. Lettres de conseil adressées, en 1854, par le général Hassan-Ali-Khan à son fils Jahya Khan », id., id., 1861; « Contes des paysans et des pâtres slaves, traduits en français, et rapprochés de leur source indienne », id., Hachette, 1864; « Grammaire paléoslave, suivie de textes paléoslaves », id., Maisonneuve, 1869; « Études bulgares », id., Leroux, 1875; « Théâtre persan, choisie de téazies ou drames », id., id., 1878; « Les chants historiques de l'Ukraine et les chansons des Latiches des bords de la Dwina occidentale », id., id., 1879. — M. Chodzko a donné en outre plusieurs travaux importants à différentes revues françaises. Nous citerons entr'autres: « Le Korâzan et son héros populaire Buniad Hezhâsa »; « Industrie séricole en Perse »; « Le Decaté, Code religieux des Mahabaliens »; « Hassan Sebbath et ses partisans, les légitimistes persans ». — En 1858-59, M. C. publia dans le supplément du *Czas* de Cracovie, un travail en polonais, sous le titre: « Le Padishah et ses quatre Dervish », et il a été un des principaux collaborateurs du grand-dictionnaire anglo-polonais, imprimé, en 1848, à Berlin.

Choisy (Auguste), ingénieur français, né, le 7 février 1841, à Vitry-le-français (Marne). Ancien élève de l'école polytechnique, M. C. fut chargé par le gouvernement français de missions scientifiques en Italie (1863, 64, 65), en Asie-Mineure (1875), au Sahara (1880). — Il est maintenant ingénieur en chef des ponts et chaussées, professeur adjoint à l'école des ponts et chaussées, répétiteur à l'école Polytechnique, membre honoraire de l'Académie royale Albertine des Beaux-Arts de Turin. — On lui doit: « L'Art de bâtir chez les Romains », Paris, Ducher et Cie, 1873, ouvrage couronné par l'Institut; « L'Art de bâtir chez les Byzantins », id., Librairie de la Société anonyme des publications périodiques, 1883; « Études épigraphiques sur l'architecture grecque », 4 parties, id., id., 1884. — M. C. a en outre publié deux volumes de récits de voyage: « L'Asie-Mineure et les Turcs, en 1875, souvenirs de voyage », Paris, Didot, 1877, et « Le Sahara; souvenirs d'une mission à Goléah », id., Plon, 1881.

Choisy (Louis-James), pasteur protestant suisse, né, à Genève, le 12 Juin 1831; fils du pasteur botaniste, et professeur de philosophie Jacques-Denys Choisy et neveu par alliance du philosophe Ernest Naville, il fit ses études classiques dans sa ville natale, consacré, en 1854, au Saint-Ministère après la publication, comme thèse, d'une « Étude patristique sur le développement du Dogme de la Trinité », il fut, de 1855 à 1868, pasteur de l'église suisse à Londres; rentré plus tard dans son pays, il devint membre du consistoire de l'église nationale. M. C., qui est un des prédicateurs et des conférenciers les plus goûtés, a livré à l'impression quelques uns des discours et des conférences qu'il avait tenus à Genève et à Lausanne. Citons: « La Conscience », 1872; « La Tradition apostolique », 1873; « Le But de la vie »; « La Rédemption », Neuchâtel, Sandoz, 1878; « L'Enfant prodigue », Genève, Sandoz, 1883. Il a également publié à l'usage de ses catéchumènes, un « Manuel d'instruction religieuse », 1882.

Chojecki (Charles-Edmond), publiciste polonais, né, en novembre 1822, résidant à Paris, où il est plus connu sous le seul nom de CHARLES-EDMOND, et naturalisé français, en février 1875. De bonne heure, il se tourna vers la presse et fonda à Varsovie, en 1841, le journal l'*Écho* qui n'eut qu'une courte durée. Il vint en France, en 1845, pour échapper à une condamnation politique, et collabora à le *Revue indépendante*, en 1846 et 1847. Envoyé à la diète révolutionnaire de Prague, en mars 1848, il fut condamné par les tribunaux autrichiens, et rentra en France. Il écrivit dans le journal de Proudhon *Le Peuple* (1848), et dans la *Voix du Peuple* (1848-1849), partit pour l'Égypte à la suite d'un procès de presse, séjourna en Italie et en Suisse, et ne rentra en France qu'en février 1852. Pendant la guerre de Crimée, il servit sous Omer-Pacha avec la qualité de lieutenant-colonel. A son retour, il accompagna en qualité de secrétaire, le prince Napoléon dans son voyage aux mers du Nord, et en donna la relation dans une publication de luxe sous le titre: « Voyage dans les mers du Nord à bord de la corvette *La Reine Hortense* », Paris, Lévy frères, 1857, 2me éd., 1862. Nommé bibliothécaire du ministère de l'Algérie et des colonies, il passa à la bibliothèque du Sénat, dont il devint administrateur, en 1869. Après la suppression du Sénat impérial, il resta à la tête de la même bibliothèque devenue publique, puis rendue au nouveau Sénat en 1876. Comme journaliste, M. Charles-Edmond a principalement collaboré au *Temps*, dont il a même présidé le conseil d'administration; mais c'est surtout comme romancier et auteur dramatique qu'il a continué à se faire connaître en publiant des œuvres appréciées, à la fois dans sa langue maternelle et en français. Parmi les premières, nous citerons: « Souvenirs d'un voyage en Crimée », Varsovie, 1845, « La Bohême et les Tchèques, dans la première moitié du dix-neuvième siècle », Berlin, 1874; « Les Révolutionnaires et le parti adverse », id., 1849; 2me éd., 1864; « Alkhadar », roman de mœurs, 3 vol., Paris, 1854; 2me éd., Leipzig, 1869; « Le Patriotisme », 1864; « La Pologne captive et ses trois poètes ». En français, outre l'ouvrage cité plus haut, il a publié: « La Paix et la Guerre », Paris, Garnier, 1849; « Souvenirs d'un dépaysé », id., Lévy frères, 1862; « L'Égypte à l'Exposition universelle de 1867 », id., Dentu, 1867; « Zéphyrin Cazavan en Égypte », id., Lévy, 1879; « Harald », id., id., 1881; « La Bûcheronne », id., id., 1883; « Louis Blanc », id., Quantin, 1883; « Le Trésor du Guèbre », id., Lévy, 1885. Comme auteur dramatique, il a donné au théâtre: « La Florentine », drame en 5 actes, 1856; « Les mers polaires », drame en 5 actes, 1858; « L'Africain », comédie en quatre actes, 1860; « L'Aïeule », drame en cinq actes, 1864, avec M. Dennery; « Le Dompteur », drame en 5 actes, 1870, avec le même; « La Baronne », drame en 4 actes, 1871, avec M. Foussier; « Le Fantôme rose », comédie en note, 1873; « Eloy », comédie, 1874. — Ajoutons enfin que « Le Ménage Hubert », roman, publié chez Dentu, en 1844, sous le pseudonyme de JULES TOBYL est dû à la collaboration de M. Jules Claretie et Charles-Edmond Chojecki. Ce roman, qui avait d'abord paru en feuilleton dans le journal La Justice, était tiré d'une comédie non jouée de Charles-Edmond que Claretie s'était chargé de réduire en roman.

Cholevius (L.), écrivain allemand, né, à Königsberg (Prusse), en 1843; de 1860 à 1865, il étudia la philologie à l'Université de sa ville natale où il fut, en 1865, reçu docteur en philosophie. Il est maintenant professeur supérieur au gymnase de sa ville natale. On lui doit: « Cholevius epiteta ornantia, quibus utitur Vergilius, cum iis comparata, quibus posteriores, quici Latini, maxime quidem Silius, carmina sua distinxerunt. Pars I. Dissertatio inauguralis », Königsberg, 1865; « Ueber die Griechischen Epiker Apollonius. Teil I », dans le Gymnasialprogramm, id., 1882.

Chotteau (Léon), avocat, publiciste et économiste français, né, à Bouchain (Nord), en 1838. Il a publié: « De la liberté des théâtres », Paris, Dujardin, 1865; « Les Américains d'aujourd'hui. Le président Andrew Johnson », id., Rétaux, 1868; « Les véritables républicains. Biographies de Ulysses S. Grant, président, et Schuyler Colfax vice-président de la République des États-Unis », id., Degorce Cadot, 1869; « L'Internationale des patrons », Paris, Lechevalier, 1871; « L'Instruction en Amérique », id., Rodière, 1873; « Prologue et premier acte d'un drame (février et juin 1848) », id., 1873; « La guerre de l'Indépendance (1775-1783). Les Français en Amérique », avec une préface par Édouard Laboulaye, id., Charpentier, 1876; « Le Traité de commerce franco-américain », id., Sandoz et Fischbacher, 1878; « France et Amérique. Mes deux campagnes aux États-Unis (1878-1879) »; « Le Traité franco-américain, documents pour servir aux négociateurs », id., Guillaumin, 1882; « Une grande faute économique, les salaisons américaines en France », 1885.

Chrétien (Jean), ingénieur et publiciste français, né, à Autun (Saône et Loire), le 16 novembre 1834. Sorti, en 1854, de l'école des arts et métiers d'Aix, il a étudié un des premiers le transport de la force à grandes distances et essayé le labourage par l'électricité. Il est aussi l'auteur d'un projet de chemin de fer métropolitain électrique pour la ville de Paris. Il a publié: « Des machines-outils, leur importance, leur utilité, progrès dans leur fabrication constaté par l'Exposition Universelle de Londres, en 1862 », Paris, Lacroix, 1863; « Traité des machines-outils employées dans les usines et les ateliers de construction pour le travail des métaux », id., Roret, 1866; « Nouveau manuel complet des machines-outils employées dans les usines et ateliers de construction pour le travail des métaux », id., id.; « Les odeurs de Paris, études sur les liquides qui produisent les odeurs et les moyens d'y remédier », 1881; « Chemin de fer électrique des boulevards de Paris », Paris, Baudry, 1881; « Le transport de la vapeur à de grandes distances et sa canalisation », id., id., 1885.

Christ (Augustin-Théodor), écrivain allemand, professeur de collège à Landskron (Bohême), né, le 19 avril 1856, à Pressbourg en Hongrie; il fréquenta, de 1874 à 1878, les cours de philologie classique à l'Université d'Innsbruck. On lui doit: « Schicksal und Gottheit bei Homer », Innsbruck, 1877; « Die Wage des Zeus bei Homer », id., 1880; « Die Art und Tendenz der Juvenalischen Personenkritik », dans le Programme de Landskron, 1881; « Die Aiolos. Episode in der Odyssee », id., id., 1888; et plusieurs articles de critique publiés dans divers journaux scientifiques.

Christ (Sophie), femme de lettres allemande, née, à Mayence, le 9 septembre 1836. Elle fit ses premières études au Couvent des Dames Anglaises de sa ville natale. Après la mort de son père, elle voulut s'adonner au théâtre et se rendit dans ce but à Berlin, pour y faire ses études; à Hambourg, où elle a débuté, on a publié à son insu dans le feuilleton des Hamburger Nachrichten son premier ouvrage littéraire. Revenue à Mayence, elle s'y lia avec la comtesse Ida Hahn-Hahn et puisa dans cette relation des nouvelles forces pour se consacrer entièrement aux lettres. On lui doit, outre plusieurs essais dans le feuilleton des Hamburger Nachrichten et de quelques autres journaux, une dissertation: « Ueber die Würde und Bedeutung des öffentlichen Vortrags »; « Verworfen und Berufen », nouvelle; « Die Sternguckerin », roman; « Taschenbüchlein des guten Tones »; « Orientalische Tageblätter », impressions de voyage.

Christ (Wilhelm von), illustre philologue allemand, né, le 2 août 1831, à Geisenheim (cercle de Rheingau, Prusse). De 1850 à 1853, il étudia la philologie classique à Munich et à Berlin, et, en 1853, après avoir pris ses degrés, il fut nommé professeur au Maximilian Gymnasium de Munich. Sept ans après, il était nommé professeur à l'Université de la même ville, où il enseigne encore, et où il est en même temps président du séminaire philologique, conservateur du Musée royal d'Antiquités et membre du Conseil Supérieur de l'Instruction publique. En 1876, il a été élevé à la noblesse. On lui doit: « Studio critico in Aristotelis metaphysicam », Berlin, 1853; « Questiones Lucretianæ », Munich, 1855; « Grundzüge der griechischen Lautlehre », Leipzig, 1859; « Die Verskunst des Horaz », 1868; « Pindari carmina », Leipzig, 1869, 2ᵐᵉ éd., 1873; « Bei-

79

träge zur Metrik der griech. Lyriker und Dramatiker », 1869 ; « Anthologia græca carminum christianorum », Leipzig, 1871, en collaboration avec Paranikas; « Metrik der Griechen und Römer », id., 1874, 2me éd., 1879 ; « Der Parakataloge im griech. und röm. Drama », id., 1876; « Fastor. Horationor. epicr », 1877; « Die Theilung des Coros im griech. Drama », 1876; « Die rhithmische Kontinuität der Griech. Chorgesänge », 1878; « Aristotelis de arte poetica liber », 1878; « Homeri Iliadis carmina », 2 vol., Leipzig, 1884; sous presse: « Griechische Literaturgeschichte », dans le *Handbuch der klassischen Alterthumswissenschaft* de Nordlingen. On lui doit aussi une foule de dissertations savantes publiées dans différents journaux et surtout dans les *Abhandlungen der bayrischen Akademie der Wissenschaft*.

Christen (Ada), pseudonyme de Mme Christine Friederik, femme de lettres allemande, née, à Vienne, le 6 mars 1844. A la suite de revers de fortune, elle choisit d'abord la carrière du théâtre et, dès l'âge de quinze ans, elle joua sur plusieurs théâtres de la Bohême et de la Hongrie. En 1864, elle épousa un industriel et s'adonna aux lettres. Restée veuve, elle épousa M. von Breden, capitaine de cavalerie dans l'armée autrichienne, avec lequel elle vit maintenant à Vienne. Elle a publié : « Liedern einer Verlorenen », 1868, 3me éd., 1873, dans lesquelles elle soutient la cause de l'émancipation de la femme; « Ella », roman, 1870; « Aus der Asche », vers, 1870; « Faustina », drame, 1871 ; « Schatten », vers, 1873; « Am Wege », esquisses, 1875; « Aus dem Leben », esquisses, 1877 ; « Aus der Tiefe », poésies, 1878, etc.

Christie (William-Henry-Mahox), astronome anglais, né, à Wolwich, le 1er octobre 1845. Il fit ses études à Londres et à Cambridge, où il prit ses grades, en 1868 et 1870. En 1871, il fut nommé premier aide-astronome à l'observatoire royal de Greenwich, où il introduisit des modifications heureuses dans les instruments scientifiques. Il s'adonna surtout à l'étude spectroscopique et photographique des astres. Membre de la Société royale depuis 1880, il a succédé, en 1881, à sir G. B. Airy comme directeur de l'Observatoire de Greenwich, où il continue les travaux sur le magnétisme terrestre qui, dans ces derniers temps, ont illustré cet établissement. M. C. a publié dans les *Proceedings* de la *Société Royale* et de la *Société royale d'astronomie* des études d'une haute portée scientifique. Il est le fondateur et le directeur de la revue *The Observatory, a monthly Review of Astronomy* et l'auteur d'un excellent manuel d'astronomie intitulé: « Manual of Elementary Astronomy », 1875, ouvrage souvent réédité.

Christinger (Jacques), écrivain suisse, né, le 23 novembre 1836, d'une famille de cultivateurs, au village thurgovien de Langenhart près de Steckborn sur le lac inférieur de Constance; il fréquenta successivement le séminaire de Kreuzlingen, le gymnase de Schaffhouse et l'Université de Zurich pour des études littéraires, historiques et théologiques, terminées, en 1859. Après un voyage, en Allemagne et en France (1859-60), il fut nommé pasteur dans le village thurgovien de Matzingen (1861-1864) ; maître pour l'enseignement religieux et la littérature allemande à l'école cantonale de Frauenfeld dont il prit peu après le rectorat et inspecteur pendant la même période des écoles secondaires de Thurgovie (1864-1870), il renonça à la carrière pédagogique pour rétablir sa santé compromise par un excès de travail, retrouva le calme dans la vie pastorale et administre maintenant les deux paroisses d'Arbon et de Huttlingen; M. C. est secrétaire de la *Société historique de Thurgovie* et rédacteur du Journal publié par la Société suisse d'utilité publique, où il a inséré, entr'autres, de 1876 à 1883, de nombreux essais sur l'éducation. M. C., qui est très versé dans les questions scolaires, sur lesquelles s'est concentrée pendant ces dernières années son activité, a publié : « Thomas Bornhauser », 1875; « Mens sana in corpore sano », 1883; « Ueber national Erziehung », 1884; rapport présenté à Bâle à la *Société pédagogique suisse;* « Handbuch für d. Kindheit », 1886. — Il a publié, en outre, des poésies en dialecte allemannique recueillies dans la collection *Allemand-Suisse* éditée par O. Suttermeister.

Christlieb (Théodore), théologien allemand, né en 1833. M. C., qui est professeur de théologie évangélique à l'Université de Bonn, a publié : « Leben und Lehre des Joh. Scotus Erigena », Gotha, 1860; « Moderne Zweifel am christlichen Glauben », Bonn, 2me éd., 1870, traduit en anglais sous le titre : « Modern Doubt and Christian Belief », Édimbourg, 4me éd., 1879; « Dr Carl Bernhard Hundershagen, eine Lebensskizze », Gotha, 1873 ; « Die besten Methoden der Bekämpfung des modernen Unglaubens », Gütersloh, 3me éd., 1874, ouvrage qui a été traduit en français, en anglais, en hollandais, en suédois, en danois et en grec; « Dr Hundeshagen's ausgewählte kleinere Schriften und Abhandlungen », 2 vol., Gotha, 1874-75 ; « Der Missionsberuf des evangel. Deutschlands », Gütersloh, 1876; « Der indobritische Opiumhandel und seine Wirkungen », id., 1877, ouvrage traduit en chinois, en anglais et en français, sous le titre: « Le commerce indobritannique de l'opium et ses effets », Paris, Fischbacher, 1879; « Der Segen des Herrn. Predigten über den aaronischen Segen », Bonn, 2me éd., 1878; « Der gegenwärtige Stand der evangel. Heidenmission, eine Welt-Ueberschau », Gütersloh, 4me éd., 1880, ouvrage traduit en anglais (trois éd.), en suédois, en norvégien et en français, par Éd. Barde, sous le titre: « État actuel des missions évangéliques », Lausanne, Imer et Payot, 1880; « Zur methodistischen Frage in Deutschland », 2me éd., Bonn, 1882; « Die religiöse Gleichgültigkeit und die besten Mittel zu ihrer Bekämpfung », Hallo, 1885, traduit en danois et en anglais; et une foule d'articles, dissertations, etc. dans des journaux et revues. M. C. est, en outre, collaborateur de la *Real Encyklopedie für protes. Theologie und Kirche*, de Herzog, et un des fondateurs de l'*Allgemeine Missions-Zeitschrift* qui paraît à Gütersloh depuis 1874.

Christophe (Jules François), écrivain français, né, à Paris, le 21 mai 1840, actuellement sous-chef au cabinet du ministre de la guerre, a publié, en collaboration avec Anatole Cerfberr: « Répertoire de la *Comédie humaine* de H. de Balzac. Avec une introduction de Paul Bourget », Paris, C. Lévy, 1887.

Christophle (Albert-Silas-Médéric-Charles), jurisconsulte et homme politique français, né, à Domfront (Orne), le 13 juillet 1830, fit ses études de droit à Caen et fut lauréat de la Faculté de cette ville en 1850. Reçu docteur en 1852, il acheta à Paris une charge d'avocat au Conseil d'État et à la Cour de Cassation en 1856. Il fit partie du Conseil de l'Ordre de 1866 à 1869. Le 6 septembre 1870, il fut nommé préfet de l'Orne, et donna sa démission le 28 décembre 1870. Au 8 février 1871, il fut nommé représentant de l'Orne à l'Assemblée nationale; réélu le 20 février 1876, il fut, le 9 mars 1876, nommé ministre des travaux publics dans le cabinet présidé par M. Dufaure; il garda son portefeuille dans le nouveau cabinet présidé par Jules Simon, et se retira avec tout le cabinet le 18 mai 1877. Réélu de nouveau député, il a été nommé gouverneur du Crédit foncier le 13 février 1878. Après une courte exclusion de la Chambre, il a été de nouveau réélu député en 1887. M. Christophle, qui a collaboré assidûment à la *Revue pratique* et à la *Revue critique de jurisprudence*, a fait partie de la rédaction du journal la *Presse* en 1858 et 1859. Il a publié: « Traité théorique et pratique des travaux publics, ou Résumé de la législation et de la jurisprudence sur l'organisation des travaux de l'Etat, des départements, des communes et des associations syndicales », 2 vol., Paris, Marescq aîné, 1862, ouvrage spécial très estimé; « Une élection municipale en 1738. Étude sur le droit municipal au XVIIIe siècle », id., id., 1874. Il a réuni en volume ses « Discours sur les travaux publics, prononcés pendant la session législative de 1876-77 », Paris, 1888.

Chrysander (Franz), écrivain musical allemand, né, le 8 juillet 1826, à Lübtheen (Meklembourg). Après avoir fait ses études dans sa ville natale et à Schwerin, il s'adonna à l'enseignement, mais il ne tarda pas à se faire connaître comme écrivain de musique par la publication d'un ouvrage: « Ueber die Molltonarten in den Volksgesängen und über das Oratorium », 1853. A la suite de cette publication, il noua des relations avec Dehn, Hauptmann et Gervinus, avec lesquels il fonda la *Deutsche Händelsgesellschaft* et pour s'y consacrer entièrement, il renonça aussi à l'enseignement. On lui doit aussi: « Händel-biographie », 1858-67; et « Die Jahrbücher für musikalische Wissenschaft ».

Chrzanowski (Léon), littérateur polonais, né, en 1828, à Oicov, dans le Palatinat de Cracovie; il fit ses études à Paris, où il suivit les cours de l'École militaire et de celle de l'État-major. Il débuta comme publiciste, avec quelques articles insérés dans les journaux français. Revenu à Cracovie, il devint un collaborateur fort actif du journal le *Czas* et dirigea, pendant quelque temps, un autre journal intitulé le *Wiek*, tout en écrivant un grand nombre de brochures politiques, sociales et militaires. En 1867, il fut nommé nonce de la Galicie à la diète de Lemberg, et, en 1869, délégué au Conseil d'État à Vienne. Délégué pour la deuxième fois, en 1871, il écrivit un ouvrage sur l'instruction primaire et sur les écoles populaires. Parmi les nombreuses brochures qu'il a publiées, nous en citerons deux des plus importantes: « Un coup d'œil sur l'histoire slave en général et sur celle de la Pologne en particulier », 1850; « Lettres de Varsovie », 1853.

Chtendowski (Casimir), littérateur polonais, né, en 1843, à Rowno en Galicie; il fit ses études à Lemberg. On lui doit des romans, des nouvelles et des esquisses satiriques, ouvrages qui se font remarquer par l'exactitude de la couleur locale. Parmi ses publications, nous citerons: « L'Album de photographies »; « l'Aiguillée et l'écheveau », et enfin: « Le Miroir de la Sottise » qui n'a pas peu servi à augmenter la réputation de son auteur.

Chtchédrine (N.), pseudonyme de l'écrivain russe E. SOLTIKOFF (*Voyez ce nom*).

Chun (Charles), naturaliste allemand, né, en 1852, à Höchst sur le Mein (cercle de Wiesbaden). Il fit ses études à Gœttingue et à Leipzig, où il prit ses grades, en 1878, et où il devint presqu'aussitôt assistant de Leuckarts. En 1883, il fut nommé professeur ordinaire de zoologie à l'Université de Königsberg, où il enseigne encore. Nous citerons de lui: « Ueber Bau und Entwicklung der Rectaldrüsen bei den Insecten », 1876; « Das Nervensystem und die Muskulatur der Rippenquallen », 1878; « Die im Golf von Neapel erscheinenden Rippenquallen », dans les *Mittheil. d. Zool. Station* de Naples, 1878; « Die Ctenophoren. Eine Monographie. Fauna und Flora des Golfes von Neapel », 1878; « Das Nervensystem der Siphonophoren », 1881; « Die Natur und Wir-

kungsweise der Nesselszelen bei Cölenteraten », id.; « Ueber Bau und Entwicklung der Siphonophoren », 1882-1885 ; « Das pelagische Thierleben in grösseren Meerestiefen und seine Verhältniss zu der Oberflächenfauna », 1887.

Chuquet (Arthur), écrivain militaire français, né, à Rocroy (Ardennes), le 13 mars 1854. Élève du lycée de Metz et de l'École Normale (1870-1874), il passa deux ans en Allemagne (1874-1876) et revint à Paris, où il a vécu depuis. Nommé, en 1876, professeur au lycée Saint-Louis et en 1886 maître de conférences à l'Ecole normale, reçu docteur ès-lettres en 1887 à la suite d'une thèse : « La Campagne de l'Argonne », il fut, de 1876 à 1887, secrétaire de la redaction de la *Revue critique d'histoire et de la littérature,* dont il devint seul directeur depuis le 1er janvier 1888. Dans le semestre d'été de 1888, il a suppléé M. Guillaume Guizot au collège de France dans la chaire de langues et littératures germaniques. Il a publié : « Le général Chanzy (1823-1883) », Paris, Cerf, 1883, ouvrage couronné par l'Académie française ; « La première invasion prussienne », id., id., 1886 ; « Valmy, id., id., 1887 ; « La retraite de Brunswick », id., id., id., ces trois volumes qui forment le commencement d'une histoire des guerres de la Révolution ont reçu de l'Académie française le second prix Gobert (1887) et de l'Académie des sciences morales et politiques le prix Joseph Audiffred (1888). Outre ces ouvrages, M. C. a fait paraître des éditions de classiques allemands très estimées en Allemagne même : de Goethe : « La Campagne de France »; Paris, Delagrave, 1884 ; « Götz de Berlichingen », id., Cerf, 1885 ; « Hermann et Dorothée », id., id., 1886 ; de Schiller : « Le Camp de Wallenstein », id., id., 1888.

Church (le rev. Alfred-John), écrivain anglais, né, à Londres, le 29 janvier 1829. Il prit ses grades, en 1851, et fut ordonné pasteur, en 1853. Après avoir occupé plusieurs chaires de moindre importance, il fut nommé, en 1880, à celle de latin, à l'Université de Londres. Il a publié, en collaboration avec le rev. W. T. Brodripp, une traduction de « Tacitus », 1862-77 et de Live XXI-XXV, une édition de « Select Letters of Pliny and Pliny the Younger », dans les *Blackwood's ancient Classics for English Readers;* « Tacitus », dans le *Macmillan's Series of Litterature Primers* et des éditions de « Tacitus, Annals VI and Agricola and Germania »; il a donné aussi un « Ovid », à la collection susnommée de Blackwood et il est directeur et collaborateur très actif des *Seeley's Cheap School Books.* En 1868, il a publié sous le titre de « Horæ Tennysonianæ », une traduction en vers latins de plusieurs poésies de lord Tennyson. Mais les ouvrages qui ont contribué davantage à établir sa réputation sont : « Stories from Homer », publiées en 1877, et suivies des « Stories from Virgil » ; « Stories from the Greek Tragedians » ; « Stories from the East » ; « The Story of the Persian War » ; « Stories from Livy » ; « Roman Life in the Days of Cicero »; « A Traveller's True Tale after Lucian »; « The Stories of Jerusalem » ; « Heroes and Kings ». On lui doit aussi plusieurs livres pour la jeunesse tels que : « The Chantry Priest of Barnet » ; « With the King at Oxford » ; « Two Thousand Years Ago, or, The Adventures of a Roman Boy » ; « Stories of the Magicians », et « Carthage », dans la *Series of the Story of the Nations* de MM. G. P. Putnam et fils. L'Université de Oxford lui décerna, en 1884, un prix pour son poème « The Sea of Galilee ».

Church (le rev. Richard Guillaume), polygraphe et ecclésiastique anglais, né en 1815. En 1854, il publia un volume d'essais qui lui valut tout de suite une grande réputation. Deux de ces essais avaient trait à la biographie de Saint-Anselme et furent plus tard augmentés par l'auteur et publiés, en volume séparé, sous le titre : « Life of St. Anselm ». — En 1869, il publia un volume de sermons universitaires sur les rapports entre le Christianisme et la civilisation, lequel eut un énorme retentissement. Le 6 septembre 1871, il a été nommé Doyen de Saint-Paul. Voici les titres de ses ouvrages : « The Catechetical Lectures of St. Cyril translated with notes », dans la *Library of the Fathers;* « Essays and Reviews », 1854 ; « The Essays of Montaigne », dans les *Oxford Essays,* 1855; « Civilisation and Religion », sermons, 1860; « Sermons preached before the University of Oxford », 1868 ; « Life of St. Anselm », dans la *Sunday library* de Macmillan, 1871; « Civilisation Before and After Christianity », deux lectures tenues dans la cathédrale de St.-Paul, 1874 ; une introduction au « Commentary on the Epistles and Gospels in the Book of Common Prayer », 1874 ; « The Pensées de Blaise Pascal », dans les *St. James lectures,* 1875, une lecture sur « Lancelot Andrews, Bishop of Winchester », publiée dan les *Masters in English Theology,* 1877; « The Beginning of the Middle Ages », 1877, un volume qui peut être considéré comme une introduction générale aux : « Epochs of Modern History » ; « Human Life and its Conditions », 1878 ; « Dante; an Essay », auquel il fit suivre une traduction du « De Monarchia », 1878 ; « Spenser » et « Bacon », dans les *English Men of Letters* de John Morley, 1879.

Chwolson (Daniel), éminent philologue et antiquaire russe, né, à Wilna, le 3 décembre 1819, d'une famille israélite. Il étudia d'abord le Talmud, puis les langues orientales à Breslau, Vienne et Saint-Pétersbourg. En 1855, s'étant converti au Christianisme, il fut nommé professeur de langues orientales à l'Université de cette dernière ville. M. C., qui est titré Conseiller

d'État actuel, a publié: « Die Ssabir und der Ssabisbmus », 2 vol. Saint-Pétersbourg, 1856; « Ueberreste der altbabylonischen Literatur in arabischen Uebersetzungen », id., 1859; « Ueber Tamuz und die Menschenverehrung bei den alten Babyloniern », id., 1860; « Accusations contre les Juifs au Moyen âge », en russe, id., 1861, nouvelle éd. entièrement remaniée, id., 1880; « Achtzehn hebräische Grabschriften aus der Krim », id., 1885; « L'Ibn Dasta et les Kazares, les Bourtasses, les Bulgares, les Magiares, les Slaves et les Russes », en russe, id., 1868; « Le Monument du roi Mescha », en russe, id., 1870; « Versuch einer Charakteristik der semitischen Völker », Berlin, 1871; « Influence de la situation géographique de la Palestine sur la sort du peuple juif », en russe, Saint-Pétersbourg, 1875; « Histoire du texte de l'Ancien testament », en russe, 1874; « Ein Relief aus Palmira mit zwei Inschriften », id., 1875; « Le repas de *Passah* du Christ et le jour de sa mort », quatre dissertations en russe, id., 1875-78; « Sind Reformen in der Türkei möglich? », id., 1877; « Die Quiescenten in der althebräischen Ortographie », Leide, 1878; « Les Juifs font-ils usage de sang chrétien? », en russe, Saint-Pétersbourg, 1879; « Sur le prétendu exclusivisme des Juifs », en russe, id., 1880; « Corpus inscriptionun hebraicarum », id., 1880, nouvelle éd., remaniée et augmentée du même ouvrage, en russe, 1882; « Syrische Grabinschriften aus Semyrjetschie », id., 1886. — On doit encore à M. C. une traduction en russe d'environ trois quarts des livres de l'Ancien Testament, publiée à Londres, en 1875.

Ciamarra (Giacinto), avocat et littérateur italien, né, à Torella del Sannio (province de Campobasso), le 14 février 1866. Bien que fort jeune encore, il est déjà inscrit au barreau de Naples. Il a publié plusieurs nouvelles, qui ont été fort goûtées, dans les journaux littéraires italiens, entr'autres dans le *Fanfulla della Domenica*, dans la *Napoli letteraria*, dans la *Scena illustrata* et dans le *Corriere del Mattino*.

Ciàmpoli (Dominique), écrivain italien, professeur au Lycée et à l'Institut technique d'Acireale, né, en 1855, à Atessa (Abruces). Il est un des rarissimes italiens qui ait étudié et contribué à faire connaître les littératures slaves en Italie; il a même entrepris sur ces littératures un cours libre à l'Université de Catane. Poëte et conteur distingué, il est un traducteur excellent. Citons parmi ses écrits originaux: « Fiore di monte », Naples, 1878; « Racconti Abruzzesi », Milan, 1880, traduits en allemand par Mme Lilla von Seeler et M. H. Hart; « Trecce nere », nouvelles fort louées par M. Bonghi dans la *Cultura*, par Rob. Hamerling, dans le *Magazin für die Literatur des Ausland* (janvier 1883), par Marc Monnier, et autres (plusieurs de ces nouvelles ont été traduites en allemand, en français, en suédois, en serbe et en russe); « Diana », roman; « Roccamarina », roman en deux volumes, 1888. Parmi ses traductions, citons les « Melodie Russe », publiées en 1881 à Leipzig, en collaboration avec E. W. Foulques, avec préface de M. Angelo De Gubernatis; « Fiori Esotici », Leipzig, 1882, et plusieurs essais littéraires sur différentes littératures slaves, spécialement serbe, bulgare et russe, avec de nombreux et intéressants extraits.

Cian (Victor), érudit et littérateur italien, né, à San Donà di Piave (prov. de Venise), le 18 décembre 1862; après avoir fréquenté le gymnase et le lycée de Venise, il se rendit à l'Université de Turin, où il fut reçu docteur ès-lettres le 26 juin 1885 ayant présenté comme thèse un volume sur Bembo qui inaugura la série des publications entreprises par la *Scuola di Magistero* annexée à la faculté de lettres de Turin. Ayant ensuite obtenu une pension pour perfectionner ses études à l'intérieur, il vint à Florence suivre les cours de l'Institut des études supérieures. En 1887, il a été nommé professeur de littérature italienne au lycée de Sassari. On lui doit: « Ballate e strambotti del secolo XV tratti da un codice trevisano », dans le *Giornale storico della letteratura italiana*, 1884; « Un decennio della vita di M. Pietro Bembo (1521-1531) con appendice di documenti inediti », Turin, Loescher, 1885; « Un' ambasceria di M. Pietro Bembo (dicembre 1514) », dans l'*Archivio Veneto*, 1886; « Messer Pietro Bembo e Isabella d'Este-Gonzaga », dans le *Giornale* déjà cité, 1887; « Un episodio della Storia della Censura in Italia. L'edizione spurgata del *Cortegiano* » dans l'*Archivio Storico Lombardo*, 1887; « Nuovi documenti su Pietro Pomponazzi », Venise, Visentini, 1887; « Motti inediti e sconosciuti di M. Pietro Bembo, con introduzioni e note », Venise, Merlo, 1888.

Ciavarini (Carisio), historien italien, né à Orciano (prov. de Pesaro); aujourd'hui inspecteur des fouilles et des monuments dans la province d'Ancône et professeur titulaire d'histoire à l'Institut technique *Grazioso Benincasa* de la même ville. Nous citerons de lui: « Storia d'Ancona raccontata al popolo anconitano », 2me éd., Ancône, Giorgetti, 1868; « Sommario della Storia d'Ancona, raccontato al popolo anconitano », id., chez l'auteur, 1869; « Il 12 e 13 novembre 1878. I Sovrani d'Italia in Ancona: relazione », Ancône, typ. du Commerce, 1879. — M. C. a dirigé, en outre, la publication d'un ouvrage fort important: « Collezione dei documenti storici antichi inediti ed editi rari delle città e terre marchigiane, eseguite da una società di studiosi eruditi, coadiuvati e sussidiati dalla Commissione conservatrice dei Monumenti delle Marche », 5 vol., Ancône, 1870-1884.

Ciavarini-Doni (Ivo), écrivain italien, né, en

novembre 1844, à Orciano (prov. de Pesaro). Après avoir fréquenté le lycée de Fano, il passa à l'école normale supérieure de Pise où il fut reçu docteur en philosophie et en philologie. En février 1868, il fut nommé professeur d'histoire au lycée de Catane et peu après il passa au lycée de Bergame en qualité de professeur de philosophie. Il se lia alors avec les professeurs Ascoli et Brioschi et avec le regretté Jules Carcano et il fut admis, grâce à leur appui, à faire quelques lectures à l'Institut Lombard. Plusieurs de ces lectures ont été fort louées et quelques unes furent insérées dans les *Atti* de l'Institut. En 1871, il fut transféré au lycée de Senigaglia en qualité de professeur de philosophie, mais des raisons de famille l'obligèrent, l'année suivante, à quitter l'enseignement. En 1882, il eut l'honneur d'être choisi par le Ministère de l'Intérieur à administrer la commune de Mondolfo en qualité de délégué extraordinaire. Il est aujourd'hui délégué pour les écoles du canton de Mondavio (province de Pesaro), et inspecteur pour les Antiquités et les Beaux-Arts du canton de Castellone di Suasa (province d'Ancône). On lui doit: « Della Filosofia del Galilei. Tesi finale con aggiunta di una lettera », Florence, typ. Galiléïenne, 1869; « Dell'insegnamento della filosofia »; « Vittore Cousin e l'eclettismo. Considerazioni », Turin, Negro, 1870; « Dell'unità e indipendenza nazionale », Bergame, Pagnoncelli, 1871 ; « Sulla legge del progresso umano. Studî »' Milan, Bernardoni, id.; « Del progresso umano e del male », deux discours, Florence, Cellini, 1871; « Dell'Epicureismo dei Romani », mémoire lu à l'Institut Lombard; « Le Marche e i Marchigiani, studio », Ancône, typ. du Commerce, 1874; « La Provincia di Pesaro e Urbino al concorso Agrario regionale di Ferrara », rapport, Pesaro, Nobili, 1875; « I suicidî in Italia », Reggio-Emilia, 1876; « Il gioco del lotto nel 1874 », id., Rossi, 1877; « Biografia di Vittorio Emanuele II », id., id., 1878; « Giuliano Vanzolini. Ricordo », Ancône, typ. du Commerce, 1880; « Il servizio degli esposti », id., id., 1882, outre plusieurs écrits de moindre importance insérés dans la *Rivista della filosofia delle scuole italiane* et dans la *Rivista Contemporanea*. Depuis longtemps, M. C. s'occupe de recueillir les éléments pour une: « Raccolta di proverbî marchigiani ».

Ciccone (Antoine), économiste et homme politique italien, né, à Saviano (prov. de Caserte), le 9 février 1808. Ancien libéral, il eut à souffrir les persécutions de la police bourbonienne. Après l'annexion, il fut élu député au Parlement italien par le collège de Nola. Le 29 janvier 1863, il était nommé secrétaire général du Ministère de l'agriculture, de l'industrie et du commerce. Du 23 octobre 1868 au 15 mai 1869, il a été, en qualité de Ministre de l'agriculture, membre du Cabinet présidé par le général Menabrea. Le 6 février 1870, il était nommé sénateur du royaume. M. Ciccone, qui est docteur en médecine, professeur ordinaire d'économie politique à l'Université de Naples, président de l'Institut royal d'encouragement aux sciences de Naples, membre effectif de la Académie royale de Naples, etc., a publié : « Istituzioni di patologia chirurgica », on collaboration avec le prof. Felice De Renzis, 6 vol., 4ᵐᵉ éd., 1860; « Della responsabilità de' medici per fatti relativi all'esercizio della loro professione », 1847; « Prolusione di apertura dell'Ateneo privato delle scienze mediche », 1847; « Questioni di medicina forense », 2 vol., 1847; « Due nuovi teoremi di fisica, applicati alla fisiologia e alla patologia », 1883; « Trattato teorico-pratico sulla coltivazione del gelso e sull'allevamento del filugello », 1854; « Essai historique, théorique et pratique sur la muscardine et sur les moyens d'en prévenir les ravages dans les magnaneries », 1857, ouvrage qui a obtenu une grande médaille en or, décernée par la Société impériale d'agriculture de Paris; « Sulle codette. Lettera al Lambruschini », 1856; « Osservazioni critiche sugli *Studj intorno alle malattie attuali del baco da seta* del Quatrefage, membro della Imperiale Accademia delle Scienze di Parigi », 1858; « Nota su' risultamenti ottenuti dalle osservazioni sullo macchio e su' corpuscoli del baco da seta », 1886; « Studj sul corpo grasso del baco da seta », 1860; « Ricerche sulla natura della epidemia attualmente regnante ne' bachi da seta e sul modo d' impedirne il ritorno », 1863, ouvrage couronné par *l'Istituto Lombardo di scienze, lettere ed arti*; « Osservazioni sulle Istituzioni di credito fondiario », 1863; « Del miglior modo di vendere i beni demaniali », 1862; « Nota statistica sulla criminalità delle varie province del Regno », 1875; « Principj di economia politica », 3 vol., 3ᵐᵉ éd., 1882; « Osservazioni su' principj fondamentali del sistema economico del Macleod », 1872; « Del processo economico, intellettuale e sociale: discorso inaugurale per l'apertura degli studj nella Università di Napoli », 1874; « La nuova scuola economica tedesca, detta socialismo della cattedra, e la sua introduzione in Italia », 1876; « Della emancipazione della donna », 1878; « Della miseria e della carestia ne' differenti periodi di progresso sociale », 1881; « Sulla legge proposta dal Ministro di agricoltura, industria e commercio sulle pensioni per la vecchiaia », 1882; « Se la economia politica sia retta da leggi naturali e costituisca una scienza da sè », 1883; « Considerazioni sul valore d'uso e sul valore di scambio », 1884; « Osservazioni sulla proposta di legge per la fondazione di una Cassa nazionale di pensione per gli operai », 1884; « La questione sociale economica », 1884, ouvrage qui a obtenu le prix

Ravizza à Milan; « Osservazioni sulla legge del 13 gennaio 1887 sul credito agrario », 1887; « Se una Società ricca o civile possa sussistere senza la istituzione del Salario », 1887; « Memoria sulle macchie e su'corpuscoli che s'incontrano in alcune malattie del baco da seta », 1886. — Sous presse: « Il Salario ».

Cicerin (B). Voyez TCHICHERIN.

Cienkowski (Léon). Voyez TCHENKOWSKI.

Ciernlewicz (Pierre). Voyez TCHERNIEWICZ.

Cieszkowski (comte Auguste). Voyez TCHESZKOWSKI.

Cihaceff (Pierre). Voyez TCHIHACHEFF.

Cim (Albert), pseudonyme, ou plutôt nom abrégé sous lequel est universellement connu M. Albert-Antoine CIMOCHOWSKI, journaliste, critique et romancier français, né, en 1845, à Bar-le-Duc (Meuse). Il a fait ses études au lycée de cette ville. A Paris, il a collaboré à l'*Opinion Nationale*, à la *Cloche*, au *Télégraphe*, au *Parlement*, à *La Vie Littéraire*, à *La Vie Moderne*, au *Musée des Familles*, etc. Depuis la fondation du *Radical* (1881), M. Albert Cim y fait la revue littéraire. Il a été également chargé de la revue littéraire au *National* pendant les années 1886 et 1887. En librairie, il a publié les romans suivants: « Jeannette, mœurs de province », Paris, Charpentier, 1880; « Deux malheureuses », id., Ollendorff, 1882; « Service de nuit », id., id., 1885; « Les Prouesses d'une fille », id., id., id. dans ce roman, l'auteur s'est plu à jeter à profusion les mots les plus précis et les plus savoureux de l'idiome local de la Meuse, ce qui, pour les amateurs de la langue française, donne à cette œuvre un agréable parfum de terroir. — Citons encore de lui: « Institution de demoiselles », Paris, Savine, 1886; « Les Amours d'un provincial », id., Jules Lévy, 1887; « La Petite Fée », id., Savine, 1888.

Cimbro, pseudonyme de M. Giovanni FALDELLA. Voyez ce nom.

Cimino Folliero de Luna (Aurelia), femme de lettres italienne, née, à Naples, en 1827. Fille du chevalier Giovanni Folliero de Naples et de madame Cécilia de Luna, de famille espagnole, elle épousa, en 1846, à Naples, M. Tommaso Cimino, avocat bien connu dans le monde des lettres, comme poète et auteur de plusieurs romans et de quelques *libretti* d'opéra. Elle n'avait encore que dix ans, quand elle suivit à Paris sa mère, femme de lettres distinguée. Elle connut alors dans la maison maternelle Botta, Tommasèo, Mamiani, Rossini, Chateaubriand, Lamartine et plusieurs autres non moins illustres. Après son mariage, elle suivit dans l'émigration son mari qui, pour vivre, donnait des leçons de chant et d'italien à l'étranger et vécut plusieurs années en Angleterre, donnant aussi des leçons de français, d'italien et de musique dans plusieurs grandes familles et dans quelques pensionnats anglais. Pendant cette période de sa vie, elle traduisit aussi, sur l'invitation de M. Eugenio Camerini, plusieurs articles des Revues anglaises qui furent publiés dans le *Gabinetto di lettura* de Milan. Revenue à Naples, en 1860, elle envoya, pendant quelque temps, des correspondances au journal *L'Italie*. Enfin s'étant fixée à Florence, elle y fonda et y dirigea, pendant plusieurs années, *Cornelia*, revue littéraire et pédagogique, dans laquelle elle a discuté avec beaucoup de calme et de bon sens les droits et les devoirs des femmes. Elle avait déjà donné à la *Rivista Contemporanea* deux monographies fort remarquables: « L'Indolenza in Italia », et « Impressioni di Venezia », et un petit roman intitulé « Gabriello ». Citons encore d'elle: « Massimiliano d'Austria e il Castello di Miramare: ricordi di Trieste », Florence, typ. Coopérativo, 1875; « La forza dei progiudizî », drame en quatro actes, id., id., 1877, non en commerce; « Stabilimenti agrarî e femminili e lavori industriali delle donne alla Esposizione di Parigi », avec une préface de Dora d'Istria, id., id., 1879, rapport publié à la suite d'une mission qui lui fut confiée par M. De Sanctis, ministre de l'Instruction publique; « Lagune, Monti e Caverne. Ricordi dei miei viaggi », id., id., 1879; « Questioni sociali », Cesène, Gargano et Vignuzzi, 1882; « La Esposizione austro-ungarica a Trieste nell'anno 1882 », Bologne, Società tipografica già Compositori, 1883; « Era un delitto? », Rome, Civelli, 1888. Madame Cimino se trouve actuellement à la tête d'un établissement d'éducation à Cesène dans les Romagnes.

Cipani (J. B.), écrivain italien, né, le 28 avril 1852, à Fasano sur le lac de Garde. En 1880, il fut appelé par le sénateur Rossi à Schio, et il y entreprit la direction des écoles pour les ouvrières. On lui doit: « L'umana tragedia », poème, composé à l'âge de 22 ans; « Sorrisi », un volume; « La vita vera »; « Sandro, ossia le vicende di un giovane operaio », nouvelle; « Il futuro operaio », encyclopédie pour les jeunes ouvriers; « Filosofia del cuore », réflexions sur la vie et les principes de Silvio Pellico.

Cipariu (Timothée), écrivain roumain, né, à Panad (Transylvanie), le 21 février 1805. Il fit ses études aux écoles de Blasendorf et alla ensuite les perfectionner à l'étranger. Il commença sa carrière, en 1825, comme professeur de philosophie et des langues orientales à l'Institut théologique et au lycée de Blasendorf et devint ensuite Préposé du Chapitre métropolitain grec catholique d'Alba-Julia. Parmi ses ouvrages publiés en roumain, nous citerons: « Science des Ecritures », 1854; « Éléments de langue roumaine », 1854; « Résumé de la grammaire de la langue roumaine », 1856; « Éléments de poétique », 1860; « Eléments de philosophie », 2 vol., 1863; « Principes de langue et d'écriture », ouvrage commencé dans son journal, en 1847, et achevé en 1866; « Archives pour la philologie et l'histoire », 4 vol., 1870; « Grammaire de la langue roumaine », 2 vol., Blasendorf, 1877, ouvrage couronné. En outre, il a publié plusieurs articles en latin et en roumain.

Cipolla (comte Charles), historien italien, né, le 26 septembre 1854, à Vérone, où il fit ses premières études. Il fréquenta ensuite l'Université de Padoue, où il fut reçu, en 1873, docteur en philosophie et, en 1874, en histoire. Depuis le 4 novembre 1882, il est professeur extraordinaire d'histoire moderne à l'Université de Turin. M. le comte Cipolla, qui est aussi membre de la *R. Deputazione di Storia patria* de Turin, de la *R. Deputazione veneta di Storia patria*, membre correspondant de la Société historique de Berlin et inspecteur pour les antiquités et les beaux-arts de Vérone, a publié : « Di una lapide recentemente scoperta in Villafranca », Vérone, 1872 ; « Iscrizione scaligera di Salizzole nel veronese », Venise, 1873 ; « Quale opinione Petrarca avesse sul valore letterario di Dante », dans l'*Archivio veneto;* « Fra Gerolamo Savonarola e la costituzione veneta », mémoire, id.; « Prete Jane e Francesco Novello da Carrara », anecdote historique, id.; « La Iscrizione volgare del Ponte Navi in Verona dell'anno 1375 », id.; « Il documento maffeiano di Pietro di Dante Alighieri, 1337 », id.; « Le Signorie », dans l'*Italie*, Milan, Vallardi, 1878; « Iscrizione veronese del Secolo XIV », dans l'*Archivio Veneto;* « Due iscrizioni volgari del Secolo XIV. Lettera a Mons. G. B. conte Giuliari », id.; « Della descrizione universale mentovata da San Luca », dans l'*Archivio veneto*, 1878; « Osservazione a proposito dello scritto di C. Mercatanti sulle lettere Pliniane studiate come documenti della biografia di Tacito », dans la *Rivista di filologia e di istruzione classica*, Turin, Loescher, 1879 ; « Di una iscrizione medioevale veronese: memoria », dans les *Atti del Reale Istituto Veneto*, V série, V vol., 1878-79 ; « Un diploma edito di Federigo I ed uno inedito di Federigo II, trascritti ed illustrati », id., ; « Venezia e Gualtieri VI di Brienna », dans l'*Archivio veneto;* « Dono nuziale di un patrizio veronese del Secolo XV, prosa », dans le *Nozze Martini-Patuzzi: Componimenti vari*, Verone, Civelli, 1879; « Un veronese ai soldi di Venezia nel Secolo XIV », dans l'*Archivio veneto;* « Custoza: Cenni storici », Vérone, 1879 ; « Il monumento di Giannesello da Folgaria in S. Anastasia di Verona », dans l'*Archivio storico per Trieste, l'Istria e il Trentino*, 1 vol., 1881; « Libri e mobilio di casa Aleardi del Secolo XV », dans l'*Archivio veneto*, Venise, 24me vol., 1882; « I metodi e i fini nella esposizione della storia italiana », leçon d'ouverture, Turin, Speirani, 1882; « Le popolazioni dei tredici Comuni veronesi, dans la *Miscellanea pubblicata dalla R. Deputazione Veneta di Storia Patria*, 4 série, 2 vol., Venise, Visentini, 1882; « Il Paterinismo a Venezia nel Secolo XIII. Studi », dans l'*Archivio veneto*, 25me vol., 1882; « Federigo Barbarossa a Vaccaldo », Vérone, Apollonio, 1882; « Frammento d'un codice di costituzioni imperiali », dans les *Atti della R. Accademia delle Scienze di Torino*, 19mo vol., 1883; « Sopra gli *Acta Pontificum Romanorum* del prof. G. F. von Pflugk Hartung », id., id., 1884; « Due frammenti di antico codice del grammatico Probo », id., id., id.; « Ricerche sulle tradizioni intorno all'antica immigrazione nella laguna », dans l'*Archivio veneto*, 27me et 28me vol., 1884-85; « Iscrizioni medioevali in Bonaldo », en collaboration avec son frère François et M. A. Sgulmero, id., id., id.; « Indici sistematici di due cronache muratoriane », en collaboration avec M. le baron Manno et avec plusieurs de ses élèves, dans la *Miscellanea di Storia Italiana*, 23me vol., Turin, Bocca, 1884; « Brevi cenni sull'abate Rinaldo Fulin », Turin, Paravia, 1885; « Di Audace, vescovo d'Asti », id., id., 1887; « Taddeo del Branca e una tradizione leggendaria sull'Alighieri », id., id., id.; « Un italiano in Polonia e in Svezia tra il 16mo ed il 17mo Secolo », id., id., id.; « Di alcune recentissime pubblicazioni intorno alla storia dei XIII comuni veronesi », Venise, 1887; « Intorno al panegirico di Ennodio per re Teodorico », dans los *Atti della R. Accademia di Padova*, nouvelle série, 4 vol., 1888.

Cipolla (comte François), écrivain italien, frère du précédent, né, à Vérone, le 17 janvier 1848. Il fit ses premières études dans sa ville natale et fréquenta ensuite l'Université de Padoue, où il fut reçu docteur ès-lettres en 1875. Il réside maintenant à Vérone, où il est membre de la commission pour l'administration du Musée de la Ville. Parmi ses nombreuses publications qui toutes témoignent d'un talent sérieux et d'une instruction aussi profonde qu'étendue, nous citerons: « Del Bello. Considerazioni filosofiche », Vérone, 1870 ; « Gli affreschi testè scoperti nella cattedrale. Canto », Verone, Apollonio, 1870 ; « Ode a Dante », id., Vicentini, 1871 ; « Della morale stoica », id., 1871; « Versi », id., Apollonio, id.; « Intorno al quinto postulato di Euclide e alle basi della geometria. Lettera a G. B. Biadego », id., id., 1872 ; « Versi », id., id., 1873 ; « Intorno all'interpretazione del γλαυκῶπις data dallo Schliemann », Florence, 1874 ; « Cento liriche tedesche tradotte », Verone, Münster, 1877 ; « L'inno omerico V ad Afrodite. Versione e prefazione », Verone, 1877; « Un epigramma di Callimaco », id., id.; « L'ode olimpica XIV di Pindaro. Studio », dans les *Atti dell'Istituto Veneto;* « Avvenire. Canto », id., id., 1878 ; « Dei prischi

Latini e dei loro usi e costumi. Ricerche », Turin, Loescher, 1878; « Pensiero. San Zeno in monte. Sera d'inverno. Ad una giovane cantarico », poésies dans les *Nozze Martini-Patuzzi, componimenti varii*, Vérone, Civelli, 1879; « Della religione di Eschilo e Pindaro », dissertation, Turin, Loescher, 1878; « Iscrizioni medioevali in Bonaldo », en collaboration avec son frère Charles et M. A. Sgulmero, dans l'*Archivio Veneto*, 27me vol., 1884; « Dei coloni Tedeschi nei XIII Comuni Veronesi », dans l'*Archivio glottologico italiano*, VIII vol., en collaboration avec son frère. Il a donné aussi la IVme appendice : « Nuovo materiale per lo studio del dialetto nei XIII Comuni veronesi », au travail déjà cité de son frère: « Di alcune recentissime opinioni intorno alla storia dei XIII comuni veronesi », Venise, 1887. Outre plusieurs articles de différents arguments dans l'*Archivio Veneto*, la *Rivista di Filologia ed istruzione classica* et la *Sapienza*, il faut encore rappeler la « Biblioteca utile alla interpretazione dei classici greci e latini, versione dall'originale tedesco, con aggiunte del prof. B. Zandonella e Francesco Cipolla », Vérone, 1869, dont on n'a publié que 10 livraisons et plusieurs articles recueillis sous le titre de « Studii Danteschi ».

Cipriani (Jean-Baptiste), écrivain italien, né, à Cormons (province d'Udine). Il fut d'abord avocat à Pola et ensuite à Venise, où il réside encore; mais il préféra toujours les lettres au barreau. M. Cipriani est l'auteur de plusieurs sonnets, odes et chansons insérés dans différents journaux et recueils de l'Istrie et de la Vénétie, mais ses travaux poétiques se recommandent plutôt par la qualité que par la quantité: outre un hymne à la Hongrie, une chanson à Trieste, imprimée dans une édition de luxe à Venise, en 1866, sous le titre: « Ricordo per la liberazione di Venezia », nous citerons de lui: « Germania e Italia. Carme, con dichiarazioni storiche », Venise, Antonelli, 1872; « Brasile e Italia », chanson, id., Grimaldo, 1872; « Trenodia in morte di Giovanni Rismondo », Venise, Cecchini, 1876; « Trenodia in morte di Antonio Somma. » — Rappelons, enfin, un ouvrage poétique, publié en collaboration : « A Napoleone III e a Trieste e all'Istria, poesie storico-politiche », de MM. G. B. Cipriani et A. Gazzoletti, 2me éd., Venise, typ. des compositeurs, 1873.

Cisotti (Ludovic), officier italien, né, à Vicence, le 26 août 1839; entré, en 1859, dans l'armée italienne, il y arriva au grade de capitaine; il appartient aujourd'hui à la milice mobile. M. Cisotti a été, pendant de longues années, rédacteur en chef de l'*Italia Militare*, organe officiel du Ministère de la guerre. Nous connaissons de lui: « La Guardia Nazionale », Florence, Cassone, 1868.

Cittadella-Vigodarzere (comte Gino), écrivain et homme politique italien, né, à Padoue, le 19 mai 1844, fils de l'illustre comte Andrea C. V. M. le comte Cittadella, qui est depuis plusieurs années député au Parlement italien, a publié: « Sguardo alle Coste dalmate, specialmente a Ragusa e al canale di Cattaro », Florence, typ. Royale, 1878; « La Contessa Maria-Antonietta d'Altan-Pivetta », Florence, Barbèra, 1871; « Il professore Antonio Bernati. Necrologia », id., id., 1873; « In morte di Nicolò Tommaseo », vers, Padoue, Salmin, 1874; « Il tradito di Queretaro. Canto », Florence, Le Monnier, 1876; cité par Cantù dans la *Cronistoria dell' Indipendenza italiana*; « In morte di Daniele Francesconi. Poesia », Padoue, typ. de la Minerve, 1878; « Alla memoria del popolano Luigi Veronese. Elogio funebre », id., id., id.; « I funerali di Alfonso Lamarmora », vers, Florence, Le Monnier, 1878; « Di Jacopo Cabianca e delle sue opere », mémoire lu à l'Académie de sciences, lettres et arts de Padoue le 7 avril 1878; « Versi per nozze Mugna-Cabianca », id., Salmin, 1879; « Versi in memoria del professore Ferdinando Coletti », id., id., 1881; « Cenni biografici sul marchese Pietro Selvatico » Venise, Viscontini, 1881; « Rime nate quà », en dialecte vénitien, Venise, Ongania, 1885; « Deserto », nouvelle, Padoue, typ. du Séminaire, 1887; « Lo Statuto e il Senato. Studio di Fedele Lampertico. Memoria », id., Randi, id.; « Un'ora nel mondo », vers, Bassano, Roberti, id. — Son frère puîné le comte ANTONIO C. V. vient de publier: « Quadro comparativo per la temperatura ed acqua caduta dal 1º dicembre 1886 al 30 novembre 1887 fra le stazioni meteorologiche di Cava Zuccherina, Saonara, Bolzanelle e Asolo », Padoue, typ. du Séminaire, 1888.

Civry (Ulrich-Eugène-Guelfe-Honoré DE COLLIN DE BAR vicomte DE), écrivain français, né, à Paris, en 1853, petit-fils par sa mère du fameux duc de Brunswick célèbre par ses excentricités autant que par sa richesse, le vicomte de Civry eut à soutenir de longs procès pour tâcher de rentrer en possession d'une partie de l'héritage de son grand-père. Comme écrivain, M. de Civry a publié plusieurs ouvrages qui font regretter que les nombreuses péripéties d'une vie fort agitée ne lui aient pas permis de se consacrer exclusivement à la littérature militaire. Nous citerons: « Épisode de la guerre franco-allemande. — Armée de l'Ouest. — Souvenir militaire. — La Camisade de d'Étrepagny (29 novembre 1870) », Londres, Roques, 1879; « Esquisses historiques et militaires; Le duc de Chartres, colonel du 12e régiment de chasseurs à cheval », Rouen, Giroux et Fourrey, 1880; « Esquisses historiques et militaires. Sedan et Iéna. Grands désastres et grands exemples », Paris, Baudoin, 1882; « Les Armées improvisées », id., id., id.

Claar (Emile), homme de lettres allemand,

né, à Lemberg, le 7 octobre 1842. Pour obéir aux désirs de sa famille, il s'adonna d'abord au commerce, mais ne se sentant aucun penchant pour cette profession, il la quitta pour monter sur le théâtre. Après avoir joué avec succès sur plusieurs scènes allemandes, il devint, en 1872, régisseur en chef du *Landestheater* de Prague; en 1876, il prit la direction du *Residenztheater* de Berlin et, en 1879, celle du *Stadttheater* de Francfort s. l. M. On lui doit: « Gedichte », 1868; « Der Friede », 1871; « Auf den Knieen », comédie, 1871; « In Homburg », comédie, 1871; « Die Heimkehr », drame, 1872; « Gute Geister », 1872; « Shelley », tragédie, 1874; « Simson und Dalila », comédie, 1874; « Gedichte », 1885.

Cladel (Léon-Alpinien), littérateur français, né, à Montauban, le 13 mars 1835. Clerc d'avoué, à Paris, il quitta la procédure pour les lettres et débuta par un livre intitulé: « Les martyrs ridicules », Paris, Poulet-Malassis, 1862; 2me éd., Bruxelles, Kistemaeckers, 1880, qui fut remarqué et dont Baudelaire avait écrit la préface. Il s'attacha dans les dernières années de l'empire à la rédaction de diverses feuilles littéraires: le *Boulevard*, le *Nain Jaune*, le *Figaro*, la *Revue Française* et à celle des journaux politiques de nuance républicaine: le *Siècle*, le *Rappel*, etc. Son roman feuilleton: « Pierre Patient », publié dans l'*Europe* de Francfort (réimprimé en volume, en 1883, à Paris, à la Librairie du progrès), fit interdire ce journal en France. M. C. a donné aussi à ce même journal plusieurs articles signés *Omikron*. Après 1870, il collabora à la *République française*, à l'*Évènement*, à l'*Avenir*, au *National*, au *Radical*, au *Bien public* et leur fournit surtout des feuilletons. Une nouvelle publiée dans cette forme par l'*Évènement*: « Une Maudite », fut poursuivie pour attentat à la morale publique et valut à l'auteur une condamnation à un mois de prison. Deux de ses premiers romans, parus en volume, ont marqué la place de M. C. entre les écrivains réalistes; ce sont: « Le Bouscassié », Paris, Lemerre, 1869, 2me éd., id., id., 1881; et « La Fête votive de Saint-Bartholomée Porte-Glaive », id., id., 1872; 2me éd., id., id., 1882, faisant tous deux partie d'une série intitulée: « Mes Paysans »; le second, publié en feuilleton par le *Constitutionnel*, avait été l'occasion dans l'*Univers* d'un *premier-Paris* de M. Louis Veuillot, reproduit par l'auteur en guise de préface. On cite depuis « Les Va-nus-pieds », Paris, Lemerre, 1873, plusieurs fois réédités et suivis d'une nouvelle série: « Urbains et ruraux », avec une notice de Robert Talmayr, Paris, Ollendorf, 1884. — Citons encore: « Mon ami le sergent de ville. Nazi. Revanche! (Épisode de la Commune) », Bruxelles, Kistemaeckers, 1878; « L'Homme de la Croix aux Bœufs », Paris, Dentu, 1878, nouvelle éd., id., Lemerre, 1885; « Bonshommes », id., Charpentier, 1873; « Ompdrailles. Le Tombeau des lutteurs », id. Cinqualbre, 1879; « Petits cahiers », Bruxelles, Kistemaeckers, 1879, 2me éd., Paris, Monnier, 1885; « Par devant notaire », avec une préface d'Hector France, Bruxelles, Kistemaeckers, 1880; « Crête Rouge », Paris, Lemerre, 1880; « Six morceaux de littérature. Eaux-fortes à la plume », Bruxelles, Kistemaeckers, 1881; « L'amour romantique », préface par Octave Uzanne, Paris, Rouveyre et Blond, 1882; « N'a qu'un œil », id., Rouveyre et Blond, 1882, 2me éd., avec une étude préliminaire d'Edmond Picard, id., Charpentier, 1885; « Le Deuxième mystère de l'Incarnation », préface de Paul Bourget, id., Rouveyre et Blond, 1883; « Kerkadec, garde-barrière », avec une préface de Clovis Hugues, id., Delille et Vigneron, 1883; nouvelle éd., id., Lemerre, 1888; « Héros et pantins », avec une page de Camillo Lemonnier, id., Dentu, 1885; « Léon Cladel et sa kyrielle de chiens », id., Frinzine, 1885; « Mi-Diable », id., Monnier, 1885; « Quelques sires », id., Ollendorff, 1885; « Titi Foijssac IV, dit la République et la chrétienté », id., Lemerre, 1886; « Gueux de marque », id., Piaget, 1887; « Effigies d'inconnus (Feuilles volantes) », id., Dentu, 1887; « Raca », id., id., 1888.

Clair (le rév. Père Charles), jésuite français, né, à Valence (Drôme), en 1835. On doit à M. C., qui a été successivement professeur de rhétorique à l'école libre de l'Immaculée Conception (Paris-Vaugirard), et de littérature à l'école de Sainte-Geneviève, à Paris: « Le vrai-portrait de Notre-Dame tracé par Saint-François de Sales », Paris, Douniol, 1864; « Les Papes en exil », Lille, Lefort, 1869; « Six mois d'enseignement obligatoire en France. Résultat d'une enquête officieuse, en 1872 », Paris, Albanel, 1872; « Un poète réformateur de l'éducation. Examen des théories de M. de Laprade », id., id., 1873; « André Hofer et l'insurrection du Tyrol, en 1809 », id., id., 1873, 2me éd., id., Palmé, 1880; « La Congrégation de la Très-Sainte-Vierge à Saint-Acheul (1815-1828) », Paris, Baltenweck, 1877; « Pierre Olivaint, prêtre de la Compagnie de Jésus », id., Palmé, 1878; « Les hymnes de l'Église. Texte latin et traduction en vers de même rhytme », id., id., 1879; « Livre d'heures des jeunes gens », id., id., 1880; « Le Révérend Père Louis Milleriot, de la Compagnie de Jésus », id., id., 1881; « Le Beau et les Beaux-Arts. Notions d'esthétique en réponse au dernier programme de philosophie », Poitiers, Oudin, 1882; « La jeunesse de Saint-Augustin d'après ses confessions », id., id., 1883; « Grippard, histoire d'un bien de moins », Paris, Palmé, 1883. — Le Père Charles Clair a publié, en outre, une nouvelle édition de « La Famille Sainte de J. P. Cordier », Paris, Fechoz, 1885.

Clairin (Paul), humaniste français, né, en 1846, à Genlis (Côte d'Or). M. C., ancien élève de l'École normale supérieure, professeur agrégé au lycée Louis-le-Grand, docteur ès-lettres, a publié : « Du génitif latin et de la préposition *de* », étude de syntaxe historique sur la décomposition du latin et la formation du français, Paris, Vieweg, 1880 ; « De haruspicibus apud Romanos », id., id. ; « Grammaire grecque classique du Dr G. Curtius, traduite de l'allemand sur la quinzième édition », id., id., 1884.

Clairville (Charles NICOLAIE), homme de lettres et auteur dramatique français, né, à Paris, en 1855, neveu de Louis-François Clairville (1811-1879), l'auteur bien connu des « Cloches de Corneville ». On lui doit : « Éloquence », monologue en vers, Paris, Barbré, 1880 ; « L'Homme navré », monologue, id., Tresse, 1882 ; « Grande affaire ! Lettre à une amie », id., id., id. ; « Les Amoureux », fantaisie en vers, id., Ollendorff, 1883 ; « Madame Boniface », opéra-comique en trois actes, en collaboration avec Ernest Depré, musique de Paul Lacorne, id., Tresse, 1883 ; « Le Chevalier Mignon », opérette en trois actes, avec le même, musique de Léopold de Wenzel, id., id., 1884.

Clamageran (Jean-Jules), jurisconsulte, économiste et homme politique français, né, à la Nouvelle-Orléans (Louisiane), le 29 mars 1827, fit ses études à Paris, où il fut reçu docteur en droit sur la présentation d'une thèse : « Des obligations naturelles », 1851. Inscrit, depuis 1850, au barreau de Paris, il se fit surtout connaître par ses travaux comme économiste et par sa participation à la résistance légale contre l'Empire, qui lui valut une condamnation. Après la révocation du 4 septembre 1870, il fut nommé adjoint à la mairie de Paris. Successivement conseiller d'État, sénateur inamovible, il entra, le 6 avril 1885, dans le Cabinet présidé par M. Brisson, en qualité de ministre des finances, mais il ne conserva son portefeuille que jusqu'au 16 du même mois. Il a publié : « Du louage d'industrie, du mandat et de la commission en droit romain, dans l'ancien droit français et dans le droit actuel », Paris, Durand, 1856 ; « De l'état actuel du protestantisme en France », id., Cherbuliez, 1857 ; « Histoire de l'impôt en France », 3 vol., Paris, Guillaumin, 1867-1876 ; « Le Matérialisme contemporain », id., Cherbuliez, 1869 ; « Souvenirs du siège de Paris. Cinq mois à l'Hôtel de ville (septembre 1870-janvier 1871) », id., Guillaumin, 1872 ; « La France républicaine, études constitutionnelles, économiques et administratives », id., Germer-Baillière, 1873 ; « Des résultats du travail national depuis 1872 », id., id., 1880 ; « l'Algérie, impressions de voyages, suivies d'une étude sur les institutions kabyles et la colonisation », id., id., 1883. En outre, M. Clamageran a concouru avec MM. Hérold, Dréo, Durier, Ferry et Floquet à la rédaction du « Guide pratique pour les élections au Corps Législatif », Paris, Pagnerre, 1868, plusieurs fois réédité, et il a collaboré à la *Revue pratique* de MM. Demangeau et Ém. Ollivier, au *Journal des Économistes*, ainsi qu'à diverses revues protestantes et à plusieurs journaux politiques.

Claparède (Antoine-Théodore), théologien suisse, né, à Genève, le 18 juin 1828, fils du pasteur Jean-Louis Claparède et frère aîné de l'illustre naturaliste Édouard Claparède, descend d'une famille réformée attachée de longue date à la foi évangélique, émigrée à Genève depuis la révocation de l'édit de Nantes et dont le représentant le plus distingué fut au XVIIIe siècle David Claparède, exégète et apologète du christianisme révélé en réponse aux *Lettres de la Montagne* de Rousseau. Il fit ses études théologiques à l'académie de sa ville natale (1846-1850) ; pasteur du village genevois de Chancy sur la frontière française (1856-1861) ; chapelain des prisons (1872-1883). Chargé pendant les premières années de son ministère de visites d'évangélisation auprès des minorités réformées perdues sur terre catholique, Mr Claparède s'est donné de tout cœur à l'œuvre des protestants disséminés, dont il est aujourd'hui le président après en avoir rempli pendant longtemps le secrétariat. La *Société d'Histoire et d'Archéologie de Genève* l'a également appelé à de fréquentes reprises à sa présidence annuelle. On lui doit : « Recherches historiques sur la réaction catholique pendant la deuxième moitié du XVIIe siècle, étudiée particulièrement en Suisse », thèse, 1850 ; « Histoire des Églises réformées du pays de Gex », Genève, Cherbuliez, 1856 ; plusieurs opuscules dont la solide érudition est relevée par la finesse des aperçus et l'agrément du style, entr'autres : « Henri Vend », 1865 ; « Emmanuel Philibert, duc de Savoie et l'amiral de Coligny », 1872 ; « Théophile Heyer » ; « Paul Lullin », notices biographiques, 1872 ; « Théodore de Bèze », 1875, dans la *Galerie Suisse* d'Eugène Secrétan ; « Les galériens pour la foi sous Louis XIV », 1878 ; « Les pasteurs genevois d'origine lucquoise », 1875 ; « Les descendant de Coligny », 1880. — M. C. a, en outre, édité, en 1867, « Les Mémoires de Blanche Gamond », une 2me éd. augmentée des « Mémoires de Jeanne Terrasson » a été publiée avec le concours du pasteur Éd. Gotz, sous le titre : « Deux héroïnes de la foi ». M. C. est un collaborateur zélé des *Étrennes Religieuses*, des *Mémoires de la Société d'histoire et d'Archéologie*, de la *France protestante*, du *Bulletin pour la Société d'histoire du protestantisme français*.

Claparède (Arthur DE), écrivain suisse, né, à Champel, près Genève, le 4 avril 1852, d'une famille de réfugiés français qui quitta le Languedoc après la révocation de l'Édit de Nantes, en 1685. Il fit ses humanités à Paris et ses études juridiques à Genève, et fut reçu successivement licencié en droit, en 1873, et docteur, en 1875. Secrétaire, en 1874, puis premier secrétaire de la Légation de Suisse à Vienne, en 1876, M. de Claparède a été secrétaire au Département politique fédéral (affaires étrangères) à Berne, de 1877 à 1883. On lui doit entr'autres ouvrages : « Ginevra, ou la prise de voile manquée », tragi-comédie en trois actes, Genève, 1872 ; « Essai sur la constitution de l'Église catholique depuis les premiers temps jusqu'au pontificat de Boniface III° », thèse de licence en droit, id., 1873 ; « Essai sur le droit de représentation diplomatique d'après le droit international moderne », thèse de doctorat en droit, id., 1875 ; « Quatre semaines sur la côte de Chine, notes d'un touriste », id., 1884 ; « Champéry et le Val d'Illiez, histoire et description », id., Georg, 1886 ; « La Constitution et les lois constitutionnelles de la République et Canton de Genève, réunies, coordonnées et mises en regard de la Constitution fédérale », id., id., 1888 ; « L'île de Malte et ses dépendances », id., id. ; « La Juridiction des Consulats suisses dans l'Extrême Orient », id., id., id., etc. M. de Claparède, qui a fait le tour du monde en 1876-1877, a publié, en outre, d'assez nombreux souvenirs de voyages dans la *Bibliothèque universelle*, le *Journal de Genève*, le *Bulletin de la Société de géographie de Berne*, le *Globe*, etc. Il collabore actuellement à la *Revue judiciaire* de Lausanne et va publier chez Georg à Genève, une traduction française de l'« Itinéraire » (*De reditu suo itinerarium*) de Claudius Rutilius Numatianus, poète latin du V° siècle de notre ère.

Clarens (Jean-Paul), avocat et publiciste français, né, à Bordeaux, le 17 octobre 1857 ; petit-neveu du moraliste J. Joubert. Après avoir plaidé avec succès, M. Jean-Paul Clarens a quitté le barreau pour les lettres ; il s'est spécialement adonné à la critique littéraire. Après avoir publié à Bordeaux deux volumes : « Profils bordelais. Ces messieurs du barreau », avec une préface de Toby Flock, 1883, et « Terre ou feu », 1885, il a fait paraître, en 1886, chez Ollendorff, un volume intitulé : « Écrivains et penseurs ». Plus tard, il donna, chez le même éditeur : « Réaction », ouvrage qui a fait sensation, dit un critique, « pour le courage qu'a « eu l'auteur de remonter le flot du matérialis- « me dans les lettres et dans l'art ». Les personnalités les plus diverses sont étudiées dans *Réaction* : ce sont J. Joubert, le délicat moraliste, Amiel, le mélancolique chercheur, George Sand « la grande faunesse », Caro, la personification du spiritualisme français, Jules Breton, le peintre de génie, Arsène Houssaye, cet athénien moderne, Sully Prudhomme, le poète philosophe, Ernest Rénan, aimable et séduisant sceptique, etc. Jean-Paul Clarens a collaboré et collabore à un grand nombre de journaux et revues, parmi lesquelles la *Revue de Paris et de Saint-Pétersbourg*, la *Revue littéraire et artistique*, la *Revue du siècle*, la *Revue générale*, l'*Indépendant littéraire*, la *Revue de la science nouvelle*, etc.

Claretie (Arsène-Arnaud *dit* Jules), illustre littérateur français, né, le 3 décembre 1840, à Limoges, d'une famille périgordine, fit ses études au lycée Bonaparte, à Paris. Se tournant de bonne heure vers les lettres avec une extrême activité, étant encore sur les bancs du collège, il écrivait déjà des drames et des romans ; il rédigeait même, à lui seul, un journal manuscrit qui circulait de pupitre à pupitre, et qui était lu en cachette par ses camarades, sur lesquels, dit M. Georges d'Heilly, il exerçait un grand ascendant. Un jour, il n'avait pas encore dix-huit ans, il s'enhardit et envoya aux *Cinq centimes illustrés* une nouvelle : « Le Rocher des fiancés », qui parut dans ce journal avec la signature ARNOLD LACRETIE. Quelques années plus tard, en 1862, et bien qu'il eût déjà collaboré à la *Silhouette*, à l'*Écho du Peuple*, au *Gaulois*, à la *Revue fantaisiste*, M. C., peu sûr encore de lui-même et se défiant de ses propres forces, fit parvenir par la poste au *Diogène* un article intitulé : « L'Amphithéâtre », qui lui ouvrit à deux battants les portes du journal. On retrouvera cet article, qui était signé JULES DE LUSSAN, dans le recueil : « Histoires cousues de fil blanc », Paris, Librairie du *Petit Journal*, 1866. M. Claretie écrivit longtemps au *Diogène* ; il y donna des chroniques, des nouvelles, des articles de critique, et même une revue de salon (1863). Quelques-unes de ces productions furent signées GEORGES DUCLOS. Peu de temps après, lors de la création du journal *La France*, M. de la Guéronnière, compatriote de Claretie, confia au jeune écrivain une chronique que celui-ci rédigea pendant quelque temps sous le pseudonyme d'OLIVIER DE JALIN. Vers la même époque, Claretie entra au *Figaro*, où il fit, en collaboration, avec le regretté Ch. Mouselet, des Échos de Paris, sous la raison sociale de *Monsieur de Cupidon*. Mais cette collaboration dura peu, et bientôt les Échos de Paris furent rédigés une fois par semaine, de 1863 à 1866, par Claretie seul, et, dès lors, sous son vrai nom. Il n'en continua pas moins sa collaboration au *Diogène*, devenu politique, 1864, et il y donna dans le premier semestre de l'année même de sa transformation, une série de portraits littéraires et d'études critiques sur les livres et les hommes du moment, articles qui furent signés CHARLES GEOFFROY. La *Vie Parisienne*, de 1864, contient quelques portraits parisiens et des notes de voyage signés WILLIAM et J. C., qui sont également de Jules Claretie. En 1865, lorsque M. Marc prit la direction de l'*Illustration*, Claretie y signa ABNOT un courrier théâtral hebdomadaire. A la fin de la même année, devenu titulaire du « Courrier de Paris », dans le même journal, il le donna longtemps sous le pseudonyme de CALIBAN. En 1866, il emprunta à son remarquable roman « L'Assassin » (Paris, Achille Faure, 1866, réédité plus tard, sous le titre de « Robert Burat », id., Degorce-Cadot, 1868), le nom de son héros, ROBERT BURAT pour le mettre au bas des chroniques qu'il publia au *Figaro*. En 1867, il fut chargé du feuilleton dramatique de l'*Opinion Nationale*. A la suite d'une conférence sur Béranger, à la salle de la rue Cadet, un ordre ministériel lui interdit la parole, le 17 février 1865; plus tard, l'interdiction qui lui fut faite de parler à l'Institut libre (avril 1868), fit quelque bruit dans les journaux; c'est à cette occasion qu'il publia: « La libre parole, avec une lettre à M. le ministre de l'Instruction publique », Paris, Librairie Internationale, 1868. En 1868, M. Claretie, qui écrivait dans le *Figaro* sous le pseudonyme de CANDIDE, se signala par la dénonciation de la double exécution de Martin Bidauré, accomplie dans le Var, en décembre 1851. Un arrêt de la 6e chambre condamna à ce sujet Jules Claretie et M. de Villemessant chacun à mille francs d'amende. Lors de la déclaration de la guerre, il suivit l'armée du Rhin et adressa au *Rappel*, puis à l'*Opinion Nationale*, des correspondances qui furent remarquées. Après le 4 septembre, il fut secrétaire pendant un mois de la commission des papiers de la famille impériale; après la Commune, il reprit ses feuilletons dramatiques au *Soir*, à la *Presse* et une revue bibliographique dans l'*Illustration*; il rédigea, en outre, la revue théâtrale du *Petit Journal*. On ne saurait non plus oublier sa longue collaboration à l'*Indépendance Belge*, où il a publié, de 1872 à 1882, un feuilleton de quinzaine sous le titre de « Mouvement parisien », ni surtout ses articles hebdomadaires du *Temps*, réunis plus tard en volumes, chez Havard, sous le titre: « La Vie à Paris », et formant six volumes (1880-1885). La mort de M. Émile Perrin ayant laissé vacante la fonction d'administrateur général de la Comédie-Française, M. Claretie a été appelé à la remplir, le 20 octobre 1885. Il est en outre président de la Société des gens de lettres et a été élu il y a quelques mois seulement membre de l'Académie française. Outre les ouvrages déjà cités, on lui doit: « Une Drôlesse », Paris, Dentu, 1862; « Pierrille, histoire de village », id., Dupray de la Maherie, 1863; « Les ornières de la vie », A. Faure, 1864; « Le Dernier baiser », id., Sartorius, id.; « Les Contemporains oubliés. Élisa Mercoeur. Hippolyte de la Morvonnaise. Georges Farcy. Charles Dovalle. Alphonse Rabbe », id., Bachelin-Deflorenne, id.; « La Fontaine et M. de Lamartine », conférence, id., Douniol, id.; « Les victimes de Paris », id., Dentu, id.; « Voyages d'un parisien », id., Faure, id.; « Béranger », conférence, id., Dupray de la Meurthe, id.; « L'Incendie de la Birague », id., Vanier, id.; « Petrus Borel, le lycantrope, sa vie, ses écrits, etc. », id., Pincebourde, 1865; « Les Derniers Montagnards. Histoire de l'insurrection de prairial an III (1795) », id., Librairie Internationale, 1867; « Les Femmes de proie. Mademoiselle Cachemir », id., Dentu, 1867; « Madeleine Bertin », id., Lévy frères, 1868; « La poudre au vent », id., Degorce-Cadot, 1869; « La Vie moderne au théâtre », 2 vol., id., Barba, 1869-75; « Armand Barbès, étude historique et biographique », id., Madre, 1870; « Journées de voyage. Espagne et France », id., Lemerre, 1870; « Le camp de bataille de Sédan (1er septembre 1870) », id., id., 1871; « L'Empire, les Bonaparte et la Cour, documents nouveaux », id., Dentu, 1871; « La France envahie », id., Barba, 1871; « La Débâcle », id., Librairie centrale, 1871; « La guerre nationale, 1870-71 », id., Lemerre, 1871; « Paris assiégé. Tableaux et souvenirs », id., id., id.; « Histoire de la révolution de 1870-71 », 2 vol., id., Polo, 1870-72, une nouvelle éd. en 5 vol., de cet ouvrage a paru à la Librairie illustrée, 1875-76; « Les Prussiens chez eux », id., Dentu, 1872; « Le roman des soldats », id., Degorce-Cadot, id.; « Ruines et fantômes », id., Bachelin-Deflorenne, 1873; « Peintres et sculpteurs contemporains. Médaillons et portraits », id., Charpentier, 1873; « Molière, sa vie et ses œuvres », id., Lemerre, id.; « Les Muscadins », roman, 2 vol., id., Dentu, 1874; « Camille Desmoulins, Lucile Desmoulins. Étude sur les dantonistes », id., Plon, 1875; « J. B. Carpeaux », id., Librairie illustrée, 1875; « Portraits contemporains », 2 vol., id., id., id.; « L'art et les artistes français contemporains », id., Charpentier, 1876; « Le Beau Solignac », roman, id., Dentu, id.; « Cinq ans après. L'Alsace et la Lorraine depuis l'annexion », id., Librairie illustrée, 1876; « Le Renégat », roman contemporain, id., Dentu, id., une nouvelle éd., de ce roman entièrement refondue a paru à la même librairie, en 1883, sous le titre: « Michel Berthier »; « Le Train 17 », id., Dentu, 1877; « Le Troisième dessous », id., 1878; « La maison vide », id., id.; « Béranger et la chanson », conférence, id., Patry, 1879; « Le Drapeau », id., Dreyfous, id.; « La Fugitive », id., Dentu, id.; « Une femme de proie. Scènes de la vie parisienne », id., id., 1880; « La maîtresse », id., id., id.; « Les murailles politiques de la France, pendant la Révolution 1870-71 », id., Librairie illustrée, 1880; « Les Amours d'un interne », id., Dentu, 1881; « Un livre unique. L'Affaire Clémenceau peinte et illustrée », id., à la *Gazette des Beaux-Arts*, id.; « Monsieur le ministre, roman parisien », id.,

Dentu, 1881; « Le Million », roman parisien, id., id., 1882; les biographies de « Victor Hugo », « Émile Augier », « A. Dumas fils », « Alphonse Daudet », « Victorien Sardou », « Octave Feuillet », « Eugène Labiche », « Erkmann Chatrian », « Jules Sandeau », « Paul Déroulède », « Ludovic Halévy », « Jules Verne », « François Coppée », « Édouard Pailleron », dans la Galerie des *Célébrités contemporaines* de l'éditeur Quantin; « Un enlèvement au XVIII Siècle », Paris, Dentu, 1883; « Noris, mœurs du jour », id., id., id.; « Peintres et sculpteurs contemporains », 2 séries, 32 livraison, id., Librairie des Bibliophiles, 1883-84; « Catalogue illustré des œuvres de C. A. Sellier (1830-1882) », id., Baschet, 1884; « Le Prince Zilah », roman parisien, id., Dentu, 1885; « Jean Mornas », id., Dentu, 1885; « Journée de vacances », id., id., 1886; « Candidat », roman contemporain, id., id., 1887; « La Mansarde », id., Marpon et Flammarion, 1887. Deux de ses ouvrages, publiés en feuilletons, un roman historique intitulé: « La Messe rouge », et qui a été annoncé en librairie sous le titre de « Puyjali », et un roman de mœurs politiques contemporaines publié par l'*Illustration*: « La Succession Charnes », n'ont pas encore paru en volumes. — Dans les rares loisirs que lui laissent ses fonctions d'administrateur du Théâtre-Français, M. C. travaille maintenant à des « Mémoires littéraires », où il se propose de peindre le monde et les mondes qu'il a vus. — M. J. Claretie s'est essayé aussi au théâtre en donnant en mars 1869, à l'Ambigu, un grand drame historique et à décors, en cinq actes et sept tableaux: « La famille des Gueux », avec M. Petruccelli della Gattina, drame qui a été publié la même année chez Lévy frères; en novembre de la même année, il donnait aux Menus Plaisirs, un drame révolutionnaire en cinq actes et six tableaux, arrêté un instant par la censure: « Raymond Lindey », Paris, Lévy frères. Depuis la guerre, il a fait représenter, en 1874, au Théâtre Historique: « Les Muscadins », drame en cinq actes et huit tableaux, tiré de son roman, et publié la même année chez Dentu; il écrivit « Les Ingrats », comédie en cinq actes en prose, Paris, 1875; au Gymnase il donna, avec M. Decourcelles, en février 1877 « Un Père », pièce en quatre actes, Paris, Tresse, 1877 et, en septembre de la même année, au Théâtre Historique; « Le Régiment de Champagne », id., id., id., drame en cinq actes auquel de patriotiques allusions procurèrent une certaine vogue. Au même théâtre furent joués aussi, en 1879: « Les Mirabeau », drame en cinq actes, sept tableaux, Paris, Tresse, 1879 et, en 1880, un drame tiré de son roman: « Le Beau Solignac »; deux autres pièces tirées de ses romans « Monsieur le Ministre », comédie en cinq actes, Paris, Dentu, 1883, et « Le Prince Zilah », pièce en 5 actes, id., id., 1885, transportées sur la scène du Gymnase ont l'un atteint et l'autre dépassé cent représentations. M. Jules Claretie a également collaboré, sans signer, au « Petit Jacques », drame tiré par M. Busnach d'un de ses romans, « Noël Rambert », et qui eut à l'Ambigu un succès éclatant. — M. Jules Claretie a publié, avec des notes: « Le Discours de la Lanterne aux Parisiens par Camille Desmoulins », Paris, Degorce-Cadot, 1868, « Les Œuvres », du même, 2 vol., Paris, Charpentier, 1874; « Les Quatrains », de Gui du Faur de Pibrac, id., Lemerre, 1874; et a donné en outre à des ouvrages d'amis une quantité considérable de préfaces. Il a écrit, comme président de la Société des gens de lettres, celle du volume annuel du comité: « 47 Chaussée d'Antin. Récits, contes et nouvelles », Paris, Dentu, 1886, et celle du livre publié par la Société, avec la collaboration de MM. Ph. Audebrand, J. Bernard, Fr. Coppée, Alph. Daudet, Droz, H. Malot, etc., au profit de la souscription pour le monument du sergent Bobillot: « Qui vive? — France », Paris, Frinzine, 1886. — Comme nous avons entendu prononcer en France même le nom de cet écrivain de plusieurs façons différentes, nous croyons devoir ajouter ici que M. Claretie a établi lui-même, dans une lettre au *Figaro*, qu'il prononce son nom *Clarty*.

Claretie (Leo), publiciste français, cousin germain du précédent, né, à Paris, le 2 juin 1862, ancien élève de l'école normale supérieure (1883-1886), a publié: « Paris depuis ses origines jusqu'en l'an 3000 », Paris, Charavay, 1886; « Florian, sa vie et ses œuvres », id., id., 1887. Sous presse: « Le Sage et le Roman français ».

Claretta (baron Gaudenzio), historien italien, depuis 1873, secrétaire de la *Regia Deputazione sovra gli studii di Storia Patria* de Turin, depuis 1872, membre de l'Académie des Sciences de la même ville et de plusieurs sociétés savantes et académies nationales et étrangères (entr'autres, de celles de Chambéry, Genève, Lisbonne et Madrid), ancien collaborateur de la *Rivista Contemporanea*, de l'*Archivio Storico Italiano*, de l'*Archivio Storico Lombardo*, du *Giornale Ligustico*, etc., est né, en 1835, à Turin où, en 1857, il fut reçu docteur en droit, mais pour se dédier ensuite presqu'exclusivement aux études historiques, dont une longue série d'intéressantes publications nous rend un brillant témoignage. Citons: « Memorie storiche intorno alla vita ed agli studii di Gian-Tommaso Terraneo, Angelo-Paolo Carena e Giuseppe Vernazza, con documenti », Turin, 1862; « Notizie storiche intorno alla vita e i tempi di Beatrice di Portogallo, duchessa di Savoia », id., 1863; « Vita di Maria-Francesca-Elisabetta di Savoia-Nemours regina di Portogallo, con note e documonti inediti », id., 1865 ; « Storia della reggenza di Cristina di Francia, duchessa di Savoia, con annotazioni e documenti inediti », 3 vol., id., 1868-85 ; « Il principe Emanuele Filiberto di Savoia alla Corte di Spagna. Studii storici sul regno di Carlo Emanuele I », id., 1872 ; « Cronistoria del Municipio di Giaveno dal secolo X al XIX, con molte notizie relative alla storia generale del Piemonte », id., 1875 ; « Storia del regno e dei tempi di Carlo Emanuele II duca di Savoia », en trois vol., Gênes, Institut des *Sordo-Muti*, 1877-79 ; « Sui principali storici piemontesi, e particolarmente sugli storiografi della R. Casa di Savoia, Memorie storiche, letterarie e biografiche », Turin, 1875 ; « Gli statuti antichi inediti e statuti recenti dell' Ordine Supremo della SS. Annunziata, con notizie storiche relative al medesimo », Turin, 1881 ; « La Successione di Emanuele Filiberto al trono Sabaudo », id., 1884 ; « Le relazioni politiche e dinastiche dei principi di Savoia coi Margravi di Baden del secolo XV e XVIII, narrate su documenti inediti », id., 1887. A tous ces ouvrages, on pourrait encore ajouter une centaine de mémoires, essais, articles, dispersés depuis trente ans dans plusieurs recueils historiques.

Clark (sir Andrew), médecin anglais, né, le 28 octobre 1826. Il fit de très brillantes études à l'Université d'Édimbourg. Après avoir été pendant quelque temps assistant des docteurs Hughes Bennett et Robert Knox, il fut chargé de la section pathologique du *Royal Naval Hospital* de Haslar, où il fit des conférences sur l'emploi du microscope dans la médecine pratique. Il entra ensuite à l'hôpital de Londres, y devint examinateur en médecine et président de la Société de médecine. Malgré son désir de s'adonner exclusivement à la pathologie, il fut entraîné par les circonstances à l'exercice de la profession. Outre un grand nombre d'essais, d'articles, de lectures concernant surtout les maladies des organes de la respiration, de la digestion et des reins, il a publié plusieurs ouvrages, parmi lesquels nous citerons les plus importants: « On the Anatomy of the Lung », dans la *Physical Diagnosis* du docteur H. Davie ; « On Tubercular Sputum »; « Evidences of the Arrestment of Phthisis »; « Mucous Disease of the Colon »; « Lectures on the Anatomy of the Lung »; « Pneumonia »; « The States of Lung comprehended under the term Phthisis Pulmonalis », leçons tenues au *Royal College of Physicians*, en 1866; « Fibroid Phthisis », dans le 1er volume des *Transactions of the Clinical Society;* « The Work of Fibrinous Pleurisies in the Evolution of Phthisis », dans le *Medical Mirror*, 1870; « Renal Inadequacy »; « The Theory of Asthma »; « Neurosthenia », etc. — M. C., qui est professeur de clinique à l'Hôpital de Londres, a été élevé, en 1883, à la dignité de baronnet.

Clark (Edwin-Charles), jurisconsulte anglais ; depuis 1873, professeur de droit civil à l'Université de Cambridge. Parmi ses nombreux ouvrages de droit et d'archéologie, nous citerons: « Early Roman Law », 1872; « An Analysis of Criminal Liability », 1880; « Practical Jurisprudence », 1883.

Clark (James), théologien et philosophe anglais, né en 1836. Il fit ses études aux Universités de Londres et de Goettingue, où il fut reçu docteur en philosophie. Vers 1863, il entra dans les ordres de l'Église anglicane. Il a fait marcher de front les études théologiques et philologiques. On cite de lui une « Grammaire comparée des langues aryennes et autres langues », 1865 ; « Les Époques du langage », 1866, ouvrage dans lequel il combat les théories de Max Müller et de Benloew sur la formation des langues. En 1869, il obtint un prix dans un concours institué par l'Association anglaise chrétienne morale par son ouvrage : « Qu'est-ce que la science morale et chrétienne? », 1866. M. C. a beaucoup écrit dans les revues anglaises et allemandes. Après avoir occupé plusieurs cures en Angleterre, il fut chapelain anglais à Memel (Prusse), de 1869 à 1874; depuis 1876, il a été nommé recteur de la paroisse de Saint-Philippe à Antigoa.

Clarke (Hyde), fécond polygraphe anglais ; né, en 1815, à Londres, il fut, pendant longtemps, *Cotton councillor and Commissioner* en Turquie, devint secrétaire correspondant pour l'Asie septentrionale de la Société d'Anthropologie, et secrétaire pour la philologie comparée de la Société Ethnologique. Il est membre et correspondant de plusieurs sociétés savantes. Parmi ses nombreux écrits, nous citerons : « Theory of railway-investment », 1846 ; « Economical physics », 1848 ; « Memoirs on the identification of the Varini of Tacitus and other points of Anglo-Saxon History »; « Engineering of Holland », 1849 ; « Military life of Wellington », 1849 ; « A grammar of the english tongue », 1853 : « Dictionary of the english language, as spoken and written », 1855 ; « Colonization, defence and railways in our Indian empire », 1857 ; « Handbook for comparative philology », 1859 ; « Memoir on the comparative grammar of Egyptian, Coptic and Ude », 1873; « The Connection of the Languages of India, Australia, and Africa »; « The Mediterranean Populations from Autonomous Coins », 1882; « The Causes of the Depression of Prices »; « Atlantis », 1885 ; « The Pists », 1886. — Il identifia le premier les inscriptions Khita ou Hamath, sur lesquelles il publia plusieurs essais. — Presque tous les dictionnaires biographiques annoncent à tort sa mort comme avenue en 1878.

Clarke (Mary Novello Cowden), femme de lettres anglaise, née en juin 1809, est la fille aînée d'un musicien distingué; sa sœur Miss Clara Novello, devenue plus tard par son mariage Mme la comtesse Gigliucci, s'est acquise de la célébrité comme cantatrice. En 1828, elle épousa M. Charles Cowden-Clarke (mort le 13 mars 1877) qui entretenait avec Lamb, Keats, Hazlitt, Leigh Hunt, des relations littéraires suivies et commença dès 1829, son analyse des œuvres de Shakespeare. Ce travail de patience lui coûta seize années de recherches et parut en 1845, sous le titre de « Complete Concordance of Shakespeare » dont une nouvelle éd. a paru en 1855. En outre, Mme C. a publié: « The Adventures of Kit Bam, Mariner », 1848; « The Girlhood of Shakespeare's Heroines », 1852; « The Iron Cousin », roman, 1854; « The Song of a Drop of Water, by Harry Wandsworth Shortfellow », 1856; « World noted Women », 1857; « The Life and Labours of Vincent Novello » (son père), 1864; « Trust and Remittance: Love Stories in Metred Prose », 1873; « A Rambling Story », 1874; « Honey from the Wood », vers, 1881. Elle a publié aussi, en 1858, une édition des Œuvres de Shakespeare scrupuleusement révisée, enrichie de notes, et suivie d'un glossaire, plusieurs traductions d'ouvrages de théorie musicale, et un grand nombre d'articles dans les *Magazines*, où elle s'est surtout occupée de littérature dramatique. En collaboration avec son mari, elle a publié: « Many Happy Returns of the Day: a Birthday Book », 1847 et 1860, une édition annotée des « Shakespeare's plays », 1869, et « Recollections of Writers », 1870, etc.

Clasen-Schmid (Mathilde), femme de lettres allemande, née, à Wildenfels (Saxe), le 4 août 1834, et connue aussi sous le pseudonyme de CURT VON WILDENFELS. Mme C. a travaillé beaucoup pour les journaux, et elle a publié plusieurs romans, nouvelles et plusieurs livres sur les travaux féminins; elle fait partie de la rédaction de la *Revue des Modes Parisiennes*. Sans tenir compte de plusieurs traductions du français, nous citerons d'elle: « Hell und Dunkel », roman, 1883; « Handbuch für Frauenarbeiten », 1887; « Musterbuch für Frauenarbeiten », 1887; « Künstliche Blumen », 1887; « Aus russischen Kreisen », roman, 1887; « Das Frauenkostüm in praktischer, konventioneller, und ästhetischer Beziehung », 1888.

Class (Gustave), philosophe allemand, professeur extraordinaire de philosophie à l'Université d'Erlangen. On lui doit: « Die metaphysische Voraussetzungen des Leibnitzischen Determinismus », Tubingue, 1874; « Ueber die Frage nach dem ethischen Wert der Wissenschaft », discours d'ouverture, Erlangen, 1879; « Ueber die modernen Alpenreisen », Heidelberg. 1880; « Ideale und Güter, Untersuchungen zur Ethik », Erlangen, 1886.

Classen (Alexandre), chimiste allemand, né en 1843, professeur à l'école technique supérieure d'Aix-la-Chapelle. On lui doit: « Handbuch der analytischen Chemie », 2 vol., Bonn, 1873, 3me éd., Stuttgard, 1885, ouvrage traduit en anglais, en polonais et en français par MM. V. Franken et L. Lebrun, sous le titre de « Précis de chimie analytique », 2 parties, Liège, E. Decq, 1875-77; « Quantitative chemiste Analyse durch Elekolyse nach eigenen Methoden », Stuttgard, 1875, 2me éd., Berlin, 1886, ouvrage traduit en français, en anglais et en espagnol; « Tabellen zur qualitativen Analyse », Stuttgard, 1876; sans tenir compte de plusieurs mémoires insérés dans les *Berichte der deutsch. chem. Gesellschaft*, nous ajouterons que M. C. a collaboré à la 2me éd. du *Handbuch der Gerichte's Chemie*, Berlin, 1881, et à la 6me du *Lehrbuch der chem.-analyt. Titrirmethode*, de Mohr, Brunswick, 1886.

Classen (Joannes), philologue allemand, né le 21 novembre 1805 à Hambourg, fit ses études à Leipzig et à Bonn, où il prit ses degrés en 1829. En 1832, il était nommé professeur au Gymnase Joachim de Berlin, d'où il passait l'année suivante au Katharineum de Lübeck; en 1853, il devenait directeur du gymnase de Francfort s. M., et en 1864 du Johanneum de Hambourg; en 1884, il était mis à la retraite. Son chef-d'œuvre est l'édition de Thucidide avec des notes en allemand (8 vol., Berlin, 1862-1873). On doit encore signaler ses « Symbolæ criticæ », Francfort, 1859-63, et « Beobachtungen über den Homerischen Sprachgebrauch », id., 1867. En outre, M. C. a publié les biographies de Friedrich Jacob, directeur du Katharineum de Lubeck (Jéna, 1856), du philologue Micyllus (Francfort, 1859) et de B. G. Niebuhr (Gotha, 1876).

Claud-Saar (Charles), écrivain allemand, connu aussi sous le pseudonyme de KARL SAAR, né, à Vienne, le 3 juillet 1850, de parents français. Malgré une vocation décidée pour la poésie et pour les arts, il dut d'abord s'adonner à l'agriculture, mais ayant acquis son indépendance, il s'adonna au théâtre et finit pour devenir artiste et régisseur du théâtre de la cour à Weimar, où il se fit connaître aussi comme auteur et traducteur de plusieurs pièces de théâtre. Nous citons de lui: « Angebetete Elisabeth », comédie, 1876; « Die Lustspielkonkurrenz », pochade, 1878; « Die Goldprobe », comédie, 1881; « In Monaco », comédie, 1886; « Scarron's Komödianten Roman », avec observations, 1887. On lui doit en outre plusieurs traductions de Molière, Marivaux, Beaumarchais, Augier, Dumas, Sardou, Erkmann-Chatrian, Labiche, Ohnet, Balucki, Saint-Pierre, Tillier, etc.

Claudin (Gustave), littérateur et journaliste français, ancien secrétaire de Lamartine. M. Gustave Claudin est né, à La Ferté-sous-Jouarre (Seine et Marne), en 1823. Il débuta dans le journalisme à vingt-deux ans, collaborant à *La Presse*, à l'*Assemblée nationale* (1848), puis il alla, en 1850, rédiger le *Nouvelliste* de Rouen. Revenu à Paris, en 1855, il entra au *Pays*, d'où il passa au *Moniteur Universel*, en 1858, tout en collaborant au *Petit Moniteur*, à la *Petite Presse*, au *Courrier français*, au *Courrier de Paris*, au *Messager de Paris*, au *Figaro*. Parmi ses ouvrages publiés, depuis 1849, on cite: « Entrevue de M. Arouet de Voltaire et de M. Victor Considérant, dans la salle des conférences du Purgatoire », Paris, Garnier, 1849; « Palsambleu, petit roman de mœurs », id., Librairie nouvelle, 1856; « Point et virgule », id., id., 1859; « Paris », id., Dentu, 1862; « Paris et l'Exposition Universelle », id., Faure, 1867; « Méry, sa vie intime, anecdotique et littéraire », id., Bachelin-Deflorenne, 1868; « Entre minuit et une heure », étude parisienne, id., Dentu, 1868; « Trois roses de la rue Vivienne », id., Charpentier, 1876; « Les caprices de Diomède », id., id., 1878; « Tout à l'ambre et tout à l'ail », id., Dreyfous, 1879; « Fosca », id., Charpentier, 1880; « Tarte à la crème, histoires humoristiques », id., Dentu, 1881; « Les Vingt-huit jours d'Anaïs », id., Dentu, 1882; « Lady Don Juan. Iseult », id., id., id.; « Le Store bassé, suivi des histoires parisiennes », id., id., 1883; « Mes souvenirs; les Boulevards de 1840 à 1871 », id., C. Lévy, 1884; « Les joyeuses commères de Paris », id., Dentu, 1885; « Le mariage de la diva », id., id. 1886; « Les sabots du comte Broccoli », id., id., id.; « Les femmes jugées par le diable », id., id., id.; « La veuve au bois dormant », id., Decaux, 1888; « La fiancée bien gardée », id., id., id.; « Le droit régalien », id., id., id.; M. C., qui s'est beaucoup occupé d'héraldique, prépare un « Précis du blason ».

Claus (Charles-Frédéric-Guillaume), naturaliste allemand, né, à Cassel, le 2 janvier 1835. Ayant pris ses grades à Marbourg, en 1858, il obtint la chaire de zoologie et d'anatomie comparée à Wurzbourg; puis fut nommé professeur successivement à Goettingue (1870), et à Vienne, où il enseigne encore l'anatomie comparée. Ce savant, qui est un sérieux défenseur du darwinisme, a étudié spécialement les animaux invertébrés, surtout les crustacés et les cœlentérés. Nous citerons de lui: « Ueber den Bau und die Entwicklung parasitischer Crustaceen », Cassel, 1858; « Beiträge zur Kenntniss der Entomostraken », Marbourg, 1860; « Ueber Physophora hydrostratica », Leipzig, 1860; « Methodische Reactionstabellen », Dorpat, 1862; « Die freilebenden Kopepoden », Leipzig, 1863; « Ueber die Grenze des thierischen und pflanzischen Lebens », Leipzig, 1863; « Grundzüge der Zoologie », Marbourg, 1866, 4me éd., 2 vol., 1879-1882, une traduction française de cet ouvrage par G. Moquin-Tandon sous le titre de « Traité de zoologie », a eu l'honneur de deux éditions la 1ere, en 1877, la 2me, chez Savy, en 1883; « Die Metamorphose der Squilliden », Goettingue, 1870; « Bau und Entwicklung von Branchipus stagnalis und Apus cancriformis », id., 1873; « Der Bienenstaat », Berlin, 1873; « Die Typenlehre und Häckels sogen. Gasträatheorie », Vienne, 1874; « Untersuchung zur Erforschung der genealogischen Grundlage des Crustaceensystems », Vienne, 1876; « Studien über Polypen und Quallen der Adria », Vienne, 1877; « Ueber Halistemma Tergestinum und über den feineren Bau der Physophoriden », id., 1878; « Lehrbuch der Zoologie », Marbourg, 1880, 3me éd., 1885; « Untersuchungen über die Organisation und Entwickelung der Medusen », Prague, 1883; outre une foule d'articles et de mémoires insérés dans les journaux et revues spéciales et dans les comptes-rendus de plusieurs compagnies savantes. M. Claus publie en outre, depuis 1878, les *Arbeiten d. zool. Inst. d. Univ. Wien*.

Clausius (Rodolphe-Jules-Emmanuel), physicien allemand, né, à Koeslin (Poméranie), le 2 janvier 1822. Reçu *privat-Docent*, à Berlin, il fut nommé professeur de physique à l'école d'artillerie de cette ville. Depuis lors, il a professé successivement à Wurzbourg et à Bonn, où il enseigne encore. Il s'est surtout occupé des théories relatives à la chaleur; il a énoncé un principe qui porte son nom et dont découle comme conséquence le principe de Carnot: c'est qu'il ne peut passer de chaleur d'un corps sur un corps plus chaud que s'il y a en même temps dépense de travail. Il a ramené les lois fondamentales de la chaleur à des lois mécaniques et institué une nouvelle grandeur physique, le *virial*, qui donne un rapport simple entre la force vive moyenne du mouvement et les forces actives. Outre une série de mémoires dans les *Poggendorf's Annalen* et dans plusieurs autres recueils, on lui doit: « Ueber das Wesen der Wärme », Zurich, 1857; « Die Potentialfunction und das Potential », Leipzig, 1859, 4me éd., 1885; « Abhandlungen über die mechanische Wärmetheorie », 2 vol., Brunswick, 1864-1867, 2me éd., entièrement remaniée et divisée en deux volumes, dont le premier publié en 1876, comprend: « Die mechanische Wärmetheorie », et le second, qui parut, en 1879: « Die Mechanische Behandlung der Elektricität », 1876-1879; « Ueber den zweiten Hauptsatz der mechanischen Wärmetheorie. Vortrag », Brunswick, 1867; « Ueber den Zusammenhang zwischen den grossen Agentien der Natur », Bonn, 1885. — Plusieurs des ouvrages de M. Clausius ont été traduits en français et publiés à Paris, entre 1868 et 1870.

Clausou-Kaas (A.), philantrope et pédagogiste danois, né, le 16 mai 1826, à Langenfelde près d'Altona; il servit d'abord dans l'armée danoise et ne quitta le service qu'après la guerre de 1866 avec le grade de capitaine des dragons; suivant alors son véritable penchant, il s'adonna entièrement aux études pédagogiques et surtout à la création d'écoles de travail pour les enfants et les adultes des deux sexes. Ses efforts ont obtenu le plus grand succès, soit dans son pays natal qu'à l'étranger et surtout en Allemagne. Il entreprit plusieurs voyages pour tenir des conférences et eut la satisfaction de voir ses efforts appréciés aux Expositions Universelles de Vienne et de Paris. Il a publié: « Ueber die Arbeitsschulen und Förderung des Hausfleisses », Brême, 1881. Les journaux *Nordisk Husflidstidende et Husflidsmeddelelser* paraissent à Copenhague sous sa direction.

Claussen (Anna-Augusta-Henriette), femme de lettres allemande, connue sous le pseudonyme de TANTE ANNA, née, le 5 juin 1814, à Tetenbüll sur la mer du Nord, où son père était pasteur. Elle fut élevée dans la maison paternelle, et passa une année dans un pensionnat à Altona pour se perfectionner dans les langues. Revenue dans la famille, elle aida son père dans l'enseignement. Après la mort de son père, elle se retira en 1859 à Itzehoe, près d'Altona, où elle s'adonna entièrement aux lettres écrivant beaucoup pour les journaux et publiant plusieurs travaux pour les enfants. Nous citerons d'elle: « Für stille Abendstunden »; « Briefe einer Predigertochter », 1870; « Magdalene Steffens », 1877; « Simon der alte Jude », 1882, etc.

Claveau (Anatole), littérateur français, né, le 30 mai 1835, à Bièvres (Seine et Oise). M. Anatole Claveau a collaboré, sous des pseudonymes divers à beaucoup de journaux, parmi lesquels nous citerons: le *Gaulois*, le *Triboulet*, le *Petit-journal* et *Le Temps*. M. Claveau a écrit, sous son nom, à la *Revue Contemporaine*, au *Journal des Débats*, au *Journal de Paris*, au *Soleil*; et au *Figaro*, sous le pseudonyme de QUIDAM. Depuis quatre ans, il fait une revue dramatique hebdomadaire à *La Patrie*. En dehors de ces collaborations variées, qui représentent une très-grosse somme de travail littéraire, M. Claveau a publié: « Le Roman de la Comète »; « Une partie carrée »; « Nouvelles contemporaines », Paris, Hachette, 1860; « Contre le flot », critique littéraire idéaliste. M. Anatole Claveau est actuellement secrétaire rédacteur à la Chambre des députés.

Clavel (Adolphe), médecin français, né, à Grenoble, en 1815. M. C. qui a toujours été dans ses écrits le champion de l'idée républicaine et de la libre pensée a été, de 1874 à 1878, membre du conseil municipal de Paris. On lui doit: « Le corps et l'âme, ou Histoire naturelle de l'espèce humaine », Paris, Garnier frères, 1851;« Traité d'éducation physique et morale », 2 vol., id., V. Masson, 1855; « Les Races humaines et leur part dans la civilisation », id., Poulet-Malassis, 1860; « Statique sociale de l'équilibre et de ses lois », id., id., id.; « Critique et conséquence des principes de 1789 », id., Noirot, 1866; « La Morale Positive », id., Germer-Baillière, 1873; « Les Principes au XIX° Siècle », id., Germer-Baillière, 1877.

Clayton (Eléonore CREATHORNE mistress NEEDHAM), femme de lettres anglaise, née, à Dublin, vers 1832. Ses premiers romans furent publiés dans un Magazine, qui ne paraît plus et qui appartenait à son père, qui fonda ensuite un journal hebdomadaire comique dans lequel Mme C. fit ses preuves en même temps avec le crayon et avec la plume. Son premier livre: « Notable Women », 1859, ayant obtenu un véritable succès fut suivi par: « Women of the Reformation », 1861; « Miss Milly Moss », 1862; « Queens of Song », 1863; « Crull Fortune », 1865; « English Female Artists »; « Topsy Turvy » et « Playing for Love », 1876; « The World turned Upside Down »; « Crying for Vengeance », 1877; « Female Warriors », 1879; « A Girl's Destiny », 1882.

Clédat (Léon), érudit français, né, au Change, près Périgueux (Dordogne), le 4 février 1851. Élève de l'école des Chartes, de l'école pratique des Hautes-Études et de l'école de Droit de Paris (1871-74), membre de l'école Française de Rome (1875-76), professeur de langue et littérature françaises du moyen-âge à la Faculté des lettres de Lyon (depuis novembre 1876), fondateur (1887) et directeur de la *Revue des Patois*, recueil trimestrial consacré à l'étude des patois et anciens dialectes romans de la France et des régions limitrophes (éditeur Vieweg, à Paris). Nous citerons seulement ses principaux ouvrages: « Du rôle historique de Bertrand de Born », Paris, Thorin, 1878 (thèse française de doctorat); « De fratre Salimbene et de ejus cronicæ auctoritate », id., id., id. (thèse latine de doctorat); « Grammaire élémentaire de la vieille langue française », Paris, Garnier, deux éditions, 1885 et 1887, ouvrage couronné par l'Académie française; « La chanson de Roland texte critique », Paris, Garnier, deux éditions, 1886 et 1887; « Morceaux choisis des auteurs français du moyen-âge suivis d'un glossaire du Vieux français », id., 1887; « La Chanson de Roland, traduction archaïque et rythmée », id., Leroux, 1887; « Reproduction photolithographique du manuscrit de Lyon contenant la traduction provençale du Nouveau Testament, précédée d'une préface et d'une nouvelle édition du rituel cathare », id., 1888; « Grammaire historique du français », id., Garnier, id.

Clémenceau (Georges-Benjamin), médecin et homme politique français, né, à Mouilleron-en-Pareds (Vendée), le 28 septembre 1841, fit ses études à Nantes, vint à Paris, en 1865, pour achever sa médecine et fut reçu docteur en 1869. Il s'établit dans le XVIII arrondissement (Buttes-Montmartre), dont il fut nommé maire après la révolution du 4 septembre et se signala dès lors par la violence de ses opinions ultra-radicales. Nommé représentant de la Seine à l'Assemblée nationale, le 8 février 1871, il a fait depuis cette époque toujours partie de la Chambre des députés; nous n'avons pas à apprécier ici le rôle politique de M. C. et nous nous bornerons à constater que ses nombreux discours parlementaires sont d'un orateur nerveux et d'un talent réel. M. C. qui a été dans son jeune âge interne des hôpitaux de Nantes et de Paris, a publié: « De la génération des éléments anatomyques », Paris, Baillière et fils, 1865; « Notions d'anatomie et de physiologie générale », id., id., 1867; en outre, il a traduit de l'anglais l'ouvrage de John Stuart-Mill: « Auguste Comte et le positivisme », id., id., 1868.

Clemens (Samuel LANGHORNE), illustre écrivain humoriste américain, connu surtout sous le pseudonyme de MARK TWAIN, né, à Florida, Missouri, le 30 novembre 1835. A l'âge de treize ans, il entra comme apprenti chez un imprimeur, puis il travailla comme typographe à Saint-Louis, Cincinnati, Philadelphie et New-York. En 1855, il devint pilote, et navigua pendant quelques années sur le Mississipi. En 1861, son frère qui venait d'être nommé secrétaire-fédéral du territoire, aujourd'hui état, de Nevada, l'emmena avec lui comme secrétaire particulier. L'année suivante, il se fit chercheur d'or; mais il chercha inutilement le précieux métal dans les mines de Nevada et de la Californie. Vers la fin de cette année, il publia sur ses aventures une série d'articles dans le journal *Virginia City Entreprize*. Ces petits articles, alertes et pleins d'actualité, attirèrent l'attention; et, en 1863, Clemens était rédacteur en chef du journal qui les avait publiés. L'année suivante, il s'établit comme journaliste à San Francisco, où il fit le reportage, et fonda ensuite un journal qui dura environ un an. En 1866, il partit pour les îles d'Hawaï, où il séjourna près de six mois. De retour aux États-Unis, il se fit conférencier, et ses conférences eurent un grand succès en Californie et dans le Nevada. En 1867, il parcourait les États de l'Est, et vers la fin de cette année, il publiait: « the Jumping-Frog » (nouvelle éd., Londres, Routledge, 1886), délicieuse étude humoristique qui eut un immense succès. Avant la fin de 1867, il fit, en compagnie de nombreux touristes américains, une excursion dans la Méditerranée, l'Égypte et la Palestine. Il a raconté ce voyage dans son livre intitulé: « The Innocents abroad », 1869. En 1870, il devint directeur d'un journal quotidien publié à Buffalo, où il épousa une personne excessivement riche. A cette époque, il publia de nombreux articles littéraires et humoristiques dans le *Gallaxy Magazine* de New-York. En 1872, Clemens fit un voyage en Angleterre, où il donna une série de conférences qui eurent un retentissant succès. Pendant son séjour en Angleterre, un éditeur de Londres publia, en quatre volumes, un recueil des articles humoristiques de Mark Twain ; mais il inséra dans cette publication un grand nombre d'articles que l'écrivain américain déclare n'avoir jamais écrits. En 1874, il fit jouer avec un grand succès une comédie intitulé: « The gilded Age », tirée d'un roman du même nom. Il a inséré aussi un grand nombre d'articles et de nouvelles dans diverses revues américaines. Indépendemment des ouvrages déjà cités, nous rappellerons encore de lui: « Roughing It », 1872 ; « Adventures of Tom Savyer », 1876, traduit en français par William L. Hughes, Paris, Hennuyer, 1884 ; « Punch Brothers, Punch », 1878 ; « A Tramp Abroad », 1880 ; « The Prince and the Pauper », 1882, traduit en français par Paul Largilière, Paris, Oudin, 1883 ; « The Stolen White Elephant and other Tales », 1882 ; « Lives on the Mississipi », 1883 ; « Adventures of Huckleberry Finn », 1885, traduit en français par W. Hughes, Paris, Hennuyer, 1886 ; « Eye Openers, Good Things, Funny Sayings and Stories », 1885 ; « Funniest Fiction », 1885 ; « Nightmare: a Story, with Tales, Sketches, Poetry, etc. », 1885 ; « Birthday Book », 1885 ; « Choice Bits », 1865 ; « New Pilgrim's Progress from New World to the Old », 1886 ; « Practical Jokes with Artemus Ward », 1886. Citons encore une traduction libre en français, par Émile Blemont des « Esquisses américaines », Paris, Ollendorff, 1881, et un essai sur ses œuvres, avec des extraits, par madame Th. Bentzon. — M. C. réside maintenant à Hartford (Connecticut E. U.) et il passe ses étés à Elmira dans l'État de New-York.

Clément (Clara ERSKINE mistress WATERS), femme de lettres nord-américaine, née, le 28 août 1834, à Saint-Louis (Missouri E. U.). Sa condition de fortune lui assurant toute facilité de s'instruire et de voyager, elle suivit son penchant pour les études littéraires, s'adonnant surtout à l'histoire des beaux-arts, sans pour cela délaisser les autres branches de la littérature. En 1852, elle épousa M. James H. Clement, mort en 1881, et l'année suivante elle se remaria avec M. Waters du *Boston Advertiser*. Nous citerons d'elle : « Legendary and Mythological Art », 4me éd., 1872; « Painters, Sculptors, Architects, Engravers, and their Works », 2me éd., 1874: « Artists of the Nineteenth Century », en collaboration avec L. Hulton, 1879, nouvelle éd., 1885 ; « History of Egypt », 1880; « Eleanor Maitland », roman, 1881; « Life of Charlotte Custemann », id.; « Outline History of Sculpture for Beginners », 1885; « Christian Symbols and Stories of the Saints », 1886; « Stories of Art and Artists », 1886, qui avait paru d'abord dans les colonnes du *Saint-Nicolas*. — Elle a publié en outre plusieurs traductions et donné beaucoup d'articles à différents journaux et magazines.

Clément (Henri), magistrat français, né, à Arras, en 1818. M. Clément qui était en dernier lieu conseiller à la Cour d'Appel de Douai a publié: « Essai sur les usages locaux du département du Pas-de-Calais », Arras, Topino, 1856; « Études sur le droit rural, civil, commercial, administratif et pénal, sur les anciens usages qui sont encore appliqués, sur plusieurs lois spéciales, sur la doctrine et sur la jurisprudence », Cambrai, Simon, 1872, nouvelle éd., Paris, Durand et Pedone-Lauriel, 1877; « Questions pratiques sur l'hypothèque légale de la femme mariée suivies d'une dissertation sur l'hypothèque légale des mineurs et des interdits », id., 1877; « Le droit rural expliqué suivant les lois nouvellement promulguées », 2 parties, la 1re: « Les chemins ruraux », Arras, Sueur-Charrey, 1884, la 2me: « Les vices rédhibitoires et les épizooties, id., id., 1885.

Clément (Jean-Baptiste), révolutionnaire et écrivain français, né, à Boulogne-sur-Seine, en mai 1837. Quoique fils d'un meunier aisé, il dut entrer en apprentissage à l'âge de douze ans et resta, durant sept ans environ, chez un garnisseur en cuivre. Devenu ouvrier habile, il se remit à l'étude, et tenta de combler les lacunes de son éducation. Il fit alors quelques chansons qui eurent un succès assez vif, grâce surtout à l'interprétation qu'en fit Darcier. Parmi ses productions, on peut citer : « Quatre vingt-neuf » ; « L'Eau va toujours à la rivière » ; « Fournaise » ; « Ah! le joli temps » etc. M. Clément, qui jusqu'en 1869 était resté étranger à la politique, entra dans le journalisme militant au moment des élections. Il écrivit quelques articles pour les *Tablettes politiques*, le *Pavé*, puis fonda le *Casse-tête*, feuille éphémère dans le genre de la *Lanterne*. Au mois de janvier 1870, il entra à la *Réforme* et donna dans ce journal, sous le titre de « Carmagnoles », une série de « Chroniques parisiennes » qui lui valurent un an de prison pour injures au chef de l'État et excitation des citoyens à la haine des uns contre les autres. La révolution du 4 septembre le mit en liberté. Il en profita pour rentrer dans le journalisme militant, et publia dans le *Courrier Français* et dans le *Cri du Peuple* de Jules Vallès des articles, où il se prononçait avec force pour la guerre à outrance et blâmait énergiquement l'inaction du gouvernement de Paris. Devenu membre de la Commune de Paris, il se signala parmi les plus violents; condamné, après le rétablissement de l'ordre, à la déportation dans une enceinte fortifiée, il parvint à se réfugier en Angleterre, y resta jusqu'en 1880, et revint en France, après le vote de l'amnistie. Depuis son retour, il s'est montré l'un des membres les plus ardents et les plus actifs du soi-disant parti ouvrier. Il s'adonna d'ailleurs exclusivement à la propagande par la plume et par la parole des théories socialistes. Collaborateur du *Prolétariat*, du *Cri du Peuple*, du *Socialiste*, il a fait, de 1870 à 1887, tant à Paris qu'en province, des conférences très nombreuses. On lui doit une publication: « La Revanche de la Commune », Paris, 1887, mais il est surtout populaire par ses « Chansons », Paris, Marpon et Flammarion, 1885. Parmi ses poésies sociales, nous citerons : « Les Traîne-Misère » ; « La Machine » ; « Comme je suis fatigué » ; « Paysans! Paysans! » ; « Ne plaignons plus les gueux » ; « Le Bonhomme Misère » ; « Les Gueux » ; et, parmi ses poésies sentimentales : « Bonjour, Printemps » ; « Connais-tu l'amour? » ; « Le Temps des cerises », etc.

Clement (Knut Jungbohn), historien allemand, né, le 4 décembre 1803, dans l'île d'Amrum dans la Mer du Nord. Il étudia la philosophie, l'histoire et la philologie à Copenhague et à Kiel, voyagea ensuite en Angleterre, en France, en Hollande et en Allemagne, et se fixa à Kiel où il fut, de 1841 à 1848, *privat-Docent*. Il a publié: « Die nordgermanische Welt und ihre geschichtlichen Anfänge », Copenhague, 1840; « Notwendige Materialen zur gründlichen Nachweisung des Ursprungs dän. Ordens und Staatssymbole », Copenhague, 1840; « Die *Lex Salica* », Mannheim, 1843; « Die Lebens- und Leidensgeschichte der Friesen », Kiel, 1848; ensuite il a traité la fameuse question du Schleswig-Holstein dans les ouvrages suivants: « Das wahre Verhältniss der südjütländ. Nationalität und Sprache », Hambourg, 1849; « Schleswig, das urheimische Volk des nichtdän. Volks der Friesen und Angeln », id., 1861; « Die dänische Schriftsprache und die nordschlesw. Volkssprache », id., 1869.

Clément-Janin (Michel-Hilaire), érudit français, né, à Thil-Châtel (Côte-d'Or), en 1831. Il a publié: « Journal de la guerre de 1870-71, à Dijon et dans le département de la Côte-d'Or », 2 parties, Paris, Dumaine, 1871-73; « Notes sur les prix des denrées en Bourgogne », Dijon, Marchand, 1874; « Recherches sur les imprimeurs dijonnais et sur les imprimeries du département de la Côte-d'Or », id., id.; 2me éd., Paris, Champion, 1883; « Sobriquets des villes et villages de la Côte-d'Or », 3 parties, Dijon, Marchand, 1876-78; « Dédicaces et lettres autographes », Paris, Lechevallier, 1884; « Traditions populaires de la Côte-d'Or », id., id., id.

Clemmer (Mary), femme de lettres nord-américaine, née, en 1839, à Utica (New-York). Elle fit preuve dès son plus jeune âge de remarquables qualités intellectuelles. Toute jeune encore, elle épousa le rév. Daniel Ames, un pasteur presbytérien dont elle se sépara en 1879, reprenant dès lors son nom de jeune fille. Elle débuta dans la carrière littéraire en donnant des poésies et des articles d'occasion à l'*Utica Morning Herald* et au *Springfied Republican*, et en 1865, elle publia sous le voile de l'anonyme un roman intitulé : « Victoire », dont elle avait écrit la plus grande partie avant sa vingt-unième année. En 1866, elle devint correspondante du *New-York Independent*. Sa première série d'articles, sous le titre : « A Woman's Letters from Washington », ne contribua pas peu à achalander ce journal. En 1870, des revers de fortune l'obligèrent à chercher des ressources dans le journalisme. Elle réunit alors dans ses mains la direction de l'*Independent* et du *Brooklyn Union* et s'obligea par écrit à donner chaque jour, pendant trois ans, un article, contrat qu'elle exécuta à la lettre. Son second roman : « Eirene, or, A Woman's Right », dont la première partie avait été publiée dans le *Putnam's Magazine*, parut en 1871 ; le « Memorial of Alice and Phaebe Cary », parut en 1873, et fut suivi, en 1873 et 1874, par deux volumes de leurs poésies posthumes publié par Mme Clemmer ; « Outlines of Men, Women, and Things », 1873 ; « Ten Years in Washington », 1873 ; « The Two Wives », écrit pour le feuilleton de l'*Every Saturday*, ne fut réuni en volume qu'en 1875. Pendant la guerre, Mme Clemmer fut plusieurs fois au feu, assista à plusieurs batailles et tomba même en pouvoir de l'ennemi. Le « Diary » et le chapitre « Surrender of Maryland Heights » dans son roman « Eirene », sont le fruit de son expérience personnelle.

Clerc (Alexis-Jules), écrivain français, né, à Paris, le 18 mai 1841. Après avoir terminé ses études au lycée Charlemagne, il débuta par des nouvelles au *Petit Moniteur*, à l'*Illustration*, au *Diable*, à l'*Étincelle*, aux *Fantaisies parisiennes*, etc. Il publia une petite brochure républicaine : « Nos bons députés », au moment des élections de 1869, puis, en 1872, une « Biographie des députés ». Entré dans l'enseignement primaire, en 1873, il continua à s'occuper de littérature. Il écrivit au *Peuple* des articles sur l'instruction primaire, articles dont le comité directeur du journal crut devoir interrompre la publication. A l'Exposition de 1878, il présenta une série d'études pédagogiques, déjà couronnées deux fois par l'Académie nationale d'éducation de Lyon, et dont l'une mérita d'être choisie parmi les spécimens des *Travaux d'instituteurs français* publiés, en 1879. M. Alexis Clerc qui avait déjà publié, en 1867, deux volumes de traduction de « Poésies bibliques », a donné ensuite quelques romans et quelques livres de voyage : « Si nous causions femmes. Études », Paris, Rouff, 1880 ; « Frère Nicéphore », id., id., id. ; « L'Amour qui fait manger », id., id., 1882 ; « Voyage au pays du pétrole », id. Degorce-Cadot, 1882 ; « Voyage de Jean Soulahicol », id., id., 1882 ; « Chez les Yankees », id., Librairie de vulgarisation, 1884. Il a fondé, en 1881, le journal la *République illustrée*. Depuis, il a écrit, sous le titre général de « Sciences mises à la portée de tous » : « Hygiène et médecine des deux sexes ; génération », Paris, Rouff, 1884 ; « Physique et chimie populaires », 2 vol., id., id., 1885 ; et, en collaboration avec M. J. Favre, professeur au Lycée Lakanal, un « Cours de grammaire », pour les écoles primaires. Enfin, il a collaboré, pour la partie biographique, au tome XVII du *Grand Dictionnaire* de Pierre Larousse.

Clère (Jules), publiciste français, né, à Paris, le 19 octobre 1850, y fit ses études au collège Henri IV et à l'école du Droit. Entré de bonne heure dans le journalisme, il débuta au *Courrier de Paris* par des articles de critique littéraire signés du pseudonyme anagrammatique de *Jules Rècle*. Il écrivit ensuite, tant sous son propre nom que sous ce pseudonyme et celui de *E. Bussière* de nombreux articles dans le *Courrier*, l'*Industriel*, l'*Avenir* journal du quartier latin, la *Réforme*, le *Courrier français*, la *Revue de Décentralisation*, dont il fut secrétaire de la rédaction, la *Revue universelle*, le *National*, le *Petit National*, la *Dépêche*, le *Journal des économistes*, etc. Attaché, depuis 1871, à la rédaction du *National*, il y a rédigé à plusieurs reprises le bulletin politique, et y a fait régulièrement, depuis 1872, la revue des livres. On doit en outre à M. J. Clère : « Les hommes de la Commune, biographie complète de tous ses membres », Paris, Dentu, 1871, plusieurs fois rééditée ; « Histoire du suffrage universel », id., Sagnier, 1873 ; 2me éd., 1875 ; « Biographie des députés, avec leurs principaux votes, depuis le 8 février 1871, jusqu'au 15 juin 1875 », id., Garnier frères, 1875 ; « Biographie complète des sénateurs », id., id., 1876 ; « Biographie complète des députés. Avec toutes les professions de foi, circulaires électorales, etc. », id., id., id., cette dernière se rapporte naturellement aux membres de la deuxième législature de la République et diverses brochures sur des questions de Droit international ou d'économie politique, notamment : « Étude historique sur l'arbitrage international », 1874 ; « Le Congrès de Bruxelles », 1875 ; « Les tarifs de douane, 1881, les traités de commerce, etc. ». M. Jules Clère est membre de l'*Institut de droit international ;* de la *Société d'économie politique* et de plusieurs autres sociétés savantes. Depuis dix ans, il siège au Comité de la Société des gens de lettres et a, en cette qualité, pris une part active aux discussions des Congrès littéraires internationaux de Paris et de l'étranger en faveur des droits de la propriété littéraire. — Après avoir été attaché comme secrétaire aux commissions de la Chambre des députés (commissions du tarif général des douanes, des traités de commerce, de l'enquête sur les actes du général de Cissey etc.), M. J. Clère est devenu, en 1880, secrétaire rédacteur de la Chambre des députés.

Clerici (Graziano-Paolo), littérateur italien, résident à Parme. Nous connaissons de lui : « I prigionieri. Commedia di M. Accio Plauto, tradotta in italiano e ridotta per il teatro moderno, con l'aggiunta di una prefazione e di un prologhetto originale », Parme, Ferrari e Pellegrini, 1881 ; « Il prologo di Persio Flavio, interpretato », id., id., 1885 ; « Osservazioni sul testo e sulle interpretazioni della Divina Commedia », id., id., 1886 ; « Studii varii sulla Divina Commedia, con lettera del comm. Giuseppe Della Vedova sulla questione geografico-astronomica del canto IX del Purgatorio », Città di Castello, Lapi, 1888 ; outre plusieurs articles sur le Dante, insérés dans différents journaux.

Clermont-Ganneau (Charles), orientaliste français, né, à Paris, en 1846. M. Ch. C. G. qui est correspondant de l'Institut, secrétaire interprète du Gouvernement, directeur adjoint à l'école pratique des Hautes-Études, ancien drogman de l'ambassade de France à Constantinople et du consulat de France à Jérusalem, a publié : « Lettre à M. Mohl sur un passage du Kitab-el-fihrist relatif au Péhlevi et au Huzvarech, avec quelques observations sur le même sujet par Derembourg », Paris, Durand, 1866 ; « Histoire de Calife le pêcheur et du calif Haroun-el-Rechid. Texte turc, accompagné de notes explicatives et de la traduction française », id., Maisonneuve, 1869 ; « La Stèle de Mesa, roi de Moab, 896 avant J. C., lettre à M. le comte de Vogüé », id., Baudry, 1870 ; « La Palestine inconnue », id., Leroux, 1875 ; « Sur un monument phénicien apocryphe du cabinet impérial et royal de Vienne », id., id., 1877 ; « L'authenticité du Saint-Sépulcre et le Tombeau de Joseph d'Arimathée », id., id., id. ; « Le Dieu Satrape et les Phéniciens dans le Péloponèse », id., id., id. ; « Mythologie iconographique », id., id., 1878 ; « Sur une inscription arabe de Boora relative aux Croisades », id., id., ; « Études d'archéologie orientale », id., id., 1880 ; « Origine perse des monuments araméens d'Egypte », id., Didier, 1881 ; « Premiers rapports sur une mission en Palestine et en Phénicie entreprise en 1881 », id., Maisonneuve, 1883 ; « Sceaux et cachets israélites, phéniciens et syriens, suivis d'épigraphes phéniciennes inédites sur divers objets et de deux intailles cypriotes », id., id., 1883 ; « Mission en Palestine et en Phénicie entreprise en 1881. Cinquième rapport », Paris, Maisonneuve, 1884 ; « Les Fraudes Archéologiques en Palestine, suivies de quelques monuments phéniciens apocryphes », id., Leroux, 1885 ; « Recueil d'archéologie orientale », id., id., id.

Cléry (Léon), éminent avocat français, né, à Paris, le 9 avril 1831. Après de brillantes études au lycée Henri IV, il fit son droit et se fit inscrire, en 1853, au barreau de Paris. Successivement secrétaire de la conférence des avocats, et, en 1856, secrétaire de M. Bettmont, bâtonnier de l'ordre, il se consacra surtout aux affaires civiles et politiques. Sous l'Empire, il plaida avec succès un grand nombre d'affaires de presse. En 1870, il fut adjoint par le Gouvernement de la défense nationale à la mission diplomatique extraordinaire confiée à M. Sénard auprès le Gouvernement italien, dont le siège était alors à Florence. Accrédité auprès de ce gouvernement après le départ de M. Thiers et de M. Sénard, il ne quitta Florence que le 10 décembre. Plus tard, après l'avènement de la République, il fut chargé de la défense du *XIX Siècle*, en la personne d'Edmond About et de Francisque Sarcey, appelés en justice par la congrégation des Missions, pour avoir dit que les aumônes récoltées pour la Sainte-Enfance, dans le but de racheter les petits Chinois, devaient servir à tout autre usage. M. Cléry a également défendu le *Bien Public* contre les Jésuites de la rue des Postes. Sous le régime du Seize-Mai, M. Léon Cléry signa la consultation des jurisconsultes, en faveur des 363 anciens députés républicains que le *Bulletin officiel de communes*, organe ministériel, dénonçait comme partisans de la Commune, complices des incendiaires de 1871. M. Cléry a soutenu, en 1877, l'action en diffamation intentée par M. Menier, ancien député, contre le ministre de l'intérieur M. de Fourtou. Il a également soutenu la revendication de l'éditeur Barraud, lors de la saisie des planches des *Contes de la Fontaine*. C'est lui qui, dans la question de propriété littéraire soulevée au sujet de la publication des œuvres d'André Chénier par les soins de M. Gabriel de Chénier, défendit les droits de ce dernier. M. Cléry a l'élocution facile, la repartie prompte, spirituelle et parfois si mordante qu'un duel avec le journaliste H. de Pène, faillit résulter d'une plaidoirie que l'éminent avocat prononçait pour M. Marais contre M. Köning, directeur du Gymnase. De 1875 à 1878, M. Léon Cléry fut membre du Conseil de l'Ordre. Il fait partie du comité consultatif de la ville de Paris, et figure parmi les conseils de la Banque de France et de la Comédie-Française.

Clesse (Antoine), poète, né, le 30 mai 1816, à La Haye, en Hollande, d'une mère belge et d'un père français, et qui a obtenu en Belgique la grande naturalisation. M. Clesse exerce à Mons le métier d'arquebusier et ses chansons surtout, pleines de bon sens et d'humour, lui ont valu une énorme popularité, à laquelle le roi des Belges a mis le sceau en nommant le chansonnier chevalier de l'ordre de Léopold (1888). Il y a un demi-siècle déjà, la Société des sciences, des arts et des lettres du Hainaut couronnait son « Godefroid de Bouillon », Mons, 1839; presque immédiatement après, paraissait un autre poème; « Rubens », id., 1840; et bientôt un volume intitulé: « Poésies », id., 1841, réunissait à ces deux premières œuvres un troisième poème: *Grétry*, et une comédie: *Un Poète*. C'est vers cette époque que la Chanson devint le genre favori de M. Clesse, et à partir de 1845, nous voyons se succéder les recueils dans lesquels il rassembla ses productions en ce genre: l'édition définitive comprend les « Chansons », Bruxelles, Lebègue, 1866, et les « Nouvelles Chansons », Mons, Manceaux, 1888. Après avoir cité ces deux magnifiques volumes, nous pouvons passer rapidement sur les autres poésies de M. Clesse, sur les excellents discours prononcés par lui dans les séances solennelles de la Société des sciences, des arts et des lettres du Hainaut, dont il fait depuis longtemps partie, sur sa collaboration aux publications de cette Société, à celles du Cercle lyrique montois et à quelques journaux.

Cleuziou (Henri-Raison DU), littérateur, critique d'art et archéologue français, né, à Lannois, le 19 juin 1883, appartient à une des plus anciennes familles de Bretagne. Il a débuté dans la littérature par quelques articles archéologiques publiés dans l'*Illustration* et dans *Paris qui s'en va* de Léopold Flameng. Ces articles étaient signés alors du pseudonyme de KERSÉRANT. Il fonda, sous son nom, en 1861, avec Vermorel, le journal *La Jeune France*, qui lui valut une condamnation par les Tribunaux de l'Empire. Il lutta encore quelque temps dans les journaux du quartier latin, collabora à plusieurs revues purement littéraires et se réfugia dans l'archéologie. Il publia dans la même période: « Salon de 1863. 1re livraison: Les Soldats », Paris, Marpon, 1863, et « L'œuvre de Delacroix », id., id., 1865, 2me éd., id., id., 1885. En 1872, il fit paraître, chez Baudry: « De la poterie gauloise. Étude sur la collection Charvet », qui fut très remarqué. Depuis, il accomplit une mission pour le compte de la *Société des Monuments Historiques* et fit, entr'autres, une étude approfondie des « Alignements de Carnac », dont les cartes, les croquis, les plans furent exposés, à différentes reprises, par le Ministère de l'Instruction publique. En 1882, il publia, chez Levasseur, deux volumes, illustrés de plus de huit-cent gravures, accompagnées de chromolithographies, d'après des dessins, sur « L'Art national français », qui eurent un grand retentissement, comme vulgarisation de la science archéologique, en France. Continuant cette idée de vulgarisation, il vient de faire paraître un volume, illustré également d'après ses dessins,

sur « La Création de l'Homme et les Origines de l'Humanité », où il traite à fond la question préhistorique. Une édition italienne de cet ouvrage paraît chez l'éditeur Sonzogno de Milan. Entre temps, il a écrit sur la Bretagne, sa chère province natale, deux petits volumes traitant des mœurs, coûtumes, usages et monuments du « Pays de Léon ». Il travaille, en ce moment, à une étude de « L'Art monumental en France », depuis les temps les plus reculés jusqu'à l'époque moderne. M. H. du Cleuzion a fait plusieurs conférences sur la « Céramique française », qu'il connaît mieux que personne. Il dirige, en ce moment, une luxueuse publication: *Le Monument Historique de France*, dont il écrit les notices.

Clève (Per-Théodor), chimiste et naturaliste suédois, né, à Stockholm, le 10 février 1848. Ce savant chimiste formé à l'Université de Upsal, où il devint *privat Docent* en 1863, a été professeur de chimie à l'École polytechnique de Stockholm, de 1870 à 1874; il est professeur de chimie à l'Université d'Upsal depuis 1874. En 1866 et 1867, il parcourut l'Angleterre, la France, la Suisse et l'Italie pour étudier la géologie. En 1868 et 1869, il a visité l'Auvergne et les États-Unis d'Amérique pour l'étude des algues d'eau douce et des diatomées. Il fait partie d'un grand nombre de sociétés savantes appartenant à diverses nationalités dont il parle la langue, et il fait paraître ses travaux dans les publications périodiques de ces sociétés: Académie des Sciences de Stockholm, Société des Sciences d'Upsal, Société des Sciences de Copenhague, Société chimique de Paris, Société chimique d'Allemagne, Société chimique de Londres, Société *pro fauna et flora* d'Helsingfors, Société géologique de Californie, Société microscopique de Londres. Ses travaux chimiques ont eu pour principal objet l'étude des propriétés et la recherche du poids atomique des métaux nouveaux et rares; on lui doit aussi de nombreux mémoires sur les bases ammoniacales du platine, sur la naphtaline, les naphtols, et leurs dérivés, sur les acides cholaïque et choloïdanique. Il a écrit quelques mémoires sur la géologie et un grand nombre de dissertations sur les algues diatomées. Parmi ses ouvrages séparés, nous citerons: « Lärobok i oorganisk kemi », 1873, 2me éd., 1876; « Kort lärobock i oorganisk och organisk kemi för begynnare », 1878; « Kemist Handlexicon », 1883-84. Il a en outre collaboré au *Dictionnaire* de Wurtz et à l'*Encyclopédie chimique* de Fremy, publications auxquelles il a fourni des articles sur les métaux rares.

Cleveland (Grover), vingt-deuxième président des États-Unis de l'Amérique du Nord, né, le 18 mars 1837, à Caldwell (New-Jersey E. U.). Après avoir passé plusieurs années dans une maison de commerce, il entra comme maître auxiliaire à l'association des Jeunes aveugles de New-York. En 1855, il se fixa à Buffalo, collabora à la rédaction d'un *Dictionnaire de l'Agriculture*, se livra ensuite à l'étude du droit, et en 1859, il fut reçu avocat et ne tarda pas à se faire remarquer par son adresse et son éloquence. Entré sur la scène politique, en 1881, comme maire de Buffalo, il fut élu le 4 novembre 1884 à la plus haute magistrature de son pays. N'ayant pas été réélu ses pouvoirs prendront fin le 4 mars 1889 (Cfr. PENDLETON KING *Life and Public Service of Grover Cleveland, 1885*). Sa sœur, Mlle ROSE-ELISABETH CLEVELAND fut d'abord maîtresse d'école, elle fit ensuite des cours et des conférences, et ses lectures étaient fort goûtées dans les derniers temps. C'est ce qui lui a donné sans doute l'idée, en 1885, de les réunir en un volume, sous le titre : « George Eliot's Poetry and other studies ».

Clifford (Frederik), jurisconsulte anglais, né en 1828, et inscrit, en 1859, au barreau de Middle Temple. M. C., qui a appartenu pendant plusieurs années à la rédaction littéraire du *Times*, est l'auteur du traité sur « The Steamboat Powers of Railway Companies », 1865, et en collaboration avec M. Stephen Pembroke du livre : « The Practice of the Court of References, on Private Bills in Parliament », qui fait texte sur la matière. Sans tenir compte de plusieurs publications juridiques, auxquelles il apporte chaque année sa collaboration, nous citerons son chef-d'œuvre : « History of Private Bill Legislation », 1 vol., 1885-86 qui a obtenu un véritable succès. — Citons encore de lui : « The Agricultural Look-out of 1874 ; with Notes upon Farming and Farm Labour in the Eastern Countries », 1875, travail fondé sur une série de lettres qu'il avait publiée dans le *Times* ; « The Agricultural Holdings Art, 1875 », et d'autres articles extraits du *Journal of the Royal Agricultural Society* ; « English Land Law », un des traités préparés sous la direction de la *Royal Agricultural Society*, et traduit et publié par la Société des Agriculteurs de France lors du Congrès International de l'Agriculture, tenu à Paris en 1878.

Clifton (Robert-Bellarny), physicien anglais, né, à Gedney (Lincolnshire), le 13 mars 1836. Après de brillantes études, il fut élu agrégé du collège Saint-John de Cambridge et devint professeur de philosophie naturelle au collège de la Reine à Manchester. En 1865, il fut nommé professeur de philosophie expérimentale à l'Université d'Oxford, fonctions qu'il occupe encore. M. Clifton est l'auteur de plusieurs articles concernant l'optique et l'électricité, et il s'est surtout dévoué au développement de l'étude de la physique à l'Université de Oxford. Le *Clarendon Laboratory*, le premier laboratoire construit en Angleterre exprès pour l'enseignement de la physique pratique, est son œuvre. M. Clifton, qui est membre de plusieurs compagnies savantes, a fait partie, de 1879 à 1886, de la Commission sur les accidents dans les mines, et a pris une part fort active à l'enquête qui a été faite à ce sujet.

Cloué (Georges-Charles), marin français, né le 20 août 1817, entra au service de la marine en 1832 et devint aspirant l'année suivante. Enseigne en 1839, il a été promu successivement lieutenant de vaisseau en 1846, capitaine de frégate en 1855, et capitaine de vaisseau en 1862. Contre-amiral en 1867, il fut en cette qualité gouverneur de la Martinique. Promu vice-amiral le 17 décembre 1874, il entra, en 1880, comme ministre de la marine dans le cabinet Ferry, et il garda son portefeuille jusqu'au 14 novembre suivant. Il reprit alors le service actif. L'amiral Cloué qui a été, pendant quelque temps, directeur général du dépôt des cartes et plans de la marine, est membre titulaire du Bureau des longitudes. Il a publié : « Renseignements hydrographiques sur la mer d'Azof », Paris, Ledoyen, 1856 ; « Pilote de Terre-Neuve », 2 vol., Paris, au dépôt de la marine, 1870.

Clugnet (Léon), écrivain français, né, en 1848, à Lyon, où il réside en qualité de bibliothécaire des Facultés. On lui doit : « Géographie de la soie. Étude géographique et statistique sur la production et le commerce de la soie en cocon », Lyon, Georg, 1877 ; « Glossaire du patois de Gilhoc (Ardèche) suivi d'un essai grammatical », id., Leroux, 1883. En outre, il a traduit de l'allemand de W. Kellner : « L'Empire ottoman », Lyon, Georg, 1871.

Clunet (Edouard), jurisconsulte français, né, à Grenoble (Isère), le 11 avril 1845. M. C., qui est avocat à la Cour de Paris et membre de l'Institut international, a plaidé dans grand nombre d'affaires intéressantes et publia dans les loisirs du barreau des travaux sur le droit international. Il a fondé, en 1874, le *Journal de droit international*, dont la collection comprend aujourd'hui quinze volumes et qui compte parmi ses collaborateurs MM. Mancini, Gabba, Fiore, Holtzendorff, Phillimore, Wharton, Silvela, Martens, Renault, Charles Lyon-Caen, Labbé, etc. Parmi ses ouvrages séparés nous citerons : « Questions de droit relatives à l'Exposition internationale de 1878 », Paris, Marchal, Billard et Cie, 1878 ; « Concordance des résolutions du congrès de la propriété artistique, avec les dispositions déjà admises dans les Congrès, la législation et les traités diplomatiques des principaux pays », id., id. 1879 ; « État actuel des relations internationales avec les États-Unis en matière de marques de fabrique », id., id., 1880 ; « Du défaut de validité de plusieurs traités diplomatiques conclus par la France avec les puissances étrangères »,

2e éd., id., id., 1880; « Un étranger peut-il pratiquer une saisie-arrêt en France contre un Français ? », 1882; « Offenses et actes hostiles commis par des particuliers contre un État étranger », 2e éd., 1887; « Incident franco-allemand de Pagny (affaire Schnœbelé », 1887 ; « Étude sur la convention d'union internationale pour la protection des œuvres littéraires et artistiques », 1887; « Incident du Consulat de France à Florence », 1888; « Abordage du navire de commerce français *La Ville de Victoria* et du cuirassé anglais le *Sultan* », 1888.

Cluseret (Gustave-Paul), révolutionnaire français, ex-membre de la Commune de Paris, né, dans cette ville, le 13 juin 1823. Élève de l'école de Saint-Cyr, il suivit d'abord la carrière militaire et arriva au grade de capitaine. Il donna plus tard sa démission et s'attachant au général Garibaldi fit avec lui la campagne des Deux Siciles. Nommé lieutenant-colonel après la prise de Capoue, il fut versé, sans son grade, à l'état-major général de l'armée italienne. Il donna sa démission en 1861 et s'embarqua pour l'Amérique au moment de la guerre de la sécession. Il prit part pour le Nord, combattit sous les ordres de Frémont, de Mac Clellan, dont il devint aide de camp, et fut nommé successivement colonel et général. La guerre finie, il fonda à New-York un journal pour soutenir la candidature à la présidence du général Frémont. Après l'élection du général Grant, M. Cluseret revint en Europe pour prendre part à la révolution fénianne. C'est à lui, sous le nom d'Aulif, que les journaux attribuèrent, en 1867, l'attaque du château de Chester. Les tribunaux anglais le condamnèrent même à mort per contumace, bien qu'il ait protesté contre la part qui lui fut attribuée dans cette affaire. Il passa alors en France, publia dans le *Courrier Français* des articles sur « La Situation aux États-Unis ». En 1868, ses articles dans l'*Art*, nouveau journal fondé par lui, lui valurent une condamnation, à la suite de laquelle il fut détenu à Sainte-Pélagie, où il se lia avec les principaux chefs de l'Internationale. De violents articles contre l'organisation de l'armée, publiés en 1869 dans la *Démocratie*, le *Rappel* et la *Tribune*, lui attirèrent de nouvelles poursuites auxquelles il ne put échapper qu'en excipant de sa qualité de citoyen américain. A la révolution du 4 septembre, il accourut à Paris, entra dans la rédaction de la *Marseillaise*, et, même dans un tel milieu, se signala par la violence de ses opinions. Il prit part au soulèvement de Lyon (28 septembre), et, passé à Marseille, y installa une Commune révolutionnaire et se proclama un instant chef militaire du sud de la France. Pendant la Commune de Paris, il fut membre de la Commune et délégué à la guerre, puis soupçonné par ses correligionaires, enfermé à Mazas, d'où il ne sortit que lors du rétablissement de l'ordre.

Poursuivi de nouveau par les autorités regulières pour sa participation à la Commune, il parvint à se réfugier en Angleterre, et passa de là en Amérique pendant que le conseil de guerre, séant à Versailles, le condamnait à mort par contumace le 30 août 1872. Revenu en Suisse, il se réfugia au bord du lac de Genève dans une maison tout près de celle où vivait Gustave Courbet. De sa retraite, Cluseret devint correspondant de feuilles américaines et anglaises, auxquelles il envoyait des articles sur « L'Épopée révolutionnaire de 1871 ». Il écrivait notamment pour le *Swiss-Times*, qui se publie à Genève. Ses vues n'étant pas partagées de tout point par le directeur de cette feuille, celui-ci prétendit interrompre, en dépit d'un traité, la publication de ces articles. Il y eut procès; Cluseret le gagna et obtint une indemnité de 800 francs (août 1874). Quelque temps après, il partit pour l'Orient, quand l'amnistie eut été votée en 1880. Il ne tarda point à rentrer à Paris, où il devint collaborateur des journaux la *Commune*, la *Marseillaise* etc., mais il ne tarda guère non plus à repartir, ayant subi par défaut deux condamnations : la première, en novembre 1880, à quinze mois de prison et 2000 francs d'amende; la seconde, en janvier 1881, à deux ans de prison et 3000 francs d'amende, pour apologie de faits qualifiés crimes, excitation de l'armée à la révolte, etc. Tout à coup, en 1884, on fut assez surpris d'apprendre que la galerie Vivienne allait voir s'ouvrir une « Exposition des œuvres de Cluseret ». Du temps qu'il voisinait avec Courbet, l'ancien général de la Commune avait soigneusement enregistré dans sa mémoire toutes les théories qu'émettait devant lui le fameux *déboulonneur de la Colonne;* depuis lors, à travers les hasards de sa vie aventureuse, il avait travaillé seul, sans maître, sans conseils, sans modèles, et réalisé des progrès suffisants (encouragés plus tard, à la vérité, par M. Meissonier), pour pouvoir affronter une exposition publique. Au mois de décembre 1888, M. Cluseret a été élu député dans le Var, mais, pendant que nous écrivons, la Chambre n'a pas encore décidé sur la validité de cette élection qui est contestée, M. Cluseret ayant perdu sa qualité de français en prenant du service à l'étranger. On lui doit: « Armée et démocratie », Bruxelles, Librairie internationale, 1869; « Mémoires du second siège de Paris (1870-71) », 2 vol., Paris, J. Lévy, 1887, livre qui a été fort spirituellement défini le *Manuel du parfait insurgé*. Citons enfin un livre publié en Italie et dont aucun de ses biographes ne fait mention : « Idée d'un corps spécial pour l'armée italienne », Turin, Derossi, 1870.

Cobbe (Frances Power), femme de lettres et philantrope anglaise, née, à Dublin, le 4 décembre 1822. Elle a consacré une partie de son existence à fonder, organiser ou soutenir des œuvres destinées à protéger les femmes sans ressources. Depuis 1876, elle préside la Société fondée en vue de faire prononcer le divorce en faveur des femmes pauvres maltraitées par leurs maris; elle est membre de diverses sociétés organisées dans le but de réformer l'éducation des femmes et de leur ouvrir les carrières libérales et elle est directrice de l'Association britannique contre la vivisection. Outre des articles dans des revues, elle a publié un grand nombre d'ouvrages et de brochures, notamment: « An Essay on Intuitive Morals », 1855, 3me éd., 1859; « Religious Duty », 1857; 2me éd., 1864; « Pursuits of Women », 1863; « Cities of the Past », 1863; « Broken Lights », 1864, plusieurs fois réédité; « Italics », 1864; « Studies Ethical and Social », 1865; « Hours of Work and Play », 1867; « Dawning Lights », 1868; « Alone, to thee Alone », 1871, 3me éd., 1881; « Darwinism in Morals », 1872; « Hopes of the Human Race », 1874-1880; « False Beauty and True », 1875; « Re-echoes », 1876; « Duties of Women », 1880, plusieurs fois réédités; « The Peak in Darien », 1881; « A Faithless World », 1885; « Hours of Work and Play », 1885. — Citons aussi parmi ses brochures les plus importantes: « The Workhouse as an Hospital », 1861; « Friendless Girls, and How to Help Them », 1861; « Female Education », 1862; « The Red Flag in John Bull's Eyes », 1863; « Criminals, Idiots, Women and Minors », 1863; « The Age of Science »; « The Moral Aspects of Vivisection »; « The Higher Expediency »; « Light in Dark Places »; « Science in Excelsis »; « The Right of Tormenting », etc. — Miss Cobbe s'est retirée, depuis quelques années, dans le comté de Galles.

Cobet (Karel-Gabriel), savant hollandais, né, à Paris, en 1813. Il fit ses études à La Haye, puis à l'Université de Leyde, et reçut du gouvernement, en 1840, une mission scientifique en Italie: il en étudia surtout la langue et la littérature. Reçu docteur, en 1844, il fut nommé, en 1846, professeur de littérature grecque à l'Université de Leyde. Correspondant de l'Académie des inscriptions et belles-lettres de France, depuis 1871, il en a été élu associé étranger, en 1876. C'est sur l'interprétation des auteurs grecs qu'ont porté la plupart de ses travaux: « Observationes criticæ in Platonis Comici reliquias », 1840; « Oratio de arte interpretandi grammatices et critices », 1847; « Præfatio lectionum de historia vetere », 1853; « Variæ lectiones quibus continentur Observationes criticæ in scriptores græcos », 1854; « Orationes et fragmenta Lysiæ », 1863; « Miscellanea philologica et critica », 1873; « Miscellanea critica », 1876; « Observationes criticæ et paleographicæ ad Dionysii Halicarnassensis Antiqui-

tates romanas », 1877; « Collectanea critica », 1878. — Il a de plus revisé et annoté le « Diogène de Laerte », de la *Collection des auteurs grecs* de F. Didot.

Coblanchi (Ludovic), écrivain italien, né, le 12 septembre 1819, à Bologne. En 1845, il obtint l'habilitation à l'enseignement des langues italienne et française qu'il enseigna pendant longtemps dans les écoles municipales de Bologne. Nommé, en 1871, professeur de français dans l'institut technique de sa ville natale, il passa, quelques années plus tard, dans la même qualité, à l'institut technique de Bergame, où il resta jusqu'à ces dernières années, et où il fut nommé aussi membre de l'Athénée. Nous citerons de lui: « Grammatica francese per gli italiani », Bologne, 1855, deux éditions; « Bibbia scolastica », rédigée d'après l'*Histoire universelle* de Giraud, et publiée avec texte et traduction italienne, Bologne, 1855; « Essai de lettres », id., 1865; « Prolusion au cours d'histoire de la littérature française à travers les siècles », Bologne, 1872; « Histoire du Roman Français et utilité et péril de la lecture des romans », id., 1875; « Di Descartes o della evoluzione filosofica operatasi nell'epoca del risorgimento », id., id.; « Del senso morale e dell'odierno libertinaggio: studio sociale », id., id., 1878; « Discours sur Voltaire », Bergame, Gaffuri et Gatti, 1881; « Monografia su Voltaire », dans les *Atti dell'Ateneo di scienze, lettere ed arti* de Bergame, 1882.

Cocchetti (Charles), illustre écrivain italien, né, à Rovato (province de Brescia), le 1er novembre 1817. Il fit ses premières études dans son pays natal, et ensuite au collège de San Vittore al Corpo à Milan et au lycée de Bergame. Au collège, la lecture des romans de Walter-Scott e d'autres auteurs italiens et étrangers lui donna l'idée de s'essayer au roman historique, et il écrivit: « Il Castello di Bernato »; sur les bancs du lycée, il écrivit une tragédie: « Bianca Cappello », mais l'une et l'autre sont restés inachevés. Sa première publication est « Il primo tributo alla Patria », Brescia, 1842; la presse fit bon accueil à ce premier travail du jeune auteur; l'Athénée de Brescia, l'appela dans son sein, et l'illustre Camillo Ugoni ayant su que M. Cocchetti avait dans ses portefeuilles une tragédie, dans laquelle il préconisait l'unité italienne l'invita à la lire devant la docte Assemblée, ce qui eut lieu dans le printemps de 1847. Malgré le voeu favorable de l'Athénée, la censure autrichienne ne permit pas l'impression de cette tragédie. En 1848, il prit part à la campagne de l'indépendance. Après il publia: « Documenti per le storie patrie », Brescia, 1851, parmi lesquels, il y a en a un qui regarde une révolution contre les français, provoquée à Brescia en 1509 par un Lorenzo Gigli qui fut décapité au mois de septembre de la même année. Le même épisode servit d'argument à une tragédie non achevée de M. Cocchetti, publiée dans la *Strenna Italiana*, Milan, 1859. En 1854, il put enfin publier, à Padoue, sa tragédie : « Manfredi », en la faisant précéder de plusieurs et importantes: « Notizie storiche ». Suivirent : « Imelda Lambertazzi », tragédie, Milan, 1856 ; « L'esposizione brosciana nell'agosto 1857 », Brescia, 1858. Eu même temps, il donnait plusieurs contes aux *Letture di Famiglia* de Trieste, citons entr'autres : « Vincenzo Ricci » ; « La moglie del ciabattino » ; « Vendetta e pentimento » ; « La piccola Maria », et quelques articles critiques à l'*Archivio Storico* de Florence, et il fondait un journal l'*Alba* que la censure autrichienne obligea à ne s'occuper que de sciences économiques ; en 1858-59, il publia à Milan : « Brescia e sua provincia illustrata e descritta ». — En 1859, il fut parmi les fondateurs de la *Sentinella Bresciana* et en garda, pendant quelque temps, la direction. En 1859, il publiait une tragédie : « La Lega di Cambrai », dans la *Strenna italiana* de Milan ; nommé, en 1860, secrétaire du proviseur aux études et professeur et directeur de l'école normale pour les jeunes filles, il publiait quelques années plus tard : « Guida allo studio della Grammatica per mezzo dell'osservazione », Brescia, 1864 qui obtint une mention honorable au congrès pédagogique de Gênes en 1868; citons encore un discours sur « L'Unità della lingua », Milan, 1868 ; « Un progetto da diplomatico », comédie en 3 actes, Brescia, 1868 ; « Della influenza educatrice della donna », Milan, 1869 ; « Elementi di letteratura », Brescia, 1871, qui furent réédités six fois ; « Grammatica oggettiva per la classe seconda » ; « Del movimento intellettuale nella provincia di Brescia dei tempi andati ai nostri » ; « Canzoni politiche », Ravenne, Calderini, 1886. M. Cocchetti, qui a obtenu sur la présentation de ses ouvrages le diplôme de professeur d'histoire et de littérature dans les lycées et qui a été plusieurs fois délégué par le gouvernement à faire partie des commissions d'examens, a été mis à la retraite en 1886.

Cocchi (Igino), illustre géologue italien, né, à Terrarossa de Val di Magra (prov. de Massa), en 1828. Il s'adonna d'abord aux études littéraires et surtout à la littérature latine, ensuite à la chimie, à l'anatomie et à la botanique et en dernier lieu à la géologie et à la minéralogie préférant les études paléontologiques et stratigraphiques. Après avoir pris ses grades à l'Université de Pise, il alla perfectionner ses études à l'étranger et surtout à Paris et à Londres, où il recueillit grand nombre d'observations, et où il se lia d'amitié avec plusieurs savants auxquels un savoir faisait concevoir les plus grandes espérances. Plus tard, il donna à la ville de Florence ses collections qui formèrent le noyau d'une importante collection paléontologique. Revenu à Pise, il fut, pendant quelque temps, assistant de MM. Savi et Meneghini qui avaient été ses professeurs; il collabora, avec le comte A. Spada et avec plusieurs autres, à la réorganisation de ses collections, enfin, il fut nommé professeur de géologie et de minéralogie à l'Institut des Études Supérieures de Florence, dont il est encore aujourd'hui professeur honoraire. Il fonda le Club Alpin de Florence, dont il garda la présidence pendant quelques années et jusqu'au jour où il donna sa démission. Il fonda, en 1867, sous le Ministère Cordova, le comité géologique italien, dont il est encore membre. Il est aujourd'hui président du comité dirigeant de l'école industrielle de Carrare. Il s'est surtout dédié aux cartes géologiques, et il en a publié plusieurs; et plusieurs d'autrui ont été publiées sous sa direction par le Comité géologique ; les premiers essais heureux de la chromolithographie en Italie ont été faits par lui. Il fut aussi un des premiers à appeler, par ses études, l'attention du pays sur la paléontologie. Sa « Descrizione del famoso Cranio umano fossile del paese d'Arezzo », lui donna l'occasion de recueillir les notices les plus détaillées et les études les plus complètes sur les terrains tertiaires supérieurs de la Toscane, et surtout sur ceux du Valdarno. Il a illustré plusieurs autres arguments touchant à la paléontologie, entr'autres, les poissons sur lesquels, dans sa jeunesse, il avait fait à Londres des études spéciales, s'occupant surtout d'une famille autrefois commune dans nos mers et aujourd'hui disparue. Citons encore de lui: « Mappe e carte, fossili, marmi, sali all'Esposizione Internazionale del 1862 », le 4me vol. des *Relazioni de' Commissari speciali*, Florence, 1867; « La misura del tempo in geologia », Florence, Civelli, 1867 ; « L'uomo fossile nell'Italia Centrale », Milan, Bernardoni, 1867 ; « L'origine dei combustibili fossili », id., Treves, 1868 ; « Proprietà ed usi dei combustibili fossili », id., id., 1869 ; « Cenno sui terreni stratificati dell'isola d'Elba », Florence, Barbèra, 1870 ; « Connessione delle scienze morali e naturali », Milan, Treves, id. ; « Due memorie geologiche sulla Val di Magra », Florence, Barbèra, 1870 ; « Note geologiche sopra Cora, Orbetello e Monte Argentario nella provincia di Grosseto », id., id., 1871 ; « Della vera posizione stratigrafica dei marmi Saccaroidi delle Alpi Apuane », id., id., id. ; « Brevi cenni sui principali istituti e comitati geologici e sul R. Comitato geologico d'Italia », id., id., id. ; « Cataloghi della collezione centrale italiana di paleontologia. Catalogo n. 1. Raccolta degli oggetti dei così detti tempi preistorici », id., Civelli, 1872 ; « Su di due scimmie fossili italiane », id., Barbèra, id., « Del terreno glaciale delle Alpi Apuane », id., id., id. ; « Commemorazione solenne di Quintino

Sella nell'Accademia *Petrarca* d'Arezzo la sera del 30 marzo 1884 », id., id., 1884.

Cocchia (Henri), latiniste italien, né, à Avellino, le 6 juin 1859. M. C., qui est, depuis 1884, professeur extraordinaire de littérature latine à l'Université de Naples, a publié : « Questioni di fonologia latina », 1882; « Studii latini », 1883; « La patria di Ennio e il nome di Plauto », 1884; « Storia di Alessandro il Grande di Quinto Curzio Rufo con introduzione e commento »; « Prelezione ad un corso di letteratura latina », 1884; « I captivi di M. Accio Plauto, con introduzione e commento », 1886; « Il Trinummus di M. Accio Plauto con introduzione e commento », 1886; « Rassegna critica di filologia e linguistica », 1887; « Libro I e II delle Storie di Tito Livio con introduzione e commento », 1887; « I Romani alle Forche Caudine. Questione di topografia storica », 1887; « La tomba di Virgilio a Napoli », 1887; « Note critiche e filologiche », 1887; « De Titi Livii Patavinitate », 1887. — On annonce comme d'imminente publication : « Il lessico della quantità latina con introduzione sullo svolgimento storico di essa »; « La grammatica del latino secondo i latini »; « La grammatica scientifica del latino ».

Cocchia (padre Rocco da Cesinale), écrivain italien, archevêque de Chieti, commandeur de l'ordre de Bolivar du Venezuela, Grand Croix de l'Ordre du Saint-Sépulcre et de l'Ordre du Christ du Brésil, né, le 30 avril 1830, à Cesinale (prov. d'Avellino). A l'âge de seize ans, il entra dans l'ordre des Frères Mineurs de Saint-François. Ayant reçu les ordres, en 1853, il fut immédiatement appliqué à l'enseignement. Il enseigna les langues classiques pendant six ans, et la philosophie et le droit naturel pendant trois ans. La « Rettorica », à l'usage de ses élèves, et le traité sur la « Filosofia del Bello a mente di Dante », datent de cette époque, mais les deux ouvrages sont restés inédits; du second ont paru quelques essais à Malte, en 1861. En 1862, il entreprit un voyage en Orient, dans le but spécial de réunir des matériaux pour sa grande histoire des Missions de l'Ordre des Capucins, dont le Père général de l'ordre l'avait chargé pour compléter l'œuvre du père Wadding et du père De Gubernatis, l'auteur de l'*Orbis Seraficus*, qui s'arrêtait au XVIIe siècle. Ce voyage dura sept mois. En 1863, nous le trouvons à Rome, où il commence à écrire son livre et fait en même temps des leçons de controverse religieuse au Collège des Missions de l'Ordre. En 1864, il entreprit un nouveau voyage en Italie, en Suisse, en Savoie, en France, en Belgique et en Hollande, pour y consulter les archives et y puiser de nouveaux matériaux pour son ouvrage, dont le premier volume a paru, en 1867, à Versailles, sous le titre : « Storia delle Missioni dei Cappuccini ». Un troisième voyage en Angleterre lui fournit nombre d'autres documents, avec lesquels il se remit à l'œuvre à Rome. A l'occasion du jubilé de Pie IX, il publia une biographie de ce pape. En 1868, il entreprit un quatrième grand voyage, qui dura neuf mois, pendant lesquels il parcourut l'Égypte, l'Arabie et les Indes Orientales. A son retour, il fut nommé Supérieur Général des Missions de l'Ordre. En 1872, il publia, à Rome, le second volume, en 1873, le troisième de son Histoire; nommé, en 1874, évêque d'Oropo, Vicaire Apostolique à San Domingo, Délégué apostolique auprès de cette république, et des républiques de Haïti et Venezuela, il emportait avec lui le quatrième volume déjà achevé et il écrivait le cinquième. Il demeura aux Antilles pendant huit ans, et, en 1877, ayant poussé à la découverte des ossements de Christophe Colomb, il publia à cette occasion une pastorale en langue espagnole, sous le titre : « Descubrimiento de los verdaderos restos de Cristobal Colon ». L'Académie de Madrid s'étant prononcée contre cette découverte, le père Rocco Cocchia répondit par un livre : « Los restos de Cristobal Colon en la Catedral de Santo Domingo ». En 1878, il célébrait le Synode du Diocèse de San Domingo et en publiait les: « Acta et Statuta ». Dans la même année il fut nommé archevêque titulaire de Sirace. Revenu en Italie, en 1882, il fut nommé d'abord archevêque d'Otrante, en 1884, nonce apostolique au Brésil, où il demeura pendant trois ans, après lesquels il fut nommé archevêque de Chieti. Outre son grand ouvrage, ce savant ecclésiastique a publié nombre de brochures, en forme de pastorales, parmi lesquelles nous citerons les dernières : « La peregrinazione della Vita », et « De Munere Sacerdotali » de l'année 1884; « Della sobrietà, giustizia e pietà cristiana », de l'année 1887.

Coccius (Ernest-Adolphe), médecin oculiste allemand, né, à Knauthain, près Leipzig, le 19 septembre 1825. Ses études terminées à Leipzig et à Prague, il exerça pendant un an la médecine, puis fut attaché à l'institut d'ophtalmothérapie de Leipzig. En 1857, il fonda une clinique d'ophtalmologie qu'il dirigea jusqu'en 1867. Il fut alors nommé professeur ordinaire de médecine à l'Université de Leipzig et succéda à Ruetes comme directeur de l'Institut d'ophtalmothérapie. Il a publié : « Ernährungsweise der Hornhaut und die serumführenden Gefässe des menschlichen Körpers », Leipzig, 1852; « Ueber die Anwendungsweise des Augenspiegeles nebst Angabe eines neuen Instrumentes », id., 1853; « Ueber die Neubildung von Glashäuten im Auge », id., 1857; « Ueber Glaucom, Entzündung und die Autopsie mit dem Ophthalmoskop », id, 1859; « Ueber das Gewebe und die Entzündung des menschlichen Glaskörpers », id., 1860; « Ueber den Mechanismus dor Akkomodation des menschlichen Auges nach Beobachtungen im Leben », id., 1867; « De instrumentis, quibus in operationibus oculorum palpebræ fixæ tenentur », id., 1869; « Die Heilanstalt für arme Augenkranke zu Leipzig, zur Feier ihres 50 jährigen Bestehens », id., 1870; « De vulneribus oculi in nosocomio ophthalmiatrico a. 1868 et 1869 observatis et de oculi vulnerati curandi modo », id., 1871; « Ueber die Augenerkrankungen, welche bei Pocken in der Augenheilanstalt beobachtet wurden », id., 1871; « Ophthalmometrie und Spannungsmessung am kranken Auge », id., 1872; « Ueber die Diagnose des Sehpurpurs im Leben », id., 1877.

Cocheris (Mme Pauline-Augustine, née WAGREZ), femme de lettres française, née, à Douai, en 1830. Mlle Wagrez, ancienne élève de l'école normale supérieure, épousa M. Hippolyte Cocheris, littérateur bien connu, conservateur à la Bibliothèque Mazarine, inspecteur général de l'enseignement primaire, mort à Paris, en 1882. Elle a publié : « L'Empire d'Allemagne, précis historique et géographique », Paris, aux bureaux de l'*Écho de la Sorbonne*, 1875; « Pédagogie des travaux à l'aiguille à l'usage des écoles de filles, précédée d'une étude sur l'enseignement de la couture en Angleterre, en Allemagne, en Suisse, en Italie et en Belgique, et suivie d'un questionnaire et d'une histoire de la machine à coudre », Paris, Delagrave, 1882; « Histoires sérieuses sur une pointe d'aiguille ou les outils de nos mères », id., id., 1886.

Cochéry (Louis-Adolphe), homme politique français, né, à Paris, le 10 août 1820. Élève du Collège Bourbon, il suivit les cours de l'école de droit et apprit la pratique des affaires dans une étude d'avoué, et, plus tard, chez le célèbre avocat Lionville, auprès duquel il succéda à M. Buffet comme secrétaire. Il fut, plus tard, secrétaire de Crémieux. Après la révolution de février, il le suivit au ministère de la justice et devint son chef de cabinet. Sous l'empire, il reprit sa place au barreau de Paris, tout en s'occupant de journalisme. Administrateur de l'*Avenir National*, il profita de la loi nouvelle sur la presse, en 1868, pour créer dans le département du Loiret l'*Indépendance de Montargis*. En 1869, il fut élu au Corps Législatif, comme candidat indépendant. Aux élections de février 1871, M. Cochéry fut élu le premier des députés du Loiret à la presque unanimité des suffrages. Président du Conseil général du Loiret, il a été, en 1875, président de la Commission supérieure du jury de l'Exposition internationale. Nommé sous-secrétaire d'État aux finances, en 1879, il recevait, un an après, le portefeuille des postes et des télégraphes. Il est resté ministre pendant sept années consécutives. C'est lui qui a introduit le téléphone en France. Aux élections de 1888, il a été élu sénateur.

Cochin (Denys), écrivain français, né, à Paris, le 1er septembre 1851. Il est fils d'Augustin Cochin, le célèbre philanthrope. Après avoir fait son droit, il prit goût aux sciences naturelles et fut admis au laboratoire de M. Pasteur. Pendant la guerre, M. Cochin se distingua par sa bravoure et mérita la médaille militaire. En 1877, il se porta candidat à la députation dans l'arrondissement de Corbeil, mais il échoua contre M. Léon Renault; catholique libéral et parlementaire, de l'école de MM. de Montalembert et de Falloux, M. Denys Cochin se rapproche par ses opinions politiques de ce qu'on appelait jadis l'orléanisme. Plus heureux au conseil municipal de Paris, il fut élu dans le VIIe arrondissement (quartier des Invalides), en 1885. Il a montré une véritable compétence dans les questions d'affaires, notamment dans la campagne entreprise contre la Compagnie du Gaz pour obtenir une réduction de prix. Appartenant à la droite du conseil, il a voté contre toutes les propositions radicales ou socialistes. Il a combattu sans relâche le renvoi des sœurs de charité, en se couvrant de l'autorité du corps médical qui est, en grande majorité, de son avis. Quand est venue la question de l'hôpital Cochin, M. D. C. plaidait *pro domo sua*. Sans oublier que l'importance de cette fondation avait été de beaucoup augmentée par les finances de la ville de Paris, il a prétendu avec raison, que rien ne donnait à l'Assistance publique le droit de méconnaître les intentions des fondateurs, le curé de Saint-Jacques, son arrière grand-oncle et ses paroissiens. C'est pour eux qu'il plaide, car un procès est engagé et l'affaire doit venir à la fin d'octobre. M. Denys Cochin a présenté plusieurs mémoires à l'Académie des sciences; ils sont insérés dans les *Annales de physique et chimie* et dans les *Annales de l'Académie*. L'un d'eux est mentionné et reproduit dans l'*Encyclopédie chimique* de M. Fremy (partie physiologique par M. Delaunay). Il a publié dans la *Revue des deux Mondes* un certain nombre d'articles scientifiques. Citons parmi les plus importants : « Les falsifications et le Laboratoire municipal », 1883; « La Houille et les matières colorantes », 1884; « Les travaux de M. Pasteur », 1884, et des « Lettres », se rattachant à une polémique avec M. J. Davaine au sujet des doctrines de Pasteur, 1885. — Parmi ses publications séparées, nous citerons : « La Compagnie du gaz et la ville de Paris, traité, négociations, rapports », Paris, Doin, 1883; « Paris. Quatre années au Conseil municipal », id., C. Lévy, 1885, dans lequel l'auteur expose les grandes questions de l'administration parisienne : l'éclairage, les eaux, les fortifications, le laboratoire municipal, la taxe du pain, etc.; « L'évolution et la vie », Paris, Masson, 1886, ouvrage couronné par l'Académie française.

Cochin (Henry-Denys-Benoît-Marie), littérateur français, frère du précédent, né, à Paris, le 31 janvier 1854. Il fit ses études à Paris au lycée Louis-le-Grand, se fit recevoir licencié ès-lettres et en droit, puis suivit comme élève libre les cours de l'École des Chartes. Il prit part à la defense de Paris en 1870 comme engagé volontaire dans la Garde Nationale. Sous le Ministère conservateur du 16 mai 1877, il fut attaché à la direction de la presse au Ministère de l'interieur. En 1870, il fut condamné à quinze jours de prison pour avoir protesté contre l'expulsion des Congrégations Religieuses. Il entreprit, de 1875 à 1882, de nombreux voyages en Italie, et se consacra entièrement à l'étude de l'histoire, des lettres et des arts italiens. Il a publié : « Giulietta et Romeo », Paris, Charavay, 1879, traduction avec une notice et des notes très étendues, de la nouvelle de Luigi da Porto, qui servit de prototype à la tragédie de Shakespeare ; « Le Manuscrit de M. C. A. L. Larsonnier », roman fantastique, id., Plon, 1881 ; « L'Expulsion des Congrégations religieuses », en collaboration avec M. H. Dupan, id., Dentu, id. En outre, il a publié avec une introduction et des notes, un ouvrage posthume de son père : « Les Espérances chrétiennes », id., Plon, 1883. — M. Henry Cochin a été rédacteur politique aux journaux le *Français*, le *Paris-Journal*, la *Défense*, la *Petite Presse*, le *Moniteur Universel*. Il a publié des travaux de critique d'art, d'histoire et d'érudition dans le *Correspondant*, la *Revue des lettres et des arts*, la *Revue des Deux Mondes*, notamment des études fort développées sur Shakespeare et sur Boccace, des « Souvenirs du Val d'Arno », etc. etc.

Cochrane (Alexandre-Dundas Ross WISHART BAILLIÉ), homme politique et littérateur anglais, né, en novembre 1816. Élu, en 1841 membre de la Chambre des Communes, il se déclara en maintes circonstances zélé partisan des principes conservateurs, excepté dans la question du libre échange, où il vota pour sir Robert Peel. Dans la session de 1851, il s'éleva avec la plus grande violence contre le système politique de lord Palmerston et défendit les gouvernements de Naples et d'Autriche contre les accusations soutenues par Gladstone. Aux élections générales de 1852, il fut battu par un candidat libéral ; réélu, en 1859, il perdit de nouveau son siège, en 1868, et après avoir fait partie de la Chambre, de 1870 à 1880, il rentra dans la vie privée. Ses deux romans : « Lucille Belmont », 1848, et « Ernest Vane », 1849, sont de faibles imitations de ceux de Bulwer. En outre, il a publié : « Poems », 1838 ; « Exeter Hall or Church-Polemics », 1841 ; « The Morea with other poems », 2ᵐᵉ éd., 1841 ; « Young Italy », 1850, où il se montre défenseur de l'absolutisme ; « Florence the beautiful », 2 vol., 1854 ; « The kingdom of Grece », 1862 ; « Young artist's life », 1864 ; « Francis I and other historic studies », 2 vol., 1870 ; « Historic chateaux : Blois, Fontainebleau, Vincennes », 1876 ; « The Théâtre Français in the reign of Louis XV », 1879, outre plusieurs pamphlets politiques.

Cocuzza (Georges), écrivain italien, né, à Monterosso-Almo (prov. de Syracuse), le 24 avril 1864 ; après avoir fréquenté le lycée de Syracuse, il se rendit aux Universités de Naples et de Palerme, où il fut reçu docteur en droit en 1887 ; il a publié : « Della resistenza individuale e collettiva e della rivoluzione ».

Codemo (Louise), illustre femme écrivain italienne, née, le 5 septembre 1828, à Trévise. Son père Michelangelo était maître d'école, sa mère était la marquise Cornelia Sale. Après avoir reçu une éducation soignée, elle voyagea de bonne heure avec sa mère et avec sa sœur Éléonore, et elle avoue elle-même avoir appris beaucoup plus par ces voyages que par les livres. Après sa visite à Florence, elle prit le goût de la peinture, qu'elle cultiva avec succès ; à son retour à Trévise, on lui donna des maîtres de dessin, ensuite elle eut le bonheur de recevoir des enseignements de l'illustre femme peintre Bortolon. Ce goût de la peinture se révèle aussi dans ses livres, riches en portraits, en paysages d'un coloris vénitien éclatant. Dans l'un de ses voyages, elle fit tout jeune fille encore, connaissance avec le poète Giusti, et ensuite elle ne laissa passer dans ses voyages aucune occasion de connaître des célébrités littéraires ; citons, entr'autres, Manzoni, G. Sand, Tommaseo. Ayant pris une part assez active à la révolution vénitienne des années 1848-49, elle entreprit avec ses parents au retour des Autrichiens, des voyages en Angleterre, en France, en Belgique, en Suisse. En 1851, elle se maria avec un gentilhomme vénitien d'origine allemande, M. Charles de Gerstenbrand, décédé en 1880. Son premier livre date de l'année 1856 et porte ce titre : « Memorie di un contadino ». Suivirent : « Berta », 1858, que Mᵐᵉ Sand a défini une étude « *d'analyse et de vérité qui charme* » ; « I Nuovi Ricchi » ; « La rivoluzione in casa », une de ses meilleurs ouvrages, donnant des tableaux saisissants de la révolution vénitienne (la troisième édition vient de paraître) ; « Fiore di Prato » (deux éd.) ; « Fiore di serra » (deux éd.) ; « Miserie e splendori della povera gente », Rovereto, 1865 (plusieurs éditions) ; « L'ultima Delmosti », drame en 4 actes avec prologue, Venise, 1867 ; « Un processo in famiglia », drame en trois actes ; « Una donna di cuore », comédie en trois actes, id., 1869 ; « Scene e descrizioni », id., 1871. On y trouve entr'autres : « Il pellegrinaggio a Brusuglio » ; « Chioggia e Schio », id., 1872 ; « Fronde e fiori del Veneto letterario », contribution intéressante à l'histoire de la littérature contemporaine de la Vénétie ; « Andrea », 2ᵉ éd., Trévise, 1877 ; « Pagine famigliari, memorie autobiografiche (deux éditions, contenant les portraits intéressants des illustrations connues par l'auteur) »; « Svago a buona scuola », 1879; « Scene vario », id.; « Scene marinare », id., livre trois fois réédité, plein de verve et à propos duquel M. Barbiera à écrit dans l'*Illustrazione italiana* qu'on lo lisant, lo lecteur se trouvait amené tout droit au Paradis; « Col treno diretto »; « Racconti o produzioni drammatiche », 2 vols.; « Nohant », 1884; « Scene campestri, popolari, storiche », 1885, premier volume de l'édition générale des œuvres de Mme Codemo que l'éditeur Zoppelli prépare à Trévise: « Patire non morire, scene artistiche », livre curieux, où l'auteur a jeté son cri de l'âme, second vol. de la même collection, Trévise, 1886 ; « Un viaggio a bordo », 1886; « A guerra finita », notes sur l'exposition artistique de Venise, en 1887; on annonce: « Profili, biografie, pennellate, recensioni, versi ». Nous passons sous silence une foule d'articles, esquisses, essais, poésies que Mme Codemo a dispersé dans les journaux. Les mauvaises langues italiennes ont nommé Mme Codemo: « Il mondo della noia », en souvenir de la femme bas-bleu de M. Pailleron; des critiques l'ont comparée à M. Zola comme elle originaire de Trévise, et dont elle possède la palette et le talent naturaliste, moins les goûts ordurieurs. Son talent d'écrivain-peintre est incontestable; sa verve semble inépuisable; si elle manque quelquefois de mesure et d'harmonie, elle peut cependant se vanter d'avoir fourni à la littérature italienne nombre de pages puissantes et vraies, bonnes à citer dans les anthologies de prose contemporaine.

Coelho (François-Adolphe), illustre philologue portugais, né, à Coimbra, en 1847; il est depuis 1878 professeur de philologie comparée à l'école supérieure de Lisbonne. Outre plusieurs articles fort importants dans les journaux portugais, français et allemands, et une série de brochures politiques et critiques, il a publié les ouvrages suivants: « A Lingua Portugueza », Coimbra, 1868; « Origem da lingua portugueza », Lisbonne, 1870; « Theoria da Conjugação em latim e portugnez », id., 1871 ; « Questões da lingua portugueza », Porto, 1874; « A lingua Portugueza: noções de glottologia geral e especial portugueza », id., 1881 ; « Os dialectos romanicos, ou neo latinos na Africa », Lisbonne, 1881. En outre, il publie, depuis 1875, avec la collaboration de MM. Braga et Vascomello, une revue *Bibliographia critica de Historia e Litteratura*, et depuis 1880, une *Rivista d'Ethnologia e de Glottologia*. Le Portugal lui doit aussi le premier recueil vraiment populaire des contes du peuple portugais: « Contos populares portuguezes », Lisbonne, 1879. M. C. a publié aussi plusieurs écrits d'argument pédagogique; nous citerons entr'autres: « A questão do ensino », etc.

Coelho-Latino (I. M.), savant et écrivain portugais, ancien ministre, professeur de Minéralogie à l'École polytechnique de Lisbonne, secrétaire perpétuel de l'Académie de cette ville; outre plusieurs discours académiques et sa part essentielle de collaboration au dictionnaire de l'Académie, il a traduit le discours de Démosthènes pour la Couronne, en le faisant précéder d'une introduction sur l'histoire de la philosophie et des sciences en Grèce.

Coelho-Lousada (Antonio), romancier portugais, né, à Oporto, le 4 novembre 1828. Il a écrit: « Na reca obscura »; « Na consciencia »; « A caldeira de Petro Botelho », et a collaboré aux journaux d'Oporto: *Peninsula* et *Clamor Pubblico*.

Coello (Charles), écrivain espagnol; encore fort jeune, il s'essaya au théâtre et fit jouer avec succès un « Prince Amlet »; il publia aussi un recueil fort joli de « Contes invraisemblables ».

Coen (Achille), historien italien, né, à Pise, le 5 janvier 1844. A 23 ans, il était nommé professeur d'histoire au lycée de Livourne; en 1879, il était nommé professeur d'histoire ancienne à l'Académie scientifique et littéraire de Milan, et en 1887, il passait, en la même qualité, à l'Institut des Études supérieures de Florence. On lui doit: « Le Nubi di Aristofane, con note e introduzione critica », Prato, 1871; « L'Abdicazione di Diocleziano », Livourne, 1877; « Di una leggenda relativa alla nascita e alla gioventù di Costantino Magno », Rome, 1882; « Manuale di Storia Orientale », Milan, 1886; « Manuale di Storia greca », id., 1887; « Vezzio Agorio Pretestato », Turin, 1888.

Coen (Joseph), écrivain italien, né, en 1847, à Florence, où il reside et où il exerce la profession de correcteur d'imprimerie. Attaché d'abord en cette qualité à l'établissement Barbèra, il est depuis 1880 chez les successeurs Le Monnier. — Du mois de mars 1874 jusqu'à décembre 1875, il a rédigé la *Bibliografia italiana*, journal de l'*Associazione tipografico-libraria*. Il a écrit plusieurs articles de variété et de bibliographie pour le journal la *Nazione*. Il a traduit du français trois romans de Mme la princesse Olga Cantacouzène-Altieri: « Carmela », qui a paru en feuilleton dans la *Vedetta*; « Il passaggio di un Angelo » et « La zia Agnese » qui ont été publiés dans la *Nazione*. Ce dernier a été aussi publié à part, Florence, Le Monnier, 1876. Citons encore de lui: « L'arte tipografica in Italia nell'ultimo decennio: parole lette il 24 giugno 1871 nella festa letteraria in onore di Bernardo Cennini », Florence, Barbèra, 1871; « Rimario della Gorusalemms liberata », id., id., 1877; « Lo revisione delle stampe (Revisione tipografica. Revisione letteraria) », id., typ. de l'*Arte della Stampa*, id., 2me éd., id., Barbèra, 1880; « Rimario del Canzonière di Francesco Petrarca », id., Barbèra, 1879 ; « Della condizione e dei doveri dell'operaio tipografico », discours, id., id., 1879 ; « La religione », Venise, Antonelli, 1881.

Coen-Porto (Moïse), hébraïsant italien, issu d'une famille qui a donné plusieurs savants rabbins, né, à Venise, le 24 juin 1834. Il fit ses études au gymnase et au lycée de sa ville natale, d'où il passa au collège rabbinique de Padoue, où il suivit les cours des savants professeurs Luzzatto et Della Torre. Reçu docteur en théologie et rabbin, en août 1859, il fut, le 1er janvier 1860, nommé rabbin adjoint à Venise. Le 1er juillet 1876, il fut nommé Grand-Rabbin de la même ville, fonctions qu'il occupe encore. Outre plusieurs articles en hébreu et en italien, insérés dans le *Corriere Israelitico* de Trieste, dans le *Vessillo Israelitico* de Casal et dans le *Mosè* de Corfou, il a publié : « *Torah Nidresced*, o Studi intimi sulla veracità della divina legge, proceduti da filosofici ragionamenti ed indagini sulla *Logica* di S. D. Luzzatto. Parte seconda, postuma », Padoue, 1878-79. M. C. P. est président du Comité vénitien de l'Alliance Israélite Universelle de Paris, et Président honoraire de l'Hôpital *Bicùr Holin* de Jérusalem.

Coeur (Pierre), pseudonyme de Mme de VOISINS D'AMBRE, née Anne-Caroline-Joséphine HUSSON, femme de lettres française, née à Montagneny (Doubs), en 1827. Elle a publié : « Contes algériens. Le Chevalier Ali. La Fille du capitaine. Fils d'Adam et filles d'Ève », Paris, Lévy frères, 1869 ; « Les Borgia d'Afrique », id., Librairie de la Société des gens de lettres, 1874 ; « L'âme de Beethoven. La Bibliothèque rouge », id., Plon et Cie, 1876 ; « La Fille du Rabbin », id., id., id. ; « .Ieautontimoroumènos. Berzelius », id., id., 1877 ; « Excursions d'une Française dans la Régence de Tunis », id., Dreyfous, 1884 ; « Les Derniers de leur race », id., Ollendorff, 1885 ; « Le Petit Roseray, suivi de: l'Aventure de Jane, le Gros lot », id., C. Lévy, 1885 ; « Un drame à Alger », id., id., 1887 ; « Le Complice », id., Dentu, id., en collaboration avec Réné de Camors (pseudonyme de Mme CLEMENCE ALTEMER).

Cogalniceano (Michel). Voyez KOGALNICEANO.

Cognetti de Martiis (Salvatore), économiste italien, né, à Bari, le 19 janvier 1844. De 1861 à 1865, il fit ses études universitaires à Pise ; en 1866, il prit part à la campagne de l'indépendance italienne dans le 1er régiment des volontaires garibaldiens. En 1868, il fut nommé professeur à l'Institut technique de Bari ; en 1869, il passa, dans la même qualité, à Mantoue, où il resta jusqu'en 1876 ; pendant cette période, il dirigea, de 1870 à 1874, la *Gazzetta di Mantova*. Maintenant, il est professeur ordinaire d'économie politique à l'Université de Turin, et d'économie industrielle au Musée industriel de la même ville, membre résident de l'Académie des sciences de Turin et correspondant de celle des Lincei de Rome. On lui doit : « Della attinenza tra l'economia sociale e la storia », Florence, 1866 ; « L'economia sociale e la famiglia », Milan, 1869 ; « Abramo Lincoln », Mantoue, 1873 ; « Una teoria economica della espropriazione forzata », Mantoue, 1874 ; « La circolazione della ricchezza negli Stati Uniti d'America », Turin, 1875, dans la *Biblioteca dell'Economista*, 3me série ; « Gli Stati Uniti d'America nel 1876 », Milan, 1877 ; « Forme e leggi delle perturbazioni economiche », Turin, 1878 ; « Il Nuovo Patto dell'Unione monetaria latina », id., 1879 ; « Le Forme primitive nell'evoluzione economica », id., 1881 ; « Cenno storico sull' industria italiana », id., 1883 : « L'Economia come scienza autonoma », id., 1886 ; « Il Socialismo negli Stati Uniti d'America », id., 1887 ; « I prigionieri di guerra (*Captivi*) di Plauto, versione metrica in versi martelliani », Trani, 1887. — Il est parent de l'officier-dramaturge qui a donné au théâtre *Santa Lucia*, « A Basso Porto » et autre scènes de la vie populaire napolitaine, qui ont produit beaucoup d'effet.

Cogordan (Georges), écrivain et diplomate français, né, à Lyon, le 16 mai 1849. Après de brillantes études, couronnées par le doctorat en droit et la licence ès-lettres, M. Georges Cogordan entra, en 1874, au Ministère des Affaires étrangères, fut attaché à la direction du contentieux et franchit rapidement les premiers grades. Il était, en 1880, commis principal, lorsque M. de Freycinet l'appela à son cabinet. En octobre de la même année, il devint sous-directeur du contentieux, puis, en 1881, sous-directeur des affaires politiques. Chargé, en 1885, de la négociation du traité de commerce avec la Chine, il remplit sa mission avec un plein succès, et fut, au retour, nommé ministre plénipotentiaire. Il a publié : « Droit des gens : la nationalité au point de vue des rapports internationaux », Paris, Larose, 1879, et, en outre, un certain nombre d'articles dans la *Revue des Deux Mondes*, parmi lesquels nous citerons : « L'Instruction supérieure en Suède », 1875 ; « Une secte politique et religieuse en Danemark. Grundtvig et ses doctrines », 1876 ; « Le Ministère des affaires étrangères pendant la période révolutionnaire », 1877 ; « Une cité grecque des temps héroïques ; Mycènes et ses trésors », 1878, « Les Fouilles de Pergame », 1881, etc.

Cohen (Emil-Wilhelm), célèbre minéralogiste et géologue allemand, né, à Aakjör (Jütland), le 12 octobre 1842. Il fit ses études à Altona, à Berlin et à Heidelberg, où il devint, en 1867, assistant à l'institut minéralogique. En 1872-73, il fit un voyage dans l'Afrique méridionale et visita les régions diamantifères et aurifères du

Transwaal; en 1878, il fut appelé à Strasbourg comme professeur de minéralogie, directeur de l'Institut minéralogique et membre de la commission pour l'exploration géologique de l'Alsace-Lorraine. Il est maintenant professeur de minéralogie et de géologie à l'Université de Greifswald. Il s'est surtout fait connaître par ses connaissances de la structure microscopique et de la composition des différentes espèces de pierres. On lui doit: « Die zur Dyas gehörigen Gesteine des südlichen Odenwaldes », Heidelberg, 1871 ; « Geognostische Karte der Umgegend von Heidelberg. Sectionen Heidelberg und Sinsheim (1: 5000) », en collaboration avec Benecke, Strasbourg, 1874-77 ; « Geognostische Beschreibung der Umgegend von Heidelberg », 3 livraisons, avec le même, id., 1879-1881 ; « Sammlung von Mikrophotographien zur Veranschaulichung der mikroskopischen Structur von Mineralien und Gesteinen », Stuttgart, 1880-1884, ouvrage d'une grande importance et d'une haute portée scientifique ; « Die Structur und Zusammensetzung des Meteoreisen erläutert durch photographische Abbildungen geätzter Schnittflächen » en collaboration avec M. Brezina, Stuttgart, 1886. — Outre plusieurs articles dans les *Abhandlungen* des Sociétés de géographie de Hambourg et de Motz, des Sociétés d'histoire naturelle de Greifswald et de Heidelberg et dans le *Neues Jahrbuch für Mineralogie, Geologie und Paleontologie*.

Cohen (Hermann), philosophe allemand, né en 1842. M. C., qui est professeur ordinaire de philosophie à l'Université de Marbourg, a publié : « Mythologische Vorstellungen von Gott und Seele », dans la *Zeitschrift für Völkerpsychologie*, 1869 ; « Die dichterische Phantasie und der Mechanismus des Bewusstseins », id., id. ; « Zur Controverse zwischen Trendelenburg und Kuno Fischer », id., 1871 ; « Kant's Theorie der Erfahrung », Berlin, 1871, 2me éd., 1895 ; « Kant's vorkritische Schriften », id., 1873 ; « Kant's Begründung der Ethik », id., 1877 ; « Platon's Ideenlehre und die Mathematik », Marbourg, 1879 ; « Eine Bekenntniss in der Judenfrage », Berlin, 1880 ; « Von Kant's Einfluss auf die deutsche Cultur », Berlin, 1883 ; « Das Princip der Infinitesimal Methode », id., id.

Cohl (Émile), dessinateur et littérateur français, né, à Paris, le 4 janvier 1857. Il fit ses études à l'école Turgot, et fut placé par sa famille, comme apprenti, chez un bijoutier. Mais il ne rêvait que dessin, ou plutôt caricature, et croquait tout ce qu'il voyait. Il ne commença à travailler sérieusement que lorsqu'il eut fait la connaissance d'André Gill, qui devint son maître et son ami, et dont il entoura les derniers jours de soins touchants. Il a commencé très jeune à donner un grand nombre de charges à des journaux aujourd'hui disparus : l'*Hydropathe*, le *Gavroche*, le *Sifflet*, etc., mais il a collaboré ou collabore à des feuilles plus solidement établies : *La Nouvelle Lune, Le Charivari, Le Courrier français, La Caricature, Les Hommes d'aujourd'hui*, etc. Son œuvre la plus importante jusqu'ici paraît être l'illustration des *Chambres comiques* de Georges Duval. Émile Cohl donne aussi dans la littérature légère. On lui doit « Plus de têtes chauves », vaudeville échevelé en un acte, avec A. Cahen et Ed. Norès, musique de Guyon fils, Paris, Tresse, 1882 ; « Auteur par amour », opérette en un acte, avec les mêmes, musique de Thony-Guérineau, id., Bathlot, 1885, etc.

Cohn (Ferdinand-Julius), illustre botaniste allemand, né, à Breslau, le 24 janvier 1828; il étudia les sciences naturelles dans sa ville natale et à Berlin et, en 1872, fut nommé professeur ordinaire de botanique à l'Université de Breslau, où il avait déjà fondé, en 1865, l'institut de physiologie des plantes. Il appartient à l'école botanique de Schleiden qui cherche dans l'étude de la cellule des plantes et dans l'histoire de son développement la clef de la connaissance scientifique de toutes les plantes. Ses travaux se rapportent particulièrement aux plantes microscopiques qui tiennent le milieu entre le règne animal et le végétal. Nous citerons de lui: « Zur Lehre vom Wachsthum der Pflanzenzelle », Breslau, 1850 ; « Die Entwickelungsgeschichte des Pilobolus crystallinus », id., 1851 ; « Zur Naturgeschichte des Protococus fluvialis », Bonn, 1851 ; « Die Menschheit und die Pflanzenwelt », Breslau, 1851 ; « Untersuchungen über die Entwicklungsgeschichte der mikroskopischen Algen und Pilze », Bonn, 1854 ; « Ueber Empusa Muscæ », id., id. ; « Der Haushalt der Pflanzen », Leipzig, 1854 ; « Neue Untersuchungen über Bakterien », Bonn, 1872-75 « Desmidiaceæ Bongoenses », dans la *Festschr. d. naturforsch. Gesellschaft zu Halle*, 1879 ; « Die Pflanze. Vorträge », Leipzig, 1884. En outre, M. Cohn publie la *Kryptogamen Flora von Schlesien* et les *Beiträge zur Biologie der Pflanzen* qui paraissent à Breslau depuis 1875.

Cohn (Georg-Ludovic), jurisconsulte allemand, né en 1845. M. C., qui est professeur honoraire pour le droit civil allemand et pour le droit commercial à l'Université de Heidelberg, a publié : « Quid intersit inter civitatem confœderatam et confœderationem civitatum ex constitutionibus Germaniæ, Helvetiæ, Americæ Septentrionalis exponitur », mémoire couronné, Greifswald, 1868 ; « Die Justizverweigerung im altdeutschen Rechte », Carlsruhe, 1876 ; « Beiträge zum einheitlichen Wechselrecht », dans le *Festgabe für Bluntschli*, Heidelberg, 1880 ; « Zur Geschichte der Checks », dans la *Zeitschrift für vergleichende Rechtswissenschaft*, 1878, 1879 ; « Zur Lehre vom Check », id., 1878, 1880 ; « Ueber international gleiches Recht », dans le *Wien. jur. Blätt.*, une traduction italienne due à M. Vito Levi a paru dans le 2me vol. de la *Rassegna di diritto commerciale italiano e straniero*; « Der Entwurf eines deutschen Checkgesetzes », dans le *Jahrbuch für National Oekonomie* de Hildebrand, 1879; « Der Entwurf der russischen Wechselordnung und die neuesten Wechselgesetzgebungen Belgiens, Italiens, Ungarns, Grossbritanniens, Skandinaviens und der Schweiz », dans la *Zeitschrift für vergleichende Rechtswissenschaft*, 1881; « Ueber den Pariser Congress für das sogenannte industrielle Eigenthum », id., 1883; « Chronique de législation, de doctrine et de jurisprudence en matière de droit commercial et industriel », dans les *Annales de droit commercial français, étranger et international* », 1886. En outre, il a collaboré au *Handbuch des Handels- See-und Wechselrecht* d'Endemann, 1881-1885, et il a fondé et il dirige depuis 1877 la *Zeitschrift für vergleichende Rechtswissenschaft*.

Cohn (Gustave), économiste allemand, né le 12 décembre 1840, à Marienwerder (Prusse occidentale). — Il fit ses études à Berlin et à Jena, se fit recevoir docteur ès-sciences politiques à l'Université de Heidelberg et enseigna jusqu'en 1872 au Polytechnique Baltique de Riga. Au commencement de 1873, il fit un voyage en Angleterre et publia le résultat de ses observations en trois volumes sous le titre général de: « Untersuchungen über die englische Eisenbahnpolitik », Leipzig, 1874, 1875, 1883; en 1874, il fit un voyage en Italie, et l'année suivante il accepta une chaire au *Polytechnicum* fédéral de Zurich, d'où il passa à l'Université de Goettingue en qualité de professeur de sciences politiques. Outre l'ouvrage déjà cité, on lui doit: « Volkswirthschaftliche Aufsätze », Stuttgard, 1882; « System der Nationalökonomie », 1 vol., id., 1885; « Nationalökonomische Studien », id., 1886. Il a inséré en outre plusieurs travaux dans le *Jahrbuch für Nationalökonomie* de Conrad, dans la *Tübinger Zeitschrift für d. ges. Staatswiss.* et dans le *Jahrbuch des deutschen Reiches* de Schmoller.

Cohn (Léopold), philologue allemand, né en 1856. M. Cohn, qui est *privat Docent* pour la philologie classique à l'Université de Breslau, a publié: « Quæstiones Eustathianæ », dissertation, Breslau 1878; « De Aristophane Byzantio et Svetonio Tranquillo Eustathii auctoribus », Leipzig, 1881; « Untersuchungen über die Quellen der Plato-Scolien », id., 1884; « Diodor und seine römische Quelle », dans le *Berl. Phil. Wochenschrift*, 1884: « De Heraclide Milesio grammatico », Berlin, 1884; « Nicetæ Serrarum episcopi rhytmi de marium, fluvium nominibus », dans le *Jahrbuch für classische Philologie*, 1886; « Zu den Paroemiographen. Mittheilungen aus Handschriften », Breslau, 1887. — Il a collaboré en outre au *Corpus grammaticorum græcorum* d'Uhlig, et il a donné un travail: « De Heraclide Pontico etymologiarum scriptore antiquissimo », aux *Commentationes philologicæ in honorem A. Reifferscheid*, 1884.

Cohn (Moritz), homme de lettres allemand, né, à Kreuzburg (Silésie supérieure), le 8 janvier 1844. Il se consacra d'abord au commerce, mais le succès obtenu par quelques pièces qu'il fit représenter le persuada à s'adonner entièrement aux lettres. Il vit maintenant à Vienne en qualité de rédacteur littéraire de plusieurs journaux. Nous citerons de lui: « Der Improvisator », drame, 1874; « Vor der Ehe », id., 1876; « Eine Ritt durch Wien », id.; « Eine Visitenkarte », drame, 1877; « Der goldene Reif », id., 1878; « In eigener Falle », id., 1881; « Im Lichte der Wahrheit », id., 1882; « Lieder und Gedichte », 1888; « Wie gefällt Ihnen Meine Frau », roman, 1886. — M. C. est connu aussi dans le monde des lettres sous le pseudonyme de Conimor.

Coignet (Mme Clarisse née Gauthier), femme de lettres française, née aux forges de Montagney-sur-l'Oignon (Haute-Saône), en 1823. Jeune encore, elle vint à Paris et s'occupa de l'éducation des femmes dans le sens libéral. Elle prit part à la direction des écoles Le Monnier, et publia une: « Biographie de Mme Le Monnier, fondatrice de la Société pour l'enseignement professionnel des femmes », Saint-Germain, Toinon, 1866; on lui doit encore: « La Morale indépendante dans son principe et dans son droit », Paris, Germer Baillière, 1869; « Rapport présenté au nom de la commission des dames chargée d'examiner les questions relatives à la réforme de l'instruction primaire par Mme C. rapporteur, suivi d'un appendice par Mme Fanny Ch. Delon », Paris, Dupont, 1871; « Cours de morale à l'usage des écoles laïques », id., Le Chevalier, 1874. La morale qu'enseigne l'auteur dans cet ouvrage, ainsi que dans les précédents, est entièrement affranchie de tout lien religieux ou métaphysique; « De l'affranchissement des femmes en Angleterre », id., Germer Baillière, 1874; « De l'éducation dans la démocratie », id., Delagrave, 1881; « La Morale dans l'éducation », id., id., 1883, appartiennent au même ordre d'idées. Citons encore d'elle des études sur le XVIe siècle qui ont été groupés, sous le titre général de « Fin de la vieille France », et ont paru séparément en deux volumes: « François Ier, portraits et récits du XVIe siècle », Paris, Plon, 1885 et « Un gentilhomme des temps passés. François de Scépeaux, sire de Vieilleville, 1509-1571. Portraits et récits du XVIe siècle. Règne de Henri II », id., id., 1886.

Coinde (J.), publiciste français. M. J. Coinde appartient, depuis 1872, à la presse républicaine. Il a successivement collaboré à divers journaux de Paris et de la province et a fondé, en

1885, le nouvelle *Correspondance Républicaine*. Actuellement il est correspondant politique de plusieurs journaux de province et rédacteur parlementaire au *Courrier du Soir*.

Colacito (Filandro), journaliste italien, né, dans l'ancien royaume de Naples, vers 1845. Venu à Rome après 1870, il entra dans la presse radicale et fut un des plus actifs collaborateurs de la *Capitale*, dirigée alors par Raphaël Sonzogno dont il fut l'ami intime. Parmi ses écrits séparés, nous citerons : « Deserti », roman, Milan, Ambrosoli, 1881 ; « Vita romana. Racconti e ricordi », Rome, Verdesi, 1885.

Colautti (Arthur), brillant journaliste et écrivain italien, né, en Dalmatie, vers 1845. M. Colautti était directeur d'un petit journal qui paraissait à Spalato et dans lequel il défendait vaillamment l'italianité de son pays natal. La vivacité de ses polémiques lui attira plusieurs désagréments ; un beau soir, entr'autres, il fut assailli par plusieurs officiers qui le criblèrent de blessures, et le laissèrent pour mort. Un procès eut lieu, et M. Colautti fut condamné. Il préféra l'exil à la prison. Venu en Italie, il devint directeur de l'*Euganeo* de Padoue, dans lequel il soutint avec autant de verve que de talent les idées du parti libéral modéré ; il eut cependant le malheur de paraître trop modéré aux étudiants qui se livrèrent à des démonstrations fort vives contre M. Colautti et son journal. Ne se trouvant pas assez soutenu par les propriétaires du journal, M. C. quitta Padoue et passa à Milan où il collabora à l'*Italia* de Dario Papa, et au *Corriere della Sera*. De Milan il passa à Pérouse, où il fut, pendant quelques mois, directeur d'un petit journal et ensuite à Naples, où il prit la direction du *Corriere del Mattino* qu'il garda jusqu'au jour où ce journal se transforma dans le *Corriere di Napoli*. Il y a quelques jours, M. Colautti vient d'être appelé à succéder au regretté Carlo Pisani en qualité de directeur de la *Venezia*. M. Colautti a publié : « Fidelia », Milan, Galli, 1886 ; ce roman qui avait déjà paru en feuilleton dans l'*Euganeo* est, malgré ses hardiesses, ou, à cause de ses hardiesses, un des meilleurs qui aient paru dans les dernières années en Italie. Il a publié aussi un volume de vers : « Dio e la donna », Milan, Galli, 1887.

Colbert-Laplace (Louis-Joan-Baptiste, comte DE), publiciste et homme politique français, né, à Paris, (et non à Lisieux [Calvados] comme le disent ses biographes), le 6 avril 1843. Le nom de Laplace a été adjoint à son nom par décret du mois de décembre 1875, après la mort du général-marquis de Laplace, son grand oncle. Au scrutin du 5 octobre 1885, M. le comte de Colbert-Laplace a été porté sur la liste conservatrice et élu au premier tour de scrutin par 52,652 voix. Il a publié : « Le Système des deux Chambres », 1871, ayant pour but de démontrer la nécessité d'avoir deux Chambres indépendantes du Pouvoir exécutif ; « Observations sur la dernière lettre de M. Louis Blanc », Paris, Dentu, 1872 ; « Suffrage universel et Monarchie », id., Amyot, 1873 ; « La question des bouilleurs », id., Dentu, 1886 ; « Danger de nos contingens, réplique au rapport de M. Claude des Vosges sur les alcools », id., Larose et Forcel, id.

Colfavru (Jean-Claude), avocat et homme politique français, est né, à Lyon, le 1er décembre 1820, d'une famille d'artisans. Pendant la guerre, il commanda le 85e bataillon de la garde nationale. En même temps, il remplissait ses fonctions de juge de paix du XVIIIe arrondissement. De 1872 à 1880, il séjourna en Égypte ; revenu à Paris, il fut attaché par M. Auguste Dide, à la rédaction d'une revue mensuelle, *La Révolution française*, dont il est aujourd'hui rédacteur en chef. Actuellement, il est député de Seine-et-Oise et il vote avec la partie la plus radicale de l'extrême gauche. Il a publié : « Le droit commercial comparé de la France et de l'Angleterre, suivant l'ordre du Code de commerce français », Paris, Hingray, 1861 ; « Du mariage et du contrat de mariage en Angleterre et aux États-Unis ; législation comparée de l'Angleterre, des États-Unis, et de la France », id., Cosse et Marchal, 1868 ; « De l'organisation du pouvoir judiciaire sous le régime de la souveraineté national et de la république », Paris, Charavay frères, 1882 ; « La Réforme judiciaire ; le Pouvoir judiciaire rétabli et ayant pour base le suffrage universel », conférences, id , id., 1885.

Colin (Léon-Jean), médecin français, né, à Saint-Quirin (Meurthe), en 1830. M. C., qui est médecin inspecteur du service de santé de l'armée française, ancien professeur à l'école militaire de médecine du Val-de-Grâce, ancien médecin en chef de l'hôpital militaire français de Civitavecchia, a publié : « De la valeur de la respiration saccadée comme signe de début de la tuberculisation pulmonaire », Paris, Rozier, 1861 ; « De la Tuberculisation aiguë ; observations et remarques relatives à la variété de ses figures, à sa fréquence, aux difficultés du diagnostic », id., id., id. ; « Observations de tumeurs phlegmoneuses de la fosse iliaque droite », id., id., 1862 ; « Études cliniques de médecine militaire, spécialement sur la tuberculisation aiguë et sur les affections des voies respiratoires et digestives », id., Baillière et fils, 1864 ; « De la mélancolie », id., Rozier, 1866 ; « Traité des fièvres intermittentes », id., Baillière et fils, 1870 ; « La variole au point de vue épidémologique et prophylactique », id., id., 1873 ; « Épidémies et milieux épidémiques », id., id., 1874 ; « Phthisie galopante et tuberculisation aiguë », id., Asselin, 1874 ; « De la fièvre typhoïde dans l'armée », id., Baillière et fils, 1877 ; « De la fièvre typhoïde palustre », id., Asselin, 1878; « Traité des maladies épidémiques; origine, évolution, prophylaxie », id., Baillière, 1879; « Nouvelle étude sur la fièvre typhoïde dans l'armée, période triennale 1877-79 », id., id., 1882; « Paris, sa topographie, son hygiène, ses maladies », id., Masson, 1885.

Colizza (Giovanni), orientaliste italien, né, à Galluccio (prov. de Caserte), le 27 septembre 1857. Il fit ses études à Naples, où il fut reçu docteur en droit en 1879. M. C., qui est aussi docteur ès-lettres et en philosophie, passa ensuite à Rome, où il étudia les langues sémitiques, sous la direction de l'orientaliste Gabriele Cardahi, au collège des Maronites. Il suivit aussi les cours des professeurs Ignace Guidi et Célestin Schiaparelli. Il se rendit ensuite à Vienne, où il étudia, avec le professeur Léon Reinisch, les langues du nord-est de l'Afrique et de l'ancienne Égypte, et il fut chargé par le gouvernement de plusieurs publications sur ces langues. Maintenant il est chargé du cours des langues chamitico-étiopiques de l'intérieur de l'Abyssinie et de la Côte à l'Université de Rome. Il a publié: « Lingua Afar nel nord-est dell'Africa. Grammatica, testi e vocabolario », Vienne, Hoelder, 1886. — Sous presse: « La lingua dei Bogos. Grammatica, testi e vocabolario ».

Colladon (Daniel), savant suisse, correspondant de l'Institut de France et de l'Académie royale des sciences de Turin, membre de la Société philharmonique de Paris, de la Société géologique de Vienne, des Sociétés de physique et de la Société des Arts de Genève, de celles de Lille, Mulhouse, Cherbourg, etc., etc. Commandeur de l'ordre des SS. Maurice et Lazare, officier de la légion d'honneur, est né, à Genève, le 15 décembre 1802. Il y a fait ses premières études et publié ses premiers mémoires. Il est allé à Paris, en 1824, il y a publié plusieurs mémoires et y a séjourné dix ans, puis est revenu à Genève, séjour de sa famille. Intimement lié avec Charles Sturm, il a remporté avec lui le grand prix de l'Institut, en 1827, sur la compression des liquides et la vitesse du son dans l'eau. Premier prix, en 1824, pour un photomètre, et, en 1825, pour la fourniture d'eau à la ville de Châlons. En 1885, l'Académie des sciences de Paris lui a décerné le prix Fourneyron pour sa découverte faite, en 1852, de l'air comprimé employé au percement des tunnels et pour l'invention des pompes de compression à grande vitesse, sans réchauffement. En 1872, M. Louis Favre obtint de lui d'être son ingénieur conseil pour le percement du plus grand tunnel à travers les Alpes, celui du S.-Gothard. En 1878, il avait été nommé membre du Comité du tunnel sous la Manche, où l'on avait appliqué ses pompes de compression. Nous citerons de lui: « Mémoire sur la photométrie », 1825, couronné par la Société des sciences de Lille; « Mémoire sur l'action des corps en mouvement sur les aimants », avec M. Prévost, id.; « Expériences au Collège de France à Paris, avec le galvanomètre isolé; découverte des courants produits par l'électricité de frottement et l'électricité atmosphérique », 1826; « Expériences électrodynamiques », avec M. Ampère de l'Institut, id.; « *Grand prix de l'Institut*, sur la compression des liquides et la vitesse du son dans l'eau », avec Sturm, 1827; « *Mention honorable* de l'Académie, sur les roues de navigation à tubes fixes et mobiles », 1828; « Concours à la création de l'école centrale des Arts et Manufactures, et cours de mécanique rationnelle », 1828-29; « Recherches espérimentales faites à La Rochelle, sur l'électricité des torpilles », 1830; « Construction du premier bateau en fer sur la Saône et le Rhône, avec détente et chaudière tubulaire », 1835; « Mémoire pour alimenter d'eau la ville de Mâcon », id., premier prix décerné; « Emploi de la vapeur d'eau pour éteindre les incendies », 1838; « Expériences sur la transmission du son dans l'eau du lac de Genève, jusqu'à cinquante kilomètres », 1841; « Propagation de la lumière en ligne courbe dans l'intérieur des veines liquides », id.; « Premier et second mémoire pour évaluer la résistance des coques de navires à vapeur », 1842; « Dynamomètre pour mesurer le pouvoir des machines les plus puissantes de navigation. Adopté, en 1844, pour les Lords de l'Amirauté Anglaise et établi à l'arsenal maritime de Woolwich », 1844; « Nouveau système de percement des tunnels par l'emploi de l'air comprimé, à la suite duquel on a abandonné le système de M. Maus des câbles sans fin », 1852; « Terrasse d'alluvions sur laquelle est bâtie la ville de Genève », 1870; « Effets de la foudre sur les arbres et les plantes ligneuses », 1871; « Deux orages de grêle, observés les 7 et 8 juillet 1875 », 1875; « Nouveaux compresseurs d'air, système Colladon, adoptés exclusivement pour le percement du grand tunnel du S.-Gothard », 1872-76; « Du verglas et de la grêle », 1879; « Contributions à l'étude de la grêle et des trombes aspirantes, avec 4 planches », 1879; « Rencontre des deux galeries du tunnel du S.-Gothard », 1880; « Mémoire publié à l'occasion *du prix de mécanique de la fondation Fourneyron décerné par l'Académie des sciences à M. D. Colladon*, pour le percement des tunnels par l'air comprimé », 1885; « Notes sur les tourbillons ascendants, dans l'air et dans les liquides, et sur un appareil pour montrer dans des cours la formation de trombes ascendantes dans l'eau », 1887.

Collalto (Maxime), jeune écrivain italien, descendant d'une illustre et ancienne famille des Marches; nous n'avons de lui que trois brochures publiées: « Sui diritti della donna », conférence faite le 7 février 1886, à l'Université de

Rome; « La donna nella famiglia e nella società », conférence faite le 9 mars 1888, à la Société pour l'instruction et l'éducation de la femme à la Palombella de Rome, publiée avec une introduction de M. A. De Gubernatis; « Dell'occupazione coloniale nell' antichità », dissertation présentée pour le doctorat en droit à l'Université de Rome, dans l'été de 1888; et une série d'articles publiés dans la *Rassegna degli interessi femminili* qu'il a vaillamment soutenue et poussée. Son bagage littéraire est encore mince, mais sa jeunesse est grande; son savoir supérieur à son âge; et la grandeur de ses aspirations, et les nobles causes qu'il a entrepris de défendre lui font une place exceptionnelle parmi la jeunesse libérale et politique de son temps. Nous ne faisons ici que prendre bonne note de ce nom, que nous espérons dans quelques années saluer aux premiers rangs des représentants de la vie nationale italienne; que nos présages puissent ne pas avoir un démenti, et les qualités à la fois solides et poétiques du jeune auteur trouver par le travail constant, un développement progressif et sympathique!

Collalto (S. DI), sous ce pseudonyme on a publié, il y a quelques années, des brochures socialistes qui ont fait quelque bruit en Italie. L'auteur en était Luigi Silvestri, jardinier du commandeur César Trezza à la Masella (commune di S. Martino Buon Albergo, province de Vérone); l'auteur a écrit aussi, sous le même pseudonyme, plusieurs articles dans le *Messaggero* de Rome.

Collas (Louis-Charles), homme de lettres et professeur d'histoire et de géographie français, né à Bécherel (Ile-et-Villaine), en 1825, a publié: « Le Mort d'Abdul-Medjid, dernier jour de l'Empire ottoman », Paris, Dentu, 1861, anonyme; « L'Ile de Madagascar et le roi Radama III. Avenir de la colonisation », id., id., 1862, en collaboration avec P. Collin; « Histoire de l'empire ottoman et coup d'œil sur la Turquie actuelle », id., Pagnerre, 1862; « Un Exilé », roman, id., Librairie de la Société des gens de lettres, 1863; « Le Récit des Triagos. Mademoiselle de Montvert. Une vieille fille. Une Méprise. Le Cap des tempêtes », id., Lemerre, 1868; « Jean Bresson, histoire d'un paysan », id., Olmer, 1887; « Mosaïque des écoles. Livre de lecture et de récitation, précédé d'une étude sur la lecture à haute voix », id., Fouraut et Cie, 1879; « Chefs d'œuvre des prosateurs français au XIX siècle », avec Victor Tissot, nouvelle éd., id., Delagrave, 1881; « Le fils du garde-chasse », id., Dentu, 1880; « Le juge de paix », avec préface d'Emmanuel Gonzales, id., id., 1881; « Les Drames du Gange », id., id., 1882; « Une haine de femme », id., id., 1883; « L'Enfant volé », id., Didot, 1884; « Histoire de la littérature française depuis les temps les plus reculés jusqu'à nos jours », id., Decaux, 1885; « Le Secret de Juana », id., Dentu, id.; « Tout ou rien », id., Plon, 1886; « Cousin Cousines », id., Clavel, 1886. Sans compter les ouvrages qui ont figuré dans les recueils publiés chaque année par le Comité de la Société des gens de lettres dont faisait partie M. Louis Collas. — M. C. a signé quelquefois du pseudonyme L. C. D'AMBROSYS.

Collet (Émile), écrivain français, né à Brugères (Aisne), en 1829. M. Collet, qui est membre de la Société historique, archéologique et scientifique de Soissons, conservateur du musée de cette ville, a publié: « Le Siège de Soissons en 1870 », Soissons, Houpud, 1871; « L'occupation allemande dans le Soissonais », id., De Chilly, 1884.

Collett (Camilla née WERGELAND), femme de lettres norvégienne, apôtre infatigable de l'émancipation de la femme, sœur du célèbre poète Wergeland, née à Christiansand en 1813, veuve, depuis 1851, du professeur P. J. Collet. Mme C. a fait de longs voyages et séjours à l'étranger, surtout en France, en Allemagne, en Italie, étudiant les arts et littératures de chaque pays. Après avoir débuté par quelques esquisses et contes, elle publia son ouvrage le plus important: « Amtmandens Dötre », Christiania, 1855, 3me éd., 1879, une traduction allemande sous le titre: « Die Amtmanns Tochter », a paru à Leipzig en 1864, dans ce livre l'auteur défendait avec chaleur et éloquence les droits de la femme et demandait pour elle une position plus indépendante sinon égale à celle de l'homme. C'est cette idée qui domine aussi dans ses écrits suivants: « Contes », 1880; « Dans les longues nuits », 1862; « Dernières feuilles », 1868-72, dont: « Souvenirs et Confessions », 1877, forme le 4e volume; enfin: « Fra de Stummes Leir », écrit polémique contre les hommes qui refusent aux femmes d'avoir une voix dans les questions qui les regardent, et qui a soulevé naturellement des discussions infinies. Par son originalité, sa réflexion mûre et son style pur et élégant, Mme C. prend une place éminente dans la littérature norvégienne.

Collett (Robert), zoologue norvégien, fils de la précédente, né en 1842, devint conservateur du musée zoologique de l'Université de Christiania en 1874, professeur suppléant de zoologie en 1875, et professeur ordinaire en 1886. Il s'occupe surtout de l'ornithologie, où il a fait des travaux considérables et de l'ichthyologie. Outre plusieurs dissertations de moindre étendue, publiées séparément ou éparses dans les revues scientifiques norvégiennes et anglaises, il a publié: « La Faune ornithologique des environs de Christiania », Christiania, 1864; « Les Oiseaux de la Norvège et leur propagation géographique dans ce pays », id., 1868; « Remarks on the Ornithology of Northern Norway », 1872; « On the asymmetry of the Skull in the

Nyctala Tengmalmi », 1874 ; « Les Poissons de la Norvège », 1874, appendice, en 1879 ; « Remarques sur les Mammifères de la Norvège », 1876 ; « Petites communications concernant les Oiseaux de la Norvège, dans les années 1873-76 », Christiania, 1877 ; « Carte zoo-géographique de Norvège, contenant une liste complète de tous les animaux vertébrés », id., 1875, 2me éd., 1876, ouvrage qui a obtenu plusieurs médailles aux expositions de Philadelphie (1876), Paris (1878), Berlin (1880) » ; « Zoologie. Poissons », dans l'*Expédition norvégienne de la Mer du Nord*, Christiania, 1880 ; il a donné, en outre, au grand ouvrage illustré de Dresser, *A History of the Birds of Europe*, les articles concernant les oiseaux norvégiens. En outre, il a écrit une foule d'articles et de dissertations dans les Mémoires de la Société des Sciences de Christiania et dans les Revues scientifiques.

Colleville (le vicomte DE), publiciste français, membre de la Société de l'Histoire de France ; il a publié : « Les Missions secrètes du général-major baron de Kalb, et son rôle dans la guerre de l'Indépendance américaine », Paris, C. Perrin, 1885 ; « Histoire abrégée des empereurs romains et grecs et des personnages pour lesquels on a frappé des médailles depuis Pompée jusqu'à la prise de Constantinople par les Turcs. Avec la liste des médailles, leur rareté et leur valeur d'après Beauvais. Tome I », Paris, Picard, 1887, l'ouvrage formera 3 volumes. — M. de C. a publié aussi une nouvelle édition de la « Manière de discerner les médailles antiques de celles qui sont contrefaites », de Guillaume Beauvais, Paris, Picard, 1885.

Collignon (Albert), écrivain français, ancien rédacteur en chef de *La Vie Littéraire* et de la *Revue Nouvelle*, né, à Metz, le 31 juillet 1839, est le principal rédacteur des notices concernant les écrivains français, dans le *Dictionnaire International*. Il a commencé ses études au lycée de Metz et les a terminées au Collège de l'Assomption (Nîmes). Après des voyages, il alla suivre les cours des Facultés à Strasbourg, et y fonda la *Société littéraire des Écoles*. Il vint soutenir sa thèse de licence à Paris, où il dirigea, en 1863-1864, la *Revue Nouvelle*, organe libéral, où la littérature ne se désintéressait pas de la politique. Inscrit au barreau de Metz, il y fut chargé de l'assistance judiciaire, il fit partie de la *Société des Écoles*, du *Comice agricole*, de la *Société d'histoire et archéologie*, etc., il contribua à établir le *Cercle messin de la Ligue de l'Enseignement*, le premier qui ait été organisé en France. Il a publié : « La Vocation », 1 vol. ; « Le Stage littéraire », 1 vol. ; « Théorie de l'Art », 1 vol. ; « But et emploi de la Vie » ; « Théorie du Bonheur », 1 vol. ; Metz, 1865, 1866, 1867, études morales et littéraires qui, réunies sous le titre de « L'Art et la Vie », ont été publiées, en 1867, chez Germer-Baillière, à Paris. Chez le même éditeur, parut, l'année suivante, une étude philosophique sur Henry Beyle, intitulée : « L'Art et la Vie de Stendhal », œuvre de critique pénétrante et compréhensive, qui ne contribua pas peu à mettre à sa vraie place l'auteur de *Rouge et Noir* et de la *Chartreuse de Parme*. Ces deux ouvrages attirèrent vivement l'attention de la critique parisienne et, particulièrement, celle de Sainte-Beuve, qui entra en correspondance suivie avec l'auteur. En 1869-70, M. Collignon parcourut l'Algérie et la Tunisie ; et en rapporta son « Voyage en Algérie », qui a paru dans la *Revue algérienne*. En même temps, il collaborait au *Courrier de la Moselle*, à l'*Indépendant*, à la *Morale indépendante*, à l'*Enseignement laïque*, à la *Coopération*, etc. Signalons également ses nombreux articles parus dans les *Écoles de France*, le *Courrier du Bas-Rhin*, la *Liberté*, le *Progrès de Saône-et-Loire*, le *Progrès de Lyon*, l'*Avenir de Rennes*, l'*Indépendant de Constantine*, dont il fut le principal collaborateur, la *Vie Pratique* de Paris, dont il fut, pendant quelques mois, le rédacteur unique. Pendant la guerre, il s'engagea comme volontaire au 4e de ligne ; il sollicita et obtint l'ordre de rejoindre directement l'armée du Rhin et, détail curieux au point de vue de l'histoire anecdotique de la guerre franco-allemande, n'ayant pas reçu d'équipement militaire, il se vit obligé de faire la campagne à cheval, en tenue civile. Le 18 août, à Saint-Privat, il fut un de ceux qui contribuèrent par leur courage et leur sang froid, à arrêter, au lieu dit Marengo, derrière le village en flammes, la déroute d'une partie du 6e corps. La campagne terminée, pendant le blocus, il fonda le *Journal de Metz*, pour contribuer à soutenir l'esprit de résistance. Après la capitulation, il vint se mettre aux ordres de la Défense Nationale. Après l'annexion de l'Alsace-Lorraine, il alla s'établir à Paris, s'inscrivit au barreau et reprit ses travaux de publiciste. Il prit une large part à la lutte politique engagée au sujet de l'élection Rémusat-Barodet, et entra à cette occasion en pourparlers avec Gambetta, dont il était l'ami depuis longtemps. Vers cette époque il fonda *La Vie Littéraire*, qui fut dirigée dans le même esprit libéral que la *Revue Nouvelle*. Ce journal prit une part importante à l'organisation du Centenaire de Voltaire, en 1878. L'année précédente, M. Collignon avait publié à la *Librairie Démocratique*, une étude sur : « Diderot, sa vie et ses œuvres », extrait d'une histoire générale des grands philosophes, à laquelle il travaille depuis longtemps. L'année suivante, il fit, au boulevard des Capucines, une série de conférences sur les philosophes utilitaires, tels que Bentham, Stuart Mill, etc. Entre temps, M. Collignon a collaboré à plusieurs journaux et revues sous divers pseudonymes, notamment sous celui bien connu de

Ch. Revert. En résumé, M. Albert Collignon est un écrivain distingué, un esprit curieux, actif et fécond qui, à la manière des philosophes du dix-huitième siècle, a abordé, avec un grand sens des choses littéraires, les sujets les plus divers et les questions les plus élevées. Il prépare, depuis longtemps, une « Histoire littéraire et politique de la France au XIXme siècle », et recueille pour ce travail d'une importance considérable un grand nombre de notes et de matériaux. Pour apprécier sa conduite politique, son rôle comme patriote pendant le siège de Metz et dans les événements qui précédèrent la capitulation, on peut s'en référer aux mentions qu'en ont faite M. Jules Claretio dans son *Histoire de la Révolution de 70-71* (tome 1er), et le Maréchal Bazaine, dans son *Histoire*, publiée à Madrid, du *Blocus de Metz*. — Neveu des célèbres ingénieurs: Charles Collignon et J.-B. Krantz, beau-frère du général Vincendon, M. Albert Collignon a épousé Melle Blanche des Essarts, fille et sœur d'écrivains et poètes de talent.

Collignon (Romain-Charles-Édouard), ingénieur français. Né, le 28 mars 1831, à Laval, il entra à l'École polytechnique, d'où il passa, en 1851, à celle des ponts et chaussées. En 1854, il remplit une mission en Belgique, en Hollande et aux Iles Britanniques. De 1855 à 1857, il fit ses études pour la dérivation d'eaux de source vers Paris. De 1857 à 1862, il résida à Saint-Pétersbourg, où il s'occupa de la construction des chemins de fer russes. De 1862 à 1863, il remplit le service ordinaire et le service maritime dans le département du Morbihan. Depuis 1864, répétiteur, puis professeur-adjoint et enfin professeur à l'École des Ponts et Chaussées, répétiteur à l'École Politechnique. M. C. est actuellement inspecteur de l'École des Ponts et chaussées, ingénieur en chef de 1re classe, décoré de plusieurs ordres et membre de plusieurs compagnies savantes françaises et étrangères, entr'autres, de l'Académie des sciences, lettres et arts de Padoue. En 1881, l'Académie des sciences de Paris à décerné à M. Collignon le prix Dalmont. Il a publié : « Ponts métalliques à poutres droites continues. Développement d'une nouvelle méthode », Paris, Dunod, 1860 ; « Essai sur la Théorie des parallèles », Saint-Pétersbourg, Quesneville, 1861 ; « Les Chemins de fer russes, de 1857 à 1862. Études sur la Russie. Chemins de fer, travaux publics, climat, agriculture, servage, finances, etc. », Paris, Dunod, 1864, 2me éd., id., id., 1868 ; « Théorie élémentaire des poutres droites. Ponts métalliques, ponts américains, combles », id., id., 1865 ; « Exposé de la situation de la mécanique appliquée », avec MM. Ch. Comtes et Éd. Philips, dans le *Recueil de rapports sur les progrès des lettres et des sciences en France*, id., Hachette, 1867 ; « Cours élémentaire de mécanique. Ouvrage répondant aux programmes officiels de 1866 pour l'enseignement secondaire spécial, 3me année », 2 parties : 1re partie : « Cinématique », id., id., 1868, 2me partie : « Statique », id., id., 1870 ; « Cours de mécanique appliquée aux constructions », 1re partie : « Résistance des matériaux, id., Dunod, 1869, 2me partie : « Hydraulique », id., id., 1870 ; « Traité de mécanique », 1re partie : « Cinématique », id., Hachette, 1872, 2me partie : « Statique », id., id., 1873, 3me partie : « Dynamique », id., id., 1874, 4me partie : « Dynamique », id., id., 1885 ; « Les Machines », id., id., 1873. M. Collignon a collaboré avec MM. Felix Lucas, H. de Lagréné, Voisin-Bey, E. Allard, au grand ouvrage : *Les travaux publics de la France; Routes et ponts; Ports de mer; Phares et balises*, publié sous les auspices du Ministère des travaux publics et sous la direction de M. Léonce Reynaud, Paris, Rothschild, 1876-1883. En outre, il a inséré divers Mémoires dans les *Annales des ponts et chaussées*, dans le *Recueil de l'Association française pour l'avancement des sciences*, dans le *Bulletin de la Société d'encouragement*, dans les *Nouvelles Annales de Mathématique*, etc.

Collignon (Léon-Maxime), archéologue français, né, à Verdun (Meuse), le 9 novembre 1849. Élève de l'école normale, puis de l'école française d'Athènes, il fut, à sa rentrée en France, nommé professeur d'antiquités grecques et latines à la Faculté des lettres de Bordeaux ; depuis 1883, il est chargé de la suppléance de M. Georges Perrot dans la chaire d'archéologie à la Faculté de Paris. On lui doit : « Essais sur les monuments grecs et romains relatifs au mythe de Psyché », Paris, Thorin, 1878 ; « Catalogue de vases peints du musée de la Société archéologique d'Athènes », id., id., id. ; ces deux ouvrages forment les fascicules 2º et 3º de la *Bibliothèque des Écoles françaises d'Athènes et de Rome;* « Manuel d'archéologie grecque », Paris, Quantin, 1881, ouvrage qui a eu l'honneur d'une traduction anglaise ; « Mythologie figurée de la Grèce », id., id., 1883, ces deux ouvrages font partie de la *Bibliothèque de l'enseignement des Beaux-Arts*. Citons encore : « Phidias », 1886 ; « Histoire de la céramique grecque », Paris, Decaux, 1888, en collaboration avec G. Rayet. — M. C. a en outre donné de nombreux articles à la *Gazette archéologique*, à la *Revue archéologique* et au *Bulletin de l'école française d'Athènes*.

Collignon (Christian-Albert), frère du précédent, est né, à Sarreguemines, le 29 mai 1843. Ses études faites à Metz et à Paris, il entra à l'École normale supérieure en 1862, et fut reçu agrégé des lettres en 1866. Il est actuellement, depuis 1875, professeur de rhétorique au Lycée de Nancy. Il a publié : « Recueil de versions latines à l'usage des classes supérieures. Textes annotés et traduction », Paris, Garnier frères,

1881 ; « Choix de lettres de Pline le jeune », id., id., 1885; « Notes sur une grammaire manuscrite du XIII° siècle » ; « Vergile » dans la *Collection des classiques populaires*, id., Lecène et Oudin, 1887. — M. C. a collaboré aux *Annales de l'Est*.

Collilieux (Eugène), humaniste français, né, à Quers (Haute-Saône), le 15 février 1840, actuellement professeur de rhétorique au Lycée de Grenoble depuis 1877. Indépendamment de quelques articles parus dans des Revues, il a publié : « La Couleur locale dans l'Énéide », Grenoble, Drevet, 1880; « Étude sur Dictys de Crète et Darès de Phrygie », id., id., 1886 ; « Deux éditeurs de Virgile », id., veuve Rigaudin, 1887.

Collin (Paul), poète français, né, à Conches (Eure), en 1843. Il a publié un assez grand nombre de volumes de vers, où se trouvent des morceaux remarquables ; « Musique de chambre (Poésies) », Paris, Hachette, 1868; « Glas et carillons. Sonnets, poésies diverses, grand'gardes », id., id., 1874 ; « Du grave au doux. Pensées, rêves et souvenirs. Petits poèmes. Poèmes d'octobre. Mélodies », id., id., 1888 ; « Judith », drame lyrique en trois actes et quatre tableaux, musique de Charles Lefebvre, id., Mackar, 1879 ; « La Fille de Jaïre », oratorio qui a obtenu le prix Rossini et qui a été mis en musique par Mme Granval, id., Tresse, 1883 ; « Narcisse » et « Le Poème d'Octobre », avec musique de Massenet ; « Les Heures paisibles (Stances et sonnets. Fleurs pour deux tombes. Chansons enfantines. Mélodies. Petits poèmes musicaux) », id., Hachette, 1883 ; « La Ronde des songes ; scène fantastique », musique de Mme de Granval, id., Tresse, 1883 ; « Poèmes musicaux », id., id., 1886 ; « Moïse sauvé des eaux » ; « Moïna » ; « La Fille d'Hercule » ; « Le Miracle de Naïm », etc. En 1887 (décembre), a été jouée au grand théâtre de Lille : « Zaïre », musique de Charles Lefèbre (pièce en 4 actes, arrangée d'après la tragédie de Voltaire). En dehors de ses poèmes mis en musique et qui l'ont fait connaître, c'est dans « Les Heures paisibles » surtout que M. Paul Collin a manifesté son talent.

Collineau (le docteur Alfred), médecin français, né, à Ancenis (Loire-Inférieure), en 1832, résidant à Paris. Il a publié : « Hygiène industrielle », Paris, Delahaye, 1877; « Résumé des instructions craniologiques et craniométriques de la Société d'anthropologie de Paris », id., Leroux, 1877 ; « La Gymnastique, notions physiologiques et pédagogiques, applications hygiéniques et médicales », id., Baillière et fils, 1884.

Collingwood (Cuthbert), voyageur et écrivain anglais, né, à Greenwich, le 25 décembre 1826; il étudia aux Universités d'Oxford et d'Edimbourg ainsi qu'à Paris et à Vienne. De 1858 à 1866, il résida à Liverpool occupant les chaires de botanique à l'École médicale et de biologie à l'École des sciences. En 1866-67, il entreprit, sous le patronage de l'amirauté, un voyage scientifique dans le but d'étudier la zoologie maritime, et visita la Chine, Formose, Bornéo et Singapore. Les résultats de ce voyage sont consignés dans les « Rambles of a Naturalist on the Shores and Waters of the China Sea », 1868, ainsi que dans plusieurs articles de journaux et de revues et dans quelques lectures faites dans différentes sociétés savantes. Il a publié aussi : « A Vision of Creation » et « The Travelling Birds », ainsi que plusieurs articles scientifiques. En 1876-77, il visita la Palestine et l'Egypte, et publia une relation de son voyage.

Collins (Édouard), mathématicien anglais, né, à Saint-Pétersbourg, le 31 décembre 1831, ancien professeur, et actuellement inspecteur de l'École supérieure de Saint-Pierre dans sa ville natale, il publia dans le *Programme* de cette école de l'année 1868 : « Ueber die Kegelschnitte des Apollonius von Perga ».

Collins (Frances Mortimer, née DUNN), femme de lettres anglaise, veuve de M. Mortimer Collins (1827-1876), poète et romancier, qu'elle avait épousé en 1868. Elle aida son mari dans ses travaux littéraires, collabora avec lui à plusieurs de ses romans, et après sa mort publia : « Mortimer Collins : his letters and Friendships », 2 vol., 1877. La même année, elle fit paraître : « The Village Comedy », et une seconde édition de la comédie aristophanesque de son mari : « The British Birds ». En 1878 : « You play me False », roman en 3 vol. En 1879, un choix des papiers de son mari : « Pen Sketches by a Vanished Hand », suivi, en 1880, d'un autre volume du même genre : « Thoughts in my Garden ». La même année, elle publia, en collaboration avec son cousin M. Percy Cotton : « Mudge and her Chicks », livre pour les enfants, et avec le même : « The Woodleighs of Amscote », 1881; enfin, en 1882, elle publiait : « A Broken Lily ». — Parmi les ouvrages que Mme C. a publié, en collaboration avec son mari, citons : « Frances », 1874, et « Sweet and Twenty », 1875. — Mme C. a donné aussi plusieurs articles à différents journaux et magazines.

Collins (William-Wilkie), romancier anglais, né, à Londres, en janvier 1824, passa sa première jeunesse avec son père M. William C., paysagiste distingué. En 1848, il publia sur la vie et les travaux de ce dernier une biographie intéressante pour l'histoire de l'art anglais : « Memoirs of the life of W. Collins », 2 vol. Après un voyage en Italie, il débuta dans le roman par un récit historique de la prise de Rome par Alaric, intitulé : « Antonina or the Fall of Rome », 3 vol., Londres, 1850 ; suivirent : « Rambles beyond Railways, or notes in Cornwall, taken afoot », 1851. M. Collins aborda ensuite la peinture de la vie contemporaine, et publia une histoire très simple et très émouvante : « Basil », 1852 ; vinrent ensuite : « Mr Wray's Caste Box; or the Mask and the Mistery : a Christmas Sketch », 1852 ; « Hide and Seek », 1854. Tout de suite après, il devint collaborateur du *Household World* et ses « After Dark », 1856, et « The Dead Secret », 1857, sont la reproduction de contes publiés d'abord dans ce journal. Ses derniers travaux sont : « The Queen of Hearts », 1859 ; « The Woman in White », 1860 ; « No Name », 1862, roman qui ainsi que le précédent parut d'abord dans le *All the Year Round* ; « My Miscellanies », 1863 ; « Armadale », 1866 ; « The Moonstone », 1868 ; « Man and Wife », 1870 ; « Poor Miss Finch », 1872 ; « Miss or Mrs ? and other Stories in Outline », 1873 ; « The New Magdalen », 1873 ; « The Law and the Lady », 1875 ; « Two Destinies », 1876 ; « The Haunted Hotel », 1878 ; « The Fallen Leaves », 1879 ; « A Rogue's Life from his Birth to his mariage », 1879 ; « The Black Robe », 1881 ; « Hearth and Science », 1883 ; « I Say No », 1884 ; « Guilty River », 1886 ; « The Evil Genius », id. — Les principaux ouvrages de M. Collins ont été plusieurs fois réédités et ont été traduits en français, en italien, en flamand, en danois, en russe. Il a aussi abordé avec succès le théâtre, où il débuta par un petit drame en deux actes : « The Lighthouse », qu'il fit d'abord jouer chez lui en 1855, et ensuite au Théâtre Olympique. Nous citerons encore parmi ses œuvres dramatiques : « The Frozen Dreep », 1857 ; « Jerrold Found » ; « The Mooristone » ; « Rank and Riches », drame représenté le 9 juin 1883 au théâtre Adelphi et qui échoua complètement ; « The New Magdalen » ; « The Woman in White » ; « Man and Wife », etc., tirées de ses romans.

Collitz (Hermann), philologue allemand, né en 1855. M. Collitz qui est *privat Docent* pour la philologie comparée à l'Université de Halle et, depuis 1886, professeur au *Bryn Mawr College* près de Philadelphie, a publié : « Die Entstehung der indoiranischen Palatalreihe », dans les *Bezstenberg. Beiträge*, 1878 ; « Die Flexion der Nomina mit dreifacher Stammabstufung im Altindischen und im Griechischen », id., 1884 ; « Die Verwandtschaftsverhältnisse der Griechischen Dialecte », Goettingue, 1885 ; « Die neueste Sprachforschung und die Erklärung der indogermanischen Ablautes », id., 1886. — Depuis 1884, il est collaborateur de la *Sammlung der griech. Dialectschriften*.

Collodi (C.), pseudonyme sous lequel est connu dans le monde littéraire M. Carlo LORENZINI, brillant journaliste et écrivain italien, né à Florence, vers 1830, et qui s'est fait depuis quelques années une spécialité des livres pour l'enfance. Il fut pendant longtemps employé au Ministère de l'Intérieur et à la Préfecture de Florence, et aujourd'hui retraité, il vit dans cette ville tout occupé à ses travaux littéraires. Il a aussi été pendant longtemps, et toujours sous le même pseudonyme, un des collaborateurs les plus brillants et les plus goûtés du *Fanfulla*. Nous citerons de lui : « I racconti delle fate voltati in italiano », Florence, Paggi, 1875 ; « Giannettino. Libro per i ragazzi », id., id., 1877 ; « Minuzzolo : secondo libro di lettura », suite du précédent, id., id., 1878 ; « Macchiette: racconti », Milan, Brigola et Cie, 1870 ; « Il viaggio per l'Italia di Giannettino. Parte prima. L'Italia superiore », Florence, Paggi, 1880 ; « Occhi e nasi : ricordi dal vero », id., id., 1881 ; « Le avventure di Pinocchio. Storia di un burattino », id., id., 1883 ; « Il viaggio per l'Italia di Giannettino. Parte seconda. L'Italia centrale », id., id., id. ; « La grammatica di Giannettino per le scuole elementari », id., id., 1883 ; « Il regalo del capo d'anno, descrizione degli usi e costumi d'alcuni popoli meno conosciuti », Turin, Paravia, 1884 ; « L'abbaco di Giannettino per le classi elementari », Florence, Paggi, 1885 ; « Viaggio per l'Italia di Giannettino. Parte terza. L'Italia meridionale », id., Paggi, 1886 ; « Storie allegre. Libro per i ragazzi », id., id., 1887 ; presque tous ces ouvrages ont été maintes et maintes fois réédités. — M. Collodi a collaboré au *Pesce d'Aprile. Strenna del Circolo Artistico Fiorentino*, Florence, Bencini, 1882.

Colloredo Mels (comte Pierre DE), littérateur italien, né, au château de Colloredo (prov. de Udine), vers 1830. Après avoir fréquenté le lycée, il prit part aux campagnes de 1848 en 1849 pour l'indépendance italienne. Revenu dans son pays, il vit toute sa fortune saisie par le gouvernement autrichien, et il ne put obtenir la levée de la saisie qu'en 1850, et en payant une somme de 12,000 francs. On lui doit : « Note e impressioni ricevute dalle opere di Ugo Foscolo », Padoue, Prosperini, 1882, 3me éd., Florence, Barbèra, 1884 ; « F. D. Guerrazzi. Appunti di letture e note di pensieri raccolti dai suoi scritti », Florence, Barbèra, 1884, nouvelle éd., id., id., 1885 ; « Giuseppe Mazzini. Dio, Patria, Umanità. Pensieri e giudizi raccolti dai suoi scritti », id., id., 1887 ; « G. Leopardi. Piccola Antologia di pensieri filosofici e aforismi critici raccolti dai suoi scritti in prosa », id., id., id. ; « A. Manzoni. Il bello, il retto, il vero, desunto dai suoi scritti », id., id., id.

Colletti (baron Guillaume), écrivain italien, né, à Palerme, le 7 février 1851. Après avoir été, pendant quelques temps, chef du cabinet de M. Tenerelli, secrétaire général du Ministère de l'instruction publique, il fut nommé directeur de l'École technique Agatino Sammartino de Catane, où il est, en même temps, chargé de l'enseignement de l'histoire, de la géographie et des droits et devoirs des citoyens. Après avoir écrit quelques articles quand il était encore étudiant, sous les pseudonymes de VERITAS et de FANFULLA, il débuta, en 1859, par une brochure : « Una parolina al signor Governo sulla ferrovia Siracusa-Licata ». En 1870, il fonda à Catane une *Lega giovanile nazionale di mutuo soccorso e d'incoraggiamento* et un journal l'*Archimede* qui en était l'organe et qui vécut jusqu'en 1873. En 1872, il publia à Venise une « Storia epigrafica, ossia per via di iscrizioni della Repubblica di San Marino ». En 1873, il visita la Régence de Tunis, et écrivit un livre publié à Catane, en 1876 : « Tunisi e il suo popolo, studî, impressioni e ricordi », qui lui valut la croix de commandeur de l'Ordre du Nischan-Ifthikar du Bey de Tunis. Citons encore de lui : « L'Italia in Africa : lettere al giornale quotidiano il *Torino* », Catane, Battiato, 1883.

Colmet de Santerre (E.), jurisconsulte français, professeur de code civil à la faculté de droit de Paris, et doyen de la faculté. Après la mort d'Antoine-Marie Demante, il a continué, à partir de l'article 980, la publication du « Cours analytique de Code civil », ouvrage classique publié en 9 volumes, de 1848 à 1884, par l'éditeur Plon. On lui doit aussi : « Manuel élémentaire de droit civil ». 3 vol., Paris, Plon, 1884-86.

Colmet-Daâge (Gabriel-Frédéric), jurisconsulte et écrivain français, né à Paris, le 7 avril 1813. Il a été nommé doyen de la faculté de droit de Paris en juin 1868. Relevé de ses fonctions sur sa demande, en octobre 1879, et devenu doyen honoraire, M. Colmet-Daâge s'est délassé de ses travaux juridiques par des travaux littéraires. Parmi ses œuvres juridiques, nous citerons : « Leçons de procédure civile de J. E. Boitard (1804-1835), publiées par Gustave de Linage, revues, annotées et mises en harmonie avec les lois récentes », Paris, Cotillon, 1864, 12e éd., id., id., 1875 ; « Commentaire de la loi du 21 mars 1858 qui modifie les titres de la saisie immobilière », id., id., 1859. Parmi ses œuvres littéraires, outre une traduction en vers d'« Hermann et Dorothée », de Goethe, nous citerons : « Histoire d'une vieille maison de province, souvenirs et traditions de famille (1783-1883) », Paris, Hachette, 1884 ; « La Famille de Pilate », tragédie chrétienne en cinq actes et en vers, id., id., 1885 ; « M. Rossi à l'école de droit », 1886 ; « L'École de droit de Paris de 1814 à 1816 », 1887.

Colocci (marquis Adriano), publiciste italien, né à Ancône, fils du marquis Antoine, Sénateur du royaume et patriote bien connu. M. Adriano Colocci a été, pendant quelque temps, directeur du *Corriere delle Marche* quand ce journal, qui jusqu'alors avait appartenu au parti libéral modéré, cessa d'appartenir à M. Vettori, et passa dans les rangs de la gauche. M. Colocci, qui est aujourd'hui membre du conseil provincial d'Ancône, a publié : « Giordano Bruno. Cenni biografici con documenti », Rome, Capaccini, 1876 ; « Della soluzione dei conflitti internazionali nel futuro ordinamento degli Stati », pas en commerce, Piso, Nistri, 1877 ; « Voltaire », discours, id., id., id. ; « Trento e Trieste », discours, Jesi, Ruggini, 1878 ; « Monologo », id., id., 1879 ; « Due leggende lituane (Zywila-Karylla), riduzione dal polacco di A. Mickiewicz », Rome, Capaccini et Ripamonti, 1879 ; « Gite alpine », id., id., 1880 ; « Sommario del corso di economia politica », Camerino, Savini, 1882 ; « Una parola all'on. Bonacci », Jesi, Ruzzini, 1886 ; « In Oriente. Ricordi di viaggio del principe di Napoli », Rome, 1887 ; « Intimità », vers, Jesi, Ruzzini, 1887 ; « L'Italia in Oriente », id., id., id. ; « L'Abissinia », traduction du grec du doct. N. Parisis, en collaboration avec M. G. Durutti, Milan, Brigola, 1888 ; « Lettere elleniche », id., id., id.

Colomb (Joséphine-Blanche BOUCHET, dame), femmes de lettres française, née à La Roche-sur-Yon, en 1833. Elle s'est fait connaître par de nombreux ouvrages destinés à la jeunesse, mais elle n'est tombée ni dans l'affèterie ni dans la banalité, comme il arrive trop souvent pour les productions de ce genre. La morale, saine, vigoureuse, est encadrée dans une action presque toujours intéressante et originale. Le début de Mme Colomb fut un petit chef-d'œuvre : « Le Violoneux de la Sapinière », Paris, Hachette, 1873. Le volume qui suivit : « La fille de Carilès », id., id., 1874, a été couronné par l'Académie. C'est l'histoire émouvante d'un vieillard et d'une petite fille : l'orpheline abandonnée est retirée de la misère par le vieillard ; le vieillard, arraché à la fainéantise et au vagabondage par l'orpheline. Depuis lors, Mme Colomb a publié : « Deux mères », id., id., 1875 ; « Le Bonheur de Françoise », id., id., 1877 ; « Chloris et Jeanneton », id., id., id. ; « L'Héritière de Vaculain », id., id., 1878 ; « Simples récits », id., id., 1879 ; « Contes pour les enfants », id., id., id. ; « Franchise », id., id., id. ; « Histoires et proverbes », id., id., id. ; « Les infortunes de Chouchou », id., id., 1880 ; « Feu de paille », id., id., id. ; « Petites nouvelles », id., id., id. ; « Les Étapes de Madeleine », id., 1881 ; « Le petit livre des souvenirs », id., id., id. ; « Le Sansonnet de Mme Duysens », id., id., id. ; « Contes vrais », id., id., 1882 ; « Denys le Tyran », id., id., id. ; « Histoire morale et instructive de Matou », id., Weill et Maurice, 1883 ; « Pieter Vandael », id., Hachette, id. ; « Pour la muse », id., id., id. ; « L'ours de neige », id., id., 1884 ; « Pour la patrie », id., id., 1885 ; « Une nichée de pinsons », id., id., id. ; « Hervé Plémeur », id., id., 1886 ; « Le pauvre François. Ferma contre Pagliati », id., id., id. ; « Danielle », id., id., 1887; « Sabine », id., Didot, 888. — Mme Colomb a traduit de l'italien : « Constantinople », « L'Espagne » et « Souvenirs de Paris et de Londres », de M. Edmondo De Amicis, et « De ma fenêtre », de Mme Grazia Pierantoni-Mancini.

Colomb (L. Casimir), littérateur français, mari de la précédente, né, à Paris, en 1834, est actuellement professeur au lycée de Versailles. Il a publié : « La Musique », Paris, Hachette, 1878 ; « Ici et là », id., id., 1879 ; « Habitations et édifices de tous les temps et de tous les pays », id., id., 1882 ; « Histoires d'Hérodote 1re série : Elio, Euterpe, Thalie », id., id., id. ; « 2me série : Melpomène, Terpsichore, Erato », id., id., 1883 ; « 3me série : Polymnie, Uranie, Calliope », id., id., 1884 ; « Iliade et Odyssée. Édition abrégée d'après la traduction de P. Gignet », id., id., 1883 ; « Bucoliques, Géorgiques Énéide. Édition abrégée à l'usage de la jeunesse », id., id., 1884.

Colombi (la Marchesa), pseudonyme sous lequel est connue dans le monde littéraire madame Marie TORRIANI, femme de M. Eugenio TORELLI-VIOLLIER, l'éminent directeur du *Corriere della Sera* de Milan. Née à Novare, elle resta orpheline dès la première enfance. En 1866, elle prit le diplôme d'institutrice, mais, malgré ses efforts et sa bonne volonté, elle ne put obtenir la moindre place. Alors elle commença à écrire et trouva dans sa plume les ressources qu'elle n'avait pas pu trouver dans l'enseignement. Elle s'était déjà fait connaître par des articles et des nouvelles, et surtout par des articles de mode ; après son mariage, elle publia : « La gente per bene : leggi di convenienze sociali », Turin, 1877, 2me éd., Naples, Morano, 1878 ; « Tempesta e bonaccia, romanzo senza eroi », Milan, Brigola, id., 2me éd., Cesena, Gargano, 1883 ; « In risaia. Racconto di Natale », id., Treves, 1878 ; « Dopo il caffè, racconti », Bologne, Zanichelli, 1879, 2me éd., id., id., 1880 ; « Racconti di Natale. Sogni dorati. Carmen. Chi prima non pensa, da ultimo sospira. Cavar sangue da un muro », Milan, Carrara, 1879 ; « Serate d'inverno, racconti », Venise, Segré, id. ; « Piccole cause », romans et contes contemporains, id., 1879 ; « La Cartella n. 4. Capo d'anno. Chi lascia la via vecchia per la nuova.... I morti parlano. Riccardo Cuor di Leone. Storia d'una viola. Una piccola vendetta », Cesena, Gargano, 1880 ; « L'età del marito », adaptation de l'anglais de Mme Rhoda Broughton, Milan, Brigola, 1881 ; « Troppo tardi », conte, Cesena, Gargano, 1881 ; « La vita in famiglia », roman d'après le français de Mme Zénaïde Fleuriot, id., id., id. ; « Suor Maria », dans *Nell'Azzurro, racconti di sei signore*, Milan, Treves, 1882 ; « Il violino di Cremona », mélodrame en 2 actes, musique de G. Litta, Milan, Ricordi, 1882 ; « Il tramonto d'un ideale », conte, Cesena, Gargano, id. ; « I più cari bambini del mondo », Milan, Trevisini, id. ; « Senz' amore », Milan, Brigola, 1883 ; « Giornate piovose », contes, Milan, Hoepli, 1884 ; « Dal vero. Racconto pei bambini », id., id., id. ; « Addio, mia bella, addio », petites lectures, Milan, Carrara, 1885 ; « Le beneficenze della Gemma », petites lectures, id., id., id. ; « Raccontini e commediole », Milan, Hoepli, 1886 ; « Un triste natale », id., Carrara, id. ; « Prima morire », Milan, Galli, 1887.

Colombier (Marie), artiste dramatique française, née, à Auzances (Creuse), en 1844. Jusqu'en 1872, le passé de Mlle Colombier est assez obscur ; à cette époque elle était au théâtre de l'Odéon, où elle se distinguait au moins autant par sa beauté que par son talent. En 1878, elle passa à l'Ambigu-Comique ; deux ans plus tard, elle accompagna, dans une tournée en Amérique, Mme Sarah Bernhardt, dont elle était alors l'amie intime. Au retour, Mlle Colombier publia : « Le voyage de Sarah Bernhardt en Amérique », Paris, Dreyfous, 1881, nouvelle éd., avec une préface d'Arsène Houssaye, id., Marpon et Flammarion, 1887. Ce volume fut suivi de plusieurs autres : « Le Carnet d'une parisienne. Mina ; Le Prince des Alphonses ; La Vestale ; Chronique de Margot », id., Marpon et Flammarion, 1882 ; « Le Pistolet de la petite baronne », avec une préface par Armand Silvestre, id., id., 1883 ; « Les Mémoires de Sarah Barnum », avec une préface par Paul Bonnetain, id., id., 1884. Ces mémoires eurent un succès de scandale ; le parquet poursuivit Mlle Colombier pour outrages aux mœurs. Elle fut condamnée, à la fin de mai 1884, à trois mois de prison et 1000 fr. d'amende, le livre fut saisi. On pourrait raconter le siège de l'appartement de Mlle Colombier fait par Sarah Bernhardt, accompagnée de Jean Richepin brandissant un couteau de cuisine et les combats comiques qui en furent la suite ; mais ces incidents qui amusèrent un instant Paris sont oubliés. Voulant profiter du bruit qu'ils avaient fait autour de son nom, Mlle Colombier lança sur la scène un drame de sa façon : « Bianca ». Directrice en même temps qu'artiste, elle organisa une troupe pour représenter son œuvre en province. Les débuts eurent lieu à Versailles en avril 1884, mais l'entreprise n'eut qu'un médiocre succès ; depuis lors, Mlle Colombier a publié : « Mères et filles », Paris, Marpon et Flammarion, 1885 ; « On en meurt », id., id., 1886 ; « La plus jolie femme de Paris », id., id., 1887 ; « Courte et bonne », id., id., 1888. — En préparation : « Le Prince Brutus ».

Colombo (Joseph), éminent ingénieur et homme politique italien, professeur ordinaire de mécanique industrielle et de construction des machines à l'Institut technique supérieur de Milan, et membre de la Chambre des Députés comme représentant de la minorité (le parti libéral modéré) de la ville de Milan. Comme député, M. Colombo a prononcé plusieurs discours, sur les questions d'impôt surtout, dans lesquels il a fait preuve d'une véritable éloquence parlementaire. Parmi ses publications, nous citerons : « L'aeronautica ai tempi nostri », Milan, Bernardoni, 1875 ; « Manuale dell' ingegnere civile ed industriale », id., id., 1877, 9ᵐᵒ éd., 1888, traduit en français par Paul Marillac, Milan, Hoepli, 1888 ; *L'arte, l'industria e la meccanica all'Esposizione di Parigi, 1878*, revue illustrée, Milan, Hoepli, 1878-80 ; « Tassa sulla macinazione dei cereali. Comitato permanente per la costruzione ed applicazione di pesatore. Relazione generale presentata al Ministero delle finanze », Rome, 1880 ; « La stazione generale di illuminazione elettrica a Milano », dans la *Natura* de Milan, janvier, 1884 ; il a traduit du français : « Cinematica teorica ; principii fondamentali di una teoria generale delle macchine », de F. Reuleaux, Milan, Hoepli, 1875 ; de l'allemand : « Vademecum del meccanico : manuale pratico pei meccanici, ingegneri e industriali », de G. G. Bernoulli, Milan, 1879 ; « Le macchine a vapore del sistema Corliss e dei sistemi derivatine ecc. », de Uhland, id., Hoepli, 1879.

Colombo (Joseph), ecclésiastique italien, né, à Monza (province de Milan), le 26 décembre 1838. Après avoir fait ses premières études dans sa ville natale, il fréquenta l'Académie Scientifico-Littéraire de Milan et l'Université de Naples, et y obtint le diplôme de professeur d'histoire et de littérature. M. C., qui appartient à la Congrégation des Clercs Réguliers de Saint-Paul et qui est membre de l'Académie d'histoire ecclésiastique piémontaise, a publié : « Cenni sul martirio del glorioso guerriero San Felice », Novare, Merati, 1871 ; « Profili biografici di insigni barnabiti », Lodi, Wilmant, 1871 ; « Punti di storia dell'Evo moderno, secondo i recenti programmi scolastici », Plaisance, Bertola, 1874, 4ᵐᵉ éd., id., 1884 ; « Discorso pronunciato sopra la salma di Giuseppe Bignami, alunno del Collegio convitto di San Francesco di Lodi », s. l. n. d. mais Lodi, 1874 ; « Punti di storia del Medio Evo secondo i programmi scolastici », Lodi, Wilmant, 1874, 4ᵐᵉ éd., Plaisance Bertola, 1884 ; « Agli alunni del collegio San Francesco di Lodi nell'occasione della distribuzione dei premî », Crême, Campanini, 1874 ; « Discorso pronunciato sul feretro del padre D. Giovanni Cavalleri », Lodi, Wilmant, 1874 ; « La nuova Gerusalemme, ovvero la spettacolosa sacra tragedia della passione e morte del nostro Divin Salvatore Gesù Cristo, divisa in sei parti », Prato-Sesia, 1875 ; « Notizie storiche intorno alla città di Moncalieri », Turin, 1876 ; « Cenni biografici e lettere di Mons. Giusto Guerin, Ottavio Alinari, Francesco e Giovanni Mercurino, Arborio di Gattinara, vescovi barnabiti », Turin, 1877 ; « Intorno alla vita ed alle opere del P. Redento Baronzano, scienziato di Serravalle Sesia del secolo XVII », Turin, Bocca, 1878 ; « Lettere scelte inedite scritte dal beato Alessandro Sauli a San Carlo Borromeo », Turin, 1878 ; « Giovanni Quarenghi, bergamasco, architetto alla corte imperiale di Pietroburgo : memorie », pas en commerce, id., 1879 ; « Notizie biografiche e lettere di Papa Innocenzo XI », pas en commerce, id., id. ; « Notizie e documenti sulla vita di M. Giovanni Francesco Bonomi, vescovo di Vercelli e nunzio pontificio in Svizzera ed in Germania », pas en commerce, id., id. ; « Montaldo Torinese. Notizie storiche », id., id. ; « Napoleone I imperatore, ritratto del principe di Metternich », Rome, 1880 ; « Vita ed opere di Gaudenzio Ferrari, pittore », Turin, Bocca, 1880 ; « Compendio di storia contemporanea (1815-1881) », id., Paravia, 1881 ; « Documenti e notizie intorno gli artisti vercellesi », Vercelli, Guidotti, 1883.

Colonna-Ceccaldi (Dominique-Albert-Édouard-Tiburce), diplomate et publiciste français, né, à Paris, en 1833. Ses études de droit terminées, il entra, en 1854, au Ministère des affaires étrangères avec le titre d'attaché. Élève consul en 1859, il remplit successivement des fonctions consulaires à Alexandrie, à Barcelone, à Smyrne, à Beyrouth, à Djeddah, à Tauris et à Chypre. En 1869, il fut nommé secrétaire d'ambassade à Constantinople. Il prit part à la guerre de 1870, en qualité de lieutenant-colonel des gardes nationales mobiles. La campagne terminée, il reprit ses fonctions. Consul de première classe en 1872, il fut accrédité au Montenegro, où il resta jusqu'en 1878. En 1880, il fut nommé ministre plénipotentiaire et, quelques mois après, conseiller d'État. Depuis 1880, il fait partie de la commission de jurisdiction consulaire. Pendant le siège de Paris, il avait publié dans le journal *Le Temps* des articles très remarqués. Plus tard, il publia : « Lettres diplomatiques, Coup d'œil sur l'Europe au lendemain de la guerre », Paris, Plon, 1871 ; et « Lettres militaires du siège », id., id., 1871. — Il ne faut pas le confondre avec un M. Georges COLONNA-CECCALDI, né, à Paris, en 1840, mort dans la même ville, en 1879, comme lui membre du corps consulaire français et qui a publié : « Monuments antiques de Chypre, de Syrie, et d'Égypte », Paris, Didier, 1882.

Colquhoun (Archibald-Ross), publiciste et ingénieur anglais, né, en mars 1846, à bord d'un navire, au large du cap de Bonne-Espérance. Élevé en Écosse, il fut attaché, en 1871, à titre d'ingénieur des chemins de fer, au service du gouvernement indien ; en 1879, il remplit une mission dans les provinces siamoises. En 1881, pendant un congé, il fit en Angleterre une campagne en faveur d'un chemin de fer reliant l'Inde à la Chine centrale et au Royaume de Siam. Il explora ensuite la Chine méridionale et put faire le tracé complet du réseau de chemin de fer dont il était le promoteur. A son retour, en 1882, il reçut la médaille d'or de la société de géographie de Londres. C'est alors qu'il publia la relation de son voyage sous le titre de « Across Chryse », ouvrage qui a été traduit en français par M. Charles Simond sous le titre: « Autour du Tonkin. La Chine méridionale de Canton à Mandalay », 2 vol., Paris, Oudin, 1884-85. De 1883 à 1885, M. C. fit deux voyages en Chine et au Tonkin, comme correspondant du *Times* pendant la guerre franco-chinoise. Ses lettres furent remarquées. De retour en Angleterre, dans un rapport adressé à la Chambre de commerce de Londres: « English commercial Policy in the East », Londres, Field, 1885, ainsi que dans des conférences et des articles de journaux, il suscita l'idée d'annexer à l'empire indien la Birmanie supérieure et de créer une alliance étroite entre l'Angleterre et la Chine, afin d'entraver les projets de la France et de la Russie dans l'extrême Orient. En 1885, l'idée de M. Colquhoun était en partie réalisée: la Birmanie supérieure était annexée; lui-même était nommé dans ce pays commissaire du district de Sagun, qu'il administre depuis cette époque. Citons encore de lui: « Amongst the Shans, by Terrien de Lacouperie », Londres, Field, 1885; « Burma and Burmans. Best Unopened Market in the World », id., id., id.

Colquhoun (Patrick), écrivain anglais, né, le 13 avril 1815, fils aîné de James Colquhoun de Dumbarton qui mourut le 26 juillet 1856; son frère Patrick (mort le 26 avril 1820), était le statisticien bien connu. Patrick Colquhoun le jeune fut élevé à Westminster et au collège Saint-John de Cambridge, dont il devint plus tard membre honoraire. Il a publié plusieurs ouvrages dont les principaux sont: « Summary of the Roman Civil Law », en 4 volumes; « Vorschlag zur Bildung einer deutschen Flotte », 1848 (en allemand), outre plusieurs lectures sur les anciennes lois et sur d'autres sujets, faites à la Société de Inner Temple. Au mois de mai 1838, il entra à faire part du barreau de cette Cour; il en devint assesseur, en 1868, et trésorier, en 1888. Nommé Président de la *Royal Society of Litérature*, il donna à ses *Transactions* plusieurs dissertations d'argument classique et littéraire; et il a publié aussi d'autres travaux d'argument politique et littéraire. Il a couvert plusieurs fonctions diplomatiques et judiciaires, entr'autres celle de membre de la Cour d'Appel aux Iles Joniennes pendant le protectorat anglais.

Colsenet (Edmond-Eugène), philosophe français, né, à Besançon, en 1847. Après d'excellentes études classiques, commencées au lycée de Strasbourg, où son père avait été professeur, et achevées à Paris au lycée Henri IV, il entra, en 1868, à l'école normale supérieure et prit successivement les grades d'agrégé de philosophie (1872), et de docteur ès-lettres (1880). Les thèses qu'il présenta et soutint ont pour titre: la thèse latine: « De Mentis essentia Spinoza quid senserit »; la thèse française: « La Vie inconsciente de l'esprit », Paris, G. Baillière, 1880. La philosophie de M. Colsenet, où l'observation intérieure est complétée par des inductions tirées de la science de la vie, n'est pas celle du spiritualisme classique; elle ne se préoccupe ni de la simplicité de l'âme, ni de la distinction des substances matérielle et spirituelle; elle écarte les questions métaphysiques pour ne considérer que les relations des phénomènes; en quoi elle se rapproche du néo-criticisme français, dont elle paraît avoir subi l'influence. M. Colsenet a été nommé successivement: maître de conférences de philosophie à la Faculté des lettres de Douai (1880); professeur suppléant de philosophie à la Faculté des lettres de Besançon (1881), professeur titulaire de philosophie, d'abord à la Faculté d'Aix (1883), puis à celle de Besançon (1885); enfin doyen de cette dernière Faculté (1888).

Colshorn (Théodore), littérateur allemand, né, le 13 janvier 1821, à Ribbesbüttel, fréquenta d'abord l'école de son pays natal, ensuite l'école normale à Hanovre. Nommé, en 1838, instituteur à Warmbüttel, il exerça successivement les mêmes fonctions en différents endroits; il est, depuis 1867, professeur ordinaire au gymnase de Hanovre. On lui doit: « Märchen und Sagen », 1854; « Licht um Liebe », 1860; « Freiheitskriege », 1863; « Die deutschen Kaiser », 1863; « Des Mägdleins Dichterwald », 9me éd., 1881; « Deutsche Mythologie », 2 éd., 1877; « Balladen und Bilder », 1879, 2me éd., 1887. — Il ne faut pas le confondre avec un autre écrivain du même nom, résidant à Gengenbach (Baden), et dont nous espérons pouvoir donner la notice dans le *Supplément*.

Colucci (Joseph), administrateur et historien italien, né, à Naples, vers 1825. La révolution de 1860 le trouva sous-intendant à Sora dans la province de Caserte. Il fut des premiers à faire adhésion au nouvel ordre de choses, et fut nommé, après l'annexion, sous-préfet à Crème. Successivement questeur (préfet de police) à Florence, et préfet à Caserte et à Gênes, il fut mis en non activité lors de l'avènement de la gauche au pouvoir. Rappelé au service quelques années plus tard, il fut successivement préfet de Reggio-Calabria, de Catane et de Livourne, où il se trouve maintenant. Il a publié: « Gli Equi, un periodo della Storia antica degli Italiani », 1er vol., Florence, 1867; « I casi della guerra per l'indipendenza d'America, nar-

comme représentant de la minorité (le parti libéral modéré) de la ville de Milan. Comme député, M. Colombo a prononcé plusieurs discours, sur les questions d'impôt surtout, dans lesquels il a fait preuve d'une véritable éloquence parlementaire. Parmi ses publications, nous citerons : « L'aeronautica ai tempi nostri », Milan, Bernardoni, 1875 ; « Manuale dell' ingegnere civile ed industriale », id., id., 1877, 9ⁿᵉ éd., 1888, traduit en français par Paul Marillac, Milan, Hoepli, 1888 ; *L'arte, l' industria e la meccanica all'Esposizione di Parigi, 1878*, revue illustrée, Milan, Hoepli, 1878-80 ; « Tassa sulla macinazione dei cereali. Comitato permanente per la costruzione ed applicazione di pesatore. Relazione generale presentata al Ministero delle finanze », Rome, 1880 ; « La stazione generale di illuminazione elettrica a Milano », dans la *Natura* de Milan, janvier, 1884 ; il a traduit du français : « Cinematica teorica; principii fondamentali di una teoria generale delle macchine », de F. Reuleaux, Milan, Hoepli, 1875 ; de l'allemand : « Vademecum del meccanico : manuale pratico pei meccanici, ingegneri e industriali », de G. G. Bernoulli, Milan, 1879 ; « Le macchine a vapore del sistema Corliss e dei sistemi derivatine ecc. », de Uhland, id., Hoepli, 1879.

Colombo (Joseph), ecclésiastique italien, né à Monza (province de Milan), le 26 décembre 1838. Après avoir fait ses premières études dans sa ville natale, il fréquenta l'Académie Scientifico-Littéraire de Milan et l'Université de Naples, et y obtint le diplôme de professeur d'histoire et de littérature. M. C., qui appartient à la Congrégation des Clercs Réguliers de Saint-Paul et qui est membre de l'Académie d'histoire ecclésiastique piémontaise, a publié : « Cenni sul martirio del glorioso guerriero San Felice », Novare, Merati, 1871 ; « Profili biografici di insigni barnabiti », Lodi, Wilmant, 1871 ; « Punti di storia dell'Evo moderno, secondo i recenti programmi scolastici », Plaisance, Bertola, 1874, 4ᵐᵉ éd., id., id., 1884 ; « Discorso pronunciato sopra la salma di Giuseppe Bignami, alunno del Collegio convitto di San Francesco di Lodi », s. l. n. d. *mais* Lodi, 1874 ; « Punti di storia del Medio Evo secondo i programmi scolastici », Lodi, Wilmant, 1874, 4ᵐᵉ éd., Plaisance Bertola, 1884 ; « Agli alunni del collegio San Francesco di Lodi nell'occasione della distribuzione dei premî », Crême, Campanini, 1874 ; « Discorso pronunciato sul feretro del padre D. Giovanni Cavalleri », Lodi, Wilmant, 1874 ; « La nuova Gerusalemme, ovvero la spettacolosa sacra tragedia della passione e morte del nostro Divin Salvatore Gesù Cristo, divisa in sei parti », Prato-Sesia, 1875 ; « Notizie storiche intorno alla città di Moncalieri », Turin, 1876 ; « Cenni biografici e lettere di Mons. Giusto Guerin, Ottavio Alinari, Francesco e Giovanni Mercurino, Arborio di Gattinara, vescovi barnabiti », Turin, 1877 ; « Intorno alla vita ed alle opere del P. Redento Baronzano, scienziato di Serravalle Sesia del secolo XVII », Turin, Bocca, 1878 ; « Lettere scelte inedite scritte dal beato Alessandro Sauli a San Carlo Borromeo », Turin, 1878 ; « Giovanni Quarenghi, bergamasco, architetto alla corte imperiale di Pietroburgo : memorie », pas en commerce, id., 1879 ; « Notizie biografiche e lettere di Papa Innocenzo XI », pas en commerce, id., id. ; « Notizie e documenti sulla vita di M. Giovanni Francesco Bonomi, vescovo di Vercelli e nunzio pontificio in Svizzera ed in Germania », pas en commerce, id., id. ; « Montaldo Torinese. Notizie storiche », id., id. ; « Napoleone I imperatore, ritratto del grincipe di Metternich », Rome, 1880 ; « Vita ed opere di Gaudenzio Ferrari, pittore », Turin, Bocca, 1880 ; « Compendio di storia contemporanea (1815-1881) », id., Paravia, 1881 ; « Documenti e notizie intorno gli artisti vercellesi », Vercelli, Guidotti, 1883.

Colonna-Ceccaldi (Dominique-Albert-Édouard-Tiburce), diplomate et publiciste français, né, à Paris, en 1833. Ses études de droit terminées, il entra, en 1854, au Ministère des affaires étrangères avec le titre d'attaché. Élève consul en 1859, il remplit successivement les fonctions consulaires à Alexandrie, à Barcelone, à Smyrne, à Beyrouth, à Djeddah, à Tauris et à Chypre. En 1869, il fut nommé secrétaire d'ambassade à Constantinople. Il prit part à la guerre de 1870, en qualité de lieutenant-colonel des gardes nationales mobiles. La campagne terminée, il reprit ses fonctions. Consul de première classe en 1872, il fut accrédité au Montenegro, où il resta jusqu'en 1878. En 1880, il fut nommé ministre plénipotentiaire et, quelques mois après, conseiller d'État. Depuis 1880, il fait partie de la commission de jurisdiction consulaire. Pendant le siège de Paris, il avait publié dans le journal *Le Temps* des articles très remarqués. Plus tard, il publia: « Lettres diplomatiques, Coup d'œil sur l'Europe au lendemain de la guerre », Paris, Plon, 1871 ; et « Lettres militaires du siège », id., id., 1871. — Il ne faut pas le confondre avec un M. Georges COLONNA-CECCALDI, né, à Paris, en 1840, mort dans la même ville, en 1879, comme lui membre du corps consulaire français et qui a publié : « Monuments antiques de Chypre, de Syrie, et d'Égypte », Paris, Didier, 1882.

Colquhoun (Archibald-Ross), publiciste et ingénieur anglais, né, en mars 1846, à bord d'un navire, au large du cap de Bonne-Espérance. Élevé en Écosse, il fut attaché, en 1871, à titre d'ingénieur des chemins de fer, au service du gouvernement indien ; en 1879, il remplit une mission dans les provinces siamoises. En 1881, pendant un congé, il fit en Angleterre une campagne en faveur d'un chemin de fer reliant l'Inde à la Chine centrale et au Royaume de Siam. Il explora ensuite la Chine méridionale et put faire le tracé complet du réseau de chemin de fer dont il était le promoteur. A son retour, en 1882, il reçut la médaille d'or de la société de géographie de Londres. C'est alors qu'il publia la relation de son voyage sous le titre de « Across Chryse », ouvrage qui a été traduit en français par M. Charles Simond sous le titre: « Autour du Tonkin. La Chine méridionale de Canton à Mandalay », 2 vol., Paris, Oudin, 1884-85. De 1883 à 1885, M. C. fit deux voyages en Chine et au Tonkin, comme correspondant du *Times* pendant la guerre franco-chinoise. Ses lettres furent remarquées. De retour en Angleterre, dans un rapport adressé à la Chambre de commerce de Londres: « English commercial Policy in the East », Londres, Field, 1885, ainsi que dans des conférences et des articles de journaux, il suscita l'idée d'annexer à l'empire indien la Birmanie supérieure et de créer une alliance étroite entre l'Angleterre et la Chine, afin d'entraver les projets de la France et de la Russie dans l'extrême Orient. En 1885, l'idée de M. Colquhoun était en partie réalisée: la Birmanie supérieure était annexée; lui-même était nommé dans ce pays commissaire du district de Sagun, qu'il administre depuis cette époque. Citons encore de lui: « Amongst the Shans, by Terrien de Lacouperie », Londres, Field, 1885; « Burma and Burmans. Best Unopened Market in the World », id., id., id.

Colquhoun (Patrick), écrivain anglais, né, le 13 avril 1815, fils aîné de James Colquhoun de Dumbarton qui mourut le 26 juillet 1856; son frère Patrick (mort le 26 avril 1820), était le statisticien bien connu. Patrick Colquhoun le jeune fut élevé à Westminster et au collège Saint-John de Cambridge, dont il devint plus tard membre honoraire. Il a publié plusieurs ouvrages dont les principaux sont: « Summary of the Roman Civil Law », en 4 volumes; « Vorschlag zur Bildung einer deutschen Flotte », 1848 (en allemand), outre plusieurs lectures sur les anciennes lois et sur d'autres sujets, faites à la Société de Inner Temple. Au mois de mai 1838, il entra à faire part du barreau de cette Cour; il en devint assesseur, en 1868, et trésorier, en 1888. Nommé Président de la *Royal Society of Litérature*, il donna à ses *Transactions* plusieurs dissertations d'argument classique et littéraire; et il a publié aussi d'autres travaux d'argument politique et littéraire. Il a couvert plusieurs fonctions diplomatiques et judiciaires, entr'autres celle de membre de la Cour d'Appel aux Iles Joniennes pendant le protectorat anglais.

Colsenet (Edmond-Eugène), philosophe français, né, à Besançon, en 1847. Après d'excellentes études classiques, commencées au lycée de Strasbourg, où son père avait été professeur, et achevées à Paris au lycée Henri IV, il entra, en 1868, à l'école normale supérieure et prit successivement les grades d'agrégé de philosophie (1872), et de docteur ès-lettres (1880). Les thèses qu'il présenta et soutint ont pour titre: la thèse latine: « De Mentis essentia Spinoza quid senserit »; la thèse française: « La Vie inconsciente de l'esprit », Paris, G. Baillière, 1880. La philosophie de M. Colsenet, où l'observation intérieure est complétée par des inductions tirées de la science de la vie, n'est pas celle du spiritualisme classique; elle ne se préoccupe ni de la simplicité de l'âme, ni de la distinction des substances matérielle et spirituelle; elle écarte les questions métaphysiques pour ne considérer que les relations des phénomènes; en quoi elle se rapproche du néo-criticisme français, dont elle paraît avoir subi l'influence. M. Colsenet a été nommé successivement: maître de conférences de philosophie à la Faculté des lettres de Douai (1880); professeur suppléant de philosophie à la Faculté des lettres de Besançon (1881), professeur titulaire de philosophie, d'abord à la Faculté d'Aix (1883), puis à celle de Besançon (1885); enfin doyen de cette dernière Faculté (1888).

Colshorn (Théodore), littérateur allemand, né, le 13 janvier 1821, à Ribbesbüttel, fréquenta d'abord l'école de son pays natal, ensuite l'école normale à Hanovre. Nommé, en 1838, instituteur à Warmbüttel, il exerça successivement les mêmes fonctions en différents endroits; il est, depuis 1867, professeur ordinaire au gymnase de Hanovre. On lui doit: « Märchen und Sagen », 1854; « Licht um Liebe », 1860; « Freiheitskriege », 1863; « Die deutschen Kaiser », 1863; « Des Mägdleins Dichterwald », 9me éd., 1881; « Deutsche Mythologie », 2 éd., 1877; « Balladen und Bilder », 1879, 2me éd., 1887. — Il ne faut pas le confondre avec un autre écrivain du même nom, résidant à Gengenbach (Baden), et dont nous espérons pouvoir donner la notice dans le *Supplément*.

Colucci (Joseph), administrateur et historien italien, né, à Naples, vers 1825. La révolution de 1860 le trouva sous-intendant à Sora dans la province de Caserte. Il fut des premiers à faire adhésion au nouvel ordre de choses, et fut nommé, après l'annexion, sous-préfet à Crème. Successivement questeur (préfet de police) à Florence, et préfet à Caserte et à Gênes, il fut mis en non activité lors de l'avènement de la gauche au pouvoir. Rappelé au service quelques années plus tard, il fut successivement préfet de Reggio-Calabria, de Catane et de Livourne, où il se trouve maintenant. Il a publié: « Gli Equi, un periodo della Storia antica degli Italiani », 1er vol., Florence, 1867; « I casi della guerra per l'indipendenza d'America, narrati dall'ambasciatore della repubblica di Genova presso la Corte d'Inghilterra nella sua corrispondenza ufficiale inedita », 2 vol., Gênes, typ. des Sordomuti, 1879.

Colucci (Raphaël), fécond auteur dramatique italien, né, à Naples, en mai 1825. Ses premiers essais au théâtre datent de 1842; il avait écrit un drame: « Vittorio Alfieri a Londra », dont la censure bourbonienne empêcha la représentation; elle défendit de même; « Giovanna di Durazzo », drame en cinq actes, 1843; « Avviso ai vedovi », drame en trois actes, 1844 et « La Famiglia Rivelli », drame en 3 actes et un prologue, 1845; elle ne lui approuva qu'une comédie en 2 actes; « Giacomo il soldato di buon cuore », qui cependant ne put être jouée, les ciseaux des censeurs l'ayant rendue méconnaissable et une farce: « La polizza dell'impiego », qui fut jouée aux *Fiorentini* en juillet 1847. Il donna ensuite: « Elisabetta Sirani », drame en cinq actes, 1848; « La Gioventù di Cimarosa », comédie en 2 actes, 1854; « Leggerezza », comédie en 5 actes, 1855; « Luisa Sanfelice », drame en 5 actes, 1861; « L'indomani di una rivoluzione, o merito e ricompense », comédie politique en 4 actes qui offre plus d'une ressemblance avec le *Rabagas* de Victorien Sardou; « Una scena del 1793 », drame en un acte, 1864; « Gli amori di Cleopatra », réduction du français, 1864; « Alamanna », drame en 4 actes, 1865; « Gli Uscocchi », 1866; « La figlia di Ribera », 5 actes, 1867; « Donn'Anna Carafa », drame historique en 5 actes, et un prologue, 1868; « Le vicende di una povera giovane », comédie en 4 actes, 1869; « La corrente », comédie en 5 actes, 1872. Citons encore: « La diplomatica », en 3 actes; « Antonio », en 5 actes et une réduction pour la scène italienne de la « Charlotte Corday », de Ponsard, publiée dans l'*Ape Dramatica*. M. C. a de plus composé un certain nombre de ballets parmi lesquels nous citerons: « Carlo il Guastatore »; « Cleopatra »; « Velleda »; « Il Vampiro »; « La Maschera »; « Il Corrazziere di Bresa »; « Amore e mistero »; « Zoraide o la Schiava circassa »; « Le due Gemelle »; « Ermanzia »; « Il Vello d'oro », etc. Ces livrets ont servi aux meilleurs chorégraphes italiens, tels que Giuseppe Rota, Vienna, Izzo, Pallerini, la Boschetti, Borri et Monplaisir. On lui doit aussi quelques romans: « La portantina della principessa », 1870; « Armanda », 1879 et « Il Commendator de' Stelli », 1880. Enfin il a traduit en italien: « La Storia dei Girondini » de Lamartine; « Andrea », de George Sand; « Les Zouaves », de P. Zaccone. Lorsqu'en 1860, Alexandre Dumas fut nommé directeur du Musée de Naples par Garibaldi, il voulut s'adjoindre M. C. comme secrétaire; celui-ci refusa, mais n'en fut pas moins nommé chef de bureau au secrétariat de la dictature. Il abandonna peu de temps après ses fonctions publiques pour revenir aux lettres et au théâtre, où il n'avait eu que des succès. En même temps qu'il écrivait une si grande quantité de drames et de comédies, il collaborait activement à l'*Omnibus*, au *Bazar drammatico*, au *Monitore della Moda*, à l'*Italia Musicale* de Milan, à l'*Arte* de Florence, à l'*Illustrazione Universale* et à une foule d'autres journaux. Il écrit aussi quelques impressions de voyage: « Abruzzi e Terra di Lavoro », 1857; « Sangermano e Montecassino », dont une partie seulement a paru dans l'*Alfabeto* de Florence; « Lettere milanesi », publiées en feuilleton dans le *Nomade*. M. C. est bibliothécaire de la ville de Naples.

Colvin (Sidney), savant et écrivain anglais, né, à Norwood (comté de Surrey), le 18 juin 1845. Il fit ses études à Cambridge, où il devint, en 1865, conservateur de la collection des médailles de l'Université, et, en 1876, directeur du musée Fitz-William. Nommé conservateur du département des imprimés au British Museum en 1884, il vint s'établir à Londres, où il collabora activement à divers recueils, tels que: *The Portfolio, Fortnightly Review, Cornhill Magazine, Nineteenth Century, Edinburgh Review, Macmillan's Magazine*, etc. M. Colvin a publié: « Children in italian and english design », 1872; « Selections from the Writings of Walter Savage Landor », 1884, et « Walter Savage Landor » et « Keats », dans les *English Men of Letters*, de 1882 à 1886.

Comba (Émile), écrivain italien, docteur de l'Université de Saint-André en Écosse, professeur de l'histoire religieuse à l'*Istituto Valdese* de Florence, né, à San Germano-Chisone dans les Vallées Vaudoises du Piémont, en 1839. Il fit ses études théologiques à Genève. De retour en Piémont, il débuta par quelques écrits de polémique religieuse; il passa ensuite à Venise, où il demeura cinq années contribuant essentiellement à la fondation d'une Église Évangélique, l'une des plus florissantes de l'Italie. Appelé à l'École Vaudoise de Florence, il y fonda la *Rivista Cristiana*, qui vécut de l'année 1873 à toute l'année 1887. On lui doit un grand nombre de brochures, conférences, articles; citons: « Francesco Spiera », épisode de la Réforme religieuse en Italie; « Baldo Lupertino, martire della religione e della libertà », nouvelle historique du XVIe siècle; « Storia della vita di Galeazzo Caracciolo », nouvelle édition, avec une préface et des notes; « Il Sommario della Sacra Scrittura », traité du XVIe siècle, réédité avec des préfaces; « I due luogotenenti; un libro che rifà la gente », et, en outre, deux ouvrages très importants: « Introduzione alla Storia della Riforma in Italia », Florence, 1 vol.; « Histoire des Vaudois de l'Italie depuis les origines jusqu'à nos jours », 1er vol.; le sous-titre de de ce premier volume est: « A-

Combarieux (Louis), érudit français, né, à Cahors, en 1843. M. C., qui est archiviste du département du Lot, a publié : « Assemblée des sénéchaussées du Quercy pour l'élection des députés aux États généraux de 1789 », Cahors, Laytou, 1878 ; « Dictionnaire des communes du Lot », id., id., 1881 ; « L'Instruction primaire dans le département du Lot pendant la Révolution française de 1789 à l'an VIII », id., Girma, 1882 ; en outre, il a publié avec F. Cangardel : « L'Histoire générale de la province de Quercy », de Guillaume Lacoste, 4 vol., Cahors, Girma, 1883-86.

Combe (Ernest), théologien suisse, né, à Paris, le 22 avril 1846, d'une famille originaire d'Orbe (Canton de Vaud) ; il fit ses études classiques au collège cantonal et à l'Académie de Lausanne, obtint, en 1871, le grade de licencié en théologie, fréquenta, en 1871 et 1872, les Universités de Berlin et de Heidelberg, de 1872 à 1877 sous-directeur de l'école préparatoire de théologie à Batignolles (Paris), en 1878, pasteur à Grandson, en 1886, professeur pour l'exégèse du Nouveau Testament à la Faculté de théologie de Lausanne. Nous citerons de lui : « Le Temple de Grandson », notice archéologique, Lausanne, Bridel, 1884 ; « Ulrich Zwingli, le réformateur suisse », brochure écrite à l'occasion du Jubilé, id., id., id. ; « Les Réfugiés de la Révocation en Suisse », id., id., id. — M. Combe a collaboré au *Semeur Vaudois* et à la *Revue de Théologie et de philosophie* de Lausanne.

Combe (T.), pseudonyme sous lequel se cache, refusant obstinément toute indication aux biographes, Mademoiselle ADÈLE HUGUENIN du Locle (canton de Neuchâtel), l'auteur toujours plus goûté de plusieurs nouvelles, dont la scène se passe généralement sur la frontière franco-suisse, le long des rives du Doubs et qui se distinguent par l'originalité de la pensée, la finesse de l'observation psychologique, la poésie et la vérité des paysages, l'aisance et la souplesse du récit. Nous citerons d'elle : « Fiancés. Deux nouvelles », Lausanne, Bridel, 1883 ; « Pauvre Mariel », nouvelle, id., id., 1884 ; « Croquis montagnards. Trois nouvelles », id., id., id. ; « La Fortune de Lui. Nouvelle jurassienne », id., Mignot, 1884 ; « Bons voisins. Nouvelle jurassienne », id., id., 1886 ; « Jeune Angleterre. Deux Nouvelles », Lausanne, Monnerat, 1887 ; « Monique », nouvelle, id., id., id. ; « Le mari de Jonquille », id., id., 1888. — Mlle Huguenin collabore à la *Bibliothèque Universelle* de Genève, à la *Revue bleue* de Paris, etc.

Comberousse (Charles-Jules-Félix DE), mathématicien et ingénieur français, né, à Paris, le 31 juillet 1826. Il est le fils de l'auteur dramatique Alexis de Comberousse, dont il a publié, avec un soin tout filial, une belle édition des œuvres, sous le titre : « Théâtre d'Alexis de Comberousse », 3 vol., 1864. — Sorti de l'École centrale, en 1850, avec le diplôme d'ingénieur, il entra, en cette qualité, aux chemins de fer de Saint-Germain et de l'Est. Un peu plus tard, il fut appelé comme professeur de mécanique et de mathématiques spéciales au collège Chaptal, puis comme professeur de mécanique appliquée à l'École centrale et professeur de génie rural au Conservatoire des Arts et Métiers. Nous citerons de lui : « Études des résistances au mouvement des trains sur les chemins de fer », 1853 ; « Cours complet de mathématiques », 3 vol., 1860-62, 2me éd., 7 vol., 1876 et suiv. ; « Cours de cinématique professé à l'École centrale », 1865 ; « Traité complet de géométrie moderne », en collaboration avec M. Eugène Rouché, 2 vol., 1865 ; « Leçons de cosmographie », 1870 ; « Histoire de l'École centrale des Arts et Métiers depuis sa fondation jusqu'à nos jours », 1879 ; « Traité d'aritméthique », en collaboration avec M. Serret, 1882 ; « J.-B. Dumas », 1884. M. de Comberousse s'est de plus fait applaudir dans de nombreuses conférences : « Les Grands Ingénieurs » ; « La Femme dans la famille » ; « La Coopération », 1867 ; « Discours prononcé au Trocadero à propos du cinquantenaire de l'École centrale », 1879 ; « Denis Papin » ; « Du transport de l'énergie ou de la force », 1883, etc. etc. Sa femme, morte en 1884, était connue dans le monde des lettres, sous le pseudonyme de Mme EMMA D'ERWIN.

Combes (François), historien et littérateur français, ancien professeur d'histoire à la Faculté des lettres de Bordeaux, né, à Alby, le 27 septembre 1816. Il fit ses études dans sa ville natale et fut reçu agrégé d'histoire, en 1850, et docteur ès-lettres, en 1856. Professeur au collège de Pamiers (Ariège) depuis 1844, il passa en la même qualité à Paris, au collège Stanislas, en 1848, et au lycée Bonaparte, en 1853 ; fut nommé inspecteur d'Académie à Lons-le-Saulnier, en 1856, et professeur d'histoire à la faculté des lettres de Bordeaux, en 1860. M. F. Combes a été mis à la retraite au mois d'août 1886. Chargé de diverses missions scientifiques à l'étranger : en Hollande en 1857, en Italie en 1864, et en Suisse en 1865, il en a publié le résultat, au retour, dans divers mémoires sur les documents historiques découverts dans les archives des pays qu'il venait de visiter, préalablement lus aux réunions annuelles des sociétés, à la Sorbonne. Il a publié : « L'abbé Suger. Histoire de son Ministère et de sa régence », Paris, Remquet, 1853, ouvrage honoré d'une mention au concours de l'Institut ; « Histoire générale de la diplomatie européenne. Histoire de la formation de l'équilibre européen par les traités de Westphalie et des Pyrénées », id., Dentu, 1854 ; « La Russie en face de Constantinople et de l'Europe, depuis origine jusqu'à nos jours », id., id., id.; « Histoire de la diplomatie slave et scandinave, suivie des négociations de Ponce de la Gardie, d'après des documents contemporains, tirés des correspondances de Ponce de la Gardie et des archives de la Suède », id., id., 1856; « La Princesse des Ursins. Essai sur sa vie et son caractère politique, d'après de nombreux documents inédits », id., Didier, 1858; « Le Maréchal de Montmorency », tragédie en 4 actes en vers, jouée, en 1866, sur le théâtre de Bordeaux, id., Dentu, 1866; « Correspondance française inédite du Grand-Pensionnaire Jean de Witt », dans la Collection des documents inédits pour l'Histoire de France, 1873; « Cathérine de Médicis », tragédie en trois actes et en vers Paris, Lévy frères, 1874; « Histoire de la Monarchie prussienne et de sa fondation, principalement d'après la correspondance de Voltaire et de Frédéric II »; « Histoire des invasions germaniques en France, depuis l'origine de la monarchie jusqu'à nos jours », cours professé à Bordeaux, Paris, Palmé, 1873; « Les libérateurs des nations », autre cours professé à Bordeaux, id., id., 1874; « L'entrevue de Bayonne de 1565 et la Question de la Saint-Barthélemy, d'après les archives de Simancas », id., Fischbacher, 1882; « Essai sur les idées politiques de Montaigne et de la Boétie », id., Delaroque, 1882; « Curieuse institution de Louis XIV près la république de Genève et son existence jusqu'en 1798 », Genève, Georg, 1884; « Madame de Sévigné historien; le Siècle et la Cour de Louis XIV d'après Madame de Sévigné », id., Perrin, 1885; « Lectures historiques à la Sorbonne et à l'Institut d'après les archives des pays étrangers », 2 vol., 1886; « Histoire du Cardinal Donnet, archevêque de Bordeaux, d'après sa correspondance et son journal (1834-1862) », 1888.

Combes (Paul), polygraphe français, né, à Paris, le 13 juin 1856, appartient à une famille d'hommes de science. Son grand oncle, Étienne Combes, professeur de chirurgie à la Faculté de médecine de Montpellier a laissé des travaux estimés; un de ses oncles, Vincent Combes, chirurgien-major de l'armée, a écrit un mémoire sur Les Plaies par armes à feu; son père, Prosper Combes, est un entomologiste et botaniste connu par ses articles sur les Pullulations animales. M. Paul Combes a publié: « Bleu-de-Ciel et Pervenchette », Verviers, Gilon, 1881; « Contes d'un apothicaire », id., id., 1882; « Les idées d'un vieux rat », id., id., id.; « Cage dorée », id., id., 1883; « Le Darwinisme », id., id., id.; « Rayon de soleil, voyage à travers l'univers », Bruxelles, Parent, 1883; « L'Ane à Tomy », Verviers, Gilon, 1884; « Voyages souterrains », Bruxelles, Parent, id.; « Un verre d'eau », id., Office de publicité, 1885; « Nos cousins les animaux », Verviers, Gilon, 1885; « Le Hanneton », id., id., id.; « La Roselière. Mœurs et tribulations des habitants des eaux », Paris, Ducroq, 1886; « La Montagne Bleue », id., id., 1887. Citons encore de lui: « Tic! Tac! Toc! », conte philosophique, et « L'Annexion de la lune », fantaisie scientifique. M. Paul Combes a fondé la Librairie universelle, qui publie une Encyclopédie par fascicules à quinze centimes paraissant sans suivre l'ordre alphabétique. L'Encyclopédie Fasciculaire, en cours de publication, est l'œuvre capitale de M. Paul Combes.

Combes (Abel), voyageur et écrivain français, frère du précédent, né, à Montolieu (Aude), en 1864. On lui doit: « Le Secret du Boomerang », Paris, Gautier, 1884; « Les Colons de la Fresh », id., id., 1885; « Les Chargeurs de thé », Verviers, Gilon, 1885; « L'Atoll », id., id., id.

Combescure (Jean-Joseph-Antonin-Édouard), savant français, né, à Villemagne (Hérault), le 14 octobre 1824. De 1851 à 1854, il a été professeur libre à New-York. De 1855 à 1868, il a été professeur de mathématiques successivement dans les lycées de Bourges, Bordeaux, Saint-Étienne, Nice. Depuis 1868, il est professeur – d'abord pour l'astronomie – actuellement pour l'analyse, à la Faculté des sciences de Montpellier. Agrégé, docteur ès-sciences, il a obtenu en 1879 la médaille d'or de l'association scientifique de France. Il est auteur d'un assez grand nombre de mémoires, dont les principaux sont: « Problems of spherical mecanics », 1854; « Sur quelques points de la théorie des invariants », 1855; « Sur les formes homogènes », thèse, 1858; « Sur le déplacement d'une courbe gauche », 1863; « Sur les déterminants fonctionnels et les coordonnés curvilignes », 1864; « Sur quelques systèmes particuliers d'équations différentielles », 1874; « Sur les paramètres différentiels des fonctions », 1878; « Sur les forces centrales », 1881; « Sur les fonctions de plusieurs variables imaginaires », 1883; « Sur le déplacement tangentiel de deux surfaces rigides », 1888.

Combier (Étienne-Amédée), magistrat et historien français, né, à Varennes (Meuse), en 1823. M. C., qui est président du tribunal civil de Laon et membre de la Société académique de cette ville, a publié: « Documents inédits pour servir à l'histoire du culte réformé dans le Vermandois, de 1600 à 1789 », Laon, Coquet, 1872; « Le Manuscrit de E. Paringault », Paris, Leroux, 1874; « Notice sur la communauté des habitants de Liesse », id., id., id.; « Étude sur le Bailliage de Vermandois et siège présidial de Laon », 3 vol., id., id., 1874-1876; « La Justice criminelle à Laon pendant la Révolution (1789-1800) », 2 vol., Paris, Champion, 1882.

Comencini (Louis), philologue italien, né, à Vérone, en 1851. Après avoir fréquenté le gym-

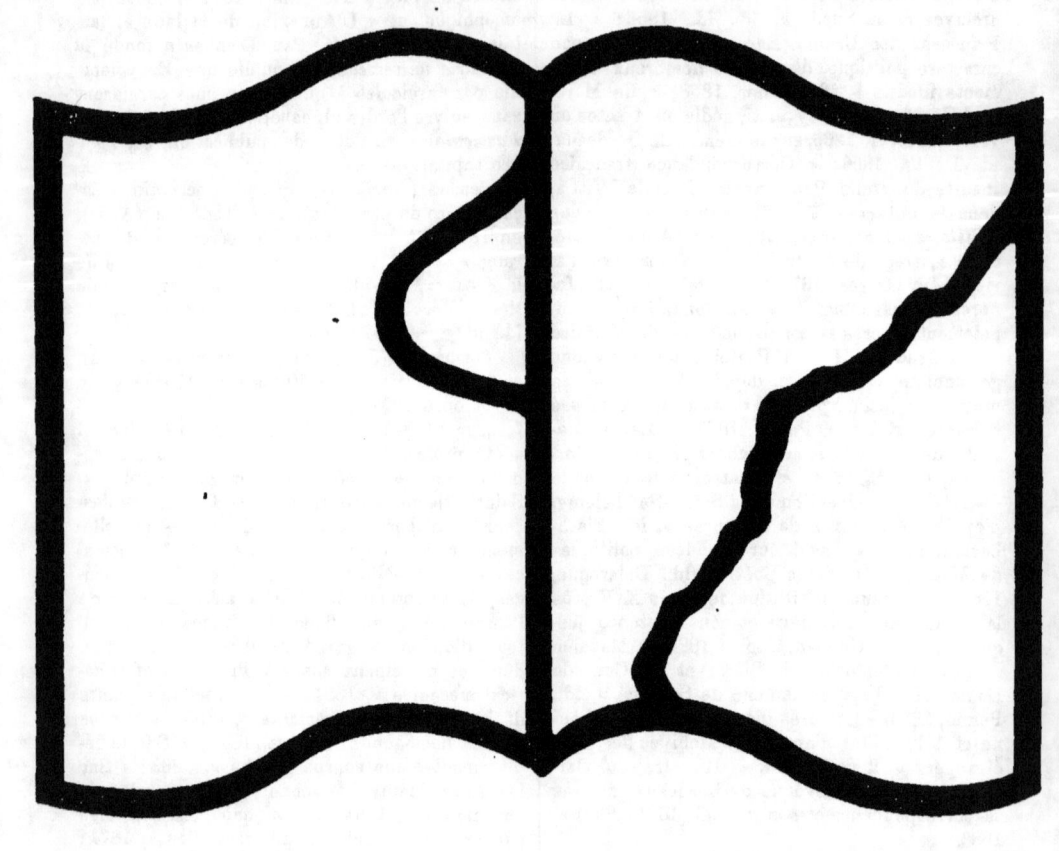

Texte détérioré — reliure défectueuse
NF Z 43-120-11

www.ingramcontent.com/pod-product-compliance
Lightning Source LLC
Chambersburg PA
CBHW050105230426
43664CB00010B/1451